Handbuch der Forschung zum Lehrerberuf

Ewald Terhart
Hedda Bennewitz
Martin Rothland
(Hrsg.)

Handbuch der Forschung zum Lehrerberuf

2. überarbeitete und erweiterte Auflage

Waxmann 2014
Münster • New York

Bibliografische Informationen der Deutschen Nationalbibliothek
Die Deutsche Nationalbibliothek verzeichnet diese Publikation in der Deutschen Nationalbibliografie; detaillierte bibliografische Daten sind im Internet über http://dnb.d-nb.de abrufbar.

Print-ISBN 978-3-8309-3075-4
E-Book-ISBN 978-3-8309-8075-9

2. Auflage 2014
www.waxmann.com
info@waxmann.com

Umschlaggestaltung: Matthias Grunert, Münster
Satz: Stoddart Satz- und Layoutservice, Münster
Druck und Bindung: Těšínská tiskárna, a.s., Český Těšín

Gedruckt auf alterungsbeständigem Papier, säurefrei gemäß ISO 9706

Inhalt

Vorwort der Herausgeber zur 2. Auflage 9

Vorwort der Herausgeber zur 1. Auflage 9

Forschung zur Geschichte des Lehrerberufs

Martin Kintzinger
Forschung zur Geschichte und Entwicklung des Lehrerberufs vom Mittelalter bis zum Ende des 17. Jahrhunderts 15

Stephanie Hellekamps & Hans-Ulrich Musolff
Forschung zur Geschichte und Entwicklung des Lehrerberufs in der frühen Neuzeit 34

Heidemarie Kemnitz
Forschung zur Geschichte und Entwicklung des Lehrerberufs vom 18. Jahrhundert bis zur Gegenwart 52

Diskussion

Jürgen Overhoff
Forschung zur Geschichte und Entwicklung des Lehrerberufs: Neue und überraschende Perspektiven auf ein jahrhundertealtes, variationsreiches Berufsbild 73

Charakteristika und Rahmenbedingungen des Lehrerberufs

Walter Herzog & Elena Makarova
Anforderungen an und Leitbilder für den Lehrerberuf 83

Horst Weishaupt
Lehrerberuf: Arbeitsplatz, Arbeitszeit, Arbeitsmarkt 103

Hans-Peter Füssel
Rechtsstellung, Laufbahnen und Besoldung der Lehrkräfte 123

Jochen Wissinger
Schulleitung und Schulleitungshandeln 144

Diskussion

Colin Cramer
Charakteristika und Rahmenbedingungen des Lehrerberufs 177

Konzepte der Forschung zum Lehrerberuf

Johannes Mayr
Der Persönlichkeitsansatz in der Forschung zum Lehrerberuf 189

Werner Helsper
Lehrerprofessionalität – der strukturtheoretische Professionsansatz zum Lehrberuf 216

Stefan Krauss & Georg Bruckmaier
Das Experten-Paradigma in der Forschung zum Lehrerberuf 241

Hedda Bennewitz
„doing teacher" – Forschung zum Lehrerberuf in kulturtheoretischer Perspektive 262

Herbert Altrichter, Andreas Feindt & Stefan Zehetmeier
Lehrerinnen und Lehrer erforschen ihren Unterricht: Aktionsforschung 285

Diskussion
Klaus-Jürgen Tillmann
Konzepte der Forschung zum Lehrerberuf 308

Forschung zur Berufsbiographie von Lehrerinnen und Lehrern

Martin Rothland
Wer entscheidet sich für den Lehrerberuf? 319

Martin Rothland
Warum entscheiden sich Studierende für den Lehrerberuf? 349

Manuela Keller-Schneider & Uwe Hericks
Forschungen zum Berufseinstieg. Übergang von der Ausbildung in den Beruf 386

Silvio Herzog
Über den Berufseinstieg hinaus: Berufsbiografien von Lehrerinnen und Lehrern im Blickfeld der Forschung 408

Diskussion
Ewald Terhart
Forschung zu Berufsbiographien von Lehrerinnen und Lehrern: Stichworte 433

Forschung zur Lehrerbildung

Sigrid Blömeke
Forschung zur Lehrerbildung im internationalen Vergleich 441

Kurt Czerwenka & Karin Nölle
Forschung zur ersten Phase der Lehrerbildung 468

Hermann Josef Abs & Eva Anderson-Park
Programme zur Berufseinführung: die zweite Phase der Lehrerbildung 489

Frank Lipowsky
Theoretische Perspektiven und empirische Befunde zur Wirksamkeit von Lehrerfort- und -weiterbildung 511

Tina Hascher
Forschung zur Wirksamkeit der Lehrerbildung 542

Diskussion

Udo Rauin
Forschung zur Lehrerbildung aus nationaler und internationaler Perspektive 572

Forschung zu Lehrerkognitionen, -emotionen und -kompetenzen

Georg Hans Neuweg
Das Wissen der Wissensvermittler 583

Johannes König
Forschung zum Erwerb von pädagogischem Wissen angehender Lehrkräfte in der Lehrerausbildung 615

Kurt Reusser & Christine Pauli
Berufsbezogene Überzeugungen von Lehrerinnen und Lehrern 642

Ralf Schwarzer & Lisa Marie Warner
Forschung zur Selbstwirksamkeit bei Lehrerinnen und Lehrern 662

Tina Hascher & Andreas Krapp
Forschung zu Emotionen von Lehrerinnen und Lehrern 679

Mareike Kunter
Forschung zur Lehrermotivation 698

Andreas Frey
Kompetenzmodelle und Standards in Lehrerbildung und Lehrerberuf 712

Katharina Maag Merki & Silke Werner
Erfassung und Bewertung professioneller Kompetenz von Lehrpersonen 745

Diskussion

Fritz Oser
Wirkung und Wirkungselemente im Lehrerberuf: Leistungen, Grenzen und Perspektiven aktueller Forschung 764

Forschung zum Lehrerhandeln

Tina Seidel
Lehrerhandeln im Unterricht 781

Andreas Helmke
Forschung zur Lernwirksamkeit des Lehrerhandelns 807

Manfred Lüders
Forschung zur Lehrer-Schüler-Interaktion/Unterrichtskommunikation 822

Kathrin Fussangel & Cornelia Gräsel
Forschung zur Kooperation im Lehrerberuf 846

Friedrich-Wilhelm Schrader
Lehrer als Diagnostiker 865

Ewald Terhart
Die Beurteilung von Schülern als Aufgabe des Lehrers: Forschungslinien und Forschungsergebnisse 883

Simone Bruder, Silke Hertel, Mara Gerich & Bernhard Schmitz
Lehrer als Berater 905

Martin Bonsen & Nils Berkemeyer
Lehrerinnen und Lehrer in Schulentwicklungsprozessen 920

Diskussion

Ewald Kiel
Forschung zum Lehrerhandeln 937

Forschung zur Belastung und Beanspruchung im Lehrerberuf

Dirk Lehr
Belastung und Beanspruchung im Lehrerberuf – Gesundheitliche Situation und Evidenz für Risikofaktoren 947

Dirk Lehr
Belastung und Beanspruchung im Lehrerberuf – Präventions- und Interventionsansätze in der personenbezogenen Forschung 968

Andreas Krause & Cosima Dorsemagen
Belastung und Beanspruchung im Lehrerberuf – Arbeitsplatz- und bedingungsbezogene Forschung 987

Diskussion

Uta Klusmann & Anja Philipp
Belastung und Beanspruchung im Lehrerberuf: Zum Stand der empirischen Forschung 1014

Autorinnen und Autoren 1023

Vorwort der Herausgeber zur 2. Auflage

Seit seinem Erscheinen im Jahre 2011 hat das *Handbuch der Forschung zum Lehrerberuf* eine ebenso positive wie breite Resonanz sowohl in der wissenschaftlichen Fachwelt als auch darüber hinaus in den für den Lehrerberuf und die Lehrerbildung relevanten Institutionen und Personengruppen gefunden. Das ist erfreulich!

Erfreulicher ist jedoch, dass die von uns im Vorwort zur ersten Ausgabe getroffene Aussage, die Forschung zum Lehrerberuf sei seit einigen Jahren in Umfang und Qualität gewachsen, nach unserer Auffassung heute bestätigt und bekräftigt werden kann. Insofern bot die Notwendigkeit, eine zweite Auflage des Handbuchs vorzubereiten, auch die Chance, zwischenzeitliche Entwicklungen in der Forschung zum Lehrerberuf in die Beiträge einzuarbeiten. Neue Beiträge, Autorinnen und Autoren sind hinzugekommen; alle Beiträge sind gründlich überarbeitet, ergänzt und aktualisiert worden. Als Ergebnis liegt eine vollständig überarbeitete und ergänzte Neuauflage vor.

Wir bedanken uns bei allen Autorinnen und Autoren für die erneut sehr gute und durchweg pünktliche Zusammenarbeit sowie bei Kerstin van den Boom, die als studentische Hilfskraft ebenfalls zum Gelingen beigetragen hat. Unser Dank gilt schließlich erneut der Geschäftsführerin des Waxmann Verlags, Frau Dr. Ursula Heckel, für die kooperative und unterstützende Begleitung des Projekts.

Münster, Dresden und Siegen im Juli 2014

Ewald Terhart
Hedda Bennewitz
Martin Rothland

Vorwort der Herausgeber zur 1. Auflage

Am Anfang standen Bedenken. Bei den ersten Überlegungen zu diesem Handbuch waren sich die Herausgeber zunächst unsicher, ob die Forschung zum Lehrerberuf im deutschsprachigen Kontext überhaupt so weit entwickelt ist, dass ein solches Handbuch erstellt und mit Inhalt gefüllt werden kann. Innerhalb der erziehungswissenschaftlichen Fachwelt im engeren Sinne, aber auch darüber hinaus in der Bildungsadministration, in den Lehrerverbänden, in Institutionen der Lehreraus- und Lehrerfortbildung etc. ist doch gerade die Klage über den unzureichenden, wissenschaftlich nicht gesicherten Erkenntnisstand zum Lehrerberuf und zur Lehrerbildung immer wieder beredt geführt worden. Die zunächst versuchsweise Strukturierung wichtiger Themenfelder, ein Abgleich mit der in diesen Feldern vorliegenden Forschung, Rücksprachen mit ausgewiesenen Expertinnen und Experten im Bereich der Forschung zum Lehrerberuf und nicht zuletzt das Interesse und die Bereitschaft der angeschriebenen Autorinnen und Autoren ließen Schritt für Schritt die Konzeption dieses Handbuchs entstehen – und zerstreuten allmählich die Zweifel.

Welche Entwicklungen haben die Herausgabe eines solchen Handbuchs möglich gemacht? Entscheidend hierfür war die Tatsache, dass seit ca. fünfzehn Jahren in Verbindung mit den großen internationalen und nationalen Leistungsvergleichsstudien und aufgrund der vielfältigen Reaktionen auf deren Ergebnisse die empirische Bildungsforschung in Deutschland in Umfang und Niveau einen deutlichen Wachstumsschub erlebt hat. Inhaltlich ist die auf das Schul- und Unterrichtssystem bezogene Bildungsforschung – neben großräumigen Leistungsvergleichsstudien – zunehmend stärker auf innerschulische und unterrichtliche Bedingungskonstellationen, Prozesse und Wirkungsanalysen ausgerichtet. Wenn es aber um die Bedingungen, Prozesse und Wirkungen von innerschulischen Abläufen geht, gerät auch der Lehrerberuf, geraten die Lehrerinnen und Lehrer sowie ihr Handeln, Denken und Wollen, ihre Emotionen, Kompetenzen und Belastungen in den Fokus der Aufmerksamkeit. Die Lehrerschaft ist *ein* zentraler Faktor für das Verständnis und die Analyse der gegenwärtigen Schul- und Unterrichtsverhältnisse. Sie ist mit Sicherheit jedoch *der* zentrale Faktor, wenn es um die Fragen der Gestaltung und Umsetzung von Innovationen in Schule und Unterricht geht. Auf diese Weise wird ein Großteil der empirischen Schul- und Unterrichtsforschung implizit oder explizit zu: Forschung zum Lehrerberuf, zum Lehrerhandeln und -denken, zur Lehrerbildung etc. Die *zunehmende Fokussierung der Schul- und Unterrichtsforschung in Richtung auf den Lehrerberuf* lässt sich seit einigen Jahren in der empirischen Bildungsforschung deutlich feststellen; sie findet im vorliegenden Handbuch ihren Ausdruck.

Die erwähnte Perspektivenverschiebung aktueller Bildungsforschung hin zum Lehrerberuf hat einerseits die Herausgabe eines Handbuchs der Forschung zum Lehrerberuf erst möglich gemacht, stellt jedoch andererseits auch einen Risikofaktor dar. Denn in dem Maße, wie sich diese Perspektivenverschiebung verstärkt, kann in einem solchen Band immer nur ein Zwischenstand dokumentiert werden. Anders formuliert: Gerade weil gegenwärtig größere empirische Projekte und Forschungsverbünde zum Lehrerberuf noch laufen bzw. ihre Arbeit gerade erst aufgenommen haben, kann in den nächsten Jahren mit einer deutlichen Zunahme von Forschungsaktivitäten, methodischen Innovationen sowie neuen Erkenntnissen und Einsichten gerechnet werden. Zugleich sind die Entwicklungen in der Lehrerbildung und im Lehrerberuf selbst ebenso unübersichtlich wie rasant. Dies macht deutlich, dass das vorliegende Handbuch zwar einerseits Bestände sortieren, Zwischenstände dokumentieren und zukünftige Perspektiven aufzeigen kann – aber insgesamt wohl doch eher einen transitorischen Charakter haben wird: Bestimmte thematische Bereiche, die jetzt nicht abgedeckt sind, werden hinzukommen; neue, gegenwärtig allenfalls am Horizont auftauchende bzw. noch gar nicht absehbare Entwicklungen werden einzubeziehen sein.

Forschung zum Lehrerberuf lässt sich in unterschiedlicher Weise ordnen und systematisieren. Dabei kann man sich eher an den vorfindlichen rechtlichen und administrativen Gegebenheiten des Lehrerberufs orientieren oder aber an den gegenwärtig anzutreffenden Forschungsschwerpunkten und Forschungslinien – beides muss nicht identisch sein. Im ersten Fall würde sich z.B. eine Aufteilung nach unterschiedlichen Lehrämtern anbieten, denn es gehört zu den Realitäten des Lehrerberufs, dass auch weiterhin deutliche Unterschiede zwischen Lehrkräften an Grundschulen, Hauptschulen, Gymnasien, Berufsschulen etc. bestehen. Auch die Einteilung nach Fächern oder Fächergruppen wäre plausibel, denn vor allem bei Sekundarschullehrern spielt sowohl für die konkrete Berufsarbeit als auch für die berufliche Identität die jeweilige Fachlichkeit eine wichtige Rolle. Ebenso könnte man nach den grundlegenden Aufgabenbereichen der Lehrerschaft – Unterrichten und Erziehen, Beurteilen und Beraten, Innovieren und Professionalisieren – unterscheiden. Solche oder ähnliche Gliederungsprinzipien wären eher einem *Handbuch des Lehrerberufs* zugrunde zu legen; entsprechende erfolgreiche Vorbilder hat es gegeben (vgl. das dreibändige *Handbuch für Lehrer* von Horney u.a. 1960, ²1964). Solche Gliederungsprinzipien entsprechen jedoch nicht einem *Handbuch der Forschung zum Lehrerberuf*. Für ein auf den aktuellen Forschungsstand gerichtetes Handbuch müssen die dominierenden tatsächlichen Forschungsschwerpunkte das leitende Gliederungsprinzip sein. Vor diesem Hintergrund haben wir dem Handbuch folgende Struktur gegeben:

Kapitel I:	Forschung zur Geschichte des Lehrerberufs
Kapitel II:	Charakteristika und Rahmenbedingungen des Lehrerberufs
Kapitel III:	Konzepte der Forschung zum Lehrerberuf
Kapitel IV:	Forschung zur Berufsbiographie von Lehrkräften
Kapitel V:	Forschung zur Lehrerbildung
Kapitel VI:	Forschung zu Lehrerkognitionen, -emotionen und -kompetenzen
Kapitel VII:	Forschung zum Lehrerhandeln
Kapitel VIII:	Forschung zur Belastung und Beanspruchung im Lehrerberuf

Üblicherweise wird in den Einleitungen zu Handbüchern auf Vorläufer verwiesen, denn auf diese Weise lässt sich das neu erscheinende Werk in eine Traditionslinie stellen. Dies ist bei dem hiermit vorgelegten *Handbuch der Forschung zum Lehrerberuf* nicht möglich, da es – im deutschsprachigen Raum – ein solches Handbuch noch nicht gegeben hat. Bislang wurden die Themen Lehrerberuf, Lehrerhandeln, Lehrerbiographien etc. in einzelnen Beiträgen oder auch Kapiteln in Handbüchern zur Schule, zum Unterricht oder zur Bildungsforschung mit behandelt. So enthält etwa die erste Ausgabe des *Handbuch Bildungsforschung* (Tippelt 2002) noch keinen eigenständigen Beitrag zum Lehrerberuf; in die vier Jahre später erschienene, zweite Ausgabe wurde dann ein solcher Artikel einbezogen. Immerhin liegt mit dem von Blömeke u.a. (2004) herausgegebenen *Handbuch Lehrerbildung* eine breite und differenzierte Darstellung und Diskussion für den engeren Bereich der Aus- und Fortbildung von Lehrern vor. Am ehesten noch kommt der umfangreiche, von Zlatin-Trojtschanskaja u.a. (2009) herausgegebene Sammelband *Lehrprofessionalität. Bedingungen, Genese, Wirkungen und ihre Messung* einem *forschungs*orientierten Handbuch nahe.

Auf internationaler Ebene stellt sich die Situation deutlich anders dar. Zwar sind in den verschiedenen englischsprachigen Handbüchern zur Unterrichts- und Schulforschung ebenfalls Kapitel über den Lehrerberuf enthalten. Darüber hinaus gibt es jedoch eine Tradition von Handbüchern, die speziell und ausschließlich dem Lehrerberuf und der Lehrerbildung gewidmet sind, wobei durchgängig der Aspekt der Forschung miteinbezogen wurde. Prägend waren die mittlerweile drei Ausgaben des *Handbook of Research on Teacher Education* (Houston 1990; Sikula u.a. 1996; Cochran-Smith u.a. 2008), die beiden Ausgaben der *International Encyclopedia of Teaching and Teacher Education* (Dunkin 1987; Anderson 1995) sowie die beiden ebenfalls international angelegten Werke *International Handbook of Teachers and Teaching* (Biddle u.a. 1997) sowie *International Handbook of Research on Teachers and Teaching* (Saha/Dworkin 2009). Aufgrund seiner dezidierten Forschungsorientierung sollte in diesem Zusammenhang auch der handbuchartige Sammelband *Studying Teacher Education* erwähnt werden, der von Cochran-Smith/Zeichner (2005) herausgegeben worden ist. Das *Handbuch der Forschung zum Lehrerberuf* ist für den deutschsprachigen Bereich eine Premiere. Es bleibt abzuwarten, ob eine Tradition daraus entsteht.

Die Herausgeber bedanken sich zuallererst bei allen Autorinnen und Autoren für die konstruktive, in inhaltlicher und terminlicher Hinsicht sehr zuverlässige, man möchte fast sagen: ungewöhnlich zuverlässige Zusammenarbeit. Dass ein so komplexes, umfangreiches Projekt wie die Erstellung und Veröffentlichung des vorliegenden Handbuchs tatsächlich fristgerecht realisiert wurde, hat nicht nur, aber zuallererst die Herausgeber selbst verblüfft. Ebenso geht der Dank an den Waxmann Verlag und persönlich an die Geschäftsführerin, Frau Dr. Ursula Heckel, die in kooperativer und zuverlässiger Weise das Unternehmen unterstützt und begleitet hat. Schließlich bedanken wir uns bei Verena Seidel, die als studentische Mitarbeiterin sehr zum Gelingen des Vorhabens beigetragen hat.

Münster, im Juli 2010

Ewald Terhart
Hedda Bennewitz
Martin Rothland

Literatur

Anderson, L.W. (Ed.) (1995): *International encyclopedia of teaching and teacher education.* (2nd edition). Oxford: Elsevier.

Biddle, B.J., Good, Th.L. & Goodson, I.F. (1997): *International handbook of teachers and teaching.* Two volumes. Dordrecht: Kluwer.

Blömeke, S., Reinhold, P., Tulodziecki, G. & Wildt, J. (Hrsg.) (2004): *Handbuch Lehrerbildung.* Bad Heilbrunn: Klinkhardt.

Cochran-Smith, M., Feimann-Nemser, S., McIntyre, D.J. & Demers, K.E. (Eds.) (2008): *Handbook of research on teacher education.* (3rd edition). New York: Routledge.

Cochran-Smith, M. & Zeichner, K.M. (Eds.) (2005): *Studying teacher education. The Report of the AERA-Panel on research and teacher education.* Mahwah: Erlbaum.

Dunkin, M.J. (Ed.): (1987): *International encyclopedia of teaching and teacher education.* Oxford: Pergamon.

Horney, W., Merkel, P. & Wolff, F. (Hrsg.) (1964): *Handbuch für Lehrer.* 3 Bände (2. Aufl.). Gütersloh: Bertelsmann.

Houston, W.R. (Ed.) (1990): *Handbook of research on teacher education.* New York: Macmillan.

Saha, L.J. & Dworkin, A.G. (Eds.) (2009): *International handbook of research on teachers and teaching.* Two volumes. New York: Springer.

Sikula, J. (Ed.) (1996): *Handbook of research on teacher education.* (2nd edition). New York: Macmillan.

Tippelt, R. (Hrsg.) (2002): *Handbuch Bildungsforschung.* Opladen: Leske + Budrich.

Tippelt, R. & Schmidt B. (Hrsg.) (2009): *Handbuch Bildungsforschung.* (2. Aufl.). Wiesbaden: VS Verlag.

Zlatkin-Troitschanskaia, O., Beck, K., Sembill, D., Nickolaus, R. & Mulder, R. (Hrsg.) (2009): *Lehrprofessionalität. Bedingungen, Genese, Wirkungen und ihre Messung.* Weinheim: Beltz.

Forschung zur Geschichte des Lehrerberufs

Martin Kintzinger

Forschung zur Geschichte und Entwicklung des Lehrerberufs vom Mittelalter bis zum Ende des 17. Jahrhunderts[1]

1. Lehren als Beruf: eine historische Vorbemerkung

Zwei Komponenten bestimmen die moderne, noch heutige Vorstellung von einem Beruf: Eine besondere Ausbildung und fachliche Befähigung, die jemanden dazu qualifiziert, die Anforderungen seiner beruflichen Tätigkeit in einer arbeitsteiligen Gesellschaft zu erfüllen, und die persönlich erbrachte Arbeitsleistung zur materiellen Sicherung des eigenen Lebensunterhaltes. Personen, die materiell unabhängig sind und keiner Erwerbstätigkeit nachgehen müssen, werden Tätigkeiten, die sie aus Neigung oder Interesse ausführen, nicht als Beruf verstehen, auch wenn diese Tätigkeiten entlohnt werden. Ebenso wenig werden Ehrenämter als Berufstätigkeit gezählt, auch wenn der damit verbundene Zeit- und Leistungsaufwand erheblich sein kann.

1919 beklagte der Soziologe Max Weber in einem „Politik als Beruf" überschriebenen Essay, dass die Politiker seiner Zeit nicht mehr, wie früher, materiell unabhängige Personen seien, die für die Politik lebten, sondern solche, die vom Entgelt ihrer politischen Tätigkeit ihren Lebensunterhalt bestritten, also von der Politik lebten. Im selben Jahr verfasste er einen weiteren Essay, „Wissenschaft als Beruf", und formulierte dieselben Monita auch für Wissenschaftler seiner Zeit. Einem Beruf nachzugehen hieß für ihn, sich freiwillig mit seinen persönlichen Fähigkeiten in den Dienst einer Sache, eines Auftrags zu stellen. Darin schwingt die etymologische Bestimmung des Berufs-Begriffes in der deutschen Sprache aus einer theologisch geprägten Berufungsmethapher mit: Einer Berufung folgt demnach, wer sich zu einem Lebensauftrag bestimmt sieht. Priester und Ordensleute vertraten seit dem Mittelalter diesen Anspruch und tun es so bis heute, mitunter auch Angehörige von Pflegeberufen. Sie zeichnen sich gerade nicht durch materielle Unabhängigkeit aus, sondern eher durch Verzichtsbereitschaft.

Den eigenen Beruf als Berufung zu verstehen, verbindet demnach sehr unterschiedliche Vorstellungen. Sie mögen im Einzelfall auch von Lehrenden empfunden worden sein oder empfunden werden. Max Webers Ansatz hätte sich auf das Tätigkeitsfeld „Lehren als Beruf", jedenfalls für die Geschichte der Vormoderne und noch der Neuzeit nicht anwenden lassen, da sich kaum Menschen aus einer Position materieller Unabhängigkeit heraus für den Lehrerberuf entschieden. Hingegen zählten Lehrtätigkeiten vielfach zu den „Brotberufen" jener, die ihren Lebensunterhalt verdienen mussten. In der Neuzeit (auch zur Zeit Webers) als Beamte gering, aber fest besoldet und mit der Anerkennung eines mittleren sozialen Status bedacht, fügten sich die Lehrer in die Hierarchien der Staatsdiener.

Während der Vormoderne und insbesondere des Mittelalters sah es noch anders aus. Zunächst waren Lehrpersonen stets Geistliche, die vom Ertrag ihrer Pfründe lebten, einige wenige sehr einträglich, die meisten eher schlecht als recht. Für sie war die Lehrtätigkeit kein Beruf, den sie als Berufung hätten verstehen wollen, sondern eine Funktion oder Amtstätigkeit, die durch mittelbare (über die Pfründe) oder auch unmittelbare Entlohnung (über Zahlungen von Auftraggebern oder Schuleltern) ihre eigene Versorgung sicherte.

Auch dass es Personen gab, die für ihre Lehrtätigkeit entlohnt wurden, hieß noch nicht, dass es das Verständnis eines „Lehrerberufs" gegeben hätte. Ohnehin war der Begriff eines Be-

---

1 Dieser Beitrag entspricht inhaltlich unverändert der Fassung in der ersten Auflage des vorliegenden Handbuchs.

rufes in der erläuterten modernen Bedeutung während des Mittelalters unbekannt. Man ging grundsätzlich davon aus, dass jeder Mensch in seinen sozialen Stand hineingeboren sei und dort nach göttlichem Willen zu verbleiben habe. Noch die reformatorische Standesethik des frühen 16. Jahrhunderts war von dieser Annahme bestimmt.

Notwendig bedeutete allerdings der Übertritt eines Laien in den geistlichen Stand einen Wechsel seiner sozialständischen Zugehörigkeit. Entsprechend gab es in diesem Umfeld ein eigenes Wortfeld, um solche Umstände zu beschreiben (Conversio bezeichnete den Übertritt, Professio die Ablegung der dauerhaften Gelübde).

Sogar soziale Mobilität innerhalb der gesellschaftlichen Ordnung war durchaus möglich, bereits im adeligen und auch im klerikalen Umfeld seit dem Hochmittelalter, vor allem aber im Stadtbürgertum während des Spätmittelalters. Personen bürgerlicher Herkunft (ob als Laien oder Kleriker) hatten erkannt, dass sie durch besondere Kenntnisse und Fertigkeiten, durch Ausbildung und Wissenserwerb, durch Bildung und Gelehrsamkeit Tätigkeitsfelder für sich erschließen konnten, die eine anspruchsvolle Sicherung ihres Lebensunterhaltes erlaubten und zudem dazu führten, ihren sozialen Stand zu bessern. Selbstverständlich niemals auszuschließen ist in diesem Prozess, wie auch bei der Entstehung der Universitäten, die persönliche Neugier und das Wissenwollen einzelner (Schreiner, 1984; Wachinger, 2002). Entsprechend stieg die Nachfrage nach geeigneter Wissensvermittlung ständig an, nach Schulunterricht der verschiedenen Anspruchsniveaus und nach Universitätsstudien. Kirchliche Einrichtungen, vor allem Klöster, dann auch Stiftskirchen waren hier zuerst und vor allem gefordert und hielten geeignete Angebote bereit. Zunehmend boten die Städte unabhängig von der Kirche Unterrichtsformen an und später entdeckten auch die fürstlichen Höfe die Möglichkeit, durch Förderung von Unterricht nachhaltige Personalpolitik zu betreiben. Der Bedarf an Lehrpersonen nahm also permanent zu. Dennoch blieb das „Berufsbild" des Lehrers durchweg okkasionell geprägt, institutionell unselbständig und insgesamt bedarfsorientiert fragil. Auch die wachsenden Karrierechancen der Gebildeten innerhalb der mittelalterlichen Gesellschaft gingen an den Lehrern weitgehend vorbei. Das Verständnis eines Lehrerberufs konnte so nicht entstehen und deshalb kann es nicht überraschen, dass sich dafür auch kein eigenes Wortfeld entwickelt hat.

Eine singuläre Spur führt von der erwähnten Conversio eines Laien in den geistlichen Stand zu einer Begriffsbildung für Lehrende. Aus der Professio/Profess entstand sukzessive und etymologisch nicht mehr exakt nachweisbar der Titel eines Professors, der zwar seit dem 12. Jahrhundert bekannt, aber fast nur in Südeuropa gebräuchlich war und eher allgemein eine durch Wissen ausgewiesene, lehrende Person bezeichnete und nicht zu einem förmlichen Titel wurde (Verger, 1994). Erst in der späteren Entwicklung der Universitäten während der Frühen Neuzeit fand der Begriff zu einer der modernen Praxis entsprechenden Bedeutung. Bis dahin waren selbst die Universitätslehrer förmlich nur durch Magistertitel, im höchsten Fall durch Doktorgrade ausgezeichnet. Diese Titulaturen bedeuteten indessen nicht notwendig, dass ihr Träger als Lehrer an der Universität oder einer Schule wirkte. Sie bezeichneten lediglich, dass er zur Lehre befähigt war. Wer tatsächlich als Lehrer an einer Schule arbeitete, wurde in aller Regel als Magister (oder durch volkssprachliche Übertragungen wie: Meister) bezeichnet, ohne dass davon zwingend auf ihren Ausbildungs- oder Wissensstand geschlossen werden konnte. Magister war lediglich, wer etwas Bestimmtes gelernt hatte und/oder seine Kenntnisse an andere weitergab; es konnte ein Lehrer damit gemeint sein oder auch jeder andere, auf den diese Beschreibung zutraf, wie etwa ein Handwerksmeister (Kintzinger, 1999a, 2004). Vereinzelte Studien der älteren wie jüngeren Forschung haben es unternommen, die überlieferte Terminologie der Gelehrten zu systematisieren, was selbstverständlich regionale oder funktionsspezifische Besonderheiten in der Fülle der (vielfach ungedruckten) Überlieferung niemals vollständig abbilden kann (Ricken, 1961; Weijers, 1986; Schwinges, 2007).

Fachkräfte, die durch Bildung für ihre ausgeübte Tätigkeit qualifiziert waren, von elementarer Schriftfähigkeit bis zu gelehrter wissenschaftlicher Kenntnis, wurden lange Zeit undifferenziert als Gebildete verstanden. Sie konnten als Eruditi (Gelehrte) gelten, wie die Magistri oder Doctores, oder schlichter als Literati (Gebildete, Schriftfähige), gleich welcher Art ihr Fachwissen war und welcher Arbeit sie nachgingen. Lehrer konnten deshalb gemeinsam mit Heilkundigen oder Rechtserfahrenen, auch mit gebildeten Priestern und vor allem mit Schreibern wahrgenommen werden. Vielfach waren Lehrkräfte zugleich als Auftragsschreiber tätig und umgekehrt. Die Forschung hat sich zu diesen Querverbindungen früher im Zusammenhang regionaler Studien aus der Überlieferungsanalyse geäußert, neuerdings eher mit Bezug auf eine funktionale Differenzierung und praktische Anwendung von Fachwissen (Burger, 1960; Kintzinger, 1990; Schubert, 2002; Wolf, 2002).

Was ein Lehrer war, wusste man aber sehr wohl im Mittelalter (Kintzinger, 2004). Schon von dem Kirchenvater Augustinus (354-430) kannte man eine Schrift „Über den Lehrer" (de magistro). Andere schrieben später über denselben Gegenstand, so Thomas von Aquin (um 1225-1274). Im zeitgenössischen Verständnis war der Lehrer nicht in erster Linie derjenige, der irgendwo Unterricht abhielt, sondern ein erfahrener Gelehrter, der jüngeren Menschen sein Wissen weitergab. Deshalb dachte man darüber nach, was es bedeutete, Wissen weiterzugeben, welche Voraussetzungen der Lehrer und welche der Schüler dafür erfüllen mussten. Niemals wäre man auf den Gedanken gekommen, im Lehrer und seinem Tun eine bloße Soldtätigkeit oder „Informationsvermittlung" zu sehen und stets stand im Zentrum des Nachdenkens das Wissen des Lehrers und der Schüler als Prägung ihrer gesamten Persönlichkeit. Mit diesem Verständnis ließ sich jeder Mensch, der gelehrte Kenntnisse besaß und sogar jeder, der überhaupt etwas wusste, weil er es gelernt hatte, als Wissender bezeichnen – entweder als Gebildeter (eruditus), Gelehrter (doctus) oder gar Weiser (sapiens). Unterrichtet worden zu sein (eruditus), gehörte im hohen Mittelalter zu denjenigen Eigenschaften, die man von einem Bischof verlangte und die entsprechend in Lobschriften auf einzelne herausragende Bischofspersönlichkeiten betont wurden. Lesefähigkeit wurde mehr und mehr auch eine Anforderung an die Herrscher. Dass ein des Lesens unkundiger König wie ein gekrönter Esel sei (rex illiteratus quasi asinus coronatus) hat der englische Theologe Johannes von Salisbury (um 1115-1180) geschrieben. Er selbst war hochgebildet und hatte in Paris studiert.

Wissen bezeichnete immer mehr als nur Angelerntes, es sollte dem Menschen einerseits nützlich sein zur Orientierung in seinem alltäglichen Leben und andererseits dem ganzen Menschen zum Heil dienen. Die höchste Form des Wissens, die Weisheit (sapientia), war demnach der Weg zur vollkommenen Erkenntnis Gottes, der der Mensch zustreben, die er aber nie erreichen konnte. Daher kommt es, dass die Autoren der frühen Kirche als Kirchenväter oder als Kirchenlehrer bezeichnet wurden.

„Lehrer" bedeutete also im Mittelalter weit mehr, als man mit dem modernen Begriff bezeichnen kann. Erst seit dem 12. Jahrhundert kam es, im Zuge der Etablierung universitär gebildeter Juristen als Spezialisten in der Gesellschaft ihrer Zeit, zu einer stärkeren terminologischen Verdichtung auch der Lehrtitulaturen. Grundlegend sind solche Zusammenhänge für das Mittelalter von Johannes Fried und Peter Moraw aufgearbeitet worden, für die Frühe Neuzeit von Rainer A. Müller (Fried, 1974; Moraw, 1996; Fried, 2008/2009, S. 288-291; Lohr, 1981, Sp. 1826-1827; Müller, 2008). Die Komplexität dieses Befundes führt dazu, dass ein Lemma „Lehrer" in den entsprechenden Bänden der maßgeblichen Lexika nicht ausgeworfen werden konnte, so im Lexikon des Mittelalters 1991, das im Folgeband 1992 dagegen neun verschiedene Magister-Begriffe vorstellt, darunter den Magister universitatis (Verger, 1992), oder in der Enzyklopädie des Mittelalters 2008.

Die Geschichte des Lehrerberufs konnte und kann also für das Mittelalter und die beginnende Frühneuzeit in der europäischen Geschichte nicht ohne weiteres geschrieben werden. Deshalb gibt es keine thematisch focussierte historische Forschungsgeschichte. Ältere Zugriffe wie diejenigen von „Berufsstand"-Darstellungen, etwa Emil Reickes „Der Gelehrte in der deutschen Vergangenheit", werden bis heute wegen ihrer reichen Ausstattung mit zeitgenössischen Illustrationen geschätzt, gelten in ihrem methodischen Ansatz aber seit Jahrzehnten als überholt (Reicke, 1924). Dasselbe trifft auf den umfassenden Anspruch von Darstellungen zu, die unter Titelformulierungen wie „Die gelehrte Welt des Mittelalters" auch die Geschichte der Schulen, Lehrinhalte und Lehrer subsumieren wollten (Piltz, 1978/1982). Entsprechend geht man in der interdisziplinären historischen Forschung dazu über, Allgemeinbegriffe wie „Bildungsgeschichte" oder „gelehrte Welt", ähnlich denjenigen des „mittelalterlichen Menschen", aufzugeben. Man segmentiert seither die unterschiedlichen Erscheinungsformen und Entwicklungsfelder, wie sie in der historischen Überlieferung bezeugt sind. Entsprechend handelt die Forschung separat bzw. vergleichend und vernetzend von der Institutionengeschichte der Wissensvermittlung (Schulgeschichte, Universitätsgeschichte), der Geschichte der gelehrten Inhalte oder Wissensgeschichte sowie der Geschichte der Lehrpersonen. In das Lexikon des Mittelalters fand 1981 nicht nur ein umfangreicher, nach Nationalliteraturen differenzierter Beitrag über lehrhafte Literatur Eingang, sondern auch der Artikel „Lehre, Lehramt", der sich weitgehend auf die Entwicklung des zeitgenössischen Verständnisses von Lehre als der Vermittlung kanonisierter Inhalte bezieht und einleitend das Lehramt über den Titel und die Funktionen des Magisters erklärt (Lohr, 1981).

Zuletzt und aktuell sind vier Entwicklungen feststellbar, die die Forschung über die Lehrer des Mittelalters in neue kulturhistorische Kontexte stellen: Das Verhältnis von Lehrern und Schülern an den früh- und hochmittelalterlichen kirchlichen Schulen wird zunächst ausdrücklich nicht mehr über Titulaturen oder Funktionen erklärt, sondern aus einer Personalbindung spiritueller Freundschaft (Jaeger, 1994, 1999; Steckel 2011). Mit der Rezeption sozial- und kulturwissenschaftlicher Diskurse über die Genese von *Knowledge societies* (Burke, 2000/2001) werden weiterhin die Teilöffentlichkeiten der Gesellschaft des Mittelalters über den Begriff der Wissensgesellschaft beschrieben (Fried, 2001/2002; Kintzinger, 2003/2007). Mit der Einordnung von Formen des Unterrichts und der Wissensvermittlung in einen Kontext von Methodik und Medialität wird gleichzeitig die Tätigkeit von Lehrern an Schulen und Universitäten wissens- wie kommunikationsgeschichtlich bestimmt (Kintzinger, 2008b). Innerhalb einer Untersuchung der Professionalisierung und der Wirkungsgeschichte akademischer Eliten sind Lehrer schließlich im Kontext universitärer Artistenmilieus zum Gegenstand sozialgeschichtlicher und prosopographischer Forschung geworden (Kintzinger, 1996, 1999a; Schwinges, 1997/2008; Schwinges, 1999). Hier konnte auch die Perspektive einer prosopographisch gesicherten Lebenslaufforschung genutzt werden (Keck & Wiersing, 1994; Immenhauser, 2007). Der sozialhistorische und personengeschichtliche Ansatz ist seit längerem und richtunggebend von Rainer Christoph Schwinges profiliert worden, derzeit und künftig auch im Rahmen eines Langzeitvorhabens der deutschen Union der Akademien der Wissenschaft unter dem Titel „Repertorium Academicum Germanicum" an den Universitäten Bern und Gießen.

Nicht zuletzt haben die aktuellen Tendenzen interdisziplinärer Öffnung der historischen Forschung auch auf diesem Referenzfeld zu einer Internationalisierung geführt. Ist die Schul- und Bildungsgeschichte, mitunter sogar die Universitätsgeschichte, früher weitgehend regional und national focussiert gewesen, so hat sich der Forschungsdiskurs durch die kulturwissenschaftlichen Anregungen der letzten Jahrzehnte davon deutlich gelöst. Aufgrund umfangreicher Detailstudien über eine im Vergleich einzigartige Überlieferung zu den kirchlichen Schulen, sogar den ansonsten kaum nachweisbaren Schulen an Pfarrkirchen, hat die englischsprachige institutionengeschichtliche Forschung frühzeitig Maßstäbe gesetzt (Orme, 1973; Courtenay, 1987). Die soeben erwähnten Tendenzen heutiger Untersuchungen verdanken sich der Kooperation vor allem zwischen englisch- und deutschsprachiger Forschung. Insbesondere zur Geschichte des universitären Wissens wird derzeit führend in der französischsprachigen Forschung gearbeitet, so etwa durch die Verbindung von Institutionen- und Personengeschichte (zugleich eine Verbindung zu den erwähnten Forschungen von Schwinges und der Frage nach der die Wissensvermittlung strukturierenden Geltung normativer sozialer Ordnungen (Marmursztejn, 2007).

Seit längerem ist zudem in der französischen Wissenschaftsgeschichtsforschung die aus der Annales-Tradition stammende, wesentlich von Jacques Le Goff geprägte Focussierung auf die „Intellektuellen" (Le Goff, 1957/1985/1986) durch eine Kontextualisierung über die Geschichte des Denkens (de Libera, 1991) sowie die Neubestimmung einer sozial- wie kulturhistorisch akzentuierten *Histoire culturelle* (Sot, Boudet & Guerreau-Jalabert, 1997/2005) geweitet worden. Als vorläufige Synthese darf die Arbeit des Pariser Universitätshistorikers Jacques Verger „Les gens de savoir en Europe" gelten, die die gelehrte Kultur zugleich strukturell mit ihrer funktionalen Praxis im zeitgenössischen gesellschaftlichen Umfeld erfasst. Mit der zitierten Titelformulierung seines Buches leistet Verger nicht zuletzt eine neue, richtungweisende Begriffsprägung (Verger, 1997). Unter den „gens de savoir", einem im Deutschen nicht adäquat übersetzbaren Terminus, werden Gebildete und Gelehrte der unterschiedlichsten Wissensfelder subsumiert. Lehrpersonen werden hier nicht mehr primär über die Institution der Schule erfasst oder die Vermittlung tradierter Bildungskanones, sondern im Kontext ihrer zeitgenössischen gesellschaftlichen Verortung und Wirkung.

Wenn man also (nach einem mittelalterlichen Denkmuster) Verba und Res, die Begriffe und die Sachen, unterscheidet und das historische Vorhandensein von Erscheinungsformen vor ihrer begrifflichen Bezeichnung voraussetzt, dann wird man die Geschichte der Lehrtätigkeit in der europäischen Gesellschaft vom frühen Mittelalter an nachweisen und beschreiben können. Bei alledem darf die Geschichte der vormodernen Lehrtätigkeiten aber keineswegs als Vorgeschichte zur Moderne oder als Fortschrittsgeschichte missverstanden sein. Sie muss stets unter den Bedingungen ihrer Zeit und mit dem Nachweis vorhandener wie auch fehlender Eindeutigkeiten beschrieben werden und ist in der heute maßgeblichen Forschung entsprechend dargestellt worden.

Zu Beginn ist hier deshalb von lehrender Tätigkeit ohne dezidierte Lehrfunktion die Rede, sodann von einer schulischen Lehrtätigkeit in den unterschiedlichen Institutionen, die in der mittelalterlichen Gesellschaft bis zum Beginn der Frühen Neuzeit etabliert worden sind.

2. Wissen und Lehren

In der Geschichte der mittelalterlichen Historiographie gilt der gelehrte Bischof Otto von Freising (um 1112-1158) als einer der bedeutendsten Geschichtsschreiber (Goetz, 1984; Ehlers, 2013). Es ist zweifellos mehr als förmliche Bescheidenheit, wenn er seine Ausführungen über komplizierte theologische Inhalte, wie das Wesen der Engel, durch die Bemerkung ergänzt, er habe sie „nicht aus eigenem Denken, sondern aus den heiligen Schriften vorgebracht" (Lammers, 1960/1980, S. 667). Ganz am Schluss resümiert er entsprechend: „Denn manches ist hier [...] nicht als unumstößliche Behauptung, sondern als Meinung oder Versuch vorgetragen, und ich überlasse darin die endgültige Entscheidung Klügeren" (Lammers, 1960/1980, S. 681). Wissen sollte sich nach mittelalterlichem Verständnis immer aus der überlieferten, zumeist schriftlichen Tradition herleiten und auf dieser Grundlage weiteres Nachdenken und Fragen ermöglichen, das aber im Bewusstsein geschehen sollte, irren zu können und, insbesondere, bei allem Erkennen immer Stückwert zu bleiben und sich der Wahrheit und der Weisheit Gottes nur annähern, sie aber niemals erfassen zu können. Hierin ließe sich aus moderner Sicht sowohl eine Wissenschaftssystematik als auch eine Lehrmethodik erkennen. Für die Vermittler wissenschaftlichen und schulischen Wissens, das vielfach nicht zu trennen war, galten diese Postulate mit Selbstverständlichkeit entsprechend, auch wenn sie nicht im Stil disziplinärer oder curricularer Programme formuliert worden sind. Man mag sich vorstellen, wie vorsichtig und selbstkritisch ein Gelehrter entsprechend seine Zuhörer, Mitarbeiter und Schüler in das Wissen seiner Zeit einführte.

Als „Lehrer" hat man Otto dennoch in der Forschung nicht untersucht – und hätte es doch tun können. Seit Mitte der 20er Jahre des 12. Jahrhunderts ging er für vermutlich fünf bis sechs Jahre zum Studium nach Paris. Er konnte dort von einigen der berühmtesten Lehrer seiner Zeit lernen, insbesondere Petrus Abaelard (1079-1142), der als einer der Begründer der scholastischen Methode gilt und Hugo von St. Viktor (um 1097-1141), einem der großen Enzyklopädisten, der das intellektuelle Milieu in Paris maßgeblich prägte (Doyle, 2005). Hugo und Abaelard waren beide hochgebildet und doch standen sie für sehr unterschiedliche Ansätze: Hugo repräsentierte die gelehrte Tradition der großen Kathedralschulen, Abaelard einen geradezu ungestümen Aufbruch wissbegieriger junger Männer, aus dem schließlich die Anfänge der Universität in Paris hervorgingen. Wenn es eines Beweises bedürfte, dass das Mittelalter nicht eine Zeit der Erstarrung und der Vorurteile war, so findet er sich hier. Man hat von einer „Aufklärung im Mittelalter" gesprochen (Flasch, 1989).

3. Lehren und Herrschen: eine Erklärung

Otto, der spätere Bischof von Freising, wurde zum Zeugen dieser Jahre als einer der aufregendsten Entwicklungsphasen in der mittelalterlichen Wissensgeschichte und es ist nicht anders denkbar, als dass er davon nachhaltig und wohl sein Leben lang beeinflusst blieb. Unmittelbar nach der Rückkehr aus Paris begann er mit der Niederschrift einer Weltchronik, an der er weit über zehn Jahre arbeitete – eine der beeindruckendsten gelehrten Leistungen jener Zeit. Er war zuvor nicht unvermittelt nach Paris gekommen, sondern hatte zuerst in seiner Heimat, an dem Augustiner-Chorherrenstift Klosterneuburg, eine umfassende Schulbildung erhalten. Dennoch weiß man nicht genau, wer seine Lehrer waren, wo und was sie ihrerseits gelernt hatten und was sie in ihrem Unterricht vermittelten. Vielfach, fast in aller Regel, treten die Lehrer an Kloster- und Stiftsschulen hinter ihren Ämtern und in ihren Institutionen zurück. Selbst umfangreiche Untersuchungen zur Prosopographie von Ordenskonventen und Stiftskapiteln mit renommierten Schulen, die in der Forschung geleistet worden sind, führen in aller Regel nicht dazu, dass Persönlichkeiten, Unterrichtsinhalte oder -methoden der Lehrer im Detail erkennbar würden. Die Überlieferung bezeugt den Lehrer in erster Linie als Mitglied einer geistlichen Gemeinschaft und definiert ihn über sein Lehramt, nicht über seine persönlichen Fähigkeiten und Arbeitsweisen.

Dass gelehrte Geschichtsschreibung wie diejenige Ottos von Freising als politische Prosa und zugleich als „Lehrwerk" über das Wissen der Zeit verstanden werden kann, ist in der heutigen historischen Forschung unstrittig (Studt, 1992, 2000). Auch der Verfasser einer gelehrten Geschichtsschreibung belehrte die Leser und (bei der üblichen Praxis des Vorlesens) Hörer seines Werkes. Otto hatte von seinem Lehrer Hugo von St. Viktor in Paris gelernt, die Geschichte hoch zu schätzen, als Anfang aller Wissenschaft. Geschichte (historia) galt beiden als Erzählen von Geschehenem, von Vergangenheit (rerum gestarum narratio) (Ehlers, 1972, 1973; Walther, 1996). Knapp zwanzig Jahre bevor Otto seine Chronik schrieb, wahrscheinlich in den späten zwanziger Jahren des 12. Jahrhunderts, hatte Hugo eine Art Studienbuch verfasst, das die Disziplinen der Wissenschaft, ihre Arbeitsmethoden und ihre Erkenntnishorizonte vorstellte (Didascalicon) und dabei auch ausführlich die Geschichte behandelte (Offergeld, 1997, S. 361). Sein Buch stellt nicht nur eine Wissenschaftssystematik dar, sondern ist im Tenor sehr nahe an einer Situation von Unterweisung und Unterricht. Mitunter meint man geradezu, die Stimmen der Schüler als Zwischenrufe zu hören: „Du sagst: ‚In den Geschichtswerken finde ich vieles, das ganz ohne Nutzen zu sein scheint, warum soll ich mich mit so etwas beschäftigen?'" (Offergeld, 1997, S. 365).

Unweigerlich erschließt sich aus solchen Zitaten, wie schon aus denjenigen Ottos von Freising und anderer, dass sich der wissenschaftsgeschichtlich so bedeutende Aufbruch der frühscholastischen Logik im 12. Jahrhundert kaum erfassen lässt, wenn man ihn vom Ort des Geschehens, den Schulen in der Ile-de-France, trennt. Von diesem Milieu des von den Zwängen institutioneller Beschränkung befreiten Denkens und der Vermittlung einer Methode logischen Fragens und Disputierens in den Schulen ausgehend, wurde die Frühscholastik durch die klügsten und gelehrtesten Schüler in ganz Europa verbreitet und wirkte weit über die Zusammenhänge von Schule und Unterricht hinaus. Nicht selten findet man sogar in den Schulen anderer europäischer Regionen weniger Wirkungen bezeugt als etwa in der dortigen zeitgleichen Kunst, auch der Baukunst (Ehlers, 1996; Wolter - von dem Knesebeck, 2003, 2006). Nicht zuletzt über ein Verfahren der Bibelexegese verbreitete sich die neue Methode europaweit, schon der Schule von St. Viktor und sodann auch der scholastischen Logik (Ehlers, 1981, 1998). Die europäische Dimension des gelehrten Wissenstransfers und der Zusammenhang von Wissensgeschichte und Schulgeschichte ist über lange Zeit und bis in die letzten Jahre richtungweisend von Joachim Ehlers untersucht und dargestellt worden (Ehlers, 2002, 2006). Seine Arbeiten haben maßgeblich dazu beigetragen, dass die früher mit Selbstverständlichkeit vorgenommene Einordnung des wissenschaftlichen Aufbruchs der Frühscholastik als „Renaissance des 12. Jahrhunderts" heute zugunsten einer differenzierten Sicht auf das Verhältnis von Monastik und Scholastik sowie von Schul- und Universitätsgeschichte revidiert wird (Southern, 1952/1980; Ehlers, 1981; Kintzinger, 2008b; Steckel, 2011). Zugleich ist damit die Erforschung der Schulen und der Lehre in der Vormoderne sukzessive von den Methodenpostulaten der überkommenen Geistesgeschichte abgerückt, zunächst zugunsten einer Institutionen- und einer Sozial- bzw. Personengeschichte, sodann in Richtung auf aktuelle kulturwissenschaftliche Ansätze (*Histoire culturelle*, Netzwerkforschung). Die jüngste Aufwertung einer *intellectual history* in den historischen Kulturwissenschaften hat sich hingegen bislang kaum prägend auf diesem Forschungsfeld ausgewirkt. Hingegen ist die Tendenz festzustellen, Inhalte wissenschaftlicher Beschäftigung und schulischer Lehre weniger als früher im Kontext ihrer Vermittlungsinstanzen zu untersuchen als im Zusammenhang kultureller Entwicklungstendenzen oder diskursiver Praktiken.

4. Unterrichten und Beraten

Angehörige des Welt- und Ordensklerus standen in der Wahrnehmung des Adels im Mittelalter für den Dienst des geistlichen Standes, dessen Mitglieder durch die Weihe von den Laien unterschieden waren, noch nicht durch eine formale Ausbildung (wie das priesterliche Theologiestudium in neuerer, nachtridentinischer Zeit), und die deshalb die Sakramente verwalten und den Dienst in der Messe versehen durften. Der durch Geburt und Landbesitz legitimierte Adel hingegen galt bis in das 12./13. Jahrhundert hinein als derjenige weltliche Stand, der den Waffendienst zum Schutz der Kirche und der übrigen Stände zu leisten hatte und aus dem sich Fürsten und Könige rekrutierten, eine sozialständische Elite. Zumindest die adeligen Herren hielten es für überflüssig, durchaus auch ihres Standes unwürdig, sich literales Wissen anzueignen. Der Bedarf daran konnte jederzeit durch Kleriker gedeckt werden, die man ständig oder fallweise dafür in Dienst nahm. Auch am Herrscherhof galt diese Ansicht lange Zeit, weshalb jede Form von schulischer Unterweisung außerhalb des Wahrnehmungshorizontes lag und die wissensvermittelnde Funktion von Geistlichen geradezu marginal hinter deren kirchlicher Stellung zurücktrat. Es war hier die zunehmende ökonomische, bald auch politische Konkurrenz der Städte, die eine partielle Überlegenheit der Schriftkultur seit dem 12. Jahrhundert zunehmend vor Augen führte. Mehr und mehr legte vor allem der regierende Adel Wert auf die Anstellung schreibkundigen Personals, bald auch rechtserfahrener Räte, die durchaus zunächst noch Geistliche sein konnten, aber über ihre Kompetenz als Gebildete oder Gelehrte gefragt waren.

Seit dem Hochmittelalter war es zudem üblich geworden, dass die Töchter des höheren Adels von „Privatlehrern“, vor allem Geistlichen, am Hof des Vaters das Lesen, vielfach auch das Schreiben in der Volkssprache vermittelt bekamen, mitunter auch Grundlagen im Lateinischen. Sie sollten den Psalter oder andere geistliche Schriften und Erbauungsliteratur lesen können, die man zu diesem Zweck für sie auswählen und zusammenstellen ließ. Adelige Frauen waren den Männern ihrer Familie also Generationen lang bildungsmäßig deutlich überlegen. Mit dem beginnenden Spätmittelalter aber werden zumindest im regierenden Adel, wohl aber auch weiter darüber hinaus, die Männer ebenfalls (zumindest in der Volkssprache) schreibkundig gewesen sein. Heute ist jedenfalls unstrittig, dass Briefkorrespondenzen zwischen Adelshöfen keine Seltenheit waren. Vielleicht hat das von den berühmten Autoren der deutschsprachigen höfischen Epik bis in das 13. Jahrhundert hinein geprägte Bild des standesstolzen, bewusst nicht gebildeten adeligen Herrn die Rezeption in der modernen Wissenschaft zu lange geprägt. In der aktuellen Forschungsliteratur wird ein differenziertes Bild vom praktischen Umgang des Adels mit Bildungswissen zumindest im Spätmittelalter gezeigt und anhand der Inanspruchnahme von Rechtsinstrumenten ist nachweisbar, dass sogar Angehörige sozial gehobener bäuerlicher Kreise Zugang zu Schriftfähigkeit besaßen (Schmieder, 2000; Reinle, 2001, 2003).

Die Vermittlung von Wissensinhalten in bäuerlichen Kreisen entzieht sich weitgehend unserer Kenntnis. Hier mögen Angehörige von nahegelegenen Klöstern oder die jeweiligen Pfarrpriester entsprechend gewirkt haben. Im Adel wird vor allem an Privatunterricht durch (geistliche) Bedienstete zu denken sein (Orme, 1984; Ashley & Clark 2001; Paravicini & Wettlaufer, 2002). Eine förmliche Schule hat es hingegen in beiden Milieus nirgends gegeben. Formen des öffentlichen, allgemein zugänglichen Unterrichts sind in diesem Kontext nicht denkbar. Zu den am häufigsten zitierten angeblich frühesten Belegen für eine Schule im Mittelalter gehört das Motiv des sogenannten „Schulmeisters von Esslingen“, eine Miniatur in einer im frühen 14. Jahrhundert entstandenen, als Codex Manesse bekannten Handschrift mit Texten der höfischen Epik. Drei Männer sind zu erkennen, einer von ihnen durch Darstellung in größerem Format wohl der Verantwortliche, die anderen vielleicht seine Helfer, davon einer ein Geistlicher, die mit Zeigegestus und auf Bücher deutend andere Personen unterrichten. Es ist dieser Habitus des Lehrens und die von zwei der drei Lehrenden erhobene Rute, das Symbol des Lehrers, der diese Szene ihre Bezeichnung verdankt. Zweifellos handelt es sich dabei nicht wirklich um eine Schule, sondern die Darstellung, wie jüngere Menschen in die Kunst des Vortragens von epischen Texten oder der Minnelyrik eingewiesen wurden. Die Vermittlung literalen Wissens an den Höfen des hohen und vielfach noch des späten Mittelalters wird man sich ähnlich vorstellen dürfen. Dennoch ist die Miniatur die Verbildlichung eines Narrativs, der „typischen“ Lehrer-Schüler-Szene, die häufig und über Jahrhunderte fast unverändert gezeigt wurde. Sie ist unabhängig davon, welche Inhalte gemeint waren und sie stellt in keinem Fall eine realistische Wiedergabe von Unterricht dar. Allerdings belegt sie unabweisbar, dass Unterricht und schulische Wissensvermittlung im Adel und an den Höfen seit spätestens dem ausgehenden Hochmittelalter bekannte

Größen waren. Eine typologisch sehr ähnliche Szene findet sich bereits in der ersten Illustration zu Handschriften des vor 1235 entstandenen Sachsenspiegels, einer Aufzeichnung des Lehn- und Landrechts. Eine durch einen langen Bart als älterer Mann kenntlich gemachte Person, mit überkreuzter Beinhaltung (wie bei einem thronenden oder zu Gericht sitzenden Fürsten) als Zeichen der Kenntnis von Herrschaftsrechten, hält eine Rute in der erhobenen Hand und deutet mit Zeigegestus auf die dem Bild beigefügte Schrift. Es geht darum, dass man das Lehnrecht erlernen könne und es in Text und Bild im Folgenden dargestellt sei. Der ältere Mann ist unverkennbar der Lehrer (des Lehnrechts) für einen jüngeren Mann, der ihm gegenübersitzt, eine angedeutete Krone auf dem Haupt trägt, also nicht nur ein Adeliger, sondern der König selbst sein kann, und der das Gelenk seiner rechten Hand mit der linken umfasst hält, um durch den sogenannten Unfähigkeitsgestus seine Unkenntnis anzuzeigen. Er muss wie ein Schüler von dem Lehrer lernen.

5. Lehrer und Schule: Ein Bildmuster zur Realität?

Aus diesem Bildmuster ist die typische Szene des „Lehrers mit seinen Schülern" entstanden, wie sie in Überlieferungen seit dem Hochmittelalter bekannt ist und als Holzschnitt im Spätmittelalter vielfach Verwendung fand: Der Lehrer sitzt leicht erhöht am Pult (einem Katheder) und hat ein aufgeschlagenes Buch vor sich liegen. Die Schüler sitzen vor ihm an Bänken und hören ihm zu, dabei mitunter ihrerseits Bücher vor sich haltend. Auch wenn diese Darstellung auf den ersten Blick als Unterrichtsszene selbsterklärend zu sein scheint, ist sie es nicht. Anders als in der Literatur gelegentlich zu lesen, ist eine solche Darstellung für die Klosterschulen seit dem Frühmittelalter nicht belegt. Sie findet sich erst für den Unterricht in den Hohen Schulen, aus denen die Universität hervorgegangen ist, und für Universitätsvorlesungen (Arnold, 1999; von Hülsen-Esch, 2006, Abb. 147). In diesem Umfeld wurde sie besonders häufig in der zweiten Hälfte des 14. Jahrhunderts reproduziert. Gleichzeitig bot der deutsche, an der Universität Paris lehrende Konrad von Megenberg (1309-1374) eine erste ausführliche Beschreibung. Magister cum discipulis (der Lehrer mit den Schülern), so ist der Bildtypus zu bezeichnen und nach Megenberg ist damit die Gemeinschaft des Lehrers mit seinen Schülern zum Zweck des Unterrichts an einem dafür geeigneten Ort bezeichnet. Hierin kann man eine rudimentäre Beschreibung von Schulunterricht erkennen. Obwohl sich Megenberg ausführlich dazu äußert, welche Inhalte und welche Methoden des Unterrichtens in den Schulen anzuwenden seien, spricht er doch lediglich von Universitätsunterricht, nicht von eigentlichem Schulunterricht (Kintzinger, 1998; Drossbach, Kintzinger & Märtl, 2006).

Die Rückübertragung auf vor- und außeruniversitäre Schulen ist in der Sache zweifellos zulässig, denn so oder ähnlich wird jeder Schulunterricht ausgesehen haben. Dennoch gibt es keine bildlichen oder textlichen Darstellungen dazu. Auch wenn, wie erwähnt, das Kloster der Ort des Wissens und seiner Vermittlung blieb, so gibt es keine authentische bildliche Darstellung oder textliche Beschreibung dazu. Selbst der vielfach zitierte St. Galler Klosterplan, entstanden im frühen 9. Jahrhundert im Kloster Reichenau, sollte für den Neubau des nach einem Brand zerstörten Klosters in St. Gallen einen Idealplan alles Wünschenswerten bieten, keinen realen Bauplan. Viel ist dazu diskutiert worden, doch nach dem aktuellen Forschungsstand kann man davon ausgehen, dass der Plan normativ und nicht deskriptiv zu verstehen ist. Diese Feststellung gilt dann entsprechend für die Erwähnung einer inneren Schule für die Novizen des Klosters und einer äußeren für Gäste und Schüler aus dem Weltklerus oder dem Laienstand. Schon die räumliche Zuordnung beider Schulen auf dem Plan ist schwierig und die daraus früher gern vorgetragene Ableitung, es habe in den Benediktinerklöstern des Frühmittelalters (oder auch noch später) das Nebeneinander innerer und äußerer Schulen gegeben, ist ebenso haltlos wie die wiederum daraus erschlossene Behauptung, es habe eine öffentliche Schule schon in der Karolingerzeit gegeben (Frenz, 2006).

Dass die Klöster im 6. bis 10. Jahrhundert die maßgebliche Instanz der Wissensspeicherung und -vermittlung und damit auch des Transfers antiken Wissens in die Welt des Mitteltalters waren und dass sie neben Skriptorien und Bibliotheken auch die Schulen als Zukunftspotential in die Welt des europäischen Mittelalters einführten, ist unbestritten. Auch über die Zeit der Stifts- und Kathedralschulen seit dem 10. Jahrhundert, diejenige der Universitäten seit dem 12. Jahrhundert und selbst über die Phase der Reformation im 16. Jahrhundert hinaus sind Klöster Orte der Schule bis in die Neuzeit gewesen und bis in die heutige Gegenwart hinein geblieben. Vieles über die Wissensinhalte als wahrscheinliche Lehrinhalte und etliches über gelehrte Lehrer ist bekannt. Aber Begriff und Verständnis einer institutionalisierten Schule und des Lehrerberufes sucht man vergeblich. Es ist stets nur ansatzweise möglich, über den Ort der Schule innerhalb eines Klosters zu spekulieren (dies- oder jenseits des Klausurbereichs, wie im St. Galler Klosterplan, wahrscheinlich nahe dem Kreuzgang südlich der Kirche innerhalb des Klausurbereichs). Auch eine genaue Zuständigkeit für die schulische Lehre, als Funktionszuschreibung an bestimmte Angehörige eines Konventes, ist kaum feststellbar, obwohl die Sorge um das Heilswissen und der Umgang mit der gelehrten Tradition von Beginn an zum benediktinischen Mönchtum hinzugehörte und der Konflikt um die Zulässigkeit von Wissensbeständen und eine Kanonisierung des Wissenswerten zu den Konstanten der Ordens- und Reformgeschichte gehört (Kintzinger, 2006).

Der Ort einer Schule innerhalb kirchlicher Einrichtungen im Mittelalter bleibt insgesamt weitgehend ein Geheimnis, auch an den Stifts-, Dom- oder Kathedralschulen. Erst mit den Konventsschulen von Reformorden, der Mendikanten insbesondere, dann mit der Universität und nachreformatorisch mit den Schulen der Jesuiten wurde hier ein neues Kapitel aufgeschlagen. In den großen Kathedralschulen der Ile-de-France, aus deren Lehrbetrieb und wissenschaftlichem Potential einer der wesentlichen Impulse zur Entstehung der Universität hervorging, hat es offenbar jeweils mehrere Unterrichtseinheiten nebeneinander gegeben, so dass wir heute nicht mehr von „der Schule", sondern von „den Schulen" von Chartres im 12. und 13. Jahrhundert sprechen. Mitunter, so etwa in Erfurt, sind Schulen jener Zeit, aus denen später eine Universität hervorging, in ihrem Lehrprogramm und über die Namen der Lehrer, nachweisbar (Lorenz, 1989). Wo genau sie aber topographisch zu verorten sind, bleibt vielfach Vermutung. Selbst Schulen für den Lateinunterricht, die seit dem 13. Jahrhundert als städtische Einrichtungen gegründet werden konnten, sind vor 1500 häufig kaum lokalisierbar. Sie blieben in der Regel an eine Pfarrkirche angeschlossen, fanden aber auch dort keinen notwendig lokalisierbaren Ort.

Mit der Entstehung unterscheidbarer Lehrmeinungen in den Hohen Schulen an den Kathedralen wird allerdings der Lehrer greifbarer: Er und seine Lehre sind es, anhand derer man die Schulen unterscheiden kann. Schon in ihrer Zeit war es so und deshalb kam es zu der heute sogenannten Bildungs- oder Wissensmigration vor allem an die Kathedralschulen der Ile-de-France oder die Rechtsschulen und die Schulen der Briefstellerei in Oberitalien seit dem 12. Jahrhundert. Aus ganz Europa zogen Wissbegierige dorthin, um bei bestimmten Lehrern bestimmte Inhalte und Methoden zu lernen. Damit ist allerdings die eigentliche Schulgeschichte bereits verlassen.

Stiftsschulen im deutschen Raum haben mitunter ebenfalls bedeutendes Ansehen gewonnen (Hildesheim, Bamberg) und berühmte Lehrer an sich gezogen. Anders als an den Klosterschulen, hat es an den Stiftsschulen immerhin Bezeichnungen für die Funktion des Lehrers gegeben. Seit dem 10. Jahrhundert kannte man in manchen Stiften die Bezeichnung des Scholasters.

Noch im 12. und 13. Jahrhundert in Paris war es der Scholaster von Notre Dame, der die Schulhoheit über die Unterrichtsanstalten in der Stadt oder sogar der Diözese für sich beanspruchte. Dabei war die Funktionsbezeichnung des Scholasters eher formal an ein Kapitelamt gebunden, wie andere auch. Einer der Kapitulare des Stiftskapitels hatte Sorge für den Unterricht an der Schule zu tragen. Mehr war damit nicht gesagt und es bestand keineswegs notwendig der Anspruch, dass der Betreffende selbst Unterricht hielt oder sich überhaupt persönlich um die Schule kümmerte. Er konnte zu diesem Zweck andere Personen beschäftigen, die er aus dem Ertrag seiner hochdotierten Stiftspfründe finanzierte. Sein persönliches Wissen und sein eigener Bildungsstand blieben infolgedessen ohne Folgen für den tatsächlichen Unterricht. Stellte der Scholaster einen gelehrten Lehrer ein, konnte der Unterricht von gehobenem Niveau sein. Allerdings waren qualifizierte Personen, Universitätsmagister etwa, teuer. Andere, universitäre Bakkalare oder Ungraduierte, ließen sich hingegen kostengünstig gewinnen (Kintzinger, 1990, 1999a).

Tatsächlich gab es an Stiftsschulen nachweisbar (insofern anders als an den Klosterschulen) neben Schülern aus dem Kreis der künftigen Kapitulare auch solche, die später Weltkleriker (Pfarrpriester, Diözesangeistliche) werden wollten und Söhne aus bürgerlichen Familien gehobener sozialer Schichten. Sie ließen ihre Kinder – Mädchen sehr häufig nicht anders als Jungen – unterrichten, sobald sie das Alter von fünf Jahren erreicht hatten. Nun konnten die Kinder in eine Vorschule geschickt werden, die sie sofort oder nach einer Übergangsphase im Schreiben und Lesen der Volkssprache unterrichtete. Eine Schule mit lateinischem Unterricht, also formal nach dem Fächerkanon der Septem Artes Liberales (Sieben Freien Künste) konnte mit sieben Jahren besucht werden. Anschließend erfolgte die Ausbildung durch eine handwerkliche Lehre oder die praktische Einweisung in die Arbeitswelt des Kaufmannskontors. Zwischen dem 14. und 16. Lebensjahr sollte diese Ausbildung abgeschlossen sein.

Die Schulen mit Lateinunterricht waren jene, die in den Klöstern oder Stiften, selten auch an Pfarrkirchen angeboten wurden. In dem Unterschied zwischen beiden Schulformen lag eine entscheidende Grenze: Wer volkssprachlichen Unterricht vermittelte, war für die Kirche nicht interessant. Vielfach boten Privatlehrer in ihren Häusern solchen Unterricht an. Die kirchliche Lehraufsicht erhob allerdings einen Alleinvertretungsanspruch bezüglich des lateinischen Unterrichts. Lange Zeit und bis in die Gegenwart ist dieser Anspruch als kirchliches „Bildungsmonopol" missverstanden worden. Die Kirche verteidigte vielmehr das Argument, die Kenntnis des Lateinischen als einer der drei heiligen Sprachen, in denen die Bibel überliefert sei (neben Griechisch und Hebräisch) dürfe nur von Lehrern innerhalb der Kirche vermittelt werden.

Allerdings erkannten die Stadtbürger dahinter das politische Anliegen der Kirche, die Schule wie andere Funktionsfelder als eigene Vorrechte des Eingreifens innerhalb der Stadt zu verstehen und für sich zu nutzen. Dagegen wehrten sich die Bürger im Interesse der Rechtsautonomie ihrer Stadt. Deshalb kämpften sie in langen Prozessen vor kirchlichen Gerichten um die Befugnis, eigene Schulen in ihrer Stadt gründen zu können. Gemeint waren damit Schulen mit Lateinunterricht, da es volkssprachliche Schulen und Rechenschulen als Angebote des Unterrichts in Privathäusern mit Zustimmung der Stadträte längst in großer Zahl gab. In einer Tradition des Liberalismus aus dem späten 19. Jahrhundert wollte die Forschung bis in die jüngere Zeit hinein in den „Schulkämpfen" des Spätmittelalters die Durchsetzung „bürgerlicher Bildungsinteressen" sehen. Darum ging es aber allenfalls nachgeordnet. Was die Bürgerkinder wissen sollten und lernen mussten, fanden sie im Lateinunterricht der kirchlichen Schulen, wenn man auch die Qualifikation der dortigen Lehrer mitunter kritisieren musste. Das politische Anliegen der Städte, eigene Schulen zu gründen, das erstmals in der Mitte des 13. Jahrhunderte in Lübeck Erfolg hatte und fortan bis in das frühe 15. Jahrhundert immer wieder aufbrach, nahm das Ringen um die Schulhoheit in der Stadt vor allem anderen als Anlass, der Kirche Rechtszuständigkeiten innerhalb der Stadt abzutrotzen (Wriedt, 1986/2005; Kintzinger, 1990, 1996, 1999a, 2003/2007).

Nicht zufällig entstand in diesem Zusammenhang die erste formale Lehrertitulatur an einer Schule. Sie war dem gebräuchlichen Magister-Begriff entlehnt und sah jetzt vor, dass der Lehrer einer Schule mit Lateinunterricht dem Anspruch nach ein Magister artium (Meister in den Freien Künsten) sein solle. Hieraus entstand die bis in die Moderne hinein geläufige Bezeichnung des Schulmeisters. Hatte man aber einmal das Recht eigenen Schulehaltens erstritten, so versagte häufig die Energie und man wendete kaum mehr die erforderlichen Baukosten auf, um ein Schulgebäude zu errichten, sondern schloss die städtische Schule an eine Pfarrkirche an, in deren Räumen sie stattfand. Entsprechend gab man vor, selbstverständlich einen Magister der Freien Künste als Lehrer einstellen zu wollen, betonte dann aber, dass diese Leute nicht zu bezahlen seien und man sich mit einem Baccalarius der Freien Künste oder sogar mit einem ungraduierten Studenten der Artes zufrieden geben müsse. Da man die genau geforderte fachliche Qualifikation des Lehrers nicht angeben wollte oder konnte, flüchtete man sich oft in Allgemeinplätze wie diejenigen von der allgemeinen Gelehrsamkeit (eruditio) oder der Sittenhaftigkeit (bonae mores), die man von einem Lehrer erwarten dürfe und woran man seine persönliche Eignung (idoneitas) erkenne.

Die wenigen Magister, die als Lehrer an einer Stadtschule vor der Reformation angestellt wurden, gaben angesichts der geringen Bezahlung und der engen Kontrolle durch Rat und Bürger ihre Stellung zumeist bald wieder auf. Nur selten finden sich Belege, wonach der Rat der Stadt seinem Schulmeister erlaubte, sich bei Bedarf „fortzubilden“ (Zahnd, 1979).

Für die Qualität des Unterrichts wie auch für die institutionelle Formung der Lehrtätigkeit oder das funktionale Verständnis des Lehramtes bedeutete die Einführung der Stadtschulen gegenüber den kirchlichen Schulen insgesamt keinen wirklichen Gewinn. Durch die Dominanz finanzieller Erwägungen kam es hier wie dort nur ansatzweise zur Ausprägung eines bewussten, begrifflich fassbaren Verständnisses des Lehrerberufs. Obwohl die Lehrer an Stadtschulen durch Anstellungsverträge förmlich installiert wurden, blieben sie im Verständnis der Stadträte und der Bürgerschaft vor allem städtische Bedienstete. In ihrem Status wie in ihrer praktischen Arbeit waren sie den Stadtschreibern weitaus näher als etwa den Doktoren des Rechts und der Medizin, die als Syndici oder Physici geachtete und hochdotierte Positionen innehatten. Mit der rudimentären Formgebung der Funktionsstelle eines Lehrers war somit zugleich dessen soziale Verortung in einem unteren Mittelfeld des gesellschaftlichen Spektrums vorgezeichnet.

Forschungsgeschichtlich zeichnet sich dieser Befund daran ab, dass bis heute nur wenige Historiker sich der Schule und der Universität zugleich widmen (Wriedt, 1986/2005). Beide Bereiche werden weitgehend getrennt voneinander behandelt und nehmen aktuell unterschiedliche Anregungen benachbarter Diskurse auf. So tendiert die universitätshistorische Forschung zur Wissenschafts-, wie zur Sozial- und Kulturgeschichte (Schwinges, 1997/2008) oder neuerdings zu aktuellen Tendenzen der kulturwissenschaftlichen Forschung und tendiert hierbei zu exemplarischen Fallstudien wie zu komparativen Zugriffen. Sie ist derzeit chronologisch wesentlich auf das späte Mittelalter und die beginnende Frühneuzeit ausgerichtet (Füssel, 2006).

Hingegen beziehen sich die Darstellungen zur Schulgeschichte schwerpunktmäßig auf das hohe oder späte Mittelalter, beides zudem meist voneinander getrennt. Die Schulgeschichtsforschung ist seit längerem und bis heute geprägt von einer Differenzierung in die Geschichte der Kathedralschulen und Scholastik einerseits, in zunehmender Annäherung an eine neu akzentuierte, disziplinäre und methodisch geisteswissenschaftliche Wissenschaftsgeschichte (Vaughan & Rubenstein, 2006), und in die Geschichte der Stadtschulen andererseits, zumeist exemplarisch mit regionalem Bezug und im Zusammenhang aktueller sozial- und wirtschafts- oder verfassungshistorisch geprägter Stadtgeschichtsforschung (Sheffler, 2008) oder mit philologischer Methode und bezogen auf Texte und Inhalte des Unterrichts (Grubmüller, 2000).

Ein den kulturwissenschaftlichen Zugriffen zur Universitätsgeschichte analoger Ansatz ist zur Schulgeschichte bislang nicht entwickelt worden. Sie tendiert hingegen eher als die universitätshistorische Forschung zur Einbeziehung von Fragestellungen unter den Schlagworten *Education*, *Enseignement* oder *Learning*, die in der englisch- und französischsprachigen historischen Wissenschaft bereits seit längerem betont werden (O'Day, 1982; Riché, 1989). Die Potentiale der neuen Ideengeschichte (*intellectual history*) hingegen sind bislang auf schul- wie universitätshistorischem Feld nicht durchschlagend fruchtbar gemacht worden.

Der jüngste, bereits erwähnte und kulturwissenschaftlich geprägte Neuansatz in der Erforschung frühmittelalterlicher Klosterschulen über die personale Bindung zwischen den Lehrern und ihren Schülern eröffnet die Aussicht, künftig auch auf die Erforschung der Stifts- und Kathedralschulen des Hochmittelalters angewandt zu werden (Steckel, 2011). Eine Übertragung auf die Universitätsgeschichte wird hingegen nur dort möglich sein, wo innerhalb einzelner Disziplinen fachliche „Schulbildungen" um einzelne Lehrerpersönlichkeiten zustande kamen. Die Geschichte der Richtungsstreite zwischen Nominalisten und Realisten seit der Frühscholastik und die Positionierungen des Nominalismus in der Theologie des 14. Jahrhunderts bieten hier ein ebenso geeignetes Untersuchungsfeld wie jede der Selbst- und Fremdzuschreibungen zwischen einer Via antiqua und einer Via moderna. Inwieweit die neuerdings angestoßene Diskussion über eine Innovationsgeschichte hier wirksam werden kann, ist noch nicht abzusehen (Schwinges, Messerli & Münger, 2001). Analog dazu ließe sich auch der Weg öffnen für eine Neubestimmung von Schulbildungen zwischen scholastischer Tradition und humanistischen Ansätzen, von denen aus sich nicht zuletzt die dialogisch ausgetragenen Kontroversen der Reformationszeit verstehen lassen.

Bei alledem stets jedoch die Schule nicht im engeren Sinne einer Unterrichtsinstitution, sondern als argumentativ-kontrastive Positionsbestimmung im Zentrum und der Lehrer nicht als Unterrichtspraktiker, sondern als Theoretiker und Konzeptor. Der humanistische Impetus blieb von dieser Unterscheidung bestimmt, er initialisierte eine vielfältige, wissenschaftlich wie sozialgeschichtlich und kulturell überaus wirksame Veränderung, die aber mit dem Etikett der „Elitenbildung" eher als mit demjenigen der schulischen Breitenwirkung bezeichnet werden kann. Unter dieser Voraussetzung erreichten die humanistischen Schulprogramme seit dem 15. Jahrhundert eine Systematik in ihrer Erfassung der tradierten Wissensinhalte und deren eigenständiger systematischer Neuordnung, wie es sie mit Bezug auf schulische Vermittlung seit der Hochscholastik des 13. Jahrhunderts nicht mehr gegeben hatte (Black, 2001).

Selbst die mit Einführung der Reformation in den Städten des Deutschen Reiches seit dem ersten Drittel des 16. Jahrhunderts eingeführten Schulen, die durch Schulordnungen weitaus systematischer als zuvor Inhalte und Methoden und so auch die Qualifikationen und Zuständigkeiten der Lehrer und eine Staffelung von Funktionsträgern an den Schulen regelten, behielten organisatorisch mehr an überlieferten Traditionen bei als sie änderten (Kreiker, 1997). Auch die reformatorische Schule blieb, wie zuvor die städtische Schule, an eine Pfarrkirche angeschlossen. Selbst wenn der Lehrer jetzt nicht mehr gleichzeitig in der Pfarrkirche für Küster- und Kantordienste herangezogen werden konnte und zugleich der Stadtobrigkeit als Schreiber zur Verfügung stehen musste, so war doch seine Multifunktionalität noch nicht völlig überwunden. Auch eine grundlegende Neubestimmung und Aufwertung seines Status, wie sie bei den protestantischen Pfarrern gegenüber den katholischen Pfarrpriestern angestrebt war, erfasste die Lehrer noch nicht. Bis zu ihrer Wahrnehmung als Honoratioren in der Gesellschaft sollte noch viel Zeit vergehen.

Anders als die humanistisch inspirierte Schule, die jetzt programmatisch als Lateinschule bezeichnet und verstanden wurde, hatte die protestantische Schule, in der Tradition der alten Schule an Pfarrkirchen, neben dem lateinischen Unterricht auch die volkssprachliche Elementarbildung zum Gegenstand (Seifert, 1996). Beide Schulformen konnten sich verschränken. Dies war vor allem dann der Fall, wenn ein reformierter Territorialfürst sich die Gründung einer anspruchsvollen Schule zur Aufgabe machte. Jetzt erst mündete die lange Erfahrung fürstlichen Mäzenatentums unmittelbar in eine Förderung von Schulen, was während des gesamten Mittelalters und trotz des zeitgleichen Engagements für die Universitäten noch nicht der Fall gewesen war. Aus solchen Einrichtungen gingen bald die ersten Gymnasien hervor, die ihre Bezeichnung aus humanistischem Gebrauch übernahmen und die noch in der Moderne und Gegenwart bekannte Anwendung des Begriffes auf eine gehobene Schulform hier aber erstmals zur Geltung brachten.

Dass die Landesherren als Schulstifter nun auch mit neuem Impetus auf die Qualifikation und Leistung der Lehrer ihrer Schulen achteten, versteht sich. Die Schulen hatten dieselbe Aufgabe zu erfüllen wie die fürstlichen Universitätsstiftungen: Sie sollten gebildete oder sogar gelehrte Personen aus den Untertanen des Fürsten hervorbringen, die er zu seinem Nutzen in Dienst nehmen konnte. Als gebildete, studierte Kräfte in frühen Formen von „Beamtenstellen" konnten bürgerliche Kräfte jetzt die angestammten Rollen des Adels als fürstliche Räte in Bedrängnis bringen und in diesem gesellschaftlichen Wandlungsprozess kam den Schullehrern neue Bedeutung zu. Nicht anders wurden sie durch die programmatische Schulpolitik der Gegenreformation aufgewertet, insbesondere durch den Jesuitenorden, der in der Nachfolge des Dominikanerordens jetzt die Rolle eines Eliteordens aus gelehrten Patres übernahm, die für die katholische Kirche und das Papsttum wie für den katholisch gebliebenen Kaiser und die katholischen Fürsten des Reiches und anderer Länder in Europa von entscheidender Bedeutung wurden.

Seit der zweiten Hälfte des 15. Jahrhunderts und vermehrt in der Frühneuzeit gingen einige, wenn auch wenige Söhne aus adeligen, teils aus regierenden Häusern, an die Universität. Sie taten dies aber als (in der Forschung so genannte) „Standesstudenten", die mit Gefolge auftraten und keine Grade anstrebten, weil sie bereits von Stand waren (Schwinges, 1993). Entsprechend begannen sie, auf Kavaliersreise zu gehen, die sie zu den Höfen und eben auch den berühmten Universitäten in Europa führte. Nicht bestreitbar ist, dass sie je länger desto mehr über eine solide schulische Bildung verfügten (Paravicini & Wettlaufer, 2002). Sie war ihnen von Hauslehrern vermittelt worden, vielfach Jesuiten. Lediglich die Ritterakademien seit dem 17. Jahrhundert bildeten förmliche, institutionalisierte Einrichtungen der Adelserziehung, die ohne Vorbild im Mittelalter waren und neue Formen von Unterweisung verlangten, die besondere Anforderungen an die Lehrkräfte stellten (Conrads, 1981; Babel, 2005).

Auch in der Frühneuzeit und ungeachtet aller Entwicklungen der wissenschaftlichen Lehre an den Universitäten und den entstehenden Akademien blieben die Lehrer insgesamt durch eine Differenzierung ihres Berufsbildes geprägt, das den Verhältnissen im Mittelalter nicht unähnlich war: Neben den wenigen Lehrkräften an exponierten Schulen in reformierten Städten und an Gymnasien unter fürstlicher Patronage und neben den gelehrten Jesuitenpatres in deren eigenen Schulen stand die Mehrheit der lehrend Tätigen weitgehend im Schatten des Geschehens. Wer sein Auskommen durch Unterrichtstätigkeit als Privatlehrer oder in einer privat betriebenen Schule im eigenen Haus fand war zumindest versorgt. Daneben gab es eine Vielzahl von Personen oft durchaus dubioser Herkunft und Qualifikation, die die weniger Betuchten, etwa auf dem Land, unterrichteten. Wiederum sind es zwei Bildtypen, deren Vergleich hier aufschlussreich ist: Das Werbeschild des Basler Schulmeisters von 1516, der zusammen mit seiner Frau Jungen und Mädchen auf eigene Rechnung in seinem Haus unterrichtete, und die packende Schilderung Johannes Butzbachs von 1506 über die Missstände, die die Kinder im Unterricht eines sogenannten fahrenden Schülers, eines Vaganten, erleiden mussten (Boockmann, 1986, S. 336-337; Butzbach, 1991).

Bei alledem darf nicht übersehen werden, dass Schulbesuch während des gesamten hier berichteten Zeitraumes freiwillig erfolgte und keine Schulpflicht galt. Vor dem 18. Jahrhundert gab es keine obligate Schule und deshalb auch keinen öffentlich und allgemein zugänglichen Unterricht für jedermann. Entsprechend war der Lehrerberuf nicht als solcher und als gesellschaftliche Größe im Bewusstsein der Zeitgenossen verankert. Er zählte vielmehr zu dem jeweiligen Milieu seiner Initiatoren, Förderer und Träger – der Kirche, einem geistlichen Orden, einer Stadt, dem Territorialfürstentum – hinzu. Entsprechend wurde er wahrgenommen und kontextuell bezogen in der Forschung untersucht.

Literatur

Arnold, K. (1999). Bildung im Bild: Darstellungen der Septem Artes Liberales in der Kunst des Mittelalters und der Renaissance. In Ursula Schaefer (Hrsg.), *Artes im Mittelalter* (S. 361-375). Berlin: Akademie Verlag.

Ashley, K. & Clark R. L. A. (Eds.) (2001). *Medieval conduct* (Medieval cultures, 29). Minneapolis, London: University of Minnesota Press.

Babel, R. (Hrsg.) (2005). *Grand Tour. Adliges Reisen und europäische Kultur vom 14. bis zum 18. Jahrhundert* (Francia, Beihefte, Bd. 60). Ostfildern: Thorbecke.

Black, R. (2001). *Humanism and Education in Medieval and Renaissance Italy. Tradition and Innovation in Latein Schools from the Twelfth to the Fifteenth Century.* Cambridge: Cambridge University Press.

Boockmann, H. (1986). *Die Stadt im späten Mittelalter.* München: Beck.

Burger , G. (1960). *Die südwestdeutschen Stadtschreiber im Mittelalter* (Beiträge zur schwäbischen Geschichte, Heft 1-5). Böblingen: Wilhelm Schlecht'sche Buchdruckerei.

Burke, P. (2000/2001). *Papier und Marktgeschrei. Die Geburt der Wissensgesellschaft.* Deutsche Ausgabe. Berlin: Wagenbach.

Butzbach, J. (1991). *Odeporicon* (bearb. v. Andreas Beriger). Weinheim: VCH.

Conrads, N. (1981). *Ritterakademien der Frühen Neuzeit. Bildung als Standesprivileg im 16. und 17. Jahrhundert* (Schriftenreihe der Historischen Kommission bei der Bayerischen Akademie der Wissenschaften). Göttingen: Vandenhoeck & Ruprecht.

Courtenay, W. (1987). *Schools and scholars in fourteenth-century England.* Princeton: Princeton University Press.

Doyle, M. A. (2005). *Bernhard of Clairvaux and the schools. The Formation of an Intellectual Milieu in the First Half of the Twelfth Century* (Studi, Bd. 11). Spoleto: Fondatione Centro Italiano di Studi sull'Alto Medioevo.

Drossbach, G., Kintzinger, M. & Märtl, C. (Hrsg.) (2006). *Konrad von Megenberg (1309–1374) und sein Werk. Das Wissen der Zeit* (Zeitschrift für Bayerische Landesgeschichte, Beiheft 31). München: Beck.

Ehlers, J. (1972). „Historia", „allegoria", „tropologia" – exegetische Grundlagen der Geschichtskonzeption Hugos von St. Viktor. In *Mittellateinisches Jahrbuch* (S. 153-160). Bd. 7. Stuttgart: Hiersemann.

Ehlers, J. (1973). *Hugo von St. Viktor: Studien zum Geschichtsdenken und zur Geschichtsschreibung des 12. Jahrhunderts* (Frankfurter Historische Abhandlungen, Bd. 7). Wiesbaden: Steiner.

Ehlers, J. (1981). Die Hohen Schulen. In P. Weimar (Hrsg.), *Die Renaissance der Wissenschaften im 12. Jahrhundert* (S. 57-85). (Zürcher Hochschulforum, Bd. 2). Zürich, München: Artemis.

Ehlers, J. (1996). Dom- und Klosterschulen in Deutschland und Frankreich im 10. und 11. Jahrhundert. In M. Kintzinger, S. Lorenz & M. Walter (Hrsg.), *Schule und Schüler im Mittelalter. Beiträge zur europäischen Bildungsgeschichte des 9. bis 15. Jahrhunderts* (S. 29-52). (Beihefte zum Archiv für Kulturgeschichte, H. 42). Köln, Weimar, Wien: Böhlau.

Ehlers, J. (1998). Historisches Denken in der Bibelexese des 12. Jahrhunderts. In H.-W. Goetz (Hrsg.), *Hochmittelalterliches Geschichtsbewußtsein im Spiegel nichthistoriographischer Quellen* (S. 75-84). Berlin: Akademie Verlag.

Ehlers, J. (2002). Die Reform der Christenheit: Studium, Bildung und Wissenschaft als bestimmende Kräfte bei der Entstehung des mittelalterlichen Europa. In V. J. Ehlers (Hrsg.), *Deutschland und der Westen Europas im Mittelalter* (S. 177-209). (Vorträge und Forschungen, Bd. 56), Stuttgart: Thorbecke.

Ehlers, J. (2006). Die Ordnung der Geschichte. In B. Schneidmüller, S. Weinfurter (Hrsg.), *Ordnungskonfigurationen im hohen Mittelalter* (S. 37-57). (Vorträge und Forschungen, Bd. 54). Ostfildern: Thorbecke.

Ehlers, J. (2013). *Otto von Freising. Ein Intellektueller im Mittelalter.* München: Beck.

Flasch, K. (Bearb.) (1989). *Aufklärung im Mittelalter? Die Verurteilung von 1277* (excerpta classica, Bd. 6). Mainz: Dieterich.

Frenz, T. (2006). Eine Klosterschule von innen. In N. Kruppa & J. Wilke (Hrsg.), *Kloster und Bildung im Mittelalter* (S. 49-57). (Veröffentlichungen des Max-Planck-Instituts für Geschichte, Bd. 218. Studien zur Germania Sacra, Bd. 28). Göttingen: Vandenhoeck & Ruprecht.

Fried, J. (1974). *Die Entstehung des Juristenstandes im 12. Jahrhundert. Zur sozialen Stellung und politischen Bedeutung gelehrter Juristen in Bologna und Modena* (Forschungen zur neueren Privatrechtsgeschichte, Bd. 21). Köln, Wien: Böhlau.

Fried, J. (2001/²2002). *Die Aktualität des Mittelalters. Gegen die Überheblichkeit unserer Wissensgesellschaft.* Stuttgart: Thorbecke.

Fried, J. (2002). Erfahrung, Wissen und Gesellschaft – Erfahrungen der Wissensgesellschaft. In N. Killius, J. Kluge & L. Reisch (Hrsg.), *Die Zukunft der Bildung* (S. 14-44). Frankfurt/M.: Suhrkamp.

Fried, J. (2008/³2009). *Das Mittelalter. Geschichte und Kultur.* München: Beck.

Füssel, M. (2006). *Gelehrtenkultur als symbolische Praxis. Rang, Ritual und Konflikt an der Universität der Frühen Neuzeit* (Symbolische Kommunikation in der Vormoderne). Darmstadt: Wissenschaftliche Buchgesellschaft.

Goetz, H.-W. (1984). *Das Geschichtsbild Ottos von Freising. Ein Beitrag zur historischen Vorstellungswelt und zur Geschichte des 12. Jahrhunderts* (Beihefte zum Archiv für Kulturgeschichte, Bd. 19). Köln, Wien: Böhlau.

Grubmüller, K. (Hrsg.) (2000). *Schulliteratur im späten Mittelalter* (Münstersche Mittelalter-Schriften, Bd. 69). München: Wilhelm Fink.

von Hülsen-Esch, A. (2006). *Gelehrte im Bild. Repräsentation, Darstellung und Wahrnehmung einer sozialen Gruppe im Mittelalter* (Veröffentlichungen des Max-Planck-Instituts für Geschichte, Bd. 201). Göttingen: Vandenhoeck & Ruprecht.

Immenhauser, B. (2007). *Bildungswege – Lebenswege. Universitätsbesucher aus dem Bistum Konstanz im 15. und 16. Jahrhundert* (Veröffentlichungen der Gesellschaft für Universitäts- und Wissenschaftsgeschichte, Bd. 8). Basel: Schwabe.

Jaeger, S. (1994). *The envy of Angels. Cathedral schools and social ideals in medieval Europe, 950–1200.* Philadelphia: University of Pennsylvnia Press.

Jaeger, S. (1999). *Enobling love. In search of a lost sensibility.* Philadelphia: University of Pennsylvania Press.

Keck, R. W. & Wiersing, E. (Hrsg.) (1994). *Vormoderne Lebensläufe – erziehungshistorisch betrachtet* (Beiträge zur historischen Bildungsforschung, Bd. 12). Köln, Weimar, Wien: Böhlau.

Kintzinger, M. (1990). *Das Bildungswesen in der Stadt Braunschweig im hohen und späten Mittelalter. Verfassungs- und institutionengeschichtliche Studien zu Schulpolitik und Bildungsförderung* (Archiv für Kulturgeschichte, Beiheft 32). Köln, Wien: Böhlau.

Kintzinger, M. (1996). Scholaster und Schulmeister. Funktionseliten der Wissensvermittlung im späten Mittelalter. In R. C. Schwinges (Hrsg.), *Gelehrte im Reich. Zur Sozial- und Wirkungsgeschichte akademischer Eliten des 14. bis 16. Jahrhunderts* (S. 349-374) (Zeitschrift für Historische Forschung, Beiheft 18). Berlin: Duncker & Humblot.

Kintzinger, M. (1998). Communicacio personarum in domo. Begriff und Verständnis einer Mitteilung von Wissen, Rat und Handlungsabsichten. In H.-D. Heimann & I. Hlavácek (Hrsg.), *Kommunikationspraxis und Korrespondenzwesen im Mittelalter und in der Renaissance* (S. 139-164). Paderborn, München, Wien, Zürich: Schöningh.

Kintzinger, M. (1999a). Eruditus in arte. Handwerk und Bildung im Mittelalter. In K. Schulz (Hrsg.), *Handwerk in Europa. Vom Spätmittelalter bis zur Frühen Neuzeit* (S. 155-187). (Schriften des Historischen Kollegs, Kolloquien, Bd. 41). München: Oldenbourg.

Kintzinger, M. (1999b). Studens artium, Rector parochiae und Magister scolarum im Reich des 15. Jahrhunderts. Studium und Versorgungschancen der Artisten zwischen Kirche und Gesellschaft. *Zeitschrift für Historische Forschung 26*(1), 1-41.

Kintzinger, M. (2003/[2]2007). *Wissen wird Macht. Bildung im Mittelalter.* Ostfildern: Thorbecke.

Kintzinger, M. (2004). De magistro. Vom Lehrer des Mittelalters. In H. Seibert & G. Thoma (Hrsg.), *Von Sachsen bis Jerusalem. Menschen und Institutionen im Wandel der Zeiten* (S. 1-12). München: Herbert Utz Verlag.

Kintzinger, M. (2006). Monastische Kultur und die Kunst des Wissens im Mittelalter. In N. Kruppa & J. Wilke (Hrsg.), *Kloster und Bildung im Mittelalter* (S. 15-47). (Veröffentlichungen des Max-Planck-Instituts für Geschichte, Bd. 218. Studien zur Germania Sacra, Bd. 28). Göttingen: Vandenhoeck & Ruprecht.

Kintzinger, M. (2008a). Monastik. In G. Melville & M. Staub (Hrsg.), *Enzyklopädie des Mittelalters* (S. 416-418) Bd. 1. Darmstadt: Wissenschaftliche Buchgesellschaft.

Kintzinger, M. (2008b). Scholastik. In G. Melville & M. Staub (Hrsg.), *Enzyklopädie des Mittelalters* (S. 418-420). Bd. 1. Darmstadt: Wissenschaftliche Buchgesellschaft.

Kintzinger, M. (2008c). Denkformen und Methoden. In G. Melville & M. Staub (Hrsg.), *Enzyklopädie des Mittelalters* (S. 407-408). Bd. 1. Darmstadt: Wissenschaftliche Buchgesellschaft.

Kintzinger, M. (2008d). Mediale Formen. In G. Melville & M. Staub (Hrsg.), *Enzyklopädie des Mittelalters* (S. 425-526). Bd. 1. Darmstadt: Wissenschaftliche Buchgesellschaft.

Kreiker, S. (1997). *Armut, Schule, Obrigkeit. Armenversorgung und Schulwesen in den evangelischen Kirchenordnungen des 16. Jahrhunderts* (Religion in der Geschichte, Bd. 5). Bielefeld: Verlag für Regionalgeschichte.

Lammers, W. (Hrsg.) (1960/[4]1980). *Otto von Freising, Chronik oder Die Geschichte der zwei Staaten* (Ausgewählte Quellen zur Deutschen Geschichte des Mittelalters, Bd. 16). Darmstadt: Wissenschaftliche Buchgesellschaft.

Le Goff, J. (1957/1985/1986). *Die Intellektuellen im Mittelalter.* Deutsche Ausgabe. Stuttgart: Klett-Cotta.

Lohr, C. (1981). Lehre, Lehramt. In *Lexikon des Mittelalters* (Sp. 1826-1827). Bd. 5. München/Zürich: Artemis.

de Libera, A. (1991). *Penser au Moyen Age.* Paris: Editions du Seuil.

Lorenz, S. (1989). *Studium Generale Erfordense. Zum Erfurter Schulleben im 13. und 14. Jahrhundert* (Monographien zur Geschichte des Mittelalters, Bd. 34). Stuttgart: Hiersemann.

Marmursztejn, E. (2007). *L'autorité des Maitres* (Scolastique, normes et société au XIIIe siècle). Paris: Société d'édition Les Belles Lettres.

Menzel, M. (2008). Predigt. In G. Melville & M. Staub (Hrsg.), *Enzyklopädie des Mittelalters* (S. 428-430). Bd. 1. Darmstadt: Wissenschaftliche Buchgesellschaft

Moraw, P. (1996). Improvisation und Ausgleich. Der deutsche Professor tritt ans Licht. In R. C. Schwinges (Hrsg.), *Gelehrte im Reich. Zur Sozial- und Wirkungsgeschichte akademischer Eliten des 14. bis 16. Jahrhunderts* (S. 309-326). (Zeitschrift für Historische Forschung, Beiheft 18). Berlin: Duncker & Humblot.

Müller, R. A. (2008). Bildungseinrichtungen. In G. Melville & M. Staub (Hrsg.), *Enzyklopädie des Mittelalters* (S. 415-416). Bd. 1. Darmstadt: Wissenschaftliche Buchgesellschaft.

O'Day, R. (1982). *Education and Society 1500–1800. The social foundation of education in early modern Britain* (Themes in British Social History). London, New York: Longman.

Offergeld, T. (Bearb.) (1997). *Hugo von St. Viktor, Didascalicon.* Freiburg/Basel/Wien: Herder.

Orme, N. (1973). *English schools in the Middle Ages.* London: Methuen.

Orme, N. (1984). *From childhood to chivalry. The education of the English kings and aristocracy 1066–1530.* London, New York: Methuen.

Paravicini, W. & Wettlaufer, J. (Hrsg.) (2002). *Erziehung und Bildung bei Hofe* (Residenzenforschung, Bd. 13). Stuttgart: Thorbecke.

Piltz, A. (1978/1982). *Die gelehrte Welt des Mittelalters* (Deutsche Ausgabe). Köln: Böhlau.

Reicke, E. (1924). *Der Gelehrte in der deutschen Vergangenheit* (Die deutschen Stände in Einzeldarstellungen. Neuausgabe der früheren Monographien zur deutschen Kulturgeschichte), hrsg. v. G. Steinhausen. Nachdruck Köln o.J.: Diederichs.

Reinle, C. (2001). Wappengenossen und Landleute: der bayrische Niederadel zwischen Aufstieg und Ausgrenzung. In V. K. Andemann (Hrsg.), *Zwischen Nicht-Adel und Adel* (S. 105-156). Stuttgart: Thorbecke.

Reinle, C. (2003). *Bauernfehden: Studien zur Fehdeführung Nichtadliger im römisch-deutschen Reich, besonders in den Herzogtümern* (Vierteljahresschrift für Sozial- und Wirtschaftsgeschichte, Bd. 170), Stuttgart: Steiner.

Riché, P. (1989). *Ecoles et enseignement dans le Haut Moyen Age. Fin du Ve siècle – milieu du XIe siècle.* Paris: Picard.

Ricken, U. (1961). *„Gelehrter" und „Wissenschaft" im Französischen. Beiträge zu ihrer Bezeichnungsgeschichte vom 12.–17. Jahrhundert* (Deutsche Akademie der Wissenschaften zu Berlin, Veröffentlichungen des Instituts für Romanische Sprachwissenschaft, Nr. 15). Berlin: Akademie Verlag.

Schubert, M. (Hrsg.) (2002). *Der Schreiber im Mittelalter* (Das Mittelalter, Bd. 7, Heft 2). Berlin: Akademie Verlag.

Schmieder, F. (2000). „Wenn Du Kinder hast, erziehe sie", spricht Salomo. Auf der Suche nach ländlicher Elementarschulbildung für Laien im Mittelalter. In U. Andermann & K. Andermann (Hrsg.), *Regionale Aspekte des frühen Schulwesens* (S. 9-28). (Kraichtaler Kolloquien, Bd. 2). Tübingen: Bibliotheca academica Verlag.

Schreiner, K. (1984). Laienbildung als Herausforderung für Kirche und Gesellschaft. Religiöse Vorbehalte und soziale Widerstände gegen die Verbreitung von Wissen im späten Mittelalter und in der Reformation. *Zeitschrift für Historische Forschung 11*, S. 257-354.

Schwinges, R. C. (1993). Der Student in der Universität. In W. Rüegg (Hrsg.), *Geschichte der Universität in Europa* (Sp. 181-223). Bd. 1. München: Beck.

Schwinges, R. C. (1997/2008). Zur Professionalisierung gelehrter Tätigkeit im deutschen Spätmittelalter. In Ders., *Studenten und Gelehrte. Studien zur Sozial- und Kulturgeschichte deutscher Universitäten im Mittelalter* (S. 553-578). (Education and Society in the Middle Ages and Renaissance, Bd. 32). Leiden, Boston: Brill.

Schwinges, R. C. (Hrsg.) (1999). *Artisten und Philosophen. Wissenschafts- und Wirkungsgeschichte einer Fakultät vom 13. bis zum 19. Jahrhundert* (Veröffentlichungen der Gesellschaft für Universitäts- und Wissenschaftsgeschichte, Bd. 1). Basel: Schwabe.

Schwinges, R. C. (Hrsg.) (2007). *Examen, Titel, Promotionen. Akademisches und staatliches Qualifikationswesen vom 13. bis zum 21. Jahrhundert* (Veröffentlichungen der Gesellschaft für Universitäts- und Wissenschaftsgeschichte, Bd. 7). Basel: Schwabe.

Schwinges, R. C., Messerli, P. & Münger, T. (Hrsg.) (2001). *Innovationsräume. Woher das Neue kommt – in Vergangenheit und Gegenwart* (Publikationen der Akademischen Kommission der Universität Bern), Zürich: Vdf Hochschul Verlag.

Seifert, A. (1996). Das höhere Schulwesen. Universitäten und Gymnasien. In N. Hammerstein (Hrsg.), *Handbuch der deutschen Bildungsgeschichte* (S. 197-374). (15. bis 17. Jahrhundert. Von der Renaissance und der Reformation bis zum Ende der Glaubenskämpfe, Bd. 1). München: Beck.

Sheffler, D. (2008). *Schools and Schooling in Late Medieval Germany. Regensburg, 1250–1500* (Education and Society in the Middle and Renaissance, Bd. 33). Leiden, Boston: Brill.

Southern, R. W. (1952/1980). *Geistes- und Sozialgeschichte des Mittelalters. Das Abendland im 11. und 12. Jahrhundert.* Deutsche Ausgabe 1960, [2]1980. Stuttgart, Berlin, Köln, Mainz: Kohlhammer.

Sot, M., Boudet, J.-P. & Guerreau-Jalabert, A. (1997/2005). *Le Moyen Age* (Historie culturelle de la France, Bd. 1). Paris: Editions du Seuil.

Steckel, S. (2011). *Lehre und Lehrer. Studien zur Komunikation von Gelehrten des Früh- und Hochmittelalters* (c. 800-1150) (Norm und Struktur, Bd. 39). Köln, Weimar, Wien: Böhlau.

Studt, B. (1992). *Fürstenhof und Geschichte. Legitimierung durch Überlieferung* (Norm und Struktur, Bd. 2). Köln, Weimar, Wien: Böhlau.

Studt, B. (2000). Vom universalen Modell zum politischen Argument. Die Aktualisierung des „Memoriale" Alexanders von Roes im 15. Jahrhundert. In G. Gleba (Hrsg.), *Instrumentalisierung von Historiographie im Mittelalter* (S. 31-48) (Das Mittelalter, Bd. 5, Heft 2). Berlin: Akademie-Verlag.

Vaughan, S. N. & Rubenstein, J. (Eds.) (2006). *Teaching and learning in Northern Europe 1000–1200.* Turnhout: Brepols.

Verger, J. (1992). Magister Universitatis. In *Lexikon des Mittelalters* (Sp. 91-92). Bd. 6. München: Artemis & Winkler.

Verger, J. (1994). Professor. In *Lexikon des Mittelalters* (Sp. 241). Bd. 7. München: Artemis & Winkler.

Verger, J. (1997). *Les gens des savoir en Europe à la fin du Moyen Age.* Paris: Presses Universitaires de France.

Wachinger, B. (2002). Wissen und Wissenschaft als Faszinosum für Laien im Mittelalter. In C. Dietl & D. Helschinger (Hrsg.), *Ars und scientia im Mittelalter und in der Frühen Neuzeit. Ergebnisse interdisziplinärer Forschung* (S. 13-29). Tübingen, Basel: A. Francke.

Walther, H. (1996). St. Victor und die Schulen in Paris vor der Entstehung der Universität. In M. Kintzinger, S. Lorenz & M. Walter (Hrsg.), *Schule und Schüler im Mittelalter. Beiträge zur europäischen Bildungsgeschichte des 9. bis 15. Jahrhunderts* (S. 53-74). (Beihefte zum Archiv für Kulturgeschichte, H. 42). Köln, Weimar, Wien: Böhlau.

Wejiers, O. (1986). La terminologie de la vie intellectuelle au moyen âge. *Studie medievali 27,* 475-478.

Wolf, G. (2002). *Von der Chronik zum Weltbuch. Sinn und Anspruch südwestdeutscher Hauschroniken am Ausgang des Mittelalters* (Quellen und Forschungen zur Literatur- und Kulturgeschichte, Bd. 18 [252]). Berlin, New York: Walter de Gryter.

Wolter-von dem Knesebeck, H. (2003). Buchkultur im geistlichen Beziehungsnetz. Das Helmarshausener Skriptorium im Hochmittelalter. In I. Baumgärtner (Hrsg.), *Buchkultur und Goldschmiedekunst im Hochmittelalter* (S. 77-122). Kassel: Euregioverlag.

Wolter-von dem Knesebeck, H. (2006). Neue Formen der Bildung und neue Bildformen im Vorfeld der Ebstorfer Weltkarte in Sachsen. In N. Kruppa & J. Wilke (Hrsg.), *Kloster und Bildung im Mittelalter* (S. 231-261). (Veröffentlichungen des Max-Planck-Instituts für Geschichte, Bd. 218. Studien zur Germania Sacra, Bd. 28). Göttingen: Vandenhoeck & Ruprecht.

Wriedt, K. (1986/2005). Bürgertum und Studium in Norddeutschland während des Spätmittelalters. In K. Wriedt (Hrsg.), *Schule und Universität. Bildungsverhältnisse in norddeutschen Städten des Spätmittelalters* (S. 73-121). (Education and Society in the Middle Ages and Renaissance, Bd. 23). Leiden, Bosten: Brill.

Zahnd, U. M. (1979). *Die Bildungsverhältnisse in den bernischen Ratsgeschlechtern im ausgehenden Mittelalter. Verbreitung, Charakter und Funktion der Bildung in der politischen Führungsschicht einer spätmittelalterlichen Stadt* (Schriften der Berner Bürgerbibliothek). Bern: Stämpfli.

Stephanie Hellekamps & Hans-Ulrich Musolff

Forschung zur Geschichte und Entwicklung des Lehrerberufs in der frühen Neuzeit

1. Der Lehrerberuf in der frühen Neuzeit

Schon für die Epoche der frühen Neuzeit gilt, dass die Genese des Lehrerberufs und die strukturelle Entwicklung der Schule eng miteinander verbunden waren und einander bedingt haben (vgl. Zymek, 2008, S. 212). Dass die Frage nach der spezifischen Berufstätigkeit des Lehrers in der frühen Neuzeit von der Forschung bisher eher am Rande gestellt wurde, liegt vor allem an der Diskussion um die Verberuflichung oder Professionalisierung der Lehrertätigkeit im (späten) 18. und 19. Jahrhundert. In dieser auf das protestantische Schulwesen konzentrierten Diskussion gilt es als Tatsache, dass von Professionalisierung der Lehrertätigkeit (oder von Tendenzen hin zu einer Semi-Professionalität) in den deutschen Ländern frühestens seit der Spätaufklärung, im Grunde erst seit dem beginnenden 19. Jahrhundert gesprochen werden kann (vgl. Lundgreen, 1999; Jeismann, 1999). Akademische Ausbildung und Verfachlichung der Lehrertätigkeit, Erwerb eines spezifischen Berufswissens und Ausübung der Lehrertätigkeit als Lebenszeitberuf gelten als wichtige Kriterien der Professionalisierung. Jeismann betont zudem die staatliche Initiative und die Bindung der Berufsgruppe der Lehrer an den Staat, die weitere wesentliche Merkmale des Professionalisierungsprozesses in Deutschland darstellten (vgl. 1999, S. 60-61; ähnlich Keck, 1989, S. 196-197). In diesem Kontext wird gewöhnlich auf die Einführung des *Examen pro facultate docendi* 1810 in Preußen verwiesen und das ein Jahr früher erlassene entsprechende Gesetz in Bayern erwähnt. Die „‚Autonomie', also die Selbstregelung des Nachwuchses, der Leistungskriterien, der Berufsorganisation" sei demgegenüber nur bedingt als Kriterium für die Professionalisierung der deutschen Lehrer zu verwenden (Jeismann, 1999, S. 60; vgl. Lundgreen, 1999, S. 21-22). Lundgreen zählt alle auf die Schule bezogenen Maßnahmen, die nicht von einer systematischen, staatlich initiierten Schulpolitik getragen wurden und in denen Schulentwicklung nicht als Teil „der inneren Staatsbildung" betrieben wurde, zur „Vorgeschichte" der modernen Schule (1980, S. 23-24). Diese Einschätzungen sind im wesentlichen bis heute vorherrschend geblieben. Damit war der Blick für eher korporativ bestimmte Entwicklungsmuster auch in Deutschland (und nicht nur in den angelsächsischen Ländern), die dem etatistisch akzentuierten Idealtypus nicht entsprachen, von vornherein verstellt (vgl. zur Kritik Musolff, 2009b, S. 248, 260).

Dass eine andere Fassung der Kriterien und empirische Forschung vor allem für die Lehrer des höheren Schulwesens, aber nicht nur für diese, ein anderes Bild ergeben, wird im Folgenden auch im Vergleich mit dem Elementarschulwesen gezeigt. Dabei sind für die Entwicklungen in den verschiedenen Regionen des alten deutschen Reichs, auf das sich die Darstellung konzentrieren wird, erhebliche Unterschiede festzustellen. In diesem Beitrag wird an prägnanten Beispielen gezeigt, wer mit welcher Vor- oder Ausbildung in welchem Umfang wo im alten Reich die Tätigkeit des Lehrers und der Lehrerin ausübte und wie die Lehrerschaft ausgebildet wurde. Den Schwerpunkt bildet das 17. Jahrhundert. Ohne diese räumliche und zeitliche Begrenzung würde sich die Fülle der Einzelbeobachtungen und regionalen Differenzen noch vervielfältigen.

Schulordnungen bieten erste Anhaltspunkte und wurden in der älteren Geschichtsschreibung gern zugrunde gelegt, um die vormoderne Schulwirklichkeit darzustellen, sind aber nur bedingt tauglich, wenn es um die Erforschung der tatsächlichen Lehrertätigkeit geht. Denn die Kluft zwischen Norm und Praxis ist tief und wurde auch für den frühneuzeitlichen Unterricht oft belegt. In diesem Zusammenhang verdankt die empirische Untersuchung der Unterrichtswirklichkeit der französischen bildungshistorischen Forschung wichtige Impulse, auf die deshalb im Folgenden gelegentlich vergleichend und ergänzend zurückgegriffen wird (vgl. Compère, Chartier & Julia, 1976; de Dainville, 1978; Caspard, 1990; Compère & Pralon-Julia, 1992). Weitere Anregungen gingen von der medievistischen Germanistik aus (vgl. Bodemann & Dabrowski, 2000, S. 39; Baldzuhn, 2009, 2012). Auch für das Schulwesen des alten Reichs bilden inzwischen die insbesondere im Zug der Konfessionalisierungsforschung erschlossenen Visitationsprotokolle und Inspektionsberichte wichtige Quellen (vgl. Le Cam, 2012). Dazu kommen Forschungen zu Schulbibliotheken, Schulbüchern und anderen Lernmaterialien (vgl. Hellekamps, Le Cam & Conrad, 2012, S. 2-3; darin auch weitere Literaturhinweise) sowie zum frühneuzeitlichen Disputationswesen (vgl. Marti, 2010). Verfahren der elektronischen Datenverarbeitung brachten die quantitative Auswertung prosopographischer Hilfsmittel wie Matrikeln, Lehrerlisten, Leichenpredigten und anderer serieller biographischer Zeugnisse voran. Durch die Erschließung solcher Quellen werden empirisch gestützte Aussagen über Karrieren von Lehrern, ihr Ausbildungsniveau, ihre Didaktik und Unterrichtspraktiken, Umfang und Dauer ihrer Lehrtätigkeit und damit über das Ausmaß ihrer Professionalisierung möglich (vgl. Musolff & Hellekamps, 2010).

2. Lehrer an Elementarschulen und deutschen Schulen

Das Bildungswesen der frühen Neuzeit war nur schwach institutionalisiert. Die Reformation änderte daran nichts, sondern führte zunächst zu einer Krise des Schulwesens (vgl. Zymek, 2008, S. 211; Seifert, 1996, S. 256-257). Die folgenden Phasen der Konfessionalisierung und die damit gegebene Konkurrenz der sich herausbildenden differenten Bekenntnisse hatten auch Auswirkungen auf das Bildungswesen und die Lehrertätigkeit. Dies bedeutete nicht, dass diese fortan im Wesentlichen als Aufgabe der jeweiligen Obrigkeiten aufgefasst und zur politischen Angelegenheit gemacht wurden. Wolfgang Neugebauer hat eine Reihe von regionalen Studien zusammengetragen, die zeigen, dass es in der Regel lokale Bedürfnisse und nicht die Landesherren waren, von denen die entscheidenden Impulse für die Gründung von Schulen ausgingen (vgl. 2012, S. 415; 2005, S. 221-223; 2006, S. 385 Anm. 1 gegen Leschinsky & Roeder, 1976 und Lundgreen, 1980; ähnlich wie Neugebauer: Menk, 2003, S. 93). Vielmehr betont Neugebauer die relative Eigenständigkeit, mit der die lokalen Akteure schon seit dem 15. Jahrhundert begonnen hatten, Schulen einzurichten, in denen Jungen und Mädchen im gemeinsamen Unterricht Fähigkeiten im Lesen und Schreiben vermittelt wurden. Oft waren es die Bewohner eines Dorfes, die den Lehrer einstellten (ohne dass der Pfarrer beteiligt gewesen wäre) und für die Kosten aufkamen. So trafen die im Zuge der Konfessionalisierung in der zweiten Hälfte des 16. Jahrhunderts in die Dörfer ausgesandten Visitatoren oft auf bereits bestehende Elementarschulen und ihre Lehrer. Auch gingen die Normierungen des Schulwesens zumeist auf Aushandlungsprozesse zurück, in denen sich Visitatoren und Akteure vor Ort auf einen den lokalen Bedürfnissen entsprechenden Schulkompromiss einigten (vgl. Neugebauer, 2012, S. 414; Jeismann, 1988, S. 10; allgemein: Schlögl, 2000). In Norddeutschland, Brandenburg, Braunschweig-Wolfenbüttel, Kursachsen, den rheinischen Gebieten, der Pfalz, Schwaben, Franken und Altbayern wurde in vielen Dörfern eine elementare Alphabetisierung geleistet, weil die jeweiligen Marktbeziehungen entsprechende Kompetenzen erforderten (vgl. Neugebauer, 2006, S. 391, 394, 397). Eine Ausnahme: Im bayerischen Hochstift Eichstätt wurde die Institutionalisierung des Unterrichts schon seit der Mitte des 16. Jahrhunderts als politische Aufgabe der Obrigkeiten aufgefasst (vgl. Kießling, 2003, S. 42-43).

Welche Größenordnung hatte das Schulwesen? Für Franken sind rund 30 Dörfer bekannt, in denen es bereits vor der Reformation Schulen gegeben hat (vgl. Neugebauer, 2005, S. 217). Die Generalkirchenvisitation im Herzogtum Braunschweig-Wolfenbüttel 1651-54 berichtet von Schulen in 205 von 299 Dörfern und Städten (vgl. Le Cam, 2005, S. 52-53). Diese Beispiele verweisen darauf, dass die Vorstellung einer Bindung der Lehrer an den Staat als eines Professionalisierungskriteriums die Schulsituation der frühen Neuzeit nur unzureichend erfasst.

Das durchschnittliche Niveau der Lehrer und Lehrerinnen der Elementarschulen und sogenannten deutschen Schulen (s.u.) war regional schwankend und von den jeweiligen Wirtschaftsstrukturen abhängig, wenn auch Ausmaß und Qualität dieses Zusammenhangs oft noch ungeklärt sind (vgl. Hanschmidt & Musolff 2005, S. 6). Eine akademische Ausbildung der Elementarlehrer war in der Regel nicht vorgesehen. Andere fachliche Zulassungskriterien zum Lehrerberuf existierten in sehr unterschiedlichem Maß. Für Preußen stellt Neugebauer fest, dass es solche Kriterien zunächst kaum gab oder dass sie häufig nur nachsichtig angewandt wurden (vgl. Neugebauer, 1992, S. 41-43). Formale Prüfungen, die die Eignung eines (künftigen) Lehrers festgestellt hätten, waren hier lange Zeit ebenso wenig etabliert wie Seminare für angehende Lehrer. Neugebauer datiert den Beginn der Lehrerbildung in der Mitte des 18. Jahrhunderts und verweist auf das Lehrerseminar Johann Julius Heckers an der Realschule Friedrichstadt 1748 (vgl. 1992, S. 45; weitere Beispiele aus Preußen in der zweiten Hälfte des 18. Jahrhunderts bei Sauer 1987, S. 15-17). Für den Lehrerberuf qualifizierten sich die Kandidaten in der frühen Neuzeit oft durch eine ‚Meisterlehre' (vgl. Zymek, 2008, S. 213). In den bayerischen Städten wurden Schreib- und Rechenmeister, die zuvor als freie Gewerbetreibende tätig waren, seit dem 16. Jahrhundert einer strikteren Kontrolle durch die städtischen Institutionen unterstellt. Für Nürnberg existiert ein Ratsbeschluss von 1613 über die Dauer einer sechsjährigen ‚Lehrzeit' bei einem bewährten Lehrer und über ein abzulegendes Examen vor einem Gremium, das ebenfalls aus möglichst angesehenen Lehrern bestand. Das Examen verlangte den Nachweis von Kenntnissen der Orthographie und, sofern der Kandidat auch Rechenmeister werden wollte, die Lösung anspruchsvoller mathematischer Aufgaben zum Bruchrechnen und Dreisatz, zu arithmetischen und geometrischen Reihen und zur Algebra (vgl. Endres, 1989, S. 146-148). Darin deutet sich an, dass der Lehrer über ein spezifisches, fachlich akzentuiertes Berufswissen zu verfügen hatte. Die die ‚Lehre' abschließenden Prüfungen des angehenden Lehrers sind auch in einer anderen normativen Quelle fassbar. So untersagt ein Nürnberger Ratsbeschluss von 1644 zu hohe Ausgaben für das nach bestandenem Examen vom Kandidaten zu bestreitende Festmahl (vgl. Endres, 1989, S. 148).

Nach wie vor ist die Frage, in welchem Umfang Lehrer ihre Tätigkeit ausübten, für viele Regionen noch nicht empirisch geklärt. In den Elementarschulen auf dem Land oder in den kleineren Städten unterrichtete oft der Küster, Cantor oder Mesner, indem er das Schulehalten neben seinem Dienst in der Kirche erledigte. Auch konnte ein Handwerker mit dem Unterrichten betraut sein. Dass diese Praxis nicht unstrittig war, belegt Le Cam für Braunschweig-Wolfenbüttel. Die Schulordnung von 1651 untersagt ausdrücklich, dass Handwerker als Lehrer eingestellt werden dürfen (was wohl darauf hindeutet, dass diese Praxis nicht ungewöhnlich war). Vielmehr seien für die in jedem Dorf und Flecken zu haltenden Schulen die Küster zuständig (vgl. Le Cam, 1999, S. 207). Die erste Visitation nach dem Krieg ergab 1650 für die (überwiegend lutherischen) westfälischen Gebiete um Minden und Ravensberg, dass „Küsterschulen" existierten; teilweise hielten die Pfarrer selbst Unterricht (Neugebauer, 2005, S. 222). Für die (weit überwiegend katholischen) linksrheinischen preußischen Gebiete liegen Visitationsberichte der Elementarschulen aus den Jahren 1682 und 1714/22 vor. 1682 waren von den Lehrern aus 29 Gemeinden 18 Küster, zwei Vikare, die restlichen neun Fälle sind ungeklärt. Für 1714/22 lassen sich unter insgesamt 38 Lehrern 26 Küster und ein Vikar bei elf ungeklärten Fällen nachweisen (vgl. Friedrichs, 2000, S. 105-106). Zu anderen Relationen kommt hingegen Andreas Rutz, der für einige Dekanate der Erzdiözese Köln im ersten Quartal des 18. Jahrhunderts einen deutlich geringeren Anteil der Küsterlehrer berechnet (vgl. Rutz, 2006, S. 70-71). Unter 20 % lag demzufolge deren Anteil in den Dekanaten Eifel und Zülpich, bei 30-35 % in Ahrgau, Deutz, Düsseldorf und Neuss. In den reformierten Gebieten Herborn und Dillenburg konnte der Küsterlehrer an einzelnen Kirchspielschulen eine universitäre Ausbildung haben, ebenso wie im lutherischen Oberhessen (vgl. Neugebauer, 2005, S. 220). Wie diese Beispiele zeigen, übte der Lehrer seine Unterrichtstätigkeit oft mit einer Nebentätigkeit aus oder es war sogar der Unterricht die Nebentätigkeit.

Die elementaren Unterrichtsinhalte blieben seit dem 16. Jahrhundert bis in das späte 18. Jahrhundert hinein im Wesentlichen dieselben. Der Lehrer der niederen Schule hatte in der Stadt wie auf dem Land die Elementartechniken zu vermitteln, zunächst Lesen, dann – oft in den Ordnungen weniger eindringlich gefordert – Schreiben (vgl. die Nachweise bei Hettwer, 1965, S. 195, 201-202). Grundlage war und blieb der konfessionsspezifische Katechismus. Dieser stellte allerdings auch innerhalb einer Konfession kein einheitliches Lehrwerk dar, sondern existierte in vielfältigen, zum Teil von den Pfarrern selbst bearbeiteten Versionen (vgl. Neugebauer, 2005, S. 232). Zumindest in den protestantischen Schulen kam das Figuralsingen (nur für die Jungen) hinzu. Rechnen wurde meist erst gelehrt, nachdem die Schüler schon eine Zeitlang Unterricht genossen hatten, und es musste zusätzlich bezahlt werden. Da Rechenunterricht in den Schulordnungen oft nicht erwähnt wurde, war teilweise auf dessen Nicht-Vorhandensein geschlossen worden. Tatsächlich aber belegen neuere Studien, dass es nicht nur in den Städten, sondern auch auf dem Land Rechenunterricht gegeben haben muss, der die künftigen Kaufleute und Bauern befähigte, ihren jeweiligen Geschäften nachzugehen. Einer Reformvorgabe für das Herzogtum Berg zufolge (1545) sollten die Küster in den Dorfschulen auch Arithmetik lehren (vgl. Wesoly, 2012, S. 84). Ein überliefertes Bauerschaftsbuch aus dem Bergischen Land verzeichnet zwischen 1675 und 1729 komplizierte Berechnungen von Hand der Bauern (Wesoly, 2008, S. 174). Frank Konersmann belegt das zum Teil hohe Niveau der Lese-, Schreib- und Rechenfähigkeit der Bauern an Beispielen aus der Pfalz und Rheinhessen (vgl. 2005, S. 290-292). Insbesondere in „protoindustriell geprägten Gewerbelandschaften“ wurde das Curriculum der Elementarschule ggf. ausgeweitet; hier hatte der Lehrer auch Fremdsprachen und Realien zu unterrichten (Ehrenpreis, 2003, S. 25-26).

Tatsächlich fanden an einigen Elementarschulen und deutschen Schulen auch Einführungen in das Lateinische statt, wodurch sich diese Schulen als Vorbereitung auf ein Gymnasium empfahlen (vgl. Neugebauer, 2012, S. 419; Le Cam, 1999, S. 207). Die Lehrer der Elementarschulen erteilten mithin unter Umständen auch Fremdsprachenunterricht; die Lehrer der Lateinschulen waren mitunter in ihren ersten Klassen (etwa einer der Sexta vorgeschalteten Septima oder Octava) für die grundlegende Alphabetisierung der Anfänger zuständig. Dies verweist darauf, dass die Grenzen zwischen den höheren Klassen der Elementarschule und den Eingangsklassen des höheren Schulwesens nicht streng gezogen waren. Die rigide Dichotomie von niederer und höherer Bildung ist hinsichtlich dieser Übergangsstufe vielmehr ein Konstrukt der Forschung, das der frühneuzeitlichen Schulrealität und ihren Anforderungen an die Lehrertätigkeit nicht gerecht wird (vgl. Ehrenpreis, 2003, S. 26).

Die deutschen Schulen waren in der frühen Neuzeit von den Räten der Städte neben den alten Stifts- oder Klosterschulen eingerichtet worden. Sie unterschieden sich von diesen dadurch, dass nicht Latein die Unterrichtssprache war, sondern Deutsch. Die deutschen Schulen waren zudem auf die Anforderungen des Kaufmannsberufs und der Gewerbe zugeschnitten. Sofern sie mit Latein eine Fremdsprache anboten, galten sie als „vermengte“ (gemischte) Schulen. Daneben hielten Lehrer und Lehrerinnen sogenannte Winkelschulen, die lange für marginal erklärt worden sind. Auf Grund der mit den wachsenden ökonomischen Anforderungen steigenden Bildungsbedürfnisse wurden sie aber zu wichtigen Privateinrichtungen und wurden auf Grund ihres Anspruchsniveaus und der Qualität ihrer Lehrer gegebenenfalls von den Eltern für ihre Kinder bevorzugt, was zu Konkurrenzen unter den Lehrern und mitunter zu Klagen und gerichtlichen Auseinandersetzungen führte (vgl. Endres, 1991, S. 168; Ehrenpreis, 2003, S. 32; Hanschmidt, 2005, S. 32-34; Rutz, 2006, S. 1-3). Deutsche Schulen entwickelten sich vor allem in den großen Handelsstädten der Hanse und in den freien Reichsstädten Bayerns. An diesen Schulen wurden, anders als an den Lateinschulen, im 16. Jahrhundert auch Mädchen unterrichtet. Die städtische Obrigkeit vergab das Recht, eine solche Schule zu halten und legte die Schulordnungen und die Höhe des Schulgeldes fest. In den deutschen Schulen und wohl auch in den Winkelschulen vermittelten Lehrer die Kenntnisse und Fähigkeiten, die für die spätere Berufsausbildung und Berufsausübung wichtig waren. Das Verfassen von Geschäftsbriefen wurde an Mustern geübt, und es wurde mit Beispielrechnungen von Ballen Tuch und Fässern Wein die *Regula de Tri*, der Dreisatz, gelehrt. Manche Lehrer an deutschen Schulen verfügten über Lateinkenntnisse, hatten eine Zeitlang studiert oder als Theologen die niederen Weihen erhalten. Über den Kenntnisstand der Lehrer und ihren vermutlichen schulischen Ausbildungshintergrund gibt auch der jeweilige Buchmarkt Aufschluss, wie Forschungen zum frühneuzeitlichen Schulbuch zeigen. Nur wegen ihrer Kenntnisse des Lateinischen (und entsprechend ihres Besuchs einer Lateinschule) konnten die Rechenmeister die vorliegenden lateinischen Lehrwerke nutzen, die vorzugsweise für die Hand des Lehrers gedacht waren. Im 16. Jahrhundert war etwa die Hälfte der Rechenbücher auf Latein verfasst, im 17. Jahrhundert war es noch ein Fünftel (vgl. Wesoly, 2012, S. 81-84).

Je spezialisierter das Wissen, über das die Lehrer verfügten und das sie anbieten konnten, desto größer waren ihre Chancen, es in den lokalen Gesellschaften zu Ansehen und Status zu bringen. In einer reichen Stadt wie Nürnberg konnten insbesondere die Rechenmeister, die in der Hierarchie der Elementarlehrerschaft den obersten Rang einnahmen, nach der Reformation zu gesellschaftlicher Reputation und Besitz gelangen (vgl. Endres, 1991, S. 171). Aber neben angesehenen und wohlhabenden städtischen Schulmeistern fanden sich arme und verschuldete. In der Regel reichte die Tätigkeit des Schreibmeisters nicht für den Lebensunterhalt, und sein Sozialprestige war gering (vgl. Neugebauer, 2005, S. 229). Aber auch in dieser Hinsicht sind Differenzierungen angebracht. Denn wo der Lehrer im Zuge von Disziplinierungs- und Konfessionalisierungsmaßnahmen die Regierung im Dorf gewissermaßen sichtbar machte, wurde seine Stellung etwas unabhängiger und gefestigter. So versuchte die territoriale Herrschaft im Herzogtum Sachsen-Gotha seit den 1640er Jahren, der Entwurzelung und Demoralisierung entgegenzuwirken, die einen Teil der älteren Kriegsgeneration betrafen, indem wenigstens die nachwachsende Generation religiös wieder gefestigt und diszipliniert wurde (vgl. Neugebauer, 2006, S. 394-396; dort auch weitere Belege für die Grafschaften Nassau und Sayn um 1600). Da der Dreißigjährige Krieg in einzelnen Regionen zu Niedergang oder gar Zerstörung des entstandenen Schulwesens geführt hatte, erlebte dieses in vielen Gebieten in der Mitte und zweiten Hälfte des 17. Jahrhunderts einen Aufschwung. In jedem Fall müssen regionale Unterschiede berücksichtigt werden, wenn die soziale Stellung des Lehrers erfasst werden soll. (Zur Entlohnung der Elementarschullehrer vgl. Le Cam, 1999, S. 205, 222; Neugebauer, 1992, S. 95, 134, 164; Kupke, 1999, S. 237).

Die Lehrerschaft der Elementarschulen, der deutschen und „vermengten" Schulen bildet keine homogene, geschlossene, durch spezifische Merkmale der Professionalität gekennzeichnete Gruppe. Am ehesten finden sich in den Quellen Hinweise auf nachzuweisende fachliche und berufsspezifische Qualifikationen, an denen der Grad der Verberuflichung ihrer Tätigkeit ablesbar ist. Wo Eignungsprüfungen nicht nur gefordert, sondern tatsächlich auch durchgeführt wurden, war der erste Schritt zur Herausbildung und Verstetigung eines spezifischen Berufsprofils des Lehrers getan. Doch blieben die Anforderungen an die Lehrertätigkeit und die Erwartungen an berufsspezifische Kompetenzen divergent. Auch was das Ausmaß der Lehrertätigkeit angeht, sind die Befunde äußerst disparat. Während für die Elementarlehrer auf dem Land und in den kleineren Städten das Unterrichten oft nur eine Nebentätigkeit darstellte, war das Schulehalten eines angesehenen Schreib- und Rechenmeisters einer bedeutenden Handelsstadt seine Haupttätigkeit. In den wenigsten Fällen gingen Schulgründungen und die Einstellung von Lehrern von den Territorialherren aus. Vielmehr waren es zumeist die lokalen Akteure, die die Gründung und Aufrechterhaltung von Schulen betrieben. Die Konkurrenz der drei großen Konfessionen, die Verrechtlichung und Verschriftlichung von Verwaltungsvorgängen und lokale Wirtschaftsstrukturen konnten regional spezifische hohe Anforderungen an die erwachsene und nachwachsende Generation stellen (vgl. Konersmann, 2005). Dies trug dazu bei, dass in einzelnen Regionen schulische Bildung für notwendig und wichtig gehalten wurde und das Anspruchsniveau an die Lehrer entsprechend hoch war.

3. Lehrerinnen und Lehrer in der Mädchenbildung

Forschungen zur Mädchenbildung sind rar; Entsprechendes gilt für die Forschung zu Frauen, die als Lehrerinnen Mädchenschulen hielten und Unterricht erteilten. Dies ist insbesondere der schwierigen Quellenlage geschuldet, da Hinweise auf die institutionalisierte Unterrichtung der Mädchen, auf Schulen und Lehrerinnen sich nur verstreut in Akten der Archive finden. Noch schwieriger ist es, Lehrerinnen an sog. Neben- oder Klippschulen zu finden, in denen die Mädchen neben den Elementartechniken in spezifisch weiblichen Tätigkeiten wie Stricken und anderen Handarbeiten unterrichtet wurden (vgl. Hanschmidt, 2005, S. 33). Für die städtischen, Dorf- und Kirchspielschulen sind wiederum Visitationsprotokolle aufschlussreich. Im Rheinland wurden gedruckte Fragebögen u.a. zur Schulsituation seit 1715 eingeführt (vgl. Rutz, 2006, S. 66). So markieren trotz der lückenhaften Überlieferung inzwischen auch im Bereich der Mädchenbildung empirisch gestützte Arbeiten den Stand der Forschung. Zusammen mit dem aus Schulordnungen, den Satzungen der Konvente, zeitgenössischer pädagogischer Literatur, Schulbüchern und erbaulichen Schriften rekonstruierbaren pädagogischen Diskurs erlauben die genannten Quellen, für einzelne Orte und Regionen Aussagen über die Realität der Mädchenbildung und die Tätigkeit der Lehrerinnen zu machen (vgl. Rutz, 2006, S. 24-25).

Lehrerinnen unterrichteten nicht notwendigerweise nur Mädchen. Es ist unklar, ob und ggf. in welchem Ausmaß in Lehrerfamilien die Ehefrau oder andere Familienmitglieder in koedukativen Schulen den Unterricht der Mädchen übernommen oder auch sonst mit unterrichtet haben. Juliane Jacobi erkennt keine klaren Tendenzen einer Zurückdrängung von Frauen aus der Lehrtätigkeit im 17. Jahrhundert. Vielmehr vermutet sie auch in den protestantischen Reichsteilen das Vorkommen der von Caspard für Neuchâtel festgestellten „maîtresse cachée" (vgl. 2008, S. 264). Zwar wurde die „versteckte Lehrerin" in den Akten nicht genannt, war jedoch gleichwohl mit Wissen der Obrigkeit tätig, wie Beispiele aus Braunschweig und Gotha zeigen. Eine teilweise Maskulinisierung der Lehrerschaft konstatiert Jacobi für die zweite Hälfte des 17. und das 18. Jahrhundert und sieht die Ursachen dafür in den Vorgaben der kirchlichen Behörden, dass „nur ein Mann als Amtsträger in der Schule den Staat zu repräsentieren vermag." (Ebd., S. 265)

Reine Mädchenschulen sind eine nachreformatorische Einrichtung des (späten) 16. Jahrhunderts, was nicht bedeutete, dass der Unterricht ausschließlich von weiblichen Lehrkräften erteilt wurde. Auch wurde die Geschlechtertrennung in den Schulen keineswegs durchgesetzt. Im 17. und frühen 18. Jahrhundert wurden Mädchen und Jungen in Elementarschulen und deutschen

Schulen überwiegend koedukativ unterrichtet, zumeist von männlichen Lehrpersonen (vgl. Kistenich, 2003, S. 110). Im Übrigen war nicht jede „Maidlinschul" eine reine Mädchenschule, sondern damit konnte zumindest in Bayern eine deutsche Schule bezeichnet werden, an der ein hoher Anteil von Schülerinnen unterrichtet wurde (vgl. Oldenburg & Maier, 1991, S. 439). Lehrer (und nicht Lehrerinnen) waren für die Mägdleinschule der Halleschen Anstalten zuständig (vgl. Jacobi, 2005, S. 229). Zugleich unterrichteten (protestantische) „Schulfrauen", so ihre Bezeichnung in den Konsistorialakten der reformierten Gemeinde Duisburg 1647, junge Kinder geschlechterübergreifend, sollten sich aber auf die Lehre von Gebeten und erstes Buchstabieren beschränken (vgl. auch zum Folgenden Rutz, 2006, S. 109-114). Aber nicht alle protestantischen Lehrerinnen im Rheinland blieben von der Vermittlung weitergehender Kenntnisse ausgeschlossen: Die Witwe eines Xantener Lehrers ‚erbte' in der Mitte des 17. Jahrhunderts die Tätigkeit von ihrem verstorbenen Mann und führte die Schule selbst weiter; auch für das klevische Emmerich ist koedukativer Unterricht durch Lehrerinnen belegt. In der reformierten Gemeinde in Düsseldorf sollte 1667 die Witwe des alten Schulmeisters dem neu berufenen Lehrer im Unterricht zur Hand gehen, der ihr dafür etwas von seinem Schulgeld zu überlassen hatte. Koedukation ist auch für das lutherische Velbert im Bergischen nachweisbar.

Personal- und Geldmangel waren wohl die entscheidenden Gründe dafür, dass das protestantische Rheinland kein durchgängiges Mädchenschulwesen ausgebildet hat. Der Verzicht auf Koedukation hätte die Verdopplung der schulischen Infrastruktur bedeutet, hinsichtlich derer ohnehin notorische finanzielle Knappheit herrschte. So erklärt sich, dass an vielen protestantischen Orten des Rheinlandes nicht eingelöst wurde, was die reformatorischen Schulordnungen aus religiösen und sittlichen Erwägungen vorgesehen hatten, die Trennung der Geschlechter in der Schule. Wie oft im frühneuzeitlichen Bildungswesen, so sind auch hier die Befunde uneinheitlich: Zwischen 1523 und 1582 wurden im protestantischen Sachsen 21 Mädchenschulen gegründet (vgl. Kistenich, 2003, S. 109). Auf dem Niveau der Elementar- und deutschen Schulen im 17. Jahrhundert weist Jacobi reine Mädchenschulen für die protestantischen Gebiete Brandenburg, Sachsen und Braunschweig nach sowie für Erfurt, Nürnberg, Franken und die Oberpfalz. In Langensalza unterrichteten Frauen aus dem städtischen Bürgertum, deren männliche Verwandte Akademiker waren (vgl. Jacobi, 2008, S. 256-265). Versuche im 16. Jahrhundert, analog zu den sächsischen Fürstenschulen eine höhere Bildung auch für die Töchter aus adeligen und bürgerlichen Familien zu etablieren, scheiterten.

Im katholischen Mädchenschulwesen spielten die weiblichen Lehrorden eine hervorragende Rolle. Die Lehrerinnen der zum Teil schon vor der Reformation gegründeten, zum Teil als Reaktion darauf entstandenen weiblichen (semi)religiosen Gemeinschaften hatten sich dem Unterricht des weiblichen Geschlechts verpflichtet und hielten reine Mädchenschulen ab. Die enorme Verdichtung des rheinischen Mädchenschulwesens lässt sich als ein Faktor der katholischen Reform im Zuge des Konzils von Trient (1545-1563) interpretieren, durch die die alte Kirche versuchte, die weitere Ausbreitung des Protestantismus zu verhindern bzw. verlorenes Terrain zurückzugewinnen. Bei der Erneuerung des Mädchenschulwesens konnte die katholische Kirche auf die bereits vorhandenen Strukturen insbesondere der weiblichen Lehrorden zurückgreifen und diese ausbauen. Vergleichbare Möglichkeiten hatten die sich im Zuge der Konfessionalisierung etablierenden protestantischen Kirchen nicht. Im Rheinland gaben die landesherrlichen „Articuli aliquot" (1545) für die Vereinigten Herzogtümer Jülich-Kleve-Berg, in denen zur Reform der katholischen Kirche und in diesem Zusammenhang auch der Schulen aufgerufen wurde, einen maßgeblichen Impuls. Diese normative Quelle belegt die Forderung nach reinen Mädchenschulen, zumindest in den größeren Städten (vgl. Rutz, 2006, S. 117).

Mit den „Articuli aliquot" waren auch die traditionellen Orden angesprochen, deren Mitglieder sich dem Elementarunterricht widmen sollten, zumal die kontemplative Lebensführung seit der Reformation immer wieder in den Verdacht der Nutzlosigkeit geriet. Demgegenüber zielten die Initiatorinnen der neuen religiösen Gemeinschaften von vornherein auf die Mädchenbildung. Vorbild dieser Gemeinschaften waren die Jesuiten. Allerdings erwies sich die Konzeption einer dem Unterricht und der Katechese gewidmeten Lebensführung ohne Klausur und Ordenstracht nach dem Tridentinum als unrealisierbar. Vielmehr wurden die Frauen zunehmend zur Annahme einer klausurierten Lebensform genötigt. Die Ursulinen (gegründet 1535) entwickelten sich seit dem Beginn des 17. Jahrhunderts zu einem Schulorden mit Klausur der Frauen. Das Ziel der Mädchenbildung wurde beibehalten und machte nach wie vor den Hauptzweck des Ordens aus. Die Ursulinen unterrichteten Mädchen jeden Standes in externen Schulen kostenfrei sowie Pensionärinnen in internen Schulen gegen ein entsprechendes Kostgeld. Niederlassungen sind im ganzen Nordwesten des alten Reichs nachweisbar, so in Dorsten, Köln, Düsseldorf, Aachen, Düren, Monschau, aber auch in Erfurt, Würzburg sowie in den österreichischen und böhmischen Ländern (vgl. Rutz, 2006, S. 135). Weitere dem Unterricht der Mädchen gewidmeten Frauengemeinschaften waren die lothringischen Schwestern der Congrégation de Notre-Dame (1598), die Salesianerinnen (1535), die Katherinerinnen (1571) und die Englischen Fräulein (1511/12) (vgl. Jacobi, 2013, S. 49), die mit inneren und äußeren Schulen eine ähnliche Organisationsstruktur wie die Ursulinen aufwiesen. Da die Englischen Fräulein die Klausurierung ablehnten, führten sie ihre Schulen (zunächst) als weltliche Lehrerinnen weiter (vgl. Conrad, 1991, S. 94; Weigand, 1991, S. 608). Die Nachfrage war groß; 1701 berichtet ein Zeitgenosse, dass die Englischen Fräulein in ihrer Münchner Schule durchschnittlich 300 bis 400 Schülerinnen hatten (vgl. Weigand, 1991, S. 608).

Die Curricula der weiblichen Lehrorden ähnelten sich und entsprachen dem Unterricht der Mädchen an den Pfarr- und Küsterschulen (und unterschieden sich außer in der jeweiligen konfessionsspezifischen Ausrichtung nicht wesentlich von den Curricula des protestantischen Unterrichts): Neben der Katechese wurde das „Lesen, Schreiben, Nähen" eine vom Papst approbierte Formel, die die Aufgaben der Lehrerinnen umschrieb (vgl. Conrad, 1991, S. 211). Rechnen und die lateinische Sprache konnten dazu kommen. Insbesondere die Lehre des Lateinischen blieb strittig: Das Münchner Institut für die höhere Mädchenbildung der Englischen Fräulein sah nicht nur Französisch- und Italienischunterricht, sondern auch Latein vor (und provozierte damit Beschwerden) (vgl. Conrad, 1991, S. 215). Mary Ward, die Gründerin der Gemeinschaft der Englischen Fräulein, beanspruchte eine „wissenschaftliche" Bildung und forderte einen Unterricht in den „freien Künsten" für die geeigneten Schülerinnen (vgl. ebd., u. S. 217). Dies entsprach dem zeitgenössischen Bild der für Haushalt und Ehe zu erziehenden Mädchen ebenso wenig wie der Vorstellung von den Aufgaben einer Lehrerin. Dass jedoch die traditionellen Anforderungen an den Unterricht der weiblichen Jugend auch von den konservativen Verfechtern herkömmlicher Weiblichkeitsideale nicht immer durchzuhalten waren, hat Dominique Picco an der Untersuchung der Bibliothek von Saint-Cyr gezeigt. In dieser Einrichtung sollten junge Mädchen des verarmten französischen Adels erzogen werden. Entgegen den Absichten der Gründerin, Madame de Maintenons, die sich wiederholt abfällig über die ‚gelehrte Frau' geäußert hatte, weist die Rekonstruktion des Buchbestandes auf die Vermittlung eines breiteren Wissenskanons hin, der säkulare ‚wissenschaftliche' Kenntnisse, z.B. historische und geographische, einschloss (vgl. Picco, 2012).

Hinsichtlich der Unterrichtsmethoden ist nur wenig bekannt. Gemäß dem Schulreglement der Pariser Ursulinen sollten die Lehrerinnen ihren Unterricht klassenweise erteilen, wobei die Klassen z.T. in Gruppen aufgeteilt wurden, denen einzelne Schülerinnen vorstanden. Die Lehrerinnen der Congrégation de Notre-Dame sollten überdies die Schülerinnen sich gegenseitig in ihren Lernerfolgen kontrollieren lassen (vgl. Rutz, 2006, S. 157; Conrad, 2012, S. 156).

Die Ausbildung der Lehrerinnen erfolgte durch eine didaktisch erfahrene Schwester. Eine „Schulpräfektin“ oder eine „Mère des classes“ sollte die didaktisch-methodischen Fähigkeiten der angehenden Lehrerin prüfen (vgl. Rutz, 2006, S. 161). Die Englischen Fäulein sahen einen Ausschluss nicht geeigneter Kandidatinnen aus ihrer Gemeinschaft vor.

Neben den weiblichen Lehrorden trugen die Tertiarinnen sowie die Jesuitessen oder Devotessen das frühneuzeitliche katholische Bildungswesen für die Mädchen. Die Tertiarinnen bildeten zunächst Laienvereinigungen, später auch durch Gelübde gebundene Gemeinschaften, die sich den jeweiligen männlichen oder weiblichen Orden (z.B. der Dominikaner oder Franziskaner) angeschlossen hatten. Die Devotessen waren Frauen, die sich „in der Welt“, also nicht in abgeschiedener Klausur, zu einer religiösen Lebensführung verpflichtet hatten. Mit Blick auf ihren nicht-weltlichen, aber auch nicht monastischen Stand, gelten sie als „Semireligiose“. Sie arbeiteten eng mit den jeweils ortsansässigen Jesuiten zusammen. Ein Beispiel ist die 1606 von Ida Schnabels und neun Gefährtinnen gegründete Kölner Ursula-Gesellschaft (vgl. Conrad, 1991, S. 102-104). Die Devotessen unterhielten Schulen im ganzen Rheinland. In der Zeit der Konfessionalisierung im frühen 17. Jahrhundert ist dort eine regelrechte Gründungswelle von Mädchenschulen zu beobachten (vgl. die Übersichten bei Rutz, 2006, S. 302-303; Schmale, 1991, S. 659-660). Demgegenüber entstanden z.B. in Cloppenburg und Vechta (Fürstbistum Münster) zwischen dem letzten Drittel des 17. und ersten Drittel des 18. Jahrhunderts nur jeweils drei Mädchenschulen, ebenso wenige im Fürstbistum Osnabrück (vgl. Kistenich, 2003, S. 109).

Tendenzen zur Professionalisierung lassen sich bei den katholischen weiblichen Lehrorden feststellen. Diese achteten darauf, geeignete Kandidatinnen zu rekrutieren, zumal solche, die sie selbst ausgebildet hatten. Das Anspruchsniveau ihres Unterrichts ging mit humanistischen Bildungsinhalten und modernen Fremdsprachen zumindest bei den Pensionärinnen über die elementare Bildung hinaus, was auf entsprechende Kompetenzen der Lehrerinnen schließen lässt. Da die Lehre zu den ausdrücklichen und hauptsächlichen Zielen der Orden gehörte, ist davon auszugehen, dass die Frauen ihre Tätigkeit haupt- und vollberuflich ausgeübt haben. Allerdings liegen dazu keine empirischen Befunde vor. Außerhalb dieser Orden kann weder von einer einheitlichen Ausbildung der Lehrerinnen gesprochen werden, noch ist hinreichend bekannt, in welchem Umfang, auf welchem Unterrichtsniveau und wie lange die Lehrerinnen ihre Tätigkeit ausgeübt haben.

4. Lehrer an Lateinschulen und Gymnasien

Die Lehrer der Lateinschulen und Gymnasien bereiteten ihre Schüler auch, aber nicht ausschließlich, auf die weitere Ausbildung auf der Oberstufe eines akademischen Gymnasiums oder an einer Universität vor. Dass auch die Gymnasiallehrer es nicht nur mit angehenden Gelehrten und Pfarrern zu tun hatten, wurde für das 17. und frühe 18. Jahrhundert verschiedentlich belegt (vgl. Musolff, 2009a, S. 186-194; Le Cam, 2005, S. 59-60). Wenn keine deutsche Schule am Ort war, musste das Gymnasium auf die künftige nicht-gelehrte Berufsausbildung vorbereiten und ggf. einen Rechenmeister beschäftigen, der, wie in Soest, zugleich in der Septima unterrichtete. Ähnliche Nachweise gibt es für Dortmund, Hameln und Wildungen (vgl. Musolff, 2009a, S. 191-192).

Ein typisches protestantisches Gymnasium war fünfklassig und hatte fünf oder sechs Lehrer. Als siebenklassiges akademisches Gymnasium konnte die weiterführende Schule auch mehrere hundert Schüler und zehn oder mehr Lehrer haben (vgl. Bruning, 2005, S. 278). Der lutherische und reformierte Lehrer unterrichtete auf der Unterstufe Grammatik und auf der Mittelstufe die Humaniora und unterschied sich dadurch kaum von seinem katholischen Kollegen, der sich ebenfalls der Grammatik, Poesie und Rhetorik widmete. Der dem Anspruch nach lateinischsprachige Unterricht sowie die (weniger bedeutsame) Lehre des Griechischen und des Hebräischen erforderten Lehrer, die selbst wenigstens ein entsprechendes Gymnasium besucht hatten. Sofern ein protestantisches Gymnasium nicht nur den humanistischen Lehrgang anbot, sondern auch eine Oberstufe (mit Secunda und ggf. Prima als höchsten Klassen), wurden (angehende) Lehrer dort auch in den Inhalten der philosophischen Fakultät sowie in Theologie unterrichtet, allerdings ohne akademische Grade erwerben zu können. Ähnliches gilt für den Besuch des drei- oder mitunter nur zweijährigen Philosophiekurses, der an den Jesuitenkollegien an den humanistischen Lehrgang anschloss. Ein vollständiges Jesuitenkolleg bot darüber hinaus ein vierjähriges, nicht-graduierendes Theologiestudium an. Zumindest Lehrer der Unter- und Mittelstufe konnten ohne den Besuch einer Universität im Lehrberuf tätig werden und wurden zum Teil durch die Gymnasien selbst ausgebildet.

Diese Überschneidungen zwischen dem Lehrangebot der Oberstufe akademischer protestantischer Gymnasien bzw. der jesuitischen oder von anderen Orden getragenen Gymnasien und der unteren, philosophischen, aber auch der theologischen Fakultäten der Universitäten und Hohen Schulen (vgl. Seifert, 1996, S. 251-253) markieren die Qualifikationsvoraussetzungen der Lehrer, deren gymnasialer Oberstufenunterricht „wissenschaftspropädeutisch" ausgerichtet war (vgl. Scaglione, 1986, S. 58 mit Blick auf die Jesuitenkollegs). Nachdem Reformation und katholische Reform zunächst den humanistischen Kanon für ihr Lehrprogramm genutzt hatten (vgl. Seifert, 1996, S. 253), zeichnete sich ab dem frühen 17. Jahrhundert in der universitären Schulphilosophie eine „Wiederkehr der Metaphysik" ab (Sparn, 1976). Eine solche Wiederkehr epistemischer Lehrinhalte lässt sich interkonfessionell vergleichend auch für den Gymnasialunterricht zeigen, so für die Oberstufen in Dortmund und Soest (lutherisch) sowie Hamm und Steinfurt (reformiert). Auf der Oberstufe des Münsteraner Jesuitenkollegs wurde seit 1625 aristotelische Metaphysik gelehrt (vgl. Hellekamps & Musolff, 2009).

Dies entsprach der Norm: Alle Lehrer, die an den Schulen und Kollegien der Jesuiten unterrichteten, sollten den von der Ratio studiorum (1599) vorgeschriebenen dreijährigen Philosophiekurs erfolgreich absolviert haben (was nach dem gegenwärtigen Forschungsstand mit wenigen Ausnahmen tatsächlich der Fall war). Ggf. kamen Mathematik und Astronomie dazu, Fächer, die nur von Spezialisten unterrichtet wurden. Derzeit bieten insbesondere Arbeiten zur Geschichte der Mathematik Hinweise auf die Verfachlichung der Lehrertätigkeit an den jesuitischen Gymnasien (vgl. Krayer, 1991, S. 24-26; Müller, 2000, S. 304; Compère, Chartier & Julia, 1976, S. 200). In der oberdeutschen Jesuiten-Provinz (Österreich, Bayern, Breisgau) spielten die Mathematiker eine bedeutende Rolle für den Unterricht. Auch in den rheinischen Jesuiten-Provinzen Deutschlands hat es eine vereinheitlichte, spezielle Ausbildung der in Frage kommenden Jesuitenschüler zu Mathematiklehrern gegeben. Karl A. F. Fischer hat z.B. für die niederrheinische Jesuiten-Provinz ziemlich lückenlose Mathematik-Kurse nachgewiesen: Köln ab 1556, Trier ab 1560, Paderborn ab 1615, Münster ab 1626, Hildesheim und Osnabrück ab 1666, Aachen ab 1688 (vgl. 1978, S. 167-184).

Derartige Spezialisierungen lassen ein universitäres Studium der Lehrer vermuten. Zur akademischen Ausbildung der Lehrer, die an westfälischen gymnasialen Oberstufen bzw. Kollegs unterrichteten, liegen inzwischen empirische Befunde vor. Demnach stieg im Verlauf des 17. Jahrhunderts der Akademiker-Anteil Münsteraner und Steinfurter Lehrer signifikant an (vgl. zu den folgenden Professionalisierungskriterien Hanschmidt, 2001, S. 119). In der ersten Hälfte des 18. Jahrhunderts lag der Akademiker-Anteil der Münsteraner Lehrer bei durchschnittlich fast 94 %. Am lutherischen Dortmunder Gymnasium schwankte er hingegen in diesem Zeitraum um knapp 52 %. Bei knapp 90 % lag der Akademiker-Anteil im reformierten Steinfurter Gymnasium in den Jahrzehnten 1680-1709 (vgl. Musolff & Hellekamps, 2014).

Besonders schwierig ist es, etwas über die spezifische Berufswissenschaft, d.h. die Didaktik der Lehrer, in Erfahrung zu bringen. Lehrbücher, die mitunter auch von den Rektoren der Gymnasien verfasst wurden, enthalten Hinweise auf die Unterrichtsinhalte und die zu praktizierenden Methoden (vgl. Hellekamps & Musolff, 2012, S. 179-181). Disputationen, Schulbücher, insbesondere solche, die mit Marginalien versehen sind, Vorlesungsverzeichnisse und Briefe von Schülern und Lehrern zeigen, dass die Kontroverse zwischen einer aristotelisch geprägten Orthodoxie und der neuen (cartesianischen) Philosophie seit der zweiten Hälfte des 17. Jahrhunderts auch den Oberstufenunterricht bestimmen konnte, so in Hamm (1667-1776) und Soest (um 1700). Die jeweilige didaktische Präferenz eines Lehrers hatte Auswirkungen auf seine Unterrichtsmethode: Nachweislich entsprach einer inhaltlich eher orthodoxen Lehre eine Methode, die auf Diktate, Auswendiglernen und Disputationen in thetischem Stil ohne argumentative Erläuterung setzte. Demgegenüber verband sich eine an Descartes orientierte Lehre mit methodischen Praktiken, die das Selbstdenken der Schüler befördern sollten, wie z.B. der eigenständigen, diskursiv begründenden Verschriftlichung des Gelernten durch die Schüler (vgl. Musolff & Hellekamps, 2010, S. 144-145; Hellekamps & Musolff, 2012, S. 174-175). Allerdings muss angesichts der lückenhaften Quellenlage fraglich bleiben, wie lernwirksam eine solche cartesianisch inspirierte Didaktik war.

Nach wie vor unzureichend erforscht sind die institutionellen Formen, in denen sich die didaktische Ausbildung des künftigen Lehrers vollzog. Lange wurde vorausgesetzt, dass es gezielte Vorbereitungen auf die Lehrertätigkeit nicht vor Ende des 18. Jahrhunderts (in Halle und Berlin) gegeben habe (vgl. Jeismann, 1974, S. 104). Die interne Lehrerbildung in den Franckeschen Anstalten wurde gelegentlich als Vorläuferin der späteren Seminarausbildung gewertet. Axel Oberschelp hat die „Professionalisierung“ der Lehrer in der Halleschen Schulstadt 1698 bis 1740 untersucht (vgl. auch zum Folgenden, 2008, S. 241-246). Nach seinen Berechnungen haben seit 1709 ca. 60 % der Lehrer ein zweistufiges Ausbildungsverfahren durchlaufen, und zwar im Zusammenhang mit Freitischregelungen während ihrer Studentenzeit. Auf eine ca. halbjährige Phase, in der die Kandidaten ihre prinzipiellen sittlichen Voraussetzungen für die Lehrertätigkeit beweisen sollten, folgte die eigentliche Ausbildung zum Lehrer, die in der Regel ein bis anderthalb Jahre dauerte. Diese Ausbildung schloss einerseits eine fachliche Vorbereitung auf die Lehrertätigkeit mit Kursen im Lateinischen, Griechischen, Rechnen und in Kalligraphie ein (vgl. Oberschelp, 2008, S. 251). Andererseits umfasste die Ausbildung praktische katechetische Übungen, Unterrichtshospitationen und die Übernahme von Vertretungsunterricht. Zudem sind einige wenige didaktische Kurse nachweisbar. Auch nach dem Ende dieser Vorbereitung und der Übernahme eines regulären Lehramts war die Ausbildung noch nicht zu Ende: Regelmäßige Unterrichtsvisitationen und wöchentliche Lehrerkonferenzen dienten der weiteren Qualifizierung und sollten verhindern, dass sich didaktisch-methodische Fehler verfestigten. Tatsächlich wurden sowohl die fachlichen als auch die didaktisch-methodischen Fähigkeiten der Kandidaten am Ende der Vorbereitungszeit überwiegend (nämlich zu 68-88 %) als positiv oder mindestens ausreichend bewertet. Die Beurteilungen der Frömmigkeit waren hingegen in fast der Hälfte der Fälle negativ, was aber nicht hinderte, die für fachlich und didaktisch tauglich befundenen Kandidaten als Lehrer zu beschäftigen.

Auch im katholischen Schulwesen lässt sich beobachten, dass ein religiös fundiertes Bildungskonzept Tendenzen der Professionalisierung zeitigte und spezifische Ausbildungsgänge für angehende Lehrer hervorbrachte. Wie im Mädchenschulwesen trugen die Orden auch in den höheren Bildungsgängen für Knaben den Unterricht entscheidend mit. Neben den Jesuiten waren im Bildungswesen vor allem Reformzweige der Franziskaner aktiv, also Bettelorden, ferner Piaristen (ein ausgesprochener Lehrorden), während die Prälatenorden der Benediktiner, Zisterzienser u.a. im Unterrichten eher eine Nebentätigkeit sahen. Auf die Piaristen geht eine ordensinterne Ausbildungsordnung (1696) für den Lehrernachwuchs zurück (vgl. Hammerstein & Müller 2005, S. 340).

Bei den Jesuiten sollten sich an die philosophische Ausbildung gezielt auf die Lehrertätigkeit vorbereitende Kurse anschließen. Schon Paulsen machte auf diese Neuerung der Jesuiten aufmerksam (vgl. 1912, S. 52). Anders als die ältere (und die nachfolgende) preußisch inspirierte Geschichtsschreibung, für die die jesuitische Pädagogik als rückwärtsgewandt und fortschrittsfeindlich galt (vgl. Schmidt, 1861, S. 196; von Raumer, 1872, S. 262-263; vorsichtiger Reble, 1999, S. 99-101; Blättner, 1968, S. 46-47), bemühte sich Paulsen um eine ausgewogene Einschätzung des jesuitischen Bildungswesens. Die Institutionalisierung der Lehrerausbildung war bereits im ersten Entwurf der *Ratio studiorum* (1586) vorgesehen. Davon berichtet auch die immer noch lesenswerte, sorgfältig aus den Quellen gearbeitete Darstellung von Bernhard Duhr S. J. (vgl. 1907, 1913a, b, 1921). Duhr weist die frühesten Vorbereitungskurse auf die Lehrertätigkeit im Frühjahr 1581 in Molsheim (Elsass) nach, in Augsburg ab 1582, in Crumlau (Österreich) 1595 (vgl. 1907, S. 552-553). Erlinghagen S. J. geht davon aus, dass nur diejenigen, die den Lehrerberuf dauerhaft ausüben sollten, solche Kurse mitgemacht haben (vgl. 1972, S. 81, 64). Allerdings bringt er für seine These eines „Elitecorps der Lehrerschaft", dem eine größere Zahl von Lehrern gegenüberstanden habe, die ohne spezifische Vorbereitung Unterricht erteilen mussten, keine empirischen Belege (1972, S. 81). Auch dass die Lehrerausbildung „in Seminaren [...] zwar vorgesehen, wohl aber nicht obligatorisch" gewesen sei und „man [...] die Aneignung pädagogischer Fähigkeiten im allgemeinen durch die Praxis" erwartet habe (Hammerstein & Müller, 2005, S. 329), bleibt eine unbewiesene Vermutung. Dieser stehen neuere empirische Befunde für das Münsteraner Jesuiten-Gymnasium gegenüber. Demzufolge waren von 1660-1689 und von 1710-1719 alle Jesuiten-Lehrer durch einjährige Kurse vorbereitet (s. u.; vgl. Musolff & Hellekamps, 2014).

Jedenfalls gehörten zur jesuitischen Norm auch Überprüfungen der Lehrbefähigung. Eine Bestimmung für das Kolleg in Köln von 1559 sah vor, dass der Studienpräfekt den ihm unterstellten Lehrern wenigstens einmal wöchentlich unangekündigte Kontrollbesuche zu machen hatte. Für die noch nicht tauglichen Lehrer sollte der Kölner Präfekt besondere Übungsstunden vorsehen und sich überdies „in zurückhaltender Weise bei den Schülern über die Leistung ihrer Lehrer erkundigen" (Erlinghagen, 1972, S. 81; vgl. Gross, 1991, S. 286).

Es ging in den Vorbereitungskursen zum einen um den Erwerb konkreter unterrichtsbezogener Fähigkeiten wie „Repetieren, Diktieren, Korrigieren", ferner um Übungen zur Vorbereitung des Unterrichts, die die Durchdringung des Lehrstoffs und Überlegungen zur Methode der Darbietung ebenso einschlossen wie einen schriftlichen Entwurf dessen, „was in der Schule an Aufgaben, Phrasen und Bemerkungen geboten werden soll." (Duhr, 1913b, S. 553) Überdies sollten die Lehrer ggf. wöchentlich an einer „Konferenz über Didaktik" teilnehmen und Vorträge u.a. über die „Erudition" selbst ausarbeiten (Duhr 1921, S. 278). Auch waren „zeitweilig [...] Vorträge über Pädagogik" anzuhören (Duhr 1913b, S. 555). Zum anderen hatten die Kandidaten insbesondere den Lehrstoff der Humaniora, den sie sich selbst in den mittleren Klassenstufen angeeignet hatten, zu wiederholen. Die Erfahrung hatte gezeigt, dass nach dem dreijährigen Philosophiekurs der Oberstufe den angehenden Lehrern vieles aus den Inhalten der Mittelstufe nicht mehr so präsent war, dass sie es hätten unterrichten können. Deshalb wurde der Besuch des Vorbereitungskurses der Norm nach institutionalisiert (vgl. Duhr 1913b, S. 554).

Wie in Halle umfasste die Vorbereitung auf die Lehrertätigkeit auch bei den Jesuiten didaktische Studien. In den Münsteraner Repetentenkursen wurde schwerpunktmäßig das Pensum der humanistischen Studien wiederholt und unter didaktischen Gesichtspunkten erarbeitet (vgl. auch zum Folgenden Musolff & Hellekamps 2014). In Münster fanden insgesamt vier Repetentenkurse statt: 1621, 1629, 1636, 1642. Im Jahr 1629 wurden am Münsteraner Kolleg Francisco Sacchinis weit verbreitete didaktische Schriften „Praktische Winke für Gymnasiallehrer aus der Gesellschaft Jesu" (*Paraenesis ad magistros scholarum inferiorum Societatis Iesu*) (1625) sowie „Worte der Ermunterung an die Gymnasiallehrer aus der Gesellschaft Jesu" (*Protrepticon ad magistros scholarum inferiorum Societatis Iesu*) (1625) angeschafft. Es ist davon auszugehen, dass diese Texte im Vorbereitungskurs behandelt wurden. Im Untersuchungszeitraum 1600-1750 dauerte der Vorbereitungskurs in der Regel ein Jahr; ausnahmsweise wurden Repetentenkurse auf 6 bzw. 8 Monate verkürzt. In 7,3 % der Fälle wurde die Teilnahme am Repetentenkurs auf zwei Jahre verlängert (N = 96). In drei Fällen fand die Verlängerung am selben Ort statt. In vier Fällen wechselte der Repetent den Ort, um seinen zweiten Kurs zu absolvieren. Der Kurs wurde meist – aber nicht immer – vor Beginn der selbständigen Unterrichtstätigkeit absolviert.

In der ersten Hälfte des 17. Jahrhunderts ist insgesamt eine Zunahme der Teilnehmer an didaktischen Vorbereitungskursen zu beobachten. Im Jahrzehnt 1640-1649 unterrichteten 39 Lehrer, die durch einen Kurs vorbereitet waren; 16 Lehrer waren nicht vorbereitet. Allerdings sind 22 Fälle ungeklärt. In den 1660er (N = 8), 1670er (N = 12), 1680er (N = 20) und 1710er Jahre (N = 12) werden, wie oben gesagt, sogar 100 % erreicht. Allerdings ist die Dunkelziffer sehr hoch: Im Jahrzehnt 1690-1699 stehen 20 vorbereitete Lehrer (95,2 %) 53 ungeklärten Fällen gegenüber. 1700-1709 waren 94,7 % der Lehrer vorbereitet. Die zunehmende Teilnahme bestätigt sich auch, wenn die unterschiedliche Überlieferung von Personalkatalogen der niederrheinischen Jesuitenprovinz pro Jahrzehnt kontrolliert wird. Geleitet wurden die Repetentenkurse durch berufserfahrene Lehrer. 13 Leiter eines Vorbereitungskurses waren auch als Lehrer am Münsteraner Gymnasium tätig gewesen. Das Durchschnittsalter von neun dieser Lehrer betrug 39 Jahre; zehn dieser Lehrer hatten durchschnittlich 11 Jahre Berufserfahrung.

Mit der Etablierung der Vorbereitungskurse machten die Jesuiten deutlich, dass die philosophische und fachwissenschaftliche Ausbildung der Lehrer für ihre künftige Tätigkeit nicht hinreichte. Vielmehr sollte der Lehrer ein spezifisches „Berufswissen" erwerben, durch das er zum „Fachmann" für die Organisation von Lernprozessen werden konnte (Herrmann, 1999, S. 415), und das sich nicht nebenher und mitgängig erlernen ließ. Mit diesen Vorbereitungskursen erlangte die Konzeptualisierung der Ausbildung und Berufsausübung des Lehrers ein neues Niveau.

Lebenslange hauptberufliche Lehrertätigkeiten lassen sich sowohl für protestantische als auch für katholische Gymnasiallehrer nachweisen. Bei den Soester Lehrern z.B. lag der Anteil der hauptberuflich Tätigen in zwei Jahrzehnten der ersten Hälfte sowie in der gesamten zweiten Hälfte des 17. Jahrhunderts und in drei Jahrzehnten des 18. Jahrhunderts bei über 90 % der untersuchten Lehrer. Der Anteil vollberuflicher Soester Lehrer lag fast immer über 33 %, außer im Jahrzehnt 1620-1629. Im frühen 18. Jahrhundert lag der Anteil an Vollberuflern am Soester Gymnasium bei 70-80 %. In insgesamt sieben Jahrzehnten des 17. Jahrhunderts waren über 90 % der Steinfurter Lehrer hauptberuflich tätig; über 33 % der Steinfurter Lehrer waren in den Jahrzehnten 1620-1639 und 1670-1749 auch vollberuflich tätig. Die katholischen Lehrer erfüllten im gesamten Untersuchungszeitraum 1600-1749 das Kriterium der Hauptberuflichkeit, aber nur in den 1720er Jahren das der Vollberuflichkeit. Ihr Endberuf war oft der eines Geistlichen. Von 544 untersuchten westfälischen Lehrern (bei 165 unbekannten Endberufen) wechselte etwas mehr als die Hälfte im Laufe ihres Berufslebens in einen geistlichen Beruf, den sie bis zum Ende ihrer Lebensarbeitszeit ausübten.

Fasst man die Kriterien der Haupt- und Vollberuflichkeit sowie der akademischen Ausbildung der Lehrerschaft zusammen, so erfüllte eine westfälische Schule die Professionalisierungskriterien. Am Münsteraner Gymnasium Paulinum unterrichteten 1720-1729 akademisch ausgebildete Lehrer mit einem Anteil von über 85 %. Diese Lehrer waren in demselben Zeitraum zu 100 % hauptberuflich tätig und zu über 35 % vollberuflich. Dass die lutherischen und reformierten Lehrer ihre Tätigkeiten überwiegend als Durchgangsstadium zum späteren Pfarramt betrieben hätten, wie oft behauptet wurde, und dass alle katholischen Lehrer als Priester geendet seien, lässt sich aus den Daten der westfälischen Gymnasiallehrer nicht erhärten.

Zudem ist eine Verbesserung des Sozialprestiges der Lehrer am Beginn des 18. Jahrhunderts festzustellen. Der Professionalisierungsphase 1660-1679 des Hammer Gymnasiums entspricht ein hohes Sozialprestige der Lehrer in den Widmungen Hammer Disputationen. Und die Professionalisierungstendenzen des Steinfurter Gymnasiums spiegeln sich im hohen Sozialprestige der Lehrer in den Widmungen Steinfurter Disputationen wider (zu methodischen Problemen und inhaltlichen Details vgl. Musolff & Hellekamps 2014).

5. Schluss

Die vorliegenden neueren Befunde lassen es ratsam erscheinen, die eingangs genannten Kriterien der Professionalisierung für den Lehrerberuf der frühen Neuzeit hinsichtlich des gelehrten Bildungswesens zu modifizieren. Wer staatliche Normierungen zum Kriterium für die Verberuflichung des Lehrers macht, kommt nicht umhin, die vormodernen Lehrer für unprofessionell zu halten. Damit wird aber die berufliche Realität frühneuzeitlicher Gymnasiallehrer ebenso verfehlt wie der Prozess der Herausbildung eines spezifischen Berufsprofils, das die Lehrertätigkeit umschrieb und das – zunächst bei den Jesuiten, dann in den Franckeschen Anstalten – in eigenen Ausbildungsgängen angeeignet und geschärft wurde. In beiden Fällen erfolgte die Ausbildung des Lehrernachwuchses in selbstregulierten Prozessen und mit Blick auf ‚autonom' festgesetzte didaktische Standards. Ebenso bestimmte die durch ein akademisches Studium erworbene Fachlichkeit die Professionalität des frühneuzeitlichen Gymnasiallehrers, der seine Tätigkeit teilweise als Hauptberuf, teilweise sogar als Vollberuf während seiner gesamten Lebensarbeitszeit ausübte. Die Antwort auf die Frage, in welchem Maße diese Befunde verallgemeinert werden können, bleibt weiteren empirischen Studien vorbehalten.

Literatur

Baldzuhn, M. (2009). *Schulbücher im Trivium des Mittelalters und der Frühen Neuzeit. Die Verschriftlichung von Unterricht in der Text- und Überlieferungsgeschichte der „Fabulae" Avians und der deutschen „Disticha Catonis"*. 2 Bde., Berlin, New York: de Gruyter. (Quellen und Forschungen zur Literatur- und Kulturgeschichte; 44)

Baldzuhn, M. (2012). Das Ritual des Textverstehens. Zu Konzeption und Gebrauch des spätmittelalterlichen Schulbuchs. In S. Hellekamps, J.-L. Le Cam, & A. Conrad (Hrsg.), *Schulbücher und Lektüren in der vormodernen Unterrichtspraxis* (S. 13-30). Wiesbaden: Springer VS. (Sonderheft der Zeitschrift für Erziehungswissenschaft; 17)

Blättner, F. (1968). *Geschichte der Pädagogik*. 13. Aufl., durchgesehen und erweitert v. H.-G. Herrlitz. Heidelberg: Quelle und Meyer.

Bodemann, U., & Dabrowski, C. (2000). Handschriften der Ulmer Lateinschule. Überlieferungsbefund und Interpretationsansätze. In K. Grubmüller (Hrsg.), *Schulliteratur im späten Mittelalter* (S. 11-47). München: Fink.

Bruning, J. (2005). Das protestantische Gelehrtenschulwesen im 18. Jahrhundert: Pietismus – Aufklärung – Neuhumanismus. In N. Hammerstein & U. Herrmann (Hrsg.), *Handbuch der deutschen Bildungsgeschichte. Bd. II: 18. Jahrhundert. Vom späten 17. Jahrhundert bis zur Neuordnung Deutschlands um 1800* (S. 278-323). München: C. H. Beck.

Caspard, P. (Hrsg.) (1990). Travaux d'élèves. Pour une histoire des performances scolaires et de leur évaluation, 1720–1830. *Histoire de l'éducation, 46*, n° spécial.

Compère, M.-M., Chartier, R., & Julia, D. (1976). *L'éducation en France du XVIe au XVIIIe siècle*. Paris: S.E.D.E.S.

Compère, M.-M., & Pralon-Julia, D. (1992). *Performances scolaires des collégiens sous l'Ancien Régime. Études d'exercices latins rédigés au collège Louis-le-Grand vers 1720.* Paris: Publications de la Sorbonne.

Conrad, A. (1991). *Zwischen Kloster und Welt. Ursulinen und Jesuitinnen in der katholischen Reformbewegung des 16. und 17. Jahrhunderts.* Mainz: Philipp von Zabern.

Conrad, A. (2012). Lernmaterialien und Lesepraxis in Ursulinenschulen des 17. und 18. Jahrhunderts. In S. Hellekamps, J.-L. Le Cam, & A. Conrad, *Schulbücher und Lektüren in der vormodernen Unterrichtspraxis* (S. 153-166). Wiesbaden: Springer VS. (Sonderheft der Zeitschrift für Erziehungswissenschaft; 17)

Dainville, F. de (1978). *L'éducation des Jésuites (XVIe–XVIIIe siècles).* Paris: de Minuit.

Duhr, B., S. J. (1907). *Geschichte der Jesuiten in den Ländern deutscher Zunge im XVI. Jahrhundert.* Freiburg i. Breisgau: Herdersche Verlagshandlung.

Duhr, B., S. J. (1913a). *Geschichte der Jesuiten in den Ländern deutscher Zunge in der ersten Hälfte des XVII. Jahrhunderts. Erster Teil.* Freiburg i. Breisgau: Herdersche Verlagshandlung.

Duhr, B., S. J. (1913b). *Geschichte der Jesuiten in den Ländern deutscher Zunge in der ersten Hälfte des XVII. Jahrhunderts. Zweiter Teil.* Freiburg i. Breisgau: Herdersche Verlagshandlung.

Duhr, B., S. J. (1921). *Geschichte der Jesuiten in den Ländern deutscher Zunge in der zweiten Hälfte des XVII. Jahrhunderts.* München, Regensburg: Verlagsanstalt vorm. G. J. Manz.

Ehrenpreis, S. (2003). Erziehungs- und Schulwesen zwischen Konfessionalisierung und Säkularisierung. Forschungsprobleme und methodische Innovationen. In H. Schilling & S. Ehrenpreis (Hrsg.), *Erziehung und Schulwesen zwischen Konfessionalisierung und Säkularisierung. Forschungsperspektiven, europäische Fallbeispiele und Hilfsmittel* (S. 19-34). Münster u.a.: Waxmann.

Endres, R. (1989). Ausbildung und gesellschaftliche Stellung der Schreib- und Rechenmeister in den fränkischen Reichsstädten. In J. G. Prinz von Hohenzollern & M. Liedtke (Hrsg.), *Schreiber, Magister, Lehrer. Zur Geschichte und Funktion eines Berufsstandes* (S. 144-159). Bad Heilbrunn/Obb.: Julius Klinkhardt.

Endres, R. (1991). Gesamtdarstellung. In M. Liedtke (Hrsg.), *Handbuch der Geschichte des bayerischen Bildungswesens. Erster Band: Geschichte der Schule in Bayern. Von den Anfängen bis 1800* (S. 141-188). Bad Heilbrunn/Obb.: Julius Klinkhardt.

Erlinghagen, K. (1972). *Katholische Bildung im Barock.* Hannover u.a.: Hermann Schrödel.

Fischer, K. A. F. (1978). Jesuiten Mathematiker in der französischen und italienischen Assistenz bis 1773. *Archivum historicum Societatis Iesu, 47,* 159-224.

Friedrichs, O. (2000). *Das niedere Schulwesen im linksrheinischen Herzogtum Kleve 1614–1816. Ein Beitrag zur Regionalgeschichte der Elementarschulen in Brandenburg-Preußen.* Bielefeld: Verlag für Regionalgeschichte. (Schriften der Heresbach Stiftung Kalkar; 8)

Gross, G. (1991). Das Jesuitengymnasium. In Bischöfliches Dom- und Diözesanmuseum Trier und Bibliothek des Bischöflichen Priesterseminars Trier (Hrsg.), *Die Gesellschaft Jesu und ihr Wirken im Erzbistum Trier* (S. 283-291). Mainz: Verlag der Gesellschaft für mittelrheinische Kirchengeschichte. (Quellen und Abhandlungen zur mittelrheinischen Kirchengeschichte)

Hammerstein, N., & Müller, R. A. (2005). Das katholische Gymnasialwesen im 17. und 18. Jahrhundert. In N. Hammerstein & U. Herrmann (Hrsg.), *Handbuch der deutschen Bildungsgeschichte. Bd. II: 18. Jahrhundert. Vom späten 17. Jahrhundert bis zur Neuordnung Deutschlands um 1800* (S. 324-354). München: C. H. Beck.

Hanschmidt, A. (2001). Schulreform durch Lehrerbildung. Zur Professionalisierung der Lehrerschaft in Westfalen um 1800. *Westfalen 79,* 119-134.

Hanschmidt, A. (2005). Elementarbildung und Berufsausbildung 1450–1750. Inhalte und Institutionen. In A. Hanschmidt & H.-U. Musolff (Hrsg.), *Elementarbildung und Berufsausbildung 1450–1750* (S. 19-46). Köln u.a.: Böhlau.

Hanschmidt, A., & Musolff, H.-U. (2005). Einleitung. In A. Hanschmidt & H.-U. Musolff (Hrsg.), *Elementarbildung und Berufsausbildung 1450–1750* (S. 1-15). Köln u.a.: Böhlau. (Beiträge zur Historischen Bildungsforschung; 31)

Hellekamps, S., & Musolff, H.-U. (Hrsg.) (2009). *Zwischen Schulhumanismus und Frühaufklärung. Zum Unterricht an westfälischen Gymnasien 1600–1750.* Münster: Aschendorff. (Westfalen in der Vormoderne; 3)

Hellekamps, S., Le Cam, J.-L., & Conrad, A. (2012). Einleitung: Schulbücher und Lektüren in der vormodernen Unterrichtspraxis. In S. Hellekamps, J.-L. Le Cam, & A. Conrad (Hrsg.), *Schulbücher und Lektüren in der vormodernen Unterrichtspraxis* (S. 1-11). Wiesbaden: Springer VS. (Sonderheft der Zeitschrift für Erziehungswissenschaft; 17)

Hellekamps, S., & Musolff, H.-U. (2012). Zur Didaktik der Frühaufklärung. Schulbücher und Lektüren für den Philosophieunterricht am Soester Gymnasium zu Beginn des 18. Jahrhunderts. In S. Hellekamps, J.-L. Le Cam, & A. Conrad (Hrsg.), *Schulbücher und Lektüren in der vormodernen Unterrichtspraxis* (S. 167-184). Wiesbaden: Springer VS. (Sonderheft der Zeitschrift für Erziehungswissenschaft; 17)

Herrmann, U. (1999). Lehrer – *professional*, Experte, Autodidakt. In H. J. Apel u.a. (Hrsg.), *Professionalisierung pädagogischer Berufe im historischen Prozess* (S. 408-428). Bad Heilbrunn/Obb.: Julius Klinkhardt.

Hettwer, H. (1965). *Herkunft und Zusammenhang der Schulordnungen. Eine vergleichende Studie.* Mainz: Hase und Koehler.

Jacobi, J. (2005). Elementar- und Berufsbildung der Mädchen im halleschen Waisenhaus 1695–1769. In A. Hanschmidt & H.-U. Musolff (Hrsg.), *Elementarbildung und Berufsausbildung 1450–1750* (S. 225-246). Köln u.a.: Böhlau.

Jacobi, J. (2008). Zwischen „nöthigen Wissenschaften" und „Gottesfurcht". Protestantische Mädchenschulen von der Reformation bis zum 18. Jahrhundert. In H.-U. Musolff, J. Jacobi, & J.-L. Le Cam (Hrsg.), *Säkularisierung vor der Aufklärung? Bildung, Kirche und Religion 1500–1750* (S. 253-274). Köln u.a.: Böhlau. (Beiträge zur Historischen Bildungsforschung; 35)

Jacobi, J. (2013). *Mädchen- und Frauenbildung in Europa. Von 1500 bis zur Gegenwart.* Frankfurt/M., New York: Campus Verlag.

Jeismann, K.-E. (1974). *Das preußische Gymnasium in Staat und Gesellschaft. Bd. 1: Die Entstehung des Gymnasiums als Schule des Staates und der Gebildeten 1787–1817.* Vollständig überarbeitete Aufl. Stuttgart: Klett-Cotta.

Jeismann, K.-E. (1988). Preußische Bildungspolitik vom ausgehenden 18. bis zur Mitte des 19. Jahrhunderts. Thesen und Probleme. In U. Arnold (Hrsg.), *Zur Bildungs- und Schulgeschichte Preußens* (S. 9-37). Lüneburg: Verlag Nordostdeutsches Kulturwerk.

Jeismann, K.-E. (1999). Zur Professionalisierung der Gymnasiallehrer im 19. Jahrhundert. In H. J. Apel, K.-P. Horn, P. Lundgreen, & U. Sandfuchs (Hrsg.), *Professionalisierung pädagogischer Berufe im historischen Prozess* (S. 59-79). Bad Heilbrunn/Obb.: Julius Klinkhardt.

Keck, R. (1989). Die Entwicklung der Lehrerbildung in Deutschland im 18. und 19. Jahrhundert. In J. G. Prinz von Hohenzollern & M. Liedtke (Hrsg.), *Schreiber, Magister, Lehrer. Zur Geschichte und Funktion eines Berufsstandes* (S. 195-213). Bad Heilbrunn/Obb.: Julius Klinkhardt.

Kießling, R. (2003). ‚Schullandschaften' – ein Forschungsansatz für das Spätmittelalter und die Frühe Neuzeit. Entwickelt anhand süddeutscher Beispiele. In H. Schilling & S. Ehrenpreis (Hrsg.), *Erziehung und Schulwesen zwischen Konfessionalisierung und Säkularisierung. Forschungsperspektiven, europäische Fallbeispiele und Hilfsmittel* (S. 35-54). Münster u.a.: Waxmann.

Kistenich, J. (2003). Forschungsprobleme zum katholischen Schulwesen im Alten Reich zwischen Reformation und Aufklärung (ca. 1530–1750). In H. Schilling & und S. Ehrenpreis (Hrsg.), *Erziehung und Schulwesen zwischen Konfessionalisierung und Säkularisierung. Forschungsperspektiven, europäische Fallbeispiele und Hilfsmittel* (S. 101-125). Münster u.a.: Waxmann.

Konersmann, F. (2005). Schriftgebrauch, Rechenfähigkeit, Buchführung und Schulbesuch von Bauern in der Pfalz und in Rheinhessen 1685–1830. In A. Hanschmidt & H.-U. Musolff (Hrsg.), *Elementarbildung und Berufsausbildung 1450–1750* (S. 287-313). Köln u.a.: Böhlau.

Krayer, A. (1991). *Mathematik im Studienplan der Jesuiten. Die Vorlesung von Otto Cattenius an der Universität Mainz (1610/11).* Stuttgart: Franz Steiner.

Kupke, A.-K. (1999). Elementarschulunterricht in Kursachsen um 1670. In H. E. Bödeker & E. Hinrichs (Hrsg.) unter Mitarbeit von A. Hofmeister et al., *Alphabetisierung und Literalisierung in Deutschland in der Frühen Neuzeit* (S. 225-252). Tübingen: Max Niemeyer.

Le Cam, J.-L. (1999). Schulpflicht, Schulbesuch und Schulnetz im Herzogtum Braunschweig-Wolfenbüttel im 17. Jahrhundert. In H. E. Bödeker & E. Hinrichs (Hrsg.) unter Mitarbeit von A. Hofmeister et al., *Alphabetisierung und Literalisierung in Deutschland in der Frühen Neuzeit* (S. 203-224). Tübingen: Max Niemeyer.

Le Cam, J.-L. (2005). Über die undeutlichen institutionellen Grenzen der Elementarbildung. Das Beispiel des Herzogtums Braunschweig-Wolfenbüttel im 17. Jahrhundert. In A. Hanschmidt & H.-U. Musolff (Hrsg.), *Elementarbildung und Berufsausbildung 1450–1750* (S. 46-72). Köln u.a.: Böhlau.

Le Cam, J.-L. (2012). Schulbücher zwischen Vorschrift, Angebot und Gebrauch: das Beispiel des braunschweigischen Gelehrtenschulwesens im 17. Jahrhundert. In S. Hellekamps, J.-L. Le Cam, & A. Conrad (Hrsg.), *Schulbücher und Lektüren in der vormoderen Unterrichtspraxis* (S. 121-152). Wiesbaden: Springer VS. (Sonderheft der Zeitschrift für Erziehungswissenschaft; 17)

Leschinsky, A. & Roeder, P. M. (1976). *Schule im historischen Prozeß. Zum Wechselverhältnis von institutioneller Erziehung und gesellschaftlicher Entwicklung.* Stuttgart: Klett-Cotta.

Lundgreen, P. (1980). *Sozialgeschichte der deutschen Schule im Überblick. Teil 1.* Göttingen: Vandenhoeck und Ruprecht.

Lundgreen, P. (1999). Berufskonstruktion und Professionalisierung in historischer Perspektive. In H. J. Apel u.a. (Hrsg.), *Professionalisierung pädagogischer Berufe im historischen Prozess* (S. 19-34). Bad Heilbrunn/Obb.: Julius Klinkhardt.

Marti, H. (2010). Disputation und Dissertation. Kontinuität und Wandel im 18. Jahrhundert. In M. Gindhart & U. Kundert (Hrsg.), *Disputatio 1200–1800. Form, Funktion und Wirkung eines Leitmediums universitärer Wissenskultur* (S. 63-85). Berlin, New York: de Gruyter.

Menk, G. (2003). Das Bildungswesen in den deutschen protestantischen Territorien der Frühen Neuzeit. In H. Schilling & S. Ehrenpreis (Hrsg.), *Erziehung und Schulwesen zwischen Konfessionalisierung und Säkularisierung. Forschungsperspektiven, europäische Fallbeispiele und Hilfsmittel* (S. 55-99). Münster u.a.: Waxmann.

Müller, M. (2000). *Die Entwicklung des höheren Bildungswesens der französischen Jesuiten im 18. Jahrhundert bis zur Aufhebung 1762–1764. Mit besonderer Berücksichtigung der Kollegien von Paris und Moulins.* Frankfurt/M. u.a.: Peter Lang.

Musolff, H.-U. (2009 a). Die Ausbildung für nicht-akademische Berufe am Soester Gymnasium um 1700. In S. Hellekamps & H.-U. Musolff (Hrsg.), *Zwischen Schulhumanismus und Frühaufklärung. Zum Unterricht an westfälischen Gymnasien 1600–1750* (S. 176-210). Münster: Aschendorff.

Musolff, H.-U. (2009 b) unter Mitarbeit von S. Bermges, A. Brücker, & S. Denningmann. Die Professionalisierung der Lehrer 1625 bis 1724. In S. Hellekamps & H.-U. Musolff (Hrsg.), *Zwischen Schulhumanismus und Frühaufklärung. Zum Unterricht an westfälischen Gymnasien 1600–1750* (S. 245-260). Münster: Aschendorff.

Musolff, H.-U. & Hellekamps, S. (2010). Bildungsgänge und Seitenwege westfälischer Gymnasiallehrer 1600–1750. In J. Jacobi, J.-L. Le Cam, & H.-U. Musolff (Hrsg.), *Vormoderne Bildungsgänge. Selbst- und Fremdbeschreibungen in der Frühen Neuzeit* (S. 131-147). Köln u.a.: Böhlau. (Beiträge zur Historischen Bildungsforschung; 41)

Musolff, H.-U. & Hellekamps, S. (Hrsg.) (2014). *Lehrer an westfälischen Gymnasien in der frühen Neuzeit. Neue Studien zu Schule und Unterricht 1600–1750.* Münster: Aschendorff (Westfalen in der Vormoderne; 19)

Neugebauer, W. (Hrsg.) (1992). Schule und Absolutismus in Preußen. Akten zum preußischen Elementarschulwesen bis 1806. Berlin, New York: Walter de Gruyter. (Veröffentlichungen der Historischen Kommission zu Berlin; 83)

Neugebauer, W. (2005). Niedere Schulen und Realschulen. In N. Hammerstein & U. Herrmann (Hrsg.), *Handbuch der deutschen Bildungsgeschichte. Bd. II: 18. Jahrhundert. Vom späten 17. Jahrhundert bis zur Neuordnung Deutschlands um 1800* (S. 213-261). München: C. H. Beck.

Neugebauer, W. (2006). Kultureller Lokalismus und schulische Praxis. Katholisches und protestantisches Elementarschulwesen besonders im 17. und 18. Jahrhundert in Mitteleuropa. In P. C. Hartmann (Hrsg.) unter Mitarbeit von A. Reese, *Religion und Kultur im Europa des 17. und 18. Jahrhunderts* (S. 385-408). 2., durchgesehene Aufl. Frankfurt/M. u.a.: Peter Lang.

Neugebauer, W. (2012). Norm und Konsens. Das vormoderne Schul- und Bildungsrecht in Mitteleuropa vom 16. bis 18. Jahrhundert. *Recht der Jugend und des Bildungswesens, 60,* 413-431.

Oberschelp, A. (2008). Die „Professionalisierung" der Lehrer und das Hallesche Waisenhaus. In H.-U. Musolff, J. Jacobi, & J.-L. Le Cam (Hrsg.), *Säkularisierung vor der Aufklärung? Bildung, Kirche und Religion 1500–1750* (S. 233-252). Köln u.a.: Böhlau.

Oldenburg, M., & Maier, K. E. (1991). Deutsches und Lateinisches Schulwesen. In M. Liedtke (Hrsg.), *Handbuch der Geschichte des bayerischen Bildungswesens. Erster Band: Geschichte der Schule in Bayern. Von den Anfängen bis 1800* (S. 436-446). Bad Heilbrunn/Obb.: Julius Klinckhardt.

Paulsen, F. (1912). *Das deutsche Bildungswesen in seiner geschichtlichen Entwicklung.* 3. Aufl. Leipzig: B. G. Teubner.

Picco, D. (2012). Bücher und Lektüren für junge Mädchen. Das Beispiel Saint-Cyr (Ende 17. Jahrhundert bis 1750). In S. Hellekamps, J.-L. Le Cam, & A. Conrad (Hrsg.), *Schulbücher und Lektüren in der vormodernen Unterrichtspraxis* (S. 203-218). Wiesbaden: Springer VS.

Raumer, K. von (1872). *Geschichte der Pädagogik vom Wiederaufblühen klassischer Studien bis auf unsere Zeit.* 4. Aufl. Gütersloh: Bertelsmann.

Reble, A. (1999). *Geschichte der Pädagogik.* 19., durchgesehene Aufl. Stuttgart: Klett-Cotta.

Rutz, A. (2006). *Bildung – Konfession – Geschlecht. Religiöse Frauengemeinschaften und die katholische Mädchenbildung im Rheinland (16.–18. Jahrhundert).* Mainz: Philipp von Zabern. (Veröffentlichungen des Instituts für Europäische Geschichte Mainz; 210)

Sauer, M. (1987). *Volksschullehrerbildung in Preußen. Die Seminare und Präparandenanstalten vom 18. Jahrhundert bis zur Weimarer Republik.* Köln, Wien: Böhlau. (Studien und Dokumentationen zur deutschen Bildungsgeschichte; 37)

Scaglione, A. (1986). *The Liberal Arts and the Jesuit College System.* Amsterdam, Philadelphia: John Benjamins Publishing Company.

Schlögl, R. (2000). Bedingungen dörflicher Kommunikation. Gemeindliche Öffentlichkeit und Visitation im 16. Jahrhundert. In W. Rösener (Hrsg.), *Kommunikation in der ländlichen Gesellschaft vom Mittelalter bis zur Moderne* (S. 241-261). Göttingen: Vandenhoeck und Ruprecht.

Schmale, W. (1991). Die Schule in Deutschland im 18. und frühen 19. Jahrhundert. Konjunkturen, Horizonte, Mentalitäten, Probleme, Ergebnisse. In W. Schmale & N. L. Dodde (Hrsg.), *Revolution des Wissens? Europa und seine Schulen im Zeitalter der Aufklärung (1750–1825). Ein Handbuch zur europäischen Schulgeschichte.* Bochum: Dr. Dieter Winkler.

Schmidt, K. (1861). *Geschichte der Pädagogik. Bd. 3: Die Geschichte der Pädagogik von Luther bis Pestalozzi.* Cöthen: Paul Schnettler.

Seifert, A. (1996). Das höhere Schulwesen. Universitäten und Gymnasien. In N. Hammerstein unter Mitwirkung von A. Buck (Hrsg.), *Handbuch der deutschen Bildungsgeschichte. Bd. I: Von der Renaissance und der Reformation bis zum Ende der Glaubenskämpfe* (S. 197-374). München: Beck.

Sparn, W. (1976). *Wiederkehr der Metaphysik. Die ontologische Frage in der lutherischen Theologie des frühen 17. Jahrhunderts.* Stuttgart: Calwer Verlag. (Calwer Theologische Monographien; 4)

Weigand, G. (1991). Die weiblichen Schulorden. In M. Liedtke (Hrsg.), *Handbuch der Geschichte des bayerischen Bildungswesens. Erster Band: Geschichte der Schule in Bayern. Von den Anfängen bis 1800* (S. 605-621). Bad Heilbrunn/Obb.: Julius Klinkhardt.

Wesoly, K. (2008). Das Interesse der weltlichen Obrigkeiten, der Konfessionen und der Eltern am Elementarunterricht im Herzogtum Berg vom 16. bis ins 18. Jahrhundert. In H.-U. Musolff, J. Jacobi, & J.-L. Le Cam (Hrsg.), *Säkularisierung vor der Aufklärung? Bildung, Kirche und Religion 1500–1750* (S. 157-177). Köln u.a.: Böhlau.

Wesoly, K. (2012). Rechenunterricht und Rechenbücher bis zur Mitte des 18. Jahrhunderts, mit besonderer Berücksichtigung des Herzogtums Berg. In S. Hellekamps, J.-L. Le Cam, & A. Conrad (Hrsg.), *Schulbücher und Lektüren in der vormodernen Unterrichtspraxis* (S. 79-90). Wiesbaden: Springer VS.

Zymek, B. (2008). Geschichte des Schulwesens und des Lehrerberufs. In W. Helsper & J. Böhme (Hrsg.), *Handbuch der Schulforschung* (S. 203-237). 2., durchgesehene u. erweiterte Aufl. Wiesbaden: VS Verlag für Sozialwissenschaften.

Heidemarie Kemnitz

Forschung zur Geschichte und Entwicklung des Lehrerberufs vom 18. Jahrhundert bis zur Gegenwart

1. Einleitung

„An Literatur über die deutschen Lehrer herrscht kein Mangel." Diese Aussage, mit der Rainer Bölling (1983, S. 5) seinen Überblick über die „Sozialgeschichte der deutschen Lehrer" einleitete, trifft heute umso mehr zu. Die schon 1983 als zahlreich wahrgenommenen wissenschaftlichen Monographien und Aufsätze, die die älteren, großen Erzählungen im Sinne einer Kulturgeschichte der Lehrer (Fischer, 1898) durch Forschung überholt und wichtige neue Erkenntnisse gebracht haben, sind um ein Vielfaches angewachsen, thematisch und methodisch differenzierter geworden und haben nicht zuletzt durch Theoretisierung eine veränderte Qualität angenommen.

Der folgende Versuch einer Beschreibung der Forschungsentwicklung zur Geschichte und Entwicklung des Lehrerberufs vom 18. Jahrhundert bis zur Gegenwart ist bestrebt, zentrale Tendenzen deutlich zu machen. Er ist national begrenzt, d.h. er bezieht sich auf Forschung zur Geschichte des Lehrerberufs in Deutschland (bzw. den Territorial-, Glied- oder Bundesstaaten bzw. -ländern, die diesem nationalen Gebilde in historisch wechselnden Konstellationen und Staatsformen zugerechnet wurden). Für diese Forschung trifft aber kaum anderes zu als das, was Heinz-Elmar Tenorth für die deutsche bzw. deutschsprachige Erziehungswissenschaft konstatiert, nämlich, dass sie von wenigen Ausnahmen abgesehen, auch nur Thema deutschsprachiger Erziehungswissenschaftler ist – so wie auch die Geschichte z.B. der Erziehungswissenschaft der USA und ihrer Leistungen als forschende Disziplin bisher allein aus der amerikanischen Perspektive geschrieben wird (Tenorth, 2006, S. 336). Die Ausnahmen sind für die historische Forschung über den Lehrerberuf in Deutschland vielleicht noch am bemerkenswertesten, obwohl auch sie rasch benannt sind. Sie beziehen sich vornehmlich auf die von der Berufssoziologie herkommende Diskussion über den theoretischen Analyserahmen, das heißt, auf die Frage, ob, und wenn ja, seit wann und unter welchen Bedingungen die Lehrer zu den Professionen gerechnet werden können. In diesem Rahmen wurden in der angloamerikanischen Forschung mit den German Professions (Cocks & Jarausch, 1990; Jarausch, 1990; McClelland, 1991) auch die Lehrer in der Genese ihres Status' sowie in den Mustern ihrer Professionalisierung und ihres politischen Verhaltens untersucht. Die andere Ausnahme betrifft die Geschichte der Lehrerinnenbildung in Deutschland, die James C. Albisetti im Rahmen seiner historisch-vergleichenden Studie über die Institutionalisierung des höheren Mädchenschulwesens im 19. Jahrhundert rekonstruiert und analysiert hat (Albisetti, 1988, deutsche Übersetzung 2007, S. 81-113; Albisetti, 1993 – von Jacobi, 1997 als noch immer bester Überblick charakterisiert – und Albisetti, 1996).

Umgekehrt ist zu konstatieren, dass in der bildungshistorischen Forschung, insbesondere über die Geschichte des Schulwesens und des Lehrerberufs, Forschungsleistungen aus anderen Ländern durchaus aufmerksam beobachtet werden (Zymek, 2008 mit Hinweisen auf Gesamtdarstellungen und Handbücher, wie sie in nationalen Sammelwerken z.B. für Frankreich, Spanien, England, Österreich oder die Niederlande vorliegen). Eine tatsächlich historisch-vergleichende Forschung jenseits der äußeren Merkmale von Berufskonstruktion und Professionalisierung (Lundgreen, 1999a) hat sich in diesem Feld aber bislang kaum entwickelt.

Wer sich grundlegend über die Geschichte des Lehrerberufs in Deutschland informieren will, wird neben Monographien und Überblicksartikeln (Bölling, 1983; Enzelberger, 2001; Terhart, 2004; Sandfuchs, 2004; Kemnitz, 2004) auf die wohl ambitioniertesten Projekte pädagogischer Historiographie stoßen: zum einen auf das inzwischen vollständig vorliegende sechsbändige Handbuch der deutschen Bildungsgeschichte (Berg et al., 1987–2005, darin für das hier besonders wichtige 19. Jahrhundert Tenorth, 1987) und zum anderen auf das Datenhandbuch zur deutschen Bildungsgeschichte. Zu den Bänden über die höheren Lehrer (Bd. VI) und die Lehrerinnen (Bd. II/3) ist 2013 der Band XI über die Lehrer an den Schulen der Bundesrepublik Deutschland 1949–2009 hinzugekommen (noch in Arbeit befindlich ist Band V, der sich zusammenfassend den Lehrern an niederen und höheren Schulen in Deutschland von 1800–1945 widmen wird). Die Forschungsergebnisse, die hier verarbeitet sind, konzentrieren sich zwar bis in die 1930er und 1940er Jahre noch immer (so die häufig geäußerte Kritik an der deutschen Bildungsgeschichtsschreibung) auf Preußen, können dank zunehmender Forschung über die Entwicklung von Lehrerausbildung und -beruf in anderen deutschen Ländern aber immerhin vergleichend gelesen werden. Über Geschichte und Entwicklung des Lehrerberufs in Bayern informieren seit 1997 zudem epochenübergreifende Spezialuntersuchungen, die in Band 4 des Handbuchs der Geschichte des Bayerischen Bildungswesens (Liedtke, 1991–1997) zu finden sind. Sie thematisieren neben der Geschichte der Lehrerbildung in Bayern, die je gesondert die Ausbildung von Volksschullehrern, Realschullehrern, Lehrern an höheren Schulen, Berufsschullehrern, Lehrern an Sonderschulen sowie Lehrern an Blindenschulen behandelt, auch die Entwicklung der Lehrerbesoldung, die Organisation und die beruflichen Interessen von Lehrerinnen und Lehrern und – für die historische Forschung zum Lehrerberuf eher ungewöhnlich – sogar Bayerische Lehrer im Auslandsschuldienst (vgl. dagegen Egenhoff & Stoldt, 2013 mit aktuellen Beiträgen über Deutsche Lehrer im Ausland).

In der bildungshistorischen Forschung wird der Beruf des Lehrers (Lehrerinnen einbegriffen) mit der Entwicklung des modernen Schulsystems in Verbindung gebracht, die den Lehrerberuf im Sinne einer eigenständigen, spezialisierten, den Unterhalt sichernden und zunehmend sozial anerkannten Lehrertätigkeit erst konstituiert hat. Zeitlich ist diese Konstitution des Lehrerberufs, die mit Prüfungsbestimmungen und Zugangsregelungen beginnt, im ausgehenden 18. und frühen 19. Jahrhundert angesiedelt.

In einer langen Zeit des Übergangs „vom Schulehalten zum Unterricht“ (Petrat, 1979) agierten die Akteure im Feld schulischer Arbeit nach bestem, aber kaum hinreichendem Wissen, noch ohne pädagogische oder methodische Hintergründe, später dann mit angelesenem oder vom Hörensagen für gut befundenem ‚Instrumentarium‘ mit weithin unaufgeklärten Effekten. Für die Lehrertätigkeit gilt dies nicht nur im Bereich des niederen (oder Elementar-), sondern auch des höheren Schulwesens. Im Zuge der Entwicklung des Schulsystems wird auch über Berechtigungen zur Ausübung der Lehrertätigkeit nachgedacht. Bereits im 18. Jahrhundert als „archimedische(r) Punkt für strukturellen Wandel im niederen Schulwesen“ erkannt, konzentrieren sich die Anstrengungen nach 1800 auf die „systematische Ausbildung des Lehrpersonals für die – zum Teil seit Jahrhunderten – bestehenden Schulstellen“ (Neugebauer, 2005, S. 247). Bis dahin sind allenfalls Ansätze zur Ausbildung von Elementarschullehrern nachweisbar, innerhalb bestimmter Institutionen (etwa dem Halleschen Waisenhaus ab 1707), ab den 1780er Jahren in ersten Lehrerseminaren im nord- und mitteldeutschen Raum und lehrerbildenden Normalschulen in den süddeutschen Territorien. Für die Ausbildung von Lehrern für höhere Schulen wurden an einzelnen Universitäten (Göttingen 1737, Halle 1779) „philologische Seminare“ oder solche für „gelehrte Schulen“ eingerichtet, so am Friedrichswerderschen Gymnasium in Berlin 1787, alle mit der ähnlich formulierten Absicht, „gute geübte Schullehrer zu bekommen“ (hier zit. nach Horn, 2002, S. 190, dessen tabellarische Chronik zur institutionellen Entwicklung der Erziehungswissenschaft in Deutschland auch die Lehrerbildungsinstitutionen einschließt). Von einer (zumal staatlich) organisierten Lehrerbildung konnte noch keine Rede sein. Das moderne Schulwesen bringt schließlich nicht nur die Trennung in niedere und höhere Schulen hervor, sondern fixiert im Laufe des 19. Jahrhunderts mit den für das niedere und das höhere Lehramt unterschiedlichen Ausbildungsbestimmungen und Examina die grundsätzliche Klassifikation der Lehrerschaft an öffentlichen, allgemein bildenden Schulen. Schule und Lehrerberuf lassen sich insofern nicht voneinander trennen, sondern „definieren" sich gegenseitig (Zymek, 2008, S. 212).

2. Forschungszugänge und theoretische Bezugsrahmen

Die neuere historische Forschung zum Lehrerberuf ist eng mit der sozialgeschichtlichen Wende in der historischen Bildungsforschung und der Rezeption sozialwissenschaftlicher Theorien in den 1970er Jahren verknüpft. Schaut man auf die Ansprüche, die mit einer Sozialgeschichte der Lehrer verbunden waren und sind, stößt man als Hauptmerkmal zunächst auf Abgrenzungen, die vor Unterschieden im Detail den gemeinsamen Kern kennzeichnen. Bei Bölling, der den zwar nicht unkritisierten (etwa Deppisch & Meisinger, 1992, S. 15-16), nicht mehr ganz aktuellen, bis heute aber prägnantesten Überblick zur „Sozialgeschichte" der deutschen Lehrer vorgelegt hat, hieß es dazu, Gegenstand sei nicht der Lehrer, wie er sein sollte; dem sozialgeschichtlichen Zugriff gehe es vielmehr darum, kollektive Merkmale der Lehrerschaft bzw. ihrer Untergruppen, die für die Stellung dieser Berufsgruppe in der Gesellschaft konstitutiv sind, historisch-konkret herauszuarbeiten und sie in Beziehung zu anderen gesellschaftlichen Gruppen sowie allgemeinen politischen, wirtschaftlichen und sozialen Strukturen und Entwicklungsprozessen zu setzen (Bölling, 1983, S. 5-6). Die auf diese Weise vorgenommene Abgrenzung von einer Geschichte der Ideen oder Normative über den Lehrerberuf dürfte als Beschreibung sozialgeschichtlichen Herangehens an das Themenfeld Geschichte der Lehrer und des Lehrerberufs auch heute noch auf Zustimmung stoßen, wenngleich die Deutungen von Sozialgeschichte (als integrierender Ansatz und/oder spezifische Perspektive) ansonsten weit auseinander gehen. So taucht Sozialgeschichte z.B. auch als ‚Realgeschichte' auf, um die Orientierung an Quellen zu betonen, die (bezogen z.B. auf Stadt, Land, Region, Geschlecht oder spezifische Gruppen von Lehrern) über die ‚wirklichen Lebensverhältnisse' Auskunft geben können. Mit Blick auf die Lehrer, ihre Organisationen und ihr politisches Verhalten wird Sozialgeschichte auch als Gesellschaftsgeschichte verstanden, mit dem Interesse an Habitus und gesellschaftlicher Orientierung auch als Mentalitätsgeschichte. Wie weit sich Sozialgeschichte fassen lässt, zeigen schließlich Überlegungen zu den Möglichkeiten einer sozialgeschichtlichen Analyse pädagogischer Ideen, mit der sich auch die Genese pädagogischen Wissens sozialgeschichtlich rekonstruieren und interpretieren lässt (Tenorth in Anmerkungen zu einer eher unfruchtbaren Entgegensetzung zwischen Ideen- und Sozialgeschichte bereits 1977, S. 468; als Exkurs ausgeführt dann in Böhme & Tenorth, 1990, S. 132-133). Inzwischen gibt es Belege dafür, dass diese Überbrückung gelingen kann. Selbst Forschung, die vornehmlich mit historischen Texten (in der Regel klassisch hermeneutisch) arbeitet, fällt in jüngster Zeit durch ihre sowohl ideen- als auch sozialgeschichtliche Kontextualisierung auf (vgl. etwa Thiel, 2007 über Lehrerleitbilder im Kontext der Reformpädagogik nach 1900).

Als Markstein in der Debatte über theoretische Bezugsrahmen der bildungshistorischen Forschung zum Lehrerberuf kann der Sammelband „Der Lehrer und seine Organisation" (Heinemann, 1977) gelten. Er entstand im Ergebnis einer Tagung der Historischen Kommission der Deutschen Gesellschaft für Erziehungswissenschaft, die vom Motiv her auf die aktuelle Frage nach Ursachen für das Gelingen oder Misslingen schulischer Reformen reagierte und die Organisationen der Lehrer in ihrem Beitrag zur Entstehung von gesellschaftlichem Bewusstsein und politischem Verhalten in den Blick nahm. Rezipiert wurde der Band später allerdings nicht so sehr mit den Inhalten der Tagungsbeiträge, sondern mit den im Nachgang zur Tagung explizierten Forschungsansätzen. Vorgestellt wurden ein feldtheoretischer (Heinemann), ein professionstheoretischer (Tenorth) und ein historisch-materialistischer Ansatz (Breyvogel). Von den genannten Ansätzen hat sich der professionstheoretische am meisten durchgesetzt, während die anderen beiden deutlich weniger Beachtung fanden.

Die Möglichkeiten und Grenzen des professionstheoretischen Ansatzes sind intensiv diskutiert worden. In Anlehnung an die angloamerikanische Definition der „free and liberal professions" wurden mit dem Professionsansatz trotz verschiedentlicher Relativierungen Merkmale ins Blickfeld gerückt, anhand derer sich Vollzeitberufe (Professionen) durch ihre herausgehobene Stellung auf dem Arbeitsmarkt, ein i.d.R. akademisch erworbenes Spezialwissen, eine Dienstleistungsorientierung, insbesondere aber durch die Autonomie gegenüber Laien und externen, z.B. staatlichen Instanzen auszeichnen lassen. Für die Lehrer, vor allem die Volksschullehrer und auch die Lehrerinnen, ergibt sich im Vergleich damit bis ins 20. Jahrhundert ein Defizitbefund und mithin das Konstrukt einer Semi-Profession, vor allem im Vergleich mit den klassischen Professionen (Theologen, Juristen, Medizinern), aber auch mit modernen akademischen Berufen (wie Ingenieuren). Die Diskussion des professionstheoretischen Analyserahmens hatte zu Beginn der 1990er Jahre ihren Höhepunkt (vgl. u.a. Wehler, 1989, S. 188; McClelland, 1991; Lundgreen, 1992, S. 663 und in der speziellen Problematik der Übertragung der Professionalisierungsmerkmale auf die Lehrerinnen Albisetti, 1996, S. 189-191). Ohne den Analyserahmen gänzlich fallen zu lassen, wurde in der Folge dem Professionalisierungskonzept das der Verberuflichung entgegengesetzt (Kuhlemann, 1992, S. 256-263). Für das 19. Jahrhundert und mit Blick auf die Volksschullehrer kamen dabei Argumente zum Tragen, die an Petrats These des Übergangs vom Schulehalten zum Unterricht anknüpften. Im Zuge von Modernisierungstheorien wurde die Entscheidung für das eine oder andere Konzept (Verberuflichung oder Professionalisierung) den Beobachtungen der realen Entwicklung angepasst (Jeismann, 1996, S. 274) und die Aufmerksamkeit stärker auf interne Prozesse der Berufsentwickung (u.a. Formen der Wissensproduktion und Muster der Kommunikation) gelenkt.

3. Themenfelder und Fragestellungen

Der Rückblick auf die seit 1977 erschienenen Arbeiten zeigt ein weit gefächertes Spektrum. Die der folgenden Übersicht zugrundeliegenden Beiträge stammen aus verschiedenen Disziplinen – der Erziehungswissenschaft, der Geschichtswissenschaft, der Soziologie, vereinzelt auch aus Fachdidaktiken. Der Überblick wird nach Themenfeldern und inhaltlichen Schwerpunkten geordnet: 3.1 Professionalisierung der Lehrertätigkeit und Entwicklung des Lehrerberufs, 3.2 Lehrerorganisationen und politisches Verhalten, 3.3 Lebensgeschichten und Berufsbiographien und 3.4 Lehrerinnen und Feminisierung des Lehrerberufs.

Diese Ordnung weist nicht immer klare Grenzen aus. So gehören unter berufssoziologischen Gesichtspunkten Untersuchungen zu den Lehrerorganisationen streng genommen schon zu 3.1 und auch die Forschung über Lehrerinnen könnte hier eingeordnet werden. Die Entscheidung, die Themenfelder je gesondert auszuweisen, hat neben pragmatischen Gesichtspunkten auch mit inhaltlichen Spezifika zu tun – bei 3.2 ist das die Konzentration einer Vielzahl von Untersuchungen auf den organisierten Lehrerstand und bei 3.4 die relativ späte Berücksichtigung des Themas sowie die Verknüpfung von historischer Lehrerinnen- und Frauenforschung, die sich auch im Diskurs über die Feminisierung des Lehrerberufs niedergeschlagen hat.

3.1 Professionalisierung der Lehrertätigkeit und Entwicklung des Lehrerberufs

Diesem Themenfeld sind Arbeiten zugeordnet, die sich mit charakteristischen Merkmalen des Lehrerberufs, mit externen und internen Differenzierungen sowie mit Tendenzen der Lehrertätigkeit im historischen Verlauf beschäftigt haben. Untersucht wurden Ausbildung, Anstellung und Berufslaufbahn, soziale Herkunft und Karrieren sowie materielle Lage und Lebensverhältnisse von Lehrern.

Besonders prominent geworden sind die Arbeiten über Lehrerverbände und Professionalisierung sowie das mit dem Kürzel „quakri" bekannt gewordene Projekt über Qualifikationskrisen und Schulreform, an dem Forschergruppen bis heute arbeiten. Ihre Ergebnisse, Thesen und methodischen Zugänge sind seit den 1980er Jahren häufig diskutiert worden, Literaturberichte aus dieser Zeit (etwa Keiner & Tenorth, 1981) und enzyklopädische Darstellungen (Müller & Tenorth, 1984) sind bis heute in ihren Grundlinien nicht überholt.

Edwin Keiner und Heinz-Elmar Tenorth (1981) diskutierten unter dem Titel „Schulmänner – Volkslehrer – Unterrichtsbeamte" mit Blick auf die bis dahin vorliegende Forschungsliteratur die Frage, was beim Blick auf die Geschichte der Lehrer überwiege, die Einheit oder die Differenzierung des Lehrerstandes. Angesichts der strikten Trennung von niederer und höherer Schule, die sowohl im Selbstverständnis der Lehrer als auch in der Forschung häufig scharf akzentuiert sei, würde es zwar problematisch erscheinen, wenn man von einem einheitlichen Lehrerstand spreche. Wenn man aber die Merkmale der Berufstätigkeit in den Mittelpunkt stelle, den Charakter der Arbeit, den nicht vollständig normierbaren Umgang von Lehrenden und Lernenden oder die den Lehrern entgegengebrachte gesellschaftliche Erwartung, könne sich über Differenzen hinweg Einheit behaupten lassen. Für Deutschland gebe es mit dem Beamtenstatus zudem eine spezifische Determinante der Lehrerexistenz, die im Sinne von Einheit gedeutet werden könne.

Im historischen Prozess lässt sich zeigen, was diese Determinante bewirkt hat und welche Ambivalenzen sich daraus für die Konstruktion des Berufs ergeben. So sicherte der Staat über dieses Instrument den Lehrern einerseits z.B. das Einkommen, nach Laufbahnen differenziert, aber doch intern einheitlich, was die Standesorganisationen der Lehrergruppierungen zunehmend auch zu gegenseitiger Beobachtung veranlasste. Gleichzeitig blieben Ausbildung und Anstellung ein Feld der politisch-administrativen Kontrolle und Kontroverse, das sich auch auf die Kontrolle des außerschulischen Lebens und sozialen wie politischen Verhaltens bezog (Keiner & Tenorth, 1981, S. 204).

Im Bereich der Elementarschule ist der Übergang zum modernen Lehrerberuf mit der Ablösung von niederen Kirchendiensten (Küster, Mesner, Glöckner) oder anderweitig multifunktionalen, häufig handwerklichen Tätigkeiten (z.B. Schneider) verknüpft, wie Neugebauer (2005) dies mit dem Hinweis auf die immer wieder notwendige Differenzierung zwischen Dorf, Stadt und Landschaften vorsichtig typisiert. Für die Lehrer an niederen Schulen kann der Weg zum Unterrichtsbeamten – im Sinne einer Freistellung von Nebentätigkeiten zugunsten der qualifizierten und ausschließlichen Lehrertätigkeit mit Versorgungssicherheit – daher auch als Emanzipationsprozess gedeutet werden (so bei Deppisch & Meisinger, 1992), in dem die Abhängigkeit vom Staat mit positiven wie auch negativen Zeichen versehen ist. Für die Lehrer an höheren Schulen führen die Regelungen zur Einmündung in den Beamtenstatus dazu, dass sie bald nach 1810 (mit dem „Examen pro facultate docendi" als dem Datum für die Regelung des Zugangs zum höheren Lehramt) keine Theologen mehr sind, für die die Lehrertätigkeit am Gymnasium eine Wartetätigkeit (bis zur Übernahme einer Pfarrstelle o.Ä.) darstellt. Das Lehramt an höheren Schulen ist in der Folge durch Verfachlichung und Spezialisierung charakterisiert.

Christoph Führ (1985) hat in seiner Analyse „Gelehrter Schulmann – Oberlehrer – Studienrat" an dieser Verfachlichung des höheren Lehramts den sozialen Aufstieg der Philologen festgemacht. Er bezieht sich auf die Ablösung des umfassend gebildeten ‚gelehrten Schulmannes' durch Fachwissenschaftler (Alt- und Neuphilologen, Historiker, Germanisten, Mathematiker und Naturwissenschaftler), die am Ende des 19. Jahrhundert vollzogen war und in der Weimarer Republik auch für die bislang ‚technischen Lehrämter' fortgesetzt wurde. Lehrer für Musik, Bildende Kunst und Leibesübungen rückten in den Rang wissenschaftlich vorgebildeter Lehrer auf und komplettierten die Fachlehrerschaft an den Gymnasien.

Die Spezialisierung für die Lehrertätigkeit am Gymnasium brachte es auf der anderen Seite mit sich, dass die in der Mitte des 19. Jahrhunderts durchaus noch denkbare Wissenschaftlerkarriere in die Ferne rückte. Lehrer, die in den Jahresberichten der höheren Schulen mit wissenschaftlichen Abhandlungen in Erscheinung traten und sich häufig vornehmlich als Wissenschaftler verstanden, konnten nach 1890 den Weg zurück in die Wissenschaft kaum mehr in Erwägung ziehen. Die philologische Arbeit in den Jahresberichten entsprach von ihrem Status her längst nicht mehr dem Charakter anerkannter Wissenschaft (Keiner & Tenorth, 1981, S. 205).

Umso mehr wurde für die Professionalisierung der Gymnasiallehrer offenbar ein Metawissen maßgebend, das sich am Fach fest machte und auch das berufliche Ethos beeinflusste. Gert Schubring (1991) stellte in seiner für den Blick auf Fachkulturen interessanten Studie über die Entstehung des Mathematiklehrerberufs von 1810 bis 1870 fest, dass die Berufs-Identität an wissenschaftliches Wissen geknüpft wurde, das mit „Liebe zur Mathematik" (Schubring, 1991, S. 217) eine Umschreibung bekommt, die an die spätere Klassifikation des logotropen Lehrers (Caselmann, 1949) erinnert. Andeutungen in diese Richtung sind auch in Lokalstudien zur Gymnasiallehrerbildung aus der ersten Hälfte des 19. Jahrhunderts zu finden (Apel, 1986). Das im Kern fachliche Selbstverständnis der Gymnasiallehrer passte mit Idealbeschreibungen für sie, die „von Liebe zur Wissenschaft getrieben, sich ununterbrochen selbst weiter bilden und zugleich mit Geschick und warmem Herzen auf ihre Zöglinge einzuwirken verstehen" zusammen, wie Kurt Abels einen Protagonisten der Heranbildung „tüchtiger Lehrer" für Sprachen an Gymnasien zitierte (Abels, 1999, S. 45).

Unter dem Blickwinkel von Sozialgeschichte wurden schließlich auch markante Ereignisse und Eckdaten in ihren historiographischen Zuschreibungen und historischen Realitäten analysiert. Am Beispiel des viel zitierten preußischen Edikts über das Examen pro facultate docendi von 1810, nach dem sich künftig alle Lehrer an öffentlichen Schulen, die Schüler zur Universität entließen, dieser Lehramtsprüfung unterziehen sollten, hat Christoph Führ nachgewiesen, dass die Umsetzung lange auf sich warten ließ. Die drei extra dazu berufenen Wissenschaftlichen Deputationen (in Berlin, Königsberg und Breslau) prüften zwischen 1810 und 1815 insgesamt nur 39 Kandidaten, womit der Bedarf an Lehrkräften kaum gedeckt worden sein dürfte. Die Bewertung dieses Edikts als realgeschichtlicher „Wendepunkt" sei, so Führ (1985, S. 425), mithin überpointiert.

Karl-Ernst Jeismann, der die Entwicklung des Gymnasiallehrerberufs im Kontext seiner umfassenden Untersuchung über das Preußische Gymnasium behandelte, bestätigte diese Differenz und konstatierte einen Zeitraum von sogar 50 Jahren, bis die vom Examen pro facultate docendi angestrebte Regel tatsächlich den Normalfall darstellte (Jeismann 1996, S. 280; zur Statistik s. Datenhandbuch VI, S. 203-204). Die Zäsur, die das Examen als Steuerungsinstrument für die Professionalisierung der höheren Lehrertätigkeit markiert, ist freilich unbestritten. In der Forschung dient dieses Datum zugleich als Punkt, von dem aus ins 18. Jahrhundert zurück gesehen wird, was wiederum für die Frage nach der Professionalisierung wichtig ist. Wenngleich schon für das 18. Jahrhundert behauptet werden kann, dass die Lehrer an den Gymnasien auf ein eigenes Berufswissen Bezug genommen haben und auch über ein formuliertes Berufsethos verfügten, steht das Examen pro facultate docendi für den Beginn der Professionalisierung des Gymnasiallehrerstandes. Dies verweist darauf, dass kaum von Selbstkonstitution des Gymnasiallehrerstandes gesprochen werden kann, sondern die staatliche Initiative den entscheidenden Ausschlag gegeben hat.

Traditionell gilt in Untersuchungen zur Entwicklung des Lehrerberufs die Aufmerksamkeit immer auch den Institutionen der Lehrerausbildung. Die älteren Studien über die Lehrerseminare des 19. Jahrhunderts wurden in den 1970er und 1980er Jahren durch fundierte Arbeiten ergänzt, so über die Volksschullehrerbildung in Preußen vom 18. Jahrhundert bis zur Weimarer Republik (Sauer, 1987) – mit Auflistung aller Seminare und Präparandenanstalten, staatlichen Lehrerinnenseminare, nützlicher Chronologie, einer Vielzahl statistischer Angaben, vor allem aber auch mit sachlichen Hinweisen zur Korrektur politisch aufgeladener Interpretationen so polarisierender bildungspolitischer Maßnahmen wie der Preußischen Regulative. Für das 20. Jahrhundert konzentrierten sich die Arbeiten auf die Reformen der Lehrerbildung in der Weimarer Republik, die nun auch für Volksschullehrer das Abitur voraussetzte (übergreifend Paul, 1985 unter besonderer Berücksichtigung der parteipolitischen Konstellationen in den einzelnen Ländern). Für die Reformen wurden bekanntlich unterschiedliche Modelle in Betracht gezogen. In Bayern und Württemberg ging es um Verbesserungen unter Beibehaltung der Seminare, in Preußen wurden die Lehrerseminare aufgelöst und Pädagogische Akademien eingerichtet, von denen der größere Teil aber schon 1932 wieder geschlossen wurde, und in Hamburg, Jena, Leipzig, Rostock und an Technischen Hochschulen wurden universitäre Lehrerbildungskonzeptionen umgesetzt. Rita Webers Studie (1984), die sich der Gründungsphase der Pädagogischen Akademien in Preußen widmete und insbesondere die bildungspolitischen Kontroversen (Hochschulen vs. Fachschulen – Gewinn und Verlust für die Lehrerbildung) rekonstruierte, ist unter systematischen Gesichtspunkten noch heute ausgesprochen lesenswert. Das Gleiche gilt für die standortbezogenen Untersuchungen der Lehrerausbildung an den Technischen Hochschulen Braunschweig (Sandfuchs, 1978; für die Zeit des Nationalsozialismus noch detaillierter Wieden, 1996) und Dresden (Frotscher, 1997), die am historischen Material die spezifischen Ansätze zur Lösung systematischer Fragen der Lehrerausbildung, so das Theorie-Praxis-Verhältnis oder die schon zeitgenössisch wahrgenommenen Ambivalenzen einer Verwissenschaftlichung der Lehrerbildung, aus den Quellen herausarbeiten und letztlich auch diskutieren. Die Entwicklung der Lehrerausbildung in Kategorien von Fortschritt oder Rückschritt zu erfassen, hatte sich schon früh als kaum angemessen erwiesen, für das insgesamt widersprüchliche Bild, das diese Entwicklung in der Zeit des Nationalsozialismus zwischen 1933 und 1945 bot, passt diese Gegenüberstellung schließlich gar nicht mehr. Jenseits der umgehenden Ausrichtung auf die nationalsozialistische Ideologie stellten z.B. die nach 1935 in allen Ländern eingeführten „Hochschulen für Lehrerbildung" in Ländern mit bereits bestehenden hochschulischen Ausbildungsformen institutionell keinen radikalen Wandel dar – anders als in Bayern und Württemberg, wo u.a. mit dem Argument möglichst praxisnaher Ausbildung versucht worden war, an der nicht-akademischen Seminarstruktur festzuhalten. Für die Zeit nach 1941, in der die „Hochschulen für Lehrerbildung" aufgrund des Lehrermangels zu „Lehrerbildungsanstalten" umgewandelt wurden, für die u.a. das Abitur als Zugangsvoraussetzung nicht mehr erforderlich war und der wissenschaftliche Anspruch gegenüber der praktischen Ausbildung fallen gelassen wurde, ist mit der These von der „Reseminarisierung" (Sandfuchs, 1987 für Braunschweig) eine Beschreibung gefunden worden, die sich nachträglich auch für andere Standorte belegen lässt (siehe Kuropka, 1980 für Vechta; von den Studien jüngeren Datums Gutzmann, 2000 für Hamburg und Kiel bzw. Schleswig-Holstein). Dass diese Reseminarisierung (im Sinne nationalsozialistischer Ideologie) ‚vorprogrammiert' gewesen sei, ist von Claudia bei der Wieden (1996) mit Verweis auf die 1933 unterschiedliche Ausgangslage und die durchaus möglichen Optionen in den einzelnen deutschen Ländern widerlegt worden.

Zur Geschichte der Gymnasiallehrerausbildung liegt neben zeitlich enger begrenzten Untersuchungen (Jeismann, 1996 für die Frühphase bis 1859; Apel, 1986 in lokaler Konzentration auf das Seminar der Universität Bonn; Apel, 1987 mit Blick auf die nachuniversitäre Ausbildung und das Probejahr in Preußen 1890–1918) mit der Studie von Hans H. Mandel (1989) eine Untersuchung vor, die die Entwicklung von 1787 bis 1987 umfasst. Die Studie ist insofern bemerkenswert, als sie über einen langen Zeitraum (200 Jahre) reicht und in der historischen Entwicklung der Gymnasiallehrerausbildung das Wechselverhältnis von Verharren im Alten und Reform bewusst machen kann. Für Mandel sind Fragen nach der „richtigen" Einschätzung und dem Stellenwert historischer Entwicklungsmomente zentral. Er diskutiert Zäsuren, geht Weichenstellungen für die Einführung schulpraktischer Studien und die zweiphasige Ausbildung nach, fragt nach Ursachen für die Einführung der zweiten Staatsprüfung, nach Gründen für Fächerkombinationen und auch nach der Qualifikation der Ausbilder und kann schließlich verschiedene Behauptungen der älteren Geschichtsschreibung, etwa die von der ziemlich geradlinigen Entwicklung der Gymnasiallehrerausbildung, überzeugend entkräften. Detailliert hat zuletzt Maren Brauckmann (2012) für die preußische Rheinprovinz 1890–1908 jene Phase rekonstruiert, die strukturell das bis heute bestehende Referendariat begründete. Im Ergebnis ihrer Analyse zur Implementation des Seminarjahres, das dem in Preußen seit 1826 vorgeschriebenen Probejahr vorgeschaltet wurde, konstatiert sie erhebliche Freiräume bei der Umsetzung der Reform, die vormalige Beschreibungen einer durchgängigen Ausrichtung der Gymnasiallehrerbildung auf konservativ-autoritäre Maximen widerlegen könnten. Es ist vielleicht nicht ganz abwegig, diese Entwicklungen auch als ein Beispiel für die immer schon mögliche Interpretationsfreiheit gegenüber Standardisierungsbemühungen in der Lehrerbildung zu betrachten.

In unübersehbarer Differenz zu den frühen Arbeiten, die bei i.d.R. sozialgeschichtlicher Orientierung in den Methoden noch immer klassisch zu nennen sind, stehen die seit den 1970er, insbesondere aber den 1980er Jahren in der historischen Bildungsforschung anzutreffenden Arbeiten, die sich der Analyse von Zeitreihen widmen und v.a. bildungsstatistische Verfahren einsetzen. Mit diesen Verfahren wurde der Nachweis des Auftretens von Überfüllungs- und Mangelphasen im Lehramt erbracht, der im Begriff des „Lehrerzyklus" (Titze, Nath & Müller-Benedict, 1985) auch jenseits der historischen Forschung als Chiffre für Schwankungen auf dem Lehrerarbeitsmarkt bekannt ist (für die Spezifik der Studienratskarriere im Dritten Reich und die politische Steuerung des Überfüllungsphänomens siehe Nath, 1988). Ausgangspunkt für die Entdeckung des Lehrerzyklus war die Beobachtung des Zusammenhangs zwischen der „Produktion" von Akademikern an den deutschen Universitäten und den Möglichkeiten dieser Akademiker, ihre Qualifikation auf dem Arbeitsmarkt einsetzen zu können. Obwohl systematisch ähnlich gelagert wie der „Akademikerzyklus" insgesamt (Titze, 1991), weist der Lehrerzyklus in seinen Besonderheiten wiederum auf die Konstitution des Berufs hin, der in seiner Frühphase nicht durchweg ein akademischer war, so dass von einer ersten eigenständigen Überfüllungsphase (Ende der 1830er bis in die frühen 1850er Jahre) z.B. auch nur für das Höhere Lehramt gesprochen werden kann. Ab dem letzten Drittel des 19. Jahrhunderts betreffen die Wechsel von Überfüllung und Mangel allerdings auch schon die Volksschullehrer. Die Untersuchungen, obgleich auf Preußen (als dem größten deutschen Einzelstaat) begrenzt, sind in ihren Aussagen für den Zusammenhang von Bildungswachstum, Steuerungsintentionen und Eigendynamik des Bildungssystems im historischen Prozess bis heute erhellend, vor allem dann, wenn sie den Problembearbeitungen durch die Berufsverbände der Lehrer gegenüberstellt werden oder die Korrespondenz zwischen Wechsellagen von Bildungswachstum und pädagogischen Überzeugungen in den Blick nehmen. Schon in der ersten Veröffentlichung über den Lehrerzyklus wurde u.a. am

Beispiel des Elitebegriffs und des Begabungsbegriffs darauf hingewiesen, dass sich der Diskurs in spezifischer Weise den zyklischen Wechsellagen anzupassen scheint. So würde z.B. in Mangelphasen in der pädagogischen Theoriediskussion ein eher dynamischer Begriff von Begabung dominieren, nach dem bei einer Unterversorgung akademischer Berufe und fehlenden Nachwuchskräften Begabungsreserven aus den mittleren und unteren Schichten entdeckt werden, die es zu mobilisieren gelte, wohingegen in Überfüllungsphasen ein eher statischer Begabungsbegriff (wieder) an Boden gewänne und sich die Milieu-Theoretiker von den Nativisten in die Defensive gedrängt sehen würden (vgl. Titze et al., 1985, S. 121).

An diese Untersuchungen zum Lehrerzyklus schloss in den 1990er Jahren ein Folgeprojekt an, das den pädagogischen Diskurs hinsichtlich der Selektion im Bildungssystem in den Mittelpunkt stellte. Auffällig ist dabei der Versuch einer stärkeren Verschränkung quantitativer und qualitativer Forschung, bei der Strukturdaten zum Bildungssystem mit einer Analyse von Wissen und Diskursen, die für die Lehrerarbeit relevant sind, verknüpft werden (Nath, Dartenne & Oelerich, 2004; in der Verknüpfung mit Autobiografien Schmeitzner, 2010).

3.2 Lehrerorganisationen und politisches Verhalten

Mit Blick auf den hier gewählten Anfangspunkt (1977) wird deutlich, dass die auf politische Zusammenhänge fokussierten Themen, die in den Beiträgen des Bandes „Der Lehrer und seine Organisation" auszumachen sind (z.B. die Rolle von Lehrervereinen als Sozialisationsagenturen, die Schulpolitik von Lehrerverbänden oder der Zusammenhang zwischen sozialer Lage, politischer Orientierung und Lehrererfahrung im Faschismus), in den unmittelbaren Folgejahren besonders deutlich nachwirken und in separaten Veröffentlichungen wiederkehren. Rainer Böllings Untersuchung über den Deutschen Lehrerverein 1918–1933 war auf den Zusammenhang von Volksschullehrern und Politik gerichtet (Bölling, 1978), der von Dietfrid Krause-Vilmar (1978) herausgegebene Band beschäftigte sich mit dem Verhältnis von Lehrerschaft, Republik und Faschismus in der Weimarer Republik und Willi Feiten legte 1981 eine detaillierte Arbeit über den Nationalsozialistischen Lehrerbund (NSLB) vor. Sozialgeschichte scheint in diesem Bereich als Gesellschafts- und Politikgeschichte auf. Sie betrachtete die Lehrer als berufsständisch organisierte Gruppe, interessierte sich für deren politisches Engagement und Verhalten und versuchte darüber auch bildungspolitische Positionen und Mehrheitenbildung (z.B. zur Abschaffung des Religionsunterrichts oder zur Auseinandersetzung über Ziele der Arbeitsschule) zu erklären.

Von großem Interesse im Zusammenhang mit dem Nationalsozialismus war die Beteiligung von Lehrern am Herrschaftssystem. Von daher interessierten auch Daten zur Mitgliedschaft der Lehrer in nationalsozialistischen Organisationen und die Bedeutung, die ihnen zuzumessen ist. Für den NSLB, dem schon Ende 1933 95 % aller Lehrer angehörten, wurde die hohe Quote als Ergebnis der nationalsozialistischen Gleichschaltung der Lehrerverbände erklärt. Die Aufmerksamkeit richtete sich insofern auf die Mitgliedschaft der Lehrer in der NSDAP, die als stärkerer Indikator für politische Zustimmung gesehen wurde. Über die Parteizugehörigkeit weiß man inzwischen, dass die Lehrer in ihrer Gesamtheit dem Nationalsozialismus näher standen als manche andere Berufsgruppe, sie im Rekrutierungsgrad aber u.a. von den Ärzten noch übertroffen wurden. Vermutete standesspezifische Unterschiede ließen sich nicht generell nachweisen, auffällig ist allenfalls die offenbar größere Distanz katholischer Lehrerinnen (Müller-Rolli, 1989, S. 253-254).

Als ein Schlüssel zum Verständnis von Lehrerverhalten und politischer Orientierung wurden die soziale Lage und das gesellschaftliche Selbstverständnis angesehen und entsprechend intensiv untersucht. Dabei ging es lange Zeit um die Zuordnung zu gesellschaftlichen Schichten.

Gehörten die Volksschullehrer dem Mittelstand an? Sind zeitgenössische Beschreibungen aus den 1920er Jahren hinreichende Legitimation einer solchen Zuordnung? Welche Bedeutung ist Selbstzuschreibungen zuzumessen, nach denen die Volksschullehrer „zwischen den Klassen“ (zit. in Bölling, 1978, S. 227) stehen und – obgleich zum Teil aus dem Bürgertum kommend – doch in mancher Hinsicht Züge des Proletariats tragen würden? Sind (materialistische) Theorien tragfähig, nach denen die Disziplinierung der Schulkinder (hauptsächlich Kinder des Proletariats) subjektiv aus der gesellschaftlichen Abstiegsbedrohung resultiert, die die Kinder in den Augen der Lehrer verkörperten (vgl. die z.T. überzogene Kritik von Deppisch & Meisinger, 1992, S. 19-20, an Breyvogel)? Die Antworten sind nicht eindeutig ausgefallen. In zunehmendem Maße sind aber eher kausale Erklärungsansätze der Aufklärung komplexer Strukturen gewichen, die zuletzt unter territorialer Eingrenzung auf Regionen und mit Blick auf Milieus wesentlich differenzierter geworden ist (vgl. Breymayer, 2006).

Der Ertrag der Arbeiten zu den modernen überregionalen Organisationen der Volksschullehrer, die zwischen 1871 und 1918 entstanden sind, besteht in der detaillierten Rekonstruktion der Verbandsgründungen (auch der Lehrerinnen) und deren Mitgliederzahlen, konfessionellen und politischen Orientierungen, schulprogrammatischen Positionen und standespolitischen Kämpfen – etwa um die Akademisierung der Lehrerbildung (Bölling, 1978). Von aktuellem Interesse sind dabei nicht zuletzt die Auseinandersetzungen zum Organisationsverständnis (Lehrerverein oder Lehrergewerkschaft), die sich auch als Professionalisierungsstrategie deuten lassen und die Lehrer in ihrer Abhängigkeit vom Staat schon an der Wende zum 20. Jahrhundert in Konflikte gebracht haben.

Weniger um allgemeine oder Standes-Politik als um die Bedeutung von Lehrervereinen für die berufliche Bildung ging es in Arbeiten zur Rekonstruktion und Analyse lokaler Lehrervereine, die vornehmlich in den 1990er Jahren entstanden sind (Taubert-Striese, 1996; Uhlig, 1997). Neben Editionen von Denkschriften (Apel, 1993) oder Lehrervereinsprotokollen mit Versuchen der Ordnung des inhaltlich äußerst heterogenen Materials (für den Nürnberger Lehrerverein aus dem Beginn des 19. Jahrhunderts Liedtke, 1989) wurden Fallstudien vorgelegt, die sich durch Längsschnittanalysen der Auswahl von Büchern für die Vereinsbibliotheken und Vortragsthemen auch den Kommunikationsformen und dem Wissen der Lehrer zuwandten. Im Ergebnis zeigte sich dabei u.a., dass Lehrer offensichtlich früh einen relativ einheitlichen und eigenständigen Zugang zu pädagogischem Wissen entwickelten, der durch die beruflichen Handlungsprobleme klar präformiert war. Exemplarisch dafür ist der aus diesen Problemen heraus begründete Verzicht der Lehrer auf die Lektüre erziehungstheoretischer Schriften (etwa von Kant oder Herbart). Im Vergleich konnte zudem belegt werden, dass für die Lehrervereinsarbeit des 19. Jahrhunderts nicht die so oft betonten standespolitischen Aktivitäten zentral gewesen sind, sondern die Teilhabe an beruflicher und kultureller Bildung (Kemnitz, 1999b).

Detaillierte Studien liegen auch für die Lehrerverbände höherer Schulen vor (für das 19. Jahrhundert: Müller-Rolli, 1992; für den Philologenverband in Deutschland 1918–1933: Laubach, 1985; für den Bayerischen Philologenverband 1949–1982: Kral, 1984; zusammenfassend auch Datenhandbuch VI, S. 199-202). Für das 19. Jahrhundert spiegelte sich in den Vereinen der Gymnasiallehrer (Direktorenkonferenzen, Wissenschaftlichen Gesellschaften und Schultypenvereinen) die interne Differenzierung, die bei ähnlichen Positionen zu Reformen der gymnasialen Lehrerausbildung bei standespolitischen Forderungen (Besoldung oder Vergünstigungen) unterschiedliche Interessenlagen mit sich brachte. Wissenschaftsgeschichtlich interessant ist der Hinweis darauf, dass die Steuerung der Berufslaufbahn, wie sie 1890 mit der Einführung der zweiten (pädagogischen) Prüfung erfolgte, letztlich die Exklusivität pädagogischen Wissens begründete (Müller-Rolli, 1992, S. 215-218). Dies hat auch die Einrichtung von Professuren für Pädagogik an

Universitäten beeinflusst: 1900 gab es an 5 der 21 deutschen Universitäten entsprechende Lehrstühle (Horn, 2002, S. 194).

Das Forschungsinteresse am politischen Verhalten von Lehrern richtete sich besonders auf die Zeit nach politischen Umbrüchen. Für die Zeit des Nationalsozialismus (1933–1945) wurde die Aufmerksamkeit nicht nur auf die organisierte Lehrerschaft gerichtet, sondern auch auf Möglichkeiten oppositionellen Verhaltens. Dabei wurden Lehrer in der Emigration (Feidel-Mertz & Schnorbach, 1981) und Muster des „aufrechten Gangs" (Dick, 1988, 1990) im Spektrum von Distanzierung, Verweigerung, Opposition und Widerstand diskutiert (Keim, 1997, S. 313-333). Während hier eher kleine Gruppen von Lehrern in Rede standen, wurden in den Untersuchungen über „Lehrerlager" detaillierte Studien zur Frage des Gelingens nationalsozialistischer Erziehung der Lehrer vorgelegt (im Hinblick auf das Konzept von Schulung und Lager: König, 1999; für die Praxis: Kraas, 1999, insbesondere aber dessen beeindruckende Monographie von 2004 mit dichten Beschreibungen des Lager-Alltags und differenzierten Einschätzungen zu Erfahrungen und Effekten).

Für die Zeit nach 1945 richtete sich das Augenmerk vor allem auf die Neulehrer in der Sowjetischen Besatzungszone und der DDR. Hohlfeld (1992) hat die Weichenstellungen untersucht, die Umsetzung der Neulehrerbildung verfolgt und die Widersprüche zwischen öffentlichen Erfolgsmeldungen und parteiintern debattierten Problemen (fachliche und ideologische Überforderung der Neulehrer, mangelnde Weiterbildung, hohe Fluktuationsraten, Flucht in den Westen, stillschweigende Reaktivierung alter Nazilehrer) untersucht. Ihre Quellen waren schriftliche Dokumente; Mietzner (1998) und Gruner (2000) haben darüber hinaus Interviews mit ehemaligen Neulehrern geführt und ihre Aufmerksamkeit auf die lebensgeschichtlichen Konstruktionen und Verarbeitungsmuster gerichtet.

3.3 Lebensgeschichten und Berufsbiographien

Die Rekonstruktion von Berufsbiographien für die Zeit vor 1900 ist – wie die Forschung an Nekrologen (Kemnitz, 1999a) und Lehrerlebensläufen (Kuhlemann, 1992, S. 292-305) zeigt – nicht unmöglich, aufgrund der größeren zeitlichen Distanz und der Heterogenität des Materials aber eher selten versucht worden. Mehr als nur passable Ergebnisse sind für das späte 19. und das 20. Jahrhundert insbesondere durch die Fokussierung auf überschaubare Einheiten (Region oder Institution) erreichbar, wie die Arbeiten von Kluchert (2006) über Lehrer eines Mannheimer Gymnasiums, Rang und Maris (2006) über jüdische Lehrerinnen in Frankfurt und Bieler (2007) über Lehrerinnen und Lehrer in Berlin-Schöneberg überzeugend unter Beweis stellen.

Lebensgeschichtliche und berufsbiographische Forschung sind ein noch relativ junges Themenfeld der historischen Bildungsforschung mit theoretischen und methodischen Zugängen aus verschiedenen Disziplinen, v.a. der Geschichts- und Kulturwissenschaft, der Soziologie, aber auch der Volkskunde (Stratmann, 2006). Die lebensgeschichtliche Forschung operiert (häufig mit Verweis auf die Arbeiten von Lutz Niethammer und Alexander von Plato über Lebensgeschichte und Sozialkultur im Ruhrgebiet) mit den Begriffen kollektives Gedächtnis, kollektive Erfahrung oder Identität. Zu Beginn der 1980er Jahre noch mit der Frage nach der Legitimation des Erkenntniswertes belastet, stellt diese Forschung inzwischen eine selbstverständliche Alternative zu der vornehmlich mit ‚objektiven' Daten arbeitenden historischen Forschung zum Lehrerberuf dar. Ziel war und ist es, möglichst dicht an die Akteure und deren erinnerte Wirklichkeit heranzukommen. Die Forschung interessierte sich dabei vor allem für Muster der Erinnerung und die historische Typik von Berufsbiographien.

Erzählungen und Berichte von Lehrern wurden sowohl als ‚geschlossene' Dokumente veröffentlicht (Du Bois-Reymond & Schonig, 1982 mit sechs Lehrerlebensgeschichten aus Deutschland und Holland vom Ersten Weltkrieg bis in die Zeit nach dem Zweiten Weltkrieg und Dick, 1988 mit der methodisch nicht unproblematischen Intention, Berichte zur Lehreropposition im NS-Staat zu dokumentieren) als auch in dezidiert analytischer Absicht texthermeneutisch verwendet (Klewitz, 1987; Danz, 1990; Mietzner, 1998; Gruner, 2000). Dabei sorgte die Feststellung der mitunter erheblichen Diskrepanz zwischen dem, was aus der Geschichtsschreibung z.B. über die Lehrerausbildung bekannt war, und dem, was die Befragten mitzuteilen bereit oder in der Lage waren, für Erstaunen, wenn nicht Irritation. Insofern war die Forschung zu Lehrerleben und Berufsbiographien mit der Frage nach der Bedeutung individueller Geschichten konfrontiert und in methodischer, aber auch forschungsethischer Hinsicht besonders gefordert (zu ‚oral history' als Methode vgl. v.a. Klewitz, 1987). In gewisser Weise störte das subjektive Material das aus ‚objektiven' Daten entworfene Bild von der Geschichte der Lehrer, wirkte einerseits als Korrektiv und warf andererseits die Frage nach den Gründen für die je besondere Lebens- und Berufskonstruktion auf.

Die vorliegenden Arbeiten liefern nicht nur historisch, sondern systematisch interessante Hinweise darauf, dass biographische Erzählungen von Lehrern häufig berufsspezifische „Überlebensstrategien" spiegeln. In den Lebensgeschichten bei Du Bois-Reymond und Schonig sind es die „Tricks", „mit denen der Schulalltag bewältigt, die eigene Arbeitskraft erhalten bzw. verausgabt wird: Wie hält man Ruhe und Ordnung? [...] Wie geht man mit den Kindern und Eltern der verschiedenen Gesellschaftsklassen um, wie mit den Vorgesetzten?" (Bois-Reymond & Schonig, 1982, S. 211). Bei den von Gruner interviewten Neulehrern war es das Aushalten von Widerständen der Eltern gegen den verordneten Russischunterricht oder das Überspielen fachlicher Schwächen, die zum „Überleben" im Beruf zählten, bei den von Mietzner befragten Lehrern einer Schule in Mecklenburg-Vorpommern das Austarieren politischer Spielräume, die Entscheidungen erforderlich machten, die in die Frage mündeten, ob man den Beruf weiter ausüben kann und in der DDR bleiben soll oder nicht.

3.4 Lehrerinnen und Feminisierung des Lehrerberufs

Die grundlegende Arbeit zur Professionalisierung von Lehrerinnen im 19. Jahrhundert stammt von Albisetti (1988). Er setzte mit dem Jahr 1870 die entscheidende Zäsur am Endpunkt einer Entwicklung an: Nach der vereinzelten Gründung in der ersten Hälfte des 19. Jahrhunderts hatten bis 1870 die meisten deutschen Länder Lehrerinnenseminare eingerichtet und den qualifizierten Zugang zum Lehrerinnenberuf durch staatliche Prüfungen geregelt. In zunehmendem Maße fanden Lehrerinnen Anstellung in Volksschulen und höheren Mädchenschulen.

In Folge von Vorurteilen und auch Diskriminierungen, denen Lehrerinnen in ihrem Beruf begegneten, wurde eine Reihe von Frauen nach 1865 zu aktiven Vertreterinnen der deutschen Frauenbewegung (Albisetti, 2007, S. 81). Zu deren Dauerthemen gehörte die professionelle Legitimation des Lehrerinnenberufs, der sich vom Ruf, Zuflucht für unversorgt gebliebene Frauen zu sein, nur schwer erholte und noch im 20. Jahrhundert, als sich die Lehrerinnen-Karriere längst stabilisiert hatte, mit Barrieren (Zeiten des Arbeitsverbots für verheiratete Lehrerinnen, geringeres Gehalt, geringere Karrieremöglichkeiten) versehen blieb. Im Vergleich mit England, wo noch 1908 genauso viele ungeprüfte wie geprüfte Lehrerinnen beschäftigt waren und Volksschullehrerinnen erst 1961 das gleiche Gehalt bekamen wie ihre männlichen Kollegen, stellte Albisetti fest, dass für deutsche Lehrerinnen schon 1920 ein relativ befriedigendes Professionalisierungsniveau erreicht war (Albisetti, 1996, S. 200; Pollmann, 1989 mit ähnlichen Befunden im deutsch-amerikanischen Vergleich; zur Geschichte der Lehrerinnen in internationaler Perspektive auch Essen & Rogers, 2006).

Seit den 1990er Jahren hat die Forschung zur deutschen Lehrerinnenbildung in rascher Folge beachtliche Ergebnisse hervorgebracht (schon Klewitz, 1989; monographisch dann Danz, 1990; Stroop, 1992; Käthner, 1994; Ehrich, 1995; Knauer, 1995; Stolze, 1995; Huerkamp, 1996; Glaser, 2000). In der Forschung zu den Ausbildungsinstitutionen wurden insbesondere die frühen, zwischen 1832 und 1926 existierenden (staatlichen, aber auch städtischen, zumeist konfessionell getrennten) Lehrerinnenseminare berücksichtigt. Bemerkenswert ist dabei, dass sich die Bezugsgrößen der Untersuchungen verschoben. Die Lehrerinnen-Seminare (zumal die städtischen) vornehmlich in Analogie zu denen der Lehrer zu untersuchen (wie noch bei Stroop, 1992), wurde u.a. aufgrund der bis in die 1920er Jahre eher multifunktional nutzbaren Ausbildung an Lehrerinnenseminaren als Forschungsprämisse fallen gelassen und stattdessen der Blick auf den internen Vergleich von Ausbildungsinhalten, sozialer Herkunft, Berufsmotivation und Verbleib der Absolventinnen gerichtet. Dabei erwies sich die Nutzung gleicher Klassifikationsschemata gesellschaftlicher Schichtung (so bei Stolze, 1995 und Ehrich, 1995) für die Untersuchung zur sozialen Rekrutierung als vorteilhaft. Im Ergebnis sind deutliche Herkunftsdifferenzen (in Westfalen – ähnlich wie bei den Volksschullehrern – aus den Mittelschichten, in Hannover überwiegend aus gehobeneren Kreisen) festzuhalten. Die Kombination von deskriptiver Statistik und berufsbiographischem Vorgehen erbrachte zudem überzeugende Belege dafür, dass neben dem Weg der Absolventinnen in die Ehe sich im Anschluss an das Lehrerinnenseminar ein ausgedehntes Feld beruflicher Tätigkeiten als Erzieherin, Hauslehrerin, Gouvernante, Gesellschafterin, Lehrerin an Privat- und Familienschulen bot, die den Berufsinhaberinnen gleichzeitig zum Teil erhebliche Mobilität abverlangte. Die Ausbildung als Lehrerin zog mithin nicht automatisch die Lehrerinnentätigkeit in der öffentlichen Schule nach sich.

Von den Quellen und Methoden her ähnlich angelegt war die aus dem Forschungskontext zur Sozialgeschichte des neuzeitlichen Bürgertums stammende Studie von Claudia Huerkamp (1996), die sich für den Zeitraum von 1900 bis 1945 mit Frauen im Studium und in akademischen Berufen beschäftigte, zu denen seit den 1920er Jahren auch der Beruf der Gymnasiallehrerin (Studienrätin) gehörte. Für die historische Lehrerforschung sind die stabilen Präferenzmuster von Studienanfängerinnen hervorhebenswert, nach denen sich immer (auch in Zeiten schlechter Chancen auf dem Lehrerarbeitsmarkt) mindestens ein Drittel der studierwilligen Abiturientinnen in einem ‚schulwissenschaftlichen' Fach einschrieb, während bei den Männern der Anteil schon 1935 auf 11,5% aller Erstimmatrikulierten gesunken war und sich im Vergleich zu 1930 fast halbiert hatte. Bei Männern schien die Attraktivität des Lehramtsstudiums stärker mit den gesunkenen Anstellungschancen (also der Überfüllung im Lehramt und entsprechend höheren Wartezeiten) zu korrelieren als bei Frauen. Marktwirkungen auf der einen, traditionelle Orientierungen – besonders bei Studentinnen, die Studienrätinnen (oder Ärztinnen) werden wollten – auf der anderen Seite waren für die Studien- und Fachwahl von größerer Bedeutung als erwartet und durch politische Steuerungsversuche, auch der Nationalsozialisten direkt nach der Machtübernahme, kaum zu beeinflussen.

Die nüchternen Analysen von Claudia Huerkamp scheinen den Forschungsdiskurs freilich weniger stark beeinflusst zu haben als die provokanten Thesen von Dagmar Hänsel (1992 und 1996) zur Professionalisierungsproblematik im Geschlechterzusammenhang (s. auch Fischer, Jacobi & Koch-Priewe, 1996). Bei der Auseinandersetzung mit der Frage, ob man im historischen Längsschnitt von Segregierung (Hänsel) oder besser Feminisierung des Lehrerberufs sprechen solle (Jacobi, 1997; insbesondere aber Lundgreen, 1999b) ist man auf die schon bei Huerkamp berücksichtigte Gemengelage aus formellen Rahmenbedingungen, Studienpräferenzen, Berufsvorstellungen und privaten Lebenszusammenhängen von Frauen *und* Männern verwiesen. Die statistischen Daten weisen den Lehrerberuf in Deutschland zum Ende hin als Frauenberuf aus, mittlerweile in allen Lehrämtern. Für Volksschulen/Grundschulen – so Lundgreen (1999b, S. 129) – stieg der Frauenanteil der Studierenden von 27 % (1931) über 66 % (1967) auf 84 % (1991); für die höheren Schulen wuchsen diese Anteile von 30 % (1931) über 46 % (1967) auf 57 % (1991). Dort, wo eine fächerspezifische Differenzierung statistisch möglich sei, zeige sich noch immer ein höherer Frauenanteil in den Sprach- und Kulturwissenschaften als in den mathematisch-naturwissenschaftlichen Fächern. Die Frage, welche Bedeutung es hat, dass aktuell auf allen Schulstufen mehr Lehrerinnen als Lehrer arbeiten, ist damit nicht beantwortet. Die Zahlen belegen lediglich die Feminisierung des Lehrerberufs.

4. Bilanz und Ausblick

Die Forschung über die Professionalisierung der Lehrer im historischen Prozess (dazu in gewisser Weise bilanzierend Apel et al., 1999) ist im Grunde genommen ein unabgeschlossenes Projekt, das sich vor dem Hintergrund der theoretischen Diskussion über Modernisierungstendenzen (auch im Zusammenhang mit Feminisierung) erneuert hat. Die in den 1990er Jahren wahrgenommene Tendenz, dass sich die bildungshistorische Forschung von den quasi subjektlosen Systemen verstärkt den konkreten Akteuren und ihren lokalen und regionalen Lebenswelten zuwendet, ist auch in der historischen Lehrerforschung spürbar. Region und Institution sind wiederum Bezugspunkte, die methodisch anders bearbeitet werden als noch zu Zeiten klassischer Institutionengeschichte. Quantitative und qualitative Forschung sind lohnende Allianzen eingegangen, die Kontextualisierung von Quellen hat zugenommen, die Beschreibungen und Analysen sind dichter geworden, und das Interesse am Fall (Lehrerleben, Lehrerverein, Lehrerkarriere) ist auf Typik (kollektive Erfahrung, Muster) und das Verhältnis von Allgemeinem und Besonderem gerichtet.

Die bildungshistorische Forschung zum Lehrerberuf ist vom leitenden Wissenschaftsanspruch her in weiten Teilen Sozialgeschichte geblieben, hat aber mit anderen Leitbegriffen (Kultur, Mentalität, Diskurs, Generation) neue Zugänge gefunden, mit denen sowohl an bekanntem Material als auch an neu entdeckten Quellen gearbeitet wird. Die Methoden (hermeneutisch, ethno-historisch, kollektiv-biographisch) sind häufig kombiniert, statistische Daten werden verstärkt auch in qualitativen Arbeiten in ihrem seriellen Charakter gesehen und ausgewertet (zum 18. Jahrhundert z.B. Oberschelp, 2006; für berufsbiographische Analysen anhand von Personalakten Bieler, 2007 sowie Rang & Maris, 2006) und es gibt auch umgekehrt Versuche der Verortung von qualitativer Forschung im Deutungsspektrum von quantitativer Forschung und Zeitreihenanalysen (so zur Lehrer-Schüler-Interaktion im Zusammenhang mit Bildungswachstumsschüben bei Kluchert, 2003).

Das Erkenntnisinteresse hat sich insgesamt von den Rahmenbedingungen des Lehrerberufs zur Binnenperspektive hin verschoben. Der Wunsch, dem Berufsalltag, insbesondere dem Lehrerhandeln im Unterricht näher zu kommen, findet freilich nicht immer eine Entsprechung in den historischen Quellen. Nach bemerkenswerten Näherungen, wie sie Gerhardt Petrat schon 1979 mit der Auswertung von Berichten über den Schulalltag in der pädagogischen Presse des 18. und 19. Jahrhunderts gelungen sind, war es um den Unterricht in der historischen Forschung zum Lehrerberuf lange Zeit still geworden. Rekonstruktionen, wie sie auf der Basis von Hospitations- und Inspektionsberichten für das 20. Jahrhundert vorgenommen worden sind (Kluchert, 2003), sind für Deutschland noch immer selten. Darum sind Versuche, wie sie z.B. für die USA und Belgien vorliegen (Cuban, 1993; Zilversmit, 1993; Depaepe, 2000), mit besonderem Interesse zur Kenntnis genommen worden und beflügeln die methodische Diskussion über die Reichweite von Quellen und die Möglichkeiten einer am Phänomen des Unterrichtshandelns von Lehrern orientierten historisch-vergleichenden Forschung (s. dazu auch Tröhler, 2006). Methodisch wird man jeweils am zugrunde gelegten Material diskutieren müssen, wie dicht historische Lehrerforschung, die auf keine anderen als die überlieferten Quellen zurückgreifen kann, überhaupt an den Alltag des Lehrerhandelns herankommt. Die Ergebnisse, die es bislang aus unterschiedlichen Ländern zu diesem ‚Alltag' aber gibt, weisen historisch auf Ähnlichkeiten hin. So scheinen Alltagsroutinen und einmal gefundene Formen unterrichtlichen Handelns ausgesprochen stabile Größen zu sein, die sich sowohl bildungspolitischen Reformen als auch wissenschaftlichem Wissen gegenüber als resistent erweisen (Depaepe, 2000). Für Deutschland sind die historischen Befunde von der Reformresistenz auf der Ebene der Lehrer-Schüler-Interaktion, die sich über politische Umbrüche hinweg nachweisen lässt (Kluchert, 2003; Kemnitz, 2003), für die Diskussion über die Möglichkeiten und Grenzen der Steuerung des Bildungssystems auch von aktueller Bedeutung.

Auch die kollektiv-biographische Lehrer-Forschung hat den Blick von den äußeren Merkmalen des Lehrerberufs nach innen gerichtet: einerseits mit der Frage, inwieweit die konkrete Schule die Biographien ‚ihrer' Lehrer prägt und für die ‚Vererbung' bestimmter Haltungen und Einstellungen von einer Lehrergeneration zur nächsten sorgt (Kluchert, 2006), andererseits mit dem Interesse herauszuarbeiten, wie die Bedingungen der Lehrerarbeit auf die gesellschaftlichen Orientierungen und politischen Haltungen zurückwirken (Breymayer, 2006 für die Partei- und Organisationsmitgliedschaft von Lehrerinnen und Lehrern in Anhalt während dreier politischer Systeme; Grewing, 2008 in Bezug auf die Mentalität von Gymnasiallehrern dreier klein- und mittelständischer Gymnasien im 19. Jahrhundert). Von den Auseinandersetzungen um die leitenden Begriffe (u.a. Generation – als Gruppe mit gleicher ‚Zeitheimat', als Gruppe einer gemeinsamen Lagerung innerhalb des Lehrerzyklus', als Altersgruppe, als Gruppe mit gleichem Ausbildungshintergrund?) gehen letztlich Impulse aus, die über die historische Lehrerforschung hinausreichen. Hier zeichnen sich Anschlussmöglichkeiten an die aktuelle Forschung über Wirkungszusammenhänge zwischen Lehrerausbildung und Schulreform (mithin Lehrerhandeln) sowie Steuerungsprozessen auf der Systemebene und der Einzelschule ab.

Leerstellen und Nachholbedarf der historischen Forschung zum Lehrerberuf sind in jüngerer Zeit in Bezug auf spezifische Gruppen von Lehrern artikuliert worden. Dies betrifft zum Beispiel die Geschichte der Berufsschullehrerbildung, für die Adolf Kell (2011, S. 443) konstatierte, dass es bisher zu keiner umfassenden berufsbildungswissenschaftlich-historischen Darstellung gekommen sei. Ähnliches gilt sicher auch für die Sonderschullehrer, deren Geschichte vor dem Hintergrund gegenwärtiger Inklusionsbestrebungen von besonderem Interesse sein dürfte. In diesem Zusammenhang wären bereits vorliegende Untersuchungen zur Geschichte des Hilfsschullehrerberufs in Deutschland (für den Zeitraum 1880–1933 bearbeitet von Ellger-Rüttgart, 1980) es wert, erweitert und vertieft zu werden. Wichtige Arbeiten sind in Bezug auf die Zeit des Nationalsozialismus als dem für das deutsche Sonderschulsystem besonders schmerzlich empfundenen Kapitel der Berufsgeschichte bereits vorgelegt worden. Im analytischen Zugriff wurden nicht nur die z.T. gegensätzlichen Bilder der Geschichtsschreibung (darunter Stilisierung von in der Praxis tätigen Hilfsschullehrerinnen und -lehrern zu Rettern oder die Betonung von Gegensätzen zwischen führenden Vertretern der Hilfsschullehrerschaft und helfenden Hilfsschullehrer_innen) kritisch diskutiert, sondern auch der „Gewinn" thematisiert, der in der Grundlegung einer gemeinsamen Sonderschullehrerausbildung gesehen werden kann, die getrennt von der allgemeinen Lehrerausbildung erfolgt (Hänsel, 2006).

Erst nach und nach werden auch bislang eher ausgeblendete Aspekte als Forschungsfelder entdeckt oder mit neuer Aufmerksamkeit bedacht. Dazu zählen z.B. die Benachteiligung von Lehrern durch „Fremdheit", Ressentiments und/oder politische Steuerung des Zugangs zum

Lehrerberuf. Studiert werden können vielschichtige Abwehrmechanismen etwa am Beispiel der jüdischen Religions- und Elementarlehrer im 19. Jahrhundert, deren Geschichte von Andreas Brämer (2006) umfassend untersucht wurde oder am Beispiel von „fremden", nicht deutschen Lehrerinnen und Lehrern in der preußisch-deutschen Schule, wozu Marianne Krüger-Potratz (2009) erste Analysen vorgelegt hat. Sie bieten nicht nur Einsichten in tradierte Schwierigkeiten im Umgang mit sprachlicher, kultureller, konfessioneller oder nationaler Heterogenität in Deutschland, sondern zeigen für den Lehrerberuf fallgruppenspezifische Unterscheidungen, die bis in heutige bildungspolitische und -rechtliche Regelungen wie dem Inländerprimat reichen oder für die unterprivilegierte Rolle von Lehrkräften für den Herkunftssprachenunterricht (native speaker) mitverantwortlich sind. Sie können historische Kontinuitätslinien aufzeigen und erklären, zugleich aber auch (etwa hinsichtlich von Initiativen zur Gewinnung von mehr Lehrkräften mit Migrationshintergrund) Diskontinuität klarer konturieren.

Literatur

Abels, K. (1999). Klassischer Philologe und Deutschlehrer: Gustav Wendt (1827–1912) und der gymnasiale Deutschunterricht im letzten Drittel des 19. Jahrhunderts. In O. A. Beisbart (Hrsg.), *Deutschlehrer-Bildung im Wandel. Konzepte und Strukturen von der Mitte des 19. Jahrhunderts bis zur Gegenwart* (Beiträge zur Geschichte des Deutschunterrichts, S. 39-61). Frankfurt am Main [u.a.]: Lang.

Albisetti, J. C. (1988). *Schooling German Girls and Women. Secondary and Higher Education in the Nineteenth Century.* Princeton, New Jersey: Princeton University Press.

Albisetti, J. C. (1993): Deutsche Lehrerinnen des 19. Jahrhunderts im internationalen Vergleich. In J. Jacobi (Hrsg.), *Frauen zwischen Familie und Schule. Professionalisierungsstrategien bürgerlicher Frauen im internationalen Vergleich* (S. 29-53). Frankfurt: DIPF.

Albisetti, J. C. (1996): Professionalisierung von Frauen im Lehrberuf. (Aus dem Amerikanischen von R. Othmer). In E. Kleinau & C. Opitz (Hrsg.), *Geschichte der Mädchen- und Frauenbildung. Bd. 2 Vom Vormärz bis zur Gegenwart* (S. 189-200). Frankfurt, New York: Campus.

Albisetti, J. C. (2007). *Mädchen- und Frauenbildung im 19. Jahrhundert.* Bad Heilbrunn: Klinkhardt.

Apel, H. J., Horn, K.-P., Lundgreen, P., & Sandfuchs, U. (Hrsg.) (1999). *Professionalisierung pädagogischer Berufe im historischen Prozeß.* Bad Heilbrunn: Klinkhardt.

Apel, H.-J. (1986). Gymnasiallehrerbildung zwischen Wissenschaft und fachdidaktischer Orientierung. Konzeption und Praxis der Lehrerbildung am Seminar für die gesamten Naturwissenschaften der Universität zu Bonn zwischen 1825 und 1848. *Vierteljahrsschrift für wissenschaftliche Pädagogik, 62*, 289-319.

Apel, H.-J. (1987). Durch Seminar und Probejahr zur „Anstellungsfähigkeit". Die nachuniversitäre Ausbildung der Gymnasiallehrer in Preußen (1890–1918). *Bildung und Erziehung 40*, 151-166.

Apel, H.-J. (Hrsg.) (1993). *Die Denkschrift des Bayerischen Lehrervereins.* Bad Heilbrunn: Klinkhardt.

Berg, C. et al. (Hrsg.) (1987–2005). *Handbuch der deutschen Bildungsgeschichte* (6 Bde.). München: Beck.

Bieler, K. (2007). *Im Preußischen Schuldienst. Arbeitsverhältnisse und Berufsbiographien von Lehrerinnen und Lehrern in Berlin-Schöneberg 1871–1933.* Köln, Weimar, Wien: Böhlau.

Böhme, G., & Tenorth, H. E. (1990). *Einführung in die Historische Pädagogik.* Darmstadt: Wissenschaftliche Buchgesellschaft.

Bölling, R. (1978). *Volksschullehrer und Politik. Der Deutsche Lehrerverein 1918–1933.* Göttingen: Vandenhoeck & Ruprecht.

Bölling, R. (1983). *Sozialgeschichte der deutschen Lehrer. Ein Überblick von 1800 bis zur Gegenwart.* Göttingen: Vandenhoeck & Ruprecht.

Brämer, A. (2006). *Leistung und Gegenleistung: zur Geschichte jüdischer Religions- und Elementarlehrer in Preußen 1823/24 bis 1872.* Hamburger Beiträge zur Geschichte der deutschen Juden. Göttingen: Wallstein.

Brauckmann, M. (2012). *Freiräume in der praktischen Lehrerausbildung: Die Implementierung des Seminarjahrs in der preußischen Rheinprovinz von 1890 bis 1908*. Bochum: Projekt.

Breymayer, U. (2006). Anhalts Volksschullehrer zwischen Weimarer Demokratie und nationalsozialistischer Diktatur: Standes- und Parteipolitik, Karrieren und Konfliktfelder. *Jahrbuch für Historische Bildungsforschung, Bd. 12*, 65-90.

Caselmann, C. (1949). *Wesensformen des Lehrers. Versuch einer Typenlehre*. Stuttgart: Klett.

Cocks, G., & Jarausch, K. (Eds.) (1990). *German professions, 1800–1950*. New York: Oxford University Press.

Cuban, L. (1993). *How teachers taught: constancy and change in American classrooms 1880–1990* (2. Auflage). New York: Teachers College Press.

Danz, G. (1990). *Berufsbiographien zwischen gestern und heute. Volksschullehrerinnen, geboren um die Jahrhundertwende, berichten*. Weinheim: Deutscher Studienverlag.

Datenhandbuch zur deutschen Bildungsgeschichte (1987ff.). 10 Bde. Göttingen: Vandenhoeck & Ruprecht.

Depaepe, M. (2000). *Order in Progress. Everyday Education Practice in Primary Schools – Belgium, 1880–1970*. Leuven: University Press.

Deppisch, H., & Meisinger, W. (1992). *Vom Stand zum Amt. Der materielle und soziale Emanzipationsprozeß der Elementarlehrer in Preußen*. Wiesbaden: Deutscher Universitäts Verlag.

Dick, L. v. (1988). *Oppositionelles Lehrerverhalten 1933–1945. Biographische Berichte über den aufrechten Gang von Lehrerinnen und Lehrern*. Weinheim und München: Juventa.

Dick, L. v. (Hrsg.) (1990). *Lehreropposition im NS-Staat. Biographische Berichte über den ‚aufrechten Gang'* (M. e. Vorwort von Jochen Gamm). Frankfurt a.M.: Fischer.

Du Bois-Reymond, M., & Schonig, B. (Hrsg.) (1982). *Lehrerlebensgeschichten. Lehrer aus Berlin und Leiden (Holland) erzählen*. Weinheim u.a.: Beltz.

Egenhoff, M. & Stoldt, P. H. (Hrsg.) (2013). *Deutsche Lehrer im Ausland: Beiträge zur schulischen Arbeit weltweit*. Münster: Aschendorff.

Ehrich, K. (1995). *Städtische Lehrerinnenausbildung in Preußen. Eine Studie zu Entwicklung, Struktur und Funktionen am Beispiel der Lehrerinnen-Bildungsanstalt Hannover 1856–1926*. Frankfurt a.M., Bern: Peter Lang Verlag.

Ellger-Rüttgardt, S. (1980). *Der Hilfsschullehrer: Sozialgeschichte einer Lehrergruppe (1880–1933)*. Weinheim: Beltz.

Enzelberger, S. (2001). *Sozialgeschichte des Lehrerberufs. Gesellschaftliche Stellung und Professionalisierung von Lehrerinnen und Lehrern von den Anfängen bis zur Gegenwart*. Weinheim, München: Juventa.

Essen, M. v., & Rogers, R. (2006). Zur Geschichte der Lehrerinnen: Historiographische Herausforderungen und internationale Perspektiven. *Zeitschrift für Pädagogik, 52*, 319-337.

Feidel-Mertz, H., & Schnorbach, H. (1981). *Lehrer in der Emigration*. Weinheim: Beltz.

Feiten, W. (1981). *Der Nationalsozialistische Lehrerbund. Entwicklung und Organisation. Ein Beitrag zum Aufbau und zur Organisationsstruktur des nationalsozialistischen Herrschaftssystems*. Weinheim, Basel: Beltz.

Fischer, D., Jacobi, J., & Koch-Priewe, B. (Hrsg.) (1996). *Schulentwicklung geht von Frauen aus. Zur Beteiligung von Lehrerinnen an Schulreformen aus professionsgeschichtlicher, biographischer, religionspädagogischer und fortbildungsdidaktischer Perspektive*. Weinheim: Deutscher Studien Verlag.

Fischer, K. (1898). *Geschichte des Volksschullehrerstandes* (2. Auflage). Hannover, Berlin: Carl Meyer.

Frotscher, J. (1997). *Volksschullehrerausbildung in Dresden 1923–1931*. Köln, Weimar, Wien: Böhlau.

Führ, C. (1985). Gelehrter Schulmann – Oberlehrer – Studienrat. Zum sozialen Aufstieg der Philologen. In W. Conze, & J. Kocka (Hrsg.), *Bildungsbürgertum im 19. Jahrhundert, T. I: Bildungssystem und Professionalisierung in internationalen Vergleichen* (S. 417-457). Stuttgart: Klett-Cotta.

Glaser, E. (2000). *Fachfrau oder Naturbegabung? Zur Berufsgeschichte von Lehrerinnen in Sachsen (1858–1913)* (Habilitationsschrift, unveröffentlicht). Halle.

Grewing, B. (2008). *Die Mentalität des ‚neuen Bürgertums' im 19. Jahrhundert: Studien zur rheinischen Gymnasiallehrerschaft im Kontext bürgerlicher Aufbrüche*. Siegburg: Rheinlandia Verlag.

Gruner, P. (2000). *Die Neulehrer – ein Schlüsselproblem der DDR-Gesellschaft. Biographische Konstruktionen von Lehrern zwischen Erfahrungen und gesellschaftlichen Erwartungen*. Weinheim: Deutscher Studien Verlag.

Gutzmann, U. (2000). *Von der Hochschule für Lehrerbildung zur Lehrerbildungsanstalt: die Neuregelung der Volksschullehrerausbildung in der Zeit des Nationalsozialismus und ihre Umsetzung in Schleswig-Holstein und Hamburg.* Düsseldorf: Droste.

Hänsel, D. (1992). Wer ist der Professionelle? Analyse der Professionalisierungsproblematik im Geschlechterzusammenhang. *Zeitschrift für Pädagogik, 38*, 873-893.

Hänsel, D. (1996). Die Segregierung der Geschlechter. In. D. Hänsel & L. Huber (Hrsg.), *Lehrerbildung neu denken und gestalten* (S. 108-140). Weinheim, Basel: Beltz.

Hänsel, D. (2006). *Die NS-Zeit als Gewinn für Hilfsschullehrer.* Bad Heilbrunn: Klinkhardt.

Heinemann, M. (Hrsg.) (1977). *Der Lehrer und seine Organisation.* Stuttgart: Klett.

Hohlfeld, B. (1992). *Die Neulehrer in der SBZ/DDR 1945–1953. Ihre Rolle bei der Umgestaltung von Gesellschaft und Staat.* Weinheim: Deutscher Studien Verlag.

Horn, K.-P. (2002). Die Entstehung einer Disziplin. Zur institutionellen Entwicklung der Disziplin Erziehungswissenschaft in Deutschland. Eine tabellarische Chronik. In H.-U. Otto, T. Rauschenbach & P. Vogel (Hrsg.), *Erziehungswissenschaft: Politik und Gesellschaft* (S. 189-210). Opladen: Leske & Budrich.

Huerkamp, C. (1996). *Bildungsbürgerinnen. Frauen in akademischen Berufen 1900–1945.* Göttingen: Vandenhoeck & Ruprecht.

Jacobi, J. (1997). Modernisierung durch Feminisierung? Zur Geschichte des Lehrerinnenberufs. *Zeitschrift für Pädagogik, 43*, 929-946.

Jarausch, K. (1990). *The unfree professions. German lawyers, teachers and engineers, 1900–1950.* New York: Oxford University Press.

Jeismann, K.-E. (1996). *Das preußische Gymnasium in Staat und Gesellschaft.* Bd. 2. Höhere Bildung zwischen Reform und Reaktion 1817–1859. Stuttgart: Klett-Cotta.

Käthner, M. (1994). *Der weite Weg zum Mädchenabitur. Strukturwandel der höheren Mädchenschulen in Bremen (1854–1916).* Frankfurt, New York: Campus.

Keim, W. (1997). *Erziehung unter der Nazi-Diktatur.* Band II: Kriegsvorbereitung, Krieg und Holocaust. Darmstadt: Wissenschaftliche Buchgesellschaft.

Keiner, E., & Tenorth, H.-E. (1981). Schulmänner – Volkslehrer – Unterrichtsbeamte. *Internationales Archiv für Sozialgeschichte der deutschen Literatur, 6*, 287-311.

Kell, A. (2011). Berufsschullehrerbildung zwischen Politik und Wissenschaft – Entwicklungen bis zum Übergang in das 21. Jahrhundert. In O. Zlatkin-Troitschanskaia (Hrsg.), *Stationen empirischer Bildungsforschung. Traditionen und Perspektiven* (S. 439–462). Wiesbaden: VS.

Kemnitz, H. (1999a). Lehrerverein und Berufsidentifikation in der ersten Hälfte des 19. Jahrhunderts. In H. J. Apel, K.-P. Horn, P. Lundgreen & U. Sandfuchs (Hrsg.), *Professionalisierung pädagogischer Berufe im historischen Prozeß* (S. 111-123). Bad Heilbrunn: Klinkhardt.

Kemnitz, H. (1999b). *Lehrerverein und Lehrerberuf im 19. Jahrhundert. Eine Studie zum Verberuflichungsprozeß der Lehrertätigkeit am Beispiel der Berlinischen Schullehrergesellschaft (1813–1892).* Weinheim: Deutscher Studien Verlag.

Kemnitz, H. (2003). Kommentar zum Beitrag von Gerhardt Kluchert. *Zeitschrift für Pädagogik, 49*, 61-68.

Kemnitz, H. (2004). Lehrerbildung in der DDR. In S. Blömeke, P. Reinhold, G. Tulodziecki & J. Wildt (Hrsg.), *Handbuch Lehrerbildung* (S. 92-110). Bad Heilbrunn: Klinkhardt.

Klewitz, M. (1987). *Lehrersein im Dritten Reich: Analysen lebensgeschichtlicher Erzählungen zum beruflichen Selbstverständnis.* Weinheim, München: Juventa.

Klewitz, M. (1989). Zwischen Oberlehrern und Müttern. Professionalisierung im Lehrerinnenberuf (1870–1920). In M. Klewitz, U. Schildmann & T. Wobbe (Hrsg.), *Frauenberufe – hausarbeitsnah? Zur Erziehungs-, Bildungs- und Versorgungsarbeit von Frauen* (S. 59-98). Pfaffenweiler: Centaurus.

Kluchert, G. (2003). Die Entwicklung der Lehrer-Schüler-Interaktion und die Bildungswachstumsschübe. Zur inneren Schulreform im 20. Jahrhundert. *Zeitschrift für Pädagogik, 49*, 47-60.

Kluchert, G. (2006). Biographie und Institution. Ein deutsches Gymnasium und seine Lehrer in verschiedenen politischen Systemen. *Jahrbuch für Historische Bildungsforschung, Bd. 12*, 9-36.

Knauer, C. (1995). *Frauen unter dem Einfluss von Kirche und Staat. Höhere Mädchenschulen und bayerische Bildungspolitik in der ersten Hälfte des 19. Jahrhunderts.* München: UNI Druck.

König, K. (1999): Die Schulung der Lehrer im Nationalsozialistischen Lehrerbund (NSLB) – eine Maßnahme zur Professionalisierung der Lehrerschaft im Dritten Reich? In H. J. Apel, K.-P. Horn,

P. Lundgreen & U. Sandfuchs (Hrsg.), *Professionalisierung pädagogischer Berufe im historischen Prozeß* (S. 154-188). Bad Heilbrunn: Klinkhardt.

Kraas, A. (1999). „Qualifizierung“ durch Lagerschulung? – Lehrerlager im Nationalsozialismus. In H. J. Apel, K.-P. Horn, P. Lundgreen & U. Sandfuchs (Hrsg.), *Professionalisierung pädagogischer Berufe im historischen Prozeß* (S. 189-206). Bad Heilbrunn: Klinkhardt.

Kraas, A. (2004). *Lehrerlager 1932–1945. Politische Funktion und pädagogische Gestaltung.* Bad Heilbrunn: Klinkhardt.

Kral, G. (1984). *Struktur und Politik des Bayerischen Philologenverbandes 1949–1982.* Köln, Wien: Böhlau.

Krause-Vilmar, D. (Hrsg.) (1978). *Lehrerschaft, Republik und Faschismus. Beiträge zur organisierten Lehrerschaft in der Weimarer Republik.* Köln: Pahl-Rugenstein.

Krüger-Potratz, M. (2009). „Fremde“ Lehrer und Lehrerinnen in der preußisch-deutschen Schule. In M. Spetsmann-Kunkel (Hrsg.), *Gegen den Mainstream. Kritische Perspektiven auf Bildung und Gesellschaft. Festschrift für Georg Hansen* (S. 145-175). Münster, New York, München, Berlin: Waxmann.

Kuhlemann, F.-M. (1992). *Modernisierung und Disziplinierung. Sozialgeschichte des preußischen Volksschulwesens 1794–1872.* Göttingen: Vandenhoeck & Ruprecht.

Kuropka, J. (1980). Die akademische Lehrerausbildung und ihre Umgestaltung in der NS-Zeit. Staatlicher Pädagogischer Lehrgang und Lehrerbildungsanstalt in Vechta. In A. J. Hanschmidt & J. Kuropka (Hrsg.), *Von der Normalschule zur Universität: 150 Jahre Lehrerausbildung in Vechta 1830–1980* (S. 175-257). Bad Heilbrunn: Klinkhardt.

Laubach, H.-C. (1985). *Die Politik des Philologenverbandes im Deutschen Reich und in Preußen während der Weimarer Republik. Die Lehrer an höheren Schulen mit Universitätsausbildung im politischen und gesellschaftlichen Spannungsfeld der Schulpolitik von 1918–1933.* Frankfurt a.M. u.a.: Lang.

Liedtke, M. (Hrsg.) (1989). *Lehrervereins-Protokolle Nürnberg 1821–1830. Aus den Anfängen der Lehrerbewegung.* Bad Heilbrunn: Klinkhardt.

Liedtke, M. (Hrsg.) (1991–1997). *Handbuch der Geschichte des Bayerischen Bildungswesens* (4 Bde.). Bad Heilbrunn: Klinkhardt.

Lundgreen, P. (1992). Akademiker und „Professionen“ in Deutschland. *Historische Zeitschrift, 254,* 657-670.

Lundgreen, P. (1999a). Berufskonstruktion und Professionalisierung in historischer Perspektive. In H. J. Apel, K.-P. Horn, P. Lundgreen & U. Sandfuchs (Hrsg.), *Professionalisierung pädagogischer Berufe im historischen Prozeß* (S. 19-34). Bad Heilbrunn: Klinkhardt.

Lundgreen, P. (1999b). Die Feminisierung des Lehrerberufs: Segregierung der Geschlechter oder weibliche Präferenz? Kritische Auseinandersetzung mit einer These von Dagmar Hänsel. *Zeitschrift für Pädagogik, 45,* 121-135.

Mandel, H. H. (1989). *Geschichte der Gymnasiallehrerbildung in Preußen-Deutschland 1787–1987.* Berlin: Colloquium.

McClelland, C. E. (1991). *The German Experience of Professionalization. Modern Learned Professions and their Organizations from the Early Nineteenth Century to the Hitler Era.* Cambridge, New York: Cambridge University Press.

Mietzner, U. (1998). *Enteignung der Subjekte – Lehrer und Schule in der DDR. Eine Schule in Mecklenburg-Vorpommern von 1945 bis zum Mauerbau.* Opladen: Leske & Budrich.

Müller, S. F., & Tenorth, H.-E. (1984). Professionalisierung der Lehrertätigkeit. In M. Baethge & K. Nevermann (Hrsg.), *Enzyklopädie der Erziehungswissenschaft Bd. 5: Organisation, Recht und Ökonomie des Bildungswesens* (S. 153-171). Stuttgart: Klett-Cotta.

Müller-Rolli, S. (1989). Lehrer. In D. Langewiesche & H.-E. Tenorth (Hrsg.), *Handbuch der deutschen Bildungsgeschichte. Bd. V 1918–1945. Die Weimarer Republik und die nationalsozialistische Diktatur* (S. 240-258). München: Beck.

Müller-Rolli, S. (1992). *Der höhere Lehrerstand im 19. Jahrhundert. Der Gründungsprozess des Philologenverbandes.* Köln, Weimar, Wien: Böhlau.

Nath, A. (1988). *Die Studienratskarriere im Dritten Reich. Systematische Entwicklung und politische Steuerung einer zyklischen „Überfüllungskrise“ – 1933 bis 1944.* Frankfurt a.M.: dipa.

Nath, A., Dartenne, C. M., & Oelerich, C. (2004). Der historische Pygmalioneffekt der Lehrergenerationen im Bildungswachstum 1884–1993. *Zeitschrift für Pädagogik, 50,* 539-564.

Neugebauer, W. (2005). Niedere Schulen und Realschulen. In N. Hammerstein & U. Herrmann (Hrsg.), *Handbuch der deutschen Bildungsgeschichte. Bd. II 18. Jahrhundert. Vom späten 17. Jahrhundert bis zur Neuordnung Deutschlands um 1800* (S. 213-261). München: Beck.

Oberschelp, A. (2006). *Das Hallesche Waisenhaus und seine Lehrer im 18. Jahrhundert. Lernen und Lehren im Kontext einer frühneuzeitlichen Bildungskonzeption.* Tübingen: Max Niemeyer Verlag.

Paul, G. (1985). *Lehrerbildung und Politik. Eine Analyse der Auseinandersetzungen während der Weimarer Republik.* Hamburg: Verlag Rainer Schulz.

Petrat, G. (1979). *Schulunterricht. Seine Sozialgeschichte in Deutschland 1750–1850.* München: Ehrenwirth.

Pollmann, B. (1989). *Lehrerinnen in Deutschland und in den USA zwischen Emanzipation und Anpassung.* Frankfurt: Lang.

Rang, B., & Maris, M. (2006): Jüdische Lehrerinnen an öffentlichen Schulen der Stadt Frankfurt am Main (1880–1935). *Jahrbuch für Historische Bildungsforschung, Bd. 12*, 37-63.

Sandfuchs, U. (1978). *Universitäre Lehrerausbildung in der Weimarer Republik und im Dritten Reich. Eine historisch-systematische Untersuchung am Beispiel der Lehrerausbildung an der Technischen Hochschule Braunschweig 1918–1940.* Bad Heilbrunn: Klinkhardt.

Sandfuchs, U. (2004). Geschichte der Lehrerbildung in Deutschland. In S. Blömeke, P. Reinhold, G. Tulodziecki & J. Wildt (Hrsg.), *Handbuch Lehrerbildung* (S. 14-37). Bad Heilbrunn: Klinkhardt.

Sauer, M. (1987). *Volksschullehrerbildung in Preußen. Die Seminare und Präparandenanstalten vom 18. Jahrhundert bis zur Weimarer Republik.* Köln, Wien: Böhlau.

Schmeitzner, K. (2010). *Deutungsmuster von Lehrern: Eine inhaltsanalytische Untersuchung von Lehrerautobiografien aus dem 19. und 20. Jahrhundert.* Schriftenreihe Studien zur Berufs- und Professionsforschung: Bd. 4. Hamburg: Kovač.

Schubring, G. (1991). *Die Entstehung des Mathematiklehrerberufs im 19. Jahrhundert. Studien und Materialien zum Prozeß der Professionalisierung in Preußen (1810–1870).* Weinheim: Deutscher Studien Verlag.

Stolze, B. (1995). *Ausbildung und Berufstätigkeit von Volksschullehrerinnen in Westfalen 1832–1926. Eine institutionengeschichtliche berufsbiografische Studie.* Pfaffenweiler: Centaurus.

Stratmann, H. (2006). *Lehrer werden. Berufliche Sozialisation in der Volksschullehrer-Ausbildung in Westfalen (1870–1914).* Münster, New York, München, Berlin: Waxmann.

Stroop, U. (1992). *Preußische Lehrerinnenbildung im katholischen Westfalen. Das Lehrerinnenseminar in Paderborn (1832–1926).* Schernfeld: SH Verlag.

Taubert-Striese, A. (1996). *Der Leipziger Lehrerverein, ein bedeutender Vertreter der Reformpädagogik. Eine Studie zu seiner geschichtlichen Entwicklung, seinen pädagogischen Leistungen und seinen praktischen Erfolgen.* Frankfurt a.M. u.a.: Lang.

Tenorth, H.-E. (1977). Professionen und Professionalisierung. Ein Bezugsrahmen zur historischen Analyse des „Lehrers und seiner Organisationen". In M. Heinemann (Hrsg.), *Der Lehrer und seine Organisation* (S. 457-475). Stuttgart: Klett.

Tenorth, H.-E. (1987). Lehrerberuf und Lehrerbildung. In K.-E. Jeismann & P. Lundgreen (Hrsg.), *Handbuch der deutschen Bildungsgeschichte. Bd. III 1800–1870. Von der Neugründung Deutschlands bis zur Gründung des Deutschen Reiches* (S. 250-270). München: Beck.

Tenorth, H.-E. (2006): Verwissenschaftlichung und Disziplinierung pädagogischer Reflexion – Zum Stand der Forschung. *Jahrbuch für Historische Bildungsforschung, Bd. 12*, 331-350.

Terhart, E. (2004). Lehrer. In D. Benner & J. Oelkers (Hrsg.), *Historisches Wörterbuch der Pädagogik* (S. 548-564). Weinheim und Basel: Beltz.

Thiel, F. (2007). Profession als Lebensform. Entwürfe des neuen Lehrers nach 1900. *Zeitschrift für Pädagogik, 53*, 74-91.

Titze, H. (1991). *Der Akademikerzyklus. Historische Untersuchungen über die Wiederkehr von Überfüllung und Mangel in akademischen Karrieren.* Göttingen: Vandenhoeck & Ruprecht.

Titze, H., Nath, A., & Müller-Benedict, V. (1985). Der Lehrerzyklus. Zur Wiederkehr von Überfüllung und Mangel im höheren Lehramt in Preußen. *Zeitschrift für Pädagogik, 31*, 97-126.

Tröhler, D. (2006). Schulgeschichte und Historische Bildungsforschung. Methodologische Überlegungen zu einem vernachlässigten Genre pädagogischer Historiographie. In D. Tröhler & A. Schwab (Hrsg.), *Volksschule im 18. Jahrhundert. Die Schulumfrage auf der Zürcher Landschaft in den Jahren 1771/1772* (S. 65-93). Bad Heilbrunn: Klinkhardt.

Uhlig, C. (1997). *Der Berliner Lehrerverein. Gründung und Etablierung (1880 bis 1902).* Köln, Weimar, Wien: Böhlau.

Weber, R. (1984). *Die Neuordnung der preußischen Volksschullehrerbildung in der Weimarer Republik. Zur Entstehung und gesellschaftlichen Bedeutung der Pädagogischen Akademien.* Köln, Wien: Böhlau.

Wehler, H.-U. (1989). *Deutsche Gesellschaftsgeschichte. Bd. 2. Von der Reformära bis zur industriellen und politischen „Deutschen Doppelrevolution" 1815–1845/49* (2. Auflage). München: Beck.

Wieden, C. B. D. (1996). *Vom Seminar zur NS-Lehrerbildungsanstalt: Die Braunschweiger Lehrerausbildung 1918 bis 1945.* Köln: Böhlau.

Zilversmit, A. (1993). *Changing schools: progressive education theory and practice, 1930–1960.* Chicago, London: University of Chicago Press.

Zymek, B. ([2]2008). Geschichte des Schulwesens und des Lehrerberufs. In W. Helsper & J. Böhme (Hrsg.), *Handbuch der Schulforschung* (S. 203-237). Wiesbaden: VS Verlag für Sozialwissenschaften.

Diskussion

Jürgen Overhoff

Forschung zur Geschichte und Entwicklung des Lehrerberufs: Neue und überraschende Perspektiven auf ein jahrhundertealtes, variationsreiches Berufsbild

1. Vorbemerkungen zum Kommentar

Der Bitte der Herausgeber, einen Kommentar zum ersten, historischen Teil dieses Handbuchs zu erstellen, um die dort beschriebenen Forschungsleistungen zur Geschichte und Entwicklung des Lehrerberufs vom Mittelalter bis zur Gegenwart zu diskutieren, komme ich aus verschiedenen Gründen gerne nach. Zum einen habe ich mich als Bildungshistoriker, dessen eigentliches Forschungsfeld das Zeitalter der Aufklärung ist, beständig darum bemüht, auch die Prozesse der Bildungsgeschichte der vorausgegangenen und anschließenden Jahrhunderte im Blick zu behalten – gewissermaßen als Klammer und unverzichtbare Bezugsgröße meiner zeitlich eingegrenzten Studien. Einige meiner bisherigen Veröffentlichungen zu unterschiedlichen Themen der Bildungsgeschichte vom Reformationszeitalter bis zum 20. Jahrhundert belegen das (z.B. Overhoff, 2007; Overhoff, 2010). Natürlich haben auch Lehrer und Lehrerinnen in meinen Studien zur Geschichte des Unterrichts, zur Genese der pädagogischen Ideen und zur Errichtung von Schulen und Hochschulen eine wichtige, ja unverzichtbare Rolle gespielt: Ihr Wirken in der Schule, bei der Planung des Unterrichts oder im Umgang mit den Schülern und Schülerinnen sowie ihr soziales Prestige und politisches Engagement habe ich anhand ausgewählter Einzelfälle immer wieder zu interpretieren gesucht (z.B. Overhoff, 2008). Und doch, um das hier gleich offen zu gestehen, habe ich bislang nie über die historische Entwicklung des Lehrerberufs im engeren Sinne geforscht oder gründlich und systematisch darüber nachgedacht, was für eine wenig selbstverständliche, noch dazu mit großen Herausforderungen verbundene Tätigkeit das Dozieren und Unterrichten in Schulanstalten doch eigentlich als Beruf ist, will man damit der Gesellschaft nützen, Ansehen erwerben und sein Brot verdienen. Eine solche Reflexion sollte aber von jedem Bildungshistoriker von Zeit zu Zeit geleistet werden, da die Betrachtung des Lehrerberufs für die Historische Bildungsforschung nun einmal von zentraler Bedeutung ist (Vgl. als Anleitung zur Reflexion über das Berufsbild Loos, 2011).

Stellvertretend für viele andere Fachkollegen oder Studenten der Bildungsgeschichte, die sich bislang möglicherweise ebenfalls noch nicht in hinreichendem Maße die entsprechende Zeit für eine solche Untersuchung nehmen konnten, möchte ich mich daher der mir als Kommentator gestellten Aufgabe widmen und der Frage nachgehen, wie und unter welchen gesellschaftlichen, politischen, ideengeschichtlichen und finanziellen Rahmenbedingungen in jeder neuen Generation immer wieder ausreichend viele Männer und Frauen Freude an diesem so sehr besonderen Beruf verspürt haben – den etliche von ihnen, noch dazu mit großer Fach- und Menschenkenntnis, oftmals während des größten Teils ihrer Lebenszeit ausgeübt haben. Dabei möchte ich als Ergebnis der Lektüre und Analyse der vorliegenden Texte von Martin Kintzinger, von Stephanie Hellekamps & Hans-Ulrich Musolff sowie von Heidemarie Kemnitz vor allem vier neue und überraschende Perspektiven darstellen und besprechen, die, aus meiner naturgemäß sehr persönlichen Sicht, die jüngere Forschung zur Geschichte und Entwicklung des Lehrerberufes aufgezeigt haben: Den Blick richten möchte ich, erstens, auf die Schwierigkeit, das Lehren als Beruf in begrifflich eindeutiger Weise zu fassen, sowie auf die sich dadurch ergebenden Chancen für eine korrektere historische Einordnung dieser letztlich doch sehr variationsreichen beruflichen Tätigkeit; zweitens möchte ich zeigen, wie sehr das Verständnis des Lehrerberufs von der ganz unterschiedlichen Art und Zahl der Quellen abhängt, die in der Historischen Bildungsforschung in diesem Zusammenhang ausgewertet wurden und werden; drittens möchte ich den Sinn dafür schärfen, wie religiöse und konfessionelle Ansprüche, Prägungen und Inhalte die Sicht auf den Lehrerberuf bestimmt haben, nicht nur in der Vormoderne, sondern noch bis weit ins 20. Jahrhundert hinein, vielleicht sogar darüber hinaus; und viertens möchte ich zusammenfassende Hinweise auf solche vielversprechenden Forschungsansätze geben, deren Bearbeitung und Gebrauch auch in Zukunft weiterführende Erkenntnisse zum Wesen und zu den Möglichkeiten und Grenzen des Lehrerberufs liefern können.

2. Wie sich der Lehrerberuf definieren lässt – und warum dies in möglichst weitgefasster Form geschehen sollte

Alle Autoren der von mir zu kommentierenden Texte haben sich intensiv mit der Frage befasst, nach welchen Kriterien sich die Definition des Lehrerberufs eigentlich zu richten hat, welche mitunter verschiedenen Vorstellungen es vom Lehren als Beruf im Laufe der vergangenen Jahrhunderte gab und ob der Lehrerberuf überhaupt begrifflich akkurat und eindeutig zu fassen ist. Die Diskussion solcher Fragestellungen scheint, wenn man sich dem Lehrerberuf als Gegenstand der Forschung zuwendet, eine Selbstverständlichkeit zu sein – doch sind diese Fragen, was erstaunlich ist, eben doch eher selten und mit Blick auf das Mittelalter und die Frühe Neuzeit nur ganz am Rande thematisiert worden. Die Kollegen Kintzinger, Kemnitz, Hellekamps und Musolff haben mit ihren Texten aber hinreichend verdeutlicht, dass die in der bildungshistorischen Forschung häufig anzutreffende Auffassung, der Lehrerberuf sei im Vollsinne erst an der Wende vom 18. zum 19. Jahrhundert entstanden, in die Irre führt, weil sie ein Verständnis seiner jahrhundertealten Tradition erschwert oder gar unmöglich macht. Denn würde man dieser geläufigsten Lesart der Anfänge des Lehrerberufs unreflektiert folgen, dürfte man sich als Bildungshistoriker allein mit jenem Typus des Lehrers beschäftigen, der aus staatlich organisierten Lehrerseminaren hervorgegangen ist, nach erfolgreichem Abschluss einer akademischen Fachausbildung und dem Absolvieren von zwingend dazugehörigen Zulassungsprüfungen in den Schuldienst des Staates übernommen wurde und dann in diesem Rahmen die Lehrertätigkeit als Lebenszeitberuf ausübte. Hält man nur nach diesem deutlich etatistisch akzentuierten Idealtypus des Lehrers Ausschau, wie er in den in der deutschen Bildungsforschung breit rezipierten Schriften von Karl-Ernst Jeismann (vgl. protoyptisch Jeismann, 1969) insbesondere zur preußischen Bildungsgeschichte überaus klare Konturen gewann, wird einem der Blick auf ganz andere und zum Teil gegenläufige Entwicklungsmuster des Lehrerberufs verstellt, wie sie sich im Mittelalter und in der Frühen Neuzeit herausgebildet haben. Besonders wertvoll und wichtig scheint deshalb die von Hellekamps & Musolff ausgesprochene Aufforderung zu sein, bei zukünftigen Forschungen zur Geschichte des Lehrerberufs die bislang üblichen oder jedenfalls vorwaltenden Kriterien der Professionalisierung des Lehrens rigoros zu modifizieren. Denn wenn man allein staatliche Normierungen als Kriterium für die Verberuflichung des Lehrers gelten lässt, muss man alle anderen Formen des Lehrerseins – und das heißt dann vor allem die vormodernen Formen – für unprofessionell erklären, wodurch aber die empirisch nachweisbare berufliche Realität der vor dem 18. Jahrhundert tätigen Lehrer und Lehrerinnen verkannt wird, weil damals vielfach kirchliche Orden und nicht der Staat (oder private Schulhalter und nicht staatlich-geprüfte Schulmeister) nach ganz eigenen Ausbildungsanforderungen und Kriterien den ihrer Zeit gemäßen Lehrerberuf prägten (Vgl. dazu auch Bosse, 2012).

Eine konsequente Loslösung vom Blick auf etatistische Normierungen des Lehrerberufs bedeutet jedoch keinesfalls, gänzlich auf bestimmte vorgegebene Kriterien bei empirischen Studien zur Geschichte des Lehrerberufs verzichten zu müssen. Es gab und gibt nämlich durchaus konkrete Vorstellungen vom Lehrerberuf, die Orientierung bieten können, wenn man die Gestalt und die Ausprägung dieser beruflichen Tätigkeit in ihrer historischen Entwicklung verfolgen und nachvollziehen möchte, und zwar ganz ausdrücklich von der Vormoderne bis in die heutige Zeit. Sowohl Kintzinger als auch Hellekamps & Musolff und Kemnitz sind in ihren Texten auf diese Vorstellungen zu sprechen gekommen. Demnach übte und übt ein Lehrer seine Tätigkeit des Unterrichten und des Vermitteln von Wissens in der Schule als Beruf aus, wenn ihn eine besondere fachliche Ausbildung und ein spezifisches berufliches Wissen dazu befähigt und qualifiziert, wenn ihn die beim Lehren erbrachte Arbeitsleistung durch ausreichende Entlohnung zur finanziellen Absicherung des Lebensunterhaltes dient und wenn, was nicht übersehen werden darf, auch eine innere Berufung beim Unterrichten eine wichtige Rolle spielt, diese zumindest nicht gänzlich fehlt, da sie für das Selbstverständnis und den selbstgesetzten Anspruch des Lehrers und der Lehrerin doch eine erhebliche Bedeutung hat. Auch die – mehr oder minder stark ausgeprägte – soziale Anerkennung der Lehrtätigkeit wird von allen Autoren als ein nicht zu vernachlässigendes Kriterium angeführt. Beide Facetten – der Stolz auf das Wissen um eine innere Berufung und das Bewusstsein einer äußeren Anerkennung – haben ja entscheidend und zusammenhängend mit der Würde des Lehrerberufs zu tun, ohne die nicht nur dieser, sondern wohl kaum irgendein anderer vollwertiger Beruf in befriedigender, ehrlicher und erfolgreicher Weise ausgeübt werden kann.

Ebenso wichtig ist schließlich der von Kintzinger gegebene Hinweis darauf, dass das Fehlen eines eindeutigen Begriffs für den Lehrberuf im Mittelalter und in der Frühen Neuzeit – als die Lehrer wechselweise Magister, Meister, Scholaster, Literati oder auch Eruditi heißen konnten und auch Küster oder Kantoren als Lehrer agierten – nicht als Beleg dafür herhalten darf, dass es die berufliche Tätigkeit des Lehrers vor der Wende vom 18. zum 19. Jahrhundert angeblich noch nicht im eigentlichen Sinne gegeben habe. Man sollte sich in diesem Kontext auch darüber im Klaren sein, wie Kintzinger ebenfalls völlig zu recht betont, dass das historische Vorhandensein von Erscheinungsformen von ihrer begrifflichen Bezeichnung, die in den unterschiedlichen Jahrhunderten divergieren kann, stets unterschieden werden muss. Es lässt sich nicht einfach vom Fehlen der einen auf das Fehlen des anderen schließen.

3. Die Auswahl der Quellen als Vorentscheidung über das Verständnis des Lehrerberufs

Wie sehr das Verständnis des Lehrerberufs von der ganz unterschiedlichen Art und Zahl der Quellen abhängt, die in der Historischen Bildungsforschung in diesem Zusammenhang ausgewertet wurden und werden, haben vor allem Hellekamps und Musolff in ihrem Text in beeindruckender Klarheit und auch unter Verweis auf viele augenfällige Beispiele ausgeführt. Allerdings finden sich ähnlich argumentierende Bemerkungen auch in den Beiträgen von Kintzinger und Kemnitz. Wenn man nämlich, wie in der bisherigen Forschung vielfach geschehen, von der Annahme ausgeht, dass der Idealtypus des Lehrerberufs sich an der Schwelle zum 19. Jahrhundert herausbildet und dann bis in die Gegenwart im Wesentlichen als solcher erkennbar bleibt, dann werden für Bildungshistoriker zunächst nur eine ganz bestimmte und eingeschränkte Art von Quellen interessant sein, an erster Stelle Archivalien, die über Aufbau, Organisation und Wirkung von Lehrerseminaren informieren oder auch Protokolle und Schriftgut von Lehrervereinen, die sich ab dem Vormärz zu formieren begannen und auch politisch tätig wurden. Diese Archivalien dienen vor allem zur Erstellung von Listen und statistischen Angaben. Gerade der so gewonnene Blick auf die Bildungsinstitutionen und Organisationsformen der Lehrer im 19. und 20. Jahrhundert sowie auf das politische Verhalten der in Vereinen zusammengeschlossenen professionellen Pädagogen führt jedoch verstärkt dazu, dass Bildungsgeschichte in erster Linie als Beispiel einer umfassenden Gesellschaftsgeschichte verstanden und also auch mit den Mitteln sozialgeschichtlicher Forschung erschlossen wird. Untersucht werden aus einer solchen sozialhistorischen Perspektive heraus dann hauptsächlich Aspekte wie Anstellung, Berufslaufbahn, soziale Herkunft oder auch die – durch verlässliche Besoldungen und beamtenrechtliche Vergünstigungen geprägte – materielle Lage der im Lehrerberuf tätigen Männer und Frauen.

Demgegenüber gilt nun, dass gerade mit Blick auf die Wirklichkeit des vormodernen Lehrerberufs in seinen vom Mittelalter bis in die Frühe Neuzeit immer wieder gegebenen unterschiedlichen Ausprägungen, offensichtlich ganz andere Quellen ins Visier der bildungshistorischen Forschung genommen werden müssen, um das Lehren als Beruf in dieser weitgespannten Epoche überhaupt sinnvoll erkennen, erfassen und beschreiben zu können. Im Text von Hellekamps & Musolff werden die sehr unterschiedlichen Quellenbestände, die hier bedeutsam sind, nahezu vollständig genannt. Neben den Schulordnungen städtischer oder territorialstaatlicher Provenienz sind dies eben auch Satzungen solcher geistlicher Konvente und Ordensgemeinschaften, die einen erheblichen Teil ihrer Arbeit der Lehrtätigkeit widmeten. Neben Visitationsprotokollen und Inspektionsberichten, in denen Staatsbeamte oder Pfarrer ihren Herren und Vorgesetzen Mitteilungen über die Art und Qualität des beobachteten Unterrichts machten, sind dies zum Teil auch gedruckte Fragebögen zur Schulsituation, in denen Lehrer selbst Auskunft über ihre Arbeit erteilen konnten. Und neben Schulbibliotheken, Schulbüchern oder zum Teil auch mit Marginalien versehenen anderen Lernmaterialien sind wertvolle Quellen immer auch die Traktate der zeitgenössischen pädagogischen Literatur, aus denen sich auch der pädagogische Diskurs über das Tätigkeitsfeld des Lehrers vielfach gut in einer Weise rekonstruieren lässt, dass ein Bildungshistoriker hinreichenden Aufschluss auch über Realitäten des Lehrerberufs erhält. Schließlich bieten neben Illustrationen wie Holzschnitten, auf denen Unterrichtsszenen dargestellt sind (Vgl. dazu Ritzi, 2003), auch Matrikeln, Lehrerlisten, Leichenpredigten oder andere serielle biographischer Zeugnisse einen guten Aufschluss über das berufliche Dasein der Lehrer in vormodernen Jahrhunderten, wobei auch eigenhändig verfasste Memoiren von Lehrern oder zwischen Lehrern und ihren Schülern gewechselte Briefe von der Forschung ausgewertet werden müssen. Durch das Sichten und Interpretieren dieser Fülle von unterschiedlichen Quellen können die Didaktik, die Unterrichtspraktiken, der Umfang und die Dauer der Lehrtätigkeit sowie das Niveau des Unterrichts häufig in einer Weise nachgezeichnet werden, dass die Qualität der von den unterrichtenden Lehrern genossenen Ausbildung sichtbar wird und erst dadurch das ganze Ausmaß der schon in Mittelalter und Früher Neuzeit gegebenen „Professionalisierung" und „Professionalität" erkennbar werden kann. Dabei gilt es natürlich auch, stets Quellen aus unterschiedlichen Regionen möglichst vergleichend auszuwerten, dazu auch ins Bewusstsein zu rücken, dass Dörfer und Städte mit ihren lokalen Bedürfnissen ganz andere Anforderungen an das Lehramt stellten – und diese durchaus auch lange vor der Existenz von Lehrerseminaren mittels formaler Prüfungen sicherstellten – als beispielsweise die verschiedenen Landesherrschaften im älteren deutschen Reich. Einmal mehr zeigt dieser Befund, dass die Bindung der Lehrer an den Staat keinesfalls als hinreichendes Professionalisierungskriterium gelten darf, weil sonst die Situation der Lehrer in vormodernen Jahrhunderten nur unzureichend erfasst würde. Und: Der Anspruch, Bildungsgeschichte(n) vor allem in bzw. mit bislang nicht hinreichend erfassten Quellen zu schreiben, ist Ausdruck eines unverzichtbaren empirischen Ansatzes in der Historischen Bildungsforschung, weil sich sowohl in qualitativen wie in quantitativen Forschungsmethoden nur auf der Grundlage neu recherchierter Quellen innovativer Erkenntnisgewinn generieren lässt (Vgl. dazu Link & Tosch, 2007).

4. Wie religiöse und konfessionelle Prägungen die Sicht auf den Lehrerberuf bestimmen

Sobald nun aber von der Historischen Bildungsforschung in der eben dargestellten Form eine größere Anzahl von neuen, andersartigen und sehr vielfältigen Quellen in den Blick genommen wird, um eine Distanz zur bisherigen Fixierung auf den staatlich normierten Lehrerberuf zu gewinnen, geraten auch die religiösen und konfessionellen Traditionen des Lehrberufs der vormodernen Zeit wieder verstärkt in den Fokus der Forschung. Schon im Mittelalter hatten Priester und Ordensleute, die für die Bildung ihrer Zöglinge verantwortlich waren, sehr genaue Vorstellungen von den besonderen Anforderungen, denen sie selbst oder die von ihnen angestellten Lehrer genügen mussten, um die Jugend in hinreichend „professioneller" Weise zu bilden. Viele im Mittelalter als Lehrer tätige Personen auch bürgerlicher Herkunft erkannten für sich – wie Kintzinger herausgestellt hat –, dass sie sich durch besondere Kenntnisse, durch eine entsprechende Ausbildung und durch profunde Gelehrsamkeit in der Kirche Tätigkeitsfelder erschließen konnten, die eine dauerhafte Sicherstellung ihres Einkommens in einer sozial anerkannten Weise ermöglichten, in kirchlichen Einrichtungen, in Klöstern, aber zunehmend auch in Städten, in denen eine Dom- oder Kathedralschule mit gehobenem Niveau existierte. Die in den Städten zwischen dem 13. und 15. Jahrhundert von den Ratsherren eingerichteten bürgerlichen Lateinschulen stellten für die Domschulen in aller Regel keine ernsthafte Konkurrenz dar. Untersuchungen zur Prosopographie von Ordenskonventen und Stiftskapiteln mit renommierten Schulen könnten deshalb meines Erachtens weiteren Aufschluss über Persönlichkeiten oder Unterrichtsmethoden der Lehrer ergeben, auch wenn anzuerkennen ist, wie Kintzinger hervorhebt, dass derartige Studien nicht immer zum Erfolg führen. In jedem Fall aber gewinnt die Historische Bildungsforschung ein substantiell neues Verständnis für den „Beruf" des Lehrers im Mittelalter, wenn sie die Ausbildungsgänge und die Lehrpraktiken der mittelalterlichen Lehrorden verstärkt untersucht.

Mit dem Eintritt in das Reformationszeitalter wird die Bedeutung der religiösen Prägung für die Sicht auf den Lehrerberuf noch weiter intensiviert. Die Konfessionalisierung befördert ein Konkurrenzdenken zwischen Katholiken und Protestanten (auch innerhalb des entweder lutherisch oder calvinistisch geprägten Protestantismus), das auch vor den Schulen nicht halt macht, so dass ganz unterschiedliche Auffassungen von Unterricht und Didaktik entstehen, was sich auch auf das Verständnis des frühneuzeitlichen Lehrerberufs auswirkt (Vgl. dazu Schilling 2003). Zwar forderte Luther die Magistrate der protestantisch gewordenen Städte dazu auf, Schulen zu errichten und Lehrer einzustellen, die einem ganz neuen bürgerliches Berufsethos verpflichtet sein sollten, doch blieb letzlich auch die reformatorische Schule an eine Pfarrkirche angeschlossen, verankerte also den Lehrerberuf einmal mehr fest in einem durch theologische und religiöse Vorgaben geprägten pädagogischen Milieu. Im Text von Hellekamps & Musolff wird daneben aber auch sichtbar, wie sehr noch bis ins 19. Jahrhundert hinein, neben der anwachsenden Bedeutung von städtisch und staatlich normierten Anforderungen an den Lehrerberuf, die von den verschiedenen Religions- und Ordensgemeinschaften vorgegebenen Ausbildungstraditionen für das Verständnis einer konfessionsspezifischen Auffassung des Lehrerberufs maßgeblich blieben. Zu nennen ist hier die Frauengemeinschaft der Ursulinen, die 1535 gegründet wurde und sich in den Folgejahrhunderten zu einem der wichtigsten Erziehungsorden für junge Frauen in der katholischen Kirche entwickelte. Wie sehr das hier gelebte Vorbild der Lehrerin auch für aufklärerische Staatsmänner interessant blieb, denen doch eigentlich der staatlich geprüfte und durch den Staat beaufsichtigte Lehrer als Idealtypus vor Augen stand, kann man ermessen, wenn man sich klar macht, dass der aufgeklärte münsterische Premierminister Franz von Fürstenberg sein Konzept vom Lehrer im Gespräch mit der von Ursulinen erzogenen Fürstin Gallitzin entwickelte, um es mit dem Lehrerbildner Bernard Overberg ab den 1780er Jahren im Fürstbistum Münster zu verwirklichen (Vgl dazu Kraemer, 2001).

Noch wirkmächtiger als die Ursulinen waren die Jesuiten, der eigentliche katholische Schulorden, der seit 1599 mit der Ratio studiorum über einen besonders ausgefeilten Ausbildungsplan verfügte, dem alle Lehrer, die an den Schulen und Kollegien der Jesuiten unterrichteten, absolviert haben mussten – was nach den akribischen Studien von Hellekamps & Musolff bis auf überraschend wenige Ausnahmen auch der Fall war. Auch nach der vorübergehenden Auflösung des Ordens im Jahr 1773 – die 1814 relativ rasch wieder rückgängig gemacht wurde – blieb die Ratio studiorum in der revidierten Fassung von 1832 bis weit ins 20. Jahrhundert hinein für die jesuitische Lehrpraxis und für das Selbstverständnis des jesuitischen Lehrers ein unverzichtbarer Maßstab. Noch die heutige jesuitische Lehre ist ohne ihre Anregungen nicht denkbar. Führt man sich vor Augen, dass selbst Friedrich der Große im Staat Preußen – der wie kein zweiter europäischer Staat der Aufklärung das etatistische normierte Bild des Lehrerberufs prägte – den Jesuiten nach 1773 Asyl gewährte, weil er ihre Professionalität als Lehrer auch in den staatlich beaufsichtigten Schulen nicht zu entbehren können glaubte (Vgl. Samerski, 2001), wird vollends klar, dass die Tätigkeit der geistlichen Orden von der Historischen Bildungsforschung immer gebührend beachtet werden muss, um die Geschichte und die Entwicklung des Lehrerberufs hinreichend erfassen, verstehen und würdigen zu können.

5. Weiterführende Ansätze zur Erforschung des Lehrerberufs

Aufgefallen ist mir bei der Lektüre der Texte von Kintzinger, Hellekamps & Musolff und Kemnitz schließlich noch, dass es offenbar mittlerweile einerseits eine recht große Anzahl an Studien zur Sozialgeschichte des Lehrerberufs gibt, der jedoch noch längst nicht gleichwertig und ähnlich viele ideengeschichtliche Untersuchungen zur Seite gestellt worden sind. Kintzinger konstatiert völlig zu Recht, dass die jüngste Aufwertung einer neu konzipierten Ideengeschichte oder *Intellectual history* auch in der Historischen Bildungsforschung (vgl. dazu Overhoff, 2004) sich bislang noch nicht prägend auf das Feld der Erforschung des Lehrerberufs ausgewirkt hat. Ähnliche Überlegungen finden sich im Text von Hellekamps & Musolff, wenn es dort heißt, dass die Potentiale der neuen Ideengeschichte bislang auf schulhistorischem Feld – und damit auch auf dem Gebiet der Geschichte des Lehrerberufs – noch nicht durchschlagend fruchtbar gemacht worden sind. Kemnitz hält den bisher häufig beschriebenen Gegensatz zwischen ‚moderner' Sozialgeschichte und ‚veralteter' Geistesgeschichte ebenfalls für überholt, weshalb auch sie dafür plädiert, der Mentalitätsgeschichte und der pädagogischen Ideengeschichte, mit deren Hilfe sich in Ergänzung zu den Möglichkeiten der sozialhistorischen Methodologie die Genese des pädagogischen Wissens rekonstruieren und interpretieren lässt, in der Historischen Bildungsforschung mehr Raum und Gehör zu verschaffen. Tatsächlich sind auch nach meiner Einschätzung im Bereich der Ideengeschichte, gerade auch in Bezug auf die Erforschung von Geschichte und Entwicklung des Lehrerberufs, noch viele lohnende Forschungsfelder unbearbeitet. Denn je genauer wir über den pädagogischen Diskurs über das Tätigkeitsfeld des Lehrers vergangener Jahrhunderte informiert sind, je besser wir den ideengeschichtlichen Kontext dieses Diskurses erfassen, beschreiben und interpretieren können, um so fruchtbringender wird unsere gegenwärtige Auseinandersetzung mit den Chancen und Herausforderungen des Lehrerberufs in unserer Zeit – und um so genauere Orientierung bieten dann sogar auch mittelalterliche oder frühneuzeitliche pädagogische Schriften in der heutigen Debatte über Notwendigkeit, Möglichkeit und Maß einer modernen Lehrerbildung.

Literatur

Bosse, H. (2012). Der Lehr- und Lernmarkt des Ancien Régime. In H. Bosse (Hrsg.), *Bildungsrevolution 1770-1830* (S. 15-46). Heidelberg: Winter.

Jeismann, K.-E. (1969). *Staat und Erziehung in der preußischen Reform 1807-1819*, Göttingen: Vandenhoeck & Ruprecht.

Kraemer, G. (2001). *Bernard Overberg. Religionspädagogik zwischen Aufklärung und Romantik*. Frankfurt: Lang.

Link, J. & Tosch, F. (2007). *Bildungsgeschichte(n) in Quellen*. Bad Heilbrunn/Obb.: Klinkhardt.

Loos. B. (2011). Lehrer und Schüler. In M. Maaser & G. Walther (Hrsg.), *Bildung. Ziele und Formen, Traditionen und Systeme, Medien und Akteure* (S. 225-230). Stuttgart: Metzler.

Overhoff, J. (2004). Quentin Skinners neue Ideengeschichte und ihre Bedeutung für die historische Bildungsforschung. In Sektion Historische Bildungsforschung der Deutschen Gesellschaft für Erziehungswissenschaft (Hrsg.), *Jahrbuch für Historische Bildungsforschung 10* (S. 321-336). Bad Heilbrunn: Klinkhardt.

Overhoff, J. (2007). Das lutherische Schulwesen Dänemarks im 17. und 18. Jahrhundert. In H. Schilling & S. Ehrenpreis (Hrsg.), *Frühneuzeitliche Bildungsgeschichte der Reformierten in konfessionsvergleichender Perspektive. Schulwesen, Lesekultur und Wissenschaft* (S. 125-142). (Zeitschrift für historische Forschung, Beiheft 38). Berlin: Dunker & Humblot.

Overhoff, J. (2008). Ein Literat als Lehrer an der hamburgischen Handlungsakademie. Die politische Ökonomie des Christoph Daniel Ebeling. *Das Achtzehnte Jahrhundert 32*(2), 255-271.

Overhoff, J. (2010). Fatale Kameradschaft. Hat die Reformpädagogik von jeher ein Milieu kultiviert, das Missbrauch begünstigt? In jedem Fall schuf sie neue Autoritäten, die ihrem eigenen Sittenkodex folgten. *DIE ZEIT 12*, 18. März 2010, 48.

Ritzi, Ch. (2003). Bilder als Quellen der bildungshistorischen Forschung – Pictura Paedagogica Online. In: H. Schilling & S. Ehrenpreis (Hg.), *Erziehung und Schulwesen zwischen Konfessionalisierung und Säkularisierung. Forschungsperspektiven, europäische Fallbeispiele und Hilfsmittel* (S. 189-204). Münster: Waxmann.

Samerski, S. (2001). Jesuiten in Preußen. In P. Bahners & G. Roellecke (Hg.), *Preußische Stile. Ein Staat als Kunststück* (S. 190-203). Stuttgart: Klett-Cotta.

Schilling, H. (2003). Bildungs- und Erziehungsgeschichte der Frühen Neuzeit in europa- und konfessionsgeschichtlich vergleichender Perspektive – ein Forschungsprogramm. In H. Schilling & S. Ehrenpreis (Hg.), *Erziehung und Schulwesen zwischen Konfessionalisierung und Säkularisierung. Forschungsperspektiven, europäische Fallbeispiele und Hilfsmittel* (S. 9-33). Münster: Waxmann.

Charakteristika und Rahmenbedingungen des Lehrerberufs

Walter Herzog & Elena Makarova

Anforderungen an und Leitbilder für den Lehrerberuf

1. Einleitung

Die Ansprüche an den Lehrerberuf sind hoch. Wie Diesterweg pointiert bemerkt, wünscht man den Lehrern zu Recht „die Gesundheit und Kraft eines *Germanen*, den Scharfsinn eines *Lessing*, das Gemüt eines *Hebel*, die Begeisterung eines *Pestalozzi*, die Klarheit eines *Tillich*, die Beredsamkeit eines *Salzmann*, die Kenntnis eines *Leibniz*, die Weisheit eines *Sokrates* und die Liebe *Jesu Christi*" (Diesterweg, 1850/1958, S. 11). Gezeichnet wird das Ideal eines vollkommenen Menschen, den der Lehrer mit seiner Person verkörpern soll.

Kein Wunder, dass Beruf und Aufgabe des Lehrers[1] nicht nur als schwierig, sondern gelegentlich geradezu als unmöglich bezeichnet werden. Gemäß Kant kann man zwei Erfindungen der Menschen als die schwersten ansehen, nämlich „die der Regierungs- und die der Erziehungskunst" (Kant, 1803/1983, S. 703). Für Freud macht es den Anschein, als wäre das Erziehen neben dem Regieren und – wie er hinzufügt – der Arbeit des psychoanalytischen Therapeuten einer „jener ‚unmöglichen' Berufe, in denen man des ungenügenden Erfolgs von vornherein sicher sein kann" (Freud, 1937/1982, S. 388). In beiden Fällen ist allerdings von der Erziehung die Rede, während die Aufgabe des Lehrers zumeist auf das Unterrichten begrenzt wird. Aber auch dieses gilt als anspruchsvoll, so dass Gidion – nun ausdrücklich auf den Lehrer bezogen – sagen kann: „Fürwahr, ein unmöglicher Beruf" (Gidion, 1981, S. 538)!

Fraglich ist jedoch, ob tatsächlich der *Beruf* des Lehrers ‚unmöglich' ist, oder ob ihn nicht vielmehr die *Anforderungen*, die an ihn gestellt werden, unmöglich *machen*. Anforderungen verdichten sich zu Leitbildern, die darauf angelegt sind, ein konsistentes Bild des Lehrerberufs zu zeichnen und die Erwartungen festzuschreiben, die an die Arbeit der Lehrer gerichtet werden. Die Quellen der Leitbilder zum Lehrerberuf lassen sich nicht immer leicht eruieren. Solange die Schule noch nicht als sozialer Aufstiegskanal und die schulische Bildung noch nicht als Wirtschaftsfaktor wahrgenommen wurden, sah sich der Lehrerberuf weniger gesellschaftlichen als ethischen Erwartungen ausgesetzt, die zumeist theologischer Abkunft waren. Im Zuge der Säkularisierung der Gesellschaft und der Einrichtung eines öffentlichen Schulwesens ging die Autorschaft der Lehrerleitbilder zunehmend an die verschiedenen *stakeholders* der Schule über. Diese reichen von der Politik über die Lehrerbildung, die Eltern und Elternverbände, die Schülerinnen und Schüler, die Lehrer selber und ihre Berufsverbände bis zur (Erziehungs-)Wissenschaft. Dieser Vielfalt werden wir in unseren Ausführungen auszugsweise nachgehen. Dabei kann nur bedingt ein homogenes Forschungsfeld vorausgesetzt werden. Zwar sind die Anforderungen an den Lehrerberuf ein oft gewähltes Thema der einschlägigen Literatur, und auch über Leitbilder wird nicht selten abgehandelt, eine systematische *Forschung* findet sich aber weder zum einen noch zum anderen Thema. Unsere Darstellung versteht sich daher weniger als Überblick über einen Forschungsstand denn als Versuch, ein Forschungsfeld erst einmal zu ordnen.

Wir beginnen mit den (metaphorischen) Bildern, die sich Lehrer von ihrem Beruf machen, und erörtern das Leitbild der Lehrerpersönlichkeit (2). Im Lichte der Rollentheorie erschließen sich verschiedene Bezugsgruppen des Lehrers, aus deren Erwartungen spezifische Anforderungen an die Lehrertätigkeit erwachsen; dabei werden wir uns etwas eingehender mit den Schüler-

1 Wenn wir das generische Maskulinum verwenden, ist das weibliche Geschlecht selbstverständlich immer mitgedacht.

erwartungen beschäftigen (3). Einer Art Normativität des Faktischen begegnet der Lehrer im Kernbereich seines Berufs, dem Unterricht, was uns Anforderungen diskutieren lässt, die von Seiten der Bildungs- und Unterrichtsforschung formuliert werden (4). Eine andere Sicht ergibt sich, wenn der Lehrerberuf als Profession verstanden wird und die Eigenheiten pädagogischer Professionalität aufgedeckt werden (5). Eine reichlich fließende Quelle für Ansprüche an den Lehrerberuf sind politische Gremien, Behörden und Lehrerberufsverbände, die sich in jüngster Zeit vermehrt der Lehrer*bildung* zuwenden (6). Wir schließen unseren *tour d'horizon* mit einem Ausblick (7).

2. Selbstwahrnehmung der Lehrer

Die Literatur zum Lehrerberuf ist – wie die pädagogische Literatur generell – reich an Metaphern. Sowohl die Lehrer selber als auch die Wissenschaft stellen gerne metaphorische Vergleiche an, wenn sie sich ein Bild vom Lehrerberuf machen. Zudem spielt das Konzept der Persönlichkeit eine bedeutsame Rolle, wenn Lehrer sich selber charakterisieren.

2.1 Metaphern des Lehrerberufs

Metaphern sind Hilfsmittel zur Veranschaulichung begrifflich schwer oder gar nicht fassbarer Sachverhalte (vgl. Herzog, 2002, S. 14-22). Insofern Lehrer eine komplexe Tätigkeit ausüben, die nicht leicht auf den Begriff zu bringen ist, haben Leitbilder des Lehrerberufs oft eine metaphorische Grundlage. Die Lehrer selber beschreiben sich mit Hilfe von Metaphern und sehen sich als Gärtner, Coach, Trainer, Chamäleon, Sisyphus, Hüttenwart, Krankenschwester, Zirkusdirektor, Schiffskapitän, Prediger, Regentänzer etc. (vgl. Hole, 1998; Inbar, 1996; Provenzo, McCloskey, Kottkamp & Cohn, 1989). In einer Studie von Ben-Peretz, Mendelson und Kron (2003) wurden 60 israelischen Gymnasial- und Berufsschullehrkräften Zeichnungen verschiedener Berufe vorgelegt, aus denen sie jenes Bild auswählen mussten, das ihnen am meisten entsprach. Am häufigsten gewählt wurden die Bilder des Verkäufers, des Tierpflegers und des Dirigenten. Das Ergebnis ist deshalb interessant, weil alle drei Metaphern mit Aufgaben in Verbindung stehen, die im Kern der Berufstätigkeit von Lehrkräften liegen, nämlich Stoffvermittlung (Verkäufer), Klassenführung (Dirigent) und Betreuung (Tierpfleger). Je dreimal fiel die Wahl auf das Bild des Puppenspielers und dasjenige des Schauspielers, einmal wurde das Bild des Richters gewählt, gar nie dasjenige des Dompteurs. Offensichtlich erachten die Lehrer ihren Einfluss auf die Schüler eher als gering, oder aber sie sehen ihre Aufgabe nicht darin, über die Schüler Macht auszuüben.

Metaphern zum Lehrerberuf finden sich auch in der wissenschaftlichen Literatur (vgl. Gansen, 2010; Guski, 2007). Dabei sind grundsätzlich keine Unterschiede in der Metaphernwahl gegenüber den Lehrkräften auszumachen. Auffällig ist sowohl bei den Lehrern wie bei den Wissenschaftlern, dass sich die Metaphern praktisch ausschließlich auf den Kernbereich der Lehrertätigkeit beziehen. Lehrer sehen sich selber und werden auch von der Wissenschaft vor allem in Beziehung zu ihren Schülern gesehen. In der Metaphernwahl kommt in erster Linie zum Ausdruck, welchen Anforderungen sich Lehrer von Seiten der Schüler ausgesetzt sehen.

Es liegt im Wesen von Metaphern, dass sie begrifflich vage sind. Das gibt ihnen ihre kommunikative Attraktivität, macht sie aber zugleich ungeeignet für die Formulierung eines klaren Berufsauftrags für Lehrkräfte. Metaphern sind „Piktogramme" (von Hentig, 1981, S. 101), die ein Bild davon zeichnen, worum es im Lehrerberuf geht, aber nicht auf den Begriff bringen, was das Bild ‚eigentlich' meint. Das gilt auch für die viel gebrauchten Metaphern vom Lehrer als Handwerker oder Künstler. Es bedarf der begrifflichen Anstrengung, um aus einem vielsagenden Bild ein Leitbild oder gar einen präzisen Auftrag für den Lehrerberuf zu gewinnen.

2.2 Leitbild Persönlichkeit

Fragt man Lehrer nicht nach dem Bild, das sie sich von ihrem Beruf machen, sondern nach der Größe, die über die Qualität ihrer Berufsarbeit entscheidet, nennen sie oft ihre Persönlichkeit (vgl. Herrmann & Hertramph, 1997, S. 154-155). Damit greifen sie auf ein Leitbild zurück, das mindestens so vage ist wie die Metaphern des Gärtners, Regentänzers oder Künstlers.

Unklar ist allein schon, was unter Persönlichkeit zu verstehen ist. Zumindest drei Bedeutungen sind zu unterscheiden: Persönlichkeit im Sinne der psychometrischen Theorien der Persönlichkeitspsychologie, Persönlichkeit als ethische Kategorie und Persönlichkeit als Bezeichnung für die spezifische Eigenart des Individuums. Zumeist ist die letzte Bedeutung gemeint, wenn Lehrkräfte auf die Persönlichkeit als Determinante ihrer Wirksamkeit verweisen. So spricht Zergiebel (1911), anknüpfend an eine Bemerkung Meumanns, von der „persönlichen Eigenart des Lehrers“ (ebd., S. 472), in deren Folge bei jedem Einzelnen mit einer „persönlichen Unterrichtsweise“ (ebd., S. 421) zu rechnen sei. Die erste Bedeutung spielt bei Lehrkräften eine geringe Rolle und ist eher Thema der wissenschaftlichen Literatur. Dabei zeigen sich kaum Auffälligkeiten von (angehenden) Lehrpersonen im Vergleich mit anderen Studienrichtungen oder Berufskategorien (vgl. Müller-Fohrbrodt, 1973; Pekrun, 1985). Allenfalls finden sich Hinweise auf Eigenschaften, die ungeeignet scheinen, um den Lehrerberuf auszuüben, wie insbesondere psychische Labilität (Neurotizismus) oder soziale Verschlossenheit (Introversion), während in der Gewissenhaftigkeit eine Voraussetzung positiver Art für den Lehrerberuf gesehen wird (vgl. Mayr & Neuweg, 2006; Rindermann, 2011, S. 328-330). Die Forschungslage ist jedoch unzulänglich und inkonsistent. Für die Entwicklung von Leitbildern für den Lehrerberuf eignet sich der psychometrische Persönlichkeitsbegriff daher kaum.

Wo von der *Lehrerpersönlichkeit* die Rede ist, geht es folglich vorwiegend um die normative Begriffsvariante. So sieht Gaudig in der Persönlichkeit ein „Lebens- und Kulturideal“ (Gaudig, 1917/1969, S. 37); „Persönlichkeit … bedeutet ideale Lebensgestaltung, … ein Ringen um höchsten Wert“ (ebd.). Dafür steht paradigmatisch das Konzept des *geborenen Erziehers*, wie es von Spranger (1958/1969) in einem Vortrag vor angehenden Lehrkräften geprägt wurde. Auch wenn vom Erzieher die Rede ist, meint Spranger offensichtlich den Lehrer. Als ‚geborenem‘ Erzieher kommt ihm keine dispositionelle Begabung zu; was Spranger meint, ist vielmehr die Echtheit seines Auftretens, die den Eindruck macht, *als ob* er „für das Erziehertum geradezu geboren wäre“ (ebd., S. 285). Dieser scheinhaft geborene Pädagoge verfügt über „Eigenschaften, die nicht auf Einsicht beruhen und daher weder lehrbar noch lernbar sind“ (ebd., S. 300). Sprangers Sprache ist blumig: „Der echte Pädagoge besitzt eine innere Fülle des Lebens, die gleichsam überfließt und die benachbarten Gebilde befruchtet. Es ist in ihm ein Zug nach oben, der andere mitreißt“ (ebd., S. 335). Seine Wirksamkeit ist daher keine geplante oder gezielte, ja sie ist überhaupt nicht das Ergebnis eines *Tuns*, sondern das Resultat eines *Seins*.

Genau deshalb soll die Persönlichkeit von so überragender Bedeutung sein. Kerschensteiner hat dieser Ansicht gleichsam die kanonische Form gegeben: „Ein Lehrer …, der eine volle Persönlichkeit geworden ist, ist selbst das wertvollste Bildungsgut, das, als lebendige Kraft über allen Wissenschaften, Künsten und religiösen Gütern stehend, die größte Wirkung auf die Schüler auszuüben vermag“ (Kerschensteiner, 1965, S. 110). Die Wirkung verdankt sich der Macht des Vorbildes. Vom Lehrer wird daher erwartet, dass er ein vorbildliches Leben führt. „Nur als sittlich hochstehender Mensch kann der Lehrer für die Kinder ein voranleuchtendes Vorbild sein“

(Döring, 1931, S. 252). Daraus erwächst ihm die Pflicht, „neben seiner wissenschaftlichen Fortbildung im allgemeinen und seiner beruflichen Förderung im besondern auch der Analyse seiner persönlichen Eigenart und deren Beziehung zum Unterricht Aufmerksamkeit zu schenken" (Zergiebel, 1911, S. 480).

Begründet wird das Leitbild der Persönlichkeit nicht in der Lehrertätigkeit, sondern in Idealen, die für den Lehrerberuf weitgehend unspezifisch sind. Übergangen werden die Zweckhaftigkeit von Schule und Unterricht, deren institutioneller Charakter und das weite Beziehungsnetz, in das die Berufsarbeit des Lehrers eingebunden ist. Trotz dieser Ausblendungen wird man die Persönlichkeit nicht vorschnell aus dem Katalog der Anforderungen an den Lehrerberuf entfernen wollen. Es gibt ein beinahe triviales Argument, das *für* die Bedeutung der Lehrerpersönlichkeit spricht: Wer anderen etwas beibringen will, darf kaum damit rechnen, Erfolg zu haben, wenn er nicht zeigen kann, dass er selber dem Zielkriterium genügt. Das gilt nicht zuletzt in fachlicher Hinsicht, weshalb Otte (1994) vom Mathematiklehrer fordert, dass er sich den Schülern als „exemplarischer Intellektueller" (ebd., S. 161) zeige, eine Forderung, die sich leicht auf andere Lehrerkategorien übertragen lässt.

Ähnlich argumentiert Ann Brown, die empfiehlt, Schulklassen als Forschungs- und Lerngemeinschaften einzurichten, „where the participants are inducted into the rituals of academic and, more particularly, scientific discourse and activity" (Brown et al., 1993, S. 191). Als „model of active inquiry" (ebd., S. 203) rückt der Lehrer in die Nähe eines Lehrmeisters, der nicht nur zeigt, wie man es macht, sondern durch seine Person auch vorlebt, wonach der Unterricht strebt.[2] Zwar ist bei Brown nicht von Persönlichkeit die Rede, wohl weil der Lehrer nicht in moralischer, sondern in kognitiver Hinsicht Vorbild (*role model*) sein soll, pädagogisch wirksam ist er aber auch bei Brown nicht (nur) durch das, was er tut, sondern (auch) durch das, was er ist. Da Lehrer gar nicht vermeiden können, auch erzieherisch bzw. sozialisierend zu wirken, wäre es fahrlässig, auf Ansprüche zu verzichten, die ihre Person betreffen.

3. Der Lehrer als Rollenspieler

Das Leitbild der Lehrerpersönlichkeit zeigt, dass Anforderungen an den Lehrerberuf *realistisch* begründet werden müssen, wenn sie nicht zur Überforderung des Lehrers führen sollen. Das war so lange kaum möglich, wie der Diskurs über den Lehrerberuf von einer geisteswissenschaftlichen Pädagogik beherrscht wurde, die sich als „philosophische Reflexion" (Flitner, 1980, S. 15) über die Erziehungswirklichkeit verstand und einen Typus von Wissenschaft pflegte, der mit einer modernen Sozialwissenschaft wenig Übereinstimmung zeigte. Erst die „realistische Wendung" (Roth, 1963) der Disziplin in den 1960er Jahren schuf die Grundlage für einen Neuansatz.

3.1 Schülererwartungen

Im Zuge der Hinwendung der Pädagogik zu den Sozialwissenschaften wurde der Lehrerberuf mit dem Instrumentarium der soziologischen Rollentheorie neu vermessen.[3] Rollen sind Bündel von Verhaltenserwartungen, die sich an den Inhaber einer sozialen Position richten. Anders als im Falle der Lehrerpersönlichkeit sind die normativen Ansprüche, die eine Rolle definieren, aber

2 Dieses Verständnis von Unterricht liegt auch der Idee der „kognitiven Berufslehre" (*cognitive apprenticeship*) zugrunde (vgl. Collins, Brown & Newman, 1989).

3 Daneben fand die Lernpsychologie, die damals einen stark behavioristischen Einschlag aufwies, breite Rezeption und beeinflusste das Bild des Lehrers insbes. über die Unterrichtsforschung (vgl. Kap. 4.2).

nicht ethisch begründet, sondern gehen von den sozialen Positionen aus, mit denen ein Rollenspieler in Interaktion steht. Für die empirische Forschung stellen Rollen daher Objekte dar, die in ihrem faktischen Vorkommen untersucht werden.

Die Rollentheorie eignet sich, um das Berufsfeld des Lehrers in seinen strukturellen Verflechtungen zu beschreiben. Wie Klose bemerkt, kann die Berufsposition des Lehrers aber nur dann „vollständig beschrieben werden, wenn alle anderen Positionen und Bezugsgruppen in und außerhalb der Organisation Schule angegeben werden, mit denen sie in einem Beziehungsverhältnis steht“ (Klose, 1971, S. 79). Die wichtigsten dieser Positionen sind die Schüler, die Lehrerkollegen, die Schulleitung, die Eltern, die Schulaufsicht (Schulbehörden) und die (Bildungs-) Politik. Alle diese Bezugsgruppen richten Ansprüche an den Lehrer, dessen Rollenset in der Folge einen widersprüchlichen Charakter annehmen kann. Was die Schüler vom Lehrer erwarten, kann dem widersprechen, was die Kollegen oder die Eltern von ihm erwarten. Die Fülle der Erwartungen an den Lehrer kommt bereits in einer Formulierung von Diesterweg zum Ausdruck: „Es gibt keinen anderen Beamten, der so viel Vorgesetzte hätte, die sich mitunter direkt um ihn bekümmern, keinen Beamten, an welchen so verschiedene Anforderungen gemacht werden. Der Schullehrer muss allen zu genügen suchen“ (Diesterweg, 1850/1958, S. 169). Das schließt nicht aus, dass die Erwartungen der einzelnen Bezugsgruppen wenigstens *in sich* konsistent sind. Das wollen wir am Beispiel der Schülererwartungen kurz illustrieren.

Fragt man Schüler nach ihren Erwartungen an den Lehrer, fallen die Antworten ziemlich einhellig aus. Lehrer sollen fachlich kompetent sein, gut erklären und interessant unterrichten können, im Unterricht für Ordnung sorgen und eine gute Beziehung zu den Schülern haben (vgl. Ditton, 2002; Gerstenmaier, 1975; Stolz, 1997). In verschiedenen Studien zeigen sich zwei Dimensionen, die recht gut mit einer Unterscheidung von Doyle (1986) übereinstimmen, der die Lehrertätigkeit nach einer *instructional function* (Lehre) und einer *managerial function* (Klassenführung) differenziert. Die Schüler wünschen, dass sie beim Lernen unterstützt werden, und sie erwarten, dass in der Klasse Ordnung herrscht. Weitere Ansprüche an den Lehrer lassen sich problemlos diesem Muster einfügen: Der Lehrer soll fair und gerecht sein, niemanden bevorzugen, geduldig, freundlich, nett und humorvoll sein, er soll klare Anweisungen geben, Kritik ertragen, die Schüler aktiv am Unterricht und an unterrichtlichen Entscheidungen beteiligen und die Probleme kennen, die sie haben.

Für ein Leitbild des Lehrerberufs sind diese Erwartungen von hoher Bedeutung, stellen doch die Schüler eine wichtige, wenn nicht die wichtigste Bezugsgruppe des Lehrers dar. Zwar sind sie nicht berechtigt, explizit Anforderungen an den Lehrerberuf zu stellen, doch was sie vom Lehrer erwarten, darf in einem Lehrerleitbild nicht fehlen. Zudem stehen die Schülererwartungen im Kontext der schulischen Ziele, die wesentlich in einem gelingenden Unterricht liegen. Nichts von einer magisch wirksamen Lehrerpersönlichkeit, von der die Schüler im Kern der eigenen Persönlichkeit affiziert werden möchten. Aus dem Fachlichen weit eher als aus dem Persönlichen leiten die Schüler auch die Legitimität der Lehrerautorität ab (vgl. Frei, 2003).

3.2 Vermittler im sozialen Zwischenraum

Anders als das Leitbild der Lehrerpersönlichkeit, das auf Ganzheitlichkeit und Integrität setzt, zeichnet die Rollentheorie kein homogenes Lehrerbild. Ein übereinstimmendes Ergebnis der soziologischen Forschung zum Lehrerberuf ist, dass Lehrer heterogenen und oft auch diffusen Erwartungen ausgesetzt sind (vgl. Biddle, 1997; Reinhardt, 1978).

Die Diffusität der Erwartungen hat zwei Implikationen, die für das Verständnis des Lehrerberufs und die Entwicklung eines Lehrerleitbildes bedeutsam sind. *Erstens* erschließt sie dem Lehrer und der Lehrerprofession einen Spielraum, um wesentliche Gehalte eines Berufsleitbildes selber zu definieren.[4] *Zweitens* verweist die Diffusität der Lehrerrolle auf ein Merkmal des Lehrerberufs, das von theoretischer Bedeutung ist: den *vermittelnden* Charakter des Berufs.

Gemessen am Konzept der *pattern variables* (Parsons, 1960) ist die Schule an Werten ausgerichtet, die einer modernen Gesellschaft und nicht einer Familie entsprechen. Doch die Erwartungen der Schüler decken sich nur partiell mit der dichotomen Charakterisierung von Familie und Schule durch Parsons (1968). Offensichtlich erwarten sie vom Lehrer auch Verhaltensweisen, die mit Merkmalen der Familie übereinstimmen. Sie wollen in ihrer persönlichen Eigenart beachtet werden und erhoffen sich Verständnis, wenn sie die Schülerrolle nicht immer korrekt spielen. Daran lässt sich ablesen – ebenso wie anhand der in der Erziehungswissenschaft häufig diskutierten Antinomien, Dilemmata und Paradoxien der Schule (vgl. Helsper, 2002; Lampert, 1985) –, dass die Schule (noch) nicht die Gesellschaft ist. Vielmehr bildet sie einen Ort der *Vermittlung* zwischen Familie und Gesellschaft, ebenso wie zwischen Natur und Kultur, Vergangenheit und Zukunft, Kindheit und Erwachsenheit (vgl. Herzog, 2011). Es kommt ihr ein *intermediärer* Status zu, der sie in einer institutionellen Pufferzone zwischen Familie und Gesellschaft positioniert. Das „Aroma des gesellschaftlich nicht ganz Vollgenommenen", von dem Adorno (1965/1997, S. 657) spricht, haftet dem Lehrer genau deshalb an, weil er *in* der Schule *zwischen* Familie und Gesellschaft steht.

Damit erklärt sich auch, weshalb Berufliches und Privates im Lehrerberuf weit weniger leicht zu trennen sind als in anderen Professionen (vgl. Herzog, Herzog, Brunner & Müller, 2007, S. 343ff.; Pajak & Blase, 1989).[5] Wenn in der Persönlichkeit ein Leitbild des Lehrerberufs liegt (vgl. Kap. 2.2), dann findet sich hier eine soziologische Begründung des Anspruchs: Die enge Durchwirkung von Rolle und Person im Lehrerberuf hat strukturelle Gründe, die durch die gesellschaftliche Funktion und den intermediären Ort der Schule bedingt sind. Dem Lehrer tritt die Erwartung, „eine für den Schüler glaubwürdige Lebensform zu gestalten" (Gidion, 1981, S. 540), nicht deshalb entgegen, weil er auf ein metaphysisches Ideal verpflichtet wäre, sondern weil er es mit Kindern und Jugendlichen zu tun hat, denen er aus ethischen Gründen nicht rein zweckrational begegnen kann. Die Folge ist, dass sich die Anforderungen an den Lehrerberuf im Vergleich mit anderen akademischen Berufen weit weniger leicht festlegen lassen (vgl. Wilson, 1971, S. 20-25).

4. Anforderungen des Unterrichts

Eine bedeutsame Quelle für Anforderungen an den Lehrerberuf stellt der Unterricht dar. Worum es dabei geht, ist jedoch keineswegs ausgemacht. Zwar kann, was man „im Allgemeinen unter Unterricht versteht, ... als bekannt vorausgesetzt werden" (Terhart, 2009, S. 102), doch was *be*kannt ist, muss deshalb noch lange nicht *er*kannt sein. Etwas zu kennen, bietet zunächst nicht mehr als eine Grundlage für die Generierung von Metaphern (vgl. Kap. 2.1). Diese beherrschen in der Tat auch den Diskurs über den Unterricht, wie das dominante Schema, mit dem der Unterricht veranschaulicht wird, zeigt: das didaktische Dreieck (vgl. Herzog, 2010). Eine geometrische Figur soll einfangen, was *konstitutiv* zum Unterricht gehört, nämlich ein Lehrer, ein Schüler

4 Dafür steht bei Mollenhauer (1969) der Begriff der „pädagogischen Selbstrolle" (ebd., S. 84-87).

5 Wobei selbstverständlich Unterschiede in Abhängigkeit vom Alter der Schüler bestehen. Ein Hochschullehrer wird die Trennung eher vornehmen können als eine Kindergärtnerin.

und eine Sache (vgl. Sünkel, 1996, S. 63-64). Dabei erfährt das Dreieck eine bezeichnende Interpretation: Fokussiert wird nämlich der Eckpunkt des Lehrers, dessen Aufgabe darin liegt, dem Schüler bzw. den Schülern die Sache beizubringen. Der Unterricht erscheint als Handlungsfeld *für den Lehrer*, der sich einer Reihe von Anforderungen ausgesetzt sieht, die ihm aus ebendieser Aufgabe zuwachsen.

4.1 Modelle des Lehrens

Das Lehrerhandeln im Unterricht kann verschieden begriffen werden. Dabei helfen *Modelle*, die unterschiedlichen Vorstellungen von Unterricht überschaubar zu machen. Eine bereits als klassisch zu bezeichnende Typologie von Modellen des Lehrens hat Scheffler (1965) vorgelegt. Er unterscheidet drei Formen des Verhältnisses von Lehren und Lernen: ein Einprägungsmodell *(impression model)*, ein Einsichtsmodell *(insight model)* und ein Entscheidungsmodell *(rule model)*. Das *impression model* beruht auf der Annahme, dem menschlichen Geist ließen sich Eindrücke einprägen, die im Gedächtnis abgelagert werden. Scheffler kritisiert das Modell, da weder seine epistemologischen noch seine psychologischen Grundlagen haltbar sind. Ein anderes Verständnis der Lehrertätigkeit liegt dem *insight model* zugrunde. Der Lernende erscheint als aktiver Rezipient von Wissen, das er nach Beziehungen zu seinem bisherigen Wissen absucht und in die bestehenden Wissensstrukturen einordnet. Auch das *insight model* erfährt von Scheffler Kritik. Einerseits weil es aufgrund seiner visuellen Metaphorik auf einer zu einfachen Vorstellung des Wissenserwerbs beruht, andererseits weil es wie das *impression model* eine kognitivistische Schlagseite aufweist. Beide Defizite werden vom *rule model* überwunden. In dessen Zentrum steht die Begründung von Wissen und moralischen Ansprüchen durch die Vernunft. Durch Einbezug der Moral verbleibt das *rule model* nicht im Kognitiven, sondern umschließt auch das menschliche Entscheiden und Handeln.

Für Scheffler (1965), der unmissverständlich Partei für das *rule model* ergreift, geht es beim Lehren nicht – wie von den behavioristischen Lerntheorien unterstellt – um die Änderung von Verhalten und damit um ein technisches Unterfangen, sondern um ein Handeln, das ethischen Anforderungen genügen muss. Dafür steht im deutschsprachigen Raum der Begriff der *Bildung*. Wenn beispielsweise Ladenthin (1998) versucht, die Aufgabe des Lehrers „aus dem Grund der Bildung" zu bestimmen, dann liegt auch für ihn ein wesentliches Qualitätskriterium der Lehrertätigkeit in der Selbstbestimmung des Schülers. Insofern kann der Lehrer nicht einfach Agent der Gesellschaft sein (vgl. Kap. 6.2). Vielmehr geht es darum, „Kompetenzen auszubilden, um Geltungsansprüche in Ansehung der Zivilisation zu begründen" (ebd., S. 29). Grundlage solcher Begründung ist die menschliche Vernunft, auf die sich Lehrer und Schüler gleichermaßen beziehen müssen, „wenn sie miteinander reden wollen" (ebd.).

Schefflers Typologie ist nicht die einzige geblieben. Es gibt eine Reihe weiterer Versuche, die Formen des Lehrerhandelns im Unterricht typologisch darzustellen (vgl. z.B. Farnham-Diggory, 1994; Fenstermacher & Soltis, 2009; Gallagher, 1994). Die Typologien unterscheiden sich inhaltlich nicht wesentlich, wenn auch in der Form Abweichungen bestehen. Statt drei werden oft lediglich zwei Modelle vorgeschlagen, so von Salomon (1992) oder Throne (1994). Letztere spricht von einem Pendel, das periodisch von der Seite einer indoktrinären Erziehung nach der Seite einer natürlichen Erziehung ausschlägt. Den Grund, weshalb das Pendel unentwegt hin und her schlägt, sieht Throne in den Anforderungen des Unterrichts, die zu *komplex* sind, als dass ihnen eines der Modelle gerecht werden könnte: „no one approach works for all children – which is why the pendulum never stops swinging" (ebd., S. 196). In der Praxis sieht sich der Lehrer daher auf eine eklektizistische Position verwiesen.

Wie weit sich die Modelle allerdings kombinieren lassen, ist strittig. Scheffler (1965) hat seine Typologie so angelegt, dass sie sich gegenseitig ausschließen, ein Hybridmodell also nicht möglich ist. Auch Egan (1997), der ebenfalls drei Modelle unterscheidet, die aber nicht nach dem Verhältnis von Lehren und Lernen, sondern nach der pädagogischen Zielsetzung differenziert sind – unterschieden werden ein Elitemodell (à la Platon), ein egalitäres Modell (à la Rousseau) und ein Nivellierungsmodell (à la Sozialisationstheorie) –, geht von einer Inkompatibilität der Modelle aus.[6] Damit zeigt sich erneut, dass der Lehrerberuf unter Anforderungen steht, die oft unvereinbar sind oder sich nur unvollständig integrieren lassen. Das hat zur Folge, dass sich ein Konsens hinsichtlich der Erwartungen an den Lehrerberuf nicht einstellen kann und die Kontroverse um das richtige Lehrerbild ohne absehbares Ende weitergeht.

4.2 Leitbilder der Unterrichtsforschung

Die Argumentation von Throne (1994) bestätigt nicht nur, dass der Unterricht selber eine Quelle für Leitbilder des Lehrerberufs ist, sie zeigt auch, dass Anforderungen an die Lehrertätigkeit, wie gut auch immer sie begründet sein mögen, müßig sind, wenn sie sich in der Praxis nicht bewähren. Darin liegt eine Herausforderung für die *Unterrichtsforschung*, die sich ebenfalls dazu äußert, wie Lehrer ihr Handeln gestalten sollen. Aber auch die Unterrichtsforschung spricht nicht mit einer Zunge, was mit den unterschiedlichen Paradigmen zu tun hat, die verwendet werden.

Der vorherrschende Ansatz der (psychologischen) Unterrichtsforschung war während langer Zeit und ist es noch heute das *Prozess-Produkt-Paradigma* (vgl. Brophy & Good, 1986; Gage, 1979; Gettinger & Kohler, 2006; Floden, 2002). Was der Lehrer tut, wird als Prozess begriffen, der kausal die Lernleistungen der Schüler, die das Produkt darstellen, erzeugt. Im Rahmen dieses Forschungsansatzes ist eine Fülle von Erkenntnissen gewonnen worden, die mehrfach zu Empfehlungen an den *effective teacher* verdichtet wurden. So liegt beispielsweise von Brophy (2000) eine Liste mit folgenden Prinzipien eines wirksamen Unterrichts vor[7]: 1. ein unterstützendes Klassenklima, 2. stoffbezogene Lerngelegenheiten, 3. Ausrichtung des Unterrichts am Lehrplan, 4. Aufgaben- und Lernorientierung der Schüler, 5. kohärente Darstellung und Entwicklung des Stoffes, 6. ideenreiche Unterrichtsgespräche, 7. Gelegenheiten zum Üben und Anwenden des Gelernten, 8. Unterstützung der Lernaktivitäten der Schüler, 9. Vermittlung von Strategien des Lernens und der Selbstregulation, 10. kooperatives Lernen in Schülergruppen, 11. kriterienorientierte Beurteilung, 12. angemessene Leistungserwartungen.

Ähnliche Synthesen des Forschungsstandes liegen von anderen Autoren vor (vgl. z.B. Hattie, 2013; Helmke, 2012, Kap. 4; Marzano, 2000). Die unterschiedliche Zahl von Kriterien erfolgreichen Unterrichts, die dabei genannt wird, verweist auf die Problematik solcher Listen. Da sie induktiv gewonnen werden, besteht kein Konsens, auf welcher Abstraktionshöhe die Forschungsergebnisse zu integrieren sind. Sobald man das gewählte Abstraktionsniveau verlässt und nach Details sucht, trifft man auf eine schier unendliche Fülle an Einzelmerkmalen, die zudem weitgehend unverbunden nebeneinander stehen. Das hat den misslichen Effekt, dass die Bedeutung der einzelnen Kriterien guten Unterrichts für ein Gesamtbild des Lehrerberufs schwer abschätzbar ist, weshalb auch im Rahmen der Unterrichtsforschung keine Einigkeit besteht, welche Anforderungen an die Lehrertätigkeit zu richten sind.

6 Egan (1997) schlägt dann ein viertes Modell vor, das die Mängel der kritisierten Modelle überwinden soll.

7 Eigene Übersetzung.

Trotzdem entfalten die Listen eine hohe Suggestivkraft, was vor allem dem Begriff der *Qualität* zu verdanken ist. Fast unmerklich kippt die empirische Analyse ins Normative, wenn von der Unterrichtsqualität die Rede ist. Das zeigen die Merkmale guten Unterrichts, die Hilbert Meyer zusammengestellt hat: 1. klare Strukturierung des Unterrichts, 2. hoher Anteil echter Lernzeit, 3. lernförderliches Klima, 4. inhaltliche Klarheit, 5. sinnstiftendes Kommunizieren, 6. Methodenvielfalt, 7. individuelles Fördern, 8. intelligentes Üben, 9. transparente Leistungserwartungen, 10. vorbereitete Umgebung (vgl. Meyer, 2011, S. 17-18).[8] Obwohl Shuell (1996, S. 759) die Verwendung solcher Listen zu evaluativen Zwecken als unangemessen zurückweist, versteht Meyer seine Merkmale als *Gütekriterien*. Doch zur Anleitung des Lehrerhandelns eignen sie sich kaum, was Meyer insofern selber einräumt, als er auf deren Widersprüchlichkeit hinweist. Den Lehrern bleibt die Ermunterung, die Kriterien *auszubalancieren*, eine Ermunterung, die Meyer gleich zum Leitbild erhebt: „Professionelle Lehrerinnen und Lehrer sind Meister im Ausbalancieren konkurrierender Ansprüche an Unterricht und Erziehung“ (Meyer, 2011, S. 167)!

Eine andere Lösung für das Problem der Heterogenität der Kriterien hat Hattie (2013) gewählt, indem er seine Zusammenstellung der Ergebnisse von über 800 Metaanalysen zu den Bedingungen von Schülerleistungen um eine Geschichte bereichert, in der erzählt wird, was guter Unterricht ist (vgl. ebd., S. 279-280). Obwohl methodisch der Berechnung von Korrelationen und Effektstärken und damit einer evidenzbasierten Pädagogik verpflichtet, macht er deutlich, dass damit kein Leitbild für den Lehrerberuf zu gewinnen ist. Erst wenn wir über die Daten hinausgehen, kann sich das von Hattie favorisierte Bild des Lehrers einstellen (vgl. Herzog, 2014). Dieses Bild zeigt einen Lehrer, der fähig ist, die Prozesse des Lehrens und Lernens sichtbar zu machen. Am wichtigsten für einen guten Unterricht ist gemäß Hattie, „dass das Lehren [des Lehrers, W.H./E.M.] für die Lernenden sichtbar ist und dass umgekehrt das Lernen [der Schüler, W.H./E.M.] für die Lehrperson sichtbar ist“ (ebd., S. 31). Einmal mehr wird eine Metapher bemüht, um das Bild eines idealen Lehrers zu zeichnen.

5. Professionalität

Der beschränkte Nutzen des Prozess-Produkt-Paradigmas für die Formulierung von Anforderungen an den Lehrerberuf kann einerseits als defizitärer Forschungsstand interpretiert werden, ist andererseits aber auch ein Hinweis auf die Komplexität der Unterrichtssituation. Was die Frage aufwirft, ob bei der Entwicklung eines Lehrerleitbildes nicht ein ganz anderer Ansatz gewählt werden müsste. In der Tat bietet das *Novizen-Experten-Paradigma* (vgl. Krauss & Bruckmaier in diesem Band) eine Alternative zur Prozess-Produkt-Forschung. Wir wollen uns im Folgenden aber nicht auf das Novizen-Experten-Paradigma beschränken, sondern den Diskussionshorizont in Richtung Lehrerprofessionalität (vgl. Helsper in diesem Band) erweitern.

Wie Terhart (2007, S. 460) zu Recht bemerkt, liegt die Leitformel für ein modernes Verständnis des Lehrerberufs und der Lehrerbildung im Begriff der *Professionalität*. Dabei beruht Professionalität „auf einer spezifischen Mischung aus berufsbezogenem Wissen, situationsbezogenem Können und berufsethischen Haltungen“ (ebd.). Der Anspruch auf Professionalität kann aus der intermediären Position des Lehrerberufs abgeleitet werden (vgl. Kap. 3.2). Lehrer gehören zu den „vermittelnden Professionen“ (Stichweh, 1994, S. 320-324), dies aber in einem spezifischen Sinn, da ihre Vermittlungsarbeit nicht an Erwachsenen, sondern an Kindern und Jugendlichen erfolgt. Vermittlung im Falle des Lehrerberufs meint daher nicht eine zudienende

8 Etwas versteckt findet sich noch ein elftes Kriterium: fachliche Korrektheit (vgl. Meyer, 2011, S. 23).

Leistung gegenüber einer ‚richtigen' Profession[9], sondern Vermittlung zwischen den Zeiten und Generationen (vgl. Herzog, 2011).

Insofern die Vermittlungsarbeit *anspruchsvoll* ist, erfüllt der Lehrerberuf ein wesentliches Merkmal einer Profession. Mit dem hohen Anspruch der Aufgabe steht ein weiteres Professionskriterium in Beziehung: die *Autonomie*, in welcher der Professionelle seine Arbeit verrichtet. Sie gilt für den Lehrerberuf jedoch nur bedingt, da Lehrer im Allgemeinen im Rahmen von Organisationen tätig sind, die versuchen, ihre Arbeit durch einen kodifizierten Auftrag zu normieren und durch bürokratische Verfahren zu kontrollieren (vgl. Kap. 6). Allerdings zeigen organisationssoziologische Studien, wie gering die Normierung der Lehrertätigkeit trotz allem ist und wie schwer es fällt, die Unterrichtstätigkeit der Lehrer zu kontrollieren (vgl. Meyer & Rowan, 1977; O'Day, 2004; Weick, 1976). Gemessen an den oft diffusen und widersprüchlichen Erwartungen an die Lehrertätigkeit (vgl. Kap. 3.2), ist dies anders aber auch nicht zu erwarten.

Die (relative) Freiheit bei der Berufsausübung setzt ein Wissen voraus, das den Professionellen instand setzt, den hohen Anforderungen an seine Berufsarbeit autonom und eigenverantwortlich zu entsprechen. Dieses Wissen gilt in der professionssoziologischen Literatur im Allgemeinen als wissenschaftliches Wissen. Doch das Verhältnis von Theorie und Praxis ist komplex, und die verfügbaren Erkenntnisse sind oft unzureichend, um das berufspraktische Handeln zu begründen. Der Sachverhalt ist für das Lehrerhandeln besonders offensichtlich und für das „Technologiedefizit der Erziehung" (Luhmann & Schorr, 1988) mitverantwortlich. Lehrer stehen oft unter Druck, vermögen die Dynamik einer Situation schwer abzuschätzen und müssen sich rasch entscheiden, auch wenn ein Abwägen im Sinne einer rationalen Entscheidungsfindung nicht möglich ist, weil in vielen Fällen kein Problem zu lösen, sondern ein Dilemma zu managen ist (vgl. Lampert, 1985). Gefordert sind daher stark persönlich gefärbte Kompetenzen wie Intuition, schnelle Auffassungsgabe, Risikobereitschaft, Improvisationstalent, gesunder Menschenverstand, Feinfühligkeit und pädagogischer Takt.

Hier setzt die Novizen-Experten-Forschung an, deren Erkenntnisse zu Anforderungen an den Lehrerberuf führen, die von einem technologischen Modell des Unterrichts nicht abgedeckt werden. Schon Gage (1979) hat bei seiner Darstellung der Prozess-Produkt-Forschung das Unterrichten eine *Kunst* genannt, für die es „Intuition, Kreativität, Improvisation und Mitteilungsfähigkeit" (ebd., S. 7) braucht. Das ist leicht nachvollziehbar, wenn man sich die Kriterienlisten eines erfolgreichen Unterrichts vor Augen führt, die aus der Prozess-Produkt-Forschung hervorgegangen sind (vgl. Kap. 4.2). Keine dieser Listen sagt dem Lehrer, wie er im konkreten Fall handeln soll. Eher erfährt er von Seiten der Unterrichtsforschung, dass es „viele [!] Möglichkeiten (gibt), erfolgreich zu unterrichten" (Helmke, 2006, S. 44), wirksamer Unterricht demnach „auf sehr [!] unterschiedliche Art und Weise realisiert werden kann" (Weinert & Helmke, 1996, S. 231). Eine Erkenntnis, die von der Didaktik wie folgt übersetzt wird: „Viele … Wege führen nach Rom" (Meyer, 2011, S. 161). Dass Lehrer unter diesen Umständen auf Intuition und gesunden Menschenverstand angewiesen sind, ist mehr als verständlich.

In etwas anderer Perspektive sind es unterschiedliche Wissensformen, die den Lehrer handlungsfähig machen. Bei seiner Rekonstruktion der Anforderungen an den erfolgreichen Lehrer unterscheidet Bromme (1997, S. 196-197) in Anlehnung an Shulman (1987) folgende Wissensformen: Fachwissen, curriculares Wissen (Schulstoff), Philosophie des Schulfachs, pädagogisches Wissen und fachspezifisch-pädagogisches (fachdidaktisches) Wissen. Die Liste umschreibt das *professionelle Wissen* von Lehrern, dessen Kern gemäß Shulman im Übersetzungsbereich von

9 Bei Stichweh (1994) wird der Begriff der „vermittelnden Profession" funktional begründet: Vermittelnde Professionen stehen zwischen einer Profession im engeren Sinn und den Personen, die deren Dienstleistungen in Anspruch nehmen (wie z.B. ein Apotheker in Bezug auf Arzt und Patient).

fachlichem und pädagogischem Wissen liegt, d.h. „in the capacity of a teacher to transform the content knowledge, he or she possesses into forms that are pedagogically powerful and yet adaptive to the variations in ability and background presented by the students" (ebd., S. 15).

Professionalität wird oft mit *Spezialisierung* in Verbindung gebracht (vgl. Giesecke, 1990). Wie weit das Kriterium auf den Lehrerberuf zutrifft, ist jedoch strittig, vor allem wegen des vermittelnden Charakters der Lehrertätigkeit, die es ausschließt, dass Beruf und Person im strikten Sinn voneinander getrennt werden können (vgl. Kap. 2.2 und 3.2). Unstrittig ist das Erfordernis einer *Berufsethik*, weshalb Professionalität im Lehrerberuf auch dahingehend bestimmt werden kann, „dass hier Ethos und Kompetenz angesichts einer spezifischen Form von Aufgaben zur Einheit einer Praxis gebracht werden" (Tenorth, 2006, S. 584). Die ethischen Ansprüche an den Lehrer ergeben sich aus seiner Beziehung zu den Schülern, aber auch aus dem Verhältnis der Schule zu Familie und Gesellschaft.[10] Dementsprechend umschreiben Prinzipien und Werte wie Verantwortung, Gerechtigkeit, Fürsorge, Respekt, Wahrhaftigkeit und Uneigennutz zentrale Anforderungen an die Berufsarbeit von Lehrkräften (vgl. Kilchsperger, 1985; LCH, 2008; OCT, 2008). Der intermediäre Status des Lehrerberufs bringt es zudem mit sich, dass die moralischen Anforderungen an den Lehrer auch seine Person betreffen (vgl. Kap. 2.2). Da er seinen Beruf ohne persönliches Engagement kaum erfolgreich ausüben kann und auch nicht vermeiden kann, von den Schülern als Vorbild gewählt zu werden, richten sich Anforderungen an seine Person, die eine bloße Berufsethik übersteigen.

Das Verständnis des Lehrerberufs als Profession führt zu einem anderen Leitbild, als wenn der Lehrer als Handwerker, Künstler oder Ingenieur begriffen wird. Erstaunen muss, dass die Anforderungen an den Lehrerberuf deshalb nicht bescheidener ausfallen. Fragwürdig ist, wenn Ergebnisse der Novizen-Experten-Forschung normativ überhöht werden, um einen Lehrer zu zeichnen, der die Merkmale des Experten vollumfänglich verkörpert – als ob jede Lehrperson diesen Status erreichen könnte. Das gilt gleichermaßen für das Konzept der adaptiven Expertise, die von Bransford, Brown und Cocking (2000) wie folgt personifiziert wird: „Adaptive experts are able to approach new situations flexibly and to learn throughout their lifetimes. They not only use what they have learned, they are metacognitive and continually question their current levels of expertise and attempt to move beyond them. They don't simply attempt to do the same things more efficiently; they attempt to do things better" (ebd., S. 48). Keines dieser Merkmale ist unerwünscht, wenn es auf einen Lehrer zutrifft. Ob wir aber damit rechnen dürfen, dass sie jemals alle zusammen auf eine Lehrperson zutreffen, ist eine andere Frage. Zudem ist das Feld der Lehrertätigkeiten, das damit abgesteckt wird, trotz allem relativ eng. Es beschränkt sich – wie im Falle des Prozess-Produkt-Paradigmas – weitgehend auf den Unterricht, während andere Tätigkeiten, die dem Lehrerberuf in jüngster Zeit zugewachsen sind, ausgespart bleiben.

6. Ansprüche der Politik

Dass Lehrer ihren Beruf weniger autonom ausüben können als andere Professionen (vgl. Kap. 5), hat wesentlich damit zu tun, dass sie im Allgemeinen dem Staat als Arbeitgeber verpflichtet sind, der ein Interesse an der Festlegung ihres Berufs- bzw. Amtsauftrags hat. Neben dem Staat sind es politisch tätige Gremien verschiedener Art, die Einfluss auf den Lehrerberuf nehmen, und auch die Lehrer selber beteiligen sich im Rahmen ihrer Berufsverbände an der Gestaltung ihres Berufsauftrags.

---

10 Insofern vermag Hartmut von Hentigs (2003, S. 258-259) Vorschlag eines *Sokratischen Eids* für Lehrer (in Analogie zum Hippokratischen Eid für Ärzte) nicht zu überzeugen, da er ganz auf die Beziehung zu den Schülern eingeengt ist.

6.1 Lehrerarbeitszeit

Eine Folge der rechtlich unselbständigen Berufsarbeit der Lehrer ist, dass die Lehrerorganisationen eher als Gewerkschaften denn als professionelle Vereinigungen auftreten. Wenn sie Einfluss auf die Definition ihres Berufsauftrags nehmen, dann oft in gewerkschaftlicher Perspektive, was das Thema Arbeitszeit beispielhaft zeigen kann.

Um zu beurteilen, was Lehrer tatsächlich tun und wie viel Zeit sie für ihre einzelnen Aufgabenbereiche verwenden, sind Arbeitszeitstudien verlässlicher als die Rechtsgrundlagen, die im internationalen Vergleich stark variieren (vgl. OECD, 2008). Gemäß einer Studie bei schweizerischen Lehrerinnen und Lehrern nehmen der Unterricht sowie dessen Vor- und Nachbereitung 73 Prozent der jährlichen Arbeitszeit in Anspruch. Andere Tätigkeiten, wie die langfristige Planung und Auswertung von Unterricht, Betreuung und Beratung, Weiterbildung sowie Gemeinschaftsaufgaben, belaufen sich auf 22 Prozent der Arbeitszeit. Zusätzliche fünf Prozent kommen für administrative Aufgaben hinzu (vgl. LCH, 2004, S. 16). Ähnlich sieht die Verteilung der Jahresarbeitszeit bei Lehrpersonen der Volksschule in Österreich aus. Für den Unterricht sowie dessen Vor- und Nachbereitung werden 73 Prozent, für weitere mit der Lehre verbundene Aufgaben (inkl. Weiterbildung) 20 Prozent und für sonstige Tätigkeiten sieben Prozent der Arbeitszeit veranschlagt (vgl. SORA, 2000, S. 103).

Ausgehend von der These, dass Arbeitszeit und Berufsauftrag zusammengehören, hat der Dachverband der Schweizer Lehrerinnen und Lehrer (LCH) auf dem Hintergrund der Ergebnisse der vorgenannten Studie einen „Handweiser" zum Berufsauftrag der Lehrer ausgearbeitet. Darin heißt es: „Wenn das Unterrichten auch nach wie vor die Haupttätigkeit von Lehrpersonen ist, so müssen die anderen Aufgaben trotzdem genannt und für die Formulierung des Berufsauftrags berücksichtigt werden" (LCH, 2004, S. 7). Nachdrücklich wird auf die Tatsache verwiesen, dass sich dem Lehrerberuf in jüngster Zeit neben dem Unterricht „neue Tätigkeitsfelder von erheblichem Ausmaß erschlossen haben" (ebd., S. 15).[11] Dazu gehört nicht zuletzt die Mitarbeit in Schul- und Unterrichtsentwicklungsprojekten, die in den vergangenen Jahren deutlich an Intensität und Kadenz zugenommen hat. Allerdings hat der Deutsche Bildungsrat (1970, S. 217-220) das Innovieren den Lehrern über das Lehren, Erziehen, Beurteilen und Beraten hinaus schon Anfang der 1970er Jahre ins Pflichtenheft geschrieben. Das gilt auch für die Schweiz, wo eine im Auftrag der Schweizerischen Konferenz der kantonalen Erziehungsdirektoren (EDK) erstellte Studie zur Neudefinition von Auftrag und Ausbildung der Lehrkräfte für die Sekundarstufe I deren Tätigkeit praktisch gleichlautend nach Unterrichten, Erziehen, Beraten, Beurteilen und Innovieren differenzierte (vgl. Egger, 1983, S. 72-78).

6.2 Gesellschaftlicher Wandel

Neben den Berufsverbänden der Lehrer spielen Behörden sowie von Behörden beauftragte Gremien eine wesentliche Rolle bei der politischen Definition der Anforderungen an den Lehrerberuf. Auffällig ist, wie dabei vor allem auf gesellschaftliche Veränderungen rekurriert wird, um dem Lehrerberuf ein (neues) Gesicht zu geben. Im Vordergrund stehen die Umgestaltung der Arbeitswelt, der rasante technologische Wandel, die Globalisierung der Märkte, die Umweltproblematik, demographische Veränderungen und die wachsende kulturelle Heterogenität der Bevölkerung (vgl. EDK, 2003; KMK, 2000). Die tatsächlichen oder vermuteten Entwicklungen in

11 Dies bestätigt eine neuere Studie zur Arbeitszeit schweizerischer Lehrkräfte, die einen starken Zuwachs bei gemeinschaftlichen Aufgaben verzeichnet (vgl. Landert & Brägger, 2009).

Wirtschaft und Gesellschaft werden zum Anlass genommen, um an den Lehrerberuf neue Ansprüche zu stellen. Verankert werden diese nicht in ethischen Prinzipien, idealen Persönlichkeitsmerkmalen, Anforderungen der Unterrichtstätigkeit oder Schülerwünschen, sondern in veränderten gesellschaftlichen Bedürfnissen. Erwartet wird, dass sich die Lehrkräfte auf den gesellschaftlichen Wandel einstellen, den steigenden Leistungsansprüchen an die Schulabgänger nachkommen und sich die Forderung nach besserer Begabungsausschöpfung zu Eigen machen.

In vielen Dokumenten erscheint die wachsende Heterogenität der Schülerschaft als besondere Herausforderung der Schule (vgl. Bildungskommission der Heinrich-Böll-Stiftung, 2003, S. 4; European Commission, 2007; EDK, 2003, S. 30, 2008, S. 43-44). Dabei stellen sich nicht nur neue Ansprüche didaktisch-methodischer Art, wie die vermehrte Individualisierung des Unterrichts; auch die soziale Integration der Schüler gewinnt vorrangige Bedeutung. Es braucht Lehrpersonen, „die mit individueller, kultureller und sozialer Vielfältigkeit positiv und kreativ umgehen können" (EDK, 2003, S. 29). Neben der sprachlich-kulturellen (ethnischen) Vielfalt werden oft auch das Geschlecht, die Religion, die soziale Herkunft und allfällige Behinderungen als Heterogenitätsdimensionen genannt. „If all children are to be effectively taught, teachers must be prepared to address the substantial diversity in experiences that children bring with them to school – the wide range of languages, cultures, learning styles, talents, and intelligences that require in turn an equally rich and varied repertoire of teaching strategies" (Darling-Hammond, 1997, S. 1059). Entsprechend hoch sind die Anforderungen an die Lehrer, von denen erwartet wird, dass sie soziale Konstruktionen von Differenz erkennen und hinterfragen können, Mechanismen, die zur Ausgrenzung oder Diskriminierung von Behinderten führen, zu durchschauen vermögen, Migration als gesellschaftliche Normalität erkennen und deren Folgen für den Unterricht antizipieren können, mehrsprachig sind, über ein Repertoire an individualisierenden und differenzierenden Unterrichtsmethoden verfügen sowie die Fähigkeit haben, Lernumgebungen zu gestalten, die einer heterogenen Klientel gerecht werden (vgl. COHEP, 2007, S. 7-8, 2008, S. 17-19; Krüger-Potratz, 2004, S. 560-562).

6.3 Standards

Mit den wachsenden Anforderungen an den Lehrerberuf gerät dessen Professionalisierung unter Druck. Hoyle (1995) bezeichnet die 1990er Jahre als „era of accountability and of a general backlash against the professional society" (ebd., S. 14). Vonk (1997) spricht von der Industrialisierung des Bildungswesens: „schools are increasingly becoming production oriented organizations with a hierarchical structure (top-down model) in which the management defines the goals and distributes the means. The output is submitted to standardized quality control, and the efforts and qualities of the workers in these organizations (teachers) are continuously assessed" (ebd., S. 1033). Um Gewissheit zu erlangen, dass die Lehrkräfte den (neuen) Anforderungen an ihre Berufsarbeit gewachsen sind, werden *Standards* eingeführt, die sich auf operationalem Niveau messen lassen und einklagbar machen, was von den Lehrkräften erwartet wird.

Bei der Herleitung der Standards stützt man sich auf sehr unterschiedliche Quellen. Oft erweisen sich die wissenschaftlichen Grundlagen als unzureichend (vgl. Baumert & Kunter, 2006; Herzog, 2005), was den Standards eine gewisse Willkürlichkeit und Zufälligkeit verleiht. Sowohl für die Ausbildung zum Lehrer wie für den Lehrerberuf liegt inzwischen eine Vielzahl von Standards vor (vgl. Darling-Hammond, 2002; Darling-Hammond & Cobb, 1996, S. 46-49; KMK, 2005; OCT, 2008; Oser, 2001; Terhart, 2002), die ähnliche Bereiche abdecken, aber nur schwer ein konsistentes Leitbild des Lehrerberufs ergeben. Oft liegen die Standards auf einer Abstraktionshöhe, die sie nahezu banal machen, wie zum Beispiel die Standards des (amerikanischen) National Board for Professional Teaching Standards: „1. Teachers are committed to students and their learning. 2. Teachers know the subjects they teach and how to teach those subjects to students. 3. Teachers are responsible for managing and monitoring student learning. 4. Teachers think systematically about their practice and learn from experience. 5. Teachers are members of learning communities“ (NBPTS, 2013).

Die schwache theoretische Basis, die geringe empirische Absicherung und die Abstraktionshöhe der vorliegenden Standards bringen es mit sich, dass auch die Anforderungen, die von Standards an den Lehrerberuf ausgehen, oft einen idealistischen Einschlag aufweisen. Wenn beispielsweise Oser (1997) Standards als Wissensbestände charakterisiert, „die [vom Lehrer, W.H./E.M.] in *absolut notwendiger* Weise angeeignet werden müssen“ (ebd., S. 27 - Hervorhebung W.H./E.M.), dann geht allein dies schon sehr weit. Wenn von einem professionellen Lehrer zudem verlangt wird, dass er die vier von Oser postulierten Kriterien eines Standards zur *Integration* gebracht haben muss, so dass „Theorie, Forschung, Expertise und tägliche Praxis *in eins* zusammenfallen“ (Oser, 2001, S. 268 - Hervorhebung W.H./E.M.), dann geht dies noch weiter. Einmal mehr scheint uns der Lehrer als *Superman* vor Augen zu stehen - dieses Mal nicht als ideal geformte Persönlichkeit oder vollkommener Experte, sondern als zertifizierter Alleskönner.

7. Ausblick

Sollte es eine Klammer geben, die unsere Darstellung verschiedener Leitbilder des Lehrerberufs umgreift, dann wären es die hohen Ansprüche, die an den Lehrer gestellt werden. Sieht man von den wechselnden Inhalten ab, die sich allerdings auch nicht grundsätzlich unterscheiden, gleichen sich die Bilder des Lehrerberufs in erstaunlicher Weise. Ob von einem zeitlosen Ideal der Lehrerpersönlichkeit oder von den historischen Veränderungen der Gesellschaft ausgegangen wird, vom Lehrer wird gleichermaßen viel erwartet. Die intermediäre Position zwischen Familie und Gesellschaft, die ihn zum Vermittler zwischen Natur und Kultur, Vergangenheit und Zukunft, Kindheit und Erwachsenheit macht, prädestiniert ihn für hohe Erwartungen der verschiedenen Bezugsgruppen seines Rollensets. Wobei es erstaunlicherweise am ehesten die Schüler sind, die *realistische* Erwartungen an ihn richten. Doch die Schüler sind nicht berechtigt, ihren Erwartungen Nachdruck zu verschaffen und auf den Berufsauftrag der Lehrer kodifizierend Einfluss zu nehmen. Dies ist das Privileg der politischen Behörden, die ihre Anforderungen an den Lehrerberuf auch mittels Sanktionen durchsetzen können.

Gerade von Seiten der Politik vernehmen die Lehrer in jüngster Zeit widersprüchliche Botschaften. Auf der einen Seite wird die große Bedeutung des Lehrerberufs in der Wissensgesellschaft herausgestrichen und eine Stärkung der Position der Lehrer in Aussicht gestellt.[12] Auf der anderen Seite werden dieselben Lehrer in zunehmendem Maße kritisiert, indem Kommissionen laufend ihren Berufsauftrag überprüfen und Vorschläge zur Neugestaltung der Lehrerbildung machen. So fordert die Bildungskommission der Heinrich-Böll-Stiftung (2003) eine „grundlegende Reform“ des Lehrerberufs. Berufsverständnis wie Berufsausübung der Lehrer seien auf eine neue Basis zu stellen. Nach einer höchst kritischen Analyse des Reformbedarfs und Vorschlägen zu seiner Behebung findet sich der scheinbar beschwichtigende Satz: „Lehrpersonen, die sich für die Ergebnisse der Schule, also die Schülerleistungen, verantwortlich fühlen, von ihrer Wirk-

---

12 So sieht die Schweizerische Konferenz der kantonalen Erziehungsdirektoren in der „Stärkung der Professionalität der Lehrerinnen und Lehrer“ einen ihrer Arbeitsschwerpunkte „mit höchster Priorität“ (EDK, 2006, S. 9).

samkeit überzeugt sind und öffentlich Rechenschaft über ihre Arbeit und deren Ergebnisse ablegen, können von der Öffentlichkeit die notwendige Anerkennung ihrer Arbeit erwarten“ (ebd., S. 12). Der Satz ist bezeichnend für die ambitiösen Ansprüche, denen der Lehrerberuf unterworfen wird. Verlangt wird nicht, dass sich Lehrpersonen für ihr unterrichtliches *Handeln* verantwortlich fühlen, verlangt wird vielmehr, dass sie es für den Erfolg ihrer *Schule* tun, der zudem mit den erbrachten *Schülerleistungen* gleichgesetzt wird!

Es ist diese Maßlosigkeit, die zweifeln lässt, ob heutige Leitbilder für den Lehrerberuf gegenüber früheren einen Fortschritt darstellen. Zwar ist Bromme (1997) zuzustimmen, wenn er meint, Lehrer sollten aus unterrichtspraktischen Gründen von ihrer Wirksamkeit in Bezug auf das Lernverhalten der Schüler überzeugt sein und sich gar „für den entscheidenden Faktor des Schülerlernens halten“ (ebd., S. 203). Zugleich ist aber von eminenter Bedeutung, wie Bromme hinzufügt, dass sie „ihren relativ geringen Anteil an dem Zustandekommen von Lernleistungen realistisch beurteilen, um den beruflichen Belastungen standzuhalten und nicht ‚auszubrennen‘“ (ebd.). Marzano (2000) schätzt den Anteil an Varianz in den Schülerleistungen, der sich auf das Lehrerverhalten zurückführen lässt, auf 13 Prozent ein, während derjenige von institutionellen und organisatorischen Faktoren der Schule bei sieben Prozent liegt. Die restlichen 80 Prozent gehen auf das Konto der Schülerinnen und Schüler sowie ihrer familialen Lebensbedingungen und sozialen Ressourcen. Auch wenn man über diese Werte im Einzelnen streiten kann, zeigen sie, dass es zwar durchaus „auf den Lehrer ankommt“ (Lipowsky, 2006), dass aber längst nicht alles, was im Unterricht pädagogisch relevant ist, vom Lehrer abhängt.

Leitbilder des Lehrerberufs sollten so formuliert sein, dass sie der Gefahr eines Burnout (oder anderer Berufsgefahren) vorbeugen und sie nicht noch befördern. Wenn das Leitbild nicht selber auf die ‚Grenzen der Erziehung‘ und die schiere Unmöglichkeit des Erfolgs im Lehrerberuf aufmerksam macht, dann sollte zumindest bei dessen Ausarbeitung darauf geachtet werden. Wir sind in unserer Darstellung verschiedentlich auf solche Grenzen der Einflussmöglichkeiten des Lehrers gestoßen. Grenzen, die darin liegen, dass sich der Lehrer als Person nicht zum didaktischen Mittel machen kann, dass er sich nicht selber zum Vorbild erklären kann, dass sein Handeln nicht technisierbar ist, dass er die Schüler in ihrer personalen Integrität respektieren muss, dass er deren Lernen nur anregen, aber nicht verursachen kann, dass sein Unterricht ein Angebot ist, das von den Schülern genutzt werden muss, dass der Lehrer seine Lektionen zwar planen, im Voraus aber nicht wissen kann, wie sie im einzelnen ablaufen werden, dass er im Kern seiner Berufstätigkeit auf schwer erlernbare Kompetenzen wie Intuition, Improvisationsfähigkeit und rasches Entscheidungsvermögen angewiesen ist, dass er auf verschiedene Weise erfolgreich unterrichten kann und dass der Lernerfolg seiner Schüler auch von Faktoren abhängig ist, die er nicht zu beeinflussen vermag.

Während die empirische Forschung immer wieder die Komplexität der Unterrichtssituation vermerkt und die pädagogische Literatur die Ambiguitäten, Antinomien, Widersprüche, Dilemmata und Paradoxien des Lehrerhandelns herausstreicht, erscheint der Lehrerberuf im Lichte seiner Leitbilder nur allzu oft als regulierbar und technisierbar. Doch genau dies ist nicht der Fall, und zwar deshalb nicht, weil es sich beim Unterrichten um eine professionelle Arbeit handelt (vgl. Herzog, 2011). Zwar wird sich der Lehrerberuf mindestens so lange von anderen Professionen unterscheiden, wie die Schule eine öffentliche Einrichtung bleibt. Doch in der Professionalität liegt letztlich das entscheidende Kriterium, um den Lehrerberuf vor überhöhten Anforderungen und verzerrten Leitbildern zu schützen (vgl. Herzog, 2012). Insofern mündet unsere Darstellung in die Forderung, Leitbilder des Lehrerberufs, wenn sie realistisch und für den Lehrerberuf stützend sein sollen, an eine pädagogische Professionstheorie zu binden. Der Lehrer ist weder als Persönlichkeit noch als Handwerker, Künstler oder Techniker, auch nicht als Wissenschaftler, Ingenieur oder Forscher zu verstehen, sondern als Professioneller, dessen Professionalität im Vergleich zu anderen Professionen einige Besonderheiten aufweist.

Literatur

Adorno, T. W. (1965/1997). Tabus über dem Lehrberuf. In *Gesammelte Schriften, Bd. 10.2* (S. 656-673). Frankfurt a. M.: Suhrkamp.

Baumert, J., & Kunter, M. (2006). Stichwort: Professionelle Kompetenz von Lehrkräften. *Zeitschrift für Erziehungswissenschaft, 9,* 469-520.

Ben-Peretz, M., Mendelson, N., & Kron, F. W. (2003). How Teachers in Different Educational Contexts View Their Roles. *Teaching and Teacher Education, 18,* 277-290.

Biddle, B. J. (1997). Recent Research on the Role of the Teacher. In B. J. Biddle, T. L. Good & I. F. Goodson, I. F. (Hrsg.), *International Handbook of Teachers and Teaching* (S. 499-520). Dordrecht: Kluwer.

Bildungskommission der Heinrich-Böll-Stiftung (2003). *Professionalität und Ethos. Plädoyer für eine grundlegende Reform des Lehrberufs.* http://www.sybillevolkholz.de/kontent/4.Empfehlung.pdf [26.08.2013].

Bransford, J. D., Brown, A. L. & Cocking, R. R. (2000). *How People Learn. Brain, Mind, Experience, and School.* Washington, D.C.: National Academy Press.

Bromme, R. (1997). Kompetenzen, Funktionen und unterrichtliches Handeln des Lehrers. In F. E. Weinert (Hrsg.), *Psychologie des Unterrichts und der Schule* (S. 177-212). Göttingen: Hogrefe.

Brophy, J. (2000). *Teaching.* International Academy of Education. Educational Practices Series Nr. 1. http://www.ibe.unesco.org/publications/EducationalPracticesSeriesPdf/prac01e.pdf [26.08.2013].

Brophy, J., & Good, T. L. (1986). Teacher Behavior and Student Achievement. In M. C. Wittrock (Hrsg.), *Handbook of Research on Teaching* (S. 328-375). New York: Macmillan.

Brown, A. L., Ash, D., Rutherford, M., Nakagawa, K., Gordon, A., & Campione, J. C. (1993). Distributed Expertise in the Classroom. In G. Salomon (Hrsg.), *Distributed Cognitions. Psychological and Educational Considerations* (S. 188-228). Cambridge: Cambridge University Press.

COHEP [Schweizerische Konferenz der Rektorinnen und Rektoren der Pädagogischen Hochschulen] (2007). *Empfehlungen zur Interkulturellen Pädagogik an den Institutionen der Lehrerinnen und Lehrerbildung.* http://www.cohep.ch/fileadmin/user_upload/default/Dateien/03_Publikationen/01_Empfehlungen/2007/2007_Empf_IKP_de.pdf [26.08.2013].

COHEP [Schweizerische Konferenz der Rektorinnen und Rektoren der Pädagogischen Hochschulen] (2008). *Analyse und Empfehlungen: Heilpädagogik in der allgemeinen Lehrerinnen- und Lehrerbildung.* http://www.european-agency.org/agency-projects/Teacher-Education-for-Inclusion/country-report-files/Cohep_2008.pdf [26.08.2013].

Collins, A., Brown, J. S., & Newman, S. E. (1989). Cognitive Apprenticeship: Teaching the Crafts of Reading, Writing and Mathematics. In L. B. Resnick (Hrsg.), *Knowing, Learning, and Instruction. Essays in Honor of Robert Glaser* (S. 453-494). Hillsdale, NJ: Lawrence Erlbaum.

Darling-Hammond, L. (1997). The Changing Social Context of Teaching in the United States. In B. J. Biddle, T. L. Good & I. F. Goodson (Hrsg.), *International Handbook of Teachers and Teaching* (S. 1053-1077). Dordrecht: Kluwer.

Darling-Hammond, L. (2002). Standard Setting in Teaching: Changes in Licensing, Certification, and Assessment. In V. Richardson (Hrsg.), *Handbook of Research on Teaching* (S. 751-776). Washington, DC: American Educational Research Association.

Darling-Hammond, L., & Cobb, V. L. (1996). The Changing Context of Teacher Education. In F. B. Murray (Hrsg.), *The Teacher Educator's Handbook* (S. 14-62). San Francisco, CA: Jossey-Bass.

Deutscher Bildungsrat (1970). *Empfehlungen der Bildungskommission. Strukturplan für das Bildungswesen.* Stuttgart: Klett.

Diesterweg, A. (1850/1958). *Wegweiser zur Bildung für deutsche Lehrer.* Paderborn: Schöningh.

Ditton, H. (2002). Lehrkräfte und Unterricht aus Schülersicht. Ergebnisse einer Untersuchung im Fach Mathematik. *Zeitschrift für Pädagogik, 48,* 262-286.

Döring, W. O. (1931). Psychologie des Lehrers. In E. Saupe (Hrsg.), *Einführung in die neuere Psychologie* (S. 249-259). Osterwieck: Zickfeldt.

Doyle, W. (1986). Classroom Organization and Management. In M. C. Wittrock (Hrsg.), *Handbook of Research on Teaching* (S. 392-431). New York: Macmillan.

EDK [Schweizerische Konferenz der kantonalen Erziehungsdirektoren] (2003). *Leitbild Lehrberuf*. Thesenpapier der Task Force „Lehrberufsstand". Bern: EDK.

EDK [Schweizerische Konferenz der kantonalen Erziehungsdirektoren] (2006). *Interkantonale Vereinbarung über die Harmonisierung der obligatorischen Schule. Bericht zur Vernehmlassung*. Bern: EDK.

EDK [Schweizerische Konferenz der kantonalen Erziehungsdirektoren] (2008). *Lehrberuf. Analyse der Veränderungen und Folgerungen für die Zukunft*. Bern: EDK.

Egan, K. (1997). *The Educated Mind. How Cognitive Tools Shape Our Understanding*. Chicago: The University of Chicago Press.

Egger, E. (Hrsg.) (1983). *Die Ausbildung der Lehrer für die Sekundarstufe I*. Schriftenreihe der Schweizerischen Konferenz der kantonalen Erziehungsdirektoren, Bd. 8. Bern: Haupt.

European Commission (2007). *Schlussfolgerungen des Rates und der im Rat vereinigten Vertreter der Regierungen der Mitgliedstaaten vom 15. November 2007 zur Verbesserung der Qualität der Lehrerausbildung*. http://eur-lex.europa.eu/LexUriServ/LexUriServ.do?uri=OJ:C:2007:300:0006:01:DE:HTML [26.08.2013].

Farnham-Diggory, S. (1994). Paradigms of Knowledge and Instruction. *Review of Educational Research, 64*, 463-477.

Fenstermacher, G. D., & Soltis, J. F. (2009). *Approaches to Teaching* (5. Aufl.). New York: Teachers College Press.

Flitner, W. (1980). *Allgemeine Pädagogik*. Frankfurt a. M.: Ullstein.

Floden, R. E. (2002). Research on Effects of Teaching: A Continuing Model for Research on Teaching. In V. Richardson (Hrsg.), *Handbook of Research on Teaching* (S. 3-16). Washington, DC: American Educational Research Association.

Frei, B. (2003). *Pädagogische Autorität. Eine empirische Untersuchung bei Schülerinnen, Schülern und Lehrpersonen der 5., 6. und 8. Schulklasse*. Münster: Waxmann.

Freud, S. (1937/1982). Die endliche und die unendliche Analyse. In *Studienausgabe. Ergänzungsband* (S. 351-392). Frankfurt a. M.: Fischer.

Gage, N. L. (1979). *Unterrichten – Kunst oder Wissenschaft?* München: Urban & Schwarzenberg.

Gallagher, J. J. (1994). Teaching and Learning: New Models. *Annual Review of Psychology, 45*, 171-195.

Gansen, P. (2010). *Metaphorisches Denken von Kindern. Theoretische und empirische Studien zu einer Pädagogischen Metaphorologie*. Würzburg: ERGON.

Gaudig, H. (1917/1969). Das Lebensprinzip der Persönlichkeit. In Ders., *Die Schule der Selbsttätigkeit* (S. 36-39). Hrsgg. von L. Müller. Bad Heilbrunn: Klinkhardt.

Gerstenmaier, J. (1975). *Urteile von Schülern über Lehrer. Eine Analyse ausgewählter empirischer Untersuchungen*. Weinheim: Beltz.

Gettinger, M., & Kohler, K. M. (2006). Process-Outcome Approaches to Classroom Management and Effective Teaching. In C. M. Evertson & C. S. Weinstein (Hrsg.), *Handbook of Classroom Management* (S. 73-95). Mahwah, NJ: Lawrence Erlbaum.

Gidion, J. (1981). Lehrer – Anmerkungen zu einem „unmöglichen" Beruf. *Neue Sammlung, 21*, 530-542.

Giesecke, H. (1990). Die Berufsethik des Lehrers ist seine Professionalität. *Die Deutsche Schule, 82*, 21-24.

Guski, A. (2007). *Metaphern der Pädagogik. Metaphorische Konzepte von Schule, schulischem Lernen und Lehren in pädagogischen Texten von Comenius bis zur Gegenwart*. Bern: Peter Lang.

Hattie, J. (2013). *Lernen sichtbar machen*. Besorgt von W. Beywl und K. Zierer. Baltmannsweiler: Schneider Verlag Hohengehren.

Helmke, A. (2006). Was wissen wir über guten Unterricht? *Pädagogik, 58*(2), 42-45.

Helmke, A. (2012). *Unterrichtsqualität und Lehrerprofessionalität. Diagnose, Evaluation und Verbesserung des Unterrichts* (4. Aufl.). Seelze-Velber: Kallmeyer-Klett.

Helsper, W. (2002). Lehrerprofessionalität als antinomische Handlungsstruktur. In M. Kraul, W. Marotzki & C. Schweppe (Hrsg.), *Biographie und Profession* (S. 64-102). Bad Heilbrunn: Klinkhardt.

Hentig, H. von (1981). Vom Verkäufer zum Darsteller. Absagen an die Lehrerbildung. *Neue Sammlung, 21*, 100-114 und 221-245.

Hentig, H. von (2003). *Die Schule neu denken. Eine Übung in pädagogischer Vernunft.* Weinheim: Beltz.

Herrmann, U., & Hertramph, H. (1997). Reflektierte Berufserfahrung und subjektiver Qualifikationsbedarf. In S. Buchen, U. Carle, P. Döbrich, H.-D. Hoyer & H.-G. Schönwälder (Hrsg.), *Jahrbuch für Lehrerforschung, Bd. 1* (S. 139-163). Weinheim: Juventa.

Herzog, W. (2002). *Zeitgemäße Erziehung. Die Konstruktion pädagogischer Wirklichkeit.* Weilerswist: Velbrück.

Herzog, W. (2005). Müssen wir Standards wollen? Skepsis gegenüber einem theoretisch (zu) schwachen Konzept. *Zeitschrift für Pädagogik, 51,* 252-258.

Herzog, W. (2010). Dreieck, Kreis und Stufe. Über die geometrische Selbstbegrenzung der Didaktik. In P. Bühler, T. Bühler & F. Osterwalder (Hrsg.), *Grenzen der Didaktik* (S. 157-184). Bern: Haupt.

Herzog, W. (2011). Professionalität im Beruf der Lehrerinnen und Lehrer. In H. Berner & R. Isler (Hrsg.), *Lehrer-Identität, Lehrer-Rolle, Lehrer-Handeln* (S. 49-77). Baltmannsweiler: Schneider Verlag Hohengehren.

Herzog, W. (2012). Droht dem Lehrerberuf die Deprofessionalisierung? *Beiträge zur Lehrerbildung, 30,* 114-122.

Herzog, W. (2014). Weshalb uns Hattie eine Geschichte erzählt. Oder: Ein missglückter Versuch, den Erkenntnisstand der quantitativen Unterrichtsforschung zur Synthese zu bringen. *Zeitschrift für interpretative Schul- und Unterrichtsforschung, 3,* 130-143.

Herzog, W., Herzog, S., Brunner, A., & Müller, H.P. (2007). *Einmal Lehrer, immer Lehrer? Eine vergleichende Untersuchung der Berufskarrieren von (ehemaligen) Primarlehrpersonen.* Bern: Haupt.

Hole, S. (1998). Teacher as Rain Dancer. *Harvard Educational Review, 68,* 413-421.

Hoyle, E. (1995). Teachers as Professionals. In L. W. Anderson (Hrsg.), *International Encyclopedia of Teaching and Teacher Education* (S. 11-15). Oxford: Elsevier.

Inbar, D. E. (1996). The Free Educational Prison: Metaphors and Images. *Educational Research, 38,* 77-92.

Kant, I. (1803/1983). Über Pädagogik. In *Werke in sechs Bänden, Bd. VI* (S. 691-761). Hrsgg. von W. Weischedel. Darmstadt: Wissenschaftliche Buchgesellschaft.

Kerschensteiner, G. (1965). *Die Seele des Erziehers und das Problem der Lehrerbildung* (9. Aufl.). München: Oldenbourg.

Kilchsperger, H. (1985). *Pädagogische Verantwortung.* Bern: Haupt.

Klose, P. (1971). Das Rollenkonzept als Untersuchungsansatz für die Berufssituation des Lehrers. *Kölner Zeitschrift für Soziologie und Sozialpsychologie, 23,* 78-97.

KMK (2000). *Gemeinsame Erklärung des Präsidenten der Kultusministerkonferenz und der Vorsitzenden der Bildungs- und Lehrergewerkschaften sowie ihrer Spitzenorganisationen.* http://www.kmk.org/fileadmin/veroeffentlichungen_beschluesse/2000/2000_10_05-Bremer-Erkl-Lehrerbildung.pdf [26.08.2013].

KMK (2005). Standards für die Lehrerbildung: Bildungswissenschaften. *Zeitschrift für Pädagogik, 51,* 280-290.

Krüger-Potratz, M. (2004). Umgang mit Heterogenität. In S. Blömeke, P. Reinhold, G. Tulodziecki & J. Wildt (Hrsg.), *Handbuch Lehrerbildung* (S. 558-566). Bad Heilbrunn: Klinkhardt.

Ladenthin, V. (1998). Der Lehrer. Vom Grund der Bildung her betrachtet. In A. Wenger-Hadwig (Hrsg.), *Der Lehrer – Hoffnungsträger oder Prügelknabe der Gesellschaft* (S. 24-53). Innsbruck: Tyrolia.

Lampert, M. (1985). How Do Teachers Manage to Teach? Perspectives on Problems in Practice. *Harvard Educational Review, 55,* 178-194.

Landert, C., & Brägger, M. (2009). *LCH Arbeitszeiterhebung 2009. Bericht zur Erhebung bei 5'000 Lehrpersonen im Zeitraum Oktober 2008 – September 2009.* Zürich: Landert Partner. http://www.lch.ch/dms-static/b5abf36b-8bce-420a-8364-2dc1dabb4305/091208_1_Bericht_AZE2009.pdf [26.8.2013].

LCH [Dachverband Schweizer Lehrerinnen und Lehrer] (2004). *Der Berufsauftrag der Lehrerinnen und Lehrer. Ein Handweiser zum Berufsauftrag, zur Arbeitszeit und zum Arbeitsplatz für Lehrpersonen* (2. Aufl.). Zürich: LCH.

LCH [Dachverband Schweizer Lehrerinnen und Lehrer] (2008). *LCH-Berufsleitbild. LCH-Standesregeln* (3. Aufl.). http://lch.ch/dms-static/bc21d7a4-8299-4ece-bb0d-2f5a8c93bcf5/20080607_LCH-Berufsleitbild.pdf [26.08.2013].

Lipowsky, F. (2006). Auf den Lehrer kommt es an. Empirische Evidenzen für Zusammenhänge zwischen Lehrerkompetenzen, Lehrerhandeln und dem Lernen der Schüler. In C. Allemann-Ghionda & E. Terhart (Hrsg.), *Kompetenzen und Kompetenzentwicklung von Lehrerinnen und Lehrern* (S. 47-70). Weinheim: Beltz.

Luhmann, N., & Schorr, K. E. (1988). *Reflexionsprobleme im Erziehungssystem.* Frankfurt a. M.: Suhrkamp.

Marzano, R .J. (2000). *A New Era of School Reform. Going Where the Research Takes Us.* Aurora, CO: Mid-continent Research for Education and Learning. http://qualitylearning.net/community/brownsville/research/A%20New%20Era%20of%20School%20Reform.pdf [26.08.2013].

Meyer, H. (2011). *Was ist guter Unterricht?* (7. Aufl.). Berlin: Cornelsen.

Meyer, J. W., & Rowan, B. (1977). Institutionalized Organizations: Formal Structure as Myth and Ceremony. *American Journal of Sociology, 83,* 340–363.

Mayr, J., & Neuweg, G. H. (2006). Der Persönlichkeitsansatz in der Lehrer/innen/forschung. Grundsätzliche Überlegungen, exemplarische Befunde und Implikationen für die Lehrer/innen/bildung. In M. Heinrich & U. Greiner (Hrsg.), *Schauen, was 'rauskommt. Kompetenzförderung, Evaluation und Systemsteuerung im Bildungswesen* (S. 183-206). Wien: Lit.

Mollenhauer, K. (1969). *Erziehung und Emanzipation. Polemische Skizzen.* München: Juventa.

Müller-Fohrbrodt, G. (1973). *Wie sind Lehrer wirklich? Ideale – Vorurteile – Fakten. Eine empirische Untersuchung über angehende Lehrer.* Stuttgart: Klett.

NBPTS [National Board for Professional Teaching Standards] (2013). *The Five Core Propositions.* http://www.nbpts.org/five-core-propositions [26.08.2013].

O'Day, J. A. (2004). Complexity, Accountability, and School Improvement. In S. H. Fuhrman & R. F. Elmore (Hrsg.), *Redesigning Accountability Systems for Education* (S. 15-43). New York: Teachers College Press.

OCT [Ontario College of Teachers] (2008): *Foundations of Professional Practice.* http://www.oct.ca/~/media/PDF/Foundations%20of%20Professional%20Practice/Foundation_e.ashx [26.08.2013].

OECD [Organisation for Economic Cooperation and Development] (2008). *Education at a Glance.* Paris: OECD.

Oser, F. (1997). Standards in der Lehrerbildung, Teil 1: Berufliche Kompetenzen, die hohen Qualitätsmerkmalen entsprechen. *Beiträge zur Lehrerbildung, 15,* 26-37.

Oser, F. (2001). Standards: Kompetenzen von Lehrpersonen. In F. Oser & J. Oelkers (Hrsg.), *Die Wirksamkeit der Lehrerbildungssysteme. Von der Allrounderbildung zur Ausbildung professioneller Standards* (S. 215-342). Chur/Zürich: Rüegger.

Otte, M. (1994). *Das Formale, das Soziale und das Subjektive. Eine Einführung in die Philosophie und Didaktik der Mathematik.* Frankfurt a. M.: Suhrkamp.

Pajak, E., & Blase, J. J. (1989). The Impact of Teachers' Personal Lives on Professional Role Enactment: A Qualitative Analysis. *American Educational Research Journal, 26,* 283-310.

Parsons, T. (1960). Pattern Variables Revisited: A Response to Robert Dubin. *American Sociological Review, 25,* 467-483.

Parsons, T. (1968). Die Schulklasse als soziales System: Einige ihrer Funktionen in der amerikanischen Gesellschaft. In Ders., *Sozialstruktur und Persönlichkeit* (S. 161-193). Frankfurt a. M.: Europäische Verlagsanstalt.

Pekrun, R. (1985). Lehrerpersönlichkeit. In W. Twellmann (Hrsg.), *Handbuch Schule und Unterricht, Bd. 7.1* (S. 212-234). Düsseldorf: Schwann.

Provenzo, Jr., E. F., McCloskey, G. N., Kottkamp, R. B., & Cohn, M. M. (1989). Metaphor and Meaning in the Language of Teachers. *Teachers College Record, 90,* 551-573.

Reinhardt, S. (1978). Die Konfliktstruktur der Lehrerrolle. *Zeitschrift für Pädagogik, 24,* 515-531.

Rindermann, H. (2011). Persönlichkeit in Lehr-Lern-Kontexten der Schule und Hochschule. In L. F. Hornke, M. Amelang & M. Kersting (Hrsg.), *Grundfragen und Anwendungsfelder psychologischer Diagnostik* (S. 281-342). Göttingen: Hogrefe.

Roth, H. (1963). Die realistische Wendung in der pädagogischen Forschung. *Die Deutsche Schule, 55,* 109-119.

Salomon. G. (1992). The Changing Role of the Teacher: From Information Transmitter to Orchestrator of Learning. In F. K. Oser, A. Dick & J.-L. Patry (Hrsg.), *Effective and Responsible Teaching. The New Synthesis* (S. 35-49). San Francisco, CA: Jossey-Bass.

Scheffler, I. (1965). Philosophical Models of Teaching. *Harvard Educational Review, 35,* 131-143.

Shuell, T. J. (1996). Teaching and Learning in a Classroom Context. In D. C. Berliner & R. C. Calfee (Hrsg.), *Handbook of Educational Psychology* (S. 726-764). New York: Macmillan.

Shulman, L. S. (1987). Knowledge and Teaching: Foundations of the New Reform. *Harvard Educational Review, 57,* 1-22.

SORA [Institute for Social Research and Analysis] (2000). *LehrerIn 2000. Arbeitszeit, Zufriedenheit, Beanspruchungen und Gesundheit der LehrerInnen in Österreich.* http://www.bmukk.gv.at/medienpool/16164/lehrerin2000.pdf [26.08.2013].

Spranger, E. (1958/1969). Der geborene Erzieher. In *Gesammelte Schriften, Bd. I* (S. 280-338). Hrsgg. von G. Bräuer & A. Flitner. Heidelberg: Quelle & Meyer.

Stichweh, R. (1994). *Wissenschaft, Universität, Professionen. Soziologische Analysen.* Frankfurt a. M.: Suhrkamp.

Stolz, G. E. (1997). Der schlechte Lehrer aus der Sicht von Schülern. In B. Schwarz & K. Prange (Hrsg.), *Schlechte Lehrer/innen. Zu einem vernachlässigten Aspekt des Lehrberufs* (S. 124-178). Weinheim: Beltz.

Sünkel, W. (1996). *Phänomenologie des Unterrichts. Grundriss der theoretischen Didaktik.* Weinheim: Juventa.

Tenorth, H.-E. (2006). Professionalität im Lehrerberuf. Ratlosigkeit der Theorie, gelingende Praxis. *Zeitschrift für Erziehungswissenschaft, 9,* 580-597.

Terhart, E. (2002). *Standards für die Lehrerbildung. Eine Expertise für die Kultusministerkonferenz.* Münster: Zentrum für Lehrerbildung.

Terhart, E. (2007). Lehrer. In H.-E. Tenorth & R. Tippelt (Hrsg.), *BELTZ Lexikon Pädagogik* (S. 458-461). Weinheim: Beltz.

Terhart, E. (2009). *Didaktik. Eine Einführung.* Stuttgart: Reclam.

Throne, J. (1994). Living with the Pendulum: The Complex World of Teaching. *Harvard Educational Review, 64,* 195-208.

Vonk, J. H. C. (1997). The Changing Social Context of Teaching in Western Europe. In B. J. Biddle, T. L. Good & I. F. Goodson (Hrsg.), *International Handbook of Teachers and Teaching* (S. 985-1051). Dordrecht: Kluwer.

Weick, K. E. (1976). Educational Organizations as Loosely Coupled Systems. *Administrative Science Quarterly, 21,* 1-19.

Weinert, F. E., & Helmke, A. (1996). Der gute Lehrer: Person, Funktion oder Fiktion? In A. Leschinsky (Hrsg.), *Die Institutionalisierung von Lehren und Lernen. Beiträge zu einer Theorie der Schule* (S. 223-233). Weinheim: Beltz.

Wilson, B. R. (1971). Die Rolle des Lehrers – eine soziologische Analyse. In K. Betzen & K. E. Nipkow (Hrsg.), *Der Lehrer in Schule und Gesellschaft* (S. 11-33). München: Piper.

Zergiebel, M. (1911). Zur Psychologie des Lehrers. *Zeitschrift für Pädagogische Psychologie und Experimentelle Pädagogik, 12,* 471-483.

Horst Weishaupt

Lehrerberuf: Arbeitsplatz, Arbeitszeit, Arbeitsmarkt

1. Einführung, Übersicht

Aufgabe dieses Beitrags ist es, Lehrkräfte als Berufsgruppe der Gesellschaft und als Arbeitnehmer zu betrachten, die an einem Arbeitsplatz arbeiten, dort spezifische Bedingungen vorfinden und den Arbeitsplatz wechseln können. Sie zeichnen sich im Regelfall – jedenfalls in Deutschland – dadurch aus, dass sie nur einen Teil ihrer Arbeitszeit in der Schule verbringen und Vorbereitungs- und Korrekturzeiten überwiegend zu Hause erledigen. Dies hat einerseits Konsequenzen für die Ausgestaltung des Arbeitsplatzes in der Schule. Andererseits ist die Arbeitszeit der Lehrkräfte ein kritisches Diskussionsthema, weil keine Kontrolle über die häusliche Arbeitszeit möglich ist. Der Lehrerarbeitsmarkt unterliegt ebenfalls spezifischen Bedingungen, weil er weitgehend durch politische Entscheidungen bestimmt wird, für die die Entwicklung der Schülerzahlen aber eine zentrale Randbedingung darstellt.

Der „Arbeitsplatz Schule" wurde von der Forschung bisher nur selten untersucht. Arbeitszeit und Arbeitsmarkt der Lehrkräfte sind Voraussetzungen der Lehrertätigkeit, die man – klammert man den Aspekt der Lehrerbelastung aus – Verwaltungspraktikern und Ökonomen überlässt und selten zum Gegenstand der Bildungsforschung macht. Dennoch ist es möglich, auf der Grundlage punktueller Studien und Analysen Einblicke in die Arbeitssituation der Lehrkräfte zu geben und Forschungslücken zu benennen.

Nachfolgend wird zunächst dargestellt, über welche Grundinformationen wir zum Lehrerberuf verfügen. Bezogen auf die Arbeitszeit kann vor allem zwischen der Wochen- und Lebensarbeitszeit unterschieden werden. Die subjektive Seite der Arbeitszeit, die damit verbundene Beanspruchung (Belastungserleben), wird hier ausgeklammert. Berufseinstieg und -ende sind in diesem Zusammenhang ebenfalls von Bedeutung. Der Arbeitsmarkt der Lehrkräfte ist durch Angebots-Nachfrage-Beziehungen und den Ersatzbedarf in Relation zu dem Angebot von Lehrkräften zu betrachten. Zum Arbeitsmarkt gehören auch die Beschäftigung von Seiteneinsteigern die Vergütung und Besoldung der Lehrkräfte, von der Anreize für die Wahl des Berufs ausgehen können.

2 Quantitative Entwicklung im Lehrerberuf während der letzten Jahrzehnte

2.1 Entwicklung der Zahl der Lehrkräfte nach Lehrämtern

Grundlegende Informationen über die Entwicklung der Lehrerschaft in Deutschland – auf die sich der Beitrag konzentriert – seit 1949 gibt das 2013 erschienene Datenhandbuch zur deutschen Bildungsgeschichte (Lundgreen, 2013). Es stellt in langen Zeitreihen die Merkmale dar, die die amtliche Schulstatistik und statistische Veröffentlichungen der Kultusministerkonferenz über Lehrkräfte erfassen. Ein zentrales Merkmal dieser Analysen ist die Entwicklung der Zahl der Lehrkräfte nach Lehrämtern. Seit 1997 werden sie nach folgender Klassifikation in der Schulstatistik der KMK und den Veröffentlichungen der Statistischen Ämter des Bundes und der Länder berichtet:

- Lehrämter der Grundschulen bzw. der Primarstufe
- übergreifende Lehrämter der Primarstufe und aller oder einzelner Schularten der Sekundarstufe I
- Lehrämter für alle oder einzelne Schularten der Sekundarstufe I
- Lehrämter für die Sekundarstufe II (allgemein bildende Fächer) oder für das Gymnasium
- Lehrämter für die Sekundarstufe II (berufliche Fächer) oder für die beruflichen Schulen
- Sonderpädagogische Lehrämter
- Fachlehrer/Fachlehrämter (ohne Lehrer für Fachpraxis)
- Lehrämter für Fachpraxis
- DDR-Lehrerqualifikationen mit Hochschulabschluss
- DDR- Lehrerqualifikationen mit Fachschulabschluss
- Lehrkräfte ohne (anerkannte) Lehramtsprüfung bzw. ohne DDR-Lehrerqualifikation
- Ohne Angabe

Hinter dieser Klassifikation verbirgt sich eine Vielfalt von Lehramtsbezeichnungen in den einzelnen Ländern, die teilweise nach Schulart, teilweise nach Schulstufe differenzieren (Weishaupt, 2002, S. 27-28). Die Vielfalt der Bezeichnungen potenziert sich in der Betrachtung der Entwicklung nach dem 2. Weltkrieg (Lundgreen, 2013, S. 149-159). Dann wird auch deutlich, dass die Akademisierung der nichtgymnasialen Lehrerschaft erst in den letzten Jahrzehnten durchgesetzt wurde und immer noch ein erheblicher Anteil von Lehrkräften – vor allem in der Grundschule und an beruflichen Schulen – kein akademisches Studium absolviert hat (Weishaupt & Huth, 2012, S. 59). Für Westdeutschland lässt sich eine Zeitreihe der Entwicklung der Lehrämter für Grund- und Hauptschulen (Volksschulen), Realschulen und Schulen der Sekundarstufe I, Gymnasien, Sonder-/Förderschulen und berufliche Schulen bilden (s. Abbildung 1). Sie zeigt bis etwa 1980 einen allgemeinen Anstieg der Lehrkräfte von 206.000 insgesamt 1955 auf 504.000 im Jahr 1981. Seitdem ist die Zahl der Grund- und Hauptschullehrkräfte mit gewissen Ausschlägen konstant geblieben. Die Lehrkräfte mit einem Lehramt für die Realschule und die Sekundarstufe I haben nach einem Rückgang in den 1980er Jahren erst ab Mitte der 1990er Jahre wieder leicht zugenommen. Die Zahl der Lehrkräfte mit Lehrämtern für berufliche Schulen stagniert seit etwa 1990. Einen kontinuierlichen Zuwachs weisen die Lehrkräfte mit den Lehrämtern für das Gymnasium und die Sonder-/Förderschule auf. Seit Ende der 1990er Jahre nimmt auch die Gesamtzahl der Lehrkräfte in Westdeutschland wieder zu auf 583.000 im Jahr 2009. Neben der Veränderung der Bildungsbeteiligung als Folge der Bildungsexpansion ist auch eine Verbesserung der Schüler-Lehrer-Relation (Weishaupt, Weiss, v. Recum & Haug, 1988, S. 246; Sekretariat der KMK, 2013b) für diese Entwicklung verantwortlich.

In der DDR ist eine ähnliche Entwicklung zu beobachten. Dort erhöhte sich die Zahl der vollbeschäftigten Lehrkräfte an den allgemeinbildenden Schulen (einschließlich Förderschulen) von 76.000 im Jahr 1955 auf 174.000 im Jahr 1985 (Schmidt, 1988, S. 48). Durch das gestufte Einheitsschulwesen beschränkt sich die Differenzierung nach Lehrämtern auf das Lehramt für die Unterstufe und die Fachlehrer- bzw. Diplomlehrerausbildung für die 5.-12. Klassen, für die es auch Spezialisierungen für die Arbeit in Sonderschulen gab.

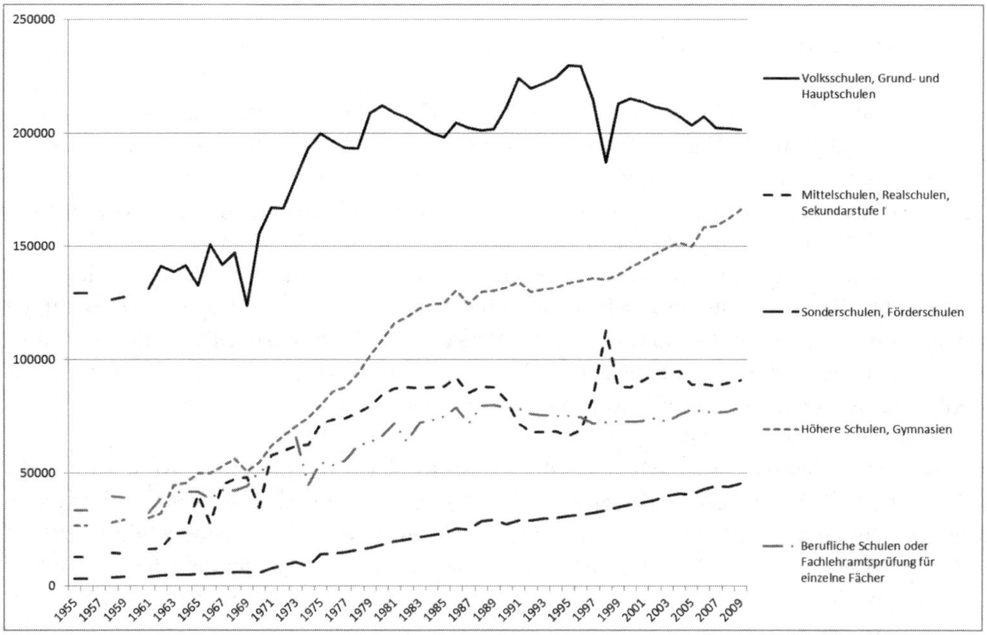

Abweichungen 1998 vom Trend sind durch Fehler der Statistik für Bayern bedingt.

Abbildung 1: Entwicklung der voll- und teilzeitbeschäftigten Lehrkräfte insgesamt nach Lehrämtern in Westdeutschland 1955 bis 2009. Quelle: Lundgreen, 2013, Tabelle 3.1, eigene Berechnung.

2.2 Lehrkräfte nach Alter

Die starke Erhöhung der Zahl der Lehrkräfte ab etwa 1960 führte zu einem starken Anstieg des Anteils der jungen Lehrkräfte, der etwa 1980 endete, als nur noch Lehrkräfte für die Bestandserhaltung der Zahl der Lehrkräfte insgesamt neu eingestellt wurden. Dadurch hat sich eine sehr ungleiche Altersverteilung in der westdeutschen Lehrerschaft ergeben, die bis heute nachwirkt. Während zum Beispiel in den 1970er Jahren mehr als die Hälfte der Lehrkräfte an Volksschulen (Grund- und Hauptschulen) unter 35 Jahre alt waren, sank dieser Anteil in den 1990er Jahren auf etwas über 10 % ab. Erst im letzten Jahrzehnt hat sich durch eine verstärkte Einstellung von jungen Lehrkräften dieser Anteil wieder auf inzwischen über 20 % erhöht (Lundgreen, 2013, S. 114, Abb. 70). Die stark besetzten jungen Alterskohorten von Lehrkräften in den 1970er Jahren alterten im Schulsystem und wechseln seit einigen Jahren in den Ruhestand (Lundgreen, 2013, S. 109-113). Inzwischen führt diese ungleiche Altersverteilung zu einem hohen Ersatzbedarf an Lehrkräften (s. weiter unten). Gegenwärtig ist – auch im internationalen Vergleich – der Anteil älterer Lehrkräfte in Deutschland sehr hoch: Fast die Hälfte aller Lehrkräfte sind über 50 Jahre alt (Autorengruppe Bildungsberichterstattung, 2012, S. 82-83).

In den neuen Bundesländern gab es nach der Vereinigung nicht diese extremen Unterschiede in der Altersverteilung der Lehrerschaft wie in Westdeutschland (Lundgreen, 2013, S. 123). Inzwischen ist dort aber ebenfalls eine starke Überalterung der Lehrerschaft zu beobachten, weil durch den Geburteneinbruch in den neuen Ländern nach 1990 in den letzten beiden Jahrzehnten fast keine neuen Lehrkräfte eingestellt werden konnten (Lundgreen, 2013, S. 124).

2.3 Ausländische Lehrkräfte – Lehrkräfte nach Migrationshintergrund

Zu den in der Schulstatistik über Lehrkräfte erhobenen Merkmalen gehört inzwischen auch die Nationalität. Allerdings ist der Anteil von Ausländern unter den Lehrkräften mit 1,1 % sehr gering. Im Schuljahr 2012/13 hatten nur 7.176 der insgesamt der 665.892 voll- und teilzeitbeschäftigten Lehrkräfte an allgemeinbildenden Schulen eine ausländische Staatsbürgerschaft, mehr als zwei Drittel darunter Frauen (Statistisches Bundesamt, Fachserie 11, Reihe 1, Tab. 7.4). Zu diesem niedrigen Anteil trägt auch bei, dass der muttersprachliche Unterricht für Schülerinnen und Schüler mit Migrationshintergrund in vielen Ländern nicht von staatlichen Lehrkräften unterrichtet wird, sondern von Lehrkräften, die die Herkunftsländer finanzieren und die nicht in der Schulstatistik enthalten sind (Schneider et al., 2013, S. 19). Die Nationalitätenstruktur der ausländischen Lehrkräfte weicht entsprechend auch von der nationalen Zusammensetzung der ausländischen Schüler deutlich ab.

Seit 2005 gestattet der Mikrozensus die Erfassung des Migrationshintergrunds von Lehrkräften. Auch diese Betrachtung zeigt eine deutliche Unterrepräsentation von Lehrkräften mit Migrationshintergrund im Vergleich zu sonstigen Akademikern (Weishaupt & Huth, 2012, S. 67-75). 2010 hatten nur 6,1 % der Lehrkräfte im Vergleich zu 15,0 % der sonstigen Erwerbstätigen mit Hochschulabschluss einen Migrationshintergrund (Autorengruppe Bildungsberichterstattung, 2012, S. 82).

2.4 Lehrkräfte nach Lehramt und Schulart, in der sie unterrichten

Die Beschäftigung der Lehrkräfte nach Schulart wird zwar in der Statistik breit dokumentiert (s. auch Lundgreen, 2013), sie folgt aber den schulstrukturellen Änderungen und gibt wenig Auskunft über die Bedingungen der Beschäftigung von Lehrkräften nach Lehramt. Dafür wäre es von Interesse, die Lehrkräfte nach Lehramt und der Schulart, in der sie überwiegend beschäftigt sind, zu berichten. Diese Information fehlt aber in der bundesweiten Statistik der Lehrkräfte. Mit ihr würde deutlich, dass z.B. ein erheblicher Anteil des allgemeinbildenden Unterrichts an beruflichen Schulen von Gymnasiallehrkräften erteilt wird. Viele Sonderschullehrkräfte unterrichten an anderen allgemeinbildenden oder beruflichen Schulen (s. beispielhaft: Ministerium für Schule und Weiterbildung, 2013, S. 53). Insgesamt ist der relativ hohe Anteil von Lehrkräften auffällig, die nicht in der Schulart unterrichten, in der sie üblicherweise erwartet werden. Unter der Perspektive einer ausbildungsadäquaten Lehrkräfteversorgung ist beispielweise zu beobachten, dass häufig Lehrkräfte an Förderschulen kein entsprechendes Lehramt besitzen. Die genannten Informationen sind einzelnen Studien zu entnehmen bzw. dem Mikrozensus, der sowohl das Lehramt als auch den ausgeübten Beruf erfragt und deutliche Abweichungen von der erwarteten Bindung der Beschäftigung in bestimmten Schularten an das Lehramt zeigt (s. Huth & Weishaupt, 2013, S. 43).

2.5 Lehramt und Lehrbefähigung

Bundesweite Informationen fehlen auch zu den Lehrkräften nach Lehrbefähigungen. Eigentlich sollte diese Information für die Beurteilung der Qualität der Unterrichtsversorgung und die Lehrkräftebedarfsplanung unverzichtbar sein. Intern dürften diese Informationen den Kultusministerien auch zur Verfügung stehen. Sie sind aber nicht als Teil der Schulstatistik für die Forschung bundesweit zugänglich. Bisher werden jährlich bundesweit nach Lehrbefähigung nur die Teilnehmer/innen mit bestandener 2. Staatsprüfung nach fachspezifischer Lehrbefähigung und Lehrämtern veröffentlicht (Statistisches Bundesamt, Fachserie 11, Reihe 1, Tab. 9.4). In der Vergangenheit gaben auch die Angaben in der Hochschulstatistik zu den Lehramtsstudierenden und den gewählten fachlichen Schwerpunkten im Lehramtsstudium Hinweise auf die Entwicklung des künftigen fächerspezifischen Lehrkräfteangebots (s. Weishaupt, 2002, S. 15-18). Durch die Einbeziehung der Lehramtsstudiengänge in die konsekutive Studiengangstruktur sind diese Informationen in der Hochschulstatistik heute aber kaum noch verwertbar (Wigger & Ruhberg, 2012). Nordrhein-Westfalen berichtet in der Schulstatistik auch über die Lehrkräfte nach Lehrbefähigung und Schulart (Ministerium für Schule und Weiterbildung,, 2013, S. 55-61). Ob für andere Länder diese Informationen intern zugänglich sind, muss jeweils erfragt werden. Zusätzlich wird in Nordrhein-Westfalen für die Sekundarstufe I über den fachfremd erteilten Unterricht (ohne Lehrbefähigung) nach Fächern und Schularten berichtet (Ministerium für Schule und Weiterbildung, 2013, S. 99). Diese Information liegt für kein anderes Bundesland veröffentlicht vor.

2.6 Lehrkräfte nach Geschlecht

Mit der Ausweitung der Zahl der Lehrkräfte nahm zugleich der Anteil weiblicher Lehrkräfte zu (s. Abbildung 2). Zu Beginn der statistischen Erfassung 1955 lag der Frauenanteil unter den Lehrkräften in Westdeutschland bei 40 %, bis 2009 ist er auf zwei Drittel angestiegen. Zunächst erhöhte sich der Frauenanteil auffällig bei den Lehrämtern Grund- und Hauptschule und Mittel-/Realschule. Bis Ende der 1960er Jahre war die Mehrzahl der Lehrkräfte in diesen beiden Lehrämtern weiblich. An den beruflichen Schulen ist eine gegenläufige Entwicklung zu beobachten. Dort verringerte sich der Frauenanteil; erst in den letzten Jahren erreichte er wieder das Ausgangsniveau von etwas über 50 %. An den Gymnasien war der Frauenanteil bis vor wenigen Jahren unter den hier verglichenen Lehramtsgruppen am niedrigsten. Erst in den 1990er Jahren erhöhte sich dort der Frauenanteil beachtenswert und erst seit 2007 überwiegen die Frauen unter den Gymnasiallehrkräften. Außerdem ist der Frauenanteil inzwischen an Gymnasien höher als an beruflichen Schulen. Den Anstieg des Frauenanteils unter den Lehrkräften nach 1990 verzeichnen alle Lehrämter. Am eindrücklichsten ist der Anstieg des Frauenanteils beim Sonderschullehramt von etwa einem Drittel 1955 auf inzwischen fast drei Viertel.

In der DDR ist der Prozess der Feminisierung des Lehrerberufs noch schneller vorangeschritten als in Westdeutschland, denn dort waren bereits 1965 54,5 % der Lehrkräfte weiblich (Schmidt, 1988, S. 55), während der Anteil in Westdeutschland zu diesem Zeitpunkt erst bei 43,9 % lag (jeweils nur allgemeinbildende Schulen).

Mit dem wachsenden Frauenanteil unter den Lehrkräften bekam auch die Teilzeitbeschäftigung von Lehrkräften (zunächst in Westdeutschland) eine zunehmende Bedeutung. Neben den vollzeit- und teilzeitbeschäftigten hauptberuflichen Lehrkräften gibt es noch eine erhebliche Zahl von nebenberuflichen Lehrkräften an Schulen. Dazu gehören Pfarrer, die an den Schulen Unterricht erteilen oder Referendare und andere Personen, die teilweise die Unterrichtsversorgung übernehmen. Ihr Anteil an den Lehrkräften betrug 2010 13,3% und 34% der Lehrkräfte waren teilzeitbeschäftigt. Bezogen auf die Unterrichtsversorgung ist zu beachten, dass die 52,7% vollzeitbeschäftigen Lehrkräfte fast zwei Drittel (64%) der Unterrichtsstunden erteilen. Der relativ hohe Anteil an Teilzeitkräften und nebenberuflichen Lehrkräften an den Schulen darf nicht darüber hinwegtäuschen, dass der Unterricht ganz überwiegend von Vollzeitlehrkräften erteilt wird.

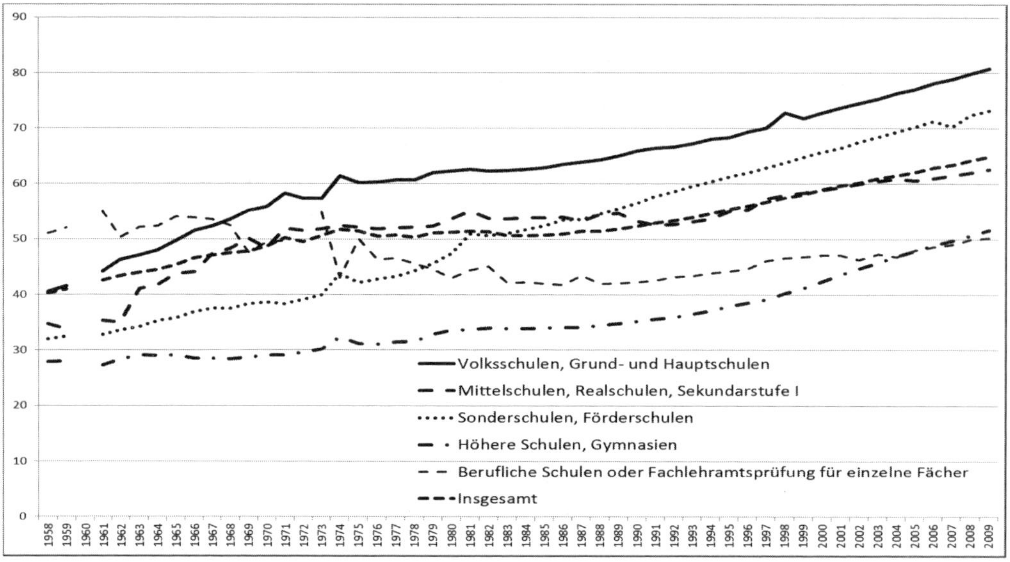

Abbildung 2: Anteil der weiblichen Lehrkräften an den Lehrkräften insgesamt in Westdeutschland 1955- 2009, in v. H. Quelle: Lundgreen, 2013, Tabelle 3.1, eigene Berechnung (Daten für 1981 korrigiert).

Der hohe Anteil von Teilzeitlehrkräften ist in Ostdeutschland auch eine Folge der Vereinbarungen zwischen den Kultusministerien und den Lehrerverbänden zur Teilzeitbeschäftigung, um nach dem starken Schülerzahleneinbruch als Folge des Geburtenrückgangs Anfang der 1990er Jahre Entlassungen von Lehrkräften zu vermeiden. In der DDR war Vollzeitbeschäftigung die Regel. Daher war es nicht selbstverständlich, dass gegenwärtig auch in Ostdeutschland Teilzeitlehrkräfte überwiegend Frauen sind. Sie würden aber – im Gegensatz zu den westdeutschen Lehrerinnen – in vielen Fällen ihre Unterrichtsverpflichtung erhöhen, wenn sich dazu die Möglichkeit ergäbe (Weishaupt & Huth 2012, S. 56). Aktuell ist wieder ein Rückgang der Teilzeitbeschäftigung bei den Lehrkräften zu beobachten.

2.7 Lehrkräfteversorgung der Schulen

Als Grundlage für die Berechnung der Versorgung der Schulen mit Lehrkräften werden teilzeit- und stundenweise beschäftigte Lehrkräfte anteilig in die Berechnung von „Vollzeitlehrereinheiten" einbezogen. Mit dieser planerischen Größe wird von den Kultusministerien der Länder die Schüler-Lehrer-Relation berechnet. In sie gehen noch die Stundenverpflichtungen der Lehrkräfte, die durchschnittliche Schülerzahl je Klasse (Klassenfrequenzrichtwert) und die Unterrichtsstunden je Klasse ein (s. Abbildung 3).

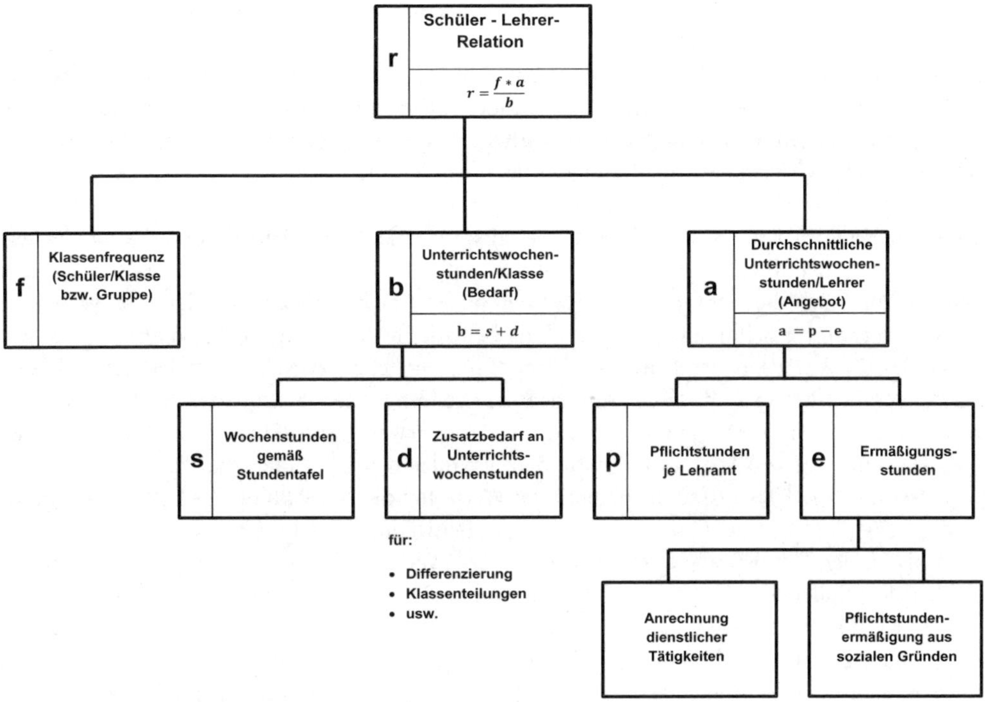

Abbildung 3: Bestimmungsfaktoren der Unterrichtsversorgung an den Schulen.
Quelle: Hessisches Institut für Bildungsplanung und Schulentwicklung 1982, S. 70

Zu den Unterrichtsdeputaten der Lehrkräfte und den Kriterien zur Bestimmung der Klassengröße in den Ländern gibt es Länderübersichten, die die Kultusministerkonferenz regelmäßig aktualisiert (www.kmk.org). Die Unterrichtsdeputate der Lehrkräfte unterscheiden sich nur wenig nach Ländern. Zwischen den Lehrämtern – teilweise ergänzt um Differenzierungen nach Schulstufen – gibt es allerdings durchaus beachtenswerte Unterschiede zwischen 22,2 und 28 wöchentlich zu erteilenden Unterrichtsstunden. Im Regelfall haben die Gymnasiallehrkräfte in den Ländern der Bundesrepublik weniger wöchentliche Unterrichtsstunden zu erteilen als Lehrkräfte an Grund- und Hauptschulen. Die Regelung der Unterrichtsdeputate differenziert nicht nach Belastungsfaktoren (Korrekturaufwand für Klassenarbeiten, Elternberatung etc.), obwohl sich dadurch erhebliche Unterschiede in der tatsächlichen Arbeitszeit zwischen den Lehrkräften ergeben. Einen Überblick über die älteren Arbeitszeitstudien gibt Rudow (1994, S. 61-63). Die letzte größere ministeriell beauftragte Arbeitszeituntersuchung bei Lehrkräften – die diese großen Belastungsunterschiede bestätigt – wurde 1999 in Nordrhein-Westfalen durchgeführt (Ministerium für Schule und Weiterbildung, 1999, siehe auch: Schaarschmidt et al., 2007). Aus der Forschungsliteratur ist bekannt, dass Teilzeitlehrkräfte relativ mehr arbeiten, als Vollzeitlehrkräfte (s. z.B. Böhm-Kasper et al., 2001, S. 109-114). Bisher wurde in Deutschland nur in Hamburg 2003 ein differenziertes Modell der Arbeitszeitberechnung eingeführt, das eine Differenzierung der Deputatsstunden nach Arbeitszeitfaktoren vorsieht (Freie und Hansestadt Hamburg, 2005). An den gegenwärtigen Arbeitszeitregelungen der Lehrerkräfte wird im Übrigen noch deren fehlende Anpassung an den allgemeinen Rückgang der Wochenarbeitszeit bemängelt (s. dazu auch: Krauss 1997).

Bezogen auf die Bestimmungsfaktoren der Unterrichtsversorgung an den Schulen existiert keine Übersicht zu den Unterrichtsstunden der Schülerinnen und Schüler nach Klassenstufe, Schulart und Unterrichtsfächern. Diese Information könnte auch für die Ermittlung des fächerspezifischen Lehrerbedarfs hilfreich sein. Die Pflichtstunden der Lehrkräfte können aus sozialen Gründen oder wegen unterschiedlicher dienstlicher Tätigkeiten ermäßigt werden. Wegen dieser nicht unterrichtswirksamen Ermäßigungsstunden werden die wöchentlich erteilten Unterrichtsstunden für die Berechnung der Schüler-Lehrer-Relation herangezogen (s. Abbildung 3). Als Erhebungsmerkmal der Schulstatistik sieht die entsprechende Vereinbarung der Kultusministerkonferenz eine detaillierte Erfassung der Mehr- und Minderstunden der Lehrkräfte nach den Gründen vor. Auch diese Informationen werden bisher nur für einzelne Länder bereitgestellt (s. z.B. Ministerium für Schule und Weiterbildung Nordrhein-Westfalen, 2013, S. 62-63).

Durch die Variation der Lehrerbedarfsfaktoren entstehen zwischen den Ländern für den Einsatz der Lehrkräfte und deren unterrichtliche Bedingungen beachtenswerte Unterschiede, die die Schüler-Lehrer-Relation als abstrakter Planungswert verdeckt. Auch die durchschnittliche Klassenfrequenz, die Unterrichtsstunden je Vollzeitlehrkraft oder die wöchentlichen Unterrichtsstunden je Klasse sind als planerische Werte für die Beurteilung des Unterrichtseinsatzes der Lehrkräfte nur bedingt geeignet. Für die Beurteilung der Bereitstellung pädagogischen Personals an den Schulen eignet sich besonders der Wert der Lehrerstunden (Wochendeputatsstunden) je Schüler. Er lässt sich aus den genannten Informationen berechnen und wird auch von der Kultusministerkonferenz regelmäßig veröffentlicht (Sekretariat der KMK 2013b). Wie der Abbildung 4 zu entnehmen ist, variieren zunächst die Lehrkräfteressourcen zwischen den Ländern. Dann gibt es eine Gruppe von Ländern, die etwa gleiche Personalressourcen je Schüler in der Grundschule und der Sekundarstufe I zur Verfügung stellen. Sie stehen einer anderen Ländergruppe (vor allem in Ostdeutschland und Baden Württemberg) gegenüber, die in der Sekundarstufe I mehr Lehrerstunden je Schüler zur Verfügung stellen. Zur Bedeutung der unterschiedlichen Unterrichts- und Lernbedingungen an den Schulen für die Lern- und Leistungsentwicklung der Schülerinnen und Schüler gibt es – wenn von dem Einfluss der Klassenfrequenz abgesehen wird – keine auf Deutschland bezogene Forschung.

Gebräuchlicher als die ‚Lehrerstunden je Schüler' ist in der öffentlichen Diskussion die Kennziffer ‚Personalausgaben je Schüler', die aber nicht die zeitlichen, sondern nur die finanziellen Ressourcen je Schüler erfasst und von Unterschieden der Vergütung und Besoldung der Lehrkräfte beeinflusst wird. Außerdem gehen auch die Ausgaben für nichtlehrendes pädagogisches Personal und für sonstiges Personal (etwa die Ausgaben für Hausmeister und Schulsekretariate) in den Wert ein (Statistisches Bundesamt 2014, S. 8). Dennoch zeigen sich im Ländervergleich ähnliche Verteilungsmuster zwischen Lehrerstunden je Schüler und Personalausgaben je Schüler (s. Abbildung 4). Die internationalen Statistiken der OECD verwenden die ‚Gehaltskosten der Lehrkräfte pro Schüler' (OECD, 2013, S. 293) und erfassen damit ausschließlich die unmittelbar unterrichtswirksamen Personalausgaben. International werden in der Sekundarstufe I pro Schüler mehr Personalressourcen zur Verfügung gestellt (3.452 $) als in der Primarstufe (2.706 $, 2011). Im internationalen Vergleich wendet Deutschland pro Schüler sowohl in der Primarstufe (3.597 $) als auch in der Sekundarstufe I (4.555 $) deutlich mehr Mittel für Lehrkräfte je Schüler auf als der Durchschnitt der OECD-Länder (OECD, 2013, S. 307). Während im OECD-Durchschnitt die Gehaltskosten je Schüler in der Sekundarstufe II wieder etwas sinken (3.344 $), sind sie in Deutschland mit 5.063 $ nochmals deutlich höher als in der Sekundarstufe I.

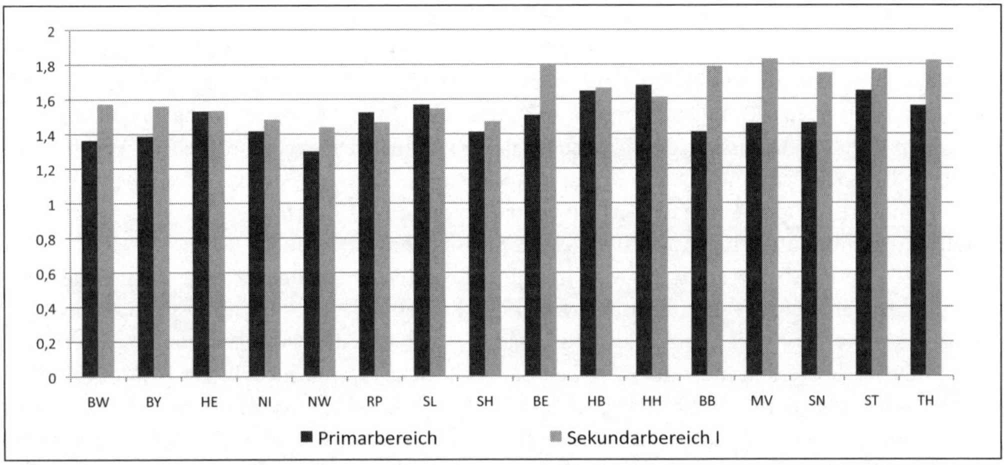

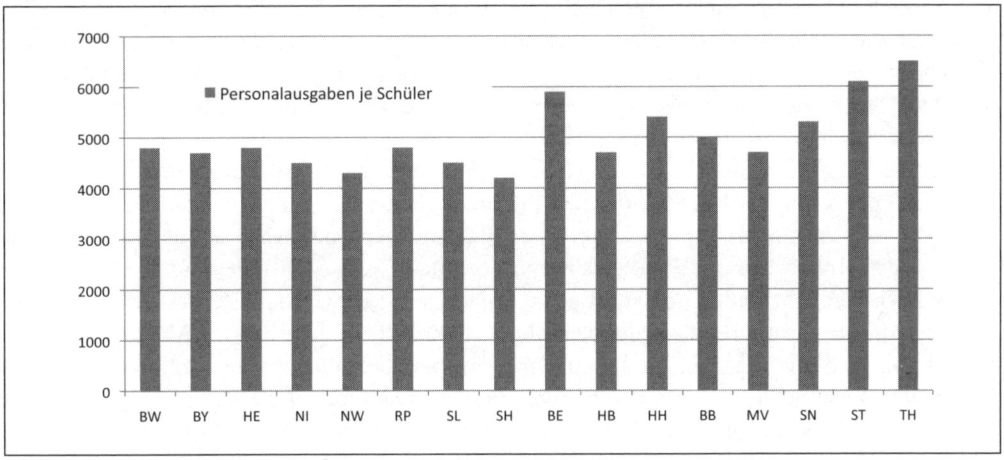

Abbildung 4: Lehrerstunden je Schüler nach Ländern und Schulstufen 2011/12 und Personalausgaben je Schüler (allgemeinbildende und berufliche Schulen) 2011. Quelle: Sekretariat der KMK 2013b, Statistisches Bundesamt 2014, S. 8; teilweise eigene Berechnungen.

2.8 Vergütung und Besoldung der Lehrkräfte

Die Vergütung und Besoldung der Lehrkräfte wurde vor allem durch die OECD thematisiert, die in ihren Berichten immer wieder auf die vergleichsweise hohen Einkommen der Lehrkräfte in Deutschland verweist (OECD 2013, S. 465-484). Schon eine ältere Studie kam zu dem gleichen Ergebnis (Döbrich, Kodron & Kolbe 1976). Nach der Wiedervereinigung haben sich aber zwischen Ost- und Westdeutschland sehr unterschiedliche Beschäftigungsbedingungen für die Lehrkräfte herausgebildet, weil die Lehrkräfte in den neuen Bundesländern zunächst im Angestelltenverhältnis übernommen wurden. Teilweise wurden sie nachträglich verbeamtet, vor allem wenn sie Funktionsstellen an den Schulen übernommen haben. Die Bandbreite des Beamtenanteils unter den Lehrkräften schwankt zwischen 91 % in Baden Württemberg und 3 % in Mecklenburg-Vorpommern (Schneider et al. 2013, S. 130). Vor allem zu beachten ist der zunehmende Anteil von angestellten Lehrkräften (s. dazu auch den Beitrag von Füssel in diesem Band), weil einige Länder Berufsanfänger unter den Lehrkräften in der Regel nicht (mehr) verbeamten

(Berlin, Mecklenburg-Vorpommern, Sachsen und Sachsen-Anhalt). Auch in Hamburg und Bremen sind inzwischen ein Viertel der Lehrkräfte Angestellte. Weitere Unterschiede ergeben sich durch die unterschiedliche Eingruppierung in die Besoldungs- bzw. Vergütungsgruppen (Schneider et al. 2013, S. 131-134). Dadurch gibt es sowohl im Durchschnitt der Eingruppierung zwischen den Ländern Unterschiede als auch in der Spreizung der Besoldungs- bzw. Vergütungsgruppen. Beispielsweise gibt es Länder, in denen sich die Mehrzahl der Gymnasiallehrkräfte in einer Besoldungsgruppe oberhalb der Eingangsbesoldung (A 13) befinden, während in anderen Ländern dies nur für weniger als 10 % der Gymnasiallehrkräfte zutrifft (Schneider et al., 2013, S. 134). Im Vergleich zwischen Angestellten und Beamten ist zu beobachten, dass Angestellte mit gleicher Tätigkeit wie eine beamtete Lehrkraft häufig um eine Vergütungsgruppe niedriger eingruppiert werden, weil für Angestellte zusätzlich die Arbeitgeberanteile zur Sozialversicherung aufgebracht werden müssen. Sie haben dadurch nicht nur ein niedrigeres Bruttogehalt wie eine beamtete Lehrkraft. Durch die bei Angestellten anfallenden Sozialabgaben fällt das Nettogehalt dann nochmals niedriger aus (vgl. Weishaupt & Huth, 2012, S. 95-96). Bei den beamteten Lehrkräften kommen noch zunehmende Unterschiede in den Besoldungsregelungen der Länder hinzu, die – wegen der fehlenden Transparenz – in ihren Auswirkungen nur an Einzelfällen darstellbar sind (Schneider et al. 2013, S. 135-136). Insgesamt ergeben sich zunehmende Unterschiede in den verfügbaren Einkommen zwischen den Lehrkräften innerhalb und zwischen den Ländern, die weiter verfolgt werden sollten.

Im Zusammenhang der Diskussion um die Besoldung der Lehrkräfte wird immer wieder die Frage nach der ökonomischen Lage der Lehrkräfte im Vergleich zu anderen Akademikergruppen angesprochen. Anhand des Mikrozensus lassen sich entsprechende Analysen durchführen. Auf der Basis des Mikrozensus 2005 hatten sie zum Ergebnis, dass zwischen dem durchschnittlichen Einkommen von Lehrkräften und sonstigen Akademikern kein Unterschied besteht (Weishaupt & Huth, 2012, S. 98). Die Einkommensverteilung ist einheitlicher als bei den Akademikern insgesamt, weil es nur wenige Lehrkräfte mit geringem aber auch mit sehr hohem Einkommen gibt (Weishaupt & Huth, 2012, S. 97). Betrachtet man die Einkommen der Haushalte von Lehrkräften im Vergleich zu anderen Akademikern, dann zeigt sich bei den Lehrerhaushalten wieder eine geringere Streuung der Haushaltseinkommen als bei den sonstigen Akademikern. Das Einkommensniveau lag bei Lehrerhaushalten 2005 sogar bei den meisten Haushaltstypen über dem Einkommen der anderen Akademiker (Weishaupt & Huth, 2012, S. 128-131, s. auch Huth & Weishaupt 2012, S. 45). Die vorausgehend beschriebenen Entwicklungen sollten aber dazu führen, nicht nur die durchschnittliche Einkommenssituation, sondern besonders die Situation der Berufseinsteiger im Verhältnis zu den älteren Lehrkräften zu beobachten.

2.9 Berufseinstieg – Seiteneinsteiger – Beschäftigungsdauer

Die Untersuchungen zur Entwicklung des Eintrittsalters bei Beginn der Lehrertätigkeit zeigen eine starke Erhöhung des Durchschnittsalters in den letzten Jahrzehnten. Dies hängt einerseits damit zusammen, dass in der Vergangenheit teilweise die Lehrkräfte direkt nach dem 1. Lehrerexamen in den Schuldienst wechselten und kein Referendariat absolvierten oder die Lehrkräfte der DDR nach einer einphasigen Fachschulausbildung oder dem Lehramtsstudium direkt in den Schuldienst eingestellt wurden (vgl. Schmidt, 1990). Dadurch ist in den älteren Alterskohorten das Durchschnittalter bei Berufsbeginn relativ niedrig. Zur Erhöhung des Durchschnittalters bei Berufsbeginn trug zunächst die Durchsetzung des Referendariats für alle Lehrämter bei. In der Phase des niedrigen Lehrerbedarfs (kein Zusatzbedarf, geringer Ersatzbedarf) von etwa 1980 bis 2000 gelang es den Hochschulabsolventen mit einem Lehrerexamen meist nicht, direkt in das Referendariat und dann in den Schuldienst einzutreten (Hanecka & Lipowsky, 2002; Müller-Rolli, 1998). Dadurch erhöhte sich das Alter bei Berufsbeginn. Nachdem in den letzten Jahren viele Altbewerber noch in den Schuldienst übernommen wurden (Kerst et al., 2008; Züchner et al., 2012) deutet sich in den letzten Jahren wieder ein Trend zur Einstellung jüngerer Bewerber in den Schuldienst an.

Nicht ganz unbedeutend könnten auch die sogenannten Seiteneinsteiger für den Anstieg des Durchschnittsalters bei Beginn der Lehrertätigkeit sein. Der Anteil der Seiteneinsteiger unter den Einstellungen in den öffentlichen Schuldienst betrug im letzten Jahrzehnt etwa 4 % aller in den Schuldienst übernommenen Bewerber (Autorengruppe Bildungsberichterstattung 2012, S. 266). Nach der Definition der KMK gehören dazu Lehrkräfte, „die in der Regel über einen Hochschulabschluss, nicht jedoch über die erste Lehramtsprüfung verfügen und ohne das Absolvieren des eigentlichen Vorbereitungsdienstes in den Schuldienst eingestellt werden“ (Sekretariat der KMK 2013a, S. 27). In einigen Ländern müssen alle Lehramtsbewerber ohne erste Lehramtsprüfung den Vorbereitungsdienst (Referendariat) absolvieren und erscheinen nicht in der Statistik der Seiteneinsteiger der KMK. Insofern erfasst deren Definition nur eine Teilgruppe der Seiteneinsteiger, wenn ihnen auch alle Personen zugerechnet werden, die kein Lehramtsstudium und damit keine erste Lehramtsprüfung abgelegt haben. Dann sind etwa ein Fünftel bis ein Viertel aller Lehrkräfte nach ihren eigenen Angaben Seiteneinsteiger (Huth & Weishaupt, 2012, S. 43). Folglich haben die Seiteneinsteiger einen weit höheren Anteil an allen Lehrkräften als meist angenommen und in der Schulstatistik ausgewiesen wird (Autorengruppe Bildungsberichterstattung, 2012, S. 265). Vor allem Naturwissenschaftler, Mathematiker und Fremdsprachenlehrer wurden nach Angeben der KMK in den letzten Jahren als Seiteneinsteiger eingestellt (Sekretariat der KMK, 2013a, S. 27). Daneben unterrichten relativ viele Musiker und Theologen an den Schulen.

Zwar wird oft die enge Bindung des Lehramtsstudiums an eine Tätigkeit in der Schule betont, doch wurde kaum systematisch untersucht, wie die Berufswege von Lehramtsabsolventen verlaufen. Nicht nur in der Phase eines Überangebots an Lehramtsabsolventen bedeutet die Wahl eines Lehramtsstudiums nicht zwangsläufig ein Interesse an einer anschließenden beruflichen Tätigkeit als Lehrkraft in der Schule. Und in der Tat übt ein erheblicher Teil der Lehramtsabsolventen eine andere berufliche Tätigkeit aus. Hier ist zu unterscheiden zwischen einer Tätigkeit im Bildungswesen aber außerhalb des Schulwesens und einer sonstigen beruflichen Tätigkeit. Den höchsten Anteil an Personen, die ein Lehramtsstudium absolviert haben und nicht als Lehrkraft im Schulwesen tätig sind, weisen die Absolventen des Lehramtes an Berufsschulen auf. Etwa jeder siebte von ihnen arbeitet nicht im Schulwesen und genauso viele üben einen Beruf außerhalb des Bildungswesens aus. Relativ hoch mit fast einem Viertel ist auch der Anteil der Absolventen des Lehramtes an Sonderschulen, der außerhalb des Schulwesens arbeitet (Huth & Weishaupt, 2012, S. 43). Zwar war in der Phase des Überangebots an Lehramtsabsolventen der Anteil von Lehrkräften, die nicht in den Schuldienst wechselten, besonders hoch. Bemerkenswert ist aber der Anteil von 20,6 % aller Lehramtsabsolventen, die auch im letzten Jahrzehnt bei günstigen Übernahmebedingungen in den Lehrerberuf eine andere Berufstätigkeit ausüben (Huth & Weishaupt, 2012, S. 44).

2.10 Berufliche Mobilität

Zur beruflichen Mobilität der Lehrkräfte werden jährlich statistische Informationen von den Kultusministerien erhoben und in der Schulstatistik veröffentlicht. Sie erfassen Zu- und Abgänge von Lehrkräften getrennt nach Geschlecht und allgemeinbildenden und beruflichen Schulen (s. Tabelle 1). Die Qualität der Statistik ist allerdings sehr unzureichend, weil die Meldungen häufig unvollständig sind und einzelne Länder nur in mehrjährigem Abstand Daten liefern. Zu berücksichtigen ist, dass die Mobilitätsinformationen während der Berufstätigkeit (der Wechsel an eine andere Schule und der befristete Abgang bzw. der Wiedereintritt in die Schule) sowohl bei den Zugängen als auch Abgängen erfasst werden. Von den Gründen für den Zugang zum Schuldienst sind die Neueintritte von besonderer Bedeutung. Aber auch die Wiedereintritte in den Schuldienst sind fast halb so hoch wie die Neuzugänge und zusammen mit den sonstigen Zugängen gewinnen die Neueinstellungen weiter an relativer Bedeutung für die Veränderungen in den Kollegien.

Tabelle 1: Bestände, Zu- und Abgänge im Schulwesen in Deutschland nach Gründen von voll- und teilzeitbeschäftigten Lehrkräften an allgemeinbildenden Schulen 2011/12 in v.H. des Personals am Beginn des Schuljahrs (in %)[1]

Bestand/Zu- und Abgänge	Insgesamt	In v. H. des Bestands 2011/12
Bestand im Schuljahr 2011/12	524 400	
Zugänge	48 444	+ 9,2
Abgänge	50 749	- 9,7
Zugänge nach Gründen		
Neueintritt in den Schuldienst[2]	19 406	+ 3,7
Übertritt aus dem Schuldienst[3]	1 022	+ 0,2
Wechsel von einer anderen Schule[4]	14 085	+ 2,7
Wiedereintritt in den Schuldienst	8 232	+ 1,6
Sonstige Zugänge und ohne Angabe	5 699	+ 1,1
Abgänge nach Gründen		
Ruhestand	10 497	- 2,0
Berufsunfähigkeit[5]	2 249	- 0,4
Tod	428	- 0,1
Übertritt in den Schuldienst[3]	995	- 0,2
Wechsel zu einer anderen Schule[6]	14 524	- 2,8
Befristet	11 262	- 2,1
Sonstige Abgänge und ohne Angabe	10 794	- 2,1
Bestand im Schuljahr 2012/13	519 597	- 0,9

1 Lehrerbestand, Zu- und Abgänge teilweise unvollständig oder mit Daten des Vorjahres. 2 Mit abgelegter 2. Staatsprüfung. 3 Eines anderen Bundeslandes infolge Versetzung. 4 Wechsel innerhalb des Landes an die berichtende Schule. 5 Vor Erreichen der Altersgrenze (einschl. Dienst- und Erwerbsunfähigkeit). 6 Wechsel innerhalb des Landes von der berichtenden Schule.

Quelle: Statistisches Bundesamt, Fachserie 11, Reihe 1,2012/13, Tabelle 7.5

Ein weiterer wichtiger Aspekt für Veränderungen in den Kollegien sind Schulwechsel. Nur etwa 3% der Lehrkräfte wechseln innerhalb eines Jahres die Schule, an der sie unterrichten. Von sämtlichen Schulwechseln beziehen sich nur 7% auf Schulwechsel zwischen den Bundesländern. Dies ist ein Hinweis auf die geringe Offenheit der Schulsysteme in Deutschland für Lehrkräfte aus anderen Bundesländern (s. auch Schneider et al. 2013, S. 125-128). In der Differenzierung nach Geschlecht zeigt sich eine höhere Mobilität der Lehrerinnen (Lundgreen 2013, S. 105). Auch ist an allgemeinbildenden Schulen die Mobilität etwas höher als an beruflichen Schulen.

Aus internationaler Perspektive weist Deutschland eine sehr niedrige Mobilitätsrate auf, die aus amerikanischer Sicht als positiv erscheinen muss, weil dort 16% der Lehrkräfte an öffentlichen Schulen durchschnittlich jährlich die Schule wechseln und an vielen Schulen innerhalb von drei bis fünf Jahren die Hälfte des Kollegiums ausgetauscht ist (CCSR 2009, S. 1). Andererseits lässt sich die niedrige Mobilitätsrate in Deutschland auch als innovationsfeindlich ansehen (Sahner, 2003), weil Impulse für die Schulentwicklung durch neue Kolleginnen und Kollegen fehlen. Für die Bewältigung des Schulstrukturwandels in den neuen Bundesländern waren die weitreichenden Versetzungen von Lehrkräften und die Neubesetzung der meisten Schulleitungsstellen eine wichtige Randbedingung (Böttcher, Plath & Weishaupt, 1999). Vor dem Hintergrund zunehmender sozialer Unterschiede zwischen den Schulen wäre es wünschenswert, der Lehrkräftemobilität auch in der deutschen Forschung größere Aufmerksamkeit zu schenken, denn strukturelle Bedingungen an den Schulen scheinen neben personalen Faktoren der Lehrkräfte für die Lehrermobilität ebenfalls bedeutsam zu sein.

Unter den Gründen für das Verlassen des Schuldiensts ist der Ruhestand der wichtigste Grund. Berufsunfähigkeit und Tod haben nur eine untergeordnete Bedeutung. Interessant wäre, die sonstigen Abgänge näher aufzuklären, die ähnlich bedeutsam sind, wie der Antritt des Ruhestands. Die Lücken in der Darstellung und Erläuterung der Erhebung und beispielsweise auch die Inkonsistenzen zwischen der Summe der Zu- und Abgänge sind bedauerliche Mängel dieser Statistik, die wichtige zusätzliche Informationen über die Berufsverläufe von Lehrkräften liefert.

2.11 Beschäftigungsdauer – Berufsausstieg

Die Diskussionen um die Belastung von Lehrkräften und Burnout haben ein Bild über den Berufsverbleib und die Beschäftigungsdauer von Lehrkräften entstehen lassen, das nicht der Realität entspricht. Auf der Grundlage von Analysen des Mikrozensus bilden unter den nicht mehr berufstätigen Akademikern zwischen 30 und unter 65 Jahren die Lehrerinnen (12,2%) und Lehrer (14,4%) eine kleinere Gruppe als die sonstigen Akademikerinnen (19,9%) und Akademiker (17,8%). Unter den nicht mehr berufstätigen männlichen Lehrkräften bis 65 Jahre befinden sich fast ausschließlich Ruheständler, Frührentner und Personen, die aus gesundheitlichen Gründen ihre Berufstätigkeit beendet haben (Huth & Weishaupt, 2012, S. 44-45). Bei den Lehrerinnen sind ebenfalls gesundheitliche Gründe weit wichtiger für eine Beendigung der Berufstätigkeit als für sonstige Akademiker und Akademikerinnen. Bei den Lehrerinnen kommen aber noch persönliche oder familiäre Gründe als wichtige Begründung hinzu. Bei den sonstigen Akademikern beiderlei Geschlechts sind die Entlassung und befristete Arbeitsverträge noch Gründe für die Beendigung der Berufstätigkeit, die bei den Lehrkräften nahezu unbedeutend sind (s. auch Weishaupt & Huth, 2012, S. 29-43).

Um ein vollständiges Bild des Berufsausstiegs zu bekommen, können die Gründe des Berufsausstiegs um das Alter der Betroffenen vervollständigt werden. Dabei ist von Interesse, zwischen Beamten und Angestellten zu unterscheiden. Die Betrachtung des Alters der Personen, die nicht berufstätig sind und die keine Beschäftigung suchen, zeigt, dass unter Berücksichtigung des Berufsstatus männliche Lehrkräfte genauso wie männliche andere Akademiker relativ spät ihre Berufstätigkeit beenden (Huth & Weishaupt 2012, S. 44-45). Frauen mit Beamtenstatus beenden ihre Berufstätigkeit etwas früher als Männer. Bei den sonstigen Akademikerinnen mit Beamtenstatus ist die Spannweite des Ausstiegsalters etwas höher als bei Lehrerinnen. Die männlichen Lehrkräfte mit Angestelltenstatus beendeten die Berufstätigkeit durchschnittlich im gleichen Alter wie ihre Kollegen mit Beamtenstatus im Alter von 62 Jahren. Bei anderen männlichen Akademikern beträgt der Median des Ausstiegsalters 63 bei den Beamten und 60 Jahre bei den Angestellten.

Besonders auffallend ist der Unterschied zwischen Lehrerinnen und anderen Akademikerinnen im Angestelltenstatus. Die Spannweite des Alters, in dem andere Akademikerinnen ihre Berufstätigkeit beendeten ist viel größer als bei den Lehrerinnen. Die Lehrerinnen mit Beamtenstatus beendeten ihre Berufstätigkeit durchschnittlich mit 60 Jahren, die Lehrerinnen mit Angestelltenstatus mit 57 Jahren. Bei anderen Akademikerinnen betragen die entsprechenden Zahlen 59 und 47 Jahre.

Die multivariate Analyse des Berufsausstiegsalters ergab, dass nicht der Beruf (Lehrkräfte versus andere Akademiker), sondern das Geschlecht und der berufliche Status entscheidend für den Zeitpunkt der Beendigung der Berufstätigkeit sind. Lehrkräfte sind im Durchschnitt insgesamt länger berufstätig als andere Akademiker; dazu trägt vor allem der Beamtenstatus bei den Lehrerinnen bei. In der Diskussion über die Gründe des Berufsausstiegs sollten deshalb nicht nur die individuellen Belastungsfaktoren und Motive, sondern auch die arbeitsrechtlichen Bedingungen berücksichtigt werden. Dies betrifft in stärkerem Maße Frauen als Männer. (s. auch: Autorengruppe Bildungsberichterstattung 2012, S. 84-85).

2.12 Pensionierungszeitpunkt

Für die Beamten unter den Lehrkräften kann anhand der Statistik der Versorgungsempfänger die Entwicklung der Ursachen für den Ruhestand und das Durchschnittsalter bei Ruhestandsbeginn ermittelt werden. Diese Daten gestatten einen Vergleich der Lehrkräfte mit den anderen Beamtengruppen. Auffallend ist an der Entwicklung seit 2000, dass eine Dienstunfähigkeit als Ruhestandsgrund ganz erheblich an Bedeutung verloren hat und seit 2005 die Regelaltersgrenze von 65 Jahren der häufigste Ruhestandsgrund ist (Autorengruppe Bildungsberichterstattung, 2012, S. 84). Mit dieser Entwicklung verbunden ist ein kontinuierlicher Anstieg des Durchschnittsalters bei Ruhestandsbeginn. Inzwischen liegt das Durchschnittsalter der Lehrkräfte bei Ruhestandsbeginn bei 64 Jahren. Durch das Hinausschieben des Pensionszeitpunkts in den kommenden Jahren dürfte sich das durchschnittliche Pensionsalter weiter erhöhen. Im Vergleich der Beamtengruppen weisen die Lehrkräfte inzwischen das höchste Durchschnittsalter bei Ruhestandsbeginn auf. In welchem Umfang Teilzeitbeschäftigung dazu beiträgt, den Ruhestandsbeginn hinauszuschieben, kann an den verfügbaren Daten nicht untersucht werden.

2.13 Arbeitsmarkt der Lehrkräfte

Verschiedentlich wurde schon darauf verwiesen, dass der Arbeitsmarkt der Lehrkräfte in der zeitlichen Entwicklung großen Veränderungen unterlag. Bis Ende der 1960er Jahre gingen die Bildungsplaner langfristig von jährlichen Geburtenzahlen von über einer Million aus. Nur so lässt sich rückblickend der starke Überhang an Lehramtsabsolventen in den 1980er Jahren und von „1990 mehr als 160 Tausend über den Bedarf hinaus ausgebildete(n) Lehrer(n)" (Weishaupt et al., 1988, S. 77) erklären. Man sieht in der historischen Entwicklung, dass nicht nur die Zahl der Absolventen in der Vergangenheit starken Schwankungen unterlag, sondern auch deren Beschäftigungschancen im Schulwesen. So sind z.B. für die Abschlussjahrgänge 1990–1994 die niedrigsten Zahlen an Lehramtsabsolventen festzustellen bei gleichzeitig sehr niedrigem Anteil der Beschäftigung im Bildungswesen. Dagegen zeigen die Abschlussjahrgänge 1995–1999 sehr hohe Absolventenzahlen bei gleichzeitig hoher Quote an Beschäftigten im Bildungswesen (Huth & Weishaupt, 2012, S. 44).

Die aktuell vorgelegten Modellrechnungen der Kultusministerkonferenz zum Lehrerbedarf bis 2025 (Sekretariat der KMK 2013c) zeigen eine zwischen Ost- und Westdeutschland und nach Lehrämtern sehr unterschiedliche Entwicklung des Lehrereinstellungsbedarfs und -angebots. Obwohl durch das hohe Durchschnittsalter der Lehrkräfte (Autorengruppe Bildungsberichterstattung 2012, S. 41) relativ viele im kommenden Jahrzehnt den Schuldienst verlassen werden, rechnet die KMK – ausgehend von einer steigenden Zahl von Absolventen eines Lehramtsstudiums – insgesamt mit einem über den Bedarf hinausgehenden Lehrkräfteangebot. In den ostdeutschen Ländern ist eher mit einem Unterangebot zu rechnen, das aber durch ein Überangebot in den westdeutschen Ländern mehr als ausgeglichen wird. Das größte Überangebot ist bei den Lehrkräften für die Sekundarstufe II (Gymnasien) zu erwarten, während vor allem ein Mangel an Lehrkräften für berufliche Fächer und sonderpädagogische Lehrämter bestehen wird. Insgesamt gehen die Modellrechnungen von sehr vereinfachten Annahmen aus und bieten daher nur eine grobe Orientierung. Nicht einbezogen werden z.B. Altbewerber für den Schuldienst. Insbesondere berücksichtigen sie aber nicht den fächerspezifischen Lehrkräftebedarf, obwohl bekannt ist, dass die studierten Fachrichtungen der Lehramtsanwärter nicht immer dem Unterrichtsbedarf an den Schulen entsprechen. In dem Bericht der KMK wird nur vermerkt, dass vor allem in Mathematik, den Naturwissenschaften und Musik mit einem erhöhten Einstellungsbedarf zu rechnen ist. Die Beschäftigung mit der Ausbildungssituation in den künstlerischen Fächern zeigte, dass für den dortigen Mangel – verstärkt noch im Primar- als im Sekundarbereich – fehlende Ausbildungskapazitäten verantwortlich sind (Autorengruppe Bildungsberichterstattung, 2012, S. 190-192), ein schon langfristig bestehender Mangel, der bisher aber nicht behoben werden soll und mit zu einem nicht bedarfsgerechten Lehrkräfteangebot beiträgt.

Nicht erkennbar ist aus den Bedarfsberechnungen, in welchem Maße eine Veränderung der Bedarfsfaktoren darin berücksichtigt sind, die sich beispielsweise durch die Ausweitung des Ganztagsunterrichts und der inklusiven Förderung von Schülerinnen und Schülern mit sonderpädagogischem Förderbedarf ergeben. Es liegen bereits ältere Studien vor, die diese zusätzlichen Bedarfsfaktoren für die Berechnung des Personal- und damit Finanzbedarfs des Bildungssystems hervorheben (s. z.B. Klemm, 2009; Robert Bosch Stiftung, 2006, Autorengruppe Bildungsberichterstattung, 2010, S. 191-192). Dabei geht es vornehmlich um die Nutzung der sich durch die rückläufigen Schülerzahlen ergebenden Handlungsspielräume für Qualitätsverbesserungen des Unterricht und der ergänzenden Förderung der Schülerinnen und Schüler an den Schulen.

2.14 Lehrerarbeitslosigkeit

Im Zusammenhang der Statistik über Lehrereinstellungen berichtete die KMK von 1973 bis 2003 auch über die Arbeitslosigkeit von Lehrkräften (Lundgreen, 2013, S. 136-138). Dabei handelt es sich um Daten der Bundesanstalt für Arbeit, die bis heute noch in deren statistischen Veröffentlichungen erscheinen (Züchner, Weishaupt & Rauschenbach, 2012, S. 113-114), wenn auch in etwas anderen Abgrenzungen (die KMK berücksichtigt nur Lehrkräfte mit 2. Staatsexamen). Da Lehrkräfte im Regelfall keinen Anspruch auf Arbeitslosengeld haben, ist die statistische Erfassung der Lehrerarbeitslosigkeit sehr fehlerbehaftet. Dennoch spiegelt der Verlauf der Entwicklung die Einstellungssituation der Bewerber um eine Lehrerstelle gut wider. In den 1980er Jahren stieg die Lehrerarbeitslosigkeit stark an und bewegte sich von Anfang bis Mitte der 1990 Jahre auf einem wieder reduzierten Niveau (Lundgreen, 2013, S. 137). Ab 1996 nimmt sie nochmals deutlich zu, weil dann auch die ostdeutschen Lehrkräfte miterfasst wurden. Ab 2000 hat sie sich auf einem niedrigen Niveau stabilisiert. Seit 2005 sind durch eine Umstellung der Statistik die Angaben nicht mehr mit den Vorjahren vergleichbar. Aber seitdem zeigte sich bei den Lehrämtern ein weiterer Rückgang der Arbeitslosigkeit. Durch polyvalente konsekutive Studiengänge soll nicht zuletzt mit dazu beigetragen werden, dass Lehramtsabsolventen auch in anderen Berufsfeldern eine Beschäftigung finden können. So wirken sich möglicherweise zunehmend sowohl eine insgesamt günstige Einstellungssituation für Lehramtsbewerber als auch eine größere Bereitschaft zu einer Berufstätigkeit außerhalb der Schule flexibilisierend auf die Angebots-Nachfrage-Beziehungen am Lehrerarbeitsmarkt aus.

3. Theorien, Modelle, Methoden der aktuellen Forschung

Bezogen auf die hier untersuchten Zusammenhänge ist sicher die zyklische Abfolge von „Überfüllung“ und „Mangel“, von schlechten und guten Karriereaussichten im Lehrerberuf (Lundgreen, 2013, S. 109) eine zentrale Fragestellung der historischen Bildungsforschung. Sie ordnet sich ein in die Ansätze, unterschiedliche Zyklen der Bildungssystementwicklung herauszuarbeiten. Eine spezielle Facette dieser Forschung sind die Analysen zu Feminisierungsprozessen im Schulwesen (Schmude, 1988). Zunehmend wird auch die Frage nach dem Stellenwert von Lehrkräften mit Migrationshintergrund im Schulwesen thematisiert (Edelmann, 2008).

Im Zusammenhang der Entwicklung des Lehrkräftebedarfs gibt es unterschiedliche methodische Ansätze zur Lehrerbedarfsberechnung (Klemm & Köhler, 1976; Vief, 1981), die das wissenschaftlichen Standards nicht genügende Verfahren der KMK ergänzen. Die Lehrerbeschäftigung und die daraus resultierenden Belastungen für die öffentlichen Haushalte sind immer wieder ein Thema bildungsökonomischer Studien (s. z.B. Färber, 1997). Überlegungen zur Flexibilisierung der Lehrerarbeitszeit (Klemm, 1999) und zur Differenzierung der Aufgaben der Lehrkräfte hatten in den letzten Jahren in der Forschung keinen nennenswerten Stellenwert.

Durch entsprechende Analysen der OECD (2013, S. 293-312) wurde in den letzten Jahren darauf aufmerksam gemacht, dass die Unterschiede in den Gehaltskosten der Lehrkräfte pro Schüler zwischen den untersuchten Staaten sich aus Unterschieden der Lerngruppengröße, der erteilten Unterrichtsstunden der Lehrkräfte, der Unterrichtszeit der Schülerinnen und Schüler und dem Gehalt der Lehrkräfte ergeben können. Über ein elaboriertes methodisches Verfahren können die Beiträge der einzelnen Faktoren zu den Unterschieden zwischen den Staaten ermittelt werden. Dadurch werden unterschiedliche politische Strategien des Lehrkräfteeinsatzes und der Unterrichtsbedingungen der Lehrkräfte deutlich.

Zur Ausstattungsqualität des Arbeitsplatzes der Lehrkräfte gibt es keine regelmäßig verfügbaren Informationen, beispielsweise zu eigenen Arbeitsplätzen (Tegge, 2013), dem Angebot an Fachliteratur, Möglichkeiten der Nutzung des Internets, von Kopierern und anderen Vorkehrungen zur Erleichterung der Unterrichtstätigkeit und der Förderung der Lehrkräfte als Mitarbeiter im „Schulbetrieb“. In dieser Perspektive lässt sich auch die Schule als Lernort für Lehrkräfte ansehen. Die mit dieser Fragestellung ermittelten Ergebnisse zeigen insgesamt große Defizite und zugleich erhebliche Unterschiede zwischen den einzelnen Schulen (Heise, 2009). Im Zusammenhang von Überlegungen zu einer gesundheitsbewussten Schule und zur Lehrergesundheit (Schumacher et al., 2012; DAK-Gesundheit & Unfallkasse NRW, 2012) gewinnen auch Fragen der Lärmbelästigung in der Schule in der Forschung Resonanz (Tiesler & Oberdörster, 2010; Bähr, Schega, Sütterlin & Wagner, 2013).

Insgesamt ist die Beschäftigung mit den hier angesprochenen Aspekten der Lehrertätigkeit eher deskriptiv orientiert und von dem Bestreben geleitet, situativ sinnvolle Erklärungen für beobachtbare Entwicklungen zu finden oder Handlungsempfehlungen für die Verbesserung der bestehenden Situation zu geben. Es zeichnet sich aber aus den Ergebnissen die Einschätzung ab, die Lehrkräfte sehr viel stärker als normale Arbeitnehmer zu sehen und kein idealisiertes Bild der Lehrerschaft zu zeichnen. Dafür sind Untersuchungen hilfreich, die Lehrkräfte mit anderen akademischen Berufsgruppen vergleichen oder sie international vergleichend betrachten.

4. Fazit zum Forschungsstand

Der Forschungsstand zu den hier beschriebenen Aspekten der Lehrertätigkeit ist aus mehreren Gründen unbefriedigend. Zunächst ist die Beschäftigung mit der Situation der Lehrerschaft als gesellschaftlicher Gruppe im Vergleich zu anderen Erwerbstätigen eher ein Randthema in der Lehrerforschung. Insbesondere die Analysen des Mikrozensus zeigen aber die Notwendigkeit, die Lehrerschaft als gesellschaftliche Gruppe stärker neben anderen Akademikergruppen zu betrachten.

Es wäre eine Aufgabe der Forschung für die Zukunft, der Bedeutung der hier betrachteten unterschiedlichen Einsatzbedingungen der Lehrkräfte und den sich daraus ergebenden Unterrichts- und Lernbedingungen an den Schulen für die Lern- und Leistungsentwicklung der Schülerinnen und Schüler intensiver nachzugehen. Bisher beziehen sich Untersuchungen vor allem auf den Einfluss der Klassenfrequenz, weniger die Unterrichtsbelastung der Lehrkräfte und die Unterrichtszeit der Schülerinnen und Schüler.

Bildungsökonomische Studien zur Lehrerbeschäftigung, Arbeitszeitgestaltung und Besoldung bzw. Vergütung sind weiterhin weitgehend ein Desiderat. Sie müssten in Zukunft wieder stärker mit Lehrerbedarfsberechnungen und allgemeinen Aspekten der Bildungsfinanzierung in Beziehung gesetzt werden (Weishaupt et al., 1988).

Ein erhebliches Problem der Lehrerforschung mit Daten der Bildungsstatistik stellt der fehlende Datenzugang dar. Eine Strukturanalyse der Lehrerschaft und der Unterrichtstätigkeit mit den über sie vorliegenden statistischen Informationen wird in Deutschland schon deshalb nahezu unmöglich gemacht, weil der Beschluss der Kultusministerkonferenz zur Bereitstellung eines Kerndatensatzes von schulstatistische Individualdaten in allen Ländern der Bundesrepublik bisher nur in einigen Ländern umgesetzt wurde. Er würde für alle Lehrkräfte die individuelle Kombination von Geschlecht, Geburtsmonat, Staatsangehörigkeit, Schulart, Lehramtsprüfung und Lehrbefähigung, Regelpflichtstundenzeit, Mehrarbeit bzw. Stundenreduktion und Schule, an der unterrichtet wird, gestatten und damit vielfältige weiterführende Analysen zu den hier angesprochenen Aspekten gestatten. Doch selbst wenn die Daten bereitstehen würden, fehlen in den meisten Ländern Regelungen in den Schulgesetzen für den Datenzugang für die Forschung – vergleichbar den Regelungen in § 16 des Bundesstatistikgesetzes – und Regelungen für den Datenzugang über Forschungsdatenzentren der Länder. Angesichts dieser Probleme des Datenzugangs für die Forschung kann es nicht verwundern, dass zu den hier angesprochenen Themen nahezu keine Forschung existiert.

Literatur

Autorengruppe Bildungsberichterstattung: H. Weishaupt, M. Baethge, H. Döbert, H.P. Füssel, H.W. Hetmeier, T. Rauschenbach, U. Rockmann, S. Seeber & A. Wolter (2010). *Bildung in Deutschland 2010. Ein indikatorengestützter Bericht mit einer Analyse zu Perspektiven des Bildungswesens im demografischen Wandel.* Bielefeld: Bertelsmann.

Autorengruppe Bildungsberichterstattung: H. Weishaupt, M. Baethge, H.P. Füssel, H.W. Hetmeier, T. Rauschenbach, U. Rockmann, S. Seeber & A. Wolter (2012). *Bildung in Deutschland 2012. Ein indikatorengestützter Bericht mit einer Analyse zur kulturellen Bildung im Lebenslauf.* Bielefeld: Bertelsmann.

Bähr, S., Schega, M., Sütterlin, K. & Wagner, S. (2013). Eine leise Schule gestalten. *Pädagogik, 65* (1), 24-26.

Böhm-Kasper, O., Bos, W., Körner, S. C. & Weishaupt, H. (2001). *Sind 12 Schuljahre stressiger? Belastung und Beanspruchung von Lehrern und Schülern am Gymnasium.* Weinheim: Juventa.

Böttcher, I., Plath, M. & Weishaupt, H. (1999). *Gestaltung einer neuen Schulstruktur. Zur inneren Entwicklung von Regelschulen und Gymnasien in Thüringen.* Münster: Waxmann.

CCSR (2009). *The Schools Teachers Leave. Teacher Mobility in Chicago Public Schools.* Chicago: CCSR. http://ccsr.uchicago.edu/sites/default/files/publications/CCSR_Teacher_Mobility.pdf

DAK-Gesundheit & Unfallkasse NRW (Hrsg.) (2012). *Handbuch Lehrergesundheit – Impulse für die Entwicklung guter gesunder Schulen* (2. überarb. und erw. Aufl.). Köln: Carl Link.

Döbrich, P., Kodron, C. & Kolbe, M. (1976). *Lehrerbesoldung im internationalen Vergleich.* Weinheim: Beltz.

Edelmann, D. (2008). *Pädagogische Professionalität im transnationalen sozialen Raum. Eine qualitative Untersuchung über den Umgang von Lehrpersonen mit der migrationsbedingten Heterogenität ihrer Klassen* (2. Aufl.). Berlin: Minerva.

Färber, G. (1997). Demografische Entwicklung, Schulden, Pensionen und die Entwicklung der öffentlichen Haushalte. In W. Böttcher, H. Weishaupt & M. Weiss (Hrsg.), *Wege zu einer neuen Bildungsökonomie. Pädagogik und Ökonomie auf der Suche nach Ressourcen und Finanzierungskonzepten* (S. 18-40), Weinheim: Juventa.

Freie und Hansestadt Hamburg (2005): *Das Lehrerarbeitszeitmodell in Hamburg. Bericht zur Evaluation*, Hamburg: Behörde für Bildung und Sport. http://www.hamburg.de/contentblob/70400/data/laz-bericht.pdf [09.12.2013]

Hanecka, H. P. & Lipowsky, F. (2002). Quo vadis magister? Berufliche Wege von Lehramtabsolventen. *Zeitschrift für Pädagogik, 48* (3), 414-434.

Heise, M. (2009). *Informelles Lernen von Lehrkräften. Ein Angebots-Nutzungs-Ansatz.* Münster: Waxmann

Hessisches Institut für Bildungsplanung und Schulentwicklung (Hrsg.) (1982). *Schulentwicklung bei sinkenden Schülerzahlen* (Materialien zur Schulentwicklung, Heft 1). Wiesbaden: HIBS.

Huth, R. & Weishaupt, H. (2012). Was wissen wir über Bedingungen der Lehrertätigkeit? *Pädagogik 64* (3), 42-47.

Kerst, C., Rauschenbach, T., Weishaupt, H., Wolter, A. & Züchner, I. (2008). Studienabschlüsse und Arbeitsmarkt. In K.-J. Tillmann, T. Rauschenbach, R. Tippelt & H. Weishaupt (Hrsg.), *Datenreport Erziehungswissenschaft 2008* (S. 59-86), Opladen: Budrich.

Klemm, K. (1999). Neuere Entwicklungen auf dem Gebiet der Lehrerarbeitszeit. *Recht der Jugend und des Bildungswesens, 47* (4), S. 463-471.

Klemm, K. (2009). *Bildungsausgaben im föderalen System. Zur Umsetzung der Beschlüsse des ‚Bildungsgipfels'.* Berlin: Friedrich Ebert Stiftung.

Klemm, K & Köhler, G. (1976). *Volle Klassen-Lehrerschwemme. Probleme des Lehrerbedarfs und die Folgen für die Schulreform*. Weinheim: Beltz.

Krauss, P. (1997). Lehrerarbeitszeit in der Retrospektive. Zur Entwicklung der Lehrerarbeitszeit in Deutschland. *Recht der Jugend und des Bildungswesens, 45* (1), 60-70.

Lundgreen, P. (2013). *Die Lehrer an den Schulen in der Bundesrepublik Deutschland 1949–2009*. Göttingen: Vandenhoeck & Ruprecht.

Ministerium für Schule und Weiterbildung, Wissenschaft und Forschung (1999). *Untersuchung zur Ermittlung, Bewertung und Bemessung der Arbeitszeit der Lehrerinnen und Lehrer im Land Nordrhein-Westfalen. Zusammenfassung*, Düsseldorf: MSWWF NRW.

Ministerium für Schule und Weiterbildung des Landes Nordrhein-Westfalen (2013). *Das Schulwesen in Nordrhein-Westfalen aus quantitativer Sicht 2012/13, Statistische Übersicht 379* (1. Aufl.). http://www.schulministerium.nrw.de/docs/bp/Ministerium/Service/Schulstatistik/Amtliche-Schuldaten/StatUebers379-Quantita2012-2013.pdf [09.12.2013]

Müller-Rolli, S. (1998). Lehrerbildung. In C. Führ & C. L. Furck (Hrsg.), *Handbuch der deutschen Bildungsgeschichte, Bd. VI 1945 bis zur Gegenwart. Erster Teilband. Bundesrepublik Deutschland* (S. 398-411). München: Beck.

OECD (2013). *Bildung auf einen Blick. OECD-Indikatoren*. Bielefeld: Bertelsmann.

Robert Bosch Stiftung (2008). *Demografie als Chance. Demografische Entwicklung und Bildungssystem – finanzielle Spielräume und Reformbedarf. Studie von Prognos AG*. Stuttgart: Robert Bosch Stiftung.

Rudow, B. (1994). *Die Arbeit des Lehrers. Zur Psychologie der Lehrertätigkeit, Lehrerbelastung und Lehrergesundheit*. Bern/Göttingen: Huber.

Sahner, B. (2003). *Schulwechselhäufigkeit von LehrerInnen und ihre Professionelle Beweglichkeit. Empirische Auseinandersetzung mit einer doppelten Illusion*. Kassel: university press, http://www.uni-kassel.de/upress/online/frei/978-3-933146-93-9.volltext.frei.pdf [11.12.2013]

Schaarschmidt, U., Fischer, A.W., Sieland, B., Rahm, T. & Tarnowski, T. (2007). *Die Arbeitszeit der Lehrerinnen und Lehrer in Nordrhein-Westfalen. Ergebnisse und Vorschläge der Projektgruppe QuAGiS zur Entwicklung eines zukunftsfähigen Arbeitszeitmodells*. Wampersdorf/ Lüneburg: Qualität, Arbeit und Gesundheit in Schulen. http://www.quagis.de/downloads/pdf-Dateien/BerichtLAZLangfassung.PDF [09.12.2013]

Schmidt, G. (1988). Ende des Lehrermangels in der DDR: Implikationen für Lehrerausbildung und Lehrertätigkeit. *Die Deutsche Schule, 80* (1), 47-61.

Schmidt, G. (1990). Lehrerbildung und Lehrerschaft in der DDR. In O. Anweiler, W. Mitter, H. Peisert, H.-P. Schäfer & W. Strathenwerth (Hrsg.), *Vergleich von Bildung und Erziehung in der Bundesrepublik Deutschland und in der Deutschen Demokratischen Republik (Materialien zur Lage der Nation)* (S. 526-538). Köln: Wissenschaft und Politik

Schmude, J. (1988). Frauen im Lehrerberuf – Die Feminisierung des Lehrerberufs im Grund- und Hauptschulwesen am Beispiel Baden-Württemburgs. *Zeitschrift für internationale erziehungs- und sozialwissenschaftliche Forschung 5* (2), S. 341-359.

Schneider, K., Weishaupt, H., Schwarz, A., Makles, A., Gawronski, K. & Diepers, B. (2013). *Ungleichheiten im Bildungswesen und der Bildungsföderalismus. Studie im Auftrag der Initiative Neue Soziale Marktwirtschaft*. http://www.insm.de/insm/Publikationen.html [09.12.2013]

Schumacher, L., Nieskens, B., Sieland, B., Heyse, H., Dadaczynski, K., Petzel, T., Rupprecht, S., Erbring, S., Bräuer, H., Thomas, H. & Hundeloh, H. (2012): *Handbuch Lehrergesundheit. Impulse für die Entwicklung guter gesunder Schulen*. Hamburg/Düsseldorf: DAK-Gesundheit und Unfallkasse Nordrhein-Westfalen. http://www.unfallkasse-nrw.de/fileadmin/server/download/ Regeln_und_Schriften/Informationen_Schueler-UV/SI_8077.pdf [09.12.2013]

Sekretariat der KMK (2013a). *Einstellung von Lehrkräften 2012* (Statistische Veröffentlichungen der Kultusministerkonferenz. Dokumentation Nr. 199). Berlin: Sekretariat der KMK. http://www.kmk.org/fileadmin/pdf/Statistik/Dokumentationen/Dok_199_EvL_2012.pdf [11.12.2013]

Sekretariat der KMK (2013b). *Schüler, Klassen, Lehrer und erteilte Unterrichtsstunden nach Bildungsbereichen. Allgemeinbildende und berufliche Schulen*. Berlin: Sekretariat der KMK.

Sekretariat der KMK (2013c). *Lehrereinstellungsbedarf und -angebot in der Bundesrepublik Deutschland Modellrechnung 2012–2015. Beschluss der Kultusministerkonferenz vom 20.6.2013*. Berlin: Sekretariat der KMK. http://www.kmk.org/fileadmin/pdf/Statistik/Dokumentationen/Dok_201_LEB_LEA_2013.pdf [12.12.2013].

Statistisches Bundesamt (2014). *Bildungsausgaben. Ausgaben je Schüler/-in 2011*. Wiesbaden: Statistisches Bundesamt. https://www.destatis.de/DE/Publikationen/Thematisch/BildungForschungKultur/BildungKulturFinanzen/AusgabenSchueler5217109107004.pdf?__blob=publicationFile [09.04.2014]

Tegge, E. (2013). Feste Lehrerarbeitsplätze in der Schule. Ein Konzept zur Verbesserung der Arbeitsbedingungen. *Pädagogik, 65* (1), 14-17.

Tiesler, G. & Oberdörster, M. (2012): *Lärm in Bildungsstätten*. Dortmund: Bundesanstalt für Arbeitsschutz und Arbeitsmedizin. http://www.inqa.de/SharedDocs/PDFs/DE/Publikationen/laerm-in-bildungsstaetten-pdf.pdf?__blob=publicationFile [09.12.2013]

Vief, B. (1981). *Ein Modell zur Lehrerbedarfsberechnung. Lehrerbedarf in Berlin als bildungs- und arbeitsmarktpolitisches Problem*. München: Minerva.

Weishaupt, H. Weiß, M., v. Recum, H. & Haug, R. (1988). *Perspektiven des Bildungswesens in der Bundesrepublik Deutschland*. Baden-Baden: Nomos.

Weishaupt, H. (2002). Lehrerbildung aus der Perspektive der Statistik. In H. Merkens, T. Rauschenbach & H. Weishaupt (Hrsg.): *Datenreport Erziehungswissenschaft 2. Ergänzende Analysen* (S. 11-28). Opladen: Leske+Budrich.

Weishaupt, H. & Huth, R. (2012). *Systematisierung der Lehrerforschung und Verbesserung ihrer Datenbasis: Möglichkeiten des Mikrozensus zur Analyse der sozialen Situation der pädagogischen Berufe unter besonderer Berücksichtigung der Lehrerschaft*. (Bildungsforschung, Bd. 36). Bonn: BMBF. http://www.bmbf.de/pub/bildungsforschung_band_sechsunddreissig.pdf).

Wigger, L. & Ruhberg, C. (2012). Lehramtsstudiengänge. In W. Thole, H. Faulstich-Wieland, K.-P. Horn, H. Weishaupt & I. Züchner (Hrsg.): *Datenreport Erziehungswissenschaft 2012* (S. 54-66). Opladen: Barbara Budrich.

Züchner, I., Weishaupt, H. & Rauschenbach, T. (2012). Lehramtsabschlüsse und Lehrerarbeitsmarkt. In W. Thole, H. Faulstich-Wieland, K.-P. Horn, H. Weishaupt & I. Züchner (Hrsg.): *Datenreport Erziehungswissenschaft 2012* (S. 107-114). Opladen: Barbara Budrich.

Hans-Peter Füssel

Rechtsstellung, Laufbahnen und Besoldung der Lehrkräfte

1. Einleitung

Lehrkräfte stehen in den meisten Fällen im Dienst eines Bundeslandes, nur an einigen Schulen in Bayern[1] sowie in Bremen[2] werden sie von einer kommunalen Gebietskörperschaft beschäftigt. Ihre Rechtsstellung richtet sich mithin nach den Vorgaben des jeweiligen Landesrechts in den 16 Bundesländern. Dabei beschäftigen die Länder die Lehrkräfte in unterschiedlichen Formen von Rechtsverhältnissen, als Beamte oder als Beschäftigte (früher: Beschäftigte[3]); und dabei bestehen zwischen den Ländern höchst beachtliche Unterschiede: während in Baden-Württemberg 90,7 % aller Lahrkräfte im Beamtenverhältnis tätig sind, in Bayern 85,4 %, sind es in Sachsen nur 3,2 % und in Mecklenburg-Vorpommern nur rund 0,1 %[4].

Während durch die bundesweite Geltung des Tarifvertrages für den öffentlichen Dienst der Länder (TV-L) eine deutliche Vereinheitlichung bei der Bestimmung der Rechtsverhältnisse der beschäftigten Lehrkräfte besteht, gilt dies für die beamteten Lahrer und Lehrerinnen nicht im gleichen Maße. Als Folge der Reform des Grundgesetzes vom 26. August 2006[5] ist die zuvor bestehende bundesweite Einheitlichkeit bei den Rechtsverhältnissen der Beamtinnen und Beamten nach der ausdrücklichen Zielsetzung dieser Grundgesetzänderungen aufgegeben worden; auch insoweit wird nunmehr ein „Wettbewerbsföderalismus“ zwischen den Bundesländern angestrebt. Vor dieser Grundgesetzänderung wurde die Rechtsstellung der Landesbeamten durch das auf dem alten[6] Art. 75 Abs.1 Satz 1 Nr. 1 des Grundgesetzes (GG) fußende Beamtenrechtsrahmengesetz (BRRG) geprägt, Fragen der Besoldung und Versorgung[7] wurden bundeseinheitlich auf der Grundlage des Art. 74a Abs.1 GG in der alten Fassung[8] geregelt, nunmehr gelten die entsprechenden bundesrechtlichen Vorgaben nur noch übergangsweise bis zum Erlass entsprechender Landesregelungen fort, wie Art. 125 a Abs.1 Satz 1 GG klarstellt. Gleichzeitig enthält die neu eingefügte Regelung im Art. 74 Abs.1 Nr. 27 GG die Bestimmung, dass der Bund einheitlich die „Statusrechte“ und „Statuspflichten“ auch der Beamten der Länder und der Kommunen regeln kann, ausdrücklich jedoch nicht die Laufbahnen, die Besoldung und die Versorgung. Von dieser Gesetzgebungsmöglichkeit hat der Bund Gebrauch gemacht und im Juni 2008 das Beamtensta-

1 S. Art. 15 des Bayerischen Schulfinanzierungsgesetzes vom 31. Mai 2000 (GVBl. S. 455) i.d.F. vom 18. Dezember 2012 (GVBl. S. 686); dazu auch Weiß, W., Schule als Kommunale Gestaltungsaufgabe, in RdJB 2012, S. 302 (312).

2 § 8 Abs.1 Bremisches Schulverwaltungsgesetz vom 28. Juni 2005 (GBl. S. 280) i.d.F. vom 23. Juni 2009 (GBl. S. 237): Lehrkräfte werden danach von den Stadtgemeinden Bremen oder Bremerhaven beschäftigt; zum Modellversuch in Jena, s. Weiß (Fußnote 1).

3 Mit dem Inkrafttreten des Tarifvertrages für den öffentlichen Dienst der Länder vom 12. Oktober 2006 wurde die frühere Unterscheidung zwischen Arbeitern und Angestellten im öffentlichen Dienst durch den einheitlichen Begriff der Beschäftigten ersetzt (vgl. § 1 Abs.1).

4 Stand: 30. Juni 2011, s. Gehrke, A./Bruno-Latocha, G: Die Verbeamtungspraxis der Bundesländer bei Lehrkräften, in: RdJB 2013, S. 306.

5 BGBl I, S. 2034.

6 Die Norm wurde mit der Verfassungsreform vom 28. August 2006 ersatzlos gestrichen.

7 Durch das Bundesbesoldungsgesetz (BBesG) bzw. das Beamtenversorgungsgesetz (BeamtVG).

8 Auch diese Vorschrift wurde mit der Verfassungsreform vom 28. August 2006 ersatzlos gestrichen.

tusgesetz verabschiedet[9], das dann am 1. April 2009 in Kraft getreten ist; das Beamtenrechtsrahmengesetz ist damit zugleich außer Kraft getreten[10].

Die Bundesländer haben inzwischen Neuregelungen des Dienstrechts für ihren jeweiligen Landesbereich beschlossen[11];. Die Rechte und Pflichten sind dabei in Übereinstimmung mit dem Beamtenstatusgesetz in allen Ländern einheitlich geregelt worden, Fragen der Laufbahnen, der Besoldung und auch der Versorgung regeln die Länder nunmehr unterschiedlich; die Bundesregelung im Dienstrechtsneuordnungsgesetz vom Februar 2009[12] gilt nur für Bundesbeamte, hat also keine Auswirkungen auf die Rechtssituation der die Landesbeamten.

Die Rechtssituation der Lehrkräfte in Deutschland ist also heutzutage durch eine Zweiteilung gekennzeichnet: während für die beschäftigten Lehrerinnen und Lehrer, die in deutlich überwiegender Zahl im Dienste der ostdeutschen Länder stehen, einheitliche Beschäftigungsbedingungen bis hin zur Vergütung – mit Ausnahme von Fragen der Einstufung – gelten, sind für die beamteten Lehrkräfte deren Rechte und Pflichten zwar ebenfalls einheitlich ausgestaltet, die Fragen der Laufbahnen (und damit die Bedingungen möglicher Karrieren) regeln ebenso wie die Bezahlung der aktiven Beamtinnen und Beamten (die Besoldung) und der nicht mehr aktiven (die Versorgung) die Bundesländer in eigener Zuständigkeit; hier haben sich zwischenzeitlich erhebliche Unterschiede zwischen den Bundesländern herausgebildet.

2. Rechtsstellung

„*Die öffentlichen Lehrer haben die Rechte der Staatsdiener*“, wie es die Paulskirchen-Verfassung von 1849 beschrieb[13], bzw. „*die Lehrer an öffentlichen Schulen haben die Rechte und Pflichten der Staatsbeamten*“, so die Weimarer Reichsverfassung von 1919[14]: diese Verfassungsvorgaben bestimmten klar und unmissverständlich, dass den Lehrkräften der Rechtsstatus eines Beamten notwendig zukäme. Das Grundgesetz[15] hat demgegenüber eine offenere (und nicht lehrerspezifische) Reglung getroffen, in dem es dort heißt, dass „*die Ausübung hoheitsrechtlicher Befugnisse ... als ständige Aufgabe in der Regel Angehörigen des öffentlichen Dienstes zu übertragen (ist), die in einem öffentlich-rechtlichen Dienst- und Treueverhältnis stehen.* Diese Offenheit der Bestimmung bedeutet, dass – im Gegensatz zu den Vorläuferverfassungen – das Grundgesetz im Hinblick auf den Rechtsstatus der Lehrkräfte keine eindeutige Statuszuweisung vorgenom-

9 Gesetz zur Regelung des Statusrechts der Beamtinnen und Beamten in den Ländern vom 17. Juni 2008 (BeamtStG – BGBl. I, S. 1010) i.d.F. vom 5. Februar 2009 (BGBl. I S. 160).

10 § 63 Abs. 2 Satz 2 BeamtStG.

11 § 63 Abs. 2 Satz 1 BeamtStG; dass in Ausfüllung dessen die Länder eigene, neue Beamtengesetze erlassen, steht dem nicht entgegen – die Länder haben dabei die bundesrechtliche Statusregelungen in ihre eigenen Landesbeamtengesetze übernommen und so ein einheitliches Regelungswerk für ihre Beamten und Beamtinnen geschaffen, vgl. z.B. das 5. Kapitel / §§ 46 des Niedersächsischen Beamtengesetzes vom 25. März 2009 (GVBl, S. 72) i.d.F. vom 12. Dezember 2012 (GVBl. S. 591), dort werden ausdrücklich neben den niedersächsischen Vorschriften auch die Regelungen des BeamtStG des Bundes zitiert; vgl. auch Hoffmann 2009.

12 Gesetz zur Neuordnung und Modernisierung des Bundesdienstrechts vom 5. Februar 2009 (BGBl. I, S. 160).

13 Art. 156 Satz 1.

14 Art. 143 Abs. 3.

15 Die Regelung im Art. 133 Abs.2 der aus dem Jahre 1946 stammenden Bayerischen Verfassung ist ebenfalls gegenüber früheren Verfassungen zwar anders, wenn es dort heißt: „Die Lehrer an öffentlichen Schulen haben die Rechte und Pflichten von Staatsbeamten.“; hiermit sollte damals primär klargestellt werden, dass Lehrkräfte in Bayern keine Kommunalbeamten sein sollen, gleichwohl wird heute hieraus eine Verpflichtung zur Verbeamtung von Lehrkräften in Bayern abgeleitet (vgl. Cremer 2013, S. 14 und S. 38).

men hat, sondern – wie für alle anderen Tätigkeiten im öffentlichen Bereich – darauf abgestellt, ob „*hoheitsrechtliche Befugnisse ... als ständige Aufgabe*" ausgeübt werden. Die Bedeutung dieses „Funktionsvorbehalts" ist umstritten: der einen Auffassung, die jede Art hoheitlicher Tätigkeit[16] hierunter verstanden wissen will[17], steht eine Auslegung gegenüber, die dem „Funktionsvorbehalt" nur jene Staatsaufgaben zuordnet, die den Kernbereich unmittelbarer Staatstätigkeit ausmachen, mithin die Aufgaben der unmittelbaren Ministerialverwaltung, von Justiz, Polizei und ähnlichen Bereichen, teilweise auch unter Einschluss der Steuerverwaltung, diesem „Funktionsvorbehalt" unterwirft[18].

Betrachtet man unter diesem Aspekt die Tätigkeitsbereiche von Lehrkräften, so ist erkennbar, dass diese an den öffentlichen Schulen hoheitliche Tätigkeiten insofern ausüben, als sie – zumindest auch – Entscheidungen über den Lebensweg von Schülern und Schülerinnen treffen, indem sie beispielsweise an Versetzungsentscheidungen, an Prüfungen und der Zuerkennung von Berechtigungen mitwirken, indem sie Erziehungsmaßnahmen erlassen, die sämtlichst in die Grundrechtsposition der betroffenen Schüler und Schülerinnen eingreifen[19]. Zweifelhaft ist aber, ob diese Tätigkeiten unter dem Gesichtspunkt des im Grundgesetz niedergelegten „Funktionsvorbehalts" die Tätigkeit der Lehrkräfte in einer Weise prägen, dass diese „hoheitlichen" Bereiche des Lehrerhandelns im Vordergrund der Tätigkeit stehen und diese so nachdrücklich prägen, dass zwangsläufig für Lehrkräfte allein die Ausübung ihrer Tätigkeit in einem Beamtenverhältnis in Frage kommt[20].

Bei der Frage der Auslegung des „Funktionsvorbehalts" nach dem deutschen Verfassungsverständnis spielt auch eine Rolle, dass auf Ebene des Europäischen Rechts im Zusammenhang mit den Freizügigkeitsregelungen für Arbeitnehmer innerhalb der Gemeinschaft vorgesehen ist[21], dass dieses Grundfreiheitsrecht nicht für „die Beschäftigung in der öffentlichen Verwaltung" Anwendung findet[22]. Der Europäische Gerichtshof hat dabei eine enge Auslegung des Begriffs der „Beschäftigung in der öffentlichen Verwaltung" entwickelt mit der Folge, dass nur solche Tätigkeiten außerhalb der Grundfreiheit der Arbeitnehmerfreizügigkeit stehen, die auf die Wahrung der „hoheitlichen Befugnisse des Staates" bezogen sind, nicht jedoch auf alle Tätigkeiten, die lediglich im Rahmen von öffentlichen Einrichtungen erbracht werden. Konkret hat der Europäische Gerichtshof seit dem Urteil in der Rechtssache „Lawrie-Blum"[23] aus dem Jahre 1986 durchgängig entschieden, dass der europarechtliche Begriff der „öffentlichen Verwaltung" sich nicht auf Lehrkräfte bezieht, da diesen im europarechtlichen Sinne keine Hoheitsbefugnisse zukommen. Auch wenn dieses Argument auf die Auslegung der deutschen Rechtsordnung unmittelbar nicht übertragbar ist, so zeigt dennoch die restriktive Auslegung des Europäischen Gerichtshofs, dass das Argument hoheitlicher Tätigkeit für den Lehrberuf dort als eher nachrangig angesehen wird[24].

16 Dabei werden die Begriffe „hoheitsrechtlich" und „hoheitlich" gleichgesetzt, so Battis 2011, Rdnr. 81.
17 Battis 2011, Rdnr. 57.
18 Vgl. dazu Cremer 2013, S. 21ff.; mit der Fassung des § 3 Abs. 2 BeamtStG („*Die Berufung in das Beamtenverhältnis ist nur zulässig zur Wahrnehmung 1. hoheitsrechtlicher Aufgaben oder 2. solcher Aufgaben, die aus Gründen der Sicherung des Staates oder des öffentlichen Lebens nicht ausschließlich Personen übertragen werden dürfen, die in einem privatrechtlichen Arbeitsverhältnis stehen.*") ist diese Debatte jedenfalls nicht klar entschieden worden.
19 So schon früh Battis/Schlenga 1995, S. 257; ebenso auch Avenarius/Füssel 2010, S. 611.
20 Pieper 2008, Rdnr. 85.
21 Art. 39 Abs. 4 des EG-Vertrages.
22 Vgl. Battis 2011, Rdnr. 63.
23 http://eur-lex.europa.eu/smartapi/cgi/sga_doc?smartapi!celexplus!prod!CELEXnumdoc&lg=de&numdoc=61985J0066.
24 Battis 2011, Rdnr. 58; jüngst hat das Bundesverwaltungsgericht die Bedeutung der Europäischen Menschenrechtskonvention betont (s. Urteil von 27. Februar 2014, A2. 2C 1.13).

Die deutsche Diskussion, ob Lehrkräfte im Beamtenverhältnis beschäftigt werden müssen oder auch im Angestelltenverhältnis beschäftigt werden können, ist – so scheint es – aber weniger von den entsprechenden verfassungsrechtlichen Fragen geprägt[25], als vielmehr nach wie vor von finanz- und sozialpolitischen Argumenten[26] – trotz einer klaren gegenteiligen Positionsbestimmung durch das Bundesverfassungsgericht[27]. Dass seit dem Jahre 1989 die ostdeutschen Länder beispielsweise Lehrkräfte weit überwiegend im Beschäftigtenverhältnis beschäftigen[28], war ursprünglich den Übergangsvorschriften des Einigungsvertrages geschuldet[29], danach dann eher auf die Sorge um die später von den Bundesländern aufzubringenden Pensionslasten zurückzuführen als auf verfassungsrechtliche Überlegungen. Und dass gegenwärtig in Anbetracht eines sich abzeichnenden Mangels an geeigneten Lehrkräften die Verbeamtung als „Lockmittel" für die Einstellung als Lehrkraft von einzelnen Bundesländern genutzt wird[30], deutet als Argument in die gleiche Richtung. Kurz: Weniger die verfassungsrechtliche Debatte um die zutreffende Auslegung des Art. 33 Abs. 4 GG stand und steht aus der Perspektive der (Länder-)Schul- und Finanzverwaltungen im Vordergrund der Statusfestlegungen für Lehrkräfte als vielmehr fiskalische Gesichtspunkte; mit gleicher Zielrichtung wird seitens der Lehrkräfte und der sie vertretenden Verbände argumentiert, wenn auf das insgesamt relativ höhere Nettoeinkommen von Beamten gegenüber Beschäftigten im öffentlichen Dienst verwiesen und deshalb die Forderung nach einer Verbeamtung aller Lehrkräfte erhoben wird[31].

Dass der Streit um den „richtigen" Rechtsstatus der Lehrkräfte auch unter der rechtlichen Perspektive nicht nachdrücklicher geführt wird, mag auch damit zusammenhängen, dass im Hinblick auf die dienstlichen Rechte und Pflichten eine weitgehende Angleichung bei Beamten und Beschäftigten im öffentlichen Dienst gegeben ist[32], wenngleich wichtige rechtliche Unterschiede nach wie vor bestehen:

- während die Begründung eines Beamtenverhältnisses einseitig durch „Ernennung" durch den Dienstherrn erfolgt, wird das Beschäftigtenverhältnis – wie jedes Arbeitsverhältnis – durch vertragliche Abreden begründet;
- die Inhalte des jeweiligen Rechtsverhältnisses sind bei Beschäftigen durch den Einzelarbeitsvertrag und die geltenden tarifvertraglichen Abreden bestimmt, bei Beamten erfolgt die Festlegung einseitig durch entsprechende gesetzliche Vorgaben in den Landesbeamtengesetzen;
- Beschäftigten im öffentlichen Dienst steht das Streikrecht zu, während dies nach herrschender juristischer Auffassung den Beamten verwehrt ist;
- die Bezahlung bei Beschäftigten erfolgt auf der Grundlage konkret wahrgenommener Tätigkeiten und des hierfür vorgesehenen Entgelts als Gegenleistung, bei Beamten gilt der Grundsatz der „Alimentation", der „amtsangemessenen", einseitig durch Gesetz festgesetzten Besoldung;

25 Auch Battis (2011, Rdnr. 58) anerkennt vor dem Hintergrund der insoweit offenen Rechtsprechung des Bundesverfassungsgerichts und „unterschiedlicher ordnungs- und gesellschaftspolitischer Belange" einen „erheblichen Spielraum" des Gesetzgebers bei der näheren Ausgestaltung; ähnlich Pieper 2008, Rdnr. 93; vgl. auch jüngst das Bundesverwaltungsgericht (Fußnote 24).

26 S. Avenarius/Füssel 2010, S. 612f.; Füssel 2012a, S. 94f.

27 Urteil vom 18. Januar 2012, in: Neue Juristische Wochenschrift 2012, S. 1563 (1566).

28 S. schon oben, bei Fußn. 4.

29 Nach Art. 20 Abs. 2 des Einigungsvertrages war die Umsetzung der Vorgabe des Art. 33 Abs. 4 GG „sobald wie möglich" vorzusehen.

30 Füssel 2012a, S. 93f. m.w.N; s. die Entwicklung in Mecklenburg-Vorpommern, wo nun erstmalig Lehrkräfte verbeamtet werden.

31 Füssel 2012a, S. 94f. m.w.N.

32 Battis 2011, Rdnr. 46.

- bezüglich der Alterssicherung bestehen insoweit gravierende Unterschiede, als für die Beamten der Dienstherr für eine „amtsangemessene" Versorgung des Beamten selbst und auch seiner Familie sorgt, während für Beschäftigte das auch mit selbst aufgebrachten Mitteln versehene Versicherungsprinzip gilt, ergänzt um eine Zusatzversorgung;
- bei Dienstverfehlungen sind für Beamte Disziplinarmaßnahmen vom Verweis bis zur Entfernung aus dem Dienst aufgrund spezifischer eigener gesetzlicher Bestimmungen[33] vorgesehen, während für Beschäftigte das allgemeine Arbeitsrecht mit den Möglichkeiten der Abmahnung bis hin zur Kündigung gilt;
- bei Streitigkeiten sind für Beschäftigte im öffentlichen Dienst die Arbeitsgerichte zuständig, während beamtenrechtliche Auseinandersetzungen vor den Verwaltungsgerichten ausgetragen werden müssen.

3. Rechte und Pflichten

Trotz dieser nicht zu vernachlässigenswerten Unterschiede sind die Rechtsverhältnisse von beamteten und nichtbeamteten Lehrkräften weitgehend gleich ausgestaltet, wenn auch – entgegen den Forderungen der Studienkommission für die Reform des öffentlichen Dienstrechts aus dem Jahre 1973 – ein einheitliches Dienstrecht für beide Statusgruppen (bisher) nicht Realität geworden ist[34]. Die faktische Angleichung geschieht nicht zuletzt dadurch, dass in die Arbeitsverträge der Beschäftigten die den öffentlichen Dienst betreffenden Tarifverträge einbezogen sind und diese sich erkennbar auf die beamtenrechtlichen Ausgestaltungen beziehen.

Die folgenden Rechte prägen die Rechtsverhältnisse der im öffentlichen Dienst beschäftigten Lehrkräfte:

- Grundrechte,
- Fürsorgepflicht des Dienstherrn,
- Anspruch auf Teilzeitbeschäftigung, Urlaub,
- Pädagogische Freiheit.

Bezüglich der Pflichten der Lehrkräfte im öffentlichen Dienst sind zu nennen

- Pflicht zu Unparteilichkeit und Unbestechlichkeit, zu Verfassungstreue und politische Mäßigungspflicht,
- Einsatzpflicht, allgemeine Verhaltenspflicht, Fortbildungspflicht,
- Weisungsgebundenheit und eigene Verantwortung, Schadensersatzpflicht,
- Pflicht zur Verschwiegenheit,
- Informationspflichten bei der Ausübung von Nebentätigkeiten.

Im Einzelnen:
Dass die Grundrechte (auch) für im öffentlichen Dienst Beschäftigte gelten, war in den ersten Jahrzehnten des Bestehens der Bundesrepublik Deutschland keineswegs selbstverständlich; unter Hinweis auf ein „besonderes Gewaltverhältnis", dem auch Beamte unterliegen sollten, wur-

---

33 Im Einzelnen in den Disziplinargesetzen der Länder geregelt.
34 Dazu Battis 2011, Rdnr. 60.

den die Grundrechte faktisch außer Kraft gesetzt. Auch wenn diese Auffassung überholt ist[35], so bleibt doch festzuhalten, dass die Ausübung von Grundrechten bei Beamten dann eingeschränkt sein kann, wenn dies im Einzelfall mit den „hergebrachten Grundsätzen des Berufsbeamtentums“ (vgl. Art. 33 Abs.5 GG) kollidieren sollte: insoweit können derartige „Grundsätze“, deren Bestehen durch die konkretisierende Rechtsprechung des Bundesverfassungsgerichts festgestellt wurde[36], auch Grundlage für eine verfassungsimmanente Grundrechteabwägung sein[37]. Für Lehrkräfte tritt hinzu, dass sich durch den ebenfalls verfassungsrechtlich abgesicherten staatlichen Bildungs- und Erziehungsauftrag[38] eine weitere Grundlage für eine mögliche Begrenzung der Grundrechteausübung ergeben kann. Dies bedeutet dann beispielsweise, dass zwar grundsätzlich auch den im öffentlichen Dienst beschäftigten Lehrkräften das Grundrecht der Religionsfreiheit[39] zusteht, deren Ausübung innerhalb der dienstlichen Tätigkeit als Lehrender aber Einschränkungen unterworfen sein kann: dies gilt nach der Rechtsprechung für das religiös motivierte Tragen eines Kopftuches[40] und in gleicher Weise für den Anspruch eines Lehrers, nicht „unter dem Kreuz“ unterrichten zu müssen[41]. In gleicher Weise sind Lehrkräfte verpflichtet, bei politischen Meinungsäußerungen[42] innerhalb der Schule nicht nur Zurückhaltung zu üben[43], sondern zugleich auch in besonderer Weise den Grundsatz der Neutralität, der Sachlichkeit, der Toleranz[44] und der Offenheit zu beachten[45]. Bezüglich der durch Art. 9 Abs. 3 GG garantierten Koalitionsfreiheit enthält – eher in klarstellender Weise – das Beamtenrecht Bestimmungen, die noch einmal bestätigen[46], dass wegen der Regelungen der Rechtsverhältnisse der Beamten durch Gesetz die Ausübung der „Koalitionsfreiheit“ bei den Beamten *„von vornherein außerhalb des auf jeweils solidarische Vertretung von Gruppeninteressen von Arbeitnehmern einerseits und Arbeitgebern andererseits angelegten Systems von Tarifvertrag und Arbeitskampf“*[47] steht und damit einen Streik ebenso wie streikähnliche Arbeitskampfformen ausgeschlossen sind.

---

35 Battis 2011, Rdnr. 76.

36 Eine Übersicht über den „Katalog“ der entsprechenden „Grundsätze“ gibt Battis 2011, Rdnr.71.

37 Vgl. Schnellenbach 2007, S. 52

38 Abgeleitet aus Art. 7 Abs. 1 GG.

39 Nach Art. 4 Abs. 1 und 2 GG.

40 S. dazu nur die Entscheidung des Bundesverfassungsgerichts vom 24. September 2003, BVerfGE 108, 282 (297ff.); vgl. auch die frühere Rechtsprechung, die das Verbot des Tragens einer bhagwantypischen – und damit religiös motivierten – Kleidung durch Lehrkräfte für rechtmäßig erachtete, dazu die Entscheidung des Bundesverwaltungsgerichts vom 8. März 1988, in: Neue Zeitschrift für Verwaltungsrecht 1988, S. 937, sowie weitere Entscheidungen von Untergerichten in: Sammlung schul- und prüfungsrechtlicher Entscheidungen (SPE) 3. Folge, unter 418, Nr. 6, 7, 8, 10 und 11.

41 Dazu Verwaltungsgerichtshof München im Urteil vom 21. Dezember 2001, in: Neue Zeitschrift für Verwaltungsrecht 2002, S. 1000.

42 S. Art. 5 Abs. 1 GG;

43 Ganz generell dazu § 33 Abs. 2 BeamtStG.

44 Was dann bereits im Jahre 1976 Oppermann veranlasste, ein „Grundrecht auf eine ideologisch tolerante Schule“ zu entwickeln, s. Oppermann 1976, S. C 95.

45 Von daher ist eine Bestimmung wie § 38 Abs. 2 des Schulgesetzes von Baden-Württemberg – vom 1. August 1983 (GBl. S. 397) i.d.F. vom 24. April 2012 (GBl. S. 209) – von der Rechtsprechung als verfassungsgemäß beurteilt worden; im Gesetz heißt es: „Lehrkräfte an öffentlichen Schulen … dürfen in der Schule keine politischen, religiösen, weltanschaulichen oder ähnliche äußere Bekundungen abgeben, die geeignet sind, die Neutralität des Landes gegenüber Schülern und Eltern oder den politischen, religiösen oder weltanschaulichen Schulfrieden zu gefährden oder zu stören. …“; dazu ausführlich Traulsen 2006.

46 §§ 51 und 52 BeamtStG.

47 So die Formulierung des Bundesverwaltungsgerichts, Urteil vom 2. Mai 1984, BVerwGE 69, 208 (213), ausdrücklich zustimmend das Bundesverfassungsgericht, Beschluss vom 19. September 2007, in: Neue Zeitschrift für Verwaltungsrecht 2007, S. 1396 (1398).

Die Fürsorgepflicht des Dienstherrn[48] stellt als „hergebrachter Grundsatz des Berufsbeamtentums“ im Sinne des Art. 33 Abs. 5 GG das Gegengewicht zu den beamtenrechtlichen Pflichten dar[49], auch wenn bei der konkreten Ausgestaltung dieses „Grundsatzes“ nach der Rechtsprechung ein weiter Gestaltungsspielraum bleibt. Dieser Grundsatz umfasst insbesondere die Fragen der Absicherung des Beamten und auch seiner Familie, beispielsweise im Hinblick auf persönliche Belastungen[50] oder Gefährdungen, etwa im Rahmen der Unfallfürsorge[51]. Allerdings darf der Gesetzgeber auf den Fürsorgegrundsatz gestützte soziale Ansprüche der Beamten, z.B. in Krankheitsfällen, auch kürzen oder anderweitig ändern, namentlich wenn derartige Veränderungen in gleicher Weise für andere Personengruppen vorgesehen sind[52]. Zentraler Ausdruck des Fürsorgeprinzips ist die als „hergebrachter Grundsatz“ für Beamte anerkannte „Alimentationspflicht“ des Dienstherrn, die beinhaltet, dass der Beamte eine finanzielle Gegenleistung für sein Tätigwerden erhält, die sich an der dienstlichen Stellung, an der damit verbundenen Verantwortung und auch an der Ermöglichung eines durch wirtschaftliche Unabhängigkeit geprägten Lebensstandards zu orientieren hat[53]; was dies im Einzelfall bedeutet, obliegt der einseitigen Festlegung durch nunmehr den Landesgesetzgeber[54]. In ähnlicher Weise billigt die Rechtsprechung dem Gesetzgeber einen weiten Spielraum für die Bestimmung einer „amtsangemessenen Versorgung“ zu[55]. Im Übrigen verlangt die Fürsorgepflicht auch, dass der Dienstherr sich „schützend“ vor seine Mitarbeiter und Mitarbeiterinnen stellen muss, etwa bei ungerechtfertigten Angriffen von außen[56].

Ob und inwieweit Teilzeitbeschäftigung mit dem Grundsatz der Hauptberuflichkeit des Beamtenverhältnisses[57] vereinbar ist, war lange Zeit umstritten. Klarstellend bestätigen nunmehr Gesetz und Tarifvertrag, dass die Möglichkeit einer Teilzeitbeschäftigung für Beamte eingeräumt werden soll[58], auch wenn die sog. Zwangsteilzeit, nach der eine Berufung des Beamtenverhältnisses nur auf Teilzeitstellen vorgesehen war, vom Bundesverfassungsgericht als rechtswidrig angesehen wurde[59].

48 § 45 BeamtStG.

49 Pieper 2008, Rdnr. 132.

50 Dies wird als Grundlage für Reglungen beispielsweise im Umzugskostenrecht gesehen.

51 Nach §§ 30ff. Beamtenvorsorgungsgesetz (BeamtVG).

52 So das Bundesverfassungsgericht in seiner Entscheidung vom 7. November 2002, BVerfGE 106, 225 (231); auch Pieper 2008, Rdnr. 159.

53 So das Bundesverfassungsgericht in seiner Entscheidung vom 12. Februar 2003, BVerfGE 110, 218 (237).

54 Was nicht ausschließt, dass im Einzelfall die Rechtsprechung die konkrete Festlegung der Besoldung für außerhalb des tolerablen Maßstabs liegend erklärt; dies geschah etwa im Zusammenhang mit der Hochschullehrerbesoldung durch das Urteil des Bundesverfassungsgerichts vom 14. Februar 2012, in: Neue Zeitschrift für Verwaltungsrecht 2012, S. 357.

55 So das Bundesverfassungsgericht in seiner Entscheidung vom 30. September 1987, BVerfGE 76, 256 (295).

56 Dazu etwa die Entscheidung des Oberverwaltungsgerichts Lüneburg vom 13. Februar 2007, in: SPE 3. Folge, unter 269, Nr. 3, mit Hinweisen auf die grundsätzlichen Bundesverwaltungsgerichtsentscheidungen; in letzter Zeit hat dieser Aspekt im Zusammenhang mit Internet-Foren wie „Spick mich.de“ Bedeutung gewonnen, die Klagen von Lehrkräften waren erfolglos, s. zuletzt die Entscheidung des Bundesgerichtshofs vom 23. Juni 2009, in: Neue Juristische Wochenschrift 2009, S. 2888 – dazu ausführlich u.a. Ladeur 2008.

57 Dazu Entscheidung des Bundesverfassungsgerichts vom 25. November 1980, BVerfGE 55, 207 (24).

58 § 43 BeamtStG und § 11 des Tarifvertrages für den öffentlichen Dienst der Länder (TV-L) vom 12. Oktober 2006 i.d.F. vom 13. März 2008.

59 Entscheidung vom 19. September 2007, in: Neue Zeitschrift für Verwaltungsrecht 2007, S. 1396.

Erholungsurlaub steht auch den öffentlich Bediensteten zu[60], wobei für Lehrkräfte die Besonderheit darin besteht, dass dieser „mit den Schulferien als abgegolten gilt“[61]; für Zusatzurlaub wird für die Beschäftigteten auf die Bestimmungen des Beamtenrechts ausdrücklich verwiesen[62], die Vorgaben für die Gewährung von Sonderurlaub sind für beide Statusgruppen identisch[63].

Kein individuelles Grundrecht stellt die „pädagogische Freiheit“ einer Lehrkraft dar, die im Regelfall durch schulgesetzliche Bestimmungen eingeräumt wird[64]. Damit wird der Gestaltungsraum einer Lehrperson umschrieben, innerhalb dessen sie eigenverantwortlich unterrichtet und erzieht; sie bezieht sich dabei in erster Linie auf die Freiheit der Lehrkraft ihren Unterricht methodisch und didaktisch nach je eigenen Vorstellungen zu gestalten und über die eingesetzten Lehr- und Lernmethoden zu entscheiden. Ihre Grundlage findet die „pädagogische Freiheit“ in der Besonderheit des pädagogischen Prozesses, der durch die persönliche Beziehung zwischen der jeweiligen Lehrperson und dem Lernenden gekennzeichnet ist und sich deshalb einer rechtlich vorgebbaren Ausgestaltungsform entzieht. „Pädagogische Freiheit“ ist mithin nicht personen-, sondern funktionsbezogen; sie dient nicht der Entfaltung der Lehrerpersönlichkeit und kann daher durch schulrechtliche Vorgaben ebenso beschränkt werden wie etwa durch Beschlüsse von Konferenzen der Schule[65], z.B. zur schulischen Profilbildung im Rahmen der Entwicklung eines Schulprogramms[66].

Der die Tätigkeit der öffentlich bediensteten Lehrkräfte prägende Pflichtenkatalog wird durch die beamtenrechtlichen Gesetzesvorgaben bestimmt, auf die sich dann sowohl der Tarifvertrag für die Beschäftigten im öffentlichen Dienst ebenso bezieht wie auch einzelvertragliche Abreden hierauf Bezug nehmen. Grundlage – und damit „hergebrachter Grundsatz des Berufsbeamtentums“ (vgl. Battis 2011, Rdnr. 71) – sind die auf Unparteilichkeit und Neutralität hin orientierten Pflichtenvorgaben, die der Tatsache einer Aufgabenerfüllung des „Dienens (für das) gesamte Volk und nicht (für eine) Partei“, des Handelns „zum Wohl der Allgemeinheit“ geschuldet sind[67]. Dies schließt ein Bekenntnis zu den Grundstrukturen der bestehenden staatlichen Ordnung ein[68]; dabei ist bei der Einstellung eine Prognoseentscheidung im Hinblick auf künftiges Verhalten gefordert, die sich nach der Rechtsprechung zwar auf ein Verhalten in der Vergangenheit stützen muss, aber dennoch eine einzelfallbezogene Entscheidung bei jedem Bewerber und jeder Bewerberin erfordert[69].

---

60 § 44 BeamtStG und § 26 TV-L.

61 So z.B. § 21 Abs. 4 der Arbeitszeit- und Urlaubsverordnung Baden-Württemberg vom 29. November 2005 (GBl. S. 716) i.d.F. vom 23. Juli 2013 (GBl. S. 233).

62 § 27 TV-L.

63 § 28 TV-L sowie z.B. § 29 der Arbeitszeit- und Urlaubsverordnung Baden-Württemberg.

64 Vgl. nur etwa § 86 Abs. 2 des Hessischen Schulgesetzes vom 14. Juni 2005 (GVBl. I S. 442) i.d.F. vom 18. Dezember 2012 (GVBl. I S. 7645); dazu auch Avenarius/Füssel 2010, S. 663; Rux/Niehues 2013, Rdnr. 1078ff.

65 So auch ausdrücklich § 86 Abs. 2 des Hessischen Schulgesetzes.

66 Nach § 127 b des Hessischen Schulgesetzes.

67 § 53 Abs. 1 Sätze 1 und 2 BeamtStG; dazu auch Dillenburger 2009, S. 1118: „Leitziel der dienstlichen Tätigkeit“.

68 § 53 Abs. 1 Satz 3 BeamtStG und § 3 Abs. 1 Satz 2 TV-L, auch § 7 Abs. 1 Nr. 2 BeamtStG als Voraussetzung für die Berufung in ein Beamtenverhältnis; grundlegend zum Themenbereich von „Radikalen im öffentlichen Dienst“ die Entscheidung des Bundesverfassungsgerichts vom 22. Mai 1975, BVerfGE 39, 334 (347ff.), die auch für tarifvertraglich Beschäftigte vom Bundesarbeitsgericht angewandt wurde, s. dazu das Urteil vom 5. März 1980, in: Neue Juristische Wochenschrift 1981, S. 71.

69 Von besonderer Bedeutung war dies bei der Übernahme von Lehrkräften, die in der früheren DDR ausgewiesene und herausragende Parteipositionen bekleidet hatten; hier hat das Bundesverfassungsgericht eine entsprechende genaue Prüfung mehrfach eingefordert, vgl. nur die Entscheidung vom 8. Juli 1997, BVerfGE 96, 171 (184ff.).

Für den Schulbereich – und dabei nicht nur in den politisch „sensiblen“ Fächern[70] – kommt der ausdrücklich als „Grundpflicht“ gekennzeichneten Forderung nach Unparteilichkeit und Neutralität bei der Amtsführung eine besondere Bedeutung zu[71]. Um keine Bedenken an der Neutralität der Amtsführung aufkommen zu lassen, wird entsprechend für beide Statusgruppen ein Verbot der Annahme von Belohnungen, Geschenken und sonstigen Vorteilen verankert[72].

Erwartet wird von nichtbeamteten wie von beamteten öffentlich Bediensteten ein Engagement bei der Erfüllung ihrer dienstlichen Tätigkeit, umschrieben mit der Forderung nach „vollem persönlichen Einsatz“[73] bzw. nach „gewissenhafter und ordnungsgemäßer“ Ausführung der „arbeitsvertraglich geschuldeten Leistung“[74]. Die zu erbringende Arbeitsleistung wird dabei in einem Stundenmaß definiert[75], das sich zunächst auf die im öffentlichen Dienst allgemein beschäftigten Personengruppen bezieht[76]. Da dieses Stundenmaß in der für andere Beschäftigte in der öffentlichen Verwaltung geltenden Form wegen der Andersartigkeit der Tätigkeit auf Lehrkräfte nicht unmittelbar übertragbar ist, haben die Länder eigene Arbeitszeitregelungen für Lehrkräfte[77] erlassen, die als Berechnungsgröße die zu erteilenden Unterrichtsstunden zugrunde legen, alle anderen Tätigkeiten der Lehrkräfte sollen dann mit eingeschlossen und zugleich abgegolten sein. Auffällig bei diesen Festlegungen der Bundesländer ist, dass je nach Land unterschiedliche Bemessungsgrenzen gewählt werden, im Regelfall orientiert an der jeweiligen Schulstufe und Schulform und durch besondere Funktionsübertragungen oder altersbezogene Ermäßigungen vermindert[78]; bemerkenswert ist dabei auch die Bandbreite der Länderregelungen, sowohl bezüglich der jeweiligen Ausgangsgrößen für die Unterrichtsdeputate als auch bezüglich der Abmilderungstatbestände. Dabei sind diese Länderregelungen in der Vergangenheit durch regelmäßige Erhöhungen bei gleichzeitigem Abbau von Ermäßigungstatbeständen gekennzeichnet gewesen; die Rechtsprechung hat bisher trotz einer großen Zahl angestrengter Verfahren generell aber keinen Anlass gesehen, die spezifischen Arbeitszeitverordnungen für Lehrkräfte als nicht mit den grundlegenden beamtenrechtlichen Gesetzesregelungen übereinstimmend anzusehen; dabei wurde darauf verwiesen, dass die Orientierung an nur einem Teil der Lehrerarbeitszeit, an den zu erteilenden Unterrichtsstunden, sachgerecht sei, da bezüglich der anderen Tätigkeitsfelder nur eine „*grob pauschalierende*“ Schätzung möglich sei, zumal der über die Unterrichtsstun-

70 Wie etwa bei der Sexualerziehung, bei der das Bundesverfassungsgericht eine besondere Toleranz und Zurückhaltung eingefordert hatte, vgl. Beschluss vom 21. Dezember 1977, BVerfGE 47,46 (77); s. heute § 6 Abs. 1 Satz 4 des Hamburgischen Schulgesetzes vom 16. April 1997 (GVBl. S. 97) i.d.F. vom 19. Februar 2013 (GVBl. S. 51).

71 Auf die dann in den Landeschulgesetzen noch einmal gesondert hingewiesen wird, z.B. im § 86 Abs. 3 Satz 1 des Hessischen Schulgesetzes.

72 § 42 BeamtStG und § 3 Abs. 3 TV-L; daneben gelten auch die strafrechtlichen Vorschriften der §§ 331ff. des Strafgesetzbuches, die sich als „Straftaten im Amt“ u.a. auf Vorteilsannahme und Bestechlichkeit beziehen; so dürfen mögliche Freiplätze für begleitende Lehrkräfte bei Klassenfahrten nicht diesen individuell zukommen, sondern sind entsprechend umzulegen, vgl. dazu nur Niehues/Rux, 2006, Rdnr. 937.

73 § 34 BeamtStG; der antiquierte Begriff der „vollen Hingabe“ wurde zeitgemäß neuer gefasst, ohne das damit allerdings Veränderungen in der Sache verbunden sein sollen (so die Amtliche Begründung zum Beamtenstatusgesetz, Bundestags-Drucksache 16/4027, S. 31).

74 § 3 Abs. 1 TV-L.

75 Für Beamte finden sich die Vorgaben in den Landesbeamtengesetzen, s. etwa § 60 Abs. 1 des Niedersächsischen Beamtengesetzes; eine Konkretisierung erfolgt dann über entsprechende Arbeitszeitverordnungen.

76 S. für die Angestellten § 6 TV-L sowie den Anhang zu § 6.

77 Hierzu ausführlich Avenarius/Füssel 2010, S. 700ff.

78 Zur Länderübersicht der Kultusministerkonferenz, Stand: August 2013, s. http://www.kmk.org/fileadmin/pdf/Statistik/KomStat/Pflichtstunden_der_Lehrer_2013.pdf

den hinausgehende Anteil der Lehrerarbeitszeit *„nach Schülerzahl, Schulfächern, und schließlich nach Fähigkeiten und Erfahrung des einzelnen Lehrers differiert“*[79].

Im Rahmen des nach wie vor verbreiteten Modells der Orientierung der Arbeitszeit der Lehrkräfte an den zu erteilenden Unterrichtsstunden[80] sind einige Länder zusätzlich dazu übergegangen, für die Lehrkräfte verpflichtende Arbeitszeitkonten einzurichten, mit der Folge, dass einer erhöhten Deputatsbelastung in jüngeren Lebensjahren eine entsprechende Entlastung in den älteren Lebensjahren gegenüberstehen soll[81].

Andere Länder versuchen, veränderte Modelle für die Bestimmung der Lehrerdeputate zu entwickeln, indem auf der Basis eines Jahreszeitmodells fächerspezifischen Belastungen durch eine entsprechende Faktorisierung Rechnung getragen wird[82]; Evaluationen dieses veränderten Arbeitszeitmodells sind dabei zu dem Ergebnis gekommen, dass es mit diesem veränderten Berechnungsmodell für die Lehrerdeputate gelingt, realitätsnäher die Belastung der Lehrkräfte abzubilden[83]; in der Rechtsprechung hat das Modell Akzeptanz gefunden[84].

Gegenstand des Engagements für den Beruf ist auch der Erhalt der bestehenden Qualifikation, was durch eine regelmäßige Fortbildung gesichert werden kann. Während für den tarifvertraglichen Bereich grundsätzlich die hohe Bedeutung des Erhalts eines „hohen Qualifikationsniveaus und lebenslangen Lernens“ als im „gemeinsamen Interesse von Beschäftigten und Arbeitgebern“ liegend beschrieben wird[85], wird für den Beamtenbereich noch von einer durch Gesetz festzulegenden – und im Zweifel nachzuweisenden – Fortbildungspflicht für Lehrkräfte ausgegangen[86]; teilweise ist auch gesetzlich niedergelegt, dass Fortbildung der Lehrkräfte unmittelbar mit Fragen der Qualitätsentwicklung von Schulen verknüpft ist und deshalb die Schulen diejenigen Instanzen sind, die die eigenen Fortbildungsbedarfe für ihre Mitarbeiterinnen und Mitarbeiter bestimmen und auch realisieren[87].

Öffentlich Bedienstete unterliegen Weisungsrechten ihrer Vorgesetzten[88] und ihrer Dienstvorgesetzten[89]. Während sich dieses Weisungsrecht für die tarifvertraglich Beschäftigten aus

---

79 So das Bundesverwaltungsgericht in ständiger Rechtsprechung, hier zitiert aus seinem Urteil vom 28. Januar 2004, in: SPE 3. Folge, unter 6500, Nr. 66 (S. 137).

80 Diese Tendenz zeigt, trotz aller länderspezifischen Besonderheiten, die oben (s. Fußn. 78) zitierte Übersicht der Kultusministerkonferenz deutlich auf.

81 So z.B. nach § 5 der Niedersächsischen Verordnung über die Arbeitszeit der Lehrkräfte an öffentlichen Schulen vom 14. Mai 2012 (GVBl. S. 106 = http://www.nds-voris.de/jportal/?quelle=jlink&query=LehrArbZV+ND&psml=bsvorisprod.psml&max=true&aiz=true); grundsätzlich rechtmäßig nach der Entscheidung des Oberverwaltungsgerichts Lüneburg (vom 7. März 2001, in: SPE 3. Folge, unter 131a, Nr. 4); s. auch für Bayern Verwaltungsgerichtshof München (vom 21. Dezember 2001, in: SPE 3. Folge, unter 131a, Nr. 5), für Hessen Verwaltungsgerichtshof Kassel (vom 2. Oktober 2003, in: SPE 3. Folge, unter 131a, Nr. 7) sowie die Bestätigung dieser Regelungen durch Urteil des Bundesverwaltungsgerichts vom 28. November 2002, in: SPE 3. Folge, Nr. 131a, Nr. 6.

82 So die Hamburger Lehrkräfte-Arbeitszeit-Verordnung vom 1. Juli 2003 (GVBl. S. 197 = http://www.hamburg.de/contentblob/70012/data/laz-verordnung.pdf) .

83 S. http://www.hamburg.de/contentblob/70400/data/laz-bericht.pdf und http://www.hamburg.de/contentblob/775816/data/anlage-bsb-behler-bericht.pdf

84 Entscheidung des Oberverwaltungsgerichts Hamburg vom 9. Juni 2005, in: SPE 3. Folge, unter 500, Nr. 67.

85 § 6 Abs. 1 Satz 1 TV-L.

86 So z.B. § 86 Abs. 2 Satz 3 des Hessischen Schulgesetzes: „Lehrerinnen und Lehrer sind verpflichtet, sich regelmäßig fortzubilden und einen Nachweis über die Erfüllung dieser Verpflichtung zu führen.“

87 So § 10 des Bremischen Schulverwaltungsgesetzes.

88 Vorgesetzter ist nach allgemeiner beamtenrechtlicher Definition, wer dem Beamten in dienstlichen Angelegenheiten Weisungen erteilen kann.

89 Dienstvorgesetzter ist nach allgemeiner beamtenrechtlicher Definition, wer dem Beamten auch in die Person des Beamten betreffenden Angelegenheiten Weisungen erteilen kann.

dem allgemeinen Direktionsrecht des Arbeitgebers ableitet, ergibt es sich für die beamteten Bediensteten aus der Grundsatznorm des § 35 des Beamtenstatusgesetzes. Von besonderer Bedeutung ist, dass auch bei einem Handeln auf Anweisung den betroffenen Beamten eine persönliche Verantwortung trifft[90], der er bei Zweifeln an der Rechtmäßigkeit einer Weisung im Wege der sog. Remonstration entgehen kann[91]. Bei aus Fehlverhalten entstehenden Schadensersatzansprüchen haften öffentlich Bedienstete zumindest in Fällen der grob fahrlässigen bzw. der vorsätzlichen Begehung persönlich[92], sowohl in den Fällen einer Schädigung des Dienstherrn als auch bei denjenigen einer Rückgriffshaftung des Dienstherrn bei Schäden Dritter[93]. Gerade in Fällen der einer Lehrkraft vorgeworfenen Aufsichtspflichtverletzung könnte eine solche Schadensersatzpflicht relevant werden[94], allerdings wird hier in nur eher seltenen Fällen[95] eine grobe Fahrlässigkeit bejaht werden können.

Als Folge der Treuepflicht gegenüber dem Arbeitgeber bzw. Dienstherrn sind auch im öffentlichen Dienst Beschäftigte zur Verschwiegenheit über das, was ihnen dienstlich bekannt geworden ist, verpflichtet[96]. Diese Verpflichtung endet nicht mit dem Ausscheiden aus dem Dienst.

Die Ausübung einer oder mehrerer weiterer Tätigkeiten kann mit der Verpflichtung zu besonderem Engagement bei der Haupttätigkeit in Konflikt treten; da insoweit der Vorrang der Haupttätigkeit unbestritten ist, muss ein Verfahren gefunden werden, um möglicherweise eintretende Konfliktsituationen im Vorfeld zu vermeiden; dies ist mit der grundsätzlichen Genehmigungspflicht für Nebentätigkeiten geschehen, wobei das grundsätzliche Kriterium der Versagung darin zu erblicken ist, dass im konkreten Einzelfall die Sorge einer Kollision mit dienstlichen Interessen zu erwarten ist[97]; dies wird im Regelfall beispielsweise vermutet, wenn der Umfang aller Nebentätigkeiten ein Fünftel der Arbeitszeit der regelmäßigen „Haupttätigkeit" überschreiten würde oder wenn die Nebentätigkeit in Bereichen ausgeübt werden soll, in denen es zu Konflikten mit den dienstlichen Aufgaben kommen könnte[98]. Dabei ist aber zu berücksichtigen, dass aus Gründen des Schutzes anderweitiger Rechtsgüter, etwa der Wissenschafts- und der Kunstfreiheit[99], Ausnahmen für die Ausübung von Nebentätigkeiten vorgesehen sind[100], so dass grund-

---

90 § 36 Abs. 1 BeamtStG.

91 § 36 Abs. 2 BeamtStG.

92 § 48 BeamtStG sowie § 3 Abs. 7 TV-L, der auf die landesbeamtenrechtlichen Bestimmungen ausdrücklich verweist; vgl. auch Art. 34 GG, wenn beispielsweise eine Lehrkraft über längere Zeit eine Generalschlüssel im Schloss stecken lässt und dieser anschließend abhanden gekommen ist, so der Fall des Verwaltungsgerichts Lüneburg, Urteil vom 20. Juni 2007, in: SPE 3. Folge, unter 304, Nr. 40.

93 Nach § 839 BGB, Art. 34 GG.

94 Wobei erwähnenswert bleibt, dass Schüler und Schülerinnen während des Schulweges, besonders aber auch während der Teilnahme am Unterricht und an anderen Veranstaltungen der Schule, dem gesetzlichen Unfallversicherungsschutz gemäß § 2 Abs. 1 Nr. 8 Buchst. b des 7. Buches des Sozialgesetzbuches (SGB VII) unterliegen.

95 Entgegen einer weit verbreiteten Auffassung in der Lehrerschaft, s. nur Böhm 1998, S. V.

96 § 37 BeamtStG sowie § 3 Abs. 2 TV-L; eine „Flucht in die Öffentlichkeit" ist mithin nicht gestattet und stellt dann ein Dienstvergehen dar; vgl. auch § 353b des Strafgesetzbuches (Verletzung des Dienstgeheimnisses und einer besonderen Geheimhaltungspflicht); dazu auch Schnellenbach 2007, S. 57.

97 § 40 BeamtStG und § 3 Abs. 4 TV-L.

98 So darf ein Lehrer einem eigenen Schülern keinen Privatunterricht erteilen; vgl. nur Schnellenbach 1994, Rdnr. 217.

99 Art. 5 Abs. 3 GG.

100 Im Einzelnen geregelt in den Nebentätigkeitsverordnungen der Bundesländer, die dann auch z.B. Grenzen für den Umfang bzw. das erzielbare Einkommen aus Nebentätigkeit anderweitig bestimmen können.

sätzlich schriftstellerische, wissenschaftliche und künstlerische Tätigkeiten nicht genehmigungsbedürftig sind, ebenso wie die „bloße" Verwaltung eigenen Vermögens[101].

4. Laufbahnen

Mit der eingangs erwähnten Föderalismusreform des Jahres 2006 ist auch die Kompetenz zur Regelung der Beamtenlaufbahnen auf die Bundesländer übergegangen. In Anbetracht der Tatsache, dass das Bundesverfassungsgericht schon sehr früh in seiner Rechtsprechung das" Laufbahnprinzip" in den Katalog der „hergebrachten Grundsätze des Berufsbeamtentums" i. S. des Art. 33 Abs. 5 GG aufgenommen hatte[102]; bleibt notwendig ein bundeseinheitlicher Rahmen erhalten, auch wenn die nähere Ausgestaltung der Gestaltungsfreiheit den Bundesländer übertragen ist[103].

Laufbahnen bestimmen die Berufswege und Karrieren von Beamten und Beamtinnen. Ziel des Laufbahnprinzips ist es, dem verfassungsrechtlichen Grundsatz der „Bestenauslese" nach Art. 33 Abs. 2 GG[104] Rechnung zu tragen und damit zugleich ein optimales Funktionieren der öffentlichen Verwaltung sicherzustellen[105], indem über eine – im Regelfall durch entsprechende Prüfungen nachgewiesene – Vor- und Ausbildung der Beamten die geforderte Qualifikation des Personals gesichert wird. Von daher wird nach dem herkömmlichen Verständnis der Begriff der Laufbahn durch eine fachliche Orientierung geprägt, für die gleiche Anforderungen an Vor- und Ausbildung bestehen[106]. Eine Laufbahn beginnt für den Beamten grundsätzlich im – unterschiedlich festgelegten – „Eingangsamt" und kann – je nach individueller Qualifikation – stufenweise aufsteigend bis zum „Endamt" durchlaufen werden; der Beamte wird im Rahmen der Laufbahn dann „befördert"[107], gelingt ihm der Wechsel in die nächsthöhere Laufbahngruppe, so spricht man von „Aufstieg"[108]. Die Laufbahnregelungen sollen dem Dienstherrn eine angemessene Personalplanung und zugleich Personalentwicklung ermöglichen, für die dann die Laufbahnen den äußeren Rahmen bestimmen.

Herkömmlicherweise wurden und werden vier Laufbahngruppen unterschieden[109], die durch verschiedene, mit Besoldungsstufen und Dienstbezeichnungen beschreibbare „Eingangsämter" und „Endämter" geprägt sind[110]:

---

101 Dabei die Grenzen zu einer gewerblichen Tätigkeit, etwa bei der Vermietung von Wohnraum, zu ziehen, mag in der Praxis nicht immer einfach sein, lässt sich aber in Anlehnung an gewerberechtliche oder steuerrechtliche Vorgaben entscheiden.

102 Urteil vom 27. April 1959, BVerfGE 9, 268 (287); seitdem in einer Reihe von Entscheidungen bestätigt, s. nur Battis (2011), § 16, Rdnr.3 m.w.N.

103 Wagner (2006), Rdnr. 111

104 *„Jeder Deutsche hat nach seiner Eignung, Befähigung und fachlichen Leistung gleichen Zugang zu jedem öffentlichen Amte."*

105 „Die Berufung eines fachlich wenig befähigten Beamten kann die Arbeit eines ganzen Verwaltungszweiges auf Jahre hinaus beeinträchtigen oder lähmen", so das Bundesverfassungsgericht, Urteil vom 27. April 1959, BVerfGE 9, 268 (283).

106 Dem entsprechen beispielsweise nach wie vor die §§ 6 und 7 der Verordnung über die Laufbahnen der Bundesbeamten und Bundesbeamtinnen (Bundeslaufbahnverordnung – BLV) vom 12. Februar 2009 (BGBl. I S. 284) i.d.F. vom 20. Februar 2013 (BGBl. I S. 316).

107 Vgl. etwa §§ 32ff. BLV.

108 Vgl. §§ 35ff. BLV.

109 Wie etwa die §§ 18 bis 21 BLV für die Bundesbeamten nach wie vor zeigen.

110 Vgl. § 23 des Bundesbesoldungsgesetzes vom 27. Juli 1957 (BGBl. I, S. 993), i.d.F. vom 23. Juli 2013 (BGBl. I, S. 2553); fachspezifische bzw. länderspezifische Abweichungen von diesem Grundmodell sind möglich.

Eingangsamt Dienstbezeichnung z.B.[111]	**Endamt Dienstbezeichnung z.B.**	**Laufbahngruppe**
A2, A 3 oder A 4 Oberamtsgehilfe	A 5 oder A 6 Oberamtsmeister	einfacher Dienst
A 5, A 6 oder A 7 Assistent, Sekretär, Werkmeister	A 9 Hauptwerkmeister	mittlerer Dienst
A 9 Inspektor	A 13 Oberamtsrat	gehobener Dienst
A 13 Studienrat, Regierungsrat,	A 16 bzw. B 11 Oberstudiendirektor, Leitender Regierungsdirektor, bzw. Ministerialdirektor	höherer Dienst

Unterschieden werden diese Laufbahngruppen schließlich auch durch die geforderten (Mindest-) Vorbildungen

Einfacher Dienst:	Hauptschulabschluss
Mittlerer Dienst:	Real- oder mittlerer Schulabschluss
Gehobener Dienst:	Fachhochschulreife oder anderweitige Hochschulzugangsberechtigung
Höherer Dienst:	Hochschulabschluss nach mindestens dreijährigem Studium.

An diese Vorbildung schließt sich in allen Laufbahngruppen eine unter fachlichen Gesichtspunkten unterschiedliche – im Regelfall verwaltungsinterne – Ausbildung von unterschiedlicher Dauer, der „Vorbereitungsdienst"[112], an. Dessen, durch eine Prüfung nachzuweisendes erfolgreiches Bestehen bedeutet das Innehaben der für die Aufnahme in ein Beamtenverhältnis notwendigen Laufbahnbefähigung[113].

Von diesem „klassischen" Modell sind nunmehr einige Länder insofern abgewichen, als sie im Sinne einer Öffnung der eher starren Vorgaben einer solchen Laufbahnrechts ihr System entweder auf nur eine Laufbahn (dann aber mit vier unterschiedlichen Qualifikationsebenen) umgestellt haben[114] oder nur noch zwei Laufbahnen vorsehen, , letzteres Modell ist federführend von Niedersachsen in Absprache mit den anderen vier norddeutschen Küstenländern[115] entwickelt worden – ein insofern interessantes Modell, als fünf (benachbarte) von den (vorhandenen) sechzehn Bundesländern aus dem eingangs erwähnten Gedanken eines Wettbewerbsföderalismus ausscheren und sich stattdessen auf einheitliche rechtliche Rahmenbedingungen für den norddeutschen Raum verständigen, um so Mobilität der Beamten und Beamtinnen und eine ver-

111 Entsprechend Anlage I zum Bundesbesoldungsgesetz, auch Anlage 1 zur BLV; die Landesbesoldungsordnungen können weitere Dienstbezeichnungen vorsehen.

112 S. etwa §§ 10ff. BLV.

113 S. etwa § 7 BLV.

114 So Bayern, s. Art. 5 Abs.1 des Bayerischen Leistungslaufbahngesetzes vom 5. August 2010 (GVBl. S. 410) i.d.F. vom 24. Juli 2013 (GVBL. S. 450).

115 Umfasst sind die Bundesländer Bremen, Hamburg, Mecklenburg-Vorpommern, Niedersachsen und Schleswig-Holstein; dazu etwa Bludau, T., Gesetzentwurf zur Modernisierung des Niedersächsischen Beamtenrechts, in: Nds. VBl. 2009, S. 1 (2ff.).

stärkte Gleichwertigkeit der Beamtenpositionen stärker zu sichern als landesrechtliche Eigenheiten auszuprägen.

Die niedersächsische Umsetzung dieses Modell[116] und auch die dortigen neuen laufbahnrechtliche Vorgaben[117] sehen vor, dass nur noch zwei Laufbahngruppen unterschieden werden[118], bei denen dann die sog. Laufbahngruppe 1 den bisherigen einfachen und den mittleren Dienst umfasst, die sog. Laufbahngruppe 2 den gehobenen und den höheren Dienst; die Umsetzung erfolgt durch das Vorhandensein von jeweils zwei Einstiegsämter in jeder Laufbahngruppe[119]: Auch die geforderten Einstellungsvoraussetzungen zeigen, dass sich an den ursprünglichen Zuordnungen zu den vier Laufbahnen letztlich keine Veränderungen ergeben – außer, dass ein „Aufstieg", d.h. der Wechsel in einen andere Laufbahn, erleichtert wird. Dass dabei unter Karrieregesichtspunkten auch die mögliche Konkurrenz des öffentlichen Dienstes mit anderen Arbeitgebern eine Rolle gespielt hat und dass dieser öffentliche Dienst (auch bei den Beamten) zunehmend mehr in die Lage versetzt werden muss, auch anderweitig (und außerhalb des öffentlichen Bereichs) qualifizierte Personen einzustellen und zu Beamten bzw. Beamtinnen machen zu können, dies hat erkennbar bei diesen Reformüberlegungen eine Rolle gespielt[120].

Laufbahnen werden darüber hinaus auch durch den Aspekt der Fachlichkeit unterschieden; der fachlichen Spezialisierung der Tätigkeiten im öffentlichen Bereich wird damit Rechnung getragen. Wenn aber beispielsweise in Niedersachsen früher 162 Fachrichtungen unterschieden wurden, so tat eine Reduzierung allein schon im Hinblick auf die damit verbundene Einschränkung der Mobilität zwischen den Laufbahnen, aber auch unter dem Gesichtspunkt der Sicherung einer angemessenen Qualität der Aus- und Fortbildung der Beschäftigten not. Nunmehr bestehen in Niedersachsen noch insgesamt zehn unterschiedliche Fachrichtungen[121], darunter die Fachrichtung „Bildung"[122]; für diese Fachrichtung ist in der Laufbahnverordnung eine Ausnahme vorgesehen, nach der Abweichungen möglich sind, „soweit die besonderen Verhältnisse des Schuldienstes dies erfordern"[123]. Bayern kennt sechs Fachlaufbahnen[124]; es können aber innerhalb dieser fachliche Schwerpunkte gebildet werden[125], so dass sich faktisch neue Fachlichkeiten herausbilden können.

Das bisherige laufbahnrechtliche System der Orientierung am deutschen gegliederten Schulsystem mit an die Vorbildung sich anschließende, relativ fest gefügte Laufbahngruppen prägte insoweit auch die Struktur des deutschen Beamtensystems – stellen doch mit fast 650.000 Personen die beamteten Lehrkräfte[126] die größte einheitliche Beamtengruppe in Deutschland dar. Es wirkt darüber hinaus auch prägend für das übrige deutsche Beschäftigungssystem, soweit es sich an den Vorgaben des Beamtensystems orientiert.

---

116 Gesetz zur Modernisierung des Niedersächsischen Beamtenrechts vom 25. März 2009 (GVBl. S. 72) i.d.F. vom 12. Dezember 2012 (GVBl. S. 72).

117 Niedersächsische Laufbahnverordnung vom 30. März 2009 (GVBl. S. 118), i.d.F. vom 19. Mai 2013 (GVBl. S. 218); dazu Bludau (Fußn. 115), S. 3ff.

118 Laufbahngruppen 1 und 2, s. §§ 13 Abs. 3 Satz 1 der Niedersächsischen Laufbahnverordnung.

119 Erstes und zweites Einstiegsamt, s. § 14 der Niedersächsischen Laufbahnverordnung.

120 S. insoweit nur die Begründung zum Gesetzentwurf der Bundesregierung zum Gesetz zur Neuordnung und Modernisierung des Bundesdienstrechts vom 12. November 2007 (BT-Drucks. 16/7076), wenn es dort als Zielvorgabe hieß (S. 2): „Sicherung der Wettbewerbsfähigkeit des öffentlichen Dienstes durch die Reform des Laufbahnrechts".

121 § 13 Abs. 2 der Niedersächsischen Laufbahnverordnung.

122 § 13 Abs. 2 Nr. 5 der Niedersächsischen Laufbahnverordnung.

123 § 117 Abs. 1 der Niedersächsischen Laufbahnverordnung.

124 § 5 Abs. 2 des Bayerischen Leistungslaufbahngesetzes; der Bund unterscheidet neun Fachlaufbahnen, s. § 6 Abs. 2 BLV.

125 § 5 Abs. 3 des Bayerischen Leistungslaufbahngesetzes.

126 Gehrke, A./Bruno-Latocha, (Fußn. 4) S. 309.

Wie der Begriff der Laufbahn deutlich macht, wohnt ihm einerseits eine Begrenzung, zugleich aber auch ein Element der Fortentwicklung inne. Durch die einheitliche, jeweils gleiche Vor- und Ausbildung der „Laufbahnbewerber" kann einer am Leistungsgedanken orientierten Personalauswahl und einem entsprechenden Personaleinsatz Rechnung getragen werden; zugleich werden aber auch Beschränkungen und Barrieren gesetzt, die den Umgang mit „Ausnahmefällen" zumindest schwieriger machen. Zwar sehen die rechtlichen Vorgaben schon immer die Möglichkeit der Einstellung „anderer Bewerber" vor[127], die eine als gleichwertig anzusehende Qualifikation anderweitig erworben haben, und ebenso war ein Voranschreiten auf der „Laufbahn" für besonders überragende Personen in besonderen Ausnahmefällen nicht nur schrittweise denkbar und möglich. Gleichwohl stellten in der Vergangenheit diese Fälle Ausnahmen dar und prägten die Praxis des öffentlichen Dienstes eher nicht. Diese Situation wird sich ändern, die Erwartung dieser Veränderung war nicht zuletzt ein Motor für die eingeleiteten Reformbestrebungen beim Laufbahnrecht.

Ob dabei die erfolgten Veränderungen durch die Überwindung der früher strengen Abgrenzungen zwischen den Laufbahngruppen und die Entwicklung erleichterter Formen des Durch- und Aufstiegs ausreichen werden, bleibt abzuwarten. Insbesondere im Lehrerbereich wird zukünftig der Einstellung und Beschäftigung von Seiten- und Quereinsteigern eine erhöhte Bedeutung zukommen, da nur durch die Beschäftigung von Personen, die sich nicht unmittelbar für den Lehrerberuf haben, der erforderliche Ersatzbedarf im Schulbereich gewonnen werden kann[128]. Dabei kommt auch allen Formen der Flexibilisierung eine zentrale Rolle zu, nicht zuletzt auch im Bereich des Laufbahnrechts für die zu beamtenden Lehrkräfte. Ob dabei die nunmehr getroffenen Regelungen ausreichen werden , bleibt abzuwarten.

5. Besoldung und Versorgung

Während für beschäftigte (angestellte) Lehrkräfte ein einheitliches Regelwerk für die Fragen der Vergütung besteht, der Tarifvertrag für den öffentlichen Dienst der Länder[129], gilt dies für die Besoldung der beamteten Lehrkräfte seit der Föderalismusreform des Jahres 2006 in dieser Form nicht mehr. Gleichwohl bestehen gegenwärtig auch bei den beschäftigten Lehrkräften zwischen den Bundesländern bezüglich der tatsächlich gezahlten Vergütung insofern Unterschiede, als die Bundesländer unterschiedliche Eingruppierungen vornehmen; bundeseinheitlich tarifvertragliche Regelungen bestehen hier (noch) nicht. Bei den beamteten Lehrkräften soll jedoch, wie bei allen anderen Beamtengruppen auch, die auf die Länder übergegangenen Reglungskompetenz zu „Wettbewerb" unter den Bundesländern führen, und es diesen ermöglichen, eigene Prioritäten zu setzen.

Besoldung und Versorgung sind, wie bereits erwähnt, dabei im beamtenrechtlichen Verständnis weniger als Gegenleistung für erbrachte Dienste anzusehen denn als Ausdruck der Fürsorgepflicht des Dienstherrn, die sich auf den Beamten bzw. die Beamtin selbst und ebenso des-

---

127 S. jetzt etwa § 22 BLV, in dessen Absatz 1 es heißt: „*Wer nicht die Voraussetzungen (erg. als Laufbahnbewerber) erfüllt, darf nur berücksichtigt werden, wenn keine geeigneten Bewerberinnen und Bewerber mit einer Laufbahnbefähigung für die entsprechende Laufbahn zur Verfügung stehen oder die Einstellung von besonderem dienstlichen Interesse ist.*"

128 Autorengruppe Bildungsberichterstattung, Bildungsbericht 2012, S. 83, 266.

129 Vom 12. Oktober 2006, zuletzt geändert durch den Änderungstarifvertrag vom 9. März 2013; dabei werden die Tarifgebiete West und Ost unterschieden, für Hessen und Berlin gelten eigene Regelungen.

sen Familie erstreckt[130]. Wenn in diesem Zusammenhang vom „Alimentationsgrundsatz" als einem hergebrachten Grundsatz des Berufsbeamtentums[131] die Rede ist, dann mag dieser altertümelnde Begriff diesen Gedanken vielleicht noch andeuten. Dennoch wäre es falsch, die Beamtenbesoldung völlig außerhalb allgemeiner tariflicher und wirtschaftlicher Entwicklungen zu sehen – deutlich werden derartige Gesichtspunkte in der Rechtsprechung des Bundesverfassungsgerichts zur (Amts-)Angemessenheit der Beamtenbesoldung mit einbezogen[132].

Das Besondere der Beamtenbesoldung und -versorgung ist, dass – im Gegensatz zum tarifvertraglichen Bereich – die Höhe der Beträge einseitig durch Gesetz festgelegt wird, wobei der Gesetzgeber sich an den tarifvertraglichen Vorgaben orientieren und diese auch übernehmen kann, dies aber nicht muss[133]; regionale Differenzierungen sind zulässig[134]. Da aber die Festlegung der Besoldungs- bzw. Versorgungsbeträge eine am Maßstab der „Alimentation" zu messende Entscheidung darstellt, kann gegen diese gesetzliche Festlegung als nicht mit diesem hergebrachten Grundsatz übereinstimmend eine Verfassungsbeschwerde zum Bundesverfassungsgericht erhoben werden[135], was in der Vergangenheit auch regelmäßig erfolgte.

Ausgangspunkt für die Festlegung der Besoldung stellt der im Bundesbesoldungsgesetz ausdrücklich verankerte Grundsatz dar, der verlangt, dass die Besoldung „funktionsgerecht" festzu-

---

130 Dennoch besteht ein Anspruch auf Besoldung, so § 3 Abs.1 Satz 1 des Bundesbesoldungsgesetzes; die Besoldungsgesetze der Länder verweisen regelmäßig bezüglich der allgemeinen Regelungen pauschal auf das Bundesbesoldungsgesetz und übernehmen so diese Grundsätze, s. etwa § 1b des Landesbesoldungsgesetzes von Berlin vom 9. April 1996 (GVBl. S. 160) i.d.F. vom 5. November 2011 (GVBl. S. 354) oder § 1 Abs.2 des Landesbesoldungsgesetzes von Nordrhein-Westfalen vom 17. Februar 2005 (GV S. 154) i.d.F. vom 16. Juli 2013 (GV S. 482).

131 Bundesverfassungsgericht, Beschluss vom 30. März 1977, BVerfGE 44, 243 (265); auch wiederholt im Urteil vom 14. Februar 2012, in: Neue Zeitschrift für Verwaltungsrecht 2012, S. 357 (358).

132 Dort (BVerfGE 44, 243 (265f.)) heißt es: *„Der Gesetzgeber, der die Angemessenheit der Dienstbezüge einschließlich Alters- und Hinterbliebenenversorgung zu konkretisieren hat, muß dabei außer den schon genannten Gesichtspunkten – Bedeutung der Institution des Berufsbeamtentums, Rücksicht darauf, daß das Beamtenverhältnis für qualifizierte Kräfte anziehend sein muß, Ansehen des Amtes in den Augen der Gesellschaft, vom Amtsinhaber geforderte Ausbildung, Verantwortung des Amtes, Beanspruchung des Amtsinhabers (häufig als „Leistung" bezeichnet) – auch berücksichtigen, daß heute nach allgemeiner Anschauung zu den Bedürfnissen, die der arbeitende Mensch soll befriedigen können, nicht nur die Grundbedürfnisse des Menschen nach Nahrung, Kleidung und Unterkunft, sondern im Hinblick auf den allgemeinen Lebensstandard und die allgemeinen Verbrauchs- und Lebensgewohnheiten auch ein Minimum an „Lebenskomfort" gehört: z.B. Ausstattung des Haushalts mit dem üblichen elektrischen Gerät einschließlich seiner Unterhaltung, Radio- und Fernsehgerät samt laufenden Kosten, Zeitungs- und Zeitschriftenbezug, Theaterbesuch und Besuch ähnlicher Veranstaltungen, Kraftwagen, Urlaubsreise, Bausparvertrag, Lebensversicherung und Krankenversicherung, Ausgaben für Fortbildung, soziale und politische Aktivitäten und vernünftige Freizeitbeschäftigung. Alimentation in der Wohlstandsgesellschaft bedeutet mehr als Unterhaltsgewährung in Zeiten, die für weite Kreise der Bürgerschaft durch Entbehrung und Knappheit gekennzeichnet waren. Das Alimentationsprinzip liefert einen Maßstabsbegriff, der jeweils den Zeitverhältnissen gemäß zu konkretisieren ist …*
Ob die Dienstbezüge einschließlich der Alters- und Hinterbliebenenversorgung nach diesem Maßstab ausreichend sind, läßt sich nur anhand des Nettoeinkommens beurteilen, also des Einkommens, das dem Beamten zufließt und das er ausgeben kann, also insbesondere des Einkommens nach Abzug der Steuern. Es müssen also entweder im Steuerrecht Vorkehrungen getroffen werden, daß von den Bruttobezügen jedem Beamten soviel bleibt, daß ihm mit seiner Familie die seinem Amt entsprechende Lebensführung möglich ist, oder es müssen die Bruttobezüge im Besoldungsrecht so hoch angesetzt werden, daß bei Anwendung des allgemeinen Steuerrechts der amtsangemessene Unterhalt für den Beamten und seine Familie gewährleistet bleibt."
Ähnlich jüngst auch das Urteil vom 14. Februar 2012, in: Neue Zeitschrift für Verwaltungsrecht 2012, S. 357 (359f.).

133 Dazu nur Schnellenbach 2007, S. 132.

134 So das Bundesverfassungsgericht, Beschluss vom 12. Februar 2003, BVerfGE 107, 218 (238).

135 Nach Art. 93 Abs. 1 Nr. 4 a GG.

legen ist, d.h. unter Bezugnahme auf die wahrgenommenen Anforderungen sachgerecht zu bewerten ist[136]; im Übrigen verlangt das Gesetz auch eine regelmäßige Anpassung der Besoldung[137], die sich an der „Entwicklung der allgemeinen wirtschaftlichen und finanziellen Verhältnisse und unter Berücksichtigung der mit den Dienstaufgaben verbundenen Verantwortung" orientieren soll[138].

Dienstbezüge der Beamten bestehen aus einem Grundgehalt, aus möglichen Zuschüssen zum Grundgehalt[139], einem Familienzuschlag sowie Zulagen und Vergütungen. Dabei ist die Höhe des Grundgehalts von mehreren Faktoren abhängig:
- der Zuordnung zu einer Besoldungsordnung,
- der Festlegung einer von der konkreten Funktion abhängigen Besoldungsgruppe,
- der Bestimmung einer Dienstaltersstufe, sofern in der Besoldungsordnung vorgesehen.

Bei den Besoldungsordnungen werden diejenigen der Besoldungsordnungen A, B, C, R und W unterschieden: während sich die Ämter der Besoldungsordnungen A und B auf sämtliche Bereiche der öffentlichen Verwaltung erstrecken können, sind die Besoldungsordnungen C (auslaufend) und W allein für die Bereiche von Wissenschaft und Forschung vorgesehen, die Besoldungsordnung R dem Richterdienst[140]; Versuche, für die Lehrtätigkeiten an den Schulen eine eigene Besoldungsordnung L zu schaffen, waren bisher nicht erfolgreich.

Innerhalb der Besoldungsordnung werden, nach der Bedeutung der Tätigkeit aufsteigend nummeriert, Besoldungsgruppen gebildet, deren Grundgehalt dann in Besoldungstabellen als Anlage zu den Besoldungsgesetzen definiert wird. Die Höhe des konkreten Grundgehalts ist dienstalterabhängig[141], d.h., dass unabhängig von Besoldungserhöhungen es in regelmäßigen Zeitintervallen zu einer Erhöhung des Grundgehalts kommt, bei der allein auf die im öffentlichen Dienst verbrachte Dienstzeit abgestellt wird[142]; diese Zeitintervalle sind in den letzten Jahren verlängert worden, da sie als wenig leistungsfördernd eingeschätzt werden; an ihre Stelle sollen stattdessen verstärkt leistungsabhängige Zulagen treten.

Zum Grundgehalt hinzugerechnet werden Familienzuschläge, deren Höhe sich an der Besoldungsgruppe und am Familienstand des Beamten orientieren[143].

Zulagen werden für die Wahrnehmung besonderer Aufgaben oder für Erschwernisse gezahlt[144]: so erhalten z.B. in Nordrhein-Westfalen Lehrkräfte mit Unterrichtstätigkeit für die Wahrnehmung von „Aufgaben als Fachleiterin oder Fachleiter an Zentren für schulpraktische Lehrerausbildung oder als Fachleiterin oder Fachleiter in der Lehrerfortbildung" eine ruhegehaltfähige Stellenzulage[145]; von besonderer Bedeutung sind die nunmehr eingeführten[146] Leis-

136 „Grundsatz der funktionsgerechten Besoldung", § 18 BBesG.
137 Dass eine „Anpassung" auch in einer Besoldungskürzung bestehen kann, zeigt § 3 a BBesG.
138 So § 14 Abs. 1 BBesG.
139 S. § 33 BBesG – im Rahmen der W-Besoldung.
140 Unter Einschluss der Staatsanwaltschaften.
141 § 28 BBesG.
142 In der Besoldungsordnung B für hohe und höchste Beamtenstufen sind feste Gehälter vorgesehen.
143 § 39 BBesG.
144 § 42 BBesG; etwa auch die „Ballungsraumzulage" für bestimmte Beamtengruppen im Großraum München nach Art. 97 des Bayerischen Beamtengesetzes.
145 Nach Nr. 2.5 Abs.1 der Landesbesoldungsordnung von Nordrhein-Westfalen, Anlage 1 zum Landesbesoldungsgesetz.
146 Im tarifvertraglichen Bereich sind Leistungsprämien durch die Aufhebung des im Jahre 2006 eingeführten § 18 durch den Änderungstarifvertrag vom 1. März 2009 wieder abgeschafft worden; eine Zulage ist nach § 14 Abs.1 TV-L für die vorübergehende Übertragung einer höherwertigen Tätigkeit vorgesehen.

tungszulagen[147], die als einmalige oder auf Dauer gezahlte Gehaltserhöhungen zu einer Erhöhung der Motivation beitragen sollen; Vorschläge, besonders aus der Wirtschaft[148], gerade im Lehrerbereich durch einen entsprechenden Ausbau von Leistungsprämien auch zu besseren Schülerleistungen zu kommen, sind bisher noch nicht weiter aufgegriffen worden. Vergütungen als Bestandteil des Gehalts werden beispielsweise für Mehrarbeit gezahlt[149].

Die Beamtenversorgung, die als eigenständiges Versorgungssystem neben den Rentenversicherungssystemen der Arbeitnehmer besteht, wird zukünftig eines der großen Probleme der öffentlichen Finanzen darstellen[150]; auch hier ist die Gesetzgebungskompetenz auf die Bundesländer übergegangen, deren Landesversorgungsgesetze[151] orientieren sich dabei nach wie vor am Bundesrecht, dem Beamtenversorgungsgesetz[152].

Um eine Vorstellung von der Bedeutung der Beamtenversorgung zu bekommen, sei auf die unterschiedliche Verteilung der Zahl der Versorgungsempfänger verwiesen: im Jahre 2012 standen nach den Zahlen des Statistischen Bundesamtes 176 000 Versorgungsempfängerinnen und Versorgungsempfängern beim Bund 739000 Personen bei den Ländern und 113000 bei den Gemeinden gegenüber[153] – die Länder tragen schon heute die Hauptlast der Versorgungsbezüge; innerhalb der Versorgungsempfänger der Länder stellten frühere Lehrkräfte mit 371 000 (rund 50% aller Versorgungsempfänger der Länder) die größte Gruppe dar. Deren Versorgungsbezüge lagen durchschnittlich bei € 2.890 pro Monat, bei den früheren Lehrern bei € 3.210, bei den ehemaligen Lehrerinnen bei € 2.580[154]. 11,8 Milliarden € brachten die Länder für Versorgungszahlungen im Jahre 2011 auf[155].

In Deutschland waren im Schuljahr 2010/2011 insgesamt 36,1% aller Lehrkräfte zwischen 50 und 60 Jahren alt, 11,7% waren über 60 Jahre alt[156]; damit weist Deutschland insbesondere im Primar- und im Sekundarbereich I den international größten Anteil an Lehrkräften im Alter von oberhalb von 50 Jahren aus[157]. Absehbar werden diese Personen in den nächsten Jahren aus dem aktiven Dienst ausscheiden; damit werden – neben den Kosten für die neu einzustellenden Lehrkräfte – die finanziellen Belastungen, besonders bei den Ländern, weiter steigen. Ob es dann, wie oft gefordert, zu einer Verbindung mit den allgemeinen Alterversorgungssystemen kommen wird, bleibt abzuwarten, dürfte aber wegen der grundlegenden systemischen Unterschiede der Steuerfinanzierung bei den Beamtenversorgungsleistungen und dem auf dem Versicherungsprinzip beruhenden Ansatz der Rentenversorgung schwierig sein.

Die Beamtenversorgung („Pension") ist ebenso wie die Besoldung Ausläufer des Fürsorgeprinzips und schließt daher die Familie und auch die Hinterbliebenen mit ein; auch für sie besteht ein rechtlicher Anspruch[158]. Das Ruhegehalt, das dem Beamten nach dem Ausscheiden aus dem aktiven Dienst grundsätzlich lebenslang[159] gezahlt wird, ist in seiner Höhe abhängig von

147 § 42 a BBesG.
148 Institut der deutschen Wirtschaft, Lehrerbesoldung – Extras für gute Leistung, in: Informationsdienst Nr. 47/2008, S. 8; dazu Feldrapp, Bildungsexperten fordern, Lehrer nach Leistung zu bezahlen, in: Die Welt vom 12. November 2008, S. 4.
149 § 48 BBesG.
150 S. nur Autorengruppe Bildungsberichterstattung, Bildungsbericht 2012, S. 21f.
151 Z.B. das Landesbeamtenversorgungsgesetz Nordrhein-Westfalen vom 16. Mai 2013 (GV S. 234), das die Fortgeltung des Beamtenversorgungsgesetzes des Bundes (BeamtVG) als Landesrecht vorsieht.
152 Vom 24. August 1976 (BGBl. I, S. 150) i.d.F. vom 28. August 2013 (BGBl. I, S. 3386).
153 Statistisches Bundesamt (2013b), S. 6.
154 Statistisches Bundesamt (2013b), S. 51.
155 Statistisches Bundesamt (2013b), S. 53.
156 Autorengruppe Bildungsberichterstattung, Bildungsbericht 2012, S. 265.
157 Autorengruppe Bildungsberichterstattung, Bildungsbericht 2012, S. 82.
158 S. § 3 Abs. 3 BeamtVG.
159 Und nach dem Tode des Beamten dann dem/r Hinterbliebenen, s. § 19 BeamtVG.

der Dienstzeit des Beamten; es beginnt mit 35 % des letzten Gehalts[160] und kann gegenwärtig auf maximal 71,75 % steigen[161]; ein gegenüber der gesetzlichen Altersgrenze früherer Eintritt in den Ruhestand führt zu Abschlägen beim Ruhegehalt von 3,6 % pro Jahr des verfrühten Ausscheidens[162].

6. Ausblick

Die Verfassungsreform des Jahres 2006 hatte den „Wettbewerbsföderalismus" ausgerufen und diesem neben der Zurückdrängung des Bundes aus seinen Mitwirkungszuständigkeiten im Bildungsbereich generell auch durch die Übertragung von Ausgestaltungskompetenzen bei den Rechtsverhältnissen der als Beamte tätigen öffentlich Bediensteten Rechnung tragen wollen. Die weit überwiegend im Dienst der Bundesländer stehenden Lehrkräfte stellen heute die größte Gruppe der im öffentlichen Dienst Tätigen dar: rund 36,4 % aller Länderbeschäftigten sind in den allgemein- und den berufsbildenden Schulen tätig[163]. Betrachtet man diese Gruppe öffentlich Bediensteter genauer, so fällt auf, dass deren Durchschnittsalter erheblich über demjenigen der allgemeinen Erwerbsbevölkerung liegt: während rund ein Viertel der gesamten Erwerbsbevölkerung 50 Jahre und älter ist, ist der Anteil bei den pädagogisch Tätigen im Schulbereich erheblich höher. Dies ist Ausdruck einer prozyklischen Personalpolitik im Schulbereich, die gerade in den 70er und teilweise auch in den 80er Jahren des letzten Jahrhunderts die Einstellungen in den Schuldienst geprägt hatte[164] und nun in den nächsten Jahren einen zunehmenden Einstellungsbedarf bei den Lehrkräften bewirken wird[165] Dem stehen die Zahlen der in Lehramtsfächern bzw. -studiengängen eingeschriebenen Studierenden gegenüber, die bereits jetzt zeigen, dass – mit fächerspezifischen Unterschieden – die Bedarfe der Schulen in den nächsten Jahren nur schwer werden befriedigt werden können: für die in den nächsten 15 Jahre ausscheidenden Lehrkräfte wird nach Verbandsschätzungen nur insgesamt die Hälfte ersetzt werden können[166]; selbst die Kultusministerkonferenz hatte in ihrer aktuellen Prognose aus dem Jahre 2013 einen durchgängigen Bedarf an Lehrkräften bis zum Jahre 2025 prognostiziert, mit notwendig fächerspezifischen und regionalen Unterschiedlichkeiten[167]. Auch wenn die Schul- und Kultusverwaltungen dazu übergehen sollten, verstärkt auf „andere Bewerber" (im laufbahnrechtlichen Sinne) zuzugehen und diese Einstellungsmöglichkeiten in den Schulen anzubieten, so bedeutet die absehbare demografische Entwicklung, dass es zumindest in manchen Regionen zu Schwierigkeiten der Deckung des notwendigen Lehrbedarfs an den Schulen kommen wird: der „Wettbewerb" um Lehrkräfte wird in erheblich schärferer Weise als gegenwärtig beobachtbar einsetzen. Laufbahnrecht, aber ebenso auch die angebotenen Besoldungs- und Versorgungsbedingungen für die Lehrkräfte werden dabei voraussichtlich zu wichtigen Instrumenten in diesem Wettbewerb der Bundesländer untereinander werden. Da absehbar sich die Haushaltssituationen in den Bundes-

---

160 § 14 Abs. 4 Satz 1 BeamtVG.
161 § 14 Abs. 1 Satz 1BeamtVG; das Witwengeld beträgt 55 %, so § 20 Abs. 1 Satz 1 BeamtVG.
162 § 14 Abs. 3 BeamtVG.
163 Von den 2,35 Millionen insgesamt Beschäftigten in den Ländern waren 853 000 an allgemeinbildenden und beruflichen Schulen tätig, s. Statistisches Bundesamt (2013a), S. 58.
164 Dazu Baumert/Cortina/Leschinsky (2008), S. 82ff.
165 Autorengruppe Bildungsberichterstattung, Bildungsbericht 2012, S. 83.
166 Vgl. nur „Verbände warnen vor Lehrermangel im deutschsprachigen Raum", in: dpa-dienst für Kulturpolitik vom 24. November 2008, S. 14f.; auch Kloepfer 2009.
167 Kultusministerkonferenz, Beschluss vom 20. Juni 2013. „Lehrereinstellungsbedarf und -angebot in der Bundesrepublik Deutschland – Modellrechnung 2012–2025", S. 22, http://www.kmk.org/filead min/pdf/Statistik/Dokumentationen/Dok_201_LEB_LEA_2013.pdf

ländern verschlechtern werden[168], dieser Prozess aber keineswegs gleich für alle Bundesländer verlaufen wird, werden „finanzstarke" Bundesländer, die sich zu entsprechenden Maßnahmen einer verbesserten Besoldung und/oder Versorgung entschließen, Vorteile bei der Gewinnung von Lehrkräften gegenüber „finanzschwächeren" Bundesländern haben. Bereits jetzt zeigt sich, dass länderübergreifende Koordinierungs-, Abstimmungs- und Ausgleichsmaßnahmen wenig erfolgversprechend sind: zwar hatte sich die Kultusministerkonferenz auf ihrer Sitzung im März 2009 auf eine *„Stralsunder Erklärung: Einstellung und Ausbildung von Lehrern in den Ländern"* verständigt[169], dabei aber letztlich eher ihre Nichteinigung dokumentiert denn klare Absprachen formulieren können[170]: Die Auseinandersetzung „hinter den Kulissen" scheinen von deutlichem, offenbar auch als „unfair" wahrgenommenem „Wettbewerb" der Länder untereinander gekennzeichnet zu sein, nicht jedoch von Formen „kooperativen Föderalismus'"[171]. Von daher könnte sich dieser Teil der Föderalismusreform des Jahres 2006, dem ja auch die Bundesländer über den Bundesrat damals zugestimmt hatten, zumindest für manche Bundesländer, letztlich dann aber ebenso auch für die Schulen in diesen Ländern sowie die an diesen Schulen Tätigen und die dort Lernenden als Bumerang erweisen, wenn sie im „Wettbewerb" um die benötigten Lehrkräfte nicht werden mithalten können. Zwar wurde im Vorfeld der Bundestagswahl 2013 die Aufhebung des „Kooperationsverbotes" zwischen Bund und Ländern vielfach gefordert – Fragen der Rechtsstellung der Lehrkräfte standen dabei aber nicht im Katalog der als änderungsbedürftig angesehenen Problembereiche; offenbar ist hier der öffentlich wahrgenommene (Leidens-)Druck (noch) nicht groß genug.

Literatur

Autorengruppe Bildungsberichterstattung (2012). *Bildung in Deutschland 2012.* Bielefeld: Bertelsmann.

Avenarius. H. & Füssel, H.-P. (^{8}2010). *Schulrecht*, Kronach: Carl Link.

Battis, U (^{4}2009). *Bundesbeamtengesetz, Kommentar*, München: Beck.

Battis, U. (^{6}2011). Art. 33. In Sachs, M. (Hrsg.), *Grundgesetz Kommentar.* München: Beck.

Battis, U. & Schlenga, H. D. (1995). Die Verbeamtung der Lehrer. *Zeitschrift für Beamtenrecht* 1995, S. 253.

Baumert, J., Cortina, K. & Leschinsky, A. (2008). Grundlegende Entwicklungen und Strukturprobleme im allgemeinbildenden Schulwesen. In K. Cortina, J. Baumert, A. Leschinsky, K.U. Mayer & L. Trommer (Hrsg.), *Das Bildungswesen in der Bundesrepublik Deutschland.* Reinbek: Rowohlt, S. 53-130.

Bludau, T. (2009). Gesetzentwurf zur Modernisierung des Biedersächsischen Beamtenrechts. In *Niedersächsische Verwaltungsblätter 2009*, S. 1-6.

Böhm, T. (1998). *Aufsicht und Haftung in der Schule.* Neuwied, Kriftel: Luchterhand.

Cremer, W. (2013). Verbeamtung von Lehrern als Verfassungsgebot. In Institut für Bildungsforschung und Bildungsrecht/Deutsches Institut für Internationale Pädagogische Forschung (Hrsg.), *Zur Rechtsstellung der Lehrkräfte – heute*, Nomos: Baden-Baden, S. 11.

Degenhardt, C. (^{4}2007). Art. 74. In Sachs, M. (Hrsg.), *Grundgesetz Kommentar.* München: Beck.

Dillenburger, A. (2009). Das Beamtenstatusgesetz als neues Beamtenbundesrecht für die Beamtinnen und Beamten der Länder. *Neue Juristische Wochenschrift*, 62. Jahrgang, S. 1115-1118.

---

168 Nicht zuletzt durch steigende Ausgaben für Beamtenversorgungen.

169 Beschluss der 325. Plenarsitzung der Kultusministerkonferenz am 5. und 6. März 2009 in Stralsund, http://www.kmk.org/presse-und-aktuelles/meldung/ergebnisse-der-325-plenarsitzung-der-kultusministerkonferenz-am-5-und-6-maerz-2009-in-stralsund.html

170 Füssel (2012b), S. 110.

171 Vgl. insoweit die Position des früheren schleswig-holsteinischen Staatssekretärs Meyer-Hesemann, zitiert in: zweiwochendienst Nr. 4/2009, S. 17 „Föderalismusreform: Wettbewerb zunehmend unfair".

Füssel, H.-P. (2012a). Der Lehrerberuf in Deutschland – zu den rechtlichen und administrativen Strukturen. *Zeitschrift für Bildungsverwaltung* 2012, Heft 2, S. 93.

Füssel, H.-P. (2012b). Cuius regio, eius praeceptor? Lehrkräfte im Föderalismus. In T. Schultz & K. Hurrelmann (Hrsg.), *Bildung und Kleinstaaterei,* Beltz: Weinheim, S. 101.

Gehrke, A. & Bruno-Latocha, G. (2013). Die Verbeamtungspraxis der Bundesländer bei Lehrkräften. *Recht der Jugend und des Bildungswesens* 2013, S. 306-316.

Hoffmann, C. (2009). Beamtenstatusgesetz – „Stunde Null" für die Länder. *Neue Juristische Wochenschrift*, 62. Jahrgang, H. 16, S. III.

Kirchmann, J. v. (1847/1966). *Die Wertlosigkeit der Jurisprudenz als Wissenschaft.* Darmstadt: Wiss. Buchgesellschaft.

Kloepfer, I. (2009). *Das Comeback der Lehrer.* In Frankfurter Allgemeine Sonntagszeitung vom 22. Februar 2009, S. 11.

Ladeur, K.H. (2008). Die Zulässigkeit von Lehrerbewertungen im Internet. *Recht der Jugend und des Bildungswesens*, 56. Jahrgang, H. 1, S. 16-32.

Niehues, N. & Rux, J. ([5]2013). *Schul- und Prüfungsrecht, Band 1: Schulrecht.* München: Beck.

Oppermann, T. (1976). *Nach welchen Grundsätzen sind das öffentliche Schulwesen und die Stellung der an ihm Beteiligten zu ordnen?* München: C.H. Beck

Pechstein, M. (2009). Die verfassungsrechtliche Stellung des höheren Dienstes vor dem Hintergrund der angekündigten Reform des Laufbahnrechts in Bayern. *Zeitschrift für Beamtenrecht,* 57. Jahrgang, H. 1-2, S. 20.

Pieper, S. U. ([11]2008). Art. 33. In B. Schmidt-Bleibtreu, H. Hofmann & A. Hopfauf, *Grundgesetz Kommentar.* Köln, München: Beck.

Rux, J. & Niehues, N. ([5]2013). *Schulrecht.* München: Beck.

Schnellenbach, H. ([3]1994). *Beamtenrecht in der Praxis.* München: Beck.

Schnellenbach, H. (2007). *Öffentliches Dienstrecht.* Berlin: Berliner Wissenschafts-Verlag.

Statistisches Bundesamt (2013a). *Personal des öffentlichen Dienstes 2012* (Fachserie 14, Reihe 6), Wiesbaden.

Statistisches Bundesamt (2013b). *Versorgungsempfänger des öffentlichen Dienstes 2012* (Fachserie 14, Reihe 6.1), Wiesbaden.

Traulsen, C. (2006). Distanzierende Neutralität an Baden-Württembergs Schulen? *Recht der Jugend und des Bildungswesens,* 54. Jahrgang, H. 1, S. 116-132.

Wagner, F. ([9]2006). *Beamtenrecht.* Heidelberg: C.F. Müller.

Weiß, W. (2012). Schule als Kommunale Gestaltungsaufgabe. *Recht der Jugend und des Bildungswesens* 2012, S. 302-314.

Jochen Wissinger

Schulleitung und Schulleitungshandeln

1. Einleitung

Schaut man in die deutsche Schulgeschichte, so wird man feststellen, dass Fragen der Schulleitung gegenüber Fragen des Unterrichts und der Erziehung sowie des Lehrerberufes und dessen Entwicklung eine untergeordnete Rolle spielen. Dieser Befund ist insofern nicht verwunderlich, als die Geschichte der Institution Schule zugleich eine Geschichte des Lehrerberufes ist (vgl. Schwänke, 1988). Wo die Schulleitung in der deutschen Schulgeschichte im Zeitraum von 1800 bis zur Gegenwart erwähnt wird, geht es um Macht- und Interessenkonflikte zwischen der organisierten Lehrerschaft einerseits und der Schulaufsicht andererseits (vgl. dazu Herrlitz, Hopf & Titze, 1998). Fragen der Schulleitung in Deutschland sind solche, die, anders als die von Unterricht und Erziehung, in der Geschichte des modernen Staates und der Entstehung sowie Entwicklung der Schulverwaltung zu verorten sind. Sie ergeben sich aus dem Verhältnis zur staatlichen Aufsicht einerseits und zu den Lehrpersonen, den Schülern und Eltern einer Schule andererseits (vgl. Nevermann, 1982; Reuter, 1998). Bis zum Ende des 19. Jahrhunderts hat die Institution Schule in allen ihren Ausprägungen in Deutschland (Schulformen) eine innerschulische Leitungsfunktion ausdifferenziert, die mehrere Aufgaben erfüllen soll: (1) Außenvertretung der Schule, insbesondere Vermittlung zwischen der Schulaufsicht (übergeordnete Ebenen der Schulverwaltung) und dem Lehrerkollegium an einer Schule, (2) Organisation und Sicherung der Abläufe des Unterrichts und der innerschulischen Verwaltung sowie Leitung der Selbstverwaltungsgremien, (3) Kontrolle nach innen in fachlicher und (beamten)rechtlicher Hinsicht, (4) Eröffnung von Aufstiegsmöglichkeiten für Lehrer bzw. Lehrerinnen. Formal gesehen ist der Schulleiter/die Schulleiterin bis heute zunächst einmal Lehrer/in und Mitglied eines Lehrerkollegiums. Je nach Rahmenbedingungen und Befugnissen schwankt die Rolle der Schulleitung zwischen ‚Primus inter Pares' und Vorgesetzten-Funktion. Erst der Blick auf das Schulleitungsamt, auf die historischen und systematischen Bedingungen und Folgen der Säkularisierung der Institution Schule und der funktionalen Differenzierung schulischer Steuerung sowie, damit verbunden, der Blick auf eine Position, die sich in Aufgaben und Verantwortlichkeiten von der Tätigkeit von Lehrpersonen unterscheidet, macht sichtbar, dass es sich bei der Schulleitung (sowohl im Sinne einer formalen sozialen Rolle als auch im Sinne einer Tätigkeit) um einen eigenen Gegenstand der Bildungs- und Schulforschung sowie der Aus- und Weiterbildung handelt (Wissinger & Huber, 2002a).

In der Geschichte der Institution Schule und der Verberuflichung der Tätigkeit von Lehrern ist schulische Steuerung immer wieder Gegenstand bildungs- und interessenpolitischer Auseinandersetzungen gewesen. Im Kern der Auseinandersetzungen ging es um das Verhältnis zwischen der Außensteuerung und der Innen- bzw. Selbststeuerung der Schule. Oder anders gesagt, es ging um das Selbstverständnis der Schule als „professionelle Organisation" und das berufliche Selbstverständnis der in ihr arbeitenden professionellen Akteure. Wie Felicitas Thiel in ihrem Beitrag zur Organisation der Bildung ausführt, standen im Mittelpunkt der Auseinandersetzung zwei Modelltypen professioneller Organisation: der Typus der „autonom professionellen Organisation" einerseits und der Typus der „heteronomen professionellen Organisation" andererseits (Thiel, 2008a, S. 212). Ihrer Darstellung nach hat sich die Schule in Deutschland im Verlauf des 19. Jahrhunderts als heteronome professionelle Organisation ausdifferenziert (ebd., S. 223) und gewinnt damit „ihre moderne Gestalt, mit der sich die Profession bis heute – aus vielfach guten

Gründen – nie arrangieren konnte." (ebd., S. 224) Auch international ist diese Auseinandersetzung und Entwicklung mit kulturell unterschiedlichen Ausprägungen zu beobachten gewesen (Döbert & Geißler, 1997).

In der Mitte des 20. Jahrhunderts war es der Deutsche Bildungsrat (1974), der mit seinen Vorschlägen zur Reform der Organisation und Verwaltung der Schule die Seite der Lehrer, also die professionelle Seite, sowie die Innen- oder auch Selbststeuerung der Schule gegenüber ihrer Außensteuerung durch den Staat gestärkt sehen wollte (Wissinger 2013a). Seit der in den 1980er und 1990er Jahren geführten, internationalen Debatte um die Qualität der Institution Schule als Ort des Lernens und Arbeitens (Steffens & Bargel, 1993; Steffens, 2007) und der auch nationalen Suche nach Wegen der Verbesserung der Schul- und Unterrichtsqualität, hat sich ein Denkansatz in der sowohl politisch als auch wissenschaftlich geführten Schuldebatte durchgesetzt, der auf der Basis empirischer Erkenntnisse der angloamerikanischen Schuleffektivitätsforschung Schule als „pädagogische Handlungseinheit" konzeptualisiert (Fend, 1986) – ein Ansatz, der ungeachtet des beruflichen Selbstverständnisses der Gruppe der Lehrer und der kulturell verankerten, bis heute akuten Kritik an der heteronomen professionellen Organisationsgestalt der Schule eine neue Normativität entfaltet hat. Ende der 1990er Jahre hat Helmut Fend diesen bildungs- wie forschungsstrategischen Fokus durch systematische Hinweise auf die Mehrebenenstruktur des Schulsystems sowie auf die Funktion und Bedeutung der übrigen Gestaltungsebenen für die Qualitätssicherung und -entwicklung relativiert (Fend, 1998, 2008). Im Zusammenhang mit der theoretischen Einführung der „Schule als pädagogische Handlungseinheit" in den Schulqualitäts- und Schulentwicklungsdiskurs aber auch bildungs- bzw. reformpolitisch wird die Bedeutung der Schulleitung bei der Qualitätssicherung und -entwicklung der Schule herausgestellt (z.B. Bildungskommission NRW, 1995; vgl. Wissinger, 2000). Zur selben Zeit entwickeln sich in der Erziehungswissenschaft die Frage nach Rolle und Aufgaben von Schulleiter/innen sowie die Schulleitungstätigkeit zu einem eigenen Thema (Rosenbusch & Wissinger, 1989; Wissinger & Rosenbusch, 1991, 1993; Wissinger, 1997b). Zeitgleich zur bildungspolitischen Debatte sowie zur wissenschaftlichen Bearbeitung von Schulleitung und Schulleitungshandeln formieren sich auf Länder- und Bundesebene Schulleiterverbände, die mit der Forderung an die Öffentlichkeit treten, Schulleitungshandeln als eigenständige berufliche Tätigkeit anzuerkennen und für eine berufsspezifische Qualifikation zu sorgen (hierzu ASD, 1999).

Die Schulqualitätsdiskussion in der zweiten Hälfte des 20. Jahrhunderts, die international geführt wurde (z.B. Scheerens, 2004), die in diesem Kontext schultheoretische Konzeptualisierung der Schule als Handlungseinheit und die Betonung der Funktion, der Rolle und der Wirkungen der Schulleitung waren zunächst inhaltlich-pädagogisch (Krüger & Scheerens, 2012), unter dem Gesichtspunkt von Effektivität und Effizienz aber zunehmend bildungs- bzw. reformpolitisch motiviert (hierzu z.B. Brüsemeister & Eubel, 2003). Im Nachhinein wird sie vor allem als Ausdruck eines steuerungspolitischen Diskurses identifiziert werden müssen (Berkemeyer, 2010), der in den USA unter „School-Based Management" oder „Side-Based Management" in die Literatur eingegangen ist (z.B. Robertson & Briggs, 1998; hierzu auch Wissinger 2007) und der hier wie dort als „Vorbote" der Ära der „Neuen Steuerung" (Bellmann & Weiß, 2009; Altrichter & Maag Merki, 2010b) angesehen werden kann. Zu den zentralen Merkmalen der sog. Neuen Steuerung gehören Deregulierung und Dezentralisierung staatlicher Steuerung, die Stilisierung der einzelnen Schule zur pädagogischen Handlungseinheit, die normativ-rechtliche Stärkung der Schulleitung gegenüber den professionellen Akteuren in der Schule sowie die Orientierung am Konzept organisationalen Managements und pädagogischer Führung, an Programmentwicklung, Evaluation und Schulentwicklung. Unter dem Eindruck national wie international diskutierter unzureichender Schülerleistungen und der Legitimationsfrage an die Adresse von Politik und Staat (zu denken ist hier an den No Child Left Behind Act in den USA wie an den PISA-

Schock in Deutschland), erfährt dieser Ansatz durch die weltweit zu beobachtende Einführung lern- und leistungsbezogener, auf Ergebnissicherung angelegter Steuerungsinstrumente sukzessive eine Neuausrichtung hin zu einer zentral organisierten Kontrollsteuerung. Ziel dieses (verkürzt) als „Outputsteuerung" kommunizierten Ansatzes ist es, über permanente Evaluation wissenschaftlich gesichertes Steuerungswissen und evidenzbasiertes Handeln zu erzeugen – für alle Ebenen der schulischen Steuerung, insbesondere aber für die Ebene der Schul- und Unterrichtsgestaltung (hierzu: Altrichter & Maag Merki, 2010a; Hornberg & Parreira do Amaral, 2012; Wacker, Maier & Wissinger, 2012; van Ackeren, Heinrich & Thiel, 2013; für die internationale Diskussion z.B. Visscher & Coe, 2002, 2003; Earl & Katz, 2006; Schildkamp & Teddlie, 2008).

Bereits der Autonomie-Diskurs wie auch eine Politik der Erweiterung schulischer Eigenverantwortung (hierzu Heinrich, 2007; Rürup & Heinrich, 2007; Pfeiffer, 2008; Altrichter & Rürup, 2010) waren mit der Erwartung der Qualitätsverbesserung der Schule sowie unterrichtlichen Lernens (Schulentwicklung) verbunden und haben den Wandel der Schulleitungsfunktion von einer verengten Verwaltungs- und Kontrollfunktion hin zu einer schulischen Wandel ermöglichenden Management- und Führungsfunktion verstärkt (vgl. Wissinger, 2000b; Feldhoff, Kanders & Rolff, 2008; für den internationalen Diskurs: Schleicher, 2009). Anders als zuzeiten der Deregulierungs- und Dezentralisierungsvorschläge des Deutschen Bildungsrates Ende der 1960er Jahre, die professionstheoretisch orientiert waren und auf eine Stärkung der relativen Autonomie der einzelnen Lehrperson zielten, geht es im Autonomie-Diskurs der 1990er Jahre um eine größere Eigenverantwortung der öffentlichen Schule (Wissinger, 2013a). Die Erwartungen an eine in ihrer Eigenverantwortung gestärkten öffentlichen Schule werden organisations- und managementtheoretisch begründet, thematisieren die Selbststeuerung der Schule (Rolff, 1993) und verweisen mit Rekurs auf einen national wie international geführten Schulentwicklungsdiskurs auf die „Hebung" und Nutzung der in der Schulorganisation und Schulkultur vermuteten Entwicklungskapazitäten (Fullan & Watson, 2000; Feldhoff, Gromala & Brüsemeister 2014). Vor diesem Hintergrund scheint sowohl im Schulautonomiediskurs als auch im Schulentwicklungsdiskurs die Frage, ob sich Schulleitungshandeln nun als pädagogisches und/oder als betriebswirtschaftliches und juristisches Handeln artikuliert (Wissinger, 1997a, 2002) zugunsten der pädagogischen Funktion entschieden zu sein (Wissinger, 2000, 2007, 2014; auch OECD 2008).

Das Konzept pädagogischer Führung, das international leitend ist, wird als Element des Konzepts der Organisationsentwicklung, das auf innerschulischen Wandel zielt, verstanden (Rolff 1991a, 1991b). Letzteres argumentiert normativ und funktionalistisch (Wissinger 2013b). Es geht davon aus, dass „Individual learning is considered to be necessary but insufficient for organizational learning; and organizational learning is more than the sum of all individual learning" (Sleegers & Leithwood, 2010, S. 558). Pädagogische Führung im Konzept der Organisationsentwicklung verweist weniger auf eine einzelne Leitungsperson als vielmehr auf ein Leitungsteam (erweiterte Schulleitung) und/oder auf Steuergruppen, die punktuell und zeitlich befristet Leitungsaufgaben übernehmen (Feldhoff, 2011; Feldhoff, Kanders & Rolff, 2008; Feldhoff & Rolff, 2008; z.B. auch Hallinger & Heck, 2010b). Pädagogische Führung sorgt für die systematische Generierung professionellen Wissens als Voraussetzung für Innovation bei der didaktisch-methodischen Organisation und Ausgestaltung des Unterrichts, für die Verbesserung der Qualität des Lernens und der Lernleistungen der Schüler/-innen. „A common thread found in the many definitions of organizational learning is the focus on innovation and improvement through the acquisition of better knowledge and understanding about learning. Organizational learning can be defined as the activities through which organizational members construct new knowledge in order to improve the functioning of individual organizational members and the organization as a whole (...)" (Sleegers & Leithwood, 2010, S. 558). Medium innerschulischen Wandels sind sog. professionelle Lerngemeinschaften, die individuelles und über Kooperation gesichertes professionelles Lernen der Lehrpersonen initiieren, organisieren und unterstützen (hierzu Bonsen, 2005; z.B. auch Toole & Louis, 2002; kritisch Reh, 2008) und der „Professionalisierung durch Schulentwicklung" dienen (Haeffner, 2012). Allerdings mangelt es bislang an empirischen Untersuchungen, die die Berechtigung der theoretisch formulierten Erwartungen des Konzepts der Organisationsentwicklung, das einem „technical-rational approach that sees teachers as passive implementers instead of collaborators" entspringt (Sleegers & Leithwood, 2010, S. 560), bekräftigen. „While there are good theoretical reasons to expect that individual and organizational learning will improve classroom practices and school performance, there is little on the empirical side to justify this expectation" (ebd., S. 558). Auch in Deutschland hat es kritische Stimmen gegen ein Schulentwicklungsmodell gegeben, das mit dem Konzept des Organisationslernens arbeitet (Rolff, 1993) und Schule als „besondere soziale Organisation" konzeptualisiert (Rolff, 1992). Sie kommt zum einen aus der Soziologie und sieht im Konzept des Organisationslernens einen Ansatz zur Deprofessionalisierung der Gruppe der Lehrer/-innen (Tacke, 2004; hierzu kritisch: Terhart, 2011), sie kommt zum anderen aus der Pädagogik und befürchtet, dass sich die pädagogischen Erwartungen, die mit Organisationsentwicklung verbunden sind, im Unterricht nicht erfüllen (Bastian, 1998) und Schulentwicklung sich in Selbstorganisation und in Machtkämpfen unter den Lehrpersonen wie zwischen Schulleitung und Lehrerschaft erschöpft. Ungeachtet dieser Kritik folgt der Mainstream in der Schulleitungsforschung der Essenz des Diskurses, dass Schulleitungshandeln im Dienst des Aufbaus und der Entwicklung einer nicht nur das Lernen der Schüler/-innen sondern zugleich auch das Lernen der Lehrpersonen und damit Wandel ermöglichenden schulischen (Lern)Umgebung steht.

Als Bedingung wie als Folge erfolgreichen schulischen Leitungshandelns findet man in der Literatur die Forderung, dass sich die Organisation Schule von institutionell gewachsenen, traditionalen Strukturen freimacht (sic!), dass sie die Lehrpersonen in Prozessen der Entscheidungsfindung stärkt und eine Kultur gemeinsam geteilter Verantwortlichkeiten und Werte entwickelt (Sleegers & Leithwood, 2010, S. 559; auch Louis, 1994). Dabei wird auf das Modell der „Transformational Leadership Role", in jüngerer Zeit verstärkt auf das Modell der „Distributed Leadership" rekurriert. Mit welchem Modell-Bezug auch immer, hier artikuliert sich eine Erwartung, die, wenn man sie auf der Basis des Konzepts der professionellen Organisation durchdenkt, der Struktur und dem Leistungspotential der professionellen Organisation Schule widerspricht und die Perspektive der Lehrpersonen, ihr professionelles Selbstverständnis, ihre funktionsspezifische Wahrnehmung und ihre professionelle Kompetenz im Hinblick auf Erziehung und Unterricht zugunsten der Systemperspektive sowohl auf der Makro- als auch auf der Mesoebene der Organisation und Gestaltung von Lernprozessen suspendiert (Wissinger, 2013a, 2014). Um es vom Standpunkt der Theorie der professionellen Organisation und mit Kerr und Jermier (1978) zu sagen: „(…) there is actually no need for leadership when employees know what must be done. In this case, goals and ‚know-how' serve substitutes for leadership" (zitiert nach Krüger & Scheerens, 2012, S. 19). Das heißt, die Sicherung und Entwicklung der Qualität des Unterrichts und des Lernens ist nachweislich nicht eine Frage der Veränderung von Organisationsstrukturen, wie sie auch im „New Professionalism" im Zuge der Neuen Steuerung aufscheint und dabei bewusst oder unbewusst Konzepten der Arbeitsoptimierung für privatwirtschafliche Betriebe folgt, sondern des Aufbaus, der Entwicklung und Sicherung von Professionalität im Sinne beruflicher Kompetenz (hierzu Terhart, 2011).

2. Entwicklung der Schulleitungsforschung während der letzten 2–3 Jahrzehnte

Die Schulleitungsforschung in Deutschland ist als Teilbereich der Forschung zum Lehrerberuf im Vergleich zum angloamerikanischen Sprachraum ein noch junges und (zu) wenig beachtetes Forschungsgebiet. Wenn Schulleitung nicht aus forschungsmethodischen Überlegungen[1] in der Bildungs- und Schulforschung thematisch wird, sondern aus einem theoretischen Interesse an schulischem Leitungshandeln, seinen (Erfolgs-)Bedingungen und Wirkungen innerhalb der Schule wie auch im schulischen Umfeld, dann im Kontext der Erörterung von Schulreformen sowie der Forschung zur Schul- und Unterrichtsentwicklung (siehe hierzu Wenzel, 2008). Anfang der 1980er Jahre wundert sich Peter A. Döring (1981), dass die Leitungsfunktion der Schule weder für die Erziehungswissenschaft noch für die Verwaltungswissenschaft ein Thema sei. Neun Jahre später greifen Heinz S. Rosenbusch (1989) und Jürgen Baumert (1989) im Rahmen des Ersten Bamberger Schulleiter-Symposiums diesen Sachverhalt auf – der erste aus der Perspektive der Schulpädagogik, der zweite aus der Perspektive der erziehungswissenschaftlichen Bildungsforschung.

Mittlerweile ist die Schulleitungsforschung auch in Deutschland existent (hierzu z.B. Wissinger & Huber, 2002b) und entwickelt sich zunehmend und analog zur internationalen Scientific Community zu einer empirisch arbeitenden Richtung in der Bildungs- und Schulforschung, wie auch die 2012 erschienene Ausgabe der Zeitschrift „Empirische Pädagogik" zum Thema Schulleitungsforschung nachdrücklich zeigt (Tenberg & Warwas, 2012). Dies ist insofern bemerkenswert, als Funktion und Rolle von Leitungspersonen anfangs in Abhandlungen thematisiert wurden, die Plausibilität für sich beanspruchen konnten, aber nicht empirisch gesichert waren (z.B. Wirries, 1986; Holtappels, 1989). Daneben gab es vor allem Beiträge, die Schulleitung aus verwaltungswissenschaftlich-rechtlicher (z.B. Bessoth, 1978; Vogelsang, 1974, 1989) oder historischer Perspektive bearbeiteten (Nevermann, 1982). Gemessen an der Zahl der Publikationen zeigte sich anfangs ein deutliches Missverhältnis zwischen empirischem Wissen um den Alltag von Schulleitern bzw. Schulleiterinnen, ihre Arbeit, ihr Denken und Handeln, ihre Qualifikationen und Kompetenzen sowie ihre Sorgen und Nöte und den Ausführungen von vorstellbaren und wünschenswerten Tätigkeitsinhalten und ihrer erfolgreichen Bewältigung (Kropp, 1988).

Jenseits dieses Mainstreams gibt es zu Beginn der 1980er Jahren erste empirische Studien wie die von Peter Wolfmeyer (1981) oder von der Forschungsgruppe „Schulverwaltung und Unterricht (FSU)" (1983). Ende der 1980er Jahre kommt die Arbeit von Klaus U. Neulinger (1990) hinzu. Bei diesen Arbeiten handelt es sich um regionale Studien, eine nordrhein-westfälische, eine hessische und eine baden-württembergische. Während sich die quantitative Studie von Peter Wolfmeyer im Rahmen der Analyse der schulinternen Verwaltung einer Schule den verschiedenen Verwaltungsaufgaben (Tätigkeitsfelder) von Leitungs- und Lehrpersonen vergleichend zuwendet, thematisiert die qualitative Studie der Forschungsgruppe „Schulverwaltung und Unterricht" (FSU) die Arbeit des Schulleiters bzw. der Schulleiterin unter dem Gesichtspunkt der Frage, „welche Konsequenzen die zunehmende Verrechtlichung des Schulwesens auf die Planung und Gestaltung des Unterrichts der Lehrer hat" (FSU, 1983, S. 52). Klaus Neulingers Studie, die mit einem standardisierten Fragebogen, also auch wiederum quantitativ arbeitet, ist darauf aus herauszufinden, „ob es sich bei den Schulleitern um eine homogen denkende, eingestellte, motivierte und sozial herkunftsgeprägte Lehrer-Elite handelt, oder ob es sich nicht eher bei den

1 Es ist ein verbreitetes forschungsmethodisches Phänomen, zu Fragen der Schule, ihrer Steuerung und Entwicklung Schulleitungen zu befragen.

Schulleitern um einen Personenkreis handelt, der sich aus weitgehend voneinander unterschiedenen, schulartspezifisch erkennbaren Schulleitergruppen zusammensetzt" (Neulinger, 1990, S. 22).

Besondere Aufmerksamkeit findet in diesem Zeitraum die überregionale Untersuchung von Jürgen Baumert und Achim Leschinsky (1986). Sie war quantitativ angelegt und ging dem beruflichen Selbstverständnis und den Einflussmöglichkeiten von Schulleitern nach. Sie hat die beiden Anfang der 1990er Jahre auf Bayern bezogenen Regionalstudien von Roland Storath (1994) und Jochen Wissinger (1996) inhaltlich und methodisch inspiriert. Während Roland Storath mit einem quantitativ und qualitativ gemischten Methodendesign arbeitet und den Rollenübergang von neu ernannten Leitungspersonen an Volkschulen in Bayern unter dem Gesichtspunkt der Frage untersucht, wie sie ihren Wechsel in die neue Funktion und Rolle erleben, ist die Studie von Jochen Wissinger rein quantitativ. Im Mittelpunkt seines Interesses steht die Frage, wie Schulleiterinnen bzw. Schulleiter an Grund-, Haupt- und Realschule sowie am Gymnasium in Bayern die Leitungsfunktion und Leitungsrolle wahrnehmen, interpretieren und ausgestalten und worin sie für sich selbst Qualifizierungsbedarf sehen. Dabei nimmt er Bezug auf die Leitungstätigkeiten, die Schulleiter/innen neben der Unterrichtstätigkeit ausüben.

In der zweiten Hälfte der 1990er Jahre kommen Studien hinzu, die geschlechtsspezifische Gesichtspunkte der Beschreibung und Analyse der Schulleitungsfunktion und der Schulleitungstätigkeit aufgreifen und damit ein zentrales Forschungsdefizit offen legen, das auch international beklagt wird (vgl. z.B. McGee Banks, 2007; Fahrenwald, 2011). Die deutschen Studien rekurrieren allesamt darauf, dass der Lehrerberuf zu den Frauenberufen gehört, dass Frauen zwar im Grundschulbereich mehrheitlich das Leitungsamt inne haben, in den Schulformen des weiterführenden Schulsystems aber – wie auch im Verhältnis zu ihrem Anteil am Lehrpersonal insgesamt – in Leitungsfunktionen unterrepräsentiert sind (z.B. Miller, 2001). Entsprechend verfolgen die Studien Fragestellungen, die sich der Rekrutierung von Frauen für Schulleitungsfunktionen und in diesem Zusammenhang institutionellen und individuellen Bedingungen des sozialen Aufstiegs im schulischen Feld, wie z.B. beruflichen Orientierungen, den Motivationen und Aufstiegsaspirationen von Lehrerinnen, widmen (z.B. Winterhager-Schmid, 1997; Rustemeyer, 1998; Miller, 2001; Lutzau, 2006), die geschlechts- und generationenspezifischen Karrieremustern (Hoff, 2005) und/oder geschlechts- und herkunftsspezifischen Disparitäten in der Genese von Berufsbiographien von Schulleiterinnen nachgehen (Steber, 2008). Des Weiteren finden sich Studien, die den Zusammenhang zwischen weiblichen Berufsbiographien, insbesondere Orientierungs- und Handlungsmustern, und der Ausübung des Schulleitungsamtes (Forberg, 1997; Hoff, 2002, 2014; Kraul & Hoff 2005; Lutzau, 2008) oder die Berufslaufbahn von Grundschulleiterinnen untersuchen (Miller, 2001; Bobeth-Neumann, 2013). Nicht zu vergessen sind Untersuchungen, die das Rollen- und Führungsverständnis von Schulleiterinnen zum Gegenstand haben und nach geschlechtsspezifischen Unterschieden fragen (Haller & Wolf, 1995; Kansteiner-Schänzlin, 2002; hierzu auch Eagly, Karau & Johnson, 1992; Riehl & Lee, 1996).

Ein weiteres Themenfeld der Schulleitungsforschung, das sich an die Untersuchung von Geschlechterdifferenzen gut anschließt und differenziert bearbeitet wird, beschäftigt sich mit der Rekrutierung (Hopes, 1983; kritisch z.B. Miller, 2001), mit Qualifikationen und Kompetenzen, mit Angeboten, Strukturen und Methoden der Aus- und Weiterbildung von Leitungspersonen sowie von Lehrpersonen, die sich beruflich weiterentwickeln und von ihren Aufgaben und Tätigkeiten aus gesehen verändern wollen (z.B. Wissinger, 1996; Winterhager-Schmid, 1997; Hoff, 2002; Huber, 2002, 2003; Wissinger & Huber, 2002b; Buchen & Rolff, 2006; auch Lumby, Crow & Pashiardis, 2008). Bedürfnisse und Erwartungen an die Schulleiterfortbildung kommen in den Blick (Werle, 2001), und auch die Frage der Wirkungen von Fort- und Weiterbildungsmaßnahmen wird gestellt (Roggenbuck-Jagau, 2005; Greve & Höhne, 2008). In diesen Kontext gehören Untersuchungen, die sich den Aufgaben und der Tätigkeit von Leitungspersonen in der Schule widmen (Wissinger, 2002) und den Einflüssen und Wirkungen eines sich verändernden Kontextes auf schulisches Leitungshandeln nachgehen, wie sie sich unter den Bedingungen normativ-rechtlich erweiterter schulischer Eigenverantwortung, d.h. neuer Zuständigkeiten und eines Wandels in der Aufgabenstruktur (z.B. Riedel, 1998; Wissinger, 2007; Graf-Götz, 2008; Harazd, Gieske & Rolff, 2008; Thiel & Thillmann, 2010; Brauckmann, 2012a, 2012b; Wagner, 2012b), oder unter den Bedingungen einer evidenzbasierten Steuerung beobachten lassen (Preuß, Brüsemeister & Wissinger, 2012; Preuß, Wissinger & Brüsemeister, 2014). Von besonderem Interesse sind Analysen des Zusammenhangs zwischen erweiterter schulischer Eigenverantwortung und den Möglichkeiten schulischer Gestaltung und Wirkung auf die Leistungsergebnisse (Brauckmann, 2012a, 2012b; Thillmann 2012; auch Hallinger & Heck, 2010b). Es zeigen sich Möglichkeiten aber auch Grenzen schulischen Managements und schulischen Führungshandels auf die Gestaltung der Schule (Wissinger, 2007, 2013a; z.B. auch Tschannen-Moran, 2009). Die Komplexität der Bedingungen schulischen Leitungshandelns hat zuletzt mehrere Studien befördert, die Fragen der Arbeitsbelastung und Beanspruchung, des subjektiven Erlebens und der Bewältigung sowie der Arbeitszufriedenheit und der Gesundheit thematisieren (Warwas, 2009, 2012a, 2012b, 2013; Brauckmann & Herrmann, 2013).

Ein letztes, hier zu nennendes Themenfeld, das bedeutsam ist, dreht sich um Management und Führung in der Schule. Es ist sehr stark durch den angloamerikanischen School Improvement Research geprägt (z.B. Lee & Willliams, 2006), wie Tulowitzki (2014) im Hinblick auf die bislang ausgebliebene Wahrnehmung der französischen Schulleitungsforschung aber auch deren theoretische und methodische Orientierung beklagt. Das Themenfeld Management und Führung hat in den vergangenen 20 Jahren einen Wandel der Fragestellung „from whether to how headteachers' have an effect on Student outcomes and the path through which such effects are achieved“ durchlaufen hat (Yiasemis, 2008, S. 122). Methodologisch hat sich diese Forschung über die Zeit von kausalen, unilinearen Untersuchungsmodellen verabschiedet und diskutiert Mehrebenenmodelle unterschiedlicher Reichweite (Hallinger & Heck, 2010). Methodisch wird eine Abkehr von Querschnittstudien und eine Hinwendung zu Längsschnittanalysen gefordert (ebd.; zur deutschen Rezeption: Feldhoff, 2013a). Galt angesichts der Dominanz der angloamerikanischen Forschung noch vor wenigen Jahren der Eindruck, dass dieses Feld in Deutschland unterbelichtet ist, so haben gerade in jüngerer Zeit Studien, die sich mit Management- und Führungsfragen beschäftigen, augenscheinlich zugenommen (z.B. Wagner, 2011, 2012a). Wie noch eingehender auszuführen sein wird, hängt dieser Trend mit der Steuerung der Entwicklung des Schulwesens (Altrichter & Maag Merki, 2010b) und, in diesem Zusammenhang, mit der Entwicklung der empirischen Steuerungsforschung zusammen (Thiel, Thillmann & Tarkian, 2013).

Für die Erschließung dieses Themenfeldes sind zunächst drei international etablierte Forschungsrichtungen als bedeutsam zu erwähnen: der School Administration Research (z.B. Leithwood & Hallinger, 2002; English, 2005, 2011; Young et al., 2009), der School Management and Educational Policy Research (z.B. Davies & West-Burnham, 2003; Sykes, Schneider & Plank, 2009; Fuhrman, Cohen & Mosher, 2013) und der School Effectiveness and School Improvement Research (z.B. Teddlie & Reynolds, 2000; Townsend, 2007; Stringfield & Teddlie, 2012). Während der School Administration Research und der School Management and Educational Policy Research interdisziplinäre, sozial- und verhaltenswissenschaftliche Forschungsfelder darstellen, ist der School Effectiveness and School Improvement Research sehr stark durch die allgemeine, psychologisch angeleitete und in den Sozial- und Wirtschaftswissenschaften verankerte Führungsforschung (vgl. Wissinger, 2010) geprägt. Beiträge zum schulischen Management- und Führungsdiskurs im deutschsprachigen Raum rekurrieren je nach Fokus entweder auf Modelle und Forschungsergebnisse der psychologischen Management- und Führungsforschung (z.B. Dubs, 2006; Huber, 2008; Wissinger, 2000a, 2007; Wagner 2011), auf Modelle der Organisationsforschung (z.B. Wissinger, 1996; Bonsen, 2003; Thiel, 2008; Thillmann, 2012) oder, wie jüngst in Deutschland, auf die metatheoretische Analyseperspektive der Educational Governanceforschung (Kussau & Brüsemeister, 2007). Insbesondere aus der Sicht der Governanceperspektive erfährt die nationale, aber auch internationale Schulleitungsforschung aktuell eine Erweiterung und Neuorientierung durch Fragen der Systemsteuerung (Wissinger, 2013b). Bislang ist der Diskurs angloamerikanisch geprägt durch die entschiedene Orientierung an Theorien und Methoden der Management- und Führungsforschung, die Fokussierung der Schule als Handlungs- und Gestaltungseinheit und die Bearbeitung von Fragen der Qualitätssicherung und Entwicklung von Schule und Unterricht als Fragen der Schulleitung und individuellen Management- und Führungshandelns (Krüger & Scheerens, 2012). In diesem Kontext und kommuniziert als School Improvement Research wird schulisches Leitungshandeln entweder auf der Basis des Modells der „Tranformational Leadership Role" oder auf der Basis des Modells der „Distributed Leadership" thematisch. Gegenwärtig setzt sich in den USA ein Trend in der Schulleitungsforschung durch, der die Frage des Beitrags des einzelnen Schulleiters bzw. der einzelnen Schulleiterin zur Verbesserung des Unterrichts und der Lernleistungen der Schüler/innen sowie nach empirisch fassbaren Wirkungen in die Frage nach den Führungsressourcen, organisatorischen und kulturellen Entwicklungskapazitäten einer jeden Schule überführt und die Praxis der Zusammenarbeit (cooperative leadership) zwischen Schulleitung und Lehrerschaft sowie weiteren, für die Qualitätssicherung und -entwicklung zuständigen Akteure in der Schule untersucht (Heck & Hallinger, 2009; Krüger & Scheerens, 2012).

Der Forschung in den USA nicht unähnlich aber theoretisch vielschichtiger motiviert und in den Fragestellungen breiter aufgestellt verfolgt die deutsche Schulleitungsforschung nicht nur die schulische Binnenperspektive, sondern auch die Außenperspektive schulischen Qualitäts- und Entwicklungsmanagements. Schulleitung wird entsprechend unter ganz verschiedenen Gesichtspunkten untersucht: Zu denken ist an Arbeitsbedingungen und -anforderungen (Wissinger, 2007; Thiel & Thillmann 2010; Brauckmann, 2012), an Steuerungsfigurationen im Schulsystem (Feldhoff, Durrer & Huber, 2012), an regionale und lokale Handlungskonstellationen (Preuß, Wissinger & Brüsemeister, 2014), an Strukturen, vielschichtige Prozesse und Wirkungen schulischen Qualitäts- und Entwicklungsmanagements im Mehrebenensystem der schulischen Steuerung (Ackeren et al., 2011; Demski et al., 2012). Insbesondere die Frage nach dem Einfluss der Schulleitung auf den Unterricht und die Lernleistungen der Schüler/-innen und ihre Wendung zu einer Frage der Systementwicklung der Einzelschule liegt in Deutschland, von wenigen Ausnahmen abgesehen (z.B. Racherbäumer et al., 2013), noch sichtbar brach. Bisher wird sie im Rahmen von extern sowie staatlich initiierten, wissenschaftlich begleiteten Schulentwicklungsprojekten bearbeitet, wie sie im Portfolio des Instituts für Schulentwicklungsforschung an der Technischen Universität Dortmund zu finden sind (Holtappels, 2010; Holtappels, Klemm & Rolff, 2008; Holtappels & Voss, 2006). Erste Bemühungen, den us-amerikanischen School Improvement Research neuer Ausrichtung der wissenschaftlichen Rezeption in Deutschland zuzuführen, sind unternommen (z.B. Feldhoff 2013a, 2013b).

Die für Deutschland zur Zeit typische Erweiterung und Neuorientierung der Schulleitungsforschung um Fragen der Systemsteuerung bekommt ihre Impulse aus der Steuerungs- und Schulentwicklungspolitik der „PISA-Ära" (Wacker, Maier & Wissinger, 2012b), die durch das Paradigma der Neuen Steuerung geleitet ist und über die Einführung verschiedener Instrumente der Leistungsevaluation auf allen Ebenen schulisch- und unterrichtsbezogener Qualitätssicherung und Qualitätsentwicklung auf daten- bzw. evidenzbasierte Entscheidungen zielt (Heinrich, 2007; Altrichter, 2010). Das Schulleitungshandeln thematisierende Gesichtspunkte betreffen Anlage und inhaltliche Ausgestaltung der Handlungskonstellationen im Innen- und Außenverhältnis der Schule, die im Zeichen der Neuen Steuerung dem Wettbewerb zweier Governance-Modi ausgesetzt sind: dem Modus „Professionalität" einerseits und dem Modus „Markt" andererseits (Schimank, 2014, S. 134-139; Terhart, 2011; auch z.B. Ben-Peretz 2012). Folgende Steuerungsinstrumente werden auf ihre Wirkungen auf Schule und Unterricht, auf Schulleitung und Schulleitungshandeln sowie auf die Lehrkräfte untersucht und sind hier als Einflussfaktoren auf Management und Führung im Innen- und Außenverhältnis der Institution Schule zu nennen: Bildungsstandards (z.B. Wacker, 2008, 2013; Gehrmann, Hericks & Lüders, 2010), Lernstandserhebungen, zentrale Abschlussprüfungen und Vergleichsarbeiten (van Ackeren & Bellenberg, 2004; Maier 2008; Maag Merki, 2010; Kuper & Muslic, 2012; Kuper & Diemer, 2013; Maier et al., 2013), interne Evaluation (Berkemeyer & Müller, 2010; Thiel & Thillmann, 2013; Thillmann et al., 2013) und externe Evaluation bzw. Schulinspektion (Kotthoff & Böttcher, 2010; Lambrecht, Kotthoff & Maag Merki, 2011; Dedering, 2012; Dedering, Fritsch & Weyer, 2012; Sommer, 2013; Arbeitsgruppe Schulinspektionsforschung, 2014) oder Bildungsmonitoring-Systeme (Döbert & Weishaupt, 2013; Niedlich & Brüsemeister, 2013). Vor diesem Hintergrund werden regionale Kooperationen und Netzwerke mit außerschulischen Akteuren thematisch (Emmerich, 2010; Huber & Ahlgrimm, 2012; Sendzik et al., 2012). Es werden Entscheidungsstrukturen in der Schule (Kuper, 2002, 2008), die Selbstorganisation und Kooperation zwischen Schulleitung und Lehrerschaft wie auch die Kooperation unter den Lehrkräften eines jeden Kollegiums untersucht (Harazd & Drossel, 2011; Baum, Idel & Ullrich, 2012; Keller-Schneider, Albisser & Wissinger, 2013; Wacker, 2012). Darüber hinaus wird unterschiedlichen Handlungskonstellationen in der schulischen Governance nachgegangen (Preuß, Wissinger & Brüsemeister, 2014), d.h. Fragen des Verhältnisses zwischen Schule und Schulträger (Preuß, 2013), Schulleitung und Schulinspektion (Preuß, Brüsemeister & Wissinger, 2012) oder Schulleitung und Schulaufsicht (Preuß & Wissinger, 2013; Muslic, Ramsteck & Kuper 2013). In diesen Kontext fallen auch internationale Studien zur Wahrnehmung und Akzeptanz von „performance feedback systems" (z.B. Verhaege et al., 2010), in Deutschland findet man Studien zur Wahrnehmung und Akzeptanz von Schulinspektionsverfahren (Dietrich, 2012; Böhm-Kasper & Selders, 2013), zum schulischen Leitungshandeln im Prozess der externen Evaluation (Sächsisches Bildungsinstitut, 2013) oder zur Organisationsgestaltung (Thillmann, 2012), zu Qualitätsmerkmalen des Schulleitungshandelns (Holtappels & Voss 2006; Keller-Schneider & Albisser, 2012; Tenberg & Pfister, 2012), zu konkretem Führungshandeln der Schulleitung wie z.B. dienstliche Beurteilung (Hoerner, 2011) Führungsstile und Personalführung (Bauckmann & Pashiadis, 2011, Kansteiner-Schänzlin, 2002), Personalentwicklung (Hildebrandt, 2008; Schleicher, 2009; Appius et al., 2012; Kansteiner et al., 2013; Thillmann u.a., 2014) und Delegation (Harazd, Gieske & Rolff, 2008), oder es gibt Studien, die im Hinblick auf das Führungsverhältnis zwischen Schulleitung und Lehrerschaft Strukturen und Prozesse im Kontext der Implementierung von Schulreform- und Schulentwicklungsprojekten beschreiben und analysieren (z.B. Bonsen et al., 2002; Bonsen 2003).

3. Theorien, Modelle, Methoden der aktuellen Forschung

In der Schulleitungsforschung finden sich unterschiedlich tragfähige Ansätze, Schulleitung und Schulleitungshandeln zu konzeptualisieren, zu modellieren und zu analysieren. Die grundlegende und nicht hintergehbare Zugangsweise zum Thema ist die rechtswissenschaftliche (z.B. Füssel, 1998), die untersucht, auf welcher rechtlichen Basis das Schulleitungsamt ausgeübt wird. Zumindest in Deutschland ist der Handlungsrahmen, sind Rolle, Aufgaben und Verantwortung von Schulleitern in den Schulgesetzen der Bundesländer fixiert, unterliegt Schulleitungshandeln Ausführungsbestimmungen und Anweisungen der Schuladministration. Unabhängig von der rechtlichen Seite lässt sich Schulleitungshandeln kaum beschreiben und analysieren, gerade weil schulische Rechtsnormen und schulische Handlungspraxis nicht identisch sein müssen und in ihrer Funktion nur empirisch zu fassen sind. Im Zusammenhang mit der Einführung der „selbständigen Schule" in Nordrhein-Westfalen wird die Schulleitung in den Paragraphen 59 und 60 des nordrhein-westfälischen Schulgesetzes in ihrer Funktion und Rolle gestärkt (Schulgesetz für das Land Nordrhein-Westfalen, NRW, 2012): Schulleiter/-innen übernehmen „Aufgaben der oder des Dienstvorgesetzten", wirken „in Personalangelegenheiten mit" und treffen „Personalentscheidungen, soweit diese Befugnisse übertragen sind" und erstellen „die dienstlichen Beurteilungen für die Lehrkräfte der Schule". Vor dem Hintergrund der „Verantwortung für die Erfüllung des Bildungs- und Erziehungsauftrags der Schule" hat die Schulleitung „für die Qualitätsentwicklung und Qualitätssicherung" zu sorgen und kann auf der Basis der Vorgesetztenfunktion „allen an der Schule tätigen Personen Weisungen erteilen." „Zu den Leitungsaufgaben (...) gehören insbesondere die Schulentwicklung, die Personalführung und Personalentwicklung, die Organisation und Verwaltung sowie die Kooperation mit der Schulaufsicht, dem Schulträger und den Partnern der Schule." Die Schulleitung „kann einzelne Leitungsaufgaben auf Lehrerinnen oder Lehrer zur eigenständigen Wahrnehmung übertragen", ohne dass dadurch die Gesamtverantwortung berührt wäre (ebd.).

Eine weitere methodisch bedeutsame Annäherung eröffnet die historische Perspektive, die der Institutionalisierung der Schulleitung nachgeht und danach fragt, wie das Schulleitungsamt entstanden ist und sich entwickelt hat (z.B. Nevermann, 1982). Diesen grundlegenden Aspekten des Schulleitungshandelns hat sich auch die jüngere, empirisch-systematisch orientierte Schulleitungsforschung zugewandt. Lange Zeit war sie vor allem von zwei Fragen bestimmt: erstens von der Frage, worin das Schulleitungsamt, empirisch betrachtet, besteht und zweitens, wie es angesichts neuer Anforderungen einer sich verändernden Gesellschaft auszugestalten ist. Die erste Frage ist in den Anfängen der Schulleitungsforschung vor allem normativ bearbeitet worden und hat zwei divergierende, miteinander konkurrierende Leitvorstellungen hervorgebracht: die rechtlich fundierte Vorstellung eines von Verwaltungs- und Managementaufgaben bestimmten Amtes sowie eine schulpädagogisch begründete Vorstellung, nach der das Schulleitungshandeln vom Unterricht, d.h. von der Erziehung und vom Lernen der Kinder und Jugendlichen her zu verstehen ist (Rosenbusch, 1989, 2005). Das von vielen Seiten favorisierte, schulpädagogisch begründete Leitbild sieht in der Schulleiterin bzw. dem Schulleiter eine pädagogische Leitfigur und arbeitet mit einem Modell, das schulisches Leitungshandeln als pädagogisches Handeln konzipiert, ohne allerdings zu konkretisieren, worin das Pädagogische an der Tätigkeit schulischer Leitungspersonen liegen könnte – in dem Sachverhalt, dass es in der Schule und insbesondere im Umgang mit den Schülern um Pädagogik oder pädagogisches Handeln geht, oder darin, dass der Umgang des Schulleiters bzw. der Schulleiterin mit den Lehrpersonen pädagogische Kompetenz erfordert und sich durch erwachsenenpädagogische (im Unterschied zu kindpädagogischen) Prinzipien auszeichnet (Wissinger, 1997a). Neben dieser normativen Richtung gibt es empirisch gesicherte Tätigkeitsanalysen, die zum Wissen darüber beitragen, was Schulleiter/innen tagtäglich tun und wovon ihre Tätigkeit und die Möglichkeiten und Grenzen ihres Handelns bestimmt sind (z.B. Huber, 1997). Vorliegende, international vergleichende Analysen weisen darauf hin, dass die schulische Leitungstätigkeit im deutschen Sprachraum durch die Erledigung von Verwaltungsaufgaben gekennzeichnet ist und die Aufgaben und Inhalte je nach Gestalt des Steuerungssystems eines Landes (zentral/dezentral) mehr oder weniger über Verwaltungstätigkeiten hinaus als pädagogisches Management erkennbar werden (Wissinger, 2002; auch Brauckmann 2013).

Die zweite Frage, die nach der Ausgestaltung des Schulleitungsamtes, wird empirisch aus der Perspektive von Schulleitungspersonen bearbeitet. Ein im angloamerikanischen Forschungsraum typischer Zugang identifiziert zentrale Aktivitäten schulischen Leitungshandelns im Hinblick auf die Sicherung und Entwicklung der Qualität schulischen Lernens sowie der Leistungen von Schülerinnen und Schülern (z.B. Hallinger, Bickman & Davis, 1996). Anders verfährt bei der Bearbeitung dieser Frage die Forschung in Deutschland. Sie lenkt die Aufmerksamkeit auf das berufliche Selbstverständnis, auf die berufliche Belastung und Zufriedenheit, auf das Spannungsverhältnis zwischen programmatischen Zielvorgaben und alltäglicher Praxis, auf berufliche Erfahrungen in der Schule, auf Qualifikationen und Kompetenzen sowie auf Erwartungen, Einstellungen und Vorstellungen, die sich individuell mit dem Schulleitungsamt verbinden (Baumert & Leschinsky, 1986; Wissinger, 1994; Languth, 2006; Wagner, 2011; Warwas, 2012b, 2014). In jüngerer Zeit wird diese Richtung vor allem durch die Frauenforschung forciert, die an Studien zum beruflichen Selbstverständnis und zur Frage der Ausgestaltung des Leitungsamtes die mangelnde Differenzierung nach Frauen und Männern als Desiderat herausgestellt hat und auf der Basis eines Generationenvergleichs Hinweise darauf gibt, dass sich Schulleiterinnen und Schulleiter heute im Unterschied zu denen der frühen Nachkriegszeit im Verständnis der Schulleiterrolle und deren Ausgestaltung angleichen (z.B. Kraul & Hoff, 2005). Zentrale Gesichtspunkte, die die Frauenforschung bearbeitet sehen möchte, artikulieren sich in der Frage, welche Rolle und Bedeutung den Frauen in Schule und Schulentwicklung zukommt (Fischer, Jacobi & Koch-Priewe, 1996) und, bezogen auf das Schulleitungsamt, wie unterschiedlich oder übereinstimmend sich das berufliche Selbstverständnis von Frauen und Männern zu schulischen Karrieren, zu Leitungsfunktionen sowie zum Schulleitungshandeln darstellt (Fahrenwald, 2011). Zwischenzeitlich liegen eine Reihe empirischer Analysen vor, die mit biographietheoretischen und/oder professionstheoretischen Ansätzen arbeiten und qualitativ angelegt sind (Winterhager-Schmid, 1997; Hoff, 2002, 2005, 2014; Kraul & Hoff, 2005; Lutzau, 2008). Daneben sind Studien vorgelegt worden, die unter dem Gesichtspunkt der Professionalisierung für das Schulleitungsamt Fragen untersuchen, die die Geschlechterstruktur, die soziale Herkunft, die Lebensumstände, die Sozialisation sowie den beruflichen Werdegang von Schulleitern zum Gegenstand haben. Diese Studien sind zumeist quantitativ angelegt oder arbeiten mit einem gemischten Design (z.B. Miller, 2001). Ungeachtet dieses Trends in Deutschland ist die empirisch-systematische Schulleitungsforschung international durch Studien dominiert, die den Gesichtspunkt der Geschlechterdifferenz außer Acht lassen (McGee Banks, 2007).

Auch international ist der Schulleitungsdiskurs lange Zeit von den beiden Fragen motiviert gewesen, worin das Schulleitungsamt besteht und wie es auszugestalten ist. Großen Einfluss hat der School Effectiveness and School Improvement Research genommen (vgl. Wissinger, 2000a, 2007), die mit der „Instructional Leadership Role" und der „Transformational Leadership Role" zwei diskussionswürdige Führungsmodelle eingebracht hat, die die empirische Beschreibung und Analyse schulischen Leitungshandelns anleiten. Im Kontext dieser internationalen Schulwirkungs- und Schulentwicklungsforschung zeichnet sich bereits sehr früh und anders als in Deutschland ein Leitbild der Schulleitungsrolle und des Schulleitungshandelns ab, das auf Erkenntnisse und Ansätze der Management- und Führungsforschung rekurriert und organisationsbedingte Managementaufgaben mit den pädagogischen Inhalten, Fragen und Anforderungen an die Problemlösung im Unterricht und in der Schule in einem Handlungsmodell integriert. In jüngerer Zeit weisen auch Schlussfolgerungen aus OECD-Analysen in diese Richtung (Schleicher, 2009).

Ende der 1980er/Anfang der 1990er Jahre wird die Diskussion mit der „Instructional Leadership Role" von einem Konzept bestimmt, das dem deutschen Leitbild nicht unähnlich, schulisches Leitungshandeln an einem klaren, auf Unterricht und auf die Lernleistungen der Schüler/-innen orientierten Führungsmodell ausrichtet. Das Konzept der Instructional Leadership Role repräsentiert ein im Primarstufenbereich entwickeltes Verständnis schulischen Leitungshandelns, das die berufliche Kompetenz als Lehrer betont und Fragen der Führung ausschließlich auf den Unterricht und dessen Kontrolle orientiert. Frühe Darstellungen zeichnen ein Leitbild, das den Schulleiter bzw. die Schulleiterin als den Lehrpersonen „übergeordnete pädagogische Instanz" konstruiert, die direkt in den Unterricht wirkt und damit auf die Lernergebnisse der Schüler Einfluss nimmt. Jutta Lenz (1991, S. 55-56) hat die Idee dieses Leitbildes sehr anschaulich beschrieben: „Die Schulleiterposition entwickelt sich aus der ‚head teacher' Rolle: der Schulleiter als ‚instructional leader', als pädagogisch Führender. Die Forderung an den Schulleiter, als ‚instructional leader' den Unterricht und die Erziehung zu prägen und zu gestalten, ist bis heute das wichtigste Element in der Rolle des Schulleiters. [...] Der Schulleiter als ‚instructional leader' verbringt den größten Teil seines Tages mit Anweisungen zur Verbesserung des Unterrichts, Überwachung seiner Anweisungen einschl. Klassenbeobachtungen, Bewertung und Weiterbildung der Lehrer. Der Schulleiter hilft jedem Lehrer bei der Festlegung der Lernziele und Planung von Aktivitäten. Einmal im Jahr wird mit jedem Lehrer über seine Stärken und Schwächen gesprochen, um den Lehrer optimal zu fördern und zu beruflicher Weiterbildung zu ermutigen. Außerdem hilft der Schulleiter dem Lehrer, Material zum Curriculum auszuwählen, Tests zu entwickeln, Bewertungsinstrumente einzusetzen, Kontakt zu den Eltern zu finden und Ordnung und Disziplin in der Schule herzustellen". Im Laufe der Diskussion variiert das Leitbild der pädagogischen Führung dahin gehend, dass sich die Orientierung am Unterricht, an den Schülern und deren Leistungen mit der Modellidee verbindet, dass es sich bei jeder einzelnen Schule um eine Handlungseinheit handelt, die als Lernumgebung für Schüler *und* Lehrer zu begreifen und auf der Basis eines Programms zusammen mit den Lehrpersonen zu gestalten ist (Schulentwicklung). Der Schulleitung fallen *zwei Aufgaben* zu: erstens die Verbesserung der Schülerleistungen als Zielpunkt schulischen Handelns und als Antwort auf spezifische soziale und ethnische Kontexte des Lehrens und Lernens, zweitens die Implementation bildungspolitischer und/oder mikropolitischer Reformen in der Schule als Antwort auf Anforderungen einer sich tiefgreifend verändernden schulischen Umwelt einerseits und als Antwort auf eine als neuordnungsbedürftig angesehene schulische Organisation andererseits (Hallinger,Taraseina & Miller, 1994).

Nach einer Phase der Deregulierung und Dezentralisierung schulischer Steuerung national wie international zeigt sich in jüngerer Zeit eine weltweit zu beobachtende, zentralistische Züge tragende Politik daten- bzw. evidenzbasierter Steuerung (z.B. Mulford, 2005). In diesem Kontext dominiert ein Modell den Schulleitungsdiskurs, das als „Transformational Leadership Role" firmiert. Es konzeptualisiert Fragen der Führung als Fragen der schulischen Restrukturierung *erster* und *zweiter* Ordnung, wie sie Leithwood bereits in der ersten Hälfte der 1990er Jahre ausbuchstabiert hat (Leithwood, 1994), d.h. a) als Fragen schulischer Verantwortung für die Qualität des Unterrichts und die Lernleistungen der Schüler und b) als Fragen der Professionalisierung des Lehrberufs und der Neuorganisation der Schule. „Schools are confronted", wie Sleegers & Leithwood (2010, S. 558) schreiben, „with a continuous stream of changes in their environments (e.g., demographic changes, large-scale educational innovations, and sociocultural renewal). In addition, they face multidimensional restructuring demands to which they must respond. Furthermore, schools under considerable external pressure because of tightened output controls introduced by accountability policies. Simultaneously, schools are expected to improve not only their internal change capacity but also their instruction through their professional development initiatives." Dieses Führungskonzept orientiert je nach Akzentuierung stärker auf den Schulleiter bzw. die Schulleiterin als Funktionsstelleninhaber/in und als Persönlichkeit, die die Initiative zur Verbesserung der schulischen Arbeit und des Lernens ergreift und die an der Schule beteiligten Gruppen unter dem Gesichtspunkt gemeinsam geteilter Ziele und dazu zu ergreifender Maßnahmen zusammenführt. Oder aber es vertritt ein umfassenderes Führungsverständnis, das vom Unterricht und der Funktion des einzelnen Lehrers über die Funktion des mittleren Managers oder des mit Führungsaufgaben zeitlich befristet betrauten Lehrers oder auch des informellen Leaders bis hin zu den Aufgaben der Schulleitung und der Schulverwaltung reicht (vgl. auch Silins, 1994; Smylie, 1997).

Das Modell der Transformational Leadership Role ist anders als das erstgenannte Modell management- und führungstheoretisch fundiert. Es geht auf das ‚Transactional Leadership-Model' zurück, grenzt sich aber ab und weist über dieses Modell dadurch hinaus, dass es nicht allein auf Durchsetzung, sondern mehr noch auf die charismatischen Kräfte (mikro-)politischer Führung setzt (vgl. Wissinger, 2000a, auch Beer, 2008; Huber, 2008). Es rekurriert auf Erkenntnisse der Schuleffektivitäts- und Schulentwicklungsforschung, die seit Beginn ihrer Beschreibungen und Analysen erfolgreicher, d.h. pädagogisch wirksamer Schulen Rolle und Verantwortung der Schulleitung für die Sicherung und Entwicklung der Qualität professioneller Arbeit, des Unterrichts und der Lernleistungen der Schüler/-innen betont.

Neben dieser, auf der allgemeinen Führungsforschung basierenden Modellierung schulischen Leitungshandelns sind solche zu nennen, die theoretische Ansätze der (schulischen) Organisationsforschung aufgreifen. Ziel dieser Ansätze ist es, Schulleitungshandeln nicht auf ein individuelles Phänomen zu reduzieren, sondern neben der individuellen Seite auch die gesellschaftlichen, die politischen und insbesondere die institutionellen und organisationsstrukturellen Konstitutions- und Entwicklungsbedingungen zu sehen (Wissinger, 1996). Bereits Mitte der 1980er Jahre weisen erste Arbeiten darauf hin, dass das bis dahin angewandte Modell der bürokratischen Organisation von Max Weber zur Beschreibung und Analyse der Schulstruktur und des professionellen schulischen Handelns in die Sackgasse führt (Terhart, 1986, 1997). So haben Jürgen Baumert und Achim Leschinsky (1986) in ihrer Studie zum beruflichen Selbstverständnis und zu den Einflussmöglichkeiten darauf hingewiesen, dass erst die Modellvorstellung des „Loose Coupling" (Weick, 1976) den Zugang zum zentralen Strukturproblem der Organisation Schule öffnet, mit dem Schulleiter/-innen bei der Erfüllung der ihnen zugewiesenen Rolle und den damit verbundenen Aufgaben bei der Entwicklung und Sicherung der Qualität von Schule und Unterricht im Umgang mit den Lehrpersonen konfrontiert sind: D.i. der strukturelle Widerspruch zwischen der Gesamtverantwortung der Schulleitung sowie den an sie gerichteten Erwartungen an die Gestaltung der Schule und der relativen Autonomie der professionellen Akteure, der Lehrer/-innen (Mulford, 2005; Wissinger, 2013a).

Vor diesem Hintergrund bekommen Studien Relevanz, die mit dem Modell der „Distributed Leadership" arbeiten und damit anders und besser als ein aufgesetztes, technisch-rationalistisches Managementkonzept dem zentralen strukturellen Widerspruch der Schule gerecht werden. Das Führungsmodell der Distributed Leadership (hierzu Gronn, 2002; Harris, 2004, 2008) rekurriert auf eine gelingende Kommunikation kompetenter Interaktionsteilnehmer, wie sie im internationalen Diskurs zur Schul- und Unterrichtsentwicklung vorausgesetzt wird. Es hält Vertrauen unter den professionellen Akteuren für eine Schlüsselvariable des Aufbaus und der Entwicklung organisationaler Innovation (z.B. Cosner, 2009), grenzt sich gegen hierarchisch orientierte Führungsmodelle ab, die den charismatischen Führer, den „great man", propagieren. Bei Distributed Leadership handelt es sich um ein Führungsmodell, das von der „einsamen" Führungsperson abstrahiert, das Gemeinsame der professionellen Akteure betont und zunächst dem Umstand Rechnung zu tragen versucht, dass eine einzelne Person mit der Komplexität der Schulleitungsaufgabe und den vielschichtigen professionellen Anforderungen überfordert sein kann (Wissinger, 2011). Einmal abgesehen davon, dass Lehrpersonen immer wieder mit der im Zuge der Stärkung schulischer Eigenverantwortung und der Einführung der Neuen Steuerung durch die Gesetzgeber herausgehobenen und gestärkten Führungsfunktion der Schulleitung Probleme haben und den Schulleiter/die Schulleiterin als Primus inter pares sehen wollen, dass sie zugleich froh sind, wenn sie durch die Arbeit der Schulleitung von Verwaltungsaufgaben verschont bleiben (ebd.), gibt es Hinweise aus angloamerikanischen Studien darauf, dass Lehrpersonen insbesondere dann keine Ambitionen haben, Führungsaufgaben zu übernehmen, wenn dadurch die Beziehung zu den Schüler/innen wie zu den Kolleg/-innen belastet werden könnten. Auch sind sie am ehesten zur Führung anderer auf Schulebene bereit, wenn sie sich von den damit verbundenen Aufgaben eine Verbesserung ihres Unterrichts und ihrer Lage versprechen (Anderson, 2004; Silins & Mulford, 2004). Aus der Sicht von Spillane (2005) wird Distributed Leadership oft und fälschlicherweise mit ‚shared leadership', ‚team leadership' oder ‚democratic leadership' synonym gebraucht. Auch wird aus seiner Sicht dem Sachverhalt von Distributed Leadership nicht gerecht, wer dieses Führungsmodell vom Standpunkt einer Vorgesetztenfunktion, d. h. von den Rollen, Aufgaben und Routinen, gar von Handlungen von Individuen her bestimmt, oder wer darin eine Legitimation zur Übertragung der Schulleitungsfunktion auf mehrere Personen vermutet, Distributed Leadership gar mit einem Führungsinstrument wie z.B. Delegation verwechselt. In seiner Konzeptualisierung ist Distributed Leadership als Führungspraxis definiert, die sich in Interaktionen konstituiert, situationsabhängig und durch Interdependenz gekennzeichnet ist. Im Verständnis von Spillane ist Distributed Leadership anschlussfähig an die institutionelle Entwicklung der Schule und ihre Ausdifferenzierung als professionelle Organisation (hierzu Thiel, 2007, 2008a), die u.a. dadurch gekennzeichnet ist, dass im gesetzlich gegebenen Rahmen die professionellen Entscheidungen bei der operativen Ebene liegen (hierzu Kuper, 2008). Distributed Leadership erlaubt, Führung im Kontrast zu einer Steuerungsstruktur zu verstehen, die Entscheidung und Ausführung voneinander trennt, die die Verantwortung über die Leistungsergebnisse aber der operativen Ebene zuschreibt (vgl. Wissinger, 2013a, 2014).

Auf der Basis des Modells der Distributed Leadership forciert der angloamerikanische School Improvement Research gegenwärtig eine der Komplexität der schulischen Management- und Führungsaufgabe entsprechende methodologische und methodische Neuorientierung (Heck & Hallinger, 2010; Hallinger & Heck, 2011). Dies ist insofern von forschungspolitischer und -strategischer Bedeutung, als der von Jürgen Baumert und Achim Leschinsky frühzeitig identifizierte strukturelle Widerspruch der Organisation Schule (Baumert & Leschinsky, 1986) gegenwärtig durch die sich auch international durchsetzende Accountability Policy akut wird (vgl. z.B. Bascia et al., 2005). Sie verändert die schulischen Binnen- und Außenverhältnisse und die Bedingungen professioneller schulischer Entscheidungen. Insbesondere begrenzt sie die Handlungsautonomie der professionellen Akteure, der Lehrpersonen, greift durch die Einführung wettbewerbsfördernder Steuerungsmechanismen sowie durch die stärkere Partizipation nichtprofessioneller Akteure, vor allem der Eltern und der Kommunen (z.B. Gordon & Louis, 2009), tief in die institutionelle Struktur und Kultur der Schule ein. Damit stellt sie auch neue Anforderungen an Fähigkeiten und Fertigkeiten, an Wissen und Können sowohl der Schulleitungen als auch der Lehrpersonen. „Prior to this new work order there had existed a compact between government, parents and schools in which, by and large, teachers were trusted to do a good job with minimum direct intervention by goverment into matters of school governance, the school curriculum, teaching and learning and assessment" (Day, 2005, S. 394, vgl. auch Terhart, 2011; Schimank, 2014).

4. Forschungsstand

Die Kulturhoheit der Länder und die landesspezifische Praxis der Datenerstellung bringt es mit sich, dass weder für Deutschland noch für die Mehrheit der Bundesländer eine Schulleiter-Statistik vorliegt. Wer eine Vorstellung entwickeln will, wie sich Schulleitung in Deutschland in Zahlen ausdrückt, muss von der Anzahl der Schulen (allgemeinbildende Schulen, berufliche Schulen und Schulen des Gesundheitswesens) auf die vorhandenen Schulleitungsstellen schließen. Wer so verfährt, kommt für das Schuljahr 2011/2012 auf insgesamt 45.010 Schulen (Statistisches Bundesamt, 2013) und annähernd ebenso viele Schulleitungsstellen[2]. Ausgenommen sind hier Annahmen über die Anzahl der weiteren Mitglieder einer Schulleitung, wie vor allem die Stellvertreter/innen oder aber auch die Stufen- oder pädagogischen Leiter, deren Anzahl mit der Schulart und der Schulgröße variiert. Auch lässt sich kaum sagen, ob alle Leitungsstellen besetzt sind. Noch vor wenigen Jahren mangelte es an Lehrpersonen, die das Amt unter den nach wie vor ungünstigen Arbeitsbedingungen ausüben wollten, wie unisono kritisiert wurde (ASD, 2008). Wie in den Schulgesetzen der Bundesländer nachgelesen werden kann, sind Schulleiter/innen in Deutschland im Unterschied zu Kolleginnen und Kollegen in vielen anderen Ländern hauptamtlich Lehrer bzw. Lehrerin an ihrer Schule (siehe z.B. § 59 Abs. 1 des Schulgesetzes für das Land Nordrhein-Westfalen 2012). Auf dieser rechtlichen Basis geben sie regulär Unterricht. Ihr Lehrdeputat reduziert sich theoretisch im Umfang der den Schulen je nach Schulart zugeteilten Entlastungsstunden für die Erledigung von Verwaltungs-, Management- und Führungsaufgaben. Insbesondere Leitungspersonen des Primarbereichs und des Sekundarstufe I-Bereichs verfügen oft über einen vergleichsweise geringen Pool an Entlastungsstunden und haben ein noch relativ hohes Lehrdeputat zu erfüllen, bevor sie sich den schulischen Leitungsaufgaben zuwenden können. Die Diskussion um eine stärkere Entlastung der Leitungspersonen von Unterrichtstätigkeit hält seit Jahren an. Dabei spielt eine zentrale Rolle, dass die Leitungsaufgaben und operativen Tätigkeiten einerseits und die Verantwortung des Amtes, die inhaltlichen Erwartungen und Anforderungen andererseits im Zuge der Erweiterung der schulischen Eigenverantwortung und der Implementation der sog. neuen Steuerung in unbändigem Maße zugenommen haben (vgl. Wissinger, 1996, 2002; Brauckmann 2012a, 2012b). Zwei Problempunkte scheinen die strukturell schwierige Lage des Schulleitungsamtes zu verschärfen: zum einen scheint es ein Nachwuchsproblem zu geben, das insofern schwer wiegt, als Schulleiter/innen in Deutschland ebenso wie in anderen OECD-Ländern im Durchschnitt 50 Jahre und älter sind (Pont, Nusche & Moorman, 2008, S. 29); zum anderen scheint die Qualifizierung in den deutschen Bundesländern, die berufsbegleitend durchgeführt wird, nach wie vor uneinheitlich zu sein (ASD, 2008) und nur mehr oder weniger sowohl internationalen Standards (Huber, 2003) als auch den Erwartungen der Verbände zu genügen.

Eine vom Autor eigens in Auftrag gegebene Statistik der Schulleiter/innen an den öffentlichen Schulen des Landes Baden-Württemberg, die exemplarisch zu lesen ist, zeigt, dass 3723 Personen im Schuljahr 2012/13 ein Schulleitungsamt an einer allgemeinbildenden Schule bekleideten und 287 an einer beruflichen Schule. Von den Schulleitungspersonen im Bereich der allgemeinbildenden Schulen waren 52,9 % männlich und 47,1 % weiblich; im Bereich der beruflichen Schulen waren 78,7 % der Leitungspersonen Männer und 21,3 % Frauen (Statistisches Landesamt B.-W., 2013). Die Frauen unter den Leitungspersonen verteilten sich auf die Schularten des all-

2 Von der Anzahl der Schulen kann nicht hundert Prozent auf die Anzahl der Schulleitungsstellen geschlossen werden. Es gibt Schulen, die unter einem gemeinsamen Dach administriert werden. Auch variieren die einer Schule zur Verfügung stehenden Leitungsstellen (Funktionsstellen) nach Trägerschaft, Schulart, Größe und Ressourcen.

gemeinbildenden Schulwesens in Baden-Württemberg wie folgt: Grund- bzw. Werkrealschule = 53,8 % (zu 46,2 %), Sonderschule = 45,3 % (zu 54,7 %), Realschule = 28,0 % (zu 72,0 %), Gemeinschaftsschule = 26,8 % (zu 73,2 %), Gymnasium = 23,3 % (zu 76,7 %), Schule besonderer Art = 0 % (zu 100,0 %) und Kolleg = 0 % (zu 100,0 %) (ebd.). Die Prozentwerte zeigen, dass die Frauen in den Leitungspositionen der Grundschule und der Werkrealschulen stärker vertreten sind als die Männer, dass sie in der Sonderschule stark sind, in der Realschule aber wie auch in der Gemeinschaftsschule und insbesondere in der Leitung der Gymnasien unterrepräsentiert sind. Dass das Gymnasium eine Domäne der Männer ist, steht für einen Sachverhalt, der sich seit der Einführung der Koedukation und der Abschaffung des Mädchengymnasiums in Deutschland in den 1970er Jahren zeigt (Huttel-Scheefer u.a., 1995; Kraul & Hoff, 2005, S. 695-697). Auch im Bereich der beruflichen Schulen spielen sie im Vergleich mit dem allgemeinbildenden Schulwesen eine „untergeordnete“ Rolle. Dass Frauen und Männer in Leitungsfunktionen ungleich repräsentiert sind, ist aber nicht nur ein deutsches Phänomen, sondern, von Ausnahmen abgesehen, auch international zu beobachten, wie die OECD-Leadership-Studie, an der sich Deutschland nicht beteiligt hat, anschaulich macht (Pont, Nusche & Moorman, 2008, S. 30).

Ungeachtet zu berücksichtigender struktureller und institutioneller Bedingungen der Ausübung des Schulleitungsamtes hat die internationale Schulwirkungs- und Schulentwicklungsforschung immer wieder bekräftigt, dass die Schulleitung im Hinblick auf die Effektivität und Effizienz einer Schule zu den zentralen Erfolgsfaktoren zu zählen ist und die Nutzung der organisatorischen und kulturellen Entwicklungspotentiale einer schulischen Handlungseinheit wie auch die Steuerung der Prozesse und die Sicherung der Schulentwicklungsergebnisse von ihrem Wissen, Können und Handeln abhängt (Hallinger & Heck, 2010b). Entsprechend verwundert nicht, dass die Frage, worin Aufgaben und Rolle der Schulleitung bestehen, auch im Schulleitungsdiskurs lange dahingehend beantwortet ist, dass Schulleitungspersonen sowohl eine Management- als auch eine Führungsfunktion haben und dass sich die Ausübung dieser Doppelfunktion im Konzept der Pädagogischen Führung bzw. in der Transformational Leadership Role manifestiert. Untersuchungen zeigen, dass Schulleiter/innen in der Schule eine Integrationsleistung erbringen müssen (Baumert & Leschinsky, 1986), die sich aus dem strukturellen Widerspruch zwischen den Erfordernissen und Ansprüchen des Amtes (pädagogische Gestaltung und Ergebniskontrolle) und der professionellen Autonomie der Lehrpersonen ergeben und für die Leitungspersonen zu einer Überforderung und psychischen Belastung werden können (vgl. Murphy, 1994; Brauckmann & Herrmann, 2013; Warwas, 2013, 2014). Ungeachtet dieser kritischen Einschätzung der Leitungsrolle können frühe Studien der Schulwirkungsforschung zeigen, dass effektive Schulleiter Leistungszielen verpflichtet sind, ein Klima hoher Erwartungen in die Lernfortschritte der Schüler schaffen, notwendige Ressourcen verteilen, charakterstark und dynamisch sind, eine stabile Lernumgebung mit klarem Akzent auf Disziplin schaffen, die Anleitung der Schüler als eine wichtige Zielvorstellung pädagogischen Handelns begreifen und unterrichtsbezogene Aktivitäten gegenüber solchen des täglichen Ablaufmanagements bzw. der Verwaltung betonen (Glasman & Heck, 1992, S. 7-8). Die daraus von verschiedener Seite eingebrachte Annahme, dass wirksame und in diesem Sinne erfolgreiche Schulleiter/innen direkt auf die Leistungen der Schüler Einfluss nehmen, konnte auf der Basis einer Reihe von Studien *nicht* bestätigt werden (z.B. van de Grift, 1990). Empirisch erhärtet werden konnte dagegen in zahlreichen Studien die Annahme, dass Schulleiter/innen durch ihre Führungspraxis *indirekt* den Unterricht und das Lernen der Schüler/innen zu beeinflussen vermögen (Hallinger & Heck, 1998; Leithwood et al., 2004; Waters, Marzano & McNulty, 2003; Supovitz, Sirinides & May, 2010; Hallinger & Heck, 2011). Frühe Untersuchungsergebnisse deuten darauf hin, dass zum einen die Orientierung des Schulleitungshandelns nicht allein auf administrative Gegenstände, sondern auch und vor allem auf fachliche und pädagogische Inhalte und zum anderen die Motivation der Lehrpersonen, die Ermöglichung und Gewährleistung eines positiven Arbeits- und Lernklimas in der Schule, das Ergreifen von Maßnahmen der Personalentwicklung, die Delegation von Verantwortung und die Einbeziehung der Lehrpersonen in die schulische Verantwortung zu den wirksamen Einflussgrößen gehören (Townsend, 1997). Jüngere Studien fokussieren „schulische Führungspraxis", abstrahieren i. a. W. von individueller Führung (z.B. Spillane, Halverson & Diamond, 2001) und heben darauf ab, inwieweit es gelingt, das Führungspotential in der Gruppe der Lehrpersonen für die Verbesserung der Unterrichtspraxis zu nutzen (Supovitz, Sirinides & May, 2010).

Studien der zitierten Art verzichten zunehmend mehr auf im Diskurs lange Zeit weit verbreitete, schlichte Führungsmodelle, die auf das individuelle Führungspotential und individuelle Führungskompetenzen abstellen und dabei generell nichtindividuelle Bedingungen erfolgreicher Führung außer Acht lassen (Wissinger, 2010, 2011). Ein zentrales Merkmal dieser Projekte ist darin zu sehen, dass sie mit Schulqualitätsentwicklung und -sicherung komplexere Fragestellungen bearbeiten, insbesondere Steuerungsfragen, und insofern nicht als Schulleitungsforschung firmieren. In der Bearbeitung von Schulreform- und Schulentwicklungsfragen wie auch Steuerungsfragen kommen sie nicht umhin, Funktion, Aufgaben und Rolle der Schulleitung zu berücksichtigen. Gleichwohl wird Schulleitung nicht mehr als Akteur untersucht, der im Zentrum der Modellierung von Steuerung steht, sondern Schulleitung ist eine Größe, ein Akteur von vielen, die/der in Konstellationen lokaler, regionaler und überregionaler Akteure und in seinem Beitrag zur Steuerung durch Handlungskoordination gesehen wird. Interessant wäre, etwas über objektivierbare und strukturelle Faktoren des Managements einer Schule und der Führung eines Kollegiums zu wissen, um sicherer kalkulieren zu können, welche Bedingungen gegeben sein müssen, damit Schulleitungspersonen im Sinne der Erwartungen der schulpraktischen Schlussfolgerungen der OECD initiierten Outputforschung erfolgreich sein können. Tätigkeitsanalysen z.B. geben Grund zu der Annahme, dass die Arbeitsbedingungen von Schulleitungsmitgliedern in Deutschland ungeachtet der Schulform, der sie vorstehen, nach wie vor nicht mit den meist hohen, woraus immer auch abgeleiteten Erwartungen an das Führungshandeln korrespondieren. Auf der Basis einer Analyse von Daten zur Schulleitungstätigkeit, die im Zusammenhang mit den TIMSS-Studien erhoben wurden, lässt sich zeigen, dass sie in ihrer Leitungskapazität durch eigene Unterrichtstätigkeit sowie vor allem durch Verwaltungstätigkeit eingeschränkt sind (Wissinger, 1996, 2002; Brauckmann, 2013). Nach Hinweisen zu Beginn des Schulleitungsdiskurses in Deutschland auf berufsbiographisch bedingte Vorbehalte gegenüber der Management- und Führungsaufgabe und auf ein Festhalten an der beruflichen Identität des Ausgangsberufes, scheinen Schulleiter heute „ihre Rolle" als Manager und pädagogischer Führer gefunden zu haben – allein das vom Gesetzgeber fixierte Aufgabenprofil steht dagegen, dass Schulleiter durch ihre Tätigkeit mit der ihnen neu angetragenen Managementrolle identisch werden. Insbesondere Leitungspersonen im Primarbereich sowie in den Bildungsgängen der Sekundarstufe I werden durch hohe Unterrichtverpflichtung in den Anforderungen und der Identität des Lehrerberufs „gefangen" gehalten, eines Berufs, der sich in Aufgaben und Verantwortung sowie in Qualifikationen und Kompetenzen von der Management- und Führungstätigkeit grundsätzlich unterscheidet. Man muss nicht angesichts der Aufgaben und Verantwortung der Schulleitung von einem neuen Beruf sprechen, wie dies die Schulleiterverbände in Deutschland gerne tun. Im außerschulischen Bereich gibt es jedenfalls keinen Beruf im Wortsinne, der mit Management- und Führungsaufgaben fixiert werden könnte. Allerdings steht weder in privatwirtschaftlichen noch in öffentlichen Organisationen in Frage, dass sich Management- und Führungsaufgaben von untergeordneten Aufgaben, Tätigkeiten und Anforderungen unterscheiden und diese durch den systematischen Aufbau von spezifischen Qualifikationen und Kompetenzen abgesichert werden müssen. Das könnte durch ein interdisziplinäres Studium der Verwaltungswissenschaft, der Ökonomie sowie der Erziehungs- und Bildungswissenschaften gewährleistet werden. Die Länder haben sich aber nach wie vor nicht dazu bewegen lassen, eine Personalrekrutierung und Personalentwicklung aufzubauen, die diesem Anspruch gerecht wird und insbesondere die berufsbegleitende Aus- und Fortbildung durch eine grundständige ersetzt.

Ungeachtet der hier skizzierten, gut dokumentierten Handlungspraxis weisen Untersuchungen der deutschen und internationalen Führungsforschung darauf hin, dass eine einzelne Person mit der Management- und Führungsaufgabe der Schule überfordert sein muss, weil sich Führung, wie interaktionistische Theorien nahe legen, im strukturell gegebenen, interdependenten Verhältnis zwischen den an Schule beteiligten, professionellen Akteueren, zwischen Führenden und Geführten, konstituiert und auf wechselseitig bezogenes Denken und Handeln der Akteure angewiesen ist.

5. Fazit und Perspektiven

Vor dem Hintergrund der Skizze der Schulleitungsforschung, der zum Einsatz kommenden Theorien und Methoden sowie der vorliegenden Erkenntnisse dieser Forschung zeigen sich vor allem folgende Forschungsdesiderate:

1. Die Führungsforschung spielt im Hinblick auf die Beschreibung und Analyse schulischen Leitungshandelns eine zentrale Rolle. Gleichwohl zeigt sich, dass Führung als Kategorie zur Beschreibung und Analyse sowohl von Beziehungsstrukturen als auch von Strukturen und Prozessen der Handlungskoordination und Steuerung in der Institution Schule im Vergleich zum angloamerikanischen Sprachraum in der deutschen Schulleitungsforschung unterentwickelt ist und sich nicht nur theoretisch, sondern auch methodisch uneigenständig darstellt. Da, wo Führungstheorien zur Anwendung kommen, sind sie sehr stark auf theoretische Bezugssysteme sowie Erkenntnisse angewiesen, die aus der psychologischen Führungsforschung und den durch sie stark beeinflussten Wirtschafts- und Sozialwissenschaften kommen (vgl. Ogawa, 2005; kritisch: Crow & Grogan, 2005; auch Wissinger, 2010) und sichtbar auf hierarchische Führungsvorstellungen orientiert sind. Eine intensive Auseinandersetzung mit psychologischer, in den Wirtschafts- und Sozialwissenschaften fest etablierter Führungsforschung muss aber erst noch zeigen, ob und inwieweit diese geeignet ist, die Untersuchung und Theoriebildung zu Fragen des Managements und der Führung der Institution Schule auf den verschiedenen Ebenen der Steuerung des Bildungssystems anzuleiten (kritisch zur Schulebene: Dubs, 2006) und zu einer Schulentwicklungstheorie und -forschung (vgl. Holtappels & Rolff, 2004; Rahm, 2005) beizutragen.
   Erste Versuche überhaupt, die allgemeine Führungsforschung für die Schultheorie und Schulentwicklungsforschung zu erschließen, liegen vor (z.B. Dubs, 1994, 2006; Wissinger, 1996, 2000a; Bonsen, 2003, 2006; Kansteiner-Schänzlin, 2002; Harazd, Gieske & Rolff, 2008; Harazd, 2010). Über den Einzelfall hinaus muss diese Forschung weiter systematisiert und entwickelt werden, denn Führungstheorien gewinnen für die Steuerung des Bildungssystems und der einzelnen Schule mehr und mehr an Bedeutung – ein Trend, der durch den Schulentwicklungsdiskurs angestoßen ist, der seit über 30 Jahren die Bemühungen um Schulreform und Schulentwicklung in Deutschland begleitet und durch Phasen unterschiedlicher Akzentuierung gekennzeichnet ist (im Überblick: Wenzel, 2008).
2. Die Schulleitungsforschung wird aktuell sehr stark durch den School Improvement Research einerseits sowie durch eine international geführte Steuerungsdebatte andererseits bestimmt,

die unter dem Gesichtspunkt einer Stärkung der Eigenverantwortung der Schule das Verhältnis zwischen Staat und Schule neu justieren und darüber optimale Bedingungen für eine Verbesserung von Schule und Unterricht schaffen will (Wissinger, 2007). Beide Diskurse nehmen die Schulleitung für die Sicherung und Entwicklung der Qualität einer schulischen Handlungseinheit und für den Unterricht in die Verantwortung, d.h. in die Verantwortung sowohl für die schulische Selbstreflexion und Zielbestimmung (Selbstevaluation) als auch für die Implementation innerschulischer Strukturreformen, wie sie mit einer evaluationsbasierten Steuerung des Schulsystems verbunden sind. Nach Rost (1991, S. 27) spiegelt sich hier eine Forschungstradition, die an der struktur-funktionalistischen Theorie orientiert ist. In diesem Zusammenhang zeigt sich, dass Fragen des Managements und der Führung der Schule auf die Rolle und Verantwortung der Schulleitung zurückgeführt werden, wie es ja auch normativ-rechtlich in Deutschland fixiert ist, und das darin zum Ausdruck kommende Denken ist noch immer sehr stark durch die Beiträge der allgemeinen Verhaltenstheorie und der Führungsstilforschung geprägt. Bewusst oder unbewusst kommt dadurch im Steuerungsdiskurs eine Denktradition zum Tragen, die im Ansatz eigenschaftsorientiert ist, mit idealtypischen Verhaltensmustern und -konstellationen arbeitet und Erfolg bzw. Misserfolg auf die Persönlichkeit einer Führungsperson sowie ihre Flexibilität im Führungsverhalten angesichts divergierender personbezogener und/oder situationsbezogener Merkmale zurückführt. Durch die Fokussierung der Führungsperson werden die institutionellen Bedingungen des Handelns von Führungspersonen in der Schule, die Führungssituation sowie die Beziehungen zu den Geführten in ihrer Bedeutung für den Führungserfolg notwendigerweise vernachlässigt (Wissinger, 1996). Eine Erweiterung der unverzichtbaren, aber verengten führungstheoretischen Forschungsperspektive zeigen Studien, die am Modell der Distributed Leadership (Hallinger & Heck 2011) orientiert sind, die organisationstheoretisch arbeiten (z.B. Baumert & Leschinsky, 1986; Bonsen, 2003; Kuper, 2008; Thillmann, 2012) oder die auf der Basis der Educational Governanceforschung Akteurkonstellationen unter dem Gesichtspunkt von Interessen, Verfügungsrechten und Einfluss auf die schulische Governance und damit auch auf Fragen der Qualitätsentwicklung und -sicherung in Schule und Unterricht rekonstruieren.

3. Schulleitungsforschung ist bislang auch dort, wo sie organisationstheoretisch ausgerichtet ist und die Frage des Managements und der Führung mit Anforderungen der Verbesserung und Entwicklung einer Schule zusammenbringt, noch sehr stark auf das Funktions- und Tätigkeitsfeld von Schulleiterinnen und Schulleitern und damit auf hierarchische Führungsmodelle fixiert. Erste Studien weisen darüber hinaus (Bonsen et al., 2002; Harazd, Gieske & Rolff, 2008) und machen deutlich, dass es mit dem/der stellv. Schulleiter/in, mit Abteilungs- oder Stufenleitern weitere Leitungs- und Führungsfunktionen in der Schule gibt, dass sich sog. Steuergruppen zu einem bedeutsamen Strukturelement im Schulentwicklungsprozess einer je spezifischen Schule entwickeln können (Berkemeyer & Holtappels, 2007). Noch gar nicht untersucht sind in Deutschland Fragen nach der Führungsrolle von Lehrpersonen (vgl. z.B. Darling-Hammond, Bullmaster & Cobb, 1995) sowie nach jenen strukturellen und individuellen Bedingungen, unter denen Lehrpersonen bereit sind, Führungsaufgaben zu übernehmen (z.B. Anderson, 2004; Silins & Mulford, 2004). In diesem Zusammenhang gewinnt die Annahme einer Differenz zwischen Frauen und Männern systematische Bedeutung.
4. Neben der traditionellen Fixierung der Sicht auf Personen in Führungsfunktionen ist der Schulqualitäts- und Schulentwicklungsdiskurs bislang noch sehr stark auf Schule und Unterricht beschränkt. Dadurch wird übersehen, welche Bedeutung neben Schule und Unterricht den unterschiedlichen Ebenen der Steuerung und des Managements im Bildungssystem für die Qualitätssicherung und -entwicklung schulischen Lernens und Lehrens zukommt:

der Bildungspolitik, der Ministerialbürokratie, der unteren Schulaufsicht sowie der Kommunalverwaltung. Mit der im deutschen Sprachraum entwickelten Educational Governanceforschung etabliert sich zur Zeit eine neue Forschungsperspektive in den Schulentwicklungsdiskurs (Altrichter, Brüsemeister & Wissinger, 2007; Langer, 2008; Altrichter & Maag Merki, 2010a; Maag Merki, Langer & Altrichter, 2014), die sich anders als die traditionelle Steuerungstheorie nicht nur auf die Implementation staatlicher Vorgaben vor Ort, auf den Umgang mit vorhandenen Ressourcen sowie auf den Output schulischen Handelns kapriziert, sondern die Effektivität und Effizienz als Resultat der Handlungskoordination in einem Mehrebenensystem begreift und insofern den Leistungen z.B. der Bildungspolitik, der Ministerialbürokratie oder neuer Akteure, wie z.B. Bildungsnetzwerken, im „Konzert" der Bildungsakteure nachgeht.

Literatur

Ackeren, I. van & Bellenberg, G. (2004). Parallelarbeiten, Vergleichsarbeiten und zentrale Abschlussprüfungen. In H. G. Holtappels, K. Klemm, H. Pfeiffer, H.-G. Rolff & R. Schulz-Zander (Hrsg.), *Jahrbuch der Schulentwicklung Band 13* (S. 125-159). Weinheim: Juventa

Ackeren, I. van, Heinrich, M. & Thiel, F. (Hrsg.) (2013). *Evidenzbasierte Steuerung im Bildungssystem? Befunde aus dem BMBF-SteBis-Verbund.* Die Deutsche Schule, 12. Beiheft. Münster: Waxmann.

Ackeren, I. van, Zlatkin-Troitschanskaia, O., Binnewies, C., Clausen, M. Dormann, C., Preisendörfer, P., Rosenbusch, C. & Schmidt, U. (2011). Evidenzbasierte Schulentwicklung. Ein Forschungsüberblick aus interdisziplinärer Perspektive. *Die Deutsche Schule 103* (2), 170-184.

Altrichter, H. (2010). Schul- und Unterrichtsentwicklung durch Datenrückmeldung. In H. Altrichter & K. Maag Merki (Hrsg.), *Handbuch Neue Steuerung im Schulsystem* (S. 219-254). Wiesbaden: VS Verlag für Sozialwissenschaften.

Altrichter, H., Brüsemeister, T. & Wissinger, J. (Hrsg.) (2007). *Educational Governance. Handlungskoordination und Steuerung im Bildungssystem.* Wiesbaden: VS Verlag für Sozialwissenschaften.

Altrichter, H., Kemethofer, D. & Leitgöb, H. (2012). Ansätze der Systemsteuerung in der Einschätzung von Schulleitern. In R. Tenberg & J. Warwas (Hrsg.), Schulleitungsforschung. *Empirische Pädagogik, 26* (1), 12-32.

Altrichter, H. & Maag Merki, K. (Hrsg.) (2010a). *Handbuch Neue Steuerung im Schulsystem.* Wiesbaden: VS Verlag für Sozialwissenschaften.

Altrichter, H. & Maag Merki, K. (2010b). Steuerung der Entwicklung des Schulwesens. In H. Altrichter & K. Maag Merki (Hrsg.), *Handbuch Neue Steuerung im Schulsystem* (S. 15-39). Wiesbaden: VS Verlag für Sozialwissenschaften.

Altrichter, H. & Rürup, M. (2010). Schulautonomie und die Folgen. In H. Altrichter & K. Maag Merki (Hrsg.), *Handbuch Neue Steuerung im Schulsystem* (S. 111-144). Wiesbaden: VS Verlag für Sozialwissenschaften.

Anderson, K. (2004). The Nature of Teacher Leadership in Schools as Reciprocal Influences Between Teacher Leaders and Principals. *School Effectiveness and School Improvement Vol. 15*, No 1, 97-113.

Appius, S., Steger Vogt, E., Kansteiner-Schänzlin, K. & Bach-Blattner, T. (2012). Personalentwicklung an Schulen – Eine Bestandsaufnahme aus Sicht deutscher und schweizerischer Schulleitungen. In R. Tenberg & J. Warwas (Hrsg.), Schulleitungsforschung. *Empirische Pädagogik, 26* (1), 123-141.

Allgemeiner Schulleitungsverband (ASD) (Hrsg.) (2008). Schule ohne Leitung – Warum immer weniger Lehrer Schulleiter werden. *Juni-Ausgabe von b:sl-Beruf Schulleitung, 2. Jg.*, Berlin: Verlag Fünf Freunde.

Arbeitsgemeinschaft der Schulleiterverbände Deutschlands (ASD) (1999). *Schulleitung in Deutschland. Ein Berufsbild in Entwicklung.* Stuttgart: Raabe.

Arbeitsgruppe Schulinspektionsforschung (Hrsg.) (2014). *Schulinspektion als Steuerungsimpuls?* Wiesbaden: Springer VS.

Bascia, N., Cummings, A., Datnow, A., Leithwood, K. & Livingstone, D. (2005). *International Handbook of Educational Policy.* Dortrecht, The Netherlands: Springer.

Bastian, J. (1998). Pädagogische Schulentwicklung. Von der Unterrichtsreform zur Entwicklung der Einzelschule. In J. Bastian (Hrsg.), *Pädagogische Schulentwicklung* (S. 29-43). Hamburg: Bergmann und Helbig.

Baum, E., Idel, T.-S. & Ullrich, H. (Hrsg.) (2012). *Kollegialität und Kooperation in der Schule. Theoretische Konzepte und empirische Befunde.* Wiesbaden: Springer VS.

Baumert, J. (1989). Schulleitung in der empirischen Forschung. In H. S. Rosenbusch & J. Wissinger (Hrsg.), *Schulleiter zwischen Administration und Innovation. Schulleiter-Handbuch Band 50* (S. 52-63). Braunschweig: SL Verlag.

Baumert, J. & Leschinsky, A. (1986). Berufliches Selbstverständnis und Einflussmöglichkeiten von Schulleitern. Ergebnisse einer Schulleiterbefragung. *Zeitschrift für Pädagogik, 32,* 247-266.

Beer, G. (2008). *Leadership – transaktionale und transformale Führung als Führungsparadigma im schulischen Kontext. Schulleitungshandeln als Gegenstand empirischer Forschung.* Dissertation, Universität Wien.

Bellmann, J. & Weiß, M. (2009). Risiken und Nebenwirkungen neuer Steuerung im Schulsystem. *Zeitschrift für Pädagogik, 55,* 286-308.

Ben-Peretz, M. (2012). Accountability vs. teacher autonomy: an issue of balance. In C. Day (Ed.), *The Routledge International Handbook of Teacher and School Development* (pp. 57). London: Routledge.

Berkemeyer, N. (2010). *Steuerung des Schulsystems. Theoretische und praktische Explorationen.* Wiesbaden: VS Verlag für Sozialwissenschaften.

Berkemeyer, N. & Holtappels, H. G. (Hrsg.) (2007). *Schulische Steuergruppen und Changemanagement. Theoretische Ansätze und empirische Befunde zur schulinternen Schulentwicklung.* Weinheim: Juventa.

Berkemeyer, N. & Müller, S. (2010). Schulinterne Evaluation – nur ein Instrument zur Selbststeuerung von Schulen? In H. Altrichter & K. Maag Merki (Hrsg.), *Handbuch Neue Steuerung im Schulsystem* (S. 195-218). Wiesbaden: VS Verlag für Sozialwissenschaften.

Bessoth, R. (1978). *Schulleitung – ein Lernsystem.* Neuwied: Luchterhand.

Bildungskommission NRW (1995). *Zukunft der Bildung – Schule der Zukunft. Denkschrift der Kommission „Zukunft der Bildung – Schule der Zukunft" beim Ministerpräsidenten des Landes Nordrhein-Westfalen.* Neuwied: Luchterhand.

Bobeth-Neumann, W. (2013). *Karriere „Grundschulleitung". Über den Einfluss des Geschlechts beim beruflichen Aufstieg ins Schulleitungsamt.* Bielefeld: transcript Verlag.

Böhm-Kasper, O. & Selders, O. (2013). „Schulinspektionen sollten regelmäßig durchgeführt werden"? Ländervergleichende Analysen der Wahrnehmung und Akzeptanz von Schulinspektionsverfahren. In I. van Ackeren, M. Heinrich & F. Thiel (Hrsg.), *Evidenzbasierte Steuerung im Bildungssystem? Befunde aus dem BMBF-SteBis-Verbund.* Die Deutsche Schule, 12. Beiheft (S. 121-153). Münster: Waxmann.

Bonsen, M. (2003). *Schule, Führung, Organisation. Eine empirische Studie zum Organisations- und Führungsverständnis von Schulleiterinnen und Schulleitern.* Münster: Waxmann.

Bonsen, M. (2005). Professionelle Lerngemeinschaften in der Schule. In H. G. Holtappels & K. Höhmann (Hrsg.), *Schulentwicklung und Schulwirksamkeit. Systemsteuerung, Bildungschancen und Entwicklung der Schule* (S. 180-205). Weinheim: Juventa.

Bonsen, M. (2006). Wirksame Schulleitung. In H. Buchen & H.-G. Rolff (Hrsg.), *Professionswissen Schulleitung* (S. 193-228). Weinheim, Basel: Beltz.

Bonsen, M., von der Gathen, J., Iglhaut, C. & Pfeiffer, H. (2002). *Die Wirksamkeit von Schulleitung. Empirische Annäherungen an ein Gesamtmodell schulischen Leitungshandelns.* Weinheim: Juventa.

Brauckmann, S. (2013). Schulleitungshandeln zwischen erweiterten Rechten und Pflichten. Vortrag im Forum 2 „Strategien und Wirkungen von Schulleitungshandeln im Rahmen der Neuen Steuerung". Freie Universität Berlin: SteBis-Abschlusstagung, 15. bis 16. November 2013.

Brauckmann, S. (2012a). Schulleitungshandeln zwischen deconcentration, devolution und delegation (3D) – empirische Annäherungen aus internationaler Perspektive. In R. Tenberg & J. Warwas (Hrsg.), Schulleitungsforschung. *Empirische Pädagogik 26* (1), 78-102.

Brauckmann, S. (2012b). Schulleitungshandeln zwischen erweiterten Rechten und Pflichten (SHaRP) im internationalen Forschungskontext. In S. Hornberg & M. Parreira do Amaral (Hrsg.), *Deregulierung im Bildungswesen* (S. 223-247). Münster: Waxmann.

Brauckmann, S. & Herrmann, C. (2013). Belastungserleben von Schulleiterinnen und Schulleitern im Rahmen erweiterter schulischer Eigenständigkeit. Erste empirische Befunde aus der SHaRP-Studie. In I. van Ackeren, M. Heinrich & F. Thiel (Hrsg.), *Evidenzbasierte Steuerung im Bildungssystem? Befunde aus dem BMBF-SteBis-Verbund.* Die Deutsche Schule, 12. Beiheft (S. 172-196). Münster: Waxmann.

Brauckmann, S. & Pashiardis, P. (2011). A validation study of the leadership styles of a holistic leadership theoretical framework. *International Journal of Educational Management, 25,* 11-32.

Brüsemeister, T. & Eubel, K.-D. (Hrsg.) (2003). *Zur Modernisierung der Schule. Leitideen – Konzepte – Akteure. Ein Überblick.* Bielefeld: transcript Verlag.

Buchen, H. & Rolff, H.-G. (Hrsg.) (2006). *Professionswissen Schulleitung.* Weinheim: Beltz,

Cosner, S. (2009). Building Organizational Capacity Through Trust. *Educational Administration Quarterly, 45* (2), 248-291.

Crow, G. M. & Grogan, M. (2005). The Development of Leadership. Thought and Practice in the United States. In F. W. English (Ed.), *The SAGE Handbook of Educational Leadership. Advances in Theory, Research, and Practice* (pp. 362-379). Thousand Oaks, USA: Sage Publication Inc.

Darling-Hammond, L., Bullmaster, M. L. & Cobb, V. L. (1995). Rethinking Teacher Leadership through Professional Development Schools. *The Elementary School Journal, 96* (1), 87-106.

Davies, B. & West-Burnham, J. (Eds.) (2003). *Handbook of Educational Leadership and Management.* Edinburgh Gate, UK: Pearson Education Limited.

Day, C. (2005). The UK policy for school leadership: Uneasy transitions. In N. Bascia, A. Cummings, A. Datnow, K. Leithwood, & D. Livingstone (Eds.). *International Handbook of Educational Policy* (pp. 393-420), Dortrecht, The Netherlands: Springer.

Dedering, K. (2012). Schulinspektion als wirksamer Weg der Systemsteuerung? *Zeitschrift für Pädagogik, 58* (1), 69-88.

Dedering, K., Fritsch, N. & Weyer, C. (2012). Die Ankündigung von Schulinspektionen und deren innerschulische Effekte – hektisches Treiben oder genügsame Gelassenheit? In S. Hornberg & M. Parreira do Amaral (Hrsg.), *Deregulierung im Bildungswesen* (S. 205-222). Münster: Waxmann.

Demski, D., Rosenbusch, C., Ackeren, I. van, Clausen, M. & Schmidt, U. (2012). Steuerung von Schule durch evidenzbasierte Einsicht? Konzeption und erste Befunde des Forschungsverbundes EviS. In S. Hornberg & M. Parreira do Amaral (Hrsg.), *Deregulierung im Bildungswesen* (S. 131-150). Münster: Waxmann.

Deutscher Bildungsrat (1974). *Bericht der Bildungskommission zur Reform von Organisation und Verwaltung.* Stuttgart: Klett.

Dietrich, F. (2012). Schulinspektion im Konntext von „Deregulierung". Eine rekonstruktive Annäherung an die Adaption des Steuerungsimpulses auf der Ebene der Schulleitung. In S. Hornberg & M. Parreira do Amaral (Hrsg.), *Deregulierung im Bildungswesen* (S. 187-204). Münster: Waxmann.

Döbert, H. & Geißler, G. (Hrsg.) (1997). *Schulautonomie in Europa.* Baden-Baden: Nomos.

Döring, P. A. (1981). Der Schulleiter zwischen Kultusadministration und Schulpädagogik. In W. Twellmann (Hrsg.), *Handbuch Schule und Unterricht Band 2: Die Schule als Institution und Organisation* (S. 195-214). Düsseldorf: Klett.

Dubs, R. (1994). *Die Führung einer Schule. Leadership und Management.* Stuttgart: Franz Steiner.

Dubs, R. (2006). Führung. In H. Buchen & H.-G. Rolff (Hrsg.), *Professionswissen Schulleitung* (S. 102-176). Weinheim: Beltz.

Eagly, A., Karau, S. J. & Johnson, B. T. (1992). Gender and Leadership Style Among School Principals: A Meta-Analysis. *Educational Administration Quarterly, 28* (1), 76-102.

Earl, L. & Katz, S. (2006). *Leading Schools in a Data-Rich World. Harnessing Data for School Improvement.* Thousand Oaks, CA: Corwin Press.

Emmerich, M. (2010). Regionalisierung und Schulentwicklung: Bildungsregionen als Modernisierungsansätze im Bildungssektor. In H. Altrichter & K. Maag Merki (Hrsg.), *Handbuch Neue Steuerung im Schulsystem* (S. 355-375). Wiesbaden: VS Verlag für Sozialwissenschaften.

English, F. W. (Ed.) (2005). *The SAGE Handbook of Educational Leadership. Advances in Theory, Research, and Practice.* Thousand Oaks: Sage Publications.

English, F. W. (Ed.) (2011). *The SAGE Handbook of Educational Leadership. Advances in Theory, Research, and Practice* (2. ed.). Thousand Oaks: Sage Publications.

Fahrenwald, C. (2011). Frauen, Schule und Führung – ein transatlantischer Vergleich. In M. Göhlich, S. M. Weber & A. Schröer (Hrsg.), *Organisation und Führung. Beiträge der Kommission Organisationspädagogik* (S. 245-254). Wiesbaden: VS Verlag für Sozialwissenschaftgen.

Feldhoff, T. (2013a). Warum muss denn immer alles so kompliziert sein? Designs und Methoden zum Schulleitungshandeln in der Schuleffektivitäts- und Schulentwicklungsforschung. Vortrag im Rahmen des SteBis-Workshops „Schulleitung im Kontext der Neuen Steuerung – Zu Perspektiven und Grenzen des Schuleffektivitäts- und Schulentwicklungsparadigmas in der Schulleitungsforschung" am DIPF in Berlin, 23.03.2013.

Feldhoff, T. (2013b). Ansätze zur Gestaltung und Messung von Schulqualität im Anschluss an die Schulgütediskussion. Zwei Perspektiven der Schulentwicklungsforschung. Vortrag im Rahmen der 25. Fachtagung des Arbeitskreises Qualität von Schule am Landesschulamt und Lehrkräfteakademie Hessen, Wiesbaden, 21.-22. November 2013.

Feldhoff, T. (2011). *Schule organisieren. Der Beitrag von Steuergruppen und organisationalem Lernen zur Schulentwicklung.* Wiesbaden: VS Verlag für Sozialwissenschaften.

Feldhoff, T., Kanders, M. & Rolff, H.-G. (2008). Schulleitung und innere Schulorganisation. In H. G. Holtappels, K. Klemm & H.-G. Rolff (Hrsg.), *Schulentwicklung durch Gestaltungsautonomie. Ergebnisse der Begleitforschung zum Modellvorhaben ‚Selbständige Schule' in Nordrhein-Westfalen* (S. 146-173). Münster: Waxmann.

Feldhoff, T. & Rolff, H.-G. (2008). Einfluss von Schulleitungs- und Steuergruppenhandeln. In H. G. Holtappels, K. Klemm & H.-G. Rolff (Hrsg.), *Schulentwicklung durch Gestaltungsautonomie. Ergebnisse der Begleitforschung zum Modellvorhaben ‚Selbständige Schule' in Nordrhein-Westfalen* (S. 293-303). Münster: Waxmann.

Feldhoff, T., Durrer, L. & Huber, S. G. (2012). Steuerung eines Schulsystems. Eine empirische Analyse, wie Akteure die Steuerungskonfigurationen des Schulsystems wahrnehmen und sich deren zukünftige Gestaltung wünschen. *Die Deutsche Schule, 104* (1), 71-87.

Feldhoff, T., Gromala, L. & Brüsemeister, T. (2014). Organisationales Lernen von Schulen im Kontext datenbasierter Steuerung. In H. G. Holtappels (Hrsg.), *Schulentwicklung und Schulwirksamkeit als Forschungsfeld.* Münster: Waxmann.

Fend, H. (1986). „Gute Schulen – schlechte Schulen". Die einzelne Schule als pädagogische Handlungseinheit. *Die Deutsche Schule 78* (3), 275-293.

Fend, H. (1998). *Qualität im Bildungswesen. Schulforschung zu Systembedingungen, Schulprofilen und Lehrerleistung.* Weinheim: Juventa.

Fend, H. (2008). *Schule gestalten. Systemsteuerung, Schulentwicklung und Unterrichtsqualität.* Wiesbaden: VS Verlag für Sozialwissenschaften.

Fischer, D., Jacobi, J. & Koch-Priewe, B. (Hrsg.) (1996). *Schulentwicklung geht von Frauen aus.* Weinheim: Beltz.

Forberg, A. (1997). *Rollen und Führungsverständnis von Schulleiterinnen beruflicher Schulen. Eine berufsbiograpisch-orientierte Untersuchung.* Weinheim: Beltz.

Forschungsgruppe „Schulverwaltung und Unterricht" (FSU) (1983). *Schulrecht, Schulverwaltung und Unterricht. Empirische und theoretische Studien zum Zusammenhang von Schulorganisation und Unterrichtsgestaltung.* Weinheim: Beltz.

Fuhrman, S., Cohen, D. & Mosher, F. (Eds.) (2013). *The State of Education Policy Research.* New York, USA: Routledge.

Fullan, M. & Watson, N. (2000). School-Based Management: Reconceptualizing to Improve Learning Outcomes. *School Effectiveness and School Improvement 11* (1), 97-113.

Füssel, H.-P. (1998). Schulleitung zwischen staatlicher Steuerung und schulischer Handlungsautonomie. In H. Ackermann & J. Wissinger (Hrsg.), *Schulqualität managen. Von der Verwaltung der Schule zur Entwicklung von Schulqualität* (S. 149-159). Neuwied: Luchterhand.

Gehrmann, A., Hericks, U. & Lüders, M. (Hrsg.) (2010). *Bildungsstandards und Kompetenzmodelle – Eine Verbesserung der der Qualität von Schule, Untericht und Lehrerbildung.* Bad Heibrunn: Klinkhardt.

Glasman, N. S. & Heck, R. H. (1992). The Changing Leadership Role of the Principal: Implications for Principal Assessment. *Peabody Journal of Education 68,* 5-24.

Gordon, M. F. & Louis, K. S. (2009). Linking Parent and Community Involvement with Student Achievement: comparing Principal and Teacher Perceptions of Stakeholder Influence. *American Journal of Education, 116* (1), 1-31.

Graf-Götz (2008). *Brennpunkt Hauptschule. Benachteiligte Schülerinnen und Schüler und die Schulorganisation in Baden-Württemberg: Empirische Untersuchungen zur Neujustierung von Schulleiterkompetenzen.* München: Martin Meidenbauer.

Greve, A. & Höhne, G. (2008). Qualifizierung von Schulleiterinnen und Schulleitern für Schulentwicklungsprozesse in Nordrhein-Westfalen. Eine empirische Studie zur Effizienz von Schulleitungsfortbildung in der Primarstufe. Dissertation, Fakultät I Bildungs- und Sozialwissenschaften, Universität Oldenburg.

Gronn, P. (2002). Distributed Leadership. In K. Leithwood & P. Hallinger (Eds.). *Second International Handbook of Educational Leadership and Administration* (pp. 653-696). Dordrecht, The Netherlands: Kluwer.

Haeffner, J. (2012). *Professionalisierung durch Schulentwicklung. Eine subjektwissenschaftliche Studie zu Lernprozessen von Lehrkräften an evangelischen Schulen.* Münster: Waxmann.

Haller, I. & Wolf, H. (1995). *Führung in Gesellschaft und Schule zwischen Tradition und Emanzipation. Auf dem Weg zu dialogischer Kompetenz.* 2. Auflage. Böhnen: Verlag für Schule und Weiterbildung.

Hallinger, P., Bickman, L. & Davis, K. (1996). School context, principal leadership, and student reading achievement. *Elementary School Journal, 96* (5), 527-550.

Hallinger, P., Taraseina, P. & Miller, J. (1994). Assessing the Instructional Leadership of Secondary School Principals in Thailand. *School Effectiveness and School Improvement 5*, 321-348.

Hallinger, P. & Heck, R. H. (1998). Exploring the Principal's Contribution to School Effectiveness: 1980–1995. *School Effectiveness and School Improvement, 9* (2), 57-191.

Hallinger, P. & Heck, R. H. (2010a). Collaborative Leadership and school improvement: understanding the impact on school capacity and student learning. *School Leadership and Management, 30* (2), 95-110.

Hallinger, P. & Heck, R. H. (2010b). Leadership for Learning: Does Collaborative Leadership Make a Difference in School Improvement? *Educational Management, Administration and Leadership, 38* (6), 654-678.

Hallinger, P. & Heck, R. H. (2011). Conceptual and methodological issues in studying school leadership effects as reciprocal process. *School Effectiveness and School Improvement, 22* (2), 149-173.

Harazd, B. (2010). Schulleitungstypen in eigenverantwortlichen Schulen und ihr Zusammenhang zur Schulqualität. In N. Berkemeyer, W. Bos, H. G. Holtappels, N. Mc Elvany & R. Schulz-Zander (Hrsg.), *Jahrbuch der Schulentwicklung, Band 16* (S. 261-288). Weinheim: Juventa.

Harazd, B. & Drossel, K. (2011). Schulleitung und Lehrerkooperation. *Empirische Pädagogik, 25*, 145-160.

Harazd, B., Gieske, M. & Rolff, H.-G. (2008). Herausforderungen an Schulleitung: Verteilung von Verantwortung und Aufgaben. In W. Bos, H. G. Holtappels, H. Pfeiffer, H.-G. Rolff & R. Schulz-Zander (Hrsg.), *Jahrbuch der Schulentwicklung, Band 15* (S. 225-256). Weinheim: Juventa.

Harris, A. (2004). Distributed Leadership and School Improvement. Leading or Misleading? *Educational Management Administration & Leadership, 32* (11), 11-24.

Harris, A. (2008). Distributed Leadership: According to the Evidence. *Journal of Educational Administration, 46* (2), 172-188.

Heck, R. H. & P. Hallinger (2009). Assessing the Contribution of Distributed Leadership to School Improvement and Growth in Math Achievement. *American Educational Research Journal, 46* (3), 659-689.

Heck, R. H. & P. Hallinger (2010). Collaborative Leadership Effects On School Improvement. Integrating Unidirectional and Reciprocal-Effects Models. *The Elementary School Journal, 111* (2), 226-252.

Heinrich, M. (2007). *Governance in der Schulentwicklung. Von der Autonomie zur evaluationsbasierten Steuerung.* Wiesbaden: VS Verlag für Sozialwissenschaften.

Herrlitz, H.-G., Hopf, W. & Titze, H. (1998). *Deutsche Schulgeschichte von 1800 bis zur Gegenwart.* 2., ergänzte Auflage. Weinheim: Juventa.

Hoerner, F. (2011). Leiten oder leiden? – Transformationen des Schulleitungshandelns. Eine qualitative Studie zum Umgang von Schulleiterinnen und Schulleitern bayerischer Grund- und Hauptschulen mit dienstlichen Beurteilungen. Dissertation, Philosophische Fakultät II, Julius-Maximilians-Universität Würzburg.

Hildebrandt, E. (2008). *Lehrerfortbildung im Beruf. Eine Studie zur Personalentwicklung durch Schulleitung.* Weinheim, München: Juventa.

Hoff, W. (2002). Die ethische Bindung an den Erziehungsauftrag als Grundlage professioneller Schulleitung: Gymnasialdirektorinnen in den 60er Jahren. In M. Kraul, Marotzki, W. & Schweppe, C. (Hrsg.), *Biographie und Profession* (S. 103-131). Bad Heilbrunn: Klinkhardt.

Hoff, W. (2005). *Schulleitung als Bewährung. Ein fallrekonstruktiver Generationen- und Geschlechtervergleich.* Opladen: Verlag Barbara Budrich.

Hoff, W. (2014). *Biographie als Ressource: Professionalität, Berufslaufbahn und Geschlecht.* Opladen: Verlag Barbara Budrich.

Holtappels, H.-J. (1989). *Der Schulleiter – zwischen Anspruch und Wirklichkeit.* Essen: Wingen.

Holtappels, H. G. (2010). Schule als Lernende Organisation. In T. Bohl, W. Helsper, H. G. Holtappels & C. Schelle (Hrsg.), *Handbuch Schulentwicklung* (S. 99-105). Bad Heilbrunn: Klinkhardt.

Holtappels, H. G. & Rolff, H.-G. (2004). Zum Stand von Schulentwicklungstheorie und -forschung. In U. Popp & S. Reh (Hrsg.), *Schule forschend entwickeln. Schul- und Unterrichtsentwicklung zwischen Systemzwang und Reformansprüchen* (S. 51-74). Weinheim: Juventa.

Holtappels, H. G., Klemm, K. & Rolff, H.-G. (Hrsg.) (2008). *Schulentwicklung durch Gestaltungsautonomie. Ergebnisse der Begleitforschung zum Modellvorhaben ‚Selbständige Schule' in Nordrhein-Westfalen.* Münster: Waxmann.

Holtappels, H. G. & Voss, A. (2006). Organisationskultur und Lernkultur. Zusammenhänge zwischen Schulorganisation und Unterrichtsgestaltung am Beispiel selbständiger Schulen. In W. Bos, H. G. Holtappels, H. Pfeiffer, H.-G. Rolff & R. Schulz-Zander (Hrsg.), *Jahrbuch der Schulentwicklung Band 14* (S. 247-275). Weinheim: Juventa.

Hopes, C. (1983). *Kriterien, Verfahren und Methoden der Auswahl von Schulleitern am Beispiel des Landes Hessen – ein Beitrag zur Begründung der Relevanz von Schulleiterausbildung.* Johann-Wolfgang-Goethe-Universität Frankfurt a.M.

Huber, M. (1997). Wie können Schulleitungen wirksam sein? In U. Moser, E. Ramseier, C. Keller & M. Huber, *Schule auf dem Prüfstand. Eine Evaluation der Sekundarstufe I auf der Grundlage der „Third International Mathematics and Science Study"* (S. 215-245). Chur.

Huber, S.G. (2002). Trends in der Qualifizierung von Schulleiterinnen und Schulleitern – Ausgewählte Ergebnisse einer international-vergleichenden Studie. In J. Wissinger & S. G. Huber (Hrsg.), *Schulleitung – Forschung und Qualifizierung* (S. 215-233). Opladen: Leske + Budrich.

Huber, S. G. (2003). *Qualifizierung von Schulleiterinnen und Schulleitern im internationalen Vergleich.* Kronach: Wolters Kluwer Deutschland.

Huber, S. G. (2008). Steuerungshandeln schulischer Führungskräfte aus der Sicht der Schulleitungsforschung. In R. Langer (Hrsg.), *‚Warum tun die das?' Governanceanalysen zum Steuerungshandeln in der Schulentwicklung* (S. 95-126). Wiesbaden: VS Verlag.

Huber, S. G. & Ahlgrimm, F. (Hrsg.) (2013). *Kooperation. Aktuelle Forschung zur Kooperation in und zwischen Schulen sowie mit anderen Partnern.* Münster: Waxmann.

Huttel-Scheefer, M., Lutzau, M. v., Dietrich, H., Hewer, B. & Ulrich, K. (1995). Vorbereitung von Frauen für Schulleitungsaufgaben: „Der Tanz auf dem Seil". In: H. Buchen, L. Horster & H.-G. Rolff (Hrsg.), *Schulleitung und Schulentwicklung.* Berlin: Raabe, Loseblatt-Ausgabe A 4.3, 1-28.

Kansteiner-Schänzlin, K. (2002). *Personalführung in der Schule. Übereinstimmungen und Unterschiede zwischen Frauen und Männern in der Schulleitung.* Bad Heilbrunn: Klinkhardt.

Kansteiner-Schänzlin, K. (2010). Schulleitung unter geschlechtsperspektivschem Blick. In T. Bohl, W. Helsper, H. G. Holtappels & C. Schelle (Hrsg.), *Handbuch Schulentwicklung* (S. 210-213). Bad Heilbrunn: Klinkhardt.

Keller-Schneider, M. & Albisser, S. (2012). Einschätzungen der Schulleitungsqualität – eine Frage der individuellen Ressourcen der Einschätzenden? In R. Tenberg & J. Warwas (Hrsg.), Schulleitungsforschung. *Empirische Pädagogik, 26* (1), 160-179.

Keller-Schneider, M., Albisser, S. & Wissinger, J. (Hrsg.) (2013). *Professionalität und Kooperation in Schulen. Beiträge zur Diskussion über Schulqualität.* Bad Heilbrunn: Klinkhardt.

Kerr, S. & Jermier, J. (1978). Substitutes for leadership: Their meaning and measurement. *Organizational Behavior and Human Performance, 22,* 375-403.

Kotthoff, H.-G. & Böttcher, W. (2010). Neue Formen der „Schulinspektion": Wirkungshoffnungen und Wirksamkeit im Spiegel empirischer Bildungsforschung. In H. Altrichter & K. Maag Merki (Hrsg.), *Handbuch Neue Steuerung im Schulsystem* (S. 295-325). Wiesbaden: VS Verlag für Sozialwissenschaften.

Kraul, M. & Hoff, W. (2005). Professionalität, Generation und Geschlecht. Frauen und Männer im Schulamt an Gymnasien. *Zeitschrift für Pädagogik, 51* (5), 694-712.

Kropp, U. (1988). Schulleitung und Fortbildung – Überlegungen und Nachforschungen zu einem wichtigen Arbeitsbereich von Schulleitung. Bericht im Auftrag des Projektes „Planungsverfahren in der Lehrerfortbildung" am Landesinstitut für Schule und Weiterbildung in Soest. Neukirchen-Vluyn.

Krüger, M. & Scheerens, J. (2012). Conceptual Perspectives on School Leadership. In J. Scheerens (Ed.), *School Leadership Effects Revisited. Review and Meta-Analysis of Empirical Studies* (pp. 1-30). Dortrecht, The Netherlands: Springer.

Kuper, H. (2002). Entscheidungsstrukturen in Schulen. Eine differenzielle Analyse der Schulorganisation. *Zeitschrift für Pädagogik, 48,* H. 6, 856-878.

Kuper, H. (2008). Entscheiden und Kommunizieren. Eine Skizze zum Wandel schulischer Leitungs- und Partizipationsstrukturen und den Konsequenzen für die Lehrerprofessionalität. In W. Helsper, S. Busse, M. Hummrich & R. T. Kramer (Hrsg.), *Pädagogische Professionalität in Organisationen. Neue Verhältnisbestimmungen am Beispiel Schule* (S. 149-162). Wiesbaden: VS Verlag für Sozialwissenschaften.

Kuper, H. & Diemer, T. (2013). Vergleichsarbeiten: Theoretische und empirische Betrachtungen zum Nutzen des Vergleichens. In A. Wacker, U. Maier & J. Wissinger (Hrsg.), *Schul- und Unterrichtsreform durch ergebnisorientierte Steuerung. Empirische Befunde und forschungsmethodische Implikationen* (S. 225-245). Wiesbaden: Springer VS.

Kuper, H. & Muslic, B. (2012). Evidenzbasierte Steuerung. Der Umgang mit Rückmeldungen aus Lernstandserhebungen als Instrument einer evidenzbasierten Schulentwicklung. In S. Hornberg & M. Parreira do Amaral (Hrsg.), *Deregulierung im Bildungswesen* (S. 151-164). Münster: Waxmann.

Kussau, J. & Brüsemeister, T. (2007). Educational Governance: Zur Analyse der Handlungskoordination im Mehrebenensystem Schule. In H. Altrichter, T. Brüsemeister & J. Wissinger (Hrsg.), *Educational Governance. Handlungskoordination und Steuerung im Bildungssystem* (S. 15-54). Wiesbaden: VS Verlag für Sozialwissenschaften.

Lambrecht, M, Kotthoff, H.-G. & Maag Merki, K. (2011). Rekontextualisierungen: Schulinspektionsprozesse als indirekte Kommunikation zwischen Schulleitung und Kollegium. In S. Müller, M. Pietsch & W. Bos (Hrsg.), *Schulinspektion in Deutschland. Eine Zwischenbilanz aus empirischer Sicht* (S. 165-191). Münster: Waxmann.

Langer, R. (Hrsg.) (2008). *‚Warum tun die das?' Governanceanalysen zum Steuerungshandeln in der Schulentwicklung.* Wiesbaden: VS Verlag für Sozialwissenschaften.

Languth, M. (2006). Schulleiterinnen und Schulleiter im Spannungsverhältnis zwischen progammatischen Zielvorgaben und alltäglicher Praxis. Eine empirische Untersuchung zur Berufsauffassung von Schulleiterinnen und Schulleitern. Dissertation an der Georg-August-Universität Göttingen.

Lee, J. C. & Willliams, M. (Eds.) (2006). *School improvement: international perspectives.* New York, USA: Nova Science.

Leithwood, K. (1994). Leadership for School Restructuring. *Educational Administration Quarterly, Vol. 30* (4),498-518.

Leithwood, K. & Hallinger, P. (Eds.) (2002). *Second International Handbook of Educational Leadership and Administration.* Dordrecht, The Netherlands: Springer.

Leithwood, K., Louis, K. S., Anderson, S. & Wahlstrom, K. (2004). *How leadership influences student learning.* New York, USA: Wallace Foundation.

Lenz, J. (1991). *Die Effective School Forschung der USA – ihre Bedeutung für die Führung und Lenkung von Schulen.* Frankfurt a.M. u.a.: Lang.

Louis, K. S. (1994). Beyond 'Managed Change': Rethinking How Schools Improve. *School Effectiveness and School Improvement 5* (1), 2-24.

Lumby, J., Crow, G. & Pashiardis, P. (Eds.). *International Handbook on the preparation and development of school leaders.* New York, USA: Routledge

Lutzau, M. von (2006). Aufstiegsbereitschaft von Frauen in Schulleitungen. Sozialisationsfaktoren in Kindheit und Jugendzeit. In A. Schlüter (Hrsg.), *Bildungs- und Karrierewege von Frauen* (S. 183-201). Opladen: Verlag Barbara Budrich.

Lutzau, M. von (2008). *Schulleiterinnen. Zusammenhänge von Biographie, Aufstiegsbereitschaft und Leitungshandeln.* Opladen: Verlag Barbara Budrich.

Maag Merki, K. (2010). Theoretische und empirische Analysen der Effektivität von Bildungsstandards, standardbezogenen Lernstandserhebungen und zentralen Abschlussprüfungen. In H. Altrichter & K. Maag Merki (Hrsg.), *Handbuch Neue Steuerung im Schulsystem* (S. 145-169). Wiesbaden: VS Verlag für Sozialwissenschaften.

Maag Merki, K., Langer, R. & Altrichter, H. (Hrsg.) (2014). *Educational Governance als Forschungsperspektive. Strategien, Methoden, Ansätze.* Wiesbaden: Springer VS.

Maier, U. (2008). Vergleichsarbeiten im Vergleich – Akzeptanz und wahrgenommener Nutzen standardbasierter Leistungsrückmeldungen in Baden-Württemberg und Thüringen. *Zeitschrift für Erziehungswissenschaft 11* (3), 453-474.

Maier, U., Metz, K., Bohl, T., Kleinknecht, M. & Schymala, M. (2013). Vergleichsarbeiten als Instrument der datenbasierten Schul- und Unterrichtsentwicklung in Gymnasien. In A. Wacker, U. Maier & J. Wissinger (Hrsg.), *Schul- und Unterrichtsreform durch ergebnisorientierte Steuerung. Empirische Befunde und forschungsmethodische Implikationen* (S. 197-224). Wiesbaden: Springer VS.

McGee Banks, C.A. (2007). Gender and Race as Factors in Educational Leadership and Administration. In Jossey-Bass: *The Jossey-Bass Reader on Educational Leadership.* Second Edition (pp. 299-338). San Francisco/CA: Jossey-Bass.

Miller, S. (2001). *Schulleiterinnen und Schulleiter. Eine empirische Untersuchung an Grundschulen Nordrhein-Westfalens.* Hohengehren: Schneider Verlag.

Mulford, B. (2005). Accountability Policies and their Effects. In N. Bascia, A. Cumming, A. Datnow, K. Leithwood & D. Livingstone (Eds.), *International Handbook of Educational Policy,* Part One (pp. 281-294). Dortrecht, The Netherlands: Springer.

Murphy, J. (1994). Transformational Change and the Evolving Role of Principal: Early Empirical Evidence. In J. Murphy & K. S. Louis (Eds.), *Reshaping the Principalship. Insights from Transformational Reform Efforts* (pp. 20-53). Thousand Oaks, California.

Muslic, B., Ramsteck, C. & Kuper, H. (2013). Das Verhältnis von Schulleitung und Schulaufsicht im Kontext testbasierter Schulreform. Kontrastive Fallstudien zur Rezeption von Lernstandsergebnissen im Mehrebenensystem der Schule. In I. van Ackeren, M. Heinrich & F. Thiel (Hrsg.), *Evidenzbasierte Steuerung im Bildungssystem? Befunde aus dem BMBF-SteBis-Verbund.* Die Deutsche Schule, 12. Beiheft (S. 97-120). Münster: Waxmann.

Neulinger, K. U. (1990). *Schulleiter – Lehrerelite zwischen Job und Profession. Herkunft, Motive und Einstellungen einer Berufsgruppe.* Frankfurt/Main: Haag + Herchen.

Nevermann, K. (1982). *Der Schulleiter. Juristische und historische Aspekte zum Verhältnis von Bürokratie und Pädagogik.* Stuttgart: Enke.

OECD (2008). *Improving School Leadership, Volume 1: Policy and Practice.* Paris: OECD.

Ogawa, R. T. (2005). Leadership as Social Construct. The Expression of Human Agency Within Organizational Constraint. In F. W. English (Ed.), *The SAGE Handbook of Educational Leadership. Advances in Theory, Research, and Practice* (pp. 89-108). Thousand Oaks, USA: Sage Publication Inc.

Pfeiffer, H. (2008). Selbständigkeit von Schule – Entwicklungen und empirische Befunde. In H. G. Holtappels, K. Klemm & H.-G. Rolff (Hrsg.), *Schulentwicklung durch Gestaltungsautonomie. Ergebnisse der Begleitforschung zum Modellvorhaben ‚Selbständige Schule' in Nordrhein-Westfalen* (S. 16-36). Münster: Waxmann.

Pont, B., Nusche, D. & Moorman, H. (2008). *Improving School Leadership. Vol. 1: Policy and Practice.* Paris: OECD.

Preuß, B. (2013). Akteurkonstellation zwischen Schulträger und Schule. Empirische Analysen zur Governance von Schulinspektion. In I. Van Ackeren, M. Heinrich & F. Thiel (Hrsg.), *Evidenzbasierte Steuerung im Bildungssystem? Befunde aus dem BMBF-SteBis-Verbund.* Die Deutsche Schule, 12. Beiheft. Münster: Waxmann, 154-171.

Preuß, B., Brüsemeister, T. & Wissinger, J. (2012). Einführung der Schulinspektion und die Rolle der Schulleitung aus governanceanalytischer Perspektive. In R. Tenberg & J. Warwas (Hrsg.), Schulleitungsforschung. *Empirische Pädagogik 26* (1), 101-120.

Preuß, B. & Wissinger, J. (2013). Schulinspektion in Akteurkonstellationen zwischen Schulleitung und Schulaufsicht. Vortrag im Forum 2 „Strategien und Wirkungen von Schulleitungshandeln im Rahmen der Neuen Steuerung". Freie Universität Berlin: SteBis-Abschlusstagung, 15. bis 16. November 2013.

Preuß, B., Wissinger, J. & Brüsemeister, T. (2014). Einführung der Schulinspektion: Struktur und Wandel regionaler Governance im Schulsystem. Erscheint in H. J. Abs, T. Brüsemeister, M. Schemmann & J. Wissinger (Hrsg.), *Governance im Bildungssystem – Analysen zur Mehrebenenperspektive, Steuerung und Koordination.* Wiesbaden: Springer VS.

Racherbäumer, K., Funke, C., Ackeren, I. van & Clausen, M. (2013). Datennutzung und Schulleitungshandeln an Schulen in weniger begünstigter Lage. Empirische Befunde zu ausgewählten Aspekten der Qualitätsentwicklung. In I. van Ackeren, M. Heinrich & F. Thiel (Hrsg.), *Evidenzbasierte Steuerung im Bildungssystem? Befunde aus dem BMBF-SteBis-Verbund* (S. 226-254). Die Deutsche Schule, 12. Beiheft. Münster: Waxmann.

Rahm, S. (2005). *Einführung in die Theorie der Schulentwicklung.* Weinheim: Beltz.

Reh, S. (2008). „Reflexion der Organisation" und Bekenntnis. Perspektiven der Lehrerkooperation. In W. Helsper, S. Busse, M. Hummrich & R. T. Kramer (Hrsg.), *Pädagogische Professionalität in Organisationen. Neue Verhältnisbestimmungen am Beispiel Schule* (S. 163-183). Wiesbaden: VS Verlag für Sozialwissenschaften.

Reuter, L. R. (1998). Administrative Grundlagen und Rahmenbedingungen. In C. Führ & C. Furck, C. L. (Hrsg.), *Handbuch der deutschen Bildungsgeschichte, Band VI: 1945 bis zur Gegenwart – Erster Teilband* (S. 58-67): Bundesrepublik Deutschland. München.

Riedel, K. (1998). *Schulleiter urteilen über Schule in erweiterter Eigenverantwortung.* Neuwied: Luchterhand.

Riehl, C. & Lee, V. (1996). Gender, Organizations, and Leadership. In K. Leithwood, J. Chapman, D. Corson, P. Hallinger & A. Hart (Eds.), *International Handbook of Educational Leadership and Administration* (pp. 873-919). Dordrecht, The Netherlands: Kluwer.

Robertson, P. J. & Briggs, K. L. (1998). Improving Schools Through School-Based Management: An Examination of the Process of Change. *School Effectiveness and School Improvement, 9* (1), 28-57.

Roggenbuch-Jagau, I. (2005). *Berufsverständnis und Professionalisierung von Schulleitern.* Wiesbaden: VS Verlag für Sozialwissenschaften.

Rolff, H.-G. (1991a). Wege der Verwirklichung schulischer Kooperation. Schulgestaltung durch Organisationsentwicklung – Schulleitungen als „Agenten" des Wandels. In J. Wissinger & H. S. Rosenbusch (Hrsg.), *Motivation durch Kooperation. Schulleiter-Handbuch, Band 58* (S. 57-68). Braunschweig: SL Verlag.

Rolff, H.-G. (1991b). Schulentwicklung als Entwicklung von Einzelschulen? *Zeitschrift für Pädagogik 37,* S. 865-886.

Rolff, H.-G. (1992). Die Schule als besondere soziale Organisation-Eine komparative Analyse. *Zeitschrift für Sozialisationsforschung und Erziehungssoziologie, 12* (4), 306-324.

Rolff, H.-G. (1993). *Wandel durch Selbstorganisation. Theoretische Grundlagen und praktische Hinweise für eine bessere Schule.* Weinheim, München: Juventa.

Rosenbusch, H. S. (1989). Der Schulleiter – ein notwendiger Gegenstand organisationspädagogischer Reflexion. In H. S. Rosenbusch & J. Wissinger, *Schulleiter zwischen Administration und Innovation. Schulleiter-Handbuch Band 50* (S. 8-16). Braunschweig: SL Verlag.

Rosenbusch, H.S. (2005). *Organisationspädagogik der Schule.* Neuwied: Luchterhand.

Rosenbusch, H. S. & Wissinger, J. (Hrsg.) (1989). *Schulleiter zwischen Administration und Innovation. Schulleiter-Handbuch Band 50.* Braunschweig: SL Verlag.

Rost, J. C. (1991). *Leadership for the twenty-first century.* New York, USA: Praeger.

Rürup, M. (2007). *Innovationswege im deutschen Bildungssystem. Die Verbreitung der Idee „Schulautonomie" im Ländervergleich.* Wiesbaden: VS Verlag.

Rürup, M. & Heinrich, M. (2007): Schulen unter Zugzwang. Die Schulautonomiegesetzgebung der deutschen Länder als Rahmen der Schulentwicklung. In H. Altrichter, T. Brüsemeister & J. Wissinger (Hrsg.), *Educational Governance. Handlungskoordination und Steuerung im Bildungssystem* (S. 157-183). Wiesbaden: VS-Verlag für Sozialwissenschaften.

Rustemeyer, R. (1998). *Lehrerberuf und Aufstiegsorientierung. Eine empirische Untersuchung mit Schulleiter/innen, Lehrer/innen und Lehramtsstudierenden.* Münster: Waxmann.

Scheerens, J. (2004). From school effectiveness to school improvement. Review of school and instructional effectiveness research. In UNESCO (Ed.): *EFA global monitoring report.* Paris: UNESCO.

Sächsisches Bildungsinstitut (Hrsg.) (2013). *Rezeption und Nutzung von Ergebnissen der externen Evaluation an sächsischen Grundschulen, Mittelschulen und Gymnasien.* Abschlussbericht. Radebeul.

Schildkamp, K. & Teddlie, C. (2008). School performance feedback systems in the USA and in the Netherlands: A comparison. *Educational Research and Evaluation, 14,* 255-282.

Schimank, U. (2014). Governance und Professionalisierung. Notizen zu einem Desiderat. In K. Maag Merki, R. Langer & H. Altrichter (Hrsg.), *Educational Governance als Forschungsperspektive. Strategien, Methoden, Ansätze* (S. 127-150). Wiesbaden: Springer VS.

Schleicher, A. (2009). Moderne Schulleitung im Wandel. Schlussfolgerungen aus OECD-Analysen. *Die Deutsche Schule 101,* H. 4, 311-322.

Schulgesetz für das Land Nordrhein-Westfalen NRW (2012). Vom 14. Februar 2005 (GV. NRW. S. 102), zuletzt geändert durch Gesetz vom 14. Februar 2012 (SGV. NRW. 223).

Schwänke, U. (1988). *Der Beruf des Lehrers. Professionalisierung und Autonomie im historischen Prozess.* Weinheim: Juventa.

Sendzik, N., Otto, J., Berkemeyer, N. & Bos, W. (2012). Das Regionale Bildungsbüro als Boundary-Spanner? Eine Betrachtung des kommunalen Managements interschulischer Netzwerke. In S. Hornberg & M. Parreira do Amaral (Hrsg.), *Deregulierung im Bildungswesen* (S. 331-350). Münster: Waxmann.

Silins, H.C. (1994). The Relationship between Transformational and Transactional Leadership and School Improvement Outcomes. *School Effectiveness and School Improvement, 5* (3), 272-298.

Silins, H.C./Mulford, B. (2004). Schools as Learning organizations-Effects on Teacher Leadership and Student Outcomes. *School Effectiveness and School Improvement, 15* (3-4), 443-466.

Sleegers, P. & Leithwood, K. (2010). School Development for Teacher Learning and Change. In *International Encyclopedia of Education,* Third Edition (pp. 557-562), Elsevier Ltd.

Smylie, M. A. (1997). Research on Teacher Leadership: Assessing the State of the Art. In B. J. Biddle, T. L. Good & I. Goodson (Eds.), *International Handbook of Teachers and Teaching* (pp. 521-592). Dordrecht, The Netherlands: Kluwer.

Sommer, N. (2013). Schulleitungshandeln aus Sicht der Schulinspektion. Ergebnisse der ersten Runde der externen Evaluation allgemein bildender Schulen in Niedersachsen. Vortrag im Rahmen der AEPF-Tagung an der Universität Dortmund.

Spillane, J. P. (2005). Distributed Leadership. *The Educational Forum, 69* (2), 143-150.

Spillane, J. P., Halverson, R. & Diamond, J. B. (2001). Investigating School Leadership Practice: A Distributed Perspective. *Educational Researcher, 30* (23), 23-28.

Statistisches Bundesamt (2013). Allgemeinbildende und berufliche Schulen in Deutschland im Schuljahr 2011/2012. Wiesbaden.

Statistisches Landesamt Baden-Württemberg (2013). Schulleiter/innen an öffentlichen Schulen des Landes Baden-Württemberg nach Schularten und Geschlecht im Schuljahr 2012/2013. Stuttgart.

Steber, C. (2008). Die Konstruktion von Bildungs- und Berufsbiographien. Eine empirische Untersuchung zu Karrieren von Schulleiterinnen. Dissertation, Philosophisch-Sozialwissenschaftliche Fakultät, Universität Augsburg.

Steffens, U. & Bargel, T. (1993). *Erkundungen zur Qualität von Schule.* Neuwied: Luchterhand.

Steffens, U. (2007). Schulqualitätsdiskussion in Deutschland – Ihre Entwicklung im Überblick. In J. van Buer & C. Wagner (Hrsg.), *Qualität von Schule. Ein kritisches Handbuch* (S. 21-51). Frankfurt/Main: Peter Lang.

Storath, R. (1994). Praxisschock bei neu ernannten Schulleitern. Dissertation. Otto-Friedrich Universität Bamberg.

Stringfield, S. & Teddlie, C. (2012). School Effectiveness research, 1932 to today, including a call a for future research. In C. Day (Ed.), *The Routledge International Handbook of Teacher and School Development* (pp. 379-388). London: Routledge.

Supovitz, J., Sirinides, P. & May, H. (2010). How Principals and Peers Influence Teaching and Learning. *Educational Administration Quarterly, 46* (1), 31-56.

Sykes, G., Schneider, B. & Plank, D. (Eds.) (2009). *Handbook of Education Policy Research.* New York, USA: Routledge.

Tacke, V. (2004). Organisation im Kontext der Erziehung. Zur soziologischen Zugriffsweise auf Organisationen am Beispiel der Schule als „lernender Organisation". In W. Böttcher & E. Terhart (Hrsg.), *Organisationstheorie in pädagogischen Feldern* (S. 19-42). Wiesbaden: VS Verlag für Sozialwissenschaften.

Teddlie, C. & Reynolds, D. (2000). *The International Handbook of School Effectiveness Research.* New York, USA: Routledge.

Tenberg, R. & Pfister, N. (2012). Welche Erwartungen und Ansprüche stellen Berufschullehrer an ihre Schulleiter als Führungspersonen? Empirische Untersuchung an beruflichen Schulen. In R. Tenberg & J. Warwas (Hrsg.), Schulleitungsforschung. *Empirische Pädagogik, 26* (1), 33-55.

Tenberg, R. & Warwas, J. (Hrsg.) (2012). Schulleitungsforschung. *Empirische Pädagogik, 26* (1). Landau: Verlag Empirische Pädagogik.

Terhart, E. (1986). Organisation und Erziehung. Neue Zugangsweisen zu einem alten Dilemma. *Zeitschrift für Pädagogik, 32* (2), 205-223.

Terhart, E. (1997). Schulleitungshandeln zwischen Organisation und Erziehung. In J. Wissinger (Hrsg.), *Schulleitung als pädagogisches Handeln* (S. 7-20). München: Oldenbourg.

Terhart, E. (2011). Lehrerberuf und Professionalität: Gewandeltes Begriffsverständnis – neue Herausforderungen. In W. Helsper & R. Tippelt (Hrsg.), *Pädagogische Professionalität* (S. 202-224). Zeitschrift für Pädagogik, 57. Beiheft. Weinheim: Beltz.

Thiel, F. (2007). Profession als Lebensform. Entwürfe des neuen Lehrers nach 1900. *Zeitschrift für Pädagogik, 53* (1), 74-91.

Thiel, F. (2008a). Die Organisation der Bildung – eine Zumutung für die Profession? In Y. Ehrenspeck, G. de Haan & F. Thiel (Hrsg.), *Bildung: Angebot oder Zumutung?* (S. 211-228). Wiesbaden: VS Verlag für Sozialwissenschaften.

Thiel, F. (2008b). Organisationssoziologische Vorarbeiten zu einer Theorie der Schulentwicklung. *Journal für Schulentwicklung 12*, H. 2, 31-39.

Thiel, F. & Thillmann, K. (2010). Ergebnisbericht zur Untersuchung „Schule als Managementaufgabe. Online-Befragung zur Arbeitssituation von Berliner Schulleiterinnen und Schulleitern von Dezember 2008 bis Januar 2009. Berlin: Freie Universität, Fachbereich Erziehungswissenschaft und Psychologie.

Thiel, F. & Thillmann, K. (2013). Interne Evaluation als Instrument der Selbststeuerung. In A. Wacker, U. Maier & J. Wissinger (Hrsg.), *Schul- und Unterrichtsreform durch ergebnisorientierte Steuerung. Empirische Befunde und forschungsmethodische Implikationen* (S. 35-55). Wiesbaden: Springer VS.

Thiel, F., Heinrich, M. & van Ackeren, I. (2013). Evidenzbasierte Steuerung im Bildungssystem? Befunde aus dem BMBF-Förderschwerpunkt Steuerung im Bildungssystem (Stebis). In I. Van Ackeren, M. Heinrich & F. Thiel (Hrsg.), *Evidenzbasierte Steuerung im Bildungssystem? Befunde aus dem BMBF-SteBis-Verbund.* Die Deutsche Schule, 12. Beiheft. Münster: Waxmann, 11-18.

Thiel, F., Thillmann, K. & Tarkian, J. (2013). Die Förderung des *Practice Impact* Empirischer Bildungsforschung als Herausforderung für die Koordination von Forschungsverbünden. Bericht der Koordinierungsstelle des Forschungsverbunds „Steuerung im Bildungssystem". In I. Van Ackeren, M. Heinrich & F. Thiel (Hrsg.), *Evidenzbasierte Steuerung im Bildungssystem? Befunde aus dem BMBF-SteBis-Verbund.* Die Deutsche Schule, 12. Beiheft. Münster: Waxmann, 276-284.

Thillmann, K. (2012). Schulentwicklung und Schulorganisation. Eine empirische Untersuchung schulischer Organisationsgestaltung vor dem Hintergrund der Neuen Steuerung im Bildungssystem. Dissertation. Fachbereich Erziehungswissenschaft und Psychologie der Freien Universität Berlin.

Thillmann, K., Bach, A., Gerl, C. & Thiel, F. (2013). Schulische Selbststeuerung durch interne Evaluation. Eine Analyse von Evaluationsprogrammen Berliner und Brandenburger Gymnasien. In I. Van Ackeren, M. Heinrich & F. Thiel (Hrsg.), *Evidenzbasierte Steuerung im Bildungssystem? Befunde aus dem BMBF-SteBis-Verbund.* Die Deutsche Schule, 12. Beiheft. Münster: Waxmann, 197-225.

Thillmann, K. Brauckmann, S., Herrmann, S. & Thiel, F. (2014). Praxis schulischer Personalentwicklung unter den Bedingenen der Neuen Empirische Befunde aus den Forschungsprojekten SHaRP und StABil. In H.-J. Abs, T. Brüsemeister, M. Schemmann & J. Wissinger (Hrsg.) *Governance im Bildungssystem – Analysen zur Mehrebenenperspektive, Steuerung und Koordination.* Wiesbaden: Springer VS.

Toole, J. & Louis, K. S. (2002). The role of professional learning communities in international education. In K. Leithwood & P. Hallinger (Eds.), *Second International Handbook of Educational Leadership and Administration, Part 2* (pp. 245-281). Dordrecht, The Netherlands: Kluwer Academic Publishers.

Townsend, T. (1997). What Makes Schools Effective? A Comparison between School Communities in Australia and the USA. *School Effectiveness and School Improvement, 8* (3), 311-326.

Townsend, T. (Ed.) (2007). *International Handbook of School Effectiveness and Improvement.* Dordrecht, Netherlands: Springer.

Tschannen-Moran, M. (2009). Fostering Teacher Professionalism in Schools. The Role of Leadership, Orientation and Trust. *Educational Administration Quarterly, 45* (2), pp. 217-247.

Tulowitzki, P. (2014). *Schulleitung und Schulentwicklung in Frankreich. Fallstudien an collèges im Großraum Paris.* Wiesbaden: Springer VS.

Van de Grift, W. (1990). Educational Leadership and Academic Achievement in Elementary Education. *School Effectiveness and School Improvement, 1* (3), 26-40.

Verhaeghe, G., Vanhoof, J., Valcke, M. & Van Petegem, P. (2010). Using school performance feedback: perceptions of primary school principals. *School Effectiveness and School Improvement, 21* (2), 167-188.

Visscher, A. J. & Coe, R. (Eds.) (2002). *School Improvement through performance feedback.* Lisse, The Netherlands: Swets & Zeitlinger.

Visscher, A. J. & Coe, R. (2003). School performance feedback systems: Conceptualisation, analysis, and reflection. *School Effectiveness and School Improvement, 14*, 321-349.

Vogelsang, H. (1974). Ausbildung für die Schulverwaltung. *Bayerische Schule* vom 25. Januar, 11-14.

Vogelsang, H. (1989). Die pädagogische Freiheit des Schulleiters. In H. S. Rosenbusch & J. Wissinger (Hrsg.), *Schulleiter zwischen Administration und Innovation. Schulleiter-Handbuch Band 50* (S. 34-44). Braunschweig: SL Verlag.

Wacker, A. (2008). *Bildungsstandards als Steuerungselemente der Bildungsplanung. Eine empirische Studie zur Realschule in Baden-Württemberg.* Bad Heilbrunn: Klinkhardt.

Wacker, A. (2012). Fördern Bildungsstandards die Zusammenarbeit an Schulen? Auswirkungen von Bildungsstandards auf die Kooperation der Lehrkräfte an Realschulen in Baden-Württemberg. In A. Wacker, U. Maier & J. Wissinger (Hrsg.), *Schul- und Unterrichtsreform durch ergebnisorientierte Steuerung. Empirische Befunde und forschungsmethodische Implikationen* (S. 175-195). Wiesbaden: Springer VS.

Wacker, A., Maier, U. & Wissinger, J. (Hrsg.) (2012a). *Schul- und Unterrichtsreform durch ergebnisorientierte Steuerung. Empirische Befunde und forschungsmethodische Implikationen.* Wiesbaden: Springer VS.

Wacker, A., Maier, U. & Wissinger, J. (2012b). Ergebnisorientierte Steuerung – Bildungspolitische Strategie und Verfahren zur Initiierung von Schul- und Unterrichtsreformen. In A. Wacker, U. Maier & J. Wissinger (Hrsg.), *Schul- und Unterrichtsreform durch ergebnisorientierte Steuerung. Empirische Befunde und forschungsmethodische Implikationen* (S. 9-33). Wiesbaden: Springer VS.

Wagner, C. (2011). *Führung und Qualitätsmanagement in beruflichen Schulen. Triangulative Fallstudien zum Führungsverständnis und Führungshandeln einzelschulischer Führungskräfte.* Frankfurt/Main: Peter Lang.

Wagner, C. (2012a). Triangulative Fallstudien zu Führung und Qualitätsmanagement in beruflichen Schulen. In R. Tenberg & J. Warwas (Hrsg.), Schulleitungsforschung. *Empirische Pädagogik, 26* (1), 142-159.

Wagner, C. (2012b). Führungsverständnis und Führungshandeln einzelschulischen Leitungspersonals. Triangulative Fallstudien an sieben Berliner beruflichen Schulen. In S. Hornberg & M. Parreira do Amaral (Hrsg.), *Deregulierung im Bildungswesen* (S. 249-270). Münster: Waxmann.

Warwas, J. (2009). Berufliches Selbstverständnis und Beanspruchung in der Schulleitung. *Zeitschrift für Erziehungswissenschaft, 12*, 475-498.

Warwas, J. (2012a). Prädiktoren der Arbeitszufriedenheit schulischer Führungskräfte. In R. Tenberg & J. Warwas (Hrsg.), Schulleitungsforschung. *Empirische Pädagogik, 26* (1), 56-77.

Warwas, J. (2012b). *Berufliches Selbstverständnis, Beanspruchung und Bewältigung in der Schulleitung.* Wiesbaden: Springer VS.

Warwas, J. (2013). Einflüsse von professionellen Bewältigungsstrategien und Teamstrukturen auf das Belastungserleben schulischer Führungskräfte. In M. Keller-Schneider, S. Albisser & J. Wissinger (Hrsg.), *Professionalität und Kooperation in Schulen. Beiträge zur Diskussion über Schulqualität* (S. 209-226). Bad Heilbrunn: Klinkhardt.

Warwas, J. (2014). Strategien der Schulleitung in Abhängigkeit subjektiver Rollendefinitionen und organisationaler Handlungsbedingungen. Typologische Binnendifferenzierung von Akteursgruppen. In K. Maag Merki, R. Langer & H. Altrichter (Hrsg.), *Educational Governance als Forschungsperspektive. Strategien, Methoden, Ansätze* (S. 273-297). Wiesbaden: Springer VS.

Waters, T., Marzano, R. J. & McNulty, B. (2003). *Balanced leadership: What 30 years of research tells us about the effect of leadership on student achievement.* Aurora, CO: Mid-Continent Research for Education and learning.

Weick, K. E. (1976). Educational Organizations as Loosely Coupled Systems. *Administrative Science Quarterly, 21*, 1-19.

Wenzel, H. (2008). Studien zur Organisations- und Schulkulturentwicklung. In W. Helsper & J. Böhme (Hrsg.), *Handbuch der Schulforschung.* 2., durchgesehene und erweiterte Auflage (S. 423-447). Wiesbaden: VS Verlag für Sozialwissenschaften.

Werle, P. (2001). *Zum beruflichen Selbstkonzept des Schulleiters. Eine Untersuchung zum beruflichen Selbstbild und Selbstverständnis von Schulleiterinnen und Schulleitern sowie deren Bedürfnisse und Erwartungen an die Schulleiterfortbildung.* Saarbrücken: Conte.

Winterhager-Schmid, L. (1997). *Berufsziel Schulleiterin. Professionalität und weibliche Ambition.* Weinheim: Juventa

Wirries, I. (1986). Pädagogische Führungsaufgaben des Schulleiters. *Schulleiter-Handbuch Band 39.* Braunschweig: Westermann.

Wissinger, J. (1994). Schulleiter-Beruf und Lehreridentität – zum Rollenkonflikt von Schulleiterinnen und Schulleitern. Ein Beitrag zur Schulentwicklungsforschung. *Zeitschrift für Sozialisationsforschung und Erziehungssoziologie, 14*, 38-57.

Wissinger, J. (1996). *Perspektiven schulischen Führungshandelns. Eine Untersuchung über das Selbstverständnis von SchulleiterInnen.* Weinheim: Juventa.

Wissinger, J. (1997a). Führung – eine pädagogische Funktion? In J. Wissinger (Hrsg.), Schulleitung als pädagogisches Handeln. *Schulleiter-Handbuch Band 83* (S. 21-33), Braunschweig: SL Verlag.

Wissinger, J. (Hrsg.) (1997b). Schulleitung als pädagogisches Handeln. *Schulleiter-Handbuch Band 83*, Braunschweig: SL Verlag.

Wissinger, J. (2000a). Rolle und Aufgaben der Schulleitung bei der Qualitätssicherung und -entwicklung von Schulen. *Zeitschrift für Pädagogik, 46* (6), 851-865.

Wissinger, J. (2000b). Schulqualitätssicherung und -entwicklung als Aufgabe innerschulischen Managements. In H. Weishaupt (Hrsg.), *Qualitätssicherung im Bildungswesen. Problemlage und aktuelle Forschungsbefunde.* Erfurter Studien zur Entwicklung des Bildungswesens Band 13 (S. 73-85). Erfurt: Pädagogische Hochschule.

Wissinger, J. (2002). Schulleitung im internationalen Vergleich-Ergebnisse der TIMSS-Schulleiterbefragung. In J. Wissinger & S. G. Huber (Hrsg.), *Schulleitung-Forschung und Qualifizierung* (S. 45-61). Opladen: Leske + Budrich.

Wissinger, J. (2007). Does School Governance matter? Herleitungen und Thesen aus dem Bereich „School Effectiveness and School Improvement". In H. Altrichter, T. Brüsemeister & J. Wissinger (Hrsg.), *Educational Governance. Handlungskoordination und Steuerung im Bildungssystem* (S. 105-129). Wiesbaden: VS Verlag für Sozialwissenschaften.

Wissinger, J. (2010). Leitungs- und Führungstheorien. In T. Bohl, W. Helsper, H. G. Holtappels & C. Schelle (Hrsg.), *Handbuch Schulentwicklung* (S. 203-209). Bad Heilbrunn: Klinkhardt.

Wissinger, J. (2011). Schulleitung und Schulleitungshandeln. In E. Terhart, H. Bennewitz & M. Rothland (Hrsg.), *Handbuch der Forschung zum Lehrerberuf* (S. 98-115). Münster: Waxmann.

Wissinger, J. (2013a). Schulleitungshandeln und Förderung der Professionalität unter Lehrpersonen. Eine Analyse institutioneller und struktureller Entwicklungsbedingungen. In M. Keller-Schneider, S. Albisser & J. Wissinger (Hrsg.), *Professionalität und Kooperation in Schulen. Beiträge zur Diskussion über Schulqualität* (S. 185-208). Bad Heilbrunn: Klinkhardt.

Wissinger, J. (2013b). Stand der (inter-)nationalen Schulleitungsforschung. Vortrag im Rahmen des SteBis-Workshops „Schulleitung im Kontext der Neuen Steuerung – Zu Perspektiven und Grenzen des Schuleffektivitäts- und Schulentwicklungsparadigmas in der Schulleitungsforschung" am DIPF in Berlin, 23.03.2013.

Wissinger, J. (2014). Schulleitungshandeln und Schulentwicklung. In H. G. Holtappels (Hrsg.), *Schulentwicklung und Schulwirksamkeit als Forschungsfeld.* Münster: Waxmann (im Erscheinen).

Wissinger, J. & Huber, S. G. (2002a). Schulleitung als Gegenstand von Forschung und Qualifizierung-Eine Einführung. In J. Wissinger & S. G. Huber (Hrsg.), *Schulleitung – Forschung und Qualifizierung* (S. 9-18). Opladen: Leske + Budrich.

Wissinger, J. & Huber, S.G. (Hrsg.) (2002b). *Schulleitung – Forschung und Qualifizierung.* Opladen: Leske + Budrich.

Wissinger, J. & Rosenbusch, H. S. (Hrsg.) (1991). Motivation durch Kooperation. *Schulleiter-Handbuch Band 58.* Braunschweig: SL Verlag.

Wissinger, J. & Rosenbusch, H. S. (Hrsg.) (1993). Schule von innen verändern. *Schulleiter-Handbuch Band 66.* Braunschweig: SL Verlag.

Wolfmeyer, P. (1981). Die schulinterne Verwaltungstätigkeit der Lehrer. Eine empirische Untersuchung in Grund-, Haupt-, Real-, und beruflichen Schulen sowie den Gymnasien Nordrhein-Westfalens. Kastellaun.

Yiasemis, C. (2008). Book Review. School improvement: international perspectives, edited by John Chi-kin Lee and Michael Williams, New York, Nova Science, 2006. *School Effectiveness and School Improvement, 19* (1), 121-126.

Young, M. D., Crow, G. M., Murphy, J. & Ogawa, R. T. (Eds.) (2009). *Handbook of Research on the Education of School Leaders.* New York, USA: Routledge.

Diskussion

Colin Cramer

Charakteristika und Rahmenbedingungen des Lehrerberufs

Lehrkräfte sind in ihrer Berufsausübung u.a. von vielfältigen Anforderungen, Merkmalen des Arbeitsplatzes und Arbeitsmarktes, rechtlichen Regelungen und vom Handeln der Schulleitungen bestimmt. Diese durch die vier vorangestellten Beiträge skizzierten zentralen Charakteristika und Rahmenbedingungen des Lehrerberufs werden im vorliegenden Diskussionsbeitrag thematisch zusammengefasst, kritische und offene Punkte in den Texten werden benannt und sich anschließende Diskussionsfragen herausgearbeitet.

Angesichts einer bislang fehlenden Definition werden hier unter *Charakteristika* des Lehrerberufs typische (nicht zwingend spezifische) Merkmale mit unmittelbarer Bedeutung für die Ausübung des Berufes verstanden, die auf der Mesoebene der Einzelschule (z.B. Pflicht zur Schulentwicklung) und Mikroebene des Unterrichts (z.B. Handeln unter Unsicherheit) angesiedelt sind. Die *Rahmenbedingungen* des Lehrerberufs hingegen sind Kontexte auf der Makroebene der Gesellschaft (z.B. Pluralität) und des Bildungssystems (z.B. Arbeitsmarktsituation), in welche die Berufstätigkeit eingewoben ist und die eine mittelbare Bedeutung für das berufliche Handeln haben. Weil sich die diskutierten Beiträge nicht pauschal den Charakteristika oder Rahmenbedingungen zuordnen lassen – Anforderungen an den Lehrerberuf werden z.B. sowohl aus Sicht der Schulentwicklungs- und Unterrichtsforschung formuliert (Charakteristika) als auch durch gesellschaftliche und politische Realitäten bestimmt (Rahmenbedingungen) –, ist der Diskussionsbeitrag inhaltlich gegliedert.

1. Berufsstand und Rahmendaten

Die *Zahl der Lehrkräfte* in Deutschland beläuft sich im Schuljahr 2012/2013 schulartübergreifend auf 797.257 hauptberufliche Lehrkräfte, davon sind 68% weiblich (Statistisches Bundesamt 2014). Zusätzlich arbeiten 148.361 Lehrkräfte stundenweise an Schulen. Der *Anteil weiblicher Lehrkräfte* nimmt Weishaupt zufolge in allen Lehrämtern zu, insbesondere an Förderschulen. An den Grundschulen ist die Frauenquote mit über 80% am größten. Am Gymnasium sind erst seit 2007 Lehrerinnen in der Überzahl, nur an beruflichen Schulen gibt es prozentual noch geringfügig weniger Lehrerinnen als Lehrer.

38% des hauptberuflichen Personals arbeitet in *Teilzeit*, darunter sind 85% Frauen. Werden die stundenweise Beschäftigten mit einbezogen, so arbeiten nur 53% der Lehrkräfte in Vollzeit (Statistisches Bundesamt 2014, eigene Berechnungen). Diese erteilen aber 59% der Unterrichtsstunden. Das durchschnittliche *Alter* der Lehrkräfte liegt gegenwärtig über 50 Jahre. Die derzeit eher alte Lehrerklientel ist Folge von Lehrerbedarf und -einstellung. Zwischen 1960 und 1980 wurde der Bedarf durch viele junge Lehrkräfte gedeckt: In den 1970er Jahren waren mehr als die Hälfte der Grund- und Hauptschullehrkräfte unter 35 Jahre alt, in den 1990er Jahren nur noch 10%. In Ostdeutschland überaltern Kollegien aufgrund sinkender Schülerzahlen und des damit einhergehenden Einstellungsstopps.

Nur 1% der Lehrkräfte hat eine *ausländische Staatsbürgerschaft,* 6% haben einen *Migrationshintergrund*. Zahlreiche Lehrkräfte unterrichten in einer *Schulart*, für die sie nicht ausgebildet wurden, insbesondere an Förderschulen und beruflichen Schulen. Das durchschnittliche *Eintrittsalter* in den Beruf steigt kontinuierlich an, was auf früher kürzere Qualifikationswege und die angespannte Stellensituation zwischen 1980 und 2000 zurückzuführen ist. Werden Lehrkräfte mit einbezogen, die lehramtsfremd das Referendariat nachholen, liegt die Quote der *Seiteneinsteiger* (ohne grundständiges Lehramtsstudium) bei 25%. Die *Polyvalenz* eines Lehramtsabschlusses ist mit 21% der Absolventen, die im letzten Jahrzehnt trotz guter Anstellungschancen ein anderes Berufsfeld gewählt haben, merklich. Die *Mobilität* ist allerdings gering: Nur 3% der Lehrkräfte wechseln in einem Schuljahr die Schule, 7% davon über die Grenze eines Bundeslandes hinaus.

Welche Bedeutung bildungsstatistische Rahmenbedingungen für die Berufsausübung von Lehrpersonen haben, ist weitgehend ungeklärt. Zumindest werden solche Rahmungen auf der Makroebene seitens der Forschung zum Lehrerhandeln kaum aufgegriffen. Selbiges gilt auch für die nachfolgenden Ausführungen in den Unterkapiteln 2 bis 5. Die Verbindung von Bildungsstatistik und Handlungsebene (respektive Makro- und Mikroebene) stellt ein Desiderat dar.

2. Rechtsstellung und Beschäftigungsverhältnis

Die *Rechtsstellung* von Lehrkräften wird Füssel zufolge i.d.R. nach dem Landesrecht organisiert. Lehrkräfte arbeiten als Beamte (z.B. im Jahr 2011: 91% in BW, nur 3% in MV) oder als Beschäftigte (früher: Angestellte). Durch Grundgesetzänderung existiert seit 2006 ein Wettbewerbsföderalismus mit Blick auf Laufbahnen, Besoldung und Versorgung. Für Beamte ergeben sich daher unterschiedliche rechtliche Bedingungen, während Beschäftigte dem Tarifvertrag der Länder (TV-L) gemäß ähnliche Bestimmungen vorfinden.

Das Grundgesetz sieht vor, „die Ausübung hoheitlicher Befugnisse [...] als ständige Aufgabe [sei] in der Regel Angehörigen des öffentlichen Dienstes zu übertragen, die in einem öffentlich-rechtlichen Dienst- und Treueverhältnis stehen (GG Art 33 Abs 4). Als eine solche hoheitliche Aufgabe im Lehrerberuf kann die Entscheidung über Schülerbiografien bzw. der Eingriff in Grundrechte verstanden werden (z.B. Vergabe von Noten und Schulabschlüssen oder Versetzung). Je nach Interpretation fallen hoheitliche Aufgaben z.B. nur der Spitzenverwaltung und Exekutive zu – dann würden allenfalls die Schulleitung und Schulaufsicht, nicht aber Lehrkräfte (so z.B. auch die Auffassung nach europäischem Recht) für den Beamtenstatus in Frage kommen. Auch weil Rechte und Pflichten von Beamten und Beschäftigten zusammenrücken, sind für die Verbeamtung von Lehrkräften heute weniger rechtliche als vielmehr finanz- und sozialpolitische Argumente leitend (z.B. Anreiz bei Lehrkräftemangel; Sorge um Pensionslasten; Bevorzugung gegenüber Beschäftigten). Unterschiede bestehen etwa bezüglich des Streikverbots, der Versorgung (auch der Familie) durch Beihilfe und Ruhegehalt oder Disziplinarmaßnahmen bei Beamten. Offen bleibt, dass diese Unterschiede rein formaler Art sind (wie z.B. auch die Gesundheitsprüfung) und mit den – je nach Auslegung – hoheitlichen Aufgaben in keinem direkten Zusammenhang stehen. Allenfalls tätigkeitsbezogen ließe sich die Bevorzugung verbeamteten Lehrpersonals rechtfertigen – beschäftigte Lehrkräfte üben aber die gleichen ggf. hoheitlichen Tätigkeiten aus. Schon die reale Einstellungspraxis konterkariert die Idee einer Notwendigkeit von Lehrpersonal im Beamtenstatus.

Die *Rechte und Pflichten* von Beamten wie Beschäftigten im Lehrerberuf sind im Kern dieselben. *Pflichten* sind: Unparteilichkeit, Unbestechlichkeit, Verfassungstreue, Mäßigung, Einsatzbereitschaft, Fortbildungspflicht, Weisungsgebundenheit, Eigenverantwortung, Schadenersatzpflicht, Verschwiegenheit oder Informationspflicht (z.B. bei Nebentätigkeiten). Unter die *Rechte* fallen: Grundrechte (eingeschränkt z.B. mit Blick auf die Ausübung der Religionsfreiheit im Dienst), Fürsorge des Dienstherrn, Anspruch auf Teilzeit und Urlaub oder pädagogische Freiheit. Pädagogische Freiheit ist Füssel zufolge nicht personenbezogen, im Sinne der freien Entfaltung des Lehrerindividuums, zu verstehen, sondern funktionsbezogen definiert. Es wird beschnitten durch schulrechtliche Vorgaben und Entscheidungen der Schule. So verstanden ist z.B. auch die völkerrechtliche Verpflichtung auf inklusive Bildung eine erhebliche Einschränkung der pädagogischen Freiheit, weil sie die Befolgung pädagogischer Prinzipien erforderlich macht, die sich mit der Hoffnung auf eine ‚Schule für alle' verbinden (Cramer und Harant 2014). Herzog und Makarova sprechen in diesem Zusammenhang den gesellschaftlichen Wandel und seine Implikationen für den Lehrerberuf an, aber dessen konkrete Bedeutung bis hinein in rechtliche Fragen, im Beispiel der Inklusion bis hin zu denkbaren Folgen für eine eingeschränkte Entfaltung von Professionalität (vgl. 6.), bleibt offen. Hier zeigt sich, dass die Rechtsstellung mit Blick auf die Berufsausübung nicht unabhängig von z.T. widersprüchlichen Rationalitäten gedacht werden kann.

3. Laufbahnen und Bezahlung

Das beamtenrechtliche *Laufbahnprinzip* wird von den Bundesländern ausdefiniert. Eine Bestenauslese soll durch formal klare Qualifikationen und Anforderungen sichergestellt werden. Die Laufbahn ermöglicht eine Beförderung und durch ihre Flexibilisierung steigern einige Länder die Karrieremöglichkeiten und erhoffen sich so, (mehr) qualifiziertes Personal jenseits der üblichen Qualifikationswege einstellen zu können. Inwieweit diese Öffnung für Seiteneinsteiger der Idee grundständiger Lehrerbildung widerspricht und die Attraktivität des Lehramtsstudiums reduziert, wird bislang nicht systematisch reflektiert, auch mangelt es an Erkenntnissen über potenzielle Unterschiede zwischen grundständig ausgebildeten Lehrkräften und Seiteneinsteigenden z.B. bezüglich der Qualität ihres Unterrichts.

Die *Bezahlung* von Lehrkräften variiert insbesondere in Abhängigkeit vom Beschäftigungsverhältnis (vgl. 2.): Beschäftigte Lehrkräfte verdienen aufgrund der Sozialabgaben erheblich weniger als Beamte. Weil manche Länder aufgrund der Mehrkosten Angestellte zusätzlich tiefer eingruppieren, sind diese finanziell doppelt benachteiligt. Die Angleichung der Dauer der Lehramtsstudiengänge und die damit verbundene Frage nach einer Angleichung der Gehälter erscheint angesichts der ohnehin stark unterschiedlichen Bezahlung weniger brisant als häufig angenommen. Im OECD-Vergleich verdienen deutsche Lehrkräfte insgesamt ohnehin überdurchschnittlich gut, auch ist ihr Gehaltsniveau vergleichbar mit dem anderer Akademiker in Deutschland.

Die *Besoldung und Versorgung* von Beamten muss amtsangemessen, also funktionsabhängig erfolgen und der Qualifikation entsprechen. Das so festgelegte Grundgehalt steigt u.a. mit dem Dienstalter. Die Anwendung dieser Laufbahnlogik auf den Lehrerberuf erscheint bezüglich der Leistungsorientierung fragwürdig: Wie viel sich eine Lehrkraft fortbildet, ob sie sogar Qualifikationen weit über die Laufbahnbefähigung hinaus aufweist (z.B. ein berufsspezifisches Zweitstudium), ist für die Besoldung irrelevant. Auch werden Unterschiede in der Qualität der Pädagogischen Arbeit und der Quantität des Engagements gleich vergütet. Zurecht wird daher von mangelnden Karrierewegen gesprochen (Rothland 2013). Leistung lohnt sich finanziell nicht – umgekehrt schadet auch ‚Dienst nach Vorschrift' nicht. Leistungsabhängige Zulagen sind weiterhin die Ausnahme. Die Forderung der Wirtschaft nach stärkerer Leistungsvergütung als Motor für höhere Schülerleistungen erscheint allerdings wenig plausibel. Diese Koppelung würde vermutlich eher ein ‚teaching to the test' fördern und die Schule vollkommen ökonomisieren. Ob Status, Besoldung und Versorgung entscheidende Gründe für die Wahl des Lehramts(studiums) sind, muss bezweifelt werden: Im Gemenge der Studien- und Berufswahlmotive erweisen sich regelmäßig intrinsische Motive als die ausschlaggebenden (vgl. Rothland in diesem Band).

4. Arbeitsmarkt

Weishaupt rechnet trotz der Ruhestandswelle zumindest bis ins Jahr 2025 mit einem Überangebot von Lehrkräften, insbesondere im Bereich der Sekundarstufe II, wohl aber mit Ausnahmen in den beruflichen Schulen und Förderschulen sowie in den Fächern Mathematik und Musik sowie in den Naturwissenschaften. Der zusätzliche Bedarf durch Herausforderungen wie z.B. Inklusion wird bislang nicht in den Statistiken berücksichtigt. Seit 2000 kann, vermutlich aufgrund gestiegener Polyvalenz und beruflicher Mobilität, von einer konstant niedrigen Lehrerarbeitslosigkeit gesprochen werden. Folgt man Weishaupt, kann in den kommenden zehn Jahren von keinem systematischen Lehrkräftemangel ausgegangen werden. Zu einem anderen Urteil gelangte Klemm (2011) in der 1. Auflage dieses Handbuchs. Er ging davon aus, dass zwischen 2007 und 2020 die Hälfte der gegenwärtigen Lehrkräfte aus dem Beruf ausscheide und ein akuter Mangel zu erwarten sei.

Aktuellen Daten zufolge sinken die Schülerzahlen in Folge der demographischen Entwicklung von 10,94 Mio. im Jahr 2013 um insgesamt 11% auf 9,74 Mio. im Jahr 2025 (KMK 2013a, S. 30). Im Jahr 2012 absolvierten 29.342 Personen den Vorbereitungsdienst, 29.968 Lehrkräfte wurden neu eingestellt (KMK 2012, S. 6–9). Damit stehen derzeit fast gleich viele Absolventen zur Verfügung wie der Bedarf an Neuanstellungen erfordert – in den Jahren zuvor war, mit Ausnahme des Jahres 2007, die Diskrepanz (weniger Absolventen als Neuanstellungen) stets größer, mehr Seiteneinsteiger mussten gewonnen werden. Eine Modellrechnung für die Jahre 2012 bis 2025 zeigt einen jährlichen Einstellungsbedarf von durchschnittlich 25.800 Lehrkräften, der einem Einstellungsangebot von 33.400 Lehrkräften gegenübersteht (KMK 2013b, S. 14). Zu bedenken ist, dass sich die sukzessive Einführung konsekutiver Studiengänge im Lehramt, die sich mit gestiegener Polyvalenz und ggf. der Unsicherheit einer Aufnahme in den Master-Studiengang verbindet, noch nicht vollständig in den derzeitigen Absolventenzahlen niederschlägt. Hohe Dropout-Quoten machen Prognosen darüber hinaus fragil. Das geschätzte Angebot könnte daher zu optimistisch ausfallen, besonders wenn nicht die alleinige Deckung des Bedarfs beabsichtigt ist, sondern eine qualitätsvolle Lehrerversorgung, die nicht alle Absolventen berücksichtigen muss und eine Passung in Abhängigkeit von Region, Schulform und studierten Fächern sicherstellen soll.

Insgesamt erscheint es zweckmäßig, mit Blick auf die nächsten 10 Jahre weder von einem Lehrermangel noch von einer Lehrerüberversorgung zu sprechen, sondern von einer knappen Deckung des Bedarfs. Andererseits kann die Notwendigkeit einer stärkeren Steuerung mit Blick auf die Passungskriterien markiert werden. Nur so kann der Wettbewerb zwischen Ländern und Regionen dem Gesamtsystem dienen, der durch gestiegene Mitentscheidungsmöglichkeiten der Schulen bei der Einstellung zusätzlich an Dynamik gewinnt.

5. Ausscheiden aus dem Beruf

Die *Gründe für das Verlassen des Berufes* sind Weishaupt zufolge statistisch nicht zufriedenstellend erfasst. Ruhestand (10.497 Fälle im Schuljahr 2011/2012) ist der wichtigste eindeutige Grund. Sonstige, nicht näher spezifizierte Abgänge (10.794) sind gleichbedeutend. Berufsunfähigkeit (2.249 Fälle) ist zwar vergleichsweise vernachlässigbar, es wird aber nicht diskutiert, dass sowohl in der Kategorie Ruhestand (Frühpensionierungen) als vermutlich auch unter den sonstigen Abgängen viele stark beanspruchte Lehrkräfte sind. Werden die in anderen akademischen Berufen häufigeren Befristungen und Entlassungen mit einbezogen, sind Arbeitnehmer dort im Alter von 30 bis 65 Jahren (20%) häufiger nicht mehr berufstätig als Lehrkräfte (12%). Lehrerinnen (insbesondere verbeamtete) arbeiten bis zum Ausscheiden aus dem Beruf deutlich länger als andere Akademikerinnen. Neben der Beanspruchung sollten daher auch solche arbeitsrechtlichen Aspekte zur Erklärung der Beschäftigungsdauer mit berücksichtigt werden. Lehrkräfte weisen im Vergleich mit anderen Beamtengruppen den spätesten Ruhestandsbeginn (64 Jahre) auf. Es bleibt offen, in welchem Maße dieser insgesamt lange Verbleib z.B. auf die wenigen beruflichen Alternativen, die mit zunehmenden Berufsjahren vermutlich steigen, zurückzuführen ist. So könnten viele stark beanspruchte Lehrkräfte zwangsläufig im Beruf verbleiben.

6. Anforderungen

Der Beitrag von Herzog und Makarova arbeitet die hohen Anforderungen im Lehramt heraus, die aus der Vielschichtigkeit der realen beruflichen Aufgaben resultiert und aus denen Leitbilder für den Beruf abgeleitet werden. Der *Selbstwahrnehmung* von Lehrkräften folgend kann die Tätigkeit in Metaphern der Lehrkraft als z.B. Gärtner, Trainer, Handwerker oder Dirigent gefasst werden, die zu vage für eine präzise Bestimmung des beruflichen Auftrags sind. Auch *Persönlichkeit* als Leitbild bleibt unscharf, weil je nach Begriffsverständnis stabile Persönlichkeitsmerkmale (Psychologie), erstrebenswerte Eigenschaften (Vorbild) oder eine ethische Kategorie (z.B. Echtheit) angesprochen wird. Solche normativen Perspektiven wurden den Autoren folgend durch sozialwissenschaftlich identifizierte berufliche *Rollenerwartungen* der am Schulleben beteiligten Akteure (u.a. Schüler, Eltern Kollegen, Vorgesetzte und Bildungspolitik) abgelöst, die ein heterogenes Berufsbild zeichnen und Rollenkonflikte als konstitutiv für die Berufsausübung implizieren. Folglich kommt Lehrkräften eine Rolle als *Vermittler* in sozialen Prozessen zu, insbesondere zwischen den zumindest teilweise familiären oder freundschaftlichen Strukturen der Schule (Schüler erwarten z.B. Verständnis bei Versagen) und den realen Anforderungen der Gesellschaft bzw. des Berufslebens. Dass die Forschungslage zur Persönlichkeit „unzulänglich und inkonsistent" (Herzog & Makarova in diesem Band) ist, kann zumindest für den Bereich der Persönlichkeit als Disposition kaum gelten (vgl. Mayr in diesem Band). Auch stehen sich Persönlichkeit und Rolle im Diskurs nicht immer gegenüber (vgl. z.B. die Verortung der Ursachen von Beanspruchungserleben in Person (Lehr in diesem Band) *und* Rolle (Krause & Dorsemagen in diesem Band).

Ausgehend vom *gesellschaftlichen Wandel* fordern Politik und Wirtschaft ein Anpassen der Lehrkräfte an Herausforderungen durch Globalisierung oder kulturelle Heterogenität. Sie sollen etwa im Unterricht stärker differenzieren oder Inklusion betreiben. Zugleich setzt sich durch *Standardisierung* die Ökonomisierung des Bildungswesens fort. Es soll messbar werden, was von Lehrkräften erwartet und tatsächlich geleistet wird.

Anforderungen resultieren weiterhin aus dem *Unterricht* selbst, wenn sich die Lehrkraft den Schülern und Inhalten zugleich verpflichtet fühlt und dabei ethisch angemessen handeln soll. Die Lehrperson ist Modell des Lernens, was einen Berufsethos erfordert, der sich z.B. durch Verantwortung, Gerechtigkeit oder Fürsorge bestimmt. Die Unterrichtsforschung gelangt dem Prozess-Produkt-Paradigma zufolge zu Katalogen mit teils konfligierenden normativen Qualitätskriterien, so Herzog und Makarova. Angesichts der domänenspezifisch immer wieder replizierten Kriterien und der Überschneidung der Kataloge erweist sich die Unterrichtsforschung insgesamt aber kaum als inkonsistent. Auch zeigen sich prominente Parallelen zwischen den normativen Kriterien der Allgemeinen Didaktik und Unterrichtsforschung (lernförderliches Klima und teacher-student relationships; klare Leistungserwartung und expectations; klare Strukturierung und teacher clarity etc.). Offenbar haben Hilbert Meyer und John Hattie zwar divergierende Perspektiven und Interessen, letztlich aber recht ähnliche Vorstellungen vom ‚guten Unterricht' (Terhart 2010b). Richtig ist, dass beide Zugänge betonen, dass aufgrund der Komplexität von Unterricht viele Wege zu einem erfolgreichen Unterricht führen können und daher keine konkrete Anleitung für das Handeln gegeben werden kann.

Herzog und Makarova erachten die aufgrund der unterschiedlichen Perspektiven formulierten Ansprüche als insgesamt deutlich zu hoch. Lehrkräfte würden nicht nur verantwortlich gemacht für ihr eigenes Handeln, sondern auch für das ihrer Schüler und deren Leistungen und damit sogar für den Erfolg der Schule und Gesellschaft insgesamt. Eine Neubestimmung des Berufes als Profession scheint erforderlich, welche die Grenzen und damit das Spezifikum der Tätigkeit bestimmt und Lehrkräfte so auch vor überzogenen Erwartungen und Beanspruchung schützt, zumal neueste Studien auch negative Folgen von Beanspruchung auf Schülerleistungen zeigen (Klusmann & Richter 2014).

7. Arbeitszeitgestaltung

Weishaupt zufolge arbeiten Teilzeitlehrkräfte relativ gesehen mehr als Vollzeitlehrkräfte. Die Arbeitszeitregelungen orientieren sich am wöchentlichen Deputat (22–28 Stunden, je nach Lehramt und Bundesland) und werden angesichts des allgemeinen Rückgangs der Wochenarbeitszeit als zu hoch angesehen. I.d.R. muss eine Lehrkraft in der Sekundarstufe II weniger Stunden halten als in der Sekundarstufe I und insbesondere in der Primarstufe. Ungefähr ein Drittel der Lehrerarbeitszeit liegt – je nach Studie – außerhalb der Unterrichtstätigkeit. Dies bei der Arbeitszeitregelung außer Acht zu lassen, ist angesichts der Forschung zur Schulqualität und Schulentwicklung nicht rechtfertigbar, so Wissinger. Die (alleinige) Steuerung der Lehrerarbeitszeit über die Unterrichtsverpflichtung in Wochenstunden ist daher nicht angemessen. Hamburg hat z.B. als Leitgröße, wie im öffentlichen Dienst insgesamt, die (intern ebenfalls umstrittene) Jahresarbeitszeit eingeführt, unter Berücksichtigung der anfallenden Tätigkeiten (Zeitwerte): Unterricht je nach Fach, Funktionen (z.B. Klassenleitung), Allgemeines (z.B. Konferenzteilnahme) sowie Sonderfaktoren (z.B. Altersentlastungen). Dass Arbeitszeitmodelle auch in einem möglichen Zusammenhang mit dem Beanspruchungserleben stehen (Dorsemagen et al. 2013), z.B. indem Sie die quantitative Arbeitsbelastung nicht sichtbar machen, wird nicht diskutiert. Herzog und Makarova weisen darauf hin, dass die Autonomie, die für die Gestaltung des Unterrichts gilt, aufgrund politischer Ansprüche begrenzt ist (vgl. 2.). So versuchen Lehrkräfte z.B. gewerkschaftlich Einfluss auf die Regelungen der Arbeitszeit zu nehmen.

8. Eigenverantwortung der Schule und Schulleitungshandeln

Die Schulleitung steht nach Wissinger zwischen den Lehrkräften, Schülern und Eltern einerseits und der Schulaufsicht andererseits. Sie ist für die Organisation und Sicherung der innerschulischen Abläufe (Unterricht und Verwaltung) verantwortlich, hat die fachliche und personalrechtliche Kontrolle nach innen und eröffnet Aufstiegsmöglichkeiten für Lehrkräfte, die allerdings begrenzt sind (vgl. 2.). Durch ‚neue Steuerung' erhält die Einzelschule mehr Eigenverantwortung. So soll das Schulsystem durch die Verlagerung von Kompetenzen von höheren und mittleren auf untere Ebenen kostengünstiger (effizienter) und zielgenauer (effektiver) werden. Gesteuert wird von oben dennoch, aber indirekt, durch Output-Vorgaben und Evaluation, die Erfolg und staatliche Verantwortung garantieren sollen. Wird Schule heute als heteronome professionelle Organisation aufgefasst, steht die Schulleitung vor erweiterten und veränderten Aufgaben.

Die neue Aufgabenfülle, so Wissinger, erfordere eine spezifische Ausbildung und ein neues Führungsmodell, das nicht durch hierarchische Strukturen, sondern durch gelingende Kommunikation kompetenter Partner (z.B. in Steuergruppen) gekennzeichnet sei. Die berufsbegleitende Qualifikation von Schulleitungen, die sich aus Lehrkräften akquirieren, gilt als uneinheitlich und unzureichend. Ein grundständiges interdisziplinäres Studium mit Anteilen aus Verwaltungswissenschaft, Ökonomie, Erziehungs- und Bildungswissenschaften gerät in den Blick. Unberücksichtigt scheinen bei solchen Forderungen die inhaltlichen Argumente für eine Gewinnung von Schulleitungen aus der Lehrerschaft heraus: Sie müssen hohe Expertise im Bereich Unterricht besitzen, besteht doch eine ihrer zentralen Aufgaben in der Beurteilung und Entwicklung desgleichen. Diese Aufgabe setzt mehr als bildungswissenschaftliches (traditionell: schulpädagogisches) Wissen voraus. Eigene Unterrichtserfahrung erscheint zusätzlich erforderlich, auch um die Unterrichtstätigkeit aus der Innensicht heraus zu verstehen. Eine eigenständige und grundständige Schulleitungsqualifikation kann daher kaum auf studienbegleitende Schulpraxis verzichten.

Infolge der neuen Bildungssteuerung wandelt sich die Funktion der Schulleitung von Verwaltung und Kontrolle hin zu Management und Führung. Schulleitungshandeln, so Wissinger, sei heute stärker durch eine pädagogische Funktion charakterisiert als durch eine betriebswirtschaftliche und juristische. Wie sich diese formale Bestimmung allerdings zum Selbstverständnis einzelner Schulleitungen verhält, ist weitgehend unklar: Sie haben z.B. tagtäglich Krisengespräche mit Schülern und Eltern aufgrund von Disziplinproblemen zu führen. Solche Aufgaben haben mit einer pädagogischen Führung, z.B. im Sinne systematischer Generierung professionellen Wissens, wenig zu tun. Wissinger selbst weist auf eine begrenzte Realisierung der neuen Leitungsfunktion hin, wenn Schulleitungen artikulieren, Unterrichtsverpflichtung und Verwaltungsaufgaben hinderten sie bei der Ausübung ihrer neuen Aufgaben.

Schulleiterinnen und Schulleiter sind in Deutschland hauptamtliche Lehrkräfte, die selbst Unterricht erteilen. Ihr Deputat wird durch Entlastungsstunden für Schulleitungsaufgaben reduziert. Mit der Zunahme der Anforderungen wird seit Jahren eine stärkere Entlastung gefordert. Diese vergleichsweise billige Maßnahme (ca. 50.000 Schulleitungen im Vergleich zu den Kosten für eine knappen Million Lehrkräfte) mit Chancen für die gewünschte Schulentwicklung (deren Erfolg hängt mit vom Wissen, Können und Handeln der Schulleitungen ab) könnte angesichts der steigenden Anforderungen und hohen Beanspruchung die Attraktivität des Schulleitungsamtes als Schlüsselposition im Bildungswesen, dem ein akutes Nachwuchsproblem zugeschrieben wird, potenziell steigern.

Dem Konzept der pädagogischen Führung folgend, ist individuelles Lernen notwendig, aber nicht hinreichend für organisationales Lernen. Durch professionelle Lerngemeinschaften innerhalb des Kollegiums (z.B. angeleitet durch Steuergruppen) soll Organisationsentwicklung betrieben werden. Diese Idee der geteilten oder vergemeinschafteten Verantwortung steht in Konflikt mit der Annahme, die Professionalität der einzelnen Lehrkraft sei für den Erfolg von Schule und Unterricht ausschlaggebend. Ein pragmatischer Ausweg ist es, die Entwicklung von Professionalität zwar als individuellen Prozess zu verstehen (Cramer 2012), der sich aber nicht unabhängig von der Eingebundenheit und dem Lernen im Kollegium vollzieht.

Die Steuerfunktion des Amtes steht der relativen Autonomie der Lehrkräfte gegenüber und zwingt zu einer Integrationsleistung, die zur Überforderung und psychischen Beanspruchung führen kann, insbesondere wenn die hier skizzierten Anforderungen zu jenen hinzukommen, die für Lehrkräfte insgesamt beschrieben wurden (vgl. 6.). Das Gebot einer Entlastung von Unterrichtsverpflichtungen kann einhergehen mit der Forderung, dass Schulleitungen – wie dies z.B. häufig bei Personal an Studienseminaren der Fall ist – partiell einzelne Lehraufträge wahrnehmen, um sich nicht von der unterrichtlichen Innensicht zu entfremden. Die Unterrichtstätigkeit sollte aber nicht die Ausübung der eigentlichen Schulleitungsaufgaben behindern. Auch sollte über gänzlich andere Modelle von Schulleitungen nachgedacht werden, z.B. eine personell geteilte Verantwortung in multiprofessionellen Teams aus z.B. Geschäftsführung und pädagogischer Schulleitung, jeweils besetzt durch einschlägig qualifizierte Personen.

9. Fazit

Es stellt ein generelles Problem dar, dass je nach Statistik und Betrachtungsweise divergierende Zahlen berichtet werden (müssen), wie dies etwa bezüglich des Einstellungsbedarfs und -angebots deutlich wird. Auch sind die Statistiken selbst fehlerhaft oder unzureichend. Kausale Aussagen im Zusammenhang mit bildungsstatistischen Informationen sind ein Desiderat: Sind z.B. Lehramtsabsolventen beruflich mobil, weil ihnen mit Blick auf das Lehramt Arbeitslosigkeit droht, oder verringert sich im Gegenteil die Lehrerarbeitslosigkeit aufgrund gestiegener beruflicher Mobilität, die z.B. aus der Polyvalenz der Lehramtsabschlüsse resultiert?

Der Beitrag von Herzog und Makarova betont Anforderungen, die sich entweder aus der Makroebene des Systems heraus ergeben (z.B. politische und gesellschaftliche Erwartungen) oder auf der Mikroebene des Unterrichts verortet sind. Die Lehrkraft ist aber auch und zunehmend stärker ein durch die Mesoebene der Schule bestimmter Akteur, wie Fragen der Schulentwicklung zeigen. Hier könnte über den Expertise-Ansatz weit mehr über Anforderungen gesagt werden als über Didaktik und Unterrichtsforschung. Für professionelle Handlungskompetenz sind z.B. Überzeugungen und Werthaltungen einer Lehrkraft relevant (vgl. Reusser und Pauli in diesem Band), die über metaphorische Selbstzuschreibungen hinausweisen und empirisch untermauert sind. Es könnte eine Diskrepanz zwischen der Fremdbestimmung der Berufsaufgabe und der Selbstwahrnehmung der eigenen Aufgaben geben (z.B. mit Blick auf die Schulentwicklung). Die politischen Ansprüche konzentrieren sich aber letztlich auf das Produkt hoher Schülerleistungen und der Prozess gemeinsamen schulischen Lebens wird tendenziell ausgeblendet. Dies sensibilisiert für die Notwendigkeit der Berücksichtigung berufsethischer Aspekte. Professionalität ist mehr als eine anspruchsvolle, unterrichtsorganisatorisch autonome Vermittlungsleistung, wenngleich auch aus dem Expertise-Paradigma heraus keine konkrete Handlungsanleitung gewonnen werden kann.

Insgesamt finden die Ursachen und Folgen von Beanspruchungserleben in den vier Beiträgen wenig Berücksichtigung. Das Beanspruchungserleben ist aber ein zentrales Charakteristikum des Lehrerberufs, sowohl mit Blick auf die Rechtsstellung (Wie geht das System mit stark beanspruchten Lehrkräften und Schulleitungen um, auch bezüglich der großen Zahl derjenigen, die psychisch beansprucht in der Schule verbleiben?) als auch hinsichtlich des Arbeitsmarktes (Kann ein hochgradig beanspruchter Berufsstand attraktiv für potenzielle Lehramtsstudierende sein?), der Anforderungen (Welche Erwartungen werden künftig noch zusätzlich an Lehrkräfte herangetragen und wo müssen die Aufgaben einer Lehrkraft mit Blick auf deren professionelles Selbstverständnis begrenzt werden?) und des Schulleitungshandelns (Wie sollen beanspruchte Lehrkräfte Motor der Schulentwicklung sein, die sie gemeinsam mit beanspruchten Kollegien betreiben sollen?).

Überwiegend fokussieren die Beiträge auf die Makroebene der gesellschaftlichen Kontexte und der Bildungssteuerung sowie auf die Mesoebene der Einzelschule. Charakteristisch für den Lehrerberuf ist aber auch die häufig als „Kerngeschäft" (Tenorth 2006, S. 585) bezeichnete Unterrichtstätigkeit auf der Mikroebene. So ist etwa das Handeln unter Ungewissheit in antinomischen Strukturen (vgl. Kap. 9 in diesem Handbuch) ein unterrichtsbezogener Zugang zur Bestimmung des Charakteristikums der beruflichen Tätigkeit. Auch hinsichtlich des Schulleitungshandelns auf der Mesoebene (Wissinger) sind die Bezüge zu den rechtlichen Aspekten auf der Makroebene (Füssel) oder dem konkreten Lehrerhandeln auf der Mikroebene gering. Im Beitrag von Herzog und Makarova finden sich am ehesten ebenenübergreifende Bestimmungsversuche.

Die Heterogenität der vier Beiträge und die damit jeweils verbundenen Perspektiven auf Charakteristika und Anforderungen des Lehrerberufs (erziehungswissenschaftlich-systematisierend bei Herzog und Makarova, bildungsstatistisch bei Weishaupt, juristisch bei Füssel und aus der Warte der Schulleitungsforschung bei

Wissinger) sind ein Gewinn, weil in der Zusammenschau eine einseitige Betrachtung und damit zu kurz greifende Urteile über den Lehrerberuf verhindert werden. Zugleich zeigen sich nur wenige gemeinsame Linien über die Texte hinweg, die Gegenstand einer Synthese der zentralen Erkenntnisse sind. So bleibt die Rede von Charakteristika und Rahmenbedingungen trotz des Definitionsversuches zu Beginn dieser Diskussion eine Sammlung an Einzelaspekten, die für die Ausübung des Lehrerberufs von Relevanz sind. Diese Unschärfe ist es wohl auch, die dazu führt, dass Charakteristika und Rahmenbedingungen aus Sicht von Experten kein zentraler Bestandteil der bildungswissenschaftlichen Lehrerbildung sind, zumindest kein eigenständiger (Kunina-Habernicht et al. 2012). Doch wie sollen angehende Lehrkräfte auf ihren Beruf vorbereitet werden, wenn sie sich zwar intensiv mit Aspekten der Berufsausübung selbst (z.B. Umgang mit Fehlern, Diagnostik und Evaluation oder Lernmotivation) beschäftigen, deren Kontexte aber nicht systematisch studieren?

Schließlich erfordert die gebotene Prägnanz eines Handbuchs Schwerpunktsetzungen. Dabei bleiben einige prominente Zugänge zu Charakteristika und Rahmenbedingungen notwendig unberücksichtigt. Rothland (2013) markiert allgemeine Charakteristika des Lehrerberufs und des Arbeitsplatzes Schule, z.B. die Zweiteilung des Arbeitsplatzes, das Lehrerhandeln unter doppelter Kontingenz oder das fehlende Berufsgeheimnis. Auch die Wahrnehmung des Berufs in der Öffentlichkeit und dessen Sozialprestige kann als Rahmenbedingung aufgefasst werden (Terhart 2010a). Von den (bildungs-)politischen Anforderungen ist häufig die Rede, konkrete Aufgabenfelder von Lehrkräften, wie z.B. in der ‚Bremer Erklärung' (KMK 2000) und in sich anschließenden Dokumenten definiert (im Kern: Unterrichten, Erziehen, Beurteilen, Beraten und Innovieren) werden aber weder ausführlich noch kritisch diskutiert. Alternative Arbeitszeitmodelle kommen bei Weishaupt und Füssel zur Sprache, eine systematische Auseinandersetzung, wie z.B. bei Dorsemagen et al. (2013), bleibt allerdings aus. Die Daten zur Bildungsstatistik bleiben ‚nackt' – Diskurse zur Lehramtsklientel und deren Voraussetzungen (z.B. demografische Merkmale, soziale Herkunft, Vorbildung und Vorerfahrungen) sowie zur Berufswahlmotivation und Biografie (vgl. Kap. 13 bis 16 in diesem Handbuch) wären hieran anschlussfähig und könnten eine Grundlage für die Interpretation bieten. Auch die Lehrerbildung selbst stellt eine Rahmenbedingung für die Berufsausübung dar, weil von den in ihr erworbenen Fähigkeiten und Fertigkeiten mit abhängt, zu welchem Grad Lehrkräfte die an sie gestellten Anforderungen bewältigen können (vgl. Kap. 22 bis 29 in diesem Handbuch). Letztlich stellen auch Gründe eines Abbruchs von Studium oder Referendariat wichtige Steuerungsinformationen dar, gerade mit Blick auf die Bedarfsplanung.

Literatur

Cramer, C. (2012). *Entwicklung von Professionalität in der Lehrerbildung. Empirische Befunde zu Eingangsbedingungen, Prozessmerkmalen und Ausbildungserfahrungen Lehramtsstudierender.* Bad Heilbrunn: Klinkhardt.

Cramer, C., & Harant, M. (2014). Inklusion – Interdisziplinäre Kritik und Perspektiven von Begriff und Gegenstand. [in Begutachtung]

Dorsemagen, C., Lacroix, P. & Krause, A. (2013). Arbeitszeit an Schulen: Welches Modell passt in unsere Zeit? Kriterien zur Gestaltung schulischer Arbeitsbedingungen. In M. Rothland (Hrsg.), *Belastung und Beanspruchung im Lehrerberuf. Modelle, Befunde, Interventionen* (2. vollständig überarbeitete Auflage, S. 213–230). Wiesbaden: VS.

Klemm, K. (2011). Charakteristika und Rahmenbedingungen des Lehrerberufs. In E. Terhart, H. Bennewitz & M. Rothland (Hrsg.), *Handbuch der Forschung zum Lehrerberuf* (S. 116–121). Münster: Waxmann.

Klusmann, U., & Richter, D. (2014). Beanspruchungserleben von Lehrkräften und Schülerleistung. Eine Analyse des IQB-Ländervergleichs in der Primarstufe. *Zeitschrift für Pädagogik 60*(2), 202–224.

KMK (2000) (= Gemeinsame Erklärung des Präsidenten der Kultusministerkonferenz und der Vorsitzenden der Bildungs- und Lehrergewerkschaften sowie ihrer Spitzenorganisationen DGB und DBB). Aufgaben von Lehrerinnen und Lehrern heute – Fachleute für das Lernen. Bremen. http://www.kmk.org/fileadmin/veroeffentlichungen_beschluesse/2000/2000_10_05-Bremer-Erkl-Lehrerbildung.pdf. Zugegriffen: 08. April 2014.

KMK (2012) (= Sekretariat der Ständigen Konferenz der Kultusminister der Länder in der Bundesrepublik Deutschland) (Hrsg.). Einstellung von Lehrkräften 2012. Dokumentation Nr. 199. Berlin: KMK. http://www.kmk.org/fileadmin/pdf/Statistik/Dokumentationen/Dok_199_EvL_2012.pdf. Zugegriffen: 08. April 2014.

KMK (2013a) (= siehe KMK 2012) (Hrsg.). Vorausberechnung der Schüler- und Absolventenzahlen 2012 bis 2025. Dokumentation Nr. 200. Berlin: KMK. http://www.kmk.org/fileadmin/pdf/Statistik/Dokumentationen/Dokumentation_Nr._200_web.pdf. Zugegriffen: 08. April 2014.

KMK (2013b) (= siehe KMK 2012) (Hrsg.). Lehrereinstellungsbedarf und -angebot in der Bundesrepublik Deutschland. Modellrechnung 2012–2025. Dokumentation Nr. 201. Berlin: KMK. http://www.kmk.org/fileadmin/pdf/Statistik/Dokumentationen/Dok_201_LEB_LEA_2013.pdf. Zugegriffen: 08. April 2014.

Kunina-Habenicht, O., Lohse-Bossenz, H., Kunter, M., Dicke, T., Förster, D., Gößling, J., Schulze-Stocker, F., Schmeck, A., Baumert, J., Leutner, D., & Terhart, E. (2012). Welche bildungswissenschaftlichen Inhalte sind wichtig in der Lehrerbildung? *Zeitschrift für Erziehungswissenschaft, 15*(4), 649–682.

Rothland, M. (2013): Beruf: Lehrer/Lehrerin – Arbeitsplatz: Schule. Charakteristika der Arbeitstätigkeit und Bedingungen der Berufssituation. In M. Rothland (Hrsg.), *Belastung und Beanspruchung im Lehrerberuf. Modelle, Befunde, Interventionen* (2. vollständig überarbeitete Auflage, S. 21–39). Wiesbaden: Springer VS.

Rothland, M. & Terhart, E. (2010). Forschung zum Lehrerberuf. In R. Tippelt & B. Schmidt (Hrsg.), *Handbuch Bildungsforschung* (3. durchgesehene Auflage, S. 791–810). Wiesbaden: VS.

Statistisches Bundesamt (2014). Lehrkräfte insgesamt sowie Anteil der weiblichen Lehrkräfte nach Schularten und Beschäftigungsumfang. https://www.destatis.de/DE/ZahlenFakten/GesellschaftStaat/BildungForschungKultur/Schulen/Tabellen/AllgemeinBildendeBeruflicheSchulenLehrkraefte.html. Zugegriffen: 08. April 2014.

Tenorth, H.-E. (2006). Professionalität im Lehrerberuf. Ratlosigkeit der Theorie, gelingende Praxis. *Zeitschrift für Erziehungswissenschaft 9*(4), 580–597.

Terhart, E. (2010a). Faule Säcke, arme Schweine oder Helden des Alltags? Lehrerbildung zwischen Fremd- und Selbstdeutung. In A. Feindt, T. Klaffke, E. Röbe, M. Rothland, E. Terhart & K.-J. Tillmann (Hrsg.), *Lehrerarbeit – Lehrer sein* (Friedrich Jahresheft XXVIII, S. 38–41). Seelze: Friedrich.

Terhart, E. (2010b). Guter Unterricht. Die Perspektiven der allgemeinen Didaktik und der empirischen Unterrichtsforschung. In C. Fischer & R. Schilmöller (Hrsg.), *Was ist guter Unterricht? Qualitätskriterien auf dem Prüfstand* (S. 39–52). Münster: Aschendorf.

Konzepte der Forschung zum Lehrerberuf

Johannes Mayr

Der Persönlichkeitsansatz in der Forschung zum Lehrerberuf
Konzepte, Befunde und Folgerungen

1. Einleitung

Kaum eine Diskussion oder programmatische Abhandlung über den Lehrerberuf kommt ohne Verweis auf „die Lehrerpersönlichkeit" aus. Dabei ist nicht selten eine Tendenz bemerkbar, „Position zu beziehen":

- Praktiker/innen in den Schulen und in der Lehrerbildung bestehen mit Berufung auf ihre Alltagserfahrung oft darauf, dass die Persönlichkeit von Lehrkräften einen bedeutsamen, wenn nicht *den* entscheidenden Einflussfaktor auf deren Handeln und den Berufserfolg darstellt (vgl. dazu Hertramph & Herrmann, 1999). Dabei ist sowohl eine „Man hat es, oder man hat es eben nicht"-Mentalität anzutreffen (vgl. Pintarich, 2002) als auch die Betonung der Notwendigkeit, Persönlichkeitsentwicklung als Aufgabe der Lehrerbildung zu sehen (Teml & Unterweger, 2002).
- Erziehungswissenschafter/innen gehen zu diesen Vorstellungen häufig auf erkennbare Distanz oder begegnen ihnen mit offener Ablehnung. So meinen Haag und Lohrmann (2006, S. 618), „die Gefahr (wäre) groß, dass hier ein Ensemble von Eigenschaften betont wird, die den Charakter des ‚Nichtlernbaren' tragen", oder die Bedeutung von „Persönlichkeit" wird in Frage gestellt und das Augenmerk ausschließlich auf „Professionalität" gelegt, die man durch Ausbildung „generieren" (Oser, 2001, S. 79-81) könne, bzw. auf Kompetenzen, die per Definition als lernbar bestimmt werden (Kunter, Klusmann & Baumert, 2009, S. 154).
- In der Forschung tätige Psycholog/inn/en fragen nach der Angemessenheit bestimmter Persönlichkeitstheorien und suchen nach Möglichkeiten der Messung von Persönlichkeitsmerkmalen, um deren Genese, Funktionsweise und Wirkung zu verstehen; für sie ist Persönlichkeit als solche ein Forschungsthema (Asendorpf, 2007). Manche interessieren sich darüber hinaus in pragmatischer Absicht auch für die Spielräume von Interventionen sowie für die Möglichkeit, künftiges Verhalten und Erleben vorherzusagen, um diese Erkenntnisse in der Laufbahnberatung oder Bewerberauswahl anwenden zu können (Schuler & Hell, 2008).

Diese Charakterisierungen sind nicht generalisierbar, sie verweisen aber darauf, dass der Blick auf das Gegenstandsfeld davon abhängt, welche „Brillen" man zur Verfügung hat, welche man zu benützen für legitim hält bzw. welche Interessen man verfolgt. Während die Interessenlagen recht zeitunabhängig sein dürften, waren die jeweils modischen Brillen – um bei diesem Bild zu bleiben – im Verlauf der spannungsreichen Geschichte des Verhältnisses der Persönlichkeitsforschung und der erziehungswissenschaftlichen Auseinandersetzung mit dem Lehrerberuf durchaus verschiedene (Bohnsack, 2004; Rheinberg & Bromme, 2006):

- Die Kritik am Persönlichkeitsansatz entzündete sich oft an Texten der geisteswissenschaftlichen Pädagogik, die in der ersten Hälfte des 20. Jahrhunderts entstanden sind. Deren Autoren ging es – selbst wenn sie sich auf mehr oder weniger systematische Beobachtungen stützten – weniger um die Beschreibung realer Lehrkräfte als um das Formulieren von

Tugendkatalogen, an denen sich Lehrer/innen orientieren sollten. Nach Döring (1931, S. 396) wäre es allerdings „berufenen Lehrern" vorbehalten, dem Leitbild des „sittlichen Charakters" vollständig zu entsprechen, der sich in „vorbildlichem Lebenswandel", „innerer Wahrhaftigkeit", „unermüdlichem Fleiß" und dem Glauben an die „Sinnhaftigkeit des Weltgeschehens" äußert. Man hätte es bei ihnen mit „Pädagogen von so echter Art" zu tun „‚als ob' (sie) für das Erziehertum geradezu geboren wäre(n)" (Spranger, 1958, S. 14). Auf Betrachtungsweisen dieser Art bezieht sich Oser (1998), wenn er vor einer „falschen Heldenmoral" warnt und ihr die Förderung des Berufsethos und die Erfüllung von Standards gegenüberstellt (Oser 2001).

- Weitaus nüchterner nehmen sich die Versuche aus den 1950er- und 60er-Jahre aus, Persönlichkeitsmerkmale zu identifizieren, die den Berufserfolg von Lehrkräften ausmachen. Sie lieferten eine Fülle von Detailergebnissen, wie die Übersichtsdarstellung vorwiegend angloamerikanischer Studien von Getzels und Jackson (1963; deutsche Bearbeitung: Pause, 1970) zeigt. Der deutsche Bearbeiter resümiert jedoch, dass es sich dabei nur um „Binsenweisheiten" handle etwa der Art, dass gute Lehrkräfte eher freundlich und heiter als grausam und depressiv wären – und es wäre im Übrigen nicht expliziert worden, von welchen gesellschaftlichen Leitvorstellungen aus die Bewertungen vorgenommen wurden (Pause, 1970, S. 1501). In dieser Diktion klingt ein Zeitgeist an, der wenig Raum für stabile Persönlichkeitsmerkmale lässt: Gesellschaftliche und individuelle Veränderungen waren gefragt, und in der Lehrerbildung herrschte großer Optimismus, durch Trainings Verbesserungen im Lehrerverhalten erreichen zu können. Im Zuge der Situationismus-Debatte geriet letztendlich die Persönlichkeitspsychologie als solche unter Druck, als Mischel und Peak (1968) darauf hinwiesen, dass sich kaum Koeffizienten für die Konsistenz menschlichen Verhaltens jenseits einer „magischen Grenze" von .30 nachweisen ließen. Es käme also auf die Situation an, nicht auf die Person.
- Als sich jedoch zeigte, dass gesellschaftliche wie individuelle Situationen sich recht hartnäckig gegen Veränderungen sperrten, war fast unvermittelt wieder von der Lehrerpersönlichkeit die Rede. Gudjons (1982, S. 249) sah sie „im Aufwind", allerdings mit dem Zusatz, dass es nicht mehr darum ginge, von einer Lehrkraft zu erwarten, sie sollte eine „echte Persönlichkeit" sein, sondern vielmehr, dass sie „als Persönlichkeit echt" ist. „Das Selbst zu sein, das man in Wahrheit ist", gab Rogers (1976, S. 167), Kierkegaard zitierend, als Zielperspektive für den Weg zu einer erfahrungsoffenen, sich selbst aktualisierenden, „voll funktionsfähigen Person" vor. Eine solche Lehrkraft ermögliche ihren Schüler/inne/n eine „Begegnung von Person zu Person" (Tausch & Tausch, 1977), was als notwendige Voraussetzung für „signifikantes Lernen" betrachtet wurde. Entsprechende Erfahrungen personalen Lernens müssten deshalb auch die Lehrer/innen in ihrer Ausbildung durchlaufen.

Alle diese Strömungen wirken bis heute nach. In der Diskussion um die Bedeutung der „Lehrerpersönlichkeit" ist insgesamt betrachtet jedoch ein eher pragmatischer, stärker evidenzbasierter Zugang möglich geworden. Die *Persönlichkeitsforschung* hat dazu durch differenziertere Modellbildung, verbesserte Erhebungsverfahren und eine in der Folge aussagekräftigere empirische Befundlage ebenso beigetragen wie die *Bildungswissenschaften*, in deren Rahmenmodellen für die Beschreibung und Erklärung professioneller Kompetenz von Lehrkräften zwar sinnvollerweise die Lernarrangements in der Lehrerbildung und deren Nutzung im Zentrum stehen, die Lernvoraussetzungen – und dazu gehören auch Persönlichkeitsmerkmale – jedoch durchaus ihren Platz einnehmen (Baumert & Kunter, 2006; Lipowsky, 2010; Kunter, Kleickmann, Klusmann & Richter, 2011). Dieser „entspanntere" Umgang mit dem Persönlichkeitsansatz schlägt sich auch in Lehrwerken der Schulpädagogik und der Pädagogischen Pädagogischen Psychologie nieder, in denen die vormals durchwegs kritische Kommentierung des Persönlichkeitsansatzes durch integrativere Sichtweisen ersetzt oder zumindest ergänzt wurde (Krapp & Weidenmann, 2006; Mägdefrau, 2010; Haag, Rahm, Apel & Sacher, 2013).

Was jedenfalls bleibt, sind die einleitend angesprochenen Interessenlagen, die darüber mitentscheiden, welche Elemente aus den neuen Rahmenmodellen in der Forschung bearbeitet und in der Diskussion ins Zentrum gerückt werden – auf sie wird im Abschlusskapitel nochmals zurückgegriffen, wenn es um die Implikationen des Persönlichkeitsansatzes für die Forschung zum Lehrerberuf und die Lehrerbildung geht. Zunächst werden im Hauptteil theoretische und empirische Grundlagen aktueller Konzepte dargestellt, und zwar überwiegend anhand von Literatur aus dem angloamerikanischen Raum, aus dem sie zumeist stammen. Darin anknüpfend wird jeweils über Studien aus Deutschland, Österreich und der Schweiz der Bezug zur Lehrerforschung im deutschen Sprachraum hergestellt. Die Persönlichkeit von Lehrkräften wird dabei verstanden als *„Ensemble relativ stabiler Dispositionen, die für das Handeln, den Erfolg und das Befinden im Lehrerberuf bedeutsam sind"* (Mayr & Neuweg, 2006, S. 183). Diese Definition schließt den Leistungsbereich wie z.B. Intelligenz oder verbale Fähigkeiten mit ein, im gegebenen Rahmen erfolgt jedoch eine Beschränkung auf nicht-kognitive Persönlichkeitsmerkmale im engeren Sinn sowie auf berufsbezogene Interessen. Verwandte Konzepte wie Motive und auch der hier ausgeklammerte kognitive Bereich werden in anderen Beiträgen in diesem Handbuch berücksichtigt.

2. Konzepte und Befunde

2.1 Paradigmen der Persönlichkeitsforschung

Die Persönlichkeitspsychologie wird durch unterschiedliche Paradigmen geprägt, die in ihrem Menschenbild, in ihren theoretischen Annahmen sowie in ihren Fragestellungen und Methoden divergieren. Asendorpf (2007) unterscheidet sieben solcher Zugänge, darunter das *psychoanalytische Paradigma* mit einer starken Betonung von mehr oder weniger unbewussten Vorgängen, das *behavioristische Paradigma*, das sich in seiner strikten Auslegung nur für beobachtbares Verhalten interessiert, sowie mehrere, unterschiedlich stark *auf biologische Prozesse zielende Paradigmen*, in denen menschliches Handeln und Erleben als evolutionär bzw. biografisch entstanden und die Persönlichkeit als *komplexes, systemisches Phänomen* verstanden wird. Während die beiden erstgenannten Paradigmen heute wegen ungenügender wissenschaftlicher Bewährung bzw. der offensichtlichen Unangemessenheit für das Gegenstandsfeld der Persönlichkeitsforschung kaum mehr eine Rolle spielen, liefern die zuletzt angesprochenen Paradigmen Erkenntnisse und Modellvorstellungen, die auch für die Lehrerforschung bedeutsam sind, auch wenn die Forschungsansätze in Studien zum Lehrerberuf aufgrund ihrer Komplexität und Methodik (z.B. Zwillingsforschung) kaum umsetzbar sind.

Der in der Lehrerforschung vorherrschende Ansatz ist deshalb ein anderer der bei Asendorpf genannten Ansätze, nämlich das *Eigenschaftsparadigma*. Dieses eröffnet eine gute Möglichkeit, andere Konzepte einzubinden – etwa wenn es um die Frage der Genese der Eigenschaften geht –, und es ermöglicht relativ einfache Verfahren der Datengewinnung – insbesondere Fragebogenerhebungen –, so dass es mit den üblichen Forschungsdesigns der empirischen Bildungsforschung kompatibel ist.

2.2 Allgemeine Persönlichkeitsmerkmale

2.2.1 Die Big Five und das Fünf-Faktoren-Modell

Das Grundanliegen des Eigenschaftsparadigmas ist es, die Vielfalt menschlichen Handelns und Erlebens anhand einer überschaubaren Anzahl von Dimensionen beschreibbar zu machen. Ein schon in der ersten Hälfte des 20. Jahrhunderts beschrittener Weg, entsprechende Beschreibungsdimensionen zu finden, besteht in der systematischen Nutzung des in der Alltagssprache repräsentierten Wissens (Saucier & Goldberg, 1996). In den Eigenschaftsbegriffen haben sich – so die Annahme – alle in irgendeinem Lebenszusammenhang bedeutsamen Charakteristika von Menschen umfassend niedergeschlagen, und zwar unverfälscht durch wissenschaftliche Einseitigkeiten (Sedimentationshypothese). Es wurden daher Wörterbücher nach Eigenschaftsbezeichnungen durchforstet, Personen anhand dieser eingeschätzt und das Datenmaterial unter Zuhilfenahme von Faktorenanalysen strukturiert. Dieser so genannte „lexikalische Ansatz“ führte zu Klassifikationen, die hinsichtlich der Anzahl und der Inhalte der Faktoren mehr oder weniger deutlich divergierten. Im Laufe der Zeit kristallisierte sich jedoch eine Variante mit fünf globalen Eigenschaftsdimensionen heraus, die sich über verschiedene Stichproben hinweg – auch solchen aus unterschiedlichen Kulturen – als relativ robust erwies. Goldberg (1981) bezeichnete diese Dimensionen wegen ihrer Breite als *Big Five* (B5).

Andere methodische Zugänge, wie z.B. die gleichzeitige Anwendung vorhandener Persönlichkeitsfragebögen unterschiedlicher Herkunft mit anschließender Faktorenanalyse über die Items aus allen Fragebögen, führten wiederholt ebenfalls zu fünf, inhaltlich den B5 ähnlichen Dimensionen (John, Naumann & Soto, 2008). Zu einer relativ breit akzeptierten, auch Befunde aus dem lexikalischen Ansatz und theoretische Überlegungen integrierenden Lösung kam es, als Costa und McCrae ihr *Fünf-Faktoren-Modell* (FFM) kreierten. In diesem gaben sie den fünf Dimensionen die Bezeichnungen Neurotizismus, Extraversion, Offenheit für Erfahrungen, Verträglichkeit und Gewissenhaftigkeit. Die erste dieser Dimensionen wird oft auch als Belastbarkeit oder Stabilität, also nach dem Gegenpol des Neurotizismus, benannt (für eine aktuelle Darstellung siehe McCrae & Costa, 2008).

Tabelle 1: Faktoren und Facetten des Fünf-Faktoren-Modells

FAKTOR	FACETTEN
Neurotizismus (N – Neuroticism)	Ängstlichkeit / Reizbarkeit / Depression / Soziale Befangenheit / Impulsivität / Verletzlichkeit
Extraversion (E – Extraversion)	Herzlichkeit / Geselligkeit / Durchsetzungsfähigkeit / Aktivität / Erlebnishunger / Frohsinn
Offenheit für Erfahrungen (O – Openness to experience)	Offenheit für Fantasie / ... für Ästhetik / ... für Gefühle / ... für Handlungen / ... für Ideen / ... des Normen- und Wertesystems
Verträglichkeit (A – Agreeableness)	Vertrauen / Freimütigkeit / Altruismus / Entgegenkommen / Bescheidenheit / Gutherzigkeit
Gewissenhaftigkeit (C – Conscientiousness)	Kompetenz / Ordnungsliebe / Pflichtbewusstsein / Leistungsstreben / Selbstdisziplin / Besonnenheit

Nach Ostendorf & Angleitner (2004)

Die B5 bzw. die Dimensionen des FFM – beide Begriffe werden trotz ihrer unterschiedlichen Herkunft meist synonym verwendet – repräsentieren ein höheres Abstraktionsniveau; in der Terminologie der Faktorenanalyse könnte man sie auf der Ebene von *Sekundärfaktoren* verorten. Sie lassen sich deshalb in Faktoren erster Ordnung aufspalten. Im FFM sind das 30 untereinander korrelierte *Primärfaktoren*, die so genannten Facetten. Sie sollen soweit möglich Konstrukten entsprechen, die auch außerhalb des FFM in der psychologischen Forschung eine Rolle spielen (Ostendorf & Angleitner, 2004, S. 10). Die Bezeichnung der Facetten (siehe Tabelle 1) vermittelt einen besseren Eindruck davon, was der zugehörige Faktor inhaltlich bedeutet, als die Faktorenbenennung, da diese für sich allein betrachtet unanschaulich bleibt (wie beim Faktor Offenheit) bzw. den Inhalt nur verkürzt widerspiegelt (wie beim Faktor Gewissenhaftigkeit). Die Facetten sind andererseits eine Schwachstelle im FFM, da über diese noch kein Konsens hergestellt ist und sie sich weniger klar replizieren lassen als die Faktoren (John et al., 2008).

Ein weiterer Diskussionspunkt ist, dass die B5 manchmal als konzeptionell voneinander unabhängige Faktoren dargestellt werden, sich empirisch betrachtet jedoch zwischen ihnen mehr oder weniger starke Zusammenhänge zeigen (zwischen .09 und .52; Mount, Barrick, Scullen & Rounds, 2005). Manche Forscher/innen ermitteln daher aus den B5 hierarchisch darüber liegende *Tertiärfaktoren*. Verbreitung gefunden hat vor allem die Zusammenfassung von Extraversion und Offenheit zu einem Faktor Alpha (Plasticity) und der übrigen Faktoren zu einem Faktor Beta (Stability) durch Digman (1997). Einen Schritt weiter gehen Bestrebungen, einen Generalfaktor der Persönlichkeit (Big One) zu identifizieren. In diesem fallen alle sozial positiv bewerteten Eigenschaften aus den B5 zusammen (Musek, 2007; zur Kritik siehe Muncer, 2011). Auf der Interkorrelation der Faktoren bauen auch sogenannte *Circumplexmodelle* auf, in welchen die einzelnen Faktoren und Facetten nach ihrer Interkorrelation und damit ihrer inhaltlichen Nähe kreisförmig angeordnet werden. Ein Beispiel dafür ist das – allerdings sechs Faktoren ausweisende – Modell von Becker (Becker, 1999), in dem das Koordinatensystem des Kreises durch die beiden Hauptachsen seelische Gesundheit und Verhaltenskontrolle bestimmt wird.

Der von manchen Protagonisten des FFM zumindest implizit erhobene Anspruch, durch ihre Forschungen *die* Dimensionen der Persönlichkeit *entdeckt* zu haben wie ein Naturphänomen und durch die B5 den OCEAN (Anagramm aus den Faktorenbezeichnungen) der Persönlichkeit umfassend und endgültig beschrieben zu haben, wurde wiederholt als nicht sachgemäß kritisiert und ist auch nicht durch die Datenlage gedeckt (Block, 2001; De Raad et al., 2010). Dennoch hat das FFM die älteren der konkurrierenden Modelle – etwa das Gesamtsystem der Persönlichkeit von Cattell (1965) mit seinen 16 Primär- und vier Sekundärfaktoren und das Drei-Faktoren-System von Eysenck (Eysenck & Eysenck, 1985) – weitgehend aus der wissenschaftlichen Diskussion verdrängt; dies lässt sich anhand der Entwicklung der Publikationszahlen zu den einzelnen Konzepten anschaulich belegen (John et al., 2008). Heute repräsentiert das FFM den Standard der Forschungen innerhalb des Eigenschaftsparadigmas, und es fungiert als Referenzmodell für die Kritik bestehender und die Entwicklung neuer persönlichkeitspsychologischer Konstrukte und Messverfahren (De Raad & Perugini, 2002; John, Robins & Pervin, 2008).

2.2.2 Breite vs. enge Faktoren

Das FFM ist auch das bevorzugte Persönlichkeitskonzept in der empirischen Forschung zum Lehrerberuf. Dabei wird sowohl von den Befürworter/inne/n als auch den Kritiker/inne/n des Öfteren die Frage aufgeworfen, ob so breite Persönlichkeitsmerkmale wie die B5 überhaupt Zusammenhänge mit Kriterien erwarten lassen, die für die Lehrerforschung interessant sein könnten, etwa den Lernstrategien im Studium oder der Unterrichtskompetenz (Rheinberg & Bromme, 2006). Die Klärung dieser Frage führt über das sogenannte *Symmetrieprinzip* (Wittmann, 1987). Diesem zufolge sollten die Abstraktionsniveaus von Prädiktor und Kriterium einander entsprechen, wenn man gute Prognosen erzielen möchte. Es darf also tatsächlich keine substanzielle Korrelation zwischen einem breiten Persönlichkeitsmerkmal und einer relativ spezifischen Handlungstendenz erwartet werden, geschweige denn einem konkreten Verhalten in einer bestimmten Situation. Andererseits impliziert das Symmetrieprinzip, dass breite Merkmale das Mittel der Wahl sind, wenn Aussagen über globale Kriterien gemacht werden sollen. Eine Stärke des FFM liegt darin, solche unterschiedlichen Abstraktionsebenen konzeptionell vorzusehen und die Entwicklung dazu passender Erhebungsverfahren angeregt zu haben (John et al., 2008).

Wenn etwa von der Persönlichkeit von Studieninteressierten auf deren Passung zum Lehrerberuf geschlossen werden soll, dann kann der Schluss von Merkmalen auf Sekundärfaktorenebene (z.B. Extraversion oder Neurotizismus) auf einen *Gesamtwert* des späteren Befindens im Beruf (z.B. die allgemeine berufliche Belastung) sogar optimal sein; entsprechende Beziehungen zeigen sich auch regelmäßig in empirischen Studien (vgl. Tabelle 2). Wenn die Kriterien noch breiter sind, kommen sogar Tertiärfaktoren als Prädiktoren in Betracht, etwa der oben erwähnte Faktor „seelische Gesundheit". Es ist daher nicht verwunderlich, wenn sich in der Studie von Rauin und Meier (2007) ein aus unterschiedlichen Faktoren wie Kommunikationsbereitschaft, Belastbarkeit und Selbstdisziplin zusammengesetzter globaler Persönlichkeitswert (im Verbund mit einigen weiteren Variablen wie den Studienwahlmotiven) dazu eignete, eine Riskogruppe von Studierenden Pädagogischer Hochschulen zu identifizieren, die sich später als weniger kompetent bezüglich so heterogener Bereiche wie Methodik, Diagnostik und Klassenmanagement beschrieb und im vierten Berufsjahr zu 63 Prozent deutliche Symptome von Burnout berichtete – das ist ein drei- bis viermal höherer Prozentsatz als in den als unproblematisch eingeschätzten Vergleichsgruppen (Rauin, 2008).

Belege dafür, dass sich enge Persönlichkeitsfaktoren besser zur Erklärung *konkreter* pädagogischer Handlungstendenzen von Lehrkräften eignen, liefern Berechnungen anhand eines – inzwischen vergrößerten – Datensatzes von Mayr und Neuweg (2006), der Angaben zur Persönlichkeit von Lehrkräften an kaufmännischen Vollzeitschulen in Österreich und zu deren Führungsverhalten enthält: Die breiten B5-Faktoren Extraversion und Offenheit (erhoben bei den Lehrkräften) korrelieren zu .35 bzw. .27 mit dem Ausmaß an beziehungsförderndem Lehrerverhalten (eingeschätzt durch die Schüler/innen), die engen B5-Facetten dieser Faktoren erreichen hingegen einerseits Korrelationen bis .43 bzw. .35, andererseits bleiben sie teilweise unter der Signifikanzschwelle. Die Facetten erlauben demnach eine differenziertere Aussage darüber, welche Aspekte den Effekt ausmachen, der sich in den breiten Faktoren nur in gemittelter Form niederschlägt.

Es läge daher nahe, bei Untersuchungen Erhebungsverfahren zu verwenden, die eine Aufschlüsselung der Faktoren in Facetten erlaubt, um dann für jedes Zielkriterium den Prädiktor oder die Prädiktoren mit dem *passenden Abstraktionsgrad* auszuwählen. Das Problem dabei ist jedoch, dass man damit rasch bei einer sehr hohen Itemanzahl anlangt: Beim hierfür optimalen Verfahren, dem NEO-PI-R von Ostendorf und Angleitner (2004), sind es 240 Items (mit acht Items je Facette und somit 48 Items je Faktor). Ein solcher Erhebungsaufwand ist in Forschungen zum Lehrerberuf, wo die Persönlichkeitsskalen – anders als in der persönlichkeitspsychologischen Grundlagenforschung – in der Regel nur einen kleinen Teil der Fragebogenbatterie ausmachen können, in den seltensten Fällen realisierbar.

Man wird also entweder nur einzelne Facetten erfassen können oder – und das ist der Regelfall – auf die Aufschlüsselung in Facetten verzichten müssen. Dann findet man mit Verfahren wie dem NEO-FFI (Borkenau & Ostendorf, 2008) mit zwölf Items je Faktor oder Kurzformen wie dem BFI-K (Rammstedt & John, 2005) mit vier bis fünf Items je Faktor das Auslangen, wenn man nicht sogar auf Single-Items ausweicht (Rammstedt, Koch, Borg & Reitz, 2005). Bei solchen Kurzskalen besteht allerdings die Gefahr, das intendierte Konstrukt nicht mehr ausreichend valide abdecken bzw. nicht reliabel genug erfassen zu können (Rost, Sparfeldt & Buch, 2008; John et al., 2008). Die Gefahr der Verzerrung des ursprünglichen Konstrukts besteht auch bei einer anderen Variante der Kürzung, bei der die Skalen nur aus solchen Items gebildet werden, die bereits für sich allein genommen mit den angepeilten Kriterien korrelieren. Dieses Vorgehen wurde bei der Konstruktion der Lehrer-Persönlichkeits-Adjektivskalen (LPA; Brandstätter & Mayr, 1994) gewählt, deren nur vier Items enthaltende Skalen eine ähnlich gute Prognoseleistung erbringen wie die dreimal so langen Skalen des NEO-FFI (Mayr, 2010).

2.2.3 Die Fünf-Faktoren-Theorie als integratives Konzept

Im Zusammenhang mit den oben diskutierten methodischen Problemen bei der Erfassung der Faktoren und Facetten des FFM wurden Aussagen über Zusammenhänge zwischen diesen und verschiedenen externen Kriterien gemacht. Dies würde eigentlich theoretische Annahmen über die Wirkungsweise der Persönlichkeitsmerkmale voraussetzen. Das FFM enthält jedoch keine derartigen Annahmen, es ist eine rein deskriptive Zusammenfassung von Persönlichkeitsmerkmalen. Diese Theorieabstinenz trägt einerseits zu seiner Popularität bei, da das Modell dadurch mit unterschiedlichen theoretischen Zugängen kompatibel ist – z.B. passen manche Facetten des Neurotizismus zu tiefenpsychologischen Ansätzen, und Offenheit für Erfahrungen ist ein zentrales Konzept aus der humanistischen Psychologie. Andererseits wurde das FFM eben wegen seines mangelnden Theoriebezugs als letztlich wissenschaftlich unbefriedigend kritisiert (Block, 1995). Costa und McCrae versuchen dieses Manko zu beheben, indem sie ergänzend zum FFM eine *Fünf-Faktoren-Theorie* (FFT) formulieren.

Abbildung 1: Die Fünf-Faktoren-Theorie der Persönlichkeit (nach McCrae & Costa 2008, S. 163)

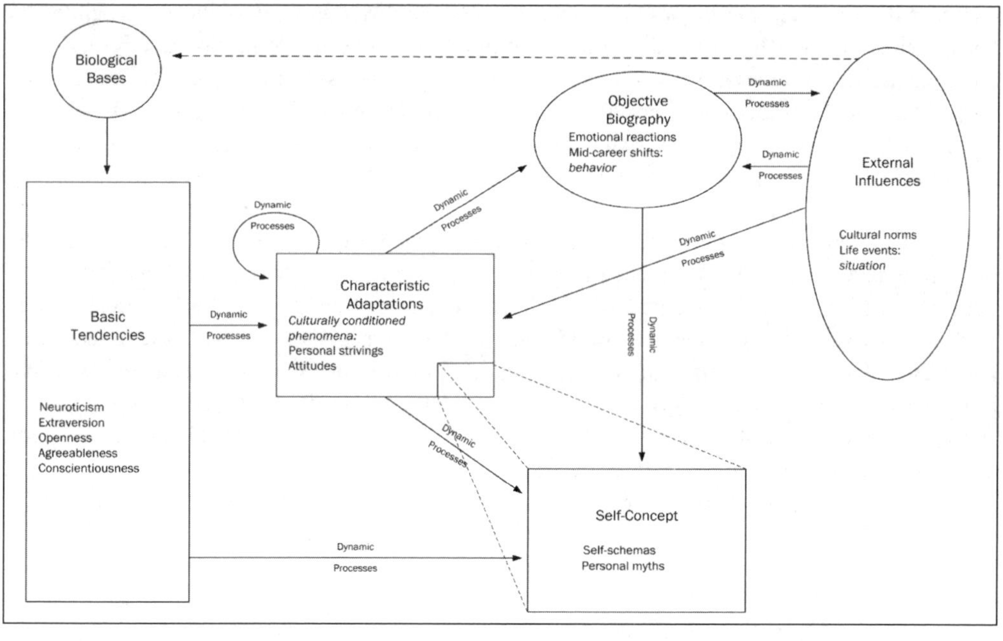

Der Darstellung von McCrae und Costa folgend (umfassend: 1996, gekürzt und aktualisiert: 2008), trifft die FFT zunächst einige grundlegende Annahmen über das „Wesen des Menschen": Seine Persönlichkeit wäre der naturwissenschaftlichen Forschung zugänglich (Prinzip der *scien-*

tific knowability; in Abgrenzung zur Betonung der Freiheit und „nicht reduzierbaren Einzigartigkeit des Menschen“ in manchen humanistischen Ansätzen), Menschen wären im Allgemeinen in der Lage, sich und andere zu verstehen (*rationality*; in Abgrenzung zur Verhaltenssteuerung durch unbewusste Prozesse; auch Fragebogenerhebungen erbrächten daher im Allgemeinen valide Ergebnisse), Menschen würden sich in bedeutsamer Weise voneinander unterscheiden (*variability*; anstelle der Annahme einer universellen Natur des Menschen, z.B. als entweder egoistisch oder altruistisch) und Menschen würden ihr Leben selbst gestalten (*proactivity*; sie sind also nicht passive Opfer ihrer Biografie oder aktueller Lebenssituationen, sondern sie gestalten ihren Lebenslauf und ihre Umwelt mit).

Vor diesen Hintergrundannahmen entwerfen Costa und McCrae das in Abbildung 1 dargestellte Modell des „Persönlichkeitssystems“. Die Hauptkomponenten – grundlegende Tendenzen und charakteristische Anpassungen – sind in der Abbildung als Rechtecke dargestellt; das Selbstkonzept ist wegen seiner besonderen Bedeutung hervorgehoben. Die Ellipsen repräsentieren periphäre Komponenten, die die Schnittstellen zu angrenzenden Systemen bilden: zur biologischen Basis, zu den externen Einflüssen und zur objektiven Biographie. Die Grafik zeigt, wie das System zu jedem gegebenen *Zeitpunkt* funktioniert, es zeigt aber auch, wie sich die Persönlichkeit über den *Zeitverlauf* hinweg entwickelt. Die Pfade zwischen den einzelnen Komponenten entsprechen jeweils mehreren unterschiedlichen Prozessen. So berücksichtigt z.B. der Pfad von der objektiven Biographie zum Selbstkonzept, dass Menschen teilweise aus ihrem eigenen Handeln und teilweise durch soziale Vergleiche Erkenntnisse über sich selbst gewinnen.

Die FFT formuliert keine spezifischen Theorien für diese Prozesse, sie versteht sich vielmehr als *Grand Theory*, in der Partialtheorien unterschiedlicher Provenienz und Reichweite verortet werden können, etwa solche aus der Sozialpsychologie. McCrae und Costa (1996) präsentieren jedoch eine Liste von 16 allgemeinen Postulaten zur Wirkungsweise des Persönlichkeitssystems, darunter die für ihre Theorie besonders charakteristische Annahme, dass die B5 als endogene Persönlichkeitszüge sich nur durch Reifung und durch solche exogenen Einflüsse ändern, die auf die biologische Basis dieser Merkmale einwirken. Umwelteinflüsse führen jedoch – im Zusammenwirken mit den individuell verschiedenartigen grundlegenden Tendenzen – zu entsprechenden charakteristischen kognitiven und affektiven Anpassungen (etwa Wissen, berufliche Interessen und Gewohnheiten), aus denen in weiterer Folge damit übereinstimmende Handlungen (z.B. berufliche Entscheidungen) und emotionale Reaktionen auf Ereignisse hervorgehen.

Die Basistendenzen können nicht direkt erfasst werden, sie lassen sich nur aus den der Beobachtung bzw. dem Bewusstsein zugänglichen Komponenten des Persönlichkeitsmodells – also dem Verhalten und Erleben – erschließen (McCrae & Costa, 2008, S. 163). Bei den üblicherweise in Studien verwendeten Selbstbeschreibungen mittels Fragebogen erhält man demnach – im günstigsten Fall valide – Angaben zum *Selbstkonzept* bzw. lernt man bei einer Fremdbeschreibung das Bild kennen, das andere von dieser Person haben. Das ist relativierend zu berücksichtigen, wenn hier wie in den meisten Abhandlungen verkürzend so von den B5 gesprochen wird, als hätte man die Basistendenzen direkt erfasst.

McCrae und Costa (2008, S. 165-166) illustrieren ihr Konzept u.a. anhand von Einzelfällen. Ein solches *idiographisches* Vorgehen tritt in der empirischen Persönlichkeitsforschung jedoch klar hinter einem *nomothetischen* zurück, das auf über den Einzelfall hinausgehende Generalisierungen abzielt (Asendorpf, 2007, S. 129). Innerhalb des nomothetischen Zugangs lassen sich zwei einander ergänzende Ansätze unterscheiden: Beim *variablenorientierten* Ansatz werden anhand von Stichproben Zusammenhänge zwischen den einzelnen Persönlichkeitsmerkmalen oder zwischen den Persönlichkeitsmerkmalen und Außenkriterien – z.B. dem Berufserfolg – erforscht, meist mittels Korrelationsrechnung. Die Erkenntnisse gelten dann innerhalb der untersuchten Gruppe bzw. der zugehörigen Population, nicht jedoch innerhalb der Personen. Beim *personorientierten* Ansatz liegt das Interesse auf den unterschiedlichen Merkmalskonfigurationen, anhand derer sich Personen beschreiben und zu Typen zusammenfassen lassen, etwa mittels Clusteranalyse. In der Folge lässt sich dann auch feststellen, welche Effekte diese Konfigurationen auf Außenkriterien haben. Dadurch kann z.B. ermittelt werden, ob es unterschiedliche Typen von Personen gibt, die in gleicher Weise beruflich erfolgreich sind.

2.2.4 Befunde zur Fünf-Faktoren-Theorie

Aufgrund der langen Tradition der eigenschaftstheoretischen Persönlichkeitsforschung und ihrer weltweiten Verbreitung liegen eine nicht mehr überschaubare Zahl von Einzelstudien sowie zahlreiche Meta-Analysen vor. Summarisch betrachtet sprechen diese für die Bewährung des FFM in unterschiedlichen Kulturen (Yamagata et al., 2006). Die Befunde stützen auch den von der FFT postulierten substanziellen Anteil *genetischer Einflüsse* auf die Persönlichkeit und deren Entwicklung. Die Populationsmittelwerte ändern sich in Abhängigkeit vom Lebensalter, wobei es im hier interessierenden Lebensabschnitt (junges bis mittleres Erwachsenenalter) zum Anstieg der Belastbarkeit und der Gewissenhaftigkeit sowie zum Rückgang der Extraversion kommt (McCrae et al., 2000). Zusätzlich gibt es individuelle, vom allgemeinen Trend abweichende Änderungen. Diese beiden Typen von Veränderung scheinen nicht alle Facetten – auch innerhalb eines Faktors – in gleicher Weise zu betreffen, ebenso dürften die genetischen Einflüsse auf die Faktoren und Facetten divergieren (Bleidorn, Kandler, Riemann, Angleitner & Spinath, 2009). Es ist davon auszugehen, dass die Interaktion zwischen Genen und Umweltfaktoren einer komplexen Dynamik unterliegt. So können z.B. Umwelteinflüsse Genaktivitäten auslösen und damit auch auf die grundlegenden Persönlichkeitsmerkmale Einfluss nehmen, die Persönlichkeitsmerkmale führen aber auch zur Wahl einer bestimmten, mit diesen Merkmalen kompatiblen Umwelt, was zur Verfestigung der betreffenden Persönlichkeitsmerkmale beiträgt (Roberts, Wood & Caspi, 2008).

Bezüglich der *Aussagekraft der B5* für das Verhalten und Erleben in unterschiedlichen Studienrichtungen und Berufen sprechen die vorliegenden Befunde für positive Effekte von Gewissenhaftigkeit und Belastbarkeit auf fast alle Kriterien, bezüglich der anderen Persönlichkeitsmerkmale divergiert die Befundlage (Seibert & Kraimer, 2001; Judge, Heller & Mount, 2002; Trapmann, Hell, Hirn & Schuler, 2007). Tabelle 2 gibt einen Überblick über entsprechende Befunde zum Lehrerberuf. Die Übersicht basiert auf einer Zusammenstellung von Hanfstingl und Mayr (2007), bei der alle verfügbaren Studien aus dem deutschen Sprachraum seit Mitte der 80er-Jahre berücksichtigt wurden. Einige Beispiele für solche Studien wurden bereits oben angeführt, weitere folgen im Abschnitt 2.6. Insgesamt betrachtet unterstreichen die Befunde auch für dieses Berufsfeld die besondere Bedeutung von Gewissenhaftigkeit und Belastbarkeit, dazu kommt noch – wie bei anderen Kontaktberufen – das Merkmal Extraversion. Zumindest für einige Kriterien sind auch die restlichen B5-Faktoren, also Offenheit und Verträglichkeit, relevant. Dass damit letztlich alle Persönlichkeitsmerkmale ins Blickfeld geraten, dürfte mit der Vielfalt an Aufgaben zusammenhängen, die von Lehrkräften zu erfüllen sind.

Es liegen auch einige diskrepante Forschungsergebnisse vor, u.a. bezüglich der Beziehung von Gewissenhaftigkeit und beruflicher Belastung. Als Grund vermutet Candova (2004) unterschiedliche *Operationalisierungen*. Solche könnten auch an den widersprüchlichen Befunden zum Faktor Offenheit beteiligt sein: Wenn Offenheit stark über die Facette „Offenheit für Gefühle" gemessen wird oder – wie im Fall einer Schweizer Studie (Keller-Schneider, 2009) – über Aspekte wie Nachdenklichkeit, Phantasie und Ästhetik, dann ist es vermutlich so, dass Personen mit hohen Werten einerseits ihre eigenen (belastenden) Gefühle besser wahrnehmen und im Fragebogen ausdrücken, andererseits aber aufgrund ihrer (Über-)Sensibilität tatsächlich Schwierigkeiten im praktischen Handeln haben und daher in der Klassenführung Probleme erleben (auf dieses Handlungsfeld beziehen sich die Ergebnisse von Keller-Schneider). Solche Inkongruenzen sowie die öfter auftretenden Null-Korrelationen sind möglicherweise in manchen Fällen auf *nicht-lineare Zusammenhänge* zurückzuführen, die aus den publizierten Befunden in der Regel nicht ersichtlich sind. Zum Beispiel könnten sehr hohe Ausprägungen an sich wünschenswerter Merkmale für bestimmte Kriterien oder in speziellen Kontexten „Zuviel des Guten" sein (Patry, 2000). Erste empirische Belege für diese Annahme liefert eine Studie von Keller-Schneider & Albisser (2012), in der sich umgekehrt u-förmige Beziehungen zwischen Neurotizismus und Offenheit auf der einen und der Gestaltung innovativen Unterrichts auf der anderen Seite zeigten.

Tabelle 2: Zusammenhänge zwischen Personmerkmalen und der Bewährung im Lehrerstudium und im Lehrerberuf

PRÄDIKTOREN	*KRITERIEN*	*Lernstrategien im Studium*	*Akademische Leistungen und Wissen*	*Praxisleistungen (Noten, umgepolt)*	*Päd. Handlungskompetenz im Praktikum*	*Belastung im Praktikum*	*Zufriedenheit im Studium*	*Päd. Handlungskompetenz im Beruf*	*Belastung im Beruf*	*Zufriedenheit im Beruf*
Allgemeine Persönlichkeitsmerkmale	*Neurotizismus*	~	– –	–	– –	++	~	– –	+++	– – –
	Extraversion	~	0	+	++	– –	+++	++	– –	++
	Offenheit	++	+	0	0	0	++	++	~	++
	Verträglichkeit	+	~	0	+	0	+	0	~	++
	Gewissenhaftigkeit	+++	++	++	++	– – –	+++	+++	~	+++
Allgemeine Interessen	*Praktisch-technische Interessen*	+	0	0	+	–	0	+	–	0
	Intellektuell-forschende Interessen	++	0	0	+	0	++	+	0	0
	Künstlerisch-sprachliche Interessen	++	+	0	+	0	++	+	0	+
	Soziale Interessen	++	+	+	++	–	++	++	0	+
	Unternehmerische Interessen	++	0	0	++	–	++	+	– –	+
	Konventionelle Interessen	+	0	0	++	–	+	+	– –	+
Spezielle Personmerkmale	*Selbstwirksamkeit*				++			++	– – –	+++
	Proaktive Einstellung								– – –	+++
	Effizientes Coping							++	– –	++
	Ungewissheitstoleranz							++	– –	
	Humor							++	– –	++
	Enthusiasmus							++		++
	Berufsspezifische Interessen	++	+	+	+++	–	+	+++	–	++

–, – –, – – – bzw. +, ++, +++ = negativer bzw. positiver Zusammenhang von geringer (Varianzaufklärung bis 1 %), mittlerer oder großer praktischer Bedeutsamkeit (Varianzaufklärung ab 14 %; Klassifikation nach Astleitner 2003);
~ = widersprüchliche Befundlage bezüglich der Richtung des Zusammenhangs; 0 = kein Zusammenhang;
leeres Feld = keine Studie bekannt (nach Hanfstingl & Mayr, 2007, S. 53; adaptiert und aktualisiert; Stand: April 2014)

Die in Tabelle 2 angeführten Beziehungen basieren überwiegend auf *Selbsteinschätzung* nicht nur der Persönlichkeitsmerkmale sondern auch der Kriterien. Darin liegt eine Schwachstelle vieler Studien. Sie wird allerdings dadurch relativiert, dass man bezüglich der dargestellten Zusammenhänge zu keinen anderen Kernaussagen gelangt, wenn die Verhaltens- und Leistungskriterien durch Schüler/innen (wie bei Mayr & Neuweg, 2006), durch Peers (Mayr, 2012a) oder durch geschulte Beobachter/innen (wie bei Urban, 1984) eingeschätzt werden bzw. wenn man – wie im Fall von Studien- und Praktikumsleistungen – die Noten als Kriterien zur Verfügung hat (die allerdings sehr unzuverlässige Indikatoren darstellen; Urban, 1984). Bezüglich der Befindenskriterien (Zufriedenheit, Belastung) sind ohnehin die Selbstangaben ausschlaggebend. Einen Sonderfall stellt der Versuch dar, auch die Prädiktoren objektiv zu erfassen: Im Rahmen eines Längsschnitts bei angehenden österreichischen Grund-, Haupt- und Sonderschullehrkräften (Ortner, Litzenberger & Mayr, 2007) wurde parallel zu den Selbstbeschreibungsverfahren LPA und NEO-PI-R ein computerisiertes Belastungs-Assessment (BAcO; Ortner, Kubinger, Schrott, Radinger & Litzenberger, 2006) eingesetzt. Anders als die Fragebogendaten zeigten die Belastbarkeits-Testwerte keinerlei Beziehungen zu den selbst bzw. über Noten eingeschätzten Befindens- und Leistungsmaßen. Derselbe Computertest erwies sich allerdings in einer anderen, die Belastung von Lehrkräften mittels Tagebuch erfassenden Studie als prognosetauglich (Horvath, 2005).

2.3 Allgemeine Interessen

Der Begriff „Interesse“ wird relativ übereinstimmend als emotional positiv getönte Hinwendung einer Person zu bestimmten Inhalten oder Tätigkeiten verstanden, die darin ihren Ausdruck findet, dass sich die betreffende Person mit diesem Gegenstand gern beschäftigt bzw. die entsprechende Tätigkeit gern ausführt, weil dies mit persönlicher Befriedigung verbunden ist und den eigenen Wertvorstellungen entspricht (Krapp, 2006).

Eine unterschiedliche Fokussierung erfährt der Interessenbegriff insofern, als manche Konzepte die Genese und die Variabilität der Interessen in den Mittelpunkt stellen, wie dies insbesondere die pädagogisch-psychologische Interessenforschung tut (Krapp, 2007). Dabei wird der Weg von der zunächst gegebenen „Interessantheit“ eines Objekts (*situationales Interesse*) hin zum daraus erwachsenden, länger andauernden jedoch stets veränderlich gedachten *„individuellen Interesse“* beschrieben. Dem stehen Konzepte gegenüber, die *Interessen als Persönlichkeitsmerkmale* betrachten, die sich im Laufe von Kindheit und Jugend entwickeln und dann weitgehend stabil bleiben. Das prominenteste dieser Konzepte ist die aus der Berufspsychologie stammende Sechs-Faktoren-Theorie von Holland (für eine umfassende Darstellung siehe Holland, 1997). Auf sie wird im Folgenden näher eingegangen, da sie sich klar dem Persönlichkeitsansatz zuordnen lässt und auch in der Forschung zum Lehrerberuf weite Verbreitung findet.

Holland geht davon aus, dass sich sechs grundlegende Objektbereiche unterscheiden lassen, auf die sich das Interesse von Menschen richten kann (siehe Tabelle 3). Personen bevorzugen meist einen oder mehrere dieser Bereiche. Sie suchen Umwelten auf, die zu ihren Interessen *kongruent* sind, können dort ihre Fähigkeiten optimal entfalten und fühlen sich in solchen beruflichen und außerberuflichen Umwelten wohl.

Tabelle 3: Allgemeine Interessen nach Holland

INTERESSENRICHTUNG	BEVORZUGTE TÄTIGKEITEN
Praktisch-technische Orientierung (R – Realistic)	Tätigkeiten, die Kraft, Koordination und Handgeschicklichkeit erfordern und zu sichtbaren Ergebnissen führen, z.B. zu technischen, handwerklichen oder landwirtschaftliche Produkten
Intellektuell-forschende Orientierung (I – Investigative)	Auseinandersetzung mit physischen, biologischen oder kulturellen Phänomenen mit Hilfe systematischer Beobachtung und Forschung
Künstlerisch-sprachliche Orientierung (A – Artistic)	offene, unstrukturierte Aktivitäten, die eine künstlerische Selbstdarstellung oder die Schaffung kreativer Produkte sprachlicher, bildnerischer oder musikalischer Art ermöglichen
Soziale Orientierung (S – Social)	Tätigkeiten, bei denen man sich mit anderen in Form von Unterrichten, Lehren, Ausbilden, Versorgen oder Pflegen befassen kann
Unternehmerische Orientierung (E – Enterprising)	Aktivitäten, die andere Personen beeinflussen, sie zu etwas bringen, sie führen und auch manipulieren
Konventionelle Orientierung (C – conventional)	strukturiertes und regelhaftes Umgehen mit Daten, z.B. Aufzeichnungen führen, Dokumentationen anlegen, mit Büromaschinen arbeiten, also ordnend-verwaltende Tätigkeiten ausführen

Nach Bergmann & Eder (2005)

Die einzelnen Interessenbereiche können ihrer Ähnlichkeit nach in Form eines Hexagons angeordnet werden, wobei die Abfolge der Auflistung in Tabelle 3 entspricht. Personen, die benachbart liegende Interessenbereiche bevorzugen (z.B. die Bereiche I, A und S), weisen eine *konsistente* Interessenstruktur auf. Solche Interessenstrukturen sind häufiger als inkonsistente, in sich Widersprüchliches vereinende Strukturen. Personen lassen sich durch Angabe der drei dominierenden Interessenbereiche knapp und für viele Zwecke ausreichend „typisieren".

Das unter verschiedenen Bezeichnungen wie Hexagonales Modell, Big-Six-Modell oder RIASEC-Modell firmierende Konzept Hollands hat sich ähnlich dem FFM in der berufspsychologischen Forschung als Standard etabliert, es ist aber darüber hinaus auch aussagekräftig für außerberufliche Lebensbereiche wie das Freizeitverhalten. Sehr gut empirisch abgestützt ist die Strukturierung in sechs Dimensionen, weniger gut die Annahme, dass im Hexagon gegenüberliegende Orientierungen zu einander widersprüchlich sind (Holland, 2007; Bergmann & Eder, 2005).

Interessen scheinen in der FFT als *charakteristische Anpassungen* auf, die sich in Auseinandersetzung mit der Umwelt entwickeln (vgl. Abschnitt 2.2.3). Dem entsprechend gibt es auch zahlreiche Publikationen über den Zusammenhang der B5 mit den Interessenrichtungen Hollands, darunter auch gemeinsame Veröffentlichungen der Protagonisten der beiden Ansätze (Costa, McCrae & Holland, 1984). Die Berechnungen zeigen klare, erwartungsgemäße Zusammenhänge auf. Der Meta-Analyse von Larson, Rottinghaus und Borgen (2002) zufolge korrelieren z.B. künstlerische Interessen zu .48 mit Offenheit und unternehmerische Interessen zu .41 mit Extraversion. Diese deutliche Überlappung erklärt auch teilweise, warum die Interessen – nachdem sie sich um das zwanzigste Lebensjahr herum etabliert haben – über das mittlere Erwachsenenalter hinweg sehr stabil bleiben (Low, Yoon, Roberts & Rounds, 2005); als weitere Gründe kommen die bereits im Zusammenhang mit der Stabilität von Persönlichkeitsmerkmalen angeführten Ursachen in Betracht, insbesondere die Wahl von (Lern-)Umwelten, die den bereits bestehenden Präferenzen entsprechen und diese verstärken (Abschnitt 2.2.4 bzw. Low & Rounds, 2007).

Ihre hohe Stabilität wäre an sich eine gute Voraussetzung dafür, dass Interessen als *Prädiktoren* des Verhaltens und Befindens in Studium und Beruf dienen können. Im Kontrast dazu sind die diesbezüglichen Befunde auffallend heterogen (Tokar & Subich, 1997; Bergmann, 1998; Spokane, Meir & Catalano, 2000; Foerster, 2008). Ein möglicher Grund dafür könnte in den speziellen Arten liegen, wie Interessenkongruenz in der Tradition Hollands operationalisiert wird (siehe dazu Bergmann & Eder, 2005). Rolfs und Schuler (2002a, 2002b) fanden jedenfalls erst dann plausible Zusammenhänge zwischen der Passung der Interessenrichtungen einerseits und den Lernstrategien bzw. dem Wohlbefinden im Studium andererseits, als sie von der üblichen typologischen Definition von Kongruenz zu einer dimensionalen übergingen. Außerdem wäre zu berücksichtigen, dass das berufliche Verhalten – insbesondere auch die Studien- und Berufswahl – von vielen anderen Faktoren beeinflusst wird und dass innerhalb einer Studienrichtung bzw. eines Berufs überwiegend Personen zu finden sind, die in ihrer Interessenstruktur eine relativ homogene Gruppe bilden, was den Nachweis von Effekten erschwert (Nieskens, 2009).

Für die meisten Varianten des Lehrerberufs können laut dem Berufsregister im Allgemeinen Interessen-Struktur-Test (AIST-R; Bergmann & Eder, 2005), dem für wissenschaftliche Studien verbreitetsten Verfahren zur Erfassung der Holland-Dimensionen, hohe Werte im Faktor S als typisch und zugleich günstig gelten. Je nach Schulart bzw. Unterrichtsfach kommen dann weitere Faktoren hinzu, z.B. bei Grundschullehrer/inne/n und mehreren anderen Lehrergruppen die Dimensionen A und E, mitunter aber auch I (in naturwissenschaftlichen Fächern) oder R (in Sport).

Überraschenderweise gibt es bezüglich der Relevanz von allgemeinen Interessen für die Bewährung im Lehrerstudium und Lehrerberuf kaum Befunde. Ausnahmen bilden z.B. die Untersuchung von Kaub et al. (2012) sowie einige im Abschnitt 2.6 referierte Erhebungen. Für eine grobe Orientierung kann die Zusammenschau in Tabelle 2 dienen, in die diese und weitere Befunde eingeflossen sind. Es zeigt sich dabei, dass die bereits im Berufsregister bei mehreren Lehrämtern aufscheinenden Merkmale S, A und E tatsächlich die die bedeutsamsten sind. Da die Berechnungen auf Daten von Studierenden bzw. Lehrkräften unterschiedlicher Schularten und Fächer beruhen, ergibt sich allerdings ein gemittelter Zusammenhang, der eventuelle Schulart-Effekte und Spezifika des Unterrichtsfachs verdeckt.

2.4 Spezielle Personmerkmale

Neben den allgemeinen Persönlichkeitsmerkmalen und Interessen spielen in der Forschung zum Lehrerberuf einige spezielle, außerhalb der B5- bzw. Holland-Forschung entstandene Konstrukte eine besondere Rolle. Dazu gehören u.a. Selbstwirksamkeit (eigentlich: Selbstwirksamkeitserwartung), Enthusiasmus und lehrerberufs-spezifischen Interessen. Diese Merkmale bzw. die dahinter stehenden Konzepte erfahren in der erziehungswissenschaftlichen Forschung und bei Lehrerbildner/inne/n meist eine größere Akzeptanz als die allgemeinen Merkmale. Die Gründe dafür lassen sich gut anhand des Konstrukts Selbstwirksamkeit nachvollziehen, das von Bandura eingeführt wurde (für eine aktuelle Darstellung siehe Bandura, 1997):

Schneewind (1984, S. 232-236) vermutet, Banduras Ansatz der „sozial-kognitiven Lerntheorie" habe gleichsam „die Person" aus den engen Grenzen des Behaviorismus befreit, indem er ein Menschenbild anbot, in dem Platz für reflexives Bewusstsein, Selbstbestimmung und auch für Emotionen ist. Zugleich wird der hohe methodische Anspruch des Behaviorismus beibehalten, was den Ansatz für Wissenschafter/innen attraktiv macht. Überdies wird menschliches Handeln – innerhalb gewisser Grenzen – für veränderbar gehalten, es werden dafür Technologien wie das

Modelllernen angeboten und Einzelne wie auch Gruppen werden zur „Selbstentwicklung" ermutigt. Bandura (1997, S. 214-243) übertrug seine Konzeption auch auf das Bildungswesen. Er interessierte sich beispielsweise für die Relevanz der Selbstwirksamkeit für die Bewältigung akademischer Anforderungen und arbeitete heraus, dass sich auch die Lehrpersonen als selbstwirksam erleben müssten, um ihren Schüler/inne/n Selbstwirksamkeit zuzutrauen und konstruktive Lernprozesse anzuregen. Darüber hinaus sieht Bandura Selbstwirksamkeit als bedeutsame Ressource für Lehrpersonen, damit sie auch mit schwierigen pädagogischen Situationen zurande kommen und langfristig ohne psychische Schädigung im Beruf verbleiben können. Banduras Überlegungen haben auch im deutschen Sprachraum zahlreiche Studien angeregt und zu Bemühungen geführt, die Selbstwirksamkeitserwartung von Lehrkräften zu trainieren (Schwarzer, 1998). Bemerkenswert ist in diesem Zusammenhang der Befund von Holzberger, Philipp und Kunter (2013), dass die Selbstwirksamkeitswerwartung stärker das Resultat der zuvor von der Lehrkraft erfahrenen realen Wirksamkeit (z.B. in der Klassenführung) ist, als dass die Selbstwirksamkeitserwartung die Qualität des pädagogischen Handelns verursacht. Es stellt sich daher die Frage, was eher trainiert werden sollte - das Zutrauen in die eigene Wirksamkeit oder die Handlungskompetenz.

Ähnlich wie bei der Selbstwirksamkeitserwartung ließe sich auch die hohe Akzeptanz anderer spezieller Persönlichkeitsmerkmale begründen, wie z.B. Humor (Rißland, 2002) oder Toleranz gegenüber Ungewissheit (König & Dalbert, 2007). Die Zusammenhänge dieser Merkmale mit Kriterien der Kompetenz und des Befindens im Beruf sind aus Tabelle 2 zu entnehmen; sie fallen recht deutlich aus. Verwendet man das *FFM als Referenzmodell*, dann bemerkt man, dass die Korrelationen inhaltlich ähnlich gelagert sind wie jene für die Persönlichkeitsmerkmale Neurotizismus, Extraversion und Gewissenhaftigkeit (die Leerstellen bezüglich mancher Kriterien ergeben sich aus dem Fehlen entsprechender Befunde für Lehrerstudent/inn/en). Diese Ähnlichkeit der Zusammenhangsmuster wird verständlich, wenn man die inhaltliche Konzeption der speziellen Persönlichkeitsmerkmale und die für ihre Erfassung verwendeten Verfahren mit jenen der B5 vergleicht. So würden z.B. die Items „Wenn sich Widerstände auftun, finde ich Mittel und Wege, mich durchzusetzen" oder „Schwierigkeiten sehe ich gelassen entgegen, weil ich meinen Fähigkeiten immer vertrauen kann" aus den Skalen zur Allgemeinen Selbstwirksamkeit von Jerusalem und Schwarzer (1999) durchaus in Skalen zur Erfassung der B5-Facette Durchsetzungsfähigkeit (Faktor E) bzw. der Facette Ängstlichkeit (Faktor N) passen. Dasselbe gilt grundsätzlich auch für die berufsspezifisch formulierten Items der Lehrer-Selbstwirksamkeitsskala (Schwarzer & Schmitz, 1999). Bei diesen ist lediglich der Bezug zu Schüler/inne/n oder Kolleg/inn/en eingebaut, die Bedeutungsstruktur der Items bleibt gleich. Dementsprechend fand Schulte (2008) auch Korrelationen zwischen Neurotizismus bzw. Extraversion und der Lehrer-Selbstwirksamkeit von -.48 bzw. .54.

Vor dem Hintergrund des FFM betrachtet können die hier thematisierten speziellen Persönlichkeitsmerkmale als *Legierungen* mehrerer Facetten (also breitere Merkmalsbündel) oder *Ausschnitte* aus ihnen (also engere Konstrukte) verstanden werden, sie können aber auch *„quer"* zu den Faktoren und Facetten des FFM liegen (Asendorpf, 2007, S. 156f.) bzw. es kann sich um *kontextbezogene Spezifizierungen* handeln. Ein Beispiel aus dem Interessenbereich wären die Lehrer-Interessen-Skalen (LIS; Mayr, 1998), die in Anlehnung an die Items des AIST formuliert wurden, jedoch konkrete Tätigkeiten benennen, die für den Lehrerberuf charakteristisch sind (z.B. „Hefte korrigieren"). Dementsprechend korrelieren z.B. die LIS-Faktoren „Soziale Beziehungen fördern" und „Verhalten kontrollieren und beurteilen" plausiblerweise mit den AIST-Faktoren S, E und A bzw. E und C (Mayr, 1998, S. 118), sie stellen also nicht bloß situationsspezifisch formulierte Holland-Faktoren dar. Durch ihre Konkretheit rücken sie in die Nähe situational bestimmter Interessen (siehe Abschnitt 2.3).

2.5 Personmerkmale und Kompetenz

Im Rahmen von Coachings oder Trainings wird oft auf Fragebögen zu den beschriebenen speziellen Personmerkmalen, zurückgegriffen, um anzustrebende psychosoziale Entwicklungsziele zu identifizieren und Erfolgskontrollen durchzuführen. Beispiele dafür sind manche Skalen aus dem AVEM (Schaarschmidt & Fischer, 2003), der das „arbeitsbezogene Verhaltens- und Erlebensmuster" erfassen soll und beim Potsdamer Lehrertraining eingesetzt wird (Abujatum, Arold, Knispel, Rudolf & Schaarschmidt, 2007). Dem Verwendungszweck entsprechend suggerieren manche der Skalenbezeichnungen, dass es um die Erhebung von Kompetenzen ginge und Veränderung nicht nur erwünscht, sondern auch gut möglich wäre – andererseits korrelieren die Skalen teilweise hoch mit den recht veränderungsresistenten B5-Faktoren (z.B. die Skala „Ruhe und Ausgeglichenheit" zu –.74 mit Neurotizismus; Kieschke, 2003). Es ist deshalb nicht verwunderlich, dass die Trainingserfolge bei Personen mit sehr problematischen Ausgangswerten zu wünschen übrig lassen (Abujatum et al., 2007, S. 155). Es stellt sich daher pragmatische die Frage, ob die Veränderung der betreffenden Eigenschaft bzw. Kompetenz überhaupt durch ein Training bzw. – allgemeiner betrachtet – durch Lehrerbildung erwartet werden darf und unter theoretischer Perpektive wäre zu diskutieren, wie das Verhältnis von Personmerkmalen einerseits und Kompetenzen andererseits gedacht werden soll.

In der Forschung zum Lehrerberuf wird ein Kompetenzbegriff bevorzugt, der anknüpfend an eine Definition von Weinert (2001, S. 27-28) neben dem Aspekt des Könnens auch die Bereitschaft einschließt, dieses Können anzuwenden. Im Fragebogen zur Emotionalen Kompetenz (EKF; Rindermann, 2009) – er soll hier als Beispiel dienen – kommt Ersteres in den Items der Hauptskalen zum Tragen (Beispiel-Item: „Ich kann meine Gefühle gut ausdrücken"), das Zweite in der Zusatzskala Einstellung zu Gefühlen (Beispiel-Item: „Es ist mir wichtig, Gefühle auszudrücken."). Weinerts Definition beinhaltet noch weitere bemerkenswerte Aspekte: Sie betont den kognitiven Anteil von Kompetenzen und verweist explizit auf deren Erlernbarkeit. Sie lässt allerdings offen, ob diese Erlernbarkeit im selben Ausmaß auch für die nicht-kognitiven Komponenten gilt, darunter die „sozialen Bereitschaften und Fähigkeiten". Baumert und Kunter (2006, 2011) greifen diese Konzeption auf und präzisieren sie, wobei auch mitbedacht wird, dass sich Kompetenzen in Interaktionssituationen zu bewähren haben, die einer „intuitive(n) Interpretation" und „Feinabstimmung im Handlungsvollzug" bedürfen (Baumert & Kunter, 2011, S. 35). Im ergänzend formulierten Modell der Entwicklung professioneller Kompetenz (Kunter, Kleickmann, Klusmann & Richter, 2011) wird der Persönlichkeit (im Sinne relativ stabiler, auch unspezifischer Merkmale) eine Bedeutung für die Nutzung der Lerngelegenheiten, für die professionelle Kompetenz und das professionelle Verhalten zugeschrieben wird, der Kompetenzbegriff selbst bleibt jedoch für die berufsspezifischen und prinzipiell erlernbaren Anteile reserviert.

Es ergibt sich freilich auch in diesem Zusammenhang – ähnlich wie bei der Unterscheidung zwischen allgemeinen und spezifischen Personmerkmalen – das Problem der empirischen Abgrenzbarkeit der interessierenden Konstrukte. Dies lässt sich wieder anhand des Fragebogens zur Emotionalen Kompetenz (EKF) zeigen: Im Handbuch zu diesem Verfahren berichtet Rindermann (2009) über eine Studie, der zufolge die einzelnen B5-Faktoren substanziell mit der emotionalen Kompetenz korrelieren (was auch theoretisch zu erwarten ist); wenn man aus allen fünf Faktoren einen Generalfaktor extrahiert (Big One; vgl. Abschnitt 2.2.2), dann erklärt dieser mit einem Koeffizienten von .96 (!) fast vollständig den Gesamtwert der emotionalen Kompetenz. Emotionale bzw. psychosoziale Kompetenz (bei Rindermann ist der Begriff Emotional Kompetenz sehr weit gefasst) ist damit eigentlich nur ein anderer Name für den Überlappungsbereich, den „gemeinsamen Kern" der B5. Mehr noch: Es sprechen sowohl die B5-Theorie als auch empirische Befunde dafür, dass die Persönlichkeit nicht nur hoch mit der psychosozialen Kompetenz korreliert, sondern dass sie diese auch zu einem wesentlichen Anteil verursacht (Lang, 2009; Mayr, 2012b).

Das bedeutet nun nicht, dass Persönlichkeit und Kompetenz einander generell so stark überlappen und kausal verknüpft sind, wie das anscheinend im psychosozialen Bereich der Fall ist. Das Verhältnis von Persönlichkeit und Kompetenz stellt sich vielmehr je nach Kompetenzdomäne anders dar. So könnte beispielsweise eine hohe Ausprägung im Persönlichkeitsmerkmal Gewissenhaftigkeit (B5-Faktor G) in Verbindung mit starkem Interesse an Kunst (Faktor A aus dem RIASEC-Modell) und Interesse am Gestalten von Unterricht (ein Faktor aus dem LIS) eine günstige Voraussetzung dafür bilden, dass sich Lehramtsstudierende gutes fachdidaktisches Wissen (als Element ihrer professioneller Kompetenz) im Fach Kunst aneignen. In diesem Fall wären niedrige bis allenfalls mittlere Korrelationen zwischen den genauer Personmerkmalen und dem Wissen zu erwarten, es gäbe aber keinen Grund zur Annahme, das didaktische Wissen wäre eine direkte Auswirkung der Persönlichkeit.

Je nach Stärke der Einbettung einer bestimmten Kompetenz in die Persönlichkeitsstruktur wäre demnach auch die Frage nach der Entwickelbarkeit dieser Kompetenz durch die Lehrerbildung unterschiedlich zu beantworten. Aussagekräftige Antworten dazu könnten sich aus den Befunden mehrerer aktueller Trainingsstudien ableiten lassen, bei denen auch Angaben zu Persönlichkeit erfasst werden, z.B. dem Projekt zur Förderung von Selbstregulationskompetenz an der TU München (Mattern, 2012) oder dem Projekt zum Training psychosozialer Basiskompetenzen an der Universität Kassel (Nolle, 2013). Kompetenzen müssten dann nicht mehr a priori und undifferenziert als „lern- und vermittelbar“ bzw. als „Produkte beruflicher Entwicklungsprozesse“ (Baumert & Kunter, 2011, S. 46) gelten.

2.6 Längsschnittstudien zu Personmerkmalen von Lehrkräften

Längsschnittstudien sind für die Diskussion des Persönlichkeitsansatzes aus zwei Gründen bedeutsam: Sie erleichtern die Überprüfung, ob Personmerkmale tatsächlich Effekte auf berufsbedeutsame Kriterien haben (also nicht bloß deren Korrelate sind), und sie ermöglichen Aussagen über Veränderungen dieser Merkmale. Solche Veränderungen sind u.a. deshalb interessant, weil Personmerkmale nicht nur als *Determinanten* von Lernprozessen in der Aus- und Fortbildung, sondern auch als *Ziele* von Lehrerbildung in Betracht kommen (Götz, Frenzel & Pekrun, 2007, S. 73): Die Förderung von psychischer Stabilität, also die Veränderung dieses Merkmals, wird z.B. durchaus auch in Lehrerbildungskonzepten für wünschenswert gehalten, die nicht unmittelbar dem Persönlichkeitsansatz verpflichtet sind.

Im Folgenden wird dieser Thematik anhand von drei Studien nachgegangen. Es sind dies eine über zehn Jahre laufende, österreichweit durchgeführte Erhebung an einer fast vollständigen Jahrgangskohorte von Lehrkräften (*Studie A*: im Überblick Mayr, 2006a; Mayr, 2010), eine bereits vor dieser begonnene und parallel dazu fortgeführte, 22 Jahre dauernde Studie an einer Pädagogischen Akademie (*Studie B:* Hanfstingl, 2008) und eine an diese angedockte, dreijährige Untersuchung an derselben Akademie (*Studie C:* Mayr, 2006b; Ortner, Litzenberger & Mayr, 2007). Alle drei Studien beziehen sich auf Grundschul-, Hauptschul- und Sonderschulpädagog/inn/en, die eine dreijährige, stark praxisbezogene Ausbildung absolvieren und nach dieser ohne Induktionsphase als vollberechtigte Lehrkräfte in den Beruf eintreten.

Die sich in den drei Studien zeigenden Zusammenhänge zwischen Persönlichkeitsmerkmalen und Interessen einerseits und diversen Kriterien andererseits sind in die Tabelle 2 eingeflossen. Gesondert angeführt werden im Folgenden einige über die einfachen Korrelationen hinausgehenden Befunde.

2.6.1 Persönlichkeit, Lernprozesse und Bewährung in Studium und Beruf

Die FFT beschreibt in groben Zügen die komplexen Wechselwirkungen zwischen den Variablen des „Persönlichkeitssystems" (vgl. Abschnitt 2.2.3 bzw. Abbildung 1), spezielle Modelle des Aufbaus und der Entwicklung von Lehrerkompetenz können ergänzend insbesondere die dabei relevanten Lernprozesse präzisieren (vgl. das von Baumert & Kunter, 2006 formulierte Opportunitäts-Nutzungsmodell oder das Angebots-Nutzungs-Modell der Lehrerfortbildung von Lipowsky, 2010). In der Zusammenschau besagen diese Modelle, dass Studierende mit bestimmten Eingangsmerkmalen ins Studium eintreten, dass sie die dort vorgefundenen Lerngelegenheiten in Abhängigkeit von ihren Eingangsmerkmalen und von der Qualität dieser Angebote nutzen, dass es dadurch zu einem Aufbau von Kompetenzen und allenfalls auch zu einer Weiterentwicklung von Persönlichkeitsmerkmalen und Interessen kommt, wodurch letztlich das pädagogische Handeln und Befinden in den Praktika bzw. im Beruf beeinflusst wird. Diese Annahmen erlauben die Erstellung entsprechender, im Längsschnitt überprüfbarer Strukturgleichungs- bzw. Pfadmodelle (Mayr, 2010).

In *Studie A* zeigen sich diesen Annahmen entsprechend u.a. Pfade vom Merkmal Gewissenhaftigkeit (erfasst mit dem NEO-FFI) zum Aneignen von Theorie im Studium (erhoben über das Instrumentarium von Oser, 2001) und zum Fortbildungsverhalten im Beruf, das bei gewissenhaften Personen eher sachorientiert angelegt ist. Es führen allerdings weder von der Theorieaneignung noch der Nutzung von Sachinformationen Pfade zum später erhobenen pädagogischen Können. Auch die Tiefe, in der Kompetenzen im Studium erworben wurden (d.h. wie stark zusätzlich zur theoretischen Auseinandersetzung auch Übungen und Praxiserfahrungen absolviert wurden) erklärt nur ganz geringe Varianzanteile einzelner, im zweiten Dienstjahr erfragter Teilkompetenzen; im siebten Dienstjahr ist auch dieser Effekt praktisch verschwunden (Mayr, 2006a). Dies kann zum Teil an einer zu ungenauen Erfassung der Lernwege im Studium liegen, das auf andere Art erhobene Lernen im Beruf zeigt jedenfalls deutlichere Effekte (Mayr, 2007a). Manche Persönlichkeitsmerkmale wirken sowohl direkt als auch indirekt auf die spätere Kompetenz: Extravertierte Lehrkräfte erleben z.B. das Lernen durch kollegialen Austausch als besonders hilfreich, und dieser Lernweg weist seinerseits deutliche Pfade zu mehreren Kompetenzbereichen auf. Extraversion wirkt jedoch auch direkt auf die Kompetenz im Fördern sozialer Beziehungen. Ein ähnlich strukturiertes Pfadmodell mit den allgemeinen Interessen als Prädiktoren (erhoben mit dem AIST) führt zu ähnlichen Ergebnissen (Mayr, 2010). Die Varianz der als Zielvariablen fungierenden Kompetenzen kann durch diese Modelle zu 11 bis 34 Prozent erklärt werden.

Im Zusammenhang mit der *Laufbahnberatung* von potenziellen Lehramtsstudierenden ist es interessant, wie weit selbst eingeschätzte Persönlichkeitsmerkmale und Interessen eine Vorhersage des späteren Befindens im Beruf ermöglichen. Wenn man als Prädiktoren die Werte im LPA und im LIS verwendet (zwei Verfahren, die auch Bestandteile des Online-Beratungsangebots CCT sind), dann ergeben sich multiple Korrelationen von .42 bzw. .44 mit dem Erleben von Erfolgen bei der Unterrichtsarbeit im dritten bzw. siebten Berufsjahr. Das entspricht Varianzaufklärungen von 15 bzw. 18 Prozent (Mayr, 2010).

Die FFT beansprucht, dass sich anhand der B5 bzw. der aus ihnen erwachsenden Interessen auch Laufbahnentscheidungen wie z.B. ein *Karrierewechsel* vorhersagen lassen. In Studie A korreliert in Übereinstimmung damit die im siebten Dienstjahr geäußerte Absicht, eine Leitungsposition im Bildungswesen anzustreben, mit der im ersten Studienjahr – also fast zehn Jahre zuvor – erhobenen Extraversion (r = .28) und der unternehmerischen Interessenorientierung (r = .30).

2.6.2 Persönlichkeitsentwicklung in Studium und Beruf

Entsprechend der FFT und den oben beschriebenen Befunden sollte es innerhalb der hier betrachteten Altersgruppe der ungefähr 19- bis 30-jährigen Studierenden bzw. jungen Lehrkräfte kaum Veränderungen in den Grundtendenzen der Persönlichkeit geben, eher schon sind Änderungen in den berufsspezifischen Interessen zu erwarten.

In *Studie A* wurden die für den Lehrerberuf besonders relevanten Persönlichkeitsmerkmale Belastbarkeit, Extraversion und Gewissenhaftigkeit bei Beginn und am Ende des Studiums sowie im zweiten und im siebten Dienstjahr mit dem Kurzverfahren LPA erhoben. Die dabei festgestellten *Änderungen in den Gruppenmittelwerten* entsprechen recht gut den allgemeinen alterstypischen Trends: Einer Abnahme der Extraversion steht eine Zunahme der Belastbarkeit (signifikant nur während des Studiums) und der Gewissenhaftigkeit (bei diesem Merkmal um fast eine halbe Standardabweichung) gegenüber. Die *Änderungen in den relativen Positionen* der einzelnen Personen lassen sich an den Korrelationen zwischen den einzelnen Messungen ablesen: Sie liegen über den zehnjährigen Zeitraum betrachtet um .50, wenn man die Reliabilität der verwendeten Kurzskalen durch Minderungskorrektur berücksichtigt, dann ergeben sich Werte bis zu .90. Das spricht dafür, dass es wenig individuelle, vom allgemeinen Trend abweichende Änderungen gibt (Mayr & Neuweg, 2006).

In *Studie C* erfolgte mittels NEO-PI-R eine präzisere Erfassung aller Faktoren und Facetten des FFM, allerdings nur an einer einzigen Pädagogischen Akademie (seit 2007: Hochschule). Die bisher ausgewerteten Daten der 2002 ins Studium eingetretenen Lehramtsaspirant/inn/en zeigen im Verlauf des Studiums eine Zunahme der Belastbarkeit (um ungefähr eine Viertel Standardabweichung) und der Gewissenhaftigkeit, die übrigen Faktoren ändern sich nicht signifikant. Bei der Erhebung am Ende des Studiums wurden die Studierenden ergänzend gefragt, ob bzw. bei welchen Persönlichkeitsfaktoren sie selbst Änderungen bemerkt hätten und worauf sie diese zurückführten. Eine exemplarische Analyse der Daten jener Personen, die einen Zuwachs an Belastbarkeit bemerkt hatten, zeigt, dass dieser Zuwachs im Mittel bei drei Fünftel Standardabweichungen liegt und damit sehr deutlich ausfällt. Als Auslöser dieser Änderungen nannten die Befragten häufig Situationen, in denen sie dank einer systematisch erarbeiteten Kompetenzsteigerung schwierige akademische oder schulpraktische Herausforderungen bewältigen konnten. Diese Situationen gingen oft mit einer Reflexion der eigenen Biografie und der eigenen Lebensphilosophie einher, bei der die Student/inn/en durch für sie wichtige Personen (Kommiliton/inn/en, Mentor/inn/en, Dozent/inn/en) unterstützt wurden (Mayr, 2006b).

Zur Konstanz und Veränderung im Bereich der *Interessen* liefern Studie A und Studie B Informationen: In *Studie A* wurden die lehrerberufs-spezifischen Interessen mittels LIS zu denselben Zeitpunkten erhoben wie die Persönlichkeitsmerkmale (siehe oben). Während des Studiums gibt es praktisch keine *Mittelwertsänderungen*, nach dem Studium sinkt das Interesse mit Ausnahme des Interesses am Unterrichten in allen Bereichen ab, und zwar im Allgemeinen schrittweise hin zum zweiten und dann nochmals zum siebten Berufsjahr – bei spiegelbildlich verlaufender Selbsteinschätzung der Kompetenz in diesen Bereichen (Mayr, 2007b). Die Korrelationen der Interessenwerte als Ausdruck der *individuellen Variation* zwischen dem Beginn des

Studiums und dem siebten Dienstjahr sind erwartungsgemäß niedriger als bei den Persönlichkeitswerten und stark vom Interessenbereich abhängig. Sie liegen zwischen .17 (Interesse an der Zusammenarbeit mit Eltern und Kolleg/inn/en) und .53 (Interesse am Kontrollieren und Beurteilen), das entspricht minderungskorrigierten Werten von .24 bzw. .66.

Studie B (Hanfstingl, 2008) leistet in Ergänzung zu dieser variablenorientierten eine *personorientierte Analyse* von Veränderungen der berufsspezifischen Interessen mit Hilfe eines typologischen Ansatzes. Anhand der zu Beginn des Studiums erhobenen Daten wurden die Personen mittels Clusteranalyse zu drei Gruppen zusammengefasst. Gruppe 1 wies in allen Bereichen ein besonders ausgeprägtes Interesse auf, die Gruppe 2 lag insgesamt deutlich niedriger, lediglich das Interesse am Fördern sozialer Beziehungen und am Kontrollieren und Beurteilen erreichte durchschnittliche Werte. Gruppe 3 lag mit Ausnahme einer „Schwachstelle" beim Fördern sozialer Beziehungen zwischen den beiden anderen Gruppen. Bei der zunächst hoch interessierten Gruppe 1 kam es zu einem kontinuierlichen Abfall des Interesses an den Tätigkeiten von Lehrpersonen. Bei der zunächst besonders problematischen Gruppe 2 stieg das Interesse während des Studiums, fiel aber im Verlauf des Berufslebens wieder ab. Bemerkenswerterweise bekundete diese Gruppe zu allen Erhebungszeitpunkten besonders wenig Interesse an Fortbildung und büßte im Laufe der Zeit auch ihr anfänglich zumindest durchschnittliches soziales Interesse ein. Die zu Studienbeginn durch mittlere Interessen charakterisierte Gruppe 3 konnte ihr Interesse in den meisten Bereichen stabilisieren, hinsichtlich mehrerer Bereiche lag sie beim letzten Erhebungszeitpunkt sogar gleichauf mit Gruppe 1.

Inhaltlich interpretiert deutet das darauf hin, dass anfänglich euphorische Erwartungen in die Attraktivität des Lehrerberufs einer realitätsnäheren Haltung weichen, dass aber bei einem bereits zu Anfang des Studiums geäußerten geringen Interesse nicht damit gerechnet werden darf, dass sich dieses Interesse im Laufe der Jahre eventuell noch einstellen würde. Unter *interessentheoretischer* Perspektive betrachtet Hanfstingl (2008) die zumindest bei Teilgruppen starke Variabilität der berufsspezifischen Interessen als Hinweis darauf, dass für diese Domäne eher eine prozessorientierte als eine dispositionale Sicht von Interessen angemessen wäre. Mit Blick auf die *Auswertungsmethode* zeigt diese Studie, dass ein personorientierter Ansatz in Ergänzung zu einem variablenorientierten wertvolle Erkenntnisse über differenzielle Besonderheiten erbringen kann.

3. Zusammenfassung und Ausblick

Die Forschungen zur Lehrerpersönlichkeit haben einen soliden Fundus an Wissensbeständen erbracht, werfen aber auch Fragen auf:

- Die breiten Persönlichkeitsmerkmale Neurotizismus, Extraversion und Gewissenhaftigkeit stehen zu einem großen Spektrum an Kriterien des berufsrelevanten Verhaltens und Erlebens in Beziehung. Unter den allgemeinen Interessen sind es vor allem soziale, künstlerisch-sprachliche und unternehmerische Orientierungen, die mit solchen Kriterien korrelieren.
- Dazu kommen je nach Kriterium unterschiedliche Facetten der Persönlichkeit sowie einige spezifische Merkmale, etwa die Selbstwirksamkeitserwartung und die unmittelbar auf die Lehrertätigkeit bezogenen Interessen. Diese engeren Konstrukte weisen erwartungsgemäß zu ähnlich eng gefassten Kriterien besonders deutliche Beziehungen auf.

- Die Höhe der Varianzaufklärung erreicht bei passender Prädiktor-Kriteriums-Kombination schon bei Einzelkorrelationen und erst recht bei multiplen Korrelationen ein praktisch relevantes Ausmaß.
- Die Wirkungsweise der Personmerkmale ist häufig eine indirekte, d.h. die Personmerkmale haben primär einen Einfluss auf die Lernprozesse und diese sind dann für die Kompetenz bzw. das Verhalten maßgeblich. Direkte Effekte von Personmerkmalen scheinen insbesondere auf Merkmale des Befindens zu bestehen.
- Allgemeine Persönlichkeitsmerkmale und Interessen bleiben über lange Zeiträume relativ stabil und erlauben daher Prognosen des späteren Verhaltens und Erlebens. Tätigkeitsbezogene Interessen sind variabler.
- Bezüglich mancher Personmerkmale bestehen konzeptionelle Unschärfen. Das betrifft insbesondere spezielle, berufsnah formulierte Persönlichkeitsmerkmale. Bei diesen ist trotz in den letzten Jahren erfolgter Präzisierungen mitunter unklar, wie ihre Beziehung zu den allgemeinen Persönlichkeitsmerkmalen und die Abgrenzung zu beruflichen Kompetenzen zu sehen sind.

3.1 Folgerungen für die Forschung

- Manche Modelle der pädagogischen Handlungskompetenz bzw. der Kompetenzentwicklung im Lehrerberuf weisen Persönlichkeitsmerkmalen und Interessen einen Platz als individuelle Lernvoraussetzungen zu. Die skizzierte Befundlage spricht dafür, diese Funktion nicht nur konzeptuell vorzusehen, sondern die entsprechenden Personmerkmale vermehrt auch in empirische Studien als Variablen mit aufzunehmen. Darüber hinaus wären sie nicht nur als Determinanten, sondern auch als – durch Lernprozesse beeinflussbare – Zielgrößen zu berücksichtigen, was eine wiederholte Erhebung in Längsschnittstudien nahelegt.
- Die erwähnten konzeptionellen Unklarheiten bezüglich der Beziehung von Personmerkmalen und Kompetenzen zu bereinigen, ist eine Aufgabe, die sich innerhalb der Persönlichkeitsforschung ebenso stellt wie im Bereich der Kompetenzforschung. Die Diskussion um die Beziehung von Persönlichkeitsmerkmalen auf der einen und Kompetenzen auf der anderen Seite würde vermutlich durch Kompetenzdefinitionen erleichtert, welche Kompetenzen nicht zwingend als ausschließlich gelernte Phänomene definieren, sondern die Frage ihrer Entstehung offen lassen.
- Wenn in der bildungswissenschaftlichen Forschung Persönlichkeitsmerkmale berücksichtigt werden, dann sollte das Abstraktionsniveau ihrer Messung bewusster als üblich auf das Abstraktionsniveau jener Variablen abgestimmt werden, zu denen sie in Beziehung gesetzt werden. Sofern das nicht möglich ist, etwa weil die Erhebung der Personmerkmale dann zu aufwändig wird, wären solche Verstöße gegen das Symmetrieprinzip bei der Interpretation zu berücksichtigen.
- In der überwiegenden Zahl der Studien werden die Daten variablenorientiert ausgewertet. Komplementär dazu wären personorientierte Analysen wünschenswert. Durch diese könnten zusätzlich zur Betrachtung einzelner Persönlichkeits- und Interessenmerkmale berufsrelevante Merkmalskonfigurationen identifiziert werden.

3.2 Folgerungen für die Lehrerbildung

Das Resümee aus den obigen Ausführungen ist, dass es offensichtlich Personmerkmale gibt, die (a) über längere Zeiträume hinweg relativ stabil und (b) bezüglich bestimmter berufsrelevanter Kriterien bedeutsam sind, weil sie diese erklären und/oder prognostizieren können. Diese Erkenntnisse sind auch praktisch relevant: für angehende und im Beruf stehende Lehrkräfte, für Berater/innen und Lehrerbildner/innen sowie für die lehrerbildenden Institutionen und die Bildungspolitik. Für jeden dieser Akteure ergeben sich daraus bestimmte Handlungsoptionen. Mayr und Neuweg (2006) systematisieren diese Optionen danach, ob eher die Stabilität oder die Veränderbarkeit von Personmerkmalen in den Blick genommen wird (siehe dazu Tabelle 4).

Tabelle 4: Implikationen des Persönlichkeitsansatzes für die Rekrutierung und Ausbildung von Lehrkräften

AKTEUR / AKTION	*Persönlichkeit(en) …*		
	verändern	*akzeptieren*	*auswählen*
Student/in *Lehrer/in*	sich selbst entwickeln	Stärken nutzen, mit Schwächen umgehen	passende Laufbahn wählen
Berater/in *Lehrerbildner/in*	Coaching bzw. Training anbieten	Begleitung persönlichkeitsreflexiv gestalten	Unterstützung bei der Laufbahnwahl geben
Hochschule *Bildungspolitik*	persönlichkeitsförderndes Lernumfeld schaffen	für Individualisierung und Differenzierung sorgen	Unterstützung … (s.o.) geben, Selektionsmaßnahmen setzen

Zusammenfassung nach Mayr & Neuweg (2006)

- Wenn man die (relative) *Stabilität* der Persönlichkeit ernst nimmt, ergibt sich daraus die Folgerung, am Lehramt Interessierte sollten sorgfältig abklären, ob ihre Interessen und personalen Potenziale für diesen Beruf passen, Lehrerbildner/innen und Lehrerbildungseinrichtungen sollten sie dabei durch Beratung unterstützen und die Institutionen sollten durch Aufnahmeverfahren bzw. entsprechende Studienanforderungen (auch berufspraktischer Art) dazu beitragen, dass Personen mit ungünstigen Dispositionen vom Lehrerberuf ferngehalten werden.
- Wenn man die (relative) *Veränderbarkeit* betont, dann liegt es nahe, die Studierenden und Lehrkräfte zur persönlichen Weiterentwicklung zu animieren, ihnen entsprechende Betreuung (z.B. Coaching) anzubieten und darauf zu achten, dass das Lernumfeld sich günstig auf die Entfaltung der Persönlichkeit auswirkt (z.B. indem der „heimliche Lehrplan" des Studiums dahingehend überprüft wird, ob er nicht durch gängelnde Vorschriften Eigenständigkeit behindert).
- Die dritte Gruppe an Optionen intendiert das *Akzeptieren der individuellen Eigenarten*, solange diese keine deutlich problematischen Ausprägungen aufweisen. Sie legt nahe, Studierende und Lehrkräfte zu ermutigen, bewusst ihre individuellen Stärken zu nutzen und Wege zu finden, so mit ihren Schwächen umzugehen, dass sie möglichst wenig ins Gewicht fallen (z.B. für sie „stimmige" Formen der Klassenführung zu kultivieren). Praxisberater/innen könnten sie dabei durch Hinweise unterstützen und die Studienpläne wären so zu konzipieren, dass unterschiedliche, zur betreffenden Person passende Lernwege möglich sind.

Zusammengefasst: (a) Die dargestellten Konzepte und Befunde verdeutlichen, dass der Terminus „Persönlichkeitsansatz" nicht zwangsläufig bedeuten muss, in Forschung und Lehrerbildung ausschließlich oder auch nur überwiegend bei der Persönlichkeit „anzusetzen" bzw. anzunehmen, dass es im Lehrerberuf letztlich ohnehin nur auf „die Persönlichkeit" ankäme – dies wendet sich gegen die einleitend zitierte, unter Praktiker/inne/n verbreitete Überschätzung von Persönlichkeitsmerkmalen. (b) Wenn man die individuell unterschiedlichen personalen Voraussetzungen der (angehenden) Lehrkräfte mit berücksichtigt, dann werden Pädagogik und Didaktik der Lehrerbildung nicht obsolet, sie erhalten vielmehr eine anspruchsvollere Aufgabe zugewiesen, weil sie notwendigerweise auf die unterschiedlichen Voraussetzungen differenziert und differenzierend reagieren müssen – das widerspricht der Annahme, Persönlichkeitsansatz und engagierte Lehrerbildungsarbeit würden einander entgegenstehen. (c) Die relativ deutliche Stabilität von allgemeinen Persönlichkeitsmerkmalen und Interessen und ihre praktische Relevanz lassen es geraten erscheinen, sie auch in der Laufbahnberatung zu berücksichtigen – die auf sie gestützten Prognosen sind jedoch nicht zuverlässig genug, um sie als alleinige Kriterien für die Beratung oder gar die Bewerberauswahl verwenden zu können.

Anmerkung. Ich danke Christian Bergmann, Barbara Hanfstingl, Florian Müller, Georg Hans Neuweg, Fritz Ostendorf und Dagmar Kramer für hilfreiche Hinweise sowie zahlreichen Kolleg/innen für die Bereitstellung neuer, teilweise noch unveröffentlichter Befunde zur Aktualisierung der Forschungsübersicht in Tabelle 2.

Literatur

Abujatum, M., Arold, H., Knispel, K., Rudolf, S. & Schaarschmidt, U. (2007). Intervention durch Training und Beratung. In U. Schaarschmidt & U. Kieschke (Hrsg.), *Gerüstet für den Schulalltag. Psychologische Unterstützungsangebote für Lehrerinnen und Lehrer* (S. 117-156). Weinheim: Beltz.

Asendorpf, J. B. (2007). *Psychologie der Persönlichkeit.* 4. Aufl. Heidelberg: Springer.

Astleitner, H. (2003). *Praktische Signifikanz. Journal für Lehrerinnen- und Lehrerbildung, 3*(3), 48-53.

Bandura, A. (1997). *Self-efficacy. The exercise of control.* New York: Freeman.

Baumert, J. & Kunter, M. (2006). Stichwort: Professionelle Kompetenz von Lehrkräften. *Zeitschrift für Erziehungswissenschaft, 9*(4) 469-520.

Baumert, J. & Kunter, M. Das Kompetenzmodell von COACTIV. In M. Kunter, J. Baumert, W. Blum, U. Klusmann, S. Krauss & M. Neubrand (Hrsg.), *Professionelle Kompetenz von Lehrkräften. Ergebnisse des Forschungsprogramms COACTIV* (S. 29-53). Münster: Waxmann.

Becker, P. (1999). *Beyond the Big Five. Personality and Individual Differences, 26*(3), 511-530.

Bergmann, C. (1998). Bedingungen und Auswirkungen einer interessenentsprechenden Studienwahl. In J. Abel & Ch. Tarnai (Hrsg.), *Pädagogisch-psychologische Interessenforschung in Studium und Beruf* (S. 29-43). Münster: Waxmann.

Bergmann, C. & Eder, F. (2005). *AIST-R. Allgemeiner Interessen-Struktur-Test mit Umwelt-Struktur-Test (UST-R). Revision.* Göttingen: Beltz Test/Hogrefe.

Bleidorn, W., Kandler, C., Riemann, R., Angleitner, A. & Spinath, F. (2009). Patterns and sources of adult personality development: Growth curve analyses of the NEO PI-R scales in a longitudinal twin study. *Journal of Personality and Social Psychology, 97*(1), 142-155.

Block, J. (1995). A contrarian view of the five-factor approach to personality. *Psychological Bulletin, 117*(2), 187-215.

Block, J. (2001). Millenium contrarianism: The five-factor approach to personality description 5 years later. *Journal of Research in Personality, 35*(1), 98-107.

Bohnsack, F. (2004). Persönlichkeitsbildung von Lehrerinnen und Lehrern. In S. Blömeke, P. Reinhold, G. Tulodziecki & J. Wildt (Hrsg.), *Handbuch Lehrerbildung* (S. 152-164). Klinkhardt: Bad Heilbrunn.

Borkenau, P. & Ostendorf, F. (2008). *NEO-Fünf-Faktoren Inventar* (NEO-FFI). 2. Aufl. Göttingen: Hogrefe.

Brandstätter, H. & Mayr, J. (1994). Die „Lehrer-Persönlichkeits-Adjektivskalen" (LPA). Ein Instrument zur Selbsteinschätzung berufsrelevanter Persönlichkeitsmerkmale. In J. Mayr (Hrsg.), *Lehrer/in werden* (S. 231-247). Innsbruck: Studienverlag.

Candova, A. (2004). Determinanten der beruflichen Belastung bei jungen Lehrerinnen und Lehrern: Eine Längsschnittstudie. Dissertation. Universität Erlangen-Nürnberg.

Cattell, R. B. (1965). *The scientific analysis of personality.* Harmondsworth: Penguin.

CCT (2014). *Career Counselling for Teachers.* www.cct-austria.at, www.cct-germany.de, www.switzerland.ch

Costa, P. T. jr., McCrae, R. R. & Holland, J. L. (1984). Personality and vocational interests in an adult sample. *Journal of Applied Psychology, 69*(3), 390-400.

De Raad, B., Barelds, D. P. H., Leverts, E., Ostenbdorf, F., Mlacic, B., Di Blas, L., Hrebickova, M., Szirmak, Z., Szarota, P. & Perugini, M. (2010). Only three factors of personality description are fully replicable across languages: A comparison of 14 trait taxonomies. *Journal of Personality and Social Psychology, 98*(1), 160-173.

De Raad, B. & Perugini, M. (Eds.) (2002). *Big Five assessment.* Seattle: Hogrefe.

Digman, J. M. (1997). Higher-order factors of the Big Five. *Journal of Personality and Social Psychology, 73*(6), 1246-1256.

Döring, W. O. (1931). *Pädagogische Psychologie.* 3. Aufl. Osterwieck: Zickfeldt.

Eysenck, H. J. & Eysenck, M. W. (1985). *Personality and individual differences. A natural science approach.* New York: Plenum.

Foerster, F. (2008). *Personale Voraussetzungen von Grundschullehramtsstudierenden. Eine Untersuchung zur prognostischen Relevanz von Persönlichkeitsmerkmalen für den Studien- und Berufserfolg.* Münster: Waxmann.

Getzels, J. W. & Jackson, P. W. (1963). The teacher's personality and characteristics. In N. L. Gage (Ed.), Handbook of research on teaching. Chicago: Rand McNally, Ch. 11. [Dt. Bearb.: Pause, G. (1970). Merkmale der Lehrerpersönlichkeit. In K. Ingenkamp (Hrsg.), *Handbuch der Unterrichtsforschung, Teil II* (S. 1353-1526). Weinheim: Beltz.]

Goldberg, L. R. (1981). Language and individual differences: The search of universals in personality lexicons. In L. Wheeler (Ed.), *Review of Personality and Social Psychology Bd. 2.* (pp. 141-165), Beverly Hills: Sage.

Götz, T., Frenzel, A. C. & Pekrun, R. (2009). Psychologische Bildungsforschung. In R. Tippelt & B. Schmidt (Hrsg.), *Handbuch Bildungsforschung* (S. 71-91). 2. Aufl. Wiesbaden: Verlag für Sozialwissenschaften.

Gudjons, H. (1982). Lehrerpersönlichkeit im Aufwind. Kein Beitrag zur Verringerung der Bildungskosten. *Westermanns Pädagogische Beiträge, 36*(6), 249-252.

Haag, L. & Lohrmann, K. (2006). Lehrerhandeln: Lehrerkognitionen und Lehrerexpertise. In K.-H. Arnold, U. Sandfuchs & J. Wiechmann (Hrsg.), *Handbuch Unterricht* (S. 617-626). Bad Heilbrunn: Klinkhardt.

Haag, L., Rahm, S., Apel, H.J. & Sacher, W. (Hrsg.) (2013). *Studienbuch Schulpädagogik* (5. Aufl.). Bad Heilbrunn: Klinkhardt/UTB.

Hanfstingl, B. (2008). Eine interessentheoretische und differentialpsychologische Betrachtung der Entwicklung von berufsspezifischem Interesse bei Lehrer/innen. In E. Lankes (Hrsg.), *Pädagogische Professionalität als Gegenstand empirischer Forschung* (S. 123-136). Münster: Waxmann.

Hanfstingl, B. & Mayr, J. (2007). Prognose der Bewährung im Lehrerstudium und im Lehrerberuf. *Journal für Lehrerinnen- und Lehrerbildung, 7*(2), 48-56.

Hertramph, H. & Herrmann, U. (1999). „Lehrer" – eine Selbstdefinition. Ein Ansatz zur Analyse von Lehrerpersönlichkeit und Kompetenzgenese durch das sozial-kognitive Modell der Selbstwirksamkeitsüberzeugung. In U. Carle & S. Buchen (Hrsg.), *Jahrbuch für Lehrerforschung* (S. 49-71). Bd. 2. Weinheim: Juventa.

Holland, J. L. (1997). *Making vocational choices. A theory of vocational personalities and work environments.* 3. Aufl. Odessa, FL: Psychological Assessment Ressources.

Holzberger, D., Philipp, A. & Kunter, M. (2013). How teachers' self-efficacy is related to instructional quality: A longitudinal analysis. *Journal of Educational Psychology, 105*(3), 774-786.

Horvath, M. (2005). Prognostische Validierung des Objektiven Persönlichkeitstests BAcO anhand einer Stichprobe von Lehrern mittels Tagebuchaufzeichnungen über 22 Wochen. Diplomarbeit. Universität Wien.

Jerusalem, M. & Schwarzer, R. (1999). Allgemeine Selbstwirksamkeit. http://userpage.fu-berlin.de/gesund/skalen/Allgemeine_Selbstwirksamkeit/allgemeine_selbstwirksamkeit.htm (2014-04-10)

John, O. P., Naumann, L. P. & Soto, C. J. (2008). Paradigm shift to the integrative big five trait taxonomy. History, measurement, and conceptual issues. In O. P. John, R.W. Robins & L.A. Pervin (Eds.), *Handbook of personality* (pp. 114-158). New York: Guilford Press.

John, O. P., Robins, R. W. & Pervin, L. A. (Eds.) (2008). *Handbook of personality.* New York: Guilford Press.

Judge, T. A., Heller, D. & Mount, M. K. (2002). Five-factor model of personality and job satisfaction: A meta-analysis. *Journal of Applied Psychology, 87*(3), 530-541.

Kaub, K., Karbach, J., Biermann, A., Friedrich, A., Bedersdorf, H.-W., Spinath, F. M. & Brünken, R. (2012). Berufliche Interessenorientierungen und kognitive Leistungsprofile von Lehramtsstudierenden mit unterschiedlichen Fachkombinationen. *Zeitschrift für Pädagogische Psychologie, 26*(4), 233-249.

Keller-Schneider, M. (2009). Was beansprucht wen? – Entwicklungsaufgaben von Lehrpersonen im Berufseinstieg und deren Zusammenhang mit Persönlichkeitsmerkmalen. *Unterrichtswissenschaft, 37*(2), 145-163.

Keller-Schneider, M. & Albisser, S. (2012). Grenzen des Lernbaren? Ergebnisse einer explorativen Studie zum Erwerb adaptiver Unterrichtskompetenz im Studium. In T. Hascher, G. H. Neuweg, (Hrsg.), *Forschung zur (Wirksamkeit der) Lehrer/innen/bildung* (S. 85-103). Wien: Lit.

Kieschke, U. (2003). *Arbeit, Persönlichkeit und Gesundheit. Beiträge zu einer differentiellen Psychologie beruflichen Belastungsgeschehens.* Berlin: Logos.

Klusmann, U., Kunter, M., Voss, T., & Baumert, J. (2012). Berufliche Beanspruchung angehender Lehrkräfte: Die Effekte von Persönlichkeit, pädagogischer Vorerfahrung und professioneller Kompetenz. *Zeitschrift für Pädagogische Psychologie, 26*(4), 275-290.

König, S. & Dalbert, C. (2007). Ungewissheitstoleranz und der Umgang mit beruflich ungewissen Situationen im Lehramt. *Empirische Pädagogik, 21*(3), 306-321.

Krapp, A. (2006). Interesse. In D. H. Rost (Hrsg.), *Handwörterbuch Pädagogische Psychologie* (S. 280-290). 3. Aufl. Weinheim: Beltz.

Krapp, A. (2007). An educational-psychological conceptualisation of interest. *International Journal of Educational and Vocational Guidance, 7*(1), 5-21.

Krapp, A. & Weidenmann, B. (Hrsg.) (2006). *Pädagogische Psychologie* (5. Aufl.). Weinheim: Beltz/PVU.

Kunter, M., Kleickmann, T., Klusmann, U. & Richter, D. (2011). Die Entwicklung professioneller Kompetenz von Lehrkräften. In M. Kunter, J. Baumert, W. Blum, U. Klusmann, S. Krauss & M. Neubrand (Hrsg.), *Professionelle Kompetenz von Lehrkräften. Ergebnisse des Forschungsprogramms COACTIV* (S. 55-68). Münster: Waxmann.

Kunter, M., Klusmann, U. & Baumert, J. (2009). Professionelle Kompetenz von Mathematik-Lehrkräften. In O. Zlatkin-Troitschanskaia, K. Beck, D. Sembill, R. Nickolaus & R. Mulder (Hrsg.), *Lehrprofessionalität. Bedingungen, Genese, Wirkungen und ihre Messung* (S. 153-165). Weinheim: Beltz.

Lang, D. (2009). *Soziale Kompetenz und Persönlichkeit. Zusammenhänge zwischen sozialer Kompetenz und den Big Five der Persönlichkeit bei jungen Erwachsenen.* Landau: Verlag Empirische Pädagogik.

Larson, L. M., Rottinghaus, P. J. & Borgen, F. H. (2002). Meta-analysis of big six interests and big five personality factors. *Journal of Vocational Behavior, 61*(2), 217-239.

Lipowsky, F. (2010). Lernen im Beruf. Empirische Befunde zur Wirksamkeit von Lehrerfortbildung. In F. H. Müller, A. Eichenberger, M. Lüders & J. Mayr (Hrsg.), *Lehrerinnen und Lehrer lernen. Konzepte und Befunde zur Lehrerfortbildung* (S. 51-70). Münster: Waxmann.

Low, K. S. D. & Rounds, J. (2007). Interest change and continuity from early adolescence to middle adulthood. *International Journal for Educational and Vocational Guidance, 7*(1), 23-36.

Low, K. S. D., Yoon, M., Roberts, B. W. & Rounds, J. (2005). The stability of vocational interests from early adolescence to middle adulthood: A quantitative review of longitudinal studies. *Psychological Bulletin, 131*(5), 713-737.

Mattern, J. (2012). Selbstregulation im Lehrerberuf: Entwicklung eines Trainings für angehende Lehrkräfte. *Unterrichtswissenschaft, 40*(2), 156-173.

Mayr, J. (1998). Die „Lehrer-Interessen-Skalen" (LIS). Ein Instrument für Forschung und Laufbahnberatung. In J. Abel & Ch. Tarnai (Hrsg.), *Pädagogisch-psychologische Interessenforschung in Studium und Beruf.* (S. 111-125). Münster: Waxmann.

Mayr, J. (2006a). Theorie + Übung + Praxis = Kompetenz? Empirisch begründete Rückfragen zu den „Standards in der Lehrerbildung". In C. Allemann-Ghionda & E. Terhart (Hrsg.), *Kompetenzen und Kompetenzentwicklung von Lehrerinnen und Lehrern: Ausbildung und Beruf.* (S. 149-163). 51. Beiheft der Zeitschrift für Pädagogik. Weinheim: Beltz.

Mayr, J. (2006b). Persönlichkeitsentwicklung im Studium. Eine Pilotstudie zum Wirkungspotenzial von Lehrerbildung. In A. H. Hilligus, & H.-D. Rinkens (Hrsg.), *Standards und Kompetenzen – neue Qualität in der Lehrerausbildung?* (S. 249-260). Münster: Lit.

Mayr, J. (2007a). Wie Lehrer/innen lernen. Befunde zur Beziehung von Lernvoraussetzungen, Lernprozessen und Kompetenz. In M. Lüders & J. Wissinger (Hrsg.), *Forschung zur Lehrerbildung. Kompetenzentwicklung und Programmevaluation* (S. 151-168). Münster: Waxmann.

Mayr, J. (2007b). Empirische Befunde zur Kompetenzentwicklung bei LehrerstudentInnen und LehrerInnen. In F. Kostrzewa (Hrsg.), *Lehrerbildung im Diskurs, Bd. 3* (S. 8-24). Berlin: Lit.

Mayr, J. (2010). Selektieren und/oder qualifizieren? Empirische Befunde zu guten Lehrpersonen. In J. Abel & G. Faust (Hrsg.), *Wirkt Lehrerbildung?* (S. 73-89). Münster: Waxmann.

Mayr, J. (2012a). LehrerIn werden in Österreich: Empirische Befunde zum Lehramtsstudium. In T. Hascher & G. H. Neuweg (Hrsg.), *Forschung zur (Wirksamkeit der) Lehrer/innen/bildung* (S. 1-29). Wien: Lit.

Mayr, J. (2012b). Persönlichkeit und psychosoziale Kompetenz: Verhältnisbestimmungen und Folgerungen für die Lehrerbildung. In D. Bosse, D., H. Dauber, E. Döring-Seipel & T. Nolle (Hrsg.), *Professionelle Lehrerbildung im Spannungsfeld von Eignung, Ausbildung und beruflicher Kompetenz* (S. 43–57). Bad Heilbrunn: Klinkhardt.

Mayr, J. & Neuweg, G. H. (2006). Der Persönlichkeitsansatz in der Lehrer/innen/forschung. Grundsätzliche Überlegungen, exemplarische Befunde und Implikationen für die Lehrer/innen/bildung. In U. Greiner & M. Heinrich (Hrsg.), *Schauen, was rauskommt. Kompetenzförderung, Evaluation und Systemsteuerung im Bildungswesen* (S. 183-206). Wien: Lit.

Mägdefrau, J. (Hrsg.). (2010). *Schulisches Lehren und Lernen. Pädagogische Theorie an Praxisbeispielen.* Bad Heilbrunn: Klinkhardt.

McCrae, R. R. & Costa, P. T. jr (1996). Toward a new generation of personality theories: Theoretical contexts of the five-factor model. In J. S. Wiggins (Ed.), *The five-factor model of personality. Theoretical perspectives* (pp. 51-87). New York: Guilford Press.

McCrae, R. R. & Costa, P. T. jr (2008). The five-factor theory of personality. In O. P. John, R. W. Robins & L. A. Pervin (Eds.), *Handbook of personality* (pp. 159-181). New York: Guilford Press.

McCrae, R. R., Costa, P. T. jr, Ostendorf, F., Angleitner, A., Hrebícková, M., Avia, M. D., Sanz, J., Sánchez-Bernardos, M. L., Kusdil, M. E., Woodfield, R., Saunders, P. R. & Smith, P. B. (2000). Nature over nurture: Temperament, personality, and life span development. *Journal of Personality and Social Psychology, 78*(1), 173-186.

Mischel, W. & Peak, P. K. (1968). Beyond déjà vu in the search for cross-situational consistency. *Psychological Review, 89*(6), 730-755.

Mount, M. K., Barrick, M. R., Scullen, S. M. & Rounds, J. (2005). Higher-order dimensions of the big five personality traits and the big six vocational interest types. *Personnel Psychology, 58*(2), 447-478.

Muncer, S. J. (2011). The general factor of personality: Evaluating the evidence from meta-analysis, confirmatory factor analysis and evolutionary theory. *Personality and Individual Differencies, 51*(6), 775-778.

Musek, J. (2007). A general factor of personality: Evidence for the Big One in the five-factor model. *Journal of Research in Personality, 41*(6), 1213-1233.

Nieskens, B. (2009). *Wer interessiert sich für den Lehrerberuf – und wer nicht? Berufswahl im Spannungsfeld von subjektiver und objektiver Passung.* Göttingen: Cuvillier Verlag.

Nolle, T. (2013). *Psychosoziale Basiskompetenzen und Lernorientierung bei Lehramtsstudierenden in der Eingangsphase des Lehramtsstudiums.* Bad Heilbrunn: Klinkhart.

Ortner, T. M., Kubinger, K. D., Schrott, A., Radinger, R. & Litzenberger, M. (2006). *Belastbarkeits-Assessment: computerisierte Objektive Persönlichkeits-Tesbatterie – Deutsch (BAcO-D). Test: Software und Manual.* Frankfurt/M.: Harcourt Test Services.

Ortner, T. M., Litzenberger, M. & Mayr, J. (2007). NEO-PI-R, LPA und BAcO-D: Instrumente zur Prognose von Erfolgen und Schwierigkeiten in der Unterrichtsarbeit? Referat bei der Tagung der AEPF in Lüneburg, 11. September 2007.

Oser, F. (1998). *Ethos – die Vermenschlichung des Erfolgs. Zur Psychologie der Berufsmoral von Lehrpersonen.* Opladen: Leske & Budrich.

Oser, F. (2001). Standards: Kompetenzen von Lehrpersonen. In F. Oser & J. Oelkers (Hrsg.), *Die Wirkung der Lehrerbildungssysteme. Von der Allrounderbildung zur Ausbildung professioneller Standards* (S. 215-342). Chur: Rüegger.

Ostendorf, F. & Angleitner, A. (2004). *NEO-Persönlichkeitsinventar* (NEO-PI-R). Göttingen: Hogrefe.

Patry, J.-L. (2000). Kaktus und Salat – Zur Situationsspezifität in der Erziehung. In J.-L. Patry & F. Riffert (Hrsg.), *Situationsspezifität in pädagogischen Handlungsfeldern* (S. 13-52). Innsbruck: Studienverlag.

Pintarich, H.-E. (2002). „Lieb sein" als pädagogisches Konzept. In M. Sertz, & B. Falkinger (Hrsg.), LehrerInnenbildung in Bewegung? Zur Reform der Pädagogischen Akademien. *Schulheft, 27*(108), 181-189.

Rammstedt, B. & John, O. P. (2005). Kurzversion des Big Five Inventory (BFI-K): Entwicklung und Validierung eines ökonomischen Inventars zur Erfassung der fünf Faktoren der Persönlichkeit. *Diagnostica, 51*(4), 195-206.

Rammstedt, B., Koch, K., Borg, I. & Reitz, T. (2005). Entwicklung und Validierung einer Kurzskala für die Messung der Big-Five-Persönlichkeitsdimensionen in Umfragen. ZUMA Nachrichten, Nr. 5.

Rauin, U. (2008). Kann man schon im Studium Risiken der beruflichen Entwicklung erkennen? Beobachtungen über Studienverläufe an Pädagogischen Hochschulen und Übergänge in den Lehrberuf. Vortrag zum Hochschultag der Pädagogischen Hochschule Weingarten. Weingarten, 24. Oktober 2008.

Rauin, U. & Meier, U. (2007). Subjektive Einschätzungen des Kompetenzerwerbs in der Lehramtsausbildung. In M. Lüders & J. Wissinger (Hrsg.), *Forschung zur Lehrerbildung. Kompetenzentwicklung und Programmevaluation* (S. 103-131). Münster: Waxmann.

Rheinberg, F. & Bromme, R. (2006). Lehrende in Schulen. In A. Krapp & B. Weidenmann (Hrsg.), *Pädagogische Psychologie* (S. 295-332). 5. Aufl. Weinheim: Beltz.

Rindermann, H. (2009). Emotionale-Kompetenz-Fragebogen (EKF). *Einschätzung emotionaler Kompetenzen und emotionaler Intelligenz aus Selbst- und Fremdsicht.* Göttingen: Hogrefe.

Rißland, B. (2002). *Humor und seine Bedeutung für den Lehrerberuf.* Bad Heilbrunn: Klinkhardt.

Roberts, B. W., Wood, D. & Caspi, A. (2008). The development of personality traits in adulthood. In O.P. John, R. W. Robins & L. A. Pervin, (Eds.), *Handbook of personality* (pp. 375-398). New York: Guilford Press.

Rogers, C. R. (1976). *Entwicklung der Persönlichkeit.* Stuttgart: Klett.

Rolfs, H. & Schuler, H. (2002a). Lernstrategien im Studium als Korrelat beruflicher Interessenkongruenz. *Psychologie in Erziehung und Unterricht, 49*(4), 250-262.

Rolfs, H. & Schuler, H. (2002b). Berufliche Interessenkongruenz und das Erleben im Studium. *Zeitschrift für Arbeits- und Organisationspsychologie, 46*(3), 137-149.

Rost, D., Sparfeldt, J. & Buch, S. (2008). Kann denn Kürze Sünde sein? Erfassung schulfachspezifischer Interessen mit nur einem Item. In F. Hofmann, C. Schreiner & J. Thonhauser (Hrsg.), *Qualitative und quantitative Aspekte. Zu ihrer Komplementarität in der erziehungswissenschaftlichen Forschung* (S. 225-237). Münster: Waxmann.

Saucier, G. & Goldberg, L. R. (1996). The language of personality: Lexical perspectives on the five-factor model. In J. S. Wiggins (Ed.), *The five-factor model of personality. Theoretical perspectives* (pp. 21-50). New York: Guilford Press.

Schaarschmidt, U. & Fischer, A. W. (2003). *AVEM – Arbeitsbezogenes Verhaltens- und Erlebensmuster,* 2. Aufl. Frankfurt: Swets & Zeitlinger.

Schneewind, K. (1984). *Persönlichkeitstheorien II. Organismische und dialektische Ansätze.* Darmstadt: Wissenschaftliche Buchgesellschaft.

Schuler, H. & Hell, B. (2008). *Studierendenauswahl und Studienentscheidung.* Göttingen: Hogrefe.

Schulte, K. (2008). Selbstwirksamkeitserwartungen in der Lehrerbildung. Zur Struktur und dem Zusammenhang von Selbstwirksamkeitserwartungen, Professionswissen und Persönlichkeitseigenschaften von Lehramtsstudierenden und Lehrkräften. Dissertation. Georg-August-Universität zu Göttingen.

Schwarzer, R. (1998). Self-Science: Das Trainingsprogramm zur Selbstführung von Lehrern. *Unterrichtswissenschaft, 26*(2), 158-172.

Schwarzer, R. & Schmitz, G. S. (1999). Skala zur Lehrer-Selbstwirksamkeit. http://userpage.fu-berlin.de/gesund/skalen/Lehrer-Selbstwirksamkeit/lehrer-selbstwirksamkeit.htm (2014-04-10)

Seibert, S. E. & Kraimer, M. L. (2001). The five-factor model of personality and career success. *Journal of Vocational Behavior, 58*(1), 1-21.

Spokane, A. R., Meir, E. I. & Catalano, M. (2000). Person-environment congruence in Holland's theory: A review and reconsideration. *Journal of Vocational Behavior, 57*(2), 137-187.

Spranger, E. (1958). *Der geborene Erzieher.* Heidelberg: Quelle & Meyer.

Tausch, R. & Tausch, A.-M. (1977). *Erziehungspsychologie. Begegnung von Person zu Person.* 8. Aufl. Göttingen: Hogrefe.

Teml, H. & Unterweger, E. (2002). Persönlichkeitsförderung in der LehrerInnenbildung. *Journal für Lehrerinnen- und Lehrerbildung, 2*(2), 7-21.

Tokar, D. M. & Subich, L. M. (1997). Relative contributions of congruence and personality dimensions to job satisfaction. *Journal of Vocational Behavior, 50*(3), 482-491.

Trapmann, S., Hell, B., Hirn, J.-O. W. & Schuler, H. (2007). Meta-analysis of the relationship between the big five and academic success at university. *Journal of Psychology, 215*(2), 132-151.

Urban, W. (1984). *Persönlichkeitsstruktur und Unterrichtskompetenz.* Wien: Österreichischer Bundesverlag.

Weinert, F. E. (2001). Vergleichende Leistungsmessung in Schulen – eine umstrittene Selbstverständlichkeit. In F. E. Weinert (Hrsg.), *Leistungsmessung in Schulen* (S. 17-31). Weinheim: Beltz.

Wittmann, W. W. (1987). Grundlagen erfolgreicher Forschung in der Psychologie: Multimodale Diagnostik, Multiplismus, multivariate Reliabilitäts- und Validitätstheorie. *Diagnostica, 33*(3), 209-226.

Yamagata, S., Suzuki, A., Ando, J., Ono, Y., Kijima, N., Yoshimura, K., Ostendorf, F., Angleitner, A., Riemann, R., Spinath, F. M., Livesley, W. J. & Jang, K. L. (2006). Is the genetic structure of human personality universal? A cross-cultural twin-study from North America, Europe, and Asia. *Journal of Personality and Social Psychology, 90*(6), 987-998.

Werner Helsper

Lehrerprofessionalität – der strukturtheoretische Professionsansatz zum Lehrberuf

Im Folgenden wird das strukturtheorische Professionskonzept skizziert und in seinen Ausdifferenzierungen bezüglich der Lehrerprofessionalität entfaltet. Zentrale Grundlagen des strukturtheoretischen Professionsansatzes sind bereits bei einigen soziologischen Klassikern – etwa bei Parsons (1968), Marshall (1963) oder Weber (1972) – entwickelt worden. Darauf kann hier nur verwiesen werden. Im Mittelpunkt steht hier die Oevermannsche Professionstheorie und die daran anknüpfenden erziehungswissenschaftlichen Positionen und deren kritisch-empirische Fortschreibung.

1. Das strukturtheoretische Professionskonzept

Der strukturtheoretische Professionsansatz geht davon aus, dass es Berufe gibt, die weder durch den Markt noch durch Bürokratie regelbar sind, sondern eine eigene Strukturlogik besitzen (vgl. Parsons, 1968). Das Anliegen besteht darin, den Strukturkern professionellen Handelns zu bestimmen und dessen Idealtypus zu rekonstruieren. Dieser bietet die Möglichkeit einer Reflexion professioneller Handlungszusammenhänge, die nicht als normative Idealkonstruktion fungiert, sondern in der rekonstruierten Strukturlogik des Handelns ihre Grundlage besitzt. Damit können Professionalisierungsdefizite und die Professionalisierungsbedürftigkeit für spezifische Handlungsfelder ausgewiesen werden.

Für das schulische Handeln bedeutet dies, die „allgemeinen, fach- und altersstufenübergreifenden Struktureigenschaften bzw. Strukturlogik und -dynamik der pädagogischen Beziehung zwischen Lehrer und Schüler" zu explizieren (Oevermann, 2002, S. 20). Die Bestimmung professionellen Handelns ist so nur als Rekonstruktion der reziproken Handlungsstruktur zwischen Lehrern und Schülern zu fassen. In einem ersten Schritt geht es somit nicht um die Spezifik (also Fach, Klassenstufe etc.), sondern um die übergreifende Grundsstruktur der Lehrer-Schüler-Beziehung. Darin ruht, gegenüber schnellen (fach-)didaktischen Engführungen auf die Sache, die Relevanz dieses Zugangs, aber auch die Ergänzungsbedürftigkeit hinsichtlich der Differenzierung von Sachbezügen. Die strukturtheoretische Bestimmung des Idealtypus professionalisierten Handelns vollzieht sich über die folgenden Argumentationsschritte:

1. Gegen machttheoretische Erklärungsansätze (vgl. Freidson, 1979) gewendet, in denen Professionen unter der Perspektive der Durchsetzung eines Dienstleistungsmonopols mit entsprechenden Privilegien und Machtbefugnissen ideologiekritisch analysiert werden, zielt Oevermann auf die darin ausgeblendete „Typik der Handlungsprobleme" (Oevermann, 2002, S. 22). Diese bestehen darin, „dass Professionen sich darauf gründen, stellvertretend für Laien, d.h. für die primäre Lebenspraxis, deren Krisen zu bewältigen" (ebd. S. 23). Aus der Bestimmung, dass Professionen erst beim Scheitern alltagspraktischer Krisenlösung ihren legitimen Einsatz finden, können zum einen die Grenze der Interventionspraxis und zum anderen die Wertbezüge der Professionen systematisch bestimmt werden.
2. Die Menschheitsgeschichte kannte bereits frühe Instanzen der stellvertretenden Krisenbewältigung in Form magischer und prophetischer Praxen. Im Zuge fortschreitender Rationalisierung differenzieren sich diese Instanzen zuerst in Vorläuferformen (Pfarrer, Ärzte,

Juristen) und schließlich in Form von Professionen mit drei Foki stellvertretender Krisenbewältigung aus: 1. der Aufrechterhaltung bzw. Wiederherstellung von Recht und Gerechtigkeit, 2. der Aufrechterhaltung bzw. (Wieder-)Herstellung der leiblichen und psychosozialen Integrität und 3. der Überprüfung und methodisierten Bearbeitung von Geltungsansprüchen in Wissenschaft und Kunst (vgl. Oevermann, 1996, S. 88-90). Dabei ist der dritte Fokus auch für die beiden ersten grundlegend. Denn die stellvertretende Bearbeitung der Krisenbewältigung kann im Zuge fortschreitender Rationalisierung nicht mehr auf Charisma beruhen, sondern gründet in der systematischen Erkenntniskritik und Bearbeitung von Geltungsfragen auf der Grundlage explizierter methodischer Prinzipien. Professionelle bedürfen daher der Ausbildung eines wissenschaftlich-erkenntniskritischen Habitus' (ebd., S. 95-97). Die erste Professionalisierung besteht damit in der „unpraktischen Praxis" wissenschaftlicher Erkenntniskritik, die auch die „von der Praxis liebgewonnenen und ihr ganz selbstverständlich geltenden Überzeugungen" einer grundlegenden Überprüfung unterziehen muss (ebd., S. 101).

3. Dabei lassen sich zwei unterschiedliche Formen der Verwendung methodisch erzeugten Wissens unterscheiden: eine ingenieurale der subsumtionslogischen Anwendung kodifizierten Wissens und eine professionelle der nicht-standardisierbaren Wissensverwendung. Diese Grenzlinie wird durch die „stellvertretende Krisenlösung" markiert. So greift z.B. der Arzt auf wissenschaftliche Wissensbestände zurück, die er aber nicht subsumtiv anwenden kann, sondern einzelfallspezifisch, mit Bezug auf diese in die Krise geratene individuelle Lebenspraxis erschließen muss. Aus dieser rekonstruktiven Handlungslogik resultiert die Anfälligkeit professionellen Handelns für Fehler, die konstitutiv zum professionellen Handeln gehören und deren offene, kollegiale Reflexion ein Kennzeichen der professionalisierten Handlungspraxis ist.
4. Daraus resultiert, dass das rekonstruktive Fallverstehen ein konstitutiver Bestandteil von Professionalität ist (vgl. Oevermann, 2002, S. 30-32). Denn jenseits wissenschaftlicher Klassifikationen ist nur in der Rekonstruktion des Einzelfalles zu klären, welche Form der professionellen Intervention angemessen ist. Da sich die stellvertretende Krisenlösung immer nur in der – wissenschaftlich nicht zu erlernenden – konkreten interaktiven Beziehung zwischen Professionellem und Klient ergeben kann, bedarf es im Unterschied zu anderen wissenschaftlichen Berufen einer zweiten Professionalisierung in Form der Einführung in die professionelle Handlungspraxis selbst. Hier werden Routinen des professionellen Handelns übernommen, in denen auch subsumtionslogische Kategorisierungen auf der Grundlage wissenschaftlich kodifizierter Wissensbestände erfolgen. Andererseits agieren Professionelle im Paradox der „routinisierten Form der Krisenbewältigung" (ebd., S. 27): Professionelle können nicht sicher sein, dass die wissenschaftlichen Klassifikationen auch im Einzelfall zutreffen und sie müssen auch dann noch weiter handeln, wenn die Wissensbestände versagen und das professionelle Wissen selbst in die Krise gerät.
5. Die Beziehung zwischen Professionellem und Klient bezeichnet Oevermann als Arbeitsbündnis, das am Idealtypus der therapeutischen Beziehung entwickelt wird. Ausgangspunkt beim Klienten ist der Leidensdruck. Auf dieser Grundlage besteht das Arbeitsbündnis in der reziproken Verschränkung von zwei Regeln: der Grundregel auf Seiten des Klienten, alles mitzuteilen und nichts aus der Kommunikation auszuklammern – die Strukturlogik diffuser Beziehungen – und der Abstinenzregel auf Seiten des Therapeuten, sich in diese diffuse Beziehungsdynamik einbeziehen zu lassen, aber daraus keine persönlich-diffusen Handlungen zu generieren, sondern Distanz zu wahren (vgl. Oevermann, 1996, S. 115-117). Die stellvertretende Krisenlösung durch den Professionellen und die damit gegebene Abhängigkeit des Klienten beinhaltet nun gerade die Gefahr, dessen lebenspraktische Autonomie noch weiter

zu unterminieren und die Heteronomie zu verstärken. Diese „Gift-Gegengift-Logik“ (ebd., S. 132) kann somit immer auch das bedrohen, was gestärkt werden soll: Gesundheit, Autonomie oder Gerechtigkeit.

6. Aus dieser grundlegenden Handlungsbasierung und der strukturellen Ungewissheit der professionellen Praxis hat Oevermann die konstitutive Autonomie Professioneller abgeleitet. Administrative oder ökonomische Reglementierung bedrohen die Eigenlogik professionellen Handelns. Dabei hat Oevermann die weitreichende These eines grundsätzlichen Antagonismus von Organisation und Profession relativiert und schärfer zwischen organisationsförmigen Rahmungen unterschieden, die das professionelle Handeln unterstützen und solchen, die es unterminieren (vgl. Oevermann 2008).

Vor diesem Hintergrund lassen sich Professionalisierung, Professionalisierungsbedürftigkeit und Deprofessionalisierung bestimmen (vgl. Oevermann, 1996, S. 133-135): Professionalisiert sind Berufe, die dem Typus stellvertretender Krisenlösung entsprechen und durch die skizzierten Strukturmerkmale gekennzeichnet sind. Deprofessionalisierung setzt ein, wenn derartige Berufe durch Außensteuerung und Kontrolle in ihrer Eigenstruktur bedroht werden. Professionalisierungsbedürftig sind Berufe, wenn sie dem Typus der stellvertretenden Krisenlösung entsprechen (z.B. Erzieher in der Elementarpädagogik), aber die Voraussetzungen und Rahmenbedingungen für professionelles Handeln nicht gegeben sind.

2. Die Lehrerprofessionalität – strukturtheoretische Positionen und Differenzierungen

Vor dem Hintergrund der strukturtheoretischen Überlegungen zum Typus der Professionalität kann die professionelle pädagogische Tätigkeit von Lehrkräften bestimmt werden.

2.1 Die pädagogische Lehrerprofessionalität im Ansatz von Oevermann

Oevermann zählt die Lehrertätigkeit zu den professionalisierungsbedürftigen Berufen. Im Unterschied zum therapeutischen Handeln, das als ein nachholender Bildungsprozess der subjektiven Welt zu begreifen ist und damit einen Sonderfall pädagogischen Handelns darstellt, handelt es sich im schulpädagogischen Handeln um die Ermöglichung lebenspraktischer Autonomie. Heranwachsende sind dabei in den Bildungsprozess umfassend involviert und noch nicht uneingeschränkt autonom handlungsfähig.

1. Der Fokus des pädagogischen Lehrerhandelns: Oevermann spricht – was zu Missverständnissen führt (vgl. etwa Baumert & Kunter, 2006) – von der „therapeutisch-prophylaktischen“ Bedeutung pädagogischen Handelns (vgl. Oevermann, 2002). Das bedeutet nicht, dass die Lehrertätigkeit im Kern als therapeutische konzipiert wäre. Vielmehr wird sie unter dem professionellen Strukturfokus der „Gewährleistung einer körperlich-seelischen, und sozialen Integrität der Person und des gesellschaftlichen Nachwuchses“ (Oevermann, 1996, S. 142) betrachtet. Das pädagogische Kerngeschäft des Lehrers wird als „Wissens- und Normenvermittlung“ begriffen. Oevermann spricht vom „Primat der Wissensvermittlung“, so dass sich das Lehrerhandeln „primär in dieser Funktion bewähren muss“ (Oevermann, 1996, S. 144). Demgegenüber rückt die „Normvermittlung“ an die zweite Stelle (ebd., S. 145). Bei der „Normvermittlung“ geht es um die uni-

versalistisch-öffentliche Bildung des „mündigen Bürgers in der Befähigung zur selbstverantwortlichen Verfolgung des Eigeninteresses unter den Bedingungen der Achtung des anderen in seiner Eigenart und Würde einerseits und der Verpflichtung gegenüber dem Gemeinwohl andererseits“ (ebd., S. 145). Denn Kinder treten in einen schulischen Bildungsraum ein, der über die familiären Primärbeziehungen hinausweist und den sozialen Bildungsprozess universalistischen Rollenhandelns erst eröffnet.

2. Die „implizite therapeutische“ Funktion des Lehrerhandelns: Diese resultiert aus der im Zuge der Modernisierung notwendig werdenden transfamiliären Bildung. Daraus folgt, dass der Lebensweg der Kinder zu einem frühen Zeitpunkt ihres Bildungsprozesses in die Schule einmündet, zu dem sie noch verletzbar und emotional stützungsbedürftig sowie in vielen Belangen noch nicht autonom-handlungsfähig sind. Aufgrund ihres sozialkognitiven Entwicklungsstandes können sie noch nicht umfassend zwischen diffuser und spezifischer Handlungslogik unterscheiden – Bewertungen und Haltungen von Lehrkräften greifen noch auf die ganze Person von Kindern aus. Lehrer sind an diesen Bildungsprozessen umfassend beteiligt und können deren Entfaltung auch erheblich beeinträchtigen. Darin ruht die „therapeutisch-prophylaktische“ Dimension des Lehrerhandelns für die Herausbildung der lebenspraktischen Autonomie in ihren kognitiven, symbolischen, sozialkognitiven und emotional-motivationalen Belangen. Dadurch werden Lehrer für *„die Entwicklung des Schülers als ganzer Person“* (Oevermann, 1996, S. 147) bedeutsam. Dies auszublenden würde einem Selbstmissverständnis von Lehrern Vorschub leisten, nämlich als Sachwalter der Fachsystematik nur für die Fachinhalte zuständig zu sein. Gerade wenn Lehrkräfte damit „erfolgreich“ sind, stoßen sie eine Dezentrierung der Welt- und Selbstbezüge an und damit Bildungskrisen in Form der Entstehung des psychisch Neuen.

3. Der Lehrer als stellvertretender Krisenlöser/Kriseninitiator: Weil Lehrkräfte systematisch in den Bildungsprozess von Heranwachsenden als einer Abfolge ontogenetischer Krisen (vgl. Oevermann, 2004; Wagner, 2004) eingreifen, fungieren sie als stellvertretende Krisenlöser. Selbst wenn es nur um die kulturelle Reproduktion des Sozialen ginge, wäre dies nur als Generierung des psychisch Neuen möglich, da die dazu erforderlichen Haltungen und Fähigkeiten allererst in einem pädagogischen Prozess zu erzeugen sind. In weit modernisierten Gesellschaften ist die Reproduktion des Sozialen aber konstitutiv mit Transformation verbunden: *„Der Pädagoge ist also der Strukturlogik seines Handelns nach Geburtshelfer im Prozess der Erzeugung des Neuen und nicht umgekehrt, wie im Nürnberger Trichtermodell, Agentur der Anpassung des neuen Lebens an das alte Wissen und die alten Normen.“* (Oevermann, 2002, S. 35) Dabei ist es die Aufgabe von Lehrkräften die milieuspezifisch entstandenen Wissensbestände zu irritieren. Lehrkräfte sind daher nicht nur stellvertretende Krisenlöser, sondern können dies nur sein, wenn sie zugleich als Kriseninitiatoren für ihre Schüler fungieren.

4. Das pädagogische Arbeitsbündnis als widersprüchliche Einheit von diffusen und spezifischen Beziehungsdimensionen: Im Unterschied zum „Leidensdruck“ im therapeutischen Arbeitsbündnis bildet für das pädagogische Arbeitsbündnis die *„Neugierde und der Wissensdrang des Kindes“* (Oevermann, 1996, S. 153) die Grundlage. Dies impliziert eine positive pädagogisch-anthropologische Konstruktion: Sofern nicht bereits die primären Bildungsprozesse zu einer Brechung des „strukturellen Optimismus“ und des Selbst- und Weltvertrauens führen, ist das Kind ein eigenaktiver Sucher nach Neuem. Das Kind vertraut sich dann in der Doppelgestalt des Nichtwissens und seiner noch nicht entfalteten lebenspraktischen Autonomie einerseits sowie seiner Neugierde andererseits dem Lehrer als „ganze Person“ an. Und der Lehrer begegnet dem mit einer Haltung, „aus diesem Nichtwissen nicht eine gegen das Kind gerichtete negative Einschätzung, Ablehnung oder Verspottung (zu machen, Anm. d, Verf.), sondern es zum Anlaß (zu nehmen, Anm. d. Verf.), dem Kind ein schlüssiges Angebot zu machen, wie es diesen >Mangel< beheben kann.“ (ebd., S. 153) Darin ruht, in Verbindung mit der noch diffus strukturierten Be-

ziehungsqualität auf Seiten des Kindes, die diffuse Dimension des pädagogischen Arbeitsbündnisses. Dessen spezifische Dimension beruht darauf, dass der Lehrer „gleichermaßen für andere Kinder da sein muß, dass das Lernprogramm zwar auf die individuell je spezifische Neugierde abgestellt ist, zugleich aber bezüglich der Allgemeinheit der Sache von Erkenntnis gerechtfertigt und ausgewiesen sein muß." (ebd., S. 154)

5. Die Dreistelligkeit des Arbeitsbündnisses: Im Unterschied zum therapeutischen Arbeitsbündnis muss das schulische als ein dreistelliges verstanden werden: mit dem einzelnen Schüler, mit der Familie und mit der Klasse (Oevermann, 2002, S. 46-47). Aus der noch nicht entfalteten lebenspraktischen Autonomie des Kindes und seiner Einbindung in die Familie resultiert, dass das Arbeitsbündnis auch mit den Eltern geschlossen werden muss. Denn Eltern müssen die Sinnhaftigkeit schulischen Lernens gegenüber dem Kind vertreten und zudem relevante Kompetenzbereiche in die Zuständigkeit des schulischen Lernens geben. „Das verlangt von den Eltern, ihre Kinder immer mehr in die Eigenständigkeit zu entlassen und die Schule als Katalysator dieses Übergangs in die Autonomie anzuerkennen." (Oevermann, 1996, S. 175) Und für die Lehrer bedeutet dies, die Eltern in ihrer Autonomie und Zuständigkeit für die primäre Beziehung zum Kind anzuerkennen. Die Notwendigkeit eines Arbeitsbündnisses mit der ganzen Klasse beruht darin, dass Lehrer im Kontext der ganzen Klasse handeln und dabei universalistischen Prinzipien der Gleichbehandlung verpflichtet sind. Dabei geht es zum einen darum, ein „kollektives Arbeitsbündnis" mit der Klasse im Sinne einer „tutorialen Lernkultur" zu schließen. Zum anderen darf die Peergruppe nicht einer pädagogisierenden „Curricularisierung" unterworfen werden, sondern es gilt deren „Vergemeinschaftungsform unter Gleichen" in ihrer Eigenständigkeit anzuerkennen (ebd., S. 176). Dann ist es möglich, „den Schülern gerade auch im Konflikt mit den Lehrern und in der Auflehnung gegen sie den wirksamen Anlaß zur Peer-group-Bildung zu geben und damit einen Ort der Praktizierung und Verinnerlichung kooperativer Beziehungen mit dem Strukturkern der Reziprozität zwischen als autonom unterstellten Subjekten." (ebd., S. 147) Dies markiert die Bedeutung der schulischen Peers als eines eigenen Bildungsraumes, den es im kollektiven Arbeitsbündnis mit der Klasse zu achten gilt.

6. Spezifizierungen des Lehrerhandelns: Über diese basalen Bestimmungen zur Lehrerprofessionalität hinaus, erfolgen noch eine Reihe konkreter Aussagen zur Lehrerprofessionalität. Oevermann betont die Bedeutung fallrekonstruktiver Kompetenzen, die es bereits im Studium systematisch zu erwerben und weiter zu entwickeln gilt, um ein einzelfallspezifisches Verstehen von Lernwegen und Sachbezügen zu ermöglichen. Daneben wird für eine sokratische, mäeutische und exemplarische und gegen die von ihm so bezeichnete „Trichter"-Didaktik votiert. Den Bezugspunkt bilden reformpädagogisch orientierte Konzepte, etwa von Wagenschein, Bauersfeld oder Montessori und es wird eine Orientierung an Fallkonferenzen und Supervision in der Lehrerpraxis gefordert. Hinsichtlich der Lehrerausbildung wird eine Orientierung an der Fallarbeit in Verbindung mit einer Stärkung von Bildungs- und Sozialisationstheorie vorgeschlagen. Die Professionalisierung der Lehrertätigkeit erscheint umso wichtiger, je jünger Kinder sind, weil dort die prophylaktisch-therapeutische Dimension des Lehrerhandelns eine besonders große Bedeutung gewinnt.

7. Probleme der Professionalisierung des Lehrberufs: Der weiteren Professionalisierung des Lehrberufs stehen grundlegende Probleme im Wege. An erster Stelle steht die gesetzlich verankerte Schulpflicht, die einen Schulzwang konstituiert, der das Arbeitsbündnis belastet. Denn dadurch wird dem Kind die Neugier als schülerseitige Grundlage des Arbeitsbündnisses abgesprochen. Ebenso wird den Eltern das Vertrauen in ihre naturwüchsige erzieherische Haltung entzogen und die Schule als Kontrollanstalt installiert. „Die Pädagogik wird so paradox und strukturell ambivalent, um nicht zu sagen verlogen, mit ihren scheinbar im Interesse und im Dienste des Kindes auftretenden Motivationstechniken *zum heimlichen Komplizen der De-*

nunziation der Kinder als grundsätzlich lernfaul“ (Oevermann, 1996, S. 163). Damit gehen die bekannten Disziplinprobleme, die Positionierung des Lehrers als Dompteur und Wärter, der Überhang von kontrollförmigen Praktiken im Unterricht sowie sekundär erzeugte Professionalisierungsprobleme einher. In deren Zentrum steht, dass Schüler dadurch strukturell in eine Opposition zum Schulischen gebracht werden, weil Schule und Lehrer – mit Zwang assoziiert – polar zur sich entfaltenden lebenspraktischen Autonomie der Schüler situiert werden. Damit wird es schwierig, den grundlegenden Konflikt im Zusammenhang von Lernproblemen reflexiv zu handhaben: Denn Lernwiderstände der Schüler verweisen „im Normalfall auf die (für die, W.H.) Entwicklung und Ontogenese konstitutive beständige Aufhebung des Alten, Vertrauten, Vorausgehenden durch Neues, Unbekanntes, Krisenhaftes (…), das zum einen attraktiv und faszinierend ist, zugleich aber auch fordernd und beunruhigend. In einem pädagogischen Arbeitsbündnis, in dem dies selbstverständlich geltende Ausgangslage ist, würde die dem gemäße Widerständigkeit, analog zur Therapie, zwischen Lehrer und Schüler gemeinsam >durchgearbeitet< und grundsätzlich anerkannt werden, dass es sich hier um einen Konflikt zwischen zwei Persönlichkeitsanteilen des Schülers handelt und nicht um einen Konflikt zwischen dem Schüler und der Schule.“ (ebd., S. 167-168) Weil die Institutionalisierung des Schulzwangs die Schüler in Wahrnehmung ihrer Autonomie in Opposition zur Schule führen kann, verknoten sich in deren Widerständigkeit gegenüber schulischem Lernen dieser innere Lernkonflikt und die institutionell generierte Opposition bis zur Unentwirrbarkeit. Dadurch wird die rekonstruktive Kompetenz von Lehrkräften zur Entschlüsselung von Lernproblemen performativ belastet. Dies kann auch die Tendenz von Lehrern erklären, sich externalisierend zu entlasten. Bei einem ungestörten Arbeitsbündnis würden Lehrer „in Fällen drohenden Scheiterns viel häufiger sich selbst und die Schule adressieren und nachhaltig nachforschen, als das Problem beim Schüler zu lokalisieren, sei es negativ in der Zuschreibung von Faulheit, Bequemlichkeit, Dreistigkeit oder Vernachlässigung durch das Elternhaus oder sei es positiv in der Zuschreibung von >Begabung<, >Brillanz<, >Überdurchschnittlichkeit<, >Außergewöhnlichkeit<, >Kritikfähigkeit< und ähnlicher pädagogischer >Stigmatsierungen<.“ (ebd., S. 168) Daneben weist Oevermann auf Probleme im Bereich der Lehrerbildung hin, insbesondere die mangelnde Förderung fallrekonstruktiver Kompetenzen, was gerade subsumtive Klassifizierungen nahe legt und zu externalisierender Schuld- und Ursachenzuschreibungen führen kann. Damit geht einher, dass Lehrer Handlungskrisen und pädagogisches Scheitern abblenden: „Unter der Bedingung gelungener Professionalisierung wäre stattdessen das Krisenhafte der Handlungspraxis selbstverständlicher Normalfall und entsprechend ein Scheitern ebenfalls. Zwar ist der Professionalisierte selbstverständlich auch bemüht, dieses Scheitern um jeden Preis zu vermeiden. Da es aber angesichts von Krise als Normalfall in Kauf genommen werden muss, wäre das Ausgrenzen des Scheiterns eher ein Zeichen von risikomeidender Schwäche als von Souveränität. Hingegen gilt bei Lehrern das Scheitern, obwohl beständiger Alltag, als unbedingt zu vermeiden und wird entsprechend verleugnet oder externalisiert.“ (Oevermann, 2002, S. 51)

2.2 Strukturtheoretisch orientierte Ansätze in Anknüpfung an und in kritischer Reflexion der Oevermannschen Position

Im Anschluss an die Oevermannschen Professionstheorie haben sich verschiedene Positionen zur Lehrerprofessionalität herausgebildet. Ohne Anspruch auf Vollständigkeit sollen einige dieser Positionen exemplarisch skizziert werden. Dabei sind erstens Ansätze zu nennen, die stark in der Oevermannschen Tradition stehen und Spezifizierungen des Pädagogischen vornehmen (Wagner, 1989; Koring, 1989). Davon sind Konzepte zu unterscheiden, die Konkretisierungen und pädagogische Entwürfe der Relation von Person und Sache und des Bildungsgeschehens in Unterricht und Arbeitsbündnis in den Blick nehmen und Fortschreibungen einer Theorie pädagogischer Lehrerprofessionalität darstellen (Combe, Kolbe, Helsper, Gruschka). Und drittens finden sich Positionen, die mit strukturtheoretischen Neujustierungen die These der Professionalisierungsbedürftigkeit des Lehrerhandelns zurückweisen (Wernet oder die strukturtheoretische Position als normative Programmatik kritisieren (Radtke).

1. Die Arbeit von Koring (1989) stellt einen der frühen Versuche dar, die Oevermannsche Professionstheorie empirisch gewendet auf Unterricht und Lehrerhandeln zu beziehen. Dabei steht das Konzept der „stellvertretenden Deutung" als Strukturkern einer „mäeutischen" Pädagogik im Zentrum, das Koring allerdings – im Zusammenhang mit der Kritik, dass Oevermann dabei zu stark auf den Therapiebegriff fokussiere (vgl. Koring, 1989, S. 99-101) – unter drei Perspektiven ausdifferenziert: Es geht um stellvertretende Deutung 1. der pädagogischen Situation und Interaktion selbst; 2. der Konstituierung der Themen und der Sachbezüge in der subjektiven Aneignung und 3. der aktuellen sowie der zukünftigen Bezüge des Unterrichts (ebd., S. 98-90). In der exemplarischen Rekonstruktion einer Unterrichtssequenz und der subjektiven Deutungen der beteiligten Akteure kann zum einen empirisch der zentrale Stellenwert stellvertretenden Deutens im Unterricht herausgearbeitet werden. Zum anderen werden aber zentrale Professionalisierungsprobleme sichtbar: Etwa die Verstrickung in Widersprüche (partizipativer Innovationsanspruch und direktive Lehrerverordnung), die Vermischung von inhaltlichen und methodischen Zielsetzungen, die personalisierende Aufladung der Situation mit Abwertungen der Schüler, die Delegation der Unterrichtsprobleme an die „Unfähigkeit" der Schüler und die Entlastung der Lehrerin (vgl. ebd., S. 162-164, 314-316). Damit werden die theoretisch formulierten Hinweise Oevermanns auf strukturelle Professionalisierungsdefizite im Lehrerhandeln am Beispiel einer ihrem Selbstverständnis nach schülerorientierten Lehrerin verdeutlicht. Zugleich kann damit die Differenz zwischen dem intentionalen pädagogischen Anspruch von Lehrkräften und der latenten Sinnstruktur ihres pädagogischen Handelns eindrucksvoll entfaltet werden. Koring gelingt damit eine empirische Konkretisierung der Oevermannschen Überlegungen und kann dabei Perspektiven für eine auf Unterricht und Lehrerhandeln fokussierte Spezifizierung der Lehrerprofessionalität andeuten.

2. Wagners Entwurf einer Theorie pädagogischer Professionalität greift das Anliegen, stärker auf die pädagogische Handlungssituation zu fokussieren, erneut auf (vgl. Wagner, 1998, S. 88-90). Auch Wagner geht den Weg einer empirischen Rekonstruktion am Beispiel eines Schülerinneninterviews (ebd., S. 101-103) und kann darin wesentliche Theoreme der strukturalen Professionstheorie bestätigen: So die Dreidimensionalität des Lehrerhandelns in Form der Wissens-, der Normen- und der prophylaktisch-therapeutischen Dimension bezüglich der Autonomie- und Selbstkonstitution von Kindern und Jugendlichen und damit einhergehend die „Verflechtung von diffusen und spezifischen Sozialbeziehungen" (ebd., S. 159). Die besondere Herausforderung für das professionelle Lehrerhandeln beruht insbesondere in der professionellen Handhabung der Spannung der diffusen und spezifischen Beziehungslogiken. Allerdings relativiert auch Wagner den Therapiebezug der Oevermannschen Position: Er schlägt vor, die Lehrerprofessionalität – ohne die implizite therapeutische Dimension zu negieren – im Kern um die Sachbezüge und das inhaltliche Lernen als einer „Dialektik von Emergenz und Determination" (ebd., S. 163) zu zentrieren. Damit wird auch das Konzept des stellvertretenden Deutens stärker mit dem „Prinzip der Sachhaltigkeit" verknüpft (ebd., S. 167-168). Indem das Lernen als sachhaltige Emergenz des Neuen ins Zentrum gerückt wird, das der stellvertretenden pädagogischen Deutung zu seiner Entstehung bedarf, wird die Professionalisierungsbedürftigkeit des Lehrerhandelns nicht mehr auf die Zeit bis zur Adoleszenz eingeschränkt, wie es Oevermann anfänglich vorschlug (vgl. zur Erweiterung auf den Verlauf der Adoleszenzkrise Oevermann 2002,

S. 46-48), sondern auf alle pädagogischen Handlungsvollzüge erweitert (ebd., S. 164-165). Dafür bedarf es des Erwerbs eines pädagogischen Habitus, in dem Fallverstehen, Wissenschaftswissen, professionelle Deutungsschemata und das intuitive Verstehen feldspezifischer pädagogischer Probleme verbunden werden (ebd., S. 169-170).

3. Das Konzept der widersprüchlichen Einheit verschiedener Handlungslogiken im professionellen Lehrerhandeln bildet – mit Bezug auf Oevermann (1996, 2002) sowie symbolisch-interaktionistische Überlegungen zu professionellen Paradoxien (vgl. Schütze, et al., 1996, Breidenstein & Schütze, 2008) – einen zentralen Ausgangspunkt für den Ansatz struktureller Professionsantinomien von Helsper (vgl. Helsper, 1996, 2004; Helsper, et al. 2001). Dabei werden zwei Ebenen dieser pädagogischen Antinomien unterschieden: Zum einen solche, die ein Ausdruck der in modernisierten Lebenspraxen angelegten Spannungen sind, die aber im Lehrerhandeln, als einer stellvertretenden, Krisen lösenden, vermittelnden Lebenspraxis für die Bildung einer anderen Lebenspraxis, eine besondere Zuspitzung erfahren (z.B. die Ungewissheitsantinomie). Zum anderen widerspruchsvolle Handlungskonstellationen, die daraus resultieren, dass das Lehrerhandeln sowohl der universalistisch-distanzierten, rollenförmigen als auch einer diffusnahen, personbezogenen Orientierung unterliegt (z.B. die Nähe- oder die Autonomieantinomie). Diese strukturellen Antinomien werden von Widersprüchen des Lehrerhandelns unterschieden, die aus der gesellschaftlichen Institutionalisierung des Schulsystems resultieren (z.B. dem Selektionswesen). Handlungsdilemmata markieren im Unterschied dazu die konkreten, im Kontext von Lehrergruppen, Fach- und Schulkulturen generierten Strukturvarianten dieser Antinomien (vgl. zur Autonomieantinomie Helsper, 2010), die in Fällen einer dramatischen Verwicklung auch die Form pragmatischer Paradoxien annehmen können. Die antinomischen und Widerspruchskonstellationen des Lehrerhandelns sind wiederum in den Horizont übergreifender Modernisierungsambivalenzen eingerückt. Diese Ausdifferenzierung von strukturellen Antinomien als Kernstruktur des professionellen Lehrerhandelns wird im Ansatz von Helsper in zwei Richtungen weiter entwickelt: Zum einen werden im Rahmen einer Theorie der Schulkultur (Helsper et al., 2001; Helsper, 2008) dominante symbolische Ordnungen rekonstruiert, die den Möglichkeitsraum für Professionalisierungspfade und -prozesse generieren und durch spezifische Ausformungen der Antinomien gekennzeichnet sind (vgl. Helsper, 2008). Zum anderen wird das Konzept des pädagogischen Arbeitsbündnisses theoretisch und empirisch weiter ausdifferenziert und im Kern um die Antinomie der Differenz von Vermittlung und Aneignung in der Spannung von Person und Sache zentriert (vgl. Helsper & Hummrich, 2008; Helsper et al., 2007, 2009).

4. Wernets Arbeiten knüpfen an die Konzepte struktureller professioneller Spannungen an und weisen deren Theoriekonstruktion zurück. Der Kern seiner Überlegungen besteht in einer Zurückweisung der These, dass es sich beim Lehrberuf strukturlogisch um eine Profession handle (Wernet, 2005, S. 137-139). In einem Rückgriff auf Parsons begreift er die Schule nicht als eine Vermittlungsinstanz zwischen der diffus-partikularistischen familiären Sozialisation und der universalistisch-spezifischen Rationalität moderner Organisationen. Vielmehr steht die Schule in seiner Lesart der Parsonschen Theorie in gesteigerter Weise für den unpersönlichen Leistungsuniversalismus (vgl. Wernet, 2003, 2005). Das damit einhergehende, nachgeordnete sozialisatorische Anpassungsproblem auf Seiten der Schüler lösen Lehrkräfte nicht durch die reflexive Handhabung pädagogischer Antinomien, sondern indem sie ohne Kompromisse den schulischen Universalismus zur Geltung bringen und den diffusen Entgleisungen der Schüler mit „pädagogischer Permissivität" begegnen (vgl. Wernet, 2005, S. 135-136) Die zentrale Problematik des Lehrerhandelns verortet Wernet in der von Seiten der Lehrkräfte erfolgenden Diffundierung des Schulischen, einer „pädagogischen Entgrenzung" (vgl. Wernet, 2003), mit der Lehrer diffusemotional das schulische Geschehen stören. Diese Schwierigkeit, dass Lehrer so wenig konsistent als „Agenten des unpersönlichen Leistungsuniversalismus" zu handeln vermögen (Wernet, 2005,

S. 140), wird mit einem Rückgriff auf Adorno begründet: Weil Lehrern die Autonomie von Professionellen fehle, sie als Agenten der universalistischen Strukturlogik moderner Gesellschaften auch für Entfremdung stehen, sind sie vor allem Agenten der gesellschaftlichen Vereinnahmung und nicht Opponenten und „Widerlager", wodurch Professionen in der Wahrnehmung ihrer Klientenmandate gekennzeichnet seien. Diese Identifikation mit dem Leistungsuniversalismus und dessen Schattenseiten der Entfremdung in Form von Versagen und der Unerbittlichkeit der Leistungsethik (ebd., S. 140-142.) falle Lehrern schwer und die Schule werde kompensatorisch mit Nähe- und Autonomieorientierungen aufgeladen, die erst jene Widersprüchlichkeiten erzeugen (vgl. Wernet, 2008). Darin sei auch die strukturale Professionstheorie des Lehrerhandelns verwickelt, weil sie Lehrpersonen als professionelle Sachwalter der lebenspraktischen Autonomie ihrer Schüler konzipiere, die ihren Klienten verpflichtet seien. Wernets Konzept des Lehrerhandelns – das ohne jeden Bezug zur unterrichtlichen Vermittlung bleibt – stellt innerhalb der strukturtheoretischen Professionskonzepte die deutlichste Abweisung einer Professionalisierungsbedürftigkeit des Lehrerhandelns dar.

5. Combes Ansatz zur Lehrerprofessionalität (vgl. Combe, 1996, 1999, 2005; Combe & Buchen, 1996; Bastian & Combe, 2007; Combe & Gebhardt, 2007, 2012; Combe & Kolbe, 2008) ist dem strukturalen Professionsparadigma zuzuordnen, nimmt seinen Ausgang – neben dem Bezug auf Oevermann – aber auch vom Konzept ästhetisch-lebensweltlicher Erfahrung. Im Zentrum steht bei ihm die Klärung der Frage, wie gegen erstarrte Unterrichtsformen offene und das Neue konstituierende Bildungsprozesse im Unterricht möglich sind. Dabei wird das professionelle Lehrerhandeln im Kern durch Ungewissheit, doppelte Kontingenz, Einzelfallbezug und Sinn verstehende Zugänge bestimmt und mit dem Bild des „Sisyphus" als ein Handlungstypus gefasst, der immer wieder neu ansetzen muss, worin die besondere Belastung aber auch Potenzialität des Lehrerhandelns ruhen kann. Mit Bezug auf Oevermann, Buck und Dewey wird für derartige Bildungsprozesse der Begriff der Krise als einer Irritation eingespielter Handlungs- und Deutungsroutinen ins Zentrum gerückt (vgl. Combe & Gebhardt 2007, S. 9-11). Die These, dass es bei Bildungsprozessen im Kern um eine irritierende Erfahrungsbewegung geht, die über verschiedene Stationen des Oszillierens zwischen subjektivem und objektivem Gegenstandssinn im Modus der „Zweisprachigkeit" (ebd., S. 21-23, 115-116) erst zu einer für die Subjekte sinnvollen Gegenstandskonstitution gelangt, wird mit Bezug auf inhaltliche Lernvorgänge und Unterrichtsprozesse expliziert (vgl. Combe & Helsper, 1994; Combe, 1999). Damit wendet sich Combe der – bei Oevermann und auch Wernet vernachlässigten – Auseinandersetzung mit der Sache als der Entstehung des Neuen und der Bedeutung von professionalisierten Lehrkräften für diese Gegenstandkonstitution im Unterricht zu, die auf Erfahrungskrisen und kreativer Phantasietätigkeit beruhe (vgl. Combe & Gebhard 2012). Dies stelle allerdings nicht den Normalfall des Lehrerhandelns dar, sondern entspreche einer professionalisierten Lehrerpraxis, die selbst dem krisenhaftren Modus der Irritation eingeschliffener Handlungskreise genügt und damit dem Bild eines „lernenden Lehrers": „Solche Erfahrungskrisen nicht abzuwehren, sondern für die eigene Entwicklung und Erkenntnis zu nutzen und mit ihnen umzugehen lernen, wäre eine zentrale Kompetenz eines lernenden Lehrers." (Combe, 2005, S. 82) Dies bedarf der Einbettung in kollegiale Praxisgemeinschaften, die sich den Modus der offenen, krisenhaften Erfahrung zu Eigen gemacht haben (vgl. Combe, 1999, 2005; Bastian & Combe, 2007).

6. Dieses Anliegen teilt Combe mit Gruschka, dem es in seinen Studien zu Unterricht und Lehrberuf (vgl. Gruschka, 2005, 2008, 2009, 2013) darum geht, eine empirisch gehaltvolle und fundierte „Theorie zur Prozesslogik des Unterrichtens" und dessen „Eigenstruktur" zu entwickeln (vgl. Gruschka, 2009, S. 8-9). Dafür bezieht er sich auf die „einheimischen Begriffe der Pädagogik" (Gruschka, 2005, S. 27) und begreift Unterricht als „widersprüchliche Einheit von Erziehung, Bildung und Didaktik" (Gruschka, 2009, S. 9, 2005, S. 33-35). Den Ausgangspunkt

markiert die bildungstheoretische Figur der subjektiven und objektiven Seite des Unterrichtens, also der Vermittlung der Sachhaltigkeit mit der Vorbildung der Schüler, die im Modus der Krise verortet wird. Dabei bezieht sich auch Gruschka auf ästhetische Erfahrungen, genetische Erkenntnistheorien sowie sokratisch-mäeutische didaktische Konzepte und begreift die Entstehung des bildenden Neuen im Modus einer der ästhetischen und der wissenschaftlichen Erkenntnisbildung folgenden „forschenden Haltung“ (Gruschka, 2009, S. 15). Damit muss der Unterricht im Spannungsfeld von subjektiven und objektiven Strukturierungen die Prinzipien wissenschaftlicher Erkenntnisbildung aufnehmen (ebd., S. 23) und zwar bezüglich der Begriffe, der Operationen und der Zugangsmotive (ebd., S. 43-45). Diese „Verwissenschaftlichung“ wird dabei nicht als Kriterium guten Unterrichts oder als pädagogische Programmatik begriffen, sondern „als Schlüssel zum Verstehen der Eigenlogik des empirischen Unterrichtsprozesses“ selbst (ebd., S. 40): Darin beruht die „universell geltende(n) Bestimmtheit seiner Form. Die Eigenstruktur des Unterrichtens emergiert das Problem der Übertragung der subjektiven Erkenntnistätigkeit auf die mit der Sache verbundenen objektiven Maßstäbe gültiger Begriffe und Verfahren. (…) Die Frage ist demnach nicht, ob Unterricht jene Verbindung herstellen soll, sondern wie ihm die durch Schüler und Sache angelegte Verbindung gelingt oder misslingt.“ (ebd., S. 40) Damit wird die pädagogische Eigenstruktur der Lehrertätigkeit in dieser Vermittlung begriffen, die aber – wie die empirischen Analysen zum Fachunterricht zeigen (ebd.) – immer wieder gebrochen wird. Dies scheint aus einer überbordenden Didaktisierung und einem pädagogischen Pessimismus (vgl. Twardella, 2008) zu resultieren, wodurch den Schülern die herausfordernde Konfrontation mit der Sache vorenthalten werde (vgl. Gruschka, 2009, S. 488-490). Letztlich kannn Gruschka empirisch gehaltvoll rekonstruieren, dass im vorfindbaren Unterricht der sachhaltige Bildungsprozess eher eine Ausnahmeerscheinung bleibt (vgl. Gruschka, 2013).

7. Die Verbindung strukturtheoretischer Professionskonzepte mit Theorien des Lehrerwissens und -könnens zeichnet die Position von Kolbe aus (vgl. Kolbe, 2001, 2005; Kolbe & Combe, 2008). Im Unterschied zu Positionen, die die psychologischen Analysen zum Lehrerwissen (vgl. Shulman, 1986; Schön, 1983; Bromme, 1992) als unvereinbar mit dem strukturtheoretischen Konzept begreifen (vgl. Baumert & Kunter, 2006), kann Kolbe zentrale Bezüge dieser Forschungstraditionen zum strukturtheoretischen Professionsansatz aufweisen. So kann etwa die Unterscheidung Schöns (1983) von „knowing in action“, „reflecting in action“ und „reflecting on action“ bezüglich der Ausbildung eines wissenschaftlich-reflexiven Habitus geschärft werden, der es erst ermöglicht, sich bezüglich des fachlichen, fachidaktischen und erziehungswissenschaftlichen Wissens reflexiv mit Routinen und Wissensbeständen auseinanderzusetzen. Und bezüglich der wichtigen Hinweise, dass das handlungsleitende Lehrerwissen ein zumeist „implizites Wissen“ sei, das in den Routinen der schulischen Organisation im praktischen Mitvollzug entstehe (vgl. etwa Radtke, 2004), wird ebenfalls eine Differenzierung eingeführt: Zwar ist die Herausbildung des praktischen Könnens ein in der Praxis stattfindender Prozess der Habitualisierung. Allerdings bedarf es der Herausbildung eines fallrekonstruktiven Wissens, um die eingeschliffenen Handlungsroutinen kontextsensibel zu verflüssigen und offen zu halten (Kolbe & Combe 2008).

8. Auch Radtke zielt auf eine Klärung des Verhältnisses von Lehrerwissen und Lehrerkönnen. Obwohl er seinen Ansatz als strukturtheoretischen definiert und die Analysen zur „Form Unterricht“ sich auf objektiv-hermeneutische Fallanalysen beziehen (vgl. Hollstein et al., 2002; Meseth et al., 2004; Radtke, 2004, Meseth, Proske & Radtke, 2012), stehen doch systemtheoretische Bezüge in Verbindung mit der Wissensverwendungsforschung im Mittelpunkt, so dass sein Ansatz an der Peripherie des strukturtheoretischen Professionskonzeptes anzusiedeln ist. Ausgangspunkt ist eine kritische Sichtung der strukturtheoretischen Professionsforschung, die das Lehrerhandeln mit Innovationsansprüchen belaste und verkenne, dass die Lehrerprofession immer in organisationsförmige Routinen und darin aufgeschichteten Wissensbeständen eingebun-

den sei. Dies verbindet sich mit Analysen zum Lehrerhandeln, die verdeutlichen, wie die „Form Unterricht" immer wieder zur Standardisierung der Vermittlungs- und Aneignungsprozesse tendiert und darin die Sachbezüge dominiert. Damit wird gegenüber dem – so seine Kritik – zu stark normativ-programmatisch aufgeladenen Konzept der strukturtheoretischen Lehrerprofessionalität die Dominanz der organisationsförmigen Formgebung gesetzt und das Konzept einer auf die Autonomie der Individuen orientierten Professionalität in Frage gestellt.

Damit sind – ohne Anspruch auf Vollständigkeit – einige wesentliche Linien der internen Ausdifferenzierung und Weiterentwicklungen des strukturtheoretischen Ansatzes skizziert.

3. Empirische Ergebnisse zur Lehrerprofessionalität in Schule und Unterricht

Im Folgenden werden exemplarisch ausgewählte Ergebnisse strukturtheoretischer Professionsforschung für Schule und Unterricht vorgestellt.

3.1 Schulische Unterrichts- und Bildungsprozesse

Über längere Zeiträume hinweg stand die sachbezogene Unterrichtsforschung nicht im Zentrum der strukturalen Forschung zur Lehrerprofessionalität. Inzwischen liegen allerdings rekonstruktive Studien zum Fachunterricht, zu Unterrichtsprozessen, zu Aufgabenstellungen oder Schülerergebnissen vor, zudem an unterschiedlichen Schulformen und kontrastierenden Einzelschulen (vgl. z.B. Koring, 1989; Combe & Helsper, 1994; Hollstein et al., 2002; Gruschka, 2005, 2008, 2009, 2013; Meyerhöfer, 2005; Geier, 2006, 2011; Twardella, 2008; Helsper et al., 2009; Bender, 2010; Hummrich, 2011; Pollmanns, 2011; Wenzl, 2013).

Einerseits verdeutlichen diese Studien, dass es sich im Unterrichtsgeschehen um routinisierte Ablaufmuster handelt, in denen der Fortgang des Unterrichts – insbesondere unter aktiver Beteiligung der Schüler – gesichert wird (vgl. Combe & Helsper, 1994; Hollstein et al., 2002, S. 160-162ff.; Meseth et al., 2004; Gruschka, 2009, 2013). Hier bestehen vielfältige Berührungspunkte etwa zur ethnomethodologischen Unterrichtsforschung, die feststehende Formate der Turnübernahme und von Kommunikationsmustern freilegen kann (vgl. etwa Kalthoff, 1997). Die Kehrseite dieses Ergebnisses beruht darin, dass deutlich wird, wie in den eingeschliffenen Kommunikationsmustern des Unterrichts der bildende Gehalt der Sache und die Vermittlung zwischen Person und Sache ins Leere läuft, gebrochen oder zur „Störung" der Unterrichtsroutine wird. Unterricht funktioniert in dem Sinne, dass die Routinen nicht zusammenbrechen, die Schüler den Fortgang mit tragen – dies aber auf Kosten sachhaltiger Bildung. So kann Combe am Beispiel von „Jazz im Unterricht" verdeutlichen (vgl. Combe & Helsper 1994, S. 183-185), dass das starre Festhalten an intentionalen didaktischen Planungen den Modus ästhetisch-offener Erfahrung bricht und sich lediglich in einem Unterrichtsverlauf, in dem Zeit gelassen wird und die Alltagsspekulationen der Schüler zum Tragen kommen, Momente ästhetisch-kreativer Bildung zeigen (vgl. zum Kunstunterricht auch Gruschka, 2009; Bender, 2010). Bezüglich der Bearbeitung des Themas Holocaust im Unterricht (vgl. Hollstein et al., 2002; Meseth et al., 2004) zeigt sich, dass dieses Thema hinsichtlich seiner moralischen Aufgeladenheit und seines Sonderstatus in einer besonderen Spannung zur Form Unterricht steht (für interkulturelle Unterrichtsthematiken vgl. Geier, 2007, 2011). Es kommt zu einer Inszenierung und Aufführung von Unterricht sowie lediglich zur Reproduktion einer vorgängigen „Einübung in die sozial gültig gemachten Redeweisen" (Hollstein et al., 2002, S. 167). Die Differenz zwischen moralisch-politischem Aufklärungsprogramm und dem „Als-ob-Modus" der Unterrichtsinszenierung zeigt sich ausnahmsweise in einer Stunde nicht, weil dort nicht „der Schüler" angesprochen wird, „dem ein bestimmtes Wissen übermittelt werden soll, sondern Adressat ist der bereits mündige Erwachsene." (ebd., S. 154) Erst wenn der gewohnte Modus der Kommunikationsform Unterricht verlassen wird, kann eine Form des Wissens eröffnet werden, die nicht als feststehendes Vermittlungswissen fungiert, sondern als Wissensform, „die eher neue Probleme schafft, als vorhandene Fragen zu lösen" (ebd., S. 156) und forschende Züge besitzt.

Dessen Ausnahmecharakter in den Unterrichtsroutinen kann auch Thomas Wenzl (2013) in einer objektiv-hermeneutischen Analyse der sachbezogenen Schülerfrage im Unterricht verdeutlichen. Diese ist erstens ein seltenes Ereignis und weist zweitens darüber hinaus in den verschiedensten Unterrichtsfächern eine wiederkehrende Struktur auf: Sie wird quasi entschuldigend, als „Ausnahme von der Regel", als Störung des selbstverständlichen Unterrichtsgeschehens eingeführt, was darauf verweist, dass in der Perspektive der Schüler die sachbezogene Frage – in der Interesse und Erkenntnissuche ihren Ausdruck finden – als eine Störung der Unterrichtsroutine erscheint. In der Rekonstruktion unterschiedlicher Lehrerhaltungen im Umgang mit material interessierten Schülerfragen zeigen sich – bei allen Differenzen – Gemeinsamkeiten gegenüber den „interaktionslogischen Exkursen" und Öffnungen des Unterrichtsgeschehens für materiale Bildungsprozesse: 1. Die Lehrer stehen diesen möglichen Unterrichtsöffnungen in unterschiedlicher Form ablehnend gegenüber und sind an einer schnellen Schließung des Unterrichts und an einer Rücküberführung in die Normalform des klassenöffentlichen Unterrichts interessiert. Sie scheinen keineswegs ein Problem damit zu haben, die inhaltlichen Interessen und argumentativen Absichten ihrer Schüler abzublenden. Thomas Wenzl folgert daraus, dass der berufliche Habitus der Lehrkräfte grundlegend in der Normalform des klassenöffentlichen Unterrichts verankert ist und „dass Lehrern eine Praxis des argumentativen Austauschs mit Schülern im Unterricht berufshabituell fremd ist" (ebd., S. 218). 2. Die inhaltlichen Fragen der Schüler werden nicht nur unzureichend erörtert, sondern die Auseinandersetzung mit ihnen wird auch ohne Legitimationsproblem, Bedauern oder Entschuldigung abgebrochen. Hier scheint der Unterricht dem Typus des diskursiven Argumentierens, der für das universitäre Seminar als Idealtypus erscheint, entgegengesetzt zu sein (ebd., S. 222-223). Dies führt zur These, dass „der klassenöffentliche Unterricht, indem er Fragen von Schülern zur Sache des Unterrichts kaum abweisen kann, ihre Bearbeitung jedoch dann ohne Legitimationsprobleme vorzeitig beenden darf, objektiv über sich hinausweist." (ebd., S. 225) Materiale Bildungsansprüche werden damit gerade durch deren Scheitern innerhalb des Unterrichts als „gegenschulische Ansprüche" hervorgebracht (ebd., S. 225-227). Indem diese Ansprüche nun aber pädagogisch gerade mit Unterricht verbunden und an ihn zurückadressiert werden, wird die soziale Praxis des Unterrichts, die „systematisch der Sache selbst nicht gerecht werden kann" (ebd., 225), mit diesem Anspruch paradox situiert. Dies mündet in die These einer daraus resultierenden Neurotisierung der Unterrichtspraxis: Dieser würden unerfüllbare Ansprüche aufgeladen, an denen sie strukturell scheitern muss, während diejenigen, die diese Bildungsansprüche als einlösbar einklagen, sich zugleich zu Gralshütern der Bildung gegenüber der schlechten Unterrichtspraxis stilisieren können.

Für Andreas Gruschka resultiert diese weitgehende Blockierung materialer Bildungsprozesse – hier treffen sich die empirischen Rekonstruktionen mit denen Wenzls – im Unterricht daraus, dass nicht „das vermeintlich Anspruchsvollste: die erkenntnis- und wissenschaftstheoretische Fundierung der Sache" (Gruschka, 2009, S. 481) im Zentrum steht, sondern vielmehr ein Überhang der Didaktisierung, in der Schüler im Sinne eines pädagogischen Pessimismus (Twardella, 2008) als ständig überfordert, wenig sach- und interessenorientiert defizitär konstruiert werden (vgl. Gruschka, 2013). An die Stelle strukturierter sachhaltiger Aufforderungen treten didaktisierte Surrogate und Zurichtungen der Sache im Sinne von Vereinfachung, Schematisierung, Aktualisierung, Analogiebildung oder Umarbeitung, die zur Unterforderung der Schüler tendieren (vgl. Gruschka, 2009, S. 487-489). Zudem sind Schüler – ein sekundärer Effekt dieser „Didaktisierung" – eher mit der Klärung dessen beschäftigt, was Lehrer eigentlich von ihnen wollen, als mit der Sache selbst.

Die objektiv-hermeneutischen Unterrichtsrekonstruktionen können somit den Überhang der Routine und des Reproduktiven im Unterrichtsprozess herausarbeiten, worin der „fruchtbare Moment" im Bildungsprozess, die sachbezogene Emergenz des Neuen und die professionelle stellvertretende Krisenlösung und Kriseninduktion im Sinne der Eröffnung irritierender Bildung auf Seiten der Schüler zum Ausnahmefall wird. Allerdings sind die Schlussfolgerungen (vgl. auch unter 2.2.) recht unterschiedlich: Zum einen wird aus der Rekonstruktion der routinisiert-dominanten Struktur des Lehrerhandelns gefolgert, dass das Lehrerhandeln in einem hohen Maße professionalisierungsbedürftig sei, weil gerade die Vermeidung der bildenden Krise und der Überhang der Routine im Lehrerhandeln jenen „Schülerjobber" (Breidenstein, 2006) generiert, der als Ausdruck einer sekundären Krisenbewältigung in Form diverser Schülerpraktiken zu verstehen ist, die durch die Routineform Unterricht erzeugt wird. Zum anderen wird daraus die Konsequenz gezogen, dass der Unterricht gerade nicht für sachbezogene, materiale Bildung zuständig sei, sondern für die routineförmige Erzeugung von Unterrichtswissen, für die Einübung in universalistische Regeln und die Herstellung der Bereitschaft einer sachlich desinteressierten Leistungserbringung auf Seiten der Schüler.

Ein weiteres Ergebnis der Rekonstruktion zahlreicher Unterrichtsstunden ist, dass es häufig nicht die Schüler sind, die die Auseinandersetzung mit der Sache erschweren. Vielmehr zeigt sich die Tendenz (vgl. Koring, 1989; Combe & Helsper, 1994; Gruschka, 2005, 2009; Twardella, 2008; Helsper & Hummrich, 2008), dass es in krisenhaften Situationen des Unterrichts eine Bereitschaft auf Seiten der Schüler gibt, die Unterrichtsprozesse mit zu tragen, interessiert zu sein und immer wieder als konstruktiver „Koprofessioneller" das Unterrichtsgeschehen zu stützen (vgl. aus Sicht der Bildungsgangdidaktik Meyer & Jessen, 2000).

Dabei zeigen sich auch in Unterrichtsstunden, die deutlich durch Methodenvielfalt, eine Schülerorientierung und positive Bezüge gegenüber Schülern gekennzeichnet sind, erhebliche Probleme in der bildenden Aneignung der Sache durch die Schüler: So konnte schon Koring (1989) auf die Paradoxie einer Aufforderung der Schüler zur eigenständigen sachbezogenen Auseinandersetzung und einer in der Form der Unterrichtsgestaltung und des Lehrerhandelns ruhenden Verunklarung der Sache und des immer deutlicheren Umschlagens in Dominanz im Unterrichtsgeschehen verweisen. Und Gruschka stellt fest, dass in vielen Unterrichtsstunden, in denen die Schüler aufgefordert werden, von „selbst darauf zu kommen", eigenständig etwas zu erarbeiten, in Gruppenarbeit zu diskutieren und eigenständig zu präsentieren (Gruschka, 2009, S. 479-481, 487-489), die Aktivität und die Orientierung, möglichst alle zu Wort kommen zu lassen, und die Form der Präsentation im Zentrum stehen, nicht aber die sachhaltige Auseinandersetzung der Lehrer mit den Inhalten selbst. So bleibt die Auseinandersetzung mit den Sachbezügen teilweise resonanzlos und falsche und in Form bloßer Meinungen artikulierte Sachvorstellungen unkommentiert. Trotz und auch wegen einer eindimensionalen Aktivierung der Schüler bleibt die Bildung im Medium der Sache auf der Strecke. Hier ergeben sich Übereinstimmungen mit anderen qualitativen Rekonstruktionen zum Unterrichtsgeschehen (vgl. die Beiträge in Breidenstein & Schütze, 2008), die darauf hinweisen, dass es auch im schülerorientierten Unterricht zu Bildungsproblemen und bezüglich der hohen Zielsetzungen – Autonomie, Kooperation, Selbstregulierung – zum Ausweichen vor sachhaltiger Auseinandersetzung kommen kann.

Auch neuere Studien und Rekonstruktionen zum geöffneten und individualisierten Unterricht von Rademacher und Breidenstein – in einer Verbindung ethnographischer und strukturtheoretischer Perspektiven – insistieren darauf, dass in diesem geöffneten Unterrichtsformaten die grundlegende Struktur des Unterrichts nicht außer Kraft gesetzt wird (vgl. Menzel & Rademacher, 2012, Breidenstein & Rademacher, 2013). So kann anhand der Rekonstruktion der Zeitstrukturen im individualisierten Unterricht gezeigt werden, dass erstens die Doninanz formaler Zeitabläufe nicht außer Kraft gesetzt wird, zweitens der Anspruch individualisierter Eigenzeiten des Lernens zugleich mit einer Indifferenz gegen den inhaltlichen Arbeitsprozessen verbunden sein kann, drittens die Individualisierung der Zeitabläufe zu einer Steigerung der Effizienz der Zeitausnutzung dient und viertens die Schüler als individuell verantwortliche und selbstständige Zeitnutzer adressiert werden – eine Individualisierung der Lernverantwortlichkeit (vgl. Breidenstein & Rademacher, 2013). Auch die Analyse von Selbsteinschätzungsbögen von der ersten bis zur vierten Klasse im individualisierten Unterricht zeigt, dass diese Selbsteinschätzungsvorgaben gerade keine Schülerorientierung beinhalten, sondern vorgestanzte formalisierte Vorgaben darstellen, mit denen die Schüler hinsichtlich ihrer Selbsteinschätzungen an die schulischen Fremdurteile angepasst und ihnen unterworfen werden. Sie werden damit in einer „sanften Tour" in den Modus einer individualisierten, eigenverantwortlichen Einübung in eine schulaffine Selbstkontrolle eingeführt und fungieren damit als „legitime Strategie der Unterwerfung der Schüler unter die schulischen Normen." (Menzel & Rademacher, 2012, S. 98). Hier treffen sich diese Analysen mit Unterrichtsrekonstruktionen im Anschluss an Foucault, in denen die Erzeugung und Adressierung der Schüler als selbstständige und eigenverantwortliche in modernisierten, reformpädagogischen und geöffneten Unterrichtsformaten als Einführung in ein neues Machtdispositiv des eigenverantwortlichen Lerners bzw. „unternehmerischen Lernselbst" erscheint (vgl. Rabenstein, 2007; Reh, Rabenstein & Idel, 2011; Reh & Rabenstein, 2012) bzw. im Anschluss an Elias als Herstellung individualisierter Selbstkontrolle in informalisierten pädagogischen Ordnungen verstanden wird (vgl. schon Helsper, 1989).

Andere Studien widmen sich der Rekonstruktion von Aufgabenstellungen, etwa von Aufgaben in den TIMS- und PISA-Studien (vgl. Meyerhöfer, 2005) bzw. der Sinnstruktur unterrichtlicher Produkte und Schülerergebnisse. Bender (2010) kann in Rahmen einer Schulkulturstudie zu einer kunstprofilierten Grundschule anhand exemplarischer Fallrekonstruktionen von Grundschulkindern die bildenden Potenziale des Kunstunterrichts verdeutlichen. Auch wenn der imaginierte Anspruch, dass die Schule einem Modus der „Krise durch Muße" im Unterricht genügen soll, vielfältig gebrochen wird, zeigen sich insbesondere für Kinder, die deutlich durch eine starke Leistungsethik gekennzeichnet sind, dass in den ästhetischen Ausdruckgestalten wesentliche bildende Momente enthalten sind.

Die Grenze der bisherigen Forschungen liegt darin, dass noch systematischer als bisher fachliche, schulkulturelle, schulformspezifische und interkulturelle Kontrastierungen (vgl. dazu auch Hummrich & Rademacher, 2012) in den Blick zu nehmen sind. So sind hinsichtlich der Generalisierbarkeit und der Ausdifferenzierung von Strukturvarianten des Unterrichts- und Bildungsgeschehens noch wesentliche Fragen offen.

3.2 Pädagogische Antinomien, Arbeitsbündnisse und Entgrenzung im Lehrerhandeln

In den Unterrichtsrekonstruktionen deuten sich immer wieder spannungsvolle Konstellationen an. Das Konzept der „widersprüchlichen Einheit" (Oevermann, 1996, 2002), der pädagogischen Paradoxien (vgl. Schütze et al., 1996) oder Antinomien (vgl. Helsper, 1996, 2004) ist in der Rekonstruktion von Schul- und Unterrichtsszenen ausdifferenziert worden. So sind inzwischen z.B. Paradoxien, die mit schulischen Reforminitiativen verbunden sind, gut untersucht: Es ergeben sich Spannungen zwischen Beharren und Verändern, zwischen entdeckenden Lernprozessen und einer Orientierung an einem feststehenden Kanon, zwischen einer auf Nähe orientierten Beziehungsarbeit und der unumgänglichen Rollenförmigkeit schulischen Handelns, zwischen hochfliegenden pädagogischen Idealen und hohen Belastungen. Berufsbiographisch ergeben sich Spannungen zwischen kreativen Gestaltungsmöglichkeiten und einer starken Fokussierung auf Schulisches, mit Überforderung und Enttäuschungsanfälligkeit (vgl. Schütze et al., 1996; Breidenstein & Schütze, 2008).

Besonders systematisch ist die Antinomie von Autonomie und Heteronomie und ihre Strukturvarianten rekonstruiert worden (vgl. Helsper et al., 2001; Helsper, 1996, 2010): Mit der „Negation der Schülerautonomie" und der „reproduktiven oder teleologischen Autonomie" – also sich aktiv das vorgegeben Richtige zu erarbeiten – wird die bereits entfaltete Autonomie von Schülern negiert. Diese Formen finden sich in paternalistischen oder stark autoritativen Schulkulturen. In reform- und schülerorientierten Schulkulturen finden sich eher Formen, die gerade mit der Hochschätzung von Schülerautonomie einher gehen: In der „simulierten Autonomie" werden Schüler – entsprechend dem hohen Autonomieideal – in Situationen, in denen Entscheidungen bereits gefallen sind, „scheinbar" in Entscheidungen einbezogen, also eine Art „Als-ob Autonomie" inszeniert (vgl. Helsper, 1996; Helsper et al., 2009, S. 260-262). Hier zeigen sich auch Varianten einer „verordneten Autonomie", also entsprechend dem schulischen Ideal autonom sein zu müssen, Das kann sich mit der „entlastenden Autonomie" verbinden: Lehrer verweisen – vor dem Hintergrund ihrer hohen Dauerbelastung – die Schüler in einer instrumentellen Verwendung des Autonomieanspruchs auf sich zurück, obwohl diese Unterstützung benötigen. In stark um Fürsorge zentrierten Hauptschulkulturen finden sich Varianten einer „Erzeugung von Autonomie durch pädagogische Stützung", die aber zugleich von einer personalisierten Abhängigkeit und Anhänglichkeit der Schüler gekennzeichnet sind. Daneben sind in verschiedenen Schulkulturen Formen der „disziplinierenden Autonomieverwendung" – Selbständigkeit wird für Wohlverhalten gewährt und sanktionierend wieder entzogen – und der „kontrollförmigen Autonomie" – Schüler werden aufgefordert eigenständig Mitschüler zu kontrollieren – zu finden. Diese vielfältigen Varianten der Verstrickung in die Antinomie von Autonomie und Heteronomie verweisen darauf, dass die reflexive Handhabung dieser Antinomie besonders schwierig ist.

Auch für die Antinomie von Nähe und Distanz liegen Rekonstruktionen vor. Diese oszilliert zwischen einer starken Sach- und Distanzorientierung, in der die Vermittlung mit der Person und diffusen Bezügen der Schüler tendenziell fehlschlägt, und andererseits Schulkulturen, die eine starke Person- und Näheorientierung aufweisen (vgl. Helsper et al., 2007, 2009; Idel, 2007; Grashoff, 2008; Helsper, 2012), in denen Verstrickungen in Näheversprechen im Vordergrund stehen. Dabei zeigt sich, dass in derartigen Schulkulturen in harmonischen Passungen diffuse Bezüge der Schüler aufgenommen und implizit-therapeutisch gewendet werden können. Zweitens deuten sich darin auch diffuse Verstrickungen an, wenn die Grenzziehung von Seiten der Lehrkräfte nicht reflexiv erfolgt. Drittens findet sich dort eine starke Distanz zwischen Schülern und Lehrern, wo das näheorientierte Versprechen enttäuscht wird. Und viertens zeigen sich affektive Entgleisungen von Lehrern, wenn Schüler Distanz wünschen und Individuationsprozesse in der Frühadoleszenz zur Distanzierung führen, was von Lehrkräften als persönliche Verletzung gedeutet wird. Insbesondere Wernet kann zeigen, wie stark das Lehrerhandeln dazu neigt, die universalistische Distanz zu verlieren und entgrenzend Schüler zu infantilisieren und zu beschämen (vgl. Wernet, 2003, 2005). Neben der Erklärung, dass dies mit einer – gegen die organisationsförmige Distanz gerichteten – person- und nähezentrierten Haltung der Lehrer selbst zusammenhänge, lässt sich zweitens ergänzen, dass Lehrer sich auch angesichts von Erfahrungen des Scheiterns im Unterricht durch derartige diffus auf die Person der Schüler zielende Schuldzuweisungen entlasten können.

In einem Kulturvergleich zwischen deutschen und US-amerikanischen Schulen arbeitet Rademacher (2009) eine dritte Erklärung heraus: In der Rekonstruktion der Begrüßung der Erstklässler kann sie zeigen, dass sich in den deutschen Begrüßungen immer wieder Ambivalenzen und antinomische Strukturen rekonstruieren lassen, etwa dass die Schüler begrüßt und personenorientiert in den Mittelpunkt gerückt werden sollen, aber de facto das Gegenteil geschieht. Die ersten Schultage in den USA weisen demgegenüber eine klare institutionelle Struktur auf, in der die Schule mit ihren Forderungen im Zentrum steht. Rademacher deutet dies als Ausdruck unterschiedlicher Berufskulturen von Lehrern im Rahmen nationaler Kulturen. Während die Berufskultur der deutschen Lehrer durch eine kritische Haltung zur Institution und einer Orientierung am Kind gekennzeichnet sei, sei die Berufskultur der Lehrer in den USA durch eine Identifikation mit der universalistischen Leistungsorientierung bestimmt, in die die Schüler von Beginn an eingefügt werden. Damit werden als Ergebnis dieser Studie antinomische Strukturen im pädagogischen Handeln nicht aus der konstitutiven Widersprüchlichkeit pädagogischen Lehrerhandelns, sondern durch spezifische Berufskulturen erklärt. Dies ist anschlussfähig an schulkulturelle Überlegungen, die darauf verweisen, dass die Spezifik antinomischer Spannungen immer im Kontext schulkultureller Sinnordnungen zu rekonstruieren ist (vgl. Helsper, 2008).

Die antinomischen Spannungen im Lehrerhandeln sind inzwischen ansatzweise in ein idealtypisches Modell des pädagogischen Arbeitsbündnisses übersetzt worden (vgl. Helsper et al., 2007, 2009; Helsper & Hummrich, 2008). Zentriert um die Spannung zwischen Person und Sache werden unterschiedliche Konstellationen zwischen Lehrer, Schüler und Sache rekonstruiert. Das idealtypische dyadische Arbeitsbündnis ist als vermittelnder Bezug des Lehrers auf die Sache und als auf Aneignung orientierte Haltung des Schülers auf die Sache gefasst. Über diesen komplementären Bezug auf die Sache beziehen sich Lehrer und Schüler aufeinander. Diese idealtypische Struktur eines didaktischen Dreiecks nimmt allerdings in unterschiedlichen schulkulturellen Kontexten unterschiedliche Formen an. Für alle rekonstruierten Strukturvarianten gilt, dass das dyadische Arbeitsbündnis zwischen dem einzelnen Schüler und dem Lehrer immer eine individualisierende Spezifik erfordert. Ist diese vakant, schlägt das dyadische Arbeitsbündnis fehl. Andererseits bedarf es einer Reuniversalisierung des dyadischen Arbeitsbündnisses im Kontext des Klassenarbeitsbündnisses, weil die dyadische Struktur immer in den Horizont universalistischer Bezüge eingestellt ist.

Das Konzept antinomischer Konstellationen im professionellen Lehrerhandeln wird auch – darauf kann hier nur verwiesen werden – in weiteren Forschungslinien aufgegriffen, etwa im Zusammenhang der Lehrerbelastungsforschung (vgl. Combe & Buchen, 1996; Rothland & Terhart, 2008) oder der berufsbiographischen Professionsforschung.

3.3 Lehrerbildung, Lehrerhabitus und Lehrerbiographie

Überraschend ist – ein nicht unerhebliches Desiderat –, dass bislang kaum Rekonstruktionen zur *rekonstruktiven Fallarbeit* vorliegen, ohne reklamieren zu wollen, dass dies ausschließlich im Spektrum strukturtheoretischer Konzepte bedeutsam ist (vgl. Feindt & Altrichter, 2009). Allerdings wird die hermeneutisch-rekonstruktive Fallkompetenz im strukturtheoretischen Konzept besonders systematisch begründet (vgl. Oevermann, 2002; Ohlhaver & Wernet, 1999; Beck et al., 2000, Wernet, 2007). So geben Ohlhaver und Wernet (1999) der fallrekonstruktiven Arbeit eine zentrale Bedeutung für die professionelle Habitusbildung. Ohlhaver schlägt gegenüber einer mit rekonstruktiver Sozialforschung in eins fallenden kasuistischen Lehrerbildung das Konzept einer „entscheidungsorientierten Kausuistik" vor, das auch eine prospektive Problemlösung als eine mögliche, zu entwerfende Praxis beinhaltet und damit einer Vermittlung zwischen Theorie und Praxis näher komme (Ohlhaver, 2011). Ob die Einführung in die rekonstruktive Fallarbeit im Studium allerdings diese professionelle Habitualisierung befördert und eine reflexive Handhabung subsumtiver Deutungsmuster ermöglicht, ist eine empirisch zu beantwortende Frage. Hier deuten sich Befunde an (vgl. Ohlhaver & Wernet, 1999; Beck et al., 2000; Wernet, 2006a; Ohlhaver, 2009, 2011) die einerseits die Potenzialität fallrekonstruktiver Vorgehensweisen in der universitären Lehrerbildung zeigen, andererseits aber verdeutlichen, dass damit auch paradoxe Konsequenzen einher gehen können: Die Irritation durch fallrekonstruktive Zugänge kann auch zur umso deutlicheren Einforderung von Handlungsrezepten und „sicherem" Wissen führen. Es kann zu abkürzenden Interpretationen kommen, in denen lediglich unbefragte Wissensbestände reproduziert werden. Letztlich scheint es bedeutsam zu sein, dass fallerschließende Zugänge nicht nur punktuell oder sporadisch erfolgen, sondern längerfristig aufgebaut werden. So kann Böing (2009) am Beispiel berufsbegleitender Fallarbeit mit Lehrkräften im Bereich der Schwerstbehindertenpädagogik zeigen, dass dies durchaus professionalisierende Möglichkeiten eröffnen kann, indem die Lehrkräfte reflektierter mit den besonderen Herausforderungen und Spannungen in ihrer Arbeit umzugehen vermögen.

Für das *Referendariat*, liegen ebenfalls einige Studien vor. Wernet (2006b, 2009; Wernet & Kreuter, 2007) kommt in Rekonstruktionen von Interviews mit Referendaren und der Beurteilung von Seminarleitern zu skeptischen Einschätzungen des Referendariats. So wird einerseits von Referendaren die zweite Phase positiv von der universitären Lehrerbildung abgesetzt, weil nun „endlich Praxis" gegeben seien. Darin deutet sich sowohl eine Mythisierung der Praxis an, als auch ein sich entfaltender Lehrerhabitus, dem wissenschaftlich angeleitete Reflexion und universitäre Geltungsüberprüfung fremd geblieben sind. In den Rekonstruktionen der Beurteilungen von Referendaren durch Seminarleiter (Wernet, 2006b, 2009) zeigen sich ähnliche Ergebnisse: An die Stelle einer diskursiven, argumentativen Reflexivität und Kollegialität treten autoritative oder technokratische Verständnisse, in denen die Asymmetrie hervorgehoben wird und die Berufsnovizen in den Zustand von Schülern versetzt werden. Ob diese Ergebnisse allerdings verallgemeinerungsfähig sind, bleibt offen. Dazu bedarf es einer umfassenderen Rekonstruktion möglichst kontrastreicher Fälle.

Die Arbeit von Hericks (2006) zur *Berufseingangsphase* verdeutlicht, dass sich sehr unterschiedliche Möglichkeitsräume für die Professionalisierung ergeben. Mit der Kombination strukturtheoretischer und bildungsgangdidaktischer Zugänge können anhand der Rekonstruktion eines Interviewlängsschnittes mit Mathematiklehrkräften drei Habitusfigurationen erschlossen werden: ein Erklärer-, ein Aneignungs- und ein Erarbeitungshabitus (vgl. Hericks, 2006, S. 415-417). Hinsichtlich der vier unterschiedenen Entwicklungsaufgaben der Professionalisierung – Kompetenz, Vermittlung, Anerkennung und Institution – stellen die Habitus unterschiedliche Potenziale bereit: Der Erklärerhabitus besitzt bereits für die Kompetenz- und Vermittlungsgenerierung Einschränkungen und beinhaltet für die schülerbezogene Anerkennung und die kooperative institutionelle Dimension kaum Potenziale. Der Aneignungshabitus kann demgegenüber umfassendere Potenziale, auch für die interaktive Anerkennung der Schüler freisetzen, findet seine Grenze aber in der Durcharbeitung institutionell-kooperativer Möglichkeiten. Demgegenüber eröffnet der Erarbeitungshabitus Professionalisierung in allen Bereichen. Dabei kann Hericks verdeutlichen dass die Professionalisierung ihren Ausgang von der Entwicklung des Unterrichts als „Kernsstruktur des beruflichen Handelns" (ebd., S. 447) nimmt und daran anknüpfend erst die Anerkennungsbeziehungen und schließlich Institution und Kooperation stärker ins Zentrum rücken. Nur wenn alle Linien aufgenommen werden, kann sich die Professionalisierung in der Berufseingangsphase umfassend ausgestalten. Hericks Analyse verdeutlicht, dass sich bereits aus dem Referendariat heraus unterschiedliche Lehrerhabitus entwickeln, die in der beruflichen Eingangsphase verschiedene Potenziale für die weitere Professionalisierung beinhalten. Zudem zeigt sich, wie komplex und voraussetzungsreich der Professionalisierungsprozess bezüglich der verschiedenen Dimensionen ist.

Dass Lehrerbildung und Professionalisierung über den gesamten Zeitraum der Berufsbiographie zu konzipieren sind, können strukturtheoretisch orientierte Studien zu *Transformationsprozessen des Schulwesens* und deren Konsequenzen für die Professionalität verdeutlichen (vgl. etwa Bennewitz, 2005; Meister, 2005; Fabel-Lamla, 2005). So setzt sich Bennewitz (2005) mit den berufskulturell verstandenen Deutungsmustern von Lehrkräften bei der Einführung der Orientierungsstufe als einer „kriseninduzierten Reform" und speziell mit der Frage auseinander, ob darin Potenziale für die Entwicklung des professionell Neuen in der Spannung von Kontrolle und Autonomie zu finden sind. Hier kommt die Studie zu ernüchternden Ergebnissen: Von der verordneten Reform gehen kaum eigenständige Impulse für professionelle Neuorientierungen aus. Vielmehr sind die innovativen Impulse im Sinne einer professionalisierenden Weiterentwicklung etwa des Unterrichtsverständnisses bei den Befürwortern bereits vor der Reform als Handlungsorientierung vorhanden. Und bei den Gegnern kommt es zu Orientierungen, die das Neue entwerten, in seinem innovativen Status relativieren und demgegenüber die eigene Erfahrung betonen, was der „Verteidigung und Bestätigung der bestehenden Handlungsroutinen" dient (ebd., S. 188).

In biographisch angelegten Studien (vgl. Fabel-Lamla, 2005; Meister, 2005) wird danach gefragt, welche Konsequenzen die *Transformation des ostdeutschen Schulsystems* für die Lehrerprofessionalität eröffnet. In beiden Studien zeigen sich stark kontrastierende Verläufe: So kann Fabel-Lamla eine Blockierung von Professionalisierungsprozessen bezüglich pädagogischem Handeln und dem Umgang mit den neuen Strukturanforderungen, einen einseitig schülerbezogenen Professionalisierungspfad, einen auf die Anpassung an die neuen Systemanforderungen des Schulischen bezogenen Pfad und einen in beiden Dimensionen stattfindenden Professionalisierungsweg unterscheiden (Fabel Lamla, 2005, S. 347-349). Und Meister (2005) arbeitet vier Typen heraus: Eine verhinderte Professionalisierung findet sich in Folge fehlender sinnstiftender Bezüge (Typ A) und einer missionarisch überbordenden engen Sinnkonstruktion (Typ B). Die „inkonsistent-blockierte Professionalität" (Typ C) ist durch die Entwicklung kreativer, innovativer Zielorientierungen bei ausbleibender Umsetzung auf der Handlungsebene gekennzeichnet. Und die gelingende Professionalisierung (Typ D) ist durch eine reflexive Auseinandersetzung mit neuen Sinnbezügen, dem Unterrichtsgeschehen, der Lehrer-Schüler-Beziehung und der Orientierung an professioneller und der Schülerautonomie gekennzeichnet (ebd., S. 236-238). In beiden Studien weisen die Fälle positiver Professionalisierungswege daraufhin, dass bereits vor der Wende wesentliche Balancierungs- und Reflexionskompetenzen im Zusammenspiel mit spezifischen Milieueinbindungen erworben wurden, so dass die gelingenden Professionalisierungsprozesse keineswegs nur als Freisetzung von Modernisierungspotenzialen durch die Wende zu lesen sind. Insgesamt verdeutlichen beide Studien, dass die Professionalisierungspfade vor allem unter dem Vorzeichen der Kontinuitätssicherung stehen, die bereits früh erworbene biographische und berufsbiographische Orientierungen im Kontext der neuen Möglichkeitsräume erweitern aber auch fortschreiben. In beiden Studien zeigt sich, dass die Ausgestaltung der Lehrerprofessionalität ein komplexes Zusammenspiel früher biographischer Erfahrungen in Familie und Schule, berufsbiographischer Passungs- und Auseinandersetzungsverhältnisse mit den jeweiligen Schulkulturen und der konkreten Auseinandersetzung mit den durch die Transformation entstandenen Anforderungen bildet. Die Herausbildung des professionellen Lehrerhabitus ist dabei eng mit der gesamten Biographie verbunden (vgl. auch Kunze, 2009).

Diese Zusammenhänge von historischen Transformationen, Generationslagerungen und der Habitusbildung von Lehrkräften wird auch in einigen historisch-strukturtheoretischen Studien, etwa anhand des Vergleichs von Schulleiterinnengenerationen (vgl. Hoff, 2005) oder der Beurteilungspraxis von Gymnasiallehrkräften von der Weimarer Republik, über den Faschismus bis zur Nachkriegszeit (vgl. Stelmaszyk, 2002) in den Blick genommen, auf die hier allerdings nur verwiesen werden kann.

Abschließend soll ein knapper Blick auf strukturtheoretische Studien zur *Schulorganisation und Schulkultur* in ihrer Bedeutung für die Lehrerprofessionalität geworfen werden. In einer rekonstruktiven Studie zur Lehrplanarbeit in sechs Bundesländern kann Ohlhaver (2005) verdeutlichen, dass diese Tätigkeit durch einen grundlegenden Strukturkonflikt zwischen bürokratisch-verwaltungsförmiger Einbettung und der nicht abstrakt regelbaren fachlichen Kreativität gekennzeichnet ist. Die Lehrplanarbeit folgt unter gegenwärtigen schulorganisatorischen Bedingungen weder dem Bürokratieprinzip, noch dem Modell selbstregulierter Professionalität, sondern ist durch das Bemühen gekennzeichnet, „des Widerspruchs zwischen bürokratischer Verwaltung und den Kompetenzen sowie der Kreativität der Fachleute bzw. der Lehrplaner Herr zu werden" (ebd. S. 215-216). Ohlhaver rekonstruiert zwei Idealtypen: Die „institutionalisierte Lehrplanarbeit" zeigt administrative Züge, während die „projektförmige Lehrplanarbeit" eher der Seite der kreativen Fachleute entspricht (ebd., S. 188-190).

So wie Bennewitz (vgl. oben) zeigen kann, dass die organisatorische Neustrukturierung auf Seiten der Lehrkräfte eher in Richtung der Kontinuitätssicherung wirkt, so kann auch am Beispiel der verordneten Schulprogrammarbeit (vgl. Gruschka et al., 2003; Heinrich, 2007) verdeutlicht werden, das die These der Kriseninduktion zu relativieren ist. Zwar zeigen sich unterschiedliche Formen der Schulprogrammarbeit, sowohl auf der Ebene der Ministerien, der Schulaufsicht und der einzelschulspezifischen Akteure. Allerdings dominieren Formen, in denen die Krisen induzierende und damit Veränderungsaufforderungen auslösende Potenzialität von Schulprogrammen - etwa auf der Ebene der „Ist-Analyse" - nur äußerst vorsichtig angegangen werden. Verordnete Schulprogrammarbeit scheint somit die daran geknüpften Professionalisierungshoffnungen nur ungenügend zu realisieren.

Auch Schulkulturstudien, die Schulen als symbolische Sinnordnungen rekonstruieren, sind Hinweise für die Herausbildung der Lehrerprofessionalität zu entnehmen (vgl. Helsper et al., 2001, 2009; Kramer, 2002; Kamm, 2007; Grashoff, 2008; Helsper, 2008, Hummrich, 2011). So kann gezeigt werden, dass aus der Auseinandersetzung der schulischen Akteure mit höhersymbolischen Sinnordnungen, im Horizont von Aushandlungen und Kämpfen um die Anerkennung und Durchsetzung pädagogischer Ordnungen im Zusammenspiel mit milieuspezifischen Haltungen und der Auseinandersetzung mit den Strukturproblemen der Schule dominante pädagogische Ordnungen entstehen, die für die Entwicklung der pädagogischen Professionalität von Lehrkräften Möglichkeits- und Begrenzungsräume konstituieren (vgl. Kramer & Helsper, 1998; Böhme & Helsper, 1999; Helsper, 2008). Die Herausbildung der Lehrerprofessionalität ist also nicht nur ein die gesamte Berufsbiographie begleitender Prozess und in die Zusammenhänge der jeweiligen Berufskultur eingebunden (vgl. Terhart, 1996, 2000), sondern auch eingebettet in die konkrete Schulkultur und ihre Kooperations- und Anerkennungsstrukturen. In engen, geschlossenen Ordnungen werden die Möglichkeitsspielräume für Professionalisierungsprozesse verengt und in eher offenen, kooperativen Ordnungen vervielfältigt und erweitert. Entscheidend ist auch, inwiefern in der jeweiligen Schulkultur imaginäre Sinnentwürfe ausgebildet sind, aus denen Lehrerethos und pädagogische Visionen schöpfen können, dies mit ausdifferenzierten pädagogisch-unterrichtlichen Praktiken und reflexiven Routinebildungen einhergeht und zugleich die zentralen Strukturprobleme der Schule im Zentrum des Handelns stehen (vgl. Helsper, 2008).

4. Ausblick: Offene Fragen und zukünftige Perspektiven

Wenn die strukturtheoretische Position zur Lehrerprofessionalität mit anderen Zugängen zum Lehrberuf verglichen wird (vgl. als Überblick Allemann-Ghionda & Terhart, 2007; Blömeke et al., 2008), dann ist sie durch eine starke grundlagentheoretische Begründung gekennzeichnet. Und wenn anfänglich eine Vernachlässigung der Spezifik des Lehrerhandelns kritisiert wurde, dann wird inzwischen die Lehrerprofessionalität im Kern um Vermittlung und Aneignung, Person und Sache zentriert. Als zentrale Ergebnisse der strukturtheoretischen Professionsforschung bleibt festzuhalten:

- Die Unterrichtsforschung hat verdeutlicht, dass die Emergenz des Neuen in sachhaltigen Bildungsprozessen – selbst bei reibungslosem Unterrichtsverlauf – besonders voraussetzungsreich ist. Belastungen gehen davon aus, dass Schüler eher unterfordert und mit einer überbordenden didaktisierenden Zurichtung der Sache konfrontiert werden, die zu Unklarheiten führen kann. In Verbindung mit einer negativen Schüleranthropologie und der Orientierung an eingeschliffenen Unterrichtsskripts wird die Relationierung von subjektiven und sachhaltigen Sinnstrukturen eher verfehlt. Unterricht findet relativ störungsfrei statt, ohne dass er bildend würde.
- Die Rekonstruktion schulischer Interaktionen kann zeigen, dass die Lehrerprofessionalität durch Spannungsverhältnisse gekennzeichnet ist, dass sich Lehrkräfte in diese Spannungen verwickeln und Tendenzen zu einer – die pädagogische Abstinenzregel verletzenden – Entgrenzung zeigen. Zu klären bleibt allerdings, wie eine reflexive Auseinandersetzung mit diesen Spannungen und Fehlern im Lehrerhandeln möglich wird.
- Schließlich können Studien zu Lehrerbiographie und pädagogischer Habitusbildung verdeutlichen, wie stark die pädagogischen Orientierungen und Unterrichtsskripts mit der Berufsbiographie und der gesamten Lebensgeschichte von Lehrkräften verwoben sind. Dabei spielen sowohl die jeweilige Berufskultur als auch die konkreten pädagogischen Ordnungen der Schulen eine bedeutsame Rolle als Möglichkeits- und Begrenzungsraum für die Entwicklung der pädagogischen Professionalität.

Trotz dieses fortgeschrittenen Erkenntnisstandes sind systematischere Studien zur empirischen Fundierung der Lehrerprofessionalität erforderlich:

- Die Forschung zu verschiedenen Formen des Lehrerwissens- und -handelns, zu fallrekonstruktiven Kompetenzen und deren Herausbildung im berufsbiographischen Prozess der Lehrerbildung bleibt auszubauen.
- Insbesondere die strukturtheoretische Unterrichtsforschung ist weiter zu intensivieren. Durch schulform- und fächerspezifische sowie internationale Kontrastierungen sind die Bedingungen eines bildenden Unterrichts systematischer als bisher zu rekonstruieren.
- Schließlich ist das Zusammenspiel verschiedener sozialer Ebenen – etwa der Berufsbiographie mit der Berufskultur sowie organisatorischen und schulkulturellen Rahmungen – differenzierter zu untersuchen, um die Komplexität der Konstitution pädagogischer Professionalität tiefer auszuleuchten.

Literatur

Allemann-Ghionda, C. & Terhart, E. (Hrsg.) (2007). *Kompetenzen und Kompetenzentwicklung von Lehrerinnen und Lehrern: Ausbildung und Beruf.* Zeitschrift für Pädagogik. 51. Beiheft. Weinheim/Basel: Beltz.

Bastian, J. & Combe, A. (2007). Der Lehrerberuf zwischen öffentlichen Angriffen und gesellschaftlicher Anerkennung. In N. Ricken (Hrsg.). *Über die Verachtung der Pädagogik* (S. 235-249). Wiesbaden: VS-Verlag.

Baumert, J. & Kunter, M. (2006). Stichwort: professionelle Kompetenz von Lehrkräften. *Zeitschrift für Erziehungswissenschaft, 9*(4), 469-521.

Beck, C., Helsper, W., Heuer, B., Stelmaszyk, B. & Ullrich, H. (2000). *Fallarbeit in der universitären Lehrerbildung. Professionalisierung durch fallrekonstruktive Seminare?* Opladen: Leske + Budrich.

Bender, S. (2010). *Kunst im Kern von Schulkultur. Ästhetische Erfahrung und ästhetische Bildung in der Schule.* Wiesbaden: VS-Verlag.

Blömeke, S., Kaiser, G. & Lehmann, R. (Hrsg.) (2008). *Professionelle Kompetenz angehender Lehrerinnen und Lehrer. Wissen, Überzeugungen und Lerngelegenheiten deutscher Mathematikstudierender und -referendare.* Münster: Waxmann.

Böhme, J. & Helsper, W. (1999). Gemischte Kollegien – ein „Kampf um Anerkennung" zwischen ost- und westdeutschen LehrerInnen in ostdeutschen Gymnasien. In A. Combe, W. Helsper, B. Stelmaszyk (Hrsg.), *Forum Qualitative Schulforschung I.* (S. 139-173). Weinheim: Deutscher Studienverlag.

Böing, U. (2009). *Professionelles Handeln von Lehrpersonen im Unterricht mit Schülern und Schülerinnen mit schwerer Behinderung. Die „Forschungswerkstatt" als Instrument der Lehrerbildung in arbeitsplatzbezogenen Reflexionsprozessen.* Unveröffentlichte Dissertation. Köln.

Breidenstein, G. (2006). *Teilnahme am Unterricht.* Wiesbaden: VS-Verlag.

Breidenstein, G. & Schütze, F. (Hrsg.) (2008). *Paradoxien in der Reform der Schule.* Wiesbaden: VS-Verlag.

Breidenstein, G. & Rademacher, S. (2013). Vom Nutzen der zeit. Beobachtungen und Analysen zum individualisierten Unterricht. *Zeitschrift für Pädagogik 59*(3), 336-357.

Bromme, R. (1992). *Der Lehrer als Experte. Zur Psychologie des professionellen Wissens.* Bern/Göttingen/Toronto: Hans Huber.

Combe, A. (1996). Pädagogische Professionalität, Hermeneutik und Lehrerbildung. Am Beispiel der Berufsbelastung von Grundschullehrkräften. In A. Combe & W. Helsper (Hrsg.), *Pädagogische Professionalität* (S. 501-521). Frankfurt a. M.: Suhrkamp.

Combe, A. (1999). Belastung, Entlastung und Professionalisierung von LehrerInnen in Schulentwicklungsprozessen. In A. Combe, W. Helsper & B. Stelmaszyk (Hrsg.); *Forum Qualitative Schulforschung I.* (S. 111-139). Weinheim: Deutscher Studienverlag.

Combe, A. (2005). Lernende Lehrer – Professionalisierung und Schulentwicklung im Lichte der Bildungsgangforschung. In B. Schenk (Hrsg.), *Bausteine einer Bildungsgangtheorie* (S. 69-91). Wiesbaden: VS-Verlag.

Combe, A. & Helsper, W. (1994). *Was geschieht im Klassenzimmer?* Weinheim: Deutscher Studienverlag.

Combe, A. & Buchen, S. (1996). *Belastung von LehrerInnen.* Weinheim, München: Juventa.

Combe, A. & Gebhard, U. (2007). *Sinn und Erfahrung.* Opladen: Barbara Budrich.

Combe, A. & Kolbe, F. U. (2008). Lehrerprofessionalität: Wissen, Können, Handeln. In W. Helsper & J. Böhme (Hrsg.), *Handbuch der Schulforschung* (S. 857-877). Wiesbaden: VS-Verlag.

Combe, A. & Gebhard, U. (2012). *Verstehen im Unterricht. Die Rolle von Phantasie und Erfahrung.* Wiesbaden: VS Verlag.

Fabel-Lamla, M. (2004b). *Professionalisierungspfade ostdeutscher Lehrer. Biographische Verläufe und Professionalisierung im doppelten Modernisierungsprozeß.* Wiesbaden: VS-Verlag.

Feindt, A. & Altrichter, H. (2009). Pädagogische Praxis als Ort professioneller Entwicklung. In B. Moschner, R. Hinz & V. Wendt (Hrsg.), *Unterrichten professionalisieren. Schulentwicklung in der Praxis* (S. 25-41). Berlin: Cornelsen.

Freidson, E. (1979). *Der Ärztestand: Berufs- und wissenssoziologische Durchleuchtung einer Profession.* Stuttgart: Enke.

Geier, T. (2006). „Interkultureller Unterricht“: Ordnungsstrukturen von Unterricht als Stiftung kultureller Zugehörigkeit? – Ein Beitrag aus rekonstruktionslogischer Perspektive. *ZBBS, 8*(1), 119-137.

Geier, T. (2011). *Interkultureller Unterricht. Inszenierung der Einheit des Differenten.* Wiesbaden: VS Verlag.

Grasshoff, G. (2008). *Zwischen Familie und Klassenlehrer: Pädagogische Generationsbeziehungen jugendlicher Waldorfschüler.* Wiesbaden: VS-Verlag.

Gruschka, A. (2005). *Auf dem Weg zu einer Theorie des Unterrichtens.* Frankfurt a.M.: Frankfurter Beiträge zur Erzziehungswissenschaft.

Gruschka, A. (2008). *Präsentieren als neue Unterrichtsform.* Opladen: Barbara Budrich.

Gruschka, A. (2009). *Erkenntnis in und durch Unterricht. Empirische Studien zur Bedeutung der Erkenntnis- und Wissenschaftstheorie für die Didaktik.* Münster: Büchse der Pandora.

Gruschka, A. (2013). *Unterrichten – eine Theorie auf empirischer Basis.* Opladen: Barbara Budrich.

Gruschka, A., Heinrich, M., Köck, N., Martin, E., Pollmanns, M. & Tiedtke, M. (2003). *Innere Schulreform durch Kriseninduktion? Fallrekonstruktionen und Strukturanalysen zu den Wirkungen administeriell verordneter Schulprogrammarbeit. Frankfurter Beiträge zur Erziehungswissenschaft.* Frankfurt a. M.: FB Erziehungswissenschaften der Johann Wolfgang Goethe-Universität.

Heinrich, M. (2007). *Governance in der Schulentwicklung. Von der Autonomie zur evaluationsbasierten Steuerung.* Wiesbaden: VS-Verlag.

Helsper, W. (1989). Jugendliche Gegenkultur und schulisch-bürokratische Rationalität: Zur Ambivalenz von Informalisierungs- und Individualisierungsprozessen. In W. Breyvogel (Hrsg.), *Pädagogische Jugendforschung* (S. 161-187). Opladen: Leske und Budrich.

Helsper, W. (1996). Antinomien des Lehrerhandelns in modernisierten pädagogischen Kulturen. Paradoxe Verwendungsweisen von Autonomie und Selbstverantwortlichkeit. In A. Combe & W. Helsper (Hrsg.), *Pädagogische Professionalität* (S. 521-570). Frankfurt a.M.: Suhrkamp.

Helsper, W. (2004). Antinomien, Widersprüche, Paradoxien: Lehrerarbeit – ein unmögliches Geschäft? Eine strukturtheoretisch-rekonstruktive Perspektive auf das Lehrerhandeln. In B. Koch-Priewe, F. U. Kolbe & J. Wildt (Hrsg.), *Grundlagenforschung und mikrodidaktische Reformansätze zur Lehrerbildung* (S. 49-99). Bad Heilbrunn: Klinkhardt.

Helsper, W. (2007). Eine Antwort auf Jürgen Baumerts und Mareike Kunters Kritik am strukturtheoretischen Professionsansatz. *Zeitschrift für Erziehungswissenschaft, 10*(4), 567-581.

Helsper, W. (2008). Schulkulturen als symbolische Sinnordnungen und ihre Bedeutung für die pädagogische Professionalität. In W. Helsper, S. Busse, M. Hummrich, & R. T. Kramer (Hrsg.), *Pädagogische Professionalität in Organisationen* (S. 115-149). Wiesbaden: VS-Verlag.

Helsper, W. (2010): Widersprüche im Lehrerhandeln. *Friedrichs-Jahresheft XXVIII*, 34-38.

Helsper, W. (2012). Die Antinomie von Nähe und Distanz in unterschiedlichen Schulkulturen. In Hascher, T. u.a. (Hrsg.), *Professionalität im Umgang mit Spannungsfeldern.* Bad Heilbrunn: Klinkhardt, S. 27-47.

Helsper, W., Böhme, J., Kramer, R. T. & Lingkost, A. (2001): Schulkultur und Schulmythos. Rekonstruktionen zur Schulkultur I. Opladen: Leske + Budrich.

Helsper, W., Ullrich, H., Grashoff, G., Höblich, D. & Jung, D. (2007). *Autorität und Schule.* Wiesbaden: VS Verlag.

Helsper, W. & Hummrich, M. (2008). Arbeitsbündnis, Schulkultur und Milieu. Reflexionen zu Grundlagen schulischer Bildungsprozesse. In G. Breidenstein & F. Schütze (Hrsg.), *Paradoxien in der Reform der Schule* (S. 43-73). Ergebnisse qualitativer Sozialforschung. Wiesbaden: VS Verlag.

Helsper, W., Kramer, R. T., Hummrich, M. & Busse, S. (2009). *Jugend zwischen Familie und Schule. Eine Studie zu pädagogischen Generationsbeziehungen.* Wiesbaden: VS Verlag.

Hericks, U. (2006). *Professionalisierung als Entwicklungsaufgabe. Rekonstruktionen zur Berufseingangsphase von Lehrerinnen und Lehrern.* Wiesbaden: VS-Verlag.

Hoff, W. (2005). *Schulleitung als Bewährung. Ein fallrekonstruktiver Generationen- und Geschlechtervergleich.* Opladen: Barbara Budrich.

Hollstein, O., Meseth, W., Müller-Mahnkopf, C., Proske, M. & Radtke, F.-O. (2002). *Nationalsozialismus im Geschichtsunterricht. Beobachtungen unterrichtlicher Kommunikation.* Frankfurt a.M.: Frankfurter Beiträge zur Erziehungswissenschaft.

Hummrich, M. (2011). *Jugend und Raum. Exklusive Zugehörigkeiten in Familie und Schule.* Wiesbaden: VS Verlag.

Hummrich, M. & Rademacher, S. (2012). Die Wahlverwandtschaft von qualitativer Forschung und Kulturvergleich und ihre Bedeutung für die Erziehungswissenschaft – strukturtheoretische Überlegungen. *Zeitschrift für Qualitative Forschung, 13*(2), 39-55.

Idel, T. S. (2007). *Waldorfschule und Schülerbiographie. Fallrekonstruktionen zur lebensgeschichtlichen Relevanz anthroposophischer Schulkultur.* Wiesbaden: VS-Verlag. Wiesbaden: VS-Verlag.

Kalthoff, H. (1997). *Wohlerzogenheit. Eine Ethnographie deutscher Internatsschulen.* Frankfurt a. M., New York: Campus.

Kamm, E. (2007). *Vom Seminar zur Fachhochschule – neue Strukturen, bewährte Mythen. Fallrekonstruktion eines schulkulturellen Transformationsprozesses.* Bern u.a.: Peter Lang.

Kolbe, F. U. (2001). Konvergenzen in der Lehrerwissensforschung – ein Beitrag zu den Grundlagen allgemeiner Didaktik. In C. Finkbeiner & G. W. Schnaitmann (Hrsg.), *Lehren und Lernen im Kontext empirischer Forschung und Fachdidaktik* (S. 184-207). Donauwörth: Auer.

Kolbe, F. U. (2005). Verhältnis von Wissen und Handeln. In S. Blömeke, P. Reinhold, G. Tulodziecki & J. Wildt (Hrsg.), *Handbuch Lehrerbildung* (S. 206-232). Bad Heilbrunn: Klinkhardt.

Kolbe, F. U. & Combe, A. (2008). Lehrerbildung. In W. Helsper & J. Böhme (Hrsg.). *Handbuch der Schulforschung* (S. 877-905). 2., durchgesehene und erweiterte Auflage. Wiesbaden: VS-Verlag.

Koring, B. (1989). *Eine Theorie pädagogischen Handelns. Theoretische und empirisch-hermeneutische Untersuchungen zur Professionalisierung der Pädagogik.* Weinheim: Deutscher Studien Verlag.

Kramer, R. (2002). *Schülerbiographie und Schulkultur. Rekonstruktionen zur Schulkultur II.* Opladen: Leske + Budrich.

Kramer, R. T. & Helsper, W. (1998). Pädagogische Generationenverhältnisse und -konflikte in der gymnasialen Schulkultur. Eine exemplarische Fallstudie an einem ostdeutschen Gymnasium. In J. Ecarius (Hrsg.), *Was will die jüngere mit der älteren* Generation? (S. 207-237). Opladen: Leske + Budrich.

Kunze, K. (2009). *Professionalisierung als biographisches Projekt. Zum Verhältnis von professionellen Deutungsmustern und biographischen Ressourcen bei Klassenlehrerinnen und Klassenlehrern an Waldorfschulen.* Unveröffentlichte Dissertation. Mainz.

Marshall, T. H. (1963). The Recent History of Professionalism in Relation to Social Structure and Social Policy. In T. H. Marshall, *Sociology at the Crossroads and other Essays.* London u.a.: Heinemann.

Meister, G. (2005). *Das unterrichtliche Selbstverständnis von LehrerInnen. Empirische Muster im Kontext von Unterricht und Biographie.* Wiesbaden: VS-Verlag.

Menzel, C. & Rademacher, S. (2012). Die „sanfte Tour". Analysen von Schülerselbsteinschätzungen zum Zusammenhang von Individualisierung und Kontrolle. *Sozialer Sinn, 13*(1), 79-101.

Meseth, W., Proske, M. & Radtke, F. O. (Hrsg.). *Schule und Nationalsozialismus. Anspruch und Grenzen des Geschichtsunterrichts.* Frankfurt a. M., New York: Campus.

Meseth, W., Proske, M. & Radtke, F.-O. (2012). Was leistet eine kommunikationstheoretische Modellierung des Gegenstandes „Unterricht"? In W. Meseth, M. Proske & F.-O. Radtke (Hrsg.), *Unterrichtstheorie in Forschung und Lehre* (S. 223-242). Bad Heilbrunn: Klinkhardt.

Meyer, J. W. (2005). *Weltkultur. Wie die westlichen Prinzipien die Welt durchdringen.* Frankfurt a.M.: Suhrkamp.

Meyer, M. A. & Jessen, S. (2000), Schülerinnen und Schüler als Kokonstrukteure ihres Unterrichts. *Zeitschrift für Pädagogik, 46*(6), 711-730.

Meyerhöfer, W. (2005). *Tests im Test. Das Beispiel PISA.* Opladen: Barbara Budrich.

Oevermann U. (1996). Theoretische Skizze einer revidierten Theorie professionalisierten Handelns. In A. Combe & W. Helsper (Hrsg.), *Pädagogische Professionalität. Untersuchungen zum Typus pädagogischen Handelns.* (S. 70-183). Frankfurt a.M.: Suhrkamp.

Oevermann, U. (2002). Professionalisierungsbedürftigkeit und Professionalisiertheit pädagogischen Handelns. In M. Kraul, W. Marotzki & C. Schweppe (Hrsg.), *Biographie und Profession.* (S. 19-64). Bad Heilbrunn: Klinkhardt.

Oevermann, U. (2004). Sozialisation als Prozess der Krisenbewältigung. In D. Geulen, H. Veith (Hrsg.), *Sozialisationstheorie interdisziplinär. Aktuelle Perspektiven.* (S. 155-183). Gießen: Lucius & Lucius.

Oevermann, U. (2008). Profession contra Organisation? Strukturtheoretische Perspektiven zum Verhältnis von Organisation und Profession in der Schule. In W. Helsper, S. Busse, M. Hummrich,

& R. T. Kramer (Hrsg.), *Pädagogische Professionalität in Organisationen* (S. 55-79). Wiesbaden: VS Verlag.

Ohlhaver, F. (2005). *Schulwesen und Organisation. Gestalt und Problematik staatlicher Schulregulierung.* Wiesbaden: VS-Verlag.

Ohlhaver, F. (2009). Der Lehrer „riskiert die Zügel des Unterrichts aus der Hand zu geben, da er sich nur auf die Thematik der Schüler einlässt". Typische Praxen von Lehramtsstudenten in fallrekonstruktiver pädagogischer Kasuistik. *Pädagogische Korrespondenz, 39,* 21-46.

Ohlhaver, F. (2011). Fallanalyse, Professionalisierung und pädagogische Kasuistik in der Lehrerbildung. *Sozialer Sinn, 12* (2), 279-305.

Ohlhaver, F. & Wernet, A. (Hrsg.) (1999). *Schulforschung, Fallanalyse, Lehrerbildung. Diskussionen am Fall.* Opladen: Leske + Budrich.

Parsons, T (1968). Einige theoretische Betrachtungen zum Bereich der Medizinsoziologie. In T. Parsons, *Sozialstruktur und Persönlichkeit* (S. 408-449). Frankfurt a.M.: EVA.

Rabenstein, K. (2007). Das Leitbild des selbstständigen Schülers. Machtpraktiken und Subjektivierungsweisen in der pädagogischen Reformsemantik. In K. Rabenstein & S. Reh (Hrsg.), *Kooperatives und selbstständiges Arbeiten von Schülern. Zur Qualitätsentwicklung von Unterricht* (S. 39-60). Wiesbaden: VS Verlag.

Rademacher, S. (2009). *Der erste Schultag. Pädagogische Berufskulturen im deutsch-amerikanischen Vergleich.* Wiesbaden: VS-Verlag.

Radtke, F. O. (2004). Der Eigensinn pädagogischer Professionalität jenseits von Innovationshoffnungen und Effizienzerwartungen. Übergangene Einsichten aus der Wissensverwendungsforschung für die Organisation der universitären Lehrerbildung. In B. Koch-Priewe, F. U. Kolbe & J. Wildt (Hrsg.), *Grundlagenforschung und mikrodidaktische Reformansätze zur Lehrerbildung* (S. 99-151). Bad Heilbrunn: Klinkhardt.

Reh, S., Rabenstein, K. & Idel, S. (20119). Unterricht als pädagogische Ordnung. Eine praxistheoretische Perspektive. In W. Meseth, M. Proske, M. & F.-O. Radtke (Hrsg.), *Unterrichtstheorien in Forschung und Lehre* (S. 209-222). Bad Heilbrunn: Klinkhardt.

Reh, S. & Rabenstein, K. (2012). Normen der Anerkennbarkeit in pädagogischen Ordnungen. Empirische Explorationen zur Norm der Selbstständigkeit. In N. Ricken & N. Balzer (Hrsg.), *Judith Butler: Pädagogische Lektüren* (S. 225-247). Wiesbaden: VS Verlag.

Pollmanns, M. (2011). Vom Allgemeinen des Unterrichts. Oder: Das klassenöffentliche Unterrichtsgespräch steht nur dann in Spannung zum individuellen Schülerinteresse, wenn es den mit Unterrichts gesetzten Ansprüchen an didaktische Vermittlung nicht gerecht wird. *Sozialer Sinn, 12*(2), 337-351.

Rothland, M. & Terhart, E. (2008). Beruf: Lehrer – Arbeitsplatz: Schule. Charakteristika der Arbeitstätigkeit und Bedingungen der Berufssituation. In M. Rothland (Hrsg.), *Belastung und Beanspruchung im Lehrerberuf. Modelle, Befunde, Interventionen* (S. 11-34). Wiesbaden: VS-Verlag.

Schön, D. (1983). *The reflective practitionar: How professionals think in action.* New York: Basic Books.

Schütze, F., Bräu, K., Liermann, H., Prokopp, K., Speth, M. & Wiesemann, J. (1996). Überlegungen zu Paradoxien des professionellen Lehrerhandelns in den Dimensionen der Schulorganisation. In H.H. Krüger, W. Helsper & H. Wenzel (Hrsg.), *Schule und Gesellschaft im Umbruch. Band 1: Theoretische und internationale Perspektiven* (S. 333-378). Weinheim: Deutscher Studienverlag.

Shulman, T. S. (1987). Knowledge and Teaching: Foundations of the New Reform. *Harvard Educational Review, 57*(1), 1-22.

Stelmaszyk, B. (2002). *Rekonstruktionen von Bildungsgängen preußischer Gymnasiasten sowie der zugehörigen Lehrergutachten aus Reifeprüfungsverfahren der Jahre 1926–1946.* Unveröff. Habilitationsschrift. Mainz.

Terhart, E. (1996). Berufskultur und professionelles Handeln bei Lehrern. In A. Combe & W. Helsper (Hrsg.), *Pädagogische Professionalität* (S. 448-471). Frankfurt a.M.: Suhrkamp.

Terhart, E. (Hrsg.) (2000). *Perspektiven der Lehrerbildung in Deutschland. Abschlussbericht der von der Kultusministerkonferenz eingesetzten Kommission.* Weinheim/Basel: Beltz.

Twardella, J. (2008). *Pädagogischer Pessimismus. Eine Fallstudie zu einem Syndrom der Unterrichtskultur an deutschen Schulen.* Frankfurt a.M.: Humanities Online.

Wagner, H. J. (1998). *Eine Theorie pädagogischer Professionalität.* Weinheim: Deutscher Studien Verlag.

Wagner, H. J. (2004). *Krise und Sozialisation.* Frankfurt a.M.: Humanties.

Weber, M. (1972). Prophet und Lehrer. In M. Weber, *Wirtschaft und Gesellschaft. Grundriß der verstehenden Soziologie* (S. 268-272). Tübingen: C. B. Mohr.

Wenzl. T. (2013). *„Eine Frage...". Zum Verhältnis von Bildungsanspruch und Sozialisationsfunktion im klassenöffentlichen Unterricht.* Unveröffentlichte Dissertation. Hannover.

Wernet, A. (2003). *Pädagogische Permissivität. Schulische Sozialisation und pädagogisches Handeln jenseits der Professionalisierungsfrage.* Opladen: Leske + Budrich.

Wernet, A. (2005). Über pädagogisches Handeln und den Mythos seiner Professionalisierung. In M. Pfadenhauer (Hrsg.), *Professionelles Handeln* (S. 125-147). Wiesbaden: VS-Verlag.

Wernet, A. (2006a). *Hermeneutik - Kasuistik - Fallverstehen.* Stuttgart: Kohlhammer

Wernet, A. (2006b). „Mann kann ja sagen, was man will: es ist ein Lehrer-Schüler-Verhältnis. Eine fallanalytische Skizze zu Kollegialitätsproblemen im Referendariat. In W. Schuberth & P. Pohlenz (Hrsg.), *Qualitätsentwicklung und Evaluation in der Lehrerbildung. Die zweite Phase: Das Referendariat* (S. 193-209). Potsdam: Universitätsverlag Potsdam.

Wernet, A. (2008). Das Pseudologie-Syndrom: Zum Phänomen pädagogisch erzeugter Widersprüche. In T. Rihm (Hrsg.), *Teilhabe an Schule* (S. 237-353). Wiesbaden: VS Verlag.

Wernet, A. (2009). Konformismus statt kollegiale Anerkennung: Fallstudien zur Ausbildungskultur im Referendariat am Beispiel von Beurteilungen. *Pädagogische Korrespondenz, 39*, 46-64.

Wernet, A. & Kreuter, V. (2007). Endlich Praxis! Eine kritische Fallrekonstruktion zum Praxiswunsch in der Lehrerbildung. In W. Schubarth, K. Speck, A. Seidel, A., *Endlich Praxis! Die zweite Phase der* Lehrerbildung. (S. 183-197). Frankfurt a.M. u.a.: Peter Lang.

Stefan Krauss & Georg Bruckmaier

Das Experten-Paradigma in der Forschung zum Lehrerberuf

1. Was macht den „guten Lehrer" aus? – Ein historischer Kurzüberblick

Die wissenschaftliche Suche nach dem guten Lehrer[1] wird heute üblicherweise in wenigstens drei historisch aufeinanderfolgende Forschungs-Paradigmen aufgegliedert, die Franz Emanuel Weinert in seiner 1996 gehaltenen Hans-Aebli-Vorlesung in Zürich pointiert umreißt:

> *„Seit mehr als einem Jahrhundert beschäftigt sich die pädagogisch-psychologische Forschung mit der Persönlichkeit von Lehrerinnen und Lehrern, ihrem pädagogischen Handeln, mit der Bedeutung didaktischer Expertise und den Wirkungen des Unterrichts auf das Erleben, Verhalten und Lernen der Schülerinnen und Schüler. Was ist der gegenwärtige Erkenntnisstand dieser vielfältigen empirischen Forschungsbemühungen? Gibt es ‚den guten Lehrer', ‚die gute Lehrerin' überhaupt, und, wenn ja, wodurch lassen sie sich charakterisieren? Sind bestimmte Persönlichkeitsmerkmale entscheidend, spielen wirksame Lehrtechniken die dominierende Rolle oder geht es bevorzugt um die professionalisierte Unterrichtsexpertise?" (Weinert, 1996, S. 141)*

In der abschließenden Frage dieses Zitats spielt Weinert auf das „Persönlichkeits-Paradigma", das „Prozess-Produkt-Paradigma" und das „Experten-Paradigma" an (siehe z.B. Bromme, 1992, 1997; für differenziertere Aufteilungen siehe Borich & Klinzing, 1987, bzw. Tabelle 1). Im Rahmen des Persönlichkeits-Paradigmas wurde vor allem in der ersten Hälfte des letzten Jahrhunderts im Wesentlichen versucht, Unterschiede in der pädagogischen Wirkung (z.B. des Lernerfolgs) durch gemessene Personenmerkmale des Lehrers zu erklären (vgl. z.B. Ingenkamp, 1970). Dieses Paradigma wird heute oft als nur bedingt fruchtbar bezeichnet, da viele der gefundenen Zusammenhänge nur schwach bzw. oft auch trivial waren (vgl. auch Tabelle 1; das Persönlichkeits-Paradigma wird im vorliegenden Handbuch in Kapitel III.1 ausführlich dargelegt).

Im historisch darauf folgenden „Prozess-Produkt-Paradigma" rückte unter dem Einfluss des Behaviorismus die systematische Untersuchung des Unterrichts in den Mittelpunkt, der Forschungsfokus wechselte also von der *Person* des Lehrers hin zu dessen *Verhalten* im Unterricht. Die Methodik des Prozess-Produkt-Paradigmas besteht aus der empirischen Erfassung bestimmter Aspekte des Unterrichts (sogenannte „Prozesse", z.B. Bestimmung der Anzahl anspruchsvoller Lehrerfragen pro Zeiteinheit), der Erfassung von Zielkriterien des Unterrichts (sogenannte „Produkte", z.B. des Lernzuwachses) und der Berechnung von Zusammenhangsmaßen (etwa Korrelationen) zwischen den untersuchten Prozessen und Produkten. Im Rahmen dieses Paradigmas konnten zahlreiche Aspekte lern- und leistungsrelevanten Unterrichtshandelns von Lehrkräften identifiziert werden (z.B. Darbietungsklarheit, angemessenes Unterrichtstempo, Störungsprävention etc.; vgl. etwa Besser & Krauss, 2009), die sich heute in Handbüchern und Überblicksarbeiten finden lassen. Unter dem Einfluss der „kognitiven Wende" in der Psychologie wurde dieses Modell später zum „Prozess-Mediations-Produkt-Paradigma" erweitert, das die individuellen Informationsverarbeitungsprozesse der Schüler als Schlüsselmerkmale des Lernens mitberücksichtigte (vgl. Tabelle 1).

---

1 Wenn im Folgenden von *Experten, Lehrern* oder *Schülern* die Rede ist, sind damit jeweils beide Geschlechter gleichberechtigt gemeint.

In Anlehnung an Erkenntnisse aus der kognitionspsychologischen Expertiseforschung rückte seit Mitte der 1980-er Jahre wieder die Person der Lehrkraft in den Mittelpunkt des Interesses („Experten-Paradigma"). Wie schon beim Persönlichkeitsparadigma wird im Experten-Paradigma wieder nach dem „guten Lehrer" gesucht, diesmal aber stehen nicht mehr Charaktereigenschaften oder Persönlichkeitsmerkmale im Vordergrund, sondern vielmehr Wissen und Können des Lehrers im Sinne eines „kompetenten Fachmanns für das Unterrichten" (Helmke, 2003). Mit Blick auf die „professionellen Kompetenzen" bzw. die „domänenspezifische Expertise" von Lehrkräften wird der im Prozess-Produkt-Paradigma in ein „Bündel von Teilfertigkeiten zerfallene Lehrer" wieder zum Experten geeint (Bromme, 1997; Bromme & Haag, 2004). Mit dem Experten-Paradigma ist aber auch weiterhin eine systemische Sicht auf das Unterrichtsgeschehen verbunden, zu der die Untersuchung des Handelns von Lehrkräften als *reflective practitioners* (Schön, 1983; Shulman & Shulman, 2004) genauso zu zählen ist wie die Analyse von subjektiven Theorien oder Überzeugungssystemen von Lehrkräften (Dann, Diegritz & Rosenbusch, 1999). Die offensichtlichen theoretischen Überschneidungen der Paradigmen in der Unterrichtsforschung legen nahe, die entsprechenden Paradigmenwechsel nicht als echte Brüche zu sehen, sondern eher als Akzentverschiebungen und Weiterentwicklungen der historisch vorangehenden Perspektiven (vgl. Baumert, Blum & Neubrand, 2001).

Tabelle 1: Pädagogisch-psychologische Paradigmen in der Forschung zu Lehrkräften (Jahreszahlen grobe Näherungen)

	Persönlichkeits-Paradigma	**Prozess-Produkt-Paradigma**	**Prozess-Mediations-Produkt-Paradigma**	**Experten-Paradigma**
Zeit	ca. 1900–1960 (verstärkt empirisch etwa ab 1940)	ca. 1960 (bis heute)	ca. 1975 (bis heute)	ca. 1985 (heute zentral)
Beeinflusst durch	Eigenschaftsorientierte Persönlichkeitstheorien (etwa ab 1940 auch Persönlichkeitstests)	Behaviorismus (Verhalten des Lehrers)	Kognitiv erweiterter Behaviorismus	Kognitivismus (Fokus auf „Denken und Wissen" des Lehrers)
Untersuchungsmethode	Tests und Fragebögen (Labor), Persönlichkeit des Lehrers im Vordergrund	Unterrichtsbeobachtung (später auch mit Videotechnik), Handeln des Lehrers im Vordergrund	Unterrichtsbeobachtung, auch Schülerfragebögen	Integration bisheriger Forschungsmethoden, Entwicklung von Professionswissenstests für Lehrer
Bemerkung	Nur wenige und oft schwache bzw. triviale Zusammenhänge	• Erste robuste und stabile Befunde • Unterricht „messbar"	Zusätzlich Schülerkognitionen als Mediatoren (Motivationen & Emotionen etc.)	• Systemische Sicht • Schwerpunkt wieder auf Person des Lehrers • Professionswissen entscheidend

Vor allem in der pädagogischen und in der soziologischen Forschung zur Lehrertätigkeit spricht man vom Lehrberuf als einer *Profession*. Auch wenn sich der Professionsansatz vom Expertenansatz (vor allem forschungsmethodisch) unterscheidet, beschreiben das domänenspezifische Expertentum und der Professionsgedanke im Wesentlichen dieselben Phänomene (z.B. professionelles Wissen und Können von Lehrkräften; z.B. Baumert & Kunter, 2013). Der strukturtheoretische Professionsansatz, der nicht zu den empirischen Ansätzen aus Tabelle 1 gerechnet wird, wird in Kapitel III.2 des Handbuchs ausführlich behandelt.

In diesem Kapitel sollen die Entwicklung und die aktuelle Bedeutung des Experten-Paradigmas in der Forschung zum Lehrerberuf dargestellt werden. Neben einem Überblick über bisherige zentrale Befunde sollen dabei auch begriffliche und praktische Probleme bei der Übertragung der in der allgemeinen Expertiseforschung liegenden kognitionspsychologischen Wurzeln auf den Lehrerberuf nachgezeichnet werden. Abschließend wird beispielhaft die COACTIV-Studie vorgestellt, in der dezidiert der Versuch unternommen wurde, zentrale Ideen des Experten-Paradigmas mit einer Stichprobe von Mathematiklehrkräften empirisch umzusetzen.

2. Lehrer als „Experten"?

In der heutigen Wissens- und Kommunikationsgesellschaft gibt es Experten auf den verschiedensten Gebieten: Gesundheitsexperten geben Tipps zur richtigen Ernährung, Nahost-Experten erläutern politische Zusammenhänge und der Sport im Fernsehen ist ohne Expertenkommentare mittlerweile nicht mehr vorstellbar. Interessanterweise weist Bromme (1993) darauf hin, dass es in Deutschland alltagssprachlich unüblich ist, gerade Lehrkräfte als „Experten" zu bezeichnen. Er stellt eine Studie vor, in der nur 40 % einer Stichprobe von Lehramtsstudenten diese Bezeichnung für Mitglieder ihrer zukünftigen Profession für angemessen halten (in einer Stichprobe von Studenten der Betriebswirtschaftslehre halten sogar nur 28 % diese Bezeichnung für Lehrkräfte für angemessen).

Aus der wissenschaftlichen Diskussion zum Lehrerberuf sind die Begriffe „Experte" und „Expertise" dagegen nicht mehr wegzudenken. Wichtige angloamerikanische Vertreter dieses Forschungsgebiets verwenden die Begriffe „expert teacher" und „teaching expertise" selbstverständlich (z.B. Sternberg & Horvath, 1995; Berliner, 2001; Leinhardt & Greeno, 1986) und auch in der deutschsprachigen wissenschaftlichen Diskussion ist vom „Lehrer als Experten" die Rede (vgl. z.B. das gleichnamige wegweisende Buch von Bromme, 1992). Zum besseren Verständnis des „Expertenkonstrukts" im Zusammenhang mit Lehrkräften sollen im Folgenden die kognitionspsychologischen Wurzeln der Expertiseforschung vorgestellt werden (siehe hierzu auch Chi, 2011).

2.1 Die kognitionspsychologische Expertiseforschung

Was zeichnet einen Experten im Allgemeinen aus? Welche Erscheinungsform (und welche Ursachen) hat seine Expertise? Auch wenn Konsens besteht, dass ein Experte jemand ist, der *etwas Bestimmtes* besonders gut kann oder über *etwas Bestimmtes* besonders viel weiß, ist eine allgemeingültige Begriffsdefinition bis heute schwierig. Gruber (1994) konstatiert, dass „aufgrund der breiten Expertisedefinition die psychologische Forschung weit von der Möglichkeit einer generalisierten Expertisetheorie entfernt ist" (S. 11). Auch Ericsson und Smith (1991) drücken durch ihren Buchtitel „*Toward* a general theory of expertise" diesbezüglich eine gewisse Vorsicht aus. Eine allgemeingültige Definition der Begriffe Experte und Expertise, deren Bedeutung darüber hinaus auch kulturellen und zeitlichen Einflüssen unterliegt (Berliner, 2001), ist prinzipiell problematisch. Dies kann an folgenden Definitionsvorschlägen des Begriffs Expertise illustriert werden (Tabelle 2).

Tabelle 2: Definitionen von Expertise über (1) Wissen, (2) Fähigkeit und (3) Leistung.

Zimbardo (1995)	*Gobet (2001)*	*Gruber (2001)*
„***Expertenwissen*** wird in der Kognitionspsychologie als ‚**Expertise**' bezeichnet." (S. 382)	„‚**Expertise**' may be defined as the ***ability*** of some individuals to perform at levels vastly superior to the majority." (S. 1663)	„‚**Expertise**' denotes the outstanding ***performance*** of an individual in a particular domain (e.g. medicine, physics, chess, musics). ‚Experts' thus are persons who, by objective standards and over time, consistently show superior performance in typical activities of a domain." (S. 5146)

Nach diesen Definitionen bezeichnet Expertise also einmal das Wissen eines Experten, einmal die Fähigkeit zu überdurchschnittlichen Leistungen und einmal die permanente Erbringung von Höchstleistungen. Tatsächlich kann man – sowohl in der allgemeinen Expertenforschung als auch im Bezug auf den Lehrerberuf – im Wesentlichen zwei kognitionspsychologische Expertiseansätze unterschieden, nämlich den *leistungsorientierten* und den *wissensorientierten* (vgl. z.B. die Definitionen von Gruber und Zimbardo).[2] Um die ganze heute verwendete Bandbreite der Begriffe Experte und Expertise in Bezug auf Lehrkräfte erfassen zu können, sollen diese beiden verschiedenen Orientierungen zuerst im Rahmen der allgemeinen kognitionspsychologischen Expertiseforschung, die dann in den 1980-er Jahren auf den Lehrerberuf übertragen wurde, dargelegt werden.

Der leistungsorientierte Expertisebegriff

Die Expertiseforschung und damit auch der wissenschaftliche Expertenbegriff hat seine Ursprünge im Informationsverarbeitungsansatz zum Problemlösen, der sich im Rahmen der „kognitiven Wende" entwickelt hat (ausführlich dazu z.B. Anderson, 2001; Bromme, 1992). Newell, Shaw und Simon (1960) entwickelten in der Anfangsphase der Forschung zur künstlichen Intelligenz eine *allgemeine Problemlösemaschine* (den *General Problem Solver),* die mit bereichsunspezifischen, allgemeinen Problemlösestrategien (sogenannten *weak methods)* arbeitete. Die großen Erfolge, die sie Mitte der 60-er mit dieser Maschine erzielten, wurden gelegentlich dahingehend interpretiert, dass „general skills might be fundamental to human expertise [...]" (vgl. Bruer, 2000). Mitte der 70-er Jahre stellte sich bei einer näheren Betrachtung allerdings heraus, dass allgemeine Strategien in der Regel nur bei logischen oder formalen Problemen mit stark eingegrenztem und klar definierbarem Kontext erfolgreich sind. Heute gibt es für solche „wohldefinierten" Probleme zwar extrem leistungsfähige Computerprogramme (z.B. Schachprogramme), diese verfügen aber gerade nicht über allgemeine Problemlösestrategien, die sich beliebig über den intendierten Problemkontext hinaus verallgemeinern lassen.

Minsky und Papert (1974) stellten zur selben Zeit fest, dass dies auch für „menschliche Experten" zutrifft: Es sei nicht zu erkennen, dass sich diese durch hervorragende allgemeine kognitive Fähigkeiten auszeichnen, Experten hätten vielmehr ein gutorganisiertes bereichsspezifisches

2 Ähnliche Unterscheidungen sind problemlösepsychologischer vs. wissenspsychologischer Ansatz (Bromme, 1992) bzw. auch differential- vs. wissenspsychologischer Ansatz (Reimann, 1998). In Besser und Krauss (2009) wird diese Unterscheidung im Hinblick auf die Expertenforschung zum Lehrerberuf vertieft und es wird dargelegt, dass diesbezüglich im angloamerikanischen Sprachraum tendenziell der leistungsorientierte und im deutschen Sprachraum der wissensorientierte Ansatz bevorzugt wird. Dies wird bereits im unterschiedlichen Sprachgebrauch deutlich: Während die deutsche Begriffsverwendung „der Lehrer als Experte" darauf hindeutet, dass grundsätzlich alle Mitglieder der Profession als Experten betrachtet werden können (Abgrenzung nach außen zum Laien), ist mit dem englischen Ausdruck „expert teacher" meist eine besonders gute Lehrkraft gemeint (Abgrenzung innerhalb der Profession).

Wissen und speziell in ihrem Expertisegebiet („Domäne") verankerte Informationsverarbeitungsmethoden. In reellen, kontextreichen Situationen (wie z.B. dem schulischen Unterricht) sind meist spezifisch an die Situation angepasste „Problembearbeitungsmethoden" *(strong methods)* erforderlich (Mayer & Wittrock, 1996).

Seit etwa Mitte der 70-er gilt Expertise als ein domänenspezifisches Phänomen (vgl. Bruer, 2000). In der Folgezeit wurden zahlreiche Experten unterschiedlicher Domänen wie zum Beispiel Schach, Physik, Musik, Sport, Medizin etc. untersucht (für eine Übersicht siehe z.B. Gruber, 1994; Feltovich, Ford & Hoffman, 1997). Wissenschaftliche Forschungsgeschichte zum Expertentum ist zu einem erheblichen Teil Schachpsychologiegeschichte. Es ist kaum möglich, Expertenstudien zu finden, in denen nicht Bezug auf die Vielzahl prototypischer Schachuntersuchungen genommen wird. Da die Schachdomäne mit den Elo-Ratingzahlen (Elo, 1986) weiterhin über ein hochgradig valides und reliables Kriterium zur Identifikation von Experten und Nicht-Experten verfügt (vgl. Gruber, 1994), ist sie darüber hinaus gut geeignet zur Illustration der Sichtweise auf einen Experten als jemanden, der beim Problemlösen *konstant hervorragende Leistungen* erbringt (siehe dazu auch Posner, 1988; Gruber, 2006).

Mit der zuverlässigen Identifikation von Experten eröffnet sich die Möglichkeit zu aufschlussreichen kognitionspsychologischen Vergleichsstudien: Eine gängige Untersuchungsmethode in der Expertiseforschung ist das sogenannte „Experten-Novizen-Paradigma" (auch „kontrastiver Ansatz" genannt), bei dem bestimmte, für die Domäne repräsentative Aufgaben sowohl Experten als auch Anfängern gestellt und Unterschiede beim Problemlösen (vor allem auf kognitiver Ebene, aber auch auf Verhaltensebene) zwischen beiden Gruppen systematisch untersucht werden (Ericsson & Smith, 1991). Besteht eine Kontrollgruppe („Nicht-Experten") aus Personen, die gerade am Anfang ihrer Karriere in einer Domäne stehen, spricht man von *Novizen,* handelt es sich um Personen ganz außerhalb der entsprechenden Domäne, spricht man auch von *Laien.*

Das Hauptanliegen von Experten-Novizen-Paradigmen (nämlich die Klärung der Frage, wodurch sich Experten von Nicht-Experten unterscheiden) geht bereits auf Sir Francis Galton (1869/1979) zurück, der untersuchte, ob Expertise in verschiedenen Domänen möglicherweise auf gewisse gemeinsame Ursachen zurückzuführen ist (vgl. Ericsson, Krampe & Tesch-Römer, 1993). Bei der Untersuchung von Experten verschiedenster Gebiete (z.B. Musik, Sport oder Wissenschaft) stellte sich heraus, dass – je nach Domäne – zur Expertise einer Person allgemeine Fähigkeiten („abilities", wie z.B. allgemeine Intelligenz), speziell erworbene Fertigkeiten („skills"), verschiedene Arten von Wissen (deklarativ vs. prozedural, implizit vs. explizit usw.; z.B. Ryle, 1949/1969) oder motivationale und volitionale Persönlichkeitsmerkmale (vgl. Snow, Corno & Jackson, 1996) beitragen. Tabelle 3 (entnommen aus Reimann, 1998) gibt einen Überblick über wichtige Erkenntnisse der frühen empirischen Expertiseforschung.

Tabelle 3: Ergebnisse der frühen Expertiseforschung (die ausführliche Version sowie die angegebenen Referenzen finden sich bei Reimann, 1998)

Merkmal	*Beispielhafte Evidenz*
Allgemein:	
Experten übertreffen Novizen nur in dem jeweiligen Bereich	de Groot (1966), Chase und Simon (1973)
Problemlösen:	
Experten sind schneller	de Groot (1978)
Experten sind genauer	Johnson (1988)
Strategieunterschiede:	
Experten lösen Probleme vorwärtsgerichtet, Novizen arbeiten vom Ziel her rückwärts (Physik)	Larkin et al. (1980)
Experten bevorzugen eine Breitensuche, Novizen eine Tiefensuche (beim Programmieren)	Anderson, Farrell und Sauers (1984)
Gedächtnis und Repräsentation:	
Experten sortieren Aufgaben nach anderen Merkmalen als Novizen	Chi, Feltovich und Glaser (1981)
Konzepte sind bei Experten anders und dichter verknüpft als bei Novizen	Schvandeveldt et al. (1985)
Experten haben ein besseres episodisches Gedächtnis für Probleme und Lösungen	Chase und Simon (1973)
Die Reihenfolge reproduzierter Gedächtnisinhalte (recall order) ist bei Experten eine andere als bei Novizen	Reitman (1976)
Metakognition und Lernen:	
Die Selbstüberwachung (self-monitoring) von Experten ist akkurater	Simon und Simon (1978)
Einteilung von Ressourcen (z.B. Zeit) ist bei Experten besser.	Dörner und Schölkopf (1991)
Die Einschätzung von Aufgabenschwierigkeiten ist bei Experten genauer	Chi, Glaser und Rees (1982)
Wahrnehmung und Chunking:	
Experten nehmen umfangreiche bedeutungshaltige Muster wahr	Chase und Simon (1973) Egan und Schwartz (1979)

Es ist an dieser Stelle wichtig festzuhalten, dass das klassische Experten-Novizen-Paradigma Persönlichkeit, Wissen und Kompetenzen von Experten durchaus im Blick hat, aber eben nicht zur *Definition,* sondern als *Erklärung* von Expertentum. Experten werden aufgrund ihrer hohen Leistungen „identifiziert" und Expertise bezeichnet dann die kognitiven (aber auch physischen, wie z.B. bei Sportlern, bzw. feinmotorischen, wie z.B. bei Musikern) Voraussetzungen zur Erbringung dieser „Expertenleistungen". Ein wichtiges allgemeingültiges Ergebnis der Expertiseforschung in Bezug auf *kognitive Domänen* (wie z.B. Schach) ist, dass dort das domänenspezifische Wissen von Experten wiederholt als der erklärungsmächtigste Faktor von Expertenleistungen identifiziert wurde (Gruber & Mandl, 1996). In vielen untersuchten kognitiven Domänen sind Experten vor allem deswegen besser, weil sie *mehr* wissen und dieses Wissen vernetzt und gut repräsentiert parat haben.

Berliner (2001) erläutert, dass sich viele (aber nicht alle) Expertiseattribute aus der allgemeinen Expertiseforschung (vgl. z.B. Tabelle 3) prinzipiell auch auf Lehrkräfte übertragen lassen. Was aber ist nun mit dem Begriff Experte in Bezug auf Lehrkräfte gemeint? Der im Folgenden vorgestellte wissenspsychologische Ansatz hat vor allem Domänen im Blick, in denen Höchstleistungen nur schwer definierbar sind und Alternativen für die Identifikation von Experten benötigt werden.

Der wissensorientierte Expertisebegriff
In der deutschen Alltagssprache verbindet man einen Experten eher mit „viel wissen" als mit „viel leisten" (Gruber, 1994, S. 9). Ein Experte ist dabei oftmals ein Mitglied einer bestimmten Profession. Beispielsweise wird ein Richter, ein Staatsanwalt oder ein Rechtsanwalt als ein „Experte auf dem Gebiet der Rechtsprechung" gesehen, und zwar unabhängig davon, ob er besondere Höchstleistungen erbringt oder nicht.

Die Abkehr vom Höchstleistungsgedanken zur Identifikation von Experten findet aus wissenschaftlicher Sicht vor allem in *schlechtdefinierten* Domänen statt, in denen ein eindeutiges Leistungskriterium nicht ohne Weiteres zu finden ist (Glaser & Chi, 1988). In *wohldefinierten* Domänen (wie z.B. Schach) sind sowohl die Probleme als auch die Ziele klar definiert (z.B. Gruber & Mandl, 1996). Damit ist die Operationalisierung von „etwas können" bzw. „etwas leisten" oft evident, und somit bereitet auch eine performanzbasierte „Messung von Expertise" keine Schwierigkeiten (vgl. z.B. Bromme, 2008). In schlechtdefinierten Domänen dagegen sieht sich der Experte in der Regel mit komplexen Aufgaben konfrontiert, die aus vielen kleinen Teilproblemen bestehen, für die es oft keine eindeutigen Lösungen gibt (siehe Voss & Post, 1988). Im wissensorientierten Ansatz wird demzufolge derjenige als Experte bezeichnet, der eine spezialisierte, komplexe Aufgabe – wie das schulische Unterrichten – erfolgreich bewältigt (siehe z.B. Bromme, 1992, 2008). Das hierzu benötigte spezifische Wissen *(Expertenwissen)* wird dabei gelegentlich sogar mit dem Begriff *Expertise* gleichgesetzt (vgl. Zimbardo, 1995, Tabelle 2); im Falle von Professionen wird dieses Wissen auch *„Professionswissen"* genannt. Da viele der untersuchten, schlechtdefinierten Domänen Professionen sind, spricht man beim wissenspsychologischen Ansatz gelegentlich auch vom „arbeitspsychologischen Ansatz".

Berufe sind jedoch nicht die einzigen schlechtdefinierten Domänen. Auch komplexe artifizielle Problemsituationen ohne klar definierten Endzustand können hierzu gerechnet werden (vgl. z.B. Untersuchungen zum komplexen Problemlösen von Dörner, 1989). Nach Glaser und Chi (1988) ist der Hauptuntersuchungsgegenstand der Expertenforschung in schlechtdefinierten Domänen grundsätzlich der Zusammenhang komplexer Wissensstrukturen und der Bewältigung komplexer Aufgaben. In dem Buch *The Nature of Expertise* (Chi, Glaser & Farr, 1988) sind die Repräsentanten schlechtdefinierter Domänen zwar oft ebenfalls Berufe (Juristen, Ärzte), aber es spielt für die Autoren keine Rolle, ob die Wissensstrukturen der Experten berufsspezifisch sind oder nicht. Auch Kinder können einen Expertenstatus erwerben, wenn sie nur einen gewissen Wissensstand erreicht haben (eine berühmte Arbeit hierzu ist die Untersuchung von Kindern als „Experten für Dinosaurier" von Chi & Koeske, 1983). Eine konsequente Umsetzung dieses Gedankens findet sich im Lehrbuch zur Pädagogischen Psychologie von Sternberg und Williams (2001), in dem nicht nur durchgehend vom *expert teacher,* sondern auch vom *expert student* die Rede ist: Demzufolge ist das Ziel der Expertise von Lehrkräften, Schüler bezüglich verschiedener Domänen selbst zu Experten zu machen.

Wie bereits festgestellt, hat natürlich auch der leistungsorientierte Ansatz das Wissen von Experten im Blick, aber der Zugang ist grundverschieden: Während im leistungsorientierten Ansatz nach Wissens- und Kompetenzunterschieden zwischen einer nach Leistungskriterien getrennten Experten- und einer Novizengruppe gesucht wird (Experten-Novizen-Paradigma), nähert man sich der Expertise im wissensorientierten Ansatz zunächst theoretisch mit einer *Anforderungsanalyse* (eine Methode aus der Arbeitspsychologie): Durch eine möglichst umfassende Rekonstruktion der Arbeitssituation sollen Rückschlüsse auf das Wissen gezogen werden, das zur Bewältigung der Anforderungen[3] (z.B. berufliche Zielstellungen, Sachgegebenheiten und Bedingungen der Problembearbeitung) notwendig ist (siehe z.B. Hoyos & Frieling, 1977; Ulich, 1981).

2.2 Die Übertragung des Experten-Paradigmas auf die Forschung zum Lehrerberuf

Eine Übertragung – gerade des wissensorientierten Ansatzes – auf die Forschung zum Lehrerberuf ist naheliegend. Interessanterweise waren die zwei wichtigsten Pioniere der Expertiseforschung bezüglich des Lehrerberufs aber Vertreter des Experten-Novizen-Paradigmas.

Frühe Experten-Novizen-Paradigmen zum Lehrerberuf
In der Mitte der 1980er Jahre schlugen vor allem Gaea Leinhardt und David C. Berliner vor, die Methoden der Expertiseforschung auch auf Lehrkräfte anzuwenden. Berliner und Carter (1989) übernahmen dabei aus der Schachdomäne sogar die Grundidee eines Experiments, Unterschiede in der *Wahrnehmung* domänenspezifischer Problemsituationen zu untersuchen. Es konnte zu Beginn der Schachexpertiseforschung gezeigt werden, dass das Expertenwissen von Schachgroßmeistern eine große Anzahl von bedeutungshaltigen Konfigurationen von Schachfiguren beinhaltet (nach Miller, 1956, „chunks" genannt), die jeweils mit einem Vorrat entsprechender Zugmöglichkeiten gekoppelt sind. De Groot (1965) und auch Simon und Chase (1973) fanden heraus, dass das Wissen über die *Bedeutung* bestimmter Figurengruppierungen bereits die Problemwahrnehmung von Schachexperten strukturiert und ihnen so ermöglicht, neue (aber nur sinnvolle) Stellungen rasch und effizient einzuschätzen.

Berliner und Carter übertrugen diese Befunde auf die Lehrerforschung: Sie präsentierten Lehrkräften Unterrichtsdias und fanden heraus, dass „Expertenlehrkräfte" die gezeigten Situationen tatsächlich anders wahrnahmen und auch anders erinnerten als „Unterrichtsnovizen" (die Schwierigkeit der eindeutigen Identifikation von Expertenlehrkräften wird auf S. 225f. erörtert). Während die Expertenlehrkräfte die Dias vor allem im Hinblick auf die Arbeitsaktivitäten der Schüler bewerteten (d.h., sie stellten Vermutungen darüber an, was gerade passiert sein könnte und entwickelten entsprechende Handlungspläne), fokussierten die Novizen auf didaktisch irrelevante Einzelheiten wie zum Beispiel die Raumausstattung des Klassenzimmers. Berliner und Carter (1989) interpretierten ihre Ergebnisse als einen Indikator für die erfahrungsgesteuerte Strukturierung des Wissens von Experten in Form von typischen Unterrichtsepisoden (vergleichbar zu typischen Zugabfolgen in Schachpositionen).

Auch Leinhardt und Greeno (1986) interessierten sich für Unterschiede im Wissen zwischen Experten- und Novizenlehrern. Sie stellten durch Unterrichtsbeobachtungen und gezielte Befragungen von Unterrichtsexperten und von Unterrichtsnovizen ebenfalls fest, dass das Wissen der Experten reichhaltiger und anders strukturiert war als das der Novizen. In Übereinstimmung zu den Ergebnissen von Berliner und Carter (1989) fanden sie beispielsweise heraus, dass das Wissen der Expertenlehrkräfte in der Form von sogenannten *curriculum scripts* (Putnam, 1987) gespeichert ist. Ein curriculum script besteht aus spezifischen, zielgerichteten Handlungsplänen, in

3 Diese Anforderungen stellen sich subjektiv und objektiv für einen Experten und für einen Anfänger unterschiedlich dar. In der Arbeitspsychologie werden die Anforderungen häufig für einen „mittleren" oder einen „hinreichend geübten" Bearbeiter rekonstruiert, im arbeitspsychologischen Expertenansatz dagegen für den erfolgreichen Bearbeiter (Bromme, 1992). Auch wenn die Spezifizierung „erfolgreich" natürlich einen gewissen Leistungskontext impliziert, so spielt der Höchstleistungsbegriff hierbei keine Rolle mehr.

denen der zu unterrichtende Stoff bereits mit geeigneten Beispielen und mit möglichen Verständnisschwierigkeiten von Schülern verknüpft ist. Das unterrichtsspezifische Wissen der Novizen war weniger reichhaltig und auch weniger stark verknüpft.

In den folgenden Jahren wurden vornehmlich im anglo-amerikanischen Sprachraum im Rahmen zahlreicher Experten-Novizen-Untersuchungen weitere Unterschiede (auch nicht kognitiver Natur) zwischen Experten- und Novizenlehrkräften untersucht (z.B. Rich, 1993; Strahan, 1989; Allen & Casbergue, 1997; Swanson, O'Connor & Cooney 1990; oder aktueller: Huang & Li, 2012). Ein Überblick ist zum Beispiel bei Berliner (2001) oder bei Palmer, Stough, Burdenski und Gonzales (2005) zu finden. Bei Berliner ist die Orientierung an den problemlösepsychologischen Ursprüngen der Expertiseforschung unübersehbar:

- expert teachers excel mainly in their own domain and in particular contexts;
- expert teachers develop automaticity for the repetitive operations that are needed to accomplish their goals;
- expert teachers are more opportunistic and flexible in their teaching than are novices;
- expert teachers are more sensitive to the task demands and social situations surrounding them when solving problems;
- expert teachers represent problems in qualitatively different ways than do novices;
- expert teachers have faster and more accurate pattern recognition capabilities;
- expert teachers perceive more meaningful patterns in the domain in which they are experienced; and
- expert teachers may begin to solve problems slower, but they bring richer and more personal sources of information to bear on the problems that they are trying to solve (Berliner 2001, S. 472).

Das Problem der Identifikation von „Expertenlehrern"

Trotz einer Vielzahl robuster Befunde sind dem Experten-Novizen-Paradigma in der Forschung zum Lehrerberuf theoretische Grenzen gesetzt. Die Logik des Experten-Novizen-Paradigmas erfordert eine möglichst eindeutige *vorherige* Einteilung in Experten und Novizen, um dadurch empirisch weitere Unterschiede zwischen beiden Gruppen aufzudecken. Nach welchen Kriterien sollen nun aber Expertenlehrkräfte identifiziert werden? Möchte man der Falle ausweichen, einfach ältere Lehrer aufgrund ihrer Erfahrung automatisch als Experten anzusehen (siehe dazu später), ist man also bereits *vor* der Untersuchung mit der Frage nach dem „guten Lehrer" konfrontiert. In der schlechtdefinierten Domäne des schulischen Unterrichts, in der kein reliables und valides Expertisemaß zur Verfügung steht, gibt es darauf leider keine eindeutige Antwort. Berliner und Carter (1989) beispielsweise verwendeten Unterrichtsbeobachtung und Urteile von Schulleitern zur Vorabidentifikation von Experten, bevor sie Experimente mit den Lehrkräften zur Wahrnehmung von Unterrichtssituationen durchführten. Für Leinhardt und Greeno (1986) war die Unterrichtsbeobachtung dagegen bereits das abhängige Zielkriterium. Sie identifizierten Experten aufgrund des Leistungszuwachses ihrer Schüler, bevor sie Unterschiede im Unterrichtsverhalten zwischen Experten und Novizen untersuchten. Die theoretische Trennung von Expertise-Indikatoren in *Bedingungen* für eine erfolgreiche Berufsausübung (z.B. Wissen der Lehrkräfte) und *Unterrichtszielkriterien* (z.B. Leistung der Schüler) ist auch heute leider noch nicht selbstverständlich.

Auch Bromme (1992) weist darauf hin, dass der Begriff *Experte* in der Lehr-Lern-Forschung mehrdeutig gebraucht wird und dass es deshalb notwendig sei, bei der Darstellung empirischer Studien jeweils zu explizieren, wie die entsprechenden Autoren diesen Begriff verstünden. Er nennt überblicksartig folgende Kriterien, die üblicherweise zur Vorabidentifikation von Expertenlehrern verwendet werden (S. 46): 1) Ausbildungsstand (Lehramtsstudenten, Referendare bzw. „fertige" Lehrer), 2) Berufliche Erfolge (z.B. durch Beförderung bzw. Zertifikate attestiert), 3) Kollegen und Vorgesetztenurteile, 4) Beurteilung durch Schüler, 5) Messung der Schülerleistung, 6) Dauer der Berufstätigkeit. Nach einer theoretischen Metaanalyse zum englischen *expert teacher*-Begriff schlagen Palmer et al. (2005) ein aus mehreren Kriterien kombiniertes Vorgehen bei der Identifikation von Expertenlehrkräften vor. Diese Kriterien umfassen Berufserfahrung, „social recognition" (das bedeutet im Wesentlichen Nennung durch Schulleiter bzw. Kollegen), weiterhin (die in den USA üblichen) Zertifizierungen, der durch Beförderung erlangte hervorgehobene Status (z.B. Fachleiterschaft oder auch Forschungstätigkeit) sowie performanz-basierte Kriterien (wie z.B. Schülerleistung).

Als ein Beispiel einer Identifikation von Experten aufgrund des Erreichens verschiedener Unterrichtsziele kann Weinerts Vorgehen genannt werden, der seine „Grundschulexpertenlehrkräfte" auch als „Meisterlehrer" bzw. als „Optimallehrer" bezeichnet (Weinert & Helmke, 1996). Als „Optimallehrkraft" wurde eine Lehrkraft definiert, die über einen Zeitraum von zwei Jahren bei den Schülern im Mathematikunterricht zugleich die folgenden fünf Unterrichtsziele erreicht hat: 1) Einen überdurchschnittlichen Zuwachs in arithmetischen Fertigkeiten, 2) einen überdurchschnittlichen Zuwachs im mathematischen Problemlösen, 3) eine Verringerung der Leistungsunterschiede innerhalb der Klasse, 4) eine Steigerung der Lernfreude und 5) eine Steigerung des Selbstvertrauens in die eigenen Mathematikfähigkeiten (siehe auch Rheinberg & Bromme, 2001). Weinert gelingt es hier, eine performanzorientierte Expertendefinition aufrecht zu erhalten. Leider sind die Ziele von Mathematikunterricht als alleinige Expertise-Indikatoren aber ebenfalls problematisch, da sie sich erstens nicht eindeutig formulieren lassen (Helmke, 2003, weist z.B. auf folgende Fragen hin: Für wen soll Unterricht „gut" sein? Für wann? Wofür? Gemessen an welchen Startbedingungen? Aus wessen Perspektive?) und zweitens deren Erreichung nicht ausschließlich von der Kompetenz und dem Wissen der Lehrkraft abhängt, sondern durch eine ganze Reihe individueller Faktoren (z.B. Intelligenz des Schülers) und Kontextfaktoren (z.B. elterliche Unterstützung) mitbestimmt wird. Ein weiteres Problem ist die bei Weinert bereits angedeutete Multikriterialität von Unterricht: Neben dem Leistungszuwachs von Schülern können als weitere Unterrichtszielkriterien zum Beispiel fächerübergreifende Kompetenzen, die Förderung von Lernmotivation oder die Persönlichkeitsbildung genannt werden[4]. Es ist also beispielsweise durchaus denkbar, dass es Lehrkräfte gibt, die zwar „Experten" für die Motivationssteigerung von Schülern, nicht aber für das Erreichen großer Lernzuwächse in ihrer Klasse sind (zur grundsätzlichen Vereinbarkeit unterschiedlicher Unterrichtsziele siehe Kunter, 2004).

Es sollte nun auch deutlich geworden sein, dass Experten (im leistungsorientierten Sinn) nicht unbedingt Lehrkräfte mit langer Berufserfahrung und Nicht-Experten nicht unbedingt Novizen, also „Neulinge" im eigentlichen Sinne, sein müssen. Im Gegenteil wird sogar verschiedentlich davor gewarnt, einen Zusammenhang zwischen der Anzahl an Berufsjahren und der Unterrichtsqualität anzunehmen (Bromme & Haag, 2004; Lipowsky, 2006). Dieser Punkt wird am Ende dieses Abschnitts (Entwicklung von Expertise) vertieft.

4 Gleichwohl wird der Leistungszuwachs der Schüler meist als Kernkriterium gesehen (dieser Anspruch wird gelegentlich aus der Berufsbezeichnung abgeleitet, die schließlich „Mathematiklehrer" und nicht etwa „Mathematikmotivator" lautet). Popham (1997, S. 264) schreibt hierzu: „Well, for my entire career, I have been almost neurotically fascinated by the possibility of evaluating teachers on the basis of whether they were able to promote student learning. Moth-like, I have been tantalized by the appeal of student learning as the chief criterion for determining an instructor's competence."

Der wissensorientierte Experten-Ansatz zum Lehrerberuf

In schlechtdefinierten Domänen ist ein Experte jemand, der komplexe (z.B. berufliche) Aufgaben erfolgreich bewältigt. Es gibt in der Arbeitspsychologie eine lange Forschungstradition zu den Determinanten von „Arbeitserfolg" (Peters & O'Connor, 1980; Pfeffer, 1991). Vorherrschend sind dabei Modelle, die Arbeitserfolg als additive Funktion von Personenvariablen (z.B. Fähigkeit und Motivation des Angestellten) und Kontextvariablen ansehen (Rowan, Chiang & Miller, 1997; für Interaktionsmodelle in der Arbeitspsychologie siehe z.B. Kanfer, 1990). Wie aus dem letzten Absatz jedoch deutlich geworden ist, ist in Berufen eine Definition (oder gar eine kriteriale Festlegung) von Arbeitserfolg oft problematisch, eine Operationalisierung und Messung dieses Konstrukts ist ohne Rückgriff auf einen (wie auch immer gearteten) Leistungsbegriff nur schwer vorstellbar.

Dieses Problem wird im soziologisch-pädagogischen Professionsansatz dadurch umgangen, dass nicht mehr nach *individuellen* Bedingungen für Höchstleistungen gesucht wird, sondern vielmehr nach den von den Mitgliedern einer Profession *geteilten,* besonderen berufsspezifischen Kompetenzen (eine Diskussion des Professionsansatzes im Hinblick auf den Lehrberuf findet sich in Baumert & Kunter, 2013; Helsper, 2007). Dabei steht nicht mehr der „Grad des Erfolgs" im Vordergrund, sondern vielmehr die Annahme, dass diese Kompetenzen weit über die von Laien hinausgehen und die Berufsausübung überhaupt erst ermöglichen.

Die theoretische Identifikation von professionsspezifischen Expertiseaspekten von Lehrkräften (also auch von Struktur und Inhalt des Professionswissens) erfolgt dabei mittels einer Anforderungsanalyse, die auf verschiedenen Ebenen denkbar ist. Bromme (1992) zum Beispiel, der auch die Bezeichnung „Experten" für die Mitglieder der Lehrerprofession entscheidend mitprägte, nennt *Strukturbildung* als zentrale, übergeordnete Anforderung an Lehrkräfte: Der Lehrer muss den Unterricht in eine geeignete *soziale, zeitliche* und *inhaltliche* Struktur bringen. Welche Kompetenzen sind hierfür nun erforderlich? Es besteht allgemeiner Konsens, dass dafür neben professionellem Wissen beispielsweise auch bestimmte berufsbezogene Überzeugungen bzw. Werthaltungen, motivationale Orientierungen sowie selbstregulative Fähigkeiten benötigt werden (für ein entsprechendes Kompetenzmodell von Lehrkräften siehe Abbildung 1). Als Expertise werden dabei vor allem die durch die Ausbildung veränderbaren kognitiven Kompetenzen (wie z.B. das Professionswissen) sowie die professionellen Überzeugungen verstanden.

Im Folgenden soll für den zentralen Expertiseaspekt des Professionswissens angedeutet werden, wie im Rahmen von *Wissenstaxonomien* der Versuch unternommen wird, dieses Wissen mittels einer theoretischen Anforderungsanalyse als Ganzes systematisch zu beschreiben und strukturell zu ordnen. Die einflussreichste Taxonomie von Lehrerwissen geht auf Shulman (1986, 1987) zurück. Er unterteilt das Professionswissen von Lehrkräften theoretisch in sieben Kategorien, von denen heute vor allem *content knowledge* (Fachwissen), *pedagogical knowledge* (pädagogisches Wissen) und *pedagogical content knowledge* (fachdidaktisches Wissen) die allgemein akzeptierten Kernkategorien des Professionswissens von Lehrkräften darstellen (vgl. Lipowsky, 2006; Blömeke, Kaiser & Lehmann, 2010; Krauss et al., 2011; Baumert & Kunter, 2013):

- content knowledge
- general pedagogical knowledge, with special reference to those broad principles and strategies of classroom management and organization that appear to transcend subject matter
- curriculum knowledge, with particular grasp of the materials and programs that serve as ‚tools of the trade' for teachers
- pedagogical content knowledge, that special amalgam of content and pedagogy that is uniquely the province of teachers, their own special form of professional understanding
- knowledge of learners and their characteristics

- knowledge of educational context, ranging from the workings of the group or classroom, the governance and finance of school districts, to the character of communities and cultures
- knowledge of educational ends, purposes, and values, and their philosophical and historical grounds (Shulman, 1987, S. 8)

Shulman leitet diese Wissenskategorien anhand einer Analyse der Anforderungen an Lehrkräfte ausführlich theoretisch ab. Unter *pedagogical content knowledge* (fachdidaktisches Wissen)[5] versteht Shulman beispielsweise Wissen über das „Verständlichmachen von Inhalten" („making comprehensible"). Er hebt dabei zwei Teilaspekte des fachdidaktischen Wissens hervor, nämlich das Wissen über Erklären und Darstellen („the ways of representing and formulating the subject that make it comprehensible to others") und die Bedeutung des Wissens über fachbezogene Schülerkognitionen („conceptions", „preconceptions", „misconceptions")[6]. Der erstgenannte Aspekt wurde später von Grossman (1990) zu „knowledge of instructional strategies" zusammengefasst, den zweiten subsumiert Grossman unter „knowledge of students' understanding". Aus Shulmans Charakterisierung wird auch die Nähe des Wissensbegriffs zum Kompetenzbegriff deutlich, die zum Beispiel auch bei Weinert, Schrader und Helmke (1990, S. 188) zu finden ist: „Wissen darf [...] nicht im umgangssprachlichen Sinne mit deklarativem Wissen gleichgesetzt werden, sondern muß – gerade im Bereich des Unterrichts – zu einem erheblichen Teil als prozedurales Wissen (Routinen, Fertigkeiten, Können) angesehen werden."

Entwicklung von Expertise

Die Frage nach der Entwicklung von Expertise, also letztlich die Frage, „wie man zum Experten wird", ist von zentraler Bedeutung sowohl für die allgemeine Expertiseforschung als auch im Speziellen für die Lehrerprofession. Oftmals werden kategoriale Modelle postuliert (mit Zwischenstufen zwischen Experte und Novize, die dann z.B. *postulant, journeyman* oder *postnovice* heißen; Bromme, 1992, S. 39). Dabei werden gelegentlich Konzepte des Professionsansatzes mit dem leistungsorientierten Expertenbegriff verknüpft: Schwendenwein (1990) spricht zum Beispiel von *Professionsneulingen, Professionellen* und *Professionsexperten* (!), während das heuristische Modell von Dreyfus und Dreyfus (1986) fünf Kategorien des Expertentums vorschlägt *(novice, advanced beginner, competent performer, proficient performer, expert performer),* die die Autoren gleichzeitig als Stufen der Entwicklung von Expertise interpretieren. Die gemeinsame implizite theoretische Grundannahme solcher Modelle ist ein Anwachsen der Expertise mit zunehmender (Berufs-)erfahrung.

In leichter Abwandlung davon besagt die *„deliberate practice*-Theorie" (Ericsson et al., 1993) etwas spezifischer, dass domänenspezifische Expertise nicht automatisch durch die bloße wiederholte Ausübung einer Tätigkeit (oder eines Berufs) gesteigert wird, sondern nur durch hartes, ausdauerndes Arbeiten an eigenen Schwachstellen mit der ausdrücklichen Motivation zur Fähigkeitsverbesserung, am besten unterstützt durch permanentes Expertenfeedback. Dabei ist es durchaus eine offene Frage, inwieweit diese eher im Rahmen von wohldefinierten Domänen entwickelte Theorie auf Lehrkräfte übertragbar ist.

5 *Pedagogical content knowledge* wurde gelegentlich auch als „fachspezifisches pädagogisches Inhaltswissen" bezeichnet (z.B. Bromme, 1992). Mittlerweile hat sich aber die – viel klarere – Übersetzung „fachdidaktisches Wissen" durchgesetzt (siehe auch Lipowsky, 2006; Baumert & Kunter, 2013; Blömeke et al., 2010).

6 Bezüglich des Wissens über Schülerkognition zitieren An, Kulm und Wu (2004) folgendes chinesisches Sprichwort: „Without knowledge on students' thinking teaching [...] may [...] be like ‚playing piano to cows'" (S. 169).

Im strukturtheoretischen Professionsansatz ist „die Frage nach Struktur und Inhalt von Professionswissen […] zunächst die Frage nach globalen Invarianzen im Wissen der Profession" (Alisch, 1990, S. 21). Professionswissen wird aber natürlich auch in diesem Ansatz als Entwicklungsprodukt gesehen. Professionswissen impliziert immer auch einen Anteil an „Umsetzungswissen" (z.B. Dewe, Ferchhoff & Radtke, 1990) und tatsächlich nehmen zahlreiche Theorien an, dass dieses berufsrelevante Handlungswissen von Lehrkräften vor allem in der Unterrichtspraxis erworben wird (z.B. Hashweh, 2005; Hiebert, Gallimore & Stigler, 2002).

3. Ein Beispiel für den Expertenansatz: Die Untersuchung des Professionswissens in der COACTIV-Studie

Vor allem im Rahmen der Diskussion um die *Qualitätssicherung der Lehrerausbildung* wurden mittlerweile zahlreiche Vorschläge vorgelegt, in denen die für den Lehrberuf relevanten Kompetenzen gesammelt und geordnet werden (international siehe z.B. Cochran-Smith & Zeichner, 2005; Darling-Hammond & Bransford, 2005; deutschsprachig z.B. Terhart, 2000, 2002; Oser, 2001). Baumert und Kunter (2013) diskutieren diese Ansätze in ihrem Überblicksartikel zur *Professionellen Kompetenz von Lehrkräften* und stellen selbst ein einfaches Strukturmodell professioneller Handlungskompetenz von Lehrkräften vor (vgl. Abbildung 1), das auch die theoretische Grundlage der COACTIV-Studie (*„**Co**gnitive **Activ**ation in the Classroom"*) bildete (Kunter et al., 2011). Im Kompetenzmodell von COACTIV (siehe dazu ausführlich Baumert & Kunter, 2011a) werden kognitive Kompetenzen wie zum Beispiel das Professionswissen und Überzeugen als Ex-

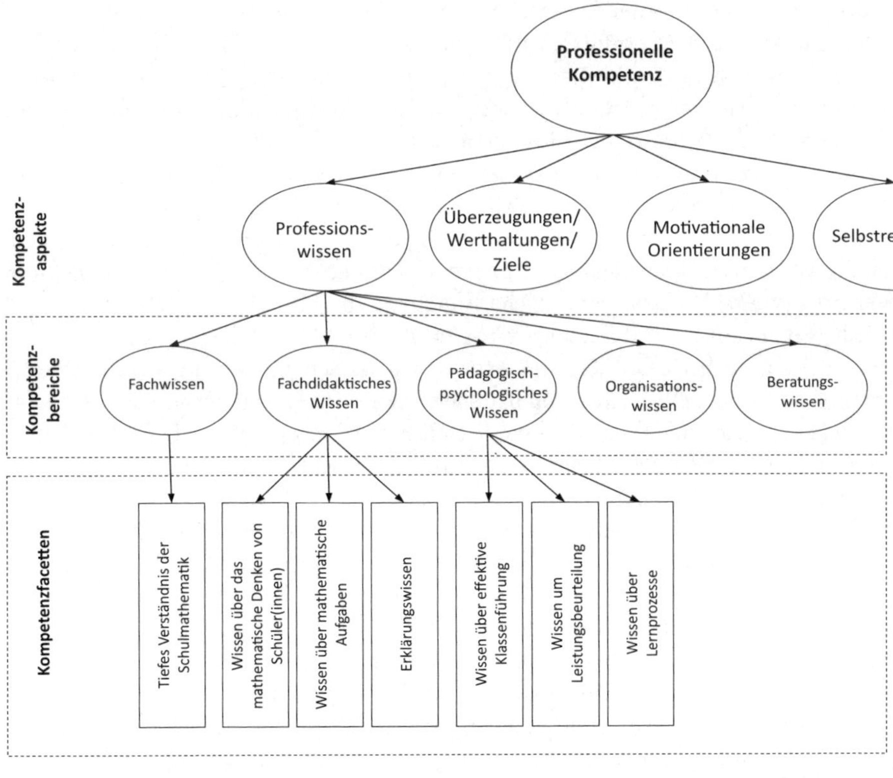

Abbildung 1: Lehrerkompetenzmodell von COACTIV (modifiziert nach Baumert & Kunter, 2011a, S. 32)

pertise bezeichnet (vgl. Bromme, 2008) und durch nicht-kognitive Kompetenzaspekte ergänzt, die in der klassischen Lehrerexpertiseforschung nur wenig Berücksichtigung finden (z.B. motivationale Orientierungen und Selbstregulation).

Das dynamische Wechselspiel der Kompetenzaspekte aus Abbildung 1 erlaubt das professionelle Handeln in der multiplen Anforderungsstruktur der pädagogischen Situation. In Tabelle 4 werden einige zusätzliche Konstrukte aufgenommen (eine komplette Auflistung inklusive Operationalisierung, theoretischer Hintergrundliteratur sowie psychometrischer Gütekriterien findet sich im COACTIV-Skalenhandbuch; Baumert et al., 2009). Tabelle 4 verdeutlicht die ursprüngliche Zugehörigkeit zu den Paradigmen und gibt außerdem Literaturhinweise zu entsprechenden Ergebnissen aus der Studie (vgl. auch Kunter et al., 2011).

In Abbildung 1 (und Tabelle 4) spielen Unterrichtszielkriterien *vorerst* keine Rolle. Das bedeutet aber nicht, dass der Leistungszuwachs der Schüler als zentrales Unterrichtszielkriterium außer Acht gelassen wird. Beispielsweise konnte mit Hilfe mehrebenenanalytischer Strukturgleichungsmodelle gezeigt werden, dass sich das fachdidaktische Wissen einer Lehrkraft in der Tat positiv auf den Lernfortschritt der Schüler auswirkt (mediiert über Unterrichtsaspekte), nicht aber das Fachwissen (Baumert & Kunter, 2011b). Dafür wurde auf speziell für COACTIV entwickelte Tests zum fachdidaktischen Wissen und zum Fachwissen von Mathematiklehrkräften zurückgegriffen (für Konstruktion und weitere Ergebnisse zu diesen Professionswissenstests siehe Krauss, Neubrand et al., 2008; Krauss et al., 2011; zur Beratungskompetenz als Teil des Professionswissens siehe Strasser & Gruber, 2013).

Ähnliche Analysen wurden mit dem COACTIV-Datensatz auch bereits in Bezug auf Überzeugungen (beliefs) durchgeführt. Voss, Kleickmann, Kunter und Hachfeld (2011) konnten zeigen, dass sich die Überzeugung, Mathematik sei lediglich ein Werkzeugkasten aus Fakten und Regeln, die erinnert und angewendet werden müssen (sogenannte „Toolbox"-Sichtweise), auf die Unterrichtsqualität und den Lernfortschritt negativ auswirkt. Weiterhin weisen die COACTIV-Daten darauf hin, dass der Enthusiasmus *für das Unterrichten* sich auf die von den Schülern wahrgenommene Unterrichtsqualität auswirkt, jedoch nicht der Enthusiasmus *für das Fach* (Kunter, 2011; für weitere Ergebnisse siehe Kunter et al., 2011).

Die genannten Analysen sind differentialpsychologischer Natur. Aufgrund der Untersuchung einer repräsentativen Stichprobe von Mathematiklehrkräften lassen sich Ergebnisse korrelativer Art gewinnen, so dass eine vorherige Einteilung in Experten und Nicht-Experten nicht mehr notwendig ist. Je nach Fragestellung (z.B. „Unterscheiden sich Gymnasiallehrkräfte von Nicht-Gymnasiallehrkräften?") bleibt eine solche Aufteilung der Stichprobe „post-hoc" aber jederzeit möglich (vgl. Brunner et al., 2006; Krauss et al., 2011). Auch die Abgrenzung „nach außen zum Laien" wurde bei COACTIV untersucht: Durch den Einsatz der beiden COACTIV-Professionswissenstests bei weiteren Populationen zur Konstruktvalidierung (z.B. Diplommathematik-Studenten, Mathematik-Leistungskursschüler bzw. Biologie- und Chemielehrkräfte), konnte die Professionsspezifität der beiden Wissensbereiche belegt werden (siehe Krauss, Baumert & Blum, 2008; Krauss et al., 2011).

Bemerkenswert sind auch die Ergebnisse der COACTIV-Studie zur Entwicklung von Expertise: Analysen zeigen beispielsweise keinen positiven Zusammenhang zwischen dem fachdidaktischen Wissen bzw. dem Fachwissen einer Lehrkraft und der Berufserfahrung (Brunner et al., 2006; Krauss, Neubrand et al., 2008). Zumindest im Hinblick auf die Operationalisierung dieser beiden Professionswissenskategorien bei COACTIV scheint Expertise – im Einklang mit der *deliberate practice-Theorie* – also nicht automatisch mit der Berufserfahrung anzusteigen; das fachdidaktische Wissen und Fachwissen von Mathematiklehrkräften scheint vielmehr primär in der Ausbildung erworben worden zu sein (siehe dazu auch Kleickmann et al., 2013).

Tabelle 4: Beispielkonstrukte für in COACTIV erfasste Kompetenzaspekte (für einen vollständigen Überblick über die zugrunde liegenden Konstrukte siehe das COACTIV-Skalenhandbuch, Baumert et al., 2009).

Ursprung	Kompetenzaspekte (Beispiele)	COACTIV-Literatur
Persönlichkeits-Paradigma	**Biographie** ▪ Zur Person ▪ Weiterführende Ausbildung/Studium ▪ Berufsethos	z.B. Richter (2011)
	Motivationale Merkmale ▪ Selbstwirksamkeit und Enthusiasmus ▪ Berufszufriedenheit und Belastungserleben	z.B. Kunter (2011)
	Selbstregulation z.B. Arbeitsbezogenes Verhaltens- und Erlebensmuster: ▪ Arbeitsengagement ▪ Widerstandsfähigkeit	z.B. Klusmann (2011), Klusmann, Kunter, Trautwein, Lüdtke und Baumert (2008)
Prozess-(Mediations)-Produkt-Paradigma	**Situation in der Klasse** ▪ Einschätzung der Situation in der PISA-Klasse (Leistung, Unterrichtserschwernisse, Elternarbeit) **Wahrnehmung des Unterrichts aus Lehrersicht** ▪ Kognitiv herausfordernder Unterricht ▪ Individualisierung und Differenzierung ▪ Klassenführung **Wahrnehmung des Unterrichts aus Schülersicht** ▪ Art der Aufgabenstellung und Erklärungen ▪ Umgang mit Hausaufgaben ▪ Klassenführung/ Zeitnutzung	z.B. Kunter und Voss (2011), Kunter et al. (2006)
	Von den Lehrkräften eingesetzte Mathematikaufgaben ▪ Lehrmaterialien (im Unterricht eingesetzte Aufgaben) ▪ Klassenarbeiten und Hausaufgaben	z.B. Neubrand, Jordan, Krauss, Blum und Löwen (2011), Jordan et al. (2006)
Experten-Paradigma	**Fachdidaktisches Wissen** ▪ Wissen über typische Schülerfehler ▪ Wissen über das Potential von Aufgaben ▪ Wissen über Erklären und Repräsentieren **Fachwissen**	z.B. Krauss, Brunner et al. (2008), Krauss et al. (2011), Baumert und Kunter (2011a, 2011b)
	Schnelle Reaktion auf Schülerantworten ▪ Benötigte Zeit ▪ Korrektheit	z.B. Krauss und Brunner (2011)
	Diagnostische Kompetenz ▪ Aufgabenbezogener Urteilsfehler ▪ Aufgabenbezogene Urteilstendenz ▪ Diagnostische Sensitivität	z.B. Brunner et al. (2011)
	Überzeugungen ▪ Epistemologische Überzeugungen ▪ Ziele des Mathematikunterrichts	z.B. Voss et al. (2011)

4. Ausblick

Die Identifikation von Expertisemerkmalen (z.B. fachdidaktisches Wissen) mit prädiktiver Validität für den Lernfortschritt der Schüler eröffnet empirisch fundierte Ansatzpunkte für die Lehrerausbildung. Die bisherige Datenlage legt dabei nahe (z.B. auch COACTIV-Nachfolgestudien mit Lehramtsstudenten und Referendaren wie COACTIV-R, aber auch vergleichbare Studien anderer Forschungsgruppen mit zukünftigen Lehrkräften, z.B. TEDS-M, Blömeke et al., 2010), dass die Lehrerausbildung, in der die *deliberate practice-Bedingungen* gegeben sind, den entscheidenden Beitrag zur Entwicklung des Professionswissens leistet. Die große Varianz in den Ergebnissen der Lehrkräfte zum Beispiel beim fachdidaktischen Wissen (Krauss, Neubrand et al., 2008) deutet dabei auch auf den Spielraum hin, der hier „nach oben“ noch offen ist.

Zweifelsohne werden auch mit zunehmender Berufserfahrung für den Lehreralltag wichtige Routinen und Automatisierungen erworben. Eine Aufgabe für die zukünftige Forschung könnte die Konzipierung von Instrumenten sein, die auch diese Entwicklung abbilden können. Fest scheint jedoch zu stehen, dass die *deliberate-practice-Bedingungen* in der „dritten Phase der Lehrerbildung“ – also der Berufspraxis – nicht mehr explizit gegeben sind (das primäre Ziel der Lehrertätigkeit ist die Verbesserung der Schülerleistungen und nicht die Steigerung der eigenen Expertise). Denkbar wäre zum Beispiel analog zur Idee des Lehrercoachings (zum „fachdidaktischen Coaching in der Physik“ siehe z.B. Fischler & Schröder, 2003) eigene Stunden regelmäßig zu videografieren, gemeinsam mit Kollegen Schwächen zu identifizieren und diese dann gezielt zu verbessern (die Motivation zur eigenen Fähigkeitsverbesserung vorausgesetzt). Gruber (2004) konstatiert, dass eine Auffassung des Lehrerberufs als eine *deliberate practice*-relevante Domäne zumindest „pädagogischen Optimismus“ ausstrahlt: Expertise wäre demnach für motivierte Novizenlehrkräfte grundsätzlich erreichbar. Der Expertenansatz wird deshalb auch als „Hoffnungsträger“ gesehen, der dazu beitragen könnte, die Theorie-Praxis-Lücke in der Forschung zum Lehrerberuf zu verkleinern (Bromme, 1992, Weinert, 1996).

Literatur

Alisch, L.-M. (1990). Einleitung: Professionalisierung und Professionswissen. In L.-M. Alisch, J. Baumert & K. Beck (Hrsg.), *Professionswissen und Professionalisierung* (Bd. 28, S. 9–76). Braunschweig: Copy-Center-Colmsee.

Allen, R. M. & Casbergue, R. M. (1997). Evolution of novice through expert teachers’ recall: Implications for effective reflection on practice. *Teaching & Teacher Education, 13*(7), 741–755.

An, S., Kulm, G. & Wu, Z. (2004). The pedagogical content knowledge of middle school mathematics teachers in China and the U.S. *Journal of Mathematics Teacher Education, 7*(2), 145–172.

Anderson, J. R. (2001). *Kognitive Psychologie* (3. Aufl.). Heidelberg: Spektrum.

Baumert, J., Blum, W. & Neubrand, M. (2001). *Professionswissen von Lehrkräften, kognitiv aktivierender Mathematikunterricht und die Entwicklung von mathematischer Kompetenz.* DFG-Antrag im Rahmen des Schwerpunktprogramms „Die Bildungsqualität von Schule: Fachliches und fächerübergreifendes Lernen im mathematisch-naturwissenschaftlichen Unterricht in Abhängigkeit von schulischen und außerschulischen Kontexten (BIQUA)“. Berlin: Max-Planck-Institut für Bildungsforschung.

Baumert, J., Blum, W. & Neubrand, M. (2004). Drawing the lessons from PISA 2000. *Zeitschrift für Erziehungswissenschaft, 7*(3), 143–157.

Baumert, J., Blum, W., Brunner, M., Dubberke, T., Jordan, A., Klusmann, U., Krauss, S., Kunter, M., Löwen, K., Neubrand, M. & Tsai, Y. M. (2009). *Professionswissen von Lehrkräften, kognitiv aktivierender Mathematikunterricht und die Entwicklung von mathematischer Kompetenz (COACTIV): Dokumentation der Erhebungsinstrumente. Materialien aus der Bildungsforschung* (Nr. 83). Berlin: Max-Planck-Institut für Bildungsforschung.

Baumert, J., Kunter, M., Blum, W., Brunner, M., Dubberke, T., Jordan, A., Klusmann, U., Krauss, S., Neubrand, M. & Tsai, Y. M. (2010). Teachers' mathematical knowledge, cognitive activation in the classroom, and student progress. *American Educational Research Journal-TLHD, 47*(1), 133–180.

Baumert, J. & Kunter, M. (2011a). Das Kompetenzmodell von COACTIV. In M. Kunter, J. Baumert, W. Blum, U. Klusmann, S. Krauss & M. Neubrand (Hrsg.), *Professionelle Kompetenz von Lehrkräften. Ergebnisse des Forschungsprogramms COACTIV* (S. 29–53). Münster: Waxmann.

Baumert, J. & Kunter, M. (2011b). Das mathematikspezifische Wissen von Lehrkräften, kognitive Aktivierung im Unterricht und Lernfortschritte von Schülerinnen und Schülern. In M. Kunter, J. Baumert, W. Blum, U. Klusmann, S. Krauss & M. Neubrand (Hrsg.), *Professionelle Kompetenz von Lehrkräften. Ergebnisse des Forschungsprogramms COACTIV* (S. 163–192). Münster: Waxmann.

Baumert, J. & Kunter, M. (2013). Professionelle Kompetenz von Lehrkräften. In I. Gogolin, H. Kuper, H.-H. Krüger & J. Baumert (Hrsg.), *Stichwort: Zeitschrift für Erziehungswissenschaft* (S. 277–337). Wiesbaden: Springer.

Berliner, D. C. & Carter, K. J. (1989). Differences in processing classroom information by expert and novice teachers. In J. Lowyck & C. M. Clark (Eds.), *Teacher thinking and professional action* (pp. 55–74). Leuven: Leuven University Press.

Berliner, D. C. (2001). Learning about and learning from expert teachers. *International Journal of Educational Research, 35*(5), 463–482.

Besser, M. & Krauss, S. (2009). Zur Professionalität als Expertise. In R. Mulder, O. Zlatkin-Troitschanskaja, K. Beck, R. Nickolaus & D. Sembill (Hrsg.), *Professionalität von Lehrenden - Zum Stand der Forschung* (S. 71–82). Weinheim: Beltz.

Blömeke, S., Kaiser, G. & Lehmann, R. (Hrsg.) (2010). *TEDS-M 2008. Professionelle Kompetenz und Lerngelegenheiten angehender Mathematiklehrkräfte für die Sekundarstufe I im internationalen Vergleich*. Münster: Waxmann.

Borich, G. D. & Klinzing, H. G. (1987). Paradigmen der Lehrereffektivitätsforschung und ihr Einfluß auf die Auffassung von effektivem Unterricht. *Unterrichtswissenschaft, 15*(1), 90–111.

Bromme, R. (1992). *Der Lehrer als Experte: Zur Psychologie des professionellen Wissens*. Bern: Huber.

Bromme, R. (1993). Können Lehrer Experten sein - können Experten Lehrer sein? In H. Bauersfeld & R. Bromme (Hrsg.), *Bildung und Aufklärung. Studien zur Rationalität des Lehrens und Lernens* (S. 33–58). Münster: Waxmann.

Bromme, R. (1997). Kompetenzen, Funktionen und unterrichtliches Handeln des Lehrers. In F. E. Weinert (Hrsg.), *Enzyklopädie der Psychologie: Psychologie des Unterrichts und der Schule* (S. 177–212). Göttingen: Hogrefe.

Bromme, R. & Haag, L. (2004). Forschung zur Lehrerpersönlichkeit. In W. Helsper & J. Böhme (Hrsg.), *Handbuch der Schulforschung* (S. 777–793). Wiesbaden: Verlag für Sozialwissenschaften.

Bromme, R. (2008). Lehrerexpertise. In W. Schneider & W. Hasselhorn (Hrsg.), *Handbuch der Pädagogischen Psychologie* (S. 159–167). Göttingen: Hogrefe.

Bruer, J. T. (2000). *Schools for thought. A science of learning in the classroom* (6th ed.). Cambridge: The MIT Press.

Brunner, M., Kunter, M., Krauss, S., Baumert, J., Blum, W., Neubrand, M., Kunter, M., Dubberke, T., Jordan, A., Klusmann, U. & Tsai, Y.-M. (2006). Welche Zusammenhänge bestehen zwischen dem fachspezifischen Professionswissen von Mathematiklehrkräften und ihrer Ausbildung sowie beruflichen Fortbildung? *Zeitschrift für Erziehungswissenschaft, 9*(4), 521–544.

Chi, M. T. H. & Koeske, R. (1983). Network representation of a child's dinosaur knowledge. *Developmental Psychology, 19*, 29–39.

Chi, M. T. H., Glaser, R. & Farr, M. (Eds.) (1988). *The nature of expertise*. Hillsdale, NJ: Erlbaum.

Chi, M. T. H. (2011). Theoretical Perspectives, Methodological Approaches, and Trends in the Study of Expertise. In Y. Li & G. Kaiser (Eds.), *Expertise in mathematics instruction. An international perspective* (pp. 17-39). New York: Springer.

Cochran-Smith, M. & Zeichner, K. (Eds.) (2005). *Studying teacher education: The report of the AREA panel on research and teacher education*. Mahwah, NJ: Erlbaum.

Dann, H. D., Diegritz, T. & Rosenbusch, H. S. (1999). *Gruppenunterricht im Schulalltag. Realität und Chancen* (Erlangener Forschungen, Reihe A, Bd. 90). Erlangen: Universitätsbibliothek.

Darling-Hammond, L. & Bransford, J. (Eds.) (2005). *Preparing teachers for a changing world. What teachers should learn and be able to do.* San Francisco: Jossey-Bass.

De Groot, A. D. (1965). *Thought and choice in chess.* The Hague: Mouton.

Dewe, B., Ferchhoff, W. & Radtke, F. O. (1990). Die opake Wissensbasis pädagogischen Handelns. In L.-M. Alisch, J. Baumert & K. Beck (Hrsg.), *Professionswissen und Professionalisierung* (Bd. 28, S. 191–230). Braunschweig: Braunschweiger Studien zur Erziehungs- und Sozialarbeitswissenschaft.

Dörner, D. (1989). *Die Logik des Mißlingens. Strategisches Denken in komplexen Situationen.* Reinbeck: Rowohlt-Verlag.

Dreyfus, H. L. & Dreyfus, S. E. (1986). *Mind over machine.* New York: The Free Press.

Elo, A. E. (1986). *The rating of chess players, past and present* (2nd ed.). New York: Arco.

Ericsson, K. A. & Smith, J. (Eds.) (1991). *Toward a general theory of expertise. Prospects and limits.* Cambridge: Cambridge University Press.

Ericsson, K. A., Krampe, R. T. & Tesch-Römer, C. (1993). The role of deliberate practice in the acquisition of expert performance. *Psychological Review, 100*, 363–406.

Feltovich, P. J., Ford, K. M. & Hoffman, R. R. (Eds.) (1997). *Expertise in context: Human and machine.* Cambridge, MA: MIT Press.

Fischler, H. & Schröder, H. J. (2003). Fachdidaktisches Coaching für Lehrende in der Physik. *Zeitschrift für Didaktik der Naturwissenschaften, 9*, 43–62.

Galton, F. Sir (1869/1979). *Hereditary genius: An inquiry into its laws and consequences.* London: Julian Friedman Publishers.

Glaser, R. & Chi, M. (1988). Overview. In M. Chi, R. Glaser & M. Farr (Eds.), *The nature of expertise* (pp. 15–28). Hillsdale, NJ: Erlbaum.

Gobet, F. (2001). Cognitive psychology of chess expertise. In N. J. Smelser & P. B. Baltes (Eds.), *International encyclopedia of the social and behavioral sciences* (Vol. 8, pp. 1663–1667). Amsterdam: Elsevier.

Grossman, P. L. (1990). *The making of a teacher: Teacher knowledge and teacher education.* New York: Teachers College Press.

Gruber, H. (1994). *Expertise. Modelle und empirische Untersuchungen.* Opladen: Westdeutscher Verlag.

Gruber, H. & Mandl, H. (1996). Das Entstehen von Expertise. In J. Hoffmann & W. Kintsch (Hrsg.), *Enzyklopädie der Psychologie, Theorie und Forschung, Kognition* (Vol. 7, S. 583–615). Göttingen: Hogrefe.

Gruber, H. (2001). Acquisition of expertise. In Smelser, N. J. & Baltes, P. B. (Eds.), *International encyclopedia of the social and behavioral sciences* (Vol. 8, pp. 5145–5150). Amsterdam: Elsevier.

Gruber, H. (2004). Kompetenzen von Lehrerinnen und Lehrern – Ein Blick aus der Expertiseforschung. In A. Hartinger & M. Fölling-Albers (Hrsg.), *Lehrerkompetenzen für den Sachunterricht* (S. 21–33). Bad Heilbrunn: Klinkhardt.

Gruber, H. (2006). Expertise. In D. Rost (Hrsg.), *Handwörterbuch Pädagogische Psychologie* (3. Aufl., S. 175–180). Weinheim: Beltz PVU.

Hashweh, M. Z. (2005). Teacher pedagogical constructions: a reconfiguration of pedagogical content knowledge. *Teachers and Teaching: Theory and Practice, 11*(3), 273–292.

Helmke, A. (2003). *Unterrichtsqualität erfassen, bewerten, verbessern.* Seelze: Kallmeyersche Verlagsbuchhandlung.

Helsper, W. (2007). Eine Antwort auf Jürgen Baumerts und Mareike Kunters Kritik am strukturtheoretischen Professionsansatz. *Zeitschrift für Erziehungswissenschaft, 10*(4), 567–579.

Hiebert, J., Gallimore, R. & Stigler, J. W. (2002). A knowledge base for the teaching profession: What would it look like and how can we get one? *Educational Researcher, 31*(5), 3–15.

Hoyos, C. G. & Frieling, E. (1977). Die Methodik der Arbeits- und Berufsanalyse. In K. H. Seifert, H. H. Eckhardt & W. Jaide (Hrsg.), *Handbuch der Berufspsychologie* (S. 99–140). Göttingen: Hogrefe.

Huang, R. & Li, Y. (2012). What Matters Most: A Comparison of Expert and Novice Teachers' Noticing of Mathematics Classroom Events. *School Science and Mathematics, 112*(7), 420–432.

Ingenkamp, K. (Hrsg.). (1970). *Handbuch der Unterrichtsforschung.* Weinheim: Beltz.

Jordan, A., Ross, N., Krauss, S., Baumert, J., Blum, W., Neubrand, M., Löwen, K., Brunner, M. & Kunter, M. (2006). *Klassifikationsschema für Mathematikaufgaben: Dokumentation der Aufgabenklassifikation im COACTIV-Projekt.* Berlin: Max-Planck-Institut für Bildungsforschung.

Kanfer, R. (1990). Motivation and individual differences in learning: An integration of developmental, differential, and cognitive perspectives. *Learning and Individual Differences, 2*, 221–239.

Kleickmann, T., Richter, D., Kunter, M., Elsner, J., Besser, M., Krauss, S. & Baumert, J. (2013). Teachers' Content Knowledge and Pedagogical Content Knowledge: The Role of Structural Differences in Teacher Education. *Journal of Teacher Education, 64*(1), 90–106.

Klusmann, U., Kunter, M., Trautwein, U., Lüdtke, O. & Baumert, J. (2008). Teachers' occupational well-being and the quality of instruction: The important role of self-regulatory patterns. *Journal of Educational Psychology, 100*(3), 702–715.

Klusmann, U. (2011). Allgemeine berufliche Motivation und Selbstregulation. In M. Kunter, J. Baumert, W. Blum, U. Klusmann, S. Krauss & M. Neubrand (Hrsg.), *Professionelle Kompetenz von Lehrkräften. Ergebnisse des Forschungsprogramms COACTIV* (S. 277–294). Münster: Waxmann.

Krauss, S., Baumert, J. & Blum, W. (2008). Secondary mathematics teachers' pedagogical content knowledge and content knowledge: Validation of the COACTIV Constructs. *The International Journal on Mathematics Education, 40*(5), 873–892.

Krauss, S., Neubrand, M., Blum, W., Baumert, J., Brunner, M., Kunter, M. & Jordan, A. (2008). Die Untersuchung des professionellen Wissens deutscher Mathematik-Lehrerinnen und -Lehrer im Rahmen der COACTIV-Studie. *Journal für Mathematikdidaktik, 29*(3/4), 223–258.

Krauss, S., Brunner, M., Kunter, M., Baumert, J., Blum, W., Neubrand, M. & Jordan, A. (2008). Pedagogical content knowledge and content knowledge of secondary mathematics teachers. *Journal of Educational Psychology, 100*(3), 716–725.

Krauss, S. & Brunner, M. (2011). Schnelles Beurteilen von Schülerantworten: Ein Reaktionszeittest für Mathematiklehrer/innen. *Journal für Mathematik Didaktik, 32*, 233–251.

Krauss, S., Blum, W., Brunner, M., Neubrand, M., Baumert, J., Kunter, M., Besser, M. & Elsner, J. (2011). Konzeptualisierung und Testkonstruktion zum fachbezogenen Professionswissen von Mathematiklehrkräften. In M. Kunter, J. Baumert, W. Blum, U. Klusmann, S. Krauss & M. Neubrand (Hrsg.), *Professionelle Kompetenz von Lehrkräften. Ergebnisse des Forschungsprogramms COACTIV* (S. 135–162). Münster: Waxmann.

Kunter, M. (2004). *Multiple Ziele im Mathematikunterricht.* Münster: Waxmann.

Kunter, M., Dubberke, T., Baumert, J., Blum, W., Brunner, M., Jordan, A., Klusmann, U., Krauss, S., Neubrand, M. & Tsai, Y.-M. (2006). Mathematikunterricht in den PISA-Klassen 2004: Rahmenbedingungen, Formen und Lehr-Lernprozesse. In M. Prenzel, J. Baumert, W. Blum, R. Lehmann, D. Leutner, M. Neubrand, R. Pekrun, H. G. Rolff, J. Rost & U. Schiefele (Hrsg.), *PISA 2003: Untersuchungen zur Kompetenzentwicklung im Verlauf eines Schuljahres* (S. 161–194). Münster: Waxmann.

Kunter, M. (2011). Motivation als Teil der professionellen Kompetenz – Forschungsbefunde zum Enthusiasmus von Lehrkräften. In M. Kunter, J. Baumert, W. Blum, U. Klusmann, S. Krauss & M. Neubrand (Hrsg.), *Professionelle Kompetenz von Lehrkräften. Ergebnisse des Forschungsprogramms COACTIV* (S. 259–276). Münster: Waxmann.

Kunter, M. & Voss, T. (2011). Das Modell der Unterrichtsqualität in COACTIV: Eine multikriteriale Analyse. In M. Kunter, J. Baumert, W. Blum, U. Klusmann, S. Krauss & M. Neubrand (Hrsg.), *Professionelle Kompetenz von Lehrkräften. Ergebnisse des Forschungsprogramms COACTIV* (S. 85–114). Münster: Waxmann.

Kunter, M., Baumert, J., Blum, W., Klusmann, U., Krauss, S. & Neubrand, M. (Hrsg.). (2011). *Professionelle Kompetenz von Lehrkräften. Ergebnisse des Forschungsprogramms COACTIV.* Münster: Waxmann.

Leinhardt, G. & Greeno, J. G. (1986). The cognitive skill of teaching. *Journal of Educational Psychology, 78*(2), 75–95.

Lipowsky, F. (2006). Auf den Lehrer kommt es an. Empirische Evidenzen für Zusammenhänge zwischen Lehrerkompetenzen, Lehrerhandeln und dem Lernen der Schüler. In C. Allemann-Ghionda & E. Terhart (Hrsg.), *Kompetenzen und Kompetenzentwicklung von Lehrerinnen und Lehrern: Ausbildung und Beruf* (51. Beiheft der Zeitschrift für Pädagogik, S. 47–70). Weinheim und Basel: Beltz.

Mayer, R. E. & Wittrock, M. C. (1996). Problem-solving and transfer. In D. C. Berliner & R. C. Calfee (Eds.), *Handbook of educational psychology* (pp. 47–62). New York: Macmillan.

Miller, G. A. (1956). The magical number seven, plus or minus two: Some limits on our capacity for processing information. *Psychological Review, 63*, 81–97.

Minsky, M. & Papert, S. (1974). *Artificial Intelligence.* Eugene, OR: Oregon State System of Higher Education.

Neubrand, M., Jordan, A., Krauss, S., Blum, W. & Löwen, K. (2011). Aufgaben im COACTIV-Projekt: Einblicke in das Potenzial für kognitive Aktivierung im Mathematikunterricht. In M. Kunter, J. Baumert, W. Blum, U. Klusmann, S. Krauss & M. Neubrand (Hrsg.), *Professionelle Kompetenz von Lehrkräften. Ergebnisse des Forschungsprogramms COACTIV* (S. 115–132). Münster: Waxmann.

Newell, A., Shaw, J. C. & Simon, H. A. (1960). *Report on a general problem-solving program for a computer. Proceedings of the International Conference on Information Processing* (pp. 256–264). Paris: UNESCO.

Oser, F. (2001). Standards: Kompetenzen von Lehrpersonen. In F. Oser & J. Oelkers (Hrsg.), *Die Wirksamkeit der Lehrerbildungssysteme* (S. 215–342). Chur/Zürich: Ruegger.

Palmer, D. J., Stough, L. M., Burdenski, T. K., Jr. & Gonzales, M. (2005). Identifying teacher expertise: An examination of researchers' decision making. *Educational Psychologist, 40*(1), 13–25.

Peters, L. H. & O'Connor, E. J. (1980). Situational constraints and work outcomes: The influences of a frequently overlooked construct. *Academy of Management Review, 5*(3), 391–397.

Pfeffer, J. (1991). Organizational theory and structural perspectives on management. *Journal of Management, 17*(4), 789–803.

Popham, W. J. (1997). The Moth and the flame – Student learning as a criterion of instructional competence. In J. Millman (Ed.), *Grading teachers, grading schools: Is student Achievement a valid evaluation measure?* (pp. 264–274). Thousand Oaks, CA: Crowin Press.

Posner, M. I. (1988). Introduction: What is it to be an expert? In M. T. H. Chi, R. Glaser & M. J. Farr (Eds.), *The nature of expertise* (pp. 29–36). Hillsdale, NJ: Erlbaum.

Putnam, R. T. (1987). Structuring and adjusting content for students: A study of live and simulated tutoring of addition. *American Educational Research Journal, 24*, 13–48.

Reimann, P. (1998). Novizen- und Expertenwissen. In F. Klix & H. Spada (Hrsg.), *Wissen. Enzyklopädie der Psychologie, Themenbereich C: Theorie & Forschung, Serie II: Kognition* (S. 325–367). Göttingen: Hogrefe.

Rheinberg, F. & Bromme, R. (2001). Lehrende in Schulen. In A. Krapp & B. Weidenmann (Hrsg.), *Pädagogische Psychologie* (4. Aufl., S. 295–332). Weinheim: Beltz PVU.

Rich, Y. (1993). Stability and change in teacher expertise. *Teacher & Teacher Education, 9*(2), 137–146.

Richter, D. (2011). Lernen im Beruf. In M. Kunter, J. Baumert, W. Blum, U. Klusmann, S. Krauss & M. Neubrand (Hrsg.), *Professionelle Kompetenz von Lehrkräften. Ergebnisse des Forschungsprogramms COACTIV* (S. 317–325). Münster: Waxmann.

Rowan, B., Chiang, F. S. & Miller, R. J. (1997). Using research on employees' performance to study the effects of teachers on students' achievement. *Sociology of Education, 70*(4), 256–284.

Ryle, G. (1949/1969). *Der Begriff des Geistes* [The concept of mind]. Stuttgart: Reclam.

Schön, D. A. (1983). *The reflective practitioner. How professionals think in action.* London: Maurice Temple Smith Ltd.

Schwendenwein, W. (1990). Profession – Professionalisierung – Professionelles Handeln. In L.-M. Alisch, J. Baumert & K. Beck (Hrsg.), *Professionswissen und Professionalisierung* (Bd. 28, S. 359–381). Braunschweig: Braunschweiger Studien zur Erziehungs- und Sozialarbeitswissenschaft.

Shulman, L. S. (1986). Those who understand: Knowledge growth in teaching. *Educational Researcher, 15*(2), 4–14.

Shulman, L. S. (1987). Knowledge and teaching: Foundations of the new reform. *Harvard Educational Review, 57*(1), 1–22.

Shulman, L. S. & Shulman, J. H. (2004). How and what teachers learn: A shifting perspective. *Journal of Curriculum Studies, 36*(2), 257–271.

Simon, H. A. & Chase, W. G. (1973). Skill in chess. *American Scientist, 61*, 394–403.

Snow, R. E., Corno, L. & Jackson, D. (1996). Individual differences in affective and conative functions. In D. C. Berliner & R. C. Calfee (Eds.), *Handbook of educational psychology* (pp. 243–310). New York: Macmillan.

Sternberg, R. J. & Horvath, J. A. (1995). A prototype view of expert teaching. *Educational Researcher, 24*(6), 9–17.

Sternberg, R. J. & Williams, W. M. (2001). *Educational psychology.* Boston, MA: Allyn & Bacon.

Strahan, D. B. (1989). How experienced and novice teachers frame their views of instruction: An analysis of semantic ordered trees. *Teaching & Teacher Education, 5*(1), 53–67.

Strasser, J. & Gruber, H. (2013). *Beratung in der Schule – ein vernachlässigter Teil im Bild des „Lehrers als Experte". Empirische Pädagogik 27*(1), 86–103.

Swanson, H. L., O'Connor, J. E. & Cooney, J. B. (1990). An information processing analysis of expert and novice teachers' problem solving. *American Educational Research Journal, 27*(3), 533–556.

Terhart, E. (Hrsg.) (2000). *Perspektiven der Lehrerbildung in Deutschland. Abschlussbericht der von der Kultusministerkonferenz eingesetzten Kommission.* Weinheim: Beltz.

Terhart, E. (2002). *Standards für die Lehrerbildung. Eine Expertise für die Kultusministerkonferenz* (Nr. 24). Münster: Zentrale Koordination Lehrerbildung.

Ulich, E. (1981). Subjektive Tätigkeitsanalyse als Voraussetzung autonomieorientierter Arbeitsgestaltung. In F. Frei & E. Ulich (Hrsg.), *Beiträge zur psychologischen Arbeitsanalyse* (S. 327–347). Bern: Huber.

Voss, J. F. & Post, T. A. (1988). On the solving of ill-structured problems. In M. T. H. Chi, R. Glaser & M. J. Farr (Eds.), *The nature of expertise* (pp. 261–285). Hillsdale, NJ: Erlbaum.

Voss, T. & Kunter, M. (2011). Pädagogisch-psychologisches Wissen von Lehrkräften. In M. Kunter, J. Baumert, W. Blum, U. Klusmann, S. Krauss & M. Neubrand (Hrsg.), *Professionelle Kompetenz von Lehrkräften. Ergebnisse des Forschungsprogramms COACTIV* (S. 193–214). Münster: Waxmann.

Voss, T., Kleickmann, T., Kunter, M. & Hachfeld, A. (2011). Überzeugungen von Mathematiklehrkräften. In M. Kunter, J. Baumert, W. Blum, U. Klusmann, S. Krauss & M. Neubrand (Hrsg.), *Professionelle Kompetenz von Lehrkräften. Ergebnisse des Forschungsprogramms COACTIV* (S. 235–257). Münster: Waxmann.

Weinert, F. E., Schrader, F. W. & Helmke, A. (1990). Unterrichtsexpertise – Ein Konzept zur Verringerung der Kluft zwischen zwei theoretischen Paradigmen. In Alisch, L.-M., Baumert, J. & Beck, K. (Hrsg.), *Professionswissen und Professionalisierung* (Bd. 28, S. 173–206). Braunschweig: Copy-Center-Colmsee.

Weinert, F. E. & Helmke, A. (1996). Der gute Lehrer: Person, Funktion oder Fiktion? In A. Leschinsky (Hrsg.), *Die Institutionalisierung von Lehren und Lernen: Beiträge zu einer Theorie der Schule* (S. 223–233). Weinheim: Beltz.

Weinert, F. E. (1996). ‚Der gute Lehrer', ‚die gute Lehrerin' im Spiegel der Wissenschaft. *Beiträge zur Lehrerbildung, 14*(2), 141–151.

Zimbardo, P. G. (1995). *Psychologie* (6. Aufl.). Berlin: Springer.

Hedda Bennewitz

„doing teacher" – Forschung zum Lehrerberuf in kulturtheoretischer Perspektive

> „Man kann die Attraktivität, die der kulturwissenschaftlichen Denkweise für viele Geistes- und Sozialwissenschaftler zukommt, ebenso wie den Widerstand, den sie bei anderen hervorruft, erst dann nachvollziehen, wenn man sie als fächerübergreifendes *research programme* wahrnimmt, als eine bestimmte Perspektive des Fragens und der Analyse, die sich gegenüber anderen, klassischen *research programmes* in einer Situation der Konkurrenz und des Konflikts befindet."
> (Reckwitz, 2008a, S. 15)

1. Einleitung

In den letzten fünfzehn Jahren hat sich eine erziehungswissenschaftliche Schul- und Unterrichtsforschung etabliert, die in kulturanalytischer Perspektive schulischen Alltag untersucht. Die Forscherinnen und Forscher bedienen sich einer ethnographischen Forschungsstrategie, d.h. sie halten sich für einen längeren Zeitraum im Feld der Schule auf, um dort mit unterschiedlichen Methoden empirische Daten zu erheben. Die zentrale Erhebungsmethode ist die teilnehmende Beobachtung, die im Bereich der Schulforschung auf eine längere Tradition zurückblicken kann (vgl. Thole, 2010). Erkenntnistheoretisch stehen diese neuren ethnographischen Arbeiten in den Traditionen ethnologischer, soziologischer und anthropologischer Theoriebildung. Sie schließen – mehr oder weniger explizit – an ein Kulturverständnis an, dass Kultur als soziale Praxis begreift. Im Kern geht es dieser erziehungswissenschaftlichen Forschungsperspektive darum, die alltägliche pädagogische Praxis zum Gegenstand ihrer Untersuchungen zu machen. Mein Beitrag zielt darauf zu zeigen, dass die Betrachtung des Lehrberufs in einer kulturanalytischen Perspektive, die mit der Verpflichtung einhergeht, Praktiken des „doing teacher" zu beschreiben, neue Impulse für eine erziehungswissenschaftliche Lehrer(bildungs)forschung bereithält. Eine so verstandene pädagogische Lehrerforschung geht damit über die (isolierte) Betrachtung von Merkmalen, Einstellungen, Belastungen, Unterrichtshandlungen etc. von Lehrpersonen hinaus.

Das Vorgehen erfolgt in drei Schritten: Zunächst möchte ich die metatheoretischen Grundannahmen kulturtheoretischer Forschungen zum Lehrberuf betrachten. Ich schließe dabei an die Arbeiten von Reckwitz an, der seit einigen Jahren die Konturen eines ‚kulturwissenschaftlichen Forschungsprogramms" zu schärfen versucht. Dabei werden Grundelemente einer „Theorie sozialer Praktiken" skizziert, auf die sich auch eine Reihe von empirischen Forschungsprojekten der interpretativen Unterrichtsforschung stützen. Zugleich lassen sich mit diesen Überlegungen Rahmenannahmen für eine kulturwissenschaftliche Lehrerforschung herleiten (1). In einem zweiten Schritt wird das Augenmerk auf den Zusammenhang von Kulturanalyse und Ethnographie gelenkt (2). Im dritten Teil werden die gegenwärtigen für die kulturwissenschaftliche Forschung zum Lehrerberuf wegweisenden empirische Befunde skizziert und diskutiert (3). Abschließend werden Schlussfolgerungen gezogen und ein Ausblick formuliert (4).

2. Die kulturtheoretische Perspektive

Die ‚kulturtheoretische Wende' hat in Folge des *practice turns* (vgl. Schatzki, Knorr-Cetina & von Savigny, 2001) in viele, wenn nicht gar alle geistes- und sozialwissenschaftlichen Disziplinen Eingang gefunden. Ausdruck findet dieser ‚Paradigmenwechsel' in zahlreichen Veröffentlichungen, die sich mit dem Kulturbegriff und den Möglichkeiten der Erforschung von Kulturen befassen. Diese Diskurse haben zu großen Teilen einen grundlagentheoretischen Charakter (vgl. Bromley, Göttlich & Winter 1999; Jäger & Straub, 2004; Moebius & Quadflieg, 2006). Traditionsgemäß werden in der qualitativen Bildungsforschung solche sozialwissenschaftlichen Modelle und Theorien rezipiert, weil sie in der Lage sind, ein heuristisches Gerüst für die empirische Analyse pädagogischer Themen und Fragestellungen zu bieten. Ein mittlerweile wichtiger Ankerpunkt in der empirischen Forschungslandschaft sind die Arbeiten des Soziologen Andreas Reckwitz, der seit einigen Jahren versucht, durch die Bestimmung von „Grundelementen einer Theorie sozialer Praktiken" (Reckwitz, 2003, 2006, 2008, 2009) eine kulturtheoretische Theorie des Handelns zu entwerfen[1]. Mit der Positionierung eines kulturtheoretischen Analyseprogramms zielt Reckwitz auf eine „Transformation der Forschungspraxis" (2008, S. 16), in dem er ein komplexes und nicht homogenes Feld von Ansätzen verknüpft, die sowohl den Geistes- als auch den Sozialwissenschaften neue Fragestellungen eröffnen sollen. Unter dem Stichwort „Praxistheorie" versammelt Reckwitz divergente, aber durchaus verwandte sozialwissenschaftliche Modelle zur Analyse sozialer Wirklichkeit, denen „praxeologische Denkfiguren" und damit ein innovatives Verständnis- und Erklärungspotenzial des Sozialen und des Handelns innewohnen (vgl. 2008, S. 102). Zwei Theoriefamilien werden bei diesem Vorgehen unterschieden: die (neo-)struktuaralistischen und die interpretativen Kulturtheorien. Zu den (neo-)strukturalistischen Kulturtheorien zählen die Arbeiten von Claude Levi-Strauss, Ulrich Oevermann, Michel Foucault und Pierre Bourdieu. Zu den interpretativen Theorien werden die Arbeiten von Alfred Schütz, Erving Goffman, Clifford Geertz und Charles Taylor gezählt (vgl. 2000)[2]. Für die Bestimmung *eines* kulturwissenschaftlichen Forschungsprogramms erwachsen aus dieser Vielfalt durchaus Probleme: das Vorhaben begrifflicher Klärungen erweist sich als schwierig. Gerade die Entscheidung welches kulturtheoretische Vokabular verwendet und die Forschungspraxis anleitet, bleibt umstritten. Die einzunehmenden Perspektiven können stärker strukturalistisch-semiotisch oder hermeneutisch-interpretativ sein, der Untersuchungsgegenstand als Diskurs oder soziale Praktiken konzipiert werden (vgl. Reckwitz, 2008a, S. 19). Unbenommen dieser Unschärfen stellt sich das kulturwissenschaftliche Forschungsprogramm jedoch als eine Weiterentwicklung unterschiedlicher, aber verwandter theoretischer Modelle und Annahmen dar. Es zielt darauf ab, „die impliziten, in der Regel nicht bewussten symbolischen Ordnungen, kulturellen Codes und

---

1 Mit dem Versuch praxistheoretische Perspektiven zu bündeln steht Reckwitz nicht allein. Auch Hörning und Reuter (2004, 2006) verfolgen mit ihrem ‚doing culture' Konzept, in dem Kultur als soziale Praxis eines spezifischen lokalen Kontextes verstanden wird, ein sehr ähnliches Vorgehen. Soziale Praktiken sind demnach grundlegend für gesellschaftliche Strukturen, Strukturierungen und Wirklichkeiten, also die sinnhafte Konstitution der sozialen Welt.

2 All diese Theoriefamilien finden sich auch in schulnahen erziehungswissenschaftlichen Forschungen: Strukturtheoretische Arbeiten, die sich am Professionskonzept von Oevermann orientieren (vgl. Helsper in diesem Band), Studien zur Lehrer-Schüler-Interaktion und Unterrichtskommunikation (vgl. Lüders in diesem Band), die sich zu Teilen auf die ethnomethodologischen Ansätze von Garfinkel und Geertz beziehen und der „Interpretativen Unterrichtsforschung" zugerechnet werden können (vgl. dazu Krummheuer & Naujok, 1999 und zum Überblick Breidenstein, 2008). Studien, die sich am Habituskonzept von Bourdieus orientieren (vgl. z.B. Befunde zum Verhältnis von Habitus und Bildung bei Friebertshäuser, Rieger-Ladich & Wigger, 2006, zur sozialen Herstellung schulischer Wirklichkeit bei Brake & Bremer, 2010 oder zum Schülerhabitus bei Helsper, Kramer & Thiersch, 2014).

Sinnhorizonte zu explizieren, die in unterschiedlichsten menschlichen Praktiken verschiedener Zeiten und Räume zum Ausdruck kommen und diese ermöglichen. In dem die Abhängigkeit der Praktiken von historisch und lokal-spezifischen Wissensordnungen herausgearbeitet wird, wird die *Kontingenz* dieser Praktiken, ihre Nicht-Notwendigkeit und Historizität demonstriert." (ebd., S. 17). Die ‚Theorie sozialer Praktiken' gründet sich auf zwei praxistheoretische Grundannahmen: dem Element der Materialität und dem der Implizitheit des Wissens. Die sozial-kulturelle Welt stellt sich nicht mehr als Ensemble von Subjekten, Handlungen, Normen oder von Zeichen dar, sondern als „Agglomeration sozialer Praktiken in Zeit und Raum" (ebd., S. 3). Damit wird das Kulturelle auf der Ebene der sinnhaft regulierten Bewegungen des Körpers und der verwendeten und wirksamen Artefakte verortet: „Praktiken bezeichnen genau diese Doppelstruktur von Körperbewegungen/ Artefaktarrangement und inkorporierten impliziten Wissensordnungen, welche erstere kulturell regulieren, ohne ihnen vorgängig zu sein" (ebd., S. 3). Dies bedeutet, dass soziale Praktiken auf Körper und Artefakte und damit auf zwei materiale Träger angewiesen sind. Als „kleinste Einheit des Sozialen" werden soziale Praktiken durchaus anschaulicher von Hörning und Reuter (2006) beschrieben, als „jene tagtäglichen Interaktionen, die eine bestimmte vertraute Handlungsnormalität im Alltag begründen. Soziale Praktiken umfassen reguläre, geordnete und sich wiederholende Handlungsweisen, mit denen die Gesellschaftsmitglieder ihre Alltagswirklichkeit organisieren und Sinn erzeugen." (2006, S. 113). Reckwitz (2006a) weist explizit auf den Unterschied zwischen Praktiken und Handlungen hin: Eine Praktik ist nicht identisch mit einer Handlung. „Praktiken enthalten in sich Handlungsakte, die wiederholt hervorgebracht werden, aber während das Konzept der Handlung sich punktuell auf einen einzigen Akt bezieht, der als intentionales Produkt eines Handelnden gedacht wird, ist eine Praktik von vornherein sozial und kulturell, eine geregelte und typisierte, von Kriterien angeleitete Aktivität, die von verschiedensten Subjekten getragen wird. Wenn die Handlung per definitionem eine Intention impliziert, enthält die Praktik von vornherein einen Komplex von Wissen und Dispositionen, in dem sich kulturelle Codes ausdrücken" (ebd., S. 38). In diesem Zusammenhang ist darauf hinzuweisen, dass Akteure als Träger sozialer Praktiken begriffen werden und nicht als deren Urheber.

Welche Konsequenzen ergeben sich nun für die empirische Analyse sozialer und kultureller Phänomene? In der kulturtheoretischen Programmatik liegt ein modifiziertes Verständnis des Sozialen, dass sich jetzt im impliziten Wissen körperlicher Routinen finden lässt und nicht etwa in handlungsleitenden Normen und Werten. Letztlich wird Kulturtheorie von Reckwitz als ein Typus der Handlungserklärung begriffen, in dem es immer um die Analyse Raum und Zeit gebundener Körper-/Artefakt-/Wissenskomplexe geht, die als Praktiken und Komplexe von Praktiken (einschließlich solcher diskursiver oder visueller Art) beschrieben werden können[3]. Empirisch gesehen, kann die Herstellung sozialer Wirklichkeit dabei auf ganz unterschiedlichen Ebenen erklärt werden: in einer Mikroperspektive bei den „Technologien des Selbst", über „dyadische Interaktionen" und schließlich auf einer Makroebene mit der Betrachtung von Gesellschaften und transnationalen Räumen (2006b, S. 3). Den Anspruch an eine praxeologische Analyse von Handeln formuliert Reckwitz (2009) als „Kombination von exakter ethnographischer Beschreibung – was wird getan und wie wird es getan, wenn ein ‚doing gender', ein ‚doing organization' [ein ‚doing school' oder ein ‚doing teacher', HB] und so weiter betrieben wird? – und einer indirekten Rekonstruktion von praktischen Wissensbeständen – was wird implizit vorausgesetzt, was wird gewusst, wenn x betrieben wird?" (ebd., S. 173f.).

3 Später unterscheidet Reckwitz vier Analyseebenen: die Ebene der sozialen Praktiken, der kulturellen Codes, der Materialisierung und der Subjektivierung (vgl. 2009, S. 172f.).

3. Kulturanalyse und Ethnographie

3.1 Kulturanalyse in erziehungswissenschaftlichen Diskursen

Die Beschäftigung mit ‚Kultur' gehört seit je her zu einem zentralen Thema der Erziehungswissenschaft, wobei insbesondere die geisteswissenschaftliche und interkulturelle Pädagogik auf längere Traditionen zurückblicken können. Innerhalb schulpädagogischer und auch fachdidaktischer Diskurse breiten sich mit Ende der 1980er Jahre zunehmend begriffliche ‚Bindestrich-Kulturen' aus, wie Schulkultur, Berufskultur, Unterrichtskultur, Lehr-Lernkultur oder auch Schüler- und Jugendkultur. Bereits Terhart (1994, S. 686) bemängelt eine „exzessive Verwendung des Kultur-Begriffs in der Schulpädagogik" und Gogolin (vgl. 1998, S. 125) weist nur kurze Zeit später auf die eher „bewusstlose Verwendung" hin. Auch zehn Jahre später scheint sich an diesen Befunden nur wenig geändert zu haben. Fischer (2009) macht erneut darauf aufmerksam, dass der Kulturbegriff im schulischen Zusammenhang durchaus inflationär gebraucht werde, und die Bedeutungszusammenhänge von einer alltagspraktischen bis zu einer wissenschaftlich empirischen begrifflichen Verwendung reichen. Dabei sei der Kulturbegriff in der Regel weder ausreichend definiert, noch gegen andere Konzepte abgegrenzt und bliebe schlicht unterbestimmt.

Diese Phänomene als Problem der Erziehungswissenschaft zu markieren wäre aber ebenso missverständlich wie die Annahme, dass der Einzug des Kulturbegriffs gleichzusetzen wäre mit dem Einzug kulturtheoretischer Perspektiven in die Schulpädagogik. Zu Tage tritt hier vielmehr die Problematik eines „chronisch vieldeutigen Kulturbegriffs", die Reckwitz bei der Analyse von Theoriemodellen aus unterschiedlichen Disziplinen feststellt (2008a, S. 16ff.). Im Rahmen der ‚Bindestrich-Kulturen' lassen sich aber auch kulturwissenschaftliche Denkmodelle finden, die in erziehungswissenschaftlichen Diskursen an Konjunktur gewinnen. So wird von Liebau (1992) ein „neues erziehungswissenschaftliche Interesse" an der Kultur und von Herzog (1999) eine „vermehrte Zuwendung zum Kulturbegriff" bemerkt. Wimmer (2002) proklamiert im Anschluss eine „kulturwissenschaftliche Wende der Erziehungswissenschaft". Herzog (1999) unterscheidet in seinem Aufsatz „Die Schule und die Pluralität ihrer Kulturen" zwei unterschiedliche Zugänge zum Kulturbegriff, die er als Kultur als Singular und Kultur als Plural markiert. Er stellt fest, dass diese differenten Kulturbegriffe kaum Berührungspunkte aufweisen, da ihre Perspektiven einerseits aus der Anthropologie (Kultur als absolute Kategorie) und andererseits aus der Ethnologie (Kultur als relatives Konzept) abgeleitet werden. Im Versuch einen für die erziehungswissenschaftliche Forschung fruchtbaren Kulturbegriff zu legitimieren definiert er im Anschluss ethnomethdologische Grundannahmen: „Kultur ist ein offener und instabiler Prozess der Auseinandersetzung und des Aushandelns von Bedeutungen, der soziale, emotional und kognitiv kompetenten Akteure mit unterschiedlichen Interessen und unterschiedlichem Status zueinander in Beziehung setzt und bei einer Einigung oder Kompromissbildung zu vorübergehender Abschließung und Grenzziehung führt" (ebd., S. 232). Herzog zielt damit auf die Beschreibung einer „kulturellen Pluralität der schulischen Lebensform" jenseits ethnischer Vielfalt (ebd., S. 241). Ein sehr wichtiger Aspekt liegt dabei in der Annahme, dass sich kulturelle Heterogenität nicht nur auf Seiten der Schülerinnen und Schüler finden lässt. So begreift Herzog den Unterricht selbst als Ausdrucksform von Wissenschaftskulturen, die einen je spezifischen Erklärungszugang zum Weltgeschehen aufweisen. Schließlich weist er darauf hin, dass weder die Schulpädagogik noch die Fachdidaktik auf diese allgemeine Form von Interkulturalität reagiert habe.

Wimmer (2002) sieht die Potenziale einer sich als Kultur- bzw. Praxiswissenschaft verstehenden Erziehungswissenschaft in der Chance, Pluralität, Diversität und auch Transformationsprozesse beschreiben und verstehen zu können. Die kulturwissenschaftliche Perspektive trage überdies dazu bei die bestehenden gesellschaftlichen und pädagogischen Differenzen zu bearbeiten, weil Kultur in sich different und plural sei (vgl. ebd., S. 117). Mit dieser Wende hat sich die Bezugnahme auf den Kulturbegriff von einem (bürgerlich-nationalstaatlichen) Kulturbegriff der Moderne, der auf Einheit und Widerspruchslosigkeit beruht, hin zu einem Konzept von Kultur, das sich auf Pluralität, Diversität und Ungleichheit gründet verschoben.

Zugleich nähern sich auch erziehungstheoretische und forschungspraktische Perspektiven aneinander an, die vormals eher unabhängig voneinander geführt wurden[4]. Beide Stränge verbinden sich in Ansätzen z.B. in einem Themenheft der Pädagogischen Rundschau unter dem Titel ‚Bildungsforschung zwischen Ethnographie und Kulturtheorie'. Dort bringen Liebau und Zierfass (2004) die veränderte Verwendung des Kulturbegriffs in der Pädagogik mit nur wenigen Worten auf den Punkt: „Die ‚alte' Kulturpädagogik zielt auf *Erziehung* zur Kultur, die ‚neue' auf *Bildung* in Kultur" (ebd., S. 579). Im Zuge ihrer Argumentation definieren sie Kulturpädagogik kurzerhand als Forschungsrichtung, die den Auftrag habe, die als wesentlich betrachteten symbolischen Formen pädagogischer Absicht zu rekonstruieren und zu vermitteln. Forschungspraktisch plädieren auch sie für einen ethnographischen Zugang, der sich u.a. auf sozialwissenschaftliche Theoriemodelle von Bourdieu und auch Sennett beruft. Am Beispiel der Analyse kultureller Stile sollen sprachliche und körperlich inkorporierte Praxen und Zeichenprozesse zum Gegenstand einer ethnografischen Pädagogik gemacht werden. Mit der kulturwissenschaftlichen Wende geht also der Bezug auf einen sozialwissenschaftlichen, alltagstheoretischen und weniger anthropologisch begründeten Kulturbegriff einher, was mit einem Erstarken ethnographischer Forschungsprojekte korrespondiert.

3.2 Ethnographie als Forschungsstrategie

Die ethnographische Forschungsstrategie steht in der Tradition ethnologischer, soziologischer und kulturanthropologischer Theoriebildung und zielt darauf ab Menschen in Alltagssituationen zu beobachten (z.B. Goffmann, 1971; Garfinkel, 1969). Kultur zeigt sich im alltäglichen Tun des Menschen; sie wird hergestellt, gedeutet und wandelt sich. Bei der Analyse von kulturellen Systemen geht es der Ethnographie als Forschungspraxis der Ethnologie traditionell um die Entschlüsselung ‚fremder Kulturen', um den symbolischen Gehalt menschlichen Tuns, um Bedeutungszuschreibungen und Wirklichkeitsinterpretationen. Während sich im anglo-amerikanischen Sprachraum bereits recht früh eine „ethnographische Schulforschung" entwickelte (vgl. Terhart, 1979), etabliert sich in Deutschland erst seit gut 20 Jahren eine ethnographische und kulturanalytisch ausgerichtet Forschungspraxis innerhalb verschiedener erziehungswissenschaftlicher Teildisziplinen (vgl. dazu Zinnecker, 2000; Hünersdorf, 2008; Friebertshäuser & Prengel,

---

4 Dies mag als Resultat der ‚empirischen Wende' in der Erziehungswissenschaft gesehen werden, mit der eine Trennung von geisteswissenschaftlicher und empirischer Forschung zementiert wurde. Tatsächlich ist die innerdisziplinäre Verzahnung von allgemeinpädagogischen mit methodologischen und forschungspraktischen Diskursen nur wenig ausgeprägt. Gerade in der empirischen Schul-, Unterrichts- und Lehrerforschung ist eher festzustellen ist, dass sie sich jenseits von allgemeinpädagogischen Diskursen abspielt. Die zurzeit prominenten Bezugsdisziplinen für empirische Forschung orientieren sich einerseits im Kleide der sogenannten ‚Lehr- und Lernforschung' am Methodenrepertoire der pädagogischen Psychologie, während sich qualitativ arbeitende Forscherinnen und Forscher an sozialwissenschaftlichen Theoriemodellen orientieren. Durchaus kritisch wird dieser Trend von Gruschka kommentiert, der sehr für eine an den Grundbegriffen der Pädagogik ausgerichteten Forschung plädiert (vgl. 2007). Von einer Aufsplitterung in methodische und disziplinäre „Lager", die sich trotz einer vielbeschworenen Ergänzung in der Regel ignorieren berichtet auch Blömeke (vgl. 2007, S. 15).

2010). Kultur wird dort – in Anlehnung an die kulturrelativistischen Positionen des Ethnologen Clifford Geertz (1983, 1999) – als flexibles Konzept gefasst. Menschen werden zugleich als Produkt und als Schöpfer von Kultur betrachtet, die in „lokalen Ordnungen" in „selbstgesponnene Bedeutungsgewebe" verstrickt sind (ebd., S. 9). Ziel der ethnographischen Forschung ist die Beschreibung sozialer Praktiken, also beobachtbaren menschlichen Verhaltens. Seit den klassischen Ethnographien des 20. Jahrhunderts (z.B. Muchow & Muchow, 1935/1989; Whyte, 1943; Willis, 1977/1997) hat sich das Selbstverständnis und auch die ethnographische Forschungstätigkeit kaum gewandelt – nach wie vor geht es um die Beschreibung kultureller Handlungsfelder mit den Methoden der teilnehmenden Beobachtung. Friebertshäuser (2007) sieht das große Potenzial ethnographischer pädagogischer Feldforschung darin, Menschen im Kontext ihrer natürlichen Umgebung zu untersuchen. Die teilnehmende Beobachtung kann dabei in Verbindung mit allen Formen der Befragung, sowie Dokumenten- und Raumanalysen bis hin zur visuellen Sozialforschung eingesetzt werden (vgl. ebd., S. 4).

Festzustellen ist heute, dass sich die ethnographische Feldforschung von ihren ethnologischen und kulturanthropologischen Wurzeln gelöst und sich zu einer methodenpluralistischen sozialwissenschaftlichen Forschungsstrategie entwickelt hat, die auch ihren Platz in der Erziehungswissenschaft eingenommen hat. Zentral für die Verbreitung ethnographischer Forschungsmethoden ist dabei eine Perspektivenverschiebung von der Beschreibung fremder Kulturen zur „Befremdung der eigenen Kultur" (Ammann & Hirschauer, 1997)[5]. Im Angesicht gesellschaftlicher Ausdifferenzierungen und Pluralisierung richtet sich das Interesse von Bildungssoziologen aber auch von Erziehungswissenschaftlerinnen zunächst auf die Beschreibung von Subkulturen, später auch auf vertraute und alltägliche Handlungsfelder.

Eine verwandte Perspektive findet sich auch in den Forschungstraditionen der Cultural Studies. Cultural Studies untersuchen mit ethnographischen Methoden „das Verhältnis von Kultur, sozialer Praxis und Macht und die Verbindung der Analyse symbolischer Formen mit der Untersuchung ihrer Produktion sowie ihrer Gebrauchs- und Aneignungsweisen" (vgl. Hörning & Winter, 1999, S. 10). Mit der Sammelpublikation „Cultural Studies und Pädagogik" (Mecheril & Witsch, 2006) liegt für den deutschen Sprachraum eine exzellente Zusammenstellung von Arbeiten vor, die sich dem Verhältnis beiden Forschungs- und Theorietraditionen widmen. In seinem Beitrag „Die Schule als Kampfplatz und als Aushandlungsraum. Über die soziale Bedeutung des Wissens aus der Perspektive der Cultural Studies" begründet Sauter aus der Perspektive einer kritischen Erziehungswissenschaft die Notwendigkeit, die „Kämpfe um Bedeutungsverleihung im Kontext von Bildung und sozialer wie kultureller Ungleichheit angemessen" zu verstehen und pädagogisch zugänglich zu machen (S. 112). Kultur wird als aktiver Prozess der Bedeutungsgebung und Aushandlung aufgefasst, wobei Kultur als pluralistisch, veränderlich und hybrid angesehen wird. Sauter kritisiert, dass diese Perspektive im pädagogischen Feld kaum anzutreffen sei. Vielmehr gebe es eine weit verbreitete pädagogische und entpolitisierte Sichtweise, die sich vor allem um Eindeutigkeit, Planbarkeit und das singuläre Moment interessiere, während die Analyse gesellschaftspolitischer Implikationen und machtpolitischer Diskurse, die die Lehrerarbeit beeinflussen (systematisch) ausgeblendet würden (vgl. S. 114). Da Fragen der Wissensproduktion zu einem bevorzugten Forschungsfeld der Cultural Studies gehören, plädiert Sauter für die Betrachtung schulischer Produktionsprozesse von Wissen und der notwendigen Einbettung dieser Analysen in den Kontext der Schule, Kultur und gesellschaftspolitischer Strukturen. Mit Giroux (1994) wird begründet, dass Pädagogik ein Akt der kulturellen Produktion sei: „Cultural Studies also reject the traditional notion of teaching as a technique or set of neutral skills and argues

5 Amman und Hirschauer machen die ethnographische Forschungsstrategie einem breiten wissenschaftlichen Diskurs zugänglich. Ihr Werk „Die Befremdung der eigenen Kultur" (1997) gehört mittlerweile zu den modernen Klassikern der Ethnographie.

that teachingis a cultural practice that can only be understood through considarations of history, politics, power, and culture“ (ebd., S. 2). Sauter formuliert eher vorsichtig die Annahme, dass mit solcher Art von Studien Möglichkeiten für schulinterne Veränderungen ergründet werden können, gerade weil die jeweiligen kulturellen Reproduktionsprozesse (z.B. der Produktion der Schülerschaft – vgl. dazu Zaborowski, Meier & Breidenstein, 2011) der vorfindbaren schulischen Praktiken und Aushandlungsprozesse mit in den Blick geraten. Sichtbar würden dann die „Konflikte um das Ringen von Bedeutung“ (S. 128). Die Pädagogik könne „ihren blinden Fleck für die vielschichtigen Verhandlungsformen kultureller oder sozialer Ungleichheit überwinden, wenn sie die sichtbar Aushandlungsprozesse, die unter der Cultural Studies Perspektive sichtbar werden, als Lerngegenstand in den pädagogischen Prozess einbezieht“ (S. 132f.). Mit den Ansätzen der Cultural Studies kann also gezeigt werden, dass ethnographische Forschungen durchaus dafür prädestiniert sind, die Kontextbedingungen pädagogischen Handelns in die empirische Analyse einzubeziehen. Aus der Perspektive einer kritischen Erziehungswissenschaft lässt sich daraus der Anspruch ableiten, zu untersuchen, wie die Aushandlungsprozesse von Ungleichheit, Benachteiligung und Marginalisierung empirisch zugänglich sind, ohne die Akteure als schlichte Opfer ihrer Verhältnisse zu konstruieren (vgl. Sauter, 2006, S. 125).

3.3 Ethnographie in schulpädagogischen Diskursen

Ein wichtiger Bezugs- und Scheidepunkt für die Beschreibung des Verhältnisses von Erziehungswissenschaft und Ethnographie ist der im Jahr 2000 erschienene Aufsatz „Pädagogische Ethnographie“ von Jürgen Zinnecker, in dem er die Rolle der Ethnographie in der Erziehungswissenschaft zu bestimmen versucht. Für Zinnecker, der einen eklatanten Mangel an pädagogisch-ethnographischer Forschungspraxis im deutschsprachigen Raum beklagt, besteht eine Stärke der pädagogischen Ethnographie im Bereich „kultureller Deskription pädagogischer Praxisfelder“ (S. 382). Ziel und Gegenstand pädagogischer Ethnographien sind dabei alle vorfindlichen kulturellen Praxen und Orientierungen. Mit dem Hinweise darauf, dass es sich dabei nicht nur um Bildung- und Erziehungspraxen im engren Sinn handeln könne, macht er auf einen ganz wesentlichen Gedanken aufmerksam: „Ob Bildung und Erziehung in der Praxis pädagogischer Handlungsfelder wirklich im Zentrum stehen, wie es das öffentliche Selbst- und Fremdbild behauptet, ist eine interessante, empirisch im Rahmen von Ethnographie zu klärende Frage“ (ebd., S. 384). In ähnlicher Absicht fragt auch der Grundschulforscher Scholz (2004) nach den ‚wirklichen‘ Geschehnissen während des Unterrichts und in der Schule. Er lotet die Möglichkeiten einer „cultural anthropology“ als Rahmentheorie für eine Ethnographie der Schule und des Unterrichts aus. Er tut dies in kritischer Abgrenzung zur empirischen Lehr-Lernforschung. Mit Bezugnahme auf Radtke (2003) unterstellt er diesem Forschungszugriff die Herstellung von „Kausalitätsmythen“ und hält ihnen entgegen, dass sie nur dann empirische Bildungsforschung betreiben könnten, „wenn die entsprechenden Methoden die Tatsache berücksichtigen, dass Bildungsprozesse nicht unabhängig sind von den Beschreibungen und Reflexionen der Teilnehmer und weder natürlich, noch rational, noch probalistisch sind, sondern komplex.“ (Scholz, 2004, S. 506). Ein Potenzial kulturanalytischer ethnographischer Methoden sei es Schule als „kulturelle Tatsache“ (ebd., S. 522) zu sehen, die in kulturellen Praktiken des ‚Schule haltens‘ sichtbar werden. Ebenso wie Zinnecker gesteht Scholz ein, dass es bislang kaum erziehungswissenschaftliche Studien gibt, die wie Radtke (2003) es formuliert „alle Machbarkeitsphantasien zerstreuen und dennoch darüber aufklären, was geschieht, wenn erzogen werden soll“ (ebd., S. 129). Im Zuge dieser Annahmen bestimmt Scholz die Aufgabe der Erziehungswissenschaft als Reflexionswissenschaft, die mit ihrer Empirie die Differenz zwischen Anspruch und vorfindbarer Realität untersuche. Auch Hünersdorf, Maeder und Müller (2008) argumentieren in Anlehnung an Honig (2004), dass die ethnographische Forschung zu einer Dezentrierung des pädagogischen Blicks beitrage und stellen fest, dass der ethnographische Blick auf pädagogische Praxis auf einem nicht-normativen Begriff der Pädagogik basiere. Die zunehmende Relevanz der Ethnographie erklären sie mit der Erkenntnis, dass die „Grenzen der Selbstbeschreibung der Akteure für die Beschreibung der sozialen Generierung pädagogischer Handlungsfelder deutlicher werden. Erst mit dem Bezug auf inkorporiertes, situatives Wissen kann nämlich die Konstituierung der Alltagspraxis in den Blick genommen werden" (S. 12). Damit hält die Ethnographie gerade für die Erforschung des Pädagogischen sehr reizvolle Ansätze bereit: Der empirische Zugriff auf die pädagogische Alltagspraxis kann sich potenziell von vorab festgelegten Gütekriterien und somit von vorschnellen Deutungs- und Ursachenzuschreibungen distanzieren. Honig betont, dass es darum gehen müsse „die soziale Hervorbringung von Maßstäben" (S. 27) und nicht deren Geltung in den Blick zu nehmen. In diesem Sinne gelingt es ethnographischer Pädagogik auch sich in Distanz zu den Zielen der Institutionen des Erziehungssystems zu setzten (Hünersdorf et al., 2008, S. 13). Für das pädagogische Denken ist dies folgenreich: Die Bestimmung des Pädagogischen wird damit auf die Analyse der alltäglichen Praktiken sowie ihren Wirkungen und Funktionen verschoben und kann nicht mehr über die normativ festgelegten pädagogischen Absichten ihrer Akteure bestimmt werden. Der Beitrag den die Ethnographie zur Erschließung des erziehungswissenschaftlichen Gegenstandes zu leisten vermag, liegt damit auch in der Beantwortung der Frage, wie soziale Praktiken das Feld des Pädagogischen mit konstituieren. Mit der kulturanalytischen Perspektive rückt auch die Frage in den Vordergrund, wie Kultur auf einer praktischen Eben und hergestellt wird. Damit habe sich, so Thole (2010), der ethnographische Blick verschoben: Von der „statischen Registrierung und dem nachvollziehenden Verstehen des Beobachteten hin zu einer Identifizierung und Rekonstruktion der Prozesse der Herstellung von Wirklichkeit" (ebd., S. 17). Bedeutsam ist dies für eine an pädagogischen Fragestellungen interessierte kulturtheoretische Forschung zum Lehrerberuf, weil prinzipiell auch Fragen der Begründbarkeit und Legitimation von Erziehung gestellt sowie ihre Funktionen und ihre emanzipatorischen aber auch begrenzenden und rigiden Aspekte betrachtet werden können.

Wichtige Impulse für die Schulethnographie liefert auch Breidenstein (1998, 2006, 2008). Er insistiert darauf, dass sich ethnographische Forschungen daran bewähren müssen „Neues über scheinbar Vertrautes" zu sagen. Gerade im Feld des Unterrichts, der als allzu vertraut und bekannt gelten kann, brauche es methodische Strategien der Befremdung. Mit der Bezugnahme auf die „Theorie sozialer Praktiken" konkretisiert und radikalisiert Breidenstein den ethnographischen Blick auf die Unterrichtssituation. Er argumentiert, dass dieses Vorgehen es ermögliche eine spezifische und vom Alltagsverständnis deutlich differente Perspektive einzunehmen. Weil das Soziale nun nicht mehr in den normativen Orientierungen oder in den Entscheidungen der Handelnden selbst angenommen wird, löst sich in Folge der Blick von den Akteuren. Stattdessen wird das Soziale in den alltäglichen und beobachtbaren Praktiken selbst verortet. Als Aufgabe ethnographische Forschung stellt sich jetzt die Entdeckung und Identifikation von Praktiken und weniger die Entschlüsselung von Sinn und Bedeutung des handelnden Tuns. Die methodologische Konsequenz sieht Breidenstein in der Beschränkung auf die Situation und den Kontext, in dem die Praktiken beobachtbar sind. Selbstverständlich wird damit die alte Grundannahme ethnographischer Forschung, nämlich soziale Situationen möglichst aus der Perspektive der Teilnehmenden beschreiben zu wollen, nicht obsolet. Die Methode der teilnehmenden Beobachtung zielt aber nicht auf deren subjektive Sichtweisen. In einer Arbeit zum Verhältnis von „Allgemeiner Didaktik und praxeologische[r] Unterrichtsforschung" weist Breidenstein (2008) auf ein wichtiges Spannungsverhältnis zwischen ethnographischen bzw. praxeologischen und didaktischen Perspektiven hin, die auch für eine kulturtheoretische Forschung zum Lehrerberuf von Interesse sein dürfte. Es handelt sich dabei um die kontroversen Auffassungen darüber, was der im Unterricht zu betrachtende Gegenstand überhaupt sei. Während die didaktische Perspektive auf einer „Intentionalität des Lehrens“ bestehe und Lehrpersonen als „rational handelnde Akteure“ betrachte, verzichtet eine praxeologisch orientierte Forschung auf diese Grundannahmen und fragt stattdessen nach den „inkorporierten Routinen“ und dem „impliziten Wissen“ der Teilnehmenden, die sich in diesen selbstläufigen Praktiken konstituiert (vgl. S. 210). Obgleich Breidenstein es vermeidet, die von ihm identifizierten Praktiken als pädagogisch zu bestimmen, plädiert er nachdrücklich für eine reflektierte Verschränkung beider Perspektiven, die in einer didaktisch interessierten ethnographischen Unterrichtsforschung aufgehen könne. Im Anschluss an Zinnecker (2000), Scholz (2004) und Hünersdorf et al. (2008) liegt auch in dem von Breidenstein vorgeschlagenen Analyserahmen das Potenzial, die vorgefundenen Praktiken hinsichtlich ihrer pädagogischen Funktionen und Wirkungen zu untersuchen. Welche Praktiken als didaktisch bzw. als Bildungs- und Erziehungspraktiken identifiziert werden können, ist eine für die pädagogische Theoriebildung relevante Frage, die sich ausschließlich aus der materialen Analyse aller vorfindbaren Praktiken herausarbeiten ließe.

4. Empirische Befunde aus der Schul- und Unterrichtsforschung

4.1 Auswahlkriterien

Mittlerweile ist Ethnographie en vogue, auch wenn deren Forschungsbefunde nur zögernd Eingang in die wissenschaftliche Rezeption finden (vgl. Thole, 2010). Das Verhältnis von Ethnographie und Erziehungswissenschaft wird differenziert für verschiedene Teildisziplinen diskutiert, und empirische Studien bereichern die methodologischen Reflexionen (vgl. Cloos & Thole, 2006; Hünersdorf, Maeder & Müller, 2008a; Heinzel, Thole, Cloos & Kongeter, 2009). Kaum ein empirisches Forschungsprojekt mag aktuell auf den Blick in die (schul)pädagogische Praxis verzichten, allerorten zeichnen Videokameras Stunde um Stunde Schulunterricht auf und rücken den dortigen Akteuren beobachtend zu Leibe. Dennoch erweist sich der Versuch kulturtheoretisch fundierte empirische Arbeiten zum Lehrberuf zu identifizieren und zu klassifizieren, aus mehreren, durchaus zusammenhängenden Gründen als problematisch: Das hier nun erstmals vorliegende Handbuch der Forschung zum Lehrerberuf zeigt, dass große Teile der aktuellen Forschung auf einem quantitativen Methodenansatz basieren. Vor allem die Befunde der pädagogischen Psychologie unter dem Label ‚Lehr-Lern-Forschung‘ sind in der Regel gut aufbereitet, dokumentiert und systematisiert (vgl. z.B. Helmke, 2008, 2009; Lipowski, 2006). Dies gilt – und das hat Folgen für deren Rezeption – nicht unbedingt für qualitative Befunde zu Unterricht und Lehrberuf. Warum? Erstens vereinen sich unter dem Sammelbegriff „Schulforschung“ in der Erziehungswissenschaft unterschiedliche Forschungsgegenstände, wobei empirische Arbeiten, die sich auf den Unterricht beziehen ausgenommen werden können (vgl. Helsper & Böhme, 2004). Während sich die sogenannte interpretative oder auch rekonstruktive Unterrichtsforschung seit den Arbeiten von Krummheuer und Naujok (1999) zu einem eigenständigen Forschungsbereich entwickelt hat, existiert eine davon trennscharf unterscheidbare Lehrerforschung nicht in diesem Maße. Möglicherweise gehört es zu den Selbstverständlichkeiten von Unterrichtsforschern, Lehrpersonen und Schülerinnen und Schüler als zentrale Akteure des Unterrichts zu berücksichtigen. Der Begriff der interpretativen Unterrichtsforschung erweist sich in der Konsequenz für die Identifikation von Forschungsbefunden zum Lehrberuf eher als wenig informativ (vgl. auch Lüders in diesem Band).

Das Auffinden ethnographischer Studien zum Lehrberuf ist zweitens auch deshalb schwierig, weil die Befunde der qualitativen Unterrichtsforschung häufig unabhängig voneinander und ohne Bewusstsein über metatheoretische oder empirische Gemeinsamkeiten vorliegen. Diese Entwicklung korrespondiert mit der durchaus unübersichtlich gewordenen Ausdifferenzierung innerhalb der qualitativen bzw. rekonstruktiven Sozialforschung (vgl. Friebertshäuser, Langer & Prengel, 2010). Gerade die qualitative Schul- und Unterrichtsforschung hat es bisher nicht gut verstanden, ihre Befunde systematisch zu bündeln und aufeinander zu beziehen. Mittlerweile liegt zwar eine gute Übersicht zu ethnographischer Forschung in der Erziehungswissenschaft vor (vgl. Hünersdorf, 2008b), allerdings stellen Breidenstein (2008) und Thole (2010) heraus, dass die Beachtung ethnographischer Studien innerhalb der empirischen Unterrichtsforschung als unangemessen gering einzuschätzen sei.

Im Rahmen meiner Argumentation ist schließlich darauf hinzuweisen, dass ethnographische Methoden zwar en vogue sind, sich bei näherer Betrachtung aber auch eine inflationäre Begriffsverwendung feststellen lässt. Zunehmend scheint undeutlicher zu werden, was ethnographische Forschung im Kern ausmacht. Möglicherweise ist diese Entwicklung der Tatsache geschuldet, dass Ethnographie als methodenpluralistische Forschungsstrategie beschrieben wird. Daraus abzuleiten, dass jegliche Forschung, die auf den Einsatz unterschiedlicher Methoden setzt, ethnographisch sei, ist jedoch eine absolut unzulässige Verkürzung[6].

Um eine kulturtheoretische Perspektive auf den Lehrerberuf zu schärfen orientiere ich mich bei der Suche nach empirischen Forschungsbefunden an zwei Kriterien: Erstens beschäftigen sich die folgenden Einzelstudien mit den alltäglichen Unterrichtspraxen der schulischen Akteure und basieren auf offenen, längerfristigen und teilnehmenden Beobachtungen der Unterrichtssituation. Die Betonung der längerfristigen Teilnahme richtet sich in kritischer Absicht auf die neueren Diskurse einer ‚fokussierten Ethnographie, wie sie etwa von Oester (2007) vertreten wird. Die Beschränkung auf unterrichtliche Praktiken von Lehrpersonen ist dem aktuellen Forschungsstand geschuldet. Kulturanalytische Arbeiten, die sich auf andere, aber für die Erforschung des Lehrberufs ebenso wichtige Aspekte beziehen wie Kooperationsbeziehungen in Kollegien, Erziehungsaufgaben, Elterngespräche, Schulentwicklungsaufgaben, etc. liegen meines Wissens noch nicht vor[7].

4.2 Zum Stand der Forschung

In einem kursorischen Rückblick auf die Entwicklungen der letzten beiden Jahrzehnte ist festzustellen, dass sich ethnographische Forschungsarbeiten in der Schule zunächst im Schnittfeld der so genannten ‚neueren Kindheitsforschung' (vgl. Honig, Lange & Leu, 1999) und der Grundschulforschung etablieren konnte (vgl. Kelle & Breidenstein, 1996; Panagiotopulou & Brü-

6 Missverständlich erscheint etwa die Sammelpublikation mit dem Titel „Ethnographische Zugänge" von Cloos und Thole (2006), in denen sich sehr unterschiedliche forschungsmethodische Ansätze finden lassen.

7 Allerdings liegen Studien vor, die sich mit den Spezifika von Fachkulturen befassen. Zu nennen ist hier die Arbeit von Willems (2007), die Konstruktionsmechanismen schulischer Fachkulturen (‚doing discipline') mit Prozessen der Geschlechterkonstruktion (‚doing gender') am Beispiel des Deutsch- und Physikunterrichts mit ihren je eingebetteten Exklusions- und Inklusionsmechanismen untersucht. Oder auch die wegweisende Arbeit von Alkemeyer (2006) zum Sportunterricht in der Schule.

gelmann, 2003; Prengel & Breidenstein, 2005)[8]. Die Kinderkulturforschung im Unterricht zielt darauf ab, kulturelle Praktiken aus der Perspektive der teilnehmenden Kinder zu beschreiben. Seit dem von Zinnecker (2000) behaupteten Desinteresse der Forschung an Schülerinnen und Schülern (zumindest für den deutschsprachigen Raum) hat sich hieraus eine im Unterricht angesiedelte ethnographische Peerkultur- bzw. Schülerforschung etabliert (vgl. de Boer & Deckert-Peaceman, 2009). Zeitgleich hat sich der Analysefokus ethnographischer Studien von der Beschreibung der Kinderkultur zur Entdeckung lokaler sozialer Praktiken erweitert (vgl. auch Brake & Bremer, 2010). Im Zentrum neuerer Ethnographien steht damit der Unterricht als soziale Situation. Unterricht wird als kulturelles Feld betrachtet, während die Akteure als Träger sozialer Praktiken konzeptualisiert sind, die sich in diesen lokalen Ordnungen, also kontextgebunden materialisieren. Diese forschungsperspektivische Öffnung zeigt sich auch in der Verwendung des neueren Begriffs der Schulethnographie (vgl. Gürber, 2007). Bezogen auf die Frage, in welcher Weise Lehrerinnen und Lehrer in den jeweiligen Untersuchungsfokus geraten, lassen sich drei, nicht ganz trennscharfe Varianten schulethnographischer Forschungen unterscheiden:

Bei Breidenstein und Kelle (1998), Bennewitz (2004), Breidenstein (2006), Maas (2006), Bennewitz und Meier (2010) rückt die Betrachtung von (jugendlichen) Schülerinnen und Schüler in einer peerkulturellen Perspektive in den Vordergrund, wobei Lehrpersonen nur randständig von Bedeutung sind und pädagogische Kategorien durch sozialwissenschaftliche Modelle der Analyse ersetzt werden. Für genuin pädagogische Aspekte des Lernens und Lehrens im Unterricht der Grundschule interessieren sich demgegenüber Autoren wie Beck und Scholz (2000), Scholz (2004), Wiesemann (2000, 2006), Huf (2007) oder auch de Boer (2009). Lehrerinnen und Lehrer tauchen hier zwar als schulische Akteure auf, betont werden aber in der Regel Praktiken des Lernens, die an die an die Aktivitäten der Schülerinnen und Schüler geknüpft werden. In den letzten fünf Jahren häufen sich nun Veröffentlichungen aus schulethnographischen Forschungsprojekten, die stärker auf den Unterricht selbst sowie die Praktiken seiner Herstellung gerichtet sind. Als wegweisend kann hier sicherlich der weitbeachtete Aufsatz „Pragmatik schulischer Ordnung" von Kalthoff und Kelle (2000) verstanden werden, dessen Analysefokus auf den impliziten Interaktions- und Kommunikationsregeln liegt. Der Soziologe Herbert Kalthoff gehört zu einem der ersten von einem breiteren Fachpublikum wahrgenommenen Ethnographen, die erziehungswissenschaftlichen Themen und sozialwissenschaftliche Analyse verknüpfen; so zum Beispiel in der ethnographischen Internatsstudie zur Wohlerzogenheit (1997).

Im Folgenden möchte ich nun Forschungsarbeiten vorstellen, die von einzelnen Autoren aber auch aus größeren Forschungsverbünden stammen. In den letzten Jahren haben sich diese Protagonisten als Vertreterinnen und Vertreter einer Rekonstruktiven bzw. Interpretativen Unterrichtsforschung etabliert, die sich wechselseitig in kritisch-konstruktiver Perspektive aufeinander beziehen. Dabei handelt es sich erstens um Befunde aus dem Mainzer und Berliner Projektzusammenhang „Lernkultur- und Unterrichtsentwicklung in Ganztagsschulen (LUGS), in denen pädagogische Praktiken beschrieben werden. Zu nennen sind zweitens Studien aus dem Projektzusammenhang der „Berliner Ritualstudien" in denen rituelle bzw. performative Praktiken untersucht werden. Anschließend werden hier auch die Studien von Hecht (2009) zur „Selbsttätigkeit im Unterricht" dargestellt. Ein dritter Projektzusammenhang zeigt sich in den Studien aus dem Hallenser Forschungsprojekt „Leistungsbewertung in der Schulklasse" in denen Unterrichtspraktiken identifiziert werden. Alle vorgestellten Studien weisen in weiten Bereichen gemeinsame kulturtheoretische Grundannahmen und damit einhergehende Analyse- und Beobachtungsstrategien auf. Im Unterschied zu vielen der eingangs des Kapitels genannten Ar-

8 Überblicke zur internationalen ethnographischen Schul- und Unterrichtsforschung finden sich bei Terhart (1979), bei Zinnecker (2000), bei Breidenstein (2008) oder unter dem Titel ‚Ethnomethodologische Unterrichtsforschung' auch bei Hecht (2009).

beiten liegt der Anspruch an die Beobachtung nämlich nicht mehr darin, schulische Situationen aus der Perspektive von Kindern zu beschreiben. Ebenso wenig wird der Anspruch erhoben, Unterricht aus der Perspektive von Lehrerinnen und Lehrern darzustellen. Vielmehr sind die Forschungsarbeiten von schulpädagogischen Fragestellungen getragen und richten ihren Blick auf die gesamte Unterrichtssituation. Den empirischen Analysen gehen in der Regel sehr differenzierte sozial- und erziehungswissenschaftliche Standortbestimmungen voraus.

4.3 Lernkultur- und Unterrichtsentwicklung in Ganztagsschulen (LUGS)

Die an LUGS beteiligten Forscherinnen und Forscher fragen nach der in pädagogischen Praktiken hervorgebrachten Lernkultur einer Schule wobei der Unterricht als sprachliche und körperliche Aufführungen des Lernens durch die Beteiligten verstanden wird (vgl. Rabenstein & Reh, 2008; Kolbe & Reh, 2009). Praktiken werden hier – wie auch in den folgend dargestellten Projekten – mit Schatzki, Knorr-Cetina und Savigny (2001), Schatzki (2001) und Reckwitz (2000, 2003, 2004, 2006b) begründet. Lernkultur wird als heuristisches Konzept als „einheitliche Strukturierung der beobachtbaren Aufführung von (pädagogischen) Praktiken in einer Schule, in denen symbolischer Sinn hergestellt wird" gefasst (Rabenstein & Reh, 2008, S. 139). Das Forschungsinteresse richtet sich auf die „je fallspezifisch zu rekonstruierende Art und Weise von Lehrenden und Lernenden einer bestimmten Lerngruppe oder Schule, Lernen aufzuführen" (ebd., S. 141). Ein besonderes Augenmerk gilt verschiedenen Differenzlinien, die im Unterricht hergestellt und bearbeitet werden. Zentral wird die Unterscheidung von Lehrern und Lernen bzw. von Vermitteln und Aneignen betrachtet, die sich in Praktiken des Adressierens und Positionierens beschreiben lassen (vgl. Kolbe & Reh, 2009). Rabenstein und Reh (2008) weisen darauf hin, dass es eine Reihe von Aktivitäten gibt, die als pädagogischen Praktiken beschrieben werden und theoretisch sowohl von Lehrenden als auch von Lernenden aufgeführt werden könnten. Unter anderen zählen dazu Praktiken des Lobens und Bewertens, des Strafens und Disziplinierens, des Zeigens und Erklärens, der Aufgabenstellung, des Motivierens oder des Helfens. Obwohl die Bedeutung aller Akteure hervorgehoben wird, finden sich in den bislang vorliegenden empirischen Analysen aber vorzugsweise Szenen, in denen vor allem Schülerpraktiken beschrieben und hinsichtlich ihrer pädagogischen Funktionen untersucht werden (vgl. etwa zur Raumnutzung Reh & Kolbe, 2009 oder zum Wochenplanunterricht Reh & Labede, 2009). Alle oben genannten Aktivitäten wie Loben oder Strafen sind noch nicht als Verhaltensweisen bzw. Praktiken des Lehrens expliziert worden. Mit den hier aufgezeigten pädagogischen Praktiken wird jedoch der Blick auf mögliche Analyseschwerpunkte gerichtet, mit denen die Tätigkeit von Lehrpersonen durchaus systematisch im Sinne eines „doing teacher" beschrieben werden können.

4.4 Berliner Ritualstudien

Mit einem ähnlich konzipierten Lernkulturbegriff arbeiten auch die „Berliner Ritualstudien" (Wulf, Althans, Audem, Bausch, Göhlich, Sting, Tervooren, Wagner-Willi, & Zirfas, 2001; Wulf, Althans, Audem, Bausch, Jörissen, Göhlich, Mattig, Tervooren, Wagner-Willi, Zirfas, 2004; Wulf, Althans, Blaschke, Ferrin, Göhlich, Jörissen, Mattig, Nentwig-Gesemann, Schinkel, Tervooren, Wagner-Willi & Zirfas, 2007). Lernen und seine pädagogische Gestaltung wird als ein performativer Prozess begriffen, der sich in rituellen Praktiken zeigt. Rituale werden als körperliche Aufführungen[9] verstanden, in denen Differenzen innerhalb der Gemeinschaft aber auch zwischen Gemeinschaften generiert bearbeitet werden können (vgl. Wulf et al., 2001). Mit dem Begriff der Lernkultur wird ein heuristisches Konzept entworfen, das die „materiellen Bedingungen für Lernprozesse (Lernumwelten, Materialien, Räume, Handlungen, etc.), die symbolischen Verweisungszusammenhänge (Deutungsmuster, Machtverhältnisse etc.) und die imaginären Entwürfe (Bildungsideen, Gemeinschaftsvorstellungen, Entwicklungsmodelle, Körperbilder etc.) umfasst (Wulf, 2007, S. 7f.). Bei den hier interessierenden schulethnographischen Teilstudien, die gemeinsam im Jahr 2007 publiziert wurden, handelt es sich um Beobachtungen aus einer nach reformpädagogischen Prinzipien arbeitenden Schule, genauer dem Deutsch-, Mathematik- und Kunstunterricht sowie um eine Projektwoche. Ein besonderer Analysefokus liegt auf der Frage, wie im weitesten Sinne selbständiges Lernen praktiziert wird bzw. werden kann. In der Arbeit von Göhlich und Zierfas (2007) zum Deutschunterricht werden Muster „unterrichtskultureller Praxis" (S. 22) beschrieben, die je individuelle und kollektive Lernprozesse entwickeln, begleiten, unterstützen oder auch verhindern können (vgl. S. 23). Lehrpersonen werden in den materialen Analysen insofern Gegenstand der theoretisierenden Betrachtungen, als sie dabei helfen die schulpädagogische Fragestellung nach den Möglichkeiten der Selbstorganisation, Selbstkontrolle und Selbstregulierung von Schülerinnen und Schülern aufzuklären. So richtet sich der ethnographische Blick zum Beispiel auf Szenen der Ermöglichung von Selbstorganisation durch die Lehrperson (vgl. S. 25ff.). Weitere Lehrerpraktiken werden im Rahmen eines Gruppengespräches sichtbar, wobei die Gestaltung des Übergangs von individuellen zu kollektiven Lernphasen thematisch wird. An diesem Beispiel wird von den Autoren sehr gut verdeutlicht, welche aus der pädagogischen Situation erwachsenden Schwierigkeiten[10], Lehrpersonen zu bewältigen haben, wie z.B.: Kann das Kreisgespräch beginnen, wenn noch nicht alle Lernenden ihre individuelle Arbeit abgeschlossen haben? Was wird zum Ausdruck gebracht, wenn mit Beginn des Gruppengesprächs noch Einzelne fehlen? In Ansätzen werden sodann auch Praktiken der Aufforderung zur Reflexion und Bewertung eigener und fremder Arbeitsergebnisse thematisiert. Da sich Göhlich und Zierfass schwerpunktmäßig aber dafür interessieren, wie selbständiges Arbeiten prozessiert und ermöglicht werden kann, legen sie keinen besonderen Wert auf die Beschreibung der entsprechenden Praktiken der Lehrperson, wie etwa ‚Praktiken der Gestaltung von Übergängen' oder auch ‚Praktiken der Aufforderung zur Reflexion'. Ähnliches ist für die Untersuchung von Wagner-Willi (2007) zum Mathematikunterricht festzustellen. Auch hier wird quasi ‚nebenbei' gezeigt wie die Lehrerin als Regisseurin die komplexe Interaktionssituation durch die Art und Weise sich im Raum zu positionieren und spezifische sprachliche und gestische Äußerungen zu machen ‚kontrolliert'. Mit der Konzentration auf das ethnographische Datenmaterial können in den vier ethnographischen Unterrichtsstudien komplexe Unterrichtsverläufe als rituelle Lernarrangements beschrieben werden. Und es kann gezeigt werden, welche spezifischen Lern- und

---

9 Interessant ist in diesem Zusammenhang die Arbeit von Langer (2008). Mit einer diskursanalytischen und ethnographischen Forschungsstrategie verfolgt sie die Absicht, die Bedeutung des Körpers in Erziehungs- und Lernprozessen im Spannungsfeld von Disziplinierung und Entspannung herauszuarbeiten. Die Körper werden hier, ebenso wie Artefakte, als Bestandteil von Praktiken begriffen. Langer lehnt sich hier an den Begriff „Partzipanden" (Hirschauer, 2004, S. 74) an und beschreibt ritualisierte Praktiken von Lehrpersonen unter besonderer Berücksichtigung von Körperbewegungen: Wie bewegen sich Lehrpersonen vor der Klasse? Wie gehen sie auf Schüler/innen zu oder entfernen sich? Wie kontrollieren sie, fordern zum Sprechen auf? etc. (vgl. S. 198). Langer definiert den Lehrkörper als „Medium pädagogischer Praxis" (ebd., S. 199) mit den Aufgaben eindeutige Interaktionen in der Unterrichtssituation zu schaffen, eine bestimmte innere Haltung zu veräußerlichen sowie Kontakte und Beziehungen innerhalb pädagogischer Situationen herauszustellen und aufrechtzuerhalten (vgl. ebd., S. 226).

10 Hier könnte ebenso gut in Anlehnung an Helsper von Antinomien gesprochen werden.

Bildungsprozesse in diesem jeweiligen Unterricht realisiert werden. Die Autoren berichten übereinstimmend von sich ähnelnde Lernarrangements in stark lehrerzentrierten Situationen, wie der Begrüßung, Eröffnung oder Beendigung des Unterrichts. Mit dem Begriff der rituellen Praktiken wird in diesem Forschungszusammenhang ein theoretisch sehr voraussetzungsreicher und abstrakter Untersuchungsgegenstand konzipiert. Möglicherweise liegt hierin die Ursache dafür, dass die Analysen in sich sehr geschlossen sind und kaum Bezüge zu anderen schulethnographischen Befunden gezogen werden (etwa zur Verteilung des Rederechts bei Kalthoff & Kelle, 2000). Die Analysen zum Kunstunterricht (Wulf, 2007) zeigen zudem, dass sich unter der Begrifflichkeit des Rituals sehr viele verschiedene pädagogisch relevante Aspekte (Interkulturalität, Gender, Heterogenität, etc.) thematisieren lassen. Die Offenheit der Analyse, die sich in den einzelnen Studien als ertragreich für die Analyse sozialer Situationen erweist, gerät im Angesicht der Frage, wie diese Befunde an Diskurse zum Lehrberuf anschlussfähig gemacht werden können zum Problem: Hier führt die Orientierung an der kultur- und ritualtheoretische Heuristik zu äußerst komplexen Befunden, so dass Praktiken des Lehrens kaum isoliert dargestellt werden können.

Hecht (2009) arbeitet vor dem Hintergrund verschiedener Konzeptionen ‚pädagogischer Arbeitsbündnisse' zu Fragen der Herstellung von Selbsttätigkeit im Unterricht. Lehrer- und Schülerpraktiken sollen hinsichtlich ihrer Funktionsweisen untersucht und im Anschluss mit den normativen Bestimmungen des Kooperativen Lernens konfrontiert werden. In vielen Teilstudien, lassen sich zahllose kleinere Einzelbefunde zum Lehrerhandeln finden. So wird etwa in der Teilstudie zur ‚Produktion von Ungeduld' (‚doing impatience') ein interessanter und neuer Blick auf das Unterrichtsgeschehen jenseits didaktischer Fragen entwickelt, der zu weiteren pädagogischen Analysen geradezu herausfordert: Welche Rolle spielt Ungeduld bei der Unterrichtsgestaltung? Welchen Unterrichtsanforderungen wird hier begegnet? Auf welche praktischen Probleme wird mit der Darstellung von Ungeduld reagiert? Für welches Handlungsproblem stellt Ungeduld eine Lösung dar? etc. Solcherart Einzelbefunde gehen in der Vielfalt der materialen Analysen aber geradezu ‚unter', obgleich auch diese Beobachtungen Anlass gäben für eine eigenständige und systematische Analyse und Bestimmung von ‚Lehrerpraktiken'. Auch die Befunde von Hecht sind in sich sehr komplex und spiegeln damit ein für die qualitative Sozialforschung nicht untypisches Darstellungsproblem. Es bleibt kritisch anzumerken, dass nicht immer ausreichend deutlich wird, welche der vielen materialen Analysen zu welchem theoretischen Befund geführt haben.

4.5 Leistungsbewertung in der Schulklasse

Meier (2007, 2011) und Zaborowski (2011) stellen vor dem Hintergrund der ‚Theorie sozialer Praktiken' konsequent die Exploration von ‚Unterrichtspraktiken' in den Mittelpunkt. Beide Studien fußen auf den Überlegungen von Breidenstein, der mit dem Entwurf einer „Praxeologischen Unterrichtsforschung" das Verhältnis von Ethnographie und Erziehungswissenschaft weiter zuspitzt (vgl. dazu 2006, 2008). Zaborowski fragt in ihrer Studie „An den Grenzen des Leistungsprinzips. Eine ethnographische Studie an der Sekundarschule" (2011) nach Strukturproblemen dieser Schulform. Die Eigenlogik alltäglicher schulischer Praktiken wird in einer kulturanalytischen Perspektive mit dem Ziel rekonstruiert, die Praxis der Leistungsbewertung zu beschreiben und über deren Bedeutung aufzuklären. Mit ihrem Vorgehen kann Zaborowski zeigen, dass „Leistungsbewertung zu einem großen Teil das konstruiert, was sie dann im Anschluss bewertet" (S. 320). Über die Analyse von Unterrichtssituationen und den dort eingelagerten Praktiken der Teilnehmenden entdeckt sie fortwährende Brechungen des Leistungsprinzips. Beschrieben werden etwa Praktiken der Stigmatisierung von Schülern durch Lehrpersonen. Hier kommt zum Ausdruck wie die Lebenserfahrungen und -umstände von Lernenden ausgeblendet werden und zugleich die Verantwortung für schulische Lernprozesse ausschließlich in die Hände der Lernenden selbst gelegt wird, ohne jedoch die Schüler zu einer eigenständigen Aneignung zu befähigen (vgl. S. 317). Weiterhin kann gezeigt werden, dass die Lehrenden die nach der Klasse 4 vollzogenen Selektionsentscheidungen schlicht reproduzieren. Die Praktiken der Leistungsbewertung konstruieren den ‚schlechten Schüler' in erheblichem Ausmaß und bringen damit selbst hervor, was im Anschluss (schlecht) bewertet werden kann. Über verschiedene Fächer und Lehrpersonen hinweg zeigt sich ein schulkulturelles Grundmuster: Lehrerpraktiken dienen in erster Linie der Kontrolle und Disziplinierung und zielen zu großen Teilen darauf ab, das Verhalten der Lernenden zu normieren, in dem sie auf die „Herstellung von Wohlverhalten" zielen. Demgegenüber finden sich nur vereinzelte Versuche der „Herstellung von Leistungsorientierung" (S. 212ff.). Zaborowski beschreibt die vorgefundenen Praktiken der Leistungsbewertung abschließend als Ausdruck einer systematischen Reproduktion sozialer Ungleichheit, in die auch Entlastungsfunktionen für Lehrpersonen eingebettet sind. Auch wenn nicht explizit darauf hingewiesen wird ist zu vermuten, dass gerade diese Allianz die Praktiken der Leistungsverhinderung stabilisiert. Zaborowski betreibt in dieser ethnographischen Studie in bislang stärkstem Ausmaß eine systematische Darstellung von Lehrerpraktiken, die auch hinsichtlich ihrer pädagogischen Konsequenzen beschrieben werden. Die Studie von Meier (2011) „Die Praktiken des Schulerfolgs. Ethnographie einer leistungsstarken Gymnasialklasse" untersucht in gleicher Perspektive Praktiken der Leistungsbeurteilung, mit denen quasi konträr zu den Befunden Zaborowskis ‚gute Schüler' hergestellt werden. Insgesamt stellt Meier fest, dass die Kultur der Gymnasialklasse von einer Allgegenwart der Leistungsbewertung gekennzeichnet ist[11]. Am empirischen Material, d.h. exakter ethnographischer Beschreibungen werden verschiedene Praktiken von Lehrpersonen dargestellt und hinsichtlich ihrer Funktions- und Wirkungsweisen (z.B. Wiederholung des Stoffs, Abfrage von Hausarbeiten, Diagnose des Leistungsstandes, Erzeugung von Noten) untersucht (vgl. ebd., S. 113ff.). Meier unterscheidet zwischen Orientierungs-, Image und Erwartungs- und Kulanzpraktiken und kann zeigen, dass diese äußerst komplexen Verfahren hochgradig routinsiert ablaufen. Orientierungspraktiken spielen im Rahmen von Prüfungssituationen eine wichtige Rolle. Erst eine klare Aufgabenstellung und ein konkretes Bild von der Prüfungssituation ermöglichen es den Schülerinnen und Schülern, sich auf die Prüfungssituation ‚richtig' vorzubereiten. Diese Praktiken zielen dabei nicht nur auf die Inhalte der Präsentation, sondern ebenfalls auf die Art und Weise der Präsentation selbst. Je konkreter die Anforderungen formuliert werden, desto präziser können sie erfüllt werden und desto geringer ist die Wahrscheinlichkeit, dass es wegen der Leistungsbewertung zwischen Lehrern und Schülern zu Konflikten kommt. Mit den Begriffen „Image und Erwartungen" (S. 101)beschreibt Meier Praktiken, mit denen Lehrpersonen gegenüber den Schülerinnen und Schülern ihr Vertrauen in ihre Leistungsfähigkeit herausstellen oder wohlwollend Schülerleistungen (um-)interpretieren. Schülerleistungen, die dem Image des guten Schülers nicht gerecht werden können, werden hingegen durch Kritik und Distanzierung und partieller Ausgrenzung (auch durch die Mitschüler) ‚bestraft'. Mit Kulanz-Praktiken können Lehrpersonen schlechte bzw. nicht ganz so gute Leistungen einklammern beziehungsweise verbessern. Kulanz-Praktiken bestehen z.B. im Schenken von Punkten, in der Übernahme der Beantwortung von schweren Fragen oder ganzen Prüfungsteilen, einschließlich der öffentlichen Umdeutung und Zurechnung der Lehrerleistung oder Einzel-

11 Meier arbeitet dazu den Forschungsstand zur Leistungsbewertung auf. Bereits Kalthoff (2000) weist in seinen Studien zur mündlichen Bewertungspraxis von Lehrpersonen auf die Bedeutung der Kontextsensitivität bei der Analyse von Praktiken hin.

leistungen von Schülern in Gruppenleistungen. Meier stellt heraus, dass all diese Praktiken auf die Herstellung von Leistungsbereitschaft zielen, wobei die die Kulanz-Praktiken (und teilweise auch die Image-Praktiken) dazu dienen nicht erbrachte Leistungen, Fehler und Ungereimtheiten zu ‚kaschieren'. Die richtige Kombination dieser Praktiken-Komplexe bringt die gute Leistung und damit auch den guten Schüler hervor. Mit ihrem thematischen Fokus auf ein konkretes pädagogisches Handlungsfeld gelingt es Meier und Zaborowski Praktiken des Beurteilens sehr systematisch herauszuarbeiten. Damit machen sie ihre Befunde sowohl anschlussfähig an Diskurse der Leistungsbewertung, als auch der Forschung zum Lehrberuf.

5. Schlussfolgerungen und weiterführende Perspektiven

Aktuell konfrontiert Ethnographie die empirische Bildungsforschung mit einer Forschungsmethodologie, die das ‚Wie' pädagogischer Praxis zu erklären versucht und damit neue Möglichkeiten schafft, pädagogische Praktiken, ihre Prozessualität und ihre Kontextualität auszuloten und letztlich neue Handlungsspielräume zu eröffnen (vgl. Heinzel et al., 2010, S. 13). Ausgehend vom beobachtbaren Interesse an der ethnographischen Forschungsstrategie und an der Analyse kultureller und sozialer Praktiken in der Schul- und Unterrichtsforschung zeigt dieser Beitrag, wie der Lehrberuf als „doing teacher" in kulturanalytische Perspektive untersucht werden kann. Praxistheoretische Annahmen wie sie in der „Theorie sozialer Praktiken" (Reckwitz 2008) ausgeführt werden, haben dazu beigetragen, soziale Praktiken als Forschungsgegenstand zu präzisieren. Damit ist die ethnographische Forschungsstrategie in zweierlei Hinsicht gestärkt: Erstens wird die Methode der teilnehmenden Beobachtung zu einem unverzichtbaren Instrumentarium empirischer Sozialforschung. Zweitens geht mit der theoretischen Fundierung des Begriffs der Praktik die Möglichkeit einher, die Untersuchungsgegenstände ethnografischer Forschungen genauer zu bestimmen und somit auch vergleichenden Analysen zugänglich zu machen[12].

Mit der Absicht, das Handeln von Lehrpersonen als kontextspezifische Aufführungen sozialer Praktiken verstehen zu wollen, sind sowohl empirische als auch handlungstheoretische ‚Zumutungen' verbunden: Während viele aktuelle Forschungsprojekte auf die Beschreibung von Qualitäts- und Effektivitätsbedingungen zielen, kann es kulturtheoretischen Analysen zum „doing teacher" nicht um die Entdeckung der ‚guten oder effektiven Lehrperson' gehen. Eine kulturwissenschaftlich ausgerichtete Lehrerforschung wird sich der Anforderung die kulturellen Praktiken als gut oder schlecht zu beurteilen erwehren müssen. Das Potenzial ethnographischer Lehrerforschung ist es, leibhaftig an der konkreten Schulwirklichkeit und an den Prozessen ihrer Herstellung teilzuhaben und diese aus der Perspektive der Teilnehmenden zu analysieren um deren Funktions- und Wirkungsweisen beschreiben zu können. Eröffnet wird damit ein neuer Blick auf reale Handlungsvollzüge und deren Kontextgebundenheit. So zeigen die Studien von Meier und Zaborowski sehr anschaulich, dass Praktiken in feldspezifische Zusammenhänge eingebunden sind. Die vermeintlich gleiche Tätigkeit von Lehrpersonen, wie die Leistungsbeurteilung, ist in unterschiedlichen kulturellen Kontexten auch mit je unterschiedlichen Wirkmechanismen ausgestattet. Dabei entziehen sich diese situations- und kontextgebundenen Praktiken weitgehend dem Handlungswissen der Akteure und sind nur bedingt einer kritischen Reflexion zugänglich. Ältere handlungstheoretische Annahmen verlieren an Geltung, weil hiermit die der Handlung unterstellte Intentionalität als konstitutives Element zurückgewiesen wird. Inso-

12 Die „Dichte Beschreibung" (Geertz) als traditionelle Ausdrucksform ethnographischer Forschung kann diesen – im Zuge der Weiterentwicklung qualitativer Erhebungs- und Auswertungsmethoden – veränderten Ansprüchen an die Bestimmung, Darstellung und Systematisierung empirischer Befunde kaum mehr adäquat entsprechen.

fern wird auch die Begründung der vorgefundenen pädagogischer Praxis als Resultat intentionaler Handlungen schwierig. Im Kern wird in dieser Perspektive an Goffmans (1971) Grundannahmen zur Erforschung sozialen Handelns angeknüpft: „Es geht hier also nicht um Menschen und ihre Situationen, sondern eher um Situationen und ihre Menschen" (ebd., S, 9.).

Die bislang vorliegenden Studien zeigen, dass in der Perspektive sozialer Praktiken bestehende pädagogische Kulturen und ihre tatsächlichen Funktionen und Wirkweisen beschrieben werden können. Die Untersuchung von komplexen, alltagskulturellen Praktiken in ihren sozialen Feldern lässt dabei auch Platz für die Wahrnehmung von Verschiedenheit, Widersprüchen und Mehrdeutigem. Das Potenzial praxistheoretisch fundierter materialer Analysen liegt darin, eingeschliffene Bahnen der Wahrnehmung und Erklärung allzu vertrauter pädagogischer Situationen und Bedingungen zu verlassen und schulische Alltagssituationen jenseits von didaktischen, pädagogisch-normativen oder professionstheoretischen Zuschreibungen untersuchen zu können. Die Zusammenstellung der vorliegenden empirischen Befunde hat gezeigt, dass für den Unterricht bereits verschiedene Lehrerpraktiken in Ansätzen beschrieben sind. Bislang liegen aber noch keine systematischen Rekonstruktionen unterrichtlicher Lehrerpraktiken vor. Für den Kontext des Unterrichts soll hier in Anlehnung an die Analysen zum „Schülerjob" von Breidenstein (2006) vorgeschlagen werden, die Frage was der ‚Lehrerjob' ist als empirisch offene Frage zu stellen. Die beobachtbaren Lehrerpraktiken können, ebenso wie Breidenstein dies für die Schülerinnen und Schüler gezeigt hat, als praktische Lösungen kontextspezifischer Handlungsprobleme gelesen und interpretiert werden[13]. Hier können sich auch die Arbeiten Cloos (2007) als weiterführend erweisen. Aus einer sozialpädagogischen und praxistheoretischen Perspektive werden dort pädagogisches Professionshandeln und „beruflich-habituelle Unterschiede" (S. 188) zu bestimmen versucht. Der Autor macht plausibel, dass sich professionsbezogene Forschung nicht auf die Untersuchung von Deutungsmustern oder Biographien begrenzen darf, sondern die jeweiligen beruflichen Handlungspraxen in unterschiedlichen beruflichen Feldern in den Blick nehmen muss[14]. Von der Annahme ausgehend, dass sich eindeutige Kriterien für Professionalität weder theoretisch noch empirisch herleiten lassen, verschiebt sich zugleich der Blick auf Profession und Professionalität. Nicht mehr die Frage, ob das pädagogische Handeln als professionelle Praxis zu gelten habe ist nun von Interesse, sondern welche Binnenlogiken und Handlungspraxen empirisch zu beobachten sind (vgl. 189f.). In Anlehnung an das von Cloos entwickelt „Modell zur Unterscheidung beruflich-habitueller Profile" (2007, S. 198) könnten die Praktiken des „doing teacher" systematisch unter Berücksichtigung gesellschaftlich-kultureller, organisationskultureller und biographische Kontexte dargestellt und analysiert werden. Hieran würden sich z.B. Fragen knüpfen wie: Mit welchen Inszenierungs- und Aufführungspraktiken stellen sich die Akteure als Lehrerin oder als Lehrer dar? Wie sind die Praktiken des „doing-teacher" in ihren pädagogischen Wirkungen zu unterscheiden und zu bewerten? Wie und worin unterscheiden

13 Auch wenn forschungspraktische Aspekte bislang nicht zum Gegenstand gemacht werden konnten, sind drei Hinweise an dieser Stelle unerlässlich: Mit der Idee alltägliche Handlungspraktiken aus der Perspektive von Lehrpersonen zu beschreiben, verknüpft sich die Bereitschaft von Forschenden in das Feld der Schule einzutauchen. Die Skepsis der Forschenden gegenüber den daraus resultierenden Anforderungen beschreiben Hünersdorf et al. (2008a). Auch Lehrpersonen für diese Art von Forschung zu gewinnen, darf als ein schwieriges Unterfangen angesehen werden.

14 Dies korrespondiert mit neuren Arbeiten aus der Erziehungswissenschaft, in denen eine Verknüpfung von biographischen und ethnographischen Forschungsperspektiven versucht wird (vgl. Dausien & Kelle, 2005 oder für die sozialpädagogische Professionsforschung Riemann, 2005). Hier geht es darum zu zeigen, dass sich beide Ansätze (die ethnographische Forschung interessiert sich für die Beobachtung kultureller Praktiken, die Biographieforschung nimmt mit Interviewmethoden längerfristige Prozesse der Erfahrungsbildung und Sinnkonstruktion in den Blick) auf einen gemeinsamen „sozialkonstruktivistischen Theorierahmen" beziehen und wie sich die unterschiedlichen Forschungsansätze methodologisch begründet verbinden lassen.

sich die jeweiligen Praktiken des ‚doing teacher‘ in je konkreten lokalen Situationen (z.B. unterschiedliche Fächer, Methoden, Klassenstufen, Schulen, Schulformen)? Diese Überlegungen können schließlich auch an die Überlegungen von Feiman-Nemser und Floden (1986, 1991) angeschlossen werden. Mit ihrem Aufsatz „Die Berufskulturen von Lehrern“ haben sie früh auf die zentrale Bedeutung der Erforschung des praktischen Handlungswissens aufmerksam gemacht und darauf hingewiesen, dass die Ausformung der jeweiligen Berufskulturen mit dem organisatorischen Rahmen der Ausbildung, der Schule und der Schulklasse und ihren übergeordneten Institutionen korrespondiere. Als haltlos zurückgewiesen wurde dabei auch die Annahme einer ‚kulturellen Uniformität‘ des Lehrberufs. In diesem Zusammenhang ist noch einmal zu betonen, dass eine kulturanalytische Forschung zum Lehrberuf alle beruflichen Praktiken von Lehrpersonen in den Blick nehmen kann[15]. Zweierlei Aspekte sollten dabei Berücksichtigung finden: Erstens sollten die Praktiken des ‚doing teacher‘ nicht auf den Unterricht reduziert werden. Das Unterrichten stellt zwar die Kernaufgabe von Lehrpersonen dar, erfasst aber nur einen Teil der Handlungsanforderungen (vgl. Terhart, 2000). Weil sich mit der Ausdifferenzierung schulischer Aufgaben das berufliche Handlungsfeld von Lehrpersonen ständig erweitert hat (vgl. Rothland, 2013), sollten beispielsweise auch Praktiken der Schulentwicklung, der kollegialen Kooperation oder auch der Elternarbeit zum Gegenstand ethnographischer Analysen werden. Zweitens sollte das Augenmerk zukünftiger Forschungen auch der Frage gelten, wie Differenzen aber auch Gemeinsamkeiten des ‚doing teacher“ bestimmt werden können. Die Frage nach der Verallgemeinerbarkeit von in Einzelschulen gewonnenen lokalen, d.h. feldspezifischen Befunden, muss dabei als empirisch zu lösendes Problem verhandelt werden.

Literatur

Alkemeyer, T. (2006). Lernen und seine Körper. Habitusformungen und -umformungen in Bildungspraktiken. In B. Friebertshäuser (Hrsg.), *Reflexive Erziehungswissenschaft. Forschungsperspektiven im Anschluss an Pierre Bourdieu* (S. 119-141). Wiesbaden: VS Verlag für Sozialwissenschaften.

Amann, K. & Hirschauer, S. (1997). *Die Befremdung der eigenen Kultur. Zur ethnographischen Herausforderung soziologischer Empirie.* Frankfurt/M.: Suhrkamp.

Beck, G. & Scholz, G. (2000). *Kind und Computer.* Frankfurt/M.: Hochschulpublikationssystem.

Bennewitz, H. & Meier, M. (2010). Zum Verhältnis von Jugend und Schule. Ethnographische Studien zu Peerkultur und Unterricht. In A. Brake & H. Bremer (Hrsg.), *Alltagswelt Schule. Die soziale Herstellung schulischer Wirklichkeiten* (S. 97-110). Weinheim: Juventa.

Bennewitz, H. (2004). Helenas und Fabiennes Welt. Eine Freundschaftsbeziehung im Unterricht. *Zeitschrift für Soziologie der Erziehung und Sozialisation, 24* (4), 393-407.

Blömeke, S. (2007). Qualitativ – quantitativ, induktiv – deduktiv, Prozess – Produkt, national – international. In M. Lüders & J. Wissinger, J. (Hrsg.), *Forschung zur Lehrerbildung. Kompetenzentwicklung und Programmevaluation* (S. 13-37). Münster: Waxmann.

Boer, H. de & Deckert-Peaceman, H. (Hrsg.) (2009). *Kinder in der Schule. Zwischen Gleichaltrigenkultur und schulischer Ordnung.* Wiesbaden: VS Verlag für Sozialwissenschaften.

Brake, A. & Bremer, H. (Hrsg.) (2010). *Alltagswelt Schule. Die soziale Herstellung schulischer Wirklichkeiten.* Weinheim: Juventa.

Breidenstein, G. & Kelle, H. (1998). *Geschlechteralltag in der Schulklasse. Ethnographische Studien zur Gleichaltrigenkultur.* Weinheim: Juventa.

15 Hier kann eventuell an Forschungsbefunde aus dem angloamerikanischen Raum angeschlossen werden. Jarzabokowski (2002) untersucht etwa aus einer kulturanalytischen Perspektive heraus und mit ethnographischem Forschungsdesign „teacher culture and social relationships“ an einer Grundschule außerhalb der Unterrichtszeit und in verschiedenen sozialen Situationen.

Breidenstein, G. & Prengel, A. (Hrsg.) (2005). *Schulforschung und Kindheitsforschung – ein Gegensatz?* Wiesbaden: VS Verlag für Sozialwissenschaften.

Breidenstein, G. (2006). *Teilnahme am Unterricht. Ethnographische Studien zum Schülerjob.* Wiesbaden: VS Verlag für Sozialwissenschaften.

Breidenstein, G. (2008). Allgemeine Didaktik und praxeologische Unterrichtsforschung. In M. Meyer, M. Prenzel & S. Hellekamps (Hrsg.), *Perspektiven der Didaktik* (Zeitschrift für Erziehungswissenschaft, Sonderheft 9, S. 201-218). Wiesbaden: VS Verlag für Sozialwissenschaften.

Breidenstein, G. (2009). Einen neuen Blick auf schulischen Unterricht entwickeln: Strategien der Befremdung. In F. Heinzel, W. Thole, P. Cloos & S. Köngeter (Hrsg.), *„Auf unsicherem Terrain". Ethnographische Forschung im Kontext des Bildungs- und Sozialwesens* (S. 205-216).Wiesbaden: VS Verlag für Sozialwissenschaften.

Bromley, R., Göttlich, U. & Winter, C. (Hrsg.) (1999). *Cultural Studies. Grundlagentexte zur Einführung.* Lüneburg: Zu Klampen.

Cloos, P. & Thole, W. (Hrsg.) (2006). *Ethnographische Zugänge: Professions- und adressatInnenbezogene Forschung im Kontext von Pädagogik.* Wiesbaden: VS Verlag für Sozialwissenschaften.

Cloos, P. (2004). *Biografie und Habitus. Ethnografie sozialpädagogischer Organisationskulturen.* Dissertation, eingereicht am Fachbereich Sozialwesen der Universität Kassel, CD-Veröffentlichung, Kassel im Mai 2004.

Cloos, P. (2007). *Die Inszenierung von Gemeinsamkeit. Eine vergleichende Studie zu Biografie, Organisationskultur und beruflichem Habitus von Teams in der Kinder- und Jugendhilfe.* Weinheim: Juventa.

Dausien, B.& Kelle, H. (2005). Biographie und kulturelle Praxis. Methodologische Überlegungen zur Verknüpfung von Ethnographie und Biographieforschung. In B. Völter, B. Dausien, H. Lutz & G. Rosenthal (Hrsg.), *Biographieforschung im Diskurs* (S. 189-212). Wiesbaden: VS Verlag für Sozialwissenschaften.

Feinman-Nemser, S. & Floden, R. E. (1986). The cultures of teaching. In M. Wittrock (Ed.), *Handbook of research on teaching.* (3rd Ed., pp. 505-526). New York: Macmillan.

Feinman-Nemser, S. & Floden, R. E. (1991). Die Berufskulturen von Lehrern. In E. Terhart (Hrsg.), *Unterrichten als Beruf. Neuere amerikanische und englische Arbeiten zur Berufskultur und Berufsbiographie von Lehrern und Lehrerinnen* (S. 41-84). Köln: Böhlau.

Fischer, D. (2009). Was ist Schulkultur und wie kann man sie entwickeln? In M. Jäggle, T. Krobath & R. Schelander (Hrsg.), *lebens.werte.schule. Religiöse Dimensionen in Schulkultur und Schulentwicklung* (S. 413-422). Wien: Lit-Verlag.

Friebertshäuser, B. (2007). Ethnografische Zugänge in der Lehrerinnen- und Lehrerbildung. Befremdendes Verstehen und pädagogische Praxis reflektieren. *ph akzente 2,* S. 3-6.

Friebertshäuser, B., Langer, A. & Prengel, A. (Hrsg.) (2010). *Handbuch Qualitative Forschungsmethoden in der Erziehungswissenschaft.* (3. Auflage). Weinheim: Juventa.

Friebertshäuser, B., Rieger-Ladich, M. & Wigger, L. (Hrsg.) (2006*). Reflexive Erziehungswissenschaft. Forschungsperspektiven im Anschluss an Pierre Bourdieu.* Wiesbaden: VS Verlag für Sozialwissenschaften.

Garfinkel, H. (Hrsg.) (1969). *Ethnomethodological studies of work.* London: Routledge & Kegan Paul.

Geertz, C. (1983/1999). *Dichte Beschreibung. Beiträge zum Verstehen kultureller Systeme* (6. Auflage). Frankfurt/M.: Suhrkamp.

Giroux, H. A. (1994). *Doing Cultural Studies: Youth and the Challenge of Pedagogy.* www.gseis.ucla.edu/courses/ed253a/Giroux/Giroux1.html

Goffman, E. (1971). *Interaktionsrituale. Über Verhalten in direkter Kommunikation.* Frankfurt/M.: Suhrkamp.

Goffman, E. (1983). Die Interaktionsordnung. In H. Knoblauch (Hrsg.), *Interaktion und Geschlecht* (S. 50-104). Frankfurt/M.: Campus-Verlag.

Gogolin, I. (1998). „Kultur" als Thema der Pädagogik. Das Beispiel interkulturelle Pädagogik. In A.M. Stroß (Hrsg.), *Erziehungswissenschaft, Nachbardisziplinen und Öffentlichkeit* (S. 125-150). Weinheim: Deutscher Studien-Verlag.

Göhlich, H. D. M & Zirfas, J. (2007). *Lernen. Ein pädagogischer Grundbegriff.* Stuttgart: Kohlhammer.

Gruschka, A. (2007). Bildungsstandards oder das Versprechen, Bildungstheorie in empirischer Bildungsforschung aufzuheben. In L. Pongratz, R. Reichenbach & M. Wimmer (Hrsg.), *Bildung – Wissen – Kompetenz* (S. 9-29). Bielefeld: Janus Presse.

Gürber, S. (2007). Einführung in den Schwerpunkt: Schulethnografie. *ph akzente* (S. 2). Zürich: Pädagogische Hochschule.

Hecht, M. (2009). *Selbsttätigkeit im Unterricht. Empirische Untersuchungen in Deutschland und Kanada zur Paradoxie pädagogischen Handelns.* Wiesbaden: VS Verlag für Sozialwissenschaften.

Heinzel, F., Thole, W., Cloos, P. & Köngeter, S. (Hrsg.) (2009). *„Auf unsicherem Terrain". Ethnographische Forschung im Kontext des Bildungs- und Sozialwesens.* Wiesbaden: VS Verlag für Sozialwissenschaften.

Helmke, A. (2008). *Unterrichtsqualität erfassen, bewerten, verbessern.* Seelze-Velber: Kallmeyer.

Helmke, A. (2009). *Unterrichtsqualität und Lehrerprofessionalität. Diagnose, Evaluation und Verbesserung des Unterrichts.* Seelze-Velber: Kallmeyer.

Helsper, W & Böhme, J. (Hrsg.) (2004). *Handbuch der Schulforschung.* Wiesbaden: VS Verlag für Sozialwissenschaften.

Helsper, W., Kramer, R-T. & Thiersch, S. (Hrsg.) (2014). *Schülerhabitus. Theoretische und empirische Analysen zum Bourdieuschen Theorem der kulturellen Passung.* Springer VS.

Hepp, A. (2004). *Cultural studies und Medienanalyse. Eine Einführung* (2. Auflage). Wiesbaden: VS Verlag für Sozialwissenschaften.

Herzog, W. (1999). Die Schule und die Pluralität ihrer Kulturen. Für eine Neufassung des pädagogischen Kulturbegriffs. *Zeitschrift für Erziehungswissenschaft, 2* (2), S. 229-245.

Honig, M. (2004). Wie bewirkt Pädagogik was sie leistet? In M. Honig, N. Schreiber & M. Joos (Hrsg.), *Was ist ein guter Kindergarten? Theoretische und empirische Analysen zum Qualitätsbegriff in der Pädagogik* (S. 119-226). Weinheim: Juventa.

Honig, M., Lange, A. & Leu, H.R. (Hrsg.) (1999). *Aus der Perspektive von Kindern? Zur Methodologie der Kindheitsforschung.* Weinheim: Juventa.

Hörning, K. H. & Reuter, J. (2006). Doing Material Culture: Soziale Praxis als Ausgangspunkt einer „realistischen" Kulturanalyse. In A. Hepp & R. Winter (Hrsg.), *Kultur – Medien – Macht. Cultural Studies und Medienanalyse* (S. 109-124). Wiesbaden: VS Verlag für Sozialwissenschaften.

Hörning, K.H. & Reuter, J. (2004). *Doing Culture: Neue Positionen zum Verhältnis von Kultur und sozialer Praxis.* Bielefeld: Transcript.

Hörning, K.H. & Winter, R. (Hrsg.) (1999). *Widerspenstige Kulturen. Cultural Studies als Herausforderung.* Frankfurt/M.: Suhrkamp.

Huf, C. (2007). Kinder und ihr Curriculum: Die Perspektiven von SchülerInnen des Elementar- und Primarbereichs. *Bildungsforschung, 4* (1), S. 1-17.

Hünersdorf, B. (2008). Ethnographische Forschung in der Erziehungswissenschaft. In B. Hünersdorf, C. Maeder & B. Müller (Hrsg.), *Ethnographie und Erziehungswissenschaft. Methodologische Reflexionen und empirische Annährungen* (S. 29-49). Weinheim: Juventa.

Hünersdorf, B., Maeder, C. & Müller, B. (Hrsg.) (2008a). *Ethnographie und Erziehungswissenschaft. Methodologische Reflexionen und empirische Annährungen.* Weinheim: Juventa.

Hünersdorf, B., Maeder, C. & Müller, B. (Hrsg.) (2008b). Ethnographie in der Pädagogik: Eine Einführung. In B. Hünersdorf, C. Maeder & B. Müller (Hrsg.), *Ethnographie und Erziehungswissenschaft. Methodologische Reflexionen und empirische Annährungen* (S. 11-28). Weinheim: Juventa,

Jaeger, F., Liebsch, B., Straub, J. & Rüsen, J. (2004). *Handbuch der Kulturwissenschaften.* Bd. 1 Grundlagen und Schlüsselbegriffe. Stuttgart: Metzler.

Jarzabkowski, L. M. (2002). A case study of collegiality. *Leading and Managing, 6* (1), S. 21-36.

Kalthoff, H. & Kelle, H. (2000). Pragmatik schulischer Ordnung. Zur Bedeutung von „Regeln" im Schulalltag. *Zeitschrift für Pädagogik, 46* (5), S. 691-710.

Kalthoff, H. (1997). *Wohlerzogenheit. Eine Ethnographie deutscher Internatsschulen.* Frankfurt/M.: Campus-Verlag.

Kalthoff, H. (2000). „Wunderbar, richtig". Zur Praxis mündlichen Bewertens im Unterricht. *Zeitschrift für Erziehungswissenschaft, 3* (3), S. 429-446.

Kelle, H. & Breidenstein, G. (1996). Kinder als Akteure: Ethnographische Ansätze in der Kindheitsforschung. *Zeitschrift für Sozialisationsforschung und Erziehungssoziologie, 16* (1), S. 47-67.

Kolbe, F.-U. & Reh, S. (2009). Adressierungen und Aktionsofferten. *Zeitschrift für Pädagogik 54*, Beiheft, S. 168-187.

Krummheuer, G. & Naujok, N. (1999). *Grundlagen und Beispiele interpretativer Unterrichtsforschung.* Opladen: Leske und Budrich.

Liebau, E. & Zirfas, J. (2004). Kulturpädagogik, pädagogische Ethnographie und kulturelle Stile. *Pädagogische Rundschau, 58* (5), S. 579-592.

Liebau, E. (1992). *Die Kultivierung des Alltags. Das pädagogische Interesse an Bildung, Kunst und Kultur.* Weinheim: Juventa.

Lipowsky, F. (2006). Auf den Lehrer kommt es an. Empirische Evidenzen für Zusammenhänge zwischen Lehrerkompetenzen, Lehrerhandeln und dem Lernen der Schüler. *Zeitschrift für Pädagogik 51*, Beiheft, S. 47-70.

Maas, M. (2006). *Alternativschule und Jugendkultur: Entwicklungsprobleme von Adoleszenten.* Weinheim: Beltz.

Mecheril, P. & Witsch, M. (Hrsg.) (2006). *Cultural Studies und Pädagogik. Kritische Artikulation.* Bielefeld: Transcript.

Meier, M. (2007). Nicht ‚aufpassen', sondern ‚zugucken'. Komplexität des schulischen Geschehens ethnographisch erschließen. *ph akzente 2,* S. 17-20.

Meier, M. (2011). Die Praktiken des Schulerfolgs. Ethnographie einer leistungsstarken Gymnasialklasse. In U. Zaborowski, M. Meier & G. Breidenstein (Hrsg.), *Leistungsbewertung und Unterricht. Ethnographische Studien zur Bewertungspraxis in Gymnasium und Sekundarschule* (S. 39-161). Wiesbaden: VS Verlag für Sozialwissenschaften.

Moebius, S. & Quadflieg, D. (Hrsg.) (2006). *Kultur. Theorien der Gegenwart.* Wiesbaden: VS Verlag für Sozialwissenschaften.

Muchow, M. & Muchow, H.H. (1935/1998): *Die Lebenswelt des Großstadtkindes.* Neuausgabe mit biographischem Kalender und Bibliographie Martha Muchow. Herausgegeben und eingeleitet von Jürgen Zinnecker. Weinheim: Juventa.

Oester, K. (2007). Fokussierte Ethnografie. Möglichkeiten und Grenzen in der Schulforschung. *ph akzente 2,* S. 12-16.

Panagoitopoulou, A. & Brügelmann, H. (Hrsg.) (2003). *Grundschulpädagogik meets Kindheitsforschung. Zum Wechselverhältnis von schulischem Lernen und außerschulischen Erfahrungen im Grundschulalter* (Jahrbuch Grundschulforschung 7). Opladen: Leske und Budrich.

Radtke, F.-O. (2003). Die Erziehungswissenschaft der OECD. Aussichten auf die neue Performanz-Kultur. *Erziehungswissenschaft, 14* (27), S. 110-136.

Reckwitz, A. (2000). *Die Transformation der Kulturtheorien. Studienausgabe. Zur Entwicklung eines Theorieprogramms.* Mit Nachwort ‚Aktuelle Tendenzen der Kulturtheorien'. Weilerswist: Velbrück Wissenschaft.

Reckwitz, A. (2003). Grundelemente einer Theorie sozialer Praktiken. Eine sozialtheoretische Perspektive. *Zeitschrift für Soziologie, 32* (4), S. 282-301.

Reckwitz, A. (2004). Die Entwicklung des Vokabulars der Handlungstheorien: Von den zweck- und normorientierten Modellen zu den Kultur- und Praxistheorien. In M. Gabriel, M. (Hrsg.), *Paradigmen der akteurszentrierten Soziologie* (S. 303-328). Wiesbaden: VS Verlag für Sozialwissenschaften,

Reckwitz, A. (2006a). *Das hybride Subjekt. Eine Theorie der Subjektkulturen von der bürgerlichen Moderne zur Postmoderne.* Weilerswist: Velbrück Wissenschaft.

Reckwitz, A. (2006b). Aktuelle Tendenzen der Kulturtheorien. Nachwort zur Studienausgabe. In A. Reckwitz (Hrsg.), *Die Transformation der Kulturtheorien. Zur Entwicklung eines Theorieprogramms* (S. 705-728). Weilerswist: Velbrück Wissenschaft.

Reckwitz, A. (2008). Praktiken und Diskurse – Eine sozialtheoretische und methodologisch Reflexion. In H. Kalthoff (Hrsg.), *Theoretische Empirie – Zur Relevanz qualitativer Forschung* (S. 188-209). Frankfurt/M.: Suhrkamp.

Reckwitz, A. (2008a). *Unscharfe Grenzen. Perspektiven der Kultursoziologie.* Bielefeld: Transcript.

Reh, S. & Labede, J. (2009). Soziale Ordnung im Wochenplanunterricht. In H. de Boer & H. Deckert-Peaceman (Hrsg.), *Kinder in der Schule. Zwischen Gleichaltrigenkultur und schulischer Ordnung* (S. 159-176). Wiesbaden: VS Verlag für Sozialwissenschaften.

Reh, S. & Rabenstein, K. (2008). Über die Emergenz von Sinn in pädagogischen Praktiken. Möglichkeiten der Videographie im ‚Offenen Unterricht'. In H.-C. Koller (Hrsg.), *Sinnkonstruktionen und Bildungsgang* (S. 137-156). Opladen: Barbara Budrich Verlag.

Riemann, G. (2005). Zur Bedeutung ethnographischer und erzählanalytischer Arbeitsweisen für die (Selbst-)Reflexion professioneller Arbeit. Ein Erfahrungsbericht. In B. Völter, B. Dausien, H.

Lutz & G. Rosenthal (Hrsg.), *Biographieforschung im Diskurs* (S. 248-270).Wiesbaden: VS Verlag für Sozialwissenschaften.

Rothland, M. & Terhart, E. (2007). Beruf: Lehrer - Arbeitsplatz Schule. Charakteristika der Arbeitstätigkeit und Bedingungen der Berufssituation. In M. Rothland (Hrsg.), *Belastung und Beanspruchung im Lehrerberuf. Modelle, Befunde, Interventionen* (S. 11-33). Wiesbaden: VS Verlag für Sozialwissenschaften.

Rothland, M. (Hrsg) (2013). *Belastung und Beanspruchung im Lehrerberuf* (2. vollständig überarbeitete Auflage). Wiesbaden: Springer VS.

Sauter, S. (2006). Die Schule als Kampfplatz und als Aushandlungsraum. Über die soziale Bedeutung des Wissens aus der Perspektive der Cultural Studies. In P. Mecheril & M. Witsch (Hrsg.), *Cultural Studies und Pädagogik. Kritische Artikulation* (S. 111-148). Bielefeld: Transcript.

Schatzki, T. R. & Knorr Cetina, K. (Eds.) (2001). *The practice turn in contemporary theory.* London: Routledge.

Schatzki, T. R. (2001). On Sociocultural Evolution by Social Selection. *Journal for the Theory of Social Behaviour, 31* (4), S. 341-364.

Scholz, G. (2004). Die „cultural anthropology" als Rahmentheorie für eine Ethnographie der Schule und des Unterrichts. *Pädagogische Rundschau, 58* (5), S. 505-525.

Schütze, F. (1994). Ethnographie und sozialwissenschaftliche Methoden der Feldforschung. Eine mögliche methodische Orientierung in der Ausbildung und Praxis der Sozialen Arbeit? In N. Groddeck & M. Schumann (Hrsg.), *Modernisierung Sozialer Arbeit durch Methodenentwicklung und -reflexion* (S. 189-297). Freiburg i. B.: Lambertus-Verlag.

Terhart, E (Hrsg.) (2000). *Perspektiven der Lehrerbildung in Deutschland. Abschlußbericht der von der Kultusministerkonferenz eingesetzten Kommission.* Weinheim: Beltz.

Terhart, E. (1979). Ethnographische Schulforschung in den USA. Ein Literaturbericht. *Zeitschrift für Pädagogik, 25* (2), S. 291-306.

Terhart, E. (1994). SchulKultur. Hintergründe, Formen und Implikationen eines schulpädagogischen Trends. *Zeitschrift für Pädagogik, 40* (5), S. 685-699.

Thole, W. (2010). Ethnographie des Pädagogischen. Geschichte, konzeptionelle Kultur und Validität einer erziehungswissenschaftlichen Ethnographie. In F. Heinzel, W. Thole, P. Cloos & S. Köngeter (Hrsg.), *„Auf unsicherem Terrain". Ethnographische Forschung im Kontext des Bildungs- und Sozialwesens* (S. 17-38). Wiesbaden: VS Verlag für Sozialwissenschaften.

Wagner-Willi, M. (2007). Rituelle Interaktionmuster und Prozesse des Erfahrungslernens im Mathematikunterricht. In C. Wulf, B. Althans, G. Blaschke, N. Ferrin, M. Göhlich, B. Jörissen, R. Mattig, I. Nentwig-Gesemann, S. Schinkel, A. Tervooren, M. Wagner-Willi & J. Zirfas (Hrsg.), *Lernkulturen im Umbruch. Rituelle Praktiken in Schule, Medien, Familie und Jugend* (S. 57-90). Wiesbaden: VS Verlag für Soziawissenschaften.

Whyte, W. F. (1943): *Street Corner Society.* Chicago: University of Chicago Press.

Wiesemann, J. (2000). *Lernen als Alltagspraxis. Lernformen von Kindern an einer Freien Schule.* Bad Heilbrunn: Klinkhardt.

Wiesemann, J. (2006). Die Sichtbarkeit des Lernens - empirische Annäherung an einen pädagogischen Lernbegriff. In P. Cloos & W. Thole (Hrsg.), *Ethnographische Zugänge. Professions- und adressatInnenbezogene Forschung im Kontext von Schule und Sozialer Arbeit* (S. 171-183). Wiesbaden: VS Verlag für Sozialwissenschaften.

Willems, K. (2007). *Schulische Fachkulturen und Geschlecht. Physik und Deutsch - natürliche Gegenpole?* Bielefeld: Transcript.

Willis, P. (1977/1997). *Spaß am Widerstand. Gegenkultur in der Arbeiterschule* (2. Auflage) Frankfurt/M. Syndikat.

Wimmer, M (2002). Pädagogik als Kulturwissenschaft. Programmatische Überlegungen zum Status der Allgemeinen Erziehungswissenschaft. *Zeitschrift für Erziehungswissenschaft 5*, Beiheft 1, hrsg. von Lothar Wigger, Ernst Cloer, Jörg Ruhloff, Peter Vogel, Christoph Wulf: Forschungsfelder der Allgemeinen Erziehungswissenschaft, Opladen: Leske und Budrich, S. 109-122.

Wulf, C., Althans, B., Audem, K., Bausch, C., Göhlich, M., Sting, S., Tervooren, A., Wagner-Willi, M. & Zirfas, J. (Hrsg.) (2001). *Das Soziale als Ritual. Zur performativen Bildung von Gemeinschaften.* Opladen: Leske und Budrich.

Wulf, C., Althans, B., Audem, K., Bausch, C., Jörissen, B., Göhlich, M., Mattig, R., Tervooren, A., Wagner-Willi, M., Zirfas, J. (Hrsg.) (2004). *Bildung im Ritual. Schule, Familie, Jugend, Medien.* Wiesbaden: VS Verlag für Sozialwissenschaften.

Wulf, C., Althans, B., Blaschke, G., Ferrin, N., Göhlich, M., Jörissen, B., Mattig, R., Nentwig-Gesemann, I., Schinkel, S., Tervooren, A., Wagner-Willi, M., & Zirfas, J. (Hrsg.) (2007). *Lernkulturen im Umbruch. Rituelle Praktiken in Schule, Medien, Familie und Jugend.* Wiesbaden: VS Verlag für Sozialwissenschaften.

Zaborowski, K. U. (2011). An den Grenzen des Leistungsprinzips. In U. Zaborowski, M. Meier & G. Breidenstein (Hrsg.), *Leistungsbewertung und Unterricht. Ethnographische Studien zur Bewertungspraxis in Gymnasium und Sekundarschule* (S. 163-320). Wiesbaden: VS Verlag für Sozialwissenschaften.

Zaborowski, U., Meier, M. & Breidenstein, G. (Hrsg.) (2011). *Leistungsbewertung und Unterricht. Ethnographische Studien zur Bewertungspraxis in Gymnasium und Sekundarschule.* Wiesbaden: VS Verlag für Sozialwissenschaften.

Zinnecker, J. (2000). Pädagogische Ethnographie. In *Zeitschrift für Erziehungswissenschaft, 3* (3), S. 381-400.

Herbert Altrichter, Andreas Feindt & Stefan Zehetmeier

Lehrerinnen und Lehrer erforschen ihren Unterricht: Aktionsforschung

Mit dem Begriff *Aktionsforschung* oder *teacher research* wird eine Arbeitsrichtung bezeichnet, die Lehrpersonen dazu animiert und dabei unterstützt, ihre Praxis zu erforschen und weiterzuentwickeln. Diese forschende Tätigkeit von PraktikerInnen soll zur Entwicklung der Qualität pädagogischer Praxis beitragen, die Professionalisierung der Lehrkräfte befördern und wissenschaftliches Wissen über diese Praxis generieren. Für die Zwecke eines Handbuches der Forschung zum Lehrerberuf kann dieser Forschungsansatz vor allem zwei Perspektiven beitragen: Einesteils basiert er auf einem spezifischen Bild des Lehrerberufes: Professionelle Lehrertätigkeit erfordert eine forschende und entwickelnde Herangehensweise an die komplexen Aufgaben des Berufsfeldes. In Kap. 2 werden wir die theoretischen und empirischen Grundlagen dieser Sichtweise zur Diskussion stellen. Anderenteils sind auf der Basis dieser Berufskonzeption Programme der Lehreraus- und -fortbildung sowie der Unterrichts- und Schulentwicklung entworfen worden. In Kap. 3 werden wir empirische Studien über solche Programme daraufhin befragen, welche der Annahmen zum Lehrerberuf durch Forschungsergebnisse und Entwicklungserfahrungen thematisiert und eventuell gestützt werden. Zuvor werden wir in Kap. 1 definierende Merkmale von Praxisforschungsansätzen vorstellen sowie die historische Entwicklung und internationale Verbreitung dieser Konzepte skizzieren.

1. Geschichte und Merkmale von Ansätzen der Praxisforschung

Das Konzept *Aktionsforschung* ist Teil einer ‚Familie von Forschungsansätzen', der auch Konzepte wie Handlungsforschung, Praxisforschung, Teamforschung und Schulbegleitforschung (vgl. Altrichter & Feindt, 2008) bzw. im englischen Sprachraum Teacher Research, (Participatory) Action Research und Practitioner Research (vgl. Noffke & Somekh, 2009) zugerechnet werden können. Die Übersetzung „Lehrerforschung" ist nicht eindeutig, weil im deutschen Sprachraum oft auch Studien zur Erforschung des Lehrerberufes mit diesem Begriff bezeichnet werden.

Bei der Beschäftigung mit dieser ‚Familie von Forschungsansätzen' stößt man auf eine mittlerweile fast siebzigjährige Wissenschaftsgeschichte, deren Anfänge bis in die 1940er und 1950er Jahre zurückreichen (vgl. Altrichter & Feindt, 2008, S. 450-451). Praxisforschung hat sich seither in verschiedenen Phasen und Wellen weiter entwickelt und ist nach ihrer Verbreitung von Europa über Nordamerika und Lateinamerika bis nach Australien und Asien heute global anzutreffen. Die Forschungsfelder sind sehr breit gestreut. Schwerpunkte liegen gegenwärtig im Bereich von Schule, Unterricht und Lehrerbildung sowie der Pflege (vgl. Sparrow & Robinson, 1994); Beispiele von Praxisforschung finden sich aber auch in Bereichen wie Sozialarbeit (vgl. Steward, 1994), Wirtschaftsunternehmen (vgl. Probst & Raub, 1995), Entwicklungszusammenarbeit (vgl. Valla, 1994), Public Health (vgl. Wright, 2006; Unger, Block & Wright, 2007) sowie in der Tätigkeit von PolizistInnen und TheologInnen (vgl. West, 1993).

Aktionsforschung ist der älteste Ansatz aus der Familie der Praxisforschung. Aktionsforschung ist für Lewin (1946), ihren Begründer, eine ‚vergleichende Erforschung der Bedingungen und Wirkungen verschiedener Formen des sozialen Handelns und eine zu sozialem Handeln führende Forschung'. Seit Mitte der 1940er Jahre versuchte er diesem Forschungstyp in

Projekten, beispielsweise zur Verbesserung der Beziehungen zwischen ethnischen und religiösen Gruppen oder zur Veränderung der Ernährungsgewohnheiten im 2. Weltkrieg (vgl. Lewin, 1988), konkrete Gestalt zu geben. Aus der Kritik an einer Curriculumreform, die die Betroffenen bevormundete, entstand in den 1970er Jahren in England und Australien eine Bildungsreformbewegung, die unter den Bezeichnungen *action research* oder *teacher research* firmierte. Der Erziehungswissenschaftler Lawrence Stenhouse (1975) suchte nach Wegen, um Lehrkräfte als Expertinnen und Experten für Unterricht konstruktiv in die Entwicklung, Erprobung und Reflexion von neuen Curricula einzubeziehen.

Auch in den deutschsprachigen Sozialwissenschaften hatten sich in den 1970er Jahren Stimmen erhoben, die unter der Bezeichnung *Handlungsforschung* eine Kritik am traditionell-empirischen Ansatz formulierten und für eine praxisverändernde Forschung plädierten (z.B. Fuchs, 1970/71; Haag, Krüger, Schwärzel & Wildt, 1972; Klafki, 1973; Moser, 1978). Im Reformklima dieser Zeit hatte ein breites Interesse an diesem Forschungsansatz bestanden: zwischen 1972 und 1982 erschienen mehr als 400 Aufsätze und Bücher handlungsforscherischen Inhalts (Nonne, 1989, S. 140). Seit den frühen 1980er Jahren nahm die Attraktivität der Handlungsforschung in der deutschsprechenden akademischen Welt jedoch wieder ab (vgl. Altrichter & Gstettner, 1993). Von diesem zeitweisen Verschwinden der Handlungsforschung war nur die Lehrerforschung in der Hentig'schen (1982; 1990) Tradition an Laborschule und Oberstufenkolleg Bielefeld ausgenommen (vgl. Terhart & Tillmann, 2007).

Neues Interesse an der Forschung von PraktikerInnen entstand in den deutschsprachigen Ländern über den Weg der Rezeption der englischen Lehrerforschung, die seit Mitte der 1980er Jahre zunächst in Österreich erfolgte und sich in Projekten zur Reform von Unterricht, Schule und Lehrerbildung niederschlug (vgl. Altrichter & Thaler, 1996; Altrichter & Posch, 2007). Seit Beginn der 1990er Jahre trifft diese „neue Aktionsforschung" auch in Deutschland (Legutke, 1998; Fichten, Gebken & Obolenski, 2002) und der Schweiz (Dick, 1996; Moser, 1995) wieder auf zunehmendes Interesse. Gleichzeitig ist eine konzeptionelle Ausdifferenzierung festzustellen, die sich in den unterschiedlichen Begrifflichkeiten wie Schulbegleitforschung, Aktionsforschung oder Praxisforschung dokumentiert. Eine neue Entwicklung betrifft die sog. Lesson Studies (oder Learning Studies). Diese Form der kooperativen Lehrerweiterbildung, die von Japan und anderen asiatischen Ländern ihren Ausgang genommen hat (vgl. Morita, 2005; Lo, 2012), wird als eine weitere Verwirklichungsmöglichkeit von Praxisforschung angesehen (vgl. Lewis, Perry & Friedkin, 2009; Elliott, 2012; Kullmann, 2012).

An anderer Stelle (Altrichter & Feindt, 2008) haben wir sieben Merkmale formuliert, die die *Gemeinsamkeiten dieser Forschungsansätze* beschreiben:

(1) Alle Versionen der Handlungs- und Praxisforschung nehmen gegen die methodologische Trennung von Forschung und Entwicklung Stellung und konzipieren *Forschung und Entwicklung als Elemente ein und desselben Prozesses.*

(2) Ein weiteres gemeinsames Charakteristikum verschiedener Handlungs- und Praxisforschungsansätze besteht darin, dass sie *PraktikerInnen nicht als Objekte, sondern – in gleicher Weise wie die berufsmäßigen WissenschaftlerInnen – als Akteure des Forschungsprozesses* sehen.

(3) Praxisforschung findet typischerweise in *längerfristigen und iterativen Forschungs- und Entwicklungszyklen* statt. Theoretische Annahmen und Ergebnisse bisheriger Reflexionen über Praxis werden wieder in praktische Handlungen umgesetzt, deren Verlauf und Ergebnisse wiederum evaluiert und interpretiert werden, um neue Phasen der Entwicklung und Praxiserprobung zu inspirieren.

(4) Realität ist für Alltagsmenschen wie für ForscherInnen nicht pur zu haben, sondern immer nur von einem Standpunkt aus. Forschungsstrategisch versucht Praxisforschung dem durch verschiedene Formen der *Einbeziehung alternativer Perspektiven* gerecht zu werden (Einbindung unterschiedlicher Personen, Forschungsmethoden und Situationen).

(5) Die meisten Praxisforschungsprojekte bilden *‚professional communities‘* verschiedener Größe. Das hat forschungspraktische Gründe (z.B. praktische Unterstützung bei Forschungsplanung und -durchführung, kommunikative-diskursive Analyse von Daten) und situiert professionelles Lernen aber auch als *sozialen* Vorgang in einer beruflichen Bezugsgruppe.

(6) Aufgrund ihres Eingreifens in soziale Praktiken mit dem Ziel, diese zu verbessern, kann Aktionsforschung *nicht wertneutral* sein: „Action research starts from a vision of social transformation and aspirations for greater social justice for all" (Somekh, 2006, S. 7).

(7) Ansätze zur Handlungs- und Praxisforschung werden häufig als *Alternative und/oder Ergänzung zu einem empirisch-quantitativen Paradigma* formuliert. Statt Objektivität, Reliabilität und Validität werden oft ergänzend oder ersetzend andere Gütekriterien empfohlen; statt einer Orientierung an Erklärung und Voraussage eine an Verstehen und Emanzipation; statt quantitativen werden eher qualitative Forschungsmethoden favorisiert.

Innerhalb des Rahmens, den diese Merkmale abstecken, gibt es nicht nur eine Vielfalt von variierenden Bezeichnungen, die für den eigenen Ansatz verwendet werden, sondern auch gewisse Unterschiede in der Akzentsetzung bei wissenschafts- und gesellschaftstheoretischen Grundlagen, politischen Prämissen, dem Anspruch auf Theorieproduktion und Praxisveränderung (vgl. Unger u.a., 2007). Diese Variation ist einesteils günstig, weil sie die wissenschaftstheoretische und methodologische Diskussion lebendig hält und hilft, die konzeptionellen Grenzen der Forschungsrichtung auszuloten (vgl. Feyerabend, 1976). Sie kann aber auch verwirren und Unübersichtlichkeit produzieren, wenn geringfügige Unterschiede jeweils mit einer eigenen Sprache vorgebracht werden. Seit einigen Jahren ist jedoch ein Trend zu beobachten, ein gemeinsames Dach dieser Ansätze – meist unter dem Begriff „Praxisforschung" – zu beschreiben, ohne die Vielfalt zu sehr einzuebnen (vgl. Altrichter & Feindt, 2008, S. 451; Hollenbach & Tillmann, 2009, S. 15-16). Wir konzentrieren uns im Folgenden auf das Konzept „Aktionsforschung" im Sinne der englischen teacher research-Tradition in Anschluss an Stenhouse und seine Weiterführung in den deutschsprachigen Ländern seit den 1980er Jahren. Die Begriffe „teacher research", „Lehrerforschung" und „Aktionsforschung" verwenden wir in diesem Beitrag synonym. Wo immer wir Aussagen über die weitere Familie dieser Forschungsansätze machen wollen, benutzen wir den Terminus „Praxisforschung".

2. Forschung und Entwicklung als Elemente professioneller Lehrertätigkeit

Manche Spielarten der Praxisforschung argumentieren ihr spezielles Vorgehen, v.a. vom Wert der Einbindung von PraktikerInnen für die Qualität der Forschung und/oder von der Notwendigkeit, in humaner und demokratischer Weise mit den ‚Objekten‘ der Forschung umzugehen. Bei der Aktionsforschung englischer Prägung kommt eine zweite Argumentationsrichtung hinzu, die im deutschen Sprachraum eher ungewohnt ist, für ein Handbuch der Forschung zum Lehrerberuf aber eine interessante Perspektive eröffnet: Es wird vom Lehrerberuf aus argumentiert und die Auffassung vertreten, dass Forschung gut für die Qualität der Tätigkeit von Lehrkräften wäre. Forschung ist damit nicht nur eine externe Ressource des Lehrerberufes, sondern operativer Teil dieses Berufes. Wie kann die Idee entstehen, dass Lehrpersonen zusätzlich zu ihren sonstigen beruflichen Obliegenheiten „forschen" sollen? Die Pointe der Antwort von teacher research liegt darin, dass praxisbezogene Forschung und Entwicklung nicht als Aufgabe *neben* oder *zusätzlich zum* Beruf angesehen wird, sondern als ein Aspekt der Tätigkeit *im* Beruf, der notwendig ist, um angesichts komplexer Anforderungen qualitätsvolle berufliche Leistungen zu erbringen.

Der englische Curriculumforscher Lawrence Stenhouse (1975) kann als Begründer der neueren englischen Praktikerforschung angesehen werden. Ihm war aufgefallen, dass die großen englischen Curriculumprojekte der 1960er Jahre die Lehrpersonen in die Rolle von ‚AnwenderInnen vorgefertigter Technologien' drängte: Curricula waren unter Einsatz wissenschaftlichen Sachverstandes entwickelt worden und sollten nun von den PraktikerInnen möglichst intentionsgetreu („implementation fidelity") in den Klassenzimmern implementiert werden. Stenhouse hielt dies für eine falsche Konzeption qualitätsvoller Entwicklung: Angesichts der Komplexität und Einzigartigkeit praktischer Situationen bestünde eine qualitätsvolle Implementation einer Curriculumidee gerade nicht in ihrer exakten Anwendung. Vielmehr müsste sie angesichts der spezifischen Situation, in der sie implementiert werden soll, reflektiert und weiterentwickelt werden. Ziel wäre die Herstellung einer Passung von Curriculumkonzept und Anforderungen, die spezifische SchülerInnen, Lehrpersonen und Bedingungen mit sich brächten. Nur so könnten Curriculumkonzepte ihr pädagogisches Potential realisieren. Lehrpersonen müssten in Projekten der Curriculumentwicklung – aber auch in der ebenfalls durch Spezifität charakterisierten alltäglichen Praxis – nicht als AnwenderInnen externer Innovationsideen agieren, sondern als CurriculumforscherInnen und -entwicklerInnen, eben als *teachers as researchers*, wie Stenhouse schon 1975 ein Kapitel seiner Einführung in die Curriculumforschung überschrieben hatte. „The mistake is to see the classroom as a place to apply laboratory findings rather than as a place to refute or confirm them. Curriculum workers need to share the psychologists' curiosity about the process of learning rather than to be dominated by their conclusions" (Stenhouse, 1975, S. 26).

In Übereinstimmung mit wissenssoziologischen Positionen u.a. von Karl Mannheim, Peter Berger und Thomas Luckmann geht Stenhouse (1975, S. 6ff.) davon aus, dass Wissen immer vorläufig und fragil ist. Dies gilt gleichermaßen für das Fachwissen, das die Lehrkräfte entsprechend ihres Mandates vermitteln sollen, wie für das pädagogische und didaktische Wissen, auf dessen Grundlage dieser Vermittlungsprozess mit all seinen Implikationen strukturiert werden soll. Weder in dem einen noch in dem anderen Fall können Lehrkräfte auf unzweifelhaftes, objektives Wissen zurückgreifen. Vielmehr müssen sie die Wissensbestände, an denen sie ihr berufliches Handeln ausrichten, immer wieder reflektieren und ggf. verändern. Gerade weil die Qualität beruflicher Handlung nicht durch Befolgung fixer Regeln sicher gestellt werden kann, gerade weil die Orientierung auf und Verwirklichung von pädagogischen Werten in der Dynamik schulischer Situationen prinzipiell prekär ist (vgl. Elliott, 1998, S. 157), ergibt sich die „professionelle" Verpflichtung, die Entwicklung der pädagogischen Situationen und des eigenen Handlungsbeitrages dazu begleitend zu beobachten, zu reflektieren und (wo notwendig) verändernd einzugreifen.

Trotz mancher Unterschiede in Details ihrer Begründung (vgl. Feindt & Altrichter, 2009) ist dieses Thema auch in der deutschsprachigen strukturtheoretischen Professionalitätsdiskussion zentral: Weil berufliches Handeln ‚offen und riskant' ist (vgl. Combe & Buchen, 1996, S. 271), weil es mit komplexen Anforderungen, mit Antinomien und Paradoxien (vgl. Helsper, 2000) konfrontiert ist, ist seine begleitenden Reflexion für die Sicherung der Qualität des Handelns notwendig (z.B. Helsper, 2001; Prengel, 2003, S. 599).

Stenhouse' Überlegungen kreisen um die Frage „Wie kommt qualitätsvolle Handlung in den komplexen Situationen professioneller Praxis zustande?", die auch im Zentrum der Arbeiten des amerikanischen Handlungstheoretikers Donald Schön steht. Dessen Buch „The Reflective Practitioner" (Schön, 1983) gilt als weiterer Basistext von *teacher research*. Anhand von

Fallstudien analysiert der Autor, wie Wissen und Handeln in Berufen, wie z.B. bei ArchitektInnen, technischen EntwicklerInnen oder MusiklehrerInnen, zusammenwirken, um qualitätsvolle Handlungsergebnisse zu erzielen. Dabei zeigt er, dass das Modell technischer Rationalität, das hochqualifizierter professioneller Berufstätigkeit üblicherweise unterlegt wird, nur begrenzt erklärungskräftig ist. Die Anwendung extern produzierten kanonischen Wissens zur Lösung praktischer Probleme sei für PraktikerInnen nur in einfachen, stabilen und routinehaften Situationen ein adäquates Vorgehen. Die typischen Anforderungssituationen professioneller Praxis – jene für die die relativ hochqualifizierten Professionellen benötigt werden – wären jedoch mehrdeutig, instabil, schwer planbar, zukunftsoffen sowie von Wert- und Interessenskonflikten geprägt.

In komplexen Situationen könnten professionelle PraktikerInnen nicht akademisches Wissen anwenden, sondern sie müssten gleichsam prozessbegleitend spezielles Wissen entwickeln, umsetzen, prüfen und weiterentwickeln: Schöns (1983) „reflektierende PraktikerInnen" überprüfen ihre ‚erste Definition der Situation' (die man als praktische Analogie zu wissenschaftlichen Hypothesen verstehen kann), indem sie im Zuge der handelnden Umsetzung die Entwicklung der Situation, der gesetzten Handlungen und deren Ergebnisse begleitend beobachten und auswerten (in Analogie zur Datensammlung und -analyse von ForscherInnen) und steuern ihre Handlungen – falls notwendig – um. Ihre Handlungserfahrung mündet schließlich in die Erweiterung des persönlichen Erfahrungsschatzes (in Analogie zur Wissensproduktion der ForscherInnen). Dieser kann aus diversem Material wie Fällen, Beispielen, Bildern, Metaphern usw. bestehen und stellt ein Reservoir für ‚erste Definitionen' in neuen Anforderungssituationen dar. Die Analogien zur Situation von ForscherInnen brachten Schön (1983, S. 68) zu der Aussage, hochqualifizierte berufliche Tätigkeit in komplexen Situationen ähnle strukturell „research in the practice context".

Schöns Ergebnisse scheinen gut mit jenen der sog. Expertenforschung (vgl. Krauss & Bruckmaier in diesem Band) vereinbar: In dieser werden Leistungsprozesse und -ergebnisse von Könnern in einem (Berufs-)Feld mit jenen von beruflichen Novizen oder weniger erfolgreichen Berufstätigen verglichen. Solche Studien haben sich beispielweise mit den Denk- und Handlungsprozessen von medizinischen DiagnostikerInnen oder SchachspielerInnen, aber auch mit der Tätigkeit von Lehrpersonen befasst. Einige wichtige Ergebnisse sind (vgl. Berliner, 1992; Bromme, 1992; Bromme & Haag, 2008): Kompetente PraktikerInnen haben nicht unbedingt mehr Wissen als Novizen, wohl aber anderes, häufig fallspezifisch organisiertes Wissen (vgl. Bromme, 1992, S. 149). Sie nehmen weniger (unwesentliche) Details wahr, sondern verfügen über komplexere Wahrnehmungs- und Analysekategorien, mit denen sie rascher kritische Punkte von Unterrichtssituationen identifizieren können. ExpertenlehrerInnen sind zu situationsspezifischer Flexibilität und Variation in der Lage, ohne sich jedoch durch jedes unvorhergesehene Ereignis aus der Bahn werfen und von ihren Zielen abbringen zu lassen. Derartige Expertise erfordert eine gewisse Zeit reflektierter praktischer Erfahrung; sie ist bereichspezifisch und kann nicht bruchlos auf neue Felder übertragen werden (vgl. Berliner, 1992, S. 228).

Neben diesen theoretischen Begründungszusammenhängen kommt aktuell auch aus einer ganz anderen Richtung Unterstützung für die Idee, Forschung als Teil des Lehrerberufes zu konzeptualisieren. Im Zuge der internationalen Schulleistungsvergleichsstudien und des in seiner Folge propagierten ‚neuen Steuerungsmodells' im Schulwesen, das Qualitätssicherung schulischer Praxis und deren Weiterentwicklung in einem ‚evidenzbasierten' Regelkreis von Zielvorgabe (z.B. durch Bildungsstandards oder Qualitätsrahmen) und Outputevaluation (z.B. durch Lernstandserhebungen und Teaminspektionen) situiert (vgl. Altrichter & Heinrich, 2007), sind neue Konzepte der Bildungsreform propagiert worden, die zielgenauere und raschere Entwicklung durch externe Steuerungsinstrumente wie Bildungsstandards, Datenfeedback und Schulinspektionen erreichen wollten und dadurch hofften, sich von Kompetenzen und Entscheidungen von Lehrpersonen unabhängiger machen zu können. Aktuell erhält die (schon bei Stenhouse formulierte) Einsicht wieder Bedeutung, dass nachhaltige Entwicklung nicht die Rationalität von Lehrpersonen umgehen kann, sondern diese gewinnen muss: „Thus, the evidence-based strategy seems to have come full circle: Originating from dissatisfaction with teacher-led school improvement it was looking for external instruments to direct and speed up change only to arrive at the insight that it cannot do without teachers who are more than just technicians of an applied technology, but who are professionals." (Altrichter & Posch, 2014, S. 8)

Damit aber wird das, was die Professionsforschung schon länger als Hypothese behauptet hatte, zu einer *generellen Forderung an Lehrberuf und Lehrerbildung*: Zu einer zeitgemäßen Professionalität von Lehrpersonen gehören auch forschungs- und evaluationsbezogene Kompetenzen. Einerseits um die Ergebnisse verschiedener Untersuchungen verstehen und Schlüsse für Entwicklungsmaßnahmen ziehen zu können, andererseits um selbst für spezielle schul- und unterrichtsbezogene Fragestellungen Feedback einholen und Evaluationen durchführen zu können.

Bis zu diesem Punkt könnte professionelle Handlung als *individueller* Handlungsvollzug garniert mit etwas Reflexion auf Wissen, Handlungen und Werte verstanden werden. Tatsächlich spielen in den meisten Variationen von Praxisforschung verschiedene Formen des Lernens in Gruppen und der Bezugnahme auf die Berufsgruppe – die Profession – eine große Rolle, die mit der ‚Theorie des Situierten Lernens' von Lave und Wenger (1991) verdeutlicht werden kann (vgl. Altrichter, 2002). Wissen über die soziale Welt und Kompetenzen im Umgang mit ihr sind situiert in dem Sinn, dass sie nicht im luftleeren Raum entwickelt werden können, sondern eine Praxis zu ihrer Ausformung und Aufrechterhaltung benötigen. Berufliche Kompetenz entsteht im Umgang mit den BerufskollegInnen und KlientInnen einer spezifischen Praxisgemeinschaft, in deren Transaktionen Kompetenz ausgeformt, praktiziert, rückgespiegelt und weiter entwickelt wird. Dabei ist der Erwerb von Fähigkeiten mit Prozessen der Identitätsentwicklung verbunden: Indem Akteure nach und nach in der entsprechenden Praxisgemeinschaft praktizierte und geschätzte Fähigkeiten erwerben, bewegen sie sich von einer peripheren zu einer zentraleren Position in dieser Gemeinschaft und entwickeln Identität als deren Mitglied (vgl. Lave, 1991, S. 65).

Die kooperativen Elemente der Aktionsforschung haben (wie auch in der Fortbildungsfoschung insgesamt; vgl. Lipowsky, 2004) auch Forschungsanstrengungen nach sich gezogen: Lerman und Zehetmeier (2008) geben einen Überblick über verschiedene Varianten von „face-to-face communities", welche sowohl innerhalb einer Schule als auch auf regionaler oder nationaler Ebene etabliert werden können. Dabei zeigen sie an exemplarischen Fällen, wie solche professionellen Gemeinschaften entstehen und sich durch regelmäßige aktionsforschungsbasierte Aktivitäten stabilisieren. Wirksame Fortbildungsmaßnahmen fördern sowohl die Kooperation der beteiligten Lehrkräfte einer Schule als auch den Austausch und die Zusammenarbeit mit Lehrkräften anderer Schulen (Ingvarson u.a., 2005; Maldonado, 2002; McLaughlin & Mitra, 2001; Mundry, 2005). Darüber hinaus ist die Beteiligung von Fachgruppen statt Einzelpersonen einer Schule (Anderson & Stiegelbauer, 1994; Garet u.a., 2001) besonders günstig. Damit wird Gruppenbildung gefördert, welche in der Literatur etwa als learning community (Loucks-Horsley u.a., 1996; Maldonado, 2002) oder community of practice (McLaughlin & Mitra, 2001) oder professional community (Ingvarson u.a., 2005) thematisiert wird. Vernetzung mit Kolleginnen und Kollegen oder in professionellen Netzwerken spielt insbesondere dann eine wichtige Rolle, wenn Lehrkräfte die neuen Inhalte und Methoden einer Fortbildungsinitiative in ihrem Unterricht umsetzen sollen oder wollen.

3. Forschung über Aktionsforschung

Nach diesem Blick auf die theoretischen und konzeptionellen Grundlagen von Aktionsforschung stellen wir im Folgenden Untersuchungsansätze und Ergebnisse aus den verschiedenen Praxiskontexten von Aktionsforschung vor, die als spezifische Beiträge zur Forschung zum Lehrerberuf angesehen werden können. Dabei konzentrieren wir uns weniger auf die Ergebnisse der Forschungsprojekte, die von den LehrerInnen selbst durchgeführt wurden (first-order action research), sondern auf empirische Studien, die die Praxis von teacher research in unterschiedlichen konzeptionellen Ausgestaltungen selbst in den Blick genommen haben (second-order action research).

3.1 Schul- und Unterrichtsentwicklung

Aktionsforschung dient als konzeptioneller Rahmen für Entwicklungsstrategien auf unterschiedlichen Systemebenen: Sie kann auf die Entwicklung des eigenen Unterrichts, der Einzelschule oder auf ganze Schulsysteme zielen. Zu solchen Entwicklungsprojekten liegen v.a. Erfahrungsberichte der Projektverantwortlichen vor. Systematischere empirische Studien von dritter Seite sind seltener. Eine der Ausnahmen ist die Begleitforschung zum „Classroom Action Research-Program" (CAR) des Madison Metropolitan School District. Seit 1990 erforschten Lehrerinnen und Lehrer in diesem Netzwerk ihre eigene Schul- und Unterrichtspraxis. Zum Zeitpunkt der Untersuchung beteiligten sich bis zu 100 Lehrkräfte pro Jahr an den Forschungsprojekten des Netzwerks. Caro-Bruce, Klehr, Zeichner und Sierra-Piedrahita (2009) referieren zwei Studien zur LehrerInnenforschung innerhalb dieses Programms. In der ersten wurden 74 Interviews mit beteiligten Lehrkräften geführt. Diese wurden ergänzt durch zehn Interviews mit ModeratorInnen, die die Forschungsgruppen begleitet hatten. Darüber hinaus wurden Forschungsberichte der LehrerforscherInnen und vier Fernsehbeiträge, in denen forschende LehrerInnen über ihre Arbeit berichtet hatten, ausgewertet. Die zweite Studie wies ein ähnliches Design auf, konzentrierte sich aber auf sonderpädagogische Forschungsteams. Caro-Bruce u.a. (2009, S. 113ff.) fassen die Ergebnisse beider Studien wie folgt zusammen: Aus den Selbstdarstellungen in den Interviews ist zu entnehmen,

- dass die beteiligten Lehrkräfte größere Zuversicht gewonnen hatten, die Rahmenbedingungen ihrer Arbeit zu verändern,
- dass sich ein stärkeres Gefühl der Kontrolle ihrer Arbeit und größere Eigeninitiative im Umgang mit Herausforderungen im Berufsalltag entwickelt hatte,
- dass sie ihre eigene Unterrichtspraxis auch über das Forschungsvorhaben hinaus nunmehr analytischer betrachteten,
- dass sie nun eher einen Schritt zurücktraten, um die eigene Arbeit zu reflektieren, und dass sie dafür Daten als hilfreich erachteten,
- dass die Arbeit in den Forschungsteams sie von der Bedeutsamkeit kollegialer Zusammenarbeit überzeugt hatte,
- dass der Unterricht durch die Aktionsforschung deutlich schülerorientierter geworden war (Intensivierung des Kontakts zu den Lernenden und stärkerer Einbezug der Schülerperspektiven in den Unterricht).

Einige Lehrkräfte gaben darüber hinaus an, dass sie die Wertschätzung und den Respekt gegenüber der Arbeit von Lehrpersonen sehr positiv erlebt hatten, die sie von Seiten der Bildungsadministration – der Trägerin des CAR-Programms – erfahren hatten. Entgegen der häufigen Annahme, dass Ergebnisse aus der Aktionsforschung jenseits der beteiligten Klassen kaum Wirkung entfalten würden, fanden einige Forschungsergebnisse eine sehr direkte bildungspolitische Rezeption. So wurden die Fortbildungsprogramme für SonderpädagogInnen entsprechend der Projekterkenntnisse überarbeitet. Auch Rauch, Zehetmeier und Erlacher (2014) zeigten anhand von Evaluationsdaten, dass Aktionsforschung in den vergangenen Jahrzehnten Spuren im österreichischen Bildungssystem hinterlassen hat. Aktionsforschungsbasierte Programme zur Unterrichts- und Schulentwicklung hätten positive Auswirkungen auf das Autonomie- und Kompetenzerleben sowie auf Handlungs- und Reflexionskompetenzen der teilnehmenden Lehrkräfte.

In den Studien zeigten sich aber auch kritische Aspekte der Aktionsforschung. Zwei der größten Herausforderungen bestanden darin, ein allgemeines Erkenntnisinteresse der Beteiligten in eine konkrete Forschungsfrage zu überführen und Zeit für das Schreiben der Forschungsberichte zu finden (Schuster, 2009). Weiters empfanden einige TeilnehmerInnen, dass in großen Forschungsteams nicht genügend Zeit für die intensive Beratung der eigenen Forschungsfragen zur Verfügung stand und dass teilweise durch die Forschung Spannungen innerhalb der Schule offengelegt wurden, die dann die Arbeit schwieriger machten als vor der Forschung. Im Gegensatz zu anderen Fortbildungserfahrungen, die oft eher „an der Oberfläche" verblieben, wurde von den Lehrkräften die intellektuelle Herausforderung im Rahmen der Aktionsforschungsprojekte positiv hervorgehoben (vgl. Caro-Bruce u.a., 2009, S. 115).

Die eben referierten Ergebnisse schließen inhaltlich an zwei Evaluationsstudien zur Bremer Schulbegleitforschung an. Mehr als vier Fünftel der beteiligten LehrerInnen gaben 1996 eine positive Einschätzung der Auswirkungen der Projektarbeit auf den eigenen Schulalltag und den der SchülerInnen ab (vgl. Kemnade, 1996, S. 14; 2007, S. 77ff.). Die Beteiligten hatten „wieder mehr Freude an ihrem Beruf" (Kolzarek & Lindau-Bank, 2000, S. 35). Der Schulbegleitforschung wurden auch „positive Auswirkungen auf neue Kooperationsstrukturen und erhebliche Auswirkungen auf die individuelle Kooperationsbereitschaft" (Kemnade, 1996, S. 27) zugeschrieben. Dabei schien vor allem der Zusammenarbeit im Forschungsteam starke sinnstiftende Funktion zuzukommen (vgl. a.a.O., S. 25). Die forschenden Lehrkräfte traten durch ihre Forschungs- und Entwicklungsarbeit in einen breiten Kommunikationsraum ein: Sie diskutierten ihre Arbeit mit dem Koordinierungsgremium, anderen Schulbegleitforschungsprojekten, den wissenschaftlichen Begleitungen, der Bildungsbehörde und präsentierten sie nach außen (vgl. Kolzarek & Lindau-Bank, 2000, S. 33ff.).

Im Rahmen des österreichischen Projekts IMST^2 hatten Lehrkräfte die Gelegenheit, sich mittels Videoanalysen gegenseitig Feedback über ihre jeweilige Unterrichtspraxis zu geben (Zehetmeier, 2010a). Die beteiligten Lehrkräfte sahen darin eine Möglichkeit, sich nicht nur auf fachlicher Ebene auszutauschen, sondern auch die Methodik des bzw. der anderen zu verstehen und als Vorbild zu nehmen. Zentrale Faktoren, welche diese Entwicklung förderten, waren Vernetzung und Reflexion: Die Lehrkräfte arbeiten zusammen, tauschen sich aus und reflektieren gemeinsam ihren Unterricht. Darüber hinaus unterstützte auch die Qualität der vertrauensvollen Zusammenarbeit und Kommunikation zwischen den Lehrkräften und dem Betreuerteam diese Entwicklung.

3.2 Lehrerfortbildung

Mit der Entfaltung und Verbreitung von Ansätzen der Lehreraus- und -fortbildung, die auf Konzepten der Aktionsforschung beruhen, ist auch die Frage aufgetaucht, ob diese Programme in Prozessverlauf, Teilnehmerakzeptanz und Ergebnissen wirklich jene Hoffnungen erfüllen, die ihnen zugeschrieben werden. Die frühesten Bemühungen zur Beantwortung solcher Fragen gibt es in Hinblick auf *Fortbildungssettings.* Um festzustellen, wie Lehrkräfte mit dem Angebot von Fortbildungsmaßnahmen umgehen und welche Aspekte sie sich daraus aneignen, wurde von Farmer u.a. (2003) ein Stufenmodell der Aneignung (Levels of Appropriation) entwickelt:

Level 1: Concrete activity and content: Auf diesem Level eignen sich Lehrkräfte Inhalte oder Methoden an, welche sie in ihrem Unterricht unmittelbar verwenden können und fokussieren auf die enge Passung zwischen Inhalten der Fortbildung und den Inhalten ihres Unterrichtes. Lehrkräfte auf diesem Level berichten von der Umsetzung von Ideen und Konzepten in ihrem Unterricht (und den damit verbundenen Erfolgserlebnissen und Schwierigkeiten), jedoch ohne eine tiefer gehende Analyse dieser Umsetzung. Sie bewerten eine Fortbildung entsprechend ihrer unmittelbaren Anwendbarkeit in der beruflichen Praxis.

Level 2: Professional principles and understandings: attitudes and beliefs. Lehrkräfte auf dieser Stufe sehen sich als berufliche ExpertInnen, welche durch die Fortbildung ihr Wissen oder ihre Kompetenz erweitern. Sie verstehen sich als lernende LehrerInnen, welche sich Neues aneignen, um ihre berufliche Expertise zu festigen. Der Unterschied zu Lehrkräften auf Level 1 liegt darin, dass LehrerInnen auf Level 2 nicht nur einzelne Teile der Fortbildungsmaßnahme in ihrem Unterricht anwenden, sondern diese in den Kanon ihres professionellen Wissens integrieren und als flexibel einsetzbare Kompetenzen weiterentwickeln.

Level 3: Teaching as inquiry. Auf dieser Stufe zeichnen sich Lehrkräfte durch eine erweiterte Perspektive aus: Neben der Anwendung (Level 1) und Weiterentwicklung (Level 2) von Inhalten und Methoden der Fortbildungsmaßnahme steht für diese Lehrkräfte vor allem das Lernen durch den (bzw. während des) Prozesses des Lehrens im Mittelpunkt. Sie sehen sich als Lernende in und während ihrer beruflichen Praxis (und nicht nur während der Fortbildung). Die Elemente der Stufen 1 und 2 (Anwendung und Weiterentwicklung) finden sich auch auf Stufe 3, jedoch dienen sie hier zusätzlich als Mittel und Werkzeuge für forschendes Lernen. Diese dritte Stufe bedarf beruflicher und persönlicher Reife sowie Gelegenheit und Bereitschaft, sich selbst und die eigene Praxis kritisch in Frage zu stellen.

Entsprechend dieser Stufen unterscheiden Farmer u.a. (2003, S. 343) folgende Haltungen von Lehrkräften: „Teachers who appropriate elements from professional development largely at level one are taking a practitioner's stance toward the project, those who also appropriate and integrate knowledge (level two) are taking a professional stance and those who, in addition, begin to take on the role of a learner in their own teaching process (level three) are taking an inquiry stance".

Die ersten fortbildungsbezogenen Evaluationsansätze versuchten durch Interviews mit LehrerInnen und Re-Analysen von Lehrerfallstudien Hinweise auf Wirkungen und Prozessbedingungen dieser Fortbildungsansätze zu erheben. In diesem Sinne wurden zusammenfassende Analysen von Lehrerfallstudien v.a. in Hinblick auf ihren „inhaltlichen Ertrag" erstellt (z.B. Posch & Rauch, 2000). Ein relativ umfassender Versuch stammt von Kemmler-Ernst (1998), bei dem eine große Anzahl von veröffentlichten Lehrerstudien sowie Selbstberichten von LehrerInnen in elektronischen Mailinglisten erfasst wurde. Die Ergebnisse zeigen sehr große Übereinstimmungen mit den unter 3.1 referierten von Caro-Bruce u.a. (2009). In einer Re-Analyse des Materials von Kemmler-Ernst formulierte Zeichner (2004, S. 279) einige spezielle *Bedingungen*, die erfolgreiche Aktionsforschungsprojekte mindestens aufweisen müssen:

- Entwicklung einer Forschungskultur, die Lehrerwissen respektiert, wertschätzt und gleichzeitig LehrerInnen stimuliert, ihr Wissen zu hinterfragen und zu kritisieren.
- Investition in das intellektuelle Kapital von LehrerInnen, die sich darin niederschlägt, dass LehrerInnen die Kontrolle über die meisten Aspekte des Forschungsprozesses (Teilnahme, Forschungsfokus, Methoden) innehaben.
- Intellektuelle Herausforderung und Stimulierung, die LehrerInnen hilft, weitergehend über ihre Praxis nachzudenken statt schnelle Lösungen zu suchen.
- Arbeit über eine längere Zeit (zumindest ein Jahr) in einer sicheren und unterstützenden Umgebung mit vorhersehbaren Ritualen und Routinen, die auch hilft, eine Community aufzubauen.
- Freiwillige Teilnahme.

Das Erleben der TeilnehmerInnen an forschungsbasierten Fortbildungsprogrammen wurde durch verschiedene Befragungen und Interviewstudien erhoben (vgl. zusammenfassend Krainer & Posch, 1996). Eine Weiterentwicklung dieser Arbeitsrichtung stellt die Untersuchung von Soukup-Altrichter und Altrichter (2012) dar, bei der die Mitglieder einer „Regionalgruppe" von sieben LehrerInnen, die an einem zweijährigen aktionsforschungsbasierten Fortbildungsprogramm teilgenommen hatten, drei Jahre nach Abschluss des Programms in Gruppen- und Einzelinterviews befragt wurden. Lerneffekte wurden in drei Bereichen berichtet: Erstens war es für viele TeilnehmerInnen neu gewesen, sich ‚kritischen' Situationen ihrer beruflichen Praxis reflexiv und analytisch zu nähern und dabei unterschiedliche Perspektiven der verschiedenen Beteiligten mit einzubeziehen. Zweitens berichteten alle TeilnehmerInnen von ‚persönlichen Entwicklungsprozessen', die unterschiedliche Aspekte von der Zunahme von Selbstbewusstsein und Selbstwertgefühl über unterrichtsbezogene Haltungen (aufmerksamerer Blick auf die einzelnen SchülerInnen, Zielorientierung, Erproben unterschiedlicher Lernwege durch die SchülerInnen) bis zur Entwicklung von Moderationskompetenzen betrafen. In unterschiedlichem Maße trug drittens das ‚Fortbildungsprogramm zur Schulentwicklung' an den jeweiligen Standorten bei. Einesteils weil manche TeilnehmerInnen selbst klassenübergreifende Entwicklungsaktivitäten (z.B. eine kooperative Evaluation mit SchülerInnen) in Angriff nahmen, anderenteils weil sie Kompetenzen – wie z.B. für die Formulierung von Projektanträgen und Berichten sowie für die Dokumentation und Evaluation von Projekten – erworben hatten, die den Schulen in dem immer kompetitiver werdenden Umfeld nützlich waren.

Nach der Darstellung der Befragten betrieben sie nach Abschluss des Lehrganges nicht kontinuierlich weitere Aktionsforschung (was von den ProponentInnen des Ansatzes üblicherweise nicht erwartet und angestrebt wird). Dennoch schien es so zu sein, dass (1) in problemhaft erlebten Situationen, (2) wenn neue, umfassendere Entwicklungsvorhaben angegangen wurden sowie (3) bei Vorhaben, die der Aktionsforschung strukturähnlich waren (z.B. kooperative Evaluation, forschendes Lernen mit SchülerInnen), ein Rückgriff auf Strategien der Aktionsforschung erfolgte.

Als wesentliche Bedingungen für ihre Entwicklung im Lehrgang wurden retrospektiv v.a. zwei genannt: Der zunächst als unangenehm empfundene ‚Zwang zur Verlangsamung und Reflexion von Praxis' (der durch die Arbeitsaufgaben und deren kontinuierliche Besprechung in der kollegialen Gruppe entstand) und die ‚Macht der Gruppe', die ein Forum für fachlichen Diskurs, emotionalen Rückhalt und sachliche Unterstützung für die eigene Arbeit bot, aber auch als Aufforderung zur Kontinuität und klärende Herausforderung für die Weiterentwicklung eigenen Unterrichts wirkte. Einige der TeilnehmerInnen suchten nach Abschluss des Lehrgangs nach neuen Herausforderungen außerhalb des Unterrichts, indem sie sich für Aufstiegspositionen bewarben oder Kurse auf Masterniveau besuchten, andere wollten dezidiert bei der Unterrichtsarbeit bleiben.

Lange Zeit bestand bei vielen AktionsforscherInnen Scheu, die Annahmen und Wirkungshoffnungen ihrer Fortbildungskonzepte auch einer empirisch-quantitativen Überprüfung zu unterziehen. Angesichts der evidenzbasierten Modernisierungsvorstellungen des Bildungssystems im Nachgang zum PISA-Schock lassen sich solche Reserven offenbar nicht mehr länger aufrechterhalten. So finden wir derzeit vermehrt Ansätze quantitativer Untersuchungen der Prozesse und Wirkungen forschungsbasierter Fortbildung. Müller, Andreitz und Mayr (2010, S. 187-188; vgl. auch Posch, 2009) untersuchten zweijährige Aktionsforschungs-Lehrgänge zu vier Erhebungszeitpunkten mit Fragebögen sowie mit einer Videoaufgabe zur Förderung kognitiver Aktivierung im Unterricht. Wie bei den qualitativen Vorgängerstudien zeigte sich auch hier: „Lehrerfortbildungen wie der Lehrgang PFL, die einen forschend-lernenden Zugang und damit eine enge Verzahnung zwischen Theorie und eigenem Unterricht in den Vordergrund rücken sowie Lernprozesse von Lehrpersonen über einen langen Zeitraum unterstützen, kommen bei Lehrpersonen sehr gut an. Dies ist insbesondere bei der Arbeit in Kleingruppen (Regionalgruppentreffen) der Fall, die eine vertiefte Auseinandersetzung mit der Entwicklung des eigenen Unterrichts im kollegialen Austausch und mit intensiver Unterstützung durch Expert/innen ermöglicht." (Müller u.a., 2010, S. 197)

Die hohe Akzeptanz der Lehrgänge wird auch dadurch erklärlich, dass sie offenbar ihre Zielgruppe der „reflektierten PraktikerInnen" erreichten: Die TeilnehmerInnen zeigten schon zu Beginn des Lehrgangs großes Interesse an pädagogischen und fachdidaktischen Themen und an der persönlichen Kompetenzentwicklung und wandten vorwiegend elaborative Lernstrategien (z.B. „kritisches Prüfen" und „Reflektieren") an (vgl. Müller u.a., 2010, S. 192ff.). Dennoch stieg die Selbsteinschätzung der Unterrichts- und Schulentwicklungskompetenz sowie der Reflexion der eigenen Praxis im Verlauf des Lehrgangs ebenso wie die Selbsteinschätzung von lehrgangsspezifischen Wissensbereichen (z.B. fachdidaktisches und pädagogisches Theoriewissen, Management und Evaluation, Methoden der Lernförderung, das Wissen über Leistungsstandards) weiter an (vgl. Müller u.a., 2010, S. 194-195).

Die Videoaufgabe, bei der die TeilnehmerInnen gebeten wurden, Lerngelegenheiten zur kognitiven Aktivierung der SchülerInnen zu identifizieren, sollte Hinweise darauf liefern, ob diese positiven Selbsteinschätzungen auch mit Verhaltensänderungen in Anwendungssituationen korrespondierten. Dabei zeigte sich kein signifikanter Zuwachs in der Summe aller Nennungen, wohl aber schienen die TeilnehmerInnen sensibler bzgl. der Aspekte „individuelle Unterstützung im Unterricht", „Anregen von Schülerüberlegungen" und „direkte Instruktion" zu werden. Die Qualität der Antworten – abgelesen an der Zahl und der internen Struktur der Begründungen – stieg allerdings nur bei jenen Lehrpersonen, die im Lehrgang oder darüber hinaus selbst Unterrichtsvideos zu analysieren gelernt hatten. Der Transfer von Fortbildungsinhalten auf neue Situationen gelang offenbar nicht umstandslos und „spontan", was Müller u.a. (2010, S. 198) als weiteren Hinweis darauf werteten, „dass dem aktiven Tun, dem Anwenden und Üben eine hohe Bedeutung in der Lehrerfortbildung zukommt".

Altrichter und Maderthaner (2007) untersuchten nach vierjähriger Projektdauer die Unterstützungsaktivitäten zur Etablierung von ‚Cooperativem Offenem Lernen' (COOL) in österreichischen berufsbildenden mittleren und höheren Schulen, die ebenfalls einem Aktionsforschungskonzept folgten. Mit einem Online-Fragebogen wurden bei einer Rücklaufquote von 61 % letztlich 100 Lehrkräfte befragt. Dabei konnten zwei Gruppen erfasst werden, nämlich Lehrpersonen, die die Unterstützungsmaßnahmen wahrgenommen hatten, sowie solche, von denen bekannt war, dass sie ebenfalls COOL in ihrem Unterricht verwendeten, jedoch ohne die ministerielle Unterstützung in Anspruch genommen zu haben. Dabei zeigten sich signifikante

Unterschiede zwischen den beiden Gruppen, die als Hinweise für eine Wirkung der angebotenen Maßnahmen, in deren Zentrum aktionsforschungsbasierte Lehrgänge standen, interpretiert werden können. Diese Unterschiede traten deutlicher bei Variablen auf, die sich auf die Stärkung professioneller Elemente, die Wahrnehmung von Aufgaben der Lehrerfortbildung und der Verbreitung der Innovation bezogen. Während die TeilnehmerInnen des Unterstützungsprogramms sich selbst nicht mehr methodisch-didaktische COOL-Kenntnisse zubilligten und auch nicht über mehr Effekte des COOL-Unterrichts auf die SchülerInnen ihrer Klassen berichteten, unterschieden sie sich signifikant von den Nicht-TeilnehmerInnen in ihrer Bereitschaft zu einer Tätigkeit als MultiplikatorIn und in der tatsächlichen Häufigkeit einer solcher Tätigkeit. Sie schätzten die Rahmenbedingungen für die Entwicklung von COOL günstiger ein, was wahrscheinlich auf ihre bessere Kenntnis der verfügbaren Unterstützungsmaßnahmen sowie auf das durch die Lehrgänge etablierte Netzwerk kollegialen Erfahrungsaustausches zurückzuführen war.

Evaluationsmaßnahmen und Wirkungsanalysen von Lehrerfortbildung sind meist formativer oder summativer Natur; sie werden projektbegleitend oder am Ende der Initiative durchgeführt und liefern dabei ausschließlich Informationen über unmittelbare Wirkungen, welche während oder am Ende des Projektes auftreten. Neben den – für die kritische Reflexion des abgeschlossenen Projektes und für die Konzeption weiterer ähnlicher Projekte wichtigen – Informationen, welche sich auf unmittelbare Wirkungen beziehen, sollte insbesondere auch der Untersuchung nachhaltiger Wirkungen, welche über das Ende des Projektes hinaus reichen, in der Planung und Gestaltung von Lehrer/innenfortbildung Aufmerksamkeit zukommen. Eine Untersuchung solcher langfristiger und nachhaltiger Wirkungen bleibt aber meist aus, da sich die Aufmerksamkeit auf neue Projekte verlagert und so die finanziellen und organisatorischen Bedingungen für eine Nachhaltigkeitsevaluation oft nicht mehr gegeben sind (McLaughlin & Mitra, 2001; vgl. auch Lipowsky, 2004, S. 462): „As a result, many writers and reformers have begun to worry and write about not just how to effect snapshots of change at any particular point, but how to sustain them, keep them going, make them last. The sustainability of educational change has, in this sense, become one of the key priorities in the field" (Hargreaves, 2002, S. 190).

Durch eine Re-Analyse von Studien zur Lehrerfortbildung versuchte Zehetmeier (2010b) eine Antwort auf die Frage, welche Faktoren zu deren Nachhaltigkeit beitragen; dabei scheinen folgende Gestaltungsmerkmale bedeutsam:

- *Passung* bedeutet, dass die Fortbildungsmaßnahme die Bedürfnisse der Lehrkräfte trifft. Dies geschieht, indem Auswahlmöglichkeiten bereitgestellt, lokale Rahmenbedingungen berücksichtigt, Arbeitskontexte und Lehrpläne der Lehrkräfte beachtet werden sowie die Fortbildung mit anderen Lerngelegenheiten der Lehrkräfte abgestimmt wird.
- *Ownership* weist darauf hin, die Lehrkräfte bei Planung und Durchführung der Fortbildungsmaßnahme mit einzubeziehen und sie in ihrer Rolle als Multiplikatorinnen und Multiplikatoren zu unterstützen. Die Beteiligung von Lehrkräften an innovativen Prozessen fördert deren Bereitschaft, diese Innovation auch langfristig umzusetzen.
- *Vernetzung* bedeutet, dass die Fortbildungsmaßnahme sowohl die Kooperation der beteiligten Lehrkräfte einer Schule unterstützt als auch den Austausch und die Zusammenarbeit mit Lehrkräften anderer Schulen fördert. Darüber hinaus ist die Beteiligung von Fachgruppen statt Einzelpersonen einer Schule besonders günstig.
- *Reflexion* umfasst Diskussionen und Reflexionen unter den teilnehmenden Lehrkräften sowie die Auswertung von Artefakten (wie etwa Unterrichtsvideos oder Schülerarbeiten).
- *Praxisbezug* bedeutet, dass das Fortbildungsprogramm praktische Erprobungsphasen enthält und Gelegenheiten für aktives und modellhaftes Lernen bietet.

- *Evaluation* umfasst kontinuierliche Evaluations- und Feedbackmaßnahmen des Fortbildungsprogramms.
- *Freiwilligkeit* bezieht sich auf die Freiwilligkeit der Teilnahme (wobei es nach Zehetmeier (2010b) nur wenig Literatur über Wirkungen von unfreiwilliger Fortbildung gibt).
- *Interne Unterstützung* beinhaltet, dass die teilnehmenden Lehrkräfte von ihren jeweiligen Schulleitungen Unterstützung erhalten.
- *Zeitliche Ressourcen* unterstreicht, dass Zeit für Reflexion, Feedback, Austausch oder Vernetzung mit Kolleginnen und Kollegen wichtig für die Wirksamkeit von Fortbildungsmaßnahmen ist.

Im Rahmen einer Fallstudie untersuchte Zehetmeier (2010a) die Wirkungen drei Jahre nach dem Ende einer aktionsforschungsbasierten Fortbildungsmaßnahme. Dabei zeigte sich, dass durch Aktionsforschung zahlreiche der oben genannten förderlichen Faktoren nachhaltiger Lehrerfortbildung (etwa Passung, Ownership, Vernetzung, Reflexion, Praxisbezug, Freiwilligkeit oder Evaluation) verwirklicht werden.

3.3 Lehrerausbildung

Wenn praxisforschende Kompetenz ein wichtiges Element von Lehrerprofessionalität ist, dann muss nach Wegen gesucht werden, diese schon in der Lehrerausbildung grundzulegen. Seit den 1990er Jahren gibt es eine wachsende Zahl an Forschungswerkstätten in den Studiengängen der Lehrerbildung (vgl. Obolenski & Meyer, 2003; Altrichter & Mayr, 2004, S. 171ff.). In forschungsorientierten Seminaren oder Praktika führen Studierende eigene kleine schul- und unterrichtsbezogene Forschungsvorhaben durch (vgl. Feindt, 2007, S. 69ff.). Erste Untersuchungsansätze stützten sich auf ein – den eigenen methodologischen Vorstellung von Aktionsforschung entsprechendes – Fallstudiendesign: Forschungs- und Entwicklungsstudien, die Studierende über ihre ersten Unterrichtserfahrungen sowie Universitätslehrende über ihre lehrende und beratende Tätigkeit in der Lehrerbildung erstellt hatten, wurden einer fallvergleichenden Analyse unterzogen, um Hinweise auf Bedingungen, Schwierigkeiten und Ergebnisse einer forschungsbasierten Lehrerbildung zu gewinnen (vgl. Altrichter, 2003; Altrichter & Aichner, 2003). Dabei zeigte sich u.a., dass aus dem Modell der forschenden Praxisgemeinschaften Gestaltungsgesichtspunkte für eine verbesserte Kooperation zwischen Schulpraxis, Fachdidaktik und Pädagogik abgeleitet werden konnten, die für die Universitätslehrenden attraktiv und anregend waren und zu einer intensiveren Betreuung in ‚reflektierenden Schulpraktika' führten. Weiters wurde aber auch deutlich, dass Studierende unterschiedlich gut mit den Reflexions- und Entwicklungsaufgaben im Schulpraktikum umgehen konnten. Manche zogen vor, im ‚Aktions'-Modus ihre ersten Praxiserfahrungen zu bewältigen, als differenzierter auf sie zu reflektieren, um schrittweise ihre Kompetenzen weiterzuentwickeln.

Auf welchen studienbiografischen Wegen kommen Lehramtsstudierende dazu, selbst zu forschen, und wie strukturieren sie diese Forschungspraxis? Anhand von 19 biografisch-narrativen Interviews mit Lehramtsstudierenden, die eigene schul- und unterrichtsbezogene Forschungsprojekte durchgeführt hatten, rekonstruierte Feindt (2007) vier Typen studentischer Forschung im Lehramtsstudium:

(I) Forschung im Modus der Umsetzung formaler Anforderungsstrukturen: Studierende dieses Typs sehen Forschung als ein a priori feststehendes Tableau verschiedener Handlungsmuster, das möglichst gut umzusetzen ist, um formale Studienleistungen (Leistungsnachweise, Abschlussarbeiten) zu erfüllen. Dabei werden wenig eigene Wege zur Bearbeitung der Forschungsfrage

entwickelt, sondern eher Handlungsanweisungen von den Lehrenden und innerhalb der Forschungsgruppe gesucht. Die Bewertungsnorm der Forschungspraxis ist der eigenen Perspektive äußerlich.

(II) Forschung im Modus reflexiver Sozialität: Für die Studierenden dieses Typs ist die Zusammenarbeit mit anderen Studierenden und/oder mit in den Forschungsteams beteiligten LehrerInnen der zentrale Kern, der die Strukturierung ihrer Forschungspraxis kennzeichnet. „Reflexiv“ ist diese Sozialität, weil die Standortgebundenheit der jeweils anderen im Mittelpunkt steht und Ausgangspunkt für eine perspektiventriangulierende Diskussion in den Forschungsteams ist. Das methodische Vorgehen selbst, die gemeinsame Interpretation von Datenmaterial, scheint für die Studierenden von entscheidender Relevanz zu sein und wird zum eigentlichen Inhalt des Forschungsprozesses. Dieses Orientierungsmuster ist als Selbstreferentialität der Forschung konzeptualisiert.

(III) Forschung im Modus reflexiver Erkenntnisgenerierung: Studentische Forschung dieses Typs ist primär an der inhaltlichen Bearbeitung der Forschungsfrage orientiert. Auch bei diesem Typ stellt die Sozialität im Forschungsprozess einen wichtigen Faktor dar. Die gemeinsame Forschungsarbeit bleibt hier jedoch deutlich enger an die Generierung konkreter, für die Studierenden relevanter Erkenntnisse gebunden, die häufig mit neuartigen und überraschenden Einsichten in Schule und Unterricht assoziiert sind.

(IV) Forschung im Modus informierender Sozialität: Ähnlich wie bei Typ II steht hier die Sozialität im Mittelpunkt der Forschung, doch ist die Art und Weise, wie diese Sozialität gestaltet wird, eine andere: Die Zusammenarbeit im Forschungsteam wird zur einseitigen Information der Studierenden durch die beteiligten LehrerInnen genutzt. Die Studierenden schätzen dabei die Gelegenheit, innerhalb eines als praxisfern empfundenen Studiums ihre Fragen über Schule und Unterricht im kontinuierlichen Kontakt zu Lehrkräften ‚loszuwerden‘ und beantwortet zu bekommen.

In den Analysen wurde deutlich, dass die Studierenden der *Sozialität im Forschungsprozess* – wie auch die Lehrpersonen in der Fortbildung (vgl. Kap. 3.2) – eine besondere Bedeutung zuweisen. Dieser Befund deckt sich mit anderen Studien zur Arbeit in universitären Forschungswerkstätten (z.B. Reh & Schelle, 2000, S. 78; Michalek & Spitz, 2004, S. 11; Strauss, 1998, S. 354-355). Durchgehend wird eine Zusammenarbeit beschrieben, die sich offensichtlich von den sonstigen Erfahrungen der Beteiligten im universitären Kontext unterscheidet. Explizit wird die Wiedergewinnung sozialer und kommunikativer Räume in Beziehung zu inhaltlichen Auseinandersetzungsprozessen im Studium gesetzt; das Funktionieren von Sozialität wird zur Voraussetzung für sachbezogene Diskurse und erfolgreiche Arbeit auf der Inhaltsebene. Die Studie von Feindt (2007, S. 252ff.) verdeutlicht aber auch, dass die in den Forschungswerkstätten angebotene Sozialität nicht von allen Studierenden konstruktiv für die Arbeit an Inhalten genutzt werden kann: Typ IV verbindet zwar explizit Beziehungs- und Inhaltsebene, doch kommt es zu keiner reflexiven Perspektivenarbeit, sondern zu einem informierenden Transfer von Wissensbeständen von den im Forschungsteam beteiligten LehrerInnen hin zu den Studierenden. Auch beim Typ I studentischer Forschung konnte keine reflexive Perspektivenarbeit rekonstruiert werden – hier aber aufgrund einer verhinderten Sozialität, die zur Individualisierung der Tätigkeiten führt. Zusammenfassend lässt sich feststellen, dass die kooperative Grundstruktur der Aktionsforschung (vgl. Altrichter, 2002) auch von den Lehramtsstudierenden zumeist sehr positiv wahrgenommen wird. Die Arbeit in Teams ist aber noch keine hinreichende Bedingung dafür, dass die Potentiale professioneller Lerngemeinschaften realisiert werden können. Dafür braucht es neben der Teamarbeit das gemeinsam geteilte Interesse an den inhaltlichen Herausforderungen.

Die Studie unterstreicht darüber hinaus den „Stellenwert der Praxis innerhalb der Forschungsprojekte“ (Feindt, 2007, S. 257ff.). Praxis ist in studentischer Forschung im Lehramtsstudium auf zwei verschiedenen Ebenen vertreten. Zum einen sind die Forschungsprojekte der Studierenden schul- und unterrichtsbezogen und damit die schulische Handlungspraxis als Forschungsgegenstand vorhanden. Zum anderen ist die konkrete Forschungstätigkeit der StudentInnen selber eine Handlungspraxis. Bislang wurde in der Diskussion um eine forschende Lehrerbildung die Reflexion der fremden Schul- und Unterrichtspraxis (Reflexion erster Ordnung) als Kern angesehen, auf den die Entwicklung von Reflexivität bei den Studierenden fokussiert wurde (Helsper, 2000, S. 158). Bei der Analyse der Darstellungen der Studierenden zeigte sich aber, dass mit der Reflexion zweiter Ordnung, die sich auf die eigene Forschungspraxis bezieht, ein bislang unberücksichtigter Auslöser für Reflexionsprozesse in die Aufmerksamkeit rückt.

Die professionstheoretische Bedeutung dieses Ergebnisses liegt darin, dass eine Identifikation, Involviertheit und Verantwortungsübernahme (ownership) für die eigenen Forschungsprojekte wichtige Ausgangspunkte für konstruktiv verlaufende Reflexionsprozesse sind. Die didaktisch-organisatorischen Konsequenzen unterscheiden sich von anderen professionstheoretischen Überlegungen dahingehend, dass nicht die maximale Distanzierung von der Praxis und die Entlastung vom Handlungsdruck entscheidend für die Reflexionsprozesse sind, sondern gerade die Balance von verantwortlicher Einbindung in eine Praxis und von Sicherung von Räumen zur Kommunikation und Reflexion über diese entwicklungsförderlich ist (vgl. Combe, 2001, S. 30; Feindt & Altrichter, 2009). In einer professionalisierungsförderlichen Lehrerbildung geht es daher auch darum, die Handlungspraxis an der Universität als Lernfeld wiederzuentdecken.

Die vorliegenden Ergebnisse können für eine konstruktive Weiterentwicklung der studentischen Forschungspraxis in der Lehrerbildung genutzt werden. Dass es sich dabei jedoch um ein hochschuldidaktisches Feld handelt, das von dilemmatischen Strukturen durchzogen ist, verdeutlichen die Studien von Valli und Price (zit. nach Borko, Whitcomb & Byrnes 2008, S. 1031-1032). Diese entwickelten und erforschten jeweils einen hochschuldidaktischen Ansatz für die Lehrerbildung, der explizit die Aktionsforschung der Studierenden in den Mittelpunkt stellt. Anhand von vier kontrastiven Fallstudien rekonstruierten sie fünf Dilemmata, die für die Didaktik von Aktionsforschung in der Lehrerbildung bedeutsam sind (vgl. auch Day & Townsend, 2009, S. 183). In der Konzeption und Begleitung studentischer Forschung im Lehramtsstudium sei es wichtig,

- die individuelle und die institutionelle Ebene von Schul- und Unterrichtsentwicklung,
- Aktion und Reflexion,
- Unterstützung und Herausforderung der Studierenden,
- leidenschaftliche Suche und wissenschaftliche Begründung sowie
- Vorgaben und Selbststeuerung

zu balancieren und die Spannungsverhältnisse für die Professionalisierung der Studierenden nutzbar zu machen.

4. Zusammenfassung und Ausblick

Die vorgestellten Aktionsforschungsstudien eröffnen nicht nur ein breites Feld der Forschung zum Lehrerberuf, sondern zeigen auch, dass Forschung als Teil des Lehrerberufs konzipiert werden kann. U.E. lassen sich diesbezüglich folgende übergreifende Aussagen formulieren: Aktionsforschung trifft offensichtlich auf *Akzeptanz* bei einem bestimmten Teil der Lehrerschaft. Denjenigen, die ein ausgeprägtes Interesse an der Reflexion und Weiterentwicklung von beruflicher Praxis und professionellen Kompetenzen haben (und oft auch an beruflichem Aufstieg interessiert sind), bietet Aktionsforschung hohes Anregungspotential und einen geeigneten Arbeitszusammenhang. Damit kann eine für die Weiterentwicklung des Schulwesens ausgesprochen interessante Zielgruppe erreicht werden. Als Professionalisierungsstrategie für Lehrpersonen, die eine solche reflexive und entwicklungsorientierte Grundhaltung nicht teilen, scheint teacher research allein aber weniger Potential zu haben. Diese Tendenz zeigt sich bereits im Studium, wenn deutlich wird, dass nicht alle Studierende gleichermaßen die Reflexionsangebote der Aktionsforschung nutzen und entsprechend profitieren.

Von der Lehrerbildung bis hin zur Schul- und Unterrichtsentwicklung in Netzwerken zeigt sich, dass Aktionsforschung großes Potential hat, um *berufsspezifisch ausgerichtete soziale, kommunikative Räume* zu eröffnen. Der Mehrwert kooperativer Arbeitsformen rührt aus der Erweiterung der eigenen Standortgebundenheit her, *die eine distanziertere Auseinandersetzung mit der eigenen Tätigkeit* ermöglicht. Eine solche Perspektiverweiterung erleben forschende LehrerInnen auch in der Arbeit mit empirischen Daten. Sowohl die Kommunikation mit KollegInnen als auch die Analyse von Forschungsdaten befördert offensichtlich eine analytische und reflexive Betrachtung des beruflichen Handelns auch nach und jenseits der konkreten Forschungsarbeit. So berichten Lehrkräfte bspw. in verschiedenen Untersuchungen von einer erhöhten Schülerorientierung (Verstehen und Einbezug der Perspektiven von SchülerInnen), die durch die Aktionsforschung ausgelöst wurde.

Weiters scheint die forschende Tätigkeit von Lehrpersonen mit einem gesteigerten *Selbstwirksamkeitsempfinden* verbunden. Offenbar wird durch die eigene Forschungs- und Entwicklungsarbeit eine aktiv gestaltende Haltung gegenüber beruflichen Herausforderungen gefördert. Ob die positiven Effekte aus den Studien kausal auf die *forschende* Tätigkeit von PraktikerInnen oder stärker auf den *programmatischen Rahmen* der Aktionsforschung (Kooperation, Kontinuität, Praxisbezug, Unterstützungssystem etc.) zurückzuführen sind, ist letztlich nur über kontrastive Vergleiche herauszufinden. Die empirischen Erkenntnisse über erfolgreiche Fortbildungsarbeit lassen vermuten, dass es v.a. Strukturmerkmale des programmatischen Rahmens sind, die für den Erfolg von Aktionsforschung ausschlaggebend sind. So stimmen die zentralen didaktischen und organisatorischen Merkmale von aktionsforscherisch inspirierter Lehrerfortbildung (vgl. Altrichter & Posch, 1998) mit jenen *Merkmalen „ertragreicher Lehrerfortbildung“* überein, die Lipowsky (2004 und in diesem Band) aus einer Zusammenschau empirischer Forschung zur Lehrerfortbildung herausgearbeitet hat (vgl. auch Messner & Reusser, 2000; Richardson & Placier, 2001; Bessoth, 2007; Demuth, Gräsel, Parchmann & Ralle, 2008; Prenzel, Friedrich & Stadler, 2009; Zehetmeier, 2010b). Dort werden als entscheidende Charakteristika genannt:

- längerfristige Auseinandersetzung mit Inhalten,
- Vielfalt methodischer Settings,
- kritisches Hinterfragen grundlegender Überzeugungen,
- klarer Bezug zur Unterrichtspraxis der TeilnehmerInnen,
- fachdidaktischer Fokus auf ausgewählte Fragestellungen,
- Anregung zur Kooperation, die über die Veranstaltung hinausgeht,

- Teilnahme mehrerer Lehrkräfte eines Standortes,
- externe Unterstützung bei Umsetzung der Fortbildungsinhalte an der Schule.

Die bisherige Forschung verdeutlicht neben positiven Effekten auch *Herausforderungen*, die mit Aktionsforschung verbunden sind. Dazu gehört beispielsweise die Schwierigkeit, Lehrpersonen für die Veröffentlichung und schriftliche Mitteilung ihrer Erfahrung zu gewinnen. Das Publizieren reflektierter Erfahrung an die Berufsgruppe wird jedoch von vielen VertreterInnen der Aktionsforschung als wichtiger Bestandteil der Forschungsarbeit beschrieben: „This process (the act of writing, d.A.) stimulates reflection, encourages a creative examination of the experiences of the action researcher, and requires network members to think of how, and what, they want to communicate to each other about their work" (Day & Townsend, 2009, S. 181; vgl. auch Schuster, 2009).

Eine grundsätzliche Herausforderung der Aktionsforschung identifizieren Cochran-Smith und Lytle (2009, S. 43). Für sie ist Lehrerforschung die Bearbeitung einer Dialektik: „By ‚dialectic' we refer to the reciprocal, recursive, and symbiotic relationships of research and practice, analysis and action, inquiry and experience, theorizing and doing, conceptual and empirical scholarship, and being researchers as well as practitioners. (...) When we ‚work the dialectic', there are not distinct moments when we are only theorizers or only practitioners. Rather these activities and roles are intentionally blurred". Diese Dialektik bezieht sich aber nicht nur auf die gegenseitige Durchdringung von Theorie und Praxis, sondern ist mit Blick auf die angeführten Studien zu differenzieren. Day und Townsend (2009, S. 183) beschreiben folgende fünf Spannungsfelder, die in Aktionsforschungsprojekten in eine Balance gebracht werden müssen:

- Individuum vs. Forschungsgruppe: die Forschung soll ihren Ausgang bei den individuellen Fragen der einzelnen Lehrkräfte nehmen, und doch muss in einem Forschungsteam ein gemeinsamer Fokus hergestellt werden;
- Forschungsgruppe vs. Forschungsverbund: in einem Forschungsverbund sollen Teams von unterschiedlichen Institutionen in einem gemeinsamen thematischen und methodischen Rahmen arbeiten;
- Schule vs. Bildungspolitik: Forschungsergebnisse und Entwicklungsmaßnahmen der Aktionsforschungsteams passen nicht unbedingt zu den gerade aktuellen bildungspolitischen Zielen und Maßnahmen;
- Individuelles Lernen vs. wissenschaftliche Kritik: individuelle Lernprozesse bei der eigenen Forschungs- und Entwicklungsarbeit müssen mit wissenschaftlicher Kritik und einem kritischen Blick auf Forschungsprozesse sowie -ergebnisse vermittelt werden;
- Entwicklungserfolg vs. kritisches Hinterfragen: in administrativ geförderten Aktionsforschungsnetzwerken muss Erfolg in knappen Zeitfenstern sichtbar werden, was in einer Spannung zu den Erfordernissen wissenschaftlicher Kritik stehen kann, die rasche Problemlösungen eher skeptisch hinterfragt.

Krainer und Zehetmeier (2013, S. 883-884) ergänzen weitere Spannungsfelder, welche insbesondere bei längerfristig angelegten und auf Nachhaltigkeit abzielenden Projekten in Balance gehalten werden müssen:

- Sichtbare Erfolge vs. sichtbare Herausforderungen: „Both, only seeing success (and no challenges) and lacking success (only challenges remain) would constrict (...) change. An ‚innovation culture' needs challenges that lead to success (visible to teachers, teacher educators, and representatives of administration and policy), and needs success that leads to new questions and challenges."

- Individuelles vs. institutionelles Engangement: „Projects need individuals in practice, research, and policy (…) trying out and reflecting innovations. However, in order to raise the likelihood and sustainability of success, their organizations (e.g., schools, universities, ministries) need to support these individuals in their efforts to learn and bring about change."
- Vorantreiben vs. Geduld: „Projects need a lot of time and tolerance of frustration by all people concerned. Of course, conflicts of interest arise and need to be solved constructively. Thus, reform projects need a long-term perspective; something that is not possible at the moment might be dealt with later on. They also need qualified and dedicated stakeholders, having a lot of creativity, endurance, and patience. Larger initiatives open the view for the general and the holistic (e.g. the educational system); but also for the particular and the small (e.g. good ideas by a student in classroom)."
- Verantwortungsübernahme vs. Verantwortungsweitergabe: „Long-term initiatives need to transfer from a short term project status into a stable sustainable one anchored in the educational system. From an ideal point of view, a reform project is successful in the long run when it has become unnecessary. The process of accepting responsibility is increasingly accompanied by a process of allocating responsibility to the new institutions that might have been set up in the meanwhile."

Mit Blick auf die hier zusammengefassten Ergebnisse ist eine *methodologische Abschlussbemerkung* erforderlich: Viele der referierten Untersuchungen basieren auf Selbstauskünften der teilnehmenden Lehrkräfte. Der Wert aktionsforscherischer Lehrerfortbildung sollte – entsprechend der eigenen methodologischen Herkunft – eher durch ‚qualitative Zeugnisse' in Form der Lehrerfallstudien, die z.B. vom IUS Klagenfurt (vgl. http://ius.uni-klu.ac.at/publikationen/praxisforschung/) konsequent veröffentlicht wurden, demonstriert werden. Dies schien der Philosophie der Aktionsforschung angemessener, als sich einer Output-Logik zu unterwerfen, die die „ebenso komplexe wie zeitlich langgestreckte Wirkungskette" (Terhart, 2003, S. 10) von Fortbildung quantifizieren will. Die verwendeten qualitativen Erhebungs- und Auswertungsmethoden sind gut dazu geeignet, den Relevanzsetzungen der Akteure Raum zu geben und neue Hypothesen über das Forschungsfeld zu generieren. Grenzen werden aber erreicht, wenn es um weitergehende Aussagen über die Wirkung der Aktionsforschungsprojekte geht: Agieren forschende Lehrkräfte tatsächlich professioneller in ihrem alltäglichen beruflichen Handeln? Verbessert sich das Lernen der Schülerinnen und Schüler dadurch, dass die Lehrkräfte ihren Unterricht durch Aktionsforschung weiterentwickeln?

Durch zusammenfassende Re-Analysen von Lehrerfallstudien ließen sich erste Antworten auf die oben genannten Fragen finden. Zwar wurde in verschiedenen Entwicklungsprojekten immer wieder versucht, die *inhaltlichen Aussagen in Bezug auf das Forschungsthema* durch cross case-Analysen von Einzelfallstudien zu konsolidieren (z.B. Posch & Rauch, 2000; Altrichter & Posch, 1996), Re-Analysen in Hinblick auf die *Wirkungen auf das Handeln* von LehrerInnen und – noch mehr – auf das Handeln der SchülerInnen finden sich jedoch selten (vgl. für eine Ausnahme: Kemmler-Ernst, 1998). Hier liegt nach unserer Meinung eine der Herausforderungen an Aktionsforschung als Forschungsansatz, Fragen des Lerngewinns und der dafür förderlichen Bedingungen offensiver zu thematisieren – einesteils indem die partizipative Methodologie der Aktionsforschung für diese Zwecke weiterentwickelt wird, anderenteils indem sich Aktionsforschungsprojekte durchaus auch Untersuchungen mit anderen Forschungsstrategien unterwerfen, um sie von deren Ergebnissen herausfordern und stimulieren zu lassen. Erste Ansätze finden sich z.B. im Oberstufenkolleg (vgl. Glässing, Klewin & Sterzik, 2008) oder in der Laborschule

Bielefeld, wo die schulinterne Lehrerforschung mit einer Schulleistungsüberprüfung mit PISA-Methoden kontrastiert wurden (Watermann, Thurn, Tillmann & Stanat, 2005; vgl. auch Müller u.a., 2010).

Ein Feld für die Erschließung neuer *inhaltlicher* Ausrichtungen von Aktionsforschung sehen wir in der Diskussion um eine standardbasierte Qualitätsentwicklung des schulischen Bildungswesens: Die didaktische Umsetzung von Bildungsstandards und Kompetenzorientierung ist – wie in Kapitel 2 dargelegt – nicht jenseits der Rationalität der Lehrpersonen über „teacher-proof-curricula" zu erreichen (Oelkers & Reusser, 2008, S. 11; Altrichter & Geisler, 2012). Dies hat Folgen für die Rolle der Lehrpersonen im Reformprozess: „Was politisch intendiert ist, muss zusammen/gemeinsam mit den stets auch ausgehend von eigenen Deutungen handelnden Akteuren ko-konstruiert und auf Verständigung hin kommuniziert werden." (Oelkers & Reusser, 2008, S. 11). Da *teacher research* über erprobte Strategien zur Initiierung von Lehrpersonen in standortbezogene Forschung und Entwicklung verfügt, scheint es nahezuliegen, das Konzept auch als Strategie zur praktischen Ausgestaltung evaluationsbasierter Reformpolitiken zu verwenden (vgl. Feindt, 2009). Allerdings wird in der englischsprachigen Literatur die Verbindung von Aktionsforschung mit der Implementation neuer bildungspolitischer Programme sehr differenziert diskutiert. Während Saunders und Somekh (2009, S. 200-201) davon ausgehen, dass das Zusammenspiel von Aktionsforschung und administrativen Reformen eine veränderte Form der Aktionsforschung erfordere, warnen Day und Townsend (2009, S. 183) vor einer Pervertierung von Aktionsforschung, wenn sie in den Dienst evidenzbasierter Steuerung von Unterricht durch die Bildungspolitik gestellt wird. Letztlich ist es aber eine empirische Frage, ob das kritische Potential der Aktionsforschung konstruktiv für eine partizipative Schul- und Unterrichtsentwicklung in Zeiten neuer Steuerung im Bildungswesen ausbalanciert und nutzbar gemacht werden kann. Die Konzeption entsprechender aktionsforschungsbasierter Programme und deren begleitende Evaluation könnten Antworten befördern.

Literatur

Altrichter, H. (2002). Die Rolle der „professional community" in der Lehrerforschung. In U. Dirks & W. Hansmann (Hrsg.), *Forschendes Lernen in der Lehrerbildung* (S. 17-36). Bad Heilbrunn: Klinkhardt.

Altrichter, H. (2003). Forschende Lehrerbildung. In A. Obolenski & H. Meyer (Hrsg.), *Forschendes Lernen* (S. 55-70). Bad Heilbrunn: Klinkhardt.

Altrichter, H. & Aichner, W. (2003). Forschendes Lernen in der Praxis. In A. Obolenski & H. Meyer (Hrsg.), *Forschendes Lernen* (S. 213-226). Bad Heilbrunn: Klinkhardt.

Altrichter, H. & Feindt, A. (2008). Handlungs- und Praxisforschung. In W. Helsper & J. Böhme (Hrsg.), *Handbuch der Schulforschung* (S. 449-466). Wiesbaden: VS.

Altrichter, H. & Geisler, B. (2012). Unterrichtsentwicklung in Zeiten der Systemreform. Schweizerische *Zeitschrift für Bildungswissenschaften 34*(1), 71-95.

Altrichter, H. & Gstettner, P. (1993). Aktionsforschung – ein abgeschlossenes Kapitel in der Geschichte der deutschen Sozialwissenschaft? *Sozialwissenschaftliche Literatur Rundschau 16*(26), 67-83.

Altrichter, H. & Heinrich, M. (2007). Kategorien der Governance-Analyse und Transformationen der Systemsteuerung in Österreich. In H. Altrichter, T. Brüsemeister & J. Wissinger (Hrsg.), *Educational Governance* (S. 55-103). Wiesbaden: VS.

Altrichter, H. & Maderthaner, P. (2007). Die Verbreitung von Unterrichtsinnovationen durch kollegiale Lehrerfortbildung. In C. Kraler & M. Schratz (Hrsg.), *Ausbildungsqualität und Kompetenz im Lehrerberuf* (S. 173-190). Wien: Lit-Verlag.

Altrichter, H. & Mayr, J. (2004). Forschung in der Lehrerbildung. In S. Blömeke, P. Reinhold, G. Tulodziecki & J. Wildt (Hrsg.), *Handbuch Lehrerbildung* (S. 164-184). Bad Heilbrunn: Klinkhardt.

Altrichter, H. & Posch, P. (Hrsg.) (1996). *Mikropolitik der Schulentwicklung.* Innsbruck: StudienVerlag.

Altrichter, H. & Posch, P. (1998). Einige Orientierungspunkte für „nachhaltige Lehrerfortbildung". In H.-J. Herber & F. Hofmann (Hrsg.), *Schulpädagogik und Lehrerbildung* (S. 245-259). Innsbruck: StudienVerlag.

Altrichter, H. & Posch, P. (2007). *Lehrerinnen und Lehrer erforschen ihren Unterricht* (4. Auflage). Bad Heilbrunn: Klinkhardt.

Altrichter, H. & Posch, P. (2014). Innovation in Education through Action Research. In T. Stern, F. Rauch, A. Schuster & A. Townsend (Eds.), *Action Research, Innovation And Change: International perspectives across disciplines* (pp. 8-26). Taylor & Francis.

Altrichter, H. & Thaler, M. (1996). Aktionsforschung in Österreich. In J. Juna & P. Kral (Hrsg.), *Schule verändern durch Aktionsforschung* (S. 89-120). Innsbruck: StudienVerlag.

Anderson, S., & Stiegelbauer, S. (1994). Institutionalization and renewal in a restructured secondary school. *School Organization 14*(3), 279-293.

Berliner, D. C. (1992). The Nature of Expertise in Teaching. In F. Oser, A. Dick & J.-L. Patry (Eds.), *Effective and Responsible Teaching* (pp. 227-248). San Francisco: Jossey-Bass.

Bessoth, R. (2007). *Wirksame Weiterbildung.* Oberentfelden: Sauerländer.

Borko, H., Whitcomb, J. A. & Byrnes, K. (2008). Genres of research in teacher education. In M. Cochran-Smith, S. Feiman-Nemser, D. J. McIntyre & K. E. Demers (Eds.), *Handbook of Research on Teacher Education* (pp. 1017-1049). New York: Routledge.

Bromme, R. (1992). *Der Lehrer als Experte* (1. Auflage). Bern: Huber.

Bromme, R. & Haag, L. (2008). Forschung zur Lehrerpersönlichkeit. In W Helsper & J. Böhme (Hrsg.), *Handbuch der Schulforschung* (S. 803-819). Wiesbaden: VS.

Caro-Bruce, C., Klehr, M., Zeichner, K. & Sierra-Piedrahita, A. M. (2009). A School-District-Based Action Research Program in the United States. In S. Noffke & B. Somekh (Eds.), *The Sage Handbook of Educational Action Research* (pp. 104-117). Los Angeles: Sage.

Cochran-Smith, M. & Lytle, S. L. (2009). Teacher Research as Stance. In S. Noffke & B. Somekh (Eds.), *The Sage Handbook of Educational Action Research* (pp. 39-49). Los Angeles: Sage.

Combe, A. (2001). Fallgeschichten in der universitären Lehrerbildung und die Rolle der Einbildungskraft. In U. Hericks, J. Keuffer, H.-C. Kräft & I. Kunze (Hrsg.), *Bildungsgangdidaktik* (S. 19-32). Opladen: Leske + Budrich.

Combe, A. & Buchen, S. (1996). *Belastung von Lehrerinnen und Lehrern.* Weinheim: Juventa.

Day, C. & Townsend, A. (2009). Practitioner Action Research: Building and Sustaining Success through Networked Learning Communities. In S. Noffke & B. Somekh (Eds.), *The Sage Handbook of Educational Action Research* (pp. 178-189). Los Angeles: Sage.

Demuth, R., Gräsel, C., Parchmann, I. & Ralle, B. (Hrsg.). *Chemie im Kontext. Von der Innovation zur nachhaltigen Verbreitung eines Unterrichtskonzepts.* Münster: Waxmann.

Dick, A. (1996). *Vom unterrichtlichen Wissen zur Praxisreflexion* (2. Auflage). Bad Heilbrunn: Klinkhardt.

Elliott, J. (1998). *The Curriculum Experiment* (1. Auflage). Buckingham: Open University Press.

Elliott, J. (2012). Developing a science of teaching through lesson study. *International Journal for Lesson and Learning Studies 1*(2), 108-125.

Farmer, J., Gerretson, H. & Lassak, M. (2003). What teachers take from professional development: cases and implications. *Journal of Mathematics Teacher Education* 6, 331-360.

Feindt, A. (2007). *Studentische Forschung im Lehramtsstudium.* Opladen: Barbara Budrich.

Feindt, A. (2009). Implementation von Bildungsstandards und Kompetenzorientierung im Fach Evangelische Religion. In A. Feindt, V. Elsenbast, P. Schreiner & A. Schöll (Hrsg.), *Kompetenzorientierung im Religionsunterricht* (S. 295-314). Münster: Waxmann.

Feindt, A. & Altrichter, H. (2009). Pädagogische Praxis als Ort professioneller Entwicklung. In B. Moschner, R. Hinz & V. Wendt (Hrsg.), *Unterrichten professionalisieren* (S. 25-40). Berlin: Cornelsen-Scriptor.

Feyerabend, P. K. (1976). *Wider den Methodenzwang.* Frankfurt a.M.: Suhrkamp.

Fichten, W., Gebken, U. & Obolenski, A. (2002). Entwicklung und Perspektiven der Oldenburger Team-Forschung. In U. Dirks & W. Hansmann (Hrsg.), *Forschendes Lernen in der Lehrerbildung* (S. 115-128). Bad Heilbrunn: Klinkhardt.

Fichten W. & Meyer H. (2014). Skizze einer Theorie forschenden Lernens. In E. Feyerer, K. Hirschenhauser & K. Soukup-Altrichter (Hrsg.), *Last oder Lust? Forschung in der und für die Lehrer/innenbildung.* Münster: Waxmann (in Vorb.)

Fuchs, W. (1970/71). Empirische Sozialforschung als politische Aktion. *Soziale Welt 21/22*(1), 1-17.

Garet, M., Porter, A., Desimone, L., Birman, B., & Yoon, K. (2001). What makes professional development effective? Results from a national sample of teachers. *American Educational Research Journal 38*(4), 915-945.

Glässing, G., Klewin, G. & Sterzik, C. (2008). Wie können Schulen von Large-Scale-Untersuchungen profitieren? In J. Keuffer & M. Kublitz-Kramer (Hrsg.), *Was braucht die Oberstufe?* (S. 238-249). Weinheim: Beltz.

Haag, F., Krüger, H., Schwärzel, W. & Wildt, J. (Hrsg.) (1972). *Aktionsforschung: Forschungsstrategien, Forschungsfelder und Forschungspläne.* München: Juventa.

Hargreaves, A. (2002). Sustainability of educational change: the role of social geographies. *Journal of Educational Change 3*, 189-214.

Helsper, W. (2000). Antinomien des Lehrerhandelns und die Bedeutung der Fallrekonstruktion. In E. Cloer, D. Klika & H. Kunert (Hrsg.), *Welche Lehrer braucht das Land?* (S. 142-177). Weinheim: Juventa.

Helsper, W. (2001). Praxis und Reflexion – die Notwendigkeit einer „doppelten Professionalisierung" des Lehrers. *Journal für LehrerInnenbildung 1*(3), 7-15.

Hentig, H. v. (1982). *Erkennen durch Handeln.* Stuttgart: Klett.

Hentig, H. v. (1990). *Die Bielefelder Laborschule.* Impuls Nr. 7. Bielefeld: Laborschule der Universität.

Hollenbach, N. & Tillmann, K.-J. (2009). Handlungsforschung – Lehrerforschung – Praxisforschung. Eine Einführung. In N. Hollenbach & K.-J. Tillmann (Hrsg.), *Die Schule forschend verändern* (S. 7-20). Bad Heilbrunn: Klinkhardt.

Ingvarson, L., Meiers, M. & Beavis, A. (2005). Factors affecting the impact of professional development programs on teachers' knowledge, practice, student outcomes & efficacy. *Education Policy Analysis Archives 13*(10), 1-28.

Kemmler-Ernst, A. (1998). Collaborative inquiry as a catalyst for change. Unv. Ms. Harvard Graduate School of Education.

Kemnade, I. (1996). Evaluierung der Schulbegleitforschung. Bremen: Landesinstitut für Schule (unveröff. Bericht).

Kemnade, I. (2007). *Schulbegleitforschung in Bremen – Kontinuität und Wandel.* Bremen: Landesinstitut für Schule.

Klafki, W. (1973). Handlungsforschung im Schulfeld. *Zeitschrift für Pädagogik 19*(4), 487-516.

Kolzarek, B. & Lindau-Bank, D. (2000). Bericht zum Projekt „Evaluation der Schulbegleitforschung in Bremen." Bremen: Landesinstitut für Schule (unveröff. Bericht).

Krainer, K. & Posch, P. (Hrsg.) (1996). *Lehrerfortbildung zwischen Prozessen und Produkten.* Bad Heilbrunn: Klinkhardt.

Krainer, K. & Zehetmeier, S. (2013). Inquiry-based learning for students, teachers, researchers, and representatives of educational administration and policy: reflections on a nation-wide initiative fostering educational innovations. *ZDM – The International Journal on Mathematics Education, 45*(6), 875-886.

Kullmann, H. (2012). Lesson Study – eine konsequente Form unterrichtsbezogener Lehrerkooperation. In S.G. Huber & F. Ahlgrimm (Hrsg.), *Kooperation. Aktuelle Forschung zur Kooperation in und zwischen Schulen sowie mit anderen Partnern (S.* 69-88). Münster: Waxmann.

Lave, J. (1991). Situating Learning in Communities of Practice. In L. B. Resnick, J. M. Levine & S. D. Teasley (Eds.), *Perspectives on Socially Shared Cognition* (pp. 63-81). Washington DC: American Psychological Association.

Lave, J. & Wenger, E. (1991). *Situated Learning.* Cambridge: Cambridge University Press.

Legutke, M. K. (1998). The English Teacher as Learner and Researcher. In H.-E. Piepho & A. Kubanek-German (Eds.), *I beg to differ* (pp. 153-167). München: Iudicium.

Lerman, S. & Zehetmeier, S. (2008): Face-to-face communities and networks of practising mathematics teachers. In K. Krainer & T. Wood (Eds.), *International handbook of mathematics teacher education, Vol. 3: Participants in mathematics teacher education: Individuals, teams, communities and networks* (pp. 133-154). Rotterdam, The Netherlands: Sense Publishers.

Lewin, K. (1946). Action research and minority problems. *Journal of Social Issues 11,* S. 34-46.

Lewin, K. (1988). Group decision and social change. In Deakin University (Ed.), *The Action Research Reader* (pp. 47-56). Geelong Vic.: Deakin University Press.

Lewis, C., Perry, R. & Friedkin, S. (2009). Lesson study as action research. In S. E. Noffke & B. Somekh (Eds.), *The Sage Handbook of Educational Action Research* (pp. 142-154), Sage Publications, London.

Lipowsky, F. (2004). Was macht Fortbildungen für Lehrkräfte erfolgreich? *Die Deutsche Schule 4*, S. 462-479.

Lo, M.L. (2012). *Variation Theory and the Improvement of Teaching and Learning.* Gothenburg Studies in Educational Sciences 323. Göteborg: Universität.

Loucks-Horsley, S., Stiles, K. & Hewson, P. (1996). Principles of effective professional development for mathematics and science education: A synthesis of standards. *NISE Brief 1*(1), 1-6.

Maldonado, L. (2002). Effective professional development. Findings from research. http://www.collegeboard.com [12.12.2013].

McLaughlin, M. & Mitra, D. (2001). Theory-based change and change-based theory: going deeper, going broader. *Journal of Educational Change, 2*, 301-323.

Messner, H. & Reusser, K. (2000). Berufliches Lernen als lebenslanger Prozess. *Beiträge zur Lehrerbildung 18*(3), 277-294.

Michalek, R. & Spitz, S. (2004). Arbeitszusammenhang und „radikaldemokratisches Setting". In Arbeitskreis Interpretationswerkstatt PH Freiburg (Hrsg.), *Studieren und Forschen* (S. 9-18). Herbolzheim: Centaurus.

Morita, E. (2005). Lesson Study: Kooperative Lehrerweiterbildung in Japan. *Beiträge zur Lehrerbildung 23*(3), 398-409.

Moser, H. (1978). *Aktionsforschung als kritische Theorie der Sozialwissenschaften* (2. Auflage). München: Kösel.

Moser, H. (1995). „Forschende Lehrer" - eine realistische Handlungsperspektive. *Schweizer Schule 5*, 29-35.

Müller, F. H., Andreitz, I. & Mayr, J. (2010). PFL - Pädagogik und Fachdidaktik für Lehrerinnen und Lehrer. In F. H. Müller, A. Eichenberger, M. Lüders & J. Mayr (Hrsg.), *Lehrerinnen und Lehrer lernen* (S. 183-202). Münster: Waxman.

Mundry, S. (2005). *What experience has taught us about professional development.* Cambridge, MA: National Network of Eisenhower Regional Consortia and Clearinghouse. http://www.sedl.org/pubs/ms90/experience_pd.pdf [17.12.2013].

Noffke, S. & Somekh, B. (Eds.) (2009). *The Sage Handbook of Educational Action Research.* Los Angeles: Sage.

Nonne, F. (1989). Antiautoritärer Denkstil, kritische Wissenschaft und Aktionsforschung. Phil. Diss., Universität Bielefeld.

Obolenski, A. & Meyer, H. (Hrsg.) (2003). *Forschendes Lernen.* Bad Heilbrunn: Klinkhardt.

Oelkers, J. & Reusser, K. (2008). *Qualität entwickeln - Standards sichern - mit Differenzen umgehen.* Bonn: BMBF.

Posch, P. (2009). Aktionsforschung und Kompetenzentwicklung. Vortrag anlässlich der Tagung des Nordverbunds Schulbegleitforschung in Oldenburg am 18.9.2009.

Posch, P. & Rauch, F. (2000). Zur Vernetzung von LehrerInnenbildung, Schule und Umwelt. In P. Posch, F. Rauch & I. Kreis (Hrsg.), *Bildung für Nachhaltigkeit* (S. 252-279). Innsbruck: Studien-Verlag.

Prengel, A. (2003). Perspektivität anerkennen. In B. Friebertshäuser & A. Prengel (Hrsg.), *Handbuch Qualitative Forschungsmethoden in der Erziehungswissenschaft* (S. 599-627). Weinheim: Juventa.

Prenzel, M., Friedrich, A. & Stadler, M. (Hrsg.) (2009). *Von SINUS lernen - Wie Unterrichtsentwicklung gelingt.* (1. Auflage) Seelze: Kallmeyer.

Probst, G. & Raub, S. (1995). Action Research. *Die Unternehmung 1*, 3-19.

Rauch, F., Zehetmeier, S. & Erlacher, W. (2014). 30 Years of Educational Reform Through Action Research: Traces in the Austrian School System. In T. Stern, F. Rauch, A. Schuster & A. Townsend (Eds.), *Bringing a different world into existence: Action research as a trigger for innovations.* London: Routledge (im Druck).

Reh, S. & Schelle, C. (2000). „Lehr-Forschungs-Projekte" als Beitrag zur Professionalisierung von Studierenden. In A. Feindt & H. Meyer (Hrsg.), *Professionalisierung und Forschung* (S. 77-85). Oldenburg: Didaktisches Zentrum.

Richardson, V. & Placier, P. (2001). Teacher Change. In V. Richardson (Ed.), *Handbook of Research on Teaching* (pp. 905–947). Washington DC: AERA.

Saunders, L. & Somekh, B. (2009). Action Research and Educational Change: Teachers as Innovators. In S. Noffke & B. Somekh (Eds.), *The Sage Handbook of Educational Action Research* (pp. 190-201). Los Angeles DC: Sage.

Schön, D. (1983). *The Reflective Practitioner.* London: Temple Smith.

Schuster, A. (2009). *Ich schreibe, also lerne ich. Welche Anreize bewegen Lehrkräfte zum Schreiben über ihre Praxis?* Regensburg: Roderer.

Somekh, B. (2006). *Action Research: A Methodology for Change and Development.* Maidenhead: Open University Press.

Soukup-Altrichter, K. & Altrichter, H. (2012). Teaching Action Research in an Award-Bearing In-Service Programme in Austria: A Retrospective Evaluation. In G. Bagakis & S. Georgiadou (Eds.), *Action research for improvement in schools, communities and organizational spaces. What is to be done?* (pp. 71-77). Manchester: Manchester Metropolitan University.

Sparrow, S. & Robinson, J. (1994). Action research: an appropriate design for research in nursing? *Educational Action Research 2*(3), S. 347-356.

Stenhouse, L. (1975). *An Introduction to Curriculum Research and Development.* London: Heinemann.

Steward, B. (1994). Researching fieldwork practice in occupational therapy. *Educational Action Research 2*(2), 259-266.

Strauss, A. (1998). *Grundlagen qualitativer Sozialforschung* (2. Auflage). München: Wilhelm Fink.

Terhart, E. (2003). Wirkungen von Lehrerbildung. *journal für lehrerinnenbildung 2*(2), 8-19.

Terhart, E. & Tillmann, K.-J. (Hrsg.) (2007). *Schulentwicklung und Schulforschung.* Bad Heilbrunn: Klinkhardt.

Unger, H. v., Block, M. & Wright, M. T. (2007). *Aktionsforschung im deutschsprachigen Raum. Zur Geschichte und Aktualität eines kontroversen Ansatzes aus Public Health Sicht.* Berlin: Wissenschaftszentrum Berlin für Sozialforschung.

Valla, V. V. (1994). Popular education and knowledge. *Educational Action Research 2*(3), 403-414.

Watermann, R., Thurn, S., Tillmann, K.-J. & Stanat, P. (Hrsg.) (2005). *Die Laborschule im Spiegel ihrer PISA-Ergebnisse.* Weinheim: Juventa.

West, M. (1993). Second-class priests with second-class training? *Educational Action Research 1*(3), 361-373.

Wright, M. T. (2006). Auf dem Weg zu einer theoriegeleiteten, evidenzbasierten, qualitätsgesicherten Primärprävention in Settings. *Jahrbuch für Kritische Medizin 43,* 55-73.

Zehetmeier, S. (2010a). Aktionsforschung in der Lehrerfortbildung: Was bleibt? In F. H. Müller, A. Eichenberger, M. Lüders & J. Mayr (Hrsg.), *Lehrerinnen und Lehrer lernen – Konzepte und Befunde zur Lehrerfortbildung* (S. 197-211). Münster: Waxmann.

Zehetmeier, S. (2010b). The sustainability of professional development. In V. Durand-Guerrier, S. Soury-Lavergne & F. Arzarello (Eds.), *Proceedings of the Sixth Congress of the European Society for Research in Mathematics Education* (pp. 1951-1960). Lyon: Institut national de recherche pédagogique (INRP).

Zeichner, K. M. (2004). Educational Action Research. In P. Reason & H. Bradbury (Eds.), *Handbook of Action Research* (pp. 273-283). London: Sage.

Diskussion

Klaus-Jürgen Tillmann

Konzepte der Forschung zum Lehrerberuf

1. Einführung

Das Kapitel II des vorliegenden Handbuchs ist mit dem Titel „Perspektiven der Forschung zum Lehrerberuf" überschrieben und enthält fünf Beiträge, die in großer Heterogenität je spezifische Theorieansätze skizzieren. Bei der Suche nach Gemeinsamkeiten fällt als erstes auf, dass hier jeweils sehr breit ansetzende theoretische und meta-theoretische Konzepte entfaltet werden, die sich dann auch der Lehrerarbeit (dem hier interessierenden „Gegenstandsbereich") zuwenden und dabei als erkenntnisleitende Perspektive dienen. Es geht also um grundlagentheoretische Vorentscheidungen, die jeder Forschung vorgeschaltet sind: Sollen Persönlichkeitseigenschaften oder Kompetenzausstattungen, sollen Handlungsstrukturen oder soziale Praktiken erforscht werden? Jeder dieser Begriffe stellt gleichsam die Spitze eines Eisbergs dar, dabei befindet sich „unter Wasser" jeweils ein Konglomerat (oder ein System?) von wissenschaftstheoretischen und methodologischen Grundpositionen, von theoretischen Kontroversen, von positionalen Überzeugungen. Genau diese grundlagentheoretischen Hintergründe werden in den vorliegenden Artikeln präsentiert. Ich bemühe mich im Folgenden, diese Ansätze sowohl zu sortieren als auch in Beziehung zueinander zu setzten – und damit die eine oder andere kritische Anfrage zu verbinden.

2. Fünf Theoriekonzepte – ein Ordnungsversuch

Die Herausgeber dieses Bandes haben entschieden, dass hier fünf verschiedene Konzepte präsentiert werden. Sie lassen sich in der folgenden Weise sortieren:

2.1 Quantitative Forschung und psychologischer Theoriehintergrund

Zwei der präsentierten Ansätze (Persönlichkeitsforschung, Experten-Paradigma) haben ihre theoretischen Wurzeln in der Psychologie und ihre methodische Verankerung in der quantitativ-statistischen Empirie. Damit gibt es bei beiden Ansätzen, was die wissenschaftliche "Herkunft" angeht, deutliche Nähen. Dies macht sowohl eine Kommunikation zwischen den beiden Ansätzen als auch die wechselseitige Kenntnisnahme ihrer Forschungsergebnisse möglich. Bei allen theoretischen Unterschieden zwischen Persönlichkeits- und Expertenansatz geht es in der Forschung stets darum, bestimmte Aspekte der Lehrer-Subjekte (Eigenschaften, Kompetenzen) zu definieren, zu operationalisieren und dann mit standardisierten Fragebögen und Tests zu erforschen. Von dort werden dann Bezüge zu den (ebenfalls quantitativ erhobenen) Merkmalen des Unterrichts und der Lehrertätigkeit hergestellt.

Nun wurde weder der Ansatz der Persönlichkeitsforschung noch das Experten-Paradigma spezifisch für die Lehrerforschung entwickelt, sondern jeweils als ein viel umfassenderes Theorie- und Forschungskonzept entworfen: Die Persönlichkeitstheorien und die damit verbundene

Messung von Persönlichkeitseigenschaften können gleichsam als Basisparadigma der Psychologie angesehen werden. Daran orientiert werden ganz unterschiedliche Fragestellungen bei ganz unterschiedlichen Personengruppen bearbeitet. Deshalb ist die Forschung zur Lehrerpersönlichkeit als ein Spezialfall im Rahmen dieses Theoriekonzepts anzusehen.

Ähnlich sieht es mit dem Experten-Paradigma aus, das sich auf Konzepte und Erkenntnisse der kognitiven Psychologie stützt. Die Forschung und Theoriebildung bezieht sich auf ganz unterschiedliche Experten etwa aus der Physik, dem Sport, der Musik, der Medizin und nicht zuletzt dem Schachspiel. Dabei wurden allgemeine Theorien über das Wissen und die Fähigkeiten von Experten (im Unterschied zu Novizen) entwickelt. Auch hier ist die Übertragung auf den Lehrerberuf als ein Spezialfall im Rahmen dieses Ansatzes anzusehen.

Dieser Status der Lehrerforschung als ein spezieller Anwendungsfall im Rahmen eines übergreifenden Theorie- und Forschungskonzepts führt nun dazu, dass in den angesprochenen Beiträgen zunächst in umfänglicher Weise die jeweiligen grundlagentheoretischen Konzepte dargestellt werden: Mayr beschreibt zunächst verschiedene Ansätze der Persönlichkeitsforschung, stellt dann das „Eigenschaftsparadigma" und das darin eingelagerte „Fünf-Faktoren-Modell" als dominierendes Konzept der quantitativen Persönlichkeitspsychologie dar, um sich erst dann der Lehrerpersönlichkeit und der Lehrerforschung zuzuwenden.

Ähnlich ist die Argumentationsfigur von Krauss und Bruckmaier in ihrem Beitrag zum „Experten-Paradigma": Sie präsentieren zunächst die kognitionspsychologischen Grundlagen der Expertiseforschung, unterscheiden sodann verschiedene Expertisebegriffe und verweisen auf Forschungen in ganz unterschiedlichen Berufsfeldern, bevor sie sich mit dem Expertenansatz im Lehrerberuf befassen. Auf diese Weise wird bei beiden Ansätzen deutlich, welche grundlagentheoretischen Vorentscheidungen in die jeweilige Lehrerforschung einfließen – und welche metatheoretischen Prämissen mittransportiert werden, wenn sich eine konkrete Empirie als Teil einer dieser Theorielinien versteht.

2.2 Qualitative Forschung und soziologischer Theoriehintergrund

Eine durchaus ähnliche Situation finden wir bei den beiden theoretischen Ansätzen, die mit qualitativen Forschungsmethoden arbeiten und die sich (zumindest in erheblichen Teilen) auf Theoriekonzepte der interpretativen Soziologie beziehen: Bennewitz stellt unter dem Titel „doing teacher" kulturtheoretische Ansätze zur Lehreforschung vor, die mit ethnographischen Verfahren der Beobachtung arbeiten. Und Helsper beschreibt den soziologisch (und psychoanalytisch) verankerten „strukturtheoretischen Professionsansatz" zum Lehrerberuf, der überwiegend mit hermeneutischen Textanalysen arbeitet. Beide Ansätze gehören zur Familie der qualitativ-rekonstruktiven Forschung, beide haben ihre theoretischen Wurzeln in soziologischen, kulturtheoretischen, z.T. auch psychoanalytischen Ansätzen. Beide vertreten selbstbewusst ihre je eigene theoretisch-methodische Position, pflegen zugleich aber eine dichte Kommunikation untereinander.

Vor allem für den kulturtheoretischen Ansatz gilt, dass hier zunächst ein besonders breit ansetzendes Konzept – die kulturtheoretische Wende in den Geistes- und Sozialwissenschaften – angesprochen wird. Aus der Vielfalt der dabei von Bennewitz angesprochenen Theorieentwürfe wird dann einer – der Ansatz des Soziologen und Kulturtheoretikers Andreas Reckwitz („Grundelemente einer Theorie der sozialen Praktiken") – besonders ausführlich dargestellt. Der nächste Schritt in der Annäherung zur Lehrerarbeit besteht dann darin, diesen Ansatz im erziehungswissenschaftlichen Diskurs zu verorten und die vorliegende ethnographische Forschung zu Schule und Unterricht zu referieren. Dabei ist für diesen Ansatz zentral, dass nicht die beteiligten Personen (ihre Merkmale, ihre Absichten) in den Mittelpunkt gestellt werden, sondern die sozialen Praktiken, die in einer Institution eingelagert sind – und die durch die Handlungen der Akteure immer wieder neu belebt werden. Solche Praktiken werden mit dem verfremdenden Blick des Ethnographen durch teilnehmende Beobachtungen (und deren anschließende Interpretation) erforscht. Kennzeichnend für den kulturtheoretischen Ansatz ist damit die Ausrichtung auf „soziale Praktiken" und auf ethnographische Beobachtungen. Bennewitz räumt allerdings ein, dass im Rahmen dieses Forschungsansatzes die Lehrerarbeit bisher eher randständig behandelt wurde.

In dem anderen, dem strukturtheoretischen Professionsansatz, der von Helsper präsentiert wird, ist der Weg von den grundlagentheoretischen Überlegungen bis hin zur Lehrerarbeit deutlich kürzer. Denn der theoretische Ausgangspunkt dieses Konzepts ist die Professionstheorie von Oevermann. Diese befasst sich mit einer Gruppe von Berufen, die die Aufgabe haben „stellvertretend für Laien ... deren Krisen zu bewältigen" (Oevermann, 2002, S. 23) und die dafür u. a. wissenschaftliches Wissen einsetzen, ohne aber über eine eindeutige Handlungstechnologie zu verfügen. Zu solchen Berufen gehören Ärzte, Juristen und Pfarrer, aber eben auch Lehrer. Helspers Referierung des theoretischen Hintergrundes setzt bei der Vorstellung von Lehrerprofessionalität (im Sinne Oevermanns) ein. Dabei irritiert allerdings, dass von der „implizit therapeutischen" Funktion des Lehrerhandelns ausgegangen wird, zugleich aber auch vom „Primat der Wissensvermittlung" die Rede ist. Die von Oevermann unterstellte therapeutische Funktion des Lehrerberufs hat zu einer kritischen Debatte geführt, die ich weiter unten aufnehme. Oevermann selbst hat sich im Rahmen seines Ansatzes ausführlich mit der Lehrerprofessionalität befasst, dabei die Notwendigkeit eines „Arbeitsbündnisses" zwischen Lehrern und Schülern betont und zugleich gegen die Schulpflicht (als Belastung dieses Arbeitsbündnisses) argumentiert. Helsper stellt dar, dass es in Anknüpfung an dieses Theoriekonzept eine differenzierte und umfängliche Forschung gibt, die sich ganz überwiegend auf die Rekonstruktion von durch Lehrer erzeugte Texte (Interviews, Reden etc.) stützt. Auch dieser Ansatz zielt nicht auf die Analyse individuellen Verhaltens; vielmehr werden einzelne Fälle (z. B. Konflikte im Unterricht) rekonstruiert, um auf diese Weise die „Strukturen professionellen Handelns zu bestimmen und dessen Idealtypus zu rekonstruieren" (Helsper). Dies geschieht bei Helsper durch die Herausarbeitung von Antinomien, die in die Lehrerarbeit strukturell eingelagert seien – so etwa der Widerspruch zwischen diffus-naher, personenbezogener Zuwendung und distanziert-rollenförmigem Verhalten. Bei der Analyse dieser Strukturen spielt das von Oevermann kreierte methodische Verfahren der „objektiven Hermeneutik" eine hervorgehobene Rolle.

2.3 Quer dazu: Lehrer als Forscher (Aktionsforschung)

Nun enthält dieses Kapitel auch noch einen fünften Beitrag: den Aufsatz von Herbert Altrichter, Andreas Feindt und Stefan Zehetmeier über die schulische Aktionsforschung („Lehrerinnen und Lehrer erforschen ihren Unterricht"). Ganz ohne Zweifel ist es sinnvoll und notwendig, dieses Konzept der „Praxisforschung", bei der die LehrerInnen selbst als forschende Akteure auftreten (Tillmann, 2009), in einem solchen Handbuch vorzustellen. Doch dieser Ansatz ist systematisch ganz anders einzuordnen als die vier vorangegangenen. Diese systematische Differenz möchte ich zunächst herausarbeiten.

Die vier bisher referierten Theorieansätze gehen von je unterschiedlichen grundlagentheoretischen Setzungen aus, die sie aus relativ umfassend angelegten soziologischen oder psychologischen Theorien entnehmen. Von dort aus konstruieren sie zunächst „das Psychische" bzw. „das Soziale" und definieren in dieser Linie jeweils ein Verständnis von Lehrerarbeit. In allen vier Fällen finden wir somit eine theoretische Vorkonstruktion von Lehrerarbeit – die anschließende empirische Forschung dient jeweils der Konkretisierung dieser Konstruktionen, indem z.B. Korrelationen zwischen Persönlichkeitsmerkmalen oder die Ausprägungen des Expertenwissens oder die Anordnungen sozialer Praktiken erforscht werden. Dabei ist es selbstverständlich (und wird erst gar nicht thematisiert), dass als Akteure der Forschung die Professionellen aus dem Wissenschaftsbetrieb (das sind vor allem MitarbeiterInnen aus den Universitäten) auftreten, dass die LehrerInnen hingegen lediglich „Gegenstand" der Forschung (und eben auch Datenlieferanten) sind. Eine solche Forschung, vom Universitätspersonal betrieben, zielt vor allem auf Theoriebildung im akademischen Diskurs.

Das Konzept der schulischen Aktionsforschung passt nun überhaupt nicht in diese Logik der etablierten Erziehungs- und Sozialwissenschaft. Denn schulische Praxisforschung entsteht nicht als „Verlängerung" von psychologischen oder soziologischen Grundlagentheorien, sie nimmt auch keine theoretische Vorkonstruktion von Lehrerarbeit vor. Der lange Anlauf von der Grundlagentheorie bis zur Lehrerpraxis fehlt hier völlig, stattdessen wird das alltägliche Lehrerhandeln in einem pragmatischen Sinne als bekannt angesehen. Der spezifische Zugriff besteht auch nicht in der Präferenz für eine bestimmte Erhebungsmethode (quantitativ oder qualitativ, Interview oder Beobachtung), sondern in einer ganz anderen sozialen Verortung der Forschung: LehrerInnen werden hier nicht „beforscht", sondern agieren jetzt selber als Akteure des Forschungsprozesses. Dabei sind Fragestellungen nicht theoretisch „abgeleitet", sondern setzten bei den Praxisproblemen der pädagogischen Arbeit an. Die Ergebnisse dieser Forschung sollen Anregungen bieten und Interventionen begründen, um die eigene pädagogische Arbeit konkret zu verbessern. Wenn damit auch noch der theoretische Diskurs angeregt wird – umso besser. Damit fließen in diesen Ansatz zwei grundlagentheoretische Annahmen ein, die sich auf den Forschungsprozess selbst beziehen:

a) An die Stelle der „Fremdforschung" durch Universitäten etc., die vor allem auf Theoriegenerierung für den akademischen Diskurs zielt, tritt die Forschung der LehrerInnen, die diese als Teil ihrer Arbeit als „reflektierte Praktiker" verstehen.
b) Forschung und Entwicklung werden nicht getrennt gedacht, sondern als ein gemeinsamer Prozess konzipiert. Das bedeutet, dass die Forschung vor allem darauf ausgerichtet ist, Vorschläge zur Verbesserung der konkreten Praxis zu generieren.

Mit diesen Prämissen, durch die Forschung als Teil der Lehrerarbeit begründet und zugleich in den Dienst der pädagogischen Praxisentwicklung gestellt wird, unterscheidet sich das Konzept der schulischen Aktionsforschung von allen anderen bisher referierten Theoriekonzepten. Während die vier anderen Ansätze als (miteinander konkurrierende) Konzepte der etablierten Erziehungs- und Sozialwissenschaft gelten können, muss der Ansatz der Aktions- und Lehrerforschung nach wie vor um Akzeptanz und Anerkennung im akademischen Bereich kämpfen. Dies wird z.B. an den kritischen Aussagen von Krüger zur Aktionsforschung (1997, S. 197) und der Replik von Hollenbach und Tillmann (2009, S. 12-16) deutlich. Eine solches Anerkennungsproblem verwundert umso mehr, als Altrichter u.a. ja darstellen, dass die schulische Aktions- und Praxisforschung im nationalen und internationalen Feld inzwischen über eine mehr als 40jährige Tradition und über einen beeindruckend kontinuierlichen und vielfältigen Forschungsstrang verfügt (Terhart & Tillmann, 2007).

3, Konzepte, Kommunikationen, Kontroversen – zur aktuellen Diskussion um die Lehrerforschung

Wenn man die fünf Ansätze in dieser Weise sortiert hat, stellt sich die Frage: Welche Relevanz haben sie jeweils für die gegenwärtige Diskussion, und in welchem Maße wirken sie anregend für die konkrete Forschung? Zugleich ist von Interesse: Welche Verknüpfungen, welche Formen des Dialogs bestehen zwischen diesen Ansätzen? Diese Fragen werden z. T. durch dieses Handbuch selbst beantwortet, indem in den

Folgekapiteln z.B. Aufsätze zur Lehrerkompetenz (Kap. VI), aber auch zu „Persönlichkeits- und Leistungsmerkmalen" (Kap. IV) präsentiert werden. Dennoch scheint es sinnvoll, im Rahmen dieses Artikels die hauptsächlichen Aktivitätsfelder und damit die aktuelle Relevanz dieser fünf Ansätze einzuschätzen.

3.1 Beiträge zur Forschung und Theoriebildung

(1) Johannes Mayr stellt in seinem Artikel dar, dass der *Persönlichkeitsansatz* in der Lehrerforschung eine lange Tradition besitzt. Hier hat es einen großen Forschungsboom in den 1950er und 1960er Jahren vor allem in den USA gegeben. Ergänzt durch die deutschsprachige Forschung seit den 1980er Jahren ist ein solides Fundament an Erkenntnissen gesammelt worden. Allerdings fallen bei den meisten Persönlichkeitsmerkmalen die direkten Bezüge zu Studienerfolg und Berufsarbeit der Lehrkräfte eher bescheiden aus. In der jüngeren Forschung haben Rauin und Meier (2007) aber deutlich gemacht, dass Persönlichkeits- und Interessenmerkmale sowohl für das Studienverhalten wie für den Berufserfolg von erheblicher Bedeutung sind und deshalb für die akademische Berufsberatung genutzt werden sollten. Insgesamt lässt sich aber sagen, dass die empirische Lehrerforschung, die mit einem Persönlichkeitsansatz arbeitet, inzwischen deutlich seltener realisiert wird als in den vergangenen Jahrzehnten.

(2) Seit Mitte der 1980er Jahre wurde die sich damals entwickelnde *Expertenforschung* auch auf den Lehrerberuf übertragen. Dabei wurden zunächst in den USA zahlreiche Untersuchungen über das Wissen und die Kompetenz von Experten- und Novizenlehrkräften angestellt. Die daran anschließende deutsche Forschung insbesondere von Bromme (1992) und von Weinert und Helmke (1996) lässt deutliche Zusammenhänge zwischen der „Expertise" der Lehrkräfte und der Qualität des Unterrichts erkennen. Im Bereich der quantitativen Empirie kann das Experten-Paradima inzwischen als theoretische Leitfigur der Lehrerforschung gelten. Dies wird besonders deutlich an der Studie zur Handlungskompetenz von MathematiklehrerInnen (COACTIV), in deren Mittelpunkt die Entwicklung eines Strukturmodells der professionellen Handlungskompetenz von Lehrkräften steht (Kunter et al., 2011). Die Studie zeigt, dass sich vor allem das fachdidaktische Wissen der LehrerInnen positiv auf die Lernergebnisse der SchülerInnen auswirkt. Es ist davon auszugehen, dass sich in den nächsten Jahren die Forschung zu Lehrerarbeit und Lehrerbildung sehr stark an diesem Experten-Paradigma ausrichten wird.

(3) Eine ebenfalls bedeutsame Rolle in der deutschen Diskussion zur Lehrerforschung spielt seit Mitte der 1990er Jahre die qualitativ-hermeneutische Befassung mit Lehrerprofessionalität, die sich inzwischen als *strukturtheoretischer Ansatz* einen festen Platz im erziehungswissenschaftlichen Diskurs erobert hat. Die Arbeiten in dieser Linie finden ihren Ausgangspunkt in der Oevermannschen Professionstheorie und fragen danach, wie LehrerInnen in einem durch Widersprüche gekennzeichneten Anforderungsfeld ihre Berufsarbeit realisieren können. Hierzu wurde in den letzten 15 Jahren eine Vielzahl von Forschungsprojekten realisiert, die unterschiedliche Aspekte von Unterricht, Lehrerarbeit und Schulentwicklung strukturtheoretisch beleuchten. Dazu gehören z.B. Arbeiten zu Schulkultur und Schulmythos, zu Unterrichtskonflikten, zum Verhältnis von Familie und Schule, zur Schülermitbestimmung. Diese Themenvielfalt macht deutlich, dass hier das gesamte schulpädagogische Feld in den Blick genommen wird, dass dabei aber der Lehrerarbeit besondere Aufmerksamkeit gewidmet wird. Es ist davon auszugehen, dass auch dieser Ansatz in den nächsten Jahren eine hohe Forschungsproduktivität besitzen wird.

(4) Der vierte Theoriestrang, der *kulturtheoretisch-ethnographische Ansatz*, hat einige theoretische Vorläufer in der englischsprachigen Literatur (insb. Goffman, 1967, Garfinkel, 1969), eine ethnographische Forschung in deutschen Bildungseinrichtungen existiert aber erst seit den 1990er Jahren. Als Pilotstudien sind hier vor allem die Arbeiten von Friebertshäuser (1992) zu

studentischen Fachkulturen und von Breidenstein und Kelle zum „Geschlechteralltag in Schulklassen" (1998) zu nennen. Bennewitz verweist in ihrem Aufsatz darauf, dass seit dem Jahr 2000 im deutschsprachigen Bereich etwa zehn weitere ethnographische Schulstudien erschienen sind, so etwa die Arbeit von Breidenstein über „Teilnahme am Unterricht" (2006) oder die Studie von Reh und Labecke (2009) über die „Soziale Ordnung im Wochenplanunterricht". Allerdings setzen all diese Arbeiten entweder die Peerkultur der SchülerInnen oder aber die Praktiken des Lernens in den Mittelpunkt, Lehrkräfte erscheinen dabei fast ausnahmslos als Randfiguren, so dass eine eigenständige und systematische Bestimmung von „Lehrerpraktiken" bisher fehlt. Die Autorin kompensiert dieses Defizit, indem sie auf den letzten zwei Seiten ihres Aufsatzes ein entsprechendes Forschungs*programm* entwirft. Das aber bedeutet: Ob der kulturtheoretisch-ethnographische Ansatz für die Forschung zum Lehrerberuf eine Bedeutung gewinnen wird, kann man erst sagen, wenn weitere empirische Studie, die sich auf Lehrerarbeit konzentriert, vorliegt.

(5) Wenn wir nun abschließend nach der Relevanz der von Lehrerinnen und Lehrern durchgeführten *Praxis- und Aktionsforschung* fragen, müssen wir wieder einen Perspektivwechsel vornehmen: Hier geht es nicht, wie bei den vier vorangegangenen Ansätzen, um Forschung *über* den Lehrerberuf, sondern hier geht es um Forschung *als Teil* des Lehrerberufs. Die schulische Handlungsforschung orientiert sich am Bild des „reflektierten Praktikers", zu dessen professionellen Vorgehensweisen die Forschungsarbeit im Team und die daran anschließende Schulentwicklungsarbeit gehört. Kurz: Forschung wird hier als Teil des Lehrerberufs konzipiert. Altrichter, Feindt & Zehetmeier zeigen in ihrem Beitrag zum einen, dass sich ein solcher Ansatz theoretisch gut begründen lässt – und dass es Felder gibt, in denen (angehende) LehrerInnen zunehmend die Chance erhalten, sich forschend zu betätigen. Dies gilt für Konzepte des forschenden Lernens im Studium, für Arbeitsformen in der Lehrerfortbildung, für Formen der Selbstevaluation bei Innovationen. Es kommt hinzu, dass eine solche Forschungspraxis in elaborierter Weise seit längerem nicht nur in einigen Versuchsschulen (z. B. Laborschule Bielefeld), sondern auch in einigen Bereichen des Regelschulwesens (so z. B. in Oldenburg) etabliert ist. Allerdings darf hier nicht übersehen werden: Wenn LehrerInnen selber forschen, geht es ihnen vor allem um die Verbesserung des Unterrichts und der Erziehung. Die Arbeit mit den Kindern, nicht aber die Widersprüche der Lehrerrolle stehen dabei im Vordergrund.

3.2 Kommunikation zwischen den Ansätzen

Dass unterschiedliche Theorieansätze bei dem gleichen Gegenstandsbereich (hier: Lehrerarbeit) je eigene Konstruktionen entwerfen und je eigene Forschungsergebnisse produzieren, finden wir bei so gut wie jedem erziehungswissenschaftlichen Themenfeld. Insofern haben wir es hier mit dem üblichen Fall von Theorie- und Methodenpluralismus zu tun. Allerdings ist eine solche Pluralität von Konzepten eingebunden in einen umgreifenden fachwissenschaftlichen Diskurs – in das Bestreben der Erziehungswissenschaft, die Strukturen, Bedingungen und Wirkungen der Lehrerarbeit durch Forschung aufzuklären. Wenn diese Aufklärung als gemeinsame Aufgabe der Disziplin verstanden wird, dann ist Kommunikation zwischen den Ansätzen, ist die wechselseitige Kenntnisnahme der „anderen" Forschung, ist der Versuch der Zusammenfügung von unterschiedlich erarbeiteten Erkenntnissen erforderlich. Ob es bei der Forschung und Theorieentwicklung eine solche Kommunikation zwischen den verschiedenen Ansätzen gibt, ob die wechselseitige Wahrnehmung hinreichend ausgebaut ist, soll abschließend erörtert werden.

Man nähert sich dieser Frage am ehesten, indem man zunächst erneut darauf verweist, dass jeweils zwei der ersten vier Ansätze zu einer „Theoriefamilie" gehören.[1] Dabei zeigt sich, dass sich *innerhalb* der jeweiligen Theoriefami-

1 Auf eine Einordnung der „Aktionsforschung" wird in diesem Abschnitt verzichtet.

lie die Ansätze wechselseitig interessiert wahrnehmen, dass sie ihre Ergebnisse rezipieren und auch die eine oder andere theoretische Anregung aufnehmen. Gelegentlich gibt es auch ForscherInnen, die beiden Ansätzen zugeordnet werden können. Für die „Familie" der *quantitativen Forschung mit psychologischem Theoriehintergrund* lässt sich dies am ehesten an dem Beitrag von Krauss und Bruckmaier über das „Experten-Paradigma" aufzeigen: Er stellt den eigenen Ansatz in eine wissenschaftshistorische Linie, die bei der Persönlichkeitsforschung beginnt. Und im Literaturverzeichnis erscheinen etliche Titel (z.B. Ingenkamp, 1970; Rheinberg & Bromme, 2001), in denen auch die Ergebnisse der Lehrer-Persönlichkeitsforschung referiert werden. Spiegelbildlich dazu verweist Mayr in seinem Beitrag darauf, dass die Forschung zur Lehrerpersönlichkeit wesentliche Bausteine für die jetzt entstehenden Konzepte zur „professionellen Kompetenz von Lehrkräften" erarbeitet hat.

Ähnliches lässt sich über die zweite „Theoriefamilie", die *qualitativ-rekonstruierende Forschung mit soziologischem Theoriehintergrund* sagen. Dies wird am augenfälligsten in dem Beitrag von Helsper zum „strukturtheoretischen Professionsansatz"; denn er nimmt an verschiedenen Stellen auf Konzepte und Forschungsergebnisse des kulturtheoretischen Ansatzes Bezug, indem er z.B. die Arbeiten von Kalthoff (1997) und von Breidenstein (2006) zitiert. Dabei verweist er auch auf theoretische Ähnlichkeiten, so bei der Benennung des Verhältnisses zwischen Unterrichtsroutinen und ihren „Störungen". Hinter einer solchen deutlichen Bezugsnahme steht wohl auch die enge Forschungskooperation zwischen den Vertretern beider Ansätze, die sich insbesondere am „Zentrum für Schul- und Bildungsforschung" der Universität Halle findet (Breidenstein, 2006, S. 5-7.).

Weit weniger positiv ist die Einschätzung, wenn man nach der Kommunikation zwischen diesen beiden Theoriefamilien, also *zwischen quantitativer und qualitativer Lehrerforschung* fragt. Baumert und Kunter (2006, S. 469) urteilen hier sehr harsch, indem sie feststellen, dass die Diskussion um Lehrerarbeit und um professionelle Handlungskompetenz „in Deutschland in sehr unterschiedlichen, sich praktisch nicht berührenden Bahnen" verlaufe. Und in der Tat: Schaut man in die soeben angesprochenen vier Beiträge, so findet man fast keinen Bezug auf die Ansätze und Ergebnisse der jeweils anderen „Forschungsfamilie". Dies wird besonders augenfällig in der herangezogenen Literatur, bei der es so gut wie keine Überschneidungen gibt: Die Hauptvertreter einer qualitativ-hermeneutischen Schulforschung – insbesondere Combe, Breidenstein und Helsper – werden in den Aufsätzen von Mayr und von Krauss überhaupt nicht erwähnt.[2] Und umgekehrt tauchen die Hauptautoren (und -theoretiker) einer quantitativen Lehrerforschung (insb. Berliner, Bromme, Rheinberg) in den Beiträgen von Bennewitz und von Helsper nicht auf.[3] Dies bestätigt die These, dass es hier offensichtlich zwei klar voneinander getrennte wissenschaftliche Arenen mit deutlich anderen Akteuren gibt, die sich in ihrer wissenschaftlichen Arbeit kaum aufeinander beziehen.

3.3 Zum Schluss: ein klarer Konflikt

Diese Form der wechselseitigen Nichtbeachtung wurde 2006/2007 durch eine heftige Kontroverse unterbrochen, über die abschließend berichtet werden soll. Diese Kontroverse begann mit einer massiven Kritik von Jürgen Baumert und Mareike Kunter (2006) am strukturtheoretischen Ansatz des Lehrerhandelns. Sie verknüpften diesen Angriff mit einem differenzierten Eigenentwurf zur „professionellen Handlungskompetenz" von Lehrkräften, der als eine Ausfüllung des Expertenparadigmas zu verstehen ist. Hierzu formulierte Werner Helsper (2007) eine Replik, in der er Baumert und Kunter eine einseitige und missverständliche Rezeption des strukturtheoretischen Ansatzes vorwarf und seinerseits das von ihnen entworfene Kompetenzmodell als kurzschlüssig kritisierte.

---

2 Ausnahme: Die Kontroverse Baumert-Helsper (siehe unten) wird bei Krauss kurz angesprochen.

3 Auch hier eine Ausnahme: Helsper nimmt einmal auf Bromme Bezug.

Um diese Kontroverse hier wenigstens im Ansatz verständlich zu machen, soll ein einziger Punkt herausgegriffen werden – das Problem der persönlichen Zuwendung des Lehrers zum Schüler. Hierzu zunächst Helspers strukturtheoretische Position (vgl. 2004): Er identifiziert in der Lehrerarbeit eine Reihe nicht aufhebbarer Antinomien, dazu gehört auch die Spannung zwischen Nähe und Distanz. Angesprochen ist damit das Verlangen, sich der Person des anderen zuzuwenden und sie insgesamt zu verstehen; zugleich besteht aber die Anforderung, die für alle gleichen Gebote der Schule und ihre generellen Regelungen gegenüber allen SchülerInnen zur Geltung zu bringen. LehrerInnen stehen im konkreten Alltag stets in der Situation, zwischen beiden Ansprüchen zu balancieren, ohne ihnen jeweils voll entsprechen zu können. Realisiert wird diese Balance innerhalb eines „Arbeitsbündnisses", das zwischen der LehrerIn und der SchülerIn immer wieder neu auszuhandeln ist. Eine solche Sichtweise der Lehrerarbeit wird von Baumert und Kunter (2006, S. 472) scharf kritisiert. Hier liege der „Fokus der professionellen Tätigkeit ... auf der Erziehung der ganzen Person in einer diffusen Sozialbeziehung". Und dies genau sei eine falsche, weil therapeutisch konstruierte Sicht der schulischen Sozialbeziehungen. Denn in der Schule wird der Schüler „nicht – wie ein Geschwister in der Familie – in seiner ganzen Person und seiner ganzen Biographie thematisch, sondern als Teilnehmer an einem Bildungsprogramm. Die Spezifität und Sachlichkeit der Sozialbeziehung schützen ihn vor Intimitätszumutungen und totaler Einvernahme durch die Institution" (ebd.).

Mit dieser Argumentation wird die von Helsper (2007) skizzierte umfassende Erziehungserwartung verworfen. Diese Ablehnung wiederum erlaubt es, „die didaktische Vorbereitung und Inszenierung von Unterricht als zentrale Anforderung für den Lehrerberuf und das professionelle Kompetenzprofil von Lehrkräften zu identifizieren" (Baumert & Kunter, 2006, S. 473). Von hier aus entwerfen Baumert und Kunter dann ein „heuristisches Modell professioneller Handlungskompetenz" (ebd., S. 479), in dem konsequenterweise das Professionswissen über den Unterricht und seine Gestaltung im Zentrum steht.

Werner Helsper antwortet auf diese massive Kritik am strukturtheoretischen Ansatz nicht weniger grundsätzlich: Zunächst verweist er darauf,

> „dass Kinder zu einem frühen Zeitpunkt ihres Bildungsprozesses in die Schule einmünden, dabei noch äußerst verletzbar, in vielen Belangen nicht autonom-handlungsfähig und zur Unterscheidung von spezifischen und diffusen Handlungslogiken noch nicht in der Lage sind ... Schüler können aufgrund ihres sozialkognitiven Entwicklungsstandes noch nicht zwischen diffuser und spezifischer Handlungslogik unterscheiden und die Bedeutung des Lehrers nicht spezifisch begrenzen. Dies gilt auch für die beginnende Adoleszenz ... Lehrer greifen in diese umfassenden Bildungsprozesse der Ermöglichung autonomer Lebenspraxis umfassend ein ... Diese Dimension auszublenden leistet einem deprofessionalisierenden Selbstmissverständnis von Lehrern Vorschub – nämlich nur für die gute Vermittlung des Faches zuständig zu sein" (Helsper, 2007, S. 568).

Kurz und in Helspers Sicht: Während Baumert und Kunter die Ambivalenzen der Lehrertätigkeit weitgehend ausblenden und lediglich die didaktische Effizienz als Kompetenzfeld sehen, insistiere der strukturtheoretische Ansatz darauf, dass das Lehrerhandeln „von grundlegenden Spannungen durchzogen" und deshalb „anfällig für Verwicklungen" (ebd., S. 570) sei. Im Umgang damit bedürfe es einer „gelassenen, reflexiven Haltung", die weit über didaktische Kompetenzen hinausgehe (vgl. ebd.)

Indem diese beiden Positionen so nebeneinander gestellt wurden, kann gezeigt werden, in welcher Weise der „Dialog" zwischen den beiden Grundansätzen der Lehrerforschung gegenwärtig geführt wird: Als harte Kontroverse über die „Richtigkeit" der grundlagentheoretischen Prämissen und zugleich auch als Konkurrenzkampf um den Einfluss auf die weitere Lehrerforschung und Lehrerbildung. Ein Arbeitsbündnis, das trotz unterschiedlicher Herangehensweisen an einer gemeinsamen wissenschaftlichen Aufklärung interessiert ist, ist hingegen (noch) nicht zu erkennen. Aber vielleicht ist ja der heftige wissenschaftliche Disput eine notwendige Voraussetzung, um später im Forschungsprozess auch Gemeinsamkeiten zu entdecken.

Literatur

Baumert, J. & Kunter, M. (2006). Stichwort: Professionelle Kompetenz von Lehrkräften. *Zeitschrift für Erziehungswissenschaft, 9*(4), 469–520

Breidenstein, G. (2006). *Teilnahme am Unterricht. Ethnographische Studien zum Schülerjob.* Wiesbaden: VS-Verlag.

Breidenstein, G. & Kelle, H. (1998). *Geschlechteralltag in der Schulklasse. Ethnographische Studien zur Gleichaltrigenkultur.* Weinheim: Beltz.

Bromme, R. (1992). *Der Lehrer als Experte. Zur Psychologie des professionellen Wissens.* Bern: Huber.

Friebertshäuser, B. (1992). *Übergangsphase Studienbeginn. Eine Feldstudie über Riten der Initiation in eine studentische Fachkultur.* Weinheim: Juventa.

Goffman, E. (1967). *Interaktionsrituale. Über Verhalten in direkter Kommunikation.* Frankfurt/M.: Suhrkamp.

Garfinkel, H. (Hrsg.) (1969). *Ethnomethodological studies of work.* London: Routledge & Kegan Paul.

Helsper, W. (2004). Antinomien, Widersprüche, Paradoxien: Lehrerarbeit – ein unmögliches Geschäft? Eine strukturtheoretische Perspektive auf das Lehrerhandeln. In B. Koch-Priewe, F.U. Kolbe & J. Wildt (Hrsg.), *Grundlagenforschung und mikrodidaktische Reformansätze zur Lehrerbildung* (S. 49–98). Bad Heilbrunn: Klinkhardt.

Helsper, W. (2007). Eine Antwort auf Jürgen Baumerts und Mareike Kunters Kritik am strukturtheoretischen Professionsansatz. *Zeitschrift für Erziehungswissenschaft, 10*(4), 567–580.

Hollenbach, N. & Tillmann, K.J. (Hrsg.) (2009). *Die Schule forschend verändern. Praxisforschung aus nationaler und internationaler Perspektive.* Bad Heilbrunn: Klinkhardt.

Ingenkamp, K. H. (Hrsg.) (1970). *Handbuch der Unterrichtsforschung.* Weinheim: Beltz.

Kalthoff, H. (1997). *Wohlerzogenheit. Eine Ethnographie deutscher Internatsschulen.* Frankfurt/M.: Campus.

Krüger, H.H. (1997). *Einführung in Theorien und Methoden der Erziehungswissenschaft.* Opladen: Leske & Budrich.

Kunter, M., Baumert, J., Blum, W., Klusmann, U., Krauss, S. & Neubrandt, M. (Hrsg.) (2011). *Professionelle Kompetenz von Lehrkräften. Ergebnisse des Forschungsprogramms COACTIV.* Münster: Waxmann.

Oevermann, U. (2002). Professionalisierungsbedürftigkeit und Professionalisiertheit pädagogischen Handelns. In M. Kraul, W. Marotzki & C. Schweppe (Hrsg.), *Biographie und Profession* (S. 19–64). Bad Heilbrunn: Klinkhardt.

Rauin, U. & Meiner, U. (2007). Subjektive Einschätzung des Kompetenzerwerbs in der Lehramtsausbildung. In M. Lüders & J. Wissinger (Hrsg.), *Forschung zur Lehrerbildung. Kompetenzentwicklung und Programmevaluation* (S. 103–131). Münster: Waxmann.

Rheinberg, F. & Bromme, R. (2001). Lehrende in Schulen. In A. Krapp & B. Weidenmann (Hrsg.), *Pädagogische Psychologie* (S. 295–332). Weinheim: Beltz PVU.

Reh, S. & Labede, J. (2009). Soziale Ordnung im Wochenplanunterricht. In H. de Boer & H. Deckert-Peacemann (Hrsg.), *Kinder in der Schule. Zwischen Gleichaltrigenkultur und schulischer Ordnung* (S. 159–176). Wiesbaden: VS-Verlag.

Terhart, E. & Tillmann, K.-J. (Hrsg.) (2007). *Schulentwicklung und Lehrerforschung. Das Lehrer-Forscher-Modell der Laborschule auf dem Prüfstand.* Bad Heilbrunn: Klinkhardt.

Tillmann, K.-J. (2009). Lehrerforschung und Schulenwicklung. Oder: Was kann schulische Praxisforschung leisten? In: N. Hollenbach & K.-J. Tillmann (Hrsg.), *Die Schule forschend verändern. Praxisforschung aus nationaler und internationaler Perspektive* (S. 101–118). Bad Heilbrunn: Klinkhardt.

Weinert, F.E. & Helmke, A. (1996). Der gute Lehrer: Person, Funktion oder Fiktion? In: A. Leschinsky (Hrsg.), *Die Institutionalisierung von Lehren und Lernen. Beiträge zu einer Theorie der Schule* (S. 223–233). Weinheim: Beltz.

Forschung zur Berufsbiographie von Lehrerinnen und Lehrern

Martin Rothland

Wer entscheidet sich für den Lehrerberuf?

Herkunfts-, Persönlichkeits- und Leistungsmerkmale von Lehramtsstudierenden

1. Einführung

National wie international ist es ein etablierter Gegenstand der empirischen Forschung zum Lehrerberuf, die soziale Herkunft sowie die Schicht- oder Milieuzugehörigkeit angehender Lehrerinnen und Lehrer, ihre Persönlichkeits- und insbesondere ihre kognitiven Leistungsmerkmale zu erfassen, um auf diese Weise empirisch gesicherte Antworten auf die Frage geben zu können, *wer* sich für den Lehrerberuf entscheidet. Die leitende Frage in diesem Teilbereich der empirischen Forschung zum Lehrerberuf beschränkt die Forschungsaktivität allerdings nicht auf eine äußerliche, datenbasierte Beschreibung der Studierendenpopulation in lehramtsrelevanten Studiengängen oder alternativ der bereits berufstätigen Lehrkräfte. Die Frage *Wer entscheidet sich für den Lehrerberuf?* greift damit im Grunde zu kurz bzw. verdeckt das weiter reichende Forschungsinteresse. Denn das Ziel dieses Ausschnitts der Forschung zum Lehrerberuf ist es zum einen, über die Erfassung verschiedener Merkmale der Lehramtsstudierenden bzw. der im Beruf stehenden Lehrerinnen und Lehrer zu überprüfen, ob es sich bei den Personen, die diesen Beruf anstreben oder ausüben, um eine in spezifischer Weise zu charakterisierende Gruppe handelt, die sich unter Kontrolle der zum Vergleich herangezogenen Merkmale von anderen Studierenden- oder Berufsgruppen abhebt. Unterscheiden sich also, so wäre die forschungsleitende Fragestellung zu ergänzen, Personen, die den Lehrerberuf anstreben und schließlich auch ausüben, von Personen in anderen Studienrichtungen und Berufen? Oder anders gewendet: Zieht der Lehrerberuf Menschen mit einem bestimmten Profil und typischen, personengebundenen Merkmalen und Eigenschaften an, die bei der Mehrzahl der Lehramtsinteressierten sowie der Amtsinhaber zu identifizieren sind?

Zum anderen ist die Forschung zur Erfassung der personalen Ausgangslagen angehender Lehrerinnen und Lehrer unter besonderer Berücksichtigung von Persönlichkeits- und kognitiven Leistungsmerkmalen eingebettet in den Kontext der Überprüfung und Prognose der Eignung von Lehramtsinteressenten für den Lehrerberuf. Den personalen Ausgangslagen von Lehramtsstudierenden und damit der Frage, welche Personen mit welchen Eigenschaften sich für ein Lehramtsstudium entscheiden, wird deshalb besondere Aufmerksamkeit geschenkt, da davon auszugehen ist, dass die Kompetenzentwicklung in der Lehrerbildung nicht allein von der Qualität der Studien- und Lernangebote im Rahmen der Lehrerbildung abhängig ist, sondern diese ebenso auch durch die individuellen Voraussetzungen der Studierenden für die Nutzung der gebotenen Lerngelegenheiten und praktischen Erfahrungsmöglichkeiten bedingt wird (vgl. Neugebauer, 2013). Ziel der Untersuchungen in dem hier in Rede stehenden Segment der Forschung zum Lehrerberuf ist es damit auch, die personalen Potenziale bzw. Ausgangslagen der am Lehramt Interessierten hinsichtlich ihrer Passung zu den Anforderungen und Charakteristika des Berufs zu überprüfen, die Befunde individuell den Lehramtsstudierenden im Rahmen etwa von Selbsterkundungsverfahren zurückzumelden und ggf. die gezielte Bearbeitung von Defiziten im Rahmen der Lehrerbildung zu ermöglichen (vgl. Mayr, 2012). Die forschungsleitende Fragestellung des im vorliegenden Beitrag behandelten Forschungssegments wäre damit abermals zu ergänzen: Zieht der Lehrerberuf Menschen mit einem bestimmten Profil und typischen, personengebundenen Merkmalen und Eigenschaften an, die bei der Mehrzahl der Lehramtsstudierenden zu identifizieren sind *und* welches Potential weisen diese Merkmale als Indikatoren der Eignung für das Lehramtsstudium und den Lehrerberuf im Sinne einer Passung von personalen Ausgangslagen und den Anforderungen des Studiums und Berufs auf?

Antworten, die die Befunde empirischer Untersuchungen auf diese erweiterte Fragestellung bieten, werden im Folgenden im Rahmen eines Überblicks vorgestellt. Im Anschluss an diese Einführung werden in einem ersten Abschnitt Befunde zur sozialen Herkunft bzw. zur Schicht- und Milieuzugehörigkeit von Lehramtsstudierenden vorgestellt und diskutiert (2.). In Verbindung mit der Herkunft im engeren Sinne steht die Berufsvererbung, die im Lehrerberuf eine bedeutende Rolle spielt und daher eigens im dritten Abschnitt auf der Basis empirischer Befunde thematisiert wird (3.). Die Erfassung allgemeiner Persönlichkeitsmerkmale (4.), ihre Nutzung und Relevanz als Eignungsindikatoren (5.) sowie die Erhebung von kognitiven Leistungsmerkmalen (6.) stellen weitere Schwerpunkte in dem hier vorgestellten Segment der empirischen Forschung zum Lehrerberuf dar und werden in den folgenden Abschnitten behandelt. Schließlich bilden eine Zusammenfassung und Bewertung der Forschungslage sowie ein Ausblick auf künftige Forschungsaktivitäten (7.) den Abschluss der Darstellung. Zunächst wird jedoch der Forschungsfokus auf Herkunfts-, Persönlichkeits- und Leistungsmerkmale von Lehramtsstudierenden als persönliche Voraussetzungen des Lehrerbildungsprozesses und damit der Entwicklung professioneller Kompetenz im Kontext von Eignung und/oder Qualifikation verortet.

Die Frage *Wer entscheidet sich für den Lehrerberuf?* unter besonderer Berücksichtigung der Persönlichkeits- und Leistungsmerkmale von Lehramtsstudierenden scheint für sich genommen generell einer von zwei (grob) zu unterscheidenden Argumentationslinien zugeordnet werden zu müssen, derzufolge Unterschiede in der Nutzung von Lerngelegenheiten in der Lehrerbildung und schließlich in der beruflichen Kompetenz durch die persönlichen Voraussetzungen und damit die *persönliche Eignung* zum Lehrerberuf zu begründen sind. Persönliche Eignung wird hier einerseits bestimmt über die vorhandenen kognitiven Fähigkeiten und andererseits über die Ausprägung allgemeiner Persönlichkeitsmerkmale. „‚Gute' Lehrkräfte – das heißt solche Lehrkräfte, die Erfolg in ihrem Beruf haben – sind nach dieser Hypothese Personen, die bestimmte Konstellationen an wünschenswerten stabilen Merkmalen, also eine besondere persönliche Eignung oder ein Talent zum Lehrerberuf, mit in die Berufsausbildung und den Beruf bringen" (Kunter, Kleickmann, Klusmann & Richter, 2011, S. 56). Neben der Bedeutung allgemeiner Persönlichkeitsmerkmale werden überdurchschnittliche kognitive Fähigkeiten als relevant für einen erfolgreichen Unterricht angenommen, ohne dass sich die erwarteten positiven Effekte für die Leistung der Schüler bislang eindeutig belegen ließen (vgl. Kennedy et al., 2008; Grönquist & Vlachos, 2008). Zusammen wird dieser ersten Argumentationslinie folgend der Erfolg oder Misserfolg von Lehrkräften über *berufsunspezifische* stabile und bereits vor Beginn der Lehrerlaufbahn angelegte Persönlichkeitsmerkmale zu erklären versucht (vgl. Kunter et al., 2011).

Dem entgegen steht die zweite Argumentationslinie. Hier werden Differenzen in der beruflichen Kompetenz durch die unterschiedliche Qualifikation und damit durch die Ausbildungsergebnisse der Lehrerbildung unabhängig von deren Eingangsvoraussetzungen begründet (Kunter et al., 2011, S. 57). Unterschiede in der Kompetenz von Lehrerinnen und Lehrern ließen sich dementsprechend vor allem als Folge von Ausbildungsangeboten „unterschiedlicher Qualität, Länge und Intensität erklären" (ebd.). Im Rahmen dieser zweiten Argumentationslinie bleibt jedoch offenkundig unberücksichtigt, dass Persönlichkeitsmerkmale oder kognitive Leistungsmerkmale bzw. die personalen Ausgangslagen der Lehramtsstudierenden generell zweifelsohne in einem Zusammenhang mit der Nutzung der Qualifizierungsangebote in der Lehrerbildung stehen. Insofern erscheint eine strikte, sich gegenseitig ausschließende Gegenüberstellung beider Argumentationsfiguren nicht weiter führend. Stattdessen schlagen Kunter et al. (2011) die

Integration beider Ansätze in einem Modell der Determinanten und Konsequenzen der professionellen Kompetenz von Lehrkräften vor (vgl. Abb. 1). Eine Grundidee ist hier, dass die Nutzung der Lern- und Qualifikationsangebote, die in den Lerngelegenheiten im Rahmen der Lehrerbildung bereitgestellt werden, durch die personalen Ausgangslagen der angehenden Lehrkräfte bedingt wird (Kunter et al., 2011, S. 62). Insofern wären interindividuelle Unterschiede in der Ausprägung professioneller Handlungskompetenz von Lehrkräften, ihrer Performanz und in der Wirkung ihres Handelns auch auf ihre persönlichen Voraussetzungen (biographische Aspekte, Persönlichkeits- und Leistungsmerkmale) zurückzuführen, ohne einer Erlernbarkeit des Lehrerberufs und der Bedeutung der Qualifikation im Rahmen der Lehrerbildung im Kontext der Forschung zur Frage *Wer entscheidet sich für den Lehrerberuf?* zu widersprechen.

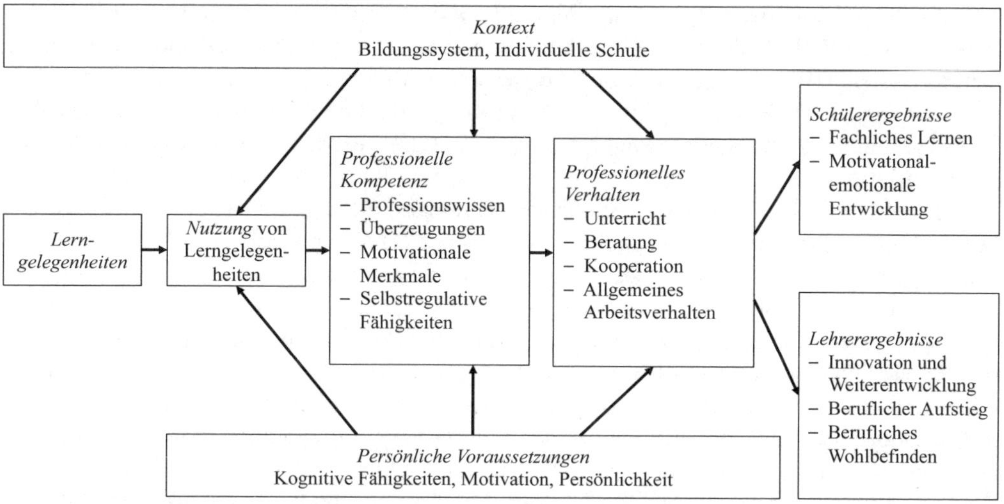

Abbildung 1: Modell der Determinanten und Konsequenzen der professionellen Kompetenz von Lehrkräften (Quelle: Kunter et al., 2011, S. 59).

2. Herkunft und Milieuzugehörigkeit

Die soziale Herkunft von Personen, die den Lehrerberuf anstreben und schließlich auch ergreifen, ist einer der zentralen Gegenstände des hier behandelten Segments der empirischen Forschung zum Lehrerberuf, wenngleich konstatiert wird, dass „die Frage der sozialen Herkunft [...] im Rahmen der Rekrutierung für den Lehrerberuf an Bedeutung verloren hat" (Terhart, Czerwenka, Ehrich, Jordan & Schmidt, 1994, S. 53). Entsprechend erweist sich die aktuelle Forschungslage im deutschsprachigen Raum als überschaubar, die Deutung der vorliegenden Befunde gleichwohl als uneinheitlich.

Die historische Ausgangslage, von der aktuelle Untersuchungen auszugehen haben, erscheint dem entgegen weitgehend eindeutig: Im 19. und Anfang des 20. Jahrhunderts fungierte der Volksschullehrerberuf als Aufstiegs- sowie auch als Plattformberuf insbesondere für Männer. Der Gymnasiallehrerberuf ist hingegen historisch nicht als sozialer Aufsteigerberuf zu kennzeichnen, wurde er größtenteils schon immer von Mitgliedern der Mittel- und Bildungsschichten gewählt. Ausnahmen bilden die Phasen personellen Mangels, in deren Folge sich eine soziale Öffnung im Rahmen der Rekrutierung von Gymnasiallehrkräften einstellte. Werden die bedeutenden schulformabhängigen Unterschiede jedoch ausgeblendet, so gilt der Lehrerberuf allgemein auch gegenwärtig noch als Beruf des sozialen Aufstieg (vgl. Neugebauer, 2013).

In den Untersuchungen, in denen die soziale Herkunft von (angehenden) Lehrerinnen und Lehrern erfasst wird, werden Schülerinnen und Schülern i.d.R. kurz vor dem Abschluss (Abitur oder Matura), Lehramtsstudierende, Referendare sowie berufstätige Lehrkräfte befragt. Die im Folgenden berücksichtigten Studien beziehen sich sowohl auf Schülerstichproben (vgl. Denzler & Wolter, 2008, 2009; Neugebauer, 2013), auf (Lehramts-)Studierende (vgl. Schmidt & Schuchart 2002; Kerst, Rauschenbach, Wolter, & Züchner, 2008; Cramer, 2010, 2012) und aktive Lehrkräfte (vgl. Kühne, 2006; Kampa, Kunter, Maaz & Baumert, 2011).

In der Untersuchung von Schmidt und Schuchart (2002) wurde die soziale Lage der Studierenden des Lehramts auf der Basis der Daten der Sozialerhebungen des deutschen Studentenwerkes aus dem Jahr 1997 erfasst. Die hier relevante Stichprobe umfasste $n = 2348$ Studierende des Lehramts (Primarstufe, Sek. I, Sek. II, Studierende des Lehramts an Berufs- und Sonderschulen). Zur Beurteilung der sozialen Lage der Lehramtsstudierenden wurde in der Untersuchung eine vierstufige Variable der sozialen Herkunft verwendet, die im Kontext des Hochschul-Informations-System (HIS) für entsprechende Auswertungen vorliegt. Zur Bestimmung der sozialen Herkunft werden als Grobindikatoren die berufliche Stellung und der Bildungserfolg (Ausbildungsabschluss) der Eltern erfasst und eine untere, mittlere, gehobene und hohe Herkunftsgruppe unterschieden.

Im Ergebnis zeigt sich eine Dreiteilung der Lehramtsstudierenden: Die Studierenden für das Lehramt für die Berufsbildenden Schulen und die Sonderschulen rekrutieren sich zur Hälfte aus Familien mittlerer und niedriger sozialer Herkunft und werden als *Bildungsaufsteiger* charakterisiert (ebd., S. 59). Studierende des Lehramts für die Primarstufe und für die Sekundarstufe II weisen dagegen nur einen Anteil von knapp unter 40 % Studierender niedriger oder mittlerer sozialer Herkunft auf, wobei sich innerhalb dieser Untergruppe die Studierenden des Grundschul- und des Gymnasiallehramts noch einmal dahingehend unterscheiden, dass Letztere den mit Abstand höchsten Anteil der Studierenden in der Gesamtgruppe der Lehramtskandidaten aufweisen, die aus Elternhäusern einer hohen sozialen Schicht stammen (36,7 %) (vgl. Abb. 2). Die Lehramtsstudierenden der Sek. I liegen zwischen den sog. „Bildungsaufsteigern" und den zu einem größeren Teil aus statushohen Schichten stammenden Studierenden des Lehramts für die Primarstufe und Sek. II (ebd., S. 59). Das soziale Profil der beiden letztgenannten Lehramtsstudierendengruppen entspricht der sozialen Lage der zum Vergleich herangezogenen Studierenden der Wirtschaftswissenschaften und der Psychologie, während das Profil der Studierenden des Lehramts an Berufs- und Sonderschulen dem der Studierenden der Diplom-Pädagogik und der Sozialwissenschaften entspricht.

Die soziale Herkunft der angehenden Lehrerinnen und Lehrer – so eine Bilanz der Befunde von Schmidt & Schuchart (2002) – kann nicht adäquat für den Lehrerberuf insgesamt bestimmt werden. Die Frage danach, ob der Lehrerberuf generell ein Beruf des sozialen Aufstiegs sei, erscheint damit historisch wie auch aktuell verfehlt. Die lehramtsspezifischen Unterschiede, die sich in der Geschichte des Lehrerberufs in Abhängigkeit von Geschlecht und Lehramt (für das höhere vs. für das niedere Schulwesen) zeigten, haben sich bis in die Gegenwart jedoch verändert.

Werden die Lehrämter für die unterschiedlichen Schulformen als verschiedene Karrierewahlen innerhalb des Lehrerberufs erfasst (vgl. Kampa et al., 2011), so bestätigt sich in der Studie von Retelsdorf und Möller (2012), dass Studienanfänger, die einen niedrigeren sozioökonomischen Hintergrund aufweisen, mit höherer Wahrscheinlichkeit ein Lehramt für die Sekundarstufe I als das Lehramt an Grundschule oder an Gymnasien wählen. Ebenfalls weisen die Studierenden des Lehramts für das Gymnasium die höchste sozioökonomische Stellung in der Stichprobe von Cramer (2010, 2012) auf, gefolgt von den Studierenden des Lehramts für Grund-/ Hauptschule und Sonderschule, auf die wiederum die Studierenden des Realschullehramts fol-

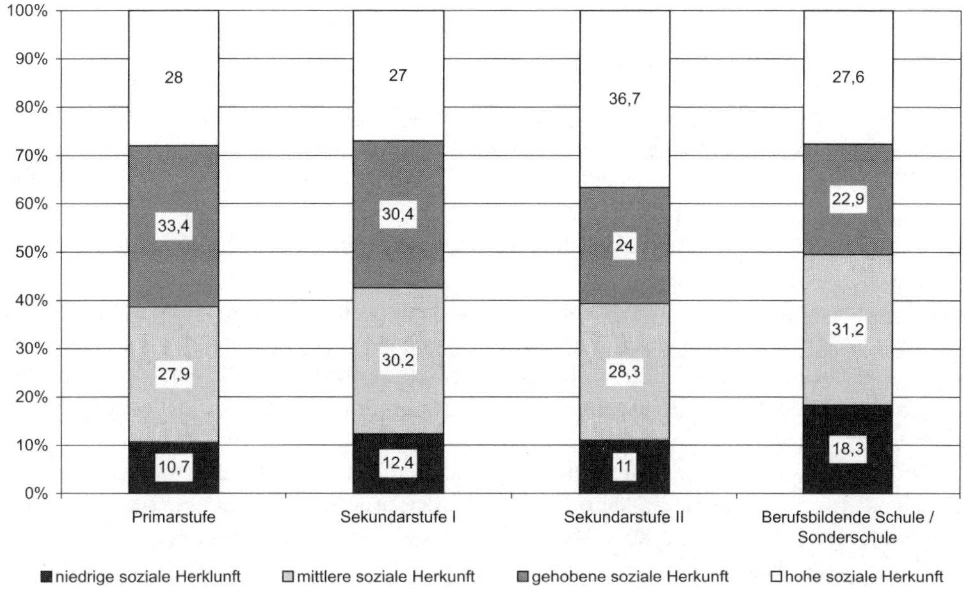

Abbildung 2: Soziale Herkunft der Lehramtsstudierenden an Universitäten (in Prozent) (Quelle: Schmidt & Schuchart, 2002, S. 60)

gen. Cramer (2012, S. 162) spricht von einer „lehramtsspezifischen sozioökonomischen Disparität", die jedoch zumindest mit Blick auf die Lehramtsstudierenden für die Sonderschule im Vergleich mit Schmidt und Schuchart (2002) auch stichprobenspezifisch sein könnte. Wie diese letztgenannte Lehramtsstudierendengruppe im Vergleich zu den weiteren Lehrämtern mit Blick auf die soziale Herkunft zu bewerten ist, kann angesichts der widersprüchlichen Daten nicht beurteilt werden. Zumindest die Befunde der Untersuchungen zur sozialen Herkunft der Lehrämter für die Primastufe, Sekundarstufe I und II weisen hingegen in eine ähnliche Richtung, auch wenn der Vergleich der Daten durch die Zusammenfassung von Lehrämtern (bspw. Grund- und Hauptschule bei Cramer, 2010, 2012) erschwert wird.

Deutlichere Differenzen zeigen sich indes hinsichtlich der Bewertung und Deutung der Befunde dahin gehend, ob es sich zumindest bei einzelnen Lehrämtern um Berufe des sozialen Aufstiegs handelt oder nicht. Cramer (2010, 2012) kann anhand seiner Befunde zeigen, dass sich mit der Wahl eines Lehramtsstudiengangs für 72,8% der Befragten kein sozialer Aufstieg verbindet. 48,9% reproduzieren die Sozialklasse, aus der sie stammen, für 27,2% bedeutet die Lehrerbildung ein sozioökonomischer Aufstieg und für 23,9% bedeutet sie einen leichten Abstieg. Differenziert nach den Schulformen weisen die Lehrämter für die Realschule sowie Grund- und Hauptschule die größten Anteile an Aufsteigern auf (mit jeweils um die 30%). Insgesamt erfülle das Lehramtsstudium jedoch „die Funktion einer Konsolidierung des sozialen Status" (vgl. Cramer, 2012, S. 164).

Neugebauer betont hingegen verallgemeinernd, dass sich insbesondere nicht-gymnasiale Lehramtsstudiengänge gegenwärtig als „soziale Aufstiegskanäle" erweisen, während der Anteil von Studierenden, die aus einem Akademikerhaushalt stammen, bei den Nicht-Lehramtsstudierenden am höchsten (62%) ist, gefolgt von den Gymnasiallehramtsstudierenden (55%). In den übrigen Lehramtsgruppen ist der Anteil der Akademikerkinder geringer und der Anteil der Studierenden, deren Eltern maximal über einen Hauptschulabschluss verfügen, am höchsten (vgl. Neugebauer, 2013). Kampa et al. (2011; vgl. Kühne, 2006) kommen ihrerseits auf der Basis einer

Erhebung im Rahmen der COACTIV-Studie (Mathematiklehrkräfte der Sekundarstufen) zu dem Schluss, dass die Wahl eines bestimmten Lehramtsstudiengangs nicht durch die soziale Herkunft der Lehrkräfte erklärt werden kann. Mit Blick auf die Herkunft zeige sich eine eher *positive* Selektion der Lehrkräfte, die dem Bild des Lehrerberufs als Aufsteigerberuf generell widerspreche.

Schichtspezifische Präferenzen für verschiedene Lehrämter konnten Denzler und Wolter (2008, 2009) aber für unterschiedliche Ausbildungswege an unterschiedlichen Studienorten innerhalb der Lehrerbildung in der Schweiz identifizieren. Der Fokus der Untersuchung lag unter anderem auf der differenzierten Betrachtung von Studierenden, die sich für die Pädagogische Hochschule und diejenigen, die sich für ein Universitätsstudium entscheiden. PH-Studierende, so eine Annahme, entscheiden sich nicht unbedingt für die Ausbildung an diesen Institutionen, „sondern vielmehr *gegen* ein Studium an einem anderen Hochschultyp" (Denzler & Wolter, 2008, S. 116). Die Wahrscheinlichkeit, das Lehramt für die Volksschulstufe und damit einen entsprechenden PH-Studiengang zu wählen, nimmt mit höherem sozioökonomischen Status ab.

Differenziert nach Geschlecht zeigt sich bei Schmidt und Schuchart (2002), dass unter den Studierenden für das Grundschullehramt die *männlichen* Kommilitonen eine niedrigere soziale Herkunft aufweisen als ihre Kommilitoninnen, sodass sich unter Berücksichtigung von lehramts- *und* geschlechtsspezifischen Differenzierungen für die Männer das Grundschullehramt eher als Möglichkeit des sozialen Aufstiegs erweist. Dem entgegen ist das Lehramt für die Sek. II für beide Geschlechter eine Studien- und Berufswahl mit eher statusreproduzierender Funktion. Schließlich können unter den Lehramtsstudierenden auch für die Sek. I keine geschlechtsspezifischen Differenzen hinsichtlich der sozialen Herkunft identifiziert werden (Schmidt & Schuchart, 2002, S. 61).

Eine vergleichende Auswertung der Daten zur sozialen Herkunft der Studierenden des Lehramts aus den DSW/HIS-Sozialerhebungen mit allen übrigen Studierenden wurde von Kerst et al. (2008) durchgeführt. Die Analyse der sozialen Zusammensetzung der Lehramtsstudierenden im Vergleich zum gesamtuniversitären Durchschnitt für die Jahre 1994, 2000 und 2006 lässt sich mit den Worten der Autoren wie folgt zusammenfassen (vgl. Abb. 3): „Das Lehramt unterscheidet sich in seiner sozialen Zusammensetzung kaum vom Durchschnitt. Eine besondere Aufstiegsfunktion als eine Art Plattform ist hier nicht (mehr) zu erkennen, jedenfalls nicht im Durchschnitt aller Schulformen" (ebd., S. 52).

Das Lehramt zeichnet sich insgesamt nicht durch eine höhere soziale Offenheit aus und vom Lehrerberuf ist – wie bereits konstatiert wurde – nicht pauschal als einem Beruf des sozialen Aufstiegs zu sprechen. Stattdessen spiegelt sich in der Entwicklung der Anteile der vier Herkunftsgruppen in den HIS-Daten eine soziale Umverteilung zuungunsten der unteren Herkunftsgruppen ab, die in gleicher Weise auch in der gesamten Studierendenschaft zu beobachten ist, wobei mit Blick auf die soziale Zusammensetzung der Studierenden an deutschen Hochschulen insgesamt immer berücksichtigt werden muss, dass der Anteil der *Bildungsaufsteiger* kontinuierlich aufgrund der gestiegenen Zahl von Hochschulabsolventen in der Bevölkerung infolge der Bildungsexpansion abnimmt (vgl. u.a. Schmidt & Schuchart, 2002; Kerst et al., 2008).

Zuletzt sei auf die Untersuchung von Kühne (2006) zum sozialen Rekrutierungsfeld der Lehrerinnen und Lehrer verwiesen. Grundlage der Studie sind Daten der kumulierten „Allgemeinen Bevölkerungsumfrage der Sozialwissenschaften" (ALLBUS) der Jahre 1980 bis 2002. Im Gegensatz zu den Studien von Schmidt & Schuchart (2002), Kerst et al. (2008) oder Cramer (2010, 2012) wurde bei Kühne vergleichbar der Untersuchung von Kampa et al. (2011) die soziale Herkunft von berufstätigen Lehrkräften an Grundschulen/Volksschulen (n = 298) und Gymnasien (n = 379) erfasst. Darüber hinaus weist die Arbeit von Kühne noch weitere Besonderheiten auf, die eigens hervorzuheben sind.

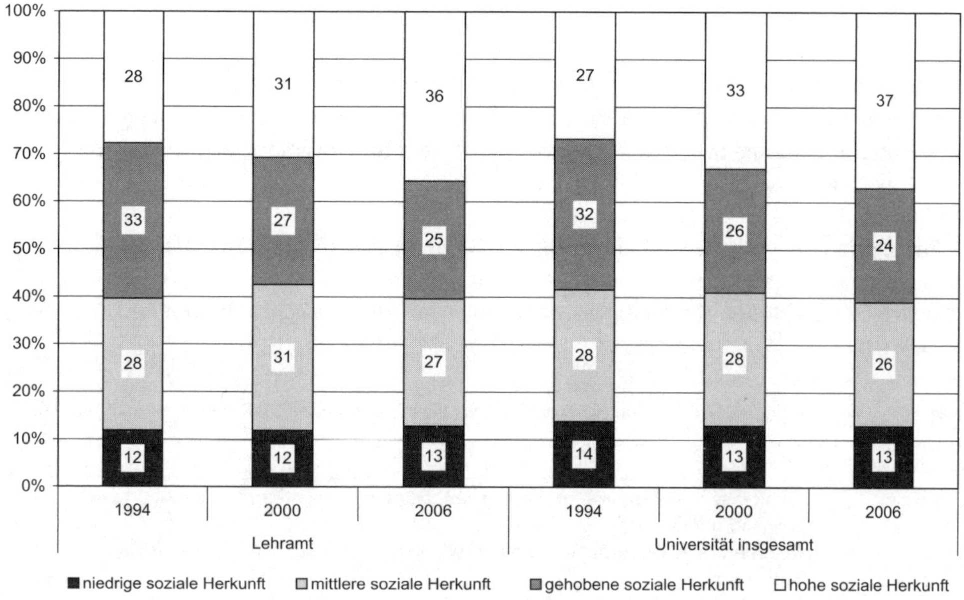

Abbildung 3: Soziale Zusammensetzung der Studierenden (Lehramt und Universität gesamt) (Quelle: Kerst et al., 2008, S. 53)

Zunächst zeigt Kühne, dass zwischen den beiden erfassten *Lehramtstypen* und der sozialen Herkunft keine Abhängigkeit mehr besteht, wie sie historisch für die unterschiedlichen Lehrämter charakteristisch war. Es bleibt allerdings die Frage, ob sich unter Berücksichtigung der weiteren Lehrämter bzw. einer Differenzierung von Sek. I, Sek. II sowie Beruf- und Sonderschullehrern Kühnes Befund einer nicht länger schulartspezifische Rekrutierung aufrecht erhalten lässt, oder ob sich in Anlehnung an die Befunde etwa bei Schmidt und Schuchart (2002) oder Cramer (2010, 2012) eine „lehramtsspezifischen sozioökonomische Disparität" (Cramer, 2012, S. 162) zeigt, die jedoch nicht mehr mit den historischen Mustern der Nachwuchsrekrutierung für die unterschiedlichen Lehrämter übereinstimmt. Unterschieden nach Geschlecht zeigen Kühnes Daten des Weiteren, dass der Lehrerberuf für Männer insgesamt kein bedeutender Aufsteigerberuf mehr ist und Frauen das Lehramt nicht mehr signifikant häufiger zur Sicherung des herkunftsbedingten Sozialstatus wählen (Kühne, 2006, S. 624).

Im Vergleich zu anderen *ausgewählten Akademikern* erweist sich der Lehrerberuf allerdings in stärkerem Maße als Beruf des sozialen Aufstiegs: Gegenüber Ärzten, Juristen und Architekten stammen Grund-/Volksschullehrer *und* Gymnasiallehrer zu einem deutlich geringeren Anteil aus höheren Klassenpositionen, dafür aber mit einem höheren Anteil aus dem Arbeitermilieu (jeweils ca. 25%) (ebd., S. 623). Damit weisen die Lehrkräfte im Vergleich zu den Berufsgruppen der Ärzte, Juristen und Architekten „ein weniger exklusives Sozialprofil" auf (ebd., S. 624; vgl. die Befunde des HIS zur sozialen Herkunft deutscher Studienanfänger, bei Bathke, Schreiber & Sommer, 2000, die in eine ähnliche Richtung weisen).

Nicht allein die soziale Herkunft der (angehenden) Lehrkräfte, sondern die Milieuzugehörigkeit von im Beruf stehenden Lehrerinnen und Lehrer sowie angehenden Lehrkräften steht im Fokus der letzten, in diesem Abschnitt zu berücksichtigenden Untersuchung. Auf der Grundlage des *Sinus*-Milieu-Modells erfasst Schumacher (2000, 2002) die Milieustruktur speziell der (angehenden) Grundschullehrkräfte. Zusammen werden in diesem Sinus-Modell zehn Milieus auf der Basis der Faktoren soziale Lage, Arbeit/Leistung, Gesellschaftsbild, Familie/Partnerschaft, Freizeit, Wunsch- und Leitbilder sowie Lebensstil unterschieden (vgl. ebd., S. 112).

Die Untersuchung von Schumacher konzentriert sich in erster Linie auf die Grundschullehrkräfte, die sich bereits im Dienst befinden. Insofern leistet ihre Untersuchung eher einen Beitrag zu der Forschungsfrage „Wer *ist* (Grundschul-)Lehrer/Lehrerin?“. Neben der Stichprobe von $n = 514$ Grundschullehrkräften sind jedoch auch $n = 176$ Referendare und $n = 298$ Studierende des Grundschullehramts im Erhebungszeitraum Oktober bis November 1997 erfasst worden, sodass Vergleiche bezogen auf die Milieustruktur der (angehenden) Lehrkräfte in unterschiedlichen Phasen ihrer Berufsbiographie möglich sind.

Die Befunde der Studie sind eindeutig: 68,3 % der erfassten Grundschullehrkräfte gehören dem sog. Liberal-intellektuellen Milieu (siehe Tab. 1 und 2) an, während es in der Vergleichsstichprobe ($n = 3270$) der berufstätigen Akademiker im Alter zwischen 20 und 60 Jahren lediglich 27 % sind.

Tabelle 1: Charakterisierung des Liberal-intellektuellen Milieus (SINUS-Milieu-Modell) (Schumacher, 2000, S. 115)

Liberal-intellektuelles Milieu	
Lebensziel	– Ökologische und politische Korrektheit: Soziale Gerechtigkeit, Versöhnung von Mensch und Natur – Postmaterielle Ansprüche: Selbstverwirklichung, Persönlichkeitswachstum, Individualität – Sinnstiftende Identität und Erfolg im Beruf, Leitbild [der] emanzipierten Familie – Freiräume für sich selbst, Entwicklung von Lebenskunst, Lebenschancen nutzen, Freude an den Annehmlichkeiten des Lebens
Soziale Lage	– Hohe bis höchste Formalbildung (Abitur, Studium) – Qualifizierte und leitende Angestellte und Beamte, Freiberufler, hoher Studentenanteil – Gehobenes Einkommensniveau
Lebensstil	– Umwelt- und Gesundheitsbewusste Lebensführung, Streben nach Gleichgewichten – Ablehnung „sinnentleerten“ Konsums, Verzicht auf „Überflüssiges“ – Epikureische Genussphilosophie: Kennerschaft und Verfeinerung, Understatement und Distinktion – Rege Anteilnahme am gesellschaftlichen und kulturellen Leben, Weltoffenheit, Liberalität und Toleranz

Das Liberal-intellektuelle Milieu kann damit als *Kernmilieu* der Grundschullehrkräfte sowie als *primäre gesellschaftliche Rekrutierungsbasis* bezeichnet werden (Schumacher, 2000, S. 118). Dies bestätigt sich, wenn auch die Milieuzugehörigkeit der Referendare und der Studierenden Berücksichtigung findet. Beide Gruppen angehender Lehrkräfte auf den unterschiedlichen Stufen der Lehrerbildung gehören zu einem außerordentlich hohen Anteil dem Liberal-intellektuellen Milieu an (Referendare LA: 60,2 % vs. Jungakademiker (Grundgesamtheit) zwischen 24 und 28 Jahren: 27 %; Lehramtsstudierende 61,1 % vs. Studierende (Grundgesamtheit) zwischen 19 und 28 Jahren: 24 %). Schumacher (2000, 2002) kommt zu dem Schluss, dass das Liberal-intellektuelle Milieu eindeutig als herausragendes *Lehrerinnenmilieu* bezeichnet werden kann. Mit Blick auf die soziale Herkunft der angehenden Lehrerinnen und Lehrer wird deutlich, dass lediglich geringe Anteile der Lehramtsstudierenden und Referendare aus den Arbeitermilieus (traditionell, traditionslos und modern) oder aber aus dem aufstiegsorientierten Milieu stammen, während diese Milieus in den Vergleichsgruppen in deutlich höherem Maße vertreten sind.

Tabelle 2: Milieustruktur der Lehramtsstudierenden, Referendare und Grundschullehrkräfte im Vergleich (Quelle: Schumacher, 2000, S. 118f.)

	Studierende (Grundgesamtheit 19-28 Jahre) n = 1984	Studierende LA n = 298	Referendare LA n = 161	Jungakademiker n = 276	Lehrer n = 514	Berufstätige Akademiker n = 3270
	Anteile in %					
Konservativ-technokratisches Milieu	9	1,3	4,3	18	11,3	26
Kleinbürgerliches Milieu	1	0	0	3	2,3	3
Traditionelles Arbeitermilieu	0	0,3	0	0	0,2	1
Traditionsloses Milieu	4	1,3	3,1	2	1,8	3
Aufstiegsorientiertes Milieu	16	4,1	3,1	18	3,1	13
Modernes bürgerliches Milieu	5	1	1,9	4	2,1	8
Liberal-intellektuelles Milieu	24	**61,1**	**60,2**	27	**68,3**	27
Modernes Arbeitnehmermilieu	15	9,4	7,5	13	4,1	10
Hedonistisches Milieu	13	9,4	6,2	8	1,2	5
Postmodernes Milieu	14	11,7	13,7	8	5,6	5

3. Berufsvererbung

Eine herkunftsbedingte Variable, die neben dem sozioökonomischen Status oder der Schicht- und Milieuzugehörigkeit im Kontext der Forschungsfrage *Wer entscheidet sich für den Lehrerberuf?* von Interesse ist, bezieht sich auf die innerfamiliäre Reproduktion der Berufswahl im Sinne der sog. Berufsvererbung. Generell spielen im Rahmen der Berufswahlentscheidung in der Theorie Hollands (1997) u.a. auch wiederholte Aktivitäten eine Rolle, die durch das Elternhaus im Sinne einer Reproduktion der dort vorherrschenden Interessen und Orientierungen geprägt werden, eine bedeutende Rolle für die Entwicklung von Interessen, Fähigkeiten und Dispositionen der Kinder, die schließlich vermittelt über die Ausbildung eines spezifischen Persönlichkeitsprofils und Verhaltensrepertoires im Sinne von Hollands Person-Umwelt-Modell mit einer spezifischen Affinität zu bestimmten Berufsfeldern einhergeht (vgl. Rolfs, 2001; Nieskens, 2009). Anders formuliert geht Holland (1997) davon aus, dass individuelle berufliche Interessen zum Teil auf die Interessen der Eltern einer Person zurückgeführt werden können. Unabhängig von den konkreten Fachrichtungen zeigt sich bspw. allgemein im akademischen Milieu, dass sich Interessenprofile zwischen Studierenden und ihren Eltern überzufällig ähnlich sind und miteinander signifikant korrelieren (vgl. von Maurice 2004). In der Reflexion der Genese der Berufswahlentscheidung speziell für den Lehrerberuf wird der Einfluss der Eltern oder Familienmitglieder, die selbst im Lehrerberuf tätig sind, explizit benannt (vgl. Schutz, Crowder & White, 2001).

Im Lehrerberuf spielt die Berufsvererbung, wie Kühne (2006) im Vergleich mit anderen Akademikern belegen konnte, eine besondere Rolle. Während die Selbstrekrutierungsquote bei Ärzten traditionell besonders hoch ist – etwa 27,7 % der Kinder eines Mediziners werden Ärzte –, liegt sie bei Architekten, Juristen und Ingenieuren deutlich niedriger zwischen 7,1 und 10 %. Bei den Lehrkräften beträgt sie dagegen insgesamt 24,3 % (Grund- und Volksschullehrer) bzw. 24,0 % (Gymnasiallehrer) und rangiert somit nur knapp unter dem Anteil Mediziner.

Betrachtet man die ‚tatsächliche' Berufsvererbungsquote der Lehrer an höheren Schulen einem enger gefassten Verständnis folgend (Kinder von *Gymnasial*lehrern werden *Gymnasial*lehrer), liegt diese allein bei den Gymnasiallehrern bei 18 %, bei den Grund-/Volksschullehrern bei 11 % (ebd., S. 626), wobei die Unterscheidung einer Berufsvererbungsquote für Lehrkräfte und einer ‚tatsächlichen' Berufsvererbungsquote gemessen daran, ob ein identisches Lehramt gewält wird, unangemessen erscheint. Schließlich müsste konsequenter Weise dann auch bspw. bei den Medizinern nicht von einer ‚tatsächlichen' Berufsvererbung gesprochen werden, wenn der Vater als Internist und der Sohn als Facharzt für Urologie tätig ist. Ein Unterscheidung und Differenzierung wird in dieser Form für die akademischen Berufe, die den Lehrerinnen und Lehrern vergleichend an die Seite gestellt werden, jedoch nicht vorgenommen.

Während es im Berufsvergleich bei den Medizinern vor allem die Söhne sind, die dem Vaterberuf nacheifern (33,8 % gegenüber 22,6 % der Töchter, die ebenfalls den Arztberuf ergreifen), sind es bei den Lehrern vor allem die Töchter, die das Berufserbe antreten (Gymnasiallehrer: 22,2 % der Töchter, 13,0 % der Söhne; Grund- und Volksschullehrer: 15,9 % der Töchter, 6,2 % der Söhne). Die Gymnasiallehrer weisen somit die „mit Abstand höchste Übernahmequote des Vaterberufs durch Töchter" im Vergleich aller berücksichtigten Berufe auf (ebd., S. 628).

Die Geschlechtsspezifik der Berufsvererbung, die sich in den Daten von Kühne andeutet, konnte bei Cramer (2012) nicht repliziert werden. Im Gegensatz zu den Befunden bei Kühne sind es dort 27,2% der Studenten, die mindestens ein Elternteil haben, das selbst als Lehrkraft arbeitet, während es bei den Studentinnen 17,1% sind. Zudem kann Cramer hoch signifikante Unterschiede zwischen den Lehrämtern identifizieren. Die höchste Selbstrekrutierungsquote mit 27% weisen in der Stichprobe aus Baden-Württemberg die Lehramtsstudierenden für das Gymnasium auf, gefolgt von den Studierenden für das Sonderschullehramt (22,2%), den Grund- und Hauptschullehramtsstudierenden (14,6%) und den Studierenden für die Realschule (11,8%) (vgl. Cramer, 2012, S. 165).

Die Bedeutung der Berufsvererbung im Lehrerberuf ist über die Untersuchung von Kühne (2006) oder Cramer (2012) hinaus in diversen deutschsprachigen Studien dokumentiert worden. Auch international zeigen sich bspw. in den Vereinigten Staaten ebenfalls hohe Berufsvererbungsraten: 32 % der Lehramtsstudierenden haben in einer Studie aus dem Jahre 1990 ein Elternteil, das ebenfalls im Lehrerberuf tätig ist (vgl. Bastick, 2000, S. 343). Tabelle 3 bietet eine Übersicht über eine Auswahl von Untersuchungen im deutschen Sprachraum. Die zum Teil erheblichen Unterschiede gehen u.a. darauf zurück, dass die Berufsvererbung unterschiedlich erfasst wurde: in der Mehrzahl wird als Kriterium für die Berufsvererbung festgelegt, dass mindestens ein Elternteil den Lehrerberuf ausübt bzw. ausgeübt hat. Vereinzelt wird die Berufsvererbung jedoch auch einem weiteren Verständnis folgend darüber erfasst, ob Familienmitglieder allgemein (Großeltern, Geschwister, Onkel und Tanten) und nicht unbedingt ein Elternteil oder beide Eltern den Lehrerberuf ausüben. Das Verständnis einer „tatsächlichen" Berufsvererbung, wie sie von Kühne (2006) definiert wird, liegt keiner der hier berücksichtigten Untersuchungen zugrunde.

Bereits in der Untersuchung von Hirsch, Ganguillet und Trier (1990, S. 26) zeigte sich, dass die Selbstrekrutierungsquote in der Gruppe der befragten Lehrer im Kanton Zürich im Vergleich mit dem elterlichen Lehreranteil in der erwerbstätigen Bevölkerung insgesamt sechsmal so hoch ist. In der Zusammenschau der ausgewählten Untersuchungen liegt die Berufsvererbungsquote (mindestens ein Elternteil übt(e) den Lehrerberuf aus) zwischen 8,3 % (Hirsch et al., 1990) und 46,3 % (Nieskens, 2009). Auch in der Untersuchung von Hörl (2008) ist der Anteil der Lehramtsstudierenden, die mindestens ein Elternteil mit dem Beruf Lehrer/Lehrerin aufweisen, mit 32 %

Tabelle 3: Untersuchungen und Befunde zur Berufsvererbung im Überblick

Studie	n	Personengruppe	Ort	Berufsvererbungsquote(n)
Hirsch et al., 1990	n = 120	Oberstufenlehrer	Kanton Zürich	8,3% (mindestens ein Elternteil)
Henecka & Gesk, 1996	n = 676	Lehramts-studierende (Grund- und Hauptschule)	Pädagogische Hochschulen des Landes Baden-Württemberg	52% der Absolventen des GHS-Studiums und 48% der Studienabbrecher stammen aus Lehrerfamilien* (*Lehrerfamilie = Familie und nähere Verwandtschaft; ebd. S. 119)
Fock et al., 2001	n = 188 n = 124	Primar- und Sonderschul-studierende	Universität Dortmund	20% (mindestens ein Elternteil) 17,4% (mindestens ein Elternteil)
Ulich, 2004	n = 785	Lehramts-studierende	5 Universitäten, 1 Pädagogische Akademie	14% (mindestens ein Elternteil)
Flagmeyer & Hope-Graff 2006	n = 228	Lehramts-studierende	Universität Leipzig	32% (mindestens ein Elternteil Lehrer oder Erzieher)
Kühne, 2006	n = 226 n = 167	Grund-/ Volks-schullehrer und Gymnasiallehrer	ALLBUS Befragte	24,3% der Grund-/Volksschullehrer haben Väter, die als Lehrer tätig sind/waren 24,0% der Gymnasiallehrer haben Väter, die als Lehrer tätig sind/waren
Gehrmann, 2007	n = 132	Lehramts-studierende	Universität Rostock	Vater Lehrer: 6,8% Mutter: 13,6% (20,4% mindestens ein Elternteil) Großeltern, 21,2% sonstige Verwandte: 34,8%, mindestens ein Verwandter: 53%
Herzog et al., 2007	n = 1873	Primarlehrkäfte	Kanton Bern	75% haben mindestens eine Person in der Familie, die im Lehrerberuf tätig ist: Mutter (18%), Vater (18%), Tante oder Onkel (7%), Großeltern (7%), Urgrosseltern (1%), Geschwister (38%), Partner (34%), eigene Kinder (10%).
Hörl, 2008	n = 458	Lehramts-studierende	Universität Salzburg	57% zumindest eine Lehrkraft im Verwandtenkreis; 32% Vater und/oder Mutter; 11% Vater und Mutter
Nieskens, 2009	n = 85	Schülerinnen und Schüler (Oberstufe) mit dem Berufs-wunsch Lehrer	Gymnasien Niedersachsen	46,3% (mindestens ein Elternteil) 34,1%: ein Elternteil ist Lehrkraft 12,2%: beide Elternteile sind Lehrer
Cramer, 2012	n = 571	Lehramts-studierende	8 Hochschulen in Baden-Württemberg	15,1% ein Elternteil 3,6% beide Elternteile (18,7% mindestens ein Elternteil)

höher als in der Untersuchung von Kühne (2006), in der lediglich die Berufe der Väter berücksichtigt wurden. Angesichts des hohen Frauenanteils im Lehrerberuf ist insofern davon auszugehen, dass die Berufsvererbungsquote im Lehrerberuf in den Daten von Kühne (2006) unterschätzt wird.

4. Persönlichkeitsmerkmale

Allgemeine Persönlichkeitsmerkmale, die als Voraussetzung der professionellen Entwicklung angehender Lehrkräfte gelten (vgl. Kunter et al., 2011; Cramer, 2012), werden als „Ensemble relativ stabiler Dispositionen, die für das Handeln, den Erfolg und das Befinden im Lehrerberuf bedeutsam sind" (Mayr & Neuweg, 2006, S. 182), charakterisiert. Damit folgt die Forschung weniger einer geisteswissenschaftlich geprägten pädagogischen Tradition des Verständnisses von Lehrerpersönlichkeit als Beschreibungskategorie „der Gesamtheit aller Äußerungen von Persönlichkeit" (vgl. Cramer, 2012, S. 218), sondern fokussiert auf Persönlichkeitsmerkmale als personenbezogene, berufsunspezifische Dispositionen im Anschluss an in der Persönlichkeitspsychologie unterschiedene Persönlichkeitsfaktoren.

In der Forschung zum Lehrerberuf werden Persönlichkeitsmerkmale in diesem Sinne bei angehenden Lehrerinnen und Lehrern erfasst, um auf diese Weise die personengebundenen Voraussetzungen derjenigen, die ein Lehramt anstreben, zu erfassen und ggf. mit Stichproben, die eine andere Berufsorientierung aufweisen bzw. mit den jeweiligen Instrumentarien zugrunde liegenden Normstichproben zu vergleichen. Persönlichkeitsmerkmale werden dabei jedoch nicht allein als stabile, zum Teil genetisch determinierte Voraussetzungen für die Nutzung von Lerngelegenheiten in der Lehrerbildung und die Entwicklung professioneller Handlungskompetenz erfasst. Vielmehr wird in einer Gegenposition zur Stabilitätsthese die Entwicklung der Lehrerpersönlichkeit explizit zu den Zielen der Lehrerbildung gezählt, wobei hier vielfach ein erweitertes Verständnis von Lehrerpersönlichkeit zugrunde liegt (vgl. Bosse, Dauber, Döring-Seipe & Nolle, 2012).

Der Persönlichkeitsansatz in der Forschung zum Lehrerberuf wird an anderer Stelle von Mayr (2014) in diesem Handbuch eigens ausführlich behandelt. Im Folgenden werden daher lediglich einzelne Forschungsbemühungen und ihre Befunde vorgestellt, die die fünf Persönlichkeitsfaktoren Neurotizismus (positiv: Belastbarkeit oder emotionale Stabilität), Extraversion, Offenheit für Erfahrungen, Verträglichkeit und Gewissenhaftigkeit, also die sog. *Big Five*, bei Personen mit dem Berufswunsch Lehrer/Lehrerin erfassen (McCrae & Costa, 1999; zum NEO-Fünf-Faktoren-Inventar vgl. Borkenau & Ostendorf, 1993).

Zu diesen Untersuchungen zählt eine Erhebung von Eder (2008) auf der Basis einer österreichischen Stichprobe von $n = 458$ Studienanfängern für das Lehramt an höheren Schulen, in der sich zunächst zeigt, dass alle fünf Faktoren der Persönlichkeit im Vergleich zur Normstichprobe überdurchschnittlich ausgeprägt sind. Des Weiteren weisen die Persönlichkeitsprofile der Lehramtsstudierenden eine spezifische Grundstruktur auf: Dominant ist die Offenheit für Erfahrungen, gefolgt von der Extraversion, die in der Stichprobe von Cramer (2012) am stärksten ausgeprägt ist, und der Verträglichkeit (vgl. Mayr, 2009). Die Gewissenhaftigkeit und Belastbarkeit/emotionale Stabilität sind im Vergleich zum Bevölkerungsdurchschnitt knapp überdurchschnittlich, im Persönlichkeitsprofil der Lehramtsstudierenden selbst jedoch am geringsten ausgeprägt. Im Vergleich mit Schülern, die ein rechtswissenschaftliches ($n = 311$) oder technisches Studium ($n = 160$) anstreben, sind die Ausprägungen der fünf Dimensionen der Persönlichkeit bei den Lehramtssinterssierten allesamt höher ausgeprägt, wobei die Unterschiede mit Blick auf die Merkmale Belastbarkeit und Gewissenhaftigkeit nicht statistisch signifikant sind.

Hinsichtlich der Persönlichkeitsmerkmale zeigen die Befunde von Eder (2008), dass die befragten Lehramtsinteressierten den Anforderungen des Lehrerberufs im Sinne einer Passung nicht vollständig entsprechen. So könnten der dominierenden Offenheit und Wertschätzung neuer Erfahrungen die Routinen des schulischen Alltags entgegenstehen. Insbesondere die vergleichsweise niedrige Ausprägung der psychischen Belastbarkeit ist hier mit Blick auf die mannigfaltigen Anforderungen des Lehrerberufs als Merkmal zu nennen, das ggf. eine höhere Ausprägung bei angehenden Lehrkräften aufweisen sollte.

Ein Vergleich der Persönlichkeitsmerkmale von Studierenden des Lehramts findet sich in einer weiteren österreichischen Untersuchung von Mayr (1994), wobei dieser Untersuchung nicht das NEO-FFI zugrunde lag, sondern der deutsche *High School Personality Questionaire* (HSPQ). Die insgesamt n = 814 angehenden Volksschul- und Hauptschullehrer sind im Vergleich mit der Normalbevölkerung „überdurchschnittlich intelligent, feinfühlig und extravertiert", weisen aber zudem eine tendenziell höhere Bereitschaft zur Unterordnung auf (Mayr, 1994, S. 93). Im Vergleich mit der Eichstichprobe heben sich die Lehramtsstudierenden schließlich auch in der Studie von Eder, Dämon und Hörl (2013) positiv von den Bereichen Extraversion, Verträglichkeit und weniger deutlich im Bereich der Gewissenhaftigkeit ab.

Im Vergleich zwischen Universitätsstudierenden anderer Fachgruppen und angehenden Gymnasiallehrkräften konnten in der Untersuchung von Klusmann, Trautwein, Lüdtke, Kunter und Baumert (2009) auf der Basis einer repräsentativen Stichprobe von Abiturienten des Landes Baden-Württemberg keine signifikanten Unterschiede in der Ausprägung der Persönlichkeitsfaktoren festgestellt werden. Dagegen unterschieden sich die Studierenden des Lehramts für die Grund-, Haupt-, Sonder- oder Realschule von den Gymnasiallehramtsstudierenden zum Erhebungszeitpunkt am Ende der gymnasialen Oberstufe darin, dass Erstere weniger offen für neue Erfahrungen sind, dafür aber höhere Werte bei der Verträglichkeit aufweisen (vgl. Klusmann et al., 2009). Bei Eder, Dämon und Hörl (2013) zeigt sich ebenfalls, dass gegenüber den Studierenden des Lehramts für die Haupt- und Grundschule die Lehramtsstudierenden für das Gymnasium offener für Erfahrungen sind, während die Grundschullehramtsstudierenden verträglicher sind als die beiden anderen Gruppen.

Klusmann (2011, S. 303) konstatiert auf der Basis der Analysen der Befunde aus der TOSCA-Studie, dass sich mit Blick auf die Ausprägung der Persönlichkeitsmerkmale „keine allgemeine Negativselektion für das Lehramt zeige". Allerdings verweist sie – vergleichbar den Befunden hinsichtlich der Ausprägung von Leistungsmerkmalen bei den Studierenden der unterschiedlichen Lehrämter (siehe Abschnitt 6) – auf eine Binnenselektion innerhalb der Gruppe der Lehramtsstudierenden. Eine Binnenselektion im Sinne einer ungünstigeren personalen Ausgangslage für die eine oder die andere Gruppe unter den Lehramtsstudierenden, die vergleichbar den unterschiedlichen Ausprägungen der Leistungsmerkmale ist, kann mit Blick auf die Ausprägung der Persönlichkeitsmerkmale jedoch nicht begründet werden, da ihre Bedeutung für die Nutzung der Lerngelegenheiten in der Lehrerbildung und die Kompetenzentwicklung sowie die Performanz in der Schul- und Unterrichtspraxis vielfach nicht ausreichend belegt ist (siehe Abschnitt 7 sowie Mayr, 2014 in diesem Band).

Die fünf Persönlichkeitsdimensionen Neurotizismus, Extraversion, Offenheit für Erfahrungen, Verträglichkeit und Gewissenhaftigkeit wurden schließlich in der Untersuchung von Foerster (2008, S. 182ff.) mit dem revidierten NEO-Persönlichkeitsinventar (NEO-PI-R) erfasst (vgl. Ostendorf & Angleitner, 2004). Hier zeigt sich, dass die Merkmale Neurotizismus, Extraversion und Gewissenhaftigkeit in ihrer Ausprägung bei den untersuchten n = 304 Studierenden des Lehramts für die Primarstufe der Normstichprobe entspricht. Eine besondere Ausprägung der Extraversion ist damit nicht in dieser Untersuchung zu identifizieren. Dagegen weisen die Lehramtsstudierenden einen signifikant höheren Mittelwert bezogen auf das Merkmal Verträglichkeit auf, während die Werte in der Dimension Offenheit für Erfahrungen fast eine Standardabweichung *unter* dem Mittelwert der Normstichprobe liegt. In einer weiteren Stichprobe von n = 152 Grundschullehramtsstudierenden der Universität Regensburg ist das Merkmal Offenheit für Erfahrungen noch geringer ausgeprägt (vgl. Faust & Foerster, 2008). Insofern zeigen sich in den hier angeführten Untersuchungen erhebliche, offenbar stichprobenabhängige Unterschiede, die an der Identifizierung eines charakteristischen Persönlichkeitsprofils der angehenden Lehrkräfte zweifeln lassen.

Gleichwohl bleibt der allgemeine Befund, den Mayr (2009) u.a. auf der Basis einer Stichprobe von $n = 315$ österreichischen Lehramtsstudierenden sowie unter Berücksichtigung der Befunde von Eder (2008) zusammenfasst, bestehen: „*Das Lehramtsstudium bzw. der Lehrerberuf zieht* – wenn man die Durchschnittswerte als Maßstab nimmt – *junge Menschen an, die für den Beruf gut geeignet erscheinen:* Sie sind im Vergleich zur übrigen Bevölkerung intelligenter, extravertierter, verträglicher und offener für Neues" (Mayr, 2009, S. 27). Jedoch verweist auch Mayr auf die gering ausgeprägte psychische Belastbarkeit als potentiell problematischem Persönlichkeitsfaktor.

Bilanzierend ist festzuhalten, dass die Erfassung allgemeiner Persönlichkeitsmerkmale von Lehramtsstudierenden, wie die hier berichteten ausgewählten Befunde verdeutlichen, keinesfalls ein einheitliches Ergebnis hervorgebracht hat. Die Ausprägungen der einzelnen Faktoren unterscheiden sich von Stichprobe zu Stichprobe zum Teil erheblich (vgl. bspw. die Befunde zum Merkmal Offenheit für Erfahrungen), sodass in der Summe kein einheitliches Bild von den Persönlichkeitsmerkmalen angehender Lehrkräfte gezeichnet werden kann.

5. Exkurs: Persönlichkeitsmerkmale als Eignungsindikatoren

Während fremdselektive berufsspezifische Eignungsfeststellungsverfahren den Zugang zu Lehramtsstudiengängen an deutschen Hochschulen bislang u.a. angesichts erheblicher diagnostischer Schwierigkeiten bei der validen „Eignungsfeststellung", rechtlicher Problemlagen und pragmatisch einer notwendigen Personalausstattung der Schulen nicht regeln (vgl. Rothland & Terhart, 2011), werden den Lehramtsinteressenten stattdessen Selbsterkundungsverfahren zur Eignungsabklärung und Reflexion der Berufswahl angeboten (vgl. Rotter & Reintjes, 2010; Mayr & Nieksens, 2011; Nieskens & Demarle-Meusel, 2012). Diese Selbsterkundungsverfahren verfolgen das Ziel, Merkmale zu erfassen, aus denen sich die Studien- und Berufsbewährung vorhersagen lässt. Welche als bedeutsam angesehenen Prädiktoren für die Bewährung im Lehrerberuf konkret angesichts eines Mangels an empirisch abgesicherten, für eine langfristige Prognose geeigneten (Auswahl-)Kriterien erhoben werden, wurde in der Untersuchung von Rothland und Tirre (2011) sowie in einer Folgestudie (vgl. Rothland, 2013) beispielhaft anhand von zwei ausgewählten, in der wissenschaftlichen Diskussion vielfach berücksichtigten Verfahren überprüft (vgl. Klusmann, Köller & Kunter, 2011; Köller, Klusmann, Retelsdorf & Möller, 2012; Nieskens & Demarle-Meusel, 2012): Dem Verfahren *Fit für den Lehrerberuf* (FIT) (Herlt, 2004; Herlt & Schaarsachmidt, 2007) und dem *Feedback-Inventar zur berufsbezogenen Erstorientierung für das Lehramt* (FIBEL) (Böttcher, Kanning, Herrmann & Brinkmann, 2006; Kanning, Herrmann & Böttcher, 2011; Kanning, Böttcher & Herrmann, 2012).

In der ersten Studie konnte gezeigt werden, dass insbesondere das FIBEL-Inventar in der Gesamttendenz allgemeine Persönlichkeitsvariablen bzw. durch sie moderierte Merkmale erfasst. In der Folgestudie konnte dann über eine vollständigere Erfassung des Fünf-Faktoren-Modells von Costa und McCrae (2008) mittels der differenzierteren Messung der fünf Persönlichkeitsfaktoren durch insgesamt 30 Facetten mit dem NEO-PI-R bestätigt werden, dass beide Selbsterkundungsverfahren zur Eignungsabklärung Konstrukte erfassen, die – im Falle von FIBEL stark – mit den fünf Persönlichkeitsfaktoren überlappen. Sie erheben zusammengefasst vor allem Persönlichkeitsfacetten, die dem Faktor Extraversion zugeordnet werden können (allen voran die Durchsetzungsfähigkeit, gefolgt von der Herzlichkeit). Des Weiteren fokussieren sie auf die Persönlichkeitsfacette Verletzlichkeit (Neurotizismus) bzw. richtiger auf die emotionale Stabilität.

Darüber hinaus zeigen sich deutliche Überlappungen der erfassten Konstrukte mit den Persönlichkeitsfacetten Altruismus, Gutherzigkeit und Entgegenkommen (Verträglichkeit) und in beiden Verfahren insbesondere mit der Selbstdisziplin (Gewissenhaftigkeit).

Nimmt man diese Persönlichkeitsfacetten des Fünf-Faktoren-Modells von Costa und McCrae (2008) und deutet sie – entsprechend dem Anspruch der Verfahren – als Eignungskriterien bzw. -indikatoren, so sollte eine angehende Lehrkraft vor allem durchsetzungsfähig, selbstdiszipliniert, nicht leicht zu verletzen und darüber hinaus herzlich und selbstlos sein. Und es scheint eher unstrittig, dass diese persönlichen Eigenschaften wünschenswert für diejenigen sind, die den Lehrerberuf ergreifen wollen oder bereits ausüben. Gleichwohl wird ebenso deutlich, dass die genannten persönlichen Eigenschaften auch wünschenswert für eine Vielzahl weiterer Berufe sind, die Selbsterkundungsverfahren aber den Anspruch erheben, personenbezogene *lehrerberufsspezifische* Eignungsmerkmale zu erfassen (vgl. Böttcher, Kanning, Herrmann & Brinkmann, 2006, S. 75).

Generell erscheint es durchaus sinnvoll, die als berufsrelevant markierten Persönlichkeitsfacetten in Selbsterkundungsverfahren zur Eignungsabklärung für den Lehrerberuf zu berücksichtigen, zumal sie als eher stabil gelten und dies eine wichtige Voraussetzung für eine längerfristige Prognose darstellt (vgl. Mayr, 2012, 2014 in diesem Band). Allerdings ist nicht davon auszugehen, dass in der Ausprägung allgemeiner Persönlichkeitsmerkmale der Schlüssel zur Prognose des Berufserfolgs in der Lehrerbildung und der praktischen Lehrertätigkeit zu sehen ist. Letztlich ist bislang nicht ausgemacht, wie sich die Eignung für den Lehrerberuf überhaupt valide erfassen und langfristig prognostizieren lässt bzw. wie Berufserfolg im Lehrerberuf umfassend zu operationalisieren ist. Insofern treten vergleichsweise stabile Merkmale, die für die Ausbildung sowie die Ausübung des Lehrerberufs allgemein bedeutsam erscheinen (vgl. Kunter et al., 2011), berufsübergreifend den Berufserfolg jedoch nur zu einem kleinen Teil erklären (vgl. Barrick, Mount & Judge, 2001), offenbar in den Vordergrund. Ob die Nutzer der Selbsterkundungsverfahren speziell für das institutionalisierte Unterrichten als Kernaufgabe des Lehrerberufs geeignet sind, kann mittels eines solchen allgemeinen Zugangs jedoch nicht entschieden werden (vgl. Rothland & Tirre, 2011; Rothland, 2013).

Werden komplexe, teils genetisch bedingte, teils biographisch geformte Persönlichkeitsmerkmale implizit zum Eignungskriterium erhoben, so reduziert sich die Eignungsabklärung tatsächlich auf eine schlichte Unterscheidung von aufgrund ihrer *Persönlichkeit* geeigneten oder ungeeigneten Kandidaten. Die Bedeutung der Qualifizierung im Rahmen der Lehrerbildung bliebe damit im Grunde unberücksichtigt (vgl. Kunter et al., 2011) – es sei denn, eine Konzentration auf die Persönlichkeitsfaktoren würde grundsätzlich damit begründet, dass bewusst nur die relativ stabilen Merkmale erfasst werden, die durch die Ausbildung schwer zu beeinflussen sind, während alle weiteren, für die Bewährung im Beruf und eine erfolgreiche Berufsausübung wichtigen Aspekte hingegen im Rahmen der Lehrerausbildung vermittelt oder beeinflusst werden können.

6. Leistungsmerkmale

Im Gegensatz zu allgemeinen Persönlichkeitsmerkmalen können kognitive Fähigkeiten als Leistungsmerkmale von Personen als starker Prädiktor für unterschiedliche Kriterien des beruflichen Erfolgs gelten (Klusmann, 2011, S. 297). Während die Befunde zur Ausprägung allgemeiner Persönlichkeitsmerkmale von Lehramtsstudierenden im Vergleich mit anderen Studierendengruppen erstere nicht in besonderer Weise charakterisieren, scheint dies der verbreiteten öffentlichen Meinung zufolge jedoch mit Blick auf die Leistungsmerkmale von angehenden Lehrkräften anders zu sein. Das Verdikt der *Negativselektion* von Lehramtsstudierenden, die gemessen an unterschiedlichen Leistungsmerkmalen im Vergleich mit unterdurchschnittlich ausgeprägten kognitiven Voraussetzungen in das Studium bzw. die Lehrerbildung und den Prozess der Entwicklung einer professionellen Handlungskompetenz eintreten, ist in der jüngeren Vergangenheit am Beispiel der durchschnittlichen Abiturgesamtnoten der Lehrkräfte wieder belebt worden (vgl. Wössmann, 2009). Demnach liegen lediglich die Abiturnoten der Gymnasiallehrkräfte in Deutschland im Durchschnitt aller Hochschulabsolventen, während die Abiturgesamtnote der Grund-, Haupt- und Realschullehrer unter dem Durchschnitt liegt. In der medialen Verarbeitung dieses Vergleichs erschien der Befund eindeutig: „Wer ein schlechtes Abi hat, wird Lehrer" (BILD). Die Antwort auf die forschungsleitende Frage *Wer entscheidet sich für den Lehrerberuf?* ließe sich demnach im Anschluss an die veröffentlichte Meinung so pauschal wie einfach beantworten: Nur die Dummen (BILD)!

Die Forschung zum Lehrerberuf hat sich im deutschsprachigen Raum in verschiedenen Untersuchungen der empirischen Erfassung der Leistungsmerkmale derjenigen, die den Lehrerberuf anstreben, gewidmet. Bevor im Folgenden die maßgeblichen Studien und die Befunde berichtet werden, ist zunächst jedoch in aller Kürze auf die Bedeutung der Abiturdurchschnittsnote als Leistungsmerkmal einzugehen. Werden die Durchschnittsnoten zum Zeitpunkt des Erwerbs der Hochschulreife bei deutschen Studienanfängern differenziert nach ausgewählten Fächergruppen gegenübergestellt, so ergibt sich für das Wintersemester 2011/2012 das folgende Bild (vgl. Tab. 4).

Tabelle 4: Durchschnittsnote bei Erwerb der Hochschulreife nach Fächergruppen für das Wintersemester 2011/2012 (Quelle: Scheller, Isleib & Sommer, 2013, S. 30)

	sehr gut (1)	gut (2)	befriedigend (3)	ausreichend (4)
WS 2011/2012	Anteile in %			
Lehramt	**5**	**55**	**39**	**2**
Rechtswissenschaften	9	49	40	1
Kunst/Kunstwissenschaft	7	44	46	3
Ingenieurswissenschaften	5	40	51	4
Agrar-/Ernährungs-/Forstwissenschaft	3	39	53	4
Medizin	34	40	25	1
Mathematik/Naturwissenschaft	11	48	38	2
Wirtschafts-/Sozialwissenschaft	5	48	45	2
Sprach-/Kulturwissenschaft/Sport	12	48	38	2

Im Vergleich mit den berücksichtigten Fächergruppen bestätigt sich, dass die erstimmatrikulierten Lehramtsstudierenden zu einem geringeren Teil einen sehr guten Notendurchschnitt, dagegen aber im Vergleich zu allen anderen Fächergruppen zu einem größeren Teil einen guten Notendurchschnitt aufweisen. In der Fächergruppe Agrar-/Ernährungs-/Forstwissenschaft ist die Zahl derjenigen, die eine sehr gute Durchschnittsnote aufweisen, noch geringer, während etwa in den Ingenieurswissenschaften und der Agrar-/Ernährungs-/Forstwissenschaft der Anteil der Studienanfänger mit befriedigenden oder ausreichenden Durchschnittsnoten deutlich höher ist als bei den Lehramtsstudierenden. Davon aber, dass – um im Jargon der Boulevardpresse zu bleiben – die „Dummen" Lehrer, die „Allerdümmsten" Ingenieure oder Förster werden, ist in der öffentlichen Diskussion genauso wenig die Rede wie mit Blick auf die Ingenieurberufe etwa danach gefragt wird, ob die im Vergleich geringeren Abiturdurchschnittsnoten Einfluss auf die berufliche Qualifikation oder die Ausübung der Berufstätigkeit haben. Die in regelmäßigen Abständen geführte Diskussion über die gering ausgeprägten Leistungsmerkmale der (angehenden) Lehrkräfte festgemacht an der Abiturdurchschnittsnote erscheint insofern eher als Teilkomponente einer pauschalen öffentlichen Kritik an den Lehrerinnen und Lehrern und erfährt auch deshalb in höherem Maße mediale Aufmerksamkeit (vgl. Blömeke, 2005; Rothland, 2007, 2010; Pinn & Rothland, 2011), während Studierende anderer Fächergruppen mit schlechteren Abiturgesamtnoten nicht für Schlagzeilen sorgen.

Anzumerken ist zur Aussagekraft der durchschnittlichen Abiturgesamtnote bzw. der Schulnoten als Leistungsmerkmalen allgemein, dass sie sich zwar insgesamt als gute Prädiktoren der weiteren Bildung (Lernleistung) und auch des Ausbildungserfolgs erweisen, „während sie sich zur Vorhersage praktischer Ausbildungs- und Berufsleistungen in geringerem Maße eignen", wenngleich nach Schuler auch diese Prognoseleistung nicht zu unterschätzen sei (Schuler, 2006, S. 540). Auf den Lehreberuf gemünzt bedeutet dies, dass etwa die Abiturgesamtnote als Prädiktor des Ausbildungserfolgs aussagekräftig ist (vgl. u.a. Blömeke, 2009), allerdings gewiss nicht die Qualität der Unterrichtstätigkeit und erst recht nicht das Leistungsergebnis der Schüler voraus-zusagen vermag (vgl. Baumert, 2009).

Gleichwohl bestätigen aktuelle Untersuchungen eine sich auch bei Wössmann (2009) andeutende Binnenselektion der Lehramtsstudierenden unter alleiniger Berücksichtigung der Abiturnote. So geht mit einer schlechteren Abiturnote eher die Wahl des Grundschullehramts und des Lehramts für die Sekundarstufe I als die Wahl eines Gymnasiallehramtsstudiums einher (vgl. Retelfsdorf & Möller, 2012) und die Abiturnote hat auch einen stärkeren Einfluss auf die Karrierewahl innerhalb des Lehrerberufs in dem Sinne, dass eine gute Abiturnote eher mit der Wahl des gymnasialen Lehramts einhergeht (Kampa et al., 2011, S. 86).

In COACTIV-R kann ebenfalls mit Blick auf die Abiturdurchschnittsnoten ein deutlicher Unterschied zwischen den Studierenden des Lehramts für das Gymnasium und der Gruppe der Lehramtsstudierenden für die Lehrämter Grund-, Haupt-, Real- und Gesamtschule identifiziert werden, der von hoher praktischer Relevanz ist ($d = 1.22$) (Klusmann, 2011, S. 299). Schließlich zeigt sich in der Auswertung von Neugebauer, dass die Nicht-Lehramtsstudierenden an Universitäten (2.21) und die Gymnasiallehramtsstudierenden (2.25) die besten Abiturdurchschnittsnoten zeigen und sich voneinander nicht signifikant unterscheiden (vgl. Neugebauer, 2013). Die nicht-gymnasialen Lehramtsstudierenden weisen die schlechteste Abiturdurchschnittsnote auf (2.62), die sich signifikant von der der Nicht-Lehramtsstudierenden ($d = .65$) und Gymnasiallehramtsstudierenden ($d = .59$) unterscheidet (vgl. Neugebauer, 2013, S. 171). Damit bestätigt sich in der deutschlandweiten vergleichenden Stichprobe von Neugebauer die Binnenselektion zu Ungunsten der nicht-gymnasialen Lehrämter (vgl. Neugebauer, 2013).

Werden die allgemeinen Leistungsvoraussetzungen nicht allein über die schulische Abschlussnote, sondern differenzierter über verschiedene Merkmale bzw. Faktoren erfasst, so zeigt sich in internationalen Studien etwa für die Vereinigten Staaten, dass sich eine Negativselektion der angehenden Lehrkräfte in den empirischen Befunden bestätigt. Unter Berücksichtigung der akademischen Fähigkeiten und Leistungen der Lehrkräfte wurde bereits in den 1930er-Jahren *„the teaching as a „failure belt"* wahrgenommen (Waller, 1932; Zumwalt & Craig, 2005, 2008). Untersuchungen der 1980er-Jahre konnten zeigen, dass Personen, die hohe akademische Fähigkeiten und Leistungen i.d.R. gemessen über unterschiedliche *college entry tests* aufweisen, den Lehrerberuf selten als Berufsoption wählen – und wenn sie es tun, ihn dann nach wenigen Jahren wieder verlassen (vgl. Podgursky, Monroe & Watson. 2004; Zumwalt & Craig 2008). Umgekehrt wählen Studierende mit geringeren kognitiven Fähigkeiten eher den Lehrerberuf (vgl. Hanushek & Pace, 1995), wobei die geringen Werte der Lehrkräfte vor allem auf die Grundschullehrkräfte zurückgehen (Guarino, Santibañez & Daley, 2006).

Welche kognitiven Leistungsvoraussetzungen weisen die Lehramtsstudierenden nun im deutschen Sprachraum auf? Untersuchungen, die auf Selbstauskünften der angehenden Lehrkräfte basieren, deuten unter Berücksichtigung einzelner Merkmale bzw. Kompetenzbereiche bereits auf Einschränkungen hin, die mit Blick auf die angehenden Lehrkräfte zu formulieren sind. So scheint es bspw. um die Fremdsprachenkenntnisse (Englisch) insbesondere unter den Studierenden des Lehramts für die Grundschule, die berufsbildenden Schulen und Sonderschulen nicht gut bestellt zu sein (vgl. Schmidt & Schuchart, 2002). Ein wesentlich breiteres Spektrum selbst eingeschätzter Fähigkeiten und Fertigkeiten zu Studienbeginn im *Fächergruppenvergleich* wurde im Rahmen einer HIS-Online-Befragung von insgesamt n = 4800 Studienanfängern im Wintersemester 2007/2008 erfasst (vgl. Abb. 4 und 5). Die Kenntnisse und Fertigkeiten der Studienanfänger wurden auf einer Intervallskala von 1 bis 5 selbst eingeschätzt (1 = „völlig ausreichend" bis 5 = überhaupt nicht ausreichend" sowie 6 = „keine Kenntnisse benötigt"). In Abbildung 4 sind die Selbsteinschätzungen auf den Stufen 1 und 2 = „ausreichend" in Prozent für ausgewählte Fächergruppen zusammengefasst, in Abbildung 5 sind die Stufen 4 und 5 = „nicht ausreichend" zusammengefasst (vgl. Heine, Willich, Schneider & Sommer, 2008, S. 238f.).

In dieser vergleichenden Erhebung bestätigt sich die zurückhaltende Bewertung der Englischkenntnisse der Lehramtsstudierenden: Lediglich 53 % der Befragten bewerten ihre Kenntnisse der englischen Sprache als ausreichend. Der Vergleich mit den hier ausgewählten Fächergruppen relativiert das entstehende Negativbild allerdings: denn die Studienanfänger in den Fächergruppen Mathematik/Naturwissenschaften und Rechtswissenschaften schätzen ihre Englischkenntnisse nur wenig besser ein. Lediglich bei den Medizinern bewerten mehr als 60 % ihre Englischkenntnisse als ausreichend.

Insgesamt ist der Anteil der Studienanfänger in den Lehramtsstudiengängen, die in den Bereichen Mathematik, Naturwissenschaften, Allgemeinbildung, Techniken wissenschaftlichen Arbeitens und praktische Computerkenntnisse ihre eigenen Kenntnisse und Fähigkeiten als ausreichend einschätzen, vergleichsweise gering (Heine et al., 2008, S. 241). Besser als ihre Kommilitonen bewerten sie ihre kommunikativen Fähigkeiten im Umgang mit Hochschullehrern und Studierenden. Umgekehrt sehen die Studienanfänger in den Lehramtsstudiengängen ihre Defizite selbst im Vergleich der ausgewählten Fächergruppen in den Bereichen Techniken wissenschaftlichen Arbeitens, Politik/Politisches Grundwissen, praktische Computerkenntnisse, Naturwissenschaften und Mathematik. Dies stimmt mit der dominierenden Orientierung auf die sprach- und kulturwissenschaftlichen Fächer überein.

Auf der Basis der empirischen Erfassung selbst eingeschätzter Fertigkeiten und Kenntnisse, wie sie hier beispielhaft anhand der Erhebungen des HIS vorgestellt wurde, können letztlich jedoch keine verlässlichen Aussagen zu den kognitiven Fähigkeiten bzw. allgemeiner zum Leistungspotenzial der Lehramtsstudierenden im Vergleich mit anderen Studierendengruppen getroffen werden, wenngleich die im Einzelnen zurückhaltenden Bewertungen der Lehramtsstudierenden nicht auf positive Verzerrungen im Zuge der Selbsteinschätzungen hindeuten.

Anders verhält es sich mit Untersuchungen, in denen kognitive Fähigkeiten über verschiedene Indikatoren u.a. mittels Fähigkeits- und Leistungstests erhoben werden. Eine zentrale Studie mit prospektivem Design, auf die nach wie vor in der deutschsprachigen Forschung zum Lehrerberuf Bezug genommen wird, ist die Untersuchung von Giesen und Gold (1994; Gold & Giesen, 1993). Ausgehend von einer Gesamtstichprobe von n = 3500 Schülerinnen und Schülern, davon n = 2141, die ein Studium anstreben, basieren die Auswertungen der Autoren im Kern auf einer Teilstichprobe von n = 693 Schülerinnen und Schüler, die sich für ein Lehramt interessieren.

Im Vergleich der Schülerinnen und Schüler, die das Lehramt an Grund- und Hauptschulen sowie für das Lehramt Sek. I anstreben und derjenigen, die die Abschlussziele Diplom in Mathematik und Naturwissenschaften, Diplom oder Magister Artium in Sprachen oder anderen Geis-

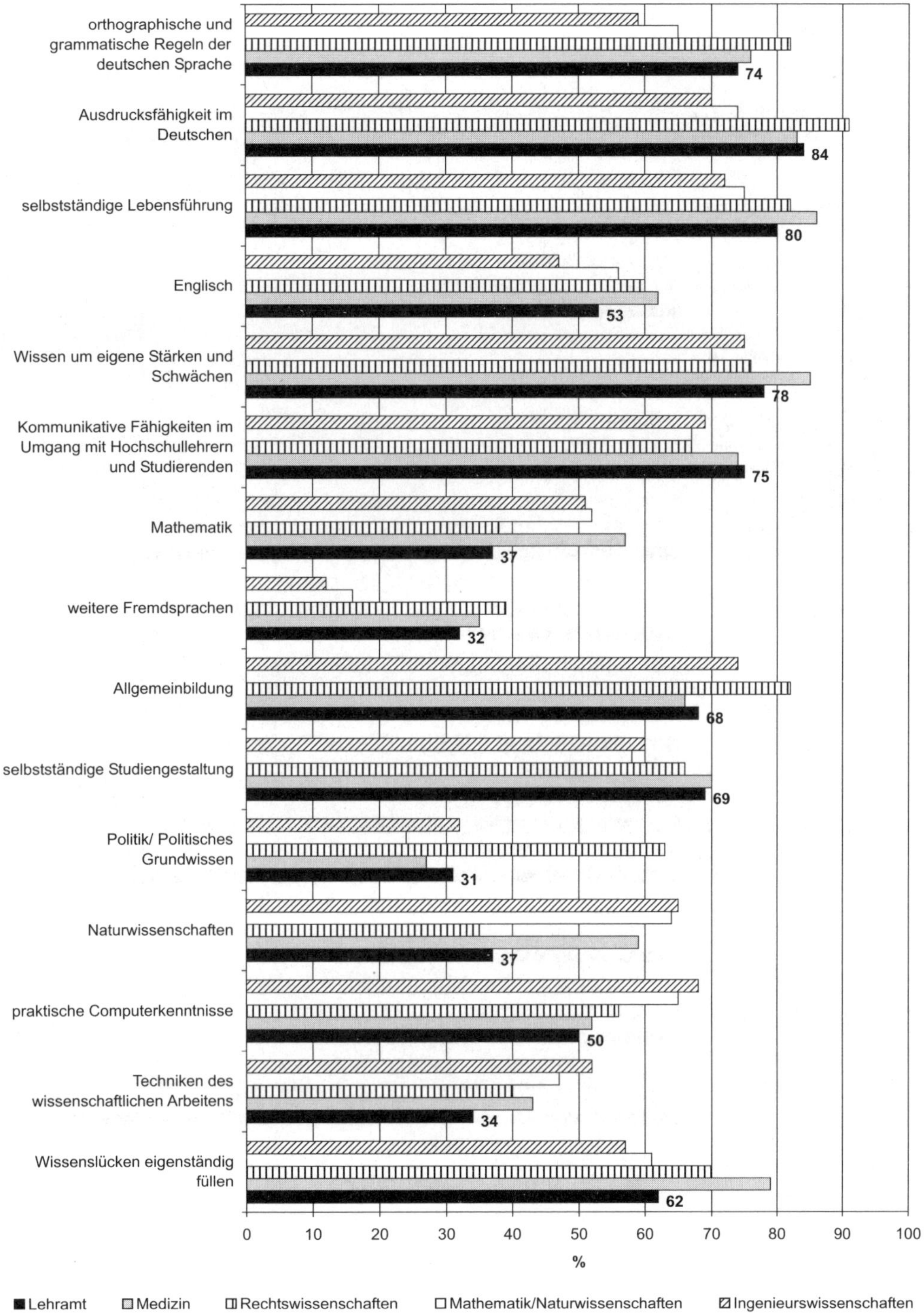

Abbildung 4: Als *ausreichend* eingeschätzte Fertigkeiten und Kenntnisse deutscher Studienanfänger im Vergleich (Heine et al., 2008, S. 238f.)

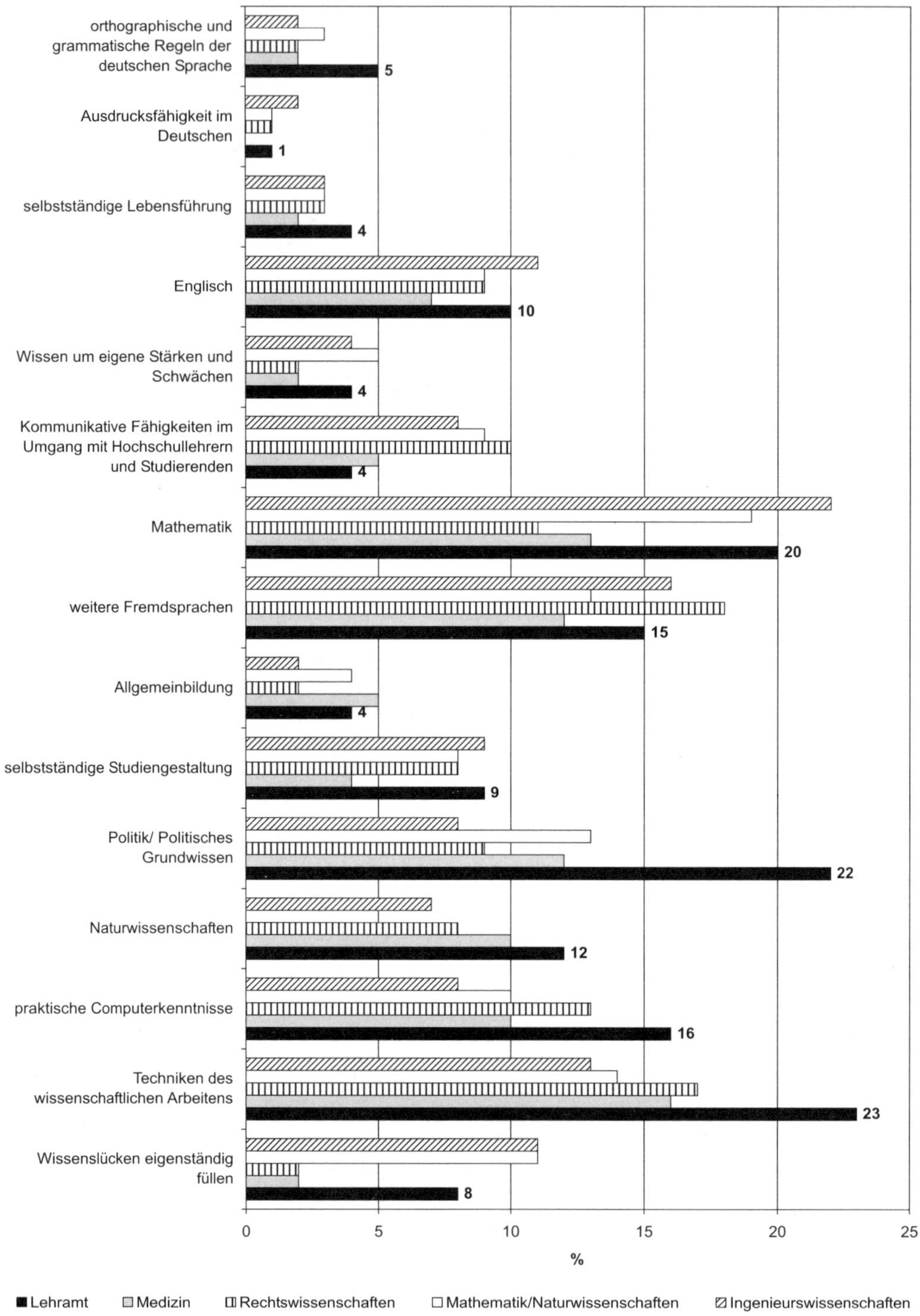

Abbildung 5: Als *nicht ausreichend* eingeschätzte Fertigkeiten und Kenntnisse deutscher Studienanfänger im Vergleich (Heine et al., 2008, S. 238f.)

teswissenschaften verfolgen, schneiden erstere unter Berücksichtigung der Abiturnote sowie des über Tests erfassten fachnahen Wissens und der Intelligenz am schlechtesten ab. Die Leistungsvoraussetzungen zwischen den Interessenten am Lehramt für die Sek. II und den an den fachinhaltlich vergleichbaren Diplom- und Magisterstudiengängen ähneln sich dagegen (vgl. Gold & Giesen, 1993).

Im Vergleich der unterschiedlichen Lehrämter zeigen sich bei Gold und Giesen (1993) somit deutliche Differenzen im Sinne einer – sich bereits unter alleiniger Berücksichtigung der Abiturgesamtnoten zeigenden – Binnenselektion zwischen den Studieninteressierten, die das Lehramt an Grund-, Haupt- und Sonderschulen sowie für die Sek. I und denen, die das Lehramt am Gymnasium anstreben: Unabhängig von Geschlecht und Fächern kann ein Gefälle mit Blick auf die intellektuellen Leistungspotentiale der Lehramtsinteressierten ausgehend von denjenigen, die das Lehramt am Gymnasium über diejenigen, die ein Lehramt für die Sek. I bis zu denjenigen, die das Lehramt an Grund-, Haupt- und Sonderschulen anstreben, identifiziert werden.

Ohne dass ein direkter Vergleich mit der Studie von Giesen und Gold (1994; Gold & Giesen, 1993) möglich ist, weisen österreichische Schülerinnen und Schüler, die kurz vor dem Schulabschluss (Matura) stehen und ein Lehramt anstreben, in der Untersuchung von Bergmann & Eder (1994) (n = 514) durchschnittlich bessere Schulleistungen auf als ihre Mitschüler. Die Autoren sprechen mit ihren Befunden gegen eine Negativauslese der Lehramtsstudierenden. Problematisch, so ihre These, sei nicht die Gruppe der Schülerinnen und Schüler, die den Lehrerberuf ergreifen wollen, sondern diejenigen, die sich erst spät unter äußeren Zwängen für ein Lehramtsstudium und den Lehrerberuf entscheiden (vgl. Rothland, 2014 in diesem Band).

Die These der Negativauslese bestätigt sich jedoch auch in Teilen in weiteren Untersuchungen. Spinath, van Ophuysen und Heise (2005) haben die Intelligenz, Lesekompetenz und Aspekte der Leistungsmotivation mit einem standardisierten diagnostischen Verfahren bei n = 365 Studienanfängern an der Universität Dortmund erhoben (Studierende des Lehramts für die Primarstufe, die Sekundarstufe I, die Sekundarstufe II und der Sonderschule (n = 190), Diplomstudierende der Erziehungswissenschaft, Studierende mathematischer, naturwissenschaftlicher und ingenieurwissenschaftlicher Diplomstudiengänge sowie Studierende der Wirtschaftswissenschaften). Ihre Ergebnisse möchten die Autorinnen den bisherigen Befunden etwa von Gold und Giesen (1993) und den stereotypen Vorstellungen über die Leistungsvoraussetzungen von Lehramtsstudierenden sowie über die Unterschiede zwischen den Studierenden unterschiedlicher Lehrämter entgegen stellen. Tatsächlich bestätigen ihre Befunde jedoch eher die bisherigen Erkenntnisse als dass sie diese widerlegen. Zwar unterscheidet sich die Gesamtgruppe der Lehramtsstudierenden nicht von der Gruppe der Studierenden im Diplomstudiengang Pädagogik mit Blick auf kognitive und motivationale Lern- und Leistungsvoraussetzungen, dafür unterscheiden sie sich jedoch von den übrigen Studierenden in den mathematischen, natur-, ingenieurs- und wirtschaftswissenschaftlichen Studiengängen, deren Ergebnisprofile über denen der Lehramtsstudierenden liegen. Insofern werden vielmehr die Stereotype über die geringeren Leistungsvoraussetzungen der Lehramtsstudierenden *und* der angehenden Diplompädagogen untermauert.

Das von Gold und Giesen (1993) diagnostizierte intellektuelle Leistungsgefälle wird von Spinath, van Ophuysen & Heise (2005) in Teilen bestätigt: Zwar sind die Werte für die Intelligenz und Lesekompetenz bei den Studierenden der Primarstufe und der Sek. II fast deckungsgleich und die Profile insgesamt ähnlich, die Studierenden des Lehramts für die Sek. I weisen jedoch durchweg geringere Merkmalsausprägungen auf. Diese „Unterschiede ließen sich jedoch statistisch nicht absichern“ (ebd., S. 196). Da bei Gold und Giesen (1993) die Schüler, die ein Lehramt entweder für die Grund-, oder aber für die Haupt- und Realschule anstreben, nicht unterschieden wurden, können die Befunde von Spinath, van Ophuysen & Heise (2005) einen Beitrag zu einer differenzierten Betrachtung liefern. Die Ähnlichkeit der angehenden Lehrkräfte für die

Grundschule und das Gymnasium spiegelt sich somit nicht allein in der sozialen Herkunft (s.o.), sondern auch in ihren Leistungsvoraussetzungen wider. Ein Zusammenhang wäre mit Blick auf die angehenden Lehrkräfte empirisch zu überprüfen.

In der Untersuchung von Eder (2008), wird schließlich auf der Basis einer Stichprobe von $n = 458$ Studierenden des Lehramts für höhere Schulen an der Universität Salzburg die kognitive Leistungsfähigkeit in drei Bereichen erhoben: Leistungen im sprachlich-schlussfolgernden Denken, im rechnerischen Bereich und im Bereich des nichtsprachlich-figuralen Denkens und räumlichen Vorstellens (ebd., S. 280). Im Vergleich mit der Normstichprobe des zugrunde liegenden kognitiven Fähigkeitstests liegen die Ergebnisse der angehenden Lehrkräfte allesamt unter dem Durchschnitt. Darin einen Beleg für die Negativselektion von Studierenden *auch für das Lehramt an höheren Schulen* zu sehen, wäre jedoch unangemessen, da die Normstichprobe des Tests – so Eder – nicht repräsentativ ist. Allerdings kann von einer Negativselektion mit Blick auf die Studierenden des Lehramts an höheren Schulen gesprochen werden, die sich erst kurz vor Beginn des Studiums für diesen Studiengang entschieden haben. Sie weisen in allen drei Leistungsbereichen die niedrigsten Werte auf. Insofern bestätigt sich die bereits in ihrer Studie aus dem Jahre 1994 von Bergmann und Eder (1994) formulierte These, dass die *Spätentscheider* bzw. diejenigen, die ein Lehramtsstudium aus Verlegenheit aufnehmen, die eigentliche Problemgruppe darstellen (vgl. Rothland, 2014 in diesem Band).

Ein Vergleich der $n = 458$ Studienanfänger für das Lehramt an höheren Schulen der Universität Salzburg mit Schülern, die sich im letzten Jahr vor der Matura befinden und sich nachhaltig für die Studienrichtungen Rechtswissenschaften ($n = 311$) und Technik ($n = 160$) interessieren, zeigt, dass die Lehramtsstudierenden im Vergleich die höchste sprachliche Intelligenz und im figuralen Bereich die niedrigsten Werte aufweisen. In dem letztgenannten Bereich stimmen sie genauso wie im Bereich der kognitiven Leistungen im rechnerischen Bereich mit den ebenfalls niedrigen Werten der Schüler, die ein rechtswissenschaftliches Studium anstreben, überein, wobei die Lehramtsstudierenden in beiden kognitiven Grundfähigkeitsbereichen die geringsten Werte aufweisen (ebd., S. 289).

Bilanzierend betont Eder (2008), dass sich der Zeitpunkt der Entscheidung für die Aufnahme eines Lehramtsstudiums bzw. für den Lehrerberuf als stärkste Einflussgröße auf die Ausprägung der fünf Persönlichkeitsmerkmale, der Leistungsmotivation und des Selbstkonzepts erweist. Studierende, die bereits seit einem längeren Zeitraum das Lehramt als Berufsperspektive verfolgen, weisen stärkere Ausprägungen der Merkmale auf, die für die erfolgreiche Berufsausübung wichtig sind (ebd., S. 287).

Aus dem Bereich der empirischen Forschung zu den Leistungsvoraussetzungen derjenigen, die sich für ein Lehramt interessieren, ist als weiteres Beispiel der Forschungsbeitrag von Klusmann et al. (2009) zu berücksichtigen. In dieser Untersuchung wurden auf der Basis einer Stichprobe von $n = 1746$ Abiturienten, die ein Studium aufnehmen, darunter $n = 328$ Lehramtsstudierende, im Rahmen der TASCO-Studie vergleichend die Abiturgesamtnoten, die kognitive Grundfähigkeit, die Leistung im Fachunterricht Mathematik sowie die Englischleistung erfasst. Zudem wurden die Dimensionen des beruflichen Interesses nach Holland (1997) und grundlegende Persönlichkeitsmerkmale erhoben (s.o.).

Die Befunde unterstützen die Ergebnisse der Erhebung von Giesen und Gold (1994; Gold & Giesen, 1993): Abiturienten, die sich für ein Studium des Lehramts für die Grund-, Haupt-, Sonder- oder Realschule entscheiden, weisen im Vergleich mit den späteren Gymnasiallehramtsstudierenden und den Studierenden in anderen Studiengängen (1.) die durchschnittlich schlechtesten Abiturnoten sowie (2.) geringere Werte bei den allgemeinen kognitiven Fähigkeiten auf, während sich die Gymnasiallehramtsinteressierten nicht von den angehenden Universitätsstudierenden anderer Studienrichtungen unterschieden. Ein vergleichbares Bild ergibt sich (3.) mit

Blick auf die Mathematik- und Englischleistung: Gymnasial- und andere Universitätsstudierende zeigen die besten, die Studierenden des Lehramts für die Grund-, Haupt-, Sonder- oder Realschule die schlechtesten Leistungen (Klusmann et al., 2009, S. 16).

Die hier berichteten Differenzen bestätigen sich auch im Vergleich von Studierenden an der PH und an Universitäten. In den Bereichen sprachliche Intelligenz, Maturanoten und Allgemeinbildung weisen die Gymnasiallehramtsstudierenden bessere Werte auf als die Studierenden für das Hauptschullehramt an PHs, wobei die Studierenden für das Lehramt an Grundschulen im Gegensatz zu den Befunden bei Spinath, van Ophuysen & Heise (2005) noch einmal schlechtere Werte zeigen (vgl. Eder, Dämon & Hörl, 2013).

Schließlich unterscheiden sich Lehramtsstudierende hinsichtlich ihrer kognitiven Eingangsvoraussetzungen nicht allein differenziert nach der angestrebten Schulform, sondern auch in Abhängigkeit von der gewählten Fachkombination (vgl. Kaub et al., 2012). Neben die schulformabhängige Binnendifferenzierung deutet sich damit zudem eine fachbezogene Varianz innerhalb der Studierenden des Lehramts hinsichtlich der Ausprägung von Leistungsmerkmalen an. Mit Blick auf die kognitiven Eingangsvoraussetzungen zeigen Lehramtsstudierende mit naturwissenschaftlichen Fachkombinationen und vor allem Studierende mit dem Unterrichtsfach Sport bessere Leistungsprofile als Lehramtsstudierende der Sprach- und Geisteswissenschaften (vgl. Kaub et al., 2012).

Bilanzierend zeigt sich unter Berücksichtigung der skizzierten Forschungsergebnisse, dass einerseits von einer Negativselektion in das Lehramtsstudium generell nicht gesprochen werden kann. Andererseits bestätigt sich die *Binnenselektion* unter den Lehramtsstudierenden zuungunsten der Studierenden des Lehramts für die Grund-, Haupt-, Sonder- oder Realschule in allen hier berichteten Studien. Allein die differenzierte Betrachtung der Studierenden, die ein nichtgymnasiales Lehramt anstreben, führt, wenn sie denn vorgenommen wird, zu nicht eindeutigen Ergebnissen.

7. Bilanz und Forschungsdesiderate: Die Bedeutung von Herkunfts-, Persönlichkeits- und Leistungsmerkmalen

Wie ist in Anbetracht der Forschungslage die leitende Frage des hier vorgestellten Segments der Forschung zum Lehrerberuf, also die Frage, wer sich für den Lehrerberuf entscheidet, zu beantworten? Wird die soziale Herkunft der angehenden oder im Beruf stehenden Lehrkräfte im Vergleich mit den Studierenden insgesamt oder im Vergleich mit dem Bevölkerungsdurchschnitt berücksichtigt, zeigt sich, dass der Lehrerberuf nicht pauschal als Beruf des sozialen Aufstiegs zu kennzeichnen ist – wobei diese allgemeine Zuschreibung auch historisch nicht zutrifft. Lediglich im Vergleich mit ausgewählten akademischen Berufsgruppen weist der Lehrerberuf ein weniger exklusives Sozialprofil auf. Ob sich zumindest mit einzelnen Lehrämtern die Funktion des sozialen Aufstiegs verbindet, wird eher kontrovers diskutiert. Trotz lehramtsspezifischer Disparitäten bezogen auf die soziale Herkunft wird einerseits „die Funktion einer Konsolidierung des sozialen Status“ (vgl. Cramer, 2012, S. 164) über die Wahl des Lehrerberufs hervorgehoben, andererseits werden die nicht-gymnasialen Lehramtsstudiengänge generell als „soziale Aufstiegskanäle“ charakterisiert (Neugebauer, 2013).

Bezogen auf die Herkunft und Milieuzugehörigkeit ist bislang weitgehend offen, ob und in welcher Form sich diese bspw. vermittelt über die kognitiven Leistungsmerkmale, Selbstkonzepte oder Überzeugungen auf die Nutzung der Lerngelegenheiten in der Lehrerbildung, die Kompetenz- und berufsbiographische Entwicklung oder gar die Unterrichtspraxis auswirkt. Mit der empirischen Erfassung der Milieuzugehörigkeit von (angehenden) Lehrkräften, wie sie Schumacher für Grundschullehrerinnen und -lehrer durchgeführt hat, verbindet sich des Weiteren die Frage nach der pädagogischen Grundorientierung und berufsrelevanten Überzeugungen und Einstellungen, die sich mit der Milieuzugehörigkeit verbinden. Hierzu hat Schumacher erste Forschungsbemühungen angestellt (vgl. Schumacher, 2002), die im Kontext der empirischen Forschung zum Lehrerberuf weiter auszubauen sind.

Verbreitet angenommen wird mit Blick auf die soziale Herkunft bzw. Schicht- und/oder Milieuzugehörigkeit der Lehrkräfte, dass ein „herkunftsbezogenes Mismatch zwischen Schülern und deren Lehrkräften als Vertreter der Institution" bestehe (Kampa et al., 2011, S. 71). In der Schule als Institution der Mittel- und Oberschicht wäre eine Begünstigung der Schüler aus eben diesen Schichten anzunehmen, während die Werte und Normen anderer Schichten abgelehnt bzw. zur Benachteiligung führen würden. Die Frage, die sich hier bezogen auf die Bedeutung der sozialen Herkunft angehender Lehrerinnen und Lehrer stellt, lautet, wie sich die Lehrkräfte als Vermittler zwischen der Kultur der Schule und der Kultur der Schüler vor dem Hintergrund ihrer eigenen sozialen Herkunft verhalten (vgl. Kampa et al., 2011). Ob und in welcher Form die sozioökonomische Herkunft der Lehrerinnen und Lehrer oder ihre Milieuzugehörigkeit sich auf die Berufstätigkeit in der Unterrichtspraxis, den Umgang mit den Schülerinnen und Schülern oder die Einstellungen und Überzeugungen zum Beruf auswirken, ist jedoch bislang kaum untersucht worden (Kampa et al. 2011, S. 76).

Erste Einsichten bieten hier die Befunde der Untersuchung von Kampa et al. (2011) zur Bedeutung der sozialen Herkunft von Mathematiklehrkräften der Sek. I, an die es in weiteren Studien zukünftig anzuschließen gilt. Wird nach der Passung der sozialen Herkunft der Lehrkräfte zur sozialen Herkunft ihrer Schüler gefragt, so unterrichten Mathematiklehrerinnen und -lehrer an Hauptschulen und Gesamtschulen typischerweise Schüler aus niedrigeren Herkunftsgruppen. Die Klientel der Gymnasiallehrer stammt hingegen eher aus privilegierteren sozialen Statusgruppen als die Gymnasiallehrkräfte selbst (Kampa et al., 2011, S. 87). Ein direkter Zusammenhang zwischen der sozialen Herkunft und berufsbezogenen Überzeugungen konnten in dieser Untersuchung nicht identifiziert werden. Anders formuliert: berufsbezogenen Überzeugungen unterscheiden sich nicht in Abhängigkeit von der sozioökonomoschen Herkunft der Mathematiklehrkräfte (vgl. Kampa et al., 2011).

In ähnlicher Weise ist im Zusammenhang mit den bemerkenswerten Anteilen einer Berufsvererbung im Lehrerberuf empirisch zu überprüfen, welche Bedeutung die hohe Präsenz des Lehrerberufs im familiären Umfeld etwa für die Ausbildung, die Berufswahrnehmung und -praxis hat. Für den Prozess der Berufswahl und die Lehrerbildung wird Eltern, die selbst den Lehrerberuf ausüben, die Funktion zugeschrieben, als Quellen umfassenderer Einsichten in den Beruf, die über das Erfahrungswissen aus der Schülerperspektive hinaus gehen, zu fungieren (vgl. Abele, 2012; Kappler, 2013). Die Befunde zur generativen sozialen Vererbung des Lehrerberufs können auch als Erklärung dafür herangezogen werden, warum junge Menschen den Lehrerberuf trotz verbreiteter Lehrerkritik und eines von ihnen selbst wahrgenommenen negativen öffentlichen Lehrerbildes anstreben (vgl. Rothland, 2010, 2012). Diese Frage könnte – so die Hypothese – u.a. mit Verweis auf ein in den eigenen Familien vorherrschendes positiveres Lehrerbild beantwortet werden, das potentiell kompensierend wirkt, zumindest aber eine alternative, positivere bewertende Perspektive auf den Beruf bietet. Zugleich kann die Thematisierung des Berufsalltags der Elternteile bzw. der Familienmitglieder im weiteren Sinne, die im Lehrerberuf tätig sind, im familiären Kontext dazu führen, dass die angehenden Lehrerinnen und Lehrer ein differenzierteres Bild des Berufs „vermittelt" bekommen als es in der öffentlichen Diskussion vorherrscht. Bezogen auf die Anerkennung der angehenden Lehrkräfte in ihrer antizipierten zukünftigen Berufspraxis, so eine weitere Hypothese, kann in den Befunden bei Rothland (2010,

2012) dem soziale Umfeld ebenfalls eine kompensierende Wirkung mit Blick auf das negativ geprägte öffentliche Lehrerbild zugeschrieben werden.

Darüber hinaus wirkt sich die Herkunft aus einer „Lehrerfamilie" in der Studie von Henecka und Gesk (1996, S. 119) nicht etwa auf den Studienerfolg im Lehramtsstudium aus: Studienabsolventen und Studienabbrecher stammen zu ähnlich großen Anteilen aus Lehrer- wie aus Nicht-Lehrerfamilien. Ob und in welcher Weise die Berufsvererbung bedeutsam für die Berufswahl Lehramt im Anschluss an Holland (1997; vgl. auch Abele, 2012), die Wahrnehmung des öffentlichen Lehrerbildes oder aber den Lehrerbildungsverlauf ist, ist über die berichteten ersten Ansätze hinaus in weiteren Studien zu überprüfen.

Wird die Forschungslage zu den Persönlichkeits- und Leistungsmerkmalen der angehenden Lehrkräfte abschließend bewertet, so zeitigen die Befunde zu den Persönlichkeitsmerkmalen kein eindeutiges Ergebnis im Sinne einer lehramtstypischen Merkmalskonstellation. Die sich an die Erfassung der Persönlichkeitsmerkmale anschließende Frage nach ihrer Bedeutsamkeit für unterschiedliche Aspekte der Kompetenzentwicklung und Berufspraxis ist von Mayr (2014 in diesem Band) in unterschiedlichen Studien nachgegangen worden. Weitere Hinweise zur Bedeutung der Persönlichkeitsmerkmale von Lehramtsstudierenden finden sich u.a. aktuell in den Studien von Cramer (2012) und Klusmann, Kunter, Voss und Baumert (2012). So geht das Persönlichkeitsmerkmal Extraversion mit einem größeren Anteil an pädagogischen Vorerfahrungen bei Lehramtsstudierenden sowie einer im Vergleich ausgeprägteren intrinsischen Berufswahlmotivation einher. Eine höhere Ausprägung des Persönlichkeitsmerkmals Verträglichkeit steht des Weiteren im Zusammenhang mit einer höheren Bedeutung sozialer Motive im Kontext der Berufswahlentscheidung. Schließlich geht eine hohe Ausprägung des Persönlichkeitsmerkmals Gewissenhaftigkeitv mit einer augeprägteren Berufswahlreife, einem größeren Zeitaufwand im Studium und einer höheren Leistungsmotivation einher (vgl. Cramer, 2012 sowie die Arbeiten von Mohr & Ittel, 2011, 2012).

Die Persönlichkeitsmerkmale Extraversion und Gewissenhaftigkeit stehen zudem in einem negativen Zusammenhang mit der Emotionalen Erschöpfung im Referendariat und in einem positiven Zusammenhang mit der Berufszufriedenheit, während dies umgekehrt für das Persönlichkeitsmerkmal Neurotizismus gilt. Es zeigt sich auch, dass Referendare mit einer ausgeprägteren Offenheit für neue Erfahrungen im Verlauf des Referendariats einen höheren Grad emotionaler Erschöpfung und eine geringere Berufszufriedenheit aufweisen (vgl. Klusmann et al., 2012).

Hinsichtlich der Leistungsmerkmale lässt sich pauschal von einer Negativselektion der angehenden Lehrkräfte bereits seit der grundlegenden Studie von Gold und Giesen (1993) nicht sprechen. Allerdings schränkt die grobe Unterscheidung von angehenden Gymnasiallehrkräften und Nicht-Gymnasiallehrkräften in den Untersuchungen von Gold und Giesen (1993) oder Klusmann et al. (2009) die Befunde zur identifizierten *Binnenselektion* der Lehramtsstudierenden hinsichtlich ihrer Leistungsvoraussetzungen insofern ein, als dass zumindest die Befunde der Untersuchung von Spinath, van Ophuysen und Heise (2005) weitgehend übereinstimmende Leistungsvoraussetzungen von Studierenden des Lehramts für die Primarstufe und für das Gymnasium identifizieren und daher eine Unterscheidung von angehenden Gymnasiallehrkräften und dem „Rest" zu kurz zu greifen scheint. Hier sind weitere Forschungsbemühungen nach wie vor von Nöten, die das Ergebnis der Dortmunder Untersuchung überprüfen und die einmal mehr ein differenzierteres Bild der Binnenselektion zwischen den Studierenden der unterschiedlichen Lehrämter gemessen an ihren kognitiven Fähigkeiten bzw. allgemeinen Leistungsvoraussetzungen ermöglichen. Des Weiteren bleibt zu klären, in welchem Maße die Nutzung der Lerngelegenheiten in der Lehrerbildung und die Entwicklung der berufliche Kompetenz über die Leistungsvoraussetzungen derjenigen erklärt werden können, die sich für ein Lehramtsstudium bzw. den Lehrerberuf entscheiden.

Im Zusammenhang mit der empirischen Erfassung von kognitiven Leistungsmerkmalen ist eine weitere Einschränkung zu formulieren, die für den hier behandelten Forschungsbereich insgesamt relevant ist. Denn die kognitiven Leistungsvoraussetzungen der Lehramtsinteressierten der unterschiedlichen Schulstufen wurden bspw. im Vergleich zu anderen zukünftigen Studierenden in der Untersuchung von Gold und Giesen (1993) bei Schülern der Jahrgangsstufe 12 erhoben, von denen nicht mit Sicherheit gesagt werden kann, dass sie tatsächlich auch ein Lehramtsstudium wählen werden (vgl. Foerster, 2008). Ebenso kann gewiss nicht davon ausgegangen werden, dass alle Lehramtsstudierenden der unterschiedlichen Stichproben, die den in den vorhergehenden Abschnitten behandelten Studien zugrunde liegen, tatsächlich auch in den Lehrerberuf eintreten. Im Anschluss an die Befunde von Rauin und Meier (2007) ist vielmehr davon auszugehen, dass zumindest ein erheblicher Teil der Studierenden mit ungünstigeren Leistungsmerkmalen infolge eines Prozesses der Selbst-, oder aber auch der häufig in der Diskussion vernachlässigten und aus der Pflicht genommenen Fremdselektion im Rahmen der Lehrerbildung letztlich nicht den Lehrerberuf ergreift bzw. ergreifen kann. Von den unterschiedlichen Merkmalen derjenigen, die sich für ein Lehramtsstudium bzw. im Rahmen der Berufswahl für den Lehrerberuf entschieden haben, kann insofern nicht ohne weiteres auf die Berufsgruppe der aktiven Lehrkräfte geschlossen werden.

Abschließend ist die bereits einleitend ergänzte, forschungsleitende Fragestellung im Anschluss an die vorgenommene Bilanzierung zu vervollständigen: Es gilt, in dem hier vorgestellten Forschungsbereich nicht allein empirisch zu überprüfen, wer sich für den Lehrerberuf entscheidet und ob die angehenden Lehrkräfte bzw. die im Beruf stehenden Lehrerinnen und Lehrer typische Merkmale aufweisen, die sie von den Studierenden anderer Fächer- bzw. von den Angehörigen anderer Berufsgruppen in charakteristischer Weise unterscheiden. Vielmehr ist insbesondere auch danach zu fragen, in welchem Zusammenhang die berücksichtigten Merkmale u.a. mit der Nutzung von Lerngelegenheiten in der Lehrerbildung und der Kompetenzentwicklung, mit der Unterrichtsqualität oder der Berufszufriedenheit stehen, um im Zuge dessen auch die hier erfassten Variablen als Eignungsindikatoren für den Lehrerberuf zu begründen. Die im Modell von Kunter et al. (2011) beschriebene Bedeutung der persönlichen Ausgangslagen und des Leistungspotentials von Lehramtsstudierenden für die Nutzung der Lerngelegenheiten in der Lehrerbildung, die Entwicklung einer professionellen Handlungskompetenz aber auch für das professionelle Handeln im Unterricht erscheint in der Forschung zum Lehrerberuf noch in weiten Teilen unbearbeitet (vgl. Kaub et al., 2012). Es gilt, in längsschnittlichen Untersuchungen den Einfluss der personalen Eingangsmerkmale auf den Studien- und Berufserfolg von Lehrern bzw. das Handeln in der Lehrerbildung und in der Berufspraxis zu erfassen (vgl. Neugebauer, 2013, S. 178).

Literatur

Abel, J. (2012). Wir stolpern ins (Lehramts-)Studium. In C. Nerowski, T. Hascher, M. Lunkenbein & D. Sauer (Hrsg.), *Professionalität im Umgang mit Spannungsfeldern der Pädagogik* (S. 213-226). Bad Heilbrunn: Klinkhardt.

Barrick, M., Mount, M. & Judge, T. (2001). Personality and performance at the beginning of the new millennium: What do we know and where do we go next? *International Journal of Selection and Assessment, 9*, 9-30.

Bastick, T. (2000). Why Teacher Trainees choose the Teaching Profession. Comparing Trainees in Metropolitan and Developing Countries. *International Review of Education, 46*, 343-349.

Bathke, G.-W., Schreiber, J. & Sommer, D. (2000). *Soziale Herkunft deutscher Studienanfänger. Entwicklungstrends der 90er-Jahre.* Hannover: HIS.

Baumert, J. (2009). Gute Lehrer, bitte! *DIE ZEIT, Nr. 19* (30.04.2009), 72.

Bergmann, C. & Eder, F. (1994). Wer interessiert sich für ein Lehramtsstudium. Leistungsmerkmale, Interessen und schulische Erfahrungen von Schülern, die einmal Lehrer werden wollen. In J. Mayr (Hrsg.), *Lehrer/in werden* (S. 47-63). Innsbruck: Studienverlag.

Böttcher, W., Kanning P.U., Herrmann, C. & Brinkmann, G. (2006). Self-Assessment in der Lehrerbildung an der Westfälischen Wilhelms-Universität Münster. In J. Bonnmann & P. Schoden (Hrsg.), *Reform der Lehrerbildung in NRW – Tagungsband.* ZfL-Text Nr. 17. (S. 75-82) Münster: Zentrum für Lehrerbildung.

Blömeke, S. (2005). Das Lehrerbild in den Printmedien. Inhaltsanalyse von „Spiegel"- und „Focus"-Berichten seit 1990. *Die Deutsche Schule, 97,* 24-39.

Blömeke, S. (2009). Ausbildungs- und Berufserfolg im Lehramtsstudium im Vergleich zum Diplomstudium – Zur prognostischen Validität kognitiver und psycho-motivationaler Auswahlkriterien. *Zeitschrift für Erziehungswissenschaft, 12,* 82-110.

Borkenau, P. & Ostendorf, F. (1993). *NEO-Fünf-Faktoren Inventar (NEO-FFI).* Göttingen: Hogrefe.

Bosse, D., Dauber, H., Döring-Seipel, E. & Nolle, T. (Hrsg.) (2012). *Professionelle Lehrerbildung im Spannungsfeld von Eignung, Ausbildung und beruflicher Kompetenz.* Bad Heilbrunn: Klinkhardt.

Cramer, C. (2010). Sozioökonomische Stellung Lehramtsstudierender. *Lehrerbildung auf dem Prüfstand, 3,* 4-22.

Cramer, C. (2012). *Entwicklung von Professionalität in der Lehrerbildung. Empirische Befunde zu Eingangsbedingungen, Prozessmerkmalen und Ausbildungserfahrungen Lehramtsstudierender.* Bad Heilbrunn: Klinkhardt.

Denzler, St. & Wolter, St. C. (2008). Selbstselektion bei der Wahl eines Lehramtsstudiums: Zum Zusammenspiel individueller und institutioneller Faktoren. *Beiträge zur Hochschulforschung, 30,* S. 112-141.

Denzler, St. & Wolter, St. C. (2009). Sorting into teacher education: how the institutional setting matters. *Cambridge Journal of Education, 39,* 423-441

Eder, F. (2008). Persönlichkeitsmerkmale von Lehramtsstudierenden. In F. Eder & G. Hörl (Hrsg.), *Gerechtigkeit und Effizienz im Bildungswesen. Unterricht, Schulentwicklung und LehrerInnenbildung als professionelle Handlungsfelder* (S. 273-293). Münster: Lit.

Eder, F., Dämon, K. & Hörl, G. (2013). Universität oder Pädagogische Hochschule? Persönlichkeitsmerkmale als Prädiktoren für Niveau-Entscheidungen im Lehramtsstudium. *Zeitschrift für Bildungsforschung, 3, 3-25.*

Faust, G. & Foerster, F. (2008). Offenheit für Ideen und Handlungen bei Grundschullehramtsstudierenden. In A. Hartinger, R. Bauer, R. Hitzler (Hrsg.), *Veränderte Kindheit: Konsequenzen für die Lehrerbildung* (S. 129-139). Bad Heilbrunn: Klinkhardt.

Flagmeyer, D. & Hoppe-Graff, S. (2006). Zu wenig Praxis, zu viel Theorie (Wissenschaft)? Ergebnisse einer Befragung von Lehramtsstudierenden vor und nach den Schulpraktischen Studien I. In M. Rotermund (Hrsg.), *Schulpraktische Studien: Evaluationsergebnisse und neue Konzepte* (S. 65-86). Leipzig: Leipziger Universitätsverlag.

Fock, C., Glumpler, E., Hochfeld, I. & Weber-Klaus, S. (2001). Studienwahl: Lehramt Primarstufe. Berufs- und Studienwahlorientierungen von Lehramtsstudierenden. In E. Glumpler, & C. Fock (Hrsg.), *Frauen in pädagogischen Berufen. Bd. 2: Lehrerinnen* (S. 212-240). Bad Heilbrunn: Klinkhardt.

Foerster, F. (2008). *Personale Voraussetzungen von Grundschullehramtsstudierenden. Eine Untersuchung zur prognostischen Relevanz von Persönlichkeitsmerkmalen für den Studien- und Berufserfolg.* Münster u.a.: Waxmann.

Gehrmann, A. (2007). Kompetenzentwicklung im Lehramtsstudium. Eine Untersuchung an der Universität Rostock. In M. Lüders & J. Wissinger (Hrsg.), *Forschung zur Lehrerbildung. Kompetenzentwicklung und Programmevaluation* (S. 85-102). Münster u.a.: Waxmann.

Giesen, H. & Gold, A. (1994). Die Wahl von Lehramtsstudiengängen. Analysen zur Differenzierung von Studierenden der verschiedenen Lehrämter. In J. Mayr (Hrsg.), *Lehrer/in werden. Studien zur Bildungsforschung und Bildungspolitik* (S. 64-78). Innsbruck: Österr. Studien-Verlag.

Gold, A. & Giesen, H. (1993). Leistungsvoraussetzungen und Studienbedingungen bei Studierenden verschiedener Lehrämter. *Psychologie in Erziehung und Unterricht, 40,* 111-124.

Grönqvist, E. & Vlachos, J. (2008). *One size fits ist all? The effect of teacher cognitive and non-cognitive abilities on student achievement.* Uppsala: Institute for Labour Market Policy Evaluation.

Guarino, C.M. & Santibañez, L./Daley, G.A. (2006). Teacher Recruitment and Retention: A Review of the Recent Empirical Literature. *Review of Educational Research, 76,* 173-208.

Hanushek, E.A. & Pace, R.R. (1995). Who Chooses To teach (and Why?). *Economics of Education Review, 14,* 101-117.

Heine, Chr., Willich, J., Schneider, H. & Sommer, D. (2008). *Studienanfänger im Wintersemester 2007/2008. Wege zum Studium, Studien- und Hochschulwahl, Situation bei Studienbeginn.* Hannover: HIS.

Henecka, H.P. & Gesk, I. (1996). *Studienabbruch bei Pädagogikstudenten. Eine empirische Untersuchung an Pädagogischen Hochschulen in Baden-Württemberg.* Weinheim: Deutscher Studien Verlag.

Herlt, S. (2004). *Fit für den Lehrerberuf. Entwicklung eines Selbsteinschätzungsbogens für Abiturienten.* Unveröffentlichte Diplom-Arbeit des Instituts für Psychologie der Universität Potsdam.

Herlt, S. & Schaarschmidt, U. (2007). Fit für den Lehrerberuf. Ein Selbsterkundungsverfahren für Interessenten am Lehramtsstudium. In U. Schaarschmidt & U. Kieschke (Hrsg.), *Gerüstet für den Schulalltag. Psychologische Unterstützungsangebote für Lehrerinnen und Lehrer* (S. 157-187). Weinheim u. Basel: Beltz.

Herzog, W., Herzog, S., Brunner, A. & Müller, H.P. (2007). *Einmal Lehrer, immer Lehrer? Eine vergleichende Untersuchung der Berufskarrieren von (ehemaligen) Lehrpersonen.* Bern: Haupt.

Hirsch, G., Ganguillet, G. & Trier, U.P. unter Mitarbeit von Egli, H./Elmer, H.-R. (1990). *Wege und Erfahrungen im Lehrerberuf. Eine lebensgeschichtliche Untersuchung über Einstellungen, Engagement und Belastung bei Zürcher Oberstufenlehrern.* Bern: Haupt.

Hörl, G. (2008). Von der geschlechtsspezifischen Studienwahl zur Feminisierung des Lehrberufs. Zur sozioökonomischen Herkunft von Lehramtsstudierenden an der Universität. In F. Eder & G. Hörl (Hrsg.), *Gerechtigkeit und Effizienz im Bildungswesen. Unterricht, Schulentwicklung und LehrerInnenbildung als professionelle Handlungsfelder* (S. 251-271). Wien: Lit.

Holland, J.L. (1997). *Making vocational choices. A theory of vocational personalities and work environments* (3rd Ed.). Odessa, FL: Psychological Assessment Ressources.

Kampa, N., Kunter, M., Maaz, K. & Baumert, J. (2011). Die soziale Herkunft von Mathematik-Lehrkräften in Deutschland. Der Zusammenhang mit Berufsausübung und berufsbezogenen Überzeugungen bei Sekundarstufenlehrkräften. *Zeitschrift für Pädagogik, 57,* 70-92.

Kanning, U.P., Herrmann, C. & Böttcher, W. (2011). *FIBEL. Feedback-Inventar zur berufsbezogenen Erstorientierung für Lehramtsstudierende.* Göttingen u.a.: Hogrefe.

Kanning U.P., Böttcher, W., Herrmann Chr. (2012). Measuring social competencies in the teaching profession – development of a self-assessment procedure. *Journal for Educational Research Online,* 4 (1), 140-154.

Kappler, Chr. (2013). *Berufswahlprozesse und Motive angehender Lehrer. Eine qualitative Studie aus geschlechter- und berufsbiographisch-vergleichender Perspektive.* Bern: Haupt.

Kaub, K., Karbach, J., Biermann, A., Friedrich, A., Bedersdorfer, H.-W., Spinath, F.M. & Brünken, R. (2012). Berufliche Interessenorientierungen und kognitive Leistungsprofile von Lehramtsstudierenden mit unterschiedlichen Fachkombinationen. *Zeitschrift für Pädagogische Psychologie, 26,* 233-249.

Kennedy, M.M., Ahn, S. &Choi, J. (2008). The value added by teacher education. In M. Cochran-Smith, S. Feiman-Nemser, and J. McIntyre (Eds.), *Handbook of Research on Teacher Education: Enduring Issues in Changing Contexts* (3rd Ed., pp. 1249-1273). Mahwah, NJ: Lawrence Erlbaum Associates, Inc.

Kerst, Chr., Rauschenbach, Th., Wolter, A. & Züchner, I. (2008). Studierende. In K.-J. Tillmann, Th. Rauschenbach, R. Tippelt & H. Weishaupt (Hrsg.), *Datenreport Erziehungswissenschaft 2008* (S. 41-86). Opladen, Farmington Hills: Barbara Budrich.

Klusmann, U. (2011). Individuelle Voraussetzungen von Lehrkräften. In M. Kunter, J. Baumert, W. Blum, U. Klusmann, St. Krauss & M. Neubrand, M. (Hrsg.), *Professionelle Kompetenz von Lehrkräften. Ergebnisse des Forschungsprogramms COACTIV* (S. 297-304). Münster u.a.: Waxmann.

Klusmann, U., Trautwein, U., Lüdtke, O., Kunter, M. & Baumert, J. (2009). Eingangsvoraussetzungen beim Studienbeginn: Werden die Lehramtskandidaten unterschätzt? *Zeitschrift für Pädagogische Psychologie, 23,* 265-278.

Klusmann, U., Köller, M & Kunter, M. (2011). Anmerkungen zur Validität eignungsdiagnostischer Verfahren bei angehenden Lehrkräften. *Zeitschrift für Pädagogik, 57,* 711-721.

Klusmann, U., Kunter, M., Voss, Th. & Baumert, J. (2012). Berufliche Beanspruchung angehender Lehrkräfte: Die Effekte von Persönlichkeit, pädagogischer Vorerfahrung und professioneller Kompetenz. *Zeitschrift für Pädagogische Psychologie, 26,* 275-290.

Köller, M., Klusmann, U., Retelsdorf, J. & Möller, J. (2012). Geeignet für den Lehrerberuf? Self-Assessments auf dem Prüfstand. *Unterrichtswissenschaft, 40,* 121-139.

Kühne, S. (2006). Das soziale Rekrutierungsfeld der Lehrer. Empirische Befunde zur schichtspezifischen Selektivität in akademischen Berufspositionen. *Zeitschrift für Erziehungswissenschaft, 9,* 618-619.

Kunter, M., Kleickmann, Th., Klusmann, U. & Richter, D. (2011). Die Entwicklung professioneller Kompetenz von Lehrkräften. In M. Kunter, J. Baumert, W. Blum, U. Klusmann, St. Krauss & M. Neubrand, M. (Hrsg.), *Professionelle Kompetenz von Lehrkräften. Ergebnisse des Forschungsprogramms COACTIV* (S. 55-68). Münster u.a.: Waxmann.

Maurice, J. von (2004). *Generationenübergreifende Interessenrelationen im Spiegel einer Theorie der Person-Umwelt-Passung.* Unveröffentlichte Dissertation. Trier: Universität Trier. URL: http://ubt.opus.hbz-nrw.de/volltexte/2004/183/pdf/20040213.pdf [25.03.2012].

Mayr, J. (1994). Lehrerstudenten gestern – heute – morgen. Persönlichkeitsmerkmale im Institutionen- und Kohortenvergleich. In J. Mayr (Hrsg.), *Lehrer/in werden* (S. 79-97). Innsbruck: Studienverlag.

Mayr, J. (2009). LehrerIn werden in Österreich: empirische Befunde zum Lehramtsstudium. *Erziehung und Unterricht, 159* (1/2), 14-33.

Mayr, J. (2012). Persönlichkeit und psychosoziale Kompetenz: Verhältnisbestimmung und Folgerungen für die Lehrerbildung. In D. Bosse, H. Dauber, E. Döring-Seipel & T. Nolle (Hrsg.), *Professionelle Lehrerbildung im Spannungsfeld von Eignung, Ausbildung und beruflicher Kompetenz* (S. 43-57). Bad Heilbrunn: Klinkhardt.

Mayr, J. (2014). Der Persönlichkeitsansatz in der Forschung zum Lehrereberuf. In E. Terhart, E., H. Bennewitz & M. Rothland (Hrsg.), *Handbuch der Forschung zum Lehrerberuf* (2., vollst. überarb. u. erw. Aufl., S. 189-215). Münster u.a.: Waxmann.

Mayr, J. & Neuweg, G. H. (2006). Der Persönlichkeitsansatz in der Lehrer/innen/forschung. Grundsätzliche Überlegungen, exemplarische Befunde und Implikationen für die Lehrer/innen/bildung. In M. Heinrich & U. Greiner (Hrsg.), *Schauen, was 'rauskommt. Kompetenzförderung, Evaluation und Systemsteuerung im Bildungswesen* (S. 183-206). Wien: Lit.

Mayr, J. & Nieskens, B. (Hrsg.) (2011). *Ein Lehramtsstudium beginnen: Laufbahnberatung, Bewerberauswahl und erste Schritte im Qualifizierungsprozess* (Lehrerbildung auf dem Prüfstand, 4 (1), Themenheft). Landau: Verlag Empirische Pädagogik.

McCrae, R.R. & Costa, P.T. (1999). The five-factor theory of personality. In L.A. Pervin, & O.P. John (Eds.), *Handbook of personality. Theory and research* (pp. 139-153). New York: Guilford Press.

Mohr, S. & Ittel, A. (2011). Zum Zusammenhang von Kompetenzeinschätzung und individuellen Merkmalen bei Lehramtsstudierenden technisch-orientierter Fächer. *Lehrerbildung auf dem Prüfstand, 4,* 303-318.

Mohr, S. & Ittel, A. (2012). Persönlichkeitsmerkmale und Kompetenzeinschätzung von Lehramtsstudierenden der Technischen Universität Berlin. In T. Hascher & G.H. Neuweg (Hrsg.), *Forschung zur Wirksamkeit der LehrerInnenbildung* (S. 31-44). Wien: Lit.

Neugebauer, M. (2013). Wer entscheidet sich für ein Lehramtsstudium – und warum? Eine empirische Überprüfung der These von der Negativselektion in den Lehrerberuf. *Zeitschrift für Erziehungswissenschaft, 16,* 157-184.

Nieskens, B. (2009). *Wer interessiert sich für den Lehrerberuf – und wer nicht? Berufswahl im Spannungsfeld von subjektiver und objektiver Passung.* Göttingen: Cuvillier.

Nieskens, B. & Demarle-Meusel, H. (2012). *Für den Lehrerberuf geeignet? Eine Bestandsaufnahme zu Eignungsabklärung, Beratung und Bewerberauswahl für das Lehramtsstudium.* Bonn: Deutsche Telekom Stiftung.

Ostendorf, F. & Angleitner, A. (2004). *NEO-PI-R. NEO-Persönlichkeitsinventar nach Costa und McCrae. Revidierte Fassung. Manual.* Göttingen: Hogrefe.

Podgursky, M., Monroe, R. & Watson, D. (2004). The academic quality of public school teachers: an analysis of entry and exit behaviour. *Economics of Education Review, 23,* 507-518.

Rauin, U. & Meier, U. (2007). Subjektive Einschätzungen des Kompetenzerwerbs in der Lehramtsausbildung. In M. Lüders & J. Wissinger (Hrsg.), *Forschung zur Lehrerbildung. Kompetenzentwicklung und Programmevaluation* (S. 103-131). Münster u.a.: Waxmann.

Retelsdorf, J. & Möller, J. (2012). Grundschule oder Gymnasium? Zur Motivation, ein Lehramt zu studieren. *Zeitschrift für Pädagogische Psychologie, 26,* 5-17.

Rolfs, H. (2001). *Berufliche Interessen: Die Passung zwischen Person und Umwelt in Beruf und Studium.* Göttingen: Hogrefe.

Rothland, M. (2007). Sind „faule Säcke“ passé? Anmerkungen zur Ambivalenz der öffentlichen Beurteilung von Lehrerberuf, Lehrerhandeln und Lehrpersonen. *Die Deutsche Schule, 99,* 175-191.

Rothland, M. (2010). Das öffentliche Lehrerbild aus der Perspektive angehender Lehrkräfte – Empirische Befunde zur Wahrnehmung, Bewertung und Wirkung. *Empirische Pädagogik, 24* (3), 286-310.

Rothland, M. (2012). Verachtung als Berufsperspektive? Wie nehmen Lehramtsstudierende das Lehrerbild in der Gesellschaft wahr? *Zeitschrift für Bildungsverwaltung, 28* (2), 21-36.

Rothland, M. (2013). Allgemeine Persönlichkeitsmerkmale als Eignungskriterien für den Lehrerberuf? Eine Folgestudie. *Lehrerbildung auf dem Prüfstand, 6* (1), 70-91.

Rothland M. (2014). Warum entscheiden sich Studierende für den Lehrerberuf? Berufswahlmotive und berufsbezogene Überzeugungen von Lehramtsstudierenden. In E. Terhart, E., H. Bennewitz & M. Rothland (Hrsg.), *Handbuch der Forschung zum Lehrerberuf* (2., vollst. überarb. u. erw. Aufl., S. 349-385). Münster u.a.: Waxmann.

Rothland, M. & Terhart, E. (2011). Eignungsabklärung angehender Lehrerinnen und Lehrer. Einführung in den Thementeil. *Zeitschrift für Pädagogik, 57,* 635-638.

Rothland, M. & Tirre, S. (2011). Selbsterkundung für angehende Lehrkräfte: Was erfassen ausgewählte Verfahren der Eignungsabklärung? *Zeitschrift für Pädagogik, 57,* 655-673.

Rotter, C. & Reintjes, Chr. (2010). Die Guten ins Töpfchen …?! Einsatz von Auswahlverfahren im Lehramtsstudium. *Die Deutsche Schule, 102,* 37-51.

Scheller, P., Isleib, S. & Sommer, D. (2013). *Studienanfängerinnen und Studienanfänger im Wintersemester 2011/12.* Tabellenband. Hannover: Hochschul-Informations-System GmbH.

Schmidt, C. & Schuchart, C. (2002). Soziale Lage und Ausbildungsbedingungen in pädagogischen Studiengängen. In H. Merkens, Th. Rauschenbach & H. Weishaupt (Hrsg.), *Datenreport Erziehungswissenschaft 2. Ergänzende Analysen* (S. 45-73). Opladen: Leske + Budrich.

Schuler, H. (2006). Noten als Prädiktoren von Studien- und Berufserfolg. In D.H. Rost (Hrsg.), *Handwörterbuch Pädagogische Psychologie* (3. Aufl., S. 535-541). Weinheim u.a.: Beltz.

Schumacher, E.(2000). Soziale Milieus von Grundschulpädagoginnen und -pädagogen. In O. Jaumann- Graumann & W. Köhnlein (Hrsg.), *Lehrerprofessionalität – Lehrerprofessionalisierung* (S. 110-121). Bad Heilbrunn: Klinkhardt.

Schumacher, E. (2002). Die soziale Ungleichheit der Lehrer/innen – oder: Gibt es eine Milieuspezifität pädagogischen Handelns? In J. Mägdefrau & E. Schumacher (Hrsg.), *Pädagogik und soziale Ungleichheit. Aktuelle Beiträge – Neue Herausforderungen* (S. 253-270). Bad Heilbrunn: Klinkhardt.

Schutz, P.A., Crowder, K.C. & White, V.E. (2001). The Development of a Goal to Become a Teacher. *Journal of Educational Psychology, 93,* 299-308.

Spinath, B., van Ophuysen, S. & Heise, E. (2005). Individuelle Voraussetzungen von Studierenden zu Studienbeginn: Sind Lehramtsstudierende so schlecht wie ihr Ruf? *Psychologie in Erziehung und Unterricht, 52,* 186-197.

Terhart, E., Czerwenka, K., Ehrich, K., Jordan, F. & Schmidt, H.J. (1994). *Berufsbiographien von Lehrern und Lehrerinnen.* Frankfurt u.a.: Lang.

Ulich, K. (2004). *„Ich will Lehrer/in werden“. Eine Untersuchung zu den Berufswahlmotiven von Studierenden.* Weinheim: Beltz/Deutscher Studien Verlag.

Waller, W. (1932). *The sociology of teaching.* New York: Wiley & Sons.

Wössmann, L. (2009). Boni für die Besten. DIE ZEIT, Nr. 16 (08.04.2009), 66.

Zumwalt, K. & Craig, E. (2005). Teacher's Characteristics: Research on the Demographic Profile. In M. Cochran-Smith & K.M. Zeichner (Eds.), *Studying Teacher Education: The Report of the AERA Panel on Research on Teacher Education* (pp. 111-156). Mahwah, New Jersey: Lawrence Erlbaum.

Zumwalt, K. & Craig, E. (2008). Who is teaching? Does it matter? In M. Cochram-Smith, M. S. Feimann-Nemser, D.J. McIntyre & K.E. Demers (Eds.), *Handbook of Research on Teacher Education* (3rd Ed., pp. 404-423). New York/London: Routledge.

Martin Rothland

Warum entscheiden sich Studierende für den Lehrerberuf?

Berufswahlmotive und berufsbezogene Überzeugungen von Lehramtsstudierenden

1. Einführung

Als vielfach bearbeitete Gegenstände der Forschung zum Lehrerberuf können die Interessen, Orientierungen und Motive junger Menschen gelten, die sie dazu bewegen, den Lehrerberuf anzustreben. Hinzu kommen berufsrelevante Vorerfahrungen und Leistungsvoraussetzungen dieser Personen, die ebenso wie Merkmale ihrer sozialen Herkunft oder ihrer Persönlichkeit untersucht werden (vgl. Rothland 2014 in diesem Band). Die Bedeutung der Berufswahlmotivation wird u.a. damit begründet, dass die Ausübung des Lehrerberufs in hohem Maße herausfordernd und beanspruchend, zugleich aber auch aufgrund struktureller Charakteristika (etwa fehlende Karrieremöglichkeiten, mangelnde Rückmeldungen über den unmittelbaren sowie den langfristigen Erfolg des beruflichen Handelns, mangelnde öffentliche Anerkennung etc., vgl. Rothland, 2013) nur wenig attraktiv und befriedigend sei, sodass eine besonders ausgeprägte berufsbezogene Motivation im Sinne einer inneren Energie von Nöten ist, um diesen Beruf zu ergreifen und langfristig erfolgreich und zufrieden ausüben zu können (vgl. Klusmann, 2011).

Interessen und Motive, aber auch berufsbezogene Überzeugungen können allgemein als zentrale Determinanten der Wahl eines Studiengangs oder eines Berufs gelten. Mit Blick auf den Lehrerberuf wurde bislang davon ausgegangen, dass sich die Wahlmotive der angehenden Lehrkräfte vor allem auf den *Beruf* und weniger auf das *Studium* beziehen. Infolgedessen wird bei den Studierenden in Lehramtsstudiengängen auch von der *Berufswahl-* und weniger von der *Studienwahlmotiven* gesprochen, da der Berufswahlprozess mit der Aufnahme eines Lehramtsstudiums bislang vergleichbar dem Medizinstudium im Grunde abgeschlossen war (vgl. Heine et al., 2008, S. 301). Nach der Umstellung der ersten Phase der Lehrerbildung auf eine Bachelor-/Master-Struktur in Deutschland sollte, so die Programmatik, die Festlegung der Studierenden auf den Lehrerberuf mit Aufnahme des Studiums entsprechend der Betonung von Polyvalenz zumindest in der Bachelor-Phase aufgehoben werden. Tatsächlich weisen jedoch die Studierenden in den Bachelor-Studiengängen im Rahmen der konsekutiv organisierten Lehrerbildung bereits zu einem großen Teil eine zielgerichtete Berufsmotivation gepaart mit einer hohen Entscheidungssicherheit auf (vgl. Ortenburger, 2010; Rothland, 2010a; Bauer et al., 2011; Scheller, Isleib & Sommer, 2013). Aus diesem Grund erscheint es auch bezogen auf die Bachelor-Studierenden mit anschließender Lehramtsoption in der Masterphase gerechtfertigt, der programmatisch geforderten Polyvalenz zum Trotz an Stelle von *Studien*wahlmotiven weiterhin von *Berufs*wahlmotiven zu sprechen.

In der Forschung zum Lehrerberuf ist die Frage nach den Berufswahlmotiven angehender Lehrerinnen und Lehrer generell bedeutsam, da angenommen werden kann, dass bestimmte Konstellationen und Ausprägungen von berufswahlrelevanten Faktoren wie etwa eine hohe Ausprägung intrinsischer Motive eine bessere Voraussetzung für die Lehrebildung und die Berufstätigkeit sind als extrinsische Motive. Aus motivationspsychologischer Sicht gelten intrinsische Berufswahlmotive als günstigere Eingangsvoraussetzungen, da sie mit adaptivem und funktionalem Verhalten in unterschiedlichen Lern- und Arbeitskontexten einhergehen (vgl. Eccles & Wigfield, 2002; Schiefele, 2009).[1] Zudem können die mit den Motivkonstellationen verbundenen Erwartungen an und Vorstellungen von dem Beruf bereits einen Hinweis darauf geben, in welchem Maße die Gefahr besteht, dass allzu einseitige Motive oder idealistische Erwartungen in der Berufsrealität enttäuscht werden. Schließlich sind es gerade die unrealistischen, zu hoch gesteckten Erwartungen an den Beruf und die eigene Tätigkeit, die, werden sie enttäuscht, als Ursache für ungünstige Karriereverläufe identifiziert wurden. Die mit der Berufswahl verbundene Entscheidungssicherheit, die Zielgerichtetheit des Berufswunsches und auch der Zeitpunkt der Berufswahlentscheidung können des Weiteren Aufschluss darüber geben, wie es um die Berufswahlmotivation der angehenden Lehrkräfte bestellt ist und in welchem Maße Risikogruppen zu identifizieren sind, die – wie häufig kolportiert – den Lehrerberuf eher aus Verlegenheit oder als Notlösung wählen.

In dem hier in Rede stehenden Segment der Forschung zum Lehrerberuf geht es also nicht allein um die Beantwortung der Frage, welchen Interessen, Motiven und Überzeugungen folgend – sprich: *warum* – Studienberechtigte ein Lehramtsstudium aufnehmen. Vielmehr ist es das weiterreichende Ziel, über die empirische Erfassung der Berufswahlmotive und berufsbezogenen Überzeugungen hinaus die Bedeutung dieser berufswahlrelevanten Faktoren für den Studienverlauf und die Nutzung der Lerngelegenheiten in der Lehrerbildung, die Entwicklung professioneller Handlungskompetenz im Prozess des Lehrer/Lehrerin werdens und schließlich die berufliche Praxis der angehenden Lehrkräfte zu erfassen.

Motivationale Variablen selbst, zu denen auch die Berufswahlmotivation zu zählen ist, werden als Facetten der professionellen Handlungskompetenz in den Modellen zur Beschreibung der Kompetenz von angehenden wie berufstätigen Lehrerinnen und Lehrern erfasst (vgl. Baumert & Kunter, 2006, 2011; Blömeke et al., 2010a, b). Diese Modelle differenzieren analytisch auf der einen Seite Bereiche des professionellen Wissens. Auf der anderen Seite stehen nichtkognitive, motivational-affektive Charakteristika. Letztere werden zumindest grob unterteilt in Überzeugungen bzw. Einstellungen (*beliefs*), Motivation (z.B. Berufswahlmotive bei Lehramtsstudierenden vgl. Blömeke, Buchholtz & Hacke, 2010; Blömeke, Buchholtz & Lehmann, 2010; Enthusiasmus bei berufstätigen Lehrkräften vgl. Kunter, 2011) und Selbstregulation (Handlungskontrolle und Handlungssteuerung). Diese in den Modellen professioneller Kompetenz enthaltenen Facetten werden im Sinne des Kompetenzbegriffs als Voraussetzungen der Lehrkräfte verstanden, um zentrale berufliche Anforderungen erfolgreich bewältigen zu können.

Zusammenhänge und die wechselseitige Bedingtheit der in den generischen Kompetenzmodellen erfassten kognitiven und nicht-kognitiven Facetten wurden bislang in der Forschung jedoch weder theoretisch noch empirisch überprüft (vgl. Zlatkin-Troitschanskaia & Preuße, 2011), obwohl die modellierten Kompetenzfacetten zusammen, so die grundlegende Annahme, „glei-

---

1 Die Darstellung von intrinsischer und extrinsischer Motivation als Gegensatzspaar geht auf eine längere Forschungstradition zurück (vgl. Deci, 1971; Urhahne, 2008), wobei die dichotome Begriffsverwendung speziell bezogen auf die Kategorisierung motivationaler berufwahlrelevanter Faktoren und ihrer Wirkung gebräuchlich ist (Richardson & Watt, 2010). Gleichwohl vermag sie die Komplexität des hier zugrunde liegenden Forschungsfeldes nicht abzubilden, werden bspw. die unterschiedlichen Erklärungsansätze zur intrinsischen Motivation (insbesondere Selbstbestimmungstheorie, Flowtheorie und Interessentheorie) oder aber die verschiedenen Komponenten extrinsischer Motivation (leistungsbezogen, kompetenzbezogen, wettbewerbsbezogen etc.) nicht ausreichend berücksichtigt (vgl. Schiefele, 2009). In vielen Alltagssituationen kann zudem von positiven Einflüssen der intrinsischen *und* extrinsischen Motivation auf das Verhalten ausgegangen werden, die sich einander ergänzen (vgl. Lepper & Henderlong, 2000), was jedoch nicht der Annahme unterschiedlicher Einflüsse im Zuge der allgemeinen Differenzierung der Wirkung intrinsischer und extrinsischer Motivation allgemein gestützt durch entsprechende Befunde und speziell mit Blick auf die Berufswahl Lehramt widerspricht.

chermaßen daran beteiligt [sind], das professionelle Handeln von Lehrkräften zu bestimmen" (Kunter & Klusmann, 2010, S. 207). Stattdessen dominieren Ansätze zur empirischen Erfassung von Wissensaspekten (Fachwissen, fachdidaktisches Wissen, pädagogisches bzw. bildungswissenschaftliches Wissen), die sich auf das unterrichtliche Handeln beziehen.

Die professionelle Handlungskompetenz von Lehrerinnen und Lehrern ist aber gewiss „mehr als eine hinreichende Fundierung in Fachwissen und kognitiven Leistungsdispositionen abzuverlangen. Insbesondere den emotionalen, motivationalen und sozialen Prozessen kommt eine (wachsende) Bedeutung zu" (Zlatkin-Troitschanskaia & Kuhn, 2010, S. 33; vgl. Krapp & Hascher, 2009). Entsprechend werden die fehlenden Forschungsbemühungen, die den „Zusammenhang zwischen Berufswahlmotiven, Persönlichkeitsmerkmalen und Kompetenzentwicklung erfassen", als grundlegendes Desiderat markiert (Zlatkin-Troitschanskaia & Preuße, 2011, S. 262f. Kunter & Klusmann, 2010; Kunter, 2014 in diesem Band).

Bevor auf Zusammenhänge zwischen der Berufswahlmotivation und der Kompetenzentwicklung in der Lehrerbildung und damit auf erste Ansätze zur Bearbeitung des markierten zentralen Forschungsdesiderats in diesem Beitrag ausführlicher eingegangen wird (5.3), werden zunächst im Anschluss an diese Einführung die Theorie der Berufswahl nach Holland (1997) und ihre Anwendung auf den Lehrerberuf sowie das *Fit-Choice*-Modell zur *Berufswahl Lehramt* im zweiten Abschnitt vorgestellt (2.). Anschließend wird in einem dritten Schritt die deutschsprachige und internationale Forschungstradition, ihre Befunde und Implikationen zusammengefasst (3.). Die Bedeutung pädagogischer Erfahrungen für die Berufswahlentscheidung wird eigens im vierten Teil behandelt (4.), bevor in den letzten drei Abschnitten nach der Bedeutung und Wirkung der berufswahlrelevanten Faktoren allgemein (5.1), ihrer Relevanz als Indikatoren riskanter Einstellungen, berufsbezogener Verhaltens- und Erlebensweisen und motivationaler Defizite (5.2) und schließlich ihrer Bedeutung für die Nutzung von Lerngelegenheiten in der Lehrerbildung und die Entwicklung professioneller Handlungskompetenz gefragt wird (5.3). Eine kurze Bilanz der Forschungslage bildet den Abschluss dieses Beitrags (6.).

2. Theorien und Modelle zur Berufswahl Lehrer/Lehrerin

2.1 Berufswahltheorie von Holland

Die Berufswahltheorie von Holland (1997), die sich auch als Kongruenztheorie oder als typologische Berufswahltheorie charakterisieren lässt, gehört zu den einflussreichsten Ansätzen im Kontext der unterschiedlichen Modelle der Berufswahl, die auf Annahmen zur Wechselwirkung von Personen- und Umweltvariablen basieren (vgl. Savickas & Gottfredson, 1999; Bergmann, 1992; Bergmann, 2004). Hollands Überlegungen gehen u.a. von der prinzipiellen Annahme aus, dass Berufsinteressen und die Wahl eines Berufes Ausdruck der *Persönlichkeit* sind (Bergmann, 2004, S. 355). Daran anschließend besagt das erste von vier primären Konzepten bzw. Basisannahmen der Hollandschen Berufswahltheorie, dass der Großteil der Menschen der westlichen Kultur sechs grundlegenden Persönlichkeitstypen bzw. -orientierungen zugeordnet werden kann: dem praktisch-technisch orientierten Typ (*R = Realistic*), dem intellektuell-forschenden Typ (*I = Investigative*), dem künstlerisch-sprachlich orientierten Persönlichkeitstyp (*A = Artistic*), dem sozial orientierten Typ (*S = Social*), der unternehmerisch orientierten Persönlichkeit (*E = Enterprising*) und dem konventionell orientierten Typ (*C = Conventional*) (vgl. Bergmann, 2007, S. 417).

Diesen sechs Persönlichkeitstypen entsprechen, so die zweite Grundannahme, sechs (berufliche) Umwelten (R-I-A-S-E-C), die in gleicher Weise charakterisiert werden, wie die Persönlichkeitstypen und in denen sich überwiegend Personen der jeweils entsprechenden Typen finden. Dies wiederum ist dem dritten primären Konzept zufolge, der Kongruenzannahme, darauf zurückzuführen, dass Menschen sich Umwelten suchen, die ihren Einstellungen, Werten, Fähigkeiten und Fertigkeiten entsprechen oder einfacher: die zu ihnen passen. Das Verhalten der Personen ist schließlich, so die vierte Grundannahme, das Ergebnis der Interaktion zwischen Person und Umwelt: es wird durch das Ausmaß der Passung zwischen Persönlichkeits- und Umweltstruktur bestimmt.

In der revidierten Fassung seiner Theorie geht Holland von dominanten Primärtypen und Subtypen der Persönlichkeit aus. Wird eine Person anhand der sechs unterschiedenen Typen charakterisiert, geschieht dies über einen Drei-Buchstaben-Code, wobei der erste Buchstabe den Typ kennzeichnet, der die höchste Ausprägung bezogen auf die konkrete Person aufweist, gefolgt von den in eine Rangfolge gebrachten Typen, die aufgrund ihrer Ausprägung an zweiter und dritter Stelle liegen (Bsp: S-A-E-Typ).

In dem umfassenden Berufsregister, das Holland vorschlägt (1997, S. 270), werden *„Teacher, Elementary School"*, *„Teacher, Secondary School"* und *„Teacher, Preschool"* mit dem Code *S-A-E* erfasst und als soziale Berufe bezeichnet. Dominant ist die soziale Orientierung: „Personen dieses Typs bevorzugen Tätigkeiten, bei denen sie sich mit anderen in Form von Unterrichten, Lehren, Ausbilden, Versorgen oder Pflegen befassen können. Ihre Stärken liegen im Bereich der zwischenmenschlichen Beziehungen" (Bergmann, 2004, S. 357). Hinzu kommt die künstlerisch-sprachliche Orientierung (A), derzufolge die Personen dieses Typs „unstrukturierte Aktivitäten, die eine künstlerische Selbstdarstellung oder die Schaffung kreativer Produkte ermöglichen" bevorzugen. „Ihre Fähigkeiten liegen vor allem im Bereich von Sprache, Kunst, Musik, Schauspiel und Schriftstellerei" (ebd.). Zuletzt wird der Lehrertyp durch eine unternehmerische Orientierung charakterisiert: „Personen dieses Typs bevorzugen Tätigkeiten und Situationen, bei denen sie andere mit Hilfe der Sprache oder anderer Mittel beeinflussen, zu etwas bringen, führen, auch manipulieren können. Ihre Stärken liegen im Bereich der Führungs- und Überzeugungsqualität" (ebd.).

In deutschsprachigen empirischen Untersuchungen zu den berufsrelevanten Orientierungen und Interessen angehender Lehrkräfte ist das Codemuster *S-A-E* als lehrertypische Orientierung mehrfach bestätigt worden (Abel, 1997, 2008; Foerster, 2008; Eder, 2008). Zusammengefasst ist der Berufswahltheorie von Holland (1997) folgend bei angehenden Lehrkräften eine „für den Lehrerberuf sinnvolle Struktur" (Eder, 2008, S. 278) der Orientierungen zu identifizieren, die mit dem angestrebte Berufsfeld korrespondiert. Die Passung von Persönlichkeits- und Umweltstruktur bezogen auf den Lehrerberuf ist allerdings differenziert nach den gewählten Unterrichtsfächern zu bestimmen.[2] So zeigt sich mit Blick auf die Lehramtsstudierende, die eine allein naturwissenschaftliche Fächerkombination gewählt haben, eine schlechtere Passung zur sozialen Berufsumwelt des Arbeitsplatzes Schule als bei ihren Kommilitonen (vgl. Kaub et al., 2012). Dies geht einher mit einer geringeren Studienzufriedenheit. Demgegenüber sind die Studierenden der geistes- oder sprachwissenschaftlichen Fächer in stärkerem Maße sozial orientiert. Ihr Interessenprofil ist zudem deutlich ausdifferenzierter (ebd.).

---

2 Werden die Fächerorientierungen berücksichtigt, so weisen die angehenden Lehrerinnen und Lehrer in einzelnen Bereichen Abweichungen von dem berichteten vorherrschenden Berufscode auf. In der zum Vergleich in der Studie von Abel (1997) erhobenen Stichprobe von insgesamt n = 166 Studierenden des Lehramts für die Sekundarstufe II, die ebenfalls eine überdurchschnittliche soziale Orientierung aufweisen, zeigt sich differenziert nach den Studienfächern bei den Studierenden des Faches Deutsch beispielsweise, dass die künstlerisch-sprachliche Orientierung dominiert (A-S-E). Auch bei den Studierenden mit dem Studienfach Mathematik dominiert zwar die soziale, an dritter Stelle steht jedoch die intellektuell-forschende Orientierung (S-A-I).

Das berufliche Interesse bzw. die beruflichen Orientierungen können als zentrale Determinanten der Studienfach- und Berufswahl angesehen werden (vgl. Warwas, Watermann, Nagy & Hasselhorn, 2009). Sie können damit als erklärende Variable für die konkrete Wahl eines Studiengangs (Lehramt), der Studienfächer (Unterrichtsfächer) bzw. des angestrebten Berufs (Lehrerberuf) gelten und sind dieser damit vorgelagert. Für eine Beschreibung motivationaler Bedingungsfaktoren für den Studienerfolg sowie für die Kompetenzentwicklung in der berufsbezogenen Ausbildung und anschließenden Tätigkeit bezogen auf einen konkreten Beruf entsprechend der erweiterten Fragestellung des hier in Rede stehenden Forschungsbereichs (vgl. Abschnitt 5.3) ist das typologische Modell von Holland jedoch nicht geeignet, da es insgesamt zu allgemein gefasst ist (vgl. Krapp & Hascher, 2009) und die Repräsentation der gesamten Berufslandschaft beinhaltet (Assouline & Meir, 1987; Dyer, 1987; Nagy, 2006; Warwas, Watermann, Nagy & Hasselhorn, 2009).

2.2 Factors influencing teaching as a career choice-Modell

Im Gegensatz zur allgemeinen Berufswahltheorie von Holland (1997) haben Richardson und Watt (2005, 2006, Watt & Richardson 2007, 2008) ein Modell der Faktoren, die im Speziellen die *Berufswahl Lehramt* beeinflussen, auf der Basis der Grundannahmen einer Erwartungs-Wert-Theorie und der internationalen Befunde der empirischen Forschung zu den Berufswahlmotiven von angehenden Lehrkräften vorgelegt und überprüft (vgl. Abb. 1). Die Hauptkomponenten des Modells sind die selbst eingeschätzte individuelle Fähigkeit (bezogen auf den Lehrerberuf), die individuellen Werte sowie die Einschätzung der Anforderungen des Berufs, die antizipierten Vorteile und die Entlohnung. Hinzu kommen äußere Einflüsse und Vorerfahrungen. Die Einschätzung der Anforderungen des Berufs (*task demands*; Einschätzung der Höhe der Arbeitsbelastung und emotionalen Beanspruchung; Einschätzung der Bedeutung der berufsbezogenen Expertise und des notwendigen Wissens) werden im Modell wie dem entsprechenden Erhebungsinstrumentarium ebenso erfasst wie Aspekte, die der Lehrerberuf bietet (*task return*), die Einschätzung der eigenen Fähigkeit zu unterrichten und als Lehrer zu arbeiten (*perceived teaching ability*), der intrinsische Wert (*intrinsic career value*; Bsp.: *„I have always wanted to be a teacher“*), die Einschätzung der Bedeutung persönlicher Vorteile, die mit dem Beruf einhergehen (*personal utility value*; Besipiel-Item: *„Teaching will be a secure job“*), die Einschätzung der Bedeutung des sozialen Engagements im Lehrerberuf für die Berufswahl (*social utility value*) sowie die Frage, ob die Berufswahl eines Lehramts eine Verlegenheitslösung mangels Alternativen oder persönlichen Zutrauens darstellt (*fallback career*). Hinzu kommen als weitere Faktoren der Berufswahl Lehramt frühere Lehr- und Lern- bzw. Unterrichtserfahrungen sowie soziale Einflüsse (vgl. Beltman & Wosnitza, 2008), die die Entscheidung für die Wahl des Lehrerberufs positiv oder negativ beeinflusst haben. Die Bedeutung sozialer Einflüsse hat sich insbesondere in der qualitativen Längsschnittstudie von Schutz, Crowder & White (2001) als bedeutsam erwiesen. Unter den maßgeblichen Einflussfaktoren auf den Wunsch, Lehrer bzw. Lehrerin zu werden, konnten hier familiäre Einflüsse, Einflüsse von Lehrkräften, Einflüsse von *peers* und Lehrerfahrungen erfasst werden.

Im Anschluss an die Erwartungs-Wert-Modelle (vgl. Wigfield & Eccles, 2000; Eccles & Wigfield, 2002; Urhahne, 2009; Schiefele, 2009) wird mit dem Fit-Choice Fragebogen zusammengefasst im Anschluss an das Modell zum einen erhoben, wie diejenigen, die ein Lehramt anstreben, die Bedeutung und Konsequenzen einer Entscheidung für den Beruf einschätzen. Zum anderen wird erfasst, wie sie die eigenen Fähigkeiten und Fertigkeiten bezogen auf die zur Wahl stehende Berufstätigkeit bewerten und darüber hinaus, wie sie allgemein die Anforderungen bzw. Herausforderungen der Berufstätigkeit beurteilen. Die Berufswahl Lehramt wird damit als ein subjektiver rationaler Abwägungsprozess verstanden, in dem Erfolgserwartungen und der subjektive Wert der Entscheidungsalternativen kombiniert werden. Antizipierte Nutzen- und Kostenaspekte spielen in die Bewertung des Wertes dabei hinein (vgl. Neugebauer, 2013).

Eccles und Wigfield (2002) selbst unterscheiden vier Komponenten in ihrer Wert-Erwartungstheorie der Leistungsmotivation, die sich in ähnlicher Weise in der Fit-Choice-Skala zur Erfassung der Berufswahlmotivation für das Lehramt finden: (1.) der Zielerreichungswert (= Wichtigkeit; in welchem Maße entspricht die Aufgabe, die Handlungs- bzw. die Entscheidungsalternative – hier die Berufswahl – den eigenen Bedürfnissen und Wertvorstellungen?), (2.) der intrinsische Wert (Fit-Choice: *intrinsic career value*), (3.) die Nützlichkeit (= Bedeutung für das Erreichen zukünftiger Ziele) und (4.) die wahrgenommenen Kosten (= wahrgenommene negative Aspekte) (vgl. Urhahne, 2008), wobei positiv gewendet in der Fit-Skala eher der wahrgenommene Nutzen erfasst wird (*Social Status, Salary*) und die antizipierten Kosten über die Einschätzung der Herausforderungen bzw. Anforderungen berücksichtigt werden (*expert career, high demand*).

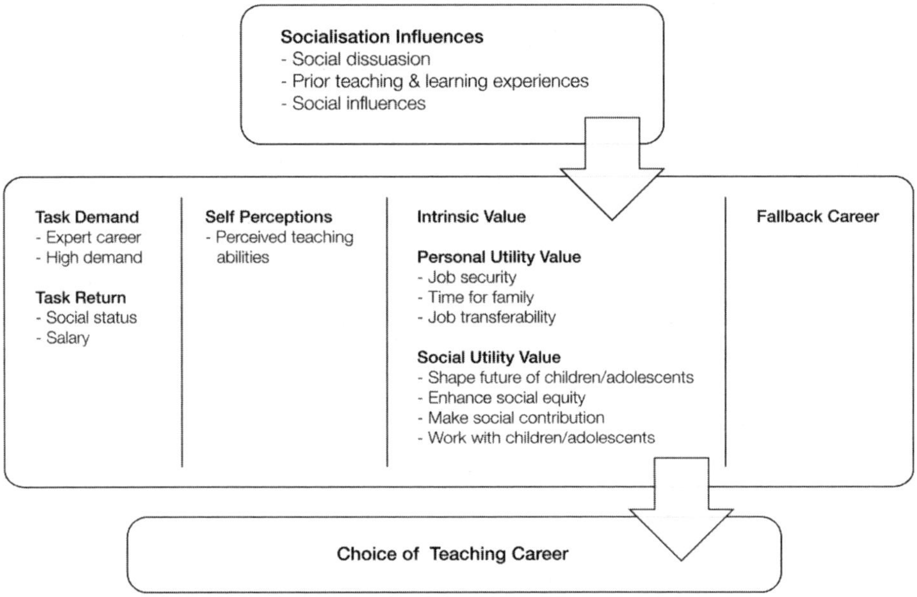

Abbildung 1: Das Fit-Choice-Modell (Quelle: Watt & Richardson, 2010, S. 151)

Ebenfalls basierend auf dem Erwartungs-Wert-Modell bietet im deutschsprachigen Raum der *Fragebogen zur Erfassung der Motivation für die Wahl des Lehramtsstudiums* (FEMOLA) (Pohlmann & Möller, 2010) ebenfalls ein valides, erprobtes Instrumentarium zur Erfassung der Berufswahlmotivation von Lehramtsstudierenden. Die Nutzung dieses Fragebogens konzentriert sich bislang auf den deutschen Sprachraum (vgl. u.a. Bauer et al., 2010; Künsting & Lipowsky, 2011; Retelsdorf & Möller, 2012). Da die mangelnde internationale Anschlussfähigkeit der Aktivitäten und Befunde der empirischen Forschung zum Lehrerberuf in Deutschland nach wie vor beklagt wird (vgl. Zlatkin-Troitschanskaia & Kuhn, 2010; Zlatkin-Troitschanskaia & Preuße, 2011), bietet die Fit-Skala u.a. für den Einsatz im direkten internationalen Vergleich (vgl. König

& Rothland, 2012; Watt & Richardson, 2012) ein größeres Potential, zumal sich das Instrument bereits in einer vergleichenden Studie mit Studierenden des Lehramts aus Australien, den USA, Deutschland und Norwegen in seiner Struktur und Konsistenz bewährt hat (Watt et al., 2012). König und Rothland (2012; vgl. König et al., 2013) konnten schließlich die Faktorenstruktur der Fit-Choice-Skalen unter Verwendung der bei Watt et al. (2012) veröffentlichten deutschen Übersetzung auf der Basis von zwei großen deutschsprachigen Stichproben (n = 1287 deutsche Lehramtsstudierende; n = 6601 Lehramtsstudierende aus Deutschland, Österreich und der Schweiz) replizieren.

3. Berufswahlmotive von Lehramtsstudierenden: Befunde

Im deutschen Sprachraum liegt eine Vielzahl empirischer Untersuchungen vor, die auf der Basis etlicher, meist kleinerer, lokaler Gelegenheitsstichproben sowie unter Verwendung verschiedener methodischer Vorgehensweisen und Erhebungsinstrumentarien die Berufswahlmotive der (angehenden) Lehrerinnen und Lehrer erfasst haben. In diesen Untersuchungen werden die beruflichen Orientierungen und Berufswahlmotive sowohl prospektiv bei Schülerinnen und Schülern i.d.R. kurz vor dem Abschluss (Abitur oder Matura) als auch retrospektiv bei Lehramtsstudierenden, Referendaren sowie berufstätigen Lehrerinnen und Lehrern über Selbstauskünfte erhoben, wobei die letztgenannten Retrospektivdaten mit Blick auf ihre Aussagekraft kritisiert werden. In der Untersuchung von Martin und Steffgen (2002) konnten indes keine systematischen, von der Berufserfahrung abhängigen Verzerrungstrends der Berufswahlmotive festgestellt werden. Überdies erweist sich die Motivstruktur in Kohorten mit unterschiedlich langer Berufserfahrung als stabil (Herzog et al., 2007).

Die folgenden tabellarischen Übersichten 2 und 3 vermitteln einen Eindruck von der Vielzahl der in Einzeluntersuchungen erfassten Berufswahlmotive (vgl. auch Rauin & Römer, 2010); sie repräsentieren gleichwohl lediglich einen *Ausschnitt* der insgesamt breiteren Forschungslage.

Trotz unterschiedlicher Anlagen der einzelnen Studien (offene und geschlossene Verfahren, prospektiv oder retrospektiv) entsprechen sich die Befunde zum Hauptmotiv für die Wahl des Lehrerberufs im Wesentlichen: Das Interesse bzw. die Freude an der Zusammenarbeit mit Kindern und Jugendlichen ist der am häufigsten genannte Grund in der Mehrzahl der Untersuchungen. Generell dominieren die intrinsischen und hier insbesondere personen- und beziehungsorientierte Motive.

Zu vergleichbaren Ergebnissen gelangt die auch international traditionsreiche Erfassung von Berufswahlmotiven angehender Lehrkräfte. So konnten Brookhart und Freeman (1992) in einem *review-article*, in dem 44 Studien aus den Jahren 1960 bis 1990 berücksichtigt wurden, zusammenfassend festhalten, dass Lehramtsstudierende eine insgesamt konsistente Motivlage aufweisen: Sie sind altruistisch motiviert, verfolgen service-orientierte Ziele und weitere intrinsische Motive. Zudem erweist sich in den berücksichtigten Studien ebenfalls der Wunsch, mit Kindern und Jugendlichen zusammen zu arbeiten, als dominant (vgl. Brookhart & Freeman 1992; Richardson & Watt, 2010; Rots, Aelterman, Devos, & Vlerik, 2010; Thomson, Turner, & Nietfeld, 2012; Moran, Kilpatrick, Abbott, Dallatt & McClune, 2001; Sinclair, 2008). Gleiches gilt für Untersuchungen aus dem europäischen Ausland, in denen die als intrinsische oder altruistische Motivation erfasste Orientierung an der Arbeit mit Kindern und Jugendlichen für die Berufswahlmotivation von großer Bedeutung ist (vgl. u.a. Krecic & Grmek, 2005; Fokkens-Bruinsma & Canrinus, 2012; Jugović, Marušić, Ivanec & Vidović, 2012). Lediglich im Vergleich von Lehramtsstudierenden aus Industrie- und Entwicklungsländern zeigt sich, dass die Dominanz von

Tabelle 2: Übersicht ausgewählter deutschsprachiger Einzeluntersuchungen

Autor/en	Stichprobe		Format	Zahl der erfassten Motive
Baus, Jacoby & Uhl, 1977	n = 205	Lehramtsstudierende PH des Saarlandes	Offene Befragung: „Warum haben Sie sich trotz der relativ schlechten Aussichten auf eine Anstellung dazu entschlossen, das Studium jetzt hier zu beginnen?"	6 Kategorien
Oesterreich, 1987	n = 257	Absolventen der Pädagogischen Hochschule Berlin (Herbst 1978)	Geschlossenes Verfahren / Motivkatalog	Skala mit 16 Berufswahlmotiven
Willer, 1993	n = 165	Lehramtsstudierende für die Grund- und Hauptschulen an den Pädagogischen Hochschulen Schwäbisch-Gmünd und Ludwigsburg	Persönliche, teilstandardisierte Interviews, in deren Rahmen den Probanden eine Liste mit 22 Berufswahlmotiven vorgelegt wurde	Skala mit 22 Berufswahlmotiven
Terhart et al., 1994	n = 514	Lehrkräfte aus Niedersachsen – retrospektiv	Geschlossenes Verfahren / Motivkatalog	13 Items
Flach, Lück & Preuss 1995	n = 458	Lehramtsstudierende Potsdam (DDR)	Geschlossenes Verfahren / Motivkatalog	12 Items
Ulich, 2004	n = 785	Lehramtsstudierende der Universitäten Dresden, Frankfurt, Lüneburg, München und Ulm sowie der Pädagogischen Akademie Linz	Offene Befragung: Vorgedruckten Satzanfang fortführen „Ich will Lehrer/in werden, weil ...	2472 Motivangaben, in 10 Kategorien geordnet
Eberle & Polack, 2006	n = 1067	Lehramtsstudierende der Universität Passau	Geschlossenes Verfahren / Motivkatalog Skalierung: 0 = unwichtig, 4 = sehr wichtig	32 Items, zusammengefasst zu 8 Faktoren
Herzog et al., 2007	n = 2025	Primarlehrkräfte im Kanton Bern (retrospektive Erfassung der Studien- und Berufswahlmotive	Geschlossenes Verfahren / Motivkatalog Skala von 1 = „trifft gar nicht zu" bis 4 = „trifft völlig zu"	5 Skalen mit insgesamt 21 Items und zwei offenen Antwortmöglichkeiten
Foerster, 2008	n = 304	Studierende des Lehramts für die Primarstufe an der Universität Bamberg	Geschlossenes Verfahren / Motivkatalog Skala von 0 = völlig unwichtig bis 3 = sehr wichtig	Skala mit 19 Gründen für die Wahl des Lehrerberufs nach Mayr
Nieskens, 2009	n = 310, davon n = 85, die den Berufswunsch Lehramt bejahen	Schüler an niedersächsichen Gymnasien der Stufen 11, 12, 13	Offene Befragung: „Nennen Sie spontan die wichtigsten Gründe für Ihr Interesse am Lehramt".	Zusammenfassung der insgesamt 169 Motivangaben zu 10 Berufswahlmotiven

Tabelle 3: Erfasste Berufswahlmotive ausgewählter deutschsprachiger Einzeluntersuchungen

	Baus/Jacoby/Uhl 1977	Österreich 1987	Willer 1993	Terhart u.a. 1994	Flach/Lück/Preuss 1995
1	Kategorie III: Auf sich selbst bezogene und zugleich berufsbezogene Wünsche (34 %)	Weil ich gern mit Kindern und Jugendlichen zusammen bin. (197 Nennungen)	Mit Kindern und Jugendlichen arbeiten wollen (77 %)	Weil ich gerne mit Kindern und Jugendlichen arbeiten wollte.	Interesse an der Entwicklung und Formung der Persönlichkeit der Kinder und Jugendlichen (66 %)
2	Kategorie I: Berufswahlmotive materieller Art (29 %)	Weil man als Lehrer eine wichtige gesellschaftliche Aufgabe hat (152 Nennungen)	Verwirklichung von Interessen und Fähigkeiten (73,3 %)	Weil ich die Tätigkeit für abwechslungsreich und vielseitig hielt.	Interesse an beiden Studienfächern (64 %)
3	Kategorie VI: Sonstige Gründe	Weil die Tätigkeit als Lehrer interessant, vielseitig und abwechslungsreich ist (133 Nennungen)	Abwechslungsreiche Tätigkeit (69,7 %)	Weil ich gerne das Wissen in meinen Fächern weitergeben wollte.	Interesse an der Vermittlung von Wissen (38 %)
4	Kategorie II: Vorwiegend auf sich selbst bezogene Motive (11 %)	Weil ich gerne Wissen in meinem Wahlfach vermitteln möchte (95 Nennungen)	Eigenständiges Arbeiten (63 %)	Weil ich glaubte, man sei als Lehrer bzw. Lehrerin in der konkreten beruflichen Arbeit weitgehend autonom.	Einsicht in die gesellschaftliche Bedeutung des Lehrerberufs (21 %)
5	Kategorie IV: Vorhandene Begabungen und Fähigkeiten (9 %)	Weil ich in meiner Schulzeit schlechte Erfahrungen gemacht habe und es besser machen möchte (85 Nennungen)	Erzieherische Tätigkeit (55,2 %)	Weil ich glaubte, in diesem Beruf familiäre und berufliche Aufgaben gut miteinander verbinden zu können.	Interesse an psychologischen Problemen und Fragestellungen (19 %)
6	Kategorie V: Einstellung auf die spätere Berufsaufgabe (4 %)	Weil man als Lehrer gut berufliche und politische Arbeit verbinden kann (85 Nennungen)	Fachinteresse (45 %)	Weil der Lehrerberuf schon immer mein Traumberuf gewesen ist.	Allgemeiner Wunsch nach akademischer Ausbildung (14 %)
7		Weil man als Lehrer gut berufliche und familiäre Aufgaben verbinden kann (66 Nennungen)	Vereinbarkeit von Familie und Beruf (43 %)	Weil ich dachte, man habe eine wichtige gesellschaftliche Aufgabe.	Streben nach gesichertem Berufsweg (13 %)
8		Weil ich schon immer gerne Lehrer werden wollte (52 Nennungen)	Viel Freizeit (18,8 %)	Weil ich den guten Lehrerinnen und Lehrern, die ich gehabt habe, nacheifern wollte.	Günstige Lage der Hochschule (12 %)
9		Weil man in diesem Beruf relativ viel Freiheit hat (49 Nennungen)	Wollte schon immer Lehrer werden (16,4 %)	Weil mich die Vorteile des Beamtenstatus angezogen haben.	Im Lehrerstudium ist das Studienziel leichter zu erreichen (6 %)
10		Weil ich sympathische Lehrer kenne und es ähnlich machen möchte (48 Nennungen)	Etwas gesellschaftlich verändern wollen (14,6 %)	Weil ich dachte, dass man als Lehrer bzw. Lehrerin viel Freizeit habe.	Realisierung des 2. Studienwunsches (6 %)
11		Weil ich als Lehrer viel Freizeit habe (42 Nennungen)	Hobby zum Beruf machen wollen	Weil ich schlechte Erfahrungen in der Schule gemacht habe und es nun besser machen wollte.	Berücksichtigung des Wunsches der Eltern (4 %)
12		Weil man im Lehrerstudium eine vielseitige Allgemeinbildung erhält (27 Nennungen)	Vorläufig die beste Entscheidung, Wechsel möglich (12,7 %)	Weil ich glaubte, die Ausbildung sei relativ kurz.	Im Lehrerstudium ist ein Studienplatz leichter zu bekommen (3 %)
13		Weil mich die gute Bezahlung und die Sicherheit als Beamter anziehen (22 Nennungen)	Vorbilder (12,2 %)	Weil ich mir ein anderes Studium nicht zugetraut habe.	
14		Weil mir nichts anderes eingefallen ist (16 Nennungen)	Sicherer Arbeitsplatz (10,3 %)		
15		Weil ich mir ein anderes Studium nicht zugetraut habe (14 Nennungen)	Kurze Ausbildung (9,7 %)		
16		Weil die Ausbildung relativ kurz ist (12 Nennungen)	Keine Chance im ursprünglich angestrebten Beruf (8,5 %)		
17			Guter Verdienst (5,5 %)		
18			Kommt den Fähigkeiten und Fertigkeiten meines Geschlechts sehr entgegen		
19			Studium an der Universität zu schwer (3,6 %)		
20			Gute Aufstiegsmöglichkeiten		
21			Angesehene Stellung in der Gesellschaft		
22			Empfehlung durch die Berufsberatung		

	Ulich 2004	Eberle/Pollack 2006	Herzog u.a. 2007	Foerster 2008	Nieskens 2009
1	Arbeit mit Kindern und Jugendlichen (45 %)	Adressatenbezogene und pädagogische Motivation (Faktor 1, AM = 3.06)	Freude an Kindern und Jugendlichen (AM = 3.58)	Freude am Zusammensein mit Kindern (AM = 2.86)	Mit Kindern, Menschen zu arbeiten (29,6 %)
2	tätigkeitsbezogene Motive, z.B. abwechslungsreiche, interessante Arbeit (12 %)	Berufliche Gestaltungsmöglichkeiten und Herausforderungen (Faktor 3, AM = 3.03)	Zusammenarbeit mit anderen Menschen (AM = 3.45)	Positive Erfahrungen in der Betreuung von Kindern (AM = 2.73)	Wissen vermitteln, anderen etwas beibringen wollen (25,4 %)
3	eigene Erfahrungen – jeweils positiv/negativ – mit Kindern, Schule, Lehrern, Eltern als Lehrer und Praktika (10 %)	Schule verbessern und Schüler fördern (Faktor 6, AM = 2.77)	Abwechslungsreichtum der Aufgaben (AM = 3.39)	Interesse am Unterrichten (AM = 2.72)	Beamtenstatus, Ferien, Verdienst (18,9 %)
4	die Antizipation positiver Folgen für die eigene Person, z.B. Lebensfreude durch Kinder (7 %)	Interesse an und Fähigkeiten in Studien- und Unterrichtsfächern (Faktor 4, AM = 2.63)	Freiheit in der Gestaltung der eigenen Arbeit (AM = 3.39)	Interesse am Erziehen (AM = 2.70)	Vorteile des Berufs wie Zeiteinteilung, Abwechslung, Lernen können (8,3 %)
5	extrinsische Motive: Einteilung der Arbeitszeit, lange Ferien, Beamtenstatus/ Arbeitsplatzsicherheit, gutes Gehalt (7 %)	Vorbilder und positive Erinnerungen (Faktor 7, AM = 2.35)	Gute Allgemeinbildung (AM = 3.34)	Vielseitigkeit des Lehrerberufs (AM = 2.61)	Interesse am Beruf, am Fach (7,1 %)
6	Vereinbarkeit von Familie und Beruf (5 %)	Berufliche Rahmenbedingungen (Faktor 2, AM = 2.19)	Möglichkeit, weiter in die Schule zu gehen (AM = 2.62)	Eigene pädagogische Fähigkeiten (AM = 2.61)	Noten geben, Disziplin (3,0 %)
7	inhaltliche bzw. fachbezogene Interessen (5 %)	Keine Alternative und niedrige Studienanforderungen (Faktor 5, AM = .98)	Gute Fachausbildung (AM = 3.24)	Positive Erfahrungen in der Begleitung von Lernprozessen (AM = 2.28)	Wegen eigener positiver Erfahrungen mit Kindern (2,4 %)
8	die subjektive Kompetenz bzw. Eignung für den Beruf (4 %)	Einfluss anderer (Faktor 8, AM = .80)	Interesse an Unterrichtsfächern (AM = 3.21)	Interesse an den Studieninhalten (AM = 2.27)	pädagogisch sinnvoll arbeiten wollen (2,4 %)
9	die subjektive Berufung oder „Traumberuf" (3 %)		Musisch-kreative Tätigkeiten im Lehrerberuf (AM = 3.10)	Studium als persönlich bereichernde Erfahrung (AM = 2.19)	macht Spaß, bereitet Freude (1,2 %)
10	gesellschaftsbezogene Motive, z.B. gesellschaftlich wichtiger Beruf (1 %)		Interesse für musisch-kreative Ausbildung (AM = 3.08)	Eigene Fähigkeiten in den gewählten Fächern (AM = 2.10)	Eltern sind Lehrer/ eigene Lehrer als Vorbild (1,2 %)
11			Lernprozesse in Gang setzen und Begleiten (AM = 3.06)	Sicherheit des Arbeitsplatzes (AM = 1.98)	
12			Gute Weiterbildungsmöglichkeiten(AM = 2.68)	Günstige Arbeitszeitregelungen (AM = 1.81)	
13			Beitrag zur Verbesserung der Gesellschaft (AM = 2.51)	Möglichkeit zur Arbeit in der Nähe des Wohnorts (AM = 1.63)	
14			Zugang zu weiteren Ausbildungen (AM = 2.38)	Nützlichkeit der Studieninhalte über den Lehrerberuf hinaus (AM = 1.51)	
15			Vereinbarkeit von Familie und Beruf (AM = 2.25)	Ansehen des Lehrerebrufs (AM = 1.32)	
16			Guter Lohn (AM = 2.19)	Relativ kurze Studiendauer (AM = 1.09)	
17			Ferien (AM = 2.16)	Fehlendes Interesse an anderen Studienrichtungen (AM = 1.01)	
18			Guter gesellschaftlicher Status (AM = 2.03)	Nähe des Studienortes zum Wohnort (AM = 1.01	
19			Nicht für einen Beruf entscheiden können (AM = 1.67)	Studium nicht allzu schwierig (AM = 0.94)	
20			Kürzeste Möglichkeit, Beruf zu erwerben (AM = 1.43)		
21			Prüfung für andere Ausbildung nicht geschafft (AM = 1.11)		

intrinsischen, altruistischen oder sozialen Motiven allein für die Industrienationen gilt, wohingegen in den Entwicklungsländern die sog. extrinsischen Motive (Einkommen, Arbeitsplatzsicherheit, Status und Ansehen) bedeutsamer sind (vgl. Bastick, 2000).

Blickt man über das Hauptmotiv für die Berufswahl Lehramt hinaus auf die weiteren, in den unterschiedlich langen Rangreihen der Einzeluntersuchungen aufgeführten Berufswahlmotive der (angehenden) Lehrkräfte wie etwa auf das Motiv der Wissensvermittlung, das Interesse an den Fächern oder den Wunsch nach einer vielseitigen, interessanten und abwechslungsreichen Tätigkeit, um nur einige wenige Beispiele zu nennen, so variieren die Befunde von Studie zu Studie zum Teil erheblich. Insbesondere die Bedeutungsanteile *extrinsischer Motive* weisen beträchtliche Unterschiede auf, also bspw. die Vereinbarkeit von Familie und Beruf, die Studiengangsdauer oder die Arbeits- und Ferienzeiten, die allesamt jedoch vergleichsweise seltener genannt werden.

Die Forschungsergebnisse zur Bedeutung geschlechtsspezifischer Differenzen oder des Einflusses der anvisierten oder studierten Lehrämter auf die Motivstruktur ist ebenfalls nicht immer eindeutig, wenngleich übereinstimmende Trends zu identifizieren sind. So dominiert das Motiv der Freude an der Arbeit mit Kindern und Jugendlichen bei den angehenden Lehrerinnen deutlicher, während die Männer in einzelnen Studien eher ein breiteres oder ausgewogeneres Motivspektrum aufweisen (vgl. Krieger, 2002; Herzog et al., 2007). Die Vereinbarkeit von Familie und Beruf ist vor allem ein Berufswahlmotiv der Frauen, während die männlichen Berufsanwärter ihm eine erkennbar geringere Bedeutung zumessen (vgl. Treptow, 2006).

Im Vergleich der Studierenden des Lehramts, differenziert nach den unterschiedlichen Schulformen, weisen Untersuchungen darauf hin, dass die angehenden Gymnasiallehrkräfte das Motiv „Wissen vermitteln“ sowie das inhaltliche Interesse an den Fächern als Berufswahlmotiv häufiger angeben als ihre Kommilitonen, die das Lehramt an Grund-, Haupt- und Realschulen anstreben (Terhart et al., 1994; Ulich, 2004). Die eigene fachliche Orientierung und Entwicklung erhält in einzelnen Untersuchungen als *Hauptmotiv* für die Studien- bzw. Berufswahl unter angehenden Gymnasiallehrkräften die größte Zustimmung (vgl. Gröschner & Schmitt, 2008; Eberle & Pollack, 2006).[3] Insgesamt erweisen sich „lehramtsspezifische Motivationsmaße als prädiktiv für die Wahl eines bestimmten Lehramts“, wobei insbesondere die intrinsischen Motive Effekte zeigen (Retelfsdorf & Möller, 2012, S. 15). In Abhängigkeit von der Ausprägung der Studienwahlmotive zeigt sich, dass mit einem ausgeprägteren pädagogischen Interesse die Wahrscheinlichkeit der Wahl des Lehramts für die Grundschule und die Sekundarstufe I steigt. Ein höheres fachliches Interesse verringert in Übereinstimmung mit den zuvor berichteten Befunden die Wahrscheinlichkeit der Wahl dieser beiden Lehrämter (vgl. Retelfsdorf & Möller, 2012; Neugebauer, 2013). Das Motiv der finanziellen Nützlichkeit erhöht ebenfalls die Wahrscheinlichkeit

3 Eine Differenzierung der Berufswahlmotivation von Studierenden unterschiedlicher Unterrichtsfächer wird in der Forschung zum Lehrerberuf ebenfalls vorgenommen (vgl. u.a. Urhahne, 2006; Grosser & Rosenberger, 2008; Weiß, Braune & Kiel, 2010a, b; Weiß, Braune, Steinherr & Kiel, 2010; Weiß & Kiel, 2010a, b; Saalfrank, Weiß, Brune & Kiel, 2011). Problematisch erscheint an dieser Zugangsweise unter der vorherrschenden Berücksichtigung eines Faches, dass die Lehramtsstudierenden immer zwei oder gar drei Unterrichtsfächer studieren und damit im Grunde nicht die Berufswahlmotivation *der* Deutsch-, Englisch- oder Mathematiklehrer erfasst werden kann. Eine Gruppierung nach Fächergruppen (beide Unterrichtsfächer aus dem Bereich Naturwissenschaft, Sprachen oder Geisteswissenschaften, vgl. Kaub et al. (2012) erscheint hier weiterführender. Alternativ wären die Lehrkräfte eines gemeinsamen Unterrichtsfaches (bspw. Deutsch) in Abhängigkeit von der Zugehörigkeit des Zweitfaches zu einer der übergeordneten Fächergruppen zu differenzieren (im Sinne von Deutsch + geisteswissenschaftliches Fach, Deutsch + sprachliches Fach, Deutsch + naturwissenschaftliches Fach).

der Wahl eines Gymnasiallehramts an Stelle des Grundschullehramts (vgl. Retelsdorf & Möller, 2012, S. 15).

Wie bereits dargestellt wurde, sind die Befunde zu den Berufswahlmotiven angehender Lehrkräfte alles in allem nicht so eindeutig, wie es das allseits dominierende Hauptmotiv suggeriert. Die Varianz der Motivkonstellationen ist dabei jedoch weniger auf die Stichprobenzusammensetzungen (Geschlechterverteilung, Lehrämter für die unterschiedlichen Schulformen), sondern zu einem erheblichen Teil auf die unterschiedlichen Erhebungsinstrumente zurückzuführen. Denn die Mehrzahl der Untersuchungen erfasst die Berufswahlmotive in geschlossenen Verfahren über unterschiedlich umfangreiche Skalen, die verschiedene Motive vorgeben (i.d.R. sind Mehrfachnennungen möglich). Unterschiede zwischen den Untersuchungen kommen somit dadurch zustande, dass einzelne Motive in den jeweiligen Studien zur Wahl gestellt werden, andere nicht (vgl. Tab. 3).

Das Problem einer mehr oder weniger starken *Vorabselektion der Motivkategorien* erhält über die in den Einzeluntersuchungen erfassten oder nicht erhobenen Items hinaus Gewicht, wenn, wie in der Studie von Rauin und Meier (2007), die Gefahr einer Beeinflussung der im Ergebnis zu erfassenden gesamten Motivlage besteht: In dieser Studie wurden die „*Studien- und Berufswahlmotive* [...] mit insgesamt vier selbst entwickelten Skalen abgebildet. (1) Lehrerstudium als Notlösung [...]; (2) pragmatische Gründe (z.B. „Für meine berufliche Zukunft ist es mir wichtig, ein geregeltes Einkommen zu besitzen."); (3) pädagogisches Berufswahlmotiv (z.B. „Für meine berufliche Zukunft ist es mir wichtig, mit Kindern oder Jugendlichen zu arbeiten."); (4) hedonistisches Studien- und Berufswahlmotiv („z.B. „Das PH-Studium erschien mir vergleichsweise leicht zu bewältigen" [...]" (Rauin & Meier, 2007, S. 110). Im Vergleich mit den Motivkomplexen, die üblicherweise in der Forschung zur Berufsmotivation von angehenden Lehrkräften erfasst werden und im Gegensatz zu den faktisch verbreitet anzutreffenden Studien- bzw. Berufswahlmotiven der Lehramtsstudierenden zeigt sich in der Untersuchung von Rauin & Meier (2007), dass den Probanden mit den vier gebildeten Skalen bereits eine in der Tendenz eher negativ zu bewerten Motivlage zuzuschreiben ist. Lediglich die pädagogischen Motive können unter den vier Skalen als positiv bzw. wünschenswert für angehende Lehrkräfte angesehen werden, eine hohe Ausprägung der sog. pragmatischen, erst recht der hedonistischen Motive sowie der Skala Berufswahl als Notlösung ist hingegen als negativ zu bewerten. In diesem Fall erscheint es nicht unwahrscheinlich, dass durch das begrenzte und in seiner Gesamttendenz negative Spektrum der Antwortmöglichkeiten das Antwortverhalten beeinflusst wird – mit erwartbar negativem Ergebnis im Sinne einer ungünstige Motivlage. Rauin und Römer (2010) kritisieren dagegen, dass intrinsische Motive im Rahmen quantitativer Untersuchungen zur Berufswahl Lehramt mit geschlossenen Antwortformaten dominieren oder aber zu stark gewichtet würden und damit umgekehrt eine Dominanz intrinsisch motivierter Lehramtsstudierender erzeugt werde (Rauin & Römer, 2010, S. 248). Hedonistische Motive würde dagegen beispielsweise nur sehr selten genutzt. Ob allerdings diesem hier gezeichneten Problem begegnet werden kann, in dem umgekehrt Skalen genutzt werden, die mehrheitlich extrinsische, hedonistische oder allgemein als ungünstig zu bewertende Motivskalen nutzen, erscheint diskussionswürdig.

Die Forschung zur Berufswahlmotivation von (angehenden) Lehrerinnen und Lehrern weist trotz der unterschiedlichen methodischen Vorgehensweisen national wie international nicht nur zumindest mit Blick auf die dominierenden Motive eine einheitliche Befundlage, sondern auch dieselben Defizite und die damit verbundenen Einschränkungen auf. So basieren national wie international Untersuchungen verbreitet auf lokalen, nichtrepräsentativen Gelegenheitsstichproben, die häufig an einzelnen Universitäten erhoben werden und somit – wenn überhaupt – eher explorativen Charakter haben (Watt & Richardson, 2007). Die zahlreichen Studien stehen zudem weitgehend unverbunden nebeneinander und ihre Befunde können aufgrund der verwendeten unterschiedlichen Motivskalen nur bedingt miteinander verglichen oder gar zu einem Gesamtergebnis zusammengefasst werden. Es fehlt sowohl an einem gemeinsamen, theoretisch fundierten Bezugsrahmen als auch an einem empirisch überprüften Erhebungsinstrumentarium, das institutionsübergreifende und international vergleichende Betrachtungen zulässt.

Die Konzeption des Fit-Choice-Modells (Richardson & Watt, 2006, Watt & Richardson, 2007) bietet gegenwärtig einen solchen Bezugsrahmen mit einem entsprechend international elaborierten Erhebungsinstrument (vgl. Abschnitt 2.2). Um die skizzierten Defizite bisheriger Forschung und Desiderate zu bearbeiten, wurden auf der Basis einer unter bestimmten Einschränkungen als repräsentativ geltenden Stichprobe von Lehramtsstudierenden in der EMW-Studie (Entwicklung von berufsspezifischer Motivation und pädagogischem Wissen in der Lehrerausbildung) die berufswahlrelevanten Faktoren zu Beginn der Lehrerbildung bei n = 6.601 Studierenden in Deutschland, Österreich und der Schweiz mittels der deutschen Version der Fit-Choice-Skalen erfasst (vgl. König et al., 2013; König & Rothland, 2013a, b). Im Ergebnis dominieren in allen drei Ländern die intrinsischen Motive (vor allem Faktoren 9 und 1, vgl. Abb. 2). Zustimmung finden jedoch auch extrinsische Motive (vor allem Faktor 4, vgl. Abb. 2), während das Motiv der Verlegenheitslösung (Faktor 3) die geringste Zustimmung erfährt. Hinsichtlich möglicher Länderunterschiede fällt auf, dass sich die Ländermittelwerte zwar zum Teil statistisch signifikant unterscheiden, in annähernd allen Fällen aber praktisch nicht bedeutsam ($\eta^2 < .01$) sind.

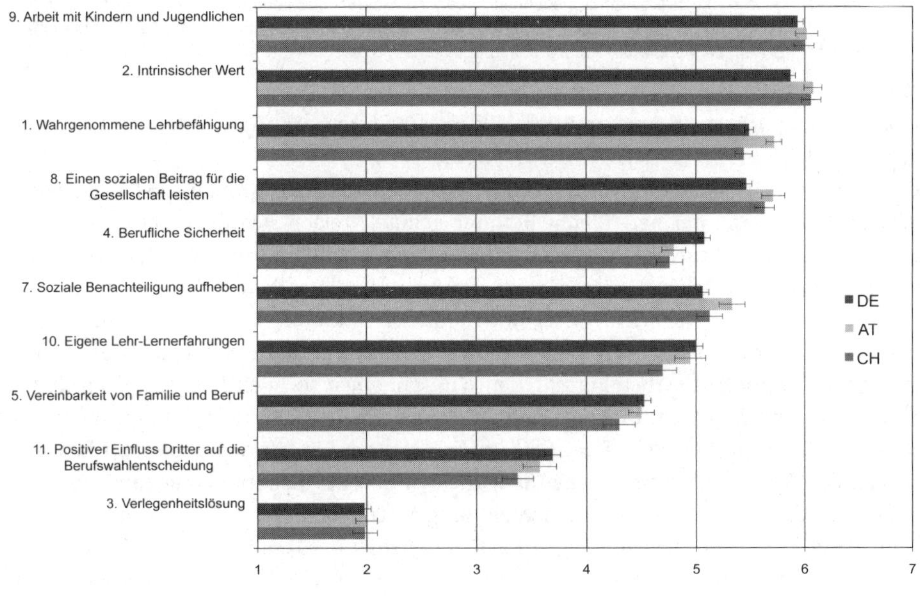

Abbildung 2: Berufswahlmotive (Fit-Choice) angehender Lehrkräfte in Deutschland, Österreich und der Schweiz (Mittelwerte und 95%-ige Konfidenzintervalle) (Quelle: König et al., 2013, S. 568)

Ähnlich wie bei den Berufswahlmotiven lassen sich auch bei den berufsbezogenen Überzeugungen als berufswahlrelevanten Faktoren kaum praktisch bedeutsame Unterschiede zwischen den Studierenden der drei deutschsprachigen Länder feststellen – mit Ausnahme des Faktors „Bezahlung". Hier liegt ein Mittelwertunterschied mit geringer praktischer Bedeutsamkeit vor (η^2 = 0,046), der mit dem tatsächlich bestehenden Unterschied zuungunsten der Lehrerinnen und Lehrer aller Schulformen in Österreich im Vergleich mit den Lehrergehältern in der Schweiz

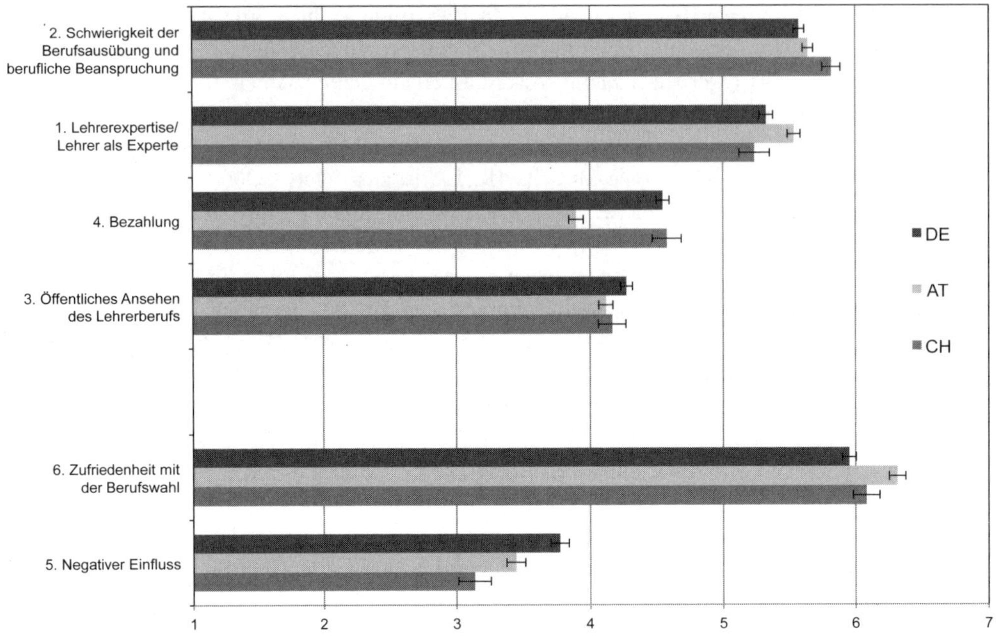

Abbildung 3: Überzeugungen zum Lehrerberuf, Zufriedenheit mit der Berufswahl und negativer Einfluss Dritter bei der Berufswahl (FIT-Choice) angehender Lehrkräfte in Deutschland, Österreich und der Schweiz (Mittelwerte und 95%-ige Konfidenzintervalle) (Quelle: König et al., 2013, S. 569)

und in Deutschland übereinstimmt und sich in den Motivlagen der angehenden Lehrkräfte niederschlägt.

Wird über den Dreiländervergleich im deutschsprachigen Raum hinaus das Potenzial der Fit-Choice-Skalen anhand der berichteten Befunde genutzt, zeigen sich deutliche Übereinstimmungen in der Motivstruktur der Lehramtsstudierenden nicht allein innerhalb der deutschsprachigen Länder, sondern auch im Vergleich mit Lehramtsstudierenden in Australien, den USA und Norwegen. Unter den vier wichtigsten motivationalen Faktoren dominieren – im Einzelfall in unterschiedlicher Reihenfolge – in allen hier berücksichtigen Ländern der intrinsische Wert, die selbstwahrgenommene Lehrbefähigung, der Wunsch, einen sozialen Beitrag leisten und mit Kindern und Jugendlichen zusammenarbeiten zu wollen. Allein an fünfter Position rangiert bei Watt et al. (2012) die eigenen Lehr-Lernerfahrungen, während es bei den deutschen Lehramtsstudierenden der Wunsch nach beruflicher Sicherheit ist und bei den Studierenden in Österreich und der Schweiz der Wunsch, soziale Benachteiligung aufzuheben.

Da im Vergleich der deutschsprachigen Länder wie auch im darüber hinausgehenden internationalen Vergleich keine bedeutsamen Differenzen in der Ausprägung der berufswahlrelevanten Faktoren erfasst mit einem *einheitlichen* Erhebungsinstrument sichtbar werden, verweisen die Befunde darauf, dass der Berufswahl Lehramt international eine gemeinsame, für die angehenden Lehrerinnen und Lehrer verallgemeinerbare Motivstruktur, eine Basis- oder Kernmotivation zugrunde liegt (vgl. Watt et al., 2012, S. 804). Allerdings gilt die Einschränkung, dass die kulturellen und nationalen Kontexte der berücksichtigten westlichen Industrieländer bei allen Unterschieden im Einzelnen eine hohes Maß an Gemeinsamkeiten aufweisen und ein Vergleich mit Lehramtsstudierenden aus anderen Kontexten notwendig ist (vgl. Bastick, 2000), um die Annahme einer gemeinsamen Basismotivation der Lehramtsstudierenden unabhängig von den nationalen und kulturellen Kontexten zu bestätigen.

Die bisherige Zusammenschau der zahlreichen Studien verweist auf ein weiteres Kennzeichen der Forschung zur Berufswahlmotiven von Lehramtsstudierenden: sie konzentriert sich weitgehend allein auf diejenigen, die ein Lehramt anstreben oder sich bereits für ein entsprechendes Studium entschieden haben. Ein *externer Vergleich* mit denjenigen, die kein Lehramtsstudium gewählt haben, ist damit nicht möglich. Die Spezifität der Motivkonstellation für die Wahl des Lehrerberufs kann somit nicht überprüft werden (vgl. Guarino, Santibañez & Daley, 2006; Neugebauer, 2013).

Dies führt u.a. dazu, dass bspw. die soziale Orientierung allgemein als spezifisches Merkmal von angehenden Lehrerinnen und Lehrern ausgewiesen wird. Tatsächlich ist sie jedoch generell ein wichtiges Motiv bei der Berufswahl unter Schülerinnen und Schülern und keinesfalls in besonderem Maße auf diejenigen konzentriert, die den Lehrerberuf ins Auge fassen (vgl. Treptow, 2006). Ebenso steht bei einem Großteil der Studierenden aller Fächergruppen die Absicht, mit Menschen zu arbeiten und anderen Menschen helfen zu können, im Rahmen der beruflichen Orientierung im Vordergrund (vgl. Multrus, Bargel & Ramm, 2008). In gleicher Weise ist die Dominanz intrinsischer Motive kein genuines Charakteristikum der Lehramtsstudierenden. Für die Studierendenschaft kann vielmehr insgesamt festgehalten werden, dass die große Mehrheit einer intrinsischen Motivation sowie ideellen Gründen bei der Wahl des Studienfaches folgt (ebd.).

Den angehenden Lehrerinnen und Lehrern wird des Weiteren eine geringe Karriereorientierung in zahlreichen Publikationen zugeschrieben oder auf der Basis von Selbstauskünften nachgewiesen (vgl. Willer, 1993; Rustemeyer, 1998) und darin ein weiteres Charakteristikum identifiziert. Der Vergleich mit der Gesamtheit der Studierenden zeigt jedoch, dass an deutschen Hochschulen eine Karriereorientierung, die sich etwa in dem Streben nach eine Führungsposition ausdrückt, konstant niedrig ausgeprägt ist (zwischen 1985 und 2007 schwankt der Anteil zwischen 15 und 18%; Multrus, Bargel & Ramm, 2008, S. 33).

Zuletzt wird in der Diskussion der lehramtsspezifischen Berufsmotivation häufig das extrinsische Motiv der Vereinbarkeit von Familie und Beruf als gewichtiger Faktor betont, wobei die Befundlage in den Einzeluntersuchungen nicht eindeutig ist. Dem entgegen verweisen die Daten vergleichender Untersuchungen darauf, dass die Vereinbarkeit von Familie und Beruf bei allen Studierenden als bedeutend angesehen wird und bspw. im Jahr 2007 68% der Studenten und 76% der Studentinnen unabhängig von ihren Studienrichtungen persönlich sehr wichtig war (Multrus, Bargel & Ramm, 2008, S. 222).

Über die hier angeführten Aspekte ermöglichen die Daten des Hochschul-Informations-Systems (HIS) zu den Studienanfängern des WS 2011/2012 an deutschen Hochschulen einen direkten Vergleich der Fächergruppen (Scheller, Isleib & Sommer, 2013, S. 79-81) (Abb. 4).

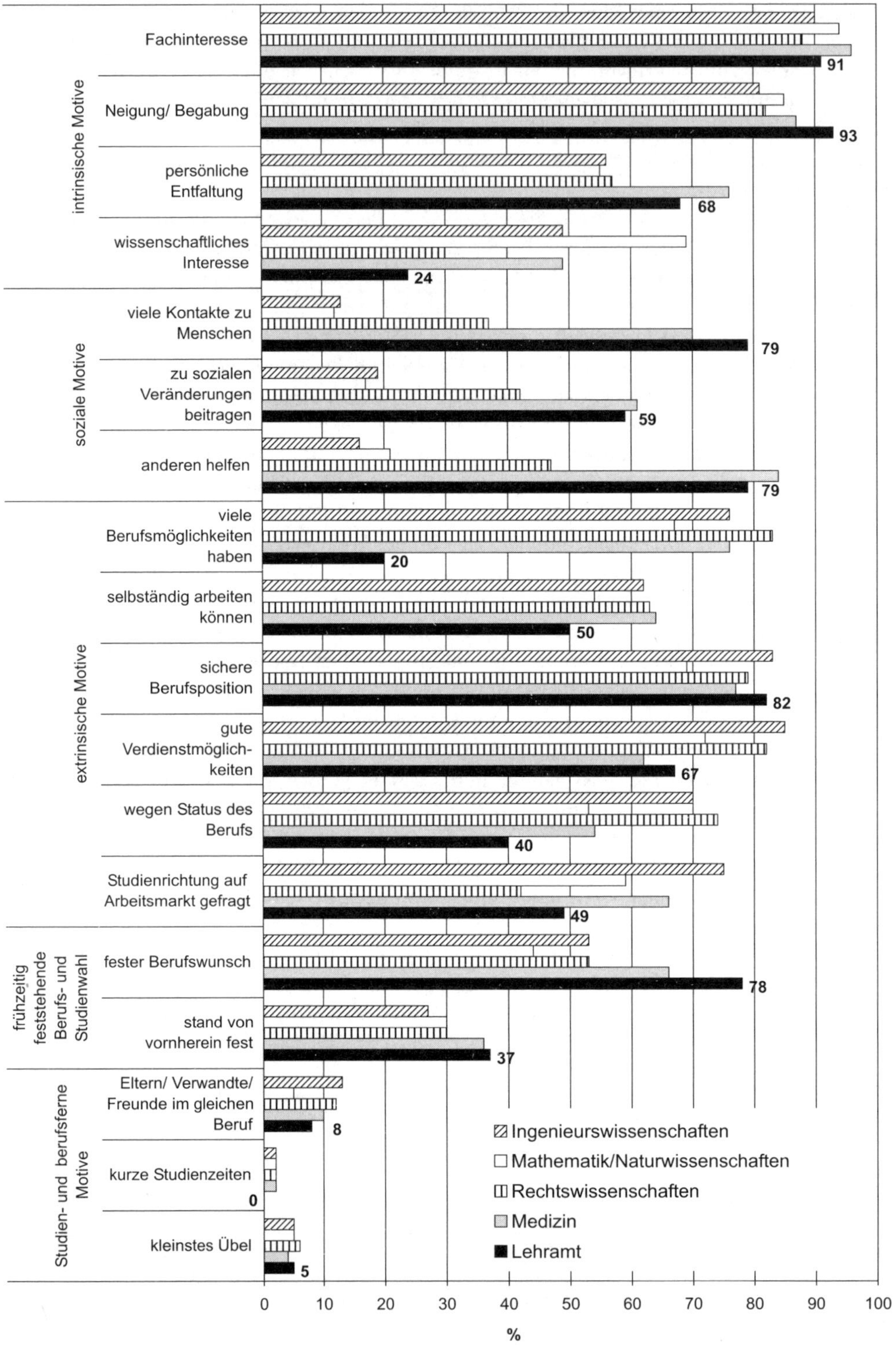

Abbildung 4: (Sehr) wichtige Studienwahlmotive deutscher Studienanfänger (Quelle: Scheller, Isleib & Sommer, 2013, S. 79-81, ausgewählte Fächergruppen).

Im Vergleich mit den anderen Studienanfängern in den Fächergruppen Sprach-/Kulturwissenschaft/Sport, Wirtschafts-/Sozialwissenschaft, Mathematik/Naturwissenschaft, Medizin, Agrar-/Ernährungs-/Forstwissenschaft, Ingenieurswissenschaft, Kunst/Kunstwissenschaft und Rechtswissenschaft (vier davon wurden exemplarisch zum Vergleich in Abb. 4 und Abb. 5 aufgenommen) zeigt sich, dass sich die Studierenden des Lehramts für ihre Studienrichtung – wie die Mehrzahl ihrer Kommilitonen auch – aufgrund ihrer Neigungen und Begabung (93%) sowie ihres Fachinteresses (91%) entscheiden. Des Weiteren ist der Anteil der Studierenden, die sich aufgrund eines festen Berufswunsches für einen Studiengang entscheiden – und nicht etwa aus Verlegenheit –, unter den Lehramtsstudierenden mit (78 %) überdurchschnittlich hoch. Damit geht einher, dass vielfältige Berufsmöglichkeiten – die das Lehramtsstudium per se nicht bietet – keine bedeutende Rolle für die angehenden Lehrerinnen und Lehrer spielen.

Auffällige Unterschiede, denen zufolge die Lehramtsstudierenden in spezifischer Weise zu charakterisieren sind, ergeben sich u.a. mit Blick auf ihr deutlich geringeres wissenschaftliches Interesse (24 %; vgl. Denzler, Fiechter & Wolter, 2005). An Stelle einer wissenschaftlichen Orientierung tritt bei den Studierenden des Lehramts eher das Interesse an praktisch pädagogischen Tätigkeiten (vgl. Fock et al., 2001, S. 230). Ebenfalls weniger wichtig ist ihnen der berufliche Status (40 %) – was angesichts des dominierenden öffentlichen Lehrerbildes nicht überrascht (vgl. Rothland 2010b, 2012a) – sowie die Möglichkeit, selbständig arbeiten zu können (50 %). Der letztgenannte Befund ist hingegen auffällig, gilt die Lehrertätigkeit doch als ein Beruf, der als Vorzug eine hohe Eigenständigkeit und Autonomie des Arbeitshandelns bietet. Dieser Vorzug spiegelt sich als Berufswahlmotiv auch in entsprechenden Untersuchungen an prominenter Stelle wider (vgl. Herzog et al., 2007).

Eine sichere Berufsposition ist den Lehramtsstudierenden dagegen ebenso wie den Studierenden in den Ingenieurswissenschaften sehr wichtig (82%). Insbesondere sind für die Lehramtsstudierenden im Vergleich mit den übrigen Fächergruppen die sozialen Motive besonders bedeutsam (vgl. Heine et al., 2008, S. 145), was mit den oben berücksichtigten Befunden zu den Berufswahlmotiven übereinstimmt und auf eine gute Passung der Berufsmotivation zu dem angestrebten Berufsfeld hindeutet.

Über die Wahlmotive der Studienanfänger des WS 2011/2012 an deutschen Hochschulen hinaus bieten die Daten (vgl. Scheller, Isleib & Sommer, 2013, S. 186-187) auch die Möglichkeit eines Vergleichs allgemeiner Berufs- und Lebensziele (Abb. 5). Den Wunsch, Umgang mit Menschen haben zu wollen, nennen die Studienanfänger in den Lehramtsstudiengängen am häufigsten (81 %). Karriere-, erfolgs- und leistungsorientierte Berufsziele werden hingegen im Vergleich mit den Studierenden anderer Fächergruppen in geringerem Maße angestrebt. Zwar wollen die Lehramtsstudierenden wie ihre Kommilitonen in den anderen Fächern auch fachlich anerkannt werden (68%), in fachlicher Hinsicht aber zu einem geringeren Anteil auch Überdurchschnittliches leisten (43 %).

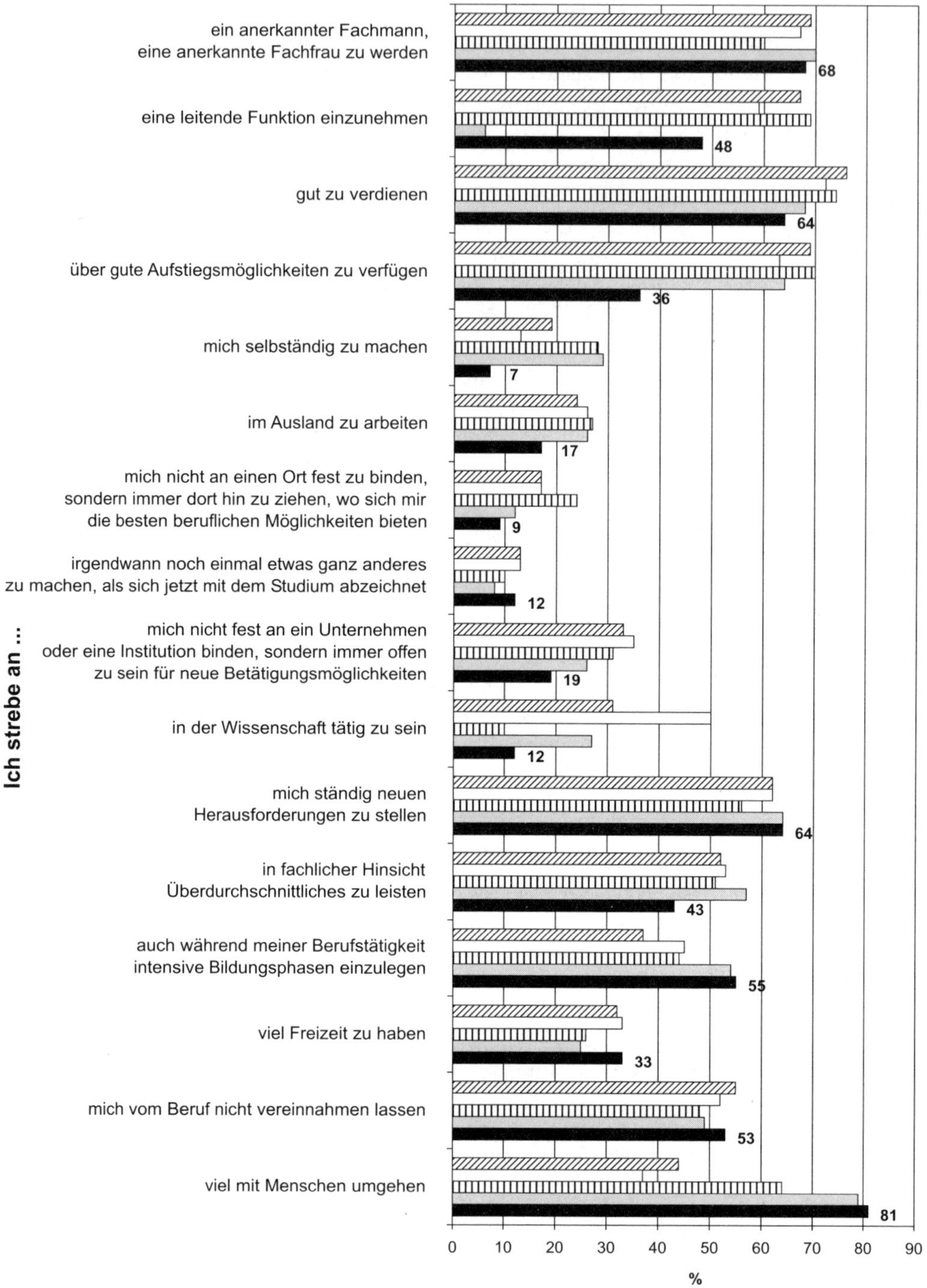

Abbildung 5: Vergleich der Berufs- und Lebensziele von Studienanfängern ausgewählter Fächergruppen (Quelle: Scheller, Isleib & Sommer, 2013, S. 186-187)

4. Pädagogische Erfahrung und ihre Bedeutung für die Berufswahl Lehramt

In der Diskussion der in empirischen Untersuchungen erfassten Berufswahlmotive angehender Lehrkräfte wird wiederholt kritisch darauf verwiesen, dass die dominierenden intrinsischen, pädagogischen Motive womöglich auf die soziale Erwünschtheit zurückzuführen sind (vgl. Ortenburger, 2010) und daher die Aussagekraft der Forschungsbefunde mit Blick auf einen Beruf, mit dem ohnehin höchste berufsmoralische Vorstellungen sowohl von den Berufsinhabern als auch in der Öffentlichkeit verbunden werden, mindern (vgl. Terhart et al., 1994). Bereits in der Untersuchung von Baus, Jacoby und Uhl (1977) zeigte sich, dass Lehramtsstudierende von ihren Kommilitonen in den gleichen Lehramtsstudiengängen, was u.a. ihre ideellen Einstellungen und sozialen Interessen anbelangt, abgewertet wurden, während Zuschreibungen auf die eigene Person deutlich positiver ausfielen. Damit würden die Zweifel an der „Glaubwürdigkeit der Angaben über eigene Motive“ durch die Abwertung der Gruppe und Aufwertung der eigenen Person gestützt (ebd., S. 35). In der Untersuchung von Cramer (2012, S. 492) können im Vergleich von Selbst- und Fremdeinschätzungen zur Berufswahlmotivation von Lehramtsstudierenden indes keine Verzerrungen der aufgrund von Selbstauskünften erfassten Berufswahlmotive identifiziert werden.

Gleichwohl wird grundsätzlich zu bedenken gegeben, dass eine in vielen Studien erfasste Berufswahlsicherheit, „in Einzelfällen kritisch gesehen werden kann [...]. Bei Studierenden etwa, die über keinerlei pädagogische Erfahrungen mit Kindern und Jugendlichen verfügen [...], kann eine „unerschütterte“ Sicherheit der Berufswahl durchaus als problematisch bewertet werden“ (Foerster, 2008, S. 128). Letzteres gilt umso mehr, wenn – wie skizziert – die Zusammenarbeit mit Kindern und Jugendlichen national wie international unangefochten das Hauptmotiv der angehenden Lehrerinnen und Lehrer ist.

Inwieweit dieses Hauptmotiv für die Wahl des Lehrerberufs auch mit den *gelebten Interessen* und Aktivitäten der angehenden Lehrerinnen und Lehrer vor und während des Studiums korrespondiert, kann über die pädagogischen (Vor-)Erfahrungen und das Engagement bspw. in der ehrenamtlichen Kinder- und Jugendarbeit in einem ersten empirischen Zugriff überprüft werden. In zahlreichen Untersuchungen finden sich Hinweise darauf, dass Lehramtsinterssierte bzw.- studierende verbreitet über solche pädagogischen Erfahrungen verfügen (Willer, 1993; Foerster, 2008; Treptow, 2006; Herzog et al., 2007; Rothand, 2010a) und insofern von einer Kongruenz der gelebten Interessen mit dem dominierenden Motiv für die Berufswahl Lehramt ausgegangen werden kann.

In neueren Untersuchungen werden pädagogische Erfahrungen von Lehramtsstudierenden vor und während der Lehrerbildung häufig in differenzierter Form erfasst: Cramer unterscheidet unter den Vorerfahrungen die Gestaltung von Freizeitaktivitäten, die sich einerseits auf einzelne Kinder und Jugendliche beziehen und andererseits auf Gruppen und das Training und Unterrichten von einzelnen sowie Gruppen von Kindern und Jugendlichen (Cramer, 2012, S. 200). In der LEK-Studie (*Längsschnittliche Erhebung pädagogischer Kompetenz von Lehramtsstudierenden*, König & Seiffert, 2012) sowie daran anschließend in der EMW-Studie (*Entwicklung von berufsspezifischer Motivation und pädagogischem Wissen in der Lehrerausbildung*; König et al., 2013; König & Rothland, 2013a, b) werden Erfahrungen im Bereich der Erziehung (Betreuung von Kindern, Gestaltung von Freizeitaktivitäten für Kinder oder Jugendliche) und Erfahrungen im Bereich des Unterrichtens (Nachhilfeunterricht/Hausaufgabenbetreuung – als Einzelunterricht, Nachhilfeunterricht/ Hausaufgabenbetreuung – für Lerngruppe/Schulklasse, Eigene Unterrichtstätigkeit an einer Schule außerhalb des Studiums) differenziert.

In der Untersuchung von Cramer haben lediglich 9,8% der Befragten noch nie Freizeitaktivitäten für einzelne Kinder und Jugendliche gestaltet, 13,8% noch nie für Gruppen. 10,9% der Befragten geben zudem an, noch nie einzelne Kinder und Jugendliche trainiert oder unterrichtet zu haben, 33,1% noch nie bezogen auf Gruppen. Die Unterrichtsarbeit mit Gruppen bezeichnet Cramer als der schulischen Unterrichtsarbeit besonders nahe, einschlägige pädagogische Vorerfahrung (Cramer, 2012, S. 200) wobei sich insgesamt sowohl Unterrichts- wie auch die Erziehungserfahrungen als bedeutsam für die Berufswahlmotivation und die Zufriedenheit mit der Berufswahl der Lehramtsstudierenden erweisen (vgl. Künsting & Lipowsky, 2011; Rothland, 2010a; König et al., 2013).

In der LEK-Studie zeigt sich, dass insbesondere das Erteilen von Nachhilfeunterricht eine pädagogische Vorerfahrung ist, über die etwas mehr als 40% der befragten Studierenden verfügen, gefolgt von der Gestaltung von Freizeitaktivitäten für Kindern und Jugendliche, die ca. 37% der Lehramtsstudierenden als Vorerfahrung nennen. Die Arbeit mit Kindern und Jugendlichen als Trainer/Trainerin im Sportbereich wird vergleichsweise weniger häufig genannt (ca. 18%) und ist in erster Line eine Form der pädagogische Erfahrung, über die die männlichen Lehramtsstudenten verfügen (vgl. Schreiber, Darge, König & Seifert, 2012). In den Befunden der EMW-Studie zeigt sich schließlich, dass praktische pädagogische Erfahrungen vor Aufnahme eines Lehramtsstudiums bei Studierenden aus Deutschland, Österreich und der Schweiz die Regel sind (vgl. König et al., 2013).

Anhand der bislang berichteten Anteilswerte bleibt offen, ob pädagogische Erfahrungen tatsächlich in einem Zusammenhang mit einzelnen berufswahlrelevanten Faktoren bzw. Motiven, der Entscheidungssicherheit hinsichtlich der Berufswahl oder mit der Zufriedenheit und dem Erfolg im Studium, der Berufsaussicht oder der Qualität der Berufstätigkeit stehen. Entsprechend wird konstatiert, dass empirisch ungeklärt sei, ob Lehramtsstudierende in Abhängigkeit von ihren pädagogischen Vorerfahrungen unterschiedliche Entwicklungsverläufe im Prozess des Lehrer werdens und Lehrer seins aufweisen (vgl. Cramer, 2012, S. 199). Pädagogische Erfahrung von Lehramtsstudierenden gilt in der Forschung zur Berufswahlmotivation also nicht allein als Kriterium für die Validität, sondern auch generell als potentiell bedeutsamer Faktor zur Erklärung der Entwicklung der Berufswahlmotivation und -entscheidung. Im Anschluss an die Berufswahltheorie von Holland (1997) wird schließlich bspw. präferierten Aktivitäten und individuellen Erfahrungen große Bedeutung für die Entwicklung von Berufsinteressen zugeschrieben (vgl. Rolfs, 2001). Und aus der Retrospektive geben berufserfahrene Lehrerinnen und Lehrer wie auch Lehramtsstudierende im zeitlich geringeren Abstand an, dass die Berufswahlentscheidung durch eigene positive pädagogische Erfahrungen beeinflusst wurde (Herrmann & Hertramph, 1997; für Lehramtsstudierende Krieger, 2000; Fock, Gumpler, Hochfeld & Weber-Klaus, 2001; Schreiber, Darge, König & Seifert, 2012; Faulstich-Wieland et al., 2010; Kappler, 2013). Dabei können sie sowohl Auslöser oder entscheidendes Argument im Rahmen der Berufswahl sein wie auch als Verstärker die Einschätzung der individuellen Eignung für die Lehrerarbeit bestätigen (Cramer, 2012, S. 331).

Entgegen der bisherigen Betonung der Bedeutung pädagogischer Erfahrung von Lehramtsstudierenden nehmen Lerche, Weiß und Kiel (2013) eine betont kritische Perspektive ein und sprechen von einem „Mythos pädagogische Vorerfahrung“ angesichts fehlender empirischer Befunde für ihre Bedeutung (ebd., S. 762). Sie konstatieren, dass „keine Befunde [existieren], die die Annahme eines Zusammenhangs zwischen *den Motiven der Studien- und Berufswahl* und *pädagogischen Vorerfahrungen* rechtfertigen würden“ (Lerche, Weiß & Kiel, 2013, S. 767). Im Ergebnis der Befunde ihrer Studie auf der Basis einer Stichprobe von $n = 1446$ kommen die Autorin und die Autoren zu dem Schluss, dass es sich bei der Bedeutungszuschreibung für pädagogische Vorerfahrungen weitgehend um einen Mythos handeln würde, da „behauptete positive Zusammenhänge zwischen pädagogischen Vorerfahrungen und Studienwahl/Studierendenerfolg nicht der Realität entsprechen" (Lerche, Weiß & Kiel, 2013, S. 777).

Die Untersuchung selbst rechtfertigt in Anbetracht ihrer Anlage und der Ergebnisse diese weitrechende Aussage jedoch nicht. Erfasst wird zum einen ausschließlich der *wahrgenommene Erfolg* und die *erinnerte Freude* im Rahmen pädagogischer Vorerfahrungen, nicht jedoch Art und Umfang der pädagogischen Erfahrungen selbst und es stellt sich u.a. die Frage, wie sich Studierende, die nicht über pädagogische Vorerfahrungen verfügen, adäquat zur Frage nach Erfolg und Freude im Rahmen pädagogischer Erfahrungen positionieren sollen. Zum anderen wird der Studienerfolg – wie die pädagogische Vorerfahrung selbst – an keiner Stelle der Untersuchung erhoben (bzw. wird dies nicht berichtet).

Der versuchten grundlegenden Kritik an der Relevanz pädagogischer Erfahrungen stehen zudem unterschiedliche empirische Befunde entgegen, die auf ihre Bedeutung für die Berufswahl Lehramt hinweisen. Bereits in der Längsschnittstudie von Mayr (2009) zeigt sich, dass Lehramtsstudierende mit pädagogischen Vorerfahrungen zu Beginn des Studiums eine höhere intrinsische und eine geringere extrinsische Berufswahlmotivation aufweisen und auch Jahre später als Lehrkräfte im Schuldienst in höherem Maße intrinsisch motiviert sind, den Lehrerberuf weiterhin auszuüben. In den Befunden der Untersuchung von Rothland (2010a) ist mit dem Engagement in der Kinder- und Jugendarbeit und der Dauer der Erfahrungen aufseiten der Studierenden eine höhere Zielgerichtetheit und Entscheidungssicherheit sowie eine bessere Einschätzung des Berufserfolgs verbunden.

Mit Blick auf Zusammenhänge zwischen pädagogischen Erfahrungen und der Berufswahlmotivation zeigt sich darüber hinaus, dass zwischen den pädagogischen Vorerfahrungen und den relevanten Dimensionen allgemeiner Berufsinteressen für den Berufscode Lehrer/Lehrerin sensu Holland ebenso wie zwischen den Praxiserfahrungen und den lehrerspezifischen Interessen gemessen mit den Lehrer-Interessen-Skalen (vgl. Mayr, 1998) Zusammenhänge bestehen (vgl. Nieskens, 2009). Im Ergebnis kann den pädagogischen Vorerfahrungen zusammengefasst eine „Prädiktorfunktion für den Berufswunsch Lehramt" zugeschrieben werden (Nieskens, 2009, S. 169).

Pädagogische Erfahrungen von Lehramtsstudierenden erweisen sich des Weiteren auch als Indikator für die Berufswahlreife (vgl. Cramer, 2012), mit der erfasst wird, ob Personen – hier Lehramtsstudierende zu Studienbeginn – in der Lage sind, eine Berufswahlentscheidung reflektiert, begründet und entschlossen zu treffen. Schulabgänger mit pädagogischen Erfahrungen, so die Deutung, sind eher in der Lage, Aufgaben, Tätigkeiten und Herausforderungen der Lehrertätigkeit zum Teil aufgrund etwa der eigenen Tätigkeit im Nachhilfeunterricht einschätzen zu können und somit auch eine höheren Grad der Reflexion der Berufswahl aufweisen, die Voraussetzung für eine differenziertere Begründung und schließlich auch eine auf die individuelle Erfahrung zurückzuführende Sicherheit der Berufswahlentscheidung (Entschlossenheit) ist.

Pädagogische Erfahrungen vermindern in den Ergebnissen der EMW-Studie schließlich die Wahrscheinlichkeit, ein Lehramtsstudium aus Verlegenheit zu ergreifen. Lehramtsstudierende ohne erzieherische Erfahrungen stehen umgekehrt in der Gefahr, zur Risikogruppe unter den Lehramtsstudierenden zu zählen (siehe Abschnitt 5.2). So nehmen Lehramtsstudierende in Deutschland, Österreich und der Schweiz ihre Lehr-Befähigung weniger günstig wahr und messen dem Lehrerberuf einen geringeren intrinsischen Wert bei, wenn sie nicht über pädagogische Erfahrungen verfügen. Sie sind zudem vor allem weniger bestrebt, mit Kindern und Jugendlichen zusammenzuarbeiten, während der persönliche Nutzen (berufliche Sicherheit, Vereinbarkeit von Familie und Beruf) in stärkerem Maße die getroffene Wahl für den Lehrerberuf bestimmt (vgl. König et al., 2013).

Bilanzierend erscheint es weiterführend, die Bedeutung und Wirkung pädagogischer Erfahrungen von Lehramtsstudierenden für die Berufswahlmotivation, das Lehrerwerden sowie eine erfolgreiche und persönlich zufriedenstellende Berufsausübung in der empirischen Forschung zu berücksichtigen. Von einem Mythos pädagogische Vorerfahrungen (Lerche, Weiß & Kiel, 2013) und davon, dass die Forschungsperspektive „weitgehend unbetrachtet geblieben ist", „ob sich Verbindungen zwischen pädagogischen Vorerfahrungen einerseits und Motiven der Studien- und Berufswahlmotivation andererseits ziehen lassen können" (ebd., 2013, S. 762) kann gewiss nicht die Rede sein.

5. Berufswahlmotivation von Lehramtsstudierenden: Bedeutung und Wirkung

Die Wirkung unterschiedlicher Motivkonstellationen von Lehramtsstudierenden auf den Prozess des Lehrer/Lehrerin werdens, das Befinden in Ausbildung und Beruf sowie die Qualität der späteren Berufsausübung (vgl. Thomson, Turner & Nietfeld, 2012) ist bislang trotz der zahlreichen Forschungsbeiträge, die Berufswahlmotive zu erfassen suchen, kaum empirisch überprüft worden. Stattdessen beschränken sich die vornehmlich deskriptiven Analysen – wie gezeigt – in der Regel auf die Erfassung der Berufswahlmotive von angehenden Lehrerinnen und Lehrern, ohne diese in einen Zusammenhang mit weiteren Variablen zu stellen.

Wie realistisch oder unrealistisch die Erwartungen an den Beruf sind, die sich in den Motiven ausdrücken, spielt für die Bewertung der Motivlagen und ihrer Wirkung in dem hier in Rede stehenden Segment der Forschung zum Lehrerberuf jedoch eine ebenso wichtige Rolle wie die Frage, ob und in welchem Zusammenhang unterschiedliche Motivkonstellationen überhaupt mit Aspekten der Ausbildung, der berufsbiographischen sowie der Kompetenzentwicklung und schließlich der Qualität der Berufsausübung stehen. Nicht allein die Berufswahlmotive selbst sind hier von Bedeutung (5.1), sondern auch der Grad der mit der Berufswahl verbundenen Entscheidungssicherheit und die sich u.a. in dem Entscheidungszeitpunkt ausdrückenden Zielgerichtetheit der getroffenen Berufswahl, die bei der Identifizierung von potentiellen Risikofaktoren angesichts motivationaler Defizite eine Rolle spielen können (5.2). Die Erforschung des Zusammenhangs zwischen der Berufswahlmotion und der Kompetenzentwicklung (vgl. Zlatkin-Troitschanskaia & Preuße, 2011) und damit des Zusammenspiels „der kognitiven und motivational-selbstregulativen Kompetenzaspekte" (Kunter & Klusmann, 2010, S. 208) kann schließlich als grundlegendes Desiderat bisheriger Forschung wie auch zugleich als notwendige Basis für die Bewertung der Bedeutung und Wirkung der Berufswahlmotivation von Lehramtsstudierenden charakterisiert werden (5.3).

5.1 Berufswahlmotive

Im Rahmen einer Bewertung der im Abschnitt 3 skizzierten Berufswahlmotive ist zunächst auf die Bedeutung, aber auch auf die Problematik des Hauptmotivs, dem Interesse an der Arbeit bzw. der Freude am Zusammensein mit Kindern und Jugendlichen, einzugehen. Dieses pädagogische Hauptmotiv kann grundsätzlich als wünschenswert oder als notwendige Voraussetzung für die Lehrerarbeit angesehen werden. Zugleich ist es jedoch auch problematisch, da es eine Engführung auf den *Beziehungsaspekt* impliziert. Die Problematik des Motivs Freude am Umgang oder an der Zusammenarbeit mit Kindern und Jugendlichen wird besonders dann deutlich, wenn damit die Fürsorge, das Gefühl des harmonischen Miteinanders sowie des Gebrauchtwerdens verbunden wird und die Attraktivität dieses Leitmotivs darin besteht, dass Kinder als ungeformt, unverdorben, leicht zu motivieren und dankbar angesehen werden und die angehenden Lehrkräfte ihnen ein Ansprechpartner, ein Spielgefährte, ein Erzieher oder sogar Muttterersatz sein möchten, der zudem Wissen vermittelt und moralische Werte nahe bringt (Mehmel, 1992, S. 23).

Die unterrichtliche Zweckhaftigkeit, die gesellschaftlichen Funktionen von Schule und Unterricht sowie die vielfältigen, hohen Anforderungen an die Berufsinhaber und grundlegende Bedingungen, unter denen die „Zusammenarbeit“ stattfindet (feste Rollenmuster, Leistungsorientierung und -beurteilung etc.) werden diesem Motiv folgend weitgehend ausgeblendet. Die Entscheidung für den Lehrerberuf basiert somit – so Eder und Hörl (2007) – zu häufig auf Stereotypen, die die *soziale Komponente* betonen, jedoch die administrativ-organisatorische ausblenden. Das Potential an Enttäuschungen und Frustrationen, das in dem Leitmotiv der Berufswahl Lehramt allein liegt, ist damit als hoch einzuschätzen. Es ist in der bisherigen Forschung jedoch nur wenig problematisiert worden (so bei Thierack, 2002; Kiel, Geider & Jünger 2004).

Zugleich ist festzuhalten, dass das Leitmotiv – für sich genommen in der skizzierten Weise durchaus problematisch – auch wünschenswert und bedeutsam ist. So ist in der Untersuchung von Brühwiler (2001) (n = 755 Studierenden der schweizerischen Primarlehrerausbildung) das Motiv „Freude an Kindern“ einer der wichtigsten von den Studierenden genannten Gründe für die Studienwahl. Ist dieser Beweggrund geringer ausgeprägt, wirkt sich dies negativ auf die *gesamte* Berufsmotivation aus. Als günstigste, *lehramtstypische* Motivkonstellation „erweist sich das gemeinsame Auftreten“ der beiden Motive „Freude an Kindern“ und „Interesse an Lernprozessen“. Differenziert nach der Ausprägung dieser Merkmalskombination unterscheiden sich die Studierenden im Hinblick auf ihre Berufsmotivation hoch signifikant (Brühwiler, 2001, S. 368). Sie geht nicht nur mit einer höheren Berufsmotivation einher, sondern steht auch in einem positiven Zusammenhang mit dem Ausbildungserfolg der angehenden Lehrkräfte sowie der tatsächlichen Berufsausübung.

Hinweise auf die Bedeutung der Berufswahlmotivation finden sich auch in der Untersuchung von Lipowsky (2003), die auf einer Befragung von Absolventen für die Lehrämter an Grund-, Haupt- und Realschulen basiert. Unter den mittels Clusteranalyse generierten vier Lehrertypen weisen insbesondere die *belasteten Lehrer* (geringes Selbstbewusstsein, niedrige Leistungsmotivation, geringe Berufszufriedenheit, eher introvertiert und zurückhaltend, geben leicht auf und schätzen sich am wenigsten kompetent ein) sowie die *familien- und freizeitorientierten Lehrer* (stärkstes Interesse an außerberuflichen Zielen) die geringste Berufsorientierung sowie die geringste intrinsische Berufswahlmotivation unter allen vier Gruppen auf (Lipowsky, 2003, S. 370).

Intrinsisch hoch motivierte Lehramtsstudierende schätzen dagegen ihre pädagogische Kompetenz nicht nur selbst höher ein, sondern ihr Kompetenzzuwachs wird von Betreuungslehrern im Rahmen der Lehrerbildung auch höher bewertet als bei vornehmlich extrinsisch motivierten Studierenden (vgl. Brouwer & ten Brinke, 1995). In der Längsschnittstudie von Mayr (2009) wirken sich die intrinsischen Motive positiv auf die Bewährung der Lehramtsstudierenden im Studium sowie auf das Erleben von Berufserfolgen aus. Extrinsische Motive erweisen sich hingegen dann als Risikofaktoren, wenn sie sich auf das Studium beziehen (kurzes, einfaches Studium, Nähe der Hochschule zum Wohnort etc.). Weitere extrinsische Motive wie das Bedürfnis nach einem sicheren Arbeitsplatz spielen für sich genommen keine Rolle, können aber in Kombination mit einer hohen intrinsischen Motivation zu einem gesteigerten Erleben von Erfolgen im Beruf führen.

Intrinsische Motive stehen darüber hinaus in einem Zusammenhang mit dem Wunsch, den Lehrerberuf dauerhaft bzw. über einen längeren Zeitraum auszuüben, während extrinsische Motive negativ mit dem geplanten Engagement im Beruf und der Berufswahlzufriedenheit zusammenhängen (vgl. Richardson & Watt, 2010; Billich-Knapp, Künsting & Lipowsky, 2012). Zudem erweisen sie sich als bedeutsam für die Bewältigung beruflicher Anforderungen in der Berufseingangsphase (vgl. Martin & Steffgen, 2002; Keller-Schneider, 2011).

5.2 Faktoren der Berufswahl als Risikomerkmale

Nicht allein die Motivkonstellation, sondern auch die Entscheidungssicherheit bezogen auf die Berufswahl weist in Untersuchungen einen Zusammenhang mit ausbildungs- und berufsrelevanten Merkmalen der angehenden Lehrkräfte auf. Anhand einer Teilstichprobe von Lehramtsstudierenden in der Potsdamer Lehrerstudie konnte gezeigt werden, dass diejenigen, die die Richtigkeit ihrer Berufswahl bezweifeln, zu hohen Anteilen den Risikotypen arbeitsbezogenen Verhaltens und Erlebens zuzuordnen sind (Muster B und A), während umgekehrt diejenigen, die sich der Richtigkeit ihrer Entscheidung sicher sind, zu großen Teilen dem Muster „Gesund" (G) zugeordnet werden können (Schaarschmidt, 2005, S. 67ff.).[4] Insgesamt werde anhand dieser Befunde deutlich, „dass für einen beträchtlichen Anteil der Lehramtsstudierenden mit motivationalen Einschränkungen gerechnet werden" müsse, so Schaarschmidt (ebd., S. 67). Allerdings bleibt offen, wie hoch der Anteil der entscheidungsunsicheren Lehramtsstudierenden ist, sodass zwar die Bedeutung dieses Merkmals im Zusammenhang mit den Risikomustern arbeitsbezogenen Verhaltens und Erlebens markiert, aber nicht stichprobenbezogen quantifiziert wird.

Frühe Untersuchungen zur Berufswahl Lehramt wiesen bereits auf eine problematische Ausprägung der Entscheidungssicherheit der angehenden Lehrkräfte bezogen auf den von ihnen angestrebten Beruf hin (vgl. Steltmann, 1980). In neueren Untersuchungen zeigt sich jedoch, dass die Studierenden des Lehramts durchweg eine hohe Entscheidungssicherheit aufweisen (vgl. Brühwiler, 2001; Ulich, 2004; Foerster 2008; Rothland, 2010a). Im Vergleich dazu zeigt sich in den Vereinigten Staaten eine weitaus höhere Unsicherheit hinsichtlich der Berufswahlentscheidung angehender Lehrkräfte (vgl. Daniels, Clifton, Perry, Mandzuk & Hall, 2006).

Neben der Entscheidungssicherheit hinsichtlich der Berufswahl erscheint eine frühe berufliche Orientierung bzw. Entscheidung für ein Lehramtsstudium von Bedeutung. Insofern sind auch Untersuchungsergebnisse zum Entscheidungszeitpunkt und der damit verbundenen frühen Zielgerichtetheit der Berufswahl zu berücksichtigen, da „eine im Sinne der beruflichen Anforderungen positive Ausprägung" von Merkmalen wie allgemeine Interessen, kognitive Leistungsfä-

4 Für Personen, die dem Risikomuster B angehören, ist ein permanentes Überforderungserleben, eine verringerte Widerstandsfähigkeit und Erschöpfung sowie eine hohe Resignationstendenz kennzeichnend, während die offensive Problembewältigung und die innere Ausgeglichenheit besonders gering ausgeprägt sind. Personen, die dem Risikomuster A zuzuordnen sind, zeichnen sich durch hohe Anstrengungen im Beruf aus, ohne dass zusammen mit dem überhöhten Engagement positive Emotionen auftreten. Die Bedeutsamkeit der Arbeit ist bei diesem Muster am höchsten, ebenso die Verausgabungsbereitschaft und das Perfektionsstreben. Anders verhält es sich dagegen bei den zumindest bezogen auf die Gesundheit bzw. das Beanspruchungserleben unproblematisch erscheinenden Mustern G (Gesund) und S (Schonung). Muster G zeichnet sich durch ein hohes berufliches Engagement bei gleichzeitig ausgeprägter Widerstandsfähigkeit gegenüber Belastungen und einem insgesamt positiven Lebensgefühl aus, während das Muster S durch ein geringes Engagement und eine hohe Distanzierungsfähigkeit zu charakterisieren ist. Im Lehramtsstudium erweist sich das Inventar zur Erfassung der beschriebenen Muster arbeitsbezogenen Verhaltens und Erlebens bereits als valides Diagnoseinstrument (vgl. Künsting, Billich-Knap & Lipowsky, 2012).

higkeit, Persönlichkeitsmerkmale, Leistungsmotivation und Selbstkonzept diejenigen Personen aufweisen, „bei denen der Wunsch LehrerIn zu werden, lebensgeschichtlich verankert ist" (Eder, 2008, S. 291). „Spätentscheider weisen fasst überall die relativ schlechtesten Voraussetzungen auf und bilden damit eine Problemgruppe" (ebd., vgl. Mayr 2009).

Die Größe der Risikogruppe der *Spätentscheider* bzw. derjenigen, die ein Lehramtsstudium als Notlösung oder aus Verlegenheit aufnehmen, kann – mit Einschränkungen – u.a. über die Anteile derjenigen Lehramtsstudierenden abgeschätzt werden, die vor Aufnahme eines Lehramtsstudiums bereits in einem anderen Studiengang immatrikuliert waren. In einer weiteren Untersuchung auf der Basis einer Gesamtstichprobe von n = 2807 Lehramtsstudierenden an der Universität Koblenz-Landau haben 27,1% der Befragten vor Aufnahme des Lehramtsstudiums ein anderes Studium begonnen, wobei das Problem, ein Lehramtsstudium als zweite Wahl aufzunehmen, vor allem bei männlichen Lehramtsstudierenden auftritt (36,1%) (Bodensohn, Schneider & Jäger, 2008, S. 239; vgl. Eder, 2008; Hörl, 2008).

Werden die hier genannten Merkmale im Kontext der Berufswahl Lehramt bilanzierend als potentielle Risikofaktoren erfasst, so kann eine Risikogruppe unter den Lehramtsstudierenden wie folgt charakterisiert werden: Zu ihr sind die Lehramtsstudierenden zu zählen, die sich kurzfristig vor Beginn des Studiums für den Lehrerberuf entschieden haben, die sich ihrer Entscheidung für ein Lehramtsstudium bzw. den Lehrerberuf nicht sicher sind oder die ein Lehramtsstudium als zweite Wahl aufnehmen – wobei die hier aufgegriffenen Risikomerkmale Überschneidungen aufweisen bzw. sich wechselseitig bedingen.

Ob sich diese Risikofaktoren im Anschluss an die Befunde aus der Potsdamer Lehrerstudie anhand ihrer Bedeutung für die Zuordnung zu den Mustern arbeitsbezogenen Verhaltens und Erlebens bestätigen, wurde auf der Basis einer Stichprobe n = 1142 Lehramtsstudierenden überprüft (vgl. Rothland, 2011). In den Ergebnissen der differentiellen Analysen bestätigen die Befunde zur Entscheidungssicherheit bzw. -unsicherheit sowie zum Entscheidungszeitpunkt der Berufswahl ihre Bedeutung als Risikofaktoren im Kontext der Berufswahlentscheidung bei ungünstiger Ausprägung: Mit zunehmender Entscheidungsunsicherheit und späterem Entscheidungszeitpunkt nehmen die Anteile des wünschenswerten Musters G ab, während im Falle der Entscheidungssicherheit der Risikomusteranteil ansteigt. Bezogen auf den Entscheidungszeitpunkt nehmen nicht allein die Risikomuster, sondern auch der Schonungsmusteranteil tendenziell zu.

Die Entscheidung für das Lehramtsstudium als zweite Wahl erweist sich hingegen für sich genommen nicht als Risikomerkmal im Kontext der Berufswahl Lehramt. Grundsätzlich scheint es geboten, weiter danach zu differenzieren, aus welchen Gründen nach einem anderen Erststudiengang der Wechsel zum Lehramtsstudium erfolgt. Gausch und van Buer (2011) berichten Hinweise darauf, dass der Wechsel etwa aus fachwissenschaftlichen Studiengänge in Lehramtsstudiengänge nicht per se als Ausweis des Scheiterns in den Fachstudiengängen bzw. aufgrund fachwissenschaftlicher Überforderung zu deuten ist, sondern vielmehr als nachträgliche Studienoptimierung (vgl. Gausch & van Buer, 2011, S. 156f.).

Während bereits in der Potsdamer Lehrerstudie die Entscheidungsunsicherheit als Risikomerkmal im Lehrernachwuchs ausgewiesen wurde, blieb eine Quantifizierung des Risikopotentials unter den Lehramtsstudierenden der Stichprobe differenziert nach diesem Merkmal aus. Bei Rothland (2011) zeigt sich, dass zusammen lediglich 7,5% (n = 84) der Lehramtsstudierenden sich ihrer Berufswahlentscheidung unsicher bzw. eher/sehr unsicher sind. Für ein Lehramtsstudium als zweite Wahl entscheiden sich insgesamt nur 19,7% (jedoch 30% der männlichen Studierenden; vgl. Bodensohn, Schneider & Jäger, 2008). Der Anteil der Spätentscheider (nach dem Abitur / zu Beginn des Studiums), die bereits bei Eder (2008) als Problemgruppe charakterisiert wurden, ist hingegen mit *n* = 466 (42,5%) sehr viel größer. Problematisch erscheint mit Blick auf diese Risikogruppe nicht allein ein erhöhter Anteil der Risikomuster, sondern vor allem des Schonungsmusters.

Als ein relevanter Indikator für die Wahl eines Lehramtsstudiums als Verlegenheits- bzw. Notlösung mangels Alternativen oder persönlichen Zutrauens, wie sie auch in der Forschung zu den Berufswahlmotiven angehender Lehrkräfte eigens thematisiert und empirisch als *fall-back career* erfasst wird (Watt & Richardson 2007), kann der späte Entscheidungszeitpunkt gelten. Angemerkt sei hier, dass im Vergleich mit Studierenden der Rechtswissenschaften das Motiv der Wahl eines Studiengangs als Notlösung bei den Lehramtsstudierenden geringer ausgeprägt ($d = -.29$). Das Urteil, gerade das Lehramtsstudium würde häufiger als Notlösung aufgenommen, kann hier nicht bestätigt werden (vgl. Römer, Drews, Rauin & Fabricius, 2013, S. 168).

Das Risikopotential der Wahl des Lehrerberufs als Verlegenheits- oder Notlösung mangels Alternativen bestätigt sich auch darin, dass dieses Motiv bei den Lehramtsstudierenden des Risikomusters B überdurchschnittlich ausgeprägt ist, während ihre Motivation in den Bereichen der selbst eingeschätzten Fähigkeit zu unterrichten, intrinsischer Wert, dem Wunsch, die Zukunft der Kinder und Jugendlichen zu gestalten, einen sozialen Beitrag zu leisten sowie generell mit Kindern und Jugendlichen zusammen zu arbeiten unterdurchschnittlich ausgeprägt ist. Die Zufriedenheit mit der Berufswahl, aber auch die Einschätzung der Bedeutung fachlicher Expertise sind u.a. ebenfalls unterdurchschnittlich (vgl. Rothland, 2012b, 2013b).

Die auf der Basis der Befunde der Potsdamer Lehrerstudie von Schaarschmidt und Mitarbeitern geltend gemachten motivationalen Defizite, die im Lehrernachwuchs mit den Mustern arbeitsbezogenen verhaltens- und Erlebens einhergehen (Muster S und Risikomuster B), bestätigen sich insgesamt unter der Berücksichtigung der Berufswahlmotivation und berufswahlrelevanter Überzeugungen von angehenden Lehrkräften (vgl. Rothland, 2012b, 2013b; Künsting, Billich-Knap & Lipowsky, 2012; Römer, Drews, Rauin & Fabricius, 2013). In Übereinstimmung mit den generellen motivationalen Defiziten des Musters S und des Risikomusters B weisen die Lehramtsstudierenden, die diesen beiden Mustern zugeordnet werden können, verbreitet auch motivationale Defizite und damit eine im Vergleich zum Muster G, aber auch zum Risikomuster A ungünstigere motivationale Ausgangslage für eine erfolgreich zu absolvierende Lehrerbildung, aber auch für eine langfristig zufrieden stellende Ausübung des Lehrerberufs auf.

Diese Befunde tragen zu einem erweiterten Verständnis der Bedeutung der Berufswahlmotivation sowie berufsbezogener Überzeugungen bei Lehramtsstudierenden durch die gezeigten Zusammenhänge mit dem gesundheitsrelevanten, arbeitsbezogenen Verhalten und Erleben bei. Die Bedeutung der Berufswahlmotivation angehender Lehrkräfte ist damit nicht auf die personale Ausgangslage für die *Aufnahme* eines lehramtsrelevanten Studiums und damit auf die Initialisierung des Prozesses des „Lehrer werdens“ zu reduzieren (vgl. Sinclair, 2008). Stattdessen wird darüber hinaus im Zusammenhang mit der Berufswahlmotivation und den berufswahlrelevanten Überzeugungen die berufsbiographische Entwicklung bis hin zum Erleben von Belastung und Beanspruchung in der Berufspraxis, das in unterschiedlicher Ausprägung mit den Mustern arbeitsbezogenen Verhaltens und Erlebens einhergeht, relevant.

5.3 Berufswahlmotivation und Kompetenzentwicklung in der Lehrerbildung

In Übereinstimmung mit den eingangs bereits aufgegriffenen Forschungsdesideraten konstatieren Künsting und Lipowsky, dass es in der bisherigen Forschung „kaum Befunde für Beziehungen zwischen Studienwahlmotivationen und erfolgsrelevanten Variablen im Lehramtsstudium existieren" (Künsting & Lipowsky, 2011, S. 106) obwohl anzunehmen sei, dass sich etwa Gruppen mit unterschiedlichen Berufswahlmotivationsprofilen auch hinsichtlich des Lern- und Studienverhaltens und damit vermittelt auch hinsichtlich der Entwicklung professioneller Handlungskompetenz im Studium unterscheiden (vgl. Billich-Knapp, Künsting & Lipowsky, 2012).

Erste Ansätze zur Bearbeitung des skizzierten Desiderats bilden die Untersuchung von Künsting und Lipowsky (2011), in der die Studienwahlmotive als Prädiktoren für die Zufriedenheit und Strategienutzung im Lehramtsstudium überprüft werden, oder aber eine australische Studie, in der die Berufswahlfaktoren u.a. im Zusammenhang mit Selbstauskünften von Lehramtsstudierenden zur professionellen Entwicklung (vgl. Watt, Richardson & Tysvaer, 2007; Watt & Richardson, 2008) erhoben wurden. Zum Zusammenhang zwischen Motiven für die Wahl des Lehrerberufs und damit für die Aufnahme eines Lehramtsstudium mit den Leistungen im Studium und dem Studienerfolg kann ebenfalls auf die schweizerische Untersuchung von Brühwiler (2001) verwiesen werden, in der der Zusammenhang der Berufswahlmotivation von Studierenden in der Primarlehrerausbildung mit dem Ausbildungserfolg gemessen an der Abschlussnote (Diplomgesamtnote und einzelne Fachnoten) überprüft wurde. Hier konnte gezeigt werden, dass die Lehramtsstudierenden, die weder intrinsisch bezogen auf die Klientel („Freude an Kindern") noch bezogen auf die Tätigkeit („Interesse, Lernprozesse zu initiieren und zu begleiten") motiviert sind, in allen Ausbildungsbereichen schlechtere Abschlussnoten erreichen, als die Lehramtskandidaten, bei denen mindestens eine der beiden motivationalen Facetten oder aber beide ausgeprägt sind. Insgesamt steht der erfolgreiche Abschluss der Lehrerbildung also in einem Zusammenhang mit motivationalen Faktoren der Berufswahl (vgl. zur Vorhersage des Studienerfolgs in den bildungswissenschaftlichen Studienanteilen durch beruflichen Interessenorientierungen der Lehramtsstudierenden auch Kaub et al., 2012).

Abgesehen von diesen ersten Vorstößen fehlt es bislang jedoch an weiteren Studien, die – optimalerweise in Längsschnittuntersuchungen – die Nutzung von Lerngelegenheiten und die Kompetenzentwicklung in der Lehrerbildung im Zusammenhang mit der Berufswahlmotivation und damit die praktische Relevanz der individuell unterschiedlichen Berufswahlmotive angehender Lehrkräfte erfassen (vgl. Zlatkin-Troitschanskaia & Preuße, 2011). Konkret wäre u.a. die Berufswahlmotivation als Prädiktor für den Erwerb des Professionswissens in der ersten Phase der Lehrerbildung als kognitiver Kompetenzfacette zu untersuchen. Wie wäre aber zunächst ein solcher Zusammenhang bezogen auf die Berufswahl Lehramt bei Studierenden theoretisch zu konzipieren?

Grundsätzlich wird nicht davon ausgegangen, dass Berufswahlmotive als vorgeschaltete motivationale Variable, als „first step in becoming a teacher" (Sinclair, 2008, S. 81), eine ausgeprägte *direkte* Wirkung auf die Studienleistung oder den Ausbildungserfolg haben. Vielmehr sind sie als distale motivationale Einflussgrößen zu betrachten, die sich ihrerseits auf proximale Variablen der Leistungsmotivation zur Erklärung der Kompetenzentwicklung im Studium auswirken (vgl. König & Rothland, 2012, 2013a). Die Lernleistungen und damit die kognitive Kompetenzentwicklung im Studium werden generell durch eine Fülle signifikanter Faktoren beeinflusst (vgl. Reynolds & Walberg, 1993) und hier vor allem durch die Lern- und Leistungsmotivation (vgl. Schiefele & Urhahne, 2000).

Wird nach dem Zusammenhang von motivationalen, nicht-kognitiven und kognitiven, wissensbezogenen Facetten gefragt, so sind grundsätzlich direkte und indirekte Effekte der Motivation zu unterscheiden: direkte Effekte beziehen sich auf lernrelevante Verhaltensweisen wie die investierte Lernzeit oder die Informationsverarbeitung, während indirekte Effekte etwa durch bildungsbezogene Entscheidungen vermittelt werden (bspw. Kurs- oder Studienfachwahlen) (vgl. Schiefele, 2009). Entsprechend wären mit Blick auf die Berufswahlmotivation für den Lehrerberuf indirekte Effekte in dem Sinne zu erwarten, dass das Ziel, den Lehrerberuf auszuüben, für die Leistungen in der ersten und zweiten Phase der Lehrerbildung motiviert. Diese Leistungen werden nicht um ihrer selbst willen angestrebt oder erbracht, sondern aufgrund ihrer (instrumentellen) Verbindung mit unmittelbaren und langfristigen Folgen. Im Zusammenhang mit der Berufswahlmotivation, der Leistungsmotivation im Studium und der Kompetenzentwicklung stellt die Annäherung an Oberziele die Verbindung zu langfristigen Folgen guter Leistungen dar, hier also das Ziel, einen bestimmten Beruf ausüben zu wollen (vgl. Schiefele, 2009; bezogen auf die Lehrertätigkeit als Zielperspektive vgl. Schutz, Crowder & White, 2001).

König und Herzmann (2011) konnten zeigen, dass Teilbereiche der Berufswahlmotivation differenziert nach intrinsischen (u.a. fachliches Interesse) und extrinsischen Motiven (u.a. geringe Schwierigkeit des Lehramtsstudiums) in einem relevanten Zusammenhang mit dem Leistungsmotiv im Studium (Hoffnung auf Erfolg) stehen, von dem direkte Wirkungen auf die Kompetenzentwicklung zu erwarten sind. Damit können erste Hinweise auf das Zusammenwirken von auf den Lehrerberuf ausgerichteten Berufswahlmotiven, Leistungsmotiven und der ebenfalls erfassten Ausprägung des erworbenen Pädagogischen Wissens als ausgewähltem Kriterium für die Entwicklung kognitiver Kompetenzfacetten im Rahmen der ersten Phase der Lehrerbildung gegeben werden, an die die EMW-Studie als international vergleichende Längsschnittuntersuchung anschließt (König & Rothland, 2013 a, b; König et al., 2013).

Hier kann in den ersten Querschnittsanalysen zum ersten Messzeitpunkt gezeigt werden, dass Zusammenhänge zwischen intrinsischen Berufswahlmotiven und dem Erfolgsmotiv der Allgemeinen Leistungsmotivation statistisch signifikant und praktisch bedeutsam sind. Positive Zusammenhänge zeigen sich ebenfalls zwischen dem Motiv der Verlegenheitslösung und der Misserfolgsmeidung. Hervorzuheben sind zudem die positiven Korrelate zwischen intrinsischen berufswahlrelevanten Faktoren und der für die Kompetenzentwicklung hoch relevanten Lernzielorientierung (vgl. Fasching et al., 2010) auf der anderen Seite. Hier wie in den Zusammenhängen zwischen den berufswahlrelevanten Faktoren und der Allgemeinen Leistungsmotivation bestätigt sich die angenommene Bedeutung der Berufswahlmotivation von Lehramtsstudierenden für ihre Lern- und Leistungsmotivation im Studium als eine der bedeutendsten erklärenden Variablen für die Leistung und Kompetenzentwicklung (vgl. Schiefele & Urhahne, 2000; Robbins, Lauver, Le, Davis & Langley, 2004), und zwar positiv im Falle eines hoch ausgeprägten intrinsischen Wertes, hoch ausgeprägter positiver Lehr-Lernerfahrungen und der wahrgenommenen Lehrbefähigung wie auch negativ im Falle der Berufswahl Lehramt aus Verlegenheit oder dem Wunsch nach beruflicher Sicherheit.

Unter Berücksichtigung des getesteten pädagogischen Unterrichtswissens als kognitiver Kompetenzfacette zeigen die Ergebnisse des Weiteren, dass intrinsische Berufswahlmotive (intrinsischer Wert, fachspezifische Motivation, soziale und gesellschaftsbezogene Motive) positiv, das Motiv der *fallback career* dagegen negativ mit dem pädagogischen Wissen der angehenden Lehrerinnen und Lehrer zu Beginn ihres Studiums korrelieren (allesamt kleiner als $|r| = .20$). Die hoch signifikanten, aber ebenfalls kleinen Zusammenhänge zwischen der Lern- und Leistungsmotivation im Studium – und hier insbesondere der Lernzielorientierung einerseits und der Arbeitsvermeidung andererseits – und dem pädagogischen Wissen werden darauf zurückgeführt, dass mit der Erfassung des pädagogischen Wissens im ersten Studiensemester im Rahmen der EMW-Studie das Vorwissen der Lehramtsstudierenden erfasst wurde, das noch nicht durch die Lern- und Leistungsmotivation *im Studium* beeinflusst wurde. Diese Deutung wird u.a. auch durch die Lösungshäufigkeiten der im Wissenstest eingesetzten Aufgaben gestützt, die bei Studienanfängern im Durchschnitt zwischen 30 und 40 Prozent liegen, dann jedoch im Verlauf und bis zum Ende der Ausbildung deutlich ansteigen (vgl. König, 2012a, b). Es wurden also

Wissensbestände als kognitive Facette der Kompetenz erfasst, die durchaus in der Lehrerausbildung vermittelt und erworben werden, über die aber Lehramtsstudierende zu Beginn ihres Studiums noch nicht bzw. nicht mehrheitlich verfügen. Entsprechend greift die Lern-/Leistungsmotivation hier noch nicht so stark wie es für die weitere Kompetenzentwicklung im Studium zu vermuten ist.

Im Verlauf der ersten Phase der Lehrerbildung und des Wissenserwerbs im Zuge universitärerer Lernangebote gilt es daher, im weiteren Verlauf der EMW-Studie längsschnittlich die Entwicklung des Zusammenhangs zwischen der Berufswahlmotivation, der Lern- und Leistungsmotivation und dem erworbenen pädagogischen Wissen ausgehend von der erfassten *motivationalen und wissensbezogenen Ausgangslage* im ersten Studiensemester zu überprüfen.

6. Bilanz

Die Erfassung der Berufswahlmotive von Lehramtsstudierenden erweist sich in der Forschung zum Lehrerberuf als vielfach bearbeiteter Gegenstandsbereich. Gleichwohl ist bilanzierend festzuhalten, dass die zahlreichen Studien bislang weitgehend unverbunden nebeneinander stehen und die Befunde aufgrund der verwendeten unterschiedlichen Motivskalen nur bedingt miteinander verglichen oder gar zu einem Gesamtergebnis zusammengefasst werden können. Es fehlte sowohl an einem gemeinsamen, auf die *Berufswahl Lehramt* ausgerichteten Bezugsrahmen, wie ihn das *FIT-Choice*-Modell nach Richardson und Watt (2007) bietet, als auch an einem auf der Basis umfangreicher Stichproben empirisch überprüften Erhebungsinstrumentarium. Solche Instrumente liegen aktuell mit der *Fit-Choice*-Skala und dem Fragebogen zur Erfassung der Motivation für die Wahl des Lehramtsstudiums (FEMOLA) von Pohlmann und Möller (2010) vor.

In den in diesem Beitrag vorgestellten *Einzelbefunden* zeigt sich zunächst, dass die Orientierungen der angehenden Lehrkräfte dem für den Lehrerberuf vorgeschlagenen *S-A-E*-Code der Berufswahltheorie von Holland (1997) entsprechen. Damit weisen die angehenden Lehrerinnen und Lehrer eine weitgehende Passung zwischen ihren Orientierungsmustern und der angestrebten beruflichen Umwelt im Sinne der Hollandschen Kongruenzthese auf. Die zahlreichen Erhebungen der Berufswahlmotive bescheinigen den angehenden Lehrkräften mit Blick auf die Bewältigung der Anforderungen des Lehrerberufs und die Passung ihrer Interessen und Präferenzen zu ihrer künftigen Berufsaufgabe ebenfalls eine durchaus günstige Motivkonstellation, die insbesondere durch intrinsische, speziell durch personen- und beziehungsorientierte Motive geprägt wird. Als lehramtstypische, bedeutsame Motivkombination erweist sich ein hoch ausgeprägtes Interesse an der Zusammenarbeit mit Kindern und Jugendlichen sowie an der Gestaltung von Lernprozessen, die in einem positiven Zusammenhang mit dem Ausbildungserfolg der angehenden Lehrkräfte gemessen an den Abschlussnoten steht.

Entgegen der Schlussfolgerung aus der Potsdamer Lehrerstudie, derzufolge ein beträchtlicher Anteil der angehenden Lehrerinnen und Lehrer motivationale Defizite aufweist, ist überdies festzuhalten, dass der Großteil derjenigen, die sich für ein Lehramtsstudium entschieden haben, eine hohe Zielgerichtetheit und Sicherheit des Berufswunsches bzw. der Berufswahlentscheidung zeigt. Von einer Verlegenheitsentscheidung oder Notlösung, die der Berufswahl Lehramt *verbreitet* zugrunde liegt, kann auch im Vergleich zu anderen Studierendengruppen, nicht gesprochen werden.

Gleichwohl ist auf der Basis empirischer Befunde eine *Risikogruppe* unter den Lehramtsstudierenden zu identifizieren, zu der die Studierenden zu zählen sind, die sich für ein Lehramtsstudium aufgrund vorwiegend extrinsischer Berufswahlmotive entscheiden, die kurzfristig vor

Beginn des Studiums aus Mangel an Alternativen bzw. als Notlösung den Lehrerberuf wählen und die sich ihrer Entscheidung für ein Lehramtsstudium bzw. den Lehrerberuf nicht sicher sind – wobei die hier zusammengefassten Aspekte Überschneidungen aufweisen bzw. sich wechselseitig bedingen.

Inwieweit sich das negative Potential der hier charakterisierten Risikogruppe auf die im Beruf stehende Lehrerschaft auswirkt, kann auf der Basis der vorliegenden Daten allerdings nicht bewertet werden. Denn schließlich ist nicht gesichert auszumachen, wie groß der Anteil der Risikokandidaten ist, der tatsächlich in den Lehrerberuf eintreten wird. Einen Hinweis bieten in diesem Zusammenhang Rauin und Meier (2007) im Rahmen der Befunde einer Längsschnittstudie: Der als „riskant Studierende" charakterisierte, mittels Clusteranalyse erfasste Typ zeichnet sich u.a. dadurch aus, dass die Studierenden das Lehramtsstudium aufgrund mangelnder Alternativen (Notlösung) gewählt haben. Sie machen im Studium in der Stichprobe einen Anteil von 27 % aus (die der Clusteranalyse zugrunde liegende Gesamtstichprobe umfasst n = 526 Studierende). Zum dritten Erhebungszeitpunkt der Untersuchung nach der Beendigung der ersten und zweiten Phase der Lehrerbildung hat sich der Anteil der „Risikogruppe" auf 17,6 % und damit um 10 % reduziert (ebd., S. 127). Es bleibt die Frage, ob der verbleibende Anteil als hoch oder als gering zu bewerten ist. Denn schließlich kann von keinem (akademischen) Beruf ernsthaft behauptet werden, dass dort nicht auch ein bestimmter Anteil ungeeigneter, bereits im Studium wenig motivierter Berufsinhaber mit ungünstigen Voraussetzungen anzutreffen ist. Nur über einen Berufsvergleich auf der Basis aussagekräftiger Datensätze wäre zu überprüfen, ob bereits im Studium der als Risikogruppe zu charakterisierende Anteil unter den Lehramtsstudierenden *höher* ist als in anderen akademischen Berufssparten. Die Notwendigkeit eines solchen Vergleichs ergibt sich indes nur deshalb, weil ohne empirische Belege wiederholt der Eindruck erweckt wird, es handle sich bei der hier identifizierten Risikogruppe um ein spezifisches Problem des Lehrerberufs bzw. des Lehrernachwuchses, das medial entsprechend verbreitet wird.

Literatur

Abel. J. (1997). Studieninteresse und Interessenstruktur von Lehramtsstudierenden. In M. Bayer, U. Carle & J. Wildt (Hrsg.), *Brennpunkt: Lehrerbildung. Strukturwandel und Innovation im europäischen Kontext* (S. 273-285). Opladen: Leske + Budrich.

Abel, J. (2008). Der AIST als Evaluationsinstrument zur Erfassung des Berufs- und Wissenschaftsbezugs von Lehramtsstudierenden im Projekt GLANZ. In F. Hofmann, C. Schreiner, & J. Thonhauser (Hrsg.), *Qualitative und quantitative Aspekte. Zu ihrer Komplementarität in der erziehungswissenschaftlichen Forschung* (S. 173-187). Münster: Waxmann.

Assouline, M., & Meir, E.I. (1987). Meta-analysis of the relationship between congruence and well-being measures. *Journal of Vocational Behavior, 31,* 319-332.

Bastick, T. (2000). Why Teacher Trainees choose the Teaching Profession. Comparing Trainees in Metropolitan and Developing Countries. *International Review of Education, 46,* 343-349.

Bauer, J., Drechsel, B., Retelsdorf, J., Kauper [Sporer], T., Rösler, L., Prenzel, M. & Möller, J. (2010). Panel zum Lehramtsstudium – PaLea: Entwicklungsverläufe zukünftiger Lehrkräfte im Kontext der Reform der Lehrerbildung. *Beiträge zur Hochschulforschung, 32,* 34-55.

Bauer, J., Diercks, U., Retelsdorf, J., Kauper, T., Zimmermann, F., Köller, O., Möller, J. & Prenzel, M. (2011). Spannungsfeld Polyvalenz in der Lehrerbildung. Wie polyvalent sind Lehramtsstudiengänge und was bedeutet dies für die Berufswahlsicherheit der Studierenden? *Zeitschrift für Erziehungswissenschaft, 14,* 629-649.

Baumert, J. & Kunter, M. (2006). Stichwort: Professionelle Kompetenz von Lehrkräften. *Zeitschrift für Erziehungswissenschaft, 9,* 469-520.

Baumert, J. & Kunter, M. (2011). Das Kompetenzmodell von COACTIV. In M. Kunter, J. Baumert, W. Blum, U. Klusmann, St. Krauss & M. Neubrand (Hrsg.), *Professionelle Kompetenz von Lehrkräften. Ergebnisse des Forschungsprogramms COACTIV* (S. 29-53). Münster u.a.: Waxmann.

Baus, M., Jacoby, K. & Uhl, E. (1977). Studien- und Berufswahlmotive von Lehrerstudenten bei den gegenwärtigen geringen Einstellungschancen. *Zeitschrift für empirische Pädagogik, 4,* 26-46.

Beltman, S. & Wosnitza, M. (2008). „You are getting to old, find a man and marry": Social Aspects of Motivation tho Choose Teacher Education. *Australian Journal of Educational and Developmental Psychology, 8,* 49-63.

Bergmann, C. (1992). Schulisch-berufliche Interessen als Determinanten der Studien- bzw. Berufswahl und -bewältigung: Eine Überprüfung des Modells von Holland. In A. Krapp, & M. Prenzel (Hrsg.), *Interesse, Lernen, Leistung. Neuere Ansätze der pädagogisch-psychologischen Interessenforschung* (S. 195-220). Münster: Aschendorff.

Bergmann, C. (2004). Berufswahl. In H. Schuler (Hrsg.), *Organisationspsychologie 1 – Grundlagen und Personalpsychologie* (Enzyklopädie der Psychologie, Band I, S. 343-387). Göttingen: Hofgrefe.

Bergmann, C. (2007). Berufliche Interessen und Berufswahl. In H. Schuler & K. Sonntag (Hrsg.), *Handbuch für Arbeits- und Organisationspsychologie* (Handbuch der Psychologie Band 6, S. 413-421). Göttingen u.a.: Hogrefe.

Billich-Knapp, M., Künsting, J. & Lipowsky, F. (2012). Profile der Studienwahlmotivation bei Grundschullehramtsstudierenden. *Zeitschrift für Pädagogik, 58,* 696–719.

Blömeke, S., Kaiser, G. & Lehmann, R. (Hrsg.) (2010a). *TEDS-M 2008 – Professionelle Kompetenz und Lerngelegenheiten angehender Primarstufenlehrkräfte im internationalen Vergleich.* Münster: Waxmann.

Blömeke, S., Kaiser, G. & Lehmann, R. (Hrsg.) (2010b). *TEDS-M 2008 – Professionelle Kompetenz und Lerngelegenheiten angehender Mathematiklehrkräfte für die Sekundarstufe I im internationalen Vergleich.* Münster: Waxmann.

Blömeke, S., Buchholtz, Ch. & Hacke, S. (2010). Demographischer, schulischer und motivationaler Hintergrund angehender Primarstufenlehrkräfte im internationalen Vergleich. In S. Blömeke, G. Kaiser & R. Lehmann (Hrsg.), *TEDS-M 2008 – Professionelle Kompetenz und Lerngelegenheiten angehender Primarstufenlehrkräfte im internationalen Vergleich.* Münster: Waxmann, S. 137-168.

Blömeke, S., Buchholtz, Ch. & Lehmann, R. (2010). Demographischer, schulischer und motivationaler Hintergrund angehender Mathematiklehrkräfte für die Sekundarstufe I im internationalen Vergleich. In S. Blömeke, G. Kaiser & R. Lehmann (Hrsg.), *TEDS-M 2008 – Professionelle Kompetenz und Lerngelegenheiten angehender Mathematiklehrkräfte für die Sekundarstufe I im internationalen Vergleich.* Münster: Waxmann, S. 137-168.

Bodensohn, R., Schneider, C. & Jäger, R.-S. (2008). Der Run auf das Lehramt – welche Klientel entscheidet sich für ein Lehramtsstudium? Mögliche Entscheidungshilfen für eine künftige Auswahl von Lehramtsstudierenden. In M. Rotermund, G. Dörr & R. Bodensohn, R. (Hrsg.), *Bologna verändert die Lehrerbildung. Auswirkungen der Hochschulreform* (S. 208-247). Leipzig: Leipziger Universitätsverlag.

Brookhart, S.M. & Freeman, D.J. (1992). Characteristics of Entering Teacher Candidates. *Review of Educational Research, 62,* 37-60.

Brouwer, N. & ten Brinke, S. (1995). Der Einfluss integrativer Lehrerausbildung auf die Unterrichtskompetenz (II). *Empirische Pädagogik, 9,* 289-330.

Brühwiler, Chr. (2001). Die Bedeutung von Motivation in der Lehrerinnen- und Lehrerausbildung. In F. Oser & J. Oelkers, J. (Hrsg.), *Die Wirksamkeit der Lehrerbildungssysteme. Von der Allrounderbildung zur Ausbildung professioneller Standards* (S. 343-397). Chur/Zürich: Rüegger.

Cramer, C. (2012). *Entwicklung von Professionalität in der Lehrerbildung. Empirische Befunde zu Eingangsbedingungen, Prozessmerkmalen und Ausbildungserfahrungen Lehramtsstudierender.* Bad Heilbrunn: Klinkhardt.

Daniels, L.M., Clifton, R.A., Perry, R.P., Mandzuk, D. & Hall, N.C. (2006). Student teacher's competence and career certainty: The effect of career anxiety and perceived control. *Social Psychology of Education, 9,* 405-423.

Deci, E.L. (1971). Effects of externally mediated rewards on intrinsic motivation. *Journal of Personality and Soical Psychology, 18,* 105-155.

Denzler, S., Fiechter, U. &Wolter, S.C. (2005). Die Lehrkräfte von morgen. Eine empirische Untersuchung der Bestimmungsfaktoren des Berufswunsches bei bernischen Gymnasiasten. *Zeitschrift für Erziehungswissenschaft, 8*, 576-594.

Dyer, E. (1987). Can university success and first-year job performance be predicted from academic achievement, vocational interest, personality and biological measures? *Psychological Reports, 61*, 655-671.

Eberle, Th. & Pollak, G. (2006). Studien- und Berufswahlmotive von Passauer Lehramtsstudierenden. *Paradigma, 1* (1), 19-38.

Eccles, J. S. & Wigfield, A. (2002). Motivational beliefs, values, and goals. *Annual Review of Psychology, 53*, 109-132.

Eder, F. (2008). Persönlichkeitsmerkmale von Lehramtsstudierenden. F. Eder & G. Hörl (Hrsg.), *Gerechtigkeit und Effizienz im Bildungswesen. Unterricht, Schulentwicklung und LehrerInnenbildung als professionelle Handlungsfelder* (S. 273-293). Münster: Lit.

Eder, F. & Hörl, G. (2007). Studienberatungstests für Lehramtsstudierende. In: Heinrich, M./Prexl-Krausz, U. (Hrsg.): *Eigene Lernwege – Quo vadis? Eine Spurensuche nach „neuen Lernformen" in Schulpraxis und LehrerInnenbildung* (S. 179-191). Münster u.a.: Lit.

Fasching, M., Dresel, M., Dickhäuser, O. & Nitsche, S. (2010). Goal orientations of teacher trainees: Longitudinal analysis of magnitude, change and relevance. *Journal of Educational Research Online, 2*, 9-33.

Faulstich-Wieland, H., Niehaus, I. & Scholand, B. (2010). Lehramt Grundschule: „niedrigste Stufe dieses Lehrerberufs" versus „ich liebe Kinder". Oder: Was SchülerInnen vom Lehramt abhält und Studierende daran reizt. *Erziehungswissenschaft, 21* (41), 27-42.

Fend, H. (2003). *Entwicklungspsychologie des Jugendalters*. Opladen: Leske + Budrich.

Flach, H., Lück, J. & Preuss, R. (1995). *Lehrerausbildung im Urteil ihrer Studenten. Zur Reformbedürftigkeit der deutschen Lehrerausbildung*. Frankfurt a.M.: Peter Lang Verlag.

Fock, C., Glumpler, E., Hochfeld, I. & Weber-Klaus, S. (2001). Studienwahl: Lehramt Primarstufe. Berufs- und Studienwahlorientierungen von Lehramtsstudierenden. In E. Glumpler & C. Fock (Hrsg.), *Frauen in pädagogischen Berufen. Bd. 2: Lehrerinnen* (S. 212-240). Bad Heilbrunn: Klinkhardt.

Foerster, F. (2008). *Personale Voraussetzungen von Grundschullehramtsstudierenden. Eine Untersuchung zur prognostischen Relevanz von Persönlichkeitsmerkmalen für den Studien- und Berufserfolg*. Münster u.a.: Waxmann.

Fokkens-Bruinsma, M. & Canrinus, E.T. (2012). The Factors Influencing Teaching (FIT)Choice scale in a Dutch teacher education program. *Asia-pacific Journal of Teacher Education, 40*, 249-269.

Gausch, M. & Buer, J. van (2011). Studienwechsel als Indikator für das Scheitern? In U. Faßhauer, J. Aff, B. Fürstenau & E. Wuttke (Hrsg.), *Lehr-Lernforschung und Professionalisierung. Perspektiven der Berufsbildungsforschung* (S. 147-159). Opladen, Farmington Hils: Burdrich.

Gröschner, A. & Schmitt, C. (2008). „Fit für das Studium?" – Studien- und Berufswahlmotive, Belastungserfahrungen und Kompetenzerwartungen am Beginn der Lehramtsausbildung. Empirische Befunde der wissenschaftlichen Begleitforschung zum Praxissemester an der Universität Jena. *Lehrerbildung auf dem Prüfstand, 1*, 605-624.

Grosser, N. & Rosenberger, K. (2008). Zwischen Traumberuf und Kompromiss. Studienmotive und Fachinteressen von Studierenden des Hauptschullehramts Mathematik. In F. Eder & G. Hörl, G. (Hrsg.), *Gerechtigkeit und Effizienz im Bildungswesen. Unterricht, Schulentwicklung und LehrerInnenbildung als professionelle Handlungsfelder* (S. 323-339). Wien: Lit.

Guarino, C.M., Santibañez, L. & Daley, G.A. (2006). Teacher Recruitment and Retention: A Review of the Recent Empirical Literature. *Review of Educational Research, 76*, 173-208.

Heine, Chr., Willich, J., Schneider, H. & Sommer, D. (2008). *Studienanfänger im Wintersemester 2007/2008. Wege zum Studium, Studien- und Hochschulwahl, Situation bei Studienbeginn*. Hannover: HIS.

Herrmann, U. & Hertramph, H. (1997). Reflektierte Berufserfahrung und subjektiver Qualifikationsbedarf. In S. Buchen, U. Carle & P. Döberich (Hrsg.), *Jahrbuch für Lehrerforschung* (Bd. 1, S. 139-163). Weinheim: Juventa.

Herzog, W., Herzog, S., Brunner, A. & Müller, H.P. (2007). *Einmal Lehrer, immer Lehrer? Eine vergleichende Untersuchung der Berufskarrieren von (ehemaligen) Lehrpersonen*. Bern: Haupt.

Hörl, G. (2008). Von der geschlechtsspezifischen Studienwahl zur Feminisierung des Lehrberufs. Zur sozioökonomischen Herkunft von Lehramtsstudierenden an der Universität. In F. Eder & G. Hörl, G. (Hrsg.), *Gerechtigkeit und Effizienz im Bildungswesen. Unterricht, Schulentwicklung und LehrerInnenbildung als professionelle Handlungsfelder* (S. 251-271). Wien: Lit.

Holland, J.L. (1997). *Making vocational choices. A theory of vocational personalities and work environments* (3rd Ed.). Odessa, FL: Psychological Assessment Ressources.

Jugović, I., Marušić, I., Pavin Ivanec, T., & Vizek Vidović, V. (2012). Motivation and Personality of Pre-service Teachers in Croatia. *Asia-Pacific Journal of Teacher Education*, 40, 271-287.

Kappler, Chr. (2013). *Berufswahlprozesse und Motive angehender Lehrer. Eine qualitative Studie aus geschlechter- und berufsbiographisch-vergleichender Perspektive.* Bern: Haupt.

Kaub, K., Karbach, J., Biermann, A., Friedrich, A., Bedersdorfer, H.-W., Spinath, F.M. & Brünken, R. (2012). Berufliche Interessenorientierungen und kognitive Leistungsprofile von Lehramtsstudierenden mit unterschiedlichen Fachkombinationen. *Zeitschrift für Pädagogische Psychologie, 26, 233-249.*

Keller-Schneider, M. (2011). Die Bedeutung von Berufswahlmotiven von Lehrpersonen in der Bewältigung beruflicher Anforderungen in der Berufseingangsphase. *Lehrerbildung auf dem Prüfstand, 4,* 157-185.

Kiel, E., Geider, F.J. & Jünger, W. (2004). Motivation, Selbstkonzepte und Lehrerberuf. Studienwahl und Berufsperspektiven bei Studierenden für das Lehramt an Grund-, Haupt- und Realschulen. *Die Deutsche Schule, 96,* 223-233.

Klusmann, U. (2011). Allgemeine berufliche Motivation und Selbstregulation. In M. Kunter, J. Baumert, W. Blum, U. Klusmann, St. Krauss & M. Neubrand, M. (Hrsg.), *Professionelle Kompetenz von Lehrkräften. Ergebnisse des Forschungsprogramms COACTIV* (S. 277-294). Münster u.a.: Waxmann.

König, J. (2012a). Die Entwicklung von pädagogischem Unterrichtswissen: Theoretischer Rahmen, Testinstrument, Skalierung und Ergebnisse. In J. König & Seifert, A. (Hrsg.), *Lehramtsstudierende erwerben pädagogisches Professionswissen. Ergebnisse der Längsschnittstudie LEK zur Wirksamkeit der erziehungswissenschaftlichen Lehrerausbildung* (S. 143-182). Münster: Waxmann.

König, J. (2012b). Pädagogisches Professionswissen von angehenden Grundschullehrkräften – Ergebnisse aus TEDS-M und der Ergänzungsstudie LEK. In F. Hellmich (Hrsg.), *Bedingungen des Lehrens und Lernens in der Grundschule. Jahrbuch Grundschulforschung* (Vol. 16, S. 141-144). Wiesbaden: VS.

König, J. & Herzmann, P. (2011). Lernvoraussetzungen angehender Lehrkräfte am Anfang ihrer Ausbildung. Erste Ergebnisse aus der wissenschaftlichen Begleitung des Kölner Modellkollegs Bildungswissenschaften. *Lehrerbildung auf dem Prüfstand, 4,* 186-210.

König, J. & Rothland, M. (2012). Motivations for Choosing Teaching as a Career: Effects on General Pedagogical Knowledge during Initial Teacher Education. *Asia-Pacific Journal of Teacher Education, 40,* 289-315.

König, J. & Rothland, M. (2013a). Pädagogisches Wissen und berufsspezifische Motivation am Anfang der Lehrerausbildung. Zum Verhältnis von kognitiven und nicht-kognitiven Eingangsmerkmalen von Lehramtsstudierenden. *Zeitschrift für Pädagogik, 59,* 43-65.

König, J. & Rothland, M. (2013b). Motivationale Bedingungen der Kompetenzentwicklung in der Lehrerbildung. In A. Gehrmann, B. Kranz, S. Pelzmann & A. Reinartz (Hrsg.), *Formation und Transformation der Lehrerbildung. Entwicklungstrends und Forschungsbefunde* (S. 88-103). Bad Heilbrunn: Klinkhardt.

König, J., Rothland, M., Darge, K., Lünnemann, M. & Tachtsoglou, S. (2013). Erfassung und Struktur berufswahlrelevanter Faktoren für die Lehrerausbildung und den Lehrerberuf in Deutschland, Österreich und der Schweiz. *Zeitschrift für Erziehungswissenschaft, 16* (3), 553-577.

König, J. & Seifert, A. (Hrsg.) (2012). *Lehramtsstudierende erwerben pädagogisches Professionswissen. Ergebnisse der Längsschnittstudie LEK zur Wirksamkeit der erziehungswissenschaftlichen Lehrerausbildung.* Münster: Waxmann.

Krapp, A. & Hascher, T. (2009). Motivationale Voraussetzungen der Entwicklung der Professionalität von Lehrenden. In O. Zlatkin-Troitschanskaia, K. Beck, D. Sembill, R. Nickolaus & R. Mulder (Hrsg.), *Lehrprofessionalität – Bedingungen, Genese, Wirkungen und ihre Messung* (S. 377-388). Weinheim & Basel: Beltz.

Krecic, M. & Grmek, M. (2005). The reasons students choose teaching professions. *Educational Studies, 31,* 265-274.

Krieger, R. (2000). Erziehungsvorstellungen und Berufswahlmotive im Wandel: Generationsvergleiche bei Lehramts-Studierenden. In G. Krampen & H. Zayer (Hrsg.), *Psychologiedidaktik und Evaluation II: Neue Medien, Psychologiedidaktik und Evaluation in der psychologischen Haupt- und Nebenfachausbildung* (S. 239-255). Bonn: Deutscher Psychologen Verlag.

Künsting, J. & Lipowsky, F. (2011). Studienwahlmotivation und Persönlichkeitseigenschaften als Prädiktoren für Zufriedenheit und Strategienutzung im Lehramtsstudium. *Zeitschrift für Pädagogische Psychologie, 25,* 105-114.

Künsting, J., Billich-Knapp, M. & Lipowsky, F. (2012). Profile der Anforderungsbewältigung zu Beginn des Lehramtsstudiums. *Journal for Educational Research Online, 4* (2), 84-119.

Kunter, M. (2011). Motivation als Teil der professionellen Kompetenz. Forschungsbefunde zum Enthusiasmus von Lehrkräften. In M. Kunter, J. Baumert, W. Blum, U. Klusmann, S. Krauss & M. Neubrand (Hrsg.), *Professionelle Kompetenz von Lehrkräften – Ergebnisse des Forschungsprogramms COACTIV* (S. 259–275). Münster: Waxmann.

Kunter, M. (2014). Forschung zur Lehrermotivation. In E. Terhart, H. Bennewitz & M. Rothland (Hrsg.), *Handbuch der Forschung zum Lehrerberuf* (2., erw. u. vollst. überarb. Auf., S. 698-711). Münster u.a.: Waxmann.

Kunter, M. & Klusmann, U. (2010). Die Suche nach dem kompetenten Lehrer – ein personenzentrierter Ansatz. In W. Bos, E. Klieme & O. Köller (Hrsg.), *Schulische Lerngelegenheiten und Kompetenzentwicklung. Festschrift für Jürgen Baumert* (S. 207-230). Münster u.a.: Waxmann.

Lepper, M.R. & Henderlong, J. (2000). Turning „play“ into „work“ and „work“ into „play“: 25 years of research on intrinsic versus extrinsic motivation. In C. Sansone & J.M. Harackiewicz (Eds.), *Intrinsic and extrinsic motivation* (pp. 257-307). San Diego: Academic Press.

Lerche, Th., Weiß, S. & Kiel, E. (2013). Mythos pädagogische Vorerfahrung. *Zeitschrift für Pädagogik, 59,* 762-782.

Lipowsky, F. (2003). *Wege von der Hochschule in den Beruf. Eine empirische Studie zum beruflichen Erfolg von Lehramtsabsolventen in der Berufseinstiegsphase.* Bad Heilbrunn: Klinkhardt.

Martin, R. & Steffgen, G. (2002). Zum Einfluss der Berufswahlmotive auf die Berufszufriedenheit von Grundschullehrern. In *Psychologie in Erziehung und Unterricht 49,* S. 241-249.

Mayr, J. (1998). Die „Lehrer-Interessen-Skalen“ (LIS). Ein Instrument für die Forschung und Laufbahnberatung. In J. Abel (Hrsg.), *Pädagogisch-psychologische Interessenforschung in Studium und Beruf* (S. 111-125). Münter u.a.: Waxmann.

Mayr, J. (2009). LehrerIn werden in Österreich: empirische Befunde zum Lehramtsstudium. *Erziehung und Unterricht, 159* (1/2), 14-33.

Mehmel, U. (1992). Ich will Grundschullehrerin werden. *Grundschule, 24* (10), 22-24.

Moran, A., Kilpatrick, R., Abbott, L., Dallatt, J., & McClune, B. (2001). Training to Teach: Motivating Factors and Implications for Recruitment. *Evaluation & Research in Education, 15* (1), 17-32.

Multrus, F., Bargel, T. & Ramm, M. (2008). *Studiensituation und studentische Orientierungen. 10. Studierendensurvey an Universitäten und Fachhochschulen.* Berlin: Bundesministerium für Bildung und Forschung.

Nagy, G. (2006). *Berufliche Interessen, kognitive und fachgebundene Kompetenzen: Ihre Bedeutung für die Studienfachwahl und die Bewährung im Studium.* Dissertation, Freie Universität, Berlin. Verfügbar unter: http://www.diss.fu-berlin.de/2007/109/.

Neugebauer, M. (2013). Wer entscheidet sich für ein Lehramtsstudium – und warum? Eine empirische Überprüfung der These von der Negativselektion in den Lehrerberuf. *Zeitschrift für Erziehungswissenschaft, 16,* 157-184.

Nieskens, B. (2009). *Wer interessiert sich für den Lehrerberuf – und wer nicht? Berufswahl im Spannungsfeld von subjektiver und objektiver Passung.* Göttingen: Cuvillier.

Oesterreich, D. (1987). *Die Berufswahlentscheidung von jungen Lehrern.* Berlin: Max-Planck Institut für Bildungsforschung.

Ortenburger, A. (2010). *Professionalisierung und Lehrerausbildung. Zur Bedeutung professionsbezogener Einstellungsmuster für Studienwahl und Studienverläufe von Lehramtsstudierenden.* Frankfurt a.M. u.a.: Lang.

Pohlmann, B. & Möller, J. (2010). Fragebogen zur Erfassung der Motivation für die Wahl des Lehramtsstudiums (FEMOLA). *Zeitschrift für Pädagogische Psychologie, 24,* 73-84.

Rauin, U. & Meier, U. (2007). Subjektive Einschätzungen des Kompetenzerwerbs in der Lehramtsausbildung. In M. Lüders & J. Wissinger (Hrsg.), *Forschung zur Lehrerbildung. Kompetenzentwicklung und Programmevaluation* (S. 103-131). Münster u.a.: Waxmann.

Rauin, U. & Römer, J. (2010). Motive als Prädiktor des Studien- und Berufserfolgs bei Lehramtsstudierenden und Hauptfachpädagogen. In Schwarz, B., Nenninger, P. & Jäger, R.S. (Hrsg.), *Erziehungswissenschaftliche Forschung – nachhaltige Bildung* (S. 244-252). Landau: Verlag Empirische Pädagogik.

Retelsdorf, J. & Möller, J. (2012). Gurndschule oder Gymnasium? Zur Motivation, ein Lehramt zu studieren. *Zeitschrift für Pädagogische Psychologie, 26,* 5-17.

Reynolds, A. J. & Walberg, H. J. (1993). Structural modelling of nine factors of educational productivity. In H.J. Walberg (Ed.), *Advances in educational productivity. Vol. 3: Analytic methods for educational productivity* (pp. 79-95). Greenwich, CT: Jai Press.

Richardson, P.W. & Watt, H.M.G. (2005). ‚I've decided to become a teacher': Influence on career change. *Teaching and Teacher Education, 21,* 475-489.

Richardson, P.W. & Watt, H.M.G. (2006). Who choose teaching and why? Profiling characteristics and motivations across three Australian universities. *Asia-Pacific Journal of Teacher Education, 34,* 27-56.

Richardson, P.W. & Watt, H.M.G. (2010). Current and future directions in teacher motivation research. In T.C. Urdan & S.A. Karabenick (Eds.), *The decade ahead: Applications and contexts of motivation and achievement* (Advances in Motivation and Achievement, Volume 16B) (pp. 139-173). Bingley, U.K.: Emerald.

Robbins, S., Lauver, K., Le, H., Davis, D., Langley, R., & Carlstrom, A. (2004). Do psychological and study skill factors predict college outcome? A meta-analysis. *Psychological Bulletin, 130,* 261–288.

Römer, J., Drews, F. Rauin, U. & Fabricius, D. (2013). Riskante Studien- und berufsrelevante Merkmale von Studierenden: Ein Vergleich von Lehramts- und Jurastudierenden. *Zeitschrift für Bildungsforschung, 3,* 153-173.

Rolfs, H. (2001). *Berufliche Interessen: Die Passung zwischen Person und Umwelt in Beruf und Studium.* Göttingen: Hogrefe.

Rothland, M. (2010a). Berufsorientierung und -motivation in der konsekutiven Lehrerbildung: diffus, trügerisch und defizitär? Befunde einer vergleichenden Untersuchung. *Die Deutsche Schule, 102,* 21-36.

Rothland, M. (2010b). Das öffentliche Lehrerbild aus der Perspektive angehender Lehrkräfte. Empirische Befunde zur Wahrnehmung, Bewertung und Wirkung. *Empirische Pädagogik, 24,* 286-310.

Rothland, M. (2011). Risikomerkmale von Lehramtsstudierenden. Empirische Befunde zu berufsbezogenen Eingangsvoraussetzungen angehender Lehrkräfte. *Zeitschrift für Bildungsforschung, 1,* 179-197.

Rothland, M. (2012a). Verachtung als Berufsperspektive? Wie nehmen Lehramtsstudierende das Lehrerbild in der Gesellschaft wahr? *Zeitschrift für Bildungsverwaltung, 28,* 21-36.

Rothland, M. (2012b). The professional motivation, job-related beliefs and patterns of work-related coping behaviour of teacher training students. In J. König (Ed.), *Teachers' Pedagogical Beliefs. Definition and Operationalisation – Connections to Knowledge and Performance – Development and Change* (pp. 71-90). Münster: Waxmann.

Rothland, M. (2013a). Beruf Lehrer/Lehrerin – Arbeitsplatz Schule. Charakteristika der Arbeitstätigkeit und Bedingungen der Berufssituation. In M. Rothland (Hrsg.), *Belastung und Beanspruchung im Lehrerberuf. Modelle, Befunde, Interventionen* (2., vollst. überarb. Aufl., S. 21-39). Wiesbaden: Springer VS.

Rothland, M. (2013b). „Riskante" Berufswahlmotive und Überzeugungen von Lehramtsstudierenden. *Erziehung & Unterricht, 163* (1/2), 71-80.

Rothland, M. (2014). Wer entscheidet sich für den Lehrerberuf? Herkunfts-, Persönlichkeits- und Leistungsmerkmale von Lehramtsstudierenden. In E. Terhart, H. Bennewitz & M. Rothland (Hrsg.), *Handbuch der Forschung zum Lehrerberuf* (2., erw. u. vollst. überarb. Auf., S. 319-348). Münster u.a.: Waxmann.

Rots, I., Aelterman, A., Devos, G. & Vlerick, P. (2010). Teacher education and the choice to enter the teaching profession: A prospective study. *Teaching and Teacher Education, 26,* 1619-1629.

Rustemeyer, R. (1998). *Lehrerberuf und Aufstiegsorientierung. Eine empirische Untersuchung mit Schulleiter/innen, Lehrer/innen und Lehramtsstudierenden.* Münster u.a.: Waxmann.

Saalfrank, W.-Th., Weiß, S., Brune, A. & Kiel, E. (2011). Berufswunsch Deutschlehrer/in. *Didaktik Deutsch, 17* (30), 40-46.

Savickas, M. & Gottfredson, G.D. (1999). Holland's theory (1959–1999): 40 years of research and application. *Journal of Vocational Behaviour, 55,* 1-4.

Schaarschmidt, U. (2005). Situationsanalyse. In U. Schaarschmidt (Hrsg.), *Halbtagsjobber? Psychische Gesundheit im Lehrerberuf - Analyse eines veränderungsbedürftigen Zustands* (2. Aufl., S. 41-71). Weinheim: Beltz.

Scheller, P., Isleib, S. & Sommer, D. (2013). *Studienanfängerinnen und Studienanfänger im Wintersemster 2011/12.* Tabellenband. Hannover: Hochschul-Informations-System GmbH.

Schiefele, U. (2009). Motivation. In E. Wild & J. Möller (Hrsg.), *Pädagogische Psychologie* (S. 151-177). Heidelberg: Springer.

Schiefele, U. & Urhahne, D. (2000). Motivationale und volitionale Bedingungen der Studienleistung. In U. Schiefele & K. Wild (Hrsg.), *Interesse und Lernmotivation. Untersuchungen zu Entwicklung, Förderung und Wirkung* (S. 183–205). Münster, Westfalen u.a: Waxmann.

Schreiber, M., Darge, K., König, J. & Seifert, A. (2012). Individuelle Voraussetzungen von zukünftigen Lehrkräften. In J. König & A. Seifert (Hrsg.), *Lehramtsstudierende erwerben pädagogisches Professionswissen. Ergebnisse der Längsschnittstudie LEK zur Wirksamkeit der erziehungswissenschaftlichen Lehrerausbildung* (S. 119-140). Münster u.a.: Waxmann.

Schutz, P. A., Crowder, K. C. & White, V. E. (2001). The Development of a Goal To Become a Teacher. *Journal of Educational Psychology, 93,* 299-308.

Sinclair, C. (2008). Initial and changing student teacher motivation and commitment to teaching. *Asia-Pacific Journal of Teacher Education, 36,* 79-104.

Steltman, K. (1980). Motive für die Wahl des Lehrerberufs. *Zeitschrift für Pädagogik, 26,* 581-586.

Terhart, E., Czerwenka, K., Ehrich, K., Jordan, F. & Schmidt, H.J. (1994). *Berufsbiographien von Lehrern und Lehrerinnen.* Frankfurt u.a.: Lang.

Thierack, A. (2002). *Berufliche Vorstellungen von Studierenden in den Lehrämtern Primarstufe und Sekundarstufe I/II.* Münster: LIT.

Thomson, M. M., Turner, J. E. & Nietfeld, J. L. (2012). A typological approach to investigate the teaching career decision: Motivations and beliefs about teaching of prospective teacher candidates. *Teaching and Teacher Education, 28,* 479-499.

Treptow, E. (2006). *Bildungsbiographien von Lehrerinnen und Lehrern. Eine empirische Untersuchung unter Berücksichtigung geschlechtsspezifischer Unterschiede.* Münster u.a.: Waxmann.

Ulich, K. (2004). *„Ich will Lehrer/in werden". Eine Untersuchung zu den Berufswahlmotiven von Studierenden.* Weinheim: Deutscher Studien Verlag.

Urhahne, D. (2006). Ich will Biologielehrer(-in) werden! – Berufswahlmotive von Lehramtsstudierenden der Biologie. *Zeitschrift für Didaktik der Naturwissenschaften, 12,* 111-125.

Urhahne, D. (2008). Sieben Arten der Lernmotivation. Ein Überblick über zentrale Forschungskonzepte. *Psychologische Rundschau, 59* (3), 150-166.

Warwas, J., Watermann, R., Nagy, G. & Hasselhorn, M. (2009). Zum Effekt von beruflichen Interessenprofilen, Selbstkonzept und Kursniveau auf Leistungsentwicklungen in Mathematik und Englisch. *Schweizerische Zeitschrift für Bildungswissenschaften* (2), 397-418.

Watt, H.M.G. & Richardson, P.W. (2007). Motivational factors influencing teaching as a career choice: Development and validation of the FIT- Choice Scale. *Journal of Experimental Education, 75,* 167-202.

Watt, H.M.G. & Richardson, P.W. (2008). Motivations, perceptions, and aspirations concerning teaching as a career for different types of beginning teachers. *Learning and Instruction, 18,* 408-428.

Watt, H.M.G., Richardson, P.W., & Tysvaer, N.M. (2007). Profiles of beginning teachers' professional engagement and career development aspirations. In A. Berry, A. Clemans, & A. Kostogriz (Eds.), *Dimensions of professional learning: Professionalism, practice and identity* (pp. 155-176). Rotterdam, The Netherlands: Sense Publishers.

Watt, H.M.G. & Richardson, P.W. (2012). An introduction to teaching motivations in different countries: Comparisons using the FIT-Choice scale. *Asia-Pacific Journal of Teacher Education, 40,* 185-197.

Watt, H. M. G., Richardson, P. W., Klusmann, U., Kunter, M., Beyer, B., Trautwein, U., & Baumert, J. (2012). Motivations for choosing teaching as a career: An international comparison using the FIT-Choice scale. *Teaching and Teacher Education, 28*, 791-805.

Weiß, S., Braune, A. & Kiel, E. (2010a). Berufswunsch Französischlehrer/in – Motive und Selbstbild. *Französisch heute, 41* (3), 129-135.

Weiß, S., Braune, A. & Kiel, E. (2010b). Berufswunsch Lehrkraft im mathematisch-naturwissenschaftlichen Bereich. *Mathematischer und Naturwissenschaftlicher Unterricht, 63* (7), 435-440.

Weiß, S., Braune, A., Steinherr, E. & Kiel, E. (2010). Berufswunsch Religionslehrer/in – Motive und Selbstbild. *Katholische Bildung, 111* (1), 18-30.

Weiß, S. & Kiel, E. (2010a). Berufswunsch Sportlehrer. *Zeitschrift für Sportunterricht, 59* (10), 308-311.

Weiß, S. & Kiel, E. (2010b). Berufswunsch Wirtschaftslehrer/in – Motive und Selbstbild. *Erziehungswissenschaft und Beruf, 58* (4), 481-489.

Wigfield, A. & Eccles, J.S. (2000). Expectancy-value theory of achievement motivation. *Contemporary Educational Psychology, 25*, 68-81.

Willer, K.-I. (1993). *Die familiale und schulische Sozialisation von Grund- und Hauptschullehrerstudenten.* Frankfurt a.M.: Lang.

Zlatkin-Troitschanskaia, O. & Kuhn, C. (2010). Lehrprofessionalität – Ein Überblick zum theoretischen und messmethodischen Stand der nationalen und internationalen Forschung. In J. König & B. Hoffmann (Hrsg.), *Professionalität von Lehrkräften – Was sollen Lehrkräfte im Lese- und Schreibunterricht wissen und können?* (24-39). Berlin: Deutsche Gesellschaft für Lesen und Schreiben.

Zlatkin-Troitschanskaia, O. & Preuße, D. (2011). Der Lehrer – Methodologisch fokussierte Analyse zentraler Forschungstrends (1990–2009). In R. S. Jäger, P. Nenninger, H. Petillon, H. Schwarz & B. Wolf (Hrsg.). *Empirische Pädagogik 1990–2010.* Band 2 (S. 260-273). Landau: Verlag Empirische Pädagogik.

Manuela Keller-Schneider & Uwe Hericks

Forschungen zum Berufseinstieg. Übergang von der Ausbildung in den Beruf

1. Einführung

Der Einstieg in den Lehrerberuf stellt Anforderungen, die individuell verschieden wahrgenommen und bewältigt werden. Ausbildungswissen kann im Berufsalltag nicht direkt angewandt, sondern muss auf die jeweils aktuellen Situationen ausgerichtet und entsprechend angepasst werden. Die Weiterentwicklung der eigenen Kompetenzen im Sinne eines vielschichtigen Bildungsprozesses ist gefordert. Der Prozess des Lehrerwerdens ist ein komplexer, krisenhafter und individueller Entwicklungsprozess, der sich aus dem Zusammenspiel von person- und situationsspezifischen Faktoren ergibt (Terhart, 2001). Die Person wird dabei als Gestalterin der eigenen Biographie, nicht als Opfer ihrer Lebensumstände angesehen (Keller-Schneider, 2010a, S. 102).

Forschungen zum Berufseinstieg der letzten drei Jahrzehnte fokussierten entweder die sozialisatorischen Wirkungen des Berufs, bezogen sich auf Probleme und Anfangsschwierigkeiten oder waren berufsbiographisch in *life-span*-Orientierung angelegt. Der Begriff ,Berufseinstieg' wird im Zuge des in den letzten Jahren verstärkten Einbezugs von Tätigkeiten im Praxisfeld Schule während der Studienzeit auch für die Unterrichtstätigkeit vor Ausbildungsabschluss verwendet. Der folgende Beitrag definiert Berufseinstieg als erstmalige eigenverantwortlich ausgeführte Berufstätigkeit, welche durch die „sprunghaft ansteigende Komplexität der Berufsanforderungen bei Übernahme der vollen beruflichen Verantwortung" gekennzeichnet ist (Keller-Schneider, 2011b, S. 125).

Im ersten Teil des vorliegenden Beitrags werden zunächst ausgewählte Befunde aus diesen Forschungsrichtungen zusammenfassend dargestellt (2). Anschließend erfolgt eine Systematisierung der vorliegenden Theorien, Modelle und Methoden der Forschung entlang der Unterscheidung zwischen einer *struktur-* und einer *kompetenzorientierten Professionsforschung*. Der Ansatz der *Bildungsgangforschung* stellt diesbezüglich eine Art „mittleren Weg" dar (3). Ein diesem Ansatz folgendes Rahmenmodell der Entwicklung pädagogischer Professionalität dient zur Strukturierung des Berichts über den aktuellen Forschungsstand (4). Der Beitrag schließt mit Konzepten und Studien zur Begleitung der Lehrpersonen während der Einstiegsphase (5) sowie mit Hinweisen auf Perspektiven der weiteren empirischen Forschung (6).

2. Entwicklung des Forschungsbereichs während der letzten zwei bis drei Jahrzehnte

2.1 Sozialisation durch die Berufstätigkeit in der Einstiegsphase

Der Berufseinstieg von Lehrpersonen wird häufig stereotyp mit dem Begriff des *Praxisschocks* verbunden. Der Begriff gehört in den Kontext der vor allem in den 1970er Jahren unter dem Paradigma der *Sozialisationstheorie* betriebenen Forschungen zum *Einstellungswandel von Lehrpersonen* (Koch, 1972; Müller-Fohrbrodt, Cloetta & Dann, 1978; Dann, Cloetta, Müller-Fahrbrodt & Helmreich, 1978). Bekannt geworden ist das Bild der *Konstanzer Wanne* als prägnante Darstellung der Befunde einer Konstanzer Forschergruppe zum Einstellungswandel von Lehramtsanwärter/innen. Die Forschergruppe beschreibt eine Entwicklung mit zwei Wendepunkten. Demnach verfügen die Studierenden zu Beginn ihres Studiums über eher „konservative“ Erziehungsvorstellungen, die im Laufe des Studiums zugunsten eher „liberaler“ Einstellungen zur Erziehung zurückgehen und dort mehr oder weniger stabil verharren, um aber nach den ersten Kontakten mit der Berufspraxis erneut durch „konservative“, auf Konformismus und „Druck“ gegenüber den Schüler/innen ausgerichtete Haltungen ersetzt zu werden, die der Anforderungsstruktur und den Belastungen des schulischen Alltags eher angemessen zu sein scheinen. Diese festgestellte Entwicklung wird oft auf den zweiten Wendepunkt reduziert und als Beleg dafür genutzt, dass Lehrpersonen als Folge der Überforderung bei Berufseintritt konservativere Einstellungen im pädagogischen Handeln zeigen als während der Ausbildung – was weder der Absicht noch den Befunden der Studie entspricht. Vielmehr belegen die Resultate, dass sich unter der im Berufseinstieg sprunghaft angestiegenen Komplexität der zu bewältigenden, teilweise sich widersprechenden Berufsanforderungen ursprünglichere und gefestigte subjektive Theorien und Überzeugungen wieder durchsetzen können (Wahl, 1991), insbesondere dann, wenn lediglich Wissen angeeignet, nicht aber internalisiert wird (vgl. Keller-Schneider, 2013).

Darüber hinaus könnte der „Wannen-Effekt“ auch schlicht ein Artefakt des herrschenden Zeitgeistes darstellen; als Student der 1970er Jahre gab man sich nicht gerne „konservativ“ (vgl. die kritische Darstellung des sozialisationstheoretischen Ansatzes und seiner Wirkungsgeschichte bei Terhart, 2001, S. 20-22). Als ein weiterer Kritikpunkt wäre hinzuzufügen, dass im sozialisationstheoretischen Ansatz einseitig die *Anpassung* des Lehrers an sein berufliches Handlungsfeld – man könnte auch sagen: die *Korrumpierung* des Lehrers durch die Institution Schule – herausgearbeitet worden ist (vgl. z.B. Hänsel, 1975). Berufsbiographisch angelegte Studien heben demgegenüber den eigenaktiv-konstruktiven Anteil der Akteure in dieser Phase hervor, der mit großer persönlicher Befriedigung verbunden sein kann. In einer Re-Interpretation der Konstanzer Studie durch Dagmar Hänsel (1985) werden die Resultate als Lernprozess dargestellt, welcher von einer fruchtbaren Auseinandersetzung mit im Studium erworbenen illusionären Vorstellungen zeugt, die nach und nach durch realitätsgerechtere ersetzt werden. In ähnlicher Form belegen 20 Jahre später Befunde einer Längsschnittstudie zur Erhebung der Wirkungen eines neuen Lehrerbildungsprogramms in den Niederlanden, dass Berufseinsteigende die in der Ausbildung erworbenen innovativen Einstellungen durch Sozialisationseffekte konservativer Teams wieder aufgeben (Brouwer & ten Brinke, 1995). Die neu in die Schule eintretende Lehrperson sehe sich gezwungen, gemäß der dort üblichen Handlungsroutine und gegen ihre eigene Einstellung zu handeln. Als Initiation in den Beruf erkennen Sikes, Measor und Woods (1985) Sozialisationseffekte durch die Integration in das erste Kollegium der Anfangsphase. Neuere Forschungen belegen, dass berufseinsteigende Lehrpersonen umgekehrt auch ein Innovationspotenzial für Schulen darstellen, indem sie ausgestattet mit aktuellem didaktischen und fachdidaktischen Wissen und mit zunehmend auch auf Teamarbeit ausgerichteten Berufswahlmotiven (Keller-Schneider, 2011a, S. 171) neue Vorstellungen und Konzepte in die Schulen bringen (Keller-Schneider & Hericks, 2013, S. 140-142).

2.2 Problemfelder und Anfangsschwierigkeiten beim Berufseinstieg

Eine Reihe von Studien fokussieren strukturbedingte Problemfelder der Anfangsphase im Lehrberuf. Der gemeinsame Ansatz dieser Studien zeigt sich in der Annahme, dass sich den neu in den Beruf einsteigenden Lehrpersonen Anforderungen stellen, die in ihrer Komplexität im Voraus nicht bearbeitet werden konnten. Diese Anforderungen verweisen auf eine Diskrepanz zwischen den bereits aufgebauten und den aktuell geforderten Kompetenzen und fordern Kompetenzentwicklung als Adaptation, Differenzierung und Erweiterung des verfügbaren Wissens (Shulman, 1991; Bromme, 1992; Terhart, 2000; Berliner, 2001).

Im Rahmen einer oft rezipierten meta-analytischen Studie aus 83 meist fragebogenbasierten empirischen Studien aus Westeuropa, Kanada, Australien und den USA ab 1960 destillierte der niederländische Forscher Simon Veenman (1984) eine Liste mit 24 typischen Anfangsschwierigkeiten von Lehrerinnen und Lehrern der Primarstufe heraus. Klassenführung bzw. Disziplin im Klassenzimmer wurden dabei am häufigsten genannt, gefolgt von der Motivierung der Schülerinnen und Schüler, dem Umgang mit individuellen Unterschieden und dem Einschätzen und Bewerten von Schülerarbeiten. Anforderungen, die sich auf Unterricht als dem Kerngeschäft des Lehrerberufs beziehen, stehen demnach deutlich im Vordergrund der Berufseinsteigenden, während darüber hinaus gehende Anforderungen wie die professionelle Rollenfindung, das Arbeiten im Team oder die Mitgestaltung einer Schulkultur noch vollständig fehlen.

Rund 10 Jahre danach ist die Frage nach den Anfangsschwierigkeiten im Rahmen einer quantitativen Querschnittsstudie mit niedersächsischen Lehrkräften unterschiedlicher Schulformen und Altersgruppen erneut gestellt worden (Terhart et al., 1994). Dabei fallen Unterschiede in der Rangfolge der wichtigsten Anfangsschwierigkeiten im Vergleich zu Veenman auf. Bei Terhart et al. wird etwa die Anforderung zur Schülerbeurteilung als wichtigste Schwierigkeit genannt, Disziplinprobleme im Unterricht folgen erst auf Rang 6. Der entscheidende Unterschied zwischen den Studien besteht in der zugrunde liegenden Datenbasis: bei Veenman Äußerungen von Berufseinsteigern selbst, bei Terhart et al. solche von erfahrenen Lehrpersonen aus der biographischen Rückschau. So deuten die Unterschiede in der Rangfolge der Anfangsschwierigkeiten darauf hin, dass in der Rückschau bestimmte Probleme als nicht mehr so belastend erscheinen, wie sie vielleicht zu Anfang erlebt wurden. Diese Annahme wird zusätzlich dadurch gestützt, dass die beruflichen Anfangsschwierigkeiten von den älteren Lehrpersonen der Terhart-Studie insgesamt als weniger gravierend eingeschätzt wurden als von den jüngeren.

In der Liste der Anfangsschwierigkeiten von Hirsch (1990), die mittels qualitativer Inhaltsanalyse auf der Basis von 120 retrospektiven Interviews mit Lehrpersonen der Sekundarstufe I des Kantons Zürichs (Berufseinstieg 1952 bis 1980) erarbeitet wurde, stehen Anforderungen an die eigene *Person als Berufsperson* im Vordergrund. Sich in die neue Aufgabe, Rolle und Verantwortung einzufinden, wird als hauptsächliche Schwierigkeit genannt, gefolgt von körperlicher Erschöpfung und Entmutigung. Dadurch wird der individuellen, berufsphasenspezifischen Wahrnehmung der Anforderungen Rechnung getragen. In der Rangfolge der ebenfalls aus offenen Fragen inhaltsanalytisch erarbeiteten Kategorien von Henecka und Lipowsky (2002, S. 259) erscheinen *person- und teambezogene Schwierigkeiten* auf den ersten Rangplätzen (Zeitmanagement und Zeitnot, der Umgang mit Kolleginnen, Kollegen und Vorgesetzten). Darin könnte sich eine Veränderung der wahrgenommenen Berufsanforderungen dahingehend widerspiegeln, dass die beruflichen Anforderungen über die eigentliche Unterrichtstätigkeit hinausgehend wahrgenommen werden.

Da in diesen Studien jedoch keine erfahrenen Lehrpersonen als Vergleichsgruppe beigezogen wurden, lässt sich nicht feststellen, ob es sich um spezifische Anforderungen von Berufseinsteigenden handelt. Eine Vergleichsstudie mit berufseinsteigenden und erfahrenen Lehrpersonen (mit 7-15 Berufsjahren) brachte zu Tage, dass sich diese Berufserfahrungsgruppen in der Beanspruchung durch die Bewältigung der Berufsanforderungen nicht unterscheiden (Keller-Schneider, 2010a, S. 166) und dass in beiden Berufserfahrungsphasen die Anforderungen der Klassenführung, der Binnendifferenzierung und der Förderung einzelner Schülerinnen und Schüler auf den obersten Plätzen der Rangfolgen stehen (ebd., S. 176).

Wenngleich Anfangsschwierigkeiten als klar fassbare Themenbereiche vermutlich weiterhin ein Thema der Forschung bleiben werden, mit dem Ziel, daraus Fortbildungsangebote abzuleiten (trotz aktueller Befunde zum komplexen Zusammenwirken multipler Faktoren), deutet sich schon in den Studien von Veenman (1984) und Terhart et al. (1994) eine komplexere Sicht des Lehrerhandelns an. Dieses stellt eine *über die Zeit* kontinuierlich zu meisternde Realität dar, die nicht in der Aufsummierung einzelner Schwierigkeiten aufgeht. Aus berufsbiographischer Perspektive werden Lehrerinnen und Lehrer nicht einfach passiv an ihr Handlungsfeld angepasst, sondern bestimmen in aktiver Auseinandersetzung mit diesem auch über den Grad ihrer Anpassung mit (vgl. Terhart, 2001, S. 27-28). Aus dieser Perspektive betrachtet stellt der Berufseinstieg von Lehrpersonen eine wichtige (berufs-)biographische Phase dar, die neue Erfahrungen und Erkenntnisse mit sich bringt, mit Identitätsentwicklung einher geht und eine aktive Auseinandersetzung mit Lebens- und Berufsaufgaben fordert. Wichtige frühe Studien in dieser so genannten *life-span*-Orientierung sind etwa Huberman (1989), Hirsch (1990), Sikes, Measor und Woods (1985) sowie Kelchtermans (1996a, 1996b). (Zur berufsbiographischen Entwicklung im Lehrerberuf vgl. den Beitrag von Herzog, in diesem Band.)

3. Theorien, Modelle, Methoden der aktuellen Forschung in diesem Bereich

Die Entwicklung des Forschungsbereichs (Abschnitt 2) lässt eine große Vielfalt an Themen und Perspektiven zum Berufseinstieg zutage treten, die die Frage aufwirft, wie diese Vielfalt theoretisch und empirisch systematisiert und geordnet werden kann. Ewald Terhart hat auf diese Frage eine konzeptionell weichenstellende Antwort gegeben, indem er die berufsbiographische Perspektive mit *pädagogischer Professionalität* bzw. *Professionalisierung* verkoppelt. Professionalität sei als „berufsbiographisches Entwicklungsproblem" zu sehen, d.h. sie entwickle sich im *Prozess des Lehrerwerdens* (vgl. Terhart, 2001, S. 56). Mit dieser konzeptionellen Festlegung lassen sich Forschungen zum Berufseinstieg als Teil einer *pädagogischen Professionsforschung* diskutieren. Innerhalb dieser lassen sich wiederum grob drei theoretische Grundpositionen unterscheiden, die sich ihrem Gegenstand von unterschiedlichen Perspektiven her annähern: der *strukturtheoretische Ansatz*, der auf eine Rekonstruktion der strukturellen Handlungsanforderungen des Lehrerberufs abzielt (Abschnitt 3.1), und der *kompetenzorientierte Ansatz*, der nach den zur Bewältigung dieser Anforderungen notwendigen Kompetenzen und Einstellungen der Lehrerinnen und Lehrer sowie deren Entwicklung fragt (Abschnitt 3.2). Einen „mittleren Weg" zwischen Struktur- und Kompetenzorientierung stellt aus unserer Sicht der *berufsbiographische Ansatz*, speziell der Ansatz der *Bildungsgangforschung* dar, der in einem Rahmenmodell der Entwicklung pädagogischer Professionalität kulminiert (Abschnitt 3.3).

3.1 Strukturorientierte Professionsforschung

Die Lehrerbiographieforschung in *life-span*-Orientierung rekonstruiert Biographien von Menschen, die einen bestimmten Beruf, eben den der Lehrerin oder des Lehrers, gemeinsam haben, und stellt typisierende Verallgemeinerungen her. Die Ausleuchtung des beruflichen Handlungsfeldes geschieht dabei eher indirekt und nur in Ansätzen auf konkrete Handlungsanforderungen bezogen; in seiner Gesamtheit wie auch in seinen Facetten verbleibt das Feld auf charakteristische Weise statisch und unspezifisch. Berufsbiographische Studien in *life-span*-Orientierung ließen sich im Prinzip für jede berufliche Tätigkeit durchführen, ohne dass am Forschungsdesign etwas geändert werden müsste. Die strukturorientierte Lehrerforschung interessiert sich demgegenüber für die typischen, originären Handlungsanforderungen des Lehrerberufs, die diesen von anderen anspruchsvollen Berufen absetzen und seine Akteure zu genau dem machen, was sie sind. Von Interesse ist etwa, wie solche Handlungsanforderungen von den Lehrpersonen subjektiv erfahren und gedeutet werden und wie sie sich unter dem ‚Druck' dieser Anforderungen verändern.

Der *strukturtheoretischen Professionstheorie* zufolge hat klientenbezogenes professionalisiertes Handeln in der Sicherung oder Wiederherstellung der lebenspraktischen *Autonomie* des Klienten seinen positiven Bezugspunkt (Oevermann, 1996). Die Frage, was in dieser Hinsicht den strukturellen Kern speziell des Lehrerhandelns ausmacht, woraus die Professionalisierungsbedürftigkeit des Lehrerberufs also konkret resultiert, wird von verschiedenen Vertretern dieses Ansatzes (neben Ulrich Oevermann insbesondere Werner Helsper, Arno Combe und Fritz-Ulrich Kolbe) unterschiedlich beantwortet. Als übergreifende Quintessenz kann festgehalten werden, dass das berufliche Handeln von Lehrerinnen und Lehrern, selbst wenn es sich auf Unterricht als seinen ‚Kernauftrag' konzentriert, für die Schülerinnen und Schüler in der Ganzheit ihrer Personen als potenziell krisenhaft und objektiv folgenreich anzusehen ist. Dies gilt, weil Lehrpersonen im Zuge ihrer beruflichen Tätigkeit – insbesondere in der Durchführung von Unterricht, zur Sicherung seiner sozialen Gestalt sowie im Rahmen der Bewertungs- bzw. Allokationsfunktion von Schule – immer wieder in den Bereich der persönlichen Integrität der ihnen anvertrauten Schülerinnen und Schüler eingreifen. Sie sollten dabei zu deren Wohle wissen, was sie tun. *Professionalität* ist in dieser Perspektive dadurch gekennzeichnet, dass wissenschaftlich generiertes Wissen als universalisiertes Regelwissen mit praktischem Handlungswissen als Deutung einer individuellen Praxis in einer konkreten Situation als individuelle Lösung verknüpft wird. Dabei muss ein Weg zwischen *allgemeiner Wahrheit* und *situationsbezogener Angemessenheit* (Dewe & Radtke, 1991) wie auch zwischen lehrberufsspezifischen Antinomien (Helsper 1996) gefunden werden, der stark von der Individualität des oder der Handelnden geprägt ist. (Zur strukturorientierten Professionsforschung vgl. den Beitrag von Helsper, in diesem Band.)

3.2 Kompetenzorientierte Professionsforschung

Auf der Basis eines heuristischen Modells professioneller Handlungskompetenz im Anschluss an Shulman (2004) entfalten Baumert und Kunter (2006) das (Alternativ-)Programm einer *kompetenzorientierten Professionsforschung* (vgl. Krauss & Bruckmaier, in diesem Band). Diese systematisiert Resultate der internationalen Forschung zum professionellen Wissen und Können von Lehrpersonen, zu dessen Struktur und mentalen Repräsentation als Aspekte von Professionalität und nimmt in Anspruch, zum „Grundproblem professionellen Lehrerhandelns […], wie Unterricht möglich ist und auf Dauer gestellt werden kann" (ebd., S. 472) einen konzeptionellen Zugang zu finden. Professionelle Kompetenz basiert demnach auf der Topologie wie auch der Typologie professionellen Lehrerwissens von Shulman (1991; 2004). Kompetenzentwicklung als Genese von Handlungskompetenz erfolgt in qualitativ sich unterscheidenden Stufen (Dreyfus & Dreyfus, 1986; Neuweg, 2004) durch zunehmende Verdichtung von Wissensbereichen und Wissensarten mit Erfahrungswissen. Das Professionswissen von Berufsanfänger/innen entwickelt sich von regelgeleitetem, wenig vernetztem Wissen hin zu einem Richtlinien und Prinzipien folgenden Wissen, welches das Handeln steuert. Das professionelle Wissen und Können von Berufsanfänger/innen kann damit charakterisiert, die Berufseinstiegsphase davon ausgehend als eigene Phase identifiziert werden.

Professionswissen allein genügt jedoch nicht, um Handlungskompetenz zu erwerben, zu differenzieren und zu optimieren (Baumert & Kunter, 2006, S. 496 ff.; Bromme, 1992). Überzeugungen und Werthaltungen, motivationale Orientierungen sowie selbstregulative Fähigkeiten wirken in der Ausrichtung des Erfahrungszuwachses und der Integration von neuen Erkenntnissen in bestehende, im Laufe der Biographie erworbene und differenzierte Wissensschemata mit. Kompetenzentwicklung erfolgt im Zusammenwirken dieser Kompetenzkomponenten und wird dadurch individuell geprägt. (Weitere Ausführungen zur kompetenzorientierten Forschung folgen in Abschnitt 4.2.)

Im Rahmen der kompetenzorientierten Professionsforschung dominieren eher quantitative bzw. hypothesenprüfende Erhebungsverfahren, wie Fragebogenerhebungen oder standardisierte Interviews.

Unstrittig ist, dass individuelle Professionalisierung die Entwicklung professionellen Wissens und Könnens einschließt. Die Frage, über welche Kompetenzen Lehrerinnen und Lehrer verfügen (sollten) und wie diese strukturiert und mental repräsentiert sind, stellt nicht zuletzt im Kontext der Debatte um eine Reform der Lehrerbildung und von Forschungen zum Berufseinstieg ein wesentliches Desiderat dar. Eine starre Gegenübersetzung von Struktur- und Kompetenzorientierung erscheint hingegen wenig produktiv (Helsper, 2007).

3.3 Bildungsgangforschung – berufliche Entwicklungsaufgaben und pädagogische Professionalität

Die berufsbiographische Lehrerforschung kann als Teil einer ‚neuen' erziehungswissenschaftlichen Biographieforschung verstanden werden – neu im Gegensatz zu eher geisteswissenschaftlich orientierten Traditionen des 19. und 20. Jahrhunderts von Wilhelm Dilthey über Georg Misch bis Werner Loch (vgl. Krüger & Marotzki, 1995; 1999; Marotzki, 1999). Die erziehungswissenschaftliche Biographieforschung etabliert insofern ein neues Forschungsfeld, als sie weniger ‚klassische' biographische oder autobiographische Texte untersucht, sondern vielmehr mit Forschungsmethoden aus dem Kontext der qualitativen Sozialforschung wie etwa der Narrationsanalyse (nach Fritz Schütze) oder der Dokumentarischen Methode (nach Ralf Bohnsack) biographische Texte selbst erzeugt (vgl. Hericks & Stelmaszyk, 2010).

Im Kontext der ‚neuen' erziehungswissenschaftlichen Biographieforschung ist auch der Ansatz der *Bildungsgangforschung* zu nennen (Trautmann, 2005), der in Bezug auf Struktur- oder Kompetenzorientierung als eine Art „mittlerer Weg" verstanden werden kann. Die Bildungsgangforschung fragt zum einen, wie sich spezifische Handlungsanforderungen eines Feldes oder der Gesellschaft als Ganze – konzeptionell gefasst als *Entwicklungsaufgaben* – in Biographien von Menschen niederschlagen. In dieser Hinsicht rekonstruiert die Bildungsgangforschung biographische Entwicklungsprozesse als Lern- und Bildungsprozesse. Sie fragt zum anderen, wie sich biographisch und gesellschaftlich vorgeformte Handlungsdispositionen – zusammengefasst als *Habitus* – in der Bewältigung konkreter Handlungsanforderungen auswirken.

Forschungen zum Berufseinstieg von Lehrerinnen und Lehrern aus der Perspektive der Bildungsgangforschung kulminieren in einem Rahmenmodell der Entwicklung pädagogischer Professionalität von Keller-Schneider (2010a, S. 113-115), das nachfolgend erläutert wird (vgl. Abb. 1).

Die Phase des Berufseinstiegs ist durch *berufliche Entwicklungsaufgaben* strukturiert, in welcher sich objektive Anforderungen des Handlungsfeldes bündeln. Das Konzept der Entwicklungsaufgabe geht von einer aktiv handelnden und lernenden Person aus, die mit ihrer aktiven sozialen Umwelt im Austausch steht (Havighurst, 1948/1972). Die Person ist Architekt und Kon-

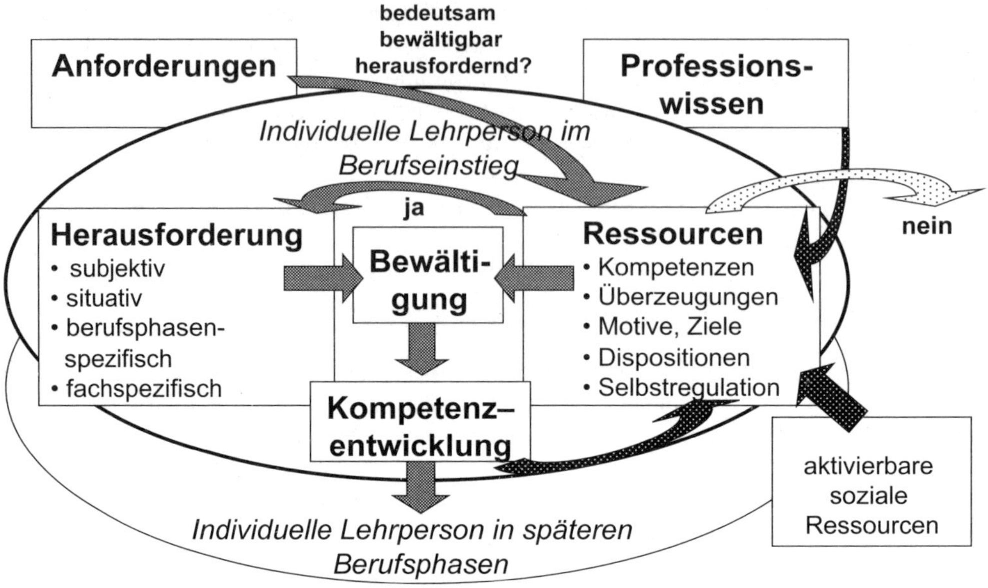

Abbildung 1: Anforderungswahrnehmung und Kompetenzentwicklung – Rahmenmodell der Entwicklung pädagogischer Professionalität (aus Keller-Schneider, 2011a, S. 159, ergänzt um fachspezifische Herausforderungen).

strukteur ihrer Biographie, nicht Opfer ihrer Lebensumstände. Berufliche Entwicklungsaufgaben entstehen auf Grund der individuellen Deutung objektiver, berufsphasenspezifischer Anforderungen, deren Bewältigung durch Ressourcen geprägt ist.

Entsprechend werden die beruflichen Entwicklungsaufgaben der einzelnen Lehrperson nach Maßgabe ihrer *(beruflichen) Sozialisation* sowie eigener *Ziele* und *Ressourcen* subjektiv unterschiedlich wahrgenommen, gedeutet und bearbeitet (Buchwald & Hobfoll, 2004). Wahrnehmungs- und Verhaltensdispositionen wirken dabei als Filter in der Wahrnehmung und Einschätzung mit (Asendorpf, 2005). Sie lösen *Bewältigungs- und Kontrollprozesse* aus (Heckhausen & Schulz, 1995) und werden auf der Basis individueller Prioritäten und Gelingenserwartungen eingeschätzt (Lazarus & Launier, 1981). Die Selektion des Teils der Anforderungen, die als Herausforderungen wahrgenommen werden, wird durch Einschätzungen der *subjektiven Kompetenz*, durch *Selbstregulationsprozesse* sowie zusätzlich durch individuelle *Wertorientierungen* und *Überzeugungen* gelenkt (Baumert & Kunter, 2006).

Die individuell wahrgenommenen Herausforderungen bewirken *Handlungsschritte*, führen zu Erfahrungen und stellen Beiträge für die *Lösung der Entwicklungsaufgaben* des Berufseinstiegs bzw. der berufsbiographischen Entwicklung insgesamt dar. Darüber hinaus führt die Bearbeitung von Entwicklungsaufgaben zu *Beanspruchungen*, die einerseits *Ressourcen* zur Bewältigung voraussetzen, andererseits aber auch zum Aufbau neuer Ressourcen beitragen. Die sich weiter entwickelnde Professionalität definiert, interpretiert und gewichtet Anforderungen aufgrund der aktualisierten Ressourcen neu; der als Herausforderung angenommene Teil wird wiederum Ziel des Bearbeitungs- und Bewältigungsprozesses.

Im Zuge der Bearbeitung beruflicher Entwicklungsaufgaben entwickeln sich die professionellen Kompetenzen der Lehrperson weiter, welche aus dem Zusammenwirken von Professionswissen, Überzeugungen und Werthaltungen, motivationaler Orientierung und selbstregulativer Fähigkeiten hervorgehen (Baumer & Kunter, 2006; Weinert, 2001). *Psychologische Funktionsfähigkeit* wird durch motivationale Orientierung und Selbstregulation erreicht. Welche Herausforderungen sich jemand zumutet, wird durch einen Abstimmungsprozess verschiedener Strebungen austariert. Entwicklungsaufgaben sind *unhintergehbar*, d.h. sie müssen wahrgenommen und bearbeitet werden, wenn es zur Progression von Kompetenz und zur Stabilisierung von Identität kommen soll (vgl. Hericks, 2006, S. 62). Umgekehrt ist Stagnation jederzeit möglich, wenn Divergenzen in der Situationswahrnehmung nicht mehr zugelassen werden und somit keine neuen Deutungen, Fragen und Entwicklungen mehr entstehen können (Keller-Schneider 2010a, S. 65). Hericks (2006) und Keller-Schneider (2010a, 2009a) identifizierten vier berufliche Entwicklungsaufgaben, die sich als Aufgaben der *Rollenfindung*, der *Vermittlung*, der *Anerkennung bzw. Führung* sowie der *Kooperation* beschreiben lassen (vgl. Abschnitt 4.3).

Das Rahmenmodell der Bildungsgangforschung eröffnet ein empirisches Forschungsprogramm, in dem rekonstruktive und quantitative Erhebungs- und Auswertungsmethoden im Sinne einer Perspektiventriangulation sinnvoll aufeinander bezogen werden können.

4. Differenzierte Übersicht über den aktuellen Forschungsstand

4.1 Studien zum Berufseinstieg in strukturorientierter Perspektive

Unter dem Paradigma der Strukturorientierung entstand in den letzten rund 12 Jahren eine ganze Reihe berufsbiographischer Lehrerstudien. Anzuführen wären etwa Arbeiten zu innovativen Grundschullehrer/innen (Schönknecht, 1997), zu ostdeutschen Englischlehrer/innen (Dirks, 2000), zu Religionslehrer/innen (Feige et al., 2001) oder Deutschlehrer/innen (Kunze, 2004). Hinsichtlich des Berufseinstiegs legt die strukturtheoretische Professionsforschung nahe, dass die Komplexität der zu bewältigenden Handlungsanforderungen in dieser Phase sprunghaft ansteigt und sich in dieser Situation ursprünglichere, teils lang eingespielte subjektive Theorien und Überzeugungen durchsetzen (Wahl, 1991). Empirische strukturtheoretische Studien, die speziell auf den Berufseinstieg fokussieren, sind indes rar (Ausnahme: Hericks, 2006; vgl. Abschnitt 4.3).

4.2 Studien zum Berufseinstieg in kompetenzorientierter Perspektive

Zahlreiche Studien zur Wirkung der Lehrerbildung befassen sich mit der Kompetenzentwicklung angehender Lehrpersonen (Blömeke, 2004; Blömeke, Kaiser & Lehmann, 2008; Oser & Oelkers, 2001). Dabei wird unter *Kompetenz* die Fähigkeit verstanden, auf der Basis wissensbasierten Könnens Probleme zu lösen bzw. Anforderungen zu bewältigen (Weinert, 2001), wobei insbesondere die zentralen Kompetenzen «Unterrichten» und «Beurteilen» von Bedeutung sind. *Wissen* zeichnet sich als potentielle Verfügbarkeit von Inhalten, Fakten, Handlungsmöglichkeiten und Einstellungen aus. Als Lehrerwissen werden Fach- bzw. fachspezifisches Wissen, pädagogisch-psychologisches Wissen, fachdidaktisch-curriculares Wissen sowie Beratungs- und Organisationswissen bezeichnet (Shulman, 1991; Bromme, 1992; Baumert & Kunter, 2006). Dies steht als ‚stilles Wissen' bzw. ‚*tacit knowledge*' oder propositionales Wissen bereit (vgl. auch Neuweg, in diesem Band).

4.2.1 Kompetenzentwicklung im Berufseinstieg

Aus *lerntheoretischer Sicht* fordert der erweiterte Anforderungsrahmen beruflicher Aufgaben im Berufseinstieg eine erneute Auseinandersetzung mit den bereits erworbenen Wissens-, Denk- und Handlungsstrukturen (Mandl & Gerstenmaier, 2000; Neuweg, 2004). Dabei wirken die aus der eigenen Schulzeit der angehenden Lehrerinnen und Lehrer mitgebrachten *Überzeugungen von Schule und Unterricht* als Filter, die dem, was subjektiv als „lernbar" akzeptiert wird, von vornherein Grenzen setzen (Blömeke, Kaiser & Lehmann, 2008; Keller-Schneider & Albisser, 2012) und somit das Gelingen des Berufseinstiegs mitprägen. Im erweiterten Bezugsrahmen der beruflichen Anforderungen werden die neuen Erfahrungen geordnet und hierarchisiert, wodurch neue, noch nicht vorhandene Strukturen des Wissens generiert werden. Durch die sprunghafte Erweiterung der Anforderungen entstehen Irritationen der bestehenden Schemata und Verunsicherungen der individuellen Kompetenzüberzeugung. Was wirklich funktioniert, ist plötzlich nicht mehr klar. Das vorwiegend regelgeleitete Wissen der Novizenphase während des Studiums (Dreyfus & Dreyfus, 1986; Berliner, 2001; Neuweg, 2004) muss differenziert und an die kontextbezogenen, situationsbedingten Anforderungen adaptiert werden. Dabei entwickelt es sich vom regelgeleiteten *Know-that* zum erfahrungsbasierten *Know-how* (Dreyfus & Dreyfus, 1986, S. 41). Die anfangs je gesonderten Wissensarten verschmelzen mit zunehmender Kompetenz mehr und mehr, kompilieren und vernetzen sich. Wissen fließt als implizites Wissen in die Bewältigung von Alltagshandlungen ein (Bromme, 1992). Kompetenzentwicklung führt zu einer Erweiterung und Neustrukturierung des Denkens. Das ursprünglich explizite Wissen wird internalisiert und zu implizitem, intuitiv nutzbarem Wissen als Können.

Die Studien COACTIV und MT21 beabsichtigen, Lehrerkompetenzen während der Ausbildung (inkl. Referendariat) in einem *large-scale*-Design auf mehreren Ebenen im internationalen Vergleich testbar zu machen (Brunner, Kunter & Krauss, 2006; Blömeke, Kaiser & Lehmann, 2008). Zu den individuellen Lernvoraussetzungen wie Wissen, Überzeugungen und Persönlichkeitsmerkmale sowie der Nutzung von Lehrangeboten werden auch institutionelle und institutionsübergreifende nationale Merkmale der Ausbildung erfasst, um Zusammenhänge zwischen Lerngelegenheiten und professioneller Kompetenz zu ermitteln.

Befunde einer Vergleichsstudie von berufseinsteigenden (n=155) und berufserfahrenen Lehrpersonen (n=136) in der Schweiz belegen, dass sich Berufsanfänger/innen kompetent erachten, die Berufsanforderungen zu bewältigen, wenngleich weniger kompetent als berufserfahrene Lehrpersonen. In der Relevanzsetzung der zu bewältigenden Berufsanforderungen und in der Beanspruchung durch die Bewältigung zeigen sich keine bedeutsamen Unterschiede zwischen den Berufserfahrungsgruppen (Keller-Schneider, 2010a, S. 171). Befunde einer weiteren Vergleichsstudie (Baer et al., 2011) auf der Basis einer kleinen Stichprobe (39 berufseinsteigende, 11 erfahrene Lehrpersonen) aus der Schweiz und aus Deutschland belegen, dass sich die Erfahrungsgruppen im über Vignetten erhobenen Planungswissen nicht unterscheiden und auch nicht in über Videoanalysen erfassten Merkmalen der Unterrichtsqualität, wie Instruktionseffizienz, Schülerorientierung, kognitive Aktivierung sowie Klarheit und Strukturierung (ebd., S. 104 und 107).

4.2.2 Studien zur Übergangsproblematik

Studien zur Übergangsproblematik konzeptualisieren den Berufseinstieg unter dem Aspekt der *Transition* von einer Institution in eine andere. Dabei spielen habituelle Gesichtspunkte eine wichtige Rolle. Lipowsky (2003) verfolgt die berufliche Entwicklung von insgesamt 831 Absolvent/innen der Pädagogischen Hochschulen Baden-Württembergs der Jahrgänge 1995 bis 1997 zu zwei Erhebungszeitpunkten. Auf diese Weise werden Grundmuster des Erlebens und Bewältigens der Berufsanforderungen in der Phase der Transition von der Hochschule in den Beruf erkennbar, die sich durch Merkmale der Persönlichkeit, der Leistungs- und Karriereorientierung sowie der Kompetenzeinschätzung und der Berufsmotive unterscheiden.

Larcher Klee (2005) verfolgt die Entwicklung der *beruflichen Identität* von 25 Absolvent/innen der Primarlehrerausbildung in der Schweiz (Kanton Thurgau) im ersten Berufsjahr (1998) im Längsschnitt von einem Jahr. Ihre Befunde belegen individuelle Unterschiede in der Gestaltung wie auch im Erleben des ersten Berufsjahres. Selbstkonzept, Selbstwertgefühl und Kontrollüberzeugungen können als konstituierende Dimensionen der Identität gelten. Eine hohe Selbstwirksamkeitserwartung geht auch im Berufseinstieg mit einer geringen beruflichen Belastung einher. Auf der Basis eines Mitgliedschaftsentwurfes im jeweiligen Schulfeld entwickeln die Berufseinsteigenden ein Selbstbild in Abstimmung individueller pädagogischer Konzepte mit wahrgenommenen Anforderungen

Thomas und Beauchamp (2011) fragten in gelenkten Interviews kanadische Lehrpersonen der Region Quebec (n=45, drei Jahrgangskohorten) kurz vor und nach ihrem Berufseinstieg nach einer typischen „Metapher", mit der sie sich selbst als Lehrer/innen beschreiben würden. Demgemäß sahen sich die Berufseinsteigenden mit stärker beanspruchenden Anforderungen konfrontiert, als sie gemäß ihrer eigenen Metaphern vor ihrem Berufseinstieg erwartet hatten. Die Studie ist Teil einer größeren Untersuchung zur Entwicklung der „professionellen Identität" (*Professional Identity*) von Lehrerpersonen im ersten Jahr ihrer Berufstätigkeit.

In einer quantitativen niederländischen Studie mit Querschnittserhebungen (n=225 Studierende und 148 Berufseinsteigende) arbeiten Pillen, Den Brok & Beijaard (2013) sechs Profile der Bewältigung beruflicher Spannungen heraus. Dabei zeigte sich, dass Spannungen reduziert oder besser bewältigt werden können, wenn eine Unterstützung der Berufseinsteigenden durch Mentor/innen oder Ausbildner/innen gegeben ist.

Eine umfangreiche Review neuerer internationaler Studien zur Übergangsproblematik unter Berücksichtigung vielfältiger Faktoren ist von Tynjälä und Heikinnen (2011) vorgelegt worden, ohne dass darin allerdings übergreifende Befunde aufgeführt wurden.

Bezüglich der *Kompetenz- und Beanspruchungswahrnehmung* belegt eine Längsschnittstudie mit 140 Volksschullehrpersonen aus der Schweiz auf der Basis eines Fragebogens (Keller-Schneider, 2008, S. 17-18), dass die Kompetenzeinschätzung wie auch die erwartete Beanspruchung bei Abschluss des Studiums *nicht* mit denjenigen zu Beginn des ersten Berufsjahres übereinstimmen, was auch Hagger, Mutton & Burn 2011 in ihrer qualitativen Studie für berufseinsteigende Lehrpersonen in England bestätigen. Während die erlebte Kompetenz in einzelnen Anforderungsbereichen höher, in anderen tiefer als erwartet liegt, erweist sich die im Berufseinstieg tatsächlich erlebte Beanspruchung mehrheitlich geringer als die erwartete. Befunde zu Prädiktoren von Beanspruchung, Belastung und Kompetenzüberzeugung stehen noch aus. Angehende Lehrerinnen und Lehrer am Ende des Studiums (in der Schweiz einphasig) sind demnach grundsätzlich von ihrer Kompetenz überzeugt, berufsbezogene Anforderungen zu bewältigen. Bei Berufseintritt erleben sie jedoch Einbrüche, vorwiegend bezüglich der Bewältigung der *Unterrichtsvorbereitung und -durchführung*, der *Lernprozessbegleitung* wie auch der *Kooperation in der Schuleinheit*, die innerhalb eines Jahres wieder aufgeholt werden. Die *erlebte Beanspruchung* ist hingegen in allen Anforderungsbereichen geringer als erwartet. Selbstregulationskompetenz im Sinne von Zieladaptation wirkt bei der Bearbeitung beruflicher Entwicklungsaufgaben mit. Die Überzeugung von der eigenen generellen Wirksamkeit als Lehrperson bleibt jedoch unverändert stabil.

4.2.3 Ressourcenorientierte Studien zur Belastung und zum Bewältigungsverhalten von Lehrerinnen und Lehrern

In einer groß angelegten Belastungsstudie, an der rund 16.000 Lehrerinnen und Lehrer aus dem gesamten Bundesgebiet teilnahmen, konnte Schaarschmidt (2005) im Rahmen eines Ressourcenansatzes entlang der Merkmalsklassen *Arbeitsengagement, Widerstandskraft* und *Emotionen* vier Muster arbeitsbezogenen Verhaltens und Erlebens, davon zwei Risikomuster, herausarbeiten. Wie ein Vergleich mit Angehörigen anderer Berufe belegt, sind die Risikomuster im Lehrberuf überrepräsentiert und in auffallend hohem Maße schon unter Lehramtsstudierenden und Referendar/innen feststellbar. Dieser Umstand wirft die Frage auf, ob nicht die hinsichtlich ihres Bewältigungsverhaltens ‚falschen' Personen ein Lehramtsstudium beginnen. Auch eine Schweizer Studie legt diese Frage nahe, kommt aber im Längsschnittvergleich zwischen Studienabschluss und Berufseinstieg zu dem Schluss, dass im Berufseinstieg ein größerer Wechsel von ungünstigen zu günstigen Verarbeitungsmustern erfolgt als umgekehrt (Albisser & Kirchhoff, 2007): Belastungserleben unterliege einerseits einer hohen interindividuellen Stabilität, sei andererseits aber deutlich durch berufsphasenspezifische Entwicklungsaufgaben bestimmt. Die Bearbeitung berufsphasenspezifischer Entwicklungsaufgaben erkläre das Belastungserleben im biographischen Längsschnitt mehr als motivationale Komponenten oder selbstregulatorische Bewältigungsmuster (Albisser, Kirchhoff & Albisser, 2009).

Eine Studie mit 473 israelischen Lehrkräften zu Beginn und zum Ende ihres ersten Berufsjahres weist darauf hin, dass die Einschätzung ihrer Integration in die Schule 36 % der Varianz der Burnout-Gefährdung am Ende des ersten Berufsjahres erklären. Fehlende Anerkennung, Rückmeldung und Unterstützung seitens der Schüler/innen, der Öffentlichkeit, der Kolleg/innen und der Schulleitung können die Burnout-Gefährdung steigern (Gavish & Friedman, 2010).

4.2.4 Persönlichkeitsorientierte Studien

Die Resultate ressourcenorientierter Studien haben eine neue Diskussion über den Nutzen formalisierter Aufnahme- und Selektionsverfahren für den Lehrerberuf ausgelöst. *Assessments* und Eignungsabklärungen vor oder während des Studiums sollen sicherstellen, dass angehende Lehrpersonen über bestimmte persönlichkeitsspezifische Voraussetzungen verfügen, die für die Bewältigung der Anforderungen sowohl der Ausbildung als auch des Berufseinstiegs als günstig angesehen werden (Hanetseder & Keller-Schneider, 2006). Befunde zur Rolle der Persönlichkeit wurden dagegen von der erziehungswissenschaftlich geprägten Lehrerforschung bisher nur zögerlich aufgegriffen, da diese der pädagogischen Überzeugung, durch Lehrerbildung kompetente Lehrerpersonen erzeugen zu können, entgegen stehen (Mayr, 2007).

Als nicht veränderbare und nach dem 20. Lebensjahr stabile Persönlichkeitsmerkmale gelten die so genannten *Big Five* (McCrae & Costa, 1999). Diese umfassen Extraversion, emotionale Instabilität, Gewissenhaftigkeit, Offenheit für neue Erfahrungen und Verträglichkeit. Diese bestimmen als Wahrnehmungs- und Verhaltensdispositionen die Bewältigung der Berufsanforderungen teilweise mit. Gemäß Schwarzer und Jerusalem (1989) übt die Persönlichkeit einen wichtigen Einfluss auf das Stresserleben und die Stressverarbeitung und somit auf die Einschätzung der wahrgenommenen Situation aus (vgl. Abb. 1, s.o.). Extraversion und Optimismus gelten als Prädiktoren beruflicher *Zufriedenheit* (Lipowsky, 2003).

In einer österreichischen Längsschnittstudie von Mayr gehen *Extraversion, psychische Stabilität* und *Gewissenhaftigkeit* mit engagiertem Studienverhalten, guten Praxisleistungen im Studium (gemessen an den Noten) und späterem Wohlbefinden im Beruf einher und erweisen sich bezüglich der subjektiven *Kompetenzeinschätzung* als günstige Voraussetzungen für den Lehrerberuf (Mayr, 2007; Mayr & Neuweg, 2006). Befunde zu Effekten von Persönlichkeitsmerkmalen konnten von Keller-Schneider (2010a) einerseits bestätigt, andererseits dahingehend präzisiert werden, dass bezüglich Kompetenz nicht dieselben Persönlichkeitsmerkmale bestimmend sind wie bezüglich der wahrgenommenen Beanspruchung. Auf die *Kompetenzeinschätzung* bezogen wirkt emotionale Instabilität verunsichernd, Gewissenhaftigkeit stärkend; Extraversion übt keinen Effekt aus. Bezüglich *Beanspruchung* konnten Profile identifiziert werden, welche durch überdurchschnittliche Extraversion, unterdurchschnittliche emotionale Instabilität (d.h. überdurchschnittliche emotionale Stabilität) und mittlere Gewissenhaftigkeit zur Reduktion der Beanspruchung führen. Inwiefern sich diese Profile auch günstig bzw. ungünstig auf die *Kompetenzentwicklung* auswirken, bleibt dabei offen. Mittlerweile konnte belegt werden, dass Kompetenzerleben und Beanspruchung von unterschiedlichen Persönlichkeitsmerkmalen mitbestimmt werden und sich voneinander weitgehend unabhängig entwickeln (Keller-Schneider, 2012).

So interessant diese Befunde im Einzelnen auch sind, so klar müssen doch deren Grenzen genannt werden: Die genannten Persönlichkeitsmerkmale erklären nur einen Teil der Varianz der subjektiv eingeschätzten Kompetenz und Beanspruchung, welche die Handlungskompetenzen der Lehrpersonen mitbestimmen. Die Tatsache, dass sie aber als Gelingensbedingungen mitwirken, weist in der Tat darauf hin, dass der Wirkung der Lehrerbildung von vornherein Grenzen gesetzt sind.

4.3 Bewältigung von Entwicklungsaufgaben als individuell zu gestaltende Herausforderungen

Im Sinne des Rahmenmodells der *Bildungsgangforschung* (vgl. Abschnitt 3.3) stellt der Berufseinstieg eine Phase dar, die durch spezifische berufliche *Entwicklungsaufgaben* strukturiert ist. Hericks (2006) rekonstruierte die Professionalisierungsprozesse von Hamburger Lehrpersonen in der Berufseingangsphase entlang eines Modells aus vier beruflichen Entwicklungsaufgaben. Diese beziehen sich auf die Aufgabe der *Rollenfindung* als Berufsperson, der *Vermittlung* von Sach- und Fachinhalten, der *Anerkennung* der Schülerinnen und Schüler als der entwicklungsbedürftigen und entwicklungsfähige Anderen, wie auch der *Kooperation* in der Institution Schule. Die auf der Basis *rekonstruktiver Einzelfallstudien* über Mathematik- und Naturwissenschaftslehrkräfte der Sekundarstufe I und II identifizierten Entwicklungsaufgaben zeigen deutliche Übereinstimmungen mit denjenigen von Keller-Schneider (2010a; 2009a), welche inhaltsanalytisch aus Gesprächsnotizen von Supervisionsprozessen mit Lehrpersonen der schweizerischen Volksschule (Kindergarten bis Sekundarstufe I) abgeleitet und nach einer Fragbogenerhebung *faktoranalytisch* auf latente Strukturen überprüft wurden. Beide Studien stellen die Planung und Durchführung von Unterricht als zentralen Entwicklungsbereich der Berufseinsteigenden heraus, der alle vier Entwicklungsaufgaben umgreift und für die weitere Professionalisierung entscheidend ist; einen weiteren fördernden Faktor stellt die Mitwirkung an innerschulischen Entwicklungs- und Gestaltungsprozessen dar. Unterschiede zwischen den Studien zeigen sich vor allem im Bereich der Entwicklungsaufgabe *Anerkennung* bzw. *Führung*. Während sich diese Entwicklungsaufgabe bei Hericks vornehmlich als Aufgabe der pädagogischen Fremdwahrnehmung der Schülerinnen und Schüler im *Fachunterricht* darstellt (vgl. auch Hericks, 2007), zeigt sie sich in der Studie von Keller-Schneider primär in Gestalt des Aufbaus und der Lenkung einer Arbeitskultur und Klassengemeinschaft.

Die Befunde beider Studien belegen insgesamt, dass berufsphasenspezifische Anforderungen als zu lösende Entwicklungsaufgaben bestehen, die in Abhängigkeit der individuellen Dispositionen zu unterschiedlichen Beanspruchungen führen und individuell unterschiedliche Entwicklungsprozesse fordern. Daraus lässt sich folgern, dass die zwingend zu leistende, berufsphasenspezifische Kompetenzentwicklung angemessene Weiterbildungsangebote unabdingbar macht, diese aber einer individuell unterschiedlichen Nutzung offen stehen müssen.

Zusätzlich zur Beanspruchung durch die Bewältigung der Berufsaufgaben untersuchte Keller-Schneider (2010a) auch Einschätzungen der Wichtigkeit und der Kompetenz, um damit die für die Kompetenzentwicklung mitbestimmenden Komponenten der Handlungskompetenz zu ermitteln und ihr Zusammenwirken zu prüfen. Die schwachen Zusammenhangsstärken zwischen den Einschätzungsperspektiven weisen auf Selbstregulationsfähigkeiten hin und belegen eine gewisse Unabhängigkeit der Kompetenzkomponenten, wobei die motivationale Orientierung in der Gewichtung der Anforderungsbewältigung am deutlichsten das Gesamtgefüge mitbestimmt (es zeigen sich schwache bis mittlere Zusammenhangsstärken zur Kompetenz und zur Beanspruchung). Wird zusätzlich zur Bewältigung fachübergreifender auch die Bewältigung fachdidaktischer Anforderungen je Fach erhoben (Primarlehrpersonen haben sieben Fächer studiert und erteilen keinen fachfremden Unterricht), so zeigt sich, dass in den meisten Fächern das subjektive Kompetenzerleben höher eingeschätzt wird als die mit der Bewältigung einhergehende Beanspruchung. Einzig in den Fächern Deutsch und Sachkunde liegen die Werte der Beanspruchung über denjenigen der Kompetenzerfahrung (Keller-Schneider, 2011b, S. 30-31). Werden Kompetenzerleben und der Beanspruchung nach Prädiktoren untersucht, so zeigen diese voneinander unabhängige Entwicklungsverläufe (Keller-Schneider, 2012).

Die sozialen Ressourcen einer Schule tragen ebenfalls zur Bewältigung der Berufsanforderungen bei, wie Studien von Lam und Yan (2011) aus Hongkong belegen.

5. Studien und Konzepte zur Begleitung während der Einstiegsphase

Die hohe Ausstiegsquote von Lehrpersonen in der ersten Berufsphase in der Schweiz hatte dort in den 1970er Jahren sowohl Reformen in der Lehrerbildung (LEMO, Müller, 1975) wie auch die Entwicklung und Implementierung von Berufseinführungsprogrammen zur Folge (EDK 1996). Aktuelle Angaben des Bundesamtes für Statistik belegen, dass die Fluktuationsrate aktuell ca. 10 % beträgt, damit den Fluktuationsraten anderer Berufsgruppen (Sozial- und Gesundheitswesen, Industrie) entspricht und nicht als Ausstiegsquote bezeichnet werden sollte. Befunde einer Studie zu Kündigungsmotiven (Keller-Schneider, 2010b) belegen, dass lediglich 3 % aller Lehrpersonen angeben, berufliche Tätigkeiten außerhalb des Schulfeldes aufzusuchen, und dass sich berufseinsteigende und berufserfahrene Lehrpersonen in ihren Kündigungsmotiven wie auch in den mit der Kündigung angestrebten Zielen nicht unterscheiden.

Studien aus den USA belegen hingegen eine sehr hohe Ausstiegsquote von 30 % innerhalb der ersten drei, von 50 % innerhalb der ersten fünf Berufsjahre (Ingersoll & Strong, 2011; Ingersoll, 2012). Dass es sich in den USA auch um nicht ausgebildete Lehrpersonen handelt, wird dabei allerdings zu wenig deutlich gemacht. Gründe für die hohe Fluktuationsrate untersucht Friehs (2011) in einer qualitativen Interviewstudie mit berufseinsteigenden Lehrpersonen an innerstädtischen Schulen der USA (*Inner City Schools*). Dazu wurden mit Berufseinsteigenden in

Boston und Atlanta über ein halbes Jahr je fünf begleitende Interviews geführt. Insbesondere werden Ausbildungsdefizite, Disziplinprobleme und Gewalt seitens der Schüler/innen, Arbeitsüberlastung sowie mangelnde institutionelle Unterstützung (z.B. durch Mentor/innen) als Belastungs- und Ausstiegsgründe genannt. Auch in der israelischen Studie von Nasser-Abu Alhija und Fresko (2010) erweisen sich soziale Unterstützung unterschiedlicher Arten und die Frage, ob die Ausbildung abgeschlossen sei, als bedeutsame (signifikante), aber schwache Prädiktoren der Berufszufriedenheit. In Deutschland hat die Berufseingangsphase etwa vom Jahr 2000 an eine verstärkte Aufmerksamkeit in der Lehrerbildungsdebatte erfahren, wofür nicht zuletzt die Arbeit der *Gemischten Kommission Lehrerbildung* der Kultusministerkonferenz „Perspektiven für die Lehrerbildung in Deutschland“ maßgeblich gewesen ist (Terhart, 2000).

Der Sache nach ist ihre Bedeutung jedoch wesentlich früher erkannt worden. So taucht der Begriff der *Berufseinführungsphase* bereits im 1975, also rund 25 Jahre zuvor erschienenen LEMO-Bericht („Lehrerbildung für morgen“) der *Schweizerischen Konferenz der kantonalen Erziehungsdirektoren (EDK)* auf (Müller, 1975). 20 Jahre später erschien eine von derselben Organisation herausgegebene Nachfolgestudie mit weitreichenden konzeptionellen Überlegungen zur Gestaltung einer solchen Phase (EDK, 1996). Gemäß dieser Studie kann das Angebot einer begleiteten Berufseingangsphase die folgenden Ziele verfolgen:

- *Anpassung* der Lehrperson an die Schulwirklichkeit durch Übernahme der vorherrschenden Werte, Normen und Einstellungen, um im System Schule rasch funktionsfähig zu sein.
- *Unterstützung* der berufseinsteigenden Lehrperson in einer Lebens- und Berufsphase, die strukturell bedingt als schwierig erscheint.
- *Verlängerung der Ausbildung*: Verbesserung des Theorie-Praxisbezuges durch Verschiebung von Ausbildungsinhalten in die Zeit der Berufstätigkeit.
- Einleitung der *professionellen Entwicklung* der Berufseinsteigenden: Es wird von der Berufsbefähigung und der Kompetenz der neu in den Beruf einsteigenden Lehrperson ausgegangen.

Angebote mit Unterstützungscharakter stellen den defizitären Ansatz in den Vordergrund und wirken eher von außen. Begleitangebote, welche die berufliche Entwicklung fokussieren, gehen hingegen von einer inneren Gerichtetheit und einer subjektiven Einschätzung der Anforderungsbewältigung aus.

Entsprechende Angebote werden in Deutschland von Lehrerfort- und Weiterbildungsinstitutionen, in der Schweiz von den Pädagogischen Hochschulen bereitgestellt. Sie umfassen in der Regel kollegiale Begleitung, berufsphasenspezifische Weiterbildung, Praxisberatungsgruppen und teilweise auch Einzel- und Gruppensupervision. Eine aktuelle Aufstellung entsprechender Angebote in Deutschland findet sich in Walm und Wittek (2013). In Österreich wird angestrebt, Studierende im Rahmen ihres Studiums stärker in die Berufstätigkeit einzuführen.

Clandinin (2012) zeigt in einer Review über Studien aus den USA, Kanada, Neuseeland, Australien und Großbritannien auf, dass institutionalisierte Berufseinführungsangebote (Induction) und Begleitung (Mentoring) gleich gesetzt werden, obwohl eine vielfältige Palette von Angeboten bestehe. Es konnten jedoch keine eindeutigen Effekte dieser Programme identifiziert werden; das Gelingen des Berufseinstiegs kann durch solche Angebote nicht sicher gestellt werden (ebd., S. 22).

Eine schweizerische Studie zur Nutzung von zwei Angeboten der Berufseinführung belegt, dass Berufseinsteigende diese Angebote gezielt nutzen und je nach Anliegen und geforderter Verarbeitungstiefe entweder die interne kollegiale Beratung oder die externe professionelle Supervision aufsuchen (Keller-Schneider, 2009b). Stehen Fragen an, die auf der Ebene der Weitergabe von Erfahrungswissen gelöst werden können, so wird auf die Kollegin bzw. den Kollegen im Team vor Ort (als Mentor/in) zurückgegriffen. Fordern die Anliegen jedoch eine vertiefte Auseinandersetzung und Lösungen, welche die Ebene der Antinomien des Lehrberufs berühren (Feindt & Altrichter, 2009) und mit den eigenen Zielen und Überzeugungen der Berufseinsteigenden in Einklang gebracht werden müssen, oder betreffen sie teambezogene Anliegen, dann wird die externe, professionelle Supervision bevorzugt (vgl. dazu auch Neuweg, in diesem Band).

In den USA führte die geringe Verweildauer neu in den Beruf einsteigender Lehrpersonen an den Schulen zur offensiven Implementierung von Einführungsprogrammen (*Teacher Induction*) mit Elementen wie Mentoring, Workshops, Seminaren und Unterstützungssystemen sowie zu begleitenden Forschungsprogrammen. Durch empirische Belege, die auf eine Erhöhung der Verweildauer im Schuldienst als Effekte solcher Programme hindeuten (Ingersoll & Kralik, 2004), konnte eine Verbreitung von *Induction Programs* auf politischer Ebene erreicht werden. Ingersoll und Strong (2011) konstatieren, dass die Teilnahme an solchen Programmen im ersten Jahr des Berufseinstiegs von Lehrerpersonen in den USA von 40 % in 1990 auf beinahe 80 % in 2008 angestiegen ist. Ingersoll (2012) spricht sogar von 91 % für 2008, betont aber, dass die Angebote der *Induction Programs* von Schule zu Schule sehr unterschiedlich sein können. In der Schweiz sind Angebote zur Berufseinführung im Rahmen der eigenverantwortlichen Berufstätigkeit mittlerweile flächendeckend eingeführt.

Die Begleitforschungen zu den *Teacher Induction Programs* suchen nach *Indikatoren von wirkungsvollen Berufseinführungs-Programmen* (z.B. Stokking et al., 2003; Hobson et al., 2009). Mit einer Metaanalyse von ca. 500 nach Stichworten ausgesuchten Dokumenten aus 150 Programmen belegen Ingersoll und Kralik (2004) die – gemessen an der Verweildauer der Berufseinsteigenden – positive Wirkung dieser Programme, insbesondere des Mentorings. 2011 legen Ingersoll und Strong eine Aktualisierung der Review aus 2004 vor, in die nun lediglich noch 15 Studien einbezogen sind, die den erhöhten Anforderungen der Autoren hinsichtlich methodischer Qualität genügen. Am effektivsten erweist sich demnach eine reichhaltige Angebotskombination (*Comprehensive Package*) aus Mentoring, Fortbildung, gemeinsamer Vorbereitungszeit mit berufserfahrenen Kolleginnen und Kollegen, Unterstützung im Unterricht sowie Stundenreduktion. Die Ausstiegsrate nach dem ersten Berufsjahr konnte für Lehrpersonen, die dieses Paket erhalten, um mehr als 50 % gesenkt werden; allerdings kommen nur 5 % eines Jahrgangs in dessen Genuss (Ingersoll, 2012, S. 50).

Kritisch einzuwenden ist darüber hinaus, dass die Verweildauer wohl ein klar feststellbares Output-Maß darstellt, dieses jedoch weder Hinweise auf die Kompetenzentwicklung und die Bewältigung von Entwicklungsaufgaben gibt noch Rückschlüsse auf die Qualität der Begleitangebote zulässt. Jones und Youngs (2008) weisen z.B. darauf hin, dass das Ausmaß, in dem sich eine Person unterstützt fühlt, ebenfalls einen Effekt auf die Verweildauer zu haben scheint. Ebenso ist einzuwenden, dass die Wirkung von Weiterbildungsangeboten, zu denen auch die Berufseinführungs-Programme gehören, oft nicht auf einzelne Faktoren zurückzuführen ist (Lipowsky, 2010), sondern von einem Zusammenwirken nicht isolierbarer Faktoren auszugehen ist. Die Akzeptanz der Programme sagt wenig über deren effektive Wirkung aus.

Ingersoll und Perda (2008) stellen in einer Vergleichsstudie auch fest, dass sich die Programme in der Art und Weise der Aktivitäten und Unterstützungsansätze teilweise stark unterscheiden (ähnlich: Blömeke & Paine, 2009; Clandinin, 2012). Blömeke und Paine (2008) weisen darauf hin, dass internationale Vergleichsstudien neben Merkmalen auch Probleme der Vergleichbarkeit aufzeigen, da diese aufgrund unterschiedlicher Kontextmerkmale und Voraussetzungen oft nicht gegeben sei. Hobson et al. schreiben: „There has been an explosion of research into beginning teacher mentoring in the last two decades, certain problems with the evidence base remain, which make us hesitant to claim, that any particular conclusion […] have been established" (Hobson et al., 2009, S. 213). Diese unsichere Befundlage wird dadurch verstärkt, dass bislang kaum Vergleichsstudien mit Kontrollgruppen existieren (Smith & Ingersoll, 2004) und dass die Studien keine weiteren Faktoren kontrollieren bzw. kontrollieren können. Eine Ausnahme stellt die quantitative Längsschnittstudie von Glazerman et al. (2010) dar, in der die Auswirkungen von *Comprehensive Induction* nicht allein auf die berufseinsteigenden Lehrpersonen und ihre Verweildauer, sondern auch auf ihr Unterrichtsverhalten sowie die Leistungen der Schüler/innen hin untersucht wurden. Dabei wurde mit einer Kontrollgruppe gearbeitet und so ein mehrfach benanntes Forschungsdesiderat aufgenommen (vgl. Ingersoll & Strong, 2011). Inhaltlich ergab die Studie unter anderem, dass sich signifikante Unterschiede in den Schülerleistungen zwischen Treatment- und Kontrollgruppe frühestens im dritten Jahr der Teilnahme an einem *Induction Program* zeigen. Der Dauer der Berufseinführungsprogramme kommt demnach eine hohe Bedeutung zu.

Die Schweizer Studie von Keller-Schneider (2008; in Vorb.) zeigt mit quantitativen und qualitativen Zugängen auf, dass die Angebote der Berufseinführung sehr geschätzt und individuell verschieden genutzt werden. Zusammenhänge zwischen Präferenzen in der Wahl einzelner Angebote und der Kompetenz der Bewältigung wie auch der Beanspruchung durch die Bewältigung berufsphasenspezifischer Anforderungen weisen darauf hin, dass Merkmale der Schule und der Schulstufe diese Präferenzen mitbestimmen. Als bedeutsamer Faktor für die Nutzung von Begleitangeboten erweist sich die Passung zwischen den Berufseinsteigenden und der lokalen bzw. regionalen Mentoratsperson bzw. der regionalen Mentoratsgruppe. Das Kontrollgruppen-Design dieser Studie führte zu dem Befund, dass die Begleitangebote von den Berufseinsteigenden sehr geschätzt werden (vgl. dazu auch Pillen et al., 2013, vgl. Abschnitt 4.2.2; Nasser-Abu Alhija & Fresko, 2010), dass deren Nutzung aber keine Effekte auf das Kompetenzerleben, das Bewältigungsverhalten (*Coping*) und die wahrgenommene Beanspruchung, die Berufszufriedenheit, das Ausmaß der Motivation zur Bewältigung der Berufsanforderungen sowie der Überzeugung der eigenen Wirksamkeit hat.

Studien von Jones (2009), O'Doherty und Deegan (2009) nehmen Rolle und Fähigkeiten der mentorierenden Lehrperson unter die Lupe und betonen, dass gute Lehrpersonen nicht automatisch auch gute Mentor/innen sein müssten. Diese sollten keine zur Anpassung verhelfende Modellfunktion übernehmen, sondern neu einsteigenden Lehrpersonen Anregungen vermitteln, die eigene Professionalisierung weiter zu entwickeln und angebotene Unterstützung wahrzunehmen.

Da berufliche Entwicklungsaufgaben individuell gedeutet und mittels unterschiedlicher Ressourcen, Motive und Regulationsfähigkeiten bewältigt werden, ist eine breite *Palette von Begleitangeboten* sinnvoll, die die unterschiedliche Zugänge und Verstehenstiefen zur Bearbeitung berufsphasenspezifischer Themen eröffnen (Keller-Schneider, 2009b). Auf diese Weise können berufsphasenspezifische Begleitangebote zum Transfer und zur Weiterentwicklung dessen beitragen, was im Studium angelegt worden ist.

6. Fazit und Perspektiven

Forschungen zum Berufseinstieg werfen die Frage auf, welche Formen von Lehrerausbildung und Lehrerweiterbildung für die an den verschiedenen qualitativen und quantitativen Studien beteiligten Lehrerinnen und Lehrer vermutlich ‚gut' und angemessen wären. Dabei gilt in Rechnung zu stellen, was für den Bereich des schulischen Lernens längst zum Grundbestand didaktischen Reflexionswissens gehört: Die innere Logik eines institutionellen Curriculums muss in die subjektiven Bildungsgänge der Lernenden nicht notwendig Eingang finden. Anders gesagt: Die individuelle Professionalisierung einer Lehrperson kann trotz einer ‚guten' Aus- und Weiterbildung misslingen, sie kann trotz einer ‚schlechten' Aus- und Weiterbildung gelingen. Jedenfalls vermag keine noch so plausible Zuordnung bestimmter Aufgaben und Funktionen zu einzelnen Phasen der Lehrerbildung die spätere Professionalisierung einer angehenden Lehrerin oder eines angehenden Lehrers zu garantieren.

Und dennoch scheint es etwas zu geben, was man mit Andreas Gruschka (1985, S. 43) die *latente Strukturierung* der Lehrerbildung nennen könnte. Lehrerinnen und Lehrer vermögen ihre Ausbildung partiell durchaus als sinnvoll gegliedert, kompetenztreibend und stringent wahrzunehmen. Sinnhaftigkeit und Stringenz ergeben sich jedoch nicht so sehr aus den mehr oder weniger gelungenen Bemühungen von Bildungsplaner/inne/n, Erziehungswissenschaftler/inne/n, Fachdidaktiker/inne/n und Fachwissenschaftler/inne/n auf der konzeptionellen und hochschuldidaktischen Ebene der Lehrerbildung, sie stellen vielmehr *biographische Konstruktionen* der angehenden und amtierenden Lehrerinnen und Lehrer dar, die in allen Phasen ihrer Aus- und Weiterbildung an spezifischen beruflichen Entwicklungsaufgaben arbeiten.

Hieraus lassen sich Forschungsvorhaben in verschiedene Richtungen ableiten. Ein Desiderat stellt die Formulierung und empirische Absicherung eines heuristischen Kanons von Entwicklungsaufgaben für die ersten beiden Phasen der deutschen Lehrerausbildung dar. Dafür ist zu untersuchen, welche Qualifikationsanforderungen angehende Lehrerinnen und Lehrer zu bestimmten Zeitpunkten ihrer Ausbildung selbst als Aufgaben eigener Entwicklung wahrnehmen und bearbeiten. Ein anderes Desiderat stellen *Längsschnittstudien* über einen längeren Zeitraum von fünf bis fünfzehn Jahren dar, um reale berufsbiographische Entwicklungen mit den aus der Literatur bekannten idealtypischen Berufsverläufen (vgl. Abschnitt 2.3) zu kontrastieren, berufsbiographische Verzweigungsstellen und denkbare Handlungsalternativen herauszuarbeiten sowie die für die weitere Professionalisierung hinderlichen und förderlichen Faktoren zu rekonstruieren. Ein wichtiger förderlicher Faktor dürfte in der Beteiligung an Schul- und Unterrichtsentwicklungsprozessen im Sinne einer Professionalisierung der Organisation als Ganzer zu finden sein (vgl. Hellmer, 2007; Keller-Schneider & Hericks, 2013).

Weitere Forschungsdesiderata betreffen die in Abschnitt 5 diskutierten Begleitangebote für Berufseinsteigende. So gibt es im deutschsprachigen Raum bislang kaum empirische Studien über die professionalisierende Wirkung der unterschiedlichen Formate wie *Supervision*, kollegiale Beratung, *Mentoring* und *Coaching*. Ungeklärt ist auch die Frage nach *Indikatoren* für die Wirksamkeit solcher Begleitangebote im Allgemeinen; die Verweildauer im Schuldienst stellt für sich genommen sicher keinen geeigneten Indikator dar.

Forschungen zum Berufseinstieg bilden nach wie vor ein relativ junges Feld innerhalb der Professionsforschung. Ein in der Perspektive der Bildungsgangforschung (vgl. Abschnitt 4.3) konzipiertes und von der Autorin/dem Autor dieses Beitrags geleitetes DFG/SNF-Projekt „Kompetenzentwicklung und Beanspruchung im Berufseinstieg" (KomBest) kombiniert qualitative und quantitative, explorative und hypothesenprüfende Methoden im Sinne einer *Perspektiventriangulation*. Damit wird in methodologischer Hinsicht ein wesentliches Forschungsdesiderat aufgenommen. So weisen etwa Krüger und Pfaff (2004) darauf hin, dass es bisher sowohl in der Literatur als auch in konkreten triangulierend arbeitenden Untersuchungen an der notwendigen Reflexion der Bedingungen und Probleme der Verknüpfung von mit unterschiedlichen Forschungsprogrammen und -methoden gewonnenen Daten und Ergebnissen mangele. Dies gelte noch einmal verstärkt für den Bereich der Lehrerforschung, für den ein erheblicher Bedarf an Realisierung komplexer, quantitative und qualitative Verfahren und Daten vermittelnder Forschungsdesigns konstatiert wird (vgl. Krüger & Pfaff, 2004, S. 164 und 176). In inhaltlicher Hinsicht zielt das Projekt darauf ab, länder- und stufenübergreifend professionsspezifische Entwicklungsaufgaben zu erfassen, den individuellen, stufenspezifischen und länderspezifischen

Deutungsspielraum der Berufseinsteigenden zu klären sowie entwicklungsverlaufsprägende Faktoren herauszuarbeiten. Erste Ergebnisse des Projekts sind ab 2014 zu erwarten.

Der Berufseinstieg stellt ein besonders interessantes und reichhaltiges Forschungsfeld dar, weil sich hierin eine Reihe von Aspekten pädagogischen Handelns – geprägt und verantwortet von individuellen Lehrpersonen in institutionellen Kontexten – bündeln, die zugleich verschiedene Forschungsbereiche innerhalb der Schul-, Unterrichts- und Professionalisierungsforschung tangieren. Der Grund dafür ist, dass spätestens in dieser Phase bestimmte Anforderungen und Themen berufsbiographisch bedeutsam werden, die in der Struktur des pädagogischen Handelns selbst angelegt und verwurzelt sind.

Literatur

Albisser, S. & Kirchhoff, E. (2007). Salute! Zur berufsgesundheitlichen Kompetenzentwicklung Studierender. *Journal für LehrerInnenbildung, 7*(4), 32-39.

Albisser, S., Kirchhoff, E. & Albisser, E. (2009). Berufsmotivation und Selbstregulation: Kompetenzentwicklung und Belastungserleben von Studierenden, berufseinsteigenden und erfahrenen Lehrpersonen. *Unterrichtswissenschaft, 37*(3), 262-288.

Asendorpf, J. (2005). Persönlichkeit: Stabilität und Veränderung. In H. Weber & Th. Rammsayer (Hrsg.), *Handbuch der Persönlichkeitspsychologie und Differentiellen Psychologie.* (S. 15-26). Göttingen, Bern, Wien, Toronto, Seattle, Oxford, Prag: Hogrefe.

Baer, M., Kocher, M., Wyss, C., Guldimann, T., Larcher, S. & Dörr, G. (2011). Lehrerbildung und Praxiserfahrung im ersten Berufsjahr und ihre Wirkung auf die Unterrichtskompetenzen von Studierenden und jungen Lehrpersonen im Berufseinstieg. *Zeitschrift für Erziehungswissenschaft, 14*(1), 85-117.

Baumert, J. & Kunter, M. (2006). Stichwort: Professionelle Kompetenz von Lehrkräften. *Zeitschrift für Erziehungswissenschaft, 9*(4), 469-520.

Berliner, D.C. (2001). Learning about and Learning from Expert Teachers. *International Journal of Education Research, 35*(5), 463-482.

Blömeke, S. (2004). Empirische Befunde zur Wirksamkeit der Lehrerbildung. In S. Blömeke, P. Reinhold, G. Tulodziecki & J. Wildt (Hrsg.), *Handbuch Lehrerbildung* (S. 59-91). Bad Heilbrunn: Klinkhardt.

Blömeke, S., Kaiser, G. & Lehmann, R. (Hrsg.) (2008). *Professionelle Kompetenz angehender Lehrerinnen und Lehrer. Wissen, Überzeugungen und Lerngelegenheiten deutscher Mathematikstudierender und -referendare. Erste Ergebnisse zur Wirksamkeit der Lehrerausbildung.* Münster: Waxmann.

Blömeke, S. & Paine, L. (2008). Getting the fish out of the water: Considering benefits and problems of doing research on teacher education at an international level. *Teaching and Teacher Education, 24*(4), 2027-2037.

Blömeke, S. & Paine, L. (2009). Berufseinstiegsprogramme für Lehrkräfte im internationalen Vergleich. *Journal für Lehrerinnen- und Lehrerbildung, 9*(3), 18-25.

Bromme, R. (1992). *Der Lehrer als Experte. Zur Psychologie des professionellen Wissens.* Bern: Huber.

Brouwer, N. & ten Brinke, S. (1995). Der Einfluss integrativer Lehrerausbildung auf die Unterrichtskompetenz (II). *Empirische Pädagogik, 9*(3), 289-330.

Brunner, M., Kunter, M. & Krauss, S. (2006). Die professionelle Kompetenz von Mathematiklehrkräften: Konzeptualisierung, Erfassung und Bedeutung für den Unterricht. Eine Zwischenbilanz des COACTIV-Projekts. In M. Prenzel & L. Allolio-Näckle (Hrsg.), *Untersuchungen zur Bildungsqualität von Schule. Abschlussbericht des DFG Schwerpunktprogramms* (S. 54-82). Münster: Waxmann.

Buchwald, P. & Hobfoll, S.E. (2004). Burnout aus ressourcentheoretischer Perspektive. *Psychologie in Erziehung und Unterricht, 51*(4), 247-257.

Clandinin, D.J. (2012). Literature Review on Induction and Mentoring Related to Early Career Teacher Attrition and Retention. *Mentoring & Tutoring: Partnership in Learning, 20*(1), 7-26.

Dann, H.-D., Cloetta, B., Müller-Fohrbrodt, G. & Helmreich, R. (1978). *Umweltbedingungen innovativer Kompetenz. Eine Längsschnittuntersuchung zur Sozialisation in Ausbildung und Beruf.* Stuttgart: Klett-Cotta.

Dewe, B. & Radtke, F.O. (1991). *Was wissen Pädagoginnen über ihr Können? Professionstheoretische Überlegungen zum Theorie-Praxis-Problem in der Pädagogik.* Zeitschrift für Pädagogik, 27. Beiheft, S. 143-162.

Dirks, U. (2000). *Wie werden EnglischlehrerInnen professionell? Eine berufsbiographische Untersuchung in den neuen Bundesländern.* Münster u.a.: Waxmann.

Dreyfus, H.L. & Dreyfus, S. (1986). *Mind over machine. The power of human intuition and expertise in the era of computer.* New York: Free Press.

EDK = Schweizerische Konferenz der Kantonalen Erziehungsdirektoren (Hrsg.) (1996). *Berufseinführung von Lehrerinnen und Lehrern.* Dossier 40A. Bern.

Feige, A., Dressler, B., Lukatis, W. & Schöll, A. (2001). *„Religion" bei ReligionslehrerInnen.* Münster: Lit Verlag.

Feindt, A. & Altrichter, H. (2009). Pädagogische Praxis als Ort professioneller Entwicklung. In B. Moscher, R. Hinz, & V. Wendt (Hrsg.), *Unterrichten professionalisieren* (S. 25-41). Berlin: Cornelsen.

Friehs, B. (2011). „It was the worst time of my life." Der Berufseinstieg amerikanischer Lehrer und Lehrerinnen an Inner City Schools. *Erziehung & Unterricht 161*(3/4), 368-380.

Gavish, B. & Friedman, I.A. (2010). Novice teachers' experience of teaching: a dynamic aspect of burnout. *Social Psychology of Education 13*(2), 141-167.

Glazerman, S., Isenberg, E., Dolfin, S., Bleeker, M., Johnson, A., Grider, M. & Jacobus, M. (2010). *Impacts of Comprehensive Teacher Induction. Final Results from a Randomized Controlled Study (NCEE 2010-4027).* Washington, D.C.: U.S. Department of Education.

Gruschka, A. (1985). *Wie Schüler Erzieher werden. Studie zur Kompetenzentwicklung und fachlichen Identitätsbildung in einem doppeltqualifizierenden Bildungsgang des Kollegschulversuchs NW.* Wetzlar: Büchse der Pandora.

Hagger, H., Mutton, T. & Burn, K. (2011). Surprising but not shocking: The reality of the first year of teaching. *Cambridge Journal of Education, 41*(4), 387-405.

Hänsel, D. (1975). *Die Anpassung des Lehrers. Zur Sozialisation in der Berufspraxis.* Weinheim, Basel: Beltz

Hänsel, D. (1985). Der Mythos vom konservativen Wandel der Lehrer. Eine Reinterpretation der Konstanzer Studie. *Zeitschrift für Pädagogik, 31*(5), 631-645.

Hanetseder, C. & Keller-Schneider, M. (2006). Assessments für den Lehrberuf. Eignungsverfahren während der Grundausbildung. *Beiträge zur Lehrerbildung, 24*(1), 110-114.

Havighurst, R.J. (1948/1972). *Developmental tasks and education.* New York, London: Longman Inc.

Heckhausen, J. & Schulz, R. (1995). A life-span theory of control. *Psychological Review, 102*(2), 284-304.

Hellmer, J. (2007). *Schule und Betrieb. Lernen in der Kooperation.* Wiesbaden: VS.

Helsper, W. (1996). Antinomien des Lehrerhandelns in modernisierten pädagogischen Kulturen: Paradoxe Verwendungsweisen von Autonomie und Selbstverantwortlichkeit. In A. Combe & W. Helsper (Hrsg.), *Pädagogische Professionalität* (S. 521-570). Frankfurt a.M.: Suhrkamp.

Helsper, W. (2007). Eine Antwort auf Jürgen Baumerts und Mareike Kunters Kritik am strukturtheoretischen Professionsansatz. *Zeitschrift für Erziehungswissenschaft, 10*(4), 567-579.

Henecka, H. & Lipowsky, F. (2002). *Berufseinstiege von Lehramtabsolventen. Ergebnisse einer Längsschnittstudie an Pädagogischen Hochschulen in Baden-Württemberg.* Freiburg i.Br.: Filibach.

Hericks, U. (2006). *Professionalisierung als Entwicklungsaufgabe. Rekonstruktionen zur Berufseingangsphase von Lehrerinnen und Lehrern.* Wiesbaden: VS Verlag.

Hericks, U. (2007). Anerkennung im Fachunterricht. In J. Lüders (Hrsg.), *Fachkulturforschung in der Schule* (S. 209-228). Opladen: Verlag Barbara Budrich.

Hericks, U. & Stelmaszyk, B. (2010). Professionalisierungsprozesse während der Berufsbiographie. In T. Bohl, W. Helsper, H.-G. Holtappels & C. Schelle (Hrsg.), *Handbuch Schulentwicklung* (S. 231-237). Bad Heilbrunn: Klinkhardt.

Hirsch, G. (1990). *Biographie und Identität des Lehrers. Eine typologische Studie über den Zusammenhang von Berufserfahrungen und beruflichem Selbstverständnis.* Weinheim, München: Juventa Verlag.

Hobson, A.J., Ashby, P., Malderez, A. & Tomillson, P.D. (2009). Mentoring beginning teachers: what we know and what we don't. *Teaching and Teacher Education, 25*(1), 207-216.

Huberman, M. (1989). The professional life cycle of teachers. *Teacher College Record, 91*(1), 31-57.

Ingersoll, R.M. (2012). Beginning teacher induction WHAT THE DATA TELL US. *Phi Delta Kappan, 93*(8), 47–51.

Ingersoll, R. & Kralik, J. (2004). *The impact of mentoring on teacher retention: What the research says.* Denver: Educton Commission.

Ingersoll, R.M. & Perda, D. (2008). The status of teaching as a profession. In J. Ballantine & J. Spade (Eds.), *Schools and society: A sociological approach to education* (pp. 106-118). Los Angeles: Pine Forge Press.

Ingersoll, R.M. & Strong, M. (2011). The Impact of Induction and Mentoring Programs for Beginning Teachers: A Critical Review of the Research. *Review of Educational Research, 81*(2), S. 201–233.

Jones, M. (2009). Supporting the supporters of novice teachers. An analysis of mentors' needs from twelve European countries presented from an English perspective. *Research in Comparative and International Education, 4*(1), 4-21.

Jones, N. & Youngs, P. (2008). Using the experience sampling method to investigate how new teachers' subjective experiences shape instruction and commitment to teaching. Paper presented at the Annual Meeting of the American Educational Research Association, New York. http://www.educ.msu.edu/content/default.asp?contentID=531 (11.04.2014).

Kelchtermans, G. (1996a). Berufsbiographie und professionelle Entwicklung. Eine narrativ-biographische Untersuchung bei Grundschullehrern. *Bildung und Erziehung, 49*(3), S. 257-276.

Kelchtermans, G. (1996b). Teacher vulnerability: Understanding its moral and political roots. *Cambridge Journal of Education, 26*(3), 307-323.

Keller-Schneider, M. (2008). Evaluation der Berufseinführung des Kantons. St. Gallen: Pädagogische Hochschule. http://www.phsg.ch/desktopdefault.aspx/tabid-434 (11.04.2014).

Keller-Schneider, M. (2009a). Was beansprucht wen? – Entwicklungsaufgaben von Lehrpersonen im Berufseinstieg und deren Zusammenhang mit Persönlichkeitsmerkmalen. *Unterrichtswissenschaft, 37*(2), 145-163.

Keller-Schneider, M. (2009b). Sich neue Wege erschließen! Supervision im Berufseinstieg von Lehrpersonen. *Journal für Lehrerinnen- und Lehrerbildung, 7*(3), 40-46.

Keller-Schneider, M. (2010a). *Entwicklungsaufgaben im Berufseinstieg von Lehrpersonen. Beanspruchung durch berufliche Herausforderungen im Zusammenhang mit Kontext- und Persönlichkeitsmerkmalen.* Münster: Waxmann.

Keller-Schneider, M. (2010b): *Umgang mit Berufsanforderungen und Kündigungsgründe von Lehrpersonen.* Zürich: Pädagogische Hochschule. http://www.fachportal-paedagogik.de/fis_bildung/suche/fis_set.html?FId=967491 (11.04.2014).

Keller-Schneider, M. (2011a). Die Bedeutung von Berufswahlmotiven von Lehrpersonen in der Bewältigung beruflicher Anforderungen in der Berufseingangsphase. *Lehrerbildung auf dem Prüfstand, 4*(2), 157-185.

Keller-Schneider, M. (2011b). Berufsbiografische und fachspezifische Anforderungen von Grundschullehrpersonen der Berufseingangsphase. *Zeitschrift für Grundschulforschung, 4*(2), 124-136.

Keller-Schneider, M. (2012). „Nun bin ich im Beruf angekommen – aber es war anstrengend!" Prädiktoren der Kompetenz und der Beanspruchung von Lehrpersonen Ende des ersten Berufsjahres. In T. Hascher & G. H. Neuweg (Hrsg.), *Forschung zur (Wirksamkeit der) Lehrer/innen/bildung* (S. 221-238). Wien: LIT-Verlag.

Keller-Schneider, M. (2013). Schülerbezogene Überzeugungen von Studierenden der Lehrerbildung und deren Veränderung im Rahmen einer Lehrveranstaltung. *Lehrerbildung auf dem Prüfstand, 6*(2), 178-213.

Keller-Schneider, M. (in prep.) *The impact of induction programs on the development of beginning teachers.*

Keller-Schneider, M. & Albisser, S. (2012). Grenzen des Lernbaren? Ergebnisse einer explorativen Studie zum Erwerb adaptiver Unterrichtskompetenz im Studium. In T. Hascher & G. H. Neuweg (Hrsg.), *Forschung zur (Wirksamkeit der) Lehrer/innen/bildung* (S. 85-103). Wien: LIT-Verlag.

Keller-Schneider, M. & Hericks, U. (2013). Professionalisierung als individuelle und kollektive Entwicklungsaufgabe von Lehrpersonen und Kollegien. In J. Hellmer & D. Wittek (Hrsg.), *Schu-*

le im Umbruch begleiten. Studien zur Bildungsgangforschung Bd. 33 (S. 135-148). Verlag Barbara Budrich.

Koch, J.-J. (1972). *Lehrer – Studium und Beruf. Einstellungswandel in den beiden Phasen der Ausbildung.* Ulm: Süddeutsche Verlagsgesellschaft.

Krüger, H.-H. & Marotzki, W. (Hrsg.) (1995). *Erziehungswissenschaftliche Biographieforschung.* Opladen: Leske+Budrich.

Krüger, H.-H. & Marotzki, W. (Hrsg.) (1999). *Handbuch erziehungswissenschaftliche Biographieforschung.* Opladen: Leske+Budrich.

Krüger, H.-H. & Pfaff, N. (2004). Triangulation quantitativer und qualitativer Zugänge in der Schulforschung. In W. Helsper & J. Böhme (Hrsg.), *Handbuch der Schulforschung* (S. 159-182). Wiesbaden: VS Verlag,

Kunze, I. (2004). *Konzepte von Deutschunterricht. Eine Studie zu individuellen didaktischen Theorien von Lehrerinnen und Lehrern.* Wiesbaden: VS Verlag.

Lam, B. & Yan, H. (2011). Beginning teachers' job satisfaction: the impact of school-based factors. *Teacher Development, 15*(3), 333-348.

Larcher Klee, S. (2005). *Einstieg in den Lehrberuf.* Bern, Stuttgart, Wien: Haupt.

Lazarus, R.S. & Launier, R. (1981). Stressbezogene Transaktionen zwischen Person und Umwelt. In H.J. Nitsch (Hrsg.), *Stress* (S. 213-259). Bern: Huber.

Lipowsky, F. (2003): *Wege von der Hochschule in den Beruf. Eine empirische Studie zum beruflichen Erfolg von Lehramtsabsolventen in der Berufseinstiegsphase.* Bad Heilbrunn: Klinkhardt.

Lipowsy, F. (2009). Lernen im Beruf – Befunde zur Wirksamkeit von Lehrerfortbildung. In F. Müller, A. Eichenberger, M. Lüders & J. Mayr (Hrsg.), *Lehrerinnen und Lehrer lernen – Konzepte und Befunde zur Lehrerfortbildung* (S. 51-72). Münster: Waxmann.

McCrae, R.R. & Costa, P.T. (1999). The five factor theory of personality. In L.A. Pervin & O. P. John (Eds.), *Handbook of personality. Theory and research* (pp. 139-153). New York: Guilford Press.

Mandl, H. & Gerstenmaier, J. (Hrsg.) (2000). *Die Kluft zwischen Wissen und Handeln. Empirische und theoretische Lösungsansätze.* Göttingen: Hogrefe.

Marotzki, W. (1999). Erziehungswissenschaftliche Biographieforschung. Methodologie – Tradition – Programmatik. *Zeitschrift für Erziehungswissenschaft,* 2(3), 325-341.

Mayr, J. (2007). Empirische Befunde zur Kompetenzentwicklung und deren Bedingungen bei (angehenden) LehrerInnen. In F. Kostrzewa (Hrsg.), *Lehrerbildung im Diskurs, Bd. 3* (S. 8-24). Münster: Lit.

Mayr, J. & Neuweg, H.G. (2006). Der Persönlichkeitsansatz in der Lehrer/innen/forschung. Grundsätzliche Überlegungen, exemplarische Befunde und Implikationen für die Lehrer/innen/forschung. In U. Greiner & M. Heinrich (Hrsg.), *Schauen, was ‚rauskommt'. Kompetenzförderung, Evaluation und Systemsteuerung im Bildungswesen* (S. 183-206). Münster: Lit.

Müller, F. (Hrsg.) (1975). *Lehrerbildung von morgen. Grundlagen, Strukturen, Inhalte. Bericht der Expertenkommission im Auftrag der Schweizerischen Konferenz der kantonalen Erziehungsdirektoren.* Hitzkirch: Comenius-Verlag.

Müller-Fohrbrodt, G., Cloetta, B. & Dann, H.-D. (1978): *Der Praxisschock bei jungen Lehrern. Formen – Ursachen – Folgerungen.* Stuttgart: Klett.

Nasser-Abu Alhija, F. & Fresko, B. (2010). Socialization of new teacher. Does induction matter? *Teaching and Teacher Education, 26*(8), 1592-1597.

Neuweg, H.G. (2004). *Könnerschaft und implizites Wissen.* Münster, New York: Waxmann.

O'Doherty, T. & Deegan, J. (2009). Mentors, not models: Supporting teachers to be empowered in an Irish context. *Research in Comparative and International Eduction, 4*(1), www.wwwords.co.uk/Rcie (11.04.2014).

Oevermann, U. (1996). Theoretische Skizze einer revidierten Theorie professionalisierten Handelns. In A. Combe & W. Helsper (Hrsg), *Pädagogische Professionalität. Untersuchungen zum Typus pädagogischen Handelns* (S. 70-182). Frankfurt/M.: Suhrkamp.

Oser, F. & Oelkers, J. (2001). *Die Wirksamkeit der Lehrerbildungssysteme.* Chur, Zürich: Rüegger.

Pillen, M.T., Den Brok, P.J. & Beijaard, D. (2013). Profiles and change in beginning teachers' professional identity tensions. *Teaching and Teacher Education, 34,* 86-97.

Schaarschmidt, U. (Hrsg.) (2005). *Halbtagsjobber? Psychische Gesundheit im Lehrerberuf. Analyse eines veränderungsbedürftigen Zustandes.* Weinheim, Basel: Beltz.

Schönknecht, G. (1997). *Innovative Lehrerinnen und Lehrer. Berufliche Entwicklung und Berufsalltag.* Weinheim: Deutscher Studien Verlag.

Schwarzer, R. & Jerusalem, M. (1989). Erfassung leistungsbezogener und allgemeiner Kontroll- und Kompetenzerwartungen. In G. Krampen (Hrsg.), *Diagnostik von Attributionen und Kontrollüberzeugungen* (S. 127-133). Göttingen: Hogrefe.

Shulman, L.S. (1991). Von einer Sache etwas verstehen: Wissensentwicklung bei Lehrern. In E. Terhart (Hrsg.), *Unterrichten als Beruf. Neuere amerikanische und englische Arbeiten zur Berufskultur und Berufsbiographie von Lehrern und Lehrerinnen* (S. 145-160). Köln, Wien: Böhlau.

Shulman, L.S. (2004). *The wisdom of practice. Essays on teaching, learning and learning to teach.* San Francisco: Jossey-Bass.

Sikes, P.J., Measor, L. & Woods, P. (1985). *Teacher careers. Crises and continuities.* London: Taylor & Francis.

Smith, T. & Ingersoll, R. (2004). What are the effects of induction and mentoring on beginning teacher turnover? *American Educational Research Journal, 41*(3), 681-714.

Stokking, K., Leenders, F., De Jong, J. & Van Tarwijk, J. (2003): From student to teacher: Reducing practice shock an early dropout in the teaching profession. *European Journal of Teacher Education, 26*(3), 329-350.

Terhart, E. (Hrsg.) (2000). *Perspektiven der Lehrerbildung in Deutschland. Abschlussbericht der von der Kultusministerkonferenz eingesetzten Kommission.* Weinheim: Beltz.

Terhart, E. (2001). *Lehrerberuf und Lehrerbildung. Forschungsbefunde, Problemanalysen, Reformkonzepte.* Weinheim: Beltz.

Terhart, E., Czerwenka, K., Ehrich, K., Jordan, F. & Schmidt, H.J. (1994): *Berufsbiographien von Lehrern und Lehrerinnen.* Frankfurt/M.: Lang.

Thomas, L. & Beauchamp, C. (2011). Understanding new teachers' professional identities through metaphor. *Teaching and Teacher Education, 27*(4), 762-769.

Trautmann, M. (Hrsg.) (2005). *Entwicklungsaufgaben im Bildungsgang.* Wiesbaden: VS Verlag.

Tynjälä, P. & Heikinnen, H.L.T. (2011). Beginning teachers transition from pre-service education to working life. *Zeitschrift für Erziehungswissenschaft, 14*(1), 11-33.

Veenman, S. (1984). Perceived Problems of Beginning Teachers. *Review of Educational Research, 54*(2), 143-178.

Wahl, D. (1991). *Handeln unter Druck.* Weinheim: Deutscher Studienverlag.

Walm, M. & Wittek, D. (2013). Dokumentation zur Lehrer_innenbildung in Deutschland – eine phasenübergreifende Analyse der Regelungen in den Bundesländern. Eine Expertise im Auftrag der Max-Träger-Stiftung. http://www.gew.de/Orientierungshilfe_fuer_den_Flickenteppich.html (11.04.2014).

Weinert, F.E. (2001). Vergleichende Leistungsmessung in Schulen – eine umstrittene Selbstverständlichkeit. In F.E. Weinert (Hrsg.), *Leistungsmessung in Schulen* (S. 71-76). Weinheim: Beltz.

Silvio Herzog

Über den Berufseinstieg hinaus: Berufsbiografien von Lehrerinnen und Lehrern im Blickfeld der Forschung

1. Einleitung

„Lehrer-Werden und Lehrer-Bleiben als lebenslanger Prozess" – mit dieser Erkenntnis von Terhart (1990, S. 247) kommt zum Ausdruck, was sich seit den späten 1980er Jahren als Paradigmenwechsel in der Betrachtung des Lehrerberufs bezeichnen lässt. Die Ausbildung von Lehrerinnen und Lehrern ist nicht mit der Grundausbildung abgeschlossen. Vielmehr findet sie in formellen und informellen Weiterbildungsanlässen über die gesamte Berufsspanne ihre Fortführung. Diese Öffnung der Betrachtung ist nicht lediglich für die Konzepte der Lehrerinnen- und Lehrerbildung von grundlegender Bedeutung (vgl. Herzog & Munz, 2010; Terhart, 2001). Sie hat auch Folgen für die Gestaltung des Arbeitsplatzes Schule und die Entwicklung des Lehrerberufs. Wenn das Lehrer-Sein tatsächlich als lebenslanger Prozess verstanden wird, dann eröffnen sich für die Personalentwicklung im Rahmen der Unterrichts- und Schulentwicklung neue Dimensionen. Diesen Gedanken nimmt auch die Professionalitätsforschung auf, in dem sie der Verarbeitung biografischer Erfahrung eine hohe Relevanz für die Gewinnung von Professionalität zuschreibt (vgl. Reh & Schelle, 2000).

Mit dem Paradigmenwechsel gewinnt die Lehrer*biografie*forschung im Kontext der erziehungswissenschaftlichen Forschung merklich an Bedeutung. Die erweiterte Perspektive stellt die Forschung allerdings vor große Herausforderungen quantitativer und qualitativer Art. So vergrössert sich die zeitliche Dimension der Betrachtung von fünf bis sieben Jahren (Ausbildung und Berufseinstieg) auf bis zu 40 Berufsjahre. Dies hat auch Folgen für die Themenbreite, zumal durch die Orientierung am Entwicklungsbegriff die Person in ihrer Ganzheit und als soziales Wesen in ihrer Lebenswelt erfasst werden soll. Beim Versuch, den Forschungsgegenstand in einer lebenslauforientierten Weise zu erweitern, ist die Lehrerbiografieforschung maßgeblich von analogen Bestrebungen in Entwicklungspsychologie und Soziologie beeinflusst worden (vgl. Baltes & Eckensberger, 1979; Kohli, 1986; Rosenmayr, 1978). Biografieforschung ist jedoch auch in diesen Disziplinen kein einheitliches Forschungsfeld.

Die vorliegende Darstellung der Ergebnisse einer über den Berufseinstieg hinaus schauenden Lehrerbiografieforschung beginnt deshalb mit einer ersten Skizzierung des Forschungsfeldes, um den Gegenstand zu präzisieren und zu konkretisieren (s. Abschnitt 2). Das Ergebnis dieser einleitenden Diskurse sind vier Zugänge der empirischen Erforschung von Lehrerbiografien, die betreffend ihres theoretischen Hintergrunds und zentraler Erkenntnisse dargestellt werden (s. Abschnitte 3 bis 6). In der abschließenden Gesamtschau werden diese Befunde zusammengeführt und als Grundlage verwendet, um Leitsätze für die Lehrerbiografieforschung zu formulieren (s. Abschnitt 7).

2. Lehrer-Biografie-Forschung: eine erste Präzisierung des Gegenstands

Wo hat die Lehrerbiografieforschung ihre wissenschaftlichen Wurzeln und wie lassen sich ihre methodischen und thematischen Züge charakterisieren? Wer nach Lehrbüchern sucht, welche diese Fragen üblicherweise zu beantworten wissen, wird enttäuscht. Erweiterte Suchbewegungen führen über Einführungen zur biografischen Forschung (vgl. Fuchs-Heinritz, 2000; Krüger & Wensierski, 1995) hin zu Handbüchern der erziehungswissenschaftlichen Biografieforschung (vgl. Kraul & Marotzki, 2002; Krüger & Marotzki, 2006). Die *erziehungswissenschaftliche Biografieforschung* kann als „Mutterdisziplin" der Lehrerbiografieforschung bezeichnet werden. In ihrer Konstituierung hat sie sich von verschiedenen anderen Wissenschaften leiten lassen (vgl. Krüger, 2006): von der oral-history-Forschung der Geschichtswissenschaft, den biografischen Methoden der Soziologie oder auch der psychologischen Biografieforschung. Ob sich die erziehungswissenschaftliche Biografieforschung wissenschaftlich zu konsolidieren vermochte, wird bis heute kontrovers diskutiert (vgl. Kade, 2005; Krüger, 2006; Stelmaszyk, 1999). Krüger und Marotzki (2006) weisen in ihrem Handbuch darauf hin, dass diese Frage nicht für den gesamten Forschungszweig, sondern lediglich bezogen auf einzelne Teildisziplinen beantwortet werden kann.

Die *Lehrerbiografieforschung,* die im Handbuch von Krüger und Marotzki keine eigenständige Teildisziplin darstellt, sondern als Teil der Schulpädagogik bilanziert wird (vgl. Reh & Schelle, 2006), fällt zunächst einmal durch eine Vielzahl von Veröffentlichungen auf. Mit Übersichtsartikeln, welche den Stand der Forschung bilanzieren (vgl. Terhart, 1995; Kunze & Stelmaszyk, 2008), lässt sich erkennen, dass die Lehrerbiografieforschung keinen klar definierbaren und abgrenzbaren Forschungszweig darstellt. Dieser Umstand lässt sich insbesondere am Begriff „Biografie" festmachen, der umgangssprachlich so verständlich scheint, in der wissenschaftlichen Auseinandersetzung aber aufgrund seiner Mehrdeutigkeit schwierig zu fassen ist. Er verweist, so Schulze (2006, S. 37), auf ein „vielseitig strukturiertes thematisches Feld mit unterschiedlichen Teilbereichen und Schwerpunkten, deren Bezeichnungen und Beziehungen Anlässe zu Missverständnissen, Kontroversen und klärenden Untersuchungen geben". Obschon hinter Begriffen wie „Biografie", „Lebenslauf" oder „Karriere" unterschiedliche theoretische Konzepte stehen (vgl. Herzog et al., 2007, S. 83-85), werden sie in der Literatur uneinheitlich und mitunter auch synonym verwendet. Dieser Umstand erweist sich für einen Forschungszweig, der sich zu etablieren versucht, als ungünstig.

Unklare Konturen des Gegenstands stellen zudem den Autor eines Überblickartikels vor die Aufgabe, trotz der angebrachten terminologischen Flexibilität seine Recherchen und Darstellungen ein- bzw. abzugrenzen. Dieser Vorgang soll für den vorliegenden Versuch im Folgenden anhand von kurzen Exkursen zu den drei Elementen von „Lehrer-Biografie-Forschung" transparent gemacht werden.

„Biografie"

Eine Besonderheit des Begriffs „Biografie" liegt darin, dass er sowohl den Gegenstand (das Leben) als auch die Methode (die Schrift) beinhaltet (vgl. Marotzki, 2001). Mit dieser Doppeldeutigkeit lässt sich zwischen Lehrerbiografieforschung und biografische Lehrerforschung unterscheiden. Bei der Lehrerbiografieforschung steht der *Inhalt* und somit die Lebensgeschichte der Lehrperson im Vordergrund. Die biografische Lehrerforschung hingegen beschreibt eher eine *Methodenwahl* des Forschungsfelds, die sich auch auf *andere* Themenbereiche der Lehrerforschung beziehen kann. Mit dieser Unterscheidung wird auf Krüger und Wensierski (1995, S. 183) Bezug genommen, welche die terminologische Akzentverschiebung von „biografischer Forschung" hin zur „Biografieforschung" als Veränderung des Selbstverständnisses bezeichnen, die sich im Wandel vom instrumentellen, methodischen Schwerpunkt hin zu einem stärker theoretischen, inhaltlichen Zugang zeigt. Auch wenn sich diese Trennung in der Forschungspraxis nicht leicht realisieren lässt, sind mit ihr verschiedene Entscheidungen verbunden.

- Mit der Frage, was wir über die Berufsbiografien über den Berufseinstieg hinaus wissen, sollen in diesem Artikel *erstens* Studien zur Darstellung kommen, welche ihr Erkenntnisinter-

esse unmittelbar auf die Beschreibung und Erklärung von Berufsbiografien gerichtet haben. Untersuchungen, die zwar mit biografischen Methoden und Inhalten arbeiten, aber diese quasi als Mittel zur Erforschung eines anderen Themenbereichs verwenden, bleiben weitgehend unberücksichtigt. Damit wird die Relevanz der „subsidiären Biografieforschung" (Schulze, 1999, S. 44) keinesfalls negiert, sondern lediglich eine Fokussierung vorgenommen.
- *Zweitens* muss das Datenmaterial nicht zwingend die gesamte Lebensgeschichte abdecken, sondern kann auch aus Ausschnitten bestehen. Im Blickfeld dieses Beitrags sind konkret Studien, die sich mit Biografien ab dem Berufseinstieg bis zur Pensionierung befassen (vgl. hierzu die Beiträge von Rothland und Keller-Schneider & Hericks, in diesem Band).
- Und *drittens* steht im Fokus des vorliegenden Beitrags die *berufliche* Lebensgeschichte. Das schliesst notwendigerweise private Aspekte und Erfahrungen ein, insofern sie sich auf berufliche Tätigkeiten und Rahmenbedingungen auswirken. „Parallelkarrieren" in Familie und Freizeit, wie sie Hoff (2002) nennt, sind aber per se nicht Gegenstand dieser Betrachtungen.

„Lehrpersonen"
Im Zentrum der Analysen stehen die Berufsbiografien von Lehrpersonen unterschiedlicher Schultypen, Stufen und Länder. Unterschiede zwischen diesen Kategorien werden in der Ergebnisdarstellung angezeigt, sofern sie von erkenntnisbringender Relevanz sind.

„Forschung"
Die vorliegende Darstellung bezieht sich auf empirische Studien, die über reine literarische Schilderungen (vgl. u.a. Du Bois-Rymond & Schonig, 1982) hinausgehen. Es wird nach wissenschaftlichen Untersuchungen gesucht, die in den letzten zwei bis drei Jahrzehnten realisiert wurden. Weil – wie einleitend erwähnt – gerade in der Biografieforschung eine enge Verknüpfung zwischen theoretischen Ansätzen und methodischen Zugängen besteht, wird beiden Elementen in der Darstellung und in der Bilanzierung ein besonderes Augenmerk geschenkt.

Mit Konzepten lebenslanger Veränderung aus der Entwicklungspsychologie, der Sozialisationstheorie und auch aus der Pädagogik lassen sich Lebensgeschichten auf zwei Ebenen beschreiben: auf der Achse der Zeit und in Feldern des Raums (vgl. Herzog & Munz, 2010). Theoretische Zugänge, die ihre Konzeptionen eher auf Vorstellungen von *Zeit* und Biografie abstützen, sind Phasen- und Stufenmodelle (s. Abschnitt 3) und phasenspezifische Studien (s. Abschnitt 4). Während bei ersteren eher der Zeitplan im Vordergrund steht, sind letztere auf einen besonderen Zeitabschnitt in der Biografie einer Lehrperson ausgerichtet.

Die zweite Dimension, diejenige des *Raums,* basiert auf dem Ansatz einer ökologisch orientierten Sozialisations- und Entwicklungstheorie. Hierbei wird das Subjekt in einen sich verändernden sozialen und ökologischen Kontext gestellt (vgl. Bronfenbrenner, 1978). Studien zu Übergängen im Lebenslauf (s. Abschnitt 5) oder Ansätze der Verbleibs- und Mobilitätsforschung (s. Abschnitt 6) lassen sich in diese Ausrichtung einordnen. Die vier Zugänge werden im Folgenden betreffend ihren theoretischen Grundlagen und empirischen Befunden beschrieben und bilanziert.

3. Lehrerbiografien als Stufen- und Phasenverläufe

3.1 Grundlegungen

Um die Entwicklung von Lehrpersonen über den Berufseinstieg hinaus darstellen zu können, sind in der Lehrerforschung zumeist Stufen- und Phasenverläufe skizziert worden. Im Vordergrund steht für diese Studien der Versuch, der Entwicklung eine *zeitliche Struktur* zugrunde zu legen und diese empirisch nachzuweisen. Dabei berufen sie sich auf etablierte und elaborierte Modelle der Entwicklungspsychologie. Wie Thomae (2002) aufzeigt, haben solche Modelle der Veränderung ihren Ursprung in frühen Darstellungen, die mittels einer aufwärts und/oder abwärts führenden Treppe die geordnete Veränderung darzustellen versuchen. Während in älteren Vorstellungen der Höhepunkt der Stufenfolge in der frühen Kindheit gesehen wurde, setzte sich zunehmend eine Phasentheorie durch, die sich über die ganze Lebensspanne erstreckt. Als die wohl bis heute populärsten Theorien sind das „Modell des Lebenszyklus in acht Phasen" des Psychoanalytikers Erikson (1999) oder das Phasenmodell mit spezifischen Entwicklungsaufgaben von Havighurst (1972) zu nennen. Die Übertragung dieser Ansätze in die Lehrerforschung soll folgend diskutiert werden.

3.2 Zum Stand der empirischen Forschung

Stufen- und Phasenverläufe finden in der Lehrerforschung verschiedene Anwendungsfelder. Im Kontext der Lehrerbiografieforschung wurde insbesondere die Entwicklung von Lehrpersonen in solchen Modellvorstellungen abgebildet. Auffallend ist, dass diese Versuche mehrheitlich zwischen Mitte der 1970er und Anfang der 1990er Jahre entstanden sind. In den letzten 20 Jahren sind kaum neue Entwürfe publiziert worden. Wohl deshalb genießen die folgenden, meist älteren Studien bis heute bemerkenswerte Beachtung.

Modelle der Gestuftheit beruflicher Entwicklung haben im angloamerikanischen Raum eine lange Tradition (vgl. Burden, 1990; Dick, 1994; Dreyfus & Dreyfus, 1987; Terhart, 1990; Tochon & Munby, 1993). Im Rahmen der Novizen-Experten-Forschung findet das Modell *„Stages of Learning to Teach"* von Fuller und Bown (1975) große Verbreitung. Unterschieden werden drei Stufen: Auf „Survival Stage", der Phase des „Überlebens" im Klassenzimmer, folgt „Mastery Stage". Didaktische und methodische Gestaltung und die Kontrolle der Unterrichtssituation stehen nun im Vordergrund. Auf der „Routine Stage" wird schließlich der Blick allmählich frei für die Bedürfnisse und Schwierigkeiten der einzelnen Schülerinnen und Schüler.

Oft rezipiert wurde das Phasenmodell von Sikes, Measor und Woods (1985, 1991). Im Rahmen ihrer Studie, bei der mit 48 Lehrpersonen in England ausführliche berufsbiografische Interviews durchgeführt wurden, konnten sie trotz der großen Vielfalt einen *„für den Lehrerberuf typischen Lebenslauf (life-cycle)"* ausmachen, der „abgegrenzte Phasen sowie jeweils damit verknüpfte Aufgabenstellungen beinhaltet" (Sikes, Measor & Woods 1991, S. 231). Als Gliederung ließen sich die Eröffnungsphase (bis 29 Jahre), die Phase des Niederlassens (30-40 J.), die „Plateau"-Phase (40-55 J.) und die Phase der Vorbereitung auf den Rückzug aus dem Berufsleben (über 55 J.) unterscheiden. Diese Abfolge verstehen die Autoren nicht als „rigides Muster, welches von allen Lehrern unausweichlich durchlaufen wird" (ebd., S. 233). Vielmehr betrachten sie es als „Entwicklungsmodell", welches vielfältige Einzelwege umfasst, ganzheitlich ist und neben der beruflichen Karriere auch andere Lebensbereiche einschließt. Als dynamisierendes Element sehen die Autoren bestimmte kritische Phasen und Ereignisse. Sie können auch in anderen Lebensbereichen vorkommen und Einfluss auf die Berufslaufbahn haben, wobei der Einfluss von Ereignissen aus dem privaten Lebensstrang bei Lehrerinnen stärker zu sein scheint als bei ihren männlichen Kollegen (s. Abschnitt 5).

Ein in der Fragestellung ähnliches Projekt führte Huberman (1989) durch. Er generierte seine empirische Datenbasis durch biografische Interviews mit 160 Sekundarlehrpersonen aus unterschiedlichen Dienstalterskohorten, die in den Schweizer Kantonen Genf und Waadt unterrichteten. Auf der Basis seiner Ergebnisse konzipierte Huberman ein *Modell der Entwicklung von Lehrpersonen* mit fünf Phasen. Die ersten beiden Phasen scheinen bei allen Lehrpersonen gleich zu sein. Auf den Berufseinstieg (1-3 Berufsjahre), bei dem das „Überleben" und „Entdecken" als zentrale Motive wirksam sind, folgt die Phase der Stabilisierung (4-6 BJ.). Die Anfängerprobleme sind überwunden, die grundlegenden Unterrichtstechniken erfasst, und man identifiziert sich mit dem Lehrerdasein. Nun verzweigen sich die Entwicklungslinien. Auf die Stabilisierung folgt *entweder* eine Zeit der Experimente und des Aktivismus *oder* eine Phase des Selbstzweifels und der (eher negativen) Neubewertung des Berufs. Diese dritte Phase (7-18 BJ.) ist in ihrer Ausprägung abhängig von lebensgeschichtlichen und situativen Umständen sowie von der allgemeinen Persönlichkeitsentwicklung. Erst mit der dritten Phase können Prognosen über den Ausgang einer Berufskarriere gestellt werden (vgl. Huberman, 1991, S. 262). Für diejenigen Lehrkräfte, die von Selbstzweifeln belangt werden, bieten sich zwei Lösungen an: eine positive im Sinne von „frischem Wind" und eine negative im Sinne einer „Nicht-Lösung", d.h. einer Haltung des „Man-kann-nichts-machen". Für die erstgenannte Gruppe, die einen Neuanfang versuchte, kam es in der vierten Phase (19-30 BJ.) zu einer gewissen Gelassenheit und Distanz. In der fünften Phase (31-40 BJ.) zogen sie sich psychisch langsam aus dem Berufsleben zurück. Je nachdem, wie die früheren Phasen verlaufen waren, erfolgte der Rückzug in Gelassenheit oder Bitterkeit. Anders der Verlauf der zweiten Gruppe. Sie entwickelte in der vierten Phase einen deutlichen Konservatismus und sogar Zynismus gegenüber dem eigenen Beruf, der sie schließlich in den letzten Berufsjahren in eine von Bitterkeit und Desinteresse geprägte Phase führte. In der Stichprobe von Huberman (1989) überwog der Anteil derjenigen, die den zweiten, resignativen Weg gegangen sind. Wobei die Lehrerinnen alles in allem mit ihrer Karriere besser zurechtkamen als die Lehrer.

In einer hinsichtlich Fragestellung und Methode analogen Studie gingen Hirsch, Ganguillet und Trier (1990) den Berufsbiografien von 120 Oberstufenlehrkräften im Kanton Zürich (Schweiz) nach, wobei die Auswahl auf die ersten drei Dienstalterskohorten (5–29 BJ.) von Huberman (1989) eingeschränkt wurde. Über autobiografische „Stegreiferzählungen" wurden im Rahmen von halbstrukturierten Interviews Einstellungen, Engagements und Belastungen bei dieser Gruppe von Lehrkräften erhoben, durch Protokolle erfasst und mit der Methode der „Grounded Theory" ausgewertet. Die Ergebnisse decken sich weit gehend mit denjenigen von Huberman (1989). Hirsch (1990) entwickelte aufgrund einer Sekundäranalyse der Daten sechs *Berufsbiografiemuster*, die den Zusammenhang von Lebenslauf und Identität verdeutlichen. Sie differieren vor allem in der Art und Weise der Bewältigung im Schulalltag, wobei der „Problemtyp", dem eine Auflösung der Spannung zwischen seinen hohen Zielen und den realen Möglichkeiten ihrer Erreichung nicht gelingt, in der Stichprobe am häufigsten vorkam.

Obwohl sie explizit keine eigentlichen Stufenmodelle postulieren, soll auf zwei Studien hingewiesen werden, die m.E. in diesem Zusammenhang von Bedeutung sind. Beide erfassen Veränderungen durch eine zu einem bestimmten Zeitpunkt angesetzte Retrospektive. In einer vielbeachteten Studie befragten Terhart et al. (1994) 514 Lehrpersonen verschiedener Schulstufen schriftlich zu ausgewählten Stationen und globalen Perspektiven ihres Berufslebens. Mit dem Blickwinkel auf die Konstanz und Veränderung wurden verschiedene *Einstellungen und Erfahrungen im Berufsleben* erfasst. Im Rückblick als eher konstant wurden die Innovationsbereitschaft und die Zufriedenheit im Beruf bewertet. Die häufigsten Veränderungsmeldungen ergaben sich in der Belastbarkeit und in der beruflichen Kompetenz. So gaben rund drei Viertel der befragten Lehrpersonen an, dass ihre berufliche Kompetenz im Verlauf ihrer Berufstätigkeit gestiegen ist. Nur wenig erfahren wir aus dieser Studie, *wie* dieser Kompetenzzuwachs verläuft. Zumindest weist der Befund, dass die Veränderung der beruflichen Kompetenz bei der ältesten Altersgruppe (55-60 J.) vergleichsweise niedrig eingeschätzt wird, auf die Hypothese hin, dass es sich hier nicht um lineare Prozesse handelt.

Die Nicht-Linearität einer Berufsbiografie ist auch ein zentrales Ergebnis der Studie von Herzog u.a. (2007). Zur Grundlegung ihrer umfangreichen Studie hat das Schweizer Forscherteam das *berufliche Wohlbefinden von Lehrpersonen im Lebensverlauf* erfasst. Die Absolvierenden einer Ausbildung zur Primarlehrperson (Grund- und Hauptschullehrkräfte) stammten aus vier Patentierungskohorten und blickten zum Zeitpunkt der Befragung auf sieben bis 40 Jahre Berufserfahrung zurück. Auf der Grundlage einer schriftlichen Befragung mit rund 1900 Personen sind 171 zusätzlich mündlich befragt worden. Die Befunde zum beruflichen Wohlbefinden, die im narrativen Teil des Interviews generiert wurden, lassen sich wie folgt zusammenfassen: Dem beruflichen Wohlbefinden in der Berufseinstiegsphase ist besondere Beachtung zu schenken. Die große Anzahl von beruflichen Tiefs in den ersten fünf Berufsjahren bestätigt die Ergebnisse von Hirsch, Gangulliet und Trier (1990). Allerdings sind gemäß der Studie von Herzog u.a. (2007) nicht lediglich die meisten Tiefs in den ersten Berufsjahren zu verorten, sondern auch die meisten beruflichen Hochs. Die Möglichkeit, nach einer langen Ausbildung „endlich" unterrichten zu dürfen, löst bei vielen Studierenden Hochgefühle aus. Insgesamt ließen sich mit der Schweizer Studie mehr Hochs als Tiefs in der Berufskarriere von Lehrpersonen finden. So stehen diese Ergebnisse in einem gewissen Widerspruch zu der von Huberman (1989) kolportierten Ansicht einer negativen Lehrerkarriere.

3.3 Erste Zwischenbilanz

Stufen- und Phasenmodelle der beruflichen Entwicklung werden nicht nur allgemein (vgl. Müller, 1982), sondern auch in ihrer Übertragung auf den Lehrerberuf (vgl. Terhart, 1990) kontrovers diskutiert. Ihr besonderer Wert für die Lehrerbiografieforschung ist *heuristischer* Art. Mit der Beschreibung von Entwicklungsverläufen wird erkennbar, dass sich Lehrpersonen im Verlauf ihrer Berufsbiografie bezüglich ihrer Einstellungen, ihres Selbstvertrauens oder ihrer Kompetenzen verändern. Stufen- und Phasenmodelle sind jedoch, wie auch Huberman (1991, S. 265) freimütig einräumt, vor allem als Konstrukte zu verstehen, „mit deren Hilfe wir zunächst ein Problemfeld strukturieren". *Wie* Entwicklungsprozesse verlaufen, vermögen sie allerdings nicht zu erfassen.

Zudem muss auf zwei Problematiken der referierten Stufen- und Phasenmodelle hingewiesen werden. Sie betreffen *erstens* ihr Verständnis von Entwicklung. Dieses richtet sich in diesen Modellen nach einem allgemeinen Zeitplan aus und ist stark *normativ* geprägt (vgl. Herzog et al., 2007, S. 33-35). Wo Entwicklung als Stufen- und Phasenfolge gedacht wird, da bleibt wenig Spielraum für *individuelle* Varianten der Veränderung. Da sich aber, wie die Forschungslage zeigt, individuelle Verläufe in hohem Ausmaß von solchen allgemeinen Beschreibungen unterscheiden können, ist die Orientierung an *allgemeinen* Zeitplänen gerade für eine am *individuellen* Entwicklungsverlauf der Lehrperson ausgerichtete Weiterbildung und Beratung kaum dienlich (vgl. Herzog & Munz, 2010).

Abgesehen von Gefahren der Ergebnisrezeption sind Phasenmodelle *zweitens* grundsätzlich auf ihre Richtigkeit hin zu prüfen. Mit der Studie von Herzog u.a. (2007) ist zu hinterfragen, ob ein stetig sinkendes Wohlfinden „bis zum bitteren Ende" für eine Vielzahl von Lehrpersonen tatsächlich der erlebten Realität entspricht. Lassen sich ihre Daten auch auf andere Schulstufen und andere Länder transferieren, dann müsste der Verlauf einer Lehrerbiografie zwingend „entpathologisiert" werden.

4. Lehrerbiografien in berufsphasenspezifischen Analysen

4.1 Grundlegungen

Im Gegensatz zu den Stufen- und Phasenmodellen fokussieren die Phasenanalysen einzelne *Ausschnitte* der Biografie und analysieren diese weitgehend unabhängig von vorangehenden und nachgeordneten Phasen der befragten Personen. Für die Vergleichbarkeit der Ergebnisse ist die Frage von Bedeutung, wie die Berufsbiografie in einzelne Phasen *eingeteilt* wird. Dass hierauf keine einheitliche Antwort gegeben werden kann, lässt sich bereits aus den zahlreichen wissenschaftlichen Versuchen zur sequentiellen Einteilung des Erwachsenenlebens ablesen (vgl. Nittel, 2006). Auch die Lehrerbiografieforschung kann sich auf keine einheitlichen Phasen abstützen. Es lassen sich grundsätzlich zwei Wege unterscheiden, diese zu bestimmen: Die „quantitative" Vorgehensweise errechnet die Anzahl der Berufsjahre und unterteilt sie in gleich große Zeitspannen. Diese Aufteilung findet häufig in Studien ihre Anwendung, wo das Alter kategorial verwendet wird (vgl. Gehrmann, 2003). Die Gruppenbildung ist hierbei oftmals auch deshalb unterschiedlich, weil die Altersgruppen in der Lehrerschaft nicht gleichmäßig verteilt sind, wodurch statistische Analysen erschwert werden. Geschichtete Zufallsstichproben oder Klumpenstichproben versuchen, dem zu entgegnen (vgl. Herzog et al., 2007; Terhart et al., 1994). Eine zweite Vorgehensweise ist eher „qualitativ" orientiert. Die Phaseneinteilung erfolgt im Sinne von Entfaltungsstufen der Entwicklung von Lehrpersonen. Die in Abschnitt 3 diskutierten Modelle haben gezeigt, dass eine Unterteilung nach diesem Kriterium schwierig und mitunter auch empirisch fragwürdig ist.

Für die folgende Analyse zum Stand der empirischen Lehrerforschung werden in Anlehnung an Nittel (2006) drei Phasen unterschieden: die frühe Berufsphase (0-10 BJ.; 20-30 Jahre alt), die mittlere Berufsphase (10-30 BJ.; 30-50 Jahre alt) und die späte Berufsphase (30-40 BJ.; 50-60 Jahre alt). Damit wird nicht in Anspruch genommen, eine begründete, analytische Trennung erarbeitet zu haben. Vielmehr soll der Fokus dem Lebenslauf entlang auf großräumige Phasen gerichtet werden.

4.2 Zum Stand der empirischen Forschung

Da der Einbezug des Alters der Probandinnen und Probanden in die Auswertung empirischer Daten als Standard jeglicher Forschungsbemühungen bezeichnet werden kann, wird die Anzahl „phasenspezifischer" Studien nahezu grenzenlos. In Anwendung des in Kapitel 2 eingeführten Abgrenzungskriteriums werden im Folgenden Studien dargestellt, in welchen die Beschreibung und Deutung einer bestimmten Lebensphase die Hauptfragestellung ist. Ein Hinweis vorweg: Keine Phase der Berufskarriere von Lehrpersonen ist intensiver erforscht worden als die ersten Jahre im Beruf. Damit verbindet sich eine lange Tradition in der Lehrerforschung (vgl. Veenman, 1984), die bis heute nichts von ihrer Relevanz verloren hat (vgl. Larcher Klee, 2005; Lipowsky, 2003). Beschrieben wird diese Phase im Beitrag von Keller-Schneider & Hericks (in diesem Band), so dass an dieser Stelle auf eine Darstellung des Forschungsstands verzichtet wird.

4.2.1 Mittlere Berufsphase

Anders als bei der frühen Berufsphase, hat sich die Forschung bisher sehr zurückhaltend mit der mittleren Berufsphase von Lehrpersonen auseinandergesetzt. Die wenigen Ausnahmen beziehen sich weitgehend auf allgemeine Studien zu Berufsbiografien und beruflicher Entwicklung, welche mit ausgewählten Altersgruppen arbeiteten.

Ein erstes Beispiel hierfür ist die Studie von Terhart et al. (1994). Ihre mittlere Altersgruppe umfasste 40 bis 45jährige Lehrpersonen, die sich – so die Annahme der Autoren – „gewissermaßen auf dem Normalplateau der beruflichen Entwicklung befinden und die vermutlich häufig nicht mehr mit einschneidenden beruflichen Veränderungen rechnen“ (ebd., S. 36). Diese Gruppe wurde mit jüngeren Lehrpersonen (30-35jährig) sowie älteren Lehrpersonen (55-60jährig) verglichen. Dieser Vergleich hat unter anderem gezeigt, dass sich die mittlere Berufsgruppe betreffend selbstbeurteilter Lehrerkompetenz kaum von den anderen Gruppen unterscheidet. Wenn Unterschiede zwischen den Altersgruppen erkennbar sind, dann ist es – wie bei der Kompetenz zur Schülerbeurteilung oder zur Elternarbeit – die jüngste Gruppe, die auf- bzw. abfällt. Dieser Befund lässt sich ebenso auf die Wichtigkeit verschiedener Aspekte des Lehrerberufs oder die Zufriedenheit übertragen.

Ein zweites Beispiel ist die Studie von Rosenholtz und Simpson (1990) mit 1213 Lehrpersonen an Grundschulen im Staate Tennessee (USA). Um zu untersuchen, inwiefern das „commitment to the workplace“ von unterschiedlichen Phasen der Lehrerbiografie abhängen, haben die Forscher drei Gruppen gebildet: „novices“ (1-5 Berufsjahre), „midcareer teachers“ (6-10 BJ.) und „veterans“ (mehr als 10 BJ.). Dabei stellten sie fest, dass die Lehrpersonen mit mittlerer Berufserfahrung das tiefste „commitment to the workplace“ aufweisen. Die Gründe für dieses Ergebnis sieht das Forscherteam hauptsächlich im schulischen Unterstützungssystem. So haben ihrer Ansicht nach die in dieser Lebensphase typischen „crisis of independence“ weniger mit der Person selbst zu tun, als vielmehr mit der Tatsache, „the inadequacy of school organizational supports and authority relationships to meet the needs of teachers in these career stages“ (ebd., S. 253).

Sowohl der Befund als auch die Interpretation von Rosenholtz und Simpson (1990) werden durch die Studie von Day (2008) bestätigt. Nach umfangreichen Befragungen von Lehrpersonen der Primar- und Sekundarschule aus sieben Regionen Englands fällt die Bilanz zur mittleren Berufsphase (16-23 BJ) klar aus: „The risk at this stage was a feeling of career stagnation linked to a lack of support in school and negative perceptions of student behavior“ (ebd., S. 248).

Und was ist sie nun, die mittlere Berufsphase? Ein langweiliges Entwicklungsplateau oder die Zeit einer einschneidenden „Midlife Crises“? Mit der dünnen empirischen Basis lassen sich diese Fragen kaum beantworten. Doch bereits der von Rosentholtz und Simpson (1990) oder Day (2008) referierte Befund, wonach negativ veränderte Einstellungen insbesondere von einer phasenunspezifischen Personalführung verursacht werden, weisen auf die Notwendigkeit hin, hierzu differenzierendes Wissen zu generieren.

4.2.2 Späte Berufsphase

Ernüchternd ist auch die Bilanz, wenn wir danach fragen, was in der Forschung über ältere Lehrerinnen und Lehrer bekannt ist. Mehr als zehn Jahre später hat die Antwort „fast gar nichts“ von Terhart et al. (1994, S. 41; vgl. auch Terhart, 1991) wohl auch in dieser Prägnanz ihre Gültigkeit nicht verloren. Es lassen sich kaum Studien finden, die sich *explizit* mit älteren Lehrpersonen auseinandersetzen. Die letzten Jahre im Beruf und die Pensionierung werden meist lediglich dann thematisiert, wenn sie – wie im Falle von Burn-out – problematisch sind. Dass dies lediglich für eine Gruppe von Lehrpersonen der gelebten Realität entspricht, wurde bereits in Abschnitt 3 deutlich. Auf Einseitigkeiten weisen auch Rosentholtz und Simpson (1990, S. 254) hin: „Similarly, these data suggest that veteran teachers need not be characterized – as they often are – as burned out and unable to contribute". Um ein differenzierendes Bild der letzten Jahre im Beruf zu erhalten, müsste sich die Lehrerbiografieforschung diesem Thema vermehrt annehmen. Dies ist auch auf dem Hintergrund zu fordern, dass z.B. in Deutschland zwei Drittel aller Lehrpersonen älter als 45 Jahre sind und somit mögliche phasenspezifische Bedingungen einer Mehrheit der Lehrpersonen unbeschrieben sind (vgl. Klemm, 2005).

4.3 Zweite Zwischenbilanz

Wird die Frage gestellt, ob der Lehrerbiografieforschung die Erweiterung ihres Forschungsfelds über den Berufseinstieg hinaus gelungen ist, muss die Antwort aufgrund der hier präsentierten phasenspezifischen Analyse negativ ausfallen. Im Vergleich zu den ersten Jahren im Beruf sind die weiteren Abschnitte der Berufsbiografie stiefmütterlich behandelt worden. Dies hat m.E. hauptsächlich zwei Gründe, die beide methodischer Art sind.

Die *erste* Schwierigkeit ergibt sich aus der Tatsache, dass sich die *Einteilung* des Lebenslaufs in Phasen nur schwer realisieren lässt. Eine gewisse Beliebigkeit in der Trennung und in der Weite einzelner Phasen wurde bereits einleitend erwähnt. Sie erschwert systematische Vergleiche und somit den Aufbau eines empirisch erhärteten Themenschwerpunkts.

Die *zweite* Schwierigkeit liegt in der methodischen Qualität von *Effektbestimmungen*. Hier sind es gleich zwei methodische Herausforderungen, die bisher nur unbefriedigend gelöst wurden. Erstens lässt sich mit den vorliegenden Querschnittsstudien kaum zwischen Alterseffekten (Lebensalter einer Person) und Kohorteneffekten (Geburtsjahr oder Patentierungsjahr einer Person) unterscheiden. So wissen wir mit solchen Designs z.B. bei Einstellungsveränderungen nicht, ob sie mit der individuellen „Zeit der Person" oder der aktuellen „gesellschaftlichen Zeit" in Verbindung stehen. Zweitens zeigt sich bei den Alterseffekten zudem die Schwierigkeit, dass oft wenig zwischen Lebensalter (Lebensjahre) und Lehrerfahrung (Berufsjahre im Lehrerberuf) unterschieden wird. So sind bisher zwar Studien entstanden, welche die Berufs- und Studienwahlmotive von Personen mit Zweitberuf untersuchten (vgl. Weinmann-Lutz et al., 2006). Inwieweit „Quereinsteiger" beim Berufseinstieg und auch in späteren Berufsphasen unterschiedliche Erfahrungen als Lehrpersonen im Erstberuf machen, war bisher kaum Gegenstand empirischer Studien.

5. Lehrerbiografien als Beschreibung beruflicher Übergänge

5.1 Grundlegungen

Konzepte des Übergangs sind aus unterschiedlichen Perspektiven zur Strukturierung des Lebenslaufs verwendet worden (vgl. Bronfenbrenner, 1981; Levy, 1977; Super, 1994; Welzer, 1993). Ein Übergang im Sinne Bronfenbrenners (1981, S. 43) findet dann statt, wenn eine Person ihre Position durch einen Wechsel ihrer Rolle, ihres Lebensbereichs oder beider verändert. Solche „ökologischen" Übergänge sind „Paradebeispiele für den Prozess gegenseitiger Anpassung zwischen Organismus und Umgebung". Sie eignen sich deshalb in besonderem Maße, um die berufliche Entwicklung von Lehrpersonen aus einer entwicklungspsychologischen und berufssoziologischen Sicht zu beschreiben.

Die berufliche Tätigkeit von Lehrpersonen ist von zahlreichen Zustandswechseln gezeichnet. Sie stehen in einem mehr oder weniger engen Bezugsrahmen institutioneller und zeitlicher Verortung und unterscheiden sich bezüglich Zeitpunkt, Eintrittsmodus und Dauer (vgl. Busshoff, 1998). Für den Versuch der Systematisierung schlage ich vor, einerseits zwischen mikroperspektivischen und makrohistorischen Übergängen zu unterscheiden. Bei den mikroperspektivischen Übergängen gibt es wiederum synchrone und diachrone, wobei sich letztere nach dem Grad der Normierung differenzieren lassen. Diese Unterscheidungen lassen sich wie folgt konkretisieren:

1. Diachrone, lebenslaufnormierte Übergänge
   Übergänge von der Ausbildung in den Beruf und vom Berufsleben in den Ruhestand sind stark durch die Institutionalisierung des Lebenslaufs und somit durch die Lebenszeit normiert (vgl. Kohli, 1986). Sie betreffen ganze Alterskohorten gleichzeitig, was Entlastung und zugleich sozialnormierter Druck bedeutet. In diesem Sinne werden sie auch als „(Alters-) Normierte Transitionen“ (Perrig-Chiello, 2008, S. 42) bezeichnet.
2. Diachrone, wenig normierte Übergänge
   Übergänge durch berufliche Veränderungen wie Berufs- oder Stellenwechsel sind zwar von Lebensalter und von wirtschaftlichen und gesellschaftlichen Gegebenheiten beeinflusst, können aber aufgrund von unterschiedlichen Vorstellungen einer „Karriere“ bezüglich Eintrittswahrscheinlichkeit und -zeitpunkt oder subjektiver Bedeutung große interindividuelle Unterschiede aufweisen.
3. Diachrone, nicht-normierte Übergänge
   Ereignisse wie Erwerbslosigkeit oder Krankheit sind als „Stadien des relativen Ungleichgewichts in dem bis dato aufgebauten Passungsgefüge zwischen Person und Umwelt“ (Filipp, 1995, S. 24) von der Normierung her nochmals stärker als die beruflichen Übergänge „zeitlos“. Der Eintrittsmodus kann sehr unerwartet sein, die Dauer sehr unterschiedlich. Diese Übergänge werden deshalb als „stille Transitionen“ (Perrig-Chiello, 2008, S. 42) bezeichnet, obwohl sie oft mit bedeutenden Emotionen verbunden sind.
4. Synchrone Übergänge
   Neben den beschriebenen diachronen Übergängen gilt es auch alltägliche, synchrone Übergänge zu beachten. Sie ergeben sich, im Sinne von Bronfenbrenner (1978), durch das Bewegen in unterschiedlichen Mikrosystemen wie z.B. Erwerbstätigkeit, Familie oder Freizeit. Mit den Systemen sind unterschiedliche Rollen, Aufgaben und Rahmenbedingungen verbunden. Menschen sind vom Handeln und Denken in solchen parallelen Lebenswelten geprägt.
5. Makrohistorische Übergänge
   Anders als die bisherigen Übergänge, die aus mikroperspektivischer Sicht bei der einzelnen Person ansetzen, werden bei makrohistorischen Foki die gesellschaftlichen, politischen oder wirtschaftlichen Zustandswechsel und deren Auswirkungen auf einzelne Biografien betrachtet.

Diese erarbeitete Systematisierung dient folgend als Grundlage, um Ergebnisse der Lehrerbiografieforschung zu sichten.

5.2 Zum Stand der empirischen Forschung

5.2.1 Lebenslaufnormierte Übergänge

Kein Übergang im Lebenslauf einer Lehrperson ist intensiver erforscht worden als der des *Berufseinstiegs*. Untersucht wurden Veränderungen sowohl aus sozialisations- bzw. entwicklungstheoretischer als auch aus stresstheoretischer Perspektive. Ihnen gemeinsam ist die Erkenntnis, dass sich im Übergang von Ausbildung in den Beruf Entwicklungsprozesse vollziehen, die weit über die ersten Berufsjahre hinaus bedeutsam sind (vgl. den Beitrag von Keller-Schneider & Hericks, in diesem Band). Studien, die den Berufseinstieg *als Übergang* erfassen, unterscheiden sich von phasenspezifischen Studien (s. Abschnitt 4.2.1) dahingehend, dass sie in ihre Analysen die Erfahrungen und Bedingungen der jungen Lehrperson während der Grundausbildung explizit einbeziehen und ins Verhältnis zur erlebten Berufspraxis setzen.

Der letzte Übergang einer beruflichen Karriere betrifft den Wechsel vom Beruf in den *Ruhestand*. Nach dem im Abschnitt 4 gezogenen Fazit, dass kaum etwas in der Forschung über ältere Lehrpersonen bekannt ist, mag es kaum überraschen, dass auch die Übergangsthematik in den Ruhestand weitgehend ausgeblendet wird. Pensionierungen werden nur dann thematisiert, wenn sie vorzeitig stattfinden oder im Zusammenhang mit Dienstunfähigkeit stehen (vgl. Jehle et al., 2002). Sogar in diesen Studien wird aber eine Perspektive, welche den Übergang und somit auch die Zeit *nach* der Pensionierung ins Blickfeld des Interesses rückt, vernachlässigt. Ein vielversprechender Ansatz wurde im Projekt „Übergänge in den Ruhestand" realisiert (vgl. Buchmüller, 1998). Lehrpersonen wurden allerdings in der Stichprobe nicht explizit berücksichtigt. Dies gilt auch für die Schweizer Studie von Perrig-Chiello und Höpflinger (2001). Bemerkenswert ist trotzdem der Befund, dass der Pensionierung die höchste emotionale Valenz aller (alters-)normierten Transitionen zukommt (vgl. auch Viebrok, 1998). Auf diesem Hintergrund ist bedenkenswert, wenn die Lehrerbiografieforschung für die Beschreibung dieses für die einzelne Person wichtigen Übergangs ausschließlich auf allgemeine Befunde der Altersforschung zurückgreifen muss (vgl. Gudjons, 2006).

5.2.2 Berufliche Übergänge

Übergänge in der Berufslaufbahn einer Lehrperson finden nicht lediglich am Anfang und am Schluss einer beruflichen Laufbahn statt. Mit der These der zunehmenden Diskontinuität von Karriereverläufen und der Entkoppelung von Ausbildungsberuf und Berufstätigkeit (vgl. Beck, 1986; Schaeper, Kühn & Witzel, 2000) kommt den Fragen zur beruflichen Mobilität zunehmende Bedeutung zu. In der Lehrerforschung sind Formen der beruflichen Mobilität entweder bezogen auf die Motive für die Veränderung oder im Sinne der Verbleibsforschung erforscht worden (s. Abschnitt 6). An dieser Stelle interessiert jedoch die Einbettung beruflicher Veränderungen in den Lebenslauf. Die Datenlage für diese Perspektive ist allerdings dürftig. Die bereits erwähnte Studie von Herzog u.a. (2007) versuchte, diese Lücke mit der Stichprobe von ausgebildeten Grund- und Hauptschullehrpersonen im Kanton Bern (Schweiz) zu schließen (s. Abschnitt 3). In einer vergleichenden Analyse sind Veränderungen durch Unterbrechungen der Erwerbstätigkeit, durch die Reduktion des Lehrpensums, durch Stellen- oder sogar Berufswechsel erfasst worden. Um exemplarisch auf die Bedeutung von Übergängen durch berufliche Mobilität hinzuweisen, wird im Folgenden die Veränderung der Selbstwirksamkeitserwartung am Beispiel der *Berufswechsler* erläutert.

Die Selbstwirksamkeitserwartung kann als Überzeugung einer Person in ihre Fähigkeiten bezeichnet werden, die sie für die Organisation und Ausführung einer bestimmten Handlung benötigt (vgl. Bandura, 1997). In der Schweizer Studie ist sie als zentrale personale Ressource bezogen auf die Bewältigung von Beanspruchungen im Lehrerberuf erfasst worden (vgl. Herzog, 2007; vgl. den Beitrag von Schwarzer und Warner, in diesem Band). Durch den Übergang, so berichteten die ehemaligen Lehrpersonen in ihren retrospektiven Beschreibungen, gelang es ihnen, sich als Person besser wahrzunehmen und die Unterstützungsmöglichkeiten im Umfeld früher zu erkennen bzw. gezielter zu nutzen. Zudem sind beim Ausstieg aus dem Lehrerberuf oft Berufe angestrebt worden, deren Anforderungen an die berufstätige Person weniger umfassend sind und in denen sich über gezielte Weiterbildungstätigkeiten ein Spezialistenstatus aufbauen ließ. Beide Änderungen haben sich für eine positive Entwicklung der Selbstwirksamkeit als zentral erwiesen. Ehemalige Lehrpersonen wiesen sodann auch zum Zeitpunkt der Befragung eine höhere Selbstwirksamkeit als die im Lehrerberuf verbliebenen Probanden auf, währenddem sie sich während ihrer Lehrertätigkeit nicht von den anderen Lehrpersonen unterschieden (vgl. Herzog, 2007, S. 349-350).

5.2.3 Nicht-normierte Übergänge

Eine besondere Form stellt der Übergang in die *Erwerbslosigkeit* und wieder zurück in den Beruf dar. Er wurde von verschiedenen deutschen Forschungsteams seit den 1980er Jahren untersucht (vgl. Henecka & Lipowsky, 2002; Parmentier, 1989). Sowohl aus theoretischer als auch aus methodischer Sicht ist in besonderer Weise auf die Studien von Ulich et al. (1985) hinzuweisen. In methodischer Hinsicht ist erwähnenswert, dass neben einer längsschnittlichen Untersuchung mit sieben Erhebungszeitpunkten knapp sechs Jahre nach Studienabschluss eine Follow-Up-Untersuchung durchgeführt wurde (vgl. Strehmel & Ulich, 1991). Sie ermöglichte es, längerfristige Auswirkungen der Erwerbslosigkeit zu erfassen. Über die biografischen Beschreibungen ließ sich u.a. zeigen, dass gleiche Lebensereignisse – hier die Erwerbslosigkeit – zu unterschiedlichen Veränderungen in der Lebenssituation führten und von den Lehrpersonen stark divergierend bewertet wurden. „Nicht die Auseinandersetzung mit *einzelnen* Ereignissen ist also für die persönliche Entwicklung ausschlaggebend, sondern die langfristige *Verlaufserfahrung*" (ebd., S. 75).

Als weiteres nicht-normiertes Ereignis, das Übergänge in der beruflichen Laufbahn einer Lehrperson zur Folge hat, können *krankheitsbedingte Ausfälle* und daran anschließende Wiedereinstiege in den Beruf bezeichnet werden. Zwar sind Krankheiten wie zum Beispiel das „Burnout" im Lehrerberuf sehr intensiv beforscht worden (vgl. Schmitz, 2004; Hedderich, 2009). Ebenso sind Programme konzipiert worden, wie Lehrer nach ihrer krankheitsbedingten Auszeit in den Lehrerberuf zurückgeführt werden können. Welchen Einfluss aber dieser Übergang auf die weitere Entwicklung von Lehrpersonen hat, ist bisher unerforscht geblieben.

5.2.4 Synchrone Übergänge

Die Wechsel von Privat- oder Familienort an den Arbeitsort und wieder zurück waren bisher als *Beschreibung* kaum Gegenstand der empirischen Lehrerforschung. Diese Forschungslücke erweist sich zumindest aus zwei Gründen als gravierend.

Der *erste* Grund ist struktureller Art. Der Lehrerberuf ist ein Beruf, der in hohem Masse *teilzeitlich* ausgeübt wird. So haben z.B. in der Schweiz im Jahre 2000 die Hälfte aller Lehrpersonen ein Anstellungspensum von weniger als 90 Prozent (vgl. Ryter & Grütter, 2004). Der hohe Prozentsatz an Teilzeitkräften ist auch für die Lehrerschaft in Deutschland ein auffallendes Merkmal: Rund 33 Prozent aller Lehrpersonen arbeiten mit reduzierter Unterrichtszeit, 11 Prozent sind sogar lediglich stundenweise tätig (Halasz et al., 2004, S. 18). Begründet wird der hohe Anteil teilzeitlicher Lehrpersonen einerseits mit der guten Vereinbarkeit von Lehrerberuf und Familienarbeit. Andererseits steht er im Zusammenhang mit der Unterrichtsorganisation und dem Fachlehrersystem, das an Mittel- und Berufsschulen besonders ausgeprägt ist. Insgesamt bedeutet dieses Faktum, dass Lebensräume neben der Lehrertätigkeit für viele Lehrpersonen in zeitlicher Hinsicht einen gewichtigen Anteil ausmachen.

Der *zweite* Grund, dass die vorliegende Forschungslücke als bedeutend zu bezeichnen ist, liegt an der nachgewiesenen Berufsrelevanz, welche die privaten Erfahrungen von Lehrpersonen haben. So hat zum Beispiel die Studie von Herzog u.a. (2007) darauf hingewiesen, dass private Erfahrungen und Bedingungen vor allem bei Frauen eine große Bedeutung für *biografische Entscheidungen* zum Verbleib, zum Unterbruch oder auch zum Ausstieg aus dem Lehrerberuf haben (s. Abschnitt 6). Diese geschlechtsspezifische Betonung ist auch bei der Rolle von privaten Gründen für „Hochs" und „Tiefs" bezogen auf das berufliche Wohlbefinden erkennbar geworden, was bereits die Studie von Terhart u.a. (1994) aufgezeigt hat (s. Abschnitt 3). Insgesamt besteht in der einschlägigen Literatur ein weitgehender Konsens darüber, dass bei den weiblichen Lehrkräften im Unterschied zu den männlichen die Vereinbarkeit von Erwerbs- und Familienarbeit ein wesentliches Kriterium für *berufliche Zufriedenheit* darstellt (vgl. Ammann, 2004; Flaake, 1989; Hänsel, 1994).

Auf die Bedeutung des „biographischen Kapitals neben dem Beruf" weist auch Brüsemeister (2004, S. 69) hin. In seiner Interviewstudie mit 60 jüngeren und älteren Lehrpersonen aus Hamburg, Bayern und dem Kanton Zürich (Schweiz) ging er u.a. der Frage nach, wie Lehrkräfte aus ihrer biografischen Erfahrungen heraus ihre *Schulpraxis* und die Schulmodernisierung gestalten. Die Analyse der narrativen Interviews gab Hinweise darauf, dass es nicht alleine auf die Breite andersartiger Erfahrungen ankommt. Vielmehr ist die „biographische Integrationsfähigkeit unterschiedlicher Wissensarten" von zentraler Bedeutung. Wie diese erfolgt und in welchem Bezug sie zur erfolgreichen Gestaltung synchroner Übergänge steht, bleibt allerdings – wie einleitend erwähnt – bisher weitgehend unerforscht.

5.2.5 Makrohistorische Übergänge

Ob Nationalsozialismus, Studentenbewegungen der 1968er Jahre oder die sogenannte „Wende" in der Geschichte Deutschlands – Studien zu makrohistorischen Ereignissen und Übergängen und ihr Einfluss auf die Lehrertätigkeit sind in Deutschland intensiv erforscht worden (vgl. Kunze & Stelmaszyk, 2008). Unter dem provokativen Titel „Opfer der Einheit" ist z.B. die Studie von Mayring et al. (2000) bekannt geworden. Sie nimmt die deutsche Wiedervereinigung zum Anlass, um die oben erwähnte Erwerbslosigkeit im historischen Kontext sowohl aus makro- als auch aus mikrosoziologischer Perspektive zu erforschen. Die positive Wertschätzung des Lehrerberufs und die unterschiedliche Einschätzung der Wende – als zwei der zentralen Ergebnisse ihrer Forschung – führten die Autoren dann auch zur Relativierung ihres Titels. Gerade aus methodischer Sicht besonders erwähnenswert ist auch die Studie von Reh (1999). Anhand von extensiven, systematischen, rekonstruktiven Verfahren analysierte sie berufsbiografische Reflexionen von Lehrpersonen zu Modernisierungserfahrungen und Veränderungsprozessen im Bildungswesen in Ost- und Westdeutschland. Mit diesem Zugang vermochte sie Ausprägungen der

Verarbeitungsprozesse makrohistorischer Übergänge im Verhältnis zwischen Lehrperson und Schülerin bzw. Schüler sowie in den organisatorischen Strukturen der Lehrerarbeit zu verorten.

5.3 Dritte Zwischenbilanz

Mit Busshoff (1998) kann davon ausgegangen werden, dass es weniger die stabilen Phasen als vielmehr die Übergänge sind, welche den Lebenslauf des Menschen prägen. Wie in diesem Kapitel aufgezeigt, lässt sich diese Aussage mit der Lehrerbiografieforschung bestätigen und auf den Lehrerberuf spezifizieren. Allerdings ist die empirische Basis hierzu dünn und sehr *einseitig*. Die Einseitigkeit bezieht sich insbesondere auf die Auswahl der fokussierten Übergänge. Während der Übergang von der Ausbildung in den Lehrerberuf sehr intensiv beforscht wurde, werden die Übergänge über den Berufseinstieg hinaus nur sehr selten zum Gegenstand der empirischen Lehrerforschung. Zudem sind synchrone Übergänge und somit die gesamte Lebensgestaltung in Form von Beschreibungen bisher von der Forschung weitgehend ausgeblendet worden.

Diese Befunde korrelieren in hohem Maße mit den *forschungsmethodischen Anforderungen*, die dieser Zugang mit sich bringt. Ausgangspunkt ist immer die Person über die Zeit und in unterschiedlichen Räumen. Transaktionale Prozesse lassen sich lediglich durch Längsschnittuntersuchungen mit mehreren Erhebungszeitpunkten oder komplexen retrospektiven Rekonstruktionen erarbeiten. Solche Studien sind sehr aufwändig und sehen sich gerade bei zeitlich wenig normierten Übergängen bereits bei der Stichprobengewinnung mit zahlreichen Schwierigkeiten konfrontiert.

Das *theoretische und praxisrelevante Potential*, das in solchen Übergangsanalysen steckt, ist allerdings erheblich. So lassen sich viele Themen der Lehrerforschung, die nach personenbezogenen oder nach umweltbezogenen Einflussfaktoren des Verhaltens und der Veränderung fragen, mit der theoretischen Folie des Übergangs in ein Konzept von „Person in und mit seiner Lebenswelt" integrieren. Daraus lassen sich Umsetzungs- und Optimierungsmaßnahmen folgern, die sowohl bei der Arbeitsplatzgestaltung als auch bei der handelnden Person selbst ansetzen. Zudem erlaubt das vergleichende Element, wie es etwa bei den Berufswechslern angewandt wurde, das Spezifische des Lehrerberufs noch profilierter herauszuarbeiten und damit Möglichkeiten und Grenzen der Gestaltbarkeit von Rahmenbedingungen sichtbar zu machen.

6. Lehrerbiografie im Blickfeld der Verbleibs- und Mobilitätsforschung

6.1 Grundlegungen

Wie die berufliche Übergangsforschung vermochte sich auch die berufliche Verbleibsforschung bisher kaum als eigenständiger Forschungsansatz zu etablieren. Dazu sind die Forschungsparadigmen zu heterogen. Zusammenhalt gibt ihr die Fragestellung: „Es geht [...] primär – um es etwas salopp auszudrücken – um den *Verbleib* des im Bildungs- und Ausbildungssystem ‚erzeugten' output" (Franke, 1986, S. 2). Die berufliche Verbleibsforschung interessiert sich demnach für Personengruppen, deren gemeinsames biografisches Erlebnis der Besuch einer bestimmten Ausbildung darstellt und deren berufliche Situation einige Jahre später im Mittelpunkt des Interesses steht. Dementsprechend sind die einschlägigen Studien in der Datenerfassung und Darstellung der Ergebnisse oft deskriptiv ausgerichtet. Im Kontext der Mobilitätsfragen greift die Verbleibsforschung aber auch die Frage nach den Motiven von beruflichen Veränderungen auf.

6.2 Zum Stand der empirischen Forschung

Die Verbleibsforschung hat gerade in Deutschland Ende der 1970er und Anfang der 1980er Jahre eine bemerkenswerte Anzahl von Studien hervorgebracht (vgl. Franke et al., 1986). Diese Tradition wurde auch jüngeren Datums fortgeführt, wenn auch in geringerer Quantität. Bemerkenswert ist bei all diesen Studien, dass sie sich weitgehend auf die ersten Jahre im Beruf beschränken. Über Verbleibe und Mobilität von Lehrpersonen über den Berufseinstieg hinaus weiß man wenig. Dieses Forschungsdesiderat greift die bereits zitierte Studie von Herzog u.a. (2007) auf. Anhand der von ihnen auf der empirischen Basis von rund 1900 Grundschullehrpersonen des Kantons Bern (Schweiz) identifizierten fünf Formen der Mobilität sollen die empirischen Befunde nachfolgend bilanziert werden.

6.2.1 Verbleib im Lehrerberuf

Personen, die ihre gesamte Berufsbiografie ohne Unterbrechung im Lehrerberuf tätig waren, machten in der Studie von Herzog u.a. (2007) 15 Prozent aus. Sie blieben ihrem Beruf insbesondere deshalb „treu", weil sie die Arbeitstätigkeit und die Rahmenbedingungen der Berufsausübung attraktiv finden. Die „schönen Seiten" des Berufs – wie etwa die Arbeit mit Kindern oder die Freiheit bei der Gestaltung der Arbeit – waren hauptsächlich dafür verantwortlich, dass sie selbst in schwierigen Situationen kaum in Erwägung zogen, das Berufsfeld zu verlassen. Beide Faktoren bezeichnet auch Schönknecht (1997, S. 115) aufgrund ihrer Erhebung bei rund 80 Grundschullehrpersonen in Deutschland als die „wichtigste Grundlage für einen befriedigenden Berufsalltag".

Die Studie von Herzog u.a. (2007) zeigte weiter, dass Gedanken an den Ausstieg mehrheitlich in der Berufseinstiegsphase gehegt werden. Auch die Analyse von 50000 Lehrpersonen in Belgien, die zwischen 1973 und 1996 ihre Berufstätigkeit aufnahmen, kommt zum Schluss, „that the risk of exit is dramatically more important during the first periods of employment" (Vandenberghe, 2000, S. 221).

6.2.2 Unterbrechung des Lehrerberufs

Personen, die ihre Lehrertätigkeit für mindestens ein Jahr unterbrachen, machten 13 Prozent der Berner Studie von Herzog u.a. (2007) aus. In der *zeitlichen Verortung* der Unterbrechungen zeigte sich eine große Heterogenität. Zwei Drittel aller Unterbrechungen fanden zwar in den ersten fünf Berufsjahren statt, die Spannweite reichte aber bis zum 35. Jahr nach der Patentierung. Im Durchschnitt dauerten die Unterbrechungen neun Jahre.

Unterschiedlich waren auch die *Gründe* für die Unterbrechung, wobei deutliche Geschlechtsmuster erkennbar wurden. Frauen unterbrachen über alle Kohorten hinweg insbesondere aufgrund privater Gründe und mit dem Ziel der Intensivierung der Familienarbeit. Für diejenigen wenigen Männer, die ihre Stelle unterbrachen, standen hauptsächlich alternative Erwerbstätigkeiten oder vollzeitliche Weiterbildungen im Vordergrund. Auf geschlechterdivergente Motivstrukturen haben bereits Robinson, Munn und MacDonald (1992) mit ihrer Studie in Schottland oder die bereits erwähnte Studie von Gehrmann (2003) in Deutschland hingewiesen.

Die Geschlechterverhältnisse müssen, wie Abele, Dette und Hermann (2003, S. 84) im Rahmen der Erlanger Studie zur beruflichen Laufbahnentwicklung zeigen, allerdings relativiert werden. So stellt das Forschungsteam aufgrund der Erfahrungen von 175 Lehrerinnen und 89 Lehrern verschiedener Schultypen fest: Haben Lehrerinnen und Lehrer *keine Kinder*, dann sehen sich ihre Berufsverläufe ähnlich. „Haben sie dagegen Kinder, dann zeigt sich das auch für andere Berufe zu findende Bild, dass Elternschaft für Männer beruflich keinen Einfluss hat, während Frauen ihre Berufstätigkeit in über 40 % der Fälle unterbrechen". Auch Treptow (2006, S. 111) bezeichnet die Familiengründung als „sensiblen Punkt" der weiblichen Berufsbiografie, was sie mit ihrer Studie für die Berufseinstiegsphase empirisch belegen kann.

6.2.3 Reduktion der Lehrertätigkeit

Wird eine Reduktion von einer vollzeitlichen Lehrertätigkeit auf unter 50 Prozent vollzogen, dann trifft dies auf rund 13 Prozent der befragten Lehrpersonen aus dem Kanton Bern zu (vgl. Herzog et al., 2007). Reduktionen erfolgen verteilt über die gesamte Berufsbiografie und vielfach im Wechselspiel von Reduktion, Erhöhung und erneuter Reduktion. In der biografischen Verortung lassen sich viele Parallelen zur Unterbrechung erkennen. Im Vordergrund stehen vor allem familiäre Verpflichtungen, die dementsprechend vor allem von Frauen angeführt werden, während Männer ihren Beschäftigungsgrad eher für berufliche Weiterbildungen oder andere Tätigkeiten reduzieren. Pensenreduktionen werden aber auch als Maßnahme der Bewältigung von Beanspruchungen im Lehrerberuf realisiert, worauf bereits Flaake (1989) oder Hirsch, Ganguillet & Trier (1990) hinwiesen.

6.2.4 Ausstieg aus dem Lehrerberuf

Knapp die Hälfte aller von Herzog u.a. (2007) befragten Lehrpersonen hat im Verlauf ihrer beruflichen Tätigkeit den Lehrerberuf verlassen. 80 Prozent aller Abgänge aus dem Primarlehrerberuf erfolgten in den ersten 10 Berufsjahren. Bieri (2006) nennt bei seiner Studie im Kanton Aargau (Schweiz) ein durchschnittliches Dienstalter von 5.4 Jahren beim Verlassen des Lehrerberufs.

Die Gründe für den Ausstieg sind vielfältig. Zwar ist die Belastung im Lehrerberuf bedeutsam (vgl. Herzog u.a. 2007). Ausschlaggebend für den Ausstieg aus dem Lehrerberuf sind bei den Frauen aber vielmehr private Gründe, während die Männer eher eine neue berufliche Herausforderung suchen. Hiermit kommt der Suche nach Perspektiven, die der Lehrerberuf scheinbar nicht bietet, eine hohe Gewichtung in der Mobilität von Lehrpersonen zu. Dieser Befund scheint trotz unterschiedlicher Arbeitsmarktstrukturen ein internationaler zu sein, wenn etwa Vandenberghe und Vanoost (1996) in ihrer flämischen Untersuchung oder Thorton und Bricheno (2000) mit Befragungen in Wales und England zu ähnlichen Ergebnissen kommen.

Die hohe Anzahl von Personen, die aus dem Lehrerberuf ausgestiegen sind, erhöht die Relevanz der Frage, wohin die beruflichen Wege dieser Personen führen. In der genannten Studie von Herzog u.a. (2007) sind die aktuellen Berufsfelder erfasst. Ein Modell, das die Berufe nach ihrer Nähe zur Primarlehrertätigkeit kategorisiert, führte zu einer bedeutsamen Erkenntnis (vgl. ebd., S. 277): Eine Vielzahl der aussteigenden Lehrpersonen bleibt der pädagogischen Tätigkeit im Kontext der Volksschule (z.B. Sonderschullehrkraft, Schulleitung) oder des Unterrichts und Bildung (z.B. Unterrichtstätigkeit an Hochschulen, schulische Beratungstätigkeit) „treu". Lediglich gut 10 Prozent haben das Berufsfeld von Schule und Bildung verlassen. In eigener Interpretation des Sprichworts „Der Apfel fällt nicht weit vom Stamme" könnte damit bilanziert werden:

(Auch) Lehrpersonen wollen sich in ihrer Berufsbiografie beruflich verändern, suchen dazu aber hauptsächlich Felder von Bildung und Unterricht. Mit der Bestätigung dieses Mobilitätsverhaltens durch eine neuere Studie, die bei Abgängerinnen und Abgängern der tertiären Lehrerinnen- und Lehrerbildung in der Schweiz durchgeführt wurde (vgl. Thomann, 2011), wird erkennbar, dass es sich dabei weniger um ein ausbildungssystematisches als dann ein gesellschaftliches Faktum handelt, auf das die Schulen mit ihren Strukturen ungenügend vorbereitet sind.

6.2.5 Nicht-Einstieg in den Lehrerberuf

Bleiben noch diejenigen Personen, die zwar ihre Ausbildung zur Lehrperson erfolgreich abgeschlossen haben, jedoch nie in die Lehrertätigkeit eingestiegen sind. In der Stichprobe von Herzog et al. (2007) machen sie 13 Prozent aus. Der Entscheid, die berufliche Laufbahn einer Lehrperson nicht aufzunehmen, wird oft bereits bei der Studienwahl gefällt. Allerdings ist es weder vor noch nach der Ausbildung ein bewusster Entscheid gegen den Lehrberuf. Vielmehr stehen persönliche Motive wie die Vertiefung von Interessen und Fertigkeiten im Vordergrund. Dies hat eine weitere Ausbildung oder andere Tätigkeit zur Folge, wie auch Brühwiler (2001) mit seiner Studie feststellt.

6.3 Vierte Zwischenbilanz

Mit der Frage, was aus Absolvierenden von Ausbildungsangeboten geworden ist und wie und weshalb sie sich beruflich verändert haben, bringt die Verbleibs- und Mobilitätsforschung eine bedeutsame Perspektive in die Lehrerbiografieforschung ein. Sie weist auf Entwicklungs- und Differenzierungsverläufe im und aus dem Lehrerberuf hin, welche die Lehrerbiografieforschung bisher weitgehend vernachlässigt hat.

Auch wenn die empirische Basis zur beruflichen Mobilität noch dünn und in vielen Bereichen auf spezifische Segmente bezogen ist, lässt sich ein Trend festmachen, der sich als Entstandardisierung des traditionellen, auf Kontinuität angelegten Karrieremusters von Lehrkräften zeigt. Das Paradigma des kontinuierlichen, institutionell gestützten Lebenslaufs verliert wie in anderen Berufen an gesellschaftlicher Bedeutung (vgl. Beck 1986; Kohli 1986). Wie die Untersuchung von Lipowsky (2003) zeigt, haben wir es mit einem internationalen Phänomen zu tun. Der „Abschied vom Kontinuitätsparadigma" – wie Henecka (2003, S. 1) fordert – stellt allerdings für die Lehrerbiografieforschung eine Herausforderung dar, die sie erst zögerlich angenommen hat.

7. Fazit und Perspektiven – Leitsätze der Lehrerbiografieforschung

Im Bestreben, die Entwicklung von Lehrpersonen über den Berufseinstieg hinaus zu erfassen, hat die Lehrerbiografieforschung unterschiedliche Ansätze und Zugänge verfolgt. Ihre Analyse hat Gemeinsamkeiten und Einseitigkeiten aufgezeigt. Beide Elemente der Bilanz sollen abschließend anhand von sieben Themenbereichen diskutiert werden, die als Leitsätze der Lehrerbiografieforschung und somit als Perspektiven formuliert werden.

1) Lehrerbiografieforschung ist lebenslauforientiert.

Den referierten Studien gemein ist die Absicht, die Perspektive auf die Lehrperson vom Berufseinstieg weg auf die gesamte berufliche Laufbahn zu richten. Damit konnte der Zugang zu für die Personal- und Schulentwicklung oder die Lehrerbildung relevantem Wissen geschaffen werden (s. Abschnitt 1). Trotz der Vielzahl von Studien hat aber die empirische Basis wenig Konsistenz. So bleiben viele Fragen zur Entwicklung von Lehrpersonen nach dem Berufseinstieg unbefriedigend beantwortet. Dies geht bis zur Grundfrage, ob überhaupt noch Entwicklung nach dem Berufseinstieg stattfindet. Ist das „Lehrer-Werden und Lehrer-Bleiben" wirklich, wie einleitend vorausgesetzt, ein Prozess, der bis zum Berufsabschluss dauert? Oder ist Gehrmann (2003, S. 459) zuzustimmen, für den ein berufsbiografischer Einstellungs- und Erfahrungswandel nach den ersten Berufsjahren nicht zu belegen ist und vielmehr von „berufsbiografischen Plateaueffekten" ausgegangen werden muss? Die Kontroverse lässt sich mit dem heutigen Stand der Forschung zwar nicht endgültig auflösen. Mit den referierten Studien lassen sich jedoch drei Präzisierungen vornehmen. *Erstens* muss sicherlich der Phase des Berufseinstiegs auch mit der lebenslauforientierten Perspektivenerweiterung eine zentrale Rolle in der Biografie einer Lehrperson zugewiesen werden. Es kann *zweitens* davon ausgegangen werden, dass weniger die stabilen Phasen als vielmehr Übergänge und kritische Ereignisse die Entwicklung von Lehrpersonen prägen (s. Abschnitt 5). Und *drittens* wurde mit den phasenspezifischen Analysen deutlich (s. Abschnitt 4), dass sich die Lehrerbiografieforschung bisher schlicht zu wenig mit Lehrpersonen im mittleren und späteren Berufsalter auseinandergesetzt hat, um differenzierende Aussagen zur Entwicklung in diesen Phasen zu machen.

Bei der intendierten Fokussierung dieses Artikels darf nicht außer Acht gelassen werden, dass die Lehrerbiografieforschung ihre Betrachtungen nicht erst nach dem Berufseinstieg ansetzt. Vielmehr muss sie sich mit der gesamten Biografie von Lehrpersonen befassen, wodurch auch *vorberufliche* Erfahrungen erfasst werden sollten. Sie gelten als wichtiges „biografisches Kapitel", um das Handeln und Denken von Lehrerinnen und Lehrern zu verstehen (vgl. Brüsemeister, 2004, S. 57).

2) Lehrerbiografieforschung ist gendersensibel.

Kein Faktum der Lehrerbiografieforschung ist wohl unumstrittener als der Befund, dass zwischen den Biografien von Lehrerinnen und Lehrern deutliche Unterschiede bestehen. So weisen z.B. Lehrerinnen ihrer privaten Lebenssphäre deutlich höhere Relevanz zur Gestaltung der Berufsbiografie zu als ihre männlichen Kollegen (s. Abschnitt 5). Gehrmann (2003, S. 461) geht sogar soweit, dass er „den Lehrer" und „die Lehrerin" als relativ autonome pädagogische Akteure versteht.

Aus dem wissenschaftlichen Diskurs um das Geschlecht in der Pädagogik wissen wir, dass solche Aussagen auch gewisse Gefahren bergen (vgl. Düro, 2008). Darauf weist auch Herzog (2001, S. 345) hin: „Wir sexieren die Wirklichkeit, indem wir Dinge und Ereignisse mit geschlechtlichen Attributen versehen. Doch gibt es jemals eindeutige Unterschiede, die die Mädchen und Jungen insgesamt betreffen? Wer Frauen und Männern eine geschlechtliche Identität zuschreibt, missachtet ihre Heterogenität." Mit der Gefahr einer Überhöhung von durchschnittlichen Geschlechterdifferenzen zu populären Gegensätzen muss sich auch die Lehrerbiografieforschung auseinandersetzen. Es braucht demnach keine blinde Genderdifferenzierung, sondern eine differenzierende Gendersensibilität. So ist beispielweise betreffend Berufsleben auch zwischen kinderlosen Frauen und Familienfrauen zu unterscheiden (s. Abschnitt 6). Die Forderung nach Sensibilität gilt auch für eine Erweiterung zu weiteren Aspekten von „Diversity" wie z.B. die Herkunft der Lehrperson, welche im Zusammenhang mit dem Lebenslauf zwar betreffend Berufswahl und Berufseinstieg, nicht aber darüber hinaus erforscht wurde.

3) Lehrerbiografieforschung berücksichtigt „privates biografisches Kapital".
Lehrpersonen sind nicht nur Lehrpersonen. Mit diesem Ausspruch lässt sich auf eine wichtige Prämisse für die Biografieforschung hinweisen: den Einbezug privater Lebenswelten der Lehrerinnen und Lehrer. Wenn auch Lehrerinnen von den Erfahrungen in ihren „Parallelkarrieren" stärker beeinflusst werden als die Lehrer, ist diese Erweiterung für beide Geschlechter von großer Relevanz. Allerdings ist darauf hinzuweisen, dass Studien erst aufzeigen, *dass* dieser Einfluss vorhanden ist. *Wie* Lehrpersonen solche Erfahrungen verarbeiten und wie sie die Übergänge zwischen privater und beruflicher Lebenswelt gestalten, ist bisher noch weitgehend unerforscht (s. Abschnitt 5).

Solche Ergebnisse sind für die Lehrerforschung auch deshalb von besonderer Bedeutung, weil sie eine *Besonderheit* der Tätigkeit als Lehrperson betreffen: die enge Verflechtung von beruflichen und privaten Aspekten einer Biografie. Die Besonderheit liegt nicht darin, dass sich im Einzelfall private und berufliche Anteile einer Biografie überlagern. Das kann in jedem Beruf geschehen. Vielmehr ist der Lehrerberuf *strukturell* so angelegt, dass er im Überschneidungsfeld der beiden Bereiche liegt. Pädagogische Berufsarbeit ist Vermittlungsarbeit – zwischen Natur und Kultur, Familie und Gesellschaft, Vergangenheit und Zukunft, Kindern und Erwachsenen, Sein und Sollen (vgl. Herzog et al., 2007). Das Öffentliche und das Private lassen sich in der pädagogischen Berufsarbeit nicht wirklich trennen. Oder mit Hargreaves (1993, S. VII, VIII) ausgedrückt: „Understanding the teacher means understanding the person the teacher is."

4) Lehrerbiografieforschung verbindet sich mit der Professionalisierungsforschung.
Weil die Gewinnung von Professionalität als ein sich je individuell vollziehender berufsbiografischer Entwicklungs- und Lernprozess zu verstehen ist (vgl. Reh & Schelle, 2000), haben sich jüngere Studien vermehrt der Zusammenführung von Lehrerbiografie- und Professionalisierungsforschung zugewandt. Dieser Weg ist viel versprechend, weil die Verknüpfung dieser beiden Forschungs- und Wissensbereiche für die Gestaltung und Begleitung von Lehrerbiografien im Rahmen der Personalentwicklung in Schulen nutzbar wird (vgl. Herzog & Munz, 2010). Die Lehrerbiografie wird in diesem Kontext sozusagen „entprivatisiert" in dem Sinne, dass die Verantwortung für ihre Gestaltung nicht alleine den Lehrpersonen überlassen wird. Dies ist auch deshalb bedeutsam, weil die Auseinandersetzung mit Lehrerbiografien nicht lediglich für die persönliche Entwicklung der Lehrperson, sondern auch für die Schulentwicklung von Bedeutung ist (vgl. Ruepp, 2008).

Mit der vorliegenden Forschungsbilanz werden jedoch gerade in diesem Bereich erhebliche Desiderate erkennbar. So ist kaum etwas bekannt darüber, wie Lehrpersonen aus ihren Erfahrungen lernen. Noch immer herrscht die Vorstellung, die Erfahrung allein sei ausreichend, um ein guter Lehrer oder eine gute Lehrerin zu werden. Die Novizen-Experten-Forschung weist jedoch nach, dass vielmehr die Art und Weise ausschlaggebend ist, wie Erfahrungen reflektiert und integriert werden. Professionalität wäre dann mehr als lediglich die Gunst des Älterwerdens. Wie entsteht er aber, der „analytische Habitus" (Neuweg, 2004, S. 16), und wie entwickelt er sich weiter?

5) Lehrerbiografieforschung arbeitet kontextspezifisch und vergleichend.
Die Auseinandersetzung mit Stufen- und Phasenmodellen (s. Abschnitt 3) hat gezeigt: Lebensläufe sind nicht als planmäßige Abfolgen von Veränderungen, sondern als Auseinandersetzung eines Individuums mit den Möglichkeiten und Grenzen seines Umfelds zu sehen. „Da wir keine Verfügungsgewalt über unser Handeln bzw. die Ergebnisse unserer Handlungen haben, sind Begriffe wie Kontext und Situation für das Verständnis der conditio humana und die Analyse menschlicher Lebensläufe unabdingbar" (Herzog et al., 2007, S. 85; Hervorhebung weggelassen).

Für die Lehrerbiografieforschung hat dies zur Folge, dass ihre Studien den sozialen und gesellschaftlichen *Kontext* mit zu berücksichtigen haben.

Wenn Fragen der Biografie immer auch auf das jeweilige System bezogen werden müssen, wird die Verallgemeinerbarkeit einzelner Studien eingeschränkt. Deshalb werden erstens Studien bezogen auf verschiedene Schulstufen (inkl. Vorschulstufe) und Schulformen (inkl. private Schulen) notwendig. Hier zeigt die Bilanz zum Stand der Forschung Einseitigkeiten, wenn bisher z.B. in der Schweiz die Biografien von Gymnasial- und Berufsschullehrpersonen kaum Gegenstand empirischer Analysen waren. Zweitens steigt mit dem Faktum einer gewissen Kontextgebundenheit von Biografien auch der Stellenwert von *vergleichenden* Studien. So bieten systematische Vergleiche zwischen den verschiedenen Lehrergruppen, zu anderen Berufsgruppen und mit anderen Ländern ein großes, bisher unausgeschöpftes Forschungsfeld mit hoher Erkenntnisrelevanz.

6) Lehrerbiografieforschung ist längsschnittlich und methodenverbindend angelegt.
Mit der Erweiterung der Perspektive über den Berufseinstieg hinaus ist die Lehrerbiografieforschung nicht nur theoretisch, sondern auch methodisch stark gefordert worden. Obschon im Zuge der Konsolidierung der Biografieforschung zusehends ein „Bewusstsein für methodologische Fragen der Erhebung und Auswertung von biographischen Daten auch in der Lehrerforschung" (Reh & Schelle, 2006, S. 399) festzustellen ist, musste bereits in den Zwischenbilanzen auf verschiedene Schwierigkeiten hingewiesen werden. Zwei Gemeinsamkeiten und Einseitigkeiten sollen an dieser Stelle betont werden.

Die dargestellte Auseinandersetzung mit verschiedenen Studien hat erstens rasch gezeigt, dass die Lehrerbiografieforschung vorwiegend mit querschnittlichen und retrospektiven Untersuchungsdesigns arbeitet. *Längsschnittstudien* liegen vergleichsweise wenige vor und vermögen dann auch lediglich kleine Zeitabschnitte zu erfassen. Solche Forschungsunterfangen sind aufwändig, doch deren Realisierung verspricht wesentlich mehr Erkenntnisgewinn als die Lancierung weiterer, kleinerer und unverbundener Querschnittsstudien.

Die Lehrerbiografieforschung zeichnet sich zweitens durch eine Vielzahl unterschiedlicher Erhebungs- und Auswertungsmethoden aus. Obwohl diese Methodenpluralität als erstrebenswert oder gar unerlässlich gilt, beklagen Krüger und Wensierski (1995, S. 211) die methodologischen Unzulänglichkeiten der erziehungswissenschaftlichen Biografieforschung und attestieren ihr ein „unsicheres Verhältnis zur quantitativen Methodologie bzw. [eine] Vermischung quantitativer und qualitativer Forschungslogiken". Die Klärung der verschiedenen Ansätze und ihrer Beziehung ist auch deshalb unabdingbar, weil nur so *methodenverbindende*, triangulative Untersuchungsdesigns mit erweiterter Aussagekraft generiert werden können.

7) Lehrerbiografieforschung ist auf biografische Akteure ausgerichtet.
Als Forscher oder Forscherin findet man das Wissen nicht einfach vor. Es muss rekonstruiert werden. Im Verlaufe eines Forschungsprozesses werden immer wieder Entscheidungen getroffen, die trotz Verwendung von wissenschaftlichen Instrumenten gewisse Wertungen beinhalten. Wertungen entstehen auf dem Hintergrund von Vorstellungen und Einstellungen, die der Forscher oder die Forscherin von und gegenüber ihrem Forschungsgegenstand hat. Solche *Bilder* sind in der Wissenschaft von gewissen theoretischen Strömungen geprägt. Diese lassen sich auch den verschiedenen *Phasen zur Beschreibung des Berufs des Lehrers bzw. der Lehrerin*, wie sie Terhart (2001) darstellt, ablesen. So dominierten in den 1960er- und frühen 1970er Jahren rollentheoretische Beschreibungs- und Erklärungsmodelle. Sie wurden für die Analyse der Konfliktkonstellation des Lehrerberufs als einer sozialen Position entwickelt. Abgelöst hat sie die Beschäftigung mit der *beruflichen Sozialisation* der (Jung)Lehrperson. So ist die Einstellung ei-

ner Lehrperson nicht für alle Mal festgelegt, sondern wandelt sich im Laufe der Berufsausbildung, des Berufseinstiegs und der Entwicklung von beruflichen Routinen. In der kritischen Auseinandersetzung, aber auch in Fortsetzung des Ansatzes der beruflichen Sozialisation folgte im angloamerikanischen und später im deutschsprachigen Raum die Betonung eines *entwicklungsorientierten* Zugangs. Als bedeutsame Veränderung in der Betrachtung ist die Revision des Subjektmodells zu erkennen. Folgte der (alte) Sozialisationsansatz noch einem Bild der Lehrperson, das durch Passivität und Rezeptivität gekennzeichnet war, lässt der entwicklungsorientierte Ansatz Raum für Aktivität und Konstruktivität der handelnden Lehrperson. Auch Herzog u.a. (2007, S. 39) sehen die Lehrperson nicht als „duldsamen Transformationsriemen der Gesellschaft", sondern vielmehr als aktiven „Konstrukteur seines Wissens und Könnens", der „flexibel zu handeln vermag und durch Reflexion seiner Erfahrungen seine professionelle Entwicklung vorantreibt". Es ist das Bild der Lehrperson als biografische Akteurin.

Ein solches Bild fordert die Lehrerbiografieforschung heraus. Wenn berufliche Lebensläufe individueller werden und sich nicht in allgemeinen Zeitplänen von Phasenmodellen beschreiben lassen, dann sind komplexere theoretische Vorstellungen und methodische Herangehensweisen gefragt. Dies gilt allerdings nicht nur für die Forschung, sondern auch für die Lehrerbildung und -beratung, welche der Unterstützung dieser individualisierten Entwicklungsprozesse dienen. Das Bild der biografischen Akteurin fordert deshalb die Lehrerbiografieforschung nicht nur, sondern steigert auch ihre Bedeutung zur Generierung handlungswirksamen Wissens. Angesichts der aufgezeigten Desiderate und offenen Fragen ist daher ein systematisches und qualitätsvolles Forschungsprogramm dringend erforderlich.

Literatur

Abele, A. E., Dette, D. E. & Hermann, B. (2003). Lehrerinnen und Lehrer – vom Examen zum Schuldienst. In A. E. Abele, E. H. Hoff & H.-U. Hohner (Hrsg.), *Frauen und Männer in akademischen Professionen. Berufsverläufe und Berufserfolg* (S. 71-87). Heidelberg, Kröning: Asanger.

Ammann, T. (2004). *Zur Berufszufriedenheit von Lehrerinnen. Erfahrungsbilanzen in der mittleren Berufsphase.* Bad Heilbrunn: Verlag Julius Klinkhardt.

Baltes, P. B. & Eckensberger, L. H. (Hrsg.) (1979). *Entwicklungspsychologie der Lebensspanne.* Stuttgart: Klett-Cotta.

Bandura, A. (1997). *Self-efficacy: The exercise of control.* New York: Freeman.

Beck, U. (1986). *Risikogesellschaft. Auf dem Weg in eine andere Moderne.* Frankfurt: Suhrkamp.

Bieri, T. (2006). *Lehrpersonen: Hoch belastet und trotzdem zufrieden?* Bern: Haupt Verlag.

Bronfenbrenner, U. (1978). Ansätze zu einer experimentellen Ökologie menschlicher Entwicklung. In R. Oerter (Hrsg.), *Entwicklung als lebenslanger Prozess: Aspekte und Perspektiven* (S. 33-65). Hamburg: Hoffmann und Campe.

Bronfenbrenner, U. (1981). *Die Ökologie der menschlichen Entwicklung. Natürliche und geplante Experimente.* Stuttgart: Klett-Cotta.

Brühwiler, C. (2001). Die Bedeutung von Motivation in der Lehrerinnen- und Lehrerausbildung. In F. Oser & J. Oelkers (Hrsg.), *Die Wirksamkeit der Lehrerbildungssysteme. Von der Allrounderbildung zur Ausbildung professioneller Standards* (S. 343-397). Chur: Verlag Rüegger.

Brüsemeister, T. (2004). *Das andere Lehrerleben. Lehrerbiographien und Schulmodernisierung in Deutschland und in der Schweiz.* Bern: Haupt Verlag.

Buchmüller, R. (1998). *Das Projekt „Übergänge in den Ruhestand". Forschungsbericht NFP 32.* Zürich: Soziologisches Institut der Universität Zürich.

Burden, P. R. (1990). Teacher Development. In W. R. Houston (Ed.), *Handbook of Research on Teacher Education* (pp. 311-328). New York: Macmillan.

Busshoff, L. (1998). Berufsberatung als Unterstützung von Übergängen in der beruflichen Entwicklung. In R. Zihlmann (Hrsg.), *Berufswahl in Theorie und Praxis. Konzepte zur Berufswahlvorbe-*

reitung und Beratung unter veränderten wirtschaftlichen und gesellschaftlichen Bedingungen (S. 9-84). Zürich: Sabe.

Day, C. (2008). Committed for life? Variations in teachers' work, lives and effectiveness. *Journal of Educational Change, 9*, 243-260.

Dick, A. (1994). *Vom unterrichtlichen Wissen zur Praxisreflexion. Das praktische Wissen von Expertenlehrern im Dienste zukünftiger Junglehrer.* Bad Heilbrunn: Verlag Julius Klinkhardt.

Dreyfus, H. L. & Dreyfus, S. E. (1987). *Künstliche Intelligenz: Von den Grenzen der Denkmaschine und dem Wert der Intuition.* Reinbek: Rowohlt.

Du Bois-Reymond, M. & Schonig, B. (1982). *Lehrerlebensgeschichten. Lehrerinnen und Lehrer aus Berlin und Leiden (Holland) erzählen.* Weinheim: Beltz Verlag.

Düro, N. (2008): *Lehrerin – Lehrer: Welche Rolle spielt das Geschlecht im Schulalltag? Eine Gruppendiskussionsstudie.* Opladen: Leske + Budrich.

Erikson, E. H. (1999). *Kindheit und Gesellschaft.* Stuttgart: Klett-Cotta.

Filipp, S.-H. (1995). Ein allgemeines Modell für die Analyse kritischer Lebensereignisse. In S.-H. Filipp (Hrsg.), *Kritische Lebensereignisse* (3. Aufl., S. 3-52). Weinheim: Psychologie Verlags Union.

Flaake, K. (1989). *Berufliche Orientierungen von Lehrerinnen und Lehrern: eine empirische Untersuchung.* Frankfurt a.M.: Campus Verlag.

Franke, H. (1986). Begrüssungsansprache «Verbleib von Absolventen des Bildungs- und Ausbildungssystems». In H. Franke, M. Kaiser, R. Nuthmann, & H. Stegmann (Hrsg.), *Berufliche Verbleibsforschung in der Diskussion. Hauptband* (S. 1-12). Nürnberg: Institut für Arbeitsmarkt- und Berufsforschung der Bundesanstalt für Arbeit.

Franke, H., Kaiser, M., Nuthmann, R. & Stegmann, H. (Hrsg.) (1986). *Berufliche Verbleibsforschung in der Diskussion. Hauptband.* Nürnberg: Institut für Arbeitsmarkt- und Berufsforschung der Bundesanstalt für Arbeit.

Fuchs-Heinritz, W. (2000). *Biographische Forschung. Eine Einführung in Praxis und Methoden* (2. Aufl.). Wiesbaden: Westdeutscher Verlag.

Fuller, F. F. & Bown, O. H. (1975). Becoming a Teacher. In K. Ryan (Ed.), *Teacher Education. The Seventy-fourth Yearbook of the National Society for the Study of Education* (pp. 25-52). Chicago: University of Chicago Press.

Gehrmann, A. (2003). *Der professionelle Lehrer. Muster der Begründung – Empirische Rekonstruktion.* Opladen: Leske + Budrich.

Gudjons, H. (2006). *Neue Unterrichtskultur – veränderte Lehrerrolle.* Bad Heilbrunn: Verlag Julius Klinkhardt.

Halasz, G., Santiago, P., Ekholm, M., Matthews, P., & McKenzie, P. (2004). *Anwerbung, berufliche Entwicklung und Verbleib von qualifizierten Lehrerinnen und Lehrern. Länderbericht Deutschland.* Bonn: Organisation für wirtschaftliche Zusammenarbeit und Entwicklung, Direktion Bildungswesen – Abteilung für Bildungs- und Aussenpolitik.

Hänsel, D. (1994). Die Karriere der Lehrerin. *Neue Sammlung, 34*, 417-439.

Hargreaves, A. (1993). Foreword. In M. Huberman (Ed.), *The Lives of Teachers* (pp. VII-IX). New York: Teachers' College Press.

Havighurst, R. J. (1972). *Developmental Tasks and Education* (3. Aufl.). New York: Longman.

Hedderich, I. (2009). *Burnout. Ursachen, Formen, Auswege.* München: C.H. Beck.

Henecka, H. P. (2003). Zum Abschied vom Kontinuitätsparadigma – Geleitwort von Hans Peter Henecka. In F. Lipowsky (Hrsg.), *Wege von der Hochschule in den Beruf. Eine empirische Studie zum beruflichen Erfolg von Lehramtsabsolventen in der Berufseinstiegsphase* (S. 1-3). Bad Heilbrunn: Verlag Julius Klinkhardt.

Henecka, H. P. & Lipowsky, F. (2002). Quo vadis magister? Berufliche Wege von Lehramtsabsolventen. *Zeitschrift für Pädagogik, 48*(3), 414-434.

Herzog, S. (2007). *Beanspruchung und Bewältigung im Lehrerberuf. Eine salutogenetische und biografische Untersuchung im Kontext unterschiedlicher Karriereverläufe.* Münster: Waxmann.

Herzog, S. & Munz, A. (2010). Entwicklungsprozesse von Lehrpersonen begleiten. Ein Rahmenkonzept biografischer Weiterbildung. In F. Müller, A. Eichenberger, M. Lüders & J. Mayr (Hrsg.), *Lehrerinnen und Lehrer lernen – Konzepte und Befunde zur Lehrerfortbildung* (S. 73-87). Münster: Waxmann.

Herzog, W. (2001). Wie das Geschlecht Eingang in die Lehrerinnen- und Lehrerbildung findet. *Beiträge zur Lehrerbildung, 19*(3), 335-351.

Herzog, W., Herzog, S., Brunner, A. & Müller, H. P. (2007). *Einmal Lehrer, immer Lehrer? Eine vergleichende Untersuchung der Berufskarrieren von (ehemaligen) Primarlehrpersonen.* Bern: Haupt Verlag.

Hirsch, G. (1990). *Biographie und Identität des Lehrers. Eine typologische Studie über den Zusammenhang von Berufserfahrungen und beruflichem Selbstverständnis.* Weinheim: Juventa.

Hirsch, G., Ganguillet, G. & Trier, U. P. (1990). *Wege und Erfahrungen im Lehrberuf. Eine lebensgeschichtliche Untersuchung über Einstellungen, Engagement und Belastung bei Zürcher Oberstufenlehrern.* Bern: Verlag Paul Haupt.

Hoff, E.-H. (2002). Arbeit und berufliche Entwicklung. URL: http://www.fu-berlin.de/arbpsych/files/FB20_gesperrt.pdf. (01.10.2004).

Huberman, M. (1989). *La vie des enseignants. Evolution et bilan d'une profession.* Neuchâtel: Delachaux & Niestlé.

Huberman, M. (1991). Der berufliche Lebenszyklus von Lehrern: Ergebnisse einer empirischen Untersuchung. In E. Terhart (Hrsg.), *Unterrichten als Beruf: Neuere amerikanische und englische Arbeiten zur Berufskultur und Berufsbiographie von Lehrern und Lehrerinnen* (S. 249-267). Köln: Böhlau.

Jehle, P., Gayler, B., Hillert, A. & Seidel, G. (2002). Entstehende Dienstunfähigkeit von Lehrpersonen. Eine Befragung psychosomatisch erkrankter Lehrpersonen. In S. Beetz-Rahm, L. Denner & T. Riecke-Baulecke (Hrsg.), *Jahrbuch für Lehrerforschung und Bildungsarbeit 3,* (S. 283-298). Weinheim: Juventa Verlag.

Kade, J. (2005). Erziehungswissenschaftliche Bildungsforschung im Spannungsfeld von Biographie, Karriere und Lebenslauf. URL: http://www.bildungsforschung.org/Archiv/2005-02/bildungsforschung/. (01.11.2005).

Klemm, K. (2005). Alterstruktur – Pensionierungen – Einstellungsbedarf. Eine Analyse der Altersstruktur bei deutschen Lehrerinnen und Lehrern. *Pädagogik, 57*(7/8), 46-47.

Kohli, M. (1986). Gesellschaftszeit und Lebenszeit. Der Lebenslauf im Strukturwandel der Moderne. In J. Berger (Hrsg.), *Die Moderne. Kontinuitäten und Zäsuren* (S. 183-208). Göttingen: Verlag Otto Schwartz.

Kraul, M. & Marotzki, W. (Hrsg.) (2002). *Biographische Arbeit: Perspektiven erziehungswissenschaftlicher Biographieforschung.* Opladen: Leske + Budrich.

Krüger, H.-H. (2006). Entwicklungslinien, Forschungsfelder und Perspektiven der erziehungswissenschaftlichen Biographieforschung. In H.-H. Krüger & W. Marotzki (Hrsg.), *Handbuch erziehungswissenschaftliche Biographieforschung* (2. Aufl., S. 13-33). Wiesbaden: Verlag für Sozialwissenschaften.

Krüger, H.-H. & Marotzki, W. (Hrsg.) (2006). *Handbuch erziehungswissenschaftliche Biographieforschung* (2. Aufl.). Wiesbaden: Verlag für Sozialwissenschaften.

Krüger, H.-H. & Wensierski, H. J. v. (1995). Biographieforschung. In E. König & P. Zedler (Hrsg.), *Bilanz qualitativer Forschung* (S. 183-223), 2. Band. Weinheim: Deutscher Studien Verlag.

Kunze, K. & Stelmaszyk, B. (2008). Biographien und Berufskarrieren von Lehrerinnen und Lehrern. In W. Helsper & J. Böhme (Hrsg.), *Handbuch der Schulforschung* (2. Aufl., S. 821-838). Wiesbaden: Verlag für Sozialwissenschaften.

Larcher Klee, S. (2005). *Einstieg in den Lehrberuf. Untersuchungen zur Identitätsentwicklung von Lehrerinnen und Lehrern im ersten Berufsjahr.* Bern: Haupt Verlag.

Levy, R. (1977). *Der Lebenslauf als Statusbiographie. Die weibliche Normalbiographie in makrosoziologischer Perspektive.* Stuttgart: Ferdinand Enke Verlag.

Lipowsky, F. (2003). *Wege von der Hochschule in den Beruf. Eine empirische Studie zum beruflichen Erfolg von Lehramtsabsolventen in der Berufseinstiegsphase.* Bad Heilbrunn: Verlag Julius Klinkhardt.

Marotzki, W. (2001). Methodologie und Methoden der Biographieforschung. In T. Hug (Hrsg.), *Wie kommt Wissenschaft zu Wissen? Einführung in die Forschungsmethodik und Forschungspraxis* (S. 134-143). 2. Band. Baltmannsweiler: Schneider-Verlag Hohengehren.

Mayring, P., König, J., Birk, N. & Hurst, A. (2000). *Opfer der Einheit. Eine Studie zur Lehrerarbeitslosigkeit in den neuen Bundesländern.* Opladen: Leske + Budrich.

Müller, U. (1982). *Die Entwicklung des Denkens. Entwicklungslogische Modelle in Psychologie und Soziologie.* Darmstadt: Luchterhand.

Neuweg, G. H. (2004). Figuren der Relationierung von Lehrerwissen und Lehrerkönnen. In B. Hackl (Hrsg.), *Zur Professionalisierung pädagogischen Handelns* (S. 1-26). Münster: Lit.

Nittel, D. (2006). Das Erwachsenenleben aus Sicht der Biographieforschung. In H.-H. Krüger, W. Marotzki (Hrsg.), *Handbuch erziehungswissenschaftliche Biographieforschung* (2. Aufl., S. 317-339). Wiesbaden: Verlag für Sozialwissenschaften.

Parmentier, K. (1989). Wege aus der Arbeitslosigkeit. Zum Berufsverbleib von ehemals arbeitslos gemeldeten Lehrern, Erziehungs- und Geisteswissenschaftlern. In K. Parmentier & F. Stooss (Hrsg.), *Übergänge in den Beruf. Zum Berufsverbleib von Lehrern, Erziehungs- und Geisteswissenschaftlern* (S. 55-158). Nürnberg: Institut für Arbeitsmarkt- und Berufsforschung der Bundesanstalt für Arbeit.

Perrig-Chiello, P. (2008). *In der Lebensmitte. Die Entdeckung des mittleren Lebensalters.* Zürich: NZZ Libro.

Perrig-Chiello, P. & Höpflinger, F. (Hrsg.) (2001). *Zwischen den Generationen – Frauen und Männer im mittleren Lebensalter.* Zürich: Seismo-Verlag.

Reh, S. (1999). LehrerInnenbiographien in Brandenburg und Hamburg – Verarbeitung von Modernisierungserfahrungen. In A. Combe, W. Helsper, B. Stelmaszyk (Hrsg.), *Forum Qualitative Schulforschung* (S. 321-339), 1. Band. München: Weinheim.

Reh, S. & Schelle, C. (2000). Biographie und Professionalität. Die Reflexivität Biographischer Erzählungen. In J. Bastian, W. Helsper, S. Reh, & C. Schelle (Hrsg.), *Professionalisierung im Lehrerberuf. Von der Kritik der Lehrerrolle zur pädagogischen Professionalität* (S. 107-124). Opladen: Leske + Budrich.

Reh, S. & Schelle, C. (2006). Biographieforschung in der Schulpädagogik. Aspekte biographisch orientierter Lehrerforschung. In H.-H. Krüger & W. Marotzki (Hrsg.), *Handbuch erziehungswissenschaftliche Biographieforschung* (2. Aufl., S. 391-411). Wiesbaden: Verlag für Sozialwissenschaften.

Robinson, R., Munn, P. & MacDonald, C. (1992). *Once a Teacher, Always a Teacher? Encouraging Return to Teaching.* Edinburgh: Scottisch Council for Research in Education.

Rosenholtz, S. J. & Simpson, C. (1990). Workplace Conditions and the Rise and Fall of Teachers' Commitment. *Sociology of Education, 63*(4), 241-257.

Rosenmayr, L. (Hrsg.) (1978). *Die menschlichen Lebensalter. Kontinuität und Krisen.* München: Piper.

Ruepp, W. A. (2008). *Biografien von Lehrpersonen und Schulentwicklung. Zusammenhänge, Wechselwirkungen und Rahmenbedingungen untersucht an Schulen in Luzern, Bayern und Tirol.* Saarbrücken: VDM Verlag.

Ryter, A. & Grütter, K. (2004). *Frauen und Männer in Lehrberuf und Schulleitung. Berufsattraktivität aus Genderperspektive.* Zürich: LCH Dachverband Schweizer Lehrerinnen und Lehrer.

Schaeper, H., Kühn, T. & Witzel, A. (2000). Diskontinuierliche Erwerbskarrieren und Berufswechsel in den 1990ern: Strukturmuster und biografische Umgangsweisen betrieblich ausgebildeter Fachkräfte. *Mitteilungen aus der Arbeitsmarkt- und Berufsforschung, 33*(1), 80-100.

Schmitz, E. (2004). Burnout: Befunde, Modelle und Grenzen eines populären Konzeptes. In A. Hillert & E. Schmitz (Hrsg.), *Psychosomatische Erkrankungen von Lehrerinnen und Lehrern* (S. 51-68). Stuttgart: Schattauer.

Schönknecht, G. (1997). *Innovative Lehrerinnen und Lehrer. Berufliche Entwicklung und Berufsalltag.* Weinheim: Deutscher Studienverlag Beltz.

Schulze, T. (1999). Erziehungswissenschaftliche Biographieforschung. Anfänge – Fortschritte – Ausblicke. In H.-H. Krüger & W. Marotzki (Hrsg.), *Handbuch erziehungswissenschaftliche Biographieforschung* (S. 33-55). Opladen: Leske + Budrich.

Schulze, T. (2006). Biographieforschung in der Erziehungswissenschaft – Gegenstandsbereich und Bedeutung. In H.-H. Krüger & W. Marotzki (Hrsg.), *Handbuch erziehungswissenschaftliche Biographieforschung* (2. Aufl., S. 35-57). Wiesbaden: Verlag für Sozialwissenschaften.

Sikes, P. J., Measor, L. & Woods, P. (1985). *Teacher Careers, Crises and Continuities.* London: Falmer Press.

Sikes, P. J., Measor, L. & Woods, P. (1991). Berufslaufbahn und Identität im Lehrerberuf. In E. Terhart (Hrsg.), *Unterrichten als Beruf: Neuere amerikanische und englische Arbeiten zur Berufskultur und Berufsbiographie von Lehrern und Lehrerinnen* (S. 231-248). Köln: Böhlau.

Stelmaszyk, B. (1999). Schulische Biographieforschung – eine kritische Sichtung von Studien zu LehrerInnenbiographien. In A. Combe, W. Helsper & B. Stelmaszyk (Hrsg.), *Forum Qualitative Schul-*

forschung 1. Schulentwicklung - Partizipation - Biographie (S. 61-87). Weinheim: Deutscher Studien Verlag.
Strehmel, P. & Ulich, D. (1991). Belastende Lebensveränderungen und Entwicklung: Eine Follow-Up-Studie über Auswirkungen von Arbeitslosigkeit. *Schweizerische Zeitschrift für Psychologie, 50*(1), 64-76.
Super, D. E. (1994). Der Lebenszeit-, Lebensraumansatz der Laufbahnentwicklung. In D. Brown & L. Brooks (Hrsg.), *Karriere-Entwicklung* (S. 211-280). Stuttgart: Klett-Cotta.
Terhart, E. (1990). Sozialwissenschaftliche Theorie- und Forschungsansätze zum Beruf des Lehrers: 1970–1990. *Zeitschrift für Sozialisationsforschung und Erziehungssoziologie, 10,* 235-254.
Terhart, E. (1991). Überaltertes Kollegium = schlechte Schule? Befunde und Überlegungen zu einem schulpädagogischen und bildungspolitischen Problem. *Die deutsche Schule, 83*(4), 408-423.
Terhart, E. (1995). Lehrerbiographien. In E. König & P. Zedler (Hrsg.), *Bilanz qualitativer Forschung, 2. Band* (S. 225-264). Weinheim: Deutscher Studien Verlag.
Terhart, E. (2001). *Lehrerberuf und Lehrerbildung. Forschungsbefunde, Problemanalysen, Reformkonzepte.* Weinheim: Beltz Verlag.
Terhart, E., Czerwenka, K., Ehrich, K., Jordan, F. & Schmidt, H. J. (1994). *Berufsbiographien von Lehrern und Lehrerinnen.* Bern: Lang.
Thomae, H. (2002). Psychologische Modelle und Theorien des Lebenslaufs. In G. Jüttemann, H. Thomae (Hrsg.), *Persönlichkeit und Entwicklung* (S. 12-45). Weinheim: Beltz Verlag.
Thomann, K. (2011). PH: Sackgasse, Umweg oder Sprungbrett? Karriereverläufe von Absolventinnen und Absolventen der deutschsprachigen Pädagogischen Hochschulen, die nicht (mehr) im Primarlehrberuf tätig sind (unveröffentlichte Masterarbeit). Bern: Universität Bern.
Thorton, M. & Bricheno, P. (2000). Primary School Teachers' Careers in England and Wales: The Relationship between Gender, Role, Position and Promotion aspirations. *Pedagogy, Culture and Society, 8*(2), 187-207.
Tochon, F. & Munby, H. (1993). Novice and expert teachers' time epistemology: A wave function from didactics to pedagogy. *Teaching and Teacher Education, 9,* 205-218.
Treptow, E. (2006). *Bildungsbiografien von Lehrerinnen und Lehrern. Eine empirische Untersuchung unter Berücksichtigung geschlechtsspezifischer Unterschiede.* Münster: Waxmann.
Ulich, D., Hausser, K., Mayring, P., Strehmel, P., Kandler, M. & Degenhart, B. (1985). *Psychologie der Krisenbewältigung. Eine Längsschnittuntersuchung mit arbeitslosen Lehrern.* Weinheim: Beltz.
Vandenberghe, R. & Vanoost, V. (1996). Waarom verlaten leerkrachten het basisonderwijs? *Nederlands Tijdschrift voor Opvoeding, Vorming en Onderwijs, 12*(6), 367-382.
Vandenberge, V. (2000). Leaving Teaching in the French-Speaking Community of Belgium: A Duration Analysis. *Education Economics, 8*(3), 221-239.
Veenman, S. (1984). Perceived problems of beginning teachers. *Review of Educational Research, 54*(2), 143-178.
Viebrok, H. (1998). Der Übergang in den Ruhestand als mehrstufiger Entscheidungsprozess. In W. R. Heinz, W. Dressel, D. Blaschke G. Engelbrech (Hrsg.), *Was prägt Berufsbiographien? Lebenslaufdynamik und Institutionenpolitik* (S. 265-288). Nürnberg: Institut für Arbeitsmarkt- und Berufsforschung der Bundesanstalt für Arbeit.
Weinmann-Lutz, B., Ammann, T., Soom, S. & Pfäffli, Y. (2006). *Jetzt noch studieren ... Berufswechsel und Studium bei Erwachsenen am Beispiel angehender Lehrerinnen und Lehrer.* Münster: Waxmann.
Welzer, H. (1993). Transitionen. *Zur Sozialpsychologie biographischer Wandlungsprozesse.* Tübingen: Axel Eiling.

Diskussion

Ewald Terhart

Forschung zu Berufsbiographien von Lehrerinnen und Lehrern: Stichworte

Die deutschsprachige Forschung zu Berufsbiographien von Lehrerinnen und Lehrern kann mittlerweile auf eine etwa zwanzigjährige Geschichte zurückschauen: Seit Beginn der 1990er Jahre finden sich erste, zunächst noch explorierende empirische und theoretische Arbeiten zu diesem Thema. Seit dieser Zeit hat sich mit der biographischen Forschung zum Lehrerberuf ein zunehmend stabilerer und sich ständig weiter ausdifferenzierender Forschungszweig entfaltet, über dessen aktuelle Fragestellungen, Projekte, Methoden, Ergebnisse und Probleme die vier Beiträge dieses Teils des Handbuchs informieren. Man kann sagen, dass im Laufe dieser zwei Jahrzehnte der (berufliche) Entwicklungsprozess eines Lehrers vom Zeitpunkt der Aufnahme des Studiums über die Ausbildung, den Berufseinstieg bis zu den Erfahrungen und Entwicklungen während der eigentlichen Berufsphase in einem bemerkenswerten Maße aufgeklärt worden ist. Dieser deutliche Erkenntnisgewinn ist natürlich auch deshalb zu verzeichnen, weil in der Zeit davor diese biographische bzw. berufsbiographische Perspektive nicht angelegt worden ist und insofern auf wissenschaftlicher Ebene praktisch nichts über den Prozess des Lehrerwerdens und Lehrerbleibens bekannt war. Insofern ist es nicht verwunderlich, dass die Forschungsentwicklung in diesem Teil der empirischen Forschung zum Lehrerberuf durchaus als intensiv und ertragreich bezeichnet werden kann: „Der Lehrer" ist vor drei bis vier Jahrzehnten in der pädagogischen bzw. erziehungswissenschaftlichen Fachliteratur immer als ein alters- und geschlechtsloses Wesen betrachtet worden; die berufsbiographische Forschung der letzten zwanzig Jahre hat den Prozess der Entwicklung in Ausbildung und Beruf thematisiert, sie hat den Aufbau der *beruflichen* Identität mit der Entwicklung des individuellen Lebenslaufs *insgesamt* verknüpft, und sie ist geschlechts- und kohortenspezifischen Erfahrungsverläufen nachgegangen – kurzum: Durch die berufsbiographische Forschung ist der Kenntnisstand über individuelle und kollektive Entwicklungen im Lehrerberuf deutlich ausgeweitet worden. Damit ist insgesamt allerdings auch ein erster Sättigungsgrad zu verzeichnen: Der ursprüngliche Innovationsschub, der mit der berufsbiographischen Orientierung verbunden war, ist verblasst; normalwissenschaftliche Forschung breitet sich aus.

1. Forschungsergebnisse

Die empirische Forschung zu Berufsbiographien von Lehrern hat einerseits einige hergebrachte und heute auch noch zählebige Urteile und Vorurteile ausräumen können; andererseits sind durch sie in manchen Feldern zum ersten Mal überhaupt belastbare Erkenntnisse gebildet worden:

1. Die frühere Eindeutigkeit bestimmter traditioneller Rekrutierungsmuster ist nicht mehr gegeben: Der Grund- und Hauptschullehrerberuf ist nicht mehr so eindeutig ein Aufsteigerberuf für junge Männer aus unteren Schichten; der Gymnasiallehrerberuf nicht mehr so eindeutig ein Status erhaltender Beruf für Abiturienten aus Bildungsschichten. Verglichen mit anderen, etablierten akademischen Studiengängen (Medizin, Jura) ist der Lehrerberuf

aber immer noch in Richtung auf bildungsfernere Schichten eher offen, dies am deutlichsten in Zeiten des Lehrermangels.

2. Ein bestimmter, zum allgemeinen Wissen über den Lehrerberuf gehörender Aspekt hat sich bestätigt: Die Berufsvererbung ist im Lehrerberuf fast genauso hoch wie im Arztberuf: 24 % der Lehramtsstudierenden kommen aus „Lehrerfamilien" i.w.S. Natürlich sagt dies weder positiv noch negativ etwas über die Frage der Eignung bzw. des späteren Berufserfolgs aus.
3. Das allgemein geteilte Vorurteil, dem zufolge Abiturienten mit niedrigeren intellektuellen Voraussetzungen – z.B. erfasst anhand von Abiturdurchschnitten – das Lehramtsstudium wählen, ist nicht pauschal zutreffend. Es muss differenziert werden: Lediglich die Studierenden des Grund- und Hauptschulstudiengangs weisen im Durchschnitt einen etwas niedrigeren Abiturdurchschnitt als Nicht-Lehramtsstudierende in diesen Fächern auf. Auch hier ist festzuhalten, dass der Abiturdurchschnitt nichts mit der Berufseignung und dem späteren Berufserfolg zu tun hat.
4. Die Mehrzahl der Lehramtsstudierenden weist stabile, positive, zu den späteren beruflichen Anforderungen passende Berufswahlmotive auf; im Vergleich mit anderen Studierenden ist ihr wissenschaftliches Interesse sowie ihre Erfolgs- und Leistungsorientierung eher gering, die soziale Orientierung jedoch stärker ausgeprägt. Ungünstige motivationale Voraussetzungen liegen lediglich bei etwa 10–12 % der Lehramtsstudierenden vor – dies kann in anderen akademischen Studiengängen ebenso sein. Insofern geht die häufig in populärpolitischen Debatten zum Lehrerberuf anzutreffende Auffassung, es gingen immer „die Falschen" in den Lehrerberuf, und man müsste einfach nur „die Richtigen" gewinnen, damit alles besser wird, an der Realität vorbei.
5. Verglichen mit anderen akademischen Studiengängen erweisen sich Lehramtsstudierenden insgesamt zunehmend als ‚normale' Studierende; bemerkenswerte Differenzen sind jedoch zwischen den verschiedenen Lehramtsstudiengängen festzustellen, vor allem im Vergleich von gymnasialen und nicht-gymnasialen Studiengängen.
6. Nach der Ausbildung in Universität und Studienseminar (Vorbereitungsdienst) bildet die Berufseinstiegsphase einen der entscheidenden Abschnitte im Prozess des Lehrer-Werdens. Der auch weiterhin zu konstatierende Einstellungswandel ist Ausdruck einer Umsozialisation vom Kontext der Hochschule in den Kontext des Lehrerberufs bzw. der Schule hinein. Solche Prozesse sind für alle akademischen und nicht akademischen Berufe die Regel und müssen nicht als Skandal („Praxisschock") gewertet werden.
7. Mittlerweile liegen Studien zum Berufseinstieg für bestimmte Lehrergruppen vor, wodurch sich das Bild sehr stark ausdifferenziert hat. Hierbei werden sehr unterschiedliche theoretische (kompetenztheoretische, strukturtheoretische, bildungsgangtheoretische bzw. berufsbiographische) und methodische Zugriffe (quantitative und qualitative) angewandt. Wichtig ist dabei, dass zunehmend der aktive, die Berufsbiographie gestaltende Aspekt von beruflicher Sozialisation und Entwicklung betont wird.
8. Im Verlauf der Berufseinstiegsphase von neu eingestellten Lehrkräften sind Entwicklungsaufgaben zu lösen, denen sich jedoch auch noch erfahrene Lehrerinnen und Lehrer gegenübergestellt sehen. Diese Aufgaben manifestieren sich in je schul- und situationsspezifischer Weise; Berufsanfänger gehen je nach Persönlichkeitslagerung in unterschiedlicher Weise an diese Aufgaben heran. Für die Identitäts- und Kompetenzentwicklung ist entscheidend, wie berufliche Erfahrungen verarbeitet werden (regressiv/progredierend), und inwieweit es zu Kompetenzerleben kommt, wodurch die Voraussetzungen für weiteren Kompetenzaufbau verbessert werden.
9. Die recht globalen Phasen- und Stufenmodelle aus den frühen Jahren der Lehrerbiographieforschung sind mittlerweile durch differenziertere, auf einzelne berufsbiographische Abschnitte,

Probleme oder auf spezielle Lehrergruppen bezogene Fragestellungen ersetzt worden. Auch ist die in den ersten Phasenmodellen immer wieder auftauchende Vorstellung vom unausweichlich „bitteren" Ende des aktiven Berufslebens von Lehrkräften (mit steigendem Belastungserleben, sinkendem Wohlbefinden u.a.) zu problematisieren – aufgrund gestiegener Lebenserwartung und anderer Lebensweisen eine im Berufssystem allgemeine Entwicklung, die nicht nur für den Lehrerberuf zutrifft.

10. Bemerkenswert ist, dass sich auch im Lehrerberuf ein Trend feststellen lässt, der in der allgemeinen Berufsforschung als Entstandardisierung und Auflösung fest gefügter, herkömmlicher zeitlicher und struktureller Muster bekannt ist: Die Zahl der Seiteneinsteiger steigt; die Zahl der Unterbrechungen der Berufstätigkeit (Sabattical u.a.) ist beachtlich; sehr viele Lehrkräfte – zum allergrößten Teil Frauen – arbeiten mit reduzierter Stundenzahl; der Zeitpunkt des Berufseinstiegs und des Berufsabschlusses wird variabler etc. Dieser „Abschied vom Kontinuitätsparadigma" (Lipowsky) im Lehrerberuf relativiert Vorurteile, denen zufolge der Lehrerberuf mit einem gleichsam betonierten beruflichen und privaten Lebensverlauf verbunden sei.

2. Forschungsdesiderate

Trotz der deutlich voranschreitenden Erkenntnisbildung zu Lehrerbiographien können zahlreiche bislang offen gebliebene Forschungsfragen und weiterführende Forschungsanregungen formuliert werden:

1. Hinsichtlich der Rekrutierung und der Motivation zum Lehramtsstudium bzw. Lehrerberuf ist es weiterhin dringend notwendig, echte, repräsentative Längsschnittstudien durchzuführen, in denen zukünftige Lehrer vom Zeitpunkt der Entscheidung für ein Lehramtsstudium an und dann fortlaufend während der Ausbildung, der Berufseinstiegsphase und weiter darüber hinaus auf ihre Erfahrungen und Entwicklungen hin untersucht werden. Dies aber macht nur dann Sinn, wenn zugleich in ähnlicher Weise Entwicklungsprozesse *in anderen akademischen Ausbildungen und Berufen* analysiert werden, da erst der Vergleich zwischen den verschiedenen (akademischen) Berufsgruppen und ihren biographischen Mustern Rückschlüsse auf mögliche Besonderheiten im Lehrerberuf erlaubt.
2. Insgesamt ist die absolute Zahl der sog. „Seiteneinsteiger", d.h. der aufgrund von fach- oder schulformspezifischen Mangelsituationen angestellten und teils parallel ausgebildeten Lehrkräfte gestiegen, wenngleich ihr *Anteil* an allen neu eingestellten Lehrern – mit Ausnahme der Beruflichen Schulen – weiterhin noch sehr gering ist. Gleichwohl bietet sich die Chance eines natürlichen Experimentes, da die Entwicklungsverläufe und Kompetenzmuster von regulär Qualifizierten und „Seiteneinsteigern" vergleichend untersucht werden können.
3. Es wäre im Sinne einer Ausdifferenzierung der Forschung weiterführend, sich speziellen Lehrergruppen zuzuwenden (den besonders erfolgreichen bzw. erfolglosen Lehrkräften, den älteren Lehrkräften, einzelnen Fachlehrergruppen, Lehrern im Sabbatjahr, Lehrern mit/ohne Migrationshintergrund, der Gruppe der ‚alten' Lehrkräfte etc.).
4. Mittlerweile scheint, anders als zu Beginn der berufsbiographischen Forschung zum Lehrerberuf, die Notwendigkeit einer Verknüpfung der Analyse von Berufsbiographie und allgemeinem Lebenslauf nicht mehr so stark im Vordergrund zu stehen. Dabei ist – insbesondere unter einer *gender*-Perspektive – die doppelte Sozialisation (privat/beruflich) für biographische Forschung auch weiterhin von entscheidender Bedeutung.
5. Wie für (berufs)biographische Forschung generell, so ist auch für die Berufsbiographien von Lehrern entscheidend, Lebenslaufeffekte (Entwicklung des Einzelnen), Kohorteneffekte (Zugehörigkeit zu einer bestimmten Lehrergeneration) und Situationseffekte (Befragungssi-

tuation, je aktuelle Lage) analytisch voneinander zu unterscheiden.

6. Im Sinne einer Zusammenführung verschiedener Perspektiven ist berufsbiographische Entwicklung nicht nur immanent zu *beschreiben*, sondern z.B. auch auf Zufriedenheit sowie auf erwiesenen Erfolg im Beruf hin zu untersuchen. Anders formuliert: Eine auf Entwicklungs*ziele* gerichtete, letztlich auch *normative* Komponente muss in die Modellbildung einbezogen werden. Insofern wäre es weiterführend, Erkenntnisse über Berufsbiographie, Kompetenzentwicklung und den Lernerfolg der unterrichteten Schüler zusammenzubringen.
7. Ziel ist dabei ein konzeptionell konsistentes, normativ gut begründbares und empirisch hinreichend gesättigtes mehrdimensionales Modell der gestuften Entwicklung von Lehrerkompetenzen. Ein solches Modell entfaltet einen prinzipiellen oder optimalen Möglichkeitsraum – das, was *grundsätzlich* und im besten Fall möglich wäre. Die Kompetenzbiographie einzelner, konkreter Lehrkräfte lässt sich als mehr oder weniger weit gehende, mehr oder weniger stabile etc. individuelle Konfiguration in diesen Möglichkeitsraum eintragen – das, was *tatsächlich* in diesem Fall (oder auch durchschnittlich bei dieser oder jener Lehrergruppe) erreicht worden ist.
8. Natürlich ist bei der Berufs- und Kompetenzbiographie von Lehrkräften den möglichen Effekten von Aus- und Weiterbildung generell sowie von deren speziellen Elementen nachzugehen: Was tragen die Fachstudien, was trägt z.B. das bildungswissenschaftliche Element des Lehramtsstudiums zur Fähigkeitsentwicklung bei? Wie werden durch diese Elemente die berufsbiographisch produktive Erfahrungsbildung und Kompetenzentwicklung stabilisiert und ggf. befördert? Wie wirken sich Weiterbildungen, Karrierepläne und -schritte etc. auf die Berufsbiographie verschiedener Lehrergruppen aus?
9. Die Zusammenfügung von berufsbiographischer und kompetenztheoretischer Perspektive setzt voraus, dass theorie- und methodenbezogene Vorbehalte und Sprachlosigkeiten zwischen den Disziplinen Erziehungswissenschaft, Soziologie und Psychologie sowie scharfe Demarkationen zwischen qualitativer und quantitativer Methodik abgebaut werden. An dieser Stelle kann an eine solche Haltung wechselseitiger Neugier nur appelliert werden; demonstrieren lässt sich die intellektuelle Ergiebigkeit einer Kooperation natürlich nur durch überzeugende Studien.
10. Die Form des Lehrerberufs in Deutschland ist in einigen Aspekten – international gesehen – gewissermaßen einmalig und präfiguriert das Standard-Muster der Berufsbiographie von Lehrern. Für eine allgemeinere, also nicht nur auf die ‚typisch deutsche' Form bezogene, weiter gefasste Theorie des Lehrerberufs ist es von sehr großem Wert, international-vergleichend unterschiedliche Struktur- und Kulturbedingungen des Lehrerberufs zu analysieren.

Die Position des Lehrerberufs im Schulsystem und in der Schulverwaltung hat durch die Entwicklungen der letzten Jahrzehnte einen Wandel erfahren: Internationale Vergleichsstudien, Bildungsstandards, Lernstandserhebungen, erweiterte Schulautonomie, zunehmende Verpflichtung zur Rechenschaftslegung etc. haben traditionelle (aber faktisch nie erreichte) Ansprüche an die professionelle Autonomie des Lehrerberufs erodieren lassen und im Zuge ‚Neuer Steuerung' zu einer stärkeren Abhängigkeit von neuen administrativen Regulationen geführt. Wie wurden und werden diese Wandlungsprozesse von Lehrkräften bzw. verschiedenen Gruppen von Lehrkräften berufsbiographisch verarbeitet? Die gegenwärtige Generation von Lehrkräften und Lehramtsstudierenden in Deutschland wird kollektiv von der Inklusionsbewegung erfasst werden. Welche Adaptionsprozesse, welche Indifferenzen, welche Widerständigkeiten sind diesbezüglich, aber auch generell bei administrativ ausgelösten Reformen anzutreffen?

Dies sind Fragestellungen, die sowohl für die systematische Erörterung des Verständnisses von Professionalität im Lehrerberuf eine Bedeutung haben als auch für die zukünftige empirische Forschung zu individual- und kollektivbiographischen Verarbeitungsmustern von Arbeitsplatzwandel und Neu-Positionierung im Berufssystem. Vor dem Hintergrund des klassischen Verständnisses von „freier" Profession werden neue Formen administrativer und evaluativer Kontrolle sicherlich als *deprofessionalisierend* erfahren und insofern vielfach abgelehnt, nicht selten ignoriert bzw. von Standesvertretungen bekämpft. Von den Anhängern neuer, evidenzbasierter Steuerungsmodelle im Schulsystem wird dieser Widerstand demgegenüber als Ausdruck strukturkonservativer Standespolitik mit dem Ziel der Immunisierung der Profession gegen Kritik, kurzum: als Ausdruck von *fehlender Professionalität* betrachtet. In dieser Weise argumentativ aufbereitet, stehen sich ein traditionelles (autonomiezentriertes) und neues (wirkungszentriertes) Professionalitätsverständnis anscheinend unversöhnlich gegenüber. Aufgrund der allmählichen Durchsetzung von evidenzbasierten ‚neuen Steuerungsmodellen' im Schulsystem und der damit verbundenen Neukonfiguration der Position des Lehrerberufs ist damit – wieder einmal – die Frage nach einem der aktuellen Situation gerecht werdenden Verständnis von Professionalität im Lehrerberuf gestellt.

Forschung zur Lehrerbildung

Sigrid Blömeke

Forschung zur Lehrerbildung im internationalen Vergleich

1. Einführung

1.1 Lehrerbildungsforschung im Kontext der Globalisierung

Wissen und Bildung sind weltweit zur wichtigsten Ressource geworden und haben endliche Ressourcen wie Öl weitgehend abgelöst. Technologischer Fortschritt, Wohlstand und Lebensqualität werden immer stärker mit einem hohen Bildungsniveau verbunden (Friedman, 2005). Diese globale Entwicklung hat die Qualität der nationalen Bildungssysteme und in den letzten Jahren vor allem die Unterrichtsqualität und damit die Qualität des Lehrpersonals auf die Tagesordnung gesetzt (Ginsburg, 2012). Lehrpersonen stellen im komplexen Geflecht von Qualitätsmerkmalen des Unterrichts einen zentralen Bedingungsfaktor von Schülerleistungen dar (Hattie, 2008).

Zugleich ist die Ausbildung von Lehrpersonen in vielen Ländern Kritik ausgesetzt, obwohl sie lange Zeit kaum in größerem Maßstab auf ihre Wirksamkeit hin untersucht wurde (Blömeke, 2004; Cochran-Smith & Zeichner, 2005). Paradoxerweise ist die Lehrerbildung trotz dieses Mangels an empirisch abgesichertem Wissen in vielen Ländern Gegenstand bildungspolitischer Reformen (Akiba, 2013). Die Problembeschreibungen sind jeweils ähnlich: Schwierigkeiten, genügend und genügend qualifizierte Lehrpersonen zu rekrutieren, schülergerechte Unterrichtsmethoden zu etablieren, kognitiv aktivierende Lernprozesse zu initiieren, mit einer zunehmenden Heterogenität unter den Schülerinnen und Schülern aufgrund weltweiter Migration umzugehen sowie – letztlich – genügend Humankapital zu akkumulieren, um im globalen Wettbewerb bestehen zu können (LeTendre, 2013). Obwohl in erster Linie auf die nationalen Bildungssysteme ausgerichtet, ist dieser Diskurs nicht auf die nationale Ebene beschränkt. Zunehmend bestimmen internationale Organisationen wie die UNESCO oder die OECD, aber auch private internationale Akteure wie McKinsey mit ihren Studien die Richtung der nationalen Bildungsdiskurse (Paine, Blömeke & Aydarova, im Druck).

Weltweit finden sich rund 60 Millionen allgemeinbildende Lehrpersonen (UNESCO, 2006). Die Hälfte davon stammt aus nur sechs Ländern: China, Indien, den USA, Indonesien, Brasilien und Russland. Ihre Ausbildung variiert stark. Es gibt Länder, in denen die gesamte Schul- und Ausbildungszeit der Lehrpersonen die Dauer der elementaren Schulpflicht in anderen Ländern unterschreitet. Generationenbedingt fällt die Variation noch stärker aus: In Ländern wie dem Kongo oder Laos werden Schülerinnen und Schüler in den letzten Schuljahren der neu eingeführten 9-jährigen Schulpflicht von Lehrpersonen unterrichtet, deren gesamte Schul- und Ausbildungszeit kürzer war. Große Unterschiede finden sich auch im Hinblick auf die Altersstruktur der Lehrerschaft sowie die daraus resultierenden Fragen der Rekrutierung und Ausbildung der nächsten Lehrergeneration: Während die meisten OECD-Länder mit Problemen aufgrund von Überalterung kämpfen, ist beispielsweise in Burkina Faso, Indonesien oder Jordanien mehr als die Hälfte der Lehrpersonen für Grund- und Mittelschulen jünger als 30 Jahre (ebd.).

Um die Strukturen und Inhalte der Lehrerausbildung angemessen aufbauen bzw. entwickeln zu können, besteht Bedarf an empirischen Erkenntnissen zu ihrer Wirksamkeit. Angesichts zunehmender Globalisierung besteht insbesondere Bedarf an Erkenntnissen im internationalen Vergleich als Möglichkeit, die Leistungsfähigkeit der nationalen Bildungssystems zu verorten.

1.2 Lehrerbildungsforschung im Kontext unterschiedlicher Bildungskulturen

Weder Lehrerbildung noch Lehrerbildungsforschung können unabhängig von ihren kulturellen Kontexten betrachtet werden. Definiert man Kultur als „shared motives, values, beliefs, identities, and interpretations or meanings of significant events that result from common experiences of members of collectives that are transmitted across generations" (House et al., 2004, S. 15), kann angenommen werden, dass die Kultur eines Landes über Sozialisationsprozesse auch Einfluss auf das Lehren und Lernen hat (Kaiser & Blömeke, 2014). In der international-vergleichenden Bildungsforschung wird vereinfachend zwischen zwei großen Kulturen unterschieden: einer kollektivistisch geprägten östlichen, die in besonderer Weise von den konfuzianisch geprägten Ländern Ostasiens repräsentiert wird, und einer individualistisch geprägten westlichen, die insbesondere von Kontinentaleuropa repräsentiert wird (Hofstede, 2001). Leung et al. (2006) sprechen von einer „Chinese/Confucian tradition" und einer „Greek/Latin/Christian tradition", in denen der Wissenserwerb auf unterschiedliche Schwerpunkte gerichtet werde: Basisfertigkeiten bzw. Inhaltsorientierung einerseits sowie Kreativität bzw. Prozessorientierung andererseits.

Die kulturelle Dichotomie schlage sich auch in unterschiedlichen Lehr-Lernstilen und einem unterschiedlichen Verständnis der Lehrerrolle sowie anderen Foki der Lehrerbildung nieder: Frontalunterricht mit der Lehrperson als fachlicher Autorität, Auswendiglernen, hoher Anstrengungsbereitschaft und extrinsischer Motivation als Muster im Osten vs. auf individuelle Lernprozesse ausgerichtete Gruppenarbeit, der Lehrperson als schülerorientierter pädagogischer Fachkraft, Verständnisorientierung, bedeutungsvollem Lernen und intrinsischer Motivation als Muster im Westen (Triandis, 1995). Lehrerexpertise wird demzufolge im Westen charakterisiert über Diagnosekompetenz und die Entwicklung von Lernumgebungen, während sie in Ostasien eine starke Strukturierung und Anleitung von Prozessen im Klassenraum, die Erforschung dieser einschließlich der Veröffentlichung von Forschungsergebnissen sowie das Agieren als Rollenmodell in sozial-moralischer Hinsicht umfasst (Kaiser & Blömeke, 2014). Charakteristisch für den Lehrerberuf in ostasiatischen Ländern sind zudem eine starke Stellung von kontinuierlicher Fortbildung und ein hoher Öffentlichkeitscharakter des Unterrichtens (Kaiser & Vollstedt, 2007).

Auch wenn die Dichotomisierung die Unterschiede zwischen den Kulturen überzeichnet, findet sie sich in vielen Publikationen. Allerdings nehmen Studien zu, die auf Unterschiede innerhalb dieser großen Kulturen hinweisen, um für ein genaueres Hinsehen zu sensibilisieren. In Bezug auf den Westen gilt dies insbesondere für Unterschiede zwischen den in pädagogisch-didaktischer Hinsicht pragmatisch und funktional orientierten englischsprachigen Ländern einerseits sowie skandinavischen Ländern und Westeuropa mit ihren auf Comenius' Didactica Magna zurückgehenden allgemein- und fachdidaktischen Orientierungen andererseits (Hudson & Meyer, 2011). Diese Unterschiede schlagen sich ebenfalls im Unterricht und in der Lehrerausbildung nieder, indem die Lehrer-Schüler-Interaktion anders gestaltet wird oder bestimmten Fachinhalten unterschiedliche Stellenwerte zukommen (Kaiser 2002; Pepin, 1999).

Zugleich nehmen Studien zu, die auf kulturübergreifende Gemeinsamkeiten hinweisen, die aus der Natur des Lehrerberufs resultieren. Diese geht mit Professionsmerkmalen einher, die weltweit ähnlich sind, und mündet in Basismerkmale der Lehrerbildung, die sich ebenfalls in vielen Ländern finden (Blömeke & Kaiser, 2012).

1.3 Fragestellungen des vorliegenden Beitrags

Noch 2008 mussten Blömeke et al. in einem Überblick zum Stand der vergleichenden Lehrerbildungsforschung festhalten: „Teacher-education research lacks a common theoretical basis, which prevents a convincing development of instruments and makes it difficult to connect studies to each other" (vgl. auch Brouwer, 2010). Diese defizitäre Situation hat sich in den letzten fünf Jahren verändert. Die Zahl international-vergleichender Studien zur Lehrerbildung hat zugenommen. Insbesondere hat die *International Association for the Evaluation of Educational Achievement* (IEA) mit der „Teacher Education and Development Study in Mathematics (TEDS-M; Blömeke, Kaiser & Lehmann, 2010a, b; Tatto et al., 2012)" eine vergleichende Studie zur Wirksamkeit der Lehrerbildung mit repräsentativen Stichproben und standardisierten Tests durchgeführt.[1] TEDS-M baute auf der 6-Länder-Studie „Mathematics Teaching in the 21st Century (MT21)" auf, die erstmals überhaupt länderübergreifend standardisierte Testinstrumente im Tertiärbereich einsetzte (Blömeke, Kaiser & Lehmann, 2008). Insbesondere zur Mathematiklehrerausbildung liegen damit umfangreiche Erkenntnisse zu Gelingensbedingungen vor, die auch in theoretischer Hinsicht bedeutsam sind (Li, 2014).

Im folgenden Beitrag wird zunächst die Entwicklung der international-vergleichenden Lehrerbildungsforschung während des letzten Jahrzehnts nachgezeichnet (2). Dabei werden auch besondere methodische Herausforderungen dieser Forschung thematisiert. Anschließend werden die theoretische Rahmung und die verwendeten Studiendesigns der wichtigsten neueren internationalen Vergleichsstudien zur Lehrerbildung vorgestellt (3). Im vierten Abschnitt werden die zentralen Ergebnisse aus diesen Studien zusammengefasst. Abschließend erfolgt eine Reflexion des Erkenntnisstandes im Hinblick auf die sich daraus ergebenden kurz- und mittelfristigen Forschungsperspektiven (5).

2. Entwicklung der vergleichenden Lehrerbildungsforschung und besondere methodische Herausforderungen

2.1 Entwicklung

Vergleichsstudien haben in der Bildungsforschung eine lange Tradition (Kaiser & Blömeke, 2014). Spätestens seit der Untersuchung des preußischen Volksschulwesens durch eine englische Kommission und der daraus resultierenden Publikation „How far can we learn anything of practical value from the study of foreign systems of education" (Sadler, 1900/1964) stellen internationale Vergleiche einen anerkennten Forschungszugang dar. Standardisierte Studien mit Testkomponente werden im Bildungsbereich seit 1959 durchgeführt. Deren Trägerin, die IEA, eine wissenschaftliche Nicht-Regierungsorganisation mit engen Beziehungen zur UNESCO und Mitgliedern in rund 70 Ländern, führt heute beispielsweise Vergleichsstudien zur Lesekompetenz (PIRLS), im Bereich Mathematik und Naturwissenschaften (TIMSS) oder eben zur Lehrerbildung (TEDS) durch. Ziel ist, summativ den Zusammenhang von bildungspolitischen Entscheidungen, Lernvoraussetzungen, gebotenen Lerngelegenheiten und erworbenen Kompetenzen aufzuklären. Außerhalb des Wissenschaftsbereichs erzielten diese Vergleichsstudien bis in die späten 1980er Jahre nur wenig Aufmerksamkeit.

In den 1990er Jahre änderte sich dies. Die angesprochenen Prozesse der Globalisierung und Internationalisierung verdeutlichten die Bedeutung von Bildung, Unterrichtsqualität und Leh-

1 Die Durchführung von TEDS-M in Deutschland wurde von der DFG gefördert (BL 548/3-1).

rerkompetenzen für die Zukunft nationaler Gesellschaftssysteme (Knodel, Martens & Niemann, 2013). Internationale Wanderungsströme von Ideen, Menschen und Kapital ließen die Welt – symbolisch gesprochen – kleiner werden und verknüpften Länder und Bildungsdiskurse. Die Frage, was „guter Unterricht" ist, wird weltweit seither zunehmend ähnlicher beantwortet: schülerorientiert, differenziert die Verschiedenartigkeit der Voraussetzungen in einer Klasse beachtend, kognitiv aktivierend, auf komplexe Lernprozesse und Zusammenarbeit ausgerichtet (Paine, Blömeke & Aydarova, im Druck).

Die OECD initiierte vor diesem Hintergrund die PISA-Studien, um die Leistungsfähigkeit des allgemeinbildenden Schulwesens ihrer Mitgliedsländer in einem internationalen Vergleich zu verorten. Die 2001 erstmals veröffentlichten Ergebnisse erzielten weltweite Resonanz (Figazzolo, 2009). Sie wurden genutzt, um die Ergebnisse von Investitionen in das Bildungssystem zu vergleichen, Schwachpunkte zu identifizieren und Reformvorschläge zu formulieren (Baird et al., 2011). Mit jedem Zyklus nahmen mehr Nicht-OECD-Länder an PISA teil. Zudem formierten sich weitere Trägerorganisationen für internationale Vergleichsstudien, zum Beispiel SACMEQ – das Southern and Eastern Africa Consortium for Monitoring Educational Quality mit 15 Mitgliedsländern in Süd-Ost-Afrika (Passos, 2009) oder das Latin American Laboratory for Assessment of the Quality of Education (LLECE) mit 13 Mitgliedsländern in Südamerika. Neben ihrer primären Funktion der Information bildungspolitischer Akteure stellen diese Studien auch für die Forschung einen Gewinn dar. Ihre großen Stichproben machen die Überprüfung theoriegeleitet entwickelter Modelle zum Zusammenhang von Schülerleistungen, Lernvoraussetzungen, Unterrichtsmerkmalen und Schulstruktur möglich.

Zur Lehrerbildung lassen sich für die Zeit vor 2000 kaum internationalen Vergleichsstudien finden. Ein Umschwung kam mit den Initiativen der Europäischen Union, der OECD und der UNESCO, neben dem Schulsystem auch das Lehrerbildungssystem und den Lehrerberuf international zu beschreiben und zu vergleichen (Eurydice, 2002a, b, 2003, 2004; OECD, 2005; Schwille & Dembélé, 2007). Diese ersten Studien waren vor allem an systematischen Informationen zur *Struktur* der Ausbildung interessiert. Auch im Wissenschaftsbereich wurden in dieser Zeit solche Forschungsprojekte begonnen, um über die Grenzen des eigenen Systems hinauszuschauen (z.B. Arbeitsgruppe Internationale Vergleichsstudie, 2003, S. 227ff.; Blömeke, 2006; Larcher & Oelkers, 2004; Wang, Coleman, Coley & Phelps, 2003; Ingersoll et al., 2007). Details zur konzeptionellen Rahmung dieser Studien und den eingesetzten Untersuchungsmethoden finden sich in Abschnitt 3.1; die wichtigsten Ergebnisse sind in Abschnitt 4.1 zusammengefasst.

Als erste deutschsprachige Studie, die in Form selbstberichteter Kompetenzen von Lehramtsstudierenden über diese Strukturanalysen hinausging, indem individuell zuordenbare Daten erhoben wurden, sei Frey (2004) erwähnt. Wie die Strukturanalysen vernachlässigte aber auch diese Studie fachbezogene Fragestellungen. Zudem verzichtete sie auf eine direkte Erhebung des Professionswissens. Erste fachbezogene Vergleichsstudien in dieser Hinsicht wurden zur Mathematiklehrerausbildung durchgeführt. Wie auf der Schülerebene stellte also das stark strukturierte und – über verschiedene Länder und Kulturkreise hinweg gesehen – relativ homogene Fach Mathematik den Ausgangspunkt neuer Forschungsansätze dar. Diese ersten Vergleiche beruhten meist auf kleinen Fallzahlen an Studierenden und wählten qualitative Zugänge, um die Natur des Professionswissens und länderspezifische Unterschiede erst einmal zu verstehen (Burghes, 2008). Für die wenigen quantitativen Studien war typisch, dass zunächst die konzeptionelle Diskussion, Erprobung und Validierung von Erhebungsinstrumenten in unterschiedlichen Ländern im Vordergrund stand. Wichtige Schritte waren in diesem Zusammenhang zum einen die ICME-11 in Mexico (Adler & Ball, 2009), wo rund 50 Ansätze vorgestellt wurden (z.B. Kristjánsdóttir, 2008), und zum anderen die internationale Verbreitung des Erhebungsansatzes von

Hill, Schilling und Ball (2004), der in mehr als zehn Ländern erprobt wurde (z.B. Delaney et al., 2008; Ng, 2012; Cole, 2012).

Neben fachbezogenen internationalen Vergleichsstudien stellte lange Zeit die Erfassung des pädagogischen Wissens und motivationaler Faktoren angehender Lehrpersonen einen defizitären Forschungsbereich dar. Hier setzten als erste Studien Blömeke et al. (2008) und Baer et al. (2009) an. Die Erfassung motivationaler Faktoren im internationalen Vergleich erfolgte erstmals systematisch durch Watt et al. (2012). Details zur konzeptionellen Rahmung dieser Studien und den eingesetzten Untersuchungsmethoden finden sich in Abschnitt 3.2; die wichtigsten Erkenntnisse sind in Abschnitt 4.2 zusammengefasst. Parallel zum Aufschwung der international-vergleichenden Lehrerbildungsforschung verbesserte sich zudem die Forschungslage zum Übergang in den Beruf (siehe z.B. Britton et al., 2003). Die wichtigsten Ergebnisse hieraus sind in Abschnitt 4.3 zusammengefasst.

2.2 Besondere Herausforderungen international-vergleichender Lehrerbildungsforschung

Am Mehrwert international-vergleichender Forschung kann es kaum Zweifel geben. So wie der Fisch das ihn umgebende Wasser nicht als ungewöhnlich wahrnimmt, so sehr sind Forschende in ihrer Wahrnehmung nationaler Selbstverständlichkeiten eingeschränkt (Blömeke & Paine, 2008). Details von Strukturen, Inhalten und Verfahren der Lehrerbildung können in vielen Fällen nicht wahrgenommen werden (Correa et al., 2008). Die Wahrnehmung anderer Ausbildungssysteme ist ebenfalls durch die nationale Verankerung vorgeformt, sodass wichtige Aspekte entgehen können. International-vergleichende Forschung bietet durch den Kontrast der eigenen Wahrnehmung mit den Eigenheiten der Lehrerbildungsorganisation anderer Länder eine Art Außensicht („peripheral vision“; Bateson, 1994), mit der die Einsicht in das eigene System steigt. Allerdings können aus solchen Vergleichen keine normativen Folgerungen abgeleitet werden (Hilker, 1962), was Alexander (1999, S. 158) als „So what?“-Problem der vergleichenden Bildungsforschung bezeichnet.

Postlethwaite (1988) definiert vergleichende Bildungsforschung entsprechend wie folgt: „Strictly speaking, to ‚compare‘ means to examine two or more entities by putting them side by side and looking for similarities and differences among them. In the field of education, this can apply both to comparisons between and comparisons within systems of education“ (p. xvii). Bei Ländervergleichen zeigt sich dann, dass Merkmale der eigenen Lehrerbildung Folgen tief verankerter kultureller Überzeugungen sind. In Bezug auf Deutschland kann hierfür das Ziel der Allgemeinbildung als Beispiel genommen werden, das mit der Ausbildung von Klassenlehrkräften für die Primarstufe, einer breiten Ausbildung in mehreren Unterrichtsfächern und einer weiten Spanne an Jahrgangsstufen für die Lehrkräfte der Sekundarstufen sowie mit einer fachübergreifenden Ausbildung aller Lehrkräfte in Erziehungswissenschaft einher geht. Lehrkräfte in englischsprachigen Ländern spezialisieren sich in ihrer Ausbildung dagegen meist auf den Unterricht in einem Fach in wenigen Schuljahren.

Die kulturelle Verankerung der Lehrerbildung ist für die Forschung zudem mit der Herausforderung verbunden, national und international valide Operationalisierungen der zu untersuchenden Konstrukte zu entwickeln. Dies beginnt mit ihrer Definition und mündet in Übersetzungsfragen. Die große Variation des Übergangs von der Erstausbildung in den Beruf macht beispielsweise eine Festlegung schwierig, welche Ausbildungsmaßnahme noch zur Erstausbildung zählen und ab wann von Berufseinstiegsprogrammen gesprochen werden sollte. So ähnelt das erste Berufsjahr in Frankreich dem deutschen Vorbereitungsdienst (Blömeke & Paine, 2009). Während dieser in internationalen Vergleichen als Teil der Erstausbildung, wird jener als Berufseinstiegsprogramm klassifiziert.

Begriffen und ihrer Übersetzung kommt in der Lehrerbildungsforschung also große Bedeutung zu (National Research Council, 2003). Bereits die Entwicklung einer internationalen Vergleichsstudie erfolgt für viele Länder nicht in der jeweiligen nationalen Sprache, sondern meist in Englisch, um Kooperation zu ermöglichen. Damit wird eine erste Übersetzung notwendig. Die Datenerhebung erfolgt dann in der national dominierenden Ausbildungssprache, womit meist ein zweiter Übersetzungsschritt verbunden ist – erweitert um einen dritten Schritt, wenn die offenen Antworten der angehenden Lehrkräfte für den internationalen Vergleich wieder ins Englische übersetzt werden müssen, und einen vierten Schritt, wenn die Ergebnisse des Vergleichs in den nationalen Sprachen benötigt werden. Intensive Kommunikation zwischen den Forschenden aller beteiligten Länder ist unverzichtbar, um diese Herausforderung zu bewältigen (LeTendre, 1999).

Dabei geht es neben dem technischen Übersetzungsprozess, für den eine hochentwickelte Praxis von Doppel- und Mehrfachübersetzungen sowie Expertenreviews Standard ist (Hambleton, 2002), vor allem darum, die mit den Begriffen verknüpften kulturellen Konnotationen abzubilden. So gibt es beispielsweise für das Erlernen des Lehrerberufs international keine einheitliche Bezeichnung, und so wie in der deutschen Sprache „Lehrerbildung" und „Lehrerausbildung" unterschiedliche Bedeutungen transportieren, wird auch in anderen Sprachen mit der Begriffswahl eine inhaltliche Entscheidung getroffen. Darüber hinaus kann sich die Natur eines zu erhebenden Konstrukts zwischen Ländern unterscheiden. In asiatischen Ländern gehört beispielsweise die Organisation der Reinigung von Klassenräumen durch Schülerinnen und Schüler zu den Kernaufgaben von Lehrpersonen, was in Deutschland nicht der Fall ist.

Neben diese Frage der konzeptionellen Konstruktvalidität tritt die Frage nach der *empirischen* Validität. Diese bezieht sich vor allem auf die Äquivalenz der internen Struktur der untersuchten Konstrukte. Messäquivalenz ist nur bei einer äquivalenten Faktorstruktur und äquivalenten Relationen zwischen den Faktoren in allen Untersuchungsgruppen gegeben (Vandenberg & Lance, 2000). Studien im Zusammenhang von TEDS-M haben in dieser Hinsicht Probleme erkennen lassen (Blömeke, Houang & Suhl, 2011). Vollständige Äquivalenz wird in internationalen Vergleichsstudien selten erreicht; solche Studien ermöglichen es dann zumindest, das Ausmaß von Verzerrungen zu bestimmen und auszugleichen (siehe z.B. De Jong et al., 2007).

Ein besonderes Problem stellen bei internationalen Vergleichsstudien Selbstauskünfte dar (Fischer, 2004), beispielsweise zur Wirksamkeit der Lehrerbildung. In vielen psychologischen und sozialwissenschaftlichen Untersuchungen hat sich gezeigt, dass Selbstauskünften bereits national nur geringe Validität zukommt (Kubinger, 2003; Joint Committee on Standards for Educational Evaluation, 1994). Bei Vergleichen über Länder hinweg kommen als typische Fehlerquellen kulturell unterschiedliche Referenzmaßstäbe der Befragten hinzu, vor deren Hintergrund sie auf die Fragen antworten, und kulturell unterschiedlich ausgeprägte Zustimmungstendenzen (van de Vijver & Leung, 1997). So scheint die Tendenz zu sozial erwünschten Antworten in nicht westlichen Ländern stärker ausgeprägt zu sein als in westlichen (Harzing, 2006). Zugleich tendieren Befragte aus westlichen Ländern stärker zu extremen Einschätzungen als Befragte aus nicht westlichen Ländern (Takahashi, Ohara, Antonucci & Akiyama, 2002). Die unterschiedlichen Antwortstile liegen vermutlich in kulturell unterschiedlichen Verhaltensnormen begründet. Shen und Tam (2008) haben dieses Problem anhand von TIMSS belegen können. Schülerinnen und Schüler aus schwächeren Ländern nehmen sich positiver wahr, als es ihre Testergebnisse ausweisen. Aus diesem Problem der fehlenden Äquivalenz subjektiver Einschätzungen war –

angeregt durch Klieme und Vieluf (2009) – für TEDS-M der Schluss gezogen worden, ipsative Werte zu berichten (Blömeke, Kaiser & Lehmann, 2010a, b). Diese stellen relative Abweichungen vom jeweiligen Ländermittelwert dar und können so kulturell unterschiedliche Antwortstile ausgleichen.

Systematisch untersucht wurde die Validität von Selbstauskünften zur Wirksamkeit der Lehrerbildung von Blömeke (2014) sowie von König, Kaiser und Felbrich (2012). Letztere setzten das pädagogische Professionswissen angehender Lehrkräfte aus Deutschland und den USA mit der Einschätzung in Beziehung, inwieweit sie sich auf ihren Beruf vorbereitet fühlen. Sie fanden maximal schwach positive Zusammenhänge. Blömeke (2014) überprüfte die Validität fachbezogener Selbstauskünfte zur Qualität und Wirksamkeit der Mathematiklehrerausbildung, indem sie mit Testdaten zum mathematischen und mathematikdidaktischen Professionswissen in Beziehung gesetzt wurden. In dieser Studie wurde ebenfalls deutlich, dass den Einschätzungen nur geringe Validität zugesprochen werden kann, obwohl sie Standard in Evaluationen der Lehrerbildung sind und aus ihnen weitreichende Schlussfolgerungen zur Lehrerprofessionalität abgeleitet werden (National Center for Education Statistics, 2003). Angehende Mathematiklehrkräfte in Ländern mit geringem mathematischem und mathematikdidaktischem Wissen sehen sich besser auf den Beruf vorbereitet als in Ländern an der Spitze der Rangreihe. Dies ist vermutlich auf geringere Anforderungen der Lehrerbildungscurricula zurückzuführen. Darüber hinaus zeigten sich kulturell unterschiedlich ausgeprägte Tendenzen, kritische Einschätzungen vorzunehmen. Ein direkter Vergleich von Mittelwerten, die aus Befragungen stammen, über unterschiedliche Kulturen hinweg ist also schwierig (Klieme, 2012).

Die Wahl der Analyseeinheit, auf der die Ergebnisse aus internationalen Vergleichsstudien berichtet werden, stellt eine weitere Herausforderung dar. Angesichts der Heterogenität der Lehrerbildungssysteme wurde in MT21 und TEDS-M meist auf zwei Ebenen berichtet: wie in den Schülerstudien auf Länderebene als Evaluation des Gesamtsystems ohne eine detaillierte Berücksichtigung der Struktur der jeweiligen Bildungssysteme, und als Programmevaluation auf der Ebene von zusammengefassten Gruppen an Ausbildungsprogrammen. Der erste Ansatz betont die Perspektive internationaler Wettbewerbsfähigkeit und die Struktur der Lehrerausbildung wird als Ergebnis bildungspolitischer Entscheidungen angesehen. Der zweite Ansatz liefert zusätzliche Informationen auf einer tieferen Ebene.

3. Konzeptioneller Rahmen und Design der international-vergleichenden Lehrerbildungsforschung

Die in den vorliegenden internationalen Vergleichsstudien gewählten Zugänge zur Lehrerbildungsforschung variieren und hängen von der jeweiligen Fragestellung ab. Unterschieden werden kann zwischen narrativen Vergleichen von Strukturmerkmalen auf der Systemebene, die in der Regel auf Analysen vorhandener Dokumente, Expertenberichten und globaler Indikatoren beruhen (3.1), sowie empirischen Studien, in denen Daten auf Individualebene erhoben werden. Diese empirischen Studien können wiederum in Befragungen (3.2) und Studien mit Testkomponenten (3.3) differenziert werden.

3.1 Narrative Strukturvergleiche

Das Bildungsnetz der Europäischen Union „Eurydice" erhob nach einem Kriterienraster Strukturdaten zum Lehrer-Arbeitsmarkt (Eurydice, 2002b, 2003) und zur Lehrerbildung (Eurydice, 2002a) für die Sekundarstufe I des allgemein bildenden Schulwesens seiner Mitgliedsländer. Auf dieser Basis wurden Konsequenzen für die Bildungspolitik gezogen (Eurydice, 2004). Die parallele OECD-Initiative „Attracting, Developing and Retaining Effective Teachers" (OECD, 2005) lieferte vergleichbare Informationen für 25 Länder, von denen sieben nicht aus Europa stammten. Weitere Strukturinformationen zur Lehrerbildung enthält der Zahlenspiegel „Education at a Glance" (OECD, 2008). Für die UNESCO haben Schwille und Dembélé (2007) einen Überblick über die Lehrerbildungssysteme weltweit zusammengestellt, in dem auch die weniger hochentwickelten Länder, vor allem aus Afrika, Berücksichtigung finden.

Die internationalen Vergleichsstudien zur Lehrerbildung von Wang et al. (2003) und Ingersoll et al. (2007) beruhen auf denselben Prinzipien: Für eine Auswahl an Ländern wurden auf hohem Aggregationsniveau Daten zu Strukturmerkmalen der Lehrerausbildung in Form von Dokumentenanalysen und Expertenreviews gesammelt. Im Falle von Wang et al. (2003) handelte es sich um Länder mit herausragenden Schülerleistungen in TIMSS und PISA, und zwar wurden mit Hong Kong, Japan, Singapur und Südkorea vier asiatische, mit England und Australien zwei englisch-sprachige Länder und mit den Niederlanden ein europäisches Land aufgenommen, denen die USA gegenüber gestellt wurden. Im Falle von Ingersoll et al. (2007) handelte wurden die USA sechs asiatischen Ländern gegenübergestellt, und zwar China, Hong Kong, Japan, Singapur und Thailand.

3.2 International-vergleichende Surveys zur Lehrerbildung

Narrative Strukturvergleiche liefern ein detailreiches Bild von der Lehrerbildung auf nationaler Ebene. Die gewonnenen Informationen werden systematisiert, dennoch handelt es sich um unstandardisiert gewonnene Daten. Surveys gehen hier einen Schritt weiter, indem in standardisierter Form Daten auf Individualniveau erhoben werden.

In Frey (2008) werden Selbstauskünfte zur Fach-, Methoden-, Sozial- und Personalkompetenz von 1.600 angehenden Lehrpersonen aller Ausbildungsgänge und -stadien aus sechs deutschen Bundesländern mit kleineren Stichproben aus Polen, Italien, Österreich und der Schweiz verglichen. Mit Hilfe konfirmatorischer Faktorenanalysen werden die theoriegeleitet entwickelten Skalen zu Kompetenzclustern zusammengefasst, deren strukturelle Relation in Pfadanalysen empirisch modelliert wird. Differenzierte Analysen erfolgen nach Ländern getrennt sowie über alle Länder hinweg für angehende Lehrkräfte hoher, mittlerer und geringer Kompetenzwahrnehmung.

Der „Teaching and Learning International Survey" (TALIS) der OECD erhebt Selbstauskünfte von rd. 70.000 Sekundarstufen-I-Lehrkräften und deren Schulleitungen in 23 Ländern – jeweils rd. 4.000 Personen aus 200 Schulen pro Land, die zufällig gezogen wurden. Die untersuchten Länder gehören der Europäischen Union an, ergänzt um zwei amerikanische (Brasilien und Mexiko) und asiatische Länder (Malaysia und Südkorea) sowie um Australien und die Türkei. Während die Befragung auf den beruflichen Status, die Arbeitsbedingungen und die Einstellungen bzw. die selbstberichtete Unterrichtspraxis von Lehrkräften fokussiert, können aus dem demographischen Teil Hinweise auf die Ausbildung der Lehrkräfte und aus dem Schulleiter-Fragebogen Hinweise auf den Übergang von der Erstausbildung in den Beruf entnommen werden. Die Skalen wurden unter Bezug auf die Schuleffektivitäts- und Schulentwicklungsforschung (Creemers & Kyriakides, 2008) unter Hinzuziehung der Dachorganisation der europäischen Gewerkschaften entwickelt. Das Erkenntnisinteresse richtete sich auf die Identifikation von Zusammenhängen zwischen Hintergrundmerkmalen der Lehrkräfte, ihren Arbeitsbedingungen, ihren Einstellungen und der von ihnen berichteten Unterrichtspraxis.

Im Rahmen der testbasierten Forschung zu den Kompetenzen angehender Lehrkräfte hat sich zudem eine international-vergleichende Forschung zu deren Lerngelegenheiten, Überzeugungen und Berufswahlmotiven etabliert, die über Befragungen erfasst werden. MT21 und TEDS-M leisteten hier Pionierarbeit. Den Kern ihres theoretischen Rahmens bildete eine Konzeptualisierung von Lehrerkompetenz im Anschluss an Weinert (1999) differenziert in kognitive Fähigkeiten und Fertigkeiten (Professionswissen) sowie die damit verbundenen motivationalen, volitionalen und sozialen Bereitschaften und Fähigkeiten, um Problemlösungen in variablen Situationen erfolgreich und verantwortungsvoll nutzen zu können (professionelle Überzeugungen). Bei Überzeugungen handelt es sich um Vorstellungen dazu, wie etwas beschaffen ist oder funktioniert, ggf. verbunden mit einer normativen Ausrichtung auf das eigene Handeln (Oser & Blömeke, 2012). Bei Lehrpersonen liegen beispielsweise professionelle Überzeugungen zum Lehren und Lernen in ihrem Unterrichtsfach vor, die als „Quasi-Glaubensbestände" signifikant mit ihrem Handeln und seiner Begründung zusammenhängen (Reusser, Pauli & Elmer, 2011).

In der Studie MT21 wurden 2006 bei mehr als 2.600 angehenden Mathematiklehrkräften der Sekundarstufe I in Bulgarien, Deutschland, Mexiko, Südkorea, Taiwan und den USA Überzeugungen zur epistemologischen Natur der Mathematik, zum Lehren und Lernen von Mathematik, zum Begabungsbegriff sowie zur Lehrerrolle und zur Funktion des Schulwesens untersucht (Blömeke, Kaiser & Lehmann, 2008). In TEDS-M erfolgte zwei Jahre später eine Erhebung derselben Überzeugungen bei 23.000 angehenden Mathematiklehrkräften für die Primarstufe und die Sekundarstufe I aus 17 Ländern (Tatto et al., 2008). Berufswahlmotive wurden in beiden Studien ebenfalls untersucht, da Motivation beispielsweise über die investierte Lernzeit die Studienleistung signifikant beeinflusst (Schiefele & Urhahne, 2000). In Anlehnung an den internationalen Forschungsstand (Watt et al., 2012) wurde zwischen intrinsisch-pädagogischen, intrinsisch-akademischen und extrinsischen Berufswahlmotiven angehender Lehrkräfte unterschieden.

MT21 und TEDS-M lag ein Mehrebenen-Modell zugrunde, das zwischen nationalen Rahmenbedingungen, institutionellem Kontext, gebotenen Lerngelegenheiten, individuellen Lernvoraussetzungen und individuellen Überzeugungen, Motiven sowie Wissen unterschied, um Zusammenhänge untersuchen zu können. Die *MT21*-Stichprobe angehender Mathematiklehrkräfte der Sekundarstufe I wurde kriteriengeleitet zusammengestellt. Zunächst wurden die Teilnahmeländer, dann die Ausbildungsinstitutionen und schließlich die Personen definiert, die erreicht werden sollten. Die Länder repräsentierten die Haupttypen an Lehrerausbildungssystemen (OECD, 2005), sie deckten das Spektrum an Schülerleistungen in der Sekundarstufe I ab (Mullis, Martin & Foy, 2008) und sie stellten Länder mit einem hohen Entwicklungsniveau dar, um sozioökonomische Verzerrungen möglichst zu vermeiden (UN, 2008). In TEDS-M fanden vier unabhängige Zufallsziehungen statt: eine Ziehung von Ausbildungsinstitutionen, um das intendierte Ausbildungscurriculum eines Landes beschreiben zu können; eine Ziehung von Lehrerausbildenden, um das intendierte und das implementierte Curriculum verknüpfen zu können; und zwei Ziehungen angehender Mathematiklehrpersonen für die Primarstufe bzw. die Sekundarstufe I im letzten Jahr ihrer Ausbildung, um das implementierte Curriculum und das erreichte Wissen in Mathematik, Mathematikdidaktik und Pädagogik beschreiben zu können.

3.3 International-vergleichende Kompetenztestung

In MT21 und TEDS-M wurden neben Befragungen Tests eingesetzt, um das Professionswissen angehender Lehrkräfte zu erfassen. Beide Studien differenzierten die Wissensdimensionen nach Shulman (1986) aus, indem sie zwischen fachlichem Wissen (*content knowledge, CK*), fachdidaktischem Wissen (*pedagogical content knowledge, PCK*) und pädagogischem Wissen (*pedagogical knowledge, PK*) unterscheiden. Dabei stellte die Konzeptualisierung des fachdidaktischen Wissens jeweils eine Herausforderung dar, was mit der Unschärfe des Begriffs zusammenhängt. Depaepe, Verschaffel und Kelchtermans (2013) identifizieren in einem Review von 60 Publikationen zur Erhebung mathematikdidaktischen Wissens Gemeinsamkeiten in dessen Definition, aber auch substanzielle Unterschiede, die sich in Untersuchungsverfahren und Instrumenten niederschlagen. Gemein sei den meisten Studien die Konzeption, dass es sich bei PCK um domänenspezifisches Professionswissen von Lehrpersonen handele, das andere Berufsgruppen nicht aufweisen und das eine Brücke zwischen CK und PK darstelle, indem es von beiden Komponenten Anteile enthalte. Es habe sowohl eine theoretische als auch eine praktische Komponente, sodass es auch eine Brücke zwischen Wissen und Handeln darstelle. Strittig sei dagegen, wie stark diese Anteile jeweils repräsentiert seien und wie gut sie sich voneinander abgrenzen lassen (ebd.).

Döhrmann, Kaiser und Blömeke (2014) machen zudem inhaltliche Unterschiede in der PCK-Definition aus, die im TEDS-M-Test deutlich geworden seien. Insgesamt sei es zwar gelungen, einen Test zu entwickeln, der für Kernbereiche des Professionswissens in allen beteiligten Ländern als inhaltsvalide angesehen werden könne. Allerdings hätten nationale Spezifika zu einem höheren Anteil außen vor gelassen werden müssen, als dies in den Schülerstudien geschehe. Dies gelte beispielsweise für Argumentieren und Beweisen oder die Begriffs- bzw. Konzepteinführung. Zudem sei eine Klassifizierung einzelner Items als PCK strittig, da sie auch als CK hätten eingeordnet werden können. Hsieh, Lin und Wang (2014) argumentieren ähnlich. Bei einer grundsätzlich erreichten internationalen und nationalen Validität seien die Erkenntnisinteressen einzelner Länder besser im TEDS-M-Test repräsentiert als die anderer. Sie machen dies an der Unausgewogenheit der Itemanteile fest (deutlich mehr CK- als PCK-Items), aber auch daran, dass Taiwan und Singapur eine Erfassung orientiert an Grundideen mathematischen Denkens (Niss, 2002) statt an Inhaltsgebieten bevorzugt hätten.

In Ergänzung zu den beiden fachbezogenen TEDS-M-Tests wurde von Deutschland, Taiwan und den USA ein Testinstrument zur Erfassung des pädagogischen Wissens angehender Lehrkräfte im internationalen Vergleich entwickelt (König & Blömeke, 2009). Pädagogisches Wissen wurde hier unter Bezug auf das Unterrichten als die Kernaufgabe von Lehrpersonen (KMK, 2004) operationalisiert und in fünf Anforderungen ausdifferenziert: Strukturierung von Unterricht, Motivierung, Umgang mit Heterogenität, Klassenführung und Leistungsbeurteilung.

4. Zusammenfassung des Erkenntnisstands der international-vergleichenden Lehrerbildungsforschung

4.1 Struktur der Lehrerbildung im internationalen Vergleich

4.1.1 Äußere Gestalt

Auch wenn die Lehrerbildungssysteme international eine weite Variation aufweisen, können sie in zwei Basisformen zusammengefasst werden (Eurydice 2004; OECD 2005). Die meisten Länder weisen eine einstufige integrierte, in der Regel vierjährige Lehrerbildung auf tertiärem Niveau auf, in der Fachwissenschaft, Fachdidaktik und Pädagogik in Theorie und Praxis parallel gelehrt werden und die mit der gleichzeitigen Vergabe eines „Bachelor of Education" und einer staatlichen Lehrerlizenz abschließt. Daneben finden sich Länder mit einer zweistufigen konsekutiven Lehrerausbildung, in der eine in der Regel einjährige berufsbezogene Ausbildung auf einem vierjährigen, fachwissenschaftlich ausgerichteten Bachelor of Arts oder Science aufbaut, die mit einer staatlichen Lehrerlizenz, ggf. zusätzlich mit einem Master of Education abschließt. Die Bachelorphase kann Elemente so genannter „Educational Foundations" enthalten, ist aber noch nicht mit einer Lehrberechtigung verbunden. Die berufsbezogene Ausbildung umfasst so gut wie immer fachdidaktische und pädagogische Elemente sowie Praxisanteile. Weltweit findet sich also eine starke Einheitlichkeit, was die Grobstruktur der Lehrerbildung angeht.

Die Ausbildung auf tertiärem Niveau hat in Europa eine lange Tradition hat, wie die derzeit im Beruf stehenden Lehrkräfte zeigen (OECD, 2009). Mehr als die Hälfte der in TALIS befragten Lehrkräfte besitzt einen Bachelor-Abschluss; fast alle Lehrkräfte in Norwegen und Südkorea fallen beispielsweise in diese Gruppe. Ein weiteres Drittel weist einen Master-Abschluss auf, so beispielsweise die Mehrheit in Italien und Polen. In einigen Ländern existieren eine integrierte und eine konsekutive Lehrerbildung parallel nebeneinander. In diesen Fällen ist erstgenannte häufig kürzer und die Regel für Primarstufenlehrkräfte, während Letztere für Sekundarstufenlehrkräfte vorgesehen ist. Auch dies ist im internationalen Vergleich ein wiederkehrendes Merkmal: Wenn sich stufenspezifische Unterschiede finden lassen, geraten diese eher zum Nachteil der Primarstufe.

Primarstufenlehrkräfte arbeiten in vielen Ländern als Klassenlehrkräfte (Blömeke, Kaiser & Lehmann, 2010a). Entsprechend werden sie vorwiegend als Generalisten in drei bis vier Hauptfächern ausgebildet. Das zu unterrichtende Klassenspektrum variiert meist zwischen drei Jahren zum Beispiel in Polen und sechs Jahren zum Beispiel in Spanien. Allerdings gibt es auch andere Modelle. So unterrichten Klassenlehrkräfte in Chile bis zur Jahrgangsstufe 8, während umgekehrt in Thailand für Mathematik Ein-Fach-Lehrkräfte ausgebildet werden, die das Fach in allen zwölf Schuljahren unterrichten. Eine fachliche Spezialisierung ist im internationalen Vergleich die Regel in der Sekundarstufenlehrerausbildung (Blömeke, Kaiser & Lehmann, 2010b). Meist erfolgt eine Konzentration auf ein Unterrichtsfach, beispielsweise in Russland. In einzelnen Ländern erfolgt aber auch eine Ausbildung für zwei Fächer, beispielsweise in Singapur, bzw. im Falle der Schweiz für mehrere affine Fächer. In der Regel werden die Lehrkräfte stufenspezifisch ausgebildet, zum Beispiel für die Klassen 7 bis 9 und 10 bis 12 in Taiwan. Es gibt aber auch übergreifende Ausbildungsmodelle zum Beispiel für die Klassen 5 bis 12 im Oman.

Die Institutionalisierung der Lehrerbildung variiert sowohl nach Größe der Einrichtungen und Lehrveranstaltungen als auch nach dem Grad der Zentralisierung, Spezialisierung und Sequenzierung der Inhalte. Zum Teil lassen sich aber für Bildungsregionen länderübergreifende Gemeinsamkeiten ausmachen (Wang et al., 2003). So zeigt sich, dass in asiatischen Ländern

– vermutlich aufgrund des hohen Ansehens des Lehrerberufs – die Selektivität zu Beginn der Ausbildung höher ist als in englischsprachigen Ländern. Die Auswahl wird anhand von Schulabgangsnoten oder universitären Eingangsprüfungen vorgenommen. Curricula und Prüfungen sind in asiatischen Ländern häufiger zentral geregelt als in englischsprachigen, die in der Regel dezentralisierte Bildungssysteme aufweisen. Der Praxisanteil der Erstausbildung ist in vielen asiatischen Ländern gering und überschreitet selten vier Wochen; dafür sind fast überall Berufseinstiegsprogramme und lebenslange Unterstützungssysteme vorhanden.

Auf der Basis von zwölf Strukturmerkmalen, die die Ziele der Lehrerbildung, ihre fachlichen Komponenten, den Grad der Integration bzw. Fragmentierung, die Gestaltung des Theorie-Praxis-Verhältnisses, die Eingangsselektivität der Ausbildung, den Grad an Marktorientierung auf Nachfrage- und Angebotsseite sowie die Form der *input*- und *output*-Kontrollen umfassen, lassen sich systematische Zusammenhänge herausarbeiten (Blömeke, 2006). Danach können vier Typen an Ausbildungssystemen unterschieden werden: Neben einer funktional-marktorientierten Lehrerbildung – charakteristisch zum Beispiel für die USA – lassen sich ein funktional-staatsorientiertes System mit einer starken zentralen Steuerung identifizieren – charakteristisch für Taiwan – sowie zwei bildungsorientierte Typen in einer fragmentierten und einer integrierten Form der Institutionalisierung. Für ersteres stellt Deutschland, für letzteres Mexiko ein Beispiel dar.

4.1.2 Profile der Lehrerausbildenden und der angehenden Lehrkräfte

Blickt man auf die Merkmale der Lehrerausbildenden ist festzustellen, dass – verglichen mit dem Prozentsatz an weiblichem Ausbildungspersonal an tertiären Einrichtungen insgesamt (36 Prozent; OECD, 2009) – die Primarstufen- und die Sekundarstufenlehrerausbildung im internationalen Mittel mit rund der Hälfte der Ausbildenden vergleichsweise stark weiblich geprägt ist (Blömeke, Kaiser & Lehmann, 2010a, b). In Bezug auf Abschlüsse der Lehrerausbildenden, die neben der Lehre auch für die Forschung qualifizieren, variiert der Anteil stark. In Botswana finden sich kaum Promovierte, in Georgien sind dagegen so gut wie alle Ausbildenden promoviert. Rund drei Viertel der Lehrerausbildenden sind im internationalen Mittel selbst als Lehrkräfte ausgebildet, wobei die Dauer der Schulerfahrung stark variiert.

Ein typisches Profil lässt sich für die TEDS-M-Länder auch in Bezug auf die angehenden Lehrpersonen zeichnen (Blömeke, Kaiser & Lehmann, 2010a, b). Im internationalen Mittel betrachtet sind die Primarstufen- und Sekundarstufen-I-Lehrkräfte im letzten Jahr ihrer Ausbildung 24 Jahre alt und fast immer weiblich. Der Feminisierungsgrad des Berufs liegt für das Fach Mathematik zwar unter dem allgemeinen Trend aller Unterrichtsfächer (OECD, 2009), ist aber weit fortgeschritten, wie ein Vergleich mit praktizierenden Sekundarstufen-I-Lehrkräften deutlich macht (Mullis et al., 2008). Eine „typische" Lehrkraft ist mit relativ umfangreichem kulturellen Kapital ausgestattet: Ihr Vater verfügt über einen Schulabschluss der Sekundarstufe II, der Abschluss der Mutter liegt nur wenig darunter. Im Elternhaus der Lehrkraft finden sich zwischen 26 und 100 Bücher und damit mehr als in den Elternhäusern ihrer Schülerschaft (ebd.). Dieses Profil deutet darauf hin, dass der Lehrerberuf für Angehörige der Mittelschicht besonders attraktiv ist. Im Elternhaus der Lehrkraft ist typischerweise ein Computer vorhanden, und ihre Muttersprache entspricht der Ausbildungssprache. Der Kompetenzerwerb in der Lehrerausbildung litt eher nicht unter familiär oder finanziell einschränkenden Studienbedingungen. Die Lehrkraft ist mit guten Lernvoraussetzungen in die Ausbildung eingetreten: Sie hatte im Vergleich zu ihrer Alterskohorte gute bis sehr gute Schulnoten und hat zwölf Jahre lang den Mathematikunterricht in der Schule besucht. Sie ist vor allem intrinsisch motiviert, während sie extrinsische Berufsmotive ablehnt.

4.2 Erkenntnisse zu den in der Ausbildung gebotenen Lerngelegenheiten

Die Vielfalt der international in der Lehrerausbildung zu belegenden Inhalte ist in quantitativer, inhaltlicher und qualitativer Hinsicht enorm. Häufig führt diese Vielfalt zur Annahme idiosynkratischer Curricula pro Institution. Klassifikatorisch angelegte Analysen, die unabhängig von lokalen Formulierungen durchgeführt werden, indem sie in standardisierter Form nach belegten Inhalten fragen, ergeben ein anderes Bild. Blömeke und Kaiser (2012) wiesen mit Hilfe latenter Klassenanalysen für die Primarstufenlehrerbildung nach, dass es zwar kein international einheitliches Lehrerbildungscurriculum gibt, dass im Falle der Ausbildung für den Mathematikunterricht in der Fachwissenschaft, Fachdidaktik und Pädagogik aber jeweils drei Inhaltsprofile ausreichen, um alle TEDS-M-Länder angemessen zu beschreiben. Blömeke (2012) sowie Wang und Tang (2014) bestätigen dieses Ergebnis für angehende Sekundarstufenlehrkräfte. Die drei Profile spiegeln jeweils kulturelle Traditionen dazu wider, was Lehrkräfte wissen sollten. Die Profile sind in sich vergleichsweise homogen, die Unterschiede zwischen ihnen sind dagegen groß. Sie sind mit signifikanten Unterschieden in den jeweils erreichten Lernergebnissen verbunden.

Im Hinblick auf die Profile im Bereich der Mathematik kann zwischen „advanced university mathematics", „basic university mathematics" und einer Begrenzung auf „school mathematics" unterschieden werden. Über alle TEDS-M-Teilnahmeländer hinweg gesehen stellt Ersteres das dominierende Profil für die Sekundarstufenausbildung, das zweite das dominierende Profil für die Primarstufenausbildung dar. Im Hinblick auf die Mathematikdidaktik und Pädagogik sind sich die curricularen Profile ähnlich: In beiden Fällen findet sich ein eng funktional ausgerichtetes und ein breites (mathematikdidaktisches bzw. pädagogisches) Curriculum. In der Mathematikdidaktik umfasst das dritte Profil eine Konzentration auf Unterrichtsmethoden, jenes in Pädagogik eine Konzentration auf die Kontextbedingungen von Erziehung und Bildung. Sowohl in der Primarstufen- als auch in der Sekundarstufenausbildung dominiert in den TEDS-M-Ländern in beiden Komponenten das breite Curriculum, das neben einem eng funktionalen Zugang die Inhalte des dritten Profils umfasst. In den ostasiatischen und osteuropäischen Ländern ist zudem ein funktionales mathematikdidaktisches bzw. pädagogisches Curriculum häufig vertreten.

4.3 Erkenntnisse zur Wirksamkeit der Lehrerbildung im internationalen Vergleich

Mehr als ein Drittel aller befragten Schulleitungen beklagt in der TALIS-Studie einen starken Mangel an hinreichend qualifizierten Lehrkräften (OECD, 2009). Während ihr Anteil in Ländern wie Polen und Südkorea mit weniger als 20 % noch relativ gering ist, geben in anderen Ländern mehr als drei Viertel der Schulleitungen entsprechende Probleme an. Bereits auf der Basis der *MT21*-Testergebnisse hatte sich entsprechend angedeutet, dass angehende Mathematiklehrkräfte aus Südkorea und Taiwan am Ende ihrer Ausbildung im Mittel ein signifikant höheres mathematisches und mathematikdidaktisches Wissen aufwiesen als jene aus anderen Ländern (Schmidt, Blömeke & Tatto, 2011). TEDS-M bot die Möglichkeit, den Kompetenzerwerb in der

Mathematiklehrerausbildung mit repräsentativen Stichproben für die Primarstufe und die Sekundarstufe I zu untersuchen.

4.3.1 Primarstufenlehrerausbildung

In der Primarstufe zeigen angehende Lehrkräfte aus Taiwan und Singapur am Ende ihrer Ausbildung die mit Abstand stärksten mathematischen und mathematikdidaktischen Leistungen (Blömeke, Kaiser & Lehmann, 2010a). Über hohes mathematisches Wissen verfügen auch die Lehrkräfte aus der Schweiz, Russland, Thailand und Norwegen; im Bereich der Mathematikdidaktik liegen die Leistungen in Norwegen, den USA und der Schweiz deutlich über dem internationalen Mittelwert. Die Leistungen angehender deutscher Primarstufenlehrkräfte bleiben hinter diesen Ergebnissen zurück. Besonders geringe mathematische und mathematikdidaktische Leistungen werden in Georgien, Chile, auf den Philippinen und in Botswana erzielt.

Lehrkräfte mit einem fachspezifischen Schwerpunkt in ihrer Ausbildung schnitten im Mittel besser ab als jene, die als Generalisten ausgebildet wurden, und zwar sowohl im internationalen Vergleich als auch innerhalb jener Teilnahmeländer, die mehrere Ausbildungsgänge parallel anbieten (Senk, Tatto, Reckase, Rowley, Peck & Bankov, 2014). Was pädagogisches Wissen angeht, verfügen Primarstufenlehrkräfte in Deutschland über signifikant umfangreicheres pädagogisches Wissen als jene in den USA (König, Blömeke, Paine, Schmidt & Hsieh, 2011). Letztere haben eine relative Stärke in handlungsnahen, prozeduralen Wissensdimensionen, während deutsche Lehrkräfte relative Stärken in deklarativen Wissensbereichen aufweisen.

Für sieben Länder lassen sich auf aggregierter Ebene Vergleiche der TEDS-M-Ergebnisse mit den TIMSS-Ergebnissen der Klasse 4 als der zu unterrichtenden Schülerpopulation und der Klasse 8 als Zwischenschritt auf dem Weg zum Eintritt ins Studium durchführen (Mullis, Martin & Foy, 2008). Zieht man das Effektstärkenmaß Cohens d heran, um den unterschiedlichen Verteilungen der Leistungen Rechnung tragen zu können, zeigen sich überraschend deutliche Übereinstimmungen der Ergebnisse zum mathematischen Wissen in der Primarstufe, in der Sekundarstufe I und in der Primarstufenlehrerausbildung. Es zeigen jeweils dieselben Länder mit etwa denselben Effektstärken herausragende, mittlere bzw. unterdurchschnittliche Leistungen. Auch wenn es sich hier nur um einen globalen Zusammenhang handelt, können die Übereinstimmungen zum einen als Hinweis auf national zugrunde liegende Faktoren gewertet werden: eine kulturell geteilte Wertschätzung von Mathematik und/oder Bildung beispielsweise oder eine allgemeine Anstrengungsbereitschaft. Zum anderen deuten die Übereinstimmungen auf kumulative Wirkungen von Bildungserfahrungen hin.

Kulturelle Gemeinsamkeiten waren der Gegenstand weiterer Analysen. Hsieh, Lin, and Wang (2012) zeigen, dass angehende Primarstufenlehrkräfte in Taiwan und Singapur ein ähnliches Antwortmuster in TEDS-M mit vergleichbaren inhaltlichen Stärken beispielsweise im Bereich mathematischer Formalisierung und vergleichbaren inhaltlichen Schwächen beispielsweise bei der Diagnose von Schülerleistungen zeigten. Hsieh, Chu, Hsieh & Lin (2013) identifizieren über alle TEDS-M-Länder hinweg sechs Muster im Antwortverhalten, die jeweils kulturell vergleichbare Länder umfassen. Den angehenden Lehrkräften der östlichen Länder gelingt es beispielsweise besonders gut, ihre Lösungen zu begründen; in den westlichen Ländern finden sich dagegen häufiger unterschiedliche Lösungsansätze.

4.3.2 Sekundarstufenlehrerausbildung

In Bezug auf die Sekundarstufe I liegen die Leistungen angehender Mathematiklehrkräfte aus Taiwan an der Spitze. Sie verfügen im internationalen Vergleich über das höchste mathematische und mathematikdidaktische Wissen (Blömeke, Kaiser & Lehmann, 2010b). Eine Gruppe von fünf Ländern zeichnet sich dadurch aus, dass ihre angehenden Lehrkräfte ebenfalls in Mathematik und Mathematikdidaktik stabil über dem internationalen Mittelwert liegen, und zwar Russland, Polen, Singapur, Deutschland und die Schweiz. Besonders geringe mathematische und mathematikdidaktische Leistungen werden in Georgien, Chile, auf den Philippinen, in Botswana und in Norwegen erzielt.

Ein-Fach-Lehrkräfte schnitten im Mittel besser ab als Lehrkräfte, die für zwei Fächer oder sogar als Klassenlehrkräfte ausgebildet wurden (Tatto et al., 2012). Zudem zeigen in der Regel jene Lehrkräfte ein höheres Leistungsniveau, die auch für einen Mathematikunterricht in der Sekundarstufe II ausgebildet worden sind. Erneut lassen sich für einige Länder auch auf aggregierter Ebene Vergleiche der TEDS-M-Ergebnisse mit den TIMSS-Ergebnissen – in diesem Falle der Klasse 8 als der zu unterrichtenden Schülerpopulation – durchführen (Mullis, Martin & Foy, 2008) und erneut zeigen sich überraschend deutliche Übereinstimmungen der Ergebnisse auf Schüler- und Lehrerebene.

Auch kulturelle Gemeinsamkeiten werden wieder deutlich. Hsieh, Wong und Wang (2013) zeigen, dass angehende Sekundarstufenlehrkräfte in Taiwan und Singapur ein ähnliches Antwortmuster aufweisen, das sich zugleich von dem westlicher Länder unterscheidet. Ostasiatische Lehrkräfte haben besondere Stärken im schulmathematischen Bereich, während die westlichen Länder im universitär-mathematischen Bereich relativ gut abschneiden. Die Schlussfolgerung homogener Bildungskulturen und besonderer Stärken, wenn es um die Schulmathematik geht, deckt sich mit international-vergleichenden Fallstudien beispielsweise zu China und den USA (Huang, 2012). In dieser Studie zeigte sich auch, dass das mathematische und mathematikdidaktische Wissen der chinesischen Studierenden besser vernetzt ist und flexibler auf unterschiedliche Unterrichtssituationen angewendet werden kann.

Was das pädagogische Wissen angeht, zeigen Mathematiklehrkräfte für die Sekundarstufe I in Deutschland und Taiwan am Ende der Ausbildung deutlich höhere Leistungen als die entsprechende Zielpopulation in den USA. Dabei zeichnen sich Lehrkräfte aus Deutschland gegenüber jenen aus Taiwan noch einmal dadurch aus, dass eine besonders starke Leistungsspitze vorhanden ist. In Deutschland und Taiwan liegen die relativen Stärken angehender Mathematiklehrkräfte für die Sekundarstufe I im Abrufen systematischen pädagogischen Wissens sowie im Verstehen und Analysieren berufstypischer Situationen, während in Relation dazu eine Schwäche in Bezug auf die Anforderung besteht, Handlungsoptionen selbst zu entwickeln. Umgekehrt stellt sich die Situation in den USA dar, wo angehende Lehrkräfte – auf niedrigerem Niveau – gerade im letztgenannten Bereich eine relative Stärke besitzen (König, Blömeke, Paine, Schmidt & Hsieh, 2011).

4.3.3 Zusammenhang zwischen Lernergebnissen und Lerngelegenheiten

Die dargestellten Unterschiede zwischen den Ländern lassen nicht unmittelbar auf eine fehlende Wirksamkeit der Lehrerbildung in den schwächeren Ländern schließen, da aus anderen Studien bekannt ist, dass Unterschiede im fachlichen, fachdidaktischen und pädagogischen Wissen bereits am Beginn der Ausbildung zwischen Ländern bestehen. Entsprechend zeigen (Quasi-)

Längsschnitte überall mehr oder weniger große Entwicklungsfortschritte während der Ausbildung (für Deutschland und die Schweiz siehe z.B. Baer, Dörr, Fraefel, Kocher, Küster, Larcher, Müller, Sempert & Wyss, 2007; Baer, Guldimann, Kocher, Larcher, Wyss, Dörr, Müller & Smit, 2009; für die MT21-Länder siehe Blömeke, Kaiser & Lehmann, 2008). Diese Ergebnisse können als Beleg für die Wirksamkeit der Lehrerbildung angesehen werden.

Entsprechend weisen die Testleistungen der angehenden Lehrkräfte systematische Zusammenhänge zu den in der Lehrerbildung gebotenen Lerngelegenheiten auf (Schmidt, Blömeke & Tatto, 2011). Ein geringerer Umfang mündet in geringeren Testleistungen; umgekehrt wird ein signifikant höheres Leistungsniveau erreicht, wenn die angebotenen Lerngelegenheiten umfangreicher sind (Hsieh et al., 2012; Schmidt, Houang & Cogan, 2013). Schmidt, Cogan und Houang (2014) sowie Schmidt und Cogan (2014) schlussfolgern daraus, dass es angesichts des begrenzten Zeitrahmens von entscheidender Bedeutung ist, die verschiedenen Komponenten der Ausbildung angemessen zu balancieren und die fachliche Ausbildung nicht zu kurz kommen zu lassen. Sie zeigen, dass in den Ländern an der Spitze des TEDS-M-Rankings bestimmte fachbezogene Lerngelegenheiten von fast allen angehenden Lehrkräften belegt worden sind, was auf Pflichtkurse hindeutet.

Den praktischen Anteilen der Lehrerbildung kommt ebenfalls Bedeutung zu. König und Blömeke (2012) weisen nach, dass das pädagogische Wissen signifikant höher ist, wenn mehr Unterrichtserfahrung vorliegt. Eine qualitative deutsch-schweizerische Vergleichsstudie zeigt ergänzend, dass ein geringer Anteil schulpraktischer Erfahrungen während des Studiums mit weniger theoretisch oder empirisch fundierten Vorstellungen der Lehramtsabsolventinnen und -absolventen von Unterricht einhergeht (Czerwenka & Nölle, 2000).

4.3.4 Zusammenhang zwischen Lernergebnissen und Lernvoraussetzungen

Wie angesprochen schlagen sich in erreichten Testleistungen aber nicht nur Lerngelegenheiten nieder, sondern auch die Voraussetzungen, mit denen die angehenden Lehrkräfte in die Lehrerbildung eingetreten sind. In Bezug auf angehende Primarstufenlehrkräfte müssen für die meisten TEDS-M-Länder signifikante Differenzen zwischen männlichen und weiblichen Lehrkräften festgestellt werden (Blömeke, Suhl & Kaiser, 2011). Dies gilt insbesondere für das mathematische Wissen. In MT21 hatten sich vergleichbare Tendenzen für Sekundarstufenlehrkräfte angedeutet (Blömeke & Kaiser, 2010). Möglicherweise können sie in Bezug auf Mathematik als kumulative Effekte eines langen Bildungsweges interpretiert werden, die für Mathematikdidaktik als neu einsetzender universitärer Disziplin so nicht gelten. Einen Leistungsnachteil wiesen auch angehende Primarstufenlehrkräfte auf, deren Erstsprache nicht mit der Ausbildungssprache übereinstimmte (Blömeke, Suhl & Kaiser, 2011).

Die kognitiven Lernvoraussetzungen sind für das am Ende der Lehrerbildung erreichte Ergebnis von besonders hoher Bedeutung, und zwar so gut wie in allen Ländern und in allen untersuchten Facetten der Lehrerkompetenzen sowie mit hoher Effektstärke. Darin spiegelt sich, dass höheres generisches und domänenspezifisches Vorwissen den Erwerb neuen Wissens erleichtert, indem dieses leichter in vorhandene Wissensstrukturen eingefügt und mit diesem verknüpft werden kann (Anderson & Lebière, 1998; Simmons, 1995). Dabei spielt auch die Motivation eine Rolle. Fachbezogene Berufswahlmotive waren in vielen Ländern positiv, extrinsische Motive häufig negativ mit den Testleistungen assoziiert, wenn die übrigen Lernvoraussetzungen kontrolliert wurden. Es scheint, als ob die Anstrengungsbereitschaft im Falle von Schwierigkeiten höher ist, wenn sich jemand für das Fach interessiert, während sie sinkt, wenn die Wahl der Lehrerbildung vor allem aus finanziellen Motiven geschah.

Aber auch in Bezug auf Zusammenhänge zwischen Testleistungen und individuellen Voraussetzungen gilt es kulturelle Unterschiede zu beachten. Laschke (2013) zeigt, dass diese in einem westlichen Land wie Deutschland deutlich stärker ausfallen als in einem ostasiatischen Land wie Taiwan. Die Autorin vermutet, dass sich hier die von Hofstede (2001) herausgearbeitete Dichotomie individualistischer und kollektivistischer Kulturen niederschlägt.

4.3.5 Überzeugungen angehender Lehrkräfte im internationalen Vergleich

Die von angehenden Primar- und Sekundarstufenlehrkräften I vertretenen Überzeugungen variieren sowohl zwischen als auch innerhalb der einzelnen TEDS-M-Teilnahmeländer erheblich (Blömeke, Kaiser & Lehmann, 2010a, b; Felbrich, Kaiser & Schmotz, 2012). Dies gilt insbesondere für statische Auffassungen zur Natur der Mathematik. Während angehende Sekundarstufen-I-Lehrkräfte am Ende ihrer Ausbildung in westlichen Ländern wie Deutschland oder Norwegen diesen neutral bis leicht ablehnend gegenüber stehen, lässt sich für andere Länder wie z.B. die Philippinen oder Botswana eine deutliche Zustimmung feststellen. Die Zustimmung zu einer dynamischen Sicht auf die Mathematik fällt dagegen in allen Ländern hoch aus. Anhand der Kennwerte zu transmissions- und konstruktionsorientierten Überzeugungen lässt sich ein ähnliches Bild für die Überzeugungen zum Lehren und Lernen Mathematik zeichnen. Transmissive Überzeugungen werden in den westeuropäischen Ländern deutlich abgelehnt, während ihnen auf den Philippinen und in Malaysia zugestimmt werden. Die Zustimmung zur Konstruktionsorientierung liegt dagegen in allen TEDS-M-Ländern hoch (Tang & Hsieh, 2014).

Die Analyse der Überzeugungsprofile weist auf kulturell geprägte Überzeugungsstrukturen hin, die sich auf einem Kontinuum anordnen lassen, das weitgehend mit der Einordnung dieser Länder auf dem Individualismus-Kollektivismus-Index von Hofstede (2001) übereinstimmt. Nach Hofstede dominiert in individualistisch orientierten Ländern – beispielsweise in Deutschland – die Überzeugung, dass gesellschaftliches Handeln das Ergebnis frei ausgehandelter Verträge ist, während in kollektivistisch orientierten Ländern – z.B. in Malaysia – gesellschaftliches Handeln als Verpflichtung gegenüber sozialen Netzwerken gedeutet wird. Übertragen auf den Bildungsbereich bedeutet diese Unterscheidung, dass Lernende in individualistisch orientierten Ländern stärker als autonome Subjekte gesehen werden, die individuell Wissen erwerben (Triandis, 1995).

Die TEDS-M-Befunde lassen sich gut mit den Ergebnissen in TALIS in Beziehung setzen, die zeigen, dass Lehrkräfte in individualistisch orientierten Ländern einer konstruktivistischen Sichtweise relativ gesehen stärker zustimmen als Lehrkräfte in Malaysia oder Südamerika (OECD, 2009). Die Ergebnisse lassen zudem eine hohe Korrespondenz zwischen epistemologischen Überzeugungen zur Struktur der Mathematik sowie zum Lehren und Lernen mathematischen Wissens vermuten.

4.3.6 Zusammenhang zwischen Überzeugungen und Lernvoraussetzungen, Lerngelegenheiten bzw. Professionswissen

Untersucht man die bisher getrennt dargestellten Merkmale auf ihre Zusammenhänge zeigen sich zum einen Unterschiede in der mittleren Ausprägung je nach kulturellen Rahmenbedingungen, aber vergleichsweise universalistische Zusammenhangsmuster.

Die Berufswahlmotive von Lehrkräften können nach intrinsisch-pädagogischen, intrinsisch-fachbezogenen und extrinsischen Motiven unterschieden werden (Brookhart & Freeman, 1992; Watt & Richardson, 2007). Angehende Lehrkräfte aus westlichen Ländern betonen vor allem ihre pädagogische Motivation, mit Kindern und Jugendlichen arbeiten zu wollen, während asiatische Lehrkräfte daneben auch die guten Arbeitsbedingungen als extrinsischen Grund für ihre Berufswahl angeben (Schmidt, Blömeke & Tatto, 2011). Motivation gehört zu jenen Merkmalen, die in vielen Studien signifikant mit den erreichten Lernergebnissen zusammenhängen (Benware & Deci, 1984; Grolnick & Ryan, 1987; Singh, Granville & Dika, 2002). Entsprechend kann auf der Basis von TEDS-M ein Zusammenhang von Berufswahlmotiven und Professionswissen belegt werden (Blömeke, Suhl, & Kaiser, 2011; Brouwer & ten Brinke, 1995; Keller-Schneider, 2011; König & Rothland, 2012; Mayr, 2009; Watt, Richardson & Tysvaer, 2007).

Blömeke und Kaiser (im Druck) weisen zudem nach, dass – unter Kontrolle des Professionswissens – Motivation und Überzeugungen zusammenhängen, und dies auch über unterschiedliche kulturelle Kontexte hinweg. Je stärker angehende Lehrkräfte intrinsisch motiviert waren, entweder in pädagogischer oder in fachlicher Hinsicht, umso stärker waren sie von einem dynamischen Charakter der Mathematik überzeugt. Je stärker sie extrinsisch überzeugt waren, umso stärker verfolgten sie dagegen transmissionsorientierte Überzeugungen zum Lehren und Lernen von Mathematik. Während die mittleren Ausprägungen also mit dem Kontext variieren, sind die Zusammenhangsmuster relativ einheitlich.

Ein vergleichsweise universalistisches Muster zeigt sich auch in Bezug auf den Zusammenhang von Überzeugungen und Professionswissen. Blömeke, Suhl und Döhrmann (2012) identifizieren zwei bzw. drei Kompetenzprofile in fast allen TEDS-M-Ländern. Erklärende Merkmale eines kognitiv anspruchsvollen und dynamisch-konstruktivistisch akzentuierten Kompetenzprofils sind das Geschlecht, fachliche und insbesondere fachdidaktische Lerngelegenheiten sowie die Kohärenz der Lehrerausbildung. Bedeutsam ist insbesondere die hohe Erklärungskraft fachdidaktischer Lerngelegenheiten. Zudem ist auffällig, dass die Überzeugungen der angehenden Lehrkräfte jeweils deutlich mit denen übereinstimmen, die auch die Lehrerausbildenden aufweisen (Wang & Hsieh, 2014).

Die hohe Bedeutsamkeit fachdidaktischer Lerngelegenheiten für konstruktionsorientierte Überzeugung zum Lehren und Lernen von Mathematik weisen für angehende Primarstufenlehrkräfte in Deutschland und der Schweiz auch Biedermann, Brühwiler und Krattenmacher (2012) nach. Zugleich zeigt sich zwischen den fachdidaktischen Lerngelegenheiten und der Überzeugung des Erwerbs mathematischen Wissens durch Transmission ein statistisch signifikanter negativer Zusammenhang. In aller Vorsicht deuten diese korrelativen Befunde auch darauf hin, dass im Rahmen der Lehrerausbildung berufsbezogene Überzeugungen beeinflusst werden können. Sie richten sich somit gegen die weit verbreitete Erwartung, dass Lehramtsstudierende bereits beim Einstieg ins Studium über derart robuste Überzeugungen zum Lehren und Lernen verfügen, dass diese während der Ausbildung kaum mehr beeinflussbar seien (Kane et al., 2002; Hart, 2004).

4.3 Erkenntnisse zum Übergang von der Erstausbildung in den Beruf im internationalen Vergleich

Der Übergang in den Beruf stellt für Lehrkräfte eine große Herausforderung dar. Im internationalen Vergleich unterscheiden sich die Anstrengungen der Länder, was die Unterstützung bei dem Einstieg in die Schulpraxis angeht (vgl. auch im Folgenden Blömeke & Paine, 2009). Von den 25 Ländern, die von der OECD (2005) untersucht wurden, wiesen acht Länder – darunter Deutschland – keine entsprechenden Programme auf. Andere hatten dagegen verpflichtende Einstiegsprogramme, die in der Regel an Schulen oder in Zusammenarbeit von Schulen und Hochschulen angeboten wurden. In wiederum anderen Ländern bestand keine Teilnahmepflicht, es wurden aber Programme angeboten. Es setzen vor allem jene Länder auf Berufseinstiegsprogramme, die nur wenige Praxisphasen in der Erstausbildung haben. Frankreich, Japan und Südkorea, die in der Erstausbildung fast vollständig auf fachwissenschaftliche Inhalte fokussieren, stellen hierfür Beispiele dar. In Deutschland leistet dagegen der Vorbereitungsdienst in vielen Elementen das, was woanders der Berufseinstieg leisten soll: eine praktische Einführung in das Unterrichten. Insgesamt zeichnet sich die Tendenz ab, dass immer mehr Industrieländer die Einführung entsprechender Programme diskutieren, während Entwicklungsländer aus Mangel an Ressourcen auf die Erstausbildung setzen (Schwille & Dembélé, 2007).

Trotz aller Unterschiede in den Merkmalen der Berufseinstiegsprogramme in den verschiedenen Ländern lassen sich Gemeinsamkeiten identifizieren, die mit der spezifischen Natur des Einstiegs in den Lehrerberuf zusammenhängen. In erster Linie ist die doppelte Ausrichtung der Unterstützung auf *Unterrichts-* und *Persönlichkeits*entwicklung zu nennen. Die ersten Jahre im Lehrerberuf werden weltweit als belastend angesehen. Emotionale und soziale Unterstützung durch Beratungsangebote, Supervision und Peer-Netzwerke sollen helfen, die Belastungen besser zu verarbeiten. Gleichzeitig werden die Verknüpfung des in der Ausbildung erworbenen Wissens mit praktischen Erfahrungen, die Entwicklung reflektierter Handlungsroutinen und die Ausbildung eines forschenden Habitus unterstützt, um langfristig effektives Lehrerhandeln aufzubauen (Britton et al., 2003).

In Bezug auf die Organisation der Programme zeichnet sich ab, dass Programme in englischsprachigen Ländern stärker individualisiert und in ostasiatischen Ländern stärker systematisch organisiert sind. Ihnen gemeinsam ist die Etablierung von schulbasierten Mentorinnen und Mentoren, wobei der Grad an Anleitung durch diese variiert. In vielen Ländern sind zudem weitere Personen und Institutionen in die Berufseinführung involviert: Schulleitungen, hauptamtlich Aus- und Fortbildende, regionale Schulbehörden oder Junglehrkräfte. Alle Programme weisen Angebote auf, die an den unmittelbaren Handlungsnotwendigkeiten ausgerichtet sind, und häufig findet sich eine organisierte *peer*-Kommunikation der Berufsanfänger untereinander.

In so gut wie allen Ländern mit offiziellen Einführungsprogrammen sind die Junglehrkräfte zudem von einem Teil ihrer Unterrichtsverpflichtung befreit; im Gegenzug sind sie verpflichtet, an den Einstiegsangeboten teilzunehmen. Die entsprechenden Kosten markieren eine bedeutsame staatliche Bereitschaft zu Investitionen in die langfristige Unterrichts- und Personalentwicklung der Lehrkräfte. Dabei ist auffällig, dass die Investitionen in Ländern mit zentralen Einstellungssystemen höher ausfallen als in Ländern, wo die Schulen mit einem eigenen Budget arbeiten und in denen vermutlich ein eher betriebswirtschaftliches Denken dominiert. In zentral organisierten Systemen scheint es einfacher zu sein, die Kosten für die Berufseinführung im volkswirtschaftlichen Interesse von langfristig guten Lehrkräften und hoher Unterrichtsqualität freizumachen.

Die empirische Wirksamkeit solcher Unterstützungssysteme ist allerdings schwierig zu belegen. Die Studie ALPHA konnte trotz eines mehrperspektivischen Designs für Deutschland, Österreich und die Schweiz keine Weiterentwicklung im ersten Berufsjahr feststellen (Baer et al., 2011; Kocher, Wyss, & Baer, 2013). Andere Studien belegen allerdings signifikante Zusammenhänge zwischen Mentorenprogrammen und erfolgreichen Berufseinstiegen (Ingersoll & Strong, 2011; Nasser-Abu Alhija & Fresko, 2010). Je höher die Qualität der Unterstützung eingeschätzt wurde, umso besser entwickelten sich die Lehrkräfte (Jensen, Sandoval-Hernandez, Knoll, & Gonzalez, 2012).

5. Zusammenfassung und Forschungsperspektiven

Internationale Vergleichsstudien haben in der Bildungsforschung eine lange Tradition. Ziel ist, den Zusammenhang von bildungspolitischen Entscheidungen, Lernvoraussetzungen, gebotenen Lerngelegenheiten und erworbenen Kompetenzen aufzuklären. Außerhalb des Wissenschaftsbereichs erzielten diese Vergleichsstudien bis in die späten 1980er Jahre allerdings selbst dann nur wenig Aufmerksamkeit, wenn sie auf Schülerleistungen gerichtet waren. International-vergleichende Studien zur Lehrerbildung fehlten lange Zeit ganz. Seitdem technologischer Fortschritt, Wohlstand und Lebensqualität weltweit aber immer stärker mit einem hohen Bildungsniveau verbunden werden, wird auch die Qualität der Lehrerbildung auf den Prüfstand gestellt.

Nach ersten narrativen Analysen zu ihrer Struktur wurden in den letzten zehn Jahren zunehmend auch individuell zuordenbare Daten erhoben. Erste fachbezogene Vergleichsstudien wurden zur Mathematiklehrerausbildung durchgeführt, zu der auch erstmals eine direkte Testung des erzielten Professionswissens im internationalen Vergleich erfolgte. Angesichts der methodischen Herausforderungen empirischer Forschung über unterschiedliche Kulturen hinweg – in der vergleichenden Bildungsforschung wird vereinfachend zwischen einer kollektivistisch geprägten östlichen und einer individualistisch geprägten westlichen Kultur unterschieden – war für die ersten internationalen Vergleiche typisch, dass sie auf das Verstehen länderspezifischer Unterschiede in den Lehrerkompetenzen sowie die Erprobung und Validierung von Erhebungsinstrumenten in unterschiedlichen Ländern konzentriert waren, um konzeptionelle und messmethodische Validität zu gewährleisten.

Mittlerweile liegen umfangreiche Ergebnisse vor. Diese deuten darauf hin, dass das professionelle Wissen angehender Lehrkräfte quantitativ und qualitativ von den in der Lehrerbildung gebotenen Lerngelegenheiten abhängt. Insofern kann als erstes Fazit festgehalten werden, dass der Lehrerbildung eine bedeutsame Funktion zukommt, was die Ausprägung professioneller Kompetenz angeht. Darüber hinaus stellen die Voraussetzungen, mit denen die angehenden Lehrkräfte in ihre Ausbildung einsteigen, ein wichtiges Merkmal dar, das am Ende erreichte Lernergebnisse voraussagt. Hier bietet sich also eine zweite Möglichkeit, bei hinreichender Bewerberlage auf das Kompetenzniveau einzuwirken. Und schließlich ist der Berufseinstieg eine Phase, in der Unterstützungsmaßnahmen im internationalen Vergleich positiv mit einer besseren Bewältigung der unterrichtlichen Anforderungen zusammenhängen. In allen Punkten sind allerdings kulturelle Unterschiede zu beachten, die eine einfache Übertragung von Modellen aus anderen Ländern nicht geboten erscheinen lassen.

So umfangreich der Erkenntnisstand ist, ist doch kritisch anzumerken, dass die empirische Erfassung der Lehrerkompetenz in den meisten Studien auf die berufliche Anforderung des Unterrichtens und Diagnostizierens begrenzt ist. Erziehen, Beraten und Schulentwicklung sowie ein professionelles Ethos sind aber wichtige weitere Anforderungen, wenn es auch schwierig sein dürfte, hierzu einen international validen Test zu entwickeln. Zudem sind die Instrumente überwiegend auf Papier-und-Bleistift-Tests begrenzt.

Für die weitere Forschung stellt sich eine Reihe von Aufgaben. In methodischer Hinsicht ist darauf hinzuweisen, dass es sich mit Ausnahme von TALIS und TEDS-M um Gelegenheitsstichproben sowie in fast allen Fällen um Querschnittsstudien handelt. Bevor weit reichende Konsequenzen für die Bildungspraxis gezogen werden, sind daher zunächst einmal Replikationen der Ergebnisse und echte Längsschnittstudien notwendig. Zudem zeigt sich die Notwendigkeit, international-vergleichende Lehrerbildungsstudien in den Beruf hinein fortzusetzen und die Ergebnisse damit zu validieren. Forschungsbedarf besteht zudem über die Mathematiklehrerausbildung hinaus für die weiteren schulischen Kernfächer.

In jedem Falle lässt sich aber festhalten, dass die Lehrerbildungsforschung auf einem guten Weg ist, ein empirisches Fundament zu schaffen, auf dem Diskussionen über die Wirksamkeit der Lehrerbildung im internationalen Vergleich geführt werden können.

Literatur

Adler, J. & Ball, D. (2009). Knowing and using mathematics in teaching. *For the Learning of Mathematics, 29*(3), 2-3.

Akiba, M. (2013). *Teacher reforms around the world.* Bingley: Emerald Books.

Alexander, R. (1999). *Culture and Pedagogy: International comparisons in primary education.* New York: Wiley.

Anderson, J. R. & Lebière, C. (1998). *The atomic components of thought.* Mahwah: Erlbaum.

Arbeitsgruppe Internationale Vergleichsstudie (2003). *Vertiefender Vergleich der Schulsysteme ausgewählter PISA-Teilnehmerstaaten: Kanada, England, Finnland, Frankreich, Niederlande, Schweden.* Bonn: BMBF.

Baer, M., Dörr, G., Fraefel, U., Kocher, M., Küster, O., Larcher, S., Müller, P., Sempert, W. & Wyss, C. (2007). Werden angehende Lehrpersonen durch das Studium kompetenter? *Unterrichtswissenschaft, 35*(1), 15-47.

Baer, M., Guldimann, T., Kocher, M., Larcher, S., Wyss, C., Dörr, G., Müller, P. & Smit, R. (2009). Auf dem Weg zu Expertise beim Unterrichten: Erwerb von Lehrkompetenz im Lehrerinnen- und Lehrerstudium. *Unterrichtswissenschaft, 37*(2), 118-144.

Baer, M., Kocher, M., Wyss, C., Guldimann, T., Larcher, S. & Dörr, G. (2011). Lehrerbildung und Praxiserfahrung im ersten Berufsjahr und ihre Wirkung auf die Unterrichtskompetenzen von Studierenden und jungen Lehrpersonen im Berufseinstieg. *Zeitschrift fur Erziehungswissenschaft, 14*(1), 85-117.

Baird, J., Johnson, S., Stobart, G., Yu, G., Isaacs, T. & Sprague, T. (2011). *Policy effects of PISA.* Available at http://oucea.education.ox.ac.uk.

Bateson, M. C. (1994). *Peripheral visions: Learning along the way.* New York: Harper Collins.

Benware, C. & Deci, E. L. (1984). Quality of learning with an active versus passive motivational set. *American Educational Research Journal, 21,* 755-765.

Biedermann, H., Brühwiler, Ch. & Krattenmacher, S. (2012). Lernangebote in der Lehrerausbildung und Überzeugenen zum Lehren und Lernen: Beziehungsanalysen bei angehenden Lehrpersonen. *Zeitschrift für Pädagogik, 58,* 460-475.

Blömeke, S. (2004). Empirische Befunde zur Wirksamkeit der Lehrerbildung. In S. Blömeke, P. Reinhold, G. Tulodziecki & J. Wildt (Hrsg.), *Handbuch Lehrerbildung* (S. 59-91). Bad Heilbrunn: Klinkhardt.

Blömeke, S. (2006). Struktur der Lehrerausbildung im internationalen Vergleich: Ergebnisse einer Untersuchung zu acht Ländern. *Zeitschrift für Pädagogik, 44*(1), 21-39.

Blömeke, S. (2012). Content, professional preparation and teaching methods: How diverse is teacher education across countries? *Comparative Education Review, 56,* 684-714.

Blömeke, S. (2014). Vorsicht bei Evaluationen und internationalen Vergleichen: Unterschiedliche Referenzrahmen bedrohen die Validität von Befragungen zur Lehrerausbildung. *Zeitschrift für Pädagogik, 60,* 109-131.

Blömeke, S. (2014). Framing the Enterprise: Benefits and Challenges of International Studies on Teacher Knowledge and Teacher Beliefs – Modeling Missing Links. In S. Blömeke, F.-J. Hsieh, G. Kaiser & W. Schmidt (Eds.), *International Perspectives on Teacher Knowledge, Beliefs and Opportunities to Learn: TEDS-M Results.* Amsterdam: Springer.

Blömeke, S. & Kaiser, G. (2010). Mathematics Teacher Education and Gender Effects. In H. Forgasz, K.-H. Lee, J. Rossi Becker & O. Bjorg Steinsthorsdottir (Eds.), *International Perspectives on Gender and Mathematics Education* (pp. 263-283). Charlotte: Information Age Publishing.

Blömeke, S. & Kaiser, G. (2012). Homogeneity or heterogeneity? Profiles of opportunities to learn in primary teacher education and their relationship to cultural context and outcomes. *ZDM – The International Journal on Mathematics Education, 44*(3), 249-264.

Blömeke, S. & Kaiser, G. (in print). Effects of motivation on the belief systems of future mathematics teachers from a comparative perspective. In B. Pepin & B. Rösken-Winter (Eds.), *From beliefs to dynamic affect systems in mathematics education. Exploring a mosaic – of relationships and interactions*. Springer.

Blömeke, S. & Paine, L. (2008). Getting the fish out of the water: Considering benefits and problems of doing research on teacher education at an international level. *Teaching and Teacher Education 24*, 2027-2037.

Blömeke, S. & Paine, L. (2009). Berufseinstiegs-Programme für Lehrkräfte im internationalen Vergleich. *Journal für Lehrerinnen- und Lehrerbildung*, 3/2009, 18-25.

Blömeke, S., Houang, R. & Suhl, U. (2011). TEDS-M: Diagnosing teacher knowledge by applying multidimensional item response theory and multi-group models. *IERI Monograph Series: Issues and Methodologies in Large-Scale Assessments, 4*, 109-126.

Blömeke, S., Kaiser, G. & Lehmann, R. (Hrsg.) (2008). *Professionelle Kompetenz angehender Lehrerinnen und Lehrer. Wissen, Überzeugungen und Lerngelegenheiten deutscher Mathematikstudierender und -referendare – Erste Ergebnisse zur Wirksamkeit der Lehrerausbildung*. Münster: Waxmann.

Blömeke, S., Kaiser, G. & Lehmann, R. (Hrsg.) (2010a). *TEDS-M 2008 – Professionelle Kompetenz und Lerngelegenheiten angehender Primarstufenlehrkräfte im internationalen Vergleich*. Münster: Waxmann.

Blömeke, S., Kaiser, G. & Lehmann, R. (Hrsg.) (2010b). *TEDS-M 2008 – Professionelle Kompetenz und Lerngelegenheiten angehender Sekundarstufenlehrkräfte im internationalen Vergleich*. Münster: Waxmann.

Blömeke, S., Suhl, U. & Döhrmann, M. (2012). Zusammenfügen was zusammengehört. Kompetenzprofile am Ende der Lehrerausbildung im internationalen Vergleich. *Zeitschrift für Pädagogik, 58*(4), 422-440.

Blömeke, S., Suhl, U. & Kaiser, G. (2011). Teacher education effectiveness: Quality and equity of future primary teachers' mathematics and mathematics pedagogical content knowledge. *Journal of Teacher Education, 62*, 154-171.

Blömeke, S., Paine, L., Houang, R. T., Hsieh, F.-J., Schmidt, W. H., Tatto, M. T., Bankov, K., Cedillo, T., Cogan, L., Han, Sh. I., Santillan, M. & Schwille, J. (2008). Future teachers' competence to plan a lesson: First results of a six-country study on the efficiency of teacher education. *ZDM – The International Journal on Mathematics Education, 40*(5), 749-762.

Britton, E., Paine, L., Pimm, D. & Raizen, S. (2003). *Comprehensive teacher induction: Systems for early career learning*. Dordrecht: Kluwer Academic Publishing.

Brookhart, S. M. & Freeman, D. J. (1992). Characteristics of entering teacher candidates. *Review of Educational Research, 62*, 37-60.

Brouwer, N. (2010). Determining long term effects of teacher education. In P. Peterson, E. Baker & B. McGaw (Eds.), *International encyclopedia of education* (Vol. 7, pp. 503-510). Oxford: Elsevier.

Brouwer, N. & ten Brinke, S. (1995). Der Einfluss integrativer Lehrerausbildung auf die Unterrichtskompetenz (II). *Empirische Pädagogik, 9*, 289-330.

Burghes, D. (2008). *International comparative study in mathematics teacher training*. Reading: CfBT.

Cochran-Smith, M. & Zeichner, K. (Eds.) (2005). *Studying teacher education: The report of the AERA panel on research and teacher education* (pp. 645-736). Mahwah, NJ: Lawrence Erlbaum.

Cole, Y. (2012). Assessing elemental validity: The transfer and use of mathematical knowledge for teaching measures in Ghana. *ZDM – The International Journal on Mathematics Education, 44*, 415-426.

Correa, Ch. A., Perry, M., Sims, L. M., Miller, L. M. & Fang, G. (2008). Connected and culturally embedded beliefs: Chinese and US teachers talk about how their students best learn mathematics. *Teaching and Teacher Education, 24*(1), 140-153.

Creemers, B. P. M. & Kyriakides, L. (2008). *The dynamics of educational effectiveness: A contribution to policy, practice and theory in contemporary schools*. London: Routledge.

Czerwenka, K. & Nölle, K. (2000). Probleme des Erwerbs professioneller Kompetenz im Kontext universitärer Lehrerausbildung. In O. Jaumann-Graumann & W. Köhnlein (Hrsg.), *Lehrerprofessionalität – Lehrerprofessionalisierung* (S. 67-77). Bad Heilbrunn: Klinkhardt.

de Jong, M. G., Steenkamp, J.-B. & Fox, J.-P. (2007). Relaxing measurement invariance in crossnational consumer research using a hierarchical IRT model. *Journal of Consumer Research, 34*, 260-278.

Delaney, S., Ball, D. L., Hill, H. C., Schilling, S. G. & Zopf, D. (2008). Mathematical knowledge for teaching: Adapting U.S. measures for use in Ireland. *Journal of Mathematics Teacher Education, 11*(3), 171-197.

Depaepe, F., Verschaffel, L. & Kelchtermans, G. (2013). Pedagogical content knowledge: A systematic review of the way in which the concept has pervaded mathematics educational research. *Teaching and Teacher Education, 34,* 12-25.

Döhrmann, M., Kaiser, G., & Blömeke, S. (2014). The conceptualisation of mathematics content knowledge and mathematics pedagogical content knowledge in the international teacher education study TEDS-M. In S. Blömeke, F.-J. Hsieh, G. Kaiser, & W. H. Schmidt (Eds.), *International perspectives on teacher knowledge, beliefs and opportunities to learn: TEDS-M results.* Dordrecht: Springer.

Eurydice (2002a). *Der Lehrerberuf in Europa: Profil, Tendenzen und Anliegen. Bericht I: Lehrerausbildung und Maßnahmen für den Übergang in das Berufsleben, Allgemein bildender Sekundarbereich I.* Brüssel: Eurydice.

Eurydice (2002b). *Der Lehrerberuf in Europa: Profil, Tendenzen und Anliegen. Bericht II: Angebot und Nachfrage, Allgemein bildender Sekundarbereich I.* Brüssel: Eurydice.

Eurydice (2003). *Der Lehrerberuf in Europa: Profil, Tendenzen und Anliegen. Bericht III: Beschäftigungsbedingungen und Gehälter, Allgemein bildender Sekundarbereich I.* Brüssel: Eurydice.

Eurydice (2004). *Der Lehrerberuf in Europa: Profil, Tendenzen und Anliegen. Bericht IV: Die Attraktivität des Lehrerberufs im 21. Jahrhundert, Allgemein bildender Sekundarbereich I.* Brüssel: Eurydice.

Felbrich, A., Kaiser, G., & Schmotz, C. (2012). The cultural dimension of beliefs: an investigation of future primary teachers' epistemological beliefs concerning the nature of mathematics in 15 countries. *ZDM – The International Journal on Mathematics Education, 44,* 355-366.

Figazzolo, L. (2009). *Impact of PISA 2006 on the education policy debate.* Brüssel: Education International.

Fischer, R. (2004). Standardization to account for cross-cultural response bias: a classification of score adjustment procedures and review of research in JCCP. *Journal of Cross-Cultural Psychology, 35*(3), 263-282.

Frey, A. (2004). Die Kompetenzstruktur von Studierenden des Lehrerberufs: Eine internationale Studie. *Zeitschrift für Pädagogik, 50*(6), 903-925.

Frey, A. (2008). *Kompetenzstrukturen von Studierenden in der ersten und zweiten Phase der Lehrerbildung: Eine nationale und internationale Standortbestimmung.* Landau: Empirische Pädagogik.

Friedman, Th. L. (2005). *The world is flat: A Brief History of the Twenty-First Century.* New York: Farrar, Straus and Giroux.

Ginsburg, M. (Ed.) (2012). *Preparation, Practice, and Politics of Teachers: Problems and Prospects in Comparative Perspective.* Rotterdam: Sense Publishers.

Grolnick, W. S. & Ryan, R. M. (1987). Autonomy in children's learning: An experimental and individual difference investigation. *Journal of Personality and Social Psychology, 52,* 890-898.

Hambleton, R. K. (2002). Adapting achievement tests into multiple languages for international assessment. In A. C. Porter & A. Gamoran (Eds.), *Methodological advances in cross-national surveys of educational achievement* (pp. 58-79). Washington, DC: National Academy Press.

Hart, L. C. (2004). Beliefs and perspectives of first-year, alternative preparation, elementary teachers in urban classrooms. *School Science & Mathematics, 104(2),* 79-88.

Harzing, A.-W. (2006). Response Styles in Cross-national Survey Research: A 26-country Study. *International Journal of Cross Cultural Management,* 6(2), 243-266.

Hattie, J. (2008). *Visible Learning.* London: Routledge.

Hilker, F. (1962). *Vergleichende Pädagogik: Eine Einführung in ihre Geschichte, Theorie und Praxis.* München: Hueber.

Hill, H. C., Schilling, S. G. & Ball, D. L. (2004). Developing measures of teachers' knowledge for teaching. *The Elementary School Journal, 105(1),* 11-30.

Hofstede, G. (2001). *Culture's Consequences – Comparing Values, Behaviors, Institutions and Organizations across Nations.* London: Thousand Oaks.

House, R. J., Hanges, P. J., Javidan, M., Dorfman, P. W. & Gupta, V. (Eds.) (2004). *Culture, Leadership, and Organizations.* Thousand Oaks: Sage.

Hsieh, F.-J., Chu, Ch.-T., Hsieh, Ch.-J. & Lin, P.-J. (2014). In-depth Analyses of Different Countries' Responses to MCK Items: A View on the Differences Within and Between East and West. In S. Blömeke, F.-J. Hsieh, G. Kaiser & W. Schmidt (Eds.), *International Perspectives on Teacher Knowledge, Beliefs and Opportunities to Learn: TEDS-M Results.* Amsterdam: Springer.

Hsieh, F.-J., Lin, P.-J. & Wang, T.-Y. (2012). Mathematics-related teaching competence of Taiwanese primary future teachers: Evidence from TEDS-M. *ZDM – The International Journal on Mathematics Education, 44*(3), 277-292.

Hsieh, F.-J., Lin, P.-J. & Wang, T.-Y. (2014). Why Did Taiwan Excel: Hot Topics and Pressing Issues. In S. Blömeke, F.-J. Hsieh, G. Kaiser & W. Schmidt (Eds.), *International Perspectives on Teacher Knowledge, Beliefs and Opportunities to Learn: TEDS-M Results.* Amsterdam: Springer.

Hsieh, F.-J., Wong, K.-Y. & Wang, T.-Y. (2013). Are Taiwanese and Singaporean future teachers similar in their mathematics-related teaching competences? *International Journal of Science and Mathematics Education.* http://link.springer.com/article/10.1007/s10763-013-9418-8.

Huang, R. (2012). Prospective mathematics teachers' knowledge for teaching algebra in China and the U.S. Diss. Texas A&M University.

Hudson, B. & Meyer, M. A. (Eds.) (2011). *Beyond fragmentation: Didactics, learning and teaching in Europe.* Opladen: Barbara Budrich Publishers.

Ingersoll, R. M. & Strong, M. (2011). The impact of induction and mentoring programs for beginning teachers. *Review of Educational Research, 81*(2), 201-233.

Ingersoll, R., Boonyananta, S., Fujita, H., Gang, D., Kim, E. G., Lai, K. C., Maynard, R., Siribanpitak, P., Tan, S. & Wong, A. F. L. (2007). *A comparative study of teacher preparation and qualifications in six nations.* Philadelphia: Consortium for Policy Research in Education.

Jensen, B., Sandoval-Hernandez, A., Knoll, S. & Gonzalez, E. (2012). *The experience of new teachers: Results from TALIS 2008.* Paris: OECD Publishing.

Joint Committee on Standards for Educational Evaluation (1994). *The program evaluation standards: How to assess evaluations of educational programs.* Newbury Park, CA: Sage.

Kaiser, G. (2002). Educational philosophies and their influences on mathematics education – an ethnographic study in English and German classrooms. *Zentralblatt für Didaktik der Mathematik, 34*(6), 241-256.

Kaiser, G. & Blömeke, S. (2014). Learning from the Eastern and the Western Debate – The Case of Mathematics Teacher Education. In S. Blömeke, F.-J. Hsieh, G. Kaiser & W. Schmidt (Eds.), *International Perspectives on Teacher Knowledge, Beliefs and Opportunities to Learn: TEDS-M Results.* Amsterdam: Springer.

Kaiser, G. & Vollstedt, M. (2007). Teachers' views on effective mathematics teaching: commentaries from a European perspective. *ZDM – The International Journal on Mathematics Education, 39*(4), 341-348.

Kane, R., Sandretto, S. & Heath, C. (2002). Telling Half the Story: A Critical Review of Research on the Teaching Beliefs and Practices of University Academics. *Review of Educational Research, 72*(2). 177-228.

Keller-Schneider, M. (2011). Die Bedeutung von Berufswahlmotiven von Lehrpersonen in der Bewältigung beruflicher Anforderungen in der Berufseingangsphase. *Lehrerbildung auf dem Prüfstand, 4,* 157-185.

Klieme, E. (2012). Internationales large scale assessment in der Lehrerbildung: Anmerkungen zu einem neuen Paradigma der vergleichenden Bildungsforschung. *Zeitschrift für Pädagogik, 58*(4), 492-499.

Klieme, E. & Vieluf, S. (2009). Teaching practices, teachers' beliefs and attitudes. In OECD (Ed.), *Creating Effective Teaching and Learning Environments: First Results from TALIS* (pp. 87-135). Paris: OECD.

KMK = Sekretariat der Ständigen Konferenz der Kultusminister der Länder in der Bundesrepublik Deutschland (2004). *Standards für die Lehrerbildung: Bildungswissenschaften. Beschluss der Kultusministerkonferenz v. 16.10.2004.* URL: http://www.kmk. org/doc/beschl/standards_lehrerbildung.pdf (Download vom 17.11.2008).

Knodel, Ph., Martens, K. & Niemann, D. (2013). PISA as an ideational roadmap for policy change: exploring Germany and England in a comparative perspective. *Globalisation, Societies and Education, 11,* 421-441.

Kocher, M., Wyss, C. & Baer, M. (2013). Unterrichten im Berufseinstieg – Wirkung der Praxiserfahrung und Vergleich mit erfahrenen Lehrpersonen. *Unterrichtswissenschaft, 41*(2), 125-151.

König, J. & Blömeke, S. (2009). Pädagogisches Wissen von angehenden Lehrkräften. Erfassung und Struktur von Ergebnissen der fachübergreifenden Lehrerausbildung. *Zeitschrift für Erziehungswissenschaft, 12*(3), 499-527.

König, J. & Blömeke, S. (2012). Future teachers' general pedagogical knowledge from a comparative perspective: Does school experience matter? *ZDM – The International Journal on Mathematics Education, 44*(3), 341-354.

König, J. & Rothland, M. (2012). Motivations for choosing teaching as a career: Effects on general pedagogical knowledge during initial teacher education. *Asia-Pacific Journal of Teacher Education, 40,* 289-315.

König, J., Kaiser, G. & Felbrich, A (2012). Spiegelt sich pädagogisches Wissen in den Kompetenzselbsteinschätzungen angehender Lehrkräfte? Zum Zusammenhang von Wissen und Überzeugungen am Ende der Lehrerausbildung. *Zeitschrift für Pädagogik, 58,* 476-491.

König, J., Blömeke, S., Paine, L., Schmidt, W. H. & Hsieh, F.-J. (2011). General pedagogical knowledge of future middle school teachers: on the complex ecology of teacher education in the United States, Germany, and Taiwan. *Journal of Teacher Education, 62(2),* 188-201.

Kristjánsdóttir, A. (2008). Developing of teachers' professional knowledge of mathematics. Historical, present and future perspectives. Paper presented at ICME-11, Topic Study Group 27 in Mexico.

Kubinger, K D. (2003). (Un-)Verfälschbarkeit. In K. D. Kubinger & R. S. Jäger (Hrsg.), *Schlüsselbegriffe der Psychologischen Diagnostik* (S. 429-432). Weinheim, Basel: Beltz/PVU.

Larcher, S. & Oelkers, J. (2004). Deutsche Lehrerbildung im internationalen Vergleich. In S. Blömeke, P. Reinhold, G. Tulodziecki & J. Wildt (Hrsg.), *Handbuch Lehrerausbildung* (S. 128-150*).* Bad Heilbrunn: Klinkhardt.

Laschke, Ch. (2013). Effects of future mathematics teachers' affective, cognitive and socio-demographic characteristics on their knowledge at the end of the teacher education in Germany and Taiwan. *International Journal of Science and Mathematics Education, 11*(4).

LeTendre, G. K. (1999). The problem of Japan: Qualitative studies and international educational comparisons. *Educational Researcher, 28*(2), 38-45.

LeTendre, G K. (2013). Foreword. In M. Akiba (Ed.), *Teacher Reforms Around the World: Implementations and Outcomes* (International Perspectives on Education and Society, Volume 19, pp. xi-xvi), Emerald Group Publishing Limited.

Leung, F. K. S., Graf, K.-D. & Lopez-Real, F. J. (Eds.) (2006), *Mathematics Education in Different Cultural Traditions – A Comparative Study of the East Asia and the West: The 13th ICMI Study.* New York: Springer.

Li, Y. (2014). Learning About and Improving Teacher Preparation for Teaching Mathematics from an International Perspective. In S. Blömeke, F.-J. Hsieh, G. Kaiser & W. Schmidt (Hrsg.), *International Perspectives on Teacher Knowledge, Beliefs and Opportunities to Learn: TEDS-M Results.* Amsterdam: Springer.

Mayr, J. (2009). LehrerIn werden in Österreich: Empirische Befunde zum Lehramtsstudium. *Erziehung und Unterricht, 159,* 14-33.

Mullis, I. V. S., Martin, M. O. & Foy, P. (2008). *TIMSS 2007 International Mathematics Report. Findings from IEA's Trends in International Mathematics and Science Study at the Fourth and Eighth Grades.* Chestnut Hill, MA: TIMSS & PIRLS International Study Center, Boston College.

Nasser-Abu Alhija, F. & Fresko, B. (2010). Socialization of new teachers: Does induction matter? *Teaching and Teacher Education, 26*(8), 1592-1597.

National Center for Education Statistics (2003). *The condition of education* (= NCES 2003-067). Washington D.C.: U.S. Department of Education. Institute of Education Sciences.

National Research Council (2003). *Understanding others, educating ourselves: Getting more from international comparative studies in education.* Washington, D.C.: National Academies Press.

Ng, D. (2012). Using the MKT measures to reveal Indonesian teachers' mathematical knowledge: challenges and potentials. *ZDM – The International Journal on Mathematics Education, 44,* 401-413.

Niss, M. (2002). *Mathematical competencies and the learning of mathematics: The Danish KOM project.* IMFUFA, Denmark: Roskilde University.

OECD (2005). *Teachers matter: Attracting, developing and retaining effective teachers.* Paris: OECD.

OECD (2008). *Education* at a *Glance 2008: OECD Indicators.* Paris: OECD.

OECD (2009). *Creating Effective Teaching and Learning Environments: First Results from TALIS.* Paris: OECD.

Oser, F. & Blömeke, S. (2012). Überzeugungen von Lehrpersonen: Einführungen in den Thementeil. *Zeitschrift für Pädagogik, 58*(4), 415-421.

Oser, F. & Oelkers, J. (Hrsg.) (2001). *Die Wirksamkeit der Lehrerbildungssysteme.* Chur: Ruegger.

Paine, L, Blömeke, S. & Aydarova, O. (in print). Teachers and teaching in the context of globalization. D. H. Gitomer & C. A. Bell (Hrsg.), *Handbook of Research on Teaching* (5th ed.). Washington, D.C.: American Educational Research Association.

Passos, A. F. J. (2009). A comparative analysis of teacher competence and its effect on pupil performance in upper primary schools in Mozambique and other SACMEQ countries. Diss.: University of Pretoria.

Pepin, B. (1999). Epistemologies, beliefs and conceptions of mathematics teaching and learning: The theory, and what is manifested in mathematics teachers' work in England, France and Germany. In B. Hudson, F. Buchberger, P. Kansanen, & H. Seel (Eds.), *TNTEE Publications: Vol. 2. Didaktik/Fachdidaktik as science(s) of the teaching profession* (pp. 127-146). Umea: TNTEE.

Postlethwaite, T. N. (Hrsg.) (1988). *The encyclopedia of comparative education and national systems of education.* Oxford: Pergamon.

Reusser, K., Pauli, C. & Eimer, A. (2011). Berufsbezogene Überzeugungen von Lehrerinnen und Lehrern. In E. Terhart, H. Bennewitz & M. Rothland (Hrsg.), *Handbuch der Forschung zum Lehrerberuf* (S. 478-479). Münster: Waxmann.

Sadler, M. (1900/1964). How far can we learn anything of practical value from the study of foreign systems of education? *Comparative Education Review, 7,* 307-314.

Schiefele, U. & Urhahne, D. (2000). Motivationale und volitionale Bedingungen der Studienleistung. In U. Schiefele & K.-P. Wild (Hrsg.), *Interesse und Lernmotivation: Untersuchungen zur Entwicklung, Förderung und Wirkung* (S. 183-205). Münster: Waxmann.

Schmidt, W. H., Blömeke, S., & Tatto, M. T. (2011). *Teacher Education Matters: A Study of The Mathematics Teacher Preparation from Six Countries.* New York: Teacher College Press.

Schmidt, W. H., Tatto, M. T., Bankov, K., Blömeke, S., Cedillo, T., Cogan, L., Han, S.-I., Houang, R., Hsieh, F.-J., Paine, L., Santillan, M. N. & Schwille, J. (2007). *The Preparation Gap. Teacher Education for Middle School Mathematics in Six Countries – Mathematics Teaching in the 21st Century (MT21).* East Lansing, MI: MSU.

Schmidt, W. H., Cogan, L. & Houang, R. (2014). Emphasis and balance among the components of teacher preparation: The case of lower-secondary mathematics teacher education. In S. Blömeke, F.-J. Hsieh, G. Kaiser, & W. H. Schmidt (Eds.), *International perspectives on teacher knowledge, beliefs and opportunities to learn: TEDS-M results.* Dordrecht: Springer.

Schmidt, W. H., Houang, R. T. & Cogan, L. S. (2013). Preparing Future Math Teachers. *Science, 332*(6035), 1266-1267.

Schwille, J. & Dembélé, M. (2007). *Global perspectives on teacher learning: Improving policy and practice.* Paris: UNESCO, International Institute for Educational Planning.

Senk, S. L., Tatto, M. T., Reckase, M., Rowley, G., Peck, R. & Bankov, K. (2014). Knowledge of future primary teachers for teaching mathematics: an international comparative study. In S. Blömeke, F.-J. Hsieh, G. Kaiser, & W. Schmidt (Eds.), *International Perspectives on Teacher Knowledge, Beliefs and Opportunities to Learn: TEDS-M results.* Dordrecht: Springer.

Shen, C., & Tam, H. P. (2008). The paradoxical relationship between student achievement and self-perception: A cross-national analysis based on three waves of TIMSS data. *Educational Research and Evaluation, 14(*1), 87-100.

Shulman, L. S. (1986). Those who understand: Knowledge growth in teaching. *Educational Researcher 15,* 4-14.

Simmons, P. (1995). Gender, ethnic and socio-ethnic differences in attainment and progress: A longitudinal analysis of student achievement over 9 years. *British Educational Research Journal, 21,* 465-483.

Singh, K., Granville, M. & Dika, S. (2002). Mathematics and science achievement: Effects of motivation, interest and academic engagement. *Journal of Educational Research, 95,* 323-332.

Takahashi, K., Ohara, N., Antonucci, T. C., & Akiyama, H. (2002). Commonalities and differences in close relationships among the Americans and Japanese: A comparison by the individualism/collectivism concept. *International Journal of Behavioral Development, 26,* 453-465.

Tang, S.-J. & Hsieh, F.-J. (2014). The Cultural Notion of Teacher Education: Future Lower Secondary Teachers' Beliefs on the Nature of Mathematics, the Learning of Mathematics and Mathematics Achievement. In S. Blömeke, F.-J. Hsieh, G. Kaiser, & W. Schmidt (Hrsg.), *International Perspectives on Teacher Knowledge, Beliefs and Opportunities to Learn: TEDS-M Results.* Amsterdam: Springer.

Tatto, M. T., Schwille, J., Senk, S., Ingvarson, L., Peck, R. & Rowley, G. (2008). *Teacher Education and Development Study in Mathematics (TEDS-M): Policy, Practice, and Readiness to Teach Primary and Secondary Mathematics. Conceptual framework.* East Lansing: Teacher Education and Development International Study Center, College of Education, Michigan State University.

Tatto, M. T., Schwille, J., Senk, S. L., Ingvarson, L., Rowley, G., Peck, R., et al. (2012). *Policy, practice, and readiness to teach primary and secondary mathematics in 17 countries: Findings from the IEA Teacher Education and Development Study in Mathematics (TEDS-M).* Amsterdam: IEA.

Triandis, H. C. (1995). *Individualism and collectivism.* San Francisco, CA: Westview Press.

United Nations (2008): *Human Development Index.* URL: http://hdr.undp.org/en/statistics/ (18.6.2009).

UNESCO (2006). *Teachers and Educational Quality: Monitoring Global Needs for 2015.* Montréal: UNESCO Institute for Statistics.

van de Vijver, F. J. R. & Leung, K. (Eds.) (1997). *Methods and data analysis for cross-cultural research.* Thousand Oaks: Sage.

Vandenberg, R. J. & Lance, Ch. E. (2000). A review and synthesis of the measurement invariance literature: Suggestions, practices, and recommendations for organizational research. *Organizational Research Methods, 3,* 4-70.

Wang, T.-Y. & Hsieh, F.-J. (2014). The Cultural Notion of Teacher Education: Comparison of Lower-Secondary Future Teachers' and Teacher Educators' Beliefs. In S. Blömeke, F.-J. Hsieh, G. Kaiser, & W. Schmidt (Eds.), *International Perspectives on Teacher Knowledge, Beliefs and Opportunities to Learn: TEDS-M Results.* Amsterdam: Springer.

Wang, T.-Y. & Tang, S.-J. (2014). Profiles of Opportunities to Learn for TEDS-M Future Secondary Mathematics. In S. Blömeke, F.-J. Hsieh, G. Kaiser, & W. Schmidt (Eds.), *International Perspectives on Teacher Knowledge, Beliefs and Opportunities to Learn: TEDS-M Results.* Amsterdam: Springer.

Wang, A. H., Coleman, A. B., Coley, R. J. & Phelps, R. P. (2003). *Preparing teachers around the world.* Princeton, NJ: Educational Testing Service.

Watt, H. M. G. & Richardson, P. W. (2007). Motivational factors influencing teaching as a career choice: Development and validation of the FIT-Choice Scale. *Journal of Experimental Education, 75,* 167-202.

Watt, H. M. G., Richardson, P. W., Klusmann, U., Kunter, M., Beyer, B., Trautwein, U. & Baumert, J. (2012). Motivations for choosing teaching as a career: An international comparison using the FIT-Choice scale. *Teaching and Teacher Education, 28,* 791-805.

Watt, H. M. G., Richardson, P. W. & Tysvaer, N. M. (2007). Profiles of beginning teachers' professional engagement and career development aspirations. In A. Berry, A. Clemans & A. Kostogriz (Eds.), *Dimensions of professional learning: Professionalism, practice and identity* (pp. 155-176). Rotterdam: Sense Publishers.

Weinert, F. E. (1999). *Konzepte der Kompetenz. Gutachten zum OECD-Projekt „Definition and Selection of Competencies: Theoretical and Conceptual Foundations (DeSeCo)".* Neuchatel, Schweiz: Bundesamt für Statistik.

Kurt Czerwenka & Karin Nölle

Forschung zur ersten Phase der Lehrerbildung

1. Ansätze und Ergebnisse der Lehrerbildungsforschung

1.1 Ziele und Ansätze der Forschung

Die Grundlage für die Entwicklung von Lehrerprofessionalität bildet die erste universitäre Phase der Lehrerbildung. Diese aber wurde und wird heftig kritisiert. Die Argumente sind zahlreich: Die spätere Berufstätigkeit der Studierenden steht nur bedingt im Mittelpunkt des Studiums. Stattdessen sei das Studium oft durch Zusammenhanglosigkeit, Beliebigkeit und Praxisferne gekennzeichnet. Es gibt keine klar geregelte, übergreifende Verantwortung für die Ausbildung insgesamt. Die Entwicklung berufsfeldbezogener Standards hat gerade erst begonnen und verläuft in den Bundesländern unterschiedlich. Aufgrund fehlender präziser Zielsetzungen ist insofern bisher kaum zu sagen, ob die Ziele der Ausbildung erreicht werden. In keinem anderen Land gibt es die Trennung in zwei Ausbildungsphasen, die wenig oder nichts miteinander zu tun haben. Die Segmente der Ausbildung, auch getrennt nach Fachwissenschaften, Fachdidaktik und erziehungswissenschaftlichen Studien sind weitgehend unkoordiniert. Amerikanische Erfahrungen verweisen darauf, dass neue Steuerungselemente für die Entwicklung der Lehrerbildung unerlässlich sind (Darling-Hammond, 2000). Die neuen Instrumente der Veränderung von Lehrerbildung sind international sehr ähnlich. Dazu zählen die Zielsteuerung, die Entwicklung von eigenen Standards sowie regelmäßige interne und externe Evaluationen. Hinzu kommt die stärkere Beteiligung der Abnehmer und Absolventen. Systeme der Qualitätssicherung fehlen fast vollständig (vgl. Oelkers & Reusser, 2008).

Bringt man die Ziele, die durch eine Professionalisierung der Lehrkräfte erreicht werden sollen, auf einen Nenner, so könnte man diese folgendermaßen benennen: „Schülerinnen und Schüler dort abholen, wo sie stehen und sie zu optimalen Leistungen führen, durch theoretisch reflektierende Lehrkräfte, die professionell ausgebildet wurden in Institutionen, die die Theorie und Praxis verbinden und sich, ebenso wie die Schüler, einer kontinuierlichen Evaluation stellen." Diese Zielprojektion klingt zunächst ganz einfach, enthält aber eine Reihe von Implikationen.

Da ist zunächst die Vorgabe, dass alle Lehrerprofessionalität letztlich der Leistungssteigerung und Weiterentwicklung der Schülerschaft zu dienen habe. Eine Vielzahl amerikanischer Untersuchungen hat – zumal nach PISA – einen starken Impuls auf deutsche Forschungsanstrengungen ausgelöst, die v.a. im Zuge einer Verbesserung der Lehrerbildung gefordert wurden (Terhart, 2002). Dabei wurde einerseits deutlich, wie wichtig in diesem Feld empirische Untersuchungen sind, andererseits aber ebenso klar, dass empirische Ergebnisse der Forschung zum Lehrerberuf und zur Lehrerbildung immer auch einen kulturspezifischen Faktor beinhalten. So sind Differenzen in der Qualifikation von Lehrkräften in den USA weitaus größer als in Deutschland, da viele Lehrkräfte ohne vorab nachgewiesene Kompetenz unterrichten dürfen. Dies erklärt die nachdrücklichen Forderungen der Verbände und Verantwortlichen für das Erziehungs- und Bildungssystem nach Zertifizierung der Lehrerinnen und Lehrer (National Board for Professional Teaching Standards, NBPTS).

In Deutschland wird vornehmlich versucht, über eine Verbesserung der Lehrerbildung zu mehr Lehrerprofessionalität zu kommen. Die Absicherung dieser Verbesserung wird in genauen empirischen Analysen gesucht. Aber auch die Bedingungen dieser Qualitätsverbesserung werden untersucht, etwa im Vergleich von Bildungssystemen durch die OECD (2005). Ausgangspunkt dieser Anstrengungen waren vornehmlich die nicht zufriedenstellenden Ergebnisse der internationalen Schülervergleichsstudien (PISA, TIMSS, IGLU). Eine Normierung und stärkere Outputorientierung im Sinne von Messbarkeit und Vergleichbarkeit wurde durch Lehrerstandards zu erreichen versucht (Oelkers, 2003; Oser, 2003; Terhart, 2002). Ziel dieser Ausdifferenzierung und Kategorisierung des Lehrerhandelns in Kompetenzmerkmale war eine differenziertere Betrachtung der Lehrerqualifikationen, aber auch eine Verbindung des Handelns mit einem Theoriehintergrund, eine Einordnung in vergleichbare empirische Untersuchungen, eine Orientierung an Ausführbarkeit, d.h. Praxis, und das Bestreben, für diese Standards Qualitätsstufen zu entwickeln, die es ermöglichen, unterschiedliche Grade der Erfüllung von Standards erkennbar zu machen.

Mehrebenenanalytisch angelegte Untersuchungen zielen darauf ab, sich unter dem Motto „Auf den Lehrer kommt es an“ (Lipowsky, 2006) zu formieren. So hat die AERA (American Educational Reasearch Association) für 2007 das Motto „The World of Educational Quality“ ausgegeben, womit gemeint ist, eine hohe Qualität der Bildung von Schülern, der Qualität des Unterrichts und der Qualität der Lehrerarbeit anzustreben. Auch die vieldiskutierten Analyseergebnisse Hatties (2009) untermauern die Bedeutsamkeit der Lehrperson, d. h. der Qualität ihres professionellen Handelns. Eine Studie von Levine (2006) kritisiert die Ausbildung von amerikanischen Lehrkräften als zu wenig praxisorientiert, zu kurz, zu wenig qualitätsorientiert und strebt exzellente Ausbildungen an Universitäten mit Promotionsrecht an. Auch das U.S. Department of Education fordert Langzeitstudien zum Zusammenhang von Lehrerperformanz und Schülerleistungen. Bisherige querschnittliche Untersuchungen erklären Schülerleistungen eher mit individuellen Schülermerkmalen und erst an zweiter Stelle kommen Merkmale der Klasse und des einzelnen Lehrers (Campbell, Kyriakides, Muijs & Robinson, 2004). Aber besonders schwächere Schüler scheinen von einem guten Lehrer und einem guten Unterricht zu profitieren (Goldhaber & Anthony, 2004). Offensichtlich können gute Lehrkräfte ungleiche Bildungschancen verringern. Dabei werden die besten Lernergebnisse durch instruktionsorientierten Unterricht erzielt (Kirschner, Sweller & Clark, 2006).

1.2. Forschungserträge

1.2.1 Wissenserwerb im Lehrerstudium

Bei der Frage, welche Faktoren zu einem wirksamen Lehrerhandeln im Unterricht führen, wird heute nach einem weitgehenden Konsens in der Fachliteratur zwischen dem fachlichen, dem fachdidaktischen sowie dem pädagogischen Wissen unterschieden. Daneben spielen auch die Berufserfahrung, die theoriebezogenen Überzeugungen und die selbstbezogenen Kognitionen in den Wirkungszusammenhang von Lehrerhandeln und Schülerlernen hinein (vgl. Lipowsky, 2006, S. 49).

Die meisten Untersuchungen kommen aus dem amerikanischen Sprachraum; die deutschen Forschungsanstrengungen konturieren sich allmählich. Bei den Ergebnissen zur Bedeutung des fachlichen Wissens gibt es unterschiedliche Befunde. Theoretisch wird eher eine positive Wirkung auf Schülerleistungen erwartet. Wenn Lehrer einen höheren Studienabschluss in Mathematik erworben haben, erzielen Schüler an High-Schools wohl auch bessere Lernergebnisse. Unterqualifizierte Lehrer mit einer schlechteren Ausbildung erzielten in Mathematik, Lesen und Sprache einen geringeren Leistungszuwachs bei Schülern als zertifizierte Lehrer (Laczko-Kerr & Berliner, 2002). Lehrer mit gezieltem Vorbereitungsprogramm waren erfolgreicher (Darling-

Hammond, Holtzmann, Gatlin, & Heilig, 2005). Verschiedene Studien haben im Blick auf Mathematik und Naturwissenschaften gezeigt, dass ein enger Zusammenhang zwischen der Ausbildung in den Fachdisziplinen und dem Lernzuwachs der Schülerinnen und Schüler besteht (Goldhaber & Brewer, 2000). Auch Ergebnisse des Projektes COACTIV bestätigen, dass Lehrpersonen mit hohem Fachwissen und hohem fachdidaktischem Wissen bei Schülern bessere Lernergebnisse erzielen (Baumert & Kunter, 2006). Fachwissenschaftliches Wissen in Mathematik ist in Bereichen, die für die Sekundarstufe relevant sind, bei Absolventen von Grund-, Haupt- und Realschulstudiengängen signifikant geringer als bei Absolventen für das gymnasiale Lehramt. Dieses Ergebnis war auf Grund der kürzeren Ausbildung erwartbar, ist jedoch – wie Blömeke et al. (2008b, S. 103-104) unterstreichen – als Nachteil für die Haupt- und Realschulen zu betrachten.

Fachdidaktisches Wissen (pedagogical content knowledge) führte auch in einer breit angelegten amerikanischen Studie zu eindeutig besseren Schülerleistungen im Fach Mathematik (Hill, Rowan & Loewenberg Ball, 2005). Ähnliche Effekte ließen sich auch in Zypern nachweisen (Campbell et al., 2004). Im Rahmen der internationalen TEDS-M Studie zur Ausbildung und Kompetenzentwicklung von Mathematiklehrkräften wurde der Zusammenhang von Professionswissen (fachlichem und fachdidaktischem Wissen) sowie professionellen Überzeugungen (Beliefs) bei angehenden Lehrkräften der Primarstufe untersucht und die Darstellung in Kompetenzprofilen vorgenommen (vgl. Blömeke, Suhl & Döhrmann 2012). Dabei wurden fachwissenschaftliche Überzeugungen typisiert als dynamisches, prozessorientiertes Verständnis der Natur der Mathematik einerseits und als statisches, kalkülbezogenes andererseits erfasst. Bei fachdidaktischen Überzeugungen erfolgte eine Unterscheidung zwischen „konstruktiver" und „transmissionsorientierter" Perspektive. Als konstruktiv wird ein schülerorientiertes, kognitiv aktivierendes, verständnisorientiertes und Lernprozesse anregendes Unterrichtsverständnis bezeichnet und erfasst. Die transmissionsorientierte Perspektive ist dagegen an lehrergesteuerter Vermittlung von Mathematik und standardisierten Verfahren orientiert (vgl. ebd., S. 426). Die berichteten Ergebnisse deuten darauf hin, dass angehende Lehrkräfte mit höherer mathematischer und mathematikdidaktischer Kompetenz – mit einigen Ausnahmen länderübergreifend – in ihren Überzeugungen tendenziell einem dynamischen Verständnis von Mathematik und einer konstruktivistischen Überzeugung in der Mathematikdidaktik zuneigen. Dagegen hatten die Probanden mit schwächer ausgeprägter Kompetenz eher eine statische Vorstellung der Mathematik und eine transmissionsorientierte Überzeugung von Mathematikunterricht. Solche „Kompetenzprofile als komplexes Ergebnis der Ausbildung" (ebd., S. 422), hängen erwartungsgemäß von Lerngelegenheiten ab (vgl. auch Biedermann, Brühwiler & Krattenmacher, 2012), wobei offenbar der Mathematikdidaktik und einem kohärenten Ausbildungskonzept besondere Bedeutung zukommen (vgl. Blömeke, Suhl & Döhrmann, 2012, S. 436). Aussagen zu möglicherweise differentem Unterrichtshandeln in den einzelnen Kompetenzprofilen sind aufgrund des Untersuchungsdesigns nicht möglich, die Studie bereitet jedoch den Weg für profilbezogene Anschlussuntersuchungen, v. a. auch Trainingsexperimente.

Auf allgemeine Probleme in diesem Zusammenhang der Lehrerausbildung verweist eine Untersuchung von Leuchter, Pauli, Reusser und Lipowsky (2006), in der die Autoren resümieren, dass sich unterrichtsbezogene Überzeugungen konstruktivistischer Art kaum in handlungsleitenden Kognitionen von Lehrpersonen widerspiegeln. Einmal geht es um unzureichende Unterstützungssysteme bei der Umsetzung und Reflexion von handlungsfernen theoretischen Systemen, die gleichzeitig dazu beitragen könnten, subjektive Fehlkonzepte und Rezeptionsprobleme zu verringern (vgl. auch Reinmann-Rothmeier & Mandl, 1998). Zum anderen sind Fachveröffentlichungen zum Thema konstruktivistischer Lehr-Lernprozesse nicht immer durch belastbare empirische Forschungsergebnisse gedeckt, insbesondere, wenn vorrangig selbständiges Problemlösen und entdeckende Lernprozesse favorisiert werden, ohne die Bedingungen am Anfang oder im weiter fortgeschrittenen Stadium des Lernprozesses zu beachten. Grundlegende Befunde zum Lernen und Gedächtnis (vgl. u.a. Kirschner, Sweller & Clark 2004, Sweller, Van Merrienboer & Paas, 1998, Stark, 1999, Renkl, 2011), werden so ausgeklammert und dadurch subjektive Fehlkonzepte provoziert, die in der Unterrichtspraxis scheitern. Aufschlussreich ist in dieser Hinsicht auch der Hinweis der Autoren auf Befunde einer früheren Befragung (Lipowsky, Thussbas, Klieme, Reusser, & Pauli, (2003), in der sich Schweizer Lehrpersonen häufiger als die deutschen rezeptiv-instruktionsorientiert zeigen, während ihre handlungsleitenden Kognitionen deutlicher konstruktivistisch ausfallen (vgl. ebd. S. 231). Leuchter et al. (2006) verweisen dabei auf die Verankerung ihrer Ausbildung in der als konstruktivistisch geltenden psychologischen Didaktik Aeblis. Aebli meint dabei jedoch nicht Handlungsorientierung oder entdeckendes Lernen allgemein, sondern durch die Lehrperson unterstützte Operationen zum Aufbau kognitiver Strukturen (vgl. Aebli, 1976, 1983).

Auch beim pädagogischen Wissen von Lehrkräften gibt es Wirkungserwartungen auf Schülerleistungen. Wie zu vermuten, kommt es dabei auf Inhalt und Qualität der Ausbildung an. Darling-Hammond, Berry und Thoresen (2001) resümieren dazu einschlägige Forschungsbefunde: Je sorgfältiger die Studienprogramme und die Unterstützung und Supervision der Lehrpersonen in Praktika und Berufseingangsphase konzipiert sind, desto besser genügen sie den Anforderungen der Schüler und des Unterrichtens. Dabei bestätigen die Befunde sowohl positive Effekte auf Schülerleistungen als auch auf Qualitätskriterien des Unterrichts wie Planung, Klassenmanagement, Lernstandsdiagnosen und Adaptivität von Unterrichtsprozessen (vgl. ebd., S. 67-69). Weniger deutlich fallen die Befunde von König, Kaiser und Felbrich (2012) zum Zusammenhang von pädagogischem Wissen und Kompetenzselbsteinschätzungen aus. In dieser, ebenfalls im Rahmen von TEDS-M durchgeführten Studie findet sich, wenn überhaupt allenfalls ein schwacher Zusammenhang zwischen diesen Merkmalen.

Empirische Forschungsarbeiten zur Ausbildung bzw. zum berufsbiographischen Hintergrund der Lehrerausbildner bzw. zu ihren Annahmen über das Studium existieren so gut wie nicht. So existieren keine zusammenhängenden Erkenntnisse zur Wirksamkeit institutioneller Lehrerbildungsstrukturen (vgl. Blömeke, 2007). Dabei kommt Lehrerausbildnern offensichtlich eine hohe personale Bedeutung für die Studierenden zu (Fügemann, 1999). In den letzten Jahren wurden Studien von Experten erstellt, die den Zustand der deutschen Lehrerausbildung beschreiben (Terhart, 2000; Döbrich, Klemm, Knauss & Lange, 2003; Halasz, Santiago, Ekholm, Matthews & McKenize, 2004). Hierin wird vor allem die anzuzielende professionelle Handlungskompetenz in den Blick genommen. Darauf sollen Einflüsse haben: der Grad an Interesse der Fachwissenschaften an der Lehrerausbildung, der Grad an Verknüpfung der einzelnen Ausbildungsteile, das Vorhandensein von Kerncurricula und Standards, die Qualifikation der Ausbilder sowie die Praxisnähe der Ausbildung. Grossmann (2005) berichtet von signifikant besseren Lernergebnissen im Studium beim Einsatz situierter Lernformen gegenüber reinem Literaturstudium oder anderen theoretischen Instruktionen. Wenn Kompetenzen in praxisbezogenen Lehrveranstaltungen entwickelt werden, können sie später auch erfolgreich zur Anwendung kommen (Mayr, 2003, 2006; Nölle, 2002; Czerwenka, 2005).

In der Schweiz haben – zum Vergleich – die vor einigen Jahren neu gegründeten Pädagogischen Hochschulen fast alle fachliche und überfachliche Standards entwickelt. Sie führen interne Evaluationen der Lehre durch und stellen sich in Zukunft einem nationalen Assessment, das gegenwärtig erprobt wird. Sie orientieren sich an echten Standards für die Ausübung des Berufs, die nicht mit dem Ende der Ausbildung erreicht sind. Die Pädagogische Hochschule Zürich führte eine detaillierte Stärken-Schwächen-Analyse in den Bereichen Lehre, Forschung, Weiterbildung, Dienstleistung und Verwaltung durch und entwickelte daraus Entwicklungsziele, an denen sich die Hochschule messen lassen will. Dazu gehört auch eine vorgesehene Eignungsabklärung von Studierenden unter pädagogischem Anspruch (vgl. Oelkers & Reusser, 2008, S. 243).

Die Bemühungen um eine Verbesserung der Lehrerausbildung fallen zusammen mit den Zielen einer Internationalisierung durch die Strukturierung des Studiums in eine BA (Bachelor)- und eine MA (Master)-Phase. Dabei gibt es ländervergleichend zwei Modelle: eine grundständige Lehrerausbildung, in der die Teile Fachwissenschaft, Fachdidaktik und Professionswissenschaften (Pädagogik/Psychologie) parallel bis zum Abschluss des Bachelor studiert werden und die dann in einen schulartspezifischen Master mündet. Für dieses Modell hat sich die KMK entschieden. Daneben wird in anderen Ländern eine zweistufige, konsekutive Lehrerausbildung angeboten, in der die Ausbildung in Fachdidaktik und Pädagogik auf einem fachwissenschaftlichen Bachelor aufbaut und mit einer Lehrerlizenz bzw. einem Master abschließt. Allerdings ist Skepsis angebracht, was den Ertrag der Ausbildungsvarianten betrifft: Der Vergleich unterschiedlicher Ausbildungsmodelle in den USA hat bisher zu keinen erkennbaren Ergebnissen geführt (Blömeke, 2006; Zeichner & Conklin, 2005). Vermutlich liegen Zusammenhänge zwischen Ausbildungsvariablen und -effekten weniger auf der Systemebene als auf der curricularen und hochschuldidaktischen Ebene. Nur wo die Veränderungen zwischen Systemvarianten substanzielle Unterschiede auf diesen Ebenen beinhalten, ist mit Ausbildungseffekten zu rechnen.

Die unterschiedlichen Modelle verdeutlichen den alten Streit in der Lehrerbildung darüber, was wichtiger für die Ausbildung sei: das disziplinäre Wissen in den unterrichteten Fächern (subject matter knowledge) oder die pädagogisch-psychologisch fundierten Wissensbereiche (pedagogical knowledge). In den USA wurde in den 70er und 80er Jahren der Schwerpunkt in der Ausbildung von subject matter knowledge auf pedagogical knowledge verlagert; neuerdings findet diesbezüglich eine Rücknahme zugunsten von subject matter knowledge statt (Sosniak, 1999). Deutlich ist, dass Wissen und Können der Lehrkräfte als bedeutendster Faktor für das Lernen der Schülerinnen und Schüler angenommen wird (Darling-Hammond, 2000; Mayer, Mullens & Moore, 2001 u. v. a.). Allerdings wird ein an Standards orientierter Unterricht nur gelingen, wenn das System, in dem Lehrkräfte arbeiten, diese auch ausreichend unterstützt (Darling-Hammond, 1998).

1.2.2 Theoretische Konzeptualisierungen und empirische Erträge zum Kompetenzerwerb – oder: Standards für die Lehrerbildung

Betrachtet man den Forschungsüberblick zu pädagogischen Ansätzen in der Lehrerausbildung von Grossmann (2005), so wird bei jeder der von ihr in den Blick genommenen Forschungsfragen deutlich, dass sich die Ergebnisse von Lehrerausbildung auf den Erwerb von Wissen beschränken, während die Effekte auf die Unterrichtspraxis nicht erhellt werden. Hier stellt sich die Frage, ob es sich um ein Problem des Forschungsansatzes oder des Forschungsgegenstandes selbst handelt. Dennoch ist die Frage nach Handlungsmustern und -kompetenzen, die pädagogische Professionalität begründen können, unabweisbar.

Was bedeuten nun Handlungsmuster im Verhältnis zu Kompetenzen? Zum Begriff der Kompetenz gehört auch die Zuständigkeit des Handelnden. Man versteht darunter Dispositionen, die auf dem Prinzip der selbstorganisierten und selbstbestimmten Auseinandersetzung mit einem Gegenstandsbereich beruhen (vgl. Erpenbeck & Sauer, 2000).

Das Kompetenzprofil eines Akteurs wird neben dem Wissen durch das Zusammenspiel von Wissen und Persönlichkeitsmerkmalen bestimmt (Weinert 1999), und schließlich ist zwischen Kompetenz als Disposition und den Möglichkeiten des Vollzugs in unterschiedlichen Situationen zu unterscheiden (vgl. Kanning, 2003). Knapp und eindeutig definiert Terhart im KMK-Lehrerbildungsbericht (2000): „Mit dem Begriff Kompetenz bezeichnet die Kommission das Verfügen über Wissensbestände, Handlungsroutinen und Reflexionsformen, die aus der Sicht einschlägiger Professionen und wissenschaftlicher Disziplinen zweck- und situationsangemessenes Handeln gestatten" (S. 54). Auch hier bleibt für den Empiriker noch zu klären, wie etwa Wissensbestände und Handlungsroutinen ineinander greifen, oder allgemeiner: wie Profession und wissenschaftliche Disziplin in Bezug zum Einzelfall zur Deckung gebracht werden können.

Ungeklärt bleibt weiterhin, wie systematische Aspekte wissenschaftlichen Wissens mit prozeduralem Wissen zu verknüpfen sind. Dabei sind dispositionelle Ressourcen, etwa in der Frage der Berufseignung, oder motivationale Aspekte der Berufswahlentscheidung noch gar nicht berücksichtigt. So verwundert es nicht, dass sich Oser (1997) vom Kompetenzbegriff abwendet und den Begriff der Standards dagegensetzt. Standard meint, nach Oser (2001), sowohl eine professionelle Kompetenz als auch deren optimale Erreichung. Der Gewaltakt von Oser besteht letztlich darin, dass er sich über alle formalen Differenzierungen in der Begrifflichkeit und alle inhaltlichen Ausformulierungen der Professionalität hinwegsetzt und den Begriff des Standards gegen den der Professionalität und Kompetenz setzt und die Inhalte, nur unzureichend empirisch gesichert, gegen die Tradition der Merkmalsbeschreibungen und professionellen Handlungsziele und -qualifikationen des Lehrerberufs (vorläufig) festlegt.

Standards kennzeichnen nach Oser berufsrelevantes Wissen, das in vielfältiger Weise mit Handeln verbunden ist. Er knüpft an die Standarddebatten in den USA und Australien an (Keller 2002). Nach ihm sind Standards Wissensbestände, die Lehrpersonen in notwendiger Weise erworben haben müssen, die einem handlungsorientierten Gütemaßstab Stand halten und die in komplexen und unterschiedlichen Situationen zur Anwendung kommen (Oser, 1997; Seipp, 2003). Sie stellen professionelle Fähigkeiten und gleichzeitig Niveauansprüche hinsichtlich ihrer situativen Repräsentation dar. Es sind Fähigkeiten, die (a) theoretisch fundiert sind, hinsichtlich derer es (b) Grundlagenforschung gibt, die (c) anhand von Kriterien evaluierbar sind und die (d) auf einer gelebten Praxis beruhen (Oser 1997, S. 210). Für die Ausbildung und deren Evaluation dienen Standards als Richtschnur (a.a.O., S. 28). Belege für die Lernwirksamkeit von Standards liegen jedoch nach wie vor erst in Form von Fallstudien vor (Puntnam & Borko, 2000; Serres, 2000).

Die Standards wurden mittels einer Delphi-Studie mit einer Gruppe von Didaktikern und Fachdidaktikern formuliert. Nach einer Sichtung, zu der auch Schulvertreter herangezogen wurden, verdichtete sich der Kanon ermittelter Standards auf 88, die thematisch 12 Standardgruppen zugeordnet wurden (Oser & Oelkers, 2001). Oser und Oelkers verstehen ihre Standardisierung als ein Professionsgenerierungsmodell, also als einen Weg, Professionalisierung weiter zu treiben.

Von einer einheitlichen Verwendung des Standardbegriffs kann allerdings keine Rede sein[1]. Oser selbst geht aus von Handlungskompetenzen und -bereitschaften, formuliert als Kompetenzcluster, die „nicht von Theorien abgeleitet, sondern von unterrichtlichen Situationen her bestimmt werden" (Oser, 2005, S. 266). Die optimale Ausführung eines „Handlungsbündels" definiert danach einen professionellen Standard. Gleichzeitig wird unter Standards auch einfach ein Handeln in einer Situation verstanden. Insofern dient das Standardmodell der Beschreibung wie auch der Messung eines Handlungsbündels. Damit ist die Wissenschaft herausgefordert, Differenzierungen des Handlungsbereiches zu erforschen. Auch die Systematik der Standards lässt sich noch nicht wissenschaftlich begründen, sondern folgt einer inneren Plausibilität. Damit ist das Konstrukt der Standards vorerst keine Theorie, aber ein theorieanschlussfähiges Konzept,

1 Zur genaueren Definition der Begriffe Standard und Kompetenz vgl. Gogolin et al. 2005.

das als konstruktives Element den Rekurs des Handelns auf theoretisches und empirisches Wissen fordert.

Diese relative Offenheit von Standardisierung und Theoriebildung ist eine Chance, aber auch eine Gefahr. Die Chance besteht darin, dass neue Standards in der Verschränkung von Theorie, Empirie und Praxis formuliert werden können, in denen entweder neue Theorieansätze oder sich verdichtende Ergebnisbündel experimenteller Untersuchungen in die Praxisreflexion oder -handlung einfließen können. Die Gefahr entsteht dadurch, dass international und national Standards formuliert werden, die wenig oder gar nichts mit Theorie und Empirie zu tun haben. So gibt es international die eher dem Behaviorismus verpflichtete Entwicklung des Verhaltenstrainings von Lehrern, ausgehend vom Microteaching der 70er Jahre bis hin zum Training in Kleingruppen von Studien- oder Lehrerkollegien (Klinzing, 2002). Auch die neuere Diskussion in den USA über Competency-Based Teacher Education dürfte eher dieser Linie der Lehrerausbildung als tatsächlich der Standardisierung im Oserschen Sinne verpflichtet sein. Die Bestandsaufnahme Osers zeigt jedenfalls, dass viele Standards in der Einschätzung der Befragten hoch bedeutsam sind, während das tatsächliche Erreichen der Standards oft gegen null tendiert (vgl. Oser, 2001, 256-258).

Mayr (2002, 2006) hat in einer Längsschnittstudie flächendeckend in Österreich alle Absolventen der 14 Pädagogischen Akademien über rund zehn Jahre befragt. Der Zusammenhang zwischen der subjektiven Einschätzung der Standardbearbeitung und der Ausbildungsqualität entspricht den Erwartungen: „Eine theoretische Beschäftigung mit den Standards korreliert nicht mit dem Urteil über die Ausbildungsqualität. Je intensiver aber Übungen durchgeführt werden und je größer der Anteil an Auseinandersetzungen mit den Standards in der Praxis, desto besser ist die rückblickende Beurteilung der Ausbildungsgüte“ (Mayr, 2006; zit. n. Foerster, 2008, S. 42). Eine rein theoretische Beschäftigung bringt demnach keinen Kompetenzzuwachs. Die Einübung von Standards führt dazu, dass sich Absolventen gut auf die Praxis vorbereitet fühlen, ohne einen direkten Kompetenzzuwachs in der Praxis zu erleben, nur nach einer Auseinandersetzung in der Praxis (Praktikum, Referendariat) fühlen sich Absolventen retrospektiv gut vorbereitet, erleben einen Kompetenzzuwachs und entsprechende pädagogische Erfolge.

So wird in dieser Phase der Ungeklärtheit des Standard-Begriffs von einigen Bildungsforschern doch wieder stärker auf den Kompetenzbegriff zurückgegriffen. Wobei es insbesondere auf deren Erfassung ankommt. Klieme und Leutner (2006, S. 877) sehen für die Optimierung von Bildungsprozessen und für die Weiterentwicklung des Bildungswesens in der Messung von Kompetenzen eine Schlüsselfunktion. Kompetenzen können gesteigert, verfeinert und intern graduiert werden (Klieme et al., 2003).

Dieser Optimismus bezüglich der Lehrbarkeit von Kompetenzen wird relativiert durch die Skepsis anderer Lehrerbildungsforscher, die die Grenzen der empirischen Erfassung des Lehrerhandelns sehen. Nach Mayr und Neuweg (2006) ist Lehrerhandeln undeterminiert und nicht planbar. Alles pädagogische Handeln der Lehrer sei wesentlich mitbestimmt von informellem Lernen vor und außerhalb der Lehrerbildung. Dazu kommen nicht verfügbares implizites Wissen und kaum änderbare Persönlichkeitsmerkmale. In der Nichtbeachtung des Emotionalen und Unbewussten wird die Gefahr der kognitiven Verkürzung des Lehrerhandelns gesehen und vor einer Lehrbarkeitsillusion gewarnt.

Eine weitere Frage ist, wie Kompetenzen von stabilen subjektiven Persönlichkeitsmerkmalen beeinflusst werden. Bei den selbstbezogenen Einstellungen bzw. Überlegungen scheint sich v. a. die Überzeugung von Selbstwirksamkeit positiv auf Schülerleistungen auszuwirken. Dabei lassen sich noch die „personal teacher efficacy“, also die Überzeugung, Schüler persönlich beeinflussen zu können, von der „general teacher efficacy“, dem Glauben, überhaupt angesichts mächtiger außerschulischer Einflüsse Wirkungen zu erzielen, unterscheiden (Bandura, 1997; Ditton &

Arnoldt, 2004). „Lehrpersonen mit einer hohen Wirksamkeitsüberzeugung setzen sich höhere Ziele, verwenden mehr Zeit auf die Planung von Unterricht, sind offener für neue Ideen, probieren öfter etwas Neues aus, arbeiten länger und ausdauernder mit schwächeren Schülern, nutzen Rückmeldungen ihrer Schüler eher für eine Weiterentwicklung ihres Unterrichts, sind enthusiastischer und haben eine höhere Bindung an den Lehrerberuf" (Lipowsky, 2006, S. 55). Auch die Toleranz gegenüber negativen Gefühlen und Stress wird von Lehrkräften mit „efficacy" als höher erlebt (Goddard, Hoy & Woolfolk Hoy, 2004). Deshalb wird die Optimierung der Selbstwirksamkeitsüberzeugungen während des Studiums als ein wichtiger Faktor für die Verbesserung von Lehrkompetenz und auch Leistungen der Schüler und Lehrkräfte angesehen (vgl. den Beitrag von Schwarzer und Warner, in diesem Band).

Solche eher subjektiven Persönlichkeitsmerkmale und Überzeugungen werden als „belief-system" gekennzeichnet und rücken vermehrt in den Blickpunkt von Forschungen. Man geht davon aus, dass die Wahrnehmung und Einschätzung des eigenen Lehrerverhaltens, aber auch geplanter Reformanforderungen durch höchst resistente Faktoren wie die persönlichen Überzeugungen, die Einstellungen und Haltungen und die professionelle und persönliche Identität beeinflusst werden (vgl. Blömeke, Kaiser & Lehmann, 2006; Blömeke et al., 2008b). Beliefs können schon im Studium als Filter fungieren, indem fast nur solche Informationen aufgenommen werden, die sich in das vorhandene System von Überzeugungen einpassen lassen (Kane, Sandretto & Heath, 2002). Allerdings zeigen die oben referierten Ergebnisse von Blömeke et al. (2012), dass fachbezogene und fachdidaktische Überzeugungen sehr wohl durch das Ausbildungsarrangement beeinflussbar sind. Fraglich ist jedoch nach wie vor, wie stabil diese Beliefs im Berufsalltag sind und welche Einflussgrößen dabei wirksam sind.

Neben den kognitiven Überzeugungen und Einstellungen kommen inzwischen auch wieder vergleichsweise stabile Persönlichkeitsmerkmale ins Spiel (Costa & Mc Crae, 1992), etwa die Dimensionen Extraversion, Neurotizismus, Offenheit für Erfahrungen, Verträglichkeit und Gewissenhaftigkeit. Zahlreiche Studien belegen den Wert dieser Merkmale für das Leistungsverhalten, die Zufriedenheit im Beruf und die Stressresistenz (Judge, Heller & Mount, 2002; Schaarschmidt & Fischer, 2001).

Besonders wirkungsvoll im negativen Sinne scheint sich das Merkmal Neurotizismus zu zeigen. Ängstliche, reizbare, bedrückte, selbstzweiflerische, gehemmte, unkontrollierte und verletzbare Lehrpersonen scheinen häufiger Belastungen im Unterricht zu erleben, weniger Kompetenz in der Konfliktlösung zu zeigen und weniger psychisches Wohlbefinden zu erleben. Auch die Risiken körperlicher Beschwerden oder gar eines Burn-Out sind erheblich höher (Tönjes, Dickhäuser & Kröner, 2008). Risikolehrer (nach Schaarschmidt, 2004; Klusmann, Kunter, Trautwein & Baumert, 2006) gehen weniger auf Schüler ein und regen sie kognitiv weniger an. Die persönlichen Risiken der Selbstüberforderung oder auch der resignativen Überforderung scheinen bei diesem Personenkreis schon vor dem Studium zu bestehen. Sie sollten möglichst schon bei der Überprüfung der Berufseignung festgestellt werden.

Hingegen führen extravertierte Lehrpersonen ihre Klassen besser, sind zufriedener mit ihrer Tätigkeit und gehen stärker auf Schüler ein (Mayr & Neuweg, 2006). Gewissenhafte Lehrkräfte genügen am besten den Leistungskriterien und sind zufrieden in ihrem Beruf (Jugde, Heller & Mount, 2002). Eine hohe Selbstwirksamkeitserwartung führt seltener zum Burn-Out, auch widmen sich diese Lehrpersonen ihren Schülern umfangreicher und investieren mehr Zeit in ihre Tätigkeit (Schmitz, 2001). Extraversion, Stabilität und Gewissenhaftigkeit bzw. soziale und „unternehmerische" Interessen korrelieren am höchsten mit dem Erfolgserleben in der Unterrichtsarbeit (Mayr, 2009).

Die Erkenntnisse im Studium helfen, den Berufseinstieg zu bewältigen, werden aber bald durch neue Lernerfahrungen überformt. Besonders das Lernen aus eigener Erfahrung und das

Aufgreifen von kollegialen Anregungen werden bedeutsam (Mayr, 2007, 2009, S. 9). Offensichtlich gibt es eine hohe Konstanz der Persönlichkeit, die kaum durch Studien- und Arbeitsbedingungen bzw. sonstige Lebensumstände beeinflusst, sondern genetisch determiniert ist (Mayr, 2009, S. 13).

2. Reflexion des Forschungsstandes

2.1 Bedingungsgefüge des Forschungsgegenstands Lehrerbildung

Die folgende Reflexion des Forschungsgegenstandes Lehrerbildung basiert auf einem Strukturmodell, welches deutlich macht, wie eng und zugleich komplex Lehrerbildung mit gesellschaftlichen, politischen, sozialen und personalen Bedingungen verknüpft ist (vgl. Abb. 1).

Das beginnt auf einer allgemeinen Ebene mit weltweiten Entwicklungen im Zuge der Globalisierung, durch die mit einem Male Fragen der Bildung und damit der Lehrerbildung wieder in den Mittelpunkt der Aufmerksamkeit rücken. Denn wenn alle Nachwachsenden um die besten Arbeitsplätze in der Welt konkurrieren, aber auch weltweite Friedensbemühungen angestrebt werden, wird Lehrerbildung zu einem wichtigen Faktor (Annual Report of the Education International 2006). Trotzdem findet sie etwa in den einzelnen Ländern Europas noch unterschiedliche Anerkennung, was sich z.B. im Status der Lehrerausbildner oder in der Wahl der Institutionen zeigt, an denen sie angesiedelt ist (Deutschland: Universitäten; Österreich: Pädagogische Hochschulen seit 2007, vorher Pädagogische Akademien; Schweiz: Pädagogische Hochschulen, auch erst in den letzten Jahren eingeführt). Die OECD (2005) formuliert Wege für die Gewinnung guter Lehrkräfte: Attraktivität des Berufs, Auswahl der Besten eines Jahrgangs, optimale Ausbildung, Anreize, sie in dem Beruf zu halten und ständige Weiterentwicklung der Kompetenzen.

Weniger davon betroffen sind die Lehrerausbildner, da das Rekrutierungssystem für die entsprechenden Wissenschaftler stärker von den Ausbildungsinstitutionen und den Vereinbarungen der jeweiligen scientific community als von inhaltlichen Strukturen bestimmt wird. Auch wenn Lehrerausbildnern eine hohe personale Bedeutung für die Studierenden zukommt (Fügemann, 1999), werden Hochschullehrer, auch in der Lehrerausbildung, mehr nach ihrer Reputation in der Forschung, dem Einwerben von Drittmitteln, dem Mitwirken in Forschungsprojekten als nach sozial-emotionalen Kompetenzen ausgewählt. Diese Kriterienauswahl lässt Personen mit mehrjähriger schulpraktischer Erfahrung in der Konkurrenz um Lehrstühle in der Lehrerbildung kaum noch eine Chance. Manche Bundesländer versuchen diesen Tendenzen durch klar formulierte Erwartungen an die Bewerber für Lehrerausbildungsstellen entgegenzuwirken (etwa Bayern und Baden Württemberg), allerdings werden auch hier diese Einstellungsbedingungen nicht immer konsequent durchgehalten. Hintergrund dieses Dilemmas ist, dass eine Doppelqualifizierung im schulpraktischen *und* im wissenschaftlichen Bereich bei steigenden Ansprüchen an Lehrerbildungsforschung von Bewerbern berufsbiographisch kaum mehr zu realisieren ist. Zu diesen Fragen gibt es unterschiedliche Stellungnahmen von Seiten der wissenschaftlichen Vereinigungen (etwa DGfE) und den jeweiligen Lehrerverbänden, aber bisher keine systematische Wirkungsforschung.

Die Rekrutierung der Lehrerausbildner zeitigt natürlich unmittelbare Folgen für die Inhalte. Da das Prinzip der Einheit von Forschung und Lehre (trotz Modularisierung der Lehrinhalte) weiter gilt, unterscheiden sich auch Schwerpunkte der Lehre von Forscher zu Forscher. Auch dazu gibt es noch keine systematischen Analysen. Wahrscheinlich sind Lehrerausbildner ein we-

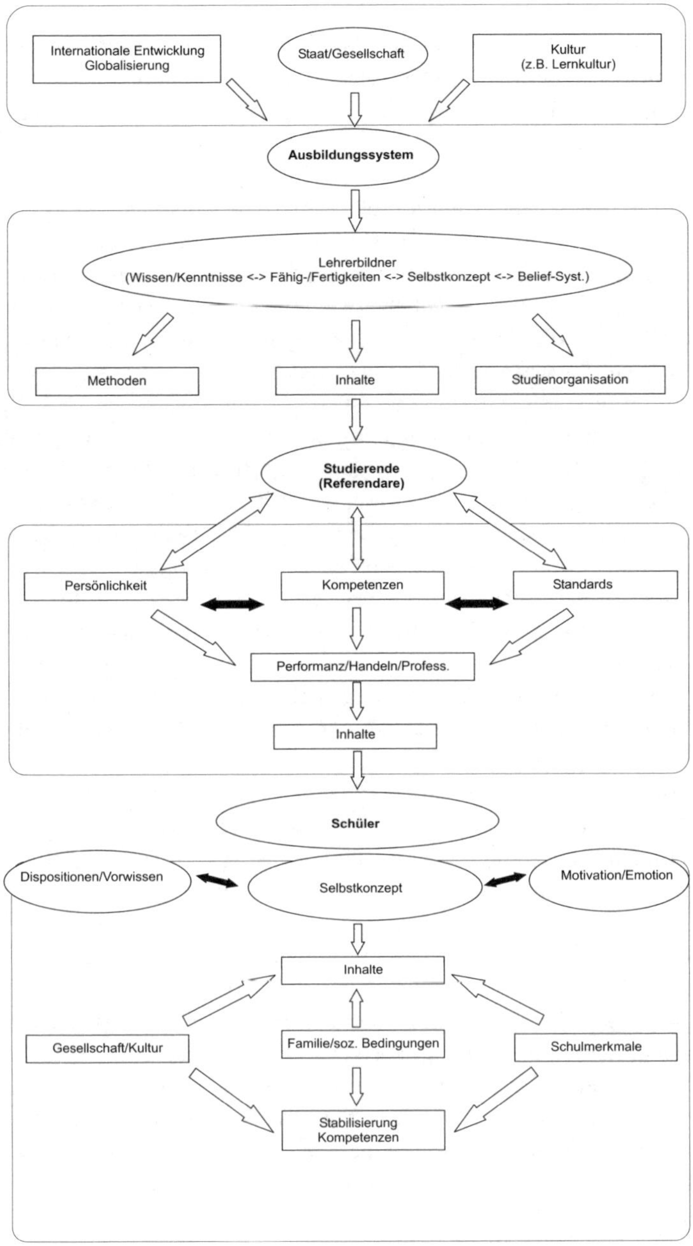

Abbildung 1: Strukturmodell Lehrerbildung

sentliches Element der institutionellen Lerngelegenheiten, da Ausbildungscurricula kaum festgelegt sind (Zaslavsky & Leikin, 2004). Empirische Studien zur Ausbildung bzw. zum berufsbiographischen Hintergrund der Lehrerausbildenden fehlen fast vollständig (Ball & McMahon, 2005; Zeichner & Conklin, 2005). Eine qualitative Studie weist auf unterschiedliche Leitbilder von Lehrerausbildern hin (Heil & Faust-Siehl, 2000).

Ausbildungsinhalte und -strukturen können nur wirksam werden, wenn sie von den dazu passenden Studierenden genutzt werden. Deshalb versuchen immer mehr lehrerausbildende Hochschulen, sich ihre Studierenden gezielt auszusuchen, um den Studienerfolg zu verbessern. Zur Prognose des Studien- und Berufserfolges gibt es unterschiedliche Verfahren, die zur Auswahl von Studienbewerbern eingesetzt werden. Heine et al. (2006) ordnen sie nach folgenden Gesichtspunkten: Allgemeine Studierfähigkeit, spezifische Studierfähigkeit und Merkmale der Persönlichkeit und Motivation. Zu den allgemeinen Merkmalen zählen Abiturdurchschnittsnote, schulfachbezogene Kenntnistests und allgemeine Studierfähigkeitstests. Zur spezifischen Eignung zählen Einzelfachnoten, fachbezogene Studierfähigkeitstests und Kenntnistests, Noten von früheren Abschlüssen oder Prüfungen, situative Verfahren und berufsbezogene Vorerfahrungen. Die Persönlichkeit oder Motivation werden durch Auswahlgespräche, Essays oder Interessen- und Persönlichkeitstests zu erschließen versucht. Für den Lehrerberuf liegt derzeit kein Verfahren vor, das eine hinreichende Prognose des Studien- und Berufserfolgs erlaubt. Selbst die Abiturnote, mit der ein Erfolg in vielen Studienbereichen recht gut vorhergesagt werden kann, versagt für das Lehramtsstudium. Allerdings ist die Forschungslage auch sehr defizitär (Foerster, 2008, S. 68-69). Auch zum Berufserfolg kann bisher kaum etwas vorhergesagt werden. Rauin und Meier (2007) finden selbst bei einer Gruppe von „riskant Studierenden", die sich in allen Kompetenzbereichen gegenüber anderen als weniger fähig einschätzen und insgesamt sehr unzufrieden mit ihrem Studium sind, dass sie immerhin 15-20 % derjenigen stellen, die das Berufsziel erreichen und in den Schuldienst gelangen (vgl. ebd., S. 122-124).

Studierfähigkeit enthält neben allgemeinen Voraussetzungen und spezifischen Fähigkeiten auch immer persönliche Merkmale, die als kaum veränderbar angesehen werden (Kazemzadeh, Minks & Nigmann, 1987). Damit müssten eigentlich klare Aussagen über personale Voraussetzungen gemacht werden können, allerdings ist nicht klar, ob die personalen Merkmale in unterschiedlichen Ansätzen auch vergleichbar sind (Lüdtke & Trautwein, 2004). Auch der Zusammenhang mit den „Big Five" (Costa & McCrae, 1992) bleibt unklar (Foerster, 2008, S. 69). Studien- und Berufserfolge unterliegen unterschiedlichen Kriterien, wobei einmal vor allem die Examensnote bzw. die Abbruchquote, auch die Studiendauer und -zufriedenheit, zum Zweiten das Erreichen beruflicher Ziele und die berufliche Zufriedenheit zu sehen sind.

Darüber hinaus stehen für Lehramtsstudium und -beruf Selbsterkundungsverfahren z.B. von Herlt und Schaarschmidt (2007) oder das Internet-Beratungsangebot „Career Counseling for Teachers" zur Verfügung. Dieses Beratungsportal erlaubt Interessierten auf der Basis konkreter Alltagssituationen eine Selbsteinschätzung ihrer lehrerberufsrelevanten personalen Voraussetzungen (Nieskens, 2002). Allerdings gaben nur sechs Prozent der Befragten an, das Beratungsinstrument für die Studienwahl genutzt zu haben (Foerster & Faust, 2006, S. 45). Wenn allerdings das Self Assessment in den Zulassungsantrag für einen Studienplatz eingebunden wird, kann die Nutzungsquote wesentlich verbessert werden (Nieskens & Hanfstingl, 2008, S. 18). Auch kann die Wirkung von Selbsterkundung und Eignungsanalysen erheblich gesteigert werden, wenn die subjektiven Selbsteinschätzungen durch Fremdeinschätzungen oder professionelle Beratung unterstützt werden (Sieland, 2008, S. 56).

Fazit: Für eine Vorhersage der Bewährung im Lehramtsstudium und Lehrerberuf konnte bislang kein Verfahren entwickelt werden, das eine befriedigende prognostische Güte aufweist. Die Gefahr, Studienwillige zu Unrecht als „ungeeignet" einzustufen, ist damit höher als in zahlreichen anderen Studiengängen. Das letzte Ziel aller Ausbildungsbemühungen bleibt die Verbesserung der Schülerleistungen. Auch dieser Prozess ist wieder von vielerlei Bedingungen abhängig, die in der Person des Schülers, aber auch in familiären, schulischen und gesellschaftlich-kulturellen Hintergründen liegen.

2.2 Perspektiven der Lehrerbildungsforschung

Fragt man nach Gemeinsamkeiten in den Forschungsergebnissen zur Lehrerbildung, so lassen sich kaum durchgängig signifikante Ergebniskonstellationen ausfindig machen. Schon gar, wenn man sich der AERA (American Educational Research Association) anschließt, die eine Abkehr von den Testergebnissen hin zur Qualität der Bildung von Schülern und damit zur Qualität des Unterrichts und der gesamten Lehrerarbeit fordert (Levine 2006). Auch in amerikanischen Forschungsübersichten erkennt man bei manchen Autoren eine gewisse Ratlosigkeit, was die Forschung und ihre Ergebnisse insbesondere zu Wissen und Kompetenzen von Lehrpersonen betrifft sowie die Möglichkeiten zur Systematisierung der Ergebnisse und die Übertragung auf die Schulpraxis. So konstatiert Grossmann (2005, S. 450): „The shifting nature of outcomes in this research (on pedagogical approaches, d. V.) makes any form of meta-analysis or aggregation of results difficult if not impossible. The studies simply are not looking for the same thing." Der fehlende Konsens über ein Methodenrepertoire erschwert die Vergleichbarkeit zusätzlich (vgl. ebd., ähnlich auch Floden & Meniketti, 2005, S. 284). Beide Veröffentlichungen enden mit einer Reihe von Vorschlägen zur Veränderung der Forschungsstrategien.

Blömeke (2007) legt eine nahezu vollständige Defizitanalyse vor und kommt prinzipiell zu einem ähnlichen Ergebnis wie die amerikanischen Autoren. Sie leitet daraus umfangreiche Empfehlungen für ein Forschungsprogramm ab. Zusammengefasst plädiert sie sowohl für die Bearbeitung drängender Fragen als auch für die Intensivierung von Grundlagenforschung, für die Herstellung von Anschlüssen an den bildungstheoretischen Kontext und an Interdisziplinarität. Darüber hinaus weisen besonders Grossmann (2005, S. 450) und Blömeke (2007) auf die Bedeutung einer theoretischen Grundlage für die Forschung hin.

Gleichwohl, auch die jüngst international intensiv rezipierte Studie Hatties (2009, 2013) betont und bestätigt die überragende Bedeutung der Lehrperson und der Qualität ihres professionellen Handelns. Bei aller kritischen Betrachtung sowohl einzelner Aspekte als auch der Disparitäten der immensen Datenbasis (Terhart, 2011; Wellenreuther, 2013, S. 36) bleiben zumindest die von Hattie gefundenen großen Effektstärken bedeutsam, wie z.B. zur formativen Evaluation oder zum Feedback und können Hinweise auf methodische Essentials guten Unterrichts geben. Durch die Bündelung der Ergebnisse für den Gebrauch von Lehrpersonen (Hattie, 2012) wird die Intention Hatties noch einmal betont, die Kompetenz der Lehrkräfte zu erhöhen, ihre Wirkung auf Lernprozesse der Schüler zu maximieren. Dabei regt Hattie selbst den kritisch-kreativen Umgang mit den vorgelegten Ergebnissen an: Man soll sie nicht als gegeben hinnehmen, sondern sich bewusst zu machen, dass die Daten bestehende Zusammenhänge beleuchten. So gilt es beispielsweise für die geringe Effektstärke, die er für Hausaufgaben in der Primarschule ausgewiesen hat, Anstrengungen zu unternehmen, die Hausaufgabenpraxis zu verbessern (vgl. Hattie, 2012, S. 14). Dazu können z.B. Befunde aus der Grundlagenforschung zu Rate gezogen werden, wie etwa zum wirksamen inhaltlichen Feedback oder zur Gedächtnisforschung, zum Üben etc. (vgl. Wellenreuther, 2013, S. 162-173) Die daraus abgeleiteten Veränderungen lassen sich dann wiederum durch Trainingsstudien oder (quasi-) experimentelle Designs überprüfen, um auch den Bedingungen externer Validität zu genügen.

Ist es möglich, aus den identifizierten Disparitäten und methodologischen Problemen der gegenwärtigen Forschung sowie der Praxisferne der Resultate eine konstruktive Konsequenz zu ziehen? Im Folgenden soll ein solcher Versuch unternommen werden:

Inhaltlich bietet die vorliegende Forschung die deutlichsten Hinweise darauf, dass vertieftes Fachwissen der Lehrpersonen die Lernprozesse der Lernenden positiv beeinflusst, dass das Belief-System sowie überdauernde Persönlichkeitsmerkmale die Rezeption von Studieninhalten filtern, und dass schließlich die Verknüpfung von theoretischen und praktischen Studienanteilen für den Aufbau von Kompetenzen im Sinne von Standards am günstigsten ist. *Forschungsmethodisch* fällt zunächst auf, dass die zitierten Forderungskataloge – auch in der Grundlagenforschung – nahezu ausschließlich auf deskriptive Forschung abheben, seien es Längsschnittstudien (U.S. Department of Education) oder large scale assessments, ergänzt und kombiniert mit qualitativen Studien (Blömeke, 2007). Damit lassen sich Fragen nach der Wirkung von Unterricht beantworten, ebenso Fragen von Best Practice, jedoch nicht, welche Annahmen über Lehr-Lernzusammenhänge als falsch angesehen werden müssen und wie Lehr-Lernprozesse optimal zu modellieren sind. Im internationalen Maßstab ist Grundlagenforschung auch und gerade experimentelle Forschung (vgl. Feuer, Towne & Shavelson, 2002). Daneben existiert in nicht unbeträchtlichem Maße experimentelle Forschung, die unter dem Gesichtspunkt externer Validität auch nahe am Praxisfeld situiert ist. International gibt es hierzu breit gestreute Forschungsergebnisse, von denen eine große Anzahl inzwischen gesammelt und auf Unterrichtsprobleme hin gebündelt vorliegt (Wellenreuther, 2004, 2009).

Eine zentrale Forderung von Floden & Meniketti (2005, S. 284) ist, die empirische Basis zu stärken, und dabei auf nationale und internationale Daten sowie auf Forschungsergebnisse zu *Lernprozessen* zurückzugreifen. Dies scheint tatsächlich ein wichtiger Ansatzpunkt zu sein. Herrmann & Hertramph zitieren einen Schüler mit den Worten „Lehrer (wissen d. V.) nicht, wie Schüler lernen. Und weil sie nicht wissen wie man lernt, können sie auch selber nichts lernen" (2002, S. 136). Bei aller zugestandenen Überspitzung, die Grundtendenz der Aussage stimmt: Lehrer wissen zu wenig über das Lernen und die darauf bezogene Lehrtätigkeit.

Dieses Wissensdefizit ist ein Teil des Problems, der andere Teil ist die professionelle Handlungskompetenz. Zentraler Aspekt dieses Problems ist die Frage, wie berufsrelevantes Wissen folgenreich für berufliches Handeln vermittelt werden kann, wie belastbare Forschungsergebnisse zur Optimierung von Lehr-Lernprozessen Eingang in die Lehrerbildung und in der Folge in die Unterrichtspraxis finden können.

Die Konsequenzen wären:

- Studierende sollten mit grundlegenden Erkenntnissen experimenteller Forschung zu Lehr-Lernprozessen vertraut gemacht werden.
- Die Bedingungen für entweder leicht oder voraussetzungsreich zu erwerbende Kompetenzen wären forschungsbasiert zu ermitteln.

Analysiert man die Situation genauer, so fällt auf, dass grundlegende Probleme bereits in den Standards festgeschrieben sind, welche die Wende zur Outcome-Orientierung in der Lehrerbildung flankieren und damit die Entwicklung von Kompetenzen befördern sollen. So sind die Standards der KMK getrennt in Standards für die theoretischen und die praktischen Ausbildungsabschnitte. Von den für die theoretischen Ausbildungsabschnitte vorgegebenen 48 Standards, beziehen sich 40 auf den Bereich des Wissens und Kennens, fünf auf die Kompetenzen des Reflektierens und Beurteilens, einer auf Analysekompetenzen und nur zwei auf Kompetenzen der Anwendung (vgl. auch Blömeke, Felbrich & Müller, 2008, S. 17). Selbst wenn man die Standards für die praktischen Ausbildungsabschnitte auch auf universitäre Schulpraktika bezieht, die Trennung in theoretische und praktische Ausbildungsabschnitte beeinflusst doch Interpretationen hin zu einer Teilung der Kompetenzentwicklung in zwei Phasen (so auch bei Blömeke, Felbrich & Müller, 2008). Das aber widerspricht den Annahmen Osers (2001) sowie den Befunden Mayrs (2006), denen zufolge ein Kompetenzzuwachs unter Berücksichtigung theoretischen Wissens nur dann erwartet werden kann, wenn dieses in Auseinandersetzung mit der

Praxis (in Praktika und Referendariat/Berufseingangsphase) geschieht. Aber andererseits: Wie verhält man sich hochschuldidaktisch und forschungspraktisch angesichts einer Anzahl von 88 Standards?

Bei allen Disparitäten in Forschungsfragen und Ergebnissen ist zu überlegen, ob eine Änderung der Forschungsperspektive für die Entwicklung der Lehrerbildungsforschung fruchtbar wäre. Eine folgenreiche Blockade des Forschungsdiskurses ist darin zu sehen, dass die Bedeutung kaum veränderlicher Persönlichkeitsmerkmale, biografischer und außercurricularer Lernprozesse sowie der Erfahrung in der Berufspraxis strittig ist. Weiterhelfen könnten hier *Kriterien* für das Lehrerbildungscurriculum im Hinblick auf erreichbare Standards in der ersten Phase. Die Wissensbasis zu identifizieren, die für den Aufbau der dazu benötigten Kompetenzen notwendig ist, wäre hier ein erster Schritt. Es wäre also der Prozess der Standardgenerierung quasi umzukehren, also nicht von den Standards auf die dahinterstehenden Theorien zu rekurrieren, sondern von bedeutenden Theorien für Lehr-Lernprozesse her die Standards für die erste Phase der Lehrerausbildung zu ermitteln (vgl. Nölle 2011, Czerwenka & Nölle, 2012).

Was ließe sich mit einer solchen Umkehrung gewinnen? Es würden die Bedingungen des Lernens in der ersten Phase der Lehrerausbildung ernst genommen, wenn als Kriterien auf der einen Seite die zentrale *Bedeutung des theoretischen Wissens*, d.h. der Forschungsergebnisse für schulische Lehr-Lernprozesse und auf der anderen Seite die *Lernbarkeit* der mit dem Wissen assoziierten Handlungserfordernisse dienten. Dieses Programm hätte damit einen materialen und einen formalen Aspekt und könnte angelehnt an Klafkis Konzept der kategorialen Bildung und dessen Weiterentwicklungen auch eine bildungstheoretische Fundierung für das Lehrerstudium abgeben und damit eine Lehrer„bildung" neu interpretieren. Forschungsprogramme, die den daran orientierten Kompetenzaufbau untersuchen, können als Interventionsstudien oder Evaluationsforschung in der Lehrerbildung angelegt sein.

Wenige Erläuterungen mögen das verdeutlichen: Will man auf Grund bereits vorliegender Forschung eine Hypothese wagen, so ist Folgendes anzunehmen: Relativ leicht durch Trainingsprogramme zu erlernen sind viele Aspekte des Klassenmanagements (vgl. Evertson, Emmer, Sanford, Clements, 1983, COMP und MENTOR-Programme derselben Autorengruppe) und sind dabei hoch bedeutsam für Lernerfolge. Wichtig, aber voraussetzungsreich und nur schwer durch einfache Trainingsprogramme zu erwerben sind dagegen offenbar Erklärkompetenzen (vgl. Ma, 1999, 104-106; Good, Grouws & Ebmeier, 1983). Die referierten Befunde über den Zusammenhang von mathematischem Inhaltswissen der Lehrpersonen und Lernzuwachs der Schülerinnen und Schüler weisen in dieselbe Richtung. Konsequenzen für die Lehrerbildung und Lehrerbildungsforschung wären in einer evaluationsgestützten Justierung der fachwissenschaftlichen Anteile der Studiengänge zu sehen. Außerdem wäre genauer zu erforschen, wie Fachwissen in Erklärkompetenzen transformiert werden kann. Ansätze für die Mathematik liefert ebenfalls Ma (1999). Aber hier sind durchaus fachspezifische Differenzen zu vermuten, die ebenfalls aufzuklären sind.

In kurz- und mittelfristiger Perspektive sind curriculare Lehr- und Stützungsprogramme für Defizite in der verständlichen Präsentation von Lerninhalten bei Lehrpersonen denkbar. Ergebnisse dazu liefern alle Ansätze formativer Leistungsbeurteilung und allgemein von inhaltlichem Feedback (Butler, 1988; Hattie, 2013 S. 206-208; Hattie & Timperley, 2007, S. 86-88) oder die nachgewiesenen erstaunlichen Leistungssteigerungen, die allein durch die Möglichkeit von beliebigen Testwiederholungen nachgewiesen wurden (Martinez & Martinez, 1992). All dies ist prinzipiell planbar und damit einem überwiegend kognitiv geprägten Kompetenzbereich zuzuordnen, der weitgehend unabhängig von schwer zu beeinflussenden Persönlichkeitsmerkmalen

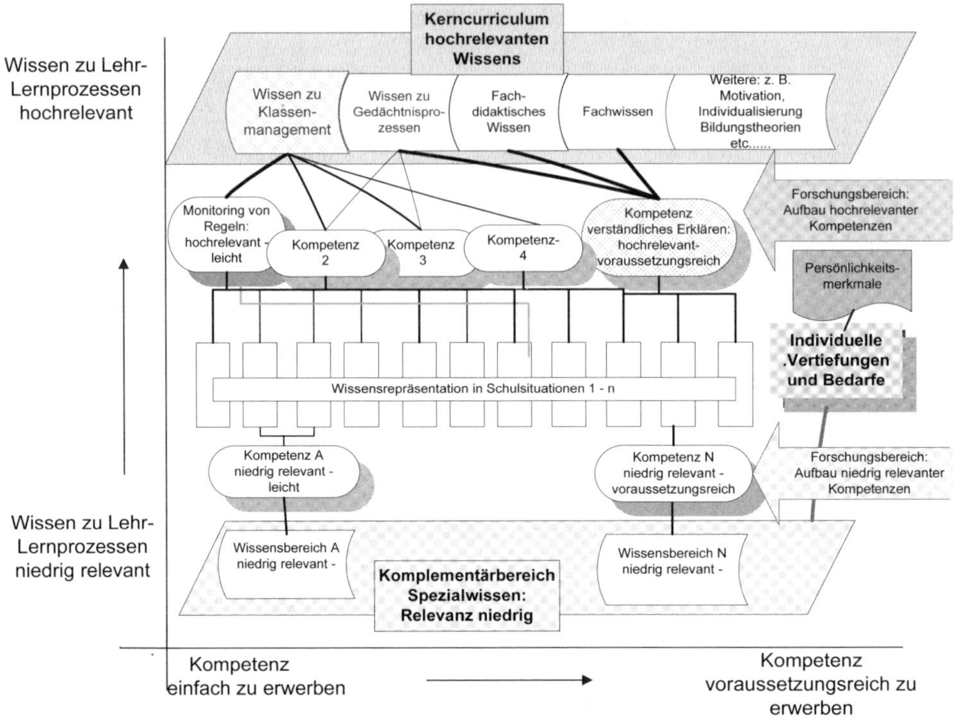

Abbildung 2: Forschungskontext

und voraussetzungsreichen Kompetenzen zu erarbeiten wäre. Interessant wären hier Forschungsarbeiten, die Ergebnisse zur individuellen Umsetzbarkeit bei Lehrpersonen und zum Zusammenhang mit Lernleistungen der Schüler erbringen. Ebenso müssten sicher Lehrmittel unter dem Gesichtspunkt von wirksamer Stützung des Lehr-Lernprozesses überprüft und neu bewertet werden (vgl. Oelkers, 2010; Wellenreuther, 2013, S. 221-223).

In anderen ebenfalls hoch relevanten Wissensbereichen, wie dem der Gedächtnisfunktionen und -prozesse kann der Aufbau von Kompetenzen auf einem mittleren Schwierigkeitsgrad vermutet werden. Auch hierzu liegen experimentelle Forschungen mit hinreichend externer Validität vor (Sweller, Van Merrienboer & Paas, 1998; Stark, 1999).

Für personale Kompetenzen und überdauernde Persönlichkeitsmerkmale gilt, dass sie bei Bedarf Gegenstand von Beratung und Supervision sein können. In der ersten Phase der Lehrerbildung müssten riskante Merkmale besser identifiziert werden, um Gegenstand berufsbiographischer Beratung werden zu können. Andere Inhalte und Kompetenzen können je nach Verortung im Raster von Relevanz und Lernbarkeit entweder zum Kerncurriculum gerechnet werden oder Gegenstand individueller Vertiefung sein.

Wie in der Darstellung (Abb. 2) durch Schattierung wiedergegeben, sind die Kompetenzen auf der Individualebene jeweils durch Persönlichkeitsvariablen gefärbt oder gebrochen. Die Verbindungen zwischen Wissensbereichen und Kompetenzen sind gemäß nachgewiesenem oder vermutetem Zusammenhang unterschiedlich stark ausgeprägt. Im Bereich niedrig relevanten Spezialwissens mögen die dargestellten Extrempunkte der Kompetenzskala lediglich die erwartete Bandbreite andeuten.

Forschungsziel ist der möglichst experimentell erbrachte Nachweis von Bedingungen für den Aufbau von Kompetenzen, die immer einen materialen (Wissensbasis: deklaratives Wissen) und einen formalen Aspekt (Handlungsmethoden und Fähigkeiten: prozedurales Wissen) haben.

Die Identifizierung einer zentralen Wissensbasis für die erste Phase der Lehrerbildung könnten Delphi-Studien leisten. Diese Basis ist eine notwendige, aber nicht hinreichende Bedingung für die Ausbildung von Kompetenzen und Standards. Zwingend hinzukommen müssen Studien, die die Vermittelbarkeit in Praxiskontexte überprüfen; dazu eignen sich auch in der Lehrerbildungsforschung experimentelle und Evaluationsstudien. Explorative - qualitative - Studien können darüber hinaus einen Beitrag zur Hypothesengenerierung leisten. Auch die Verfahren und Instrumente zur Messung von Kompetenzen oder gar Kompetenzstufen sind noch nicht ausgereift und müssen weiter entwickelt werden, wie bereits jetzt zu Recht für Paneluntersuchungen und Large Scale Assessments gefordert wird.

3. Schlussbetrachtung

Für die erste Phase der Lehrerausbildung wäre ein solcher Forschungsansatz lohnend zu diskutieren, wenn er einerseits die curriculare Bedeutung von Forschungsergebnissen für den Aufbau von Kompetenzen in der schulischen Praxis plausibel machen kann, zum anderen aber auch die Lernbarkeit in eng aufeinander bezogenen theoretischen und praktischen Studienanteilen erwarten lässt. Bereits existierende Erfolgsmodelle sprechen für die Realisierbarkeit solcher Programme (Good, Grouws & Ebmeier, 1983; Pressley, 2006).

Die Betonung experimenteller Forschung impliziert dabei nicht die Technologisierung des Lehrerhandelns. Der Aufbau von Kompetenzen als Standards ist vielmehr als Transformationsprozess zu verstehen, bei dem aus Wissen, personalen Kompetenzen, Beliefs und motivationalen Komponenten je individuelle Handlungsschemata konstruiert werden müssen. Aber wie bei jedem kompetenzorientierten Lernprozess sind institutionelle Standards - als opportunities to learn - gefragt, die neben der Vermittlung von Wissen auch ein praxisnahes Coaching (West & Staub, 2003) anbieten, um diesen Prozess erst zu ermöglichen. Solche Anbahnung von Standards in der ersten Phase ist u. E. zwingend, weil sonst die Gefahr einer praxeologischen Verkürzung in den Praxisphasen des Studiums droht. Die Zusammenarbeit mit der zweiten Phase sollte aber erprobt und durch Evaluationsstudien begleitet werden.

Literatur

Aebli, H. (1976). *Psychologische Didaktik. Didaktische Auswertung der Psychologie Jean Piagets.* (6. Aufl.) Stuttgart: Klett.

Aebli, H. (1983). *Zwölf Grundformen des Lehrens. Eine Allgemeine Didaktik auf psychologischer Grundlage.* Stuttgart: Klett-Cotta.

Ball, D.L. & McMahon, T. (2005). And who teaches the mathematics teachers? Professional development of teacher developers. Paper presented at the 15th ICMI Conference on „The Professional Education and Development of Teachers of Mathematics". Sao Paolo, Brasilien.

Bandura, A. (1997). *Self-efficacy: The exercise of control.* New York: Freeman.

Baumert, J. & Kunter, M. (2006). Stichwort: Professionelle Kompetenz von Lehrkräften. *Zeitschrift für Erziehungswissenschaft, 9*(4), 469-520.

Biedermann, H., Brühwiler, Chr. & Krattenmacher, S. (2012). Lernangebote in der Lehrerausbildung und Überzeugungen zum Lehren und Lernen. Beziehungsanalysen bei angehenden Lehrpersonen. *Zeitschrift für Pädagogik, 58*(4), 460-475.

Blömeke, S. (2006). Fast fish - loose fish: International-vergleichende Forschung zur Wirksamkeit der Lehrerausbildung. In A.H. Hilligus & H.-D. Rinkens (Hrsg.), *Standards und Kompetenzen - neue Qualität in der Lehrerausbildung? Neue Ansätze und Erfahrungen in nationaler und internationaler Perspektive* (S. 189-213) Münster: LIT-Verlag,

Blömeke, S. (2007). Qualitativ - quantitativ, induktiv - deduktiv, Prozess - Produkt, national - international. In M. Lüders, & J. Wissinger (Hrsg.), *Forschung zur Lehrerbildung. Kompetenzentwicklung und Programmevaluation* (S. 13-36). Münster: Waxmann.

Blömeke, S., Kaiser, G. & Lehmann, R. (2006). *Teacher Education and Development Study: Learning to Teach Mathematics (TEDS - M).* Berlin: Humboldt Universität.

Blömeke, S., Felbrich, A., Müller, C. (2008a). Theoretischer Rahmen und Untersuchungsdesign. In S. Blömeke, G. Kaiser, G. & R. Lehmann (Hrsg.), *Professionelle Kompetenz angehender Lehrerinnen und Lehrer. Wissen, Überzeugungen und Lerngelegenheiten deutscher Mathematikstudierender und -referendare. Erste Ergebnisse zur Wirksamkeit der Lehrerausbildung* (S. 15-48). Münster: Waxmann.

Blömeke, S., Kaiser, G., Schwarz, B., Seeber, S., Lehmann, R., Felbrich, A. & Müller, C. (2008b). Fachbezogenes Wissen am Ende der Ausbildung. In S. Blömeke, G. Kaiser & R. Lehmann (Hrsg.), *Professionelle Kompetenz angehender Lehrerinnen und Lehrer. Wissen, Überzeugungen und Lerngelegenheiten deutscher Mathematikstudierender und -referendare. Erste Ergebnisse zur Wirksamkeit der Lehrerausbildung* (S. 89-104). Münster: Waxmann.

Blömeke, S., Müller, C., Felbrich, A. & Kaiser, G. (2008c). Entwicklung des erziehungswissenschaftlichen Wissens und der professionellen Überzeugungen in der Lehrerausbildung. In S. Blömeke, G. Kaiser & R. Lehmann (Hrsg.), *Professionelle Kompetenz angehender Lehrerinnen und Lehrer. Wissen, Überzeugungen und Lerngelegenheiten deutscher Mathematikstudierender und -referendare. Erste Ergebnisse zur Wirksamkeit der Lehrerausbildung* (S. 303-326) Münster: Waxmann.

Blömeke, S., Suhl, U. & Döhrmann, M. (2012). Zusammenfügen, was zusammengehört. Kompetenzprofile am Ende der Lehrerausbildung im internationalen Vergleich. *Zeitschrift für Pädagogik, 58*(4), 422-440.

Butler, R. (1988). Enhancing and undermining intrinsic motivation: The effects of task-involving and ego-involving evaluation on interest and performance. *British Journal of Educational Psychology, 58*(1), 1-14.

Campbell, J., Kyriakides, L., Muijs, D. & Robinson, W. (2004). *Assessing teacher effectivness. Developing a differentiated model.* London: Routledge Falmer.

Costa, P.T. & McCrae, R.R. (1992). *Revised NEO personality inventory (NEO-PI-R) and NEO five factor inventory. Professional Manual.* Odessa, FL: Psychological Assessment Resources.

Czerwenka, K. (2005). Lehrerprofessionalität zwischen Theorie und Praxis. In G. Büttner, F. Sauter & W. Schneider (Hrsg.), *Empirische Schul- und Unterrichtsforschung* (S. 17-32). Lengerich: Pabst.

Czerwenka, K., Nölle, K. (2012). *Theorien pädagogischer Professionalität. Enzyklopädie Erziehungswissenschaft Online,* Weinheim u. Basel: Beltz Juventa.

Darling- Hammond, L. (1998). Teachers and teaching: Testing policy hypotheses from a National Commission report. *Educational Researcher, 27*(1), 5-15.

Darling-Hammond, L. (2000). How teacher education matters. *Journal of Teacher Education, 51*(3), 166-173.

Darling-Hammond, L., Berry, B. & Thoreson, A. (2001). Does teacher certification matter? Evaluating the evidence. *Educational Evaluation and Policy Analysis, 23*(1), 57-77. URL: http://epa.sagepub.com, cgi, reprint, 23, 1, 57.

Darling- Hammond, L., Holtzmann, D.J., Gatlin, S.J. & Heilig, J.V. (2005). Does teacher preparation matter? Evidence about teacher certification, Teach for America, and teacher effectiveness. *Education Policy Archives, 13*(42). URL: http://www.bama.ua.edu/~jstallwo/CEE_Strand5/LDarling_Hammond.pdf

Ditton, H. & Arnoldt, B. (2004). Wirksamkeit von Schülerfeedback zum Fachunterricht. In M. Prenzel, J. Baumert, W. Blum, R. Lehmann, D. Leutner, M. Neubrand, R. Pekrun, H.-G. Rolff, J. Rost & U. Schiefele (Hrsg.), *PISA 2003. Der Bildungsstand der Jugendlichen in Deutschland. Ergebnisse des zweiten internationalen Vergleichs* (S. 152-170). Münster: Waxmann.

Döbrich, P., Klemm, K., Knauss, G. & Lange, H. (2003). *Ausbildung, Einstellung und Förderung von Lehrerinnen und Lehrern (OECD - Lehrerstudie). Ergänzende Hinweise zu dem Nationalen Hin-*

tergrundbericht (CBR) für die Bundesrepublik Deutschland. URL: http://www.oecd.org/dataoecd/55/61/31076280.pdf

Education International (2006). *Annual Report 2006.* CD, Brüssel. (www.ei-ie.org)

Erpenbeck, J. & Sauer, J. (2000). Das Forschungs- und Entwicklungsprogramm „Lernkultur Kompetenzentwicklung". In Arbeitsgemeinschaft Organisation – Entwicklung Management (Hrsg.), *Kompetenzentwicklung 2000: Lernen im Wandel – Wandel durch Lernen* (S. 289-335). Berlin: Waxmann.

Evertson, C. M., Emmer, E. T., Sanford, J. P. & Clements, B. S. (1983). Improving classroom management. An experiment in elementary school classrooms. *The Elementary School Journal, 84*(2), 173-188.

Feuer, M.J., Towne, L. & Shavelson, R.J. (2002). Scientific culture and educational research. *Educational Researcher, 31*(8), 4-14.

Floden R. & Meniketti, M. (2005). Research on the effects of coursework in the arts and sciences and in the foundations of education. In M. Cochran-Smith & Zeichner, K.M. (Eds.), *Studying teacher education: The report of the AERA panel on research and teacher education* (pp. 309-424). Mahwah, N.J.: Lawrence Erlbaum.

Foerster, F. & Faust, G. (2006). Eingangsvoraussetzungen von Grundschullehramtsstudierenden in Bamberg. *Beiträge zur Lehrerbildung, 24*(1), 43-54.

Foerster, F. (2008). *Personale Voraussetzungen von Grundschullehramtsstudierenden. Eine Untersuchung zur prognostischen Relevanz von Persönlichkeitsmerkmalen für den Studien- und Berufserfolg.* Münster: Waxmann.

Fügemann, M. E. (1999). *Lehrerausbildung 2000 Jahre nach Seneca: eine empirische Untersuchung zum Professorenverhalten im Meinungsbild der Studierenden.* Frankfurt: Lang.

Goddard, R., Hoy, W.K. & Woolfolk Hoy, A. (2004). Collective efficacy beliefs: Theoretical developments, empirical evidence, and future directions. *Educational Researcher, 33*(3), 3-13.

Gogolin, I., Krüger, H.-H., Lenzen, D. & Rauschenbach, Th. (Hrsg.) (2005). *Standards und Standardisierung in der Erziehungswissenschaft.* Sonderheft 4 der Zeitschrift für Erziehungswissenschaft. Wiesbaden: VS Verlag.

Goldhaber, D.D. & Brewer, D.J. (2000). Does teacher certification matter? High school teacher certification status and student achievement. *Educational Evaluation and Policy Analysis, 22*(2), 129-146.

Goldhaber, D.D. & Anthony, E. (2004). Can teacher quality be effectively assessed? URL: http://www.urban.org/url.cfm?D=410958

Good, T.L., Grouws, S.A. & Ebmeier, H. (1983). *Active mathematics teaching.* New York: Longman.

Grossmann, P. (2005). Research on pedagogical approaches in teacher education. In M. Cochran-Smith & K.M. Zeichner (Eds.), *Studying teacher education: The report of the AERA panel on research and teacher education* (pp. 425-476). Mahwah, N.J.: Lawrence Erlbaum.

Halasz, G., Santiago, P., Ekholm, M., Matthews, P. & McKenize, P. (2004). *Attracting, developing and retaining effective teachers.* Paris: OECD.

Hattie, J. (2009). *Visible learning: A synthesis of over 800 meta-analyses relating to achievement.* London et al.: Routledge.

Hattie, J. (2012). *Visible learning for teachers. Maximizing impact on learning.* London et al.: Routledge.

Hattie, J. (2013). *Lernen sichtbar machen.* Überarbeitete deutschsprachige Ausgabe von „Visible Learning" besorgt von Wolfgang Beywl u. Klaus Zierer. Baltmannsweiler: Schneider Verlag Hohengehren.

Hattie, J.,& Timperley, H. (2007). The Power of Feedback. *Review of Educational Research, 77*(1), 81-112.

Heil, S. & Faust-Siehl, G. (2000). *Universitäre Lehrerausbildung und pädagogische Professionalität im Spiegel von Lehrenden.* Weinheim: Deutscher Studien Verlag.

Heine, C., Briedis, K., Didi, H.-J., Haase, K. & Trost, G. (2006). Auswahl- und Eignungsfeststellungsverfahren beim Hochschulzugang in Deutschland und ausgewählten Ländern. Eine Bestandsaufnahme. *HIS Kurzinformation, A 3,* 2006. Hannover: Hochschul- Informations-System.

Herlt, S. & Schaarschmidt, U. (2007). Fit für den Lehrerberuf?! In U. Schaarschmidt & U. Kieschke (Hrsg.), *Gerüst für den Schulalltag. Psychologische Unterstützungsangebote für Lehrerinnen und Lehrer* (S. 158-181). Weinheim: Beltz.

Herrmann, U. & Hertramph, H. (2002). Ein neues Berufsbild: gelernter Lehrer. Vom Lehrer zum Lerner: ein Paradigmenwechsel für die Qualifizierung und Professionalität von Lehrern. In U. Herrmann (Hrsg.), *Wie lernen Lehrer ihren Beruf? Empirische Befunde und praktische Vorschläge* (S. 135-151) Weinheim: Beltz.

Hill, H.C., Rowan, B. & Loewenberg Ball, D. (2005). Effects of teachers' mathematical knowledge for teaching on student achievement. *American Educational Research Journal, 42*(2), 71-406.

Judge, T., Heller, D. & Mount, M.K. (2002). Five-factor model of personality and job satisfaction: A meta-analysis. *Journal of Applied Psychology, 87*(3), 530-541.

Kane, R.G., Sandretto, S. & Heath, C. (2002). Telling half the story: A critical review of the research into tertiary teachers beliefs. *Review of Educational Research, 72*(2), 177-228.

Kanning, U.P. (2003). *Diagnostik sozialer Kompetenzen.* Göttingen: Hogrefe Verlag.

Kazemzadeh, F., Minks, K.-H. & Nigmann, R.-R. (1987). *„Studierfähigkeit" – eine Untersuchung des Übergangs vom Gymnasium zur Universität.* Hannover: Hochschul-Informations-System.

Keller, H.-J. (2002). Standards in der Lehrerinnen- und Lehrerbildung – Blick in die USA und Ausblick auf die deutschsprachige Lehrpersonenausbildung. *Journal für LehrerInnenbildung, 2*(1), 20-28.

Kirschner, P.A., Sweller, J. & Clark, R.E. (2006). Why minimal guidance during instruction does not work: An analysis of the failure of constructivist, discovery, problem-based, experiential, and inquiry-based teaching. *Educational Psychologist, 41*(2), 75-86.

Klieme, E., Avenarius, H., Blum, W., Döbrich, P., Gruber, H., Prenzel, M., Reiss, K., Riquarts, K., Rost, J., Tenorth, H.- E. & Vollmer, H. (2003). *Zur Entwicklung nationaler Bildungsstandards. Eine Expertise.* Bonn: Bundesministerium für Bildung und Forschung (BMBF), Referat Öffentlichkeitsarbeit.

Klieme, E. & Leutner, D. (2006). Kompetenzmodelle zur Erfassung individueller Lernergebnisse und zur Bilanzierung von Bildungsprozessen. *Zeitschrift für Pädagogik, 52*(6), 876-895.

Klinzing, H.G. (2002). Wie effektiv ist Microteaching? Ein Überblick über fünfunddreißig Jahre Forschung. *Zeitschrift für Pädagogik, 48*(2), 194-214.

Klusmann, U., Kunter, M., Trautwein, U. & Baumert, J. (2006). Lehrerbelastung und Unterrichtsqualität aus der Perspektive von Lehrenden und Lernenden. *Zeitschrift für Pädagogische Psychologie, 20*(3), 161-173.

König, J., Kaiser, G & Felbrich, A. (2012). Spiegelt sich pädagogisches Wissen in den Kompetenzselbsteinschätzungen angehender Lehrkräfte? Zum Zusammenhang von Wissen und Überzeugungen am Ende der Lehrerausbildung. *Zeitschrift für Pädagogik, 58*(4), 476-491.

Laczko-Kerr, I. & Berliner D.C. (2002). The effectiveness of Teach for America and other under-certified teachers on student academic achievement: *A case of harmful public policy. Education Policy Analysis Archives, 10*(37). http://epaa.asu.edu/epaa/v10n37.

Leuchter, M., Pauli, Chr., Reusser, K. & Lipowsky, F. (2006). Unterrichtsbezogene Überzeugungen und handlungsleitende Kognitionen von Lehrpersonen. *Zeitschrift für Erziehungswissenschaft, 9*(4), 562-579.

Levine, A. (2006). *Educating school teachers.* Washington, D.C.

Lipowsky, F. (2006). Auf den Lehrer kommt es an. Empirische Evidenzen für Zusammenhänge zwischen Lehrerkompetenzen, Lehrerhandeln und dem Lernen der Schüler. In C. Allemann-Ghionda & E. Terhart (Hrsg.), *Kompetenzen und Kompetenzentwicklung von Lehrerinnen und Lehrern: Ausbildung und Beruf,* 51. Beiheft der Zeitschrift für Pädagogik (S. 47-70) Weinheim: Beltz.

Lipowsky, F., Thussbas, C., Klieme, E., Reusser, K. & Pauli, C. (2003). Professionelles Lehrerwissen, selbstbezogene Kognitionen und wahrgenommene Schulumwelt – Ergebnisse einer kulturvergleichenden Studie deutscher und Schweizer Mathematiklehrkräfte. *Unterrichtswissenschaft, 31*(3), 206-238.

Lüdtke, O. & Trautwein, U. (2004). Die gymnasiale Oberstufe und psychische Ressourcen: Gewissenhaftigkeit, intellektuelle Offenheit und die Entwicklung von Berufsinteressen. In O. Köller, R. Watermann, Trautwein, U. & O. Lüdtke (Hrsg.), *Wege zur Hochschulreife in Baden-Württemberg. TOSCA – Eine Untersuchung an allgemein bildenden und beruflichen Gymnasien* (S. 367-401). Opladen: Leske + Budrich.

Ma, L. (1999). *Knowing and teaching elementary mathematics. Teacher's understanding of fundamental mathematics in China and the United States.* Mahwah, N.J.: Lawrence Erlbaum.

Martinez, J.G.R. & Martinez, N.C. (1992). Re-examining repeated testing and teacher effects in a remedial mathematics course. *British Journal of Educational Psychology, 62*(3), 356-363.

Mayer, D., Mullens, J. & Moore, M. (2001). *Monitoring school quality.* U.S. Department of Education, National Center for Education Statistics, Washington, D.C.: U.S. Government Printing Office.

Mayr, J. (2002). Sich Standards aneignen. Befunde zur Bedeutung der Lernwege und der Bearbeitungstiefe. *Journal für LehrerInnenbildung, 2*(1), 29-37.

Mayr, J. (2003). *LehrerIn werden (?). Abschlussbericht zum Projekt Evaluierung des Beratungsmaterials „Lehrer, in werden?".* Linz: Pädagogische Akademie der Diözese.

Mayr, J. (2006). Theorie + Übung + Praxis = Kompetenz? Empirisch begründete Rückfragen zu den „Standards in der Lehrerbildung". In C. Allemann-Ghionda & E. Terhart (Hrsg.), *Kompetenzen und Kompetenzentwicklung von Lehrerinnen und Lehrern: Ausbildung und Beruf,* 51. Beiheft der Zeitschrift für Pädagogik (S. 149-163). Weinheim: Beltz.

Mayr, J. (2007). Emprirische Befunde zur Kompetenzentwicklung bei LehrerstudentInnen und LehrerInnen. In Kostrzewa, F. (Hrsg.), *Lehrerbildung im Diskurs, Bd. 3* (S. 8-24). Berlin: LIT Verlag.

Mayr, J. (2009). LehrerIn werden in Österreich: empirische Befunde zum Lehramtsstudium. *Erziehung und Unterricht, 159*(2), 14-33.

Mayr, J. & Neuweg, G.H. (2006). Der Persönlichkeitsansatz in der Lehrerlinnenforschung. Grundsätzliche Überlegungen, exemplarische Befunde und Implikationen für die Lehrerlinnenbildung. In M. Heinrich & U. Greiner (Hrsg.), *Schauen, was rauskommt. Kompetenzförderung, Evaluation und Systemsteuerung im Bildungswesen* (S. 183-206). Wien, Münster: LIT-Verlag.

Nieskens, B. (2002). „Einblicke" als Entwicklungsanstoß. *Journal für LehrerInnenbildung, 2(2)*, 56-61.

Nieskens, B. & Hanfstingl, B. (2008). Diagnosegeleitete Laufbahnberatung und Selbsterkundung beim Einstieg in den Lehrerberuf. *Seminar, 14*(2), 10-22.

Nölle, K. (2002). Probleme der Form und des Erwerbs unterrichtsrelevanten pädagogischen Wissens. *Zeitschrift für Pädagogik, 48*(1), 48-67.

Nölle, K. (2011). Bedeutung der internationalen Lehr-Lernforschung für Schulpraktische Studien. In F. Hauzenberger & M. Rotermund (Hrsg.), Schulpraxisstudien in Europa (S. 128-149). Leipzig: Leipziger Universitätsverlag.

OECD (2005). *Bildung auf einen Blick. OECD – Indikatoren 2005.* Paris: OECD.

Oelkers, J. (2003). Standards in der Lehrerbildung: eine dringliche Aufgabe, die der Präzisierung bedarf. In D. Lemmermöhle & D. Jahreis (Hrsg.), *Professionalisierung der Lehrerbildung.* 7. Beiheft der Zeitschrift ‚Die deutschen Schule' (S. 54-70). Weinheim: Juventa,.

Oelkers, J. (2010). Bildungsstandards und deren Wirkung auf die Lehrmittel. *Beiträge zur Lehrerbildung, 28*(1), 33-40.

Oelkers, J. & Reusser, K. (2008). *Expertise: Qualität entwickeln – Standards sichern – mit Differenz umgehen.* Bundesministerium für Bildung und Forschung. Bonn: BMBF.

Oser, F. (1997). Standards in der Lehrerbildung. *Beiträge zur Lehrerbildung, 15*(1), 26-37.

Oser, F. (2001). Standards: Kompetenzen von Lehrpersonen. In F. Oser & J. Oelkers (Hrsg.), *Die Wirksamkeit der Lehrerbildungssysteme: Von der Allrounderausbildung zur Ausbildung professioneller Standards* (S. 215-342) Zürich: Rüegger.

Oser, F. & Oelkers, J. (Hrsg.) (2001). *Die Wirksamkeit der Lehrerbildungssysteme: Von der Allrounderausbildung zur Ausbildung professioneller Standards.* Zürich: Rüegger.

Oser, F. (2003). Professionalisierung der Lehrerbildung durch Standards. In D. Lemmermöhle & D. Jahreis (Hrsg.), *Professionalisierung in der Lehrerbildung.* 7. Beiheft der Zeitschrift ‚Die deutsche Schule' (S. 71-83). Weinheim: Juventa.

Oser, F. (2005). Schrilles Theoriegezerre, oder warum Standards gewollt sein sollen. Eine Replik auf Walter Herzog. *Zeitschrift für Pädagogik, 51*(2), 266-274.

Pressley, M. (2006). *Reading instruction that works. The case for balanced teaching.* New York: Guilford Press.

Putnam, R.T. & Borko, H. (2000). What do new views of knowledge and thinking have to say about research on teacher learning? *Educational Researcher, 29*(1), 4-15.

Rauin, U. & Meier, U. (2007). Subjektive Einschätzungen des Kompetenzerwerbs in der Lehrerausbildung. In M. Lüders & J. Wissinger (Hrsg.), *Forschung zur Lehrerbildung. Kompetenzentwicklung und Programmevaluation* (S. 103-131). Münster: Waxmann.

Reinmann-Rothmeier, G. & Mandl, H. (1998). Wenn kreative Ansätze versanden: Implementation als verkannte Aufgabe. *Unterrichtswissenschaft, 26*(4), 292-311.

Renkl, A. (2011). Aktives Lernen: Von sinnvollen und weniger sinnvollen theoretischen Perspektiven zu einem schillernden Konstrukt. *Unterrichtswissenschaft, 39*(3), 197-212.

Schaarschmidt, U. & Fischer, A.W. (2001). *Bewältigungsmuster im Beruf: Persönlichkeitsunterschiede in der Auseinandersetzung mit der Arbeitsbelastung.* Göttingen: Vandenhoeck und Ruprecht.

Schaarschmidt, U. (2004). Potsdamer Lehrerstudie – Anliegen und Konzept. In U. Schaarschmidt (Hrsg.), *Halbtagsjobber? Psychische Gesundheit im Lehrerberuf – Analyse eines veränderungsbedürftigen Zustandes* (S. 15-40). Weinheim: Beltz.

Schmitz, G.S. (2001). Kann Selbstwirksamkeitserwartung Lehrer vor Burnout schützen? *Psychologie in Erziehung und Unterricht, 48*(1), 49-67.

Seipp, B. (2003). *Standards in der Lehrerbildung. Eine Befragung zur Vermittlung der Oserschen Standards in der Ersten Phase der Lehramtsausbildung.* Bochum: Projekte-Verlag.

Serres, U. (2000). Der Aufbau von Standards als professionelle Kompetenzen in der Ausbildung von Lehrpersonen. Eine Interventionsstudie zum Einfluss didaktischer Lehr- Lernarrangements auf den Aufbau vier Exemplarischer Standards. Lizentiatsarbeit. Fribourg: Pädagogisches Institut, Universität Fribourg.

Sieland, B. (2008). Situationsspezifische Eignungs- und Potenzialanalysen durch Fallbeispiele aus dem Lehrerforum. *SEMINAR, 14*(2), 56-67.

Sosniak, L.A. (1999). Professional and subject matter knowledge for teacher education. In G.A. Griffin (Ed.), *The education of teachers. Ninety-eighth yearbook of the National Society for the Study of Education* (pp. 185-204). Chicago: The University of Chicago Press.

Stark, R. (1999). *Lernen mit Lösungsbeispielen.* Göttingen, Bern, Toronto, Seattle: Hogrefe-Verlag.

Sweller, J., Van Merrienboer, J.J.G. & Paas, F.G.W.C. (1998). Cognitive architecture and instructional design. *Educational Psychology Review, 10*(3), 251-296.

Terhart, E. (Hrsg.) (2000). *Perspektiven der Lehrerbildung in Deutschland. Abschlussbericht der von der Kultusministerkonferenz eingesetzten Kommission.* Weinheim, Basel: Beltz.

Terhart, E. (2002). *Standards für die Lehrerbildung: eine Expertise für die Kultusministerkonferenz.* Münster: Institut für Schulpädagogik und Allgemeine Didaktik, Universität Münster.

Terhart, E. (2011). Hat John Hattie tatsächlich den Heiligen Gral der Schul- und Unterrichtsforschung gefunden? Eine Auseinandersetzung mit Visible Learning. In E. Keiner et al. (Hrsg.), *Metamorphosen der Bildung. Historie – Empirie – Theorie. Festschrift für Heinz-Elmar Tenorth* (S. 277-292). Bad Heilbrunn. Klinkhardt.

Tönjes, B., Dickhäuser, O. & Kröner, S. (2008). Berufliche Zielorientierungen und wahrgenommener Leistungsmangel bei Lehrkräften. *Zeitschrift für Pädagogische Psychologie, 22*(2), 151-160.

Weinert, F.E. (1999). *Konzepte der Kompetenz. Gutachten zum OECD-Projekt „Definition and Selection of Competencies: Theoretical and Conceptual Foundations (DeSeCo)".* Neuchatel, Schweiz: Bundesamt für Statistik.

Wellenreuther, M. (2004). *Lehren und Lernen – aber wie? Empirisch-experimentelle Forschungen zum Lehren und Lernen im Unterricht.* Baltmannsweiler: Schneider Verlag Hohengehren.

Wellenreuther, M. (2009). *Forschungsbasierte Schulpädagogik. Anleitungen zur Nutzung empirischer Forschung für die Schulpraxis.* Baltmannsweiler: Schneider Verlag Hohengehren.

Wellenreuther, M. (2013). *Lehren und Lernen – aber wie? Empirisch-experimentelle Forschungen zum Lehren und Lernen im Unterricht.* 6. vollständig überarbeitete Ausgabe. Baltmannsweiler: Schneider Verlag Hohengehren.

West, L., Staub, F.C. (2003). *Content-focused coaching: Transforming mathematics lessons.* Portsmouth, NH: Heinemann und Pittsburgh, PA: University of Pittsburgh.

Zaslavsky, O. & Leikin, R. (2004). Professional development of mathematics teacher educators: Growth through practice. *Journal of Mathematics Teacher Education, 7*(1), 5-23.

Zeichner, K.M. & Conklin, H.G. (2005). Teacher education programs. In M. Cochran-Smith & K.M. Zeichner (Eds.), *Studying teacher education: The report of the AERA panel on research and teacher education* (pp. 645-735). Mahwah, NJ: Erlbaum.

Hermann Josef Abs & Eva Anderson-Park

Programme zur Berufseinführung: die zweite Phase der Lehrerbildung

1. Was ist unter einem Berufseinführungsprogramm zu verstehen?

Der Begriff Berufseinführungsprogramm wird in diesem Beitrag gewählt, um eine Gruppe von Lehr-Lern-Arrangements zu bezeichnen, die allesamt dem Ziel dienen, die Berufsfähigkeit von Lehrpersonen nach dem Abschluss einer akademischen Lehrerbildung zu entwickeln und sicherzustellen. Entsprechende Arrangements können mit Traineeprogrammen (Becker, 2010) verglichen werden, die zur umfassenden praxisnahen Berufseinführung im ökonomischen Bereich für verantwortliche Positionen durchgeführt werden. In Traineeprogrammen lernen Berufsanfänger die unterschiedlichen Tätigkeitsfelder und Aufgaben eines Berufs kennen und übernehmen zunehmend Verantwortung. Dies wird durch Seminare, Übungen mit anderen Trainees, und Rückmeldungen von erfahrenen (mitunter eigens dazu qualifizierten) Berufsangehörigen begleitet, so dass der Verlauf der beruflichen Kompetenzentwicklung nachgezeichnet werden kann.

Analoge Strukturen finden sich auch in den Programmen der Berufseinführung für Lehrpersonen. Sie sind dadurch gekennzeichnet, dass sie im Prozess der Lehrerbildung nach dem Abschluss an einer akademischen Lehrerbildungseinrichtung einsetzen oder zumindest ihr Abschluss den vorherigen Abschluss einer akademischen Ausbildung voraussetzt. Neben der qualifizierenden Funktion haben Einführungsprogramme eine Selektionsfunktion in Bezug auf den Lehrberuf. In einigen Bildungssystemen stellt nicht nur die Teilnahme an entsprechenden Programmen, sondern auch das Bestehen von Überprüfungen eine notwendige Bedingung für die Vergabe eines berechtigenden Zertifikats zur dauerhaften Berufsausübung dar. Als ergänzende Kennzeichen treten hinzu, dass in ihrem Verlauf die Berufsanfänger mit einem reduzierten Stundenumfang im Vergleich zum Lehrdeputat einer vollen Stelle unterrichten. Sie umfassen sowohl Elemente von Ausbildung, in Form von Seminaren, Übungen, Hospitation und Coaching als auch Elemente eigenverantwortlichen Unterrichts einschließlich der hoheitlichen Funktion Noten zu vergeben und damit über die Berechtigung zur weiteren Teilnahme an Bildungsgängen zu entscheiden. Programme der Berufseinführung sind zeitlich in der Regel auf zwölf bis 24 Monate begrenzt.

In Deutschland werden die entsprechenden Programme von den Ländern verantwortet. Dies begründet unterschiedliche Benennungen für die Berufsanfänger (z.B. Lehramtsanwärter, Lehrkräfte im Vorbereitungsdienst, Referendare), die teilweise zusätzlich innerhalb der Länder für die einzelnen schulischen Bildungsgänge, auf die sich ein Lehramt bezieht, ausdifferenziert werden. Entsprechend variieren auch die Benennungen der Programme selbst (z.B. schulpraktische Ausbildung, schulartbezogener Vorbereitungsdienst, Ausbildung im Landesinstitut für Schule). Weil Bezeichnungen, die in einem Land als generische Begriffe verwendet werden, in einem anderen Land schulartspezifische Bedeutungen annehmen können, wird in diesem Beitrag auf Bezeichnungen zurückgegriffen, die nicht durch Gesetze oder Verordnungen in einzelnen Ländern definiert sind. In der englischsprachigen Forschungsliteratur dominieren die Bezeichnungen „beginning teacher", „newly qualified teacher", „novice teacher" bzw. „probationer" für die Berufseinsteiger und für die Programme „teacher induction".

2. Verbreitung von Berufseinführungsprogrammen für neu qualifizierte Lehrpersonen

Berufseinführungsprogramme für Lehrpersonen sind ein international weit verbreitetes Phänomen. So führte die OECD-Lehrerstudie „Teaching and Learning International Survey" (TALIS, 2009) auf der Grundlage einer repräsentativen Befragung von Schulleitern an Schulen mit Sekundarstufe I in 23 Staaten zu dem Ergebnis, dass im Mittel aller teilnehmenden Staaten über 70 % der Lehrpersonen an Schulen unterrichten, in denen formal organisierte Einführungsprogramme für Berufsanfänger durchgeführt werden. Zugleich verweisen die Ergebnisse jedoch nicht nur auf eine große Varianz zwischen den Staaten, sondern auch innerhalb vieler Staaten. Erklärungsbedürftig ist insbesondere die Varianz innerhalb von Staaten; sie kann nur zum Teil darauf zurückgeführt werden, dass die Entscheidungsebene nicht die des Staates ist, sondern basiert teilweise auch auf begrifflichen Schwierigkeiten. So scheint das Begriffsverständnis von schulischen Berufseinführungsprogrammen für neue Lehrkräfte in TALIS nicht vollständig geklärt. Die Erhebungsform führt zu unklaren Ergebnissen für Schulsysteme, in denen nicht an allen Schulstandorten ein Einführungsprogramm angeboten wird, aber dennoch alle neuen Lehrer im Schuldienst entsprechende Programme durchlaufen. In einem solchen Fall wäre die Frage nach deren Vorhandensein in Bezug auf die einzelne Schule vom Schulleiter gegebenenfalls zu verneinen, wohingegen sie in Bezug auf die Institution Schule zu bejahen wäre.

Da in TALIS (2009) die Heterogenität von Dauer, Lernorten, Strukturen, Inhalte, Zielen und Ebenen der Verantwortlichkeit in Berufseinführungsprogrammen nicht berücksichtigt wird, ist es naheliegend, dass auch keine systematischen Zusammenhänge zu intendierten Ergebnissen aufgezeigt werden können. Entsprechende Analysen erfordern einen differenzierteren Blick auf die jeweiligen Gegebenheiten eines Programms innerhalb eines Schulsystems (Wang, Odell & Clift, 2010). Im Folgenden soll über Forschung berichtet werden, die zu einer differenzierten Analyse von Bedingungen und Ergebnissen von Berufseinführungsprogrammen beiträgt. Dazu werden thematische Schwerpunkte gebildet, und zwar entsprechend den Fragen, die zum Gegenstand von Forschung wurden.

3. Die Organisation von Berufseinführungsprogrammen

Die Organisation von Berufseinführungsprogrammen ist international sehr heterogen. Auch für Deutschland traf dies noch in jüngster Vergangenheit zu. Die entsprechende Diskussion im 20. Jahrhundert liegt durch Merzyn (2002) aufbereitet vor. Einen Überblick zu aktuellen Entwicklungen bieten Bosse (2012) oder Walm und Wittek (2013). Allerdings gehen die Entwicklungen in Deutschland seit der Einführung der „Standards für die Lehrerbildung: Bildungswissenschaften" mit Beschluss vom 16.12.2004 durch das Sekretariat der ständigen Konferenz der Kultusminister der Länder in der Bundesrepublik Deutschland (KMK) hin zu einer Angleichung der länderspezifischen Lehrerbildungsprogramme. In 2008 wurden durch die KMK zunächst für die erste Phase der Lehrerbildung „Ländergemeinsame inhaltliche Anforderungen für die Fachwissenschaften und Fachdidaktiken in der Lehrerbildung" verabschiedet. Ziel ist sowohl die Qualitätssicherung innerhalb der Lehrerbildung als auch die Sicherstellung der Mobilität und Durchlässigkeit des deutschen Hochschulsystems (KMK, 2008). Im Januar 2012 folgten mit der Verabschiedung der „ Ländergemeinsamen Anforderungen für die Ausgestaltung des Vorbereitungsdienstes und die abschließende Staatsprüfung" länderübergreifende Richtlinien zur Gestaltung der 2. Phase der Lehrerbildung. Darin werden Zugangs- und Zulassungsvoraussetzungen sowie die strukturelle und inhaltliche Ausgestaltung des Vorbereitungsdienstes vorgegeben. Es werden insgesamt 11 Handlungsfelder genannt, in denen LehramtsanwärterInnen ihre Kompetenzen gemäß den Standards für die Lehrerbildung entwickeln können. Weiterhin werden die stetige Fortbildung der Lehrerbildner sowie externe und interne Evaluationsmaßnahmen vorgeschlagen (KMK, 2012).

International liegt aktuell eine Vielzahl von Veröffentlichungen vor, die organisatorische Aspekte in Berufseinführungsprogramme behandeln: zu Australien (Hudson, Beutel & Hudson, 2009), Neuseeland (Grudnoff, 2012; Haigh & Anthony, 2012), China (Guo & Pungur, 2008) , Japan (Howe, 2008; Fenton-Smith & Torpey, 2013), Estland (Löfström & Eisenschmidt, 2009), Irland (O'Doherty & Deegan, 2009; Abbott, Moran & Clarke, 2009), Schottland (O'Brien, 2009; O'Brien & Christie, 2008; Grangeat & Gray, 2008; Fenwick & Weir, 2010), England (Smethem & Adey, 2005; Harrison, Dymoke & Pell, 2006; Soares, Lock & Foster, 2008), Schweiz (Futter & Staub, 2008; Keller-Schneider, 2012; Kreis & Staub, 2012; Staub & Kreis, 2013), Israel (Lazovsky & Reichenberg, 2006; Fresko & Nasser-Abu Alhija, 2009) und den USA (Frey & Fisher, 2009; Wilkinson, 2009; Glazerman et al., 2010; Ingersoll & Strong, 2011; Wood, Jilk & Paine, 2012; Huling, Resta & Yeargain, 2012). Um die Vielfalt der Programme zu verdeutlichen, werden im Folgenden spezifische Aspekte in drei Fallbeispielen aus den USA, Schottland und Deutschland (Schwerpunkt Hessen) hervorgehoben. Dabei geht es insbesondere um unterschiedliche Organisationsformen, die Bedeutung für das Beschäftigungssystem, das Spektrum von Programmelementen und Ansätze gegenwärtiger Reformen.

USA: Programme zur Berufseinführung stellen in den meisten Bundesstaaten der USA keine staatlich garantierte Regelpraxis dar. Laut einem Bericht zu den gesetzlichen Verordnungen für Berufseinführungsprogramme von Lehrpersonen in allen Bundesstaaten von Goldrick, Osta, Barlin & Burn (2012), waren im Schuljahr 2010/11 in insgesamt 27 Bundesstaaten Berufseinführungsprogramme für beginnende Lehrpersonen über einen Zeitraum von einem Jahr, in 11 dieser Bundesstaaten über einen Zeitraum von zwei Jahren gesetzlich verankert. Sie finden sich aber zunehmend auch in Bundesstaaten ohne einheitliche Regelung an einzelnen Schulen oder in einzelnen Schuldistrikten. Die große Variabilität im Angebot von Einführungsprogrammen und der Qualität der Begleitung durch Mentoren wird in der Studie „Teaching, Empowering, Leading and Learning Survey" (TELL Tennessee) von Hirsch, Sioberg & Dougherty (2011) für den Bundesstaat Tennessee, deutlich. Dort wurden deskriptive Daten zu institutionellen Bedingungen von Schulen bei über 57.000 Lehrenden (davon mehr als 7.000 neue Lehrpersonen) erhoben. Die deskriptiven Statistiken zu den Einführungsprogrammen von neuen Lehrpersonen zeigen erstens, dass ein Viertel der Befragten keinerlei Unterstützung durch einen Mentor erhält. Bei den Personen, die Mentoring erhalten zeigen sich sowohl deutliche Unterschiede in der Häufigkeit der Interaktion mit dem Mentor als auch in der Art der Interaktion mit dem Mentor, beispielsweise geben 30 % der neuen Lehrer an, mindestens einmal pro Woche mit dem Mentor über Klassenführungsprobleme zu sprechen, aber nur knapp 6 % geben an, dass sie mindestens einmal pro Woche den Unterricht ihres Mentors beobachten; 51 % geben an, dass sie noch nie den Unterricht ihres Mentors beobachtet haben.

Traditionell steht die akademische Lehrerausbildung unter der Anforderung, so auf die Berufspraxis vorzubereiten, dass kein Berufseinführungsprogramm notwendig ist. Jedoch ist es bislang nicht gelungen, dieser Anforderung durchweg gerecht zu werden. Der Übergang vom Lehramtsstudium in den Beruf wird im etablierten System umgangssprachlich als eine Phase des „sink or swim" gefasst. Zumindest teilweise daraus resultiert das Problem, dass etwa 14 % der neuen Lehrkräfte den Beruf im Verlauf oder mit Beendigung des ersten Jahres verlassen; je nach Fach, Schultyp und Art der erhaltenen Lehrerbildung kann dieser Anteil im Verlauf von drei Jahren auf 20 % bis 60 % steigen (Smith & Ingersoll, 2004; Zumwalt & Craig, 2005; Frey & Fisher,

2009). Da es in den USA eine generell höhere Job-Mobilität gibt und insbesondere die Arbeitsverträge für Lehrkräfte eine geringere Arbeitsplatzsicherheit garantieren als z.B. in Deutschland, wäre es zu einfach, die starke Abwanderung aus dem gerade begonnenen Beruf ausschließlich auf Defizite in Lehrerbildungsprogrammen zurückzuführen. Gleichwohl stellen sich angesichts der hohen vorzeitigen Verlustquoten eingestellter Lehrkräfte Fragen nach der Systemeffizienz und die politische Forderung nach Berufseinführungsprogrammen liegt nahe (ebd.). Die Notwendigkeit für Berufseinführungsprogramme wird zusätzlich durch den in den letzten zwanzig Jahren deutlich angestiegenen Anteil an Berufsanfängern verstärkt. Im Schuljahr 1987-88 hatte die typische Lehrperson 15 Jahre Berufserfahrung, im Schuljahr 2007-08 war die typische Lehrperson in ihrem ersten Berufsjahr (Ingersoll & Merill, 2010; Carroll & Foster, 2010). Zusätzlich zeigt sich seit zwei Jahrzehnten ein leicht steigender Trend der Abbruchquote der Lehrpersonen im ersten Berufsjahr (Ingersoll & Merrill, 2010). Mit anderen Worten: Es ist sowohl eine steigende Anzahl an Berufsanfängern zu verzeichnen als auch eine zunehmende Unbeständigkeit innerhalb dieser Berufsgruppe (Ingersoll & Strong, 2011). Der offensichtliche Bedarf an Berufseinführungsprogrammen hat im vergangenen Jahrzehnt zwei unterschiedliche Aktivitätstypen befördert. Erstens wurden einzelne Schulen aktiv. Das erklärt sich daraus, dass in den USA Schulen stärker als etwa in Deutschland als eigenständige Organisation (Abraham & Büschgens, 2004) und weniger als Einheit einer umfassenden Organisation oder als nachgeordnete Behörde (Avenarius & Heckel, 2000) zu sehen sind und auch die Rekrutierung und Erhaltung eines Personalstamms zu den Aufgaben des Schulmanagements vor Ort gehört. Zweitens entwickelten sich schulübergreifende Initiativen, so entstand 1998 ausgehend von einigen Lehrpersonen der University of California (Santa Cruz) eine seit 2009 unabhängige Organisation, die von über 40 Stiftungen unterstützt wird und die sich die Entwicklung, Förderung und Erforschung von Berufseinführungsprogrammen für Lehrkräfte zum Ziel gesetzt hat. Das „New Teacher Center“ (NTC) begann seine Arbeit im Bundesstaat Kalifornien und konnte sein Angebot inzwischen auf weitere Bundesstaaten ausdehnen (www.newteachercenter.org). Es bietet ein umfangreiches Angebot von internetgestützten Kursen sowie Workshops zur Schulung von Mentoren, Schulleitern und Berufsanfängern. Zum Aufbau von Einführungsprogrammen kann persönliche Beratung oder Software in Anspruch genommen werden. Zur Evaluation und Bewertung der Arbeit der Mentoren, bzw. des gesamten Einführungsprogrammes werden diverse online Tools angeboten. In 2008 gründete das NTC ein nationales Netzwerk für die Berufseinführung von Lehrkräften, das „National Teacher Induction Network“. Es bietet eine Plattform für Austausch und Unterstützung zwischen den für die Gestaltung von Einführungsprogrammen Verantwortlichen, wie Schulleitern und Mentoren, die sich zu diesem Zweck zweimal jährlich treffen. Aktuell sind 23 Programme in 15 Bundesstaaten in diesem Netzwerk vertreten.

Als Beispiel für ein unabhängig von einer Einzelschule entwickeltes Einführungsprogramm, soll hier das „Induction Program“ der Brookline High School, Massachusetts skizziert werden, an der 180 Lehrkräfte 1900 Schüler unterrichten. Dieses Beispiel wird gewählt, weil darin auch allgemein Elemente von Einführungsprogrammen deutlich werden (Johnson & Karados, 2004):

- Das Bewerbungsverfahren für neue Lehrkräfte ist mit einem zweitägigen Aufenthalt in der Schule verbunden und umfasst Unterrichtsbesuche, Interviews mit prospektiven Kollegen und den für die Lehrplanung verantwortlichen Abteilungsleitern.
- Vor Schuljahresbeginn gibt es eine zweitägige Orientierungsveranstaltung für neue Lehrer, an der Arbeitskontakte in das Kollegium angebahnt werden.
- Alle zwei Jahre wird mit den neuen Lehrkräften und denen, die im zweiten Jahr als Lehrer arbeiten, eine zweitägige Klausurtagung organisiert, die dem pädagogischen Austausch aber auch der Rekreation und der sozialen Vernetzung dienen soll.

- Zweimal pro Monat halten die Koordinatoren des Einführungsprogramms ein Treffen ab, das mal den Charakter einer Fallbesprechung annehmen kann, mal der Bearbeitung vorgegebener Themen dient.
- Jeder neue Lehrer erhält einen Mentor mit vergleichbarem Fach. Die Jahrgänge, in denen Mentoren und neue Lehrer unterrichten, werden nach Möglichkeit parallelisiert. Die Mentoren werden finanziell zusätzlich vergütet und in geringem Umfang inhaltlich unterstützt.
- Neue Lehrkräfte erhalten Unterrichtsbesuch von ihren Mentoren (meist informell), von den Koordinatoren des Programms (mindestens zweimal pro Halbjahr, mit vertraulicher Nachbesprechung, die auf Unterrichtsentwicklung fokussiert) und von den Lehrkräften, die für die Lehrplanung verantwortlich sind (formell, bewertend). Die Programmkoordinatoren können zu weiteren Unterrichtsbesuchen eingeladen werden.
- Neue Lehrer müssen mindestens 16 Unterrichtsstunden nachweisen, die sie im Verlauf des ersten Jahres bei anderen Lehrkräften beobachtet haben.

Schottland: Als zweites nationales Beispiel wird im Folgenden das schottische „teacher induction scheme" vorgestellt. Charakteristisch für die Lehrerbildung in Schottland ist die starke Stellung einer verbindlichen Lehrerkammer (General Teaching Council, GTC), die aus den Zwangsbeiträgen der Lehrkräfte finanziert wird und in deren Entscheidungsgremien den von Lehrkräften gewählten Vertretern die Mehrheit zukommt. Ein wesentlicher Auftrag des GTC ist es, Standards und Zertifizierung im Bereich des Lehrerhandelns und der Lehrerbildung zu entwickeln und sicherzustellen. Ähnlich wie in den USA wurde auch in Schottland die Funktion der akademischen Lehrerbildung in der Befähigung zum Beruf gesehen. Die Studienprogramme weisen daher mehr „in class coaching" auf, als dies an deutschen Universitäten der Fall ist. Dennoch bestand auch in Schottland, ähnlich wie in den USA, das Effizienzproblem hoher Verlustquoten während der ersten Berufsjahre. Dem wird seit 2002 mit einem Einführungsprogramm entgegengearbeitet. Die Investition in eine Stellenreduktion für die neuen Lehrkräfte, die während des Programms bis zu maximal 70 % unterrichten, weiterhin in 10 % Stellenreduktion für einen Mentor, sowie für ein Kursangebot zur professionsbezogenen Weiterbildung und schließlich für den Ausschluss von zwei bis drei Prozent der neuen Lehrer von der endgültigen Zertifizierung, scheinen sich vor diesem Hintergrund gelohnt zu haben: Schottland kann heute auf eine Verbleibrate der zertifizierten Lehrkräfte nach drei Jahren in Höhe von etwa 94 % blicken.

Ein Grundsatzpapier (GTC, 2007) legt dar, welche Erwartungen die Beteiligten im Einführungsprogramm aneinander berechtigterweise haben dürfen. Dazu gehört, dass ein persönliches Stärken- und Schwächenprofil, welches die neuen Lehrkräfte aus der akademischen Lehrerbildung mitbringen, zum Ausgangspunkt für eine Entwicklungsplanung mit dem Mentor in der Schule gemacht wird (auch dies ein Unterschied zu Deutschland). Dazu gehört weiterhin, dass von der Schule erwartet werden darf, im Rahmen ihres Systems der internen Qualitätssicherung, der neuen Lehrkraft Rückmeldung zu ihrem Unterricht zu geben. Die Weiterentwicklung des Profils der Lehrkraft und die Standards für eine dauerhafte Registrierung als Lehrkraft sollen die Reflexion zwischen Mentor und neuer Lehrkraft strukturieren. Weiterhin gehören neben Unterrichtsbesuchen auch unterschiedliche Beratungsformen zur Aufgabe des Mentors, so z.B. eine Beratung zur Auswahl von Weiterbildungen. Denn nur ein Teil der Weiterbildungen ist von der Schule bzw. dem Schulamt vorgegeben; ein anderer Teil wird entsprechend den jeweiligen Bedürfnissen aus dem allgemeinen Weiterbildungsangebot gewählt. Schließlich gehört es zu den Aufgaben von Mentor und Schulleiter, das personenbezogene Profil der neuen Lehrkraft so fortzuführen, dass im Erfolgsfall zum Abschluss des Einführungsjahrs für den GTC eine Empfehlung zur Vollregistrierung als Lehrkraft entsprechend den Standards gegeben werden kann. Wird diese Empfehlung nicht durch die Schule ausgesprochen, erfolgt unter Einbeziehung von

Experten des GTC eine Entscheidung, inwiefern eine Verlängerung der Einführungsphase sinnvoll sein kann oder nur ein Ausscheiden aus der Lehrtätigkeit als Lösung verbleibt. Das Vorgehen in einem solchen Fall wird im Grundlagenpapier (GTC, 2007) besonders detailliert beschrieben.

Im Unterschied zu den USA finden sich in Bezug auf Schottland auch kritische Artikel zum gegenwärtigen Berufseinführungsprogramm. Dies mag seine Ursache darin haben, dass es sich beim schottischen Programm um ein verbindliches Konzept handelt, das alle neuen Lehrkräfte zu durchlaufen haben, während die Programme in den USA weniger einheitlich und verbindlich geregelt sind. Kritisiert werden in der Literatur folgende Punkte:

- Erstens ist das Verhältnis der vorgegeben Standards zum professionellen Lehrerhandeln umstritten. Einerseits werden die Standards als Artefakte kritisiert, die weit entfernt vom Handlungswissen realer Lehrkräfte seien, anderseits wird die Notwendigkeit solcher Artefakte zur Legitimation des Systems anerkannt (Grangeat & Gray, 2008).
- Damit verbindet sich zweitens die Kritik, dass die Standards zwar einen Rahmen für Zertifizierungen vorgeben, aber keine dynamische Professionalisierung anregen, die sich auch neuer Themen annimmt und neue Formen der Problemlösung erkundet (ebd.). Als Exemplarisch dafür kann gelten, dass Formen der gemeinsamen pädagogischen Verantwortung der Lehrkräfte für die Kinder und Jugendlichen einer Schule nicht vermittelt werden (O'Brien, 2009). Grangeat und Gray (2008) beschreiben, dass eine Zusammenarbeit unter beginnenden Lehrkräften oder zwischen beginnenden und etablierten Lehrkräften bislang allenfalls zufällig auftritt. Sie regen an, die Förderung von Kooperation zu einem Bestandteil des Einführungsprogramms zu machen.
- Drittens stellen sich O'Brien und Christie (2008), die beide in der schottischen universitären Lehrerbildung und -weiterbildung tätig sind, die Frage, inwiefern die Universitäten stärker im Einführungsprogramm involviert sein sollten. Aktuell stellen die Universitäten nur etwa 10 % der Weiterbildungsangebote in der Berufseinführung, und teilweise sind Universitätsangehörige an der Ausbildung der Mentoren beteiligt. Die Autoren erachten es für die Ausrichtung und die Qualität des universitären Lehrangebots und der Berufseinführung als wichtig, dass es eine möglichst nahtlose Verbindung zwischen den beiden Bereichen bzw. Ausbildungsabschnitten und eine geteilte Verantwortung von Universität und Schulvertretern für jeden Bereich der Lehrerbildung gibt.

Deutschland: Als drittes nationales Beispiel soll vor dem Hintergrund der Ausführungen zu den USA und Schottland die Entwicklung der Organisation von Berufseinführungsprogrammen in Deutschland betrachtet werden: Die in den 1970er Jahren für Westdeutschland und in den 90er Jahren auch für die fünf neuen Länder etablierte Grundstruktur eines zweijährigen Berufseinführungsprogramms (Lenhard, 2004) kann im Rahmen eines internationalen Vergleichs auf den ersten Blick als ein einzigartiges Qualitätsmoment der deutschen Lehrerbildung erscheinen (OECD, 2004). Jedoch ist zu berücksichtigen, dass sich auch die Voraussetzungen der neuen Lehrkräfte, die in der akademischen Lehrerbildung erworben werden, unterscheiden und dass eine längere Dauer des Berufseinführungsprogramms nicht bedeuten muss, dass es im Gesamten der Lehrerbildung mehr Beratungsanlässe zur individuellen Unterrichtsentwicklung für die angehenden Lehrkräfte gibt.

Eine deutsche Besonderheit besteht darin, dass die Einführungsprogramme weder bei den Universitäten, noch bei den Schulen entstanden, sondern in den meisten Ländern an eigens eingerichteten Behörden unterhalb der Ministerien entwickelt wurden. Als das sogenannte Referendariat für Gymnasiallehrer in den letzten Jahrzehnten des deutschen Kaiserreichs eingeführt wurde (Merzyn, 2002), war der universitären Lehre ein handlungsbefähigender oder auch nur -reflektierender Praxisbezug weitgehend fremd. Universitäten waren noch nicht vollständig in die gesellschaftlichen Prozesse der Modernisierung und ökonomischen Effizienzsteigerung eingebunden, sondern ihre Stellung war derart unabhängig, dass eine berufsbefähigende Ausbildung nicht von ihnen eingefordert werden konnte. Die tragenden Einrichtungen der Einführungsprogramme wurden somit in Abgrenzung zu den Universitäten errichtet. Sie konnten sich zumindest bis in die 70er Jahre, und je nach Landesvorgaben für die akademische Lehrerbildung bis heute, als die wesentlichen Träger der gymnasialen Lehrerbildung betrachten. Als Symptom dafür kann gelten, dass ihre Leiter und zum Teil auch Fachabteilungsleiter von den Ministerien den Titel eines Professors erhielten und im Land Baden-Württemberg teilweise bis heute erhalten. Es entstanden – für die Gymnasiallehrerbildung – Einrichtungen, die komplementär zu den Universitäten arbeiteten, indem sie innerhalb von zwei Jahren aus fachlich gebildeten Akademikern, Lehrkräfte ausbildeten und damit eine für das Schulsystem unverzichtbare Arbeit leisteten. Mit Abstrichen und historischen Verschiebungen gilt dies auch für die anderen schulartbezogenen Lehrämter. Diese historische Genese der Trägerorganisationen zu den Berufseinführungsprogrammen erklärt zum Teil, warum eine Zusammenarbeit zwischen diesen und den Hochschulen bis heute selten ist (OECD, 2004). Beide Organisationen hatten und haben unterschiedliche Referenzsysteme mit unterschiedlichen Leitdifferenzen und Wegen der Anerkennung.

Welche Faktoren haben dazu geführt, dass dieses zweiphasige System derzeit in Frage steht (Terhart, 2008)? In einer bildungspolitischen Phase, in der evidenzbasiertes Entscheiden als Leitbegriff gilt, könnte man erwarten, dass es eine neue empirische Basis gibt, auf deren Grundlage Veränderungen diskutiert werden. In der Tat hat sich die empirische Basis zur Lehrerbildung und zum Lehrerhandeln allgemein verbreitert, aber aktuelle Prognosen zur Lehrerbildung lassen noch nicht erkennen, ob diese Basis in der Zukunft auch Entscheidungen über die Strukturen der Lehrerbildung beeinflussen wird (Czerwenka, 2008; Terhart, 2008). Derzeit basieren strukturelle Änderungen in Einführungsprogrammen in der Regel nicht auf einer wissenschaftlich abgesicherten empirischen Basis, sondern primär auf Prozessen der Internationalisierung bzw. des Politiktransfers innerhalb und zwischen Bildungssystemen sowie einem Abgleich von artikulierten Interessen angesichts der Ressourcenverknappung öffentlicher Haushalte. Diese Reformanlässe dringen auf Modernisierung im Sinne von ökonomischer Effizienzsteigerung. Dass dies allen Beteiligten klar ist, lässt sich daran erkennen, dass auch die Kritik von Reformen auf deren ökonomische Effizienz fokussiert. So wird verständlich, dass eine Reform nicht auf der Basis der Lernergebnisse bei den neuen Lehrkräften diskutiert wird, sondern vorranging auf der Basis ihrer Wirkungen auf Bürokratisierung oder Steigerung der Arbeitsbelastung für Ausbilder und Lehrkräfte (Rupp, 2008; GEW, 2007).

Als Beispiel für den Reformanlass Internationalisierung kann die Modularisierung des Berufseinführungsprogramms in Hessen (Rupp, 2008; Chroust, 2006) dienen. Diese wird damit begründet, dass sich durch die Einrichtung von Modulen die Studienseminare „europaweit als Anbieter von Leistungen in der Lehrerbildung etablieren“ können (Rupp, 2008, S. 233). Mit der Modularisierung wird der institutionelle Isomorphismus (DiMaggio & Powell, 2000) im Sinne eines Nachahmens der Strukturen des Hochschulsektors, wie sie in der Folge des Bologna-Prozesses ausgebildet wurden, zur Reformpraxis. Somit sollen die Studienseminare ein Jahrhundert nachdem sie als Gegenmodell zur universitären Lehrerbildung gegründet wurden hinsichtlich ihrer institutionalisierten Lernumgebungen den Hochschulen angeglichen werden. Berufseinführungsprogramme werden nun weniger als Gegenmodell zur didaktischen Konzeption der Universität gesehen, sondern als eine Auswahl weiterer Module, die flexibel in akademische Qualifizierungen eingebracht werden können. Nicht beantwortet werden kann zurzeit, inwieweit diese Reform eine höhere Adaptivität zu den Bedürfnissen der neuen Lehrkräfte erreicht, die sich (auch das wäre zu untersuchen) aufgrund einer umgestalteten Studienstruktur möglicherweise verändert haben.

Als Beispiel für Reformen, die vornehmlich der Logik knapper Ressourcen folgen, können die Verkürzungen von Berufseinführungsprogrammen in einer zunehmenden Zahl von Ländern dienen (jeweils aktueller Stand: http://www.bildungsserver.de/zeigen.html?seite=2521). Insbesondere die Gehaltsmonate, in denen beginnende Lehrkräfte ohne oder nur mit wenig bedarfsdeckendem Unterricht vergütet wurden, werden nun als unvergütete Praktika in universitäre Studiengänge verlegt. Dabei bleibt offen, ob diese Maßnahme zu einer Verbesserung oder Verschlechterung der Lehrerbildung führt. Es wird lediglich auch hier deutlich, dass bei aktuellen Reformen andere Begründungslinien als Evidenz im Sinne empirischer Analysen zur Qualität der Lehrerbildung leitend sind.

Sucht man nach Beispielen für ein empirisch abgesichertes Vorgehen bei der Reform von Berufseinführungsprogrammen, wird man eher in den 70er Jahren fündig. Höhn und Rauschenberger (1988) fassen die Modellversuchsforschung einer kurzen Epoche zusammen, in der sich die Lehrerbildung unter dem Anspruch der Verwissenschaftlichung konsolidierte und vielfältige neue Formen erprobt wurden. Letztlich war den auf diesem Wege entwickelten Projekten jedoch auch damals aus politischen oder finanziellen Gründen keine Dauer beschert. Ein typisches Beispiel evidenzbasierter Reform der Lehrerbildung repräsentiert die: „Analyse und Revision von erziehungs-, gesellschaftswissenschaftlichen und schulpraktischen Ausbildungsanteilen für den Lehrerberuf aufgrund einer empirischen Untersuchung über die pädagogische Ausbildung (der Zweiten Phase) im Vorbereitungsdienst“ (Bayer & Kolbe, 1975). Unter diesem Titel erschien Band 1 einer Materialreihe zum Modellversuch einphasige Lehrerbildung der Universität Oldenburg. Er enthält die Auswertung einer Umfrage zu Lerngelegenheiten und Inhalten der Lehrerbildung aus der Sicht von Lehrkräften im Berufseinführungsprogramm und Ausbildern. Solche empirischen Analysen, die auf die Probleme von Beteiligten zielen und die Beteiligte systematisch einbeziehen, um so eine Evidenz jenseits des finanzpolitischen und auf Internationalität gerichteten Modernisierungsanspruchs bereit zu stellen, haben für aktuelle Strukturreformen wenig erkennbare Bedeutung, wohl aber gibt es auch aktuell Evaluationsforschung, die im folgenden Abschnitt dargestellt werden soll.

4. Ansätze der Evaluationsforschung und Qualitätssicherung zu Berufseinführungsprogrammen

Ansätze der Evaluationsforschung und Qualitätssicherung lassen sich nach vielfältigen Kriterien unterscheiden (vgl. Kuper, 2005). Als Ordnungsprinzip soll im Folgenden die Frage dienen, auf welcher *Systemebene* Evaluationsforschung ansetzt und worin der *Gegenstand* von Qualitätssicherung besteht.

Als zugehörig zu einer obersten oder allgemeinsten Ebene können Evaluationsprojekte beschrieben werden, die Systemeigenschaften von und Beobachtungen zu unterschiedlichen Lehrerbildungssystemen vergleichen und dabei (zumindest auch) Berufseinführungsprogramme berücksichtigen. Von klassischen Studien in der Tradition der vergleichenden Erziehungswissenschaft (z.B. Hörner, Döbert, Kopp & Mitter, 2007), die aus der Perspektive einzelner Länderexperten geschrieben wurden und eine hauptsächlich ideographische Funktion erfüllen wollten, unterscheiden sich diese Studien durch eine stärker kontrollierte Datenerfassung und durch den Anspruch, eine Grundlage für Qualitätsdiskurse bereit zu stellen. Ein bereits erwähntes Beispiel ist die OECD-Studie TALIS (2009), die auf quantitativen Umfrageergebnissen zu Fragestellungen beruht, die von den Regierungen der Teilnehmerländer priorisiert und genehmigt wurden. Ein weiteres Beispiel bildet die EU-Studie zur Evaluation der Lehrerbildung (Eurydice, 2006). Bei dieser Studie werden ausschließlich offizielle Informationen direkt bei den Regierungen erfragt, dafür haben diese keinen Einfluss auf die Fragestellung, die relativ unabhängig, von der EU-Kommission, entwickelt wird. Auch wenn das Wissenschaftssystem bei diesen Evaluationsstudien nicht oder nicht allein steuernd ist, so können diese dennoch neue Forschungsergebnisse bereitstellen. Für TALIS wurde dies schon in der Einleitung gezeigt, für die EU-Studie zur Evaluation der Lehrerbildung (Eurydice, 2006) wird z.B. die für Qualitätsdiskurse wichtige Erkenntnis herausgearbeitet, dass die offiziellen Evaluationssysteme der Lehrerbildung in Europa in der Regel auf spezifische Abschnitte der Ausbildung bezogen sind und keine phasenübergreifende Perspektive eröffnen.

Einen in mehrfacher Hinsicht umfassenderen Anspruch setzt sich die IEA Untersuchung TEDS-M (*Teacher Education and Development Study: Learning to Teach Mathematics*) (Blömeke, Kaiser & Lehmann, 2010a, 2010b). Erstmals sollen hier am Beispiel eines Fachs die politisch gesetzten Rahmenbedingungen der Lehrerbildung, die intendierten und implementierten Curricula sowie die erzielten Kompetenzen bei Lehrkräften über Phasen hinweg aus unterschiedlichen Perspektiven erfasst und international verglichen werden (vgl. Blömeke, in diesem Band).

Auf der nächstfolgenden Ebene wenden sich Evaluationsstudien dem oder den Berufseinführungsprogramm(en) eines Bildungssystems zu. Auch hier können unterschiedliche Gegenstände in den Fokus der Evaluation gerückt werden. Beispielsweise widmet sich eine Evaluationsstudie aus Israel (Fresko & Nasser-Abu Alhija, 2009) der Frage nach der Differenz zwischen den offiziellen Regelungen eines Einführungsprogramms und der vorfindlichen Praxis. Methodisch gelingt dies, indem auf der Basis einer Dokumentenanalyse eine Umfrage bei Beteiligten entwickelt wird. So wird etwa nach der Umsetzung einer Regelung gefragt, die Unterrichtsbeobachtungen durch verschiedene Verantwortliche bei den neuen Lehrkräften vorschreibt. Einen davon unterschiedlichen Ansatz verfolgt die Evaluation des Berufseinführungsprogramms in Brandenburg (Schubarth, Speck & Seidel, 2007). Hier werden Einschätzungen der Beteiligten zur Umsetzungsqualität von Ausbildungsprozessen und erzielten Ergebnissen zum Ausgangspunkt der Evaluation. Die Untersuchung zielt darauf ab, im deskriptiven Vergleich der Einschätzungen zu unterschiedlichen Prozess- und Ergebnisdimensionen Stärken und Schwächen des Programms herauszuarbeiten. Durch den zusätzlichen Einsatz qualitativer Verfahren (Interviews und Gruppendiskussionen) werden zudem Verbesserungsvorschläge generiert.

Auf einer weiteren Ebene lassen sich Evaluations- und Qualitätssicherungsprojekte beobachten, die auf der Ebene der Trägerorganisationen von Berufseiführungsprogrammen ansetzen. Zu unterscheiden sind hier Untersuchungen, die in der Trägerorganisation gesteuert werden und solche mit externer Steuerung. Als Beispiel für eine umfangreiche *Selbst*evaluation kann die über mehrere Jahre angelegte systematische Selbstvergewisserung des Studienseminars Leer gelten (Sjuts & Ehring, 2007). Symptomatisch für die Selbstevaluation ist, dass hier ein größeres Gewicht auf die (materiellen, zeitlichen, administrativen und personalen) Bedingungen gelegt wird, die als Evaluationsgegenstand bei allen anderen Untersuchungen weniger Berücksichtigung finden. Aber auch die Einführung von konkreten Innovationen in der Ausbildung, wird durch die Selbstevaluation kritisch-konstruktiv begleitet. Der Ansatz *externer* Evaluation besteht darin, dass die einzelnen Organisationen auf der Grundlage von vorgegebenen Kriterien beurteilt werden. Die Pädagogischen Entwicklungsbilanzen an Studienseminaren in Hessen (Döbrich & Abs, 2008) sind ein Beispiel, in dem die Selbsteinschätzungen von Beteiligten als Indikatoren zu Prozess- und Ergebnismerkmalen betrachtet werden, auf deren Grundlage sodann Benchmarks im Sinne von Grenzwerten definiert werden, die bei der nächsten Befragung anzustreben sind.

Durch die Ermittlung von Grenzwerten ist die Evaluation in Maßnahmen der Qualitätsentwicklung eingebunden, denn das Nichterfüllen eines Grenzwertes bringt für die betreffende Trägerorganisation (hier: das Studienseminar) eine Verpflichtung zu dokumentierten Anstrengungen im betreffenden Bereich mit sich. Ein anderes Beispiel externer Evaluation stellen Akkreditierungen dar, die überprüfen, ob Berufseinführungsprogramme in konkreten Trägerorganisationen gewisse Mindestkriterien erfüllen, um als Wettbewerbsvorteil in der Konkurrenz mit anderen Trägerorganisationen ein bestimmtes Qualitätssiegel zu erhalten (NCATE, 2008).

Die hier vorgenommene Aufstellung zur Evaluationsforschung verweist auf einen Pluralismus der Ansätze in der Qualitätssicherung von Berufseinführungsprogrammen. Das soll jedoch nicht die großen inhaltlichen Gemeinsamkeiten unterschiedlicher Ansätze verdecken. Die Projekte des letzten Jahrzehnts greifen vielfach direkt oder in Abwandlungen auf die Konzeption von Lerngelegenheiten und Kompetenzen in der Lehrerbildung durch Fritz Oser (2001) zurück, wodurch teilweise eine Vergleichbarkeit von Ergebnissen erreicht wird. So ist z.B. der Befund mehrfach repliziert, dass diagnostische Kompetenzen von Lehrkräften am Ende der Ausbildung weniger ausgeprägt sind als Kompetenzen in der Organisation von Unterricht (Abs 2006; Schubarth, Speck & Seidel, 2007). Bislang nicht erforscht wurde die Frage, unter welchen Bedingungen Evaluationsprojekte zu den vorgeblichen Zielen der Qualitätssicherung von Berufseinführungsprogrammen beitragen.

5. Forschung zur Arbeit von Lehrerbildnern

Von den unterschiedlichen konstitutiven Komponenten, aus denen Berufseinführungsprogramme zusammengesetzt sind, wurde die Arbeit der Lehrerbildner bislang am intensivsten erforscht. In Deutschland lassen sich zwei Gruppen von Lehrerbildnern unterscheiden. Eine Gruppe stellen die Ausbilder dar, die an den schulexternen Trägerorganisationen der Programme beschäftigt sind und angehende Lehrer durch Unterrichtsbesuche und Beratung betreuen. Die Angehörigen dieser Gruppe werden als Fachleiter, Lehrbeauftragte an Studienseminaren oder Ausbildungsleiter bezeichnet; sie sind in der Regel auch für die Gestaltung von Einführungsveranstaltungen und (fach-)didaktischen Kursen verantwortlich. Die andere Gruppe umfasst die begleitenden Lehrkräfte in der jeweiligen Schule der beginnenden Lehrer. Die Angehörigen dieser Gruppe werden als Mentoren, Kontaktlehrer oder Ausbildungslehrer bezeichnet; sie sind erste Ansprechpartner für Hospitationen und Anfragen der neuen Lehrkräfte im Schulalltag. Während man Anfang des vergangenen Jahrzehnts noch feststellen konnte, dass wir über kaum Forschung zu den Lehrerbildnerinnen verfügen (Criblez, 2001; Fried, 2003), sind in den vergangenen Jahren auch deutschsprachige Studien erschienen, die hier exemplarisch vorgestellt und durch einen Blick in die internationale Forschung ergänzt werden sollen.

Eine frühe Tradition der Auseinandersetzung mit der Arbeit von Lehrerbildnern findet sich in der Reflexion eigener Praxis durch die Ausbilder selbst. Als wissenschaftlich kann eine solche Auseinandersetzung insofern bezeichnet werden, als sie systematisch vorgeht, allgemeine Problemzusammenhänge herausarbeitet, versachlicht und so der weiteren Bearbeitung zugänglich macht. Die Begrenzung dieses Ansatzes liegt jedoch in der Schwierigkeit, über die eigene Perspektive hinauszukommen. So zeigt z.B. Lenhardt (2004) auf, dass die Spannung zwischen Beraten und Bewerten, die in der Rolle der Ausbilder angelegt ist, reflexiv eingeholt werden kann. Jedoch kann diese Reflexion zwei Dinge nicht leisten. Erstens wird nicht abgesichert, wie konkrete Ausbilder in der Regel diese Rollenpluralität gewichten, zweitens kann nicht ermittelt werden, welche konkreten Strategien Ausbildern optimal helfen, ihrer Doppelrolle gerecht zu werden und unter welchen Rahmenbedingungen und individuellen Voraussetzungen produktives Rollenverhalten wahrscheinlich wird. Zur ersten Frage erbringt die Untersuchung von Schubarth, Speck und Seidel (2007) für Brandenburg das Ergebnis, dass nur ein Drittel der Ausbilder die Beurteilung der neuen Lehrkräfte als wichtigen Teil ihrer Aufgabe sieht, wohingegen 95 % es als wichtig erachten, deren Selbstständigkeit zu fördern. Das heißt, die Spannung wird in der Gewichtung durch die Ausbilder, zumindest in deren Perspektive laut Selbstauskunft zu Gunsten eines der Pole aufgelöst.

Zur zweiten Frage nach den optimalen Strategien in der Ausbildertätigkeit liegt zu deutschen Berufseinführungsprogrammen noch keine Forschung vor. Wohl aber liegen Untersuchungen vor, die die Rahmenbedingungen für die Arbeit von Lehrerbildnern erfassen, wie Walke (2004) dies für die Gruppe der Ausbilder über verschiedene deutsche Länder hinweg getan hat. Dabei zeigt sich die Schwierigkeit einer vergleichenden Betrachtung, da die konkreten Vorgaben der statistischen Erfassung zwischen den Ländern nicht harmonisiert sind. So unterscheiden sich z.B. die Vorschriften, nach denen das Zahlenverhältnis Teilnehmer-Ausbilder bestimmt wird, zwischen denjenigen Ländern, die überhaupt Informationen dazu bereitstellen. Wegen der noch stärker heterogenen Informationsgrundlage erschien eine systematische Darstellung für die Gruppe der Mentoren nicht möglich. Der Fortschritt, der im Bereich der Schulstatistik im vergangenen Jahrzehnt in diesem Punkt zu verzeichnen ist, steht im Bereich der Berufseinführungsprogramme für Lehrkräfte noch aus. So lässt sich als Verallgemeinerung vor allem ableiten, dass Unterschiede und Gemeinsamkeiten hinsichtlich Auswahl, Qualifizierung, Aufgabenbeschreibung, Ausstattung und Ausmaß der Lehrverpflichtung über Landesgrenzen hinweg als ungeklärte Vorannahme in Untersuchungen und Interpretationen eingehen, wenn die Arbeitsbedingungen der Ausbildung nicht selbst Teil der Untersuchung sind und berücksichtigt werden. So ist es beispielweise ein wichtiger Hintergrund zur Interpretation der oben dargestellten Rollenauffassung der brandenburgischen Ausbilder, ob diese vor Beginn ihrer Tätigkeit in Bezug auf Beurteilung und Begleitung von neuen Lehrkräften qualifiziert wurden oder nicht. Schubarth, Speck und Seidel (2007) können zeigen, dass in der Regel keine Qualifizierung der Ausbilder vor Beginn der Tätigkeit erfolgt und dass diese auch während der Tätigkeit nur in sehr geringem Umfang angeboten wird. Vor diesem Hintergrund kann es nicht überraschen, dass die Arbeitsweisen von Ausbildern weitgehend auf den vorhandenen Lehrerkompetenzen aufbauen und sich idiosynkratrisch entwickeln. Allenfalls auf der Ebene einzelner Standorte bilden sich regionale Traditionen, wie Strietholt und Terhart (2009) am Beispiel der Beurteilungsverfahren für angehende Lehrkräfte zeigen.

Ein weiterer Forschungsansatz zu den Lehrerbildnern in Berufseinführungsprogrammen besteht darin, deren Einstellungen in Teilgruppen oder mit anderen Gruppen zu vergleichen. So vergleichen z.B. Felbrich, Müller und Blömeke (2008) Lehrerbildner, die in der Studienphase an Universitäten eingesetzt sind, mit Ausbildern im Berufseinführungsprogramm und mit neuen Lehrkräften. Inhaltlich geht es dabei um die Bedeutung, die die unterschiedlichen Befragtengruppen verschiedenen Abschnitten der Ausbildung sowie fachinhaltlichen, didaktischen und erziehungswissenschaftlichen Konzepten im Hinblick auf den Mathematikunterricht beimessen. Abs (2005) vergleicht Ausbilder, Mentoren und neue Lehrkräfte; inhaltlich wird der Frage nachgegangen, wie sich die Gruppen in der Bewertung ihrer Arbeit und anderer Qualitätsaspekte im Verlauf des Berufseinführungsprogramms unterscheiden. Durch solche Arbeiten können Hypothesen generiert und teilweise überprüft werden, an welchen Stellen der Ausbildung Lehrkräfte mit inhaltlichen Brüchen und Entwertungen von anderorts Gelerntem konfrontiert werden.

Was hingegen die Qualität der Tätigkeit von Lehrerbildnern ausmacht und wodurch Ausbilder und Mentoren potenziell wirksam werden, wird in der internationalen Forschung eher als Thema gesehen als in der deutschen (Wang, Odell & Clift, 2010). Dabei liegt das Schwergewicht auf der Arbeit von Mentoren. Forschung zu Lehrerbildnern, die schulübergreifend tätig sind, wird weniger zum Thema, was daran liegt, dass im internationalen Bereich exakt strukturäquivalente Positionen zu den deutschen Ausbildern in den Berufseinführungsprogrammen anderer Bildungssysteme nicht zu finden sind: So diskutieren etwa Butcher und Mutton (2006), inwiefern die Aufgabe von schulübergreifenden Lehrerbildnern eher in einem Mentoring für Mentoren oder in der Qualitätssicherung von Mentorenarbeit bestehen sollte, und signalisieren damit ein Aufgabenverständnis, das von der aktuellen Situation in den deutschen Ländern deutlich verschieden ist und von anderen institutionellen Grundvoraussetzungen ausgeht, nämlich, dass Kontaktzeiten zwischen Mentoren und Ausbildern vorgesehen sind und dass diese qualifiziert werden. Dagegen ist die Aufgabe der Mentoren international eher vergleichbar, wie aus vielfältigen Forschungen zu einzelnen Komponenten der Mentorentätigkeit hervorgeht. So beschäftigen sich z.B. Davis und Higdon (2008) mit den unterschiedlichen Feldern der Unterstützung durch Mentoren, wie Unterstützung beim Auffinden von Unterrichtsmaterial, in der Unterrichtsplanung, in der Beurteilung von Schülerleistungen, in der Einführung von Unterrichtsmethoden, im Umgang mit Heterogenität, im Klassenmanagement, oder in der Elternarbeit, die einem Bedarf bei Berufsanfängern entsprechen, der nicht spezifisch für ein Bildungssystem ist. Harrison, Lawson und Wortley (2005) untersuchen, wie in einem Training unterschiedliche Strategien, mit denen Mentoren die Reflexion von neuen Lehrkräften zu deren Unterricht anregen sollen, vermittelt werden können. Die Beobachtung und anschließende Beratung über Unterricht lässt sich als professioneller Kern der Arbeit von Mentoren begreifen; deshalb verdient diese Tätigkeit besondere Aufmerksamkeit. Hennissen, Crasborn, Brouwer, Korthagen & Bergen (2008) stellen auf der Grundlage einer Literaturanalyse vier unterschiedliche Stile der Mentorenarbeit im Sinne von differierenden Beratungsverständnissen dar, die nach den Dimensionen Direktivität vs. Nicht-Direktivität und Reaktivität vs. Impulssetzung durch den Mentor unterschieden werden. In nachfolgenden Analysen konnten diese Stile auch empirisch nachgewiesen werden (Hennissen, Crasborn, Brouwer, Korthagen & Bergen, 2009). Allerdings fehlt es bislang an Untersuchungen zur differenziellen Wirksamkeit unterschiedlicher Beratungsverständnisse.

Obwohl nach wie vor ein Mangel an Forschung zur Wirksamkeit der Mentorentätigkeit in Bezug auf Schülerleistungen festzustellen ist (Hobson, Ashby, Malderez & Tomlinson, 2009), lassen sich inzwischen einige wenige, dafür aber umfangreiche Studien nennen, die sich mit diesem Thema befassen. In ihrem Forschungsüberblick gehen Ingersoll und Strong (2011) auf insgesamt 15 empirische Studien zu Effekten von Einführungsprogrammen bzw. Mentoring ein. Fünf dieser Studien untersuchen Auswirkungen auf Schülerleistungen (Thompson, Paek, Goe & Ponte, 2004; Rockoff, 2008; Fletcher, Strong & Villar 2008; Fletcher & Strong, 2009; Glazerman et al., 2010). Die Mehrzahl der Studien findet positive Effekte von Mentoring auf Schülerleistungen. Allerdings liegt nur der Studie von Glazerman et al. (2010) ein randomisiertes Design zugrunde, so dass Effekte des Mentoring auf Schülerleistungen im Sinne von Kausalzusammenhängen berichtet werden können.

Eine Reihe von Studien beschäftigt sich mit Wirkungen des Ausbilder- bzw. Mentorenhandelns auf Einstellungen, Überzeugungen oder Kompetenzen beginnender Lehrkräfte. So untersuchen Steinmann und Oser (2012) anhand von angehenden schweizerischen Grundschullehrern aus TEDS-M, ob das Ausmaß der geteilten Überzeugungen zu Lehren und Lernen, dem Erwerb mathematischer Kompetenz und der «Philosophie» des Faches Mathematik von Lehrerbildnern, die Übernahme solcher Überzeugungen angehender Mathematiklehrkräfte beeinflusst. Sie konnten zeigen, dass es erstens wenig geteilte Überzeugungen zwischen Lehrerbildnern gibt und zweitens angehende Mathematiklehrkräfte ihre Überzeugungen eher von Fachdozenten in Mathematik bzw. Mathematikdidaktikern übernehmen als von Fachdozenten in den Bildungswissenschaften und Lehrern in der Schulpraxis. In einer quasi-experimentellen Studie untersuchen

Kreis und Staub (2012) die Wirkung eines Trainings zu Fachspezifischem Unterrichtscoaching und Mathematikdidaktik für Praxislehrer auf die von ihnen betreuten angehenden Mathematiklehrkräfte. Sie können zeigen, dass die angehenden Lehrkräfte der Experimentalgruppe im Vergleich zur Kontrollgruppe signifikant höhere Ergebnisse in Bezug auf die Qualität des Unterrichtens und die Häufigkeit selbst- und fremdberichteter Lernereignisse in Unterrichtsbesprechungen aufweisen. Darüber hinaus gibt es einzelne Untersuchungen, die die Bedeutsamkeit von Mentoring für Ausbildungserfolg im Hinblick auf andere Indikatoren nachweisen. So können Smith und Ingersoll (2004) für die USA zeigen, dass die Betreuung durch einen Mentor mit gleichem Unterrichtsfach wie die neue Lehrkraft die Wahrscheinlichkeit erhöht, dass diese nach Durchlaufen des Einführungsprogramms den Beruf nicht verlässt. Zu dem gleichen Ergebnis gelangen auch DeAngelis, Wall und Che (2013). Zusätzlich gehen sie der Frage nach, ob es Interaktionseffekte zwischen der selbsteingeschätzten Qualität der Lehrerausbildung und der Qualität von bzw. dem Zugang zu Mentoring bzw. Einführungsangeboten im ersten Berufsjahr gibt und wie sich diese auf die Verbleiberate von neuen Lehrpersonen auswirken. Ihre Daten weisen auf nicht-lineare Zusammenhänge zwischen Lehrerausbildung, Mentoring und Einführungsangeboten hin: umfassendes Mentoring und Einführungsangebote moderieren den negativen Einfluss einer als schlecht eingeschätzten Lehrerausbildung auf die Verbleiberate. Für Deutschland verweist die gemischte Evidenz, die bei einzelnen Bildungsgängen positive Effekte von Mentoring auf selbsteingeschätzte Kompetenzen zeigt und für andere nicht, darauf, dass es im Rahmen zukünftiger Forschung wichtig sein wird, genauer zu erfassen, wie und unter welchen Rahmenbedingungen Mentoren welche ihrer Aufgaben ausfüllen (Abs, 2006). Einen ersten Schritt in Richtung einer differenzierteren Erfassung der Mentorenintervention und ihrer Bedeutung gehen Richter, Kunter, Klusmann, Lüdtke & Baumert (2009), indem sie zwischen den Effekten von unterrichtsbezogener Unterstützung und allgemeiner persönlicher Unterstützung unterscheiden. Nur die allgemein persönliche Unterstützung habe einen positiven Effekt auf die berufliche Selbstwirksamkeit, während sich sowohl unterrichtsbezogene Unterstützung als auch allgemeine persönliche Unterstützung reduzierend auf das Belastungserleben auswirke. Neben den Mentoren findet sich in den USA auch Forschung zur Gruppe der Schulleiter (Wynn & Brown, 2008; Cherian & Daniel, 2008; Correa & Wagner, 2011; Walker & Slear, 2011; Hirsch, Sioberg & Dougherty, 2011; Kono, 2012, Morris & Morris, 2013). Diese spielen anders als in Deutschland eine bedeutendere Rolle in der Einführung von Berufseinsteigern, da Sie in einem sehr viel stärkeren Maße für die Gestaltung und Implementierung von Berufseinführungsprogrammen an ihren Schulen verantwortlich sind. Zudem lassen sich seit einiger Zeit neue Erwartungen an die Rolle des Schulleiters feststellen, der im Sinne eines instructional leaders» statt eines bloßen Managers positiv Einfluss auf Lehrerwirksamkeit und Schülerleistungen nehmen soll (Silins & Mulford, 2004; Simpson, LaCava & Graner, 2004). In diesem Zusammenhang wird auch die Rolle der Schulleiter im Prozess der Berufseinführung untersucht (Correa & Wagner, 2011; Morris & Morris, 2013), oder Bedürfnisse von Schulleitern und Berufseinsteigern gegenüberstellt (Kono, 2012).

6. Intendierte und realisierte Ergebnisse

Der Nachweis der Wirkung von Berufseinführungsprogrammen findet seine Grenzen an den realisierbaren Forschungsdesigns (z.B. Querschnitt mit Kohortenvergleich statt individuelle Längsschnitte), an der Diversität der Programme, an der nicht zureichenden Operationalisierung der potenziell wirksamen Bedingungen, und schließlich in der Beschränkung auf einzelne Unterrichtsfächer, Bildungsgänge und Länder (vgl. Hascher in diesem Band). Solche Grenzen lassen eine Interpretation in Bezug auf die Gestaltung von Lehr-Lernarrangements oft schwierig erscheinen. So kann zum Beispiel für das Fach Mathematik der Befund festgehalten werden, dass Lehrpersonen in Grund-/Haupt- und Realschulbildungsgängen unabhängig von den einbezogenen unterschiedlichen Ausbildungsstrukturen und unabhängig von der unterschiedlichen Dauer des Berufseinführungsprogramms mehr erziehungswissenschaftliches Wissen zeigen als Lehrkräfte, die für die Tätigkeit im Gymnasium ausgebildet wurden (Felbrich et al., 2008). Da das Design keine Kontrolle sich möglicherweise kompensierender, spezifischer Bedingungen in einzelnen Ländern erlaubt, bleibt offen inwiefern konkrete Merkmale einzelner Berufseinführungsprogramme wirksam sind, oder ob als Ursache für die Ergebnisse die Selbstselektion der Bewerber und eine lehramtsspezifische Sozialisation angenommen werden müssen.

Ein Forschungsdesiderat stellt der Nachweis der Bedeutung von institutionellen Unterschieden in Berufseinführungsprogrammen dar. Entsprechend wäre zu fragen, wie deutlich Unterschiede in Merkmalen wie beispielsweise Länge, Modularisierung, Anzahl von Unterrichtsbesuchen mit Beratung, und Unterrichtsverpflichtung der neuen Lehrkraft ausgeprägt sein müssen, damit sich diese auf Ergebnisse auswirken. Blömeke, Felbrich & Müller (2008) zeigen in Hinblick auf das mathematikdidaktische und mathematische Wissen, dass zwar sowohl für das Universitätsstudium als auch für die Berufseinführungsprogramme signifikante Zuwächse nachgewiesen werden können. Allerdings gelingt es nicht, die Leistungszuwächse auf institutionelle Merkmale der Berufseinführungsprogramme zurückzuführen.

Anderson-Park (in Vorb.) untersucht in einer Sekundäranalyse am Beispiel der Modularisierung der zweiten Phase der Lehrerbildung in Hessen (Abs, Döbrich, Gerlach-Jahn & Klieme, 2009), die Auswirkung von Strukturänderungen auf Bildungsangebote und deren Nutzung und in einem zweiten Schritt auf Bildungsergebnisse in Form von selbsteingeschätzten Kompetenzen von Lehrern im Vorbereitungsdienst. Die Systematisierung von Bedingungen und Effekten erfolgt hier im Rahmen eines Input-Prozess-Output-Modells, das mit dem Angebots-Nutzungs-Paradigma verknüpft wird. Die Ergebnisse zeigen einen positiven Zusammenhang zwischen einerseits der Nutzungsintensität von Lerngelegenheiten sowie den bereits absolvierten Phasen der Ausbildung und andererseits der selbsteingeschätzten Unterrichtskompetenz. Die Intensität der Nutzung von Lerngelegenheiten wird zum einen durch die Modularisierung, durch Merkmale der Mentoren- und Ausbilderqualität sowie den Gebrauch von Lernstrategien erhöht. Weiterhin zeigen sich positive indirekte Effekte des institutionalisierten Angebotes und der Modularisierung über die Nutzungsintensität von Lerngelegenheiten auf die selbsteingeschätzte Kompetenz.

Keller-Schneider (2012) untersucht anhand längsschnittlicher Daten, die im Rahmen einer Evaluationsstudie der Berufseinführungsprogramme im Kanton St. Gallen erhoben wurden, unter anderem die Zusammenhänge von individuellen und sozialen Ressourcen und Kompetenzerleben. Sie kann zeigen, dass die als aktivierbar wahrgenommenen sozialen Ressourcen, Selbstwirksamkeitserwartung und aufgabenorientiertes Coping das Kompetenzerleben am Ende des ersten Jahres erhöhen, während es durch Belastung und emotionsorientiertes coping beeinträchtigt wird. Eine Vergleichsgröße zur selbsteingeschätzten Kompetenz angehender Lehrpersonen als objektives Kriterium in Form eines externen Assessments einzubeziehen, leisten beispielsweise der Mehrkohorten-Längsschnitt COACTIV-Referendariat: Kompetenzerwerb von Lehramtskandidatinnen und -kandidaten im Vorbereitungsdienst (COACTIV-R) (Kunter et al., 2011; Richter, Kunter, Lüdtke, Klusmann & Baumert, 2011) und die bereits erwähnte Untersuchung TEDS-M. Der Forschungsschwerpunkt von COACTIV-R liegt auf der Entwicklung von professioneller Kompetenz und Handlungsfähigkeit von LehramtsanwärterInnen. Die Studie begleitet angehende Lehrpersonen vom Vorbereitungsdienst bis in den Berufseinstieg. Neben der Erfassung des Fachwissens und fachdidaktischen Wissens, wurde ein Test zur Erfassung pädagogisch-psychologischen Wissens entwickelt. Auf der Grundlage einer Stichprobe deutscher und

U.S.-amerikanischer angehender Mathematiklehrer aus TEDS-M untersuchen König, Kaiser und Felbrich (2012) den Zusammenhang zwischen selbsteingeschätzter Unterrichtskompetenz und einem Wissenstest, der das pädagogische Wissen in Bezug auf Unterrichten misst. Obwohl Personen mit höherem Testergebnis überzeugt sind gründlicher auf ihre zukünftige Aufgabe des Unterrichtens vorbereitet zu sein, zeigt sich keine Korrelation zwischen der selbsteingeschätzten Unterrichtskompetenz und dem Testergebnis des Wissenstests.

Die Frage nach dem Erfolg von Berufseinführungsprogrammen verweist – dies wird angesichts der bestehenden Forschung deutlich – auf sowohl (forschungs-)pragmatisch als auch normativ bedingte Entscheidungen zu den Erfolgskriterien. Die Länder in der Bundesrepublik Deutschland haben für ihren Bereich Kriterien politisch definiert (KMK, 2004; KMK, 2008; Terhart, 2005). Damit werden Erfolgsmaßstäbe vorgegeben, die nicht nur einen Bezugspunkt für die oben berichteten Evaluationsprojekte in einzelnen deutschen Ländern darstellen, sondern auch konzeptionelle Debatten auslösten (Reh, 2005; Blömeke, 2006) und explizit zum Gegenstand von empirischen Forschungsprojekten wurden (Gröschner, 2009; Gröschner & Nickelaussen, 2008). Zu beachten ist, dass Standards als solche noch wenig darüber aussagen, wie ihre Implementation gemessen werden soll: Einzelne Indikatoren wurden bereits in diesem Beitrag benannt: Verbleib im Beruf, Selbstwirksamkeit, Belastung, Kompetenzeinschätzung zum eigenen Lehrverhalten, Wissen, Schülerleistung. Weiterhin sind Lerngelegenheiten zum Erwerb von standardbezogenen Kompetenzen, Einschätzung ihrer Bedeutsamkeit und der Absicht, sie nach Abschluss der Ausbildung zu beachten, Selbsteinschätzung der Fähigkeit, Standards im Beruf umzusetzen, Wissenstest zu Standardinhalten und schließlich Noten in Staatsexamina zu erwähnen. Frey (2008) listet 47 teilweise umfangreiche Instrumente auf, die sämtlich vor der Veröffentlichung der KMK-Standards erarbeitet wurden, die aber gleichwohl alle in einem inhaltlichen Bezug zu diesen gesehen werden können. Sie dokumentieren in gewisser Weise, dass auch die Inhalte der KMK-Standards eine gewichtete Auswahl aus unterschiedlichen Forschungstraditionen darstellen. Insgesamt hat sich so ein breiter Diskurs zu Lehrerkompetenzen und ihrer Messung entwickelt (vgl. die Beiträge von Frey und Maag Merki & Werner, in diesem Band).

Aus der Perspektive der Forschung zu Berufseinführungsprogrammen bleiben angesichts dieser Vielfalt allerdings zwei Fragen offen: 1. Wie ist die Auswahl eines Kriteriums und Messverfahrens zu begründen? 2. Welche Kriterien, die in der internationalen Forschung Berücksichtigung finden, werden in der deutschsprachigen Forschung nicht berücksichtigt?

In der Beantwortung der *ersten Frage* konkurrieren verschiedene Logiken. Neben einer Logik, die Kriterien aus wissenschaftlichen Theorien abgeleitet sehen möchte, bestehen spezifische Logiken angewandter Forschung: Folgt man der Logik von Kirkpatrick (2006), gibt es eine Hierarchie von Kriterien, deren Aussagekraft sich reziprok zu ihrer Nähe zur Intervention verhält. Demnach wäre es ein erstes, aber letztlich wenig aussagekräftiges Kriterium, ob ein Berufseinführungsprogramm korrekt implementiert wurde, sodann, ob es auf Akzeptanz bei den unmittelbaren Adressaten stieß, weiterhin ob es Veränderung bei seinen Adressaten in Wissen und darüber hinaus im Handeln bewirkt hat und schließlich als ultimatives Kriterium, ob durch das Programm die gewünschten Veränderungen bei der Zielgruppe erreicht wurden, auf die sich die Aktivitäten der Adressaten richten. Man wird dann pragmatisch, d.h. je nach den zur Verfügung stehenden Ressourcen und nach dem schon vorhandenen Wissen zu bestehenden Problemlagen entscheiden, bei welchem Kriterium man ansetzt.

Neben diesem formalen Ansatz, ist es ein Kennzeichen angewandter Forschung, Projekte spezifischer von dem unmittelbaren Zweck eines Berufseinführungsprogramms ausgehend zu konzipieren. Die Zwecke können jedoch je nach Bildungssystem und aktuellen Herausforderungen verschieden sein, wodurch erklärt wird, dass die Kriterien sich zwischen Ländern und im Verlauf der Zeit unterscheiden. Z.B. ist es in den USA in der Situation einer hohen Abwanderung aus dem Lehrberuf sinnvoll, zunächst auf die Verbleibrate zu schauen. Entsprechend wäre es in einer Situation, in der es einen starken Wettbewerb von Bewerbern um Lehrerarbeitsplätze gibt, wichtig, als ein Kriterium einzubeziehen, ob das Berufseinführungsprogramm dazu beiträgt, besonders geeigneten Lehrkräften einen Zugang zum Beruf zu ermöglichen. Von daher wird in Deutschland in den kommenden Jahrzehnten, in denen es aus demographischen Gründen voraussichtlich zu einem Abbau von Lehrerstellen kommen wird, wichtig sein, die Bewertungsverfahren und die Benotung am Ende des Berufseinführungsprogramms als Kriterien mit einzubeziehen, wie dies beispielsweise aktuell in einem neuseeländischen Forschungsprojekt getan wird, welches die persönlichen Beurteilungskriterien für das Bestehen der Lehrbefähigung durch Mentoren und Prüfende untersucht. Haigh, Ell, Grudnoff & Mackisack (2013) ließen Mentoren und Prüfende 20 Fragen formulieren, die sie stellen würden, um herauszufinden, ob eine angehende Lehrperson gemessen an ihrem professionellen Entwicklungsstand bereit ist zu unterrichten. Die gestellten Fragen konnten den zwei groben Dimensionen „persönliche Merkmale" und „professionelles Handeln" zugeordnet werden, welche sich jeweils wieder in drei Unterdimensionen aufspalten. In einer folgenden Studie wurden Prüfern und Mentoren Fall-Vignetten von fiktiven angehenden Lehrkräften vorgelegt, die jeweils so konstruiert waren, dass bei der fiktiven Person nur eine der beiden Hauptdimensionen stark ausgeprägt war, während sie auf der anderen Dimension große Schwächen aufwies. Die Forschergruppe konnte zeigen, dass die Prüfenden und Mentoren sowohl sehr unterschiedlich starke Präferenzen für bestimmte Dimensionen, als auch Unterschiede in der Wichtigkeit der Dimension für ein Bestehen zeigten. D.h. dieselbe fiktive Person wurde von einem Prüfenden als fähig für den Lehrberuf eingeschätzt, während sie bei einem anderen durchfiel.

Weiterhin ist zu untersuchen, wie sich das Kriterium Abschlussnote zu anderen wissenschaftlich begründeten Kriterien verhält. Schließlich ist für die Karrierechancen von Lehrkräften schon heute die Note am Ende der Ausbildung das wichtigste Kriterium.

Die *zweite Frage* nach Erfolgskriterien, die exklusiv außerhalb des deutschen Sprachraums in wissenschaftlichen Untersuchungen berücksichtigt wurden, kann dazu beitragen, das Reservoir an Ideen für Erfolgskriterien in künftiger Forschung zu erweitern. Sie schließt an die Beantwortung der ersten Frage insofern an, als die Verwendung von divergenten Kriterien in Forschungsprojekten auch auf andere kulturelle Problemlagen verweisen kann, und somit darauf, dass die Erfüllung anderer oder weiterer Zwecke von den Programmen erwartet wird. Dabei kann jeweils die Frage gestellt werden, inwiefern diese auch für den deutschsprachigen Raum in Zukunft Relevanz beanspruchen werden. Vor diesem Hintergrund gewinnen eine Reihe von Studien in den USA Bedeutung, die unter sozialer Kompetenz von Lehrkräften im Kern mehr verstehen als die Beachtung von Regeln und die Fähigkeit zum Abgleich von Interessen sowie zur Kommunikation und stattdessen sozial-ethische Gesichtspunkte aufgreifen. So wird der Frage nachgegangen, inwiefern Lerngelegenheiten in Bezug auf soziale Gerechtigkeit in Lehrerbildungsprogrammen vorhanden sind (McDonald, 2005) und in welcher Weise Gerechtigkeits- und Chancengleichheitsüberzeugungen erlernbar bzw. veränderbar sind (Cochran-Smith, Ludlow, Ell, O'Leary & Enterline, 2012), inwieweit eine Vorbereitung auf die Tätigkeit in Schuldistrikten mit extremer sozialer Benachteiligung erfolgt (Schultz, Jones-Walker & Chikkatur, 2008) oder inwieweit sich ethische Urteilsdispositionen bei neuen Lehrkräften verändern (Cummings, Harlow & Maddux, 2007; Johnson & Reiman, 2007). Daran gemessen scheint die Ethik des Lehrerhandelns als Gegenstand deutschsprachiger Forschung zu Berufseinführungsprogrammen nicht repräsentiert zu sein.

Literatur

Abbott, L., Moran, A. & Clarke, L. (2009). Northern Ireland beginning teachers' experiences of induction: the 'haves' and the 'have nots'. *European Journal of Teacher Education, 32*(2), 95-110.

Abraham, M. & Büschges, G. (2004). *Einführung in die Organisationssoziologie.* Wiesbaden: VS Verlag.

Abs, H.J. (2005). Lehrerbildner im Vorbereitungsdienst. *Journal für Lehrerinnen- und Lehrerbildung, 5*(4), 21-31.

Abs, H.J. (2006). Zur Bildung diagnostischer Kompetenz in der zweiten Phase der Lehrerbildung. In C. Allemann-Ghionda & E. Terhart (Hrsg.), *Kompetenz und Kompetenzentwicklung von Lehrerinnen und Lehrern: Ausbildung und Beruf* (51. Beiheft der Zeitschrift für Pädagogik) (S. 217-234). Weinheim: Beltz.

Abs, H.J., Döbrich, P., Gerlach-Jahn, A. & Klieme, E. (2009). *Pädagogische Entwicklungsbilanzen an Studienseminaren. Auswahl und statistische Analyse der Erhebungsinstrumente* (Materialien zur Bildungsforschung, Bd. 22). Frankfurt: Deutsches Institut für Internationale Pädagogische Forschung.

Anderson-Park, E. (in Vorbereitung). Zur Bedeutung von Veränderungen der Lernumgebung auf der Makroebene des Bildungssystems. Eine Analyse der Effekte der Modularisierung hessischer Studienseminare auf Bildungsprozesse und -ergebnisse in der zweiten Phase der Lehrerbildung. Dissertation.

Avenarius, H. & Heckel, H. (2000). *Schulrechtskunde: Ein Handbuch für Praxis, Rechtsprechung und Wissenschaft.* Neuwied: Luchterhand.

Bayer, M. & Kolbe, M. (1975). *Analyse und Revision von erziehungs-, gesellschaftswissenschaftlichen und schulpraktischen Ausbildungsanteilen für den Lehrerberuf aufgrund einer empirischen Untersuchung über die pädagogische Ausbildung (der Zweiten Phase) im Vorbereitungsdienst. Abschlussbericht eines Forschungsvorhabens.* Oldenburg: Zentrum für pädagogische Berufspraxis.

Becker, C. (2010). Traineeprogramm. In R. Bröckermann & M. Müller-Vorbrüggen (Hrsg.), *Handbuch Personalentwicklung* (3. Auflage) (S. 339-350). Stuttgart: Schäffer-Poeschel.

Blömeke, S. (2006). KMK-Standards für die Lehrerbildung in Deutschland. Ein Kommentar. *Journal für Lehrerinnen- und Lehrerbildung, 6*(1), 25-33.

Blömeke, S., Felbrich, A. & Müller, Ch. (2008). Erziehungswissenschaftliches Wissen am Ende der Lehrerausbildung. In S. Blömeke, G. Kaiser & R. Lehmann (Hrsg.), *Professionelle Kompetenz in Lehrerbildung und Lehrerberuf. Wissen, Überzeugungen und Lerngelegenheiten deutscher Mathematikstudierender und -referendare. Erste Ergebnisse zur Wirksamkeit der Lehrerausbildung* (S. 195-218). Münster: Waxmann.

Blömeke, S., Kaiser, G. & Lehmann, R. (Hrsg.) (2010). *TEDS-M 2008 – Professionelle Kompetenz und Lerngelegenheiten angehender Mathematiklehrkräfte für die Sekundarstufe I im internationalen Vergleich.* Münster: Waxmann.

Bosse, D. (2012). Zur Reform der Lehrerbildung in Deutschland, Österreich und der Schweiz. Situations- und Problemanalyse. In D. Bosse, L. Criblez & T. Hascher (Hrsg.), *Reform der Lehrerbildung in Deutschland, Österreich und der Schweiz. Teil 1: Analysen, Perspektiven und Forschung.* Theorie und Praxis der Schulpädagogik, Bd.4 (S. 11-28). Immenhausen: Prolog.

Butcher, J. & Mutton, T. (2006). Mentoring the Mentors? Exploring the school coordinator/professional tutor role in Initial Teacher Education. Paper presented at ECER conference in Geneva, September 2006.

Carroll, T. & Foster, E. (2010). *Who will Teach? Experience Matters.* Washington, D.C.: National Commission on Teaching and America's Future.

Cherian, F. & Daniel, Y. (2008). Principal leadership in new teacher induction: Becoming agents of change. *International Journal of Education Policy and Leadership, 3*(2), 1-11.

Chroust, P. (2006). Von der Grundschule bis zur Staatsprüfung – Neue Wege zur Evaluation der Lehrerbildung in Hessen. In A. Hillius & H.D. Rinkens (Hrsg.), *Standards und Kompetenzen – neue Qualität in der Lehrerbildung? Neue Ansätze und Erfahrungen in nationaler und internationaler Perspektive* (S. 283-291). Berlin: LIT.

Cochran-Smith, M., Ludlow, L., Ell, F., O'Leary, M. & Enterline, S. (2012). Learning to teach for social justice as cross cultural concept: Findings from three countries. *European Journal of Educational Research, 1*(2), 171-198.

Correa, V. & Wagner, J. (2011). Principals' roles in supporting the induction of special education teachers. *Journal of Special Education Leadership, 24*(1), 17-25.

Criblez, L. (2001). Die Ausbilderinnen und Ausbilder – Hauptakteure der Lehrerbildung. In F. Oser & J. Oelkers (Hrsg.), *Die Wirksamkeit der Lehrerbildungssysteme: von der Allrounderbildung zur Ausbildung professioneller Standards* (S. 437-486). Chur/Zürich: Rüegger.

Cummings, R., Harlow, S. & Maddux, C.D. (2007). Moral reasoning of in-service and pre-service teachers: a review of the research. *Journal of Moral Education, 36*(1), 67-78.

Czerwenka, K. (2008). Wo soll die Lehrerbildung in zehn Jahren stehen. In W. Lütgert, A. Gröschner & K. Kleinespel (Hrsg.), *Die Zukunft der Lehrerbildung. Entwicklungslinien – Rahmenbedingungen – Forschungsbeispiele* (S. 122-134). Weinheim: Beltz.

Davis, B. & Higdon, K. (2008). The effects of mentoring/induction support on beginning teachers' practices in early elementary classrooms (K-3). *Journal of Research in Childhood Education, 22* (3), 261-274.

DeAngelis, K. J., Wall, A. F. & Che, J. (2013). The Impact of Preservice Preparation and Early Career Support on Novice Teachers' Career Intentions and Decisions. *Journal of Teacher Education, 64*(4), 338-355.

DiMaggio, P.J. & Powell, W. (2000). Das „stahlharte Gehäuse" neu betrachtet: Institutioneller Isomorphismus und kollektive Rationalität in organisationalen Feldern. In H.P. Müller & S. Steffen (Hrsg.), *Zeitgenössische amerikanische Soziologie* (S. 148-173). Opladen: Leske + Budrich.

Döbrich, P. & Abs, H.J. (2008). Evaluation der zweiten Phase der Lehrerbildung. Pädagogische Entwicklungsbilanzen mit Studienseminaren in Hessen. *Schulverwaltung. Ausgabe Hessen und Rheinland-Pfalz, 13*(3), 70-73.

Eurydice (2006). *Quality assurance in teacher education in europe.* http://eacea.ec.europa.eu/ressources/eurydice/pdf/0_integral/062EN.pdf [20.11.2009].

Felbrich, A., Müller, Ch. & Blömeke, S. (2008). Lehrerausbilderinnen und Lehrerausbilder der ersten und zweiten Phase. In S. Blömeke, G. Kaiser & R. Lehmann (Hrsg.), *Professionelle Kompetenz in Lehrerbildung und Lehrerberuf. Wissen, Überzeugungen und Lerngelegenheiten deutscher Mathematikstudierender und -referendare. Erste Ergebnisse zur Wirksamkeit der Lehrerausbildung* (S. 363-389). Münster: Waxmann.

Fenton-Smith, B. & Torpey, M. J. (2013). Orienting EFL teachers: Principles arising from an evaluation of an induction program in a Japanese university. *Language Teaching Research, 17*(2), 228-250.

Fenwick, A. & Weir, D. (2010). The impact of disrupted and disjointed early professional development on beginning teachers. *Teacher Development, 14*(4), 501-517.

Fletcher, S. H. & Strong, M. (2009). Full-release and site-based mentoring of elementary grade new teachers: An analysis of changes in student achievement. *New Educator, 5*, 329-341.

Fletcher, S. H., Strong, M. & Villar, A. (2008). An investigation of the effects of variations in mentor-based induction on the performance of students in California. *Teachers College Record, 110*, 2271-2289.

Fresko, B. & Nasser-Abu Alhija, F. (2009). When intention and reality clash: Inherent implementation difficulties of an induction program for new teachers. *Teaching and Teacher Education, 25*(2), 278-284.

Frey, A. (2008). *Kompetenzstrukturen von Studierenden in der ersten und zweiten Phase der Lehrerbildung. Eine nationale und internationale Standortbestimmung.* Landau: Verlag Empirische Pädagogik.

Frey, N. & Fisher, D. (2009). Protecting our investment. Induction and mentoring of novice teachers in diversity-rich schools. In L.M. Morrow, R. Rueda & D. Lapp (Eds.), *Handbook of research on literacy and diversity* (pp. 398-412). New York: Guildford Press.

Fried, L. (2003). Dimensionen pädagogischer Professionalität. Lehrerausbildungsforschung aus internationaler Sicht. In D. Lemmermöhle & D. Jahreis (Hrsg.), *Professionalisierung der Lehrerbildung. Perspektiven und Ansätze in internationalen Kontexten* (S. 7-31). Weinheim: Juventa.

Futter, K. & Staub, F.C. (2008). Unterrichtsvorbesprechungen als Lerngelegenheiten in der berufspraktischen Ausbildung. *Beiträge zur Lehrerbildung, 26*(2), 126-139.

GEW Gewerkschaft, Erziehung und Wissenschaft Hessen (2007). *Dokumentation. Analysen, Stellungnahmen, Kritiken und Forderungen zur 2. Phase der Lehrerausbildung.* Frankfurt: GEW.

Glazerman, S., Isenberg, E., Dolfin, S., Bleeker, M., Johnson, A., Grider, M. & Jacobus, M. (2010). *Impacts of comprehensive teacher induction: Final results from a randomized controlled study (NCEE 2010-4027).* Washington, D.C.: U.S. Department of Education.

Goldrick, L., Osta, D., Barlin, D. & Burn, J. (2012). *Review of State Policies on Teacher Induction. Policy Paper.* New Teacher Center.

Grangeat, M. & Gray, P. (2008). Teaching as a collective work: Analysis, current research and implications for teacher education. *Journal of Education for Teaching, 34*(3), 177-189.

Gröschner, A. (2009). *Innovation als Lernaufgabe. Eine Triangulationsstudie zur Erfassung und Förderung von Innovationskompetenz in der Lehrerausbildung.* Münster u.a.: Waxmann.

Gröschner, A. & Nickelaussen, J. (2008). Erziehen und Innovieren im Lehrerberuf. Eine empirische Untersuchung zur Kompetenzeinschätzung in der ersten und zweiten Phase der Lehrerbildung. In W. Lütgert, A. Gröschner & K. Kleinespel (Hrsg.), *Die Zukunft der Lehrerbildung. Entwicklungslinien - Rahmenbedingungen - Forschungsbeispiele* (S. 136-161). Weinheim: Beltz.

Grudnoff, L. (2012). All's well? New Zealand beginning teachers' experience of induction provision in their first six months in school. *Professional Development in Education, 38*(3), 471-485.

GTC Scotland (2007). Achieving the standards of full registration. Guidance for probationer, teacher and school. www.gtcs.org.uk/publications [20.11.2009].

Guo, S. & Pungur, L. (2008). Exploring teacher education in the context of Canada and China: A cross-cultural dialogue. *Frontiers of Education in China, 3*(2), 246-269.

Haigh, M., Ell, F., Grudnoff, L. & Mackisack, V. (2013). Assessing teacher candidates' readiness to teach: What evidence is used in practicum settings? Paper presented at the 15th Biennial Conference - EARLI 2013 - Munich.

Haigh, M. & Anthony, G. (2012). Induction and Efficacy: A Case Study of New Zealand Newly Qualified Secondary Science Teachers. *Journal of Science Teacher Education, 23*(6), 651-671.

Harrison, J., Lawson, T. & Wortley, A. (2005). Facilitating the professional learning of new teachers through critical reflection on practice during mentoring meetings. *European Journal of Teacher Education, 28*(3), 267-292.

Harrison, J., Dymoke, S. & Pell, T. (2006). Mentoring beginning teachers in secondary schools. An analysis of practice. *Teaching and Teacher Education, 22,* 1055-1067.

Hennissen, P., Crasborn, F., Brouwer, N., Korthagen, F. & Bergen, T. (2008). Mapping mentor teachers' roles in mentoring dialouges. *Educational Research Review, 3,* 168-186.

Hennissen, P., Crasborn, F., Brouwer, N., Korthagen, F. & Bergen, T. (2009). Exploring a two dimensional model for mentor teacher roles in mentoring dialogue. Paper presented at the 13th Biennial Conference - EARLI 2009 - Amsterdam.

Hirsch, E., Sioberg, A. & Dougherty, P. (2011). 2011 TELL Tennessee initiative: Creating schools that catalyze teacher effectiveness. Retrieved from telltennessee.org

Hobson, A.J., Ashby, P., Malderez, A. & Tomlinson, P.D. (2009). Mentoring beginning teachers: What we know and what we don't know. *Teaching and Teacher Education, 25,* 207-216.

Höhn, E. & Rauschenberger, H. (1988). *Modellversuche zur Lehrerbildung. Bericht über eine Auswertung.* Bonn: Bund-Länder-Kommission für Bildungsplanung und Forschungsförderung.

Hörner, W., Döbert, H., Kopp, B. V. & Mitter, W. (Eds.) (2007). *The education systems of Europe.* Dordrecht: Springer.

Howe, E.R. (2008). Teacher induction across the Pacific: A comparative study of Canada and Japan. *Journal of Education for Teaching, 34*(4), 333-346.

Hudson, S., Beutel, D. & Hudson, P. (2009). Teacher induction in Australia: a sample of what's really happening. *Research in Comparative and International Education, 4*(1), 53-62.

Huling, L., Resta, V. & Yeargain, P. (2012). Supporting and Retaining Novice Teachers. *Kappa Delta Pi Record, 48*(3), 140-143.

Ingersoll, R. M. & Merrill, L. (2010). Who's teaching our children? *Educational Leadership, 67*(8), 14-20.

Ingersoll, R. M. & Strong, M. (2011). The Impact of Induction and Mentoring Programs for Beginning Teachers: A Critical Review of the Research. *Review of Educational Research, 81*(2), 201-233.

Johnson, L.E. & Reiman, A.J. (2007). Beginning teacher disposition: Examining the moral/ethical domain. *Teaching and Teacher Education, 23,* 676-687.

Johnson, S.M. & Karados, S.M. (2004). Supporting teachers through school-based induction. In S. M. Johnson (Eds.), *Finders and keepers: helping new teachers survive and thrive in our schools* (pp. 193-224). San Francisco: John Wiley & Sons.

Keller-Schneider, M. (2012). Nun bin ich im Beruf angekommen – aber es war anstrengend! Prädiktoren der Kompetenz und der Beanspruchung von Lehrpersonen Ende des ersten Berufsjahres. In T. Hascher & G. H. Neuweg (Hrsg.), *Forschung zur (Wirksamkeit der) Lehrer/innen/bildung* (S. 221-238). Wien: LIT-Verlag.

Kirkpatrick, D. & Kirkpatrick, J. (2006). *Evaluating Training Programs. The Four Levels.* San Francisco: Berett-Koehler.

KMK 2004 = Sekretariat der ständigen Konferenz der Kultusminister der Länder in der Bundesrepublik Deutschland (2005). Standards für die Lehrerbildung: Bildungswissenschaften. (Beschluss der Kultusministerkonferenz vom 16.12.2004). *Zeitschrift für Pädagogik, 51,* 281-290.

KMK 2008 = Sekretariat der ständigen Konferenz der Kultusminister der Länder in der Bundesrepublik Deutschland (2008). Ländergemeinsame inhaltliche Anforderungen für die Fachwissenschaften und Fachdidaktiken in der Lehrerbildung (Beschluss der Kultusministerkonferenz vom 16.10.2008 i.d.F. vom 16.05.2013).

KMK 2012 = Sekretariat der ständigen Konferenz der Kultusminister der Länder in der Bundesrepublik Deutschland (2012): Ländergemeinsame Anforderungen für die Ausgestaltung des Vorbereitungsdienstes und die abschließende Staatsprüfung (Beschluss der Kultusministerkonferenz vom 06.12.2012).

König, J., Kaiser, G. & Felbrich, A. (2012). Spiegelt sich pädagogisches Wissen in den Kompetenzselbsteinschätzungen angehender Lehrkräfte? Zum Zusammenhang von Wissen und Überzeugungen am Ende der Lehrerausbildung. *Zeitschrift für Pädagogik, 58*(4), 476-491.

Kono, C.D. (2012).Comprehensive Teacher Induction: Meeting The Dual Needs Of Principals And New Teachers In Rural Schools. *Journal of College Teaching & Learning, 9*(2), 129-133.

Kreis, A. & Staub, F. C. (2012). Lernen zukünftiger Lehrpersonen im Kontext von Unterrichtsbesprechungen im Praktikum – multiple Indikatoren für ein schwer zu fassendes Phänomen. In M. Gläser-Zikuda, T. Seidel, C. Rohlfs, A. Gröschner & S. Ziegelbauer (Hrsg.), *Mixed Methods in der empirischen Bildungsforschung* (S. 209-226). Münster: Waxmann.

Kunter, M., Baumert, J., Blum, W., Klusmann, U., Krauss, S. & Neubrand, M. (Hrsg.) (2011). *Professionelle Kompetenz von Lehrkräften. Ergebnisse des Forschungsprogramms COACTIV.* Münster u.a.: Waxmann.

Kuper, H. (2005). *Evaluation im Bildungssystem – Eine Einführung.* Stuttgart: Kohlhammer.

Lazovsky, R. & Reichenberg, R. (2006). The new mandatory induction programme for all beginning teachers in Israel: Perceptions of inductees in five study tracks. *Journal of Education for Teaching, 32*(1), 53-70.

Lenhard, H. (2004). Zweite Phase an Studienseminaren und Schulen. In S. Blömeke, P. Reinhold, G. Tulodziecki & J. Wildt (Hrsg.), *Handbuch Lehrerbildung* (S. 275-290). Bad Heilbronn: Westermann/Klinkhardt.

Löfström, E. & Eisenschmidt, E. (2009). Novice teachers' perspectives on mentoring: The case of the Estonian induction year. *Teaching and Teacher Education, 25*(5), 681-689.

McDonald, M.A. (2005). The integration of social justice in teacher education: Dimensions of prospective teachers' opportunities to learn. *Journal of Teacher Education, 56*(5), 418-435.

Merzyn, G. (2002). *Stimmen zur Lehrerausbildung. Ein Überblick über die Diskussion.* Baltmannsweiler: Schneider Verlag Hohengehren.

Morris, V.G. & Morris, C. (2013). Improving the academic achievement of African American children: The roles of principals in teacher induction and mentoring. *National Forum of Applied Educational Research Journal, 26*(1&2), 17-32.

NCATE = National Council for Accreditation of Teacher Education (2008). *Professional standards for the accreditation of teacher preparation institutions.* Washington: NCATE.

O'Brien, J. (2009). Teacher Induction: does Scotland's approach stand comparison? *Research in Comparative and International Education, 4*(1), 42-52.

O'Doherty, T. & Deegan, J. (2009). Mentors, not models: supporting teachers to be empowered in an Irish context. *Research in Comparative and International Education, 4*(1), 22-33.

O'Brien, J. & Christie, F. (2008). A role for universities in the induction of teachers? A Scottish case study. *Journal of In-Service Education, 34*(2), 147-163.

OECD 2004 = Halász, G., Santiago, P., Ekholm, M., Matthews, P. & McKenzie, P. (2004). *Anwerbung, berufliche Entwicklung und Verbleib von qualifizierten Lehrerinnen und Lehrern.* Paris: Organisation für Wirtschaftliche Zusammenarbeit und Entwicklung.

Oser, F. (2001). Standards: Kompetenzen von Lehrpersonen. In F. Oser & J. Oelkers (Hrsg.), *Die Wirksamkeit der Lehrerbildungssysteme: von der Allrounderbildung zur Ausbildung professioneller Standards* (S. 215-342). Chur/Zürich: Rüegger.

Reh, S. (2005). Die Begründung von Standards in der Lehrerbildung. Theoretische Perspektiven und Kritik. *Zeitschrift für Pädagogik, 51,* 259-265.

Richter, D., Kunter, M., Lüdtke, O., Klusmann, U. & Baumert, J. (2011). Soziale Unterstützung beim Berufseinstieg ins Lehramt. Eine empirische Untersuchung zur Bedeutung von Mentoren und Mitreferendaren. *Zeitschrift für Erziehungswissenschaft, 1,* 35-59.

Rockoff, J. E. (2008). *Does mentoring reduce turnover and improve skills of new employees? Evidence from teachers in New York City* (Working Paper 13868). Cambridge, MA: National Bureau of Economic Research.

Rupp, W. (2008). Die Modularisierung des Vorbereitungsdienstes in Hessen. Erfahrungen und Konsequenzen nach drei Jahren Praxis. *Schulverwaltung Hessen und Rheinland-Pfalz, 13,* 231-233.

Schubarth, W., Speck, K. & Seidel, A. (Hrsg.) (2007). *Endlich Praxis! Die Zweite Phase der Lehrerbildung. Potsdamer Studien zum Referendariat.* Frankfurt a.M.: Peter Lang.

Schultz, K., Jones-Walker, C.E. & Chikkatur, A.P. (2008). Listening to students, negotiating beliefs: Preparing teachers for urban classrooms. *Curriculum Inquiry, 38*(2), 155-187.

Silins, H. & Mulford, B. (2004). Schools as learning organisations: Effects on teacher leadership and student outcomes. *School Effectiveness and School Improvement, 15*(3-4), 443-466.

Simpson, R. L., LaCava, P. G. & Graner, P. S. (2004). The no child left behind act: Challenges and implications for educators. *Intervention in school and clinic, 40,* 67-75.

Sjuts, J. & Ehring, D. (2007). *Das forschend-lernende Studienseminar – das eigenverantwortliche Studienseminar? Befundanalyse eines Studienseminars zur Qualitätsentwicklung.* Leer: Förderkreis für Bildungsinitiativen des Studienseminars Leer e.V.

Smethem, L. & Adey, K. (2005). Some effects of statutory induction on the professional development of newly qualified teachers: A comparative study of pre- and post-induction experiences. *Journal of Education for Teaching,* 31(3), 187-200.

Smith, T.M. & Ingersoll, R.M. (2004). What are the effects of induction and mentoring on beginning teacher turnover? *American Educational Research Journal, 41*(3), 681-714.

Soares, A., Lock, R. & Foster, J. (2008). Induction: The experiences of newly qualified science teachers. *Journal of Education for Teaching, 34*(3), 191-206.

Staub, F.C. & Kreis, A. (2013). Fachspezifisches Unterrichtscoaching in der Aus- und Weiterbildung von Lehrpersonen. *Journal für Lehrerinnen- und Lehrerbildung, 13*(1), 8-13.

Steinmann, S. & Oser, F. (2012). Prägen Lehrerausbildende die Beliefs der angehenden Primarlehrpersonen? Shared Beliefs als Wirkungsgröße in der Lehrerausbildung. *Zeitschrift für Pädagogik, 58*(4), 441-459.

Strietholt, R. & Terhart, E. (2009). Referendare beurteilen. Eine explorative Analyse von Beurteilungsinstrumenten in der Zweiten Phase der Lehrerbildung. *Zeitschrift für Pädagogik, 55,* 622-645.

TALIS 2009 = OECD (2009). *Creating effective teaching and learning environments. First results from the Teaching and Learning International Survey (TALIS).* Paris: OECD.

Terhart, E. (2005). Standards für die Lehrerbildung – ein Kommentar. *Zeitschrift für Pädagogik, 51,* 275-279.

Terhart, E. (2008). Wo wird die Lehrerbildung in zehn Jahren stehen? In W. Lütgert, A. Gröschner & K. Kleinespel (Hrsg.), *Die Zukunft der Lehrerbildung. Entwicklungslinien – Rahmenbedingungen – Forschungsbeispiele* (S. 14-26). Weinheim: Beltz.

Thompson, M., Paek, P., Goe, L. & Ponte, E. (2004). *Study of the impact of the California Formative Assessment and Support System for Teachers: Report 2: Relationship of BTSA/CFASST engagement and teacher practices* (ETS-RR-04–31). Washington, D.C.: Educational Testing Service.

Walke, J. (2004). *Die Situation des Ausbildungspersonals in der Zweiten Phase der Lehrerbildung – Eine Analyse auf der Basis vorhandener Informationen und Daten (ZfL-Text Nr. 4).* Universität Münster.

Walker, J. & Slear, S. (2011). The Impact of Principal Leadership Behaviors on the Efficacy of New and Experienced Middle School Teachers. *NASSP Bulletin, 95*(1), 46-64.

Walm, M. & Wittek, D. (2013). Dokumentation zur Lehrer_innenbildung in Deutschland - eine phasenübergreifende Analyse der Regelungen in den Bundesländern. Eine Expertise im Auftrag der Max-Träger-Stiftung. Abrufbar unter: http://www.gew.de/Orientierungshilfe_fuer_den_Flickenteppich.html

Wang, J., Odell, S. & Clift, R. (Eds.) (2010). *Past, present and future research on teacher induction: An anthology for researchers, policy makers and practitioners.* Plymouth: Rowman & Littlefield Education.

Wilkinson, G.A. (2009). Supportive induction slows the revolving door. *Research in Comparative and International Education, 4*(1), 97-110.

Wood, M. B., Jilk, L. M. & Paine, L. W. (2012). Moving Beyond Sinking or Swimming: Reconceptualizing the Needs of Beginning Mathematics Teachers. *Teachers College Record, 114*(8), 1-44.

Wynn, S. R. & Brown, K. M. (2008). Principal Leadership and Professional Learning Communities: What Beginning Teachers Value. *International Journal of Education Reform, 17*(1), 37-63.

Zumwalt, K. & Craig, E. (2005). Teachers' characteristics: Research on the demographic profile. In M. Cochran-Smith & K.M. Zeichner (Eds.), *Studying teacher education. The report of the AERA Panel on Research and Teacher Education* (pp. 157-260). Mahwah, NJ: Lawrence Erlbaum.

Frank Lipowsky

Theoretische Perspektiven und empirische Befunde zur Wirksamkeit von Lehrerfort- und -weiterbildung

Im Rahmen dieses Beitrags werden theoretische Perspektiven und empirische Befunde zur Wirksamkeit von Professionalisierungsmaßnahmen[1] für Lehrpersonen dargestellt. Zunächst wird ein Rahmenmodell entwickelt, das relevante Einflussfaktoren für das berufliche Lernen von Lehrern[2] darstellt und strukturelle Zusammenhänge verdeutlicht. Im Zentrum der sich anschließenden Analyse des Forschungsstands steht die Frage, durch welche Merkmale sich wirksame Fort- und Weiterbildungen für Lehrer auszeichnen.

1. Theoretische Perspektiven

Erwachsene Lerner verfügen über ein breiteres Repertoire an Wissen, Fähigkeiten, Strategien und Erfahrungen als Kinder und Jugendliche. Sie lernen primär freiwillig und stärker selbstorganisiert, haben ein ausgeprägteres Bedürfnis nach Eigenverantwortlichkeit, Interessens- und Erfahrungsbezug, verfügen über ein umfassenderes metakognitives Wissen, koppeln ihre Motivation zum Lernen – stärker als Kinder und Jugendliche – an die Relevanz der Lerninhalte und den erwarteten persönlichen Nutzen (vgl. Illeris 2006) und stützen sich auf ein breiteres Netz von Erfahrungen und ausgebildeten Routinen, was das Lernen erleichtern, aber auch erschweren kann (Stern, 2006). Neben diesen graduellen Unterschieden werden aber auch strukturelle Ähnlichkeiten im Lernen von Kindern und Jugendlichen und im Lernen von Erwachsenen betont (Bransford, Brown & Cocking, 2000; Nuissl, 2006).

Seinen sichtbaren Ausdruck findet dies bspw. darin, dass auch für Erwachsene, respektive für Lehrpersonen, immer häufiger *konstruktivistische Theorieansätze* herangezogen werden, um deren Lernprozesse zu beschreiben und zu erklären (Knowles, Holton III & Swanson, 2007; Reinmann-Rothmeier & Mandl, 1997). Demzufolge wird davon ausgegangen, dass sich das Lernen von Lehrpersonen im sozialen Austausch vollzieht, wodurch es – unter Anknüpfung an die bestehenden Kognitionen – zu einer Erweiterung von Wissensbeständen kommt. Der Konfrontation mit anderen Ideen, Sichtweisen und Meinungen und dem Erleben von Dissonanzen werden eine besondere Bedeutung für die Erweiterung von Wissen, dem Hinterfragen eigener Praxis und der Veränderung von Unterricht zugeschrieben (Ball & Cohen, 1999). Unter Anknüpfung an Ansätze situierten Lernens wird davon ausgegangen, dass sich Lern- und Weiterbildungsangebote für Lehrer an deren alltäglichen Erfahrungen orientieren und möglichst komplex und authentisch sein, d.h. der alltäglichen Anwendungssituation entstammen sollten (Rank, Gebauer, Hartinger & Fölling-Albers, 2012; Reusser, 2005). Zielt man mit einer Fortbildung auf Veränderungen im Handeln von Lehrpersonen ab, so erscheint aus theoretischer Sicht insbesondere der 'cognitive apprenticeship-Ansatz' relevant. Dieser Ansatz situierten Lernens orientiert sich an den aus der Lehrlingsausbildung bekannten Schritten Modeling, Coaching, Scaffolding, Fading, Articulation, Cooperation und Reflection und überträgt sie auf den Erwerb kognitiver Fähigkei-

1 Professionalisierungsmaßnahmen meinen hier alle institutionalisierten Fort- und Weiterbildungsangebote für Lehrer. Analog zur Praxis in anderen Ländern wird nicht zwischen Fort- und Weiterbildung unterschieden.
2 Aus Gründen der Lesbarkeit wird in diesem Beitrag die männliche Form verwendet. Damit sind immer Vertreter beiderlei Geschlechts gemeint.

ten von Lernenden (Collins, Brown & Newman, 1989). Für den Erwerb handlungspraktischer Kompetenzen und die Ausbildung von unterrichtlichem Können von Lehrpersonen beinhaltet der Ansatz erfolgversprechende Anknüpfungspunkte. Übertragen auf Veränderungen im unterrichtlichen Handeln von Lehrpersonen geht es beim ‚cognitive apprenticeship-Ansatz' darum, dass der Fortbildner bzw. der Trainer das intendierte unterrichtliche Verhalten modelliert und die an der Fortbildung teilnehmenden Lehrkräfte das intendierte Verhalten schrittweise selbstständig ausführen. Dabei erhalten sie vom Fortbildner Impulse und Feedback (Coaching) und werden zur Reflexion angeregt. Mit zunehmenden Fähigkeiten und wachsendem Können der lernenden Lehrer fährt der Fortbildner seine Unterstützung, Beratung und sein Coaching zurück.

Trotz der großen Popularität konstruktivistischer Theorieansätze ist die Forschung noch weit davon entfernt, erklären zu können, wie Lernprozesse bei Lehrern konkret ablaufen, welche Mechanismen wie wirken und warum und welche Lehrer von Fort- und Weiterbildungsangeboten profitieren (Wilson & Berne, 1999). Dies liegt u.a. daran, dass sich die beruflichen Anforderungen, denen Lehrpersonen sich zu stellen haben, in vielfacher Hinsicht von denen anderer Akademiker unterscheiden: Lehrer sind in der Regel mit komplexeren Situationen konfrontiert, unterliegen einem permanenten Entscheidungs- und Handlungsdruck und haben sich mit einer Vielzahl von „ill-defined problems", also mit einer Reihe ungeklärter Probleme und unvermeidlicher Zielkonflikte, auseinanderzusetzen, für deren Bewältigung eine adaptive Expertise und kein rezeptologisch anwendbares Wissen wie in anderen Berufen erforderlich ist (Stern, 2009). Diese adaptive Expertise speist sich aus impliziten Könnensanteilen und expliziten Wissenskomponenten, über deren wechselseitige Beeinflussung und Genese noch wenig bekannt ist. Die Forschung der letzten 20 Jahre hat jedoch zeigen können, dass fachliches, fachdidaktisches und pädagogisches Wissen sowie die subjektiven Theorien und Überzeugungen der Lehrer wichtige kognitive Voraussetzungen für eine vertiefte Reflexion über unterrichtliche Praxis darstellen und die Ausbildung von Handlungskompetenzen beeinflussen (siehe Krauss & Bruckmaier sowie Reusser & Pauli in diesem Band). Insofern lässt sich erfolgreiches Lernen im Rahmen von Professionalisierungsmaßnahmen zum einen an der Veränderung beruflicher Überzeugungen und Wertorientierungen sowie an der Entwicklung motivationaler Orientierungen und deklarativer Wissensanteile und zum anderen an der Erweiterung und Flexibilisierung unterrichtlichen Handelns der Lehrer festmachen. Letztlich zielen diese Veränderungen aber auf die die positive Beeinflussung der kognitiven und affektiv-motivationalen Entwicklung der Schüler ab.[3]

Aus theoretischer Sicht lässt sich berufliches Lernen im Rahmen von Weiterbildungsangeboten durch personenbezogene Voraussetzungen der Teilnehmer, durch Faktoren des Schulkontextes und durch Merkmale und Komponenten der Fortbildner und der Fortbildungen selbst sowie durch das Zusammenspiel dieser Faktoren erklären.

Zu den potenziell relevanten *personenbezogenen Voraussetzungen* der Teilnehmer, die berufliches Lernen beeinflussen, zählen kognitive, volitionale, persönlichkeitsbezogene, familiäre und motivationale Voraussetzungen. Kognitive Voraussetzungen umfassen u.a. die bestehenden Überzeugungen sowie die existierenden Konzepte und das fachdidaktische und pädagogische Wissen der Lehrer. Die Ausdauer, die Zielstrebigkeit, die Hartnäckigkeit und die Gewissenhaftigkeit, mit der Lehrer ihre Weiterbildung betreiben, stellen wichtige volitionale und persönlichkeitsbezogene Voraussetzungen dar. Auch familiäre Bedingungen in Form von Unterstützung und Entlastung dürften einen erheblichen Einfluss auf den Weiterbildungsprozess haben. Zu den

3 In dem prominenten Vierebenenmodell von Kirkpatrick (1979) wird der Weiterbildungserfolg zusätzlich an den Reaktionen der Teilnehmer, an ihrer Zufriedenheit und Akzeptanz festgemacht. Ob eine höhere Zufriedenheit und Akzeptanz eine Voraussetzung für weiterreichenden Kompetenzerwerb ist, muss allerdings bezweifelt werden (Alliger, Tannenbaum, Bennett, Traver & Shotland, 1997; Goldschmidt & Phelps, 2007).

wichtigsten personenbezogenen Einflussfaktoren für berufliches Lernen zählen die motivationalen Voraussetzungen von Weiterbildungsteilnehmern (Blume, Ford, Baldwin & Huang, 2010; Burke & Hutchins, 2007; Colquitt, LePine & Noe, 2000; Schellenbach-Zell, 2009). Für Lehrer liegen bislang jedoch nur wenig empirische Studien vor, die die Fortbildungsmotivation näher untersuchen. Kao, Wu und Tsai (2011) entwickelten ein aus sechs Motivationsfacetten bestehendes Instrument zur Erfassung der Teilnahmemotivation von Lehrpersonen. Demnach nehmen Lehrer an Fortbildungen teil, weil sie sich für das Thema der Fortbildung interessieren (personal interest), weil sie in ihrem Beruf vorankommen oder eine bessere Position erreichen möchten (occupational promotion), weil sie entsprechende externale Erwartungen, z.B. von Kollegen oder der Schulleitung, wahrnehmen (external expectations), weil sie guten Unterricht gestalten oder sich hierin verbessern möchten (practical enhancement), weil sie gerne mit Kollegen zusammenarbeiten (social contact) und/oder weil sie sich Anregungen versprechen und den Routinen des Alltags entkommen möchten (social stimulation). Die höchste Zustimmung wiesen in dieser Untersuchung die Motivationsfacetten ‚personal interest' und ‚practical enhancement' auf, die geringste Bedeutung hatten für die Lehrer die externalen Erwartungen des sozialen Umfelds. Diese Sechsfaktorenstruktur konnte von Richter und Vogel (2013) im Rahmen der IQB-Studie zur Implementation der Bildungsstandards repliziert werden. Rzejak et al. (2014) ermittelten in Anlehnung an die Regulationsstufen von Deci und Ryan (2000) eine Vierfaktorenstruktur mit den Facetten soziale Interaktion, externale Erwartungsanpassung, Karriereorientierung und Entwicklungsorientierung, die Ähnlichkeiten und konzeptuelle Überschneidungen mit den Faktoren von Kao et al. (2011) aufweisen. Die höchste Zustimmung erreichte in der Untersuchung von Rzejak et al. (2014) der Faktor Entwicklungsorientierung, die zweit höchste Zustimmung der Faktor soziale Interaktion, während der Faktor externale Erwartungsanpassung auch in dieser Studie die geringste Zustimmung erfuhr. Welche Bedeutung diese Motivationsfacetten für die Wahrnehmung, Nutzung und Verarbeitung von Fortbildungsinhalten und vermittelt darüber für den Fortbildungserfolg haben, ist jedoch weitgehend ungeklärt.

Auf der Basis von *Erwartungs-Wert-Modellen*, die bislang vor allem zur Erklärung der Motivation von Schülern herangezogen werden, lässt sich postulieren, dass Lehrpersonen dann bereit sein dürften, mit Ausdauer und Engagement an Weiterbildungsmaßnahmen teilzunehmen, wenn sie erwarten, dass mit der Teilnahme bestimmte Verbesserungen, Erleichterungen, Vergünstigungen oder Erfolge verbunden sind und wenn sie diesem angestrebten Ziel einen hohen Wert bzw. eine hohe Relevanz beimessen. Aus dieser Sicht spielen also instrumentelle Aspekte und Erwägungen eine wichtige Rolle. Eine gewisse Bestätigung erfährt dieser Ansatz, wenn man sich die Erwartungen von Lehrpersonen an Fortbildungen vergegenwärtigt: Lehrer erwarten in der Regel von Fortbildungen konkrete Impulse und Ideen für den eigenen Unterricht (Jäger & Bodensohn, 2007).

Die *Selbstbestimmungstheorie* von Deci und Ryan (2000) leistet nicht nur einen Beitrag zur Erklärung der Teilnahmemotivation, sondern kann auch als theoretische Perspektive für das Lernverhalten *in* der Fortbildung herangezogen werden, insbesondere dann, wenn sich diese über einen längeren Zeitraum erstreckt. So hat die Qualität der Motivation auch einen Einfluss darauf, wie intensiv und ausdauernd die Fortbildungsteilnehmer die Fortbildungsangebote nutzen (vgl. Schellenbach-Zell, 2009). Dabei ist zu erwarten, dass sich instrumentelle Formen der Handlungsregulation dann in intrinsisch motivierte Handlungen überführen lassen, wenn sich der Handelnde, hier der Fortbildungsteilnehmer, als kompetent und wirksam erlebt, indem er z.B. erkennt, welche Wirkungen sein Handeln auf seine Schüler hat (vgl. auch 4.2.4). Unterstützt wird das Erleben eigener Wirksamkeit und Kompetenz auch durch Rückmeldungen an den Fortbildungsteilnehmer.

Die *Zielorientierungstheorie* postuliert, dass insbesondere die Lernzielorientierung der Teilnehmer positive Einflüsse auf verschiedene Aspekte beruflichen Lernens hat. Personen mit einer hohen Lernzielorientierung haben einen ausgeprägten Wunsch, eigene Fähigkeiten weiterzuentwickeln, betrachten berufliche Aufgaben als Möglichkeiten, neue Fähigkeiten zu erwerben und sehen in Rückmeldungen wertvolle Informationen über die Angemessenheit ihres Handelns. Studien, allerdings ohne Einbezug von Lehrern, zeigen positive Effekte der Lernzielorientierung auf Anstrengungsbereitschaft, Lernstrategien und feedbacksuchendes Verhalten von Weiterbildungsteilnehmern (Schaper & Sonntag, 2007). Nitsche, Dickhäuser, Dresel und Fasching (2013) weisen nach, dass die Lernzielorientierung und Annäherungsleistungszielorientierung von Lehrkräften die Teilnahme an externen Fortbildungen positiv vorhersagen können und dass unterschiedliche Facetten der Lernzielorientierungen (pädagogisch, fachlich, fachdidaktisch) auch mit entsprechend gewählten Fortbildungsthemen einhergehen.

Insbesondere, wenn es sich um langfristige Vorhaben handelt, dürften auch Prozesse der Selbstregulation und damit auch volitionale Merkmale der Lehrperson eine bedeutsame Rolle für den Fortbildungserfolg spielen. Hierzu zählen z.B. Prozesse der Zielsetzung und Zielrealisierung, die aus Sicht der neueren Motivationspsychologie z.B. durch die Erstellung sogenannter Wenn-Dann-Pläne unterstützt werden können (Faude-Koivisto & Gollwitzer, 2009). Wenn-Dann-Pläne verbinden antizipierte berufliche Situationen mit geplantem zielgerichtetem Verhalten und fördern auf diese Weise sowohl die Handlungsinitiierung als auch die Aufrechterhaltung des Zielstrebens. In beruflichen Kontexten haben sie sich als wirksame Selbstregulationsstrategie erwiesen (Gollwitzer & Sheeran, 2006).

Obgleich den genannten personenbezogenen Voraussetzungen aus theoretischer Sicht ein erhebliches Gewicht für den Weiterbildungsprozess eingeräumt werden muss, ist weitgehend unerforscht, wie sich diese Merkmale eines Lehrers auf dessen berufliches Weiterlernen, Umlernen und Neulernen im Rahmen von Fortbildungen auswirken und wie sie mit Merkmalen der Fortbildung und des Schulkontextes interagieren.

Zu den wichtigsten Faktoren des *Schulkontextes*, die die Weiterbildungs- und Innovationsbereitschaft und den Weiterbildungserfolg des einzelnen Lehrers beeinflussen, zählen das Schulleitungshandeln und das Kollegium. Die Forschung zur Organisationsentwicklung und zum Change-Management verweist in diesem Kontext auf die positiven Effekte einer mitarbeiterorientierten wertschätzenden Führungskultur (Schumacher, 2008). Darüber hinaus dürften auch Ziele und Visionen der Schulleitung Unterschiede im Weiterbildungsverhalten der Lehrer erklären. Wenn die Schulleitung klare und evidenzbasierte Vorstellungen von lernwirksamem Unterricht hat und entsprechende Strategien für die Weiterbildung der Lehrer vorsieht, dürfte dies den individuellen Weiterbildungsprozess der Lehrer und die organisationale Entwicklung der Schulen eher befördern als wenn die Schulleitung keine, vage oder sich widersprechende Ideen verfolgt. Auch die *Trainings-* und *Transferforschung* räumen dem organisationalen Umfeld eine erhebliche Bedeutung für die Aufrechterhaltung der Teilnahmemotivation und für die Bereitschaft ein, die in der Weiterbildung erworbenen Kompetenzen in den beruflichen Alltag zu übertragen (Blume et al., 2010; Colquitt et al., 2000; Cannon-Bowers, Salas, Tannenbaum & Mathieu, 1995).

Lenkt man den Blick auf die Fortbildner, die die Konzeption und Durchführung der Fortbildung maßgeblich beeinflussen, lässt sich in Anlehnung an die Lehrerforschung annehmen, dass z.B. deren fachdidaktisches Wissen, aber auch deren Überzeugungen und Motivationsfähigkeit die Qualität der Lerngelegenheiten bestimmen.

Die hier skizzierten Perspektiven lassen sich in einem integrativen Modell (vgl. Abb. 1) zusammenführen, das sich in Anlehnung an Modelle aus der Unterrichtsforschung auch als eine Art Angebots-Nutzungs-Modell interpretieren lässt. Angenommen werden kann, dass *Lernangebote* innerhalb von Fort- und Weiterbildungsmaßnahmen – je nach Voraussetzungen der Teil-

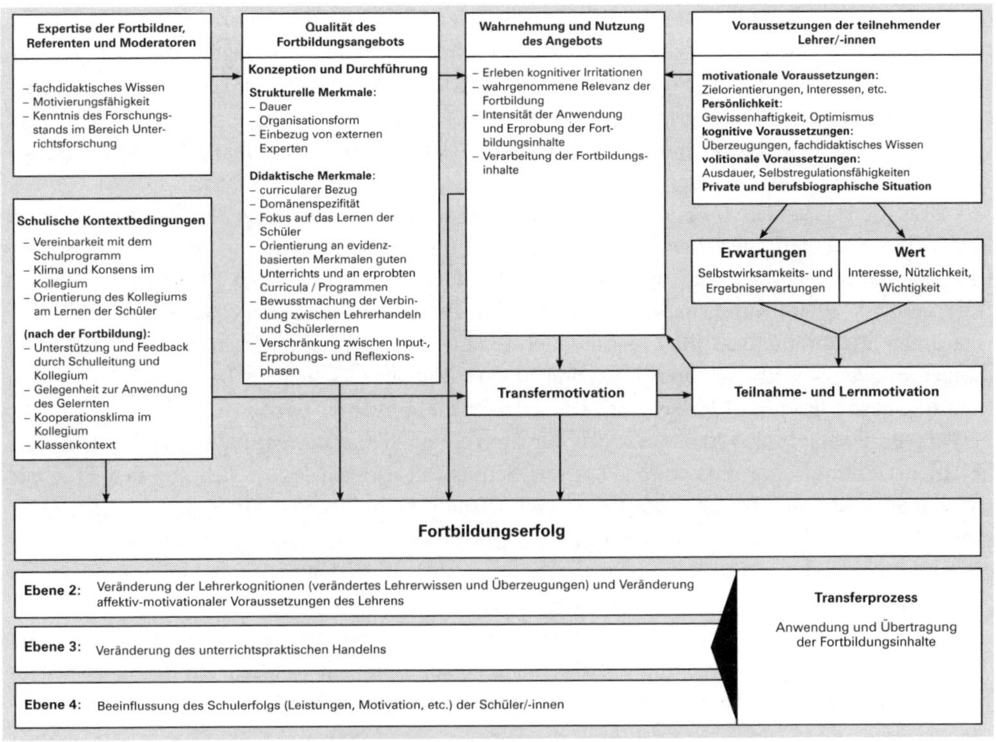

Abbildung 1: Erweitertes Angebots- und Nutzungsmodell zur Erklärung des beruflichen Lernens von Lehrpersonen im Rahmen von Fort- und Weiterbildungsmaßnahmen

nehmer – in unterschiedlicher Weise wahrgenommen und genutzt werden. Die *Wahrnehmung, Nutzung und Verarbeitung* der Lerngelegenheiten durch die teilnehmenden Lehrpersonen werden wiederum wesentlich determiniert von deren kognitiven, motivationalen, volitionalen und persönlichkeitsbezogenen Voraussetzungen. Die Fortbildung wirkt also – so die Annahme – nicht in gleicher Weise auf alle teilnehmenden Lehrpersonen, sondern differentiell. Darüber hinaus wirken kontextuelle Merkmale und Voraussetzungen der Fortbildner auf den Lern- und auf den Transferprozess ein. Für den Transfer des Gelernten auf neue berufliche Situationen spielen aus Sicht der Transferforschung ähnliche individuelle und kontextuelle Merkmale eine Rolle wie für den unmittelbaren Trainingserfolg (vgl. Blume et al., 2010; Burke & Hutchins, 2007).

2. Fortbildungshäufigkeit – ein Indikator für die Professionalität von Lehrern?

Die Fortbildungsbereitschaft deutscher Lehrpersonen wird allgemein kritisch betrachtet. Die Schulleiterbefragung innerhalb der PISA-Studie 2000 ergab bspw., dass Deutschland an vorletzter Stelle rangierte, an der Spitze befanden sich Länder wie Neuseeland, Mexiko, Australien und Großbritannien (OECD 2001, 2005). Aktuellere Daten, z.B. aus der COACTIV-Studie (Richter et al., 2010) und den IQB-Ländervergleichsstudien (Richter, Kuhl, Reimers & Pant, 2012; Richter, Kuhl, Haag & Pant, 2013) zeigen jedoch, dass immerhin ca. 80% der befragten deutschen Lehrpersonen angeben, in den letzten beiden Jahren eine Fortbildung besucht zu haben. Inwieweit die Häufigkeit der Teilnahme an Fortbildungen etwas über die Kompetenzen der Lehrpersonen, die Qualität des Unterrichts oder gar über das Lernen der Schüler aussagt, ist allerdings offen. Analysen zeigen z.B., dass der in PISA 2000 ermittelte Fortbildungsindex keine Prädiktionskraft für den untersuchten Lernerfolg der Schüler hatte. Demnach ließen sich weder die Leistungen im Lesen, in Mathematik noch in den Naturwissenschaften durch die erfasste Fortbildungspartizipation der Lehrer im Kollegium vorhersagen (OECD, 2001).

Dass die Häufigkeit von Fortbildungsteilnahmen ein recht ungenauer Indikator für die Professionalität und die Expertise einer Lehrperson ist und offenbar nur wenig über die Qualität des Unterrichts der Lehrer aussagt, wird auch durch andere Studien bestätigt (Brunner et al., 2006; Harris & Sass, 2006). Abweichend hiervon ermittelten Supovitz und Turner (2000) für eine amerikanische Stichprobe, dass die Gesamtdauer des Besuchs von naturwissenschaftlichen Fortbildungen mit der selbstberichteten Intensität und Häufigkeit forschenden Lernens im Unterricht (,inquiry based teaching') einherging. Die erfasste Gesamtdauer bezog sich allerdings auf den Besuch von Fortbildungsveranstaltungen, die konzeptionell zusammenhingen und Teil eines kohärenten Gesamtprogramms waren. Kausale Schlussfolgerungen lassen sich aus den Ergebnissen von Supovitz und Turner (2000) aber auch deshalb nicht ziehen, weil es sich um eine Querschnittstudie handelt, sodass nicht ausgeschlossen werden kann, dass diejenigen Lehrpersonen, die häufig Fortbildungen besuchten, auch jene waren, die ihren Unterricht als besonders reformorientiert beschrieben.

Insgesamt liegen bislang keine belastbaren Daten vor, die darauf verweisen, dass die Fortbildungshäufigkeit und die insgesamt aufgewendete Fortbildungszeit von Lehrern mit einer bedeutsamen Steigerung der Lernleistungen ihrer Schüler einhergehen.

3. Ergebnisse von Metaanalysen

Ein erster Blick in die Forschungsliteratur offenbart, dass Fort- und Weiterbildungsmaßnahmen für Lehrer durchaus das Potenzial haben, sich positiv auf das Wissen, die Motivation und das Handeln von Lehrern und auf das Lernen von Schülern auszuwirken. Im Folgenden werden Ergebnisse aus Metaanalysen dargestellt.

Wade (1984) analysierte die Ergebnisse aus 91 Studien zwischen 1968 und 1983, die die Effekte von Lehrerfortbildungen untersuchten. Sie ermittelte für das Lernen der Lehrer eine mittlere Effektstärke von d=0.90, für die Veränderung im Verhalten der Lehrer eine Effektstärke von d=0.60 und für den Leistungszuwachs der Schüler eine Effektstärke von d=0.37.

Tinoca (2004) bezog in seine Metaanalyse Studien ein, die nach 1969 durchgeführt wurden, ein experimentelles oder quasi-experimentelles Design hatten und Fortbildungen für Lehrer in den Naturwissenschaften untersuchten. Im Mittel ergab sich über die ausgewerteten 35 Studien für den Leistungszuwachs der Schüler eine Effektstärke von d=0.45 (r=0.22).

Yoon und Kollegen (2007) werteten in ihrer Metaanalyse neun Studien aus, die ein experimentelles oder quasi-experimentelles Design hatten, den Fortbildungsverlauf darstellten sowie als abhängige Variable Schülerleistungen erfassten. Für diese neun ausgewerteten Studien und die untersuchten 20 Effekte berechneten Yoon und Kollegen eine mittlere Effektstärke von d=0.54 für die Wirkungen der Fortbildungen auf den Lernerfolg der Schüler. Alle neun Studien bezogen sich im Übrigen auf Grundschullehrkräfte und deren Schüler.

Timperley, Wilson, Barrar und Fung (2007) legten bei der Auswahl der Studien andere Kriterien zugrunde als Yoon und Kollegen. Unter anderem bezogen sie zu einem erheblichen Teil neuseeländische Studien ein, die von Yoon und Kollegen nicht berücksichtigt wurden. Darüber hinaus konzentrierten sie sich nicht ausschließlich auf Schülerleistungen als abhängige Variablen, sondern bezogen auch Studien ein, die die Wirkungen von Lehrerfortbildungen u.a. auf Schülereinstellungen untersuchten. Insgesamt wurden von Timperley und Kollegen 72 Studien mit 227 Effektstärken ausgewertet. Hierbei ergab sich ein mittlerer Effekt von *d*=0.66 auf die akademischen Leistungen der Schüler. Je nach einbezogener Domäne und je nach Vorwissen der Schüler unterschieden sich die Effektstärken jedoch deutlich. So waren die Effekte in den Naturwissenschaften (*d*=1.18) und im Schreiben (*d*=0.88) deutlich höher als in Mathematik (*d*=0.50) und im Lesen (*d*=0.34). Schüler mit einem geringeren Vorwissen profitierten stärker von Fortbildungen ihrer Lehrpersonen (*d*=0.43) als Schüler mit durchschnittlichem Vorwissen (*d*=0.18) oder begabte Schüler (*d*=0.31), allerdings konnten für diese differentiellen Auswertungen nur 48 der 227 Effektstärken genutzt werden. Die Effekte von Fortbildungen auf das Lernen von Schülern in den Klassenstufen 1-6 waren größer (*d*=0.61) als auf das Lernen von Schülern in den Klassenstufen 7-8 (*d*=0.36) und in etwas vergleichbar mit den Effekten auf das Lernen von Schülern ab Klassenstufe 9 (*d*=0.60).

Blank und de las Alas (2009) analysierten Studien aus dem Bereich der Naturwissenschaften und der Mathematik, die zwischen 1986 und 2007 in den USA durchgeführt wurden. Von den ursprünglich 74 einbezogenen und genauer analysierten Studien wurden von den Autoren schließlich 16 Studien in die Metaanalyse einbezogen, 12 aus dem Bereich der Mathematik und nur 4 aus dem Bereich der Naturwissenschaften. Die auf Mathematik bezogenen 12 Studien hatten einen mittleren Effekt von *d*=0.21 auf das Lernen der Schüler. Dabei waren die Effekte dieser untersuchten Fortbildungen auf Grundschüler größer als die Effekte auf Schüler an Middle Schools und Highschools.

Hattie (2009) stützt sich in seiner Metaanalyse neben den Studien von Wade (1984), Tinoca (2004), Timperley et al. (2007) auf die Dissertationen von Joslin (1980) und Harrison (1980) und kommt insgesamt für das Lernen der Schüler auf eine über die fünf herangezogenen Metaanalysen gemittelte Effektstärke von *d*=0.62.[4]

Zusammenfassend fällt auf, dass die ermittelten Effektstärken in den genannten Studien erheblich variieren, was in Teilen auch abhängig ist von den untersuchten Domänen und dem Schulstufenbezug der Fortbildung. Die Effekte von Fortbildungen auf die teilnehmenden Lehrpersonen sind aus nachvollziehbaren Gründen größer als die Effekte auf deren Schüler.

4. Merkmale und Komponenten wirksamer Fortbildungen

Neben der Frage nach der grundsätzlichen Wirksamkeit von Fortbildungsmaßnahmen beschäftigt sich die Forschung vor allem mit der Identifikation und Analyse von Bedingungen und Merkmalen, die zur Wirksamkeit von Fortbildungen beitragen. Die folgenden Abschnitte fassen den entsprechenden Forschungsstand zusammen.

---

4 Wie Hattie bei den einbezogenen Dissertationen auf die mittleren Effektstärken von *d*=0.81 (Joslin) und *d*=0.80 (Harrison) kommt, ist leider nicht nachvollziehbar. Joslin, die die Stärke der Effekte in Delta (Δ) ausdrückt (vgl. Glass, 1977), ermittelt für die Effekte von Lehrerfortbildungen auf das Lernen von Schülern lediglich einen schwachen Effekt von Δ=0.19 und auf das Verhalten der Schüler einen Effekt von Δ=0.29. Die Effekte auf Lehrpersonen sind insgesamt größer (Δ=0.18 auf Haltungen, Δ=2.10 auf das Wissen und Δ=0.61 auf Lehrstrategien und Lehrerverhalten). Da es Hattie primär um das Lernen der Schüler geht, hätte die Metaanalyse von Joslin eigentlich nur mit einer Effektstärke von $d \approx 0.19$ (statt mit *d*=0.81) eingehen dürfen. Auch für die in Deutschland nicht erhältliche Studie von Harrison ergeben sich Fragen. Hatties Angaben zufolge ermittelt Harrison einen Effekt von *d*=1.11 auf das Lehrerwissen und einen mittleren Effekt von *d*=0.47 auf das Lernen von Schülern (Hattie, 2009, S. 120). Unklar ist, warum dann diese Studie mit einem deutlich höheren Wert von *d*=0.80 in Hatties Auswertung eingeht. Nicht unumstritten ist auch, dass Hattie (2009) die Effektstärken der herangezogenen Metaanalysen einfach mittelt und keine Gewichtung vornimmt.

4.1 Strukturelle Merkmale: Fortbildungsdauer

National wie international wird die Effektivität von kurzzeitigen One-Shot-Fortbildungen stark in Zweifel gezogen (Gräsel, Fussangel & Parchmann, 2006; Smith & Gillespie, 2007), da sich langfristig aufgebaute Handlungsroutinen und Überzeugungen von Lehrpersonen kaum kurzfristig aufbrechen und verändern lassen dürften. Aber der umgekehrte Schluss, wonach die Effektivität von Fortbildungsmaßnahmen mit deren Dauer linear zunimmt, ist ebenfalls nicht berechtigt (Kennedy, 1998). Auch Timperley und Kollegen (2007) konnten in ihrer Metaanalyse keinen linearen Zusammenhang zwischen der Dauer einer Fortbildung und ihrer Wirksamkeit ausmachen. Sie verweisen aber darauf, dass wirksame Fortbildungen vielfältige Lerngelegenheiten zur Verfügung stellen müssen, damit Lehrpersonen ihr Handeln weiterentwickeln können. Zu einem ähnlichen Ergebnis gelangten auch Garet, Porter, Desimore, Birman und Yoon (2001). Demnach geht mit einem Mehr an Zeit auch ein höheres Ausmaß aktiven Lernens der Lehrpersonen einher, das wiederum mit einem höheren selbstberichteten Lernzuwachs der befragten Lehrer korrespondierte. Banilower, Boyd, Pasley und Weiss (2006) evaluierten schulinterne amerikanische Fortbildungsprogramme für Lehrkräfte in Mathematik und in den Naturwissenschaften. Mit einer Teilnahmedauer von mindestens 60-80 Stunden und einer Nutzung der für die Fortbildung entwickelten Materialien war eine höhere Wahrscheinlichkeit für einen – aus der Sicht der teilnehmenden Lehrpersonen – kognitiv aktivierenderen Unterricht, ein anregenderes Lernklima und ein verständnisförderlicheres Frageverhalten verbunden als wenn die Lehrpersonen nicht an der Fortbildung teilnahmen und die entwickelten Materialien nicht nutzten. Auch in dieser Studie waren die ermittelten Zusammenhänge zwischen der Dauer der Fortbildung und ihren Effekten auf die Veränderung der Unterrichtspraxis nicht-linear.

Anzunehmen ist demnach, dass ein gewisser „Schwellenwert" existiert, dessen Unterschreitung die Wahrscheinlichkeit für wirksames berufliches Lernen in Fortbildungen mindert. Von den von Yoon et al. (2007) herangezogenen neun Studien für den Primarbereich hatten die drei kürzesten Fortbildungen, die weniger als zwei Tage dauerten, keine signifikanten Effekte auf die Schüler. Fortbildungen, die länger als 30 Stunden dauerten, führten dagegen zu Leistungssteigerungen auf Seiten der Schüler. Die Studien von Banilower et al. (2006, 2007) und die Metaanalyse von Timperley und Kollegen deuten daraufhin, dass dieser Schwellenwert, sofern man mit der Fortbildung eine Veränderung unterrichtlichen Handelns bzw. eine Weiterentwicklung der Unterrichtsqualität intendiert, eher höher liegen dürfte.

4.2 Didaktische Komponenten von Fortbildungen

4.2.1 Inhaltliche Relevanz der Fortbildung – eine Schlüsselvariable für deren Wirksamkeit?

Die allgemeine Trainingsforschung weist schwache bis moderate Zusammenhänge zwischen der wahrgenommenen Relevanz einer Fort- und Weiterbildung einerseits und einem Zuwachs an Wissen bzw. einem veränderten beruflichen Verhalten der Fortbildungsteilnehmer andererseits nach (Colquitt et al., 2000; Hochholdinger & Schaper, 2007). Für Lehrer liegen Befunde vor, die die Prädiktionskraft der wahrgenommenen Relevanz einer Fortbildung für die Teilnahmemotivation und Partizipation der Teilnehmer (Gräsel, Fussangel & Schellenach-Zell, 2008; Kwakman, 2003) und für deren selbstberichteten Lernertrag unterstreichen (Rzejak, Lipowsky & Künsting, 2013). Die Ergebnisse stützen somit die oben formulierten theoretischen Annahmen zur Bedeutung der erlebten Relevanz für die Weiterbildungsmotivation.

4.2.2 Selbstgesteuertes und selbstorganisiertes Lernen

Häufig wird unter Verweis auf die Besonderheiten des Lernens im Erwachsenenalter und unter Berücksichtigung der Selbstbestimmungstheorie von Deci und Ryan (2000) postuliert, dass Angebote für erwachsene Lerner ein hohes Maß an Lerngelegenheiten für selbstgesteuertes und selbstorganisiertes Lernen bereitstellen sollten. Empirische Belege für positive Effekte entsprechend konzipierter Fortbildungsangebote auf das Wissen und Handeln von Lehrern fehlen jedoch. Allerdings verweisen einzelne Studienergebnisse auf eine positive Beeinflussung der intrinsischen Fortbildungsmotivation von Lehrern und der Akzeptanz der Angebote (Gräsel et al., 2008; Nir & Bogler, 2008). Ob sich von einer höheren Teilnahmemotivation und einer höheren Zufriedenheit auch auf Veränderungen im professionellen Wissen und Handeln der Lehrer schließen lässt, ist jedoch fraglich (s.o.). Ein hoher Grad an Selbstbestimmung und Selbstorganisation im Rahmen von Fort- und Weiterbildungsmaßnahmen kann dem Erwerb von berufsbezogenen Kompetenzen auch im Wege stehen, dann nämlich, wenn die Lehrpersonen ihr unterrichtliches Handeln nicht reflektieren, wenn sie auf eher irrelevante Merkmale ihres eigenen Handelns fokussieren, wenn es an inhaltlich substantiellen Impulsen zum Weiterlernen mangelt und wenn die Lehrergruppen ihr Hauptaugenmerk auf kurzfristig anwendbare und einsetzbare Rezepte, Techniken und Unterrichtsmaterialien richten (Guskey, 1996; Timperley et al., 2007). Einige Forschungsbefunde offenbaren, dass Professionalisierungsmaßnahmen mit einem hohen Maß an Selbststeuerung und Freiheitsgraden für die Lehrpersonen im Vergleich zu strukturierteren Maßnahmen mit einem deutlicheren Fokus auf Merkmale lernwirksamen Unterrichts, systematischeren Anleitungen, einer fokussierteren Ausrichtung und klareren Vorstellungen, wie sich das Unterrichtshandeln der Lehrpersonen weiterentwickeln soll, geringere Effekte auf das Lernen der Schüler haben (Saxe, Gearhart & Nasir, 2001; Antoniou & Kyriakides, 2011, 2013; Perry & Lewis, 2011). So verglich das Projekt von Perry und Lewis (2011) zwei unterschiedliche Varianten des Lesson-Study-Ansatzes (vgl. auch 4.2.5). Hierzu wurden die über 200 teilnehmenden Mathematiklehrer zufällig drei Gruppen zugewiesen. Alle drei Gruppen arbeiteten zum Thema Brüche. Die erste Gruppe erhielt forschungsbasierte Artikel, Materialien und Anregungen für den Unterricht und die Arbeit im Team (einen sogenannten forschungsbasierten „Werkzeugkasten", „toolkit"). Die zweite Gruppe arbeitete zwar ebenfalls nach dem Lesson-Study-Ansatz, aber ohne die zusätzlichen Materialien und die dritte Gruppe nahm an einer Fortbildung teil, wie sie an der jeweiligen Schule üblich war. Erste Ergebnisse zeigen Vorteile zugunsten der ersten, fokussierter arbeitenden Gruppe, sowohl was das fachdidaktische Wissen der Lehrer als auch, was das Lernen der Schüler anbelangt. Offenbar ist der Lesson-Study-Ansatz also insbesondere dann erfolgversprechend, wenn die Lehrpersonen ihren Fokus gezielt auf ausgewählte relevante Aspekte des Unterrichts und des Lernens der Schüler richten.

4.2.3 Erweiterung des professionellen Lehrerwissens

Befunde der Lehrerforschung unterstreichen die erhebliche Bedeutung des fachdidaktischen Wissens und kognitiver Voraussetzungen von Lehrpersonen für deren unterrichtliches Handeln und den Lernerfolg der Schüler (vgl. Baumert et al., 2010; Reusser & Pauli in diesem Band). Entsprechend lässt sich annehmen, dass Fort- und Weiterbildungsmaßnahmen dann wirksam sind, wenn sie an bestehenden Kognitionen, Konzepten und Wissensbeständen der Lehrpersonen anknüpfen und wenn sie Gelegenheiten bieten, diese weiterzuentwickeln (zsf. Borko, 2004).

Empirische Evidenzen hierfür ergeben sich durch eine Reihe von Studien. Die Münsteraner Arbeitsgruppe um Kornelia Möller untersuchte die Effekte einer Fortbildung zum naturwissenschaftlichen Unterricht in der Grundschule. Als abhängige Variablen wurden die Entwicklung unterrichtsbezogener Lehrerkognitionen und nachfolgend die Entwicklung von Schülerleistungen analysiert. Vergleicht man die Lehrerkognitionen vor und nach der Fortbildung, so ergeben sich für die Lehrer der beiden trainierten Experimentalgruppen deutlichere Hinweise auf „conceptual change"-Prozesse als für die nicht trainierte Kontrollgruppe und eine Selbststudiumsgruppe. Mehrebenenanalysen weisen zudem nach, dass die Schüler der Experimentalgruppenlehrer größere Lernfortschritte in einer nachfolgenden Unterrichtseinheit erzielten als die Schüler der Selbststudiumslehrer und dass diese Fortschritte im Wesentlichen durch die in Richtung „conceptual change" weiterentwickelten Überzeugungen der Lehrer erklärt werden können (Kleickmann, Hardy, Jonen, Blumberg & Möller, 2007). Blank, de las Alas und Smith (2008) werteten die Evaluationsberichte amerikanischer Fortbildungsprogramme für Lehrer in Naturwissenschaften und in Mathematik aus und gelangen zu dem Fazit, dass sich diejenigen Programme, die Effekte auf Schüler zeigten, vor allem durch die Förderung des fachdidaktischen Lehrerwissens auszeichneten und konkrete Anregungen bereitstellten, wie die zu unterrichtenden Inhalte den Schülern näher gebracht werden können (vgl. auch Blank, 2013). Auch die o.g. Metaanalyse von Tinoca (2004) ermittelte, dass die Förderung fachdidaktischen Lehrerwissens eine zentrale Komponente effektiver Fortbildungen ist.

Für eine Erweiterung fachdidaktischen Lehrerwissens und handlungspraktischer Kompetenzen in den Naturwissenschaften erweist es sich als sinnvoll, wenn Lehrer den Prozess des „conceptual change" bzw. den Prozess naturwissenschaftlicher Erkenntnisgewinnung selbst erfahren, um seine Bedeutung einschätzen und diesen dann auch bei den Schülern anstoßen zu können (Marek & Methven, 1991; Wilson & Berne, 1999). Für diesen Konzeptwechsel auf Seiten der Lehrer spielen gemäßigte kognitive Dissonanzen eine bedeutende Rolle (Hashweh 2003; Loucks-Horsley, Stiles, Mundry, Love & Hewson, 2010; Timperley et al., 2007).

Auch für Mathematiklehrer und Lehrer sprachlicher Fächer liegen Befunde vor, nach denen die Arbeit an Überzeugungen und die Erweiterung des fachdidaktischen Lehrerwissens mit positiven Effekten für die lernenden Lehrer, teilweise aber auch für deren Schüler einhergehen (z.B. Blank & de las Alas 2009; Carpenter, Fennema, Peterson, Chaing & Loef, 1989; Collet, 2009; Gärtner, 2007; McCutchen et al. 2002; McCutchen, Green, Abbott & Sanders, 2009; Taylor, Pearson, Peterson & Rodriguez, 2005; zsf. Lipowsky & Rzejak, 2012; Timperley et al., 2007; Darling-Hammond, Chung Wei, Andree, Richardson & Orphanos, 2009).

4.2.4 Fokus auf domänenspezifische Lern- und Verstehensprozesse von Schülern

Fortbildungen, die auf eine Erweiterung fachdidaktischen Wissens abzielen, sind in der Regel domänenspezifisch ausgerichtet (Cohen & Hill, 2000; Kennedy, 1998; Darling-Hammond et al., 2009)[5] und involvieren die Lehrer in Aktivitäten, die eine Analyse der Lern- und Verstehensprozessen von Schülern einschließen. Häufig wird dadurch intendiert, den Lehrern die Beziehung zwischen ihrem unterrichtlichen Handeln und den dadurch angestoßenen Lernprozessen und den erzielten Lernergebnissen auf Seiten der Schüler bewusst zu machen und die diagnostischen Kompetenzen der Lehrer handlungsnah zu erweitern (Loucks-Horsley et al., 2010).

---

5 Auch die empirische Unterrichtsforschung stellt die Bedeutung fachspezifischer Aspekte von Unterricht für den Lernerfolg von Schülern heraus (Seidel & Shavelson, 2007; Drollinger-Vetter, 2011).

Das Projekt „Cognitively guided Instruction“ (Carpenter et al., 1989) zielte auf die Förderung problemlösenden Lernens im Mathematikunterricht der Grundschule ab. Für diesen Zweck wurde eine Lehrerfortbildung entwickelt, deren Wirkungen auf die mathematische Leistungsentwicklung von Schülern in mehreren Studien untersucht wurden (Carpenter et al., 1989; Fennema et al., 1996). Ziel der Fortbildung war die Erweiterung und Vertiefung des fachdidaktischen und diagnostischen Wissens der Lehrer. Der Studie von Carpenter und Kollegen (1989) lag ein experimentelles Design zugrunde: 40 Lehrpersonen wurden randomisiert entweder der Experimental- oder einer Kontrollgruppe zugewiesen. Die Experimentalgruppenlehrer wurden mit dem mathematischen Denken und den Lernstrategien von Grundschulkindern konfrontiert und angeregt, mathematische Aufgaben zu klassifizieren und die Lösungsprozesse der Schüler im Umgang mit verschiedenen Problemen genau zu analysieren. Zudem lernten die Lehrer, produktive Fragen zu stellen und auf die Antworten der Schüler zu achten, um Informationen über deren Verstehensprozesse zu erhalten. Die Ergebnisse der anschließenden Lehrerbefragungen, Unterrichtsbeobachtungen und Leistungstests ergaben deutliche Vorteile zugunsten der Experimentalgruppe. Unter anderem gelang es den Lehrern der Experimentalgruppe besser, die Strategien ihrer Schüler bei der Lösung von Aufgaben vorherzusagen als den Lehrern der Kontrollgruppe. Darüber hinaus zeigten sich auch deutliche Unterschiede im Lehrerhandeln: Unter anderem achteten die Lehrpersonen der Experimentalgruppe stärker auf die Antworten der Schüler als die Kontrollgruppenlehrer. Auch bei den Schülerleistungen erwiesen sich die Klassen der Experimentalgruppe insgesamt als erfolgreicher, wobei jedoch nicht alle überprüften Unterschiede signifikant wurden.

Auch die Studien von Wood und Sellers (1996) und von Cobb und Kollegen (1991) zeigten Effekte von fachspezifisch ausgerichteten Fortbildungen auf die mathematischen Lernleistungen von Schülern.

Für sprachliche und naturwissenschaftliche Fächer liegen ebenfalls Studien vor, in denen Fortbildungen mit einem engen Curriculumsbezug und mit einem Fokus auf die fachbezogenen Lernprozesse der Schüler mit positiven Effekten auf die Lernentwicklung der Schüler einhergingen. So zeigte das neuseeländische Fortbildungsprogramm „Literacy Professional Development Project“, das auf die Förderung der Schülerleistungen im Lesen und Schreiben und auf die Reduzierung der Leistungsschere zwischen stärkeren und schwächeren Schülern abzielte, dass die Schüler der Projektschulen deutlich größere Lernzuwächse im Lesen und im Schreiben erzielten als vergleichbare Normstichproben, und dass insbesondere die leistungsschwächsten Schüler deutlichere Lerngewinne aufwiesen als die Schüler der Normstichprobe (English & Bareta, 2006; Parr, Timperley, Reddish, Jesson & Adams, 2007; English, Bareta & Winthrop, 2008).

McCutchen und Kollegen (2002) wiesen positive Effekte einer Fortbildung auf das fachdidaktische Wissen und das unterrichtliche Handeln von Lehrern im Leseunterricht sowie auf die Vorläuferfähigkeiten und Leseleistungen von Vorschulkindern und Erstklässlern nach. Für den Bereich der Naturwissenschaften lassen sich die Studien von Möller, Kleickmann und Kollegen (vgl. 4.2.3), von Penuel und Kollegen (2007) sowie von Fishman und Kollegen (2003) als Beispiele dafür anführen, dass domänenspezifische und inhaltlich fokussierte Fortbildungen ein vertiefteres Verständnis der Schüler nach sich ziehen können. Angenommen werden kann, dass die Beschränkung auf eine Unterrichtseinheit es den Lehrpersonen erleichtert, Unterschiede in den Lern- und Verstehensprozessen der Schüler wahrzunehmen (z.B. Möller et al., 2006). Unterstrichen wird diese Annahme durch die Metaanalyse von Tinoca (2004), der verschiedene Merkmale und Komponenten von Fortbildungen für Lehrkräfte der Naturwissenschaften auf ihre Wirkungen untersuchte: Demnach sind vor allem jene Fortbildungen wirksam, in denen die Fortbildungsteilnehmer *eine* Unterrichtseinheit implementieren und sich dabei auf evidenzbasierte Verfahren, Ansätze und Lehrstrategien stützen.

Mitunter wird ein tieferes Verständnis der Lern- und Verstehensprozesse von Schülern im Rahmen von Weiterbildungsangeboten über eine Veränderung der Feedback- und Beurteilungspraxis im Unterricht zu erreichen versucht. Anknüpfend an Ergebnisse der Feedbackforschung (Hattie & Timperley, 2007) und an Befunde zur Bedeutung von formativem Assessment werden die Lehrer in entsprechenden Fortbildungsveranstaltungen angeregt, zum einen ihre Rückmeldungen prozessorientierter zu gestalten (z.B. Elawar & Corno, 1985), zum anderen den Schülern regelmäßiger Feedback zu geben und sich dabei auch diagnostischer Aufgaben zu bedienen, die das Potenzial haben, Lernprozesse und Lernstände offen zu legen. Die bislang existierenden qualitativen und quantitativen Studien indizieren, dass Fortbildungen, die auf eine solche Intensivierung formativen Assessments setzen, sowohl zu einer Änderung unterrichtlichen Handelns der Lehrer wie auch zu einer positiven Beeinflussung der Schülerleistungen beitragen können (Black & Wiliam, 2004; Gearhart & Osmundson, 2009; Herman & Choi, 2008; Sato, Chung Wei & Darling-Hammond, 2008, vgl. auch 4.2.6).

Der Fokus auf die Analyse und Interpretation der Lern- und Verstehensprozesse von Schülern erleichtert es auch, Beziehungen zwischen dem eigenen Lehrerhandeln und dem Lernen der Schüler zu erkennen. Wenn Lehrpersonen erleben, dass sie ihr unterrichtliches Handeln spürbar verändern können *und* dass sich mit diesen Veränderungen im eigenen Lehrerhandeln auch Veränderungen in den Lernprozessen der Schüler einstellen, dürfte dies die Motivation der Lehrer, die Fortbildungsinhalte in die eigene Praxis zu integrieren und das eigene Handeln dauerhaft zu verändern, positiv beeinflussen. Lehrpersonen die Folgen veränderten unterrichtlichen Handelns zu verdeutlichen, ist nach Timperley et al. (2007, S. 81) ein Schlüsselmerkmal erfolgreicher Fortbildungen. „It is reasonable to expect that new teaching practices will be reinforced when teachers observe that they are having a positive impact on student outcomes." Hier lassen sich deutliche Parallelen zu dem erkennen, was Hattie (2012, S. 19) mit ‚know thy impact' („Kenne deine Wirkung") umschreibt. Nicht nur für die Motivation, sondern auch für die Veränderung eigener Überzeugungen und Einstellungen dürfte es wichtig sein, wenn Lehrpersonen erkennen, mit welchen Veränderungen auf Schülerseite ihr weiterentwickeltes Handeln verbunden ist (Guskey, 1985; Lipowsky, Rzejak & Dorst, 2011; Loucks-Horsley et al., 2010).

4.2.5 Verschränkung von Input, Erprobungs- und Reflexionsphasen

Berufliches Lernen von Lehrern schließt nicht nur die Konstruktion von deklarativem Wissen, sondern auch eine nachhaltige Modifikation von Einstellungen, Überzeugungen und handlungspraktischen Kompetenzen ein. Wesentliche Voraussetzungen für diese Veränderungen sind vielfältige und herausfordernde Lerngelegenheiten, die es der Lehrperson ermöglichen, die Wirksamkeit eigenen Handelns und die Reichweite eigener Überzeugungen zu erkennen, die es ihr erlauben, erworbene Kompetenzen in vielfältiger Weise zu trainieren und anzuwenden und auf ihre Wirkungen zu überprüfen und die den Aufbau eines breiten, flexibel anwendbaren Handlungsrepertoires unterstützen.[6] Der Bewusstmachung und Reflexion expliziter und impliziter Wissens- und Könnensanteile kommt beim Lernen von Lehrpersonen eine Schlüsselrolle zu (Stern, 2009; Wilson & Berne, 1999).

6 Bis in die 80er Jahre waren Fortbildungen, die auf das isolierte Training einzelner Lehrerfertigkeiten und -verhaltensweisen (z.B. Fragetechniken) abzielten, weit verbreitet. Die Effektivität und Nachhaltigkeit dieser Microteaching-Trainingsprogramme ist allerdings nicht ganz unumstritten (Hattie, 2009; Klinzing, 2002; Macleod, 1995). Insbesondere ist unklar, ob sich hierdurch Wirkungen bis auf die Ebene der Schüler erzielen lassen. Heute sind verhaltensbasierte Trainingsansätze meist in umfassendere Ansätze eingebunden (vgl. z.B. Fernandez, 2010; Piwowar, Thiel & Ophardt, 2013).

Zwar zeigen auch vergleichsweise kurze Fortbildungen Effekte auf das Wissen von Lehrpersonen (u.a. Decker et al., 2013), wenn es aber um die Veränderung von Routinen und handlungsbezogenen Kompetenzen geht, scheint es – auch aus theoretischer Sicht – erfolgversprechender, wenn sich Fortbildungen über einen längeren Zeitraum erstrecken und Phasen des Inputs und Wissenserwerbs und Phasen der Erprobung und Reflexion verbinden (vgl. 4.1). Viele der als wirksam untersuchten und evaluierten Fortbildungsprogramme weisen eine solche Struktur auf und verknüpfen Input-, Erprobungs- und Reflexionsphasen (vgl. Browder et al., 2012; Gersten, Dimino, Jayanthi, Kim & Santoro, 2010; Lipowsky, 2004).

Auch der aus Japan stammende Lesson-Study-Ansatz lässt sich als eine Maßnahme begreifen, Erprobung, Reflexion und Analyse von Unterricht zu verbinden (Fernandez, 2002; Lewis, 2002). Im Mittelpunkt des Lesson-Study-Zirkels steht die systematische und kooperative Weiterentwicklung des Unterrichts. Lehrpersonen planen gemeinsam eine Unterrichtseinheit, die in der Regel von einer der Lehrpersonen durchgeführt wird. Die anderen Lehrpersonen beobachten den Unterricht (teilweise unter Einsatz der Videotechnik), transkribieren den Unterrichtsverlauf und analysieren den Unterricht unter einer spezifischen Fragestellung (z.B. Weiterentwicklung naturwissenschaftlicher Konzepte der Schüler im Verlauf des Unterrichts). Gemeinsam wird dann über den Unterricht reflektiert und die Unterrichtseinheit überarbeitet und weiter entwickelt, bevor sie dann erneut unterrichtet und dokumentiert wird. In mehreren Durchläufen wird die Unterrichtslektion so immer weiter perfektioniert. Dokumente aus dem Unterricht (Transkripte und Videoaufzeichnungen) dienen vor allem dazu, die Veränderungen auf Seiten der Lernenden aufzuzeigen (vgl. 4.2.4). Mittlerweile wird der Ansatz der Lesson-Studies auch in anderen Ländern aufgegriffen (Hiebert & Morris, 2012). Die Forschung hierzu ist bislang vor allem qualitativ geprägt (Lewis, Perry & Hurd, 2004; Perry & Lewis, 2011). Eine der wenigen quantitativen Studien deutet darauf hin, dass ein fokussierterer und von Experten unterstützter Lesson-Study-Ansatz wirksamer ist als eine selbstgesteuerte Auseinandersetzung der Lehrpersonen (vgl. Perry & Lewis, 2011; 4.2.2).

Auch eine von Piwowar, Thiel und Ophardt (2013) entwickelte und untersuchte Fortbildung zeichnete sich u.a. durch die Verknüpfung von Input-, Erprobungs- (in Form von Microteaching- und realen Unterrichtssituationen) und Reflexionsphasen unter Einsatz von eigenen Unterrichtsvideos aus, die in gemeinsamen Zirkeln unter Einbezug eines Coaches analysiert und reflektiert wurden. Im Mittelpunkt dieser Studie stand die Förderung von Kompetenzen zur Etablierung einer effektiven Klassenführung. Die Lehrpersonen der Kontrollgruppe absolvierten dagegen ein reduziertes Fortbildungsprogramm: Sie erhielten lediglich einen Input zur Forschungslage und zum theoretischen Rahmen des Konstrukts „effektive Klassenführung“ und entwickelten anhand fremder Unterrichtsvideos Strategien für eine effektive Klassenführung. Als abhängige Variablen wurden das Lehrerwissen, die Klassenführung sowie das Lernverhalten der Schüler analysiert. Im Wissenszuwachs profitierten beide Gruppen (die Lehrer der Untersuchungs- und der Kontrollgruppe) in vergleichbarem Umfang von ihrer jeweiligen Fortbildung. Was das unterrichtspraktische Handeln der Lehrpersonen im Bereich der Klassenführung anbelangt, ergaben sich – allerdings nur aus der Sicht der Schüler, nicht aus der Sicht externer Beobachter – positivere Veränderungen bei den Lehrern der Experimental- als bei den Lehrern der Kontrollgruppe. Zudem zeigten Schüler derjenigen Lehrpersonen, welche an der Fortbildung teilgenommen hatten, im Untersuchungsverlauf ein engagierteres Arbeitsverhalten als Schüler, deren Lehrpersonen zur Kontrollgruppe gehörten.

Dem Einsatz von Unterrichtsvideos wird eine erhebliche Bedeutung für eine vertiefte Auseinandersetzung und Reflexion über Unterricht und für die Veränderung von unterrichtsbezogenen Kognitionen und Theorien zugeschrieben (Borko, Jacobs, Eiteljorg & Pittmann, 2008; Krammer & Reusser, 2005; van Es & Sherin, 2008). Dabei richtet sich der Fokus in einigen Fortbildungen primär auf das Lehrerhandeln, in anderen Studien (z.B. den Lesson-Studies) liegt der Schwerpunkt der Analyse auf den Lernprozessen der Schüler. Van Es und Sherin (2008) untersuchten die Kommentare und Gedanken von Mathematiklehrpersonen über ihren Unterricht im Rahmen eines sogenannten Video Clubs. Im Rahmen dieses Video Clubs setzten sich 7 Lehrpersonen zehnmal mit Unterrichtsvideos aus ihrem eigenen Unterricht auseinander. Qualitative Analysen der Kommentare und Diskussionsbeiträge machen deutlich, dass die Lehrpersonen am Ende der Fortbildungsmaßnahme stärker auf das mathematische Denken der Lernenden achteten als zu Beginn der Fortbildung, dass der Anteil bewertender und beschreibender Kommentare im Verlauf der Maßnahme zurückging, während der Anteil interpretierender Aussagen zunahm und dass die Kommentare im Verlauf der Maßnahme deutlich spezifischer wurden. Zu ganz ähnlichen Ergebnissen gelangen Borko und Kollegen (2008).

Die Dialogue-Studie untersuchte an einer kleinen Stichprobe von Lehrpersonen für Mathematik und Naturwissenschaften die Effekte eines Videozirkels, der Komponenten der Planung, Durchführung und Reflexion von Unterricht verband und dabei Videosequenzen aus dem eigenen Unterricht zur Reflexion nutzte. Thematischer Kern der Fortbildung war die Weiterentwicklung des Klassengesprächs mit einem besonderen Fokus auf Schüleraktivierung und Schülerrückmeldungen. Der Vergleich mit einer Kontrollgruppe, die alternative Fortbildungsangebote zur gleichen Thematik besuchte, ergab, dass sich die Motivation derjenigen Schüler, deren Lehrer an dem Videozirkel teilnahmen, günstiger entwickelte als die Motivation der Schüler der Kontrollgruppenlehrer, was vor allem mit einem Anstieg der Werte für die drei *basic needs* nach Deci und Ryan (2000) erklärt werden kann (Kiemer, Seidel, Gröschner & Pehmer, eingereicht).

In einer deutsch-schweizerischen Fortbildung für Mathematiklehrpersonen wurde untersucht, inwiefern der Einsatz von Unterrichtsvideos dazu beitragen kann, Lehrerkognitionen zu erweitern und zu verändern. Im Verlauf der Fortbildung veränderten sich die unterrichtsbezogenen Kognitionen der teilnehmenden Lehrpersonen dahingehend, dass diese am Ende der Fortbildung über ein höheres konstruktivistisches Verständnis berichteten und eher davon überzeugt waren, mit ihrem Unterricht die mathematische Leistungsentwicklung ihrer Schüler beeinflussen zu können als zu Beginn der Fortbildung (Lipowsky, Kuntze, Ratzka, Klieme & Reiss, 2006). Ferner zeigen schriftliche – zu Beginn und am Ende der Fortbildung erhobene – Kommentare der Lehrpersonen zu den gleichen Videosequenzen, dass die Lehrer am Ende der Fortbildung vermehrt auf die Beziehung zwischen dem eigenen unterrichtlichen Handeln und den Lernprozessen der Schüler zu sprechen kommen und die Unterrichtssequenzen komplexer und differenzierter wahrnehmen und beurteilen als zu Beginn der Fortbildung (Krammer et al., 2008; Krammer, Lipowsky, Pauli, Schnetzler & Reusser, 2012). Welche Effekte unterschiedliche Formen der Implementierung von Unterrichtsvideos auf die Wahrnehmungen, die Analysefähigkeiten, das fachdidaktische Wissen und das Handeln von Lehrpersonen erzielen, wird erst in Anfängen untersucht (vgl. Blomberg, Renkl, Sherin, Borko & Seidel, 2013).

4.2.6 Feedback und Coaching – Schlüsselvariablen für erfolgreiche Professionalisierungsmaßnahmen?

Rückmeldungen gelten als zentrale Komponente im Lernprozess. In Studien zur Wirksamkeit von Fortbildungsmaßnahmen werden unterschiedliche Formen von Rückmeldungen an die Lehrer untersucht. Im Kontext von Coaching- und Mentoringprozessen erhalten Lehrer Rückmeldungen über ihr unterrichtliches Handeln. In anderen Studien wird analysiert, ob und inwiefern die Rückmeldung von Ergebnissen aus Lernstands- und Lernverlaufsmessungen zu einer Veränderung unterrichtlichen Handelns und zu einer positiven Beeinflussung des Schülerlernens beitragen kann.

Aktuelle Studien weisen mehrheitlich positive Effekte von Coachingmaßnahmen nach. Garet und Kollegen (2008) ermittelten positive Effekte eines zeitaufwändigen Coachings auf Dimensionen des Wissens von Grundschullehrern und partiell auch auf deren unterrichtliches Handeln, eine positive Beeinflussung der Leseleistungen der Schüler war jedoch nicht zu verzeichnen. Die Studien von Neuman und Cunningham (2009) sowie von Domitrovich und Kollegen (2009) können ebenfalls positive Effekte von Coachingmaßnahmen auf Dimensionen des Lehrerwissens und -handelns nachweisen, Schülerleistungen wurden jedoch nicht untersucht. In beiden Studien wurden die Effekte von Coachingmaßnahmen mit denen herkömmlicher Workshops verglichen.

In einer Schweizer Studie überprüften Beck und Kollegen (2008) die Wirkungen adaptiver Lehrerkompetenzen auf den kurz- und längerfristigen naturwissenschaftlichen Leistungszuwachs von Schülern und in einer Interventionsstudie, ob sich diese adaptiven Kompetenzen der Lehrpersonen durch ein intensives unterrichtsbegleitendes Coaching nachhaltig fördern lassen. Zwar konnte die Hauptstudie positive Effekte der adaptiven Lehrkompetenz auf den naturwissenschaftlichen Leistungszuwachs der Schüler nachweisen, die Interventionsstudie erbrachte jedoch keine eindeutigen Ergebnisse: Bei den gecoachten Primarstufenlehrern konnte kein größerer Zuwachs der adaptiven Lehrkompetenz festgestellt werden als bei den Lehrern der Kontrollgruppe. Gleiches galt für die Lernleistungen der Schüler.

Auch auf spezifische Selbstwirksamkeitserwartungen von Lehrpersonen scheint es einen positiven Einfluss zu haben, wenn die Teilnehmer bei der Erprobung des durch die Fortbildung intendierten Verhaltens begleitet werden und wenn sie Rückmeldungen hierzu erhalten. Tschannen-Moran und McMaster (2009) untersuchten vier unterschiedliche Fortbildungsformate zur Leseförderung auf ihre Wirksamkeit. Fortbildungsformat A bestand ausschließlich aus einer Inputveranstaltung, Fortbildung B kombinierte die Input- mit einer Demonstrationsphase, die Fortbildung C sah neben der Input- und Demonstrationsphase eine zusätzliche 90-minütige Anwendungsphase vor, in der es u.a. um die Planung entsprechender Maßnahmen für den eigenen Unterricht ging. Das Fortbildungsformat D integrierte außerdem eine Coaching-Komponente. Dabei erhielten die fortgebildeten Lehrpersonen Rückmeldungen und konkrete Anleitungen durch einen Coach, der sie im Unterricht begleitete. Die Ergebnisse zeigen zusammenfassend, dass Lehrpersonen der Fortbildung D eine höhere, auf den Leseunterricht bezogene Selbstwirksamkeitserwartung entwickelten als Lehrpersonen der Fortbildungen B und C und dass Lehrpersonen der Gruppe D nach eigenen Angaben den Leseförderansatz intensiver umsetzten als Lehrpersonen der anderen drei Formate. Allerdings zeigte sich in dieser Studie nicht, dass das Fortbildungsformat A, welches ausschließlich einen Inputvortrag umfasste, das am wenigsten wirksamste war.

Belege dafür, dass sich ein Coaching bis auf die Ebene der Schüler auswirken kann, legen Wood und Sellers (1996) sowie Landry und Kollegen (2009) vor. Die methodisch anspruchsvolle Studie von Landry und Kollegen (2009) untersuchte die Effekte unterschiedlicher Fortbildungsformate auf das Lehrerverhalten und die Lesefähigkeiten von Vorschülern. Der Studie lag ein 2x2 Design mit den beiden Faktoren „Begleitung/Coaching der Lehrer" und „Rückmeldungen über die Lernfortschritte der Kinder" zugrunde. Das Coaching umfasste gemeinsame Reflexionen über den Unterricht unter Einbezug von Videoaufnahmen, Tipps und Hinweisen des Coaches zu Verbesserungen im Unterricht und schriftliches Feedback. Der Faktor „Rückmeldungen über die Lernfortschritte der Schüler" variierte die Detailliert- und Strukturiertheit der rückgemeldeten Leistungsdaten an die Lehrer. Alle vier Gruppen erhielten zusätzlich über die Dauer der einjährigen Intervention ein Onlinetraining, das sich inhaltlich mit Fragen des Lesens beschäftigte und die wichtigsten, evidenzbasierten Informationen zur Leseförderung bereitstellte. Zusätzlich wurde eine Kontrollgruppe als fünfte Gruppe einbezogen. Sie machte „business as usual" und erhielt weder ein Onlinetraining, noch das Feedback oder das Coaching. Die Stichprobe bestand insgesamt aus 262 Lehrpersonen aus vier unterschiedlichen Bundesstaaten der USA. Die Lehrpersonen wurden zufällig den fünf verschiedenen Bedingungen zugewiesen. Durch bestimmte Qualitätssicherungsmaßnahmen wurde ein einheitliches Vorgehen in den einzelnen Coach-Lehrer-Interaktionen angestrebt. Von den 262 Lehrpersonen wurden 75 zufällig ausgewählt, die zweimal, zu Beginn und am Ende der Intervention in ihrem Unterricht beobachtet wurden. Die Leistungen der Schüler wurden vor Beginn und am Ende der Maßnahme mittels strukturierter Interviews gemessen. Die Ergebnisse zeigen, dass diejenigen Lehrpersonen, die an der kombinierten Fortbildung teilnahmen, also ausführliches und strukturiertes Feedback erhielten und gecoacht wurden, ihr unterrichtliches Verhalten stärker änderten als die Lehrpersonen der anderen Gruppen. Ähnliche Befunde ergaben sich für die Schülerleistungen, wobei die Effekte jedoch nicht so deutlich ausfielen wie für das Lehrerverhalten. Demnach verbessern die Schüler der vier Experimentalgruppen ihre phonologische Bewusstheit stärker als Schüler der Kontrollgruppe, Schüler derjenigen Lehrer, die ausführliches Feedback und die unterrichtsnahe Begleitung erhielten, entwickelten einen breiteren Wortschatz und eine bessere Buchstabenkenntnis.

Für Mentoring, also die Begleitung von Fortbildungsteilnehmern durch Kollegen, ermitteln Blank und de las Alas (2009) auf der Basis von 10 Einzelstudien einen negativen Effekt von d=-0.19 auf das Lernen der Schüler. Offenbar ist mit der Beratung und Begleitung durch Kollegen per se kein positiver Effekt auf das Lernen der Schüler verbunden. Allerdings ist hier die Datenlage sehr dünn (vgl. auch Lord, Atkinson & Mitchell, 2008; Tomlinson, Hobson & Malderez, 2010).[7] Zudem erschwert die uneinheitliche Konzeptualisierung des Begriffs Mentoring eine klare Interpretation der Befunde.

Rückmeldungen können aber nicht nur durch einen Coach oder einen Mentor erfolgen, sondern auch, indem Lehrpersonen Daten aus Lernstands- und Lernverlaufsmessungen zurückgemeldet werden.

Die Studien von Taylor und Kollegen (2005), das Literacy Professional Development Projekt (McDowall, Cameron, Dingle, Gilmore & MacGibbon, 2007) und qualitative Studien von Jinkins (2001), Schorr (2000) und Strahan (2003) untermauern, dass die Sammlung, Rückmeldung und Analyse von Daten über die Lernprozesse und Lernergebnisse der Schüler das Potenzial haben, unterrichtliches Handeln von Lehrern zu verändern. Allerdings tragen offenbar nicht alle gearteten Rückmeldeformate hierzu bei (Dedering, 2011). Erforderlich sind eine begleitende Unterstützung der Lehrer bei der Analyse und Interpretation der Daten, eine schnelle Rückmeldung der Daten an die Lehrer sowie spezifischere Rückmeldungen über die Lernstände und Lernentwicklungen einzelner Schüler (Groß Ophoff, Hosenfeld, Koch & Helmke, 2006; Schneewind, 2007). Erklärbar sind diese positiven Effekte auf die Lehrer mit der Bedeutsamkeit von Feedback und mit der Förderung der Lehrerselbstwirksamkeit.

In eine ähnliche Richtung deuten Befunde zum curriculumbasierten Messen (CBM). Unter curriculumbasiertem Messen versteht man die regelmäßige und in kurzen Abständen wiederholt durchgeführte Messung von curriculumsbezogenen Schülerleistungen (Lernverlaufsdiagnostik), welche bislang vor allem im sonderpädagogischen Bereich verbreitet ist (Deno, 2003; Klauer, 2006). Die Lehrpersonen erhalten als Ergebnis dieser häufig computergestützt durchgeführten Messungen kontinuierliches Feedback über die aktuellen Leistungsstände und Leistungsentwick-

---

7 Mehr Forschung liegt zur Wirksamkeit von Mentoringmaßnahmen bei Berufsanfängern vor (vgl. Abs in diesem Buch; Ingersoll & Strong, 2011).

lungen ihrer einzelnen Schüler, erkennen Zuwächse oder Stagnationen und erfahren somit auch etwas über die Wirkungen ihres unterrichtlichen Handelns. Die hierzu existierenden Untersuchungen widmen sich insbesondere der Frage, wie sich diese regelmäßige Messungen auf die Schüler auswirken. In der Gesamtschau kommen die bisherigen, vor allem im sonderpädagogischen Bereich, durchgeführten Studien zu positiven Effekten (zsf. Souvignier, Förster & Schulte, 2014; Stecker, Fuchs & Fuchs, 2005). Diese positiven Effekte treten offenbar vor allem dann auf, wenn die Lehrpersonen nicht nur Rückmeldungen über die Lernstände ihrer Lernenden erhalten, sondern auch darin unterstützt werden, die zurückgemeldeten Daten zu interpretieren und daraus Folgerungen für den nachfolgenden Unterricht abzuleiten (Fuchs, Fuchs, Hamlett, Phillips & Bentz, 1994; Souvignier et al., 2014). In einer aktuellen deutschen Studie untersuchten Souvignier und Förster (2011) die Wirkungen curriculumbasierter Messungen mittels eines computergestützten Tools auf das Leseverständnis leseschwacher Viertklässler. Die Lehrpersonen der Untersuchungs- und der Kontrollgruppe erhielten zu Beginn der Untersuchung diagnostische Informationen über den Leistungsstand ihrer Schüler. Die Schüler der Untersuchungsgruppe bearbeiteten daraufhin alle 2 Wochen 8-mal ein diagnostisches, computergestütztes Tool, welches Daten zur Lesegeschwindigkeit, Lesegenauigkeit und Leseverständnis erfasste. Diese Daten wurden sowohl an die Lehrpersonen als auch an die Schüler zurückgemeldet. Im Ergebnis zeigte sich ein höherer Lernzuwachs bei den Schülern der Untersuchungsgruppe als bei den Schülern der Kontrollgruppe, die während des Untersuchungszeitraums nicht an den Lernverlaufsmessungen teilnahmen und deren Lehrpersonen somit keine entsprechenden Daten zur Verfügung standen.

4.2.7 Orientierung an evidenzbasierten Merkmalen erfolgreichen Unterrichts

Da sich berufliches Weiterlernen von Lehrern letztlich an der Entwicklung der Schüler zu orientieren hat, lässt sich annehmen, dass Fort- und Weiterbildungsmaßnahmen insbesondere dann wirksam sind, wenn sie Ergebnisse der Unterrichtsforschung aufnehmen und evidenzbasierte Merkmale qualitätsvollen Unterrichts ins Zentrum der Maßnahmen rücken. Hierzu zählen fachübergreifend relevante Merkmale wie eine effektive Klassenführung, eine ausgeprägte inhaltliche Klarheit des Unterrichts, ein kognitiv aktivierender Unterricht, ein unterstützendes Unterrichtsklima, aber auch fachspezifische Merkmale des Unterrichts und des Lehrerhandelns.

Mit dem „Münchener Lehrertraining“ (Havers & Toepell, 2002) und dem Konstanzer Trainingsmodell (Dann & Humpert, 2002) liegen zwei vergleichsweise elaborierte Trainingsprogramme vor, die im Kern auf den Umgang mit Unterrichtsstörungen und Disziplinproblemen im Klassenzimmer abzielen. Beide Trainingskonzepte wurden mehrfach erfolgreich evaluiert, wobei jedoch noch nicht geklärt ist, inwieweit sich beide Programme bis auf die Schülerleistungen auswirken.

Auch die kognitive Aktivierung von Lernenden stand in mehreren Studien im Zentrum der Fort- und Weiterbildungsaktivitäten. Louis und Marks (1998) untersuchten den Einfluss der Arbeit von schulbezogenen professionellen Lerngemeinschaften auf die Ausprägung so genannten „authentischen Unterrichts“ und in einem zweiten Schritt dessen Wirkungen auf den Lernerfolg der Schüler. Mit authentischem Unterricht ist ein Unterricht gemeint, der Schüler in kognitiv anspruchsvolle Aktivitäten verwickelt, der inhaltlich substantielle Gespräche unter intensiver Beteiligung der Lernenden initiiert, der zentrale Ideen und Konzepte des jeweiligen Faches anspricht und Alltagsbezüge herstellt (Newmann, Marks & Gamoran, 1996). In der Studie von Louis und Marks (1998) ließ sich das Ausmaß authentischen Unterrichts durch die Intensität der

Arbeit in den professionellen Lerngemeinschaften und die Leistungen der Lernenden durch das Ausmaß des authentischen Unterrichts vorhersagen.

Caulfield-Sloan und Ruzicka (2005) führten eine experimentelle Studie durch, in der Grundschullehrer im Rahmen eines Workshops trainiert wurden, in ihrem naturwissenschaftlichen Unterricht kognitiv anspruchsvollere Fragen zu stellen. Unterrichtsbeobachtungen unter curricular vergleichbaren Bedingungen und standardisierte Interviews mit Schülern erbrachten deutliche Vorteile der Experimental- gegenüber einer Kontrollgruppe. Auch das Verständnis der Schüler der fortgebildeten Lehrer wurde deutlich höher eingeschätzt als das der Schüler der Kontrollgruppenlehrer.

Auch die Gruppe um Creemers, Kyriakides und Antoniou (2013; auch: Antoniou & Kyriakides, 2011; 2013) orientierte sich bei der Konzeption einer Lehrerfortbildungsmaßnahme an Ergebnissen der Unterrichtsforschung. Sie verglichen zwei Fortbildungsansätze miteinander, von denen der sogenannte integrierte Ansatz verschiedene evidenzbasierte Merkmale guten Unterrichts fokussierte (wie z.B. Strukturiertheit und Klarheit, anspruchsvolle, produkt- und prozessbezogene Lehrerfragen, Aufgreifen und Weiterentwickeln von Schülerantworten, effektive Klassenführung und effektive Zeitnutzung, Diagnose der Lernstände und formatives Assessment). Die nach diesem Ansatz fortgebildeten Lehrpersonen sollten auf der Basis von Ergebnissen der Unterrichtsforschung effektive und weniger effektive Praktiken und Verhaltensweisen in ihrem Unterricht identifizieren und ihren Unterricht diesbezüglich weiterentwickeln. Hierzu erhielten die Lehrpersonen auf ihr Kompetenzniveau abgestimmte[8] Materialien und Feedback von Wissenschaftlern. Der alternative, so genannte holistische Fortbildungsansatz akzentuierte dagegen die Reflexion über den eigenen Unterricht, ohne dass ein klarer Fokus vorgegeben wurde. Die Wahl des Reflexionsgegenstands war somit den Lehrpersonen selbst überlassen. Als abhängige Variablen wurden die Veränderung der Unterrichtsqualität und der Lernzuwachs der Schüler im Fach Mathematik untersucht. Insgesamt nahmen 130 Mathematiklehrer mit ihren Klassen an der Studie teil. Die Ergebnisse zeigen, dass sich die Unterrichtsqualität derjenigen Lehrpersonen, die an der Fortbildung nach dem integrierten Ansatz teilnahmen, stärker verbesserte als die Unterrichtsqualität der Lehrpersonen in der Vergleichsgruppe. Mehrebenenanalytisch ließ sich außerdem ein signifikanter Effekt der Zugehörigkeit zu den beiden Fortbildungsgruppen auf den Lernzuwachs der Schüler in Mathematik absichern: Schüler, deren Lehrpersonen an der integrierten Fortbildung teilgenommen hatten, erzielten größere Leistungszuwächse als Schüler der Lehrpersonen der Vergleichsgruppe.

Nicht nur diesen eher fächerübergreifend relevanten Merkmalen, sondern auch domänenspezifischen Merkmalen des Unterrichts kommt eine besondere Bedeutung zu, wenn es um das Lernen von Schülern geht (Seidel & Shavelson, 2007). Im Leseunterricht erweisen sich z.B. die gezielte Vermittlung, Übung und Anwendung von Lesestrategien und die Förderung der Leseflüssigkeit über Ansätze wiederholenden Lesens (repeated reading) als wirksame unterrichtliche Verfahren (Dignath, Büttner & Langfeldt, 2008; Hattie, 2009; Rosebrock, Nix, Rieckmann & Gold, 2011). Im naturwissenschaftlichen Unterricht zeigt z.B. inquiry based teaching/learning (forschendes Lernen) positive Effekte auf das Lernen der Schüler (Capps, Crawford & Constas, 2012; Furtak, Seidel, Iverson & Briggs, 2012; Hattie, 2009), im naturwissenschaftlichen Unterricht und im Mathematikunterricht das Lernen aus Lösungsbeispielen in Verbindung mit der Anregung zu Selbsterklärungen und die explizite unterrichtliche Behandlung von relevanten Teilkonzepten (Drollinger-Vetter, 2011; Lipowsky, im Druck; Renkl, 2011). Entsprechend kann

8 Vor der eigentlichen Fortbildung wurden die 130 Lehrpersonen auf der Basis von Unterrichtsbeobachtungen in vier Kompetenzniveaus eingeteilt und dann zufällig den beiden Fortbildungsansätzen zugewiesen.

davon ausgegangen werden, dass Fortbildungen, welche diese domänenspezifischen Merkmale und Verfahrensweisen zum Gegenstand der Fortbildung machen, ein größeres Potenzial haben, positive Effekte auf die Schüler zu erzielen. Eine empirische Stützung erfährt diese Annahme z.B. durch die Metaanalyse von Seidel und Shavelson (2007), denn unter den Studien, die in dieser Metaanalyse der Kategorie „domänenspezifische Aktivitäten und Verarbeitung" zugerechnet wurden, befinden sich mehrere Studien, in denen Interventionsprogramme oder Lernumgebungen durch vorher trainierte Lehrer erfolgreich, d.h. mit positiven Wirkungen für die Schüler implementiert wurden.

Nach vor allem angloamerikanischen Studien sind mit Fortbildungen dann positivere Effekte auf das unterrichtliche Handeln von Lehrpersonen und teilweise auch auf das Lernen von Schülern verbunden, wenn die Fortbildungsinhalte eng mit dem jeweiligen Curriculum und den gültigen Bildungsstandards verbunden sind (Cohen & Hill, 2000; Garet et al., 2001), wenn Lehrpersonen die durch verschiedene Reformmaßnahmen intendierten Veränderungen als konsistent begreifen und die Inhalte von Professionalisierungsmaßnahmen als Teil eines kohärenten Gesamtprogramms wahrnehmen (Banilower, Heck & Weiss, 2007; Heck, Banilower, Weiss & Rosenberg, 2008; Supovitz, Mayer & Kahle, 2000; Penuel et al., 2007).

4.2.8 Professionelle Lerngemeinschaften

Professionelle Lerngemeinschaften sind schulbezogene Lehrerteams, in denen Lehrer gemeinsam und voneinander lernen. Die Arbeit professioneller Lerngemeinschaften zeichnet sich idealtypisch durch folgende Komponenten aus: Die Lehrpersonen teilen einen Grundkonsens in Fragen des Lehrens und Lernens, sind motiviert an der eigenen Weiterentwicklung, fokussieren auf das Lernen der Schüler, erkennen die eigene Verantwortung hierfür an, tauschen sich kontinuierlich über den Unterricht, das Curriculum und die Lernprozesse der Schüler aus, betrachten ihren Unterricht nicht als Privatsache und pflegen intensive, unterrichtsbezogene Formen der Zusammenarbeit (DuFour, 2004; Kruse, Louis & Bryk, 1995).

Gräsel, Fussangel und Parchmann (2006) ermitteln Hinweise für tiefere fachbezogenere Reflexionen der Lehrer in professionellen Lerngemeinschaften im Vergleich zu herkömmlichen Workshops; die Befunde von Bolam und Kollegen (2005) deuten auf Zusammenhänge zwischen der Intensität der Arbeit in professionellen Lerngemeinschaften und den Lernleistungen von Schülern hin. Lomos, Hofman und Bosker (2011) werteten fünf Einzelstudien aus, von denen vier den Effekt professioneller Lerngemeinschaften auf das Lernen der Schüler über Mehrebenenmodelle analysierten. Insgesamt ergab sich über diese fünf Einzelstudien ein schwach positiver Effekt von d=0.25, wobei die Effektstärken dieser fünf Studien jedoch vergleichsweise breit streuten (von d=0.22 bis zu d=0.56).

Große Transferprogramme, die gezielt auf professionelle Lerngemeinschaften setzen, wie z.B. SINUS-Transfer, Chemie im Kontext, Biologie im Kontext oder das österreichische IMST-Projekt deuten teilweise auf unterrichtliche Veränderungen, teilweise auch auf eine positive Beeinflussung der Schülermotivation und der Schülerleistungen hin (Prenzel, Carstensen, Senkbeil, Ostermeier & Seidel, 2005; Krainer, Hanfstingl & Zehetmeier, 2009; Lücken & Elster, 2010; Demuth et al., 2005). Was genau zu den Effekten beigetragen hat, muss jedoch aufgrund der großen Heterogenität der Programme und der unterschiedlichen Expertise der Trainer offen bleiben.

Zusammenfassend ist festzuhalten, dass die Forschungslage zu den Wirkungen professioneller Lerngemeinschaften insgesamt noch dünn und relativ uneinheitlich ist (Tinoca, 2004; Vescio, Ross & Adams, 2008), u.a. auch deshalb, weil die gewählten Untersuchungsdesigns häufig keine weitreichenden Schlüsse zulassen und weil sich das, was unter professionellen Lerngemeinschaften verstanden wird, von Studie zu Studie unterscheidet (Lomos et al., 2011). Hinzu kommt, dass die Wirksamkeit professioneller Lerngemeinschaften auch stark von Merkmalen der jeweiligen Schule abhängig sein dürfte und davon, ob die Lerngemeinschaften fachspezifisch arbeiten und wie intensiv sie ihre Aktivitäten an evidenzbasierten Merkmalen von Unterricht und an den konkreten Lernprozessen der Schüler ausricOhten. So zeigte z.B. die o.g. Studie (4.2.7) von Louis und Marks (1998), in der die Arbeit der professionellen Lerngemeinschaften primär der Implementierung eines kognitiv herausfordernden Unterrichts diente, in der Metaanalyse von Lomos et al. (2011) den stärksten Effekt auf das Lernen der Schüler erzielte.

5. Engagierte Nutzung der Fort- und Weiterbildungsangebote

Im oben dargestellten Modell (vgl. Abb. 1) wird der engagierten Nutzung von Lerngelegenheiten innerhalb einer Fort- und Weiterbildung eine bedeutsame Rolle für den Lern- und Transfererfolg der Teilnehmer zugeschrieben. Empirische Evidenzen ergeben sich hierfür aus einer Reihe von Studien.

Das CIERA-Schulentwicklungsprogramm zielte auf die Verbesserung der Literalität von Grundschülern ab (Taylor et al., 2005). Die Ergebnisse zeigen insgesamt, dass die Intensität, mit der die Lehrpersonen zusammenarbeiteten, den Lernzuwachs der Schüler im Leseverständnis und partiell auch in der Leseflüssigkeit vorhersagen konnte. Auch die oben angeführte Studie von Louis und Marks (1998; 4.2.7) verweist darauf, dass die engagierte Nutzung der Weiterbildungsangebote mit darüber entscheidet, wie stark Lehrer und Schüler davon profitieren: Das Ausmaß kognitiv aktivierenden Unterrichts, das sich positiv auf die Lernleistungen der Schüler auswirkte, ließ sich durch die Intensität der Arbeit in den professionellen Lerngemeinschaften vorhersagen.

Weitere Belege für die Bedeutung einer engagierten Nutzung der Fortbildungsangebote und einer konsequenten Umsetzung der Fortbildungselemente in den eigenen Unterricht ergeben sich durch die britische Studie von Bolam und Kollegen (2005), durch Teiluntersuchungen aus dem Transferprogramm „Chemie im Kontext“ von Gräsel et al. (2006) sowie durch die Studien von Wackermann (2008), Collet (2009), Correnti (2007) und McCutchen und Kollegen (2002).

Seinen Ausdruck findet eine engagierte Nutzung von Fortbildungsangeboten auch in der Zeit, die einer Lehrperson individuell für die Verarbeitung der Fortbildungsinhalte zur Verfügung steht. Bömer, Kunter und Hertel (2011) ermittelten in ihrer Studie, dass diese individuell zur Verfügung stehende Zeit die Wahrnehmung und Einschätzung der Fortbildung und darüber auch die Veränderung von Lehrerüberzeugungen vorhersagen kann: Je mehr Zeit den Lehrpersonen nach eigenen Angaben für die Verarbeitung der Fortbildungsinhalte zur Verfügung stand, desto eher wurde die Fortbildung als positive Herausforderung bewertet, was wiederum nach Angaben der Lehrpersonen mit einer tieferen Verarbeitung der Fortbildungsinhalte und mit größeren Veränderungen in den Lehrerüberzeugungen einherging. In eine ähnliche Richtung deuten die Befunde von Penuel und Kollegen (2007). Sie fanden heraus, dass die zur Verfügung stehende Zeit eine wichtige Voraussetzung für die Implementierung von Fortbildungskomponenten im eigenen Unterricht ist.

In gewisser Weise laufen die dargestellten Befunde den Erwartungen und Wünschen vieler Lehrpersonen und Schulleitungen nach kurzen Fortbildungen zuwider. Denn die von Lehrern immer wieder formulierten Erwartungen an Fortbildungen – in Eintagesfortbildungen schnell umsetzbare Anregungen, Impulse und Materialien für die Unterrichtspraxis zu erhalten (Wolf,

Göbel-Lehnert & Chroust, 1999; Jäger & Bodensohn, 2007) – rücken vor allem die schnelle und kurzfristige Verwertbarkeit der Fortbildungsinhalte in den Vordergrund, während aus Sicht der Forschung fruchtbare Lernaktivitäten und nachhaltige Lernprozesse von Lehrpersonen eher langfristiger Natur sind und durchaus harte und anstrengende Arbeit darstellen.

6. Qualifizierung von Fortbildnern – Eine nicht eingelöste Aufgabe der Lehrerbildung

Die Zusammenfassung des Forschungsstands verdeutlicht, wie anspruchsvoll die Aufgaben von Lehrerfortbildnern sind. Dies beginnt schon bei der Auswahl der Inhalte, erstreckt sich auf die Festlegung und Operationalisierung der Ziele der Fortbildung, umfasst die didaktisch-methodische Gestaltung der Maßnahme, beinhaltet die anspruchsvolle Aufgabe, den Teilnehmern die Beziehungen zwischen Veränderungen in ihrem eigenen Handeln und Veränderungen auf Seiten der Schüler bewusst zu machen und die Bereitstellung eines Angebots an wertvollen und vielfältigen Gelegenheiten für den Erwerb, die Anwendung und Erprobung neuen Wissens und neuer Handlungskompetenzen. Obgleich Fortbildnern damit eine erhebliche Bedeutung für den Erfolg einer Fortbildungsmaßnahme zukommen dürfte, wird ihre Rolle von der Schulverwaltung, den Führungsakademien und Qualitätsagenturen, die für die Ausbildung der Fortbildner zuständig sind, in ihrer ganzen Tragweite (noch) nicht erkannt, denn bislang fehlt es noch weitgehend an systematisch und langfristig angelegten Qualifizierungsmaßnahmen, die sich am Stand der Forschung orientieren. Auch die Bildungsforschung hat die Bedeutung von Fortbildnern bislang kaum thematisiert und systematisch untersucht. Dies liegt u.a. auch daran, dass für entsprechende Studien vergleichsweise große Stichproben erforderlich sind. Die wenigen vorhandenen Befunde deuten auf erhebliche Effekte von Fortbildnern auf den Fortbildungserfolg hin (McDowall et al., 2007). Anknüpfend an die hier dargestellten Befunde lässt sich annehmen, dass die fachliche und fachdidaktische Expertise der Fortbildner, ihr Wissen über den Stand der Unterrichts- und der Professionalisierungsforschung, ihre Überzeugungen, ihre Motivationsfähigkeit und ihre pädagogischen und didaktischen Fähigkeiten im Umgang mit einer teilweise höchst heterogenen Zielgruppe von erwachsenen Lernern einen erheblichen Einfluss auf das Lernen der teilnehmenden Lehrpersonen haben. Diese Auflistung unterstreicht die Notwendigkeit einer gezielten, langfristig und systematisch angelegten Ausbildung und Qualifizierung von Fortbildern und Trainern und die Notwendigkeit einer Beteiligung der Wissenschaft. Bis heute sind diese Erfordernisse eines systematischen „Train the Trainer"-Konzepts in Deutschland kaum eingelöst, obgleich die publizierten und hier analysierten Studien die Annahme stützen, dass die Konzeption wirksamer Fortbildungen die Beteiligung externer Experten und Wissenschaftler voraussetzt (vgl. Kennedy, 1998; Timperley, 2008).

7. Ausblick

Die für diesen Forschungsüberblick herangezogenen Studien können zwar partiell die Wirksamkeit von Lehrerfortbildungsmaßnahmen bestätigen, doch aus forschungsmethodischer Sicht muss auf einige Einschränkungen hingewiesen werden.

- Zum einen handelt es sich häufig um kleine und um selegierte Stichproben, da die Teilnahme der Lehrpersonen meist freiwillig erfolgte. Daher ist von einer besonderen Motivation der Teilnehmer auszugehen. Repräsentative Stichproben sind auch international die Ausnahme.

- Hinzu kommt, dass auch die Bildung von Interventions- und (Warte-) Kontrollgruppen häufig nicht zufällig erfolgt und dass das Wissen, die Handlungskompetenzen und die motivationalen Voraussetzungen der Lehrpersonen zu Beginn der Maßnahme selten umfassend kontrolliert werden. Damit bleibt aber mitunter fraglich, ob sich Experimental- und Kontrollgruppe nicht bereits vor der Maßnahme systematisch unterscheiden.
- Obgleich die angeführten Befunde insgesamt zuversichtlich stimmen, lässt sich bei vielen Studien nicht genau bestimmen, welche Komponenten zur Effektivität der Maßnahmen ursächlich beigetragen haben. Hierzu wären Studien notwendig, die nach dem Nachweis der grundsätzlichen Wirksamkeit des gesamten Programms einzelne Komponenten der Maßnahme systematisch variieren und auf ihre Wirkungen überprüfen. Die meisten vorliegenden Studien beschreiten nur den ersten Teil des Weges.
- Treatmentkontrollen, die sicherstellen, dass die Fortbildungsmaßnahmen in der intendierten Weise ablaufen und die Teilnehmer ihre unterrichtliche Praxis tatsächlich in der erwünschten Richtung verändert haben, sind aufwändig und daher kaum verbreitet.

Die folgenden Aspekte und Fragen sind durch den aktuellen Forschungsergebnisse noch nicht hinreichend bearbeitet und geklärt:

- Wenn in den herangezogenen Studien Wirkungen von Fortbildungen auf die Schüler untersucht wurden, wurde meist die fachliche Leistungsentwicklung in den Blick genommen. Effekte auf die affektiv-motivationale Entwicklung der Schüler werden eher selten untersucht. Die bisherigen Studien kommen hier zu uneinheitlichen Ergebnissen (Fischer, 2006; Kiemer et al., eingereicht; Otto, 2007; Stipek, Givvin, Salmon & MacGyvers, 1998). Sie deuten darauf hin, dass es schwierig ist, die Lernmotivation von Schülern über Lehrerfortbildungen zu verändern, was auch daran liegen dürfte, dass sich die affektiv-motivationale Entwicklung der Schüler weniger durch Merkmale der Klasse, des Unterrichts und der Lehrer beeinflussen lässt als die kognitive Entwicklung.
- Bislang ist wenig erforscht, inwieweit ein stärker induktives Vorgehen, welches an Situationen und Phänomenen des Alltags der Fortbildungsteilnehmer anschließt, zu einem höheren Fortbildungserfolg beitragen kann. Die Studie von Rank, Gebauer, Hartinger und Fölling-Albers (2012) weist in diese Richtung. Verglichen wurden hier drei unterschiedliche Fortbildungsformate, die sich im Grad der Situierung unterschieden. Während die beiden Experimentalgruppen induktiv vorgingen, d.h. jeweils von Situationen und Fällen aus der Praxis ausgingen (in der Gruppe 1 wurden diese von den teilnehmenden Lehrpersonen selbst eingebracht und von der Fortbildnerin aufbereitet und strukturiert; in der Gruppe 2 wurden die Situationen von der Fortbildnerin konstruiert), arbeitete die Kontrollgruppe eher deduktiv und ging von den theoretischen Grundlagen aus, bevor Praxis- und Anwendungsbezüge hergestellt wurden. Als abhängige Variablen wurden u.a. die förderdiagnostischen Lehrerkompetenzen, die Lehrermotivation und die Leseleistungen der Schüler der Fortbildungsteilnehmer untersucht. Was den Erwerb förderdiagnostischer Lehrerkompetenzen anbelangt, erwies sich die Gruppe 2 als überlegen, die Entwicklung der intrinsischen Motivation der Teilnehmer verlief in der Gruppe 1 am günstigsten. Die Ausprägung der förderdiagnostischen Lehrerkompetenzen ging mit höheren Leseleistungen der Schüler einher. Insgesamt zeigten die beiden situierten Lernumgebungen deutliche positivere Ergebnisse als das deduktive Vorgehen der Kontrollgruppe 3, welches dem Vorgehen in vielen Fortbildungen entsprechen dürfte.

- Sollten Professionalisierungsmaßnahmen für Lehrpersonen schulintern oder schulübergreifend durchgeführt werden? Auch diese Frage lässt sich aus empirischer Sicht derzeit nicht beantworten. Insbesondere in den Sekundarschulen dürfte nicht die ganze Schule, sondern eher das Fachkollegium die entscheidende Organisationseinheit für Veränderungen im Unterricht sein. Mitunter – insbesondere an kleinen Schulen – dürften die Fachkollegien aber mitunter zu klein sein, um im Rahmen schulinterner Fortbildungen einen fruchtbaren und intensiven Austausch anstoßen zu können.
- Eine grundsätzliche Herausforderung für die Konzeption von Lehrerfortbildungen resultiert aus dem Umstand, dass mit den bestehenden Fortbildungsangeboten bestimmte Lehrpersonen offenbar nicht erreicht werden, obgleich Lehrpersonen in allen Bundesländern grundsätzlich zur Weiterbildung verpflichtet sind. Richter, Engelbert, Weirich und Pant (2013) zeigten in einer Typologie von Lehrpersonen, dass sich fortbildungsinaktive Lehrpersonen durch eine vergleichsweise geringe Selbstwirksamkeitserwartung, durch eine geringe berufliche Zufriedenheit und durch überdurchschnittliche berufliche Belastungen auszeichnen. In dieser Gruppe fortbildungsinaktiver Lehrpersonen verbinden sich offenbar geringere motivationale Orientierungen und geringere Selbstregulationsfähigkeiten zu einem Syndrom ungünstig ausgebildeter beruflicher Handlungsregulation. Die Forschung weiß wenig darüber, ob in diesem Zusammenhang spezielle und auf diese Lehrpersonen abgestimmte Angebote mit einem höheren Verpflichtungscharakter positive Effekte erzielen können. Plausibel ist aber, dass innovativere Fortbildungsformate, wie Coachingmaßnahmen, hier eher greifen können als gruppenbezogene Maßnahmen. Welche Wirkungen es hat, wenn Lehrer grundsätzlich stärker zum Besuch von Fortbildungen angehalten werden, ist bislang kaum erforscht. Es gibt zwar Hinweise darauf, dass Lehrer, die sich freiwillig an Fortbildungen beteiligen, zufriedener und vielleicht anfänglich motivierter sind, es gibt aber bislang keine Belege dafür, dass damit auch stärkere Veränderungen im beruflichen Wissen und Handeln der Lehrpersonen einhergehen (s.o.).

Zusammenfassend lässt sich festhalten, dass Fort- und Weiterbildungsangebote das berufliche Lernen von Lehrern unter Beachtung der dargestellten Merkmale befördern können. Die gängige Fortbildungspraxis in vielen Bundesländern mit kurzen, inhaltlich wenig verbundenen und isolierten Veranstaltungsangeboten, die häufig Methodenfragen und damit Oberflächenmerkmale von Unterricht thematisieren und sich wenig an den Befunden der Forschung orientieren, scheint jedoch wenig geeignet, Lehrer zu einer vertieften Reflexion ihres unterrichtlichen Handelns zu bewegen und bei ihnen Neugier und Interesse für die Lern- und Verstehensprozesse der Schüler zu wecken.

Literatur

Alliger, G. M., Tannenbaum, S. I., Bennett, W. Jr., Traver, H. & Shotland, A. (1997). A meta-analysis of the relations among training criteria. *Personnel Psychology, 50*(2), 341-358.

Antoniou, P. & Kyriakides, L. (2011). A dynamic integrated approach to teacher professional development on teacher instruction and student learning. Results from an experimental study. *School Effectiveness and School Improvement, 22(3)*, 291-311.

Antoniou, P. & Kyriakides, L. (2013). A dynamic integrated approach to teacher professional development: Impact and sustainability of the effects on improving teacher behaviour and student outcomes. *Teaching and Teacher Education, 29*(1), 1-12.

Ball, D. & Cohen, D. (1999). Developing practice, developing practitioners: Toward a practice-based theory of professional development. In L. Darling-Hammond & G. Skyes (Eds.), *Teaching as the learning profession: Handbook of policy and practice* (pp. 3-32). San Francisco: Jossey-Bass.

Banilower, E. R., Boyd, S. E., Pasley, J. D. & Weiss, I. R. (2006). *Lessons from a decade of mathematics and science reform. A capstone report for the local systemic change through teacher enhancement initiative.* http://www.horizon-research.com/reports/2006/capstone.php [08.11.2013].

Banilower, E. R., Heck, D. J. & Weiss, I. R. (2007). Can professional development make the vision of the standards a reality? The impact of the National Science Foundation's Local Systemic Change Through Teacher Enhancement Initiative. *Journal of Research in Science Teaching, 44*(3), 375-395.

Baumert, J., Kunter, M., Blum, W., Brunner, M., Voss, T., Jordan, A., Klusmann, U., Krauss, S., Neubrand, M. & Tsai, Y.-M. (2010). Teachers' mathematical knowledge, cognitive activation in the classroom, and student progress. *American Educational Research Journal, 47*, 133-180.

Beck, E., Baer, M., Guldimann, T., Bischoff, S., Brühwiler, C., Müller, P., Niedermann, R., Rogalla, M. & Vogt, F. (2008). *Adaptive Lehrkompetenz. Analyse von Struktur, Veränderbarkeit und Wirkung handlungssteuernden Lehrerwissens.* Münster: Waxmann.

Black, P. & Wiliam, D. (2004). The formative purpose: Assessment must first promote learning. In M. Wilson (Ed.), *Toward coherence between classroom assessment and accountability: 103rd Yearbook of the National Society for the Study of Education* (S. 20-50). Chicago: University of Chicago Press.

Blank, R. K. (2013). What research tells us: Common characteristics of professional learning that leads to student achievement. *Journal of Staff Development, 34*(1), 50-53.

Blank, R. K. & de las Alas, N. (2009). *Effects of teachers professional development on gains in student achievement. How meta analyses provides scientific evidence useful to education leaders.* Washington, DC: Council of Chief State School Officers http://www.ccsso.org/Documents/2009/Effects_of_Teacher_Professional_2009.pdf [08.11.2013].

Blank, R. K., de las Alas, N. & Smith, C. (2008). *Does teacher professional development have effects on teaching and learning ? Analysis of evaluation findings from programs for mathematics and science teachers in 14 states.* Washington, DC: Council of Chief State School Officers.

Blomberg, G., Renkl, A., Sherin, M. G., Borko, H. & Seidel, T. (2013). Five research-based heuristics for using video in pre-service teacher education. *Journal of Educational Research Online, 90*(1), 90-114.

Blume, B. D., Ford, J. K., Baldwin, T. T. & Huang, J. L. (2010). Transfer of training. A meta-analytic review. *Journal of Management, 36*(4), 1065-1105.

Bömer, A.-T., Kunter, M. & Hertel, S. (2011). *Veränderungsbereitschaft von Lehrkräften – Empirische Überprüfung eines kognitiv-affektiven Modells der Überzeugungsveränderung.* Vortrag auf der Fachgruppentagung Pädagogische Psychologie der DGPs 14.-16.09.2011 in Erfurt.

Bolam, R., McMahon, A., Stoll, L., Thomas, S. & Wallace, M. (2005). *Creating and sustaining effective professional learning communities.* Bristol: University of Bristol.

Borko, H. (2004). Professional development and teacher learning: Mapping the terrain. *Educational Researcher, 33*(8), 1-49.

Borko, H., Jacobs, J., Eiteljorg, E. & Pittman, M. E. (2008). Video as a tool for fostering productive discussions in mathematics professional development. *Teaching and Teacher Education, 24*(2), 417-436.

Bransford, J. D., Brown, A. L. & Cocking, R. R. (2000). *How people learn: Brain, mind, experience, and school.* Washington, DC: National Academies Press.

Browder, D. M., Jimenez, B. A., Mims, P. J., Knight, V. F., Spooner, F., Lee, A. & Flowers, C. (2012). The effects of a "tell-show-try-apply" professional development package on teachers of students with severe developmental disabilities. *Teacher Education and Special Education, 35*, 212-227.

Brunner, M., Kunter, M., Krauss, S., Baumert, J., Blum, W., Dubberke, T., Jordan, A., Klusmann, U., Tsai, Y.-M. & Neubrand, M. (2006). Welche Zusammenhänge bestehen zwischen dem fachspezifischen Professionswissen von Mathematiklehrkräften und ihrer Ausbildung sowie beruflichen Fortbildung? *Zeitschrift für Erziehungswissenschaft, 9*, 521-544.

Burke, L. A. & Hutchins, H. M. (2007). Training transfer: An integrative literature review. *Human Resource Development Review, 6*(3), 263-296.

Cannon-Bowers, J. A., Salas, E., Tannenbaum, S. I. & Mathieu, J. E. (1995). Toward theoretically based principles of training effectiveness: A model and initial empirical investigation. *Military Psychology, 7*(3), 141-164.

Capps, D. K., Crawford, B. A. & Constas, M. A. (2012). A review of empirical literature on inquiry professional development: Alignment with best practices and a critique of the findings. *Journal of Science Teacher Education, 23*(3), 291-318.

Carpenter, T. P., Fennema, E., Peterson, P. L., Chiang, C. P. & Loef, M. (1989). Using knowledge of children's mathematics thinking in classroom teaching. An experimental study. *American Educational Research Journal, 26*(4), 499-531.

Caulfield-Sloan, M. B. & Ruzicka, M. F. (2005). The effect of teachers' staff development in the use of higher-order questioning strategies on third grade students' rubric science assessment performance. *Planning and Changing, 36*(3-4), 157-175.

Cobb, P., Wood, T., Yackel, E., Nicholls, J. G., Wheathley, G., Trigatti, B. & Perlwitz, M. (1991). Assessment of a problem-centered second-grade mathematics project. *Journal for Research for Mathematics Education, 22*, 3-29.

Cohen, D. K. & Hill, H. C. (2000). Instructional policy and classroom performance – The mathematics reform in California. *Teachers College Record, 102*(2), 294-343.

Collet, C. (2009). *Förderung von Problemlösekompetenzen in Verbindung mit Selbstregulation. Wirkungsanalysen von Lehrerfortbildungen.* Münster: Waxmann.

Collins, A., Brown, J. S. & Newman, S. E. (1989). Cognitive apprenticeship: Teaching the crafts of reading, writing, and mathematics. In L. B. Resnick (Ed.), *Knowing, learning, and instruction* (pp. 453-494). Hillsdale, N.J.: Erlbaum.

Colquitt, J. A., LePine, J. A. & Noe, R. A. (2000). Toward an integrative theory of training motivation: A meta-analytic path analysis of 20 years of research. *Journal of Applied Psychology, 85*(5), 678-707.

Correnti, R. (2007). An empirical investigation of professional development effects on literacy instruction using daily logs. *Educational Evaluation and Policy Analysis 29*(4), 262-295.

Creemers, B., Kyriakides, L. & Antoniou, P. (2013). *Teacher professional development for improving quality of teaching.* Heidelberg: Springer.

Dann, H.-D. & Humpert, W. (2002). Das Konstanzer Trainingsmodell (KTM) – Grundlagen und neue Entwicklungen. *Zeitschrift für Pädagogik, 48*(2), 215-226.

Darling-Hammond, L., Chung Wei, R., Andree, A., Richardson, N. & Orphanos, S. (2009). *Professional learning in the learning profession: A status report on teacher development in the United States and abroad.* Stanford University: National Staff Development Council.

Deci, E. L. & Ryan, R. M. (Eds.) (2000). *Handbook of self-determination research.* Rochester: University Press.

Decker, A.-T., Kunter, M., Hardy, I., Hertel, S., Lühken, A., Adl-Amini, K., Djaković, S., Hondrich, L. & Mannel, S. (2013). Und sie verändern sich doch – Der Einfluss von Lehrerfortbildungen auf fachdidaktisches Wissen und Überzeugungen von Grundschullehrkräften. Vortrag auf der 1. Tagung der Gesellschaft für Empirische Bildungsforschung (GEBF), Kiel, 13.03.2013.

Dedering, K. (2011). Hat Feedback eine positive Wirkung? Zur Verarbeitung extern erhobener Leistungsdaten an Schulen. *Unterrichtswissenschaft, 39*(1), 63-83.

Demuth, R., Fußangel, K., Gräsel, C., Parchmann, I., Ralle, B., Schellenbach-Zell, J. & Weber, I. (2005). *Optimierung von Implementationsstrategien bei innovativen Unterrichtskonzeptionen am Beispiel von Chemie im Kontext.* Schlussbericht. Kiel: IPN.

Deno, S. L. (2003). Developments in curriculum-based measurement. *The Journal of Special Education, 37*(3), 184-192.

Dignath, C., Büttner, G. & Langfeldt, H.-P. (2008). How can primary school students acquire self-regulated learning most efficiently? A meta-analysis on interventions that aim at fostering self-regulation. *Educational Research Review, 3*(3), 101-129.

Domitrovich, C. E., Gest, S. D., Gill, S., Bierman, K. L., Welsh, J. A. & Jones, D. (2009). Fostering high-quality teaching with an enriched curriculum and professional development support: The Head Start REDI Program. *American Educational Research Journal, 46*, 567-597.

Drollinger-Vetter, B. (2011). *Verstehenselemente und strukturelle Klarheit. Anleitung von mathematischen Verstehensprozessen im Unterricht.* Münster: Waxmann.

DuFour, R. (2004). What is a professional learning community? *Educational Leadership, 61*(8), 6-11.

Elawar, M. C. & Corno, L. (1985). A factorial experiment in teachers written feedback on student homework: Changing teacher behavior a little rather than a lot. *Journal of Educational Psychology, 77*(2), 162-173.

English, C. & Bareta, L. (2006). Literacy professional development milestone report. Wellington, NZ: Learning Media. http://www.tki.org.nz/r/literacy_numeracy/pdf/literacy_professional_development_project.pdf [17.06.2009].

English, C., Bareta, L. & Winthrop, M. (2008). Evidence of Improved Student Outcomes. From the schools that participated in the Literacy Professional Development Project February 2006 – November 2007. Wellington, NZ: Learning Media. http://www.tki.org.nz/r/literacy_numeracy/pdf/lpdp_mar08.pdf [Download vom 17.06.2009].

Es, E. A. van & Sherin, M. G. (2008). Mathematics teachers' „learning to notice" in the context of a video club. *Teaching and Teacher Education, 24*, 244-276.

Faude-Koivisto, T. & Gollwitzer, P. (2009). Wenn-Dann Pläne: Eine effektive Planungsstrategie aus der Motivationspsychologie. In B. Birgmeier (Hrsg.), *Coachingwissen: Denn sie wissen nicht, was sie tun?* (S. 207-225). Wiesbaden: VS.

Fennema, E., Carpenter, T. P., Franke, M. L., Levi, L., Jacobs, V. & Empson, B. (1996). A longitudinal study of learning to use children's thinking in mathematics instruction. *Journal for Research in Mathematics Education, 27*, 403-434.

Fernandez, C. (2002). Learning from Japanese approaches to professional development: The case of lesson study. *Journal of Teacher Education, 53*, 393-405.

Fernandez, M. L. (2010). Investigating how and what prospective teachers learn through microteaching lesson study. *Teaching and Teacher Education, 26*(2), 351-362.

Fischer, N. (2006). *Motivationsförderung in der Schule. Konzeption und Evaluation einer Fortbildungsmaßnahme für Mathematiklehrkräfte.* Hamburg: Kovac.

Fishman, B. J., Marx, R. W., Best, S. & Tal, R. T. (2003). Linking teacher and student learning to improve professional development in systemic reform. *Teaching and Teacher Education, 19*, 643-658.

Fuchs, L. S., Fuchs, D., Hamlett, C. L., Phillips, N. B. & Bentz, J. (1994). Classwide curriculum-based measurement: Helping general educators meet the challenge of student diversity. *Exceptional Children, 60*(6), S. 518–537.

Furtak, E. M, Seidel, T., Iverson, H. & Briggs, D. (2012). Experimental and quasi-experimental studies of inquiry-based science teaching: A meta-analysis. *Review of Educational Research, 82*(3), 300-329.

Garet, M. S., Cronen, S., Eaton, M., Kurki, A., Ludwig, M., Jones, W., Uekawa, K., Falk, A., Bloom, H. S., Doolittle, F., Zhu, P., Sztejnberg, L. & Silverberg, M. (2008). The impact of two professional development interventions on early reading instruction and achievement. http://www.air.org [17.06.2009].

Garet, M. S., Porter, A. C., Desimore, L., Birman, B. F. & Yoon, K. S. (2001). What makes professional development effective? Results form a national sample of teachers. *American Educational Research Journal, 38*(4), 915-945.

Gearhart, M. & Osmundson, E. (2009). Assessment portfolios as opportunities for teacher learning. *Educational Assessment, 14*(1), 1-24.

Gersten, R., Dimino, J., Jayanthi, M., Kim, J. S. & Santoro, L. E. (2010). Teacher study group: Impact of the professional development model on reading instruction and student outcomes in first grade classrooms. *American Eductional Research Journal, 47*(3), 694-739.

Gärtner, H. (2007). *Unterrichtsmonitoring.* Münster: Waxmann.

Glass, G. V. (1977). Integrating findings. The meta-analysis of research. *Review of Research in Education, 5*, 351-379.

Goldschmidt, P. & Phelps, G. (2007). *Does teacher professional development affect content and pedagogical knowledge: How much and for how long? National Center for Research on Evaluation, Standards and Student Testing (CRESST), Center for the Study of Evaluation (CSE).* Los Angeles: Graduate School of Education and Information Studies University of California.

Gollwitzer, P. & Sheeran, P. (2006). Implementation intentions and goal achievement: A metaanalysis of effects and processes. *Advances in Experimental Social Psychology, 38*, 69-119.

Gräsel, C., Fussangel, K. & Parchmann, I. (2006). Lerngemeinschaften in der Lehrerfortbildung. Kooperationserfahrungen und -überzeugungen von Lehrkräften. *Zeitschrift für Erziehungswissenschaft, 9*(4), 545-561.

Gräsel, C., Fussangel, K. & Schellenbach-Zell, J. (2008). Transfer einer Unterrichtsinnovation. Das Beispiel Chemie im Kontext. In E.-M. Lankes (Hrsg.), *Pädagogische Professionalität als Gegenstand empirischer Forschung* (S. 207-218). Münster: Waxmann.

Groß Ophoff, J., Hosenfeld, I., Koch, U. & Helmke, A. (2006). Ergebnisrückmeldungen und ihre Rezeption im Projekt VERA. In H. Kuper & J. Schneewind (Hrsg.), *Rückmeldung und Rezeption von Forschungsergebnissen – Zur Verwendung wissenschaftlichen Wissens im Bildungssystem* (S. 19-40). Münster: Waxmann.

Guskey, T. P. (1985). Staff development and teacher change. *Educational Leadership, 42*(7), 57-60.

Guskey, T. R. (1996). Jointly planning staff training. *The School Administrator, 53*(11), 33-34.

Harris, D. & Sass, T. R. (2006). *The effects of teacher training on teacher value added.* Working Papers. Department of Economics, Florida State University.

Harrison, D. (1980). *Meta-analysis of selected studies of staff development.* Unpublished Ph.D., University of Florida.

Hashweh, M. Z. (2003). Teacher accommodative change. *Teaching and Teacher Education, 19*(4), 421-434.

Hattie, J. (2009). *Visible learning. A synthesis of over 800 meta-analyses relating to achievement.* London: Routledge.

Hattie, J. (2012). *Visible learning for teachers. Maximizing impact on learning.* London: Routledge.

Hattie, J. & Timperley, H. (2007). The power of feedback. *Review of Educational Research, 77*(1), 81-112.

Havers, N. & Toepell, S. (2002). Trainingsverfahren für die Lehrerausbildung im deutschen Sprachraum. *Zeitschrift für Pädagogik, 48*(2), 174-193.

Heck, D. J., Banilower, I. R., Weiss, I. R. & Rosenberg, S. (2008). Studying the effects of professional development: The case of the NSF's local systemic change through teacher enhancement initiative. *Journal for Research in Mathematics Education, 39*(2), 113-152.

Herman, J. L. & Choi, K. (2008). *Formative assessment and the improvement of middle school science learning: The role of teacher accuracy.* CRESST REPORT 740. http://www.cse.ucla.edu/products/reports/R740.pdf [17.06.2009].

Hiebert, J. & Morris, A. K. (2012). Teaching, rather than teachers, as a path toward improving classroom instruction. *Journal of Teacher Education, 63*(2), 92-102.

Hochholdinger, S. & Schaper, N. (2007). Trainingsevaluation und Transfersicherung. In H. Schuler & K. Sonntag (Hrsg.), *Handbuch der Arbeits- und Organisationspsychologie* (S. 625-633). Göttingen: Hogrefe.

Illeris, K. (2006). Das Lerndreieck. Rahmenkonzept für ein übergreifendes Verständnis vom menschlichen Lernen. In E. Nuissl (Hrsg.), *Vom Lernen zum Lehren. Lern- und Lehrforschung für die Weiterbildung* (S. 29-41). Bielefeld, Bonn: WBV.

Ingersoll, R. & Strong, M. (2011). The impact of induction and mentoring programs for beginning teachers: A critical review of the research. *Review of Educational Research, 81*(2), 201-233.

Jäger, R. S. & Bodensohn, R. (2007). *Die Situation der Lehrerfortbildung im Fach Mathematik aus Sicht der Lehrkräfte. Ergebnisse einer Befragung von Mathematiklehrern.* Bonn: Deutsche Telekom Stiftung. http://www.telekom-stiftung.de/4-hochschule/1-mathematik/2-mathematik-anders-machen/img/070119-umfrage.pdf [17.06.2009].

Jinkins, D. (2001). Impact of the implementation of the teaching-learning cycle on teacher decision-making and emergent readers. *Reading Psychology, 22*, 267-288.

Joslin, P. A. (1980). *Inservice teacher education: A meta-analysis of the research.* Minneapolis: University of Minnesota, Diss.

Kao, C.-P., Wu, Y.-T. & Tsai, C.-C. (2011). Elementary school teachers' motivation toward web-based professional development, and the relationship with Internet self-efficacy and belief about web-based learning. *Teaching and Teacher Education, 27*, 406-415.

Kennedy, M. (1998). *Form and substance in inservice teacher education* (Research Monograph, 13). Madison, WI: University of Wisconsin, National Institute for Science Education.

Kiemer, K., Seidel, T.; Gröschner, A. & Pehmer, A.-K. (eingreicht). Effects of a productive classroom dialogue intervention on students' motivation to learn mathematics and science.

Kirkpatrick, D. L. (1979). Techniques for evaluating training programs. *Training and Development Journal, 33*(6), 78-92.

Klauer, K. J. (2006). Erfassung des Lernfortschritts durch curriculumbasierte Messung. *Heilpädagogische Forschung, 32*, 16-26.

Kleickmann, T., Hardy, I., Jonen, A., Blumberg, E. & Möller, K. (2007). Learning environments in primary school science – Scaffolding students' and teachers' processes of conceptual development. In M. Prenzel (Eds.), *Studies on the educational quality of schools. The final report on the DFG Priority Programme* (pp. 137-156). Münster: Waxmann.

Klinzing, H. G. (2002). Wie effektiv ist Microteaching? Ein Überblick über fünfunddreißig Jahre Forschung. *Zeitschrift für Pädagogik, 48*(2), 194-214.

Knowles, M. S., Holton III, E. F. & Swanson, R. A. (2007). *Lebenslanges Lernen: Andragogik und Erwachsenenlernen.* Heidelberg: Elsevier.

Krainer, K., Hanfstingl, B. & Zehetmeier, S. (2009). *Fragen zur Schule – Antworten aus Theorie und Praxis. Ergebnisse aus dem Projekt IMST.* Innsbruck: Studienverlag.

Krammer, K. & Reusser, K. (2005). Unterrichtsvideos als Medium der Aus- und Weiterbildung von Lehrpersonen. *Beiträge zur Lehrerbildung, 23*(1), 35-50.

Krammer, K., Lipowsky, F., Pauli, C., Schnetzler, C. L. & Reusser, K. (2012). Unterrichtsvideos als Medium der Professionalisierung von Lehrpersonen und als Instrument der Kompetenzerfassung von Lehrpersonen. In M. Kobarg, C. Fischer, I. M. Dalehefte, F. Trepke & M. Menk (Hrsg.), *Lehrerprofessionalisierung wissenschaftlich begleiten – Strategien und Methoden* (S. 69-86). Münster: Waxmann.

Krammer, K., Schnetzler, C. L., Ratzka, N., Reusser, K., Pauli, C., Lipowsky, F. & Klieme, E. (2008). Lernen mit Unterrichtsvideos: Konzeption und Ergebnisse eines netzgestützten Weiterbildungsprojekts mit Mathematiklehrpersonen aus Deutschland und der Schweiz. *Beiträge zur Lehrerbildung, 26*(8), 178-197.

Kruse, S. D., Louis, K. S. & Bryk, A. S. (1995). An emerging framework for analyzing schoolbased professional community. In K. S. Louis & S. D. Kruse (Eds.), *Professionalism and community: Perspectives on reforming urban schools* (pp. 23-44). Thousand Oaks, CA: Corwin Press.

Kwakman, K. (2003). Factors influencing teachers' participation in professional learning activities. *Teaching and Teacher Education, 19*, 149-170.

Landry, S. H., Anthony, J. L., Swank. P. R. & Monseque-Bailey, P. (2009). Effectiveness of comprehensive professional development for teachers of at risk preschools. *Journal of Educational Psychology, 101*(2), 448-465.

Lewis, C. (2002). *Lesson study: A handbook of teacher-led instructional change. Philadelphia.* PA: Research for Better Schools.

Lewis, C., Perry, R. & Hurd, J. (2004). A deeper look at lesson study. *Educational Leadership, 61*, 18-22.

Lipowsky, F. (2004). Was macht Fortbildungen für Lehrkräfte erfolgreich? *Die Deutsche Schule, 96*(4), 462-479.

Lipowsky, F. (im Druck). Unterricht. Erscheint in E. Wild & J. Möller (Hrsg.), *Pädagogische Psychologie* (2. überarbeitete Auflage). Heidelberg: Springer.

Lipowsky, F., Kuntze, S., Ratzka, N., Klieme, E. & Reiss, K. (2006). *Unterricht entwickeln und verbessern – Was leisten videobasierte Lehrerfortbildungen?* Abschlussbericht an die Robert Bosch Stiftung.

Lipowsky, F. & Rzejak, D. (2012). Lehrerinnen und Lehrer als Lerner – Wann gelingt der Rollentausch? Merkmale und Wirkungen effektiver Lehrerfortbildungen. *Schulpädagogik heute, 5*(3), 1-17.

Lipowsky, F., Rzejak, D. & Dorst, G. (2011). Lehrerfortbildung und Unterrichtsentwicklung. Oder: Wie können Wirkungen des eigenen Handelns erfahrbar gemacht werden? *Pädagogik, 63*(12), 38-41.

Lomos, C., Hofman, R. H. & Bosker R. J. (2011). Professional communities and student achievement – a meta-analysis. *School Effectiveness and School Improvement, 22*(2), 121-148.

Lord, P., Atkinson, M. & Mitchell, H. (2008). *Mentoring and coaching for professionals. A study of the research evidence.* TDA: London.

Loucks-Horsley, S., Stiles, K. E., Mundry, S., Love, N. & Hewson, P. W. (2010). *Designing professional development for teachers of science and mathematics.* Thousand Oaks, California: Sage.

Louis, K. S. & Marks, H. (1998). Does professional community affect the classroom? Teachers' work and student experiences in restructuring schools. *American Journal of Education, 106*(4), 532-575.

Lücken, M. & Elster, D. (2010). *The role of learning communities in implementing context- and competence-oriented biology instruction.* In M. F. Taşar & G. Çakmakci (Eds.), *Contemporary Science Education Research: Preservice and Inservice Teacher Education* (pp. 229-238). Ankara: Pegem Akademi.

Macleod, G. (1995). Microteaching in teacher education. In L.W. Anderson (Ed.), *International encyclopedia of teaching and teacher education* (pp. 573-577). Oxford: Pergamon.

Marek E. & Methven, S. (1991). Effects of the learning cycle upon student and classroom teacher performance. *Journal of Research in Science Teaching, 28*(1), 41-53.

McCutchen, D., Abbott, R. D., Green, L. B., Beretvas, S. N., Cox, S., Potter, N. S., Quiroga, T. & Gray, A. L. (2002). Beginning literacy: Links among teacher knowledge, teacher practice, and student learning. *Journal of Learning Disabilities, 35*, 69-86.

McCutchen, D., Green, L., Abbott, R. D. & Sanders, E. A. (2009). Further evidence for teacher knowledge: Supporting struggling readers in grades three through five reading and writing. *Reading and Writing: An Interdisciplinary Journal, 22*, 401-423.

McDowall, S., Cameron, M., Dingle, R., Gilmore, A. & MacGibbon, L. (2007). *Evaluation of the Literacy Professional Development Project.* Wellington: Ministry of Education.

Möller, K., Hardy, I., Jonen, A., Kleickmann, T. & Blumberg, E. (2006). Naturwissenschaften in der Primarstufe. Zur Förderung konzeptuelles Verständnisses durch Unterricht und zur Wirksamkeit von Lehrerfortbildungen. In M. Prenzel & L. Allolio-Näcke (Hrsg.), *Untersuchungen zur Bildungsqualität von Schule* (S. 161-193). Abschlussbericht des DFG-Schwerpunktprogramms. Münster: Waxmann.

Neuman, S. B. & Cunningham, L. (2009). The impact of professional development and coaching on early language and literacy instructional practices. *American Educational Research Journal, 46*, 532-566.

Nir, A. & Bogler, R. (2008). The antecedents of teacher satisfaction with professional development programs. *Teaching and Teacher Education, 24*, 377-386.

Nitsche, S., Dickhäuser, O., Dresel, M. & Fasching, M. (2013). Zielorientierungen von Lehrkräften als Prädiktoren lernrelevanten Verhaltens. *Zeitschrift für Pädagogische Psychologie, 27*(1-2), 95-103.

Newman, F. M., Marks, H. M. & Gamoran, A. (1996). Authentic pedagogy and student performance. *American Journal of Education, 104*(4), 280-312.

Nuissl, E. (2006). Vom Lernen Erwachsener. Empirische Befunde aus unterschiedlichen Disziplinen. In E. Nuissl (Hrsg.), *Vom Lernen zum Lehren. Lern- und Lehrforschung für die Weiterbildung* (S. 217-232). Bielefeld, Bonn: WBV.

OECD (2001). *Lernen für das Leben. Erste Ergebnisse der Internationalen Schulleistungsstudie 2001.* Paris: OECD.

OECD (2005). *Teachers matter. Attracting, developing and retaining effective teachers.* Paris: OECD.

Otto, B. (2007). *SELVES – Schüler-, Eltern- und Lehrertrainings zur Vermittlung effektiver Selbstregulation.* Berlin: Logos.

Parr, J., Timperley, H., Reddish, P., Jesson, R. & Adams, R. (2007). *Literacy professional development project: Identifying effective teaching and professional development practices for enhanced student learning. Report to the Ministry of Education.* Wellington: Ministry of Education.

Penuel, W. R., Fishman, B. J., Yamaguchi, R. & Gallagher, L. R. (2007). What makes professional development effective? Strategies that foster curriculum implementation. *American Educational Research Journal, 44*, 921-958.

Perry, R. & Lewis, C. (2011). *Improving the mathematical content base of lesson study*: Summary of results. http://www.lessonresearch.net/IESabstract9.pdf [08.11.2013].

Piwowar, V., Thiel, F. & Ophardt, D. (2013). Training inservice teachers' competencies in classroom management. A quasi-experimental study with teachers of secondary schools. *Teaching and Teacher Education, 30*(1), 1-12.

Prenzel, M., Carstensen, C. H., Senkbeil, M., Ostermeier, C. & Seidel, T. (2005). Wie schneiden SINUS-Schulen bei PISA ab? Ergebnisse der Evaluation eines Modellversuchsprogramms. *Zeitschrift für Erziehungswissenschaft, 8*(4), 540-561.

Rank, A., Gebauer, S., Hartinger, A. & Fölling-Albers, M. (2012). Situiertes Lernen in der Lehrerfortbildung. *Lehrerbildung auf dem Prüfstand, 5*(2), 180-199.

Renkl, A. (2011). Aktives Lernen = gutes Lernen? Reflektion zu einer (zu) einfachen Gleichung. *Unterrichtswissenschaft, 39*(3), 194-196.

Reusser, K. (2005). Problemorientiertes Lernen – Tiefenstruktur, Gestaltungsformen, Wirkung. *Beiträge zur Lehrerbildung, 23*(2), 159-182.
Reinmann-Rothmeier, G. & Mandl, H. (1997). Lehren im Erwachsenenalter. Auffassungen vom Lehren und Lernen, Prinzipien und Methoden. In F. E. Weinert & H. Mandl (Hrsg.). *Enzyklopädie der Psychologie D/I/4. Psychologie der Erwachsenenbildung* (S. 355-403). Göttingen: Hogrefe.
Richter, D., Engelbert, M., Weirich, S. & Pant, H. A. (2013). Differentielle Teilnahme an Lehrerfortbildung und deren Zusammenhang zu professionsbezogenen Merkmalen von Lehrkräften. *Zeitschrift für Pädagogische Psychologie, 27*(3), 193-207.
Richter, D., Kunter, M., Anders, Y., Klusmann, U., Lüdtke, O. & Baumert, J. (2010). Inhalte und Prädiktoren beruflicher Fortbildung von Mathematiklehrkräften. *Empirische Pädagogik, 24*(2), 151-168.
Richter, D., Kuhl, P., Haag, N. & Pant, H. A. (2013). Aspekte der Aus- und Fortbildung von Mathematik- und Naturwissenschaftslehrkräften im Ländervergleich. In H. A. Pant, P. Stanat, U. Schroeders, A. Roppelt, T. Siegle & C. Pöhlmann (Hrsg.), *IQB-Ländervergleich 2012. Mathematische und naturwissenschaftliche Kompetenzen am Ende der Sekundarstufe I* (S. 367-390). Münster: Waxmann.
Richter, D., Kuhl, P., Reimers, H. & Pant, H. A. (2012). Aspekte der Aus- und Fortbildung von Lehrkräften in der Primarstufe. In P. Stanat, H. A. Pant, K. Böhme & D. Richter (Hrsg.), *Kompetenzen von Schülerinnen und Schülern am Ende der vierten Jahrgangsstufe in den Fächern Deutsch und Mathematik: Ergebnisse des IQB-Ländervergleichs 2011* (S. 237-250). Münster: Waxmann.
Richter, D. & Vogel, J. (2013). *Dokumentation der Erhebungsinstrumente zur Lehrerfortbildung und Implementation der Bildungsstandards im IQB-Ländervergleich 2012.* Unveröffentlichtes Manuskript, Berlin.
Rosebrock, C., Nix, D., Rieckmann, C. & Gold, A. (2011). *Leseflüssigkeit fördern. Lautleseverfahren für die Primar- und Sekundarstufe.* Seelze: Kallmeyer.
Rzejak, D., Künsting, J., Lipowsky, F., Fischer, E., Dezhgahi, U. & Reichardt, A. (2014). Facetten der Lehrerfortbildungsmotivation – eine faktorenanalytische Betrachtung. *Journal for Educational Research Online, 6*(1), 139-159.
Rzejak, D., Lipowsky, F. & Künsting, J. (2013). Lehrerinnen und Lehrer als Lernende – Welche Merkmale beeinflussen den selbstberichteten Lernertrag von Lehrpersonen in Fortbildungsmaßnahmen? *Erziehung und Unterricht 163*(1-2), 90-99.
Sato, M., Chung Wei, R. & Darling-Hammond, L. (2008). Improving teachers' assessment practices through professional development: The case of National Board certification. *American Educational Research Journal, 45*, 669-700.
Saxe, G., Gearhart, M. & Nasir, N. S. (2001). Enhancing students' understanding of mathematics: A study of three contrasting approaches to professional support. *Journal of Mathematics Teacher Education, 4(1)*, 55-79.
Schaper, N. & Sonntag, K. H. (2007). Weiterbildungsverhalten. In D. Frey & L. von Rosenstiel (Hrsg.), *Wirtschaftspsychologie. Enzyklopädie der Psychologie* (S. 573-648). Göttingen: Hogrefe.
Schellenbach-Zell, J. (2009). *Motivation und Volition von Lehrkräften in Schulinnovationsprojekten.* Wuppertal: Bergische Universität. http://elpub.bib.uni-wuppertal.de/servlets/DerivateServlet/Derivate-1132/dg0902.pdf [20.10.2013].
Schneewind, J. (2007). Erfahrungen mit Ergebnisrückmeldungen im Projekt BeLesen – Ergebnisse der Interviewstudie. *Empirische Pädagogik, 21*(4), 368-382.
Schorr, R. Y. (2000). Impact at the student level: A study of the effects of a teacher development intervention on students' mathematical thinking. *Journal of Mathematical Behavior, 19*(2), 209-231.
Schumacher, L. (2008). Wodurch wird die Bereitschaft von Lehrkräften zur Mitarbeit an Schulentwicklungsprojekten beeinflusst? In M. Lankes (Hrsg.), *Pädagogische Professionalität als Gegenstand empirischer Forschung* (S. 279-302). Münster: Waxmann.
Seidel, T. & Shavelson, R. J. (2007). Teaching effectiveness research in the past decade: The role of theory and research design in disentangling meta-analysis results. *Review of Educational Research, 77*(4), 454-499.
Smith, C. & Gillespie, M. (2007). Research on professional development and teacher change: Implications for adult basic education. *Review of Adult Learning and Literacy, 7*, 205-244.
Souvignier, E. & Förster, N. (2011). Effekte prozessorientierter Diagnostik auf die Entwicklung der Lesekompetenz leseschwacher Viertklässler. *Empirische Sonderpädagogik, 3*(3), 243-255.

Souvignier, E., Förster, N. & Schulte, E. (2014). Wirksamkeit formativen Assessments – Evaluation des Ansatzes der Lernverlaufsdiagnostik. In M. Hasselhorn, W. Schneider & U. Trautwein (Hrsg.), *Formative Leistungsdiagnostik* (Tests und Trends N.F. Band 12), S. 221-238. Göttingen: Hogrefe.

Stecker, P. M., Fuchs, L. S. & Fuchs, D. (2005). Using curriculum-based measurement to imporve student achievement. Review of research. *Psychology in Schools, 42*(8), 795-819.

Stern, E. (2006). Was Hänschen nicht lernt, lernt Hans hinterher. Der Erwerb geistiger Kompetenzen bei Kindern und Erwachsenen aus kognitionspsychologischer Perspektive. In E. Nuissl (Hrsg.), *Vom Lernen zum Lehren. Lern- und Lehrforschung für die Weiterbildung* (S. 93-105). Bielefeld, Bonn: WBV.

Stern, E. (2009). Implizite und explizite Lernprozesse bei Lehrerinnen und Lehrern. In O. Zlatkin-Troitschanskaia, K. Beck, D. Sembill, R. Nickolaus & R. Mulder (Hrsg.), *Lehrprofessionalität. Bedingungen, Genese, Wirkungen und ihre Messung* (S. 355-364). Weinheim: Beltz.

Stipek, D., Givvin, K. B., Salmon, J. M. & MacGyvers, V. L. (1998). Can a teacher intervention improve classroom practices and student motivation in mathematics? *Journal of Experimental Education, 66*(4), 319-337.

Strahan, D. (2003). Promoting a collaborative professional culture in three elementary schools that have beaten the odds. *The Elementary School Journal, 104*(2), 127-133.

Supovitz, J. A., Mayer, D. P. & Kahle, J. B. (2000). Promoting inquiry based instructional practice: The longitudinal impact of professional development in the context of systemic reform. *Educational Policy 14*(3), 331-356.

Supovitz, J. A. & Turner, H. M. (2000). The effects of professional development on science teaching practices and classroom culture. *Journal of Research in Science Teaching, 37*(9), 963-980.

Taylor, B. M., Pearson, P. D., Peterson, D. S. & Rodriguez, M. C. (2005). The CIERA school change framework: An evidence-based approach to professional development and school reading improvement. *Reading Research Quarterly, 40*(1), 40-69.

Timperley, H. (2008). *Teacher professional learning and development.* Brüssel: International Academy of Education/International Bureau of Education.

Timperley, H., Wilson, A., Barrar, H. & Fung, I. (2007). *Teacher professional learning and development: Best evidence synthesis iteration (BES).* Wellington: Ministry of Education.

Tinoca, L. T. (2004). *From professional development for science teachers to student learning in science.* Austin/Texas: University, Diss.

Tomlinson, P. D., Hobson, A. J. & Malderez, A. (2010). Mentoring in teacher education. In B. McGaw, P. L. Peterson & E. Baker (Eds.), *International Encyclopedia of Education* (3rd Edition) (pp. 749-756). Amsterdam, New York, Oxford: Elsevier.

Tschannen-Moran, M. & McMaster, P. (2009). Sources of self-efficacy: Four professional development formats and their relationship to self-efficacy and implementation of a new teaching strategy. *Elementary School Journal, 110*(2), 228-245.

Vescio, V., Ross, D. & Adams, A. (2008). *A review of research on the impact of professional learning communities on teaching practice and student learning.* Florida: University of Florida.

Wackermann, R. (2008). *Überprüfung der Wirksamkeit eines Basismodell-Trainings für Physiklehrer.* Berlin: Logos.

Wade, R. (1984). What makes a difference in inservice teacher education? A meta-analysis of research. *Educational Leadership, 42*(4), 48-54.

Wilson, S. M. & Berne, J. (1999). Teacher learning and the acquisition of professional knowledge: An examination of research on contemporary professional development. *Review of Research in Education, 24*(1), 173-209.

Wolf, W., Göbel-Lehnert, U. & Chroust, P. (1999). Fortbildung der Lehrerinnen und Lehrer. Eine Bilanz ihrer Formen und Wirkungen anhand empirischer Untersuchungen. *Die Deutsche Schule, 91*(4), 451-467.

Wood, T. & Sellers, P. (1996). Assessment of a problem-centered mathematics program: Third grade. *Journal for Research in Mathematics Education, 27*(2), 337-353.

Yoon, K. S., Duncan, T., Lee, S. W.-Y., Scarloss, B. & Shapley, K. (2007). Reviewing the evidence on how teacher professional development affects student achievement. *Issues & Answers Report, 33*, 1-62. http://www.pdal.net/reports.asp [17.06.2009].

Tina Hascher

Forschung zur Wirksamkeit der Lehrerbildung[1]

1. Einleitung

Der Erfolg von Schule und Unterricht hängt von den Lehrpersonen ab. „Auf den Lehrer kommt es an" resümierte Lipowsky (2006), nachdem er in einem Übersichtsartikel den Einfluss des Lehrerhandelns auf die Lernentwicklung der Schülerinnen und Schüler im Fach Mathematik nachgezeichnet hatte. Solche Ausführungen verdeutlichen, dass sich die Forschung damit beschäftigt, was Lehrpersonen können bzw. welche Kompetenzen sie aufweisen und welche Wirkungen daraus entstehen (Arnold, 2006). Weitaus weniger wurde bisher empirisch untersucht, wie Lehrpersonen diese Kompetenzen erwerben und welchen Beitrag die Lehrerbildung dazu leistet (Cochran-Smith et al., 2012), aber dieses Forschungsfeld wächst kontinuierlich.

„Wirkt Lehrbildung?" – so der Titel des Sammelbands von Abel und Faust (2010) zu Befunden empirischer Forschungsarbeiten. Ähnliche Fragen adressieren die Beiträge im Buch „Forschung zur (Wirksamkeit der) Lehrerbildung" von Hascher und Neuweg (2012) und eine Publikation von Terhardt (2012: „*Wie* wirkt Lehrerbildung?"), in der verschiedene Formen der Wirksamkeit angesprochen werden. Aufgrund der Jahrhunderte langen Tradition der Lehrerbildung mag es paradox anmuten ihre Wirkung zu bezweifeln. Dennoch sprechen einige Gründe dafür, zumindest eine skeptische Haltung einzunehmen (siehe auch Galluzzo, 1995) und nach dem „value added" (Kennedy, Ahn & Choi, 2008, S. 1247) zu fragen. Dies sei anhand von drei ausgewählten Erkenntnissen kurz illustriert:

- Berufsanfängerinnen und Berufsanfänger gestalten ihren Unterricht häufig so, wie sie ihn als Schülerinnen und Schüler erlebt haben. „Teachers teach as they were taught, not as they were taught to teach" stellt Altman (1983, S. 20; siehe auch Lortie, 1975) fest und erteilt damit der Wirksamkeit der Lehrerbildung ein schlechtes Zeugnis.
- Trotz aktueller Kompetenzmodelle werden Kernelemente des Lehrberufs nicht nur von amtierenden und angehenden Lehrpersonen als nicht erlernbar, sondern als stabile Persönlichkeitseigenschaften beschrieben (vgl. dazu Ballou & Podgursky, 1999; Mayr, 2005; Mayr & Neuweg, 2006; Mayr & Paseka, 2002; Schaarschmidt, 2007; Wideen, Mayer-Smith & Moon, 1998) und entziehen sich damit weitgehend dem Einflussbereich der Lehrerbildung.
- Es ergeben sich Widersprüchlichkeiten in der bestehenden Befundlage. So attestieren Befragungen zur Standarderreichung der Lehrerbildung eine ungenügende Effektivität (Oser & Oelkers, 2001; Seipp, 2003), während die Studierenden bzw. Berufsanfängerinnen und Berufsanfänger sich selbst als kompetent einschätzen (König & Seifert, 2012b). Erkenntnisse aus Studien zu Praktika zeigen darüber hinaus, dass Studierenden von Praxislehrpersonen hohe Kompetenzen attribuiert werden, die sie aufgrund ihres Ausbildungsstands eigentlich noch gar nicht besitzen könnten (Hascher, 2006).

Der nachfolgende Beitrag zielt darauf ab, einen Überblick über Forschungsergebnisse zur Wirksamkeit der Lehrerbildung zu geben, neuralgische Punkte aufzuzeigen und weiterführende Perspektiven zu entwickeln. Der Fokus wird auf die *Grund*ausbildung und auf die Ausbildung im

1 Ich danke Karl-Heinz Arnold, Jürg Baillod und Georg Hans Neuweg für ihre wertvollen Rückmeldungen zu einer früheren Fassung dieses Textes.

Verantwortungsbereich der *Hochschule* gelegt, obschon es zu bedenken gilt, dass dieser Ausbildungsabschnitt mitunter lediglich „eine Episode innerhalb der gesamten Berufsbiografie" (Mayr & Terhart, 2003, S. 5) darstellt und Grund- und Weiterbildung nur gemeinsam einen angemessenen Rahmen für die professionelle Entwicklung von Lehrpersonen aufspannen. Der Text basiert auf bereits vorliegenden deutschsprachigen Ausführungen zur Wirksamkeit der Lehrerbildung (z.B. Blömeke, 2004; Fried, 1997; Schaefers, 2002; von Prondczynsky, 2001). Er soll diese Darstellungen aber erweitern, indem er die Erkenntnisse der letzten Jahre einfließen lässt und eine andere Folie der Betrachtung von Wirksamkeit anlegt. Dafür wird zunächst der Begriff „Wirksamkeit der Lehrerbildung" präzisiert, ebenso werden Aussagen zu Wirkungsformen und -möglichkeiten formuliert. Anschließend wird dargestellt, welche theoretischen Zugänge in diesem Themenbereich zu finden sind. Danach wird über empirische Studien berichtet, von denen sich grundlegende Einsichten bezüglich der Stärken und Schwächen der Lehrerbildung ableiten lassen. Der Beitrag schließt mit Anfragen an die künftige Forschung zur Wirksamkeit der Lehrerbildung.

Aufgrund des sich gegenwärtig stark entwickelnden Forschungsfelds können die folgenden Ausführungen nur vorübergehende Gültigkeit aufweisen. Mit der „Teacher Education and Development Study: Learning to Teach Mathematics" (TEDS-M; z.B. Buchholtz & Blömeke, 2012) hat beispielsweise ein neuer Diskurs eingesetzt, der neben der Frage der Wirksamkeit stärker die Bedingungen des Kompetenzerwerbs in den Mittelpunkt stellt und nach Lerngelegenheiten („opportunities to learn") für die Lehramtsstudierenden unter einer komparativen Perspektive, also im Vergleich verschiedener Lehrerbildungssysteme, fragt (z.B. Blömeke et al., 2009). Ergänzend dazu wird den Eingangsvoraussetzungen der Studierenden besondere Beachtung geschenkt (z.B. Eilerts & Rinken, 2010; König, Tachtsoglou & Seifert, 2012; Mayr, 2012; Mohr & Ittel, 2012; Keller-Schneider & Albisser, 2012; Ortenburger & Kuper, 2010; Schneider & Bodensohn, 2010; Schubarth, Speck & Seidel, 2010), die sich in manchen Bereichen, z.B. bei der generellen Interessensorientierung, als relativ stabil (Abel, 2010; Mayr, 2010), in anderen jedoch als veränderbar erweisen, z.B bei der fach- und studienspezifischen Interessensorientierung (Faust, 2010). Entsprechend wird die Entwicklung von angehenden Lehrpersonen zunehmend vor dem Hintergrund des Angebot-Nutzungs-Modells der Unterrichtsforschung (Fend, 1981; Hascher & Kittinger, 2014; Helmke, 2010; Lipowsky, 2006, in diesem Band) und der Multikausalität von Effekten (Eilerts & Rinken, 2010; Terhart, 2012) diskutiert.

Der vorliegende Text vermag deshalb nicht das gesamte disziplinäre Setting abzubilden, sondern bezieht sich im Wesentlichen auf Erkenntnisse zur bildungswissenschaftlichen Qualifizierung. Auch kann es nicht gelingen, die international-vergleichende Perspektive umfassend abzubilden. Dafür sei auf die Bemühungen von West, Jarchow und Quisenberry (1996) und den Beitrag von Blömeke (in diesem Band) verwiesen. Überdies gilt es zu bedenken, dass die Erkenntnisse aus Forschungsarbeiten im anglo-amerikanischen Sprachraum mit Bezug auf kulturelle Rahmungen interpretiert werden müssen. Wie unterschiedlich sich die Diskurse und Forschungsschwerpunkte gestalten können, lässt sich gut aus dem Übersichtsartikel zur amerikanischen Lehrerbildungsforschung von Cochran-Smith et al. (2012) ableiten, in dem sechs verschiedene sog. „Forschungsgenres" und beispielsweise die bedeutsame (und politisch einflussreiche) Tradition von Studien zum Vergleich unterschiedlicher Formen der Lehrerzertifizierung (z.B. staatliche versus private versus keine Zertifizierung) diskutiert werden. Allgemeine Schlüsse auf *die* Lehrerbildung sind auch insofern problematisch, als sowohl international (z.B. Ingvarson et al., 2013; Zgaga, 2010) als auch national (z.B. Ingvarson et al., 2013; Terhart, 2012) betrachtet große Heterogenität in der Ausbildungspraxis besteht. Überlegungen zur Wirksamkeit der Lehrerbildung müssen zudem vor dem Hintergrund einer sich stark verändernden Hochschullandschaft erfolgen, deren Reformen nur partiell die Herausforderungen der Lehrerbildung berücksichtigen (z.B. Grützmacher & Jaeger, 2010; Weiler, 2010).

2. Begriffsklärung: „Forschung zur Wirksamkeit der LehrerInnenbildung"

Forschung zur Wirksamkeit der Lehrerbildung soll stichhaltige Daten dazu liefern, ob Inhalte, Methoden und Prozesse (Effektivität) sowie das Verhältnis von Aufwand und Ertrag (Effizienz) die gesetzten Ziele, nämlich die Ausbildung guter Lehrerinnen und Lehrer, erreichen. Sie soll systematisch prüfen, was gemeinhin als selbstverständlich bezüglich der Effekte oder Nicht-Effekte angenommen wird. Insofern unterscheidet sie sich klar von der Kritik an der Lehrerbildung, die vor allem auf Meinungen und subjektiven Mängelzuschreibungen (siehe dazu den Überblick von Merzyn, 2002) bzw. auf der immer noch weit verbreiteten Überzeugung beruht, dass man zum Lehrberuf geboren sein müsse (Cochran-Smith et al., 2012). Nicht jede Kritik, die geäußert wird, ist als ein Indikator für die mangelnde Wirksamkeit zu interpretieren, und nicht jede Reform, die vorgeschlagen oder umgesetzt wird, erreicht eine Verbesserung (Lersch, 2006; Terhart, 2003a). Zudem besteht Uneinigkeit, was die jeweiligen Aufgaben verschiedener Träger der Lehrerbildung sind. Wird der mangelnde Praxisbezug des universitären Lehramtsstudiums an den Pranger gestellt (was bereits zu Beginn des 20. Jahrhunderts in Deutschland geschah), so bedeutet dies keinesfalls, dass es der Universität nicht gelingt, gute Fachexpertinnen und -experten auszubilden, was gemäß Erkenntnissen der COACTIV-Studie eine wichtige Voraussetzung für guten Unterricht ist (Kunter et al., 2011). Es lässt sich des Weiteren hinterfragen, ob die vermeintlichen Mängel, die gegenüber der akademischen Ausbildung geäußert werden, beispielsweise sie sei nicht in der Lage, Berufseignung zu überprüfen, eine eigentliche Angelegenheit der Hochschule darstellt. Und selbst bei berechtigter Kritik an der bestehenden Lehrerbildung ist noch längst nicht gesichert, dass diese von einer anderen Institution oder gar von bloßer Praxissozialisation besser geleistet werden könnte.

Bereits formulierte Beanstandungen und Reformforderungen sollen aber nicht unbeachtet bleiben. Sie sind insbesondere dann zu berücksichtigen, wenn sie theoretisch sorgfältig begründet (siehe als Beispiele Barone et al., 1996; Howey, 1996; Terhart, 2003a; Wildt, 1997) oder empirisch sorgfältig erarbeitet wurden (z.B. Lersch, 2006; Ulich, 1996). Vielmehr sollte das bestehende Meinungsbild anhand der wissenschaftliche Befundlage reflektiert werden – und umgekehrt. Forschung zur Wirksamkeit der Lehrerbildung soll Hinweise liefern, welche Stärken die Lehrerbildung aufweist und welche Schwächen; welche Ausbildungselemente gut gelingen, welche zu modifizieren sind; welche Kritikpunkte gerechtfertigt, welche unberechtigt geäußert werden. Aufgrund der Komplexität und der unterschiedlichen Architekturen von Lehrerbildung lässt sich leicht vorstellen, dass dieser Auftrag ein äußerst umfassender ist. Bedenkt man überdies die zunehmende Menge an (thematisch nahen) Forschungsarbeiten, die inzwischen vorliegen, und die dennoch geringe Anzahl verlässlicher Erkenntnisse, z.B. aufgrund der starken regionalen, institutionellen und subjektiven Gebundenheit der Befunde und der eher einseitigen Zugänge (Kennedy et al., 2008; Lee & Yarger, 1996), so ist Bescheidenheit angemahnt. Im Folgenden werden deshalb zunächst einige Grundüberlegungen zur Wirksamkeitsforschung in der Lehrerbildung vorgetragen.

Geht man von den Wirkungs*möglichkeiten* der Lehrerbildung aus, dann gilt es, die folgenden Fragen zu beantworten:

- In welchen Bereichen ist die Lehrerbildung wirksam (differentielle Wirksamkeit)?
- Erreicht sie das, was sie erreichen will (Ist-Soll-Vergleich bzw. Ziel-Effekt-Kongruenz)?

- Wodurch bzw. unter welchen Bedingungen ist Lehrerbildung wirksam (Effektivitätsanalyse)?
- Wie lassen sich Wirksamkeitsanalysen durchführen und welchem Zweck dienen sie?

Jeglichen Wirksamkeitsanalysen obliegt die Aufgabe, zunächst zu klären, was sie unter Wirksamkeit verstehen. Dazu muss verdeutlicht werden, welche Ergebnisse zu erwarten sind. Cochran-Smith (2001, S. 527) bezeichnet dies als „the outcomes question" und differenziert zwischen eher kurzfristigen, proximalen Wirkungen, d.h. berufliche Handlungskompetenzen am Ende der Ausbildung, und langfristigen bzw. distalen Wirkungen gemessen an den Leistungen beginnender Lehrpersonen oder an den Leistungen der Schülerinnen und Schüler in Tests. Im Folgenden werden diese Ausführungen erweitert und vier *Hauptkriterien* für die Beurteilung der Wirksamkeit vorgeschlagen bzw. kurz erläutert: (1) Wirksamkeitsfelder, (2) inhaltliche Bereiche, (3) Perspektiven und (4) Überprüfungsmethoden.

(1) Im Kontext der Lehrerbildung sind fünf *Wirksamkeitsfelder* (vgl. Tab. 1) zu identifizieren, die sich anhand ihres jeweiligen Fokus systematisieren lassen: In welchen Gebieten wird die Wirksamkeit untersucht bzw. wie umfassend wird ein Wirksamkeitsanspruch erhoben? Grundsätzlich geht es nicht um eine Entweder-Oder-Orientierung, sondern um den Grad der Erreichbarkeit gesetzter Ziele. Die Wirksamkeit ergibt sich aus der Analyse der Zielannäherung, die Qualität der Wirksamkeitsanalyse aus der Berücksichtigung themenspezifischer Prozesse und Kontexte aus unterschiedlichen Perspektiven. Exemplarisch für Wirksamkeitsfeld C (individuelle Perspektive) kann die längsschnittliche Erhebung pädagogischer Kompetenzen von Lehramtstudierenden (LEK-Längsschnittstudie: König & Seifert, 2012a) genannt werden, in der z.B. die Entwicklung des pädagogisches Unterrichtswissens analysiert wurde (König, 2012). Sowohl im Kohortenvergleich (Querschnittstudie zum Vergleich von Studierenden im ersten zu Studierenden im vierten Semester) als auch im Längsschnitt ergibt sich ein klarer Wissensvorsprung der Studierenden im höheren Semester. Dabei ist zu bedenken, dass der Wert der Bildungswissenschaften aus der Sicht der Studierenden ambivalent beurteilt wird (siehe auch den Themenschwerpunkt der Zeitschrift für Pädagogik Heft 1, 2013 mit den Beiträgen von Cramer, 2013; König & Rothland, 2013; Kunina-Habenicht et al., 2013; Rösler et al., 2013). Alle fünf Felder werden in Kapitel 3 noch ausführlicher beschrieben.

Tabelle 1: Wirksamkeitsfelder

	Ziele der Lehrerbildung
A	Welchen Stellenwert nimmt die Lehrerbildung in der nationalen und internationalen Hochschullandschaft ein? Wie können aktuelle Hochschulreformen zu ihrer Qualitätsentwicklung beitragen? (Institutionelle Perspektive)
B	Inwiefern erfüllt die Lehrerbildung das vorgeschriebene Ausbildungsprogramm, den Studienplan? In welchem Ausmaß erreicht die Lehrerbildung die gesetzten Ziele? (Curriculare Perspektive)
C	Zu welchem Grad erwerben die Studierenden die angezielten Kompetenzen? Wie weit erfüllt die Lehrerbildung die für sie geltenden Standards? (Individuelle Perspektive)
D	Wie gut lernen die Studierenden im Schulsetting? Bzw. wie bewähren sie sich während oder nach Absolvieren der Ausbildung im Praxisfeld? (Berufsfeldbezogene Perspektive)
E	Welche Grundlagen legt die Lehrerbildung für die berufliche Weiterentwicklung der Lehrpersonen? Inwieweit gelingt es der Lehrerbildung, Lehrpersonen für die Zukunft auszubilden? (Gesellschaftliche Perspektive)

(2) Ein übergreifendes Merkmal der Lehrerbildung ist es, dass sie in verschiedene Disziplinen gegliedert ist. Trotz hochschuldidaktischer Bemühungen um eine möglichst hohe Vernetzung der Wissensbereiche (z.B. durch die Anwendung von Konzepten des Problem-based Learning) sind Studienpläne durch getrennte Ausbildungselemente charakterisiert. In der Regel lassen sich *vier inhaltliche Bereiche* definieren, die ihren je eigenen Beitrag zur Lehrerbildung leisten: Fachwissenschaften, Pädagogik bzw. Bildungswissenschaften, (Fach-)Didaktik und Berufspraxis. Analog dazu wird von verschiedenen Wissenskomplexen gesprochen. Diese sind gemäß Shulman (1986) das Fachwissen, das (fach-)didaktische Wissen und das pädagogische Wissen (siehe dazu auch den Beitrag von Neuweg, in diesem Band). Einerseits kann gefragt werden, wie wirksam die Ausbildung in diesen Bereichen ist (Kennedy et al., 2008); andererseits, wie wichtig sie für das Gelingen von Unterricht und Schule sind (Kennedy, 2008). Lersch (2006) arbeitet diesbezügliche Unterschiede anhand einer Befragung von Studierenden und Referendarinnen und Referendaren heraus und musste insbesondere den fachdidaktischen und erziehungswissenschaftlichen Anteilen ein schlechtes Zeugnis ausstellen. Auch hier sind jedoch Unterschiede in den Ausbildungsgänge zu berücksichtigen, wie Mayr (2012) im Vergleich der Urteile von Studierenden in einphasigen mit jenen in zweiphasigen Ausbildungen verdeutlicht. Überdies scheint die inhaltliche und strukturelle Komplexität (mitunter mangelhafte Koordinierung) des Studiums seine Wirksamkeit zu erschweren, da insbesondere Studierende in den ersten Semestern diese als Belastung empfinden (Faust, 2010). Vor diesem Hintergrund erhält auch das Ergebnis, dass mehr Lernzeit zu besseren Lernergebnissen führt (Felbrich, Müller & Blömeke, 2010), besondere Bedeutung.

(3) Im nächsten Schritt gilt es zu präzisieren, aus wessen *Perspektive* die Wirksamkeit überprüft wird. Sechs Blickpunkte können dabei eingenommen werden: die Sicht der

- Ausbildungsinstitution und Lehrenden
- Lernenden bzw. Studierenden
- Praxislehrpersonen
- abnehmenden Schulen
- Bildungsverantwortlichen, Bildungsverwaltung, Bildungspolitik
- Gesellschaft

Die Unterscheidung dieser Perspektiven ist insofern wichtig, als sie nicht übereinstimmen müssen. So wird beispielsweise von Lehramtsstudierenden immer wieder die zu starke Gewichtung von Fachinhalten auf Kosten schulbezogener Inhalte und des Praxisbezugs moniert (z.B. Rosenbusch, Sacher & Schenk, 1988), während in der Öffentlichkeit gleichzeitig die ungenügende Fachkompetenz von Lehrpersonen angesprochen wird (Floden & Meniketti, 2005). Ein wiederkehrendes Ergebnis ist auch, dass Lernende und Lehrende die Wirksamkeit unterschiedlich einschätzen. Wirksamkeitsanalysen sollten daher immer mehrere Perspektiven (Anwendung sog. Multiinformantenformate) erfassen.

(4) Auch die Frage, welche *Methoden* zur Überprüfung der Wirksamkeit angewandt werden, erlaubt Rückschlüsse auf die Konzipierung des Wirksamkeitsbegriffs. Je nachdem, ob Studierende bzw. Absolventinnen und Absolventen befragt werden, ob Fremdeinschätzungen, beispielsweise im Kontext von Praktika, Methoden der Lernprozessanalyse wie Lerntagebuch oder Portfolios zum Einsatz kommen, ergeben sich unterschiedliche Erkenntnisse (siehe dazu auch Cochran-Smith, 2001). Zudem unterscheiden sich die Zugänge der quantitativen und der qualitativen Forschung (Kennedy, 2008). Der Einsatz unterschiedlicher Instrumente kann durchaus zielführend sein. Lässt sich beispielsweise der subjektive Kompetenzzuwachs von Studie-

renden, dokumentiert in Fragebögen, anhand ihrer Fachurteile zu fallbezogenen Szenarien (z.B. Vignetten) validieren (eine Methode, die z.B. von Larcher et al., 2010, eingesetzt wurde), so erhöht dies nicht nur die methodische Qualität, sondern auch das Vertrauen in die Befunde. Eine Differenz besteht des Weiteren darin, ob die Institution selbst oder externe Fachstellen eine Evaluation durchführen, ob es vorrangig um Rechenschaftslegung (accountability), um Erkenntnisse zur Verbesserung der Ausbildung oder um Forschung geht (siehe auch Galluzzo, 1995). Dabei gilt zu bedenken: Je spezifischer und thematisch oder methodisch eingeschränkter die Überprüfung ist, desto geringer ist die ökologische Validität der Ergebnisse und desto weniger werden diese der beruflichen Komplexität des Lehrerhandelns gerecht. Ebenso ist zu berücksichtigen, ob es sich eher um Input-Analysen (z.B. Was wird wie gut vermittelt?) oder um Output-Analysen (z.B. Was können Berufsanfänger und Berufsanfängerinnen?) handelt. Umfassende Aussagen können vermutlich nur über einen Income-Input-Output-Outcome-Vergleich abgeleitet werden, in dem die Ko-Konstruktion von Lernsituationen und das Angebot-Nutzungs-Modell des Unterrichts (Fend, 1981, 2006) spezifisch berücksichtigt werden. Die Studierenden treten mit verschiedenen Voraussetzungen ins Studium ein (Income), gestalten die angebotenen Lehr-Lernsituationen unterschiedlich mit (Input, Ko-Konstruktion) und erwerben verschiedene Kompetenzen, die sich im Unterricht spezifisch niederschlagen (Output). Unterschiede in der Wirksamkeitsforschung sind letztlich auch durch die Beantwortung der Frage, was unter gutem Unterricht verstanden und anhand welcher Kriterien seine Qualität definiert wird, determiniert.

Wie gut sich eine angehende Lehrperson entwickelt, hängt nur zu einem Teil von der Lehrerbildung ab, denn eine Vielzahl von Faktoren beeinflussen ihren Lern- und Entwicklungsprozess, darunter so unterschiedliche Dinge wie eigene Schulerlebnisse, berufliche Vorerfahrungen, Elternschaft, Bildungsnähe des Elternhauses, Lernbiografien, Persönlichkeitsfaktoren (z.B. Anselm, 2010; Bullough Jr., 1997; Fessler, 1985; Neururer, 1995). Grundlegend hängt Lehrerbildung davon ab, wie Studierende das Angebot nutzen (Lüders, Eisenacher & Plessmann, 2005). Die Wirksamkeit der Lehrerbildung darf folglich nicht isoliert betrachtet werden. Sie ist eingebunden in ein Netz sozialer, institutioneller, politischer, kultureller und wirtschaftlicher Faktoren. Die Zusammenhänge sind dabei komplex, und es gilt, sowohl förderliche Merkmale der Person als auch Faktoren des Entwicklungsumfelds zu beachten (Kaikonnen, 2010; Mayr, 2010). Vor dem Hintergrund zunehmender Integration von Praxisanteilen in die Grundausbildung ist insbesondere die Verflechtung mit der Schule zu berücksichtigen. So ist die Lehrerbildung einerseits abhängig von der Qualität und der Kooperationsbereitschaft der Schulen (z.B. durch Lehrpersonen, die an der Ausbildung mitwirken) und ihren Veränderungen (z.B. Reformen der Schule), andererseits muss sie ihre Unabhängigkeit von Kulturen der Praxis bewahren und auf Schulentwicklung vorbereiten. Die Kritik, mit welcher die Lehrerbildung heute konfrontiert ist, lässt sich nicht zuletzt auf die Unzulänglichkeiten, die der heutigen Schule attribuiert werden, zurückführen. Insofern ist Bullough Jr. (1997) zuzustimmen, der Vorschläge zynisch findet, welche die Lehrerbildung von den Hochschulen auslagern und stärker in die Verantwortung von Schulen stellen möchten (siehe auch Zeichner & Bier, 2014).

Analysen zur Wirksamkeit der Lehrerbildung müssen davon ausgehen, dass die Entwicklung von Lehrpersonen prinzipiell und nachhaltig beeinflussbar ist, auch wenn die Effekte nicht unmittelbar eintreten müssen (Stichwort „sleeper effect"; Featherstone, 1993), einen sehr unterschiedlichen Verlauf nehmen (Lersch, 2006), zu schwachen oder gar unerwarteten Resultaten führen (Kennedy, 2008) und die Wirkungskette sehr lang ist (Floden & Meniketti, 2005). Terhart (2003b, S. 9) fordert deshalb eine „an objektivierbaren Kriterien orientierte Forschungsstrategie" und schlägt vor, dies anhand von Standards vorzunehmen. Baumert und Kunter (2006, S. 507) sprechen von einer sich verändernden und entwickelnden Handlungskompetenz, die es zu untersuchen gilt. Sie geben jedoch sowohl die diesbezüglich spärliche empirische Erkenntnislage als auch die Schwierigkeit, *nachhaltige* Veränderungen zu erzielen, zu bedenken. So erweisen sich bestimmte Bereiche wie die Erweiterung des Methodenrepertoires als veränderungssensitiv (siehe den Überblick von Fried, 1997), während andere Aspekte, beispielsweise subjektive Überzeugungen, eine deutlich höhere Veränderungsresistenz aufweisen (siehe im Überblick Richardson, 1996). Zu beachten sind überdies die Ergebnisse der Studien zur „Konstanzer Wanne" (Dann, Müller-Fohrbrodt & Cloetta, 1981): Erwünschte Effekte der sog. ersten Phase (theoriebasierte Ausbildung) wie eine Haltung der Offenheit gegenüber den Schülerinnen und Schülern werden durch Sozialisations- und Lernprozesse in der zweiten Phase (Berufspraxis) revidiert (Brouwer & ten Brinke, 1995a,b; Zeichner & Tabachnick, 1981). Erschwerend kommt hinzu, dass das in der Lehrerbildung erworbene Wissen nicht identisch sein muss mit dem Wissen, das Lehrpersonen nutzen (Shulman, 1986) und der Aufbau trägen Wissens auch in der Lehrerbildung ein ernstzunehmendes Problem darstellt (Hagenauer, 2008; Wahl, 2002). Wie Wirksamkeitsstudien anzulegen und ihre Ergebnisse zu interpretieren sind, hängt damit nicht nur von den Wirkungskriterien, sondern auch von ihrer theoretischen Grundkonzeption ab. Welche Wege können dabei beschritten werden?

3. Theorien zur Entwicklung von LehrerInnen als Grundlage für ihre Ausbildung

Die jahrzehntelangen Diskussionen um die Gestaltung der Lehrerbildung (siehe dazu im Überblick Merzyn, 2002) ließen ein breites Fundament an Theorien der Ausbildung von Lehrpersonen und einen intensiven Diskurs darüber erwarten. Genau besehen sind solche Theorien jedoch kaum vorhanden. Trotz der zahlreichen Vorschläge von Pintrich (1990) zu dem Problem, wie Erkenntnisse der psychologischen Forschung aus dem Bereich der Kognitions- und Motivationsforschung auf die Lehrerbildung übertragen werden können, werden lediglich verschiedene Lernformen thematisiert wie z.B. das Modelllernen. Entsprechende Konzepte müssen als eher einseitig bezeichnet werden (Feiman-Nemser & Buchmann, 1989) und können mit Zeichner (1983) anhand von vier Programmtypen als behavioristisch, personalistisch, traditionell kunsthandwerklich oder forschungsorientiert charakterisiert werden (siehe auch Neuweg, 2002).

Die Gründe für diesen Theoriemangel mögen in dem nahezu unüberschaubaren Set an Erwartungen an den Lehrberuf liegen (z.B. Fauser, 1996), in der Komplexität des Lehrberufs (z.B. Stern, 2009), in den hohen, ungefilterten Anforderungen des Unterrichtenlernens (Howey, 1996), in der tiefen Verankerung in Ausbildungstraditionen (vgl. Hascher, 2007), in den fehlenden Evidenzen (z.B. Christensen, 1996) und in der Tatsache, dass im deutschsprachigen Raum die Evaluation der Lehrerbildung bei weitem noch nicht zu einer „constant source of inquiry in teacher preparation institutions" (Galluzzo, 1995, S. 552) geworden ist. Überhöhte Ansprüche gepaart mit einer von Traditionen geprägten, schwachen Evaluationskultur, könnte die Kurzformel für die Ursachen der bestehenden Mängel lauten: „It is all too unclear what factors are considered in deciding the structural and conceptual orientations of programs, how the decisions are made, and who plays key roles in the decisions" (Lee & Yarger, 1996, S. 16).

Ansätze bieten jedoch *Theorien zur Expertise- und zur Identitätsentwicklung.* Prinzipiell sind zwei Zugänge zu unterscheiden: Zum einen wird anhand verschiedener Stufen (die nach Alter oder Berufsjahren gegliedert sein können) die Entwicklung der Lehrerexpertise beschrieben. Ausgangspunkt stellte das Drei-Phasen-Modell von Fuller und Bown (1975) dar, deren Verdienst es war, die Schwierigkeiten des Berufseinstiegs zu beleuchten und auf die Bedeutung des Perspektivenwechsels (zunächst von der Schülerrolle zur Lehrperson und dann vom Fokus auf die Lehreraufgaben über den Unterricht hin zu den Lernenden) für erfolgreichen Unterricht aufmerksam zu machen. Trotz seiner Praxisnähe und seiner hohen Plausibilität fehlt diesem Konzept jedoch die theoretische Fundierung und es offeriert kaum Hinweise für die Gestaltung der Lehrerbildung. Diesbezüglich stellt das Konzept von Berliner (1994) eine wertvolle Weiterentwicklung dar. Mit engem Bezug zur Expertiseforschung in der kognitiven Psychologie werden Unterschiede zwischen Berufsanfängerinnen bzw. Berufsanfängern und Expertinnen und Experten hervorgehoben (siehe auch Barone et al., 1996). Von besonderer Wichtigkeit sind dabei die folgenden Erkenntnisse: Der Wissensbestand von Experten und Novizen ist nicht nur ungleich in seinem Umfang, sondern auch unterschiedlich strukturiert; Erfahrungen führen nicht zwingend zu Expertise (Hascher, 2005); Intuition ist kein angeborenes Merkmal der Lehrerpersönlichkeit, sondern ein Resultat langjährig erworbener Expertise.

Zum anderen gibt es einzelne Vorschläge, welche den berufsethischen Aspekten eine besondere Rolle zugestehen und mit der Entwicklungspsychologie des Erwachsenenalters verknüpfen (Burden, 1990; Oja, 1995). Dieser Ansatz wird überwiegend in berufsbiografischen Studien umgesetzt, in denen Lehrpersonen meist rückwirkend zu Stationen und Ereignissen ihrer beruflichen Laufbahn befragt, und diese Verläufe dann systematisiert werden. Ein typisches Beispiel für dieses Vorgehen sind die viel rezipierten Studien von Huberman (z.B. 1989) und von Hirsch und Kollegen (Hirsch, 1990; Hirsch, Ganguillet & Trier, 1990). In solchen Arbeiten werden verschiedene, Veränderungen bezeichnende Phänomene wie Entwicklung und Sozialisation ebenso wie Regression, Entsozialisierung und schließlich auch Stagnation identifiziert. Der daraus resultierende Gewinn besteht in Informationen zur aktualgenetischen Entwicklung des Individuums mit ihren je spezifischen Verlaufsmustern, in Erkenntnissen über subjektive Konstruktionen der Lehrpersonen von Wirklichkeit und Erfahrung sowie in Einsichten über die damit verbundenen Gemeinsamkeiten und Unterschiede, z.B. die zum Teil heftig umstrittenen geschlechtsspezifischen Differenzen (siehe auch Flaacke, 1989; Sikes, Measor & Woods, 1991).

Einschränkungen in der bisherigen Umsetzung dieser subjekt-orientierten Konzepte bestehen trotz ihres biographischen Anspruchs darin, dass die Studien häufig auf das Berufsfeld der Lehrpersonen begrenzt sind und sich die beruflichen Laufbahnen nur auf Entwicklungen innerhalb des Schulsystems beziehen. Ihre Befunde stützen sich folglich nahezu ausschließlich auf Aussagen von Personen, die aus verschiedensten Motiven dem Lehrberuf verhaftet geblieben sind. Obwohl sich Lehrpersonen generell durch ein relativ stabiles Berufsverhalten auszeichnen, führt ein solches Vorgehen zwangsläufig zu einer verkürzten Sicht und dazu, dass die berufliche Entwicklung im Kontext des individuellen Lebenslaufs bzw. der Laufbahnentwicklung – ein theoretischer Ansatz, der auf die innovativen Arbeiten von Super (1957) zurückzuführen ist und z.B. von Seifert (1989) weiterverfolgt wurde – nur als ein (Teil-)Abschnitt positioniert werden kann. Hinzu kommt, dass berufsbiografische Studien zwar Entwicklungsabfolgen zu beschreiben vermögen, aber – wie Bauer (2000) zu Recht zu Bedenken gibt – keinen Aufschluss über die Entwicklungs*logik* geben. Des Weiteren kann bei einem Fokus auf die subjektive Sicht der Lehrpersonen nur bedingt davon abstrahiert werden, was sie selbst als Entwicklung bzw. fehlende Entwicklung bewerten und welche Handlungsergebniserwartungen (Hertramph & Herrmann, 1999) sie besitzen. Vor diesem Hintergrund ist die Trennung zwischen der Beschreibung, Analyse und gegebenenfalls Synthese von Entwicklungsprozessen in der beruflichen Entwicklung von Lehrpersonen und den Ansprüchen und Erwartungen an diese Entwicklung z.B. im Rahmen der Lehrerbildung (vgl. auch Feiman-Nemser & Floden, 1991) unerlässlich. Dennoch trifft vermutlich heute immer noch zu, was Barone et al. (1996, S. 1131) festgestellt haben: „Virtually all programms of teacher preparation have ignored developmental views of learning to teach." Zwar werden inzwischen Zielkataloge und Standards formuliert, eine entwicklungspsychologische Struktur hat sich jedoch noch nicht durchgesetzt. Ergänzt werden müsste diese Kritik auch um die fehlende Adressatenorientierung. Bisher wird kaum diskutiert, für wen die Lehrerbildung wirksam sein muss. Nach der Devise „one size fits all“ werden die Studierenden der Lehrerbildung häufig als vermeintlich homogene Gruppe behandelt. Dabei werden - besonders im deutschsprachigen Raum - auch relevante gesellschaftliche und professionelle Entwicklungen ausgeblendet wie beispielsweise die zunehmende Multikulturalität, die bestehenden Bildungsdisparitäten, die Individualität von Lernvoraussetzungen oder die Feminisierung des Lehrberufs.

So bleibt die Frage, wie Studierende bzw. Lehrpersonen lernen, bisher noch weitgehend ungeklärt, obschon zunehmend Vorschläge im Kontext der Professionalisierungsdebatte formuliert werden (siehe dazu im Überblick Zlatkin-Troitschanskaia et al., 2009). Dabei rücken neuerdings neben dem Theorie-Praxis-Dialog Fragen nach Formen des Wissens von Lehrpersonen, nach der Gestaltung der Hochschuldidaktik in der Lehrerbildung und der Bedeutung nicht-kognitiver Lernvariablen (siehe dazu den Beitrag von Hascher & Krapp in diesem Band) zunehmend in den Blickwinkel des wissenschaftlichen Diskurses.

4. Forschungsbefunde zur Wirksamkeit von Lehrerbildung

Diskussionen über die Wirksamkeit der Lehrerbildung werden wohl seit deren Anbeginn geführt (siehe Hascher, 2007). Blömeke (2004) spricht von über 250 Jahren. In den USA setzte in den 1970er Jahren die öffentliche Debatte über Stärken und Schwächen der Lehrerbildung mit Bezug auf empirische Analysen ein, deren Stand von Cochran-Smith et al. (2012) im Überblick dargestellt wurde. Im deutschen Sprachraum erhoben primär Fachverbände, Organisationen und Protagonisten ihre persönlichen „Stimmen zur Lehrerbildung“ (siehe dazu Merzyn, 2002). Obschon teilweise eindrückliche empirische Studien zur Beurteilung der Lehrerbildung vorlagen (z.B. Oesterreich, 1987, 1988; Rosenbusch et al., 1988; Steltmann, 1986; Ulich, 1996), erfuhr die professionelle und evidenz-basierte Diskussion erst durch das Forschungsprojekt zur „Wirksamkeit der Lehrerbildung“ von Oser und Oelkers (2001) einen nachhaltigen Anschub.

Was weiß man heute über die Wirksamkeit der Lehrerbildung? Nachfolgend werden zu jedem der o.g. fünf Wirksamkeitsfelder (siehe Tab. 1) relevante, aufgrund der nicht zu leistenden Vollständigkeit besonders typische bzw. repräsentative Erkenntnisse dargestellt. Es sei an dieser Stelle schon vorweg genommen, dass sich die Befunde keinesfalls in ein einheitliches Bild einfügen lassen und sich als noch zu wenig verlässlich erweisen. Dies sei an den Ergebnissen zur subjektiven Einschätzung pädagogischer Handlungskompetenzen illustriert: In manchen Studien sind die Studierenden bereits von ihren berufsrelevanten Kompetenzen überzeugt (Kagan, 1992), während sie in anderen Untersuchungen eher ihre Fähigkeitsdefizite zum Ausdruck bringen (z.B. Nolle, 2003). Zudem sind unsystematische Unterschiede zwischen und innerhalb verschiedener Ausbildungsarten und -orte zu beobachten.

4.1 Lehrerbildung im Kontext der Hochschullandschaft und derer Reformen (Feld A, Institutionelle Perspektive)

Seit einigen Jahren wird die Lehrerbildung explizit als eine Nahtstelle für den Bildungserfolg von Schülerinnen und Schülern angesehen (Cochran-Smith et al., 2012). Die Argumentationslinie verläuft dabei wie folgt: Je besser die Ausbildung von Lehrpersonen, desto höher sind ihre Kompetenzen, desto besser ihr Unterricht und desto höher die Bildungsergebnisse von Schülerinnen und Schülern. Die Ähnlichkeit der Rangreihen in nationalen Bildungsvergleichsstudien wie

TEDS-M, TIMSS und PISA sprechen grundsätzlich für diesen Zusammenhang (Blömeke, 2012). Entsprechend haben sich die bildungspolitischen Erwartungen und der Reformdruck erhöht, was sich nicht zuletzt in den Gründungen von Schools of Education und dem hohen Bemühen, die hochschulische Lehrerbildung nicht als ein zweitklassiges Studium, sondern als ein Studium mit hohem Anforderungsniveau und zugleich wissenschaftlicher und praxisnaher Orientierung zu verstehen, widerspiegelt (z.B. Prenzel, Reiss & Seidel, 2011). Möglicherweise einschneidender, obschon nicht auf die Lehrerbildung fokussiert (sondern diese möglicherweise eher ignorierend), könnten sich die Effekte, die mit der Bologna-Reform und der damit verbundenen Umstellung auf Bachelor- und Masterstudiengänge sowie der Modularisierung von Lehrveranstaltungen verbunden sind, erweisen. Die Fragen, welche berufsbezogenen Kompetenzen im Bachelorstudium Lehramt und welche wissenschaftsbezogenen Kompetenzen im Masterstudium Lehramt erworben werden sollen, wurden sehr unterschiedlich beantwortet. Inwiefern wurde das Ziel einer Polyvalenz der ersten Ausbildungsjahre erreicht und als sinnvoll erachtet? Inwiefern trägt die Bologna-Struktur zu Qualitätssteigerung der Lehrerbildung bei? Gegenwärtig können diese Fragen nicht geklärt werden, da vergleichende Studien fehlen. Als sicher kann jedoch gelten, dass Reformen in der Lehrerbildung – und das trifft wohl auch für die Einführung gestufter Studiengänge durch Bologna zu – nicht unmittelbar zu Verbesserungen führen. Ein Rückblick auf die bisherigen Reformbewegungen und deren Effektivität kommt nämlich zu einem eher harten Urteil: Trotz vieler Reformen haben sich die wesentlichen Kritikpunkte an der Lehrerbildung kaum geändert (Merzyn, 2002). Advokatinnen und Advokaten der Effektivität der Lehrerbildung haben diese Kritik aufgenommen und sich mit Skeptikerinnen und Skeptikern dahingehend verständigt, dass die empirische Befundlage – mit Ausnahme der Mathematiklehrerbildung – unzureichend ist und es mehr Forschung zur ihrer Wirksamkeit bedarf (Floden & Meniketti, 2005; Hascher & Neuweg, 2012). Die hohe Bedeutung, die heute der Forschung zur Wirksamkeit der Lehrerbildung zugesprochen wird, hängt nicht zuletzt auch damit zusammen, dass es eine Vielzahl von Ausbildungsgängen (Christensen, 1996; Ingvarson et al., 2013) gibt und etliche Reformen bildungspolitisch motiviert ohne empirische Evidenz ihres Potenzials umgesetzt werden. Dies ist insbesondere vor dem Hintergrund zu betrachten, dass derzeit sehr viele Reformbewegungen – nicht nur durch die Umstellung auf die Bachelor-Master-Struktur, sondern auch z.B. durch die Einführung neuer Praxismodule – zu verzeichnen sind (siehe z.B. Arnold, Gröschner & Hascher, 2014; Bosse, Criblez & Hascher, 2012; Weyland & Wittmann, 2010). Deshalb raten Cochran-Smith et al. (2012, S. 3): „... understanding the research about teachers' education and outcomes is not simply a matter of assessing its methodological and conceptual merits, but also of interpreting larger political controversies and competing political agendas."

4.2 Studienplan, Methoden und Ziele (Feld B, Curriculare Perspektive)

Analog zu den TIMSS-Analysen lassen sich drei Ebenen des Curriculums unterscheiden (Arnold, 1999): das intendierte Curriculum (das Ausbildungsprogramm), das implementierte Curriculum (die konkrete Umsetzung) sowie das erreichte Curriculum (das Wissen und Können der Studierenden). Bevor spezifische Ausbildungswirkungen hinterfragt werden, ist grundsätzlich zu fragen, inwiefern ein Unterschied daraus resultiert, dass Lehrpersonen überhaupt eine Ausbildung absolvieren. Darling-Hammond (2000) und Blömeke (2004) subsummieren die diesbezüglichen Arbeiten anhand von zwei Forschungsbereichen (siehe auch Cochran-Smith et al., 2012): einerseits Studien, die Lehrpersonen mit einem Lehrerbildungs-Abschluss mit Lehrpersonen ohne einen solchen vergleichen (z.B. Olsen, 1985); andererseits Studien, in denen der Grad der akademischen Ausbildung untersucht wird (z.B. Ferguson & Ladd, 1996). Die Evaluation des NBPTS-Programms stellte zertifizierten Lehrpersonen ein eher gutes Zeugnis aus (Wilson & Youngs, 2005): Ausgebildete Lehrpersonen unterrichten besser, sind zufriedener und sie verlassen seltener den Beruf. Von besonderer Relevanz für effektives Unterrichten scheint eine gute Bildung im Fach und in der Fachdidaktik (z.B. Floden & Meniketti, 2005; Guyton & Farokhi, 1987) zu sein; intellektuelle Fähigkeiten und Begeisterung für den Lehrberuf allein reichen nicht aus (Darling-Hammond, 2000; Kennedy et al., 2008).

Zugleich finden sich kritische Stimmen, welche den Zusammenhang zwischen Lehrerbildung und Unterrichtsqualität in Frage stellen, da in manchen Studien keine Effekte nachgewiesen werden können (Hanushek, 1996; für eine Gegenüberstellung dieser sog. „Deregulierer" mit den sog. „Professionalisierern", welche die Qualität der Lehrerbildung als das zentrale Element beruflichen Handelns verstehen, siehe Terhart, 2003b und Blömeke, 2004). Anhand einer Analyse universitärer Studienordnungen an nordrhein-westfälischen Universitäten diagnostizieren Lohmann, Seidel und Terhart (2012, S. 80) der bildungswissenschaftlichen Ausbildung nicht nur „Traditionsbindung" und „Beharrungskraft". Sie kommen sogar zu dem Schluss, dass die Verbindlichkeit der Ausbildung durch die hohen Wahlanteile so stark geschwächt wird, dass es „nichts Bestimmtes" gibt, „das wirken könnte". Die Tatsache, dass die Ergebnisse von Berufseingangstests, wie sie in den USA zum Fachwissen, zum beruflichen Wissen und zu den Sprachkompetenzen durchgeführt werden, nicht systematisch mit den Fachleistungen am Ende des Studiums korreliert, wirft die Frage auf, inwiefern die Lehrerbildung berufsrelevante Kompetenzbereiche abdeckt[2]. Darling-Hammond ist dennoch überzeugt (2000, S. 166): „The research suggests that the extent and quality of teacher education matter for teachers' effectiveness, perhaps now even more than before."

Bereits vor der gegenwärtigen Implementation von Standards setzte sich die Lehrerbildung Ausbildungsziele. Die Frage, wie diese erreicht werden, ist nach wie vor aktuell. Howey (1996, S. 168) sieht darin einen besonders neuralgischen Punkt: „The most fundamental problem, however, remains the manner in which teachers are taught." Auf die Notwendigkeit des Modellverhaltens hat Wahl (2001) mit dem sog. Pädagogischen Doppeldecker hingewiesen. Dieser ist zwar bedeutsam, jedoch nicht ausreichend, um eine fundierte Qualifikation zu ermöglichen. Deshalb wird gefragt, welche Erkenntnisse hinsichtlich *verschiedener Ausbildungspraktiken und -inhalte* bestehen. Eine Antwort findet sich in der Studie von Czerwenka und Nölle (z.B. Nölle, 2002). Sie untersuchten, ob sich Absolventinnen und Absolventen eines konventionell theoretisch ausgerichteten Studiengangs von solchen, die im Studium eine höhere Integration von Praxis erlebten, hinsichtlich ihres unterrichtsrelevanten pädagogischen Wissens unterscheiden. Obschon die Vergleichsgruppen nicht ideal parallelisiert werden konnten, lassen sich Ergebnisse zugunsten einer Ausbildung ableiten, in der eine Verbindung von theoretischem Wissen und praktischen Erfahrungen explizit umgesetzt wird. Weitere Befunde zu hochschuldidaktischen Wirkungsformen finden sich beispielsweise in der Zusammenschau der Arbeiten über „Laborerfahrungen" (laboratory experiences, Metcalf, 1995), unter welche beispielsweise Microteaching, Rollenspiele, Peer-Teaching und die Arbeit mit Fallstudien oder videografierten Unterrichtssequenzen subsummiert werden. Die bisherigen Studien verdeutlichen das Potenzial solcher Lernsettings, das sich aber nur unter bestimmten Qualitätsmerkmalen entfaltet. Dazu gehören die Verknüpfung dieser Laborerfahrungen mit der didaktischen Ausbildung, die systematische Verbindung verschiedener Erfahrungsmöglichkeiten, der Fokus auf verstehendes Lernen anstelle des Eintrainierens bestimmter Verhaltensmuster, die Transparenz der angestrebten Lernziele, ein qualitativ hoch-

2 Es kann freilich auch gefragt werden, wie valide die Berufeingangstests sind.

wertiges Feedback und eine gezielte Unterstützung des Transfers der Erkenntnisse in den Schulalltag.

4.3 Kompetenzentwicklung und Standarderfüllung (Feld C, Individuelle Perspektive)

In den früheren Studien zur Wirksamkeit der Lehrerbildung ging es primär um vereinzelte Lernprozesse, um Veränderungen hinsichtlich Einstellungen, Wissen bzw. Können und nicht explizit um Kompetenzerwerb. Diese Perspektive wurde erst in den letzten zehn Jahren im deutschsprachigen Raum eröffnet. Wie bereits erwähnt, kommt diesbezüglich der Studie zur Wirksamkeit der Lehrerbildung von Oser und Oelkers (2001) eine wichtige Rolle zu, denn ihre Ergebnisse irritierten nicht nur die Forschung, sondern auch die Praxis und die Bildungspolitik. Das Urteil der befragten Lehrpersonen fiel nämlich harsch aus: Nach fünf Jahren Berufspraxis attestieren sie ihrer Ausbildung rückblickend fehlende Zielklarheit, Zeitverschwendung, unzureichende Kompetenzentwicklung. Damit ebnete die Studie den Weg zur Diskussion und Entwicklung kompetenzorientierter Ausbildungsprogramme und legte den Grundstein dafür, die Lehrerbildung auf der Basis von Kompetenzen zu erforschen, was von der empirischen Pädagogik bereitwillig aufgenommen wurde (z.B. Baer et al., 2008; Bodensohn & Schneider, 2008; Frey, 2008; Terhart, 2003b; Zlatkin-Troitschanskaia et al., 2009). Beispielsweise gibt es nun erste Hinweise dahingehend, dass die Lehrerbildung die Entwicklung relevanter Unterrichtskompetenzen (wie den Aufbau einer guten Lehrer-Schüler-Beziehung oder den angemessenen Einsatz von Arbeitstechniken) nachhaltig zu unterstützen vermag (Frey, 2004).

Kompetenzentwicklung, auch zu verstehen als das Ausmaß des erreichten Curriculums im Lehramtsstudium, wird unter unterschiedlichen Blickwinkeln erforscht. Zum einen werden verschiedene *didaktische Zugänge* miteinander verglichen. Lankes et al. (2000) sowie Fölling-Albers, Hartinger und Mörtl-Havizovic (2005) implementierten die Methode des situierten Lernens in Kombination mit Theorievermittlung in einem Ausbildungsgang für Grundschulpädagogik und untersuchten den Kompetenzerwerb der Studierenden im Bereich der pädagogischen Diagnostik und der Förderdidaktik. Es zeigten sich dabei klare Vorteile des situierten Lernens gegenüber einer traditionell-textbasierten Seminardidaktik. Die Qualität von Lerngelegenheiten an der Hochschule analysierten Felbrich et al. (2008) in der Studie zum „Mathematics Teaching in the 21th Century" (*MT21*; ein Vorläufer zu TEDS-M, siehe Blömeke et al., 2008). Dazu verglichen sie, analog zu Lersch (2006), wie Studierende, Referendarinnen und Referendare verschiedener Lehrämter das Fachstudium der Mathematik, die fachdidaktische und die erziehungswissenschaftliche Ausbildung beurteilten und ihren Lernerfolg einschätzten. Auch Fragen zur Schulpraxis wurden gestellt. Als ein wesentliches Ergebnis kann berichtet werden, dass bei der Ausbildung für das Gymnasial- und Gesamtschullehramt ein stärkerer Fokus auf der Fachausbildung liegt, während die Fachdidaktik und Erziehungswissenschaft bei Grund-, Haupt- und Reallehrschullehramt stärker gewichtet wird. Diese unterschiedlichen Schwerpunktsetzungen scheinen sich zwar nicht im subjektiven Kompetenzerwerb niederzuschlagen, aber den Wissenserwerb hinsichtlich der fachunterrichtlichen Inhalte vorherzusagen.

Tatto (2000) gab zu bedenken, dass vor allem die *Inhalte* der Lehrerbildung entscheidend sein könnten – weniger ihre Strukturen, Dauer oder institutionelle Einbettung. Aus aktuellen Studien wird deutlich, dass dabei der Fachdidaktik eine besondere Bedeutung zukommt (siehe im Überblick Kennedy et al., 2008). Obschon dieses Ausbildungselement in den USA weniger gut etabliert ist als im deutschsprachigen Raum, scheint es durchwegs positive Effekte auf die von Fachpersonen eingeschätzte Unterrichtsqualität und die Schülerleistungen auszuüben. Fachdidaktische Kompetenzen werden zudem indirekt angesprochen, wenn Darling-Hammond (2000) auf die positiven Effekte der Kombination von hohem Fachwissen und fundiertem pädagogischem Wissen hinweist. In diesen Kontext sind auch die Ergebnisse der COACTIV-Studie (Kunter, Klusman & Baumert, 2009) zu stellen, die das Ziel verfolgt, anhand einer multikriterialen Analyse herauszufinden, welche differentiellen Bedeutungen verschiedene Wissensformen von Mathematiklehrpersonen auf die Schülerleistungen haben.

Explizit mit der *Entwicklung* von Kompetenzen beschäftigt sich eine schweizerisch-deutsche Kooperationsstudie. Anhand eines Prä-Post-Follow-up-Designs und mittels verschiedener Verfahren untersuchen Baer et al. (2007, 2008, 2014) die Zunahme der Kompetenzen von Grundschullehramtstudierenden im Rahmen ihrer Ausbildung an drei verschiedenen Hochschulen. Die bisher berichteten Ergebnisse weisen darauf hin, dass die Kompetenzen der angehenden LehrerInnen in vielen Bereichen im Verlauf des Studiums und im ersten Studienjahr zunehmen. Zudem spiegeln sie die hohe Lernbereitschaft der Studierenden wider, die sich nicht nur auf die Berufspraxis, sondern ebenso auf das Theoriewissen bezieht. Sie verdeutlichen aber ebenso, dass Studierende – zumindest an einzelnen Ausbildungsstandorten – ihre berufsbezogenen Kompetenzen, beispielsweise hinsichtlich der Vermittlung von Lernstrategien, der schülerunterstützenden Beobachtung und Diagnose oder der Leistungsmessung, bereits vor Studienbeginn als nicht unerheblich einstufen.

Generell gilt es zu berücksichtigen, dass Kompetenzentwicklung in erster Linie vom Subjekt abhängt. Überzeugende Beispiele dazu lieferte die Einstellungsforschung (siehe z.B. Richardson, 1996). So scheint die Lehrerbildung vor allem dann wirksam zu sein, wenn eine Passung mit den subjektiven Theorien und Einstellungen der Studierenden vorliegt (z.B. Korthagen, 1988). Ansonsten sind sehr gezielte Anstrengungen und Maßnahmen nötig, um einen echten Konzeptwechsel bei den Studierenden auszulösen (z.B. Feiman-Nemser & Buchmann, 1989; Hollingsworth, 1989) und nicht selten muss sich die Forschung eingestehen, dass sich keine Veränderungen erreichen lassen (Hoppe-Graff & Flagmeyer, 2008). Die Interpretation der Befunde wird überdies erschwert, wenn – in Tradition der Studie von Oser und Oelkers (2001) – Kompetenzentwicklungen primär anhand von Selbsteinschätzungen untersucht werden (siehe kritisch dazu Mayr, 2005).

4.4 Bewährung und Lernen in der Praxis (Feld D, Berufsfeldbezogene Perspektive)

Welche Wirksamkeit kann den Lernprozessen von zukünftigen Lehrpersonen im schulischen Setting, also im Kontext schulpraktischer Elemente wie Praktika oder dem Vorbereitungsdienst bzw. Referendariat, zugesprochen werden? Dieses sogenannte „Herzstück" der Lehrerbildung ist heftig umstritten (z.B. Arnold et al., 2014). Während Reformvorschläge aus der Sicht der Studierenden stets *mehr* schulpraktische Erfahrungen einfordern und aktuelle Entwicklungen auch in diese Richtung zielen[3], geben empirische Studien Grund zum Zweifel, dass dies den Königsweg der Verbesserung der Lehrerbildung darstellt. Die bisherigen Forschungserkenntnisse (siehe auch Hascher, 2012 a, b; Reinhoffer & Dörr, 2008) lassen sich zu sechs Kritikpunkten hinsichtlich der Wirksamkeit dieser Ausbildungsteile bündeln:

3 Interessant ist dabei der Hinweis von Morine-Dershimer und Leighfield (1995), dass der Anteil der Praktika davon abhängt, wieviel Druck diesbezüglich von der Schule versus der Ausbildungsinstitution ausgeht.

- In schulpraktischen Studien findet eher schulspezifische Sozialisation denn Kompetenzerwerb statt; es können Indikatoren eines „heimlichen Lehrplans" nachgezeichnet werden. Dieser spiegelt sich beispielsweise in einer mangelnden Orientierung an Ausbildungszielen, in einer wichtigen Rolle des Modelllernens, in der Selektivität der Lernbereiche und einer teilweise bewussten Abkehr und Distanzierung von Lernzielen und dem Kompetenzerwerb in der Hochschule wider (Bodensohn & Schneider, 2008; Dick, 1996; Hascher, 2006; Hascher & Moser, 1999, 2001; Oesterreich, 1988). Schulpraktische Erfahrungen sind vor allem am individuellen Handeln der (angehenden) Lehrpersonen im Unterricht orientiert (Lunkenbein, 2010) und fördern dementsprechend das Einzelkämpfertum (siehe auch Ben-Perez, 1995; Ginsburg & Clift, 1990).
- Die Wirksamkeit schulpraktischer Studien ist in besonderem Maße abhängig von den Praxisbegleiterinnen und -begleitern (z.B. Hascher, 2006; Rosenbusch et al., 1988), welche die Qualität dieses Ausbildungselements und die Lernfortschritte der Studierenden, also die Wirksamkeit ihrer eigenen Ausbildungstätigkeit, überschätzen (z.B. Hascher, 2006 sowie Schneider & Bodensohn, 2008, 2010 für Praktika; Döbrich & Abs, 2008 für den Vorbereitungsdienst; zu 2. Phase der Lehrerbildung vgl. den Beitrag von Abs & Anderson-Park, in diesem Band).
- Die direkten Begegnungen mit der Praxis können sich zwar als bereichernd und lernförderlich für das unterrichtliche Handeln erweisen, sind zugleich aber ungenügend wirksam hinsichtlich unterrichtsübergreifender Aufgaben (Döbrich & Abs, 2008; Frey, 2008). Schulpraktische Studien können sogar zu Deprofessionalisierung führen oder zu unerwünschten Entwicklungen und Lernprozessen (z.B. Jones, 1982; Oesterreich, 1988; Zeichner, 1986; Zeichner & Tabachnick, 1985).
- Die Wirksamkeit schulpraktischer Studien wird getragen von einem unreflektierten Glauben an deren Bedeutung und Qualität (z.B. Sacher, 1988), deren Effizienz sich in der Retrospektive teilweise relativiert (Hascher, 2006).
- Schulpraktische Studien stellen eine große Belastung für Studierende dar (Schubarth et al., 2007) und schränken den Kompetenzerwerb ein, falls Lernprozesse von negativen Emotionen überlagert werden (vgl. den Beitrag von Hascher und Krapp, in diesem Band).
- In schulpraktischen Anteilen mit Leistungsbewertung steht bei den Studierenden die Attestierung von sehr guten Fähigkeiten im Mittelpunkt, die Motivation zum Lernen erweist sich als sekundär und Lernprozesse werden teilweise gehemmt (Harter & Patry, 2010).

Auch hier gilt zu konstatieren, dass der Lernprozess in praktischen Ausbildungsphasen noch zu wenig erhellt ist. Dies wird auch aus Tagebuch-Analysen zum individuellen Lernprozess deutlich, in denen sich eine Vielzahl subjektiver Lernaufgaben und Wege der Entwicklung, die je spezifisch sowohl vom Individuum als auch vom Lernsetting beeinflusst werden, abbilden (Hascher & Wepf, 2007; Hascher & Kittinger, 2014). Studierende attribuieren sich jedoch in der Regel einen hohen Fortschritt hinsichtlich ihrer professionellen Entwicklung im Kontext von Praktika im Sinne von: „ich mache, also kann ich". So wird dieser Bereich von angehenden und amtierenden Lehrpersonen häufig als der wirksamste der Lehrerbildung bezeichnet. Neuere Studien mahnen dabei nach wie vor zur Bescheidenheit (z.B. Arnold et al., 2014; Bach, 2013; Racherbäumer & Liegmann, 2012; Schubarth, Speck & Seidel, 2012) und weisen auf die Bedeutung differentieller Analysen hin, wie die Untersuchung der Entwicklung von Wissensbereichen und -qualitäten (z.B. König, 2012).

4.5 Grundlagen für Weiterentwicklung und künftige Anforderungen (Feld E, Gesellschaftliche Perspektive)

Der Lehrerberuf wird aufgrund seiner Komplexität und den sich stetig wandelnden Anforderungen vor dem Hintergrund des lebenslangen Lernens diskutiert. Lehrperson zu sein erfordert folglich ebenso wie der Prozess des Lehrerwerdens einen kontinuierlichen Lern- und Entwicklungsprozess. Um diesen zu ermöglichen, ist es wichtig, Lernbedürfnisse und -kompetenzen bereits in der Grundausbildung anzubahnen. Dafür ist die Formung subjektiver Theorien von besonderer Bedeutung, da sie als in hohem Maße handlungsleitend in der Berufstätigkeit anzusehen sind. In diesem Bereich scheint die Lehrerbildung bisher jedoch eher wenig Einfluss auszuüben. Mehrfach wird darauf hingewiesen, dass künftige Lehrpersonen ebenso an ihren, von ihren eigenen Schulerfahrungen geprägten Überzeugungen festhalten, wie erfahrene Lehrpersonen dies tun (Blömeke, 2004; Bullough Jr., 1997; Neuweg, 2005). In der Literatur finden sich etliche Vorschläge, wie dies künftig zu verbessern sei, beispielsweise auf der Makroebene durch einen Fokus auf Professionalisierung (z.B. Barone et al. 1996; Keuffer, 2002), durch den biografischen Ansatz (z.B. Terhart, 2000) oder durch Aktionsforschung (z.B. Altrichter, Sorger & Tournier, 1988), auf der Mikroebene durch die Verwendung von Metaphern (z.B. Bullough Jr., 1997) oder durch angeleitete Reflexion (z.B. Wahl, 1991). Eine Überprüfung der Effekte dieser Konzepte und Methoden steht jedoch noch aus.

Mangelnde Wirksamkeit bzw. fehlende Forschung zu diesem Wirkungsbereich ist auch auf die bereits angesprochene, unzureichende Orientierung an Entwicklungskonzepten zurückzuführen. Diesbezüglich lassen sich künftig aus den Diskussionen zur Professionalisierung und aus weiteren Erkenntnissen aus der Empirischen Pädagogik Verbesserungen erwarten. In diese Richtung weisen beispielsweise die Befunde, die von Schauer (2003) vorgelegt wurden. Sie ging der Frage nach, inwiefern Lehrveranstaltungen in der Grundausbildung das weiterführende Interesse an deren Themen zu fördern vermögen. Mit Vorbehalt (aufgrund der Selektivität der Stichprobe und des Untersuchungskontexts) lassen die Ergebnisse den Schluss zu, dass das Ausmaß an Handlungsorientierung im Lernprozess eine wichtige Rolle spielt. Wird den Studierenden bereits im Studium die praktische Relevanz eines Themenbereichs bewusst, so scheint sich dies positiv auf die Entstehung ihres weiterführenden Interesses auszuwirken.

Die weiträumigste Perspektive nimmt die Wirksamkeitsforschung ein, wenn sie sich die Frage stellt, inwiefern es der Lehrerbildung gelingt, Lehrpersonen *für die Zukunft* auszubilden. Vor dem Hintergrund sich wandelnder Gesellschaften scheint dies ein ausnehmend hoher Anspruch zu sein. Dementsprechend gibt Ulich (1996, S. 94, Hervorhebungen im Original) zu bedenken: „Ob es uns je gelingt, die Ausbildung der Lehrer wirklich an der Schule von morgen zur orientieren, (...), wage ich zu bezweifeln. Es ist schon schwierig genug, die angehenden Lehrer für eine Auseinandersetzung mit der *heutigen* schulischen und gesellschaftlichen Wirklichkeit zu qualifizieren." Schließlich bedeutet die Ausbildung von Lehrpersonen für die Zukunft, neue Ziele zu erahnen, die sich bestenfalls in Ansätzen abzeichnen. Dennoch deuten sich einige Entwicklungen an, die in den nächsten Jahrzehnten für erfolgreiche Bildungsprozesse noch mehr Bedeutung erhalten müssen, wie etwa die Multikulturalität, die zunehmende Bedeutung moderner Medien und Kommunikationstechnologien oder die Ziele der Inklusion. Demzufolge spricht beispielsweise Zeichner (2005) vom Bedarf kulturell kompetenter Lehrpersonen. Damit wäre schließlich auch die Frage verbunden, ob Lehrpersonen für den internationalen Markt ausgebildet werden können. Es ist zwar wenig erstaunlich, dass zu dieser Thematik noch keine empirischen Studien vorliegen. Einzelne Hinweise lassen sich jedoch aus den Studien ableiten, in denen nach Kompetenzen, an Schulentwicklungsprozessen mitzuwirken, gefragt wird. Hier geben die Studierenden in der Regel an, diese nicht oder kaum erworben zu haben (Frey, 2008; Hascher & Moser, 2001). Ob dies an fehlenden Inhalten oder mangelnder Bereitschaft der Studierenden, sich mit solchen Themen bereits im Studium zu befassen, liegt, kann gegenwärtig nicht geklärt werden. Dabei ist kritisch zu überlegen, inwiefern der folgenden Aussage von Darling-Hammond (2000, S. 170) zuzustimmen ist oder ob es sich dabei um eine falsche Bescheidenheit handelt: „Developing the ability to see beyond one's own perspective, to put oneself in the shoes of the learners and to understand the meaning of that experience in terms of learning, is perhaps the most important role of universities in the preparation of teachers."

5. Probleme und Herausforderungen bei der Erfassung der Wirksamkeit

Der klassische Zugang der Erfassung von Wirksamkeit ist die Durchführung experimenteller und quasi-experimenteller Forschungen (siehe dazu den Überblick über Forschungszugängen in der Lehrerbildung von Lee & Yarger, 1996) sowie interner und externer Evaluationen. Da diese, häufig als „survey research" bezeichnet, in den USA bereits eine etwa 50-jährige Tradition aufweisen, lohnt sich der Blick auf die entsprechenden Erkenntnisse, was von Prondczynsky (2001) sehr ausführlich referiert wurde. Sein Urteil fällt jedoch ernüchternd aus: „Es gibt bis heute auch in der amerikanischen Forschungsliteratur keine Modelle, Konzepte, Projekte oder Befunde, die, trotz langjähriger Erfahrung, eindeutige empirisch abgesicherte Aussagen darüber gestatten, welches genau die Kriterien für ein erfolgreiches, gutes und qualitativ hochwertiges Programm der Lehrerbildung und seiner Evaluation sind" (von Prondczynsky, 2001, S. 98). Dieses Résumé begründet er mit Bezug auf drei markante Analysen:

- Ungeklärt ist trotz jahrelanger Forschung, worauf Effekte, falls sie gefunden werden, zurückzuführen sind (siehe auch Howey, 1996): Sind sie der Ausbildung zu attribuieren oder beispielsweise dem Lernen der Studierenden im Alltag, spezifischen pädagogischen Erfahrungen in einer studienbegleitenden Tätigkeit, der Diskussion im Freundeskreis? Unklar bleibt auch ihre Bewertung: Geben beispielsweise zwei Drittel der Absolventinnen und Absolventen bei einer Befragung an, eine Kompetenz erworben zu haben – ist dies als positiv oder negativ für die Ausbildung zu interpretieren?
- Lernprozesse sind eng an die jeweilige Ausbildungsinstitution, in der sie erfolgen, gebunden, also situiert und kontextualisiert. Dies bedeutet: Was im Rahmen eines universitären Ausbildungsprogramms geleistet wird, lässt sich nicht auf andere Settings wie die Schule übertragen. Den Output der Lehrerbildung an die berufliche Bewährung (und letztlich an den Lernerfolg der SchülerInnen) zu binden, bezeichnet von Prondczynsky (2001, S. 101) daher als institutionellen Fehlschluss, solange weder theoretisch noch empirisch geklärt ist, wie Lehrerbildung, Unterricht und Schülerleistungen zusammenhängen.
- Berufsfeldbezogene Output-Evaluationen versäumen, den Wirkungszusammenhang von Wissen und Können, von Ausbildung und Schulpraxis zu hinterfragen: Welcher Einfluss von Ausbildungsprozessen auf Lehrerkompetenzen und wiederum auf Schülerwissen wird postuliert? In welchem Zusammenhang stehen Ausbildung und Kompetenzen mit weiteren Einflussfaktoren auf Schülerleistungen? Bemühungen, diesen Zusammenhang empirisch zu analysieren (z.B. im Rahmen der COACTIV-Studie, siehe Kunter et al., 2009), sagen wenig über die tatsächlichen Wirkungsmechanismen aus. Als Interpretation für unzureichende Schülerleistungen werden lediglich die Mängel der Lehrerbildung hinsichtlich Praxisnähe oder die fehlenden Kompetenzen der Studierenden bemüht. Genau diese undifferenzierte Sichtweise wurde nicht zuletzt durch den Evaluationsdruck, den in den USA das National Council for

Accreditation of Teacher Education (NCATE) seit über 20 Jahren auf die Lehrerbildung ausübt, massiv gefördert.

Die damit verbundenen Probleme lassen sich auch nicht mit der heute stark verbreiteten Kompetenzorientierung in der Lehrerbildung lösen, nicht zuletzt aufgrund der methodischen Schwierigkeiten der Kompetenzerfassung. Obschon gemäß Frey (2006) ein breites Methodenrepertoire zur Diagnostik von Sozial-, Methoden- und Personalkompetenzen zur Verfügung steht (ein Mangel existiere hinsichtlich der Erfassung von Fachkompetenzen) und kontinuierlich neue Verfahren entwickelt werden (siehe Abel & Faust, 2010), wird dieses jedoch zu wenig systematisch eingesetzt und genutzt. Vor allem bei der Prozessanalyse der Kompetenzentwicklung werden Schwächen offensichtlich. In manchen Studien werden Prä- und Postmessungen gemeinsam erhoben oder es wird ganz darauf verzichtet (Bodensohn & Schneider, 2008). Als Konsequenz kommt es zu einer Verfälschung der Daten, fehlenden Vergleichsmöglichkeiten bzw. unzulässigen Gegenüberstellungen. Ein Problem ergibt sich auch dann, wenn berichtete Kompetenzzuwächse mit der Perspektive der Beurteilung unsystematisch interferieren oder verschiedene Perspektiven zwar erfasst, aber dann kaum aufeinander bezogen werden (Blömeke, Kaiser & Lehmann, 2008). Generell ist bei solchen Befunden zu fragen, was untersucht wird: Kompetenzzuwachs oder Erwartungen an Kompetenzzuwachs. Kaum interpretierbar werden Ergebnisse dann, wenn sie nicht nach Stichprobenmerkmalen getrennt berichtet (z.B. bei Nolle, 2003), Studierende als homogene Gruppe betrachtet werden und ein Nachweis der Kompetenzentwicklung auf den Vergleich des subjektiv wahrgenommenen Kompetenzzuwachses von Studierenden versus Referendarinnen und Referendaren reduziert wird (z.B. Gröschner & Nicklaussen, 2008).

Freilich wäre es zu kurz gegriffen, die grundsätzlichen Probleme von Wirksamkeitsanalysen an den Mängeln einzelner Studien festzumachen. Wie hoch der Aufwand ist, wenn Kompetenzentwicklung längsschnittlich, multiperspektivisch und multimethodisch erforscht wird, verdeutlich die Studie zu Kompetenzaufbau und Standarderreichung von Baer u.a. (2007), insbesondere wenn das Ziel darin besteht, „*Effekte der gesamten Ausbildungskonzeption*" und „die globalen Wirkungen" (Baer et al., 2007, S. 22f., Hervorhebung im Original) zu überprüfen. Ganz grundlegend muss die Frage gestellt werden, ob die Kriterien der Wirksamkeitsüberprüfung jeweils passend gewählt wurden. Stimmen sie mit der jeweils gesetzten Fragestellung überein? Beruhen sie auf sorgfältig erarbeiteten theoretischen Grundlagen? Welche Bereiche werden mit der jeweiligen Fragestellung ausgeblendet? Wenn beispielsweise bei der objektiven Einschätzung der Lehrerkompetenzen Schülerleistungen, Einschätzungen von Schulleitungen, von Expertinnen und Experten fokussiert werden, geraten andere Kriterien wie die Berufszufriedenheit, die Gesundheit von Lehrpersonen oder das pädagogische Engagement in den Hintergrund. Die von Cochran-Smith et al. (2012) vorgenommene Differenzierung des Forschungsfelds hinsichtlich der untersuchten „Outcome-Kriterien", die von individuellen Lernerfahrungen von Lehramtsstudierenden und Lehrpersonen (proximale Variablen) bis hin zu Schülerleistungen in nationalen Tests (distale Variablen) reichen, ist deshalb besonders wichtig. Da keine Studie es vermag, alle Bereiche abzudecken, votieren sie konsequenterweise für eine gleichberechtigte Berücksichtigung der verschiedenen Forschungstraditionen.

6. Perspektiven und Anfragen

Es besteht zur Zeit weitgehend Einigkeit darüber, was Lehrpersonen können sollten (z.B. Baumert & Kunter, 2006; Frey, 2006; NBTS, 2002; Terhart, 2002, 2006). Unklar ist jedoch, wann und wie sie diese Kompetenzen erwerben und was diesbezüglich von der Grundausbildung von Lehrpersonen erwartet werden darf. Dass hierbei zu Bescheidenheit geraten werden muss, bemerkte Richardson schon vor einigen Jahren (1996, S. 113): „Except for the student-teaching element, preservice teacher education seems a weak intervention. It is sandwiched between two powerful forces – previous life history, particularly that related to being a student, and classroom experience as a student teacher and teacher.“ Inzwischen hat sich gezeigt, dass diese Pauschaldiagnose hinsichtlich zwei Aspekten jedoch so nicht zutreffend ist: Zum einen stellen Praktika durchaus keine Ausnahme hinsichtlich der Wirksamkeit von Lehrerbildung dar, denn auch sie erzielen bei weitem nicht die Wirkungen, die von ihnen erwartet werden (im Überblick siehe Arnold et al., 2014; Hascher, 2011, 2012a, b). Zum anderen lassen sich in neueren Studien Effekte der Wirksamkeit dann nachweisen, wenn die Analyseebene sehr differenziert ist. So finden Seifert und Schaper (2012) bzw. König (2012) einen beträchtlichen Zuwachs im bildungswissenschaftlichen Wissen vom ersten zum vierten Semester. Wuttke und Seifert (2012) fassen entsprechende Befunde zusammen und verweisen auf unterschiedliche Kompetenzniveaus im Bereich des Fachwissens und der diagnostischen Kompetenzen, die auf den Einfluss der Lehrerbildung schließen lassen. Entsprechend empfiehlt Terhart (2012, S. 14), künftige Studien an „sehr viel kleinformatigeren Fragen“ auszurichten.

Für eine differenziertere Analyseebene sprechen auch die Ergebnisse zur Bedeutsamkeit individueller Voraussetzungen der Studierenden bzw. ihrer Nutzung von Lerngelegenheiten. König et al. (2012) mussten beispielsweise feststellen, dass der Leistungskurs Pädagogik kein bedeutsamer Prädiktor für die Kompetenzentwicklung darstellt, der Abiturnote und den besuchten Lehrveranstaltungen nur eine geringe Aussagekraft zukommt. Berücksichtigt man des Weiteren die aktuelle Debatte um Eingangsdiagnostik und Zulassungskriterien (siehe z.B. den Thementeil zur Eignungsdiagnostik der Zeitschrift für Pädagogik Heft 5, 2011 mit Beiträgen von Bieri Buschor & Schuler Braunschweig, 2011; Klusmann, Köller & Kunter, 2011; Päßler, Hell & Schuler, 2011; Rothland & Terhart, 2011; Rothland & Tirre, 2011), so müssen Untersuchungen zur Wirksamkeit der Lehrerbildung künftig noch stärker mit der Frage verknüpft werden, wer anhand welcher Kriterien das Studium aufnimmt (Ingvarson et al., 2013, S. 153f.). Auch den Umstand, dass die Inhalte der Lehrerbildung nicht wertfrei sind, gilt es hier einzubeziehen. So lässt sich beobachten, dass Ausbildungsinhalte von Expertinnen und Experten und Studierenden als unterschiedlich bedeutsam gewichtet werden (Oser, Düggeli & Heinzer, 2010), was sich sowohl auf die Bereitstellung als auch die Nutzung von Lerngelegenheiten niederschlagen dürfte.

Blömeke (2007) votiert für fünf künftig besonders wichtige Themenfelder der Forschung zur Lehrerbildung (siehe auch Kennedy, 2008):

- Kompetenzdiagnostik bei Studierenden und angehenden Lehrpersonen, insbesondere auf der Basis quantitativer Analysen
- Analyse der Werthaltungen und Überzeugungen der Studierenden
- Klärung von Prozessen der Kompetenzentwicklung
- Kompetenzerwerb von Lehramtsstudierenden unter Berücksichtigung der institutionellen Kontexte
- Systemische Rahmenbedingungen der Lehrerbildung.

Diese Liste gilt es meines Erachtens zu ergänzen, wenn man das Angebot-Nutzungs-Modell nicht nur auf eine allgemeine, sondern auch auf die Mikroebene appliziert. Im Wesentlichen sind es nämlich die Dozierenden der Lehrerbildung, die das Angebot gestalten. Ihre Kompetenzen, Werte und Haltungen bestimmen die Qualität der Ausbildung genuin mit. So sollte folglich die Perspektive der Lehrenden stärker in die Forschung aufgenommen werden, so wie es ansatzweise bei Eilerts und Rinkens (2010), Donche und Van Petegem (2011) sowie Steinmann und Oser (2013) erfolgte. Dasselbe trifft für die Mentorinnen und Mentoren, also die betreuenden Lehrpersonen der Praxisphasen zu, deren Rollenverständnis und Professionalität bei der Begleitung der Studierenden maßgeblich Effektivität von Praktika mitbestimmen (z.B. Grasborn & Hennissen, 2014; Gröschner & Häusler, 2014; Schnebel, 2012; Staub, Waldis, Futter & Schatzmann, 2012). Es bleibt derzeit noch offen, inwiefern die Mängel der Lehrerbildung, wie sie von der Arbeitsgruppe um Döbrich et al. (2003) konstatiert wurden, zu einer verringerten Wirksamkeit führen. Oder anders formuliert: Zu welchem Ausmaß hängt die Wirksamkeit der Lehrerbildung davon ab, wie es ihr gelingt,

- die Fachwissenschaft für die Lehrerbildung zu interessieren,
- den Mangel an fachdidaktischer Forschung zu beheben,
- Kerncurricula zu formulieren,
- die Praxisferne zu überwinden,
- Desintegrationsprozesse in der ersten Phase zu vermeiden,
- die Ausbildnerinnen und Ausbildner in der zweiten und dritten Phase systematisch zu qualifizieren,
- die verschiedenen Phasen der Lehrerbildung besser miteinander zu verknüpfen und Standards zu etablieren,
- die Eignung bzw. Passung von Studierenden zum Lehrberuf vor bzw. im Verlauf des Studiums zu diagnostizieren?

Überdies ist zu überprüfen, inwiefern die Lehrerbildung dadurch gewinnen kann, indem sie
- die Ausbildnerinnen und Ausbildner in der ersten Phase weiterqualifiziert (z.B. Blömeke, Hascher & Mayr, 2005; Wildt, 2009),
- die Prozesse des Lernens während der Lehrerbildung noch besser versteht (Pintrich, 1990),
- eine stärker prozessbezogene Ausbildung gestaltet, beispielsweise durch ein kontinuierliches, fokussiertes Feedback (Bullough Jr., 1997),
- genauer erkennt, durch welche Prozesse sie beeinflusst wird (Freiberg & Waxman, 1990).

Diese Fragen sollen verdeutlichen, dass der Forschungsbedarf in der Lehrerbildung durchaus sehr hoch ist. Um nicht nur quantitativ, sondern auch qualitativ hochstehende Forschungserkenntnisse zu gewährleisten, sollten systematisch angelegte und miteinander vernetzte Forschungsschwerpunkte entstehen. Dafür könnten zwei Denkrichtungen als Orientierung dienen: Einerseits *Top-Down-Modelle*, die Ziele möglichst genau vorgeben und bis zur Ebene des Kompetenzerwerbs im Rahmen der Lehrerbildung konkretisieren. Dieser Weg wird gegenwärtig von den Verfechtern und Verfechterinnen einer an Standards orientierten Wirksamkeitsüberprüfung eingeschlagen (z.B. Terhart, 2003b). Obschon solche Wirksamkeitsüberprüfungen wichtig sind, ist vor einer Technokratisierung der Lehrerbildung und einer Überbetonung von Wirksamkeitsnachweisen dringend zu warnen. Zwar muss die Lehrerbildung Kompetenzerwerb sicherstellen, sollte jedoch nicht darauf reduziert werden. Bisher ist zu wenig über den Prozess der Kompetenz*entwicklung* bekannt, um von einem vermeintlichen Nachweis fehlender Kompetenz auf einen Mangel derselben zu schließen. Überdies muss sich die Forschung auch eingestehen, dass sie bisher noch nicht hinreichend dazu in der Lage ist, Kompetenzen und ihre Entwicklung valide und reliabel abzubilden. Wenn im Rahmen von Studien, welche die Kompetenzentwicklung von Lehrpersonen untersuchen, empfohlen wird, vorab zu definieren und festzulegen, „auf welchem Niveau jedes zu entwickelnde Fähigkeitskonzept zu einem festgelegten Zeitpunkt bereits während der Ausbildung und am Ende der entsprechenden Ausbildungsphase bei den Studierenden zur Anwendung kommen soll" (Frey, 2008, S. 232), wird ausgeblendet, dass sich Lernen und Kompetenzentwicklung nicht linear vollziehen, obschon Stufenmodelle dies theoretisch nahelegen (z.B. Plöger & Scholl, 2012), dass wir noch zu wenig über die Prozesse des Lernens und der Kompetenzentwicklung im Lehrberuf wissen und dass sich weder Lernende noch Kompetenzen in ein enges Raster zwängen lassen. Vor diesem Hintergrund ist auch die Tendenz, Studierende zu Studienbeginn auf ihre (vermeintliche) Eignung zu prüfen und auszuwählen, um die Wirksamkeit der Lehrerbildung zu erhöhen, als problematisch zu betrachten.

Deshalb sollten andererseits auch *Bottom-Up-Modelle* entwickelt und getestet werden, die von den Studierenden und ihren individuellen Lernvoraussetzungen ausgehen und deren Entwicklung nachzuzeichnen versuchen – freilich auf der Folie normativer Entwicklungsvorstellungen (z.B. Anderson, 1995, S. 525). Forschung zur Wirksamkeit der Lehrerbildung sollte enger an den Lernprozessen der Studierenden ansetzen. Die „kognitive Empathie", wie sie Stern (2009, S. 363) für den Lehrberuf fordert, ist gleichermaßen den Studierenden entgegenzubringen. Dabei ist zu bedenken, dass Studierende ihre Ausbildung nicht als Unwissende beginnen: Sie besitzen ihren eigenen Angaben nach bereits zu Studienbeginn berufsrelevante Kompetenzen (Baer u.a., 2007); sie beurteilen mehrere ihrer Kompetenzen höher als Referendarinnen und Referendare (Frey, 2008); sie schreiben sich früh schulpraktische Kompetenzen zu (Hascher, Cocard & Moser, 2004). Zum gegenwärtigen Zeitpunkt ist nicht klar, inwiefern diese Einschätzungen zutreffen oder Ausdruck einer (gesunden?) Selbstüberschätzung sind, denn ebenso zeigt sich, dass Studierenden zum Teil grundlegende Fachkompetenzen fehlen (z.B. Dürr, 2010). Solche Ergebnisse können dazu anregen, künftig genauer zu analysieren, wie bereits vorhandenes Wissen und Können im Rahmen der Lehrerbildung aktiviert, ggf. modifiziert und weiterentwickelt werden kann. Dass dieser Zugang bisher noch viel zu wenig umgesetzt wird, offenbart sich vor allem durch den Mangel an Theorien und Modellen hinsichtlich der Kompetenzentwicklung, durch fehlende Individualisierung in der Lehrerbildung (siehe auch Neuweg, 2005) und die zögerliche, nur vereinzelte Innovationsbereitschaft hinsichtlich hochschuldidaktischer Arrangements (Fichten, 2010; Havers, 2010; Martschinke & Kopp, 2010).

Zusammengefasst bedeutet dies: Bevor verlässliche Empfehlungen für die Lehrerbildung abgegeben werden können, ist noch ein langer Weg qualitativ hochwertiger Forschung zu beschreiten. Putnam und Borko (1997) sowie Darling-Hammond und Bransfort (2005) machen darauf aufmerksam, dass dazu nicht nur Wissen über Entwicklungen während und durch Studium bzw. Ausbildung erforderlich ist, sondern auch Erkenntnisse darüber, wie Lehrerinnen und Lehrer im Beruf *erfolgreiche Berufspraxis* erlernen können. Deshalb ist besonders zu begrüßen, dass sich in den letzten Jahren auch die Forschungsarbeiten zur professionellen Entwicklung von Lehrpersonen intensiviert haben (z.B. Desimone, 2009; Grossman, 2005; Lipowsky, in diesem Band). Dabei sind für eine hochwertige Lehrerbildung spezifische Rahmenbedingungen zu beachten, wie beispielsweise die von Messner (2012, S. 81) formulierte Prämisse nach der Schaffung von Lernumgebungen, die selbständiges, verantwortungsbewusstes Arbeiten herausfordern, unterstützen und wissenschaftlich begleiten (siehe auch Mayr, 2012).

Literatur

Abel J. (2010). Veränderung der Berufs- und Wissenschaftsorientierung. In J. Abel & G. Faust (Hrsg.), *Wirkt Lehrerbildung?* (S. 25-34). Müster: Waxmann.

Abel, J. & Faust, G. (Hrsg.) (2010). *Wirkt Lehrerbildung?* Münster: Waxmann.

Altman, H. B. (1983). Training foreign language teachers for learner-centered instruction: Deep structures, surface structures, and transformation. In J. Alatis, H. H. Stern & S. Strevens (Eds.), *GURT '83: Applied linguistics and the preparation of second language teachers: Toward a rationale* (pp. 19-26). Washington, D.C.: Georgetown University Press.

Altrichter, H., Sorger, H. & Tournier, M. (1988). Lehreraus- und -weiterbildung durch Forschung. In S. Hübner (Hrsg.), *Lehrerbildung in Europa vor den Herausforderungen der 90er Jahre. Beiträge zum 12. Kongress der Vereinigung für Lehrerbildung in Europa (A.T.E.E.) vom 07.09.–11.09.1987 an der Freien Universität Berlin* (S. 333-346). Berlin: Freie Universität.

Anderson, L. W. (1995). Concepts and issues in teacher education. In L. W. Anderson (Ed.), *International encyclopedia of teaching and teacher education. 2nd edition* (pp. 525-527). Oxford: Pergamon Press.

Anselm, S. (2010). „Wissen ist gut, doch Können ist besser". In J. Abel & G. Faust (Hrsg.), *Wirkt Lehrerbildung?* (S. 155-164). Münster: Waxmann.

Arnold, K.-H. (1999). *Fairneß bei Schulsystemvergleichen. Diagnostische Konsequenzen von Schulleistungsstudien für die unterrichtliche Leistungsbewertung und binnenschulische Evaluation.* Münster: Waxmann.

Arnold, K.-H. (2006). Unterricht als zentrales Konzept der didaktischen Theoriebildung und der Lehr-Lern-Forschung. In K.-H. Arnold, U. Sandfuchs & J. Wiechman (Hrsg.), *Handbuch Unterricht* (S. 17-25). Bad Heilbrunn: Klinkhardt.

Arnold, K.-H., Gröschner, A. & Hascher, T. (Eds.) (2014). *Schulpraktika in der Lehrerbildung / Pedagogical field experiences in teacher education.* Münster: Waxmann.

Bach, A. (2013). *Kompetenzentwicklung im Schulpraktikum. Ausmass und zeitliche Stabilität von Lerneffekten hochschulpraktischer Praxisphasen.* Münster: Waxmann.

Baer, M., Dörr, G., Fraefel, U., Kocher, M., Küster, O., Larcher, S., Müller, S., Sempert, W. & Wyss, C. (2007). Werden angehende Lehrpersonen durch das Studium kompetenter? – Kompetenzaufbau und Standarderreichung in der berufswissenschaftlichen Ausbildung an drei Pädagogischen Hochschulen in der Schweiz und in Deutschland. *Unterrichtswissenschaft, 35*(1), 15-47.

Baer, M., Dörr, G., Guldimann, T., Kocher, M., Larcher, S., Müller, S. & Wyss, C. (2008). Wirkt Lehrerbildung? – Kompetenzaufbau und Standarderreichung in der berufswissenschaftlichen Ausbildung an drei Pädagogischen Hochschulen in der Schweiz und in Deutschland. *Empirische Pädagogik, 22*(3), 259-273.

Ballou, D. & Podgursky, M. (1999). Teacher training and licensure: A layman's guide. In M. Kanstoroom & C. Finn (Eds.), *Better teachers, better schools* (pp. 31-82). Washington, D.C.: The Thomas Fordham Foundation.

Barone, T., Berliner, D. C., Blanchard, J., Casanova, U. & McGowan, T. (1996). A future for teacher education. Developing a strong sense of professionalism. In J. Sikula, T. J. Buttery & E. Guyton (Eds.), *Handbook of research on teacher education. 2nd edition* (pp. 1108-1149). New York: Macmillan.

Bauer, K.-O. (2000). Konzepte pädagogischer Professionalität und ihre Bedeutung für die Lehrerarbeit. In J. Bastian, W. Helsper, S. Reh & C. Schelle (Hrsg.), *Professionalisierung im Lehrberuf* (S. 55-72). Opladen: Leske + Budrich.

Baumert, J. & Kunter, M. (2006). Stichwort: Professionelle Kompetenz von Lehrkräften. *Zeitschrift für Erziehungswissenschaft, 9*, 469-520.

Ben-Perez, M. (1995). Curriculum of teacher education programs. In L. W. Anderson (Ed.), *International encyclopedia of teaching and teacher education. 2nd edition* (pp. 543-547). Oxford: Pergamon Press.

Berliner, D. C. (1994). Expertise: The wonders of exemplary performance. In J. N. Mangieri & C. C. Block (Eds.), *Creating powerful thinking in teachers and students* (pp. 161-186). Fort Worth, TX: Holt, Rinehart & Winston.

Bieri Buschor, C. & Schuler-Braunschweig, P. (2011). Check-point Assessement Centre für angehende Lehramtsstudierende. Empirische Befunde zur prognostischen Validität und zur Übereinstimmung von Selbst- und Fremdeinschätzung eignungsrelevanter Merkmale. *Zeitschrift für Pädagogik, 57*(2), 695-710.

Blömeke, S. (2004). Empirische Befunde zur Wirksamkeit der Lehrerbildung. In S. Blömeke, S. Reinhold, G. Tulodziecki & J. Wildt (Hrsg.), *Handbuch Lehrerbildung* (S. 59-91). Bad Heilbrunn: Klinkhardt.

Blömeke, S. (2007). Qualitativ – quantitativ, induktiv – deduktiv, Prozess – Produkt, national – international. Zur Notwendigkeit multikriterialer und multiperspektivischer Zugänge in der Lehrerbildungsforschung. In M. Lüders & J. Wissinger (Hrsg.), *Forschung zur Lehrerbildung* (S. 13-36). Münster: Waxmann.

Blömeke, S. (2012). Curriculare Strukturen und Kompetenzerwerb in der Lehrerausbildung. In T. Hascher & G. H. Neuweg (Hrsg.), *Forschung zur (Wirksamkeit der) Lehrer/innen/bildung* (S. 45-64). Berlin: Lit.

Blömeke, S., Hascher, T. & Mayr, J. (2005). Beruf: LehrerbildnerIn – Selbstverständnis, Aufgaben und Qualifizierung. *Journal für Lehrerinnen- und Lehrerbildung, 5*(4), 7-20.

Blömeke, S., Kaiser, G. & Lehmann, R. (Hrsg.) (2008). *Professionelle Kompetenz angehender Lehrerinnen und Lehrer. Wissen, Überzeugungen und Lerngelegenheiten deutscher Mathematikstudierender und -referendare. Erste Ergebnisse zur Wirksamkeit der Lehrerausbildung.* Münster: Waxmann.

Blömeke, S., Kaiser, G., Lehmann, R., König, J., Döhrmann, M., Buchholtz, C. & Hacke, S. (2009). TEDS-M: Messung von Lehrerkompetenzen im internationalen Vergleich. In O. Zlatkin-Troitschanskaia, K. Beck, D. Sembill, R. Nickolaus & R. Mulder (Hrsg.), *Lehrprofessionalität. Bedingungen, Genese, Wirkungen und ihre Messung* (S. 181-209). Weinheim: Beltz.

Bodensohn, R. & Schneider, C. (2008). Was nützen Praktika? Evaluation der Block-Praktika im Lehramt – Erträge und offene Fragen nach sechs Jahren. *Empirische Pädagogik, 22*(3), 274-304.

Bosse, D., Criblez, L. & Hascher, T. (2012). Zur Situation der Lehrer & innenbildung in Deutschland, Österreich und der Schweiz – Eine Einführung. In D. Bosse, L. Criblez & T. Hascher (Hrsg.), *Reform der Lehrerbildung in Deutschland, Österreich und der Schweiz. Analysen, Perspektiven und Forschung* (S. 3-7). Immenhausen: Prolog Verlag.

Brouwer, N. & ten Brinke, S. (1995a). Der Einfluß integrativer Lehrerausbildung auf die Unterrichtskompetenz (I). *Empirische Pädagogik, 9*(1), 3-31.

Brouwer, N. & ten Brinke, S. (1995b). Der Einfluß integrativer Lehrerausbildung auf die Unterrichtskompetenz (II). *Empirische Pädagogik, 9*(3), 289-330.

Buchholtz, N. & Blömeke, S. (2012). Mathematik unterrichten lernen. Zur Wirksamkeit hochschuldidaktischer Innovationen in der Mathematik-Lehrerausbildung. In D. Bosse, L. Criblez & T. Hascher (Hrsg.), *Reform der Lehrerbildung in Deutschland, Österreich und der Schweiz. Analysen, Perspektiven und Forschung* (S. 255-275). Immenhausen: Prolog Verlag.

Bullough Jr., R. V. (1997). Becoming a teacher: Self and the social location of teacher education. In B. J. Biddle, T. L. Good & I. F. Goodson (Eds.), *International handbook of teachers and teaching. Vol. 1* (pp. 79-134). Dordrecht: Kluwer.

Burden, P. R. (1990). Teacher development. In W. R. Houston (Ed.), *Handbook of research on teacher education* (pp. 311-328). New York: Macmillan.

Christensen, D. (1996). The professional knowledge-research base for teacher education. In J. Sikula, T. J. Buttery & E. Guyton (Eds.), *Handbook of research on teacher education. 2nd edition* (pp. 38-52). New York: Macmillan.

Cochran-Smith, M. (2001). The outcomes question in teacher education. *Teaching and Teacher Education, 17,* 527-546.

Cochran-Smith, M., Cannady, M., Mceachern, K.P., Mitchell, K., Piazza, P., Power, C. & Ryan, A. (2012). Teachers' Education and Outcomes: Mapping the Research Terrain. *Teachers College Record, 114,* 1-49.

Cramer, C. (2013). Beurteilung des bildungswissenschaftlichen Studiums durch Lehramtsstudierende in der ersten Ausbildungsphase im Längsschnitt. *Zeitschrift für Pädagogik, 59*(1), 66-82.

Crasborn, F. & Hennissen P. (2014). Mentorenvorbereitung für wirksame Supervision: Effekte des SMART-Programms. In K.-H. Arnold, A. Gröschner, T. Hascher (Hrsg.), *Schulpraktika in der Lehrerbildung* (S. 377-397). Münster: Waxmann.

Dann, H. D., Müller-Fohrbrodt, G. & Cloetta, B. (1981). Sozialisation junger Lehrer im Beruf: „Praxisschock" drei Jahre später. *Zeitschrift für Entwicklungspsychologie und Pädagogische Psychologie, 13,* 251-262.

Darling-Hammond, L. (2000). How teacher education matters. *Journal of Teacher Education, 51*(3), 166-173.

Darling-Hammond, L. & Bransfort, J. (Eds.) (2005). *Preparing teachers for a changing world. What teachers should learn and be able to do.* San Francisco: Jossey-Bass.

Desimone, L. M. (2009). Improving Impact Studies of Teachers' Professional Development: Toward Better Conceptualizations and Measures. *Educational Researcher, 38*(3), 181-199.

Dick, A. (1996). *Vom unterrichtlichen Wissen zur Praxisreflexion.* Bad Heilbrunn: Klinkhardt.

Döbrich, P. & Abs, H. J. (2008). Evaluation der zweiten Phase der Lehrerbildung. *SchulVerwaltung Zeitschrift für Schulleitung und Schulaufsicht, 13*(3), 70-73.

Döbrich, P., Klemm, K., Knauss, G. & Lange, H. (2003). *Ausbildung, Einstellung und Förderung von Lehrerinnen und Lehrern (OECD-Lehrerstudie). Ergänzende Hinweise zu dem Nationalen Hintergrundbericht (CBR) für die Bundesrepublik Deutschland.* http://www.oecd.org/dataoecd/55/61/31076280.pdf. (22.07.2009).

Donche, V. & Van Petegem, P. (2011). Teacher educators' conceptions of learning to teach and related teaching strategies. *Research Papers in Education, 26*(2), 207-222.

Dürr, C. (2010). Kompetenzentwicklung bei Studierenden im Studienteilbereich Sachunterricht. Eine Wirkungsanalyse im naturwissenschaftlichen Lehr- & Lernbereich. In J. Abel & G. Faust (Hrsg.), *Wirkt Lehrerbildung?* (S. 261-270). Münster: Waxmann.

Eilerts, K. & Rinkens H. D. (2010). Die Einführung von Standards und Kompetenzen in der Lehrerausbildung aus der Perspektive der Lehrenden. In J. Abel & G. Faust (Hrsg.), *Wirkt Lehrerbildung?* (S. 105-112). Münster: Waxmann.

Fauser, P. (1996). Personalität oder Professionalität? Zum Berufsethos von Lehrerinnen und Lehrern. *Beiträge zur Lehrerbildung, 14*(1), 9-28.

Faust, G. (2010). Das GLANZ-Projekt – seine Ziele, seine Wirkungen. In J. Abel & G. Faust (Hrsg.), *Wirkt Lehrerbildung?* (S. 35-46). Münster: Waxmann.

Featherstone, H. (1993). Learning from the first years of classroom teaching: The journey in, the journey out. *Teachers College Record, 95*(1), 93-112.

Feiman-Nemser, S. & Buchmann, M. (1989). Describing teacher education: A framework and illustrative findings from a longitudinal study of six students. *Elementary School Journal, 89,* 365-377.

Feiman-Nemser, S. & Floden, R. E. (1991). Die Berufskulturen von Lehrern. In E. Terhart, (Hrsg.), *Unterrichten als Beruf. Neuere amerikanische und englische Arbeiten zur Berufskultur und Berufsbiographie von Lehrern und Lehrerinnen* (S. 41-84). Köln: Böhlau.

Felbrich, A., Müller, C. & Blömeke, S. (2008). Lerngelegenheiten in der Lehrerausbildung. In S. Blömeke, G. Kaiser & R. Lehmann (Hrsg.), *Professionelle Kompetenz angehender Lehrerinnen und Lehrer. Wissen, Überzeugungen und Lerngelegenheiten deutscher Mathematikstudierender und -referendare. Erste Ergebnisse zur Wirksamkeit der Lehrerausbildung* (S. 328-362). Münster: Waxmann.

Felbrich, A., Müller, C. & Blömeke, S. (2010). Mathematisches und mathematikdidaktisches Wissen angehender Lehrpersonen. In J. Abel & G. Faust (Hrsg.), *Wirkt Lehrerbildung?* (S. 47-56). Münster: Waxmann.

Fend, H. (1981). *Theorie der Schule.* München: Urban & Schwarzenberg Verlag.

Fend, H. (2006). *Neue Theorie der Schule. Einführung in das Verstehen von Bildungssystemen.* Wiesbaden: VS Verlag für Sozialwissenschaften.

Ferguson, R. F. & Ladd, H. F. (1996). How and why money matters: An analysis of Alabama schools. In H. F. Ladd (Ed.), *Holding schools accountable* (pp. 265-298). Washington D.C.: The Brookings Institution.

Fessler, R. (1985). A model for teacher professional growth and development. In P. J. Burke & R. G. Heideman (Eds.), *Career-long teacher education* (pp. 181-193). Springfield, IL: Charles C. Thomas.

Fichten, W. (2010). Konzepte und Wirkungen forschungsorientierter Lehrerbildung. In J. Abel & G. Faust (Hrsg.), *Wirkt Lehrerbildung?* (S. 271-282). Münster: Waxmann.

Flaake, K. (1989). *Berufliche Orientierungen von Lehrerinnen und Lehrern. Eine empirische Studie.* Frankfurt am Main: Campus-Verlag.

Floden, R. E. & Meniketti, M. (2005). Research of the Effects of coursework in the arts and sciences and in the foundations of teaching. In M. Cochran-Smith & K. M. Zeichner (Eds.), *Studying teacher education. The report of the AERA panel on research and teacher education* (pp. 261-308). Washington: AERA.

Föllinger-Albers, M., Hartinger A. & Mörtl-Hafizovic, D. (2005). Diagnose- und Förderkompetenzen erwerben – „Situierte Lernbedingungen". *Journal für Lehrerinnen- und Lehrerbildung, 5*(2), 54-63.

Freiberg, H. J. & Waxman, H. C. (1990). Changing teacher education. In W. R. Houston (Ed.), *Handbook of research on teacher education* (S. 617-635). New York: Macmillan.

Frey, A. (2004). Die Kompetenzstruktur von Studierenden des Lehrberufs. *Zeitschrift für Pädagogik,* 6, 903-925.

Frey, A. (2006). Methoden und Instrumente zur Diagnose beruflicher Kompetenzen von Lehrkräften – eine erste Standortbestimmung zu bereits publizierten Instrumenten. *Zeitschrift für Pädagogik,* 51. Beiheft, 30-46.

Frey, A. (2008). *Kompetenzstrukturen von Studierenden in der ersten und zweiten Phase der Lehrerbildung. Eine nationale und internationale Standortbestimmung.* Landau: Verlag Empirische Pädagogik.

Fried, L. (1997). Zwischen Wissenschaft und Berufspraxis – Bilanz der Lehrerbildungsforschung. In M. Bayer, U. Carle & J. Wildt (Hrsg.), *Brennpunkt: Lehrerbildung. Strukturwandel und Innovationen im europäischen Kontext* (S. 19-54). Opladen: Leske + Budrich.

Fuller, F. F. & Brown, O. H. (1975). Becoming a teacher. In K. Ryan (Ed.), *Teacher education* (pp. 25-52). Chicago: University of Chicago Press.

Galluzzo, G. R. (1995). Evaluation of teacher education programs. In L. W. Anderson (Ed.), *International encyclopedia of teaching and teacher education. 2nd edition* (pp. 552-556). Oxford: Pergamon Press.

Ginsburg, M. B. & Clift, R. T. (1990). The hidden curriculum of preservice teacher education. In W. R. Houston (Ed.), *Handbook of research on teacher education* (pp. 450-465). New York: Macmillan.

Gröschner, A. & Häusler J. (2014). Inwiefern sagen berufsbezogene Erfahrungen und individuelle Einstellungen von Mentorinnen und Mentoren die Lernbegleitung von Lehramtsstudierenden im Praktikum voraus? In K.-H. Arnold, A. Gröschner, T. Hascher (Hrsg.), *Schulpraktika in der Lehrerbildung* (S. 315-333). Münster: Waxmann.

Gröschner, A. & Nicklaussen, J. (2008). Erziehen und Innovieren im Lehrerberuf – Eine empirische Untersuchung zur Kompetenzeinschätzung in der ersten und zweiten Phase der Lehrerbildung. In W. Lütgert, A. Gröschner & K. Kleinespel (Hrsg.), *Die Zukunft der Lehrerbildung* (S. 136-161). Weinheim: Beltz.

Grossman, P. L. (2005). Research on pedagogical approaches in teacher education. In M. Cochran-Smith, & K. M. Zeichner (Eds.), *Studying teacher education* (pp. 425-476). Washington D.C.: American Educational Research Association.

Grützmacher, J. & Jaeger M. (2010). Gestufte Studienstruktur in der Lehrerbildung. Auswirkungen in der Bachelorphase. In J. Abel & G. Faust (Hrsg.), *Wirkt Lehrerbildung?* (S. 165-172). Münster: Waxmann.

Guyton, E. & Farokhi, E. (1987). Relationships among academic performance, basic skills, subject matter knowledge, and teaching skills of teacher education graduates. *Journal of Teacher Education, 38*(5), 37-42.

Hagenauer, G. (2008). Träges Wissen. *Journal für Lehrerinnen- und Lehrerbildung, 8*(4), 47-51.

Hanushek, E. A. (1996). School resources and student performance. In G. Burtless (Ed.), *Does money matter* (pp. 43-73). Washington D.C.: The Brookings Institution.

Harter, S. & Patry, J.-L. (2010). Leistungsbeurteilung im Schulpraktikum. In J. Abel & G. Faust (Hrsg.), *Wirkt Lehrerbildung?* (S. 205-214). Münster: Waxmann.

Hascher, T. (2005). Die Erfahrungsfalle. *Journal für Lehrerinnen- und Lehrerbildung, 5*(1), 40-46.

Hascher, T. (2006).Veränderungen im Praktikum – Veränderungen durch das Praktikum: Ein vergleichender Blick auf Praktika in der Ausbildung von SekundarlehrerInnen. *Zeitschrift für Pädagogik,* 51. Beiheft, 130-149.

Hascher, T. (2007). Reformen in der Lehrerbildung – zwischen Allmachtsphantasien und gesellschaftlicher Aufgabe. In M. Brumlik & H. Merkens (Hrsg.), *Bildung – macht – Gesellschaft* (S. 129-147). Opladen & Farmington Hills: Verlag Barbara Budrich.

Hascher, T. (2011). Vom „Mythos Praktikum"... und der Gefahr verpasster Lerngelegenheiten. *Journal für Lehrerinnen- und Lehrerbildung, 3,* 8-16.

Hascher, T. (2012a). Lernfeld Praktikum – Evidenzbasierte Entwicklungen in der Lehrer & innenbildung. *Zeitschrift für Bildungsforschung*, 2, 109-129.
Hascher, T. (2012b). Forschung zur Bedeutung von Schul- und Unterrichtspraktika in der Lehrerinnen- und Lehrerbildung. *Beiträge zur Lehrerbildung, 30*(1), 87-98.
Hascher, T., Cocard, Y. & Moser, P. (2004). Forget about theory – practice is all? – Student teacher's learning in practicum. *Teachers and Teaching: Theory and Practice, 10,* 623-637.
Hascher T. & Kittinger, C. (2014). Learning processes in internships – Analyses from a study using learning diaries. In K.-H. Arnold, A. Gröschner & T. Hascher (Eds.), *Schulpraktika in der Lehrerbildung / Pedagogical field experiences in teacher education.* (pp. 221-235). Münster: Waxmann.
Hascher, T. & Krapp, A. (2014). Forschung zu Emotionen von Lehrerinnen und Lehrern. In E. Terhart, H. Bennewitz & M. Rothland (Hrsg.), *Handbuch zur Forschung zum Lehrberuf* (2., vollst. überarb. u. erw. Aufl., S. 679-697). Münster: Waxmann.
Hascher, T. & Moser, P. (1999). Lernen im Praktikum. Die Rolle der Praktikumsleitenden in der berufspraktischen Ausbildung. *Bildungsforschung und Bildungspraxis, 3,* 312-335.
Hascher, T. & Moser, P. (2001). Betreute Praktika – Anforderungen an Praktikumslehrerinnen und -lehrer. *Beiträge zur Lehrerbildung, 19*(2), 217-231.
Hascher, T. & Neuweg G. H. (2012). *Forschung zur (Wirksamkeit der) Lehrer/innen/bildung.* Berlin: Lit.
Hascher, T. & Wepf, L. (2007). Lerntagebücher im Praktikum von Lehramtsstudierenden. *Empirische Pädagogik, 21*(2), 101-118.
Havers, N. (2010). Lässt sich effiziente Klassenführung lehren? Das Potenzial des Lehrertrainings. In J. Abel & G. Faust (Hrsg.), *Wirkt Lehrerbildung?* (S. 283-290). Münster: Waxmann.
Helmke, A. (2010). *Unterrichtsqualität und Lehrerprofessionalität. Diagnose, Evaluation und Verbesserung des Unterrichts.* Seelze: Kallmeyer.
Hertramph, H. & Herrmann, U. (1999). „Lehrer" – eine Selbstdefinition. Ein Ansatz zur Analyse von „Lehrerpersönlichkeit" und Kompetenzgenese durch das sozial-kognitive Modell der Selbstwirksamkeitsüberzeugung. In U. Carle & S. Buchen (Hrsg.), *Jahrbuch der Lehrerforschung. Band 2* (S. 49-72). Weinheim: Juventa.
Hirsch, G. (1990). *Biographie und Identität des Lehrers. Eine typologische Studie über den Zusammenhang von Berufserfahrung und beruflichem Selbstverständnis.* Weinheim: Juventa.
Hirsch, G., Ganguillet, G. & Trier, U. S. (1990). *Wege und Erfahrungen im Lehrerberuf.* Bern: Haupt.
Hollingsworth, S. (1989). Prior beliefs and cognitive change in learning to teach. *American Educational Research Journal, 26*(2), 160-189.
Hoppe-Graff, S. & Flagmeyer, D. (2008). Haben die ersten beiden Semester Spuren hinterlassen? Ergebnisse einer Längsschnittstudie an Studierenden des Lehramts Gymnasium. In M. Rotermund, G. Dörr & R. Bodensohn (Hrsg.), *Bologna verändert die Lehrerbildung* (S. 147-183). Leipzig: Leipziger Universitätsverlag.
Howey, K. (1996). Designing coherent and effective teacher education programs. In J. Sikula, T. J. Buttery & E. Guyton (Eds.), *Handbook of research on teacher education. 2nd edition* (pp. 143-170). New York: Macmillan.
Huberman, M. (1989). The professional life cycle of teachers. *Teachers College Record, 91*(1), 31-57.
Ingvarson, L., Tatto, M. T., Peck, R., Schwille, J., Rowley, G. & Senk, S. L. (2013). *An analysis of teacher education context, structure, and quality-assurance arrangements in TEDS-M countries. Findings from the IEA Teacher Education and Development Study in Mathematics (TEDS-M).* Amsterdam: IEA.
Jones, D. R. (1982). The influence of length and level of student teaching on pupil control ideology. *High School Journal, 65,* 220-225.
Kagan, D. M. (1992). Professional growth among preservice beginning teachers. *Review of Educational Research 62*(2), 129-169.
Kaikkonen, P. (2010). Auf dem Weg zum jungen Fremdsprachlehrer – von der Lehrerbildung zur Schule. In J. Abel & G. Faust (Hrsg.), *Wirkt Lehrerbildung?* (S. 173-186). Münster: Waxmann.
Keller-Schneider, M. & Albisser, S. (2012). Grenzen des Lernbaren? In T. Hascher & G. H. Neuweg (Hrsg.), *Forschung zur (Wirksamkeit der) Lehrer/innen/bildung* (S. 85-104). Berlin: Lit.
Kennedy, M. M. (2008). Contributions of qualitative research to research on teacher qualification. *Educational Evaluation and Policy Analysis, 30*(4), 344-367.

Kennedy, M. M., Ahn, S. & Choi, J. (2008). The value added by teacher education. In M. Cochran-Smith, S. Feiman-Nemser & J. McIntyre (Eds.), *Handbook of research on teacher education. Third Edition* (pp. 1247-1272). New York: Routledge.

Keuffer, J. (2002). Reform der Lehrerbildung durch Professionalisierung, Standards und Kerncurricula. In Zentrum für Schulforschung und Fragen der Lehrerbildung (Hrsg.), *Die Lehrerbildung der Zukunft – eine Streitschrift* (S. 97-110). Opladen: Leske + Budrich.

Klusmann, U., Köller, M. & Kunter M. (2011). Anmerkungen zur Validität eignungsdiagnostischer Verfahren bei angehenden Lehrkräften. *Zeitschrift für Pädagogik, 57*(2), 711-720.

König, J. (2012). Zum Einfluss der Schulpraxis im Lehramtsstudium auf den Erwerb von pädagogischem Wissen: Spielen erste Unterrichtsversuche eine Rolle? In T. Hascher & G. H. Neuweg (Hrsg.), *Forschung zur (Wirksamkeit der) Lehrer/innen/bildung* (S. 143-160). Berlin: Lit.

König, J. & Seifert, A. (2012a). *Lehramtsstudierende erwerben pädagogisches Professionswissen. Ergebnisse der Längsschnittstudie LEK zur Wirksamkeit der erziehungswissenschaftlichen Lehrerausbildung.* Münster: Waxmann.

König, J. & Seifert, A. (2012b). Anlage und Durchführung der LEK-Studie. In J. König & A. Seifert (Hrsg.), *Lehramtsstudierende erwerben pädagogisches Professionswissen. Ergebnisse der Längsschnittstudie LEK zur Wirksamkeit der erziehungswissenschaftlichen Lehrerausbildung* (S. 32-43). Münster: Waxmann.

König, J. & Rothland, M. (2013). Pädagogisches Wissen und berufsspezifische Motivation am Anfang der Lehrerausbildung. Zum Verhältnis von kognitiven und nicht-kognitiven Eingangsmerkmalen von Lehramtsstudierende. *Zeitschrift für Pädagogik, 59*(1), 43-65.

König, J., Tachtsoglou, S. & Seifert, A. (2012). Individuelle Voraussetzungen, Lerngelegenheiten und der Erwerb von pädagogischem Professionswissen. In J. König & A. Seifert (Hrsg.), *Lehramtsstudierende erwerben pädagogisches Professionswissen. Ergebnisse der Längsschnittstudie LEK zur Wirksamkeit der erziehungswissenschaftlichen Lehrerausbildung* (S. 234-283). Münster: Waxmann.

Korthagen, F. A. (1988). The influence of learning orientations on the development of reflective teaching. In J. Calderhead (Eds.), *Teachers' professional learning* (pp. 35-50). London: Falmer.

Kunina-Habenicht, O., Schulze-Stocker, F., Mareike, K., Baumert, J., Leutner, D., Förster, D., Lohse-Bossenz, H. & Terhart, E. (2013). Die Bedeutung der Lerngelegenheiten im Lehramtsstudium und deren individuelle Nutzung für den Aufbau des bildungswissenschaftlichen Wissens. *Zeitschrift für Pädagogik, 59*(1), 1-23.

Kunter, M., Klusmann, U. & Baumert, J. (2009). Professionelle Kompetenz von Mathematiklehrkräften: Das COACTIV-Modell. In O. Zlatkin-Troitschanskaia, K. Beck, D. Sembill, R. Nickolaus & R. Mulder (Hrsg.), *Lehrprofessionalität. Bedingungen, Genese, Wirkungen und ihre Messung* (S. 153-165). Weinheim: Beltz.

Kunter, M., Baumert, J., Blum, W., Klusmann, U., Krauss, S. & Neubrand, M. (Hrsg.) (2011). *Professionelle Kompetenz von Lehrkräften – Ergebnisse des Forschungsprogramms COACTIV.* Münster: Waxmann.

Lankes, E. M., Hartinger, A., Marenbach, D., Molfenter, J. & Fölling-Albers, M. (2000). Situierter Aufbau von Wissen bei Studierenden. Lohnt sich eine anwendungsorientierte Lehre im Lehramtsstudium? *Zeitschrift für Pädagogik, 46*, 417-437.

Larcher, S., Müller, P., Baer, M., Dörr, G., Edelmann, D., Guldimann, T., Kocher, M. & Wyss, C. (2010). Unterrichtskompetenz über die Zeit. Unterrichten lernen zwischen Studienbeginn und Ende des ersten Berufsjahres. In J. Abel & G. Faust (Hrsg.), *Wirkt Lehrerbildung?* (S. 57-72). Münster: Waxmann.

Lee, O. & Yarger, S. J. (1996). Modes of inquiry in research on teacher education. In J. Sikula, T. J. Buttery & E. Guyton (Eds.), *Handbook of research on teacher education. 2nd edition* (pp. 14-37). New York: Macmillan.

Lersch, R. (2006). Lehrerbildung im Urteil der Auszubildenden. Eine empirische Studie zu beiden Phasen der Lehrerausbildung. *Zeitschrift für Pädagogik*, 51. Beiheft, 164-181.

Lipowski, F. (2006). Auf den Lehrer kommt es an. Empirische Evidenzen für Zusammenhänge zwischen Lehrerkompetenzen, Lehrerhandeln und dem Lernen der Schüler. *Zeitschrift für Pädagogik*, 51. Beiheft, 47-70.

Lipowski, F. (2014). Theoretische Perspektiven und empirische Befunde zur Wirksamkeit von Lehrerfort- und -weiterbildung. In E. Terhart, H. Bennewitz & M. Rothland (Hrsg.), *Handbuch der Forschung zum Lehrerberuf* (2., vollst. überarb. u. erw. Aufl., S. 511-541). Münster: Waxmann.

Lortie, D. C. (1975). *School teacher. A sociological study.* Chicago: University of Chicago Press.

Lüders, M., Eisenacher, S. & Pleßmann, S. (2005). Der Umgang mit Studienzeit. Eine empirische Untersuchung bei Studierenden der Lehrämter und im Diplom-Studiengang Erziehungswissenschaft. *Zeitschrift für Pädagogik*, 51. Beiheft, 116-129.

Lunkenbein, M. (2010). Beobachtend lernen im Praktikum. In J. Abel & G. Faust (Hrsg.), *Wirkt Lehrerbildung?* (S. 215-226). Münster: Waxmann.

Martschinke, S. & Kopp, B. (2010). Selbstreflexives und forschendes Lernen als Mittel zum Erwerb günstiger Orientierungen für den Umgang mit Heterogenität. In J. Abel & G. Faust (Hrsg.), Wirkt Lehrerbildung? (S. 291-300). Münster: Waxmann.

Mayr, J. (2005). Theorie + Übung + Praxis = Kompetenz? Empirisch begründete Rückfragen zu den „Standards in der Lehrerbildung". *Zeitschrift für Pädagogik*, 51. Beiheft, 149-163.

Mayr, J. (2010). Selektieren und & oder qualifizieren? Empirische Befunde zu guten Lehrpersonen. In J. Abel & G. Faust (Hrsg.), *Wirkt Lehrerbildung?* (S. 73-90). Münster: Waxmann.

Mayr, J. (2012). Lehrer & in werden in Österreich. In T. Hascher & G. H. Neuweg (Hrsg.), *Forschung zur (Wirksamkeit der) Lehrer/innen/bildung* (S. 1-30). Berlin: Lit.

Mayr, J. & Neuweg, G. H. (2006). Der Persönlichkeitsansatz in der Lehrer/innen/forschung. Grundsätzliche Überlegungen, exemplarische Befunde und Implikationen für die Lehrer/innen/bildung. In U. Greiner & M. Heinrich (Hrsg.), *Schauen, was 'rauskommt. Kompetenzförderung, Evaluation und Systemsteuerung im Bildungswesen* (S. 183-206). Münster: Lit.

Mayr, J. & Paseka, A. (2002). Lehrerpersönlichkeit. *Journal für Lehrerinnen- und Lehrerbildung, 2*(2), 50-55.

Mayr, J. & Terhart, E. (2003). Wirkungen von Lehrerbildung. Editorial. *Journal für Lehrerinnen- und Lehrerbildung, 3*(3), 4-7.

Merzyn, G. (2002). *Stimmen zur Lehrerausbildung. Ein Überblick über die Diskussion.* Baltmannsweiler: Schneider-Verlag Hohengehren.

Messner, R. (2012). Leitlinien einer phasenübergreifenden Professionalisierung der Lehrerbildung. In D. Bosse, L. Criblez & T. Hascher (Hrsg.), *Reform der Lehrerbildung in Deutschland,* Österreich *und der Schweiz. Teil 1: Analysen, Perspektiven und Forschung* (S. 63-92). Magdeburg: PROLOG.

Metcalf, K. K. (1995). Laboratory experiences in teacher education. In L. W. Anderson (Ed.), *International encyclopedia of teaching and teacher education. 2nd edition* (pp. 578-582). Oxford: Pergamon Press.

Mohr, S. & Ittel A. (2012). Persönlichkeitsmerkmale und Kompetenzeinschätzungen von Lehramtsstudierenden der Technischen Universität Berlin. In T. Hascher & G. H. Neuweg (Hrsg.), *Forschung zur (Wirksamkeit der) Lehrer/innen/bildung* (S. 31-44). Berlin: Lit.

Morine-Dershimer, G. & Leighfield, K. (1995). Student teaching and field experiences. In L. W. Anderson (Ed.), *International encyclopedia of teaching and teacher education. 2nd edition* (pp. 588-593). Oxford: Pergamon Press.

National Board for Professional Teaching Standards (NBTS) (2002). *What teachers should know and be able to do.* Arlington.

Neururer, J. (1995). Characteristics of prospective teachers. In L.W. Anderson (Ed.), *International encyclopedia of teaching and teacher education. 2nd edition* (pp. 528-531). Oxford: Pergamon Press.

Neuweg, G. H. (2002). Lehrerhandeln und Lehrerbildung im Lichte des Konzepts des impliziten Wissens. *Zeitschrift für Pädagogik, 48*(1), 10-29.

Neuweg, G. H. (2005). Emergenzbedingungen pädagogischer Könnerschaft. In H. Heid & C. Harteis (Hrsg.), *Verwertbarkeit. Ein Qualitätskriterium (erziehungs-)wissenschaftlichen Wissens?* (S. 205-228). Wiesbaden: VS Verlag für Sozialwissenschaften.

Nolle, A. (2003). Pädagogisches Wissen und Können von Lehramtsstudierenden. Eine Untersuchung zu Stand und Entwicklung ihrer Fach- und Sozialkompetenz. *Journal für Lehrerinnen- und Lehrerbildung, 3*(3), 20-30.

Nölle, K. (2002). Problem der Form und des Erwerbs unterrichtsrelevanten pädagogischen Wissens. *Zeitschrift für Pädagogik, 48,* 48-67.

Oesterreich, D. (1987). Vorschläge von Berufsanfängern für Veränderungen in der Lehrerbildung. *Zeitschrift für Pädagogik, 33,* 771-786.

Oesterreich, D. (1988). *Lehrerkooperation und Lehrersozialisation.* Weinheim: Deutscher Studienverlag.

Oja, S. N. (1995). Adult development and teacher education. In L. W. Anderson (Ed.), *International encyclopedia of teaching and teacher education. 2nd edition* (pp. 535-539). Oxford: Pergamon Press.

Olsen, D. C. (1985). The quality of prospective teachers: Education vs. noneducation graduates. *Journal of Teacher Education, 36*(5), 56-59.

Ortenburger, A. & Kuper, H. (2010). „Professional beliefs" von Lehramtsstudierenden. Ergebnisse einer Wuppertaler Studierendenbefragung. In J. Abel & G. Faust (Hrsg.), *Wirkt Lehrerbildung?* (S. 187-194). Münster: Waxmann.

Oser, F. & Oelkers, J. (2001). *Die Wirksamkeit der Lehrerbildungssysteme.* Zürich: Rüegger.

Oser, F., Düggeli, A. & Heinzer, S. (2010). Qualitätsmessung von Lehrpersonen-Kompetenzen. Ein neuer Ansatz. In J. Abel & G. Faust (Hrsg.), *Wirkt Lehrerbildung?* (S. 133-154). Münster: Waxmann.

Päßler, K., Hell, B. & Schuler, H. (2011). Grundlagen der Berufseignungsdiagnostik und ihre Anwendung auf den Lehrerberuf. *Zeitschrift für Pädagogik, 57*(2), 639-654.

Pintrich, S. R. (1990). Implications of psychological research on student learning and college teaching for teacher education. In W. R. Houston (Ed.), *Handbook of research on teacher education* (pp. 826-857). New York: Macmillan.

Plöger, W. & Scholler D. (2012). Analysekompetenz von Lehrpersonen – Diagnose und Entwicklung. In T. Hascher & G. H. Neuweg (Hrsg.), *Forschung zur (Wirksamkeit der) Lehrer/innen/bildung* (S. 230-256). Berlin: Lit.

Prenzel, M., Reiss, K. & Seidel, T. (2011). Lehrerbildung an der TMU School of Education. *Erziehungswissenschaft, 22,* 47-56.

Putnam, R. T. & Borko, H. (1997). Teacher learning: Implications of new views of cognition. In B. J. Biddle, T. L. Good & I. F. Goodson (Eds.), *The international handbook of teachers and teaching* (pp. 1223-1296). Dordrecht: Kluwer.

Racherbäumer, K. & Liegmann, A. B. (2012). Theorie-Praxis-Transfer: Anspruch und Wirklichkeit in Praxisphasen der Lehrerbildung. In T. Hascher & G. H. Neuweg (Hrsg.), *Forschung zur (Wirksamkeit der) Lehrer/innen/bildung* (S. 123-142). Berlin: Lit.

Reinhoffer, B. & Dörr, G. (2008). Zur Wirksamkeit Schulpraktischer Studien. In M. Rotermund, G. Dörr & R. Bodensohn (Hrsg.), *Bologna verändert die Lehrerbildung* (S. 10-31). Leipzig: Leipziger Universitätsverlag.

Richardson, V. (1996). The role of attitudes and beliefs in learning to teach. In J. Sikula, T. J. Buttery & E. Guyton (Eds.), *Handbook of research on teacher education. 2nd edition* (pp. 102-119). New York: Macmillan.

Rosenbusch, H. S., Sacher, W. & Schenk, H. (1988). *Schulreif? Die neue bayerische Lehrerbildung im Urteil ihrer Absolventen.* Frankfurt: Lang.

Rösler, L., Zimmermann, F., Bauer, J., Möller, J. & Köller, O. (2013). Interessieren sich Lehramtsstudierende für bildungswissenschaftliche Studieninhalte? Eine Längsschnittstudie vom ersten bis zum vierten Semester. *Zeitschrift für Pädagogik, 59*(1), 24-42.

Rothland, M. & Terhart, E. (2011). Eignungsabklärung angehender Lehrerinnen und Lehrer. Einführung in den Thementeil. *Zeitschrift für Pädagogik, 57*(2), 635-638.

Rothland, M. & Tirre, S. (2011). Selbsterkundung für angehende Lehrkräfte: Was erfassen ausgewählte Verfahren der Eignungsabklärung? *Zeitschrift für Pädagogik, 57*(2), 655-673.

Sacher, W. (1988). Praktika und Praxisbezogenheit im Studium. In H. S. Rosenbusch, W. Sacher & H. Schenk (Hrsg.), *Schulreif? Die neue bayerische Lehrerbildung im Urteil ihrer Absolventen* (S. 121-176). Frankfurt a.M.: Lang.

Schaarschmidt, U. (2007). Die Potsdamer Lehrerstudie. Eine vorläufige Bilanz. In: Deutscher Philologenverband. Profil. *Das Magazin für Gymnasium und Gesellschaft, 3,* 4-10.

Schaefers, C. (2002). Forschung zur Lehrerausbildung in Deutschland – eine bilanzierende Übersicht der neueren empirischen Studien. *Schweizerische Zeitschrift für Bildungswissenschaften, 24*(1), 65-89.

Schauer, E. (2003). Können Lehrveranstaltungen die Lern- und Weiterbildungsmotivation von künftigen LehrerInnen beeinflussen? *Journal für Lehrerinnen- und Lehrerbildung, 3*(3), 31-40.

Schnebel, S. (2012). Betreuung in den Schulpraktika – Einstellungen und Handeln von Mentorinnen und Mentoren. In T. Hascher & G. H. Neuweg (Hrsg.), *Forschung zur (Wirksamkeit der) Lehrer/innen/bildung* (S. 161-180). Berlin: Lit.

Schneider, C. & Bodensohn, R. (2008). Berufliche Handlungskompetenzen in der ersten Phase der Lehrerausbildung – Ergebnisse zur Entwicklung im Längsschnitt. In M. Rotermund, G. Dörr & R. Bodensohn (Hrsg.), *Bologna verändert die Lehrerbildung* (S. 32-63). Leipzig: Leipziger Universitätsverlag.

Schneider, C. & Bodensohn, R. (2010). Präzisierung von Zielkriterien. Wahrgenommene Wichtigkeit von Standards des Lehrerhandelns im Schulalltag und deren Relevanz in den schulpraktischen Phasen des ersten Ausbildungsabschnitts. In J. Abel & G. Faust (Hrsg.), *Wie wirkt Lehrerbildung?* (S. 235-242). Münster: Waxmann.

Schubarth, W., Speck, K. & Seidel, A. (2007). Theorie-Praxis-Verhältnis in der zweiten Phase der Lehrerbildung. Empirische Befunde und theoretische Implikationen. In H. Giest, (Hrsg.), *Lehrerbildung* (S. 5-26). Potsdam: Zentrum für Lehrerbildung.

Schubarth, W., Speck, K. & Seidel, A. (2010). Die zweite Phase der Lehrerausbildung aus Sicht aller Beteiligten. Ergebnisse der Potsdamer Studien zum Referendariat. In J. Abel & G. Faust (Hrsg.), *Wie wirkt Lehrerbildung?* (S. 339-348). Münster: Waxmann.

Schubarth, W., Speck, K., Seidel, A., Gottmann, C., Kamm, C., Kleinfeld, M. & Krohn, M. (2012). Kompetenzentwicklung im Praxissemester: Ergebnisse einer Längsschnittanalyse zum „Potsdamer Modell der Lehrerbildung". In T. Hascher & G. H. Neuweg (Hrsg.), *Forschung zur (Wirksamkeit der) Lehrer/innen/bildung* (S. 201-220). Berlin: Lit.

Seifert, A. & Schaper, N. (2012). Überprüfung eines Kompetenzmodells und Messinstruments zur Strukturierung allgemeiner pädagogischer Kompetenz in der universitären Lehrerausbildung. *Lehrerbildung auf dem Prüfstand, 3*(2), 82-103.

Seifert, K. H. (1989). Berufliche Entwicklung und berufliche Sozialisation. In E. Roth, H. Schuler & A. B. Weinert (Hrsg.), *Organisationspsychologie* (S. 608-630). Göttingen: Hogrefe.

Seipp, B. (2003). *Standards in der Lehrerbildung: Eine Befragung zur Vermittlung der Oserschen Standards in der ersten Phase der Lehramtsausbildung.* Bochum: Projekt-Verlag.

Shulman, L. S. (1986). Those who understand: Knowledge growth in teaching. *Educational Researcher, 15*(2), 4-14.

Sikes, S. J., Measor, L. & Woods, R. (1991). Berufslaufbahn und Identität im Lehrerberuf. In E. Terhart (Hrsg.), *Unterrichten als Beruf* (S. 231-248). Köln: Böhlau.

Staub, F., Waldis, M., Futter, K. & Schatzmann, S. (2012). Förderung von Lerngelegenheiten in Praktika zum Mathematikunterricht durch die Vermittlung von Kernelementen des fachspezifischen Unterrichtscoachings. In T. Hascher T & G. H. Neuweg (Hrsg.), *Forschung zur (Wirksamkeit der) Lehrer/innen/bildung* (S. 181-200). Berlin: Lit.

Steinmann, S. & Oser, F. (2012). Prägen Lehrerausbildende die Beliefs der angehenden Primarlehrpersonen? *Zeitschrift für Pädagogik, 58*(4), 441-459.

Steltmann, K. (1986). Probleme der Lehrerausbildung: Ergebnisse einer Lehrerbefragung. *Pädagogische Rundschau, 40,* 353-366.

Stern, E. (2009). Implizite und explizite Lernprozesse bei Lehrerinnen und Lehrern. In O. Zlatkin-Troitschanskaia, K. Beck, D. Sembill, R. Nickolaus & R. Mulder (Hrsg.), *Lehrprofessionalität. Bedingungen, Genese, Wirkungen und ihre Messung* (S. 355-364). Weinheim: Beltz.

Super, D. E. (1957). *The psychology of careers. An introduction to vocational development.* New York: Harper & Row.

Tatto, M. T. (2000). *Teacher quality and development. Empirical indicators and methodological issues in the comparative literature.* Paper commissioned by the Board on International Comparative Studies in Education, National Academies/National Research Council.

Terhart, E. (Hrsg.) (2000). *Perspektiven der Lehrerbildung in Deutschland. Abschlussbericht der von der Kultusministerkonferenz eingesetzten Kommission.* Weinheim: Beltz.

Terhart, E. (2002). Wie können die Ergebnisse von vergleichenden Leistungsstudien systematisch zur Qualitätsverbesserung in Schulen genutzt werden? *Zeitschrift für Pädagogik, 48*(1), 91-110.

Terhart, E. (2003a). Reform der Lehrerbildung: Chancen und Risiken. In I. Gogolin & R. Tippelt (Hrsg.), *Innovation durch Bildung. 18. Kongress der Deutschen Gesellschaft für Erziehungswissenschaft* (S. 163-180). Opladen: Leske + Budrich.

Terhart, E. (2003b). Wirkungen von Lehrerbildung: Perspektiven einer an Standards orientierten Evaluation. *Journal für Lehrerinnen- und Lehrerbildung, 3*(3), 8-19.

Terhart, E. (2006). Was wissen wir über gute Lehrer? *Pädagogik, 58*(5), 42-47.

Terhart, E. (2012). Wie wirkt Lehrerbildung? Forschungsprobleme und Gestaltungsfragen. *Zeitschrift für Bildungsforschung, 2*(1), 3-21.

Ulich, K. (1996). Lehrer/innen-Ausbildung im Urteil der Betroffenen: Ergebnisse und Folgerungen. *Die Deutsche Schule, 88*, 81-97.

von Prondczynsky, A. (2001). Evaluation der Lehrerausbildung in den USA: Geschichte, Methoden, Befunde. In E. Keiner (Hrsg.), *Evaluation (in) der Erziehungswissenschaft* (S. 91-140). Weinheim: Beltz.

Wahl, D. (1991). *Handeln unter Druck. Der weite Weg vom Wissen zum Handeln bei Lehrern, Hochschullehrern und Erwachsenenbildern*. Weinheim: Dt. Studien-Verlag.

Wahl, D. (2001). Nachhaltige Wege vom Wissen zum Handeln. *Beiträge zur Lehrerbildung, 19*, 157-174.

Wahl, D. (2002). Mit Training vom trägen Wissen zum kompetenten Handeln? *Zeitschrift für Pädagogik, 48*(2), 227-241.

Weiler, H. N. (2010). Lehrerbildung und Hochschulreform – eine kritische Zwischenbilanz. In J. Abel & G. Faust (Hrsg.), *Wirkt Lehrerbildung?* (S. 15-24). Münster: Waxmann.

Weyland, U. & Wittmann, E: (2010): *Expertise. Praxissemester im Rahmen der Lehrerbildung. 1. Phasen an hessischen Hochschulen*. Berlin: DIPF.

Wildt, J. (1997). Das „Integrierte Eingangssemester Primarstufe" (IEP) – ein Modell für die Verbindung der Lernorte Hochschule und Schule. In M. Bayer, U. Carle & J. Wildt (Hrsg.), *Brennpunkt: Lehrerbildung. Strukturwandel und Innovationen im europäischen Kontext* (S. 319-337). Opladen: Leske + Budrich.

Wildt, J. (2009). Hochschuldidaktik als Hochschullehrerbildung? Hochschuldidaktische Weiterbildung und Beratung zur Förderung der Professionalisierung in der Lehre. *Beiträge zur Lehrerbildung, 27*(1), 26-36.

West, B. B., Jarchow, E. & Quisenberry, N. L. (1996). Teacher education research in international settings. In J. Sikula, T. J. Buttery & E. Guyton (Eds.), *Handbook of research on teacher education. 2nd edition* (pp. 1047-1107). New York: Macmillan.

Wideen, M., Mayer-Smith, J. & Moon, B. (1998). A critical analysis of the research on learning to teach. Making the case for an ecological perspective on inquiry. *Review of Educational Research, 68*(2), 130-178.

Wilson, S. & Youngs, S. (2005). Research on accountability processes in teacher education. In M. Cochran-Smith & K. M. Zeichner (Eds.), *Studying teacher education. The report of the AERA panel on research and teacher education* (pp. 591-643). Mahwah: Erlbaum.

Wuttke, E. & Seifried, J. (2012). Evaluation in der Lehrer/-innen Bildung. Diskussionslinien und exemplarische Umsetzung. In G. Niedermair (Hrsg.), *Evaluation als Herausforderung der Berufsbildung und Personalentwicklung* (S. 309-331). Linz: Trauner.

Zeichner, K. M. (1983). Alternative paradigms of teacher education. *Journal of Teacher Education, 34*(3), S. 3-9.

Zeichner, K. M. (1986). Teacher socialisation research and the practice of teacher training. *Educational Society, 3*, 25-37.

Zeichner, K. M. (2005). Konzepte von Lehrexpertise und Lehrerausbildung in den Vereinigten Staaten. *Zeitschrift für Pädagogik*, 51. Beiheft, 97-113.

Zeichner, K. M. & Bier, M. (2014). Die Wendung zu Schulpraktika und Praxiserfahrungen in der US-amerikanischen Lehrerbildung. In K.-H. Arnold, A. Gröschner, T. Hascher (Hrsg.), *Schulpraktika in der Lehrerbildung* (S. 103-126). Münster: Waxmann.

Zeichner, K. M. & Tabachnick, B. R. (1981). Are the effects of university teacher education „washed out" by school experience? *Journal of Teacher Education, 32*(3), 7-11.

Zeichner, K. M. & Tabachnick, B. R. (1985). The development of teacher perspectives: Social strategies and institutional control in the socialization of beginning teachers. *Journal of Education for Teaching, 11*, 1-25.

Zgaga, P. (2010). The making of Bologna. In Ministry of Science and Research, Austria & Ministry of Education and Culture, Hungary (Ed.), *Bologna, 1999–2010* (pp. 7-10).

Zlatkin-Troitschanskaia, O., Beck, K., Sembill, D., Nickolaus, R. & Mulder, R. (Hrsg.) (2009). *Lehrprofessionalität. Bedingungen, Genese, Wirkungen und ihre Messung*. Weinheim: Beltz.

Diskussion

Udo Rauin

Forschung zur Lehrerbildung aus nationaler und internationaler Perspektive

Ein Ausflug nach Dodge City

Nach der Lektüre dieses Handbuch-Kapitels, das einen umfassenden Überblick über die Forschung zur Lehrerbildung aus deutscher Perspektive vermittelt, drängt sich der einprägsame Vergleich von Arthur Levine (2006, S. 109) auf: „At the moment, teacher education is the Dodge City of the education world. Like the fabled Wild West town, it is unruly and disordered." Anscheinend erleben wir in der Bundesrepublik im Augenblick sogar eine Spätphase von Dodge City, denn die Vielfalt der länderspezifischen Regelungen, die Fülle an Programmen und Prüfungsordnungen der ersten und zweiten Phase der Lehrerbildung und auch der Weiterbildung nehmen rapide zu, während gleichzeitig die Kohärenz der Ziele und das geteilte Wissen der verantwortlichen Akteure in den verschiedenen Organisationen (Hochschulen, Studienseminaren, Schulen), die daran beteiligt sind – jedenfalls nach meinem Eindruck aus dem Flächenland Hessen – auf einem Tiefpunkt angelangt sind. Ähnlich wie in Dodge City finden wir viele Mitbewohner, die ihr Handeln nicht an allgemeinen oder wenigstens doch innerhalb der Region „Lehrerbildung" verabredeten Normen orientieren. Die Gewohnheiten des Handelns und mitunter auch der vermutete Vorteil der eigenen Gruppe oder Organisation setzen sich im Zweifel gegen konkurrierende Motive durch. Im Unterschied zu dieser ungünstigen Wahrnehmung des Feldes haben die Forschungen zur Lehrerbildung insgesamt und vor allem die internationale Vergleichsforschung in den letzten Jahren einen starken Aufschwung genommen, der sich in der Quantität der Publikationen und in der methodischen Qualität mancher Beiträge deutlich zeigt. Viele dieser neuen Beiträge führen uns strukturelle Probleme, aber auch Zweifel an ambitionierten Programmen der Lehrerbildung vor Augen.

1. Internationaler Vergleich

In großer Unübersichtlichkeit stabile Strukturen entdecken zu wollen und nach Evidenz zu suchen, die uns über die Wirkungsweise der Lehrerbildung aufklären soll, ist ein äußerst mutiges Unterfangen. Noch einmal komplexer ist die Aufgabe einer international vergleichenden Lehrerbildungsforschung. Sigrid Blömeke demonstriert in ihrem Beitrag sowohl den Gewinn dieser Wahrnehmung von Ereignissen außerhalb des eigenen Blickfeldes, den sie mit Bateson zutreffend als „peripheral vision" beschreibt, als auch die methodischen Schwierigkeiten eines evaluativen Vergleichs von Effekten inhomogener Strukturen in großen sozialen Systemen aus der Makroperspektive. Wir wissen aus der medizinischen Forschung zum peripheren Sehen, dass wir Bewegungen außerhalb des zentralen Gesichtsfeldes sehr viel schneller erfassen als die Geschehnisse im Zentrum. Allerdings ist die Auflösung des Bildes in der peripheren Retina so niedrig, dass eine Beurteilung dieser Vorgänge gerade im Vergleich zu Vorgängen im zentralen Gesichtsfeld nur unzureichend gelingt. Die methodischen Probleme internationaler Studien (2.1 – 2.2) beginnen bereits bei der Übersetzung von scheinbar einfachen Fachbegriffen und theoretischen Konstrukten und endet bei der Einsicht, dass kulturspezifisch geprägte Antworttendenzen die Vergleichbarkeit von Selbstauskünften in Frage stellen. In ähnlicher Weise scheint es keinen gemeinsamen Interpretationsrahmen für die Vielzahl von deskriptiven Befunden aus narrativen Strukturvergleichen (3.1) oder aus vergleichenden Surveys (3.2) zu geben, der mehr an Erkenntnis erlaubt als die Feststellung, dass außerhalb unseres heimischen Beobachtungsfeldes vieles ganz anders ist. Auch dieses Wissen mag nützlich sein, weil es uns an die Kontingenz unserer lokalen Systeme erinnert, aber es führt natürlich nicht zu einem *tertium comparationis*, das Bewertungen erlaubt.

Ein solches Vergleichsobjekt kommt erst mit Testverfahren ins Spiel (3.3), die professionelle Kompetenzen empirisch erfassen können. Allerdings wird dieser Erkenntnisgewinn durch zwei Einschränkungen erkauft. Ein solcher Vergleich kann – erstens – nur in einem relativ kleinen Segment der Lehrerbildung durchgeführt werden, das über sehr ähnliche fachwissenschaftliche Curricula verfügt. Während dieses aus naheliegenden Gründen für die geistes- und kulturwissenschaftlichen Fächer kaum möglich sein wird, bieten sich Fremdsprachen, Mathematik und wegen des geringeren Anteils am Curriculum in eingeschränkter Weise auch Naturwissenschaften an. Zurzeit liegen aber nur aussagekräftige Studien für den Bereich der Mathematik (MT21 und TEDS-M) vor. In einer Erweiterungsstudie soll neuerdings aber auch das pädagogische Wissen von Lehrkräften unterschiedlicher Länder erfasst werden (vgl. 3.3). Eine zweite Einschränkung ergibt sich aus dem Umstand, dass wir auf die prognostische Validität von Papier- und Beistift-Instrumenten setzen, während berufsspezifische Anforderungen an konkretes Handeln unberücksichtigt bleiben müssen (vgl. dazu auch Czerwenka/Nölle in diesem Band und Schuler /Höft 2004). Überträgt man dies auf die Ausbildung zum Zahnarzt, so wäre das ungefähr so, als ob man deren Kompetenzen überprüfte, ohne zu berücksichtigen, dass sie auch handwerklich präzise bohren oder Implantate einsetzen müssen. Längsschnittliche Studien über die theoretischen Ausbildungsphasen hinaus könnten diesen Mangel beheben. Trotzdem sind auch die vorliegenden Befunde (vgl. 4.1-4.3), vor allem die aus MT21, hochinteressant, da sie nicht nur fachliches und fachdidaktisches Wissen auf einem internationalen Vergleichsmaßstab abbilden können, sondern auch die Transformation von Anfängerwissen in Expertenwissen erklären helfen. Uns wird nebenbei vor Augen geführt, dass fachliche Leistungen der Absolventen (z.B. in Taiwan) nicht ausschließlich als Effekte des Systems, der Qualität und des zeitliche Umfang der Lerngelegenheiten, interpretiert werden dürfen (4.3), sondern auch auf die Eingangsleistungen der Studienanfänger zurückgeführt werden können. International vergleichende Studien verhelfen zu einem besseren Verständnis nationaler Befunde, weil hier Parameter länderspezifisch variieren, die im nationalen Kontext nicht beeinflussbar sind.

2. Universitäre Lehrerbildung

Kurt Czerwenka und Karin Nölle lenken im zweiten Beitrag dieses Kapitels den Blick auf die Hochschule als Ort der Lehrerbildung, führen also mitten hinein nach Dodge City. Während über die Bedeutung von fachlichem und fachdidaktischem Wissen noch relativ große Übereinstimmung vorhanden zu sein scheint, wird der Konsens beim pädagogischen Wissen bereits brüchig. Erst recht scheint unklar, in welcher Reihenfolge und Organisationsform (grundständige Lehrerausbildung oder Integration in die BA/MA-Strukturen) dieses Wissen am besten erworben werden soll (vgl. 1.2.1). Ebenso strittig scheint zu sein, ob vorhandene theoretische Konzepte zu einer Vereinheitlichung der Curricula in der Lehrerbildung ausreichend Akzeptanz finden. Sowohl die von Fritz Oser entwickelten „Standards der Lehrerbildung" als auch Definitionen von „Kompetenzen des Lehrerberufs", für die sich z.B. Ewald Terhart oder Heinz-Elmar Tenorth stark gemacht haben, werden theoretisch diskutiert und kritisch auf ihre empirische Tauglichkeit und praktische Bedeutsamkeit geprüft. Da Merkmale der Persönlichkeit als Moderatorvariablen beim Kompetenzerwerb zusätzlich ins

Spiel kommen können, sei der Ausbildungserfolg aber – unabhängig vom gewählten Paradigma – grundsätzlich unsicher (vgl. 1.2.2).

Man könnte nun auf die Idee kommen, die Varianz der Personenmerkmale durch selektive Aufnahmeprüfungen zu vermindern. Doch für eine Vorhersage von Studien- und Berufsleistungen taugen die vorhandenen Instrumentarien zur Eingangsselektion von Studierenden nicht, so dass auch hier lediglich ein kaum lösbares Dilemma zu verzeichnen ist. Ebenfalls geringe Übereinstimmung scheint im Hinblick auf Anforderungen an universitäre Lehrerbildner zu existieren. Sollen sie ausschließlich nach den Grundsätzen wissenschaftlicher Exzellenz oder auch im Hinblick auf ihre Lehrkompetenz und berufliche Erfahrung rekrutiert werden? Mit einigem Recht weisen Czerwenka und Nölle darauf hin, dass die erwünschte Standardisierung der Lehre oder auch eine strikt am beruflichen Anforderungsprofil ausgerichtete Kompetenzorientierung der Lehre nicht kompatibel sind mit den bisherigen Mustern der Personalgewinnung und des Personaleinsatzes an Hochschulen. Hält man an der Einheit von möglichst innovativer Forschung und darauf ausgerichteter Lehre fest, dann wird sich der Schwerpunkt der Lehre von Forscher zu Forscher und von Hochschule zu Hochschule unterscheiden (vgl. 2.1). Was die Situation der Lehrerbildungsforschung betrifft, so konstatieren Czerwenka und Nölle, dass sich „kaum durchgängig signifikante Ergebniskonstellationen ausfindig machen" ließen; sie schlagen eine grundlegende Umorientierung der Inhalte und Methoden der Forschung und Lehre vor. So plausibel der vorliegende Vorschlag auch sein mag, seine Realisierungschancen in Dodge City sind nicht sonderlich hoch, denn jede ihrer Ideen (z.B. praxisorientierte Lehr-Lernforschung, evaluationsgestützte Justierung der fachwissenschaftlichen Anteile) ist unausweichlich mit Veränderungen in den Besitzverhältnissen bereits vergebener Territorien verbunden.

3. Berufseinführung

Im Beitrag von Herrmann Josef Abs und Eva Anderson-Park zu Programmen der Berufseinführung wird, um im Bild zu bleiben, ein vermeintlich stärker befriedetes Gebiet an der Peripherie von Dodge City vorgestellt. Wie die Autoren in einem kurzen historischen Exkurs referieren, führte genau diese Kontrollabsicht der deutschen Kultusverwaltung am Anfang des 20. Jahrhunderts zur Gründung von staatlichen Ausbildungsseminaren für Gymnasien, denn eine berufsbefähigende Lehre konnte an den zuständigen Universitäten nicht durchgesetzt werden. An drei Beispielen (USA, Schottland und Deutschland) demonstriert der Text Organisationsprobleme derartiger Einführungsprogramme mit mehr (Deutschland) oder weniger (USA) staatlicher Intervention, die nach der universitären Grundlegung aus Akademikern Praktiker machen sollen. Der Gewinn dieser Analyse liegt vor allem darin, dass sie die Vorzüge kategorialer Schärfe bei der Bestimmung internationaler Organisationsstrukturen deutlich heraus arbeitet. Erst wenn man sich von der Ebene der Bezeichnungen löst und die Heterogenität der Merkmale, der Adressaten und der Zertifizierungen sorgfältig in Betracht zieht, werden Vergleiche zwischen unterschiedlichen Programmen der Berufseinführung erhellend. Der Beitrag wirkt durch sein Insistieren auf einen differenzierenden Blick der vorschnellen Interpretation von internationalen Studien (z.B. TALIS) entgegen, die in der gegenwärtigen Diskussion gerne als Argumente für die eine oder andere Reformintention genutzt werden. Denn ähnlich wie die universitäre Phase steht auch dieser Bereich unter einem permanenten Reformdruck. Dass solche Reformen nicht den Empfehlungen der Forschung folgen, sondern sich an der Gemengelage von artikulierten Interessen und an der jeweiligen Finanzkraft der Organisatoren und staatlichen Träger orientieren, erstaunt allerdings nur noch allzu naive Bildungswissenschaftler. Die Autoren weisen an vielen Stellen ihres Artikels auf den Mangel an überzeugenden Wirkungsstudien hin. Es gibt zu wenig Evidenz, und in einer solchen Lage setzen sich Gruppeninteressen und Sparzwänge durch.

In der zweiten Hälfte dieses Beitrags referieren und diskutieren sie unterschiedliche Schwerpunkte der Evaluationsforschung. Gemessen an den methodischen Standards der sozialwissenschaftlichen Evaluationsforschung (vgl. z.B. Rossi/Freeman/Lipsey 1999) handelt es sich bei den deutschsprachigen Studien vorwiegend um vorexperimentelle Designs, die sich mit der „Umsetzungsqualität", der Güte der Implementierung oder mit Problemlagen der Lehrerbildner und deren Einstellungen beschäftigen und als Datenquellen in der Regel Selbsteinschätzungen der Beteiligten erheben. Diese Studien sind sicherlich bedeutsam für die Generierung von weiteren Forschungsfragen und Meilensteine in der Etablierung einer Evaluationskultur, sie beantworten aber die aufgeworfenen Fragen nicht zufriedenstellend. Auch die Forschung zu Effekten der unterschiedlichen Gruppen von Lehrerbildner (vgl. 5.) auf diverse Personenmerkmale (Einstellungen, Belastungserleben, Selbstwirksamkeit) wirft viele Fragen auf, liefert aber wenig konsistente Befunde. Im letzten Abschnitt werden deshalb methodische Verfahren zu intendierten und realisierten Wirkungen vorgestellt und diskutiert. Die Wirksamkeit von Maßnahmen lässt sich aus empirischer Sicht einzig und allein über experimentelle Designs in Längsschnitten zuverlässig beurteilen. Solche liegen aus unterschiedlichen Gründen nicht vor. Eine Ursache für dieses Desiderat findet man im Forschungsgegenstand selbst, denn die gesetzliche Einführung von institutionellen Strukturen erlaubt kein experimentelles Design, bei denen Probanden zufällig verschiedenen Treatments zugeordnet werden. Ein weiteres Problem liegt im unzureichenden Konsens über die Erfolgskriterien zur Beurteilung einer gelungenen Berufseinführungsphase im wissenschaftlichen und politischen Diskurs. Die Autoren diskutieren im Anschluss an die amerikanische Diskussion auch Einstellungsänderungen (z.B. ethische Urteilsdispositionen) als Zielgrößen. Vermutlich fehlt es aber weniger an plausiblen Kriterien als an der Evidenz der Messverfahren und des Designs. Die verantwortlichen Programmanbieter, seien es deutsche Behörden oder schottische Standesvertreter, scheuen das Risiko negativer Evaluationen und sind schon deshalb an weichen Kriterien und schwachen Designs interessiert. Solange aber normative und curriculare Fragen miteinander verquickt werden und das politische oder ökonomische Risiko einer ungünstigen Evaluation vermieden werden soll, wird auch die Berufseingangsphase ein Teil von Dodge City bleiben.

4. Lehrerfortbildung

Der Beitrag von Frank Lipowsky zur Wirksamkeit von Lehrerfortbildung und -weiterbildung beschreibt ein Gebiet, das – wenn man einmal vom methodenkritischen letzten Abschnitt ausgeht – noch weitgehend unbekannt und unerforscht zu sein scheint und ein Habitat für seltene Ereignisse darstellt. Die meisten der erforschten Fortbildungskonzepte (z.B. „cognitively guided instruction") spielen jedenfalls in der deutschen Fortbildungslandschaft keine dominante Rolle; die Teilnahme an Fortbildung scheint nach OECD-Daten in diesem Land im Vergleich mit andern Ländern ohnehin äußerst gering. Aber die Erwartungen, dass die Erschließung dieses Umlandes von Dodge City zur Steigerung der Leistungsfähigkeit der gesamten Region beitragen könnte, sind sehr hoch. Tatsächlich gibt es kaum mehr ein Berufsfeld, in dem die Erstausbildung als hinreichend für das gesamte Berufsleben betrachtet wird. Beim Lehrerberuf wird dies weithin noch so gesehen, zumindest praktiziert. Aus betriebswirtschaftlicher Sicht wird man neben der beruflichen Fortbildung auch an die Reaktivierung oder Rehabilitation nach einem temporären Berufsausstieg oder einer längeren Erkrankung denken. Sicherlich sind auch Vorbereitungen auf neue Aufgaben, z.B. in der Leitung von Organisationen, ein Thema der Fortbildung. Das alles findet vermutlich statt, wird aber noch wenig erforscht. Stattdessen finden wir national und international eine Fülle von kleinen Evaluationsstudien, die singuläre Programme der Fortbildung beschreiben. Von einigen Trendsettern wie „Coaching" oder „Bildung von Lerngemeinschaften im eigenen Haus" einmal abgesehen, scheinen viele der zitierten Programmevaluationen Selbstevaluationen der Programmanbieter zu sein, die bislang noch keine starken Nachahmereffekte auslösen konnten. Etwas freundlicher formuliert Lipowsky über Studien zur Qualifizierung von Fortbildnern: „Bis heute sind diese Erfordernisse eines systematischen ‚Train the Trainer'-Konzepts in Deutschland kaum eingelöst, obgleich die publizierten und hier analysierten Studien die Annahme stützen, dass die Konzeption wirksamer Fortbildungen die Beteiligung externer Experten und Wissenschaftler voraussetzt."

Neben der vermutlich selektiven Auswahl der Forschungsobjekte erschwert vor allem das Fehlen einer gemeinsamen begrifflichen und methodischen Rahmung die vergleichende Einordnung von Fragestellungen und Ergebnisse der vorliegenden Studien. Eine solche theoretische Perspektive, die Lipowsky im ersten Abschnitt vor allem mit Hilfe psychologischer Motivationskonzepte und am Modell der Organisationsentwicklung beispielhaft entfaltet, wäre aber noch daraufhin zu überprüfen, ob sie dem heterogenen Forschungsfeld angemessen ist. Denn kleine Teilnehmerzahlen und die vermutlich eher geringe Bereitschaft zu langfristiger Beteiligung an wissenschaftlichen Untersuchungen in der Lehrerschaft erschweren komplexe multivariate Designs und randomisierte Experimente. Im dritten Abschnitt überprüft Lipowsky dann sehr detailliert die vorläufige und – wie erwähnt – methodisch oft problematisch zustande gekommene Befundlage zu einzelnen Merkmalen und Komponenten von Fortbildung (vgl. 4.2). Zeitliche Dauer, wahrgenommene Relevanz, Unabhängigkeit der Lernprozesse von externen Vorgaben (Selbststeuerung und Selbstorganisation), Berücksichtigung von Vorwissen, thematische Fokussierung auf das Lernen der Schüler und Feedback oder Coaching, um nur einige Aspekte zu nennen, werden als Faktoren für den Erfolg von Fortbildung diskutiert. Es darf nicht überraschen, dass alle diese Aspekte auch in anderen Formen institutionalisierter Lernprozesse, z.B. im schulischen Lernen oder in der Erwachsenenbildung, eine Rolle spielen. Die alten Debatten über Determinanten des Lehrerfolgs werden in diesem Feld noch einmal neu aufgerollt und es ist erstaunlich, dass die vorliegenden Studien die im ursprünglichen Diskurs aufgeworfenen Probleme theoretisch und forschungsmethodisch so unbefangen bearbeiten können. So ist z.B. die Suche nach der optimalen Lehrmethode (hier: Fortbildungsmethode) aufgrund der Multidimensionalität von Zielen und der geringen Präzision der angebotenen Methodenbegriffe in der Unterrichtsforschung als wenig aussichtsreich zurückgewiesen worden (vgl. Terhart 1997), aber kommt durch die Hintertür der Fortbildungsforschung wieder zurück.

Im letzten Abschnitt (vgl. 7.) kommt Lipowsky zu einem vorsichtigen, aber bei Licht betrachtet doch niederschmetternden Resümee zur Forschungslage. Offen sei die Übertragbarkeit der erfolgreichen Konzepte auf größere Teilnehmerzahlen und zusätzliche Kursleiter (Multiplikatoren). Das bedeutet, die externe Validität der Studien ist vermutlich schwach. Offen sei, ob die Kriterien für Effektivität (hier vor allem die kognitiven Leistungsentwicklung der von Teilnehmern unterrichteten Schüler) nicht zu eng gefasst seien. Das bedeutet, dass die interne Validität der Studien gefährdet ist. Unklar ist auch, welche Settings (z.B. schulinterne oder schulexterne Fortbildung) und welche Anreize (freiwillig oder verpflichtend) Fortbildung erfolgreich machen. Optimistischer schätzt er das Potential der Fortbildung ein, aber angesichts des unbefriedigenden Zustands der gängigen Fortbildungspraxis in vielen Bundesländern „mit kurzen, inhaltlich wenig verbundenen und isolierten Veranstaltungsangeboten" (vgl. S. 533) und wenig überzeugender Modelle aus der Forschung schwindet die Hoffnung auf die Rettung Dodge Citys durch das Umland.

5. Wirkungsfragen

Im letzten Beitrag dieses Kapitels schaut Tina Hascher noch einmal mit größerer Distanz auf den Komplex Lehrerbildung. Während in den vorherigen Beiträgen jeweils eine Phase der Lehrerbildung oder die internationale Vergleichsperspektive im Vordergrund stand, wird nun das gesamte Forschungsprogramm „Wirksamkeit der Lehrerbildung" in den Blick genommen und ein Vorschlag für dessen programmatische Neuausrichtung entwickelt. Methodisch entfaltet und kommentiert sie im ersten Abschnitt ein Konzept der Evaluationsforschung in der Lehrerbildung, das mit den gängigen Modellen der empirischen Evaluationsforschung (vgl. Rossi, Freeman & Lipsey, 1999 oder Wottawa & Thierau, 2003) kompatibel ist. Unter Wirksamkeit versteht sie Fragen nach dem Outcome, der differentiell zwischen unterschiedlichen Gruppen, kriterienorientiert als Ist-Soll-Vergleich und im Hinblick auf seine Nachhaltigkeit als kurzfristiger oder langfristiger Effekt gemessen werden kann. Welche Arten von Outcome zu erwarten sind, hänge davon ab, welche Perspektive man einnimmt. Systematisch unterscheidet sie deshalb zwischen vier Aspekten der Beurteilung der Wirksamkeit der Lehrerbildung: (1) Wirksamkeitsfelder (A – aus Sicht der Institution Hochschule und ihrer Qualitätsstandards, B – aus Sicht der jeweiligen Curricula, C – unter Beachtung individuellen Kompetenzen der Studierenden, D – aus Sicht des Berufsfeldes und dessen Anforderungen und E – aus der Perspektive des gesellschaftlichen Wandels und des damit verbundenen Leistungsprofils der Schule), (2) inhaltliche Bereiche bzw. die beteiligten universitären Fachdisziplinen, (3) Perspektiven der Beobachter und der Beteiligten und (4) Überprüfungsmethoden der Wirksamkeit. Damit ist die Komplexität des Unterfangens angedeutet und es bleibt spannend, ob es sich hier (z.B. bei den Wirkungsfeldern) um strikt disjunkte Kategorien mit eigenen Logiken handelt oder ob die Vielschichtigkeit Ausdruck des schnellen Wachstums des Forschungsfeldes ist, das sich noch beliebig weiter ausdifferenzieren ließe. Die Autorin folgt in ihrem weiteren Forschungsbericht vor allem den Aspekten (1) und (4). Im dritten Abschnitt wird dann nach erfolgreichen Theorien der Lehrerbildung gesucht und ein durchgängiges Theoriedefizit festgestellt. Trotz einiger interessanter Ansätze, von denen sie vor allem die Expertise- und Biographieforschung hervorhebt, fehlen aus ihrer Sicht entwicklungspsychologische und differentielle Ansätze, die die unterschiedlichen Lernwege in den Beruf, also z.B. das Geschlecht oder die soziale und kulturelle Herkunft, berücksichtigen. Bei der umfassenden methodologischen und forschungsstrategischen Zielsetzung ihres Artikels kann es nicht ausbleiben, dass sie manche in den vorherigen Texten angesprochene Themen noch einmal neu aufnimmt, auch wenn sie sich weitgehend auf die universitäre Phase beschränkt. Im vierten Abschnitt ihres Beitrags beschreibt sie den Stand der Forschung aus der Sicht der oben beschriebenen Wirksamkeitsfelder und gelangt dabei zu einigen interessanten Neubewertungen. Unter hochschulpolitischer Perspektive (4.1) weist sie mit Recht darauf hin, dass die Aufwertung der Lehrerbildung, die sich in einer Vielzahl von curricularen und strukturellen Reformen an den Hochschulen und Universitäten niederschlägt, nicht unmittelbar zu Verbesserungen führen muss. Aber die Komplexität und Unterschiedlichkeit der Systeme (modularisierte, polyvalente und/oder gestufte Studiengänge, staatliche und/oder universitäre Abschlüsse, integrierte oder additive, kurze oder lange Praxisphasen) steigt. Daraus erwächst ein Legitimations- und Evaluationsbedarf, der angesichts der Geschwindigkeit der Veränderung der Lehrerbildungssysteme vermutlich niemals gedeckt werden kann – das Perpetuum mobile der Lehrerbildungsforschung. Unter der curricularen Perspektive (4.2) könne man dem oben zitierten Programm von Czerwenka & Nölle (in diesem Kapitel) zustimmen, da eine stärkere Integration von theoretischem Wissen und praktischen Erfahrungen positive Effekte zeige. Das könne durch Laborerfahrungen verschiedener Art (z.B. Microteaching, Rollenspiele oder Peer-Teaching) initiiert werden. „Die bisherigen Studien verdeutlichen das Potenzial solcher Lernsettings, das sich aber nur unter bestimmten Qualitätsmerkmalen entfaltet. Dazu gehören die Verknüpfung dieser Laborerfahrungen mit der didaktischen Ausbildung, die systematische Verbindung verschiedener Erfahrungsmöglichkeiten, der Fokus auf verstehendes Lernen anstelle des Eintrainierens bestimmter Verhaltensmuster, die Transparenz der angestrebten Lernziele, ein qualitativ hochwertiges Feedback und eine gezielte Unterstützung des Transfers der Erkenntnisse in den Schulalltag." (Hascher, in diesem Kapitel, S. 553) Aus der individuellen Perspektive (4.3) kann Kompetenzentwicklung aber auch von subjektiven Überzeugungen abhängen. „Generell gilt es zu berücksichtigen, dass Kompetenzentwicklung in erster Linie vom Subjekt abhängt. [...] So scheint die Lehrerbildung vor allem dann wirksam zu sein, wenn eine Passung mit den subjektiven Theorien und Einstellungen der Studierenden vorliegt" (Hascher, in diesem Kapitel, S. 554)." Betrachtet man Outcome aus der Berufsfeldperspektive (4.4), dann scheint eine große Nähe des Studiums zum Praxisfeld aber auch negative Effekte zu haben, selbst dort, wo die subjektiven Überzeugungen der Studierenden das erwarten. „Während Reformvorschläge aus der Sicht der Studierenden stets mehr schulpraktische Erfahrungen einfordern und aktuelle Entwicklungen auch in diese Richtung zielen, geben empirische Studien Grund zum Zweifel, dass dies den Königsweg der Verbesserung der Lehrerbildung darstellt." (Hascher, in diesem Kapitel, S. 554). Unter gesellschaftlicher Perspektive (4.5) werden vor allem Zukunftstrends (z.B. Multikulturalität, Medien- und Kommunikationstechnologien) verhandelt, für die es zwar Programme gibt, deren Wirkungen aber stets ungewiss und empirisch schwierig zu erforschen sind. Man könnte hier ergänzen, dass die Herausforderung der inklusiven Schule im vorliegenden Band noch weitgehende unberücksichtigt bleibt, in späteren Auflagen aber sicherlich einige zusätzliche Kapitel generieren sollte.

Die Uneindeutigkeit oder sogar Widersprüchlichkeit der Befunde, die im vierten Abschnitt diskutiert wird, ist nicht der Autorin dieses Beitrags anzulasten, denn sie macht durch ihren Kunstgriff der analytischen Trennung von Perspektiven auf ein Grundproblem der gegenwärtigen Forschungslage aufmerksam. Forschungen zur Lehrerbildung ordnen sich nicht in eine Gesamtperspektive ein, die Einzelbefunde im Kontext der gesamten Forschungslage relativieren könnte, sondern bearbeiten die individuellen Problemlagen von Akteuren, die in unterschiedlichen curricularen oder institutionellen Teilsystemen agieren. Die Perspektiven der Fachdisziplinen und Institutionen, die Lehrerbildungsforschung betreiben, nehmen Einfluss auf die theoretischen Annahmen, die Anlage der Studien und die Interpretation der Ergebnisse. Das kann man aus der Sicht der Forscher für einen Vorteil halten, weil Ausdifferenzierung mit Wachstum einhergeht. Widersprüchliche Befunde und gegensätzliche Interpretationen sind dann kein Anlass zum Perspektivwechsel, sondern wirken als eine Aufforderung zur Etablierung neuer Teildisziplinen mit zusätzlichen Perspektiven mit beliebig erweiterbaren Modellen. Im Unterschied zu anderen Forschungsfeldern und Disziplinen fehlen starke, konkurrierende Theorien, die der Forschung Orientierung geben.

Aus Sicht der Akteure in der Lehrerbildung ist mit dem widersprüchlichen Bild der Befunde jedoch auch eine Befürchtung verbunden: Wenn Forschung keine Evidenz für die erhoffte Wirkung von Programmen erzeugen kann, warum sollte man dann nicht in erster Linie nach anderen, z.B. ökonomischen Kriterien Programme bewerten? Das ist aus meiner Sicht der Kern der Debatte zwischen „Deregulieren" und „Professionalisieren" in den USA. Die Akzeptanz eines Programms der Lehrerbildung durch die Akteure ist eine Voraussetzung für seine Durchführung, aber sie legitimiert nicht das Programm und sie sorgt nicht für dessen Finanzierung. In den Ausführungen der meisten Autoren dieses Kapitels erkenne ich als Antwort auf diese Herausforderung ein klares Plädoyer für mehr Evaluation. Evaluationsforschung ist Auftragsforschung und sollte aus großer Distanz Hemmnisse, Prozeduren, erwünschte und unerwünschte Effekte von Maßnahmen objektiv beurteilen. Dazu müssen die Intentionen und die Erfolgskriterien einer Maßnahme von den Auftraggebern vorab klar definiert worden sein. Evidenz ist ein Korrelat der Intention. Vermutlich führt aber – wenn man weitere Zirkelschlüsse und den „reign of error"

(R. K. Merton) der forschenden Interessengruppen vermeiden will – kein Weg daran vorbei, eine Art von „Gewaltenteilung" in der Forschung zu etablieren, die in anderen Bereichen der Evaluationsforschung längst üblich ist. Es ist hinderlich, dass Evaluationsforschung, Grundlagenforschung und der zu beforschende Gegenstand selbst – die Lehrerbildung – in der gleichen Institution angesiedelt sind. Eine organisatorische Konsequenz könnte darin liegen, Institute für die Evaluation von Bildungseinrichtungen unabhängig von der Lehrerbildung zu etablieren.

Literatur

Levine, A. (2006). Educating school teachers. URL: http://www.edschools.org/pdf/Educating_Teachers_Report.pdf. (Download vom 12.4.2010).

Rossi, P.H., Freeman, H.E. & Lipsey, M.W. (1999). *Evaluation: A systematic approach.* London: Sage Publication.

Schuler, H. & Höft, S. (2004). Diagnose beruflicher Eignung und Leistung. In H. Schuler, H. (Hrsg.), Lehrbuch *der Organisationspsychologie* (S. 289-344). Bern: Huber Verlag.

Wottawa, H. & Thierau, H. (2003): *Lehrbuch Evaluation* (3. Auflage). Bern: Hans Huber.

Forschung zu Lehrerkognitionen, -emotionen und -kompetenzen

Georg Hans Neuweg

Das Wissen der Wissensvermittler

Problemstellungen, Befunde und Perspektiven der Forschung zum Lehrerwissen

1. Einführung und Übersicht

Welches Wissen brauchen Lehrer? In welcher Form brauchen sie es, damit Unterrichten gekonnt und nicht nur „gewusst" wird? Und wo und wie wird es erworben? Mit diesen Leitfragen steckt die Forschung zum Lehrerwissen ein sehr weites Problemfeld ab. Dies gilt sowohl (a) hinsichtlich der Wissens*bereiche* als auch (b) hinsichtlich des Wissens*begriffs*.

(a) „Lehrerwissen" schließt, selbst wenn man das Aufgabenspektrum des Lehrers auf die Kernfunktion des Unterrichtens einschränkt, *Fachwissen* einerseits und *didaktisch-pädagogisches Wissen* andererseits ein. Damit ist traditionell auch die Frage nach der relativen Bedeutsamkeit der beiden Wissenssäulen in der Ausbildung und für das professionelle Selbstverständnis verbunden.

Während Lehrstoffkenntnis – zumindest für Gymnasiallehrer – seit je als zentraler Bestandteil des Lehrerwissens gilt, setzt das Interesse am Lehrerwissen im heutigen, umfassenden Sinne erst Mitte der 1980er Jahre ein (vgl. Bromme, 1997; Munby, Russell & Martin, 2001). Bis etwa 1970 gilt Lehrerkönnen im Wesentlichen als Funktion von Fachkompetenz und Persönlichkeit. Das Prozess-Produkt-Paradigma (zum Ertrag vgl. Brophy & Good, 1986; Rosenshine & Stevens, 1986) rückt dann zwar die Erlernbarkeit kompetenten Lehrerhandelns in den Blick, fasst Können aber sehr verhaltensnah und atomistisch. Erst der Befund, dass Lehrerverhalten in Abhängigkeit von Kontextbedingungen unterschiedlich wirkt und effektives Lehrerhandeln sich daher durch Adaptivität und Flexibilität auszeichnet, lenkt den Blick auf die Lehrerkompetenzen, über die situationsgerechtes Verhalten immer neu erzeugt wird: „Judgment, rather than behavior, is the essence of teaching" (Shulman, 1987b, S. 478). Nicht äußere, isoliert erfasste Lehrerverhaltensweisen interessieren fortan, sondern der „Lehrer als Experte" (Bromme, 1992; Kunter, in diesem Band).

Damit verbindet sich die Überzeugung, dass für das Verständnis kompetenten Verhaltens die Analyse und Modellierung der Lehrerkognitionen (programmatisch Clark & Peterson, 1986) wesentlich ist. Der Blick fällt auf die mentale Innenseite des Könnens (Leinhardt & Greeno, 1986). Rasch wird außerdem klar, dass die Frage nach der „knowledge base" des Lehrers in ihrer vollen Breite zu stellen ist. Hatte man sich nämlich im Prozess-Produkt-Paradigma noch lehrinhaltsunabhängig auf die Suche nach effektivem Lehrerverhalten gemacht, so wird nun thematisch, wie Stoff- und Vermittlungswissen im Kopf des Lehrers zusammenfinden. Denn die bewussten Kognitionen erfahrener Lehrer beziehen sich, wenn keine außergewöhnlichen Schwierigkeiten in der Klassenführung auftreten, wesentlich auf den „Stoff". Vor allem die Arbeiten von Shulman und für den deutschen Sprachraum von Bromme (Shulman, 1986, 1987a; Bromme, 1992) haben die Bedeutung und Vielschichtigkeit des Fachwissens und des fachdidaktischen Wissens nachhaltig ins Bewusstsein der Lehrerwissensforschung gerückt.

(b) Die Lehrerwissensforschung bildet die Scharnierstelle zwischen Lehrerbildungs- und Lehrerkompetenzforschung; „Lehrerwissen" ist zu einem Fokusbegriff geworden, in dem das Interesse am Lernen, am (expliziten) Wissen *und* am Können von Lehrern zueinanderfinden. Dadurch wird das Wissenskonzept mehrdeutig (vgl. dazu auch Fenstermacher, 1994). Der Diskurs changiert, ohne dass dies immer deutlich gemacht würde, zwischen drei Bedeutungen des Wortes „Lehrerwissen“.

Wissen 1: Der Begriff bezeichnet häufig das kodifizierte, mehr oder weniger systematische und insbesondere in der Ausbildung anzueignende *Professionswissen* von Lehrern *(Wissen im objektiven Sinne*, „Wissen im Buch“, „Welt-3“-Gegenstand sensu Popper, 1995). Anders als das Konzept der Lehrerpersönlichkeit (Mayr, 2006; Mayr & Neuweg, 2006; Mayr, in diesem Band) nämlich ist das Konzept des Lehrerwissens programmatisch der Annahme der Didaktisierbarkeit (und in Abgrenzung zu kunsthandwerklichen Modellvorstellungen vom Lehrerberuf auch der Annahme der Akademisierbarkeit) des Expertiseerwerbs verpflichtet. So wird verständlich, warum die Wissensbasis von Lehrern immer wieder über Ausbildungsbereiche (v.a.: Fach, Fachdidaktik, Bildungswissenschaften) modelliert wird, für die es in Studienplänen, nicht notwendig aber auch im Kopf des erfahrenen Unterrichtspraktikers unmittelbare Entsprechungen gibt.

Ein gleichsam über „das Buch“ gefasster Wissensbegriff hat den Vorteil, dass sich Wissen nicht nur klar von Können, sondern auch von den drei anderen „Emergenzbedingungen pädagogischer Könnerschaft“ (Neuweg, 2005a) abgrenzen lässt: (1) von relativ stabilen Persönlichkeitseigenschaften, (2) von der Erfahrung und (3) von Prozessen der reflexiven Auseinandersetzung mit der eigenen Person, den eigenen praktischen Erfahrungen und den Angeboten expliziten Wissens.

Wissen 2: Lehrerwissen ist zweitens ein psychologisches Konstrukt. Die *kognitiven Strukturen* von Lehrern (*Wissen im subjektiven Sinne* als mentales Phänomen, „Wissen im Kopf“, „Welt-2“-Gegenstand sensu Popper, 1995) gelten als Ergebnis von Lernen einerseits, als innere Erzeugungsgrundlage für kompetentes Verhalten andererseits. Typisch für dieses Begriffsverständnis ist die Verwendung von Termini aus der psychologischen Fachsprache (z.B. Schema, Skript, deklaratives und prozedurales Wissen). Wieweit kognitive Strukturen sich in ihren Inhalten, in ihrem Aufbau und im Format ihrer Repräsentation vom Wissen im objektiven Sinne (Wissen 1) unterscheiden, ist eine der bedeutsamsten Forschungsfragen in der Lehrerexpertenforschung (s. dazu unten Abschn. 3).

Lehrerwissen im subjektiven Sinne ist ein Begriff mit sehr unscharfen Rändern. Zum ersten erweitert sich der Wissensbegriff, weil die an „Wissen 1“ anzulegenden Standards (z.B. Wahrheit, Wahrheitsfähigkeit, Begründbarkeit, Systematik) keine relevanten Einschlusskriterien für Mentales sind. Beispielsweise umgreifen kognitive Strukturen auch subjektive Theorien, Denkstile und epistemologische Überzeugungen (Krauss & Bruckmaier, in diesem Band) sowie professionelle Werthaltungen und entstehen über komplexe Prozesse der Transformation und Vernetzung von Informationen aus unterschiedlichsten Wissensquellen. Zum Zweiten interessiert die Lehrerforschung vor allem das Wissen in Aktion, wodurch die Grenze zum Konzept des Denkens und zur handlungstheoretischen Forschung unscharf wird (vgl. bspw. den Begriff des „strategischen Wissens“ bei Shulman, 1986 oder die Operationalisierung von Wissen durch zunehmend handlunsnähere Aufgaben in der jüngeren empirischen Forschung zum Lehrerwissen). Zum Dritten: Zuschreibungsbedingung für Wissen im alltagssprachlichen Sinne wäre, dass ein Lehrer Antworten auf einschlägige direkte Fragen geben kann. Das kann er in der Regel zwar im Bereich des Fachwissens. Für die übrigen Bereiche aber gilt: „Teachers themselves have difficulty in articulating what they know and how they know it“ (Shulman, 1987a, S. 225) – ihr Wissen ist in hohem Maße implizit (Bromme, 1992, S. 121ff.; Neuweg, 2002, 2005c). Damit wird die Grenze zum Können unscharf.

Wissen 3: „Wissen“ wird häufig zur dispositionalen (nicht kausalen!) „Erklärung“ (eigentlich: Beschreibung und Vorhersage) von Verhalten verwendet. Dass beispielsweise ein Lehrer eine Klasse zu führen „weiß“, bedeutet dann, dass er sie führen *kann*. Ihm „Wissen“ zuzuschreiben, heißt, ihm eine Verhaltensdisposition zuzuschreiben: Er „weiß, wie es geht“ – in dem

Sinne, dass er es demonstrieren kann; nicht notwendigerweise muss er es verbalisieren können (Ryle, 1949/1990). Derartige Wissenszuschreibungen können sehr elaboriert sein (typisch bspw. Leinhardt & Greeno, 1986). Beim Lehrerwissen in diesem Sinne handelt es sich aber nicht um das Wissen des Lehrers, sondern um das Wissen des Forschers, der die Logik des *Handelns* (!) von außen rekonstruiert (vgl. dazu die scharfsinnige Analyse von Bromme, 1992, S. 128ff.). Die Grenze zum *Können* wird hier aufgegeben – manchmal bewusst (vgl. bspw. „knowing-in-action" bei Schön, 1983), häufig aber unbemerkt.[1]

Abbildung 1 setzt die dargestellten drei Bedeutungskomplexe in Beziehung. (Insbesondere die universitäre) Lehrerbildung beruht auf der Annahme, dass über die Nutzung von Lerngelegenheiten zur Aneignung expliziten Professionswissens („Wissen 1") die kognitiven Strukturen angehender Lehrer („Wissen 2") in einer wünschenswerten Weise beeinflusst werden können. Diese wiederum gelten – neben anderen Einflussfaktoren[2], bspw. motivationalen Orientierungen, Emotionen und Selbstregulationsfähigkeiten – als Erzeugungsgrundlage für kompetentes Handeln, das die Bedeutsamkeit der Ziele und Inhalte, die Effizienz des Unterrichts und das Lernklima (Kramis, 1990) und damit die Lernprozesse von Schülern beeinflusst. Im beobachtbaren Handeln des Lehrers schließlich manifestiert sich sein Können („Wissen 3"), das aus konkreten Handlungsepisoden verstehend rekonstruiert werden muss.

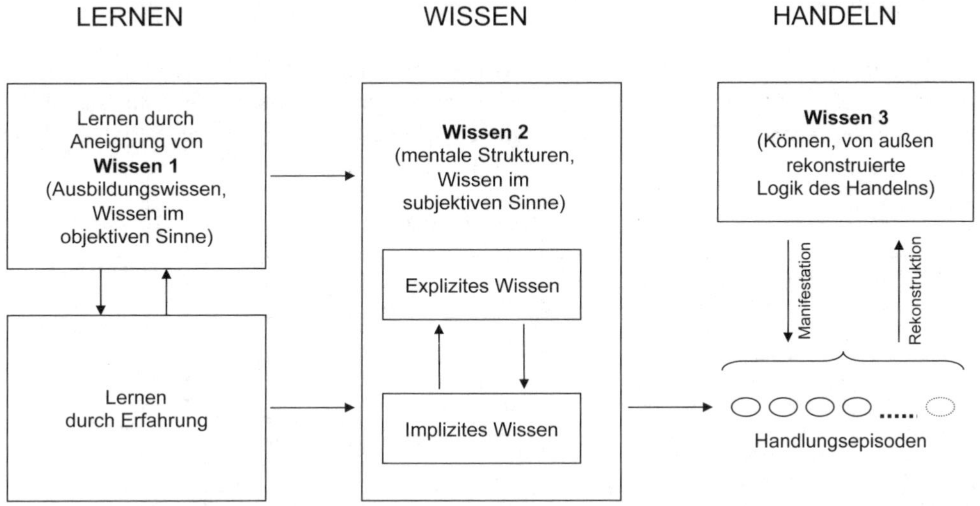

Abbildung 1: Konzepte des „Lehrerwissens"

Die Breite, in der der Wissensbegriff verwendet wird, hat den Vorteil, dass Ausbildungsebene, intermittierende Ebene (kognitive Strukturen) und lehrerbildungsdidaktische Zielebene (Verhalten im Klassenzimmer) in den Blick genommen werden. Wo alles „Wissen" genannt wird,

1 So ist zum Beispiel der Satz „Prozedurales Wissen stellt [...] diejenige Wissensform dar, die besonders handlungsrelevant ist" (Blömeke, Felbrich & Müller, 2008, S. 174) tautologisch wahr. Methodologisch äußerst umstritten ist, ob es überhaupt sinnvoll ist, „prozedurales" bzw. „implizites" Wissen als eine von „Wissen 3" (vom Können) unterscheidbare Entität aufzufassen und als Element von „Wissen 2" anzusetzen (vgl. näher Neuweg, 2000a, 2004a mit Blick auf das ockhamsche Sparsamkeitsprinzip).

2 Zur Einbettung des Wissens in ein Strukturmodell professioneller Handlungskompetenz vgl. Baumert & Kunter (2006) und die Modifikation bei Lehmann-Grube & Nickolaus (2009).

besteht aber auch die Gefahr, dass die Bruchstellen zwischen den Ebenen nicht hinreichend in den Blick geraten: Schon die Beziehung zwischen „Wissen 1" und „Wissen 2" ist komplex, weil Ausbildungswissen im Prozess der persönlichen Aneignung wesentliche Transformationen erfährt und die mentalen Strukturen von Lehrern vor allem im nicht-fachbezogenen Bereich massiv auch durch nonformelle Lernprozesse vor, während und nach der Ausbildung geformt werden. Die Beziehungen zwischen „Wissen 1" und „Wissen 3" werden traditionell und ohne dass ein Ende abzusehen wäre, als Theorie-Praxis-Problem, jene zwischen „Wissen 2" und „Wissen 3" in jüngerer Zeit zunehmend als Problem des Verhältnisses von Wissen und Können erkannt.

Im Folgenden wird der Wissensbegriff in der dargestellten Breite aufgenommen. Dabei soll die Unterscheidung zwischen (explizitem) Wissen und Können als zentrales Forschungsproblem aber deutlich bleiben. In Abschnitt 2 werden Bereiche des Lehrerwissens unterschieden. Abschnitt 3 nimmt die Repräsentation des Lehrerwissens und damit die mentalen Strukturen von Lehrern in den Blick. Abschnitt 4 widmet sich der komplexen Beziehung zwischen explizitem Wissen und Können. Fazit und Ausblick in Abschnitt 5 beschließen die Ausführungen.

2. Inhaltsbereiche des Lehrerwissens

2.1 Überblick

Zwei Beiträge von Shulman (1986, 1987a) markieren den Startpunkt einer intensiven Diskussion um Lehrerwissen nicht nur im englischen, sondern bald auch im deutschen Sprachraum. Sie liefern Aufgliederungen des Lehrerwissens, die die Forschung bis heute orientieren. Tabelle 1 gibt eine Übersicht in enger Anlehnung an Shulman (1986) und Bromme (1992).

Tabelle 1: Bereiche des Lehrerwissens (Erläuterungen im Text passim)

Fachbezogenes Wissen					Fachindifferentes Wissen (general pedagogical knowledge)
Fachwissen (subject matter knowledge)			Fachdidaktisches Wissen		
Inhaltswissen (content knowledge, CK)	Wissenschaftstheoretisches Wissen (substantive and syntactic knowledge)	Philosophie des Faches (beliefs about subject matter)	Pädagogisches Inhaltswissen (pedagogical content knowledge, PCK)	Curriculares Wissen (curricular knowledge)	
Objektwissen (deklarativ und prozedural)	*Metawissen („going beyond knowledge of the facts or concepts", Shulman 1986), z.B. Struktur der Disziplin, Paradigmen, Methodologie*	*„bewertende Perspektive auf den Inhalt" (Bromme, 1992), oft implizite Vorstellungen vom Wesentlichen am Fach, „beliefs about subject matter" (Grossman, Wilson & Shulman, 1989)*	*„particular form of content knowledge that embodies the aspects of content most germane to its teachability" (Shulman, 1986), insbes. lernförderliche Wissensrepräsentation, typische Aneignungsschwierigkeiten von Schülern*	*Kenntnis der Lehrpläne und Unterrichtsmaterialien einschließlich der Fähigkeit zur Bewertung ihrer Reichweite*	*z.B. Theorie der Schule, Bildungstheorie und Erziehungsphilosophie, Entwicklungs- und Lernpsychologie, Allgemeine Didaktik und Methodik, Technik der Klassenführung, fachübergreifende Aspekte der pädagogischen Diagnostik und Leistungsbeurteilung, Lehrerberuf und Professionalität*

Neben der theoretischen und vor allem empirischen Aufklärung der inhaltlichen Struktur des Lehrerwissens (unterscheidbare Bereiche und Beziehungen zwischen diesen Bereichen) interessiert vor allem die Wirkungskette, die von den (1) angebotenen Lerngelegenheiten über die (2) Lernprozesse der (angehenden) Lehrer und (3) ihr Wissen in den einzelnen Bereichen zur (4) Unterrichtsgestaltung und schließlich (5) zu den Lernprozessen der Schüler führt. Die methodischen Herausforderungen bei der Analyse dieser Wirkungskette sind beträchtlich. Die in Tabelle 1 dargestellten Wissensbereiche können als Facetten des Ausbildungswissens („Wissen 1"), als Teilbereiche mentaler Strukturen („Wissen 2") oder als Facetten des Könnens („Wissen 3") aufgefasst werden (wobei die Annahme einer Kompartmentalisierung der Bereiche dabei zunehmend unplausibler wird). Entsprechend kommen unterschiedlich handlungsnahe Prädiktorvariablen in Betracht, wenn man das Unterrichtsverhalten des Lehrers oder gar den Lernerfolg der Schüler vorhersagen will. Indirekt („distal") kann Wissen (über das Ausmaß der Begegnung mit „Wissen 1") über Ausbildungsmerkmale oder Prüfungsleistungen in der Ausbildung (z.B. Ausbildungsdauer, Niveau des Abschlusses, Zahl der belegten einschlägigen Kurse, Notendurchschnitte) bestimmt werden. Als „Wissen 2" kann Wissen in abstrakter Form durch Befragung erfasst oder aber über situierte Aufgaben getestet werden; gleichsam als Wissen in Aktion lässt es sich außerdem durch eine Analyse von Denkprozessen in situ, vor allem im Rahmen der Unterrichtsplanung, aber auch durch stimulated recall, rekonstruieren. Das fachdidaktische und allgemeinpädagogische Wissen lässt sich außerdem als „Wissen 3" durch Beobachtungen im Unterricht oder an sehr unterrichtsnahen Problemstellungen rekonstruieren. Die Grenzen zwischen Wissens- und Kompetenzdiagnostik (vgl. dazu den Überblick bei Schaper, 2009) verschwimmen dabei zusehends.

Als grundsätzliches Dilemma zeichnet sich ab: Es sind umso ausgeprägtere Zusammenhänge und umso feinziseliertere Aussagen über die Art dieser Zusammenhänge zu erwarten, je enger die analysierten Variablen in der Wirkungskette benachbart sind. Beispielsweise sind zwischen dem formalen Ausbildungsniveau des Lehrers und dem Lernzuwachs seiner Schüler deutlich geringere Korrelationen zu erwarten als zwischen seinem direkt gemessenen, unterrichtsbezogenen Fachwissen und der Klarheit seines Vortrages im Unterricht. Für die Forschung zur Wirksamkeit der Lehrerbildung (vgl. Hascher, in diesem Band) hat das einschneidende Konsequenzen: Zwischen formellen Lerngelegenheiten und ausbildungsnah gemessenem „Lehrerwissen 2" sind enge Zusammenhänge zu erwarten; als Wirksamkeit der Lehrerbildung können diese aber nur mit Vorbehalt interpretiert werden, weil die prädiktive Kraft des so gemessenen Wissens in Bezug auf „Lehrerwissen 3" beschränkt ist. Erfasst man umgekehrt „Wissen 3" und damit eigentlich Können an sehr unterrichtsnahen Problemstellungen, so sind Zusammenhänge mit dem Unterrichtsverhalten nahezu gesichert. Rückschlüsse auf die Wirksamkeit der Ausbildung und Schlussfolgerungen für ihre Gestaltung werden aber wiederum schwieriger, weil unklar ist, wo und wie die betreffende Person das gemessene „Wissen" (eigentlich: Können) angeeignet hat.

Die Forschungslage ist gegenwärtig noch sehr unbefriedigend. Der Großteil der Untersuchungen stammt aus dem angloamerikanischen Raum, insbesondere aus den USA, betrifft hauptsächlich die Bereiche Mathematik und, mit großem Abstand, Naturwissenschaften und weist teils erhebliche methodische Mängel (vgl. dazu die Kritik der Abell Foundation, 2001), insbesondere geringe Stichprobenumfänge, auf. Dies wirft nicht nur Rückfragen an die Generalisierbarkeit der Befunde[3] generell und besonders auf andere Länder und Fächer auf. Reviews

3 Ein grundsätzliches Problem besteht wie überall so auch hier darin, dass umfängliche quantitative Studien oft sehr ertragsarm sind, während sich qualitativ angelegte Fallstudien regelmäßig als ertragreich, dafür aber als nicht oder nur sehr eingeschränkt generalisierbar erweisen.

zeichnen zudem mit Blick auf die Gesamtaussage ein ausgesprochen unübersichtliches und widersprüchliches Bild (Darling-Hammond, 2000; Abell Foundation, 2001; Wilson, Floden & Ferrini-Mundy, 2001; Wilson & Floden, 2003; Wayne & Youngs, 2003; Blömeke, 2004; Cochran-Smith & Zeichner, 2005; Lipowsky, 2006; Kennedy, Ahn & Choi, 2008).

Wenig ertragreich und prinzipiell problematisch ist vor allem die bislang dominierende Strategie, das Wissen der Lehrkräfte über Ausbildungsmerkmale, nicht aber direkt zu erfassen. Die dann aufgefundenen (oder vermissten) Effekte auf Lehrerhandeln bzw. Schülerleistungen konfundieren in untrennbarer Weise die Bedeutung einzelner Wissensbereiche mit der Qualität, in der das jeweilige Wissen in der Ausbildung tatsächlich angeeignet werden konnte. Es handelt sich also eher um Studien zur Wirksamkeit der Lehrerbildung als um Befunde der Lehrerwissensforschung. Wichtig wäre aber gerade umgekehrt, jenes Lehrerwissen durch direkte Tests zu erhellen, das in bedeutsamer Weise auf Schülerleistungen durchschlägt, und zu fragen, wo und wie Lehrer dieses Wissen erwerben, insbesondere, inwieweit die bestehenden Ausbildungsangebote relevante Beiträge zu dessen Aufbau leisten. Im Rahmen von COACTIV (Sekundarstufenlehrer; Kunter et al., 2011), MT21 (angehende Sekundarstufenlehrer; Blömeke, Kaiser & Lehmann, 2008) bzw. der Nachfolgestudie TEDS-M (angehende Primar- und Sekundarstufenlehrer; Blömeke, Kaiser & Lehmann, 2010a,b) sowie durch die „Michigan-Forschergruppe" (Grundschullehrer; Hill, Rowan & Ball, 2005; für einen Vergleich der Herangehensweise dieser drei Arbeitsgruppen s. Krauss, Baumert & Blum, 2008) wurden direkte Tests entwickelt, die es erlauben, dieser Spur zu folgen.[4]

2.2 Fachwissen

Eine Reihe von Fallstudien stützt die intuitive Annahme, dass das Fachwissen des Lehrers in vielfältiger Weise auf den Unterricht durchschlägt. Inhalt und Tiefe des Fachwissens beeinflussen die Inhaltsauswahl durch den Lehrer, das Anspruchsniveau und das Ausmaß an Problemorientierung im Unterricht und seine Lehrbuchabhängigkeit (Grossman, Wilson & Shulman, 1989); Fachwissen beeinflusst die Fähigkeit, Schülerbeiträge fachlich angemessen zu bewerten und, auch in Form fruchtbarer Abschweifungen, in den Unterricht einzubinden (Hashweh, 1987); geringes Fachwissen beeinträchtigt die Qualität der Erläuterungen des Lehrers und die kategoriale Bildungswirkung des Unterrichts (Abstrahieren von speziellen Fällen, Aufbau eines allgemeineren Verständnisses, Sichtbarmachen von Verbindungen zwischen verschiedenen Stoffabschnitten) und führt zu einer direkteren Steuerung des Unterrichts sowie zu direkteren, einfacheren Fragen an die Schüler, die sich seltener und mit kürzeren Beiträgen zu Wort melden (vgl. Bromme, 1992, S. 93f. und 1997, S. 194f.; Borko & Putnam, 1996, S. 685f.; Baumert & Kunter, 2006, S. 492f., u. die dort jeweils angegebenen Literaturhinweise).

Lehrer erwerben ihr fachliches Wissen vorwiegend in ihrem Fachstudium.[5] An Ausbildungsmerkmalen orientierte Indikatoren für das Fachwissen von Lehrern korrelieren allerdings nicht oder eher schwach mit den Lernleistungen der Schüler (vgl. bspw. Begle, 1972; Eisenberg, 1977; Druva & Anderson, 1983; Grossman, Wilson & Shulman, 1989, S. 25f.; Monk, 1994). Dieses Phänomen wird gelegentlich damit erklärt, dass möglicherweise bereits relativ geringe Fach-

---

4 Die allesamt auf den Bereich Mathematik bezogenen Studien ergänzen einander in fruchtbarer Weise. MT 21 und TEDS-M studieren Wissen als von der Ausbildung abhängige Variable, während Wissen in COACTIV die unabhängige Variable darstellt, die auf Unterrichtsmerkmale und Schülerleistungen wirkt. Erste Testentwicklungen mit explorativem Charakter wurden im Rahmen von TEDS-LT auch für die Bereiche Deutsch und Englisch vorgelegt (Blömeke et al., 2013).

5 Eine Ausnahme bildet möglicherweise die Philosophie des Faches, für die plausibel ist, dass sie im pädagogischen Feld wesentlich modifiziert oder vielleicht überhaupt erst dort klar konturiert wird.

kenntnisse ausreichen, um wirksam Unterricht zu halten (Begle, 1972), und darüber hinaus reichende Fachkenntnisse die Unterrichtsqualität nicht mehr verbessern (sog. „Deckeneffekt", vgl. Monk, 1994), oder dass hohe Fachkompetenz die didaktische Reduktion erschwert (Rowan, Correnti & Miller, 2002, S. 1541). Außerdem können Kenntnismängel vermutlich durch andere pädagogische Fähigkeiten zum Teil kompensiert werden, ja selbst erhebliche Mängel im Fachwissen schließen hohes fachdidaktisches Können (Krauss et al., 2008b) und weit überdurchschnittliche Lernzuwächse der Schüler (Leinhardt & Smith, 1985) offenbar nicht aus. Bromme (1992, S. 93) relativiert zudem den Vorwurf einer geringen Varianzaufklärung mit Verweis darauf, dass dies mit Ausnahme der Schülervorkenntnisse wohl für alle Einzelvariablen gilt, die in der Lehr-Lern-Forschung als Prädiktoren für Schülerleistungen herangezogen werden.[6]

Vor allem aber setzt sich zunehmend die Annahme durch, dass Zusammenhänge zwischen Fachwissen und Unterrichtserfolg dann nicht deutlich werden, wenn „das Fachwissen nur durch Merkmale der universitären Ausbildung, aber nicht konkret anforderungsbezogen" erfasst wird (Bromme, 2008, S. 164; für einen empirischen Hinweis vgl. Riese & Reinhold, 2010). Weil Schulfächer einen eigenen Wissenskanon bilden, der das Wissen aus den Bezugsdisziplinen nicht einfach vereinfacht und selegiert, sondern auch transformiert (Bromme, 1992, S. 96f.; 1995, S. 107; 1997, S. 196; vgl. auch Grossman, Wilson & Shulman, 1989, S. 24), muss Schulstoffwissen schon inhaltlich als spezielle Form des Fachwissens gelten. Insbesondere aber stellt Unterrichten spezielle Anforderungen an die Qualität des Fachwissens, weil selbst verstehen und nicht bloß wissen muss, wer anderen etwas verständlich machen will. Distale Maße des Fachwissens sind also schon deshalb sehr problematisch, weil die bloße Zahl einschlägiger Kurse kein Indikator für tiefes Verstehen ist (Floden & Meniketti, 2005, S. 270ff.).

Weil das unterrichtsrelevante Kernwissen durch die Fachausbildung quantitativ und qualitativ sehr unterschiedlich abgedeckt wird, sind direkte Messungen des Fachwissens angezeigt. Diese Vorgangsweise wurde beispielsweise in COACTIV gewählt.[7] Vermittelt über das fachdidaktische Wissen, mit dem es hoch korreliert, und über Merkmale der Unterrichtsgestaltung erweist sich das Fachwissen von Mathematiklehrern als für die Schülerleistungen „substantiell bedeutsam" (Baumert & Kunter, 2006, S. 496), vermutlich, weil es Voraussetzung für den Erwerb fachdidaktischen Wissens ist (Kunter & Baumert, 2011, S. 347). Die Auffassung, Fachwissen sei eine notwendige, wenn auch nicht hinreichende Bedingung für guten Unterricht (Monk, 1994; Reinhold, 2004; Baumert & Kunter, 2006), kann als weitgehend konsensfähig gelten. Sie ist mindestens für Deutschland (und wohl auch Österreich) nicht ohne Brisanz, weil die fachwissenschaftliche Ausbildung und Kompetenz der nicht-gymnasialen Lehrkräfte, die mit schwächeren und auf lernwirksamen Unterricht besonders angewiesenen Schülern arbeiten, hinter jener der gymnasialen Lehrkräfte zurückbleibt (Krauss et al., 2011, S. 152f.; Baumert & Kunter, 2011b, S. 185f.).

6 Beispielsweise zeigt eine Meta-Analyse von 65 Studien zum Naturkundeunterricht, dass die Anzahl der im Studium belegten Kurse in Naturwissenschaft (immerhin) etwa 10 % der Varianz der kognitiven Schülerleistungen aufklärt (Druva & Anderson, 1983).

7 Dabei wurden vier Ebenen des Fachwissens unterschieden (Krauss et al., 2008a, S. 237): (1) Alltagswissen, wie es jeder Erwachsene besitzen sollte, (2) Schulstoffbeherrschung auf dem Niveau des durchschnittlichen bis guten Schülers, (3) tieferes Verständnis des Schulstoffes und (4) vom Schulstoff entkoppeltes universitäres Forschungswissen. Das Fachwissen wurde in Orientierung an Kleins (1928) Konzeption einer „Elementarmathematik vom höheren Standpunkt" auf Ebene 3 erfasst.

2.3 Fachdidaktisches Wissen

Das Fachwissen des Lehrers kann nur vermittelt über seine Handlungen im Unterricht auf den Lernerfolg der Schüler wirken. In diesen Handlungen kommt ein komplexes Können zum Ausdruck, das regelmäßig als fachdidaktisches Wissen bezeichnet wird. Shulman charakterisiert es als „special amalgam of content and pedagogy that is uniquely the province of teachers, their own special form of professional understanding" (Shulman, 1987a, S. 227). Es entsteht durch aktive Konstruktions-, Integrations- und Transformationsleistungen des Lehrers und variiert vermutlich interindividuell stark (Bromme, 1992, 1995). Fachwissen, Erfahrungen in der Schüler- und Studentenrolle, psychologisch-pädagogische und allgemein- wie fachdidaktische Kenntnisse, eigene Unterrichtsplanungs- und Unterrichtserfahrungen (Hashweh, 2005) und die allgemeine kognitive Leistungsfähigkeit (Blömeke et al., 2008a, S. 127f.) verbinden sich zu einer Kompetenz, für die vergleichsweise starke und direkte Effekte auf die Lernleistungen der Schüler zu vermuten sind.

Mit *pedagogical content knowledge* und *curricular knowledge* unterscheidet Shulman (1986, 1987a) zwei Komponenten fachdidaktischen Wissens. *Pedagocial content knowledge (PCK)* steht für die Kompetenz zur verständlichen Lehrstoffdarbietung unter virtuoser Berücksichtigung der Schülerkognitionen und zerfällt bei Shulman entsprechend in zwei Facetten: in das Verfügen über ein breites Repertoire verständnisfördernder Repräsentationsformate für das Fachwissen zum einen (Analogien, Illustrationen, Beispiele, Erklärungen, Demonstrationen), in Wissen um die lernerleichternden oder -erschwerenden stoffbezogenen Kognitionen je bestimmter Lernergruppen zum anderen[8]. Nicht zuletzt aufgrund der Versäumnisse der Lehrerbildung in diesem Bereich führt Shulman als zweite Dimension fachdidaktischer Kompetenz das *curriculare Wissen (curricular knowledge)* an. Dieses ist, vergleichbar der Arzneimittelkenntnis des Mediziners, bestimmt als die Kenntnis von Curricula einschließlich der ihnen korrespondierenden didaktischen Materialien und Medien sowie um Indikationen und Kontraindikationen für ihren Einsatz in spezifischen Situationen. Hinzu tritt horizontales (was lernen die Schüler zeitgleich in anderen Fächern?) und vertikales curriculares Wissen (was wurde auf diesem Gebiet in den Vorjahren schon, was wird in den nächsten Jahren noch vermittelt?).

Vor allem das Konzept PCK hat sich als extrem anregend erwiesen (vgl. bspw. Bromme, 1995; Gess-Newsome & Lederman, 1999; Graeber & Tirosh, 2008) und bemerkenswerte Operationalisierungsanstrengungen stimuliert. Schon bei Shulman erfolgt die Beschreibung von PCK sehr verhaltensnah, sodass die Vermutung starker Effekte auf das Unterrichtsverhalten nahezu tautologisch richtig ist. In Übereinstimmung mit Shulmans handlungsnaher Beschreibung des fachdidaktischen Wissens operierten COACTIV, MT21 und TEDS-M mit situierten und damit sehr kompetenznahen Tests zur Erfassung fachdidaktischen „Wissens".[9] Sie messen im Grunde

8 Vgl. zu Letzterem das Konzept eines *knowledge of content and students* (KCS) bei Hill, Ball und Schillling (2008).

9 Die Binnenstruktur des mathematischen PCK wurde dabei unterschiedlich modelliert. Mit den Dimensionen „Erklären/Repräsentieren" und „Wissen über Schülerfehler und Schülerschwierigkeiten" folgt COACTIV Shulmans Konzept und ergänzt noch um „Wissen über das multiple Lösungspotenzial von Aufgaben". (Krauss et al., 2008a). MT 21 (Blömeke et al., 2008a, S. 51) differenziert „lehrbezogene Anforderungen" vor dem Unterricht von „lernprozessbezogenen Anforderungen" während des Unterrichts. TEDS-M folgt diesem Konzept und unterscheidet „Curriculares und planungsbezogenes Wissen" (z.B. Lehrplankenntnis, Lernzielbestimmung, Auswahl von thematischen Zugängen, Unterrichtsmethoden und Aufgaben) von „Interaktionsbezogenem Wissen" (z.B. Erklären, Bewerten von und Reagieren auf Schülerantworten) (Döhrmann, Kaiser & Blömeke, 2010, S. 175f.). Im Rahmen von TEDS-LT wurden Tests mit explorativem Charakter auch für deutsch- und englischdidaktisches Wissen entwickelt (Blömeke et al., 2011, 2013); diese messen aber weitaus ausbildungsnäher und weniger anforderungsnah. Dass nicht alle Items publiziert sind, erschwert generell die Interpre-

bereits fachdidaktisches *Können* und damit auch *implizites* fachdidaktisches Wissen, das in der akademischen Fachdidaktik in kodifizierter Form gar nicht vorliegen muss (Hill, Ball & Schilling, 2008, S. 378). Zu den bedeutsamsten Befunden (vgl. Krauss et al., 2008a, b; Kunter et al., 2011) gehört, dass Fachwissen und fachdidaktische Kompetenz negativ mit transmissiven (rezeptiven) und positiv mit konstruktivistischen lerntheoretischen Überzeugungen korrelieren, dass fachdidaktische Kompetenz kognitiv herausfordernden Unterricht (insbes. Einsatz anregender Aufgaben, Einfordern von Erklärungen und Begründungen) und eine adaptive Unterstützung der Schüler (z.B. Geduld, konstruktiver Umgang mit Fehlern) begünstigt, und vor allem, dass fachdidaktische Kompetenz den Leistungsfortschritt von Schülern vorhersagt.[10] Auch für die Grundschule konnte gezeigt werden, dass Qualität und Umfang des fachspezifisch-pädagogischen Wissens Effekte auf die Schülerleistungen in Mathematik hat (Hill, Rowan & Ball, 2005).

Die wichtige Frage, wo Lehrer ihr fachdidaktisches Können erwerben, lässt sich gegenwärtig nicht zuverlässig beantworten. Zu den interessantesten Befunden aus COACTIV gehört, dass berufserfahrenere Lehrkräfte weder über mehr Fachwissen noch über mehr fachdidaktisches Wissen verfügen (Brunner et al., 2006; Krauss et al., 2008b). Das kann darauf hindeuten, „dass das Wissen […] im Wesentlichen in der Ausbildung erworben wurde" (Krauss et al., 2008b, S. 245). Andererseits zeigt sich bei MT21 und TEDS-M, dass der Umfang an mathematikdidaktischen Lerngelegenheiten das Ausmaß mathematikdidaktischen Wissens nicht vorherzusagen vermag (Blömeke, Suhl, Kaiser, Felbrich & Schmotz, 2010; Blömeke, Kaiser & Döhrmann, 2011); auch gibt es Indizien dafür, dass „reine" Mathematiker in ihrem fachdidaktischen Können an Mathematik-Lehrer durchaus heranreichen (Krauss, Baumert & Blum, 2008; vgl. auch die Befunde zur fachdidaktischen Kompetenz von Quereinsteigern bei Kleickmann und Anders, 2011, S. 311f.) Fachdidaktisches Können könnte daher ebenso eine Funktion des Fachwissens und anderer, nicht-ausbildungsgebundener Faktoren sein (z.B. allgemeine kognitive Leistungsfähigkeit, Kreativität, Offenheit, Erfahrungen mit den eigenen Lehrern und dem eigenen Lernen).

2.4 Die implizite fachdidaktische Dimension des Fachwissens

Die konzeptionelle Unterscheidung zwischen Fachwissen und fachdidaktischem Wissen ist vermutlich der Einsicht geschuldet, dass der Lehrer sein Fachwissen didaktisch auch „auf den Boden bringen" muss und Fachwissen daher keine hinreichende Bedingung für fachdidaktische Kompetenz ist; auch ist sie Ausdruck einer Orientierung an den Komponenten der Lehrerbildung (z.B. Blömeke et al., 2008c, S. 67; Stancel-Piatak, Buchholtz & Schwippert, 2013, S. 32). Die Brüchigkeit der Unterscheidung wird aber mit Blick auf die Messung der fraglichen Wissensbestände rasch deutlich. Jeder Fachwissenstest nötigt die Versuchsperson zur Repräsentation des eigenen Wissens und wird daher auch vor dem Hintergrund konkreter Vorstellungen davon entwickelt, was als qualitätsvolle Repräsentation von Fachwissen gelten kann. Die Fähigkeit, das eigene Wissen darzustellen – ein Kernbestandteil fachdidaktischen Wissens –, lässt sich theoretisch wie praktisch also kaum vom „reinen" Fachwissen unterscheiden (Borko & Putnam, 1996, S. 691f.). Und umgekehrt ist die Fähigkeit, Wissen vermitteln zu können, ein zentraler Indikator für die Tiefe des Fachwissens, wie jeder Lehrer weiß, dem erst im Unterricht vollends deutlich wird, ob und wie gut er sein Thema beherrscht. Stellt man den Anspruch, dass Fachwissen nur

tation der Befunde. Durchgängig lassen thematische Spannweite und die Zahl der Items eine detaillierte Aufklärung der Faktorenstruktur von PCK nicht zu.

10 Fachdidaktisches Können kann auf Klassenebene knapp 40 % der Varianz der PISA-Mathematikleistung am Ende der Schulstufe 10 erklären (Krauss et al., 2008a).

wirklich verstanden hat, wer es vermitteln kann, dann wird mit der fachdidaktischen Kompetenz im Grunde immer auch zugleich die Tiefe des Verständnisses des Fachwissens gemessen[11].

Das empirisch ungeklärte Verhältnis zwischen Fachwissen und fachdidaktischem Wissen (bspw. Baumert & Kunter, 2006, S. 490) legen zunächst einen Blick auf die Datenlage nahe. Für den Bereich der Mathematik werden messfehlerbereinigte Korrelationen von etwa .80 zwischen Fachwissen und fachdidaktischer Kompetenz berichtet (Blömeke et al., 2008c, S. 69; Krauss et al., 2008b, S. 240; Krauss et al., 2008a, S. 722).[12] Zu fragen ist, ob dadurch die Unterscheidung zwischen Fachwissen und fachdidaktischer Kompetenz eher gestützt oder aber in Frage gestellt wird. Vor allem aber hängt das Ergebnis korrelations- bzw. faktorenanalytischer Untersuchungen von den zum Einsatz gebrachten Items und den darin zum Ausdruck kommenden Wissenskonzepten der Konstrukteure ab, was das Problem von der Empirie- wieder auf die Theorieebene rückdelegiert. So zeigen sich beispielsweise in den Bereichen Deutsch und Englisch nur mehr mittlere latente Zusammenhänge von etwa .40 bis .60 zwischen Fachwissen und fachdidaktischem Wissen, wenn Zweiteres weniger stoffnah und weniger anforderungsnah, aber dafür ausbildungsorientierter, ja teils auf dem Niveau des Erinnerns, erfasst wird (Blömeke et al., 2011, 2013).

Betrachtet man Shulmans normative Konzeption des Fachwissens und seine sehr hohen und komplexen Anforderungen an dieses Wissen näher (Shulman, 1986, 1987a; Grossman, Wilson & Shulman, 1989), wird jedenfalls sehr deutlich, dass schon dieses in gewisser Weise immer auch fachdidaktisches Wissen *ist*. Der Aspekt des *Inhaltswissens* (*content knowledge*) bezieht sich zum Beispiel nicht nur auf den Kenntnisumfang, sondern auch auf tiefes Verstehen: „To teach is first to understand" (Shulman, 1987a, S. 235); eingeschlossen sind auch die Kenntnis unterschiedlicher (und didaktisch situationsgerecht zu wählender) Formen der inneren Organisation des Fachwissens, die Fähigkeit, Zentrales von Peripherem zu unterscheiden, und Wissen um die Beziehungen der disziplinären Aussagen untereinander, mit anderen Disziplinen und mit der Lebenspraxis. Besonderes Gewicht misst Shulman außerdem dem *wissenschaftstheoretischen Wissen (substantive and syntactic knowledge)* bei (Kenntnis zentraler Paradigmen und Forschungsmethoden, Fähigkeit zur Beurteilung inhaltlicher Kontroversen und neuen Wissens), weil es sowohl Tiefenverstehen und Fortbildungsfähigkeit beim Lehrer als auch seine Fähigkeit begünstigt, den Schülern Wissen als etwas Prozesshaftes näherzubringen. Ergänzt man mit Bromme (1992, 1997) um die *Philosophie des Schulfaches*, die die Inhaltsauswahl und die Lehrzielfestlegung beeinflusst, wird erneut der immer auch didaktische Charakter des Fachwissens deutlich.[13] Für die Forschung lässt sich daran ablesen, dass die Wirkung des Lehrerwissens im Unterricht nicht ausschließlich in der Effektivität des Unterrichts zu suchen ist, sondern auch auf einer in der zeitgenössischen Forschung eher unterbelichteten Ebene: jener der Bedeutsamkeit der Lehrziele und Lehrinhalte.

Die Frage nach der Trennbarkeit von Fachwissen und fachdidaktischem Wissen ist also nicht nur eine empirische Frage, sondern wesentlich auch eine Frage der Ansprüche an das Fachwissen selbst. Die an ein anspruchsvoll konzipiertes Fachwissen sich knüpfende Forschungs-

11 Die publizierten Items zur Erfassung der fachdidaktischen Kompetenz aus COACTIV etwa würden mehrheitlich ebenso in einem Fachwissenstest für Mathematiker gute Figur machen. Auch den Forschern scheint die Zuordnung Probleme zu bereiten. In MT21 gilt die Frage, ob 0,99 … gleich 1 ist, als mathematikdidaktisches Item (Blömeke, Müller, Felbrich & Kaiser, 2008b, S. 53), bei COACTIV als Item zum Fachwissen (Krauss et al., 2008a, S. 235).

12 Vgl. jedoch die hohe und noch ungeklärte Variation der Korrelationen im Ländervergleich bei TEDS-M (Blömeke, Kaiser & Lehmann, 2010a, S. 212; Blömeke, Kaiser & Lehmann, 2010b, S. 242).

13 Vorstellungen vom Wesentlichen im und am Fach sind zugleich auch Vorstellungen vom Lernenswerten und von gelingenden Aneignungsprozessen. Entsprechend ordnet Tabelle 1 die Philosophie des Faches sowohl dem Fach- als auch dem fachdidaktischen Wissen zu.

frage ist weniger, ob dieses Fachwissen für wünschenswertes und wirksames Lehrerhandeln von Bedeutung ist, sondern inwieweit es in der Erstausbildung tatsächlich in einer für das Unterrichten angemessenen Breite und vor allem Qualität vermittelt wird. Die fachwissenschaftlichen Lehrangebote der Universitäten nämlich sind meist von den Hauptfachstudien her gedacht, wissenschaftsdidaktisch nicht durchkomponiert und oft stark spezialisiert (Grossman, Wilson & Shulman, 1989; Merzyn, 2004); ob sie tiefes Verstehen hinreichend begünstigen, ist sehr zweifelhaft (Borko & Putnam, 1996, S. 700f.).

2.5 Pädagogisches Wissen

Baumert und Kunter (2006, S. 485) systematisieren die Vorschläge zur inhaltlichen Katalogisierung des professionellen allgemeinpädagogischen[14] Wissens und Könnens (vgl. bereits Shulman, 1987a, S. 227f.) in Form von vier Facetten: konzeptuelles bildungswissenschaftliches Grundlagenwissen (Philosophie und Geschichte der Erziehung, Bildungstheorie; Theorie der Institution; Entwicklungs-, Lern- und Motivationspsychologie), allgemeindidaktisches Konzeptions- und Planungswissen (Unterrichtsplanung, Unterrichtsmethoden), Unterrichtsführung und Orchestrierung von Lerngelegenheiten sowie fachübergreifende Prinzipien des Diagnostizierens, Prüfens und Bewertens. Die Ergänzung um die weiteren Kategorien Beratungswissen (Schullaufbahnberatung, Beratung bei Lernschwierigkeiten usw.) und Organisationswissen (z.B. Bildungssystem und seine Steuerung, Schulorganisation, Schulqualität, Schultheorien) ist konzeptionell bedeutsam, weil sie daran erinnert, dass sich das Aufgabenspektrum des Lehrers nicht im Unterrichten erschöpft.

So konsensfähig die Inhalte pädagogischen Wissens zumindest im Groben auch sind, so schwierig gestaltet sich gleichzeitig eine konsistente, auch nur mit einigermaßen einheitlichen Begriffen operierende Binnenstrukturierung des Wissensbereiches, wie ein Blick auf die gerade erst beginnende empirische Vermessung des Feldes in Deutschland – vgl. v. a. COACTIV-R (Voss & Kunter, 2011), MT21 (Blömeke, Felbrich & Müller, 2008), LEK/TEDS-M/SPEE (Seifert & König, 2012, kritisch dazu Lüders, 2012), TEDS-LT (Blömeke et al., 2011, 2013) und BilWiss (Kunina-Habenicht et al., 2012, 2013) – zeigt. Empirisch unaufgeklärt sind sowohl die Dimensionalität des allgemeinpädagogischen Wissens als auch sein Format und damit auch die Frage seiner validen Erfassung. Antworten auf diese Fragen hängen sehr davon ab, ob an „Wissen 1" orientierte Ausbildungsnähe oder an „Wissen 3" orientierte Anforderungsnähe bei der Konzeptionierung und Messung angestrebt werden. Bei den im Schrifttum jeweils aufgelisteten Facetten handelt sich manchmal um anforderungsnahe Kompetenzfacetten (z.B.: „Umgang mit Heterogenität"), dann wieder eher um Gliederungspunkte eines Pädagogik-Lehrbuches oder Fächer eines Curriculums (z.B. „Psychologie der menschlichen Entwicklung").

Schon bei Shulman (1986, 1987a) ist die Unsicherheit erkennbar. Obwohl er letztlich am Können („Wissen 3") und nicht am Lehrbuchwissen interessiert ist und deshalb mehrere Repräsentationsformate und Herkunftsmöglichkeiten für „Wissen" typisierend in Erwägung zieht, insbesondere die „Weisheit der Praxis", leitet er die Liste von „Wissens"-Bereichen mit dem Satz ein: „If teacher knowledge were to be organized into a handbook ..." (Shulman, 1987a, S. 227; vgl. kritisch Sockett, 1987). Wie weit die an „Wissen 1" orientierte Handbuchmetapher aber trägt, ist

---

14 Um den disziplinenübergreifenden Charakters dieses Wissensbereichs zu betonen, der sich aus erziehungswissenschaftlichen, pädagogisch-psychologischen und soziologischen Komponenten zusammensetzt, oder um die Engführung auf die Anforderungskomponente Unterricht zu vermeiden, findet sich im deutschen Sprachraum zunehmend häufiger die Bezeichnung „bildungswissenschaftliches Wissen" (vgl. bspw. Seifert & König, 2012; Terhart, 2012; Kunina-Habenicht et al., 2013).

eine der Grundfragen in der erziehungswissenschaftlichen Ausbildung von Lehrern, denn: Die Erstausbildung ist als zentrale Quelle des *fach*bezogenen Wissens unumstritten; dies gilt sowohl für das Fachwissen als auch für das damit eng verbundene fachdidaktische Wissen, wenn auch für Letzteres anzunehmen ist, dass es in hohem Maße durch eigene Konstruktion und die Integration verschiedener Wissensinhalte entsteht. Das allgemeine, fach*indifferente* pädagogische Wissen dagegen wird sowohl aus dem Studium und dem Referendariat als auch – nicht zuletzt, weil es von oft impliziten und affektiv aufgeladenen Überzeugungen und Einstellung kaum klar abgrenzbar ist – aus dem Wissens-, Urteils- und Vorurteilsbestand der Praxis sowie in sehr hohem Maße aus den Erfahrungen in der eigenen Schulzeit (Zeichner, 1986; Borko & Putnam, 1996) gespeist.[15] Eine curriculumorientierte Forschung zum pädagogischen „Wissen 2" von Lehrkräften ist daher von einer berufsorientierten Forschung zum pädagogischen „Wissen 3" von Lehrkräften zu unterscheiden (vgl. dazu die Kritik an TEDS-M bei Lüders, 2012, und die Replik von König und Blömeke, 2012).

Über die Struktur- und die Formatfrage hinaus bereitet die Abgrenzung zum fachdidaktischen Wissen Schwierigkeiten, weil – gerade auf der Ebene von „Wissen 3" – exakt zu bestimmen wäre, für welche Teile pädagogischen Wissens überhaupt behauptet werden kann, dass sie nicht erst in fachspezifischen Unterrichtssituationen kontextuiert werden müssten und insofern tatsächlich fachindifferent sind.[16] Einige pädagogisch-didaktische Fähigkeiten lassen sich vermutlich sinnvoll nur als Integrationen fachdidaktischer und allgemeinpädagogischer Expertise konzipieren (z.B. die diagnostischen Fähigkeiten, vgl. Brunner, Anders, Hachfeld & Krauss, 2011). Offen ist auch, in welchem Maße fachbezogenes und fachindifferentes Wissen einander kompensieren können; so kann zum Beispiel störungspräventive Unterrichtsführung das Ergebnis der Anwendung allgemeiner Strategien des *classroom management*, aber auch Resultat eines fachdidaktisch geschickt hergestellten thematischen Spannungsbogens sein. Insbesondere für den internationalen Vergleich entstehen weitere Herausforderungen durch den normativen Charakter pädagogischen Wissens und die daraus resultierenden kulturellen Prägungen und Unterschiede.

Die Forschungslage ist äußerst unbefriedigend. US-amerikanischen Befunden zur Wirksamkeit der erziehungswissenschaftlichen Ausbildung liegen keine direkten Messungen des Wissens, sondern indirekte Indikatoren (Ausbildungsmerkmale) zugrunde; ihre Interpretation ist zudem sehr umstritten (vgl. insbes. Darling-Hammond, 2000 vs. Abell Foundation, 2001[17]). Die bei MT21 und TEDS-M bzw. LEK eingesetzten Instrumente testen pädagogisches Wissen zwar direkt; anders als in den Fachdidaktiktests in MT21 und in COACTIV werden aber eher ausbildungs- als anforderungsnah der Gebrauch von Fachsprache, explizites Ausbildungswissen und die Fähigkeit, dieses auf hypothetische Situationen anzuwenden, erfasst (Blömeke, Felbrich & Müller, 2008; König & Blömeke, 2009b; Blömeke & König, 2010). Wenig überraschend finden sich dann Hinweise auf – bei den handlungsnäheren Aufgaben praktisch wenig bedeutsame (König & Seifert, 2012) – Wissenszuwächse durch die Erstausbildung (Blömeke, Müller, Felbrich &

15 Der relative Anteil des akademischen Studiums kann dabei durch schlichte Befragung oder durch Tests nicht zuverlässig bestimmt werden, weil die angeeigneten Inhalte beim erfahrenen Lehrer auch als nur mehr begrenzt artikulationsfähiges Hintergrundwissen wirken können (Broudy, 1970, 1985/86; Neuweg, 2004a, S. 317ff.); seine vermeintliche „Intuition" ist dann in hohem Maße „theoretisch gelenkte Praxiswahrnehmung" (Blömeke, 2002, S. 60).

16 Zu allem Überfluss bestehen außerdem Tendenzen zur Operationalisierung nicht-„stoffdidaktischer" (!), aber gleichwohl fachdidaktischer Kompetenzen (Buchholtz & Kaiser 2013), die weitere Abgrenzungsprobleme hervorrufen.

17 Man beachte zum Beispiel, wie die Abell Foundation (2001) die von Blömeke (2004, S. 73) auf der Grundlage einer Re-Analyse akzeptierten fünf Studien qualifiziert, die die Bedeutung der erziehungswissenschaftlichen Ausbildung belegen sollen.

Kaiser, 2008b; König & Blömeke, 2009a);[18] Effekten des so gemessenen Wissens auf den Unterricht bzw. auf die Schülerleistungen wurde bei MT21 und TEDS-M nicht nachgegangen. Ansätze einer handlungsnäheren Erfassung pädagogischen Wissens, wie sie beispielsweise für die Klassenführung unverzichtbar sind, bilden die Situationen, zu denen Fragen beantwortet werden müssen, über Videovignetten ab (Seidel, Blomberg & Stürmer, 2010; Voss & Kunter, 2011). Validitätsbeschränkungen ergeben sich naturgemäß daraus, dass der Proband auch hier nicht selbst in die Situation gestellt wird. Was medial repräsentiert wird und wahrgenommen werden soll, wird zudem von Forschern, nicht von Expertenlehrern (und entlang empirisch erhobener Strukturen kategorialer Wahrnehmung, vgl. Bromme, 1992) festgelegt.

Es spricht vieles dafür, pädagogisches „Wissen" konsequenter über Kataloge pädagogischen Könnens zu fassen (einen vielbeachteten Vorschlag dazu hat Oser 2001 vorgelegt), schon die Kompetenzmodelle stärker empirisch zu gewinnen und damit auch die Kompetenztests situations- und anforderungsorientierter auszugestalten (Schaper, 2009) sowie die Rolle des expliziten Wissens im Allgemeinen, die der Erstausbildung im Besonderen, als offene Frage zu behandeln; diese wird je nach Nähe der einzelnen Wissensfacetten zur praktischen Unterrichtstätigkeit unterschiedlich zu beantworten sein (Baumert & Kunter, 2011a, S. 38f.). Dann aber genügt es nicht mehr, sich mit den *Bereichen* des Lehrerwissens zu befassen. Auch und vor allem der *Aggregatzustand* des Lehrerwissens wird dann zum Problem.

3. Die Repräsentation des Lehrerwissens

3.1 Die Differenz der Wissensformen

Während das Fachwissen des Lehrers kann kaum je explizit genug sein, weil sich Lehrer und Schüler gemeinsam um diesen Wissensbestand herum versammeln müssen, interessiert im Bereich des Didaktischen und Pädagogischen nicht, was der Lehrer über Didaktik und Pädagogik zu *sagen* weiß, sondern was er praktisch *kann*. Damit rückt die Frage nach den Unterschieden zwischen „formal" und „practical knowledge" (Fenstermacher, 1994), zwischen Ausbildungswissen und mentalen Strukturen, Wissenschaftswissen und Praxiswissen, explizitem Wissen und implizitem Wissen in das Blickfeld. Das Prozess-Produkt-Paradigma ließ Hoffnungen auf eine vergleichsweise direkte Wirksamkeit wissenschaftsorientierter Lehrerbildung noch weitaus eher zu als das zeitgenössische Expertenparadigma. Dort nämlich konnte Lehrerbildung als Vermittlung expliziten technologischen Wissens in Verbindung mit dem Training von Fertigkeiten gedacht werden. Dagegen verbindet sich mit dem Expertenparadigma schon früh die Einsicht, „that teachers' knowledge is not highly abstract and propositional. Nor can it be formalized into a set of specific skills or preset answers to specific problems. Rather it is experiential, procedural, situational, and particularistic" (Carter, 1990, S. 307). In einem 1991 erscheinenden Beiheft zur *Zeitschrift für Pädagogik*, das dem „Pädagogischen Wissen" gewidmet ist, nimmt die Differenz-These, derzufolge praktisches und wissenschaftliches Wissen „nebeneinander" stehen (Terhart, 1991, S. 133), bereits einen prominenten Rang ein (vgl. auch den Beitrag von Dewe & Radtke,

18 In dem Maße, in dem die bildungswissenschaftlichen Curricula zwischen verschiedenen Ausbildungsstandorten variieren und/oder Wahlmöglichkeiten offerieren (Hinweise darauf liefern Terhart, Lohmann und Seidel, 2010), ist außerdem unklar, was genau allenfalls wirkt oder nicht wirkt. Wo kanonisierte, allgemeinverbindliche Ausbildungsstandards fehlen, gibt es nämlich „*nichts Bestimmtes*, das wirken könnte" (Lohmann, Seidel & Terhart, 2012, S. 80). Für Hinweise auf die Heterogenität auch der fachwissenschaftlichen und fachdidaktischen Lerngelegenheiten vgl. Blömeke et al., 2013.

1991).[19] 2004 kann Kolbe dezidiert festhalten, die Wissensforschung ginge „immer stärker von einer Differenz von Wissensformen aus" (Kolbe, 2004, S. 207). Damit verbindet sich eine erhebliche Ernüchterung hinsichtlich der Möglichkeiten, Lehrerkognitionen, Lehrerhandeln und damit Unterrichtspraxis durch wissenschaftsförmige Ausbildung unmittelbar zu beeinflussen. Parallel dazu entsteht Raum für Respekt vor der „Weisheit der Praxis" (Shulman, 2004; vgl. auch Elbaz, 1983; Schön, 1983; Clandinin, 1986; Munby, Russell & Martin, 2001).

Aus der Vielzahl der Hinweise auf gravierende inhaltliche, strukturelle und funktionale Unterschiede zwischen kodifiziertem Ausbildungswissen und professionellem Handlungswissen im psychologischen Sinne seien herausgegriffen:

(1) Anders als das Ausbildungswissen lässt sich Mentales nicht ohne Weiteres in Bereiche untergliedern. Klassifikationsversuche der in Abschnitt 2 beschriebenen Art suggerieren eine kognitive Kompartmentalisierung der Wissensbereiche, wie es sie bei erfahrenen Experten vermutlich nicht gibt (Leinhardt & Smith, 1985; Grossmann, 1990; Wilson, Shulman & Richert, 1987; Bromme, 1992, S. 100ff.; Bromme, 1995; Borko & Putnam, 1996; Bromme, 1997, S. 195, 198; Lehmann-Grube & Nickolaus, 2009, S. 61). Gerade deshalb hat das fachdidaktische Wissen als das Integrationswissen des Lehrers schlechthin besondere Aufmerksamkeit auf sich gezogen. Integratives „Wissen" muss „im Kopf" des Lehres nicht als Wissen auffindbar sein. Es kann erstens stark situiert sein oder entsteht überhaupt erst in situ.[20] Klassifikationen des Lehrerwissens beschreiben diesfalls keine selbstständigen Wissensbereiche, sondern nur analytisch unterscheidbare Facetten des Denkens und Handelns, die tatsächlich als Amalgam auftreten und in ihrer konkreten situationalen Ausprägung vielleicht oft auch nur für diesen Moment existieren.[21] Das vermeintliche „Wissen" des Lehrers löst sich dann zunächst fast gänzlich in Denken und bei hinreichender Erfahrung in Mustererkennung auf. Zweitens muss Lehrern ihre Integrationsleistung nicht bewusst sein; vielfach erscheinen ihnen ihre fachdidaktischen Entscheidungen als „aus dem Stoff begründet" (Bromme, 1992, S. 101). Drittens können diese Integrationsleistungen in spezielle Teile des Unterrichtsplanungsgeschehens enkapsuliert sein, so etwa in der Auswahl und Anordnung von Aufgaben bei Mathematiklehrern (Bromme, 1992, S. 100f.).

(2) Unter der Bezeichnung „träges Wissen" wird in pädagogischer Psychologie und empirischer Pädagogik seit den 1990er Jahren intensiv das verbreitete Phänomen diskutiert, dass potenziell handlungsrelevantes und in aufwändigen Ausbildungen erworbenes Wissen nicht angewandt wird (Gruber & Renkl, 2000). Dies lässt sich auch für Lehrer nachweisen. Empirische Befunde zeigen, dass diese selbst dann in erstaunlich geringem Maße auf im Studium angeeignetes Theoriewissen zurückgreifen, wenn sie sich in einer vom unmittelbaren Handlungsdruck entlasteten Situation befinden, in der sie dies prinzipiell könnten (Terhart, Czerwenka, Ehrich, Jordan & Schmidt, 1994). Explizites Professionswissen erreicht die Praxis, wenn überhaupt, nicht nur aufgrund deren institutioneller Widerständigkeit nur gebrochen, sondern vermutlich auch, weil es die handlungssteuernden kognitiven Strukturen der Absolventen nicht wirkungsvoll ge-

19 Die Differenzthese wird regelmäßig auf didaktisches und pädagogisches Wissen bezogen und daher auch im Folgenden in diesem Rahmen erörtert. Selbstverständlich erfährt aber auch das Fachwissen im Prozess der individuellen Aneignung Brechungen und Transformationen; insbesondere gibt es auch hier ein implizites Fachwissen bzw. fachliches Können.

20 Vgl. bpsw. Gess-Newsome (1999) zur Frage, ob PCK ein eigenständiger Wissensbereich ist *(transformative model)* oder aber ob Fachwissen und pädagogisches Wissen im Unterricht kontextsensibel zu fachdidaktischem Können integriert werden *(integrative model)*.

21 So ist zum Beispiel das Instruktionsverhalten der erfahrenen Englischlehrerin Nancy (Shulman, 1987a) schwer vorhersehbar – eben weil sie nicht einfach tut, was sie „weiß", sondern weil sie auf die Logik des Lehrstoffes, die Fähigkeiten der Schüler, ihre Lehrziele und die gegebenen Kontextbedingungen flexibel reagiert. Fachdidaktisches „Wissen" ist oft eher fachdidaktisches *Denken* (vgl. auch Hill, Ball & Schilling, 2008, S. 396).

nung beeinflusst. Aus Befunden zur Trägheit von Wissen lassen sich freilich unterschiedliche Konsequenzen ziehen. Man kann darin einen Beleg für die *Differenz*these sehen oder aber umgekehrt die Notwendigkeit ableiten, sich in der Gestaltung der Lehrerbildung konsequent um die *Verschränkung* von Theorie, Übung und Praxis zu bemühen (so Oser, 2001).

(3) Die Denkfigur „knowledge informs action", derzufolge man Ausbildungswissen gleichsam in die kognitive Struktur angehender Lehrer hineinkopieren kann und muss, unterstellt zweckrationales, bewusst reguliertes, „Informationen verarbeitendes" Handeln. Dieses ist mit Heiland (1987, S. 59) gekennzeichnet durch: „(a) Einschätzung aller für den Handlungserfolg bedeutsamer Gesichtspunkte vor der Handlungsrealisierung; (b) Auswahl einer Handlungsalternative auf der Basis dieser Einschätzung; (c) Realisierung der so ausgewählten Handlung; (d) Ermittlung und Bewertung des Handlungsergebnisses nach Ende der Handlungsrealisierung" (vgl. ähnlich z.B. Hofer, 1986). Dass eine solche „Plan- und Anwendungstheorie" (Neuweg, 2000a) nicht zu halten ist, gilt mittlerweile aber als gesichert. Vor allem mehren sich die Vorbehalte gegenüber dem Konzept der Entscheidung, das scheinbar problemlos zwischen Wissen und Handeln vermittelt. Solche Zweifel lassen sich sowohl theoretisch (Radtke, 1996; Neuweg, 2000a, 2004a, jeweils im Rückgriff auf die analytische Handlungstheorie) als auch empirisch begründen. Lehrerhandeln ist „Handeln unter Druck" (Wahl, 1991; vgl. auch Doyle, 1986, S. 394f.); selbst wenn man den Begriff des „bewussten Entscheidens" großzügig als bewusste Wahl zwischen zumindest zwei Alternativen (Verhalten ändern oder nicht ändern) auslegt, zeigt sich, dass Lehrer im Schnitt während des Unterrichts nur etwa alle zwei Minuten eine „Entscheidung" treffen (Clark & Peterson, 1986, S. 275). Dazwischen agieren sie offenbar ohne bewussten Rückgriff auf Wissen – möglicherweise auf der Grundlage eines Mustererkennungsprozesses, der sie die angemessene Handlung gleichsam gleich „mitsehen" lässt (vgl. Bromme, 1992 zum Konzept der kategorialen Wahrnehmung und die Parallelen zu den Stufen 4 und 5 im Modell von Dreyfus und Dreyfus (1987). Entsprechend haben berufserfahrene Lehrer große Schwierigkeiten, über die Wissensgrundlage ihres Handelns Auskunft zu geben.

(4) In einer sehr traditionsreichen Argumentationsfigur wird zu zeigen versucht, dass ausschließlich explizites Wissen in Gestalt abstrakter Begriffe und Regeln an der Natur der beruflichen Anforderungen scheitert, sodass nur Urteilskraft, Intuition und implizites Wissen die Lücke zu füllen vermögen. Wenn es, historisch und systematisch über sehr unterschiedliche Theorielager hinweg, einen Konsens in der Lehrerforschung gibt, dann den, dass kompetente Lehrer das, was sie tun, eng an den Kontext anschmiegen, in dem sie es tun (vgl. bspw. Herbart, 1802/1991; Luhmann & Schorr, 1979, 1982; Schön, 1983; Shulman, 1986; Sockett, 1987; Grossman, 1990; Oevermann, 1996; Wimmer, 1996; Bromme, 1992, 1995, 2008; Korthagen, 2001; Munby, Russell & Martin, 2001; Oser, 2001; Helsper, 2002; Radtke, 2004; Berliner, 2004; Patry, 2005; Baumert & Kunter, 2006)[22]. Situativität, Kontextsensitivität und Fallbezug aber sind Handlungsmerkmale, die dem Forschungswissen, dessen Pointe gerade Abstraktion (Situationsunabhängigkeit) ist, gleichsam wesensfremd sind. Selbst wenn man, was ohnehin voraussetzungsvoll ist, Können als Wissensanwendung auffasst, ist das Anwenden immer ein Ab-Wenden vom Wissen und ein Hin-Wenden zur Situation, und dafür bedarf es einer Anwenderintelligenz, die nicht ihrerseits wissensförmig sein kann (vgl. schon Kant, 1787/1968, sowie die Analyse bei Ortmann, 2003).

22 Überdehnt man den Respekt vor Komplexität, Interaktivität und Situativität, droht freilich die Gefahr, dass Lehrerwissens- und Lehrerprofessionsforschung zum hauptberuflichen Sichwundern darüber werden, dass Unterricht überhaupt gelingen kann. Wenn über die Grenzen des Wissens hinaus auch noch ein „Können, das man nicht können kann" (Kurtz, 2009, S. 50), erwogen wird, findet Lehrerforschung ein Ende: Das Verhältnis von Nicht-Wissen (Wimmer, 1996) und Nicht-Können lässt sich nicht studieren.

3.2 Ansätze der Konzeptualisierung nicht-propositionaler Formen des Lehrerwissens

Obwohl selbstverständlich auch Praxiswissen als propositionales Wissen vorliegen kann (Elbaz, 1983; Shulman, 1986; Baumert & Kunter, 2006), lassen sich Flexibilität, Kontextsensitivität und Geschwindigkeit expertenhaften Handelns sowie das „Schweigen der Könner" (Neuweg, 2006) über dieses Repräsentationsformat nicht erklären. Über die Frage hinaus, *was* Lehrer wissen (sollen), interessiert deshalb auch, *wie* sie es wissen. Ein einheitliches „Wissensbild" (Bromme, 1997, S. 203) im Sinne konsensfähiger forschungsleitender Annahmen zur Natur des Expertenwissens von Lehrern hat sich bislang aber nicht durchgesetzt. Vielmehr lassen sich mindestens fünf Antwortmuster unterscheiden:

- Es wird dem Theorienanwender eine spezielle Kontextualisierungskompetenz zugeschrieben, die zwischen der Abstraktheit des Wissens und der Konkretheit der beruflichen Situation vermittelt. Diese Figur findet sich bereits bei Kant (1787/1968, 1793/1968) als „Urteilskraft", taucht dann bei Herbart (1802/1991) als „Takt" auf und spielt bis heute in der Forschung zum Lehrerberuf eine große Rolle (vgl. bspw. die von Schön, 1983, übernommene Wendung vom „reflective practitioner" oder das Prinzip des Fallverstehens in strukturtheoretischen Ansätzen). Im einflussreichen Text von Shulman (1986) wird die fragliche Kompetenz als „strategic knowledge" bezeichnet, wiewohl sie eigentlich eher als Denken (und Generieren neuen Wissens) anzusprechen wäre.
- Shulman (1986) unterscheidet neben „propositional knowledge" und „strategic knowledge" als dritte Wissensform das „case knowledge", ein Wissen um spezifische Fälle (typische Schüler, Klassen, Lehrinhalte, Lernaufgaben usw.) in Verbindung mit einem (insofern theoretischen) Wissen darüber, wofür diese Fälle Beispiele sind. Tatsächlich ist in der Expertiseforschung die Vorstellung weit verbreitet, dass man sich das Wissen erfahrener Experten als fallförmig organisiert vorstellen muss (Dreyfus & Dreyfus, 1987; Neuweg, 1999; Berliner, 2004) - eine Hypothese, die mit der Annahme der Verschränkung fachinhaltlicher und unterrichtlicher Aspekte im professionellen Wissen von Lehrern gut verträglich ist (Bromme, 1992; Shulman, 1996).
- Vor allem in der Frühzeit der Lehrerkognitionsforschung (vgl. z.B. Leinhardt & Greeno, 1986; Leinhardt & Smith, 1985) wird intuitives Können als unbewusstes Verarbeiten von Informationen aufgefasst. Über hierarchisch-sequentielle „Handlungspläne" und prozedurales „Wissen" werden intuitive Vorgänge dabei als eine Art geistigen „Berechnens" in struktureller Analogie zu bewussten Kognitionen konzipiert (vgl. dazu kritisch Neuweg, 2004a, S. 90ff.). Die Differenz der Wissensformen wird dabei oft durch eine Transformationsvorstellung entdramatisiert, wonach explizites Wissen im Gefolge von Übung und Erfahrung gleichsam aus dem Bewusstsein herabsinkt und „prozeduralisiert" (Anderson, 1983) oder „verdichtet" (vgl. bspw. Dann, 2008) wird. Als prozedurales „Wissen" ist es dann rasch verfügbar, ermöglicht flüssiges Handeln und kann nicht mehr verbalisiert werden; trotzdem geht es auf anfänglich explizites Lernen zurück.[23]
- Im Forschungsprogramm Subjektive Theorien (FST) wurde vorgeschlagen, das Wissen des Praktikers über das Konzept „Subjektive Theorien" zu fassen (Dann, Humpert, Krause &

23 Darin und in der Annahme einer prinzipiellen Rekonstruierbarkeit prozeduralen Wissens von außen (Formalisierbarkeit) liegen die Hauptgründe dafür, warum gerade in der Forschung zum Lehrerberuf weniger voraussetzungsvoll einfach von „Könnerschaft" (Neuweg, 2004a) gesprochen werden sollte.

Tennstädt, 1982; Groeben, Wahl, Schlee & Scheele, 1988). Diese werden als prinzipiell verbalisierungsfähige Kognitionen mit zumindest impliziter Argumentationsstruktur aufgefasst, und als Theorien bezeichnet, weil angenommen wird, dass sie für den Besitzer ähnliche Funktionen wie wissenschaftliche Theorien erfüllen (Erklärung, Prognose und Gestaltung). Zentral ist der Befund, dass der Lehrer diese subjektiven Theorien nicht unbedingt in actu erinnern muss und sie ihm auch nicht ohne weiteres nach dem Handeln sprachlich verfügbar sind. Subjektive Theorien müssen also zum Teil rekonstruiert werden und sind insoweit implizites Wissen. Im FST gelten sie aber nicht als bloß von außen durch den Forscher in Erklärungsabsicht zugeschrieben, sondern werden als „Speicherinhalt" mit eminenter handlungssteuernder Bedeutung (vgl. bspw. Wahl, 1981; Dann, 1983) aufgefasst.[24] Das Konzept handlungsleitender Kognitionen bleibt also auch hier intakt, wenngleich man dabei an Erfahrungs- und nicht an Wissenschaftswissen denkt; damit bleibt auch Spielraum für die Hoffnung auf einen Austausch zwischen subjektiven und objektiven Theorien, weil implizites Wissen qua Reflexion in explizites Wissen transformiert und dann modifiziert werden kann.

- Im *tacit knowing view* (Neuweg, 2002, 2004a, 2005d), der sich vor allem auf Ryle und Polanyi beruft, wird implizites Wissen dagegen strikt als Zuschreibung von außen aufgefasst (vgl. bereits Bromme, 1992, S. 128ff.). Die Suche nach dem Wissen hinter dem Können und seinen Strukturen gilt dort, soweit ein solches Wissen vom Experten nicht berichtet werden kann, als Scheinproblem. Der Begriff des impliziten Wissens steht nicht für eine mentale Entität, sondern strikt für Können (Wissen 3) und für ein Forschungsprogramm, das sich für die Grenzen der Instruierbarkeit von Können durch explizites Wissen und für die Grenzen der Verbalisierung handlungsleitender Kognitionen und der Formalisierung expertenhaften Könnens durch den Beobachter interessiert. Konzepte eines „strategischen", eines „verdichteten" oder „prozeduralen" Wissens gelten als Versuche der Abschirmung gegen die Einsicht, dass sich Können durch Wissen niemals gänzlich einholen lässt.

Der Befund, dass „Wissen 2" und „Wissen 3" nur in eingeschränktem Maße strukturanalog zu „Wissen 1" modelliert werden können, hat die Vorstellung, ein solches Wissen sei unmittelbar handlungsleitend, heute praktisch vollständig verdrängt. Einerseits wächst dadurch das Bewusstsein um die Notwendigkeit, in der Lehrerbildung verschiedene Lernwege bewusster zu orchestrieren, Theoriewissen also durch eine anspruchsvollere Lehrerbildungsdidaktik „zum Laufen" zu bringen, um träges Wissen zu vermeiden (vgl. z.B. Oser, 2001; Wahl, 2001, 2002). Konsequent zu Ende gedacht wäre von dorther eine Renaissance der Forderung nach einer Einphasigkeit der Lehrerbildung zu erwarten. Andererseits liefert die Einsicht in die Differenz der Wissensformen aber auch starke Argumente zugunsten der klassischen Phasierung der Lehrerbildung: In unterschiedlicher Herleitung (vgl. bspw. Radtke, 1996; Dewe, 1997, 1998; Blömeke, 2002; Neuweg, 2002) ergibt sich der Befund, dass pädagogisches Wissen zwar nicht handlungsleitenden, wohl aber handlungsvorbereitenden, wahrnehmungs- und problemdefinitionsleitenden und handlungsrechtfertigenden Charakter hat, und nur in einer „Kultur der Distanz" zum Praxisfeld (Neuweg, 2005a) angeeignet werden kann.

24 In den späteren Arbeiten von Wahl ist dagegen stärker von Können als von subjektiven Theorien die Rede (vgl. bspw. Wahl, 2001, 2002). Auch Dann (2008, S. 190) argumentiert vorsichtiger, wenn er Handlungs- oder Entscheidungstheorien als „Als-ob-Theorien" kennzeichnet, die nur der Verhaltenserklärung und -prognose dienen, aber nicht notwendig beschreiben, was tatsächlich im Kopf einer Person vorgeht.

4. Der Zusammenhang zwischen explizitem Wissen und Können

4.1 Rhetorische Scheinlösungen des Theorie-Praxis-Problems

Die Einsicht in die Differenz der Wissensformen gibt der traditionsreichen Debatte um das Theorie-Praxis-Problem eine neue Rahmung. Es wird nun intensiv als Wissen-Können-Problem diskutiert. Dass es nach wie vor der Klärung harrt, lässt sich an den Bemühungen zur Standardisierung dessen, was Lehrer „wissen" sollten, ablesen. Weil diese nicht auf elaboriertere Modelle der Kompetenzgenese und der Handlungsregulation zurückgreifen (können), die begründete Aussagen zum Zusammenhang zwischen explizitem Wissen und berufspraktischem Können erlauben würden, umgreifen Standards gleichsam zur Sicherheit Wissen 1, 2 *und* 3. Das Problem der Bestimmung des Verhältnisses zwischen inhaltsorientierten, „wissensseitigen" und kompetenzorientierten, „könnensseitigen" Standards wird pragmatisch umgangen: Wissen wird als durchgängig notwendig postuliert, Können entsteht durch zusätzliche Übung und Praxis früher (Oser, 2001) oder später (Terhart, 2000, 2002).

Die Lehrerwissensforschung umgeht das Problem bisweilen rhetorisch. Problemverschleiernd ist es zum Beispiel, wenn Wissen „zu einem erheblichen Teil als prozedurales Wissen (Routinen, Fertigkeiten, Können) angesehen" wird (Weinert, Schrader & Helmke, 1990, S. 188, und diesen folgend Krauss et al., 2008b), weil Wissen-Können-Brüche damit bloß definitorisch verschwinden. Mehr Setzung als Erkenntnis ist es auch, wenn „Wissen und Können" als „Komponenten der professionellen Handlungskompetenz" bezeichnet werden (Baumert & Kuntner, 2006, S. 481) oder wenn die Fähigkeit, Fragen zu beantworten, als zwar nicht hinreichende, aber wichtige Voraussetzung für erfolgreiches Handeln behauptet wird (Blömeke & König, 2010, S. 254); davor wäre nämlich empirisch erst zu zeigen, welches explizite Wissen für welches Können wann und für wen tatsächlich hinreichend, notwendig oder zumindest hilfreich ist. Dies bleibt undeutlich, wenn der Wissensbegriff vom Kompetenzbegriff nicht unterschieden wird und in einer schwer durchschaubaren Weise gleichsam alles umfasst: „theoretische Elemente, und [...] Faustregeln und praktische Erfahrungen" (Bromme, 1992, S. 9). Von daher ist verständlich, wenn Tenorth (2006) vorschlägt, den Wissensbegriff zugunsten des Konzepts „professioneller Schemata" aufzugeben. Während für „Schemata" nämlich unsicher ist, ob sie methodologisch betrachtet wirklich Zusätzliches zum Können oder im Grunde Modellierungen eben dieses Könnens sind, verstärkt der Begriff des Wissens die Vorstellung eines Paarlaufes von „Wissen und Können", legt zugleich eine Brücke zum Ausbildungswissen und entschärft das Theorie-Praxis-Problem semantisch, ohne es materiell in irgend einer Weise aufzuklären.

Wenn im Expertenparadigma „Qualitäten des Lehrerhandelns als Ergebnis der Anwendung von Expertenwissen beschrieben werden" (Bromme, 1997, S. 188), dann liegt darin jedenfalls eine empfindliche Begrenzung, denn: „Das Können des Lehrers (und anderer Experten) ist nicht allein durch das Konstrukt des Wissens zu beschreiben und zu erklären. [...] Das beobachtbare Handeln von Experten ist offensichtlich reicher als das Wissen (im kognitiven Sinne), das ihm zugrunde liegt" (Bromme, 1992, S. 133, 138).

4.2 Denkfiguren zum Verhältnis zwischen Wissen und Können

Auf der Suche nach Verhältnisbestimmungen zwischen (explizitem, „theoretischem") Wissen und berufspraktischem Können stößt man auf eine erstaunlich große Zahl von Modellvorstellungen. Dies ist nicht nur der langen Tradition der Auseinandersetzung mit dieser Frage geschuldet, sondern auch der sehr hohen Komplexität der Problemstellung.

Bei der Verhältnisbestimmung ist es erforderlich, die Dimension der *Repräsentation* des Wissens (explizit oder implizit) mit der Dimension des *Lernweges* (explizit oder implizit) gleichsam zu verschneiden (Neuweg, 2004a, S. 20f.). Schon in dieser vereinfachend dichotomisierenden Weise entstehen vier Konstellationen, denen in den einzelnen Modellen zum Theorie-Praxis-Verhältnis sehr unterschiedliche Aufmerksamkeit geschenkt wird:

Tabelle 2: Vier Konstellationen als Ergebnis der Schneidung von Lernwege- und Repräsentationsdimension

Lernen	Wissen	
explizit	explizit	durch explizite Instruktion erworbene und nach wie vor verbalisierbare Kenntnisse, die entweder selbstinstruktiv im Handeln Verwendung finden oder aber im ungünstigen Fall träge bleiben
explizit	implizit	nicht mehr oder nur mehr eingeschränkt verbalisierbares, ehedem explizites Wissen; z.B. gut trainierte Fertigkeiten (prozeduralisiertes Wissen), verinnerlichte Theorien (theoretisch gelenkte, intuitive Praxiswahrnehmung)
implizit	explizit	verbalisierbare Kenntnisse, die aus der Analyse und Reflexion des eigenen gelingenden Handelns in induktiv-verallgemeinernden Denkprozessen entstehen
implizit	implizit	implizit erworbenes nicht oder nur eingeschränkt verbalisierbares Wissen; hptsl. informell erlernt, teils aber auch formell, z.B. kasuistisch oder in heimlichen Lehrplänen der Ausbildungsinstitution

Denkfiguren zum Verhältnis zwischen Wissen und Können unterscheiden sich außerdem beträchtlich durch die *Funktion*, die sie dem Wissen beimessen. Manchmal wird von eher mittelbaren Effekten auf Handeln ausgegangen und die wahrnehmungs- und problemdefinitionssteuernde Funktion von Begriffen, Konzepten, Modellen oder Denkstilen betont, manchmal wird eine direktere handlungssteuernde Wirkung von Wissen in Gestalt von Regeln, Technologien und Rezepten angenommen. Beträchtliche Unterschiede bestehen weiterhin in der Antwort auf die Frage, ob Wissen vorrangig handlungsvorbereitende, handlungssteuernde oder handlungsrechtfertigende Bedeutung hat.

Hinzu kommt ein Drittes: Das Problem der Bestimmung des Verhältnisses zwischen Wissen und Können ist empirisch nur eingeschränkt traktabel. Die meisten Verhältnisbestimmungen sind präskriptiv-deskriptiv doppeldeutig. Sie beinhalten nicht nur psychologisch-theoretische Annahmen über die Beziehungen zwischen Denken und Handeln, Wissen und Können, sondern setzen diese Konstrukte auch in ideale, durch Aus- und Fortbildung teils erst herzustellende Beziehungen.

Im Einzelnen lassen sich mindestens zwölf „Figuren der Relationierung von Wissen und Können" unterscheiden und systematisieren (Neuweg, 2004b, 2005b; zur ausbildungs- und berufsbiographischen Lokalisierung der Modelle im Prozess der Expertiseentwicklung von Lehrern vgl. Neuweg, 2010):

Tabelle 3: Denkfiguren zur Relationierung von Lehrerwissen und Lehrerkönnen (Neuweg, 2004b, 2005b)

Integrationskonzepte	*Differenzkonzepte*
Technologie	Persönlichkeit
Brille	Erfahrung und Meisterlehre
Mutterwitz	Anreicherung
Prozeduralisierung (Training)	Reflexion
Induktion	Interferenz
Parallelisierung	Konsekution

Integrationskonzepte konzipieren Professionalität als Kongruenz von Wissen und Können (prototypisch bspw. Oser, 2001). Das Leitbild ist der Lehrer, der anwendet, was er weiß, und der zu begründen vermag, was er tut. Innerhalb dieser Klammer lassen sich unterschiedliche Konzepte spezifizieren. Das Modell *Technologie* (Neuweg, 2007) legt den Schwerpunkt auf die Vermittlung empirisch abgesicherter Handlungsregeln, die in Distanz zur Praxis und in bewusstem Kontrast zum Alltagswissen vor allen Handlungsversuchen studierend angeeignet werden sollen. Dagegen fasst das Modell *Brille* Wissen als wahrnehmungs- und problemdefinitionsleitende Größe auf, die eher hilft, Situationen zu „lesen", als das Handeln unmittelbar anzuleiten (vgl. bspw. Dewe & Radtke, 1991, S. 155; zum impliziten Charakter solcher „Brillen" Bromme, 1992, S. 133f.). Die Leitvorstellung *Mutterwitz* (in Anlehnung an Kant, 1787/1968, S. 131) akzentuiert in besonderer Weise die Anwendungskompetenz als Bindeglied zwischen Theorie und Praxis, indem sie daran erinnert, dass zwischen abstraktem Wissen und konkreten Situationen eine logische Lücke klafft (vgl. bereits Herbart 1802/1991), deren Überwindung durch didaktische Maßnahmen eigens eingeübt werden muss. Der Trägheit von Wissen versucht auch das Konzept *Prozeduralisierung* durch Wissensvermittlung und anschließend systematisches Wahrnehmungs- oder Verhaltenstraining vorzubeugen. Typisch für die Leitvorstellung *Induktion* ist die Umkehrung der für die bisher genannten Modelle charakteristischen Stufenfolge Theorie vor Praxis (vgl. die zeitgenössische situated-learning-Perspektive, aber auch schon Diesterweg, 1851/1958, S. 55f.). Stattdessen werden Praxiserfahrungen vor aller Beschulung befürwortet oder zumindest die aus der Schülererfahrung entstandenen subjektiven Theorien über Schule und Unterricht zum Ausgangspunkt der systematischen Konfrontation mit objektiven Theorien. Im Modell der *Parallelisierung* schließlich gilt jede Phasierung von Theorie und Praxis als von Grund auf problematisch und soll durch ein möglichst enges und permanentes Ineinander von Anschauung beziehungsweise Handlung und Verbegrifflichung vermieden werden.

Dagegen postulieren *Differenzkonzepte* die grundsätzliche kategoriale Verschiedenheit und Eigenlogik von Wissen einerseits und Können andererseits (Munby, Russell & Martin, 2001; Neuweg, 2002). „Könnerschaft" (Neuweg, 2004a) gründe nicht auf propositionalem oder zumindest in Propositionen überführbarem Wissen, sondern auf einer ebenso komplexen wie funktionalen Verwobenheit von Persönlichkeit, normativen Orientierungen, Erfahrungsbeständen und Routinen, auf „professionellen Schemata" (Tenorth, 2006), die man gar nicht als Wissen ansprechen sollte. Es sei eine Sache, über Wirklichkeit reflektieren und theoretisieren, und eine grundsätzlich andere Sache, sich in ihr kunstvoll bewegen zu können, weshalb die Beziehung zwischen Wissen und Können nicht als Ableitungsbeziehung aufzufassen sei. Eher sei von komplexen und mehrfach gebrochenen Austauschbeziehungen zwischen theoretischem Bildungs-, Begründungs- und Reflexionswissen einerseits und handlungsleitenden Schemata auszugehen. Folgt man der Leitvorstellung *Persönlichkeit* (Mayr & Neuweg, 2006), dann sind vor allem relativ stabile Personmerkmale für Bruchstellen zwischen dem, was einer zu sagen vermag, und dem, was einer tatsächlich kann und tut, verantwortlich. Dagegen postuliert die Leitvorstellung *Erfahrung und Meisterlehre*, dass Erfahrung die wichtigste Quelle für die Ausformung von Könnerschaft sei und konzipiert Lehrerlernen in seiner didaktisierten Form als Meisterlehre (O'Hear, 1988). Komplexere Varianten gehen von einer Stufenfolge des Lernens aus, die von anfänglicher Beschulung zur allmählichen Ausformung subtiler Schemata und hochflexiblen impliziten Wissens führen (Dreyfus & Dreyfus, 1987; Neuweg, 1999; Berliner, 2004), wobei dieser Prozess nicht als bloßes Unbewusstwerden des vormals Expliziten beschrieben wird (so bei Prozeduralisierungskonzepten), sondern als Vorgang der qualitativen Reorganisation und *Anreicherung* der kognitiven Strukturen (Bromme, 1992). Die Leitvorstellung *Reflexion* betont die Abhängigkeit der Wirkung von Erfahrung von den begleitenden oder ausbleibenden Verarbeitungsprozessen und die Unabschließbarkeit des Prozesses des Lernens von Lehrern (z.B. Ericsson, Krampe & Tesch-Römer,

1993; Korthagen, 2001). Der Leitvorstellung *Interferenz* nach können intuitive Regulationsprozesse empfindlich gestört werden, wenn man sie ohne Not „verkopft". „Je mehr ich denke, desto schlechter werde ich" – so mag der Praktiker das Phänomen der Interferenz von Denken und Tun formulieren. Das Konzept der *Konsekution* schließlich wendet den Differenzgedanken auf die Makrostruktur von Lehrerbildung an. Aus der epistemologischen Differenz zwischen explizitem Wissenschaftswissen und implizitem Handlungswissen wird eine phasen- und institutionenspezifische Zuordnung von Ausbildungsaufgaben abgeleitet, in der, vereinfacht ausgedrückt, der ersten Phase die Aufgabe der Wissensvermittlung und der Vorstrukturierung von Erfahrung, der zweiten Phase und dem Lernen im Beruf die Aufgabe der Ausformung erfahrungsgesättigter Schemata und der dritten Phase die Aufgabe der weiteren Professionalisierung dieser Schemata durch deren Thematisierung auf der Folie von Wissenschaftswissen im Bündnis mit dem Fortbildungsteilnehmer zugeschrieben wird (Radtke, 1996).

5. Fazit und Perspektiven

Die Lehrerwissensforschung hat in den vergangenen zweieinhalb Jahrzehnten auf der Meta- und auf der Objektebene enorme Fortschritte verzeichnen können. Vielleicht erstmals in der Geschichte der Forschung zum Lehrerberuf behält man alle berufsrelevanten Wissensbereiche gleichermaßen im Blick. Historisch beispiellos ist vermutlich auch die Vielfalt des methodischen Zuganges. Theoretisch-konzeptive und empirische Arbeiten ergänzen einander in fruchtbarer Weise, die quantitativ-empirische Forschung wird zunehmend anspruchsvoller angelegt, gleichzeitig ist der Wert qualitativ orientierter Fallstudien unbestritten. Auf der Objektebene ragen die Wiederentdeckung pädagogisch-didaktischen Könnens und seiner gebrochenen Beziehung zum expliziten Wissen sowie die Konzeptualisierung und Messung von PCK heraus. Nicht nur scheint damit tatsächlich ein Kernstück hochgradig unterrichtsrelevanten Professionswissens identifiziert zu sein. Auch sind die bisher unternommenen Operationalisierungsversuche ermutigend, soweit sie sowohl dem integrativen als auch dem teilimpliziten Charakter professionellen Wissens Rechnung tragen. Das Anliegen einer möglichst anforderungsnahen Wissensmessung strahlt zunehmend auch auf die Bemühungen zur Erforschung des fachunabhängigen pädagogischen Wissens aus.

Aus den bisherigen Erfahrungen und dem Stand der Forschung lassen sich gleichzeitig einige Herausforderungen ableiten:

(1) Angesichts der stürmischen Entwicklung der Forschung zum Lehrerwissen besteht im Interesse eines kumulativen Erkenntnisfortschritts eine besondere Herausforderung in den nächsten Jahren darin, einerseits metatheoretisch, objekttheoretisch, forschungsmethodisch und messtechnisch lern- und revisionsfähig zu bleiben, sich gleichzeitig aber auch möglichst um theoretische und methodische Anschlussfähigkeit und Vergleichbarkeit zu bemühen.

(2) Die empirisch einigermaßen belastbare Befundlage bezieht sich mehrheitlich auf den mathematischen (und fallweise naturwissenschaftlichen) Unterricht. Dringend erforderlich ist daher, verstärkt auch andere Fächer zu untersuchen. Auch die Frage, ob die relativen Bedeutsamkeiten des fachbezogenen und des allgemeinpädagogischen Wissens der Lehrkräfte in Abhängigkeit vom Alter der Schüler variieren, bedarf einer systematischen Untersuchung.

(3) Ein vielversprechender Weg dürfte darin bestehen, das Konstrukt des Lehrerwissens zunehmend feiner auszudifferenzieren und die Effekte einzelner Wissensbereiche und -facetten auf verschiedene Kriteriumsvariable zu studieren, um mehr über die Wege zu erfahren, über die Lehrerwissen seine Wirksamkeit auf das Lernen der Schüler entfaltet. Wie wirkt welches Wis-

sen auf die Bedeutsamkeit der Ziele und Inhalte, das Klima, die Klassenführung, die Klarheit der Erläuterungen und der Lehrerfragen, die Anordnung des Lehrstoffes, das Eingehen auf Fehler und Lernschwierigkeiten usw.?

(4) Die Lehrerwissensforschung dürfte umso ertragreicher werden, je näher sie an die beruflichen Anforderungen heranrückt. Direkte Tests des Lehrerwissens sind indirekten Formen der Erfassung über Merkmale der Ausbildung jedenfalls vorzuziehen. Speziell für die Arbeiten im deutschen Sprachraum kennzeichnend ist nun eine spannungsreiche Verbindung von zunehmender Einlassung auf das Phänomen unterrichtspraktischen Könnens bei gleichzeitig ungebrochener Hoffnung auf die Wirksamkeit theoretisch-formaler Lehrerbildung. Eine unvoreingenommene Prüfung der Hypothese, dass die Beschulung mit theoretischem Wissen für den Könnensaufbau bei Lehrern bedeutsam ist, setzt dabei voraus, dass Können sprachlich nicht zu Wissen gemacht, sondern von diesem gerade unterschieden wird, um festzustellen, ob und inwiefern das zweitere für das erstere tatsächlich Bedingung ist. Können wiederum muss *anforderungs*nah gemessen werden.[25] Auffällig ist in diesem Lichte, dass allgemeinpädagogisches Wissen in COACTIV-R, MT21 und TEDS-M *ausbildungs*näher gemessen wurde als das fachdidaktische Wissen und Daten zu den Zusammenhängen mit den Schülerleistungen nicht vorliegen. Auch für die Operationalisierungen des fachdidaktischen Wissens in TEDS-LT fällt auf, dass sie mit Blick auf die Ausbildungs- und weniger mit Blick auf die Anforderungsstrukturen vorgenommen wurden. Man kann dies als Ausdruck erfolgreichen Bemühens um curriculare Validität betrachten. Dass aber in einer Ausbildung, die Wissen vermittelt, auch tatsächlich Wissen erworben wird, kann andererseits nur vor dem Hintergrund eher bescheidener Ansprüche als Wirksamkeit der Lehrerbildung interpretiert werden. Künftig wird die Wirkungskette verstärkt auch in umgekehrter Richtung zu beforschen sein: Tests wären dabei an erfolgreichen Lehrkräften zu validieren („Technik der bekannten Gruppen“, Bortz & Döring, 2006, S. 201) und über diese anforderungsvaliden Aufgaben wäre dann die Lehreraus- und fortbildung zu evaluieren. Die im Rahmen von TEDS-FU angekündigten computerbasierten und videogestützten, handlungsnahen Testverfahren (König & Blömeke, 2012, S. 803; vgl. auch König & Lebens, 2012) bringen möglicherweise erste Fortschritte in Richtung einer erhöhten berufserfolgsprognostischen Validität.

(5) Die ausbildungsnahe Wissensmessung mag als natürliche Vorstufe zur anforderungsnahen Kompetenzmessung erscheinen, wenn man annimmt, Kompetenz entwickle sich gleichsam notwendig vom Wissen zum Können. Dass diese mit Blick auf die Struktur einer ersten und zweiten Phase der Lehrerbildung naheliegende Vorstellung gleichzeitig als theoretisch fundiert wahrgenommen wird, obwohl ihr kein lerntheoretisches Naturgesetz zugrunde liegt (für experimentalpsychologische Gegenevidenz vgl. bspw. Neuweg, 2000b), ist ein gewisses Indiz dafür, dass die Lehrerwissensforschung kognitionstheoretisch an das schon bei Bromme (1992) erreichte Niveau zurückzufallen droht. Exemplarisch sichtbar machen lässt sich dies an der kaum je problematisierten Gleichsetzung der Konzepte eines „prozeduralen“ (in der Regel zuvor deklarativ-expliziten und dann „prozeduralisierten“, vgl. Anderson, 1983) Wissens mit einem „impliziten“ (eventuell auch implizit erworbenen und von propositionalem Wissen strukturverschiedenen) Wissen (Neuweg, 2004a) oder auch an der bislang noch recht oberflächlichen Rezeption des Expertiseentwicklungsmodells von Dreyfus & Dreyfus (1987), die Fehlübertragungen auf die Domäne der Lehrerprofessionalisierung sehr begünstigt (vgl. Neuweg, 1999; Neuweg, 2004a, S. 296ff.; Neuweg, 2010).

---

25 Dass Studienanfänger bei einzelnen Items gleich gute oder sogar bessere Leistungen erbringen als Referendare (so geschehen in MT21, vgl. Blömeke, Müller, Felbrich & Kaiser, 2008b), würde diese Items eher besonders interessant denn überarbeitungsbedürftig machen.

(6) Der Übergang von einer curriculumsorientiert-wissensnahen zu einer berufsorientiert-handlungsnahen Messung der Kompetenz von Lehrkräften könnte es erforderlich machen, die Wahrnehmungs- und Handlungsregulation bei der Bewältigung berufstypischer Anforderungen näher zu untersuchen (vgl. auch dazu bereits Bromme, 1992). Die Analyse der die Aufgabenlösung begleitenden Denkprozesse könnte dabei wichtige Hinweise auf die innere Struktur, die Quellen und das Repräsentationsformat des Lehrerwissens geben. Es gibt theoretische und empirische Hinweise darauf, dass eine Kompetenzdiagnose durch Befragung mit steigendem Expertisegrad zunehmend invalider wird und der Modus der Aufgabenbewältigung (deliberativ vs. intuitiv) sich in Abhängigkeit vom Expertisegrad unterschiedlich auf die Güte der Aufgabenbewältigung auswirkt (Nisbett & Wilson, 1977; Dreyfus & Dreyfus, 1987). Worauf kompetente Personen in einer Anforderungssituation achten und was genau sich deshalb im subjektiven Erleben „wie von selbst" einstellt (vgl. zu diesem von Polanyi postulierten Funktionsmechanismus die Darstellung bei Neuweg, 2004a), ist eine Frage, der beizukommen eine Befassung mit anspruchsvollen Modellen impliziten Wissens (und nicht nur mit diesem Begriff) ebenso voraussetzt wie eine Durchdringung der Anforderungsstrukturen im Klassenzimmer aus der Perspektive der ersten Person.

(7) In dem Maße, in dem sich Kompetenz in der Kontextsensitivität des Urteilens und Handelns niederschlägt, ist zu erwarten, dass kompetente Personen auf die Frage, was sie in einer (verbal oder videographisch repräsentierten) Situation täten, antworten, dies komme darauf an. Deshalb müsste im Reizmaterial bereits abgebildet werden, worauf es ankommt. Dabei könnte sich erweisen, dass Realsituationen in einer sehr fundamentalen Weise kontextuiert sind: Sie haben eine Geschichte (der Lehrer kennt bspw. seine Schüler und seine Klasse aus der Vergangenheit und er weiß, wie eine Situation entstanden ist); sie sind in einen weiten Gegenwartskontext eingebettet; und sie haben eine Zukunft, die der Akteur in Form von Zielen vorwegnimmt, in deren Lichte er wiederum die Situation bewertet. Die Befassung mit einer Vignette dagegen erfolgt geschichtslos, ohne Bezug zu (insbesondere längerfristigen) Zielen und ohne jede Möglichkeit, den Blick auf einen erweiterten deutungsrelevanten Kontext zu richten. Der Erfassung praktischen Könnens außerhalb der Realsituation sind damit möglicherweise absolute Grenzen gesetzt, die sich aus der spezifischen Natur reifer Könnerschaft ergeben.

(8) Je näher die Lehrerwissensforschung an ihren Gegenstand heranrückt, desto mehr muss sie sich auf die Unterrichtsgegenstände, auf die Verschränkungen von Fachwissen und pädagogischem Wissen und auf den teilimpliziten Charakter des Professionswissens einlassen. Dann wird die Frage nach dem Qualifikationsprofil der Forscher kritisch. Je näher sich der Forscher am Gegenstand befindet, je mehr er also selbst *fach*didaktisch-*praktisch* kann, desto eher erschließt sich ihm das Berufswissen der Lehrer im jeweiligen Fach. Aber: Im gleichen Maße nimmt seine Fähigkeit ab, dieses Wissen in einer Weise abzubilden, die es zu einem intersubjektiv zugänglichen Gegenstand der weiteren Analyse durch Dritte macht. Das Professionswissen anders als im Handeln freilegen kann letztlich nur, wem es nicht selbstverständlich ist – dann ist es ihm aber zugleich zum Teil unverständlich (ausführlich dazu Neuweg & Putz, 2008).

(9) Wenn der Brückenschlag zwischen Lehrerwissensforschung und Lehrerbildungsforschung gelingen soll, muss geklärt werden, welches konkrete Können mit Schülerleistungen assoziiert ist, woher es stammt und wie es in Aus- und Fortbildung gezielter angesteuert werden kann (Wahl, 2001, 2002). Mit dem fachdidaktischen Können ist eine wichtige Dimension identifiziert, es ist aber noch unklar, wie dieses Können entsteht. Sicher wird fachdidaktisches Wissen in eigenen Aus- und Fortbildungsveranstaltungen noch weitaus stärker zu thematisieren sein (Reinhold, 2004). Fachdidaktisches Können ist aber möglicherweise stärker noch ein Kuppelprodukt der Qualität, in der angehende Lehrkräfte in ihr Fach selbst eindringen, und der Qualität der Didaktik, mittels derer man ihnen die Fächer näherbringt (Grossman, Wilson & Shulman,

1989; Borko & Putnam, 1996). Dann müsste die Aufmerksamkeit den intellektuellen Sozialisationsprozessen gelten, in denen in der Ausbildung von vornherein das „Amalgam der Wissensbereiche“ in Erscheinung tritt: Wie müssen angehende Lehrer die Inhalte lernen, die sie später lehren? Wie müssen sie diese Lernprozesse metakognitiv beobachten, um etwas über das Erlernen des Faches zu erlernen? Wie muss ihnen das Fach gelehrt werden? Wie rekrutiert oder entwickelt man Lehrpersonal, das Fachdidaktik *betreibt*, statt sie bloß zu lehren? In der Tat: „(T)eacher education is the responsibility of the entire university, not the schools or departments of education alone“ (Shulman, 1987a, S. 242). Nicht nur das freilich weiß man schon lange. Wenn es eine Krise in der Lehrerbildung gibt, dann ist es zunehmend weniger eine „Krise der fehlenden Daten“ (Larcher & Oelkers, 2004, S. 129). *Es ist vor allem auch eine Krise der fehlenden Taten.*

(10) Auf mittlere Sicht sind berufserfolgs- und berufszufriedenheitskritisches Wissen *und* berufserfolgs- und berufszufriedenheitskritische, relative stabile Persönlichkeitsmerkmale gleichermaßen im Auge zu behalten. Die sich kaum je selbst persönlichkeitspsychologisch orientierende, sondern notorisch auf Bromme (1997) zurückgreifende Kennzeichnung des Persönlichkeitsparadigmas als gescheitert (bspw. Krauss et al., 2008b) und die Auffassung, Kompetenz sei „prinzipiell erlern- und vermittelbar“ (Baumert & Kunter, 2011a, S. 31), ignorieren die Frage, *für wen welche* Kompetenzen *in welchem Maße* erlernbar sind. Zwar mag ein Modell professionellen Handelns „unter- und damit fehlspezifiziert“ (Baumert et al., 2011, S. 11) sein, wenn es nicht zeigt, wie sich allgemeine Fähigkeiten wie etwa Gewissenhaftigkeit oder emotionale Stabilität berufs- und situationsspezifisch niederschlagen. In einem Modell leistungsfähiger Prädiktoren aber müssen solche Fähigkeiten enthalten sein (zur Situationsspezifität von Standards einerseits und Kompetenzen andererseits vgl. Neuweg, 2011), denn: Dem Passagier wird eine Liste, in der das Sehvermögen des Piloten als unverzichtbare, nicht-ausbildungsabhängige Voraussetzung für die Berufsausübung auftaucht, sicher nicht als „fehlspezifiziert“ gelten.

Literatur

Abell Foundation (2001). Teacher Certification Reconsidered. Stumbling for Quality. http://www.abell.org/pubsitems/ed_cert_1101.pdf [27.9.2009].

Anderson, J. (1983). *The architecture of cognition.* Cambridge, MA: Harvard University Press.

Baumert, J. & Kuntner, M. (2006). Stichwort: Professionelle Kompetenz von Lehrkräften. *Zeitschrift für Erziehungswissenschaft, 9*(4), 469-520.

Baumert, J. & Kunter, M. (2011a). Das Kompetenzmodell von COACTIV. In M. Kunter, J. Baumert, W. Blum, U. Klusmann, S. Krauss & M. Neubrand (Hrsg.), *Professionelle Kompetenz von Lehrkräften. Ergebnisse des Forschungsprogramms COACTIV* (S. 29-53). Münster: Waxmann.

Baumert, J. & Kunter, M. (2011b). Das mathematikspezifische Wissen von Lehrkräften, kognitive Aktivierung im Unterricht und Lernfortschritte von Schülerinnen und Schülern. In M. Kunter, J. Baumert, W. Blum, U. Klusmann, S. Krauss & M. Neubrand (Hrsg.), *Professionelle Kompetenz von Lehrkräften. Ergebnisse des Forschungsprogramms COACTIV* (S. 163-192). Münster: Waxmann.

Baumert, J., Kunter, M., Blum, W., Klusmann, U., Krauss, S. & Neubrand, M. (2011). Professionelle Kompetenz von Lehrkräften, kognitiv aktivierender Unterricht und die mathematische Kompetenz von Schülerinnen und Schülern (COACTIV) – Ein Forschungsprogramm. In M. Kunter, J. Baumert, W. Blum, U. Klusmann, S. Krauss & M. Neubrand (Hrsg.), *Professionelle Kompetenz von Lehrkräften. Ergebnisse des Forschungsprogramms COACTIV* (S. 7-25). Münster: Waxmann.

Begle, E. G. (1972). *Teacher knowledge and student achievement in algebra* (School Mathematics Study Group Reports; 9). Washington, D.C.: National Science Foundation.

Berliner, D. C. (2004). Describing the Behavior and Documenting the Accomplishments of Expert Teachers. *Bulletin of Science, Technology & Society, 24,* 200-212.

Blömeke, S. (2002). *Universität und Lehrerausbildung.* Bad Heilbrunn/Obb.: Klinkhardt.

Blömeke, S. (2004). Empirische Befunde zur Wirksamkeit der Lehrerbildung. In S. Blömeke, P. Reinhold, G. Tulodziecki & J. Wildt, (Hrsg.), *Handbuch Lehrerbildung* (S. 59-91). Bad Heilbrunn/Obb.: Klinkhardt.

Blömeke, S., Bremerich-Vos, A., Haudeck, H., Kaiser, G., Nold, G., Schwippert, K. & Willenberg, H. (Hrsg.) (2011). *Kompetenzen von Lehramtsstudierenden in gering strukturierten Domänen. Erste Ergebnisse aus TEDS-LT.* Münster: Waxmann.

Blömeke, S., Bremerich-Vos, A., Kaiser, G., Nold, G.,. Haudeck, H., Keßler, J.-U. & Schwippert, K. (Hrsg.) (2013). *Professionelle Kompetenzen im Studienverlauf. Weitere Ergebnisse zur Deutsch-, Englisch- und Mathematiklehrerausbildung aus TEDS-LT.* Münster: Waxmann.

Blömeke, S., Felbrich, A. & Müller, C. (2008). Messung des erziehungswissenschaftlichen Wissens angehender Lehrkräfte. In S. Blömeke, G. Kaiser & R. Lehmann (Hrsg.), *Professionelle Kompetenz angehender Lehrerinnen und Lehrer. Wissen, Überzeugungen und Lerngelegenheiten deutscher Mathematikstudierender und -referendare. Erste Ergebnisse zur Wirksamkeit der Lehrerausbildung* (S. 171-193). Münster: Waxmann.

Blömeke, S., Kaiser, G. & Döhrmann, M. (2011). Bedingungsfaktoren des fachbezogenen Kompetenzerwerbs von Lehrkräften. Zum Einfluss von Ausbildungs-, Persönlichkeits- und Kompositionsmerkmalen in der Mathematiklehrerausbildung für die Sekundarstufe I. In W. Helsper & R. Tippelt (Hrsg.), *Pädagogische Professionalität* (= Zeitschrift für Pädagogik, 57. Beiheft) (S. 77-103). Weinheim: Beltz.

Blömeke, S., Kaiser, G. & Lehmann, R. (Hrsg.) (2008). *Professionelle Kompetenz angehender Lehrerinnen und Lehrer. Wissen, Überzeugungen und Lerngelegenheiten deutscher Mathematikstudierender und -referendare. Erste Ergebnisse zur Wirksamkeit der Lehrerausbildung.* Münster: Waxmann.

Blömeke, S., Kaiser, G. & Lehmann, R. (Hrsg.) (2010a). *TEDS-M 2008. Professionelle Kompetenz und Lerngelegenheiten angehender Primarstufenlehrkräfte im internationalen Vergleich.* Münster: Waxmann.

Blömeke, S., Kaiser, G. & Lehmann, R. (Hrsg.) (2010b). *TEDS-M 2008. Professionelle Kompetenz und Lerngelegenheiten angehender Mathematiklehrkräfte für die Sekundarstufe I im internationalen Vergleich.* Münster: Waxmann.

Blömeke, S. & König, J. (2010). Messung des pädagogischen Wissens: Theoretischer Rahmen und Teststruktur. In S. Blömeke, G. Kaiser & R. Lehmann (Hrsg.), *TEDS-M 2008. Professionelle Kompetenz und Lerngelegenheiten angehender Mathematiklehrkräfte für die Sekundarstufe I im internationalen Vergleich* (S. 239-263). Münster: Waxmann.

Blömeke, S., Lehmann, R., Seeber, S., Schwarz, B., Kaiser, G., Felbrich, A. & Müller, C. (2008a). Niveau- und institutionenbezogene Modellierungen des fachbezogenen Wissens. In S. Blömeke, G. Kaiser & R. Lehmann (Hrsg.), *Professionelle Kompetenz angehender Lehrerinnen und Lehrer. Wissen, Überzeugungen und Lerngelegenheiten deutscher Mathematikstudierender und -referendare. Erste Ergebnisse zur Wirksamkeit der Lehrerausbildung (S. 105-134). Münster: Waxmann.*

Blömeke, S., Müller, C., Felbrich, A. & Kaiser, G. (2008b). Entwicklung des erziehungswissenschaftlichen Wissens und der professionellen Überzeugungen in der Lehrerausbildung. In S. Blömeke, G. Kaiser & R. Lehmann (Hrsg.), *Professionelle Kompetenz angehender Lehrerinnen und Lehrer. Wissen, Überzeugungen und Lerngelegenheiten deutscher Mathematikstudierender und -referendare. Erste Ergebnisse zur Wirksamkeit der Lehrerausbildung* (S. 303-326). Münster: Waxmann.

Blömeke, S., Reinhold, P., Tulodziecki, G. & Wildt, J. (Hrsg.) (2004). *Handbuch Lehrerbildung.* Bad Heilbrunn/Obb.: Klinkhardt.

Blömeke, S., Seeber, S., Lehmann, R., Kaiser, G., Schwarz, B., Felbrich, A. & Müller, C. (2008c). Messung des fachbezogenen Wissens angehender Mathematiklehrkräfte. In S. Blömeke, G. Kaiser & R. Lehmann (Hrsg.), *Professionelle Kompetenz angehender Lehrerinnen und Lehrer. Wissen, Überzeugungen und Lerngelegenheiten deutscher Mathematikstudierender und -referendare. Erste Ergebnisse zur Wirksamkeit der Lehrerausbildung* (S. 49-88). Münster: Waxmann.

Blömeke, S., Suhl, U., Kaiser, G., Felbrich, A. & Schmotz, C. (2010). Lerngelegenheiten und Kompetenzerwerb angehender Mathematiklehrkräfte im internationalen Vergleich. *Unterrichtswissenschaft 38* (1), 29-50.

Borko, H. & Putnam, R. T. (1996). Learning to teach. In D. C. Berliner & R. C. Calfee (Eds.), *Handbook of Educational Psychology* (pp. 673-708). New York: Macmillan.

Bortz, J. & Döring, N. (2006). *Forschungsmethoden und Evaluation für Human- und Sozialwissenschaftler* (4., überarb. Aufl). Heidelberg: Springer.

Bromme, R. (1992). *Der Lehrer als Experte. Zur Psychologie des professionellen Wissens.* Bern: Huber.

Bromme, R. (1995). Was ist „pedagogical content knowledge"? Kritische Anmerkungen zu einem fruchtbaren Forschungsprogramm. In S. Hopmann & K. Riquarts (Hrsg.), *Didaktik und/oder Curriculum* (Zeitschrift für Pädagogik, Beiheft; 33) (S. 105-115). Weinheim: Beltz.

Bromme, R. (1997). Kompetenzen, Funktionen und unterrichtliches Handeln des Lehrers. In F. E. Weinert (Hrsg.), *Psychologie des Unterrichts und der Schule (Enzyklopädie der Psychologie, Pädagogische Psychologie; Bd. 3)* (S. 177-212). Göttingen: Hogrefe.

Bromme, R. (2008). Lehrerexpertise. In W. Schneider & M. Hasselhorn (Hrsg.), *Handbuch der Pädagogischen Psychologie* (S. 159-167). Göttingen: Hogrefe.

Brophy, J. J. & Good, T. (1986). Teacher behavior and student achievement. In M. C. Wittrock (Ed.), *Handbook of research on teaching* (3rd ed.) (pp. 328-375). New York: Macmillan.

Broudy, H. S. (1970). *On „Knowing with". Proceedings of the Philosopy of Education Society* (pp. 89-103). Southern Illinois University.

Broudy, H. S. (1985/86). The Uses of Schooling in Personal Life and Professional Practice. *Tradition & Discovery XIII* (2), 4-9.

Brunner, M., Anders, Y., Hachfeld, A. & Krauss, S. (2011). Diagnostische Fähigkeiten von Mathematiklehrkräften. In M. Kunter, J. Baumert, W. Blum, U. Klusmann, S. Krauss & M. Neubrand (Hrsg.), *Professionelle Kompetenz von Lehrkräften. Ergebnisse des Forschungsprogramms COACTIV* (S. 215-234). Münster: Waxmann.

Brunner, M., Kunter, M., Krauss, S., Baumert, J., Blum, W., Neubrand, M., Dubberke, T., Jordan, A., Klusmann, U. & Tsai, Y.-M. (2006). Welche Zusammenhänge bestehen zwischen dem fachspezifischen Professionswissen von Mathematiklehrkräften und ihrer Ausbildung sowie beruflichen Fortbildung? *Zeitschrift für Erziehungswissenschaft, 9,* 521-544.

Buchholtz, N. & Kaiser, G. (2013). Professionelles Wissen im Studienverlauf: Lehramt Mathematik. In S. Blömeke, A. Bremerich-Vos, G. Kaiser, G. Nold, H. Haudeck, J.-U. Keßler & K. Schwippert (Hrsg.), *Professionelle Kompetenzen im Studienverlauf. Weitere Ergebnisse zur Deutsch-, Englisch- und Mathematiklehrerausbildung aus TEDS-LT* (S. 107-143). Münster: Waxmann.

Carter, K. (1990). Teachers' Knowledge and Learning to Teach. In W. R. Houston (Ed.), Handbook of Research on Teacher Education (pp. 291-310). New York: Macmillan.

Clandinin, D. J. (1986). *Classroom practice: Teacher images in action.* London: Falmer Press.

Clark, C. & Peterson, P. (1986). Teachers' thought processes. In M. C. Wittrock (Ed.), *Handbook of research on teaching* (3rd ed.) (pp. 255-296). New York: Macmillan.

Cochran-Smith, M. & Zeichner, K. M. (Eds.) (2005). *Studying Teacher Education. The Report of the AERA Panel on Research and Teacher Education.* Mahwah, N.J.: Erlbaum.

Dann, H.-D., Humpert, W., Krause, F. & Tennstädt, K.-C. (Hrsg.) (1982). *Analyse und Modifikation Subjektiver Theorien von Lehrern. Ergebnisse und Perspektiven eines Kolloquiums.* Konstanz: Zentrum I Bildungsforschung.

Dann, H.-D. (1983). Subjektive Theorien: Irrweg oder Forschungsprogramm? Zwischenbilanz eines kognitiven Konstrukts. In L. Montada, K. Reusser & G. Steiner (Hrsg.), *Kognition und Handeln* (S. 77-92). Stuttgart: Klett-Cotta.

Dann, H.-D. (2008). Lehrerkognitionen und Handlungsentscheidungen. In D. W. Schweer (Hrsg.), *Lehrer-Schüler-Interaktion. Inhaltsfelder, Forschungsperspektiven und methodische Zugänge* (2. vollst. überarb. Aufl.) (S. 177-207). Wiesbaden: Verlag für Sozialwissenschaften.

Darling-Hammond, L. (2000). Teacher Quality and Student Achievement. A Review of State Policy Evidence. *Education Policy Analyses Archives, 8* (1), http://epaa.asu.edu/epaa/v8n1/ [28.9.2009].

Dewe, B. (1997). Grenzen der Didaktik: Über den Hiatus zwischen Lehrerwissen und Lehrerkönnen. In J. Keuffer & M. A. Meyer (Hrsg.), *Didaktik und kultureller Wandel. Aktuelle Problemlagen und Veränderungsperspektiven* (S. 220-248). Weinheim: Dt. Studien-Verlag.

Dewe, B. (1998). Zur Relevanz der Professionstheorie für pädagogisches Handeln. In W. K. Schulz (Hrsg.), *Expertenwissen. Soziologische, psychologische und pädagogische Perspektiven* (S. 67-86). Opladen: Leske + Budrich.

Dewe, B. & Radtke, F.-O. (1991). Was wissen Pädagogen über ihr Können? Professionstheoretische Überlegungen zum Theorie-Praxis-Problem in der Pädagogik. In J. Oelkers & H.-E. Tenorth

(Hrsg.), *Pädagogisches Wissen* (Zeitschrift für Pädagogik, Beiheft; 27) (S. 143-162). Weinheim, Basel: Beltz

Diesterweg, A. (1851/1958). *Wegweiser zur Bildung für deutsche Lehrer, Bd. 2* (4. Auflage). Paderborn: Schöningh.

Döhrmann, M., Kaiser, G. & Blömeke, S. (2010). Messung des mathematischen und mathematikdidaktischen Wissens: Theoretischer Rahmen und Teststruktur. In S. Blömeke, G. Kaiser & R. Lehmann (Hrsg.), *TEDS-M 2008. Professionelle Kompetenz und Lerngelegenheiten angehender Mathematiklehrkräfte für die Sekundarstufe I im internationalen Vergleich* (S. 169-196). Münster: Waxmann.

Doyle, W. (1986). Classroom organization and management. In M. C. Wittrock (Ed.), *Handbook of research on teaching* (3rd ed.) (pp. 392-431). New York: Macmillan.

Dreyfus, H. & Dreyfus, St. (1987). *Künstliche Intelligenz. Von den Grenzen der Denkmaschine und dem Wert der Intuition.* Reinbek b. Hamburg: Rowohlt.

Druva, C. A. & Anderson, R. D. (1983). Science teacher characteristics by teacher behavior and by student outcome. A meta-analysis of research. *Journal of Research in Science Teaching, 20,* 467-479.

Eisenberg, T. A. (1977). Begle revisited: Teacher knowledge and student achievement in algebra. *Journal of Research in Mathematics Education, 8,* 216-222.

Elbaz, F. L. (1983). *Teacher thinking: A study of practical knowledge.* London: Croom Helm.

Ericsson, K. A., Krampe, R. T. & Tesch-Römer, C. (1993). The role of deliberate practice in the acquisition of expert performance. *Psychological Review, 100,* 363-406.

Fenstermacher, G. D. (1994). The Knower and the Known. The Nature of Knowledge in Research on Teaching. *Review of Research in Education, 20,* 3-56.

Floden, R. E. & Meniketti, M. (2005). Research on the Effects of Coursework in the Arts and Sciences and in the Foundations of Education. In M. Cochran-Smith & K. M. Zeichner (Eds.), *Studying Teacher Education. The Report of the AERA Panel on Research and Teacher Education* (pp. 261-308). Mahwah, N.J.: Erlbaum.

Gess-Newsome, J. (1999). Pedagogical Content Knowledge. An Introduction and Orientation. In J. Gess-Newsome & N. G. Lederman (Eds.), *Examining Pedagogical Content Knowledge* (pp. 3-17). Dordrecht: Kluwer.

Gess-Newsome, J. & Lederman, N. G. (Eds.) (1999). *Examining Pedagogical Content Knowledge.* Dordrecht: Kluwer.

Graeber, A. & Tirosh, D. (2008). Pedagogical Content Knowledge. Useful Concept or Elusive Notion. In P. Sullivan & T. Wood (Eds.), *Knowledge and Beliefs in Mathematics Teaching and Teaching Development* (pp. 117-132). Rotterdam: Sense Publications.

Groeben, N., Wahl, D., Schlee, J. & Scheele, B. (1988). *Das Forschungsprogramm Subjektive Theorien. Eine Einführung in die Psychologie des reflexiven Subjekts.* Tübingen: Francke.

Grossman, P. L. (1990). *The making of a teacher: Teacher knowledge and teacher education.* New York: Teachers College Press.

Grossman, P. L., Wilson, S. M. & Shulman, L. S. (1989). Teachers of Substance. Subject Matter Knowledge for Teaching. In M. C. Reynolds (Ed.), *Knowledge Base for the Beginning Teacher* (pp. 23-36). Oxford: Pergamon.

Gruber, H. & Renkl, A. (2000). Die Kluft zwischen Wissen und Handeln. Das Problem des trägen Wissens. In G. H. Neuweg (Hrsg.), *Wissen – Können – Reflexion. Ausgewählte Verhältnisbestimmungen* (S. 155-174). Innsbruck: Studien-Verlag.

Hashweh, M. Z. (1987). Effects of subject matter knowledge in the teaching of biology and physics. *Teaching and Teacher Education, 3,* 109-120.

Hashweh, M. Z. (2005). Teacher pedagogical constructions: a reconfiguration of pedagogical content knowledge. *Teachers and Teaching: theory and practice, 11,* 273-292.

Heiland, A. (1987). Das Theorie-Praxis-Problem auf der wissenschaftstheoretischen Ebene. In G.-A. Eckerle & J.-L. Patry (Hrsg.), *Theorie und Praxis des Theorie-Praxis-Bezugs in der empirischen Pädagogik* (S. 57-82). Baden-Baden: Nomos.

Helsper, W. (2002). Wissen, Können, Nicht-Wissen-Können. Wissensformen des Lehrers und Konsequenzen für die Lehrerbildung. In Zentrum für Schulforschung und Fragen der Lehrerbildung (Hrsg.), *Die Lehrerbildung der Zukunft. Eine Streitschrift* (S. 67-86). Opladen: Leske + Budrick.

Herbart, J. F. (1802/1991). Die erste Vorlesung über Pädagogik. In G. Müßener (Hrsg.), *Johann Friedrich Herbart. Didaktische Texte zu Unterricht und Erziehung in Wissenschaft und Schule* (S. 137-144). Wuppertal: Deimling.

Hill, H. C., Ball, D. & Schilling S. G. (2008). Unpacking Pedagogical Content Knowledge: Conceptualizing and Measuring Teachers' Topic-Specific Knowledge of Students. *Journal for Research in Mathematics Education, 39,* 372-400.

Hill, H. C., Rowan, B. & Ball, D. L. (2005). Effects of Teacher's Mathematical Knowledge for Teaching on Student Achievement. *American Educational Research Journal, 42,* 371-406.

Hofer, M. (1986). *Sozialpsychologie erzieherischen Handelns.* Göttingen: Hogrefe.

Kant, I. (1787/1968). *Kritik der reinen Vernunft* (Kants Werke. Akademie-Textausgab; Bd. III) (2. Auflage). Berlin: de Gruyter.

Kant, I. (1793/1968). Über den Gemeinspruch: Das mag in der Theorie richtig sein, taugt aber nicht für die Praxis. In: *Kants Werke* (Akademie-Textausgabe; Bd. VIII) (S. 273-314). Berlin: de Gruyter.

Kennedy, M. M., Ahn, S. & Choi, J. (2008). The Value Added by Teacher Education. In M. Cochran-Smith, S. Feiman-Nemser & D. J. McIntyre (Eds.), *Handbook of Research on Teacher Education: Enduring Questions in Changing Contexts* (3rd ed.) (pp. 1247-1271). Mahwah, NJ: Lawrence Erlbaum.

Kleickmann, T. & Anders, Y. (2011). Lernen an der Universität. In M. Kunter, J. Baumert, W. Blum, U. Klusmann, S. Krauss & M. Neubrand (Hrsg.), *Professionelle Kompetenz von Lehrkräften. Ergebnisse des Forschungsprogramms COACTIV* (S. 305-315). Münster: Waxmann.

Klein, F. (1928). *Elementary mathematics from an advanced standpoint: Arithmetic - Algebra - Analysis* (E. R. Hedrick/C. A. Noble, trans. form the 3rd German edition 1953). New York: Dover Publications.

Kolbe, F.-U. (2004). Verhältnis von Wissen und Handeln. In S. Blömeke, P. Reinhold, G. Tulodziecki & J. Wildt (Hrsg.), *Handbuch Lehrerbildung* (S. 206-232). Bad Heilbrunn/Obb.: Klinkhardt.

König, J. & Blömeke, S. (2009a). Pädagogisches Wissen von österreichischen Lehramtsstudierenden. *Erziehung und Unterricht, 159,* 175-186.

König, J. & Blömeke, S. (2009b). Pädagogisches Wissen von angehenden Lehrkräften. Erfassung und Struktur von Ergebnissen der fachübergreifenden Lehrerausbildung. *Zeitschrift für Erziehungswissenschaft, 12* (3), 499-527.

König, J. & Blömeke, S. (2012). Eine Antwort (nicht nur) auf die Testkritik am „Pädagogischen Unterrichtswissen". *Zeitschrift für Erziehungswissenschaft, 15,* 793-806.

König, J. & Lebens, M. (2012). Classroom Management Expertise (CME) von Lehrkräften messen: Überlegungen zur Testung mithilfe von Videovignetten und erste empirische Befunde. *Lehrerbildung auf dem Prüfstand, 5* (1), 3-28.

König, J. & Seifert, A. (Hrsg.) (2012). *Lehramtsstudierende erwerben pädagogisches Professionswissen. Ergebnisse der Längsschnittstudie LEK zur Wirksamkeit der erziehungswissenschaftlichen Lehrerausbildung.* Münster: Waxmann.

Korthagen, F. A. J. (2001). *Linking Practice and Theory. The Pedagogy of Realistic Teacher Education.* Mahwah, N.J.: Lawrence Erlbaum.

Kramis, J. (1990). Bedeutsamkeit, Effizienz, Lernklima. Grundlegende Kriterien für Unterricht und Didaktische Prinzipien. *Beiträge zur Lehrerbildung, 8,* 279-296.

Krauss, S., Baumert, J. & Blum, W. (2008). Secondary mathematics teachers' pedagogical content knowledge and content knowledge: validation of the COACTIV constructs. *The International Journal on Mathematics Education (ZDM), 40,* 873-892.

Krauss, S., Blum, W., Brunner, M., Neubrand, M., Baumert, J., Kunter, M., Besser, M. & Elsner, J. (2011). Konzeptualisierung und Testkonstruktion zum fachbezogenen Professionswissen von Mathematiklehrkräften. In M. Kunter, J. Baumert, W. Blum, U. Klusmann, S. Krauss & M. Neubrand (Hrsg.), *Professionelle Kompetenz von Lehrkräften. Ergebnisse des Forschungsprogramms COACTIV* (S. 135-161). Münster: Waxmann.

Krauss, S., Brunner, M., Kunter, M., Baumert, J., Blum, W. & Neubrand, M. & Jordan, A. (2008a). Pedagogical content knowledge and content knowledge of secondary mathematics teachers. *Journal of Educational Psychology, 100,* 716-725.

Krauss, S., Neubrand, M., Blum, W., Baumert, J., Brunner, M., Kunter, M. & Jordan, A. (2008b). Die Untersuchung des professionellen Wissens deutscher Mathematik-Lehrerinnen und -Lehrer im Rahmen der COACTIV-Studie. *Journal für Mathematikdidaktik (KMD), 29*, 223-258.

Kunina-Habenicht, O., Lohse-Bossenz, H., Kunter, M., Dicke, T., Förster, D., Gößling, J., Schulze-Stocker, F., Schmeck, A., Baumert, J., Leutner, D. & Terhart, E. (2012): Welche bildungswissenschaftlichen Inhalte sind wichtig in der Lehrerbildung? Ergebnisse einer Delphi-Studie. *Zeitschrift für Erziehungswissenschaft, 15* (4), 649-682.

Kunina-Habenicht, O., Schulze-Stocker, F., Kunter, M., Baumert, J., Leutner, D., Förster, D., Lohse-Bossenz, H. & Terhart, E. (2013). Die Bedeutung der Lerngelegenheiten im Lehramtsstudium und deren individuelle Nutzung für den Aufbau des bildungswissenschaftlichen Wissens. *Zeitschrift für Pädagogik, 59* (1), 1-23.

Kunter, M. & Baumert, J. (2011). Das COACTIV-Forschungsprogramm zur Untersuchung professioneller Kompetenz von Lehrkräften – Zusammenfassung und Diskussion. In M. Kunter, J. Baumert, W. Blum, U. Klusmann, S. Krauss & M. Neubrand (Hrsg.), *Professionelle Kompetenz von Lehrkräften. Ergebnisse des Forschungsprogramms COACTIV* (S. 345-366). Münster: Waxmann.

Kunter, M., Baumert, J., Blum, W., Klusmann, U., Krauss, S. & Neubrand, M. (Hrsg.) (2011). *Professionelle Kompetenz von Lehrkräften. Ergebnisse des Forschungsprogramms COACTIV.* Münster: Waxmann.

Kurtz, T. (2009). Professionalität aus soziologischer Perspektive. In O. Zlatkin-Troitschanskaia, K. Beck, D. Sembill, R. Nickolaus & R. Mulder (Hrsg.), *Lehrprofessionalität. Bedingungen, Genese, Wirkungen und ihre Messung* (S. 45-54). Weinheim: Beltz.

Larcher, S. & Oelkers, J. (2004). Deutsche Lehrerbildung im internationalen Vergleich. In S. Blömeke, P. Reinhold, G. Tulodziecki & J. Wildt, (Hrsg.), *Handbuch Lehrerbildung* (S. 128-150). Bad Heilbrunn/Obb.: Klinkhardt.

Lehmann-Grube, S. K. & Nickolaus, R. (2009). Professionalität als kognitive Disposition. In O. Zlatkin-Troitschanskaia, K. Beck, D. Sembill, R. Nickolaus & R. Mulder (Hrsg.), *Lehrprofessionalität. Bedingungen, Genese, Wirkungen und ihre Messung* (S. 59-70). Weinheim: Beltz.

Leinhardt, T. & Greeno, J. (1986). The cognitive skill of teaching. *Journal of Educational Psychology, 78*, 75-95.

Leinhardt, G. & Smith, D. A. (1985). Expertise in mathematics instruction: Subject matter knowledge. *Journal of Educational Psychology, 77*, 247-271.

Lipowsky, F. (2006). Auf den Lehrer kommt es an. Empirische Evidenzen für Zusammenhänge zwischen Lehrerkompetenzen, Lehrerhandeln und dem Lernen der Schüler. In C. Allemann-Ghionda & E. Terhart (Hrsg.), *Kompetenzen und Kompetenzentwicklung von Lehrerinnen und Lehrern: Ausbildung und Beruf* (Zeitschrift für Pädagogik, Beiheft; 51) (S. 47-70). Weinheim, Basel: Beltz.

Lohmann, V., Seidel, V. & Terhart, E. (2012). Der Kompetenzbereich „Unterrichten" im intendierten Curriculum der universitären Lehrer/innen/bildung: Struktur, Substanz, Varianz. In T. Hascher & G. H. Neuweg (Hrsg.), *Forschung zur (Wirksamkeit der) Lehrerbildung* (S. 65-83). Münster: Lit.

Lüders, M. (2012). „Pädagogisches Unterrichtswissen" – eine Testkritik. *Zeitschrift für Erziehungswissenschaft, 15*, 775-791.

Luhmann, N. & Schorr, K. E. (1979). *Reflexionsprobleme im Erziehungssystem.* Stuttgart: Klett-Cotta.

Luhmann, N. & Schorr, K. E. (Hrsg.) (1982). *Zwischen Technologie und Selbstreferenz.* Frankfurt a.M.: Suhrkamp.

Mayr, J. (2006). Theorie + Übung + Praxis = Kompetenz? Empirisch begründete Rückfragen zu den „Standards in der Lehrerbildung". In C. Allemann-Ghionda & E. Terhart (Hrsg.), *Kompetenzen und Kompetenzentwicklung von Lehrerinnen und Lehrern: Ausbildung und Beruf* (Zeitschrift für Pädagogik, Beiheft; 51) (S. 149-163). Weinheim, Basel: Beltz.

Mayr, J. & Neuweg, G. H. (2006). Der Persönlichkeitsansatz in der Lehrer/innen/forschung. Grundsätzliche Überlegungen, exemplarische Befunde und Implikationen für die Lehrer/innen/bildung. In U. Greiner & M. Heinrich (Hrsg.), *Schauen, was ‚rauskommt'. Kompetenzförderung, Evaluation und Systemsteuerung im Bildungswesen* (S. 183-206). Münster: LIT.

Merzyn, G. (2004). Fachwissenschaftliche Ausbildung aus mathematisch-naturwissenschaftlicher Sicht. In S. Blömeke, P. Reinhold, G. Tulodziecki & J. Wildt, (Hrsg.), *Handbuch Lehrerbildung (S. 397-410). Bad Heilbrunn/Obb.: Klinkhardt.*

Monk, D. H. (1994). Subject area preparation of secondary mathematics and science teachers and student achievement. *Economics of Education Review, 13*, 125-145.

Munby, H., Russell, T. & Martin, A. K. (2001). Teachers' Knowledge and How It Develops. In V. Richardson (Ed.), *Handbook of Research on Teaching* (4th ed.) (pp. 877-904). Washington: AERA.

Neuweg, G. H. (1999). Erfahrungslernen in der LehrerInnenbildung. Potenziale und Grenzen im Lichte des Dreyfus-Modells. *Erziehung und Unterricht, 149* (5/6), 363-372.

Neuweg, G. H. (2000a). Können und Wissen. Eine alltagssprachphilosophische Verhältnisbestimmung. In G. H. Neuweg (Hrsg.), *Wissen – Können – Reflexion. Ausgewählte Verhältnisbestimmungen* (S. 65-82). Innsbruck, Wien: Studienverlag.

Neuweg, G. H. (2000b). Mehr lernen, als man sagen kann: Konzepte und didaktische Perspektiven impliziten Lernens. *Unterrichtswissenschaft, 28*, 197-217.

Neuweg, G. H. (2002). Lehrerhandeln und Lehrerbildung im Lichte des Konzepts des impliziten Wissens. *Zeitschrift für Pädagogik, 48*(1), 10-29.

Neuweg, G. H. (2004a). *Könnerschaft und implizites Wissen. Zur lehr-lerntheoretischen Bedeutung der Erkenntnis- und Wissenstheorie Michael Polanyis* (3. Auflage). Münster: Waxmann.

Neuweg, G. H. (2004b). Figuren der Relationierung von Lehrerwissen und Lehrerkönnen. In B. Hackl & G. H. Neuweg (Hrsg.), *Zur Professionalisierung pädagogischen Handelns. Arbeiten aus der Sektion Lehrerbildung und Lehrerbildungsforschung in der ÖFEB* (S. 1-26). Münster: LIT.

Neuweg, G. H. (2005a). Emergenzbedingungen pädagogischer Könnerschaft. In H. Heid & C. Harteis (Hrsg.), *Verwertbarkeit. Ein Qualitätskriterium (erziehungs-) wissenschaftlichen Wissens?* (S. 205-228). Wiesbaden: VS Verlag für Sozialwissenschaften.

Neuweg, G. H. (2005b). Konzepte der Lehrer/innen/bildung im Spannungsfeld von Wissen und Können. *SEMINAR – Lehrerbildung und Schule, 11*(3), 7-25.

Neuweg, G. H. (2005c). Implizites Wissen als Forschungsgegenstand. In F. Rauner (Hrsg.), *Handbuch Berufsbildungsforschung* (S. 581-588). Bielefeld: Bertelsmann.

Neuweg, G. H. (2005d). Der Tacit Knowing View. Konturen eines Forschungsprogramms. *Zeitschrift für Berufs- und Wirtschaftspädagogik, 101*(4), 556-573.

Neuweg, G. H. (2006). *Das Schweigen der Könner. Strukturen und Grenzen des Erfahrungswissens.* Linz: Trauner.

Neuweg, G. H. (2007). Ist das Technologie-Modell am Ende? Zu den Möglichkeiten und Grenzen der Förderung der Kompetenz von Lehrerinnen und Lehrern durch erziehungswissenschaftlich-technologisches Wissen. In C. Kraler & M. Schratz (Hrsg.), *Ausbildungsqualität und Kompetenz im Lehrerberuf* (S. 227-245). Münster: LIT.

Neuweg, G. H. (2010). Fortbildung im Kontext eines phasenübergreifenden Gesamtkonzepts der Lehrerbildung. In F. H. Müller, A. Eichenberger, M. Lüders & J. Mayr (Hrsg.), *Lehrerinnen und Lehrer lernen – Konzepte und Befunde zur Lehrerfortbildung* (S. 35-49). Münster: Waxmann.

Neuweg, G. H. (2011). Praxis als Theorieanwendung? Eine Kritik am „Professionsgenerierungs-Ansatz". *Journal für Lehrerinnen- und Lehrerbildung, 11*(3), 17-25.

Neuweg, G. H. & Putz, P. (2008). Methodological aspects. In F. Rauner & R. Maclean (Eds.), *Handbook of Technical and Vocational Education and Training Research* (pp. 699-703). Dordrecht: Springer.

Nisbett, R. E. & Wilson, T. D. (1977). Telling more than we can know: Verbal reports on mental processes. *Psychological Review, 84*, 231-259.

Oevermann, U. (1996). Theoretische Skizze einer revidierten Theorie professionalisierten Handelns. In A. Combe & W. Helsper (Hrsg.), *Pädagogische Professionalität. Untersuchungen zum Typus pädagogischen Handelns* (S. 70-82). Frankfurt a.M.: Suhrkamp.

O'Hear, A. (1988). *Who Teaches the Teachers?* London: Social Affairs Unit.

Ortmann, G. (2003). *Regel und Ausnahme. Paradoxien sozialer Ordnung.* Frankfurt a.M.: Suhrkamp.

Oser, F. (2001). Standards: Kompetenzen von Lehrpersonen. In F. Oser & J. Oelkers (Hrsg.), *Die Wirksamkeit der Lehrerbildungssysteme. Von der Allrounderbildung zur Ausbildung professioneller Standards* (S. 215-342). Chur, Zürich: Rüegger.

Patry, J.-L. (2005). Zum Problem der Theoriefeindlichkeit der Praktiker. In H. Heid & C. Harteis (Hrsg.), *Verwertbarkeit. Ein Qualitätskriterium (erziehungs-)wissenschaftlichen Wissens?* (S. 143-161). Wiesbaden: VS Verlag für Sozialwissenschaften.

Popper, K. R. (1995). *Objektive Erkenntnis. Ein evolutionärer Entwurf* (3. Auflage). Hamburg.

Radtke, F.-O. (1996). *Wissen und Können. Die Rolle der Erziehungswissenschaft in der Erziehung.* Opladen: Leske + Budrich.

Radtke, F.-O. (2004). Der Eigensinn pädagogischer Professionalität jenseits von Innovationshoffnungen und Effizienzerwartungen. Übergangene Einsichten aus der Wissensverwendungsforschung für die Organisation der universitären Lehrerbildung. In B. Koch-Priewe, F.-U. Kolbe & J. Wildt (Hrsg.), *Grundlagenforschung und mikrodidaktische Reformansätze zur Lehrerbildung* (S. 99-149). Bad Heilbrunn/Obb.: Klinkhardt.

Reinhold, P. (2004). Fachdidaktische Ausbildung. In S. Blömeke, P. Reinhold, G. Tulodziecki & J. Wildt, (Hrsg.), *Handbuch Lehrerbildung* (S. 410-431). Bad Heilbrunn/Obb.: Klinkhardt.

Riese, J. & Reinhold, P. (2010). Empirische Erkenntnisse zur Struktur professioneller Handlungskompetenz von angehenden Physiklehrkräften. *Zeitschrift für Didaktik der Naturwissenschaften, 16,* 167-187.

Rosenshine, B. & Stevens, R. S. (1986). Teaching functions. In M. C. Wittrock (Ed.), *Handbook of research on teaching* (3rd ed.) (pp. 376-391). New York: Macmillan.

Rowan, B., Correnti, R. & Miller, R. J. (2002). What large-scale survey research tells us about teacher effects on student achievement. Insights from the Prospects Study of Elementary Schools. *Teachers College Record, 104,* 1525-1777.

Ryle, G. (1949/1990). *The Concept of Mind. Reprint.* London: Penguin Books.

Schaper, N. (2009). Aufgabenfelder und Perspektiven bei der Kompetenzmodellierung und -messung in der Lehrerbildung. *Lehrerbildung auf dem Prüfstand, 2*(1), 166-199.

Schön, D. A. (1983). *The Reflective Practitioner. How Professionals Think in Action.* New York: Basic Books.

Seidel, T., Blomberg, G. & Stürmer, K. (2010). „Observer" – Validierung eines videobasierten Instruments zur Erfassung der professionellen Wahrnehmung von Unterricht. In E. Klieme, D. Leutner & M. Kenk (Hrsg.), Kompetenzmodellierung. *Zwischenbilanz des DFG-Schwerpunktprogramms und Perspektiven des Forschungsansatzes* (Zeitschrift für Pädagogik, Beiheft 56) (S. 296-306). Weinheim: Beltz.

Seifert, A. & König, J. (2012). Pädagogisches Unterrichtswissen – bildungswissenschaftliches Wissen. Konstruktvalidierung zweier Testkonzeptionen. In J. König & A. Seifert (Hrsg.) (2012). *Lehramtsstudierende erwerben pädagogisches Professionswissen. Ergebnisse der Längsschnittstudie LEK zur Wirksamkeit der erziehungswissenschaftlichen Lehrerausbildung* (S. 215-233). Münster: Waxmann.

Shulman, L. S. (1986). Those Who Understand: Knowledge Growth in Teaching. *Educational Researcher, 15*(2), 4-14.

Shulman, L. S. (1987a). Knowledge and Teaching: Foundations of the New Reform. Harvard Educational Review, 57, 1-22. [Quotes from the reprint in: Shulman, L. S. (2004). *The Wisdom of Practice. Essays on Teaching, Learning, and Learning To Teach* (pp. 219-248). San Francisco: Jossey-Bass.]

Shulman, L. S. (1987b). Sounding an Alarm: A Reply to Sockett. *Harvard Educational Review, 57,* 473-482.

Shulman, L. S. (1996). Just in Case. Reflections on Learning from Experience. In J. A. Colbert, P. Desherg & K. Trimble (Eds.), *The Case for Education. Contemporary Approaches for Using Case Methods* (pp. 197-217). Boston: Allyn and Bacon.

Shulman, L. S. (2004). *The Wisdom of Practice. Essays on Teaching, Learning, and Learning to Teach.* San Francisco: Jossey-Bass.

Sockett, H. T. (1987). Has Shulman Got the Strategy Right? *Harvard Educational Review, 57,* 208-219.

Stancel-Piatak, A., Buchholtz, C. & Schwippert, K. (2013). Anlage und Design der Studie TEDS-LT. In S. Blömeke, A. Bremerich-Vos, G. Kaiser, G. Nold, H. Haudeck, J.-U. Keßler & K. Schwippert (Hrsg.), *Professionelle Kompetenzen im Studienverlauf. Weitere Ergebnisse zur Deutsch-, Englisch- und Mathematiklehrerausbildung aus TEDS-LT* (S. 25-46). Münster: Waxmann.

Tenorth, H.-E. (2006). Professionalität im Lehrerberuf. Ratlosigkeit der Theorie, gelingende Praxis. *Zeitschrift für Erziehungswissenschaft, 9*(4), 580-597.

Terhart, E. (1991). Pädagogisches Wissen. Überlegungen zu seiner Vielfalt, Funktion und sprachlichen Form am Beispiel des Lehrerwissens. In J. Oelkers & H.-E. Tenorth (Hrsg.), *Pädagogisches Wissen* (Zeitschrift für Pädagogik, Beiheft 27) (S. 129-141). Weinheim, Basel: Beltz.

Terhart, E. (Hrsg.) (2000). *Perspektiven der Lehrerbildung in Deutschland. Abschlussbericht der von der Kultusministerkonferenz eingesetzten Kommission.* Weinheim: Beltz.

Terhart, E. (2002). *Standards für die Lehrerbildung. Eine Expertise für die Kultusministerkonferenz.* Münster: Zentrale Koordination Lehrerausbildung.

Terhart, E. (2012). „Bildungswissenschaften“: Verlegenheitslösung, Sammelkategorie, Kampfbegriff? *Zeitschrift für Pädagogik, 58*(1), 22-39.

Terhart, E., Czerwenka, K., Ehrich, K., Jordan, F. & Schmidt, H. J. (1994). *Berufsbiographien von Lehrern und Lehrerinnen.* Frankfurt a.M.: Peter Lang.

Terhart, E., Lohmann, V. & Seidel, V. (2010). *Die bildungswissenschaftlichen Studien in der universitären Lehrerbildung. Eine Analyse aktueller Studienordnungen und Modulhandbücher an Universitäten in Nordrhein-Westfalen.* Westfälische Wilhelms-Universität Münster: Institut für Erziehungswissenschaft.

Voss, T. & Kunter, M. (2011). Pädagogisch-psychologisches Wissen von Lehrkräften. In M. Kunter, J. Baumert, W. Blum, U. Klusmann, S. Krauss & M. Neubrand (Hrsg.), *Professionelle Kompetenz von Lehrkräften. Ergebnisse des Forschungsprogramms COACTIV* (S. 193-214). Münster: Waxmann.

Wahl, D. (1981). Psychologisches Alltagswissen im Unterricht. In H.-J. Fietkau & D. Görlitz (Hrsg.), *Umwelt und Alltag in der Psychologie* (S. 67-90). Weinheim: Beltz.

Wahl, D. (1991). *Handeln unter Druck. Der weite Weg vom Wissen zum Handeln bei Lehrern, Hochschullehrern und Erwachsenenbildnern.* Weinheim: Deutscher Studien Verlag.

Wahl, D. (2001). Nachhaltige Wege vom Wissen zum Handeln. *Beiträge zur Lehrerbildung, 19,* 157-174.

Wahl, D. (2002). Mit Training vom trägen Wissen zum kompetenten Handeln? *Zeitschrift für Pädagogik, 48,* 227-241.

Wayne, A. J. & Youngs, P. (2003). Teacher characteristics and student achievement gains. A Review. *Review of Educational Research, 73,* 89-122.

Weinert, F. E., Schrader, F.-W. & Helmke, A. (1990). Unterrichtsexpertise – ein Konzept zur Verringerung der Kluft zwischen zwei theoretischen Paradigmen. In: L.-M. Alisch, J. Baumert & K. Beck (Hrsg.), *Professionswissen und Professionalisierung* (S. 173-206). Braunschweig: Braunschweiger Studien zur Erziehungs- und Sozialarbeitswissenschaft.

Wilson, S. M. & Floden, R. E. (2003). *Creating Effective Teachers. Concise Answers for Hard Questions. An Addendum to the Report "Teacher Preparation Research: Current Knowledge, Gaps, and Recommendations".* Washington: ERIC Clearinghouse on Teaching and Teacher Education.

Wilson, S. M., Floden, R. E. & Ferrini-Mundy, J. (2001). *Teacher Preparation Research. Current Knowledge, Gaps, and Recommendations.* University of Washington: Center for The Study of Teaching and Policy.

Wilson, S. M., Shulman, L. S. & Richert, A. (1987). ‚150 different ways‘ of knowing: Representations of knowledge in teaching. In J. Calderhead (Ed.), *Exploring teachers' thinking* (pp. 104-124). London: Cassell.

Wimmer, M. (1996). Zerfall des Allgemeinen – Wiederkehr des Singulären. In A. Combe (Hrsg.), *Pädagogische Professionalität. Untersuchungen zum Typus pädagogischen Handelns* (S. 404-447). Frankfurt a.M.: Suhrkamp.

Zeichner, K. M. (1986). Lehrersozialisation und Lehrerausbildung: Forschungsstand und Perspektiven. *Bildung und Erziehung, 39,* 263-278.

Zlatkin-Troitschanskaia, O., Beck, K., Sembill, D., Nickolaus, R. & Mulder, R. (Hrsg.) (2009). *Lehrprofessionalität. Bedingungen, Genese, Wirkungen und ihre Messung.* Weinheim: Beltz.

Johannes König

Forschung zum Erwerb von pädagogischem Wissen angehender Lehrkräfte in der Lehrerausbildung

1. Einführung

Pädagogisches Wissen gilt als zentraler Bereich des professionellen Wissens von Lehrerinnen und Lehrern (Shulman, 1986; 1987; Terhart, 1993) sowie als zentrale kognitive Komponente ihrer professionellen Kompetenz (Baumert & Kunter, 2006; 2011a). Neben rein fachlichen Anforderungen im Lehrerberuf (z.B. Strukturierung der Inhalte eines Faches) stehen Lehrkräfte vor zentralen Anforderungen, die, auch wenn sie teilweise fachspezifisch ausgestaltet werden müssen, für sämtliche Fächer relativ gleichförmig sind (z.B. Klassenführung). Für die erfolgreiche Bewältigung solcher Anforderungen wird ein pädagogisches Wissen vorausgesetzt (z.B. Shulman, 1986; 1987; Bromme, 1992). Der Lehrerbildung wird die Aufgabe zugeschrieben, angehende Lehrkräfte mit pädagogischem Wissen auszustatten und somit auf den Lehrerberuf vorzubereiten (z.B. Terhart, 2001; 2012).

Dieser Beitrag hat zum Ziel, den aktuellen Forschungsstand zum pädagogischen Wissen angehender Lehrkräfte und zum Erwerb dieses Wissens im Rahmen ihrer Ausbildung darzulegen. Zunächst wird auf den Kontext der Entwicklung des Forschungsbereichs während der letzten zwei bis drei Jahrzehnte eingegangen (Kapitel 2). Es folgen eine Darstellung der in der aktuellen Forschung verwendeten Definitionen, Konzeptualisierungen und Methoden (Kapitel 3) sowie eine Darstellung des aktuellen Forschungsstandes (Kapitel 4). Abschließend wird bilanziert und es werden Perspektiven für zukünftige Forschung genannt (Kapitel 5).

Kennzeichnend für die hier fokussierte *empirische* Forschung zum pädagogischen Wissen von angehenden wie berufstätigen Lehrerinnen und Lehrern ist, dass sie lange Zeit wenig beachtet wurde (Blömeke, 2004), dann als Desiderat gekennzeichnet wurde (Baumert & Kunter, 2006), um schließlich in der jüngsten Zeit ein viel beachteter Forschungsgegenstand zu werden. Letzteres verdeutlichen die im Kapitel 4 darzustellenden 17 empirischen Studien, deren zentrale Publikationen kaum älter als fünf Jahre sind (vgl. Tabelle 1). Eine solche Entwicklung ist erfreulich. Gleichwohl kann man annehmen, dass sich der Forschungsstand zum pädagogischen Wissen in den kommenden Jahren erheblich verändern wird. Die Ausführungen in diesem Beitrag stellen also eher einen Zwischenstand der Forschung dar, welcher bereits in absehbarer Zeit auf Aktualität geprüft werden muss.

2. Zum Kontext der Entwicklung des Forschungsbereichs

Der institutionalisierten Lehrerausbildung liegt der Gedanke zugrunde, dass angehende Lehrerinnen und Lehrer unter anderem Wissen in ihrer Ausbildung erwerben, das ihnen später bei der erfolgreichen Bewältigung von beruflichen Anforderungen helfen soll. Berufliche Anforderungen werden größtenteils im Zusammenhang mit dem Gelingen von Lehr- und Lernprozessen im Unterricht betrachtet, sodass das zu erwerbende professionelle Wissen vor allem in der Funktion steht, zur Qualität von Unterricht und seinen Ergebnissen (z.B. Schülerleistungen) beizutragen.

Im Prinzip geht es dabei um die Annahme einer Wirkungskette, die in den entsprechenden Bereichen des Bildungssystems implizit enthalten und der Institutionalisierung der Lehrerbildung seit ihrem Bestehen schon immer zugrunde gelegt worden ist: Eine hochwertige (Aus-)Bildung von Lehrkräften – so die Vermutung – wirkt sich positiv auf ihre Qualifikation und Professionalisierung aus, ihr professionelles Handeln ermöglicht „guten“ Unterricht, von dem die Schülerinnen und Schüler profitieren – und zwar nicht nur in Bezug auf ihre Fachleistungen, sondern auch hinsichtlich ihrer Persönlichkeitsentwicklung. Diese Wirkungskette wird häufig zusammenfassend mit den Stichwörtern *Lehrerausbildung – Lehrerhandeln – Schülerleistung* angesprochen (z.B. Darling-Hammond, 2000; Blömeke, 2005; Lipowsky, 2006; Terhart, 2012). Empirische Belege, die die Funktionsweise dieser Wirkungskette in ihrer Komplexität gesamthaft aufzeigen könnten, liegen allerdings nicht vor. Und selbst für die einzelnen Glieder dieser Kette, innerhalb derer sich viele substanzielle Fragestellungen ergeben, ist die empirische Forschungslage defizitär oder zumindest ergänzungsbedürftig (vgl. Baumert & Kunter, 2006; Blömeke, Kaiser & Lehmann, 2008).

Dass bei dieser Betrachtung das Wissen und Können von Lehrerinnen und Lehrern in den vergangenen Jahren zunehmend an Bedeutung gewonnen hat, ist zu großen Teilen den Erkenntnissen der Forschung zur Lehrerexpertise zu verdanken (vgl. z.B. König, 2010). Mit der Anwendung des Expertiseansatzes auf den Lehrer bzw. die Lehrerin wird das Wissen als Grundlage des Handelns fokussiert, d.h. das berufsbezogene Wissen und Können der Lehrperson, welches für die Bewältigung zentraler Anforderungen im Lehrerberuf notwendig ist (Bromme, 1992). Eine zentrale Grundannahme ist, dass es sich dabei nicht um stabile, angeborene Merkmale des Lehrers handelt, die zu untersuchen sind, sondern um spezifische Fähig- und Fertigkeiten, die unter anderem im Rahmen der Lehrerausbildung erlernt werden können. Es wird ein langjähriger Entwicklungsprozess unterstellt, der zur Expertise führt und der anhand verschiedener Kriterien beschrieben wird (vgl. Berliner, 2004): zunehmende Vernetzung des Wissens mit vielfachen relationalen Verknüpfungen; Veränderungen der kategorialen Wahrnehmung[1] von Unterrichtssituationen und eine zunehmende Interpretation dieser Situationen im Hinblick auf mögliche Handlungen, die Ausdruck einer zunehmenden kognitiven Integration der einzelnen Dimensionen professionellen Wissens sind, zunehmende Automatisierung von Basisprozeduren sowie Steigerung der Geschwindigkeit und Flexibilität bei der Ausübung zentraler unterrichtlicher Tätigkeiten.

In Modellen der Entwicklung vom Novizen zum Experten werden ferner fünf Stadien postuliert (Neuweg, 1999; Berliner, 2004). Zwar beziehen sich die Stadien vorwiegend auf den beruflichen Werdegang, ein Transfer auf die Lehrerausbildung ist jedoch möglich (Sabers, Cushing & Berliner, 1991; Blömeke, 2002; König, 2010): Lehramtsstudierende am Anfang ihrer Ausbildung sind „Novizen“ (*novice*) ohne systematisches professionelles Wissen und ohne systematische Erfahrungen im Handeln als Lehrperson. Im Verlauf der Lehrerausbildung können professionelles Wissen und systematische Handlungserfahrungen erworben werden, sodass das Stadium des „Fortgeschrittenen Anfängers“ (*advanced beginner*) als das zweite von fünf Stadien mit dem Abschluss der zweiten Phase erreicht bzw. durchlaufen werden kann. Nach Berliner (2004) beginnt die (angehende) Lehrperson auf dieser zweiten Stufe mit der Aneignung von praktischem Wissen. Darunter versteht er generell das Erfahrungswissen, das der fortgeschrittene Anfänger beim Unterrichten sammelt, wobei es von großer Bedeutung ist, dass die Unterrichtserfahrungen auch reflektiert werden. Wesentlicher Fokus liegt auf der zunehmenden Kontext- und Situationsein-

1 „Damit sind die Schnitte gemeint, mit denen die gegebenen Sachverhalte oder ein Ereignisstrom kognitiv in Einheiten unterteilt werden. Durch die verfügbaren Begriffe (das können auch nichtsprachlich gefasste Begriffe sein) wird eine gegebene Situation für den Handelnden strukturiert.“ (Bromme, 1992, S. 42).

bettung des professionellen Wissens (vgl. hierzu detailliert z.B. König, 2010). Die vertiefte empirische Untersuchung von Entwicklungsmodellen zur Lehrerexpertise wie auch ihre theoretische Differenzierung stehen allerdings noch aus.

Das Wissen und Können von Lehrkräften ist in den vergangenen Jahren aber auch in den Mittelpunkt der Betrachtung gerückt, da die Forschung zu Lehrerkompetenzen die kognitiven Grundlagen als wichtiges Element professionellen Handelns theoretisch herausgearbeitet und in ein generisches Rahmenmodell überführt und integriert hat. Hintergründe für diese Arbeiten in der Kompetenzforschung bilden neben der Expertiseforschung auch theoretische Arbeiten zur Bedeutung und analytischen Differenzierung des Lehrerwissens (v.a. Shulman, 1986; 1987). Der verwendete Kompetenzbegriff wurde in den vergangenen zehn Jahren stark geprägt durch die Definition von Weinert (2001), mit der wesentliche Aspekte funktional-pragmatischer Kompetenzkonzepte der Psychologie aufgegriffen werden, mit der aber auch an die von Roth (1971) in den 1960er Jahren begründete Kompetenzkonzeption angeknüpft wird (vgl. Klieme & Hartig, 2007). Ein Vergleich dieser Kompetenzdefinition mit grundsätzlichen Annahmen der Expertiseforschung verdeutlicht, dass erhebliche Übereinstimmung besteht bzw. Anschlussfähigkeit gegeben ist (vgl. z.B. König, 2010, im Überblick): Mit der Expertiseforschung und dem Kompetenzbegriff rücken in den Mittelpunkt

- kognitive Leistungsdispositionen,
- ein domänen-, situations- und kontextspezifischer Fokus,
- ein Bezug zu typischen Anforderungen der Domäne sowie
- die Annahme einer grundsätzlichen Erlernbarkeit.

Schließlich ist zu konstatieren, dass Lehrerinnen und Lehrer, ihre Kompetenzen und Qualifikationen auch im Zusammenhang mit Fragen um ein qualitätsvolles Bildungssystem zunehmend ins Blickfeld gerückt sind. Ein deutliches Signal ist die Veröffentlichung bildungswissenschaftlicher Standards für die Lehrerbildung der Kultusministerkonferenz (KMK, 2004), die eine bundesweite Festlegung curricularer Inhalte für die Lehrerausbildung und Erwartungen an Lehrerinnen und Lehrer formulieren. Mit den Standards (KMK, 2004) sind Veränderungsprozesse der bildungswissenschaftlichen Lehrerausbildung in Gang gesetzt worden, die Implikationen für den Erwerb von pädagogischem Wissen in der Lehrerausbildung tragen. Zunächst ist mit ihnen für den Bereich der Lehrerausbildung eine Ergänzung der traditionellen *Input*-Orientierung um eine *Output*-Orientierung eingeläutet worden: Während die *Input*-Orientierung Lehr- und Lerninhalte in den Mittelpunkt rückt, werden die durch Standards festgelegten Zielsetzungen häufig als Kompetenzen formuliert. Konsequent zu Ende gedacht stellen Kompetenzen psychologische Konstrukte dar, die anhand von Testinstrumenten operationalisiert werden können und bei der Qualitätsentwicklung und -sicherung der Lehrerausbildung eine Schlüsselstellung einnehmen.

In Folge der Standardsetzung durch die KMK (2004) ist also nicht nur eine zunehmende Orientierung an Standards und Kompetenzen bei der curricularen Gestaltung der bildungswissenschaftlichen Lehrerausbildung zu beobachten (etwa in Form von Modulbeschreibungen). Die staatlichen Festlegungen von Aufgabenfeldern im Lehrerberuf wie Unterrichten, Erziehen, Beurteilen und ihren zugrunde gelegten Kompetenzbeschreibbungen der KMK (2004) geben der Kompetenzforschung zu angehenden Lehrkräften eine spürbare Stoßrichtung: Aus empirischer Sicht besteht die Herausforderung, das Erreichen der aus den Kompetenzmodellen abgeleiteten Standards mit geeigneten Instrumenten und Verfahren zu überprüfen (Klieme et al., 2003; Klieme & Hartig, 2007). Wenn die Lehrqualität und die Professionalisierung von Lehrkräften verbessert bzw. unterstützt werden sollen und Reformen der Lehrerausbildung im Zuge internationaler Entwicklungen angestrebt werden, braucht man in gesteigertem Maße Informationen darüber, inwieweit getroffene Entscheidungen (z.B. zur Veränderung der Struktur und Organisation von Ausbildungs- oder Fortbildungskomponenten) sinnvoll sind oder modifiziert werden können bzw. sollen. Gerade in der deutschen Lehrerausbildung, die im internationalen Vergleich eine niedrige Eingangsselektion hat und aufgrund einer differenzierten Steuerung auf Bundes- und Länderebene mit zunehmender Autonomie der einzelnen Hochschulen eine Vielfalt an Ausbildungsprogrammen aufweist (Blömeke & König, 2010a; König & Blömeke, 2010a), dürfte der Funktion von Standards und der systematischen Maßnahmen ihrer Überprüfung ein herausgehobener Stellenwert zukommen.

Daraus ergibt sich auch die Forderung nach einer Messung von Wissen: Was wissen Lehrerinnen und Lehrer, wenn sie die Ausbildung verlassen und in den Beruf eintreten wollen? Ist dies deckungsgleich mit dem, was von ihnen erwartet wird oder gibt es Divergenzen zwischen vorhandenem und benötigtem Wissen? Diese Frage ist von großer Bedeutung angesichts vielfach vermuteter, aber noch wenig empirisch untersuchter Veränderungen, Transformationen und Umstrukturierungen von Wissen bei angehenden Lehrkräften wie Jung-Lehrkräften. Die Expertiseforschung geht davon aus, dass der Aufbau von kognitiven Grundlagen von Lehrerinnen und Lehrern einen langwierigen Entwicklungsprozess darstellt, für den rund zehn Jahre umfassender Ausbildung und praktische Erfahrung Voraussetzungen sind (Berliner, 1986, 2001).

Ferner steht die empirische Lehrerbildungsforschung in der Pflicht, Erkenntnisse bereitzustellen, die über Prozesse des Wissenserwerbs während der Lehrerausbildung informieren sowie Möglichkeiten aufzeigen, wie solche Prozesse durch geeignete Rahmenbedingungen, curriculare Ausrichtungen, Ausbildungsstrukturen und andere Ausbildungsfaktoren gezielt unterstützt bzw. optimiert werden können. Im Falle des pädagogischen Wissens, das hier nun näher betrachtet werden soll, stellt sich diese Frage in besonderem Maße, denn insbesondere das bildungswissenschaftliche, pädagogische Segment der deutschen Lehrerausbildung ist hinsichtlich Praxisferne und fehlender Kumulativität vielfach kritisiert worden (vgl. Terhart, 2012), und Analysen aus verschiedenen Untersuchungen zum intendierten Curriculum belegen, dass dieses in Deutschland über Standorte und Ausbildungsgänge erheblich variiert (Lohmann et al., 2011; Bauer et al., 2012; Watson et al., 2012). Vor diesem Hintergrund wurden verschiedene Ansätze in den letzten Jahren entwickelt, diesen Forschungsbereich zu betreten und neue Erkenntnisse zum pädagogischen Wissen von angehenden (wie teils auch berufstätigen) Lehrkräften und dem Erwerb dieses Wissens im Rahmen der Lehreraubildung zu liefern.

3. Definitionen, Konzeptualisierungen und Methoden der aktuellen Forschung

3.1 Was ist pädagogisches Wissen?

Die Frage, was unter pädagogischem Wissen von Lehrerinnen und Lehrern verstanden werden kann, ist durch die theoretischen Arbeiten von Shulman (1986; 1987) zur heuristischen Unterteilung von Lehrerwissen erheblich geprägt worden. Unter pädagogischem Wissen (*general pedagogical knowledge*) versteht er „knowledge, with special reference to those broad principles and strategies of classroom management and organization that appear to transcend subject matter" (Shulman, 1987, S. 8). Dabei ist entscheidend, dass er dieses Wissen von verschiedenen anderen Wissenskomponenten abgrenzt, nämlich vom Fachwissen (*content knowledge*), vom curricularen Wissen (*curriculum knowledge*), vom fachdidaktischen Wissen (*pedagogical content knowledge*), vom Wissen über die Lernenden (*knowledge of learners and their characteristics*), vom Wissen über Rahmenbedingungen des Lernens (*knowledge of educational contexts*) und vom Wissen über Bildungsziele (*knowledge about educational ends*).

In der aktuellen empirischen Forschung hat sich, aufbauend auf der differenzierten Klassifikation von Shulman (1987), eine pragmatische Einteilung in fachliches Wissen, fachdidaktisches Wissen und pädagogisches Wissen durchgesetzt (vgl. z.B. Baumert et al., 2010; Tatto et al., 2012). Während sich fachliches und fachdidaktisches Wissen eindeutig auf das zu unterrichtende Fach beziehen, ist pädagogisches Wissen losgelöst vom jeweiligen Fach. Fachdidaktisches Wissen kann als Ergebnis einer Transformation von fachlichem und pädagogischem Wissen zu einer neuen Kategorie von Lehrerwissen verstanden werden, wenn man Shulmans (1987, S. 8) Vorstellung von fachdidaktischem Wissen als „that special amalgam of content and pedagogy" folgt.

Bei der weiteren Verwendung der Kategorien von Shulman (1987) wurden auch zusätzliche Wissenskomponenten entwickelt, wie etwa „Organisationswissen", „Beratungswissen" (Baumert & Kunter, 2006, S. 482) oder „Technological Pedagogical Content Knowledge" (Mishra & Koehler, 2006; 2009). Auch wird der Begriff „Pädagogisches Wissen" genutzt, um mehrere von jenen Kategorien zusammenzufassen, die Shulman analytisch ausdifferenziert. Zum Beispiel konstatieren bereits Grossman und Richert (1988, S. 54), aufbauend auf der Definition von Shulman (1987), pädagogisches Wissen umfasse „knowledge of theories and learning and general principles of instruction, an understanding of the various philosophies of education, general knowledge about learners, and knowledge of the principles and techniques of classroom management." Ein anderes Beispiel aus der Literatur zur heuristischen Klassifikation von Lehrerwissen (Mishra & Koehler, 2009) zeigt, dass auch sie eine ähnliche Erweiterung wählen, dabei aber zudem Aspekte von fachdidaktischem Wissen einschließen.

Über eine hilfreiche Systematisierung von pädagogischem Wissen, das auch eine grundsätzliche Abgrenzung zum fachdidaktischen Wissen enthält, berichten schließlich in jüngerer Zeit Baumert und Kunter (2006). Unter Rückgriff auf bis dahin vorhandene Vorschläge (u.a. Reynolds, 1995; Terhart, 2002) haben sie eine Übersicht zu „Facetten des generischen Wissens und Könnens" erstellt (Baumert & Kunter, 2006, S. 485):

„1. Konzeptuelles bildungswissenschaftliches Grundlagenwissen
- Erziehungsphilosophische, bildungstheoretische und historische Grundlagen von Schule und Unterricht
- Theorie der Institution
- Psychologie der menschlichen Entwicklung, des Lernens und der Motivation

2. Allgemeindidaktisches Konzeptions- und Planungswissen
- Metatheoretische Modelle der Unterrichtsplanung
- Fachübergreifende Prinzipien der Unterrichtsplanung
- Unterrichtsmethoden im weiten Sinne

3. Unterrichtsführung und Orchestrierung von Lerngelegenheiten
- Inszenierungsmuster von Unterricht
- Effektive Klassenführung (*classroom management*)
- Sicherung einer konstruktiv-unterstützenden Lernumgebung

4. Fachübergreifende Prinzipien des Diagnostizierens, Prüfens und Bewertens"

Die gelisteten Themen und Inhalte pädagogischen Wissens variieren in ihrer Nähe zur Kernaufgabe des Unterrichtens (vgl. Baumert & Kunter, 2006). Wie bei der Darstellung aktueller Forschungsansätze und -ergebnisse gesehen werden kann, ist dies auch ein Kriterium, mit dem die genutzten methodischen Zugänge (Operationalisierungen) und empirischen Befunde unterschieden werden können. Gleichwohl weisen die nachfolgend vorzustellenden Forschungsansätze deutliche Gemeinsamkeiten auf, die nicht zuletzt darin bestehen, dass sie Bezug nehmen auf die Klassifikation von Lehrerwissen, welche eine analytische Trennung des pädagogischen Wissens vom fachbezogenen Wissen (insbesondere vom fachdidaktischen Wissen) vornehmen (Shulman, 1986; 1987; Baumert & Kunter, 2006).

3.2 Pädagogisches Wissen zwischen Disziplin- und Berufsorientierung

Bei der Frage, was unter pädagogischem Wissen von Lehrerinnen und Lehrern zu verstehen sei, wird wiederkehrend das Spannungsverhältnis zwischen einer *disziplinbezogenen* Betrachtung, die vom fächerübergreifenden bzw. erziehungs- und bildungswissenschaftlichen Curriculum der Lehrerbildung ausgeht, und einer *anforderungsbezogenen* Betrachtung, welche die typischen Herausforderungen des Lehrerberufs im Blick hat, erkennbar (vgl. König & Blömeke, 2009a).

Trotz eines angestrebten Professionsbezugs in der Lehrerausbildung, der mit der zunehmenden Orientierung an Standards und Kompetenzen an Bedeutung gewinnt, erwerben angehende Lehrer hierzulande ihr pädagogisches Wissen in einem Wissenssystem, das grundsätzlich disziplinär ausgerichtet und strukturell different zum praktisch-professionellen Diskurs ist (vgl. Oelkers & Tenorth, 1993; Terhart, 1993; Tenorth, 1994; 1999). Im Vordergrund steht pädagogisches Wissen, wie es im Forschungsdiskurs erzeugt und rezipiert wird. Nachgeordnet ist praktisches Wissen, wie es in der professionellen Situation zum Tragen kommt. Ferner tragen die Erziehungs- bzw. Bildungswissenschaften – nicht zuletzt aufgrund ihrer historischen Entwicklung (Tenorth, 1994) – multidisziplinären Charakter (Baumert & Roeder, 1990) und gliedern sich in viele Einzeldisziplinen (Benner, 1992). In der Lehrerausbildung wirken sich diese Fragmentierungen so aus, dass zum Beispiel allgemeindidaktisches Wissen zur Unterrichtsplanung in einer anderen Disziplin gelehrt und studiert wird – in der Didaktik/Schulpädagogik als Teilgebiet der Erziehungswissenschaft nämlich – als die Grundlagen der Leistungsmotivation von Schülern, die von der Pädagogischen Psychologie als Teilgebiet der Psychologie gelehrt wird. Ein disziplinorientierter Wissenserwerb in der bildungswissenschaftlichen Lehrerausbildung dürfte sich zudem durch die theoretisch-formale Akzentuierung der ersten Phase der Lehrerausbildung begründen; die zweite Lehrerausbildungsphase sieht hingegen vermehrt Lerngelegenheiten vor, berufsbezogenes Handlungswissen zu erwerben, das schon wesentlich konkreter an berufliche Herausforderungen geknüpft ist (vgl. Terhart, 1993; König, 2013).

Mit den Standards für die bildungswissenschaftliche Lehrerbildung (KMK, 2004) wurde ein deutlicher Impuls zur Orientierung der Gestaltung der Lehrerbildung an zentralen beruflichen Aufgabenfeldern von Lehrkräften gegeben. Entscheidend für eine berufsorientierte Betrachtung von pädagogischem Wissen sind jedoch Analysen von beruflichen Anforderungen, die an Lehrkräfte gestellt und von diesen bewältigt werden müssen. In diesem Zusammenhang ist zum Beispiel die professionstheoretische Analyse der beruflichen Anforderungen beim Unterrichten von Bromme (1992) aufschlussreich. Im Zusammenhang mit seiner Darlegung des Expertenansatzes für den Lehrerberuf liefert er eine differenzierte, empirisch begründete Rekonstruktion beruflicher Anforderungen, die an Lehrer beim Unterrichten gestellt werden. Die in seiner Analyse im Mittelpunkt stehenden beruflichen Anforderungsbereiche von Lehrern beim Unterrichten beziehen sich auf die *soziale*, die *inhaltliche* und die *zeitliche* Struktur des Unterrichtsablaufs. Davon abgeleitet sind die drei Anforderungsbereiche: *Aktivitätsstruktur* (z.B. Strategien der Klassenführung zur Organisation und Aufrechterhaltung einer Struktur von Lehrer-Schüler-Aktivitäten), *Stoffentwicklung* (u.a. Klarheit, Strukturierung von Unterricht, Berücksichtigung der Vorgeschichte der Lerngruppe, Sachanalyse, didaktische Reduktion), *Zeit* (Einteilung, Rhythmisierung von Unterricht, Abfolge und Dauer der Auseinandersetzung mit bestimmten Unterrichtsinhalten). Für ihre Rekonstruktion greift Bromme (1992) auf Ergebnisse der Lehr-Lernforschung zurück. Für den Zweck einer Analyse, so Bromme (1992, S. 90) lassen sich die Anforderungen trennen, während aber ihre erfolgreiche Bewältigung nur als Einheit gelingt. Aus diesen Anforderungen lassen sich Bedarfe für Lehrerwissen ableiten (Bromme, 1992), das neben der benötigten domänenspezifischen Betrachtung (vgl. Shulman & Sherin, 2004; Baumert & Kunter, 2006) auch pädagogisches Wissen einschließt, das auf Seite der Lehrkräfte vorhanden sein muss, um diese Anforderungen bewältigen zu können (vgl. auch Doyle, 1985; 2006; Reynolds, 1995).

Das Spannungsverhältnis zwischen Disziplin- und Berufsorientierung tritt auch zum Vorschein, wenn pädagogisches Wissen zum Gegenstand einer international-vergleichenden Forschung werden soll (König, Blömeke, Paine, Schmidt & Hsieh, 2011). Zwar sind fachübergreifende Lerngelegenheiten – als „erziehungswissenschaftliches Studium" bzw. „Hauptseminar", „*educational foundations*" und „*teaching methods*" oder als „*general pedagogy*" bezeichnet – national wie international substanzieller Anteil institutioneller Lerngelegenheiten der Lehrerbildung (Schmidt et al., 2007). Pädagogisches Wissen findet jedoch nicht in allen Ländern die gleiche Verwendung, und angenommen wird, dass gerade Pädagogik durch kulturelle Perspektiven auf Ziele von Schule und die Rolle von Lehrkräften beeinflusst wird (Hopman & Riquarts, 1995).

Einige Forscher haben versucht, dieses Problem einer fehlenden, international tragfähigen Definition zu lösen, indem sie auf zentrale Anforderungen von Lehrkräften fokussieren, welche Lehrerinnen und Lehrer bei der Ausübung ihres Berufs bewältigen müssen (vgl. König et al., 2011): Eine Prüfung der Literatur verdeutlicht, dass vor allem das Halten von Unterricht und das Führen einer Schulklasse zwei Kernaufgaben von Lehrkräften darstellen, welche in fast allen Ländern gültig sind. Weniger Übereinstimmung findet man hingegen in Bezug auf berufliche Aufgabenfelder wie das Erziehen oder die Mitwirkung an Prozessen der Schulentwicklung, wie sie von der KMK (2004) für Deutschland ausgewiesen werden.

3.3 Formen und Qualität von pädagogischem Wissen

Während es nahe liegt, anzunehmen, dass pädagogisches Wissen von Lehrkräften multidimensional und facettenreich zu denken ist, gibt es bislang keine einheitlichen Vorstellungen über die Formen und die Qualität von pädagogischem Wissen. Insofern seien in diesem Abschnitt lediglich ausgewählte Problembereiche angesprochen (vgl. zu dieser Thematik auch den Beitrag von Neuweg in diesem Handbuch).

Das bereits angesprochene Spannungsverhältnis zwischen Disziplin- und Berufsorientierung (Abschnitt 3.2) hat wenigstens zwei Implikationen für die Formen und die Qualität von pädagogischem Wissen. Zum einen stellt sich die Frage, in welchem Kontext das Wissen erzeugt wurde (z.B. wissenschaftliches Wissen vs. berufspraktisches Wissen). Zum anderen stellt sich die Frage, welchen Veränderungen über die Zeit (Abschluss der Lehrerausbildung, Berufseinstieg) das im disziplinären Kontext erworbene Wissen unterliegt, um als nicht-träges Wissen (vgl. Gruber & Renkl, 2000) Lehrerinnen und Lehrern bei der Ausübung des Berufs nützlich zur Seite zu stehen. Während das berufliche Handeln von Lehrkräften ohne ihr professionelles Wissen kaum vorstellbar ist, bestehen Vermutungen zum dialektischen Verhältnis von Lehrerwissen und Lehrerhandeln, wonach „Handeln durch Wissen gesteuert und Wissen (…) durch Handeln bestärkt oder verändert" wird (Dann, 2000, S. 83).

Bei der Diskussion zur Konzeptualisierung des pädagogischen Wissens aus der Perspektive beruflicher Anforderungen, d.h. mit Blick auf wahrscheinliche Handlungen, werden ferner wenigstens zwei Formen unterschieden: pädagogisches Wissen in Form deklarativen und in Form prozeduralen Wissens. Prozedurales Wissen stellt dabei jene Form dar, die besonders handlungsrelevant ist, während das ausschließliche Vorliegen deklarativen Wissens Schwierigkeiten bei der Umsetzung von Wissen in die Praxis mit sich führen kann (Gruber & Renkl 2000; Anderson et al. 2001). Prozedurales Wissen ist dadurch gekennzeichnet, dass es situations- und ablauforientiert organisiert ist („Handlungsschemata"). Das heißt in Bezug auf Lehrpersonen zum Beispiel, dass sie Unterricht schrittweise anhand typischer Abfolgen wahrnehmen, planen und durchführen (Aebli 1983; Putnam 1987).

Daraus ließe sich folgern, dass Kompetenzmodelle zum pädagogischen Wissen zumindest deklarative und prozedurale Wissensbestände zum Untersuchungsgegenstand machen sollten. Vor allem prozedurale Wissenselemente dürften jedoch nur in dem Maße berücksichtigt werden können, wie es mit dem jeweiligen Messverfahren möglich ist. Man kann davon ausgehen, dass ein Teil des praktischen Wissens, also Wissen, das im Handlungsvollzug bei Lehrkräften von Bedeutung ist, von diesen durchaus artikuliert werden kann (vgl. z.B. Dann, 2000; König, 2010). Ein anderer Teil des praktischen Wissens wird sich hingegen vor allem im Können des Experten manifestieren (vgl. dazu Baumert & Kunter, 2006). Diese Überlegungen sind von grundlegender Bedeutung, wenn die professionelle Kompetenz von (angehenden) Lehrkräften über bestimmte methodische Zugänge, etwa über das derzeit häufig zum Einsatz kommende Papier-und-Bleistift-Verfahren, erfasst werden soll. Vermuten könnte man zunächst, dass mit Papier-und-Bleistift-Verfahren theoretisch-formales Wissen sowie explizierbares praktisches Wissen erfasst werden kann – z.B. Gedanken zur Unterrichtsvorbereitung oder Wahrnehmung und Analyse von Handlungssituationen und -abläufen. Das Handeln des Experten im Klassenzimmer entzieht sich dagegen vermutlich einer Papier-und-Bleistift-Testung, sodass die empirische Forschung zur professionellen Kompetenz von (angehenden) Lehrkräften an dieser Stelle auch auf weitere methodische Zugänge angewiesen ist (z.B. Videographie).

Neben diesen zum Teil pragmatischen Einteilungen liegen differenziertere Wissensklassifikationen vor, die sich auf professionelles Wissen von Lehrkräften übertragen lassen (vgl. z.B. König, 2010, zur Anwendung der Taxonomie von DeJong & Fergusson-Hesler, 1996, auf pädagogisches Wissen von Lehrkräften). Auch einige der im nachfolgenden Kapitel vorzustellenden Verfahren zur Erfassung von pädagogischem Wissen bzw. pädagogischen Kompetenzen treffen Unterscheidungen entlang unterschiedlicher kognitiver Anforderungen, die zumindest im Rahmen der Wissenstestung in den Vordergrund treten.

3.4 Welche methodischen Zugänge nutzt die Forschung?

Die Diskussion zur Wirksamkeit der Lehrerausbildung wie auch die zunehmende Orientierung an Kompetenzen und Standards in der Lehrerausbildung hat in den vergangenen Jahren erkennbar ein stärkeres Bemühen um Forschung und Evaluation hervorgerufen. Kompetenzen von angehenden Lehrkräften zu definieren, standardisiert zu erfassen und zu quantifizieren ist in den Vordergrund der empirischen Lehrerbildungsforschung gerückt (z.B. König, 2010). Im Kern wird dabei angestrebt, qualitativ hochwertige Indikatoren zu entwickeln, die bei ihrem Einsatz in empirischen Untersuchungen eine objektive, reliable und valide Messung von Ergebnissen der Lehrerausbildung ermöglichen. Konsens ist, dass derartige Verfahren entwickelt werden sollen, Unterschiede findet man jedoch hinsichtlich des methodischen Zugangs.

Gerade im Zuge der Einführung der bildungswissenschaftlichen Standards (KMK, 2004) sowie zur Evaluation neuer curricularer Elemente wie das Praxissemester wurden Studien durchgeführt, die auf Selbsteinschätzungsverfahren zurückgreifen (z.B. Schubarth, Speck, Gladasch &

Seidel, 2007; Gröschner, Schmitt & Seidel, 2013). In diesen werden angehende Lehrkräfte üblicherweise mithilfe eines standardisierten Fragebogens gebeten, in verschiedenen Teilbereichen ihre bisher erreichten bzw. aktuellen Kompetenzen selbst einzuschätzen und auf einer vorgegebenen Antwortskala zu lokalisieren. Dieser Ansatz wurde zu Beginn des Jahrtausends im deutschsprachigen Raum vor allem von Oser und Oelkers (2001) entwickelt. Zudem liegen auch in anderen Ländern entsprechende Arbeiten vor (z.B. Choy et al., 2011, für Singapur). Verfahren der Kompetenz-Selbsteinschätzung können zwar prinzipiell eine diagnostische Funktion übernehmen. In Hinblick auf die standardisierte Erfassung von Kompetenzen oder Teilkompetenzen werden sie jedoch kritisch diskutiert und testdiagnostische Verfahren gefordert (zuletzt Terhart, 2009; Cramer, 2010). Mit Blick auf den Gegenstand des pädagogischen Wissens von angehenden Lehrkräften erscheinen Selbsteinschätzungsverfahren wenig zielführend (vgl. König, Kaiser & Felbrich, 2012; König & Tachtsoglou, 2012).

Folglich wurden in den vergangenen Jahren in zunehmendem Maße Studien ins Leben gerufen, die sich die standardisierte Testung von professionellem Wissen angehender Lehrkräfte zum Ziel setzen und, neben anderen Zielstellungen, damit einem Hauptkritikpunkt der Selbstbeurteilungsverfahren, nämlich die Einschränkung einer kaum zu kontrollierenden subjektiven Beurteilungsverzerrung durch die Zielpersonen selbst, begegnen. Neben dem methodischen Zugang des Papier-und-Bleistift-Verfahrens, welcher von den Instrumenten der Selbsteinschätzung wie der Wissenstestung gleichermaßen angewendet wird, sind ferner videogestützte Verfahren zu nennen, die entweder in Form von Vignetten und sich daran anschließenden Testfragen spezifische Kompetenzen von angehenden Lehrkräften erfassen oder aber die Unterrichtsperformanz von angehenden Lehrkräften selbst dokumentieren und über die Analyse dieser Videos Kompetenzen abbilden.

Die Studien zum pädagogischen Wissen, auf die nachfolgend Bezug genommen wird (s. Tabelle 1), lassen sich im Wesentlichen zwei Strängen zuordnen: dem Papier-und-Bleistift-Verfahren zur Testung von Wissen und dem Video-Vignetten-Verfahren, welches kontextualisierte, performanzorientierte und non-verbale Informationen im Testaufgabenstamm darzubieten vermag, um im Anschluss pädagogisches Wissen bzw. pädagogische Kompetenzen durch Testaufgaben, die sich auf die dargebotenen Informationen beziehen, zu erfassen.

3.5 Wie wird der Erwerb von pädagogischem Wissen untersucht?

Die Untersuchung des Erwerbs von pädagogischem Wissen setzt eine längsschnittliche Untersuchungsanlage mit wenigstens zwei (besser: mehr als zwei) Messzeitpunkten voraus. In der Literatur zur Untersuchung von Wirksamkeit der Lehrerbildung wurde wiederholt beklagt, das längsschnittliche Studien weitgehend fehlen (u.a. Schaefers, 2002; Allemann-Ghionda & Terhart, 2006). Und auch heute sind trotz erster Ansätze zur Erfassung von pädagogischem Wissen echte Längsschnittstudien eher selten anzutreffen (Buchholtz et al., 2011; König, Blömeke, Klein, Suhl, Busse & Kaiser, 2014; König & Herzmann, 2011; König & Rothland, 2012; König & Seifert, 2012; Voss & Kunter, 2011).

Neben einer Wiederholungsmessung von Wissen als Ergebnisvariable der Lehrerausbildung gilt es, den Einfluss von Merkmalen der Lehrerausbildung auf den Erwerb von pädagogischem Wissen unter den Bedingungen individueller Merkmale der angehenden Lehrkräfte zu modellieren. Die Forschung zum Erwerb von pädagogischem Wissen in der Lehrerausbildung greift hier auf das Konzept der Lerngelegenheiten sowie das Angebots-Nutzungs-Konzept zurück (vgl. König & Seifert, 2012): Angehende Lehrkräfte treten mit individuellen Lernvoraussetzungen ihr Studium an; in der Ausbildung treffen sie auf Lerngelegenheiten, die sie in spezifischer Weise nutzen; die bis zu einem bestimmten Zeitpunkt erworbene Kompetenz resultiert dann aus Lernvoraussetzungen, Lerngelegenheiten und Nutzungsverhalten. Lerngelegenheiten werden dabei unterteilt in das intendierte Curriculum (erfassbar z.B. über die Analyse von Studien- und Prüfungsordnungen; vgl. Lohmann et al., 2011; Bauer et al., 2012; Watson et al., 2012), das implementierte Curriculum (erfassbar z.B. über die Befragung von Lehramtsstudierenden; vgl. König, Blömeke & Kaiser, 2010; Blömeke, König, Kaiser & Suhl, 2010; Darge, Schreiber, König & Seifert, 2012; König, Tachtsoglou, Darge & Lünnemann, 2014) sowie das erreichte Curriculum (in diesem Fall das getestete pädagogische Wissen; vgl. Kapitel 4).

4. Übersicht über den Forschungsstand

Der Forschungsstand zum pädagogischen Wissen kann insgesamt wie folgt zusammengefasst werden: Bis vor kurzem war grundsätzlich ein Fehlen an empirischen Studien zum pädagogischen Wissen bei – angehenden wie berufstätigen – Lehrerinnen und Lehrern feststellbar (z.B. Wilson & Berne, 1999; König et al., 2011; Voss et al., 2011). Einige Studien verwendeten distale Indikatoren wie Zertifikate (z.B. Darling-Hammond, 2000), sie testeten aber nicht das pädagogische Wissen als Prädiktor für Prozess- und Ergebnismerkmale des Unterrichts (vgl. z.B. Baumert et al., 2010). Die wenigen Studien, die bis dahin Lehrerwissen direkt erfassten, fokussierten auf das Fachwissen oder das fachdidaktische Wissen, meist am Beispiel von Mathematiklehrpersonen (z.B. Baumert et al., 2010; Ball et al., 2008; Hill, Rowan & Ball, 2005; Schmidt et al., 2008; Tatto et al., 2012). Pädagogisches Wissen konnte somit als vernachlässigte Kategorie des Lehrerwissens bezeichnet werden (vgl. Atjonen et al., 2011; König et al., 2011). Die wenigen Untersuchungen, die das pädagogische Wissen von Lehrerinnen und Lehrern testeten oder phänomenologisch untersuchten, arbeiteten gewöhnlich mit kleinen Stichproben (d.h. deutlich weniger als 100 Probanden; z.B. Bouas, 1996; Baer et al., 2011).

Dagegen sind nun in jüngster Zeit Ansätze begonnen und Forschungsprojekte ins Leben gerufen worden, um dieses Forschungsterrain zu betreten. Vor allem über diese Forschung soll nachfolgend berichtet werden. Da nicht durchgängig und wiederkehrend auf die Namen der Studien oder Projekte Bezug genommen wird, seien eingangs zentrale Publikationen aus den jeweiligen Projektzusammenhängen tabellarisch aufgeführt (Tabelle 1).

Tabelle 1: Empirische Studien zur Messung von pädagogischem Wissen – Projektname und zentrale Publikationen

Akronym	**Projektname**	**Zentrale Publikationen**
BilWiss	*Bildungswissenschaftliches Wissen und der Erwerb professioneller Kompetenz in der Lehramtsausbildung*	Kunina-Habenicht et al., 2013
CME	*Classroom Management Expertise von Lehrkräften*	König & Lebens, 2012
COACTIV-R	*Professionswissen von Lehrkräften, kognitiv aktivierender Mathematikunterricht und die Entwicklung von mathematischer Kompetenz – Referendariat*	Voss & Kunter, 2011
DIDAKTUM	*Didaktisches Wissen und berufliche Motivation von Lehramtsstudierenden*	König & Rothland, 2012
EMW	*Entwicklung von berufsspezifischer Motivation und pädagogischem Wissen in der Lehrerausbildung*	König & Rothland, 2013
	Kompetenzen zur Analyse der Lernwirksamkeit von naturwissenschaftlichem Grundschulunterricht – Theoretische Modellierung und empirische Erfassung	Gold, Förster & Holodynski, 2013
LEK	*Längsschnittliche Erhebung pädagogischer Kompetenzen bei Lehramtsstudierenden*	König & Seifert, 2012
MK Biwi	*Modellkolleg Bildungswissenschaften – Erprobung und Implementation eines Curriculums für die Lehrerausbildung an der Universität zu Köln*	König & Herzmann, 2011
MT21	*Mathematics Teaching in the 21st Century*	Blömeke, Felbrich & Müller, 2008
OBSERVE	*Grundlegende Bedingungen eines lernwirksamen Unterrichts erkennen. Untersuchungen zur pädagogisch-psychologischen Kompetenz zukünftiger Lehrpersonen*	Seidel, Blomberg & Stürmer, 2010
	Professional Minds	Oser et al., 2007
SPEE	*Standards – Profile – Entwicklung – Evaluation*	Seifert & Schaper, 2010
Standard-erreichung	*Standarderreichung beim Erwerb von Unterrichtskompetenz*	Baer et al., 2011
TEDS-M	*Teacher Education and Development Study – Learning to Teach Mathematics*	König & Blömeke, 2009b
TEDS-LT	*Teacher Education and Development Study: Learning to Teach*	König, Blömeke & Doll, 2011
TEDS-FU	*Teacher Education and Development Study: Follow Up*	König et al., 2014
TEDS-Telekom	*Effektivität innovativer Projekte der Mathematiklehrerausbildung im Kernfach Mathematik*	Buchholtz et al., 2011

4.1 Testung von pädagogischem Wissen und empirische Befunde zu seiner Struktur

Die Erfassung des fächerübergreifenden, pädagogischen Wissens stellt eine besondere Herausforderung für die empirische Forschung zum Lehrerberuf und zur Lehrerbildung dar. Sieht man von den wichtigen, aber vor allem phänomenologisch ausgerichteten, qualitativen Studien der Expertiseforschung (vgl. Hogan et al., 2003, im Überblick) ab, so gab es bis vor wenigen Jahren nur vereinzelt Ansätze, Teilaspekte von pädagogischem Wissen zu testen, z.B. Wissen über kooperatives Lernen (Bouas, 1996) oder Wissen über Aufmerksamkeitsdefizit-/Hyperaktivitätsstörungen (Sciutto, Terjesen & Frank, 2000). Klammert man zudem die im Rahmen der *Praxis Series* für Lizenzierungsverfahren in den USA entwickelten Teiltests vom *Educational Testing Service* (ETS, 2010) aus, so lässt sich konstatieren, dass erst in der jüngeren Zeit theoriegeleitete

Konzeptionen zur Bestimmung und empirischen Erfassung von pädagogischem Wissen entwickelt worden sind (Blömeke, Felbrich & Müller, 2008; König & Blömeke, 2009b; Seifert & Schaper, 2010; Voss & Kunter, 2011; Kunina-Habenicht et al., 2013). Diesen Ansätzen ist gemein,

- dass sie sich als kognitive Komponente professioneller Kompetenz in einem generischen Kompetenzmodell verorten (Baumert & Kunter, 2006) und somit anschlussfähig an aktuelle Vorstellungen zur professionellen Kompetenz von Lehrkräften sind,
- dass sie pädagogisches Wissen (*general pedagogical knowledge*) eindeutig von fachdidaktischem Wissen (*pedagogical content knowledge*) abgrenzen,
- dass sie sich auf Wissen beziehen, das auch curricularer Bestandteil der Lehrerausbildung ist,
- dass sie pädagogisches Wissen von angehenden Lehrerinnen und Lehrern mithilfe von Papier-und-Bleistift-Tests standardisiert erfassen,
- dass sie theoretische Annahmen zur Struktur pädagogischen Wissens formulieren und diese über binnenstrukturierende Skalierungsanalysen empirisch prüfen – wobei sich Unterschiede zeigen, ob pädagogisches Wissen inhaltlich eng an die Kernaufgabe des Unterrichtens geknüpft wird (König & Blömeke, 2009b; Voss & Kunter, 2011) oder vor dem Hintergrund der in der Lehrerausbildung existierenden curricularen Spannbreite als „bildungswissenschaftliches Wissen" inhaltlich breiter gefasst wird (Seifert & Schaper, 2012; Kunina-Habenicht et al., 2013).

Wird auf den Unterricht als Kernaufgabe fokussiert, so stellen unterrichtliche Herausforderungen, wie sie mit der Forschung zur Unterrichtsqualität beschrieben werden können, den Ausgangspunkt für die inhaltliche Differenzierung dar. Entsprechend kompetenztheoretischer Vorstellungen wird dann nach dem Wissen gefragt, welches nötig ist, um diese Anforderungen erfolgreich zu bewältigen. Der im Kontext von TEDS-M entwickelte Ansatz von König und Blömeke (2009b, S. 504) greift auf empirisch nachgewiesene Basisdimensionen von Unterrichtsqualität zurück und verknüpft diese mit Modellen der Allgemeinen Didaktik zu folgenden Inhaltsdimensionen pädagogischen Wissens: *Umgang mit Heterogenität, Strukturierung von Unterricht, Klassenführung, Motivierung, Leistungsbeurteilung.* Diese Dimensionen werden jeweils über mehrere komplexe Testaufgaben operationalisiert, die entsprechende unterrichtliche Herausforderungen zum Gegenstand haben (vgl. Abb. 1). Der im Rahmen von COACTIV-R verfolgte Ansatz von Voss und Kunter (2011, S. 204) setzt einen pädagogisch-psychologischen Akzent und unterscheidet als Inhaltsdimensionen *Klassenführung, Unterrichtsmethoden, Leistungsbeurteilung, Lernprozesse, individuelle Besonderheiten.* Anhand von Skalierungsanalysen lassen sich bei beiden Ansätzen die jeweils definierten inhaltlichen Bereiche über Teilskalen der Testung operationalisieren und auf Funktionsfähigkeit (z.B. Reliabilität) untersuchen. Ferner bieten die Zusammenhänge zwischen den jeweiligen Teilskalen (Interkorrelationen) wichtige Einblicke in die inhaltliche Struktur von pädagogischem Wissen, das sich auf die Kernaufgabe des Unterrichtens bezieht.

Fünf berufliche Anforderungen von Lehrpersonen beim Unterrichten	Themen für die Operationalisierung
Strukturierung von Unterricht	• Komponenten- und prozessbezogene Planung • Analyse von Unterricht • Curriculare Strukturierung von Unterricht
Motivierung	• Leistungsmotivation • Motivierungsstrategien im Unterricht
Umgang mit Heterogenität	• Differenzierungsmaßnahmen • Methodenvielfalt
Klassenführung	• Störungspräventive Unterrichtsführung • effektive Nutzung der Unterrichtszeit
Leistungsbeurteilung	• Funktionen und Formen • zentrale Kriterien • Urteilsfehler

Abbildung 1: Inhalte des Tests zum pädagogischen Wissen (König & Blömeke, 2009b, S. 504)

Bei einer inhaltlich breiter angelegten Messung pädagogischen Wissens stehen die bildungswissenschaftlichen Lerngelegenheiten der Lehrerausbildung stärker im Vordergrund (Seifert & Schaper, 2012; Kunina-Habenicht et al., 2013). Ausgehend von den Aufgabenfeldern von Lehrkräften, wie sie die Kultusministerkonferenz (KMK, 2004a, b) für die bildungswissenschaftliche Lehrerbildung formuliert hat, konzeptualisieren Seifert und Schaper (2012, S. 185) das bildungswissenschaftliche Wissen entlang folgender Inhaltsdimensionen: *Erziehung und Bildung, Unterricht und Allgemeine Didaktik, Schulentwicklung und Gesellschaft.* Mit den Ergebnissen einer Delphi-Studie wurde die thematische Breite von bildungswissenschaftlichem Wissen von Kunina-Habenicht et al. (2013, S. 10) über folgende Inhaltsbereiche definiert: *Unterrichtsdidaktik, Schulpädagogik, Bildungstheorie, Lernen/Entwicklung, Diagnostik/Evaluation.* Bei der Skalierung der Tests werden wiederum die Inhaltsbereiche als Teilskalen operationalisiert, und Zusammenhangsanalysen liefern Einblick in die analysierte Binnenstruktur bildungswissenschaftlichen Wissens.

Die empirischen Befunde zur Struktur pädagogischen Wissens verdeutlichen, dass bei einer inhaltlich engeren Konzeptualisierung, die auf das Unterrichten als Kernaufgabe zugeschnitten ist, die jeweiligen Teilskalen insgesamt höher miteinander korreliert sind als bei einer breiten thematischen Ausdifferenzierung in bildungswissenschaftliche Inhaltsbereiche. So werden z.B. mit Stichproben der zweiten Ausbildungsphase (Referendare) für die von Kunina-Habenicht et al. (2013, S. 14) analysierten bildungswissenschaftlichen Teilskalen manifeste Korrelationen in Höhe von .2 bis .3 berichtet, während Teilskalen des pädagogischen Unterrichtswissens bei Blömeke und König (2010b) bzw. König und Blömeke (2010b) auf latenter Ebene zwischen .6 und .8 liegen (die Unterschiede in der Höhe der Korrelationen dürften auch bei Berücksichtigung der Messfehler noch substanziell sein). Pädagogisches Wissen von angehenden Lehrkräften der zweiten Ausbildungsphase im Bereich des Unterrichtens ist also vermutlich in sich konsistenter als pädagogisches Wissen, das sich auf das breite Spektrum bildungswissenschaftlicher Lerngelegenheiten bezieht. Dies dürfte nicht zuletzt auf das bereits angesprochene Spannungsverhältnis zwischen Disziplin- und Berufsorientierung zurückzuführen sein (vgl. Abschnitt 3.2): Während Referendare bereits erste Unterrichtserfahrung besitzen und somit ihr unterrichtsbezogenes Wissen vor dem Hintergrund der beruflichen Anforderung verarbeiten, verbleibt die disziplinbezogene Wissensstruktur fragmentiert oder gar träge.

Neben solchen inhaltlichen Dimensionierungen pädagogischen Wissens werden zudem bei den Verfahren von König und Blömeke (2009b) sowie Seifert und Schaper (2010) kognitive Anforderungen unterschieden, welche an die angehenden Lehrerinnen und Lehrer gestellt werden, wenn sie die Testaufgaben bearbeiten. Zusammenfassend betrachtet (vgl. Seifert & König, 2012) finden sich auf der einen Seite Testaufgaben, die deklarative, konzeptuell-analytische Wissensbestände erfassen. Auf der anderen Seite enthalten die Tests Testaufgaben, die darauf zielen, wenigstens im Ansatz handlungsnahe Kognitionen, die in einer spezifischen Anforderungssituation relevant werden können, aber auch im Rahmen eines Papier-und-Bleistift-Verfahrens expliziert werden können, zu erfassen. In der Regel lässt sich deklaratives, konzeptuell-analytisches pädagogisches Wissen über Multiple-Choice-Testaufgaben erfassen, während die Messung von handlungsnahem Wissen offene, komplexe Aufgabenformate erfordert, welche einen weitaus größeren Aufwand bei der Verarbeitung der Testdaten (Kodierung) mit sich bringt (vgl. hierzu König & Blömeke, 2012a).

4.2 Grenzgänge zu anderen Elementen professioneller Kompetenz

Die meisten Bemühungen der erziehungswissenschaftlichen Forschung um die standardisierte Erfassung von pädagogischem Wissen, wie sie in den letzten Jahren initiiert wurde, beziehen sich auf vergleichbare Modellierungen professioneller Lehrerkompetenz (vgl. Abschnitt 4.1). Studien am Beispiel des Unterrichtsfachs Mathematik liefern dabei Hinweise, dass erst die Vernetzung der fachbezogenen und der fächerübergreifenden Wissensdomänen untereinander und die Berücksichtigung affektiv-motivationaler Lehrermerkmale in größerem Maße Varianz in Schülerleistungen erklären (u.a. Hill et al., 2005). Aus diesem Grund findet in diversen Studien (Blömeke et al. 2008; Tatto et al. 2012; Kunter et al. 2011) eine deutliche Ausweitung gegenüber anderen Studien im Bereich der Bildungsforschung statt, indem Kompetenz als mehrdimensionale Eigenschaft aufgefasst wird.

In Bezug auf das pädagogische Wissen stellt sich etwa die Frage seiner Nähe zum fachdidaktischen Wissen. Die aktuelle Befundlage führt zu der Annahme, dass pädagogisches Wissen deutlich größere Schnittmengen mit dem fachdidaktischen als mit dem fachlichen Wissen aufweist (Blömeke & König, 2010c; König & Blömeke, 2010c; König, Blömeke & Doll, 2011). Differenzierte Analysen hierzu stehen jedoch noch weitgehend aus, insbesondere wenn auf andere Fächer als Mathematik fokussiert wird (Roters, König, Tachtsoglou & Nold, 2013). Darüber hinaus stellen pädagogische Überzeugungen (König, 2012a) und motivationale Merkmale wie Berufswahlmotive (König & Rothland, 2012) oder die Lern- und Leistungsmotivation (König & Rothland, 2013) wichtige Merkmale dar und beeinflussen, welches Wissen erworben wird und wie berufliche Situationen wahrgenommen und welches Wissen abgerufen wird.

4.3 Wissenserwerb und Wissensveränderung

Längsschnittliche Untersuchungen zum Erwerb und zur Veränderung des pädagogischen Wissens von angehenden Lehrkräften während der Zeit ihrer Ausbildung sind erst in den letzten Jahren durchgeführt worden (Baer et al., 2007; Buchholtz et al., 2011; König & Herzmann, 2011; König & Rothland, 2012; König & Seifert, 2012; Voss & Kunter, 2011). Darüber hinaus sind Studien mit einem quasi-längsschnittlichen Design zu nennen (Blömeke, Felbrich & Müller, 2008; Schulte, Bögeholz & Watermann, 2008; König, Peek & Blömeke, 2008; König, 2013). Insgesamt spricht die Forschungslage dafür, dass im Verlauf der Lehrerausbildung trotz aller Kritik durchaus eine substanzielle Zunahme im pädagogischen Wissen bei angehenden Lehrerinnen und Lehrern erfolgt. Im Sinne der Expertiseforschung, die die Entwicklung vom Novizen zum Experten in verschiedene Stadien unterteilt (vgl. Kapitel 2), kann man annehmen, dass sich damit angehende Lehrkräfte vom Stadium des „Novizen" hin zum Stadium des „Fortgeschrittenen Anfängers" bewegen (vgl. detailliert etwa König, 2010).

Diese Annahme wird auch durch empirische Befunde aus TEDS-M und LEK gestützt und differenziert. König und Seifert (2012) können im Rahmen der LEK-Studie anhand einer Längsschnittstichprobe von 261 Lehramtsstudierenden von vier unterschiedlichen deutschen Universitäten zeigen, dass zwischen dem ersten und dem vierten Ausbildungssemester der Erwerb von pädagogischem Wissen schwerpunktartig im Bereich des deklarativen, konzeptuell-analytischen Wissens liegt – und zwar bei allen vier in die LEK-Studie einbezogenen Universitäten auf ähnliche Weise. Lehramtsstudierende erwerben in dieser Zeit pädagogisches Wissen, das sie also in der Testsituation „erinnern" und „reproduzieren" können. Handlungsnahes Wissens, sei es im Bereich des Unterrichtens (König, 2012b) oder in den weiteren thematischen Bereichen des bildungswissenschaftlichen Wissens (Seifert & Schaper, 2012), wird dagegen im Zeitraum der ersten zwei Jahre der universitären Lehrerausbildung nur geringfügig erworben. Weiterführende Analysen zum unterrichtsbezogenen Wissen (König, 2013) zeigen jedoch, dass Referendare kurz vor dem zweiten Staatsexamen im Vergleich mit den Studierenden des vierten Ausbildungssemesters nicht nur insgesamt über mehr pädagogisches Wissen verfügen (vgl. Abbildung 2), sondern ihnen insbesondere im Bereich des handlungspraktischen Wissens überlegen sind (König, 2013). Dies lässt sich mit den spezifischen Lerngelegenheiten der beiden Ausbildungsphasen, ihren theoretisch-formalen bzw. praktischen Akzentuierungen, gut erklären. Das Ergebnis liefert aber auch Hinweise, dass sich bei den angehenden Lehrkräften die in der Expertiseforschung beschriebene zunehmende Verknüpfung ihres Wissen mit Unterrichtserfahrungen (Berliner, 2004) im Verlauf der Lehrerausbildung vollzieht.

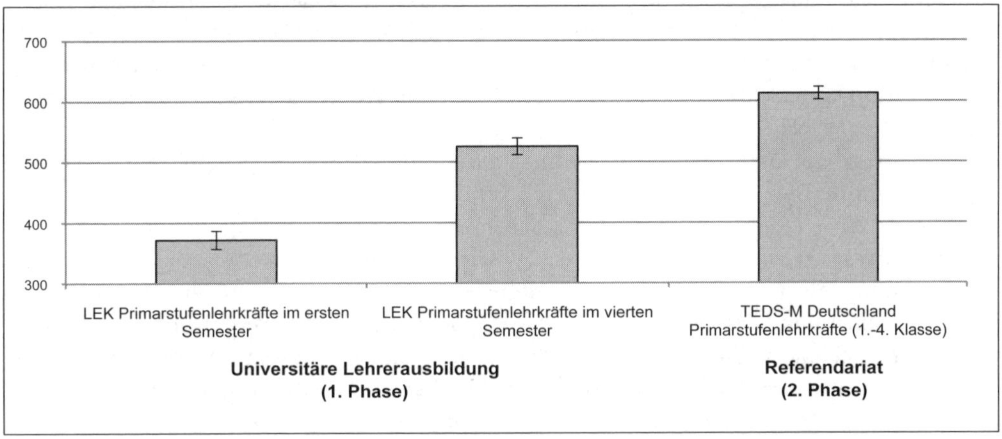

Abbildung 2: Mittelwerte und 95%-ige Konfidenzintervalle im pädagogischen Wissen bei angehenden Lehrkräften: Ergebnisse aus TEDS-M und LEK (König, 2013)

Im Vergleich zu den Studien zum Zeitraum der Ausbildung sind längsschnittliche Untersuchungen zum Erwerb und zur Veränderung des pädagogischen Wissens beim Übergang von der Ausbildung in den Beruf sehr viel seltener (Baer et al., 2011; König, Blömeke, Klein, Suhl, Busse & Kaiser, 2014).

Baer et al. (2011) berichten von geringfügigen Vergessenseffekten im Bereich pädagogischen Wissens, wobei allerdings zu berücksichtigen ist, dass sie dies auf der Basis einer kleinen Stichprobe tätigen und das Erhebungsinstrument aus zwei Textvignetten (offene Testfragen) besteht, das nicht einer Skalierung unterzogen wurde. Aussagen zur Reliabilität des Instrumentes werden z.B. nicht berichtet.

Im Follow-Up zu TEDS-M (Blömeke, Kaiser & König, 2009) wurden die ehemaligen TEDS-M-Probanden vier Jahre später und nach erfolgtem Berufseinstieg erneut aufgesucht und getestet. König et al. (2014) berichten über eine echte Längsschnittstichprobe von Mathematiklehrkräften, die also am Ende ihrer Ausbildung 2008 (TEDS-M) sowie 2012 als berufstätige Lehrkräfte (TEDS-Follow Up) u.a. im pädagogischen Wissen getestet wurden. Die Mittelwertvergleiche weisen einen Wissenszuwachs aus, der praktisch relevant ist (d = .95). Die geringe Stabilität des pädagogischen Wissens zwischen den beiden Messzeitpunkten lässt vermuten, dass es zu erheblichen Prozessen der Umstrukturierung von Wissen kommt. Dieses Ergebnis hat wichtige Implikationen für die Einordnung der Konzeption des getesteten Wissens, war dieses doch zunächst als ausbildungsabhängiges Wissen postuliert worden (König & Blömeke, 2009b), jedoch nicht primär als Wissen, dessen Umfang im Rahmen der Ausübung des Lehrerberufs erheblich zunimmt (König, 2010).

4.4 Antezedenzien: Auswirkungen der Lehrerausbildung

Bereits die im vorherigen Abschnitt referierten empirischen Befunde zum Wissenszuwachs im Verlauf der Lehrerausbildung lassen vermuten, dass das untersuchte pädagogische Wissen ausbildungsabhängig ist. Analysen zur curricularen Validität des getesteten Wissens in der ersten Ausbildungsphase liefern zum Beispiel König und Seifert (2012) mit der LEK-Studie: Zum einen wurden curriculare Dokumente wie Studienordnungen inhaltlich analysiert und den Testinhalten gegenüber gestellt (Watson, Seifert & König, 2012). Zum anderen wurden Analysen zum Zusammenhang zwischen Lerngelegenheiten, welche über die Befragung von Studierenden erfasst wurden (Darge, Schreiber, König & Seifert, 2012), und Wissenserwerb durchgeführt (König, Tachtsoglou & Seifert, 2012).

In regressionsanalytischen Veränderungsmodellen sowohl zum pädagogischen Unterrichtswissen (TEDS-M Test; König, 2012b) als auch zum inhaltlich breiter gefassten bildungswissenschaftlichen Wissen (SPEE Test; Seifert & Schaper, 2012) wurden in LEK der Einfluss von Merkmalen der Lerngelegenheiten auf das Wissen zwischen erstem und viertem Ausbildungssemester untersucht. Inhaltlich relevante Lehrveranstaltungen, die Angabe von bereits studierten pädagogischen Inhalten und konkrete Tätigkeiten in schulpraktischen Lerngelegenheiten wie das Halten von eigenständigem Unterricht im Schulpraktikum können demnach nachweislich den Wissenserwerb positiv beeinflussen. Derartige Effekte bleiben auch bei Kontrolle von individuellen Lernvoraussetzungen wie Abiturnote, Geschlecht oder intrinsischer Berufswahlmotivation erhalten (König, Tachtsoglou & Seifert, 2012; König, 2012c). Diese Befunde der LEK-Studie liefern somit wichtige Hinweise auf Wirksamkeit von Lerngelegenheiten für den Erwerb von pädagogischem Wissen in der Lehrerausbildung. Gleichwohl besteht in dem Bereich der Prüfung von Einflüssen der Lerngelegenheiten auf den Wissenserwerb großer Bedarf für zukünftige Forschung (z.B. in Form von Mehrebenenanalysen, vgl. König, Tachtsoglou & Seifert, 2012).

Für die zweite Ausbildungsphase liegen mit TEDS-M wichtige Analysen zum Zusammenhang von Lerngelegenheiten und pädagogischem Wissen vor (Blömeke & König, 2011; König & Blömeke, 2012b), gleichwohl diese Analysen allein auf Querschnittsdaten beruhen und somit keine Aussagen über mögliche Veränderungen von Wissen über einen bestimmten Zeitraum getroffen werden können. Die Analysen von König und Blömeke (2012b) etwa zeigen, dass nicht der zeitliche Umfang von praktischen Unterrichtstätigkeiten in der zweiten Ausbildungsphase allein mit höheren Testleistungen einhergeht (im Sinne „je mehr Praxis, desto größer der Kompetenzerwerb“), sondern Qualitätsaspekte wie die Unterstützung durch Mentoren und die Gelegenheit zur Reflexion des eigenen Unterrichts entscheidend sind.

4.5 Konsequenzen: Validierung von Messungen

Längsschnittstudien, in denen ein Nachweis über den Zuwachs an pädagogischem Wissen im Rahmen der Lehrerausbildung erbracht wird (s. Abschnitt 4.2), lassen vermuten, dass das jeweils verwendete Testinstrument in Bezug auf die untersuchte Lehrerausbildung curricular valide und die Lehrerausbildung lernwirksam in Bezug auf das getestete Wissen ist. Im Sinne von Galluzo und Craig (1990) stellen solche Untersuchungen dann Forschung im Sinne einer Programmevaluation der Lehrerausbildung dar. Diese sind jedoch zu ergänzen um Forschung zur Programmvalidierung.

Programmvalidierungsbezogene Forschung stellt eine besondere Herausforderung dar: Die in Abschnitt 4.2 berichteten Ergebnisse, welche nicht nur ein Zuwachs an pädagogischem Wissen während der Lehrerausbildung, sondern auch nach der Lehrerausbildung im Zuge des Berufseinstiegs belegen, machen deutlich, dass es zu Transformationen und Veränderungen im pädagogischen Wissen auch nach der Lehrerausbildung kommt. Dies steht im Einklang mit den Erkenntnissen der Forschung zur Lehrerexpertise. So geht Bromme (1992, S. 100) z.B. davon aus, dass Expertenlehrer ihr Wissen zum Teil in anderen Strukturen organisiert haben als in jenen Strukturen, in denen sie es erworben haben: „Die Verschmelzung von Kenntnissen verschiedener Herkunft ist das Besondere des professionellen Wissens von Lehrern gegenüber dem kodifizierten Wissen der Fachdisziplinen, in denen sie ausgebildet sind.“ Eine analytische Trennung, inwieweit speziell die Lehrerausbildung einen Beitrag zum Wissensbestand von bereits mehrjährig berufstätigen Lehrkräften beiträgt, könnte dadurch erheblich erschwert werden. Denkbar wäre etwa, Studien zur Programmvalidierung sehr zeitnah nach Abschluss der Lehrerausbildung bzw. direkt beim Berufseinstieg durchzuführen.

Entsprechende Untersuchungen mit direkter Messung des pädagogischen Wissens liegen jedoch derzeit kaum vor. Bisherige Studien, welche professionelle Kompetenz direkt erfasst und in Verbindung zu Erfolgsvariablen gesetzt haben, beschränken sich auf die fachbezogene Kompetenz von Mathematiklehrkräften (fachliches und fachdidaktisches Wissen) im Zusammenhang mit Unterrichtsqualitätsmerkmalen (Baumert et al., 2010; Baumert & Kunter, 2011b). Die bisherige empirische Untersuchung des Zusammenhangs zwischen fächerübergreifenden kognitiven Merkmalen professioneller Lehrerkompetenz wie pädagogisches Wissen und entsprechenden Unterrichtsqualitätsmerkmalen steht daher noch sehr am Anfang.

In diesem Zusammenhang sind erste Ergebnisse einer erst kürzlich in Österreich durchgeführten Studie mit einer Stichprobe von 55 Neu-Lehrkräften aufschlussreich (Pflanzl, Thomas & Matischek-Jauk, 2013). Die untersuchten Lehrkräfte wurden mit dem hier bereits beschriebenen Wissenstest aus TEDS-M (König & Blömeke, 2009b) getestet, während die von ihnen unterrichteten Schülerinnen und Schülern einen Fragebogen ausfüllen mussten, in dem sie ihre jeweilige Lehrperson hinsichtlich verschiedener Kompetenzen einschätzen sollten (auf einer vierstufigen Skala von „stimmt nicht“ bis „stimmt“). Anschließend wurde der Zusammenhang zwischen dem getesteten Lehrerwissen mit den durchschnittlichen Schülereinschätzungen der jeweiligen Klasse analysiert. Das Unterrichtswissen der Lehrkräfte korreliert substanziell mit den auf Klassenebene gemittelten Urteilen der jeweils unterrichteten Lerngruppe. Die Schülerurteile beziehen sich auf die erlebten Unterrichtskompetenzen ihrer Lehrkräfte, u.a. korreliert der Wissenstest bei

$r = .34$ ($p < .01$) mit der durch die Schüler eingeschätzten Lehrer-Methodenkompetenz und bei $r = .36$ ($p < .01$) mit der eingeschätzten Lehrer-Beziehungskompetenz. Diejenigen Lehrkräfte also, die auf die Testfragen die richtigen Antworten geben konnten, waren auch jene, die im Unterricht aus Sicht der von ihnen unterrichteten Schülerinnen und Schüler eine gute Methoden- und Beziehungskompetenz bescheinigt bekamen. Mit diesen Ergebnissen lässt sich somit zunächst vermuten, dass das im Rahmen der Lehrerausbildung erworbene pädagogische Unterrichtswissen für die Bewältigung berufspraktischer Anforderungen eine Bedeutung besitzt, gleichwohl weiterführende Forschung an dieser Stelle nötig ist.

4.6 Videobasierte Messung als messmethodische Erweiterung

Als notwendige Ergänzung eines rein auf dem Papier-und-Bleistift-Verfahren beruhenden methodischen Zugangs wurde begonnen, auch pädagogisches Wissen bzw. pädagogische Kompetenzen erweitert mithilfe von so genannten Video-Vignetten zu messen (u.a. Oser et al., 2007; Seidel, Blomberg & Stürmer, 2010; Voss & Kunter, 2011; König & Lebens, 2012; Gold, Förster & Holodynski, 2013; König, Blömeke, Klein, Suhl, Busse & Kaiser, 2014). Video-Vignetten eignen sich als Medium zur Kontextualisierung der Kompetenzmessung von Lehrkräften. Sie ermöglichen ein realistisches Abbild typischer unterrichtlicher Prozesse und Ereignisse (Brophy, 2007; Korthagen, 2011).

Folgt man dem Erkenntnisstand der Forschung zur Lehrerexpertise, so liegt die Forderung nahe, dass die Testung von Professionswissen noch stärker als es verschiedene derzeit verfügbare Testverfahren realisieren (können), kontext- und situationsbezogen erfolgt (vgl. für das pädagogische Wissen z.B. König, 2010). Damit wäre verschiedenen, zum Teil auch grundsätzlichen Einwänden an standardisierten Messungen von Lehrerkompetenzen Rechnung getragen, etwa der Kritik, ob mit Papier-und-Bleistift-Verfahren nicht einfach nur träges Wissen gemessen werde, das zwar in der universitären Ausbildung vermittelt und erworben wird, bei der Ausübung des Berufs jedoch bedeutungslos ist (z.B. Neuweg, in diesem Handbuch). Auch könnte es noch besser gelingen, jene Kompetenzen direkt zu messen, die von angehenden Lehrkräften in einem fortgeschrittenen Stadium (z.B. in der zweiten Ausbildungsphase) auf der Basis ihrer ersten praktischen Handlungserfahrungen erworben werden (z.B. Identifikation von bedeutungsvollen situativen und kontextualisierten Elementen) und anhand derer sie sich von angehenden Lehrkräften, die sich noch am Anfang ihrer Ausbildung befinden, unterscheiden (vgl. König, 2010).

Vergleichbar mit der Papier-und-Bleistift-Testung (Abschnitt 4.1) haben die videobasierten Verfahren zur Messung von pädagogischem Wissen bzw. zur Messung pädagogischer Wahrnehmungs- und Interpretationskompetenzen (Seidel, Blomberg & Stürmer, 2010; Voss & Kunter, 2011; König & Lebens, 2012; Gold, Förster & Holodynski, 2013; König et al., 2014) gemein,

- dass auch sie sich als kognitive Komponente professioneller Kompetenz in einem generischen Kompetenzmodell verorten (Baumert & Kunter, 2006),
- dass auch sie das gemessene pädagogische Wissen, auf das bei der Testung rekurriert wird, von fachdidaktischem abgrenzen,
- dass auch sie theoretische Annahmen zur Struktur pädagogischen Wissens formulieren und diese über binnenstrukturierende Skalierungsanalysen empirisch prüfen.

Im Unterschied zu den in Abschnitt 4.1 aufgeführten Verfahren haben die hier vorzustellenden jedoch gemein,

- dass sie (kurze) Videos als Stimulus und als Ergänzung zu Papier-und-Bleistift-Tests nutzen und im Anschluss Testfragen stellen, die sich auf das betrachtete Video beziehen,
- dass sie sich inhaltlich allein auf *unterrichtliche* Herausforderungen konzentrieren, wobei sie jedoch pädagogische, unterrichtsbezogene Inhalte zum Teil unterschiedlich ausdifferenzieren.

Das Projekt *OBSERVE* zielt darauf, professionelle Wahrnehmung als Bestandteil von Lehrerexpertise zu messen, wobei diese Wahrnehmung in Anlehnung an van Es und Sherin (2008) in die beiden Komponenten „Wahrnehmung von Unterrichtskomponenten" (*noticing*) und „wissensgesteuerte Verarbeitung von Unterricht" (*knowledge-based reasoning*) unterteilt wird (Seidel et al., 2010, S. 297). Seidel et al. (2010) beziehen die *noticing*-Komponente mit ihrem Instrument „Observer" auf allgemeine Merkmale qualitätsvollen Unterricht (*Zielorientierung, Lernbegleitung, Lernatmosphäre*). Mit der Komponente des *knowledge-based reasoning* werden ferner drei Ebenen wissensgesteuerter Verarbeitung bei der professionellen Beobachtung unterschieden: Unterrichtssituationen und ihre Wirksamkeit unter Einbezug theoretischen Wissens beschreiben, erklären, vorhersagen.

Die pädagogische Herausforderung der Klassenführung (*classroom management*) steht bei den Video-Vignetten-Verfahren von Voss und Kunter (2011), Gold et al. (2013) und König und Lebens (2012) im Vordergrund. Im Rahmen des Papier-und-Bleistift-Tests zur Erfassung von pädagogisch-psychologischem Wissen in COACTIV-R (s. ausführlicher Abschnitt 4.1) wurden speziell für die Erfassung von Wissen zur Klassenführung auch Videoclips verwendet, die als Stamm der Testaufgaben fungierten (Voss & Kunter, 2011). Gold et al. (2013, S. 145) rekurrieren auf die Forschung von Kounin (2006) und unterscheiden die drei Inhaltsbereiche prozessbezogener Klassenführung: *Allgegenwärtigkeit, Strukturierung des Unterrichtsverlaufs, Aufrechterhaltung des Gruppenfokus.* König und Lebens (2012) wählen eine Schlüsselsituation des *classroom management* (Phasenwechsel bzw. *transition*) und rekurrieren auf die Expertiseforschung, um die kognitiven Anforderungen *Genauigkeit der Wahrnehmung, Holistische Wahrnehmung, Rechtfertigung einer Handlung* zu unterscheiden und im Experten-Novizen-Vergleich zu analysieren.

In der Studie *Längsschnittliche Entwicklung der Kompetenzen von Junglehrkräften: Follow-Up zur internationalen Vergleichsstudie TEDS-M* (TEDS-FU; Blömeke, Kaiser & König, 2009) wurden ferner, aufbauend auf die TEDS-M-Tests zur Erfassung von mathematischem Fachwissen, mathematikdidaktischem Wissen und pädagogischem Wissen, *fachspezifische* Videovignetten entwickelt und an Junglehrkräften mit dem Unterrichtsfach Mathematik validiert. Dementsprechend baut die dort entwickelte videobasierte Testung inhaltlich auf den pädagogischen Herausforderungen *Umgang mit Heterogenität, Strukturierung von Unterricht, Klassenführung, Motivation, Leistungsbeurteilung* auf (vgl. Abschnitt 4.1). Hinsichtlich der kognitiven Anforderungen werden zum einen die *Wahrnehmung* (Genauigkeit der Wahrnehmung, holistische Wahrnehmung), zum anderen die *Interpretation* von unterrichtlichen Situationen unterschieden (König et al., 2014).

In binnenstrukturierenden Skalierungsanalysen werden auch hier wiederum die jeweils theoretischen Annahmen zur Struktur pädagogischen Wissens überprüft (Seidel & Prenzel, 2007; Gold et al., 2013; König et al., 2014). Sie verdeutlichen, dass bei der Analyse von pädagogischem Wissen bzw. kognitiver Verarbeitung wie Unterrichtssituationen wahrzunehmen und zu interpretieren, von unterschiedlichen Teilbereichen ausgegangen werden muss. So zeigen etwa die Analysen von König et al. (2014), dass selbst bei berufstätigen Lehrkräften ihre Wahrnehmung von Unterrichtssituationen relativ unabhängig ist von ihrer Fähigkeit, Unterrichtssituationen zu interpretieren.

Methodische Unterschiede bestehen bei den genannten Verfahren weniger in Bezug auf die Verwendung der Videos, als vielmehr in der Verwendung verschiedener Testaufgabenformate, die im Anschluss an die betrachteten Videos zum Einsatz kommen. Manche Verfahren greifen hauptsächlich oder ausschließlich auf geschlossene Testfragen zurück (Seidel et al., 2010; Gold et al., 2013), andere Verfahren nutzen sowohl geschlossene als auch offene Testfragen, um unterschiedliche kognitive Anforderungen zu erfassen (König et al., 2014) – oder verwenden vorzugsweise offene Testfragen (König & Lebens, 2012). Vermutlich wird sich die zukünftige Forschung noch intensiver mit der Frage auseinander setzen müssen, welche Testaufgabenformate unter welcher Zielstellung konkret sinnvoll sind. Lehrkräfte jedenfalls stehen einen Großteil der Zeit vor der Herausforderung, unterrichtliche Situationen nicht nur wahrzunehmen, zu analysieren und dann zu reagieren, sondern sie müssen davon ausgehend zukunftsorientiert und zielgerichtet planen und Handlungsoptionen entwerfen. Fraglich ist, ob solche Wissensformen mit geschlossenen Testformaten erhoben werden können (vgl. König & Blömeke, 2012a).

5. Fazit und Perspektiven

Die empirische Untersuchung von pädagogischem Wissen bei angehenden wie berufstätigen Lehrkräften ist zweifelsfrei ein wichtiger Gegenstand der Forschung zur Lehrerbildung und zum Lehrerberuf. Angesichts der verschiedenen, hier dargelegten Forschungsbemühungen kann man nicht mehr von einem „Nichtvorhandensein" entsprechender Forschung sprechen. Gleichwohl ist noch viel Forschungsbedarf erkennbar.

Innerhalb des betrachteten Rahmens pädagogischen Wissens gilt es, weiteren Aufschluss über die Struktur, über mögliche Niveaus und über die Entwicklung von pädagogischem Wissen zu erfahren. Während mittlerweile verschiedene binnenstrukturierende Analysen über Teilbereiche des pädagogischen Wissens vorliegen und über wichtige Unterscheidungen innerhalb des pädagogischen Wissens informieren (Abschnitt 4.1), ist bislang nur sehr vereinzelt (z.B. König, 2009) der Versuch einer kriterialen Beurteilung der bei der Testung von pädagogischem Wissen erreichten Kompetenzen (d.h. eine Modellierung von Kompetenzniveaus) unternommen worden. Während die Ergebnislage mittlerweile durchaus die Annahme zulässt, dass pädagogisches Wissen im Rahmen der Lehrerbildung vermittelt und erworben wird (auch wenn differenzierte Analysen noch weitgehend ausstehen), ist im Vergleich dazu bislang viel zu wenig bekannt über Veränderungen und Transformationen von Wissen, z.B. des im disziplinären Kontext erworbenen bildungswissenschaftlichen Wissens und seine tatsächliche Verwendung bei der Bewältigung beruflicher Anforderungen. Dies ist nicht zuletzt darauf zurückzuführen, dass Längsschnittstudien zum pädagogischen Wissen noch immer zu selten durchgeführt werden.

Außerhalb des betrachteten Rahmens gilt es, Grenzgänge zu untersuchen zu weiteren kognitiven Elementen, allen voran zum fachdidaktischen Wissen, aber auch zum Beispiel zu verbalen Grundfertigkeiten. Analysen zum Verhältnis des pädagogischen Wissens zu vielen weiteren derzeit im Fokus stehenden Elementen professioneller Kompetenz (Selbstregulation, Motivationale Orientierung, Überzeugungen; Baumert & Kunter, 2006, S. 482) bzw. der „motivationalen, volitionalen und sozialen Bereitschaften und Fähigkeiten" (Weinert, 2001, S. 27) sind bislang nur marginal angegangen worden (vgl. König & Rothland, 2012; 2013).

Pädagogisches Wissen muss ferner in Bezug auf seine *Antezedenzien* und *Konsequenzen* (d.h. als abhängige und als unabhängige Variable) erforscht werden. Aus Validitätsgründen, aber auch aus dem großen Bedarf heraus, mit dem Wissen von Lehrkräften ihre Unterrichtsgestaltung, ihre Unterrichtsperformanz sowie die Ergebnisse ihres Unterrichts (Leistungen, psychosoziale Merkmale, Interessen usf. ihrer Schülerinnen und Schüler) erklären zu können. Ebenso wichtig erscheint es, differenzierte Aussagen zur Wirkung von Lerngelegenheiten der Lehrerbildung treffen zu können, um die Reformdiskurse zur Lehrerbildung zu stützen (vgl. Kapitel 2).

Pädagogisches Wissen als Element professioneller Kompetenz von angehenden wie berufstätigen Lehrerinnen und Lehrern ist multidimensional aufzufassen. Es lässt sich anhand seiner Inhalte, seiner Formen und Qualitäten differenzieren. Inwieweit welcher Teilbereich des pädagogischen Wissens Relevanz für welches berufliche Handeln besitzt, ist noch weitgehend ungeklärt. Klärungen dieser Art setzen methodisch anspruchsvolle Untersuchungen voraus, die nicht zuletzt mit Forschungsinstrumenten arbeiten, die sehr hohen Anforderungen gerecht werden müssen. Derartigen forschungsmethodischen Aufwand darf die empirische Lehrerbildungsforschung nicht scheuen. Die derzeit laufenden einschlägigen Projekte und Initiativen nehmen sich auf verschiedene Weise diesen Herausforderungen an, sodass in absehbarer Zeit Fortschritte zu erwarten sind.

Literatur

Allemann-Ghionda, C. & Terhart, E. (2006). Kompetenzen und Kompetenzentwicklung von Lehrerinnen und Lehrern: Ausbildung und Beruf. *Zeitschrift für Pädagogik*, 51. Beiheft, 7-11.

Atjonen, P., Korkeakoski, E. & Mehtäläinen, J. (2011). Key pedagogical principles and their major obstacles as perceived by comprehensive school teachers. *Teachers and Teaching: theory and practice, 17*(3), 273-288.

Baer, M., Kocher, M., Wyss, C., Guldimann, T., Larcher, S. & Dörr, G. (2011). Lehrerbildung und Praxiserfahrung im ersten Berufsjahr und ihre Wirkung auf die Unterrichtskompetenzen von Studierenden und jungen Lehrpersonen im Berufseinstieg. *Zeitschrift für Erziehungswissenschaft, 14*, 85-117.

Ball, D. L, Thames, M. H. & Phelps, G. (2008). Content knowledge for teaching: What makes it special? *Journal of Teacher Education, 59*(5), 389-407.

Bauer, J., Diercks, U., Rösler, L., Möller, J. & Prenzel, M. (2012). Lehramtsstudium in Deutschland: Wie große ist die strukturelle Vielfalt? *Unterrichtswissenschaft, 40*(2), 101-120.

Baumert, J. & Kunter, M. (2006). Stichwort: Professionelle Kompetenz von Lehrkräften. *Zeitschrift für Erziehungswissenschaft, 9*, 469-520.

Baumert, J. & Kunter, M. (2011a). Das Kompetenzmodell von COACTIV. In M. Kunter, J. Baumert, W. Blum, U. Klusmann, S. Krauss & M. Neubrand (Eds.), *Professionelle Kompetenz von Lehrkräften. Ergebnisse des Forschungsprogramms COACTIV* (pp. 29-53). Münster: Waxmann.

Baumert, J. & Kunter, M. (2011b). Das mathematikspezifische Wissen von Lehrkräften, kognitive Aktivierung im Unterricht und Lernfortschritte von Schülerinnen und Schülern. In M. Kunter, J. Baumert, W. Blum, U. Klusmann, S. Krauss & M. Neubrand (Eds.), *Professionelle Kompetenz von Lehrkräften. Ergebnisse des Forschungsprogramms COACTIV* (pp. 163-192). Münster: Waxmann.

Baumert, J. & Roeder, M. P. (1990). Expansion und Wandel der Pädagogik. Zur Institutionalisierung einer Referenzdisziplin. In L.-M. Alisch, J. Baumert, K. Beck, (Hrsg.), *Professionswissen und Professionalisierung* (S. 79-128). Braunschweig: Braunschweiger Studien zur Erziehungs- und Sozialarbeitswissenschaft.

Baumert, J., Kunter, M., Blum, W., Brunner, M., Voss, T., Jordan, A. et al. (2010). Teachers' mathematical knowledge, cognitive activation in the classroom, and student progress. *American Educational Research Journal, 47*(1), 133-180.

Benner, D. (1992). Grundstrukturen pädagogischen Denkens und Handelns. In D. Lenzen & K. Mollenhauer (Hrsg.), *Enzyklopädie Erziehungswissenschaft* (Bd. 1., S. 283-300). Stuttgart: Klett.

Berliner, D. C. (1986). In pursuit of the expert pedagogue. *Educational Researcher 15*, 5-13.

Berliner, D. C. (2001). Learning about and learning from expert teachers. *International Journal of Educational Research, 35*(5), 463-482.

Berliner, D.C. (2004). Describing the Behavior and Documenting the Accomplishments of Expert Teachers. *Bulletin of Science, Technology & Society, 24*, 200-212.
Blömeke, S. (2002). *Universität und Lehrerausbildung*. Bad Heilbrunn: Klinkhardt.
Blömeke, S. (2004). Empirische Befunde zur Wirksamkeit der Lehrerbildung. In S. Blömeke, P. Reinhold, G. Tulodziecki & Wildt, J. (Hrsg.), *Handbuch Lehrerbildung* (S. 59–91). Bad Heilbrunn: Klinkhardt.
Blömeke, S. (2005). *Lehrerausbildung – Lehrerhandeln – Schülerleistungen: Perspektiven nationaler und internationaler empirischer Bildungsforschung. Antrittsvorlesung v. 10. Dezember 2003.* Berlin: Humboldt-Universität.
Blömeke, S. & König, J. (2010a). Sozio-ökonomischer, bildungspolitischer und schulischer Kontext der Sekundarstufenlehrerausbildung im internationalen Vergleich. In S. Blömeke, G. Kaiser & R. Lehmann (Hrsg.), *TEDS-M 2008 – Professionelle Kompetenz und Lerngelegenheiten angehender Mathematiklehrkräfte im internationalen Vergleich* (S. 39-53). Münster: Waxmann.
Blömeke, S. & König, J. (2010b). Messung des pädagogischen Wissens: Theoretischer Rahmen und Teststruktur. In S. Blömeke, G. Kaiser & R. Lehmann (Hrsg.), *TEDS-M 2008 – Professionelle Kompetenz und Lerngelegenheiten angehender Mathematiklehrkräfte im internationalen Vergleich* (S. 239-269). Münster: Waxmann.
Blömeke, S. & König, J. (2010c). Pädagogisches Wissen angehender Mathematiklehrkräfte im internationalen Vergleich. In S. Blömeke, G. Kaiser & R. Lehmann (Hrsg.), *TEDS-M 2008 – Professionelle Kompetenz und Lerngelegenheiten angehender Mathematiklehrkräfte im internationalen Vergleich* (S. 270-283). Münster: Waxmann.
Blömeke, S. & König, J. (2011). Zum Zusammenhang von Ausbildungsformen, -inhalten und -methoden mit dem erworbenen pädagogischen Professionswissen von Grundschullehrkräften. *Zeitschrift für Grundschulforschung, 4*(1), 33-46.
Blömeke, S., Felbrich, A. & Müller, C. (2008). Messung des erziehungswissenschaftlichen Wissens angehender Lehrkräfte. In S. Blömeke, G. Kaiser & R. Lehmann (Hrsg.), *Professionelle Kompetenz angehender Lehrerinnen und Lehrer. Wissen, Überzeugungen und Lerngelegenheiten deutscher Mathematikstudierender und -referendare – Erste Ergebnisse zur Wirksamkeit der Lehrerausbildung* (S. 171-193). Münster: Waxmann.
Blömeke, S., Kaiser, G. & Lehmann, R. (Hrsg.) (2008). *Professionelle Kompetenz angehender Lehrerinnen und Lehrer. Wissen, Überzeugungen und Lerngelegenheiten deutscher Mathematikstudierender und -referendare – Erste Ergebnisse zur Wirksamkeit der Lehrerausbildung.* Münster: Waxmann.
Blömeke, S., Kaiser, G. & König, J. (2009). *Längsschnittliche Entwicklung der Kompetenzen von Junglehrkräften: Follow-Up zur internationalen Vergleichsstudie TEDS-M (TEDS-FU).* Antrag auf Gewährung einer Sachbeihilfe an die Deutsche Forschungsgemeinschaft.
Blömeke, S., König, J., Kaiser, G. & Suhl, U. (2010). Lerngelegenheiten angehender Mathematiklehrkräfte im internationalen Vergleich. In S. Blömeke, G. Kaiser & R. Lehmann (Hrsg.), *TEDS-M 2008 – Professionelle Kompetenz und Lerngelegenheiten angehender Mathematiklehrkräfte im internationalen Vergleich* (S. 97-136). Münster: Waxmann.
Bouas, M. J. (1996). Are we giving cooperative learning enough attention in preservice teacher education? *Teacher Education Quarterly, 23*, 45–58.
Bromme, R. (1992). *Der Lehrer als Experte: zur Psychologie des professionellen Wissens*. Bern: Huber.
Brophy, J. (Ed.) (2007). *Using video in teacher education*. Bingley, UK: JAI Press.
Buchholtz, N., Blömeke, S., Kaiser, G., König, J., Lehmann, R., Schwarz, B. & Suhl, U. (2011). Entwicklung von Professionswissen im Lehramtsstudium. Eine Längsschnittstudie an fünf deutschen Universitäten. In K. Eilerts, A. Hilligus, G. Kaiser & P. Bender (Hrsg.), *Kompetenzorientierung in Schule und Lehrerbildung. Perspektiven der bildungspolitischen Diskussion, der Bildungsforschung und der Lehrerbildung. Festschrift für Hans-Dieter Rinkens* (S. 201-214). Münster: Lit.
Choy, D., Chong, S., Wong, A. F. & Wong, I. Y. F. (2011). Beginning teachers' perceptions of their levels of pedagogical knowledge and skills: did they change since their graduation from initial teacher preparation? *Asia Pacific Education Review, 12*(1), 79-87.
Cramer, C. (2010). Kompetenzerwartungen Lehramtsstudierender. Grenzen und Perspektiven selbsteingeschätzter Kompetenzen in der Lehrerbildungsforschung. In A. Gehrmann, U. Hericks & M. Lüders (Hrsg.), *Bildungsstandards und Kompetenzmodelle. Beiträge zu einer aktuellen Diskussion über Schule, Lehrerbildung und Unterricht* (S. 85-97). Bad Heilbrunn: Klinkhardt Verlag.

Darge, K., Schreiber, M., König, J. & Seifert, A. (2012). Lerngelegenheiten im erziehungswissenschaftlichen Studium. In J. König & A. Seifert (Hrsg.), *Lehramtsstudierende erwerben pädagogisches Professionswissen*. Münster: Waxmann.

Darling-Hammond, L. (2000). Teacher quality and student achievement. A review of state policy evidence. *Education Policy Analysis Archives, 8*.

Doyle, W. (1985). Recent research on classroom management: Implications for teacher preparation. *Journal of Teacher Education, 36*, 31-35.

Doyle, W. (2006). Ecological approaches to classroom management. In C. M. Evertson & C. S. Weinstein (Eds.), *Handbook of classroom management: Research, practice, and contemporary issues* (pp. 97-125). Mahwah, N.J.: Erlbaum.

ETS (2010). *Praxis™ Technical Manual*. Princeton: Educational Testing Service.

Van Es, E. A. & Sherin, M. G. (2008). Mathematics teachers „learning to notice" in the context of a video club. *Teaching and Teacher Education, 24*(2), 244-276.

Galluzzo, G. R. & Craig, J. R. (1990). Evaluation of preservice teacher education programs. In W. R. Houston (Ed.), *Handbook of research on teacher education* (pp. 599-616). New York: Macmillan.

Gold, B., Förster, S. & Holodynski, M. (2013). Evaluation eines videobasierten Trainingsseminars zur Förderung der professionellen Wahrnehmung von Klassenführung im Grundschulunterricht. *Zeitschrift für Pädagogische Psychologie, 27*(3), 141-155.

Gröschner, A., Schmitt, C. & Seidel, T. (2013). Veränderung subjektiver Kompetenzeinschätzungen von Lehramtsstudierenden im Praxissemester. *Zeitschrift für Pädagogische Psychologie, 27*(1-2), 77–86

Grossman, P. L. & Richert, A. E. (1988). Unacknowledged knowledge growth: A re-examination of the effects of teacher education. *Teaching and Teacher Education, 4*(1), 53-62.

Gruber, H. & Renkl, A. (2000). Die Kluft zwischen Wissen und Handeln: Das Problem des trägen Wissens. In G. H. Neuweg (Hrsg.), *Wissen – Können – Profession. Ausgewählte Verhältnisbestimmungen* (S. 155-174). Innsbruck.

Hill, H. C., Rowan, B. & Ball, D. L. (2005). Effects of teachers' mathematical knowledge for teaching on student achievement. *American Educational Research Journal, 42*(2), 371-406.

Hogan, T., Rabinowitz, M. & Craven, J. A. (2003). Representation in teaching: Inferences from research of expert and novice teachers. *Educational Psychologist*, 38(4), 235-247.

Hopmann, S. & Riquarts, K. (Hrsg.) (1995). *Didaktik und/oder Curriculum: Grundprobleme einer international-vergleichenden Didaktik*. Weinheim: Beltz.

Klieme E. & Hartig J. (2007). Kompetenzkonzepte in den Sozialwissenschaften und im erziehungswissenschaftlichen Diskurs. *Zeitschrift für Erziehungswissenschaft*, Sonderheft 8, 11-29.

Klieme, E., Avenarius, H., Blum, W., Döbrich, P., Gruber, H., Prenzel, M., Reiss, K., Riquarts, K., Rost, J., Tenorth, H.-E. & Vollmer, H. J. (Hrsg.) (2003). *Zur Entwicklung nationaler Bildungsstandards. Eine Expertise. Bildungsforschung. Bd. 1.* Bonn: Verlag.

KMK (2004a). *Sekretariat der Ständigen Konferenz der Kultusminister der Länder in der Bundesrepublik Deutschland. Standards für die Lehrerbildung: Bildungswissenschaften.* Beschluss der Kultusministerkonferenz vom 16.12.2004.

KMK (2004b). *Standards für die Lehrerbildung: Bericht der Arbeitsgruppe.*

König, J. (2009). Zur Bildung von Kompetenzniveaus im Pädagogischen Wissen von Lehramtsstudierenden: Terminologie und Komplexität kognitiver Bearbeitungsprozesse als Anforderungsmerkmale von Testaufgaben? *Lehrerbildung auf dem Prüfstand, 2*(2), 244-262.

König, J. (2010). Lehrerprofessionalität – Konzepte und Ergebnisse der internationalen und deutschen Forschung am Beispiel fachübergreifender, pädagogischer Kompetenzen. In J. König & B. Hofmann (Hrsg.), *Professionalität von Lehrkräften – Was sollen Lehrkräfte im Lese- und Schreibunterricht wissen und können?* (S. 40-105). Berlin: DGLS. Verfügbar über: http://www.hf.uni-koeln.de/data/eso/File/Koenig/Beitrag_Koenig_2010.pdf

König, J. (Ed.) (2012a). *Teachers' Pedagogical Beliefs. Definition and Operationalisation – Connections to Knowledge and Performance – Development and Change*. Münster: Waxmann.

König, J. (2012b). Die Entwicklung von pädagogischem Unterrichtswissen: Theoretischer Rahmen, Testinstrument, Skalierung und Ergebnisse. In J. König & A. Seifert (Hrsg.), *Lehramtsstudierende erwerben pädagogisches Professionswissen. Ergebnisse der Längsschnittstudie LEK zur Wirksamkeit der erziehungswissenschaftlichen Lehrerausbildung* (S. 143-182). Münster: Waxmann.

König, J. (2012c). Zum Einfluss der Schulpraxis im Lehramtsstudium auf den Erwerb von pädagogischem Wissen: Spielen erste Unterrichtsversuche eine Rolle? In T. Hascher & G. H. Neuweg (Hrsg.), *Forschung zur (Wirksamkeit der) LehrerInnenbildung* (S. 143-159). Wien: LIT-Verlag.

König, J. (2013). First comes the theory, then the practice? On the acquisition of general pedagogical knowledge during initial teacher education. *International Journal of Science and Mathematics Education, 11*(4), 999-1028.

König, J. & Blömeke, S. (2009a). Disziplin- oder Berufsorientierung? Zur Struktur des pädagogischen Wissens angehender Lehrkräfte. *Lehrerbildung auf dem Prüfstand, 2*(1), 126-147.

König, J. & Blömeke, S. (2009b). Pädagogisches Wissen von angehenden Lehrkräften: Erfassung und Struktur von Ergebnissen der fachübergreifenden Lehrerausbildung. *Zeitschrift für Erziehungswissenschaft, 12*(3), 499-527.

König, J. & Blömeke, S. (2010a). Sozio- ökonomischer, bildungspolitischer und schulischer Kontext der Primarstufenlehrerausbildung im internationalen Vergleich. In S. Blömeke, G. Kaiser & R. Lehmann (Hrsg.), *TEDS-M 2008 – Professionelle Kompetenz und Lerngelegenheiten angehender Primarstufenlehrkräfte im internationalen Vergleich* (S. 39-53). Münster: Waxmann.

König, J. & Blömeke, S. (2010b). Messung des pädagogischen Wissens: Theoretischer Rahmen und Teststruktur. In S. Blömeke, G. Kaiser & R. Lehmann (Hrsg.), *TEDS-M 2008 – Professionelle Kompetenz und Lerngelegenheiten angehender Primarstufenlehrkräfte im internationalen Vergleich* (S. 253-273). Münster: Waxmann.

König, J. & Blömeke, S. (2010c). Pädagogisches Wissen angehender Primarstufenlehrkräfte im internationalen Vergleich. In S. Blömeke, G. Kaiser & R. Lehmann (Hrsg.), *TEDS-M 2008 – Professionelle Kompetenz und Lerngelegenheiten angehender Primarstufenlehrkräfte im internationalen Vergleich* (S. 275-296). Münster: Waxmann.

König, J. & Blömeke, S. (2012a). Eine Antwort (nicht nur) auf die Testkritik am „Pädagogischen Unterrichtswissen". *Zeitschrift für Erziehungswissenschaft, 15*(4), 793-806.

König, J. & Blömeke, S. (2012b). Future Teachers' General Pedagogical Knowledge from a Comparative Perspective. Does School Experience Matter? *ZDM –The International Journal on Mathematics Education, 44*(3), 341-354.

König, J., Blömeke, S. & Doll, J. (2011). Pädagogisches Wissen von Deutsch-, Englisch- und Mathematiklehramtsstudierenden. In S. Blömeke, A. Bremerich-Vos, H. Haudeck, G. Kaiser, R. Lehmann, G. Nold, K. Schwippert & H. Willenberg (Hrsg.) *Kompetenzen von Lehramtsstudierenden in gering strukturierten Domänen. Erste Ergebnisse aus TEDS-LT* (S. 135-157). Münster: Waxmann.

König, J., Blömeke, S. & Kaiser, G. (2010). Lerngelegenheiten angehender Primarstufenlehrkräfte im internationalen Vergleich. In S. Blömeke, G. Kaiser & R. Lehmann (Hrsg.), *TEDS-M 2008 – Professionelle Kompetenz und Lerngelegenheiten angehender Primarstufenlehrkräfte im internationalen Vergleich* (S. 99-130). Münster: Waxmann.

König, J., Blömeke, S., Klein, P., Suhl, U., Busse, A. & Kaiser, G. (2014). Teachers' general pedagogical knowledge as a premise for noticing and interpreting classroom situations? On the standardized measurement of teachers' professional competencies. *Teaching and Teacher Education, 38*, 76-88.

König, J., Blömeke, S., Paine, L., Schmidt, B. & Hsieh, F-J. (2011). General Pedagogical Knowledge of Future Middle School Teachers. On the Complex Ecology of Teacher Education in the United States, Germany, and Taiwan. *Journal of Teacher Education, 62*(2), 188-201.

König, J. & Herzmann, P. (2011). Lernvoraussetzungen angehender Lehrkräfte am Anfang ihrer Ausbildung. Erste Ergebnisse aus der wissenschaftlichen Begleitung des Kölner Modellkollegs Bildungswissenschaften. *Lehrerbildung auf dem Prüfstand, 4*(2), 186-210.

König, J., Kaiser, G. & Felbrich, A. (2012). Spiegelt sich pädagogisches Wissen in den Kompetenzselbsteinschätzungen angehender Lehrkräfte? Zum Zusammenhang von Wissen und Überzeugungen am Ende der Lehrerausbildung. *Zeitschrift für Pädagogik, 58*(4), 476-491.

König, J. & Lebens, M. (2012). *Classroom Management Expertise* (CME) von Lehrkräften messen: Überlegungen zur Testung mithilfe von Videovignetten und erste empirische Befunde. *Lehrerbildung auf dem Prüfstand, 5*(1), 3-29.

König, J., Peek, R. & Blömeke, S. (2008). Zum Erwerb von pädagogischem Wissen in der universitären Ausbildung: Unterscheiden sich Studierende verschiedener Lehrämter und Kohorten? *Lehrerbildung auf dem Prüfstand, 1*, 639-657.

König, J. & Rothland, M. (2012). Motivations for Choosing Teaching as a Career: Effects on General Pedagogical Knowledge during Initial Teacher Education. *Asia-Pacific Journal of Teacher Education, 40,* 289-315.

König, J. & Rothland, M. (2013). Pädagogisches Wissen und berufsspezifische Motivation am Anfang der Lehrerausbildung. Zum Verhältnis von kognitiven und nicht-kognitiven Eingangsmerkmalen von Lehramtsstudierenden. *Zeitschrift für Pädagogik, 60*(1), 43-65.

König, J. & Seifert, A. (Hrsg.) (2012). *Lehramtsstudierende erwerben pädagogisches Professionswissen. Ergebnisse der Längsschnittstudie LEK zur Wirksamkeit der erziehungswissenschaftlichen Lehrerausbildung.* Münster: Waxmann.

König, J. & Tachtsoglou, S. (2012). Pädagogisches Professionswissen und selbsteingeschätzte Kompetenz. In J. König & Seifert, A. (Hrsg.), *Lehramtsstudierende erwerben pädagogisches Professionswissen. Ergebnisse der Längsschnittstudie LEK zur Wirksamkeit der erziehungswissenschaftlichen Lehrerausbildung* (S. 284-297). Münster: Waxmann.

König, J., Tachtsoglou, S., Darge, K. & Lünnemann, M. (2014). Zur Nutzung von Praxis: Modellierung und Validierung lernprozessbezogener Tätigkeiten von angehenden Lehrkräften im Rahmen ihrer schulpraktischen Ausbildung. *Zeitschrift für Bildungsforschung, 4*(1), 3-22.

König, J., Tachtsoglou, S. & Seifert A. (2012). Individuelle Voraussetzungen, Lerngelegenheiten und der Erwerb von pädagogischem Professionswissen. In J. König & A. Seifert (Hrsg.), *Lehramtsstudierende erwerben pädagogisches Professionswissen* (S. 243-283). Münster: Waxmann.

Korthagen, F. A. J. (2011). Making teacher education relevant for practice: the pedagogy of realistic teacher education. *Orbis scholae, 5*(2), 31-50.

Kounin, J. S. (2006). *Techniken der Klassenführung* (Reprint). Stuttgart: Waxmann

Kunina-Habenicht, O., Schulze-Stocker, F., Kunter, M., Baumert, J., Leutner, D., Förster, D., Lohse-Bossenz, H. & Terhart, E. (2013). Die Bedeutung der Lerngelegenheiten im Lehramtsstudium und deren individuelle Nutzung für den Aufbau des bildungswissenschaftlichen Wissens. *Zeitschrift für Pädagogik, 59*(1), 1-23.

Kunter, M., Baumert, J., Blum, W., Klusmann, U., Krauss, S. & Neubrand, M. (Hrsg.) (2011). *Professionelle Kompetenz von Lehrkräften. Ergebnisse des Forschungsprogramms COACTIV.* Münster: Waxmann.

Lipowsky, F. (2006). Auf den Lehrer kommt es an. Empirische Evidenzen für Zusammenhänge zwischen Lehrerkompetenzen, Lehrerhandeln und dem Lernen der Schüler. *Zeitschrift für Pädagogik,* 51. Beiheft, S. 47-70.

Lohmann, V., Seidel, V. & Terhart, E. (2011). Bildungswissenschaften in der universitären Lehrerbildung: Curriculare Strukturen und Verbindlichkeiten. *Lehrerbildung auf dem Prüfstand, 4*(2), 271-302.

Mishra, P. & Koehler, M. (2006). Technological pedagogical content knowledge: A framework for teacher knowledge. *The Teachers College Record, 108*(6), 1017-1054.

Mishra, P. & Koehler, M. (2009). Too Cool for School? No Way! Using the TPACK Framework: You Can Have Your Hot Tools and Teach with Them, Too. *Learning & Leading with Technology, 36*(7), 14-18.

Neuweg, G. H. (1999). *Könnerschaft und implizites Wissen. Zur lehr-lerntheoretischen Bedeutung der Erkenntnis- und Wissenstheorie Michael Polanyis.* Münster: Waxmann.

Oelkers, J. & Tenorth, H. E. (1993). *Pädagogisches Wissen.* Weinheim/Basel: Beltz

Oser, F. & Oelkers, J. (Hrsg.) (2001). *Die Wirksamkeit der Lehrerbildungssysteme.* Chur/Schweiz: Ruegger.

Oser, F., Stoffel, B., Curcio, G.-P., Pfister-Giauque, B., Düggeli, A., Heinzer, S., Salzmann, P., Joho, C., Baumgartner, M. & Wittwer, V. (2007). Zwischenberichte vom 01.01.07 bis 31.12.07. a) Leading House: „Qualität der beruflichen Bildung". b) Programm 1 „Professional Minds" Universität Fribourg, CH. Fribourg, Schweiz: Universität Freiburg, Schweiz, Departement Erziehungswissenschaften.

Pflanzl, B., Thomas, A. & Matischek-Jauk, M. (2013). Pädagogisches Wissen und pädagogische Handlungskompetenz. *Erziehung und Unterricht, 1/2,* 1-8.

Reynolds, A. (1995). The Knowledge Base for Beginning Teachers: Education Professionals' Expectations versus Research Findings on Learning to Teach. *The Elementary School Journal, 95*(3), 199-221.

Roters, B., König, J., Tachtsoglou, S. & Nold, G. (2013). Fachdidaktisches Wissen angehender Englischlehrkräfte – Theoretischer Rahmen und empirische Ergebnisse zur Struktur eines Testinstruments. *Lehrerbildung auf dem Prüfstand, 6*(2), 155-177.

Roth, H. (1971). *Pädagogische Anthropologie*. Bd. 2. Hannover: Schroedel.

Sabers, D. S., Cushing, K. S. & Berliner, D. C. (1991). Differences Among Teachers in a Task Characterized by Simultaneity, Multidimensionality, and Immediacy. *American Educational Research Journal, 28*, 63-88.

Schaefers, C. (2002). Forschung zur Lehrerausbildung in Deutschland – eine bilanzierende Übersicht der neueren empirischen Studien. *Schweizerische Zeitschrift für Bildungswissenschaften, 24*(1), 65-90.

Schmidt, W. H., Tatto, M. T., Bankov, K., Blömeke, S., Cedillo, T., Cogan, L., Han, S.-I., Houang, R., Hsieh, F.-J., Paine, L., Santillan, M. N. & Schwille, J. (2007). The preparation gap: Teacher education for middle school mathematics in six countries – Mathematics teaching in the 21st century (MT21 Report). http://usteds.msu.edu/related_research.asp

Schmidt, W. H., Houang R. T., Cogan, L., Blömeke, S., Tatto, M. T., Hsieh, F. J., Santillan, M., Bankov, K., Han, S. I., Cedillo, T., Schwille, J. & Paine L. (2008). Opportunity to learn in the preparation of mathematics teachers: its structure and how it varies across six countries. *Zentralblatt für Didaktik der Mathematik, 40*, 735-747.

Schubarth, W., Speck, K., Gladasch, U. & Seidel, A. (2007). Die 2. Phase der Lehrerausbildung aus Sicht der Brandenburger Lehramtskandidatinnen – die Potsdamer LAK-Studie. In M. Lüders & J. Wissinger (Hrsg.), *Forschung zur Lehrerbildung: Kompetenzentwicklung und Programmevaluation* (S. 169-193). Münster: Waxmann Verlag.

Schulte, D. P. K., Bögeholz, S. & Watermann, R. (2008). Selbstwirksamkeitserwartungen und Pädagogisches Professionswissen im Verlauf des Lehramtsstudiums. *Zeitschrift für Erziehungswissenschaft, 11*(2), 268-287.

Sciutto, M. J., Terjesen, M. D. & Frank, A. S. B. (2000). Teachers' knowledge and misperceptions of attention-deficit/hyperactivity disorder. *Psychology in the Schools, 37*, 115-122.

Seidel, T. & Prenzel, M. (2007). Wie Lehrpersonen Unterricht wahrnehmen und einschätzen – Erfassung pädagogisch-psychologischer Kompetenzen mit Videosequenzen. *Zeitschrift für Erziehungswissenschaft,* Sonderheft 8, 201-216.

Seidel, T., Blomberg, G. & Stürmer, K. (2010). „Observer" – validation of a video-based instrument to assess the professional view on classrooms. *Zeitschrift für Pädagogik*, 56. Beiheft, 296-30.

Seifert, A. & König, J. (2012). Pädagogisches Unterrichtswissen – bildungswissenschaftliches Wissen: Validierung zweier Konstrukte. In J. König & Seifert, A. (Hrsg.), *Lehramtsstudierende erwerben pädagogisches Professionswissen* (S. 215-233). Münster: Waxmann.

Seifert, A. & Schaper, N. (2010). Überprüfung eines Kompetenzmodells und Messinstruments zur Strukturierung allgemeiner pädagogischer Kompetenz in der universitären Lehrerbildung. *Lehrerbildung auf dem Prüfstand, 3*(2), 179-198.

Seifert, A. & Schaper, N. (2012). Die Entwicklung von bildungswissenschaftlichem Wissen. In J. König & Seifert, A. (Hrsg.), *Lehramtsstudierende erwerben pädagogisches Professionswissen. Ergebnisse der Längsschnittstudie LEK zur Wirksamkeit der erziehungswissenschaftlichen Lehrerausbildung* (S. 183-214). Münster: Waxmann.

Shulman, L. S. (1986). Those Who Understand: Knowledge Growth in Teaching. *Educational Researcher, 15*(2), 4-14.

Shulman, L. S. (1987). Knowledge and teaching: Foundations of the new reform. *Havard Educational Research, 57*, 1-22.

Shulman, L. S. & Sherin, M. G. (2004). Fostering communities of teachers as learners: disciplinary perspectives. *Journal of Curriculum Studies, 36*(2), 135-140.

Tatto, M. T., Schwille, J., Senk, S., Ingvarson, L., Rowley, G., Peck, R., Bankov, K., Rodriguez, M. & Reckase, M. (2012). Policy, practice, and readiness to teach primary and secondary mathematics in 17 countries. Findings from the IEA teacher education and development study in mathematics (TEDS-M). http://teds.educ.msu.edu/wp-content/uploads/IEA_TEDS-M-International-Report1.pdf

Tenorth, H.-E. (1994). Profession und Disziplin. Zur Formierung der Erziehungswissenschaft. In H.-H. Krüger & T. Rauschenbach (Hrsg.), Erziehungswissenschaft: die Disziplin am Beginn einer neuen Epoche (S. 17-28). Weinheim: Juventa.

Tenorth, H.-E. (1999). Der Beitrag der Erziehungswissenschaft zur Professionalisierung pädagogischer Berufe. In J. Apel (Hrsg.), *Professionalisierung pädagogischer Berufe im historischen Prozess* (S. 429-461). Bad Heilbrunn: Klinkhardt.

Terhart, E. (1993). Pädagogisches Wissen. Überlegungen zu seiner Vielfalt, Funktion und sprachlichen Form am Beispiel des Lehrerwissens. In J. Oelkers & H.-E. Tenorth (Hrsg.), *Pädagogisches Wissen* (S. 129-141). Weinheim/Basel: Beltz

Terhart, E. (2001). *Lehrerberuf und Lehrerbildung. Forschungsbefunde, Problemanalysen, Reformkonzepte.* Weinheim/Basel: Beltz.

Terhart, E. (2002). *Standards für die Lehrerbildung. Eine Expertise für die Kultusministerkonferenz.* Münster.

Terhart, E. (2009). Erste Phase: Lehrerbildung an der Universität. In O. Zlatkin-Troitschanskaia, K. Beck, D. Sembill, R. Nickolaus & R. Mulder (Hrsg.), *Lehrprofessionalität. Bedingungen, Genese, Wirkungen und ihre Messung* (S. 425-437). Weinheim/Basel: Beltz.

Terhart, E. (2012). Wie wirkt Lehrerbildung? *Zeitschrift für Bildungsforschung, 2*, 2-23.

Voss, T. & Kunter, M. (2011). Pädagogisch-psychologisches Wissen von Lehrkräften. In M. Kunter, J. Baumert, W. Blum, U. Klusmann, S. Krauss & M. Neubrand (Hrsg.), *Professionelle Kompetenz von Lehrkräften. Ergebnisse des Forschungsprogramms COACTIV* (S. 193-214). Münster: Waxmann.

Voss, T., Kunter, M. & Baumert, J. (2011). Assessing Teacher Candidates' General Pedagogical/Psychological Knowledge: Test Construction and Validation. *Journal of Educational Psychology, 103*(4), 952-969.

Weinert, F.E. (2001). Vergleichende Leistungsmessung in Schulen – eine umstrittene Selbstverständlichkeit. In F. E. Weinert (Hrsg.), *Leistungsmessung in Schulen* (S. 17-31). Weinheim/Basel: Beltz.

Watson, C., Seifert, A. & König, J. (2012). Institutionalisierung der erziehungswissenschaftlichen Lehrerausbildung: Charakterisierung der einbezogenen Standorte und Ausbildungsgänge. In J. König & A. Seifert (Hrsg.), *Lehramtsstudierende erwerben pädagogisches Professionswissen* (S. 44-86). Münster: Waxmann.

Wilson, S. M. & Berne, J. (1999). Teacher learning and the acquisition of professional knowledge: An examination of research on contemporary professional development. *Review of Research in Education, 24*, 173-210.

Kurt Reusser & Christine Pauli[1]

Berufsbezogene Überzeugungen von Lehrerinnen und Lehrern

1. Einleitung

Die professionelle Kompetenz von Lehrkräften ist seit den 1990er Jahren in den Mittelpunkt der fachdidaktischen und pädagogisch-psychologischen Lehr- und Unterrichtsforschung gerückt. Lehrkräfte werden als Experten und Expertinnen gesehen (vgl. Bromme, 1992, 2008; König, Darge & Schreiber, 2012; Weinert, Schrader & Helmke, 1990), die auf der Basis ihres berufsbezogenen Wissens und Könnens sowie ihres Berufsethos' befähigt und willens sind, durch pädagogisches und didaktisches Handeln die Schülerinnen und Schüler bei der Erreichung von fachlichen und überfachlichen Bildungszielen zu unterstützen. Entsprechend werden der professionellen Kompetenz, welche dem Lehrerhandeln in dieser Sichtweise zugrunde liegt, sowohl kognitive als auch nicht-kognitive Komponenten zugeordnet (Baumert et al., 2011; Blömeke, Kaiser & Lehmann, 2008; Oser, 1998; Tenorth, 2006). Neben unterschiedlichen Facetten des objektivierten beruflichen *Wissens* sowie motivationalen Merkmalen wird insbesondere den subjektiv geprägten *berufsbezogenen Überzeugungen* von Lehrkräften (teacher beliefs) eine bedeutsame Rolle für die Qualität ihres Berufshandelns zugeschrieben, indem sie die Auswahl von Zielen und Handlungsplänen, die Wahrnehmung und Deutung von Situationen sowie das didaktische und kommunikative Handeln und Problemlösen im Unterricht beeinflussen und steuern (vgl. u.a. Calderhead, 1996; Goldin, Rösken & Törner, 2009; König, 2012; Pajares, 1992; Philipp, 2007; Schoenfeld, 2006; Thompson, 1992; Woolfolk Hoy, Davis & Pape, 2006).

In den letzten Jahren wurden verschiedentlich Versuche gemacht, die Komponenten von berufsbezogenen Überzeugungen zu strukturieren und zu kategorisieren (De Corte, Op't Eynde, Depaepe & Verschaffel, 2013; Fives & Buehl, 2012; König et al., 2012). Trotzdem fehlt bis heute eine akzeptierte Topologie der mentalen und motivationalen Grundlagen des Lehrerhandelns und Lehrerseins und damit ein Konsens darüber, was mit „berufsbezogenen Überzeugungen" gemeint ist, wie sich diese von Wissen, aber auch von Werten, motivationalen Orientierungen, Einstellungen und Haltungen, abgrenzen lassen (Pajares, 1992; Philipp, 2007) und in welcher Beziehung sie zu weiteren Begriffen wie subjektiven Theorien (Dann, 1989, 2000), epistemologischen Überzeugungen (Bendixen & Feucht, 2013), Vorstellungen (Hartinger, Kleickmann & Hawelka, 2006), Sichtweisen (Seifried, 2009), Konzeptionen (Entwistle & Peterson, 2004; Gow & Kember, 1993; Sembill & Seifried, 2009) oder pädagogischen Orientierungen oder Grundhaltungen (Fend, 1998, 2008) stehen. Wir verwenden im Folgenden *berufsbezogene* Überzeugungen als übergreifende Bezeichnung für jene Facetten der Handlungskompetenz von Lehrpersonen, welche über das deklarative und prozedurale pädagogisch-psychologische und disziplinär-fachliche Wissen hinausgehen. In Anlehnung an eine breit gefächerte Literatur verstehen wir unter Überzeugungen von Lehrpersonen (teacher beliefs) affektiv aufgeladene, eine Bewertungskomponente beinhaltende Vorstellungen über das Wesen und die Natur von Lehr-Lernprozessen, Lerninhalten, die Identität und Rolle von Lernenden und Lehrenden (sich selbst) sowie den institutionellen und gesellschaftlichen Kontext von Bildung und Erziehung, welche für wahr oder wertvoll gehalten werden und welche ihrem berufsbezogenen Denken und Handeln Struktur, Halt, Sicherheit

1 Lic. phil. Annelies Elmer hat zur ersten Auflage dieses Buchkapitels (2011), Dr. phil. Katriina Vasarik Staub zur vorliegenden Fassung mit wertvollen Vorarbeiten beigetragen, wofür wir uns an dieser Stelle bedanken.

und Orientierung geben. Überzeugungen können dabei individueller oder kollektiver Natur, explizit oder eher implizit (intuitiv), fragmentarisch und sogar widersprüchlich sein oder sich zu personalisierten praktischen (subjektiven) Theorien bzw. zu mehr oder weniger kohärenten, theorieförmigen Handlungs- und Aussagesystemen verbinden.

Nach einem Überblick über Konzepte und Merkmale berufsbezogener Überzeugungen sowie über die Methoden zu ihrer empirischen Erfassung folgt eine Charakterisierung des Forschungsstandes hinsichtlich zentraler Fragen, welche sich auf die inhaltliche Struktur von Überzeugungen, auf deren Bedeutung für die Qualität des Unterrichts und den Lernerfolg der Schüler und Schülerinnen sowie auf die Entwicklung der professionellen Kompetenz in der Aus- und Weiterbildung von Lehrpersonen beziehen. Abschliessend formulieren wir einige offene Fragen und Folgerungen, die sich für die Lehrerbildung ergeben.

2. Forschung zu berufsbezogenen Überzeugungen von Lehrkräften: Konzepte, Theorien und Methoden

An der Feststellung, dass es sich beim Begriff der Lehrerüberzeugungen um ein „messy construct“ (Pajares, 1992) handelt, hat sich trotz wiederholter Klärungsversuche bis heute wenig geändert (Fives & Buehl, 2012). Die unterschiedliche Begrifflichkeit lässt sich zum Teil auf unterschiedliche Forschungsperspektiven zurückführen, die sich auf unterschiedliche Grundannahmen und Methoden stützen und in unterschiedlichen Forschungstraditionen angesiedelt sind (vgl. auch Seifried, 2009, S. 103). Im deutschsprachigen Raum dürfte auch die uneinheitliche Übersetzung des englischen Begriffs „Belief“ zur Heterogenität beigetragen haben – zusammen mit dem Umstand, dass sich das Forschungsprogramm der *subjektiven Theorien* bereits sehr früh und prominent mit der Thematik beschäftigt hat. Im Folgenden wird zuerst auf das Leitkonzept der „Beliefs“ und sodann auf weitere Konzepte eingegangen.

2.1 Überzeugungen von Lehrpersonen – Begriffe, Merkmale, Funktionen

Beim Begriff „teacher beliefs“ handelt es sich um jenen Terminus, der in der internationalen Literatur die grösste Verbreitung gefunden hat und in vielen einschlägigen Forschungsübersichten als Leitkonzept verwendet wird (vgl. z.B. Calderhead, 1996; Fives & Buehl, 2012; König, 2012; Philipp, 2007; Woolfolk Hoy et al., 2006). Im deutschen Sprachraum hat sich als Übersetzung die Bezeichnung Überzeugungen in den letzten Jahren weitgehend durchgesetzt. Dazu dürfte nicht unwesentlich die internationale Zusammenarbeit im Rahmen einer erstarkenden empirischen Lehrerbildungsforschung, u.a. im Kontext vergleichender Studien wie z.B. MT21 (Blömeke, Kaiser & Lehrmanm, 2008), TEDS-M (Blömeke, 2012; Tatto et al., 2008), TALIS (OECD, 2009) beigetragen haben, in denen berufsbezogene Überzeugungen als Komponente der professionellen Kompetenz mitberücksichtigt werden.

Bei aller Übereinstimmung, dass Beliefs für das Handeln von Lehrpersonen bedeutsam sind, und dem Verständnis, dass sich das Konzept auf mentale Zustände bezieht, in denen subjektive Bewertungen eine Rolle spielen, ist bis heute kaum eine trennscharfe Begriffsbestimmung verfügbar. Während die einen Autoren zwischen Beliefs und Wissen unterscheiden (Baumert et al., 2011; Blömeke, 2012) oder sie als überlappende, miteinander verwobene Konstrukte behandeln (Woolfolk Hoy et al., 2006, S. 716), ordnen andere diese dem Wissen unter oder verstehen Wissen umgekehrt als besondere Form von Beliefs (Philipp, 2007, S. 268). Auch wenn sich zwischen Beliefs und Wissen kaum eine kategoriale Grenze ziehen lässt und weiterhin unterschiedliche Auffassungen zu erwarten sind, lassen sich einige *Merkmale* nennen, die berufsbezogenen Überzeugungen zugeschrieben werden.

2.1.1 Intentionaler Gegenstandsbezug und innere Ordnung

Wie alle Beliefs weisen berufsbezogene Überzeugungen einen Gegenstandsbezug auf, d.h. sie sind intentional stets *auf etwas* gerichtet. Dabei kann es sich um disziplinäre oder pädagogische Fachinhalte, um Lern- oder Bildungsprozessmerkmale, um Personen (einschliesslich sich selbst) oder um Bildungsstruktur- oder Kontextmerkmale handeln. Überzeugungen können global oder spezifisch, auf proximale oder distale Faktoren gerichtet, fremd- oder selbstbezogen sein. Wie andere Teile des berufsbezogenen Wissens stehen Überzeugungen selten für sich allein, sondern bilden „cluster“ bzw. mehr oder weniger komplexe Konfigurationen von Vorstellungen. Oftmals handelt es sich dabei um *theorieförmige*, quasi-logische Strukturen im Sinne rekonstruierbarer, mehr oder weniger elaborierter semantischer Netzwerke. Das Forschungsprogramm der *Subjektiven Theorien*, auf das noch einzugehen sein wird, hat diesen Aspekt hervorgehoben und untersucht.

2.1.2 Affektive Aufladung und Wertbindung

Berufsbezogene Überzeugungen beziehen sich auf solche mentalen Zustände, in denen eine Person eine Aussage oder Voraussetzung subjektiv für wahr oder richtig hält. Im Unterschied zu den diskursiven, quasi ‚neutralen‘ und argumentationsfähigen Strukturen des fachlichen und pädagogischen Berufswissens handelt es sich um emotional aufgeladene mentale Konfigurationen mit normativ-evaluativem Charakter (Calderhead, 1996; Goldin et al., 2009; Pajares, 1992; Philipp, 2007). Überzeugungen, welche stark oder schwach, stabil oder veränderbar, konsistent oder widersprüchlich, individuell oder sozial geteilt sein können, bringen zum Ausdruck, was eine Lehrperson glaubt, worauf sie vertraut, was sie subjektiv für richtig hält und mit welchen fachpädagogischen Ideen, Anschauungen, Weltbildern und Wertorientierungen – mit welchem Professionsideal – sie sich identifiziert. Überzeugungen gehören zur Berufsethik einer Profession und geben deren Handeln Orientierung und Verhaltenssicherheit (Terhart, 2007). Oser (1998) hat die Ausrichtung an bzw. das Finden einer Balance zwischen den (nicht widerspruchsfreien) Werten der *Gerechtigkeit*, *Fürsorge* und *Wahrhaftigkeit* als zentrale berufsethische Verpflichtung bei der verantwortungsvollen Ausübung des Lehrerberufs herausgearbeitet.

2.1.3 Individuell verinnerlichter (kollektiver) Habitus

Berufsbezogene Überzeugungen widerspiegeln jedoch nicht nur, was eine Lehrperson persönlich für richtig hält. Als berufsbiografisch verinnerlichte Strukturen einer kollektiven Praxis institutionalisierter Bildung stehen sie ebenfalls für das kulturelle Erbe von Schule, und damit dafür, was Bourdieu (1974) und Oevermann (1999) als Habitus bezeichnen. Nach Bourdieu liegt jeder kulturellen Praxis ein Habitus zugrunde, verstanden als „ein System verinnerlichter Muster“ (1974, S. 143), die es erlauben, sowohl individuell als auch kollektiv quasi unbewusst und automatisch – d.h. ohne reflexive Anstrengung auf allen Ebenen einer Handlung – sich gegenseitig zu verstehen, berufstypische Situationen ähnlich wahrzunehmen und zu interpretieren, Probleme gleichartig zu lösen und unter Beachtung verinnerlichter Grenzen in sozialer Abstimmung zu handeln. Wie Lortie (1975) gezeigt hat, erwerben angehende Lehrpersonen bereits in ihrer eigenen langjährigen, als „apprenticeship of observation" wirkenden Schulzeit stabile Vorstellungen und Denkgewohnheiten darüber, wie Lernen in der Schule funktioniert und wie man unterrichtet. Was den Habitus von Schule als überindividuelle Praxis anbelangt, entspricht diesem auf der Seite der Gesellschaft und des Systems das, was Tyack und Tobin (1994) als „grammar of schooling" bezeichnet haben: Gemeint sind jene institutionalisierten Formen und von den Akteuren im Schulfeld geteilten (shared) sozialen Praktiken von Bildung, Schule und Unterricht samt ihren kollektiven Regeln und Prinzipien, die vermittelt durch Sozialisation, Ausbildung (vgl. Steinmann & Oser, 2012) und Initiation im individuellen Lehrerhandeln – seinen verinnerlichten Dispositionen, pädagogisch-didaktischen Handlungs- und Deutungsmustern – ihren habituierten Ausdruck finden. Gerade bei Professionen, die sich dadurch auszeichnen, dass sie nicht vollständig standardisiert sind, ist die Ausformung und Sicherung eines Habitus eine Notwendigkeit. Manchmal vergegenwärtigen sich Berufsgruppen die normative Struktur ihres professionellen Habitus auf explizite Weise, etwa im gemeinsamen Dialog über ihre Berufsethik. Oftmals werden die zentralen Werte und Maximen des professionellen Handelns als Kodex in einem Berufsleitbild schriftlich festgehalten in der Erwartung, dass sich die Mitglieder darauf verpflichten: so dreimal innerhalb von 10 Jahren geschehen in Leitbild-Diskussionen des „Dachverbands Schweizer Lehrerinnen und Lehrer" (LCH, ; zuletzt im Jahr 2008).

2.1.4 Stabilität und Resistenz gegenüber Umstrukturierungen

Im Anschluss an Rokeach (1970) ist davon auszugehen, dass lebensgeschichtlich geformte Überzeugungen, denen subjektiv bedeutsame Prämissen der Welt- und Selbstsicht eines Individuums zugrunde liegen, massgeblich zur Stabilität des Handelns und zur Identität der Handelnden beitragen. Ihre Funktion ist es, ähnlich derjenigen des „Habitus", das individuelle Handeln zu entlasten und vor Erschütterung und Infragestellung zu schützen. Dies bedeutet auch, dass insbesondere tief sitzende und erfahrungsgesättigte (Shulman, 1987) Überzeugungen (wisdom of practice) als psychologische „Frames", „Filter" und „Barrieren" (vgl. u.a. Burke, 2011; Fives & Buehl, 2012) wirken, die sich in der Regel nur gegen Widerstände, Druck und Krisen verändern lassen[2]. Überzeugungen werden allgemein um so schwerer aufgegeben bzw. modifiziert, je zentraler und vernetzter ihre Stellung im personalen Überzeugungssystem ist (Pajares, 1992; Reusser, 1984). Die Prozesse gleichen dabei jenen komplexen, trägen und langwierigen, teils konflikthaften Umstrukturierungsvorgängen, wie sie u.a. von der Conceptual Change-Forschung (Pajares, 1992; Woolfolk Hoy et al., 2006), der Biografieforschung (Hericks, 2006), in der Psychologie der Veränderung (Mutzeck, Schlee & Wahl, 2002) oder der Lerntransferforschung beschrieben werden (Oelkers & Reusser, 2008).

Damit häufig zuerst kognitiv (durch Fortbildung und Kommunikation von Forschungsresultaten usw.) angebahnte Umstrukturierungen auf die Handlungsebene durchdringen, müssen alternative Wahrnehmungsmuster, Strategien, Routinen und Handlungsmittel objektiv und subjektiv (durch Lernen) verfügbar gemacht und als verständlich, einleuchtend und produktiv wahrgenommen werden (vgl. etwa Wahl, 2001). Andernfalls werden neue Erfahrungen oder In-

2 Beim Umstand, dass zentrale Überzeugungen durch die in Abschnitt 2.1.3 erwähnte „apprenticeship of observation" (Lortie, 1975) aufgebaut werden, handelt es sich um ein für die Lehrerbildung typisches Problem, das sich in den meisten andern Berufen nicht in vergleichbarer Weise findet.

formationen weiterhin vor dem Hintergrund der ‚alten', langjährig bewährten Überzeugungen assimiliert („gefiltert", wahrgenommen, interpretiert), was als eine der Ursachen für die unzureichende Umsetzung von Reformen auf allen Ebenen des Bildungssystems gesehen wird (vgl. u.a. Fives & Buehl, 2012; Oelkers & Reusser, 2008; Philipp, 2007; Richardson & Placier, 2001).

2.1.5 Schwierige Zugänglichkeit – vor allem von verhaltensnahen Überzeugungen

Gekoppelt an die Schwierigkeit der Veränderung ist das Problem der Zugänglichkeit. Während Menschen einen Teil ihrer handlungsleitenden Kognitionen, wozu auch die Überzeugungen gehören, explizit benennen und kommunizieren können, ist ihnen ein anderer Teil nur bruchstückhaft zugänglich oder bleibt unbewusst. Die Rede ist von „implizitem", „dispositionalem" oder „stummem" (tacit) Wissen (Neuweg, 2002; Polanyi, 1985) und dem Problem seiner begrenzten Zugänglichkeit durch Introspektion (Nisbett &Wilson, 1977; Leuchter, 2009). Übereinstimmung herrscht dabei etwa in Folgendem: Je stärker Überzeugungen in das subjektive Geflecht situationsspezifischer Kognitionen und damit in die automatisierten, alltäglichen Deutungs- und Handlungsroutinen verwoben sind (Schoen 1983: „knowing in action"), desto schwieriger sind sie für das Bewusstsein zugänglich. Das Bewusstmachen und die rationale Analyse von handlungssteuernden, häufig affektiv aufgeladenen Kognitionen durch Reflexion gilt daher auch seit längerem als wichtige Bedingung für die Veränderung berufsbezogener Überzeugungen (Woolfolk Hoy et al., 2006) und bildet eine zentrale Komponente von Ansätzen der Aus- und Weiterbildung von Lehrpersonen (Richardson & Placier, 2001).

2.2 Weitere Konstrukte unterschiedlicher Reichweite

Neben dem in diesem Kapitel ins Zentrum gerückten Begriff „Belief" finden sich in der Literatur weitere Konzepte unterschiedlicher Reichweite, die sich mit verschiedenen theoretischen Akzentuierungen sowie mit Forschung zu Struktur und Wirkungsweisen berufsbezogener Überzeugungen verbinden lassen. Das im deutschen Sprachraum prominenteste Forschungsprogramm bezieht sich dabei auf den Begriff der „Subjektiven Theorien". Darauf sowie auf einige weitere Konzepte soll kurz eingegangen werden.

2.2.1 Subjektive Theorien

Im Kontext der Lehrerkognitionsforschung (Dann, 2000) entwickelte sich als Folge der kognitiven Wende der Psychologie mit dem Forschungsprogramm Subjektive Theorien (Groeben, Wahl, Schlee & Scheele, 1988) eine Forschungsrichtung, welche sich mit der dem Handeln zugrunde liegenden Wissensbasis von Lehrkräften befasste und sich von behavioristischen Ansätzen distanzierte. Ausgehend von einem Verständnis des Menschen als reflexives, autonom und zielgerichtet handelndes Subjekt und der Annahme, dass das professionelle Wissen nur zum Teil in der formalen Ausbildung, zum Teil jedoch schon vorher in der eigenen Schulzeit sowie zum grossen Teil erst durch die eigene Unterrichtspraxis erworben wird, wurde versucht, diese Wissensbasis zu rekonstruieren. Das in diesem Kontext entwickelte Konzept der Subjektiven Theorien bezeichnet eine komplexe Form der individuellen Wissensorganisation (Dann, 2000, S. 87), die als relativ überdauernde „Kognitionen der Selbst- und Weltsicht, als komplexes Aggregat mit (zumindest impliziter) Argumentationsstruktur" (Groeben et al., 1988, S. 19) bestimmt wurde. Mit der Bezeichnung ‚subjektive *Theorie*' wird auf die strukturelle und funktionale Ähnlichkeit zu wissenschaftlichen Theorien verwiesen: Ähnlich wissenschaftlichen Theorien sollen subjektive Theorien die Vorhersage und Erklärung von Ereignissen, die Situationsdefinition und die Generierung von Handlungsentwürfen ermöglichen. Im Unterschied zu wissenschaftlichen Theorien sind sie jedoch teilweise implizit, d.h. in ihrer rationalen Form schwer zugänglich und nur bruchstückhaft verbalisierbar. Dennoch wird ihnen eine handlungssteuernde Funktion zugeschrieben (Dann, 2000, S. 87-88).

Ein differenziertes Modell, das sich für die Praxis der Aus- und Weiterbildung von Lehrkräften als produktiv erwiesen hat, wurde von Wahl (2002) entwickelt. Subjektive Theorien im oben erwähnten Sinne (als subjektive Theorien mit grösserer Reichweite oder elaborierte subjektive Theorien bezeichnet), werden darin als „semantisches Netzwerk" (ebd., S. 231) konzipiert, das sich bei kognitiven Lernprozessen laufend verändert, jedoch „nicht direkt mit dem Agieren" (ebd.) verbunden ist. Davon zu unterscheiden sind ‚subjektive Theorien kurzer Reichweite' bzw. „verdichtete Subjektive Theorien" (Wahl, 2000, S. 156), die „in Form von Situationsprototypen und Reaktionsprototypen organisiert sind" (ebd.) und es ermöglichen, im Sinn einer Entlastung des Denkens, schnell und effizient auf Situationen zu reagieren (vgl. auch Wahl, 2002, S. 231). Sie „erlauben es der handelnden Person, unmittelbar mit dem (Wieder-)Erkennen der Grundmuster einer Situation prototypische Handlungsmöglichkeiten ‚zu sehen' und entsprechend rasch zu handeln" (Wahl, 2000, S. 156)[3]. Anders als die elaborierten subjektiven Theorien werden diese handlungsnahen subjektiven Theorien als sehr stabil und veränderungsresistent betrachtet, u.a. weil sie dem Bewusstsein nicht leicht zugänglich sind, in vielfältiger Weise mit den Theorien grösserer Reichweite vernetzt sind und ihre Aufgabe aufgrund der Steuerungsfunktion beim raschen Reagieren auf Situationen zumindest vorübergehend zu einem Verlust von Verhaltenssicherheit führt. Dies stellt für die Weiterbildung von Lehrkräften und die Unterrichtsentwicklung eine besondere Herausforderung dar.

Für die Forschung stellt sich das Problem, dass subjektive Theorien im Detail sehr individuell sind und letztlich gemeinsam mit dem Individuum rekonstruiert werden müssen (Patry & Gastager, 2002), vor allem, wenn man dem Grundgedanken, den Menschen als reflexives Subjekt ernst zu nehmen, Rechnung tragen will. Insgesamt erweist sich das Konzept der subjektiven Theorien vor allem im Kontext der Forschung zur Unterrichtsentwicklung und der Aus- und Weiterbildung von Lehrkräften nach wie vor als produktiv, lassen sich doch auf dieser Grundlage theoretisch und empirisch fundierte Modelle einer handlungswirksamen Weiterentwicklung der professionellen Kompetenz von Lehrkräften entwickeln. Dies machen insbesondere Arbeiten von Wahl (Wahl, 2001, 2005), aber auch weitere Arbeiten deutlich (z.B. Müller, 2004; Patry & Gastager, 2002; Patry, Schwetz & Gastager, 2000; von Bülow, 2011).

2.2.2 Vorstellungen, Auffassungen (conceptions)

Der Terminus „conceptions" (oft als „Vorstellungen" übersetzt) wird verschiedentlich als übergreifende Bezeichnung verwendet, die sowohl Wissen als auch Beliefs einschliesst. Nach Thompson (1992) handelt es sich dabei um „a more general mental structure, encompassing beliefs, meanings, concepts, propositions, rules, mental images, preferences and the like" (S. 130). Der

3 Diese Sichtweise entspricht weitgehend dem Konzept des intuitiv-improvisierenden Expertenhandelns (vgl. Neuweg, 2002, S. 12); verdichteten subjektiven Theorien kommt darin die Rolle von implizitem Wissen (tacit knowledge) oder „knowledge in action" (Schoen, 1983, S. 69) zu.

Begriff hat sich v.a. im Zusammenhang mit Untersuchungen von Lehr- und Lernvorstellungen von Dozierenden und Studierenden auf der Tertiärstufe (Berufsbildung, Hochschule) verbreitet (Drechsel, 2001; Entwistle & Peterson, 2004; Gow & Kember, 1993; Marton, Dall'Alba & Beaty, 1993; Paakkari, Tynjälä & Kannas, 2011; Trigwell, Prosser & Waterhouse, 1999). Die Verwendung ist jedoch uneinheitlich. Erschwerend wirken sich auch hier unterschiedliche Übersetzungen aus dem Englischen in deutschsprachigen Publikationen aus. So wird auch „Belief" teilweise mit „Vorstellungen" übersetzt (z.B. Hartinger et al., 2006).

2.2.3 Pädagogische Haltungen, Weltbilder und Berufsethos

Untersuchungen in den 1980er-Jahren, die sich vor allem an der *Einstellungsforschung* orientierten (Dann, Müller-Fohrbrodt & Cloetta, 1981; vgl. auch Fend, 2008, S. 299-301), nahmen u.a. „pädagogische Haltungen" und „pädagogische Weltbilder" bzw. „Menschenbilder" von Lehrkräften in den Blick. Dabei handelt es sich um mehr oder weniger komplexe Cluster von Haltungen oder Einstellungen, wie z.B. schülerorientiert, idealistisch vs. realistisch-konservativ oder Reformbereitschaft. Untersucht wurde zum einen die Einstellungsentwicklung im Laufe der Ausbildung und Berufsbiografie (vgl. z.B. die Untersuchungen zu Veränderungen als Folge des „Praxisschocks" bei Berufseinsteigern; z.B. Dann et al., 1981) und zum andern Zusammenhänge zwischen pädagogischen Haltungen bzw. Weltbildern und der Schülerwahrnehmung des Lehrerverhaltens (vgl. z.B. Fend, 1998, 2008). Die Abgrenzung zwischen Überzeugungen und Einstellungen erscheint dabei fliessend. So wird auch im Zusammenhang mit Haltungen teilweise die Bezeichnung „pädagogische Grundüberzeugungen" verwendet (vgl. z.B. Fend 1998, S. 308), während umgekehrt Belief auch mit „Grundhaltung" übersetzt wird (z.B. Fend 2008, S. 295). In jüngerer Zeit sind Studien dazugekommen, die sich explizit mit dem Berufsethos von Lehrpersonen als einem ganzheitlichen, kognitive und affektive Merkmale umfassenden, wertbezogenem Fundament der Berufsausübung beschäftigen (z.B. Gawlitza & Perels, 2013; Ofenbach, 2006; Oser, 1998).

2.3 Forschungsmethoden und -ansätze im Zusammenhang mit berufsbezogenen Überzeugungen von Lehrkräften

Berufsbezogene Überzeugungen von Lehrkräften sind Gegenstand unterschiedlicher Forschungsfelder (Lehrerbildung, empirische Unterrichtsforschung, Didaktik etc.). Entsprechend vielfältig sind auch die bearbeiteten Fragestellungen und – damit verbunden – die verwendeten Forschungsmethoden. Mit Bezug auf die Methoden lässt sich im Überblick feststellen, dass qualitative Untersuchungen dominieren (Baumert & Kunter, 2006; Forgasz & Leder, 2008; Philipp, 2007). Für die Erhebung von Überzeugungen werden sowohl Fragebogen als auch mehr oder weniger standardisierte Interviewtechniken eingesetzt (vgl. für eine Übersicht u.a. Fives & Buehl, 2012; Leuchter, 2009). Bekannte Verfahren, die im weitesten Sinne als Interviewtechniken bezeichnet werden können, sind insbesondere die verschiedenen, in der Forschungsrichtung der Subjektiven Theorien entwickelten Strukturlegetechniken, die verwendet werden, um subjektive Theorien im Dialog-Konsensverfahren zu rekonstruieren (vgl. für eine Kurzübersicht Müller, 2004, S. 28-30), sowie Interviewtechniken, die durch unterschiedliche Stimuli Anlässe für die Verbalisierung von Überzeugungen der Lehrpersonen schaffen (vgl. Calderhead, 1996, S. 711). Als Stimuli werden videografierte (z.B. Müller, 2004) oder in anderer Form repräsentierte (z.B. Leuchter, 2009) Sequenzen von eigenem Unterricht („stimulated recall") dargeboten, oder es wird mit Videovignetten von fremdem Unterricht gearbeitet (z.B. Fischler, Schröder, Tonhäuser & Zedler, 2002).

Weitere Erhebungsverfahren umfassen die Auswertung von Aufzeichnungen und Materialien der Lehrpersonen wie Logbücher, Unterrichtsjournale, Aufsätze (z.B. Burke, 2011; Paakkari et al., 2011). Solche Verfahren, wie auch ethnografische Verfahren und Fallstudien, wurden insbesondere zur Dokumentation von zeitlich erstreckten Veränderungsprozessen der Beliefs, z.B. im Zusammenhang mit Weiterbildungsprojekten, eingesetzt (Calderhead, 1996; Richardson & Placier, 2001; Woolfolk Hoy et al., 2006). In jüngster Zeit kommen zunehmend auch quantitative Verfahren zum Einsatz, wobei Lehrerüberzeugungen i. d. R. mit Hilfe von Fragebogen anhand grösserer Stichproben erfasst werden, sei es im Rahmen deskriptiver, z.T. international vergleichender, Studien zur professionellen Kompetenz von angehenden oder praktizierenden Lehrpersonen (u.a. Blömeke, 2012; Blömeke, Kaiser, et al., 2008; Blömeke, Kaiser & Lehmann, 2010; Blömeke, Suhl & Döhrmann, 2012; OECD, 2009; Tatto et al., 2008) oder sei es mit dem Ziel, Zusammenhänge zwischen Überzeugungen, Unterrichtshandeln und ggf. Unterrichtswirkungen (Schülervariablen) zu untersuchen und statistisch abzusichern. Sowohl qualitative als auch quantitative Untersuchungen haben ihre Berechtigung, beispielsweise um über die Frage hinaus, *ob* Zusammenhänge bestehen, auch der Frage nachzugehen, *wie* Überzeugungen das Handeln beeinflussen und umgekehrt (Aguirre & Speer, 2000; Hill et al., 2008; Speer, 2008).

Grundsätzlich lässt sich festhalten, dass sich vor allem die den Lehrpersonen bewusst zugänglichen, rationalen Anteile ihrer Beliefsysteme mittels herkömmlicher Forschungsmethoden (verbale mündliche oder schriftliche Protokollverfahren) mehr oder weniger gültig und zuverlässig erfassen lassen. Wesentlich schwerer tut sich die Forschung mit den normativ-affektiven, häufig bloss schwach bewussten, zu den rationalen Anteilen zuweilen im Widerspruch stehenden Merkmalen von Überzeugungen, die sich als „enacted beliefs" bzw. nur implizit, z.B. über aufwendige Analysen des Lehrerhandelns, überhaupt erfassen lassen. Hier liegt denn anerkanntermassen immer noch die bedeutendste messtheoretische Herausforderung und auch inhaltliche Forschungslücke.

Über die inhaltlichen Forschungsfelder hinweg lässt sich die Literatur sodann drei hauptsächlichen Forschungsansätzen bzw. Fragestellungen zuordnen. In *deskriptiver Ausrichtung* fokussiert z.B. eine Reihe international vergleichender Surveys verschiedene Komponenten professioneller Kompetenz angehender (z.B. Blömeke, 2012; Blömeke et al., 2012) und praktizierender Lehrkräfte (z.B. Kunter, Kleickmann, Klusmann & Richter, 2011), wobei auch Überzeugungen (einschliesslich der Zusammenhänge untereinander und mit anderen Komponenten der professionellen Wissensbasis) berücksichtigt werden (Blömeke, 2012; Blömeke, Kaiser, et al., 2008; Blömeke et al., 2012; OECD, 2009; Tatto et al., 2008). Eine zweite Gruppe von Forschungsarbeiten befasst sich mit dem *Zusammenhang zwischen berufsbezogenen Überzeugungen und Lehrerhandeln* sowie mit *Effekten auf Schülervariablen* (u.a. Wahrnehmung und Beurteilung der Lehrperson und der Unterrichtsqualität, emotionales und motivationales Unterrichtserleben, Lernstrategien und Lernerfolg in Bezug auf fachliches Lernen und weitere Kriterien). Im Mittelpunkt einer dritten Gruppe von Forschungsarbeiten (die sich mit der zweiten überschneidet) stehen die *Veränderung berufsbezogener Überzeugungen im Rahmen der Ausbildung, der professionellen Entwicklung (z.B. vom Lehranfänger zum Experten) und des lebenslangen Lernens (einschliesslich der Weiterbildung) von Lehrpersonen.*

3. Berufsbezogene Überzeugungen von Lehrkräften im Spiegel aktueller Forschungsergebnisse

Im Folgenden geben wir einen Überblick über Schwerpunkte und Fragestellungen aktueller Forschung entlang von drei Gegenstandsbereichen berufsbezogener Überzeugungen[4] (3.1), gefolgt von einer Übersicht über ausgewählte Forschungsergebnisse zur inhaltlichen Struktur solcher Überzeugungen (3.2) und deren Bedeutung für das Lehrerhandeln und den Lernerfolg der Schüler (3.3) sowie die Entwicklung der professionellen Kompetenz von Lehrkräften (3.4; vgl. Tabelle 1).

Tabelle 1:

	Gegenstandsbereiche von berufsbezogenen Überzeugungen		
	Epistemologische Überzeugungen zu Lerninhalten und Prozessen	*Personenbezogene* Überzeugungen zu Lehrkräften und Schülern	*Kontextbezogene* Überzeugungen zu Schule und Gesellschaft
Schwerpunkte und Fragestellungen der Forschung	Deskriptive Untersuchungen zu Struktur und Beziehungen berufsbezogener Überzeugungen		
	Untersuchungen zum Zusammenhang zwischen berufsbezogenen Überzeugungen und Lehrerhandeln sowie Unterrichtswirkungen (Unterrichtserleben, Lernerfolg)		
	Untersuchungen zu Aufbau und Veränderbarkeit von berufsbezogenen Überzeugungen		

3.1 Gegenstandsbereiche berufsbezogener Überzeugungen

(1) Allgemeine und domänenspezifische epistemologische Überzeugungen beziehen sich auf die Inhalte und Prozesse des *Wissens, Erkennens, Lehrens und Lernens in einem disziplinär-fachlichen oder fachübergreifenden Sinne.* Überzeugungen über *Wesen und Struktur von Fächern, Fachgebieten, konkreten Lerngegenständen und Lernmedien (insbesondere elektronische Medien, z.B. Ertmer, Ottenbreit-Leftwich, Sadik, Sendurur & Sendurur, 2012)* wurden z.B. in Naturwissenschaftsfächern, Mathematik, Geschichte, Deutsch, Sozialkunde, Buchführung usw. bei Lehrkräften unterschiedlicher Stufen untersucht (u.a. Gess-Newsome, 1999; Grigutsch, Raatz & Törner, 1998; Lipowsky, Thussbas, Klieme, Reusser & Pauli, 2003; Maass & Schlöglmann, 2009; Seidel, Schwindt, Rimmele & Prenzel, 2008; Seifried, 2009), zum Teil auch bei angehenden Lehrkräften (z.B. Blömeke, 2012; Blömeke, Müller, Felbrich & Kaiser, 2008; Blömeke et al., 2012). Der Schwerpunkt der Forschung liegt jedoch auf Überzeugungen über *die Prozesse des Lehrens und Lernens.* In dem Masse, wie sich im Kontext der Fachdidaktiken, der Lehr- und Lernforschung und der Unterrichtsforschung vor allem seit den 1990er-Jahren ein Konsens hinsichtlich eines kognitiv- und sozial-konstruktivistischen Verständnisses des Lernens herausgebildet hat und begonnen wurde, entsprechende Lehrkonzepte für den Unterricht zu entwickeln, drängte sich auch die Frage auf, inwieweit sich diese Konzepte in den epistemologischen Überzeugungen angehender und praktizierender Lehrkräfte widerspiegelten (Prawat, 1992). Der Kontrast zwischen konstruktivistischen und rezeptiv-transmissiven lerntheoretischen Überzeugungen der Lehrkräfte steht deshalb im Zentrum zahlreicher Untersuchungen (vgl. u.a. Biedermann, Brühwiler & Krattenmacher, 2012; Blömeke, 2012; Blömeke, Müller et al., 2008; Blömeke et al., 2012; Diedrich,

4 In der Literatur finden sich vielfältige alternative Klassifizierungsversuche (vgl. z.B. Blömeke, Kaiser et al., 2008; Fives & Buehl, 2012; Kunter & Pohlmann, 2009; Woolfolk Hoy et al., 2006)

Thußbas & Klieme, 2002; Dubberke, Kunter, McElvany, Brunner & Baumert, 2008; Franke, Fennema & Carpenter, 1997; Gawlitza & Perels, 2013; Hartinger et al., 2006; Leuchter, 2009; Lipowsky et al., 2003; Möller, Hardy, Jonen, Kleickmann & Blumberg, 2006; Muijs & Reynolds, 2002; OECD, 2009; Pauli, Reusser & Grob, 2007; Seidel et al., 2008; Seifried, 2009; Staub & Stern, 2002; Voss, Kleickmann, Kunter & Hachfeld, 2011). Untersucht wurden zudem – mit Schwerpunkt auf der Tertiärstufe – Varianten der Unterscheidung zwischen instruktionsorientierten und Lerner-orientierten Beliefs, wobei insbesondere auch auf die Förderung des selbstregulierten Lernens Bezug genommen wurde (u.a. Boulton-Lewis, Smith, McCrindle, Burnett & Campell, 2001; Braun & Hannover, 2008; Meirink, Meijer, Verloop & Bergen, 2009; Paakkari et al., 2011; Trigwell et al., 1999).

(2) *Personenbezogene Überzeugungen* beziehen sich auf die Akteure des bildungsbezogenen Handelns im Schulkontext, primär auf die professionsbezogene Selbstwahrnehmung der Lehrkräfte (allgemein, selbstbezogen), aber auch auf deren schülerbezogene Überzeugungen. *Schülerbezogene* Lehrerüberzeugungen werden vor allem unter dem Stichwort der *impliziten Persönlichkeitstheorien* thematisiert (vgl. Schweer & Thies, 2000, S. 61; Seifried, 2009, S. 87). Forschungsergebnisse liegen u.a. zu Schülerkategorisierungen (Schweer & Thies, 2000; Woolfolk Hoy et al., 2006), zu stufen-, geschlechts- und begabungsspezifisch oder durch andere Stereotypen geprägten Schülerwahrnehmungen (u.a. Forgasz & Leder, 2008; Seifried, 2009) und zu Erwartungseffekten – wie der Pygmalion-Effekt als sich selbst erfüllende bzw. sich selbst erhaltende Prophezeiung (z.B. Agirdag, van Avermaet & van Houtte, 2013; Rubie-Davies & Peterson, 2011) – vor (Übersicht vgl. Kunter & Pohlmann, 2009; Ludwig, 2001). Forschungsarbeiten zu Überzeugungen über Lehrkräfte untersuchten u.a. die Wahrnehmung der Lehrerrolle (z.B. Instruktor vs. Erzieher), sowohl auf sich selbst bezogen als auch im Allgemeinen (Müller, Felbrich & Blömeke, 2008; Woolfolk Hoy et al., 2006) sowie Überzeugungen über die Lehrerbildung (Herrmann & Hertramph, 2000). Einen Schwerpunkt bilden sodann Untersuchungen zu Selbstwirksamkeitsüberzeugungen der Lehrpersonen und deren Effekte auf die Unterrichtsqualität, das Weiterbildungsverhalten und die Unterrichtswirkungen (Woolfolk Hoy et al., 2006). Schliesslich sind auch die Arbeiten zu erwähnen, die sich mit Wertbindungen und dem Berufsethos von Lehrpersonen als (kulturspezifischem) Fundament einer verantwortungsvollen Ausübung des Lehrberufs befassen (Felbrich, Kaiser & Schmotz, 2012; Gawlitza & Perels, 2013; Oser, 1998, 2009).

(3) *Kontextbezogene Überzeugungen* von Lehrkräften beziehen sich auf die Merkmale des engeren (einzelschulischen) und weiteren (gesellschaftlichen) Kontextes ihrer Tätigkeit: Hierzu zählen Überzeugungen über Ziele, Aufgabe und Funktion der Schule, sowie über den Stellenwert von Kindheit und Jugend, Bildung, Schule und Lehrerberuf in der Gesellschaft, beispielsweise über Heterogenität und Chancengleichheit (Fend, 1998, 2008; Woolfolk Hoy et al., 2006).

Aufgrund der Fülle von Forschungsarbeiten muss sich unser Überblick zum Forschungsstand auf eine kleine Auswahl von Ergebnissen im Sinne einer Übersicht anhand von Beispielen aus den drei beschriebenen Bereichen beschränken. Dabei wurden wo immer möglich auch aktuelle Arbeiten aus dem deutschen Sprachraum berücksichtigt, die in internationalen Forschungsübersichten (Fives & Buehl, 2012; Forgasz & Leder, 2008; Pajares, 1992; Philipp, 2007; Richardson, 1996; Thompson, 1992; Woolfolk Hoy et al., 2006) nicht enthalten sind.

3.2 Überzeugungen angehender und praktizierender Lehrkräfte: deskriptive Ergebnisse

Zwei Befunde im Zusammenhang mit *epistemologischen Überzeugungen* sollen an dieser Stelle erwähnt werden. Der erste Befund bezieht sich auf die vor allem in älteren Studien oftmals inkonsistent erscheinenden Ergebnisse zur konstruktivistischen Ausprägung lerntheoretischer Überzeugungen von Lehrkräften. So zeigt sich in einigen neueren, darunter international vergleichenden Befragungen praktizierender und angehender Mathematiklehrkräfte (Sekundarstufe I) eine teilweise deutlich höhere Zustimmung zu Skalen, die konstruktivistischen Überzeugungen (zum Mathematiklernen) entsprechen, als zu Skalen, die für ein rezeptives bzw. transmissives Lehr-Lernverständnis stehen (Biedermann, Brühwiler & Krattenmacher, 2012; Biedermann, Brühwiler & Steinmann, 2012; Blömeke, Müller et al., 2008; Lipowsky et al., 2003; OECD, 2009). Dieser Befund widerspricht früheren (z.T. auf andere Lehrerkategorien bezogenen, primär aus amerikanischen Studien stammenden) Ergebnissen (vgl. Gess-Newsome, 1999) und könnte als Hinweis darauf interpretiert werden, dass das im wissenschaftlichen Kontext diskutierte konstruktivistische Lernkonzept bei den Lehrkräften angekommen ist.

Konsistent sind auch die Befunde, die sich auf Zusammenhänge zwischen Lehrerkognitionen beziehen. So zeigten sich in verschiedenen Untersuchungen bei Lehrkräften aller Stufen *in sich konsistente Zusammenhangsmuster* innerhalb epistemologischer Überzeugungen (z.B. Wissenschaftsverständnis und lerntheoretische Überzeugungen), mit dem fachlichen und fachdidaktischen Wissen (u.a. Blömeke, Müller et al., 2008; Forgasz & Leder, 2008; Gess-Newsome, 1999; Kunter et al., 2007; Seidel et al., 2008; Seifried, 2009) oder mit Überzeugungen über die Gestaltung von Lernumgebungen («approach to teaching», Trigwell et al., 1999). Dies schliesst nicht aus, dass Lehrkräfte *gleichzeitig* sowohl konstruktivistisch als auch transmissiv orientierte lerntheoretische Überzeugungen vertreten können (Gastager, 2003; OECD, 2009, S. 95; Voss et al., 2011), wobei neben kulturellen Differenzen (Blömeke, 2012) auch Kontext- und Schülermerkmale eine Rolle spielen (Forgasz & Leder, 2008; Pauli & Reusser, 2010).

3.3 Berufsbezogene Überzeugungen, Lehrerhandeln und Unterrichtswirkungen

Die Frage, ob und wie sich z.B. konstruktivistische (vs. transmissive) Überzeugungen von Lehrkräften als Wahrnehmungs- und Erfahrungsfilter sowie als organisierende und handlungsleitende Strukturen motivierend und steuernd auf die Interpretation von Lernsituationen und die Unterrichtsgestaltung (Fives & Buehl, 2012; Kunter & Pohlmann, 2009) und damit mittelbar auf den Lernerfolg der Schülerinnen und Schüler auswirken, stellt einen Schwerpunkt der aktuellen Forschung zu Effekten von Lehrerüberzeugungen dar. Die empirische Evidenz ist allerdings aufgrund der beträchtlichen Heterogenität hinsichtlich der Forschungsdesigns und insbesondere der abhängigen Variablen (u.a. Schülerwahrnehmung des Lehrerhandelns, Unterrichtserleben, subjektiver Lernerfolg, Expertenurteile über Unterrichtsqualität, Leistungs- und Motivationsentwicklung) nicht leicht zu interpretieren. Nur in wenigen Arbeiten wurde bisher versucht, elaborierte Wirkungsketten (Lehrerüberzeugungen – Unterrichtsqualität und -wahrnehmung – Unterrichtswirkungen) unter Berücksichtigung relevanter Schülermerkmale im Sinne von Mediationsmodellen zu untersuchen (z.B. Brunner et al., 2006; Kunter et al., 2007; Muijs & Reynolds, 2002; Pauli et al., 2007; Pauli, Reusser & Grob, 2010; Voss et al., 2011).

Die vorliegenden Befunde quantitativer Untersuchungen lassen sich insgesamt dahingehend interpretieren, dass sich konstruktivistische Überzeugungen tendenziell positiv (vs. transmissive negativ) auf lern- und motivationsrelevante Merkmale der Unterrichtsgestaltung auswirken (Blömeke et al., 2012; Braun & Hannover, 2008; Dubberke et al., 2008; Hartinger et al., 2006; Pauli et al., 2007, 2010; Seifried, 2009; Staub & Stern, 2002; Stipek, Givvin, Salmon & MacGyvers, 2001; Voss et al., 2011). Inkonsistenzen zwischen Überzeugungen und Handeln stellen jedoch ein viel diskutiertes Thema der Forschungsliteratur dar (Fives & Buehl, 2012; Philipp, 2007; Speer, 2008). Bisher liegen nur wenige Untersuchungen vor, die auch Effekte auf Unterrichts*wirkungen* (v.a. Leistungsentwicklung) direkt (Dubberke et al., 2008; Staub & Stern, 2002) oder indirekt (Möller et al., 2006) nachweisen konnten. Ein aktuelles Beispiel einer elaborierten Untersuchung auf der Basis eines Mediationsmodells stellen die Analysen im Rahmen des COACTIV-Programms dar: Anhand einer grossen repräsentativen Längsschnittstudie konnte gezeigt werden, dass die (transmissiven und konstruktivistischen) lerntheoretischen Überzeugungen von deutschen Mathematiklehrkräften bedeutsam für das Unterrichten und den Lernerfolg der Schülerinnen und Schüler sind, wobei sich erwartungsgemäss transmissive Überzeugungen als nachteilig und konstruktivistische Überzeugungen als günstig für die Unterrichtsqualität sowie den Lernerfolg der Schülerinnen und Schüler erwiesen (Voss et al., 2011).

Neben lerntheoretischen Überzeugungen haben sich auch Überzeugungen über das Wesen von Fächern, den Einsatz von Unterrichtstechnologien, schülerbezogene Überzeugungen (Fähigkeit, Geschlecht) und Selbstwirksamkeitsüberzeugungen von Lehrkräften in verschiedenen Untersuchungen als relevant für das Lehrerhandeln und die Lehrer-Schüler-Interaktion erwiesen (vgl. u.a. Forgasz & Leder, 2008; Gess-Newsome, 1999; Schweer, 2000; Seifried, 2009; Woolfolk Hoy et al., 2006; Zohar, Degani & Vaaknin, 2001). Angesichts unterschiedlicher Bildungschancen sind Forschungsarbeiten zu Erwartungseffekten im Zusammenhang mit Übertritts- oder Zuweisungsentscheiden (höhere Schulstufen, Sonderklassen) von besonderem Interesse (vgl. u.a. Agirdag et al., 2013; Kronig, 2007; Lanfranchi, 2008).

3.4 Veränderung von Überzeugungen und ihre Rolle im Zusammenhang mit Unterrichtsentwicklung und Weiterbildung

Ein ausgesprochen vielfältiges Bild zeigt sich, wenn man den Forschungsstand zur Veränderung und zur Veränderbarkeit berufsbezogener Überzeugungen und deren Rolle in der Aus- und Weiterbildung bzw. Unterrichtsentwicklung von Lehrkräften, bei der Assimilation neuer pädagogischer Ideen oder im Zusammenhang mit Unterrichtsreformen betrachtet (vgl. Fives & Buehl, 2012). Aufgrund der zahlreichen (mehrheitlich qualitativen, in der Regel auf wenige Lehrkräfte bezogenen) Untersuchungen lassen sich einige übergreifende Tendenzen ausmachen. Übereinstimmung besteht darüber, dass Innovationen und Reformen von den Lehrkräften nicht oder nicht in erwünschter Form in die Praxis umgesetzt werden, wenn keine Übereinstimmung zu deren zentralen berufsbezogenen Überzeugungen besteht (u.a. Burke, 2011; Forgasz & Leder, 2008; Gess-Newsome, 1999; Pajares, 1992; Philipp, 2007; Richardson & Placier, 2001). Änderungsresistente Überzeugungen werden auch für den oftmals ausbleibenden Erfolg kurzfristiger Weiterbildungsmassnahmen verantwortlich gemacht (Hawley & Valli, 1999). Eine große Zahl von Untersuchungen befasst sich deshalb mit der Frage, wie sich berufsbezogene Überzeugungen durch bestimmte Aus- und Weiterbildungsaktivitäten und -settings in erwünschte Richtungen – z.B. im Falle lerntheoretischer Überzeugungen in Richtung stärker konstruktivistischer oder schülerorientierter Überzeugungen – verändern lassen (Biedermann, Brühwiler & Krattenmacher, 2012; Biedermann, Brühwiler & Steinmann, 2012; de Vries, Jansen & van de Grift, 2013; Forgasz & Leder, 2008; König et al., 2012; Meirink et al., 2009; Pajares, 1992; Philipp, 2007;

Richardson & Placier, 2001; Tillema, 2000), was u.U. tief greifende Umstrukturierungsprozesse im Sinne eines *Conceptual Change* erfordert (vgl. Abschn. 2.1.4).

Relativ übereinstimmend wird hier der *Reflexion* als Voraussetzung einer bewussten Auseinandersetzung mit den oft impliziten eigenen Überzeugungen grosse Bedeutung zugeschrieben (Philipp, 2007; Wyss, 2013). Unter verschiedenen Kontextfaktoren und Lehrermerkmalen, von denen angenommen wird, dass sie die Veränderungen von Überzeugungen behindern (z.B. geringes Fachwissen) oder begünstigen können, haben sich eine ausgeprägte „Aufgaben- und Strategieorientierung" sowie kooperative Formen der Unterrichtsentwicklung als besonders wirksam im Hinblick auf erwünschte Entwicklungen erwiesen (Fives & Buehl, 2012). Während zahlreiche qualitative Studien positive Veränderungsprozesse dokumentieren, stellten Meirink et al. (2009) auch nicht intendierte Entwicklungen fest. Ausserdem zeigte sich verschiedentlich, dass sich Veränderungen der Überzeugungen im Anschluss an Weiterbildungsmassnahmen zwar auf die Rhetorik, jedoch nicht auf das Handeln der Lehrkräfte auswirkten (Forgasz & Leder, 2008). Von besonderem Interesse sind deshalb Untersuchungen, die den Erfolg von Weiterbildungsmassnahmen nicht nur an Veränderungen der Überzeugungen festmachen, sondern auch Veränderungen des Handelns oder der Unterrichtswirkungen einbeziehen (u.a. Franke et al., 1997; Möller et al., 2006).

4. Abschluss

Ungeachtet der Vielfalt und des Umfangs der Forschung zum Komplex der berufsbezogenen Überzeugungen von Lehrkräften als Teil ihrer Handlungskompetenz, bleiben viele Fragen unzureichend geklärt: begriffliche, messtheoretische, aber auch pragmatische, welche sich auf den Umgang mit den von Lehrpersonen in die Aus- und Weiterbildung mitgebrachten subjektiven Theorien und Überzeugungen beziehen. Dennoch lassen sich einige Erkenntnisse festhalten.

Begriffliche Unklarheiten und inkonsistente Terminologie: Dass es sich bei berufsbezogenen Überzeugungen um ein komplexes, schwer zugängliches und nicht leicht messbares psychologisches Konstrukt handelt, über dessen Abgrenzung von anderen (kognitiven, affektiven, motivationalen und handlungsbezogenen) Komponenten sozialisationsgeprägter professioneller Kompetenz kein Konsens besteht, spiegelt sich im Forschungskontext in mannigfaltigen begrifflichen Unschärfen und einer Vielfalt von inkonsistent verwendeten Taxonomien, Konstrukten und Instrumenten wider. Ein Grund dafür ist, dass für den Lehrberuf ein akzeptierter „Rahmen eines professionellen Handlungsmodells" immer noch fehlt (Baumert & Kunter, 2006). Erschwerend für die Interpretation und Einordnung von Forschungsergebnissen wirkt sich zudem die kontextspezifische Verwendung von Konstrukten innerhalb von Forschungstraditionen aus, welche wenig aufeinander Bezug nehmen (vgl. auch Sembill & Seifried, 2009). Für künftige Forschung wäre es wichtig, dass noch präziser und anschlussfähig an die internationale Forschungsliteratur angegeben wird, was unter den verwendeten Konstrukten verstanden wird und wie diese gemessen werden.

Zentrale Komponente der „Lehrerpersönlichkeit": Berufsbezogene Überzeugungen stellen nicht nur einen wichtigen Bereich der pädagogischen und fachlichen Kompetenz und Expertise, sondern auch der seit über 100 Jahren immer wieder beschworenen „Persönlichkeit" von Lehrpersonen dar. Überzeugungen spiegeln dabei nicht einfach Dasjenige wider, was diese in ihrer (akademischen) Bildung an mehr oder weniger gesichertem Wissen über Lehr-Lernprozesse, Fächer, Schüler und das Bildungssystem erworben haben, sondern sie stehen auch und vor allem für die gewordene Identität und das Berufsethos von Lehrpersonen: dafür, wovon diese berufsbiografisch geprägt sind und was sie von ihrem Wert- und Glaubenshorizont her bezüglich aller Facetten des berufsbezogenen Sehens, Denkens und Handelns antreibt.

„Beliefs matter": Auch aus empirischer Sicht lässt sich die Bedeutsamkeit berufsbezogener Überzeugungen für die Ausrichtung und die Qualität des professionellen Handelns kaum bestreiten. Dies, (1) obgleich die hinsichtlich Reichweite und prädiktiver Aussagekraft (von Beliefs zum Lehrerhandeln zu Lernerwirkungen) unterschiedlichen Befunde nicht einstimmig sind, und (2) obgleich ungenügend geklärt ist, auf welche Weise Überzeugungen als affektiv und normativ aufgeladene Kognitionen ihre handlungssteuernde Wirkung in Interaktion mit weiteren Komponenten der professionellen Kompetenz, der berufsbiografischen Prägung, kurz- und längerfristigen Handlungszielen und situativen Bedingungen entfalten. Wie vor allem Mikroanalysen im Rahmen qualitativer Untersuchungen zeigen, wirken handlungsleitende Kognitionen oftmals über ein dynamisches Zusammenspiel mehrerer Faktoren, woraus sich auch immer wieder beobachtete Inkonsistenzen zwischen Überzeugungen und Handeln erklären lassen.

Wirkung über situationsspezifische Handlungsroutinen: Da expertenhaftes Lehrerhandeln über weite Strecken auf dem Einsatz von automatisierten Wahrnehmungs- und Handlungsmustern beruht, werden Überzeugungen nur zum Teil im Rahmen rationaler Entscheidungsprozesse handlungswirksam. Viele lebensgeschichtlich erworbene Überzeugungen sind in Handlungsroutinen, von denen sie nicht zu trennen sind, eingelagert und wirken damit implizit. Sie sind ihrem Träger auch nicht oder nur zum Teil bewusst, was sich in der Lehrerbildung, aber auch in der Forschung in häufig feststellbaren Inkongruenzen zwischen bewusstem Meinen bzw. geäusserter Überzeugung und von aussen beobachtbarem Tun bemerkbar macht. Dieses Problem wurde vor allem im Forschungsprogramm Subjektive Theorien aufgegriffen, u.a. durch die als empirisch sich als produktiv erweisende Unterscheidung zwischen (bewusstseinsfähigen, jedoch begrenzt wirksamen) *handlungsfernen* und *handlungsnahen* (verdichteten, dem Bewusstsein nicht ohne weiteres zugänglichen, aber hochwirksamen) Kognitionen.

Folgerungen für die Aus- und Weiterbildung von Lehrkräften: Die wahrnehmungs- und handlungssteuernde Wirkung von Überzeugungen, welche in der eigenen Schulzeit und in der Berufsbiografie als Lehrkraft aufgebaut und gefestigt wurden, stellt auch eine plausible Erklärung für das oft festgestellte Ausbleiben nachhaltiger Wirkungen von (unterrichtsfern gestalteten) Weiterbildungsmaßnahmen und von außen initiierten Reformbemühungen dar. Einigkeit herrscht darüber, dass Weiterbildungsmaßnahmen – zumindest bis zu einem gewissen Grad – bei den berufsbiografisch geprägten Erfahrungen und Überzeugungen der Lehrkräfte ansetzen müssen. Klar geworden ist auch, dass eine Stärkung der berufsbezogenen (Selbst-)Reflexion sowie die Vermittlung neuen Wissens zur Veränderung von in den Routinen des persönlichen Handlungssystems verankerten Überzeugungen als Fortbildungsmassnahme nicht genügt, sondern durch situierte, problem- und handlungsorientierte – inkl. videobasierte (vgl. Reusser, 2005) – Fortbildungsformate ergänzt werden muss. Durch Formate, welche aus einer Kombination von Input- sowie beispielhaften unterrichtsbezogenen Trainings-, Reflexions- und Feedbackphasen bestehen, und deren Ziel es sein muss, Handlungsalternativen soweit einzuüben, dass diese als neue „Handlungsroutinen" für die Bewältigung der vielfältigen, in der Regel interaktiven und komplexen Unterrichtssituationen und Probleme zur Verfügung stehen (Hawley & Valli, 1999). Als erfolgreich erwiesen haben sich dazu Weiterbildungsmodelle wie etwa das fachspezifisch-pädagogische Coaching (Staub, 2001) oder verschiedene Mentoring- und Trainingsprogramme, wie sie u.a., aber nicht nur im Forschungskontext der subjektiven Theorien entwickelt wurden (Kunter & Pohlmann, 2009; Wahl, 2002).

Literatur

Agirdag, O., van Avermaet, P. & van Houtte, M. (2013). School Segregation and Math Achievement: A Mixed-Method Study on the Role of Self-Fulfilling Prophecies. *Teachers College Record, 115*(3), 1-50.

Aguirre, J. & Speer, N. M. (2000). Examining the relationship between beliefs and goals in teacher practice. *Journal of Mathematical Behavior, 18*(3), 327-356.

Baumert, J. & Kunter, M. (2006). Stichwort: Professionelle Kompetenz von Lehrpersonen. *Zeitschrift für Erziehungswissenschaft, 9*(4), 469-520.

Baumert, J., Kunter, M., Blum, W., Klusmann, U., Krauss, S. & Neubrand, M. (Hrsg.) (2011). *Professionelle Kompetenz von Lehrkräften. Ergebnisse des Forschungsprogramms COACTIV.* Münster: Waxmann.

Bendixen, L. D. & Feucht, F. C. (2013). Personal epistemology in the classroom: what does research and theory tell us and where do we need to go next? In L. D. Bendixen & F. C. Feucht (Eds.), *Personal epistemology in the classroom. Theory, research, and implications for practice* (pp. 555-586). Cambridge: Cambridge University Press.

Biedermann, H., Brühwiler, C. & Krattenmacher, S. (2012). Lernangebote in der Lehrerausbildung und Überzeugungen zum Lehren und Lernen. *Zeitschrift für Pädagogik, 58*(4), 460-475.

Biedermann, H., Brühwiler, C. & Steinmann, S. (2012). Making the impossible possible? Establishing beliefs about teaching and learning during teacher training courses. In J. König (Ed.), *Teachers' pedagogical beliefs: Definition and operationalisation – connections to knowledge and performance – development and change* (pp. 37-52). Münster: Waxmann.

Blömeke, S. (2012). Does greater teacher knowledge lead to student orientation? The relationship between teacher knowledge and teacher beliefs. In J. König (Ed.), *Teachers' Pedagogical Beliefs* (pp. 15-35). Münster: Waxmann.

Blömeke, S., Kaiser, G. & Lehmann, R. (Hrsg.) (2008). *Professionelle Kompetenz angehender Lehrerinnen und Lehrer. Wissen, Überzeugungen und Lerngelegenheiten deutscher Mathematikstudierender und -referendare.* Münster: Waxmann.

Blömeke, S., Kaiser, G. & Lehmann, R. (Hrsg.) (2010). *TEDS-M 2008. Professionelle Kompetenz und Lerngelegenheiten angehender Primarstufenlehrkräfte im internationalen Vergleich.* Münster: Waxmann.

Blömeke, S., Müller, C., Felbrich, A. & Kaiser, G. (2008). Epistemologische Überzeugungen zur Mathematik. In S. Blömeke, G. Kaiser & R. Lehmann (Hrsg.), *Professionelle Kompetenz angehender Lehrerinnen und Lehrer. Wissen, Überzeugungen und Lerngelegenheiten deutscher Mathematikstudierender und -referendare* (S. 221-246). Münster: Waxmann.

Blömeke, S., Suhl, U. & Döhrmann, M. (2012). Zusammenfügen was zusammengehört. Kompetenzprofile am Ende der Lehrerausbildung im internationalen Vergleich. *Zeitschrift für Pädagogik, 58*(4), 422-440.

Boulton-Lewis, G. M., Smith, D. J. H., McCrindle, A. R., Burnett, P. C. & Campell, K. J. (2001). Secondary Teachers' Conceptions of Teaching and Learning. *Learning and Instruction, 11*(1), 35-51.

Bourdieu, P. (1974). *Zur Soziologie der symbolischen Formen.* Frankfurt/M: Suhrkamp.

Braun, E. & Hannover, B. (2008). Zum Zusammenhang zwischen Lehr-Orientierung und Lehr-Gestaltung von Hochschuldozierenden und subjektivem Kompetenzzuwachs bei Studierenden. In M. A. Meyer, M. Prenzel & S. Hellekamps (Hrsg.), *Perspektiven der Didaktik (Zeitschrift für Erziehungwissenschaft, Sonderheft 9/2008)* (S. 277-291). Wiesbaden: VS Verlag.

Bromme, R. (1992). *Der Lehrer als Experte.* Bern: Huber.

Bromme, R. (2008). Lehrerexpertise: eine psychologische Konzeption für die Entwicklung und Erforschung des Wissens und Könnens von Lehrern. In W. Schneider & M. Hasselhorn (Hrsg.), *Handbuch der Pädagogischen Psychologie* (S. 159-167). Göttingen: Hogrefe.

Brunner, M., Kunter, M., Krauss, S., Baumert, J., Blum, W., Dubberke, T., Jordan, A., Klusmann, U., Tsai, Y.-M. & Neubrand, M. (2006). Welche Zusammenhänge bestehen zwischen dem fachspezifischen Professionswissen von Mathematiklehrkräften und ihrer Ausbildung sowie beruflichen Fortbildung? *Zeitschrift für Erziehungswissenschaft, 9*(4), 521-544.

Burke, B. M. (2011). Rituals and beliefs ingrained in world language pedagogy: defining deep structure and conventional wisdom. *Journal of Language Teaching and Research, 2*(1), 1-12.

Calderhead, J. (1996). Teachers: Beliefs and knowledge. In D. C. Berliner & R. C. Calfee (Eds.), *Handbook of educational psychology* (pp. 709-725). New York: Macmillan.

Dann, H.-D. (1989). Subjektive Theorien als Basis erfolgreichen Handelns von Lehrkräften. *Beiträge zur Lehrerbildung, 7*(2), 247-254.

Dann, H.-D. (2000). Lehrerkognitionen und Handlungsentscheidungen. In M. K. W. Schweer (Hrsg.), *Lehrer-Schüler-Interaktion. Pädagogisch-psychologische Aspekte des Lehrens und Lernens in der Schule* (S. 79-108). Opladen: Leske + Budrich.

Dann, H.-D., Müller-Fohrbrodt, G. & Cloetta, B. (1981). Sozialisation junger Lehrer im Beruf: „Praxisschock" drei Jahre später. *Zeitschrift für Entwicklungspsychologie und Pädagogische Psychologie, 13*(3), 251-262.

De Corte, E., Op't Eynde, P., Depaepe, F. & Verschaffel, L. (2013). The reflexive relation between students' mathematics-related beliefs and the mathematics classroom culture. In L. D. Bendixen & F. C. Feucht (Eds.), *Personal epistemology in the classroom. Theory, research, and implications for practice* (pp. 292-327). Cambridge: Cambridge University Press.

de Vries, S., Jansen, E. P. W. A. & van de Grift, W. J. C. M. (2013). Profiling teachers' continuing professional development and the relation with their beliefs about learning and teaching. *Teaching and Teacher Education, 33*, 78-89.

Diedrich, M., Thußbas, C. & Klieme, E. (2002). Professionelles Lehrerwissen und selbstberichtete Unterrichtspraxis im Fach Mathematik. *Zeitschrift für Pädagogik, 45. Beiheft*, 107-123.

Drechsel, B. (2001). *Subjektive Lernbegriffe und Interesse am Thema Lernen bei angehenden Lehrpersonen*. Münster: Waxmann.

Dubberke, T., Kunter, M., McElvany, N., Brunner, M. & Baumert, J. (2008). Lerntheoretische Überzeugungen von Mathematiklehrkräften. Einflüsse auf die Unterrichtsgestaltung und den Lernerfolg von Schülerinnen und Schülern. *Zeitschrift für Pädagogische Psychologie, 22*(3/4), 193-206.

Entwistle, N. & Peterson, E. R. (2004). Conceptions of learning and knowledge in higher education: Relationships with study behaviour and influences of the learning environment. *International Journal of Educational Research, 41*, 407-428.

Ertmer, P. A., Ottenbreit-Leftwich, A., Sadik, O., Sendurur, E. & Sendurur, P. (2012). Teacher beliefs and technology integration practices: examining the alignment between espoused and enacted beliefs. In J. König (Ed.), *Teachers' Pedagogical Beliefs* (pp. 149-169). Münster: Waxmann.

Felbrich, A., Kaiser, G. & Schmotz, C. (2012). The cultural dimension of beliefs: an investigation of future primary teachers' epistemological beliefs concerning the nature of mathematics in 15 countries. *ZDM, 44*(3), 355-366.

Fend, H. (1998). *Qualität im Bildungswesen. Schulforschung zu Systembedingungen, Schulprofilen und Lehrerleistung.* Weinheim: Juventa.

Fend, H. (2008). *Schule gestalten. Systemsteuerung, Schulentwicklung und Unterrichtsqualität.* Wiesbaden: VS Verlag für Sozialwissenschaften.

Fischler, H., Schröder, H.-J., Tonhäuser, C. & Zedler, P. (2002). Unterrichtsskripts und Lehrerexpertise: Bedingungen ihrer Modifikation. *Zeitschrift für Pädagogik, 45. Beiheft*, 157-172.

Fives, H. & Buehl, M. M. (2012). Spring cleaning for the „messy" construct of teachers' beliefs: What are they? Which have been examined? What can they tell us? In K. R. Harris, S. Graham & T. Urdan (Eds.), *APA Educational Psychology Handbook: Vol 2. Individual differences and cultural and contextual factors* (pp. 471-499). Washington: APA.

Forgasz, H. J. & Leder, G. C. (2008). Beliefs about mathematics and mathematics teaching. In P. Sullivan & T. Wood (Eds.), *The international handbook of mathematics teacher education. Vol. 1: Knowledge and beliefs in mathematics teaching and teaching development* (pp. 173-192). Rotterdam: Sense Publishers.

Franke, M. L., Fennema, E. & Carpenter, T. P. (1997). Teachers creating change: Examining evolving beliefs and classroom practice. In E. Fennema & B. S. Nelson (Eds.), *Mathematics teachers in transition* (pp. 255-282). Mahwah, NJ: Erlbaum.

Gastager, A. (2003). *Paradigmenvielfalt aus der Sicht der Unterrichtenden. Subjektive Theorien über Handeln in „traditionellen" und konstruktivistischen Lehr-Lern-Situationen.* Lengerich: Pabst.

Gawlitza, G. & Perels, F. (2013). Überzeugungen, Berufsethos und Professionswissen von Studienreferendaren. *Lehrerbildung auf dem Prüfstand, 6*(1), 7-31.

Gess-Newsome, J. (1999). Secondary teachers' knowledge and beliefs about subject matter and their impact on instruction. In J. Gess-Newsome & N. G. Ledermann (Eds.), *Examining pedagogi-*

cal content knowledge. The constructs and its implications for Science education (pp. 51-94). Dordrecht: Kluwer.

Goldin, G., Rösken, B. & Törner, G. (2009). Beliefs – no longer a hidden variable in mathematical teaching and learning processes. In J. Maass & W. Schlöglmann (Eds.), *Beliefs and attitudes in mathematics education: New research results* (pp. 1-18). Rotterdam: Sense Publishers.

Gow, L. & Kember, D. (1993). Conceptions of teaching and their relationship to student learning. *British Journal of Educational Psychology, 63*, 20-33.

Grigutsch, S., Raatz, U. & Törner, G. (1998). Einstellungen gegenüber Mathematik bei Mathematiklehrern. *Journal für Mathematik-Didaktik, 19*, 3-45.

Groeben, N., Wahl, D., Schlee, J. & Scheele, B. (1988). *Das Forschungsprogramm Subjektive Theorien.* Tübingen: Francke.

Hartinger, A., Kleickmann, T. & Hawelka, B. (2006). Der Einfluss von Lehrervorstellungen zum Lernen und Lehren auf die Gestaltung des Unterrichts und auf motivationale Schülervariablen. *Zeitschrift für Erziehungswissenschaft, 9*(1), 110-126.

Hawley, W. & Valli, L. (1999). The essentials of effective professional development: A new consensus. In L. Darling-Hammond & G. Sykes (Eds.), *Teaching as the learning profession: Handbook of policy and practice* (pp. 127-150). San Francisco: Jossey-Bass.

Hericks, U. (2006). *Professionalisierung als Entwicklungsaufgabe. Rekonstruktionen zur Berufseingangsphase von Lehrerinnen und Lehrern.* Wiesbaden: VS Verlag für Sozialwissenschaften.

Herrmann, U. & Hertramph, H. (2000). Zufallsroutinen oder reflektierte Praxis? Herkömmliche Wege in den Berufseinstieg von Lehrern und notwendige Alternativen. *Beiträge zur Lehrerbildung, 18*(2), 172-191.

Hill, H. C., Blunk, M. L., Charalambous, C., Lewis, J. M., Phelps, G., Sleep, L. et al. (2008). Mathematical knowledge for teaching and the mathematical quality of instruction: An exploratory study. *Cognition and Instruction, 26*, 430-511.

König, J. (Hrsg.). (2012). *Teachers' pedagogical beliefs. Definition and operationalisation – connections to knowledge and performance – development and change.* Münster: Waxmann.

König, J., Darge, K. & Schreiber, M. (2012). Teachers' pedagogical beliefs: current and future research. In J. König (Ed.), *Teachers' Pedagogical Beliefs* (pp. 191-204). Münster: Waxmann.

Kronig, W. (2007). *Die systematische Zufälligkeit der Bildungserfolgs. Theoretische Erklärungen und empirische Untersuchungen zu Lernentwicklung und Leistungsbewertung von leistungsschwachen Schülerinnen und Schülern.* Bern: Haupt.

Kunter, M., Kleickmann, T., Klusmann, U. & Richter, D. (2011). Die Entwicklung professioneller Kompetenz von Lehrkräften. In J. Baumert, M. Kunter, W. Blum, U. Klusmann, S. Krauss & M. Neubrand (Hrsg.), *Professionelle Kompetenz von Lehrkräften. Ergebnisse des Forschungsprogramms COACTIV* (S. 55-68). Münster: Waxmann.

Kunter, M., Klusmann, U., Dubberke, T., Baumert, J., Blum, W., Brunner, M. et al. (2007). Linking aspects of teacher competence to their instruction. Results from the COACTIV project. In M. Prenzel (Ed.), *Studies on the educational quality of schools* (pp. 39-59). Münster: Waxmann.

Kunter, M. & Pohlmann, B. (2009). Lehrer. In E. Wild & J. Möller (Hrsg.), *Pädagogische Psychologie* (S. 261-282). Heidelberg: Springer.

Lanfranchi, A. (2008). Einfluss der Ausbildung auf die sonderpädagogische Problemwahrnehmung von Studierenden. *Beiträge zur Lehrerbildung, 26*(1), 72-84.

LCH. (2008). *LCH-Berufsleitbild* (3 Aufl.). Zürich: LCH Dachverband Schweizer Lehrerinnen und Lehrer.

Leuchter, M. (2009). *Die Rolle der Lehrperson bei der Aufgabenbearbeitung. Unterrichtsbezogene Kognitionen von Lehrpersonen.* Münster: Waxmann.

Lipowsky, F., Thussbas, C., Klieme, E., Reusser, K. & Pauli, C. (2003). Professionelles Lehrerwissen, selbstbezogene Kognitionen und wahrgenommene Schulumwelt – Ergebnisse einer kulturvergleichenden Studie deutscher und schweizerischer Mathematiklehrer. *Unterrichtswissenschaft, 31*(3), 206-237.

Lortie, D. (1975). *Schoolteacher: A sociological study.* Chicago: University of Chicago Press.

Ludwig, P. H. (2001). Pygmalioneffekt. In D. H. Rost (Hrsg.), *Handwörterbuch Pädagogische Psychologie* (S. 567-573). Weinheim: Beltz.

Maass, J. & Schlöglmann, W. (Eds.) (2009). *Beliefs and attitudes in mathematics education. New research results.* Rotterdam: Sense Publishers.

Marton, F., Dall'Alba, G. & Beaty, E. (1993). Conceptions of learning. *International Journal of Educational Research, 19*, 277-300.

Meirink, J. A., Meijer, P. C., Verloop, N. & Bergen, T. (2009). Understanding teacher learning in secondary education: The relations of teacher activities to changed beliefs about teaching and learning. *Teaching and Teacher Education, 25*, 89-100.

Möller, K., Hardy, I., Jonen, A., Kleickmann, T. & Blumberg, E. (2006). Naturwissenschaften in der Primarstufe. Zur Förderung konzeptuellen Verständnisses durch Unterricht und zur Wirksamkeit von Lehrerfortbildungen. In M. Prenzel & L. Allolio-Näcke (Hrsg.), *Untersuchungen zur Bildungsqualität von Schule. Abschlussbericht des DFG-Schwerpunktprogramms* (S. 161-193). Münster: Waxmann.

Muijs, D. & Reynolds, D. (2002). Teachers' beliefs and behaviors: What really matters? *Journal of Classroom Interaction, 37*(2), 3-15.

Müller, C. (2004). *Subjektive Theorien und handlungsleitende Kognitionen von Lehrern als Determinanten schulischer Lehr-Lern-Prozesse im Physikunterricht*. Berlin: Logos.

Müller, C., Felbrich, A. & Blömeke, S. (2008). Schul- und professionstheoretische Überzeugungen. In S. Blömeke, G. Kaiser & R. Lehmann (Hrsg.), *Professionelle Kompetenz angehender Lehrerinnen und Lehrer. Wissen, Überzeugungen und Lerngelegenheiten deutscher Mathematikstudierender und -referendare* (S. 278-302). Münster: Waxmann.

Mutzeck, W., Schlee, J. & Wahl, D. (2002). *Psychologie der Veränderung: Subjektive Theorien als Zentrum nachhaltiger Modifikationsprozesse*. Weinheim: Beltz.

Neuweg, G. H. (2002). Lehrerhandeln und Lehrerbildung im Lichte des Konzepts des impliziten Wissens. *Zeitschrift für Pädagogik, 48*(1), 10-29.

Nisbett, R. D. & Wilson, T. D. (1977). Telling more than we can know: verbal reports on mental processes. *Psychological Review, 84*(3), 231-259.

OECD. (2009). Creating Effective Teaching and Learning Environments: First Results from TALIS.

Oelkers, J. & Reusser, K. (2008). *Qualität entwickeln – Standards sichern – mit Differenz umgehen*. Bonn: Bundesministerium für Bildung und Forschung (BMBF).

Oevermann, U. (1999). Theoretische Skizze einer revidierten Theorie professionalisierten Handelns. In A. Combe & W. Helsper (Hrsg.), *Pädagogische Professionalität. Untersuchungen zum Typus pädagogischen Handelns* (S. 70-182). Frankfurt/M: Suhrkamp.

Ofenbach, B. (2006). *Geschichte des pädagogischen Berufsethos. Realbedingungen für Lehrerhandeln von der Antike bis zum 21. Jahrhundert*. Würzburg: Königshausen und Neumann.

Oser, F. (1998). *Ethos – die Vermenschlichung des Erfolgs. Zur Psychologie und Berufsmoral von Lehrpersonen*. Opladen: Leske & Budrich.

Oser, F. (2009). Moral jenseits organisierter Erlaubtheit. Zur inneren und äusseren Effizienz eines professionellen Ethos. In O. Zlatkin-Troitschanskaia, K. Beck, D. Sembill, R. Nickolaus & R. Mulder (Hrsg.), *Lehrprofessionalität – Bedingungen, Genese, Wirkungen und ihre Messung* (S. 389-400). Weinheim: Beltz.

Paakkari, L., Tynjälä, P. & Kannas, L. (2011). Critical aspects of students teachers' conceptions of learning. *Learning and Instruction, 21*, 705-714.

Pajares, F. (1992). Teachers' beliefs and educational research: Cleaning up a messy construct. *Review of Educational Research, 62*(3), 307-332.

Patry, J.-L. & Gastager, A. (2002). Subjektive Theorien von Lehrerinnen und Lehrern: Der Übergang von der Idiographie zur Nomothetik. In W. Mutzeck, J. Schlee & D. Wahl (Hrsg.), *Psychologie der Veränderung. Subjektive Theorien als Zentrum nachhaltiger Modifikationsprozesse* (S. 53-78). Weinheim: Beltz.

Patry, J.-L., Schwetz, H. & Gastager, H. (2000). Wissen und Handeln. Lehrerinnen und Lehrer verändern ihren Mathematikunterricht. *Bildung und Erziehung, 53*(3), 271-286.

Pauli, C. & Reusser, K. (2010). Selbst- und Unterrichtswahrnehmung der Lehrpersonen. In K. Reusser, C. Pauli & M. Waldis (Hrsg.), *Unterrichtsgestaltung und Unterrichtsqualität – Ergebnisse einer internationalen und schweizerischen Videostudie zum Mathematikunterricht* (S. 143-170). Münster: Waxmann.

Pauli, C., Reusser, K. & Grob, U. (2007). Teaching for understanding and/or self-regulated learning? A video-based analysis of reform-oriented mathematics instruction in Switzerland. *International Journal of Educational Research, 46*(5), 294-305.

Pauli, C., Reusser, K. & Grob, U. (2010). Reformorientierter Mathematikunterricht in der Deutschschweiz. In K. Reusser, C. Pauli & M. Waldis (Hrsg.), *Unterrichtsgestaltung und Unterrichtsqualität – Ergebnisse einer internationalen und schweizerischen Videostudie zum Mathematikunterricht* (S. 309-339). Münster: Waxmann.

Philipp, R. A. (2007). Mathematics teachers' beliefs and affect. In F. K. Lester (Ed.), *Second handbook of research on mathematics teaching an learning* (pp. 257-315). Charlotte, NC: NCTM/Information Age Publishing.

Polanyi, M. (1985). *Implizites Wissen*. Frankfurt/M: Suhrkamp.

Prawat, R. S. (1992). Teachers' beliefs about teaching and learning: A constructivist perspective. *American Journal of Education, 100*, 354-395.

Reusser, K. (1984). Problemlösen in wissenstheoretischer Sicht. Problematisches Wissen, Problemformulierung und Problemverständnis (Dissertation). Bern: Universität Bern.

Richardson, V. (1996). The role of attitudes and beliefs in learning to teach. In J. Sikula (Ed.), *Handbook of research on teacher education* (2nd ed., pp. 102-119). New York: Macmillan.

Richardson, V. & Placier, P. (2001). Teacher change. In V. Richardson (Ed.), *Handbook of research on teaching* (4th ed., pp. 905-947). Washington, D.C.: American Educational Research Association.

Rokeach, M. (1970). *Beliefs, attitudes and values: A theory of organization and change*. San Francisco: Jossey-Bass.

Rubie-Davies, C. M. & Peterson, E. R. (2011). Teacher expectations and beliefs. Influences on the socioemotional environment of the classroom. In C. M. Rubie-Davies (Ed.), *Educational Psychology: Concepts, Research and Challenges* (pp. 134-149). London: Routledge.

Schoen, D. (1983). *The reflective practitioner. How professionals think in action*. New York: Basic Books.

Schoenfeld, A. H. (2006). Mathematics teaching and learning. In P. A. Alexander & P. Winne (Eds.), *Handbook of educational psychology* (2nd ed., pp. 479-510). Mahwah, N.J.: Erlbaum.

Schweer, M. K. W. (Hrsg.) (2000). *Lehrer-Schüler-Interaktion. Pädagogisch-psychologische Aspekte des Lehrens und Lernens in der Schule*. Opladen: Leske + Budrich.

Schweer, M. K. W. & Thies, B. (2000). Situationswahrnehmung und interpersonales Verhalten im Klassenzimmer. In M. K. W. Schweer (Hrsg.), *Lehrer-Schüler-Interaktion. Pädagogisch-psychologische Aspekte des Lehrens und Lernens in der Schule* (S. 59-78). Opladen: Leske + Budrich.

Seidel, T., Schwindt, K., Rimmele, R. & Prenzel, M. (2008). Konstruktivistische Überzeugungen von Lehrpersonen: Was bedeuten sie für den Unterricht? In M. A. Meyer, M. Prenzel & S. Hellekamps (Hrsg.), *Perspektiven der Didaktik (Zeitschrift für Erziehungwissenschaft, Sonderheft 9/2008)* (S. 259-276). Wiesbaden: VS Verlag.

Seifried, J. (2009). *Unterricht aus der Sicht von Handelslehrern*. Frankfurt a.M.: Peter Lang.

Sembill, D. & Seifried, J. (2009). Konzeptionen, Funktionen und intentionale Veränderungen von Sichtweisen. In O. Zlatkin-Troitschanskaia, K. Beck, D. Sembill, R. Nickolaus & R. Mulder (Hrsg.), *Lehrerprofessionalität. Bedingungen, Genese, Wirkungen und ihre Messung* (S. 345-354). Weinheim: Beltz.

Shulman, L. S. (1987). Knowledge and teaching: Foundations of the New Reform. *Harward Educational Review, 57*(1), 1-22.

Speer, N. (2008). Connecting beliefs and practices: A fine-grained analysis of a College mathematics teacher's collections of beliefs and their relationship to his instructional practices. *Cognition and Instruction, 26*, 218-267.

Staub, F. C. (2001). Fachspezifisch-pädagogisches Coaching: Theoriebezogene Unterrichtsentwicklung zur Förderung von Unterrichtsexpertise. *Beiträge zur Lehrerbildung, 19*(2), 175-198.

Staub, F. C. & Stern, E. (2002). The nature of teachers' pedagogical content beliefs matters for students' achievement gains: Quasi-experimental evidence from elementary mathematics. *Journal of Educational Psychology, 94*(2), 344-355.

Steinmann, S. & Oser, F. (2012). Prägen Lehrerausbildende die Beliefs der angehenden Primarlehrpersonen? Shared Beliefs als Wirkungsgrösse in der Lehrerausbildung. *Zeitschrift für Pädagogik, 58*(4), 441-459.

Stipek, D. J., Givvin, K. B., Salmon, J. M. & MacGyvers, V. L. (2001). Teachers' beliefs and practices related to mathematics instruction. *Teaching and Teacher Education, 17*, 213-226.

Tatto, M. T., Schwille, J., Senk, S., Ingwarson, L., Peck, R. & Rowley, G. (2008). *Teacher education and development study in mathematics (TEDS-M 2008): Conceptual Framework*. East Lansing, MI:

Teacher Education and Development International Study Center, College of Education, Michigan State University.

Tenorth, H.-E. (2006). Professionalität im Lehrerberuf. Ratlosigkeit der Theorie, gelingende Praxis. *Zeitschrift für Erziehungswissenschaft, 9*(4), 580-597.

Terhart, E. (2007). Erfassung und Beurteilung der beruflichen Kompetenz von Lehrkräften. In M. Lüders & J. Wissinger (Hrsg.), *Forschung zur Lehrerbildung. Kompetenzentwicklung und Programmevaluation* (S. 37-62). Münster: Waxmann.

Thompson, A. G. (1992). Teachers' beliefs and conceptions: A synthesis of the research. In D. A. Grouws (Ed.), *Handbook of research on mathematics teaching and learning* (pp. 127-145). New York: Macmillan.

Tillema, H. (2000). Belief change towards self-directed learning in student teachers: immersion in practice or reflection on action. *Teaching and Teacher Education, 16*, 575-591.

Trigwell, K., Prosser, M. & Waterhouse, F. (1999). Relations between teachers' approaches to teaching and students' approaches to learning. *Higher Education, 37*, 57-70.

Tyack, T. B. & Tobin, W. (1994). The „grammar" of schooling: Why has it been so hard to change? *American Educational Research Journal, 31*(3), 453-479.

von Bülow, K. (2011). *Anschlussfähigkeit von Kindergarten und Grundschule. Rekonstruktion von subjektiven Bildungstheorien von Erzieherinnen und Lehrerinnen.* Bad Heilbrunn: Klinkhardt.

Voss, T., Kleickmann, T., Kunter, M. & Hachfeld, A. (2011). Überzeugungen von Mathematiklehrkräften. In M. Kunter, J. Baumert, W. Blum, U. Klusmann, S. Krauss & M. Neubrand (Hrsg.), *Professionelle Kompetenz von Lehrkräften. Ergebnisse des Forschungsprogramms COACTIV* (S. 235-257). Münster: Waxmann.

Wahl, D. (2000). Das grosse und das kleine Sandwich: Ein theoretisch wie empirisch begründetes Konzept von Veränderung handlungleitender Kognitionen. In C. Dalbert & E. Brunner (Hrsg.), *Handlungsleitende Kognitionen in der pädagogischen Praxis* (S. 155-168). Baltmannsweiler: Schneider Verlag Hohengehren.

Wahl, D. (2001). Nachhaltige Wege vom Wissen zum Handeln. *Beiträge zur Lehrerbildung, 19*(2), 157-174.

Wahl, D. (2002). Mit Training vom trägen Wissen zum kompetenten Handeln? *Zeitschrift für Pädagogik, 48*(2), 227-241.

Wahl, D. (2005). *Lernumgebungen erfolgreich gestalten. Vom trägen Wissen zum kompetenten Handeln.* Bad Heilbrunn: Klinkhardt.

Weinert, F. E., Schrader, F.-W. & Helmke, A. (1990). Unterrichtsexpertise – ein Konzept zur Verringerung der Kluft zwischen zwei theoretischen Paradigmen. In L.-M. Alisch, J. Baumert & K. Beck (Hrsg.), *Professionswissen und Professionalisierung* (S. 173-206). Braunschweig: Empirische Pädagogik, Sonderband.

Woolfolk Hoy, A., Davis, H. & Pape, S. J. (2006). Teacher knowledge and beliefs. In P. A. Alexander & P. Winne (Eds.), *Handbook of educational psychology* (2nd ed., pp. 715-737). Mahwah, N.J.: Erlbaum.

Wyss, C. (2013). *Unterricht und Reflexion. Eine mehrperspektivische Untersuchung der Unterrichts- und Reflexionskompetenz von Lehrkräften.* Münster: Waxmann.

Zohar, A., Degani, A. & Vaaknin, E. (2001). Teachers' beliefs about low-achieving students and higher order thinking. *Teaching and Teacher Education, 17*, 469-485.

Ralf Schwarzer & Lisa Marie Warner

Forschung zur Selbstwirksamkeit bei Lehrerinnen und Lehrern

1. Einleitung: Was ist Selbstwirksamkeitserwartung?

Selbstwirksamkeitserwartung wird definiert als die subjektive Gewissheit, neue oder schwierige Anforderungssituationen aufgrund eigener Kompetenz bewältigen zu können. Dabei handelt es sich nicht um Aufgaben, die durch einfache Routine lösbar sind, sondern um solche mit einem Schwierigkeitsgrad, der Anstrengung und Ausdauer für die Bewältigung erforderlich macht.

Das Konzept beruht auf der sozial-kognitiven Theorie von Bandura (1992, 1997, 2001). Danach werden kognitive, motivationale, emotionale und aktionale Prozesse durch subjektive Überzeugungen gesteuert, vor allem durch Handlungsergebniserwartungen (auch genannt Konsequenzerwartungen) und Selbstwirksamkeitserwartungen (auch genannt Kompetenzüberzeugungen). *Konsequenzerwartungen* beziehen sich demnach auf die angenommene Beziehung zwischen Handlungen und Resultaten. Wird eine bestimmte Handlung vollzogen, wird als Folge dieser eine bestimmte Konsequenz angenommen. Hierbei ist zunächst nicht entscheidend, ob man sich selbst in der Lage sieht, die Handlung tatsächlich auszuüben. Die Konsequenzerwartung eines Schülers könnte z.B. lauten: „Wenn man das prüfungsrelevante Thema gelernt hat, besteht man die Prüfung."

Kompetenzerwartungen hingegen enthalten einen Selbstbezug, nämlich die Frage nach der persönlichen Verfügbarkeit von Handlungen. Ein Schüler mit guter Selbstwirksamkeit könnte sagen: „Ich fühle mich in der Lage, das prüfungsrelevante Thema zu lernen, auch wenn mich das Überwindung kostet." Die persönliche Einschätzung eigener Handlungsmöglichkeiten ist also die zentrale Komponente der Wahrnehmung von Selbstwirksamkeit.

Das Konzept der Selbstwirksamkeit wurde inzwischen auf zahlreiche Situationen übertragen und ist in verschiedenen Handlungsfeldern erfolgreich angewendet worden. Im Kontext von Bildungsinstitutionen und Bildungsprozessen lässt sich die Theorie z.B. auf das Lern- und Leistungsverhalten, auf die Stressbewältigung und das Gesundheitsverhalten von Lehrern und Schülern (Jerusalem & Schwarzer, 1992) sowie auf die Schulreform im Ganzen (Edelstein, 2002) anwenden. Zahlreiche empirische Untersuchungen belegen, dass optimistische Kompetenz- oder Selbstwirksamkeitserwartungen eine Grundbedingung dafür darstellen, dass Herausforderungen mit innovativen und kreativen Ideen aufgenommen und mit Ausdauer umgesetzt werden. Ein in diesem Sinne kompetenter Umgang mit schulischen Anforderungen stellt sowohl für Lehrer als auch für Schüler eine wichtige Voraussetzung für hohe Motivation und hohes Leistungsniveau, für psychisches und körperliches Wohlbefinden und für hohe Berufs- und Lebenszufriedenheit dar. Die Forschung zur Bedeutung von Selbstwirksamkeit in der Schule hat sich insbesondere damit beschäftigt, in welcher Weise Selbstwirksamkeitsüberzeugungen Lernen, Motivation, Leistung und Selbstregulationsprozesse steuern. Diese Studien zur Relevanz von Selbstwirksamkeit in der Schule liefern im Wesentlichen übereinstimmende Befunde für unterschiedliche Jahrgangsstufen, Schulformen, Unterrichtsfächer und Leistungsniveaus von Schülern (Schunk, 1995; Zimmerman, 2000).

1.1 Wie wirken Selbstwirksamkeit und Selbstregulation?

Immer dann, wenn es um selbstregulative Zielerreichungsprozesse geht, spielen Selbstwirksamkeitserwartungen eine motivationale und volitionale Rolle. In der Motivationsphase, in der es um die Bildung von Handlungsintentionen geht, setzen sich selbstwirksame Personen höhere Ziele als nicht selbstwirksame Personen. Dabei kann es sich um Leistungsziele handeln oder solche, die andere Lebensbereiche betreffen (Sozialbeziehungen regulieren, sich durchsetzen, das Rauchen aufgeben, Sport treiben etc.). Lehrer, die sich anspruchsvolle Ziele setzen, für die ein erhebliches Maß an Anstrengung und Ausdauer erforderlich ist, greifen nicht nur in dieser Motivationsphase auf ihre Selbstwirksamkeit zurück, sondern auch anschließend, wenn es darum geht, die Intention in konkretes, aufgabenbezogenes Handeln umzusetzen, oder noch später, wenn es darauf ankommt, die Lernprozesse gegen Widerstände aufrechtzuerhalten. In dieser so genannten Volitionsphase besteht die Gefahr der Ablenkung durch kurzfristig attraktivere Handlungsalternativen (z.B. Freizeit) bzw. des Rückfalls hinter das gesetzte Zielniveau.

Diese Einflüsse der Selbstwirksamkeit auf die Selbstregulation sind weitgehend unabhängig von den tatsächlichen Fähigkeiten der Person. Hierfür gibt es überzeugende empirische Evidenz. Bei gleicher Fähigkeit zeichnen sich Menschen mit höherer Selbstwirksamkeit gegenüber solchen mit niedriger Selbstwirksamkeit durch ihre größere Anstrengung und Ausdauer, ein höheres Anspruchsniveau, ein effektiveres Arbeitszeitmanagement, eine größere strategische Flexibilität bei der Suche nach Problemlösungen, bessere Leistungen, eine realistischere Einschätzung der Güte ihrer eigenen Leistung und selbstwertförderlichere Ursachenzuschreibungen aus (Bandura, 1997; Schunk, 1995). Selbstwirksamkeitserwartungen liefern also einen eigenständigen Beitrag zu Leistungsergebnissen und sind nicht einfach Ausdruck der intellektuellen Fähigkeiten.

1.2 Selbstwirksamkeitserwartungen: Allgemein oder spezifisch?

Mit Selbstwirksamkeitserwartung bezeichnet man also das Vertrauen in die eigene Kompetenz, auch schwierige Handlungen in Gang setzen und zu Ende führen zu können. Vor allem die Überwindung von Barrieren durch eigene Intervention kommt darin zum Ausdruck. Selbstwirksamkeitsgedanken können zum Beispiel folgendermaßen lauten: *„Ich bin sicher, dass ich den ganzen Abend eisern arbeiten kann, auch wenn andere mich zum Fernsehen einladen"*. Diese *situationsspezifischen* Selbstwirksamkeitserwartungen sind charakterisiert durch die Formulierung einer subjektiven Gewissheit, eine konkrete Handlung auch dann erfolgreich ausführen zu können, wenn bestimmte Barrieren auftreten.

Die *allgemeine* Selbstwirksamkeitserwartung hingegen umfasst alle Lebensbereiche und soll eine optimistische Einschätzung der generellen Lebensbewältigungskompetenz zum Ausdruck bringen. Ein Beispielitem aus der Skala zur allgemeinen Selbstwirksamkeit von Jerusalem und Schwarzer (Schwarzer, 2004) ist: *„Wenn ein Problem auftaucht, kann ich es aus eigener Kraft meistern"*.

Das weiter oben genannte Beispiel dagegen repräsentiert den situationsspezifischen Pol des Generalitätskontinuums. Dazwischen lassen sich *bereichsspezifische* Konzepte ansiedeln, wie z.B. die schulbezogene Selbstwirksamkeitserwartung von Schülern oder die Lehrer-Selbstwirksamkeitserwartung. Die schulbezogene Selbstwirksamkeitserwartung thematisiert die Kompetenzerwartungen von Schülern im Umgang mit schulischen Anforderungen. Eine typische Formulierung aus der entsprechenden Skala (Schwarzer & Satow, 2003) lautet: *„Ich kann auch die schwierigen Aufgaben im Unterricht lösen, wenn ich mich anstrenge"*. Die Lehrer-Selbstwirksamkeit beinhaltet Überzeugungen von Lehrern, Anforderungen ihres Berufslebens auch unter widrigen Bedingungen erfolgreich zu meistern. Folgende Formulierung kann als typisch für die Lehrer-Selbstwirksamkeit angesehen werden: *„Ich weiß, dass ich es schaffen kann, selbst den problematischsten Schülern den Stoff zu vermitteln"* (Schwarzer & Schmitz, 1999). Solche spezifischen schulbezogenen Selbstwirksamkeitserwartungen von Lehrkräften lassen sich je nach Forschungsfrage weiter untergliedern z.B. in die spezifische Selbstwirksamkeit, eine Klasse leiten, die Inhalte eines bestimmten Unterrichtsfachs vermitteln oder Einfluss auf die Verteilung von Schulressourcen ausüben zu können (Tschannen-Moran, Woolfolk Hoy & Hoy, 1998).

1.3 Selbstwirksamkeitserwartungen: Individuell oder kollektiv?

Selbstwirksamkeitserwartungen wurden ursprünglich eher als ein individuelles Konstrukt aufgefasst. Später hat Bandura (1993, 1997) es ausdrücklich auf die Ebene der kollektiven Überzeugungen erweitert. Zusätzlich zur Generalitätsdimension (allgemein, bereichsspezifisch, situationsspezifisch) lässt sich also eine weitere Dimension aufspannen, die *individuelle* gegenüber *kollektiven* Erwartungen umfasst. Kollektive Selbstwirksamkeit bezieht sich nicht nur auf die Überzeugung eines Gruppenmitglieds, für wie kompetent es sich selbst oder einzelne andere Mitglieder hält, eine schwierige gemeinsame Aufgabe zu lösen. Es geht vielmehr um die Einschätzung der Gruppen-Selbstwirksamkeit, die sich aus der Koordination und Kombination der verschiedenen individuellen Ressourcen zu einem gemeinsamen Wirkungspotential ergibt (Myers & Feltz, 2007). So kann die kollektive Selbstwirksamkeit einer Gruppe, deren Einzelmitglieder ein durchschnittliches Ausmaß an Wissen und Fähigkeiten mitbringen, die aber große Fähigkeiten zur Koordinierung dieser Ressourcen aufweist, höher sein als bei einer Gruppe, deren Mitglieder zwar stärkere individuelle Ressourcen besitzen, aber weniger Fähigkeiten zur Integration und Koordination dieser Ressourcen (Zaccaro et al., 1995).

Eine Gruppe, deren Mitglieder Vertrauen in die Teamressourcen haben können, entwickelt auch eine optimistische Auffassung von der Bewältigung zukünftiger stressreicher Ereignisse, die die ganze Gruppe betreffen. Die kollektive Selbstwirksamkeit sollte also einen Einfluss darauf haben, welche Ziele sich Gruppen setzen, wie viel Anstrengung sie gemeinsam in ein Projekt investieren und wie viel Widerstand sie leisten, wenn Barrieren auftreten. Ein Lehrerkollegium beispielsweise, das durch hohe kollektive Selbstwirksamkeit charakterisiert ist, wird sich eher zutrauen, anspruchsvolle Reformziele zu verwirklichen und wird sich auch leichter von Rückschlägen erholen können, sollten die gemeinsamen Bemühungen einmal scheitern. Allerdings gibt es zu diesem viel versprechenden Konstrukt bislang noch relativ wenig empirische Evidenz (Henson, 2002). Eine typische Formulierung zur Erhebung kollektiver Selbstwirksamkeitserwartungen bei Lehrern lautet: *„Ich bin davon überzeugt, dass wir als Lehrer gemeinsam für pädagogische Qualität sorgen können, auch wenn die Ressourcen der Schule geringer werden sollten"* (Schwarzer & Schmitz, 1999). Im Anhang finden sich die Skalen zur individuellen und zur kollektiven Lehrer-Selbstwirksamkeitserwartung.

2. Gibt es empirische Evidenz zur Selbstwirksamkeit bei Lehrern? Ein kurzer Blick in die Literatur

2.1 Lehrer-Selbstwirksamkeit und Lehrer-Gesundheit

Obwohl die Gründe sehr unterschiedlich ausfallen können, berichten Lehrer im Allgemeinen über Stress bei der Arbeit (Jennett, Harris & Mesibov, 2003). Langfristiger arbeitsbedingter Stress, häufig vorkommend in therapeutischen und lehrenden Berufen wird als Burnout bezeichnet. Selbstwirksamkeitserwartungen sind nicht vereinbar mit einem Burnout (Ausbrennen) im Beruf, sondern sollten mit emotionaler Stabilität und beruflichem Erfolg assoziiert sein.

Zur Überprüfung dieser Annahme führten Schmitz und Schwarzer eine Studie innerhalb des bundesweiten Modellversuchs „Verbund Selbstwirksamer Schulen“ durch, an dem zehn Schulen teilnahmen. Eingesetzt wurden die Skalen der individuellen und kollektiven Selbstwirksamkeit von Lehrern (Schmitz & Schwarzer, 2002). Weiterhin wurden drei Facetten von Burnout (Emotionale Erschöpfung, Depersonalisierung und Leistungsverlust) mit dem Maslach Burnout Inventory von Maslach und Jackson (1986; Maslach, Jackson & Leiter, 1996) sowie das außerschulische Engagement der Lehrer erhoben.

Es zeigten sich mittlere bis hohe Zusammenhänge beider Selbstwirksamkeitsdimensionen mit den drei Subskalen des Burnout Inventory. Hervorzuheben sind vor allem die von Schmitz und Schwarzer (2002) gefundenen Beziehungen über die Zeitdistanz von ein oder zwei Jahren hinweg. Zu ähnlichen Ergebnissen zur Beziehung von Selbstwirksamkeit und Burnout bei Lehrern kamen Skaalvik und Skaalvik (2007), Brouwers und Tomic (2000), Egyed und Short (2006), Schwerdtfeger, Konermann und Schönhofen (2008), Schwarzer, Schmitz und Tang (2000) sowie Schwarzer und Hallum (2008) sowie eine Meta-Analyse über 11 Studien von Brown (2012; siehe zu dieser Thematik auch den Beitrag von Lehr, in diesem Band). Ein weiterer bemerkenswerter Befund aus der Studie von Schmitz und Schwarzer (2002) ergab sich aus der Analyse zum außerschulischen Engagement der Lehrer. Es zeigte sich, dass selbstwirksamere Lehrer signifikant mehr Engagement für die Schüler außerhalb ihrer Unterrichtszeiten berichteten. Eine ausführliche Darstellung der Befunde folgt im Abschnitt 6.

Schwerdtfeger, Konermann und Schönhofen (2008) fanden eine weitere protektive Wirkung der Lehrer-Selbstwirksamkeit auf die Lehrer-Gesundheit. Sie maßen bei Grundschullehrern und Lehrern weiterführender Schulen mit hoher Selbstwirksamkeit niedrigere Morgen-Cortisol-Werte, weniger Veränderungen der Herzfrequenz während des Unterrichts, weniger körperliche Beschwerden, mehr positiven und weniger negativen Affekt im Vergleich zu Lehrern mit niedriger Selbstwirksamkeit. Diese Zusammenhänge blieben auch nach Kontrolle der körperlichen Bewegung während des Unterrichts, des allgemeinen Lebensstils (Rauchen, Sport, Koffeinkonsum) und demographischer Angaben (Body Mass Index, Alter, Dienstalter) bestehen.

Neben diesen direkten protektiven Effekten der Lehrer-Selbstwirksamkeit auf die psychische und physische Gesundheit von Lehrern finden sich zudem positive Zusammenhänge zwischen der Lehrer-Selbstwirksamkeit und der Zufriedenheit mit dem Beruf (sowohl bei Grundschullehrern als auch bei Lehrern weiterführender Schulen), welche sich wiederum positiv auf die Gesundheit auswirken kann (Klassen & Chiu, 2010).

2.2 Lehrer-Selbstwirksamkeit und Lehrerverhalten im Unterricht

Lehrer mit höherer Selbstwirksamkeit sind weniger kritisch gegenüber Schülern, die Fehler begehen (Ashton & Webb, 1986), sie kümmern sich mehr um Schüler, die Lernprobleme haben (Gibson & Dembo, 1984) und tendieren weniger dazu, schwierige Schüler auf Sonderschulen zu empfehlen (Meijer & Foster, 1988; Podell & Soodak, 1993; Soodak & Podell, 1993). Darüber hinaus lehren sie innovativer und reflektierter (Allinder, 1994; Guskey, 1984), fühlen sich ihrem Beruf verpflichteter (Coladarci, 1992; Evans & Tribble, 1986; Trentham, Silvern & Brogdon, 1985) und wechseln weniger oft in andere Berufe (Glickman & Tamashiro, 1982). Selbstwirksamere Lehrer wenden häufiger aktive Unterrichtstechniken an (Riggs & Enochs, 1990) und sind offener für neue Unterrichtsstrategien, die den Bedürfnissen ihrer Schüler gerechter werden könnten (Allinder, 1994; Ghaith & Yaghi, 1997; Guskey, 1984). Des Weiteren ist die Selbstwirksamkeit von Lehrern ein guter Prädiktor für ihre realistische Bewertung der Ernsthaftigkeit von Lernproblemen bestimmter Schüler und für ihre Einschätzung eines Risikos für Schulversagen (Meijer & Foster, 1988).

2.3 Lehrer-Selbstwirksamkeit und Schülerverhalten im Unterricht

Einige der Studien, die die Auswirkungen von Lehrer-Selbstwirksamkeit auf die Schüler untersuchten, fanden Zusammenhänge mit der Leistung der Schüler (Ashton & Webb, 1986; Ross, 1992), der Motivation der Schüler (Midgley, Feldlaufer & Eccles, 1989) und der Selbstwirksamkeit der Schüler (Anderson, Greene & Loewen, 1988; Klassen, Tze, Betts & Gordon, 2001). Auch die kollektive Selbstwirksamkeit von Lehrern einer Schule konnte mit den Lese- und Mathematikleistungen der Schüler auf Schulebene in Verbindung gebracht werden (Goddard, 2001).

Zusammenfassend lässt sich sagen, dass die Lehrer-Selbstwirksamkeit den einzelnen Lehrer nicht nur vor gesundheitlichen Problemen – mentaler und körperlicher Natur – bewahren kann, sondern darüber hinaus Lehrer- sowie Schülerverhalten im Unterricht positiv beeinflussen und damit einen Beitrag zu einer positiven Lernumgebung leisten kann.

3. Empirische Befunde aus dem Forschungsprojekt „Selbstwirksame Schulen"

Der bundesweite Modellversuch „Verbund Selbstwirksamer Schulen“ wurde an Sekundarstufen aller Schularten durchgeführt und umfasste sechs Schulen aus den alten und vier Schulen aus den neuen Bundesländern (vgl. Brockmeyer & Edelstein, 1997). Die Lehrerinnen und Lehrer wurden nach ihren außerschulischen Aktivitäten mit ihren Schülern befragt: Sie wurden gebeten, die Anzahl von Stunden anzugeben, die sie außerhalb der Unterrichtszeit mit ihren Schülern verbringen („Zusatzstunden“): „Wie viele Unterrichtsstunden (45 Min.) verbringen Sie pro Woche mit den Schülern und/oder ihren Eltern außerhalb des Unterrichts (Arbeitsgruppen, Interessengruppen etc.)?“. Die überwiegende Mehrzahl der Lehrerinnen und Lehrer machte Angaben zwischen 0 und 10 Stunden wöchentlich. Männer und Frauen unterscheiden sich darin nicht. Der Median lag zu beiden Messzeitpunkten bei zwei Stunden. Die Anzahl der Zusatzstunden korrelierte zu beiden Messzeitpunkten positiv vor allem mit der individuellen Lehrer-Selbstwirksamkeit.

Lehrerinnen und Lehrer, die eingangs eher niedrige individuelle Lehrer-Selbstwirksamkeit berichteten, verbrachten ein Jahr später durchschnittlich 1,7 Unterrichtsstunden wöchentlich zusätzlich mit ihren Schülern. Hoch Selbstwirksame hingegen verbrachten durchschnittlich 4,2 Unterrichtsstunden zusätzlich mit den Schülern (vgl. Abbildung 1).

Die Ergebnisse stehen also im Einklang mit der theoretischen Annahme, dass sich hoch selbstwirksame von weniger selbstwirksamen Personen auch darin unterscheiden, wie sie sich im Beruf engagieren und wie viel Zeit und Mühe sie in ihre Ziele investieren. Dieser Befund kann nebenbei auch als Indiz für die Validität der Lehrer–Selbstwirksamkeitsskala gewertet werden, da hier ein Maß für subjektive Überzeugungen mit einem relativ objektiven Maß, nämlich der Intensität eines korrespondierenden Verhaltens, theoriegerecht im Zusammenhang steht.

Es war keine Überraschung, dass die Lehrer-Selbstwirksamkeitserwartung signifikant negativ mit Burnout assoziiert war, denn dies war theoretisch zu erwarten. Berufsrollenspezifische optimistische Selbstüberzeugungen müssen mit einer geringen Neigung zum Ausbrennen einhergehen. Um dieses Phänomen zu veranschaulichen, dient die Abbildung 2 (Schwarzer & Schmitz, 1999). Hier wurde der Grad der individuellen Lehrer-Selbstwirksamkeit trichotomisiert und mit dem Grad der Depersonalisierung ein Jahr später in Beziehung gesetzt.

Es wäre nun wünschenswert, darüber hinaus zu ermitteln, welche Kausalrichtung dominiert: Beeinflusst die Selbstwirksamkeitserwartung das Ausgebranntsein oder umgekehrt? Theoretisch müsste eher der erste Fall zutreffen, weil anzunehmen ist, dass überdauernde Persönlichkeitsmerkmale wie die Selbstwirksamkeit einen Protektivfaktor gegenüber dem beruflichen Ausbrennen darstellen. Aber streng genommen läßt sich dies weder behaupten noch empirisch prüfen, da sich beide Konstrukte über die berufliche Sozialisation hinweg wechselseitig bedingen dürften. Vor diesem Hintergrund bleibt nur zu fragen, ob sich hier vielleicht eine tendenzielle Prädominanz in der Wirkrichtung auffinden läßt. In diesem Abschnitt wird daher dem Gedanken nachgegangen, dass die zeitverschobene Kreuz-Korrelation (*cross-lagged panel correlation*) stärker zugunsten eines Einflusses der Selbstwirksamkeitserwartung ausfallen müsste, wenn überhaupt ein Unterschied zwischen den sich überkreuzenden Pfaden zu finden ist.

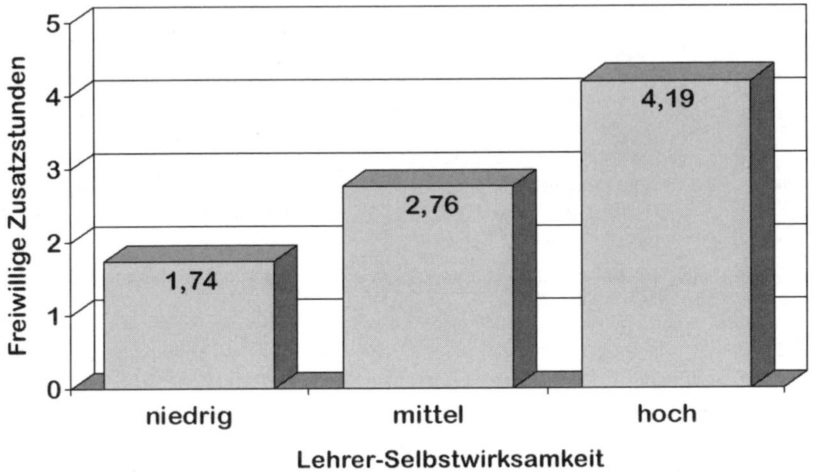

Abbildung 1: Selbstwirksame Lehrer engagieren sich auch außerhalb des Unterrichts. Vorhersage der freiwilligen Zusatzstunden aufgrund von Daten zur Lehrerselbstwirksamkeit, die ein Jahr früher erhoben worden sind (nach Schmitz & Schwarzer, 2002).

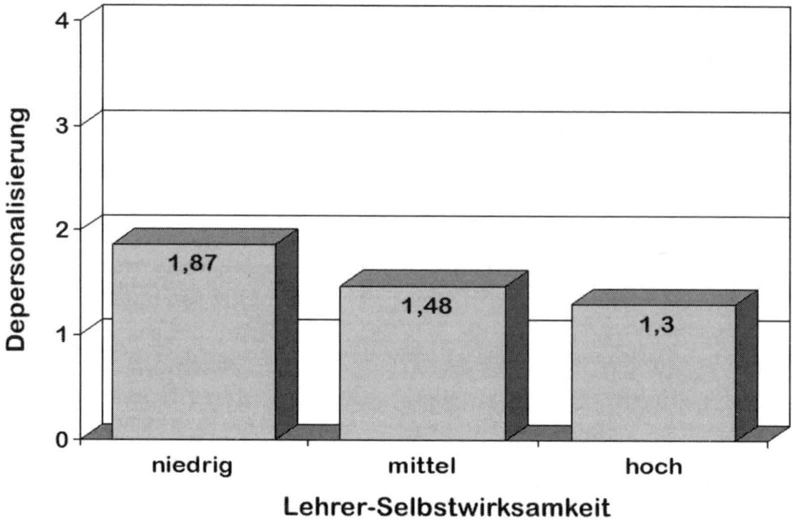

Abbildung 2: Grad der individuellen Lehrer-Selbstwirksamkeit trichotomisiert und Grad der Depersonalisierung ein Jahr später (nach Schmitz & Schwarzer, 2002).

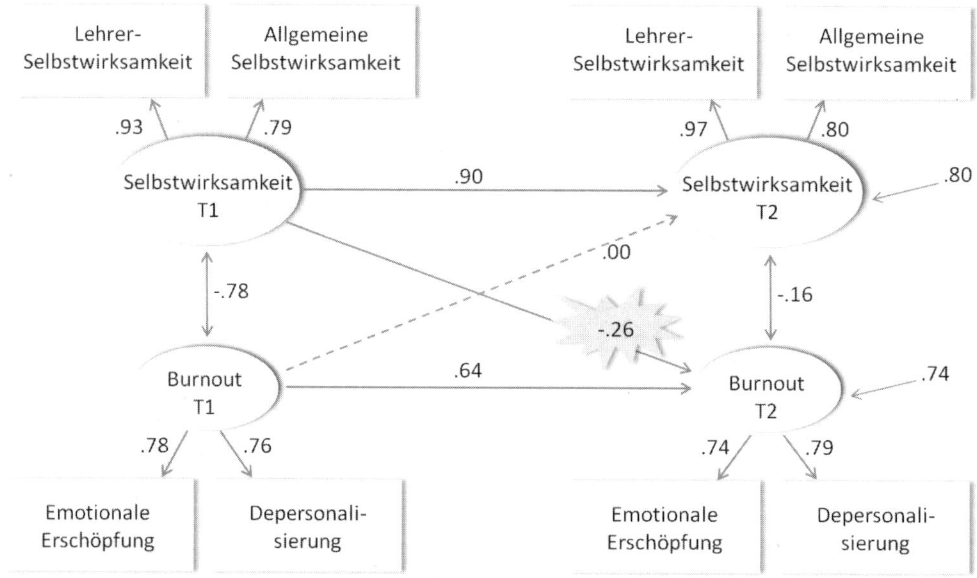

Abbildung 3: Zur gegenseitigen Beeinflussung von Selbstwirksamkeitserwartung und Lehrer-Burnout über ein Jahr hinweg (Schwarzer & Hallum, 2008).

Das Auswertungsdesign bestand aus zwei Konstrukten zu zwei Messzeitpunkten, also vier latenten Größen. Das Lehrer-Selbstwirksamkeits-Konstrukt wurde aus zwei Indikatoren gebildet, das Burnout-Konstrukt ebenfalls aus zwei Indikatoren. Es wurden also insgesamt acht Indikatoren für dieses Einjahres-Intervall verwendet. Für das Konstrukt Selbstwirksamkeitserwartung wurden die allgemeine Selbstwirksamkeitserwartung sowie die individuelle Lehrer-Selbstwirksamkeitserwartung als manifeste Variablen indikatorisiert. Entsprechend dienten für das Konstrukt Burnout die Merkmale emotionale Erschöpfung und Depersonalisierung als Indikatoren. Die dritte Burnout-Dimension (Leistungsverlust) wurde um einer besseren Trennschärfe der Konstrukte willen weggelassen, denn sie hängt sehr hoch mit Selbstwirksamkeitserwartungen zusammen (vgl. Abbildung 3).

Der entscheidende Befund liegt in den beiden zeitverschobenen Kreuzkorrelationen. Der Pfad vom Burnout zur Selbstwirksamkeitserwartung ist null, während der komplementäre Pfad mit –.26 deutlich substantieller ausfällt. Daraus schließen wir, dass die Kausalrichtung tendenziell eher von der Selbstwirksamkeitserwartung zum Burnout führt als umgekehrt. Wir glauben im Sinne von Bandura (1997), dass sich Selbstwirksamkeitserwartung und Burnout vermutlich gegenseitig im Laufe des Berufslebens bedingen, wobei jedoch die protektive Wirkkraft der Selbstwirksamkeitserwartung etwas höher zu veranschlagen ist.

4. Wie entsteht Selbstwirksamkeitserwartung?

Da Selbstwirksamkeit eine wichtige Voraussetzung für kompetente Selbst- und Handlungsregulation darstellt, ist es wünschenswert, solche Kompetenzen zu fördern. Hierzu muss zunächst einmal geklärt werden, wie Selbstwirksamkeitserwartungen entstehen und beeinflusst werden können. Es gibt nach Bandura vier wesentliche Quellen für den Erwerb von Kompetenzerwartungen, die nach der Stärke ihres Einflusses in eine Rangfolge gebracht werden können (vgl. Warner et al., 2011):

1. eigene Erfolgserfahrungen
2. stellvertretende Erfahrungen durch Beobachtung von Verhaltensmodellen
3. sprachliche Überzeugungen (z.B. Fremdbewertung oder Selbstinstruktion)
4. Wahrnehmungen eigener Gefühlserregung

Wohldosierte *Erfolgserfahrungen* sind das stärkste Mittel, um Selbstwirksamkeitserwartungen aufzubauen. Hierfür müssen Erfolge den eigenen Anstrengungen und Fähigkeiten zugeschrieben werden. Es bringt pädagogisch gesehen nichts, wenn man in der Lotterie gewinnt, aber es fördert die Motivation, wenn man sieht, dass sich Anstrengung auszahlt. Erfolge stärken die Selbstwirksamkeit und Misserfolge schwächen sie. Wenn jedoch einmal starke Selbstwirksamkeitsüberzeugungen entstanden sind, haben einzelne Misserfolge kaum mehr schädigenden Einfluss auf die Selbstwirksamkeit, sondern werden konstruktiv in zielgerichtetes Verhalten umgesetzt. Das Vermitteln von Erfolgen und die Sicherung ihrer angemessenen Interpretation geschehen insbesondere durch das *Setzen von Nahzielen* und das *Unterstützen von Bewältigungsstrategien.* Die Konzentration auf Nahziele stellt eine wirksame Strategie für die Entwicklung von Selbstwirksamkeit dar, weil eine sukzessive Erreichung von Teilzielen in kleinen Schritten zunehmende Hinweise des Könnens bzw. der Beherrschung einer bestimmten Fertigkeit zur Verfügung stellen, die allmählich Kompetenzüberzeugungen aufbauen und stabilisieren. Hierbei sind selbstgesetzte Ziele von Vorteil, da man sich ihnen mehr verpflichtet fühlt als fremdgesetzten Zielen. Zu Anfang einer Selbstwirksamkeitsintervention können fremdgesetzte Nahziele in Form spezifischer Empfehlungen eingesetzt werden, die dann mit zunehmender Selbstwirksamkeit von selbstgesetzten Nahzielen abgelöst werden. Des Weiteren können Erfolgserfahrungen die Selbstwirksamkeit steigern, indem Lernziele im Hinblick auf *Zuwächse* an Wissen und Fertigkeiten (durch Erwerb von Lernstrategien, Problemlösetechniken etc.) und nicht auf ein bestimmtes Leistungsniveau als Kriterium gesetzt werden (Schunk, 1996).

Oft gibt es nicht genügend Gelegenheiten, Erfahrungen selbst zu machen. Dann sollten *Verhaltensmodelle* bereitgestellt werden, die zur Nachahmung empfohlen werden. Modelle erzielen dann eine gute Wirkung, wenn sie der Zielperson in Alter, Geschlecht und sonstigen Attributen möglichst ähnlich sind. Am besten wirken „sich selbst enthüllende Bewältigungsmodelle", also solche, die mit einem Problem zu kämpfen haben und dabei deutlich kommunizieren, wie sie damit umgehen und wie sie Schwierigkeiten durch Selbstregulation überwinden.

Die dritte Methode des Erwerbs von Selbstwirksamkeitserwartung liegt in der *Überzeugung*. Man redet jemandem ein, er möge Vertrauen in seine Kompetenz haben, da ein reiches Potential in ihm schlummere, das nur geweckt und entwickelt zu werden bräuchte. Wenn jemand, der Autorität ausstrahlt, eine solche Überzeugung vornimmt (z.B. ein Kollege, der den Beruf schon länger erfolgreich ausübt), dann kann dies wirken. Möglicherweise steigt die Selbstwirksamkeitsüberzeugung dann, bleibt allerdings nur kurzfristig aufrechterhalten, wenn nachfolgende Anstrengungen wiederum erfolglos sind. Überzeugungsversuche werden manchmal auch argwöhnisch durchschaut und können dann gerade das Gegenteil vom Beabsichtigten bewirken. Optimal wäre es, wenn ein kompetenter Mensch einen weniger kompetenten im Sinne von „Coaching" individuell durch Entwicklungskrisen hindurchsteuert.

Gefühlsmäßige Erregung schließlich ist die letzte und schwächste Informationsquelle zur Beeinflussung von Selbstwirksamkeit. Der Erregungszustand kann die Beurteilung der Bewältigungskompetenz mitbestimmen. Hohe Erregung (z.B. ängstliche Aufgeregtheit in der Schule) kann subjektiv interpretiert werden als Hinweis auf die eigenen unzureichenden Kompetenzen, so dass eine erfolgreiche Problembewältigung in geringerem Maße erwartet wird als bei Gelassenheit. Zur Reduktion von Erregung wäre es also wichtig, Fertigkeiten zu erwerben, um schwierige Situationen kognitiv unter Kontrolle zu bringen. Entsprechende Selbstwirksamkeitsüberzeugungen bzw. das Vertrauen, mit schwierigen Situationen zurechtzukommen, reduzieren bereits die Erwartung ängstlicher Erregung im Vorfeld von Anforderungen und dann auch die tatsächlich erlebte Erregung bei der Problembearbeitung.

Für die Entstehung *kollektiver* Lehrer-Selbstwirksamkeit werden die gleichen Quellen angenommen, denn auch wenn dies zunächst ungewöhnlich erscheint, argumentieren Goddard und Kollegen, dass Lehrerkollegien durchaus auf kollektive Erfolgserfahrungen und Verhaltensmodelle zurückgreifen, von ermutigenden Überzeugungversuchen profitieren und sogar kollektiv in Stress geraten können (Goddard, Hoy & Hoy, 2000).

Aufbauend auf einigen dieser von Bandura postulierten Quellen der Selbstwirksamkeit, rät Wong (1997) zu bestimmten Maßnahmen für die Erhöhung der Lehrer-Selbstwirksamkeit. Er empfiehlt zum einen, dass Lehrer in Lehrbereichen, in denen sie sich weniger kompetent fühlen, Unterstützung bekommen sollten, z.B. wenn Probleme durch unterschiedliche kulturelle Hintergründe der Schüler entstehen. Zum anderen sollte die Einführung neuer Lehrmethoden laut Wong idealerweise durch einen auf diesem Gebiet geschulten und erfahrenen Kollegen begleitet werden (Modelllernen). Auch sollte die Möglichkeit bestehen, Erfahrungen mit der neuen Methode in einem offenen und unterstützenden Kollegenkreis zu diskutieren. Ursachen für Misserfolge und Erfolge mit neuen Methoden können so leichter identifiziert und analysiert werden, was zu selbstwirksamkeitsfördernden Attributionen führen sollte (verbale Überzeugung). Da die Forschung zu den Quellen der Lehrer-Selbstwirksamkeit noch in den Kinderschuhen steckt, fordern Klassen und Kollegen (2011) in ihrem Überblick über den Forschungsstand zur Lehrer-Selbstwirksamkeit über die Zeitspanne von 1998 bis 2009 mehr Anstrengung, um valide Skalen zur Erfassung der Quellen der Lehrer-Selbstwirksamkeit zu entwickeln und den Zusammenhang verschiedener Quellen mit der Entwicklung von Selbstwirksamkeit bei Lehrkräften zu untersuchen.

5. Wie wird Lehrer-Selbstwirksamkeit beeinflusst?

Trotz der vielen positiven Effekte, die die Lehrer-Selbstwirksamkeit auf die Lernumgebung haben kann, gibt es relativ wenige experimentelle Untersuchungen, die gezielt die Steigerung der Selbstwirksamkeit von Lehrern, die bereits im Berufsleben stehen, thematisieren (Hagen et al., 1998). Im Folgenden sollen einige der Befunde aus experimentellen Studien berichtet werden, zunächst für Lehrer und dann für angehende Lehrer.

Positive Befunde für den Einsatz der Peer-Coaching-Technik unter Leitung von Sozialpädagogen fanden O'Connor und Korr (1996). Das Prinzip des Peer-Coaching beruht auf dem gegenseitigen Beobachten des Unterrichts gefolgt von Feedback und der Möglichkeit zur Diskussion in kollegialer Atmosphäre (Showers, 1985). Während die Kontrollgruppe, die ihren Unterricht ohne Intervention weiterführte, eine Abnahme ihrer Selbstwirksamkeit verzeichnete, blieben Lehrer der Experimentalgruppe auf ihrem früheren Niveau.

Ein Gruppen-Coaching Ansatz, der explizit auf alle Quellen der Selbstwirksamkeit abzielt, wurde von Ross und Bruce (2007) entwickelt und an Grundschullehrern, die je eine Ganztages-Coaching und drei zweistündige Nachmittagssitzungen erhielten, gegen eine Kontrollgruppe an Grundschullehrern getestet. Obwohl keine signifikanten Effekte auf die Selbstwirksamkeit, neue Unterrichtsmethoden einzuführen und Schüler zu motivieren, gefunden wurde, konnte die Selbstwirksamkeit, eine Klasse zu führen, durch das Coaching gesteigert werden.

Einen Ansatz auf Schulebene wählten Kelm und Mcintosh (2012) mit ihrem „schulumfassenden Programm zur Unterstützung positiven Verhaltens" (School-wide Positive Behavior Support), welches auf die Verbesserung des Schülerverhaltens und des allgemeinen Schulklimas abzielt. Im Vergleich zu den Lehrern der Kontroll-Grundschulen, berichteten die Lehrer der Interventionsschulen eine höhere Lehrer-Selbstwirksamkeit nach dem Programm.

Tschannen-Moran und Hoy (2007) verglichen die Entstehung von Lehrer-Selbstwirksamkeitserwartung bei Berufseinsteigern und Lehrern mit viel Diensterfahrung. Sie stellten fest, dass die Selbstwirksamkeit beider Gruppen vor allem auf vorangegangene Erfolge zurückzuführen war – wie von Bandura (1997) angenommen. Die Selbstwirksamkeit der Neulinge war jedoch auch von verbaler Überzeugung und allgemeinen Ressourcen der Schule abhängig. Die Autoren schlussfolgern, dass Lehrer, die ihren Beruf schon länger ausüben, ihre Selbstwirksamkeit vorwiegend aus ihrer Berufserfahrung ziehen, wohingegen Lehrer, die noch nicht viel Berufserfahrung vorzuweisen haben, noch auf andere Quellen für den Aufbau ihrer Selbstwirksamkeit angewiesen sind.

Den Erfahrungsvorsprung dienstälterer Lehrer untersuchte auch Clifford in einer qualitativen Studie (1999). Sie fand Hinweise auf die Wirkung von Mentoren (Lehrer mit viel Berufserfahrung) auf die Selbstwirksamkeit von berufseinsteigenden Lehrern (Protegés). Untersucht wurden Paare von Mentoren und Protegés, die bereits seit drei Halbjahren zusammen lehrten. Als Ursachen für ihre Selbstwirksamkeit gaben die Protegés die positiven Reaktionen der Kinder (Erfolgserlebnis), die Unterstützung durch den Mentor (Modell) und die Unterstützung durch andere Bekannte an (verbale Überzeugung). Ähnlich fielen auch die Ergebnisse der Arbeit von Locasale-Crouch (2008) aus, die fand, dass die verbrachte Zeit mit dem Mentor und die Beziehung zum Mentor die Selbstwirksamkeit der berufseinsteigenden Lehrer positiv beeinflussten.

Hagen und Kollegen (1998) fanden viel versprechende Effekte einer Intervention für angehende Lehrer, die zwei Quellen für Selbstwirksamkeit ansprach – Erfolgserlebnisse und verbale Überzeugung. Sie konnten zeigen, dass ein 30-minütiges Video zum Umgang mit problematischen Schülern die Selbstwirksamkeit der angehenden Lehrer im Umgang mit diesen Schülern signifikant erhöhte im Vergleich zu einer Kontrollgruppe, die ein Video zum Umgang mit behinderten Menschen in der Gesellschaft sah.

Parameswaran (1998) führte ein Experiment an Lehramtsstudenten durch. Die Experimentalgruppe verbrachte als Teil eines Seminars Zeit in Gemeindezentren der Stadt. Diese Gemeindezentren befassten sich mit Opfern häuslicher Gewalt, Jugendlichen kultureller Minderheiten und Jugendlichen mit körperlichen oder geistigen Benachteiligungen. Die Kontrollgruppe bekam zu derselben Zeit das Standardseminar für Lehramtsstudenten an der Universität. Die Erfahrungen im Feld führten bei der Experimentalgruppe zur Erhöhung der allgemeinen Lehrer-Selbstwirksamkeit und zur Erhöhung der spezifischen Selbstwirksamkeit in Bezug auf den Umgang mit kulturellen Unterschieden zwischen Schülern.

Im Zusammenhang mit der Selbstwirksamkeit von Lehramtsstudenten der Naturwissenschaft und Technik konnte gezeigt werden, dass nicht die Kurse zur Wissensvermittlung, sondern besonders die Kurse zur Vermittlung von Lehrmethoden zur Erhöhung der Selbstwirksamkeit führten (Appleton, 1995; Cantrell, Young & Moore, 2003; Palmer, 2002; Watters & Ginns, 2000). Methoden für universitäre Didaktikkurse, die sich bewährten, um die Einstellungen, Handlungsergebniserwartungen und die Selbstwirksamkeit von Lehramtsstudenten zu verbessern, sind die Anwendung von Fragetechniken (Jarrett, 1999; Posnanski, 2002), praktische Kurselemente (Butts, Koballa Jr. & Elliot, 1997), Gruppenarbeit (van Zee, Lay & Roberts, 2003), Herstellung von Rückbezügen zur Praxis (Kelly, 2000), Übungen zum eigenen Lehren (Cannon & Scharmann, 1996; Cantrell et al., 2003; Kelly, 2000), Mentoren als Modelle guter Lehre (Rice & Roychoudhury, 2003) und ein Kursklima, das auf Spaß und Erfolg gleichermaßen abzielt (Watters & Ginns, 2000).

6. Schlussfolgerungen

Die funktionale Bedeutung des Konstrukts der kollektiven oder der individuellen Lehrer-Selbstwirksamkeitserwartung dürfte vor allem in der Prävention von Burnout, in der Unterstützung von Schulreformbewegungen und in der systemischen Schulberatung liegen. In den oben genannten Studien gab es einen negativen Zusammenhang mit allen drei Burnout-Indikatoren. Sieht man einmal von der hohen Beziehung zwischen Selbstwirksamkeitserwartung und Leistungsverlust ab, weil sich die beiden konzeptuell überlappen und somit trivialerweise assoziiert sein müssen, bestehen die engsten Zusammenhänge zwischen Selbstwirksamkeitserwartung und Depersonalisierung. Lehrer, die ihre Schüler eher in zynischer Art wie Objekte behandeln („das Schülermaterial"), weisen im Durchschnitt ein geringeres Ausmaß an Selbstwirksamkeitserwartung auf. Gerade hier könnte die Hypothese von der Selbstwirksamkeitserwartung als Schutzfaktor gegen das Ausbrennen auf dem Wege über gezielte Interventionen überprüft werden.

Innovationsprozesse im Bildungswesen beruhen unter anderem auch auf kollektiver Selbstwirksamkeitserwartung. Nur wenn die Kollegien ihre gemeinsame Kompetenz zur Systemveränderung optimistisch einschätzen, kann man ernsthafte und hartnäckige Bemühungen zur Verbesserung von Schule insgesamt erwarten. Ist dies nicht der Fall, dann bleibt aber immer noch die Möglichkeit für private Innovationen und eine Verbesserung des individuellen Unterrichts und Führungsstils von einzelnen Lehrern. Daher erscheint es plausibel, das Miteinander von individueller und kollektiver Lehrer-Selbstwirksamkeitserwartung bei schulischen Innovationsprozessen für bedeutsam zu erachten.

Wenn subjektive Einschätzungen zwischen oder innerhalb von Schulen weit auseinander klaffen, ergibt sich ein Anlass für eine psychologisch fundierte Schulberatung. Wenn zum Beispiel bei den Frauen eines Kollegiums der kollektive Aspekt akzentuiert wird, bei den Männern aber der individuelle, dann spricht dies für Einstellungen oder Praktiken, die eine übergreifende Teamarbeit beeinträchtigen. Die Frauen fühlen sich dann stark in der Gruppe, während die

Männer Einzelkämpfer geblieben oder geworden sind. Fokussiert auf diese Fragen müsste man Lehrerinnen und Lehrer einer Schule über einen größeren Zeitraum hinweg wissenschaftlich begleiten, um zu entscheiden, ob dieses Muster aus früheren Berufs- oder Lebenskontexten tradiert wurde oder ob es eine Reaktion auf die besondere Dynamik einer Schule darstellt. In diesem Zusammenhang empfiehlt sich ebenfalls eine Betrachtung von organisationspsychologisch relevanten Einflussgrößen.

Selbstwirksamkeit stellt in schulischen Lernumwelten natürlich nicht die einzige Einflussvariable für Lernen und Leistung dar. Vielmehr wird sowohl Lehrer- als auch Schülerverhalten ebenso von Vorwissen, von Fähigkeiten und den erwarteten Konsequenzen sowie deren Anreizen mitbestimmt. Wenn Vorwissen oder Fähigkeiten nicht gegeben sind, nutzt Selbstwirksamkeit relativ wenig, da sie eine Überschätzung eigener Möglichkeiten bedeuten kann.

Generell möchten wir davor warnen, einzelne Konstrukte zu überschätzen. Sie sind keine Allheilmittel. Sie sind lediglich ein Element in einem größeren theoretischen Rahmen. Die sozial-kognitive Theorie von Bandura (Bandura, 1997, 2001) stellt einen breiten Rahmen dar. Auch andere Handlungsmodelle bedienen sich des Konstrukts der Selbstwirksamkeitserwartung (Schwarzer, 2008). Lernen und Leistung werden heute oft vor dem Hintergrund von selbstregulativen Zielerreichungsprozessen gesehen. Diese kommen ohne die Selbstwirksamkeit nicht aus.

Literatur

Allinder, R. M. (1994). The relationship between efficacy and the instructional practices of special education teachers and consultants. *Teacher Education and Special Education, 17*(2), 86-95.

Anderson, R., Greene, M. & Loewen, P. (1988). Relationships among teachers' and students' thinking skills, sense of efficacy, and student achievement. *Alberta Journal of Educational Research, 34*(2), 148-165.

Appleton, K. (1995). Student teachers' confidence to teach science: Is more science knowledge necessary to improve self-confidence? *International Journal of Science Education, 17*(3), 357-369.

Ashton, P. T. & Webb, R. (1986). *Making a difference: Teachers' sense of efficacy and student achievement.* New York: Longman.

Bandura, A. (1992). Exercise of personal agency through the self-efficacy mechanism. In R. Schwarzer (Ed.): *Self-efficacy: Thought control of action* (pp. 3-38). Washington: Hemisphere.

Bandura, A. (1993). Perceived self-efficacy in cognitive development and functioning. *Educational Psychologist, 28*(2), 117-148.

Bandura, A. (1997). *Self-efficacy: The exercise of control.* New York: Freeman.

Bandura, A. (2001). Social Cognitive Theory. An agentic perspective. *Annual Review of Psychology, 52*, 1-26.

Brockmeyer, R. & Edelstein, W. (1997). *Selbstwirksame Schulen. Wege pädagogischer Innovation.* Oberhausen: Verlag Karl Maria Laufen.

Brouwers, A. & Tomic, W. (2000). A longitudinal study of teacher burnout and perceived self-efficacy in classroom management. *Teaching and Teacher Education, 16*(2) 239-253.

Brown, C. G. (2012). A systematic review of the relationship between self-efficacy and burnout in teachers. *Educational and Child Psychology, 29*(4), 47-63.

Butts, D. P., Koballa Jr., T. R. & Elliot, T. D. (1997). Does participating in an undergraduate elementary science methods course make a difference? *Journal of Elementary Science Education, 9*(2), 1-17.

Cannon, J. R. & Scharmann, L. C. (1996). Influence of a cooperative early field experience on preservice elementary teachers' science self-efficacy. *Science Education, 80*(4), 419-436.

Cantrell, P., Young, S. & Moore, A. (2003). Factors affecting science teaching efficacy of preservice elementary teachers. *Journal of Science Teacher Education, 14*(3), S. 177-192.

Clifford, E. F. (1999). A descriptive study of mentor-protegé relationships, mentors' emotional empathic tendency, and protegés' teacher self-efficacy belief. *Early Child Development and Care, 156*(1), 143-154.

Coladarci, T. (1992). Teachers' sense of efficacy and commitment to teaching. *Journal of Experimental Education, 60*(4), 323-337.

Edelstein, W. (2002). Selbstwirksamkeit, Innovation und Schulreform. Zur Diagnose der Situation. *Zeitschrift für Pädagogik, 44. Beiheft*, 13-27.

Egyed, C. J. & Short, R. J. (2006). Teacher self-efficacy, burnout, experience and decision to refer a disruptive student. *School Psychology International, 27*(4), 462-474.

Evans, E. D. & Tribble, M. (1986). Perceived teaching problems, self-efficacy and commitment to teaching among preservice teachers. *Journal of Educational Research, 80*(2), 81-85.

Ghaith, G. & Yaghi, M. (1997). Relationships among experience, teacher efficacy and attitudes toward the implementation of instructional innovation. *Teaching and Teacher Education, 13*(4), 451-458.

Gibson, S. & Dembo, M. H. (1984). Teacher efficacy: A construct validation. *Journal of Educational Psychology, 76*(4), 569-582.

Glickman, C. & Tamashiro, R. (1982). A comparison of first-year, fifth-year, and former teachers on efficacy, ego development, and problem solving. *Psychology in Schools, 19*(4), 558-562.

Goddard, R. D. (2001). Collective efficacy: A neglected construct in the study of schools and student achievement. *Journal of Educational Psychology, 93*(3), 467-476.

Guskey, T. R. (1984). The influence of change in instructional effectiveness upon the affective characteristics of teachers. *American Educational Research Journal, 21*(2), 245-259.

Hagen, K. M., Gutkin, T. B., Wilson, C. P., & Oats, R. G. (1998). Using vicarious experience and verbal persuasion to enhance self-efficacy in pre-service teachers: ‚Priming the pump' for consultation. *School Psychology Quarterly, 13*(2), 169-178.

Henson, R. K. (2002). From adolescent angst to adulthood: Substantive implications and measurement dilemmas in the development of teacher efficacy research. *Educational Psychologist, 37*(3), 137-150.

Jarrett, O. S. (1999). Science interest and confidence among preservice elementary teachers. *Journal of Elementary Science Education, 11*(1), 47-57.

Jennett, H. K., Harris, S. L. & Mesibov, G. B. (2003). Commitment to philosophy, teacher efficacy, and burnout among teachers of children with autism. *Journal of Autism & Developmental Disorders, 33*(6), 583-593.

Jerusalem, M. & Schwarzer, R. (1992). Self-efficacy as a resource factor in stress appraisal processes. In R. Schwarzer (Ed.), *Self-efficacy: Thought control of action* (pp. 195-213). Washington, D.C.: Hemisphere.

Goddard, R. D., Hoy, W. K. & Hoy, A. W. (2000). Collective teacher efficacy: Its meaning, measure, and impact on student achievement. *American Educational Research Journal, 37*(2), 479-507.

Kelly, J. (2000). Rethinking the elementary science methods course: A case for content, pedagogy, and informal science education. *International Journal of Science Education 22*(7), S. 755-777.

Kelm, J. L. & McIntosh, K. (2012). Effects of school-wide positive behavior support on teacher self-efficacy. *Psychology in the Schools, 49*(2), 137-147.

Klassen, R. M. & Chiu, M. M. (2010). Effects on teachers' self-efficacy and job satisfaction: Teacher gender, years of experience, and job stress. *Journal of Educational Psychology, 102*(3), 741-756.

Klassen, R. M., Tze, V. M. C., Betts, S. M. & Gordon, K. A. (2011). Teacher efficacy research 1998–2009: Signs of progress or unfulfilled promise? *Educational Psychology Review, 23*(1), 21-43.

Locasale-Crouch, J. (2008). *Variation in new teachers' induction experience and contributions to self-efficacy, reflection, quality, and retention.* ProQuest Information & Learning, US.

Maslach, C. & Jackson, S. E. (1986). *Maslach burnout inventory manual.* Palo Alto: Consulting Psychologists Press.

Maslach, C., Jackson, S. E. & Leiter, M. P. (1996). *Maslach burnout inventory manual.* Palo Alto: Consulting Psychologists Press.

Meijer, C. J. & Foster, S. F. (1988). The effect of teacher self-efficacy on referral chance. *Journal of Special Education, 22*(3), 378-385.

Myers, N. D. & Feltz, D. L. (2007). From self-efficacy to collective efficacy in sport. In G. Tenenbaum, R. C. Eklund (Eds.), *Handbook of sport psychology* (3rd ed.) (pp. 799-819). Hoboken, N.J.: Wiley.

Midgley, C., Feldlaufer, H. & Eccles, J. (1989). Change in teacher efficacy and student self- and taskrelated beliefs in mathematics during the transition to junior high school. *Journal of Educational Psychology, 81*(2), 247-258.

O'Connor, R. & Korr, W. S. (1996). A model for school social work facilitation of teacher self-efficacy and empowerment. *Social Work in Education, 18*(1), 45-51.
Palmer, D. H. (2002). Factors contributing to attitude exchange amongst preservice elementary teachers. *Science Education, 85*(6), S. 122.
Parameswaran, G. (1998). Incorporating multi-cultural issues in educational psychology classes using field experiences. *Journal of Instructional Psychology, 25*(1), 9-13.
Podell, D. M. & Soodak, L. C. (1993). Teacher efficacy and bias in special education referrals. *Journal of Educational Research, 86*(4), 247-253.
Posnanski, T. J. (2002). Professional development programs for elementary science teachers: An analysis of teacher self-efficacy beliefs and a professional development model. *Journal of Science Teacher Education, 13*(2), 189-220.
Rice, D. C. & Roychoudhury, A. (2003). Preparing more confident preservice elementary science teachers: One elementary science methods teacher's self-study. *Journal of Science Teacher Education, 14*(2), 97-126.
Riggs, I. & Enochs, L. (1990). Toward the development of an elementary teacher's science teaching efficacy belief instrument. *Science Education, 74*(6), 625-638.
Ross, J. A. (1992). Teacher efficacy and the effect of coaching on student achievement. *Canadian Journal of Education, 17*(1), 51-65.
Ross, J. & Bruce, C. (2007). Professional development effects on teacher efficacy: Results of a randomized field trial. *The Journal of Educational Research, 101*(1), 50-60.
Schmitz, G. S. & Schwarzer, R. (2002). Individuelle und kollektive Selbstwirksamkeitserwartung von Lehrern. *Zeitschrift für Pädagogik, 44. Beiheft*, 192-214.
Schunk, D. H. (1995). Self-efficacy and education and instruction. In J. E. Maddux (Ed.), *Self-efficacy, adaptation, and adjustment. Theory, research, and application* (pp. 281-303). New York: Plenum.
Schunk, D. H. (1996). Goal and self evaluative influences during children's cognitive skill learning. *American Educational Research Journal 33*(2), 359-382.
Schwarzer, R. (2004). *Psychologie des Gesundheitsverhaltens* (3. Aufl.). Göttingen: Hogrefe.
Schwarzer, R. (2008). Modeling health behavior change: How to predict and modify the adoption and maintenance of health behaviors. *Applied Psychology: An International Review 57*(1), 1-29.
Schwarzer, R. & Hallum, S. (2008). Perceived teacher self-efficacy as a predictor of job stress and burnout. *Applied Psychology: An International Review. Special Issue: Health and Well-Being, 57*(1), 152-171.
Schwarzer, R. & Satow, L. (2003). Entwicklung schulischer und sozialer Selbstwirksamkeitserwartung. Eine Analyse individueller Wachstumskurven. *Psychologie in Erziehung und Unterricht, 50*(2), 168-181.
Schwarzer, R. & Schmitz, G. S. (1999). Kollektive Selbstwirksamkeitserwartung von Lehrern: Eine Längsschnittstudie in zehn Bundesländern. *Zeitschrift für Sozialpsychologie, 30*(4), 262-274.
Schwarzer, R., Schmitz, G. S. & Tang, C. (2000). Teacher burnout in Hong Kong and Germany: A cross-cultural validation of the Maslach Burnout Inventory. *Anxiety, Stress, and Coping: An International Journal, 13*(3), 309-326.
Schwerdtfeger, A., Konermann, L. & Schönhofen, K. (2008). Self-efficacy as a health-protective resource in teachers? A biopsychological approach. *Health Psychology, 27*(3), 358-368.
Showers, B. (1985). Teachers coaching teachers. *Educational Leadership, 42*(7), 43-48.
Skaalvik, E. M. & Skaalvik, S. (2007). Dimensions of teacher self-efficacy and relations with strain factors, perceived collective teacher efficacy, and teacher burnout. *Journal of Educational Psychology, 99*(3), 611-625.
Soodak, L. C. & Podell, D. M. (1993). Teacher efficacy and student problem as factors in special education referral. *The Journal of Special Education, 27*(1), 66-81.
Trentham, L., Silvern, S. & Brogdon, R. (1985). Teacher efficacy and teacher competency ratings. *Psychology in Schools, 22*(3), 343-352.
Tschannen-Moran, M., Woolfolk Hoy, A. & Hoy, W. K. (1998). Teacher efficacy: Its meaning and measure. *Review of Educational Research, 68*(2), 202-248.
Tschannen-Moran, M. & Hoy, A. W. (2007). The differential antecedents of self-efficacy beliefs of novice and experienced teachers. *Teaching and Teacher Education, 23*(6), 944-956.
van Zee, E. & Lay, D. & Roberts, D. (2003). Fostering collaborative inquiries by prospective and practicing elementary and middle school teachers. *Science Education, 87*(4), 588-612.

Warner, L. M., Schüz, B., Knittle, K., Ziegelmann, J. P., & Wurm, S. (2011). Sources of perceived self-efficacy as predictors of physical activity in older adults. *Applied Psychology: Health and Well-Being, 3*(2), 172-192. (doi: 10.1111/j.1758-0854.2011.01050.x)

Watters, J. J. & Ginns, I. S. (2000). Developing motivation to teach elementary science: Effect of collaborative and authentic learning practices in preservice education. *Journal of Science Teacher Education, 11*(4), 301-321.

Wong, B. Y. L. (1997). Clearing hurdles in teacher adoption and sustained use of research-based instruction. *Journal of Learning Disabilities, 30*(5), 482-485.

Zaccaro, S. J.; Blair, V., Peterson, C., & Zananis, M. (1995). Collective efficacy. In J. E. Maddux (Ed.), *Self-efficacy, adaptation, and adjustment: Theory, research, and application* (pp. 305-328). New York: Plenum.

Zimmerman, B. J. (2000). Self-efficacy: An essential motive to learn. *Contemporary Educational Psychology, 25*(1), 82-91.

ANHANG 1

Individuelle Lehrer-Selbstwirksamkeitserwartung (Schwarzer & Schmitz, 1999)

1. Ich bin mir sicher, dass ich auch mit den problematischen Schülern in guten Kontakt kommen kann, wenn ich mich darum bemühe.
2. Ich weiß, dass ich zu den Eltern guten Kontakt halten kann, selbst in schwierigen Situationen.
3. Ich weiß, dass ich es schaffe, selbst den problematischsten Schülern den prüfungsrelevanten Stoff zu vermitteln.
4. Ich bin mir sicher, dass ich mich in Zukunft auf individuelle Probleme der Schüler noch besser einstellen kann.
5. Selbst wenn mein Unterricht gestört wird, bin ich mir sicher, die notwendige Gelassenheit bewahren zu können.
6. Selbst wenn es mir mal nicht so gut geht, kann ich doch im Unterricht immer noch gut auf die Schüler eingehen.
7. Auch wenn ich mich noch so sehr für die Entwicklung meiner Schüler engagiere, weiß ich, dass ich nicht viel ausrichten kann. (–)
8. Ich bin mir sicher, dass ich kreative Ideen entwickeln kann, mit denen ich ungünstige Unterrichtsstrukturen verändere.
9. Ich traue mir zu, die Schüler für neue Projekte zu begeistern.
10. Ich kann innovative Veränderungen auch gegenüber skeptischen Kollegen durchsetzen.

Mit (–) gekennzeichnete Items müssen umgepolt werden.

Das Antwortformat ist vierstufig:
(1) stimmt nicht, (2) stimmt kaum, (3) stimmt eher, (4) stimmt genau.

ANHANG 2

Kollektive Lehrer-Selbstwirksamkeitserwartung (Schwarzer & Schmitz, 1999)

1. Da wir dieselben pädagogischen Absichten verfolgen, können wir Lehrer auch mit „schwierigen“ Schülern an dieser Schule klarkommen.
2. Ich glaube an das starke Innovationspotential in unserem Lehrerkollegium, mit dem wir auch unter widrigen Umständen Neuerungen durchsetzen können.
3. Ich bin davon überzeugt, dass wir als Lehrer gemeinsam für pädagogische Qualität sorgen können, auch wenn die Ressourcen der Schule geringer werden sollten.
4. Ich bin sicher, dass wir als Lehrer pädagogische Fortschritte erzielen können, denn wir ziehen gemeinsam an einem Strang und lassen uns nicht von den Alltagsschwierigkeiten aus dem Konzept bringen.
5. Unser Lehrerteam kann sich kreative Sachen ausdenken, um das Schulleben effektiv zu verändern, auch wenn die äußeren Bedingungen dafür nicht günstig sind.
6. Wir werden ganz gewiss pädagogisch wertvolle Arbeit leisten können, weil wir eine kompetente Lehrergruppe sind und an schwierigen Aufgaben wachsen können.
7. Auch aus pädagogischen Fehlern und Rückschlägen können wir Lehrer viel lernen, solange wir auf unsere gemeinsame Handlungskompetenz vertrauen.
8. Trotz der Systemzwänge können wir die pädagogische Qualität unserer Schule verbessern, weil wir ein gut eingespieltes und leistungsfähiges Team sind.
9. Ich habe Vertrauen, dass wir Lehrer es an unserer Schule gemeinsam schaffen können, pädagogische Projekte in die Tat umzusetzen, auch wenn Schwierigkeiten auftreten.
10. Es gelingt uns, auch „schwierige“ Eltern von unseren pädagogischen Zielen zu überzeugen, weil wir als einheitliche Lehrergruppe auftreten.
11. Ich bin mir sicher, dass wir Lehrer durch gemeinsames Handeln auch dann ein gutes Schulklima erzeugen können, wenn uns die Arbeit über den Kopf wächst.
12. Auch mit außergewöhnlichen Vorfällen können wir zurechtkommen, da wir uns im Kollegium gegenseitig Rückhalt bieten.

Das Antwortformat ist vierstufig:

(1) stimmt nicht, (2) stimmt kaum, (3) stimmt eher, (4) stimmt genau.

Tina Hascher & Andreas Krapp

Forschung zu Emotionen von Lehrerinnen und Lehrern

1. Einführung

Obwohl wir aus alltäglicher Erfahrung wissen, dass Emotionen einen starken Einfluss auf das menschliche Handeln haben, wurde das Thema in der empirischen Forschung zum Lehrberuf lange Zeit nur stiefmütterlich behandelt. Das lag vor allem an der Vorherrschaft kognitiver Theorien in den psychologischen Bezugsdisziplinen. Inzwischen gibt es jedoch zahlreiche Forschungsansätze, die sich explizit mit der Bedeutung emotionaler Faktoren für das Lehren und Lernen in der Schule befassen. Im Vordergrund standen bis vor wenigen Jahren die Emotionen von Lernenden; erst seit kurzem befasst sich die Forschung verstärkt mit der Entstehung und Wirkungsweise von Lehreremotionen.

Im folgenden Abschnitt geben wir einen kurzen Überblick über die Entwicklung der Forschung zu Emotionen von Lehrenden, bevor wir uns mit konzeptuellen Überlegungen und einschlägigen Theorien und Modellen befassen. Im Zentrum des Kapitels stehen (neuere) Forschungsansätze zur Entstehung und Wirksamkeit von Lehreremotionen. Eine kritische Würdigung des aktuellen Forschungsstandes und Schlussfolgerungen für die künftige Forschung schließen das Kapitel ab.

2. Entwicklung der Forschung

Betrachtet man die Forschung zu Lehreremotionen aus einem historischen Blickwinkel, wird ersichtlich, dass das Interesse an diesem Thema stark von den jeweils vorherrschenden wissenschaftlichen Strömungen und Forschungsparadigmen bestimmt wird. In der Frühzeit der empirischen Schulforschung, die stark phänomenologisch orientiert war, wurden emotionale Sachverhalte stets als integrale Bestandteile des Erlebens und Verhaltens interpretiert. Ein deutlicher Einschnitt vollzog sich in der Zeit des Behaviorismus, der in der Mitte des letzten Jahrhunderts zunächst in den USA und später auch in Europa einen nachhaltigen Einfluss auf die empirisch-pädagogische Forschung hatte. In der Psychologie dominierte eine streng verhaltensorientierte Wissenschaftsauffassung, die lediglich die von außen beobachtbaren Sachverhalte (Reize, Reaktionen) als objektivierbare Gegenstände der wissenschaftlichen Analyse akzeptierte. Kognitionen und Emotionen wurden gleichermaßen der wissenschaftlich nicht zugänglichen „black box“ zugerechnet. Nach der sogenannten kognitiven Wende in der Psychologie in den 1970er Jahren war die Forschung zwar wieder bereit, sich wissenschaftlich mit den innerpsychischen Prozessen zu befassen, aber das nun vorherrschende Wissenschaftsparadigma orientierte sich an einem kognitiv-rationalen Handlungsmodell, in dem emotionale Faktoren des Erlebens und Verhaltens wiederum weitgehend ausgeklammert wurden. Berücksichtigt wurden allenfalls kognitive Repräsentationen des emotionalen Erlebens, z.B. das Wissen über oder Erinnerungen an emotionale Reaktionen und Erfahrungen.

Neben dem Mainstream der empirischen Forschung, der sich an den aktuell dominierenden psychologischen Theorien orientierte, gab es allerdings immer wieder einflussreiche wissenschaftliche Strömungen, die sich aus einer pädagogischen Sicht explizit mit Lehreremotionen befassten. Ein typisches Beispiel ist der Sammelband von Oerter und Weber (1975) mit dem Titel

„Der Aspekt des Emotionalen in Unterricht und Erziehung". Lehreremotionen werden hier als Determinanten der pädagogischen *Interaktion* beschrieben. Ein weiteres Beispiel sind die Forschungsarbeiten zur *Lehrerangst* (z.B. Coates & Thoresen, 1976). Theorien der Angst (z.B. Krohne, 1976; Schwarzer, 1987) wurden anfangs nur auf das Schülerverhalten bezogen und zur Beschreibung und Erklärung von Lern- und Leistungsunterschieden eingesetzt (z.B. Gehlert, 1975; Schwarzer, 1975). Später wagten es einige Autoren sich mit den Ängsten von Lehrpersonen zu befassen. Brück (1978), Keavney und Sinclair (1978), Witte (1982) und Peez (1983) machten darauf aufmerksam, dass die Angst von Lehrpersonen vor ihren Schülerinnen und Schülern keine Seltenheit ist, sondern als ein alltägliches Phänomen betrachtet werden muss. Diese Angst kann nicht nur als eine Form der Bewertungsangst verstanden werden (Zeidner & Matthews, 2005), sondern ebenfalls ein Indikator für Wert-Konflikte sein (Joseph, 1975). Weidenmann (1978) stellte die Lehrerangst in den Kontext der beruflichen Belastung. In der Folge wurde das Thema jedoch kaum weiter verfolgt und nur noch vereinzelt rezipiert (z.B. Jehle & Krause, 1994; Katschnig, 2004). Angst kann auch im Hochschulkontext entstehen, wenn Lehrende insbesondere am Anfang des Semesters Angst davor haben, vor der Gruppe zu stehen, den Unterricht zu verantworten, nicht angemessen mit Fragen oder unfreundlichen Studierendenkommentaren umgehen zu können (Gardner & Leak, 1994).

Als ein Meilenstein der Emotionsforschung kann die Entwicklung der psychologischen *Stressforschung* bezeichnet werden. Hier ist insbesondere auf die Theorie von Lazarus (1966) zu verweisen, die zuerst in der Arbeitspsychologie und später auch in der empirischen Schulforschung aufgegriffen wurde (siehe die Beiträge von Lehr, Krause & Dorsemagen, in diesem Band). Einen wichtigen Einfluss hatten auch die Theorien und Untersuchungen zur *Berufszufriedenheit* (Bruggemann, Groskurth & Ulich, 1975) , die u.a. von Rudow (1994) auf „die Arbeit des Lehrers" übertragen und zum Beispiel von Bieri (2006) weitergeführt wurden.

Trotz dieser einflussreichen Forschungslinien zu einzelnen emotional bedeutsamen Sachverhalten gab es bis in die 1990er Jahre keine systematisch angelegte Emotionsforschung im Kontext von Schule und Unterricht. Sie etablierte sich erst als man eingesehen hatte, dass emotionale Faktoren im menschlichen Erleben und Verhalten eine entscheidende Rolle spielen. Die pädagogisch-psychologische Emotionsforschung beschränkte sich zunächst auf die Analyse von Emotionen bei Lernenden. Konkret bedeutete dies eine Ausweitung und Ausdifferenzierung der in den 1970er Jahren begonnenen Schulangstforschung auf der Grundlage von Klassifikationsmodellen zur Differenzierung leistungsrelevanter Emotionen wie z.B. Freude, Ärger, Langweile etc. (vgl. Möller & Köller, 1996; Pekrun, 1998; Pekrun, Goetz, Titz & Perry, 2002). Inzwischen gibt es dazu eine reichhaltige Forschungsliteratur. Einen Überblick geben Sammelbände (z.B. Schutz & Pekrun, 2007) und Themenhefte in pädagogisch-psychologischen Fachzeitschriften (z.B. Linnebrink, 2006; Schutz & Lanehart, 2002). Eine Zusammenstellung von Befunden zu positiven Emotionen *und Wohlbefinden* in der Schule findet sich in Hascher und Edlinger (2009) und Hascher (2011, 2012).

In den letzten Jahren ist eine deutliche Zunahme des Forschungsinteresses an Lehreremotionen zu verzeichnen. Ein wichtiger Auslöser dafür war die insbesondere in den USA als Problem wahrgenommene Frustration der Lehrkräfte im beruflichen Alltag. Diese führte zu einer starken Fluktuation in den Lehrberufen, einer wachsenden Zahl von Aussteigerinnen und Aussteigern (Schutz & Zembylas, 2009b) und einer ungewöhnlich hohen Quote von Burnout und anderen Symptomen psychischer Belastung. Hier spielen offensichtlich emotionale Faktoren eine zentrale Rolle (vgl. die entsprechenden Beiträge in Kapitel VIII dieses Handbuchs), die auch in der Arbeitspsychologie zunehmende Aufmerksamkeit erfuhr (z.B. Askanasy, Härtel & Zerbe, 2000; Ashkanasy, Zerbe & Härtel, 2002; Zerbe, Ashkanasy & Härtel, 2013). Es wurde zunehmend erkannt und illustriert, dass der Lehrberuf eine Tätigkeit mit hohem emotionalem Gehalt ist (z.B.

Zembylas, 2004). Hinzu kommt der Aufschwung in einem Gebiet, das in Anlehnung an den Vorschlag von Martin Seligman „Positive Psychologie“ genannt wird. Exemplarisch kann das „Journal of Positive Psychology“ angeführt werden, das Beiträge aus Forschung und Praxis versammelt, die der Frage zur Entwicklung und Förderung von personalen Ressourcen und positiven Emotionen wie Wohlbefinden, Freude und Zufriedenheit nachgehen.

3. Theoretische Grundlagen und konzeptuelle Probleme der Forschung zu Lehreremotionen

Die in den aktuellen Studien zu Lehreremotionen behandelten Forschungsfragen sind breit gestreut (vgl. Schutz & Zembylas, 2009a). Sie beziehen sich einerseits auf die Hintergründe oder die „Ursachen“ von Lehreremotionen und andererseits auf deren Effekte auf die Lehrer-Schüler-Interaktion sowie – in längerfristiger Perspektive – auf die Entwicklung der Lehrperson im Verlauf ihrer beruflichen Karriere. Die empirische Forschung orientiert sich dabei an unterschiedlichen theoretischen Konzepten und Modellvorstellungen.

3.1 Anmerkungen zum Begriff „Emotion“

Sowohl in der Alltagssprache als auch in der wissenschaftlichen Literatur gibt es eine Reihe von Konzepten, die mit dem Begriff *Emotion* in engem Zusammenhang stehen und zum Teil synonym verwendet werden, z.B. Gefühl, Stimmung, Wohlbefinden, Affekt. In der wissenschaftlichen Literatur hat sich der Begriff *Emotion* als Leitbegriff durchgesetzt.

Emotionen können als Gefühlsregungen interpretiert werden, die relativ konkret bestimmbar sind und sich meist auf einen Auslöser zurückführen lassen: Ein Lehrer freut sich über die gelungene Unterrichtstunde ärgert sich über das Verhalten eines Schülers etc. Emotionen zu empfinden bedeutet, von etwas berührt zu sein. Sie bewirken, dass die aktuelle Befindlichkeit einer Person in den Mittelpunkt ihres Bewusstseins gerückt wird. Bei genauer Betrachtung ist das emotionale Erleben ein vielschichtiges und komplexes Phänomen, das nicht mit einer allgemein verbindlichen Definition hinreichend genau umschrieben werden kann (vgl. Fredrickson, 2001; Linnebrink, 2006; Russell, 2003; Ulich & Mayring, 1992).

Die in alltagssprachlichen Interpretationen häufig anzutreffende Gegenüberstellung von Emotion versus Kognition ist wissenschaftlich nicht gerechtfertigt. Vielmehr ist von engen wechselseitigen Abhängigkeiten auszugehen. Dies gilt insbesondere im Hinblick auf die Entstehungsbedingungen von Emotionen und die Qualität bzw. Intensität des emotionalen Erlebens im Verlauf einer Handlung. Moderne Emotionstheorien stimmen darin überein, dass Emotionen als qualitative Erlebenskategorie in den Ablauf einer aktuellen Handlungsepisode integriert sind und sehr stark von den jeweiligen Zielen, Erwartungen und subjektiven Bewertungen der handelnden Person bestimmt werden. Schutz, Hong, Cross und Osbone (2006, S. 345) interpretieren Emotionen dementsprechend als „... holistic episodes that include physiological, psychological, and behavioral aspects“.

Eine sowohl theoretisch als auch praktisch bedeutsame Differenzierung ergibt sich aus dem Sachverhalt, dass Lehreremotionen einerseits auf der Ebene des aktuellen, in einer konkreten Situation beobachtbaren Prozessgeschehens und andererseits auf der Ebene dispositionaler Persönlichkeitsmerkmale untersucht werden können. In der Literatur ist in diesem Zusammenhang etwas vereinfacht von *State-* versus *Trait-Emotionen* die Rede. Im ersten Fall werden Emotionen als aktuelle, in einer konkreten Situation erlebte temporäre Erlebensqualitäten untersucht (z.B. Enttäuschung über Schülerverhalten während des Unterrichts); im zweiten Fall stehen die relativ stabilen, situationsübergreifenden Komponenten des emotionalen Geschehens im Fokus, z.B. die für eine Person charakteristischen emotionalen Reaktionsbereitschaften in Stresssituationen. Pekrun und Frenzel sprechen in diesem Zusammenhang von habitueller Emotionalität (z.B. Pekrun & Frenzel 2009).

Schutz, Aultman und Williams-Johnson (2009) haben vorgeschlagen, anstelle der idealtypischen Gegenüberstellung von State- und Trait-Emotionen drei Sachverhalte oder Äußerungsformen des emotionalen Erlebens und Verhaltens zu unterscheiden, die dem aktuellen Erkenntnisstand der Emotionsforschung besser entsprechen, nämlich *core affect, emotional episodes* und *affective tendencies*. Der Begriff „*core affect*" umschreibt die emotionale Gesamtbefindlichkeit im aktuellen Lebensvollzug. Sie vermittelt der Person u.a. ein unspezifisches Feedback über die Wirksamkeit des eigenen Handelns und die eigene Befindlichkeit. Dieses kontinuierliche emotionale Feedback wird – ähnlich wie die gefühlte Körpertemperatur – in der Regel gar nicht wahrgenommen und nur dann bewusst registriert, wenn bestimmte Grenzwerte über- oder unterschritten werden. Der Begriff „*emotional episode*" trägt dem Sachverhalt Rechnung, dass konkrete Emotionen meist kontextbezogen wahrgenommen und im Gedächtnis gespeichert werden. Bittet man z.B. eine Lehrperson im Anschluss an eine Unterrichtseinheit um eine nähere Charakterisierung ihrer Emotionen, dann berichtet sie in aller Regel über emotionale Erfahrungen und Einschätzungen im Verlauf einer bestimmten Handlungsepisode (z.B. Unsicherheit in der Auseinandersetzung mit einer Schülerin). Emotionen scheinen im Gedächtnis stets in Verbindung mit kognitiv repräsentierten Ereignissen gespeichert zu werden. Der Begriff „*affective tendencies*" deckt sich im Wesentlichen mit der bereits erwähnten persönlichkeitstheoretischen Vorstellung, dass die in bestimmten Situationen auftretenden (State-) Emotionen auf entsprechenden emotionalen Reaktionsbereitschaften beruhen, die man theoretisch als emotionale Dispositionen oder habituelle Emotionen rekonstruieren kann.

3.2 Emotionstheorien

Für die wissenschaftliche Auseinandersetzung mit Lehreremotionen stehen Theorien und Modelle aus unterschiedlichen Forschungstraditionen zur Verfügung. Eine gute Übersicht über das Theorieangebot geben die Bücher von Otto, Euler und Mandl (2000), Schutz und Pekrun (2007), Brandstätter und Otto (2009), Schutz und Zembylas (2009a) sowie Brandstätter, Schüler, Puca und Lozo (2013). Für eine erste Orientierung lassen sich drei Gruppen von Theorien unterscheiden: Allgemeine Emotionstheorien, Modelle zur Differenzierung und Klassifikationen von emotionalen Dispositionen sowie Theorien, die sich auf spezifische Prozesse im emotionalen Geschehen beziehen.

3.2.1 Allgemeine Emotionstheorien

Allgemeine Emotionstheorien befassen sich mit den Prinzipien des emotionalen Geschehens, die für alle Menschen gleichermaßen gültig sind. Typische Fragestellungen beziehen sich auf die Entstehung und Auswirkung von Emotionen oder die Wechselwirkung zwischen Emotion, Motivation und Verhalten. Dies ist die klassische Suchrichtung der Allgemeinen Psychologie (vgl. Brandstätter & Otto, 2009; Brandstätter et al., 2013; Lewis & Haviland, 2000; Otto et al., 2000; Scherer & Ekman, 1984). In der psychologisch orientierten Emotionsforschung werden gegenwärtig Mehrkomponentenansätze (z.B. Linnebrink, 2007; Pekrun, 2006; Scherer, 1984) favorisiert, die Emotionen anhand ihrer verschiedenen Teildimensionen wie Ausdruck, Motivation, Kognition, subjektives Erleben näher zu beschreiben versuchen. Hier ist z.B. auf das sogenannte Komponenten-Prozess-Modell (KPM) zu verweisen (vgl. Brosch & Scherer, 2009). Dieses Modell beschreibt theoretische Vorstellungen über wechselseitige Relationen zwischen spezifischen *Appraisals* (Einschätzungen) und dem Muster der daraus resultierenden physiologischen, expressiven und motivationalen Prozessen. Ein ähnliches Ziel verfolgen Op 't Eynde und Turner (2006) in ihrem „dynamical component system approach".

In der bisherigen Forschung zu Lehreremotionen wurden diese allgemeinen Theorien zum Teil anhand eigener Forschungsansätze weiterentwickelt. Hier kann u.a. auf die Studien in der Arbeitsgruppe von Pekrun über die Entstehung und Auswirkungen von *Leistungsemotionen* in schulischen und akademischen Kontexten hingewiesen werden, die auf der theoretischen Ebene ihren Niederschlag in der „Kontroll-Wert-Theorie der Leistungsemotionen" gefunden haben (Pekrun, 2006; Pekrun, Frenzel, Götz, Titz & Perry, 2007; vgl. auch Frenzel, Götz & Pekrun, 2008; Frenzel, Goetz, Stephens & Jacob, 2009).

Großen Einfluss auf die aktuelle wissenschaftliche Diskussion haben ebenfalls die theoretischen Überlegungen von Schutz (Schutz et al., 2006; Schutz, Cross, Hong & Osbon, 2007). Sie gehen davon aus, dass Emotionen in pädagogischen *Settings* nur unter Berücksichtigung des jeweiligen sozio-historischen Kontextes angemessen beschrieben und erklärt werden können. Die Entstehung von Emotionen, die Art ihrer Äußerung im Klassenzimmer und andere wichtige Aspekte des emotionalen Geschehens werden demnach zu einem erheblichen Anteil von den jeweiligen sozialen Rahmenbedingungen, Normen und kontextspezifischen Erwartungen an Lehrpersonen und Lernende bestimmt.

3.2.2 Modelle zur differentiellen Beschreibung und Klassifikation von Emotionen

Ein wichtiges Anliegen der Emotionsforschung, die ihr Hauptaugenmerk auf emotionale Dispositionen richtet, ist die Beschreibung und Differenzierung von Emotionen auf der Basis eines sowohl theoretisch als auch empirisch fundierten Klassifikationsmodells. Nach Schmidt-Atzert (2009) bieten sich zwei Zugangswege an.

Beim *ersten* Zugang wird versucht, Emotionen anhand einer überschaubaren Zahl emotionaler „Prototypen" zu strukturieren. Je nach Art des methodischen Zugangs (z.B. Beurteilung der semantischen Ähnlichkeit von Emotionskategorien; Untersuchung der Kovariation von Gefühlen in konkreten Alltagssituationen; Einschätzung des emotionalen Ausdrucks) ergeben sich allerdings unterschiedliche Klassifikationsmodelle. Eine relativ hohe Übereinstimmung findet sich hinsichtlich der Beschreibung grundlegender emotionaler Erfahrungen im Alltagserleben wie Freude, Angst, Ärger, Wut und Scham/Verlegenheit. Diese Befunde stimmen teilweise mit den aus phylogenetischen Theorien abgeleiteten Modellen über die Struktur und Funktion „basaler Emotionen" überein (vgl. Ekman, 1982; Izard, 1994).

Beim *zweiten* Zugang werden die Emotionen an Hand eines mehrdimensionalen Ordnungsrasters beschrieben und voneinander abgegrenzt. Empirische Studien zu habitueller Emotionalität ergaben nach Pekrun und Frenzel (2009) immer wieder zwei Faktoren, deren Charakterisierung in Abhängigkeit von den einbezogenen Datenquellen inhaltlich leicht variieren: Die am häufigsten verwendete Einteilung unterscheidet zwischen (positiver vs. negativer) Valenz und (hoher vs. niedriger) Aktivierung. Feldmann Barrett und Russell (1998) haben ein *Circumplex-*

Modell habitueller Emotionen vorgeschlagen, das verschiedene Modellierungen miteinander verknüpft. In der pädagogisch-psychologischen Emotionsforschung wird dieses Modell häufig als Grundlage für die Untersuchung der Bedingungen und Effekte von Leistungsemotionen verwendet (vgl. z.B. Frenzel et al., 2008; Linnebrink, 2007).

3.2.3 Spezielle Emotionstheorien

Spezielle Emotionstheorien und darauf bezogene Forschungsansätze befassen sich mit den Bedingungen und Wirkungsweisen einzelner Emotionen. Ein typisches Beispiel sind die bereits erwähnten Theorien und Forschungsansätze zu den Effekten der Angst auf das schulische Leistungsverhalten, die später auch auf die Lehrperson übertragen wurden (z.B. Frenzel & Götz, 2007; Frenzel, Götz & Pekrun, 2008). Auch für andere Kategorien des emotionalen Erlebens wurde der Versuch unternommen, die in anderen Forschungsfeldern gewonnenen Erkenntnisse für die speziellen Anforderungen des Lehrberufs nutzbar zu machen, z.B. im Hinblick auf Gefühle des Ärgers und der Frustration (Sutton 2007), die Zufriedenheit (Bieri, 2006) oder das generelle Wohlbefinden im Beruf (vgl. Bullough, 2009; Day & Qing, 2009; Klusmann, Kunter, Trautwein, Lüdtke & Baumert, 2008a).

4. Forschungsstand

Im Folgenden geben wir zunächst eine Übersicht über die in diesem Forschungsfeld präferierten Untersuchungsstrategien und Methoden und beschreiben dann anhand eines Klassifikationsmodells typische Forschungsansätze zur Analyse von Lehreremotionen.

4.1 Untersuchungsstrategien und Forschungsmethoden

Eine besondere Herausforderung bei der Erforschung der Entstehung und Auswirkung von Emotionen liegt in der methodisch hinreichend abgesicherten Erfassung (Messung) empirischer Indikatoren des emotionalen Erlebens und in der wissenschaftlich kontrollierten Analyse der postulierten Wirkzusammenhänge. Im Verlauf der letzten Jahre wurden neue Untersuchungsansätze entwickelt und erfolgreich eingesetzt (vgl. Brandstätter & Otto 2009; Otto et al., 2000), die nicht ohne Weiteres auf die Untersuchung von Lehreremotionen übertragen werden können. So lassen sich z.B. Verfahren, in denen emotionale Zustände (Stimmungen) gezielt induziert werden, oder Instrumente, welche Emotionen auf der Basis körperlicher Reaktionen erfassen, nur in *experimentellen Settings* anwenden, die für die praxisnahe Untersuchung von Lehreremotionen kaum geeignet sind (vgl. Sutton & Wheatley, 2003).

In der empirischen Forschung zu Lehreremotionen wird zumeist versucht, bestimmte Aspekte des emotionalen Erlebens und deren Relation zu Bedingungs- oder Effektvariablen mit Hilfe quantifizierbarer Indikatoren (Messwerte) zu erfassen. Dieser Forschungsansatz hat den Vorteil, dass theoretisch abgeleitete Hypothesen auf der Basis statistischer Analysen überprüft werden können. Bei quantitativen Forschungsansätzen geht es in der Regel um die Aufklärung von Varianzanteilen der jeweils untersuchten abhängigen Variablen (z.B. Verhaltensauffälligkeiten). Dabei werden Lehreremotionen in der Regel im Sinne des Konzepts der *affective tendencies* als emotionale Dispositionen operationalisiert. Lehrpersonen werden z.B. schriftlich zu ihren (in bestimmten Situationen auftretenden) Emotionen befragt, und die erhaltenen Daten über ihre emotionalen Reaktionsbereitschaften werden dann mit verfügbaren Informationen zur Unterrichtsqualität (z.B. aus Schülerfragebögen) in Beziehung gesetzt. Die mit diesem Forschungsansatz untersuchten Fragestellungen sind in der Regel allerdings auf einen schmalen Ausschnitt des realen Geschehens fokussiert.

Bislang liegen nur wenige standardisierte Fragebögen zur Erfassung von Lehreremotionen vor. Zwar gibt es recht gut etablierte Skalen für die Erfassung von Belastungserleben und Burnout bei Lehrkräften (z.B. Maslach & Jackson, 1986), aber es gibt kaum Instrumente zur Erfassung qualitativ unterschiedlicher Emotionen wie Freude, Ärger oder Angst beim Unterrichten. Zu den wenigen Ausnahmen zählen Instrumente, die in den Untersuchungen von Frenzel et al. (2008; vgl. auch Frenzel & Götz 2007) eingesetzt wurden.

Mit dieser Art von Erhebungsverfahren und Forschungsansätzen kann das Prozessgeschehen, also die Wirkweise von Emotionen, allenfalls indirekt erschlossen werden. Für einen tiefergehenden Blick auf die Ursachen und Effekte von Lehreremotionen sind Forschungsansätze und Methoden erforderlich, die das Ziel verfolgen, die wechselseitigen Zusammenhänge zwischen den beteiligen psychischen Faktoren möglichst umfassend zu rekonstruieren und zu verstehen. Dazu werden *qualitative Methoden* (z.B. Interviews, Tagebuchauswertungen, Fallanalysen etc.) eingesetzt, mit deren Hilfe situations- und personspezifische Facetten des emotionalen Erlebens vergleichsweise differenziert erfasst werden können (vgl. z.B. Hargreaves, 1998b; Winograd, 2003).

4.2 Typische Forschungsansätze und Befunde

Lehreremotionen werden zumeist in engem Bezug zur täglichen Schul- und Unterrichtspraxis analysiert. Es gibt aber auch Untersuchungsansätze, die sich mit den längerfristigen Auswirkungen emotionaler Erfahrungen auf die Lehrpersonen befassen, z.B. auf ihr berufliches Selbstverständnis oder ihre psychische Gesundheit. Das gesamte Forschungsfeld ist sehr vielfältig. Um die Übersicht zu erleichtern, schlagen wir ein einfaches Modell zur Klassifikation von Forschungsfragen vor, das sich an den zwei zentralen Suchrichtungen empirisch-pädagogischer Forschung orientiert (vgl. Tab. 1).

Tabelle 1: Ein Modell zur Klassifikation von Forschungsfragen zu Lehreremotionen

	(A) Aktualgenetische Prozesse und Effekte	(B) Längerfristige Veränderungen und Entwicklungen
(1) Lehreremotion als abhängige Variable	z.B.: Welche Emotionen entstehen im beruflichen Handeln von Lehrpersonen und welche Prozesse spielen dabei eine wichtige Rolle?	z.B.: Wie entstehen und wie verändern sich emotionale Dispositionen im Verlauf der beruflichen Karriere von Lehrpersonen?
(2) Lehreremotion als unabhängige Variable	z.B.: Wie wirken sich aktuell erlebte Emotionen auf die Einschätzung und das Verhalten von Lehrpersonen im Unterricht aus?	z.B.: Welchen Einfluss haben emotionale Erfahrungen auf die Persönlichkeitsentwicklung und die psychische Gesundheit von Lehrpersonen?

Eine erste wichtige Unterscheidung betrifft die Frage, ob man sich primär für (1) das Zustandekommen emotionaler Zustände und Dispositionen interessiert oder (2) für deren kurz- und langfristigen Effekte. In entsprechenden empirischen Untersuchungen haben Lehreremotionen entweder den Status von abhängigen oder von unabhängigen Variablen. Eine zweite Unterscheidung betrifft die zeitliche Perspektive der untersuchten Zusammenhänge. Eine nicht ganz trennscharfe, aber die Realität der Forschung recht gut charakterisierende Einteilung ergibt sich aus dem bereits erwähnten Sachverhalt, dass Emotionen (A) einerseits auf der Ebene des aktualgenetischen Prozessgeschehens untersucht werden können, und (B) andererseits auf der Ebene längerfristiger Veränderungen und Entwicklungen. Tatsächlich findet man in der Literatur sowohl Analysen, in denen die Rolle von Emotionen im aktuellen Geschehen einzelner Lehr-Lern-Situationen relativ differenziert untersucht werden, als auch Ansätze, die sich mit der Entwicklung von Lehrpersonen über einen längeren Zeitraum befassen, z.B. mit der Entstehung persönlichkeitsprägender emotionaler Dispositionen im Verlauf der beruflichen Karriere. Die vier Felder des Klassifikationsschemas stellen idealtypische Kategorien zur Charakterisierung von Forschungsansätzen dar. Die in empirischen Studien untersuchten Fragestellungen können sich u.U. auf mehrere Felder dieses Schemas beziehen.

4.2.1 Lehreremotionen als abhängige Variablen

a) Deskriptive Untersuchungen über das Erleben von Emotionen von Lehrpersonen

Als professionelle Akteure reflektieren und kontrollieren Lehrpersonen ihr Verhalten, wenn sie in der Schule tätig sind (Sutton, 2007). Dennoch bringen sie stets ihre gesamte Persönlichkeit mit ein. Sie zeigen ihre eigenen Emotionen und sind empfänglich für die emotionalen Erlebnisse ihrer Schülerinnen und Schüler. Damit sind sie auch in besonderer Weise vulnerabel (Kelchtermans, 1996; Lasky, 2005). Es gibt dennoch bisher nur wenige Untersuchungen über die Häufigkeit des Auftretens bestimmter Emotionen im beruflichen Alltag von Lehrpersonen, die über die Untersuchungen von Zufriedenheit (z.B. Bieri, 2006) hinausgehen. In retrospektiven Befragungen zu leistungsthematischen Emotionen nennen Lehrpersonen emotionale Erfahrungen, die den Kategorien Freude, Ärger, Frustration und Angst zugeordnet werden können (Frenzel et al., 2008; Liljestrom, Roulston & deMarrais, 2007; Sutton 2007). Diese Emotionen werden oftmals nicht isoliert, sondern als ein Bündel erlebt. Lehrpersonen versuchen dabei, diese unerwünschten Emotionen zu unterdrücken oder zu verbergen (Sutton, 2007). Diese Art der Emotionsregulation hat u.U. längerfristig negative Auswirkungen auf das Wohlbefinden und die seelische Gesundheit von Lehrpersonen (Liljestrom et al., 2007).

Allerdings ist es kaum möglich, aus diesen Befunden generalisierbare Aussagen abzuleiten, da die Studien sowohl hinsichtlich Stichprobe als auch Emotionsqualität nicht repräsentativ sind, und die Art der emotionalen Reaktionen u.a. von den jeweiligen Kontextbedingungen und Merkmalen der Lehrerpersönlichkeit (z.B. Berufserfahrung; Geschlecht) beeinflusst wird (Liljestrom et al., 2007; Nias 1996). Zudem bestehen inter- und intraindividuelle Unterschiede, die eine Verallgemeinerung erschweren (z.B. Kunter, 2011; Kunter, 2013).

b) Untersuchungen über Entstehungsbedingungen von Lehreremotionen

Emotionen entstehen in Situationen, die von der handelnden Person als subjektiv bedeutsam erlebt werden. Deshalb ist davon auszugehen, dass Lehreremotionen sensitiv gegenüber Situationen sind, die „das Herz“ des Lehrerberufs ausmachen, z.B. die Zuneigung zu den Kindern und der Wunsch, sie in ihrer Entwicklung optimal zu unterstützen (Day & Qing, 2009). Im konkreten Handlungsgeschehen hängen Art und Intensität der Emotionen in erster Linie von den subjektiven Einschätzungen darüber ab, ob die angestrebten Ziele erreicht werden konnten bzw. wie deren Realisierungschancen in der Zukunft wahrgenommen werden (Frenzel et al., 2008; Kessel, 1989; Sinclair & Nicoll, 1981). Befunde aus Untersuchungen zur „Phänomenologie" von Lehreremotionen (z.B. Sutton & Wheatley, 2003) deuten darauf hin, dass positive und negative Emotionen oft auf ähnliche Ursachen zurückzuführen sind. Besonders einflussreich sind *soziale* Aspekte, und hier insbesondere die soziale Interaktion mit den Schülerinnen und Schülern (Sinclair & Nicoll, 1981; Sutton, 2007). Ähnliche Befunde zeigen sich in der Forschung zum Enthusiasmus von Lehrpersonen, bei dem sich die Motivation der Schülerinnen und Schüler sowie Disziplinprobleme als relevant erweisen (Kunter, 2011). Eine wichtige Rolle spielen auch Interaktionen im Kollegium und die Kontakte mit Eltern. Zudem kommt den Arbeitsbedingungen wie Klassengröße, Schulleitung und organisatorischen Aspekten eine Rolle für die Entwicklung und Aufrechterhaltung der Zufriedenheit von Lehrpersonen zu (Bieri, 2006).

In den Untersuchungen von Hargreaves (1998a, b, 2000) hat sich gezeigt, dass Lehrpersonen in erster Linie bedenken, was Schülerinnen und Schüler interessiert, was ihnen nützt und welche emotionalen und intellektuellen Bedürfnisse sie haben. Ihre eigenen Emotionen sind deshalb eng mit den Ergebnissen ihrer Bemühungen zur optimalen Förderung der Lernenden verknüpft. Ein wichtiger Indikator ist die erbrachte Schulleistung (Prawat, Byers & Anderson, 1983). Allerdings dürfen die vorliegenden Befunde nicht auf die einfache Formel reduziert werden: „Wenn Leistungsziele erreicht werden, freuen sich Lehrpersonen und werden sie nicht erreicht, ärgern sie sich". Die Befundlage ist heterogen. Frenzel et al. (2008) stellten beispielsweise in einer Untersuchung mit Grundschullehrerinnen fest, dass die im Fragebogen erfasste generelle Freude am Unterrichten nicht mit dem Leistungsniveau der Klasse korrelierte. Misst man diese Freude am Unterrichten auf der Basis von Aussagen über situative Emotionen, die von den Lehrkräften über einen gewissen Zeitraum in Tagebüchern registriert wurden, dann finden sich immerhin schwache korrelative Beziehungen zu Leistungsindikatoren. Möglicherweise könnte das Erleben professioneller Wirksamkeit eine Schlüsselvariable darstellen, da Kontrollüberzeugungen von Lehrpersonen sowohl als Prädiktoren für Freude als auch für Ärger und Angst fungieren (siehe auch Prawatt et al., 1983). In eine ähnliche Richtung verweist der Befund, dass mangelnde Disziplin in der Klasse zu Angst und Ärger führen kann (Frenzel & Götz, 2007; Frenzel, Götz, Stephens & Jacob, 2009). Analog ergaben frühe Untersuchungen zum Emotionserleben im Praktikum, dass sich die Angst vor dem Unterrichten mit zunehmender Erfahrung verringert (z.B. Sinclair & Nicoll, 1981) und Angst mit Klassenstörungen zusammenhängt (Hart, 1987). Der Umstand, in einem Praktikum in einer Prüfungssituation zu sein und von anderen beurteilt zu werden, kann diese zusätzlich verstärken (Capel, 1997).

Einen genaueren Einblick in die Ursachen von Lehreremotionen erhält man in Studien, die auch die subjektiven Interpretationen der Lehrkräfte über die Hintergrundbedingungen von Erfolg und Versagen ihrer Schüler und Schülerinnen erfassen. In qualitativen Studien konnte nachgewiesen werden, dass hier die vorherrschenden Erwartungen von Lehrpersonen im Hinblick auf die Leistungsfähigkeit der Lernenden eine entscheidende Rolle spielen. Hargreaves (2000) stellte z.B. in seiner Interviewstudie fest, dass sich Lehrkräfte am meisten freuten, wenn schwierige Schüler und Schülerinnen entgegen ihren ursprünglichen Befürchtungen nachhaltige Lernerfolge erzielen konnten. Dies ist zugleich ein Hinweis auf die wichtige Funktion individuumsspezifischer Attributionen von Erfolg und Versagen. Die Untersuchung von Graham und Weiner (1986) liefert dafür direkte Belege: Lehrkräfte reagierten primär mit Ärger, wenn sie Schülermisserfolge auf mangelnde Anstrengung zurückführten; hatten sie dagegen den Eindruck, dass mangelnde Begabung die Ursache ist, zeigten sie eher Mitleid.

Neben der Einschätzung des Lernerfolgs hat auch die wahrgenommene Motivation einen starken Einfluss auf die Lehreremotionen. Die Befunde aus der Untersuchung von Frenzel et al. (2008) deuten sogar darauf hin, dass die Motivation der Schülerinnen und Schüler und die Disziplin in der Klasse einen größeren Einfluss haben als die Leistungen. Entsprechend finden sich auch Hinweise dafür, dass sich die positiven Emotionen von Mathematik-Lehrpersonen und ihren Schülerinnen und Schülern gegenseitig verstärken, wenn die Lehrpersonen ihre Freude am Unterrichten zum Ausdruck bringen (Frenzel, Goetz, Lüdtke, Pekrun & Sutton, 2009). In Befragungen von Lehrpersonen zu möglichen Anlässen ihres emotionalen Befindens ergeben sich darüber hinaus Hinweise, dass auch übergeordnete Aspekte ihres beruflichen Auftrags eine wichtige Rolle spielen, z.B. das Erreichen der curricularen Lehrziele (oder der verbindlich vorgeschriebenen Bildungsstandards) in den von ihnen unterrichteten Schulklassen.

c) Längerfristige Entwicklungen

Wiederkehrende emotionale Erfahrungen im Verlauf der beruflichen Karriere hinterlassen bleibende Spuren in Form von situationsspezifischen, d.h. auf typische Unterrichtssituationen bezogenen Erwartungen und Befürchtungen sowie damit verbundenen emotionalen Reaktionsbereitschaften. Dies trifft für Lehrpersonen genauso zu wie für andere Berufsgruppen. Aus wissenschaftlicher Sicht stellt sich die Frage, ob es im Kontext der Schule besondere Ereignisse und Bedingungen gibt, die einen längerfristigen Einfluss auf emotionale Dispositionen bei Lehrpersonen haben.

Untersuchungsansätze zu dieser Frage sind derzeit weitgehend ein Desiderat für die künftige Forschung. Bislang wird die theoretisch sehr gut begründete Vermutung, dass emotionale Erfahrungen im beruflichen Alltag einen erheblichen Einfluss auf die Motivation (z.B. berufsbezogene Interessen; vgl. Hascher & Krapp, 2009; Krapp, 2002) und längerfristig auch auf das berufliche Selbstkonzept von Lehrpersonen haben, nur durch allgemeine Überlegungen und sporadische Befunde aus retrospektiven qualitativen Analysen untermauert (vgl. Nias, 1996; Schutz & Zembylas, 2009a). Positive Emotionen während des Unterrichtens unterstützen demzufolge die Entwicklung eines stabilen (professionellen) Selbstkonzepts, wogegen das häufige und intensive Erleben negativer Emotionen dies mit hoher Wahrscheinlichkeit verhindert (Golby, 1996; La Porte, 1996). Die vorliegenden empirischen Befunde bestätigen, dass die alltäglichen Erfahrungen im Umgang mit Kindern und Jugendlichen im eigenen Klassenzimmer einen sehr großen Einfluss auf die längerfristige persönliche Entwicklung von Lehrperson haben. Liljestrom et al. (2007) gelangen auf Grund von Tiefeninterviews mit 50 Lehrpersonen zu der Auffassung, dass typische Merkmale des Lehrberufs wie seine hohe Komplexität und die Ungewissheit bezüglich der eigenen Wirksamkeit Risikofaktoren für die Herausbildung problematischer bzw. gesundheitsgefährdender, emotionaler Reaktionstendenzen bei Lehrpersonen darstellen. Einen nachhaltigen Einfluss scheinen auch die schulstrukturellen und -kulturellen Bedingungen zu haben (z.B. Klassenzusammensetzung, Hierarchien in der Schule), die durch kulturelle Herkunft und Geschlecht der Lehrpersonen moderiert werden können.

Einen interessanten Beitrag liefern darüber hinaus Begleituntersuchungen zu Schulreformen. Sie zeigen, dass die Emotionen von Lehrkräften darüber mitentscheiden, ob und auf welche Weise Reformen umgesetzt werden (Hargreaves, 2005; Schmidt & Datnow, 2005). Andererseits haben gravierende Veränderungen im schulischen Ablauf Rückwirkungen auf die Lehreremotionen (siehe Reio Jr., 2005). Erkenntnisse zur Genese emotionaler Dispositionen lassen sich auch aus der Lehrerbiografieforschung ableiten. So berichtet z.B. Huberman (1991) über konträre Entwicklungspfade, die bei vergleichbarer Ausgangslage und ähnlichen Berufserfahrungen zu Gelassenheit oder zu Resignation führen können. Ein entscheidender Faktor ist die Art und Weise der

Bewältigung der beruflichen Herausforderungen, die aufgrund ihrer hohen Bedeutung mit positiven oder negativen Emotionen verbunden sind. Dominieren Phasen der Unsicherheit und der Unzufriedenheit, so wird Unterricht zu einer permanenten Konfliktsituation und dementsprechend zur Belastung für Lehrpersonen (Flaake, 1989; vgl. dazu den Beitrag von Herzog, in diesem Band).

4.2.2 Lehreremotionen als unabhängige Variablen

Empirische Untersuchungen zu den Auswirkungen von Lehreremotionen können sich sowohl auf aktuelle Prozesse in konkreten Handlungssituationen als auch auf längerfristige Veränderungen und Entwicklungen beziehen (vgl. Tabelle 1). Betrachtet man die Sachverhalte, die in einschlägigen empirischen Untersuchungen zu den Effekten von Lehreremotionen die abhängigen Variablen bilden, lassen sich drei typische Suchrichtungen unterscheiden: (a) Einfluss auf das eigene Erleben und Verhalten der Lehrperson; (b) Einfuss auf die Qualität des Unterrichts und das Lern- und Leistungsverhalten der Schülerinnen und Schüler; (c) Einfluss auf außerunterrichtliche berufliche Kontexte (z.B. Elternarbeit, Interaktionen im Lehrerkollegium, Schulentwicklung).

a) Erleben und Verhalten der Lehrperson
Emotionale Erfahrungen sind eng mit motivationalen und kognitiven Prozessen verknüpft. In der empirischen Forschung geht es darum, spezifische Effekte von Emotionen genauer zu untersuchen, z.B. im Hinblick auf die differentielle Wirkung von positiven und negativen Emotionen. Sutton und Wheatley (2003) haben versucht, generelle Erkenntnisse der Emotionsforschung auf den Bereich der Lehreremotionen zu übertragen, z.B. dass *positive Emotionen* die kognitive Leistungsfähigkeit unterstützen (Fredrickson, 2001) oder die Person veranlassen können, anspruchsvolle Ziele anzustreben (Locke & Latham, 1990). Auch Frenzel et al. (2008) weisen auf der Basis vorliegender Befunde in anderen Forschungsbereichen darauf hin, dass Aufgaben, an die man mit Freude herangeht, im Allgemeinen mit großem Engagement und hoher Persistenz bewältigt werden. Allerdings fehlen bislang empirische Untersuchungen, die diese Hypothesen für den Lehrerberuf näher spezifizieren und anhand eigener Untersuchungen überprüfen.

Wiederholtes Auftreten *negativer Emotionen* im beruflichen Alltag ist mit unerwünschten Effekten wie mangelnder Konzentrationsfähigkeit oder Schuldzuweisungen an Schülerinnen und Schüler verbunden (vgl. Sutton, 2007). Außerdem ist seit längerem bekannt, dass ein Überhang negativer Emotionen im beruflichen Alltag zu innerer Kündigung und ernsthaften gesundheitlichen Beschwerden führen kann (Wilhelm, Dewhurst-Savellis & Parker, 2000; vgl. das Kapitel von Krause & Dorsemagen, in diesem Band). Zum Thema *Lehrergesundheit* gibt es mittlerweile eine umfangreiche Literatur, in der auch die Frage erörtert wird, welcher Einfluss emotionalen Faktoren zukommt (z.B. Buschmann & Gamsjäger, 1999; Sieland, 2007; Sosnowsky, 2007; siehe dazu auch den Beitrag von Lehr, in diesem Band). ,

Aus unterschiedlichen Forschungskontexten werden enge Wechselbeziehungen zwischen emotionalem Erleben, Wohlbefinden und der *Entwicklung der beruflichen Identität* von Lehrpersonen postuliert (z.B. Day & Qing, 2009; Liljestrom et al., 2007; van Veen & Lasky, 2005). Schutz et al. (2007) schreiben Lehreremotionen in diesem Zusammenhang eine besondere „Offenbarungsqualität" zu: Was Lehrpersonen fühlen, erachten sie als einen Ausdruck ihres beruflichen Selbstverständnisses. Werden sie zu häufig mit Situationen konfrontiert, die von ihren Überzeugungen, Erwartungen und Motiven abweichen, hat dies negative Auswirkungen auf ihr emotionales Erleben und in der Folge auf die Entwicklung der beruflichen Identität (Carlyle & Woods, 2002). Ob diesbezüglich Unterschiede zwischen verschiedenen Lehrergruppen bestehen, ist eine offene Frage. Hargreaves (2000) beispielsweise schreibt den Lehrpersonen in der Sekundarstufe eine größere emotionale Distanz zu ihren Schülerinnen und Schülern zu, während Liljestrom et al. (2007) dies nicht bestätigten. Vermutlich sind für diese differenziellen Effekte Moderatorvariablen wie psychische Stabilität oder positive Selbstwirksamkeitserwartungen verantwortlich.

b) Qualität des Unterrichts und Verhalten der Lernenden

Lehreremotionen wird in der Unterrichtsforschung auch deshalb eine hohe Bedeutung beigemessen, weil sie als eine Quelle der Wirksamkeit des Lehrerhandelns verstanden werden. Grundannahme ist dabei, dass Lehrpersonen in der Vorbereitung und Gestaltung der Unterrichts nicht nur von ihren Kompetenzen, sondern auch von ihren Emotionen geleitet werden (Frenzel et al., 2008; Keavney & Sinclair, 1978; Kessel, 1989; Prawat et al., 1983). Unterschiede im Instruktionsverhalten können sich beispielsweise in der Gestaltung von Lehr-Lern-Arrangements, im Umgang mit Fehlern, in Interaktionsformen mit Schülerinnen und Schülern, in der Unterstützung des Lernens und im Klassenmanagement äußern. Wissenschaftlerinnen und Wissenschaftler (z.B. Hargreaves 1998a), Lehrpersonen (z.B. Witcher, Onwuegbuzie & Minor, 2001) und Lernende (z.B. Kunter, Tsai, Klusmann, Brunner, Krauss & Baumert, 2008) sind sich darin einig, dass ein von positiven Lehreremotionen geprägter Unterricht günstige Voraussetzungen für das schulische Lehren und Lernen bietet. Aus empirischen Befunden, die in anderen Kontexten gewonnen wurden, leiten Sutton und Wheatley (2003) die Vermutung ab, dass Lehrpersonen, denen das Unterrichten Freude bereitet, kreativer sind und ihre Schülerinnen und Schüler intensiver beim Lernen unterstützen und dass Lehrpersonen, die ihre Begeisterung für das Fach zum Ausdruck bringen, Lernende mit ihrer Freude anstecken und das Interesse an diesem Fach wecken (Krapp, 2002; Frenzel et al., 2009). Besonders wirksam ist es, wenn Lehrpersonen Enthusiasmus gegenüber dem Unterrichten erleben, da Enthusiasmus, definiert als „ein individuell variierendes Merkmal, das durch ein habituelles positives affektives Erleben bei der Ausübung des Berufs gekennzeichnet ist" (Kunter, 2011, S. 263), zur Förderung der Lern- und Leistungsentwicklung der Schülerinnen und Schüler beiträgt. Valeski und Stipek (2001) gehen zudem davon aus, dass ein positives emotionales Klima in der Schulklasse einen günstigen Einfluss auf das Selbstkonzept der Lernenden hat. Auf der anderen Seite führt häufige Verärgerung zu einer negativen Haltung gegenüber den Lernenden. Ärgerliche Lehrpersonen verängstigen ihre Schulklassen und bewirken damit, dass diese sich zwar weitgehend erwartungskonform verhalten, aber ihre Eigeninitiative aufgeben. Lehrerangst wiederum hat zur Folge, dass Lehrpersonen einen eng geführten Unterricht mit wenig Fehlertoleranz bevorzugen.

Mit Blick auf die Unterrichtspraxis sind zwei Konzepte von Interesse, die gegenwärtig in der Literatur zu Lehreremotionen diskutiert werden und z.T. auch Gegenstand empirischer Analysen sind, nämlich emotionale Unterstützung (*emotional scaffolding)* und *Emotionsarbeit (emotion work; emotional labor).* Meyer und Turner (2007, S. 244) definieren emotional scaffolding als „temporary but reliable teacher-initiated interactions that support students positive emotional experiences, to achieve a variety of class-room goals". Dabei spielen Empathie und Vertrauen auf Seiten der Lehrperson eine wichtige Rolle. Man geht davon aus, auf diese Weise die Schüleremotionen, die Lernmotivation und das Leistungsverhalten günstig beeinflussen zu können. Befunde aus kasuistischen Studien scheinen diese Vermutung zu bestätigen (Meyer, 2009; Meyer & Turner, 2007; vgl. auch Astleitner, 2001).

Während es bei der emotionalen Unterstützung primär um die Emotionen von Schülerinnen und Schülern geht, bezieht sich das Konzept der *Emotionsarbeit* auf das Erleben und Verhalten der Lehrperson selbst. Hochschild (1983), die diesen Begriff geprägt hat, versteht darunter das bewusste „Management" der eigenen Gefühle bzw. der Art und Weise, wie Gefühle zum Ausdruck gebracht werden. Eine wichtige Komponente ist dabei die Fähigkeit und Bereitschaft zur sog. *Emotionsregulation:* „the processes by which individuals influence which emotions they have, when they have them, and how they experience and express these emotions" (Gross, 1998, S. 275; vgl. auch Schutz et al., 2006, S. 348). Ein zentrales Ziel der Emotionsarbeit ist die Herstellung bzw. Sicherung der Beziehungsqualität im privaten oder beruflichen Umfeld. Die Fähigkeit zu emotionaler Arbeit gilt in der Arbeits- und Berufspsychologie als wichtige Voraussetzung für die Übernahme von Führungsaufgaben und für die erfolgreiche Arbeit in sozialen Dienstleistungsberufen (Krause, Philipp, Bader & Schüpbach, 2008; Krell, 2002; Zapf, 2002). Verschiede Autorinnen und Autoren (Hargreaves, 1998a, b; Liljestrom et al., 2007; Schutz et al., 2007) sehen darin auch ein bedeutsames Qualifikationsmerkmal für den Lehrberuf. Von Lehrpersonen wird erwartet, dass sie ihre eigenen Emotionen „im Griff haben" und zumindest die Art der Äußerung ihrer emotionalen Reaktionen an die im jeweiligen pädagogischen Setting üblichen Verhaltensnormen anpassen, die allerdings kulturell variieren können (Oplatka, 2007). Das kann bedeuten, tatsächlich erlebte emotionale Reaktionen (z.B. Ärger, Wut) zu unterdrücken oder Emotionen nur demonstrativ zum Ausdruck zu bringen, z.B. sich über Leistungen der Kinder zu freuen, auch wenn der Lehrperson gar nicht nach Freude zumute ist. Ganz generell gilt, dass von Lehrkräften ein bewusster Umgang mit den eigenen Emotionen erwartet wird. Doch es ist weitgehend ungeklärt, unter welchen Voraussetzungen und in welcher Weise emotionale Arbeit in der Schule effektiv eingesetzt werden kann und mit welchen Problemen dabei zu rechnen ist. Befunde aus unterschiedlichen Forschungskontexten belegen, dass die Unterdrückung von Emotionen nicht nur das Wohlbefinden von Lehrpersonen beeinträchtigen (z.B. Klusmann, Kunter, Trautwein, Lüdtke & Baumert, 2008b), sondern im Extremfall auch gesundheitsschädigende Folgen haben kann (Krause et al., 2008).

c) Lehreremotionen in unterrichtsübergreifenden bzw. außerunterrichtlichen beruflichen Kontexten
Lehreremotionen spielen nicht nur im Klassenzimmer, sondern auch in anderen sozialen Kontexten, in denen Lehrpersonen verantwortlich mitwirken, eine wichtige Rolle. Dazu zählen u.a. die Elternarbeit (z.B. Beratung von Eltern bei Schulschwierigkeiten) oder die Kooperation im Kollegium (z.B. beim fächerübergreifenden Unterricht) und die Zusammenarbeit mit anderen pädagogischen Fachkräften (z.B. bei der Gestaltung eines ganztägigen Bildungsangebots).

Hargreaves (1998b) und Zembylas (2005) vertreten die These, dass Lehreremotionen darüber hinaus eine wichtige Funktion bei der Implementation von Reformmaßnahmen inne haben, da sie die konkreten Auswirkungen auf den Unterricht und auf die diesbezüglichen Reaktionen der Kinder und Eltern „hautnah" erlebbar machen. Die mit Schulreformen verbundenen Veränderungen lösen emotionale Reaktionen bei den Lehrpersonen aus, indem sie in der Regel auch Einfluss auf das Unterrichtshandeln nehmen. Emotionen in Schulentwicklungsprozessen werden dementsprechend als Gradmesser verstanden, wie Lehrpersonen eine Reform annehmen und mitgestalten oder ablehnen und blockieren (Schmidt & Datnow, 2005). Allerdings sind entsprechende Emotionen selten einseitig positiv oder negativ und stabil, sondern eher gemischt bzw. ambivalent und variabel. Liljestrom et al. (2007) gehen davon aus, dass Emotionen wesentlich darüber bestimmen, ob bestehende Überzeugungen ernsthaft in Frage gestellt werden und überhaupt eine Chance besteht, durch Beratung pädagogisch wünschenswerte Veränderungsprozesse in Gang zu setzen. Zudem kommen Emotionen in den verschiedenen Formen der professionellen Zusammenarbeit im Rahmen von Reformprozessen zum Ausdruck (Saunders, 2012). Auf diese Weise entsteht eine Art „Emotionsfilter", der teils ohne bewusste Kontrolle darüber bestimmt, welche Haltungen Lehrpersonen gegenüber den Reformen entwickeln (van Veen & Sleegers, 2009). Emotionen repräsentieren jedoch nicht nur generelle Haltungen gegenüber Veränderungen, sondern spiegeln auch differenzierte Bewertungen und motivationale Orientierungen wider. Dabei gilt es zu berücksichtigen, dass Lehrpersonen ihren (negativen) Emotionen nicht hilflos ausgeliefert sind, sondern es ist zu beachten, wie sie Emotionen regulieren und was dazu beiträgt, am Reformprozess zu partizipieren (Saunders, 2012).

5. Ausblick

In den letzten Jahren hat das Thema Lehreremotionen in der empirischen Unterrichtsforschung starke Beachtung gefunden, und es ist davon auszugehen, dass das Interesse an diesem Forschungsfeld weiter ansteigen wird. Das ist einerseits erfreulich, weil damit eine gravierende Forschungslücke geschlossen wird. Zu lange wurde die Thematik der Lehreremotionen entweder beiseite geschoben, oder ohne hinreichende wissenschaftliche Absicherung, auf der Ebene plausibel erscheinender Alltagsvermutungen, diskutiert. Andererseits ist Vorsicht geboten, denn bei einem neu aufblühenden Forschungsgebiet besteht das Risiko, dass sich zu viele Forschende gleichzeitig auf den Weg machen und die neu entstehenden Forschungsansätze nicht hinreichend aufeinander abgestimmt werden. Gegen Vielfalt und Heterogenität der wissenschaftlichen Konzepte und Forschungsideen ist im Prinzip nichts einzuwenden, aber es wäre dennoch wünschenswert, dass sich die Entwicklung der Forschung an bestimmten Leitprinzipien orientiert.

Ein wichtiger Gesichtspunkt ist in diesem Zusammenhang die Anwendungsperspektive der Forschung, d.h. die Relevanz der Theorien und Forschungsbefunde für die pädagogische Praxis. Auch in der sich neu etablierenden Forschung zu Lehreremotionen ist darauf zu achten, dass sich die Wissenschaft bei ihren Entscheidungen über die Ziele, theoretische Einbindung und methodische Konkretisierung ihrer Forschungsprojekte nicht nur an den Kriterien orientiert, die in ihren Bezugsdisziplinen besonders starke Wertschätzung genießen, da diese mitunter im Widerspruch zu den maßgeblichen Bewertungskriterien der Praxis stehen. Im modernen Wissenschaftsbetrieb kommt es z.B. in erster Linie darauf an, die Ergebnisse der Forschung möglichst rasch in hochkarätigen internationalen wissenschaftlichen Zeitschriften publizieren zu können. Dafür eignen sich am besten grundlagenorientierte Untersuchungen mit stark spezialisierten Fragestellungen und methodisch anspruchsvollen Forschungsdesigns. Fragestellungen, die aus praktischer Sicht besonders dringlich erscheinen, fallen auf diese Weise leicht unter den Tisch oder werden nur von Wenigen systematisch untersucht. Dazu gehören z.B. längerfristig angelegte Entwicklungs- und Interventionsstudien oder die detaillierte Untersuchung der vielfältigen Bedingungen und Effekte des emotionalen Geschehens auf der Prozessebene.

Generelle Appelle an die Wissenschaft können hier wenig bewirken. Eine bessere Strategie ist die aktive Beteiligung von Expertinnen und Experten aus der Praxis an der wissenschaftlichen Diskussion und die Weiterentwicklung einer eigenständigen empirischen Bildungsforschung, die ihre Ziele und ihre theoretischen Konzeptionen auf die Belange der pädagogischen Praxis abstimmt, und gleichzeitig dafür Sorge trägt, dass die Qualität der Forschung höchsten Ansprüchen genügt.

Literatur

Ashkanasy, N. M., Härtel, C. E. J. & Zerbe, W. J. (Eds.) (2000). *Emotions in the workplace.* Westport, CT: Quorum Books.

Ashkanasy, N. M., Zerbe, W. J. & Härtel, C. E. J. (Eds.) (2002). *Managing emotions in the workplace.* Armonk, NY: M.E. Sharpe.

Astleitner, H. (2001). Designing emotionally sound instruction. An empirical validation of the FEASP-Approach. *Journal of Instructional Psychology, 28*(4), 209-219.

Bieri, T. (2006). *Lehrpersonen: Hoch belastet und trotzdem zufrieden?* Bern: Haupt.

Brandstätter, V. & Otto, J. H. (Hrsg.) (2009). *Handbuch der Allgemeinen Psychologie: Motivation und Emotion* (2. Aufl.). Göttingen: Hogrefe.
Brandstätter, V., Schüler, J., Puca, R. M. & Lozo, L. (2013). *Motivation und Emotion*. Berlin: Springer.
Brosch, T. & Scherer, K. (2009). Komponenten-Prozess-Modell – ein integratives Emotionsmodell. In V. Brandstätter & J. H. Otto (Hrsg.), *Handbuch der Allgemeinen Psychologie: Motivation und Emotion* (2. Aufl.) (S. 158-201). Göttingen: Hogrefe.
Brück, H. (1978). *Die Angst des Lehrers vor seinem Schüler*. Reinbek bei Hamburg: Rowohlt.
Bruggemann, A., Groskurth, P. & Ulich, E. (1975). *Arbeitszufriedenheit*. Bern: Huber.
Bullough, R. V. (2009). Seeking eudaimonia: The emotions in learning to teach and to mentor. In P. A. Schutz & M. Zembylas (Eds.), *Advances in teacher emotion research: The impact on teachers' lives* (pp. 33-53). New York: Springer.
Buschmann, I. & Gamsjäger, E. (1999). Die Spezifität des Lehrer-Burnout. Erkenntnisse der Burnout-Forschung bei LehrerInnen im Rahmen eines universitären Forschungsprojektes. *Erziehung und Unterricht, 149*(3/4), 235-250.
Capel, S. A. (1997). Changes in students' anxieties and concerns after their first and second teaching practice. *Educational Research, 39*(2), 211-228.
Carlyle, D. & Woods, P. (2002). *Emotions of teacher stress*. Stoke-on-Trent: Trentham.
Coates, T. J. & Thoresen, C. E. (1976). Teacher anxiety: A review with recommendations. *Review of Educational Research, 6*(2), 159-180.
Day, C. & Qing, G. (2009). Teacher emotions: Well being and effectiveness. In P. A. Schutz & M. Zembylas (Eds.), *Advances in teacher emotion research: The impact on teachers' lives* (pp. 15-31). New York: Springer.
Ekman, P. (Ed.) (1982). *Emotion in the human face* (2nd ed.). Cambridge: Cambridge University Press.
Feldman Barrett, L. & Russell, J. A. (1998). Independence and bipolarity in the structure of affect. *Journal of Personality and Social Psychology, 74*(4), 967-984.
Flaake, K. (1989). *Berufliche Orientierungen von Lehrerinnen und Lehrern. Eine empirische Studie*. Frankfurt a.M.: Campus-Verlag.
Fredrickson, B. L. (2001). The role of positive emotions in positive psychology: The broaden- and build-theory of positive emotions. *American Psychologist, 56*(3), 218-226.
Frenzel, A. C. & Götz, T. (2007). Emotionales Erleben von Lehrkräften beim Unterrichten. *Zeitschrift für Pädagogische Psychologie, 21*(3/4), 283-295.
Frenzel, A. C., Götz, T. & Pekrun, R. (2008). Ursachen und Wirkungen von Lehreremotionen: Ein Modell zur reziproken Beeinflussung von Lehrkräften und Klassenmerkmalen. In M. Gläser-Zikuda & J. Seifried (Hrsg.), *Lehrerexpertise* (S. 187-208). Münster: Waxmann.
Frenzel, A. C., Goetz, T., Lüdtke, O., Pekrun, R. & Sutton, R. E. (2009). Emotional transmission in the classroom: Exploring the relationship between teacher and student enjoyment. *Journal of Educational Psychology, 101*(3), 705-716.
Frenzel, A. C., Goetz, T., Stephens, E. J. & Jacob, B. (2009). Antecedents and effects of teachers' emotional experiences: An integrated perspective and empirical test. In P. A. Schutz & M. Zembylas (Eds.), *Advances in teacher emotion research: The impact on teachers' lives* (pp. 129-151). New York: Springer.
Gardner, L. E. & Leak, G. K. (1994). Characteristics and correlates of teaching anxiety among college psychology teachers. *Teaching of Psychology, 21*(1), 28-31.
Gehlert, S. (1975). Emotion als interner Konflikt. In R. Oerter & E. Weber (Hrsg.), *Der Aspekt des Emotionalen in Unterricht und Erziehung* (S. 164-183). Donauwörth: Auer.
Golby, M. (1996). Teachers' emotions: An illustrated discussion. *Cambridge Journal of Education, 26*(3), 423-434.
Graham, S. & Weiner, B. (1986). From an attributional theory of emotion to developmental psychology: A round-trip ticket?. *Social Cognition, 4*(2), 153-179.
Gross, J. (1998). The emerging field of emotion regulation: An integrative review. *Review of General Psychology, 2*(3), 271-299.
Hargreaves, A. (1998a). The emotional practice of teaching. *Teaching and Teacher Education, 14*(4), 835-854.
Hargreaves, A. (1998b). The emotions of teaching and educational change. In A. Hargreaves, A. Lieberman, M. Fullan & D. Hopkins (Eds.), *International handbook of educational change* (pp. 558-575). Dordrecht: Kluwer Academic Publishers.

Hargreaves, A. (2000). Mixed emotions: Teachers' perceptions of their interactions with students. *Teaching and Teacher Education, 16*(8), 811-826.

Hargreaves, A. (2005). Educational change takes ages: Life, career and generational factors in teachers' emotional responses to educational change. *Teaching and Teacher Education, 21*(8), 967-983.

Hart, N. I. (1987). Student teachers' anxieties: Four measurement factors and their relationship to pupil disruption in class. *Educational Researcher, 29*(1), 12-18.

Hascher, T. (2011). Wellbeing. In S. Järvelä (Ed.), *Social and emotional aspects of learning* (pp. 99-106). Oxford: Elsevier.

Hascher, T. (2012). Well-being and learning in school. In N. M. Seel (Ed.), *Encyclopedia of the Sciences of Learning* (pp. 3453-3456). Heidelberg: Springer.

Hascher, T. & Edlinger, H. (2009). Positive Emotionen und Wohlbefinden in der Schule – ein Überblick über Forschungszugänge und Erkenntnisse. *Psychologie in Erziehung und Unterricht, 56*(2), 105-122.

Hascher, T. & Krapp, A. (2009). Emotionale Voraussetzungen der Entwicklung der Professionalität von Lehrenden. In O. Zlatkin-Troitschanskaia, D. Sembill, R. Nickolaus & R. Mulder (Hrsg.), *Lehrerprofessionalität – Bedingungen, Genese, Wirkungen und Messung* (S. 365-375). Weinheim: Beltz.

Hochschild, A. R. (1983). *The managed heart: Commercialization of human feeling.* California: University of California Press.

Huberman, M. (1991). Der berufliche Lebenszyklus von Lehrern: Ergebnisse einer empirischen Untersuchung. In E. Terhart (Hrsg.), *Unterrichten als Beruf: Neuere amerikanische und englische Arbeiten zur Berufskultur und Berufsbiographien von Lehrern und Lehrerinnen* (S. 249-267). Köln: Böhlau.

Izard, C. E. (1994). *Die Emotionen des Menschen.* Weinheim: Beltz.

Jehle, P. & Krause, P. (1994). *Berufsbezogene Angst von Lehrerinnen und Lehrern: eine epidemiologische Pilotstudie.* Frankfurt a. M.: Deutsches Institut für Internationale Pädagogische Forschung.

Joseph, P. (1975). Value conflict in law-focused education: The problem of teacher anxiety. *Social Education, 39*(3), 166-169.

Katschnig, T. (2004). *Angst, Belastungen und Humor bei Lehrerinnen und Lehrern. Eine theoretische Auseinandersetzung und eine empirische Studie in Österreich.* Band 17 der Reihe Schule-Wissenschaft-Politik. Frankfurt a.M.: Lang.

Keavney, G. & Sinclair, K. E. (1978). Teacher concerns and teacher anxiety: A neglected topic of classroom research. *Review of Educational Research, 48(*2), 273-290.

Kelchtermans, G. (1996). Teacher vulnerability: Understanding its moral and political roots. *Cambridge Journal of Education, 26*(3), 307-323.

Kessel, W. (1989). Emotionen im Lehrberuf. *Pädagogik, 44*(5), 397-406.

Klusmann, U., Kunter, M., Trautwein, U., Lüdtke, O. & Baumert, J. (2008a). Teachers' occupational well-being and quality of instruction: The important role of self-regulatory patterns. *Journal of Educational Psychology, 100*(3), 702-715.

Klusmann, U., Kunter, M., Trautwein, U., Lüdtke, O. & Baumert, J. (2008b). Engagement and emotional exhaustion in teachers: Does the school context make a difference? *Applied Psychology, 57,* 127-151.

Krapp, A. (2002). Structural and dynamic aspects of interest development: Theoretical considerations from an ontogenetic perspective. *Learning and Instruction, 12*(4), 383-409.

Krause, A., Philipp, A., Bader, F. & Schüpbach, H. (2008). Emotionsregulation von Lehrkräften: Umgang mit Gefühlen als Teil der Arbeit. In A. Krause, H. Schüpbach, E. Ulich & M. Wülser (Hrsg.), *Arbeitsort Schule* (S. 309-334). Wiesbaden: Gabler.

Krell, G. (2002). Welche Bedeutung haben emotionale Kompetenzen im Arbeitsleben?. In M. von Salisch (Hrsg.), *Emotionale Kompetenz entwickeln: Grundlagen in Kindheit und Jugend* (S. 73-89). Stuttgart: Kohlhammer.

Krohne, H. W. (1976). *Theorien zur Angst.* Stuttgart: Kohlhammer.

Kunter, M. (2011). Motivation als Teil der professionellen Kompetenz – Forschungsbefunde zum Enthusiasmus von Lehrkräften. In M. Kunter, J. Baumert, W. Blum, U. Klusmann, S. Krauss & M. Neubrand (Hrsg.), *Professionelle Kompetenz von Lehrkräften: Ergebnisse des Forschungsprogramms COACTIV* (S. 259-275). Münster: Waxmann.

Kunter, M. (2013). Motivation as an aspect of professional competence: research findings in teachers enthusiasm. In M. Kunter, J. Baumert, W. Blum, U. Klusmann, S. Krauss & M. Neubrand (Eds.), *Cognitive activation in the mathematics classroom and professional competence of teachers. Results from the COACTIV project* (pp. 273-290). New York: Springer.

Kunter, M., Tsai, Y.-M., Klusmann, U., Brunner, M., Krauss, S. & Baumert, J. (2008). Students' and mathematics teachers' perception of teacher enthusiasm and instruction. *Learning and Instruction, 18*(5), 468-482.

La Porte, E. (1996). Teaching: getting it right. *Cambridge Journal of Education, 26*(3), 361-366.

Lasky, S. (2005). A sociocultural approach to understanding teacher identity, agency and professional vulnerability in a context of secondary school reform. *Teaching and Teacher Education, 21*(8), 899-916.

Lazarus, R. S. (1966). *Psychological stress and the coping process.* New York: McGraw-Hill.

Lewis, M. & Haviland, J. M. (Eds.) (2000). *Handbook of emotions.* New York: Guilford Press.

Liljestrom, A., Roulston, K. & deMarrais, K. (2007). „There's no place for feeling like this in the workplace": Women teachers' anger in school settings. In P. A. Schutz & R. Pekrun (Eds.), *Emotion in education* (pp. 275-309). San Diego, CA: Academic Press.

Linnebrink, E. A. (2006). Emotion research in education: Theoretical and methodological perspectives on the integration of affect, motivation, and cognition. *Educational Psychology Review, 18*(4), 307-314.

Linnebrink, E. A. (2007). The role of affect in student learning: A multi-dimensional approach to considering the interaction of affect, motivation and engagement. In P. A. Schutz & R. Pekrun (Eds.), *Emotion in education* (pp. 107-124). San Diego, CA: Academic Press.

Locke, E. A. & Latham, G. P. (1990). *A theory of goal setting & task performance.* Englewood Cliffs, N.J.: Prentice Hall.

Maslach, C. & Jackson, S. E. (1986). *Maslach Burnout Inventory.* Palo Alto, CA: Consulting Psychologists Press.

Meyer, D. K. (2009). Entering the emotional practice of teaching. In P. A. Schutz & M. Zembylas (Eds.), *Advances in teacher emotion research: The impact on teachers' lives* (pp. 73-91). New York: Springer.

Meyer, D. K. & Turner, J. C. (2007). Scaffolding emotions in classrooms. In P. A. Schutz & R. Pekrun (Eds.), *Emotion in education* (pp. 243-257). San Diego, CA: Academic Press.

Möller, J. & Köller, O. (1996). *Emotionen, Kognitionen und Schulleistung.* Weinheim: Beltz.

Nias, J. (1996). Thinking about feeling: The emotions in teaching. *Cambridge Journal of Education, 26*(3), 293-306.

Oerter, R. & Weber, E. (Hrsg.) (1975). *Der Aspekt des Emotionalen in Unterricht und Erziehung.* Donauwörth: Auer.

Oplatka, I. (2007). Managing emotions in teaching: Toward an understanding of emotion displays an caring as nonprescribed role elements. *Teachers College Record, 190*(6), 1374-1400.

Op't Eynde, P. & Turner, J. E. (2006). Focusing on the complexity of emotion issues in academic learning: A dynamical component system approach. *Educational Psychology Review, 18*(4), 361-376.

Otto, J. H., Euler, H. A. & Mandl, H. (Hrsg.) (2000). *Emotionspsychologie.* Weinheim: Psychologie Verlags Union.

Peez, H. (1983). Angst als Begleiter im Lehrerleben. Berufsbezogene Ängste in der Selbstwahrnehmung und im Urteil der Schüler. *Bayerische Schule, 36*(2), 15-18.

Pekrun, R. (1998). Schüleremotionen und ihre Förderung: Ein blinder Fleck der Unterrichtsforschung. *Psychologie in Erziehung und Unterricht, 44*(3), 230-248.

Pekrun, R. (2006). The control-value theory of achievement emotions: Assumptions, corollaries, and implications for educational research and practice. *Educational Psychology Review, 18*(4), 315-341.

Pekrun, R. & Frenzel, A. C. (2009). Persönlichkeit und Emotion. In V. Brandstätter & J. H. Otto (Hrsg.), *Handbuch der Allgemeinen Psychologie: Motivation und Emotion* (2. Aufl.) (S. 686-696). Göttingen: Hogrefe.

Pekrun, R., Frenzel, A. C., Götz, T. & Perry, R. P. (2007). The control-value theory of achievement emotions: An integrative approach to emotions in education. In P. A. Schutz & R. Pekrun (Eds.), *Emotion in education* (pp. 13-36). San Diego: Academic Press.

Pekrun, R., Goetz, T., Titz, W. & Perry, R. P. (2002). Academic emotions in students' self-regulated learning and achievement: A program of quantitative and qualitative research. *Educational Psychologist, 37*(2), 91-106.

Prawat, R. S., Byers, J. L. & Anderson, A. H. (1983). An attributional analysis of teachers' affective reactions to student success and failure. *American Educational Research Journal, 20*(1), 137-152.

Reio Jr., T. G. (2005). Emotions as a lens to explore teacher identitity and change: A commentary. *Teaching and Teacher Education, 21*(8), 985-993

Rudow, B. (1994). *Die Arbeit des Lehrers.* Bern: Huber.

Russell, J. A. (2003). Core affect and the psychological construction of emotion. *Psychological Review, 110*(1), 145-172.

Saunders, R. (2013). The role of teacher emotions in change: Experiences, patterns and implications for professional development. *Journal of Educational Change, 14,* 303-333.

Scherer, K. R. (1984). On the nature and function of emotion: A component process approach. In K. R. Scherer & P. Ekman (Eds.), *Approaches to emotion* (S. 293-318). Hillsdale, N.J.: Erlbaum.

Scherer, K. R. & Ekman, P. (Eds.) (1984). *Approaches to emotion.* Hillsdale, N.J.: Erlbaum.

Schmidt, M. & Datnow, A. (2005). Teachers' sense-making about comprehensive school reform: The influence of emotions. *Teaching and Teacher Education, 21*(8), 949-965.

Schmidt-Atzert, L. (2009). Kategoriale und dimensionale Modelle. In V. Brandstätter & J. H. Otto (Hrsg.), *Handbuch der Allgemeinen Psychologie: Motivation und Emotion* (2. Aufl.) (S. 571-576). Göttingen: Hogrefe.

Schmidt, M. & Datnow, A. (2005). Teachers' sense-making about comprehensive school reform: The influence of emotions. *Teaching and Teacher Education, 21*(8), 948-965.

Schutz, P. A., Aultman, L. P. & Williams-Johnson, M. R. (2009). Educational psychology perspectives on teacher's emotions. In P. A. Schutz & M. Zembylas (Eds.), *Advances in teacher emotion research: The impact on teachers' lives* (pp. 195-212). New York: Springer.

Schutz, P. A., Cross, D. I., Hong, J. Y. & Osbon, J. N. (2007). Teacher identities, beliefs, and goals related to emotions in the classroom. In P. A. Schutz & R. Pekrun (Eds), *Emotion in education* (pp. 223-240). San Diego, CA: Elsevier.

Schutz, P. A., Hong, J. Y., Cross, D. I. & Osbon, J. N. (2006). Reflections on investigating emotion in educational activity settings. *Educational Psychology Review, 18*(4), 343-360.

Schutz, P. A. & Lanehart, S. L. (2002). Emotions in education (special issue). *Educational Psychologist, 37*(2), 67-68.

Schutz, P. A. & Pekrun, R. (Eds.) (2007). *Emotion in education.* San Diego, CA: Academic Press.

Schutz, P. A. & Zembylas, M. (Eds.) (2009a). *Advances in teacher emotion research: The impact on teachers' lives.* New York: Springer.

Schutz, P. A. & Zembylas, M. (2009b). Introduction to advances in teacher emotion research: The impact on teachers' lives. In P. A. Schutz & M. Zembylas (Eds.), *Advances in teacher emotion research: The impact on teachers' lives* (pp. 3-11). New York: Springer.

Schwarzer, R. (1975). *Schulangst und Lernerfolg.* Düsseldorf: Pädagogischer Verlag Schwann.

Schwarzer, R. (1987). *Streß, Angst und Hilflosigkeit.* Stuttgart: Kohlhammer.

Sieland, B. (2007). Wie gehen Lehrkräfte mit Belastungen um? Belastungsregulierung zwischen Entwicklungsbedarf und Änderungsresistenz. In M. Rothland (Hrsg.), *Belastungen und Beanspruchung im Lehrberuf* (S. 206-226). Wiesbaden: Verlag für Sozialwissenschaften.

Sinclair, K. & Nicoll, V. (1981). Sources and experiences of anxiety in practice teaching. *The South Pacific Journal of Teacher Education, 9*(1), 1-18.

Sosnowsky, N. (2007). Burnout – Kritische Diskussionen eines vielseitigen Phänomens. In M. Rothland (Hrsg.), *Belastungen und Beanspruchung im Lehrberuf* (S. 119-139). Wiesbaden: Verlag für Sozialwissenschaften.

Sutton, R. E. (2007). Teachers' anger, frustration, and self-regulation. In P. A. Schutz & R. Pekrun (Eds.), *Emotion in education* (pp. 258-273). San Diego: Academic Press.

Sutton, R. E. & Wheatley, K. F. (2003). Teachers' emotions and teaching: A review of the literature and directions for future research. *Educational Psychology Review, 15*(4), 327-358.

Ulich, D. & Mayring, P. (1992). *Psychologie der Emotionen* (5. Aufl.). Stuttgart: Kohlhammer.

Valeski, T. N. & Stipek, D. J. (2001). Young children's feelings about school. *Child Development, 72*(4), 1198-1213.

van Veen, K. & Lasky, S. (2005). Emotions as a lens to explore teacher identity and change: Different theoretical approaches. *Teaching and Teacher Education, 21*(8), 895-898.

van Veen, K. & Sleegers, P. (2009). Teachers' emotions in a context of reforms: To a deeper understanding of teachers and reform. In P. A. Schutz & M. Zembylas (Eds.), *Advances in teacher emotion research: The impact on teachers' lives* (pp. 232-251). New York: Springer.

Weidenmann, B. (1978). *Lehrerangst.* München: Ehrenwirth.

Wilhelm, K., Dewhurst-Savellis, J. & Parker, G. (2000). Teacher stress? An analysis of why teachers leave and why they stay. *Teachers and Teaching: Theory and Practice, 6*(3), 291-304.

Winograd, K. (2003). The functions of teacher emotions: The good, the bad, and the ugly. *Teacher College Record, 105*(9), 1641-1673.

Witcher, A. E., Onwuegbuzie, A. J. & Minor, L. C. (2001). Characteristics of effective teachers: Perceptions of preservice teachers. *Research in the Schools, 8*(2), 45-57.

Witte, K. H. (1982). Individualpsychologische Aspekte der Lehrerangst. *Zeitschrift für Individualpsychologie, 7,* 39-51.

Zapf, D. (2002). Emotion work and psychological well-being. A review of literature and some conceptual considerations. *Human Ressource Management Review, 12*(2), 237-268.

Zeidner, M. & Matthews, G. (2005). Evaluative anxiety. In A. Elliot & C. Dweck (Eds.), *Handbook of competence and motivation* (pp. 141-166). NY: Guilford Press.

Zembylas, M. (2004). The emotional characteristics of teaching: An ethnographic study of one teacher. *Teaching and Teacher Education, 20*(2), 185-201.

Zerbe, W. J., Ashkanasy, N. M. & Härtel, C. E. J. (Eds.) (2013). *Individual sources, dynamics, and expressions of emotion.* Bingley: Emerald Group Publishing.

Mareike Kunter

Forschung zur Lehrermotivation

1. Einführung

Die Motivation von Lehrkräften ist häufig Thema von Alltagsdiskussionen. Befragt man Personen, welche Merkmale erfolgreiche Lehrer haben müssen, so werden motivationale Merkmale eigentlich immer direkt als erstes genannt. So wählten z.B. in einer Internetumfrage zum Thema, welche Merkmale ein guter Lehrer haben müsste, 78 % der Befragten „ motiviert, engagiert“ (nur das Merkmal „gerecht/fair“ wurde mit 84 % häufiger gewählt); „Wissen im jeweiligen Fachbereich“ oder „verständliche Präsentation der Lehrinhalte“ wurden dagegen mit je 55 % als deutlich weniger wichtig erachtet (Deutscher Lehrerpreis, 2008).

Diskussionen über die Motivation von Lehrkräften sind oft geprägt von der Annahme, dass der Lehrerberuf prinzipiell eher wenig attraktiv und befriedigend, aber zugleich sehr herausfordernd sei, sodass Lehrkräfte eine besonders hohe Motivation brauchen, um überhaupt erfolgreich tätig und zufrieden zu sein. Gleichzeitig wird beklagt, dass die meisten aktuell tätigen Lehrkräfte diese hohe Motivation anscheinend nicht aufweisen – und es deshalb vor allem notwendig sei, mehr Personen für den Lehrerberuf zu gewinnen, die die gewünschte Motivation mitbringen (z.B. Shulman & Shulman, 2004).

Der vorliegende Beitrag gibt einen Überblick über die wissenschaftliche Forschung zur Lehrermotivation und zeigt, dass diese Argumente kaum durch empirische Belege gestützt werden. Nach einer Einführung in Grundansätze der allgemein-psychologischen Motivationsforschung werden drei zentrale Themenbereiche vorgestellt. Der erste Bereich, der der eigentliche Ausgangspunkt für die Beschäftigung mit dem Thema ist, umfasst populationsbeschreibende Arbeiten, die sich mit der Annahme beschäftigen, dass hohe Motivation eine besonders wichtige Voraussetzung für den Lehrerberuf ist. Der zweite Themenbereich, ein Klassiker der Lehrermotivationsforschung, beschäftigt sich mit Motivation zu Beginn der Lehrerkarriere und mit Motiven für die Wahl des Lehrerberufs. Erst in den letzten fünfzehn Jahren hat sich die Forschung stärker der Motivation fertig ausgebildeter, im Beruf stehender Lehrkräfte zugewendet und interindividuell variierende motivationale Merkmale untersucht, die erklären können, warum sich Lehrkräfte in ihrem beruflichen Engagement unterscheiden. Diese Arbeiten werden als dritter Themenbereich zusammengefasst. Vor allem diese letzten Ansätze lassen sich, wie abschließend diskutiert wird, in einen allgemeinen Paradigmenwechsel in der Forschung zu Lehrkräften einordnen, der auf einem multidimensionalen Verständnis von beruflicher Kompetenz basiert.

2. Motivation als psychologisches Konstrukt

„Motivation“ wird in der Regel auf das Lateinische „movere“, also bewegen, zurückgeführt (vgl. Pintrich, 2003a). Für den Begriff liegen keine eindeutigen Definitionen vor; es handelt sich um ein Sammelkonstrukt, das sowohl Prozesse als auch Merkmale von Personen beschreibt. Motivation beschreibt Gründe für den Beginn und die Richtung von Verhalten (Wahlen und Entscheidungen), die Art seiner Durchführung (mit welcher Intensität und Anstrengung) und seine Dauer (Aufrechterhaltung) (Mitchell, 1997; Pintrich, 2003b; Rheinberg, 2006). Es wird davon ausgegangen, dass sich Personen in ihren individuellen motivationalen Voraussetzungen (zum

Beispiel generellen Präferenzen, affektiv-bewertenden Aspekten und Zielvorstellungen) unterscheiden. Diese Voraussetzungen bestimmen in Interaktion mit Merkmalen des jeweiligen Kontextes (im Beruf z.B. physikalische organisatorische Merkmale oder Anreizstrukturen) die mentalen motivationalen Prozesse, die sich in Verhaltensweisen mit unterschiedlicher Zielsetzung, Intensität, Qualität oder Dauer manifestieren.

In der Forschung zu Lehrerkräften hat man sich fast ausschließlich mit Motivation als einem Personenmerkmal – also mit den individuellen motivationalen Voraussetzungen – und mit den Folgen dieser persönlichen Voraussetzungen für das berufliche Verhalten beschäftigt. Dabei basiert vor allem die frühe Forschung auf einem eindimensionalen Verständnis von Motivation, das sich häufig auch in der Alltagssprache findet. Motivation, so die Annahme, stellt eine Art innere Energie dar und ist eine Größe, die insgesamt in ihrer Stärke variiert und somit bestimmt, ob und wie engagiert Lehrkräfte ihren Beruf ausüben (Firestone & Pennell, 1993; Lortie, 1975; Shulman & Shulman, 2004). Gleichzeitig wird angenommen, dass sich diese „innere Energie" durch Anreize von außen positiv beeinflussen lässt und somit das Verhalten von Lehrkräften in eine günstige Richtung beeinflusst werden kann. Wie im nächsten Abschnitt dargestellt, findet sich ein solches eindimensionales Motivationsverständnis vor allem in der älteren Forschung, die sich mit der Anreizstruktur im Lehrerberuf beschäftigt.

In der psychologischen Motivationsforschung ist das eindimensionale Motivationskonzept seit den 1980er Jahren zunehmend einem mehrdimensionalen Verständnis von Motivation gewichen (Mayer, Faber & Xu, 2007). Die Frage ist nun nicht mehr, wie viel Motivation eine Person hat, sondern welche Formen der Motivation vorliegen. Ob Personen mehr oder weniger Energie in die Durchführung einer Handlung investieren, ob sie freiwillig zusätzliche Mühen auf sich nehmen oder auch bei Widerständen nicht aufgeben, ist häufig eine Folge eines (nicht unbedingt bewusst ablaufenden) Bewertungsprozesses, in dem die Bedeutsamkeit der Handlung oder Tätigkeit bewertet, aber auch eingeschätzt wird, wie wahrscheinlich es ist, dass Handlungen zum Erfolg führen – wobei dies alles in übergreifende Vorstellungen davon eingebettet sein kann, ob die Handlung in einer bestimmten Situation dem Erreichen längerfristiger Ziele dient (Eccles & Wigfield, 2002; Pintrich, 2003b). In Wechselwirkung mit den jeweils aktuellen Begebenheiten des Kontextes spielen auch hier individuelle persönliche Unterschiede in den – relativ stabilen – affektiv-evaluativen, kognitiven und volitionalen Merkmalen eine bedeutsame Rolle. Unterschieden wird unter anderem zwischen extrinsischer und intrinsischer Motivation (Ryan & Deci, 2000). Verhalten gilt dann als extrinsisch motiviert, wenn es durch Anreize gesteuert wird, die außerhalb der Tätigkeit selbst liegen, während bei intrinsisch motiviertem Verhalten allein die Durchführung der Tätigkeit so viele positive Affekte (z.B. Freude oder Spannung) auslöst, dass keine zusätzlichen Anreize zur Verhaltenssteuerung mehr notwendig sind. Beide Motivationsformen gehen – so belegen diverse Studien – mit unterschiedlichen Verhaltensqualitäten einher, wobei eher intrinsisch motivierte Personen z.B. mehr Anstrengung, Konzentration oder Durchhaltevermögen zeigen als eher extrinsisch motivierte Personen (Ryan & Deci, 2000).

In der Forschung zu Lehrkräften ist dieses multidimensionale Verständnis von Motivation erst in den letzten fünfzehn Jahren zunehmend zu finden. Wie in Tabelle 1 dargestellt wird, greifen neuere Arbeiten gängige motivationale Konstrukte auf. Die Hauptfrage ist dabei, inwieweit interindividuelle Unterschiede in diesen Konstrukten zu einem mehr oder weniger engagierten und qualitätvollen Verhalten der Lehrkräfte führen.

Tabelle 1: Motivationale Merkmale zur Erklärung von Verhaltensunterschieden und entsprechende Konstrukte in der Lehrermotivationsforschung (Auswahl)

	Bereiche	Konstrukte (Beispiele)	Anwendung auf Lehrkräfte (Beispiele)
Initiation und Richtung von Verhalten	**Bedürfnisse und Motive**	Bedürfnisse (nach Murray, 1938), Motive (McClelland, 1985)	**Berufswahlmotive** (z.B. Brookhart & Freeman, 1992; Mayr, 1994; Watt & Richardson, 2007)
Intensität, Dauer und Qualität von Verhalten	**Affektiv-evaluative Merkmale**	Intrinsische Motivation, Interesse, Arbeitszufriedenheit, Engagement	**Lehrer-Enthusiasmus** (z.B. Kunter et al., 2008; Patrick, Hisley & Kempler, 2000; Wild, Enzle, & Hawkins, 1992) **Interesse** (Long & Woolfolk Hoy, 2006; Retelsdorf, Butler, Streblow, & Schiefele, 2010)
	Selbstbezogene Kognitionen	Selbstwirksamkeit, Kontrollüberzeugungen, Attributionen	**Lehrerselbstwirksamkeit** (z.B. Caprara, Barbaranelli, Steca & Malone, 2006; Schmitz & Schwarzer, 2000; Tschannen-Moran & Woolfolk Hoy, 2001)
	Ziele und Selbstregulation	Persönliche Ziele, Zielsetzungen, Zielorientierungen	**Zielorientierungen** (Butler, 2007; Nitsche, Dickhäuser, Fasching & Dresel, 2011)

3. Wie viel Motivation brauchen Lehrkräfte? Populationsbeschreibende Ansätze

Der klassische Ausgangspunkt für fast alle Arbeiten im Bereich der Lehrermotivationsforschung ist die Annahme, dass Lehrkräfte aufgrund der Besonderheiten ihres Berufs eine besonders hohe Motivation (im Sinne der eingangs geschilderten inneren Energie) benötigen. Diese Annahme fußt auf der Überlegung, dass sich der Lehrerberuf durch eine spezielle Anreizstruktur auszeichnet. Häufig werden dabei extrinsische Anreize (Vorteile und Belohnungen materieller oder praktischer Art) und intrinsische Anreize (z.B. nicht materielle Anerkennung, erlebte Sinnhaftigkeit, Freude am Tun) unterschieden (Lortie, 1975). Hinsichtlich der extrinsischen Anreize wird zumeist auf den vergleichsweise flachen Karriereverlauf verwiesen, der bei relativ hohem Einstiegsgehalt nur wenige Aufstiegsmöglichkeiten bietet (Halász, Santiago, Ekholm, Matthews & McKenzie, 2004; Lortie, 1975; Terhart, 2000). Aber auch innerhalb der regulären Stellung sind extrinisische Anreize vermeintlich kaum gegeben: Ähnlich wie in anderen akademischen Tätigkeitsfeldern führen im Lehrerberuf höhere Anstrengung oder Überstunden nicht direkt zu Gehaltsverbesserungen oder anderen Gratifikationen. Auch im Hinblick auf intrinsische Anreize gilt der Lehrerberuf als nur begrenzt lohnend (Lortie, 1975). Direkte positive Rückmeldungen werden auch von Schülerinnen und Schülern selten gegeben und sind eher indirekt und zeitverzögert zu erleben, wenn nämlich Lernerfolge erzielt werden oder einzelne Schüler Entwicklungsfortschritte machen (Lortie, 1975). Gleichzeitig wird häufig auf die Erfolgsunsicherheit des Lehrerhandelns hingewiesen, weil positive Ergebnisse des Handelns nur selten unmittelbar sichtbar werden und vor allem der „Erfolg" ihres Verhaltens stark von anderen, nicht kontrollierbaren Faktoren abhängig ist (McCaffrey, Lockwood, Koretz, Louis & Hamilton, 2004). Weiterhin ist es eine weit verbreitete Sorge unter Lehrkräften, dass sie von der Öffentlichkeit nur wenig Anerkennung für ihren Beruf erhalten (Osterwalder, 2003).

All dies hat zu der Vermutung geführt, dass der Lehrerberuf im Hinblick auf sein Motivierungspotential begrenzt sei. Folglich wird argumentiert, dass einerseits Personen, die in diesem Tätigkeitsfeld agieren, von sich aus eine hohe Motivation mitbringen müssten und dass andererseits zusätzliche attraktive Anreizsysteme zu schaffen wären, um ein langfristig engagiertes

Verhalten bei den Lehrkräften aufrechtzuerhalten (Darling-Hammond, 2003; Shulman & Shulman, 2004). Ein Problem bei dieser Betrachtungsweise ist allerdings, dass diese Schlussfolgerungen ausschließlich auf einer systemimmanenten Interpretation des Berufes beruhen. Neuere Studien, die die Anreizstruktur des Lehrerberufs mit ähnlichen Professionen vergleichen, zeichnen ein etwas differenzierteres Bild.

Bezogen auf die vermeintlich geringen extrinsischen Anreize zeigt der internationale Vergleich, dass Lehrkräfte zwar zum Teil weniger verdienen als andere Berufsgruppen, zum Teil aber auch zu den am besten verdienenden Akademiker(inne)n gehören (Halász et al., 2004). Gleichzeitig lassen sich deutliche Unterschiede zwischen Bildungssystemen und Schularten beobachten, was verallgemeinernde Aussagen über das Lehrergehalt fast unmöglich macht. Eine vergleichende US-amerikanische Analyse belegt weiterhin, dass der Lehrerberuf im Hinblick auf langfristige finanzielle Erträge – nämlich bezogen auf Modelle der Altersvorsorge – vielen vergleichbaren Professionen überlegen ist (Harris & Adams, 2007). Zwei extrinsische Anreize, die häufig als Grund für die Wahl dieses Berufs genannt werden und vergleichsweise günstig ausgeprägt sind, dürften die Möglichkeit der teilweise flexiblen Zeiteinteilung (inkl. Familienfreundlichkeit) und die relativ hohe Sicherheit des Arbeitsplatzes sein (Pohlmann & Möller, 2010; Watt & Richardson, 2007). Insgesamt scheint es also durchaus extrinsische Vorteile zu geben. Diese Aspekte sind zusammen mit den zweifelsohne begrenzten Karrieremöglichkeiten in die Waagschale zu werfen und lassen nicht unbedingt den Schluss zu, dass der Beruf insgesamt keine extrinsischen Anreize bietet.

Bezogen auf intrinsische Belohnungen liegen ebenfalls Befunde aus professionsvergleichenden Studien vor. Aus dem Bereich der Organisationspsychologie stammen standardisierte Verfahren, mit deren Hilfe das intrinsische Motivierungspotenzial von Arbeitsstellen oder Berufen vergleichend beurteilt werden kann. Es liegen einige wenige Studien vor, in denen derartige Instrumente auch bei Lehrkräften eingesetzt wurden und die einen Vergleich mit anderen beruflichen Populationen entweder anhand von Normwerten oder von Vergleichsstichproben erlauben (z.B. Barnabé & Burns, 1994; Naughton & Outcalt, 1988; van Dick, Schnitger, Schwartzmann-Buchelt & Wagner, 2001). Auch wenn insgesamt die Qualität dieser Studien nicht unkritisch ist, liefern die Studien insgesamt *keinen* Hinweis darauf, dass die untersuchten Lehrkräfte ihren Beruf negativer als andere vergleichbare akademische Berufsgruppen wahrnahmen. Stattdessen betonten in allen Studien Lehrkräfte die vergleichsweise hohe Bedeutsamkeit und Aufgabenvielfalt ihrer Tätigkeit – beides sind intrinsische Tätigkeitsmerkmale, denen ein besonders hohes Motivierungspotenzial zugeschrieben wird. Bezogen auf die vermeintlich geringe gesellschaftliche Anerkennung, die Lehrkräften zuteil wird, können vergleichende Umfragen diese fehlende Wertschätzung in der Bevölkerung nicht belegen. Tatsächlich ist es sogar so, dass der Lehrerberuf in Deutschland in den letzten Jahren zunehmend an Wertschätzung gewonnen hat und mittlerweile zu den Berufen mit dem höchsten Prestige in der Bevölkerung zählt. So wird er im Jahre 2011 an dritter Stelle von den am meisten geachteten Berufen genannt, weit vor Pfarrern, Professoren, Diplomaten, Politikern oder Spitzensportlern – nur Ärzte und Krankenschwestern werden noch mehr geachtet (Institut für Demoskopie Allensbach, 2005, 2008, 2011).

Insgesamt deutet die aktuelle Befundlage nicht darauf hin, dass der Lehrerberuf per se weniger befriedigend ist als andere Berufe und somit Lehrkräfte „mehr" Motivation als andere Berufstätige bräuchten, um im Beruf zu verbleiben und erfolgreich zu handeln. Die Studien belegen stattdessen deutlich, dass es große interindividuelle Unterschiede in der Wahrnehmung und Bewertung des Lehrerberufes innerhalb der Lehrerschaft selbst gibt. Im Folgenden werden zwei Themenkomplexe vorgestellt, die sich mit den Hintergründen für diese interindividuellen Unterschiede beschäftigen.

4. Motivation für den Lehrerberuf – Forschung zu Berufswahlmotiven

Motive sind das typische Thema der Lehrermotivationsforschung. Motive stellen stabile Präferenzen für das Erleben spezifischer Zustände dar, manifestieren sich relativ früh in der menschlichen Entwicklung und sind nur begrenzt veränderbar (Rheinberg, 2006). Verhalten – so die Annahme – wird dadurch gesteuert, dass Personen motiviert sind, ihre Bedürfnisse zu befriedigen, und somit bevorzugt Kontexte aufsuchen und Verhaltensweisen zeigen, von denen sie erwarten, dass sie zur Befriedigung ihrer spezifischen Bedürfnisse, also ihrer Motive, beitragen.

In der Forschung zu Lehrkräften wurden Motive vor allem hinsichtlich der Fragestellung untersucht, ob es Motivkonstellationen gibt, die für den Lehrerberuf besonders günstig sind. Als Klassikerstudie sind hier die Analysen von Lortie (1975) zu nennen, die darauf hingewiesen haben, dass der Lehrerberuf häufig von Personen gewählt wird, die hoffen, hiermit Bedürfnisse nach Affiliation, Altruismus, Sicherheit, materieller Belohnung und zeitlicher Flexibilität zu befriedigen. Ausgehend von Lorties Arbeit sind zahlreiche Studien zu Motiven von Lehrkräften entstanden (z.B. Mayr, 1994; Pohlmann & Möller, 2010; Richardson & Watt, 2006). Die Zusammenschau der Befunde lässt vermuten, dass intrinsische und altruistische Beweggründe bei angehenden Lehrkräften besonders hoch ausgeprägt sind (Brookhart & Freeman, 1992; Pohlmann & Möller, 2010). Zunehmend werden die überwiegend qualitativen, induktiven Arbeiten in neuerer Zeit durch stärker quantitative Ansätze ergänzt, die belegen, dass bei der Wahl des Lehrerberufs die Kombination verschiedener Gründe eine Rolle spielen kann (Pohlmann & Möller, 2010; Watt & Richardson, 2007).

Die meisten Arbeiten zu Berufswahlmotiven von Lehrkräften gehen implizit davon aus, dass bestimmte Motivkonstellationen mit einem besonders adaptiven und funktionalen Verhalten der Lehrkräfte einhergehen sollten. Tatsächlich liegen bisher nur wenig empirische Studien vor, die diese Annahme prüfen. Querschnittsanalysen zeigen, dass Lehrkräfte, die eher intrinsische und altruistische Gründe für ihre Berufswahl angeben, von höherer Berufszufriedenheit berichten (Reyes, 1990; Watt & Richardson, 2007). Problematisch an Studien dieser Art ist allerdings die Tatsache, dass Motive retrospektiv erhoben werden und post-hoc-Interpretationen oder Veränderungen von Motiven nicht ausgeschlossen werden können (Schutz, Crowder & White, 2001). In einer der wenigen vorliegenden echten Längsschnittanalysen mit australischen Studierenden, in der Motive *vor* Beginn der Lehrerausbildung erhoben wurden, zeigten sich später im Beruf keine Vorteile von intrinsischen gegenüber extrinsischen Motiven (Wilhelm, Dewhurst-Savellis & Parker, 2000, siehe auch König & Rothland, 2012). Um die prädiktive Bedeutung von Berufswahlmotiven tatsächlich nachweisen zu können, bedarf es demnach noch weiterer Forschung.

5. Motivation im Beruf – Interindividuelle Unterschiede

In der Lehrermotivationsforschung überwogen lange Zeit induktive Vorgehensweisen, bei denen motivationale Phänomene aus den Äußerungen von Lehrkräften abgeleitet wurden, was zur Folge hatte, dass sich von mehreren Forscher(inne)n geteilte Konstrukte zur Beschreibung der Lehrermotivation kaum etablieren konnten. Etwa seit der Jahrtausendwende lässt sich allerdings eine Veränderung des Feldes beobachten: Zunehmend wird der Anschluss an generische psychologische Motivationstheorien gesucht; etablierte motivationale Konstrukte werden auch auf die Lehrerpopulation angewendet. Gleichzeitig zeigt sich eine Verschiebung der methodischen Ansätze: Anstatt induktiv und populationsbeschreibend vorzugehen, kommen häufiger Fragebogenuntersuchungen in größeren Lehrergruppen zum Einsatz, um *innerhalb* der Gruppe der Lehrkräfte Verhaltensunterschiede durch motivationale Variablen zu erklären.

Leitend ist dabei oft ein Verständnis des Lehrerberufs als einer komplexen Tätigkeit mit relativ geringer externer Strukturierung, die einen hohen Grad an Selbststeuerung erfordert (Lin, Schwartz & Hatano, 2005; Sternberg & Horvath, 1995). Das tägliche Handeln von Lehrkräften ist Unwägbarkeiten ausgesetzt und erfordert Konzentration und Anstrengung sowie die Fähigkeit, mit Enttäuschungen und Misserfolgen produktiv umzugehen. Auch aus einer längerfristigen Perspektive sind Selbststeuerungsfähigkeiten seitens der Lehrkräfte gefragt, um wandelnde Herausforderungen (z.B. sich verändernde Schülerpopulationen, neue curriculare Inhalte und Regularien) bewältigen zu können und die Bereitschaft zur Erweiterung des professionellen Handlungsrepertoires aufzubringen (vgl. Shulman & Shulman, 2004). Entsprechend hat sich die Lehrermotivationsforschung der letzten Jahre verstärkt der Frage zugewendet, welche motivationalen Merkmale die Intensität und Qualität des Lehrerhandelns und vor allem auch ihre Lernbereitschaft bestimmen (vgl. Tabelle 1).

5.1 Affektiv-evaluative Merkmale

Das Verhalten von Personen wird unter anderem dadurch bestimmt, welche Wertigkeit diese mit den jeweiligen Tätigkeiten, Handlungen oder Inhalten verbinden. Diese Bewertungen sind häufig affektiv getönt, können aber auch Folge stärker kognitiv basierter Evaluationen sein (Eccles & Wigfield, 2002). Grundsätzlich gilt die Annahme, dass Handlungen, die als positiv und wichtig bewertet werden, mit mehr Anstrengung und Ausdauer durchgeführt werden und dass sich Personen habituell in ihren Bewertungen unterscheiden.

Ein klassisches affektiv-bewertendes Merkmal in der Lehrerforschung ist der Enthusiasmus von Lehrkräften, welcher vor allem durch die Arbeit von Rosenshine und Furst (1973) als Bedingung für die Unterrichtseffektivität empirisch eingeführt wurde. Über mehrere Beobachtungsstudien hinweg zeigten die Autoren, dass „Enthusiasmus", konzeptualisiert als eine ausdrucksstarke Vortragsweise, die mit positiven Affektäußerungen einher ging, einen Zusammenhang mit einer günstigen Leistungsentwicklung der Schüler aufwies. In Nachfolge dieser Studie entstanden experimentelle Studien, die die positive Wirkung von enthusiastischen Verhaltensweisen auf Unterrichtswahrnehmungen, Lernverhalten und Motivation von Schülern belegen können (z.B. McKinney, Robertson, Gilmore, Ford & Larkins, 1984; Patrick et al., 2000). Und so gilt „Enthusiasmus", verstanden als die Begeisterung für das Fach oder die Lehrtätigkeit, auch in der Lehr-Lernforschung als ein Merkmal effektiver Lehrkräfte (Bromme, 2001; Brophy & Good, 1986; Helmke, 2012). Eine kritische Bewertung des Forschungsstandes zeigt allerdings, dass diese Schlussfolgerung streng genommen so nicht gültig ist: So erfolgte in den genannten Studien keine direkte Erfassung von Enthusiasmus im Sinne eines persönlichen Erlebens der Lehrkraft. Vielmehr wurde aus reinen Beobachtungsdaten auf die motivationale Disposition der Lehrkräfte geschlossen, oder der „Enthusiasmus" bzw. das Verhalten von Lehrkräften wurde experimentell manipuliert. Für die Behauptung, effektive Lehrkräfte müssten hohe Begeisterung *empfinden* (und nicht lediglich demonstrieren), fehlten lange Zeit empirische Belege. Erst in neuerer Zeit hat man sich dem Konstrukt „Enthusiasmus" differenzierter zugewandt und versucht, zwischen dem manifesten Verhalten und dem internen Erleben zu trennen (Keller, 2011; Kunter et al., 2008; Long & Woolfolk Hoy, 2006). So konnte beispielsweise Keller (2011) in einer Beobachtungsstudie keinen Zusammenhang zwischen der Expressivität im Lehrstil und dem von den Lehrkräften erlebten Enthusiasmus nachweisen. Dennoch steht der erlebte Enthusiasmus in Zusammenhang mit höherer Unterrichtsqualität und besserer Motivationsentwicklung seitens der unterrichteten Schülerinnen und Schüler (Frenzel, Goetz, Lüdtke, Pekrun & Sutton, 2009; Kunter et al., 2008). Dabei ist jedoch zu trennen zwischen dem Enthusiasmus für das Fach selbst und dem Enthusiasmus für die Tätigkeit des Unterrichten, wie eine Studie mit Mathematiklehrkräften zeigte (Kunter et al., 2008): Während Fachenthusiasmus weder die Unterrichtsqualität noch die Schülerergebnisse vorhersagen konnte, wiesen Klassen, deren Lehrkräfte hohen Unterrichtsenthusiasmus berichteten, ein Jahr später bessere Mathematikleistungen und höhere Freude an Mathematik auf - vermutlich vermittelt über eine bessere Unterrichtsqualität (Kunter, 2011; Kunter, et al., 2008).

Aus dem Bereich der Selbstbestimmungstheorie (Deci & Ryan, 2000) stammen Arbeiten, die verschiedene Formen der extrinsischen und intrinsischen Motivation bei Lehrkräften unterscheiden. Dabei wird argumentiert, dass auch ursprünglich extrinsisch motiviertes Verhalten mit hoher Qualität durchgeführt werden kann, wenn die externen Anreize oder die Tätigkeit eine hohe Bedeutsamkeit für die jeweilige Person haben und z.B. wichtige persönliche Werte widerspiegeln. In der neueren Literatur zum Thema wird daher häufig der Begriff der „autonomen" im Vergleich zur „kontrollierten" Motivation verwendet, der den Grad der relativen erlebten Selbstbestimmung anhand einer kontinuierlichen Dimension mit den Polen rein extrinsisch und rein intrinsisch beschreibt. Die Befunde weisen darauf hin, dass Lehrkräfte, die selbst davon berichten, dass sie ihren Beruf gerne und mit Freude ausüben – also stärker autonom motiviert sind –, bessere Unterrichtsqualität zeigen (Pelletier, Séguin-Lévesque & Legault, 2002; Roth, Assor, Kanat-Maymon & Kaplan, 2007). Dieses autonome Erleben scheint sich tatsächlich auch auf die Schüler zu übertragen (Bakker, 2005; Roth et al., 2007).

Die bisher genannten Arbeiten haben einen klaren pädagogischen Fokus und stellen die Unterrichtstätigkeit von Lehrkräften in den Mittelpunkt. In neuerer Zeit finden sich auch Arbeiten, die Lehrermotivation in Modelle der Arbeits- und Organisationspsychologie einbetten und motivationale Merkmale von Lehrkräften als Prädiktoren für deren allgemeines berufliches Verhalten, z.B. Arbeitsaufwand oder Berufsaustiegstendenzen, untersuchen. Motivationale Konstrukte dieser Arbeiten sind unter anderem die Berufszufriedenheit als ein kognitiv-evaluatives Merkmal (Klusmann, Kunter, Trautwein, Lüdtke & Baumert, 2008; van Horn, Taris, Schaufeli & Schreurs, 2004) und das allgemeine berufliche Engagement als eine grundsätzliche Bereitschaft, Energie und Ressourcen in die eigene Arbeit zu investieren (Bakker, Hakanen, Demerouti & Xanthopoulou, 2007; Hakanen, Bakker & Schaufeli, 2006).

5.2 Selbstbezogene Kognitionen

Personen unterscheiden sich auch im Hinblick darauf, wie sie ihre eigenen Fähigkeiten und Handlungsmöglichkeiten einschätzen. Die Überzeugung, dass man eine bestimmte Handlung erfolgreich ausüben oder eine Aufgabe bewältigen kann, dürfte einer der wichtigsten Faktoren sein, die entscheiden, ob Personen überhaupt aktiv werden, und vor allem auch, ob sie beim Auftreten von Schwierigkeiten schnell aufgeben oder weitermachen (Eccles & Wigfield, 2002; Pintrich, 2003b). Ein klassisches Thema der Lehrermotivationsforschung sind daher die Selbstwirksamkeitsüberzeugungen von Lehrkräften, also die Einschätzung einer Lehrkraft darüber, wie gut es ihr gelingen kann, das Lernen und Verhalten ihrer Schülerinnen und Schüler zu unterstützen und zu fördern, und zwar auch bei vermeintlich schwierigen oder unmotivierten Schülerinnen und Schülern (Tschannen-Moran & Woolfolk Hoy, 2001). Es handelt sich hierbei um einen der wenigen Fälle, in denen ein generisch motivationspsychologisches Konstrukt auf sehr produktive Weise in die Lehrerforschung eingeflossen ist. (Eine ausführliche Darstellung und Erörterung der Forschung in diesem Bereich findet sich in dem Beitrag von Schwarzer & Wegner, in diesem Band).

Andere selbstbezogene Kognitionen, die Art und Qualität des beruflichen Handelns von Lehrkräften bestimmen können, sind z.B. Kontrollüberzeugungen (z.B. Malmberg & Hagger, 2009; Woolfolk & Hoy, 1990) oder Kausalattributionen (z.B. Butler, 1994).

5.3 Ziele und Selbstregulation

Arbeiten aus der Zielforschung betonen besonders stark den aktiven Charakter menschlichen Handelns; sie gehen davon aus, dass Personen bewusst ihr Verhalten so regulieren, dass es dem Erreichen übergreifender Lebensziele dient (Gollwitzer & Oettingen, 2001). In Abgrenzung zu den Annahmen der Motivforschung gehen Zieltheorien in der Regel davon aus, dass Ziele von Personen bewusst gesetzt werden und folglich auch reflektiert und abrufbar und auch stärker veränderbar sind.

Als individuell differenzierendes Merkmal hat sich besonders in Lernkontexten das Konstrukt der Zielorientierungen etabliert (Elliot, 1999). Zielorientierungen beschreiben unterschiedliche Tendenzen im Umgang mit Leistungssituationen; dabei wird meistens zwischen einer Leistungszielorientierung (Performance Approach) und einer Lernzielorientierung (Mastery Approach) unterschieden. Während Personen mit Leistungsorientierung dazu tendieren, in leistungsthematischen Situationen vor allem auf ihren relativen Leistungsstand im Vergleich zu anderen Personen zu fokussieren, sehen Personen mit Lernzielorientierung solche Situationen eher als Möglichkeit des Lernens und des Erreichens von selbstgesetzten Standards. Zahlreiche Studien sowohl im Bereich des schulischen Lernens als auch in beruflichen Kontexten belegen, dass Lernzielorientierungen mit günstigem Lernverhalten und guten Lern- und Arbeitsergebnissen assoziiert sind (Eccles & Wigfield, 2002; Porath & Bateman, 2006). Dieser Ansatz wurde mittlerweile auch auf Lehrkräfte übertragen (Butler, 2007; Nitsche et al., 2011). Es ließ sich zeigen, dass Lehrkräfte mit Lernzielorientierung bessere Unterrichtsqualität aufwiesen, was sich auch im Verhalten der Schüler niederschlug (Butler & Shibaz, 2008). Mehrere Arbeiten berichten darüber hinaus negative Effekte einer sogenannten „Arbeitsvermeidungsorientierung", also der Tendenz, sich in Leistungssituationen möglichst wenig anstrengen zu müssen (Butler, 2007; Nitsche, Dickhäuser, Fasching & Dresel, 2013). Es sei jedoch betont, dass diese eher ungünstige Form der Zielorientierung nicht überproportional häufig auftritt, es also keinerlei empirische Hinweise darauf hin gibt, dass Lehrkräfte als Population insgesamt einen besonderen Hang zur Anstrengungsvermeidung haben. Butler (2012) stellte jüngst eine weitere für Lehrkräfte spezifische Zielorientierung vor, nämlich das Streben nach einer guten und unterstützenden Beziehung mit den Schülerinnen und Schülern, vor. Sie konnte belegen, dass speziell soziale und unterstützende Unterrichtshandlungen der Lehrkräfte vor allem durch die Ausprägung dieser Zielorientierung vorhergesagt werden konnten.

Personen unterscheiden sich nicht nur in der Art ihrer Ziele, sondern auch in der Fähigkeit, ihr Verhalten so zu steuern, dass sie diese Ziele erreichen, also in ihrer Selbstregulation. Strategien der beruflichen Selbstregulation können als motivationale Fertigkeiten verstanden werden (Kanfer & Heggestad, 1997). Ein Ansatz, der Strategien der Selbstregulation als persönliche Stile konzipiert und der speziell zur Erklärung von Beanspruchungsfolgen bei Lehrkräften angewandt wurde, ist die von Schaarschmidt und Fischer (1997) vorgelegte Typologie. Mit Hilfe des Fragebogens zu arbeitsbezogenen Verhaltens- und Erlebensmustern (AVEM) können unterschiedliche berufliche Verhaltensstile, die sich in die beiden Primärfaktoren Engagement und Widerstandsfähigkeit zusammenfassen lassen, beschrieben und Typen klassifiziert werden. Theoretisch wird davon ausgegangen, dass geringe Widerstandsfähigkeit vor allem ein Risikofaktor für das Entstehen von Beanspruchungssymptomen, geringes Engagement dagegen ein Risikofaktor für geringe Arbeitsleistung ist. Diese Typologie hat im deutschen Sprachraum sehr viel Verbreitung gefunden; die vier Grundtypen lassen sich über diverse Stichproben hinweg replizieren (Schaarschmidt, 2005). Lehrkräfte, die einen Regulationsstil aufweisen, in dem hohes Engagement und hohe Widerstandsfähigkeit kombiniert sind, weisen eine höhere Unterrichtsqualität und positive Ausprägungen im beruflichen Wohlbefinden auf (Klusmann, Kunter & Trautwein, 2009; Klusmann et al., 2008). Dagegen sind die sogenannten Risikotypen (geringes Engagement und geringe Widerstandsfähigkeit oder hohes Engagement ohne Widerstandsfähigkeit) mit mehr Fehltagen, Krankheiten und geringerer selbst eingeschätzter Fähigkeit assoziiert (Schaarschmidt, 2005). Diese Befunde demonstrieren, dass „hohe" Motivation nicht immer unbedingt optimal ist, sondern dass hohes Engagement Kosten bedeuten kann, wenn nicht gleichzeitig der Umgang mit den eigenen Ressourcen reguliert wird.

6. Fazit und Ausblick: Motivation als Teil professioneller Kompetenz

Die Forschung zur Motivation von Lehrkräften war lange geprägt von der Annahme, dass es „eine" bzw. eine „richtige" Motivation für Lehrkräfte gibt und dass es daher wichtig ist, einerseits möglichst früh herauszufinden, ob potenzielle Lehrkräfte diese Motivation aufweisen (Berufswahlmotivforschung), und andererseits Wege zu erschließen, um „die" Motivation von Lehrkräften zu erhöhen. In neuerer Zeit hat sich das Verständnis von Motivation differenziert. So geht es nun weniger darum, die motivationale Lage von Lehrkräften per se zu beschreiben, als vielmehr darum, innerhalb der Gruppe der Lehrkräfte die motivationalen Unterschiede zu ermitteln, die bestimmen, warum manche Lehrkräfte ihren Beruf erfolgreicher ausüben als andere. Aufgrund der bisherigen Befundlage ist davon auszugehen, dass verschiedene motivationale Konstrukte wie z.B. das intrinsische Erleben in Form von Enthusiasmus oder autonomer Motivation, Selbstwirksamkeitsüberzeugungen, Zielorientierungen und selbstregulative Fähigkeiten wichtige Determinanten des beruflichen Erfolgs sind.

Dieser multidimensionale und interindividuelle Blick spiegelt einen Paradigmenwechsel wider, der sich auch in anderen Bereichen der Forschung zu Lehrkräften durchgesetzt hat. So werden Lehrerinnen und Lehrer zunehmend als eigenständig und aktiv handelnde Personen in den Mittelpunkt der Forschung gestellt. Im Zusammenhang damit geht man davon aus, dass weder ein einzelnes Merkmal noch ein unbestimmbares Konglomerat an Talenten dafür verantwortlich sind, wie erfolgreich die Lehrkraft ihren beruflichen Herausforderungen begegnet. Vielmehr wird angenommen, dass dies durch das Wechselspiel diverser, klar voneinander abgrenzbarer Voraussetzungen gelingt. Für diese Kombination beruflicher Voraussetzungen hat sich – zumindest im deutschen Sprachgebrauch – der Begriff der professionellen Kompetenz durchgesetzt (vgl. Baumert & Kunter, 2006; Klieme & Leutner, 2006; Oser, 2007; Weinert, 2001). Leitend für die Anwendung des Kompetenzbegriffs auf die Lehrerforschung ist die Annahme, dass es sich bei den Voraussetzungen nicht um unveränderbare, allgemeine persönliche Attribute handelt, sondern um vermittelbare, speziell im Rahmen der beruflichen Ausbildung und Karriere erworbene und vertiefte Kenntnisse, Fertigkeiten, Einstellungen und Orientierungen. Lehrkräfte werden also als Professionelle verstanden, die ausgebildet werden, sich dann aber auch im Beruf weiterbilden, verändern und langfristig engagieren müssen.

Vor diesem Hintergrund gewinnt die Motivationsforschung besondere Bedeutung: Versteht man Kompetenz als die Umsetzung von Fähigkeiten in gegebenen Situationen (vgl. Connell, Sheridan & Gardner, 2003), wird deutlich, dass für die Erklärung von Unterschieden in der Performanz von Lehrkräften neben rein kognitiven Aspekten durchaus auch motivationale Aspekte eine Rolle spielen dürften. Wie viele kognitive Ressourcen Lehrkräfte im Unterrichtsverlauf investieren, ob sie ihr Wissen in einer bestimmten Unterrichtssituation anwenden oder ob sie überhaupt bereit sind, Kenntnisse über unterschiedliche Strategien zu erwerben, ist mit Sicherheit immer auch eine Folge von mehr oder weniger bewussten Handlungsentscheidungen und somit auch durch motivationale Merkmale der Lehrkräfte bestimmt. Die in diesem Kontext anzusiedelnde Forschung zur Lehrermotivation steht derzeit noch am Anfang. Erste Studien belegen jedoch bereits, dass motivationale Merkmale bedeutsame Prädiktoren für das Lernverhalten von Lehrkräften sind. So neigen beispielsweise Lehrkräfte mit Lernzielorientierung eher dazu, sich auch außerhalb des Unterrichts Unterstützung und Anregung von anderen zu suchen (Butler, 2007) sowie sich mehr in Fortbildungen und informellen Lernsituationen zu engagieren (Nitsche et al., 2013) und intrinsisch orientierte Lehrkräfte sind eher bereit, sich konstruktiv mit neuen Methoden auseinander zu setzen (Sørebø, Halvari, Gulli & Kristiansen, 2009). Forschung dieser Art, die selbstberichtete Motivation von Lehrkräften als Prädiktoren für ihr professionelles Verhalten untersucht, ist ein wichtiger Baustein zur Klärung der Frage, wie Professionalität im Lehrerberuf erreicht werden kann. Für die zukünftige Forschung erscheinen wenigstens drei Fragestellungen weiterführend relevant.

Erstens sind – nach erfolgter Validierung einzelner Konstrukte – Wechselwirkungen zwischen verschiedenen Merkmalen zu untersuchen: So haben zum Beispiel die Arbeiten zur beruflichen Selbstregulation (Klusmann et al., 2009; Klusmann et al., 2008) gezeigt, dass eine hohe Wertigkeit des Berufs nur dann mit adaptivem Verhalten und Wohlbefinden einhergeht, wenn sie mit der Fähigkeit gekoppelt ist, sich von beruflichen Belastungen zu distanzieren. Ähnliche Interaktionen zwischen anderen Merkmalen – wie etwa das Verhältnis zwischen verschiedenen Formen des Enthusiasmus, Kombinationen von Zielorientierungen oder auch mögliche kompensatorische Wechselwirkungen zwischen motivationalen und kognitiven Merkmalen (z.B. Selbstwirksamkeitserwartungen und tatsächlichen Fähigkeiten) – sind bisher noch kaum erforscht, aber durchaus denkbar.

Eine *zweite* wichtige Weiterentwicklung wäre, wenn es noch besser gelänge, die Bedeutung motivationaler Merkmale für das tatsächliche berufliche Handeln der Lehrkräfte und den Folgen für die Schülerinnen und Schüler nachzuweisen. Die bisher hierzu vorliegenden Arbeiten stellen einen Zusammenhang zur Kernaufgabe der Lehrkraft her, dem Unterrichtshandeln (z.B. Kunter et al., 2008; Long & Woolfolk Hoy, 2006; Pelletier et al., 2002; Roth et al., 2007). Warum sich aber Lehrkräfte mit unterschiedlichen motivationalen Ausprägungen in ihrer Unterrichtsqualität unterscheiden, ist bisher noch nicht erschöpfend geklärt. Ob sich Motivation eher situational auswirkt (z.B. in der Bereitschaft, höhere Konzentration aufzubringen oder mit Misserfolgen produktiv umzugehen), zu besonders produktivem Lernverhalten führt, oder vielleicht als eine Art Puffer wirkt, der vor Belastungen schützt, sind wichtige offene Fragen (Kunter & Holzberger, im Druck). Wichtig ist allerdings auch, sich empirisch nicht, wie bisher fast ausschließlich geschehen, auf selbstberichtete Verhaltenstendenzen zu stützen, sondern möglichst verhaltensnahe Erfassungsarten (z.B. Verhaltenschecklisten und Tagebücher, z.B. Dunn und Shriner, 1999) oder externe Kriterien wie beobachtetes Verhalten oder Schülerleistungen heranzuziehen (z.B. Bakker, 2005; Roth et al., 2007).

Ein *dritter* Fragenkomplex betrifft schließlich die Veränderbarkeit der motivationalen Merkmale. Da bisher die Motivation von Lehrkräften fast ausschließlich in Querschnittsstudien untersucht wurde, wissen wir noch sehr wenig darüber, wie und unter welchen Bedingungen motivationale Merkmale von Lehrkräften sich verändern und verändern lassen (Kunter & Holzberger, im Druck). Praktische Überlegungen zur Veränderung der Motivation von Lehrkräften haben bisher vor allem bei der Schaffung extrinsischer Anreize für Lehrkräfte angesetzt. Als ein Weg dazu wurden in vielen Ländern leistungsabhängige Bonus-Systeme eingeführt, bei denen Lehrkräfte bei Erreichung vereinbarter Leistungsstandards finanzielle oder statusbezogene Vergünstigungen erhalten (Darling-Hammond, 2003; Firestone & Pennell, 1993; Shulman & Shulman, 2004). Im Lichte des hier Dargestellten lässt sich allerdings fragen, inwieweit ein solcher Ansatz theoretisch sinnvoll sein kann: Auch hier wird implizit von Motivation als einer inneren Energiequelle ausgegangen, die vor allem durch ihre Quantität wirkt. Theoretische und empirische Ansätze, die thematisieren, wie verschiedene motivationale *Qualitäten* entstehen und vor allem, wie sie in günstige Richtungen zu verändern sind, dürften eine der großen Herausforderungen für die zukünftige Motivationsforschung bei Lehrkräften sein.

Literatur

Bakker, A. B. (2005). Flow among music teachers and their students: The crossover of peak experiences. *Journal of Vocational Behavior, 66*(1), 26-44. doi: 10.1016/j.jvb.2003.11.001

Bakker, A. B., Hakanen, J. J., Demerouti, E. & Xanthopoulou, D. (2007). Job resources boost work engagement, particularly when job demands are high. *Journal of Educational Psychology, 99*(2), 274-284. doi: 10.1037/0022-0663.99.2.274

Barnabé, C. & Burns, M. (1994). Teachers' job characteristics and motivation. *Educational Research, 36*(2), 171-185. doi: 10.1080/0013188940360206

Baumert, J. & Kunter, M. (2006). Stichwort: Professionelle Kompetenz von Lehrkräften. *Zeitschrift für Erziehungswissenschaft, 9*(4), 469-520. doi: 10.1007/s11618-006-0165-2

Bromme, R. (2001). Teacher expertise. In N. J. Smelser & P. B. Baltes (Eds.), *International encyclopedia of the social and behavioral sciences* (Vol. 23, pp. 15459-15465). Amsterdam: Elsevier.

Brookhart, S. M. & Freeman, D. J. (1992). Characteristics of entering teacher candidates. *Review of Educational Research, 62*(1), 37-60. doi: 10.3102/00346543062001037

Brophy, J. & Good, T. L. (1986). Teacher behavior and student achievement. In M. C. Wittrock (Ed.), *Handbook of research on teaching* (pp. 340-370). New York: Macmillan Library.

Butler, R. (1994). Teacher communications and student interpretations: Effects of teacher responses to failing students on attributional inferences in two age groups. *British Journal of Educational Psychology, 64*, 277-294. doi: 10.1111/j.2044-8279.1994.tb01102.x

Butler, R. (2007). Teachers' achievement goals and associations with teachers' help-seeking: Examination of a novel approach to teacher motivation. *Journal of Educational Psychology, 99*(2), 241-252. doi: 10.1037/0022-0663.99.2.241

Butler, R. (2012). Striving to connect: Extending an achievement goal approach to teacher motivation to include relational goals for teaching. *Journal of Educational Psychology, 104*(3), 726-742. doi: 10.1037/a0028613

Butler, R. & Shibaz, L. (2008). Achievement goals for teaching as predictors for students' perception of teachers' behaviours and student helpseeking and cheating. *Learning and Instruction, 18*(5), 453-467. doi: 10.1016/j.learninstruc.2008.06.004

Caprara, G. V., Barbaranelli, C., Steca, P. & Malone, P. S. (2006). Teachers' self-efficacy beliefs as determinants of job satisfaction and students' academic achievement: A study at the school level. *Journal of School Psychology, 44*(6), 473-490. doi: 10.1016/j.jsp.2006.09.001

Connell, M. W., Sheridan, K. & Gardner, H. (2003). On abilities and domains. In R. J. Sternberg & E. L. Grigorenko (Eds.), *The psychology of abilities, competencies, and expertise* (pp. 126-155). Cambridge: University Press.

Darling-Hammond, L. (2003). Keeping good teachers. *Educational Leadership, 60*(8), 6-13.

Deci, E. L. & Ryan, R. M. (2000). The „what" and „why" of goal pursuits: Human needs and the self-determination of behavior. *Psychological Inquiry, 11*(4), 227-268. doi: 10.1207/S15327965PLI1104_01

Deutscher Lehrerpreis. (2008). Auswertung Pisagoras Deutscher Lehrerpreis Retrieved 8. März 2008, from http://www.deutscher-lehrerpreis.org/index.php?id=22

Dunn, T. G. & Shriner, C. (1999). Deliberate practice in teaching: What teachers do for self-improvement. *Teaching and Teacher Education, 15*(6), 631-651. doi: 10.1016/S0742-051X(98)00068-7

Eccles, J. S. & Wigfield, A. (2002). Motivational beliefs, values, and goals. *Annual Review of Psychology, 53*(1), 109-132. doi: 10.1146/annurev.psych.53.100901.135153

Elliot, A. J. (1999). Approach and avoidance motivation and achievement goals. *Educational Psychologist, 34*, 169-189. doi: 10.1207/s15326985ep3403_3

Firestone, W. A. & Pennell, J. R. (1993). Teacher commitment, working conditions, and differential incentive policies. *Review of Educational Research, 63*(4), 489-525. doi: 10.3102/0034654 3063004489

Frenzel, A. C., Goetz, T., Lüdtke, O., Pekrun, R. & Sutton, R. E. (2009). Emotional transmission in the classroom: Exploring the relationship between teacher and student enjoyment. *Journal of Educational Psychology, 101*(3), 705-716. doi: 10.1037/a0014695

Gollwitzer, P. M. & Oettingen, G. (2001). Motivation and actions, psychology of. In N. J. Smelser & P. B. Baltes (Eds.), *International Encyclopedia of the Social & Behavioral Sciences* (pp. 10105-10109). Amsterdam: Elsevier.

Hakanen, J. J., Bakker, A. B. & Schaufeli, W. B. (2006). Burnout and work engagement among teachers. *Journal of School Psychology, 43*(6), 495-513. doi: 10.1016/j.jsp.2005.11.001

Halász, G., Santiago, P., Ekholm, M., Matthews, P. & McKenzie, P. (2004). *Anwerbung, berufliche Entwicklung und Verbleib von qualifizierten Lehrerinnen und Lehrern.* Länderbericht: Deutschland: Organisation für wirtschaftliche Zusammenarbeit und Entwicklung, Direktion Bildungswesen, Abteilung für Bildungs- und Ausbildungspolitik.

Harris, D. N. & Adams, S. J. (2007). Understanding the level and causes of teacher turnover: A comparison with other professions. *Economics of Education Review, 26*, 325-337. doi: 10.1016/j.econedurev.2005.09.007

Helmke, A. (2012). *Unterrichtsqualität und Lehrerprofessionalität: Diagnose, Evaluation und Verbesserung des Unterrichts* (4th ed.). Seelze: Klett-Kallmeyer.

Institut für Demoskopie Allensbach. (2005). Ärzte vorn: Allensbacher Berufsprestige-Skala 2005. In Institut für Demoskopie Allensbach (Hrsg.), *Allensbacher Berichte.* Allensbach: Institut für Demoskopie Allensbach.

Institut für Demoskopie Allensbach. (2008). Ärzte immer noch vorn: Die Allensbacher Berufsprestige-Skala 2008. In Institut für Demoskopie Allensbach (Hrsg.), *Allensbacher Berichte.* Allensbach: Institut für Demoskopie Allensbach.

Institut für Demoskopie Allensbach. (2011). Ärzte weiterhin vorn – Pfarrer verlieren deutlich an Ansehen: Die Allensbacher Berufsprestige-Skala 2011. In Institut für Demoskopie Allensbach (Hrsg.), *Allensbacher Berichte.* Allensbach: Institut für Demoskopie Allensbach.

Kanfer, R. & Heggestad, E. D. (1997). Motivational traits and skills: a person-centered approach to work motivation. *Research in Organizational Behavior, 19*, 1-56.

Keller, M. (2011). *Teacher enthusiasm in physics instruction.* Doctoral dissertation, Universität Duisburg/Essen, Duisburg/Essen. Retrieved from http://d-nb.info/1017671060

Klieme, E. & Leutner, D. (2006). Kompetenzmodelle zur Erfassung individueller Lernergebnisse und zur Bilanzierung von Bildungsprozessen. Beschreibung eines neu eingerichteten Schwerpunktprogramms der DFG. *Zeitschrift für Pädagogik, 52*(6), 876-903.

Klusmann, U., Kunter, M. & Trautwein, U. (2009). Die Entwicklung des Beanspruchungserlebens bei Lehrerinnen und Lehrern in Abhängigkeit beruflicher Verhaltensstile. *Psychologie in Erziehung und Unterricht, 3*, 200-212.

Klusmann, U., Kunter, M., Trautwein, U., Lüdtke, O. & Baumert, J. (2008). Teachers' occupational well-being and quality of instruction: The important role of self-regulatory patterns. *Journal of Educational Psychology, 100*(3), 702-715. doi: 10.1037/0022-0663.100.3.702

König, J. & Rothland, M. (2012). Motivations for choosing teaching as a career: effects on general pedagogical knowledge during initial teacher education. *Asia-Pacific Journal of Teacher Education, 40*(3), 289-315. doi: 10.1080/1359866x.2012.700045

Kunter, M. (2011). Motivation als Teil der professionellen Kompetenz – Forschungsbefunde zum Enthusiasmus von Lehrkräften. In M. Kunter, J. Baumert, W. Blum, U. Klusmann, S. Krauss & M. Neubrand (Eds.), *Professionelle Kompetenz von Lehrkräften – Ergebnisse des Forschungsprogramms COACTIV* (pp. 259-275). Münster: Waxmann.

Kunter, M. & Holzberger, D. (in press). Loving teaching: Research on teachers' intrinsic orientations. In P. W. Richardson, S. A. Karabenick & H. M. G. Watt (Eds.), *Teacher motivation: Theory and practice.* London: Routledge.

Kunter, M., Tsai, Y.-M., Klusmann, U., Brunner, M., Krauss, S. & Baumert, J. (2008). Students' and mathematics teachers' perceptions of teacher enthusiasm and instruction. *Learning and Instruction, 18*(5), 468-482. doi: 10.1016/j.learninstruc.2008.06.008

Lin, X., Schwartz, D. L. & Hatano, G. (2005). Toward teachers' adaptive metacognition. *Educational Psychologist, 40*(4), 245-255. doi: 10.1207/s15326985ep4004_6

Long, J. F. & Woolfolk Hoy, A. (2006). Interested instructors: A composite portrait of individual differences and effectiveness. *Teaching and Teacher Education, 22*(3), 303-314. doi: 10.1016/j.tate.2005.11.001

Lortie, D. C. (1975). *School Teacher. A Sociological Study*. Chicago, IL: The University of Chicago Press.

Malmberg, L.-E. & Hagger, H. (2009). Changes in student teachers' agency beliefs during a teacher education year, and relationships with observed classroom quality, and day-to-day experiences. *British Journal of Educational Psychology, 79*(4), 677-694. doi: 10.1348/000709909X454814

Mayer, J. D., Faber, M. A. & Xu, X. (2007). Seventy-five years of motivation measures (1930–2005): A descriptive analysis. *Motivation and Emotion, 31*(2), 83-121. doi: 10.1007/s11031-007-9060-2

Mayr, J. (Hrsg.). (1994). *Lehrer/in werden*. Innsbruck: Österreichischer Studienverlag.

McCaffrey, D., Lockwood, J. R., Koretz, D., Louis, T. A. & Hamilton, L. (2004). Models for value-added modeling of teacher effects. *Journal of Educational and Behavioral Statistics, 29*(1), 67-101. doi: 10.3102/10769986029001067

McClelland, D. C. (1985). How motives, skills, and values determine what people do. *American Psychologist, 41*, 812-825. doi: 10.1037//0003-066X.40.7.812

McKinney, C. W., Robertson, C. W., Gilmore, A. C., Ford, M. J. & Larkins, A. G. (1984). Some effects of three levels of teacher enthusiasm on student achievement and evaluation of teacher effectiveness. *Journal of Instructional Psychology, 11*(3), 119-124.

Mitchell, T. R. (1997). Matching motivational strategies with organizational contexts. *Research in Organizational Behavior, 19*, 57-149.

Murray, H. A. (1938). *Explorations in personality*. New York: Oxford University Press.

Naughton, T. J. & Outcalt, D. (1988). Development and test of an occupational taxonomy based on job characteristics theory. *Journal of Vocational Behavior, 32*(1), 16-36. doi: 10.1016/0001-8791(88)90003-6

Nitsche, S., Dickhäuser, O., Fasching, M. S. & Dresel, M. (2011). Rethinking teachers' goal orientations: Conceptual and methodological enhancements. *Learning and Instruction, 21*(4), 574-586. doi: 10.1016/j.learninstruc.2010.12.001

Nitsche, S., Dickhäuser, O., Fasching, M. S. & Dresel, M. (2013). Teachers' professional goal orientations: Importance for further training and sick leave. *Learning and Individual Differences, 23*, 272-278. doi: http://dx.doi.org/10.1016/j.lindif.2012.07.017

Oser, F. K. (2007). Willkür als Feind der Spontaneität: Aspekte der Standardisierung des Lehrerhandelns. In D. Benner (Hrsg.), *Bildungsstandards. Instrumente zur Qualitätssicherung im Bildungswesen. Chancen und Grenzen – Beispiele und Perspektiven* (S. 91-110). Paderborn: Ferdinand Schöningh.

Osterwalder, F. (2003). Schatten über der Schule – Schatten über den Lehrenden. Lehrerschelte und ihre historischen Funktionen. *Pädagogik, 55*(3), 30-33.

Patrick, B. C., Hisley, J. & Kempler, T. (2000). „What's everybody so excited about?": The effects of teacher enthusiasm on student intrinsic motivation and vitality. *Journal of Experimental Education, 68*(3), 217-236. doi: 10.1080/00220970009600093

Pelletier, L. G., Séguin-Lévesque, C. & Legault, L. (2002). Pressure from above and pressure from below as determinants of teachers' motivation and teaching behaviors. *Journal of Educational Psychology, 94*(1), 186-196. doi: 10.1037/0022-0663.94.1.186

Pintrich, P. R. (2003a). Motivation and classroom learning. In W. M. Reynolds & G. E. Miller (Eds.), *Handbook of Psychology: Vol. 7. Educational Psychology* (pp. 103-122). Hoboken, NJ: Wiley.

Pintrich, P. R. (2003b). A motivational science perspective on the role of student motivation in learning and teaching contexts. *Journal of Educational Psychology, 95*(4), 667-686. doi: 10.1037/0022-0663.95.4.667

Pohlmann, B. & Möller, J. (2010). Entwicklung eines Fragebogens zur Erfassung der Motivation für die Wahl des Lehramtsstudiums (FEMOLA). *Zeitschrift für Pädagogische Psychologie, 24*(1), 73-84. doi: 10.1024/1010-0652/a000005

Porath, C. L. & Bateman, T. S. (2006). Self-regulation: From goal orientation to job performance. *Journal of Applied Psychology, 91*(1), 185-192. doi: 10.1037/0021-9010.91.1.185

Retelsdorf, J., Butler, R., Streblow, L. & Schiefele, U. (2010). Teachers' goal orientations for teaching: Associations with instructional practices, interest in teaching, and burnout. *Learning and Instruction, 20*(1), 30-46. doi: 10.1016/j.learninstruc.2009.01.001

Reyes, P. (1990). Individual work orientation and teacher outcomes. *Journal of Educational Research, 83*(6), 327-335.

Rheinberg, F. (2006). *Motivation*. Stuttgart: Kohlhammer.

Richardson, P. W. & Watt, H. M. G. (2006). Who chooses teaching and why? Profiling characteristics and motivations across three Australian universities. *The Asia-Pacific Journal of Teacher Education, 34*(1), 27-56. doi: 10.1080/13598660500480290

Rosenshine, B. & Furst, N. (1973). Research on teacher performance criteria. In B. O. Smith (Ed.), *Research in teacher education: A symposium* (pp. 37-72). Englewood Cliffs, NJ: Prentice-Hall.

Roth, G., Assor, A., Kanat-Maymon, Y. & Kaplan, H. (2007). Autonomous motivation for teaching: How self-determined teaching may lead to self-determined learning. *Journal of Educational Psychology, 99*(4), 761-774. doi: 10.1037/0022-0663.99.4.761

Ryan, R. M. & Deci, E. L. (2000). Intrinsic and extrinsic motivations: Classic definitions and new directions. *Contemporary Educational Psychology, 25*(1), 54-67. doi: 10.1006/ceps.1999.1020

Schaarschmidt, U. (Hrsg.) (2005). *Halbtagsjobber? Psychische Gesundheit von Lehrerinnen und Lehrern – Analyse eines veränderungsbedürftigen Zustandes*. Weinheim Beltz-Verlag.

Schaarschmidt, U. & Fischer, A. W. (1997). AVEM – ein diagnostisches Instrument zur Differenzierung von Typen gesundheitsrelevanten Verhaltens und Erlebens gegenüber der Arbeit. *Zeitschrift für Differentielle und Diagnostische Psychologie, 18*(3), 151-163.

Schmitz, G. S. & Schwarzer, R. (2000). Selbstwirksamkeitserwartung von Lehrern: Längsschnittbefunde mit einem neuen Instrument. *Zeitschrift für Pädagogische Psychologie, 14*(1), 12-25. doi: 10.1024//1010-0652.14.1.12

Schutz, P. A., Crowder, K. C. & White, V. E. (2001). The development of a goal to become a teacher. *Journal of Educational Psychology, 93*(2), 299-308. doi: 10.1037//0022-0663.93.2.299

Shulman, L. S. & Shulman, J. H. (2004). How and what teachers learn: a shifting perspective. *Journal of Curriculum Studies, 36*(2), 257-271. doi: 10.1080/0022027032000148298

Sørebø, Ø., Halvari, H., Gulli, V. F. & Kristiansen, R. (2009). The role of self-determination theory in explaining teachers' motivation to continue to use e-learning technology. *Computers and Education, 53*(4), 1177-1187. doi: 10.1016/j.compedu.2009.06.001

Sternberg, R. J. & Horvath, J. A. (1995). A prototype view of expert teaching. *Educational Researcher, 24*(6), 9-17. doi: 10.2307/1176079

Terhart, E. (Hrsg.) (2000). *Perspektiven der Lehrerbildung in Deutschland. Abschlussbericht der von der Kultusministerkonferenz eingesetzten Kommission*. Weinheim: Beltz.

Tschannen-Moran, M. & Woolfolk Hoy, A. (2001). Teacher efficacy: Capturing an elusive construct. *Teaching and Teacher Education, 17*(7), 783-805. doi: 10.1016/S0742-051X(01)00036-1

van Dick, R., Schnitger, C., Schwartzmann-Buchelt, C. & Wagner, U. (2001). Der Job Diagnostic Survey im Bildungsbereich. Eine Überprüfung der Gültigkeit des Job Characteristics Model bei Lehrerinnen und Lehrern, Hochschulangehörigen und Erzieherinnen mit berufsspezifischen Weiterentwicklungen des JDS. *Zeitschrift für Arbeits- und Organisationspsychologie, 45*(2), 74-92. doi: 10.1026//0932-4089.45.2.74

van Horn, J. E., Taris, T. W., Schaufeli, W. B. & Schreurs, P. J. G. (2004). The structure of occupational well-being: A study among Dutch teachers. *Journal of Occupational and Organizational Psychology, 77*(3), 365-375. doi: 10.1348/0963179041752718

Watt, H. M. G. & Richardson, P. W. (2007). Motivational factors influencing teaching as a career choice: Development and validation of the ‚FIT-Choice' scale. *Journal of Experimental Education, 75*(3), 167-202. doi: 10.3200/JEXE.75.3.167-202

Weinert, F. E. (2001). A concept of competence: A conceptual clarification. In D. S. Rychen & L. H. Salganik (Eds.), *Defining and selecting key competencies* (pp. 45-65). Seattle: Hogrefe & Huber.

Wild, T. C., Enzle, M. E. & Hawkins, W. L. (1992). Effects of perceived extrinsic versus intrinsic teacher motivation on student reactions to skill acquisition. *Personality and Social Psychology Bulletin, 18*(2), 245-251. doi: 10.1177/0146167292182017

Wilhelm, K., Dewhurst-Savellis, J. & Parker, G. (2000). Teacher stress? An analysis of why teachers leave and why they stay. *Teachers and Teaching: theory and practice, 6*(3), 291-304.

Woolfolk, A. E. & Hoy, W. K. (1990). Prospective teachers' sense of efficacy and beliefs about control. *Journal of Educational Psychology, 82*(1), 81-91.

Andreas Frey

Kompetenzmodelle und Standards in der Lehrerbildung und im Lehrerberuf

1. Einleitung

Die empirische Überprüfung der Wirkungskette Lehrerkompetenz – Lehrerleistung – Schülerkompetenz – Schülerleistung steckt zwar immer noch in den Anfängen, doch weisen verschiedene Arbeiten (z.B. Anders, Kunter, Brunner, Krauss & Baumert, 2010; Darling-Hammond, 2006; Dübbelde, 2013; Helmke, 2008; Helmke, 2011; Schrader, 2011) erwartungsgemäß einen entsprechenden Zusammenhang nach. Abb. 1 repräsentiert die genannte Wirkungskette in einem Modell nach Galluzo und Craig (1990, S. 603; siehe auch Gollwitzer & Jäger, 2007). Die Autoren gehen von einem Professionalisierungsmodell aus, das als Kausalkette die Verbindung zwischen den Erfahrungen der Lehrkraft bis zum Erfolg eines einzelnen Schülers aufspannt. Das Modell ist zwar umstritten (vgl. Cochran-Smith, 2001), erlaubt jedoch zunächst eine Groborientierung und verweist auf die Grundelemente der Lehrerbildung, die durch die zwei Kästen in der Ellipse repräsentiert sind. Hierin werden Ausbildungserfahrungen und Kompetenzen angesprochen (Jäger, Bodensohn & Frey, 2008):

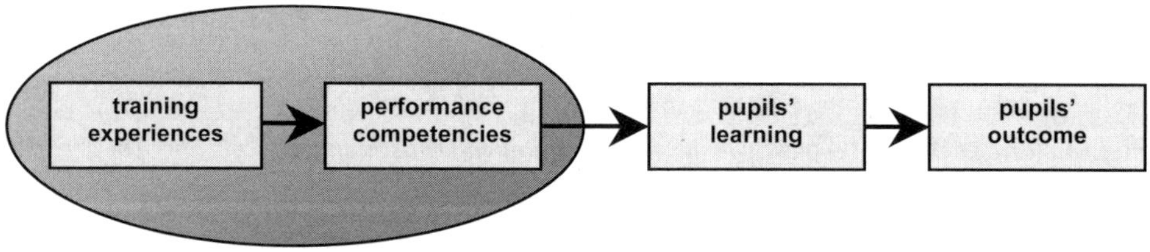

Abbildung 1: Wirkmodell Lehrerbildung – Lernerfolg (Jäger, Bodensohn & Frey, 2008, S. 8)

Der vorliegende Artikel gibt einen Überblick, wie wissenschaftliche Forschung gegenwärtig den erfolgreichen Lehrer beschreibt und welche Kompetenzen demnach im Laufe der Lehreraus-, -fort- und -weiterbildung erworben werden sollten. Nach einer Klärung der Begrifflichkeiten werden exemplarische Kompetenz- und Standardmodelle der Lehrerbildung aus dem amerikanischen und deutschsprachigen Raum vorgestellt. In einer abschließenden Diskussion werden zentrale Problemstellungen des Forschungsstands aufgezeigt sowie grundlegende Strukturen für ein Makromodell der Lehrerkompetenz herausgearbeitet, welches eine Ausgangsbasis für künftige Forschungsbemühungen bietet.

2. Begriffsklärung

Ein Grundproblem, das die Befassung mit Ansätzen der Lehrerkompetenz von Grund auf erschwert, ist die uneinheitliche Verwendung von Begrifflichkeiten, die wiederum auf eine Vielfalt von wissenschaftlichen Positionen zurückzuführen ist. Die folgende Begriffsklärung impliziert daher *nicht*, dass die unten vorgestellten Kompetenzmodelle genau diesen Definitionen folgen.

2.1 Kompetenz

In Anlehnung an Weinert (2001) definiert die Expertise des Deutschen Instituts für Internationale Pädagogische Forschung (DIPF) Kompetenzen als „[...] die bei Individuen verfügbaren oder von ihnen erlernbaren kognitiven Fähigkeiten und Fertigkeiten, bestimmte Probleme zu lösen, sowie die damit verbundenen motivationalen, volitionalen und sozialen Bereitschaften und Fähigkeiten, die Problemlösungen in variablen Situationen erfolgreich und verantwortungsvoll nutzen zu können" (Klieme et al., 2003, S. 72).

Nahezu alle Autoren und Forschungsansätze sind sich darin einig, dass der Begriff „Kompetenz" sich nicht allein über *zugrundeliegendes Wissen und vorhandene Fertigkeiten* definiert, sondern *deren erfolgreiche Anwendung* einschließt. Klieme et al. (2003) folgern daraus, dass Kompetenz nur leistungsbezogen und nicht über die reine Überprüfung von theoretischem Wissen gemessen werden kann. Auch genüge nicht die Überprüfung einzelner, isolierter Leistungen, sondern es sei die Erfassung eines gewissen Handlungsspektrums in einer „ausreichenden Breite von Lernkontexten, Aufgabenstellungen und Transferleistungen" erforderlich (Klieme et al., 2003, S. 74). Die Transferleistungen sind sowohl im Sinne von Situations- als auch Handlungstransfer zu verstehen

Die unterschiedlichen Facetten der Kompetenz bedingen sich bereits beim Kompetenzerwerb gegenseitig. Vielfältige Anwendungssituationen müssen daher bereits im Prozess des Kompetenzerwerbs Erwähnung finden und aktiv erprobt werden. Erkenntnisse können auch aus der praktischen Anwendung heraus erwachsen und Wissensstrukturen werden durch Verallgemeinerungen und Systematisierungen gebildet. Hierdurch wird der Transfer in neue Anwendungssituationen erleichtert.

2.2 Kompetenzmodelle

Der Begriff ‚Kompetenzmodell' bezeichnet die Systematisierung von Kompetenzkomponenten, -facetten und -stufen, die für die erfolgreiche Bewältigung komplexer Aufgaben oder Anforderungen bei bestimmten Referenzgruppen als bedeutsam angesehen werden.
Nach Klieme et al. (2003, S. 74) verfolgen Kompetenzmodelle insbesondere zwei Ziele:

- Sie beschreiben das „Gefüge der Anforderungen", deren Bewältigung vom kompetenten Anwender erwartet wird *(Kompetenzkomponenten).*
- Sie treffen – möglichst mit wissenschaftlichem Fundament – Aussagen über verschiedene Kompetenzstufen bzw. -niveaus *(Kompetenzstufen).*

Die Entwicklung eines Stufenmodells ist grundlegende Voraussetzung für eine kriteriumsorientierte Erfassung des individuellen Kompetenzniveaus, an welches die Bewertung einer Prüfungsleistung oder eine Personalauswahl geknüpft werden können. Jäger (2007) spricht von der fähigkeitsorientierten Bezugsnorm, sofern beispielsweise auf der Basis der Itemresponsetheorie eine Klassifikation von Personen auf der Grundlage nach Schwierigkeitsgrad geordneter Aufgaben möglich ist. Dabei differieren Kompetenzmodelle wiederum in der Entscheidung, ob Kompetenzstufen im Sinne eines *Entwicklungsmodells* aufeinander aufbauen und die Bewältigung niederer Kompetenzstufen die Voraussetzung für die Erreichung höherer Niveaus ist oder nicht. Im Bereich der Lehrerbildung liegen bisher allerdings kaum Kompetenzstufenmodelle vor.

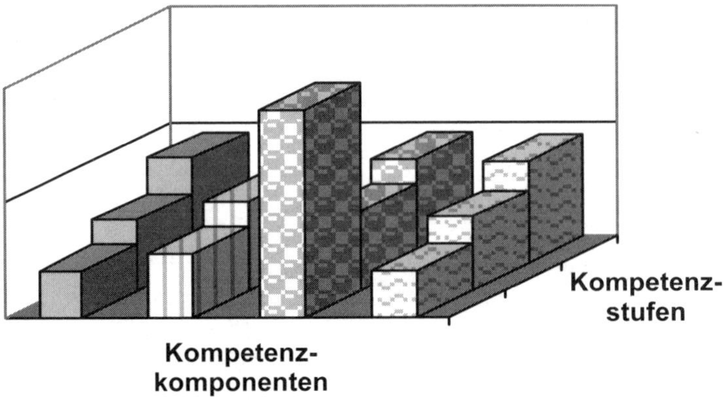

Abbildung 2: Komponenten- und Stufenmodellierung

Ein Überblick über Ansätze der Kompetenzmodellierung findet sich bei Schaper (2009). Er führt eine begriffliche Differenzierung von *induktiven Ansätzen und deduktiven Ansätzen* ein und rät zu einer Kombination beider Vorgehensweisen. Während induktiv-empirische Strategien sich durch eine empirische Analyse des Fachgebiets auszeichnen und den realen Situations- und Anforderungsbezug der Kompetenzen berücksichtigen, gehen theoretisch-deduktive Ansätze von bestehenden Kompetenzkategorien des aktuellen Forschungsstands aus und versuchen, diesen empirisch abzubilden.

2.3 Standards

Der Begriff der „Standards" ist Ausdruck eines Paradigmenwechsels weg von der reinen Input- hin zur *Output-Orientierung*, d.h. zur Definition des erwünschten, optimalen Verhaltens. In Abgrenzung zur „Kompetenz" fokussieren Standards das vom kompetenten Anwender gezeigte Verhalten und nicht die ihm zugrunde liegenden Fertigkeiten und Wissenselemente. Standards können auf einem theoretischen Kompetenzmodell fußen, werden jedoch in der Regel über die Sammlung, Bewertung und Strukturierung durch Experten und Stakeholder entwickelt. Ein Beispiel hierfür stellen die Standards für die Bildungswissenschaften im Lehramtsstudium dar (KMK, 2004).

Wilbers (2006, S. 4) definiert *Standards* für die Lehrerbildung als „[...] dokumentiertes System von Aussagen, das primär als Norm für die Bildung von Lehrkräften dient und gleichzeitig Voraussetzungen für ein abgrenzbares, zieladäquates, effektives und ethisch gerechtfertigtes Einflusshandeln zur differenziellen Förderung von Lernern beschreibt, das durch Vorgaben für Programme bzw. Studiengänge und Institutionen ergänzt wird." Diese Definition weist bereits auf die unterschiedlichen *Adressaten* von Standards hin: Sie können sich

- auf das gewünschte Verhalten des Einzelnen (diese Art der Standards soll in diesem Beitrag im Vordergrund stehen),
- auf Programme und Bildungsgänge oder
- auf Institutionen beziehen.

Wilbers benennt darüber hinaus *sechs zentrale Funktionen* von Standards in der Lehrerbildung:

1. Normierung der Lehrerbildung
2. Unterstützung der Professionsentwicklung
3. Förderung der Kooperation und Verzahnung zwischen Institutionen bzw. verschiedenen Phasen der Lehrerbildung
4. Beurteilung von Leistungen in der Aus-, Fort- und Weiterbildung von Lehrkräften
5. Instrument zum Personalmanagement im Schulwesen
6. Orientierungshilfe für die (fach-)didaktische Forschung

Wilbers fordert eine klare und ausführliche *Dokumentation von Standards und ihrer Entwicklung*. Er bietet dazu folgende Entwicklungs- und Dokumentationsstruktur an:

- *Zielsetzung/Funktion der Standards*: Welches Ziel verfolgen die Standards?
- *Entwicklung der Standards*: Wie wurde bei der Entwicklung vorgegangen? Welche Instanzen, Experten oder Stakeholder wurden eingebunden? Werden die Standards weiterentwickelt? etc.
- *Verankerung der Standards*: Verankerung im Bologna-Prozess; Implikationen für verschiedene Studiengänge oder Ausbildungsphasen; Bedeutung für Akkreditierungsprozesse; etc.
- *Steuerung und Finanzierung*: Wie erfolgte die Steuerung der Entwicklung, Implementierung und Evaluation der Standards? Wie wurde der Prozess finanziert?
- *Implementation*: Wo und wie finden die Standards Anwendung?
- *Assessment*: Wie werden die Standards überprüft? Welche Instrumente werden genutzt und wer hat diese entwickelt?
- *Impact und Effektivität*: Liegen empirische Untersuchungen vor, welchen Einfluss die Einführung der Standards nahm?

Insbesondere die Überprüfung der Standards stellt im Hinblick auf die Aus- und Weiterbildung von Lehrkräften eine besondere Herausforderung des aktuellen wissenschaftlichen Diskurses dar.

3. Exemplarische Kompetenz- und Standardmodelle

Es würde den Rahmen des vorliegenden Überblickartikels sprengen, die amerikanische sowie die deutschsprachige Forschungslandschaft zur Lehrerkompetenz umfassend abzubilden.

Die folgende Auswahl von Modellen wurde im Hinblick darauf getroffen, dass zentrale Aspekte von Kompetenz- und Standardmodellen aufgezeigt sowie ein Einblick in die Vielfalt der Forschungsansätze gegeben werden. Exemplarisch werden sechs Kompetenz-Modelle und drei Standard-Modelle präsentiert sowie ein Ansatz, der eine Kombination aus Kompetenz- und Standardmodell darstellt.

3.1 Kompetenzmodelle

In diesem Kapitel werden sechs Kompetenzmodelle vorgestellt: Das Modell professioneller Handlungskompetenz im Lehrerberuf (Krauss et al., 2004), Expertentum des Lehrens (Sternberg & Horvarth, 1995), der Lehrer als kompetenter Erzeuger von Lerngelegenheiten (Bromme, 1997), Erwerb von überfachlicher Kompetenz in akademischen Bildungsgängen (Gonzales & Wagenaar, 2003), hierarchisches Strukturmodell von Handlungskompetenz (Frey, 2008) sowie berufliche Anforderungen an Lehrkräfte (Blömeke, Felbrich & Müller, 2008).

3.1.1 Modell professioneller Handlungskompetenz im Lehrerberuf nach COACTIV

Die COACTIV-Studie ist Teil des DFG-Schwerpunktprogramms Bildungsqualität von Schule und befasst sich mit dem Professionswissen von Mathematiklehrkräften. Sie basiert auf der PISA-Studie 2003/2004. Obwohl es sich um eine Studie aus jüngerer Zeit handelt, ist sie eher dem klassischen Kompetenzmodellansatz verbunden als dem output-orientierten Standardansatz. Das Modell umschreibt Kompetenzen vor dem Hintergrund des Professionswissens, der Werthaltungen sowie der motivationalen und selbstregulativen Komponenten der professionellen Handlungskompetenz im Lehrberuf. Das Modell dient als Beispiel für die Ausdifferenzierung des Professionswissens und insbesondere des fachdidaktischen Wissens.

Differenzierung des Professionswissens

Im Ansatz von COACTIV setzt sich das Professionswissen selbst aus *fünf Kompetenzbereichen* zusammen (vgl. Abb. 3). Das Modell erweitert dabei die von Shulman (1986) eingeführte Gliederung in Fach-, fachdidaktisches und pädagogisches Wissen um zwei weitere Elemente, die anderen Forschungszweigen entnommen wurden: das spezifische Organisations- und Interaktionswissen (Fried, 2003; Hiebert, Gallimore & Stigler, 2002; Sternberg & Horvarth, 1995) so-

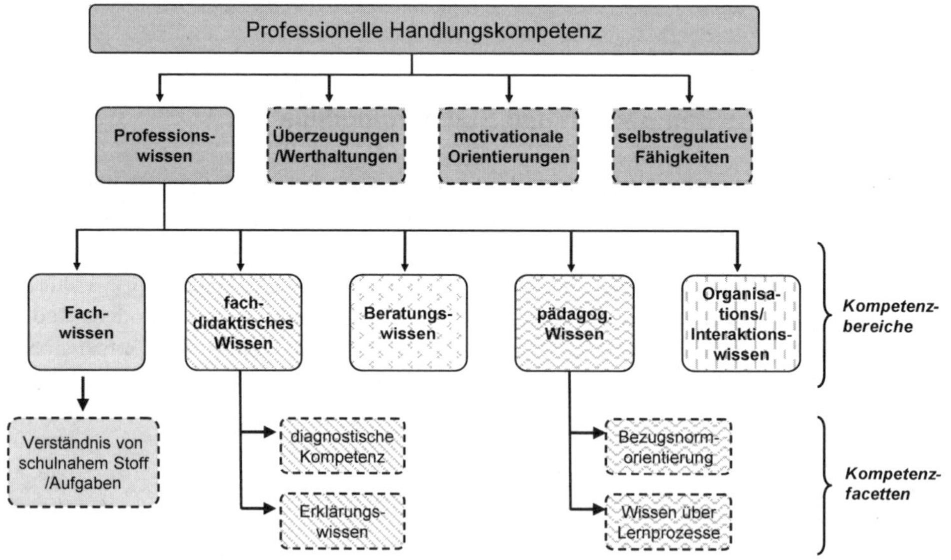

Abbildung 3: Modell professioneller Handlungskompetenz im Lehrerberuf nach COACTIV (Kraus et al., 2004)

wie Beratungswissen für die Kommunikation mit Laien (Bromme, Jucks & Rambow, 2004). Die Kompetenzbereiche werden wiederum in *Kompetenzfacetten* untergliedert, welche Elemente deklarativen, prozeduralen oder konzeptuellen Wissens umfassen (Kunter, Baumert, Blum, Klusmann, Krauss & Neubrand, 2011).

Fachdidaktisches Wissen
COACTIV unterscheidet grundsätzlich drei „unterrichtsnahe" Kompetenzbereiche: Fachwissen, fachdidaktisches und allgemein-pädagogisches Wissen. Im Fokus der Forschungsarbeiten standen das Fach- und das fachdidaktische Wissen. Folgende Kompetenzfacetten wurden für das *fachdidaktische Wissen* erhoben (Krauss et al., 2004):

- lokales Wissen über das kognitive und didaktische Potential von einzelnen Mathematikaufgaben, hierunter
  - Wissen über kognitive Anforderungen und Potential von Mathematikaufgaben sowie
  - Wissen über multiple Lösungen der Aufgaben
- Prozesswissen über die Orchestrierung von Aufgaben
  - Auswahl der Aufgaben
  - didaktisch adäquate Anordnung der Aufgaben
- Erklärungswissen in Vermittlungssituationen
  - Wissen über multiple Repräsentationen bzw. Darstellungen mathematischer Sachverhalte
  - didaktisch adäquate Darstellung mathematischer Sachverhalte unter Rückgriff auf ein tiefes Verständnis der mathematischen Idee
  - Wiedererkennen (typischer) didaktischer Erklärungsvarianten bzw. Darstellungen
- flexible Nutzung von vernetztem fachdidaktischen Wissen in kritischen Unterrichtssituationen
  - Verständnisorientierte Reaktion in kritischen Unterrichtssituationen (Aufrechterhaltung des Komplexitätsniveaus und kognitive Aktivierung)
  - Selbstständigkeitsorientierte Reaktion in kritischen Unterrichtssituationen (Lokalisierung der „mathematischen Verantwortung" beim Schüler)
  - Nutzung didaktischer Chancen im Prozess (Aktivierung eines tiefen mathematischen Verständnisses)
- Diagnose und Beurteilung von Schülervorstellungen
  - Umgang mit Fehlern (Fehlererkennen, Fehleranalyse, Fehlervorhersage und Fehlerinterpretation)
  - Wissen über typische Schülerschwierigkeiten
  - diagnostische Kompetenz im Hinblick auf Schülermathematikleistungen

3.1.2 Expertentum des Lehrens nach Sternberg und Horvarth

Das Modell von Sternberg und Horvarth (1995) ist stark kognitionspsychologisch geprägt und fußt auf psychologischen Erkenntnissen zur Informationsverarbeitung.

Die Autoren entwickeln einen Prototyp des Lehrerexperten und grenzen dabei Experten vom „nur erfahrenen" Lehrer ab. Wird im Folgenden der Experte dem Novizen gegenübergestellt, so umfasst der Begriff ‚Novize' bei Sternberg und Horvarth auch erfahrene Lehrkräfte, die (noch) kein Expertenniveau erreicht haben. Der prototypische Lehrerexperte zeichnet sich durch Fähigkeiten auf drei Ebenen aus: dem Wissen, der Effizienz seiner Arbeit und der Qualität seiner Erkenntnisse.

Wissen
In ihrer Klassifizierung des Wissens schließen sich Sternberg und Horvarth zunächst der von Shulman (1987) entwickelten Unterscheidung von *Fach- und pädagogischem Wissen* an. Darüber hinaus verfügen Lehrerexperten über sogenanntes *Praxiswissen*, wobei Sternberg und Horvarth hier wiederum zwei Bereiche unterscheiden:

- *explizites* Praxiswissen wie beispielsweise Curricula und Lehrpläne, schulrechtliche Grundlagen, Wissen über den politischen und sozialen Kontext des Arbeitsfeldes etc.
- *informelles* (wörtlich „stillschweigendes") Praxiswissen wie gute Beziehungen zu Kollegen, Hausmeister, Sozialdiensten, Bezugsquellen für Materialien u.ä.

Sie schreiben insbesondere dem informellen Praxiswissen eine große Bedeutung für den Erfolg eines Lehrerexperten zu und benennen Studien, welche belegen, dass dieses informelle Wissen den Berufserfolg besser vorhersagt als die allgemeine Intelligenz. Erwähnenswert ist auch, dass der Ruf einer Person als Experte mindestens ebenso bedeutend ist wie ihre tatsächliche Expertise.

Effizienz
Experten gelingt es, effizienter zu arbeiten als Novizen, d.h. sie leisten mehr in weniger Zeit bzw. sie müssen weniger Anstrengung investieren, um zum Ziel zu kommen. Die gute Strukturierung des vorhandenen Wissens spielt dabei eine zentrale Rolle. Sternberg und Horvarth heben folgende Prozesse hervor:

- Kognitive Prozesse, die anfangs Energie und Aufmerksamkeit fordern, werden durch wiederholte Anwendung zu *Routinen und Automatismen*, insbesondere wenn die zugrundeliegenden Wissensstrukturen gut organisiert sind.
- Die Berufserfahrung stellt dem Experten *Situationsschemata* zur Verfügung, die schnell erkannt werden und auf die mit Hilfe ebenfalls vorhandener *Verhaltensschemata* zügig und ressourceneffizient reagiert werden kann.
- Experten reflektieren mehr über ihre Arbeit, d.h. sie nutzen mehr so genannte *Metakomponenten*, um ihre Tätigkeit zu planen und zu überprüfen (*Planung, Monitoring, Evaluation*). Sie investieren mehr Zeit, um eine Problemstellung zu verstehen und genau zu definieren, was zu einer Erweiterung ihres Wissens führt. Der Novize hingegen investiert mehr Zeit in die reine Erprobung von Lösungsalternativen.
- Wahre Experten investieren die kognitiven Ressourcen, die sie durch die entwickelten Routinen einsparen, in die Entwicklung von tiefer gehenden Erkenntnissen, in besseres Verständnis von Problemstellungen, komplexere Planungen und in die Überprüfung ihres Handelns (*Re-Investition von Ressourcen*).

Erkenntnis
Experten lösen nicht einfach nur ein Problem, sie definieren es während der Bewältigung neu und kommen so zu neuen, erkenntnis- und erfindungsreichen Lösungen. Sternberg und Horvarth heben drei kognitive Prozesse hervor:

- *gezielte Verarbeitung von Informationen (selective encoding)*: Experten unterscheiden und filtern die für sie relevanten von irrelevanten Informationen (welche Schülerbeiträge sind beispielsweise für die Unterrichtsentwicklung nutzbar, welche haben eher unterhaltenden Charakter). Dabei überprüfen sie auch Einschätzungen anderer Personen auf ihre Richtigkeit (Ist ein Schüler tatsächlich so unruhig wie der Kollege immer behauptet?).

- *gezielte Kombination von Informationen (selective combination)*: Neue Informationen werden gezielt mit früheren Erkenntnissen kombiniert. So können zwei Informationen, die einzeln nicht relevant sind, gemeinsam betrachtet eine wichtige Botschaft vermitteln: ‚Schüler A trägt ständig neue Kleidung' und ‚Schüler A zeigt schlechtere Schulleistungen als früher' ⇒ ‚Schüler arbeitet abends zu lange in der Kneipe nebenan'.
- *gezielter Vergleich von Informationen (selective comparison*: Analogien zwischen früheren und aktuellen Problemstellungen werden von Experten erkannt und genutzt. Dies gilt nicht nur für ähnliche Unterrichtssituationen, sondern kann auch die Qualität von Lehrererklärung im Unterricht deutlich erhöhen. So nutzen Experten beispielsweise dem Schüler bekannte Bilder (eine Menschenmenge passiert eine kleine Drehtür), um Fragestellungen des Unterrichtsinhalts zu erklären (elektrischer Widerstand in Schaltkreisen).

3.1.3 Der Lehrer als kompetenter Erzeuger von Lerngelegenheiten nach Bromme

In seinem Überblicksartikel zu Kompetenzen, Funktionen und zum Handeln von Lehrkräften diskutiert Bromme (1997) vier grundlegende Kompetenzbereiche des Lehrers:

- professionelles Wissen
- Kompetenz zu raschem und situationsangemessenem Handeln
- diagnostische Kompetenz sowie
- das Erzeugen von Lerngelegenheiten.

Bromme erwähnt am Ende seiner Ausführungen selbst, dass damit nicht alle Kompetenzbereiche des Lehrers abgedeckt sind. Nicht diskutiert werden beispielsweise Aspekte der Selbstregulation wie z.B. der Umgang mit eigenen Emotionen. Auch weist er in seinen Ausführungen wiederholt auf die Vernetzung und Abhängigkeiten der einzelnen Kompetenzbereiche untereinander hin.

Dem Erzeugen von Lerngelegenheiten misst der Autor eine besondere Bedeutung zu, weshalb dieser Aspekt im Folgenden ausführlicher dargestellt werden soll als die anderen Kompetenzbereiche, die sich auch in anderen Forschungsmodellen wiederfinden (Bromme, 2010).

Professionelles Wissen
Die von Bromme erstellte „Topologie professionellen Wissens" (Bromme, 1997, S. 196) umfasst fünf Kategorien:

- *fachliches Wissen* über die jeweilige Wissenschaftsdisziplin
- *curriculares Wissen* bzgl. der fachlichen Inhalte in Verbindung mit den Zielen des Unterrichts
- *Philosophie des Schulfaches*, d.h. wertende Einstellungen zur Bedeutung des Lerninhalts für den Schüler
- *pädagogisches Wissen* wie z.B. Einführung von Verhaltensregeln in der Klasse, Umgang mit verhaltensauffälligen Kindern etc.
- *fachspezifisch-pädagogisches Wissen*, das beispielsweise der Auswahl von didaktischen Methoden, der Abfolge von Themen etc. dient

Kompetenz zu raschem und situationsangemessenem Handeln
Hier greift Bromme kognitionspsychologische Aspekte auf, wie sie auch von Sternberg und Horvarth (1995) beschrieben werden (vgl. 3.1). Um im Unterrichtsverlauf schnell und angemessen reagieren zu können, entwickelt der Lehrer Routinen in Form kognitiver Ereignisschemata für spezifische wiederkehrende Unterrichtssequenzen wie beispielsweise die Einführung oder Übung von Sachverhalten. Diese Ereignisschemata ermöglichen der Lehrkraft eine schnelle, holistische Wahrnehmung und Interpretation von Situationen und führen zu direkten und routinierten Reaktionen. Je nach Ereignisschema kann das gleiche Schülerverhalten unterschiedliche Reaktionen des Lehrers auslösen. So wird eine fehlerhafte Äußerung des Schülers beispielsweise bei der Einführung eines neuen Themas andere Rückfragen oder korrigierende Antworten auslösen als während der Prüfungsvorbereitung oder gar in einer Leistungsüberprüfung. Das professionelle Wissen der einzelnen Lehrkraft spielt bei der Formung dieser Schemata eine zentrale Rolle.

Diagnostische Kompetenz
Bromme weist darauf hin, dass diagnostische Kompetenz von Lehrkräften nicht ausschließlich die Leistungsbeurteilung und Notengebung betrifft, sondern für zahlreiche Urteilsbildungen während des Unterrichts unabdingbar ist, so zum Beispiel bei der Einschätzung des Kenntnisstands und des Vorwissens der Schüler, individuellen Lernstrategien und Lernentwicklungen sowie Verständnisfehlern während des Unterrichts (siehe dazu auch Dübbelde, 2013; Jäger, 2009).

Erzeugung von Lerngelegenheiten
Nach Bromme kann eine Lehrkraft Lernen nicht direkt bewirken, sondern nur indirekt durch die Schaffung von so genannten Lerngelegenheiten positive Voraussetzungen für die Lernprozesse des Schülers schaffen. Der Autor nimmt dabei eine konstruktivistische Perspektive ein. Dabei muss die Lehrkraft Herausforderungen auf *drei Ebenen* bewältigen:

- *Aktivitätsstruktur*: Durch eine effektive Organisation des Unterrichtsablaufes muss der Lehrer die Schüleraktivität sowie die Lehrer-Schüler-Interaktion aufrechterhalten und steuern. Dazu sieht Bromme – in Bezugnahme auf Kounin (1976) – als erforderlich an, dass
  - dem Lehrer ein „situationsangemessener und schwungvoller Wechsel zwischen verschiedenen Unterrichtsphasen und Formen der Arbeit" gelingt (S. 189),
  - der Lehrer seine Aufmerksamkeit auf alle Schüler verteilt und Schüler im Wechsel einbezieht, sodass Störungen frühzeitig erkannt und verhindert werden können (so genannte „Allgegenwärtigkeit"),
  - die Aktivität von Schülern in Gruppen gelingt und
  - die Anforderungen an die Schüler abwechslungsreich sind und dem Anspruchsniveau der Schüler entsprechen.
  - Entscheidend sind dabei fachspezifische Aufgabenstrukturen sowie eine Rückmeldung der individuellen Lernfortschritte an die Schüler.

- *Stoffentwicklung*: Die Stoffentwicklung sollte mit den Schülern gemeinsam geschehen. Bromme sieht es für den Lernprozess als unerlässlich an, dass
  - der Schüler selbst aktiv wird,
  - die neuen Inhalte mit bestehendem Wissen verknüpft werden (was bei unterschiedlichen Vorkenntnissen eine besondere Herausforderung darstellt),
  - dem Schüler die Sinnhaftigkeit des Lerninhaltes glaubhaft vermittelt und sein Interesse geweckt werden kann,
  - die Gliederung des Unterrichts transparent gemacht,

  - Zusammenhänge zwischen Lerneinheiten aufgezeigt und
  - zentrale Inhalte und Ergebnisse hervorgehoben werden.

- *Zeitmanagement*: Die Strukturierung und Rhythmisierung der Unterrichtszeit im Sinne einer effektiven Nutzung ist laut Bromme eine weitere zentrale Herausforderung für den Lehrer:
  - Im Hinblick auf Schuljahre sind der Lehrkraft dabei durch Ferienzeiten, schulische Veranstaltungen und Zeugnistermine einerseits sowie durch Lehrpläne andererseits äußere Vorgaben und Grenzen gesetzt.
  - Bei der Gestaltung einzelner Unterrichtseinheiten gilt es beispielsweise, die Dauer einzelner Lehr- und Lernsequenzen, die Geschwindigkeit des Vorgehens bis hin zur Wartezeit nach Lehrerfragen zu berücksichtigen.

3.1.4 Erwerb von überfachlicher Kompetenz in akademischen Bildungsgängen (Tuning-Projekt 2003)

Das von der Europäischen Kommission geförderte Projekt „Tuning Educational Structures in Europe“ (Gonzales & Wagenaar, 2003) wird an dieser Stelle erwähnt, da es als einer der wenigen Forschungsansätze den Erwerb überfachlicher Kompetenzen besonders betont.

Erwerb überfachlicher Kompetenzen
Unter überfachlichen Kompetenzen verstehen die Autoren transferierbare Fertigkeiten und Kompetenzen, die *„allgemein für jeden Abschluss gelten und die von bestimmten gesellschaftlichen Gruppen (in diesem Fall den bisherigen Absolventen und Akademikern) als wichtig angesehen werden“* (Gonzales & Wagenaar, 2003, S. 29). Betont wird die Notwenigkeit, bei der Neugestaltung von Studiengängen die wechselnden Erfordernisse der Gesellschaft im Allgemeinen und der späteren Tätigkeitsfelder im Besonderen zu berücksichtigen.

Zur Identifikation der aktuell bedeutsamen überfachlichen Kompetenzen wurden sowohl mehr als 20 Studien berücksichtigt als auch rund 7.100 Absolventen, Arbeitgeber und Akademiker aus den Bereichen Erziehungswissenschaften, Wirtschaft, Geowissenschaften, Mathematik, Physik und Chemie befragt. Es wurde zunächst eine Liste von 85 Kompetenzen erarbeitet, welche *drei Klassen* zugeordnet wurden: der instrumentellen, der interpersonellen sowie der systemischen Kompetenz. Der resultierende Fragebogen zur (Selbst-)Einschätzung der überfachlichen Kompetenzen durch Absolventen und Arbeitgeber enthält 30 Komponenten (siehe Kasten 1).

Bedeutsamkeit und Erreichungsgrad überfachlicher Kompetenzen
Die Absolventen, Arbeitgeber und Akademiker brachten die genannten Kompetenzen hinsichtlich ihrer *Bedeutsamkeit* in eine Rangfolge. Es zeigte sich eine hohe Übereinstimmung in den Einschätzungen:

- Als besonders wichtig erachtet wurden die Fähigkeit zu Analyse und Synthese, die Fähigkeit zu lernen, das Lösen von Problemen, die Fähigkeit Wissen in die Praxis umzusetzen, die Fähigkeit sich an neue Situationen anzupassen, das Qualitätsbewusstsein, Fertigkeiten im Informationsmanagement, die Fähigkeit selbstständig zu arbeiten sowie die Teamarbeit.
- Am Ende der Rangfolge fanden sich Kompetenzen, die internationale Kooperation und Austausch betreffen.

Kasten 1: Überfachliche Kompetenzen (Tuning-Projekt)

Instrumentelle Kompetenzen:
- Fähigkeit zu Analyse & Synthese
- Fähigkeit zu Organisation & Planung
- grundlegende Allgemeinbildung
- Fundament im Basiswissen des Fachs
- mündliche & schriftliche Kommunikation in der Muttersprache
- Beherrschung einer Fremdsprache
- grundlegende Computerkenntnisse
- Fertigkeiten im Informationsmanagement (Informationen aus verschiedenen Quellen beschaffen und analysieren)
- Lösung von Problemen
- Treffen von Entscheidungen

Interpersonelle Kompetenzen:
- Fähigkeit zu Kritik & Selbstkritik
- Teamarbeit
- Kommunikationstechniken
- Fähigkeit, in einem interdisziplinären Team zu arbeiten
- Fähigkeiten, mit Spezialisten anderer Domänen zu kommunizieren
- Anerkennung von Diversität & Mulikulturalität
- Fähigkeit, in einem internationalen Zusammenhang zu arbeiten
- ethisches Engagement

Systemische Kompetenzen:
- Fähigkeit, theoretisches Wissen in die Praxis umzusetzen
- Forschungs- & Entwicklungsfertigkeiten
- Fähigkeit zu lernen
- Fähigkeit, sich neuen Situationen anzupassen
- Fähigkeit, neue Ideen zu entwickeln (Kreativität)
- Mitarbeiterführung
- Verständnis für Kulturen & Bräuche anderer Länder
- Fähigkeit eigenständig zu arbeiten
- Projektgestaltung & -management
- Unternehmungsgeist & Initiative
- Qualitätsbewusstsein
- Wille zum Erfolg

Deutliche *Einschätzungsunterschiede* hinsichtlich der Bedeutsamkeit gab es insbesondere bei drei Kompetenzen:

- Grundlegende Allgemeinbildung wurde von den Akademikern als sehr, von den Absolventen und Arbeitgebern hingegen als weniger bedeutend angesehen.
- Elementaren Computerkenntnissen messen die Absolventen eine hohe, die Arbeitgeber eine mittlere und die Akademiker sogar eine eher geringe Bedeutsamkeit zu.
- Interpersonelle Fertigkeiten werden von den Akademikern deutlich niedriger bewertet als von den Absolventen und Arbeitgebern, insbesondere die Kommunikationstechniken.

Eine *erfolgreiche Kompetenzentwicklung* während des Studiums schreiben die Absolventen der Fähigkeit zu lernen, der grundlegenden Allgemeinbildung, der Fähigkeit eigenständig zu arbeiten, der Fähigkeit zur Analyse und Synthese, dem Informationsmanagement, dem Lösen von Problemen sowie dem Qualitätsbewusstsein und dem Erfolgswillen zu. Erfreulicher Weise sind dies Aspekte, denen auch eine hohe Bedeutsamkeit zugeschrieben wurde.

3.1.5 Hierarchisches Strukturmodell von Handlungskompetenz nach Frey

In seinen Studien zur Kompetenzstruktur von Lehramtsstudierenden hat Frey (2008) zunächst ein allgemeines hierarchisches Strukturmodell von Handlungskompetenz entwickelt und dieses mit konkreten berufsspezifischen Inhalten gefüllt (siehe dazu auch Jordan, Knigge, Lehmann, Niessen & Lehmann-Wermser, 2012). Demnach setzt sich Handlungskompetenz aus *vier Kompetenzklassen* zusammen, der Fach-, Methoden-, Sozial- und Personalkompetenz. Für jede dieser Kompetenzklassen lassen sich Fähigkeitsdimensionen bestimmen, die – insbesondere im Hinblick auf die Fach- und Methodenkompetenz – berufsspezifisch sind. Die unterste Ebene des Handlungskompetenzmodells bilden einzelne Fertigkeiten, welche konkretes und inhaltlich bestimmbares Können darstellen und sich dadurch auszeichnen, dass sie durch wiederholte Ausführung und Übung automatisiert und später weitgehend unbewusst vollzogen werden können.

Dieses Modell wird in seinen Facetten nachfolgend dargestellt.

Fachkompetenz
Die Fachkompetenz umfasst nach Frey berufs- bzw. disziplinspezifische Fähigkeitsdimensionen, ohne welche eine Ausübung der jeweiligen Tätigkeit nicht realisierbar ist. Frey lehnt sich an die zwölf Standardbereiche nach Oser (1997) an, sieht aber die Allgemeine und die Fachdidaktik als getrennte Dimensionen an und gelangt damit zu 13 Fähigkeitsdimensionen. Frey betont, dass die Fähigkeitsdimensionen der Fachkompetenz in jedem beruflichen Kontext einem zeitlichen Wandel unterworfen sind und sich darin ein Bedarf an kontinuierlicher Weiterbildung begründet (Frey, 2008).

Methodenkompetenz
Unter Methodenkompetenz sind Fähigkeitsdimensionen definiert, welche „eine Lehrkraft befähigen, innerhalb eines definierten Sachbereichs denk- und handlungsfähig zu sein" (Frey, 2008, S. 52). In Anlehnung an Bader (2002) postuliert Frey fünf Fähigkeitsdimensionen: Analysefähigkeit, Flexibilität, zielorientiertes Handeln, Arbeitstechniken und Reflexivität (vgl. Abb. 4).

Sozialkompetenz
Unter Sozialkompetenz werden Fähigkeitskonzepte verstanden, die eine Person befähigen, in Kooperation mit anderen ein anvisiertes Ziel zu erreichen. In Anlehnung an weitere Autoren (Fuhr, 1998; Schuler & Barthelme, 1995; Sloane, 2000) unterscheidet Frey dabei Selbstständigkeit, soziale Verantwortung, Kooperations-, Kommunikations- und Konfliktfähigkeit, Führungsfähigkeit sowie situationsgerechtes Auftreten.

Personalkompetenz
Die Personalkompetenz umfasst nach Frey „Fähigkeitskonzepte, Einstellungen und Eigenschaften, die benötigt werden, um für sich selbst verantwortlich und motiviert zu handeln" (Frey, 2008, S. 55). Während bei den anderen Kompetenzklassen insbesondere Fertigkeiten und Fähig-

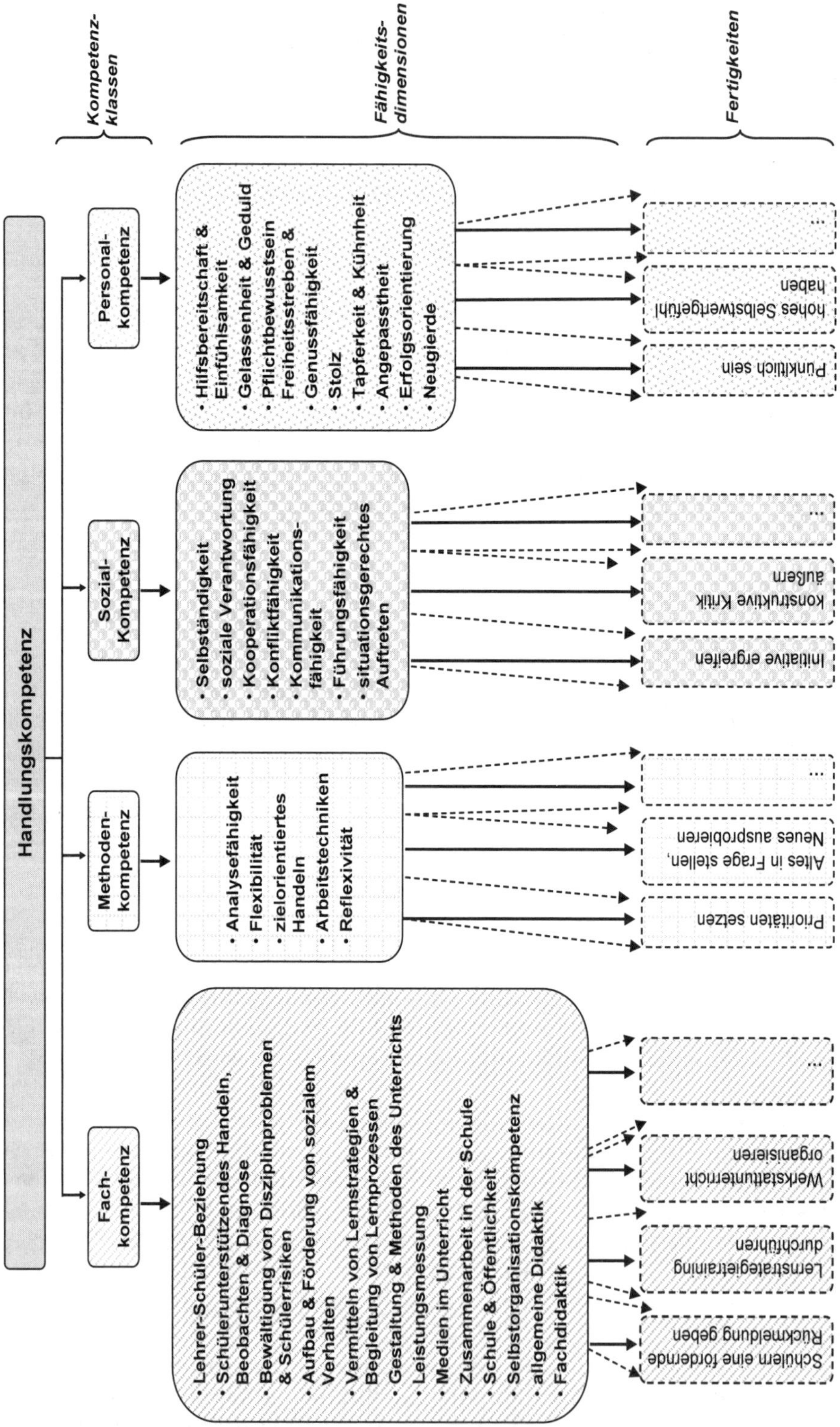

Abbildung 4: Hierarchisches Strukturmodell von Handlungskompetenz nach Frey (2008)

keitsdimensionen im Mittelpunkt stehen, spielen bei der Personalkompetenz „lebensführende" Einstellungen und Tugenden eine Rolle, die zu einem „Handeln aus Selbsteinsicht" führen. Frey unterscheidet sieben zentrale Konzepte: Hilfsbereitschaft und Einfühlsamkeit, Gelassenheit und Geduldsamkeit, Pflichtbewusstsein, Freiheitsstreben und Genussfähigkeit, Stolz, Erfolgsorientierung sowie Neugierde.

3.1.6 Berufliche Anforderungen an Lehrkräfte nach MT21

Blömeke et al. (2008) stellen für ihren Forschungsansatz die Bewältigung von zentralen beruflichen Anforderungen in den Mittelpunkt professioneller Kompetenz. Im Rahmen der Studie „Mathematics Teaching in the 21st Century" (MT21), bei der die Forschungsgruppe maßgeblich mitwirkte und an der sich mit Deutschland, Bulgarien, Mexiko, Südkorea, Taiwan und den USA sechs Länder beteiligten, wurden speziell für Mathematiklehrkräfte konkrete *Anforderungsbereiche* identifiziert (Tab. 1). Das Modell benennt derer fünf und lässt sich in seiner groben Struktur auch auf andere Unterrichtsfächer bzw. für die Lehrerkompetenz im Allgemeinen anwenden.

Tabelle 1: Berufliche Anforderung von Mathematiklehrkräften (aus Blömeke, Felbrich & Müller, 2008; Übersetzung durch die Autoren)

Anforderungsbereich	*Situationen*
A: Auswahl von Themen und Methoden, Sequenzierung des Lernprozesses	begründete Auswahl von Unterrichtsinhalten
	Konzeption und Evaluation des Unterrichtseinheiten
B: Erfassung und Bewertung der schülerischen Leistungen, Beratung der Schüler und Eltern	Diagnose schülerischer Leistungen, Lernprozesse, Misskonzepte und Vorbedingungen
	Einschätzung der Schüler
	Beratung von Schülern und Eltern
	Umgang mit Fehlern, Feedback geben
C: Unterstützung der sozialen, moralischen und emotionalen Entwicklung der Schüler	Aufbau einer Lehrer-Schüler-Beziehung
	Förderung der Entwicklung von Moral und Werthaltungen
	Umgang mit Risiken der Schüler
	Verbeugung von und Umgang mit Disziplinproblemen
D: Schulentwicklung	Kooperationen initiieren und pflegen
	Verständnis für Schulevaluation
E: Berufsethik	Bewusstsein der Verantwortung als Lehrer

Mit Hinblick auf den Bologna-Prozess stellt sich auch die Frage der Länderspezifität verschiedener Kernaufgaben der Lehrtätigkeit und somit auch für unterschiedliche Konzepte der Lehrerausbildung. Die Forschungsgruppe sieht die Bereiche A und B – das Unterrichten und Beurteilen – als länderunspezifische Kernaufgaben der Lehrtätigkeit an, die gleichzeitig messbar sind. C und E – Erziehen und Beraten sowie die professionelle Ethik – seien hingegen normativ besetzt und daher schwer testbar. Der Bereich D – Mitwirken in der Schulentwicklung – sei nicht in allen Ländern eine Kernanforderung an Lehrkräfte.

Der Forschungsansatz von Blömeke et al. ist einer der wenigen, der im Bereich der Lehrerbildung ein empirisch gesichertes Kompetenzstufenmodell hervorgebracht hat (in diesem Fall spezifisch für mathematisches und mathematisch-fachdidaktisches Fachwissen).

Rahmen- und Einflussfaktoren auf den Kompetenzerwerb

Neben eigentlichen Kompetenzmodellen ist auch eine Betrachtung der Rahmen- und Einflussfaktoren von Interesse, welche auf den Kompetenzerwerb einwirken. Ausgehend vom aktuellen

Forschungsstand entwickelten Blömeke et al., 2008, S. 24) ein Mehrebenenmodell, welches systemische, institutionelle und individuelle Rahmenbedingungen umfasst. Dabei finden Faktoren wie das jeweilige Gesellschafts- und Bildungssystem oder das Wissen und die Überzeugungen der Ausbildner Berücksichtigung.

3.2 Standardmodelle

In diesem Kapitel werden drei Standardmodelle vorgestellt: Das Modell des *Interstate New Teacher Assessment and Support Consortium* (INTASC, 1992), Standards in der Lehrerbildung nach Oser (1997) sowie Standards für die Lehrerbildung nach Terhart (2002).

3.2.1 INTASC-Standards

Das Interstate New Teacher Assessment and Support Consortium (INTASC), 1987 von den Bildungsministerien einiger US-Bundesstaaten ins Leben gerufen, entwickelte *zehn Kernstandards*, welche Kompetenzen beschreiben, die angehende Lehrer unabhängig von ihrer fachlichen Orientierung und der späteren Schülerzielgruppe bis zum Berufseintritt erworben haben sollten (INTASC, 1992). Diese dienen über alle Disziplinen hinweg als einheitliche Festlegung einer grundlegenden Berufsethik, welche die Mitglieder der Profession zusammenschweißen und eine Entwicklung von Beurteilungsverfahren ermöglichen soll. Entsprechend wurden die Kernstandards für verschiedene Disziplinen ausdifferenziert und konkrete Beurteilungsverfahren zur Kompetenzmessung erarbeitet. Auch betont INTASC die Differenzierung von Standards für Berufsanfänger in Abgrenzung zu erfahrenen Lehrkräften (siehe Kasten 2).

INTASC hat von Beginn an den Weg der *Output-Orientierung* eingeschlagen und den Fokus auf zu entwickelnde Fähigkeiten der angehenden Lehrkräfte gelegt. Dies ermöglichte den beteiligten Bundesstaaten die Ableitung von Verfahren zur konkreten Kompetenzmessung, die einer Lizenzierung der Lehrkräfte zugrunde liegen. Zu jedem der genannten Standards führt INTASC konkrete Indikatoren für das Wissen („knowledge“), die Einstellungen („dispositions“) und die Umsetzung („performances“) auf (siehe dazu INTASC, 1992). Beispielhaft wird dies am Standard 1 verdeutlicht:

Standard 1: Fachwissen und Lebensweltbedeutung:
- Wissen: Die Lehrkraft versteht bedeutende Konzepte, Annahmen, Debatten und Forschungsentwicklungen ihrer Disziplin.
- Einstellung: Die Lehrkraft erkennt unterschiedliche Perspektiven an und vermittelt dem Lernenden, dass Wissen mit dem Blickwinkel des jeweiligen Betrachters verknüpft ist.
- Umsetzung: Die Lehrkraft nutzt mehrere Darstellungen und Erklärungen für einen Sachverhalt und verknüpft diese mit dem Vorwissen der Lerner.

Die INTASC-Standards dienten auch als Ausgangsbasis für Standardentwicklungen im europäischen Raum, beispielsweise für die Professionsstandards der Pädagogischen Hochschule Zentralschweiz (vgl. 3.3).

Kasten 2: INTASC-Kernstandards

Zehn INTASC-Kernstandards

1. Fachwissen & Lebensweltbedeutung
Die Lehrkraft versteht und verfügt über die Inhalte, Strukturen und Konzeptionen des Unterrichtsfaches; sie gestaltet Lernsituationen, die Aneignung und Anwendung von Fachwissen und -können ermöglichen und Lernerfahrungen gestatten, in denen die fachspezifischen Aspekte in ihrer Bedeutung für die Lernenden aufgezeigt werden können.
2. Entwicklungsprozesse & Lerntheorien
Die Lehrkraft versteht, wie Kinder und Jugendliche lernen und sich entwickeln; sie bietet Lerngelegenheiten und Lernwege an, in denen die intellektuelle, soziale und individuelle Entwicklung der Lernenden gefördert wird.
3. Lernstile & Differenzierung
Die Lehrkraft versteht, wie unterschiedlich die Zugänge zum Lernen sind; sie schafft Unterrichtssituationen, die an die Erfordernisse der Lernenden individuell angepasst sind.
4. Entwurf & Umsetzung von Unterrichtsstrategien
Die Lehrkraft versteht und verwendet vielfältige Lehr- und Lernformen und Unterrichtsstrategien; sie ermutigt und bestärkt die Lernenden in der Entwicklung kritischen Denkens, problemlösenden Lernens und instrumenteller Fähigkeiten.
5. Motivation & Gestaltung von Lernumgebungen
Die Lehrkraft verfügt über ein profundes Verständnis individueller und gruppenbezogener Motivation und des Individual- und Sozialverhaltens; sie gestaltet Lernumgebungen, die positive soziale Interaktionen, aktives Engagement für Lernprozesse und Eigenmotivation der Lernenden unterstützen.
6. Kommunikation & Medien
Die Lehrkraft setzt ihr Wissen über effektive verbale, nonverbale und mediale Kommunikation zur aufgaben-, adressaten- und kontextspezifischen Interaktion ein; sie fördert durch geeignete Maßnahmen aktives Lernen, Kooperation, Partizipation und Interaktion im Klassenzimmer.
7. Unterrichtsplanung & Unterrichtsdurchführung
Die Lehrkraft plant und realisiert den Unterricht auf Basis des Fachwissens und der Berücksichtigung individiueller Lernvoraussetzungen, der sozialen Zusammensetzung und Lernziele der Lehrpläne.
8. Förderung & Beurteilung
Die Lehrkraft verfügt über formale und informelle Beurteilungssysteme und -strategien; sie setzt die Instrumente der Leistungsbeurteilung ein, um die intellektuelle, persönliche und soziale Entwicklung der Lernenden zu beurteilen und sicher zu stellen.
9. Reflexion & Evaluation
Die Lehrkraft reflektiert und evaluiert kontinuierlich die Auswirkungen ihrer Entscheidungen und Handlungen auf Andere (Lernende, Eltern etc.); sie strebt aktiv und verantwortungsbewusst ihre eigene professionelle Weiterentwicklung an.
10. Interpersonale Beziehungen & schulische Umwelt
Die Lehrkraft pflegt die Beziehungen zum Kollegium, zu Eltern, anderen Erziehungsinstitutionen, Sozialbehörden etc.; sie unterstützt dadurch das Lernklima und fördert das Wohlbefinden der Lernenden.

(Übersetzung: Werner Brandl, M.A., Quelle: Staatsinstitut für die Ausbildung von Fachkräften, München, www.stif2.mhn.de)

3.2.2 Standards in der Lehrerbildung nach Oser

Oser gebührt der Verdienst, als erster im deutschen Sprachraum die Lehrerausbildung konzeptionell und inhaltlich neu gefasst und strukturiert zu haben, indem er sie ergebnisorientiert auf berufliche Anforderungen bezog. Die von ihm entwickelten 88 Standards bilden heute die Ausgangslage für verschiedene weitere Standardmodelle und Forschungsansätze. Daher soll zunächst auf sein Verständnis des Standard-Begriffs eingegangen werden.

Der Begriff des Standards

Standards definieren sich nach Oser (1997) als „berufliche Kompetenzen, die hohen Qualitätsmerkmalen entsprechen" (S. 26) sowie als berufsbezogene „Wissensbestände, die in absolut notwendiger Weise angeeignet werden müssen und die hierin auch einem handlungsorientierten Gütemaßstab standhalten" (S. 27). Er betont, dass zur Erreichung eines Standards beide dem Kompetenzbegriff innewohnenden Aspekte von Bedeutung sind: die hochprofessionelle Kompetenz bzw. Wissensbasis sowie deren tatsächliche und optimale Ausführung bzw. Erreichung.

Nach Oser sind Standards „darauf angelegt, übungsintensiv ausgeführt und wiederholt in kontextueller Vielfalt eingesetzt zu werden" (Oser, 1997, S. 36). In Abgrenzung zum Begriff der „Skills", welche schließlich den Level einer automatisierten Ausführung erreichen, bleibt für die Umsetzung von Standards die individuelle Reflexion stets von Bedeutung: Der Einsatz von Standards ist laut Oser reflexiv und setzt die Anwendung von Theorie in Abhängigkeit der jeweiligen Situation voraus.

Kasten 3: Standardgruppen nach Oser

Standardgruppen nach Oser

1. Lehrer-Schüler-Beziehung: positive Beziehung zum Schüler aufbauen, im Klassenzimmer ein menschliches, angstfreies Klima schaffen
2. schülerunterstützende Beobachtung & Diagnose: Schüler aufmerksam im Auge haben und bei kritischen Entwicklungen und Problemen eingreifen können
3. Bewältigung von Disziplinproblemen & Schülerrisiken: Regelung von Schwierigkeiten und Konflikten in der Klasse
4. Aufbau & Förderung von sozialem Verhalten: soziales Verhalten der Schüler und das Entstehen einer Gemeinschaft in der heterogenen Klasse fördern
5. Lernstrategien vermitteln & Lernprozessen begleiten: Schüler befähigen, selbständig und effektiv zu lernen
6. Gestaltung & Methoden des Unterrichts: Gestaltung eines abwechslungsreichen und methodisch reichhaltigen Unterrichts
7. Leistungsmessung: Leistungen der Schüler vielseitig, gerecht und effizient überprüfen und beurteilen
8. Medien des Unterrichts: Medien im Unterricht sinnvoll einsetzen
9. Zusammenarbeit in der Schule: Kooperation mit allen Personen, die ebenfalls an der Gestaltung der Schule beteiligt sind (Kollegen, Schulaufsicht, Eltern)
10. Schule & Öffentlichkeit: Kontakte zur Öffentlichkeit herstellen und die Schule nach Außen vertreten
11. Selbstorganisationskompetenz der Lehrkraft: Wissen, Fähigkeiten und Ressourcen, um den Schulalltag ohne unnötigen Kräfteverschleiß erfolgreich zu bewältigen
12. allgemeine und fachdidaktische Standards: klassische didaktische und fachdidaktische Kompetenzen

Standards für die Lehrerbildung

Oser entwickelte seine *88 Standards für die Lehrerbildung* auf der Basis von Expertengesprächen mit Verantwortlichen der Lehrerbildung (Oser, 2001). Sie wurden nachträglich in *zwölf Gruppen* unterteilt, die jeweils eine unterschiedliche Anzahl von Standards umfassen (vgl. Kasten 3). In der Zusammenschau umfassen die Standards der Lehrerbildung „ein in komplexen Situationen des Unterrichts abgrenzbares, zieladäquates, effektives und ethisch gerechtfertigtes Einflusshandeln […], das das Lernen von Schülern und Schülerinnen differenziell fördert" (Oser, 2002, S. 9).

Oser erwähnt selbst, dass die von ihm entwickelte Standardsammlung keinerlei Vollständigkeitsanspruch habe, dass den einzelnen Standards eine unterschiedliche Gewichtung zukomme und eine Akzentuierung von Standardgruppen in der Ausbildung erfolgen könne. Auch seien die berufsspezifischen Standards durch *Schlüsselqualifikationen* zu ergänzen, die sich auf professionsübergreifende Fähigkeiten beziehen wie z.B. Abstraktions-, Reflexions- oder Kritikfähigkeit. Zu erwähnen ist, dass nach Oser Fachwissen wohl eine Voraussetzung zur Erfüllung von Standards, nicht aber selbst professioneller Standard ist (siehe dazu Oser & Oelkers, 2001).

3.2.3 Standards für die Lehrerbildung nach Terhart

Terhart wurde im Jahr 2002 von der Kultusministerkonferenz deutscher Länder mit einer umfassenden Expertise zu Standards in der Lehrerbildung beauftragt. In dieser Expertise betont Terhart (2002) die Notwendigkeit, zwischen Standards für ausgebildete Lehrkräfte, für ausbildende Institutionen sowie für das Steuerungs- und Evaluationssystem zu unterscheiden. Im Folgenden wird die erstgenannte Klasse von Standards fokussiert. Terhart differenziert zwischen Standards für die erste, universitäre Phase der Lehrerbildung und Standards der zweiten Phase im Studienseminar (siehe Abb. 5).

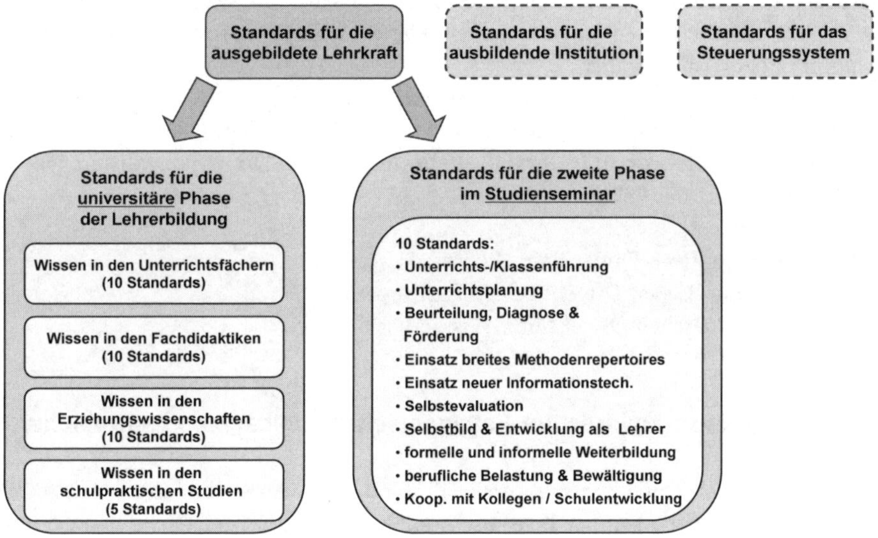

Abbildung 5: Standards der Lehrerbildung nach Terhart (2002)

Fachspezifität von Standards
Betrachtet man die einzelnen Standards der ersten universitären Phase (siehe Terhart, 2002), so zeichnet sich in der Expertise ein Aspekt ab, auf den Terhart in späteren Veröffentlichungen (Terhart, 2007a, 2007b) immer wieder deutlich hinweist: Die Notwendigkeit, *fachspezifische* Standards zu formulieren, da die erforderlichen Kompetenzen und somit deren zuverlässige Beurteilung fachspezifisch variieren bzw. Schwerpunkte haben.

Terhart weist an anderer Stelle (2006) darauf hin, dass die während des Lehramtsstudiums entwickelten pädagogischen Haltungen in der Berufspraxis schnell wieder an Wirkung verlieren, während eigene Erfahrungen mit Lehrervorbildern weitaus länger handlungsbestimmend Einfluss nehmen. Auch messen erfahrene Lehrkräfte den erziehungswissenschaftlichen Inhalten ihres Studiums wenig Bedeutung zu, wohingegen die fachbezogenen Studienelemente eine lang anhaltende Wirkung verzeichnen – ein Faktum, in dem Terhart auch eine Gefahr sieht, da das Fachwissen berufsaktiver Lehrkräfte meist wenig Aktualisierung erfährt. Auch der oft hohe Anteil an fachfremdem Unterricht, den Lehrkräfte insbesondere in Schulen der Sekundarstufe leisten, entbehre somit dem wirksamsten Element der Ausbildung: dem Fachwissen

Stufenmodell der Kompetenzen
Grundsätzlich unterscheidet Terhart (2002) fünf Kompetenzstufen, die im Laufe der Lehrerausbildung erreicht werden sollten: eine solide systematisch, methodisch und wissenschaftsgeschichtlich gestützte *Wissensbasis*, *Reflexionsfähigkeit* sowohl über Sachinhalte als auch über die eigene Person im Rahmen der Lehrtätigkeit, *Kommunikationsfähigkeit* über Inhalte, Strukturen und Prozesse aller berufsspezifischen Bereiche sowie schließlich eine *Urteilsfähigkeit* angesichts pädagogischer Handlungs- und Entscheidungsfragen. Die Kompetenzentwicklung führt schließlich zum *Expertentum*.

Nach Terhart kommt diesen fünf Kompetenzstufen in den verschiedenen Phasen der Lehrerbildung eine unterschiedliche Gewichtung zu: Während in der ersten universitären Ausbildungsphase Schwerpunkte auf dem Erwerb der Wissensbasis, Reflexion- und Kommunikationsfähigkeit liegen, rücken in der zweiten Phase im Studienseminar Urteilsbildung und Expertentum in den Vordergrund.

Der Autor betont, dass eine beruflich angemessene Handlungsweise nur dann als kompetent gelten kann, wenn sie einem ständigen Kreislauf von Reflexion, Selbstprüfung und gegebenenfalls auch Korrektur unterworfen ist. Erst die Reflexion auf drei Dimensionen führe laut Terhart zur wahren Kompetenz der Lehrkraft:

- Reflexion der kognitiven Dimension: „Wissen dass“
- Reflexion der moralischen Dimension: „Wissen wozu“
- Reflexion der praktischen Dimension: „Wissen wie“

3.3 Die Professionsstandards der Pädagogischen Hochschule Zentralschweiz

Die Pädagogische Hochschule Zentralschweiz (PHZ), die mit der Ausbildung der Lehrkräfte für Primar- und Sekundarstufe I in der Zentralschweiz betraut ist, hat der Qualitätssicherung ihrer Studiengänge zehn Professionsstandards zugrunde gelegt (PHZ, 2007b), welche auf den US-amerikanischen INTASC-Kernstandards fußen (siehe 3.1.3) die weiterentwickelt und auf schweizerische Verhältnisse adaptiert wurden. Das Resultat zeigt in eindrucksvoller Weise, dass sich Kompetenzmodelle und die Formulierung von Standards keineswegs ausschließen.

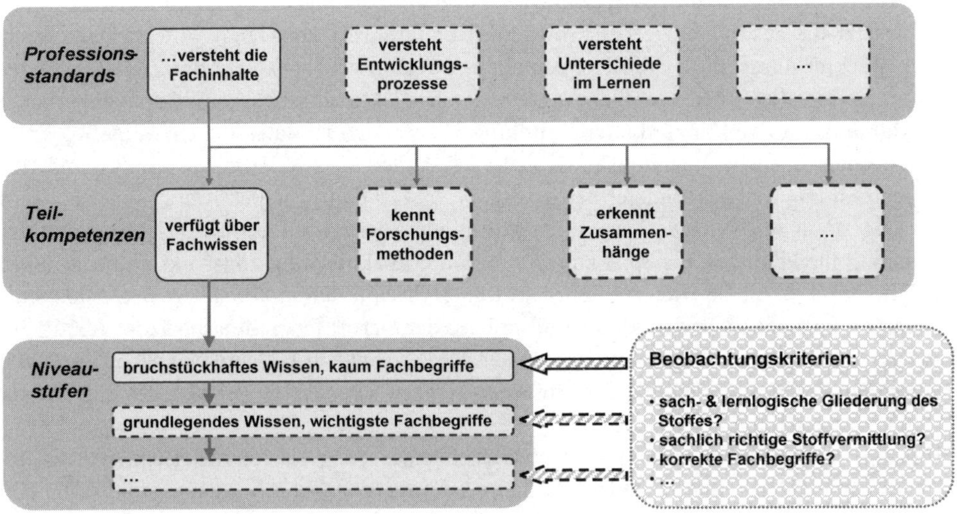

Abbildung 6: Struktur der Professionsstandards der PHZ

Sich-entwickelnde Professionalität
Der Kompetenzansatz der PHZ vertritt explizit ein „auf Entwicklung angelegtes Verständnis von Professionalität" (Leutwyler & Ettlin, 2008, S. 16): Berufskompetenz wird Schritt für Schritt im Laufe der Aus- und Weiterbildung aufgebaut und erweitert.

Von dieser Grundannahme ausgehend wurden die zehn Professionsstandards in mehrere *Teilkompetenzen* differenziert und für diese konkrete *Niveaustufen* ausformuliert (vgl. Abb. 6). Für verschiedene Phasen der Aus- und Weiterbildung werden aufeinander aufbauende Niveaustufen angestrebt. Der Ansatz verfolgt somit ein Stufen- *und* Entwicklungsmodell.

Eine umfassende Auflistung aller Teilkompetenzen, Niveaustufen und Beobachtungskriterien ist PHZ (2007a) zu entnehmen.

Beispiel A:
Standard 1: Die Lehrperson versteht und vermittelt die Fachinhalte
Teilkompetenz: Die Lehrperson verfügt über Fachwissen im Fachbereich
Niveaustufe 0: verfügt über bruchstückhaftes Fachwissen; kennt Fachbegriffe kaum
Niveaustufe 1: verfügt über grundlegendes Fachwissen und kennt die wichtigsten Fachbegriffe
Niveaustufe 2: verfügt über substanzielles, zusammenhängendes Fachwissen und kennt sich begrifflich eingehend aus
Niveaustufe 3: verfügt über überdurchschnittliches Fachwissen und kann sich darin mit großer Leichtigkeit geistig bewegen

Die Autoren gehen davon aus, dass für die Grundausbildung von Lehrkräften das Erreichen der ersten, bestenfalls der zweiten Niveaustufe realistisch ist und erst im Laufe der Berufstätigkeit – und Weiterbildung! – die höheren Niveaustufen erreicht werden.

Nutzung der Standards zur konkreten Unterrichtsbeobachtung
Die PHZ setzt die ausdifferenzierten Professionsstandards zur konkreten Unterrichtsbeobachtung und Rückmeldung an die Studierenden ein und verfolgt dabei explizit das Ziel, den Studierenden zu einer realistischen Einschätzung ihrer bisher erreichten Lehrkompetenz zu verhelfen und sie durch das Aufzeigen konkreter Handlungsalternativen zu unterstützen: „Eine Rückmeldung zum unterrichtlichen Handeln muss mehr beinhalten als eine rationale Analyse mit treffender Beobachtung und begründeter Bewertung. Sie ist erst dann Perspektiven erweiternd, wenn sie überzeugend aufzeigen kann, dass es weiterführende Alternativen des Unterrichtens gibt. Erst wenn didaktische Phantasie ins Spiel kommt, wird die Rückmeldung konstruktiv und nachhaltig." (PHZ, 2007a, S. 6). Die Autoren sehen in dieser *Orientierungsfunktion der Professionsstandards* eine große Chance, da ein klarer und präzise definierter Erwartungshorizont für die berufliche Ausbildung und weitere Entwicklungen aufgespannt wird (Leutwyler & Ettlin, 2008). Professionsstandards bilden somit ein „in Kompetenzen übersetztes Leitbild des Lehrberufs" (S. 18).

Um eine objektive Bewertung der Unterrichtsbeobachtung zu gewährleisten, wurden für jede Niveaustufe jeder Teilkompetenz detaillierte *Beobachtungskriterien* ausformuliert, die eine Zuordnung des Einzelnen zur jeweils erreichten Niveaustufe erlauben.

Beispiel B (anknüpfend an Beispiel A):
Niveaustufe 2: „Die Lehrperson verfügt über substanzielles, zusammenhängendes Fachwissen und kennt sich begrifflich eingehend aus."

Beobachtungskriterien:
- Kann sie mittels einer didaktischen Analyse die zentralen Aspekte des Grobziels / Stoffes richtig darstellen?
- Kann sie die exemplarische Bedeutung des Themas aufzeigen, erklären?
- Klammert sie schwierige Aspekte aus, die auf eine andere Schulstufe gehören?
- Ermöglicht sie den Lernenden sinnvolle reale Erfahrungen im Themenbereich und reflektiert sie diese mit ihnen?
- ...

Zukunftsperspektive: Standards für die Lehrerweiterbildung
Unter dem Gesichtspunkt sich entwickelnder Professionalität kommt der Weiterbildung von bereits tätigen Lehrkräften eine hohe Bedeutung zu. Bisher beschränkt sich der konkrete Einsatz der Professionsstandards an der PHZ auf Lehrkräfte in der Ausbildung. Eine Ausdehnung auf die Weiterbildung von Lehrern wäre beispielsweise in Form einer späteren *Zertifizierung von erreichten höheren Kompetenzniveaus* denkbar. Für die einzelne Lehrperson erschlössen sich damit Möglichkeiten zur individuellen Positionierung und Laufbahngestaltung.

Wagt man gedanklich einen weiteren Schritt, so ließe sich nach Leutwyler und Ettlin (2008) aus Professionsstandards für höhere Kompetenzniveaus eine *systematische Evaluation von Lehrtätigkeit* und – etwa durch eine Kopplung an gestaffelte oder gar befristete Lehrberechtigungen – ein transparentes *Steuerungsinstrument für die Personalentwicklung* und -verantwortung der einzelnen Schulen ableiten. Dies ist für den Bildungssektor sicherlich ein gewagter Gedanke, der aber insbesondere dem schweizerischen Denken nicht fremd ist. „Die Anforderungen an die berufliche Weiterbildung von Lehrpersonen würden damit konzeptionell transparent, sie würden sich an – empirisch und normativ begründeten – Entwicklungsaufgaben orientieren, die sich aus objektiven Ansprüchen der Berufstätigkeit ableiten. Professionsstandards liefern insofern die

Grundlage, die Weiterbildung von Lehrpersonen zu ent-individualisieren und systematisch zu institutionalisieren." (Leutwyler & Ettlin, 2008, S. 17)

4. Diskussion

Im Vorangegangenen wurden unterschiedliche und zugleich beispielhafte Kompetenzmodelle und Standardsammlungen für die Lehrerbildung aus dem deutschen Sprachraum und dem US-amerikanischen Bereich vorgestellt. In der Zusammenschau wird deutlich, dass mannigfaltige Forschungsansätze und Bemühungen der Standard- und Kompetenzmodellentwicklung bestehen, eine gemeinsame Basis oder einheitliche Ausrichtung fehlt jedoch bisher. Aus einer übergeordneten Perspektive heraus lassen sich Gemeinsamkeiten und Parallelen erkennen, die eine abgestimmte Entwicklungsrichtung aufzeigen können. Es werden aber auch Problemstellungen deutlich, deren Berücksichtigung für die Konsensbildung unabdingbar ist. Beide Aspekte sollen im Folgenden in den Fokus der Diskussion gerückt werden.

4.1 Problemfelder um Standards und Kompetenzmodelle

Die Beschäftigung mit Kompetenzmodellen und Standards im Bildungsbereich im Allgemeinen und in der Lehrerbildung im Besonderen wirft Fragen und Problemstellungen auf, deren Diskussion für die Weiterentwicklung der Bildungsforschung und insbesondere für die Entwicklung praxisrelevanter Interventionen von zentraler Bedeutung ist. In Anlehnung an Rauch, Steiner und Streissler (2008) lassen sich insbesondere folgende Problemfelder definieren:

1. *uneinheitliche Begrifflichkeiten*: Der Kompetenzbegriff wird nicht einheitlich definiert bzw. unterschiedliche Begrifflichkeiten – Kompetenz, Standards, Fertigkeiten, Qualifikation u.v.a. – werden für äquivalente oder sich überlappende Inhalte genutzt.
2. *uneinheitliche Differenzierung*: Es besteht nach wie vor kein Konsens bzgl. der Klassifizierung und Differenzierung von Dimensionen und Stufen der Kompetenz.
3. *Diskussion um den Stellenwert von fachspezifischen und überfachlichen Kompetenzen*: Nach wie vor herrscht keine einheitliche Position zu der Frage, welche Bedeutung und welche entsprechenden Prioritäten der Entwicklung von Schlüsselkompetenzen vs. fachspezifischem Wissen, von überfachlichen Kompetenzen vs. fachspezifischen Kompetenzen zugesprochen werden sollen.
4. *Diskrepanz zwischen Theorie und Praxis in der Lehrerbildung*: Neben der bisherigen Diversität der Kompetenzmodelle stellt die tatsächliche Umsetzung der Forschungsergebnisse in die Praxis der Lehrerbildung eine zweite Hürde dar. Finden neue Erkenntnisse bzgl. der Lehrerkompetenz auch Eingang in Struktur und Inhalte der realen Lehrerbildung? Bestehen entsprechende Weiterbildungsangebote für Lehrkräfte, deren Ausbildung bereits längere Zeit zurückliegt?
5. *Erfassung der Lehrerkompetenz*: Insbesondere die Umsetzung des Assessments stellt im Hinblick auf die Beurteilung der Aus-, Fort- und Weiterbildung einen großen Bedarf und gleichzeitig eine große Herausforderung dar. Wie kann die praktische Kompetenz der angehenden – und auch der erfahrenen – Lehrer gemessen werden? Welche Kriterien werden einer Zulassung zum aktiven Lehramt zugrunde gelegt und welche Konsequenzen ergeben sich aus erfassten Kompetenzmängeln für die Lehrerbildung im Allgemeinen und für die individuelle Berufslaufbahn im Besonderen?

6. *Diskrepanz zwischen Wissen und Anwendung der Lehrkräfte*: Die Frage der Umsetzung vermittelter Kompetenzen in der späteren Lehrtätigkeit verlangt nach Langzeitstudien, die über den Zeitrahmen der Lehrerausbildung hinausgehen. Werden die erworbenen Fähigkeiten tatsächlich angewendet? Werden sie angemessen und im richtigen Kontext umgesetzt?
7. *Verantwortung der Lehrerbildung*: Häufig tragen der Lerner und somit auch der lebenslang lernende Lehrer die Hauptverantwortung für die Aktualisierung der eigenen Kompetenzen. Wie kann das gesamte System aus Erstausbildung und Weiterbildung von Lehrern zeitnah und effektiv die einzelne Lehrkraft im lebenslangen Kompetenzerwerb unterstützen?

4.2 Kritik an der Standard-Konzeption

Neue Strömungen und Denkansätze stoßen bekanntlich auf Kritik, und so müssen sich auch Standard-Konzepte für die Lehrerbildung der kritischen Hinterfragung ihrer Gegner und Skeptiker stellen.

Im Sinne einer wissenschaftlichen Reflektion fordert Oser (1997) vier zentrale Kriterien für Standards in der Lehrerbildung: eine theoretische Fundierung, empirisches Wissen, also Forschungsresultate zu den zugrunde liegenden Handlungsformen, evaluative Kriterien zur Messung qualitativer Unterschiede im Handeln sowie eine Handlungstradition, die eine bewährte Umsetzung professionellen Wissens repräsentiert. Ironischer Weise finden sich in ebendiesen Kriterien einige Hauptangriffspunkte der Kritiker, die im Folgenden näher betrachtet werden sollen. Weitere Ausführungen zur Kritik an Standards finden sich bei Tulodziecki und Grafe (2006) sowie Darling-Hammond (2002).

4.2.1 Theoretische Fundierung und Modellierung der Standards

Kritiker bemängeln eine fehlende theoretische Fundierung der Standards gleich unter mehreren Gesichtspunkten:

Standard-Ansätzelassen immer wieder eine theoriegeleitete Modellierung vermissen und bieten somit eine Angriffsfläche für Fragen hinsichtlich ihrer Systematik und insbesondere ihrer Vollständigkeit (Herzog, 2005). Welche Kompetenzen in welcher Zusammensetzung und mit welcher Gewichtung einen kompetenten Lehrer ausmachen und ob diese notwendige oder hinreichende Voraussetzungen sind, ob überhaupt ein einzelnes Lehrerideal Berechtigung hat – diese Fragen können mit dem bisherigen Forschungsstand nicht zufriedenstellend beantwortet werden. Kritiker wie Befürworter der Standard-Konzepte sind sich hingegen darin einig, dass sich nur ein Teil der Ausbildungsziele und -inhalte in sinnvolle Standards überführen lässt und auch relevante Kompetenzbereiche bestehen, die sich dem entziehen (Carlsburg & Müller, 2007; Oser, 2005). Hierbei werden insbesondere Aspekte der sozialen Kompetenz in Verbindung mit eher stabilen Persönlichkeitsmerkmalen genannt.

Oser (2003, 2005) setzt der Kritik der fehlenden theoretischen Fundierung zwei Argumentationen entgegen. Zum einen legt er seinem Ansatz eine andere Art der Theorieverbundenheit zugrunde: Zwar ließen sich seine Standards nicht aus einem einzelnen empirisch abgesicherten Kompetenzmodell ableiten, doch seien sie fundierten Grundlagentheorien zuordenbar, welche ein Fundament für einzelne Standards bieten. Zum anderen wählt er für seine Standards ein induktives Vorgehen, d.h. er erschließt bedeutsame Handlungsmuster und Verhaltensstränge aus den Handlungssituationen des alltäglichen Schulalltags und verdichtet diese zu Kompetenzen und Standards. Damit verweist er auf das vierte von ihm benannte Kriterium, die bewährte Umsetzung professionellen Wissens, da für ihn Standards „weder von der pädagogischen Psychologie als Fach noch von der Allgemeinen Didaktik abgeleitet werden können, sondern dass sie eben aus den Notwendigkeiten der Praxis entstehen und zu einer Praxeologie [...], einer Wissenschaft der Praxis führen“ (Oser, 2002, S. 9). In der Überprüfung von Hypothesen zu einzelnen Standards und der darauf aufbauenden Modellierung sieht Oser die Möglichkeit, induktiv zur Theoriebildung beizutragen. Das Standardkonzept ist aus seiner Sicht noch in der Entwicklung begriffen und erhebt in keiner Weise Vollständigkeitsanspruch.

Terhart (2007a) schließt sich dem an und bezeichnet Standards als Gesprächsgrundlage, die durch die Konkretheit ihrer Aussagen zur konstruktiven Debatte beitragen. Das Nicht-Abgeschlossen-Sein sieht er als positive Eigenschaft des Standardkonzepts: Die regelmäßige Überprüfung und Revision von Bildungsstandards und Standards für die Lehrerbildung trägt aus seiner Sicht dazu bei, einem starren und reformresistenten Bildungssystem vorzubeugen.

So sehr der Aspekt fehlender theoretischer Modellierung bemängelt werden kann, so steht er doch einer Umsetzung von Standards grundsätzlich nicht im Wege. Nicht so hingegen ein weiterer Kritikpunkt, welcher auf die schlicht fehlende theoretische Fundierung der Lehrer-Kompetenz*entwicklung* hinweist (Beck, 2006; Carlsburg & Müller, 2007). Auch wenn der Fokus der Qualitätssicherung auf den Output von Lehrerbildung gelegt werden soll, so bedarf es doch eines Inputs, eines Wegs, wie die anvisierten Kompetenzen vermittelt und entwickelt werden können. In den Augen der Kritiker lässt die von den Anhängern gelobte Output-Orientierung die für die Lehrerbildung zuständigen Institutionen mit dieser Frage bzgl. der zielführenden Umsetzung alleine. Optimistisch argumentierende Autoren betonen in dieser Frage die neue Autonomie und Selbstbestimmung der Universitäten, die zu mehr Wettbewerb und somit auf indirektem Wege zu einer Verbesserung der Lehre führen sollen (vgl. Herrmann, 1998). Dass dies aufgrund der neuen Bachelor-Master-Strukturen wiederum nur begrenzt möglich ist, sei an dieser Stelle nur am Rand erwähnt.

4.2.2 Empirisches Wissen und Forschungsresultate

Kritiker bemängeln als weiteren zentralen Aspekt, dass die Einführung von Bildungsstandards derzeit ohne nennenswerte empirische Studien im Vorfeld und teilweise sogar ohne Begleitforschung vonstattengehe (Beck, 2006). Somit finde weder eine empirische Absicherung der Standard-Konzepte statt, noch könne man aus künftigen Befunden beispielsweise von Schulleistungsmessungen kausale Rückschlüsse auf eine veränderte Lehrerbildung ziehen. In diesem Zusammenhang wird auch die Frage nach der tatsächlichen Wirksamkeit des kompetenten Lehrers sowie dem Kausalzusammenhang zwischen kompetentem Lehrer und den Schülerleistungen thematisiert, welche eine generelle Diskussion über die Ausrichtung einer Reform der Lehrerbildung (Darling-Hammond, 2002) nach sich zieht oder diese gar grundsätzlich in Frage stellt. Die Wirkungskette von der Lehrerbildung über die Lehrerkompetenz, die Qualität der Lehre bis hin zur Schülerleistung – sofern sie heute überhaupt als gesichert gelten kann – lässt in ihrer Komplexität die Forderung laut werden, dass sich Bildungspolitik nicht allein auf Interventionen hinsichtlich des Lehrerverhaltens und der zugrunde liegenden Kompetenz beschränken, sondern mit systemischer und integrativer Sichtweise auch strukturellen Aspekten der Schule als administrative Einrichtung und soziales Gefüge zuwenden müsse (Beck, 2006; Carlsburg & Müller, 2007).

4.2.3 Kompetenzdiagnostik / evaluative Kriterien

„Jede sinnvolle Bestandsaufnahme [...] bezüglich der Kompetenzen der Lehrerinnen und Lehrer setzt eine Beschäftigung mit den pädagogischen Aufgaben der Lehrenden und deren professionelle Bearbeitung voraus" (Diehl, 2003, S. 236). Liest man diese Aussage von Diehl im Rahmen seiner „Überlegungen zur empirischen Erfassung pädagogischer Professionalität" unter Berücksichtigung der vorangegangenen Ausführungen zur theoretischen und empirischen Fundierung der Standard-Konzepte, so lässt sich schlussfolgern, dass eine objektive und ökonomische Kompetenzmessung auf individueller Ebene, wie sie für die Überprüfung vorhandener Kompetenzen und erreichter Standardniveaus von Nöten wäre, mit den bisherigen Erkenntnissen schwer umsetzbar ist. Beck (2006, S. 44) sieht in den fehlenden Ansätzen zur Kompetenzdiagnostik ein Risiko von „Willkür, Unzuverlässigkeit und Subjektivität" im Rahmen der Staatsexamina begründet. Sofern bisher überhaupt Überprüfungen hinsichtlich der Erreichung von Standards umgesetzt werden, bleibt deren Inhalts-, Konstrukt- und Prognosevalidität oft in Frage gestellt (Darling-Hammond, 2002). Bezüglich letzterer merken von Carlsburg und Müller (2007) an, dass das in der Prüfungssituation gezeigte Verhalten nur kurzzeitig als wünschenswerter Output gezeigt und nicht in die spätere Berufspraxis übertragen würde, sofern keine Verbindung zur eigenen Person hergestellt wurde. Dieser Kritikpunkt lässt sich allerdings auch auf den Wissenstransfer nach herkömmlichen Examina übertragen.

Frey (2006) recherchierte 47 Instrumente zur Erfassung einzelner Kompetenzklassen, welche für die Lehrerausbildung von Interesse sind. Zusammenfassend lassen sich dabei die Tendenz zur sozialen Erwünschtheit bei Selbsteinschätzungen, die Absicherung der Objektivität bei Fremdeinschätzungen sowie die fehlende Ökonomie bei Verhaltensbeobachtungen als zentrale Problemstellungen festhalten. Eine objektive und ökonomische Diagnostik mannigfaltiger individueller Kompetenzniveaus auf individueller Ebene scheint mit diesem Instrumentarium nur schwer realisierbar.

4.2.4 (Vermeintliche) Normierung von Bildung und Unterricht

Insbesondere Herzog (2005) befürchtet, dass durch Standards in der Lehrerbildung eine Normierung von Bildung und Unterricht anvisiert werde, welche seiner Meinung nach weder möglich noch sinnvoll ist. Terhart (2007a) setzt dem entgegen, dass mit diesem Argument die Wirkung von Standards weit überschätzt würde und eine Standardisierung von Bildung im Sinne einer Normierung weder intendiert noch realistisch sei. Letztlich widersprechen der Vorwurf drohender Vereinheitlichung und die damit verbundene Forderung nach Gestaltungsspielraum der Argumentation, die Standards ließen die Ausbildungseinrichtung mit der Umsetzung der angestrebten Kompetenzentwicklung alleine (s.o.).

4.2.5 Output-Orientierung generell

Die Output-Orientierung als alleinige Perspektive ohne Berücksichtigung des Inputs scheint unter dem oben erläuterten Blickwinkel der theoretischen und empirischen Fundierung ebenfalls nicht zielführend zu sein. Beck (2006, S. 47) fordert in diesem Zusammenhang eine Ausweitung der Standard-Konzeptionen, die zum Ziel einer Qualitätssicherung über die Output-Orientierung hinaus an verschiedenen Punkten der Lehrerbildung ansetzen:

- an der Selektion der zur Ausbildung zugelassenen Personen (recruitment)
- an den zum Einsatz gelangenden Mitteln (input)
- an den Ausbildungsprozessen (throughput)
- an den zu erreichenden internen psychischen Dispositionen (output, Stufe I)
- an den intendierten Lehrerhandlungen (output, Stufe II)
- an den hervorbringbaren Produkten (outcome/effect)

Kritik wird auch an der Tatsache geübt, dass die Standards in ihrer bisherigen Form mannigfaltige komplexe Kompetenzen umfassen und somit ein Idealbild des kompetenten Lehrers zeichnen, welches den Lehramtsanwärtern schier unerreichbar erscheinen müsse und daher Erwartungsdruck und Frust erzeuge (Beck, 2006).

Oser (2005) sieht in der konkreten Zieldefinition des Standards hingegen ein Werkzeug der Transparenz gegenüber den Studierenden, welche sich der Ziele und auch der Anforderungen ihrer Ausbildung bewusst werden sollen. Tulodziecki und Grafe bezeichnen dies als ‚Orientierungsfunktion' (2006). Darling-Hammond (2002, S. 72) sieht es als einen „der wichtigsten Aspekte der neuen Standards […], dass sie die Ansprüche an Lehrerkompetenz klar benennen, indem sie sich auf zentrale Unterrichtsaufgaben konzentrieren". Oelkers (2003) betont darüber hinaus die Möglichkeit, mit Hilfe der Standards eine dringend benötigte gemeinsame Zieldefinition für Hochschulen, Studienseminare und Ausbildungsschulen zu erreichen.

4.2.6 Notwendigkeit aus dem Bedarf heraus

Unabhängig von den diskutierten Aspekten setzen die Befürworter der Standard-Konzeption ihren Kritikern ein zentrales Argument entgegen, dass die gesamte Diskussion in ein anderes Licht rückt: den akuten Bedarf der Praxis in Schule und Lehrerbildung an Veränderung und neuen Impulsen, dem eine eher träge Reformpolitik gegenübersteht – oder, wie Terhart (2007a, S. 10) formuliert: „Die viel größere Gefahr ist doch, […] dass sich überhaupt nichts ändert!"

Nicht nur angesichts ‚verheerender' Ergebnisse von Schulleistungstests und den damit ausgelösten Forderungen nach ‚besserem' Unterricht, sondern auch und insbesondere angesichts einer deutlich veränderten Schülerklientel haben sich die Anforderungen an Lehrkräfte deutlich verändert und sind andere und vielfältigere Kompetenzen gefordert als noch vor 15 Jahren. Oelkers (2007) benennt zudem einen Bedarf an Absprachen und gemeinsamen konkretisierten Zielsetzungen für Hochschulen, Studienseminare und Ausbildungsschulen und weist in diesem Zusammenhang auch auf Lücken im Fachwissen der ausbildenden Fachlehrkräfte mangels kontinuierlicher Weiterbildung hin.

Auch Darling-Hammond (2002) stellt trotz aller Streitpunkte in der Standarddiskussion eine Reform der Lehrerbildung nicht in Frage. Sie zeigt vielmehr zahlreiche Ansatzpunkte auf, wie empirische Begleitforschung zu Reformmodellen und -versuchen zu neuen Erkenntnissen beitragen kann. Möglicherweise liegt in dieser Perspektive der zukunftsweisende Kompromiss, welcher Kritiker und Befürworter, Handlungsbedarf und wissenschaftliche Fundierung zu vereinen vermag.

4.3 Gemeinsame Linien in der Kompetenz-Standard-Diskussion

Neben allen offenen Fragen lassen sich in der Zusammenschau der gesammelten Kompetenz- und Standardmodelle aber auch Ähnlichkeiten, Parallelen und wiederkehrende Muster herausarbeiten. Zunächst sind sich die Autoren weitgehend einig, dass sich Kompetenz nicht nur aus theoretisch vorhandenem Wissen und potentiellen Fertigkeiten zusammensetzt, sondern deren tatsächliche Anwendung unabdingbar ist. Damit das gezeigte Verhalten tatsächlich als kompetent gewertet werden kann, muss es eine gewisse Qualität erreichen, welche wiederum durch (berufs-) ethische Normen und Zielsetzungen im Allgemeinen sowie Standards im Besonderen definiert wird.

Vor dem Hintergrund dieser Übereinstimmungen lässt sich ein Makromodell ableiten, in dem sich die bestehenden Modelle und Forschungsansätze verorten lassen und das wiederum als Ausgangsbasis für eine gemeinsame Grundlage künftiger Forschungsbemühungen dienen kann.

4.3.1 Makromodell der Lehrerkompetenz

Das Makromodell der Lehrerkompetenz umfasst fünf zentrale Bestandteile und eine zentrale Verknüpfung (vgl. Abb. 7):

- Die Lehrkraft bringt *Wissenseinheiten* und potentielle *Fertigkeiten* mit; gemeinsam bilden diese den grundlegenden Input des Modells.
- Erst die konkrete und qualitativ hochwertige *Anwendung* verwandelt den Input in eine *Kompetenz.*
- Die Definition des Qualitätsniveaus erfolgt über *Standards.* Dabei ist eine Berücksichtigung gestufter Kompetenzniveaus sinnvoll und notwendig.
- Die Bestimmung des benötigten Inputs, der geforderten Standards sowie gegebenenfalls auch der Niveaustufen erfolgt auf der Basis *(berufs-)ethischer Grundlagen.*

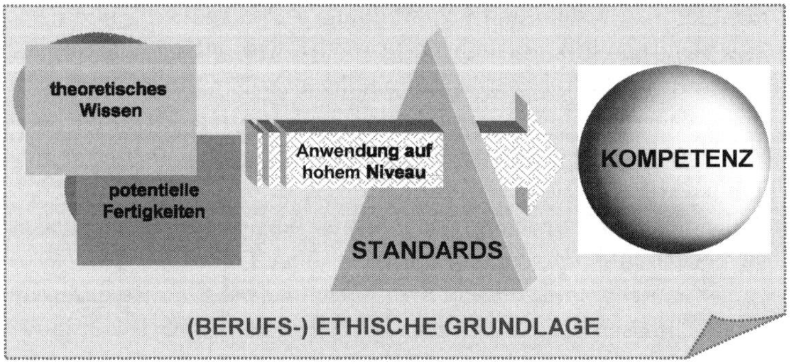

Abbildung 7: Makromodell der Lehrerkompetenz

An diesem Makromodell lassen sich *verschiedene Ausgangspositionen* für wissenschaftliche Ansätze aufzeigen, wie sie in der Realität zu finden sind: Der Fokus kann auf die grundlegenden Wissenseinheiten und Fertigkeiten gelegt werden, auf die Frage nach dem Anspruchsniveau der tatsächlichen Umsetzung, auf das resultierende Verhalten oder wiederum auf dessen Wirkungen. Betrachtet man die vorgestellten Kompetenz- und Standardmodelle durch die Brille dieses Makromodells, so wird ersichtlich, dass ein direkter Vergleich der Ansätze nicht möglich, aber auch gar nicht notwendig ist, da die Autoren an unterschiedlichen Aspekten des Modells ansetzen und sich die Erkenntnisse unterschiedlicher Blickwinkel sinnvoll ergänzen können.

Wirft man einen Blick auf die eher klassisch aufgebauten Kompetenzmodelle (COACTIV, Frey und ähnliche), so stellen diese – eher im Sinne eines Input-Ansatzes – die von der Lehrkraft mitzubringenden Wissenseinheiten und Fertigkeiten in den Mittelpunkt ihrer Betrachtung. Dabei gehen sie unterschiedlich stark ins Detail (siehe Frey-Modell) oder wenden sich spezifischen Anwendungsgebieten zu (COACTIV-Modell: Mathematik).

Typische Standardsammlungen (INTASC, Oser und weitere) beschäftigen sich im Sinne einer Output-Orientierung mehr mit den konkreten Verhaltensweisen des Lehrers und ordnen diese gewissen Handlungsfeldern im Kontext zu (Unterrichtsgestaltung, Lehrer-Schüler-Beziehung, Schulentwicklung etc.).

Dass eine Vereinbarung und gleichzeitige Realisierung der Aspekte des Makromodells möglich ist, zeigt sich eindrücklich an dem Professionsstandards der PHZ (siehe 3.3): ordnen den Professionsstandards (Elementen des Outputs) konkrete Teilkompetenzen (Input) zu, definieren Kompetenzniveaus sowie Kriterien, welches Kompetenzniveau in welchem Stadium der Aus- und Weiterbildung erreicht werden sollte, sowie konkrete Beobachtungskriterien für jede Niveaustufe jeder Teilkompetenz.

4.3.2 Inhaltliche Übereinstimmungen und Parallelen

Über eine gemeinsame Grobstruktur hinaus lassen sich in der Zusammenschau zentrale Aspekte und Inhalte identifizieren, die in den unterschiedlichen Modellen immer wieder Erwähnung finden. Es ist deshalb eine Unterscheidung in Komponenten der Kompetenz und Aspekte der späteren Handlungsfelder sinnvoll (Abb. 8).

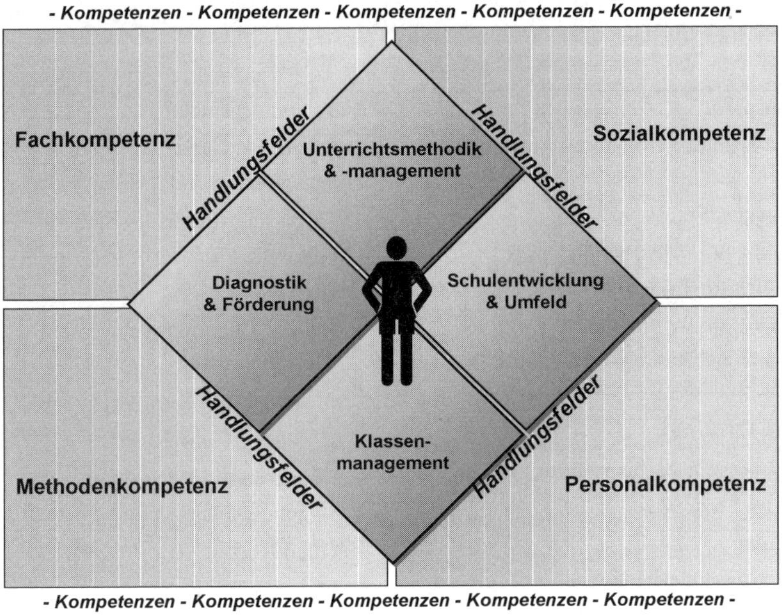

Abbildung 8: Zusammenfassendes Modell der Kompetenzen und Handlungsfelder

Hinsichtlich der Kompetenzen gehen wir von einer klassischen Unterscheidung von *vier Kompetenzklassen* aus. Die folgende Auflistung stellt eine Sammlung sich wiederholender Komponenten und Schlagworte dar und *nicht* ein ausgereiftes Kompetenzmodell (vgl. Kasten 4).

Kasten 4: Kompetenzklassen

Fachkompetenz	*Sozialkompetenz*
- Fachwissen - päd. & psychol. Grundlagen - (Fach-) Didaktik - Unterrichtsmethoden - Diagnostische Kompetenz - Wissen über Lehrpläne / Curricula	- Kommunikation - Kooperation - Interaktion - Empathie / Wertschätzung - Motivationsfähigkeit
Methodenkompetenz - Selbstorganisation - Ressourcenmanagement - Effizienz - Routine / Automatisierung - Medieneinsatz / Informationstechnol.	*Personalkompetenz* - Selbstreflektion / Selbstevaluation - Bewältigung beruflicher Belastung - Selbstbild / eigene Werthaltungen - eigene professionelle Weiterentwicklung

In Ergänzung zur Betrachtung der Kompetenzklassen zeichnen sich *vier Handlungsfelder* der Lehrkraft ab, die in der Fachliteratur besondere Berücksichtigung finden (vgl. Kasten 5).

Kasten 5: Handlungsfelder

Unterrichtsmethodik & -management	*Klassenmanagement*
- Unterrichtsplanung (Makro und Mikro) & Evaluation - Zeitmanagement - Erzeugung von Lerngelegenheiten - Management des Lernprozesses - Vermittlung von Lernstrategien - Anleiten zur Selbständigkeit	- Lehrer-Schüler-Beziehung - Partizipation - Förderung sozialen Verhaltens - kulturelle Einflüsse & Prägungen - Disziplin - Krisen- / Konfliktmanagement
Diagnostik & Förderung - Leistungsmessung & -beurteilung - individuelle Förderung - Motivierung - Umgang mit Schülerfehlern - Lernschwierigkeiten und -störungen	*Schulentwicklung & Umfeld* - schulische Umwelt - Kooperation / Netzwerken - Schulentwicklung - Öffentlichkeit - Elternarbeit / Beratung

Kompetenzen wie Handlungsfeldern unterliegt eine *(berufs-)ethische Grundlage*, zu der die verschiedenen Autoren wiederum Facetten unterschiedlicher Perspektive und Schwerpunktsetzung beitragen: die moralische und ethische Dimension, das Bewusstsein für eigene Wertvorstellungen, die Notwendigkeit der Werteerziehung, die Interessen der Gesellschaft, der Öffentlichkeit oder der Demokratie als Gesellschaftsform sowie die Verpflichtung gegenüber dem Schüler.

4.3.3 Fazit: Stand und Perspektiven der Lehrerkompetenzforschung

Wie ist es in der Rückschau auf die vorangegangene Darstellung und Diskussion um die Forschung zur Lehrerkompetenz und Standardentwicklung in der Lehrerbildung bestellt? Auf den ersten Blick erschlägt eine Fülle an Fachliteratur. Der Bologna-Prozess und die allgemeine Bildungsdiskussion mahnen zur Eile, insbesondere entzündet an Ergebnissen internationaler Schulleistungsuntersuchungen. Eine Vielfalt an Begrifflichkeiten, verschiedenartigen Ansatzschwerpunkten und Strukturierungsansätzen erhitzt die fachliche Diskussion und stellt Differenzen in den Vordergrund.

Dennoch möchte der vorliegende Artikel dazu anregen, aus der Manöverzone herauszutreten und den Fokus weg von den Unterschieden hin zu den grundlegenden Strukturen zu wenden, welche sich in all der Vielfalt doch abzeichnen und die bei näherer Betrachtung weniger widersprüchlich sind als auf den ersten Blick. Der Gegenstand unserer Betrachtung ist groß, und unterschiedliche Standpunkte und Ausgangspositionen sind gewachsen und haben ihre Berechtigung. Die vorhandene Diversität stellt eine Stärke und Ressource dar, die es im Hinblick auf eine gemeinsame Weiterentwicklung zu nutzen gilt.

Insbesondere angesichts des aktuellen Bedarfs erscheint es geboten, sich der praktischen Bedeutung der bisher gewonnenen Erkenntnisse zuzuwenden und Wege der Integration verschiedener Ansätze zugunsten deren Umsetzung in die Praxis zu beschreiten: Wie lassen sich Standards kompetenzorientierten Lehrens und Lernens sowie darauf aufbauende Strategien der Kompetenzdiagnostik, aber auch der Beratung und Förderung im Rahmen der Lehrerbildung entwickeln? Dass dies möglich ist, wird anhand der Professionsstandards der Pädagogischen Hochschule Zentralschweiz (PHZ) ersichtlich, die bereits ein kombiniertes Kompetenz-Standard-Modell für ihre Lehrerausbildung entwickelt hat, konkrete Beobachtungskriterien zur Kompetenzdiagnostik *und* Beratung der Studierenden einsetzt und eine Weiterentwicklung dieses Systems auch für die Lehrer*weiter*bildung in Betracht zieht.

Literatur

Anders, Y., Kunter, M., Brunner, M., Krauss, S. & Baumert, J. (2010). Diagnostische Fähigkeiten von Mathematiklehrkräften und die Leistungen ihrer Schülerinnen und Schüler. *Psychologie in Erziehung und Unterricht, 3,* 175-193.

Bader, R. (2002). Handlungsorientierung in der Berufsbildung – variantenreiche Ausprägung. *Die berufsbildende Schule, 54,* 71-73.

Beck, K. (2006). Standards – ein Mittel zur Qualitätsentwicklung in der Lehrerbildung? *Wirtschaft und Erziehung, 2,* 44-54.

Blömeke, S., Felbrich, A. & Müller, C. (2008). Theoretischer Rahmen und Untersuchungsdesign. In S. Blömeke, G. Kaiser & R. Lehmann (Hrsg.), *Professionelle Kompetenz angehender Lehrerinnen und Lehrer* (S. 15-48). Münster: Waxmann.

Bromme, R. (1997). Kompetenzen, Funktionen und unterrichtliches Handeln des Lehrers. In F. E. Weinert (Hrsg.), *Enzyklopädie der Psychologie. Pädagogische Psychologie. Bd. 3: Psychologie des Unterrichts und der Schule* (S. 177-212). Göttingen: Hogrefe.

Bromme, R., Jucks, R. & Rambow, R. (2004). Experten-Laien-Kommunikation im Wissensmanagement. In G. Reinmann & H. Mandl (Hrsg.), *Der Mensch im Wissensmanagement: Psychologische Konzepte zum besseren Verständnis und Umgang mit Wissen* (S. 176-188). Göttingen: Hogrefe.

Bromme, R. (2008). Lehrerexpertise. In W. Schneider & M. Hasselhorn (Hrsg.), *Handbuch der Pädagogischen Psychologie* (S. 159-167). Göttingen: Hogrefe.

Carlsburg, G.-B. v. & Müller, M. (2007). Schule im Wandel - Lehrerbildung in der Diskussion. *Pedagogy Studies, 87*, 13-19.

Cochran-Smith, M. (2001). The outcome question in teacher education. *Teaching and Teacher Education, 17*, 527-546.

Darling-Hammond, L. (2002). Standards für den Lehrerberuf: Probleme und Streitfragen. In E. Terhart (Hrsg.), *Standards für die Lehrerbildung. Eine Expertise für die Kultusministerkonferenz* (S. 69-76) Münster: Westfälische Wilhelms-Universität Münster.

Darling-Hammond, L. (2006). Assessing teacher education: The usefulness of multiple measures for assessing program outcomes. *Journal of Teacher Education, 57*, 120-138.

Diehl, T. (2003). Überlegungen zur empirischen Erfassung pädagogischer Professionalität. *Empirische Pädagogik, 17*(2), 236-255.

Dübbelde, G. (2013). Diagnostische Kompetenzen angehender Biologie-Lehrkräfte im Bereich der naturwissenschaftlichen Erkenntnisgewinnung (Dissertation). Kassel: Universität.

Frey, A. (2006). Methoden und Instrumente zur Diagnose beruflicher Kompetenzen von Lehrkräften - eine erste Standortbestimmung zu bereits publizierten Instrumenten. In C. Allemann-Ghionda & E. Terhart (Hrsg.), *Kompetenzen und Kompetenzentwicklung von Lehrerinnen und Lehrern: Ausbildung und Beruf. 51. Beiheft der Zeitschrift für Pädagogik* (S. 30-46). Weinheim: Beltz.

Frey, A. (2008). *Kompetenzstrukturen von Studierenden in der ersten und zweiten Phase der Lehrerbildung.* Landau: Verlag Empirische Pädagogik.

Fried, L. (2003). Pädagogisches Professionswissen als Form und Medium der Lehrerbildungskommunikation - empirische Suchbewegungen. *Zeitschrift für Pädagogik, 49*(1), 112-126.

Fuhr, T. (1998). *Ethik des Erziehens. Pädagogische Handlungsethik und ihre Grundlegung in der elterlichen Erziehung.* Weinhem: Beltz.

Galluzo, G. R. & Craig, J. R. (1990). Evaluation of preservice teacher education programs. In R. W. Houston (Ed.), *Handbook on research on teacher education* (pp. 599-616). New York: MacMillan.

Gollwitzer, M. & Jäger, R. S. (2007). *Evaluation - Workbook.* Weinheim: Beltz.

Gonzales, J. & Wagenaar, R. (2003). *Tuning educational structures in Europe. Der Beitrag der Hochschulen zum Bologna-Prozess. Eine Einführung.* http://www.tuning.unideusto.org [Letzter Aufruf: 08.01.2014].

Helmke, A. (2008). *Unterrichtsqualität und Lehrerprofessionalität. Diagnose, Evaluation und Verbesserung des Unterrichts.* Seelze: Friedrich.

Herrmann, W. A. (1998). *Erneuerung der Universität: Wettbewerb, Autonomie und Internationalität. Rede anlässlich 50 Jahre Wirtschaftsbeirat der Union, 1998.* http://portal.mytum.de/archiv/reden_p/reden_p_20030305_101448/index_html [Letzter Aufruf: 08.01.2014].

Herzog, W. (2005). Müssen wir Standards wollen? Skepsis gegenüber einem theoretisch (zu) schwachen Konzept. *Zeitschrift für Pädagogik, 51*, 252-258.

Hiebert, J., Gallimore, R. & Stigler, J. W. (2002). *A knowledge base for the teaching profession. Educational Researcher, 31*(5), 3-15.

INTASC (1992). *Model standards for beginning teacher licensing and development: A ressource for state dialogue.* Washington, D.C.: Council of Chief State Officer.

Jäger, R. S. (2007). *Beobachten, bewerten und fördern! Lehrbuch für die Aus-, Fort- und Weiterbildung.* Landau: Verlag Empirische Pädagogik.

Jäger, R. S. (2009). Diagnostische Kompetenz und Urteilsbildung als Element von Lehrerprofessionalität. In O. Zlatkin-Troitschanskia, K. Beck, D. Sembill, R. Nickolaus & R. Mulder (Hrsg.), *Lehrprofessionalität - Bedingungen, Genese, Wirkungen und Messung* (S. 105-116). Weinheim: Beltz.

Jäger, R. S., Bodensohn, R. & Frey, A. (2008). Bewerten und Prüfen - Beurteilen und Fördern. Bedingungen für das Studium im Lehramt. *Journal für die LehrerInnenbildung, 8*(1), 7-15.

Jordan, A.-K., Knigge, J., Lehmann, A.C., Niessen, A. & Lehmann-Wermser, A. (2012). Entwicklung und Validierung eines Kompetenzmodells im Fach Musik - Wahrnehmen und Kontextualisieren von Musik. *Zeitschrift für Pädagogik*, H. 4, 500-521.

Klieme, E., Avenarius, H., Blum, W., Doebrich, P., Gruber, H., Prenzel, M. et al. (2003). *Zur Entwicklung nationaler Bildungsstandards. Eine Expertise.* Bonn: Bundesministerium für Bildung und Forschung.

Konferenz der Kultusminister der Länder der Bundesrepublik Deutschland (KMK) (2004). *Standards für die Lehrerbildung: Bildungswissenschaften. Beschluss der Kultusministerkonferenz vom 16.12.2004.* www.kmk.org/fileadmin/veroeffent lichungen_beschluesse/2004/2004_12_16_Standards_Lehrerbildung.pdf [Letzter Aufruf: 08.01.2014].

Kounin, J. S. (1976). *Techniken der Klassenführung.* Stuttgart: Klett.

Krauss, S., Kunter, M., Brunner, M., Baumert, J., Blum, W. & Neubrand, M. (2004). COACTIV: Professionswissen von Lehrkräften, kognitiv aktivierender Mathematikunterricht und die Entwicklung von mathematischer Kompetenz. In J. Doll & M. Prenzel (Hrsg.), *Die Bildungsqualität von Schule: Lehrerprofessionalisierung, Unterrichtsentwicklung und Schülerförderung als Strategien der Qualitätsverbesserung* (S. 31-53). Münster: Waxmann.

Kunter, M., Baumert, J., Blum, W., Klusmann, U., Krauss, S. & Neubrand, M. (Hrsg.) (2011). *Professionelle Kompetenz von Lehrkräften: Ergebnisse des Forschungsprogramms COACTIV.* Münster: Waxmann.

Leutwyler, B. & Ettlin, E. (2008). Standards in der Weiterbildung – Perspektiven eines integralen Steuerungskonzeptes. *Beiträge zur Lehrerbildung, 26,* 11-22.

Oelkers, J. (2003). Standards in der Lehrerbildung. Eine dringliche Aufgabe, die der Präzisierung bedarf. In D. Lemmermöhle & D. Jahreis (Hrsg.), *Professionalisierung der Lehrerbildung* (S. 54-70). Weinheim: Juventa.

Oelkers, J. (2007). *Standards und Kompetenzerwerb in der Lehrerbildung.* Eröffnungsvortrag auf dem 41. Seminartag des Bundesarbeitskreises der Seminar- und Fachleiter/innen am 25. September 2007 in Speyer.

Oser, F. (1997). Standards in der Lehrerbildung. Teil 1: Berufliche Kompetenzen, die hohen Qualitätsmerkmalen entsprechen. *Beiträge zur Lehrerbildung, 15,* 26-37.

Oser, F. (2001). Standards: Kompetenzen von Lehrpersonen. In F. Oser & J. Oelkers (Hrsg.), *Die Wirksamkeit der Lehrerbildungssysteme. Von der Allrounderbildung zur Ausbildung professioneller Standards* (S. 215-342). Zürich: Rüegger Verlag.

Oser, F. (2002). Standards in der Lehrerbildung. Entwurf einer Theorie kompetenzbezogener Professionalisierung. *Journal für LehrerInnenbildung, 1,* 8-19.

Oser, F. (2003). Professionalisierung der Lehrerbildung durch Standards. In D. Lemmermöhle & D. Jahreis (Hrsg.), *Professionalisierung der Lehrerbildung* (S. 71-82). Weinheim: Juventa.

Oser, F. (2005). Schrilles Theoriegezerre, oder warum Standards gewollt sein sollen. Eine Replik auf Walter Herzog. *Zeitschrift für Pädagogik, 51,* 266-274.

Oser, F. & Oelkers, J. (2001). *Die Wirksamkeit der Lehrerbildungssysteme. Von der Allrounderbildung zur Ausbildung professioneller Standards.* Chur: Rüegger.

PHZ (2007a). *Professionsstandards. Beobachtungsinstrument für die berufspraktische Ausbildung.* http://www.schwyz.phz.ch/fileadmin/media/schwyz.phz.ch/Professionsstandards_Beobachtungsinstrument.pdf [Letzter Aufruf: 08.01.2014].

PHZ (2007b). *Professionsstandards. Professionelle Standards für die Aus- und Weiterbildung von Lehrpersonen der Vorschule und der Primarstufe.* http://www.schwyz.phz.ch/ausbildung/professionsstandards/ [Letzter Aufruf: 08.01.2014].

Rauch, F., Steiner, R. & Streissler, A. (2008). Kompetenzen für Bildung für nachhaltige Entwicklung von Lehrpersonen: Entwurf für ein Rahmenkonzept. In I. Bormann & G. de Haan (Hrsg.), *Kompetenzen der Bildung für nachhaltige Entwicklung* (S. 141-158). Wiesbaden: Verlag für Sozialwissenschaften.

Schaper, N. (2009). Aufgabenfelder und Entwicklungsbedarf bei der Kompetenzmodellierung und -messung in der Lehrerbildung. *Lehrerbildung auf dem Prüfstand, 2*(1), 166-199.

Schrader, F.-W. (2011). Lehrer als Diagnostiker. In E. Terhart, H. Bennewitz & M. Rothland (Hrsg.), *Handbuch der Forschung zum Lehrerberuf* (S. 683-698). Münster: Waxmann.

Schuler, H. & Barthelme, D. (1995). Soziale Kompetenz als berufliche Anforderung. In B. Seyfried (Hrsg.), *Stolperstein Sozialkompetenz: Was macht es so schwierig, sie zu erfassen, zu fördern und zu beurteilen?* (S. 77-116). Bielefeld: Bertelsmann.

Shulman, L. (1986). Paradigms and research programs in the study of teaching: A contemporary perspective. In M. Wittrock (Ed.), *Handbook of research on teaching* (pp. 3-36). New York: Macmillan.

Shulman, L. (1987). Knowledge and teaching: Foundations of the new reform. *Harvard Educational Review, 19*, 4-14.

Sloane, P. F. E. (2000). Veränderung der Betriebs- und Arbeitsorganisation. Konsequenzen für die betriebliche Bildungsarbeit. In BIBB (Hrsg.), *Lernen, Wissensmanagement und berufliche Bildung* (S. 93-109). Bielefeld: Bertelsmann.

Sternberg, R. J. & Horvath, J. A. (1995). A prototype view of expert teaching. *American Educational Research Association, 24*(9), 9-17.

Terhart, E. (2002). *Standards für die Lehrerbildung. Eine Expertise für die Kultusministerkonferenz.* Münster: Universität Münster.

Terhart, E. (2006). Was wissen wir über gute Lehrer? *Pädagogik, 58*(5), 42-47.

Terhart, E. (2007a). Standards in der Lehrerbildung – eine Einführung. *Unterrichtswissenschaft, 35*, 2-14.

Terhart, E. (2007b). Erfassung und Beurteilung der beruflichen Kompetenz von Lehrkräften. In M. Lüders & J. Wissinger (Hrsg.), *Forschung zur Lehrerbildung. Kompetenzentwicklung und Programmevaluation* (S. 37-62). Münster: Waxmann.

Tulodziecki, G. & Grafe, S. (2006). Stellenwert und Kritik von Standards für die Lehrerbildung aus internationaler Sicht. Vergleiche und Einschätzungen zur Situation. *Journal für LehrerInnenbildung, 6*(1), 34-44.

Weinert, F. E. (2001). Concept of competence: A conceptual clarification. In D. S. Rychen & L. H. Salganik (Eds.), *Defining and selecting key competencies* (pp. 45-65). Seattle: Hogrefe & Huber.

Wilbers, K. (2006). *Standards für die Bildung von Lehrkräften.* http://www.sowi-online.de/reader/lehrer ausbildung/wilbers_ standards.htm [Letzter Aufruf: 08.01.2014].

Katharina Maag Merki & Silke Werner

Erfassung und Bewertung professioneller Kompetenz von Lehrpersonen

1. Einleitung

Die Bedeutung der Erfassung und Analyse der Kompetenzen von Lehrpersonen ergibt sich zumindest aus zwei Perspektiven: a) Im Kontext der Implementation neuer Steuerungsstrukturen (Altrichter, Brüsemeister & Wissinger, 2007) geraten Outputs von Lernprozessen stärker in den Fokus, wobei diese nicht nur die Leistungen von Schüler/innen, sondern auch die von Lehrpersonen betreffen. Lehrpersonen sind im Bildungssystem die wichtigsten Akteure, sie gestalten die Lernumgebung für das Lernen der Schüler/innen (Lipowsky, 2006) im Sinne eines Lernangebotes, welches differenziell mit den Nutzungsmöglichkeiten der Schüler/innen synchronisiert werden muss (Fend, 2008). Die Lehrkompetenz gehört sodann zu den proximalen Bedingungsfaktoren des Lernens der Schüler/innen (Helmke & Schrader, 2006). Demzufolge ist es konsequent, dass Entwicklungen in Gang gesetzt werden, um die für ein optimales Lernen der Schüler/innen notwendigen Kompetenzen der Lehrpersonen theoretisch zu beschreiben, empirisch zu erfassen und in die Richtung eines gewünschten Zustandes zu lenken. b) Aus einer Schulentwicklungsperspektive betrachtet gehört die Professionalisierung des Lehrkörpers zu den zentralen Aufgaben. Die systematische Reflexion und Diskussion der geleisteten Arbeit bildet nicht nur einen Kernbestand schulischer Qualitätsentwicklung (Maag Merki, 2008), sondern gehört vielmehr auch seit einigen Jahren zum Auftrag der Schulen. In vielen Bundesländern oder Kantonen werden Schulen in diesem Zusammenhang qua Schulgesetz dazu verpflichtet, sich selbst zu evaluieren und/oder sich fremd evaluieren zu lassen, um den eigenen Ist-Zustand zu diagnostizieren und davon ausgehend Schulentwicklungsmaßnahmen her- bzw. einzuleiten. Die Beurteilung der Lehrpersonen, hauptsächlich mit dem Ziel der Diagnose und Förderung ihrer Handlungskompetenzen, ist integraler Bestandteil dieses Prozesses.

Die Klärung der Frage, wie sich professionelle Kompetenz von Lehrpersonen beschreiben lässt vorausgesetzt (siehe dazu die Beiträge von Frey und Krauss & Bruckmaier, in diesem Band), geht es im Rahmen dieses Artikels darum, wie die theoretisch definierten Kompetenzen bzw. Kompetenzdimensionen empirisch valide erfasst werden können.

2. Entwicklungen in der Erfassung und Bewertung professioneller Kompetenz von Lehrpersonen

2.1 Die Beurteilung von Lehrpersonen im historischen Kontext

Die Beurteilung von Lehrpersonen ist ein Verfahrenselement, welches stark vom bildungspolitischen Kontext, dem Modus der Anstellung der Lehrpersonen und der Steuerung des Bildungssystems geprägt ist. In *Deutschland* stellt die Beurteilung von Lehrpersonen für das Ausbildungssystem eine relevante Größe dar, indem in der Ausbildung der Lehrpersonen das Erreichen der Ausbildungsziele beim ersten und zweiten Staatsexamen systematisch überprüft wird (Terhart, 2007). Im Gegensatz dazu findet eine systematische und regelmäßige Beurteilung von Lehrpersonen nicht mehr statt, wenn die Lehrpersonen in den Dienst eingestellt und auf Lebenszeit verbeamtet sind. Erst, wenn sich eine Lehrperson um eine Funktionsstelle bewirbt (z.B. als Schulleiter), wird sie wiederum vom Staat beurteilt.

In der *Schweiz* werden seit mehr als zehn Jahren systematische Ansätze für die Beurteilung von Lehrpersonen entwickelt, deren praktische Bedeutung in den letzten Jahren deutlich gestiegen ist. Die Ergebnisse einer Kantonsumfrage im Schuljahr 2008/2009 der Schweizerischen Konferenz der kantonalen Erziehungsdirektoren[1] zeigen, dass in einer deutlichen Mehrheit der Kantone ein kantonal vorgegebenes Vorgehensmodell für die Beurteilung von Lehrpersonen festgelegt ist. Die Beurteilung der Lehrpersonen wird von der Vorschule bis zur Sekundarstufe II in der Mehrheit der Kantone durch die Schulleitung vorgenommen, zum Teil zusammen mit den Schulaufsichtsbehörden (Schulkommission, Schulpflege, Schulinspektorat). In einzelnen Kantonen hat die Beurteilung Einfluss auf die Besoldung, dies am häufigsten bei Lehrpersonen der Sekundarstufe II. Diese Entwicklungen sind geprägt von der neuen Steuerungslogik des *New Public Management* (NPM; vgl. Rhodes, 1991; Schedler, 1995), welches in den 1990er Jahren in vielen Kantonen implementiert worden ist und für den Lehrberuf die Konsequenz mit sich brachte, dass der Beamtenstatus abgeschafft und die Lehrpersonen in ein „normales" Anstellungsverhältnis überführt worden sind. Im Zuge dieser Entwicklungen wurde eine Leistungskomponente in die Besoldungsstruktur eingebaut, getreu der Logik des NPM, das die Leistungen öffentlicher Institutionen verstärkt an den angestrebten Wirkungen gemessen werden sollen und folglich die Akteure als verantwortlich für die Leistungserbringung betrachtet und je nach Ergebnis ‚belohnt' oder ‚bestraft' werden sollen.

Wird der Blick *über den deutschsprachigen Raum hinaus* gelenkt (vgl. beispielsweise Teddlie, Stringfield & Burdett, 2003), so fällt des Weiteren auf, dass international betrachtet eine systematische Beurteilung von Lehrpersonen bereits seit langem praktiziert wird. Wie das Beispiel USA zeigt, wurden seit den 1980er Jahren im Nachgang zum Regierungsbericht „A Nation at Risk" die Beurteilungspraxis zunehmend verschärft (Ellett, 2003) und neue Beurteilungs- und Zertifizierungssysteme entwickelt. Zudem wurden die Qualität und Effektivität der Beurteilungssysteme Gegenstand wissenschaftlicher Analysen und Diskussionen, die sich in einer umfangreichen Forschungsliteratur niedergeschlagen haben, welche kaum zu überblicken ist (Terhart, 2007). Zudem lassen sich diese Ergebnisse nicht problemlos auf den deutschsprachigen Kontext übertragen, da der politische und soziokulturelle Kontext sowie der Status von Lehrpersonen und ihrer Ausbildung deutlich unterschiedlich sind (vgl. OECD, 2005). Es ist jedoch möglich, die in anderen Kontexten eingesetzten Instrumente als „Denkmodelle" (Terhart, 2007, S. 42), nicht aber linear auf den deutschsprachigen Kontext, zu übertragen.

Die wissenschaftliche Auseinandersetzung mit der Beurteilung von Lehrpersonen im deutschsprachigen Raum ist verglichen damit relativ jung. Erwähnenswert sind hier die Auseinandersetzungen mit Standards für die Kompetenzen von Lehrpersonen (siehe z.B. Oser, 2001) oder die theoretischen Analysen der professionellen Kompetenz von Lehrpersonen (siehe z.B. Baumert & Kunter, 2006). Zudem sind Verfahren entwickelt worden, wie die als zentral identifizierten Kompetenzen der Lehrpersonen empirisch erfasst und überprüft werden können (siehe dazu Kap. 3).

1 http://www.edk.ch/dyn/15899.php; (Zugriff: 14. April 2014)

2.2 Die Funktion der Kompetenzbeurteilung von Lehrpersonen

Die Beurteilung von Lehrpersonen kann unterschiedliche Ziele und Funktionen haben, die sich grob in die drei Bereiche „Selektion/Promotion“, „Legitimation/Rechenschaftslegung“ und „Entwicklung“ unterteilen lassen (Teddlie, Stringfield & Burdett 2003, S. 13). Die selektive Funktion tritt insbesondere zu Beginn und am Ende der Ausbildung in den Vordergrund, wenn eine Person mit dem Wunsch, Lehrer/in zu werden, aufgrund bestimmter Kriterien zum Studium zugelassen wird oder am Ende des Studiums über ein Prüfverfahren beurteilt wird, ob sie die Ausbildungsziele erreicht hat. Diese Verfahren divergieren international. Für den deutschsprachigen Raum gilt, dass für die Zulassung zum Studium zumindest eine Hochschulqualifikation (Abitur, Matura) und gegebenenfalls bestimmte Abiturnoten vorliegen müssen. Während das Kriterium der Hochschulreife kein spezifisch berufsorientiertes ist, gibt es Bestrebungen, in den Aufnahmeprozess bestimmte Assessmentverfahren einzubauen, die eine höhere prognostische Validität in Bezug auf das konkrete Tätigkeitsfeld angehender Lehrpersonen aufweisen (Bieri, Schuler & Stirnemann, 2009). Am Ende der Ausbildung zur Lehrperson erfolgt die Beurteilung mehrdimensional, indem neben Professionswissen und selbstregulativen Fähigkeiten auch das Handeln als Lehrperson in der konkreten Unterrichtssituation als Indikator herangezogen wird. Die Bewerbung um eine *Funktions*stelle (Schulleitung etc.) als ausgebildete Lehrperson erfolgt in Deutschland bislang hingegen meist formal, ohne dass eine spezielle Ausbildung absolviert werden muss (Ausnahme z.B. Nordrhein-Westfalen). Als zentrale Beurteilungsinstanzen figurieren hier der Staat bzw. vom Staat beauftragte Institutionen wie Universitäten und Pädagogische Hochschulen. In der Schweiz hingegen absolvieren Lehrpersonen einen Nachdiplomkurs, der mittels eines auf die zukünftige Praxis als Schulleitung ausgerichteten Beurteilungsverfahrens zur Berechtigung dieser Tätigkeit führt.

Die beiden weiteren Funktionen – „Legitimation/Rechenschaftslegung“ und „Entwicklung“ – haben erst in den letzten Jahren an Bedeutung gewonnen. Im Kontext der veränderten Steuerungspolitik (Altrichter, Brüsemeister & Wissinger, 2007) haben die Schulen größere Handlungs- und Gestaltungsspielräume erhalten mit gleichzeitigem Auftrag, die eigenen schulischen Prozesse in Bezug auf ihre Stärken und Schwächen systematisch zu überprüfen und zu professionalisieren. Dazu zählen Maßnahmen zur Organisations-, Unterrichts- und Personalentwicklung. Insbesondere der Bereich der Personalentwicklung umfasst eine explizite Auseinandersetzung mit Fragen der Beurteilung von Lehrpersonen in Bezug auf Entwicklungsoptionen und Entwicklungspotenziale, wobei als zentrale Beurteilungsakteure die Schulleitung und die Kollegen bzw. Kolleginnen im Lehrer/innenteam eingesetzt sind. Diese Beurteilungen haben insbesondere eine formative und diagnostische Funktion, indem über die Reflexion der Stärken und Schwächen der Lehrpersonen Ansatzpunkte für kurz-, mittel- oder langfristige Professionalisierungsmaßnahmen diskutiert werden. Eingesetzt werden Verfahren wie Kooperationen zwischen Lehrpersonen, Hospitationen, fachspezifisches Coaching, Mitarbeitergespräche oder ähnliches. Inhaltlich gibt es grundsätzlich keine Begrenzung der untersuchten Kompetenzbereiche. Die Begrenzung erfolgt am ehesten über die bestehenden Ressourcen in den Schulen und die Praktikabilität der verschiedenen Verfahren für die zentralen Akteure.

Die neue Steuerungspolitik beinhaltet neben dem Auftrag an die schulischen Akteure, ein internes Monitoringsystem aufzubauen, die Implementation eines *externen* Monitoringsystems. Dieses fordert von den Schulen und Lehrpersonen eine Legitimation und Rechenschaftslegung ihrer Arbeit gegenüber den Schulbehörden bzw. der Gesellschaft. In diesem Kontext werden u.a. die Lehrpersonen dahingehend beurteilt, ob sie die ihnen übertragenen Aufgaben entsprechend den Zielsetzungen und Prozessvorgaben erfüllt haben. Damit tritt der Staat als Beurteilungsinstanz wieder in den Vordergrund. Dieses Verfahren hat insbesondere eine summative Evaluationsfunktion, wird aber oftmals so konzipiert, dass es über eine Verknüpfung mit dem internen Qualitätssicherungssystem in den Schulen den Entwicklungsprozess der Lehrpersonen produktiv beeinflussen kann (formative Evaluation). Im Gegensatz zu den *high-stakes* Verfahren, wie sie in den USA implementiert sind (Maag Merki, 2010), bilden die Ergebnisse der Beurteilungen allerdings nicht die Basis für Entlassungen von Lehrpersonen. Zwar finden sich, wie bereits erwähnt, in der Schweiz einzelne für die Lehrpersonen lohnwirksame Beurteilungssysteme, allerdings ist das Ausmaß der Besoldungskürzungen oder -erhöhungen marginal und damit nicht vergleichbar mit den Modellen in den USA.

Die Analysen zeigen, dass die Beurteilung von Lehrpersonen in der gängigen Praxis in den deutschsprachigen Ländern neben selektiven insbesondere diagnostische sowie formative Funktionen erfüllt. Beurteilungen mit dem Ziel der Rechenschaftslegung/Legitimation, insbesondere im Zusammenhang mit *high-stakes* Elementen, finden sich hingegen selten.

2.3 Methodische Überlegungen zur Kompetenzerfassung von Lehrpersonen

Der Einsatz von Beurteilungssystemen bedingt die Auseinandersetzung mit der Frage, inwiefern es überhaupt möglich ist, Lehrpersonen zu beurteilen. Konsens besteht darin, dass dies keine leichte Aufgabe ist und der aktuelle Forschungsstand keineswegs eine tragfähige Basis bietet, die entsprechenden Fragen differenziert zu klären. Insbesondere zeichnen sich Forschungsdefizite ab in Bezug auf die Entwicklung von validen Erhebungsinstrumenten zur empirischen Erfassung der einzelnen Kompetenzdimensionen sowie in Bezug auf die Modellierung des Zusammenhangs zwischen dem Beurteilungsergebnis und möglichen Konsequenzen bzw. den Professionalisierungsmaßnahmen für die betroffenen Lehrpersonen. An dieser Stelle soll auf zwei Grundfragen eingegangen werden: a) Wie müssen Messverfahren konzipiert sein, dass sie die Kompetenzen der Lehrpersonen valide erfassen können? b) Wie müssen Messverfahren konzipiert sein, damit die Beurteilung von Kompetenzen der Lehrpersonen für den Professionalisierungs- und Schulentwicklungsprozess funktional wird?

2.3.1 Eckpunkte einer validen Erfassung von Kompetenzen

Die Frage der validen Erfassung von Kompetenzen ist zunächst eine theoretische Frage, da es zu klären gilt, welches theoretische Verständnis von Kompetenz als Basis für die empirischen Analysen verwendet wird. Mit Bezug zum theoretischen Konzept von Kompetenz nach Weinert (2001) oder von professioneller Kompetenz nach Baumert und Kunter (2006) ist davon auszugehen, dass Kompetenzen verschiedene Facetten aufweisen. Neben kognitiven Fähigkeiten wie Wissen sind auch motivationale, emotionale oder volitionale Dimensionen sowie Einstellungen, Bereitschaften und Werthaltungen integriert. Kompetenzen sind Performanzpotenziale, die die Wahrscheinlichkeit erhöhen, komplexe Anforderungen produktiv bewältigen und Problemlösungen in variablen Situationen erfolgreich nutzen zu können (Grob & Maag Merki, 2001, S. 59ff.; Klieme et al., 2003; Weinert, 2001). Ohne hier die aktuelle Diskussion um den Kompetenzbegriff darstellen zu können (siehe dazu Klieme & Hartig, 2007; Klieme, Hartig & Rauch, 2008; Maag Merki, 2009), bleibt festzuhalten, dass die empirische Erfassung von Kompetenzen von Lehrpersonen mehrdimensional zu erfolgen hat, indem nicht einzig Professionswissen, sondern auch die weiteren Dimensionen wie Einstellungen, Motivationen etc. als Inhaltsdimensionen in den Beurteilungsprozess eingebunden sein müssen.

Die Klärung der Frage nach geeigneten Verfahren zur Erfassung professioneller Kompetenzen von Lehrpersonen beinhaltet in einem zweiten Schritt zu bestimmen, welche Indikatoren Informationen zu den zu erfassenden Kompetenzdimensionen liefern können. Diese Frage nach der Operationalisierung ist zunächst ebenfalls geprägt von theoretischen Überlegungen. Es gilt zu klären, wie das Verhalten oder Handeln generell beeinflusst wird und inwiefern das Verhalten oder Handeln in konkreten Situationen einen validen Indikator darstellt für die Erfassung der hier interessierenden Kompetenzen. Aktuelle Theorieansätze auf der Basis des Interaktionsparadigmas gehen davon aus, dass individuelles Verhalten die Funktion eines kontinuierlichen Prozesses multidirektionaler Interaktionen oder Rückkoppelungen zwischen der Person und der Situation ist, in der sie sich befindet. An diesem Interaktionsprozess ist das Individuum aktiv beteiligt und beeinflusst diesen. Situationen weisen zudem eine objektive und subjektive Seite auf, wobei die subjektive Interpretation der Situation ein wesentlicher, determinierender Faktor für das konkrete Handeln ist (Krahé, 1992). Damit stellt sich zum einen die Frage nach der Stabilität und Konsistenz von Verhalten und zum anderen die Frage nach der Bedeutung von konkreten Handlungen (Performanz) als Indikator für die Erfassung von Kompetenz. Entsprechend den Analysen von Patry (1991) ist in dieser Verhaltens-Auswirkungsbeziehung zwischen einem Leistungstypus und einem mesotischen Typus zu unterscheiden.

- Für den *Leistungstyp* gilt, dass selbst bei relativ unterschiedlichen Zielen eine ‚stetige' Beziehung zwischen maximalem Verhalten und optimaler Zielerreichung erhalten bleibt. Das Grundprinzip ist: Je mehr, desto besser. Das Verhalten des Akteurs hängt primär von dessen Fähigkeiten und weniger von situativen Faktoren ab. Patry (1991) geht davon aus, dass diese Beziehung am ehesten bei fachlichen Kompetenzen im Sachbereich beobachtbar ist.
- Beim *mesotischen Typ* ist die Beziehung zwischen Verhalten und Auswirkungswert nicht ‚stetig', sondern umgekehrt U-förmig und zeichnet sich dadurch aus, dass es kein maximales, sondern nur ein optimales Verhalten gibt. Dies bedeutet, dass in unterschiedlichen Situationen unterschiedliche Verhaltensweisen für das gleiche Ziel optimal sind, oder umgekehrt: ein Verhalten oder eine Handlungsstrategie kann in einer Situation funktional für die Zielerreichung sein, in einer anderen aber nicht. (vgl. ebd., S. 68)

Nach Patry weisen im Gegensatz zu Situationen im kognitiven Bereich Situationen im sozialen Bereich häufiger diese mesotische Struktur auf, was zur Folge hat, dass transsituative Konsistenz im Sozialbereich nicht ohne weiteres vorausgesetzt werden kann, sondern vielmehr Situationsspezifität (vgl. ebd., S. 400). Aufgrund der Komplexität der Lehrtätigkeiten kann angenommen werden, dass Performanz im Schulalltag tendenziell eher dem mesotischen Typus entspricht, wobei der situative Einfluss dabei von großer Bedeutung ist. Damit ist die Möglichkeit, über die Erfassung der Performanz im Lehrberuf linear auf die Kompetenzen der Lehrpersonen zu schließen, eingeschränkt.

Für die Erfassung von Kompetenzen der Lehrpersonen bedeutet dies folgendes: Kompetenzen als latente, individuelle Dispositionen manifestieren sich in konkreten Situationen (Performanz) und sind oftmals einzig über diese erfassbar. Damit besteht allerdings die Gefahr, Performanz mit Kompetenz gleichzusetzen. Die Herausforderung von Beurteilungsverfahren besteht darin, beide Seiten, die personale wie auch die situationale, bei der Erfassung und Bewertung von Kompetenzen unter Beachtung ihrer Wechselbeziehung heranzuziehen. Damit kann vermieden werden, individuelle Kompetenzen aufgrund eindimensionaler, einseitiger und einzig punktueller Analysen zu erfassen.

2.3.2 Funktionale Gestaltung von Beurteilungssystemen

Die Gestaltung von Beurteilungssystemen, also nicht nur die Entwicklung des einzelnen Beurteilungsinstrumentes, baut zwar auf der Entwicklung der einzelnen Instrumente auf, setzt diese aber in Bezug zu den einzelnen Akteuren, Situationen und bildungspolitischen Regelungen, die den Beurteilungsprozess maßgeblich beeinflussen. In diesem Sinne ist ein Beurteilungsverfahren immer eine Koordinationsleistung in einem hoch komplexen Umfeld. Empirische Analysen von Beurteilungsverfahren zeigen, dass die Dynamik zwischen den verschiedenen Akteuren, ihre Wahrnehmungen, Einstellungen, Erwartungen oder Befürchtungen, oftmals einen großen Einfluss auf die einzelnen Personen haben und den Zusammenhang zwischen Beurteilungsinstrument und Wirkung moderieren. So weisen die Analysen des Beurteilungssystems in Zypern (Kyriakides & Demetriou, 2007) auf die Bedeutung der Partizipation der Beurteilten selbst hin. Nach Kunz-Heim (2002, S. 223) besteht entsprechend den empirischen Ergebnissen einer Studie zur Evaluation des Beurteilungsinstrumentes „2Q" in der Schweiz das Hauptziel von Beurteilungsverfahren darin, dass das Verfahren sorgsam konzipiert und zur Entschärfung des Dilemmas zwischen dem Anspruch der Lehrpersonen nach Selbstbestimmung und der erforderlichen Verbindlichkeit des Verfahrens beitragen soll. Die Analysen zum lohnwirksamen Beurteilungssystem im Kanton Zürich zeigen, dass die Interaktionen zwischen Beurteilern (in diesem Fall Schulbehörde) und Beurteilten (Lehrpersonen) als Moderatorenfaktor die Wirksamkeit des Verfahrens beeinflussen (Roos & Maag Merki, 2005; Wehner et al., 2005). Es besteht dann eine hohe Wahrscheinlichkeit, dass die Beurteilung von Lehrpersonen funktional ist für den Professionalisierungsprozess und die Qualitätsentwicklung von Schulen, wenn es gelingt:

- gegenseitiges Vertrauen in die Kompetenzen der Akteure herzustellen
- eine Basis und ein Verfahren zu schaffen, bei der bzw. bei dem die Lehrpersonen nicht nur Stärken sondern auch Schwächen darlegen können
- Ziele und Erwartungen gegenseitig abzustimmen und die Beurteilung nicht als Stereotyp mit negativer Konnotation im Diskurs zu platzieren
- den Stellenwert der lohnwirksamen Qualitätssicherung zugunsten einer Stärkung der förderungswirksamen Qualitätssicherung zurückzubinden
- Möglichkeiten der Selbstevaluation und Partizipation für die Lehrpersonen einzubeziehen
- das Verfahren transparent zu gestalten
- das Verfahren in das gesamte Qualitätssystem der Schule zu integrieren.

Diese punktuellen Befunde zeigen, dass die Implementation von Beurteilungssystemen voraussetzungsreich ist und hohe Anforderungen an die einzelnen Akteure (die beurteilten Lehrpersonen und die Beurteiler) stellt. Ein transparenter und vertrauensvoller Beurteilungsprozess ist angewiesen auf valide Beurteilungsinstrumente. Es kann aber angenommen werden, dass in einem ungleich stärkeren Ausmaß valide Beurteilungsinstrumente erst dann funktional für die Qualitätsentwicklung von Lehrpersonen und Schulen sind, wenn sie in ein gelungenes Beurteilungssystem eingebettet sind.

3. Methoden zur Erfassung und Bewertung professioneller Kompetenz von Lehrpersonen: eine Bestandsaufnahme

Im Folgenden werden fünf verschiedene grundlegende forschungsmethodische Ansätze der Datengenerierung vorgestellt und entsprechend ihrer Einsatzpotentiale zur Erfassung und Bewertung professioneller Kompetenz von Lehrer/innen einer kritischen Analyse unterzogen.

3.1 Der Test

Als empirische Methode hat der Test seine Wurzeln in der psychologischen Diagnostik (Bortz & Döring, 2002). Es können unter inhaltlichen Gesichtspunkten vor allem zwei Gruppen von Tests unterschieden werden: der Leistungstest und der Persönlichkeitstest. Während sich der Leistungstest dadurch auszeichnet, dass ihm ein Beurteilungsmaßstab zu Grunde liegt, der eine Antwortkategorisierung in „richtig" oder „falsch" bzw. „besser" oder „schlechter" zulässt und vor allem kognitive Aspekte einer Person (z.B. Intelligenz, Fähigkeiten) fokussiert, zielt der Persönlichkeitstest auf die Erfassung von typischen Charaktermerkmalen (z.B. Eigenschaften, Motive) einer Person und lässt entsprechend keine Wertungshierarchie der Antworten zu (ebd.).

Im Rahmen der Kompetenzmessung von Lehrpersonen haben sich vor allem Leistungstests und hier speziell Wissenstests zum Fachwissen, fachdidaktischen Wissen oder pädagogischen bzw. erziehungswissenschaftlichen Wissen von Lehrpersonen (z.B. Studie COACTIV vgl. hierzu Baumert & Kunter, 2006; Brunner u.a., 2006; Studie MT21 vgl. hierzu Blömeke, Kaiser & Lehmann, 2008; ETS „Praxis II: Principles of Learning and Teaching"; vgl. hierzu Baumert & Kunter, 2006) etabliert und als zuverlässige Erhebungsmethode erwiesen. Die Zuverlässigkeit des Einsatzes dieser Methode zur Analyse von Dimensionen der Fachkompetenz ist im Einzelnen von der Qualität der Items bzw. Itemzusammenstellung und den Testbedingungen abhängig. Über die Erfassung von Wissenskomponenten hinaus wird die Anwendung von Tests zur Kompetenzmessung von Lehrpersonen, z.B. über Selbstkonzepte, Einstellungen, Werthaltung (durch Persönlichkeitstests), aber auch über Fähigkeiten (z.B. im Rahmen von *Assessment Centern*; Bieri, Schuler & Stirnemann, 2009) eher kritisch betrachtet (Grob & Maag Merki 2001; Kunz-Heim, 2002).

Basierend auf der Annahme, dass die Kompetenz von Lehrpersonen sich im Lernfortschritt der Schüler/innen widerspiegeln muss, werden mitunter Ergebnisse von Lernleistungstests als Indikator für die Lehrkompetenz bzw. didaktische Kompetenz von Lehrpersonen eingesetzt. Verschiedene Autoren (Kraler, 2008; Kunz-Heim, 2002; Terhart, 2010) kritisieren, dass die Lernleistung von Schüler/innen durch verschiedene Kontextparameter beeinflusst wird und folglich ein Rückschluss auf Lehrkompetenz mit einem „*black box* – Irrtum" gleichzusetzen ist. Darüber hinaus weist Terhart (2010) darauf hin, dass der in Studien nachgewiesene Varianzaufklärungsanteil von Schüler/innenleistungen durch den Faktor Lehrperson mit Werten zwischen 3-23 % sehr heterogen ausfällt und damit nicht als zuverlässig erwiesen ist. Er empfiehlt den Fokus der Messung auf die kompetente Bereitstellung von „optimalen Lerngelegenheiten" als „Erfolgskriterium von Lehrerarbeit" zu legen.

3.2 Die schriftliche Befragung mittels Fragebogen

Die schriftliche Befragung mittels Fragebogen findet breite Verwendung, wenn es um die Erfassung von Kompetenzen von Lehrpersonen geht. Die Vorteile des Fragebogens als Instrument liegen vor allem darin begründet, dass in kurzer Zeit und mit relativ geringem finanziellen Aufwand, die Befragung einer großen Stichprobe innerhalb eines großen Territoriums möglich ist (Frey, 2006; Kaufhold, 2006; Scholl, 2003).

Im Rahmen der Kompetenzerfassung ist die Befragungsform der *Selbstbeurteilung* von besonderer Relevanz und konzentriert sich u.a. auf Persönlichkeitsmerkmale, Einstellungen, Werthaltungen oder individuelle Handlungsweisen (Kaufhold, 2006). Sowohl Terhart (2010), Kaufhold (2006) als auch Frey (2006) betrachten die Beurteilung der eigenen Kompetenz zwar nicht als die zuverlässigste Form der Kompetenzerfassung, da der Aussagewert durch verzerrte retrospektive Selbstwahrnehmung und -bewertung, Effekte sozialer Erwünschtheit sowie Antworttendenzen eingeschränkt werden kann. Dennoch wird der Proband in der empirischen Forschungspraxis gemeinhin als Experte der eigenen Kompetenz betrachtet und zumindest für Schüler/innen konnten positive Zusammenhänge zwischen dem Selbstkonzept der eigenen Kompetenzen und spezifischen Leistungsdaten nachgewiesen werden (siehe z.B. Artelt et al., 2003).

Um mögliche Verzerrungseffekte zu nivellieren, wird der ergänzende Einsatz von *Fremdbeurteilungen* durch relevante Bezugsgruppen angeraten (Frey 2006). Die Beurteilung des Unterrichts durch (1) Schüler/innen hat sich im Rahmen von Studien (vgl. u.a. Clausen, 2002; Gruehn, 2000) als relativ zuverlässige Quelle zur Erfassung der Lehrkompetenz erwiesen. Etwas kritischer hingegen wird die Kompetenzerfassung über (2) Kollegen/Kolleginnen gesehen. Abgesehen von Konstellationen des Teamteaching haben andere Lehrpersonen keinen umfassenden Einblick in das Unterrichtshandeln ihrer Kolleginnen und Kollegen und darüber hinaus können Kontextfaktoren, wie Sympathie/Antipathie oder genderspezifische Aspekte die Beurteilung negativ bzw. positiv beeinflussen. Eine Beurteilung durch (3) Vorgesetzte (z.B. Schulleitung oder Mitglieder der Schulaufsicht) ist eine traditionelle Verfahrensweise im Rahmen der Eignungsdiagnostik von Referendaren/Referendarinnen sowie in Bewerbungsverfahren um Funktionsstellen (Terhart, 2010; siehe 2.1). Eine systematische Beurteilung durch (4) Eltern ist erst an einzelnen Stellen realisiert, kann aber wie eine Studie in den USA zeigt, relevante Hinweise auf einzelne Bereiche geben (Peterson et al., 2003).

Eine Sichtung der von Frey (2006) zusammengetragenen 47 Instrumente zur Diagnose der professionellen Kompetenz von Lehrpersonen macht die Bedeutung des Instruments Fragebogen in diesem Forschungsfeld deutlich. 37 der dargelegten Erhebungsinstrumente setzten die schriftliche Befragung mittels Fragebogen als Methode ein. Inhaltlich bilden sich dabei alle vier Kompetenzdimensionen ab, wobei insbesondere die Erfassung der personalen Kompetenz von Lehrpersonen und der sozialen Kompetenz in den aufgeführten Fragebogeninstrumenten vorgesehen sind.

Die in Freys (2006) Instrumentenauswahl ersichtliche inhaltliche Gewichtung gibt einen Hinweis auf inhaltliche Einsatzpraktikabilität der Methode. So ist beispielsweise eine direkte Erfassung von Fachkompetenzen (z.B. zu Wissen um Fachthemen) über Selbst- oder Fremdbeurteilung mittels Fragebogen als recht unzuverlässig einzuschätzen, da u.a. mit Effekten sozialer Erwünschtheit zu rechnen ist und zuverlässigere alternative Erfassungsmethoden zur Verfügung stehen (z.B. Wissenstests, siehe 3.1). In der Forschungspraxis ist darüber hinaus aber auch eine indirekte Erfassung der Fachkompetenz von Lehrpersonen verbreitet, z.B. über die Abfrage vorhandener Zertifikate oder die Häufigkeit der Teilnahme an fachlichen Fortbildungen für Lehrpersonen. Das hierbei zu Grunde gelegte Verständnis unterstellt einen vollzogenen Wissenstransfer und dessen Praxisimplementation – eine Annahme, die jedoch aktuellem Wissen zu Prozessen des Praxistransfers widerspricht (Lipowsky, 2004).

Eine Option, den Einschränkungen standardisierter Fragebogenbefragungen entgegenzutreten, ist die Öffnung des Fragenformats. Je offener die Fragen im Fragebogen gestellt werden, desto stärker liegt ein verstehensorientiertes Kompetenzverständnis zu Grunde, welches keine strukturelle Trennbarkeit einzelner Kompetenzdimensionen unterstellt und Vergleichbarkeit angestrebt. Dabei wird die professionelle Kompetenz von Lehrpersonen in der Tradition von Oevermann oder Helsper verstanden (vgl. Helsper, 2004, 2007), wobei eher entwicklungsorientierte Informationen generiert werden.

3.3 Die mündliche Befragung mittels Interview

Im Unterschied zur schriftlichen Befragung mittels Fragebogen können mündliche Befragungen einzeln oder in einer Gruppe durchgeführt werden und basieren auf der direkten Interaktion mit zumeist einer Person. In der Konsequenz erhöht sich durch die persönliche Zusammenkunft an einem Ort als auch durch die Notwendigkeit verbaler Äußerungen der Zeitaufwand gegenüber der Fragebogenmethode. Darüber hinaus tritt der Interviewer als Einflussfaktor auf die Güte der Datenerfassung mit hinzu (Bortz & Döring, 2002; Kaufhold, 2006).

Der Einsatz von *leitfadengestützten Interviews* erscheint dann praktikabel, wenn für die Erfassung der professionellen Kompetenz von Lehrpersonen ein Konstrukt vorliegt, welches jedoch nicht im Einzelnen operationalisiert bzw. operationalisierbar ist. Dies macht jedoch gleichzeitig die Verwendung dieses Verfahrens für die Bewertung von Lehrpersonen schwierig, da keine klaren Bewertungskriterien zu Grunde gelegt werden können. In diesem Zusammenhang kann eine Kombination mit anderen Methoden, z.B. einer schriftlichen Befragung mittels Fragebogen (siehe 3.2; Allemann-Ghionda et al., 2006) oder einer Beobachtung (siehe 3.5; Leuchter et al., 2006), durchaus sinnvoll erscheinen.

Personalgespräche, wie sie in Schulen durch die Schulleitung oder die Schulaufsicht/Schulpflege geführt werden, können dieser Kategorie zugeordnet werden, sind allerdings als Gesprächssituation durch eine Machthierarchie und subjektive Wertung gekennzeichnet, welche die Zuverlässigkeit der Aussagen zu beeinflussen vermag.

Die Sichtung der Erfassungsinstrumente professioneller Kompetenz von Lehrpersonen (vgl. Frey, 2006, S. 36-41) verdeutlicht zum einen die eher geringe Verbreitung der Methode Interview in diesem Bereich (4 von 47 Instrumenten nutzen das Interview) und zum anderen die mögliche Einsatzbreite. So fokussieren zwei der vier Instrumente sowohl die personale, soziale, methodische als auch fachliche Kompetenz der Lehrpersonen (vgl. Kauffeld 2003; Lantz & Friedrich, 2003). Die anderen beiden Instrumente sind auf die Erfassung der sozialen und personalen (vgl. Peters & Winzer, 2003) bzw. der sozialen und der methodischen Kompetenz (vgl. Sonnentag, 2003) ausgerichtet.

Eine andere Interviewform, der ein anderes Kompetenzverständnis zu Grunde liegt, ist die offene und erzählbasierte Interviewform wie das *narrative Interview* in der Tradition von Fritz Schütze (vgl. Bohnsack, 1999); sie weist Bezüge zur Handlungstheorie und zum Deutungsmusteransatz auf. Demzufolge steht bei diesem Verfahren weniger die Extrahierung einzelner Teilkompetenzen im Fokus, als die Erfassung der professionellen Handlungskompetenz als einem komplexen Gebilde, welches sich lediglich vor dem Hintergrund individueller Handlungspraxis abbilden lässt (Helsper, 2004, 2007). Zweifelsfrei lässt sich im Rahmen solcher aufwändiger Verfahren die Kompetenz professionellen Handelns von Lehrpersonen vor dem Hintergrund des einzelnen Individuums rekonstruieren, erscheint jedoch gerade daher als ungeeignet im Rahmen einer kriterialen oder sozialen Bewertungspraxis. Wird ein formativer Ansatz der Erfassung und Bewertung einzelner Lehrpersonen anvisiert, so ist dieses Verfahren hingegen durchaus vorstellbar, mit der Einschränkung eines hohen und anspruchsvollen Interpretationsaufwandes, welcher in Schulen eher nicht zu leisten ist.

3.4 Die Dokumentation

Methoden, die hier unter dem Begriff der Dokumentation zusammengefasst werden, fokussieren die Darlegung von Handlungen oder Ergebnissen und dienen damit sowohl der Legitimation von Tätigkeiten oder Fähigkeiten sowie als Grundlage für Reflexions- und individuelle Entwicklungsprozesse. Zentral für diese Methode ist der grundsätzlich performanzorientierte Ansatz der Erfassung, da gezeigtes Verhalten bzw. erbrachte Leistungen im Mittelpunkt stehen. Im Rahmen der Ausbildung von Lehrpersonen sowie in der Unterrichtspraxis werden vor allem Protokolle und Portfolios mit dieser Intention erstellt.

Beim *Protokoll* ist zunächst an das Unterrichtsprotokoll zu denken, welches entweder von der Lehrperson selbst retrospektiv, und daher anfällig für Verzerrungseffekte, angefertigt wird oder in Kombination mit der Methode der Beobachtung (siehe 3.5) durch einen Kollegen oder eine Kollegin. Je nach Erkenntnisinteresse kann ein Unterrichtsprotokoll strukturiert bzw. offen gestaltet sein. Soll jedoch eine Bewertung bzw. ein Vergleich mit anderen Lehrpersonen entlang definierter Kompetenzdimensionen erfolgen, so sind Kriterien festzulegen, an denen sich das Handeln zu messen hat. Über das Unterrichtsprotokoll erfasst werden können situationale Merkmale, welche Rückschlüsse insbesondere auf methodische (z.B. Strukturierung des Unterrichts, Einsatz von Unterrichtsmethoden) bzw. soziale (z.B. soziales Verhalten) aber auch personale Kompetenzen (z.B. souveränes Auftreten vor der Klasse) zulassen.

Das *Portfolio* als Methode ist eine eigenständige oder mit Kolleginnen und Kollegen zusammengestellte Sammlung von Dokumenten und Materialien mit dem Ziel individuelle Lernwege und Lernerfolge sowie Kompetenzentwicklungen zu dokumentieren und zu reflektieren. Entsprechende Dokumente und Materialien können sowohl direkte Nachweise (wie beispielsweise Unterrichtsartefakte, Schüler/innenleistungen oder Reflexionsberichte zum Unterricht) als auch indirekte Nachweise sein, die bereits selbst Produkte eines Bewertungsprozesses darstellen (z.B. schriftliche Tests, Empfehlungsschreiben, Bewertungen durch andere Lehrpersonen) (Brandl 2004; Kunz-Heim, 2002; Roelofs & Sanders, 2007). Geeignet erscheint dieses Verfahren laut Bird (1990) insbesondere im Rahmen eines formativen Einsatzes, indem Entwicklungspotentiale offen gelegt und deren Bearbeitung ermöglicht wird. Aber auch ein summativer Einsatz beispielsweise vor dem Hintergrund von Rechenschaftslegungen wie Mitarbeiterbeurteilungen ist denkbar und geeignet. Die Bewertbarkeit eines Portfolios hängt dabei im Einzelnen stark von der Struktur (z.B. durch vergleichbare Zusammensetzung), Zuverlässigkeit (z.B. durch Art des Nachweises) und Messbarkeit (z.B. bei subjektiven Einschätzungen) der Inhalte ab. Frey (2006) weist darauf hin, dass Portfolios den Testgütekriterien zumeist eher nicht standhalten. Trotz dieser Einschränkungen wird das Portfolio allgemein als nützliche Methode zur Erbringung von Kompetenznachweisen erachtet (Roelofs & Sanders, 2007) und kann, z.B. in Kanada, Österreich und der Schweiz auf eine bereits längere Geschichte als Instrument zur Dokumentation und Bewertung des Leistungsstandes und der Leistungsentwicklung von (angehenden) Lehrpersonen zurückblicken (Brandl, 2004).

3.5 Die Beobachtung

Die Methode der Beobachtung kann als Vorgang des Sammelns von Erfahrungen in einem nichtkommunikativen Prozess unter Verwendung aller Wahrnehmungskanäle (Laatz, 1993 nach Bortz & Döring, 2002) zusammengefasst werden und zielt auf die Erfassung von Handlungsprozessen (Kaufhold 2006). Von Relevanz ist hier vor allem die systematische Beobachtung, der eine konkrete Zieldimension und darauf ausgerichtet ein Beobachtungsplan zu Grunde liegt (Bortz

& Döring, 2002). Da die Person des Beobachters/der Beobachterin bei der Beurteilung des Handelns eine zentrale Rolle einnimmt, soll im Folgenden Selbst- und Fremdbeobachtung getrennt voneinander betrachtet werden.

Die *Fremdbeobachtung*, also die Beobachtung von Handlungsprozessen durch Dritte, ermöglicht die direkte Erfassung des Handelns einer Person und kommt vor allem dann zum Einsatz, wenn von einer bewussten oder unbewussten Verzerrung der zu untersuchenden Handlungsdimension über Selbstauskünfte auszugehen ist. Im schulischen Kontext blickt die Fremdbeobachtung, als Unterrichtsbeobachtung oder Hospitation auf eine lange Tradition insbesondere im Rahmen der Aus- und Weiterbildung von Lehrpersonen zurück. Eingesetzt wird sie, um auf der Basis der Praxis erfahrener Lehrpersonen unterrichtsbezogene Handlungskompetenzen bei Lehramtsstudierenden zu fördern (Ausbildungsfunktion), um die Lehrbefähigung im Handlungskontext zu prüfen (Funktion der Eignungsfeststellung, z.B. durch Unterrichts- bzw. Arbeitsprobe, vgl. Frey, 2006, S. 34; Kaufhold, 2006, S. 136ff.) oder um auf der Basis gegenseitiger Rückmeldung und Reflexion des Unterrichtshandelns zwischen Kolleginnen/Kollegen eine kontinuierliche professionelle Weiterentwicklung zu gewährleisten (Weiterbildungsfunktion, z.B. im Rahmen einer professionellen Lerngemeinschaft, vgl. hierzu Bonsen & Rolff, 2006). Da die möglichst objektive Erfassung des Handelns als einer Kombination aus Wissen und praktischem Können (Baumert & Kunter, 2006), also die Performanzentfaltung im realen Handlungskontext durch die Methode anvisiert wird, erscheint sie prinzipiell geeignet, um professionelle Kompetenz von Lehrpersonen zu erfassen (Kaufhold, 2006; Terhart, 2007).

Als Einschränkung dieser Beobachtungsform wird benannt, dass sie durch den simultan stattfindenden Handlungsprozess nur auf spezifische Teile einer komplexen Handlung fokussieren kann. Des Weiteren erzeugt der soziale Beobachtungskontext, welcher sich durch die Einzigartigkeit der jeweiligen Handlungssituation auszeichnet, Einschränkungen hinsichtlich einer reliablen Kompetenzerfassung. Damit erfüllt das Verfahren der Fremdbeobachtung eher die Anforderungen einer Kompetenzerfassung von Lehrpersonen im Sinne eines sinnbezogenen Kompetenzverständnisses (Kaufhold, 2006). Die genannten methodischen Schwächen können jedoch bei einer videogestützten Beobachtung von Unterrichtshandeln nivelliert werden, indem sie die Möglichkeit einer zeitversetzten, wiederholten Beobachtung von Handlungsabläufen eröffnen (Bortz & Döring, 2002). Mittels Videoaufzeichnung und neuer Programme zur Videoanalyse (z.B. Videograph[2] zur standardisierten Videoanalyse, entwickelt am IPN Kiel) ist es möglich, die Bewältigung professioneller Handlungsanforderungen im Unterricht, wie beispielsweise Unterrichtsführung (u.a. Klassenmanagement, Orchestrierung von Lerngelegenheiten) in ihrer Komplexität zu erfassen. Darüber hinaus erweitert eine Videographie das Analysespektrum professioneller Handlungskompetenz, indem die Erfassung von methodischen Kompetenzen, wie z.B. die Reflexions-, Diagnose- oder Analysekompetenz von Unterrichtssituationen selbst zum Gegenstand werden kann (vgl. Seidel & Prenzel, 2008). Eine dahingehende Erfassung ist von besonderer Bedeutung, da Analysekompetenz selbst als zentrale Voraussetzung für die zuverlässige Anwendung der Methode der Beobachtung in der Schulpraxis und in der Forschung gilt (Baumert & Kunter, 2006).

Eine *Selbstbeobachtung professionellen Handelns* im Sinne der oben genannten Definition wird erst durch zeitversetzte videographische Beobachtung möglich. Genutzt werden kann eine solche Verfahrensweise zur Selbstreflexion mit der Intention, die gewonnenen Erkenntnisse für die eigene Professionalisierung nutzbar zu machen (Krammer u.a., 2009). In Kombination mit einem *„Stimulated Recall Interview"* kann die Selbstbeobachtung in der Form einer Videoaufzeichung des eigenen Unterrichtshandelns aber auch für eine Fremdbewertung zugänglich gemacht werden (Leuchter et al., 2006; Roelofs & Sanders, 2007).

2 siehe unter: http://www.ipn.uni-kiel.de/aktuell/videograph/htmStart.htm (Zugriff 14. April 2014)

Da die Methode der Beobachtung am Handeln ansetzt, kann sie insgesamt als geeignet zur komplexen Erfassung von Kompetenzen von Lehrpersonen, sowohl mit verstehensorientierter als auch bewertungsorientierter Intention eingeschätzt werden. Allerdings ist das Verfahren sehr voraussetzungsreich (Kyriakides & Demetriou, 2007). Der hohe Aufwand im Zusammenhang der Datenerfassung und Auswertung macht insbesondere die videogestützte Beobachtung zu keiner schulalltagspraktischen Methode der Diagnose professioneller Handlungskompetenz.

Zusammenfassend zu den vorgestellten Methoden zeigt sich, dass die Intention der Erfassung professioneller Kompetenz von Lehrpersonen maßgeblich ist für die Wahl einer Methode und deren Standardisierungsgrad. So muss zunächst geklärt werden, ob eine vergleichende Bewertung der Kompetenz erfolgen soll oder die Erfassung einer individuellen Entwicklung des professionellen Handels als Grundlage dienen soll. Prinzipiell gilt jedoch: je offener der methodische Zugang gewählt wird, umso stärker liegt eine Orientierung am Einzelfall vor und verfügt damit über ein höheres Potential, individuelle Entwicklungspotentiale offen zu legen. Gezeigt wurde, dass jeder Methode gewisse Einschränkungen bezüglich des inhaltlichen Zugangs zu Kompetenzdimensionen des Handelns von Lehrpersonen unterliegen. Gerade daher erscheint die gezielte Kombination von verschiedenen Methoden, aber auch von unterschiedlichen Standardisierungsgraden der Kompetenzerfassung nicht nur sinnvoll, sondern notwendig, wenn die professionelle Kompetenz von Lehrpersonen in ihrer Komplexität valide abgebildet werden soll.

4. Analyse ausgewählter Instrumente zur Erfassung und Bewertung der Kompetenz von Lehrpersonen

In diesem Kapitel sollen exemplarisch vier verschiedene Beurteilungsverfahren für Kompetenzen von Lehrpersonen vorgestellt und kritisch diskutiert werden. Für die Auswahl relevant war, dass die vorgestellten Instrumente unterschiedliche Funktionen (Selektion, Diagnostik/Förderung, Zertifizierung) erfüllen, unterschiedliche Erhebungsmethoden integrieren (Fragebogen, Leistungstests, Portfolio etc.) sowie verschiedene Akteure als Beurteiler/innen in den Blick nehmen (Schulbehörde, Wissenschafter/innen, Lehrerschaft, Lehrer/innenkollegium).

4.1 Die besoldungsrelevante Erfassung der Kompetenz von Lehrpersonen durch die Schulbehörde am Beispiel des lohnwirksamen Qualifikationssystems für Lehrpersonen im Kanton Zürich, Schweiz (LQS)

Ein Beurteilungsverfahren, welches lohnwirksam ist, ist das Mitarbeiterbeurteilungsverfahren des Kantons Zürich (kurz: MAB; Bildungsdirektion des Kantons Zürich 2006). Dieses beruht auf einer Selbsteinschätzung durch die Lehrperson mittels eines Dossiers „Unterricht und Planung" und auf der Fremdbeurteilung durch die Schulpflege und die Schulleitung.

Das Verfahren hat sowohl eine formative Funktion, indem Zielvereinbarungen mit der Lehrperson getroffen werden, wie auch eine summative Funktion mit Einfluss auf das Gehalt der Lehrperson. Entsprechend der Wegleitung (ebd., S. 3ff.) liegt die Verantwortung für die Durchführung der formativen Förderung bei der Schulleitung. Sie besucht die Lehrperson mindestens einmal pro Jahr im Unterricht und führt jährlich mindestens ein formelles Mitarbeitergespräch durch. Gemeinsam mit der Lehrperson legt sie die Ziele für das nächste Jahr fest und zieht im nächsten Beurteilungsgespräch Bilanz. Der Schulpflege hingegen obliegt die Aufsicht über den

Zielvereinbarungsprozess zwischen der Schulleitung und der Lehrperson. Sie beschließt mögliche daraus resultierende Maßnahmen. Die lohnwirksame Beurteilung erfolgt mindestens alle vier Jahre. Grundsätzliche Schwierigkeit ist, dass die Situation der Staatsfinanzen diese Besoldungssystematik überlagern kann, so dass die Stufenanstiege und Beförderungen vorübergehend eingeschränkt oder ausgesetzt werden können.

Das MAB wurde in einer umfangreichen Evaluation wissenschaftlich beurteilt (Legler, 2006; Sigrist, Wehner & Legler, 2005). Ausgewählte Erkenntnisse sind (Wehner et al., 2005):

- Das Verfahren stellt hohe Anforderungen an die beurteilenden Schulbehörden sowie an die beurteilten Lehrpersonen.
- Das MAB hat einen positiven Beitrag zur Identifikation und zum Selbstwert der Schulpflegemitglieder geleistet.
- 98 % der Lehrpersonen genügten den Anforderungen bzw. übertrafen diese. Das MAB erfüllte damit kaum eine Selektionsfunktion. Die Autor/innen schlossen daraus, dass „entweder angenommen werden (kann), dass die Kompetenz der Lehrpersonen außerordentlich hoch ist oder dass die Beurteilenden den Konflikt mit den Lehrpersonen vermeiden wollten“ (Wehner et al., 2005, S. 298).
- Die Beurteilenden und die Lehrpersonen gaben an, dass das MAB-Verfahren zur Standortbestimmung unter den Lehrpersonen, zum Gesprächsanlass über Unterricht, zur Selbstevaluation, zu gegenseitigen Hospitationen und zum Dialog zwischen Lehrpersonen und Schulpflegen geführt hat.
- Die Qualität des Unterrichts hat sich aus Sicht der Lehrpersonen und Schulpflegemitglieder nicht nachhaltig verbessert.
- Die Lehrpersonen lehnen das Verfahren mehrheitlich ab. Primärer Ablehnungsgrund ist die Lohnwirksamkeit.
- Auch wenn die Beurteilten im Laufe der letzten drei Beurteilungsjahre als jeweilige Jahrgangsgruppe von Jahr zu Jahr positivere Einzelerfahrungen mit dem MAB gemacht haben, überwiegen grundsätzlich eher schlechtere Berichte vom Hörensagen. Dies weist auf einen Einstellungsstereotyp hin.
- Als Kritikpunkte wurden genannt: die mangelnde Kompetenz der Beurteilenden, die fehlende Förderungswirksamkeit des Verfahrens, der hohe Ressourcenaufwand, die Lohnwirksamkeit oder die Enttäuschung über die ausgebliebene Lohnwirksamkeit.
- Chancen zur Förderung oder Motivierung durch finanzielle Anreize wurden nicht gesehen. Wenn überhaupt wurden Möglichkeiten der Leistungsanerkennung bzw. Wertschätzung gegenüber der Lehrtätigkeit artikuliert.

4.2 Die leistungsbezogene Erfassung der unterrichtsbezogenen Kompetenzen von Lehrpersonen mittels Videosequenzen am Beispiel der Studien „LUV – Lernen aus Unterrichtsvideos“ (Seidel & Prenzel, 2008) und „Adaptive Lehrkompetenz“ (Beck et al., 2008)

Beide hier vorgestellten Kompetenzerfassungsansätze arbeiten mit Videoanalysen. Im *Forschungsprojekt „LUV – Lernen mit Unterrichtsvideos für Physiklehrkräfte“* (siehe auch http://www.ipn.uni-kiel.de/projekte/luv/index.html (Zugriff 14. April 2014) sowie Seidel & Prenzel, 2008) interessiert, wie die Lehrpersonen den Unterricht beurteilen und ob sie selbst lernwirksame Merkmale des Unterrichts wahrnehmen und einordnen können. Die Studie bildet die dritte Phase (2004–2006) der

IPN-Videostudie, ist experimentell angelegt und untersucht u.a., wie Kompetenzen von Lehrpersonen in der Analyse von Unterricht erfasst werden können. Dazu wurde ein videobasiertes Verfahren entwickelt, bei dem Lehrpersonen kurze Videoclips von Unterrichtssituationen im Hinblick auf die Umsetzung lernwirksamer Merkmale einschätzen (vgl. ebd., S. 204).

Die Ergebnisse der Analysen zeigen, dass die Teilnehmer/innen das standardisierte, videogestützte Verfahren zur Beurteilung der Kompetenzen von Lehrpersonen tendenziell positiv einschätzen (Seidel & Prenzel, 2008, S. 208). Insgesamt kommen die Autoren zu dem Schluss, dass es gelungen ist, die Analysekompetenz empirisch zu erfassen und zu beschreiben.

Die *adaptive Lehrkompetenz* (Beck et al., 2008) wurde mit mehreren Erhebungsinstrumenten erfasst, u.a. mit einem Video- und einem Vignettentest. Der Videotest (ebd., S. 82-90) zur Erfassung der adaptiven Handlungskompetenz besteht aus einer ca. 13 Minuten dauernden, zusammenfassenden Unterrichtssequenz. Im ersten Teil des Videos wurden die Lehrpersonen aufgefordert, immer dann das Video zu stoppen, wenn sie anders als die Lehrperson im Video handeln würden. Diese alternativen Reaktionen mussten erläutert und begründet werden. Im zweiten Teil des Videotests wurden zwölf kurze Einzelsituationen aufgenommen, die jeweils an einer Stelle endeten, bei der eine Reaktion der Lehrperson erfolgen musste. Die Lehrpersonen wurden aufgefordert anzugeben, wie sie in der jeweiligen Situation weiter verfahren bzw. reagieren würden. Zur Erfassung der adaptiven Planungskompetenz wurde ein Vignettentest eingesetzt. Bei diesem wurden den Lehrpersonen hypothetische Situation beschrieben mit der Aufforderung, sich in die Situation hineinzuversetzen und zu erläutern, wie sie in dieser Situation vorgehen würde.

Die Ergebnisse zeigen, dass sich die Lehrpersonen systematisch in der erfassten adaptiven Lehrkompetenz unterscheiden. Zudem konnte anhand der gewählten Methodik ein relevanter Indikator u.a. zur Erklärung von Unterschieden in Lernergebnissen der Schüler/innen empirisch erfasst werden. Die Analyse der Dimensionalität des Konstruktes weist weiter darauf hin, dass mit der adaptiven Handlungskompetenz und der adaptiven Planungskompetenz zwei relevante Facetten der adaptiven Lehrkompetenz identifiziert werden konnten, die in einem systematischen Zusammenhang zueinander stehen.

4.3 Die Beurteilung der Kompetenzen der Lehrpersonen mit dem Ziel der Zertifizierung am Beispiel des Zertifizierungsprogrammes National Board Certification der USA (Ingvarson & Hattie, 2008)

Das *National Board for Professional Teaching Standards* (NBPTS) wurde 1987 in den USA als Reaktion auf die zunehmende Standardisierung von Testleistungen von Schülerinnen und Schülern gegründet (siehe http://www.nbpts.org/ und Ingvarson & Hattie, 2008).

Lehrpersonen können sich in 25 verschiedenen Fächern um die Zertifizierung *National Board Certification* (NBC) bewerben. Die „*Five Core Propositions*" der Standards gelten allerdings für alle Fächer und bilden damit den Kern der Standards. Der Zertifizierungsprozess dauert bis zu drei Jahren und besteht aus folgenden Teilen:

- *Portfolio Entries – Demonstrate Your Teaching Practice:* Erstellung eines Portfolio inkl. Videoaufnahmen zum eigenen Unterricht und zur Interaktion mit den eigenen Schülern/innen
- *Assessment Center Exercises:* Die Lehrpersonen haben sechs verschiedene Aufgaben computerbasiert zu bearbeiten, die je ca. 30 Min. in Anspruch nehmen (Erfassung von Fachwissen, Reflexion, Planung von Unterrichtssequenzen etc.)

- *Beurteilung durch mindestens zwölf Lehrpersonen oder Schulberatern/innen;* die Resultate der Beurteilungen werden nur den betreffenden Personen mitgeteilt, Vorschläge für Verbesserung oder Professionalisierung werden keine unterbreitet
- *Möglichkeit zur Wiederholung,* wenn der Zertifizierungsprozess nicht erfolgreich war

Die Qualität des Zertifizierungsprozesses und die Validität der Beurteilungen wurden in umfangreichen Analysen beurteilt und laufend weiterentwickelt (Ingvarson & Hattie, 2008). Die Validitätsanalysen von Hattie & Clinton (2008) oder Smith et al. (2008) weisen nach, dass sich zertifizierte Lehrpersonen von Lehrpersonen ohne Zertifizierung hinsichtlich wichtiger Dimensionen, u.a. in Bezug auf die Lernergebnisse ihrer Schüler/innen, bedeutsam unterscheiden. Nach Wolf & Taylor (2008) scheinen sich das Selbstvertrauen der Lehrpersonen sowie die Reflexion der Lehrpersonen aufgrund des Zertifizierungsprozesses in Quantität und Qualität verbessert zu haben.

4.4 Kooperation zwischen Lehrpersonen als Instrument der Eigendiagnose und Entwicklung der Kompetenz von Lehrpersonen am Beispiel von SERELISK (u.a. Maag Merki et al., 2013; Ehlert et al., 2009)

SERELISK – Selbstreflexives Lernen im schulischen Kontext ist eine Interventionsstudie, die von der Baden-Württemberg Stiftung finanziert worden ist. Im Zentrum stehen die Fragen, welchen Einfluss kooperativ-reflexive Prozesse zwischen Lehrpersonen auf die Gestaltung eines problembasierten, selbstaktivierenden Unterrichts und auf die Entwicklung des selbstregulierten Lernens der Schüler/innen haben. In 13 Realschulen in Baden-Württemberg, die sich freiwillig an dieser Studie beteiligt haben, arbeiteten Lehrpersonen in kleinen Kooperationsgruppen mit zwei bis vier Personen in Bezug auf die Planung, Reflexion und Modifizierung ihrer Unterrichtsgestaltung mit dem Ziel der Implementation eines problemlösenden Mathematikunterrichts und der Förderung des selbstregulierten Lernens der Schüler/innen zusammen. Die Kooperationspartner/innen fungierten dabei in der Rolle als Feedbackgeber im Sinne einer pädagogisch-fokussierten Intervisionsgruppe, die neben einer unterstützenden Funktion auch eine implizite, u.a. auch explizite Beurteilungsfunktion der Unterrichtskompetenz der jeweiligen Lehrperson inne hatten und Rückmeldungen zu möglichen Handlungsoptionen formulierten. Damit waren diese Beurteilungen förderorientiert und dienten im Sinne einer formativen Evaluation der Professionalisierung der einzelnen Lehrperson. Die standardisierten Befragungen am Ende des Projektjahres ergaben auf der Basis der Angaben der Kooperationslehrpersonen zur eigenen Arbeit folgende Befunde.

- Die Hälfte der Lehrpersonen gibt an, dass sie aufgrund der Kooperationsarbeit flexibler auf Unterrichtssituationen reagieren können.
- Zwischen 67 % und 80 % der Lehrpersonen sind der Ansicht, dass sie ihren Mathematikunterricht abwechslungsreicher und interessanter für die Schüler/innen gestalten, dass sie ein umfangreicheres Handlungsrepertoire erworben haben, dass sie die Bedürfnisse der mathematisch begabten Schüler/innen besser berücksichtigen konnten und dass sie gemeinsam für die Entwicklung ihrer Unterrichtsqualität sorgen konnten, auch wenn die Zeit für die Zusammenarbeit knapp war.
- 87 % der Lehrpersonen sind zudem der Meinung, dass sie in ihrer Kooperationsgruppe auch bei auftauchenden didaktischen Schwierigkeiten eine gute Lösung für die Realisierung einer hohen Unterrichtsqualität gefunden haben.

5. Fazit und Perspektiven

Die Beurteilung von Lehrpersonen ist im Kontext aktueller Reformansätze, Steuerungsoptionen und Schulentwicklungsperspektiven nicht mehr wegzudenken. Die Frage, die sich stellt, lautet somit nicht, *ob* Lehrpersonen beurteilt werden *sollen*, sondern *wie* sie beurteilt werden *können* und *in welchem Beurteilungssystem* das Potenzial für das Gesamtziel, die Verbesserung des schulischen Angebotes insgesamt, am besten erreicht werden kann. Eine Studie in Kanada zeigt, dass nicht alle Lehrpersonen das gleiche Verfahren bevorzugen. Vielmehr können unterschiedliche Beurteilungssysteme funktional sein für einen erfolgreichen Entwicklungsprozess (Bouchamma, 2005). Die Passung zwischen Beurteilungsverfahren, Supervisor und Lehrperson scheint dabei von zentraler Bedeutung zu sein (vgl. ebd., S. 305). Unter Berücksichtigung der empirischen Ergebnisse auch im deutschsprachigen Raum (Wehner et al., 2005; Kunz-Heim, 2002) scheint die Einschätzung berechtigt, dass Beurteilungsverfahren nicht *gegen* die Lehrpersonen, sondern nur *mit ihnen* erfolgreich eingesetzt werden können. Im Wissen um diesen Befund stellt sich aber die Frage, welche Konsequenzen sich ergeben, wenn die Verfahren vor dem Hintergrund einer Beurteilung zur Legitimation, Rechenschaftslegung und Selektion individuums- und situationsspezifisch gewählt werden. Hier sind Vergleichsanalysen notwendig, die die Variation der verschiedenen Verfahren und ihre Effektivität quasi-experimentell überprüfen (vgl. Kyriakides & Demetriou, 2007).

Zusätzliche Voraussetzung ist der Rückgriff auf Erhebungsverfahren, die eine valide Einschätzung und Beurteilung ermöglichen. Der Bestand an möglichen Beurteilungsinstrumenten ist bereits beeindruckend, allerdings erscheinen die Befunde und die verschiedenen Verfahren tendenziell isoliert-additiv und nicht systematisch aufeinander bezogen. Zukünftige Forschung hat zu untersuchen, inwiefern der Einsatz multipler, sich ergänzender Verfahren, z.B. die Kombination von Leistungstests, standardisierten Verfahren zur Erfassung von Selbstrepräsentationen und Verfahren, die eine handlungsnahe Prozessanalyse auf der Basis von objektiven Verhaltensweisen (Performanz) erlauben, in ihrer Kombination effektiv sind für die Beurteilung und Professionalisierung der Lehrpersonen (vgl. dazu auch Kyriakides & Demetriou, 2007). Die Forschungslage ist diesbezüglich insofern defizitär, als Interventionsstudien und damit längsschnittliche Analysen fehlen, die die Wirksamkeit verschiedener Verfahrenskonfigurationen systematisch überprüfen.

Literatur

Allemann-Ghionda, C., Auernheimer, G., Grabbe, H. & Kramer, A. (2006). Beobachtung und Beurteilung in soziokulturell und sprachlich heterogenen Klassen: die Kompetenzen von Lehrpersonen. In C. Allemann-Ghionda & E. Terhart (Hrsg.), *Kompetenzen und Kompetenzentwicklung von Lehrerinnen und Lehrern: Ausbildung und Beruf.* 51. Beiheft der Zeitschrift für Pädagogik (S. 250-266), Weinheim: Beltz.

Altrichter, H., Brüsemeister, T. & Wissinger, J. (Hrsg.) (2007). *Educational Governance. Handlungskoordination und Steuerung im Bildungswesen.* Wiesbaden: VS Verlag für Sozialwissenschaften.

Artelt, C., Baumert, J., Julius-McElvany, N. & Peschar, J. (2003). *Das Lernen lernen. Voraussetzungen für lebensbegleitendes Lernen. Ergebnisse von PISA 2000.* Paris: OECD.

Baumert, J. & Kunter, M. (2006). Stichwort: Professionelle Kompetenz von Lehrkräften. *Zeitschrift für Erziehungswissenschaft, 9*(4), 469-520.

Beck, E., Baer, M., Guldimann, T., Bischoff, S., Brühwiler, C., Müller, P., Niedermann, R., Rogalla, M. & Vogt, F. (2008). *Adaptive Lehrkompetenz. Analyse und Struktur, Veränderbarkeit und Wirkung handlungssteuernden Lehrerwissens.* Münster: Waxmann.

Bieri, C., Schuler, P. & Stirnemann, B. (2009). Assessment Center für angehende Studierende des Lehrberufs – ein faires Auswahlverfahren? *Unterrichtswissenschaft, 37*(2), 105-117.

Bildungsdirektion des Kantons Zürich (2006). Mitarbeiterbeurteilung für Lehrpersonen und für Schulleiterinnen und Schulleiter der Volksschule. Wegleitung. Zürich: Bildungsdirektion des Kantons Zürich.

Bildungsdirektion des Kantons Zürich. (2008). Verfügung. Richtlinien zur Mitarbeiterbeurteilung für Lehrpersonen der Volksschule vom 10. Juli 2006; Änderung vom 17. November 2008. URL: http://www.zh.ch/internet/bildungsdirektion/vsa/de/personelles/personalfuehrung/mitarbeiterbeurteil4-1155.html. (Do 23.06.200926.08.2013).

Bird, T. (1990). The schoolteacher's portfolio: An essay on possibilities. In J. Millman & L. Darling-Hammond (Eds.), *The new handbook of teacher evaluation* (pp. 241-256), London: Sage.

Blömeke, S., Kaiser, G. & Lehmann, R. (Hrsg.) (2008). *Professionelle Kompetenz angehender Lehrerinnen und Lehrer. Wissen, Überzeugungen und Lerngelegenheiten deutscher Mathematik-Studierender und -referendare. Erste Ergebnisse zur Wirksamkeit der Lehrerausbildung.* Münster: Waxmann.

Bohnsack, R. (1999). *Rekonstruktive Sozialforschung. Einführung in Methodologie und Praxis qualitativer Forschung.* Opladen: Leske+Budrich.

Bonsen, M. & Rolff, H.-G. (2006). Professionelle Lerngemeinschaften von Lehrerinnen und Lehrern. *Zeitschrift für Pädagogik, 52*(2), 167-185.

Bortz, J. & Döring, N. (2002). *Forschungsmethoden und Evaluation für Human- und Sozialwissenschaftler.* Berlin: Springer.

Bouchamma, Y. (2005). Evaluating teaching personnel. Which model of supervision do canadian teachers perfer? *Journal of Personnel Evaluation in Education, (18)*, 289-308.

Brandl, W. (2004). Portfolio – Wandel in der Lernkultur und Lehrerbildung. Paderborner Schriften zur Ernährungs- und Verbraucherbildung. URL: http://www.evb-online.de/docs/05_2004-Portfolio.pdf. (Do 22.06.200926.08.2013).

Brunner, M., Kunter, M., Krauss, S., Klusmann, U., Baumert, J., Blum, W., Neubrand, M., Dubberke, T., Jordan, A., Löwen, K. & Tsai, Y.-M. (2006). Die professionelle Kompetenz von Mathematiklehrkräften: Konzeptualisierung, Erfassung und Bedeutung für den Unterricht. Eine Zwischenbilanz des COAKTIV-Projektes. In M. Prenzel & L. Allolio-Näcke (Hrsg.), *Untersuchungen zur Bildungsqualität von Schule* (S. 54-82). Münster: Waxmann.

Clausen, M. (2002). Unterrichtsqualität: *Eine Frage der Perspektive? Empirische Analysen zur Übereinstimmung,* Konstrukt- und Kriteriumsvalidität (Bd. 29). Münster: Waxmann.

Ehlert, A., Werner, S., Maag Merki, K. & Leuders, T. (2009). Serelisk – Selbstreflexives Lernen im schulischen Kontext. Tools für die Entwicklung der eigenen Unterrichtsarbeit aufgrund von kooperativ-selbstreflexiven Prozessen zwischen Lehrpersonen. In K. Maag Merki (Hrsg.), *Kooperation und Netzwerkbildung. Strategien zur Qualitätsentwicklung in Einzelschulen* (S. 78-93). Seelze: Klett-Kallmeyer.

Ellett, C. D. (2003). Teacher evaluation, teacher effectiveness and school effectiveness: Perspectives from the USA. *Journal of Personnel Evaluation in Education, 17*(1), 101-128.

Fend, H. (2008). *Schule gestalten. Systemsteuerung, Schulentwicklung und Unterrichtsqualität.* Wiesbaden: VS Verlag für Sozialwissenschaften.

Frey, A. (2006). Methoden und Instrumente zur Diagnose beruflicher Kompetenzen von Lehrkräften – eine erste Standortbestimmung zu bereits publizierten Instrumenten. In C. Allemann-Ghionda & E. Terhart (Hrsg.), *Kompetenzen und Kompetenzentwicklung von Lehrerinnen und Lehrern: Ausbildung und Beruf.* 51. Beiheft der Zeitschrift für Pädagogik (S. 30-46), Weinheim: Beltz.

Grob, U. & Maag Merki, K. (2001). *Überfachliche Kompetenzen. Theoretische Grundlegung und empirische Erprobung eines Indikatorensystems.* Bern: Peter Lang.

Gruehn, S. (2000). *Unterricht und schulisches Lernen.* Münster: Waxmann.

Hattie, J. & Clinton, J. (2008). Identifying accomplished teachers: a validation study. In L. Ingvarson & J. Hattie (Eds.), *Assessing teachers for professional certification: The first decade of the National Board for Professional Teaching Standards* (pp. 313-344). Amsterdam: Elsevier.

Helmke, A. & Schrader, F.-W. (2006). Determinanten der Schulleistung. In D. H. Rost (Hrsg.), *Handwörterbuch Pädagogische Psychologie* (S. 83-94). Weinheim: Beltz.

Helsper, W. (2004). Antinomien, Widersprüche, Paradoxien: Lehrerarbeit – ein unmögliches Geschäft? Eine strukturtheoretisch-rekonstruktive Perspektive auf das Lehrerhandeln. In B. Koch-Priewe, F.-U. Kolbe & J. Wildt (Hrsg.), *Grundlagenforschung und mikrodidaktische Reformansätze zur Lehrerbildung* (S. 49-98). Bad Heilbrunn: Klinkhardt Verlag.

Helsper, W. (2007). Die Antwort auf Jürgen Baumerts und Mareike Kunters Kritik am strukturtheoretischen Professionsansatz. *Zeitschrift für Erziehungswissenschaft, 10*(4), 567-579.

Ingvarson, L. & Hattie, J. (Eds.) (2008). *Assessing teachers for professional certification: The first decade of the National Board for Professional Teaching Standards.* Amsterdam: Elsevier.

Kauffeld, S. (2003). Weiterbildung: Eine lohnende Investition in die berufliche Handlungskompetenz? In A. Frey, R. S. Jäger & U. Renold (Hrsg.), Kompetenzmessung – Sichtweisen und Methoden zur Erfassung und Bewertung von Kompetenzen. *Themenheft 2003-2 der Zeitschrift Empirische Pädagogik* (S. 176-195). Landau: Verlag Empirische Pädagogik.

Kaufhold, M. (2006). *Kompetenz und Kompetenzerfassung. Analysen und Beurteilung von Verfahren der Kompetenzerfassung.* Wiesbaden: VS Verlag für Sozialwissenschaften.

Klieme, E., Avenarius, H., Blum, W., Döbrich, P., Gruber, H., Prenzel, M., Reiss, K., Riquarts, K., Rost, J., Tenorth, H.-E. & Vollmer, H. J. (2003). *Zur Entwicklung nationaler Bildungsstandards. Eine Expertise.* Bonn: Bundesministerium für Bildung und Forschung.

Klieme, E. & Hartig, J. (2007). Kompetenzkonzepte in den Sozialwissenschaften und im erziehungswissenschaftlichen Diskurs. *Zeitschrift für Erziehungswissenschaft, 10*(8), 11-29.

Klieme, E., Hartig, J. & Rauch, D. (2008). The Concept of competence in educational contexts. In J. Hartig, E. Klieme & D. Leutner (Eds.). *Assessment of competencies in educational contexts* (pp. 3-22). Göttingen, Cambridge, MA: Hogrefe & Huber Publishers.

Krahé, B. (1992). *Personality and social psychology. Towards a synthesis.* London: Sage.

Kraler, C. (2008). Kompetenzorientierte Lehrerbildung und ihre Wirkung. Überlegungen zur Nachhaltigkeit in Forschung und Praxis. In C. Kraler, C. & M. Schratz (Hrsg.), *Wissen erwerben, Kompetenzen entwickeln. Modelle zur kompetenzorientierten Lehrerbildung* (S. 151-180). Münster: Waxmann.

Krammer, K., Schnetzler, C. L., Pauli, C., Ratzka, N. & Lipowsky, F. (2009). Kooperatives netzgestütztes Lernen mit Unterrichtsvideos. Wie Mathematiklehrpersonen aus Deutschland und der Schweiz gemeinsam ihren Unterricht analysieren und entwickeln. In K. Maag Merki (Hrsg.), *Kooperation und Netzwerkbildung. Strategien zur Qualitätsentwicklung in Einzelschulen* (S. 40-52). Seelze: Klett-Kallmeyer.

Kunz-Heim, D. (2002). *Qualität durch Qualifizierung. Lehrerbeurteilung als Instrument zur Förderung von Qualität im Unterricht.* Weinheim: Juventa Verlag.

Kyriakides, L. & Demetriou, D. (2007). Introducing a teacher evaluation system based on teacher effectiveness research: An investigation of stakeholders' perceptions. *Journal of Personnel Evaluation in Education, 20*, 43-64.

Lantz, A. & Friedrich, P. (2003). Instrument for competence assessment (ICA). In J. Erpenbeck & L. Rosenstiel (Hrsg.), *Handbuch Kompetenzmessung* (S. 81-96). Stuttgart: Schäffer-Poeschel.

Legler, A. (2006). *Beurteilung von Lehrpersonen an Schweizer Volksschulen. Praxis, Akzeptanz, Analysen.* Zürich: Verlag Pestalozzianum.

Leuchter, M., Pauli, C., Reusser, K. & Lipowsky, F. (2006). Unterrichtsbezogene Überzeugungen und handlungsleitende Kognitionen von Lehrpersonen. *Zeitschrift für Erziehungswissenschaft, 9*(4), 562-579.

Lipowsky, F. (2004). Was macht Fortbildung für Lehrkräfte erfolgreich? *Die Deutsche Schule, 96*(4), 462-479.

Lipowsky, F. (2006). Auf den Lehrer kommt es an – Empirische Evidenzen für Zusammenhänge zwischen Lehrerkooperation, Lehrerhandeln und dem Lernen der Schüler. In C. Allemann-Ghionda & E. Terhart (Hrsg.), *Kompetenzen und Kompetenzentwicklung von Lehrerinnen und Lehrern: Ausbildung und Beruf.* 51. Beiheft der Zeitschrift für Pädagogik (S. 47-70), Weinheim: Beltz.

Maag Merki, K. (2008). Die Architektur einer Theorie der Schulentwicklung. Strukturanalyse und Interdependenzen. *Journal für Schulentwicklung, 12*(2), 22-30.

Maag Merki, K. (2009). Kompetenz. In S. Andresen, R. Casale, T. Gabriel, R. Horlacher, S. Larcher Klee & J. Oelkers (Hrsg.), *Handwörterbuch Erziehungswissenschaft* (S. 492-506). Weinheim, Basel: Beltz.

Maag Merki, K. (2010). Theoretische und empirische Analysen der Effektivität von Bildungsstandards, standardbezogenen Lernstandserhebungen und zentrale Abschlussprüfungen. In H. Altrichter & K. Maag Merki. (Hrsg.), *Neue Steuerung im Schulsystem – Ein Handbuch* (S. 145-170). Wiesbaden: VS Verlag für Sozialwissenschaften.

Maag Merki, K., Werner, S. & Ehlert, A. (2013). Kooperation von Lehrpersonen als Entwicklungsmotor für Unterrichtsentwicklung? Ergebnisse eines Interventionsprojektes zur Förderung des selbstregulierten Lernens der Schülerinnen und Schüler. In M. Schüpbach & A. Slokar (Hrsg.), *Kooperation als Herausforderung in Schule und Tagesschule* (S. 19-32). Bern: Haupt.

OECD (2005). *Attracting, developing and retaining effective teachers – Final report: Teachers matter.* Paris: OECD.

Oser, F. (2001). Standards: Kompetenzen von Lehrpersonen. In F. Oser, F. & J. Oelkers (Hrsg.), *Die Wirksamkeit der Lehrerbildungssysteme. Von der Allrounderbildung zur Ausbildung professioneller Standards* (S. 215-342). Chur, Zürich: Rüegger.

Patry, J.-L. (1991). *Transsituationale Konsistenz des Verhaltens und Handelns in der Erziehung.* Bern: Peter Lang.

Peters, A. & Winzer, H. (2003). Behavioural Event Interview (BEI). In J. Erpenbeck & L. Rosenstiel (Hrsg.), *Handbuch Kompetenzmessung* (S. 528-538). Stuttgart: Schäffer-Poeschel.

Peterson, K. D., Wahlquist, C., Brown, J. E. & Mukhopadhyay, S. (2003). Parent surveys for teacher evaluation. *Journal of Personnel Evaluation in Education, 17*(4), 317-330.

Rhodes, R. A. W. (1991). The new public management. *Public Administration, 69*(1), 3-23.

Roelofs, E. & Sanders, P. (2007). Für ein Rahmenmodell für die Bewertung der Kompetenz von Lehrkräften. *Europäische Zeitschrift für Berufsbildung, 40*(1), 138-156.

Roos, M. & Maag Merki, K. (2005). Die Beurteilung von Lehrpersonen zwischen Erfolg und Misserfolg. In M. Sigrist, T. Wehner & A. Legler (Hrsg.), *Schule als Arbeitsplatz. Mitarbeiterbeurteilung zwischen Absicht, Leistungsfähigkeit und Akzeptanz* (S. 211-235). Zürich: Pestalozzianum.

Schedler, K. (1995). *Ansätze einer wirkungsorientierten Verwaltungsführung. Von der Idee des New Public Management (NPM) zum konkreten Gestaltungsmodell: Fallbeispiel Schweiz.* Bern: Verlag Paul Haupt.

Scholl, A. (2003). *Die Befragung. Sozialwissenschaftliche Methoden und kommunikationswissenschaftliche Anwendung.* Konstanz: UVK Verlagswissenschaft.

Seidel, T. & Prenzel, M. (2008). Wie Lehrpersonen Unterricht wahrnehmen und einschätzen – Erfassung pädagogisch-psychologischer Kompetenzen mit Videosequenzen. *Zeitschrift für Erziehungswissenschaft, Sonderheft 8*, 201-216.

Sigrist, M., Wehner, T. & Legler, A. (Hrsg.) (2005). *Schule als Arbeitsplatz. Mitarbeiterbeurteilung zwischen Absicht, Leistungsfähigkeit und Akzeptanz.* Zürich: Verlag Pestalozzianum.

Smith, T. W., Baker, W. K., Hattie, J. & Bond, L. (2008). A validation study of the certification system of the National Board for Professional Teaching Standards. In L. Ingvarson & J. Hattie (Eds.), *Assessing teachers for professional certification: The first decade of the National Board for Professional Teaching Standards* (pp. 345-380). Amsterdam: Elsevier.

Sonnentag, S. (2003). Situatives Interview zur Messung von Kooperationswissen. In J. Erpenbeck & L. v. Rosenstiel (Hrsg.), *Handbuch Kompetenzmessung* (S. 93-109). Stuttgart: Schäffer-Poeschel.

Teddlie, C., Stringfield, S. & Burdett, J. (2003). International comparisons of the relationships among educational effectiveness, evaluation and improvement variables: An overview. *Journal of Personnel Evaluation in Education, 17*(1), 5-20.

Terhart, E. (2007). Erfassen und Beurteilung der beruflichen Kompetenzen von Lehrkräften. In M. Lüders & J. Wissinger (Hrsg.), *Forschung zur Lehrerbildung. Kompetenzentwicklung und Programmevaluation* (S. 37-62). Münster: Waxmann.

Terhart, E. (2010). Personalsauswahl, Personaleinsatz und Personalentwicklung an Schulen. In H. Altrichter & K. Maag Merki, K. (Hrsg.), *Neue Steuerung im Schulsystem – Ein Handbuch* (S. 255-276). Wiesbaden: VS Verlag für Sozialwissenschaften.

Wehner, T., Legler, A., Sigrist, M., Fend, H., Maag Merki, K., Hollenweger, J. & Sieber, P. (2005). Bilanz der Evaluation der Zürcher MAB und Empfehlungen. In M. Sigrist, T. Wehner & Legler, A. (Hrsg.), *Schule als Arbeitsplatz. Mitarbeiterbeurteilung zwischen Absicht, Leistungsfähigkeit und Akzeptanz* (S. 295-306). Zürich: Verlag Pestalozzianum.

Weinert, F. E. (2001). Concept of competence: A conceptual clarification. In D. S. Rychen & L. H. Salganik (Eds.), *Defining and selecting key competencies* (pp. 45-65). Seattle, Bern: Hogrefe & Huber Publishers.

Wolf, K. & Taylor, G. (2008). Effects of the National Board for Professional Teaching Standards certification process on teachers' perspectives and practices. In L. Ingvarson & J. Hattie (Eds.), *Assessing teachers for professional certification: The first decade of the National Board for Professional Teaching Standards* (pp. 381-412). Amsterdam: Elsevier.

Diskussion

Fritz Oser

Wirkung und Wirkungselemente im Lehrerberuf: Leistungen, Grenzen und Perspektiven aktueller Forschung

1. Elemente und ihre vermutete Wirkung: Übersicht über das vorliegende Kapitel

Die Suche nach der optimalen Kombination jener Variablen, die Lehr-Lern-Prozesse im Klassenraum subjektiv und objektiv erfolgreich werden lassen, ähnelt der Suche nach dem Heiligen Gral: Es ist etwas da, nach dem wir Ausschau halten, und es wird punktuell und in einzelnen Elementen immer wieder sichtbar, ohne dass wir es wirklich in den Griff bekommen. Das Unterrichten als Kerngeschäft des Lehrerberufs wird umspült von erzieherischen, interaktionsbestimmten, differenziellen und *multitask*-spezifischen Ansprüchen, die Aussagen über lineare Zusammenhänge zwischen Unterrichtsbedingungen und Lernerfolgen immer wieder ins Wanken bringen. Man kann die sieben Beiträge dieses Handbuchkapitels einerseits so betrachten, dass der schulische Lehr-Lern-Prozess durch sie vollständig abgedeckt wird. Man kann andererseits aber auch fragen, welche Elemente fehlen. Die Beachtung fehlender Elemente und bestimmter *missing links* wird zugegebenermaßen den Gral nicht sichtbarer werden lassen können, wird aber immerhin doch zu neuen Fragerichtungen führen, zum Ausweis von Suchfeldern, die bis jetzt nicht beschritten worden sind. Immerhin ist es erfreulich, dass heute die Forschung im Bereich der Lehrerbildung und des Lehrerberufs einen gewissen Ausbau und eine große Aufwertung erfahren hat. Noch vor zehn Jahren hat man diesen Bereich höchstens als Anwendungs- und Praxisfeld psychologischer Erkenntnisse beurteilt, nicht aber als genuines, eigenständiges und theoriegeladenes Entdeckungsfeld für substantielle wissenschaftliche Erkenntnisse. Am Schluss der folgenden Reflexion wird deshalb ein Blick nach vorne, auf neue Forschung und offene Fragen gerichtet. Zunächst aber seien zu jedem der in diesem Kapitel des Handbuchs gesammelten Aufsätze vorausgehend ein paar ergänzende Bemerkungen gemacht.

Zum Beitrag von Georg Hans Neuweg: Kaum ein Dokument hat bis jetzt die Probleme der Lehrerbildungsforschung so umfassend und klar dargestellt wie der Neuweg'sche Wissensaufsatz. Nicht bloss die Vorteile des Wissensansatzes werden genannt und diskutiert, auch die ungelösten Fragen sind in anregender Weise dargestellt. So z.B. das Phänomen, dass das fachdidaktische Wissen allein, selbst wenn es wirksam ist, das Lehrerhandeln nicht ausreichend bestimmen kann, oder die Frage, ob die engen Zusammenhänge zwischen Fachwissen und fachdidaktischem Wissen nicht darauf schliessen lassen, dass beide eine ähnliche Grundstruktur haben und eigentlich das gleiche abbilden. Ebenfalls wird das Phänomen, dass wir noch kaum wissen, wie die Lehrerkompetenzen entstehen und welche vermittelnden Variablen die Wissenstypen *content knowledge* (CK), *pedagogical content knowledge* (PCK), und *pedagogical knowledge* (PK) optimal zur Geltung bringen (mit Ausnahme der *coactivation* der Lernenden), umfassend bearbeitet. Zudem werden Differenzierungen, die dem professionellen Wissen den Stempel des Tuns aufdrücken, genannt, also etwa das Handlungswissen, das Wissen der schweigenden Handlungsträger u.ä. Neuwegs Text könnte zur Folge haben, dass die Forschung zur Wirkung der Wissensformen, ihrer Grenzen und Schwächen, aber vor allem ihrer Überführungen in Handeln im Ausbildungs- und Weiterbildungsbereich einen neuen Status erhält, so dass die Lehrerwissensforschung näher an ihren Gegenstand heranrückt und so eine höhere externe Validität erhält. Denn es wird deutlich, wie wenig Forschung im Bereich der CK bis jetzt geleistet worden ist, und es wird ebenso deutlich, dass es hier keinen minimalen Kanon, keine Kompetenz-Festlegung und schon gar keine internationalen Abstimmungen gibt. Zwar gibt es Aufzählungen, was zu diesem Wissen gehört; jedoch fehlen selbst Empfehlungen jedweder Art. Bei TEDS-M wurden die meisten Items zum PCK aus dem Pool entfernt, weil keine Übereinstimmung mit den entsprechenden *opportunities to learn* (OTL), also mit den curricular vorgesehenen Lerngelegenheiten für *pedagogical content knowledge* möglich geworden wären (vgl. Oser et al., 2010; Blömeke et al., 2010). Interessant ist bei Neuweg die Idee, dass das professionelle Wissen von Lehrpersonen eine Voraussetzung für Kompetenzen und damit für Handlungsoptionen ist. Damit spricht er ein Element eines allgemeinen Ressourcenmodells einer möglichen Kompetenzmodellierung an. Was bei Neuweg zu wenig aufscheint – und er ist einer der Autoren, die die Wissensdimensionen kennt – ist, wie viel negatives Wissen Lehrpersonen aufbauen müssen, also wie viel sie aus Scheitern und Fragilität lernen könnten. Und obwohl Neuweg die Forderung erhebt, dass nicht bloss Mathematik, Sprache und Naturwissenschaften für CK stehen, sondern auch andere Fächer notwendig überprüft werden müssten, könnte man sich fragen, wie viel tacit Wissen, ja sogar wie viel nicht-notwendiges Wissen notwendig ist, um diesem Beruf in seiner Komplexität gerecht werden zu können.

Von einer andern Sichtweise her geht Johannes König das Konzept des professionellen und insbesondere des pädagogischen Wissens von Lehrkräften an. Er liegt in der Tradition Shulmans, der zwischen fachlichem, fachdidaktischem und pädagogischem Wissen unterschieden hat (1987). Insbesondere geht König auf die Arbeiten der Baumert-Schule und die Untersuchungen zu TEDS-M ein. Soweit gibt er den Stand der Forschung in der Tat wieder, und man sieht daraus den Reichtum erfolgter Untersuchungen. Ebenfalls versucht König über den Expertenbegriff das spezifische des Lehrerberufs zu erfassen. Seine Rekonstruktion des „generischen Handlungswissens", die Spannung zwischen Berufs- und Fachwissen, die Auflistung der empirischen Arbeiten zur Erfassung des pädagogischen Wissens und schliesslich die Darstellung möglicher Veränderungen und ihrer empirischen Validierung münden in das, was videobasierte Ansätze zu leisten vermögen. Soweit ist dies in der Tat der Stand der Arbeiten. – Vielleicht wäre es wünschenswert, in diesem Ansatz drei Aspekte schärfer herauszuarbeiten. Erstens fehlt der Bezug zu der reichen Tradition des deutschen pädagogisch-didaktischen Wissens, wie es vor der Large-Scale-Wende etwa in den Arbeiten von Helmke (2003) aufgegriffen wird oder durch Aufzählung von Lehrer-Standards (Oser & Oelkers, 2001) oder auch durch eine starke Forschung, wie sie die Pädagogische Psychologie vorlegt (vgl. als Beispiele Krapp & Weidemann, 2006; Fritz et al., 2010; Hasselhorn & Gold, 2013). Dieser eher auf Experimenten basierte empirische Reichtum an Ergebnissen ist auf vielen Ebenen in die Lehrerbildung eingeflossen. – Zweitens ist es interessant zu sehen, dass bei TEDS-M bezüglich ferner Lerngelegenheiten sozialwissenschaftlicher Themenbereiche (Bildungssoziologie, Bildungsphilosophie mit Werteanalyse, und Geschichte des pädagogischen Denkens), ferner Lerngelegenheiten pädagogisch-psychologischer Themenbereiche, Lerngelegenheiten bezüglich Strategien zur Optimierung des eigenen Unterrichtsverhaltens und schliesslich auch Lerngelegenheiten zur Entwicklung des professionellen Verständnisses, Deutschland oft beinahe an unterster Stelle, jedenfalls im letzten Quintil der teilnehmenden Länder liegt (während zuoberst meistens Russland, die USA und Taiwan, in der Mitte oft die Deutschschweiz, Singapur und Spanien, manchmal auch Polen liegen). Solche Ergebnisse sind interessanter als manche Erfolgsgeschichten, und man fragt sich, was – wie oben erwähnt – Traditionsbruch bedeutet und wohin das deutsche pädagogische Wissen evaporiert ist. Es wird deutlich, dass es im Bereich der Lehrerbildung nicht ohne eine subtile normative Verschwisterung geht. Um ein Beispiel zu nennen: Es ist nicht gleichgültig, ob Lehrpersonen wissen, dass das pädagogische Denken vom Kinde aus (etwa bei M. Montessori) auch sehr fragwürdige, ja sogar kitschige Aspekte der Stimulierung der kindlichen Aufnahmefähigkeit aufweist. – Drittens ist die Unterscheidung zwischen Wissen und Kompetenz bei König bedeutungsvoll, und man hätte sich gewünscht, dass sie noch weiter vorangetrieben würde. Die Modellierung von Kompetenzen, wie sie in den Programmen von KokHos und Ascot (2012–2015) vorgenommen worden ist, steht in einem ganz anderen Licht, als dass da einfach nur unterschiedliche Wissenstypen aufeinander bezogen und zum Teil mit Handlungswissen verknüpft werden. Sie sind bodenständig und beständig. In diesem Sinne sind Videostudien, wie sie Seidel und ihre Gruppe (vgl. etwa Blomberg et al.) oder Oser mit seiner Gruppe (2012) vorlegen nicht einfach einer andern Methodologie verpflichtet, sondern sie messen auch etwas vollständig anderes, nämlich Handlungen und damit Kompetenzen. Ressourcenmodelle (vgl. Oser, 2013 als Beispiel) ermöglichen auf diesem Hintergrund in der Tat festzulegen, was zur Herausbildung von Kompetenzen an Wissen, Überzeugungen, Vorbildern, Reaktionsschnelle, Qualität etc. notwendig ist. Wie König einleitend feststellt, sind wir in der Tat von der Modellierung der Wirkungskette: qualitative Ausbildung, professionelles Handeln und Lernerfolg von Schülerinnen und Schülern noch weit entfernt.

Zum Beitrag von Ralf Schwarzer und Lisa Marie Warner: Beides, das Messen der Selbstwirksamkeitsüberzeugung (SWÜ) sowie die Genese dieses Effektes allgemein und bei Lehrpersonen im Besonderen sind überzeugend dargestellt. Ebenfalls sind die Zusammenhänge zwischen Burnout und Reformbereitschaft wichtig. Die Forschung müsste vermehrt – das deuten auch die Autoren an – das Verhältnis zwischen dem Lehren der Lehrpersonen und dem Lernen der Schüler und Schülerinnen unter dem Gesichtspunkt der angestrebten Erhöhung der SWÜ aufgreifen (vgl. Schwarzer & Warner, in diesem Band, Abschnitte 2.2 und 2.3). Die Domänenspezifität, wie sie Schwarzer & Jerusalem (1999) in vielen anderen Bereichen sorgfältig erarbeitet haben, müsste auch hier berücksichtigt werden. Man kann sich vorstellen, dass es einen Unterschied macht, ob Lehrpersonen versuchen Schülerinnen und Schüler zu motivieren, oder ob es lediglich darum geht, die Konzentration aufrecht zu erhalten. Sie können beim Einen eine hohe Selbstwirksamkeitserwartung haben, beim Anderen nicht. Sie können beim dozierenden Verhalten sehr große Selbstwirksamkeitserwartung haben, beim kontrollierenden Management der Klasse aber in dieser Hinsicht vollkommen einknicken. Und jede dieser Variablengruppen wird jeweils eine andere Wirkung in den verschiedenen Fächern aufweisen. Bezüglich dieser unterschiedlichen Gerichtetheiten der SWÜ ist noch wenig geforscht worden. Oser & Oelkers (2001) haben bei ihren 88 Lehrerstandards deren Ausbildungstiefe analysiert, aber genau diesen Aspekt außen vor gelassen. 2006 wurden von der Gruppe um Oser in verschiedenen Delphistudien 45 Standards für Berufsschullehrpersonen entwickelt und auf ihre Bedeutung, Anwendungshäufigkeit und andere Indikatoren (vgl. Heinzer et al., 2009) überprüft. In der zweiten Studie wird die von Schwarzer und Warner zu Recht postulierte Bedeutung des Konstrukts SWÜ mehr berücksichtigt. Unsere Hypothese wäre, dass es einen substantiellen Einfluss der SWÜ auf die fachdidaktischen Kompetenzen von Lehrpersonen und die Fachkompetenzen von Schülern und Schülerinnen gibt. Denn nichts ist erfolgreicher als Erfolg. – Schwarzer und Warner machen vermutlich auch deshalb auf einen äußerst kritischen Punkt im Konzept der SWÜ aufmerksam, nämlich dass sie schwer herzustellen ist. Die berufliche Selbstwirksamkeit ist nicht nur wirksam per se, sie fungiert auch – wie angedeutet – als ein Gegenkonstrukt zu professionellem Burnout und professioneller Depression. Insofern könnte sie als Mittel zu deren Bewältigung verstanden werden, quasi als therapeutische Anlage. Zwar ist es von Bedeutung, dass Lehrpersonen die Wirkung der SWÜ bei Schülern und Schülerinnen kennen, dass sie sie fachspezifisch z. B. bei Rückmeldungen einsetzen können, dass sie entsprechende Zusammenhänge – wie dargestellt – verstehen. Aber noch wichtiger wäre, wenn sie sie bei sich selber als „Quasikompetenz" ausbilden könnten. Lehrkräfte müssten einen „sense of sucess" ausbilden, und der hängt mit dem Ausmaß an herstellbarer SWÜ zusammen. Herstellbar heißt, als professionelle Disposition langsam über die 3 bis 5 Jahre Ausbildung und im Zusammenhang mit dem Referendariat kontrolliert aufbauen und unter Bedingungen aller Schwierigkeiten des Alltags (des „emergency room school", Oser 2000) anwenden lernen. Darüber aber sagen Schwarzer und Warner wenig, vielleicht zu wenig. Es wäre schön, wenn sie heuristisch darlegen könnten, wie man so etwas planen, durchführen und überprüfen könnte. SWÜ muss eine kompetenzorientierte Akzentuierung erhalten.

Zum Beitrag von Andreas Frey: Dieser Autor stellt eine wertvolle Übersicht zur Standards- und Kompetenzdiskussion vor, die ein substantieller Beitrag zur Vereinheitlichung der Konstruktdynamik sein könnte. Es ist das erste Mal, dass eine solche Übersicht vorgenommen wird, und sie hilft, Orientierung und kritische Analyse zu ermöglichen. Die von Frey angesprochene Infragestellung der Wirkungskette (Kausalkette) von der Lehrerkompetenz zur Schülerleistung, die Darstellung der Probleme der Inhalts-, Konstrukts- und Prognosevalidität, die Einbettung der Standards in den Ausbildungszusammenhang (*input, throughput, output*), die sinnvolle Unterscheidung zwischen Standards mittlerer Ebene und übergreifenden Standards (Kernstandards und spezifischen inhaltlichen Standards), die Analyse der Wissenskomponenten des Anforderungsgefüges einzelner Standards und die Grundfrage, ob Standards zwar notwendige, aber nicht hinreichende Bedingungen der Professionalität des Lehrerberufs sind, sind heute nicht mehr aus dem Diskurs wegzudenken. Man könnte drei Stoßrichtungen weiterer Forschung zu diesem Problem vorschlagen, a) den Qualitätsdiskurs, b) die Situationsspezifität und c) ein neues Rubikon-Modell der Realisierung des von diesen Autoren genannten „Wissen, dass…, Wissen, wozu…, und Wissen, wie…". Das Rubikon-Modell muss sich mit der Frage beschäftigen, warum es Personen gibt, die zwar über ein umfassendes Sach- und funktionales Wissen verfügen, dieses jedoch nicht umsetzen können. „Ich weiss, wie man es macht, aber ich kann es nicht" (vgl. Oser, 2012) ist eine Art von Paradigmenfalle, die bis heute nicht gelöst ist. Es bedarf eines ausgeprägten *„sense of necessity"* (vgl. Oser & Heinzer, 2010), eines situativen, subjektiv bedeutsamen Handlungszwanges, um vom Wissen her eine Brücke hinein in die Situation zu schlagen.[1] Die Situationsspezifität bedeutet, dass wir aus der Tradition der *allgemein*didaktischen Subkulturen aussteigen und die Fach- und Situationsspezifität an jeder Stelle mit in die Kompetenzformulierung und auch mit in den Unterricht einführen. Es ist nicht dasselbe, ob ich sage: „Die Lehrperson soll die Kompetenz haben, an wichtigen Stellen Vorzeigen und Nachmachen zu praktizieren und *worked examples* anzuwenden", oder ob ich sage: „Die Lehrperson soll den Lösungsprozess eines pythagoreischen Anwendungsbeispiels im freien Felde vordemonstrieren können." Das erstere ist eine Metaformulierung, das zweite eine direkte sachbezogene Anwendungsaussage. Dass es Unterschiede in der Qualität der Standardverwirklichung gibt, wird von den Autoren durch die Niveaustufen und Ähnliches angesprochen. Gleichwohl ist es schwierig zu sagen, wann eine Person einen Standard erreicht bzw. die Kompetenz in zufriedenstellender Weise erfüllt hat. Ausreichende Kompetenzerreichung oder das, was wir als Souveränitätsqualität bezeichnen (Oser, 2009, S. 41-55) ist ein noch zu erforschendes Thema der Lehrerbildung.

1 In unseren Untersuchungen zu den Standards von ausbildenden Polytechnikern war dies ein wichtiges Thema. Die Berufsinhaber hatten grosses Wissen, wie man es den jungen Leuten beibringen könnte, aber sie waren unsicher in Bezug auf die Realisierung in der Situation (vgl. Oser, Heinzer & Salzmann, 2010).

Zum Beitrag von Kurt Reusser und Christine Pauli: Es ist üblich geworden, in der Lehrerbildungsforschung die *beliefs* (Überzeugungen) vom Wissen zu unterscheiden. Und genau diese problematische Tatsache thematisieren sie in einer Weise, die ihren Aufsatz zu einem Bericht über den *state of the art* in der Forschung zu diesem Konstrukt macht. Überzeugungen von Lehrpersonen und ihre Wirkung sind eigenartige Kräfte, die das Handeln im Feld mitbestimmen. Überzeugungen sind Glaubensbekenntnisse ohne Bewusstseinshorizont. Die Dreiteilung (epistemologische, personenbezogene und kontextbezogene Überzeugungen) in den Bereichen Sache, Praxis und Beruf gehören zu jenen Kräften, die in der Tat einen Teil der Varianz qualitativ hochstehender Lehrertätigkeiten angeben. Davidson (2006), der mit den Instrumenten der analytischen Philosophie arbeitet, meint: „Ohne Überzeugungen gibt es keine sonstigen propositionalen Einstellungen und auch keine Rationalität ..." (ebd., S. 33). Deshalb macht das Autorenteam deutlich, dass Überzeugungen tatsächlich eine starke Wirkung haben, weil sie das deutlich machen, „was eine Lehrperson glaubt, worauf sie vertraut, was sie subjektiv für richtig hält und mit welchen fachpädagogischen Ideen, Anschauungen, Weltbildern und Wertorientierungen – mit welchem Professionsideal sie sich identifiziert." Wichtig ist, dass, wie die Autoren andeuten, man nicht bloß die alten Antagonisten „konstruktivistisch" versus „instruktionistisch" wiederkäut, sondern – wie das etwa bei TEDS-M geschieht – auch Überzeugungen darüber erforscht, was Mathematik ist, welche Taktiken am schnellsten zu Lösungen führen, welche Studierenden einmal Mathematik unterrichten können etc. Hieraus wird ersichtlich, dass diese *beliefs* im Grunde genommen unüberprüfte Annahmen sind, die in der Tat eine subtile Wirkung auf die Handlungssteuerung der Lehrpersonen im Unterricht haben. – Dieser wichtige Aufsatz müsste dahingehend ergänzt werden, als dargestellt werden müsste, dass praktisch das meiste, was in einer Allgemeinen Didaktik vermittelt wird, dem Bereich der *beliefs* zuzurechnen ist. Es ist erstaunlich, dass es Studien gibt, die neu und überraschend untersuchen, wie Lehrpersonen mit evidenzbasierten neuen Befunden umgehen, wie sie darauf reagieren (vgl. Breschel & Prenzel, 2014). Man würde das Gegenteil erwarten, nämlich dass solche Studien gar nicht nötig sind, da in andern Berufen, wie etwa der Medizin, genau neue Befunde den Fortschritt in der Praxis bestimmen und das Natürliche sind. Damit und dass man zeigen könnte, dass *beliefs* besonders auch in der Lehrerbildung aufgebaut werden, würde man beginnen, viele didaktische Subkulturen zu entmythologisieren. – Umgekehrt wäre zu untersuchen, wie sehr *beliefs* auch das professionelle Wissen zu verdrängen vermögen. Dies wäre ein neues und höchst notwendiges Forschungsprogramm, denn *beliefs* enthalten nicht bloß ungeprüfte Annahmen, sie können auch zu orthodoxen, charismatischen, pädagogischen Schulen führen, deren Wirkung sich in Bekenntnissen zu und versuchter Realisierung einer Doktrin führen. Die Forschung zu den *beliefs* muss die nächste Generation der Lehrerbildungsforschung wesentlich bestimmen.

Zum Beitrag von Mareike Kunter: Ein entscheidendes Element, welches die Praxis in einer erstaunlich stabilen Weise beeinflusst, ist die Lehrerberufsmotivation. Die These von Kunter besagt, dass Lehrerinnen und Lehrer nicht weniger als andere Berufstätige motiviert sind, und auch, dass sie nicht weniger zufrieden wären. Dies stimmt mit der ersten Lehrerevaluationsstudie von Oser & Oelkers (2001) „Zur Wirksamkeit der Lehrerbildungssysteme" und darin mit den Analysen von Brühwiler überein: „1. Bei den Studierenden sind pädagogisch wünschenswerte motivationale Faktoren zu finden, die sich positiv auf *ein erfolgreiches Absolvieren der Lehrerausbildung*, auf *eine hohe Berufstreue* und *eine professionelle Berufsauffassung* auswirken. 2. Es zeigt sich *eine hohe Stabilität der Berufsmotivation* über die Dauer der Lehrerausbildung bis hin zur tatsächlichen Berufsausübung" (Brühwiler, 2001, S. 386). Die Motivation berufsspezifisch zu erfassen, ist bis jetzt allerdings deshalb noch wenig gelungen – und das scheint bei Kunters Aufsatz durch –, weil die Instrumente immer noch die psychologischen Testtheorien zur

Erfassung der Motivation und Selbstregulierung sind. Berufsmotivation zu erfassen bedeutet, den Mut zu haben, die Berufswelt auf dem Hintergrund wissenschaftlichen Wissens ethnographisch zu modellieren. Man kann dies an einem Beispiel erklären: Wir wissen, wie Motivationstheorien den Zusammenhang zwischen „Hoffnung auf Erfolg" und „Furcht vor Misserfolg" bestimmen (vgl. Heckhausen, 1987; Rheinberg, 2002). Die Vielfalt als motivierend geglaubter Handlungen von Lehrpersonen im Unterricht ist aber fast vollständig unbekannt. Es würde Sinn machen, vor dem Hintergrund dieses psychologischen Wissens einen neuen Reichtum motivierender Unterrichtspraxis systematisch im Zusammenhang mit unterschiedlichen inhaltlichen Sequenzen zu untersuchen. Diesen *bottom-up approach* zu verfolgen bedeutet nicht, die vorgefundene Praxis zu glorifizieren, sondern darzustellen, wie die Praxis durch ihre eigene Hervorbringung die handelnde Person motiviert, welche Handlungs-Cluster sie dazu verwendet, aber auch: was die Motivation begrenzt, zerstört und/oder negativ beeinflusst. Dieser Gegenweg ist noch wenig gegangen worden. Er würde durch eine Art *Prozess-Prozess-Produkt-Paradigma* besser abgebildet. Auf diese Weise müsste es möglich sein, den diffusen Begriff von der „Weisheit der Praxis" (Shulman, 2004) ein wenig zu entmythologisieren und die Aufklärungsresistenz dieser Praxis zu durchbrechen. Dies will Kunter, indem sie fordert, dass unterschiedliche motivationale Merkmale von Lehrkräften zuerst identifiziert werden müssten, damit die bisherigen Befunde genügend ausdifferenziert werden könnten. Der interessanteste Vorschlag der Autorin besteht jedoch darin, dass sie die interventive Verbesserung der Lehrermotivation fordert, dass wir also untersuchen müssten, welche motivationalen Qualitäten nachweislich in eine günstige Richtung gelenkt werden könnten. Die drei weiterführenden Vorschläge a) Untersuchung von Wechselwirkungen bedeutender Lehrkräfteverhaltensweisen mit Motivation, b) Untersuchung von Erfolgsgrößen bei den Lernenden durch Lehrermotivation, und c) Veränderung durch Intervention stellen ein großes Forschungspotential dar.

Zum Beitrag von Andreas Krapp und Tina Hascher: In ihrer Darstellung kommt die Wirkung der Lehreremotionen auf zweierlei Weise zum Ausdruck: zum einen mit Blick auf die Lehrperson und zum anderen mit Blick darauf, wie die Emotionen der Lehrperson das Lernen der Schüler und Schülerinnen beeinflussen. Wir stimmen zu, dass hier viel Forschungsbedarf besteht, weil weder etwas zur Genese der Lehreremotionen über die Berufszeit hinweg, also längsschnittlich, noch zum Verhältnis der Emotionen zum beruflich-episodischen Gedächtnis (Tulving, 1983) bekannt ist, und weil schließlich auch die Situationsspezifität in Bezug auf die verschiedenen Wissenskomponenten Beachtung verlangt. Die Interpretation dessen, was positive Emotionen sind, ist bislang lediglich mit den Mitteln der Bildungsforschung und wenig pädagogisch-psychologisch erschlossen worden. Was aber heißt positive Emotionen, wenn situativ die Lernenden Fehler machen, Unrecht tun, demotiviert sind, die Stärke des Gruppenlebens gegen die Lehrperson ausspielen? Vermutlich ist damit die *Core*-Emotion gemeint, wie sie Krapp und Hascher in ihrem Beitrag beschreiben. Es wäre aber interessant zu wissen, wie die Steuerung der Emotionen berufliche Entscheidungen beeinflusst. Die Erforschung der Lehreremotionen beschränkt sich noch zu sehr darauf, Applikationen der psychologischen Grundlagenforschung vorzunehmen, anstatt das Feld des Klassenraums mit seinen Komplexitäten selbst zum Kontext von Grundlagenforschung werden zu lassen. Die Komplexität dessen, was im Klassenraum nicht funktioniert (vgl. Oser, 2000), schafft ganz andere Fragerichtungen, als die klassische Grundlagenforschung sich das je denken könnte. Auch wenn Hallinan (2009) behauptet, dass die Multitask-Arbeit von Menschen theoretisch gar nicht möglich sei, weil man immer wieder auf die grundlegende Gedächtnisstruktur, die sich auf eine Aufgabe richtet, zurückkehren muss und damit viel Zeit zur Rekonstruktion dessen, wieweit man vorher in dieser Sache schon vorgestoßen ist, verlieren würde, wäre es bedeutungsvoll, Multitask-Arbeit im Klassenraum bezüglich von Emotionen zu untersuchen. Die Schulsituation würde vermutlich zeigen, dass eine Lehrperson sehr wohl einen geistigen Multitask-Apparat im Sinne des Klassenraum-Managements aufbaut, indem sie gleichzeitig die Steuerung der inhaltlichen Aufgabenvermittlung mit anderen Erziehungs- und Stimulationsaufgaben verbinden kann. Und dies erfordert Steuerung der emotionalen Befindlichkeiten. Aber dies wurde, wie die Autoren andeuten, bis heute noch nicht untersucht. – Interessant ist, dass die beiden Autoren nicht auf die Variable soziales Klassenklima verweisen. Hier käme zum Ausdruck, dass es so etwas wie eine umfassende emotionale Lage gibt, die das ganze Klassengeschehen beeinflusst. Das Messen dieser emotionalen Lage hat eine Geschichte hinter sich, deren Analyse und Aufklärung fruchtbar sein könnte (vgl. etwa Eder, 1996).

Zum Aufsatz von Katherina Maag Merki und Silke Werner: Die Vielfalt der Erfassung der Lehrerkompetenzen ist ein substantielles Anliegen dieser Autorinnen. Die Abhängigkeit des Konstrukts von seiner Erfassung, so zeigen sie implizit, ist allerdings wissenschaftlich relativ gut erforscht, und die Abhängigkeit der Erfassung von den dem Konstrukt zugrunde liegenden Definitionen ist ebenfalls wenig belegt. Interessant ist der Hinweis auf die Funktionen, die von der Selektion über die Zertifizierung bis zur Rechenschaftsablegung *(accountability)* zwecks Steuerungspolitik reichen. Das in die Schulen implantierte „Monitoringsystem" zeigt, dass die Formulierung der Kompetenzen nicht bloß einen professionsbezogenen, sondern durchaus auch einen kontrollierenden, den Staat wiederum in den Vordergrund stellenden Zweck hat. Diese Aspekte sind deshalb interessant, weil sie ein Gegengewicht zur individuellen oder kooperativen Auffassung von Professionalität darstellen; das Zusammenwirken dieser beiden Größen – Profession hier, Staat dort – ist aber noch wenig untersucht. Wir wissen noch nicht, in welcher Weise und wie stark das Eine das Andere behindert oder fördert.

2. Fehlendes Modellelement: Referenz

Die vorangegangene Kommentierung der Beiträge zum Kapitel über die Kognitionen, Emotionen und Kompetenzen von Lehrpersonen zeigt, dass die Forschungstendenz in diesem Bereich insgesamt in Richtung Kompetenzorientierung geht. Gleichwohl stellt sich die Frage: Was fehlt? Von den hier zu nennenden möglichen Bereichen wie z.B. Umgang mit Heterogenität, Leben in nichtlinearen Vermittlungsabläufen (*emergency room class*), Wissen über Lernverläufe, Lehrerpräsuppositionen wie Zumutung und Erwartung u.ä. sollen zwei ausgewählt werden: *Referenz* und *Berufsethos*. Beide, so wird manchmal moniert, seien *beliefs*, was aber eher nicht zutrifft. Beide stehen zueinander in enger Beziehung, sollen aber getrennt voneinander analysiert werden.

Eines der bedeutungsvollsten Elemente der Lehr-Lern-Tätigkeit besteht im unendlich und immer wieder belebten und intendierten Versuch, Kinder und Jugendliche geistig zu aktivieren. Wir bezeichnen diese grundlegende Haltung als „Referenz". Referenz meint, dass von Lehrenden alles im Hinblick auf die geistigen Operationen, Verarbeitungen bzw. inneren Tätigkeiten der Lernenden getan wird. Zwar ist Referenz als zentrale Absicht für das Lehren schon oft in anderer Weise ausformuliert worden – ein neuerer Versuch besteht im Konzept des *teaching to learn* (Tobin & Roth, 2006), welches diese innere Tätigkeit für die Unterrichtenden selbst in Anspruch nimmt (kogenerative Wissensprozesse) –, aber sie ist bis heute kaum empirisch modelliert worden. Im Grunde handelt es sich um Vorstellungen darüber, was bei den Schülern und Schülerinnen *innerlich* abläuft, aber auch, dass diese Vorstellungen zu bestimmten Lehrerhandlungen führen, die bewirken sollen, diese inneren Aktivitäten *auszuführen*.[2] Diese Lehrerimpulse, die darauf gerichtet sind, innere Aktivitäten bei den Lernenden auszulösen, können einfache Hinweisreize sein, wie etwa „vergleicht die zwei Lösungswege für folgende Algebra-Aufgabe

2 Der Forschungsansatz über die Lehrerprompts, so fruchtbar er sein mag, wird diesem Anliegen nicht vollkommen gerecht.

...!; entscheidet, welche die elegantere ist!; begründet eure Entscheidung!". Ein solcher direkter Hinweisreiz ist unmittelbar beobachtbar; man sieht, ob sich die Lernenden ans Werk machen, man hört, was sie sprechen, wie sie begründen, wie sie anschließend vortragen etc. Man sieht und hört aber auch, wie die Lehrperson die Lernenden aktiviert. Man kann in diesem Falle mit großer Wahrscheinlichkeit von einer hohen Referenz sprechen.

Etwas anders liegt der Fall, wenn die Lehrperson eine Erklärung darüber abgibt, wie die Darbietung eines neuen Konzepts ankommt. In diesem Falle muss sie sich fragen, welches prototypische Beispiel zweckmäßig ist (für die Schüler und Schülerinnen, in diesem Alter und mit dieser Begabung), welche begrenzte Anzahl von Kriterien sie an das Beispiel anlegen und wie das Ganze transferiert werden soll. Die Kombination methodischer Sichtstrukturen des Unterrichts muss so zusammengestellt werden, dass die Lernenden „dabei sind". Indem die Lehrperson Handlungseinheiten auswählt, macht sie sichtbar, welche Vorstellungen sie davon hat, wie sie die Schüler und Schülerinnen aktivieren kann. An diesem Beispiel wird aber auch deutlich, *dass Unterrichtsprozesse nicht unbedingt Lernprozesse sind*. Es kann sein, dass die Lehrperson auf eine Weise unterrichtet, die dazu führt, dass die Schüler und Schülerinnen, weil sie unter- oder überfordert sind oder weil sie durch anderes abgelenkt werden, nicht sonderlich tätig sind, also wenig Referenz zwischen Lehrprozess einerseits und Lernprozessen andererseits vorherrscht. Es kann sein, dass auf der sichtbaren Oberfläche gute Didaktik realisiert wird, aber die Lernenden geistig nicht handeln, weder aufnehmen, noch vergleichen, aber auch nicht ableiten, memorieren, ikonisch darstellen, aktiv lesen und zusammenfassen, nicht das Gehörte an ähnlichen Fällen anwenden, nicht in gestalterisches Handeln umwandeln etc. Umgekehrt ist es möglich, dass die Didaktik nicht besonders entwickelt ist, die Lernenden jedoch voll und ganz dabei sind und all dies tun. Aber auch hier ist Referenz nicht unmittelbar beobachtbar. Es gibt zwar Annahmen darüber, dass geistige Arbeit stimuliert werden soll, aber man ist nie ganz sicher, ob diese erfüllt werden.

Hohe Referenz heißt also, dass die Lehrperson alles, was sie initiiert (damit ist das konkrete stimulierende Handeln gemeint) und intentionalisiert (also was sie will, dass es bei den Lernenden geschieht), auf intensive geistige Aktivität der Lernenden ausrichtet. Zwar zeigen neue Studien bzw. Fragestellungen aus dem Projekt COACTIV (Kunter et al., 2011), welchen direkten oder indirekten Einfluss die Kompetenz der Lehrpersonen auf die Lernerfolge bzw. die inneren Aktivitäten der Schüler und Schülerinnen hat. Es sind dies Lehrerüberzeugungen, hohes fachdidaktisches (fachliches) Wissen, Motivation und kognitive Aktivierung der Schüler und Schülerinnen. Was aber ist mit Letzterem gemeint? Es ist damit *Referenz* gemeint; sie besagt, dass die *Gerichtetheit der Intentionalität* einen höheren Stellenwert hat als die anderen in diesem Kapitel des Handbuchs genannten Dimensionen. Da es sich tatsächlich um Handlungsmuster der Stimulation von Denken handelt, müsste ein entsprechendes lernpsychologisch gestaltetes Instrument entwickelt werden; die Skalen zum kognitiv herausfordernden Unterricht (Baumert et al., 2008, S. 129ff.) liefern dazu die Basis.

3. Fehlendes Modellelement: Berufsethos

Ein zweites fehlendes Element in den Berichten und Analysen des hier zu diskutierenden Handbuchkapitels ist das Professionsethos. Baines (2010) beklagt in seinem Buch „The teachers we need vs. the teachers we have", dass es für Lehrpersonen nicht wie bei anderen Berufen einen verpflichtenden „code of conduct" gäbe. Zwar würden solche Codes in den USA existieren, sie seien aber nicht einheitlich und würden keine umfassende Gültigkeit haben. Es gäbe Staaten ohne Codes, solche mit eigenwilligen oder eigenen Codes und schließlich solche, die sich an die drei Teile des NEA-Codes halten würden: a) hohe allgemeine Verantwortung, b) *commitment* gegenüber den Lernenden, und c) *commitment* gegenüber der Profession. Er schließt mit der Überzeugung, dass „as with a minimum scores on competency tests on the quality on teacher programs, no national standard for ethics exists for teachers“ (ebd., S. 79). Dass dieses Thema bei einer substantiellen Zusammenführung wichtiger Variablen des Lehrerhandelns in *einem* Modell nicht fehlen darf, betont auch Kunter in ihrem Aufsatz, wenn sie sagt, dass bei einer Internetumfrage zum Thema, was zu einem guten Lehrer gehöre, neben der mit 78 % genannten richtigen Motivation das Merkmal „gerecht/fair“ mit 84 % die höchste Benennung erfahren habe.

Diese Tatsache sollte uns für Formen der berufsethischen Modellierung der Verantwortung von Lehrpersonen sensibel machen. Es gibt eine ganze Reihe verschiedener Modelle. Einige seien genannt:

- entwicklungsorientierte Kompetenzen, die als Neo-Kohlberg'scher Ansatz eine Veränderung des moralischen Urteils anstreben (Rest, Narvaez & Bebeau, 1999; Rest, Narvaez, Thoma & Bebeau 2000; Lind, 2009);
- der an Tugenden orientierte Ansatz, bei dem die Veränderung der moralischen Grundhaltungen angestrebt wird (Sockett, 1993; Berkowitz, 2000; Campbell, 2007),
- der Ansatz der Verantwortungsmotivation, wo es um Verantwortungsübernahme für das, was der nächsten Generation zugefügt wird, geht; bei diesem Ansatz steht *good work* mit persönlichen Standards, die von der sozialen und kulturellen Kontrolle und den Resultaten der Lehr-Lern-Prozesse abhängen, im Zentrum; die zentrale Frage lautet: „To whom or what you feel responsible in your work?“ (Gardner, 2007, S. 6; vgl. auch Curcio, 2008; Tsuchida & Lewis, 1995);
- der Sensibilitätsansatz, bei dem die Frage lautet, wie viel Empfindung man für ethische Konsequenzen in den einzelnen Entscheidungen findet (Tirri, 2008);
- der *Caring*-Ansatz, bei dem die Fürsorge im Mittelpunkt steht (Noddings, 1988; Watson & Battistich, 2006);
- der Aufbau von moralischen Emotionen, bei dem das Mitempfinden oder das emotionale Sich-in-die-Schuhe-des-Andern-Stellens im Mittelpunkt steht (Haidt, 2001) sowie
- der realistische Diskursansatz, bei dem die ethischen Entscheidungen durch die Betroffenen an sogenannten „Runden Tischen“ gefällt werden und der als Kernidee die Präsupposition von Verantwortungsübernahme durch Kinder und Jugendliche praktiziert (Oser, 1998).

Diese Ansätze weisen darauf hin, dass die Forschung und Theoriebildung zur Kompetenzentwicklung im berufsethischen Bereich noch keine abschließende Form angenommen hat.

Das, was Lehrkräfte also täglich tun, wird *dann* in den Kontext von qualitativ gutem Handeln gestellt, wenn sie für das Resultat in jeder Hinsicht Verantwortung übernehmen. Lehrkräfte sind zuständig für das, was sie tun, und Zuständigkeit ist eine Voraussetzung für persönliche *accountability* (Heid, 1991, 2007). Man ist für das Resultat haftbar. In diesem Sinne sind Output-Formulierungen von Kompetenzen in der Tat sinnvoll, denn sie sagen alles darüber aus, wofür man letztlich Verantwortung hat, was also bei den Lernenden erreicht werden soll. Das Ethos von Lehrpersonen besteht in jenem Engagement, das genau diese Output-Kompetenzen zur Realisierung bringt, im Schulfeld durch das, was Schüler und Schülerinnen zuverlässig beherrschen sollten, in der Lehrerbildung durch das, was junge Lehrpersonen ausführen können sollten. Diese Zuständigkeit für geistige Aktivierung ist der eigentliche Kern des Professionalitätsgedankens (Helsper, 1996), und wenn man diesen auf die kognitive, kommunikative und prosoziale Aktivierung der Lernenden zuspitzt, dann kann man auch die fachdidaktische und psychologisch-didaktische Arbeit mit ihren vielfältigen Subkulturen als zweckgebundenes Mittel bezeichnen. „Gute Arbeit“ wird dann getan, wenn diese Output-Kompetenzen situativ optimal erreicht werden und der Weg dazu jene epistemischen und sozialen Kräfte in Bewegung setzt, die dieses ermöglichen. Die ethische Dimension ist also keineswegs ein unbestimmtes Gefühl, sondern – wie Reusser zeigt – eine auf den Zusammenhang von Lehren und Lernen bezogene Überzeugung, nicht nur „work", sondern „good work" (Gardner, 2007) zu leisten.

4. Mögliche Modellierung der Einflüsse auf Unterrichtsqualität

Die Frage, wie Verbesserung und Veränderung pädagogischer Wirksamkeit im Unterricht festgestellt und gemessen werden kann, ist keineswegs beantwortet. In der Schrift „Getting value out of value-added" vom *National Research Council* und der *National Academy of Education* (2010) werden vier Modelle der Evaluation diskutiert:

1. das *Status model*, das eine Momentaufnahme der Schülerleistung festhält und sie mit der vorher festgelegten Zielleistung vergleicht, dies mit der Frage, ob überhaupt und wie viele der Schüler und Schülerinnen dieses vorgegebene Ziel erreicht haben;
2. das *Cohort-to-cohort change model*, das die Veränderung der Schülerleistung für einen Lehrer, eine Schule oder ein Land zu zwei Zeitpunkten, aber nicht für die gleichen Lernenden misst; man kann z.B. die Leseleistung der Viertklässler dieses Jahrganges mit der Leseleistung der Viertklässler des letzten Jahres vergleichen;
3. das *Growth model,* bei dem der Fortschritt in einem Bereich von einem Jahr zum anderen bei gleichen Schülern gemessen wird; man fragt hier, wie viel Leistungssteigerung die Schüler und Schülerinnen von einem Jahr zum anderen zeigen; hier wird zum ersten Mal die Schule oder das Lehrerteam dahingehend zur Rechenschaft gezogen, dass der Fortschritt sowohl bei schlechten wie auch bei guten Lernenden gleich bedeutend bzw. gleich wertvoll ist;
4. das *Value-added model* (Wertschöpfungs- oder Mehrwertmodell) des Fortschritts, das über komplexe statistische Modellierungen die Frage zu beantworten versucht, wie viel aufgeklärte Varianz für den Lernfortschritt der Schüler und Schülerinnen a) der Lehrperson, b) dem Programm, c) der Schule, dies durch einen Vergleich mit einem Durchschnittslehrer, einem Durchschnittsprogramm, einer Durchschnittsschule, erklärt werden kann. Es wird also gefragt, wie viel des Fortschritts eines Lernenden, unabhängig vom erwarteten Durchschnitt, der Lehrperson, dem Programm, der Klasse, der Schule etc. zugeschrieben werden kann – eben ausgedrückt als Differenz zwischen der erwarteten und der beobachteten Verbesserung.

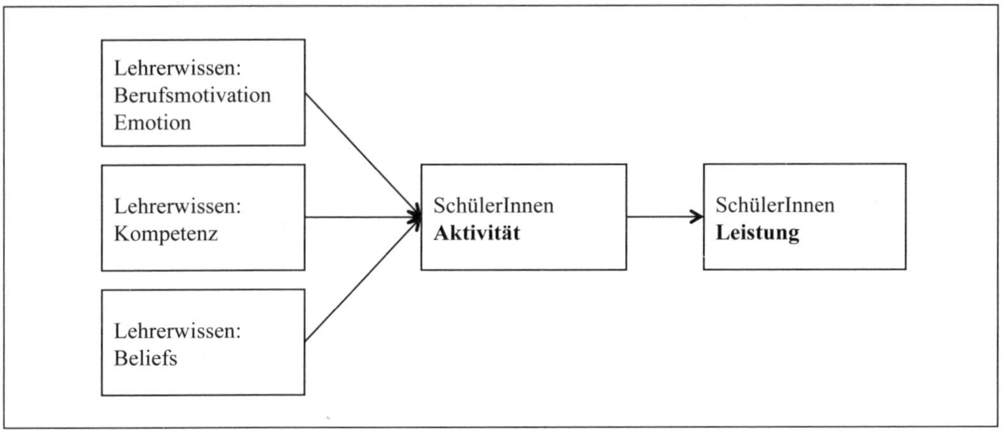

Abb. 1: Hauptfaktoren und ihre Wirkung

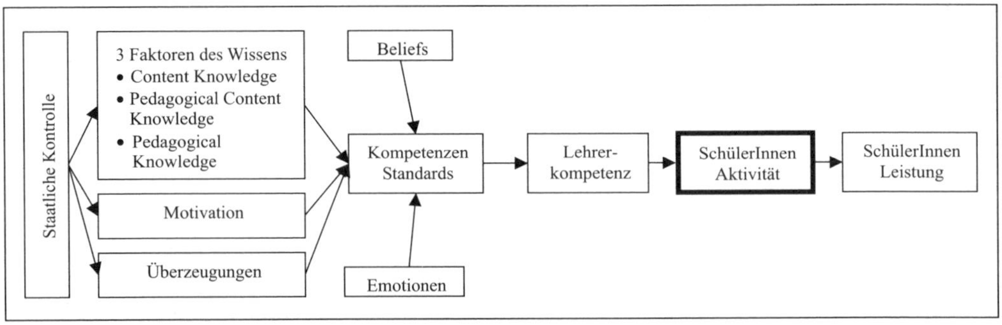

Abb. 2: In diesem Kapitel vorgestellte Faktoren und ihre Wirkung

Nun könnte man entsprechend dem vierten Ansatz versuchen, aus den wichtigsten (nicht allen) Elementen dieses Handbuchkapitels ein einfaches Modell zu bauen, das jene Bausteine offenlegt, die für die Erklärung eines schulischen Lehr-Lern-Prozesses keinesfalls fehlen dürfen. Wir könnten z.B. behaupten, dass Lehrerwissen und -kompetenzen, Motivation, Emotion und *beliefs* (wozu auch die professionellen Selbstwirksamkeitserwartungen gehören) solche Elemente darstellen. Das Modell würde dann wie Abbildung 1 aussehen.

Man sieht unmittelbar, dass dieses Modell deshalb zu einfach ist, weil dadurch viele Aspekte des unterrichtlichen Lernens und Lebens verloren gehen. Man kann deshalb ein zweites Modell vorschlagen, das zwar auch aus den Elementen der Kapitel besteht, die in diesem Teil des vorliegenden Buches vorgeschlagen werden, aber sämtliche beinhaltet. Es würde dann so etwas wie Abbildung 2 entstehen.

Aber auch dieses Modell ist vermutlich um Einiges zu kurz bzw. zu beschränkt. Es fehlen z.B. die oben von mir skizzierten wichtigen Wirkungsgrößen Professionsmoral/Ethos und Referenz, aber auch z.B. Formen des Lehr-Lernverlaufs (Psychologie des Unterrichts), Accountability als Souveränitätspostulat, klimatische Faktoren wie Fehlerkultur u.ä. und diese seien in einem dritten Modell eingefügt, das in Abbildung 3 zu sehen ist. Dieses bezieht sich nicht mehr nur auf die obigen Aufsätze, sondern es hat allgemeinen Wirkungscharakter. Hier ist denn auch bedeutungsvoll, dass die Berufsmotivation nicht eine Voraussetzung für die Berufskompetenzen, wohl aber für das berufliche Handeln ist. Ebenfalls wird deutlich, dass Organisationswissen und die Situationserstellung bedeutende Faktoren für das Kompetenz-Performanzgefälle darstellen. Ethos, Haftung (accountability) und Verfügbarkeit (avalability) nehmen einen besonderen Platz ein; sie sind

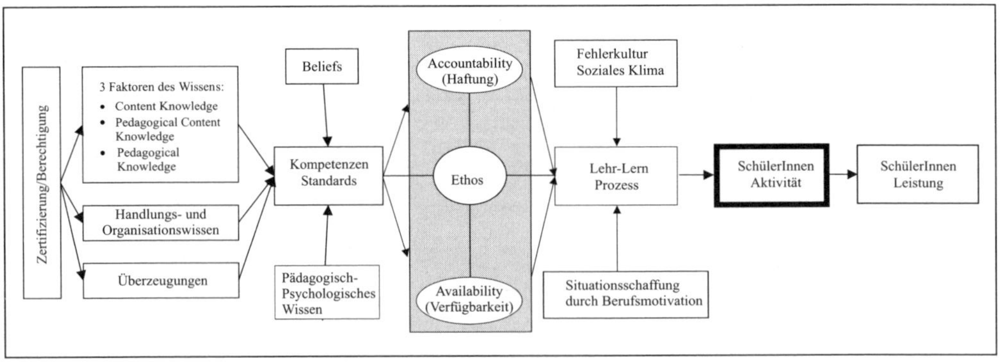

Abb. 3: Komplexes Modell der Einflussfaktoren von Unterrichtsqualität

übergreifend intervenierend. Sie haben hier die Bedeutung von persönlichem erzieherischem Engagement an jedem Kinde und jedem Lernenden.

Dieses letzte Modell könnte auch dann als Basis für Analysen dienen, wenn nur einzelne Teile davon in den jeweiligen Fragehorizont bzw. Projektkontext einbezogen werden. Aber es wäre ein Modell, bei dem einerseits die in diesem Handbuchkapitel dargestellten thematischen Einheiten zum Zuge kämen, aber auch die oft außen vor gelassenen Aspekte mit bedacht wären. Wie allerdings die Einflüsse gerichtet sind, wie sie untereinander korrelieren und welches Element welche Größe am stärksten beeinflusst, wäre Gegenstand erneuter Reflexion und weiterer Forschung.

Literatur

Baines, L. (2010). *The teachers we need vs. the teachers we have, the realities and the possibilities.* New York: Rowman & Littlefield.

Baumert, J., Blum, W., Brunner, M., Dubberke, T., Jordan, A., Klusmann, U., Krauss, F., Kunter, M., Löwen, K., Neubrand, M. & Tsai, J. (2008). *Professionswissen von Lehrkräften, kognitiv aktivierender Mathematikunterricht und die Entwicklung von mathematischer Kompetenz (COACTIV): Dokumentation und Erhebungsinstrumente.* Berlin: MPI.

Berkowitz, M. W. (2000). Civics and moral education. In. B. Moon, S. Brown & W. Ben-Peretz (Eds.), *Routledge International Companion to Education* (S. 897-909). New York: Routledge.

Blömeke, S., Kaiser, G. & Lehman, H. (2010). *TEDS-M 2008. Professionelle Kompetenz und Lerngelegenheiten angehender Primarstufenlehrkäfte im internationalen Vergleich.* Münster: Waxmann.

Blomberg, G., Sherin, M.G., Renkl, A., Glogger, I. & Seidel, T. (2014). Understanding Video as a Tool for Teacher Education: Investigating Instructional Strategies Integrating Video to Promote Reflection. *Instructional Science, 42* (3), 443-463.

Braun, H., Chudowsky, N. & Koenig, J. (Eds.) (2010). *Getting value out of value-added. Report of a workshop. Committee on Value-Added Methodology for Instructional Improvement, Program Evaluation, and Educational Accountability.* Washington D.C.: The National Academies Press.

Brühwiler, C. (2001). Die Bedeutung von Motivation in der Lehrerinnen- und Lehrerausbildung. In. F. Oser, & J. Oelkers (Hrsg.), Die Wirksamkeit der Lehrerbildungssysteme. Von der Allrounderbildung zur Ausbildung professioneller Standards. *Nationales Forschungsprogramm 33* (S. 343-397). Chur; Zürich: Rüegger.

Campbell, E. (2007). *Teaching Ethically as a Moral Condition of Professionals.* OISE/University of Toronto.

Curcio, G.-P. (2008). *Verantwortungsmotivation zwischen Moralität und Gerechtigkeit.* Münster: Waxmann.

Davidson, D. (2006). *Vernünftige Tiere.* Frankfurt: Suhrkamp.

Drechsel, B. & Prenzel, M. (2012). Was Lehrkräfte über internationale Vergleichsstudien wissen und in der Aus- und Weiterbildung erfahren sollten. In C. Kraler, H. Schnabel-Schule, M. Schratz & B. Weyand (Hrsg.), *Kulturen der Lehrerbildung. Professionalisierung eines Berufsstands im Wandel* (S. 123-140). Münster: Waxmann.

Eder, F. (1996). Schul- und Klassenklima. Ausprägung, Determinanten und Wirkungen des Klimas an höheren Schulen. In H. Altrichter & M. Schratz (Hrsg.), *Studien zur Bildungsforschung und Bildungspolitik.* (S. 262-272). Innsbruck, Wien: StudienVerlag.

Ericson, K. A., Charness, N., Feltovich, P. J. & Hoffman, R. R. (2006). *The Cambridge handbook of expertise and expert performance.* Cambridge: Cambridge University Press.

Fritz, A., Tobinski, D. & Hussy W. (2010). *Pädagogische Psychologie.* Stuttgart: Reinhardt UTB.

Gardner, H. (2007). Who is responsible for good work? In H. Gardner (Eds.), *Responsibility at work. How leading professionals act (or don't act) responsibly* (S. 1-20). San Francisco: Jossey-Bass.

Haidt, J. (2001). The emotional dog and its rational tail: A social intuitionist approach to moral judgement. *Psychological Review, 108,* 814-834.

Hallinan, J. T. (2009). *Why we make mistakes: How we look without seeing, forget things in seconds, and are all pretty sure we are way above average.* New York: Broadway Books.

Hasselhorn, M. & Gold, A (2013). *Pädagogische Psychologie. Erfolgreiches Lernen und Lehren* (3. Aufl.). Stuttgart: Kohlhammer.

Heckhausen, H. (1987). Perspektiven einer Psychologie des Wollens. In H. Heckhausen, P. M. Gollwitzer & F. E. Weinert (Hrsg.), *Jenseits des Rubikon: Der Wille in den Humanwissenschaften* (S. 143-175). Berlin: Springer.

Heid, H. (1991). Problematik einer Erziehung zur Verantwortungsbereitschaft. *Neue Sammlung, 31*, 459-481.

Heid, H. (2007). Was vermag die Standardisierung wünschenswerter Lernoutputs zur Qualitätsverbesserung des Bildungswesens beizutragen? In D. Benner (Hrsg.), *Bildungsstandards. Chancen und Grenzen, Beispiele und Perspektiven* (S. 29-48). Paderborn: Schöningh.

Heinzer, S., Oser, F. & Salzmann, P. (2009). Zur Genese von Kompetenzprofilen. *Lehrerbildung auf dem Prüfstand, 2*, 28-56.

Helmke, A. (2003). *Unterrichtsqualität. Erfassen, Bewerten, Verbessern.* Seelze: Kalimeyer.

Helsper, W. (1996). Pädagogische Professionalität. Historische Hypotheken und aktuelle Entwicklungstendenzen. In A. Combe & W. Helsper (Hrsg.), *Pädagogische Professionalität. Untersuchungen zum Typus pädagogischen Handelns* (S. 9-48). Frankfurt: Suhrkamp.

Krapp, A. & Weidemann, B. (Hrsg.) (2006). *Pädagogische Psychologie* (5. Aufl.). Weinheim: Beltz.

Kunter, M., Baumert, J., Blum, W., Klusmann, U., Krauss, St. & Neubrand, M. (Hrsg.) (2011). *Professionelle Kompetenz von Lehrkräften. Ergebnisse des Forschungsprogramms COACTIV.* Münster u.a.: Waxmann.

KokoHs (2012–2015). *Kompetenzmodellierung und Kompetenzerfassung im Hochschulsektor.* Förderlinie des Bundesmimisterium für Bildung und Wissenschaft, Rahmen (60 Einzelprojekte in 23 Verbünden).

Lind, G. (2009). *Moral ist lehrbar. Handbuch zur Theorie und Praxis moralischer und demokratischer Bildung* [Morality can be taught. Handbook of theory and practice of moral and democratic education]. München: Oldenbourg.

National Research Council und National Academy of Education (NAE) (2010). *Getting value out of value-added.* Washington: The National Academy Press.

Noddings, N. (1988). An ethic of caring and its implications for instructional arrangements. *American Journal of Education, 96,* 215-231.

Oser, F. (1998). *Ethos – die Vermenschlichung des Erfolgs. Zur Psychologie der Berufsmoral von Lehrpersonen.* Opladen: Leske+Budrich.

Oser, F. (2000). Emergency-Room-School: Event-Management als pädagogischer Standard. In C. Metzger, H. Seitz & F. Eberle (Hrsg.), *Impulse für die Wirtschaftspädagogik* (S. 461-470). Aarau: Sauerländer.

Oser, F. (2007). Willkür als Feind der Spontaneität: Aspekte der Standardisierung des Lehrerhandelns. In D. Benner (Hrsg.), *Bildungsstandards* (S. 103-122). Paderborn: Schöningh.

Oser, F. (2009). *Kompetenzsouveränität. Ein neues Qualitätskonstrukt. Zwischenbericht des Leading House „Qualität beruflicher Bildung".* Fribourg: Universität.

Oser, F., Bauder, T., Salzmann, P. & Heinzer, S. (Hrsg.) (2013). *Ohne Kompetenz keine Qualität. Entwickeln und Einschätzen von Kompetenzprofilen bei Lehrpersonen und Berufsbildungsverantwortlichen.* Bad Heilbrunn: Klinkhardt.

Oser, F., Heinzer, S. & Salzmann, P. (2010). Die Messung der Qualität von professionellen Kompetenzprofilen von Lehrpersonen mit der Hilfe der Einschätzung von Filmvignetten. Chancen und Grenzen des advokatorischen Ansatzes. *Unterrichtswissenschaft, 38,* 5-28.

Oser, F. & Oelkers, J. (Hrsg.) (2001). *Die Wirksamkeit der Lehrerbildungssysteme. Von der Allrounderbildung zur Ausbildung professioneller Standards.* Zürich: Rüegger Verlag.

Rest, J., Narvaez, D. & Bebeau, M. J. (1999). *Postconventional moral thinking: A neo-kohlbergian approach.* Mahwah: Lawrence Erlbaum Association.

Rest, J. R., Narvaez, D., Thoma, S. J. & Bebeau, M. (2000). A neo-kohlbergian approach to moral judgment: Overview of the Defining Issues Test Research. *Journal of Moral Education, 29,* 381-397.

Rheinberg, F. (2002). *Motivation*. Stuttgart: Kohlhammer.

Schwarzer, R. & Jerusalem, M. (Hrsg.). (1999): *Skalen zur Erfassung von Lehrer- und Schülermerkmalen. Dokumentation der psychometrischen Verfahren im Rahmen der Wissenschaftlichen Begleitung des Modellversuchs Selbstwirksame Schulen.* Berlin: FU Berlin.

Shulman, L.S. (1987). Knowledge and Teaching: Foundations of the New Reform. *Harvard Educational Review, 57*(1), 1-22.

Shulman, L. S. (2004). *The wisdom of practice.* San Francisco: Jossey Bass.

Sockett, H. (1993). *The moral base for teacher professionalism.* Columbia: Teachers College Press.

Tirri, K. (Ed.) (2008). *Educating moral sensibilities in urban schools.* Rotterdam: Sense Publishers.

Tobin, K. & Roth, W.-M. (2006). *Teaching to learn. A view from the field.* Rotterdam: Sense.

Tsuchida, I. & Lewis, C. C. (1995), Responsibility and learning: some preliminary hypotheses about Japanese elementary classrooms. In T. Rohlen & G. LeTendre (Eds.), *Teaching and learning in Japan* (S. 190-212). Cambridge: Cambridge University Press.

Tulving, E. (1983). *Elements of episodic memory.* Oxford: Clarendon Press.

Watson, M. & Battistich, V. (2006). Building and sustaining caring communities. In C. M. Evertson & C. S. Weinstein (Eds.), *Handbook of classroom management. Research, practice, and contemporary issues.* Mahwah: Erlbaum, S. 253-279. Mahwah: Lawrence Erlbaum Associates.

Forschung zum Lehrerhandeln

Tina Seidel

Lehrerhandeln im Unterricht

1. Einführung

Das Handeln von Lehrpersonen im Unterricht stellt einen zentralen Bereich bildungswissenschaftlicher Forschung dar. Entsprechend fließen Kenntnisse aus verschiedenen Disziplinen wie der Erziehungswissenschaft, den Fachdidaktiken oder der Psychologie in die Forschung zum Lehrerhandeln ein. In der wissenschaftlichen und gesellschaftlichen Diskussion wird das Handeln der Lehrpersonen häufig als ursächlich für Bildungsergebnisse angesehen und oft auch entsprechend kritisch betrachtet. Ein prägnantes Beispiel sind die Diskussionen, die in Deutschland im Zuge der Interpretation der Leistungen der Fünfzehnjährigen bei der Veröffentlichung von PISA[1] Ergebnissen geführt werden. Obwohl im Kontext von PISA 2000 keine Informationen über das Handeln von Lehrpersonen im Unterricht gesammelt wurden und somit kein direkter Zusammenhang zu den Leistungen der Schüler[2] bestand, gab es in den Medien und der gesellschaftlichen Diskussion eine Fülle entsprechender Kausalschlüsse. Gleichzeitig gab es in Deutschland auch unzureichende Kenntnisse (z.B. belastbare Befunde aus repräsentativ angelegten Studien) darüber, was das Handeln von Lehrpersonen im Unterricht typischerweise kennzeichnet und welche Wirkungen es auf Seiten der Schüler entfaltet.

Diese Situation hat sich in den letzten Jahren deutlich verändert. Verschiedene Forschungsprogramme, unter anderem die von der Deutschen Forschungsgemeinschaft (DFG) geförderten Schwerpunktprogramme „Bildungsqualität von Schule" (Prenzel & Allolio-Näcke, 2006) und „Kompetenzmodelle zur Erfassung individueller Lernergebnisse und zur Bilanzierung von Bildungsprozessen" (Klieme, Leutner & Kenk, 2010), haben wesentlich zur Erweiterung des Forschungsstands beigetragen. Aus diesem Grund zielt der vorliegende Beitrag darauf ab, den nun erreichten Kenntnisstand zum Handeln von Lehrpersonen im Unterricht zusammenzufassen. Der Schwerpunkt liegt dabei auf *Beschreibungen von Lehrerhandeln im Unterricht* und auf *Prozessen des Lehrens und Lernens*. Wirkungen des Unterrichts auf Bildungsentwicklungen von Schülern, die häufig Ausgangs- und Endpunkt für die Frage nach dem Handeln im Unterricht darstellen, werden in diesem Artikel nicht thematisiert bzw. nur am Rande aufgegriffen. Für eine Zusammenstellung dieser Befunde sei auf den Beitrag zu Wirkungen des Unterrichts (Autor Andreas Helmke) in diesem Buch verwiesen. Der vorliegende Artikel erhebt weiterhin nicht den Anspruch, den Forschungsstand vollständig abzudecken. Unter Verweis auf einzelne Studien sollen exemplarisch wichtige Erkenntnisse zu zentralen Unterrichtskomponenten dargestellt werden.

Der Beitrag gliedert sich wie folgt: Zuerst werden kurz neue Entwicklungen des Forschungsstands skizziert und darauf aufbauend wesentliche Theorien, Modelle und Methoden der Untersuchung des Lehrerhandelns vorgestellt. Kern des Beitrags stellt im Anschluss die Zusammenfassung des Forschungsstands zu zentralen Komponenten des Handelns von Lehrpersonen im Unterricht dar. Dabei wird auf Beschreibungswissen zum Handeln von Lehrpersonen in unterschiedlichen Schulstufen, Fächern und unter Verwendung unterschiedlicher Instrumente (Videoanalysen, Schülerbefragung, Lehrerbefragung) zurückgegriffen. Außerdem werden Hand-

1 Programme for International Student Assessment.
2 Im Folgenden wird aus Gründen der Lesefreundlichkeit von Schülern gesprochen. Gemeint sind natürlich Schülerinnen und Schüler.

lungsroutinen sowie die kulturelle Verankerung von Unterricht thematisiert. Der Beitrag schließt mit Ausführungen zur weiteren Entwicklung des Forschungsfelds.

Zentrale Begriffe des vorliegenden Artikels werden wie folgt verwendet: Von *Lehraktivitäten* wird gesprochen, wenn einzelne Handlungen oder Verhaltensweisen im Vordergrund stehen. Handlungen und Verhaltensweisen, die unter dem Blickwinkel theoretischer Modelle zusammengefasst werden, werden als *Unterrichtskomponenten* bezeichnet. *Unterrichtseffekte* betreffen Wirkungen auf das Lernen von Schülern.

2. Entwicklung des Forschungsstands

„Was passiert eigentlich in unseren Klassenzimmern?" Diese Frage wurde in Deutschland lange Zeit wenig thematisiert. Belastbare Informationen über die Gestaltung des Unterrichts, die sowohl auf repräsentativen Stichproben basieren als auch valide das Handeln von Lehrpersonen im Unterricht abbilden, gab es lange Zeit nicht. Das derzeitige Forschungsfeld kennzeichnet sich im Wesentlichen durch drei Zugänge: Qualitativ angelegte (Fall-) Studien, quantitativ angelegte Surveys und quasi-experimentelle Untersuchungen zur Prüfung der Wirksamkeit unterrichtsbezogener Maßnahmen (Seidel & Shavelson, 2007). Der Vorteil der *qualitativen Analysen* liegt in der differenzierten Beschreibung des Geschehens im Klassenzimmer, hat aber aufgrund der häufig geringen Fallzahlen den Nachteil, zu keinen generalisierbaren Aussagen über typische Lehraktivitäten zu kommen (Shavelson & Towne, 2002). *Quantitativ angelegte Surveys* nutzen das Potenzial großer Stichprobenzahlen. Sie haben aber den Nachteil, dass Lehraktivitäten im Klassenzimmer häufig über allgemeine Aussagen zu Häufigkeiten von Aktivitäten bzw. die Zustimmung zu Qualitätsaspekten (unter Nutzung von Fragebogen) erfasst werden. Objektive Aussagen über das, was tatsächlich im Unterricht passiert, können über diese Zugänge nur schwer erfasst werden (Pauli & Reusser, 2006). *Quasi-experimentelle Forschungszugänge* haben den Vorteil, dass Handlungen im Unterricht gezielt variiert werden und so Wissen über Veränderungsmöglichkeiten bereit gestellt wird. Diese Forschungszugänge haben aber für die Beschreibung des Unterrichtshandelns häufig den Nachteil, dass sie an den zu erzielenden Effekten auf Seiten der Schüler interessiert sind und weniger an der Beschreibung der ablaufenden Unterrichtsprozesse. Aus dem Grund wird auch in diesem Kontext verstärkt eingefordert, Prozesse der Umsetzung im Klassenzimmer differenziert zu beschreiben und zu dokumentieren (De Corte, Verschaffel, Entwistle & van Merriënboer, 2003).

In den letzten zehn Jahren hat sich die Forschungslage zu Handlungen von Lehrpersonen im Unterricht in Deutschland deutlich verändert. Eine Schlüsselfunktion nehmen hierzu zwei Entwicklungen ein: Erstens wurden die Forschungsdesigns und -methoden im Zuge der technischen Fortschritte sowie der statistischen Analysemöglichkeiten enorm verbessert. Zweitens erfolgte auf der Basis der Kritik an der Prozess-Produkt-Forschung die Entwicklung komplexer Modelle des Lehrens und Lernens, die den Kenntnisstand zu Voraussetzungen der Lernenden, Handlungsweisen im Unterricht, Informationsverarbeitung der Lernenden und deren Auswirkungen auf Lernergebnisse integrieren. Wenn man also die Entwicklung des Forschungsstands betrachtet, ist es notwendig auf diese beiden Stränge – veränderte Modelle des Lehrens und Lernens sowie methodische Weiterentwicklungen – einzugehen.

Eine besondere Rolle für beide Entwicklungen spielt die TIMSS[3] 1995 Videostudie (Stigler, Gonzales, Kawanaka, Knoll & Serrano, 1999), bei der man neben den Leistungserhebungen im Rahmen von TIMSS ein so genanntes *Video-Survey* eingeführt hat (Pauli & Reusser,

3 Third International Mathematics and Science Study.

2006). Video-Surveys sind dadurch gekennzeichnet, dass Videoaufzeichnungen von Unterricht genutzt werden, um das Lehrerhandeln differenziert im Prozess des Unterrichtens zu beschreiben. Gleichzeitig erfolgen diese Analysen auf der Basis repräsentativer Stichproben, um zu generalisierbaren Aussagen über Unterricht zu gelangen. Video-Surveys haben seit TIMSS 1995 Video insbesondere in Europa eine starke Resonanz gefunden und stellen mittlerweile einen eigenen, vierten Forschungszugang dar (Janik & Seidel, 2009). Gleichzeitig wurden Video-Surveys optimiert, indem sie mit Designs verknüpft wurden, die eine systematische Untersuchung der Wirkungen von Unterricht auf Lernprozesse und Lernentwicklungen erlauben. Darüber hinaus werden in jüngerer Zeit die Ergebnisse aus Videostudien systematisch mit Ansätzen zur Professionalisierung von Lehrenden verknüpft, beispielsweise in dem man Fortbildungen zur Beobachtung von Merkmalen für Unterrichtsqualität für Lehrkräfte und Ausbilder anbietet (Helmke & Lenske, 2013; MET-Project, 2012).

Die gegenwärtige Forschung berücksichtigt also in der Regel komplexe theoretische Modelle, die das Handeln der Lehrpersonen im Zusammenhang mit der Bereitstellung von Gelegenheiten für verständnisorientiertes Lernen untersuchen. Die Untersuchungen zum Handeln von Lehrpersonen haben in den letzten Jahren zu einem deutlichen Gewinn an deskriptiver Information über Unterricht geführt. Auf der Basis des Forschungsstands ist es nun möglich, differenziert für unterschiedliche Fächer und Schulstufen typische Unterrichtsaktivitäten und Ausprägungen von Unterrichtskomponenten zu beschreiben. Dieses Beschreibungswissen wiederum kann auf der Basis der Befunde aus quasi-experimentellen Untersuchungen längerfristig für eine Weiterentwicklung des Unterrichts genutzt werden.

3. Theorien, Modelle und Methoden

3.1 Theorien und Modelle

In der folgenden Darstellung erfolgt eine Konzentration auf Theorien und Modelle, die sich konkret mit dem Unterrichtsgeschehen beschäftigen. Handlungen von Lehrpersonen im Unterricht basieren auf normativen Konzepten über Lehr- und Lernziele, Diagnosen von Lernvoraussetzungen und Handlungsplanungen für die Umsetzung der Lehr- und Lernziele. Auf diese Bereiche, von denen wir ausgehen, dass sie das Handeln von Lehrpersonen im Unterricht steuern, wird in diesem Kapitel aber nicht gesondert eingegangen.

Traditionelle Modelle

Traditionelle Modelle, die zur Untersuchung von Lehrerhandeln im Unterricht angewendet werden, beruhen auf Annahmen der Prozess-Produkt-Forschung (Dunkin & Biddle, 1974). Das Basismodell der Prozess-Produkt-Forschung unterscheidet vier Bereiche: Produkte, Prozesse, Voraussetzungen und Kontexte (Abbildung 1). Als Produkte werden Lernergebnisse bezeichnet, die im Kontext unterrichtlicher Aktivitäten erworben werden. Diese Produkte umfassen sowohl kognitive als auch motivational-affektive und metakognitive Aspekte des Lernens. Prozessvariablen sind definiert als Qualitäten von Bedingungen im Unterricht, die durch die Handlungen der Lehrpersonen bestimmt werden. Voraussetzungen der Lernenden (z.B. Vorwissen, Vorerfahrungen, Interessen) sowie Kontextvariablen (z.B. elterlicher Einfluss, Einfluss von Gleichaltrigen) werden im Modell als moderierende Variablen in Bezug auf die Beeinflussung der Lernentwicklungen und der Handlungen im Unterricht aufgenommen.

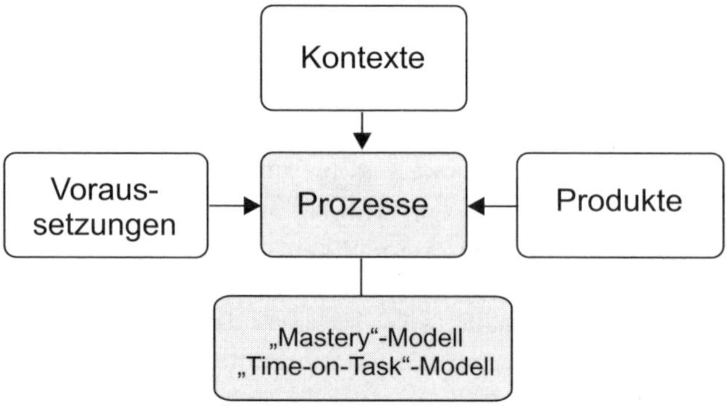

Abbildung 1: Traditionelle Modelle der Prozess-Produkt-Forschung

Das Basismodell der Prozess-Produkt-Forschung wurde aufgrund der einseitigen Untersuchung der Relation zwischen unterrichtlichen Handlungsweisen und den Lernergebnissen (als Output) kritisiert. Weiterentwicklungen des Modells betonen heute die interaktiven Elemente zwischen Voraussetzungen der Lernenden und dem Handeln der Lehrpersonen im Unterricht sowie die Bedeutung individueller Verarbeitungsprozesse auf Seiten der Schüler (Fend, 1998; Helmke, 2009; Seidel & Reiss, 2014). Man spricht deshalb von Unterricht als Bereitstellung von „Gelegenheits- und Angebotsstrukturen", die von Seiten der Schüler auf der Basis ihrer individuellen Voraussetzungen genutzt werden.

Für die Beschreibung unterrichtlicher Handlungen von Lehrpersonen bleibt die Frage zu stellen, wie so genannte „Prozessvariablen" theoretisch modelliert werden. Traditionelle Modelle der Prozess-Produkt-Forschung bauen wesentlich auf „Time-on-Task" (Bloom, 1976) und „Mastery" Modellen (Caroll, 1963) auf. Zentral ist die Annahme, dass Lernen über eine ausreichend verfügbare Lernzeit und an die Voraussetzungen der Lernenden angepasste Aufgabenstellungen unterstützt wird. Handlungsweisen und Aktivitäten von Lehrpersonen werden danach klassifiziert, wie sie diese beiden Aspekte ansprechen. Dementsprechend finden sich in der Forschungsliteratur (Hattie, 2013) Komponenten wie positive Bestätigung, sachlich-konstruktive Rückmeldungen, Adaptivität, Differenzierungsmaßnahmen, Methodenvariation, Individualisierung und Motivierung. Sie zielen darauf, durch unterrichtliche Handlungsweisen Anpassungen an die individuellen Voraussetzungen der Lernenden vorzunehmen. Komponenten wie aktive Lernzeit, Klassenführung, Unterrichtszeit, Strukturierung beziehen sich theoretisch auf „Time-on-Task" Modelle, weil sie beinhalten, im Unterricht möglichst viel Lernzeit zur Verfügung zu stellen. Fast alle Meta-Analysen und Reviews zum Bereich des Unterrichtshandelns und dessen Wirkungen basieren auf diesen traditionellen Modellen (Hattie, 2013; Seidel & Shavelson, 2007).

Prozessorientierte kognitive Modelle

Im Folgenden wird aus einer prozessorientierten Perspektive ein zweites Modell für die Klassifikation unterrichtlicher Aktivitäten und Handlungsweisen vorgestellt, dessen Grundlagen aus der Kognitions- und Lehr-Lernforschung stammen (Bransford, Brown & Cocking, 2000). Es beinhaltet einen Wechsel in der Perspektive, indem Unterricht aus den für Lernprozesse notwendigen Komponenten betrachtet wird. Entsprechend zentraler Annahmen der Lehr-Lernforschung entwickelte Bolhuis (2003) ein Rahmenmodell mit fünf zentralen Komponenten intentionalen Lehrens und Lernens: *Zielsetzung, Zielorientierung, Ausführung von Lernaktivitäten, Evaluation* und *Regulation* (siehe Abbildung 2). Zielsetzung und Zielorientierung beziehen sich auf Aktivi-

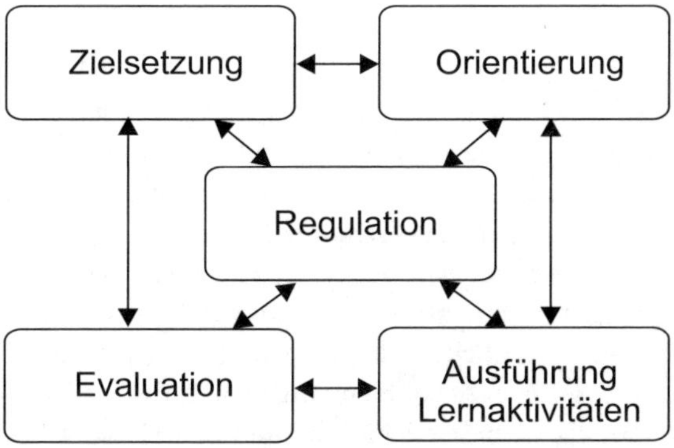

Abbildung 2: Prozessorientiertes kognitives Modell (Bolhuis, 2003)

täten im Unterricht, anhand derer Ziele geklärt werden und die Lernenden sich auf die Umsetzung der Zielsetzungen hin orientieren. Die Ausführung von Lernaktivitäten beinhaltet Handlungen und Aktivitäten, die dazu führen, dass sich Lernende vertieft und inhaltsspezifisch mit den Lerngegenständen auseinandersetzen. Die Bewertung der Lernaktivitäten in Bezug auf das Erreichen von Zielsetzungen wird in der Komponente Evaluation zusammengefasst. Aktivitäten und Handlungsweisen, die mit der Aktivierung, Steuerung und Anpassung der Lernprozesse befasst sind, werden in der Komponente Regulation integriert. Nach Bolhuis (2003) sind die ersten vier Komponenten in einem Zyklus angeordnet, wobei einzelne Komponenten nicht notwendigerweise in einer bestimmten Reihenfolge ablaufen müssen. Die Komponente der Regulation ist im Zentrum verankert, weil sie alle anderen vier Komponenten begleitend anspricht.

Auf der Basis dieses Modells kann man das Handeln von Lehrpersonen im Unterricht dahingehend klassifizieren, ob und in welchem Maße notwendige Komponenten des Lernens angesprochen bzw. unterstützt werden (Seidel & Shavelson, 2007). Unterrichtliche Aktivitäten und Handlungen wie die explizite Klärung von Lehr- und Lernzielen, die Umsetzung von Strukturierungshilfen oder die Aktivierung von Vorwissen der Lernenden werden im Modell in den Bereich der *Zielklärung* und *Zielorientierung* eingeordnet. Die Wahl von Aufgabenstellungen, Experimenten, Lehrmaterialien sowie die Vermittlung von Wissen über die Gewinnung von Erkenntnissen ordnen sich in den Bereich der *Ausführung von Lernaktivitäten* ein. Die Wahl von Aufgabenstellungen zur Prüfung von Lernergebnissen (z.B. in schriftlichen Arbeiten) stellen Elemente der *Evaluation* dar. Fragen und Aufforderungen durch Lehrende, die dazu dienen, Lernprozesse zu aktivieren, zu steuern und anzupassen sowie die Vermittlung von Lernstrategien zur Übernahme der Regulation durch die Lernenden selbst, stellen Aktivitäten der *Regulation* dar.

Betrachtet man unterrichtliches Handeln aus dieser Perspektive, wird deutlich, dass die Lehrperson nicht notwendigerweiser Akteur für die Bereitstellung aller Komponenten sein muss. Unterricht wird als Lernumgebung betrachtet, bei der ein Wechselspiel zwischen Vorstrukturierung durch Lehrpersonen und selbstgesteuerten Anteilen der Lernenden theoretisch abgebildet werden kann (Vermunt & Verloop, 2000). Die Komponenten des Lernens und Lehrens stellen komplexe Handlungseinheiten im Unterricht dar und erlauben die Einordnung verschiedener unterrichtlicher Aktivitäten und Handlungen von Lehrpersonen. Gleichzeitig bieten die theoretischen Grundlagen der Kognitions- und Lehr-Lernforschung die Möglichkeit, differentiell Wirkungen des Unterrichts auf kognitive, motivationale, emotionale und meta-kognitive Aspekte des Lernens zu erklären (Seidel & Shavelson, 2007).

3.2 Methoden

Die Darstellung der Methoden zur Erfassung unterrichtlichen Handelns von Lehrpersonen konzentriert sich auf drei Forschungszugänge, die in Deutschland etabliert sind: (a) Studien, die den Kontext von Bildungsmonitoring nutzen, um unterrichtliches Handeln zu beschreiben, (b) Video-Surveys, die speziell die Methode der Videoanalyse von Unterricht anwenden, sowie (c) Interventionsstudien, die unterrichtliches Handeln gezielt manipulieren und dessen Wirkungen auf das Lernen untersuchen. Diese drei Zugänge werden in Bezug auf typische Methoden in den Bereichen Design, Stichprobe, Instrumente, Antwortformat und Auswertung beschrieben (siehe Tabelle 1). Die Klassifikation soll helfen, den im nächsten Kapitel dargestellten Forschungsstand nachvollziehen und einordnen zu können. Auf qualitative Fallstudien als einen vierten Forschungszugang wird im Folgenden verzichtet, da dies den Umfang des Kapitels überschreiten würde.

Tabelle 1: Methoden der Erfassung unterrichtlichen Handelns von Lehrperson

	(a) Bildungsmonitoring	*(b) Video-Surveys*	*(c) Interventionsstudien*
Design	Survey	Survey	Quasi-experimentell Experimentell
Stichprobe	Large-Scale	Small-Scale	Small-Scale
Instrumente	Schülerfragebogen Lehrerfragebogen	Videoaufzeichnungen Schülerfragebogen Lehrerfragebogen Interviews	Beschreibung der Intervention durch Hospitation, Videografie
Antwortformat	Einschätzverfahren – Ausprägungen – Häufigkeiten	Einschätzverfahren – Ausprägungen Auswertung des beobachteten Verhaltens – Häufigkeiten	Implementationscheck
Auswertung	Häufigkeit/Muster von Aktivitäten Ausprägungen von Unterrichtskomponenten Vergleich Perspektiven (Lehrer, Schüler) Wirkungen (regressionsanalytisch)	Häufigkeit/Muster von Aktivitäten Ausprägungen von Unterrichtskomponenten Vergleich Perspektiven (Video, Lehrer, Schüler) Wirkungen (regressions- und varianzanalytisch)	Wirkungen (varianzanalytisch): Vergleich zwischen Treatment und Kontrollgruppe

a) *Bildungsmonitoring-Studien:* Der erste Forschungszugang ist dadurch gekennzeichnet, dass Large-Scale Stichproben von Bildungsmonitoring-Studien genutzt werden, um Informationen über das Geschehen im Unterricht zu gewinnen. Typische Beispiele in Deutschland sind die Erfassung von Merkmalen des Unterrichts im Kontext von PISA, TIMSS, IGLU[4], und DESI[5] (Bos, Tarelli, Bremerich-Voss & Schwippert, 2012; Bos, Wendt, Köller & Selter, 2012; Klieme, Eichler, et al., 2006; Prenzel, Sälzer, Klieme & Köller, 2013). Als Instrumente zur Erfassung unterrichtlicher Aktivitäten dienen in der Regel Schüler- und Lehrerfragebogen. Lehrpersonen werden zu Häufigkeiten bestimmter Lehr-Lern-Arrangements und Aktivitäten befragt, während Schüler Unterrichtskomponenten in ihren qualitativen Ausprägungen einschätzen. Die Einschätzungen der Schüler werden häufig unter dem Gesichtspunkt der Skalierung einzelner Komponenten betrachtet und weitergehend für regressionsanalytische Untersuchungen zu deren Wirkungen auf Lernergebnisse genutzt.

4 Internationale Grundschul-Lese-Untersuchung.
5 Deutsch Englisch Schülerleistungen International.

b) *Video-Surveys:* Video-Surveys haben sich seit der TIMSS 1995 Videostudie insbesondere in Deutschland und der Schweiz etabliert. Der Forschungszugang ist gekennzeichnet durch Mixed-Method-Ansätze, bei denen Videoanalysen von Unterricht mit Fragebogen und Interviewdaten (Lehrer, Schüler) kombiniert werden. Ziel ist es, möglichst valide und objektiv unterrichtliches Handeln zu beschreiben. Obwohl Video-Surveys im Vergleich zu Bildungsmonitoring-Studien auf kleineren Stichproben beruhen, werden möglichst repräsentative Stichproben (für Unterrichtsfächer, Schulstufen etc.) gewonnen, um zu belastbaren und generalisierbaren Aussagen über Unterricht zu gelangen. Zur Beschreibung unterrichtlichen Handelns wird sowohl auf Auswertungen des beobachteten Verhaltens im Unterricht als auch auf Einschätzungen zu qualitativen Ausprägungen von Unterrichtskomponenten zurückgegriffen. Häufig nutzen Video-Surveys Perspektivenvergleiche zwischen Videobeobachtern, Lernenden und Lehrenden. Die Ergebnisse der Beschreibung unterrichtlicher Aktivitäten und Unterrichtskomponenten gehen unter anderem in weiterführende Analysen ein, z.B. zu Wirkungen auf das Lernen.

c) *Interventionsstudien:* Interventionsstudien stellen einen dritten Zugang dar, der ebenfalls zum Kenntnisstand des Handelns von Lehrpersonen im Unterricht beiträgt. Im Kern konzentrieren sich diese Studien darauf, über quasi-experimentelle oder experimentelle Designs Veränderungen in Lernergebnissen auf Manipulationen des Unterrichts zurückzuführen. Trotzdem tragen diese Studien zum Kenntnisstand des Handelns im Unterricht bei, weil erstens immer mehr Studien differenziert die Maßnahmen der veränderten Unterrichtspraxis beschreiben und dies zweitens über so genannte Implementationschecks prüfen. Interventionsstudien tragen so zum Wissen über Möglichkeiten der Veränderung unterrichtlicher Handlungsweisen bei.

4. Forschungsstand zum Lehrerhandeln

Im nächsten Abschnitt wird der gegenwärtige Forschungsstand zum Lehrerhandeln zusammengefasst. Der Abschnitt ist folgendermaßen gegliedert: Als Erstes wird das Handeln von Lehrpersonen im Unterricht aus der Perspektive der *Organisation unterrichtlicher Aktivitäten* betrachtet. Diese Perspektive soll helfen, für unterschiedliche Fächer und Schulstufen festzustellen, wie Unterricht in Deutschland typischerweise organisiert ist. In einem zweiten Schritt werden dann Forschungsergebnisse entsprechend der Komponenten *Zielklärung und -orientierung, Ausführung von kognitiv anspruchsvollen Lernaktivitäten, Evaluation* und *Lernbegleitung/Regulation* zusammengefasst. Abschließend werden Fragen der *Stabilität bzw. Routinen* von Handlungsweisen im Unterricht sowie integrierende Analysen zu *Mustern und Typen von Unterricht* vorgestellt. Wenn Forschungserkenntnisse in einzelnen Fächern und Schulstufen besonders ausgeprägt sind, werden diese einzeln thematisiert. Ansonsten erfolgt eine übergreifende Zusammenschau.

4.1 Organisation unterrichtlicher Aktivitäten

Die Beschreibung der Organisation unterrichtlicher Aktivitäten nimmt in vielen Studien zum Handeln von Lehrpersonen im Unterricht einen zentralen Stellenwert ein. Unter dem Stichwort „Sichtstrukturen" von Unterricht wird untersucht, welche Aktivitäten und Organisationsformen typisch für Unterricht in unterschiedlichen Fächern sind (Seidel, 2003). Als Sichtstrukturen werden diese Analysen deshalb bezeichnet, weil sie sich im Verhältnis zu anderen Unterrichtskomponenten vorwiegend auf direkt beobachtbare Aktivitäten und Verhaltensweisen konzentrieren.

Im Folgenden werden einige zentrale Befunde von Forschungsstudien aus den Fächern Mathematik, Naturwissenschaften, Deutsch und Englisch als Fremdsprache zusammengefasst (siehe Tabelle 2).

Mathematikunterricht

Am häufigsten wird in der Forschung zum Handeln von Lehrpersonen bisher der Mathematikunterricht untersucht. Hierbei zeigt sich über unterschiedliche Forschungszugänge (Bildungsmonitoring-Studien, Video-Surveys) ein einheitliches Bild. Bereits in der Grundschule wird Mathematik über die Methode des Unterrichtsgesprächs vermittelt. Darüber hinaus nehmen Aufgaben eine zentrale Funktion ein, die spätestens in der Sekundarstufe vorwiegend in Form von Einzelarbeiten bzw. Stillarbeitsphasen bearbeitet werden. Baumert und Köller (2000) beschreiben diesen Unterrichtszugang als „Kalkülorientierung" und stellen heraus, dass die Vermittlung von Wissen im Unterrichtsgespräch und die Übung von Routinen und Rechenfertigkeiten in Einzelarbeit den deutschen Mathematikunterricht in hohem Maße kennzeichnen. Weitere Studien untermauern diese Annahme: Im Projekt VERA[6] ergaben Videoanalysen von Grundschulunterricht der vierten Jahrgangsstufe, dass das Unterrichtsgespräch 57 % der Unterrichtszeit einnimmt (A. Helmke et al., 2008). Weitere 15 % der Zeit erfolgten für Gruppenarbeiten und 12 % für Einzelarbeit. Aktive Sprechanteile konzentrierten sich zu 51 % auf die Lehrperson und zu 31 % auf die Schüler.

Betrachtet man Ergebnisse zum Mathematikunterricht in der Sekundarstufe, setzt sich das Bild aus der Grundschule fort. Bei der TIMSS 1995 Video-Survey stellte man für den deutschen Unterricht (im Vergleich zum Unterricht in Japan und den USA) fest, dass das Unterrichtgespräch die dominierende Arbeitsform darstellt. Darüber hinaus erfolgten 90 % der Schülerarbeitsphasen in Form von Einzelarbeiten bzw. Stillarbeitsphasen. Aktuelle Auswertungen von PISA 2012 verweisen auf eine relativ hohe Stabilität in dieser Organisation unterrichtlicher Aktivitäten hin. Die 15-Jährigen Schüler berichten, dass in ca. 70 % der Unterrichtszeit die Lehrperson durch gezieltes Fragenstellen ihre Lernprozesse steuert und überwacht (Schiepe-Tiska et al., 2013). Diese Ergebnisse werden auch aus Sicht der Lehrkräfte z.B. im Rahmen der längsschnittlich angelegten Erweiterungsstudie PISA-I-Plus untermauert (Kunter et al., 2006). Die Lehrpersonen berichten zu 75 %, regelmäßig oder häufig in Form des Unterrichtsgesprächs zu unterrichten. Die zweithäufigste Organisationsform ist die Stillarbeit (78 % der Lehrpersonen regelmäßig oder häufig). Formen kooperativen Unterrichts (z.B. durch Gruppenarbeiten) werden zwar von ca. 80 % der Lehrpersonen prinzipiell angewendet, doch nur in sechs Prozent stellen sie eine regelmäßige Form des Unterrichts dar. Reformorientierte Arbeitsformen wie individuelle Arbeitspläne oder Wochenpläne sind generell wenig verbreitet (85 % der Lehrpersonen wenden diese selten oder nie an). Damit zeigt sich ein relativ enges Spektrum an beobachteten bzw. berichteten Arbeitsformen. Befragt man Lehrpersonen dazu, wie viele unterschiedliche Methoden sie im Verlauf eines Schuljahres im Mathematikunterricht der Sekundarstufe einsetzen, berichten die meisten (z.B. 68 % befragter Lehrpersonen in Rheinland-Pfalz), sich auf ein bis drei Methoden zu konzentrieren. Darüber hinaus zeigt sich, dass die Variation der Methoden mit der Höhe des Bildungsgangs abnimmt (Helmke & Jäger, 2002).

Naturwissenschaftlicher Unterricht

Im naturwissenschaftlichen Unterricht konzentrieren sich Studien zur Beschreibung der Organisation unterrichtlicher Aktivitäten auf die Sekundarstufe. Dabei zeigen Video-Surveys ebenfalls ein einheitliches Bild, indem das Unterrichtsgespräch die dominierende Arbeitsform darstellt.

6 Vergleichsarbeiten in der Grundschule.

Während der Mathematikunterricht als zweithäufigste Organisationsform von Einzelarbeiten geprägt ist, verschiebt sich im naturwissenschaftlichen Unterricht der Schwerpunkt auf Gruppenarbeiten, in denen Schüler Experimente bearbeiten. In Video-Surveys im Physikanfangsunterricht (7./8. Jahrgangsstufe) zeigt sich beispielsweise ein Anteil von 65 % der Unterrichtszeit für das Unterrichtsgespräch, gefolgt von 22 % der Zeit für Schülerarbeitsphasen (Seidel, 2003; Seidel et al., 2002). Aktivitäten während des Unterrichtsgesprächs konzentrieren sich auf Instruktionen, Aufgabenbesprechungen und dem Vorbereiten von Schülerarbeitsphasen (z.B. der Vorbereitung auf Experimente). Ähnliche Befunde lassen sich in einer weiteren Video-Survey unter Einbeziehung von 50 Schulklassen der neunten Jahrgangsstufe abbilden (Seidel & Prenzel, 2004; Seidel et al., 2006). Dominierende Arbeitsformen waren hierbei Lehrervorträge (32 % der Unterrichtszeit), Unterrichtsgespräche (31 %) sowie Diktate und Hefteinträge (10 %). Im Verhältnis dazu zeigte sich ein Anteil von 22 % für schülerzentrierte Organisationsformen, wobei 50 % davon in Form von Gruppenarbeiten gestaltet waren. Betrachtet man zusätzlich Ziele des Physikunterrichts, wird ein Schwerpunkt im Physikunterricht auf einem phänomenorientierten, induktiven Zugang deutlich (Baumert & Köller, 2000; Reyer, Trendel & Fischer, 2004; Seidel & Prenzel, 2004). Schülern werden naturwissenschaftliche Phänomene präsentiert (z.B. durch Lehrerdemonstrationen oder Schülerexperimente) und darauf aufbauend in Form des Unterrichtsgesprächs naturwissenschaftliche Konzepte und Prinzipien erarbeitet.

Deutschunterricht

Empirische Befunde zu Organisationsformen in anderen Schulfächern sind im Vergleich deutlich limitiert. Sie beruhen zumeist auf Angaben von Lehrpersonen im Rahmen von Bildungsmonitoring-Studien. Für den Leseunterricht in der Grundschule (IGLU, Lehrerfragebogen) konnte hier gezeigt werden, dass das Unterrichtsgespräch wiederum die häufigste Maßnahme zur Aktivierung der Schüler beim Lesen darstellt (Lankes & Carstensen, 2007; Tarelli, Lankes, Drossel & Gegenfurtner, 2012). Diese Organisationsform wird ergänzt durch Instruktionen und Anregungen, wie Schüler Lesestrategien nutzen können. Am seltensten berichten Lehrpersonen über Aktivitäten, die einen kreativen Umgang mit Texten erfordern sowie die Durchführung von Lernkontrollen.

Im Bereich der Sekundarstufe wurden Lehrpersonen im Rahmen der Deutsch-Englisch-Schülerleistungen-International (DESI) Studie zu ihren Unterrichtspraktiken befragt (Klieme, Eichler, et al., 2006). Die Fragen konzentrierten sich dabei auf den Einsatz „reformpädagogisch inspirierter" Unterrichtsformen. Die Befunde zeigen, dass Kleingruppen und Diskussionsrunden in über 40 % der von den Lehrpersonen unterrichteten Klassen mehrmals pro Monat vorkommen. 46 % der Lehrpersonen sagen, dass sie bei Stillarbeit verschiedene Aufgaben einsetzen, um dem unterschiedlichen Niveau der Schüler gerecht zu werden. Zusammenfassend deuten die Befunde darauf hin, dass auch im Deutschunterricht das Unterrichtsgespräch dominiert und diese Organisationsform durch Einzel- und Gruppenarbeiten ergänzt wird. Eine systematische Methodenvariation scheint auch im Deutschunterricht bislang noch wenig verbreitet zu sein.

Unterricht in Englisch als Fremdsprache

Neben dem Deutschunterricht wurde in jüngerer Zeit das Fach Englisch als Fremdsprache in der Sekundarstufe untersucht. Für den Erwerb einer Fremdsprache ist dabei von besonderem Interesse, welche Organisations- und Interaktionsformen die Aktivierung und Kommunikation der Schüler unterstützen. Im Rahmen einer Voruntersuchung der DESI Video-Survey untersuchte Göbel (2007) beispielsweise zehn Englischklassen der neunten und zehnten Jahrgangsstufe. In diesen Klassen wurden zwei Unterrichtsstunden videografiert und Lehrer wie Schüler befragt. Nach den Ergebnissen der Videoanalysen stellt das Unterrichtsgespräch die dominierende Arbeitsform dar (80 % der Sprecherwechsel während des Unterrichts). Daneben erfolgten in geringerem Ausmaß Gruppenarbeiten (11 %) und Einzelarbeiten (4 %). Betrachtet man die Sprecheranteile als einen Hinweis auf die Förderung der Kommunikation der Schüler, wird ein Schwerpunkt bei der Lehrperson deutlich. Diese sprechen in etwa doppelt so lang wie die gesamte Klasse.

Weitere Befunde der DESI Video-Survey unterstreichen und ergänzen die bisher dargestellten Ergebnisse (T. Helmke et al., 2008): Der Großteil der Unterrichtszeit im Englischunterricht der Sekundarstufe wird in der Unterrichtssprache Englisch gehalten (84 %), wobei nur 23 % dieser Zeit die Schüler selbst sprechen (51 % sprechen die Lehrpersonen). Gleichzeitig fällt es den Lehrpersonen schwer, ihren Redeanteil einzuschätzen. In ihrem subjektiven Eindruck unterschätzen sie ihren Redeanteil um etwa 20 %. Zusammenfassend ist der Unterricht in Englisch als Fremdsprache vorwiegend in Form des Unterrichtsgesprächs organisiert und die Lehrperson nimmt in den Gesprächen eine dominierende Rolle ein.

Tabelle 2: Schwerpunktsetzungen in der Organisation unterrichtlicher Aktivitäten im Unterricht in verschiedenen Fächern

	Inhaltsbereiche / Fächer			
	Mathematik	***Naturwissen-schaften***	***Deutsch***	***Englisch als Fremdsprache***
Elementar-stufe	*(A. Helmke et al,. 2008):* Unterrichtsgespräch Gruppenarbeit Einzelarbeit		*(Lankes & Carstensen, 2007):* Unterrichtsgespräch Instruktionen Anregungen zur Nutzung von Lesestrategien *(Tarelli et al., 2012)*: Klassenunterricht als häufigste Form	
Sekundar-stufe	*(Baumert et al., 1997):* Unterrichtsgespräch Einzelarbeit/Stillarbeit *(Schiepe-Tiska et al., 2013):* Steuerung des Unterrichts durch fragend-entwickelndes Gespräch *(Kunter et al., 2006):* Unterrichtsgespräch Einzelarbeit/Stillarbeit *(A. Helmke et al., 2002):* Variation 1-3 Methoden pro Schuljahr Je höher Bildungsgang, desto weniger Methodenvariation	*(Seidel, 2003; Seidel et al., 2002):* Unterrichtsgespräch Gruppenarbeit Hoher Redeanteil Lehrer *(Seidel & Prenzel, 2004):* Lehrervortrag Unterrichtsgespräch Gruppenexperimente *(Reyer et al., 2004):* Lernen durch Eigenerfahrung	*(Klieme et al., 2008):* Selten reformpädagogisch inspirierte Unterrichtsformen Texte aus Lehrbüchern und Arbeitsblätter	*(Göbel, 2007):* Unterrichtsgespräch Gruppenarbeit Hoher Redeanteil Lehrer *(T. Helmke et al., 2008):* Hoher Redeanteil Lehrer in Englischer Sprache Unterschätzung des Redeanteils durch die Lehrer

Zusammenfassung
Betrachtet man die Ergebnisse zur Organisation unterrichtlicher Aktivitäten in unterschiedlichen Fächern und Schulstufen, werden zwei Dinge deutlich: Zum Ersten spiegelt sich der Wissens- und Gegenstandsbereichs in der Wahl typischer Organisationsformen wider. Im Mathematikunterricht werden Aufgaben in Form von Einzelarbeiten bearbeitet, im naturwissenschaftlichen Unterricht stehen Experimente im Zentrum von Gruppenarbeiten, im Deutschunterricht wird in Einzel- und Gruppenarbeiten mit Texten gearbeitet und in Englisch als Fremdsprache steht die Kommunikation im Gespräch sowie die Übung von Grammatik in Form von Einzelarbeiten im Vordergrund. Zum Zweiten scheint es eine für Deutschland typische Unterrichtsweise zu geben, in der Wissen grundsätzlich in Form des Unterrichtsgesprächs vermittelt wird. Hinter dem Unterrichtsgespräch steht die Vorstellung eines genetisch-sokratischen Zugangs, bei dem sich Schüler durch Impulse und Fragen der Lehrperson Wissen selbst erschließen.

Die Ergebnisse zum unterrichtlichen Handeln in Bezug auf die Wahl von Organisations- und Interaktionsformen führen häufig vorschnell zur Annahme, dass bestimmte Aktivitäten das Lernen von Schülern entweder behindern (z.B. bei dominierenden Unterrichtsgesprächen) bzw. fördern (z.B. bei Gruppenarbeiten). Der Forschungsstand zu Wirkungen dieser Aspekte zeigt allerdings einheitlich, dass dieser einfache Zusammenhang nicht hergestellt werden kann (Pauli, Reusser & Grob, 2007; Seidel et al., 2006). Vielmehr deuten die Ergebnisse darauf hin, dass die Qualitäten der Umsetzung verschiedener Organisationsformen für Lernen entscheidend sind. Beispielsweise ist von Bedeutung, ob ein Unterrichtsgespräch kognitiv aktivierend ist oder ob Gruppenarbeiten entsprechend anspruchsvolle Ziel- und Aufgabenstellungen beinhalten. Diese Differenzierung zwischen „Oberflächenmerkmalen" und „Tiefenstrukturen" von Unterricht (Oser & Baeriswyl, 2001) zieht sich durch die Forschungsarbeiten in verschiedenen Schulstufen und Unterrichtsfächern.

4.2 Zielklärung und Zielorientierung

Klassischer Schulunterricht ist durch die Ausgangssituation geprägt, dass Anforderungen von außen in Form von Lehrzielen (Ziele der Lehrperson, des Lehrplans, Standards etc.) an die Schüler herangetragen werden. Diese Ziele müssen internalisiert und als eigene Lernziele angenommen werden (Prenzel 1995). Die Unterstützung dieses Internalisierungsprozesses steht im Vordergrund der Forschungsarbeiten zur Zielklärung und Zielorientierung im Unterricht. Besonders betont wird dabei, dass Internalisierungsprozesse durch eine Klarheit und Transparenz von Erwartungen und Zielen, durch explizite Verknüpfung neu zu lernender Inhalte mit dem Vorwissen der Schüler sowie durch Strukturierungsmaßnahmen unterstützt werden (Herweg, 2008).

Die Beschreibung von Handlungsweisen zur Zielklärung und Zielorientierung beziehen sich bisher vorwiegend auf den Physikunterricht der Sekundarstufe. Dabei zeigte sich beispielsweise über Videoanalysen im Physikanfangsunterricht (Seidel, 2003), dass Ziele und der Ablauf einer Unterrichtsstunde selten explizit bekannt gegeben werden (1 % der Unterrichtszeit). Die Bekanntgabe der Ziele weiterer Stunden bzw. die Einordnung des Themas der Stunde in die Unterrichtseinheit erfolgt in noch geringerem Maße (0.2 % der Unterrichtszeit). Dagegen verwenden Lehrpersonen im Vergleich mehr Zeit für die Klärung von Anforderungen in der Unterrichtsstunde, also einer expliziten Thematisierung des Ablaufs der Aktivitäten während der Unterrichtsstunde (6.5 % der Unterrichtszeit). Ein ähnliches Bild zeichnet sich für den Physikunterricht der neunten Jahrgangsstufe ab (Herweg, 2008). Laut der Ergebnisse von Videoeinschätzungen wurden Ziele selten explizit thematisiert. Ziele müssen vielmehr von den Schülern implizit erschlossen werden. Eine Einbettung der Unterrichtsinhalte in Form von Kontexten und Strukturierungshilfen (z.B. Zusammenfassungen während des Unterrichts) kam ebenfalls selten vor. Im Physikunterricht der Schweiz wurden dagegen die implizite Kohärenz und die Verwendung von Kontexten und Strukturierungshilfen häufiger umgesetzt als im deutschen Unterricht. Ähnliche Ergebnisse werden auch für den Geschichtsunterricht in der Schweiz berichtet (Hodel & Waldis, 2007).

Für den Grundschulunterricht ist im Bereich der Zielklärung und Zielorientierung neben der Einbettung der Lerninhalte in den größeren Unterrichtszusammenhang auch entscheidend, Bezüge zwischen Lerninhalten und den Alltagserfahrungen der Schüler herzustellen. Unter dieser Perspektive fällt auf, deutsche Grundschullehrerinnen auf diese Bezüge im mathematisch-naturwissenschaftlichen Fächern im internationalen Vergleich deutlich weniger Wert legen. Wie Auswertungen der IGLU-Studie zeigen, werden solche Bezüge in jeder Unterrichtsstunde nur von 35 % der Lehrpersonen hergestellt. Der internationale Durchschnitt liegt bei 55 % der Lehrpersonen (Drossel, Wendt, Schmitz & Eickelmann, 2012).

Zusammenfassend lässt sich für den Bereich der Zielklärung und Zielorientierung festhalten: Naturwissenschaftsunterricht in Deutschland ist vorwiegend durch eine implizite Vermittlung von Lehr- und Lernzielen gekennzeichnet. Das Thema einer Unterrichtsstunde, dessen Einordnung in den Gesamtkontext des Unterrichtsthemas, Bezüge zu Alltagserfahrungen der Lernenden, die zu erwerbenden Kompetenzen im Verlauf einer Unterrichtsstunde oder -einheit werden von den Lehrpersonen selten explizit thematisiert. Im Verlauf der Erarbeitung neuer Inhalte müssen sich die Lernenden vielmehr die Ziele des Unterrichts selbst erschließen. Dies ist verbunden mit der Gefahr, dass diese Verknüpfungsprozesse insbesondere von Lernenden mit geringem Vorwissen weniger vollzogen werden als von Schülern mit hohem Vorwissen. Zahlreiche Untersuchungen zeigen, dass diese Verknüpfungsprozesse durch zielorientierten Unterricht erleichtert und positive Wirkungen auf das konzeptuelle Verständnis und die Wissensentwicklung der Lernenden festgestellt werden (Kunter, 2005; Lipowsky et al., 2009; Pauli, Drollinger-Vetter, Hugener & Lipowsky, 2008; Rakoczy et al., 2007; Seidel, Rimmele & Prenzel, 2005).

4.3 Kognitive Herausforderung – Ausführung von Lernaktivitäten

Der nächste Abschnitt beschäftigt sich mit der Unterstützung von Schülern in der Ausführung von Lernaktivitäten. Dabei wird thematisiert, inwiefern Lernende durch Aufgabenstellungen kognitiv herausgefordert werden. Kognitive Herausforderung beinhaltet, wie Schüler neue Lerninhalte mit ihrem bisherigen Wissen verknüpfen, inhaltlich durchdringen und vernetzen sowie Wissen über Wege der Erkenntnisgewinnung in einzelnen Inhaltsbereichen erwerben (Bransford et al., 2000). Damit stehen elaborative und organisierende Prozesse des Wissenserwerbs und deren Unterstützung durch Handlungen der Lehrpersonen im Vordergrund. Diese Aspekte stehen in engem Bezug zum Konstrukt der „kognitiven Aktivierung" (Klieme, Lipowsky, Rakoczy & Ratzka, 2006; Kunter et al., 2006). Zur Zusammenfassung des Forschungsstands erfolgt eine Differenzierung anhand der Schulfächer Mathematik, Naturwissenschaften und Deutsch.

Mathematikunterricht
Ausgangspunkt für vielfältige (auch kritische) Diskussionen über die Qualität des Mathematikunterrichts spielen die Ergebnisse der TIMSS 1995 Videostudie (Baumert et al., 1997). Besonders hervorgehoben wurden Einschätzungen von internationalen Experten zu den Unterrichts-

zielen, die in den videografierten Unterrichtsstunden im Vordergrund standen. Demnach zielte der Unterricht zu fast 60 % auf die Vermittlung mathematischer Fertigkeiten und nur zu etwa 30 % auf mathematisches Verständnis. Dies galt als ein Indikator für eine möglicherweise gering ausgeprägte kognitive Aktivierung auf Seiten der Schüler. Darüber hinaus wurde gerade durch den Vergleich mit japanischem Mathematikunterricht die unterschiedliche Verwendung von Aufgaben deutlich. In nur 10-12 % der analysierten Mathematikunterrichtsstunden wurden Aufgaben eingesetzt, bei denen Lernende auch alternative Lösungswege entwickeln konnten. Mathematische Beweise wurden ebenfalls selten geführt (10 % der Unterrichtsstunden). In Schülerarbeitsphasen stand vor allem die Übung von Routineprozeduren im Vordergrund (90 % aller Unterrichtsstunden). Zu einer ähnlichen Beschreibung des Mathematikunterrichts gelangen auch Baumert und Köller (2000) für die Oberstufe. Dabei berichteten Schüler, dass sie in jeder Unterrichtsstunde Informationen von der Tafel abschreiben (61 % der Befragten), Gleichungen lösen (50 %), der Lehrkraft zusehen, wie sie mathematische Aufgaben und Prozeduren behandelt (35 %) und Rechenfertigkeiten üben (29 %). Diese Schwerpunktsetzung in Richtung einer „Kalkülorientierung" zeigte sich gleichermaßen für Grund- und Leistungskurse.

Ausgehend von den anhaltenden Bemühungen um eine Verbesserung des Mathematikunterrichts seit TIMSS und PISA 2000 würde man davon ausgehen, dass der Einsatz von Aufgaben mit alternativen Lösungswegen mittlerweile in deutlicherem Maße Einzug in die Klassenzimmer gefunden hat. Dies bestätigt sich aber nur teilweise. In der Schülerbefragung bei PISA 2012 zu Mathematikunterricht gaben nur 12 % der Schüler an, dass bei ihnen „immer" oder „fast immer" Aufgaben vorkommen, für die es keinen sofort ersichtlichen Lösungsweg. Dagegen geben 55 % an, dass solche Aufgaben nie, selten oder manchmal vorkommen (Schiepe-Tiska et al., 2013).

Weiterhin stellt sich die Frage, wie tief die Verknüpfungen zwischen Theorie und Übung sowie die Einbettungen mathematischer Zugänge wie das Beweisen im Unterricht verankert werden. Drollinger-Vetter et al. (2006) untersuchten dazu die Qualität der Aufgabenstellungen im Mathematikunterricht der Sekundarstufe. Dabei stellten sie mittels Videoanalysen fest, dass das kognitive Niveau in Theoriesegmenten weitgehend unabhängig vom kognitiven Niveau der Übungssegmente war. Die Autoren stellen heraus, dass die Einbettung und systematische Integration von Theorie und Übung für die Verknüpfungsprozesse auf Seiten der Lernenden von entscheidender Bedeutung sind. Ähnlich argumentieren Kuntze und Reiss in Bezug auf die Einbettung von geometrischen Beweisen im Mathematikunterricht der achten Jahrgangsstufe (Kuntze & Reiss, 2004). Mittels Videoanalysen wurde untersucht, wie anspruchsvoll Inhalte und Anforderungen des Unterrichtsgesprächs beim geometrischen Beweisen sind. Nach den Ergebnissen wird die Erarbeitung von Beweisen oft nicht ausreichend durch rahmende inhaltliche Elemente eingebettet.

Während für den gängigen Mathematikunterricht häufig ein niedriges kognitives Anforderungsniveau festgestellt wurde, zeigen Ergebnisse aus Interventionsstudien allerdings, dass Veränderungen der Unterrichtspraxis möglich sind. Ein Beispiel hierzu bieten Analysen zum Einsatz von heuristischen Lösungsbeispielen im Mathematikunterricht und der Entwicklung einer entsprechenden Lernumgebung, die zur Eigentätigkeit der Lernenden bei der Bearbeitung von Beweisen anregt (Reiss et al., 2006; Reiss, Heinze, Renkl & Groß, 2008).

Naturwissenschaftsunterricht

Kognitive Herausforderung im Naturwissenschaftsunterricht ist in starkem Maße von der Diskussion geprägt, wie Schülern Zugänge der Erkenntnisgewinnung vermittelt werden können. Schüler sollen demnach sowohl Wissen *von* den Naturwissenschaften also auch Wissen *über* die Naturwissenschaften erwerben (OECD, 2007). Experimente nehmen dabei einen besonderen Stellenwert ein, weil durch sie Zugänge der Naturwissenschaften verdeutlicht werden können und sie gleichzeitig die Basis für die Erarbeitung von Wissen bilden (Furtak, Seidel, Iverson & Briggs, 2012; Hofstein & Lunetta, 2004).

Empirische Untersuchungen zum Handeln von Lehrpersonen im Naturwissenschaftsunterricht konzentrieren sich dementsprechend auf Fragen des Denkens und Forschens in den Naturwissenschaften sowie auf die Stellung der Experimente im Unterrichtsprozess. Dabei zeigen Interventionsstudien, dass diese Förderung bereits in der Grundschule möglich ist (Kleickmann, Hardy, Jonen, Blumberg & Möller, 2007; Sodian, Jonen, Thoermer & Kircher, 2006). Ähnlich positive Veränderungen der Unterrichtspraxis und entsprechender Lernergebnisse der Schüler zeigen sich auch für die Sekundarstufe (Wahser & Sumfleth, 2008; Walpuski & Sumfleth, 2007).

Studien zur Beschreibung der gängigen Unterrichtspraxis (insbesondere in der Sekundarstufe) stellen heraus, dass der Naturwissenschaftsunterricht häufig phänomenorientiert gestaltet ist und einen induktiven Zugang repräsentiert (Baumert & Köller, 2000; Reyer et al., 2004; Tesch, 2005). Experimente dienen dazu, naturwissenschaftliche Phänomene zu präsentieren und anhand dessen theoretische Konzepte und Prinzipien zu erarbeiten. Trotz dieser einseitigen Ausrichtung wird klar, dass Experimente eine herausragende Stellung einnehmen. Eine Videoanalyse von Physikanfangsunterricht verdeutlicht dies (Tesch, 2005): 8 % der Unterrichtszeit dienten der Vorbereitung von Experimenten, 28 % dem Experimentieren selbst und 28 % der Nachbereitung der Experimente. Nur 36 % der Unterrichtszeit wurden nicht für Experimentierphasen verwendet. Experimente sind in Deutschland zudem meist stark von der Lehrperson vorstrukturiert (Seidel, Prenzel, Wittwer & Schwindt, 2007). Im Anfangsunterricht (Tesch, 2005) wurde beispielsweise in keiner analysierten Unterrichtsstunde festgestellt, dass die Findung einer Idee für ein Experiment offen war. In der Regel waren Fragestellungen sowie die Planung und Auswertung der Experimente von der Lehrperson vorgegeben.

Im Biologieunterricht nehmen dagegen Aufgaben eine besondere Stellung ein. Aber auch hier ist von Interesse, in welchem Maße Aufgabenstellungen kognitiv herausfordernd sind. In einem Video-Survey wurden hierzu 45 Gymnasialklassen in der neunten Jahrgangsstufe untersucht (Jatzwauk, Rumann & Sandmann, 2008). Die Videoanalysen ergaben, dass 68 % der Unterrichtszeit im Fach Biologie für Aufgaben verwendet wurden. Davon fielen 5 % auf die Vorbereitung der Aufgabenbearbeitung, 38 % auf die Bearbeitung durch die Lernenden sowie 25 % auf die Auswertung der Ergebnisse. Die Analyse der Qualität der Aufgaben ergab allerdings, dass das Potenzial für eine kognitive Herausforderung in den untersuchten Klassen nicht optimal ausgeschöpft wurde. Die eingesetzten Aufgaben wurden von Beobachtern vorrangig auf einem niedrigen Niveau eingestuft.

Im internationalen Vergleich zeigen sich für Deutschland nur wenige Besonderheiten. Im Rahmen der PISA 2006 Datenerhebungen wurden Schüler der neunten Jahrgangsstufe zu typischen Aktivitäten im naturwissenschaftlichen Unterricht befragt (Seidel et al., 2007). Die Lernenden berichten, dass sie in den meisten oder allen Unterrichtsstunden Ideen erklären (59 %), ihre Meinung äußern (56 %), Diskussionen führen (45 %) und in Form des Unterrichtsgesprächs Inhalte erarbeiten (40 %). Zur Stellung der Experimente berichten die Schüler, dass sie vorrangig Schlüsse aus Experimenten ziehen (65 %), Experimente nach Anweisung durchführen (44 %) und Demonstrationsexperimente beobachten (52 %). Eigene Experimente finden nach Angaben der Lernenden in den meisten oder allen Unterrichtsstunden eher selten statt (22 %). Eigene Fragestellungen austesten (25 %), Untersuchungen auswählen (16 %) und Experimente selbst entwickeln (14 %) kommen ebenfalls selten vor. Im Verhältnis zu anderen OECD-Staaten berichten die deutschen Schüler allerdings weniger häufig darüber, dass Anwendungsbezüge einen gängigen Bestandteil ihres Naturwissenschaftsunterrichts ausmachen.

Deutschunterricht
Die Ausführung von Lernaktivitäten im Deutschunterricht wird durch die Auswahl des Text- und Lesematerials bestimmt. Für den Grundschulunterricht haben Lankes und Carstensen (2007) beispielsweise mittels eines Lehrerfragebogens die Art des eingesetzten Lesematerials untersucht. Die Ergebnisse zeigen, dass die Lehrpersonen vorwiegend didaktisches Lesematerial einsetzen. Literarische Texte und authentisches Lesematerial kommen verhältnismäßig selten vor. Die Leseaktivitäten im Grundschulunterricht konzentrieren sich darauf, dass die Kinder für sich selbst lesen oder anderen Kindern bzw. der Lehrperson beim Vorlesen zuhören/mitlesen. Die Analysen von Tarelli et al. (2012) untermauer diese Ergebnisse. Demnach werden Texte vorrangig im Unterrichtsgespräch durchgearbeitet. Sehr selten vermitteln Lehrpersonen gezielt verständnisrelevantes Wissen und Lernstrategien. Darüber hinaus wird den Schülern im internationalen Vergleich selten die Gelegenheit gegeben, an der Entwicklung ihrer Lesestrategien zu arbeiten und zu üben.

Betrachtet man weiterführend Ergebnisse zum Einsatz von Texten im Deutschunterricht der Sekundarstufe (Klieme et al., 2008), zeigt sich eine relativ enge Auswahl von Textsorten. Nach Angaben von Lehrpersonen werden vorrangig Lehrbücher und Arbeitsblätter eingesetzt (in der Regel einmal pro Woche). Danach folgen Sachtexte und Argumentationen (einmal pro Monat). Dialoge, Zeitungstexte, Erörterungen oder Kurzgeschichten kommen ein paar Mal pro Jahr vor. Spezielle Textsorten wie Stadt- und Fahrpläne, Speisekarten, Bedienungsanleitungen werden im Deutschunterricht sehr selten eingesetzt. Nur fünf Prozent der befragten Lehrpersonen berichten, diese ein paar Mal pro Jahr zu verwenden. Darüber hinaus wurde für den Deutschunterricht die Rolle des Schreibens thematisiert. Dabei deuten die Ergebnisse darauf hin, dass kreative Elemente in der Förderung von Schreibfähigkeiten bislang unterrepräsentiert sind. 52 % der befragten Lehrpersonen haben noch nie eine Schreibwerkstatt (als Beispiel für ein förderliches Unterrichtselement) durchgeführt.

Zusammenfassung
Der Forschungsstand zum Bereich der Ausführung von Lernaktivitäten verdeutlicht für unterschiedliche Schulstufen und Fächer ein Entwicklungspotenzial. Gleichzeitig verweisen Interventionsstudien darauf, dass es möglich ist, entsprechende Zielstellungen zu erreichen. Dabei ist zu berücksichtigen, dass die Unterstützung der Ausführung von Lernaktivitäten den Kern unterrichtlichen Handelns kennzeichnet und damit wohl immer dem kritischen Auge von Beobachtern (Experten, Eltern, Lehrer) unterliegt. Kern des Unterrichts ist ein vertieftes Durchdringen und Verstehen mathematischer, naturwissenschaftlicher oder sprachbezogener Inhalte. Meta-Analysen zeigen gerade hier die größten Wirkungen auf Lernergebnisse der Schüler (Seidel & Shavelson, 2007). Neben der Tatsache, dass in allen Schulstufen und Fächern Entwicklungsmöglichkeiten gesehen werden, verdeutlicht die Zusammenfassung des Forschungsstands aber auch, wie bedeutsam die Integration verschiedener Perspektiven (Fachdidaktik, Erziehungswissenschaft, Psychologie) für die inhaltsspezifische Beschreibung unterrichtlichen Handelns von Lehrpersonen ist.

4.4 Evaluation

Evaluation als Unterrichtskomponente beschäftigt sich mit dem Vergleich zwischen Zielen und Ergebnissen des Lernens. Damit spielen Situationen im Unterricht eine besondere Rolle, in denen sich Schüler in ihrem Lernverlauf entweder selbst beurteilen oder Lehrpersonen Mittel einsetzen, um den Lernstand zu diagnostizieren. Die Komponente der Evaluation ist in der Forschung zum Handeln von Lehrpersonen in Deutschland bisher noch wenig intensiv untersucht. Bisherige Forschungsarbeiten konzentrieren sich beispielsweise auf die Rolle von Hausaufgaben oder aber die Art der Prüfungsfragen, wie sie im Rahmen von Klassenarbeiten eingesetzt werden. Auf die spezielle Funktion von Hausaufgaben soll in diesem Kapitel nicht eingegangen werden, weil sie einen eigenen Forschungsbereich darstellt und den Umfang dieses Kapitels überschreiten würde. Beispielhaft sei hierzu auf eine Untersuchung von Trautwein et al. (2002) hingewiesen. Eine Befragung von Schülern zu Hausaufgabenaktivitäten ergab, dass kontinuierlich eingesetzte und nicht zu umfangreiche Hausaufgaben das Lernen positiv unterstützen.

Neben der Art der Hausaufgaben und deren Integration in den Unterricht spielen für die Evaluation von Lernergebnissen Prüfungsaufgaben eine zentrale Rolle. Um zu untersuchen, welchen Anspruch Aufgaben im Mathematikunterricht der Sekundarstufe erfüllen, wurden in 161 Klassen der PISA-I-Plus Studie alle Klassenarbeiten eines Schuljahres gesammelt und die dort dokumentierten Aufgaben analysiert (Kunter et al., 2006). Die Klassifizierung erfolgte in drei Kategorien: Technische Aufgaben, rechnerische Modellierungsaufgaben und begriffliche Modellierungsaufgaben. Darüber hinaus wurden die Aufgaben in niedrige bis hohe Wissensstufen eingeteilt. Die Ergebnisse dieser Analysen zeigen einen Schwerpunkt auf technischen (49 % der Aufgaben) und rechnerischen Aufgaben (43 %). Begriffliche Modellierungen kamen mit 8 % der Aufgaben vergleichsweise selten vor. Das kognitive Aktivierungspotenzial (gemessen über das Niveau der Wissensstufen) der Aufgaben war verhältnismäßig niedrig. Die Mehrzahl der Aufgaben erforderte kein mathematisches Modellieren (68 %) oder Argumentieren (96 %). Zusammenfassend betonen die Autoren, dass die gestellten Aufgaben nur in geringem Maße Potenziale zur kognitiv herausfordernden Auseinandersetzung mit Lerninhalten eröffnen.

4.5 Lernbegleitung

Die Lernbegleitung umfasst Aktivitäten und Handlungsweisen im Unterricht, die Lernprozesse der Schüler aktivieren, diese steuern und entsprechend der Zielstellungen anpassen. Diese Steuerungsprozesse können im Kontext des Unterrichts sowohl von Seiten der Lehrperson als auch von den Lernenden selbst übernommen werden. Da die bisherige Zusammenfassung gezeigt hat, dass Unterricht in Deutschland in starkem Maße von den Lehrpersonen gesteuert wird, ist es im Folgenden auch nicht verwunderlich, dass Beschreibungen selbstregulierten Lernens von Schülern im gängigen Unterricht nicht besonders ausgeprägt sind. Aus diesem Grund konzentriert sich die Zusammenfassung des Forschungsstands zur Lernbegleitung auf zwei Aspekte: (a) Aktivierung und Steuerung von Lernprozessen durch Lehrer-Schüler-Interaktionen und (b) Anpassung der Lernprozesse durch Adaptivität im Unterricht. Anzumerken ist allerdings, dass es im Bereich von Interventionsstudien durchaus Belege für Möglichkeiten der Förderung selbstregulierten Lernens gibt (Spörer, Brunstein & Kieschke, 2009).

Die Forschungsstudien im Bereich der Lernbegleitung haben die Annahme gemeinsam, dass durch Lernbegleitung vor allem motivationale, emotionale und meta-kognitive Steuerungsprozesse angesprochen werden. Die Rolle der Lehrenden wird darin gesehen, ein Gleichgewicht zwischen der notwendigen Unterstützung durch die Lehrperson und der maximal möglichen Autonomie der Lernenden herzustellen (Furtak & Kunter, 2012; Perry, Turner & Meyer, 2006). Der theoretische Hintergrund liegt bei vielen Untersuchungen im Kontext der Selbstbestimmungstheorie der Motivation (Ryan & Deci, 2000). Zentral ist die Annahme, dass die subjektive Wahrnehmung von Autonomie, Kompetenz und sozialer Eingebundenheit auf Seiten der Schüler motivationale, emotionale und meta-kognitive Prozesse des Lernens aktiviert und aufrecht erhält. Das Handeln von Lehrpersonen im Unterricht wird dementsprechend dahingehend analysiert, ob diese Grundbedürfnisse beim Lernen der Schüler in positiver Weise angesprochen werden.

Aktivierung und Steuerung von Lernprozessen durch Lehrer-Schüler-Interaktionen
Interaktionen zwischen Lehrpersonen und ihren Schülern finden bei der in Deutschland dominierenden Organisationsform des Unterrichtsgesprächs vorwiegend klassenöffentlich statt. Dementsprechend konzentrieren sich Analysen der Lehrer-Schüler-Interaktionen auf die Art und Weise, wie Lehrpersonen durch Fragen und Impulse Denkprozesse anregen und durch Rückmeldungen und Reaktionen auf Schülerbeiträge diese steuern und fortführen (Flanders, 1970). Zusammenfassend verdeutlichen die Forschungsbefunde zu Interaktionen zwischen Lehrenden und ihren Schülern eine Tendenz zur Engführung von Lernprozessen. Interaktionen im Klassenzimmer sind in Deutschland meist dadurch gekennzeichnet, dass die Lehrperson immer involviert ist und Interaktionen zwischen den Schülern im klassenöffentlichen Kontext nicht vorkommen. Die Grundkonstellation besteht darin, dass Lehrpersonen Fragen und Impulse an die Klasse geben, die Schüler darauf reagieren und die Lehrperson dann darüber entscheidet, wie sie diese aufgreift und weiterführt.

Im Folgenden sollen exemplarisch einige Studien aus unterschiedlichen Fächern die Qualität dieser Interaktionen beschreiben. In einer Videostudie zum Physikanfangsunterricht zeigten sich folgende Interaktionsmuster (Seidel, 2003): Lehrer stellen im Unterrichtsgespräch vorrangig Fragen an die Klasse (27 % der Lehreräußerungen) und erläutern Inhalte (66 %). Die Rolle der Schüler besteht in der kurzen Beantwortung der Fragen (34 % der Schüleräußerungen) und der Erläuterung ihrer Antworten (48 %). Dadurch, dass die Lehrperson in fast alle Interaktionen involviert ist, ergeben sich hohe Sprechanteile auf Seiten der Lehrenden. Im Physikunterricht sind dies in der Regel zwischen 70 % und 90 % des Klassengesprächs. Schülerbeiträge werden in der Regel von der Lehrperson sofort aufgegriffen (83 % des Unterrichtsgesprächs), allerdings erfolgt mit 9 % der Zeit auch ein Ignorieren von Schülerbeiträgen. Ähnliche Ergebnisse zeigen sich für den Englischunterricht (Göbel, 2007; T. Helmke et al., 2008). Die Engführung der Interaktionen zeigt sich außerdem in der Funktion von Schüleräußerungen (Seidel, 2003): Antworten der Schüler auf Fragen der Lehrpersonen haben meist die Funktion, ein Stichwort für die Weiterführung des Unterrichtsgesprächs zu geben (44 % der Schüleräußerungen) oder aber die Erläuterungen der Lehrperson zu ergänzen (37 %). Interaktionen, in denen Beiträge von Schülern inhaltlich aufgegriffen und weitergeführt werden, kommen relativ selten vor (10 % der Schüleräußerungen). Die Reaktionen der Lehrpersonen auf Schülerbeiträge lassen sich insbesondere in Bezug auf die Form der darin enthaltenen Rückmeldung analysieren. Hier zeigen Analysen zum Physikunterricht, dass Lehrpersonen vorrangig kurze Antworten in Ja-Nein-Form geben oder den Beitrag eines Schülers wiederholend umformulieren. Sachlich-konstruktive Rückmeldungen und positive Rückmeldungen wie Lob kommen insgesamt in klassenöffentlichen Gesprächssituationen selten vor. Damit belegen die meisten Analysen eine deutliche Engführung in den durch ein Unterrichtsgespräch anzuregenden Lernprozessen. Gleichzeitig weisen diese Interaktionsformen eine hohe zeitliche Stabilität auf und kommen unabhängig vom unterrichteten Thema vor (Seidel & Prenzel, 2006). Ähnliche Befunde zu Interaktionen zwischen Lehrpersonen und ihren Klassen zeigen sich auch für den Mathematik- und Englischunterricht (Göbel, 2007; T. Helmke et al., 2008; Pauli & Lipowsky, 2007).

Weiterführende Analysen zur Lernbegleitung konzentrieren sich darauf, inwieweit Lehrpersonen Möglichkeiten der kognitiven Aktivierung und der Modellierung von Denkprozessen nutzen (Kobarg, 2009; Kobarg & Seidel, 2007). Videobasierte Einschätzungen zeichnen beispielsweise für den Physikunterricht ein Bild, bei dem Lehrpersonen selten im Unterrichtsgespräch laut denken, Denkanstöße geben, gemeinsam Lösungswege planen oder diese kritisch hinterfragen. Auch in Schülerarbeitsphasen stehen Lehrende eher selten für Fragen aktiv zur Verfügung, geben sachlich-konstruktive Rückmeldungen und verwenden offene Aufgabenstellungen und vielfältige Materialien. Gerade Schülerarbeitsphasen gäben Lehrpersonen die Möglichkeit, eine beobachtende und begleitende Rolle einzunehmen, ohne in jeder Interaktion aktiv beteiligt zu sein. Ergebnisse aus Videoanalysen zur Lernbegleitung in Schülerarbeitsphasen im Mathematikunterricht der Schweiz unterstreichen diese besonderen Chancen (Krammer, 2009). Schülerarbeitsphasen nehmen dort fast die Hälfte der Unterrichtszeit ein (47 % einer Unterrichtsstunde). Ein Viertel der Interaktionen zwischen Lehrpersonen und ihren Schülern beinhalten Nachfragen nach dem Fortschritt der Aufgabenbearbeitung (24 %). Direkte Erklärungen bezüglich des Vorgehens nehmen ebenfalls in etwa ein Viertel der untersuchten Interaktionen ein (27 %). Interaktionen mit Hinweisen und Anregungen zum selbstständigen Weiterdenken umfassen fast die Hälfte der Dauer von Interaktionen.

Anpassung der Lernprozesse durch Adaptivität im Unterricht

Weiterhin wird im Bereich der Lernbegleitung thematisiert, inwieweit Lehrpersonen zwischen den Lernenden in ihrer Klasse differenzieren und Aspekte selbstregulierten Lernens ansprechen. Betrachtet man *Adaptivität im Unterricht*, stellen sich folgende Fragen (Corno & Snow, 1986): Wie wird der Unterricht auf einer Makroebene organisiert und welche Möglichkeiten der Differenzierung ergeben sich dabei? Wie interagieren Lehrende auf einer Mikroebene mit ihren Schülern und gibt es dort Differenzierungen zwischen Schülergruppen mit unterschiedlichen Voraussetzungen?

Untersuchungen auf der *Makroebene* weisen in der Regel darauf hin, dass Differenzierungsmaßnahmen im Unterricht in Deutschland intensiviert werden können. Nach den Ergebnissen von Lankes und Carstensen (2007) sowie Tarelli et al. (2012) werden im Grundschulleseunterricht selten heterogene Gruppen gebildet, die von den Lehrpersonen einzeln oder als Gruppe unterstützt werden. Im internationalen Vergleich verwenden die Grundschullehrkräfte in Deutschland weniger niveauangepasstes Material und haben seltener durch Spezialisten personelle Unterstützung. Ein Beispiel für verschiedene Formen von Differenzierungsmaßnahmen im Schweizer Mathematikunterricht der Sekundarstufe liefern Hugener, Krammer & Pauli (2008). Anhand von Videoanalysen einer Unterrichtseinheit zum Thema Pythagoras wurde unterschieden, ob Lehrpersonen Maßnahmen der Tempodifferenzierung, der Selbstkontrolle eigener Lernergebnisse, Differenzierungen im Schwierigkeitsgrad von Aufgabenstellungen und Möglichkeiten der Kooperation zwischen Lernenden im Unterricht umsetzen. Die Ergebnisse zeigen, dass im Schweizer Mathematikunterricht selbstständige Schülerarbeitsphasen zwischen 40 % und 45 % der dreistündigen Unterrichtseinheit einnehmen. Während der Schülerarbeitsphasen konnten die Lernenden das Tempo der Bearbeitung variieren (13 % der Zeit), sich selbst in den Ergebnissen kontrollieren (12 %), die Schwierigkeit der Aufgabenstellungen variieren (14 %) und mit den anderen Lernenden kooperieren (47 %). Ein weiteres Beispiel für die Förderung von Adaptivität stellt der ECOLE-Ansatz dar (Gläser-Zikuda, Fuß, Laukenmann, Metz & Randler, 2005). Der Interventionsansatz hat zum Ziel, durch Methodenvariation, Schaffung von Freiräumen, Umsetzung von Lernstrategien, Verwendung authentischer Aufgabenstellungen, Transparenz von Leistungsanforderungen und Möglichkeiten der Selbstkontrolle eine adaptive Lernumgebung im Unterricht zu schaffen. Darüber hinaus zeigen Maßnahmen zur Förderung von Adaptivität im Unterricht, dass es möglich ist, Lehrpersonen dahingehend zu unterstützen, adaptive Unterrichtskomponenten in der Planung und Umsetzung von Unterricht zu berücksichtigen (Beck et al., 2008; Rogalla & Vogt, 2008; Vogt & Rogalla, 2009).

Auf der *Mikroebene* von Unterricht konzentrieren sich die Forschungsarbeiten auf die Frage, wie Lehrpersonen mit unterschiedlichen Voraussetzungen der Lernenden umgehen. Zentral ist, ob die Lehrpersonen ihre Interaktionen gleichmäßig auf Schülergruppen mit unterschiedlichen Voraussetzungen verteilen. Einsiedler und Treinies (1997) konnten beispielsweise zeigen, dass eine gleichmäßige Verteilung der Interaktionen zu einem Ausgleich von Leistungsunterschieden innerhalb einer Klasse führt. Bei einer sich verstärkenden Entwicklung der Leistungsunterschiede interagierten die Lehrpersonen vorrangig mit leistungsstarken Schülern. Befunde dahingehend, dass Lehrpersonen vorrangig mit leistungsstarken Schülern interagieren, berichten Sacher (Sacher, 1995) und Lipowsky et al. (Lipowsky, Rakoczy, Pauli, Reusser & Klieme, 2007) für den Mathematikunterricht. Jurik, Gröschner und Seidel (2013) bestätigen diese Befunde für den Physikunterricht. Interessant ist der Befund, dass vor allem leistungsstarke Mädchen mit den Lehrkräften interagieren. Eine sehr geringe Beteiligung zeigt sich dagegen bei Schülern mit einem schwachen Profil (kognitiv, motivational-affektiv) sowie bei sich unterschätzenden Schülern, d.h. kognitiv starken Schüler, die ihre Leistungen aber in ihrem Selbstkonzept unterschätzen.

Zusammenfassung
Die Forschungsergebnisse im Bereich der Lernbegleitung unterstreichen die bereits angesprochene Dominanz der Lehrperson im Unterricht. Dreh- und Angelpunkt für unterrichtliches Handeln im Unterricht in Deutschland stellt der genetisch-sokratische Zugang dar, der in Form des Unterrichtsgesprächs umgesetzt wird. Die Lehrperson nimmt dabei die Rolle des „Fragenstellens" ein, mit dem Ziel, Impulse zu setzen und Schüler so zum Denken anzuregen. Das Problem der gegenwärtigen Gestaltung des Unterrichtsgesprächs und der Interaktionen zwischen Lehrenden und ihren Klassen ist allerdings die zeitliche Not, in die Lehrpersonen geraten. Der sokratische Dialog erfordert enge Interaktionen zwischen Lehrpersonen und einzelnen Schülern und damit ausreichend Zeit für solche Interaktionen. Als „Kompromiss" zwischen Anspruch und Zeitnot erfolgen eng geführte Unterrichtsgespräche, in denen Lehrpersonen vorstrukturierte Fragen an die Klassen stellen und wenig Möglichkeiten sehen, auf abweichende Beiträge von Schülern zu reagieren. In die Interaktionen werden darüber hinaus vorwiegend leistungsstarke Schüler einbezogen, die am ehesten den Fragen Rechnung tragen. Lehrpersonen sind nach den Ergebnissen der berichteten Studien in fast allen Interaktionen involviert und haben nur selten die Möglichkeit, eine beobachtende und reflektierende Rolle einzunehmen. Möglichkeiten der Differenzierung (auf einer Makroebene) in der Umsetzung selbstständiger Schülerarbeitsphasen und der Bildung von Kleingruppen werden selten genutzt.

4.6 Muster und Typen unterrichtlichen Handelns

Abschließend werden Ansätze vorgestellt, die Beschreibungen von Unterrichtskomponenten in ihren Mustern bzw. Typen betrachten. Eine solche Betrachtungsweise liefert die TIMSS 1995 Videostudie für den *Mathematikunterricht* der Sekundarstufe (Baumert et al., 1997; Stigler et al., 1999). Für Deutschland wurden zwei Varianten eines „Skripts" beschrieben: Beide Varianten beginnen mit der Durchsicht und Besprechung von Hausaufgaben, danach folge eine kurze Wiederholungsphase. Bei der ersten Variante erfolgt dann die Erarbeitung neuer Inhalte im fragend-entwickelnden Unterrichtsgespräch, die Ergebnisse werden von der Lehrperson an der Tafel dokumentiert. Die zweite Variante bezieht sich auf ein in der vorherigen Stunde vorbereitetes Thema, bei dem dann ein Schüler, unterstützt von der Klasse und der Lehrperson, an der Tafel eine Aufgabe löst. Einen besonderen Blick legt das Pythagoras-Projekt auf Einführungsstunden im Mathematikunterricht in Deutschland und der Schweiz (Hugener, 2008; Hugener et al., 2009). Die Videoanalysen zu zwei je dreistündigen Unterrichtseinheiten zum Thema Pythagoras und Textaufgaben lassen drei einführende Unterrichtsmuster identifizieren: (a) Einführung unter Nutzung eines darstellenden Zugangs, der vor allem zu Beginn mit einem Lehrervortrag startet; (b) ein problemlösender, fragend-entwickelnder Zugang, bei dem im Unterrichtsgespräch anhand von Aufgaben mathematische Inhalte problemlösend erarbeitet werden; (c) ein entdeckender Zugang, bei dem Schüler anhand komplexer Aufgabenstellungen kooperativ Problemlösungen erarbeiten. Zusammenhänge zu Lernentwicklungen ließen sich bei der Beschreibung dieser Zugänge allerdings nicht feststellen. Allerdings ist hier zu berücksichtigen, dass sich diese Formen der Beschreibung von Unterrichtsmustern vorrangig auf Aktivitäten und Organisationsformen beziehen, bei denen sich auch auf der Ebene einzelner Komponenten keine Zusammenhänge zu Lernentwicklungen aufweisen lassen.

In PISA 2012 wurden deshalb solche Aspekte für die Identifizierung von Unterrichtsmustern aufgenommen, die sich für den Mathematikunterricht als besonders lernrelevant herausgestellt haben (Schiepe-Tiska et al., 2013). Dazu zählt der Einsatz von Aufgaben mit multiplen Lösungswegen (kognitive Aktivierung), ein Interesse des Lehrenden an den Entwicklungen der Schüler (Lernbegleitung) und eine klares Klassenmanagement (Zielorientierung). Unter dieser Perspektive wurden drei Unterrichtstypen identifiziert: (a) unterstützender und aktivierender (21 %), (b) moderat aktivierender und störungsarmer (53 %), sowie (c) anregungsarmer und störungsanfälliger Mathematikunterricht (26 %). Unter Berücksichtigung dieser drei Typen zeigt sich, dass vor allem das dritte Muster negative Effekte auf Mathematikkompetenzen sowie mathematikbezogene Freude und Interesse hat. Muster (a) und (b) zeigen keinen Unterschied in Bezug auf Mathematikkompetenzen (die bei beiden positiv sind), allerdings in Bezug auf Freude und Interesse an Mathematik: Negative Werte berichten Schüler bei Muster (b), während Muster (a) noch am ehesten mit Freude und Interesse verbunden ist (das insgesamt nicht besonders hoch ausgeprägt ist).

Eine Beschreibung von Mustern im Physikunterricht liefert Dalehefte (2007) unter besonderer Berücksichtigung tiefergehender Qualitätsmerkmale von Unterricht. Hier erfolgte die Einbeziehung von Komponenten wie schülerzentrierte Arbeitsformen, Zielorientierung und Lernbegleitung. Es werden drei Unterrichtsmuster identifiziert: Das erste Muster stellt eine „Mischform" von Unterricht dar, bei der sowohl lehrer- und schülerzentrierte Aktivitäten vorkommen. Gleichzeitig ist der Unterricht zielorientiert, weist aber die geringsten Merkmale an unterstützendem lernbegleitendem Verhalten der Lehrpersonen auf. Das zweite Muster ist gekennzeichnet durch einen hohen Anteil an schülerzentrierten Arbeitsformen und positiver Lernbegleitung. Die Zielorientierung ist dabei im mittleren Bereich. Das dritte Muster ist dem zweiten Muster im Bereich der Zielorientierung und der positiven Lernbegleitung ähnlich, unterscheidet sich aber in der Organisationsform: Hier wählen die Lehrpersonen vorrangig lehrerzentrierte Aktivitäten. Interessant ist die Verteilung der untersuchten Klassen auf die drei Muster: Im gängigen Physikunterricht der neunten Jahrgangsstufe fallen 50 % in das erste Muster, der Mischform aus lehrer- wie schülerzentrierten Aktivitäten bei hoher Zielorientierung und niedriger Lernbegleitung. Fallanalysen zu Unterrichtsstunden bei Lehrpersonen, die sich an Programmen der Unterrichtsentwicklung beteiligen, machen eine andere Verteilung erkennbar: Diese Lehrpersonen entscheiden sich entweder für das zweite oder dritte Muster. Keine einzige analysierte Stunde fällt bei diesen Lehrpersonen in das erste Muster. Diese Analysen legen nahe, dass Lehrpersonen im gängigen Unterricht unter Umständen zu viele Aktivitäten integrieren wollen und dies zu Lasten der möglichen Unterstützung in Form von Lernbegleitung geht.

Zu einer ähnlichen Interpretation gelangen Seidel et al. (2007) bei der Analyse von Schülerantworten im Rahmen von PISA 2006. Die Angaben der Schüler beziehen sich dabei auf Aktivitäten zum naturwissenschaftlichen Experimentieren und Forschen im Unterricht. Es werden drei Unterrichtstypen beschrieben: Globale Aktivitäten kennzeichnen den ersten Unterrichtstyp, bei dem Lernende berichten, dass sie in fast allen Unterrichtsstunden Experimente planen und durchführen. Beim zweiten Typ erfolgt eine Konzentration der Aktivitäten auf den Bereich des Ziehens von Schlussfolgerungen und der Interpretation von naturwissenschaftlichen Daten. Handlungsorientierte Aktivitäten erfolgen hier vergleichsweise seltener. Der dritte Typ beschreibt traditionellen naturwissenschaftlichen Unterricht, der Elemente des Experimentierens und Forschens auf Seiten der Schüler als regelmäßigen Bestandteil von Unterricht wenig berücksichtigt. Für Deutschland zeigt sich eine Verteilung auf die drei Unterrichtstypen zu 13% für Typ 1, 55% für Typ 2 und 32% für Typ 3. Analysen zum Zusammenhang der Unterrichtstypen mit den bei PISA 2006 erzielten naturwissenschaftlichen Kompetenzen auf Seiten der Lernenden ergeben einen klaren Vorteil für das zweite Unterrichtsmuster. Für den Lernerfolg der Schüler scheint es sinnvoll zu sein, sich aufgrund der zeitlichen Begrenztheit von Unterricht auf bestimmte regelmäßige Aktivitäten zu konzentrieren. Es handelt sich also um eine Frage der sinnvollen „Dosierung" von Unterrichtsaktivitäten.

5. Fazit und Perspektiven

Der Forschungsbereich zum Handeln von Lehrpersonen im Unterricht hat sich in den letzten Jahren deutlich erweitert. Auf der Basis unterschiedlicher Zugänge aus Bildungsmonitoring-Studien, Video-Surveys, Interventionsansätzen und qualitativen Studien lässt sich für Kernfächer wie Mathematik, Naturwissenschaften, Deutsch und Englisch als Fremdsprache beschreiben, wie Unterricht typischerweise gestaltet ist und unter welchen Bedingungen er auch verändert werden kann. Trotz dieses enormen Fortschritts gibt es weiterhin Felder, die in Zukunft noch stärker berücksichtigt werden müssen: Eine Erweiterung um Forschungsstudien in Unterrichtsfächern, die weitere Zugänge der Erkenntnisgewinnung repräsentieren, würde helfen, domänenspezifische Lehr- und Lernaktivitäten differenzierter beschreiben und nachvollziehen zu können. Beispielsweise liefert ein Video-Survey zum Geschichtsunterricht in der Schweiz wertvolle Hinweise dazu, wie Schüler den kritischen Umgang mit Quellen erlernen (Waldis, Reusser & Moser, 2007). Es wäre aber auch von Interesse, künstlerische Fächer in die Forschung zum unterrichtlichen Handeln mit einzubeziehen, weil hier Fragen des körperlichen und emotionalen Ausdrucks, der Präsentationsformen sowie des selbstregulierten Lernens unter einer neuen Perspektive betrachtet werden können.

Neue Erziehungswirklichkeiten und die damit einhergehende Umstrukturierung von Schule in Richtung eines ganztägigen Angebots werden in Zukunft verstärkt dazu führen, dass sich traditionelle Strukturen von Unterricht verändern. Diesen Veränderungsprozessen wird auch die Unterrichtsforschung Rechnung tragen müssen, z.B. in Bezug auf die Weiterentwicklung theoretischer Modelle, aber auch in Bezug auf die Erweiterung der Erhebungsinstrumente zur Beschreibung von Unterricht (Seidel, 2008). Die etablierten Forschungsinstrumente beziehen sich in der Regel auf die Beschreibung traditioneller Unterrichtsformen. Veränderte Unterrichtszugänge, die beispielsweise nicht mehr im 45-Minuten-Takt stattfinden oder individuelle Lernarrangements beinhalten (z.B. Wochenpläne, Werkstattunterricht), können mit den derzeitigen Instrumenten mit hoher Wahrscheinlichkeit nicht adäquat abgebildet und beschrieben werden. Vor diesem Hintergrund wäre es wünschenswert, unter Berücksichtigung von Fallbeispielen einer veränderten Unterrichtspraxis theoretische und methodische Weiterentwicklungen zu unterstützen.

Die Anpassung des Unterrichts an die Unterschiedlichkeit der Lernenden stellt ein weiteres zukünftiges Forschungsfeld dar. Hier wird weiter zu klären sein, unter welchen Voraussetzungen Schüler am Unterricht teilnehmen, wie kognitive, emotionale und motivationale Voraussetzungen zusammenspielen, und wie Lehrpersonen Lernende entsprechend ihrer Voraussetzungen optimal unterstützen können. Die Vereinbarkeit unterschiedlicher Zielstellungen von Unterricht (Erreichen von kognitiven Leistungen, motivationale Orientierungen, Selbstregulation beim Lernen) ist bisher empirisch nicht ausreichend geklärt.

In methodischer Hinsicht erfolgte in den letzten Jahren die Etablierung hoher Standards in der Forschung zum Lehrerhandeln. Die berichteten Untersuchungen basieren auf komplexen theoretischen Modellen, die unterrichtliches Handeln in Lehr-Lern-Prozesse integrieren. Diese theoretischen Annahmen werden in Form von Mixed-Method-Ansätzen umgesetzt (Gläser-Zikuda, Seidel, Rohlfs, Gröschner & Ziegelbauer, 2012). Sie fließen in weiterführende Analysen zu Wirkungsweisen von Unterricht ein, die in der Regel mehrebenenanalytisch angelegt sind. Mixed-Method-Ansätze sind zwar komplex und aufwändig, die Ergebnisse der Studien lassen aber erkennen, dass sie den Anspruch einer validen Erfassung des Unterrichtsgeschehens einlösen. Es ist zu hoffen, dass diese Ansätze trotz des Aufwands fortgeführt werden.

Abschließend sei angemerkt, dass die Forschung zum Handeln von Lehrpersonen eng mit weiteren Forschungsfeldern verknüpft ist (Janik & Seidel, 2009). Video-Surveys haben sich in den letzten Jahren beispielsweise in die Richtung bewegt, sich mit Fragen der Professionalisierung von Lehrpersonen unter Nutzung von Videobeispielen zu beschäftigen (z.B. MET-Project, 2012). Darüber hinaus wird mittlerweile intensiv das Feld der Diagnose von Lehrerkompetenzen beschritten (z.B. Baumert et al., 2010; Seidel & Stürmer, im Druck; Terhart et al., 2012). In Zukunft kann man davon ausgehen, dass systematisch Verknüpfungen der Forschung zu Lehrerkompetenzen, Lehrerhandeln und Lehrerfortbildung hergestellt werden.

Literatur

Baumert, J. & Köller, O. (2000). Unterrichtsgestaltung, verständnisvolles Lernen und multiple Zielerreichung im Mathematik- und Physikunterricht der gymnasialen Oberstufe. In J. Baumert, W. Bos & R. Lehmann (Hrsg.), *TIMSS/III. Dritte Internationale Mathematik- und Naturwissenschaftsstudie. Mathematisch und naturwissenschaftliche Bildung am Ende der Schullaufbahn. Band 2* (S. 271-315). Opladen: Leske + Budrich.

Baumert, J., Kunter, M., Blum, W., Brunner, M., Voss, T., Jordan, A. et al. (2010). Teachers‘ mathematical knowledge, cognitive activation in the classroom, and student progress, 47(1). *American Educational Research Journal, 47*(1), 133–180. doi: 10.3102/0002831209345157

Baumert, J., Lehmann, R., Lehrke, M., Schmitz, B., Clausen, M., Hosenfeld, I., … Neubrand, J. (1997). *TIMSS – Mathematisch-naturwissenschaftlicher Unterricht im internationalen Vergleich. Deskriptive Befunde.* Opladen: Leske + Budrich.

Beck, E., Baer, M., Guldimann, T., Bischoff, S., Brühwiler, C., Müller, P., … Vogt, F. (2008). *Adaptive Lehrkompetenz.* Münster: Waxmann.

Bloom, B. S. (1976). *Human characteristics and school learning.* New York: McGraw-Hill.

Bolhuis, S. (2003). Towards process-oriented teaching for self-directed lifelong learning: a multidimensional perspective. *Learning And Instruction, 13*(3), 327–347. doi: 10.1016/s0959-4752(02)00008-7

Bos, W., Tarelli, I., Bremerich-Voss, A. & Schwippert, K. (Hrsg.) (2012). *IGLU 2011. Lesekompetenzen von Grundschulkindern in Deutschland im internationalen Vergleich.* Münster: Waxmann.

Bos, W., Wendt, H., Köller, O. & Selter, C. (Hrsg.) (2012). *TIMSS 2011. Mathematische und naturwissenschaftliche Kompetenzen von Grundschulkindern in Deutschland im internationalen Vergleich.* Münster: Waxmann.

Bransford, J. D., Brown, A. L. & Cocking, R. R. (2000). *How people learn: Brain, mind, experience, and school.* Washington, D.C.: National Academy Press.

Caroll, J. (1963). A model for school learning. *Teachers College Record, 64*(723-733).
Corno, L. & Snow, E. R. (1986). Adapting teaching to individual differences among learners. In M. C. Wittrock (Ed.), *Handbook of research on teaching* (pp. 695-629). New York: Macmillan.
Dalehefte, I. M. (2007). *Unterrichtsskripts – ein multikriterieller Ansatz.* Kiel: Universität Kiel.
De Corte, E., Verschaffel, L., Entwistle, N. & van Merriënboer, J. (Eds.) (2003). *Powerful learning environments: Unravelling basic components and dimensions.* Amsterdam: Pergamon.
Drollinger-Vetter, B., Lipowsky, F., Pauli, C., Reusser, K. & Klieme, E. (2006). Cognitive level in problem segments and theory segments. *Zentralblatt für die Didaktik der Mathematik, 38*(5), 399-412.
Drossel, K., Wendt, H., Schmitz, S. & Eickelmann, B. (2012). Merkmale der Lehr- und Lernbedingungen im Primarbereich. In W. Bos, H. Wendt, O. Köller & C. Selter (Hrsg.), *TIMSS 2011. Mathematische und naturwissenschaftliche Kompetenzen von Grundschulkindern in Deutschland im internationalen Vergleich* (pp. 171-202). Münster: Waxmann.
Dunkin, M. & Biddle, B. (1974). *The study of teaching.* New York: Holt, Rhinehart & Winston.
Einsiedler, W. & Treinies, G. (1997). Effects of Teaching Methods, Class Effects, and Patterns of Cognitive Teacher-Pupil Interactions in an Experimental Study in Primary School Classes. *School Effectiveness and School Improvement, 8*(3), 327–353. doi: 10.1080/0924345970080303
Fend, H. (1998). *Qualität im Bildungswesen. Schulforschung zu Systembedingungen, Schulprofilen und Lehrerleistung.* Weinheim: Juventa.
Flanders, N. A. (1970). *Analyzing teaching behavior.* Massachusetts: Addison-Wesley.
Furtak, E. M. & Kunter, M. (2012). Effects of autonomy supportive teaching on student learning and motivation. *Journal of Experimental Education, 80*(3), 284-316. doi: 10.1080/00220973.2011.573019
Furtak, E. M., Seidel, T., Iverson, H. & Briggs, D. (2012). Experimental and Quasi-Experimental Studies of Inquiry-Based Science Teaching: A Meta-Analysis. *Review Of Educational Research, 82*(3), 300-329. doi: 10.3102/0034654312457206
Gläser-Zikuda, M., Fuß, S., Laukenmann, M., Metz, K. & Randler, C. (2005). Promoting students' emotions and achievement – instructional design and evaluation of the ECOLE-approach. *Learning and Instruction, 15*, 481-496.
Gläser-Zikuda, M., Seidel, T., Rohlfs, C., Gröschner, A. & Ziegelbauer, S. (Hrsg.) (2012). *Mixed Methods in der empirischen Bildungsforschung.* Münster: Waxmann.
Göbel, K. (2007). *Qualität im interkulturellen Englischunterricht. Eine Videostudie.* Münster: Waxmann.
Hattie, J. (2013). *Lernen sichtbar machen.* Baltmannsweiler: Schneider Hohengehren.
Helmke, A. (2009). *Unterrichtsqualität und Lehrerprofessionalität: Diagnose, Evaluation und Verbesserung des Unterrichts.* Seelze-Velber: Kallmeyer.
Helmke, A., Helmke, T., Heyne, N., Hosenfeld, A., Hosenfeld, I., Schrader, F. W. & Wagner, W. (2008). Zeitnutzung im Grundschulunterricht: Ergebnisse der Unterrichtsstudie „VERA – Gute Unterrichtspraxis". *Zeitschrift für Grundschulforschung, 1*(1), 23-36.
Helmke, A. & Jäger, R. S. (Hrsg.) (2002). *Das Projekt MARKUS. Mathematik-Gesamterhebung Rheinland-Pfalz: Kompetenzen, Unterrichtsmerkmale, Schulkontext (VEP-Aktuell, Bd. 2).* Landau.
Helmke, A. & Lenske, G. (2013). Unterrichtsdiagnostik als Grundlage für Unterrichtsentwicklung. *Beiträge zur Lehrerbildung, 31*(2), 214-233.
Helmke, T., Helmke, A., Schrader, F. W., Wagner, W., Nold, G. & Schröder, K. (2008). Die Videostudie des Englischunterrichts. In DESI-Konsortium (Hrsg.), *Unterricht und Kompetenzerwerb in Deutsch und Englisch* (S. 345-363). Weinheim: Beltz.
Herweg, C. (2008). *Zielorientierung im deutschen und schweizerischen Physikunterricht.* Leibniz-Institut für die Pädagogik der Naturwissenschaften (IPN) an der Universität Kiel.
Hodel, J. & Waldis, M. (2007). Sichtstrukturen im Geschichtsunterricht – die Ergebnisse der Videoanalyse. In P. Gautschi, D. V. Moser, K. Reusser & P. Wiher (Hrsg.), *Geschichtsunterricht heute. Eine empirische Analyse ausgewählter Aspekte* (S. 91-142). Bern: h.e.p. Verlag.
Hofstein, A. & Lunetta, V. N. (2004). The laboratory in science education: Foundations for the twenty-first century. *Science Education, 88*(1), 28-54.
Hugener, I. (2008). *Inszenierungsmuster im Unterricht und Lernqualität.* Münster: Waxmann.
Hugener, I., Krammer, K. & Pauli, C. (2008). Kompetenzen der Lehrpersonen im Umgang mit Heterogenität. Differenzierungsmaßnahmen im Mathematikunterricht. In M. Gläser-Zikuda & J.

Seifried (Hrsg.), *Lehrerexpertise – Analyse und Bedeutung unterrichtlichen Handelns* (S. 47-66). Münster: Waxmann.

Hugener, I., Pauli, C., Reusser, K., Lipowsky, F., Rakoczy, K. & Klieme, E. (2009). Teaching patterns and learning quality in Swiss and German mathematics lessons. *Learning And Instruction, 19*(1), 66–78. doi: 10.1016/j.learninstruc.2008.02.001

Janik, T. & Seidel, T. (Eds.). (2009). *The power of video studies in investigating teaching and learning in the classroom*. Münster.

Jatzwauk, P., Rumann, S. & Sandmann, A. (2008). Der Einfluss des Aufgabeneinstzes im Biologieunterricht auf die Lernleistung der Schüler – Ergebnisse einer Videostudie. *Zeitschrift Didaktik der Naturwissenschaften, 14*, 263-283.

Jurik, V., Gröschner, A. & Seidel, T. (2013). How student characteristics affect girls' and boys' verbal engagement in physics instruction. *Learning and Instruction, 23*, 33-42. doi: http://dx.doi.org/10.1016/j.learninstruc.2012.09.002

Kleickmann, T., Hardy, I., Jonen, A., Blumberg, E. & Möller, K. (2007). Learning environments in primary school science. Scaffolding students' and teachers' processes of conceptual development. In M. Prenzel (Ed.), *Studies on the educational quality of schools. The final report on the DFG Priority Programme* (pp. 137-156). Münster: Waxmann.

Klieme, E., Eichler, W., Helmke, A., Lehmann, R. H., Nold, G., Rolff, H.-G., ... Willenberg, H. (2006). *Unterricht und Kompetenzerwerb in Deutsch und Englisch. Zentrale Befunde der Studie Deutsch-Englisch-Schülerleistungen-International (DESI)*. Frankfurt a.M.: DIPF.

Klieme, E., Jude, N., Rauch, D., Ehlers, H., Helmke, A., Eichler, W., ... Willenberg, H. (2008). Alltagspraxis, Qualität und Wirksamkeit des Deutschunterrichts. In E. Klieme (Hrsg.), *Unterricht und Kompetenzerwerb in Deutsch und Englisch. Ergebnisse der DESI-Studie* (S. 319–344). Weinheim: Beltz.

Klieme, E., Leutner, D. & Kenk, M. (Eds.). (2010). *Kompetenzmodellierung. Zwischenbilanz des DFG-Schwerpunktprogramms und Perspektiven des Forschungsansatzes*. Weinheim: Beltz.

Klieme, E., Lipowsky, F., Rakoczy, K. & Ratzka, N. (2006). Qualitätsdimensionen und Wirksamkeit von Mathematikunterricht. Theoretische Grundlagen und ausgewählte Ergebnisse des Projekts „Pythagoras". In M. Prenzel & L. Allolio-Naecke (Hrsg.), *Untersuchungen zur Bildungsqualität von Schule. Abschlussbericht des DFG-Schwerpunktprogramms* (S. 127-146). Münster: Waxmann.

Kobarg, M. (2009). *Unterstützung unterrichtlicher Lernprozesse aus der Sicht der Unterrichtsforschung und aus der Sicht von Lehrpersonen*. Münster: Waxmann.

Kobarg, M. & Seidel, T. (2007). Prozessorientierte Lernbegleitung – Videoanalysen im Physikunterricht der Sekundarstufe I. *Unterrichtswissenschaft, 35*(2), 148-168.

Krammer, K. (2009). *Individuelle Lernunterstützung in Schülerarbeitsphasen*. Münster: Waxmann.

Kunter, M. (2005). *Multiple Ziele im Mathematikunterricht*. Münster: Waxmann.

Kunter, M., Dubberke, T., Baumert, J., Blum, W., Brunner, M., Jordan, A., ... Tsai, Y.-M. (2006). Mathematikunterricht in den PISA-Klassen 2004: Rahmenbedingungen, Formen und Lehr-Lernprozesse. In M. Prenzel, J. Baumert, W. Bulm, R. Lehmann, D.Leutner, M. Neubrand, R. Pekrun, H.-G. Rolff, J. Rost & U. Schiefele (Hrsg.), *PISA 2003. Untersuchungen zur Kompetenzentwicklung im Verlauf eines Schuljahres* (S. 277-306). Münster: Waxmann.

Kuntze, S. & Reiss, K. (2004). Unterschiede zwischen Klassen hinsichtlich inhaltlicher Elemente und Anforderungsniveaus im Unterrichtsgespräch beim Erarbeiten von Beweisen. Ergebnisse einer Videoanalyse. *Unterrichtswissenschaft, 32*(4), 357–379.

Lankes, E. M. & Carstensen, C. H. (2007). Der Leseunterricht aus der Sicht der Lehrkräfte. In W. Bos, S. Hornberg, K.-H. Arnold, G. Faust, L. Fried, E. M. Lankes, K. Schwippert & R. Valtin (Hrsg.), *IGLU 2006. Lesekompetenzen von Grundschulkindern in Deutschland im internationalen Vergleich* (S. 161-193). Münster: Waxmann.

Lipowsky, F., Rakoczy, K., Pauli, C., Drollinger-Vetter, B., Klieme, E. & Reusser, K. (2009). Quality of geometry instruction and its short-term impact on students' understanding of the Pythagorean Theorem. *Learning and Instruction, 19*(6), 527–537. doi: 10.1016/j.learninstruc.2008.11.001

Lipowsky, F., Rakoczy, K., Pauli, C., Reusser, K. & Klieme, E. (2007). Gleicher Unterricht – gleiche Chancen für alle? Die Verteilung von Schülerbeiträgen im Klassenunterricht. *Unterrichtswissenschaft, 35*(2), 125-147.

MET-Project. (2012). *Gathering feedback for teaching*. Retrieved from http://www.metproject.org

OECD. (2007). *PISA 2006: Science competencies for tomorrow's world*. Paris: OECD.

Oser, F. & Baeriswyl, F. J. (2001). Choreographies of teaching: Bridging instruction to learning. In V. Richardson (Ed.), *Handbook of research on teaching* (pp. 1031-1065). Washington, D.C.: American Educational Research Association.

Pauli, C., Drollinger-Vetter, B., Hugener, I. & Lipowsky, F. (2008). Kognitive Aktivierung im Mathematikunterricht. *Zeitschrift für Pädagogische Psychologie, 22*(2), 127-135. doi: 10.1024/1010-0652.22.2.127

Pauli, C. & Lipowsky, F. (2007). Mitmachen oder Zuhören? Mündliche Schülerinnen- und Schülerbeteiligung im Mathematikunterricht. *Unterrichtswissenschaft, 35*(2), 101-124.

Pauli, C. & Reusser, K. (2006). Von international vergleichenden Video Surveys zur videobasierten Unterrichtsforschung und -entwicklung. *Zeitschrift für Pädagogik, 52*(6), 774-798.

Pauli, C., Reusser, K. & Grob, U. (2007). Teaching for understanding and/or self-regulated learning? A Video-based analysis of reform-oriented mathematics instruction in Switzerland. *International Journal of Educational Research, 46*, 294-305.

Perry, N. E., Turner, J. C. & Meyer, D. K. (2006). Student engagement in the classroom. In P. A. Alexander & P. H. Winne (Eds.), *Handbook of Educational Psychology* (pp. 327-348). Mahwah, N.J: Lawrence Erlbaum Associates.

Prenzel, M. & Allolio-Näcke, N. (Hrsg.) (2006). *Das DFG-Schwerpunktprogramm Bildungsqualität von Schule - ein Überblick*. Münster.

Prenzel, M., Sälzer, C., Klieme, E. & Köller, O. (Hrsg.) (2013). *PISA 2012. Fortschritte und Herausforderungen in Deutschland*. Münster: Waxmann.

Rakoczy, K., Klieme, E., Drollinger-Vetter, B., Lipowsky, F., Pauli, C. & Reusser, K. (2007). Structure as quality feature in mathematics instruction. In M. Prenzel (Ed.), *Studies on the educational quality of schools. The final report on the DFG Priority Programme* (pp. 101-120). Münster: Waxmann.

Reiss, K., Heinze, A., Luntze, S., Kessler, S., Rudolph-Albert, F. & Renkl, A. (2006). Mathematiklernen mit heuristischen Lösungsbeispielen. In M. Prenzel & N. Allolio-Näcke (Hrsg.), *Das DFG-Schwerpunktprogramm Bildungsqualität von Schule - ein Überblick* (S. 194-208). Münster.

Reiss, K., Heinze, A., Renkl, A. & Groß, C. (2008). Reasoning and proof in geometry. Effects of a learning environment based on heuristic worked-out examples. *Zentralblatt für die Didaktik der Mathematik, 40*, 455-467.

Reyer, T., Trendel, G. & Fischer, H. E. (2004). Was kommt beim Schüler an? - Lehrerintentionen und Schülerlernen im Physikunterricht. In J. Doll & M. Prenzel (Hrsg.), *Studien zur Verbesserung der Bildungsqualität von Schule: Lehrerprofessionalisierung, Unterrichtsentwicklung und Schülerförderung* (S. 195-211). Münster: Waxmann.

Rogalla, M. & Vogt, F. (2008). Förderung adaptiver Lehrkompetenz: eine Interventionsstudie. *Unterrichstwissenschaft, 36*(1), 17-36.

Ryan, R. M. & Deci, E. L. (2000). Self-determination theory and the facilitation of intrinsic motivation, social development and well-being. *American Psychologist, 55*(1), 68-78.

Sacher, W. (1995). *Meldungen und Aufrufe im Unterrichtsgespräch. Theoretische Grundlagen, Forschungsergebnisse, Trainingselemente und Diagnoseverfahren*. Augsburg: Wissner.

Schiepe-Tiska, A., Reiss, K., Obersteiner, A., Heine, J., Seidel, T. & Prenzel, M. (2013). Merkmale des Mathematikunterrichts in Deutschland: Befunde aus PISA. In M. Prenzel, C. Sälzer, E. Klieme & O. Köller (Hrsg.), *PISA 2012. Fortschritte und Herausforderungen in Deutschland* (S. 123-154). Münster: Waxmann.

Seidel, T. (2003). *Lehr-Lernskripts im Unterricht*. Münster: Waxmann.

Seidel, T. (2008). Stichwort: Schuleffektivitätskriterien in der internationalen empirischen Forschung. *Zeitschrift für Erziehungswissenschaft*(3), 348-367.

Seidel, T. & Prenzel, M. (2004). Muster unterrichtlicher Aktivitäten im Physikunterricht. In J. Doll & M. Prenzel (Hrsg.), *Bildungsqualität von Schule: Lehrerprofessionalisierung, Unterrichtsentwicklung und Schülerförderung als Strategien der Qualitätsverbesserung* (S. 177-194). Münster: Waxmann.

Seidel, T. & Prenzel, M. (2006). Stability of teaching patterns in physics instruction: Findings from a video study. *Learning and Instruction, 16*(3), 228-240.

Seidel, T., Prenzel, M., Duit, R., Euler, M., Geiser, H., Hoffmann, L., ... Rimmele, R. (2002). „Jetzt bitte alle nach vorne schauen!" - Lehr-Lernskripts im Physikunterricht und damit verbundene Bedingungen für individuelle Lernprozesse. *Unterrichtswissenschaft, 30*(1), 52-77.

Seidel, T., Prenzel, M., Rimmele, R., Dalehefte, I. M., Herweg, C., Kobarg, M. & Schwindt, K. (2006). Blicke auf den Physikunterricht. Ergebnisse der IPN Videostudie. *Zeitschrift für Pädagogik, 52*(6), 798-821.

Seidel, T., Prenzel, M., Wittwer, J. & Schwindt, K. (2007). Unterricht in den Naturwissenschaften. In PISA-Konsortium Deutschland (Hrsg.), *PISA 2006. Die Ergebnisse der dritten internationalen Vergleichsstudie* (S. 147-180). Münster: Waxmann.

Seidel, T. & Reiss, K. (2014). Lerngelegenheiten im Unterricht. In T. Seidel & A. Krapp (Hrsg.), *Pädagogische Psychologie* (S. 253-276). Weinheim: Beltz.

Seidel, T., Rimmele, R. & Prenzel, M. (2005). Clarity and coherence of lesson goals as a scaffold for student learning. *Learning And Instruction, 15*(6), 539-556. doi: 10.1016/j.learninstruc.2005.08.004

Seidel, T. & Shavelson, R. J. (2007). Teaching effectiveness research in the last decade: Role of theory and research design in disentangling meta-analysis results. *Review of Educational Research, 77*, 454-499. doi: 10.3102/0034654307310317

Seidel, T. & Stürmer, K. (in press). Modeling the structure of professional vision in pre-service teachers. *American Educational Research Journal.*

Shavelson, R. J. & Towne, L. (Eds.). (2002). *Scientific research in education.* Washington, D.C.: National Academy Press.

Sodian, B., Jonen, A., Thoermer, C. & Kircher, E. (2006). Die Natur der Naturwissenschaften verstehen. Implementierung wissenschaftstheoretischen Unterrichts in der Grundschule. In M. Prenzel & N. Allolio-Näcke (Hrsg.), *Das DFG-Schwerpunktprogramm Bildungsqualität von Schule – ein Überblick* (S. 147-160). Münster: Waxmann.

Spörer, N., Brunstein, J. C. & Kieschke, U. (2009). Improving students' reading comprehension skills: Effects of strategy instruction and reciprocal teaching. *Learning And Instruction, 19*(3), 272-286. doi: http://dx.doi.org/10.1016/j.learninstruc.2008.05.003

Stigler, J. W., Gonzales, P., Kawanaka, T., Knoll, S. & Serrano, A. (1999). *The TIMSS Videotape Classroom Study. Methods and findings from an exploratory research project on eighth-grade mathematics instruction in Germany, Japan, and the United States.* Washington, D.C.: U.S. Department of Education.

Tarelli, I., Lankes, E.-M., Drossel, K. & Gegenfurtner, A. (2012). Lehr- und Lernbedingungen an Grundschulen im internationalen Vergleich. In W. Bos, I. Tarelli, A. Bremerich-Voss & K. Schwippert (Hrsg.), *IGLU 2011. Lesekompetenzen von Grundschulkindern in Deutschland im internationalen Vergleich* (S. 137-173). Münster: Waxmann.

Terhart, E., Schulze, F., Kunina-Habnicht, O., Dicke, T., Förster, D., Lohse-Bossenz, H. et al. (2012). Bildungswissenschaftliches Wissen und der Erwerb professioneller Kompetenz in der Lehramtsausbildung – Eine Kurzdarstellung des BilWiss-Projekts. *Lehrerbildung auf dem Prüfstand, 5*(1), 96-106.

Tesch, M. (2005). *Das Experiment im Physikunterricht. Didaktische Konzepte und Ergebnisse einer Videostudie* Berlin: Logos.

Trautwein, U., Köller, O., Schmitz, B. & Baumert, J. (2002). Do homework assignments enhance achievement? A multilevel analysis in 7th-grade mathematics. *Contemporary Educational Psychology, 27*(1), 26-50.

Vermunt, J. D. & Verloop, N. (2000). Dissonance in students' regulation of learning processes. *European Journal Of Psychology Of Education, 15*(1), 75-87.

Vogt, F. & Rogalla, M. (2009). Developing adaptive teaching competency through coaching. *Teaching and Teacher Education, 25*(8), 1-10. doi: 10.1016/j.tate.2009.04.002

Wahser, I. & Sumfleth, E. (2008). Training experimenteller Arbeitsweisen zur Unterstützung kooperativer Kleingruppen im Fach Chemie. *Zeitschrift Didaktik der Naturwissenschaften, 14*, 219-241.

Waldis, M., Reusser, K. & Moser, D. V. (2007). Ein mehrperspektivischer Forschungszugangn – unter spezieller Berücksichtigung der Videomethodologie. In P. Gautschi, D. V. Moser, K. Reusser & P. Wiher (Hrsg.), *Geschichtsunterricht heute. Eine empirische Analyse ausgewählter Aspekte* (S. 61-90). Bern: h.e.p. Verlag.

Walpuski, M. & Sumfleth, E. (2007). Strukturierungshilfen und Feedback zur Unterstützung experimenteller Kleingruppenarbeit im Chemieunterricht. *Zeitschrift Didaktik der Naturwissenschaften, 13*, 181-198.

Andreas Helmke

Forschung zur Lernwirksamkeit des Lehrerhandelns

1. Einführung

Mit der Wirksamkeit des Lehrerhandelns für das Lernen und den Lernfortschritt von Schülern beschäftigen sich vor allem die Lehr-Lern-Forschung als Teilgebiet der Pädagogischen Psychologie sowie die empirische Unterrichtsforschung. Während sich erstere stärker auf die *Mikroprozesse* des Lernens und Gedächtnisses einschließlich der dabei beteiligten motivationalen, emotionalen, volitionalen und affektiven Faktoren konzentriert und diese mit Hilfe experimenteller oder quasi-experimenteller Methoden untersucht (Klauer & Leutner, 2007; Wellenreuther, 2005), gilt das Augenmerk der Unterrichtsforschung und der Lehrerwirksamkeitsforschung der empirischen Erfassung des realen Unterrichtsgeschehens in regulären Klassen, seiner Bedingungen und Wirkungen.

In begrifflicher Hinsicht werden unter *Lehrerhandeln* gelegentlich nur „konkret beobachtbare Lehreraktivitäten und Unterrichtspraktiken" (Lipowsky, 2006, S. 55) verstanden. Eine solche Fokussierung erschiene für den Zweck dieses Handbuchartikels etwas eng. Deshalb umfasst der folgende Artikel neben konkreten Lehreraktivitäten vor allem auch (fachübergreifende) *Merkmale des Unterrichts*; Lipowsky bezeichnet sie als „eher verdichtete und komplexere Kennzeichen des unterrichtlichen Interaktionsgeschehens. Sie lassen sich in der Regel nur über mehrere Indikatoren erfassen" (ibd., S. 55).

Nach einem kurzen Abriss der Forschungsparadigmen der jüngeren Zeit werden wichtige theoretische Modelle sowie Ergebnisse der empirischen Forschung skizziert, gefolgt von einem Ausblick zu aktuellen Forschungsdefiziten und Perspektiven künftiger Forschung.

2. Abriss vergangener Forschungsparadigmen

Die Entwicklungslinien der wissenschaftlichen Erforschung des Unterrichtshandelns von Lehrkräften und seiner Effekte sowie die für die Skizzierung des aktuellen Denkens über Bedingungen, Korrelate und Konsequenzen des Unterrichts relevanten Überlegungen lassen sich am besten mit einem Angebots-Nutzungs-Modell beschreiben (Helmke, 2014, S. 71).

Am Anfang der Unterrichtsforschung stand die *Lehrerforschung*, die sich mit der Suche nach Charakter- und Temperamentseigenschaften erfolgreicher, „guter" Lehrer beschäftigte (siehe hierzu Kapitel III und VI dieses Buches). Dieses Forschungsparadigma erwies sich auf Dauer als unergiebig, weil der gesamte Bereich unterrichtlichen Handelns einschließlich der Lehrer-Schüler-Interaktion ausgeblendet wurde. Es folgte das *Prozess-Produkt-Paradigma*, also die systematische Suche nach verallgemeinerbaren Zusammenhängen zwischen fachübergreifenden Prozessmerkmalen des Unterrichts und dessen Produkten. Während Unterrichtsprozesse mit Beobachtungsverfahren erfasst wurden, wurde als Produktmaß oder Zielkriterium meistens der mit Tests erfasste Leistungszuwachs verwendet. Dieses Grundgerüst bestimmt bis heute den *mainstream* der Unterrichtsforschung, nur dass das Prozess-Produkt-Paradigma nach und nach wesentlich verfeinert wurde, um der Komplexität der Wirkungsweise des Unterrichts Rechnung zu tragen. Einige Trends sollen im Folgenden stichwortartig skizziert werden; für Details siehe (Helmke, 2014; Dubs, 2009; Lipowsky, 2006, 2007b).

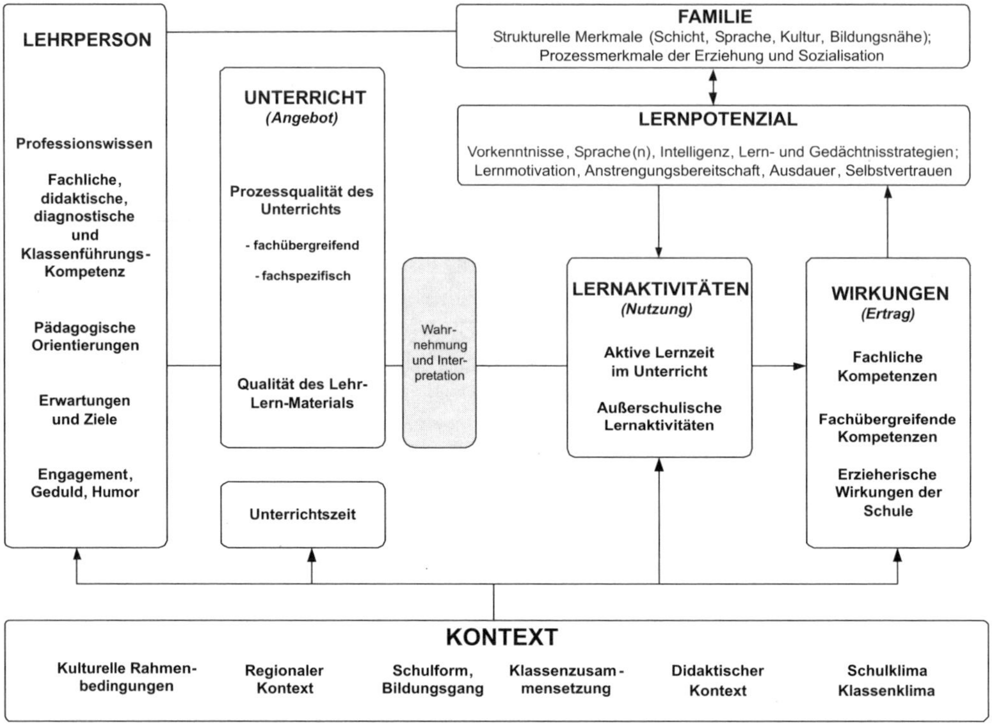

Abbildung 1: Angebots-Nutzungs-Modell der Lernwirksamkeit (Helmke, 2014, S. 71)

Nachdem *Merkmale der Lehrperson* vorübergehend so gut wie völlig ausgeblendet worden waren, erfolgt derzeit eine „Wiederentdeckung" der Lehrerpersönlichkeit als Bedingungsfaktor für unterrichtliches Handeln. Der Schwerpunkt liegt auf Merkmalen der Expertise und des professionellen Wissens; daneben gilt das Interesse aber auch Personmerkmalen wie Engagement (*enthusiasm*), Selbstwirksamkeit, Humor, Toleranz, die einen Bezug zum unterrichtlichen Handeln haben, sowie pädagogisch relevanten Orientierungen und Einstellungen. Diese Aspekte werden hier nicht erörtert, da sie den Gegenstand anderer Kapitel des vorliegenden Buches darstellen.

Zusätzlich zur Erforschung fachübergreifender (generischer) Merkmale der Unterrichtsqualität haben in den letzten Jahrzehnten in zunehmendem Maße *fachspezifische* Analysen Beachtung gefunden. Während sich die Qualitätsagenturen der Bundesländer bei der Beobachtung und Bewertung des Unterrichts im Rahmen der externen Evaluation von Schulen auf fachübergreifende Merkmale der Unterrichtsqualität beschränken (müssen), besteht heute in der Bildungsforschung Konsens darüber, dass nur ein Ansatz, der fachübergreifende *und* fachspezifische Aspekte der Qualität von Lehr-Lern-Prozessen gleichermaßen berücksichtigt, angemessen ist. Dies findet seine Entsprechung in der interdisziplinären Zusammensetzung der wissenschaftlichen Konsortien, die im letzten Jahrzehnt die großen Bildungsforschungsprojekte wie TIMSS, PISA, DESI und IGLU durchgeführt haben.

Die aus konstruktivistischem Denken resultierende Betonung der *Eigenaktivität* des Lerners als dem zentralen Motor des Lernens führte zu einer verstärkten Beschäftigung mit individuellen Motivations-, Aufmerksamkeits- und Lernprozessen.

Das gestiegene bildungspolitische Interesse an der Feststellung und Berücksichtigung interindividueller Unterschiede im Lernen hatte zur Folge, dass zum einen Wechselwirkungen zwischen Schüler- und Unterrichtsmerkmalen (*aptitude treatment interaction*), zum anderen interindividuelle Unterschiede in der *Wahrnehmung und Interpretation des Unterrichts* in zunehmendem Maß Gegenstand des Forschungsinteresses wurden.

Was in der früheren Modellbildung (Medley, 1982) global unter „*presage*" subsummiert wurde, d.h. Merkmale, die den Unterricht und das Lernen beeinflussen, auf die Schule und Unterricht aber nicht direkt einwirken können, ist im letzten Vierteljahrhundert zunehmend ausdifferenziert worden, wobei Schul- und Klassenkontexte, Medien, Curricula und vor allem die familiäre Lernumwelt untersucht worden sind. Dazu kommen Unterschiede im kulturellen und sprachlichen Hintergrund, für deren Salienz die großen internationalen Lernstandserhebungen (wie PISA, TIMSS und IGLU), aber auch innerdeutsche Studien sensibilisiert haben (wie LAU, ELEMENT, DESI, MARKUS und VERA).

3. Perspektiven und Strategien der Forschung zum Lehrerhandeln

Im Folgenden sollen einige wichtige Perspektiven und Strategien der Forschung zum Lehrerhandeln skizziert werden.

3.1 Variablen- und personzentrierte Forschungsstrategie

Die *variablenzentrierte* Strategie besteht darin, ausgewählte Merkmale (Variablen) des Unterrichts – beispielsweise die Klarheit der Präsentation, die Häufigkeit von Gruppenarbeit oder die Anzahl anspruchsvoller Fragen – mit Maßen des Lernerfolgs in Beziehung zu setzen. Ergebnis sind statistische Zusammenhänge (Korrelationen) zwischen einzelnen Unterrichtsvariablen und dem Lernerfolg (je größer die Klarheit, umso höher ist der Lernerfolg). Diese Methode hat die Forschung lange Zeit dominiert und spielt auch aktuell noch eine zentrale Rolle. Sie ist intuitiv plausibel und wird meist gewählt, wenn es darum geht, Gesetzmäßigkeiten des Lehrens und Lernens zu erforschen. Bei einer ausschließlich variablenzentrierten Sichtweise bleibt jedoch das lehrende bzw. das lernende Individuum mit seinen spezifischen Merkmalskonfigurationen außer Acht.

Den Gegenpol bildet der *personzentrierte* Ansatz, der dadurch gekennzeichnet ist, dass in einem ersten Schritt diejenigen Personen identifiziert werden, die als Experten gelten (sei es durch Nennung der Schulleitung, der Schulaufsicht, des Kollegiums oder durch Schülerurteile, sei es ergebnisorientiert auf der Basis der tatsächlich erzielten, empirisch nachgewiesenen unterrichtlichen Wirkungen). In einem zweiten Schritt werden diese Personen und ihr Unterricht unter die Lupe genommen, um von solchen Fällen „guter", das heißt „erfolgreicher" Praxis zu lernen: Worin besteht das Erfolgsgeheimnis dieser Lehrkräfte? Was macht das „Mischungsverhältnis", die angemessene Dosierung verschiedener Lehrmethoden, aus? Diese Strategie liegt den sog. „Best Practice"-Studien zugrunde.

3.2 Surveyforschung und experimentelle Forschung

Die meisten Studien zum Unterrichtshandeln verwenden ein nicht-experimentelles *Survey*-Design, gehen also von der vorfindbaren Vielfalt des Unterrichts in regulären Klassen aus. Die klassischen Unterrichtsstudien verwenden in aller Regel Beobachtungsmethoden, sei es live (Beobachter ist im Klassenzimmer anwesend) oder im Falle videobasierter Unterrichtsanalyse mediengestützt und zeitversetzt. Anspruchsvolle Unterrichtsforschung ist dadurch gekennzeichnet, dass mehrere Perspektiven für die Erfassung von Merkmalen des Unterricht herangezogen werden: die der unterrichtenden Lehrperson selbst, die der Schülerinnen und Schüler sowie die von Dritten, also externen Beobachtern des realen oder aufgezeichneten Unterrichts. Das Problem jeder nicht-experimentellen Forschung liegt darin, dass keine fundierten Kausalaussagen gemacht werden können. Dafür sind Experimente oder zumindest Quasi-Experimente nötig, die das zu prüfende Merkmal systematisch variieren und alle möglicherweise störenden Einflüsse konstant halten oder kontrollieren; zur Rolle des Experiments für die pädagogisch-psychologische Schulforschung vgl. Wellenreuther (2005).

3.3 Primärforschung und Metaanalysen

Metaanalysen fassen die Ergebnisse zahlreicher originaler Studien mit dem Ziel zusammen, einen fundierten, nicht nur auf Einzelstudien basierenden Überblick über den Forschungsstand zu geben. Für den vorliegenden Artikel sind sie – neben einschlägigen Kapiteln in den Handbüchern zum Lehren und Lernen – deshalb eine besonders wichtige Quelle, weil sie – wenn sie gut angelegt sind – nicht nur globale Zusammenhänge zwischen einzelnen Merkmalen des Lehrerhandelns und dem Lernen oder dem Leistungsfortschritt der Schüler berichten, sondern die Ergebnisse differentiell nach unterschiedlichen Zielkriterien, dem Entwicklungsstand der Schüler und anderen relevanten Kontextmerkmalen aufschlüsseln. Umfassende und einflussreiche Metaanalysen stammen beispielsweise von Fraser et al. (1987) und Scheerens und Bosker (1997).

Einen Meilenstein stellt die Meta-Meta-Analyse von Hattie (2009, 2012) dar, dessen Arbeiten inzwischen auch in deutscher Sprache vorliegen (Hattie, 2013, 2014), herausgegeben und übersetzt von W. Beywl und Klaus Zierer. Hattie legt seiner Analyse nicht Originalarbeiten, sondern Metaanalysen zugrunde, bündelt somit das bereits Gebündelte zu einer Gesamtübersicht der Wirksamkeit von 138 Einzelfaktoren für den Lernerfolg. Insgesamt liegen die Daten von über 900 Metaanalysen und über 50.000 empirische Studien zugrunde. Insgesamt ist lernwirksamer Unterricht durch einen durchaus lehrergesteuerten, aber sehr stark an den Lernvoraussetzungen und -bedürfnissen von Schülerinnen und Schülern orientierten und sie kognitiv aktivierenden Unterricht gekennzeichnet. Entscheidender als strukturelle, organisatorische und finanzielle Rahmenbedingungen, die gewissermaßen nur Oberflächenmerkmale sind, sind fach- und methodenübergreifende Tiefenmerkmale der Qualität; zu Details siehe Abschnitt 5.

4. Von einfachen Zusammenhangsanalysen zu „Value-added"-Modellen

Wie lässt sich der Einfluss des Lehrerhandelns auf das Lernen der Schüler quantitativ abschätzen? Zur Beantwortung dieser Frage gibt es verschiedene Ansätze, die der Komplexität des Wirkungsgefüges (siehe Abb. 1) und der Mehrebenenstruktur der verfügbaren Daten Rechnung tragen. Mit letzterer ist gemeint, dass wir es bei Daten zur Lehrerwirksamkeit in der Regel mit mehrfach hierarchisch geschachtelten Daten zu tun haben, so dass sich mit Hilfe geeigneter statistischer Methoden ermitteln lässt, welchen Effekt Unterschiede zwischen Schularten oder Bildungsgängen, zwischen einzelnen Schulen und zwischen Schulklassen haben.

4.1 *„Disentangling"* von Bedingungsvariablen

Das Modell in Abb. 1 macht deutlich, dass es aussichtslos ist, einen „reinen" Effekt der Lehrperson – z.B. auf die Entwicklung fachlicher Kompetenzen – zu isolieren. Der Ertrag des Unterrichts in Gestalt der Erreichung von Bildungszielen, ist stets multipel determiniert; man spricht daher auch von einer Coproduktion. Dies heißt ganz konkret: Erfolg oder Misserfolg einer Schulklasse oder einzelner Schülerinnen und Schüler haben verschiedene Ursachen, die miteinander konfundiert sind: guten oder schlechten Unterricht, Förderung oder Bildungsferne im Elternhaus, die Klassenzusammensetzung und auf der Individualebene vor allem das individuelle Lernpotenzial. Eine einfache Korrelation zwischen einem Unterrichtsmerkmal und dem Leistungsniveau der Klasse ist also aus verschiedenen Gründen nicht aussagekräftig. Für die Suche nach der Wirksamkeit des Lehrerhandelns hat der Sachverhalt der multiplen Determiniertheit gravierende Folgen:

Zunächst einmal erfordern solche Untersuchungen *Mehrebenenanalysen*, die der zugrunde liegenden hierarchisch geordneten Datenstruktur (Schüler in Klassen, Klassen in Schulen) Rechnung tragen. Mit diesen Methoden können interindividuelle Unterschiede im Leistungsfortschritt in Schuleffekte und in Klasseneffekte zerlegt werden und es kann das Ausmaß von Schulklassenunterschieden (*between-classroom variance*) bestimmt werden (Intra-Klassen-Korrelation; siehe Lüdtke & Köller, 2006).

In mehreren großen Schulstudien wurde mit Hilfe regressionsanalytischer Methoden versucht, die Gesamtstreuung der interindividuellen Unterschiede in den Schülerleistungen in mehrere Komponenten aufzugliedern. So ließ sich bei der Studie MARKUS die Gesamtstreuung der Schülerleistungen zu 51 % durch individuelle Schülermerkmale aufklären (Lernpotenzial), zu 38 % durch die Schulart, zu 3.4 % durch Unterschiede zwischen Schulen und 7.3 % durch Unterschiede zwischen Klassen (Helmke, Hosenfeld & Schrader 2002). Ähnliche Ergebnisse hatten sich bei den Studien LAU und QuaSUM gezeigt; dort klärte die individuelle Schulklassenzugehörigkeit zwischen 5 und 7 % (Hamburg) bzw. zwischen 7 und 12 % (Brandenburg) auf. Bei diesen Studien handelt es sich allerdings um Querschnittsstudien. Aussagekräftiger für die Frage nach dem Gewicht des Lehrerverhaltens sind Längsschnittstudien: Hier lässt sich ermitteln, ob und wie stark sich Schulklassen hinsichtlich des Zuwachses an Leistungen unterscheiden. Bei der Studie DESI zeigte sich, dass dies stark vom Zielkriterium abhängt: Bei einem integrativen und globalen Instrument wie dem C-Test, dessen erfolgreiche Bearbeitung ein breites Spektrum unterschiedlicher Kompetenzen erfordert (insbesondere Wortschatz, Grammatik und Lesestrategien), spielen Unterschiede in der Unterrichtsqualität offensichtlich eine geringere Rolle als beim Hörverstehen: Beim C-Test zeigte sich eine Intraklassenkorrelation von .12, beim Hörverstehen eine Intraklassenkorrelation von .58 (Helmke et al, 2008b).

4.2 *Value-added*-Modelle

Gefundene Schulklassenunterschiede stellen eine *Maximalschätzung* für Unterschiede im Unterricht dar; spezifischere Quellen dafür sind Unterschiede in der Klassenzusammensetzung, dem Schuleinzugsgebiet, dem familialen Hintergrund und dergleichen. Dieses Problem der Konfundierung lässt sich dadurch entschärfen, dass man ein längsschnittliches Design verwendet, also das Lehrerhandeln und vor allem das Zielkriterium mindestens zweimal misst. Dieses Vorgehen wird auch als *value-added*-Methode (VAM) bezeichnet: „Although many states and districts rely on fairly simple score averages or differences, a few are exploring the use of more complex models that use longitudinal data on students to determine the ‚value added' by a particular teacher or school ... Enthusiasm for this approach stems in large part from the belief that it can remove the effects of factors not under the control of the school, such as prior performance and socioeconomic stats, and thereby provides a more accurate indicator of school or teacher effectiveness than is possible when these factors are not controlled." (McCaffrey et al, 2004, S. 68). Aus diesem Grund sind an einige der großen Lernstandserhebungen der Vergangenheit, die durchwegs als Querschnitt konzipiert waren, *Follow-up*-Studien angedockt worden, so z.B. bei TIMSS 1995, PISA 2003 und DESI. *Value-added*-Modelle gelten heute als *state of the art*, wenn es um die quantitative Abschätzung der Wirksamkeit des Unterrichts geht (Tobe, 2009; Good, Wiley & Florez, 2009; Palardy & Rumberger, 2008).

Allerdings kann es trotzdem noch sein, dass die so berechneten Zusammenhänge zwischen Merkmalen der Unterrichtsqualität und der (um Eingangsvoraussetzungen bereinigten) Leistung oder anderer Zielkriterien eine Fehlschätzung darstellen: dann nämlich, wenn es weitere wichtige Eingangsvoraussetzungen gibt, die für die Leistungsentwicklung relevant sind, aber nicht beobachtet wurden oder die sich der Beobachtung entziehen. Eine weitere Quelle für die fehlerhafte Abschätzung von Unterrichtseinflüssen kann daraus resultieren, dass Lehrer den zu unterrichtenden Klassen nicht zufällig, sondern gezielt zugeordnet werden: „For example, schools might assign a particularly effective teacher to students believed to be entering a difficult period as a compensatory resource allocation strategy. Alternatively schools might assign a particularly effective teacher to students believed to have promise for unusually large achievement gains as a reward for accomplishment or a meritocratic resource allocation strategy" (Nye, Konstantopoulo & Hedges, 2004, S. 240). Wie folgenreich es ist, wenn nicht alle wichtigen Variablen einbezogen werden, hat kürzlich die Reanalyse von Ergebnissen der Berliner Studie ELEMENT gezeigt (Baumert et al., 2009), die infolge einer anderen Analysestrategie zu völlig anderen Schlussfolgerungen kam.

Nye, Konstantopoulos und Hedges (2004) nutzten die Ergebnisse der großen Studie STAR (*Student-Teacher Achievement Ratio*), bei der experimentell vorgegangen wurde: Sowohl die Schüler wurden nach Zufall verschiedenen Klassen zugeordnet als auch die Lehrer wiederum diesen Klassen. Die Ergebnisse belegten einen erheblichen Einfluss der Lehrpersonen auf die Unterschiede im Leistungszuwachs: in Mathematik zwischen 12 und 13 %, im Lesen zwischen 6 % und 8 %.

Ein weiterer, gelegentlich übersehener Aspekt, was Methoden zur Wirksamkeitsanalyse des Lehrerverhaltens anbelangt, ist die Stabilität. Implizit wird meist davon ausgegangen, dass (a) das Lehrerverhalten in verschiedenen Kontexten (Klassen, Fächer) sowie über die Zeit stabil ist und dass (b) auch die Wirksamkeit des Lehrerverhaltens zeitstabil ist. Dass dies nicht immer zutrifft, zeigten die Forschungen von Sass (2008): Er verglich die Stabilität der Lehrerwirksamkeit, indem er die entsprechenden Effektmaße bei Lehrern in mehreren aufeinander folgenden Schuljahren erhob. Es zeigte sich eine relativ geringe Zeitstabilität, d.h.: Lehrpersonen, die in einem Schuljahr sehr „erfolgreich" waren (im Sinne der Leistungsentwicklung), waren dies im darauf folgenden Jahr nicht unbedingt. Die Korrelationen zwischen den *estimated teacher-by-year effects* bewegen sich in der Zone zwischen r = .16 (Minimum) und .38 (Maximum). Der Grund dafür sind primär die Unterschiede zwischen den unterrichteten Schulklassen, also deren soziale, motivationale und kognitive Zusammensetzung. Kontrolliert man diesen Faktor, dann ergeben sich wesentlich höhere Zusammenhänge in der Zone zwischen 0.5 und 0.8. Dieses Ergebnismuster ist von Bedeutung für die Zertifizierung oder für bildungspolitische Maßnahmen der Belohnung von Lehrpersonen für „erfolgreichen Unterricht“, denn: „If rewards are tied to measures that fluctuate widely over time for reasons beyond a teacher's control, they are unlikely to produce significant incentives for teachers to increase their productivity“ (Sass, 2008, S. 5).

4.3 Von einfachen Zusammenhängen zu komplexen Modellierungen

Das komplexe Zusammenwirken von Merkmalen des Lehrerhandelns einerseits und dem Klassenkontext andererseits lässt sich durch die Verwendung von sog. Strukturgleichungsmodellen veranschaulichen. Ein frühes Beispiel stammt aus der Münchner Studie (Deutscher Beitrag zur Classroom Environment Study der IEA) und verdeutlicht das Zusammenspiel des bereichsspezifischen Vorwissens der Klasse mit Merkmalen der Unterrichtsqualität (Helmke, Schneider & Weinert, 1986):

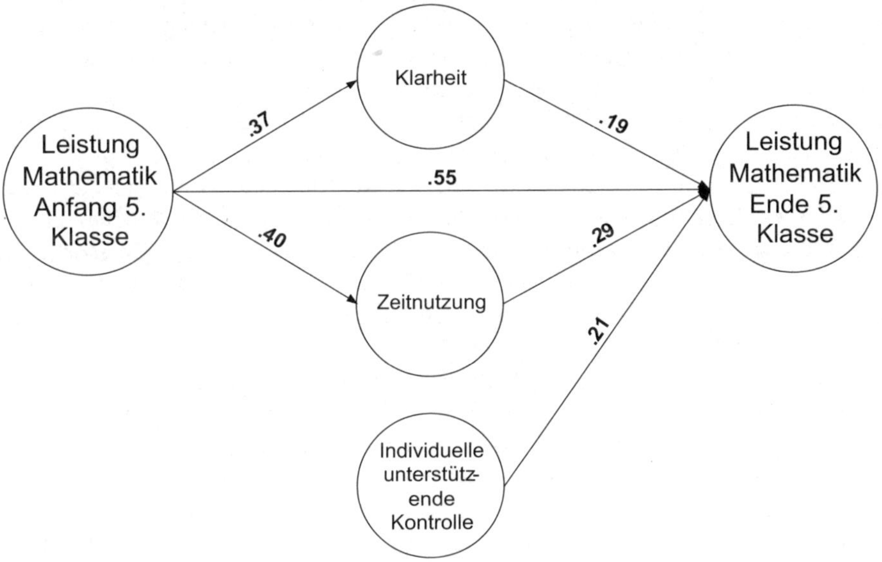

Abbildung 2: Mathematikleistung am Ende der 5. Klasse in Abhängigkeit von der Vortestleistung und Merkmalen der Unterrichtsqualität

Die Abbildung zeigt dreierlei: (1) Der stärkste einzelne Prädiktor des Lernerfolges ist das bereichsspezifische Vorwissen der Klasse (Pfadkoeffizient von .55). (2) Aber auch der Unterricht ist wirksam: Je klarer er ist, je mehr Zeit für Lernen genutzt wird und je intensiver die Schüler (in Phasen der Stillarbeit) kontrolliert und unterstützt werden, desto höher der Lernerfolg der Klasse. (3) Unterrichtsqualität ist jedoch nicht nur eine Steuervariable, sondern wird zu einem Teil selbst gesteuert: Unterricht ist umso klarer, und die Zeit kann um so mehr für Lernen genutzt werden, je solider die Vorkenntnisse zu Beginn der 5. Klasse waren. Der letztgenannte Aspekt macht deutlich, dass der vorgefundene Klassenkontext – und auf einer höheren Ebene das Schuleinzugsgebiet – einen doppelten Einfluss ausübt: auf den Lernerfolg und auf die Qualität des Unterrichts.

5. Übersicht über den Forschungsstand zu lernwirksamen Merkmalen des Unterrichtshandelns

Der Forschungsstand zu lernwirksamen Unterrichtsmerkmalen ist Gegenstand zahlreicher Übersichts- und Handbuchartikel, von Monographien und von Metaanalysen. Allerdings wurden dabei sehr unterschiedliche Strategien verwendet, so dass eine kohärente und eindeutige Bestandsaufnahme schwierig erscheint. So liegt der Fokus mal auf einzelnen Lehrerverhaltensweisen oder auf Stilen oder Mustern (wie z.B. der „direkten Instruktion“, dem „offenen Unterricht“ oder dem „mastery learning“); mal auf fachübergreifenden Merkmalen des Lehrerhandelns versus fachspezifischen Aspekten. Differenzierte Metaanalysen wie diejenige von Seidel und Shavelson (2007, S. 470f.) schlüsseln die Befunde zusätzlich nach dem Erhebungszeitraum (letzte Dekade versus früher), dem verwendeten Forschungsdesign (korrelational versus experimentell), Altersstufen (*elementary* versus *sekundary school*) und Zielkriterium auf: Letzteres kann unmittelbar auf *Lernprozesse* bezogen sein („Regulation of learning activities in the process of knowledge acquistion, e.g. students’ cognitive engagement, quality of learning motivation, application of deep learning strategies“) oder auf die *Leistungsentwicklung* („Results of learning with respect to the development of knowledge, measured either by standardized achievement and competency tests or specific tests of content understanding or student performance“).

Anstelle einer synoptischen Darstellung unterschiedlicher Ansätze, die schon aus Platzgründen ausscheidet, wird im Folgenden pragmatisch vorgegangen, indem die wichtigsten Qualitätsbereiche des unterrichtlichen Lehrerhandelns skizziert werden. Die Fokussierung auf fachliches Lernen und auf fachliche Leistungen ist ebenfalls pragmatischer Art und soll keinesfalls so verstanden werden, als seien überfachliche und erzieherische Wirkungen des Unterrichts irrelevant. Alternative Klassifikationen und detailliertere Darstellungen finden sich beispielsweise bei Lipowsky (2006, 2007a, 2007b), Marzano et al. (2005), Marzano, Marzano & Pickering (2003), Marzano et al. (2001), Helmke (2014) und Dubs (2009).

Auf dieser Grundlage lassen sich fünf Bereiche lernförderlichen Lehrerverhaltens voneinander unterscheiden: effiziente Klassenführung als notwendige Voraussetzung jedes anspruchsvollen Unterrichts (5.1) Prozessmerkmale, die sich direkt auf die Initiierung und Förderung der Informationsverarbeitung beziehen (5.2, 5.3) Merkmale, die sich primär auf die Förderung der Lernbereitschaft und somit mittelbar und indirekt auf den Lernerfolg beziehen (5.4) sowie formative Evaluation und Feedback (5.5) Aus diesen drei Bereichen sollen im Folgenden die wichtigsten Komponenten benannt werden.

5.1 Klassenmanagement

Eine effiziente Klassenführung hat sich in zahlreichen Untersuchungen als lernförderlich herausgestellt, zuletzt in der PISA-Ergänzungsstudie COACTIV (Kunter, Klusmann & Baumert, 2009) (Mathematik, 9. Klasse), in der KMK-Studie DESI (Helmke et al, 2008b) sowie in der Grundschul-Videostudie „VERA Gute Unterrichtspraxis“ (Helmke et al., 2008a). In der Metaanalyse von Wang, Haertel & Walberg (1993) war die Klassenführung das am stärksten mit der Lernentwicklung zusammenhängende Unterrichtsmerkmal. Die Hattie-Studie (2009) unterstreicht ebenfalls die Wirksamkeit eines effizienten „classroom management“ auf Lernerfolg (Effektstärke von d = 0.52) und mehr noch auf Anstrengungsbereitschaft (d = 0.62). Obwohl die Terminologie nicht ganz einheitlich ist, wird von den meisten Autoren unter effizienter Klassenführung ein Verhaltensmuster verstanden, das im Wesentlichen drei Komponenten umfasst:

- Nutzung der Unterrichtszeit für Lernen (time-on-task), d.h. Vermeidung dysfunktionalen Zeitverlusts etwa bei Übergängen, Vermeidung von Leerlauf bei Stillarbeit durch Anpassung der Aufgabenmenge und -schwierigkeit an die Lernvoraussetzungen. Es zeigt sich somit ein enger Zusammenhang zur Quantität von Lerngelegenheiten (*opportunity to learn*): Je mehr Lernzeit zur Verfügung steht und desto intensiver diese Lernzeit genutzt wird, desto größer ist die Wahrscheinlichkeit eines Lernerfolges. Allerdings ist die Beziehung zwischen Lernzeit und Lernerfolg nicht sehr stark: Hattie (2009, S. 184) fand eine Effektstärke von d = 0,39. Außerdem ist die Beziehung nicht linear: Wenn Lernzeit massiv fehlt, dann ist dies ein Risikofaktor; es gibt jedoch auch eine Sättigungsgrenze nach oben, ab der eine weitere Steigerung der Lernzeit nur noch minimal zur Steigerung des Lernerfolges beiträgt (Fisher, 1995). Die Relevanz der *Lernzeit* ergibt sich auch aus den Metaanalysen, z.B. Seidel und Shavelson (2007), die allerdings nicht die von Scheerens und Bosker (1997) behaupteten drei Kategorien *time on task, opportunity to learn* und *homework* bestätigen konnten.
- Rechtzeitige Einführung, gelegentliche Rekapitulation und konsequente Durchsetzung verbindlicher Regeln. Der Schwerpunkt auf der Vorbeugung von Störungen durch Regeln ist im letzten Jahrzehnt, vor allem in der angloamerikanischen Literatur, zum Dreh- und Angelpunkt der effizienten Klassenführung geworden (Evertson & Weinstein, 2006; Marzano et al., 2003, 2005).
- Effiziente Klassenführung wurde im deutschen Sprachraum lange Zeit auf den erfolgreichen Umgang mit Disziplinstörungen in Form von Ermahnungen, Strafen, Sanktionen reduziert. Dies macht vielleicht einen Teil der Erklärung für die mangelnde Attraktivität des Themas in der Forschung sowie in der Lehrerbildung aus. Dieses Bild des *Classroom Management* als Reaktion auf Verhaltensstörungen und „schlechtes Betragen" einzelner Schüler spiegelt jedoch ein veraltetes Denken wider, wie es in der Blütezeit behavioristischer Konzeptionen en vogue war, seinerzeit stark munitioniert durch die Lernpsychologie und die Klinische Psychologie (Stichwort: Verhaltensmodifikation). Die Verkürzung der Klassenführung auf den Umgang mit Disziplinproblemen ist weit entfernt vom aktuellen internationalen Diskussionsstand zum *Classroom Management.* Trotzdem spielt ein effizienter Umgang mit Störungen immer noch eine Rolle, und althergebrachte Techniken der Verhaltensmodifikation sind nicht bereits deshalb unzulässig oder unangebracht, weil sie einen lerntheoretisch-behavioristischen Hintergrund aufweisen. Hattie (2009) konnte unter Berufung auf Marzano (2000) zeigen, dass das Merkmal „withitness" (übersetzbar mit Allgegenwärtigkeit) von allen Facetten des Klassenmanagements den stärksten lernförderlichen Effekt hatte (d = 1.42): „the teacher had the ability to identify and quickly act on potential behavior problems, and retained an emotional objectivity" (S. 102). „Die Schüler bekommen das Gefühl vermittelt, dass die Lehrkraft alle ihre Aktivitäten im Blick hat, dass sie sozusagen auch auf ihrem Rücken Augen und Ohren hat, dass störende Vorfälle nicht „übersehen" und heikle Entwicklungen nicht toleriert werden" (Helmke, 2014, S. 178).

5.2 Klarheit, Strukturiertheit

In dem bekannten QuAIT-Modell (Qu = Quality, A = Appropriateness, I = Incentives to learn, T = Time) von Slavin (1994) sind Klarheit, Strukturiertheit, Verständlichkeit die Leitkonzepte der Qualität des Unterrichts. Die Hattie-Studie unterstreicht die Lernwirksamkeit von „clarity" (Effektstärke von d = 0.75; siehe Hattie, 2009, S. 126). Meyer (2004) stellt das Merkmal „Klare Strukturierung" an den Anfang seiner zehn Merkmale der Unterrichtsqualität. Sie umfasst für Meyer: Stimmigkeit von Zielen, Inhalten und Methoden, Folgerichtigkeit des methodischen Gangs, Angemessenheit des methodischen Grundrhythmus, Regel- und Rollenklarheit – ein breites Konzept, das auch Elemente der Klassenführung einschließt. Begrifflich sollte man Klarheit, Verständlichkeit und Strukturiertheit auseinanderhalten, auch wenn sie in der Realität oft eng zusammenhängen.

- Klarheit hat vier Komponenten: akustisch (Verstehbarkeit), sprachlich (Prägnanz), inhaltlich (Kohärenz) und fachlich (Korrektheit).
- Klarheit ist eher sender-, Verständlichkeit eher empfängerbezogen. Verständlichkeit und Verstehbarkeit hängen von Merkmalen der Sprache und des Sprechens ab, also von der angemessenen Ausprägung von Lautstärke, Tonhöhe, Sprechgeschwindigkeit, Pausen, Artikulation, Modulation, Timbre, der Unterstützung durch Gestik und Mimik und nicht zuletzt davon, ob Standardsprache (Hochdeutsch), Dialekt oder Regiolekt gesprochen wird.
- Strukturiertheit hat zwei Bedeutungen: Aus gedächtnispsychologischer Sicht umfasst sie alle Merkmale des Informationsangebots, die darauf abzielen, den Aufbau einer gut organisierten Wissensbasis zu unterstützen. Aus didaktischer Perspektive heißt Strukturiertheit, dass der Unterricht so geplant und sequenziert ist, dass er dieses Ziel erreicht.

5.3 Kognitive Aktivierung

Der lernförderliche Effekt der *kognitiven Aktivierung* wurde in zahlreichen Studien nachgewiesen. Unter „kognitive Aktivierung" fallen Lehrerverhaltensweisen wie das Stellen herausfordernder Aufgaben, die Provokation kognitiver Konflikte, die Initiierung selbstreflexiver Prozesse auf Seiten der Schüler. Über der vielsagenden Überschrift *„What works in classroom instruction?"* werteten Marzano u.a. (Marzano et al., 2005; Marzano, Gaddy & Dean, 2000) alle relevanten Studien und Metaanalysen aus und leiteten daraus Merkmale lernförderlichen Unterrichts ab. Die Hälfte dieser Merkmale beinhaltet Varianten und Spielarten der kognitiven Aktivierung: *Identifying similarities and differences, summarizing and note taking, nonlinguistic representations, generating and testing hypotheses* sowie *cues, questions and advance organizers.* Allerdings bezieht sich die Mehrzahl der Befunde auf mathematisch-naturwissenschaftliche Fächer; in den Fächern Deutsch und Englisch konnte die DESI-Studie *kein* entsprechendes Befundmuster feststellen (DESI-Konsortium, 2008).

Hatties Metaanalyse (2009) zeigte die außerordentlich starke Lernwirksamkeit von metakognitiven Strategien (d = 0.69) und „study skills" (d = 0.59) für den Lernerfolg, wobei diejenigen Komponenten besonders vorhersagestark waren, die typisch für einen aktiven und vorausschauenden Zugang zu Lernaufgaben sind: Zielsetzung, Selbstevaluation, Aufschuborientierung und – an der Spitze – Lernstrategien wie Zusammenfassen, Paraphrasieren, Entwurfsfassung herstellen etc. („organizing and transforming"; die Effektstärke beträgt hier beachtliche d = 0.85; Hattie, 2009, S. 190).

5.4 Lernförderliches Klima, Motivierung, Unterstützung, Schülerorientierung

Mit „lernförderlichem Klima" ist eine Lernumgebung gemeint, in der das Lernen der Schülerinnen und Schüler erleichtert, begünstigt oder auf andere Weise positiv beeinflusst wird. In allen wichtigen Klassifikationen der Unterrichtsqualität taucht dieser Qualitätsbereich auf, so auch bei

Meyer (2004, S. 17: „Lernförderliches Klima – durch gegenseitigen Respekt, verlässlich eingehaltene Regeln, Verantwortungsübernahme, Gerechtigkeit und Fürsorge"). In der Beschreibung der Kategorien des Unterrichtsbeobachtungsbogens der Bayerischen Qualitätsagentur wird das „Unterrichtsklima" so skizziert: „Eine positive Grundeinstellung gegenüber Lernen und Leisten sowie ein vertrauensvolles Klima zwischen Lehrkräften und Schülern und zwischen den Schülern sind Grundlagen für Lernbereitschaft und Lernvermögen". Brophy (2000), für den dieses Merkmal (*supportive classroom climate*) an der Spitze seiner Liste steht, legt den Schwerpunkt auf den Aspekt der *Unterstützung*: „To create a climate for moulding their students into a cohesive and supportive learning community, teachers need to display personal attributes that will make them effective as models and socializers: a cheerful disposition, friendliness, emotional maturity, sincerity, and caring about students as individuals as well as learners. The teacher displays concern and affection for students, is attentive to their needs and emotions, and socializes them to display these same characteristics in their interactions with one another." (S. 8).

Hattie (2012) hebt vor allem die Wichtigkeit einer fehlertoleranten Lernumgebung und eines konstruktiven Umgangs mit Fehlern hervor: „An optimal classroom climate for learning is one that generates a climate in which it is understood that it is okay to make mistakes, because mistakes are the essence of learning [...] Expert teachers create classroom climate that welcome admission of errors; they achieve this by developing a climate of trust between teacher and student, and between student and student. The climate ist one in which ‚learning is cool', worth engaging in, and everyone – teachers and students – is involved in the process of learning." (S. 26)

Der Forschungsstand auf diesem Gebiet ist unübersichtlicher als bei den vorangegangenen Qualitätsbereichen, ein Teil der Studien ist laborexperimenteller Art und auf den angloamerikanischen Sprachraum begrenzt, und verschiedene Terminologien sorgen zusätzlich für Verwirrung. Zusammenfassend lassen sich die folgenden Aspekte als wichtig für ein lernförderliches Klima herausstellen: Umgang mit Fehlern, angemessene Wartezeiten, entspannte Lernatmosphäre und Abbau von Angst. Auf Lehrerseite sind Merkmale wie Geduld, Humor und Toleranz für Langsamkeit von Bedeutung; für Details siehe Helmke (2014). Das Unterrichts- oder Lernklima wirkt sich allerdings nicht direkt auf Lernprozesse aus, sondern indirekt, indem es die sozial-emotionale Befindlichkeit, die Lernmotivation und das Selbstvertrauen fördert, die ihrerseits Determinanten des Lernerfolgs sind (Helmke & Weinert, 1997); daher sind die direkten Zusammenhänge mit der Lernentwicklung auch meist relativ schwach.

5.5 Formative Evaluation

Die Hattie-Studie hat gezeigt, dass es einen einen weiteren sehr lernwirksamen Aspekt der Unterrichtsqualität und des Lehrerverhaltens gibt, der in der bisherigen wissenschaftlichen Diskussion über Unterrichtsqualität und Lehrerprofessionalität so nicht gesehen wurde: die formative Evaluation. Von den 138 Einzelfaktoren belegt diese Variable immerhin Rang 3! Steffens & Höfer (2012) bringen das Wesentliche der formativen Evaluation auf den Punkt, wenn sie schreiben: „Darunter kann man sich eine systematische Nutzung aller zugänglichen Informationen vorstellen, die Auskunft über Lernmöglichkeiten, Lernstand, Lernprozesse und Lernerträge der Schülerinnen und Schüler liefern. Das können ganz kleine Informationsbestandteile sein, z.B. hinsichtlich noch bestehender Schwächen und Stärken in einer Lemsequenz, oder Ergebnisse aus Lernstandsgesprächen mit Kindern und Jugendlichen, kleine Leistungstests oder Klassenarbeiten, aber auch systematisch generierte Daten im Rahmen standardisierter Lernstandserhebungen. Feedback darf nicht mit Lob und Tadel verwechselt werden, die weitgehend wirkungslos sind. Vielmehr muss ein Feedback Informationen zu den nächsten Lernschritten enthalten. Die

Lernenden erhalten vom Lehrenden ein Feedback über ihren Lemstand, andererseits geben sie als Lernende dem Lehrenden ein entsprechendes Feedback. Auf diese Weise wird verständlich, was Hattie meint, wenn er schon im Titel des Buchs „Visible Learning" davon spricht, dass sich Lehrkräfte darüber im Klaren sind, was einzelne Schülerinnen und Schüler denken und wissen, dass sie sich in die Lernprozesse hineinversetzen und diese in der Perspektive der Schillerinnen und Schüler wahrnehmen können sollen und dass sie vor diesem Hintergrund Lernprozesse aktiv gestalten können (S. 26).

6. Fazit und Perspektiven

In diesem Artikel wurden Erkenntnisse zur wissenschaftlichen Fundierung der Lernwirksamkeit des Lehrerhandelns dargestellt. Dabei wurden zentrale Qualitätsbereiche des Unterrichts einbezogen. Die empirische Basis der Unterrichtsforschung ist im deutschen Sprachraum – anders als z.B. im angloamerikanischen Sprachraum, in Skandinavien oder den Niederlanden – derzeit noch relativ schmal. Ein wichtiger Trend ist die Beachtung der Domänenspezifität der Wirksamkeit des Lehrerhandelns. Dies haben insbesondere neuere Videostudien des Unterrichts belegt, insbesondere die DESI-Videostudie (Helmke et al., 2008), die Frankfurt-Züricher Videostudie des Mathematikunterrichts (Rakoczy, 2006; Pauli & Reusser, 2006), die Grundschulstudie VERA – Gute Unterrichtspraxis (Helmke et al., 2008a), die Grundschulstudie PERLE (Greb, Faust & Lipowsky, 2007) und die Kiel-Berner Videostudie des Physikunterrichts (Seidel et al., 2006; Knierim, 2008).

Auf einen Aspekt soll abschließend besonders hingewiesen werden: auf die *Anwendung* der hier präsentierten Forschungsergebnisse zu lernwirksamen Aspekten des Lehrerverhaltens in der Schulpraxis. Bedingt durch die traditionelle Kluft zwischen empirischer Unterrichtsforschung auf der einen Seite und der Allgemeinen Didaktik auf der anderen Seite (Terhart, 2002) zeigen sich oft Missverständnisse hinsichtlich dessen, was „guten" oder „erfolgreichen" Unterricht anbelangt: „Guter Unterricht" ist nicht identisch mit einer optimalen oder gar maximalen Ausprägung *aller* Qualitätsbereiche. Hierzu Helmke (2014): „Dies schon deshalb nicht, weil es ganz unterschiedliche Muster erfolgreichen Unterrichts geben kann und Defizite in *einem* Bereich bis zu einem gewissen Grad durch Stärken in *anderen* Bereichen kompensierbar sind. Außerdem hängt die Beurteilung des Unterrichts vom jeweiligen Fach, der Klassenzusammensetzung und vor allem vom angestrebten Bildungsziel ab. Die Vorstellung einer wünschenswerten Maximierung aller Einzelmerkmale übersieht außerdem, dass angesichts beschränkter zeitlicher Ressourcen je nach vorhandenen Stärken und Schwächen und in Abhängigkeit von der Klassenzusammensetzung situationsangemessene Prioritäten gesetzt werden müssen, dass Merkmale der Unterrichtsqualität also notwendigerweise miteinander konkurrieren. Dazu kommt, dass je nach den dominierenden Lernzielen (z.B. kooperatives Lernen versus Erwerb grundlegender Skills) unterschiedliche Merkmale der Unterrichtsqualität in den Vordergrund treten. Insofern eignen sich die Merkmale eher als ein Orientierungsschema, das Grundlage für eine regelmäßige unterrichtsbezogene Selbstreflexion sein sollte, am besten unterstützt durch einen „fremden" kollegialen Blick. Für viele Pädagogen ist die „Zerlegung" eines Gesamtbildes in separate Prinzipien oder Variablen ungewohnt und entspricht nicht den verbreiteten ganzheitlich orientierten Denkgewohnheiten. Ein solcher *analytischer* Zugang ist unabdingbar, um ein differenziertes Bild des Unterrichts, seiner Eigenheiten, Stärken und Schwächen zu gewinnen. Nach diesem ersten analytischen Blick muss jedoch ein zweiter, *synthetischer* Blick auf das Gesamtmuster erfolgen, andernfalls besteht die Gefahr von Kurzschlüssen. Ob eine niedrige Ausprägung eines Qualitätsmerkmals gravierend ist, hängt eben auch von der Gestalt des Gesamtprofils ab" (Helmke, 2014, S. 170).

Literatur

Baumert, J., Becker, M., Neumann, M. & Nikolova, R. (2009). Frühübergang in ein grundständiges Gymnasium – Übergang in ein privilegiertes Entwicklungsmilieu? Ein Vergleich von Regressionsanalyse und Propensity Score Matching. *Zeitschrift für Erziehungswissenschaft, 12*, 189-215.

Brophy, J. E. (2000). *Teaching* (Educational Practices Series, Vol. 1). Brussels: International Academy of Education & International Bureau of Education (www.ibe.unesco.org).

DESI-Konsortium (Hrsg.) (2008). *Unterricht und Kompetenzerwerb in Deutsch und Englisch. Ergebnisse der DESI-Studie.* Weinheim: Beltz Verlag.

Dubs, R. (2009). Lehrerverhalten. *Ein Beitrag zur Interaktion von Lehrenden und Lernenden im Unterricht* (2. Aufl.). Stuttgart: Franz Steiner Verlag.

Evertson, C. M. & Weinstein, C. S. (Eds.) (2006). *Handbook of classroom management. Research, practice, and contemporary issues.* Mahwah, NJ: Lawrence Erlbaum.

Fisher, C. W. (1995). Academic learning time. In: L. W. Anderson, (Ed.), *International encyclopedia of teaching and teacher education* (2nd ed.) (pp. 430-434). Oxford: Pergamon.

Fraser, B. J., Walberg, H. J., Welch, W. & Hattie, J. A. (1987). Syntheses of educational productivity research. *International Journal of Educational Research 11*, 145-252.

Greb, K., Faust, G. & Lipowsky, F. (2007). Projekt PERLE. Persönlichkeits- und Lernentwicklung von Grundschulkindern. *Diskurs Kindheits- und Jugendforschung 2*(21), 100-104.

Good, T. L., Wiley, C. R. H. & Florez, I. R. (2009). Effective teaching: An emerging synthesis. In L. Saha & A.G. Dworkin (Eds.), *International handbook of research on teachers and teaching. Part Two* (pp. 803-816). New York: Springer.

Hattie, J. (2009). *Visible Learning. A synthesis of over 800 meta-analyses relating to achievement.* London: Routledge.

Hattie, J. (2012). *Visible Learning for Teachers. Maximizing impact on Learning.* London: Routledge.

Hattie, J. (2013). *Lernen sichtbar machen.* Von W. Beywl und K. Zierer überarbeitete deutsche Ausgabe von „Visible learning". Hohengehren: Schneider.

Hattie, J. (2014). *Lernen sichtbar machen für Lehrpersonen.* Von W. Beywl und K. Zierer überarbeitete deutsche Ausgabe von „Visible learning for teachers". Hohengehren: Schneider.

Helmke, A. (2014). *Unterrichtsqualität und Lehrerprofessionalität. Diagnose, Evaluation und Verbesserung des Unterrichts* (5. Auflage). Seelze: Klett-Kallmeyer.

Helmke, A., Helmke, T., Heyne, N., Hosenfeld, A., Hosenfeld, I., Schrader, F.-W. & Wagner, W. (2008a). Zeitnutzung im Grundschulunterricht: Ergebnisse der Unterrichtsstudie „VERA – Gute Unterrichtspraxis". *Zeitschrift für Grundschulforschung, 1*, 23-36.

Helmke, A., Helmke, T., Schrader, F.-W., Wagner, W., Klieme, E., Nold, G. & Schröder, K. (2008b). Wirksamkeit des Englischunterrichts. In DESI-Konsortium (Hrsg.), *Unterricht und Kompetenzerwerb in Deutsch und Englisch. Ergebnisse der DESI-Studie* (S. 382-397). Weinheim: Beltz.

Helmke, A., Hosenfeld, I. & Schrader, F.-W. (2002). Unterricht, Mathematikleistung und Lernmotivation. In A. Helmke & R.S. Jäger (Hrsg.), *Die Studie MARKUS – Mathematik-Gesamterhebung Rheinland-Pfalz: Kompetenzen, Unterrichtsmerkmale, Schulkontext* (S. 413-480). Landau: Verlag Empirische Pädagogik.

Helmke, A., Schneider, W. & Weinert, F. E. (1986). Quality of instruction and classroom learning outcomes – Results of the German contribution to the Classroom Environment Study of the IEA. *Teaching and Teacher Education 2*, 1-18.

Helmke, A. & Weinert, F. E. (1997). Bedingungsfaktoren schulischer Leistungen. In F. E. Weinert (Hrsg.), *Psychologie des Unterrichts und der Schule (Enzyklopädie der Psychologie, Pädagogische Psychologie, Bd. 3)* (S. 71-176). Göttingen: Hogrefe.

Helmke, T., Helmke, A., Schrader, F.-W., Wagner, W., Nold, G. & Schröder, K. (2008). Die Videostudie des Englischunterrichts. In DESI-Konsortium (Hrsg.), *Unterricht und Kompetenzerwerb in Deutsch und Englisch. Ergebnisse der DESI-Studie* (S. 345-363). Weinheim: Beltz.

Klauer, K. J. & Leutner, D. (2007). *Lehren und Lernen. Einführung in die Instruktionspsychologie.* Weinheim: Beltz Psychologie Verlags Union.

Knierim, B. (2008). *Lerngelegenheiten anbieten – Lernangebote nutzen. Eine Videostudie im Schweizer Physikunterricht* (Schriften zur pädagogischen Psychologie, Band 35). Hamburg: Verlag Dr. Kovac.

Kunter, M., Klusmann, U. & Baumert, J. (2009). Professionelle Kompetenz von Mathematiklehrkräften: Das COACTIV-Modell. In O. Zlatkin-Troitschanskaia, K. Beck, D. Sembill, R. Nickolaus & R. Mulder (Hrsg.), *Lehrprofessionalität. Bedingungen, Genese, Wirkungen und ihre Messung* (S. 153-165). Weinheim: Beltz Verlag.

Lipowsky, F. (2006). Auf den Lehrer kommt es an. Empirische Evidenzen für Zusammenhänge zwischen Lehrerkompetenzen, Lehrerhandeln und dem Lernen der Schüler. In C. Allemann-Ghionda & E. Terhart (Hrsg.), *Kompetenzen und Kompetenzentwicklung von Lehrerinnen und Lehrern: Ausbildung und Beruf.* (51. Beiheft der Zeitschrift für Pädagogik) (S. 47-70). Weinheim: Beltz.

Lipowsky, F. (2007a). Unterrichtsqualität in der Grundschule – Ansätze und Befunde der nationalen und internationalen Forschung. In: K. Möller, P. Hanke, C. Beinbrech, A.K. Hein, T. Kleickmann & R. Schages (Hrsg.), *Qualität von Grundschulunterricht entwickeln, erfassen und bewerten* (Jahrbuch Grundschulforschung, Band 11) (S. 35-49). Wiesbaden: VS Verlag für Sozialwissenschaften.

Lipowsky, F. (2007b). Was wissen wir über guten Unterricht? Im Fokus: die fachliche Lernentwicklung. In G. Becker, A. Feindt, H. Meyer, M. Rothland, L. Stäudel & E. Terhart (Hrsg.), *Guter Unterricht. Maßstäbe & Merkmale – Wege & Werkzeuge* (Friedrich Jahresheft XXV) (S. 26-30). Seelze: Erhard Friedrich Verlag.

Lüdtke, O. & Köller, O. (2006). Mehrebenenanalyse. In D. H. Rost (Hrsg.), *Handwörterbuch Pädagogische Psychologie* (S. 469-474). Weinheim: Beltz Verlag.

Marzano, J. S., Pickering, D. J. & Pollock, J. E. (2005). *Classroom instruction that works.* Upper Saddle River, NJ: Merrill Prentice Hall.

Marzano, R .J., Gaddy, B. B. & Dean, C. (2000). *What works in classroom instruction.* Aurora, CO: Midcontinent Research for Education and Learning (McREL).

Marzano, R. J., Gaddy, B. B., Foseid, M. C., Foseid, M. P. & Marzano, J. S. (2005). *A handbook for classroom management that works.* Alexandria, VA: Association for Supervision and Curriculum Development (ASCD).

Marzano, R. J., Marzano, J. S., Pickering, D. J. (2003). *Classroom management that works. Research-based strategies for every teacher.* Alexandria, VA: Association for Supervision and Curriculum Development (ASCD).

Marzano, R. J., Norford, J. S., Paynter, D. E., Pickering, D. J. & Gaddy, B. B. (2001). *A handbook for classroom instruction that works.* Alexandria, VA: Association for Supervision and Curriculum Development (ASCD).

McCaffrey, D. F., Lockwood, J. R., Koretz, D., Louis, T. A. & Hamilton, L. (2004). Models for value-added modeling of teacher effects. *Journal of Educational and Behavioral Statistics, 29*(1), 67-101.

Medley, D. M. (1982). Teacher effectiveness. In H. E. Mitzel, J. H. Best & W. Rabinowitz (Eds.), *Encyclopedia of educational research* (Vol. 4, 5th ed.) (pp. 1894-1903). New York: Free Press.

Meyer, H. (2004). Was ist guter Unterricht? Berlin: Cornelsen.

Nye, B., Konstantopoulos, S. & Hedges, L. V. (2004). How large are teacher effects? *Educational Evaluation and Policy Analysis, 26,* 237-257.

Palardy, G. J. & Rumberger, R. W. (2008). Teacher effectiveness in first grade: The importance of background qualifications, attitudes, and instructional practices for student learning. *Educational Evaluation and Policy Analysis, 30,* 111-140.

Pauli, C. & Reusser, K. (2006). Von international vergleichenden Video Surveys zur videobasierten Unterrichtsforschung und -entwicklung. *Zeitschrift für Pädagogik, 52,* 774-798.

Rakoczy, K. (2006). Motivationsunterstützung im Mathematikunterricht. Zur Bedeutung von Unterrichtsmerkmalen für die Wahrnehmung der Schülerinnen und Schüler. *Zeitschrift für Pädagogik, 52,* 822-843.

Sass, R. R. (2008). *The stability of value-added measures of teacher quality and implications for teacher compensation policy,* [pdf]. The Urban Institute. National Center for Analysis of Longitudinal Data in Education Research (Calder). Information: http://www.urban.org/UploadedPDF/1001266_stabilityofvalue.pdf [07.06.2009].

Scheerens, J. & Bosker, R. J. (1997). *The foundations of educational effectiveness.* Oxford: Pergamon.

Seidel, T., Prenzel, M., Rimmele, R., Schwindt, K., Kobarg, M. & Herweg, C. (2006). Unterrichtmuster und ihre Wirkungen. Eine Videostudie im Physikunterricht. In M. Prenzel & L. Allolio-Näcke (Hrsg.), *Untersuchungen zur Bildungsqualität von Schule. Abschlussbericht des DFG-Schwerpunktprogramms* (S. 99-123). Münster: Waxmann.

Seidel, T. & Shavelson, R. J. (2007). Teaching effectiveness research in the past decade: The role of theory and research design in disentangling meta-analysis results. *Review of Educational Research, 77,* 454-499.

Slavin, R. E. (1994). Quality, appropriateness, incentive, and time: A model of instructional effectiveness. *International Journal of Educational Research, 21,* 141-157.

Steffens U. & Höfer, D. (2012). Die Hattie-Studie. Forschungsbilanuz zu den Ursachen von Lernerfolg. *HLZ (Hessische Lehrerzeitung), 12/2012*, 24-26.

Terhart, E. (2002). Fremde Schwestern. Zum Verhältnis von Allgemeiner Didaktik und empirischer Lehr-Lern-Forschung. *Zeitschrift für Pädagogische Psychologie, 16,* 77-86.

Tobe, P. F. (2009). Value-added models of teacher effects. In L. Saha & A.G. Dworkin (Eds.), *International handbook of research on teachers and teaching. Part Two* (pp. 1113-1134). New York: Springer.

Wang, M. C., Haertel, G. D. & Walberg, H. J. (1993). Toward a knowledge base for school learning. *Review of Educational Research, 63,* 249-294.

Wellenreuther, M. (2005). *Lehren und Lernen - aber wie? Empirisch-experimentelle Forschungen zum Lehren und Lernen im Unterricht* (2. korrigierte und überarbeitete Aufl.). Baltmannsweiler: Schneider Verlag Hohengehren.

Manfred Lüders

Forschung zur Lehrer-Schüler-Interaktion/ Unterrichtskommunikation

Das soziale Verhältnis von Lehrern und Schülern bildet den Forschungsgegenstand verschiedener wissenschaftlicher Disziplinen. Insbesondere die Soziologie, die Pädagogik und die Psychologie haben sich mit der Erforschung dieses Verhältnisses befasst und einige ihrer Theorien bzw. Befunde unter den Titel der Interaktionsforschung gestellt. Allerdings erfährt der Interaktionsbegriff dabei eine höchst unterschiedliche Verwendung. Zum Teil wird er sehr weit gefasst und schlicht mit Wechselwirkung gleichgesetzt, zum Teil auf elementare Einheiten des sozialen Geschehens bezogen bzw. für die Bezeichnung einer speziellen Variante sozialer Systeme reserviert.

Das weite, auf die wechselseitige Beeinflussung von Personen gerichtete Verständnis von Interaktion findet sich vorwiegend in psychologischen und von der Psychologie inspirierten pädagogischen Forschungsansätzen. Es basiert auf der Vorstellung, dass sowohl die sozialen Prozesse, die sich vollziehen, wenn Lehrer und Schüler im Unterricht zusammentreffen, als auch die Ergebnisse dieser Prozesse, z.B. Schülerleistungen, durch den wechselseitigen Einfluss bestimmter Personenmerkmale der Beteiligten erklärt werden können. Neben dem individuellen Verhalten gelten vor allem Motive und Interessen, typische Wahrnehmungsmuster, verschiedene Arten des Wissens, allgemeine, fachliche und professionelle Kompetenzen, subjektive Theorien, handlungsleitende Kognitionen, Selbstwirksamkeitsüberzeugungen, Ängstlichkeit, Erziehungs- und Unterrichtsstile etc. als besonders relevant. Weil Wechselwirkungen zwischen diesen und anderen Merkmalen auch den zentralen Gegenstand zahlreicher Ansätze der Unterrichts- und Lehr-Lernforschung bilden, ist die als Wechselwirkungsforschung begriffene Interaktionsforschung kaum von der Unterrichts- und Lehr-Lern-Forschung zu unterscheiden (Lüders & Rauin 2004). Die Themen in beiden Forschungsfeldern sind weitgehend dieselben: Sie reichen von der Lehrerexpertise und der Schülerpersönlichkeit über Begabung, Lernen, Kompetenz und Leistung bis hin zu Fragen des Klassenmanagements, der Unterrichtsqualität und des Umgangs mit Heterogenität (Hofer, 1997; Schweer, 2008).

Das engere Verständnis von Interaktion als einer elementaren Einheit des sozialen Geschehens verweist demgegenüber auf sozialwissenschaftliche und pädagogische Forschungsansätze, die im Symbolischen Interaktionismus, der Sozialphänomenologie, der Ethnomethodologie oder der Diskurslinguistik verankert sind (Naujok, Brand & Krummheuer, 2004). Als elementar gilt die Interaktion diesen Ansätzen insofern, als in ihr sozialer Sinn konstituiert, reproduziert und modifiziert wird. Während die psychologische Interaktionsforschung voraussetzt, dass die Individuen motiviert Handeln, mit ihrem Handeln einen subjektiven Sinn verbinden, Zwecke verfolgen und spezifische Erwartungen an die jeweiligen Interaktionspartner haben, interessiert sich die sozialwissenschaftliche Interaktionsforschung primär für die soziale Genese und Reproduktion dieser Voraussetzungen. Aus ihrer Perspektive sind vor allem das von Motiven und Absichten geleitete sinnvolle Handeln, das Sinn- bzw. Bedeutungsverstehen, das Selbst und die gesellschaftlichen Institutionen Abkömmlinge der sozialen Interaktion. Im Zentrum der Forschungen steht das interaktive Geschehen, das auf strukturelle Merkmale wie Konversationsmechanismen, Regeln der Sprachverwendung, Muster der Bedeutungs- und Identitätskonstitution, Situationsdefinitionen und latente Sinnstrukturen hin untersucht wird. Auch für die sozialwissenschaftliche bzw. pädagogisch-sozialwissenschaftliche Forschung zur Lehrer-Schüler-Interaktion gilt, dass sie nicht scharf von der Unterrichts- und Lehr-Lern-Forschung abzugrenzen ist (Breidenstein, 2002). Allerdings spielen Fragen nach den Auswirkungen bestimmter Formen der Lehrer-Schüler-Interaktion auf die Entwicklung von Leistungen oder Kompetenzen der Schüler bisher eher eine untergeordnete Rolle. Lediglich in kritischer Absicht durchgeführte Diskurs- und Machtanalysen werden häufiger mit Aussagen zu ausgewählten Effekten wie Entmündigung oder Verdinglichung abgeschlossen.

Eine weitere spezifische Verwendungsweise des Interaktionsbegriffs ist durch die soziologische Systemtheorie Luhmanns geprägt worden. In dieser Theorie bezeichnet der Interaktionsbegriff einfache Sozialsysteme, die entstehen, wenn anwesende Personen sich wechselseitig wahrnehmen und miteinander kommunizieren. Handelt es sich um Lehrer und Schüler in schultypischen Funktions- bzw. Klientenrollen, so entsteht bei entsprechender Kommunikation – die Themen sind curricular gebunden, der Lehrer organisiert bei zeitlich befristeten Zusammenkünften den Sprecherwechsel und bewertet die Schülerbeiträge – Unterricht als Interaktionssystem. Systeme dieser Art verfügen über zwei wichtige Eigenschaften: 1. Sie bestehen aus kommunikativen Ereignissen und nicht aus Personen; Personen werden als psychische, auf der Basis von Gedanken prozessierende Systeme begriffen und zur Umwelt sozialer Systeme gerechnet. 2. Es handelt sich um autopoietische Systeme, deren Emergenz zwar die Anwesenheit psychischer Systeme voraussetzt, deren weitere Entwicklung aber durch die psychischen Systeme in ihrer Umwelt nicht determiniert wird. Beide Eigenschaften begründen die These, dass Erziehungsvorgänge bereits aus strukturellen Gründen gegen technologische Zugriffe resistent sind. Für die soziologische Systemtheorie und ihre pädagogische Rezeption erwächst hieraus die Frage, wie Erziehung trotzdem möglich ist. Aus der Theorie selbst lässt sich die Vorhersage gewinnen, dass Unterricht als Interaktionssystem die Möglichkeiten der Schüler, bereits entwickelte kognitive Strukturen zu bestätigen, einschränkt, Distanzierungen erzwingt und die Schüler dadurch zur Selbständerung veranlasst. Ein dieser Theorie angemessenes empirisches Forschungsprogramm liegt bisher nicht vor. Ersatzweise begnügt sich die Systemtheorie damit, ihre Kernthesen durch die Assimilation von Forschungsbefunden der soziologischen Schulforschung und der sozialwissenschaftlichen Interaktionsforschung zu stützen (Vanderstraeten, 2001; Luhmann, 2002; Herzog, 2009).

Die folgende Darstellung der Forschungen zur Lehrer-Schüler-Interaktion und Unterrichtskommunikation wird, wegen der Schwierigkeit der Abgrenzung des Gegenstandes von der Unterrichts- und Lehr-Lern-Forschung und der kaum noch zu überblickenden Verästelungen innerhalb der relevanten Teilgebiete, nur einen selektiven Einblick in den aktuellen Entwicklungsstand geben können. Die Darstellung ist nach Theorien bzw. Forschungsansätzen gegliedert; es werden eine Auswahl bedeutender Ansätze und jeweils eine Auswahl an Forschungsschwerpunkten präsentiert. Nicht berücksichtig werden konnten neben anderen vor allem die psychoanalytische Pädagogik, die Cultural Studies und die Foulcault'sche Diskursanalyse. Bei den Schwerpunkten mussten vor allem die Forschungen zur sozialen Konstitution von Identität und Geschlechtlichkeit ausgespart werden. Ein letzter Vorbehalt betrifft die Gliederung nach Ansätzen: Sie ist nicht trennscharf, weil zahlreiche Projekte auf mehrere Theorien Bezug nehmen, theoretisch nur schwach verankert sind oder aber die jeweils erhobenen Befunde nicht eindeutig für oder gegen eine bestimmte Theorie sprechen.

1. Die klassische Interaktionsanalyse

Die *klassische Interaktionsanalyse* gehört in den Kontext der in den sechziger und siebziger Jahren des letzten Jahrhunderts entwickelten Prozess-Produkt-Forschung. Das interaktive Geschehen auf der Prozessebene wurde überwiegend in behavioristischen Kategorien als wechselseitig sich beeinflussendes Verhalten von Lehrern und Schülern dargestellt. Eine einheitliche behavioristische Fundierung der klassischen Interaktionsanalyse kann gleichwohl nicht konstatiert werden. Vielmehr haben verschiedene theoretische Überzeugungen der Forschenden die Entwicklung dieses Ansatzes beeinflusst. Das vorrangige Ziel war die Ermittlung von gesetzmäßigen Zusammenhängen zwischen dem im Unterricht gezeigten Verhalten von Lehrern und Schülern einerseits und bestimmten Effektvariablen wie dem Unterrichtsklima, den Denkprozessen, Einstellungen und schulischen Leistungen der Schüler andererseits. Viele Forschungsprojekte verfolgten jedoch auch rein deskriptive Zwecke, waren Bestandteile des Lehrertrainings oder dienten schlicht der Kontrolle der Einführung veränderter Curricula und neuer Instruktionsformen. Für die Realisierung dieser verschiedenen Zielsetzung wurden zahlreiche, auf ausgewählte Aspekte der Lehrer-Schüler-Interaktion zugeschnittene Beobachtungsinstrumente entwickelt. Nach Bellack (1969) ist zwischen affektiven, kognitiven und multidimensionalen Beobachtungssystemen zu unterscheiden. Affektive Systeme erfassen sozial-emotionale, kognitive Systeme erfassen logisch-sachinhaltliche und multidimensionale Systeme erfassen sowohl sozial-emotionale als auch logisch-sachinhaltliche Merkmale der Unterrichtsinteraktion.

Die relevanten Beobachtungskategorien wurden z.T. im Ausgang von bestimmten Lern-, Verhaltens- und Sozialtheorien entwickelt, z.T. aus forschungspragmatischen Gründen (Reliabilität und Operationalisierbarkeit), z.T. durch Überarbeitung und Synthese anderer Ansätze, z.T. aber auch theorielos oder ad hoc eingeführt (Rosenshine & Furst, 1973, S. 138). Maßgeblich für die Kategorienbildung im Rahmen des bekannten Systems von Flanders (1970) z.B. waren die Theorie der Führungsstile und die Annahme, dass es einen Zusammenhang zwischen dem Führungsverhalten des Lehrers und den Schülerleistungen gebe. Das System stellt sieben Kategorien für die Beschreibung initiativen und reaktiven Lehrerverhaltens (1. accepts feeling, 2. praises or encourages, 3. accepts or uses ideas of pupils, 4. asks questions, 5. lecturing, 6. giving directions, 7. criticizing or justifying authority) zur Verfügung, zwei für die Beschreibung initiativen und reaktiven Schülerverhaltens (8. initiation, 9. response) und eine für die Erfassung von Ruhe oder Konfusion in der Klasse (10. silence or confusion). Andere Beobachtungssysteme wiederum konzentrieren sich auf die kognitive Qualität der Unterrichtsinteraktion, um mögliche Auswirkungen des kognitiven Anspruchsniveaus der Lehrersprache auf die Entwicklung der kognitiven Fähigkeiten der Schüler nachzuweisen. In diesen Fällen wurden Beobachtungskategorien gebildet, die geeignet erschienen, die Qualität der Lehrerfrage oder die Qualität der im Unterricht entwickelten Argumentationen abzubilden (Gallagher & Aschner, 1963; Oliver & Shaver, 1963; Nuthall & Lawrence, 1965; Dunkin & Biddle, 1974). Good und Brophy (1970, 1973) wiederum entwickelten teils ad hoc, teils in kritischer Auseinandersetzung mit anderen interaktionsanalytischen Ansätzen ein multidimensionales System für die Codierung der Interaktion, das Frageformen, die Qualität der Fragen, Schülerantworten und die Erwiderungen des Lehrers unterscheidet.

Die durchgeführten Projekte haben eine Reihe interessanter statistischer und deskriptiver Befunde erbracht. Verschiedene Korrelationsstudien konnten belegen, dass bestimmte Verhaltensweisen von Lehrkräften in einem signifikanten Verhältnis zur Entwicklung von Schülerleistungen stehen. Zu den betreffenden Verhaltensweisen gehören die Klarheit des Ausdrucks, methodisch-didaktische Variabilität, Enthusiasmus und die Variation des Anspruchsniveaus bei Fragen und Darbietungen (Rosenshine & Furst, 1973, S. 155f.). Die deskriptiven Befunde erhellen, dass der Lehrer die aktivste Rolle im Unterricht spielt und die größten Redeanteile hat, dass er pro Minute zwei bis vier Fragen stellt bzw. einen Befehl erteilt und dass von allen Beteiligten zwar relativ häufig „bitte", aber selten „danke" gesagt wird (Tausch, 1962; Wiczerkowsky, 1965; Hoetker & Ahlbrand, 1969; Tisher, 1970; Tausch & Tausch, 1970; Adams, 1972). Speziell für die Schüler wurde festgehalten, dass sie die meiste Zeit im Unterricht passiv sind bzw. die Rolle von Zuhörern einnehmen. Wenn sie sprechen, ist ihr Beitrag entweder eine Reaktion auf einen initiierenden Akt des Lehrers oder sie schließen fortführend an einen vorangegangenen Beitrag des Lehrers oder eines Mitschülers an. Die relative Passivität der Schüler dokumentiert sich auch in den Beschreibungen der Strukturen des Unterrichtsgesprächs. Wie Bellack, Kliebard, Hyman und Smith (1966) ermitteln konnten, sind 48 Prozent aller Zugkombinationen (teaching cycles) von Lehrern initiierte Aufforderungs-Reaktions- und Aufforderungs-Reaktions-Erwiderungs-Sequenzen (vgl. auch Lundgreen, 1972; Roeder & Schümer, 1976).

Es gehört zu den vielfach hervorgehobenen Stärken der klassischen Interaktionsanalyse, dass sie mit dem Einsatz systematischer Beobachtungsinstrumente durch trainierte Beobachter eine hohe Beobachterreliabilität zu garantieren vermochte. Allerdings spricht die inflationäre Entwicklung von Beobachtungssystemen – Anfang der siebziger Jahre waren mehr als 120 Systeme in Gebrauch (Simon & Boyer, 1970, 1971; Rosenshine & Furst, 1973) – dafür, dass die meisten Befunde hochgradig konstruktabhängig sind (Merkens & Seiler, 1978). Problematisch erscheint auch der Verzicht auf eine linguistische Begründung der vorwiegend auf die Erfassung verbaler Daten zugeschnittenen Beobachtungskategorien. Die interpretative Unterrichtsforschung hat besonders moniert, dass die mit z.T. hochselektiven Beobachtungssystemen arbeitende Interaktionsanalyse nicht in der Lage ist, die kommunikative Dynamik des Unterrichtsdiskurses, die interaktionelle Hervorbringung von sozialer Ordnung und die verschiedenen Praktiken der Aushandlung von Bedeutungen und Wissen zu erfassen, die Unterricht als ein soziales Geschehen kennzeichnen (Stubbs & Delamont, 1976; Furlong & Edwards, 1977). Weitere Defizite, die in der Lehr-Lern-Forschung diskutiert worden sind, betreffen das Absehen von den kognitiven Prozessen, Einstellungen, Wahrnehmungen und Absichten der Interaktionsteilnehmer. Sie haben zur Weiterentwicklung der Prozess-Produkt-Forschung auf kognitionspsychologischer Grundlage geführt und auch die sozialpsychologische Interaktionsforschung befruchtet.

2. Die Erziehungsstilforschung

Die Erziehungsstilforschung ist aus der älteren Führungsstilforschung von Lewin, Lippitt und White (1939) hervorgegangen. Ihr Ziel ist es, individuelle Unterschiede des Verhaltens von Lehrern auf der Beziehungsebene zu identifizieren und signifikante Rückwirkungen dieser Unterschiede auf den Interaktionsprozess und die Lernergebnisse der Schüler festzustellen. Methodisch geschieht die Identifikation von Erziehungsstilen entweder im Ausgang von theoretisch generierten Verhaltensmodellen, oder auf dem Wege der Induktion, indem Merkmale des erzieherischen Verhaltens erhoben und faktoren- bzw. clusteranalytisch so reduziert werden, dass sich typische Merkmalskonstellationen ergeben.

Zu erinnern ist u.a. an die Untersuchung von Ryans (1960), die im Anschluss an eine Erhebung in 3000 Schulklassen drei Dimensionen des erzieherischen Verhaltens von Lehrern begründen konnte. Ryans zufolge gibt es 1. distanziertes, reserviertes, egozentrisches vs. freundliches, verstehendes, teilnehmendes Lehrerverhalten; 2. der Verantwortung ausweichendes, planloses, nachlässiges vs. verantwortliches, systematisches, gewissenhaftes Lehrerverhalten; 3. langweiliges, routinemäßiges vs. anregendes, phantasievolles bzw. originelles Lehrerverhalten. Einige Merkmale wie verstehend, freundlich, planvoll, gewissenhaft und originell stehen in einer positiven Korrelation zu einem aufgeweckten, sicheren, verantwortlichen und selbstkontrollierten Verhalten der Schüler – allerdings gibt es erhebliche schulformspezifische Differenzen. Ein zweidimensionales Erziehungsstilkonzept ist u.a. von Tausch und Tausch entwickelt worden. Dieses Konzept unterscheidet zwischen 1. maximaler vs. minimaler Lenkung und 2. emotionaler Wärme, Zuneigung vs. emotionale Kälte und Abneigung. In verschiedenen Untersuchungen wurde nachgewiesen, dass ein Erziehungsstil mit den Merkmalen wenig Lenkung, emotionale Wärme und Zuneigung positiv mit der Lern- und Persönlichkeitsentwicklung von Schülern korreliert (Tausch & Tausch, 1970; Aspy & Roebuck, 1973).

In der jüngeren Interaktionsforschung spielen dimensionsanalytische Ansätze der Erziehungsstilforschung, weil sie das Lehrer-Schüler-Verhältnis als einen vom Lehrer ausgehenden Funktionszusammenhang entwerfen und unsensibel für die Erfassung von situationsbedingten Variationen im Erziehungsverhalten ein und desselben Lehrers sind, nur noch eine untergeordnete Rolle. Weiter verfolgt wurde die Frage nach der pädagogischen Bedeutung eines bestimmten Erziehungsstils vor allem von der Forschungsgruppe um Tausch und Tausch, die seit den achtziger Jahren das auf C. Rogers (1983) zurückgehende Konzept der „personenzentrierten Erziehung“ untersuchte. Für dieses Konzept, das die Merkmale Achtung, positive Zuwendung, einfühlendes Verstehen und Aufrichtigkeit vereinigt, wurde auf der Basis einiger breit angelegter Studien wiederholt bestätigt, dass es positive Auswirkungen auf das fachliche und persönliche Lernen von Schülern hat (Tausch, 2008).

3. Die sozialpsychologische Interaktionsforschung

Die sozialpsychologische Interaktionsforschung analysiert die sozialen Beziehungen von Lehrern und Schülern als Beziehungen sozialen Handelns. Soziales Handeln wird begriffen als ein Verhalten gegenüber anderen Personen, das sich durch Absichtlichkeit, Zielgerichtetheit und Bewussteinsfähigkeit auszeichnet (Groeben, 1986). Im Zentrum der sozialpsychologischen Interaktionsforschung steht die Annahme, dass sich Lehrer und Schüler wechselseitig beeinflussen (Nickel, 1976). Ziel der Forschung ist es, solche Wechselwirkungen im Rekurs auf psychische Faktoren wie Absichten, Ziele, Einstellungen, Erwartungshaltungen, Situationswahrnehmungen, implizite Persönlichkeitstheorien, Ursachenzuschreibungen, Wissen, Kosten-Nutzen-Erwägungen, Routinen, Affekte, Emotionen etc. zu erklären und Zusammenhänge zwischen dem Denken des Lehrers und dem Lernen der Schüler herzustellen.

Angestoßen wurde die Entwicklung der sozialpsychologischen Interaktionsforschung durch die früheren Forschungen zur sich selbst erfüllenden Prophezeiung. Rosenthal und Jacobson (1968) hatten auf der Grundlage experimenteller Untersuchungen herausgefunden, dass hohe Leistungserwartungen des Lehrers an ausgewählte Schüler positive Auswirkungen auf deren Intelligenzentwicklung haben. Nachfolgestudien konnten die ermittelten Zusammenhänge z.T. bestätigen (Rosenthal, 1991). Die behaupteten Auswirkungen im Bereich der Intelligenzentwicklung sind jedoch eher schwach, während erwartungsinduzierte Effekte im Bereich der durch objektive Tests gemessenen Fachleistungen der Schüler und in den informellen Leistungsurteilen der Lehrkräfte relativ stark sind (Jussim & Eccles, 1992; Ludwig, 1995, 1999). Diese Zusammenhänge haben weiterführende Fragen nach den Merkmalen der Wahrnehmungs- und Denkprozesse von Lehrern, z.B. nach typischen Mustern der Personenwahrnehmung, nach den Bedingungen der Erwartungsbildung, nach kognitiven Schemata der Informationsverarbeitung und Entscheidungsfindung, nach dem Einfluss von Emotionen und Affekten auf das Handeln des Lehrers sowie allgemein nach der Bedeutung der Wahrnehmungs- und Denkprozesse des Lehrers für die Leistungsentwicklung der Schüler, aufgeworfen.

Die Methoden der sozialpsychologische Interaktionsforschung zur Erfassung der psychischen Voraussetzungen sozialen Handelns sind vielfältig und hochgradig spezifisch. Implizite Persönlichkeitstheorien z.B. werden mit Hilfe von Tests zur Schätzung der Ähnlichkeit von Personen oder mit Methoden der freien Beschreibung erfasst; für die Begründung von subjektiv relevanten Lehrer- bzw. Schülerkategorisierungen werden Merkmalszuschreibungen erhoben und clusteranalytisch reduziert (Hofer 1986). Die Ermittlung von Kognitionen geschieht, indem die Probanden zu lautem Denken etwa während der Unterrichtsplanung (Peterson, Marx & Clark, 1978; Peterson, Swing, Braverman & Buss, 1982), zur Erinnerung ihrer Gedanken während des Unterrichts durch das Vorspielen von Videomitschnitten (stimulated recall) oder zur Offenlegung ihrer Kognitionen durch die Präsentation von Beschreibungen typischer Unterrichtssituationen veranlasst werden (Rappoport & Summers, 1973). Bei der Rekonstruktion von Entscheidungsprozessen und subjektiven Theorien haben sich Interviews in Kombination mit Struktur-Lege-Techniken bewährt (Scheele, 1992). Ziel des Einsatzes von Struktur-Lege-Techniken ist es, alle in Bezug auf bestimmte Handlungsentscheidungen relevanten Kognitionen der Probanden durch gezieltes Nachfragen zu erfassen, nach immanenten Kriterien zu systematisieren und auf Karten sowie durch die Konstruktion von Entscheidungsbäumen zu visualisieren. Auf diese Weise sollen die Menge der Kognitionen und die Art ihrer Verknüpfungen zur Darstellung gebracht und Rückschlüsse auf die Komplexität und Flexibilität der jeweiligen Struktur ermöglicht werden.

Aus den zahlreichen Befunden der sozialpsychologischen Interaktionsforschung sind die zur wechselseitigen Wahrnehmung von Lehrern und Schülern besonders hervorzuheben. Es konnte gezeigt werden, dass sich Lehrer und Schüler verschiedener Formen der Reduktion von Komplexität bei der Wahrnehmung und Beurteilung ihres jeweiligen Gegenübers bedienen. Zu diesen Reduktionsformen gehören u.a. die Simplifikation, das Übergehen oder das Überbewerten von personenspezifischen Merkmalen, die Schlussfolgerung von ausgewählten Merkmalen auf eine größere Anzahl hypothetischer Eigenschaften (Halo-Effekt) sowie die Zuordnung des jeweiligen Gegenübers zu einem bestimmten Lehrer- bzw. Schülertypus. Nash (1978) stellte für Schüler die Operation mit bipolaren Konstrukten: „hält auf Ordnung – hält nicht auf Ordnung", „bringt uns was bei – bringt uns nichts bei", „erklärt viel – erklärt wenig", „interessant – langweilig", „gerecht – ungerecht", „freundlich – unfreundlich", bei der Kategorisierung von Lehrpersonen fest. Die Merkmale „behandelt Schüler gleich", „kann gut erklären", „ist vertrauenswürdig" werden als wünschenswert dargestellt, aber nur etwa 10 bis 27 Prozent der Schüler geben an zu erleben, dass sich die Lehrer ihren Wünschen entsprechend verhalten (Eder, 1995; Kanders, Rösner & Rolff, 1996). Lehrer kategorisieren Schüler u.a. im Hinblick auf die Merkmale Leistung und Konformität. Aus ihrer Perspektive gibt es z.B. 1. aktive, leistungsbereite, gute Schüler, 2. stille, zurückhaltende, gute Schüler, 3. durchschnittlich begabte, disziplinierte, mittelmäßige Schüler, 4. leistungsfähige, undisziplinierte, schlechte Schüler und 5. wenig begabte, gering motivierte, schlechte Schüler (Hofer, 1981). Es ist versucht worden, ein auf diese Kategorisierungen zugeschnittenes typisches Lehrerhandeln zu ermitteln. Ältere Untersuchungen berichten, dass gute Schüler häufiger gelobt würden, mehr Vorlesegelegenheiten erhielten und anspruchsvollere Fragen gestellt bekämen als schlechte Schüler (vgl. zusammenfassend Petillon, 1987). Dobrick und Hofer dagegen machten die Beobachtung, dass sehr gute Schüler eher selten gelobt würden und dass schlechte Schüler bei richtigen Antworten durchaus Lob und sachbezogene Rückmeldungen erführen (Dobrick & Hofer, 1991). Die unterschiedliche Befundlage erklärt sich, wenn man bedenkt, dass bei der Wahl eines bestimmten Verhaltens neben typisierenden Wahrnehmungen auch Kontrollerwartungen des Lehrers bezüglich des Unterrichtsverlaufs (Cooper, 1985) sowie die Zuschreibung von Ursachen für Erfolg und Versagen zu Faktoren wie familiärer Hintergrund, Begabung, Anstrengung, Vorkenntnisse, Schwierigkeit des Themas, didaktische Darstellung etc. eine Rolle spielen (Hofer, 1986).

Nicht anders als Schüler werden auch Situationen der Interaktion im Unterricht von Lehrkräften kategorisiert und mit bestimmten Handlungsmustern verknüpft. Für die Erklärung dieser Verknüpfungen sind kognitive Prozesse der Informationsverarbeitung (Joyce, 1979) und der Entscheidungsfindung (Shavelson & Stern, 1981), subjektive Unterrichtstheorien (Groeben, Wahl, Schlee & Scheele, 1988), Strukturen professionellen Wissens (Bromme, 1992) und der wahrnehmungssteuernde Einfluss von Emotionen (Thienel, 1988) untersucht worden. Entscheidungsmodelle, die Antizipationen von Handlungsfolgen und deren Bewertung berücksichtigen, konnten gute Vorhersageergebnisse erzielen. Forschungen zu subjektiven Theorien berichten Zusammenhänge zwischen Situations-Handlungs-Ergebnis-Erwartungen und realem Unterrichtshandeln. Die Befunde zur Verhaltenswirksamkeit von Kognitionen dagegen sind uneinheitlich (Hofer, 1997). Allerdings sind auch nicht alle Handlungen von Lehrkräften rein kognitiv determinierte zielgerichtete Handlungen. Es gibt außerdem Routinehandlungen und Handlungen in Drucksituationen, deren Ausführung auf automatisierten Verbindungen zwischen Situationen, Handlungen und Anschlusshandlungen (Skripts) basiert und die die Verfügung über komprimierte Gedächtnisstrukturen sowie situationsübergreifende Ziele und Pläne voraussetzen. Schließlich können die emotionale Betroffenheit des Lehrers und durch Ärger oder Enttäuschungen hervorgerufene Affekte das situationsspezifische Handeln des Lehrers beeinflussen (Schweer & Thies, 2000).

Die sozialpsychologische Interaktionsforschung stellt Wechselwirkungen zwischen Persönlichkeitsmerkmalen von Lehrern und Schülern in den Mittelpunkt ihrer Untersuchungen. Dabei geht sie von einem Handlungsbegriff aus, der durch die Merkmale der Absichtlichkeit, Zielgerichtetheit und Bewussteinsfähigkeit spezifiziert wird. Mit diesem Begriff ist eine, wie die vielfältigen Befunde zeigen, produktive Verengung des Fokus der Analyse auf die psychischen Bedingungen sozialen Handelns verbunden. Kehrseitig spielt das reale Interaktionsgeschehen zwischen Lehrern und Schülern in den Forschungen der Sozialpsychologie eine eher untergeordnete Rolle; insofern bleiben genau die Prozesse unterbelichtet, in denen sozialer Sinn als Voraussetzung für die Entwicklung der relevanten psychischen Leistungen konstituiert, reproduziert und modifiziert wird (Coulter, 1989; Harré, 1992).

4. Der Symbolische Interaktionismus und die Ethnomethodologie

Aus der Perspektive des Symbolischen Interaktionismus und der Ethnomethodologie bestehen Interaktionen aus bedeutungshaltigen Relationen zwischen Subjekten, die in Gestalt sprachlicher und nicht-sprachlicher Verhaltensweisen realisiert werden und eine Eingrenzung bzw. Festlegung ihrer Bedeutung erst durch die koordinierten Interpretationstätigkeiten der beteiligten Individuen erfahren. Tätigkeiten dieser Art gelten als unabdingbar, weil jegliche Normen, die der Regulation des wechselseitigen Verhaltens dienen, ihre Anwendung nicht vorschreiben und vielmehr eine situationsspezifische Auslegung verlangen (Garfinkel, 1967, S. 42). Zudem rekurrieren die Beteiligten bei der Verwendung von Gesten und sprachlichen Ausdrücken auf biographisch differente Kommunikationserfahrungen, so dass ein gemeinsam geteiltes Bedeutungsverstehen unter Umständen ungewiss ist (Krappmann, 1969, S. 42-48.). Ein weiteres Problem, dessen Bewältigung koordinierte Interpretationstätigkeiten erzwingt, ist das Problem der Indexikalität. Es gibt zahlreiche sprachliche Zeichen, deiktische Ausdrücke, die nur kontextuell verständlich sind und deren Bedeutung deshalb situativ festgelegt werden muss (Garfinkel & Sacks, 1976, S. 141-142.). Verständigung kann wegen dieser Unwägbarkeiten nur gelingen, wenn die Individuen mit bestimmten, die Interaktion begünstigenden Unterstellungen den sozialen Kontakt mit anderen aufnehmen, ihr Verhalten mithilfe bestimmter Methoden als ein bestimmtes Verhalten darstellen oder zum Abbau von Missverständnissen in einen Diskurs eintreten. Zu den wichtigen, die Interaktion begünstigenden Unterstellungen gehören die Annahme einer gemeinsamen Lebenswelt, die Reziprozität der Perspektiven und die Bereitschaft, vage Äußerungen durch verfügbares Hintergrundwissen zu ergänzen (Cicourel, 1973, S. 175-176.). Methoden der Entindexikalisierung und Darstellung sind hinweisende Gesten, Formulierungen, Umschreibungsverfahren, Konversationsmechanismen, rituelle Inszenierungen, Raumaufteilungen, Sitzordnungen etc. (Garfinkel & Sacks, 1976).

Ein wichtiger, in der Forschung nicht immer beachteter Unterschied zwischen dem Symbolischem Interaktionismus und der Ethnomethodologie betrifft das Konzept der objektiven Bedeutung. Der Symbolische Interaktionismus erklärt die Entstehung von Bedeutungen ursprünglich mit einheitlichen Reaktionen der Individuen auf bestimmte Gesten bzw. Symbole, die dadurch signifikant werden. Bedeutung wird als etwas Objektives, das in den Interaktionen der Gesellschaftsmitglieder unabhängig von deren jeweiligen Intentionen emergiert, begriffen. Die Aushandlung von Bedeutung ist demgegenüber eine cura posterior; sie geschieht, wenn es aufgrund biographisch bedingter, voneinander abweichender Erfahrungen mit dem Gebrauch sprachlicher Zeichen zu Verständigungsschwierigkeiten kommt und der Abbruch der Kommunikation nur durch den Übertritt in einen Diskurs zu verhindern ist (Mead, 1972). Die Ethnomethodologie beharrt demgegenüber darauf, dass die Zugehörigkeit zu einer gemeinsamen Lebenswelt und die Verfügbarkeit der natürlichen Sprache auch im Fall des Vorliegens gleicher Sprachgewohnheiten für die Verständigungssicherung nicht ausreichend sind und stets der Ergänzung durch koordinierte Interpretationstätigkeiten der Beteiligten bedürfen. Die Ausführung dieser Tätigkeiten erzeugt in der Regel jedoch nicht mehr als einen hochgradig fragilen, situationsspezifischen Augenblickskonsens. Methoden der Verständigungssicherung und koordinierende Interpretationstätigkeiten gelten deshalb als unumgängliche Begleiterscheinungen jeder Interaktion.

Forschungen in der Tradition des Symbolischen Interaktionismus interessieren sich vor allem für die Beantwortung der Frage, aufgrund welcher Bedeutungsvorstellungen Personen in bestimmten sozialen Situationen handeln; theoretisch ist zwischen subjektiven, milieuspezifischen und, mit Rücksicht auf den verallgemeinerten Anderen, universalen Bedeutungsvorstellungen zu unterscheiden. Hieran schließt die für die Theoriebildung grundlegende Frage nach den Konstitutionsregeln von interaktiv geschaffenen Lebenswelten und Alltagswissensbeständen an. In der Forschung zur Lehrer-Schüler-Interaktion sind vor allem Situationsdefinitionen, Rollen, die Konstruktion von Wissen, Geschlecht und Identität sowie latente bzw. objektive Bedeutungsstrukturen zum Gegenstand der Forschung gemacht worden. Ethnomethodologische Forschungen dagegen haben tendenziell eher bestimmte Mechanismen der Verständigungssicherung wie wechselseitige, die Interaktion begünstigende Unterstellungen oder Techniken der Darstellung eines Verhaltens als ein bestimmtes Verhalten im Blick. Die Lehrer-Schüler-Interaktion ist u.a. auf Mechanismen der Erzeugung des Unterrichts als einer institutionellen Tatsache wie auch Methoden der Erzeugung eines gemeinsamen Bedeutungsverstehens untersucht worden. Viele Projekte lassen sich jedoch nicht eindeutig entweder dem Symbolischen Interaktionismus oder der Ethnomethodologie zurechnen, weil auf beide Ansätze Bezug genommen wird. Auch bei der Auswahl der Forschungsmethoden finden sich große Überschneidungen: So wählen Symbolische Interaktionisten häufig die gleichen qualitativen Verfahren für die Realisierung ihrer Forschungsziele aus wie die Vertreter ethnomethodologischer Ansätze. Das Spektrum reicht von rein ethnographischen Methoden wie Feldforschung und teilnehmender Beobachtung über verschiedene Interviewtechniken, Grounded Theory, qualitative Inhaltsanalyse, Konversationsanalyse, klassische und rekonstruktive Hermeneutiken bis hin zu Varianten der Garfinkel'schen Experimente (Blumer, 1973; Oevermann, Allert, Konau & Krambeck, 1979; Denzin, 1970, 2003; Bergmann, 2003).

Einige typische Probleme der Lehrer-Schüler Interaktion, die entstehen, wenn verschiedene Situationsdefinitionen aufeinandertreffen, hat bereits Waller (1932) auf der Grundlage autobiographischer Aufzeichnungen von Lehrkräften und ausgewählter Unterrichtsbeobachtungen zum Verhalten von Schulanfängern beschrieben. Die Schulanfänger richten ihr Verhalten zunächst an Situationsdefinitionen aus, die informellen sozialen Kontakten entstammen und die sie gelegentlich in Konflikt mit den schulischen Verhaltenserwartungen bringen. Den Lehrkräften geht es im Gegenzug um die Durchsetzung und Stabilisierung einer Situationsdefinition, die sich gerade an den allgemeinen Normen des Schullebens und der Schulkultur orientiert und einen störungsarmen Unterricht ermöglichen soll. Für die Durchsetzung stehen ihnen verschiedene Verhandlungs-, Macht- und Einflussmittel zur Verfügung: Sie können auf geltende Regeln verweisen, regelkonformes Verhalten mit den Schülern einüben bzw. Verhaltensroutinen bilden, abweichendes Verhalten bestrafen oder persönlichen, durch verständnisvolles Agieren oder Autorität erworbenen Einfluss geltend machen (Waller, 1932, S. 292-296) Vergleichbare Befunde, dass Lehrer und Schüler mit unterschiedlichen Situationsdefinitionen, Rahmungen, Partizipationserwartungen, Kommunikationsstilen etc. in die Interaktion eintreten, finden sich in zahlreichen ethnographischen und ethnomethodologischen Studien zum schulischen Verhalten von Schülern verschiedener ethnischer Herkunft. Der beobachtete „frame clash" führt häufig zu Konflikten im Klassenzimmer und hat, wie einige Studien nachweisen können, einen negativen Einfluss auf das Partizipationsverhalten der Schüler wie auch ihre Schulleistungen (Hammersley, 1977; Wiles, 1979; Kochmann, 1981; Sutcliffe, 1981; Erickson & Mohatt 1982; Green, 1983).

Waller (1932) hat auch schon darauf hingewiesen, dass Schüler durch die Zuschreibung postiver oder negativer Eigenschaften und deren Projektion auf die ganze Person zur Übernahme bestimmter Rollen gedrängt werden; sie spielen dann den „good boy", „fighter", „clown" oder den „crazy Andy". Wie Waller anhand eigener Befragungsstudien zeigt, tendieren die Betroffenen dazu die erfahrenen Zuschreibungen in ihr Selbstbild zu übernehmen und die mit der Rolle verbundenen Erwartungen der Gemeinschaft zu bestätigen. Nachfolgende Forschungen, die sich teils am Symbolischen Interaktionismus, teils an der Ethnomethodologie und dem „labeling approach" orientieren, sind zu ähnlichen Resultaten gekommen. Sie heben den Einfluss, insbesondere negativer Typisierungen und Stigmatisierungen, auf das Selbst der Schüler, die Schulleistungen, sekundäre Devianz und schulisches Gewalthandeln hervor (Brusten & Hurrelmann, 1973; Homfeld, 1974; Hargreaves, Hester & Mellor, 1981; Holtappels, 1987; Tillmann, Holler-Nowitzki, Holtappels, Meier & Popp, 1999; Helsper, 2004). Die meisten Untersuchungen rekonstruieren allerdings nicht die Tiefenstrukturen der Interaktion, so dass – gemessen an den Bezugstheorien – die sozialen Bedingungen der Konstitution der beschriebenen Phänomene nur teilweise als aufgeklärt gelten können.

Eine gewisse Beachtung haben verschiedene ethnomethodologische Untersuchungen zur Organisation des Sprecherwechsels in der Schule gefunden. Diese Untersuchungen wurden durch entsprechende Studien an alltäglichen Konversationen angeregt. Nach Sacks, Schegloff und Jefferson (1974) konstruieren Sprecher in Alltagsgesprächen ihre Äußerungen mithilfe prosodischer Merkmale so, dass die anderen Teilnehmer Stellen für eine mögliche Redeübergabe erkennen können. An jeder Stelle einer möglichen Übergabe wird ein System von Regeln wirksam, das für einen relativ reibungslosen Sprecherwechsel sorgt und längeres gleichzeitiges Reden mehrerer Interaktionsteilnehmer unterbindet. In vereinfachter Wiedergabe besagen diese Regeln, dass der jeweilige Sprecher den nachfolgenden Sprecher auswählt oder nicht auswählt. Im Fall ausbleibender Fremdwahl wählt sich der nächste Sprecher selbst aus. Bei mehreren eine Selbstwahl ausführenden Personen erhält diejenige das Rederecht, die zuerst zu sprechen beginnt. Wählt sich kein anderer Teilnehmer zum Sprecher, dann kann der Sprecher, der das Rederecht bereits hatte, es behalten und fortfahren. Wie detaillierte Analysen von Transkriptionen der Unterrichtskommunikation in verschiedenen Schulklassen zeigen (McHoul, 1978; Mazeland, 1983; Seedhouse, 2004; Poole, 2005), erfährt dieses System in der Lehrer-Schüler-Interaktion einige bedeutende *Modifikationen*: Der Sprecherwechsel wird vornehmlich durch den Lehrer organisiert. Dieser hat das Recht sich selbst und andere als Sprecher zu wählen. Der Lehrer muss, wenn er sich selbst als Sprecher auswählt, keinen geeigneten Übergabezeitpunkt abwarten, sondern kann die Schüler in ihren Beiträgen unterbrechen. Die Schüler dagegen unterbrechen den Lehrer selten und wählen weder sich selbst noch andere als nachfolgende Sprecher aus. Schließt ein Schüler einen Redebeitrag ab, so fällt das Rederecht automatisch an den Lehrer zurück. Zusätzlich lassen sich Formen der programmierten Selbstauswahl beobachten; in diesen Fällen wird das Vorrecht der Sprecherauswahl vorübergehend vom Lehrer an die Schüler abgetreten. Diese *Modifikationen* bedingen, dass die Markierungen, die in alltäglichen Gesprächen Gelegenheiten des Sprecherwechsels anzeigen, diese Funktion in der Lehrer-Schüler-Interaktion einbüßen, wie auch Überlappungen, die in alltäglichen Gesprächen durch die gleichzeitige Selbstwahl mehrer Sprecher vorkommen und dort durch die Bevorzugung des Ersten korrigiert werden, viel seltener eine Quelle von Störungen sind. Aus ethnomethodologischer Sicht konstituiert der Mechanismus des Sprecherwechsels in Schulen den Unterrichtsdiskurs als eine formale Sprechsituation und macht die *sozialen* Identitäten der Beteiligten, sie werden als Lehrer und Schüler in Szene gesetzt, relevant (McHoul, 1978, S. 211-212).

Ein komplexeres Modell unterrichtskonstitutiver Merkmale des gemeinsamen Handelns von Lehrern und Schülern stammt von Mehan (1979). Bei dem Modell handelt sich um ein mehrere Ebenen umfassendes, hierarchisch strukturiertes Prozessmodell der Unterrichtsinteraktion. Auf der untersten Ebene bildet es die Organisation des Sprecherwechsels in der Schule als Dreischritt (teacher-student-teacher) ab. Der höhere Informationsgehalt ergibt sich aus der Beobachtung, dass im Vollzug dieses Dreischritts immer auch ein bestimmtes Elizitierungsmuster – bestehend aus einem initiierenden Akt des Lehrers, einer Schülerreaktion und einer Evaluation des Lehrers (IRE) – realisiert wird. Dieses Muster strukturiert nach Mehans Beobachtungen den Unterricht in allen Gesprächssequenzen, die in verschiedenen Unterrichtsphasen: Eröffnung, Instruktion und Abschluss, auftreten. Mehan hat für Elizitierungssequenzen in Instruktionsphasen zwei typische Merkmale herausgearbeitet. Erstens: Im Ausgang von der Beobachtung (Sacks, Schegloff & Jefferson, 1974), dass in der Alltagskommunikation häufig „adjacency pairs“ (Gruß-Gegengruß, Frage-Antwort, Entschuldigung-Herunterspielen, Angebot-Annahme) auftreten, lassen sich Elizitierungssequenzen als Folgen zweier Nachbarpaare beschreiben. Die Glieder des ersten Paares sind der initiierende Akt und die durch ihn ausgelöste Erwiderung; die Glieder des zweiten Paares sind das erste Paar und eine positive Evaluierung. Zweitens: Es gibt zwei typische Realisationsformen für elizitierende Sequenzen. Beide entwickeln sich in Abhängigkeit von der Evaluation der Schülerreaktion. Eine positive Bewertung konstituiert das Muster als „Three-Part-Instructional-Sequence“, eine negative Bewertung leitet eine „Extended Sequence of Interaction“ ein. Die Extension der Sequenz erfolgt durch das Einschieben von Akten, die dem Lehrer geeignet erscheinen, die erwartete Antwort bzw. die gewünschte Reaktion zu erhalten. Insbesondere Formen des Herausfragens, die Fragewiederholung und das Stellen vereinfachter Fragen sind typisch. Sobald diese zur Antwort führenden, eingeschobenen Akte erfolgreich sind, wird eine positive Evaluierung möglich, die die expandierte Sequenz zum Abschluss bringt.

Es wäre ein Missverständnis des zentralen Anliegens enthnomethodologischer Forschung, wenn man Mehans hierarchisches Modell der Unterrichtsinteraktion der Frage aussetzen würde, welche methodisch-didaktischen Funktionen den ermittelten Elizitierungsmustern möglicherweise zukommen. Nach Mehan rekonstruiert das Modell nicht didaktische Prozesse, sondern elementare Mechanismen einer von Lehrern und Schülern gemeinsam geleisteten Hervorbringung von Unterricht als einer institutionellen Tatsache. Anstatt von Mechanismen kann auch von einer „accounting practice“ (Garfinkel, 1967, S. 280) gesprochen werden, die die Beiträge der Beteiligten als Unterrichtsbeiträge kenntlich, dadurch anschlussfähig und z.T. sogar vorhersehbar macht. Dass es sich um Muster der Darstellung handelt, wird durch drei weitere Beobachtungen unterstrichen: 1. Wenn der erste Teil der dreiteiligen Elizitierungssequenz (der initiierende Akt oder das Initiierungs-Erwiderungs-Paar) auftritt, ist der zweite (die Erwiderung oder die Evaluation) *konditional relevant*. 2. Treten dennoch Störungen des geregelten Ablaufs der Kommunikation auf, so lassen sich Reparaturbemühungen der Teilnehmer beobachten, die der Wiederherstellung der „turn-allocation machinery“ dienen. 3. Der Mechanismus entlastet die Verständigung weitestgehend von den üblichen Aushandlungsprozessen, denn die Bedeutungskonstitution geschieht nicht in jeder Hinsicht wechselseitig wie in alltäglichen Gesprächen, sondern jeweils im dritten Zug der dreistelligen Elizitierungssequenz durch den evaluierenden Akt des Lehrers: „Any given act has a range of potential meanings. Its actual meaning is not known until the entire sequence is completed. The meaning of an act initiated by the teacher, for example, is prospective. Its actual meaning is realized retrospectively, when the act performed by the student is evaluated by the teacher.“ (Mehan, 1979, S. 64) Es sind insbesondere die Erwartbarkeit eines evaluierenden Aktes am Ende einer jeden Elizitierungssequenz und dessen Funktion, die Bedeutung der thematisch relevanten Kommunikation festzulegen, die eine grundlegende Differenz zwischen Unterrichts- und Alltagsgesprächen erzeugen (Streeck, 1979; Kalthoff, 1995).

Zahlreiche ethnomethodologische und ethnographische Studien zeigen weitere bedeutende Darstellungsmittel auf, deren sich Lehrer und Schüler im Unterricht bedienen. Die Unterschiede zu alltäglichen Konversationen sind allerdings häufig nur graduell auszumachen. So wird immer wieder auf die Kontextabhängigkeit unterrichtlicher Verständigungsprozesse (Erickson & Schultz, 1977; Dore & McDermott, 1982; Green, 1983) hingewiesen und deutlich gemacht, dass die Erzeugung eines gemeinsam geteilten Situations- und Bedeutungsverstehens auch von der Verwendung verschiedenster „contextualisation cues“ abhängig ist. Hierzu gehören verbale und nonverbale Hilfsmittel wie deiktische Ausdrücke, Gesten und Minen, aber auch Raumaufteilungen und Sitzordnungen etc. Beispielsweise kontextualisiert eine Lehrerin ihre Begrüßung durch Kopfbewegungen und Blicke zu allen Schülern, oder sie unterstreicht ihre Aufforderung im Stuhlkreis Platz zu nehmen mit einer Handbewegung (Cook-Gumperz & Gumperz, 1976; Gumperz & Herasimchuk, 1973; Bremme & Erickson, 1977; Green, 1983).

In Deutschland firmieren symbolisch interaktionistische und ethnomethodologische Forschungen zur Lehrer-Schüler-Interaktion meistens unter dem wenig informativen, weil ausschließlich auf ein allgemeines Methodenmerkmal abstellenden Titel der *interpretativen Unterrichtsforschung*. Es gibt sowohl fächerübergreifende als auch fachdidaktisch gebundene Projekte, von denen einige zu einer Weiterentwicklung der theoretischen Ansätze geführt haben (Maier & Voigt, 1991; Henkenborg & Kuhn, 1998; Breidenstein, 2002; Henkenborg, 2002; Bräu, 2006; Jungwirth & Krummheuer, 2006, 2008). Insbesondere die *interpretative* Forschung zum Mathematikunterricht hat seit den frühen Untersuchungen von Bauersfeld (1978) ein differenziertes System deskriptiver Begriffe zur Darstellung der Lehrer-Schüler-Interaktion entwickelt, das konsequent an die genannten Forschungsansätze anschließt und deren Ideen für die Microanalyse von Unterrichtsprozessen fruchtbar macht. Auch wenn es dem Selbstverständnis der Forschenden in diesem Feld widerspricht, den eigenen Ansatz umfassend und systematisch zu präsentieren (Jungwirth & Krummheuer, 2008, S. 145), lassen sich einige Grundmerkmale und „Denkfiguren“ herausdestillieren. Zu ihnen gehört die doppelte Bestimmung des Mathematikunterrichts als Alltag im Sinne der phänomenologischen Soziologie (Schütz & Luckmann, 2003) und als fortlaufendes, interpretatives Geschehen, das durch die Beteiligten geformt wird. Wichtig ist auch der Ausgang von einem Lernbegriff, der die Erzeugung überschüssiger Bedeutungen in Prozessen sozialer Verständigung dem individuellen Lernen vorordnet (Miller, 1986). Die Interaktionsanalysen haben die Funktion solche kollektiven Lernprozesse und die Darstellungstechniken, deren sich Lehrer und Schüler bei der Aushandlung von Bedeutungen bedienen, zu rekonstruieren. Ihre Ergebnisse ergeben zusammengenommen eine empirisch gehaltvolle Theorie des Alltags Mathematikunterricht. Nach den bisherigen Analysen sind fünf Dimensionen eines Modells dieses Alltags zu unterscheiden: 1. Themenentwicklung, 2. Rationalisierungspraxis, 3. Interaktionsstruktur, 4. Partizipationsformen tätig-werdender Schüler und 5. Partizipationsformen nicht-tätig-werdender Schüler (Krummheuer, 2008, S. 9). In der Dimension „Themenentwicklung" werden Stationen im Prozess der Aushandlung mathematischer Bedeutungen markiert. Solche Stationen können anfängliche Rahmungsdifferenzen, die Bildung eines Arbeitsinterims und schließlich die Einigung auf eine gemeinsame fachkulturelle Rahmung sein. Die Dimension „Rationalisierungspraxis" reicht von beiläufigen, die Interaktion begleitenden, ethnomethodologischen Darstellungstechniken bis hin zu expliziten Aushandlungsprozessen in Form von Diskursen. Einfache Mechanismen der Darstellung sind das „Trichtermuster" oder das Muster des „fragend-entwickelnden Unterrichts", die eine große Ähnlichkeit mit den von Mehan beschriebenen Elizitierungsmustern haben. Komplexere Rationalisierungsverfahren sind thematische Prozeduren, Argumentationsformate und narrative Argumentationen. Bei diesen Prozeduren und Argumentationen sind es häufig die Verknüpfung mit Beispielen („Vermathematisierung" außermathematischer Sachverhalte), die Sequenzialität der Darstellung, die Erzählform oder auch die schriftliche Präsentation (Inskription), die Überzeugungskraft entfalten und zur Anpassung differenter mathematikbezogener Rahmungen führen. Im Prozess der Rationalisierung folgen die Beteiligten in der Dimension „Interaktionsstruktur" bekannten Regeln des Sprecherwechsels (McHoul, 1978; Mazeland, 1983). Dass sie dabei nicht alle aktiv in die Aushandlung mathematischer Bedeutungen einbezogen sind, konstituiert verschiedene Partizipationsformen. Ausgehend vom Kriterium der akustischen Erreichbarkeit werden – zwischen den beiden Extremen des aktiv teilnehmenden Sprechers und des unerreichbaren Nichthörers – direkt adressierte und indirekt adressierten Gesprächspartner sowie potentiell Mithörende (Lauscher) unterschieden. Die fünf Dimensionen sind in mehreren empirischen Projekten, die sich komparativer Analyseverfahren bedient haben, entwickelt worden. Die Forscher erheben deshalb den Anspruch, dass sie substanzielle Merkmale der Lehrer-Schüler-Interaktion und speziell kollektiver Lernprozesse im Mathematikunterricht modellieren.

Ethnomethodologische und ethnographische Studien fallen häufig dadurch auf, dass sie durch dichte Beschreibungen die jeweils gewählten Merkmale des Interaktionsgeschehens in der Theorie schlicht verdoppeln. Dies gilt insbesondere für die Studien zu den „contextualisation cues". Mit symbolisch interaktionistischen Projekten teilen sie darüber hinaus den Nachteil, dass der Aufwand bei der Erzeugung qualitativer Daten keine repräsentativen Studien zulässt, so dass für die generierten Strukturmerkmale im Grunde keine über den jeweiligen Fall hinausgehenden Geltungsansprüche zu erheben sind. Gleichwohl ist nicht zu übersehen, dass zahlreiche Befunde in sehr unterschiedlichen, häufig auch kulturelle Grenzen überschreitenden Studien immer wieder bestätigt werden konnten. Dies gilt für die Befunde zu Etikettierungen, Situationsdefinitionen und Rahmungsdifferenzen, zum Sprecherwechsel und zu Mehans Elizitierungsmustern. Akzeptiert man Differenzierung und empirischen Gehalt als Kriterien für die Beurteilung von Theorien, so lässt sich die Entwicklung der ethnomethodologischen und symbolisch interaktionistischen Forschungen zur Lehrer-Schüler-Interaktion seit den Untersuchungen zum Sprecherwechsel, über Mehans Modell der Unterrichtskonversation bis hin zum mehrdimensionalen Modell kollektiver Lernprozesse der Mathematikdidaktik durchaus als Fortschritt begreifen. Dass sich die gewonnenen Erkenntnisse unterrichtspraktisch kaum verwerten lassen, ist unter forschungslogischen Gesichtspunkten bedeutungslos und spricht für eine strikte Orientierung an genuin theoretischen Fragestellungen. Es ist jedoch eher eine Minderheit an Projekten, die diese strikte theoretische Orientierung durchsetzt. Einzuwenden ist auch, dass in den Forschungen, insbesondere den ethnomethodologisch ausgerichteten Studien, die sozialstrukturellen Rahmenbedingungen der Lehrer-Schüler-Interaktion über Gebühr vernachlässig werden: Schulen sind Organisationen im Erziehungssystem. Insofern ist es nicht selbstverständlich, die Konstitution des Unterrichts als institutioneller Tatsache ursprünglich in die Konversationspraktiken von Lehrern und Schülern zu verschieben. Zu bedenken wäre vielmehr auch die umgekehrte Sichtweise, nämlich dass die Schule als Organisation möglicherweise bestimmte Formen der Interaktion zwischen den in Funktionsrollen auftretenden Lehrkräften und ihren Klienten, den Schülern, begünstigt.

6. Die Diskursanalyse

Die Diskursanalyse ist ein in den Sprachwissenschaften verankertes Verfahren zur Differenzierung und Bestimmung sowohl struktureller als auch inhaltlicher Merkmale gesprochener und geschriebener Texte. Im engeren Kontext der linguistischen Pragmatik wird ihr die Funktion zugedacht, bestimmte Defizite der Sprechakttheorie zu beheben. Internationale Darstellungen nennen neben den Sprachwissenschaften mitunter auch den Symbolischen Interaktionismus und die Ethnomethodologie als relevante Bezugstheorien (Ehlich, 1994). In Abhängigkeit von den Forschungsinteressen und Forschungsgegenständen verschiedener Disziplinen sind z.T. eigenständige historische, kulturalistische, wissenssoziologische und kritische Ansätze entstanden (Keller, 2004). Im Folgenden werden ausschließlich solche Ansätze präsentiert, die auf die Analyse primär linguistischer Merkmale der Lehrer-Schüler-Interaktion abstellen und damit die Unterrichtssprache zum Gegenstand haben. Sprache wird in diesen Ansätzen begriffen als ein regelhaft konstituiertes soziales Medium, dessen sich Lehrer und Schüler im Unterricht zum Zweck der Koordination des sozialen Geschehens, der Informationsübertragung und der Verständigung bedienen. Wichtige Ziele der Forschung sind die Ermittlung von Strukturen und Funktionen der Unterrichtssprache, die Rekonstruktion von unterrichtstypischen Prozeduren der Konsenserzeugung und Verständigungssicherung, insbesondere in Phasen der Erarbeitung curricular-sachinhaltlicher Bedeutungen, der hermeneutische Nachvollzug des situationsspezifischen Bedeutungsverstehens von Lehrern und Schülern sowie der Darstellung von Zusammenhängen zwischen didaktisch-methodischen Funktionen der Unterrichtssprache einerseits und verschiedenen Effektvariablen, insbesondere Schülerpartizipation, kognitive Aktivierung und Schülerleistung, andererseits.

Die Methoden der Forschung zur Unterrichtssprache stehen in engem Zusammenhang mit verschiedenen Sprach- und Interaktionstheorien wie der Sprechakttheorie, der Diskurslinguistik, der Dialoggrammatik, der Sozialphänomenologie oder dem Symbolischen Interaktionismus. Meistens handelt es sich um mehrstufige Verfahren, die mit audio- bzw. videographischen Unterrichtsaufzeichnungen und deren Transkription beginnen, mit der Identifikation von Analyseeinheiten wie Sprachakten, Diskursen oder Minimaldialogen fortfahren und die schließlich unter Bezugnahme auf die Sprachkompetenz der Untersucher, durch den Vergleich ähnlicher Ereignisse, durch Typenbildung oder auf dem Wege der Applikation linguistischer Ordnungsmodelle die Explikation regelhafter Strukturen und Funktionen der Unterrichtssprache begründen (Schanz, 1978; Coulthard & Montgomery, 1981; Ehlich, 1984, Bak, 1996; Nystrand, Wu, Gamoran, Zeiser & Long, 2003). Für die Ermittlung subjektiver und objektiver Bedeutungsstrukturen der Unterrichtsinteraktion werden der Methodologie des symbolischen Interaktionismus (Denzin, 1970) oder der Methodologie der objektiven Hermeneutik (Oevermann et al., 1979) entlehnte Techniken der Exploration, Paraphrasierung, Kontextverschiebung und Sequenzanalyse eingesetzt. Untersuchungen zu Zusammenhängen zwischen didaktisch-methodischen Merkmalen der Unterrichtssprache und Schülerleistungen sind Beobachtungsstudien in der Tradition der Prozess-Produkt-Forschung und in seltenen Fällen quasi-experimentelle Trainingsstudien.

Die linguistische Analyse der Lehrer-Schüler-Interaktion wird in Deutschland meist mit den frühen Studien und Sammelpublikationen von Ehlich und Rehbein (1976, 1983, 1986) assoziiert.

Deren Ansatz einer „funktionalen Pragmatik" rezipiert die Sprechakttheorie losgelöst von ihrer Diskussion in der sprachanalytischen Philosophie und begreift das Sprechen einer Sprache als einen Sonderfall sozialen Handelns. Handlungen wiederum werden in Zweck-Mittel-Kategorien beschrieben und unter Berufung auf die Marx'sche Ökonomietheorie in funktionale Zusammenhänge gesellschaftlicher Reproduktion eingeordnet (Rehbein, 1977, 1979). Die Prozesse sprachlicher Verständigung müssen für die Rekonstruktion der jeweils kommunizierten Bedeutungen aufgrund dieser Vorabfestlegung nicht zwingend hermeneutischen Detailanalysen, wie sie die Ethnomethodologie und der Symbolische Interaktionismus verlangen, unterzogen werden. Vielmehr geschieht die Auslegung im Rekurs auf generalisierte Intentionen, von denen angenommen wird, dass sie sich an übergeordneten sozialen Funktionszusammenhängen ausrichten. Ziel der funktional pragmatischen Diskursanalyse ist es, überindividuelle, institutionelle Muster sprachlichen Handelns unter Gesichtspunkten ihrer Funktionalität für die gesellschaftliche Reproduktion nachzuzeichnen sowie Differenzen zwischen institutioneller und alltäglicher Kommunikation herauszuarbeiten. Die Analyse der Kommunikation in Schulen führte zur Identifikation von vier sprachlichen Handlungsmustern: Aufgaben-Stellen/Aufgaben-Lösen, Rätselraten, Lehrervortrag mit verteilten Rollen und Begründen. Jedes dieser Muster steht für eine Standardverbindung zwischen einem Standardproblem und dessen institutioneller Lösung. Im Fall der Schule besteht dieses Problem in der Vermittlung von Produktionswissen und ideologischem Wissen an die nachwachsende Generation. Bei der Darstellung der als Problemlösungen verstandenen Muster bedienen sich Ehlich und Rehbein sowohl psychologischer als auch pragmalinguistischer Kategorien. Die psychologischen Kategorien beschreiben die mentalen Prozesse der Handelnden, und zwar ihre vermeintlichen Motive und Intentionen bzw. Entscheidungsgründe bei der Auswahl eines Musters; die pragmalinguistischen Kategorien präzisieren das Geschehen im „interaktionalen Bereich" als ein bestimmtes sprachliches Handeln. Folgt man den kontrastierenden Musteranalysen zur alltäglichen und schulischen Kommunikation am Beispiel von Fragen und Antworten, dann werden Fragen in alltäglichen Konversationen vom Sprecher in der Absicht vollzogen, ein bei sich selbst festgestelltes Wissensdefizit dadurch zu beheben, dass ein Hörer, der das fehlende Wissen vermeintlich hat, adressiert wird. Sofern der Angesprochene das Wissen hat und auch bereit ist zu antworten, erfüllt das Frage-Antwort-Muster die Funktion der Wissensübertragung. In der schulischen Kommunikation erfährt dieses Muster eine entscheidende Modifikation dadurch, dass die fragende Person in der Regel nicht mehr identisch mit der Person ist, die ein Wissensdefizit hat: Der Lehrer stellt Fragen, deren Antworten er kennt. Die befragten Personen dagegen, die Schüler, haben das betreffende Wissen, so Ehlich und Rehbein, gerade nicht. Die Funktion der Lehrerfrage wird unter diesen Voraussetzungen darin gesehen, dem Schüler sein Wissensdefizit bewusst zu machen und ihn zu motivieren, das fehlende Wissen selbst zu suchen oder mithilfe des Lehrers zu erarbeiten (Ehlich, 1981, S. 349; Bak, 1996, S. 103). Eine hohe Frequenz von Lehrerfragen und Schülerantworten wird als konstitutiv für fragend-entwickelnden Unterricht angesehen; im Kern realisiert dieser Unterricht nach Ehlich und Rehbein das Muster des Lehrervortrags mit verteilten Rollen. Wie am Beispiel der Analyse einer Unterrichtsstunde gezeigt wurde, fragt der Lehrer so, dass die Reihenfolge der Schülerantworten einen zusammenhängenden Lehrervortrag ergibt. Weitere Unterrichtsanalysen zu den anderen Mustern förderten ebenfalls deutliche Abweichungen der Lehrer-Schüler-Interaktion von der Alltagskommunikation zutage. Diese Abweichungen wurden jeweils „kommunikationsmoralisch" (Ehrlich, 1981, S. 366) am Maßstab der Alltagskommunikation bewertet, die Lehrerfrage z.B. als Scheinfrage und das Unterrichtsgespräch als Scheindiskurs. Insgesamt entsteht so das Bild einer für Reproduktionszwecke funktionalisierten, natürlichen Lebensverhältnissen entfremdeten, Lehrer-Schüler-Interaktion.

Gegenüber dem Analyseansatz der „funktionalen Pragmatik" sind verschiedene Einwände geltend zu machen: 1. Im Unterschied zur sozialpsychologischen Interaktionsforschung basieren die Darstellungen der mentalen Prozesse, die den Handlungen von Lehrern und Schülern vermeintlich vorausgehen und diese auslösen, nicht auf empirischen Rekonstruktionen der Strukturen handlungsleitender Kognitionen. Die diesbezüglichen Angaben müssen deshalb als sehr unsicher gelten. 2. Die Anzahl der analysierten Fälle ist so gering, dass es äußerst fragwürdig erscheint, die Befunde zu „Mustern" institutionellen Handelns zu generalisieren. Im Fall der Generierung des Musters „Lehrervortrag mit verteilten Rollen" etwa wurde nur eine einzige Unterrichtsstunde analysiert; zudem wurde durch gezielte Umstellungen der Schülerantworten zu einem zusammenhängenden Lehrervortrag massiv in die erhobenen Daten eingegriffen. 3. Das sprachliche Geschehen im Unterricht ist weitaus komplexer als die funktional pragmatische Diskursanalyse zu erkennen gibt. Bereits die Interaktionsanalyse konnte mehrere Typen von Lehrerfragen (Gall, 1970) und verschiedene, sich an diese Fragen anschließende „teaching cycles" (Bellack et al., 1966; Lundgreen, 1972; Roeder & Schümer, 1976) unterscheiden. Die im Folgenden vorzustellende linguistische Diskursanalyse hat zu weiteren Differenzierungen, insbesondere bei den Verlaufsformen des Unterrichtsgesprächs, geführt. Dass der Ansatz der „funktionalen Pragmatik" trotz dieser Einwände hier etwas ausführlicher erläutert wurde, ist vor allem dessen konstanter Wertschätzung in der Fachdidaktik Deutsch geschuldet (Brünner & Graefen, 1994; Spiegel, 2006; Becker-Mrotzek, 2009; Becker-Mrotzek & Vogt, 2009).

Ein zweiter, bedeutender Ansatz der Diskursanalyse stammt von Sinclair und Coulthard (1975). Dieser Ansatz schließt an die Grammatiktheorie Hallidays, die Sprechakttheorien Austins und Searles sowie die Ethnographie des Sprechens von Gumperz und Hymes an. Mit letzterer teilen Sinclair und Coulthard die Auffassung, dass Funktion und Bedeutung einer sprachlichen Äußerung kontextabhängig sind. Für differente sprachliche Kontexte wird angenommen, dass sie über den Satz hinausgehende Einheiten bilden und sich mit linguistischen Kategorien als spezifische Diskursordnungen darstellen lassen. Ziel der linguistischen Diskursanalyse ist es, die Ordnungen verschiedener Diskurse (Arzt-Patienten Gespräche, committee meetings, media discussions, ordinary conversations, classroom discourse) zu rekonstruieren und Zusammenhänge zwischen den pragmatischen Funktionen einzelner Äußerungen und ihrer Stellung im Diskurs herauszuarbeiten. Die Bedeutung dieser Zielsetzung ergibt sich u.a. aus den Schwierigkeiten der Sprechakttheorie die Verständlichkeit indirekter Sprechakte zu erklären. Woher z.B. weiß John, ob der an ihn adressierte Interrogativsatz „Kannst du Klavier spielen, John?" die pragmatische Funktion einer Frage oder die einer indirekten Aufforderung Klavier zu spielen erfüllt? Searle (1975) konnte das Verstehen indirekter Sprechakte nur auf dem Umweg über bestimmte Schlussfolgerungen erklären, die ein Hörer ziehen muss, um passend zu reagieren. Die Diskurslinguistik dagegen sucht nach einer genuin linguistischen Erklärung, die auf die sequenzielle Position einer Äußerung in einer diskursiven Ordnung abstellt. Die Analyse von Unterricht war für dieses Forschungsprogramm deshalb nur ein Mittel zum Zweck der Generierung eines linguistischen Diskursmodells. Ein Beitrag zur pädagogischen Forschung war nicht intendiert. Nach Levinson (2000, S. 309-320.) müssen die Erklärungsansprüche der Diskursanalyse heute mehr oder weniger als gescheitert angesehen werden.

Die fortgesetzte Bedeutung des Ansatzes der Diskursanalyse für die Erforschung der Lehrer-Schüler-Interaktion erklärt sich aus zwei Gründen: Erstens stellt er ein differenziertes, mehrere hierarchische Ebenen umfassendes System für die Codierung der Unterrichtssprache zur Verfügung, und zweitens hat er – gemessen an Mehans Konversationsmodell (1979) – ein weitaus komplexeres Bild des Unterrichtsdiskurses zu erzeugen vermocht. Nachfolgeuntersuchungen konnten hieran anknüpfen. Sie mussten sich dabei nicht mit den Erklärungsansprüchen der Diskurslinguistik belasten, da das Problem der Bestimmung der pragmatischen Funktion sprachlicher Akte als Codierungsproblem zu behandeln und durch kontrollierte Interpretation der Interaktion auch zu lösen ist. Stattdessen wurden verstärkt pädagogische Fragen nach der methodisch-didaktischen Funktion der Unterrichtssprache, ihren Auswirkungen auf die Schülerpartizipation, die Themenkonstitution und die Schülerleistungen gestellt.

Zunächst zu den älteren Befunden: Sinclair und Coulthard unterscheiden drei Unterrichtsphasen – Eröffnung, Instruktion, Abschluss – und pointieren den phasenspezifischen Gebrauch bestimmter Äußerungsfolgen und bestimmter Sprechhandlungen. In den Phasen der Eröffnung und des Abschlusses sind strukturierende Äußerungsfolgen typisch, die aus direktiven, markierenden oder erläuternden Sprechakten bestehen. In Instruktionsphasen dagegen treten vor allem Initiation-Response-Feedback-Sequenzen (IRF) auf, die sehr häufig die Formen einfacher oder expandierter Frage-Antwort-Rückmeldungs-Muster annehmen. Einfache Frage-Antwort-Rückmeldungs-Muster zeichnen sich durch einen initiierenden Frageakt des Lehrers, eine passende Schülerantwort und ein positiv wertendes oder akzeptierendes Feedback des Lehrers aus. Expandierte Frage-Antwort-Bewertungs-Muster entstehen, wenn die Antwort des Schülers ausbleibt, unangemessen oder falsch ist. In diesem Fall kommt es zu einer Reinitiierung des Musters bei gleichzeitiger Absenkung des kognitiven Anspruchsniveaus der Lehrerfrage, oder es werden Hinweise auf die erwartete Antwort in den Auslöseakt des Lehrers eingebaut bzw. deutliche Hilfestellungen bei der Antwortfindung gegeben. Dieser Mechanismus der Hinführung zur Antwort (cluing) ist durch zahlreiche spätere Studien belegt worden (Hammersley, 1977; Mehan, 1979; Streeck, 1979; French & MacLure, 1981; Bauersfeld, 1983; Cazden, 1988; Tennenberg, 1988; McHoul, 1990; Bak, 1996; Nystrand & Gamoran 1997; Lüders, 2003; Richert, 2005). Der wesentliche Unterschied zu den von Mehan beschriebenen Elizitierungssequenzen besteht in der Komplexität der möglichen Realisierungsformen: Es gibt mehrere Kategorien für initiierende Akte (Starten, Auslösen, Anweisen etc.), für Schülerantworten (Fortführung, Ergänzung, Rückfrage etc.) und Rückmeldungen (Evaluation, Akzeptierung, Erläuterung). Des Weiteren konnten Sinclair und Coulthard zeigen, dass es durchaus sprachliche Alternativen zu einfachen und expandierten IRF-Mustern gibt: So werden im Unterricht nicht nur typische Lehrerfragen (Fragen, deren Antwort der Lehrer kennt), sondern auch Informationsfragen (authentische Fragen) gestellt, und es sind Formen wie Sammeln, zur mündlichen Beteiligung anregen, Hilfestellung bei Verstehensdefiziten geben, Lehrervortrag, Korrekturhandlungen, Aufforderungen zu nichtsprachlichen Reaktionen etc. beobachtbar. Es ist also keineswegs selbstverständlich, von einer stets einförmigen, ausschließlich auf das einfache oder expandierte Frage-Antwort-Rückmeldungs-Muster aufbauenden Unterrichtsgestaltung in Instruktionsphasen auszugehen.

In verschiedenen Nachfolgeuntersuchungen (Wiersing, 1978; Lörscher, 1983; Faust-Siehl, 1987; Lüders, 2003) ist das von Sinclair und Coulthard entwickelte Kategoriensystem übernommen und – auch unter fachdidaktischen Aspekten – weiter ausdifferenziert worden. U.a. konnte gezeigt werden, dass die Phasen der Eröffnung, der Instruktion und des Abschlusses fakultativ sind und z.T. verschachtelt vorkommen, z.B. wenn nach kurzen Gruppenarbeiten eine Instruktionsphase erneut eröffnet wird (Lüders, 2003). Erhebliche Variationen finden sich auch bei den IRF-Sequenzen. Während Sinclair und Coulthard überwiegend einfache, dreistellige Sequenzen und expandierte Sequenzen mit Techniken der Hinführung zur Antwort (cluing) beschrieben haben, belegen jüngere Studien die Verwendung sprachlicher Mittel, die die Antwortfindung hinausschieben und damit die Interaktion für thematische Vertiefungen, den Austausch von Erfahrungen, Argumenten und Ideen öffnen. In diesen Fällen wird das Feedback ersetzt durch Klärungsfragen (probes), weiterführende Fragen (uptakes), Aufforderungen zur Elaboration der gegebenen Antwort, Aufforderungen zur Selbstbewertung der Antwort oder paraphrasierende und moderierende Akte des Lehrers; beobachtbar sind auch Sequenzunterbrechungen durch das Einschieben von Exkursen zu Teilfragen des in Rede stehenden Themas sowie kognitiv anspruchsvolle Diskussionen ohne begleitende Lehrerfragen (Wells, 1993; Hall, 1998; Nystrand, 1997; Rex & McEachen, 1999; Consolo, 2000; Boxer, Cortés & Conde, 2000; Boyd & Maloof, 2000; Nassaji & Wells, 2000; Lüders 2003; Nystrand et al., 2003).

Es gibt Indizien, dass die beschriebenen Variationen des IRF-Musters fächerabhängig sind (vgl. Nassaji & Wells, 2000; Richert, 2005, S. 126-131). Wahrscheinlicher ist jedoch ein Zusammenhang mit didaktisch-methodischen Funktionen der Unterrichtssprache (Faust-Siehl, 1987; Cazden, 1988; Nystand et al., 2003, S. 191-192; Lüders, 2011). Allerdings ist das mögliche Spektrum solcher Funktionen bisher kaum ausgeleuchtet. Vorerst dominiert eine polarisierende Sichtweise, die mögliche methodische Funktionen der Unterrichtssprache in Analogie zu traditionellen didaktischen Gegenüberstellungen eines eher lehrer- oder eher schülerzentrierten Unterrichts behandelt. Für das dreistellige und das expandierte IRF-Muster wird dementsprechend angenommen, dass es dem Lehrer eine höhere Kontrolle über das Unterrichtsgeschehen erlaubt, eine gewisse Affinität zum traditionellen, fragend-entwickelnden Unterricht hat (Nystrand & Gamoran, 1997) und kaum Spielraum für eine problemorientierte, auf gemeinsamer Diskussion basierte Verhandlung curricular-sachinhaltlicher Bedeutungen lässt (Barnes, 1992; Cazden, 1988). Für jene Realisierungsformen des IRF-Musters dagegen, die das Feedback durch weiterführende Fragen, Aufforderungen zur Elaboration, moderierende Akte etc. aufschieben bzw. ersetzen, wird hervorgehoben, dass sie eine qualitativ anders geartete Schülerpartizipation und, insbesondere in Phasen der Diskussion, unter Umständen sogar „symmetrische" Kommunikation ermöglichen (Nystrand, 1997; Nassaji & Wells, 2000; Hall & Walsh, 2002; Nystrand et al., 2003; Nystrand 2006). Bedeutsamer ist, dass sich relativ effektive Unterrichtsmethoden wie die direkte Instruktion (Evertson, Emmer & Bropy, 1980; Becker, Engelmann, Carnine & Rhine, 1981; Good, Grouws & Ebmeier, 1983; Rosenshine & Stevens, 1986) als Sequenzordnungen bestimmter sprachlicher Muster rekonstruieren lassen (Lüders, 2011). Demnach begünstigen step-by-step Präsentationen in Kombination mit strukturierenden Hinweisen und einfachen sowie expandierten IRF-Mustern das Einprägen und „Überlernen" von Fakten, Regeln und Anwendungen. In einer quasi-experimentellen Trainingsstudie zu sprachlichen Varianten direkter Instruktion konnten Betsch, Quittenbaum und Lüders (im Erscheinen) zeigen, dass Modifikationen auf unterem Frageniveau und der zeitliche Abstand zwischen Wiederholungsfragen mit unterschiedlichen Gedächtnisleistungen der Schüler einhergehen. Die Auffassung, dass sprachliche Variationen der Lehrer-Schüler-Interaktion für verschiedene didaktisch-methodische Funktionen der Unterrichtssprache stehen, wird weiterhin begünstigt durch einige umfassende Studien, die positive Zusammenhänge zwischen Interaktionsmustern mit authentischen Fragen, aufgeschobenem oder substituiertem Feedback, moderierenden Akten und Diskussionen einerseits und nicht ausschließlich reproduktiven Schülerleistungen (z.B. Lese- und Textverstehen) andererseits festgestellt haben (Gamoran & Nystrand, 1991; Nystrand & Gamoran, 1997; Rojas-Drummond, 2000; Applebee, Langer, Nystrand & Gmoran, 2003; Nystrand et al., 2003; Nystrand, 2006; Vaish 2008).

Kritisch gegenüber den aus der Diskursanalyse hervorgegangenen Forschungen zur Unterrichtssprache ist anzumerken, dass die meisten Untersuchungen explorativen Charakter haben oder Fallstudien sind, so dass die jeweils erhobenen Befunde nicht ohne weiteres zu verallgemeinern sind. Allerdings erfahren die zentralen Befunde zu sprachlichen Merkmalen der Lehrer-Schüler-Interaktion in vielen Einzelstudien eine Bestätigung. Besondere Bedeutung kommt vor diesem Hintergrund den in jüngerer Zeit entwickelten umfassenden Beobachtungsstudien von Nytstand und Gamoran (1997), Applebee et al. (2003) und Nystrand et al. (2003) zu, in denen spezifische Elemente des „classroom discourse" in mehreren Hundert Schulklassen erhoben, ausgewertet und mit die Schülerleistungen am Ende des Schuljahres korreliert worden sind. Zukünftige Forschungen in diesem Feld dürften sich vor die Aufgabe gestellt sehen, hier anzuschließen. Darüber hinaus sind quasi-experimentelle und experimentelle Trainingsstudien nötig, um das Wissen über die möglichen methodisch-didaktischen Funktionen der Unterrichtssprache auf eine belastbare empirische Grundlage zu stellen.

Literatur

Adams, R.S. (1972). Observational Studies of Teacher Role. In N. Flanders & G. Nuthall (Eds.), *The Classroom Behavior of Teachers. International review of education. (Internationale Zeitschrift für Erziehungswissenschaft)*, Nr. 4, Bd. XVIII, 440-459. Dordrecht: Springer.

Applebee, A., Langer, J., Nystrand, M. & Gmoran, A. (2003). Discussion-based approaches to developing understanding: Classroom instruction and student performance in middle and high school English. *American Educational Research Journal, 40*, 685-730.

Aspy, D. & Roebuck, R. (1973). An investigation of the relationship between student levels of cognitive functioning and the teacher's classroom behavior. *Journal of Educational Research 65*, 365-368.

Bak, Y.-I. (1996). *Das Frage-Antwort-Sequenzmuster in Unterrichtsgesprächen (Deutsch-Koreanisch)*. Tübingen: Niemeyer.

Barnes, D. (1992). *From communication to curriculum* (2nd ed.). Portsmouth, NH: Boynton/Cook Publishers.

Bauersfeld, H. (Hrsg.) (1978). *Fallstudien und Analysen zum Mathematikunterricht: Festschrift für Walter Breidenbach zum 85. Geburtstag; zugleich ein Beitrag zur didaktischen Unterrichtsforschung.* Hannover [u.a.]: Schrödel.

Bauersfeld, H. (1983). Kommunikationsverläufe im Mathematikunterricht. Diskutiert am Beispiel des Trichtermusters. In K. Ehlich & J. Rehbein (Hrsg.), *Kommunikation in Schule und Hochschule: linguistische und ethnomethodologische Analysen* (S. 21-28). Tübingen: Narr.

Becker, W. C., Engelmann, S., Carnine, D. W. & Rhine, W. R. (1981). Direct instruction model. In W. R. Rhine (Ed.), *Making Schools more effective. New directions from follow through* (pp. 95-154). New York: Academic Press.

Becker-Mrotzek, M. (Hrsg.) (2009). *Mündliche Kommunikation und Gesprächsdidaktik*. Baltmannsweiler: Schneider-Verl. Hohengehren.

Becker-Mrotzek, M. & Vogt, R. (2009). *Unterrichtskommunikation: Linguistische Analysemethoden und Forschungsergebnisse*. Tübingen: Niemeyer.

Bellack, A. A. (1969). Methods for observing classroom behaviour of teacher and students. In K. Ingenkamp (Ed.), *Methods for the evaluation of comprehensive schools* (pp. 187-217). Weinheim: Beltz.

Bellack, A. A., Kliebard, H. M., Hyman, R. T. & Smith, F. L. (1966). *The language of the classroom*. New York: Teachers College Press.

Bergmann, J. (2003). Ethnomethodologie. In U. Flick, E. v. Kardorff & I. Steinke (Hrsg.), *Qualitative Forschung. Ein Handbuch* (S. 118-135). Reinbek bei Hamburg: Rowohlt.

Betsch, T., Quittenbaum, N. & Lüders, M. (im Erscheinen). Geometry learning. A classroom study on the effects of quizzing and distributed practice. *The Journal of Experimental Education.*

Blumer, H. (1973). Der methodologische Standpunkt des Symbolischen Interaktionismus. In Arbeitsgruppe Bielefelder Soziologen (Hrsg.), *Alltagswissen, Interaktion und gesellschaftliche Wirklichkeit. Bd. 1: Symbolischer Interaktionismus und Ethnomethodologie* (S. 60-101). Reinbek bei Hamburg: Rowohlt.

Boxer, D. & Cortés-Conde, F. (2000). Identity and ideology: Culture and pragmatics in content-based ESL. In J. K. Hall & L. S. Verplaetse (Eds.), *Second and foreign language learning through classroom interaction* (pp. 203-220). Mahwah, N.J. [et al.]: Erlbaum.

Boyd, M. & Maloof, V.M. (2000). How teachers can build upon student-proposed intertextual links to facilitate student talk in the ESL classroom. In J. K. Hall & L. S. Verplaetse (Eds.), *Second and foreign language learning through classroom interaction* (pp. 163-182). Mahwah, N.J. [et al.]: Erlbaum.

Bräu, K. (2006). Gesprächsanalytische Untersuchung der Lehrer-Schüler-Kommunikation bei der Betreuung individualisierten Lernens. In S. Rahm, I. Mammes & M. Schratz (Hrsg.), *Schulpädagogische Forschung. Bd. 1: Unterrichtsforschung. Perspektiven innovativer Ansätze* (S. 15-25). Innsbruck [u.a.]: Studienverlag.

Breidenstein, G. (2002). Interpretative Unterrichtsforschung. In G. Breidenstein, A., Combe, W. Helsper & B. Stelmaszyk (Hrsg.), *Forum Qualitative Schulforschung 2. Interpretative Unterrichts- und Schulbegleitforschung* (S. 11-27). Opladen: Leske + Budrich.
Bremme, D. W. & Erickson, F. (1977). Relationships among verbal and nonverbal classroom behaviors. In *Theory into Practice 16,* 153-161.
Bromme, R. (1992). *Der Lehrer als Experte: Zur Psychologie des professionellen Wissens.* Bern [u.a.]: Huber.
Brünner, G. & Graefen, G. (Hrsg.) (1994). *Texte und Diskurse. Methoden und Forschungsergebnisse der funktionalen Pragmatik.* Opladen: Westdeutscher Verlag.
Brusten, M. & Hurrelmann, K. (1973). *Abweichendes Verhalten in der Schule. Eine Untersuchung zu Prozessen der Stigmatisierung.* München: Juventa-Verlag.
Cazden, C. (1988). *Classroom discourse: The language of teaching and learning.* Portsmouth, NH: Heinemann.
Cicourel, A. (1973). Basisregeln und normative Regeln im Prozess des Aushandelns von Status und Rolle. In Arbeitsgruppe Bielefelder Soziologen (Hrsg.), *Alltagswissen, Interaktion und gesellschaftliche Wirklichkeit. Bd. 1: Symbolischer Interaktionismus und Ethnomethodologie* (S. 147-188). Reinbek bei Hamburg: Rowohlt.
Consolo, D. (2000). Teachers' action and student oral participation in classroom interaction. In J. K. Hall & L. S. Verplaetse (Eds.), *Second and foreign language learning through classroom interaction* (pp. 91-108). Mahwah, N.J. [et al.]: Erlbaum.
Cook-Gumperz, J. & Gumperz, J. J. (1976). Context in childrens's speech. In J. J. Gumperz & J. Cook-Gumperz (Eds.), *Papers on language and context (Working Paper No. 46).* Berkeley: University of California.
Cooper, H. M. (1985). Models of teacher expectation communication. In J. B. Dusek (Ed.), *Teacher Expectancies* (pp. 135-158). Hillsdale, N.J. [et al.]: Erlbaum.
Coulter, J. (1989). *Mind in action.* Cambridge: Polity Press.
Coulthard, M. (1985). *An Introduction to discourse analyses* (2nd ed.). London: Longman.
Coulthard, M. & Montgomery, M. (Eds.) (1981). *Studies in discourse analysis.* London: Routledge & Kegan Paul.
Denzin, N. K. (1970). The methodologies of symbolic interaction. In G. P. Stone & H. A. Faberman (Eds.), *Social psychology through symbolic interaction* (pp. 447-465). Waltham, Mass. [et al.]: Xerox College Publ.
Denzin, N. K. (2003). Symbolischer Interaktionismus. In U. Flick, E. v. Kardorff & I. Steinke (Hrsg.), *Qualitative Forschung. Ein Handbuch* (S. 136-149). Reinbek bei Hamburg. Rowohlt.
Dobrick, M. & Hofer, M. (1991). *Aktion und Reaktion. Die Beachtung des Schülers im Handeln des Lehrers.* Göttingen [u.a.]: Hogrefe.
Dore, J. & McDermott R. P. (1982). Linguistic indeterminacy and social context in utterance interpretation. *Language, 58,* 374-397.
Dunkin, M. & Biddle, B. (1974). *The study of teaching.* New York: Holt, Rinehart & Winston.
Eder, F. (1995). *Das Befinden von Kindern und Jugendlichen in der Schule: Forschungsbericht im Auftrag des BMUK.* Innsbruck [u.a.]: Studien-Verlag.
Edwards, V. K. (1979). *The West Indian language issue in british schools: Challenges and responses.* London; Boston [et al.]: Routledge & Kegan Paul.
Ehlich, K. (1981). Schulischer Diskurs als Dialog? In P. Schröder & H. Steger (Hrsg.), *Dialogforschung. Jahrbuch 1980 des Instituts für Deutsche Sprache* (S. 334-369). Düsseldorf: Pädagogischer Verlag Schwann.
Ehlich, K. (1984). Sprechhandlungsanalyse. In H. Haft & H. Kordes (Hrsg.), *Enzyklopädie Erziehungswissenschaft. Bd. 2. Methoden der Erziehungs- und Bildungsforschung* (S. 526-538). Stuttgart, Dresden: Klett-Verlag.
Ehlich, K. (1994). *Diskursanalyse in Europa.* Frankfurt a.M. [u.a.]: Lang.
Ehlich, K. & Rehbein, J. (1976). Sprache im Unterricht – Linguistische Verfahren und schulische Wirklichkeit. *Studium Linguistik, 1,* 47-69.
Ehlich, K. & Rehbein, J. (1986). *Muster und Institution. Untersuchungen zur schulischen Kommunikation.* Tübingen: Narr.
Ehlich, K. & Rehbein, J. (1983) (Hrsg.). *Kommunikation in Schule und Hochschule. Linguistische und ethnomethodologische Analysen.* Tübingen: Narr.

Erickson, F. & Schultz, J. (1977). When is a context? Some issues and methods in the analysis of social competence. In M. Cole, Y. Engeström & O. A. Vasquez (Eds.) (1977), *Mind, culture and activity: Seminal papers from the laboratory of comparative human cognition* (pp. 22-31). Cambridge [et al.]: Cambridge University Press.

Erickson, F. & Mohatt, G. (1982). The social organization of participation structures in two classrooms of Indian students. In G. Spindler (Ed.), *Doing the ethnography of schooling: Educational anthropology in action* (pp. 132-174). New York [et al.]: Holt, Rinehart & Winston.

Evertson, C. M., Emmer, E. T. & Bropy, J. E. (1980). Predictors of effective Teaching in Junior High Mathematics Classrooms. *Journal of Research in Mathematics Education, 11*(3), 167-178.

Faust-Siehl, G. (1987). *Themenkonstruktion als Problem von Didaktik und Unterrichtsforschung.* Weinheim: Deutscher Studien Verlag.

Flanders, N. A. (1970). *Analyzing Teaching Behavior.* Reading, Mass [et al.]: Addison-Wesley.

French, P. & Maclure, M. (1981). Teachers' questions, pupils' answers: An investigation of questions and answers in the infant classroom. *First Language, 2*, 31-45.

Furlong, V. & Edwards, A. D. (1977). Language in classroom interaction: Theory and data. *Educational Research 19*, 122-128.

Gall, M. D. (1979). The use of questioning in teaching. *Review of Educational Research, 40*, 707-720.

Gallagher, J. J. & Aschner, M. J. (1963). A preliminary report on analysis of classroom interaction. *Merrill-Palmer-Quarterly of Behavior and Development, 9*(3), 183-194.

Gamoran, A. & Nystrand, M. (1991). Background and instructional effects on achivement in eighth-grade English and social studies. *Journal of Research on Adolescence, 1*, 277-300.

Garfinkel, H. (1967). *Studies in ethnomethodology.* Englewood Cliffs, NJ: Prentice-Hall.

Garfinkel, H. & Sacks, H. (1976). Über formale Strukturen sprachlicher Handlungen. In E. Weingarten & F. Sack (Hrsg.), *Ethnomethodologie. Beiträge zu einer Soziologie des Alltagshandelns* (S. 130-176). Frankfurt a.M.: Suhrkamp.

Good, T. L. & Brophy, J. E. (1970). Teacher-child dyadic interactions: A new method of classroom observations. *Journal of School Psychology, 8*, 131-138.

Good, T. L. & Brophy, J. E. (1973). *Looking in classrooms.* New York. Pearson Education.

Good, T. L., Grouws, D. & Ebmeier, H. (1983). *Active mathematics teaching.* New York: Longman.

Green, J. (1983). Research on teaching as a linguistic process: A state of the art. In E. W. Gordon (Eds.), *Review of research in education.* Vol. 10 (pp. 151-252). Washington: American Educational Research Association.

Groeben, N. (1986). *Handeln, Tun, Verhalten als Einheiten einer verstehend-erklärenden Psychologie.* Tübingen: Francke.

Groeben, N., Wahl, D., Schlee, J. & Scheele, B. (1988). *Das Forschungsprogramm Subjektive Theorien. Eine Einführung in die Psychologie des reflexiven Subjekts.* Tübingen: Francke.

Gumperz, J. J. & Herasimchuk, E. (1973). The conversational analysis of social meaning: A study of classroom interaction. In R. Shuy (Ed.), *Sociolingusitics: Current trends and prospects. Report of the twenty-third annual round table meeting on linguistics and language studies* (pp. 99-134). Washington, D.C.: Georgetown University Press.

Hall, J. K. (1998). Differential teacher attention to student utterances: The construction of different opportunities for learning in the IRF. *Linguistics and Education: international research journal, 9*, 287-311.

Hall, J. K. & Walsh, M. (2002). Teacher-Student interaction and language learning. In *Annual Review of Applied Linguistics*, 22, 186-203.

Hammersley, M. (1977). School learning: the cultural resources required by pupils to answer a teacher's question. In P. Woods & M. Hammersley (Eds.), *School experience: Explorations in the sociology of education* (pp. 57-86). New York: St. Martin's Press.

Hargreaves, D., Hester, S. K. & Mellor, F. J. (1981). *Abweichendes Verhalten im Unterricht.* Weinheim: Beltz.

Harré, R. (1992). The discursive creation of human psychology. *Symbolic Interaction: Official journal of the Society for the Study of Symbolic Interaction, 15*, 515-527.

Helsper, W. (2004). Schülerbiographie und Schulkarriere. In W. Helsper & J. Böhme (Hrsg.), *Handbuch der Schulforschung* (S. 903-920). Wiesbaden: Verlag für Sozialwissenschaften.

Henkenborg, P. & Kuhn, H. W. (Hrsg.) (1998). *Der alltägliche Politikunterricht: Ansätze – Beispiele – Perspektiven qualitativer Unterrichtsforschung zur politischen Bildung in der Schule.* Opladen: Leske + Budrich.

Henkenborg, P. (2002). Interpretative Unterrichtsforschung in der politischen Bildung. Ansätze, Stand und Perspektiven. In G. Breidenstein, A. Combe, W. Helsper & B. Stelmaszyk (Hrsg.), *Forum Qualitative Schulforschung 2. Interpretative Unterrichts- und Schulbegleitforschung* (S. 81-109). Opladen: Leske + Budrich.

Herzog, W. (2009). Schule und Schulklasse als soziale Systeme. In R. Becker (Hrsg.), *Lehrbuch der Bildungssoziologie* (S. 155-194). Wiesbaden: VS Verlag für Sozialwissenschaften.

Hoetker, J. & Ahlbrand, W. (1969). The Persistence of the recitation. *American Educational Research Journal,* 6, 135-167.

Hofer, M. (1981). Schülergruppierungen im Urteil und Verhalten des Lehrers. In M. Hofer (Hrsg.), *Informationsverarbeitung und Entscheidungsverhalten von Lehrern. Beiträge zu einer Handlungstheorie des Unterrichtens* (S. 192-221). München [u.a.]: Urban & Schwarzenberg.

Hofer, M. (1986). *Sozialpsychologie erzieherischen Handelns. Wie das Denken und Verhalten von Lehrern organisiert ist.* Göttingen [u.a.]: Verlag für Psychologie Hogrefe.

Hofer, M. (1997). Lehrer-Schüler-Interaktion. In F. E. Weinert (Hrsg.), *Psychologie des Unterrichts und der Schule, Enzyklopädie der Psychologie. Pädagogische Psychologie, Bd. 3* (S. 213-252). Göttingen [u.a.]: Hogrefe, Verlag für Psychologie.

Holtappels, H. G. (1987). *Schulprobleme und abweichendes Verhalten aus der Schülerperspektive. Empirische Studie zu Sozialisationseffekten im situationellen und interaktionellen Handlungskontext der Schule.* Bochum: Schallwig.

Homfeldt, H.G. (1974). *Stigma und Schule: abweichendes Verhalten bei Lehrern und Schülern.* Düsseldorf: Schwann.

Joyce, B. (1979). Toward a theory of information processing in teaching. In B. Joyce (Ed.), *How teachers think in the classroom. From thought to action. Themenheft der Zeitschrift Educational Research Quarterly, 3,* 66-77.

Jungwirth, H. & Krummheuer, G. (Hrsg.) (2006, 2008). *Der Blick nach innen: Aspekte der alltäglichen Lebenswelt Mathematikunterricht. Bde. 1, 2.* Münster [u.a.]: Waxmann.

Jungwirth, H. & Krummheuer, G. (2008): Interpretative Forschung als Prozess: zu den Denkfiguren einer Forschungsrichtung von ihrem Beginn bis heute. In H. Jungwirth & G. Krummheuer (Hrsg.), *Der Blick nach innen: Aspekte der alltäglichen Lebenswelt Mathematikunterricht. Bd. 2* (S. 145-172). Münster [u.a.]: Waxmann.

Jussim, L. & Eccles, J. S. (1992), Teacher expectations II. Construction and reflection of student achievement. *Journal of Personality and Social Psychology, 63,* 947-961.

Kalthoff, H. (1995). Die Erzeugung von Wissen. Zur Fabrikation von Antworten im Schulunterricht. *Zeitschrift für Pädagogik, 41,* 925-939.

Kanders, M., Rösner, E. & Rolff, H.-G. (1996). Das Bild der Schule aus der Sicht von Schülern und Lehrern. Ergebnisse zweier IFS-Repräsentativbefragungen. In H.-G Rolff. et al. (Hrsg.), *Jahrbuch der Schulentwicklung. Bd. 9* (S. 57-113). Weinheim: Beltz.

Keller, R. (2004). *Diskursforschung. Eine Einführung für SozialwissenschaftlerInnen.* Opladen: Leske + Budrich.

Kochmann, T. (1981): Classroom modalities: black and white communicative styles in the classroom. In N. Mercer (Ed.): *Language in school and community.* (pp. 96-114). London: Arnold.

Krappmann, L. (1969). *Soziologische Dimensionen der Identität. Strukturelle Bedingungen der Teilnahme an Interaktionsprozessen.* Stuttgart: Klett-Cotta.

Krummheuer, G. (1992). *Lernen mit ‚Format'. Elemente einer interaktionistischen Lerntheorie. Diskutiert an Beispielen mathematischen Unterrichts.* Weinheim: Deutscher Studien-Verlag.

Krummheuer, G. (2008). Inskription, Narration und diagrammatisch basierte Argumentation. Narrative Rationalisierungspraxen im Mathematikunterricht der Grundschule. In H. Jungwirth & G. Krummheuer (Hrsg.), *Der Blick nach innen: Aspekte der alltäglichen Lebenswelt Mathematikunterricht. Bd. 2* (S. 7-37). Münster [u.a.]: Waxmann.

Levinson, S. C. (2000). *Pragmatik* (3. Aufl). Tübingen: Niemeyer.

Lewin, K., Lippitt, R. & White, R. K. (1939). Patterns of aggressive behavior in experimentally created social climates. *Journal of Social Psychology, 10,* 271-299.

Lörscher, W. (1983). *Linguistische Beschreibung und Analyse von Fremdsprachenunterricht als Diskurs.* Tübingen: Narr.

Ludwig, P. (1999). *Ermutigung. Optimierung von Lernprozessen durch Zuversichtssteigerung.* Opladen: Leske + Budrich.

Ludwig, P. (1995). Pygmalion im Notenbuch. *Pädagogische Welt, 49*, 114-119.

Lüders, M. (2003). *Unterricht als Sprachspiel. Eine systematische und empirische Studie zum Unterrichtsbegriff und zur Unterrichtssprache.* Bad Heilbrunn: Klinkhardt.

Lüders, M. (2011). Die Sprachspieltheorie des Unterrichts. In M. Proske, W. Meseth & F.-O. Radtke (Hrsg.), *Unterrichtstheorien in Forschung und Lehre* (S. 175-188). Bad Heilbrunn: Klinkhardt.

Lüders, M. & Rauin, U. (2004). Unterrichts- und Lehr-Lern-Forschung. In W. Helsper & J. Böhme (Hrsg.), *Handbuch der Schulforschung* (S. 691-720). Wiesbaden: VS-Verlag für Sozialwissenschaften.

Luhmann, N. (2002). *Das Erziehungssystem der Gesellschaft.* Frankfurt a. M.: Suhrkamp.

Lundgren, U. P. (1972). *Frame factors and the teaching process. A contribution to curriculum theory and theory on teaching.* Stockholm: Almovist & Wiksell.

Maier, H. & Voigt, J. (Hrsg.) (1991). *Interpretative Unterrichtsforschung.* Köln: Aulis-Verlag Deubner.

McHoul, A. W. (1978). The organization of turns at formal talk in the classroom. *Language in Society, 7*, 182-213.

McHoul, A. W. (1990). The organization of repair in classroom talk. *Language in Society, 19*, 349-377.

Mazeland, H. (1983). Sprecherwechsel in der Schule. In K. Ehlich & J. Rehbein (Hrsg.), *Kommunikation in Schule und Hochschule: linguistische und ethnomethodologische Analysen* (S. 77-101). Tübingen: Narr.

Mead, G. H. (1972). *Mind, self, and society, from the standpoint of a social behaviorist.* Chicago: Univ. of Chicago Press.

Mehan, H. (1979). *Learning lessons: Social organization in the classroom.* Cambridge, Mass. [et al.]: Harvard University Press.

Merkens, H. & Seiler, H. (1978). *Interaktionsanalyse.* Stuttgart [u.a.]: Kohlhammer.

Miller, M. (1986). *Kollektive Lernprozesse. Studien zur Grundlegung einer soziologischen Lerntheorie.* Frankfurt a. M.: Suhrkamp.

Nash, R. (1978). *Lehrererwartung und Schülerleistung.* Ravensburg: Maier.

Nassaji, H. & Wells, G. (2000). What's the use of 'triadic dialogue'?: An investigation of teacher-student interaction. *Applied Linguistics, 21*, 376-406.

Naujok, N., Brand, B. & Krummheuer, G. (2004). Interaktion im Unterricht. In W. Helsper & J. Böhme (Hrsg.): *Handbuch der Schulforschung* (S. 753-773). Wiesbaden: Verlag für Sozialwissenschaften.

Nickel, H. (1976). Die Lehrer-Schüler-Beziehung aus der Sicht neuerer Forschungsergebnisse. Ein transaktionales Modell. *Psychologie in Erziehung und Unterricht, 23*, 153-172.

Nuthall, G. A. & Lawrence, P. J. (1965). *Thinking in the classroom. The development of a method of analysis.* Wellington: New Zealand Council for Educational Research.

Nystrand, M. (1997). Dialogic instruction: When recitation becomes conversation. In M. Nystrand, A. Gamoran, R. Kachur & D. Prendergast (Eds.), *Opening dialogue: Understanding the dynamics of language and learning in the English classroom* (pp. 1-29). New York [et al.]: Teachers College Press.

Nystrand, M. (2006). Research on the role of classroom discourse as it affects reading comprehension. *Research in the teaching of English, 40*, 392-412.

Nystrand, M. & Gamoran, A. (1997): The big picture: Language and learning in hundreds of English lessons. In M. Nystrand, A. Gamoran, R. Kachur & D. Prendergast (Eds.), *Opening dialogue: Understanding the dynamics of language and learning in the English classroom* (pp. 30-74). New York [et al.]: Teachers College Press.

Nystrand, M., Wu, L., Gamoran, A., Zeiser, S. & Long, D. (2003). Questions in time: investigating the structure and dynamics of unfolding classroom discourse. *Discourse Processes, 35*(2), 135-198.

Oliver, D. W. & Shaver, J. P. (1963). *The development of a multidimensional system for the analysis of pupil-teacher interaction.* Paper presented to the American Educational Research Association Convention. Chicago.

Oevermann, U., Allert, T., Konau, E. & Krambeck, J. (1979). Die Methodologie einer ‚objektiven Hermeneutik' und ihre allgemeine forschungslogische Bedeutung in den Sozialwissenschaften. In

H.-G. Soeffner (Hrsg.), *Interpretative Verfahren in den Sozial- und Textwissenschaften* (S. 352-433). Stuttgart: Metzler.

Peterson, P. L., Marx, R. W. & Clark, C. M. (1978). Teacher planning, teacher behavior, and student achievement. *American Educational Research Journal, 15*, 417-432.

Peterson, P. L., Swing, S. R., Braverman, M. T. & Buss, R. (1982). Students' aptitudes and their reports of cognitive processes during direct instruction. *Journal of Educational Psychology, 74*, 535-547.

Petillon, H. (1987). *Der Schüler. Rekonstruktion der Schule aus der Perspektive von Kindern und Jugendlichen.* Darmstadt: Wiss. Buchgesellschaft.

Poole, D. (2005). Cross-cultural variation in classroom turn-taking practices. In P. Bruthiaux, D. Atkinson, W. G. Eggington, W. Grabe & V. Ramanthan (Eds.), *Directions in applied linguistics: Essays in honour of B. Kaplan* (pp. 201-222). Clevedon [et al.]: Multilingual Matters LTD.

Rappoport, L. & Summers, D. A. (1973). *Human judgment and social interaction.* New York [et al.]: Holt, Rinehart and Winston.

Rehbein, J. (1977). *Komplexes Handeln. Elemente zur Handlungstheorie der Sprache.* Stuttgart: Metzler.

Rehbein, J. (1979). Handlungstheorien. *Studium Linguistik, 4*, 1-25.

Rex, L. & McEachen, D. (1999). „If anything is odd, inappropriate, confusing, or boring, it's probably important": The emergence of inclusive academic literacy through English classroom discourse practices. *Research in the Teaching of English, 34*, 65-127.

Richert, P. (2005). *Typische Sprachmuster in der Lehrer-Schüler-Interaktion. Empirische Untersuchung zru Feedbackkomponente in der unterrichtlichen Interaktion.* Bad Heilbrunn: Klinkhardt.

Roeder, P. M. & Schümer, G. (1976). *Unterricht als Sprachlernsituation.* Düsseldorf: Schwann.

Rogers, C. (1983): *Freedom to learn for the 80's.* Columbus: Charles Merrill.

Rojas-Drummond, S. (2000). Guided participation, discourse and the construction of knowledge in Mexican classrooms. In H. Cowie & G. van der Aalsvoort (Eds.), *Social interaction in learning and instruction: The meaning of discourse for the construction of knowledge* (pp. 193-213). Amsterdam: Pergamon.

Rosenshine, B. & Furst, N. (1973). The use of direct observation to study teaching. In R. M. W. Travers (Ed.), *Second handbook of research on teaching* (pp. 122-183). Chicago: McNally.

Rosenshine, B. & Stevens, R. (1986). Teaching Functions. In M. Wittrock (Ed.), *Handbook of research on teaching* (3rd ed., pp. 376-391). New York: Macmillan.

Rosenthal, R. (1991). Teacher expectancy effects: A brief update 25 years after the Pygmalion Experiment. *Journal of Research in Education, 1*, 3-12.

Rosenthal, R. & Jacobson, L. (1968). *Pygmalion in the classroom.* New York: Holt, Rinehart and Winston.

Ryans, D. G. (1960). *Characteristics of teachers.* Washington D.C.: American Council on Education.

Sacks, H., Schegloff, E. A. & Jefferson, G. (1974). A simplest systematics for the organization of turn-taking in conversation. *Language, 50*, 696-735.

Schanz, G. (1978). *Kommunikation im Unterricht: ein empirischer und methodologischer Beitrag zur Sprechakttheorie.* Frankfurt: Haag + Herchen.

Scheele, B. (Hrsg.) (1992). *Struktur-Lege-Verfahren als Dialog-Konsens-Methodik.* Münster: Aschendorff.

Schütz, A. & Luckmann, T. (2003). *Strukturen der Lebenswelt.* Konstanz: UVK.

Schweer. M. K. W. (Hrsg.) (2008). *Lehrer-Schüler-Interaktion. Inhaltsfelder, Forschungsperspektiven und methodische Zugänge.* Wiesbaden: Verlag für Sozialwissenschaften.

Schweer, M. K. W. & Thies, B. (2000). Situationswahrnehmung und interpersonales Verhalten im Klassenzimmer. In M. K. W. Schweer (Hrsg.), *Lehrer-Schüler-Interaktion. Pädagogisch-psychologische Aspekte des Lehrens und Lernens in der Schule* (S. 59-78). Opladen: Leske + Budrich.

Searle, J. R. (1975). Indirect speech acts. In P. Cole & J. L. Morgan (Eds.), *Syntax and semantics. Vol. 3. Speech Acts* (pp. 59-82). New York: Academic Press.

Seedhouse, P. (2004). *The interactinoal architecture of the language classroom. An conversation analysis perspective.* Oxford: Blackwell Publishing.

Shavelson, R. J. & Stern, P. (1981). Research on teachers' pedagogical thoughts, judgements, decisions and behavior. *Review of Educational Research, 51*, 455-498.

Simon, A. & Boyer, E.G. (Hrsg.) (1970). *Mirrors for behaviour: An anthology of classroom observation instruments. Supplementary Vols. A and B.* Philadelphia: Research for Better Schools.

Simon, A. & Boyer, E.G. (1971). *Mirrors for behaviour II. An anthology of classroom observation instruments.* (2 Vols.). Philadelphia: Research for Better Schools.

Sinclair J. McH. & Coulthard, M. (1975): *Towards an analysis of discourse.* London: Oxford University Press.

Spiegel, C. (2006). *Unterricht als Interaktion. Gesprächsanalytische Studien zum kommunikativen Spannungsfeld zwischen Lehrern, Schülern und Institution.* Radolfzell: Verlag für Gesprächsforschung.

Streeck, J. (1979). Sandwich. Good for you. Zur pragmatischen und konversationellen Analyse von Bewertungen im institutionellen Diskurs der Schule. In J. Dittmann (Hrsg.), *Arbeiten zur Konversationsanalyse* (S. 235-257). Tübingen: Niemeyer.

Stubbs, M. & Delamont, S. (Eds.) (1976). *Explorations in classroom observation.* London: Wiley.

Sutcliffe, D. (1981). British black english in british schools. In N. Mercer (Ed.), *Language in school and community* (pp. 115-146). London: Arnold.

Tausch, R. (1962). Merkmalsbeziehungen und psychologische Vorgänge in der Sprachkommunikation des Unterrichts. *Zeitschrift für experimentelle und angewandte Psychologie, 9,* 474-508.

Tausch, R. & Tausch, A. (1970). *Erziehungspsychologie. Psychologische Vorgänge in Erziehung und Unterricht.* Göttingen: Hogrefe.

Tausch, R. (2008). Personenzentriertes Verhalten von Lehrern im Unterricht. In M. K. W. Schweer (Hrsg.), *Lehrer-Schüler-Interaktion. Inhaltsfelder, Forschungsperspektiven und methodische Zugänge* (S. 155-176). Wiesbaden: Verlag für Sozialwissenschaften.

Tennenberg, M. (1988). Diagramming question cycle sequences. In J. L. Green (Ed.), *Multiple perspective analyses of classroom discourse* (pp. 165-193). Norwood: Ablex Publ.

Terhart, E. (1978). *Interpretative Unterrichtsforschung.* Stuttgart: Klett-Cotta.

Thienel, A. (1988). *Lehrerwahrnehmungen und -gefühle in problematischen Unterrichtssituationen. Zum Einfluss von Wahrnehmungen und Emotionen auf das differentielle Erleben und Verhalten von Lehrern.* Frankfurt: Lang.

Tillmann, K. J., Holler-Nowitzki, B., Holtappels, H. G., Meier, U. & Popp, U. (1999). *Schülergewalt als Schulproblem.* Weinheim: Juventa-Verlag.

Tisher, R. P. (1970). *A study of verbal interaction in science classes and its association with pupils understanding in science.* St. Lucia, Queensland, Australia.

Vaish, V. (2008). Interactional patterns in Singapore's English classrooms. *Linguistics and Education, 19,* 366-377.

Vanderstraeten, R. (2001). The school class as an interaction order. *British Journal of Sociology of Education, 22,* 267-277.

Voigt, J. (1984). *Interaktionsmuster und Routinen im Mathematikunterricht. Theoretische Grundlagen und mikroethnographische Falluntersuchungen.* Weinheim: Beltz.

Waller, W. (1932). *The sociology of teaching.* New York: Wiley.

Wells, G. (1993). Reevaluating the IRF sequence: A proposal for the articulation of theories of activity and discourse for the analysis of teaching and learning in the classroom. *Linguistics and Education, 5,* 1-17.

Wieczerkowski, W. (1965). Einige Merkmale des sprachlichen Verhaltens von Lehrern und Schülern im Unterricht. *Zeitschrift für experimentelle und angewandte Psychologie, 12,* 502-520.

Wiersing, E. (1978). *Sprachhandeln im Unterricht. Auf dem Weg zu einer Theorie und Analysemethode.* Stuttgart: Klett.

Wiles, S. (1979). *The multilingual classroom. In the OU language development course PE 232.* Supplementary Readings. Block 5. Milton Keynes.

Wragge-Lange, I. (1983). *Interaktionsmuster im Frontalunterricht. Drei Fallanalysen.* Weinheim: Beltz.

Kathrin Fussangel & Cornelia Gräsel

Forschung zur Kooperation im Lehrerberuf

1. Einführung

Die Kooperation von Lehrerinnen und Lehrern ist ein Thema, das in den letzten Jahrzehnten immer wieder Gegenstand der Schulforschung war. Das Interesse an der Lehrerkooperation speiste sich dabei aus unterschiedlichen Quellen und führte zu vielfältigen Forschungsarbeiten. Der vorliegende Artikel verfolgt das Ziel, verschiedene Ansätze und Forschungsfragen zur Lehrerkooperation sowie wichtige empirische Befunde aus dem nationalen wie internationalen Raum darzustellen.

Bei allen Unterschieden zwischen verschiedenen Ansätzen, die sich mit der Kooperation von Lehrpersonen befassen, zeigt sich eine Gemeinsamkeit: Mit der Zusammenarbeit von Lehrpersonen werden in der Regel hohe Erwartungen verbunden, die sich auf verschiedene Dimensionen von Schulqualität bzw. die Verbesserung der Schulqualität richten (Little, 1990). Lehrerkooperation wird von einigen Autoren als eine wichtige Strategie für die Entwicklung von Schule und Unterricht verstanden. Es wird postuliert, dass die Gestaltung von Schule von vielen verschiedenen Akteuren abhängig ist, „die erst die ihnen zugewiesenen Ziele erreichen können, wenn sie hierzu in einen gemeinsamen Dialog und Austausch treten" (Maag Merki, 2009, S. 7). Damit verwandt ist das Argument, dass die Anforderungen des Lehrerberufs besser bewältigt werden können, wenn Lehrkräfte zusammen arbeiten. Die Kooperation sei auch deswegen nötig, weil sich aus der sich ständig und immer schneller ändernden gesellschaftlichen Umwelt vielfältige Herausforderungen stellen. Angesichts dieser Situation sei eine kooperative Arbeitsweise in Bezug auf verschiedene Gesichtspunkte die im Vergleich zur Einzelarbeit bessere Lösung. So zählt Hargreaves (1994) verschiedene Vorteile einer kooperativen Arbeitsweise auf und geht dabei auf unterschiedliche Ziele ein: Kooperation führe zu einer erhöhten Effektivität von Schule im Sinne eines verbesserten Lernens der Schülerinnen und Schüler, reduziere die Belastung von Lehrkräften, fördere die Motivation z.B. in Bezug auf einzuführende Innovationen sowie die Reflexion der eigenen Tätigkeit als Lehrperson und erhöhe somit die Gelegenheiten, von Kolleginnen und Kollegen zu lernen.

Diese genannten Beispiele verweisen bereits auf unterschiedliche Zielstellungen, unter denen man Lehrerkooperation betrachten kann. Wenn man sich fragt, welche positiven Effekte die Kooperation von Lehrkräften haben kann, ist die Leistung der Schülerinnen und Schüler bzw. die Leistungssteigerung durch Kooperation nur einer von verschiedenen Aspekten, der jedoch insbesondere seit den internationalen Leistungsstudien als ein besonders wichtiges Ziel des Unterrichts angesehen wird. Auch die soziale und emotionale Entwicklung von Kindern und Jugendlichen darf bei der Gestaltung von Schule und Unterricht aber nicht in den Hintergrund treten. Gerade wenn man Schule als sozialen Raum in den Blick nimmt, spielen die Beziehungen der dort arbeitenden und lernenden Personen eine wichtige Rolle (Fend, 2001). Lehrerkooperation kann dabei sowohl für die Schülerinnen und Schüler als auch für die Lehrkräfte von Bedeutung sein.

2. Entwicklung des Forschungsbereichs

In den folgenden Abschnitten werden verschiedene Forschungsrichtungen dargestellt, die sich in den letzten fünfzig Jahren mit der Kooperation von Lehrkräften aus verschiedenen Blickwinkeln beschäftigt haben. Die Forschungsrichtungen sind dabei natürlich nicht gänzlich unabhängig voneinander; sie haben sich zum Teil auch gegenseitig beeinflusst. Im daran anschließenden dritten Abschnitt werden aktuelle Forschungsansätze thematisiert.

2.1 Schuleffektivitätsforschung

Die Schuleffektivitätsforschung hat ihre Ursprünge in den 1960er Jahren und ist aus den Reaktionen auf den Coleman-Report erwachsen, in dem die These vertreten wurde, die einzelne Schule hätte keinen Einfluss auf die Schülerleistungen (Coleman, Campbell, Hobson et al., 1966). Die Schuleffektivitätsforschung verfolgt das Ziel, Merkmale effektiver Schulen zu identifizieren, wobei als effektiv solche Schulen bezeichnet werden, die im Vergleich zu Schulen mit einer unter sozio-ökonomischen Gesichtspunkten ähnlich zusammengesetzten Schülerschaft höhere Schülerleistungen erreichen. Die Schuleffektivitätsforschung fokussiert also vorrangig auf die Leistungen und sucht Merkmale von Schulen, die zwischen effektiven und weniger effektiven Schulen differenzieren. Auch die Lehrerkooperation wird unter der Frage der Effektivitätssteigerung analysiert, und die Intensität der Zusammenarbeit von Lehrpersonen ist einigen Forschungsbefunden zufolge an effektiven Schulen stärker ausgeprägt als an weniger effektiven. Insbesondere für die Erreichung der organisationalen Ziele einer Schule, die effektivitätsfördernd sind, ist die Kooperation wichtig: „faculty cohesion, collaboration, consensus, communications, and collegiality are seen as particularly important with respect to central organizational goals" (Scheerens & Bosker, 1997, S. 161). Gemeint ist damit vor allem die Abstimmung der Lehrkräfte untereinander, um so über die gesamte Schullaufbahn der Schülerinnen und Schüler hinweg eine optimale Abstimmung des Unterrichts in den verschiedenen Fächern und Jahrgangsstufen zu ermöglichen.

Wie kann nun der Zusammenhang zwischen der Lehrerkooperation und den Lernergebnissen der Schülerinnen und Schüler beschrieben werden? Insgesamt wird davon ausgegangen, dass es keinen direkten Zusammenhang zwischen den beiden Variablen gibt, sondern dass Lehrerkooperation vielmehr über verschiedene andere Faktoren einen indirekten Einfluss auf die Lernergebnisse nimmt – etwa über die klareren Organisationsziele und die unterrichtsverbessernde Abstimmung der Lehrkräfte. Studien zeigen, dass kooperierende Lehrkräfte zu einem besseren Schulklima beisteuern, in einem erhöhten Maße ihre eigene Effektivität als Lehrperson wahrnehmen und ein besseres Klassenmanagement zeigen (Smith & Scott, 1990; Hord, 1997; Strahan, Bowles, Richardson et al., 1997). In diesem Sinne kann die Lehrerkooperation zu einem höheren Integrationsgefühl der am schulischen Leben beteiligten Personen beitragen, was wiederum insgesamt die Schulqualität und damit auch die Lernergebnisse erhöhen kann (Strahan et al., 1997) (neuere Studien s. Abschnitt 3.3).

Dass es in den empirischen Studien bisher nicht eindeutig bzw. nur in einigen Studien gelungen ist, einen Zusammenhang zwischen der Lehrerkooperation und den Schülerleistungen aufzuzeigen, sehen viele Autoren auch in einer unzureichenden Konzeptualisierung der Kooperation begründet (Scheerens & Bosker, 1997) und verweisen auf die Notwendigkeit der Differenzierung verschiedener Qualitäten von Kooperation. Das Konstrukt der Kooperation umfasst in diversen Studien der Schuleffektivitätsforschung verschiedene Komponenten, wie z.B. die Arten und Häufigkeiten von Treffen der Lehrkräfte, verschiedene Inhalte der Kooperation oder auch die Wichtigkeit, die Lehrkräfte der Zusammenarbeit beimessen. Welche Wirkung den verschiedenen kooperativen Tätigkeiten oder auch Einstellungen der Lehrkräfte zuzuschreiben ist, lässt sich aus den klassischen Schuleffektivitätsstudien, die zudem die Kooperation als Merkmal der gesamten Schule fokussieren, zunächst nur eingeschränkt ableiten. Die Uneinheitlichkeit von Befunden, was „effektive Schulen" ausmacht, ist aber kein auf die Kooperation beschränktes Phänomen: Generell wird an der Schuleffektivitätsforschung kritisiert, dass sie uneinheitliche Befundmuster produziert und zu sehr von den Kontext-Bedingungen abstrahiert hat.

2.2 Schulentwicklungsforschung

Die Schulentwicklungsforschung konzentriert sich seit den 1980er Jahren auf die einzelne Schule als Handlungs- und Gestaltungseinheit (Fend, 1986). Die zentrale Frage dieser Forschungsrichtung ist, wie Schulen in ihren Entwicklungsprozessen systematisch unterstützt werden und dadurch ihre Qualität und die Lernergebnisse der Schülerinnen und Schüler verbessern können. Lehrerkooperation spielt in diesem Zusammenhang insofern eine Rolle, als sie als eine Strategie der Organisationsentwicklung angesehen wird, durch die eine Schule aus sich heraus Entwicklungsschritte unternehmen und ihre Qualität verbessern kann. Die Notwendigkeit für solche Schritte ergibt sich aus der historisch sich entwickelten Arbeitsteilung, durch die die Lehrkräfte nicht mehr alle Kinder und Jugendlichen in allen Fächern unterrichten, sondern nur noch für bestimmte Schulfächer und Schülergruppen zuständig sind (vgl. Rolff, 1980). Daraus folgt, „dass nur durch Kooperation von Lehrern der Gefahr entgegengewirkt werden kann, dass sich für die Schüler der schulische Erziehungs- und Bildungsprozess aufzulösen beginnt in eine Reihe isolierter Veranstaltungen" (Dalin, Rolff & Buchen, 1996, S. 178). Die Gestaltung von Bildung als ganzheitlichen Prozess ist somit ein zentrales Anliegen der Schulentwicklungsforschung – vor allem in der Tradition von Rolff.

Rolff u.a. (2000) betonen, dass Schulentwicklung nur gelingt, wenn die drei zentralen Komponenten der Organisations-, Personal- und Unterrichtsentwicklung ineinander greifen. Ohne Kooperation würde jede Lehrperson nur ihren unmittelbaren und individuellen Zielen nachgehen und der Entwicklungsprozess der Schule wäre somit nicht geplant, geschweige denn zielgerichtet. Die Förderung von Teamarbeit innerhalb von Schulen steht aus diesem Grund lange im Zentrum von Schulentwicklungsmaßnahmen. Mit Rückgriff auf andere Disziplinen wie z.B. die Arbeitswissenschaften verweisen verschiedene Autoren zudem auf die Vorteile der Gruppenarbeit, wie sie auch in anderen Berufen besteht. Durch die Zusammenarbeit mehrerer Personen könnten nicht nur mehr Entscheidungsvarianten produziert werden, die Entscheidungen seien auch qualitativ hochwertiger (Dalin et al., 1996; Schley, 1998). Die Forschung zur Effektivität von Gruppen zeigt dabei, dass es verschiedener Voraussetzungen bedarf, damit Gruppen tatsächlich bessere Leistungen erbringen können. Zu nennen sind hier etwa Charakteristika der spezifischen Aufgabe (z.B. Teilaufgaben), der Gruppe (z.B. Entwicklungsstadium) sowie auch des organisationalen Kontexts (z.B. Unterstützung durch die Führung). Gruppeneffektivität wird in der Forschung als multidimensionales Konstrukt verstanden, das neben dem Output einer Gruppe auch ein Maß für die Zufriedenheit der Gruppenmitglieder ist. Verschiedene empirische Studien weisen bei Berücksichtigung der genannten Faktoren auf tendenziell positive Effekte solcher Arbeitsgruppen hin (vgl. Cohen, 1994; Staehle, 1999).

Die im vorliegenden Zusammenhang entscheidende Frage ist jedoch, ob die in anderen Disziplinen vorzufindenden Gruppenarbeitstypen und Aufgabengestaltungen auf die schulische Situation der Lehrerarbeit übertragbar sind. Wie können also kooperative Prozesse, die in anderen Disziplinen häufig relativ einfach über bestimmte Aufgabentypen implementiert werden können, in der Schule angestoßen werden? Die deutsche Literatur zur Schulentwicklung und insbesondere zur Teamarbeit umfasst einen nicht unerheblichen Anteil an sog. Ratgeberliteratur, die Praktikern Hinweise für Teamentwicklungsprozesse in der Schule gibt. Häufig stellen die Autoren dabei Übungen und Instrumente vor, die ein Kollegium oder auch Untergruppen, wie z.B. eine Fachgruppe, umsetzen und sich so zu Teams entwickeln können (z.B. Philipp, 2000). Ziel ist es, auf verschiedenen Ebenen der Schule Teams zu etablieren und insgesamt eine kooperative Schulkultur zu schaffen.

International lassen sich viele dieser Arbeiten an organisationswissenschaftliche Forschungen anbinden. Insbesondere die an systemischen Theorien orientierten Arbeiten von Senge (1990) zu lernenden Organisationen haben die Schulentwicklungsforschung stark beeinflusst. Die Entsprechung der ‚lernenden Schule' zeigt dabei einmal mehr die Betrachtungsebene, um die es vorrangig geht: die gesamte Schule als Einheit.

2.3 Arbeitssoziologische Beiträge

Die Beiträge aus arbeitssoziologischen Studien haben die Schulentwicklungsforschung in nicht unerheblichem Maße beeinflusst. Diese Arbeiten analysieren, welche Besonderheiten die Schule als Organisation aufweist, die sie von anderen Organisationen unterscheidet. Ferner wird gefragt, welchen Einfluss die Organisationsmerkmale auf die Gestaltung von Bildungsprozessen und Lerngelegenheiten haben.

In den 1970er Jahren hat der amerikanische Soziologe Lortie (1975) mit seinen Beschreibungen zum Arbeitsplatz Schule ein zentrales Werk vorgelegt, auf das sich auch heute noch viele Autoren beziehen und das in zentralen Punkten nicht an Aktualität verloren hat (vgl. Eder, Dämon & Hörl, 2011). Lortie (1972, 1975) prägte den Begriff des Autonomie-Paritäts-Musters und beschrieb damit wichtige Charakteristika des Lehrerberufs und der Merkmale von Schulen als Organisation. Dieses Autonomie-Paritäts-Muster, das zugleich auch als Erwartungsmuster vieler Lehrkräfte an ihren Beruf zu beschreiben ist, wirke wie ein ungeschriebenes Gesetz und beeinflusse die Beziehung von Lehrkräften zu ihren Kolleginnen und Kollegen. Es lässt sich anhand folgender Aspekte näher beschreiben (Lortie, 1972):

(1) Kein Erwachsener soll in den Unterricht des Lehrers eingreifen.
(2) Lehrer sollen als Gleichberechtigte betrachtet und behandelt werden.
(3) Lehrer sollen im Umgang miteinander zuvorkommend sein und nicht in die Angelegenheiten der Kollegen intervenieren.

Lortie (1972) leitet diese Überlegungen aus seinen Beobachtungen ab, dass Lehrkräfte relativ viel Unabhängigkeit und Autorität bei der Ausübung ihres Berufes haben und begründet dies mit der räumlichen Abgeschiedenheit der Lehrkräfte. Der Unterricht als zentraler Bestandteil der Lehrerarbeit kann somit fast als Privatangelegenheit beschrieben werden und ist Folge der zellulären Struktur von Schule (Lortie, 1975). Zugleich bestärkt das Autonomie-Paritäts-Muster diese Struktur wiederum und kann als psychische Entsprechung dieser zellulären Struktur beschrieben werden. Eine weitere Ursache für die Entstehung des Autonomie-Paritäts-Musters kann darin gesehen werden, dass die Qualität der pädagogischen Arbeit nur schwer zu messen ist bzw. dass für die Qualitätsmessung klare Standards fehlen. Diese Intransparenz fördert die Tendenz, sich nicht von anderen begutachten zu lassen (Altrichter & Eder, 2004).

Einen weiteren wichtigen Beitrag zur Beschreibung des Arbeitsplatzes Schule hat Weick (1982) geleistet, der den Begriff der losen Kopplung geprägt hat. Weick (1976, 1982) beschreibt die Organisation, indem er sie mit anderen Wirtschaftsunternehmen vergleicht. Die einzelnen

Elemente einer Schule sind diesem Ansatz zufolge nicht eng aneinander gebunden, sondern vielmehr lose gekoppelt, was sich in einer relativen Unabhängigkeit der einzelnen schulischen Bereiche widerspiegelt. So können die Prozesse, die sich innerhalb einer Klasse abspielen, als weitgehend unabhängig von Prozessen in anderen Klassen gesehen werden. Fällt eine Lehrperson z.B. aus, so beeinträchtigt dies nicht die Arbeit der gesamten Schule.

Die Arbeiten von Lortie (1975) und Weick (1982) sind im Rahmen der Forschung zur Lehrerkooperation wichtige Meilensteine. Sie liefern aus einer anderen als der rein schulischen Perspektive Erklärungen dafür, dass es wenig überlappende Aufgaben von Lehrkräften gibt (Altrichter & Eder, 2004). Als Verbindung zwischen diesen eher organisationstheoretischen Arbeiten und Ansätzen der Schulentwicklung kann die Arbeit von Rosenholtz (1991) gesehen werden, die sich mit der sozialen Organisation von Schule und mit der Analyse von Lehrerkooperation in dieser Organisation beschäftigt. Rosenholtz (1991) stellt dabei verschiedene Merkmale der Arbeitsorganisation heraus, die sie als bedeutsam für das Zustandekommen von Kooperation hält. Werden in Schulen z.B. gemeinsame Arbeitsziele expliziert oder sind die Lehrkräfte an Entscheidungen im Schulalltag beteiligt, so erhöhe dies die Wahrscheinlichkeit, dass Lehrkräfte zusammenarbeiten. Rosenholtz (1991) konnte in ihren Studien, die sich sowohl quantitativer als auch qualitativer Methoden bedienten, kooperierende von sog. isolierten Schulen abgrenzen, die sich in dem Ausmaß ihrer kooperativen Tätigkeiten unterschieden.

Wichtige Arbeiten zur Lehrerkooperation stellen auch die qualitativen Studien von Little (1982, 1990) dar, die sie in den 1980er/ 90er Jahren durchführte. Diese Arbeiten sind insbesondere deswegen für die Entwicklung des Forschungsbereichs zur Lehrerkooperation wichtig, weil Little (1982) zum einen herausstellt, dass Schulen sehr individuelle Interaktionsmuster entwickeln, die mit anderen Schulen schlecht vergleichbar sind. Zudem beschreibt sie als eine der ersten verschiedene Kooperationsformen, die sie systematisch anhand des Kriteriums der Autonomie der Lehrerarbeit entwickelt (Little, 1990). Sie entwirft ein heuristisches Modell von vier voneinander unabhängigen Typen der Kooperation: ‚storytelling and scanning for ideas', ‚aid and assistance', ‚sharing' sowie ‚joint work'. Auch der Zusammenhang von Lehrerkooperation und anderen wichtigen Faktoren der Lehrertätigkeit, wie die professionelle Fort- und Weiterbildung, werden von ihr bereits früh aufgezeigt. In diesen Punkten – der Unterscheidung verschiedener Kooperationsformen und der Verbindung des Kooperationsthemas mit der professionellen Fort- und Weiterbildung – stellt sie eine Vorreiterin für die aktuellen Forschungsschwerpunkte dar.

3. Aktuelle Ansätze der Lehrerkooperationsforschung

Das vorliegende Kapitel soll einen Überblick über die vielfältigen Ansätze geben, die sich in der aktuellen Forschung zur Lehrerkooperation finden lassen. Dabei soll auf verschiedene Kooperationsformen ebenso wie auf verschiedene Kontexte von Kooperation eingegangen werden. Angesichts der enormen Größe des Forschungsfeldes können die folgenden Abschnitte nicht für sich beanspruchen, alle aktuell bearbeiteten Forschungsfragen zur Lehrerkooperation darzustellen.

Was in den verschiedenen Forschungsrichtungen bzw. Arbeiten als „Kooperation" analysiert und konzeptualisiert wird, ist heterogen: Der Begriff wird sehr vielfältig verwendet (Rolff, 1980; Little, 1990; Esslinger, 2002). Sowohl die betrachteten Inhalte als auch die Ausprägungsformen von Kooperation unterscheiden sich voneinander. Um dieser Vielfalt gerecht zu werden, ist eine differenzierte Betrachtung verschiedener Formen und ihrer jeweiligen Ziele und Wirkungen vonnöten. Will man Lehrerkooperation auf einem allgemeinen Niveau definieren, so bleibt dies zwangsläufig relativ oberflächlich und handlungsfern, da nur so die vielfältigen Möglichkeiten zu vereinen sind. Gräsel, Fussangel & Pröbstel (2006) orientieren sich etwa an einer Definition von Spieß (2004) aus dem organisationspsychologischen Bereich, die zugleich auf Bedingungen von Kooperation eingeht, aber dennoch offen genug ist, um auf die spezifischen Merkmale der Lehrertätigkeit übertragen werden zu können: „Kooperation ist gekennzeichnet durch den Bezug auf andere, auf gemeinsam zu erreichende Ziele bzw. Aufgaben, sie ist intentional, kommunikativ und bedarf des Vertrauens. Sie setzt eine gewisse Autonomie voraus und ist der Norm der Reziprozität verpflichtet“ (ebd., S. 199).

3.1 Formen der Kooperation

Im Folgenden werden schwerpunktmäßig zwei Ansätze aus dem deutschsprachigen Raum dargestellt, die verschiedene Kooperationsformen unterscheiden, sich aber auf unterschiedliche Kooperationskontexte beziehen und somit verschiedene Ebenen des schulischen Geschehens widerspiegeln.

In Anlehnung an die Definition von Spieß (2004) sowie an weitere Arbeiten aus dem organisationspsychologischen Bereich unterscheiden Gräsel, Fussangel und Pröbstel (2006) drei verschiedene Formen der Kooperation: den Austausch, eine gemeinsame (arbeitsteilige) Planung der Arbeit sowie eine kokonstruktive Kooperation. Diese Kooperationsformen beziehen sich dabei auf die *Unterrichtsebene* und beschreiben verschiedene Tätigkeiten, in denen z.B. die Lehrkräfte eines Faches (auf verschiedenen Ebenen) zusammenarbeiten und so gemeinsam ihren Unterricht betrachten und weiterentwickeln. Die Autoren gehen dabei davon aus, dass diese verschiedenen Kooperationsformen unterschiedliche Funktionen im Rahmen der Lehrerarbeit haben und dass sie ihren Zweck je nach zu bearbeitender Aufgabe erfüllen. Der Austausch stellt dabei diejenige Kooperationsform dar, die sich im schulischen Alltag am ehesten realisieren lässt, da er die Autonomie der einzelnen Lehrkräfte am wenigsten einschränkt und zudem keine besonderen Ressourcen wie Zeit oder Vertrauen in Anspruch nimmt. Ein Austausch von Informationen oder auch Materialien ist wichtig, damit alle Lehrerinnen und Lehrer auf dem gleichen Informationsstand sind, erfordert aber keine spezifischen Ziele in Bezug auf die Kooperationstätigkeit. Die gemeinsame Arbeitsplanung als zweite Kooperationsform erfordert bereits das Verständigen über eine gemeinsame Zielstellung. Die beteiligten Lehrkräfte müssen ihre Arbeit dabei so organisieren, dass alle einen Teilbereich bearbeiten können und eine gleiche Vorstellung des Endprodukts haben, sprich auf ein gemeinsames Ziel hinarbeiten. Ein Beispiel wäre die gemeinsame Vorbereitung einer Unterrichtsreihe, bei der jede Lehrperson einen bestimmten Teil übernimmt und alle am Ende die gesamte Einheit nutzen können. Die Arbeit in diesem Sinne gemeinsam zu organisieren und zu strukturieren, stellt dabei häufig eine Herausforderung für Lehrkräfte dar, die ihre Arbeit i.d.R. alleine planen; sie kann aber bei guter Organisation dazu führen, dass die Arbeit insgesamt ökonomischer gestaltet wird. Die dritte Kooperationsform ist die Kokonstruktion, bei der Lehrkräfte intensiv hinsichtlich bestimmter Inhalte zusammenarbeiten und sich z.B. gemeinsam neue Inhalte erschließen oder gemeinsame Standards für ihren Unterricht entwickeln. Dementsprechend beinhaltet diese Kooperationsform einen stark reflexiven Anteil und bedarf im Vergleich zu den anderen Formen in höherem Maße Ressourcen wie Zeit und gegenseitiges Vertrauen. Das Ziel von Kokonstruktion kann zum einen in der professionellen Weiterentwicklung der Lehrkräfte gesehen werden und damit gleichermaßen in der Entwicklung ihres Unterrichts (Putnam & Borko, 2000).

Steinert u.a. (2006) konzipieren ein Stufenmodell der Kooperation, das verschieden intensive Stufen der Kooperation umfasst. Im Unterschied zum Modell von Gräsel, Fussangel und Pröbstel (2006) bezieht es sich aber weniger auf die Unterrichtsebene als vielmehr auf das gesamte Kollegium bzw. die gesamte Schule. Die beschriebenen Formen der Kooperation stellen gleichsam Stufen der Schulentwicklung einer Schule dar. Steinert und Klieme (2003) sowie Steinert u.a. (2003, 2006) leiteten diese Niveaustufen auf der Grundlage empirischer Ergebnisse – genauer: probabilistischer Analysen – her. Das Ausmaß an im Kollegium stattfindender Kooperation kann somit anhand des Erreichens dieser Niveaustufen beschrieben werden, die von der (1) Fragmentierung über die (2) Differenzierung, (3) Koordination und (4) Interaktion bis hin zur (5) Integration reichen. Schulen, die lediglich die unterste Stufe der Fragmentierung erreichen, zeichnen sich dadurch aus, dass sie eine nur unklare Zielkonzeption haben und die Lehrkräfte isoliert voneinander arbeiten, ohne ihr Handeln aufeinander abzustimmen. Kooperation findet nur vereinzelt statt und ist kein selbstverständlicher Bestandteil des Alltags (Steinert et al., 2006). Im Vergleich dazu zeichnen sich Schulen, die die höchste Stufe der Integration erreichen, u.a. durch ein systematisches Zielkonzept und ein abgestimmtes Lehrerhandeln aus. Ebenso sind Selbst- und Fremdevaluation sowie die systematische Fortbildung der Lehrkräfte selbstverständlicher Bestandteil der schulischen Organisation. Kooperative Tätigkeiten, die sich auf die konkrete Unterrichtsebene beziehen, spiegeln sich dabei zum Teil in einzelnen Items wider. Im Fokus dieses Modells geht es jedoch um kooperative Tätigkeiten, die sich auf die Weiterentwicklung der gesamten Schule beziehen.

Diese beiden Ansätze der Kooperationsforschung differenzieren verschiedene Qualitäten von Kooperation. Daneben lassen sich als Unterscheidungskriterium verschiedene Kontexte, in denen Kooperation stattfinden kann, voneinander abgrenzen.

3.2 Kooperationskontexte auf verschiedenen Ebenen

Parallel zu den dargestellten Kooperationsformen lässt sich die Zusammenarbeit von Lehrkräften auf verschiedenen hierarchischen Ebenen beschreiben. Diese Perspektive läuft gewissermaßen quer zu der Betrachtung verschiedener Formen der Zusammenarbeit und berücksichtigt die Frage, mit wie vielen und mit welchen Personengruppen zusammengearbeitet wird. Es lassen sich dabei solche Kooperationszusammenhänge unterscheiden, die im schulischen Alltag institutionalisiert sind (Kougioumtzis & Patriksson, 2009). Hierunter fallen etwa die verschiedenen Konferenzen, an denen Lehrkräfte teilnehmen. Andere Formen der Zusammenarbeit sind weniger stark institutionalisiert, sie stellen für die Unterrichts- und Schulentwicklung häufig die wichtigeren Formen der Kooperation dar. Auch Lehrkräfte empfinden die informellen Initiativen gegenüber formalen Konzepten häufig als wichtiger für Veränderungsprozesse (Leonard & Leonard, 1999).

Die im Folgenden dargestellten Kooperationskontexte liegen nicht auf einem Kontinuum, das ein systematisches Unterscheidungskriterium liefern könnte. Sie stellen aber in der aktuellen Diskussion vorzufindende Ansätze dar, die sich mit der Zusammenarbeit von Lehrkräften beschäftigen.

Kooperations-Dyaden/Peer-Coaching

Auf der untersten Ebene finden sich kooperierende Dyaden, die für einzelne Lehrkräfte hilfreich oder unterstützend sein sollen. Ein solches Kooperationsmodell stellen z.B. West und Staub (2003) mit ihrem Ansatz des fachspezifisch pädagogischen Coachings vor. Dabei arbeitet ein Coach mit einer Lehrperson zusammen, berät sie bei der Unterrichtsvorbereitung, begleitet sie in den Unterricht und bespricht die gehaltene Unterrichtsstunde anschließend mit der Lehrperson. Der Fokus liegt dabei auf der Optimierung des fachlichen Lernens der Schülerinnen und Schüler. Die Kooperationsbeziehung hat demnach einen sehr starken fachlichen Fokus und stellt zudem eine vergleichsweise enge Verbindung zwischen den beiden Kooperationspartnern dar, die dabei sehr konkret und praxisnah den Unterricht reflektieren. Um ein solches Kooperationsmodell alltagstauglich zu gestalten, haben Kreis, Lügstenmann & Staub (2008) das Modell als Peer-Coaching konzipiert, bei dem erfahrene Lehrkräfte in Fortbildungen zu Coaches ausgebildet werden und so den Coaching-Prozess an ihrer Schule unabhängig von externen Experten gestalten können. Die enge Kooperation in Form eines Tandems stellt häufig eine gute Ausgangslage für erweiterte Kooperationskontexte dar (Bauer & Kopka, 1996). Die Öffnung und Reflexion des eigenen Unterrichts fällt leichter, wenn es zunächst nur *eine* – u.U. sogar schulexterne – Person ist, mit der zusammengearbeitet wird.

Fachgruppeninterne und fächerübergreifende Kooperation

Neben der Kooperation in Tandems sind verschiedene Gruppen von Lehrkräften innerhalb der Schule häufige Kooperationskontexte (Rolff, 1980). Im Sinne einer zielgerichteten Unterrichtsentwicklung spielt dabei die Fachgruppe eine besondere Rolle. Fachgruppen haben i.d.R. gewisse institutionalisierte Strukturen und treffen sich regelmäßig in Form von Fachgruppensitzungen (Rolff, 2001); es ist zudem anzunehmen, dass es unter Lehrkräften, die das gleiche Fach unterrichten, einfacher ist, gemeinsame Ziele für den Unterricht zu formulieren und einen Konsens zu finden. Insbesondere im Zusammenhang mit der Implementation von fachlichen Innovationen wurde der Blick in den vergangenen Jahren häufig auf die Fachgruppen gerichtet (Pröbstel, 2008).

Darüber hinaus gibt es fächerübergreifende Konstellationen, bei denen die verschiedenen Fachlehrkräfte, die gemeinsam eine Klasse unterrichten, ihren Unterricht aufeinander abstimmen.

Professionsübergreifende Kooperation

Im Zuge des Ausbaus von Ganztagsschulen etablieren sich in den vergangenen Jahren neuartige Kooperationsformen, die nicht nur Lehrkräfte, sondern auch das sog. weitere pädagogische Personal umfassen (Holtappels, Klieme, Rauschenbach et al., 2007). Da diese Kooperationen eine wichtige Rolle bei der Entwicklung von Ganztagsschulen spielen, wird dieser Aspekt im folgenden Kapitel im Zusammenhang mit aktuellen Entwicklungen der Schulentwicklung gesondert behandelt.

Kooperation in Lerngemeinschaften

In der aktuellen Literatur zur Lehrerkooperation spielen Lerngemeinschaften von Lehrkräften eine wichtige Rolle, weshalb sie an dieser Stelle gesondert betrachtet werden sollen. Lerngemeinschaften lassen sich auf den ersten Blick nicht in die beschriebenen Ebenen von Kooperationskontexten oder -konstellationen einordnen, da es verschiedene Personen sein können, die eine Lerngemeinschaft bilden. Es lassen sich verschiedene Formen von Lerngemeinschaften unterscheiden, je nach beteiligten Personen und der Ebene ihrer Organisation. Lerngemeinschaften können demnach auch die in den vergangenen Abschnitten umschriebenen Lehrergruppen, wie z.B. die schulischen Fachgruppen, umfassen (z.B. Rolff, 2001). Andere Autoren – insbesondere aus dem anglo-amerikanischen Raum – bezeichnen das gesamte Kollegium bzw. die gesamte Schule als Lerngemeinschaft (Newman, 1996). Allgemein werden als Lerngemeinschaften Gruppen von Lehrkräften bezeichnet, die mit dem Ziel zusammenarbeiten, ihren Unterricht zu verbessern und das Lernen ihrer Schülerinnen und Schüler optimal zu unterstützen (McLaughlin & Talbert, 2006). Das Ziel von Lerngemeinschaften ist dabei die langfristige Veränderung der Unterrichtspraxis, die durch eine dauerhafte Zusammenarbeit und eine ständige gemeinsame Reflexion der Praxis erreicht werden soll.

Der hiesige Fokus soll auf den schulübergreifenden Lerngemeinschaften liegen, in denen Lehrkräfte verschiedener Schulen miteinander kooperieren. Häufig sind dabei auch Mitglieder anderer Berufsgruppen beteiligt, die die Arbeit der Lehrkräfte unterstützen (Zech, Gause-Vega, Bray et al., 2000; Erickson, Minnes-Brandes, Mitchell et al., 2005). Damit eine solche Kooperation über verschiedene Schulen hinweg funktioniert, ist eine Person hilfreich, die den gesamten Prozess organisiert und moderiert. In den vergangenen Jahren gab es sowohl international als auch national verschiedene Projekte, in denen die Entwicklung von Lerngemeinschaften untersucht wurde. Für den deutschsprachigen Raum sei an dieser Stelle *Chemie im Kontext* genannt – ein Projekt, das auf die Einführung eines innovativen Unterrichtskonzepts für den Chemieunterricht abzielt (Parchmann, Gräsel, Baer et al., 2006). Um eine nachhaltige Realisierung der Unterrichtskonzeption in den Schulen zu erreichen, wurden schulübergreifende Lerngemeinschaften gebildet, die eng mit Fachdidaktikern/-innen und mit Personen aus der Bildungsadministration zusammenarbeiteten und Unterrichtsreihen gemäß den Ideen von *Chemie im Kontext* entwickelten (Gräsel & Parchmann, 2004). Ähnliche Lerngemeinschaften wurden auch in anderen Projekten verwendet, wie z.B. SINUS (Steigerung der Effizienz des mathematisch-naturwissenschaftlichen Unterrichts) (Prenzel & Ostermeier, 2003). Sie können als eine Art Brücke zwischen bisherigen Ansätzen der Lehrerkooperation und weiteren Faktoren der Schulentwicklung angesehen werden.

Schulübergreifende Netzwerke
Insbesondere in den vergangenen Jahren rücken mehr und mehr schulübergreifenden Kooperationszusammenhänge in den Vordergrund, die sich in der Literatur auch unter den Stichworten der Netzwerkbildung wiederfinden lassen (vgl. Berkemeyer, Bos, Manitius et al., 2008; Maag Merki, 2009). Die Zusammenarbeit mehrerer Schulen in solchen Netzwerken verfolgt dabei das Ziel, die schulische Arbeit regional zu verankern und über verschiedene Schulen hinweg gemeinsame Ziele zu entwickeln. Auch wenn der Begriff der Netzwerkbildung in der aktuellen Forschung zunehmend an Bedeutung gewinnt und natürlich in enger Beziehung zur Lehrerkooperation zu sehen ist, so muss er dennoch klar von Kooperation abgegrenzt werden. Netzwerke stellen demnach eher „eine wichtige Voraussetzung bzw. ein Potenzial für Kooperationen dar" (Maag Merki, 2009, S. 8). Dies gilt umso mehr angesichts der enormen Vielfalt von Netzwerken, bei denen sich aufgrund ihrer inhaltlichen Schwerpunkte, ihrer regionalen Ausbreitung und anderer Merkmalen die Frage stellen lässt, inwieweit sie konkrete kooperative Tätigkeiten der Lehrkräfte fördern.

3.3 Die Bedeutung der Kooperation im Rahmen aktueller Fragen der Schulentwicklung

Kooperation ist im Rahmen der Schulentwicklung immer mit bestimmten Zielen verbunden und sollte nicht um ihrer selbst willen stattfinden. In der aktuellen Forschung wird die Bedeutung der Lehrerkooperation mit verschiedenen anderen wichtigen Aspekten der Schul- und Unterrichtsentwicklung und der Professionalisierung von Lehrkräften gesehen, die im Folgenden vorgestellt werden.

Schul- und Unterrichtsqualität
Die Fragestellungen aus dem Bereich der Schuleffektivitätsforschung, also die Suche nach Zusammenhängen von Schul- und Unterrichtsmerkmalen und Schülerleistungen, werden auch in aktuellen empirischen Studien bearbeitet, in denen auch die Lehrerkooperation als zentra-

les Schulqualitätsmerkmal berücksichtigt wird. So untersuchen Hochweber et al. (2012) auf der Grundlage der DESI-Daten den Zusammenhang der Lehrerkooperation mit Merkmalen der Unterrichtsqualität und den Lernergebnissen der Schülerinnen und Schüler im Fach Englisch. Dabei zeigt sich in den (Mehrebenen-)Analysen zwar kein direkter Effekt der Kooperation auf die Leistungs- und Motivationsergebnisse, die Autoren können aber einen positiven Zusammenhang zwischen der (fachkollegiumsinternen) Kooperation und verschiedenen Merkmalen der Unterrichtsqualität zeigen (Hochweber et al., 2012). Diese Befunde zeigen, dass Lehrerkooperation keine direkte, sondern eine indirekte, d.h. über die Unterrichtsqualität vermittelte Wirkung haben kann.

Implementation von Innovationen in der Schule
In Bezug auf die Übernahme von Innovationen zeigten Forschungen, dass kooperierende Lehrkräfte eher bereit sind, Innovationen im Unterricht umzusetzen und sich diesbezüglich zu engagieren. Die Bedeutung der Kooperation kann im Rahmen von Innovationsprozessen damit begründet werden, dass die Integration der Innovation in bestehende Unterrichts- und Handlungsroutinen eine diskursive Auseinandersetzung mit Kolleginnen und Kollegen benötigt (Putnam & Borko, 2000). Was eine Innovation für den eigenen Unterricht bedeutet und wie das eigene Handeln angepasst bzw. verändert werden muss, sind Fragen, die Lehrkräfte in kooperativen Prozessen erarbeiten können. Zudem ist die Realisierung einer Innovation an einer Schule keine individuelle Aufgabe, sondern erfordert eine Veränderung der gesamten Institution (konkrete Beispiele finden sich in dem Abschnitt zu den *Lerngemeinschaften*).

Fort- und Weiterbildung von Lehrkräften
Kooperation spielt darüber hinaus in der Diskussion zur Lehrerprofessionalisierung eine Rolle. Insbesondere in der anglo-amerikanischen Forschungsliteratur wird seit einigen Jahren betont, dass kooperationsorientierte Konzepte der Fort- und Weiterbildung von Lehrkräften erfolgversprechender sind und die Lehrkräfte eher in die Lage versetzt, das in der Fortbildung Gelernte in ihrem Unterricht umzusetzen und nachhaltig in ihre Praxis zu integrieren (z.B. Butler, Novak Lauscher, Jarvis-Selinger et al., 2004). In der englischsprachigen Literatur wird dabei der Begriff des ‚teacher learning' verwendet, der etwas weiter zu fassen ist als der deutsche Begriff der Fort- und Weiterbildung. Es geht in diesem Sinne weniger um eng umgrenzte Veranstaltungen, in denen Lehrkräfte etwas Neues kennenlernen sollen. Vielmehr steht die Frage im Vordergrund, wie Fort- und Weiterbildungen i.S. von ‚professional development' gestaltet werden können, dass Lehrpersonen langfristig darin unterstützt werden, ihren Unterricht zu verändern und den aktuellen Situationen in ihren Klassen anzupassen. Indem Lehrkräfte sich mit Kolleginnen und Kollegen über ihren Unterricht austauschen und neue Methoden, Herangehensweisen und Perspektiven kennenlernen, können sie Anregungen für ihren eigenen Unterricht erhalten und diesen eher verändern (Putnam & Borko, 2000; Richardson & Placier, 2002). Einige Autoren betonen, dass eine kontinuierliche professionelle Weiterentwicklung, also ein ‚learning on the job' nur in Kooperation mit Kolleginnen und Kollegen möglich ist: „enabling professional growth is, at root, enabling professional community" (McLaughlin, 1994, S. 31).

Ausbau und Entwicklung von Ganztagsschulen
Der Ausbau von Ganztagsschulen kann im deutschsprachigen Raum als eine der wichtigsten Reformen der vergangenen Jahre angesehen werden. Das zentrale Merkmal von Ganztagsschulen ist die Bereitstellung von außerunterrichtlichen Angeboten, an denen die Schülerinnen und Schüler zusätzlich zur reinen Unterrichtszeit teilnehmen. Die Integration dieser außerunterrichtlichen Angebote kann jedoch sehr unterschiedlich in das schulische Geschehen integriert sein;

dies hängt maßgeblich von der Organisationsform des Ganztagsbetriebs ab. Eine enge Verknüpfung zwischen dem Unterricht und den Ganztagsangeboten kann dabei als „Beleg für eine ernsthafte Integration des Ganztagsbetriebs" sowie „als Chance, um bei der pädagogischen Arbeit Lernprozesse und Lernergebnisse der einzelnen Felder gezielt aufeinander zu beziehen" (Arnoldt, 2011, S. 96) angesehen werden. Die hiermit verbundenen Erwartungen an Ganztagsschulen sind häufig unmittelbar an kooperative Prozesse gebunden, so dass das Thema Kooperation in der aktuellen Diskussion um die Entwicklung der Ganztagsschulen von großer Bedeutung ist. So vermuten Holtappels et al. (2011), dass sich „in Ganztagsschulen für Lehrkräfte die Kooperationsaufgabe vermutlich in höherem Maße stellt" (S. 26). Es geht dabei sowohl um die Frage, wie sich die Kooperation unter Lehrkräften durch die neuen sich durch den Ganztagsbetrieb ergebenden Aufgaben verändert als auch darum, wie das weitere pädagogische Personal, das für einen maßgeblichen Teil der Ganztagsangebote verantwortlich ist, in die Schule integriert wird und inwieweit sich dadurch eine interprofessionelle Kooperationskultur entwickelt.

Die bisherigen empirischen Befunde, die seit dem Beginn des Ganztagsschulausbaus vor ca. zehn Jahren vorliegen, zeigen ein divergentes Bild. Betrachtet man die Lehrerkooperation, so konnten Holtappels et al. (2011) zeigen, dass die durch den Ganztagsausbau betriebene Schulentwicklungs- und Konzeptarbeit einen positiven Einfluss auf die Lehrerkooperation hat. In einem nordrhein-westfälischen Forschungsprojekt an Sekundarschulen zeigt sich allerdings, dass es in Bezug auf verschiedenen Ausprägungen der Lehrerkooperation keine Unterschiede zwischen Halbtags- und Ganztagsschulen gibt (Fussangel, Dizinger, Böhm-Kasper et al., 2010). Die Situation ist demnach alles andere als eindeutig und bei der Interpretation von empirischen Daten muss beachtet werden, auf welche Theorien sich die jeweiligen Arbeiten beziehen und wie die Operationalisierung der Kooperation stattgefunden hat.

Der zweite Aspekt der Kooperation, der sich an Ganztagsschulen ergibt, ist der der interprofessionellen Zusammenarbeit. Dies ist nicht nur aus der Sicht der Praxis für viele Lehrkräfte ein neues Feld, da – zumindest an Regelschulen – Lehrkräfte bisher nur selten daran gewöhnt waren, mit anderen Professionen zusammenzuarbeiten. Aber auch aus der Sicht der Forschung gibt es zu dieser interprofessionellen Kooperation bisher nur wenig theoretische wie empirische Arbeiten. Erste Analysen im qualitativen Bereich haben z.B. Breuer und Reh (2010) vorgelegt und beschreiben mit Hilfe von Sequenzanalysen wie Lehrkräfte und das weitere pädagogische Personal ihre Tätigkeiten ausdifferenzieren (können). Sie tun dies vor dem Hintergrund professionstheoretischer Überlegungen und zeigen sehr anschaulich, wie unterschiedlich eine solche Ausdifferenzierung stattfinden kann. Weitere qualitative Studien zeigen, dass Lehrkräfte die Zusammenarbeit mit weiteren pädagogischen Kräften durchaus wertschätzen und sich dadurch entlastet fühlen. Die Kooperation findet jedoch häufig spontan und bei Bedarf statt und aus der Sicht der Lehrkräfte geht es dabei häufig um die Frage, welche bzw. wie bestimmte Arbeitsbereiche an die pädagogischen Mitarbeiter/-innen abgegeben werden können (Dizinger, Fussangel & Böhm-Kasper, 2011a).

In einigen Forschungsprojekten wurden erste quantitative Skalen zur Erfassung der interprofessionellen Kooperation entwickelt (Dizinger, Fussangel & Böhm-Kasper, 2011b). Insgesamt muss man jedoch zusammenfassend festhalten, dass die Erforschung der interprofessionellen Kooperation noch am Anfang steht. Es bedarf noch theoretischer Arbeit, die sich auf Fragen konzentrieren sollte, welches Ziel die Zusammenarbeit verschiedener Professionen im Zusammenhang mit Fragen der (Ganztags-)Schulentwicklung spielt und welcher Voraussetzungen es bedarf, damit sie im schulischen Alltag gelingen kann. Empirisch gilt es zunächst einmal, ein genaues Bild der stattfindenden Kooperation der verschiedenen Professionen zu zeichnen, um Ansatzpunkte für mögliche Weiterentwicklungen aufzeigen zu können. Bislang ebenso ungeklärt ist die Frage, wie Lehrerkooperation und interprofessionelle Kooperation interagieren.

4. Methoden der Lehrerkooperationsforschung und Stand der Forschung

In den folgenden Abschnitten werden anhand der verschiedenen in der Kooperationsforschung verwendeten Methoden jeweils beispielhaft einige zentrale Ergebnisse der Lehrerkooperationsforschung vorgestellt.

Qualitative Studien
Insbesondere im anglo-amerikanischen Raum gibt es eine Vielzahl an qualitativen Studien, die zum einen das Ziel verfolgen, die Inhalte von Kooperation näher zu beleuchten und zum anderen die Wirkung von Kooperation auf den verschiedenen Ebenen zu betrachten. So arbeitet beispielsweise Little (1982, 2003) in ihren Studien zur Kooperation mit qualitativen Interviews oder Beobachtungen. In ihren Studien zu Lerngemeinschaften von Lehrkräften geht sie fallanalytisch vor (Little, 2003) und stellt anhand von drei verschiedenen Gruppen von Fachlehrkräften dar, wie die Unterrichtspraxis der einzelnen Lehrkräfte in den Gesprächen mit den Kolleginnen und Kollegen repräsentiert und für die anderen zugänglich werden kann. Hier wird somit sehr detailliert analysiert, wie sich kokonstruktive Prozesse unter Lehrkräften vollziehen und wie die Lehrkräfte diese als Ressource für ihre eigene Arbeit nutzen können.

Andere qualitative Studien aus dem anglo-amerikanischen Raum beziehen sich auf eine weniger individuumsbezogene Wirkung von Kooperation, sondern untersuchen diese vielmehr im Zusammenhang mit der Umsetzung von Fortbildungsinhalten. So untersuchen z.B. Butler u.a. (2004) inwieweit Lehrkräfte, die in kooperative Settings eingebunden sind, ihre eigene Praxis zu reflektieren lernen, um sie Schritt für Schritt im Sinne eines zu implementierenden Ansatzes zu verändern. Dazu führen sie Interviews durch, analysieren Dokumente und Sitzungsprotokolle und halten die Lehrkräfte an, ihre Umsetzung der Innovation schriftlich festzuhalten. Die teilnehmenden Lehrkräfte berichten in dieser Studie, dass sie es ohne den kooperativen Austausch mit ihren Kolleginnen und Kollegen wohl nicht geschafft hätten, ihren Unterricht zu verändern. Insbesondere bei Problemen mit dem neuen Unterrichtsansatz hilft der kollegiale Austausch den Lehrkräften, Lösungen zu finden. Qualitative Studien, die sich mit den Wirkungen von Kooperation in Bezug auf die Umsetzung von Innovationen (oder Weiterbildungsinhalten i.w.S.) beziehen, ließen sich an dieser Stelle noch viele anführen (Zech et al., 2000; Erickson et al., 2005; Wood, 2007).

Im deutschsprachigen Raum gibt es verschiedene qualitative Studien, die sich mit dem Phänomen der Kooperation an sich auseinandersetzen und beispielsweise untersuchen, welche Bedingungen Kooperation braucht und welchen Nutzen Lehrkräfte aus Kooperationen ziehen können. So untersuchen Gräsel, Fussangel und Parchmann (2006) in einer Interviewstudie, inwieweit sich verschiedene Gruppen von Chemielehrkräften in ihren Kooperationsüberzeugungen unterscheiden. Dabei führen sie Interviews mit Chemielehrkräften, die in einer Lerngemeinschaft arbeiten und vergleichen diese mit Lehrpersonen, die nicht Mitglied einer solchen Lerngemeinschaft sind. Die Ergebnisse zeigen, dass die Lehrkräfte der Lerngemeinschaftsgruppe mehr und vielfältigere Kooperationserfahrungen und dadurch einen differenzierteren Blick auf die Kooperation haben. Dies spiegelt sich z.B. darin wider, dass sie sich in ihren Aussagen tendenziell auf intensivere Kooperationsformen beziehen und einschätzen können, wie diese sinnvoll organisiert werden können. Die Lehrkräfte, die nicht in Lerngemeinschaften arbeiten und über weniger intensive Kooperationserfahrungen verfügen, beziehen sich in ihren Aussagen häufig auf einfache Formen der Zusammenarbeit, wie etwa den Austausch von Materialien.

Andere deutschsprachige Studien beziehen sich auf die Beschreibung und Differenzierung verschiedener Kooperationskonstellationen oder der Betrachtung der Lehrereinstellungen und

Erfahrungen mit spezifischen Kooperationsformen (z.B. Mühlhausen, 1991; Roth, 1994; Bauer & Kopka, 1996).

Qualitative Studien verfolgen also insgesamt das Ziel, die kooperativen Prozesse genau zu beschreiben und zu untersuchen, welche Bedeutung die Lehrkräfte der Kooperation beimessen und welche Formen sie in ihren subjektiven Theorien repräsentiert haben.

Qualitativ-quantitative Studien

Studien, die qualitative und quantitative Methoden im Sinne einer Triangulation kombinieren, fokussieren stärker auf eine vertiefende Analyse der mit Hilfe eines quantitativen Instrumentes erfassten Kooperationsformen. So führen beispielsweise Halbheer und Kunz (2009) an Schweizer Gymnasien Interviews mit Lehrkräften durch, deren Schulen sich auf unterschiedlichen von Steinert u.a. (2006) beschriebenen Kooperationsstufen befinden. Die Autoren vergleichen eine Schule, die die Kooperationsstufe der Integration erreicht, mit einer Schule, die sich lediglich auf der Stufe der Koordination befindet (vgl. Abschnitt 3.2). Dabei zeigt sich u.a., dass Lehrkräfte an Schulen mit einer größeren Kooperationsintensität positivere Einstellungen zur Kooperation haben, ein günstigeres Schulklima wahrnehmen und der Überzeugung sind, dass sie Herausforderungen gemeinsam gewachsen sind. Darüber hinaus berichten die Autoren, dass die Lehrkräfte der weniger kooperativen Schule weniger bereit sind, über ihren eigenen Unterricht zu reflektieren und insgesamt eine geringere Arbeitszufriedenheit kommunizieren. Diese Studie zeigt beispielhaft, wie sich die verschiedenen Ebenen wechselseitig bedingen. Die Kooperation – quantitativ erfasst als Merkmal der gesamten Schule – spiegelt sich auf der individuellen Ebene in Form von Einstellungen und Handlungsweisen wider, die ihrerseits einen Beitrag zur Weiterentwicklung der schulischen Kooperationskultur leisten.

Quantitative Studien

Ein großer Anteil der Studien zur Lehrerkooperation lässt sich der quantitativ orientierten Forschung zuordnen. Bei verschiedenen Forschungsdesigns stellt die Fragebogenmethode dabei das am häufigsten zu findende Verfahren der Datenerhebung dar.

Das bereits dargestellte Modell von Steinert u.a. (2006) wurde auf der Basis einer in Hessen durchgeführten Schulevaluation, an der knapp 7000 Lehrkräfte teilnahmen, entwickelt. Die empirischen Befunde zeigen dabei, dass Gymnasien seltener die höheren Stufen der Kooperation erreichen als andere Schulen. Insgesamt erreichen die meisten Schulen die Stufe der Differenzierung, d.h. dass eine Schule über ein globales Zielkonzept verfügt und die Lehrkräfte fachspezifische Absprachen treffen, es aber z.B. kein abgestimmtes Fortbildungskonzept für ihr Kollegium gibt. Ein Vergleich der hessischen Gymnasien mit solchen aus dem Schweizer Kanton Zürich zeigt deutliche Unterschiede, in dem Sinne, dass die Schweizer Gymnasien höhere Stufen der Kooperation erreichen. Solche Befunde geben Hinweise für tiefer gehende Studien.

In den großen Large-scale-Studien wurde die Kooperation meist auf einem relativ allgemeinen bzw. handlungsfernen Niveau erfasst. In den PISA-Studien beispielsweise geben die Schulleitungen an, wie sie die Kohäsion und den Konsens innerhalb des Kollegiums einschätzen. Die Erfassung zielt dabei mehr auf das Klima unter den Lehrkräften ab; konkrete kooperative Tätigkeiten werden hier weniger erfragt. Ein Vergleich der Kooperation zwischen verschiedenen Ländern ist somit mehr auf der Basis formal-organisatorischer Aspekte möglich. So zeigte sich in der internationalen Grundschul-Lese-Studie (IGLU), dass in Deutschland 53 % der Grundschulen ein offizielles Kooperationskonzept haben und damit im internationalen Mittelfeld liegen (Radisch & Steinert, 2005). In anderen großen Studien wurden die Lehrkräfte dagegen nach der gemeinsamen Unterrichtsvorbereitung gefragt. In der rheinland-pfälzischen MARKUS-Studie (Helmke & Jäger, 2002) zeigt sich, dass Lehrkräfte an Gymnasien am seltensten gemeinsam ihren Unterricht vorbereiten (5 % geben diese Form der Kooperation an). Das höchste Ausmaß an gemeinsamer Unterrichtsvorbereitung findet sich in den integrierten Gesamtschulen (40 %). Die gesamtdeutsche DESI-Studie (Klieme, Eichler, Helmke et al., 2006) zeigt darüber hinaus auch Unterschiede zwischen den Deutsch- und Englischlehrkräften, dahingehend, dass die beteiligten Deutschlehrkräfte etwas häufiger gemeinsam ihren Unterricht vorbereiten als die Englischlehrkräfte. Dieser Befund deutet tendenziell auf unterschiedliche Kooperationskulturen innerhalb der einzelnen Fächer hin. Aus den Unterschieden in der Kooperationspraxis zwischen den verschiedenen Fachkulturen können Hypothesen abgeleitet werden, die sich auf eine fachspezifische Nutzung verschiedener Kooperationsformen beziehen. Die spezifischen Aufgaben, typische Umgangsformen innerhalb einer Fachkultur oder auch die Größe der Fachgruppe sind dabei Faktoren, die die Kooperation innerhalb der Fachkollegien beeinflussen können und deren spezifische Wirkung weiter untersucht werden sollte.

Viele aktuelle quantitativ orientierte Studien zur Lehrerkooperation verfolgen das Ziel, verschiedene Facetten von Kooperation in einem Gesamtmodell darzustellen, durch das die Multidimensionalität des Konstrukts repräsentiert wird (Kougioumtzis & Patriksson, 2009). Die Analyse von Kooperation mit Hilfe von Strukturgleichungsmodellen stellt auch im deutschsprachigen Raum einen Schwerpunkt der Studien dar. Dabei werden neben verschiedenen Kooperationstätigkeiten auch Bedingungen von Kooperation sowie Nutzenaspekte berücksichtigt. Die Analyse der Kooperation von Chemielehrkräften, die im Rahmen des Projektes *Chemie im Kontext* in Lerngemeinschaften arbeiten, zeigt z.B. einen wichtigen Einfluss der Rahmenbedingungen, die über verschiedene Indikatoren erfasst wurden, auf den wahrgenommenen Nutzen der Kooperation (Fussangel, 2008). Verschiedene Analysen zeigen dabei z.B., dass der Austausch für Lehrkräfte eine Arbeitsentlastung darstellt, wohingegen andere Kooperationsformen, wie die gemeinsame Arbeitsorganisation, Lehrkräfte darin unterstützen kann, die Lernbedürfnisse ihrer Schüler/-innen besser einzuschätzen und sich selber fachlich weiterzuentwickeln.

Die vielfältigen Studien im nationalen wie auch internationalen Raum, die die Lehrerkooperation über Fragebögen erfasst haben, können an dieser Stelle nicht ausführlich dargestellt werden. Je nach Fragestellung der jeweiligen Studien wurden dabei z.T. sehr unterschiedliche Aspekte von Lehrerkooperation erfasst, die sich sowohl auf die Inhalte, verschiedene Formen der Kooperation, Bedingungen und Wirkungen oder auch Zusammenhänge mit anderen Faktoren, wie z.B. den Schülerleistungen beziehen (Strahan et al., 1997; Johnson, 2003; Sawyer & Rimm-Kaufmann, 2007).

5. Fazit und Perspektiven

Die bisherigen Forschungen zur Lehrerkooperation zeigen zum einen bereits vielfältige Hinweise, wie die Zusammenarbeit von Lehrkräften gestaltet werden kann, damit sie im schulischen Alltag von Nutzen sein kann. Es gibt jedoch nach wie vor viele offene Forschungsfragen, die es zu bearbeiten gilt und die weiteren Aufschluss über die optimale Gestaltung von Lehrerkooperation geben können. Zentral dabei scheint eine differenzierte Betrachtung von Kooperation zu sein, die in engem Zusammenhang mit den jeweiligen Zielen und Aufgaben zu sehen ist. So halten auch Albisser et al. (2013) fest, dass im Zusammenhang mit der Professionalität von Lehrkräften „der Faktor Zusammenarbeit unstrittig ist, dessen Funktion aber vorerst noch wenig differenziert belegt werden kann" (S. 12). Es gibt zwar vielfältige Forschungsarbeiten, die durchaus einen Nutzen bzw. eine Funktion von Kooperation beschreiben, es handelt sich dabei jedoch häufig um relativ distale Faktoren in Bezug auf den Unterricht und die konkrete Lernförderung der Schülerinnen und Schüler. Hier spiegelt sich auch die Vielfalt des Forschungsfeldes wider; Kooperation kann auf unterschiedlichen Ebenen betrachtet werden und steht im Zusammenhang mit diversen Faktoren des schulischen Geschehens. Bisher ist es nicht gelungen, ein übergreifendes Modell der Kooperation zu entwickeln, das diese verschiedenen Aspekte vereint.

Was die schulische Praxis anbelangt, so scheint die Anregung von Lehrkräften zur Kooperation nach wie vor schwierig zu sein, zumindest wenn Lehrkräfte nicht durch ihre Teilnahme an Projekten u.ä. in Settings eingebunden sind, die eine kooperative Arbeitskultur fördern (Gräsel, Fußangel, et al., 2006). Insgesamt sollte die Kooperation jedoch nicht nur im Zusammenhang mit den Schülerleistungen gesehen werden, sondern auch als wichtiger Bestandteil zur Gestaltung von Schule als sozialem Raum (Fend, 2001; Maag Merki, 2009).

Die Forschung zur Lehrerkooperation sollte sich in zukünftigen Arbeiten jedoch nicht nur der Erforschung verschiedener Kooperationsformen und deren Wirkungen widmen, sondern sich grundsätzlich die Frage stellen, wie Kooperation empirisch erfasst werden kann. Ein Großteil der bisherigen Arbeiten hat die Lehrerkooperation über Fragebögen erhoben, was durchaus kritisiert werden kann. Inwieweit die tatsächlichen kooperativen Prozesse, die sich unter Lehrkräften abspielen, durch solche Daten erfasst werden können, kann dabei kritisch gefragt werden. Dies gilt umso mehr, wenn man bedenkt, dass es sich um Selbstberichtsdaten der Lehrkräfte handelt. Qualitative Studien, die Kooperation handlungsnäher betrachten können, sind zudem in der Lage, die Wechselwirkung der verschiedenen Kooperationspartner darzustellen und mögliche Lernprozesse, die durch die Kooperation angeregt werden, abzubilden. Hier muss jedoch mit Horn und Little (2010) gesagt werden, dass es noch vielfältiger Forschungsbemühungen bedarf: „The research to date has made relatively little headway in examining the nature of the interaction by which professional community is forged, sustained, and made conducive to learning and improvement" (S. 183). Insgesamt werden zudem mehr längsschnittliche Betrachtungen von kooperativen Gruppen benötigt. Wie entwickelt sich die Kooperation über die Zeit? Welche Faktoren/Bedingungen führen zu Veränderungen der Kooperationspraxis? Wie verändern sich die Einstellung der beteiligten Kooperationspartner sowie ihre Arbeitsweise? Kooperation stellt eher einen Prozess dar und weniger einen Zustand und die empirischen Forschungsmethoden sollten diesem Umstand gerecht werden.

Die Forschung zur Lehrerkooperation berührt auch immer wieder Bereiche, die für bildungspolitische Instanzen von Bedeutung sind. Die Gestaltung des Arbeitsplatzes Schule und der Lehrerarbeit spielt in Bezug auf die Kooperation von Lehrkräften eine wichtige Rolle. Strukturelle Veränderungen der schulischen Arbeit können dabei für die Förderung von Lehrerkooperation durchaus förderlich sein. Dies zeigt insbesondere die Forschung zu professionellen Lerngemeinschaften aus dem amerikanischen Raum (Lee, Smith & Croninger, 1997). Hier werden Schulen zum Teil umfassend umstrukturiert und orientieren sich fortan weniger an bürokratischen Organisationsmodellen, sondern stärker an kommunikativen Modellen, die mit einer Neugestaltung des schulischen Alltags einhergehen. Auch wenn solche radikalen Schritte in der deutschen Schullandschaft nur eingeschränkt möglich sind, so stellt sich dennoch die Frage, ob sich die Veränderung von zumindest einzelnen Aspekten der Lehrerarbeit nicht positiv auf die Kooperation an Schulen auswirken kann, so dass die vielfältigen Potenziale von Lehrerkooperation zum Tragen kommen können. Dies gilt umso mehr an Ganztagsschulen, an denen die Lehrkräfte mit vielen neuen Aufgaben konfrontiert sind. Um die Herausforderungen und die teilweise hoch gesteckten Ziele von Ganztagsschulen erfüllen zu können, bedarf es einer guten Kooperation zwischen den verschiedenen Professionellen und es stellt sich die berechtigte Frage, ob Schulen diese Herausforderungen alleine meistern können oder ob sie nicht stärkerer konzeptionell und administrativ unterstützt werden sollten, bis sich neue Strukturen gebildet und Routinen etabliert haben.

Literatur

Albisser, S., Keller-Schneider, M. & Wissinger, J. (2013). Zusammenarbeit in Kollegien von Schulen unter dem Anspruch von Professionalität. In Manuela Keller-Schneider, Stefan Albisser & Jochen Wissinger (Hrsg.), *Professionalität und Kooperation in Schulen. Beiträge zur Diskussion über Schulqualität* (S. 9-29). Bad Heilbrunn: Klinkhardt.

Altrichter, H. & Eder, F. (2004). Das „Autonomie-Paritätsmuster" als Innovationsbarriere? In H. G. Holtappels (Hrsg.), *Schulprogramme – Instrumente der Schulentwicklung* (S. 195-221). Weinheim: Juventa.

Arnoldt, B. (2011). Was haben die Angebote mit dem Unterricht zu tun? Zum Stand der Kooperation. *Zeitschrift für Erziehungswissenschaft, Sonderheft Ganztagsschule, 14*, 95-107.

Bauer, K.-O. & Kopka, A. (1996). Wenn Individualisten kooperieren. Blicke in die Zukunft der Lehrerarbeit. In H.-G. Rolff, Bauer, K.-O., Klemm, K. & Pfeiffer, H. (Hrsg.), *Jahrbuch der Schulentwicklung. Band 9* (S. 143-186). Weinheim: Juventa.

Berkemeyer, N., Bos, W., Manitius, V. & Müthing, K. (Hrsg.). (2008). *Unterrichtsentwicklung in Netzwerken. Konzeptionen, Befunde, Perspektiven*. Münster: Waxmann.

Breuer, A. & Reh, S. (2010). Zwei ungleiche Professionen? Wie LehrerInnen und ErzieherInnen in Teams zusammenarbeiten. *Soziale Passagen, 2*, 29-46.

Butler, D. L., Novak Lauscher, H., Jarvis-Selinger, S. & Beckingham, B. (2004). Collaboration and self-regulation in teachers' professional development. *Teaching and Teacher Education, 20*, 435-455.

Cohen, S. (1994). Designing Effective Self-Managing Work Teams. *Advances in Interdisciplinary Studies of Work Teams, 1*, 67-102.

Coleman, J. S., Campbell, E., Hobson, C., McPartland, J., Mood, A., Weinfield, F. et al. (1966). *Equality of educational opportunity*. Washington: US Government Printing Office.

Dalin, P., Rolff, H.-G. & Buchen, H. (1996). *Institutioneller Schulentwicklungs-Prozeß* (3. Aufl.). Bönen: Verlag für Schule und Weiterbildung.

Dizinger, V., Fussangel, K. & Böhm-Kasper, O. (2011a). Interprofessionelle Kooperation an Ganztagsschulen aus der Perspektive der Lehrkräfte. Wie lässt sie sich erfassen und wie wird sie im schulischen Belastungs- und Beanspruchungs-Geschehen bewertet? In K. Speck, T. Olk, O. Böhm-Kasper, H.-J. Stolz & C. Wiezorek (Hrsg.), *Ganztagsschulische Kooperation und Professionsentwicklung. Studien zu multiprofessionellen Teams und sozialräumlicher Vernetzung* (S. 114-127). Weinheim: Juventa.

Dizinger, V., Fussangel, K. & Böhm-Kasper, O. (2011b). Lehrpersonen an Ganztagsschulen: neue Herausforderungen – neue Belastungen? Ein Vergleich der Kooperation und des Belastungserlebens an Halb- und Ganztagsschulen. *Zeitschrift für Erziehungswissenschaft, Sonderheft Ganztagsschule, 15*, 43-61.

Eder, F., Dämon, K. & Hörl, G. (2011). Das „Autonomie-Paritäts-Muster": Vorberuflich erlerntes Stereotyp, Bewältigungsstrategie oder Ergebnis der beruflichen Situation? *Zeitschrift für Bildungsforschung, 1*, 199-217.

Erickson, G., Minnes-Brandes, G., Mitchell, I. & Mitchell, J. (2005). Collaborative teacher learning: Findings from two professional development projects. *Teaching and Teacher Education, 21*, 787-798.

Esslinger, I. (2002). *Berufsverständnis und Schulentwicklung: ein Passungsverhältnis? Eine empirische Untersuchung zu schulentwicklungsrelevanten Berufsauffassungen von Lehrerinnen und Lehrern*. Bad Heilbrunn: Klinkhardt.

Fend, H. (1986). „Gute Schulen – schlechte Schulen". Die einzelne Schule als pädagogische Handlungseinheit. *Die deutsche Schule, 78*(3), 275-293.

Fend, H. (2001). *Qualität im Bildungswesen. Schulforschung zu Systembedingungen, Schulprofilen und Lehrerleistung*. (2. Aufl.). Weinheim: Juventa.

Fussangel, K. (2008). *Subjektive Theorien von Lehrkräften zur Kooperation. Eine Analyse der Zusammenarbeit von Lehrerinnen und Lehrern in Lerngemeinschaften*. Wuppertal. http://elpub.bib.uni-wuppertal.de/edocs/dokumente/fbg/paedagogik/diss2008/fussangel/.

Fussangel, K., Dizinger, V., Böhm-Kasper, O. & Gräsel, C. (2010). Kooperation, Belastung und Beanspruchung von Lehrkräften an Halb- und Ganztagsschulen. *Unterrichtswissenschaft, 38*(1), 51-67.

Gräsel, C., Fussangel, K. & Parchmann, I. (2006). Lerngemeinschaften in der Lehrerfortbildung. Kooperationserfahrungen und -überzeugungen von Lehrkräften. *Zeitschrift für Erziehungswissenschaft, 9*(4), 545-561.

Gräsel, C., Fußangel, K. & Pröbstel, C. (2006). Lehrkräfte zur Kooperation anregen – eine Aufgabe für Sisyphos? *Zeitschrift für Pädagogik, 52*(2), 205-219.

Gräsel, C. & Parchmann, I. (2004). Implementationsforschung – oder: der steinige Weg, Unterricht zu verändern. *Unterrichtswissenschaft, 32*, 238-256.

Halbheer, U. & Kunz, A. (2009). Mehr Schulqualität dank Kooperation? Eine quantitativ-qualitative Beschreibung von Kooperationen zwischen Lehrpersonen. In K. Maag Merki (Hrsg.), *Kooperation und Netzwerkbildung. Strategien zur Qualitätsentwicklung in Schulen* (S. 66-77). Seelze: Klett Kallmeyer.

Hargreaves, A. (1994). *Changing teachers, changing times: Teachers' work and culture in the postmodern age.* London: Cassell.

Helmke, A. & Jäger, R. S. (Hrsg.) (2002). *Das Projekt MARKUS: Mathematikgesamterhebung Rheinland-Pfalz: Kompetenzen, Unterrichtsmerkmale, Schulkontext.* Landau: Verlag Empirische Pädagogik.

Hochweber, J., Steinert, B. & Klieme, E. (2012). Lehrerkooperation, Unterrichtsqualität und Lernergebnisse im Fach Englisch. *Unterrichtswissenschaft, 40*(4), 351-370.

Holtappels, H. G., Klieme, E., Rauschenbach, T. & Stecher, L. (Hrsg.). (2007). *Ganztagsschule in Deutschland. Ergebnisse der Ausgangserhebung der „Studie zur Entwicklung von Ganztagsschulen" (StEG).* Weinheim: Juventa.

Holtappels, H. G., Lossen, K., Spillebeen, L. & Tillmann, K. (2011). Schulentwicklung und Lehrerkooperation in Ganztagsschulen – Konzeption und Entwicklungsprozess als förderliche Faktoren der Kooperationsentwicklung? *Zeitschrift für Erziehungswissenschaft, Sonderheft Ganztagsschule, 14*, 25-42.

Hord, S. M. (1997). *Professional learning communities: Communities of continuous inquiry and improvement.* Austin, Texas: Southwest Educational Development Laboratory.

Horn, I. S. & Little, J. W. (2010). Attending to Problems of Practice: Routines and Resources for Professional Learning in Teachers' Workplace Interactions. *American Educational Research Journal, 47*(1), 181-217.

Johnson, B. (2003). Teacher Collaboration: good for some, not so good for others. *Educational Studies, 29*(4), 337-350.

Klieme, E., Eichler, W., Helmke, A., Lehmann, R., Nold, G., Rolff, H.-G. et al. (2006). *Unterricht und Kompetenzerwerb in Deutsch und Englisch.* Frankfurt: Deutsches Institut für internationale pädagogische Forschung (Dipf).

Kougioumtzis, K. & Patriksson, G. (2009). School-based teacher collaboration in Sweden and Greece: formal cooperation, deprivatized practices and personalized interaction in primary and lower secondary schools. *Teachers and Teaching: theory and practice, 15*(1), 131-154.

Kreis, A., Lügstenmann, G. & Staub, F. C. (2008). *Kollegiales Unterrichtscoaching als Ansatz zur Schulentwicklung. Schlussbericht zur Pilotstudie Peer Coaching.* Kreuzlingen: Pädagogische Hochschule Thurgau.

Lee, V. E., Smith, J. B. & Croninger, R. G. (1997). How High School Organization Influences the Equitable Distribution of Learning in Mathematics and Science. *Sociology of Education, 70*, 128-150.

Leonard, L. J. & Leonard, P. E. (1999). Reculturing for Collaboration and Leadership. *Journal of Educational Research, 92*(4), 237-242.

Little, J. W. (1982). Norms of Collegiality and Experimentation: Workplace Conditions of School Success. *American Educational Research Journal, 19*(3), 325-340.

Little, J. W. (1990). The persistance of privacy: Autonomy and initiative in teachers' professional relations. *Teachers College Record, 91*(4), 509-536.

Little, J. W. (2003). Inside teacher community: Representations of classroom practice. *Teachers College Record, 105*(6), 913-945.

Lortie, D. C. (1972). Team Teaching, Versuch der Beschreibung einer zukünftigen Schule. In H.-W. Dechert (Hrsg.), *Team Teaching in der Schule* (S. 37-76). München: R. Piper & Co.

Lortie, D. C. (1975). *Schoolteacher – a sociological study.* Chicago: University Press.

Maag Merki, K. (Hrsg.) (2009). *Kooperation und Netzwerkbildung. Strategien zur Qualitätsentwicklung in Schulen.* Seelze: Klett Kallmeyer.

McLaughlin, M. (1994). Strategic sites for teachers' professional development. In P. Grimmett & J. Neufeld (Eds.), *Teacher development and the struggle for authentity* (pp. 31-51). New York: Teachers College Press.

McLaughlin, W. M. & Talbert, J. E. (2006). *Building School-Based Teacher Learning Communities. Professional Strategies to Improve Student Achievement.* New York: Teachers College Press.

Mühlhausen, U. (1991). Gegenseitige Hospitation im Unterricht. Ein (un-)heimlicher Fortbildungswunsch von Lehrerinnen und Lehrern. *Die deutsche Schule, 83*(1), 199-215.

Newman, F. M. (1996). *Authentic Achievement. Restructuring Schools for Intellectual Quality.* San Francisco: Jossey-Bass.

Parchmann, I., Gräsel, C., Baer, A., Nentwig, P., Demuth, R., Ralle, B., et al. (2006). „Chemie im Kontext": A symbiotic implementation of a context-based teaching and learning approach. *International Journal of Science Education, 28*(9), 1041-1062.

Philipp, E. (2000). *Teamentwicklung in der Schule* (3. Aufl.). Weinheim: Beltz.

Prenzel, M. & Ostermeier, C. (2003). Steigerung der Effizienz des mathematisch-naturwissenschaftlichen Unterrichts. Ein unterrichtsbezogenes Qualitätsentwicklungsprogramm. *Beiträge zur Lehrerbildung. Fachzeitschrift zu Theorie und Praxis in der Aus- und Weiterbildung von Lehrerinnen und Lehrern, 21*(2), 265-276.

Pröbstel, C. (2008). *Lehrerkooperation in Fachgruppen und die Umsetzung von Innovationen. Eine Analyse der Zusammenarbeit von Lehrkräften aus Perspektive der Bildungsforschung und der Arbeits- und Organisationspsychologie.* Berlin: Logos.

Putnam, R. T. & Borko, H. (2000). What Do New Views of Knowledge and Thinking Have to Say About Research on Teacher Learning. *Educational Researcher, 29*(1), 4-15.

Radisch, F. & Steinert, B. (2005). Schulische Rahmenbedingungen im internationalen Vergleich. In Wilfred Bos, Eva-Maria Lankes, Manfred Prenzel, Knut Schwippert, Renate Valtin & Gerd Walther (Hrsg.), *IGLU. Vertiefende Analysen zu Leseverständnis, Rahmenbedingungen und Zusatzstudien* (S. 159-186). Münster: Waxmann.

Richardson, V. & Placier, P. (2002). Teacher Change. In V. Richardson (Ed.), *Handbook of Research on Teaching* (4th ed., pp. 905-947). Washington, D.C.: American Educational Research Association.

Rolff, H.-G. (1980). *Soziologie der Schulreform.* Weinheim: Beltz.

Rolff, H.-G. (2001). Professionelle Lerngemeinschaften. Eine wirkungsvolle Synthese von Unterrichts- und Personalentwicklung. In H. Buchen, L. Horster & H.-G. Rolff (Hrsg.), *Schulleitung und Schulentwicklung* (Bd. 6.5). Berlin: Raabe.

Rolff, H.-G., Buhren, C. G., Lindau-Bank, D. & Müller, S. (2000). *Manual Schulentwicklung* (3. Aufl.). Weinheim: Beltz.

Rosenholtz, S. J. (1991). *Teachers' workplace. The social organization of schools.* New York: Teachers College Press.

Roth, H. (1994). *Zusammenarbeit im Lehrerberuf.* Zürich: Universität Zürich, Pädagogisches Institut.

Sawyer, L. B. E. & Rimm-Kaufmann, S. E. (2007). Teacher collaboration in the context of the *Responsive Classroom* approach. *Teachers and Teaching: theory and practice, 13*(3), 211-245.

Scheerens, J. & Bosker, R. J. (1997). *The foundations of educational effectiveness* Oxford: Pergamon.

Schley, W. (1998). Teamkooperation und Teamentwicklung in der Schule. In H. Altrichter, W. Schley & M. Schratz (Hrsg.), *Handbuch zur Schulentwicklung* (S. 111-159). Innsbruck: Studien Verlag.

Senge, P. (1990). *The fifth discipline.* New York: Doubleday Currency.

Smith, S. C. & Scott, J. J. (1990). *The collaborative school: A work environment for effecitve instruction.* Eugene, OR, Reston, VA: ERIC Clearinghouse on Educational Management and National Association of Secondary School Principals.

Spieß, E. (2004). Kooperation und Konflikt. In H. Schuler (Hrsg.), *Organisationspsychologie* (3. Aufl., S. 193-247). Göttingen: Hogrefe.

Staehle, W. H. (1999). *Management* (Vol. 8.). München: Vahlen.

Steinert, B. & Klieme, E. (2003). *Levels of Teacher Cooperation as Levels of School Development: A Criterion-Referenced Approach to School Evaluation.* European Conference on Educational Research, Hamburg.

Steinert, B., Klieme, E., Maag-Merki, K., Döbrich, P., Halbheer, U. & Kunz, A. (2006). Lehrerkooperation in der Schule: Konzeption, Erfassung, Ergebnisse. *Zeitschrift für Pädagogik, 52*(2), 185-204.

Strahan, D., Bowles, N., Richardson, V. & Hanawald, S. (1997). Research on Teaming: Insights from Selected Studies. In T.S. Dickinson & T.O. Erb (Eds.), *We gain more than we give. Teaming in middle schools* (pp. 359-384). Columbus, Ohio: National Middle School Association.

Weick, K. E. (1976). Educational organizations as loosely coupled systems. *Administrative Science Quaterly, 21*, 1-9.

Weick, K. E. (1982). Administering Education in Loosely Coupled Schools. *Phi Delta Kappan, 63*, 673-676.

West, L. & Staub, F. C. (2003). *Content-Focused Coaching. Transforming Mathematics Lessons*. Portsmouth: Heinemann.

Wood, D. (2007). Teachers' Learning Communities: Catalyst for Change or a New Infrastructure for the Status Quo? *Teachers College Record, 109*(3), 699-739.

Zech, L. K., Gause-Vega, C. L., Bray, M. H., Secules, T. & Goldman, S. R. (2000). Content-Based Collaborative Inquiry: A Professional Development Model for Sustaining Educational Reform. *Educational Psychologist, 35*(3), 207-217.

Friedrich-Wilhelm Schrader

Lehrer als Diagnostiker

1. Einführung

Das Diagnostizieren und Beurteilen gehört neben dem Unterrichten, Erziehen, Beraten und Innovieren zu den Kernaufgaben von Lehrkräften (Kultusministerkonferenz, 2004; Terhart, 2000). Diagnoseleistungen fallen nicht nur bei Zeugnisbeurteilungen, Schullaufbahnempfehlungen, schriftlichen und mündlichen Leistungsüberprüfungen, der Abklärung von Lernschwierigkeiten und der Feststellung von Förderbedarf an, sondern auch bei der Planung und Gestaltung des Unterrichts. Seit der ‚empirischen Wende' der Schul- und Unterrichtsforschung wird zudem von Lehrkräften erwartet, sich mit Ergebnissen aus Leistungsstudien auseinander zu setzen und diese für Maßnahmen der Schul- und Unterrichtsentwicklung zu nutzen. Geht man davon aus, dass die „gezielte Planung, Organisation, Gestaltung und Reflexion von Lehr-Lernprozessen" die Kernkompetenz von Lehrkräften ausmacht (Terhart, 2000, S. 15), so zielen diagnostische Aufgabenstellungen vor allem auf Optimierung und Bewertung von Lehr-Lern-Prozessen, Lernberatung, Kontrolle des Lehrerfolgs und Weiterentwicklung des Unterrichts ab (Ingenkamp & Lissmann, 2008; Terhart, 2000). In diesem Beitrag geht es ausschließlich um diagnostische Aufgaben, die bei Lehrkräften an Regelschulen im Bereich des allgemeinbildenden Schulwesens anfallen. Aufgaben wie die Feststellung von sonderpädagogischem Förderbedarf oder die diagnostische Abklärung von psychischen Störungen, Verhaltensauffälligkeiten oder emotionalen Schwierigkeiten, die Fachleuten mit einer speziellen pädagogischen oder psychologischen Ausbildung vorbehalten sind, bleiben hier ausgeklammert.

Die wissenschaftlichen Grundlagen der im Lehrerberuf anfallenden Beurteilungsaufgaben sind Gegenstand der *Pädagogischen Diagnostik* (Ingenkamp & Lissmann, 2008; Langfeldt & Tent, 1999; Leutner, 2010; Tent & Stelzl, 1993). Diese lässt sich als Informationsbeschaffung und -verarbeitung zum Zwecke pädagogischer Entscheidungen kennzeichnen (Klauer, 1982). Nach Ingenkamp und Lissmann (2008) umfasst Pädagogische Diagnostik „alle diagnostischen Tätigkeiten, durch die bei einzelnen Lernenden und den in einer Gruppe Lernenden Voraussetzungen und Bedingungen planmäßiger Lehr- und Lernprozesse ermittelt, Lernprozesse analysiert und Lernergebnisse festgestellt werden, um individuelles Lernen zu optimieren" (S. 13). Daneben stellen die „Zuweisung zu Lerngruppen oder zu individuellen Förderungsprogrammen" sowie die „Steuerung des Bildungsnachwuchses" oder die „Erteilung von Qualifikationen" (ebd. S. 13) weitere wichtige Ziele dar.

Die Gesamtheit der zur Bewältigung dieser Diagnoseaufgaben erforderlichen Fähigkeiten soll hier als *diagnostische Kompetenz* bezeichnet werden. Diese Bezeichnung ist breiter gefasst als in der empirischen Forschung, wo sie häufig mit diagnostischer Beurteilungskompetenz gleichgesetzt wird (Schrader, 2008, 2010). Nach US-amerikanischen Standards zur Leistungsbeurteilung sollen Lehrer in der Lage sein, (1) geeignete diagnostische Verfahren auszuwählen, (2) selbst zu entwickeln, (3) anzuwenden, auszuwerten, damit gewonnene Ergebnisse zu interpretieren, (4) diese für Entscheidungen über individuelle Lerner, für curriculare Zwecke, Unterrichtsplanung und Schulentwicklung zu nutzen, (5) sach- und schülergerechte Bewertungsverfahren zu erstellen, (6) die Ergebnisse Schülern, Eltern, Kollegen und anderen Beteiligten zu erläutern sowie (7) ungeeignete Verfahren und fehlerhafte oder missbräuchliche Anwendungen zu erkennen (Nitko, 2004).

Ziel dieses Beitrags ist keine Darstellung der pädagogischen Diagnostik, sondern ein Überblick über die im Lehrerberuf anfallenden Diagnoseaufgaben und deren Bedeutung für das pädagogische Handeln (Hesse & Latzko, 2009; van Ophuysen, 2010). Der Lehrer wird dabei in erster Linie als Leistungsdiagnostiker gesehen. Da der Lernerfolg der Schüler auch von nicht-kognitiven Schülermerkmalen abhängt und Lehrer in ihrem erzieherischen Handeln auch immer Einfluss auf die Persönlichkeit der Lernenden nehmen, ist eine entsprechende diagnostische Sensitivität wichtig, auch wenn eine professionelle Diagnostik in diesem Bereich nicht Aufgabe des Lehrers ist. Da Aufgaben der Schul- und Unterrichtsentwicklung zunehmend an Bedeutung gewinnen, spielt darüber hinaus auch die Beurteilung eigenen und fremden Unterrichts eine wichtige Rolle.

2. Grundlagen Pädagogischer Diagnostik

2.1 Diagnostische Aufgabenstellungen von Lehrern

Diagnosen lassen sich verstehen als Aussagen oder Urteile über Personen und lern- und unterrichtsrelevante Sachverhalte, die sich auf Informationen oder Daten stützen und mit einer Einordnung in Kategorien oder einer Lokalisierung auf Merkmalsdimensionen verbunden sind (vgl. auch Helmke, 2012; van Ophuysen, 2010). Anders als bei der *Evaluation*, bei der es um bewertende Aussagen über den Erfolg von Maßnahmen, Programmen, Materialien oder Bildungssystemen geht, bezieht sich Diagnostik auf die beschreibende Feststellung von Voraussetzungen, Bedingungen, Ergebnissen und Abläufen von Lernprozessen bei einzelnen Personen oder Personengruppen. Ebenso wie die Evaluation kann sie *summativ* (abschließende Feststellung eines Lern- oder Handlungsergebnisses) oder *formativ* (prozessbegleitend) erfolgen (Ingenkamp & Lissmann, 2008; Helmke, 2012).

Die Aufgaben der Pädagogischen Diagnostik lassen sich in das begriffliche Raster von Status- und Prozessdiagnostik sowie Selektions- und Modifikations- bzw. Förderdiagnostik einordnen (siehe etwa Leutner, 2010; Wild & Krapp, 2006). Bei *Status*diagnostik geht es um die Erfassung relativ stabiler Personenmerkmale oder Lernvoraussetzungen wie Intelligenz oder Ängstlichkeit. *Prozess*diagnostik bezieht sich auf die Erfassung von Verläufen und Veränderungen bei modifizierbaren Merkmalen, insbesondere von Lernergebnissen. Gegenstand von Modifikation und Selektion können aber auch Umweltbedingungen sein (Wild & Krapp, 2006). Diagnostik in pädagogischen Handlungsfeldern dient im Kern der *Modifikation*, d.h. der erzieherischen Beeinflussung von Personen einschließlich der dazu nötigen Beratungsaufgaben. Diagnostik ist maßnahme- oder treatmentorientiert (treatment-vorbereitend, treatment-begleitend, treatment-abschließend), wobei Diagnose- und Handlungsschritte miteinander verflochten sein können (Wild & Krapp, 2006). Die Bewertung von Lernergebnissen ist aber auch Grundlage für die Vergabe von Berechtigungen oder für Schullaufbahnempfehlungen und hat insofern oft auch eine *Selektions*funktion. Cronbach und Gleser (1965) zufolge dienen Diagnosen dazu, Entscheidungen zu optimieren. Bei unterrichtsbezogenen Entscheidungen von Lehrkräften geht es meistens weniger um klar abgrenzbare (Förder-) Maßnahmen, sondern um die fortlaufende Planung, Anregung, Überwachung, Unterstützung und Bewertung von Lernprozessen. Je nachdem, ob die dafür erforderlichen Entscheidungen vor, während oder nach dem Unterrichten anfallen, kann man *präinstruktionale* (z.B. Einsatz von Unterrichtsmaterialien), *interaktive* (z.B. Reaktion in bestimmten Situationen) und *postinstruktionale* Entscheidungen (z.B. Veränderungen im nachfolgenden Unterricht) unterscheiden (Calderhead, 1984; Nitko, 2004).

Eine lernförderliche Unterrichtsgestaltung erfordert in der Regel eine hinreichende Passung zwischen Lernvoraussetzungen der Schüler und unterrichtlichen Bedingungen und Maßnahmen. Diese kann auf unterschiedlichen Ebenen hergestellt werden. *Makroadaptationen* sind lang- und mittelfristige Anpassungsleistungen wie die Zuweisung der Schüler zu vorgegebenen Unterrichtsmaßnahmen oder -formen aufgrund von relativ stabilen Personenmerkmalen. *Mikroadaptationen* sind kurzfristige Anpassungen wie die Beendigung einer Unterrichtsphase, das Einschieben einer zusätzlichen Erklärung, Aufgabenstellung oder Übungsgelegenheit oder die Reaktion auf Schülerfehler (Schrader & Helmke, 2001; Schrader, 2010).

Dabei kommen unterschiedliche Formen der Diagnostik zum Einsatz. *Formelle* Diagnostik beruht auf einer expliziten Zielsetzung oder Fragestellung, einer systematischen Informationsbeschaffung und -verarbeitung, dem gezielten Einsatz diagnostischer Methoden (Tests, Fragebögen, Beobachtungsverfahren u.a.) und führt meistens zu einem sprachlich kommunizierten Urteil (Ingenkamp & Lissmann, 2008; Schrader, 2010). Auch wenn im Schulalltag viele diagnostische Urteile, etwa im Rahmen der schriftlichen Leistungsüberprüfung, auf der Grundlage gründlicher und fachlich fundierter Überlegungen getroffen werden, genügen sie meistens nicht professionellen Maßstäben. Im laufenden Unterrichtsgeschehen werden zudem viele Entscheidungen nicht bewusst reflektiert getroffen, sondern sind in Handlungsroutinen eingebettet, die mit geringer bewusster Aufmerksamkeit ablaufen (Schrader & Helmke, 2001). Sie basieren auf *informellen* Diagnosen, intuitiven Urteilen und Beobachtungen, die im Rahmen des alltäglichen erzieherischen Handelns eher beiläufig und unsystematisch anfallen. Hascher (2008) spricht in diesem Zusammenhang von *semiformellen* Diagnosen.

2.2 Diagnostik und pädagogisches Handeln von Lehrern

Die in der Lehrertätigkeit anfallenden diagnostischen Aufgabenstellungen lassen sich wie folgt umreißen (Nitko, 1989; Schrader, 1997).

Diagnostik zur Ermittlung der Lernvoraussetzungen. Zu den Lernvoraussetzungen (Bedingungsfaktoren für Lernerfolg bzw. Lernversagen) gehören individuelle Merkmale der Lernenden (wie Intelligenz, Vorkenntnisse, motivationale Merkmale), Prozessmerkmale des Unterrichts- und Elternverhaltens, Personenmerkmale von Lehrern und Eltern sowie Merkmale der Lernumgebung und des Kontexts (Helmke & Weinert, 1997; Hesse & Latzko, 2009). Für die Diagnostik werden verschiedene Erhebungsverfahren eingesetzt, zu denen neben mündlichen und schriftlichen Prüfungen (Klassenarbeiten u.a) auch informelle und formelle Tests gehören (Hesse & Latzko, 2009; Ingenkamp & Lissmann, 2008; Langfeld & Tent, 1999).

Diagnostik zur Überwachung des Lernfortschritts. Die Überwachung des Lernfortschritts ist eine Form der Prozessdiagnostik. Zu diesem Zweck können Testverfahren, insbesondere von Lehrern konstruierte informelle Tests, und andere schriftliche Leistungskontrollen eingesetzt werden, sofern die Abfolge der Erhebungen nicht zu kleinschrittig ist. Häufig werden Lernfortschritte aber auch durch mündliche Überprüfungen und informelle Beobachtungen während des Unterrichtens festgestellt (Nitko, 2004; Schrader, 1997).

Ein systematischer Ansatz der Prozessdiagnostik ist das *formative Assessment* (Maier, 2010). Leistungsüberprüfungen können spontan („on-the-fly") oder vorab geplant („planned-for-interaction") vorgenommen werden oder bereits in das Curriculum eingebaut sein („curriculum-embedded"). Zur Diagnostik können von Lehrern oder von anderen Experten entwickelte Materialien wie Fragen, Arbeitsblätter, Kurztests u.a. eingesetzt werden. Darüber hinaus kann Schülerfeedback in die Diagnostik eingebunden werden. Hattie (2009, 2012) zufolge sind Rückmeldungen - nicht nur für die Schüler, sondern auch für den Lehrer - eine wesentliche Erfolgsbedingung für erfolgreichen leistungsförderlichen Unterricht.

Diagnostik zur Abklärung von Lernschwierigkeiten. Hierfür sind meistens besondere diagnostische Bemühungen nötig, für die Modelle des professionellen Diagnostizierens (Wild & Krapp, 2006) und die Nutzung von Diagnoseverfahren wie Tests oder Beobachtungen hilfreich sind. Der professionelle Diagnostiker geht von überprüfbaren Hypothesen aus, sammelt dazu geeignete Daten und verarbeitet diese zu einem Urteil. Er leitet daraus Maßnahmen ab, die er kontrolliert einsetzt und bei Bedarf revidiert, oder er nutzt die gewonnenen Informationen für die Beratung von Schülern und Eltern.

Diagnostik zur Bewertung von Lernprozessen. Die abschließende Bewertung von Lernprozessen erfordert eine diagnostische Urteilsbildung, bei der die über einen längeren Zeitraum gewonnenen Informationen zu einem Urteil integriert werden (Jäger, 2009). Durch das Fehlen des unmittelbaren Handlungs- und Entscheidungsdrucks ist der Lehrer in der Lage, reflektiert vorzugehen. Leistungsbewertungen sind oft mit der Vergabe von Berechtigungen verbunden oder wie bei Schullaufbahnempfehlungen für den Erwerb von Qualifikationen relevant. Es handelt sich um gesellschaftlich definierte Aufgaben, die in Deutschland und in vielen anderen Ländern in der Hand der Schulen und Lehrkräfte liegen. Angesichts der erheblichen Konsequenzen von Leistungsbewertungen wird gerade hier gefordert, die Möglichkeiten einer systematischen Diagnostik zu nutzen, Erkenntnisse auf überprüfbare Daten zu stützen und sie durch diagnostische Verfahren abzusichern (Ingenkamp & Lissmann, 2008; Nitko, 2004).

Diagnostik zur Entwicklung des Unterrichts und zur Professionalisierung. Hierfür sind nicht nur eigene diagnostische Aktivitäten wichtig, sondern auch die Verarbeitung und Reflexion von Ergebnissen und Daten, die von externen Instanzen, z.B. im Rahmen von Leistungsstudien und Vergleichsarbeiten, zurückgemeldet werden. Die Rückmeldung und Rezeption von solchen Ergebnissen und deren Nutzung für Zwecke der Schul- und Unterrichtsentwicklung haben in den letzten Jahren stark Beachtung gefunden (Hosenfeld & Groß Ophoff, 2007; Terhart, 2002; Weinert, 2001a).

2.3 Diagnostische Kompetenz und diagnostische Beurteilung

Über die Grundlagen diagnostischer Kompetenz sowie deren Einbettung in das Gesamtgefüge von Lehrerkompetenzen ist bislang erst wenig bekannt. Kompetenzen lassen sich als „kontextspezifische kognitive Leistungsdispositionen“ (Klieme & Leutner, 2006, S. 879; vgl. auch Weinert 2001b) definieren. Dem Expertiseansatz zufolge basieren sie auf erfahrungsabhängigem deklarativem und prozeduralem Wissen (Bromme, 2008). Für Weinert gehört diagnostische Expertise neben Wissen über Klassenführung, Sachwissen und fachdidaktischem Wissen zu den für erfolgreiches Unterrichten bedeutsamen Wissensdomänen (Weinert, Schrader & Helmke, 1990). Die Orchestrierung dieser vier Wissensbereiche ist Grundlage des von Beck et al. (2008) entwickelten Konstrukts der adaptiven Lehrkompetenz. Shulman (1986) unterteilt professionelles Wissen in Fachwissen (subject-matter content knowledge), allgemeines pädagogisches Wissen (general pedagogical knowledge) und fachdidaktisches Wissen (pedagogical content knowledge), später noch ergänzt um Wissen über Lerner (knowledge of learners; Shulman, 1987). Davon ausgehend, schlagen Baumert und Kunter (2006) ein Modell des Professionswissens vor, das neben pädagogischem Wissen, Fachwissen und fachdidaktischem Wissen auch Organisationswissen und Beratungswissen umfasst. Diagnostische Kompetenz lässt sich im Bereich pädagogischen oder fachdidaktischen Wissens verorten (Baumert & Kunter, 2006; Bromme, 2008).

Eine zentrale diagnostische Beurteilungsaufgabe ist die Notengebung. Untersuchungen haben gezeigt, dass verschiedene Lehrkräfte dieselbe mündliche oder schriftliche Leistung oft unterschiedlich (mangelnde Objektivität) beurteilen, dass wiederholte Beurteilungen der gleichen Leistung unterschiedlich ausfallen (mangelnde Reliabilität) und dass Urteile durch andere Faktoren als das zu beurteilende Merkmal beeinflusst werden (mangelnde Validität) (Ingenkamp, 1995). Lehrer orientieren sich zudem an einem *klasseninternen* Bezugssystem (Langfeldt & Tent, 1999) und haben deshalb Schwierigkeiten, Leistungen klassenübergreifend nach einem absoluten Maßstab zu beurteilen (Ingenkamp & Lissmann, 2008). Notenurteile sind allerdings als Indikatoren diagnostischer Kompetenz problematisch, da exakte Vergleichskriterien fehlen und Lehrer mit der Notengebung unterschiedliche Ziele verfolgen. Ähnliches gilt auch für Schullaufbahnempfehlungen: Der spätere Bildungsabschluss ist als Validierungskriterium für das Lehrerurteil wenig geeignet, da die weitere Entwicklung der Schüler von einer Vielzahl nur schwer vorhersehbarer Faktoren abhängt (van Ophuysen, 2006b).

Lehrerurteile weisen dann eine akzeptable Reliabilität und Validität auf, wenn spezifische Leistungsaspekte beurteilt werden (Hoge, 1983). Im Urteilsgenauigkeits-Paradigma geht es um die *Veridikalität* von Urteilen, also das Ausmaß, in dem diese mit den „tatsächlichen" Merkmalsausprägungen, d.h. einem reliabel und valide gemessenen Urteilskriterium übereinstimmen (Funder 1995). Zu diesem Zweck werden z.B. Lehrerurteile mit Testleistungen verglichen. Wenn Urteil und Urteilskriterium mit der gleichen Metrik erfasst werden (z.B. Anzahl der gelösten Testaufgaben) und zeitgleich erhoben werden, liegt es nahe, alle Abweichungen des Urteils von den gemessenen Merkmalsausprägungen als Fehler anzusehen. Cronbach (1955) hat in einer einflussreichen Arbeit darauf hingewiesen, dass einfache Differenzwerte zwischen beurteilten und gemessenen Merkmalsausprägungen methodisch unangemessen sind, weil damit verschiedene Komponenten der Urteilsgenauigkeit konfundiert werden, denen psychologisch möglicherweise eine ganz unterschiedliche Bedeutung zukommt, und hat deshalb eine Komponentenanalyse vorgeschlagen.

Das klassische Rahmenmodell für die Urteilsgenauigkeit ist der auf Brunswik zurückgehende Linsenmodellansatz (Cooksey, 1996, vgl. auch Helmke, 2012). Danach wird das zu beurteilende und nicht direkt beobachtbare (distale) Merkmal (z.B. Fähigkeit eines Schülers) durch eine Reihe von beobachtbaren Indikatoren (proximalen Merkmalen, z.B. Qualität einzelner Antworten) erschlossen. Die Bezeichnung rührt daher, dass Urteil, distales Merkmal und proximale Merkmale in Form einer konvexen Linse angeordnet sind, wobei Nutzung und tatsächliche Vorhersagekraft der Indikatoren regressionsanalytisch bestimmt werden können. Die Urteilsgenauigkeit hängt davon ab, in welchem Umfang der Urteiler die tatsächlich vorhersagekräftigen (validen) Indikatoren für sein Urteil nutzt.

Es gibt bislang allerdings noch kein fundiertes und empirisch überprüftes Modell diagnostischer Kompetenz (für einen ersten Ansatz siehe Karst, 2012). Die Fähigkeit, genaue Urteile abzugeben, stellt auch nur einen Teilaspekt der diagnostischen Kompetenz dar (Baumert & Kunter, 2006). Auffällig ist, dass in der wissenschaftlichen Diskussion ein Aspekt der diagnostischen Kompetenz ausgeklammert bleibt, der sich im Zentrum der Pädagogischen Diagnostik befindet und als diagnostische Methodenkompetenz bezeichnet werden kann: das Wissen über diagnostische Verfahren und Urteile (Urteilsfehler und -tendenzen) und die Fähigkeit, diese Methoden sachgerecht anzuwenden (Helmke, Hosenfeld & Schrader, 2004; Shepard, 2001; van Ophuysen, 2010). Hierzu gibt es, abgesehen von Selbsteinschätzungen, bislang kein empirisch gesichertes Wissen (Abs, 2006; Jäger, 2009).

3. Diagnostische Kompetenz: Urteilsgenauigkeit

3.1 Beurteilung von Personenmerkmalen und Anforderungen

Für Lehrerurteile wird in der deutschsprachigen Forschung meistens eine vereinfachte Komponentenanalyse benutzt, bei der zwischen Rangordnungs-, Niveau- und Differenzierungskomponente unterschieden wird (Schrader & Helmke 1987; Spinath 2005).

Klassen- bzw. lehrerweise berechnete Korrelationen zwischen Urteil und Urteilskriterium sind der am häufigsten verwendete Indikator für diagnostische Kompetenz. Erfasst wird dabei im Wesentlichen die Fähigkeit von Lehrkräften, die Schülerinnen und Schüler ihrer Klasse nach der Ausprägung des jeweiligen Merkmals (z.B. ihres Leistungsstands) in eine Rangordnung zu bringen *(Rangordnungskomponente)*. Die dabei gefundenen mittelhohen Korrelationen zwischen Lehrerurteilen und Testleistungen werden meist so interpretiert, dass Lehrer ihren diagnostischen Aufgaben hinreichend gerecht werden (Hoge & Coladarci, 1989). Eine von Südkamp, Kaiser und Möller (2012) durchgeführte Metaanalyse (Grundlage 75 Studien; Auswertung mit Mehrebenenanalysen) ergab eine mittlere Korrelation (Median) von .63, wobei die Werte in den einzelnen Studien zwischen -.03 bis .84 streuen. Als Faktoren, die diesen Zusammenhang moderieren, konnten lediglich Testkenntnis und Übereinstimmung im Spezifitätsgrad von Urteil und Test nachgewiesen werden. Keine Rolle spielten Urteils- und Testspezifität als solche, Fachgebiet (Sprachleistungen vs. Mathematik), Zahl der Ratingkategorien, Bezugsnorm, Fachspezifität, Testverfahren und zeitliche Übereinstimmung von Urteil und Testleistung. Ergänzend berichtet Karing (2009), dass Grundschullehrkräfte Leistungen und Fachinteresse der Schüler genauer einschätzen als Gymnasiallehrkräfte.

Auch zwischen einzelnen Lehrern bzw. Klassen gibt es deutliche Unterschiede in der Höhe der Korrelation und damit in der Genauigkeit der Urteile (Helmke & Schrader, 1987; Hosenfeld, Helmke & Schrader, 2002). Noch nicht befriedigend geklärt ist allerdings die Reliabilität dieser Unterschiede. Während die von Lintorf et al. (2011) und Lorenz (2011) mit einem Halbierungsverfahren bestimmten Reliabilitäten zum Teil recht niedrig ausfallen, konnten Lorenz und Artelt (2009) zeigen, dass die über den Zeitraum eines halben Jahres berechneten Stabilitäten durchaus akzeptable Werte erreichen (Korrelationen von .38 für Mathematik, .51 für Textverstehen, .57 für Wortschatz; N = 127 Klassen). Über Bedingungsfaktoren und Korrelate der Diagnosegenauigkeit wie Berufs- bzw. Lehrerfahrung oder Persönlichkeitsmerkmale ist ebenfalls noch wenig bekannt (Lorenz, 2011). Dagegen zeigt sich, dass Unterschiede in der Rangordnungskomponente von der Merkmalsheterogenität innerhalb der Klasse abhängen, die ein urteilserleichterndes Kontextmerkmal darstellt, das allerdings auch aus rein statistischen Gründen mit der Rangordnungskomponente zusammenhängt. Es ist daher fraglich, ob Maße der Diagnosegenauigkeit tatsächlich Personenmerkmale und nicht eher die Urteiler-Beurteilten bzw. Beurteiler-Umwelt-Relation widerspiegeln (Schrader, 2009).

Die Übereinstimmung zwischen Urteil und Kriterium hinsichtlich Niveau und Streuung *(Niveau- und Differenzierungskomponente)* ist kein eindeutiger Indikator für diagnostische Kompetenz, da hier auch allgemeine Urteilstendenzen wie Strenge- oder Mildeeffekte oder Tendenzen zur Mitte oder zu extremen Urteilen Niederschlag finden. Es gibt auch vergleichsweise wenig empirische Untersuchungen, bei denen zusätzlich zur Rangordnung auch das Niveau oder die Streuung berücksichtigt wurden. Überwiegend, aber nicht durchgängig (etwa Begeny et al., 2008) zeigt sich hier für die Mathematik- und die Leseleistung eine Tendenz zur Überschätzung (u.a. Bates & Nettelbeck, 2001; Coladarci, 1986; Demaray & Elliot, 1998; Schrader & Helmke, 1987). So überschätzten in der Untersuchung von Bates und Nettelbeck (2001) Lehrkräfte die

Leseleistung von 6- bis 8-jährigen Kindern, insbesondere von leseschwachen Schülern. Wie Artelt et al. (2001) anhand von Daten aus PISA 2000 berichten, unterschätzen Lehrerkräfte den Anteil schwacher Leser massiv, überschätzen somit also ihr Leistungsvermögen. Bei der Identifikation von Hochbegabten variiert der Anteil korrekt oder fälschlicherweise als hochbegabt nominierter Schüler in verschiedenen Untersuchungen erheblich (Wild, 1991). Die Tendenz zur Überschätzung wird durch Ergebnisse der Expertiseforschung gestützt, die zeigen, dass Experten Schwierigkeiten haben, die Leistungen von Laien zutreffend einzuschätzen. Herppich, Wittwer, Nückles und Renkl (2013) konnten zeigen, dass Tutoren bei der Unterstützung einzelner Lernender deren Verständnisleistungen überschätzen. Allerdings urteilten erfahrene Lehrpersonen entgegen dem allgemeinen Befund aus der Expertiseforschung genauer und konnten auch ihre eigene diagnostische Diagnosefähigkeit besser einschätzen als studentische Tutoren. Bei der nur selten untersuchten Differenzierungskomponente ließ sich keine einheitliche Tendenz zur Über- oder Unterschätzung feststellen (Schrader & Helmke, 1987; Südkamp, Möller & Pohlmann, 2008). Wie verschiedene Untersuchungen (etwa Schrader & Helmke, 1987; Spinath, 2005; Südkamp & Möller, 2009) übereinstimmend zeigen, hängen die verschiedenen Komponenten der Diagnosegenauigkeit nur schwach miteinander zusammen. Spinath (2005) hat daraus den Schluss gezogen, dass es kein einheitliches Konstrukt der diagnostischen Kompetenz gibt, sondern dass es sich um ein Bündel unterschiedlicher Fähigkeiten handelt.

Südkamp, Möller und Pohlmann (2008; siehe auch Südkamp & Möller, 2009) haben die diagnostische Kompetenz von Lehrern mit dem computer-gesteuerten Ansatz des simulierten Klassenraums untersucht, mit dem sich die Beurteilung der Leistungen hypothetischer Schüler unter kontrollierten Bedingungen erfassen lässt. Die Urteiler wählen dazu aus einem Menü vorgegebene Fragen aus, zu denen die vom Urteiler jeweils ausgewählten „Schüler" (gesteuert durch einen vorher eingestellten Fähigkeitsparameter und eine Zufallskomponente) eine „Antwort" geben, über deren Korrektheit der Urteilende eine Rückmeldung erhält. Die am Ende einer Unterrichtseinheit für jeden Schüler abgegebene Leistungseinschätzung (Zahl gelöster Aufgaben, Note) kann mit der tatsächlichen Leistung (Zahl der richtigen Antworten) verglichen werden. Bemerkenswert ist, dass diese Untersuchungen zu ähnlichen Ergebnissen führen wie im realen Klassenkontext (Rangordnungskomponente in der Höhe von .53. bis .68; leichte Tendenz zur Überschätzung des Leistungsniveaus bei einer leichten Unterschätzung der Streuung; geringe Zusammenhänge zwischen den Komponenten; Südkamp, Möller & Pohlmann, 2008).

Die Genauigkeit der Beurteilung von *Aufgabenschwierigkeiten* (d.h. dem Anteil richtig gelöster Aufgaben, was dem einfachen testtheoretischen Schwierigkeitsindex entspricht) ist ein weiterer Indikator diagnostischer Kompetenz. Beim Vergleich der Rangordnung von beurteilten und tatsächlichen Aufgabenschwierigkeiten haben sich Zusammenhänge in der Größenordnung zwischen $r = .33$ und $r = .56$ ergeben, wobei auch hier erhebliche Lehrer- bzw. Klassenunterschiede zu verzeichnen sind. Eine Tendenz zur Überschätzung des Leistungsniveaus war auch hier festzustellen, ebenso wie niedrige Zusammenhänge zwischen verschiedenen Komponenten der Urteilsgenauigkeit (Helmke, Hosenfeld & Schrader, 2004; McElvany et al., 2009). Wenn beurteilt wird, ob einzelne Schüler bestimmte Aufgaben lösen oder nicht *(aufgabenspezifische Beurteilungen)*, lassen sich Treffermaße berechnen (Coladarci, 1986; Karst, 2012). Karing, Pfost und Artelt (2011) haben die aufgabenspezifischen Nicht-Treffer in Über- und Unterschätzungen aufgeschlüsselt und dabei mehr Überschätzungen als Unterschätzungen gefunden.

In einer Untersuchung von Helmke und Schrader (1987) war der Lernerfolg der Klasse besonders hoch, wenn Lehrer mit einer hohen diagnostischen Kompetenz gleichzeitig viele Strukturierungs- und Unterstützungsmaßnahmen einsetzten. Dieses Ergebnis lässt sich so interpretieren, dass genaue Diagnoseleistungen dann wirksam werden, wenn sie durch geeignete Formen unterrichtlichen Handelns vermittelt werden. Nachfolgende Untersuchungen konnten diese Interaktion und die damit verbundene Mediationshypothese aber nicht oder nur ansatzweise bestätigen. Bei Anders, Kunter, Brunner, Krauss und Baumert (2010) ließ sich der Lernerfolg der Schüler in Mathematik durch die Genauigkeit der Schwierigkeitseinschätzung und die diagnostische Sensitivität vorhersagen, wobei aber nur der erstgenannte Indikator der Diagnosegenauigkeit auch mit der Unterrichtsqualität zusammenhing. Karing, Pfost und Artelt (2011) konnten lediglich für ein aufgabenspezifisches Treffermaß, nicht aber für die Rangordnungskomponente einen Zusammenhang mit dem Lernerfolg im Lesen nachweisen. Dabei war der Lernerfolg im Lesen zwar erwartungsgemäß hoch bei hoher, nicht aber bei geringer Individualisierung. Für Strukturierung zeigte sich aber ein entgegengesetztes Muster: hoher Lernerfolg bei niedriger, nicht dagegen bei hoher Strukturierung. Bei der Vorhersage der Mathematikleistung gab es für beide Diagnosemaße weder einfache noch differentielle Effekte.

Bei dem von Beck et al. (2008) entwickelten Konzept der adaptiven Lehrkompetenz sind diagnostische Kompetenzen eng mit unterrichtsbezogenen Fähigkeiten (Klassenführung, Didaktik, Sachkompetenz) verknüpft. Die Messung dieses fachübergreifend angelegten Konstrukts erfolgte auf der Planungsebene mit einem Vignettentest und auf der Handlungsebene mit einem Videotest. Brühwiler (2014) konnte zeigen, dass sich damit der Lernerfolg der Schülerinnen und Schüler vorhersagen ließ. Gleichzeitig korrelierte die adaptive Lehrkompetenz mit der fachbezogenen Diagnosegenauigkeit, was für die enge Verzahnung von diagnostischen und didaktischen Schritten spricht. Klug, Bruder, Keller und Schmitz (2012) haben diagnostische Kompetenz mit einem Szenariotest erfasst, bei dem nicht die Diagnosegenauigkeit, sondern das Vorgehen beim Diagnostizieren gemessen wird. Sie konnten zeigen, dass die so erfasste diagnostische Kompetenz mit der in ähnlicher Weise erfassten Beratungskompetenz zusammenhängt.

Die Diagnosegenauigkeit für andere kognitive (Intelligenz; individuelle Fehlvorstellungen; Lernstrategien; Metakognition) oder nicht-kognitive Schülermerkmale (Selbstkonzept; Interesse; Ängstlichkeit) ist meistens deutlich geringer als bei der Leistung (Helmke, Hosenfeld & Schrader, 2004; Schrader, 2008, 2010). Karing (2009) fand bei der Beurteilung des Interesses von Schülern Korrelationen von .37 (Grundschule) und .32 (Gymnasium) für Mathematik sowie .30 (Grundschule) und .21 (Gymnasium) für Deutsch. Praetorius, Greb, Dickhäuser und Lipowsky (2011) berichten für die Diagnose des Fähigkeitsselbstkonzepts im verbalen und mathematischen Bereich Korrelationen von .55 (Mathematik), .52 (Lesen) und .25 (Schreiben), verbunden mit einer leichten Unterschätzung des Niveaus und einer leichten Überschätzung der Streuungen. Die Unterschätzung leistungsrelevanter Schülermerkmale, bei denen Selbsteinschätzungen der Schüler als Kriterium herangezogen werden (siehe auch Hosenfeld, Helmke & Schrader 2002 für unmittelbar nach einer Unterrichtsstunde erhobene Angaben zu Aufmerksamkeit, Verständnis und Interesse), könnte mit selbstwertdienlichen Antworttendenzen oder den aus der Selbstkonzept- und Metakognitionsforschung bekannten Überschätzungstendenzen der Beurteilten erklärt werden.

Der Ansatz der Urteilsgenauigkeit ist mit einer Reihe von Problemen (ungeklärte Reliabilität, fehlende Zusammenhänge mit Lehrermerkmalen, Abhängigkeit vom Urteilskontext, Unabhängigkeit verschiedener Komponenten der Urteilsgenauigkeit; unklare Wirkmechanismen; Baumert & Kunter, 2006; Lorenz, 2011; Schrader, 2009; Spinath, 2005) verbunden, die weiterer Forschung bedürfen. Welche Rolle Urteilsgenauigkeit tatsächlich spielt, ist somit nicht abschließend geklärt. Wichtiger als eine hohe Genauigkeit sind dabei möglicherweise pädagogisch günstige Voreingenommenheiten und die Bereitschaft, einmal gebildete Urteile an Veränderungen anzupassen und zu revidieren (Weinert & Schrader, 1986; vgl. auch Helmke, 2012; Shepard, 2001). Eine günstige Voraussetzung dafür ist die Bereitschaft und Fähigkeit, das eigene Wissen zum Gegenstand der Reflexion zu machen. Stern (2009) sieht darin eine Kompetenz, die für die Lehrertätigkeit angesichts der komplexen Anforderungen dieses Berufsfelds entscheidend ist

(Lehrer als reflektierender Praktiker, Schön, 1983). Die von Beck et al. (2008) sowie von Klug et al. (2012) verwendeten verhaltensnahen Methoden stellen wichtige Ergänzungen für den derzeit stark im Vordergrund stehenden Ansatz der Diagnosegenauigkeit dar.

3.3 Diagnose des Unterrichts

Gegenstand der Unterrichtsdiagnostik kann der eigene oder fremder Unterricht sein; es kann sich um realen oder aufgezeichneten Unterricht handeln; der zugrunde liegende Zeitabschnitt kann unterschiedlich lang sein und die Beurteilung kann hoch- oder niedrig-inferent erfolgen (Helmke, 2012). *Niedrig-inferente* Urteile beziehen sich auf beobachtungsnahe, eng definierte und zeitlich stark eingegrenzte Ausschnitte des Unterrichtsgeschehens wie einzelne Verhaltensweisen, *hochinferente* Beurteilungen dagegen auf breit definierte Merkmale, die sich oft über längere Zeitabschnitte erstrecken können und aus einer Reihe von Indikatoren erschlossen werden müssen, wobei das Merkmalsverständnis des Urteilers eine wichtige Rolle spielt. Um eine hohe Beurteilungsgüte zu erzielen, ist entscheidend, wie gut die Urteiler mit den Kategorien und Merkmalen vertraut sind. Für eine professionelle Diagnose ist in der Regel ein Urteilertraining nötig, in dem Kategorien genau erläutert, voneinander abgegrenzt und an beobachtbaren Indikatoren verankert werden (Praetorius, 2014).

Anders als bei Urteilen über Schülerleistungen oder Aufgabenschwierigkeiten sind beim Unterricht exakt messbare Urteilskriterien nur in Ausnahmefällen verfügbar. So berichten T. Helmke et al. (2008), dass Lehrkräfte in der DESI-Studie, gemessen an Videoaufzeichnungen, ihren eigenen Anteil an der gesamten Sprechzeit während des Unterrichts im Durchschnitt deutlich unterschätzen. Experten-, Kollegen- oder Schülerurteile zum gleichen Sachverhalt stellen dagegen kein „hartes", das beurteilte Merkmal exakt messendes Urteilskriterium dar, sondern repräsentieren unterschiedliche und sich nur teilweise überlappende Perspektiven (Clausen, 2002).

Klassenweise aggregierte Schülerurteile, die eine von den Schülerinnen und Schülern der Klasse geteilte Unterrichtswahrnehmung widerspiegeln, haben sich als reliabel und valide erwiesen und können deshalb recht brauchbare Hinweise zur Unterrichtsqualität liefern (Helmke, Piskol et al., 2009; Wagner, 2008). Schüler sind mit dem Unterricht ihres Lehrers in der Regel über längere Zeit vertraut und können daher insbesondere verhaltensnahe und für die eigene Person relevante Lehrermerkmale (Verständlichkeit usw.) meist recht gut beurteilen. Dies gilt in begrenztem Maße sogar für Grundschüler der dritten und vierten Klassenstufe (Lenske, 2013).

Verschiedene Forschergruppen verwenden Videoaufzeichnungen und lassen Videovignetten von Lehrkräften im Hinblick auf bestimmte Merkmale einschätzen. Beck et al. (2008, vgl. auch Rogalla & Vogt, 2008) verwendeten einen Videotest, bei dem im Unterricht vorkommende nicht-adaptive Handlungen erkannt und adaptive Handlungsoptionen vorgeschlagen und begründet werden sollten. Oser, Heinzer und Salzmann (2010) ließen Filmvignetten mit realitätsnahen Unterrichtsaufzeichnungen authentischen Lehrerverhaltens anhand verschiedener Qualitätsdimensionen beurteilen. Die Urteilskompetenz wurde erfasst durch die Übereinstimmung mit dem diskursiv ausgehandelten Urteil einer Expertengruppe.

Benutzt werden teils offene, teils geschlossene Antwortformate. Seidel und Prenzel (2007) untersuchten im Projekt LUV (Lernen aus Unterrichtsvideos) die Fähigkeit von Lehrpersonen, lernwirksame Elemente des (Physik-) Unterrichts zu erkennen, zu beschreiben, zu erklären und einzuordnen, indem sie Videoclips mit kurzen Unterrichtsausschnitten beurteilen und eine Unterrichtsstunde kommentieren ließen. Dabei ergaben sich zwischen Gruppen mit unterschiedlicher Expertise systematische Unterschiede in der Analysekompetenz (vgl. auch Seidel et al.,

2008). Analysen schriftlicher Kommentare zeigen, dass auch bei Experten noch Defizite bestehen (Schwindt, 2008). Kersting (2008) entwickelte ein videogestütztes Erhebungsverfahren, bei dem kurze Videoclips gezeigt und von den Lehrern kommentiert wurden. Es ergaben sich deutliche Zusammenhänge zwischen der Qualität der Kommentare und einem Kompetenzmaß, das sich auf einen Fragebogen und Expertenratings zum pädagogischen Wissen stützt. Die Nutzung von Videoaufzeichnungen scheint ein gutes Mittel zu sein, Prozesse der Unterrichtsreflexion anzuregen und hat daher auch ein großes Potential für die Lehrerfortbildung (Gärtner, 2008; Helmke & Helmke, 2004; Krammer et al., 2008). Weitere Hilfsmittel sind Checklisten, Beobachtungsprotokolle, Fragen zur Selbstbeantwortung oder Unterrichtstagebücher (Helmke, 2012).

In der Arbeitsgruppe von Andreas Helmke (Helmke et al., 2012) wurde ein Ansatz der evidenzbasierten Unterrichtsdiagnostik entwickelt, bei dem Lehrpersonen ihre Selbsteinschätzungen mit Kollegen- und Schülereinschätzungen des gleichen Unterrichtsausschnitts vergleichen. Eingesetzt werden zu diesem Zweck hoch-inferente Beurteilungsskalen zur Erfassung grundlegender Merkmale wie Klassenführung oder Verständlichkeit. Der anschließende Abgleich zwischen Selbst- und Fremdeinschätzungen zielt nicht darauf ab, Aussagen über die Genauigkeit der eigenen Urteile zu gewinnen, sondern darauf, für Wahrnehmungsunterschiede zu sensibilisieren und Reflexionsprozesse anzustoßen, die Ausgangspunkt für Maßnahmen der Unterrichtsentwicklung sein können. Dies deckt sich mit Ansätzen, die auf die Verbesserung pädagogisch-psychologischen Wissens, die Bereitstellung geeigneter Kategorien, die Entwicklung einer geteilten Fachsprache sowie Selbstreflexion und das Überdenken eingefahrener Routinen abzielen (Schwindt, 2008).

4. Diagnostische Kompetenz – Prozessorientierte Ansätze

Die diagnostische Urteilsbildung beruht auf einer Integration von Informationen oder Daten. Mit statistischen Modellen kann untersucht werden, in welchem Umfang Schülermerkmale oder Merkmalsindikatoren in ein Urteil einfließen und wie diese vom Urteiler gewichtet und zu einem Urteil verknüpft werden, ohne damit allerdings den Anspruch zu verbinden, Aufschluss über den tatsächlichen Beurteilungsprozess zu erhalten (Cooksey, 1996; Jäger, 2009). In neueren Untersuchungen wird der Urteilsprozess stärker in den Blick genommen.

Ausgehend von Erkenntnissen der Expertiseforschung, wonach Experten im Vergleich zu Novizen Informationen schneller verarbeiten, flexibler organisieren, gezielter nutzen und weniger anfällig für Urteilsverzerrungen sind, konnte van Ophuysen (2006a) nachweisen, dass erfahrene Grundschullehrkräfte (Experten) bei der Abgabe einer Übergangsempfehlung für einen hypothetischen Schüler nicht nur differenzierter urteilten, sondern ihr Urteil bei inkonsistenter Zusatzinformation auch häufiger revidierten als Lehramtsstudierende (Novizen), die einer stärkeren Bestätigungstendenz unterlagen.

Eine Annahme der Urteilsforschung ist, dass komplexe Prozesse der Merkmalsnutzung und -verknüpfung durch unterschiedliche Modi der Informationsverarbeitung beeinflusst werden (Krolak-Schwerdt & Rummer, 2005). In Forschungen zur sozialen Urteilsbildung wird auf duale Prozessmodelle zurückgegriffen, die zwei Formen der Urteilsbildung unterscheiden (Krolak-Schwerdt, Böhmer & Gräsel, 2009; Krolak-Schwerdt, Böhmer & Gräsel, 2013). Bei einer kategorienbasierten Urteilsbildung werden durch einzelne Merkmale Kategorien (Stereotypen) aktiviert, die das Urteil beeinflussen. Bei der kognitiv aufwändigeren merkmalsbasierten Urteilsbildung werden dagegen einzelne Merkmale abgeprüft und zu einem Urteil verrechnet. Eine ähnliche Unterscheidung ist die zwischen heuristischen und informationsintegrierenden Strategien, die allerdings keinen strikten Gegensatz, sondern ein Kontinuum bilden, innerhalb dessen ein adaptiver und flexibler Einsatz dieser Strategien erfolgt (Böhmer, Gräsel, Hörstermann & Krolak-Schwerdt, 2012).

In einer Untersuchung von Krolak-Schwerdt und Rummer (2005) nahmen Experten (Lehrkräfte) bei einer Prognoseaufgabe eine merkmalsbasierte Verarbeitung vor, während sie bei der Aufforderung, sich einen Eindruck zu bilden, kategorienbasiert urteilten. Das Vorgehen von Laien unterschied sich dagegen bei beiden Urteilsaufgaben nicht. Krolak-Schwerdt, Böhmer und Gräsel (2009) baten erfahrene Lehrer (Experten) und Lehramtsstudierende (Novizen), anhand der Fallbeschreibung eines hypothetischen Schülers entweder die schulische Entwicklung vorherzusagen (merkmalsbasierte Verarbeitung) oder sich einen Eindruck für den Schüler (kategorienbasierte Verarbeitung) zu bilden. Die erfahrenen Lehrer variierten ihre Urteilsbildung je nach Verarbeitungsziel und erwiesen sich damit als flexible Denker, während die Informationsverarbeitung der Laien durch das Verarbeitungsziel nicht beeinflusst wurde.

Krolak-Schwerdt, Böhmer und Gräsel (2013) zufolge hängt die Bereitschaft, genau zu urteilen, von den Zielen und der Motivation der urteilenden Person ab. Die Motivation ist hoch bei Urteilen, die gewichtige Konsequenzen haben bzw. für deren Folgen sich der Urteiler verantwortlich sieht (accountability). Angenommen wird, dass das Urteil durch soziale Kategorien verzerrt wird, wenn Lehrpersonen ein Urteil abgeben, das wenig Konsequenzen hat und für das sie keine Verantwortung übernehmen müssen. Wenn sich Lehrpersonen dagegen für die Urteilsfolgen verantwortlich fühlen, kommen sie unabhängig von der vorhandenen Kategorie zu einem genaueren Urteil.

Welche Rolle die Konsistenz der Information bei der Informationssuche spielt, wurde von Böhmer, Gräsel, Hörstermann und Krolak-Schwerdt (2012) untersucht. Hierbei zeigte sich, dass bei inkonsistenten Fällen deutlich mehr Informationen abgerufen wurden als bei konsistenten Fällen und dass Lehramtsstudierende mehr Informationen als erfahrene Lehrkräfte abrufen. Der erwartete Interaktionseffekt, demzufolge erfahrene Lehrkräfte bei konsistenten Informationen kategoriengeleitet und bei inkonsistenten Informationen merkmalsgeleitet vorgehen, während Lehramtsstudierende in beiden Fällen merkmalsgeleitetet vorgehen, konnte allerdings nicht bestätigt werden.

Die Anfälligkeit von Urteilenden gegenüber vereinfachenden, aber zu Verzerrungen führenden heuristischen Strategien war Gegenstand einer Studie von Dünnebier, Gräsel und Krolak-Schwerdt (2009). Sie prüften, ob die Ankerheuristik unter den beiden Modi der Informationsverarbeitung unterschiedlich wirksam ist. Bei den Experten (erfahrene Lehrer) hatte der Anker (ein zuvor von einem anderen Lehrer abgegebenes Urteil) im Fach Deutsch einen Einfluss, wenn eine kategorienbasierte Verarbeitung (Eindrucksbildung) angeregt wurde, nicht aber bei einer merkmalsgeleiteten Verarbeitung (Schullaufbahnempfehlung). Bei den Novizen (Lehramtsstudierenden) zeigte sich unter beiden Bedingungen ein Ankereffekt.

Prozessorientierte Ansätze bieten einen weiteren Zugang zur Untersuchung der Güte von Lehrerurteilen, der zunehmend Beachtung findet (Artelt & Gräsel, 2009). Anders als bei statistischen Modellen der Urteilsbildung werden hier Faktoren untersucht, die auf den Urteilsprozess selbst Einfluss nehmen. Grundlage dafür sind experimentelle oder quasi-experimentelle Studien, bei denen die Urteilenden hypothetische Fälle (Vignetten) beurteilen müssen. Weiter geklärt werden muss die ökologische Validität dieser Studien (Böhmer, Gräsel, Hörstermann & Krolak-Schwerdt, 2012).

5. Fazit und Ausblick

Diagnoseleistungen spielen für die Lehrertätigkeit eine große Rolle. Dies gilt sowohl für langfristige und folgenreiche Entscheidungen als auch für kurzfristige Entscheidungen bei der Optimierung von Lehr-Lern-Prozessen. Die Forschungsübersichten von Hattie (2009; 2012) weisen darauf hin, dass regelmäßiges Feedback, eine engmaschige Überwachung des Lernerfolgs und die fortlaufende Anpassung des Unterrichtsangebots durch adaptive Lernexperten ganz wesentlich zum Lernerfolg der Schülerinnen und Schüler beitragen. Hattie sieht darin das eigentliche Erfolgsgeheimnis für einen effektiven leistungsförderlichen Unterricht. Baumert und Kunter (2006) sehen die „Bereitschaft und Fähigkeit, das Verständnis von Schülerinnen und Schülern gezielt im Lernprozess selbst und nicht erst in Klassenarbeiten oder Tests zu überprüfen" (S. 489) als wesentlichen Bestandteil der Diagnosekompetenz an. Viele Diagnoseleistungen von Lehrern basieren dementsprechend auf alltagsnahen informellen Beurteilungen, die im Vergleich zu exakten Messungen defizitär sind. Wenn es um Entscheidungen mit langfristigen und bedeutsamen Konsequenzen für den Beurteilten geht, sind solche Beurteilungen problematisch. Für sachgerechte Entscheidungen ist es daher häufig erforderlich, die eigenen Urteile mit Verfahren der Pädagogischen Diagnostik abzusichern. Auch bei Diagnoseleistungen zur Steuerung von Lehr-Lern-Prozessen ist die Bereitschaft und Fähigkeit der Urteiler wichtig, die eigenen Urteile zu überprüfen und zum Gegenstand der Reflexion zu machen. Erfolgreiches Unterrichten erfordert das Zusammenspiel von formellen und informellen Urteilsleistungen. Informelle Beurteilungen sind für schnelles Handeln in komplexen und dynamischen Situationen unverzichtbar, aber fehleranfällig. Wenn der Handelnde sich ihres vorläufigen Charakters bewusst ist und sie als Hypothesen ansieht, die anhand von Daten zu prüfen sind, verfügt er über eine gute Grundlage für ein rationales Handeln.

Ein Abgleich dieser informellen Urteile mit anderen Datenquellen, z.B. mit Urteilen von Kollegen oder Schülern oder mit exakten Messungen, könnte ein geeignetes Mittel sein, die diagnostische Kompetenz zu verbessern und die zugrunde liegende Wissensbasis zu erweitern. Diagnostische Verfahren sind insofern nicht nur erprobte Mittel zur Informationsbeschaffung, sondern selbst auch potentiell wichtige Quellen diagnostischen Wissens. Sie eröffnen zudem Möglichkeiten, zu einem vertieften Verständnis der gemessenen Konstrukte, ihrer Komponenten und der ihnen zugrunde liegenden Bedingungen zu gelangen.

Darüber, wie die diagnostische Kompetenz verbessert werden kann, gibt es noch kaum Erkenntnisse. Die Förderung der Diagnosefähigkeit war Gegenstand eines von der Kultusministerkonferenz geförderten Projekts (Bos & Hovenga, 2010; Bos et al., 2008). Lehrkräfte sollen die Fähigkeit erwerben, diagnostische Instrumente fachbezogen auszuwählen, anzuwenden und die Ergebnisse unter Beachtung testtheoretischer Modelle und Qualitätsstandards sachgerecht zu interpretieren. Sie sollen außerdem in die Lage versetzt werden, die Ergebnisse von Large-Scale-Assessments zu verstehen, fachlich angemessen zu interpretieren und zur Weiterentwicklung ihres Unterrichts zu nutzen. Die Wissensvermittlung erfolgt überwiegend eher konventionell anhand von Studienbriefen, deren Erarbeitung durch flankierende Hilfen unterstützt wird.

Für die Unterrichtsdiagnostik wurde ein Ansatz entwickelt, bei dem der Abgleich der eigenen diagnostischen Urteile mit anderen Datenquellen und die Anregung der Selbstreflexion im Vordergrund standen (Helmke et al., 2012). Bereits Wahl, Weinert und Huber (1997) hatten Lehrkräften empfohlen, zur Verbesserung ihrer Diagnosefähigkeit möglichst oft Situationen zu schaffen, in denen sie ihre Einschätzungen und Vorhersagen mit dazu korrespondierenden empirischen Ergebnissen (Leistungen, Fremdeinschätzungen) vergleichen können. Die Suche nach Gründen für Abweichungen zwischen Einschätzungen und Fremdangaben zielt darauf ab, die im schulischen Alltag oft wenig reflektiert vorgenommenen Einschätzungen explizit zu machen. Bezogen auf den Unterricht werden Hinweise auf Einseitigkeiten der Wahrnehmung, nicht beachtete Aspekte des Unterrichtsgeschehens, blinde Flecken oder dem Lehrer nicht bekannte „Auswirkungen" auf Schülerseite (z.B. Grad des Verständnisses oder Nicht-Verständnisses) erwartet. Ziel ist es, die vorhandene Wissensbasis zu erweitern, reflexiv zugänglich zu machen und einseitige und stereotype Erklärungsmuster zu überwinden. Es soll letztlich ein Denken gefördert werden, das wie beim professionellen Diagnostiker hypothesengeleitet und evidenzbasiert ist. Inwieweit dieser Anspruch eingelöst wird, muss die weitere Forschung zu diesen Fragen zeigen.

Literatur

Abs, H.J. (2006). Zur Bildung diagnostischer Kompetenz in der zweiten Phase der Lehrerbildung. In C. Allemann-Ghionda & E. Terhart (Hrsg.), *Kompetenzen und Kompetenzentwicklung von Lehrerinnen und Lehrern* (Zeitschrift für Pädagogik, Beiheft 51, S. 217-234.). Weinheim: Beltz.

Anders, Y, Kunter, M., Brunner, M., Krauss, S. & Baumert, J. (2010). Diagnostische Fähigkeiten von Mathematiklehrkräften und ihre Auswirkungen auf die Leistungen ihrer Schülerinnen und Schüler. *Psychologie in Erziehung und Unterricht, 57,* 175-193.

Artelt, C., Stanat, P., Schneider, W. & Schiefele, U. (2001). Lesekompetenz: Testkonzeption und Ergebnisse. In J. Baumert, E. Klieme, M. Neubrand, M. Prenzel, U. Schiefele, W. Schneider, P. Stanat, J. Tillmann & M. Weiß (Hrsg.), *PISA 2000. Basiskompetenzen von Schülerinnen und Schülern im internationalen Vergleich* (S. 69-140). Opladen: Leske + Budrich.

Artelt, C. & Gräsel, C. (2009). Gasteditorial. Diagnostische Kompetenz von Lehrkräften. *Zeitschrift für Pädagogische Psychologie, 23*(3-4), 157-160.

Baumert, J. & Kunter, M. (2006). Stichwort: Professionelle Kompetenz von Lehrkräften. *Zeitschrift für Erziehungswissenschaft, 9*(4), 469-520.

Bates, C. & Nettelbeck, T. (2001). Primary school teachers judgements of reading achievement. *Educational Psychology, 21,* 177-187.

Beck, E., Baer, M., Bischoff, S., Guldimann, T., Bischoff, S., Brühwiler, C., Müller, P., Niedermann, R., Rogalla, M. & Vogt, F. (2008). *Adaptive Lehrkompetenz. Analyse und Struktur, Veränderbarkeit und Wirkung handlungssteuernden Lehrerwissens.* Münster: Waxmann.

Begeny, J.C., Eckert, T.L., Montarello, S.A. & Storie, M.S. (2008). Teachers' perceptions of students' reading abilities: An examination of the relationship between teachers' judgments and students' performance across a continuum of rating methods. *School Psychology Quarterly, 23,* 43-55.

Böhmer, I., Gräsel, C., Hörstermann, T. & Krolak-Schwerdt, S. (2012). Die Informationssuche bei der Erstellung der Übergangsempfehlung - Die Rolle von Fallkonsistenz und Expertise. *Unterrichtswissenschaft, 40*(2), 140-155.

Bos, W. & Hovenga, N. (2010). Diagnostische Kompetenzen - besser individuell fördern. *Schule NRW* 08/2010, 383-385.

Bos, W., Voss, A., Lankes, E.-M., Schwippert, K., Thiel, O. & Valtin, R. (2004). Schullaufbahnempfehlungen von Lehrkräften für Kinder am Ende der vierten Jahrgangsstufe. In W. Bos, E.-M. Lankes, M. Prenzel, K. Schwippert, R. Valtin & G. Walter (Hrsg.), *IGLU. Einige Länder der Bundesrepublik Deutschland im nationalen und internationalen Vergleich* (S. 191-228). Münster: Waxmann.

Bos, W., Helmke, A., Leutner, D. & Wirth, J. (2008). Aus- und Fortbildung der Lehrkräfte im Hinblick auf die Verbesserung der Diagnosefähigkeit als Voraussetzung für den Umgang mit Heterogenität und individuelle Förderung. Projekt im Auftrag der Kultusministerkonferenz. Dortmund: Universität Dortmund, Institut für Schulentwicklungsforschung.

Bromme, R. (2008). Lehrerexpertise. In W. Schneider & M. Hasselhorn (Hrsg.), *Handbuch der Pädagogischen Psychologie* (S. 159-167). Göttingen: Hogrefe.

Brühwiler, C. (2014). *Adaptive Lehrkompetenz und schulisches Lernen. Effekte handlungssteuernder Kognitionen von Lehrpersonen auf Unterrichtsprozesse und Lernergebnisse der Schülerinnen und Schüler.* Münster: Waxmann.

Calderhead, J. (1984). *Teachers' classroom decision-making.* London: Holt, Rinehart and Winston.

Clausen, M. (2002). *Unterrichtsqualität. Eine Frage der Perspektive?* Münster: Waxmann.

Coladarci, T. (1986). Accuracy of teacher judgments of student responses to standardized test items. *Journal of Educational Psychology, 78*(2), 141-146.

Cooksey, R.W. (1996). The methodology of social judgement theory. *Thinking and Reasoning,* 2, 141-173.

Cronbach, L.J. (1955). Processes affecting scores on „understanding of others" and „assumed similarity". *Psychological Bulletin, 52,* 177-193.

Cronbach, L.J. & Gleser, G.C. (1965). *Psychological tests and personal decisions.* Urbana: University of Illinois Press.

Demaray, M. K. & Elliott, S. N. (1998). Teachers' judgments of students' academic functioning: A comparison of actual and predicted performances. *School PsychologyQuarterly, 13,* 8-24.

Dünnebier, K., Gräsel, C. & Krolak-Schwerdt, S. (2009). Urteilsverzerrungen in der schulischen Leistungsbeurteilung. Eine experimentelle Studie zu Ankereffekten. *Zeitschrift für Pädagogische Psychologie, 23*(3-4), 187-195.

Ercikan, K. (2006). Developments in assessment of student learning. In P.A. Alexander & P.H. Winne (Eds.), *Handbook of educational psychology* (2nd ed., pp. 929-952). Mahwah, N.J.: Erlbaum.

Funder, D.C. (1995). On the accuracy of personality judgment: A realistic approach. *Psychological Review,* 102, S. 652-670.

Gärtner, H. (2008). Implementation neuer Lehrpläne innerhalb eines videobasierten Qualitätszirkels – eine quasi-experimentelle Feldstudie. *Unterrichtswissenschaft, 36,* 37-54.

Hascher, T. (2008). Diagnostische Kompetenzen von Lehrpersonen. In C. Kraler & M. Schratz (Hrsg.), *Wissen erwerben, Kompetenzen entwickeln. Modelle zur Kompetenzorientierten Lehrerbildung* (S. 71-86). Münster: Waxmann.

Hasselhorn, M., Marx, H. & Schneider, W. (Hrsg.) (2005). *Diagnostik von Mathematikleistungen. Jahrbuch der Pädagogischen Diagnostik. Tests und Trends.* Neue Folge Band 4. Göttingen: Hogrefe.

Hasselhorn, M., Schneider, W. & Marx, H. (Hrsg.) (2000). *Diagnostik von Lese-Rechtschreibschwierigkeiten. Jahrbuch der Pädagogischen Diagnostik. Tests und Trends.* Neue Folge Band 1. Göttingen: Hogrefe.

Hattie, J. (2009*). Visible learning. A synthesis of over 800 meta-analyses relating to achievement.* London: Routledge.

Hattie, J. (2012). *Visible learning for teachers. Maximizing impact on learning.* London: Routledge.

Helmke, A. (2012). *Unterrichtsqualität und Lehrerprofessionalität. Diagnose, Evaluation und Verbesserung des Unterrichts* (4. Aufl.). Seelze: Klett-Kallmeyer.

Helmke, A. & Helmke, T. (2004). Videobasierte Unterrichtsreflexion. *Seminar – Lehrerbildung und Schule, 10*(4), 48-66.

Helmke, A. & Hosenfeld, I. (2004). Vergleichsarbeiten – Kompetenzmodelle – Standards. In M. Wosnitza, A. Frey & R.S. Jäger (Hrsg.). *Lernprozesse, Lernumgebungen und Lerndiagnostik. Wissenschaftliche Beiträge zum Lernen im 21. Jahrhundert* (S. 929-952). Landau: Verlag Empirische Pädagogik.

Helmke, A., Hosenfeld, I. & Schrader, F.-W. (2004). Vergleichsarbeiten als Instrument zur Verbesserung der Diagnosekompetenz von Lehrkräften. In R. Arnold & C. Griese (Hrsg.*), Schulleitung und Schulentwicklung* (S. 119-143). Hohengehren: Schneider-Verlag.

Helmke, A., Helmke, T., Lenske, G., Pham, G., Praetorius, A.-K., Schrader, F.-W. & Ade-Thurow, M. (2012). Unterrichtsdiagnostik – Voraussetzung für die Verbesserung der Unterrichtsqualität. In S.G. Huber (Hrsg.), *Jahrbuch Schulleitung 2012. Befunde und Impulse zu den Handlungsfeldern des Schulmanagments* (S. 133-144). Köln: Carl Link.

Helmke, A. & Jäger, R.S. (Hrsg.) (2002). *Das Projekt MARKUS. Mathematik-Gesamterhebung Rheinland-Pfalz: Kompetenzen, Unterrichtsmerkmale, Schulkontext.* Landau: VEP.

Helmke, A., Piskol, K., Pikowsky, B. & Wagner, W. (2009). Schüler als Experten von Unterricht: Unterrichtsqualität aus Schülerperspektive. *Die Lernende Schule – Für die Praxis pädagogischer Schulentwicklung, 46-47,* 98-105.

Helmke, A. & Schrader, F.-W. (1987). Interactional effects of instructional quality and teacher judgement accuracy on achievement. *Teaching and Teacher Education, 3,* 91-98.

Helmke, A. & Schrader, F.-W. (2006). Lehrerprofessionalität und Unterrichtsqualität: Den eigenen Unterricht beurteilen und reflektieren. *Schulmagazin, 5-10*(96), 5-12.

Helmke, A. & Weinert, F.E. (1997). Bedingungsfaktoren schulischer Leistungen. In F.E. Weinert (Hrsg.), *Enzyklopädie der Psychologie – Pädagogische Psychologie. Band III: Psychologie des Unterrichts und der Schule* (S. 71-176). Göttingen: Hogrefe.

Helmke, T., Helmke, A., Schrader, F.-W., Wagner, W., Nold, G. & Schröder, K. (2008). Die Videostudie des Englischunterrichts (Kap. 29). In *DESI-Konsortium (Hrsg.), Unterricht und Kompetenzerwerb in Deutsch und Englisch. Ergebnisse der DESI-Studie* (S. 345-363). Weinheim: Beltz.

Herppich, S., Wittwer, J., Nückles, M. & Renkl, A. (2013). Does it make a difference? Investigating the assessment accuracy of teacher tutors and student tutors. *The Journal of Experimental Education, 81,* 242-260.

Hesse, I. & Latzko, B. (2009). *Diagnostik für Lehrkräfte.* Opladen: Budrich.

Hoge, R.D. (1983). Psychometric properties of teacher-judgement measures of pupil aptitudes, classroom behaviors, and achievement levels. *Journal of Special Education, 17,* 401-429.

Hoge, R.D. & Coladarci, T. (1989). Teacher-based judgments of academic achievement: A review of literature. *Review of Educational Research, 59,* 297-313.

Hosenfeld, I. & Groß Ophoff, J. (Hrsg.) (2007). Nutzung und Nutzen von Evaluationsstudien in Schule und Unterricht *(Themenheft). Empirische Pädagogik, 21*(4).

Hosenfeld, I., Helmke, A. & Schrader, F.-W. (2002). Diagnostische Kompetenz: Unterrichts- und lernrelevante Schülermerkmale und deren Einschätzung durch Lehrkräfte in der Lehr-Lern-Studie SALVE. In M. Prenzel & J. Doll (Hrsg.), Bildungsqualität von Schule: Schulische und außerschulische Bedingungen mathematischer, naturwissenschaftlicher und überfachlicher Kompetenzen. *Zeitschrift für Pädagogik*, 45. Beiheft (S. 65-82). Beltz: Weinheim.

Ingenkamp, K. (Hrsg.) (1995). *Die Fragwürdigkeit der Zensurengebung: Texte und Untersuchungsberichte* (9. Auf.). Weinheim: Beltz.

Ingenkamp, K. & Lissmann, U. (2008). *Lehrbuch der Pädagogischen Diagnostik* (6. Aufl.). Weinheim: Beltz.

Jäger, R.S. (2009). Diagnostische Kompetenz und Urteilsbildung als Element von Lehrerprofessionalität. In O. Zlatkin-Troitschanskaia, K. Beck, D. Sembill, R. Nickolaus & R. Mulder (Hrsg.), *Lehrprofessionalität. Bedingungen, Genese, Wirkungen und ihre Messung* (S. 105-116). Weinheim: Beltz.

Karing, C. (2009). Diagnostische Kompetenz von Grundschul- und Gymnasiallehrkräften im Leistungsbereich und im Bereich Interessen. *Zeitschrift für Pädagogische Psychologie, 23*(3-4), 197-209.

Karing, C., Matthäi, J. & Artelt, C. (2011). Genauigkeit von Lehrerurteilen über Lesekompetenz ihrer Schülerinnen und Schüler in der Sekundarstufe I – Eine Frage der Spezifität? *Zeitschrift für Pädagogische Psychologie, 25*(3), 159-172.

Karing, C., Pfost, M. & Artelt, C. (2011). Hängt die diagnostische Kompetenz von Sekundarstufenlehrkräften mit der Entwicklung der Lesekompetenz und der mathematischen Kompetenz ihrer Schülerinnen und Schüler zusammen? *Journal for Educational Research Online, 3,* 119–147.

Karst, K. (2012). *Kompetenzmodellierung des diagnostischen Urteils von Grundschullehrern.* Münster: Waxmann.

Kersting, N. (2008). Using video clips of mathematics classroom instruction as item prompts to measure teachers knowledge of teaching mathematics. *Educational and Psychological Measurement, 68*(5), 845-861.

Klauer, K.J. (Hrsg.) (1982). *Handbuch der pädagogischen Diagnostik.* Düsseldorf: Schwann.

Klieme, E. & Leutner, D. (2006). Kompetenzmodelle zur Erfassung individueller Lernergebnisse und zur Bilanzierung von Bildungsprozessen. *Zeitschrift für Pädagogik, 52*(6), 876-903.

Klug, J., Bruder, S., Keller, S. & Schmitz, B. (2012). Hängen Diagnostische Kompetenz und Beratungskompetenz von Lehrkräften zusammen? *Psychologische Rundschau, 63*(1), 3-10.

Krammer, K., Schnetzler, C. L., Ratzka, N., Pauli, C., Reusser, K., Lipowsky, F. & Klieme, E. (2008). Videobasierte Unterrichtsanalyse in der Weiterbildung von Lehrpersonen: Konzeption und Ergebnisse eines netzgestützten Weiterbildungsprojekts mit Mathematiklehrpersonen aus Deutschland und der Schweiz. *Beiträge zur Lehrerbildung, 26,* 178-197.

Krolak-Schwerdt, S. & Rummer, R. (2005). Der Einfluss von Expertise auf den Prozess der schulischen Leistungsbeurteilung. *Zeitschrift für Entwicklungspsychologie und Pädagogische Psychologie,* 37(4), 205-213.

Krolak-Schwerdt, S., Böhmer, M. & Gräsel, C. (2009). Verarbeitung von schülerbezogener Information als zielgeleiteter Prozess. Der Lehrer als „flexibler" Denker. *Zeitschrift für Pädagogische Psychologie, 23*(3-4), 175-186.

Krolak-Schwerdt, S. Böhmer, M. & Gräsel, C. (2012). Leistungsbeurteilung von Schulkindern: Welche Rolle spielen Ziele und Expertise der Lehrkraft? *Zeitschrift für Entwicklungspsychologie und Pädagogische Psychologie, 44*(3), 111-122.

Krolak-Schwerdt, S., Böhmer, M. & Gräsel, C. (2013). The impact of accountability on teachers' assessments of student performance: a social cognitive analysis. *Social Psychology of Education, 16,* 215-239.

Kultusministerkonferenz (2004). Standards für die Lehrerbildung: Bildungswissenschaften. (Beschluss der Kultusministerkonferenz vom 16.12.2004). Sekretariat der Ständigen Konferenz der Kultusminister der Länder in der Bundesrepublik Deutschland.

Langfeldt, H.P. & Tent, L. (1999). *Pädagogisch-psychologische Diagnostik. Band 2: Anwendungsbereiche und Praxisfelder.* Göttingen: Hogrefe.

Lenske, G. (2013). *Schülerfeedback in der Grundschule: Untersuchungen zur Validität.* Dissertation. Universität Koblenz-Landau: Fachbereich Psychologie.

Leutner, D. (2010). Pädagogisch-psychologische Diagnostik. In D.H. Rost (Hrsg.), *Handwörterbuch Pädagogische Psychologie* (4. Aufl., S. 624-635). Weinheim: Beltz.

Lintorf, K., McElavany, N., Rjosk, C., Schroeder, S., Baumert, J., Schnotz, W., Horz, H. & Ullrich, M. (2011). Zuverlässigkeit von diagnostischen Lehrerurteilen – Reliabilität verschiedener Urteilsmaße bei der Einschätzung von Aufgabenschwierigkeiten. *Unterrichtswissenschaft, 39,* 102-120.

Lorenz, C. (2011). *Diagnostische Kompetenz von Grundschullehrkräften. Strukturelle Aspekte und Bedingungen.* Bamberg: University of Bamberg Press.

Lorenz, C. & Artelt, C. (2009). Fachspezifität und Stabilität diagnostischer Kompetenz von Grundschullehrkräften in den Fächern Deutsch und Mathematik. *Zeitschrift für Pädagogische Psychologie, 23*(3-4), 211-222.

Maier, U. (2010). Formative Assessment – Ein erfolgversprechendes Konzept zur Reform von Unterricht und Leistungsmessung? *Zeitschrift für Erziehungswissenschaft, 13,* 293-308.

McElvany, N., Schroeder, S., Hachfeld, A., Baumert, J., Richter, T., Schnotz, W. et al. (2009). Diagnostische Fähigkeiten von Lehrkräften bei der Einschätzung von Schülerleistungen und Aufgabenschwierigkeiten bei Lernmedien mit instruktionalen Bildern. *Zeitschrift für Pädagogische Psychologie, 25* (3), 223-235.

Nitko, A.J. (1989). Designing tests that are integrated with instruction. In R. L. Linn (Ed.), *Educational measurement* (3rd ed., pp. 447-474). New York: Macmillan.

Nitko, A.J. (2004). *Educational assessment of students* (4. Aufl.). Upper Saddle River, New Jersey: Pearson.

Oser, F., Heinzer, S. & Salzmann, P. (2010). Die Messung der Qualität von professionellen Kompetenzprofilen von Lehrpersonen mit Hilfe der Einschätzung von Filmvignetten: Chancen und Grenzen des advokatorischen Ansatzes. *Unterrichtswissenschaft, 38,* 5-28.

Praetorius, A.-K. (2014). *Messung von Unterrichtsqualität durch Ratings.* Münster: Waxmann.

Praetorius, A.-K., Greb, K., Dickhäuser, O. & Lipowsky, F. (2011). Wie gut schätzen Lehrer die Fähigkeitsselbstkonzepte ihrer Schüler ein? Zur diagnostischen Kompetenz von Lehrkräften. *Psychologie in Erziehung und Unterricht, 58,* 81-91.

Rogalla, M. & Vogt, F. (2008). Förderung adaptiver Lehrkompetenz: eine Interventionsstudie. In: *Unterrichtswissenschaft, 36,* 17-36.

Schön, D.A. (1983). *The reflective practitioner: How professionals think in action.* New York: Basic Books.

Schrader, F.-W. (1997). Lern- und Leistungsdiagnostik im Unterricht. In: Weinert, F.E. (Hrsg.), *Enzyklopädie der Psychologie – Pädagogische Psychologie. Band III: Psychologie des Unterrichts und der Schule* (S. 659-699). Göttingen: Hogrefe.

Schrader, F.-W. (2008). Diagnoseleistungen und diagnostische Kompetenzen von Lehrkräften. In W. Schneider & M. Hasselhorn (Hrsg.), *Handbuch der Pädagogischen Psychologie* (S. 168-177). Göttingen: Hogrefe.

Schrader, F.-W. (2009). Anmerkungen zum Themenschwerpunkt Diagnostische Kompetenz von Lehrkräften. *Zeitschrift für Pädagogische Psychologie, 23*(3-4), 237-245.

Schrader, F.-W. (2010). Diagnostische Kompetenz von Eltern und Lehrern. In D.H. Rost (Hrsg.), *Handwörterbuch Pädagogische Psychologie* (4. Aufl., S. 102-108). Weinheim: Beltz.

Schrader, F.-W. & Helmke, A. (1987). Diagnostische Kompetenz von Lehrern: Komponenten und Wirkungen. *Empirische Pädagogik, 1*, 27-52.

Schrader, F.-W. & Helmke, A. (2001). Alltägliche Leistungsbeurteilung durch Lehrer. In F.E. Weinert (Hrsg.), *Leistungsmessungen in Schulen* (S. 45-58). Weinheim: Beltz.

Schwindt, K. (2008). *Lehrpersonen betrachten Unterricht. Kriterien für die kompetente Unterrichtswahrnehmung.* Münster: Waxmann.

Seidel, T. & Prenzel, M. (2007). Wie Lehrpersonen Unterricht wahrnehmen und einschätzen – Erfassung pädagogisch-psychologischer Kompetenzen bei Lehrpersonen mit Hilfe von Videosequenzen. In I. Gogolin & H.-H. Krüger (Hrsg.), Kompetenzdiagnostik. *Zeitschrift für Erziehungswissenschaft, Sonderheft 8* (S. 201-216). Wiesbaden: VS Verlag für Sozialwissenschaften.

Seidel, T., Schwindt, K., Kobarg, M. & Prenzel, M. (2008). Grundbedingungen eines lernwirksamen Unterrichts erkennen – Eine Untersuchung zur Erfassung pädagogisch-psychologischer Kompetenzen bei Lehrerinnen und Lehrern. In W. Lütgert, A. Gröschner & K. Kleinespel (Hrsg.), *Die Zukunft der Lehrerbildung. Entwicklungslinien – Rahmenbedingungen – Grundlagen* (S. 198-212). Weinheim: Beltz.

Shepard, L.A. (2001). The role of classroom assessment in teaching and learning. In V. Richardson (Ed.), *Handbook of reasearch on teaching* (4th ed., pp. 1066-1101). Washington D.C.: American Educational Research Association.

Shulman, L.S. (1986). Those who understand: Knowledge growth in teaching. *Educational Researcher, 15*, 4-14.

Shulman, L.S. (1987). Knowledge and teaching: Foundations of the new reform. *Harvard Educational Review, 57*(1), 1-22.

Spinath, B. (2005). Akkuratheit der Einschätzung von Schülermerkmalen durch Lehrer/innen und das Konstrukt der diagnostischen Kompetenz. *Zeitschrift für Pädagogische Psychologie, 19*, 85-95.

Stern, E. (2009). Implizite und explizite Lernprozesse bei Lehrpersonen. In O. Zlatkin-Troitschanskaia, K. Beck, D. Sembill, R. Nickolaus & R. Mulder (Hrsg.), *Lehrprofessionalität. Bedingungen, Genese, Wirkungen und ihre Messung* (S. 355-364). Weinheim: Beltz.

Südkamp, A., Kaiser, J. & Möller, J. (2012). Accuracy of teachers' judgments of students' academic achievement: A meta-analysis. *Journal of Educational Psychology, 104*, 743-762.

Südkamp, A., Möller, J. & Pohlmann, B. (2008). Der simulierte Klassenraum: Eine experimentelle Untersuchung zur diagnostischen Kompetenz. *Zeitschrift für Pädagogische Psychologie, 22*, 261-276.

Südkamp, A. & Möller, J. (2009). Referenzgruppeneffekte im simulierten Klassenraum: direkte und indirekte Einschätzungen von Schülerleistungen. *Zeitschrift für Pädagogische Psychologie, 23*(3-4), 161-174.

Tent, L. & Stelzl, I. (1993). *Pädagogisch-psychologische Diagnostik. Band 1.* Göttingen: Hogrefe.

Terhart, E. (2000). *Perspektiven der Lehrerbildung in Deutschland. Abschlussbericht der von der Kultusministerkonferenz eingesetzten Kommission (unver. Nachdruck der letzten Auflage).* Weinheim: Beltz.

Terhart, E. (2002). Wie können die Ergebnisse von vergleichenden Leistungsstudien systematisch zur Qualitätsverbesserung in Schulen genutzt werden? *Zeitschrift für Pädagogik, 48*(1), 91-110.

van Ophuysen, S. (2006a). Vergleich diagnostischer Entscheidungen von Novizen und Experten am Beispiel der Schullaufbahnempfehlung. *Zeitschrift für Entwicklungspsychologie und Pädagogische Psychologie, 38*(4), 154-161.

van Ophuysen, S. (2006b). Zur Analyse der prognostischen Qualität von Schullaufbahnempfehlungen. In W. Bos, H.G. Holtappels, H. Pfeiffer & R. Schulz-Zander (Hrsg.), *Jahrbuch der Schulentwicklung, Band 14* (S. 49-79). Weinheim: Juventa.

van Ophuysen, S. (2010). Professionelle pädagogisch-diagnostische Kompetenz – eine theoretische und empirische Annäherung. In N. Berkemeyer, W. Bos, H.G. Holtappels, N. McElvany & R. Schulz-Zander (Hrsg.), *Jahrbuch der Schulentwicklung. Daten, Beispiele und Perspektiven* (Bd. 16, S. 203-234). Weinheim: Juventa

Wagner, W. (2008). *Methodenprobleme bei der Analyse der Unterrichtswahrnehmung aus Schülersicht – am Beispiel der Studie DESI (Deutsch Englisch Schülerleistungen International) der Kultusministerkonferenz.* Dissertation. Universität Koblenz-Landau: Fachbereich Psychologie.

Wahl, D., Weinert, F.E. & Huber, G.L. (1997). *Psychologie für die Schulpraxis* (6. Aufl.). München: Kösel.
Watermann, R. & Stanat, P. (2004). Schulrückmeldungen in PISA 2000: Sozialnorm- und kriteriumsorientierte Rückmeldeverfahren. *Empirische Pädagogik, 18*(1), 40-61.
Weinert, F.E. (Hrsg.) (2001a). *Leistungsmessungen in Schulen*. Weinheim: Beltz.
Weinert, F.E. (2001b). Concepts of competence: a conceptual clarification. In D.S. Rychen & L.H. Salganik, (Eds.), *Defining and selecting key competencies: Theoretical and conceptual foundations* (pp. 45-66). Göttingen: Hogrefe.
Weinert, F.E. & Schrader, F.-W. (1986). Diagnose des Lehrers als Diagnostiker. In H. Petillon, J. Wagner & B. Wolf (Hrsg.), *Schülergerechte Diagnose* (S. 11-29). Weinheim: Beltz.
Weinert, F.E., Schrader, F.-W. & Helmke, A. (1990). Educational expertise: Closing the gap between educational research and classroom practice. *School Psychology International, 11,* 163-180.
Wild, K.-P. (1991). *Identifikation hochbegabter Schüler. Lehrer und Schüler als Datenquellen*. Heidelberg: Asanger.
Wild, K.-P. & Krapp, A. (2006). Pädagogisch-psychologische Diagnostik. In A. Krapp & B. Weidenmann (Hrsg.), *Pädagogische Psychologie* (5. Aufl., S. 525-573). Weinheim: Beltz PVU.

Ewald Terhart

Die Beurteilung von Schülern als Aufgabe des Lehrers: Forschungslinien und Forschungsergebnisse

1. Einleitung

Die Beurteilung von Schülerleistungen ist in Deutschland fast ausschließlich Sache des Lehrers. Begleitend zur Unterrichtstätigkeit in seiner Klasse bzw. seinen Klassen beurteilt er die mündlichen Leistungen einzelner Schüler, lässt Klassenarbeiten schreiben, setzt Testaufgaben oder Tests ein, bewertet Referate und Gruppenarbeiten etc. Schließlich zieht er die Einzelbeurteilungen und -noten zu Zeugniszensuren zusammen, erörtert mit Kollegen Versetzungsentscheidungen und gibt bei Bedarf Empfehlungen zur weiteren Schullaufbahn seiner Schüler. Dieser Beurteilungsprozess läuft ständig mit und ist Teil der Lehrer-Schüler-Interaktion, beeinflusst aber auch die kollegiale Kooperation, da in bestimmten Fällen mit Kollegen über Zensuren, Versetzungen etc. gesprochen werden muss. Insgesamt geht es in diesem Kontext um die Beurteilung der schulischen Leistungen von Schülern, um deren bisherige und zukünftige Leistungsentwicklung, um ‚diagnostische' Überlegungen zu Lernpotenzialen sowie zu Ursachen von Lernschwierigkeiten und Leistungseinbrüchen, es geht um Möglichkeiten der Förderung einzelner Schüler oder Schülergruppen durch den Lehrer sowie durch andere pädagogische und psychologische Experten. Die einzelnen Beurteilungsakte und -prozeduren können unterschiedliche Formen haben, unterschiedlich aufwendig sein und unterschiedlich große Bedeutung und Tragweite für den Bildungsweg des einzelnen Schülers gewinnen: ein Aufmerken bei einer unerwarteten Antwort eines Schülers, eine Notiz im Lehrerkalender, ein informeller Test, eine Klassenarbeit, eine Zeugnisnote, eine Versetzungsentscheidung oder eine Schulformempfehlung. Anders formuliert: Lehrer beurteilen ihre Schüler ständig. Die institutionell besonders herausgehobenen Punkte der Erfassung und Beurteilung von Schülerleistungen sind in einen kontinuierlichen Strom der Wahrnehmung und Beurteilung von Schülern eingebettet („Mikrodiagnosen" nach Schrader & Helmke, 2001, S. 46; vgl. auch Kalthoff, 2000).

Nicht ohne Grund ist zu Beginn darauf hingewiesen worden, dass in Deutschland das Beurteilen von Schülern fast ausschließlich in den Händen der Lehrer liegt. In anderen Ländern – vor allem in den USA – ist dies anders. Überall dort, wo von Seiten staatlicher Schulaufsicht *zentrale standardisierte Testverfahren flächendeckend*, regelmäßig und primär (auch oder ausschließlich) zum Zweck der Erfassung und Beurteilung individueller Schülerleistungen eingesetzt werden, ist der Lehrerberuf selbst, vor allem bei schullaufbahnrelevanten Entscheidungen, von dieser Aufgabe zum Teil entlastet. Lehrerinnen und Lehrern kommt dann lediglich die Aufgabe der Testadministration zu. Dadurch erhält der Lehrerberuf einen anderen, deutlich ‚schmaleren' Zuschnitt. Vielleicht ist dies der (Hinter-)Grund dafür, dass in den USA lange Zeit der Nachweis von Wissen und Fähigkeiten im Bereich der Schülerbeurteilung keine wichtige Voraussetzung für den Zugang zum Lehrberuf war (vgl. O'Sullivan & Chalnick, 1991; Cizek, Fitzgerald & Rachor, 1995) – in Deutschland ist dies zwar durchweg Element der bildungswissenschaftlichen Angebote im Lehramtsstudium, aber es nicht garantiert, dass dieses Thema auch tatsächlich von jedem Studierenden behandelt wird (s.u. Abschnitt 4.4). Zwar werden auch in Deutschland in vielen Bundesländern zunehmend regelmäßig flächendeckende Systemevaluationen, Lernstandserhebungen etc. durchgeführt. Diese sind jedoch keineswegs primär als Substitut für die vom Lehrer zu vollziehende individuelle Leistungsbeurteilung der Schüler gedacht, sondern allenfalls als deren Ergänzung. Das in vielen Bundesländern mittlerweile existierende Zentralabitur hat demgegenüber jedoch einen tatsächlich individuell beurteilenden und selektiven Charakter.

Der gegenwärtig zu beobachtende Wandlungsprozess des von Lehrern vollzogenen schulischen Prüfens und Beurteilens besteht hierzulande somit *nicht* darin, das Lehrerurteil durch standardisierte Leistungstests zu ersetzen. Er besteht vielmehr darin, die Schülerbeurteilung von ihrem bislang dominierenden Charakter eines *summativen,* abschließenden Urteils über die Leistung eines Schülers in Richtung auf eine das Lernen begleitende, *formative* Unterstützung des Lernens zu transformieren. Zugleich sollen Lehrer sich selbst und ihren Unterricht *reflexiv* und auto-diagnostisch in den Blick nehmen: Durch welche Unterrichtsarrangements können Schüler besser gefördert werden? Wie kann die Qualität des eigenen Unterrichts verbessert werden? Am Ende dieser Entwicklung steht eine Lehrerkompetenz, die nicht nur auf Schülerbeurteilung gerichtet ist, sondern zugleich eine reflektierende Beurteilung des eigenen Unterrichts einschließt mit dem Ziel der Unterrichtsentwicklung.

Dieses traditionell sehr breite und durch die aktuellen selbst-diagnostischen Anforderungen noch einmal erweiterte Spektrum von Beurteilungshandlungen und -verfahren ist in seiner vollen Breite, Vielgestaltigkeit sowie kurz- und langfristigen Folgenhaftigkeit nicht umfassend erforscht. Es dominieren Untersuchungen zu bestimmten Aspekten und Einzelelementen, hier und da auch breitere Untersuchungstraditionen (z.B. zur diagnostischen Qualität des Lehrerurteils oder zu Erwartungseffekten, s.u.). Dabei muss allerdings berücksichtigt werden, dass etwa Forschung zum Lehrerhandeln bzw. zu Unterrichtsprozessen, zur Lehrer-Schüler-Interaktion oder zum professionellen Wissen von Lehrern, die *zunächst nichts* mit den speziellen Fragen der Notengebung, Zensurenfindung etc. im engeren Sinne zu tun hat, gleichwohl wichtige Informationen zu den Problemen des Beurteilens von Schülerleistungen liefert. Allzu lang war Forschung zum Beurteilungsprozess lediglich auf die Qualität des Lehrerurteils gerichtet, wobei die Kriterien der Testdiagnostik zugrunde gelegt wurden (Objektivität, Reliabilität, Validität). Daran gemessen konnte und kann das Lehrerurteil von nur eingeschränkter Qualität sein (s.u.). Der in der schulischen Wirklichkeit ablaufende Prozess der Entstehung eines Eindrucks, einer Bewertung, einer Note ist demgegenüber sehr viel weniger erforscht worden, ebenso die Frage, wie Lehrer selbst ihren Umgang mit dem Notenproblem sehen und beurteilen.

Der folgende Beitrag hat nicht das Ziel, über die allgemeinen Probleme von Leistung, Zensur und Notengebung in der Schule insgesamt zu informieren. Ebenso geht es nicht um Grundlagen und Spezialprobleme psychologischer Diagnostik in ihrer Anwendung auf den Unterricht und das Lehrerurteil. Ziel ist es vielmehr, aktuellere *empirische Forschung zur Praxis und zum Prozess des Beurteilens von Schülern durch Lehrer* strukturiert zusammenzutragen und kritisch zu erörtern (vgl. für neuere Forschungsübersichten Lissmann, 1992; Schrader, 1997; Gipps, 1999; Brookhart, 1993, 1994, 2004; Weinert, 2001; Hosenfeld & Schrader, 2006; Schweizer, 2006; Praetorius, Lipowsky & Karst, 2012; van Ophysen, 2010; van Ophysen, Lintorf & Harazd, 2013; MacMillan 2013; Schrader, in diesem Band).

Wissenschaftssystematisch gesehen fällt die Forschung zum Prozess des Beurteilens von Schülern durch Lehrer in verschiedene Wissenschaften: Der erste Ansprechpartner ist sicherlich die *Erziehungswissenschaft.* Deren Teildisziplin Schulpädagogik (und hier insbesondere die Didaktik, aber auch die Unterrichtsforschung) hat das Beurteilen von Schülern jedoch weniger als ein Forschungsthema, sondern als eine Ausbildungsaufgabe im Rahmen der Lehrerausbildung sowie als allgemeine Reformaufgabe aufgenommen: Wie weist man angehende Lehrer in die Probleme des Beurteilens ein? Wie gibt man ihnen, aber auch erfahrenen Lehrern Anregungen und Vorlagen für den pädagogisch angestrebten bzw. gewünschten, den Schüler motivierenden, fördernden Umgang mit der Frage der Leistungsbeurteilung? In diesem Kontext sind eine Reihe von erfolgreichen Lehrbüchern entstanden, die immer wieder zum Zweck der Prüfungsvorbereitung eingesetzt werden (vgl. z.B. Jürgens & Sacher, 2008; Jäger, 2001; Hesse & Latzko, 2009; als englischsprachiges Lehrbuch vgl. Nitko, 2004).

An zweiter Stelle ist die *Psychologie* zu nennen, genauer: deren beide Teildisziplinen Instruktions- bzw. Unterrichtspsychologie und Psychologische Diagnostik. Der allergrößte Anteil der empirischen Forschung zu Beurteilungsprozessen im Klassenzimmer ist in diesem Kontext anzutreffen (vgl. umfassend Schweizer, 2006; Ingenkamp & Lissmann, 2008). In sehr viel geringerem Maße hat sich die soziologische Interaktionsforschung bzw. die *Mikrosoziologie* mit den Prozessen der Leistungsbeurteilung in Klassenzimmern und Schulen befasst (vgl. Gipps, 1999; Kalthoff, 1996 sowie Streckeisen, Hänzi & Hungerbühler, 2007; ethnographisch vgl. Breidenstein, 2006; Zaborowski, Meier & Breidenstein, 2010; Breidenstein, 2012). Schließlich ist – der Vollständigkeit halber – auch die *Rechtswissenschaft* zu nennen, die ebenfalls einen Beitrag zur Zensurenproblematik leistet, da die Findung, Begründung und Zuweisung (oder Vorenthaltung) einer Note (einer Versetzung, eines Abschlusses etc.) in ein komplexes juristisches und verwaltungsrechtliches Regelwerk eingebettet ist, dessen Vorhandensein und Bedeutung aber häufig erst dann klar wird, wenn es zum Streitfall kommt. Auf diese rechtliche Seite wird im Folgenden jedoch nicht eingegangen (vgl. dazu Niehues, 2004).

2. Die historische Entwicklung der Forschung zu Lehrerurteil und Zensurengebung

Mit Blick auf die englischsprachige Fachliteratur stellt Shepard (2001, S. 1067) folgendes (hinsichtlich der genaueren Periodisierung allerdings recht vage) Phasenmodell der Entwicklung der Forschung zur Schülerbeurteilung vor. In diesem Modell lösen die verschiedenen Phasen einander nicht trennscharf ab; stattdessen kommen zu dem durchgängig und weiterhin wirksamen traditionellen Paradigma in den 1980 und 1990er Jahren zwei neue Paradigmen hinzu:

> 1900–2000+: *Traditionelles Paradigma*: verhaltenswissenschaftliche Lerntheorien, Testtheorie, objektive Leistungstests, Zuteilung von Schülern auf Leistungsniveaus auf der Basis von IQ-Tests und/oder standardisierten Leistungstests, ständige Verfeinerung der Testdiagnostik.
>
> 1980–2000+: *Auflösung des traditionellen Paradigmas*: die Verbindung von *Scientific Measurement* und Schülerbeurteilung gibt es weiterhin; auf der Ebene der Didaktik jedoch Aufgabe des Instruktionismus zugunsten eines nicht einteilenden und selektiven, sondern eines fördernden, konstruktivistischen Unterrichtsverständnisses. Beides scheint noch unvermittelt nebeneinander zu liegen: Das neue Unterrichten und das alte Testen stammen aus zwei unterschiedlichen Welten.
>
> 1990–2000+: *Das entstehende neue Paradigma*: neue Curricula, konstruktivistisches Unterrichtsverständnis, Beurteilungsprozesse im Klassenzimmer, die sowohl den Schülern bei der Entwicklung ihres Lernens helfen als auch den Lehrern, ihren Unterricht zu verbessern; *classroom assessment* als Teil des Unterrichts und der Unterrichtsentwicklung.

Diese Periodisierung mag für die USA zutreffen. In Deutschland stellt sich die Entwicklung anders dar, weil *scientific measurement* in Vergangenheit und Gegenwart nicht auf breiter Front Teil des Schulalltags geworden ist (s.o.). Die von der Psychologie sowie Teilen der empirischen Erziehungswissenschaft betriebene, geforderte, beschworene, immer wieder ausgemalte „Pädagogische Diagnostik" im engeren Sinne scheint eher ein Phänomen der Fachliteratur, nicht der Schulpraxis zu sein (vgl. zur Geschichte Ingenkamp & Laux, 1990). Allenfalls nach Hinzuziehung schulpsychologischer Beratung sowie im Kontext von Entscheidungen über die Zuweisung zu Förderschulen (Sonderschulen) kommen standardisierte Verfahren zum Zuge.

Bezogen auf die messtechnischen Standards psychologischer Diagnostik muss die von Lehrern vollzogene, erfahrungsfundierte und individuell geprägte Praxis der Beurteilung von Schülern letztlich immer unvollkommen und fragwürdig erscheinen (für an die Beurteilungssituation von Lehrern angepasste Standards vgl. Brookhart, 2003). Gleichwohl ist sie in Deutschland bislang die weithin dominierende Praxis geblieben. In den technokratischen Anfängen der Bildungsreform von 1968 bis 1975 mag, neben anderen folgenlos gebliebenen Ideen (wie programmierte Unterweisung etc.), auch das wissenschaftliche Testen in der Schule eine Option zur Überwindung des Modernisierungsrückstandes der Schulen in Deutschland gewesen sein. Nach dieser bildungshistorisch betrachtet sehr spezifischen Hoch-Phase ist die Test-Bewegung auf der Ebene der Schulpraxis für Jahrzehnte eher versandet. Aufgrund äußerer Anstöße hat sie jedoch in den letzten Jahren erneut eine hohe Bedeutung gewonnen, und zwar in einem neuen, spezifischen Sinne: Die Ergebnisse internationaler Leistungsvergleichsstudien (TIMSS, PISA etc.) führten u.a. zur Entwicklung von Bildungsstandards für den Fachunterricht. Hiermit verbunden ist die Frage, wie man fachbezogene Kompetenzen bei Schülern zuverlässig diagnostizieren kann, und zwar so, dass auf dieser Basis Fördereffekte entstehen können. Damit ist aus dem externen, standardisierten Testen (*summative Evaluation*) die *Diagnose von Schülerkompetenz als Teil des Unterrichtsprozesses mit dem Zweck der Förderung* geworden (*formative Evaluation*): Unter dem einheitlichen Motiv der Entwicklung und des Förderns sollen Unterrichten und Beurteilen eine enge Verbindung eingehen. Dieses neue, in den Unterrichtsprozess integrierte Verständnis von Kompetenzdiagnostik bezieht sich gewissermaßen auf beides: auf die Entwicklung der Lernstände der *Schüler und* auf die Weiterentwicklung der beruflichen Qualifikationen von *Lehrern.*

Innerhalb des erziehungswissenschaftlichen Diskurses, aber auch innerhalb der im engeren Sinne empirischen Forschung zu Beurteilungsprozessen in der Schule, lassen sich m. E. drei Richtungen unterscheiden:

- *evaluativ-normbezogen:* Hierbei geht es darum, zu erforschen, wie korrekt, richtig, angemessen, gerecht, zuverlässig, objektiv, pädagogisch vertretbar etc. die Urteile von Lehrern über Schüler sind. Normatives Kriterium im Rahmen dieser Forschung sind z.B. die Qualitätskriterien der psychologischen Diagnostik, Vorstellungen zur Gerechtigkeit in der Schule oder Ideen einer pädagogisch vertretbaren, jeden Einzelnen eher fördernden als ihn etikettierenden Beurteilung.
- *deskriptiv-analytisch:* Im Mittelpunkt steht die Frage, wie Lehrerurteile über Schüler überhaupt zustande kommen, in welchem Kontext sie stehen und entstehen, welche Einflussfaktoren sich bei der Erarbeitung von Beurteilungen auswirken, wie Noten oder allgemeiner: Urteile über Schüler von diesen Schülern, aber auch von den Lehrern (oder von anderen Schulbeteiligten) wahrgenommen werden, wie man mit Beurteilungen und Beurteilungssituationen im Klassenzimmer, aber auch im Lehrerzimmer umgeht etc.
- *förderorientiert-handlungsanleitend:* Im Bereich dieser stärker entwicklungsorientierten Forschung geht es darum, die Bedingungen für die Realisierung eines fördernden, prozessbegleitenden Beurteilens zu analysieren, für letzteres Praxis- und Projektbeispiele zu erarbeiten sowie Fortbildungsmaßnahmen zu entwickeln und zu evaluieren, die zur Ausbreitung fördernden Beurteilens in der Schulpraxis beitragen.

Insgesamt ist bislang die erste, evaluativ-normbezogene Forschungsrichtung sehr viel stärker ausgeprägt als die beiden anderen Richtungen. In ihrem Rahmen erscheint die Praxis der Leistungsbeurteilung durch Lehrer als notorisch und unabänderlich defizitär. Klassisches Beispiel sind ältere Untersuchungen, in denen die Beurteilung ein und derselben Schülerarbeit (ein Aufsatz, eine Mathematikarbeit) durch viele Lehrer eine Zensurenverteilung ergab, die das gesamte Notenspektrum abdeckt. Übrigens zeigte sich in einer neueren, ähnlich angelegten Studie (Birkel & Birkel, 2002), bei der 89 Grundschullehrkräfte vier unterschiedlich gute Schüleraufsätze fremd-beurteilen sollten, dass das *Notenmittel* der Nachbeurteilungen durch die Probanden ziemlich genau der Erstbewertung durch die Lehrerin entsprach. Die *Verteilung* der Noten aus der Nachbeurteilung streut allerdings sehr deutlich, bei dem etwas schlechteren Aufsatz in der Tat von 1 bis 5. Diese Streuung kam jedoch aufgrund ganz weniger ‚Ausreißer'-Werte zustande; der allergrößte Teil der Nachbeurteiler gab, wie erwähnt, ziemlich genau die Note, die die Grundschullehrerin selbst gegeben hatte. Auch in anderen Studien wurde deutlich, dass Lehrer insbesondere im mittleren Leistungsbereich unsicher sind und eine gewisse Streuung der Noten erzeugen, wohingegen an den Rändern der Leistungsverteilung, also bei den sehr guten und sehr schlechten Schülern, die Lehrerurteile weniger stark streuen, denn sehr gute und sehr schlechte Leistungen werden relativ einheitlich *als solche* erkannt. Die bekannte und häufig verwendete Formel von der „Fragwürdigkeit der Zensurengebung" – der Titel des bekannten Bandes von Ingenkamp (1971; 9. Auflage 1995) – ist zwar sicherlich zutreffend. Zugleich aber muss zurückgefragt werden, wie groß diese Fragwürdigkeit denn nun tatsächlich ist, auf welche Aspekte sie sich bezieht, wie groß der Anteil der Lehrer ist, für den sie zutrifft etc.

In einer Forschungsübersicht zum Vergleich des Lehrerurteils mit dem Ergebnis standardisierter Leistungstests weisen Hoge und Coladarci (1989) darauf hin, dass in 16 Studien die Korrelation zwischen Testwerten und indirektem Lehrerurteil von .28 bis .92 reichte; der Median betrug .66. Beim Vergleich von direktem Lehrerurteil und Testwerten ergab sich ein Median von .69. Roeder, Baumert, Sang und Schmitz (1986) erhielten in ihrer Untersuchung allerdings schwächere Werte von .47 bis .51. Bezogen auf Schülerleistungen besteht zwischen Lehrerurteilen und objektiven Testergebnissen eine Korrelation von .63 (Südkamp, Kaiser & Möller, 2012). Andere, ähnliche Vergleiche zwischen Lehrerurteil und Testergebnis führten zu mittleren bis starken Zusammenhängen (vgl. Feinberg & Shapiro, 2009; zu Problemen des Vergleichs von Lehrerurteilen und Testergebnissen vgl. Harlen, 2005; Brookhart, 2013). Die genannten Autoren sowie auch Schrader (1997, vgl. Schrader, in diesem Band) deuten dies als Hinweis auf eine *alles in allem recht gute Beurteilungskompetenz von Lehrern vor allem innerhalb des Bezugssystems ihrer Klasse.* Bei der Beurteilung der Leistungsfähigkeit ihrer Klasse oder auch einzelner Schüler ihrer Klasse unter Bezug auf einen klassen*unabhängigen*, absolut gesetzten allgemeinen Standard (z.B. Lehrplananforderungen, Bildungsstandards) ist das Lehrerurteil jedoch deutlich fehlerhafter (Klieme, 2003). Die Orientierung am klasseninternen Bezugssystem ist immer noch dominierend und scheint für den Zweck der leistungsbezogenen Unterscheidung zwischen den Schülern einer Klasse und der Erstellung einer „normalen", im Kontext der jeweiligen Schule unauffälligen Notenverteilung das im Alltag gebräuchlichste Muster zu sein.

Um die evaluativ-normenbezogene Forschung zur Schülerbeurteilung durch Lehrkräfte im Sinne des Genauigkeitsparadigmas (Ist das Lehrerurteil objektiv, reliabel, valide? Kann man Noten klassenübergreifend vergleichen? etc.) geht es im Folgenden nicht, sondern um die deskriptiv-analytische Frage, *wie Lehrer mit der Aufgabe der Notengebung im Schulalltag umgehen* (vgl. auch Stiggins & Conklin, 1992). Auf die förderorientiert-handlungsanleitende Forschung und Entwicklung zu Beurteilungsprozessen wird am Ende kurz eingegangen.

3. Forschung zu den verschiedenen Kontexten der Schülerbeurteilung

Die aus verschiedenen (Teil-)Disziplinen stammenden und auf unterschiedlicher Ebene liegenden Forschungsergebnisse zum Beurteilungsprozess lassen sich – sofern sie sich auf den Lehrer beziehen – mit Hilfe eines einfachen *Modells sich allmählich erweiternder Kontexte* sortieren: Den Kern bildet die *intra*personale Ebene, auf der einzelne Lehrer ihre Schüler beurteilen und Noten bilden (3.1). Dieser Kern ist in den *inter*personalen Kontext der Lehrer-Schüler-Interaktion eingebettet, die jeden Beurteilungsakt einrahmt (3.2). Den dritten, erneut weiter gespannten Kontext bildet das Kollegium eines Lehrers bzw. die Beurteilungskultur seiner *Schule* (3.3).

3.1 Intrapersonale Bedingungen des Urteilens auf Lehrerseite – die individuelle Perspektive

Hofer (1986) weist in seiner umfassenden Übersicht zum Thema auf der Basis zahlreicher empirischer Untersuchungen darauf hin, dass Lehrer fünf Schülerstereotype bilden: Klassenprimus, Arbeiter, Extravertierter, Introvertiert-Sensibler, schlechter Schüler. Ebenso identifizierte er fünf Merkmalsdimensionen, auf denen Schüler beurteilt werden: Aktivität, Diszipliniertheit, Leistung, Begabung, Anstrengung. Auf der Basis von kategorisierender Wahrnehmung und Erfahrungsbildung kommt es auf der Lehrerseite zu impliziten Persönlichkeitstheorien. Solche subjektiven Theorien stellen ein System von Annahmen dar, die eine Person über die Zusammenhänge und Organisation der Eigenschaften anderer Menschen besitzt. Hinzu treten Annahmen über die Ursachen des beobachteten und eingeschätzten Verhaltens (Kausalattributionen).

Cizek, Fitzgerald & Rachor (1995) befragten 143 Lehrkräfte mittels standardisierten Fragebögen und offenen Interviews zur Praxis ihres Beurteilens, zu ihrem Wissen, zur kollegialen Kooperation beim Beurteilen, zur Kenntnis der administrativen und pädagogischen Vorschriften und Standards. Zur Überraschung der Autoren konnte kein auch nur annähernd einheitliches Bild dieser Praxis gezeichnet werden. Ein Großteil fühlte sich nicht vorbereitet auf diese Aufgabe, verfuhr anhand selbsterarbeiteter Regeln und Routinen, wusste wenig über die Beurteilungsgewohnheiten anderer Lehrer im Kollegium, kannte nicht oder kaum die offiziellen Standards des Beurteilens bzw. ignorierte sie bewusst, bekundete offen eine beschönigende Notengebung (*„success orientation“*), machte alle möglichen Aspekte der Schülerpersönlichkeit und seines sozialen Hintergrundes zur Grundlage von Beurteilungen. „In short, grades appear to consist of a potpourri of elements that vary from district to district, from teacher to teacher within a district, and even from student to student within a class“ (ibid., S. 174). Zum Stichwort der *success orientation* berichten Gustafsson und Erickson (2013), dass die von ihnen untersuchten schwedischen Lehrer größtenteils zu einer überschätzenden, also zu positiven Beurteilung neigen. Ebenfalls aufgrund schwedischer Erfahrung berichten Lekholm und Cliffordson (2008), dass in Schulen in einem bildungsferneren Umfeld die Lehrkräfte zu einer „kompensatorischen“ Beurteilung tendieren, um negative Konsequenzen sowohl für die Schüler als auch für die Schule zu vermeiden.

Georgiou (2008) konnte im Rahmen der Untersuchung von 1.554 griechisch-zypriotischen Lehrern und 159 Lehramtsstudenten zeigen, dass diese beiden Gruppen unterschiedliche Erklärungen für Schülerleistungen verwenden: Lehramtsstudenten vertreten eine dynamische Sicht auf Begabung, wohingegen erfahrene Lehrer Leistungsunterschiede durch stabile Faktoren wie Begabung, Geschlecht und Herkunft erklären. Lehramtsstudenten sind von der Bedeutung dieser Faktoren nicht so stark überzeugt, schätzen aber die Wirkung des Lehrerhandelns auf die Schülerleistung höher ein als erfahrene Lehrkräfte, ebenso betonen sie die Bedeutung von Schüleranstrengung. Da es sich um eine einfache punktuelle Befragung von zwei Gruppen handelt, kann der Autor hinsichtlich der Ursachen lediglich spekulieren: Womöglich erleben Lehrer im Laufe des Berufslebens einen Desillusionierungsprozess und wenden sich statischen Begabungskonzepten zu. Auch sei es möglich, dass Lehramtsstudierende eher als Lehrer im Sinne der *political correctness* antworten würden. Es kann sich auch um typische Generationendifferenzen handeln. Aber wie dem auch sein möge: Entscheidend ist, dass solche Ursachenerklärungen die Wahrnehmung und das Handeln von Lehrern beeinflussen.

Auf der Basis einer qualitativen Interviewstudie in der deutschsprachigen Schweiz (N = 37 Grundschul- und Sekundarschullehrer aus Bern) unterscheiden Streckeisen, Hänzi & Hungerbühler (2007, S. 289ff.) fünf unterschiedliche Deutungsmustertypen beim Umgang mit dem von den Autoren als widersprüchlich dargestellten Verhältnis von Fördern und Auslesen:

- *Typ 1: Auslese der Besten:* Diese Lehrer verstehen sich als ‚Vollstrecker' des Selektionsauftrags der Schule; es geht um die Auslese der Besten. Diese haben ihr natürliches Begabungspotential in die Schule eingebracht und müssen identifiziert werden. Ungeeignete müssen aus den höherwertigen Bildungswegen herausselegiert werden und haben dies hinzunehmen.
- *Typ 2: Selektion als Platzanweisung:* Lehrer, die diesem Deutungsmuster zuneigen, vertreten ebenfalls die Legitimität schulischer Selektion und setzen dabei auf die hohe Qualität ihrer eigenen Leistungsdiagnostik sowie auf die Verlässlichkeit des schulischen Auswahlsystems. Die kurzzeitige Kränkung der auf weniger anerkannte Bildungswege Verwiesenen wird zwar gesehen, aber für unvermeidlich und überwindbar gehalten.
- *Typ 3: Disziplinierung:* Diesem Deutungsmuster zufolge trägt Leistungsselektion zur moralischen und motivationalen Disziplinierung der Schüler bei. Lehrer dieses Musters sehen das Beurteilungssystem als Mittel zur Ermöglichung von Kontrolle der Schüler. Ohne dieses System würden sie hinsichtlich ihrer Verhaltensstandards und ihrer Anstrengungsbereitschaft ‚verlottern'.
- *Typ 4: Ringen um ein Arbeitsbündnis:* Im Kontext dieses Deutungsmusters wird schulische Zensierungs- und Selektionspraxis als belastend für Schüler und als pädagogisch störend betrachtet. Selektionsnotwendigkeit sehen sie als Systemfehler der Schule. In der Praxis sehen sie sich ständig (wie Sisyphos) mit diesem unlösbaren Problem des Widerspruchs zwischen Förderung und Selektion ringend, suchen moralisierend bei Schülern und Eltern nach Verständnis, bemühen sich um eine Art Arbeitsbündnis – und müssen doch Selektion vollziehen.
- *Typ 5: Fördern jenseits der Selektion:* Im Rahmen dieses Deutungsmusters wird die Selektionsproblematik nicht als Handlungs-, sondern als Systemproblem gedeutet. Lehrer dieses Deutungstyps streben eine spät selegierende, am besten aber selektionsfreie, förderorientierte Schule an. Solange dies nicht gegeben ist, möchten sie ihren Schülern einen Schonraum für individuelle Entwicklung bieten. Insbesondere bei männlichen Lehrkräften dieses Deutungstyps artikuliert sich ein familialistisches Verständnis von Schule; hierzu gehört ein heroisch schützender Vater.

3.2 Beurteilen von Schülerleistung im Kontext von Lehrer-Schüler-Interaktionen

Die Beurteilung von Schülern findet im Kontext des Klassenzimmers, im Kontext der kontinuierlichen Begegnung zwischen einem Lehrer und seinen Schülern statt (vgl. dazu Schweer, 2008). Die wechselseitigen Wahrnehmungs- und Zuschreibungsprozesse, die bei dieser Interaktion stattfinden, sind auch durch das Thema Leistung und Beurteilung geprägt; umgekehrt prägen sie die Art, wie Lehrer die Leistung von Schülern sehen und beurteilen. Der auf Lehrerseite ablaufende Beurteilungsprozess eines Schülers wird von diesem wahrgenommen und in sein Selbstbild sowie in sein Bild vom Bild des Lehrers über ihn integriert. Zugleich finden interpersonale Wahrnehmungsprozesse, der Austausch von Beurteilungen und Zuschreibungen im Klassenzimmer kontinuierlich *vor Publikum* statt. Alle Schüler nehmen wahr, wie einzelne Schüler wahrgenommen und beurteilt werden, welche Leistungsansprüche ein Lehrer hat, wie er mit hohen oder niedrigen Leistungen einzelner Schüler umgeht etc. – und ziehen ihre Schlüsse daraus.

Im Laufe eines gelingenden Prozesses der Koordination der wechselseitigen Wahrnehmungen können sich das leistungsbezogene Bild des Lehrers von einem Schüler und dessen Selbstbild ggf. entsprechen. Bei misslingender Koordination der Perspektiven kann es zu Fehldeutungen und deren Verfestigung kommen, die dann nachhaltig ein adäquates Lehrerurteil verfälschen sowie auch die Handlungsperspektiven des Schülers einschränken können. Die vom Lehrer stillschweigend vollzogenen Zuschreibungen von Eigenschaften und die von ihm angenommenen Ursachen für Schülerleistung und -versagen (vgl. oben 3.1) beeinflussen sein Handeln gegenüber einzelnen Schülern sowie ganzen Schulklassen. Auf der anderen Seite wird das Lehrerhandeln von einzelnen Schülern bzw. Schülergruppen wahrgenommen, interpretiert, auf die eigene Person bezogen und zur Grundlage des eigenen Handelns gegenüber dem Lehrer gemacht. Implizit oder explizit vollzogene Fremdzuschreibungen werden unter Umständen in das eigene Selbstbild übernommen und verfestigen sich dort, und zwar unabhängig davon, ob sie objektiv ‚richtig' oder ‚falsch' sind. Allerdings hängt es von Persönlichkeitseigenschaften der Schüler ab, ob und wie stark sie solche Fremdzuschreibungen übernehmen oder sich – sofern sie diese für falsch oder unangemessen halten – dagegen zur Wehr setzen. Diese Form der Be-Eigenschaftung findet übrigens auch in die umgekehrte Richtung statt, also von den Schülern ausgehend in Richtung Lehrer.

Zu den Auswirkungen von Erwartungen und Zuschreibungen im Kontext der interpersonalen Wahrnehmung zwischen Lehrern und Schülern existiert seit den sehr bekannten Untersuchungen von Rosenthal und Jacobsen (1968; dt. 1971; vgl. auch Brophy & Good, 1976 sowie auch Hofer, 1986) zum „Pygmalion-Effekt" eine sehr lange Forschungstradition, die allerdings in den letzten Jahren deutlich zurückgegangen ist, da Fragen der Verbesserung und Steigerung des inhaltsbezogenen Lernens („effektiver Unterricht") in den Mittelpunkt rückten.

Die Forschung zur Lehrer-Schüler-Interaktion als Kontextfaktor für Leistungsbeurteilung ist einerseits eine Domäne der empirisch-psychologischen Forschung (Sozialpsychologie des Unterrichts); andererseits werden Analysen zum Thema auch im Rahmen der qualitativen Forschung zu Unterricht als sozialer Situation sowie zur Situation der Schüler bzw. der „peer-Kultur" von Schülern im Unterricht durchgeführt (Breidenstein, 2006; Nuthall, 2007).

3.3 Schülerbeurteilung im Rahmen des Kollegiums und der Schule als Organisation

Die Beurteilung von Schülerleistungen findet im Klassenkontext statt; dieser wiederum ist in den institutionellen und kulturellen Kontext der einzelnen Schule und ihres Kollegiums eingebunden. Aus diesem Grund ist es für die Forschung zu diesem Aspekt des Lehrerberufs wichtig, die individuellen Beurteilungsperspektiven und -gewohnheiten von Lehrern innerhalb dieses weiteren Kontextes zu analysieren. In gewisser Weise findet der Beurteilungsakt eines Lehrers immer in zwei Öffentlichkeiten statt: Im Klassenkontext bilden *die Schüler* das Publikum, im Schulkontext ist es das *Kollegium* (vgl. auch Kalthoff, 1996; Cizek, Fitzgerald & Rachor 1996;

Kain, 1996). Harding und Hall (2002) sprechen in Analogie zu Lave und Wengers (1991) Konzept der *communities of practice* von Lehrerkollegien als *communities of assessment practice*, als „Beurteilungsgemeinschaften". Während die psychologisch-diagnostische Forschung stärker die individuellen Beurteilungsakte eines Lehrers untersucht und allenfalls noch um die sozialpsychologische Dimension der Lehrer-Schüler-Interaktion ausweitet, betrachtet die Mikro-Soziologie der Schulklasse das Beurteilen als eine organisatorisch gerahmte und regelgeleitete soziale Praxis, die in unterschiedlichen Foren stattfindet und dabei den einzelnen Lehrern bzw. den Teilnehmern des Beurteilungsprozesses durchaus Spielräume lässt. Beurteilungen von Schülern und deren Leistungen sind dann keine diagnostischen Akte, die irgendeine objektiv vorhandene Gegebenheit bzw. Merkmalsausprägung möglichst präzise abbilden, *sondern das Ergebnis einer sozialen Konstruktion. Anders:* Noten werden nicht gefunden, sondern erzeugt. Diese sozialkonstruktionistische Sichtweise verwendet zu ihrer empirischen Absicherung bzw. zur Beweisführung qualitative Methoden, mit deren Hilfe es möglich ist, solchen häufig nicht explizierten, unterschwelligen Prozessen auf die Spur zu kommen. Dementsprechend entfalten qualitative Zugangsweisen und Methoden hier ihr Potential (vgl. Kalthoff, 1996, 2000; Gellert & Hümmer, 2008; Moss, 1996; Shay, 2004; Zaborowski, Meier & Breidenstein, 2010; Breidenstein, 2012).

In qualitativen Studien wird deutlich, dass

- das Thema Beurteilen innerhalb der offiziellen Kommunikation im Kollegium eher vermieden wird, es aber unterschwellig sehr wohl als Thema eine Rolle spielt,
- das Thema Beurteilen eine Art Stellvertreterthema ist für grundsätzlichere Themen wie z.B. „Wie verstehe ich meinen Lehrerberuf?", „Wie halte ich es mit der Fachlichkeit?", „Kann ich es mir leisten, hohe Anforderungen zu stellen?",
- generell auch beim Thema Benoten Konflikte – wie bei anderen gemeinsamen Schulthemen auch – eher vermieden werden,
- in einzelnen Schulen bzw. auch in Untergruppen des Kollegiums unterschiedliche Auffassungen über Leistungsstandards existieren, aber nur sehr bedingt geäußert werden,
- beim Austausch über Noten und Benotungsgewohnheiten der Verweis auf Standards, die man im Gegensatz zu anderen vertritt, immer auch eine demonstrativ selbst- und fremdevaluative Komponente hat,
- die Fachkulturen einer Schule unterschiedliche Teilkulturen des Beurteilens entwickelt haben können,
- neue Mitglieder des Kollegiums – seien es Berufsanfänger oder erfahrene Lehrer – sich in die jeweils hauseigene Beurteilungs- und Zensurierungskultur hineinfinden müssen, diese dann aber auch mitgestalten,
- Konflikte um Beurteilungsgewohnheiten immer dann virulent werden, wenn aufgrund von Elternbeschwerden Dinge auffällig oder gar aktenkundig werden,
- eigentlich alle durch stillschweigende wechselseitige Beobachtung und Anpassung daran arbeiten, dass möglichst keine (inoffiziellen oder gar offiziellen) Konflikte und Streitfälle entstehen,
- Schulleiter so lange zu keinen allgemeinen oder gar auf einzelne Lehrer gerichteten personenbezogenen Interventionen greifen, wie keine Konflikte und/oder Beschwerden an die Schulöffentlichkeit treten. Ist dies jedoch der Fall, wird in unterschiedlich intensiver Weise interveniert, um die Normalität wieder herzustellen.

Bei den wenigen Studien, die sich dem kollegiumsinternen Umgang mit den Fragen der Benotung und Schülerbeurteilung befassen, wird deutlich, dass Lehrer sich beim Austausch über die Leistungen von Schülern weniger um die *Genauigkeit des Urteilens im diagnostischen Sinne* bemühen, sondern um grundsätzliche Fairness und *personenbezogene Gerechtigkeit gegenüber dem Schüler.* Schülerbeurteilung wird nicht als Diagnose gesehen, sondern eher als eine von z.T. konfligierenden Werten getragene, moralisch-praktische Entscheidungsbildung, bei der die Person des Schülers, seine (gedeutete) Vergangenheit und (antizipierte) Zukunft im Mittelpunkt stehen (zu den ethischen Dilemmata des Lehrerurteils vgl. Pope u.a., 2009; Sabbagh u.a., 2006; Barret u.a., 2012). Dies betrifft sowohl Konversationen über spezifische Fördermaßnahmen bei einzelnen Schülern als auch die Suche nach einer gemeinsam getragenen Entscheidung über Versetzung, Schulwechsel etc. Dies ist z.B. in der Untersuchung der Reaktion von Lehrern auf (schriftlich präsentierte Beispiele für) schulische Dilemmata des Beurteilens deutlich geworden (Lüders, 2001a,b; Terhart, 2008). Bei Brookhart (1993, S. 139) wird die Vermutung entfaltet, dass es nicht um die testdiagnostisch richtige Note, sondern um die Frage geht, welche Note ein Schüler „verdient". Die Leistung des Schülers erscheint wie „Arbeit", die zu einem Verdienst führt, den dann der Lehrer möglichst gerecht in der Währung „Note" ausbezahlt. Dabei besteht in der Wahrnehmung der Lehrer sicherlich eine Spannung zwischen dem Anspruch, jedem einzelnen *in seinen Besonderheiten gerecht zu werden* und zugleich in dem Sinne gerecht zu sein, indem man jeden Einzelnen an einem begründeten, allgemeinen und einheitlichen Maßstab bemisst. Die Zuordnung einer Schülerleistung zu einer Note erfolgt insofern eben nicht mechanisch, sondern im Sinne eines kontextgebundenen Entscheidungsprozesses, bei dem verschiedene Umstände berücksichtigt bzw. gewichtet werden.

In der Studie von Terhart, Langkau & Lüders (1999) wurden neben Lehrkräften und Schulaufsichtsbeamten auch Schulleiter zum Umgang ihres Kollegiums mit dem Zensurenproblem sowie zu ihrer eigenen Rolle in diesem Kontext befragt (vgl. Terhart, 1999). Es ergab sich ein widersprüchliches Bild: Auf einer ersten Ebene betonten die Schulleiter durchweg die Selbstständigkeit der einzelnen Lehrerinnen und Lehrer in diesem Aufgabenbereich sowie die generell hohe professionelle Kompetenz ihres Kollegiums. Es gebe kaum Probleme oder Konflikte. Im weiteren Verlauf des Interviews wurde jedoch ein Eingreifen der Schulleitung dann als unausweichlich betrachtet, wenn es Auffälligkeiten gebe. Diese ergäben sich fast nur aus Beschwerden von Eltern („Kollege X gibt ungewöhnlich viele schlechte Noten!") oder aber dann, wenn z.B. in Gesamtschulen am Ende der Sekundarstufe I sich ein äußerst niedriger Anteil an Qualifikationen zum Übertritt in die gymnasiale Oberstufe abzeichne. In solchen Fällen werde zunächst „das Gespräch" gesucht; bleibe dies wirkungslos, müsse die Schulleitung im Interesse von Schülern und Schule „Führungsqualität" zeigen und zu direkteren Maßnahmen übergehen. Schulleitungen sind daran interessiert, dass es keine Auffälligkeiten und Beschwerden von Schülern bzw. Eltern gibt. Dies ist dann am ehesten gesichert, wenn insgesamt eher „gute" Noten gegeben werden. Offiziell kann eine solche Politik der Notenvergabe jedoch weder von der Schulleitung noch von Lehrkräften gebilligt werden. Inoffiziell scheint jedoch die kollegiale Empfehlung etwa an Berufsneulinge, zur Vermeidung von „Ärger" eher im allgemein akzeptierten Teil des Notenspektrums zu bleiben, nicht selten zu sein. In diesem Zusammenhang liefert die Studie von Barrett u.a. (2012) einen bemerkenswerten Hinweis. In dieser Studie hatten 593 Lehramtsstudierende, Lehrer und Schuladministratoren 41 von den Forschern vorgegebene Verfehlungen der Berufsethik von Lehrkräften hinsichtlich ihres gravierenden/weniger gravierenden Charakters einzuschätzen. Es konnten vier unterschiedliche Felder von Verfehlungen identifiziert werden. Das Feld ‚Verbessern von Noten aufgrund von äußerem Druck bzw. das Vergeben von zu vielen guten Noten' erwies sich als dasjenige, in dem Verfehlungen vergleichsweise am wenigsten gravierend angesehen wurden.

Erörtert man die Selektions- und Beurteilungskultur einer einzelnen Schule in Verbindung mit den Aufgaben der Schulleitung, so wird vielfach auf die Notwendigkeit hingewiesen, eine möglichst *schuleinheitliche Benotungspolitik* zu erreichen. Voraussetzung hierfür ist die offene

Erörterung von Leistungsstandards und Beurteilungsgewohnheiten sowie eine Verständigung auf Ziele, welche die Schule bei der Schülerbeurteilung verfolgen will (vgl. Thomas, 1986).

4. Forschung zu besonderen Formen und Einzelproblemen des Beurteilens von Schülerleistungen

4.1 Wortzeugnisse

In den ersten beiden Jahren der Grundschule werden seit den 1970er Jahren statt der Ziffernzeugnisse sog. Wortzeugnisse von den Grundschullehrern erstellt; in manchen Gesamtschulen wird in den ersten Jahrgangsstufen ebenso verfahren. Solche ausführlichen, als Lernfortschrittsberichte angelegte Beschreibungen und Kommentierungen des Entwicklungsprozesses der Schüler sollen die vielfach beklagte Informationsarmut der Ziffernnote überwinden. Die Erstellung der Wortzeugnisse ist in den einzelnen Bundesländern durch spezielle Vorgaben und Erlasse geregelt: Es soll ein differenziertes Bild über die kognitive und soziale Entwicklung des Schülers erstellt werden, das sich nicht auf den Vergleich mit anderen Schülern (soziale Bezugsnorm), sondern auf Vergleiche der Entwicklung mit den schulischen Anforderungen (sachliche Bezugsnorm) sowie vor allem auf die personeninterne Entwicklung bezieht (individuelle Bezugsnorm). Lernfortschrittsberichte sollen realistisch und informativ, aber nicht festschreibend, sondern entwicklungsoffen und optimistisch-förderorientiert formuliert sein.

Seit der Einführung der Wortzeugnisse hat sich eine gewisse Forschungstradition etabliert, die die Art, die Qualität und die Wirkung dieser pädagogisch empfohlenen, anspruchsvollen Form der Schülerbeurteilungen untersucht hat (vgl. Benner & Ramseger, 1985; Ingenkamp, 1989; Hausser, 1991; Ulbricht, 1993; Möller & Köller, 1997; Beutel u.a., 2000; Beutel, 2005; Valtin, 2002; Jachmann, 2003). Einige der Ergebnisse seien hier referiert:

- Zunächst einmal ist die *Akzeptanz* von Wortzeugnissen bei Eltern und Schülern nicht allzu hoch und nimmt im Laufe der Grundschulzeit von Jahrgangsstufe zu Jahrgangsstufe ab. Wortzeugnisse sind bei allen Beteiligten hinsichtlich ihres Wertes umstritten – allerdings in unterschiedlichem Maße: Die deutlichste Indifferenz zeigen die Schüler.
- Zweitens wurde deutlich, dass die *Realität* der tatsächlich geschriebenen Wortzeugnisse den pädagogischen Anforderungen an Lernentwicklungsberichte nicht entspricht. Inhaltsanalysen zeigen, dass es – trotz vielfältiger anzuerkennender Bemühungen – häufig an individueller Differenziertheit mangelt, dass die Heranziehung der individuellen Bezugsnorm nicht durchgehalten wird, dass zu wenig Förderperspektiven aufgezeigt werden, dass es manchmal um die Verständlichkeit oft schlecht bestellt ist, dass die Aussagen zum Arbeits- und Sozialverhalten stark lehrerabhängig sind etc.
- Führen Wortzeugnisse zu einer adäquateren Lern- und Entwicklungsförderung als Ziffernnoten? Diese entscheidende Frage nach der *Wirkung* dieser Form von Schülerbeurteilung ist kaum untersucht worden; aufgrund der wenigen vorliegenden Befunde muss man sie alles in allem eher mit einem vorsichtigen Nein beantworten. In der Hamburger Studie von Lehmann u.a. (1997) ergaben sich leichte Vorteile für Schüler, die in der 4. Grundschulklasse Wortzeugnisse erhalten. In der vergleichenden Studie von Wagner und Valtin (2003) zeigte sich, dass es mit Blick auf ihren Lernprozess keinen wirklichen Unterschied macht, ob Grundschüler Ziffern- oder Wortzeugnisse bekommen. Insgesamt kann man sagen: Sowohl die Befürchtungen, mit Wortzeugnissen würde das Leistungsniveau sinken, als auch die

Hoffnungen, durch Wortzeugnisse würde eine deutliche und nachhaltige individuelle Förderung einsetzen, ließen sich nicht bestätigen (vgl. auch Jachmann, 2003).

Adäquate Wortzeugnisse setzen ein *sehr hohes Maß an diagnostischer Kompetenz* der Lehrer voraus: Lehrer müssen über die notwendigen Informationen und Vorgaben zur Erstellung von Wortzeugnissen verfügen, es muss kontinuierlich eine Dokumentation und Zwischenbetrachtung der Entwicklung der Schüler angefertigt werden, und es muss auf der Seite der Lehrerinnen ein begriffliches Rüstzeug vorhanden sein, um den spezifischen Entwicklungsstand von Schülern angemessen einschätzen zu können (diagnostische Kompetenz). Darüber hinaus müssen die verbalen Fähigkeiten zur Erstellung eines differenzierten, individuell abgestimmten Wortzeugnisses vorliegen, und es sollte in gewissen Abständen eine Überprüfung der Qualität der Wortzeugnisse durchgeführt werden. Insgesamt wird der Arbeitsaufwand für Wortzeugnisse von den Grundschullehrerinnen als sehr hoch eingeschätzt; der Ertrag ist gering bzw. überhaupt zweifelhaft – und für den größeren Teil der Schüler scheint es keine Rolle zu spielen, ob sie Ziffern- oder Wortzeugnisse bekommen.

4.2 Schulformempfehlungen am Ende der Grundschule

Aufgrund der äußeren Struktur des Schulsystems wird in Deutschland zum Ende der Grundschulzeit eine Verteilung der Schüler auf die verschiedenen Schulformen der Sekundarstufe vorgenommen. Dieser Übergang ist immer noch eine den weiteren Bildungsweg stark prägende (wenngleich den späteren Schulabschluss nicht mehr völlig bestimmende) Entscheidungssituation für gegenwärtig jährlich etwa 750.000 Viertklässler und deren Familien. Entsprechend groß ist der rechtliche, administrative und pädagogische Aufwand, der im Umfeld dieses Übertritts betrieben wird. Die Regelungen in den Bundesländern sehen dabei unterschiedlich aus; das Spektrum reicht von der Freigabe des Elternwillens bis hin zu einer an bestimmte Noten in den zentralen Fächern gebundenen verbindlichen Schulformempfehlung durch die abgebende Grundschule. Grundsätzlich geht es immer um die Balance zwischen dem Recht der Eltern und dem Recht der Schule bzw. des Staates, über den Bildungsweg eines Kindes zu entscheiden. Das prognostische Urteil bzw. die Schulformempfehlung der Grundschullehrerin ist im gesamten Prozess des Übergangs von der Grundschule zu den Sekundarschulen nur ein Element, aber sicherlich ein wichtiges (zum Lehrer als „Gatekeeper" vgl. Becker & Birkelbach, 2013). Generell gilt, dass Eltern in der Mehrzahl aller Fälle den Schulwahlempfehlungen der Grundschule folgen; bundesweit weichen lediglich 17 % der Eltern von der Empfehlung der Grundschule ab. Sofern ein Land durch Änderung der gesetzlichen bzw. institutionellen Regelungen den Elternwillen (wieder) freigibt oder (wieder) einschränkt, hat dies keinen nennenswerten Einfluss auf die Übergangsquoten (vgl. van Ophuysen, 2006a).

Über das Zustandekommen, die Qualität und die kurz- und langfristigen Folgen dieser Schulformempfehlung bzw. Schulformzuordnung ist relativ viel empirisch geforscht worden (vgl. als breite Forschungsübersicht und differenziertes Forschungsprojekt Maaz, Baumert, Gresch & McElvany, 2010). Das Ergebnis ist erstens, dass die Schulformempfehlung nur zum Teil mit der durch objektivierte Leistungstests festgestellten fachlichen Leistungsfähigkeit eines Viertklässlers zusammenhängt: Von denjenigen Schülern, die in einem mittleren Leistungsbereich liegen, erhalten 45,9 % jede denkbare Schulformempfehlung, oder anders: deren Schulformempfehlung ist aus der Test-Leistung überhaupt nicht zu prognostizieren! Zweitens leidet die Schulformempfehlung unter einer sehr starken herkunftsbedingten Verzerrung: Kinder aus bildungsnahen Milieus haben eine etwa 3,18-fach größere relative Chance auf eine Gymnasial*empfehlung* als diejenigen Kinder aus bildungsfernen Milieus, die über die gleichen kognitiven Grundvoraussetzungen und Lesekompetenzen verfügen. Sie haben darüber hinaus sogar eine 3,5-fach größere Chance, dass ihre Eltern auch *tatsächlich* für sie das Gymnasium wählen (Lintorf & Bos, 2007). Schichtspezifische Hintergrundfaktoren wirken sich dann besonders stark aus, wenn in einem Bundesland die Eltern die freie Schulwahl haben und bei einem Schüler keine Gymnasialempfehlung vorliegt. In einem solchen Fall haben Schüler aus wenig begünstigten und mittleren Bildungsmilieus auch bei mittleren Leistungen eine geringe Chance (zwischen 4-13 %), doch noch auf dem Gymnasium angemeldet zu werden, während Schüler aus bildungsnahen und sehr bildungsnahen Milieus auch bei mittleren Leistungen noch eine Chance zwischen 33-62 % haben, das Gymnasium zu besuchen (Maaz u.a., 2010, S. 174). Eine höhere Verbindlichkeit des Lehrerurteils in Verbindung mit einer objektivierenden Nachprüfung scheint „eine „dämpfende Wirkung“ auf soziale Disparitäten des Bildungsverhaltens zu haben (ibid., S. 13; sehr eindeutig in diesem Sinne auch Helbig & Gresch, 2013).

In einer Befragung von 236 Grundschullehrerinnen (McElvany, 2009) wurde der Frage nachgegangen, wie Grundschullehrerinnen ihre eigene Rolle bei der Entscheidung über die weiterführende Schulform *erleben*. Dabei zeigte sich, dass immer dann, wenn die Lehrerempfehlung eine hohe Bedeutung hat bzw. ihr diese hohe Bedeutung von der Lehrerin zugeschrieben wird, das Belastungserleben bei der Erstellung der Empfehlung höher ist. In den Kontexten, in denen der Elternwille bestimmender ist, geht das Belastungserleben zurück. Allerdings unterscheiden sich Lehrkräfte hinsichtlich der wahrgenommen Belastung durch das Erstellen von Empfehlungen für den Besuch weiterführender Schulen (zur Perspektive der Lehrer vgl. auch Pohlmann, 2008 sowie Gräsel & Wild, 2009).

Im Rahmen einer Untersuchung von Lintorf, Guill & Bos (2008) in Nordrhein-Westfalen (NRW) bei denjenigen 3.144 Grundschülern, deren Eltern im Jahre 2007 eine von der Schulwahlempfehlung der Lehrer *abweichende, höhere* Schulform anstrebten und deren Kind insofern an einem dreitägigen „Prognoseunterricht“ teilnehmen musste, zeigte sich, dass ein Drittel der Kinder, die eine Hauptschulempfehlung besaßen, jedoch zur Realschule gehen wollten, diese nach dem Prognoseunterricht dann auch erhielten. (Der Prognoseunterricht wurde in diesem Bundesland 2007 eingeführt, nach einem Regierungswechsel 2010 jedoch wieder abgeschafft und der Elternwille frei gegeben; vgl. auch Rotter & Krüger-Heiringhoff, 2012). Gut die Hälfte derjenigen Schüler, die eine Realschulempfehlung hatten, jedoch das Gymnasium anstrebten, hat dieses Ziel erreicht. Insgesamt wurden etwa 37 % der nach ‚oben‘ weisenden Schulformwünsche durch den Prognoseunterricht erfüllt. Inwiefern die via Prognoseunterricht ‚aufgestiegenen‘ Grundschüler an der gewünschten und erreichten Schulform auch tatsächlich erfolgreich sind und einen Abschluss machen, ist eine andere Frage. Ende der 1980er Jahre untersuchte Jürgens (1989) in Niedersachsen den Erfolg von Sekundarschülern auf der Basis der Schulformempfehlung am Ende der Orientierungsstufe (6. Jahrgangsstufe). Hier zeigte sich, dass 58,5 % der nicht empfohlenen Realschüler den Realschulabschluss erreichten, und 45 % der nicht für das Gymnasium empfohlenen Schüler das Abitur erwarben.

Van Ophuysen (2006a) macht darauf aufmerksam, dass das Lehrerurteil – auf alle in die weiterführenden Schulen wechselnden Grundschüler bezogen – „besser“ ist als das der Eltern. Man solle sich jedoch in solchen Untersuchungen lediglich auf diejenigen Fälle konzentrieren, bei denen die Lehrerempfehlung und der Elternwunsch strittig sind. Erst hier zeige sich, wer mit seinen Vorstellungen richtig liege, denn bei Übereinstimmung kann von vornherein davon ausgegangen werden, dass die spätere Erfolgsquote ziemlich hoch ist. Aufgrund konzeptioneller und methodischer Probleme könne jedoch die Prognosesicherheit der Grundschulempfehlung letztlich nicht präzise ermittelt werden, da viele Faktoren den Erfolg in der Sekundarschule beeinflussen, und schließlich sei es eine Sache gesellschaftlich-kultureller Entscheidungen und Konventionen, ob man 15 % oder 5 % Fehlzuweisungen akzeptieren wolle.

Hieran wird deutlich, dass die Schulformempfehlung der Grundschullehrerin einen sehr bedeutsamen Akt der Beurteilung der Situation und Entwicklungsmöglichkeit von Viertklässlern darstellt. In den allermeisten Fällen wird sie von den Eltern übernommen und erweist sich – ausweislich des späteren Schulerfolgs – mehrheitlich auch als „richtig". Die Entscheidung selbst ist jedoch sehr komplex und der weitere Verlauf des Bildungswegs von Schülern durch eine Vielzahl von weiteren personalen und institutionellen Faktoren geprägt, so dass spätere Bildungserfolge bzw. -misserfolge nicht mehr eindeutig und allein auf die „richtige" bzw. „falsche" Schulformempfehlung der Grundschullehrerin und/oder die „richtige" bzw. „falsche" Entscheidung der Eltern zurückgeführt werden können.

4.3 Beurteilung des Sozialverhaltens: „Kopfnoten"

Im Rahmen der Zensurengebung haben Lehrer die fachliche Leistung von Schülern zu beurteilen. Die Beurteilung von Eigenschaften der Person der Schüler sollte nicht in die Beurteilung der fachlichen Leistungen einfließen. Diese Zielsetzung ist, wie die Forschung zur interpersonalen Wahrnehmung deutlich gemacht hat (vgl. 3.1 und 3.2), faktisch nicht zu erreichen, da die vom Lehrer vollzogene *Leistungs*beurteilung implizit immer von einer *Personen*beurteilung beeinflusst ist. In der Grundschule gehört die Beurteilung der sozialen Entwicklung der Schüler explizit mit zu den Aufgaben der Lehrerinnen, die entsprechende Hinweise in Wortzeugnissen zu geben haben. Eine explizite Beurteilung von Verhaltensstilen bzw. Personeneigenschaften (Führung, Aufmerksamkeit, Betragen, Ordnung, Fleiß etc.) auf den Schulzeugnissen hat es noch bis in die frühen 1970er Jahre hinein in fast allen Bundesländern auch in Sekundarschulen gegeben, und zwar in Form von Ziffernnoten (zur Geschichte der Verhaltensbeurteilung durch Lehrkräfte vgl. Halfpap, 2010). Da diese Noten oberhalb der Fachnoten den „Kopf" eines Zeugnisses bilden, hat sich für sie der Name „Kopfnoten" eingebürgert.

Seit ca. 10 Jahren sind solche „Kopfnoten" schrittweise und in unterschiedlicher Gestalt wieder eingeführt, z.T. (von Bayern) aber auch wieder abgeschafft worden. In NRW wurden sie 2007 eingeführt und nach einem Regierungswechsel 2010 wieder abgeschafft. Die Arbeitgeberseite hat schon immer eine Beurteilung des schulischen Sozial- und Arbeitsverhaltens eingefordert; allerdings verzichten manche Bundesländer in Abgangszeugnissen auf Kopfnoten. Angesichts der Tendenz eines beachtlichen Teils der öffentlichen Schuldebatte, allgemeine Probleme des Schulsystems zu personalisieren und auf Disziplinprobleme, mangelnde Arbeitsmoral, problematisches Sozialverhalten, Charakterschwäche etc. der Schüler zurückzuführen, traf und trifft die Wiedereinführung von Kopfnoten im allgemeinen auf eine sehr breite Zustimmung: Lt. einer vom *Verband Bildung und Erziehung* (VBE) 1999 durchgeführten Befragung von 17.000 Erwachsenen halten 90 % der Befragten die Einführung von Kopfnoten für sinnvoll (vgl. im Brahm, 2006, dort auch Übersicht zur damaligen Situation in den Bundesländern).

In der erziehungswissenschaftlichen Fachdiskussion sind Kopfnoten umstritten (dagegen: Arnold & Vollstädt, 2001; im Brahm, 2006; Frey & Bonsen, 2013; eher verteidigend, etwa weil der Ausweis fachübergreifende Kompetenzen und Schlüsselqualifikationen wichtig sei: Solzbacher, 2001 und Susteck, 1999; dort auch eine Gegenüberstellung von Pro- und Contra-Argumenten). Man kann Kopfnoten mit dem Hinweis verteidigen, dass personenbezogene Bewertungen unausweichlich in die Leistungsbeurteilung einfließen und diese gewissermaßen verunreinigen. Kopfnoten würden demgegenüber die Möglichkeit bieten, unbeeinflusste, reine Leistungsnoten zu erhalten, da die Beurteilung des allgemeinen schulrelevanten Verhaltens und schulbezogener Haltungen eben in der Kopfnote unterzubringen sei. Angesichts der weiter oben referierten Ergebnisse der empirischen Forschung zur Sozialpsychologie des Lehrerurteils (vgl. 3.1 und 3.2) ist eine solche Trennung aber nicht möglich. Ebenso kann verteidigend angeführt werden, dass personenbezogenen Rückmeldungen (Kopfnoten) eine Informations- und Förderfunktion im Bereich des Arbeits- und Sozialverhaltens für die Schüler haben können; auch dies ist jedoch nicht bewiesen. Generell stehen hinter der Debatte um Kopfnoten unterschiedliche Auffassungen darüber, was Schule und Unterricht erreichen und bewerten sollen und können – oder nicht, und was Lehrerinnen und Lehrer demgemäß an Schülern beurteilen müssen, dürfen und können – oder eben gerade nicht.

Forschung zu der Art und Weise, wie Lehrer Kopfnoten bilden bzw. wie sich das Bild der Kopfnoten auf aggregierter Ebene darstellt, liegt nur äußerst begrenzt vor. In Niedersachsen hat Thomas (2001, 2004, 2008) mehrere Auswertungen bzw. Befragungen durchgeführt. An fünf ausgewählten Schulen in Niedersachsen wurden alle Kopfnoten anonym ausgewertet; die Analyse umfasste 3.512 Schüler. Dabei zeigte sich, dass in 60-80 % der Fälle die Noten (bei Sozialverhalten und Arbeitsverhalten) auf der zweitobersten Stufe („entspricht den Erwartungen in vollem Umfang") lagen. Zwischen den Schulformen bestanden zwar Differenzen, die jedoch bei den einzelnen Beurteilungsdimensionen uneinheitlich waren. Generell gebe es eine sehr klare Tendenz zur Mitte, d.h. zu insgesamt wenig riskanten Beurteilungen im leicht positiven Bereich. Zusätzlich wurden 26 Schulleiter zur Praxis der Kopfnotenvergabe befragt. Nach deren Aussagen wurde in den Sekundarschulen deren Einführung eher begrüßt, wohingegen in Grund- und Förderschulen eher Ablehnung herrschte. Nachdem in Niedersachsen die Vorgaben für das Erteilen von Kopfnoten leicht geändert worden sind, hat sich bei der erneuten Durchführung der Studie (Kopfnoten von 2.350 Schülern) die Tendenz zur Mitte nicht abgeschwächt; die Neigung zu einem eher milden, positiven Urteil hat sich sogar noch verstärkt. Die Bewertungen wurden von Jahrgangsstufe 5 bis 9 allerdings zunehmend kritischer. Systematische Unterschiede zwischen Schulformen gab es erneut kaum; demgegenüber berichtet Thomas von sehr großen Unterschieden in der Bewertung zwischen einzelnen Schulen unabhängig von der Schulform.

Auf der Basis einer Teilstichprobe (N = 3.431) aus der TIMS-Studie 2007 zur Grundschule sind Frey und Bonsen (2013) dem Pro-Argument für Kopfnoten nachgegangen, dem zufolge gerade schwächere Schüler durch positive „Kopfnoten" eine Chance auf ein schulisches Erfolgserlebnis haben. Es zeigte sich ein mittlerer bis starker Zusammenhang zwischen Fachnoten und kopfnotennahen Einschätzungen des Arbeits- und Sozialverhaltens durch Lehrkräfte. Nur ca. 20 % der fachleistungsschwachen Schüler erhalten eine demgegenüber positivere Einschätzung ihres Arbeits- und Sozialverhaltens. Insofern ist die „Chance" schwächerer Schüler auf eine kompensierende bessere Kopfnote eher gering.

Die oben belegte starke Tendenz der Lehrer zur Vergabe von „Kopfnoten" in der oberen Mitte spiegelt die Verunsicherung der Lehrerschaft wider, die große Schwierigkeiten und in vielen Fällen – insbesondere in Grund- und Förderschulen – auch Skrupel zu haben scheint, eine Ziffernbenotung des Sozial- und Arbeitsverhaltens durchzuführen. Nach der Einführung von Kopfnoten in NRW hat sich gezeigt, dass Lehrerkollegien hier ebenfalls vielfach pauschale, konfliktvermeidende und arbeitsentlastende Lösungen gefunden haben, um diese Aufgabe zu bewältigen. Auch auf Seiten der Bildungspolitik und Bildungsverwaltung scheinen Unsicherheiten angesichts der Kopfnoten zu bestehen, denn die schulaufsichtlichen Vorgaben werden in kurzen Abständen geändert (z.B. Niedersachsen). Manche Bundesländer, die Kopfnoten schon länger eingeführt haben, schaffen sie wieder ab (Bayern), andere, die sie Jahrzehnte nicht hatten, führen sie ein, um dann sofort nachzusteuern bzw. sie wieder abzuschaffen (NRW). Angesichts solcher schwankenden Voraussetzungen und einer fortlaufenden Änderung der administrativen

Vorgaben ist es letztlich schwierig, wenn nicht unmöglich, zuverlässige und stabile forschungsgestützte Erkenntnisse zu diesem ständig umstrittenen Bereich der Schülerbeurteilung zu erhalten.

4.4 Wie erlernt man das Beurteilen – die Ausbildungsperspektive

In vielen Befragungen von erfahrenen Lehrern wird immer wieder deutlich, dass sie sich durch ihre Ausbildung nicht angemessen auf das Beurteilen von Schülerleistungen vorbereitet sehen. Es wird immer wieder darüber berichtet, dass man sich diesen Teil der beruflichen Tätigkeit in den ersten Berufsjahren mehr oder weniger selbst habe aneignen müssen. In der universitären Phase der Lehrerbildung sind die erziehungswissenschaftlichen Studienanteile traditionell eher schmal. Hinzu kommt, dass es kaum Pflichtelemente enthält, sondern inhaltlich weitestgehend in Wahlbereiche gegliedert ist. Somit hängt es vom Lehrangebot und vom Interesse sowie den studienorganisatorischen Möglichkeiten der Studierenden ab, ob sie sich mit dem Thema Schülerbeurteilung in Vorlesungen oder Seminaren befasst haben bzw. haben befassen können. Praktika bieten immerhin die Möglichkeit, Schülerbeurteilung beim betreuenden Lehrer zu beobachten bzw. in einem gewissen Maße mitzugestalten und auf diese Weise an die Aufgabe herangeführt zu werden. Viele berufliche Kompetenzen werden eben erst bei Berufseinstig bzw. im Berufsleben selbst ausgebildet.

Wie zeigt sich dies im Bereich der Fähigkeit zur Schülerbeurteilung? Urteilen Berufsanfänger anders als erfahrene Lehrkräfte? Van Ophuysen (2006b) untersuchte die Frage, ob sich erfahrene Grundschullehrkräfte bei der Erstellung einer Schulformempfehlung von unerfahrenen Lehrern (Lehramtsstudierenden) unterscheiden. Versuchspersonen sollten zu einem fiktiv konstruierten Schüler, dessen Eigenschaften beschrieben wurden, eine Schulformempfehlung (Hauptschule/Realschule/Gymnasium) abgeben. Z.T. waren in diese Beschreibung des Schülers auch inkonsistente Informationen eingelagert. Es zeigte sich, dass Lehramtsstudierende eine deutlich stärkere Tendenz zum Aussprechen einer Gymnasialempfehlung hatten als erfahrene Grundschullehrerinnen. Zugleich wurde deutlich, dass Lehramtsstudierende stärker an ihrem ersten Urteil festhielten, nachdem sie diesem ersten Urteil entgegenstehende Hinweise zur Kenntnis genommen hatten, als dies bei erfahrenen Grundschullehrerinnen der Fall ist. Letztere korrigierten ihr Urteil, sobald deutlich anders gerichtete Hinweise auftraten. Generell, so vermutet van Ophuysen, scheinen Lehramtsstudierende von einem größeren pädagogischen Optimismus getragen zu sein als erfahrene Grundschullehrerinnen.

Die Studie belegt deutlich, dass es kennzeichnende Unterschiede zwischen Nicht-Experten und Experten für Schülerbeurteilung gibt, die mit den allgemeinen Ergebnissen der Experten-Forschung übereinstimmen. Es kann daraus geschlossen werden, dass Berufserfahrung zu einem Experten-Status führen kann. van Ophuysen plädiert dafür, in der Lehrerausbildung diese Zusammenhänge offenzulegen und zweitens dafür zu sorgen, dass Grundschullehrerinnen systematisch, d.h. von Amts wegen über die langfristige Richtigkeit oder Unrichtigkeit ihrer Schulformempfehlungen, d.h. über den weiteren Bildungsweg ihrer ehemaligen Schüler, informiert werden.

Auch Krolak-Schwerdt und Rummer (2005; vgl. auch Krolak-Schwerdt, Böhmer & Gräsel, 2012) konnten im Rahmen eines Experiments zeigen, dass erfahrene Lehrer (32 Gesamtschullehrer mit mindestens fünfjähriger Berufserfahrung) insbesondere, wenn es um Leistungsprognosen geht, eine deutlich differenziertere Sichtweise bzw. Beurteilung an den Tag legen als Laien (32 Studierende der Naturwissenschaften).

In ihrer Studie zu den Erfahrungen von Lehramtsstudierenden im Schulpraktikum konnte Hascher (2008) feststellen, dass viele Praktikanten zunächst die Verstehensfähigkeit der Schüler überschätzen und sich insofern dann auf einen anderen Sprach- und Darstellungsstil einzustellen haben. Diese Diskrepanz-Erfahrung führt zunächst zu Verunsicherungen. Hieran schließt sich die Suche nach Möglichkeiten an, wie diese Diskrepanz verringert werden kann: Beratung durch den betreuenden Lehrer, genauere Beobachtung der Schülerreaktionen, Gespräche mit anderen Praktikanten. Durch praktische Erfahrung, durch Versuch und Irrtum stimmten die Praktikanten schrittweise ihre Ansprüche und ihre Verhaltensweisen auf die Schüler und deren Verstehensfähigkeit ab – ein Prozess, der fundamental ist für die allmähliche Gewinnung einer Lehrerperspektive bzw. für den Aufbau von Unterrichtskompetenz. Auf diese Weise, *durch praktische Erfahrungsbildung*, wird gelernt, wie man das Leistungsniveau von Klassen und Schülern angemessen einschätzt und entsprechende Leistungsbeurteilungen erzeugt. Eine Klasse, eine Schülergruppe und einzelne Schüler müssen zunehmend besser, adäquater und differenzierter ‚gelesen' werden, damit eine Abstimmung des eigenen Unterrichtens auf die Bedingungen der jeweiligen Klasse bzw. einzelner Schüler(-gruppen) in dieser Klasse erfolgen kann. Kontextbedingt kann hierzu die erste, universitäre Phase der Lehrerbildung noch sehr wenig beitragen. Sie kann allerdings Wissenshintergründe vermitteln und punktuell Praktikumserfahrungen ermöglichen.

5. Förderndes Beurteilen als Handlungsaufgabe und Forschungsfeld

Zweifellos ist insbesondere in der erziehungswissenschaftlichen, aber auch in der psychologisch-diagnostischen Fachliteratur ein Übergang von der bislang dominierenden selektions- und präzisionsorientierten Perspektive auf Schülerbeurteilung (Wie kann eine möglichst präzise, zuverlässige Einteilung von Schülern nach Leistung vorgenommen werden?) zu einer an individueller Diagnose und Förderung orientierten Perspektive festzustellen (Wie kann ein möglichst differenziertes Bild der individuellen Stärken und Schwächen von Schülern erhoben werden, damit eine darauf abgestimmte Förderung möglich wird?). Dies entspricht der in Abschnitt 2 im Anschluss an Shepard (2001) erwähnten Paradigmenerweiterung im *educational assesment*. Es handelt sich um eine Verschiebung der Schwerpunktsetzung. Das bedeutet, dass *beide* Formen des diagnostisch-beurteilenden Blicks auf Schüler und Schülerleistungen bestehen bleiben und pädagogisch ebenso legitim wie notwendig sind. Die Selektions- und Berechtigungsperspektive gilt zuallererst für gravierende Entscheidungen zu Bildungslaufbahnen, Berechtigungen und Zugängen. Die Diagnose- und Förderungsperspektive bezieht sich demgegenüber vor allem auf die Ebene des Unterrichts, auf die Aufgabenstruktur des Lehrerhandelns. Auf dieser Ebene wird das neue, didaktisch ausgerichtete Beurteilen von einem neuen Verständnis von Lernen in der Schule getragen, das – plakativ formuliert – die Aneignung großer Wissensmengen zum Zweck des möglichst erfolgreichen Bestehens von Wissenstests in Richtung auf ein stärker verstehendes, problemlösendes, selbstorganisiertes Lernen der Schüler überwindet.

Dieses neue Verständnis von Schullernen erfordert ein hohes Maß an innerer Differenzierung und Individualisierung des Lernens im Klassenzimmer. Und es macht eine neue Form des Umgangs mit individuellen Lernvoraussetzungen, Lernstilen und Schülerleistung und deren Beurteilung notwendig. *Fördernde Schülerbeurteilung* ist das programmatische Stichwort. Diese kann nur gelingen, wenn auf der Seite des Lehrers drei Fähigkeiten vorhanden sind: Erstens muss er in der Lage sein, die Lernausgangslage jedes einzelnen Schülers zu erfassen, zweitens muss er ein vielfältiges unterrichtliches (didaktisch-methodisches) Handlungsrepertoire beherrschen, dessen Elemente er – drittens – passgenau an die erhobene Lernausgangslage von Schülern adaptiert. Erst wenn diese Voraussetzungen erfüllt sind, kann sich die hohe lerndiagnostische Kompetenz des Lehrers für die Schüler tatsächlich lernfördernd auswirken. Der Aspekt der

Förderung bezieht sich jedoch nicht nur auf die Schüler, sondern auch auf den Lehrer: Die Bewertung des Lernens und der Lernfortschritte von Schülern soll zugleich eine wichtige Information an den Lehrer selbst hinsichtlich der Qualität seines Unterrichts sein. In diesem Sinne ist die neue Form der lerndiagnostischen Schülerbeurteilung auch ein Beitrag zur Weiterentwicklung der Qualität von Unterricht.

Diese didaktische und schulpädagogische *Programmatik* und die empfohlene *Praxis* des fördernden Beurteilens sind in Lehrbüchern und Handreichungen dargestellt worden (vgl. Winter, 2006; Buholzer, 2006; Wiggins, 1998; Kliemann, 2008; Dinges, 2002). Aus der Sicht der anlaufenden *Forschung* zur Praxis des fördernden Beurteilens lassen sich bislang zwar Fragen formulieren, aber noch keine Antworten geben: Wie weit wird die starke Betonung der fördernden Aufgabenstellung von Lehrern in ihren Überzeugungen und Haltungen akzeptiert? Sind entsprechende (auf den Schüler und auf die eigene Tätigkeit) bezogene diagnostische Fähigkeiten vorhanden? In welchen Fächern und Schulformen wird die Programmatik am ehesten im Handeln umgesetzt? Welche erwünschten und unerwünschten Effekte treten ein?

Literatur

Arnold, K.-H. & Vollstädt, W. (2001). Arbeits- und Sozialverhalten in der Schule. Möglichkeiten und Grenzen ihrer Beurteilung durch „Kopfnoten". *Die deutsche Schule, 93*(2), 199-209.

Barrett, D. E., Casey, J. E., Visser, R. D. & Headley, K. N. (2012). How do teachers make judgments about ethical and unethical behaviors? Toward the development of a code of conduct for teachers. *Teaching and Teacher Education, 28*(6), 890-898.

Becker, D. & Birkelbach, K. (2013). Lehrer als Gatekeeper? Eine theoriegeleitete Annäherung an Determinanten und Folgen prognostischer Lehrerurteile. In R. Becker & A. Schulze (Hrsg.), *Bildungskontexte* (S. 207-237). Wiesbaden: Springer.

Benner, D. & Ramseger, J. (1985). Zwischen Ziffernzensur und pädagogischem Entwicklungsbericht: Zeugnisse ohne Noten in der Grundschule. *Zeitschrift für Pädagogik, 31*(2), 151-174.

Beutel, S.-I. (2005). *Zeugnisse aus Kindersicht: Kommunikationskultur an der Schule und Professionalisierung der Leistungsbeurteilung.* München: Juventa.

Beutel, S.-I., Jachmann, M., Lütgert, W., Tillmann, K.-J. & Vollstädt, W. (2000). *Noten oder Berichte – die schulische Beurteilungspraxis in der Sichtweise von Schülern, Lehrern und Eltern.* Hamburg.

Birkel, P. & Birkel, Cl. (2002). Wie einig sind sich Lehrer bei der Aufsatzbeurteilung? Eine Replikationsstudie zur Untersuchung von Rudolf Weiss. *Psychologie in Erziehung und Unterricht, 49*(3), 219-224.

Breidenstein, G. (2006). *Teilnahme am Unterricht. Ethnographische Studien zum Schülerjob.* Wiesbaden: VS-Verlag.

Breidenstein, G. (2012). *Zeugnisnotenbesprechung. Zur Analyse der Praxis schulischer Leistungsbewertung.* Opladen: Budrich.

Brookhart, S. M. (1993). Teachers' grading practices: Meaning and values. *Journal of Educational Measurement, 30*(2), 123-142.

Brookhart, S. M. (1994). Teachers' grading: Practice and theory. *Applied Measurement in Education, 7*(4), 279-301.

Brookhart, S. M. (2003). Developing measurement theory for classroom assessment purposes and uses. *Educational Measurement: Issues and Practice, 22*(4), 5-12.

Brookhart, S. M. (2004). Classroom assessment: Tensions and intersections in theory and practice. *Teachers College Record, 106*(3), 429-458.

Brookhart, S. M. (2013). The use of teacher judgement for summative assessment in the United Staates: Weighed in the balance and (often) found wanting. *Assessment In Education: Principles, Policy & Practice, 20*(1), 69-90.

Brophy, J. E. & Good, Th. L. (1976). *Die Lehrer-Schüler-Interaktion.* München: Urban & Schwarzenberg.

Buholzer, A. (2006). *Förderdiagnostisches Sehen, Denken und Handeln: Grundlagen, Erfassungsmodell und Hilfsmittel. Module der Lehrerbildung.* Ulm: Auer.

Cizek, G. J., Fitzgerald, S. M. & Rachor, R. E. (1995). Teachers' assessment practices: Preparation, isolation and the kitchen sink. *Educational Assessment, 3*(2), S. 159-179.

Dinges, E. (2002). *Systematische Beurteilung und Förderung schulischer Leistungen.* Horneburg: Persen.

Feinberg, A. B. & Shapiro, E. S. (2009). Teacher accuracy: An examination of teacher-based judgements of students' reading with different achievement levels. *Journal of Educational Research, 102*(6), 453-462.

Frey, Chr. & Bonsen, M. (2013). Zur Diskussion von Kopfnoten als „Chance" für Schüler mit schlechten Fachnoten. In K. Schwippert, M. Bonsen & N. Berkemeyer (Hrsg.), *Schul- und Bildungsforschung. Diskussionen, Befunde und Perspektiven.* Festschrift für Wilfred Bos (S. 91-110). Münster: Waxmann.

Gellert, U. & Hümmer, A.-M. (2008). Soziale Konstruktion von Leistung im Unterricht. *Zeitschrift für Erziehungswissenschaft, 11*(2), 288-311.

Georgiou, St. N. (2008). Beliefs of experienced and novice teachers about achievement. *Educational Psychology, 28*(2), 119-131.

Gipps, C. (1999). Socio-cultural aspects of assessment. *Review of Research in Education, 24(1)*, 355-392.

Gräsel, C. & Wild, E. (Hrsg.) (2009). Thementeil: Übergänge. *Unterrichtswissenschaft, 37*(4), 290-346.

Gustafsson, J.-E. & Erickson, G. (2013). To trust or not to trust? Teacher marking versus external marking of national tests. *Educational Assessment: Evaluation and Accountability, 25*(1), 69-87.

Harding, K. & Hall, A. (2002). Levels descriptions and teacher assessment in England: Towards a community of assessment practice. *Educational Research, 44*(1), 1-15.

Halfpap, K. (2010). Verhaltensbeurteilung in der Leistungsgesellschaft im historischen Kontext. *Erziehungswissenschaft und Beruf, 58*(1), 3-29.

Harlen, W. (2005). Trusting teachers' judgement: Research evidence of the reliability and validity of teachers' assessment used for summative purposes. *Research Papers in Education, 20*(3), 245-270.

Hascher, T. (2008). Diagnostische Kompetenzen von Lehrpersonen. In C. Kraler & M. Schratz (Hrsg.), *Wissen erwerben, Kompetenzen entwickeln. Modelle zur kompetenzorientierten Lehrerbildung* (S. 71-86). Münster: Waxmann.

Hausser, K. (1991). Verbalbeurteilung in Schulzeugnissen. Eine psychologische Inhaltsanalyse. *Die deutsche Schule, 83*(3), 348-359.

Helbig, M. & Gresch, C. (2013). Soziale Spaltung am Ende der Grundschule. Wo Eltern das letzte Wort haben, kommen noch weniger Arbeiterkinder aufs Gymnasium. *WZBrief Bildung*, Nr. 26, Dezember 2013.

Hesse, I. & Latzko, B. (2009). *Diagnostik für Lehrkräfte.* Opladen: Budrich.

Hofer, M. (1986). *Sozialpsychologie erzieherischen Handelns. Wie das Denken und Verhalten von Lehrern organisiert ist.* Göttingen: Hogrefe.

Hoge, R. D. & Coladarci, T. (1989). Teacher-based judgements of academic achievement: A review of literature. *Review of Educational Research, 59*(3), 297-313.

Hosenfeld, I. & Schrader, F.-W. (Hrsg.) (2006). *Schulische Leistung. Grundlagen, Bedingungen, Perspektiven.* Münster: Waxmann.

im Brahm, G. (2006). Kopfnoten in der Schule. Relevante Informationen oder zusätzliche ohne neue soziale Sel*ektion? Die deutsche* Schule, *98*(3), 351-362.

Ingenkamp, K. (Hrsg.) (1971). *Die Fragwürdigkeit der Zensurengebung* (9. Auflage 1995). Weinheim: Beltz.

Ingenkamp, K. (1989). Zeugnisse und Zeugnisreformen in der Grundschule aus der Sicht empirischer Pädagogik (S. 95-126). In K. Ingenkamp, *Diagnostik in der Schule.* Weinheim: Beltz.

Ingenkamp, K. & Laux, H. (1990). *Geschichte der pädagogischen Diagnostik.* 2 Bände. Weinheim: Beltz.

Ingenkamp, K. & Lissmann, U. (2008). *Lehrbuch der Pädagogischen Diagnostik* (6. Auflage). Weinheim: Beltz.

Jachmann, M. (2003). *Noten oder Berichte? Die schulische Beurteilungspraxis aus der Sicht von Schülern, Lehrern und Eltern.* Opladen: Leske & Budrich.

Jäger, R. S. (2001). *Von der Beobachtung zur Notengebung. Ein Lehrbuch.* Landau: Verlag Empirische Pädagogik.

Jürgens, E. (1989). Lehrer empfehlen – Eltern entscheiden. Die Bewährung empfohlener und nichtempfohlener Orientierungsstufenschüler im weiterführenden Schulsystem. *Die deutsche Schule, 81*(3), 388-400.

Jürgens, E.& Sacher, W. (2008). *Leistungserziehung und Pädagogische Diagnostik in der Schule.* Stuttgart: Kohlhammer.

Kain, D. L. (1996). Looking beneath the surface: Teacher collaboration through the lens of grading practices. *Teachers College Record, 97*(4), 569-585.

Kalthoff, H. (1996). Das Zensurenpanoptikum. Eine ethnographische Studie zur schulischen Bewertungspraxis. *Zeitschrift für Soziologie, 25*(2), 106-124.

Kalthoff, H. (2000). „Wunderbar, richtig". Zur Praxis des mündlichen Bewertens im Unterricht. *Zeitschrift für Erziehungswissenschaft, 3*(3), 429-446.

Klieme, E. (2003). Benotungsmaßstäbe an Schulen: Pädagogische Praxis und institutionelle Bedingungen. Eine empirische Analyse auf der Basis der PISA-Studie. In H. Döbert u.a. (Hrsg.), *Bildung vor neuen Herausforderungen* (S. 195-210). Neuwied: Luchterhand.

Kliemann, S. (Hrsg.) (2008). *Praxisbuch: Diagnostizieren und Fördern in der Sekundarstufe I.* Berlin: Scriptor.

Krolak-Schwerdt, S. & Rummer, R. (2005). Der Einfluss von Expertise auf den Prozess der schulischen Leistungsbeurteilung. *Zeitschrift für Entwicklungspsychologie und Pädagogische Psychologie, 37*(4), 205-213.

Krolak-Schwerdt, Böhmer, M. & Gräsel, C. (2012). Leistungsbeurteilung von Schulkindern. Welche Rolle spielen Ziele und Expertise der Lehrkraft? *Zeitschrift für Entwicklungspsychologie und Pädagogische Psychologie, 44*(3), 111-122.

Lave, J. & Wenger, E. (1991). *Situated learning: Legitimate peripheral participation. Learning in doing: Social, cognitive and computational perspectives.* Cambridge: Cambridge University Press.

Lehmann, R., Peek, R. & Gänsfuß, R. (1997). *Aspekte der Lernausgangslage von Schülerinnen und Schülern in fünften Klassen an Hamburger Schulen (LAU).* Hamburg.

Lekholm, A. K. & Cliffordson, Chr. (2008). Discrepancies between school grades and test scores at individual and school level: Effects of gender and family background. *Educational Research and Evaluation, 14*(2), 181-199.

Lissmann, U. (1992). Schülerbeurteilung – Bestandsaufnahme und Perspektive. In K. Ingenkamp u.a. (Hrsg.), *Empirische Pädagogik 1970–1990, Band II* (S. 544-558). Weinheim: Dt. Studien-Verlag.

Lintorf, K. & Bos, W. (2007). Prognoseunterricht. Das neue Übergangsverfahren in NRW. *Forum Schule, 8*(1), 14-15.

Lintorf, K., Guill, K. & Bos, W. (2008). Grundschulübergang in Nordrhein-Westfalen. Einflussfaktoren auf das Lehrerurteil im Prognoseunterricht. In E.M. Lankes (Hrsg.), *Pädagogische Professionalität als Gegenstand empirischer Forschung* (S. 99-110). Münster: Waxmann.

Lüders, M. (2001a). Dispositionsspielräume im Bereich der Schülerbeurteilung. Auch ein Beitrag zur Professions- und Organisationsforschung. *Zeitschrift für Pädagogik, 47*(2), 217-234.

Lüders, M. (2001b). Probleme von Lehrerinnen und Lehrern mit der Beurteilung von Schülerleistungen. *Zeitschrift für Erziehungswissenschaft, 4*(3), 457-474.

Maaz, K., Baumert, J., Grech, C. & McElvany, N. (Hrsg.) (2010). Der Übergang von der Grundschule in die weiterführende Schule. Leistungsgerechtigkeit und regionale, soziale und ethnisch-kulturelle Disparitäten. Bonn: BMBF.

McElvany, N. (2009). Die Übergangsempfehlung von der Grundschule auf die weiterführende Schule im Erleben der Lehrkräfte. *Unterrichtswissenschaft, 37*(4), 311-329.

McMillan, J. H. (2013) (Ed.). *Handbook of research on classroom assessment.* London: Sage.

Möller, J. & Köller, O. (1997). Kontexteffekte in Berichtszeugnissen. *Psychologie in Erziehung und Unterricht, 44*(3), 187-196.

Moss, P. A. (1996). Enlarging the dialogue in educational measurement: Voices from interpretive research traditions. *Educational Researcher, 25*(1), 20-28.

Niehues, N. (2004). *Schul- und Prüfungsrecht. Band 2. Prüfungsrecht.* München: Beck.

Nitko, A.J. (2004). *Educational assessment of students* (4th ed.). Upper Saddle River, NJ: Pearson/ Merrill Prentice-Hall

Nuthall, G. A. (2007). *The hidden lives of learners.* Wellington: New Zealand Council for Educational Research.

O'Sullivan, R. G. & Chalnik, M. K. (1991). Measurement-related course work requirements for teacher certification and recertification. *Educational Measurement: Issues and Practice, 10*(1), 17-19,23.

Pohlmann, S. (2008). Der Übergang von der Primar- in die Sekundarstufe aus der Sicht bayerischer und hessischer Lehrer. *Diskurs Kindheits- und Jugendforschung, 3*(2), 123-140.

Pope, N., Green, S. K., Johnson, R. L. & Mitchell, M. (2009). Examining teacher ethical dilemmas in classroom assessment. *Teaching and Teacher Education, 25*(5), 778-782.

Praetorius, A.-K, Lipowsky, F. & Karst, K. (2012). Diagnostische Kompetenz von Lehrkräften. Aktueller Forschungsstand, unterrichtspraktische Umsetzbarkeit und Bedeutung für den Unterricht. In R. Lazarides & A. Ittel (Hrsg.), *Differenzierung im mathematisch-naturwissenschaftlichen Unterricht* (S. 115-146). Bad Heilbrunn: Klinkhardt.

Roeder, P. M., Baumert, J., Sang, F. & Schmitz, B. (1986). Über Zusammenhänge zwischen Zensur und Testleistung. In H. Petillon, W. Wagner & B. Wolf (Hrsg.) *Schülergerechte Diagnose: Theoretische und empirische Beiträge zur pädagogischen Diagnostik.* Festschrift zum 60. Geburtstag von Karlheinz Ingenkamp (S. 31-59). Weinheim: Beltz.

Rotter, C. & Krüger-Heiringhoff, O. (2012). Beobachten und Entscheiden: Der Prognoseunterricht in NRW aus der Sicht der beteiligten Lehrkräfte. *Zeitschrift für Grundschulforschung, 5*(1), 21-33.

Rosenthal, R. & Jacobson, L. (1971; amerik. Orig. 1968). *Pygmalion im Unterricht. Lehrererwartungen und Intelligenzentwicklung der Schüler.* Weinheim: Beltz.

Sabbagh, C., Resh, N, Mor, M. & Vanhuysse, P. (2006). Spheres of justice within schools: Reflections and evidence on the distribution of educational goods. *Social Psychology of Education, 9*(2), 97-118.

Schrader, F.-W. (1997). Lern- und Leistungsdiagnostik im Unterricht. In F. E. Weinert (Hrsg.), *Enzyklopädie der Psychologie. Pädagogische Psychologie, Band III: Psychologie des Unterrichts und der Schule* (S. 659-699). Göttingen: Hogrefe.

Schrader, F.-W. & Helmke, A. (2001). Alltägliche Leistungsbeurteilung durch Lehrer. In F. E. Weinert (Hrsg.), *Leistungsmessungen in Schulen* (S. 45-58). Weinheim: Beltz.

Schweer, M. K. W. (Hrsg.) (2008). *Lehrer-Schüler-Interaktion. Inhaltsfelder, Forschungsschwerpunkte und methodische Zugänge.* Wiesbaden: VS-Verlag.

Schweizer, K. (Hrsg.) (2006). *Leistung und Leistungsdiagnostik.* Heidelberg: Springer.

Shay, S. B. (2004). The assessment of complex performance: A socially situated interpretive act. *Harvard Educational Review, 74*(3), 307-329.

Shepard, L. A. (2001). The role of classroom assessment in teaching and learning. In V. Richardson (Ed.), *Handbook of research on teaching.* (4th ed., pp. 1066-1101). Washington: American Educational Research Association.

Solzbacher, C. (2001). Zwischen Verhalten, Arbeitstugenden und Kompetenzen: Kopfnoten und die Bewertung von Schlüsselqualifikationen. In C. Solzbacher, Chr. Freitag (Hrsg.), *Anpassen, verändern, abschaffen? Schulische Leistungsbewertung in der Diskussion* (S. 77-104). Bad Heilbrunn: Klinkhardt,.

Stiggins, R. J. & Conklin, N. F. (1992). *In teachers' hands. Investigating the practices of classroom assessment.* Albany: State University of New York Press.

Streckeisen, U., Hänzi, D. & Hungerbühler, A. (2007). *Fördern und Auslesen. Deutungsmuster von Lehrpersonen zu einem beruflichen Dilemma.* Wiesbaden: VS-Verlag.

Südkamp, A., Kaiser, J. & Möller, J. (2012). Accuracy of teachers' judgements of students' academic achievement: A meta-analysis. *Journal of Educational Psychology, 104*(3), 743-762.

Susteck, H. (1999). Die Renaissance der Kopfzensuren. *Die Realschule, 107*(8), 12-17.

Terhart, E. (1999). Zensurengebung und innerschulisches Selektionsklima – die Rolle der Schulleitung. *Zeitschrift für Soziologie der Erziehung und Sozialisation, 19*(3), 277-297.

Terhart, E. (2008). Giving marks: Constructing differences. Explorations in the micro-politics of selection in schools. In H.-H. Krüger et al. (Eds.), *Family, school, youth culture. International perspectives of pupil research* (pp. 151-161). Frankfurt/New York: Lang.

Terhart, E., Langkau, Th. & Lüders, M. (1999). *Selektionsentscheidungen als Problembereich professionellen Lehrerhandelns. Abschlussbericht an die DFG.* Bochum: Ruhr Universität Bochum, Institut für Pädagogik.

Thomas, L. (2001). Moderne Kopfnoten – am Beispiel Niedersachsen können erste Ergebnisse und Erfahrungen berichtet werden. *Schul-Management, 32*(6), 36-40.

Thomas, L. (2004). Die „neuen" Kopfnoten zum Arbeits- und Sozialverhalten in Niedersachsen. Welche Schlüsse lassen sich aus Schuldaten für die Jahrgangsstufen 3-4, 5-6 und 9-10 ziehen? *Schulverwaltung NI SH, 14*(11), 299-304.

Thomas, L. (2008). Weiterentwicklung der Kopfnoten. Leitfragen zur Selbstüberprüfung und neue Beurteilungsbögen für Schulen. *Schulverwaltung NI SH, 19*(4), 195-109

Thomas, W. C. (1986). Grading - why are school policies necessary? What are the issues? *NASSP-Bulletin, 70*(487), 23-26.

Ulbricht, H. (1993). *Wortgutachten auf dem Prüfstand. Eine empirische Untersuchung zur verbalen Beurteilung in der 1. und 2. Klasse der Grundschule mittels Elternbefragung und Zeugnisanalyse.* Münster: Waxmann.

Valtin, R. (2002). *Was ist ein gutes Zeugnis? Noten und verbale Beurteilungen auf dem Prüfstand.* Weinheim: Juventa.

van Ophuysen, St. (2006a). Zur Problematik der Schulformempfehlungen nach der Grundschulzeit und ihrer prognostischen Qualität. *Jahrbuch der Schulentwicklung, 14,* 49-79.

van Ophuysen, St. (2006b). Vergleich diagnostischer Entscheidungen von Novizen und Experten am Beispiel der Schullaufbahnempfehlung. *Zeitschrift für Entwicklungspsychologie und Pädagogische Psychologie, 38*(4), 154-161.

van Ophuysen, St. (2010). Professionelle pädagogisch-diagnostische Kompetenz. Eine theoretische und empirische Annäherung. *Jahrbuch der Schulentwicklung, 16*, 203-234.

van Ophuysen, St. Lintorf, K. & Harazd, B. (2013). Zur Qualität professioneller pädagogischer Diagnostik im Schulalltag - Forschungsbefunde und -desiderate. In K. Schwippert, M. Bonsen & N. Berkemeyer (Hrsg.), *Schul- und Bildungsforschung. Diskussionen, Befunde und Perspektiven. Festschrift für Wilfried Bos* (S. 187-201). Münster: Waxmann.

Wagner, Chr. & Valtin, R. (2003). Noten oder Verbalbeurteilungen? Die Wirkung unterschiedlicher Bewertungsformen auf die schulische Entwicklung von Grundschulkindern. *Zeitschrift für Entwicklungspsychologie und pädagogische Psychologie, 35*(1), 27-36.

Weinert, F. E. (Hrsg.) (2001). *Leistungsmessungen in Schulen.* Weinheim: Beltz.

Wiggins, G. (1998). *Educative assessment: Designing assessments to inform and improve student performance.* San Francisco: Jossey Bass.

Winter, F. (2006). *Leistungsbewertung: Eine neue Lernkultur braucht einen anderen Umgang mit den Schülerleistungen.* Baltmannsweiler: Schneider Verlag Hohengehren.

Zaborowski, K. U., Meier, M. & Breidenstein, G. (2010). *Leistungsbewertung und Unterricht: Ethnographische Studien zur Bewertungspraxis in Gymnasien und Sekundarschulen.* Wiesbaden: VS-Verlag.

Simone Bruder, Silke Hertel, Mara Gerich & Bernhard Schmitz

Lehrer als Berater

1. Einführung

Die Beratung von Schülern, Eltern und Kollegen ist ein fester Bestandteil des Schulalltags und zählt zu den Aufgabenbereichen aller Lehrkräfte (z.B. Freyaldenhoven, 2005). Dies wird durch die Allgemeine Dienstordnung für Lehrerinnen und Lehrer, Schulleiterinnen und Schulleiter an öffentlichen Schulen (ADO § 8) verbindlich vorgeschrieben und auch in den Standards zur Lehrerbildung als Kernaufgabe von Lehrkräften aufgeführt (KMK, 2004). Beratungswissen ist ein Bestandteil der professionellen Handlungskompetenzen von Lehrkräften (Baumert & Kunter, 2011).

Beratungskompetenz kann demnach – auch aufgrund der vielen im Berufsalltag anfallenden Beratungsaufgaben und dem wachsenden Beratungsbedarf an Schulen – als eine zentrale Kompetenz von Lehrkräften angesehen werden (Palmowski, 1995; Schnebel, 2007). Allerdings nimmt die Beratung auch in anderen pädagogischen Handlungsfeldern eine zentrale Rolle ein (Gerich et al., im Druck). Im schulischen Bereich haben die Beratung von Eltern und Schülern zur Schullaufbahn und Übergangsentscheidungen sowie die Lernberatung eine hohe Bedeutung. Obgleich Beratungen im schulischen Alltag fest verankert sind, werden angehende Lehrkräfte im Rahmen ihrer Ausbildung bislang kaum systematisch auf ihre Beratungsaufgaben vorbereitet (Hertel, 2009). Im Bereich der Beratungstätigkeit von Lehrkräften besteht daher ein großer Bedarf an der Entwicklung von strukturierten Professionalisierungsmaßnahmen. Diese Forderungen werden untermauert durch Studien aus dem amerikanischen Raum, die zeigen, dass durch eine intensive Kooperation von Eltern und Lehrkräften Schülerleistungen verbessert und unangemessene Verhaltensweisen von Schülern reduziert werden können (Cox, 2005). Durch spezielle Impulse von Lehrkräften an Eltern kann deren Motivation und Engagement in schulischen Angelegenheiten erhöht werden (Corno, 2000; Hoover-Dempsey, Bassler & Burow, 1995; Hoover-Dempsey & Sandler, 1997; Lengua & McMahon, 2000). Gerade im Hinblick auf die Reformierung der Lehrerausbildung und der Sicherung der Ausbildungsqualität durch Ausbildungsstandards können Anstrengungen unternommen werden, um den Erwerb von Beratungskompetenz besser als bislang vorzubereiten. Wünschenswert wäre es, wenn die Vermittlung von Beratungskompetenz als fester Bestandteil in die Lehreraus- und -weiterbildung integriert würde.

Eine Analyse des Forschungsstandes zur Beratungskompetenz zeigt, dass der von Terhart (2007) festgestellte Forschungsbedarf zum Lehrerberuf für Kompetenzen im Bereich der Schüler- und Elternberatung als besonders hoch eingestuft werden kann. Auch wenn es im Bereich der Beratungskompetenz zunehmend empirische Untersuchungen gibt (Bruder, 2011; Gerich, Trittel & Schmitz, 2012; Gartmeier et al., 2013; Hertel, 2009; Hertel et al., 2013), ist dies immer noch ein neuer Forschungszweig. Bislang liegen nur sehr wenige Studien, insbesondere zur Beratungssituation an Schulen, zur Beratungsarbeit im Schulalltag und zur Förderung der Beratungskompetenz von (angehenden) Lehrkräften, vor – dies gilt sowohl für die Forschungslage in Deutschland als auch für die internationale Forschung zum Lehrerberuf.

In diesem Beitrag wird zunächst eine Definition von pädagogischer Beratung vorgestellt (Kapitel 2), bevor die verschiedenen Beratungsaufgaben im Schulalltag beschrieben werden (Kapitel 3). In dem sich anschließenden Abschnitt wird die Forschungssituation im Bereich der Beratungskompetenz von Lehrkräften dargestellt (Kapitel 4). Dabei werden insbesondere theoretische Rahmenmodelle, Diagnostik der Beratungskompetenz und Interventionsansätze zur Förderung von Lehrkräften in ihrer Beratungskompetenz thematisiert. Abschließend werden Schlussfolgerungen gezogen und ein Ausblick auf weiteren Forschungsbedarf zur Beratungsarbeit an Schulen und Beratungskompetenzen von Lehrkräften gegeben (Kapitel 5).

2. Definition von pädagogischer Beratung

In der pädagogisch-psychologischen Literatur werden unterschiedliche Definitionen von pädagogischer Beratung, Anforderungen an Beratungsgespräche, deren Ablauf und Zielsetzungen beschrieben. Zudem finden sich zur Beratung im Schulalltag viele unterschiedliche theoretische Ansätze, die meist auf einem psychotherapeutischen Konzept aufbauen bzw. sich auf eine Kombination von psychotherapeutischen Ansätzen beziehen. Zunehmend finden sich in der pädagogisch-psychologischen Beratung auch systemische Ansätze und Formen der lösungsorientierten Kurzberatung (zur Übersicht siehe z.B. Hertel, 2009).

Grewe (2005) und andere Autoren (Busch & Dorn, 2000; Boettcher, 2004) stimmen darin überein, dass es zunächst wichtig ist, eine Abgrenzung zwischen einer Laienberatung oder einem alltäglichen Beratungsbegriff und einem professionellen Begriff von Beratung vorzunehmen. Gerade in der Schule findet diesbezüglich keine klare Abgrenzung statt. Im Alltag bedeutet Beratung „Einen Ratschlag erteilen". Im professionellen Sinn bedeutet Beratung „Sich Miteinander Beraten". Beratung sollte daher nicht im Sinn eines „Ratschlaggesprächs" stattfinden.

Auch inhaltlich unterscheiden sich die Definitionen von Beratung. Nach Grewe (1983) lassen sich allerdings auch Gemeinsamkeiten der unterschiedlichen Beratungstheorien und -ansätze finden. Er führt als gemeinsame Bestandteile der meisten Beratungsdefinitionen die Freiwilligkeit, die Problembezogenheit und die Unverbindlichkeit auf. Nußbeck (2006) weist darauf hin, dass alle Definitionen von Beratung die beiden folgenden Variablen gemeinsam haben: (1) die Unterstützung und Hilfe für einen Ratsuchenden bei der Lösung eines Problems und (2) die eigene, aktive Beteiligung des Ratsuchenden am Beratungsprozess, ohne die das Ziel der Beratung nicht erreicht werden kann. Dabei ist Beratung ein interaktiver Prozess, der bestimmten Regeln folgt (Nußbeck, 2006). Diese Regeln sollen dazu beitragen, dass der Ratsuchende selbst einen Weg zur Lösung seines Problems oder zu einer Entscheidung findet. Eine ähnliche Definition pädagogischer Beratung geben auch Schwarzer und Buchwald (2006, S. 578). Für sie ist Beratung *„(...) eine kurzfristige, soziale Interaktion zwischen Ratsuchenden und Beratenden, bei der den Ratsuchenden Unterstützung zur Bewältigung ihrer Probleme angeboten wird. Sowohl für lebenspraktische Fragen als auch in psychosozialen Krisen erarbeiten Ratsuchende und Beratende gemeinsam kognitive, emotionale und praktische Problemlösungen."* Aus den Definitionen von Nußbeck (2006) und Schwarzer und Buchwald (2006) wird bereits deutlich, dass ein Berater über vielfältige Kompetenzen verfügen muss, die eine zielführende Kommunikation und Interaktion mit den Ratsuchenden ermöglichen.

3. Beratungsaufgaben im Schulalltag

Die Beratung in der Schule umfasst zahlreiche Themen- und Problembereiche. Schwarzer und Posse (2008) unterscheiden dabei drei Bereiche schulischer Beratung: *Orientierungsberatung*, *Psychosoziale Beratung* und *Systemberatung*. Im Bereich der *Orientierungsberatung* werden Eltern und Schüler von Lehrkräften beraten. Themen sind Einschulung, Versetzung oder Übergang in die Sekundarstufe I, aber auch Fragen zum Leistungsstand. Im Bereich der *Psychosozialen Be-*

ratung werden Lehrkräfte explizit als Ansprechpartner für Themen wie Prüfungsangst, Lernstörungen und Mobbing genannt (vgl. Schwarzer & Posse, 2008). Wichtig ist dabei, dass Lehrer hier zwar als erste Ansprechpartner fungieren können und sollten, sich bei diesen Problemen aber auch klar abgrenzen und Hilfe hinzuholen sollten, wenn sie in der Beratungssituation überfordert sind (Hertel et al., 2010). Wenn Lehrkräfte selbst zu Adressaten psychosozialer Beratung werden, sind als Beratungsthemen z.B. Überlastung und Burnout oder die Veränderung der Rolle der Lehrkraft zum Lernbegleiter zu nennen. Der Bereich der *Systemberatung* bezieht sich auf die Beratung der Schule z.B. zur Umsetzung von Bildungsstandards, Akzentuierung des Schulprofils oder auch Entwicklung und Umsetzung von Qualitätskonzepten. Dieser Bereich der Beratung wird nicht mehr von Lehrkräften, sondern von Beratungslehrern, Personal- und Organisationsentwicklern oder der Schulleitung durchgeführt.

	Themen	**Adressaten**	**Beratend Tätige**
Orientierungs-probleme	– Einschulung – Versetzung – Übergang in die SEK 1 – Kurswahl – Orientierungspraktika – Berufswahl	Schüler (Eltern)	– Lehrkräfte – Berufsberater – Beratungslehrer
Psychosoziale Probleme	– Prüfungsangst – Lernstörungen – Verhaltensauffälligkeiten – Mobbing – Scheidungsfolgen	Schüler (auch Eltern)	– Lehrkräfte – Beratungslehrer – Schulpsychologen – Sozialarbeiter
	– Veränderung der Rolle vom „Lehrer" zum „Lernbegleiter" – Disziplinprobleme – Burnout	Lehrkräfte	– Schulpsychologen – Beratungslehrer – Supervisor – Coach
	– Personalentwicklung	Schulleitung	– Schulpsychologen – Personalentwickler
System-Probleme	– Akzentuierung des Schulprofils – Umsetzung von nationalen Bildungsstandards – Entwicklung und Umsetzung von Lehrerfortbildungsplänen – Entwicklung/Umsetzung von Plänen für Schulen mit Migrations-hintergrund	Alle an der Schule Beteiligten wie: Schulleitung, Lehrkräfte, Eltern, Schüler, Hausmeister, Sekretariatspersonal	– Beratungslehrer – Personalentwickler – Organisations-entwickler – Schulleitungen

Abbildung 1: Auswahl von schulischen Beratungsthemen (nach Schwarzer & Posse 2008)

Neben den Bereichen, die von Schwarzer und Posse (2008) aufgeführt werden, spielen im Beratungsalltag an Schulen auch die Lernberatung, die Beratung im Bereich der Förderplanung und Inklusion sowie die Beratung von Eltern mit Migrationshintergrund eine wichtige Rolle (Hertel et al., 2013). Diese Bereiche lassen sich sowohl dem Bereich der Orientierungsberatung, aber auch dem psychosozialen Bereich zuordnen.

Die Übersicht verdeutlicht, dass Beratung in der Schule ein großes und sehr vielfältiges Aufgabengebiet ist. Lehrkräfte benötigen sowohl Wissen über die verschiedenen Inhaltsbereiche der Beratung als auch Wissen über Beratungs- und Gesprächsführungsstrategien, um in den Bereichen, in denen Beratung von ihnen erwartet wird, kompetent beraten zu können.

Um Überforderungen zu vermeiden, ist eine Abgrenzung von Beratungsaufgaben, die nicht in den Aufgabenbereich von Lehrkräften fallen, wichtig (Henning & Keller, 2000). Beratung durch Lehrkräfte ohne spezifische Beratungslehrerausbildung sollte sich auf unterrichtliche und erzieherische Beratungsanlässe beschränken (z.B. Schullaufbahnberatung, Lernberatung). Andere Beratungsanlässe, die z.B. Entwicklungsstörungen, psychische Auffälligkeiten wie aggressives oder selbstverletzendes Verhalten, Sucht und Essstörungen betreffen, sollten nur von speziell geschulten Beratungslehrern, Schulpsychologen und Beratungsstellen begleitet werden. Lehrkräfte können aber auch hier als erste Ansprechpartner zur Verfügung stehen. Um professionelle Hilfe gewährleisten zu können, aber auch um eigene Überlastungen zu vermeiden, sollten Lehrpersonen dann aber auf die entsprechenden Stellen verweisen (Hertel et al., 2010; Henning & Keller, 2000).

4. Entwicklung der Forschung im Bereich Beratung an Schulen

In Deutschland befassten sich in der Vergangenheit nur sehr wenige Forschergruppen mit der Beratung an Schulen.

So stellte Grewe vor ca. 30 Jahren fest: „*In den letzten Jahrzehnten hat die Bedeutung professioneller Beratung mit der Institutionalisierung verschiedener Beratungsdienste in vielen gesellschaftlichen Bereichen stark zugenommen. [...] Eine pädagogisch-psychologische Fachtheorie zur Beratung in der Schule steckt noch in den Anfängen.*“ (1983, S. 10). Auch mehr als zwanzig Jahre später wurde ein entsprechender Bedarf an Theoriearbeit und empirischer Forschung festgestellt (z.B. Aich, 2006; Hertel, 2009; Wild, 2003).

In den letzten Jahren sind allerdings einige Forschungsprojekte entstanden, die sich mit Fragestellungen rund um die Beratung im schulischen Kontext befassen. Die zentralen Fragestellungen betreffen dabei (1) die Modellierung und Diagnostik der Beratungskompetenz von Lehrkräften, (2) die Vermittlung von Beratungskompetenz in der Lehreraus- und -weiterbildung, (3) die Ressourcen und Rahmenbedingungen für die Beratung von Schülern und Eltern im Schulalltag sowie (4) die Wirkung von Schüler- und Elternberatung durch Lehrkräfte auf die Leistungsentwicklung und das Verhalten der Schüler.

Mit der Modellierung und Diagnostik von Beratungskompetenz befasste sich unter anderem das im Rahmen des von der Deutschen Forschungsgemeinschaft (DFG) geförderten Schwerpunktprogramms „Kompetenzmodelle zur Erfassung von Bildungsprozessen und zur Bilanzierung von Bildungsergebnissen“[1] (Klieme & Leutner, 2006) angesiedelte Projekt „Modellierung der Beratungskompetenz von Lehrer/innen unter der besonderen Berücksichtigung der Diagnostischen Kompetenz“[2]. Auf der Basis einer Selbsteinschätzung, eines Szenariotests und eines Situational Judgement Tests wurden Dimensionen von Beratungskompetenz empirisch ermittelt. Zudem wurden Zusammenhänge mit zentralen Prädiktoren (z.B. Wissen, Berufserfahrung) untersucht (Bruder et al., 2011; Gerich et al., submitted; siehe Abschnitt 4.1 und 4.2). In dem vom Bundesministerium für Bildung und Forschung (BMBF) geförderten Projekt „ProfKom“ wurden ein Modell zur Gesprächsführungskompetenz von Medizin- und Lehramtsstudierenden sowie ein videobasiertes Instrument zur Diagnostik von Gesprächsführungskompetenz entwickelt (Gartmeier et al., 2013; Wiesbeck et al., 2013; siehe Abschnitt 4.2). Eine Studie zum Vergleich von Beratungslehrern und Erziehungsberatern findet sich bei Strasser und Gruber (2008). Deren Ergebnisse zeigen, dass Beratungslehrer in ihrer Fähigkeit Fälle wahrzunehmen mit erfahrenen Erziehungsberatern vergleichbar sind und ihren Akzent auf schulbezogene Informationen legen. Erziehungsberater allerdings erarbeiten die Fallinformationen schneller und machen sich zudem ein umfassenderes Bild von dem Beratungsfall. Dies spricht für ein systematischeres Vorgehen der Erziehungsberater. Wichtig und interessant für die Aus- und Weiterbildung von Bera-

1 Im folgenden Kapitel wird für das Schwerpunktprogramm nur noch die Kurzform „Kompetenzmodelle“ verwendet.

2 Antrag Schmitz & Bruder, 2007/2009; Schmitz, Bruder & Hertel, 2011. Im folgenden Kapitel wird für das Projekt nur noch die Kurzform „Beratungskompetenz“ verwendet.

tungslehrern ist deren frühe und oft zu schnelle Hypothesenbildung. Hierauf könnte in entsprechenden Maßnahmen Bezug genommen werden und es könnten Strategien der Urteilsbildung vermittelt werden. Zur Beratungstätigkeit von Lehrkräften, die keine gesonderte Beratungslehrerausbildung absolviert haben, berichten die Autoren allerdings keine Forschungsergebnisse.

Zunehmend finden sich auch Interventionsstudien, die auf eine Wirksamkeitsprüfung von Ansätzen zur Vermittlung von Beratungs- und Gesprächsführungskompetenzen in der Lehreraus- und Weiterbildung abzielen. An der Hochschule Schwäbisch-Gmünd (Aich, 2006; Aich et al., 2007) wurde ein Konzept zur Verbesserung des Kommunikations- und Konfliktmanagements von Lehrerinnen und Lehrern entwickelt und evaluiert. Ebenfalls wurde dort experimentell überprüft, wie Eltern Gespräche mit Lehrkräften empfinden, die empathischer und authentischer kommunizieren als Lehrkräfte, die dies nicht tun (Behr, 2005). So konnte gezeigt werden, dass allein empathische Interventionen ein positiveres Erleben des Gesprächs zwischen Elternteil und Lehrkräften bewirken. Ein Aus- und Weiterbildungsprogramm für die Schulung der Beratungskompetenz von Lehrkräften im Hinblick auf die Lernberatung wurde von Hertel (2009) entwickelt. Sie untersuchte die Wirksamkeit des Konzepts in Stichproben von Lehramtsanwärtern und Lehrkräften im Beruf. Für beide Personengruppen konnten positive Effekte der Beratungskompetenzschulung nachgewiesen werden. Die Befunde wurden mit verschiedenen Stichproben an unterschiedlichen Standorten repliziert. Eine Weiterentwicklung des Schulungskonzepts erfolgte durch die Projektgruppe „Beratungskompetenz" (DFG-Schwerpunktprogramm „Kompetenzmodelle"). Diese Interventionsstudie wird in Abschnitt 4.3 zusammenfassend dargestellt. Auch im Projekt „ProfKom" wurden Interventionsstudien zur Wirksamkeit unterschiedlicher Vermittlungskonzepte zur Förderung der Gesprächsführungskompetenz durchgeführt (siehe Abschnitt 4.3). Darüber hinaus wird an der Universität Münster ein Konzept zum Konfliktmanagement im Eltern-Lehrer-Gespräch entwickelt und evaluiert (Stadler 2009).

Eine systematische Beschreibung der Ressourcen und Rahmenbedingungen für die Beratung von Eltern im Sekundarschulbereich nehmen Hertel et al. (2013) auf der Grundlage von Daten aus PISA 2009 vor. Es zeigte sich, dass die Rahmenbedingungen für Beratung durch Lehrkräfte an Sekundarschulen in Deutschland günstig ausgeprägt sind. Die Schulleitungen schreiben der Elternberatung einen hohen Stellenwert zu, an vielen Schulen sind wichtige Ressourcen (z.B. ein Besprechungszimmer, Kooperation im Kollegium, ein Expertennetzwerk) verfügbar. Inhaltliche Beratungskonzepte für die Elternarbeit liegen vergleichsweise seltener vor. Bezogen auf die Beratungsangebote von Lehrkräften ergaben sich Zusammenhänge zwischen individuellen und schulbezogenen Merkmalen auf die Anzahl der durchgeführten Beratungsgespräche zusätzlich zum Elternsprechtag. Lehrkräfte, die Beratung stärker als Teil ihrer professionellen Rolle auffassen, ihr einen höheren Nutzen zuschreiben und an Schulen unterrichten, an denen günstigere Rahmenbedingungen und Ressourcen für die Elternberatung vorliegen, führen mehr Beratungsgespräche zusätzlich zum Elternsprechtag. Zudem führen Lehrkräfte an Schulen mit einem geringeren mittleren Leistungsniveau, einem höheren Migrantenanteil in der Schülerschaft sowie mit einem höheren mittleren sozioökonomischen Hintergrund der Schüler häufiger Beratungsgespräche mit Eltern zusätzlich zum Elternsprechtag.

Die Frage nach der Wirkung von Schüler- und Elternberatung durch Lehrkräfte auf die Entwicklung von Leistung und Verhalten der Schüler ist eine sehr zentrale, aber wissenschaftlich schwer zu untersuchende Fragestellung. Meist ist die Beratung nur ein Element in einer Reihe von Maßnahmen, die Lehrkräfte ergreifen, um Schüler und Eltern zu unterstützen. Zudem ist der indirekte Wirkungspfad von dem Beratungsgespräch über eine Verhaltensänderung bei Schülern und Eltern hin zu einer Veränderung von Leistung und Verhalten nur schwer empirisch erfassbar.

Eine wichtige Grundvoraussetzung ist allerdings, dass Eltern Beratungsangebote an Schulen wahrnehmen. Untersuchungen im Sekundarschulbereich (Hertel et al., 2013) sowie im Grundschulbereich (Projekt „elbe“ am IDeA-Forschungszentrum; Hertel et al., 2012) zeigen, dass Eltern mit Migrationshintergrund und Eltern aus bildungsfernen Schichten seltener durch die Beratungsangebote von Lehrkräften erreicht werden. Beide Elterngruppen weisen allerdings einen höheren Beratungswunsch auf. Hier stellt sich die Frage, durch welche Beratungsangebote auch diese Elterngruppen erreicht und eingebunden werden können.

Zusammenfassend lässt sich eine positive Tendenz in der Forschung zur Beratung an Schulen festhalten. In den letzten Jahren sind einige Forschungsprojekte entstanden, die sich mit verschiedenen Aspekten befassen und die in der Gesamtschau durchaus ein umfassendes Bild liefern. Dennoch ist weitere Forschung in diesem Bereich notwendig, da insgesamt betrachtet noch immer nur sehr wenige empirische Befunde vorliegen.

4.1 Methoden, Theorien und Modelle der Forschung im Bereich der Beratungskompetenz von Lehrkräften

Nach der Definition, was pädagogische Beratung inhaltlich auszeichnet (siehe Abschnitt 2), ist es für die Forschung und auch für die Förderung der Beratungstätigkeit wichtig, eine Definition von Beratungskompetenz vorzunehmen. McLeod (2003) weist ferner darauf hin, dass Kompetenzmodelle einer empirischen Absicherung bedürfen.

Bezogen auf Beratung im Allgemeinen beschreiben Strasser und Gruber (2003, S. 388) Beratungskompetenz als *„fachliches Wissen um Sachverhalte und um die Wirksamkeit von Maßnahmen,* [welches] [...] *auf der Grundlage personaler Ressourcen reflektierte Erfahrung* [erlaubt], *die befähigt, Wissen situationsangemessen und effektiv anzuwenden, was zu beraterischem Erfolg, also dem Erreichen der im Beratungsprozess gesetzten Ziele, führt“.*

Im englischsprachigen Raum gibt es z.B. das theoretische Modell des Beratungsprozesses von McLaughlin (1999), welches sich explizit auf Lehrkräfte bezieht. McLaughlin beschreibt, dass Beratung in der Schule (1) das Ziel hat, einer Person oder einer Personengruppe zu helfen. Deshalb werden Probleme untersucht und Entwicklungsprozesse in die Wege geleitet. (2) Beratung sollte auf den folgenden Kompetenzen basieren: Zuhören, Empathie, Aufforderung und Unterstützung. (3) Die Selbsterfahrung ist ein wichtiger Bestandteil und die Entwicklung dieser stellt einen Teil des Beratungsprozesses dar. (4) Beratung ist ein Prozess des Lernens, der Gedanken, Gefühle und Handlungen einschließt.

Im Projekt „Beratungskompetenz“ (DFG-Schwerpunktprogramm „Kompetenzmodelle“) wurde eine empirische Überprüfung eines theoretischen Modells der Lernberatung durchgeführt. Basierend auf den Modellen von Hertel (2009) und Bruder (2011) wurde ein integriertes Kompetenzmodell mit vier Kompetenzdimensionen empirisch überprüft und konnte durch konfirmatorische Faktorenanalysen bestätigt werden (Gerich et al., eingereicht). Die Dimensionen sind: Kommunikations-Skills, Diagnostik-Skills, Problemlöse-Skills und Bewältigungs-Skills (siehe Abbildung 2). Neben der Dimensionalität der Beratungskompetenz wurde auch untersucht, welche weiteren Faktoren einen Einfluss auf die Beratungskompetenz im Bereich der Lernberatung nehmen. Es zeigte sich, dass die Höhe der Beratungskompetenz vom Wissen über Beratung und Lernen, von der Beratungserfahrung, aber auch vom professionellen Selbstkonzept abhängt. (Gerich et al., eingereicht).

Ein Modell der Gesprächsführungskompetenz im medizinischen und Lehramtsbereich wurde im Projekt von Gartmeier et al. (2013) entwickelt. Dieses Modell beinhaltet die zwei Dimensi-

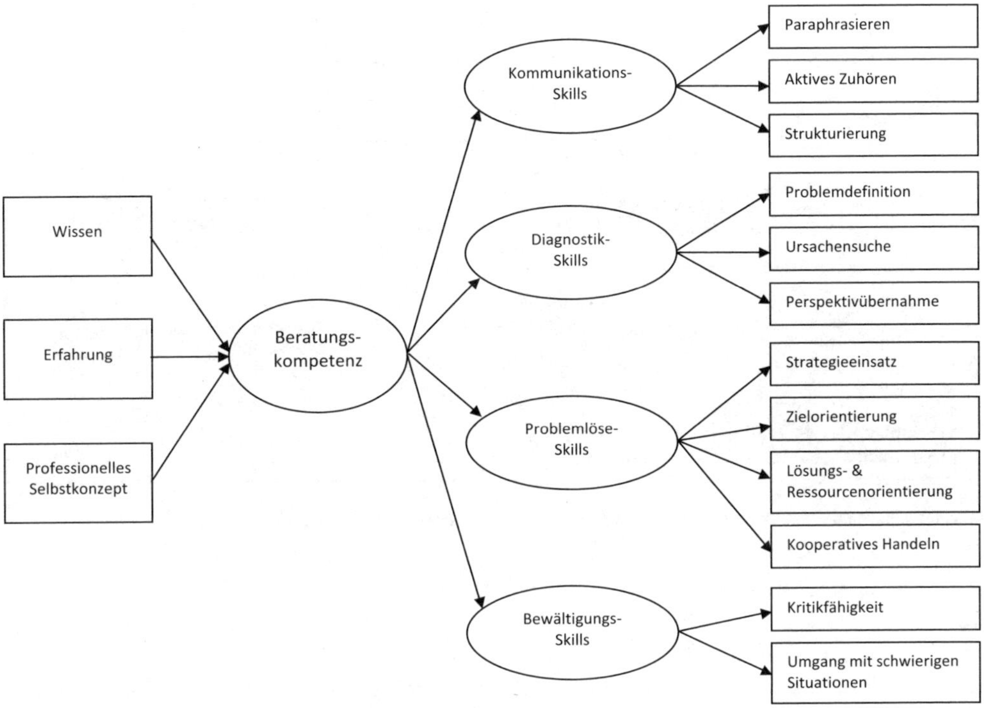

Abbildung 2: Modell der Beratungskompetenz (Gerich et al., eingereicht)

onen Kompetenzfacetten und Situationstypen, die miteinander kombiniert die Schwierigkeit und den Inhalt eines Beratungsgesprächs bestimmen. Dem Bereich der Kompetenzfacetten zugeordnet sind die Beziehungsgestaltung, die Problemlösung und die Strukturierung des Gesprächsablaufs und im Bereich Situationstypen finden sich Beratung, Konflikt und unerfreuliche Nachricht. Das theoretische Modell diente als Trainingsgrundlage. Die Ergebnisse sind unter dem Abschnitt 4.3 dargestellt.

Zusammenfassend zeigt sich, dass es im Bereich der Beratungskompetenz von Lehrkräften nur wenige empirische Studien gibt, welche eine Kompetenzmodellierung vornehmen bzw. Kompetenzmodelle empirisch überprüfen. Das liegt sicherlich auch an der Schwierigkeit, ein solch weites Konstrukt wie Beratungskompetenz zu beschreiben und geeignete Messinstrumente dafür zu entwickeln. Die dargestellten Modelle zeigen allerdings eine große Überschneidung der zentralen Inhalte von Beratung im schulischen Bereich – es scheint eine gewisse Einigkeit darüber zu bestehen, welches zentrale Aspekte von Beratungskompetenz sind. Dies ist ein wichtiger Schritt – auch hinsichtlich der Vermittlung der Beratungskompetenz in der Lehreraus- und -weiterbildung.

4.2 Diagnostik der Beratungskompetenz von Lehrkräften

Eines der wichtigsten Ziele der Diagnostik der professionellen Handlungskompetenzen von Lehrkräften ist es, die Lehreraus- und -weiterbildung zu verbessern (Kunter & Klusmann, 2010). Oft werden Lehrerkompetenzen allerdings subjektiv anhand von Selbstberichtsdaten und selten objektiv anhand von Tests oder Assessments erfasst (Frey, 2006). Dies gilt auch für den Be-

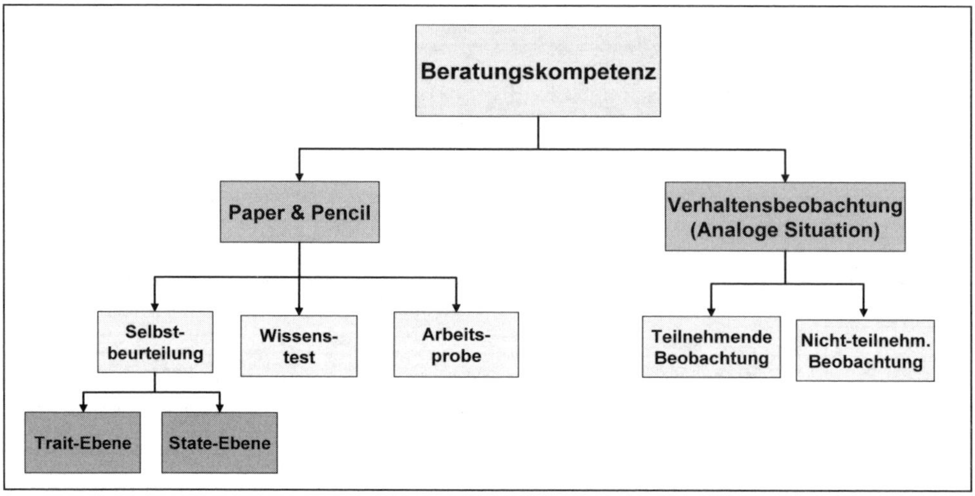

Abbildung 3: Multi-methodaler Ansatz zur Diagnostik der Beratungskompetenz (Hertel 2009, S. 59)

reich der Beratungskompetenz. Allerdings wurden auch hier in den letzten Jahren einige Instrumente entwickelt, die eine objektivere Kompetenzerfassung ermöglichen. Ein erster Ansatz zur multi-methodalen Erfassung von Beratungskompetenz bei Lehrkräften findet sich bei Hertel (2009). Der Ansatz bezieht sowohl Paper-Pencil-Verfahren als auch Verhaltensbeobachtungen in analogen Situationen (simulierte Beratungsgespräche) mit ein und umfasst insgesamt sechs Instrumente (siehe Abbildung 3). In Studien mit Lehrkräften und Lehramtsanwärtern wiesen die Instrumente gute Testgütekriterien auf. Der Wissenstest und insbesondere die Arbeitsproben (Fallszenario) wurden in dem Projekt „Beratungskompetenz" (DFG-Schwerpunktprogramm „Kompetenzmodelle") weiterentwickelt und an mehreren Stichproben eingesetzt (Bruder et al., 2011; Gerich et al., submitted). Das Fallszenario besteht aus zwölf offenen Fragen zu einem Fall und es erfasst die Beratungskompetenz effizient und dennoch differenziert. Auch mit diesen Instrumenten werden alle Kompetenzbereiche abgebildet. Somit können für die verschiedenen Dimensionen genaue Kompetenzeinschätzungen vorgenommen werden. Weiterhin wurde ein Situational Judgement Test mit 13 Szenarien und einem geschlossenen Antwortformat entwickelt. Auch hier werden alle Kompetenzdimensionen erfasst (Bruder et al., 2011). Einen Situational Judgment Test mit 22 handlungsbezogenen Multiple-Choice-Aufgaben, der die pädagogische Gesprächskompetenz von Lehrkräften an Schulen in der Einzelfallberatung von Schülern und Kollegen erfasst, wurde von Kemna (2003) entwickelt. Er umfasst elf Kategorien (z.B. Reflektieren, korrektes pädagogisches Feedback, Lösungen anbieten). Der Einsatz beschränkt sich nicht nur auf Lehrkräfte, vielmehr kann das Instrument auch in anderen pädagogisch arbeitenden Berufsgruppen eingesetzt werden.

Zusätzlich liegen mittlerweile verschiedene Video-Assessment-Methoden zur Diagnostik der Beratungskompetenz von Lehrkräften vor. Gerich et al. (in Vorbereitung a) setzen simulierte Beratungsgespräche zur Messung der Beratungskompetenz angehender Lehrkräfte ein. Dazu wurden standardisierte Fallvignetten entwickelt und ein intensiv geschulter Schauspieler in der Rolle eines Elternteils in einem Elterngespräch eingesetzt. Die Auswertung der Videos erfolgte durch geschulte Rater anhand eines Auswertungsschemas. Der Vorteil solcher Methoden liegt in einer hohen Kompetenz- und Praxisorientierung und einer gleichzeitigen hohen Standardisierung. Auch im Projekt „ProfKom" zur Verbesserung der Gesprächsführungskompetenz wurde ein solcher videobasierter Ansatz mit simulierten Gesprächen mit geschulten Schauspielern und einer anschließenden Auswertung durch Rater anhand eines Auswertungsschemas gewählt (Wiesbeck et al., 2013).

Beide Video-Assessments bewerten die Beratungskompetenz anhand ihres zugrunde liegenden Modells und eignen sich insbesondere auch für Längsschnittstudien z.B. zur Evaluation von Interventionen zur Förderung der Beratungskompetenz. Auch können insbesondere die Videos, aber auch die Paper-Pencil-Verfahren für individuelle Experten- oder Peer-Feedback Phasen, in denen Verbesserungspotenzial aufgezeigt wird, genutzt werden. Diese Ansätze sind daher insbesondere auch für intensive Schulungen in Kleingruppen geeignet.

4.3 Interventionsstudien

Im Hinblick auf die Aus- und Weiterbildung von Lehrkräften im Bereich der Beratungskompetenz ist es wichtig, die Wirksamkeit von Konzepten und Interventionen empirisch zu überprüfen. Entsprechende Untersuchungen können Aufschluss darüber geben, ob die Maßnahme effektiv ist, welche Personengruppen von der Teilnahme besonders profitieren und welche Elemente die Effektivität der Fortbildung zusätzlich steigern. So ist es z.B. in einer quasi-experimentellen Interventionsstudie mit Lehramtsstudierenden gelungen, die von Hertel (2009) berichteten, positiven Befunde zur Wirksamkeit eines Beratungskompetenzseminars in der ersten Phase der Lehrerausbildung zu replizieren (siehe Hertel, Djakovic & Rieger, 2011).

Darüber hinaus finden sich in der Literatur Annahmen, welche zusätzlich unterstützenden Interventionen zur Effektivität von Lehrerfortbildungen im Allgemeinen (z.B. Garet et al., 2001; Lipowsky, 2004; Pickl, Hertel & Schmitz, 2008; Timperley et al., 2007) und im Hinblick auf den Erwerb von Beratungskompetenz im Speziellen beitragen. Thiel (2003) sieht z.B. in der Selbstreflexion einen wichtigen Aspekt für die Entwicklung von Beratungskompetenz. Vergleichbare Annahmen finden sich auch bei Ronnestad und Skovholt (2001), Skovholt und Jennings (2004) sowie Strasser und Gruber (2003), die in der reflektierten Erfahrung eine wichtige Bedingung für Beratungskompetenz sehen. Auch im Feedback über die Kompetenzentwicklung wird ein wichtiger Ansatzpunkt zur Förderung der Beratungskompetenz gesehen (z.B. Bangert-Drowns et al., 1991; Caspar, Berger & Hautle, 2004; Lambert et al., 2002; McLeod, 2003; Strasser & Gruber, 2003).

Aktuelle Interventionsstudien, in denen die Bedingungen für den Erwerb von Beratungskompetenz systematisch variiert und wissenschaftlich untersucht wurden, sollen im Folgenden zusammenfassend dargestellt werden:

Im Rahmen des Projekts „Beratungskompetenz" (DFG-Schwerpunktprogramm „Kompetenzmodelle") untersuchten Gerich, Trittel und Schmitz (in Vorbereitung b) die Wirksamkeit eines Trainingsprogramms sowie den zusätzlichen Effekt individuellen Feedbacks auf den Erwerb von Beratungskompetenz von Lehramtsstudierenden. Das Beratungskompetenztraining bestand aus neun Einheiten von jeweils 100 Minuten. Die Trainingsinhalte wurden auf der Grundlage des vierdimensionalen Beratungskompetenzmodells nach Gerich et al. (eingereicht) (siehe Abschnitt 4.1) ausgewählt. Zur Unterstützung des Erwerbs professioneller Handlungskompetenzen und des Praxistransfers nahm die Arbeit mit alltagsnahen Fallbeispielen und das Erproben und Einüben von Gesprächsführungstechniken in Partnerübungen einen hohen Stellenwert ein (Czerwenka, 2005; Kolodner, Gray & Fasse, 2003; Mayr, 2006). Neben dem Training wurde in einer zweiten Experimentalgruppe als zusätzliche Interventionsbedingung individuelles Feedback über die persönliche Kompetenzentwicklung eingeführt. Das Feedback erfolgte zu zwei Zeitpunkten des Interventionszeitraums in Form eines nach den vier Kompetenzdimensionen differenzierten schriftlichen Kompetenzprofils mit spezifischen Hinweisen und Übungsvorschlägen zur Optimierung des eigenen Beratungshandelns. Um die Entwicklung der Beratungskompetenz zu messen, wurde zu drei Zeitpunkten des Interventionszeitraums (vor der ersten Trainingssitzung, unmittelbar nach der letzten Trainingssitzung, acht Wochen nach der letzten Trainingssitzung) das in Abschnitt 4.2 beschriebene multi-methodale Instrumentarium eingesetzt. Zusätzlich wurde vor der ersten und unmittelbar nach der letzten Trainingssitzung die Beratungskompetenz der Teilnehmer mit Hilfe des beschriebenen Video-Assessment-Ansatzes gemessen. Die Analysen zeigen, dass die Beratungskompetenz von Lehramtsstudierenden durch die Teilnahme an dem Trainingsprogramm deutlich gesteigert werden kann. So konnte in beiden Experimentalgruppen – im Gegensatz zur Kontrollgruppe – ein hochsignifikanter Kompetenzzuwachs für alle vier Kompetenzbereiche sowie für eine Gesamtskala „Beratungskompetenz" verzeichnet werden. Auch die zusätzliche Unterstützung des Kompetenzerwerbs durch das individuelle Feedback konnte mit Hilfe der Analysen bestätigt werden, da sich der Kompetenzzuwachs der Teilnehmer in der Feedbackgruppe als signifikant höher herausstellte als der in der Trainingsgruppe ohne Feedback. Neben der Untersuchung einer studentischen Stichprobe wurde in einer weiteren Interventionsstudie auch die Entwicklung der Beratungskompetenz bereits berufstätiger Lehrkräfte durch die Teilnahme an einem Trainingsprogramm überprüft, wobei die Forschergruppe auch bei dieser Stichprobe zu ähnlichen Ergebnissen kam (Gerich et al., in Vorbereitung; Gerich, Trittel & Schmitz, 2012).

Im Projekt „ProfKom" entwickelten Gartmeier et al. (2013) basierend auf dem Münchner Modell der Gesprächsführungskompetenz ein Training zur Förderung von Gesprächsführungskompetenz im Medizin- und Lehramtsstudium. Das Training wurde in Form einer eintägigen Präsenzveranstaltung (300 Minuten) realisiert und umfasste hauptsächlich anwendungsbezogene Übungen, insbesondere unter Einsatz von E-Learning und Rollenspielen. Zur Überprüfung der Effekte verschiedener Interventionsbedingungen auf den Kompetenzerwerb wurden Studierende des Lehramts und der Medizin vier Treatmentgruppen zugeteilt: (1) einer E-Learning-Bedingung, (2) einer Rollenspiel-Bedingung, (3) einer Kombinationsbedingung und (4) einer No-Treatment-Bedingung. Die Ergebnisse der Studie bestätigten die Effektivität des Trainings sowohl in der E-Learning-Bedingung als auch in der Kombinationsbedingung, insbesondere bzgl. der Kompetenzfacette Gesprächsstrukturierung. Der Einsatz von Rollenspielen alleine erwies sich jedoch nicht als wirksam.

Diese Befunde verdeutlichen die Wichtigkeit systematischer Interventionsstudien zur Wirksamkeit von Ansätzen zur Förderung der Beratungskompetenz von Lehrkräften sowie die Integration entsprechender Programme in die Lehreraus- und -weiterbildung.

5. Fazit und Perspektive

Die Beratung ist ein wichtiger und auch alltäglicher Aufgabenbereich von Lehrkräften. Die Beratungskompetenz zählt zu den professionellen Handlungskompetenzen von Lehrkräften. Allerdings werden Lehrkräfte durch ihre Ausbildung bislang noch nicht systematisch und intensiv auf die Beratungstätigkeit im Schulalltag vorbereitet.

Betrachtet man die Praxis der Lehreraus- und -weiterbildung zeigt sich ein großer Bedarf an Maßnahmen und Programmen zur Förderung der Beratungskompetenz bei Lehramtsanwärtern und Lehrkräften im Schuldienst. Auch im Bereich der Forschung zur Beratungskompetenz von Lehrkräften besteht nachhaltiger Bedarf. Im Folgenden werden weiterführende praxisrelevante Perspektiven für (1) die Aus- und Weiterbildung von Lehrkräften im Bereich der Beratungskompetenz sowie für (2) die Forschung zur Beratungskompetenz von Lehrkräften entwickelt.

5.1 Perspektiven für die Aus- und Weiterbildung von Lehrkräften im Bereich der Beratungskompetenz

Die vorgestellten Interventionsstudien mit Lehramtsanwärtern und Lehrkräften zeigen, dass Beratungskompetenz bereits durch sehr kurze Interventionen gefördert werden kann. Ein wichtiger Schritt ist es deshalb, entsprechende Konzepte in die Lehreraus- und -weiterbildung zu integrieren und als feste Bestandteile regelmäßig zu implementieren. In der ersten und zweiten Ausbildungsphase von Lehrkräften werden Seminare zur Beratung mittlerweile regelmäßig angeboten – seit dieser Aufgabenbereich in die Standards der Lehrerbildung (KMK, 2004) fest etabliert worden ist hat es hier positive Veränderungen gegeben. Dennoch ist der Umfang, in dem Beratungskompetenzen vermittelt werden, immer noch als sehr gering einzustufen, insbesondere da es intensiver Übungsphasen mit Feedback bedarf, um Beratungskompetenzen zu erwerben (Strasser & Gruber, 2003).

Auch in der Lehrerweiterbildung gestaltet sich die Lage aufgrund eines Mangels an Angeboten zur Beratungsarbeit sowie festgelegter Kriterien für die Zulassung zu den verschiedenen Weiterbildungsmöglichkeiten sehr uneinheitlich. Dabei geben Lehrer in Befragungen an, sich in Elterngesprächen häufig überfordert zu fühlen und sich eine intensivere Ausbildung in diesem Bereich zu wünschen (Hitzinger, 1987; Hertel, 2009). Durch eine frühzeitige Ausbildung von Lehrkräften im Bereich der Beratungsarbeit wäre daher eine wichtige Voraussetzung für eine aktive und qualitativ hochwertige Elternarbeit geschaffen (Krumm, 1996; Wild, 2003, Hitzinger, 1987; Hertel, 2009). So zeigen Ergebnisse aus der PISA Studie 2009 für den Bereich der Beratung (Hertel et al., 2013), dass das Beratungsangebot zusätzlich zum Elternsprechtag von den professionellen Überzeugungen der Lehrkräfte zur Lehrerrolle und zum Nutzen von Elterngesprächen sowie zur Einschätzung der Rahmenbedingungen für Elternarbeit an der Schule abhängen. Lehrkräfte, welche die Elternberatung als wichtigen Aspekt ihrer Tätigkeit auffassen, Elterngespräche als nützlich einstufen und an ihrer Schule günstige Rahmenbedingungen für Elternarbeit wahrnehmen, führen häufiger Elterngespräche zusätzlich zum Elternsprechtag. Die Förderung von Beratungskompetenz sollte daher bereits im Lehramtsstudium ansetzen. Dabei können zu diesem frühen Zeitpunkt in der Lehrerlaufbahn insbesondere die professionellen Überzeugungen gefördert und beratungsrelevantes Inhaltswissen (z.B. selbstreguliertes Lernen, umschriebene Entwicklungsstörungen, Teilleistungsstörungen) vermittelt werden. Für die zweite Ausbildungsphase bieten sich ein intensives Einüben von Gesprächsführungstechniken und das Simulieren von Beratungsgesprächen mit Eltern und Schülern an, um in einer geschützten Umgebung erste Erfahrungen in Beratungssituationen zu ermöglichen. In der Lehrerfort- und -weiterbildung kann auf die Erfahrung der Lehrkräfte in bisherigen Beratungsgesprächen aufgebaut werden. Diese können Ausgangspunkt für das Reflektieren von professionellen Überzeugungen und Handlungsmustern sein. Im Rahmen der Weiterbildung können dann neue Verhaltensweisen kennen gelernt, erprobt und gefestigt werden.

Ein wichtiger Aspekt bei der Entwicklung der Aus- und Weiterbildungskonzepte ist demnach die Berücksichtigung der bisherigen Beratungserfahrungen, aber auch die Ausprägung der Beratungskompetenz von Lehrkräften vor Beginn der Aus- und Weiterbildungsmaßnahme.

Eine differenzierte Diagnostik der Beratungskompetenz auf der Basis einzelner Kompetenzdimensionen mit objektiven Instrumenten, wie sie mittlerweile zur Verfügung stehen, erscheint hilfreich, um Interventionen für die Lehramtsanwärter und Lehrkräfte – im Sinne des Aptitude-Treatment-Interaction-Ansatzes – entsprechend ihres persönlichen Kompetenzprofils auszuwählen.

Die vorliegenden Befunde stimmen sehr positiv. Im nächsten Schritt gilt es, die vielversprechenden Ansätze in die Praxis zu implementieren.

5.2 Perspektiven für die Forschung zur Beratungskompetenz von Lehrkräften und Lehramtsanwärtern

In Abschnitt 4 wurde bereits deutlich, dass im Bereich der Beratungskompetenz von Lehrkräften großer Forschungsbedarf besteht. Ansatzpunkte für die Forschung ergeben sich dabei (1) im Bereich der Theoriebildung und -entwicklung, (2) der Diagnostik von Beratungskompetenz sowie (3) bei Fragestellungen zur Wirksamkeit von Aus- und Weiterbildungskonzepten zur Förderung der Beratungskompetenz bei Lehramtsanwärtern und Lehrkräften im Beruf. Perspektiven für diese drei Bereiche werden im Folgenden kurz skizziert.

Forschungsfragen im Bereich (1) der Theoriebildung und -entwicklung zielen zunächst auf eine weitere Überprüfung der Dimensionalität von Beratungskompetenz ab. Dabei ist z.B. zu untersuchen, ob sich die von Gerich et al. (eingereicht) postulierten Kompetenzdimensionen in einer internationalen Lehrerstichprobe replizieren lassen. Zusätzlich sind auch die Zusammenhänge zwischen den Kompetenzdimensionen (kompensatorische vs. nicht- kompensatorische Verknüpfung) zu prüfen. Hier könnte z.B. angenommen werden, dass die diagnostische Kompetenz eine wichtige Voraussetzung für die Beratungskompetenz ist. Auch Untersuchungen zur Entwicklung der Beratungskompetenz im Laufe der professionellen Karriere von Lehrkräften sowie deren Abbildung im Sinne hierarchischer Kompetenzniveaumodelle stellen eine weitere wichtige Perspektive dar.

Im Hinblick auf (2) die Weiterentwicklung der Beratungskompetenzdiagnostik sollten die bestehenden multi-methodalen Ansätze stetig weiterentwickelt werden. Dabei sollte die Weiterentwicklung auch zukünftig theoriegeleitet erfolgen, an die Definition von Beratungskompetenz anschließen und an dem Konzept der Erfassung einzelner Kompetenzdimensionen festhalten. Besonders die weitere Validierung der bereits bestehenden Instrumente sollte dabei angestrebt werden, z.B. durch den Vergleich der Diagnoseergebnisse schriftlicher Fallszenarien mit Ergebnissen der beschriebenen Video-Assessment-Ansätzen.

Um (3) die Aus- und Weiterbildungssituation von Lehrkräften im Bereich der Beratungskompetenz nachhaltig zu verbessern, sind weitere belastbare Befunde zur Wirksamkeit von Trainingsprogrammen und unterstützenden Instruktionselementen notwendig. Im Rahmen weiterer quasi-experimentell angelegter Interventionsstudien ist die Wirksamkeit entsprechender Interventionen in Stichproben von Lehramtsanwärtern (erste und zweite Ausbildungsphase) und Lehrkräften im Beruf zu überprüfen. Die Entwicklung dieser Programme sollte dabei insbesondere auf Grundlage der zu entwickelnden Kompetenzniveaumodelle und kompetenzprofil-basierten Empfehlungen für die einzelnen Abschnitte der Berufslaufbahn von Lehrkräften (Ausbildung, Berufseinstieg, langjährige Berufserfahrung) erfolgen.

Neben der Überprüfung der Effekte im Hinblick auf die Kompetenzentwicklung bei den teilnehmenden Lehrkräften sollten in Anlehnung an Galluzzo und Craig (1990) auch die Effekte auf das Beraterverhalten in der Schulpraxis sowie Veränderungen im Verhalten der beratenen Schüler und Eltern analysiert werden, um Aussagen über die Wirksamkeit der Interventionen zu treffen.

Wünschenswert wäre zudem eine Ausweitung der Forschungsansätze auf verschiedene Beratungsinhalte (z.B. ADHS, Legasthenie, Dyskalkulie) und unterschiedliche Schularten (z.B. Grundschulen, Haupt- und Realschulen, berufsbildende Schulen), um den Beratungsbedarf und die Beratungssituationen an Schulen differenziert darstellen zu können.

Auf inhaltlicher Ebene sollte der Beratung von Eltern mit Migrationshintergrund und der Beratung von Eltern aus bildungsfernen Schichten ein höherer Stellenwert in den Aus- und Weiterbildungen eingeräumt werden.

Literatur

Aich, G. (2006). *Kompetente Lehrer: Ein Konzept zur Verbesserung der Konflikt- und Kommunikationsfähigkeit.* Hohengehren: Schneider.

Aich G., Mühlhäuser-Link, S., Hölldampf, D., Wetzel, S. & Behr, M. (2007). Das Schwäbisch Gmünder Gesprächsmodell. Ein Trainingsprogramm zur besseren Bewältigung von Elterngesprächen. *Magazin Schule, 4,* 22-23.

Bangert-Drowns, R. L., Kulik, C.-L., Kulik, J. A. & Morgan, M. T. (1991). The instructional effect of feedback in test-like events. *Review of Educational Research, 61,* 213-238.

Baumert, J. & Kunter, M. (2011). Das Kompetenzmodell von COACTIV. In M. Kunter, J. Baumert, W. Blum, U. Klusmann, S. Krauss & M. Neubrand (Hrsg.), *Professionelle Kompetenz von Lehrkräften – Ergebnisse des Forschungsprogramms COACTIV* (S. 29-53). Münster: Waxmann.

Behr, M. (2005). Differentielle Effekte von Eltern-Lehrer-Gesprächen mit emphatischen und selbsteinbringenden Interventionen im Rollenspielexperiment. *Empirische Pädagogik, 19*(3), 244-264.

Boettcher, W. (2004). *Beraten lernen.* Bönen: Verlag für Schule und Weiterbildung. Druck Verlag Kettler.

Bruder, S. (2011). Lernberatung in der Schule. Ein zentraler Bereich professionellen Lehrerhandelns. Veröffentlichte Dissertation. TU-Darmstadt. http://tuprints.ulb.tu-darmstadt.de/2432/.

Bruder, S., Keller, S., Klug, J. & Schmitz, B. (2011). Ein Vergleich situativer Methoden zur Erfassung der Beratungskompetenz von Lehrkräften. *Unterrichtswissenschaft, 39*(2), 123-137.

Busch, K. & Dorn, M. (2000). *Erfolgreich beraten. Ein praxisorientierter Leitfaden für Beratungsgespräche in der Schule.* Hohengehren: Schneider.

Caspar, F., Berger, T. & Hautle, I. (2004). The right view of your patient: A computer-assisted, individualized module for psychotherapy training. *Psychotherapy: Theory, Research, Practice, Training, 41*(2), 25-135.

Corno, L. (2000). Looking at homework differently. *Elementary School Journal, 100,* 529-548.

Cox, D. D. (2005). Evidence based interventions using home school collaboration. *School Psychology Quarterly, 20*(4), 473-497.

Czerwenka, K. (2005). Lehrerprofessionalität zwischen Theorie und Praxis. In G. Büttner, F. Sauter & W. Schneider (Hrsg.), *Empirische Schul- und Unterrichtsforschung. Beiträge aus Pädagogischer Psychologie, Erziehungswissenschaft und Fachdidaktik* (S. 17-32). Lengerich: Pabst Science Publishers.

Frey, A. (2006). Strukturierung und Methoden zur Erfassung von Kompetenzen. *Bildung und Erziehung, 59*(2), 125-145.

Freyaldenhoven, I. (2005). *Schule in der Krise? Psychologische Beratung als Antwort! Theoretische und praktische Hinweise für eine gelingende Schulberatung – lösungsorientiert und individuell.* Stuttgart: ibidem-Verlag.

Galluzzo, G. R. & Craig, J. R. (1990). Evaluation of Preservice Teacher Education Programs. In W. R. Houston, M. Haberman & J. Sikula (Eds.), *Handbook of Research on Teacher Education* (pp. 599–616). New York: Macmillan.

Garet, M. S., Porter, A. C., Desimone, L., Birman, B. F. & Yoon, K. S. (2001). What makes professional development effective? Results from a national sample of teachers. *American Educational Research Journal, 38*(4), 915-945.

Gartmeier, M., Bauer, J., Fischer, M., Hoppe-Seyler, T., Karsten, G., Kiessling, C., Möller, G., Wiesbeck, A. & Prenzel, M. (2013). Förderung von Gesprächsführungskompetenz in den Bereichen Medizin und Lehramt. Effektivität verschiedener Bedingungen des ProfKom-Trainings. Vortrag auf der 1. Tagung der Gesellschaft für Empirische Bildungsforschung (GEBF) in Kiel.

Gerich, M., Bruder, S., Hertel, S., Trittel, M. & Schmitz, B. (submitted). What skills and abilities are essential for counselling parents in supporting their children's learning processes? Modeling and Predicting Teachers' Counselling Competence. *Zeitschrift für Entwicklungspsychologie und Pädagogische Psychologie.*

Gerich, M., Bruder, S., Hertel, S., Hascher, T. & Schmitz, B. (im Druck). Beratung, Intervention, Supervision. In A. Krapp & T. Seidel (Hrsg.), *Lehrbuch Pädagogische Psychologie.* Weinheim: Beltz.

Gerich, M., Kugler, S., Dannecker, V., Trittel., M. & Schmitz, B. (in preparation). *Fostering inservice teachers' counselling competence: Evaluating the effects of training, feedback and the use of a diary.*

Gerich, M., Trittel., M. & Schmitz, B. (2012). Förderung der Beratungskompetenz von Lehrkräften durch Training, Feedback und Reflexion. Methoden handlungsorientierter Intervention und Evaluation. In M. Kobarg, C. Fischer, I. M. Dalehefte, F. Trepke & M. Menk (Hrsg.), *Lehrerprofessionalisierung wissenschaftlich begleiten. Strategien und Methoden* (S. 51-68). Münster: Waxmann.

Gerich, M., Trittel, M. & Schmitz, B. (in preparation a): *Using simulated parent-teacher conversations to assess preservice teachers' counselling competence.*

Gerich, M., Trittel, M. & Schmitz, B. (in preparation b). *Improving preservice teachers' counselling competence: Effects of training and feedback.*

Grewe, N. (1983). *Möglichkeiten und Grenzen der klientzentrierten Gesprächsführung für die Beratung in der Schule: Eine Befragung von Beratungslehrern und Schulpsychologen.* Veröffentlichte Dissertation: Technische Universität Braunschweig.

Grewe, N. (2005). Gesprächsführung und Leitlinien der Beratung. In N. Grewe (Hrsg.), *Praxishandbuch Beratung in der Schule. Grundlagen, Aufgaben, Fallbeispiele* (S. 13-34). München: Luchterhand.

Henning, C. & Keller, G. (2000). *Lehrer lösen Schulprobleme.* Donauwörth: Auer.

Hertel, S. (2009). *Beratungskompetenz von Lehrern. Kompetenzdiagnostik, Kompetenzförderung und Kompetenzmodellierung.* Münster: Waxmann.

Hertel, S., Bruder, S., Orwat-Fischer, A. & Laux, M. (2010). *Eltern beraten – souverän und erfolgreich. Konkrete Strategien und Tipps für Erziehungs- und Lernberatung in der Schule.* Donauwörth: Auer.

Hertel, S., Djakovic, S.-K. & Rieger, I. (2011). Lässt sich Beratungskompetenz bereits in der ersten Phase der Lehrerausbildung fördern? Vortrag auf der 13. Fachtagung Pädagogische Psychologie in Erfurt, 14.–16. September 2011.

Hertel, S., Rieger, I., Djakovic, S.-K. & Bruder, S. (2012). Ansatzpunkte und Besonderheiten in der Beratung von Eltern mit Migrationshintergrund im Schulalltag. Vortrag auf dem 48. Kongress der Deutschen Gesellschaft für Psychologie in Bielefeld, 22.–27. September 2012.

Hertel, S., Bruder, S., Jude, N. & Steinert, B. (2013). Elternberatung an Schulen im Sekundarbereich: Schulische Rahmenbedingungen, Beratungsangebote der Lehrkräfte und Nutzung von Beratung durch die Eltern. *Zeitschrift für Pädagogik* (59. Beiheft), 40-63.

Hitzinger, H. (1987). *Soziale Kompetenz des Lehrers in der Elternarbeit. Analyse und Bewertung eines problemorientierten gruppendynamischen Lehrertrainings zur Vermittlung sozialer Kompetenz in der Lehrerfortbildung.* Frankfurt: Haag & Herchen.

Hoover-Dempsey, K. V., Bassler, O. C. & Burow, R. (1995). Parents' report involvement in students' homework: Parameters of reported strategy and practice. *Elementary School Journal, 95*(5), 435-450.

Hoover-Dempsey, K. V. & Sandler, H. M. (1997). Why do parents become involved in their children's education? *Review of Educational Research, 67*(1), 3-42.

Kemna, P. (2003). *Entwicklung eines Tests zur pädagogischen Gesprächskompetenz.* München: GRIN.

Klieme, E. & Leutner, D. (2006). Kompetenzmodelle zur Erfassung individueller Lernergebnisse und zur Bilanzierung von Bildungsprozessen. Überarbeitete Fassung des Antrags an die DFG auf Einrichtung eines Schwerpunktprogramms.

Kolodner, J. L., Gray, J. T. & Fasse, B. B. (2003). Promoting transfer through case-based reasoning. Rituals and practices in learning by DesignTM classrooms. *Cognitive Science Quarterly, 3*(2), 183-232.

Kunter, M. & Klusmann, U. (2010). Kompetenzmessung bei Lehrkräften – Methodische Herausforderungen. *Unterrichtswissenschaften, 38*(1), 68-86.

Krumm, V. (1996). Über die Vernachlässigung der Eltern durch die Erziehungswissenschaft. Plädoyer für eine veränderte Rolle der Lehrer bei der Erziehung der Kinder. In A. Leschinsky (Hrsg.), *Die Institutionalisierung von Lehren und Lernen. Beiträge zu einer Theorie der Schule.* Zeitschrift für Pädagogik, 34. Beiheft (S. 119-137). Weinheim: Beltz.

Kultusministerkonferenz (KMK) (2004). Standards für die Lehrerbildung: Bildungswissenschaften. Beschluss der Kultusministerkonferenz vom 16.12.2004. URL: http://www.kmk.org/doc/beschl/standards_lehrerbildung.pdf (Download vom 16.10.2005).

Lambert, M. J., Whipple, J. L., Vermeersch, A., Smart, D. W., Hawkins, E. J., Nielsen, S. L. & Goates, M. (2002). Enhancing psychotherapy outcomes via providing feedback on client progress: A replication. *Clinical Psychology and Psychotherapy, 9*(2) 91-103.

Lengua, L. & McMahon, R. J. (2000). Parent Involvement in School Conceptualizing Multiple Dimensions and Their Relations with Family and Demographic Risk Factors. *Journal of School Psychology, 38*(6), 501-523.

Lipowsky, F. (2004). Was macht Fortbildungen für Lehrkräfte erfolgreich? *Die Deutsche Schule, 96*(4), 462-479.

Mayr, J. (2006). Theorie + Übung + Praxis = Kompetenz? Empirisch begründete Rückfragen zu den „Standards in der Lehrerbildung". In C. Allemann-Ghionda, & E. Terhart (Hrsg.), *Kompetenzen und Kompetenzentwicklung von Lehrerinnen und Lehrern. Ausbildung und Beruf.* Zeitschrift für Pädagogik, 51. Beiheft (S. 149-163). Weinheim: Beltz.

McLaughlin, C. (1999). Counselling in school. Looking back and looking forward. British Journal of *Guidance and Counselling, 27*(1), 13-23.

McLeod, J. (2003). *An Introduction to Counselling.* Berkshire: Open University Press.

Nußbeck, S. (2006). *Einführung in die Beratungspsychologie.* München: Ernst Reinhard Verlag.

Palmowski, W. (1995). *Der Anstoß des Steins – systemische Beratung im schulischen Kontext. Ein Einführungs- und Lehrbuch.* Dortmund: Borgmann.

Pickl, C., Hertel, S. & Schmitz, B. (2008). Lehrertrainings. In W. Schneider, & M. Hasselhorn (Hrsg.), *Handbuch der Pädagogischen Psychologie* (S. 233-244). Göttingen: Hogrefe.

Ronnestad, M. H. & Skovholt, T. M. (2001). Learning Arenas for Professional Development. Retrospective Accounts of Senior Psychotherapists. *Professional Psychology: Research and Practice, 32*(2), 81-187.

Schnebel, S. (2007). *Professionell beraten. Beratungskompetenz in der Schule.* Weinheim: Beltz.

Schwarzer, C. & Buchwald, P. (2006). Beratung in Familie, Schule und Beruf. In A. Krapp & B. Weidenmann (Hrsg.), *Pädagogische Psychologie* (S. 575-612). Weinheim: Beltz.

Schwarzer, C. & Posse, N. (2008). Schulberatung. In W. Schneider & M. Hasselhorn (Hrsg.), *Handbuch der Pädagogischen Psychologie* (S. 441-451). Göttingen: Hogrefe.

Skovholt, T. M. & Jennings, L. (Eds.) (2004). *Master therapists. Exploring expertise in therapy and counseling.* Boston, MA: Allyn & Bacon.

Stadler, M. (2009). Die Psychologie des Konfliktmanagements in schulischen Beratungsgesprächen mit Eltern. *Beruf: Schulleitung, 3*(1), 19-20.

Strasser, J. & Gruber, H. (2003). Kompetenzerwerb in der Beratung: Eine kritische Analyse des Forschungsstandes. *Psychologie in Erziehung und Unterricht, 50,* 381-399.

Strasser J. & Gruber, N. (2008). Kompetenz von Beratungslehrern im Vergleich. In M. Gläser-Zikuda & J. Seifried (Hrsg.), *Lehrerexpertise: Analyse und Bedeutung unterrichtlichen Handelns* (S. 237-258). Münster: Waxmann.

Terhart, E. (2007). Erfassung und Beurteilung der beruflichen Kompetenz von Lehrkräften. In M. Lüders & J. Wissinger (Hrsg.), *Forschung zur Lehrerbildung* (S. 37-62). Münster: Waxmann.

Thiel, H.-U. (2003). Phasen des Beratungsprozesses. In H.-U. Thiel (Hrsg.), *Pädagogische Beratung* (S. 73-84). Paderborn: Schöningh.

Timperley, H., Wilson, A., Barrar, H. & Fung, I. (2007). *Teacher professional learning and development. Best evidence synthesis iteration (BES).* Wellington: Ministry of Education.

Wiesbeck, A., Bauer, J., Gartmeier, M. & Prenzel, M. (2013). Förderung und Assessment von Gesprächsführungskompetenz: Interdisziplinäre Perspektiven aus Medizin und Lehramt. Simulierte Gespräche als Methode zur Messung der Gesprächsführungskompetenz. Vortrag auf der 1. Tagung der Gesellschaft für Empirische Bildungsforschung (GEBF) in Kiel.

Wild, E. (2003). Lernen lernen: Wege einer Förderung der Bereitschaft und Fähigkeit zum selbstreguliertem Lernen. *Unterrichtswissenschaften, 31*(1), 2-5.

Martin Bonsen & Nils Berkemeyer

Lehrerinnen und Lehrer in Schulentwicklungsprozessen

1. Einleitung

Die Praxis des Lehrberufs in der Schule gehört wohl zu denjenigen professionellen Feldern, die in den letzten 200 Jahren vergleichsweise moderaten Veränderungen unterlagen, allerdings hat im letzten Jahrzehnt der Veränderungsdruck zugenommen. Insbesondere die Ergebnisse der großen international vergleichenden Schulleistungsstudien (TIMSS, PISA, IGLU) und die bildungspolitischen sowie gesellschaftlichen Reaktionen hierauf haben den Erwartungsdruck auf Schulen massiv erhöht. Verbindliche Bildungsstandards sowie Formen externer Überprüfung schulischer Prozess- und Ergebnisqualitäten sind relativ neue Steuerungsinstrumente, die von der Bildungspolitik eingeführt wurden. Wenngleich sich einerseits ausgeprägte Zentralisierungstendenzen im Schulsystem beobachten lassen, so wird andererseits die Einzelschule von Bildungsadministration und Bildungsforschung als letztlich entscheidende Handlungseinheit anerkannt (Fend, 1986; Steinert & Klieme, 2008). Entsprechend finden sich in den meisten Bundesländern Initiativen zur Erweiterung der einzelschulischen Handlungsspielräume (Rürup, 2007). Die zugrundeliegende Diskussion ist dabei keine schultheoretische Neuheit, sondern spiegelt eine in der Schultheorie wesentliche Frage, nämlich die der Autonomie von Bildungseinrichtungen wider (Diederich & Tenorth, 1997). Die Neutarierung schulischer Autonomie und zentraler Bildungssteuerung impliziert ein verändertes Leitbild für den Lehrerberuf. Dieses beinhaltet neben der Vermittlung von Wissen und Fähigkeiten sowie der Gestaltung von Lernumgebungen im Unterricht in erweitertem Maße die Beteiligung an der Entwicklung von Schulleben und Schulkultur, die Gestaltung des eigenen Arbeitsplatzes sowie die Fähigkeit zur Reflexion und Evaluation der eigenen Tätigkeit (Horstkemper, 2004). Im Kontext der Schulentwicklung gerät die Tätigkeit des Innovierens zu einer neuen Anforderung an Lehrpersonen. Daher wird ihr mittlerweile in neueren Lehrerbildungskonzepten ein besonderer Stellenwert eingeräumt (Rahm & Schröck, 2004).

2. Schulentwicklung und Schulentwicklungsforschung

Esslinger (2002) formuliert nach Durchsicht verschiedener Ansätze und Konzepte zur Schulentwicklung ein Merkmalsbündel, das gleichsam als Definition von Schulentwicklung gelten kann: „Schulentwicklung heißt, dass die Mitgestalter eines gesamten Kollegiums in Kooperation eine gemeinsam verantwortete Gestalt von Schule entwickeln und verwirklichen. Dieser Prozess ist auf Dauer angelegt, geplant und wird immer wieder evaluiert. Dabei finden Lernprozesse durch und über die gemeinsame Entwicklungsarbeit statt." (ebd., S. 23). Das Zitat verdeutlicht, dass Schulentwicklung kein einmaliges Ereignis ist, sondern vielmehr als dauerhafte Anforderung an das professionelle Handelns von Lehrkräften betrachtet werden muss.

Die Praxis der Schulentwicklung basiert dabei in der Regel auf einer Reihe von Annahmen und theoretischen Einlassungen (z.B. Reynolds, 2005), die zwar eine differenzierte Programmatik formen, jedoch nur eingeschränkt wissenschaftlich abgesichert sind. Selbst von für die Schulentwicklung und Schulentwicklungsforschung zentralen Autoren wird beklagt, dass es über die Jahre nicht gelungen sei, die Praxis der Schulentwicklung in angemessener Weise theoretisch und empirisch zu begründen und eine genuine Schulentwicklungs*forschung* zu etablieren

(Rolff, 2007). Obwohl Fragen der Schulentwicklung international seit den 1960er, national seit den 1980er Jahren in einem relativ breiten Diskurs erörtert werden, lässt sich die Schulentwicklungsforschung noch immer als ein Bereich mit vergleichsweise unverbunden koexistierenden Forschungsgegenständen und -strategien charakterisieren, wobei nicht immer trennscharf zwischen Grundlagenforschung, Entwicklung und wissenschaftlicher Beratung unterschieden wird (Bonsen, Büchter & van Ophuysen, 2004). Diesbezüglich stellt Fullan (2008, S. 2f.) fest, dass in der Vergangenheit auf die Entwicklung der Einzelschule bezogene Interventionen häufig sogenannten change agents vorbehalten waren, die sich kaum mit der wissenschaftlich-empirischen Basis ihres Interventionshandelns befassten. Andererseits kümmerte sich seiner Ansicht nach die empirische Forschung kaum um die Umsetzung ihrer Forschungsergebnisse. Die hier von Fullan problematisierte Arbeitsteilung zwischen „Forschern" und „Intervenierenden" ist auch im deutschsprachigen Raum festzustellen. So unterscheiden auch Horstkemper und Tillmann (2003a, b) den vornehmlich pragmatisch-programmatischen Diskurs derjenigen, „die in besonderer Weise an Schulentwicklung und -beratung interessiert sind" (ebd., S. 50) von einer im engeren Sinne wissenschaftlichen Erforschung schulischer Entwicklungs- und Innovationsverläufe. Insgesamt zeichnet sich ein durchaus defizitäres Verhältnis zwischen Theorie und Praxis der Schulentwicklung sowie der Forschung über Schulentwicklung ab.

3. Forschungsbefunde zu Tätigkeitsfeldern von Lehrerinnen und Lehrern im Rahmen von Schulentwicklungsprozessen

In der Schulpraxis wird Schulentwicklung auf unterschiedliche Art und Weise betrieben. Schaut man sich die verschiedenen Konzeptionen mit ihren jeweiligen Instrumenten und Methoden an, wird deutlich, dass die Einzelschule häufig aus einer organisationstheoretischen Perspektive betrachtet wird und sich Konzepte entsprechend gestalten. Dies zeigt sich etwa in Ansätzen zur „Schule als lernende Organisation" (Rolff, 1994) oder in formalen Schulentwicklungsmodellen wie beispielsweise dem „Institutionellen Schulentwicklungs-Programm (ISP)" (Dalin, Rolff & Buchen, 1996). In diesen Ansätzen finden sich dann unterschiedliche Programme, Projekte, Ansätze und Instrumente zur Veränderung und Verbesserung der Selbstorganisationsfähigkeit von Schule. Eine nach wie vor hohe Bedeutung kommt Ansätzen zu, die Verfahren der Selbstevaluation vorsehen (Altrichter, Messner & Posch, 2004; Burkard & Eikenbusch, 2000), da sie eine Verbesserung der Entscheidungsfindung in Schulen versprechen (Peddar & MacBeath, 2008; Kuper, 2008), die wiederum als wichtiges Merkmal gut funktionierender Schulorganisationen betrachtet werden können (Kuper, 2008; 2002). Andere Verfahren zur Weiterentwicklung der Schule sind die Schulprogrammarbeit (Köller, 2009; Holtappels, 2004) oder der Aufbau eines ganzheitlichen Qualitätsmanagements (Rolff, 2011; Landwehr & Steiner, 2008), welches die „pädagogische Schulentwicklung" (Schratz & Steiner-Löffler, 1999) unterstützen soll. Im Zuge der Einführung neuer Steuerung (Bellmann & Weiß, 2009) wird viel Hoffnung in die Unterstützung der schulischen Selbstorganisationsfähigkeit und die Kapazität organisationalen Lernens (Marks & Louis, 1999) durch Rückmeldungen gewonnener Daten, beispielsweise aus Verfahren der externen Evaluation (MacBeath, 2000) und aus extern unterstützten Vergleichsarbeiten (Peek, 2006) gelegt.

Weiter oben wurde bereits angedeutet, dass der Begriff des Innovierens hinsichtlich der vielfältigen Schulentwicklungsstrategien eine weitere Differenzierung zulässt, wenn nicht erfordert (Terhart, 2000; Esslinger, 2000; Rahm & Schröck, 2004). Im Folgenden werden Forschungsbefunde zur Lehrperson in Schulentwicklungsprozessen anhand der Oberkategorien Professionelles Lernen und Kooperieren (3.1), Planen und Steuern (3.2) sowie Evaluieren (3.3) dargestellt.

3.1 Forschungsbereich: Professionelles Lernen und Kooperieren

Lernen ist in der Schulentwicklung ein zentraler, wenngleich mehrdeutiger Begriff. Das Lernen der Schülerinnen und Schüler zu verbessern, ist einerseits ultimatives Ziel der Schulentwicklung, andererseits setzt die Verbesserung von Lernprozessen auf Seiten der Schülerinnen und Schüler auch Lernprozesse bei Lehrkräften voraus. Um letzteres soll es nun zum einen in Form des professionellen Lernens, zum anderen um Lernen auf der aggregierten Ebene der Organisation, also die Schule als „Lernende Organisation" gehen.

3.1.1 Die Schule als „Lernende Organisation"

Betrachtet man die Schule auf diese Art und Weise, so steht weniger der Lernprozess Einzelner als vielmehr das Ergebnis kollektiver Lernprozesse im Fokus. Die Forschung zu Lehrkräften in der lernenden Organisation steht damit vor der paradoxen Herausforderung, unter der Bedingung einer konzeptionell notwendigen Ausblendung des Subjekts (Esslinger, 2002, S. 144) ebendieses zu erforschen. Dies muss keinesfalls ein Widerspruch sein, da in der Literatur nicht bestritten wird, dass auch beim organisationalen Lernen das Lernen von Individuen vorausgesetzt wird (Hedberg, 1981).

Eine für die Schulentwicklung interessante Perspektive, die sowohl das Individuum, als auch die Organisation berücksichtigt, eröffnet Türk (1989), indem er darauf verweist, dass Effekte der Kompetenzerweiterung innerhalb einer Organisation nicht nur einem Mitglied, sondern der Organisation insgesamt zuzurechnen sind. Es stellt sich daher die Frage, wie Organisationsstrukturen beschaffen sein müssen, um kollektive Lernprozesse zu fördern und nicht zu behindern (ebd., S. 100). Im Kontext der Schule erweist sich genau diese Betrachtungsweise für Lehrkräfte als fremdartig (Zech, 1999): Im Schulalltag dominiert die Reflexion „vom Individuum her – sei es vom Schüler oder vom Lehrer" (ebd., S. 75) und strukturelle Bedingungen des Handelns werden vernachlässigt.

Dies mag nicht zuletzt mit der traditionellen Organisation des „Arbeitsplatzes Schule", welche durch ein hohes Ausmaß autonomer Prozesse gekennzeichnet ist, zusammenhängen. Zwar gibt es zahlreiche theoretische Beiträge zur Autonomie im Lehrerberuf, empirisch erforscht ist die Lehrerautonomie bzw. ihre Bedeutung für die Schulentwicklung jedoch kaum. Altrichter und Eder (2003) untersuchen im Rahmen einer Lehrerbefragung das von Lortie (1972) postulierte „Autonomie-Paritätsmuster" (APM) an Schulen und nutzen die auf dem Primat von Gleichheit und Autonomie basierenden Einstellungsmuster zur Unterscheidung verschiedener Lehrergruppen. Im Ergebnis zeigt sich, dass in der Schulentwicklung aktive Schulen sich durch einen überproportionalen Anteil an Lehrkräften mit Teamorientierung auszeichnen, schulentwicklerisch inaktive Schulen hingegen durch einen hohen Anteil an Einzelkämpfern und eine deutliche Verbreitung des Autonomie-Paritätsmusters (APM). Die Studie deutet zudem darauf hin, dass die Einstellungsmuster eher als Bedingung für Schulentwicklung angesehen werden müssen, denn als deren Folge. Die Ergebnisse zeigen, dass die Teilnahme an einem erfolgreichen Schulentwicklungsprozess nicht zu einer Veränderung der an den Schulen herrschenden Einstellungsmuster führt.

3.1.2 Das professionelle Lernen der Lehrkräfte

In dem Maß, in dem die schulische Selbstständigkeit steigt und Schulen für die Qualitätsentwicklung in Schule und Unterricht mehr und mehr in die Verantwortung genommen werden, steigt auch der Bedarf nach professionellen Unterstützungsleistungen. Dabei kann die institutionalisierte Lehrerfortbildung bislang das berufsbegleitende Lernen nur unzureichend unterstützen (Daschner, 2004, S. 295). Vor allem eine Verbesserung der Nachhaltigkeit sowie ein stärkerer Bezug zur Ebene des Handelns im Klassenzimmer werden gefordert (Terhart, 2000, S. 133ff.).

Wo in der deutschsprachigen Literatur häufig noch von Lehrerfortbildung die Rede ist, spricht man im englischsprachigen Raum eher von professional development. Darling-Hammond und Richardson (2009) diagnostizieren für die letzten zwei Dekaden einen Paradigmenwechsel in der Lehrerprofessionalisierung. Demnach sind kurze, abstrakt angelegte Fortbildungsveranstaltungen („drive-by workshop", ebd., S. 46) wenig wirksam. Diese eher traditionellen Lehrerfortbildungen setzen auf externe Impulse: Neue Prozesse, Inhalte und Methoden werden schulextern vorgegeben und sollen im Unterricht implementiert werden. Die so akzentuierte Lehrerfortbildung geht von einer defizitären Unterrichtspraxis aus und basiert auf der Annahme, dass es Handlungen und Techniken gibt, die von Lehrkräften im Unterricht eingesetzt werden sollten und im Rahmen von Fortbildungen erlernbar sind. Fortbildungsveranstaltungen dieser Art sind typischerweise kurzfristig, d.h. auf Stunden oder wenige Tage angelegt. Follow up-Aktivitäten bilden die Ausnahme (vgl. Butler et al., 2004).

Anstelle der traditionellen Fortbildungsangebote werden nun arbeitsplatznahe, kooperative und praxisbezogene Formen der Professionalisierung gefordert (für die Diskussion im deutschsprachigen Raum: Fussangel, Rürup & Gräsel, 2010; international: Butler et al., 2004). Die gemeinsame forschungsorientierte Auseinandersetzung mit der eigenen Unterrichtspraxis wird dabei in unterschiedlich akzentuierten Ansätzen wie dem der Lesson Study oder dem der Professionellen Lerngemeinschaft berücksichtigt: „Um das eigene Unterrichtsrepertoire gezielt weiterzuentwickeln und zu verbessern, bedarf es aber vermutlich des professionellen Diskurses in einer „Community of Practice" wie dies etwa in den Lesson Studies der japanischen Kollegien vorgeführt wird" (Baumert & Kunter, 2006, S. 487).

Das Ziel der Arbeit in Professionellen Lerngemeinschaften (Bonsen & Rolff, 2006, S. 170) besteht darin, die Lernergebnisse der Schülerinnen und Schüler durch regelmäßige systematische Reflexion (Aktionsforschung) zu verbessern. In regelmäßigen Teamsitzungen vertiefen Lehrerinnen und Lehrer ihr Wissen und ihr Verständnis vom Unterrichtsstoff. Sie bereiten gemeinsam Unterrichtseinheiten vor, setzen diese in ihren Klassen um und reflektieren den Stundenverlauf anhand der Lernergebnisse von Schülern. Das Besondere am Konzept der Professionellen Lerngemeinschaft ist die Ausrichtung der Team-Arbeit an den Lernbedürfnissen der Schülerinnen und Schüler. So schreibt etwa DuFour (2004), das Ziel sei: „not simply to ensure that students are taught but to ensure that they learn. This simple shift – from a focus on teaching to a focus on learning – has profound implications" (ebd., S. 7).

Mit der Professionellen Lerngemeinschaft wird eine Brücke zwischen organisationalem und individuellem Lernen der Lehrkräfte geschlagen. Einen hierzu grundlegenden Beitrag leistete eine empirische Studie von Rosenholtz (1991), in der „learning-enriched schools" und „learning impoverished schools" (ebd., S. 87ff.) unterschieden wurden, die sich einerseits hinsichtlich ihrer Fördereffektivität unterscheiden (ebd., S. 99ff.) und andererseits hinsichtlich ihrer kollegialen Lernkultur. In den effektiveren „learning enriched schools" fand sie Hinweise auf eine stärker ausgeprägte Kultur der gegenseitigen Unterstützung und Hilfe zwischen den Lehrkräften (ebd., S. 55ff.). Auch andere Autoren heben die kooperativen Arbeitsweisen als Notwendigkeit hervor und sehen vor allem in der Überwindung der allzu losen Kopplung der Schulorganisation die zentrale Grundlage für eine effektive Schul- und Unterrichtsentwicklung (Darling-Hammond, 1997; Bryk, Camburn & Louis, 1999; Sergiovanni, 1994).

Empirische Befunde zeigen, dass mit der Entwicklung zur Professionellen Lerngemeinschaft die Reduzierung der Isolation einzelner Lehrkräfte, eine höhere Identifikation der Lehrkräfte mit den Zielen und der Vision der Schule sowie eine geteilte Verantwortung für die Gesamtentwicklung der Schülerinnen und Schüler und kollegiale Verantwortung für deren Lernerfolg einhergehen (Hord, 1997). Bryk et al. (2010) zeigen, dass Schulen sich in der Förderung von Fachleistungen deutlich besser entwickeln, wenn die Lehrerinnen und Lehrer in strong professional communities arbeiten. Dort, wo Lehrerinnen und Lehrer kooperieren, liegt der Zuwachs an Leistung bei Schülern deutlich über dem Zuwachs an Schulen, an denen die Lehrerinnen und Lehrer nicht so eng kooperieren. In den strong professional communities hospitieren Lehrkräfte gegenseitig, tauschen sich über ihren Unterricht aus, kooperieren bei der Unterrichtsvorbereitung, übernehmen gemeinsam die Verantwortung für die Schul- und Unterrichtsentwicklung und fokussieren bei all ihren kooperativen Aktivitäten auf das Lernen der Schülerinnen und Schüler. Lomos, Hofman und Bosker (2011) haben in einer Meta-Analyse fünf Schuleffektivitätsstudien aus dem Zeitraum zwischen 1996 und 2005 ausgewertet. Mit der Gesamteffektstärke von d = .25 ergibt sich in der Gesamtschau ein positiver, statistisch bedeutsamer Effekt der Lehrerkooperation in Professionellen Lerngemeinschaften auf die Leistungen der Schülerinnen und Schüler. Auch im Zusammenhang mit der Nutzung von Daten und Monitoring-Ergebnissen (vgl. Abschnitt 3.3) wird Lehrerkooperation nach der Idee der Professionellen Lerngemeinschaft gefordert. In ihrem Buch „Making Schools Smarter" entwickeln Leithwood, Aitken und Janzi (2006) ein Monitoring- System für Schul-Distrikte und Einzelschulen, das explizit auf der Theorie und dem Forschungsstand zur Professionellen Lerngemeinschaft aufbaut. In der Tat zeigen auch deutsche Erfahrungen, dass Nachhaltigkeit von Daten-Rückmeldeverfahren sich eher intermediär zwischen Meso- und Makroebene in Fachgruppen oder Fachkonferenzen entwickelt, als auf Ebene der einzelnen Lehrkraft (Peek 2006).

3.2 Forschungsbereich: Steuern und Planen

Eine wichtige Frage innerhalb der Schulentwicklung ist die, wie vielfältige und differenzierte Entwicklungsbemühungen koordiniert und integriert werden können und eine Fokussierung der Entwicklungsbemühungen auf den Unterricht erreicht werden kann. Hiermit sind Fragen von Steuerung und Führung angesprochen, die im Rahmen der aktuellen governance-theoretischen Diskussion bislang noch vorwiegend theoretisch aufgearbeitet werden (Altrichter, Brüsemeister & Wissinger, 2007). Die Diskussion um Führung und Steuerung im schulischen Bereich geht dabei über Fragen der Schulleitung hinaus und betrachtet auch Lehrerinnen und Lehrer letztlich als führende Subjekte.

3.2.1 Führung und Management

Betrachtet man Führung als Funktion in der Schulentwicklung, so besteht die zentrale Führungsaufgabe in der langfristigen Orientierung der Gestaltung und Entwicklung der Schule (Dubs, 2006). Dabei kann Führung als aktive Übernahme von Verantwortung in einem klar definierten Bereich verstanden werden. Führung umfasst in diesem Sinne vor allem sinngebende und integrierende aber auch ermöglichende und motivierende Tätigkeiten. Neuere Beiträge fordern die Aufteilung von Führung auf unterschiedliche Funktionsträger und Kernteams (Rolff, 2007). Diese Aufteilung wird im deutschsprachigen Raum vornehmlich unter dem Aspekt der Delegation von Aufgaben behandelt: Die Schulleitung delegiert einzelne (Führungs-)Aufgaben und bleibt für die richtige Führung der Delegation verantwortlich, während die Handlungsverantwortung auf den Delegationsnehmer übertragen wird. Eine erste empirische Untersuchung der Delegationspraxis von Schulleiterinnen und Schulleitern an Schulen in erweiterter Selbstständigkeit haben Harazd, Gieske und Rolff (2008) vorgelegt. Sie zeigen, dass Schulleitungen mit der erhöhten Selbstständigkeit der Einzelschule zahlreiche und vielfältige zusätzliche Aufgaben übernehmen und sie darauf mit zunehmender Delegation reagieren. Die von ihnen befragten Schulleiterinnen und Schulleiter geben an, dass es ihnen schwer falle, „loszulassen" und den Fähigkeiten der Delegationsnehmer zu vertrauen. Die Ergebnisse zeigen, dass die Delegation von Führungsaufgaben zum einen ein vertrauensvolles Verhältnis zwischen Schulleitung und Lehrkräften, zum anderen Kompetenzen zur Erfüllung der delegierten Aufgaben auf Seiten der Delegationsnehmer voraussetzt. Die oben thematisierte Notwendigkeit der Professionalisierung bzw. Qualifizierung von Lehrkräften ist somit auch grundlegend für ein System der Delegation.

Weitergehende Ansätze betrachten die Führungsfunktion in der Schule als grundsätzlich nicht auf die Schulleitung begrenzt, sondern über das gesamte System verteilt. Diese Idee wird international als distributed leadership behandelt (Harris 2009; Bennett et al., 2003), in der deutschsprachigen Diskussion auch als „verteilte Führung" (Rolff, 2007, S. 79f.). Grundlegend für diese Sichtweisen ist die Annahme, dass Führung nicht an eine Position oder eine Funktionsstelle gekoppelt ist, sondern grundsätzlich von jedem Mitglied des Kollegiums auf jeder Ebene wahrgenommen werden kann, allein dadurch, dass es Einfluss auf andere Mitglieder ausübt (Leithwood & Riehl, 2003). Spillane, Halverson und Diamond (2001) verdeutlichen anhand schulpraktischer Beispiele, dass sich distributed leadership im Zusammenhang mit aktuellen Konzepten zur datenbasierten Schulentwicklung als effektiv erweisen könnte. Ähnlich argumentiert auch Gronn (2002) wenn er konstatiert, dass verteilte Führung besonders in Kontexten, in denen Entscheidungen aus (Evaluations-)Daten abgeleitet werden sollen, eine zentrale Rolle spielt. „Schools now operate in complex, data-rich task environments as never before" (ebd., S. 18) – verteilte Führung ist für ihn ein effektiver Weg, um mit einer komplexen, daten- und informationsreichen Umwelt umzugehen.

Die empirische Evidenz für eine Überlegenheit des distributed leadership-Ansatzes erscheint derzeit noch uneindeutig und keinesfalls abschließend (Bennett et al., 2003). Allerdings deuten neuere Studien darauf hin, dass Führung dann besonders effektiv auf die Schule insgesamt und auf die Schüler im Besonderen wirkt, wenn sie möglichst breit innerhalb der Schule verteilt ausgeführt wird (Pont, Nusche & Moorman, 2008, S. 83).

3.2.2 Schulische Steuergruppen

Ein vor allem in den deutschsprachigen Ländern verbreitetes Gremium zur Koordinierung und Steuerung von Schulentwicklungsprozessen sind sogenannte „Steuergruppen" (Rolff, 2007). Hauptaufgabe einer Steuergruppe ist die Prozesssteuerung der Schulentwicklung: Hierzu zählt beispielsweise die Koordination verschiedener Projekte und Prozesse, die Anbahnung von Kontakten zu anderen Schulen (zur Vernetzung siehe auch Abschnitt 4 weiter unten) und die Dokumentation des Schulentwicklungsprozesses. Steuernd wirkt die Steuergruppe, indem sie für eine Bestandsaufnahme sorgt, Feedbackkonferenzen oder pädagogische Tage organisiert und Themen vorselektiert.

Schulische Steuergruppen sind bislang kaum empirisch erforscht. Die wenigen Studien, die vorliegen, sind im Wesentlichen deskriptiv und versuchen vor allem die Arbeitsweisen von Steuergruppen zu erfassen (Holtappels, 2004; Lohre, 2006; Feldhoff, 2007; Berkemeyer & Holtappels, 2007). Dabei wird deutlich, dass die Inhalte, mit denen sich schulische Steuergruppen beschäftigen, sehr stark vom jeweiligen Kontext abhängen, der den Schulentwicklungsprozess rahmt.

In einer Studie von Berkemeyer und Holtappels (2007) an Schulen, die alle an einem Projekt zur Schulprogrammentwicklung teilnahmen, zeigte sich, dass die Steuergruppen vor allem im Bereich der Erstellung des Schulprogramms aktiv waren und eher selten weitere Aufgaben der Schulentwicklung bearbeiteten. Im Abschlussbericht der Begleitforschung zur „Selbstständigen Schule“ in Nordrhein-Westfalen wird festgestellt, dass Steuergruppen stark an Prozessen der Unterrichtsentwicklung mitwirken (Holtappels, Klemm & Rolff, 2008). Die Wirksamkeit schulinterner Steuergruppen ist jedoch insgesamt kaum empirisch belegt, Forschungsergebnisse werden selbst von den sie generierenden Wissenschaftlern äußerst vorsichtig interpretiert (z.B. Holtappels, 2007, S. 36f.). Holtappels und Müller (2002) konstatieren in ihrer Studie einen überzufälligen Zusammenhang zwischen der Qualität von Schulprogrammen und dem Vorhandensein innerschulischer Steuergruppen. Kanders (2004) stellt im Rahmen der Schulprogrammevaluation für das Land Nordrhein-Westfalen ebenfalls fest, dass die Mehrheit der befragten Lehrkräfte (68%) sowie die Mehrheit der befragten Schulleitungen (70%) davon überzeugt ist, dass die Schulprogrammgruppe für das Gelingen der Schulprogrammarbeit bedeutsam sei. Ergebnisse der Begleitforschung zur „Selbstständigen Schule“ in NRW zeigen jedoch auch, dass die auf Steuergruppen bezogenen Wirksamkeitseinschätzungen je nach Perspektive variieren. Hier stehen positive Einschätzungen von Schulleitungen und Steuergruppenmitgliedern eher gedämpften Einschätzungen durch Lehrkräfte gegenüber (Lohre et al., 2006, S. 66f.).

Berkemeyer und Holtappels (2007) kommen auf Grundlage einer Befragung in Niedersächsischen Schulen zwar zu dem Befund, dass Steuergruppen aus eigener und aus Kollegiumssicht als „wirksames Steuerungsorgan“ (ebd., S. 137) wahrgenommen werden, diese Wirksamkeit sich bei unabhängiger Messung verschiedener Kriteriumsvariablen jedoch nicht mehr nachweisen lässt. Feldhoff kommt zu dem Ergebnis, dass die Implementation von Steuergruppen, wenn sie tatsächlich schulischen Wandel anregen und unterstützen sollen, entsprechend vorbereitet bzw. begleitet werden müssen (Feldhoff 2011, S. 305f.). Nach Rahm und Schröck (2008) dürften Wirksamkeit und Erfolg von Steuergruppenarbeit nicht zuletzt von vorherrschenden Verhaltensmustern abhängen. Im Rahmen qualitativer Studien zu schulischen Steuergruppen identifizieren sie vier Arbeitskulturen: Abarbeitungskultur, Rivalitätskultur, Vetokultur und Projektkultur. Dabei verspricht nicht jedes Verhaltensmuster von Steuergruppen Effektivität. Zudem ist ein Passungsverhältnis zwischen Organisationskultur und Steuergruppe notwendig. Forschungsergebnisse, die instruktive Verhaltensbeschreibungen für Lehrkräfte im Sinne technologischer Theorien produzieren könnten, sind aus diesem Grund kaum zu erwarten.

3.3 Evaluieren im Rahmen von Schulentwicklung

Evaluation bedeutet die Bewertung eines Gegenstandes auf Grundlage einer systematischen Datensammlung und einer nachvollziehbaren Analyse derselben (Deutsche Gesellschaft für Evaluation, 2002). Das Ergebnis einer Evaluation dient als Empfehlungs- und Entscheidungsgrundlage für die Planung weiterer Arbeitsschritte. Im Schulbereich wird Evaluation häufig eingesetzt, um konkrete, zumeist zeitlich begrenzte Projekte hinsichtlich ihrer Güte und Verwendbarkeit zu beurteilen. Evaluation im Zusammenhang der Einzelschulentwicklung sollte hingegen *kontinuierlich* angelegt sein und sich auf die *Gesamtheit der Bildungsprozesse* beziehen. Das Ziel eines umfassenden Qualitätsmanagements in der Schule besteht darin, die schulische Arbeit dauerhaft auf den Prüfstand zu stellen, notwendige Entscheidungen auf eine empirische und möglichst rationale Ebene zu heben und zur Verbesserung der pädagogischen Arbeit beizutragen (Ditton, 2002).

Scheerens, Glas und Thomas (2003) unterscheiden drei Begründungslinien und damit implizit verbundene Zielsetzungen von Evaluation im Schulbereich. Demnach soll Evaluation

1. helfen, Qualitätsstandards zu pädagogischen Ergebnissen und Voraussetzungen zu regulieren,
2. Schulen zwingen, Rechenschaft über ihr Funktionieren und ihre pädagogische Wirksamkeit abzulegen und somit das demokratische Prinzip der Transparenz zu sichern und
3. innere Schulentwicklung stimulieren (ebd., S. 5f.).

Zur Realisierung dieser Aufgaben unterscheiden die Autoren nicht weniger als fünfzehn unterschiedliche Evaluationsverfahren im Schulsystem, die sie in vier methodische Bereiche einteilen: die Messung von Schülerleistungen, Evaluation auf Grundlage von Bildungsstatistiken, Evaluation durch Beobachtung sowie Programm- und Lehrerevaluation. Wenngleich noch nicht alle Verfahren in Deutschland verbreitet sind, so nimmt die Anzahl der Formen systematischer Evaluation zu (Steinert & Klieme, 2008). Die derzeit wichtigsten Evaluationsformen sind die drei bereits angesprochenen: Schulleistungsmessung, Inspektion und Selbstevaluation. Diese Bereiche stellen je unterschiedliche Anforderungen an Lehrerinnen und Lehrer, sie berühren und erfassen deren pädagogische Praxis in ganz unterschiedlichem Ausmaß.

Leistungsmessung und Datenrückmeldung

Datenrückmeldungen aus international vergleichenden Schulleistungsstudien liefern Informationen über das Bildungssystem und bieten Lehrkräften bestenfalls Anlass für Gespräche über Optimierungsprozesse. Die ersten Schulrückmeldungen im Rahmen einer großen Leistungsvergleichsstudie wurden in Deutschland im Nachgang der Erhebung zu PISA 2000 unter genau diesem Anspruch gestaltet (Watermann et al., 2003). Schulen sollten Rückmeldungen aus Leistungsvergleichsstudien beispielsweise zum Anlass nehmen, in der eigenen Arbeit Bereiche wie die Kopplung von sozialer Herkunft und Bildungserfolg näher zu untersuchen, wobei zugleich vor unrealistischen oder übersteigerten Erwartungen an Datenrückmeldung gewarnt wurde (vgl. Kohler & Schrader, 2004). Mitte der 1990er Jahre gab es – auch international – nur wenig Forschung zu der Frage, ob Lehrkräfte ihr Unterrichtsverhalten aufgrund von Datenrückmeldungen ändern (Tymms, 1995; Visscher & Coe, 2003), mittlerweile ist die Forschungslage differenzierter (vgl. Bonsen & Frey, 2013; Hartung-Beck, 2009).

Forschungsergebnisse aus dem deutschsprachigen Raum stimmen zunächst skeptisch. Groß Ophoff, Hosenfeld, Helmke und Koch (2006) berichten auf Grundlage einer standardisierten Befragung zum Projekt VERA, dass die Lehrkräfte Vergleichsarbeiten als arbeitsaufwändig empfinden, kaum Ressourcen sehen, um Fördermaßnahmen abzuleiten und Veränderungen des Unterrichts die Ausnahme sind. Helmke (2004) berichtet für das Projekt MARKUS, dass die Mehrheit einer – mutmaßlich innovationsfreundlichen und pflichtbewussten – Positivauswahl von Lehrkräften, die an einer Befragung zur Rückmeldung in MARKUS teilgenommen haben, keine Maßnahmen aufgrund der rückgemeldeten Ergebnisse ergriffen habe. Allerdings zeigt sich in dieser Studie, dass Lehrkräfte, die Unterstützung durch die Schulleitung erfahren, eher bereit sind, Veränderungen des Unterrichts überhaupt in Betracht zu ziehen. Auch im Projekt QUASUM zeigt sich ein ähnliches Bild (Peek, 2004). Die Rückmeldungen werden interessiert zur Kenntnis genommen, jedoch nicht als Anregung für Schul- und Unterrichtsentwicklung genutzt. Betrachtet man die Ergebnisse der verschiedenen Studien, so zeigt sich insgesamt, dass die große Mehrheit der Lehrkräfte die Rückmeldungen zwar verständlich und ausreichend finden, dass allerdings auf der Grundlage der Rückmeldungen nur minimale Veränderungen umgesetzt werden (Schneewind & Kuper, 2009).

Für den anglo-amerikanischen Raum stellen Spillane, Parise und Sherer (2011) fest, dass durch Leistungstests ein Druck auf Schulen ausgeübt wird, der zunehmend auch die Unterrichtsebene erreicht. Demnach beeinflussen Tests, vor allem, was Lehrkräfte unterrichten: Diese rücken nicht testrelevante Inhalte in den Hintergrund und verwenden mehr Unterrichtszeit für die Förderung vermeintlich testrelevanter Fähigkeiten (ebd., S. 586f.).

Dass Schulen Datenrückmeldungen durchaus professionell nutzen können, zeigen englische Forschungsbefunde. Ashby und Sainsbury (2001) kommen zu dem Ergebnis, dass Schulen in England mit den Ergebnissen des National Curriculum Tests durchaus verschiedene Entwicklungsstrategien verbinden: „The findings (…) show that, in some schools at least, there is a carefully planned and focused strategy aimed at making full and efficient use of the information available from tests. This works at individual, group, class, year-group and whole school level. It aims to identify strengths and weaknesses, to turn these into targets, and to build this information into every level of curriculum planning and staff development. This entire system is enshrined in the school development plans adopted by governors and shared with parents." (ebd., S. 23). Kirkup et al. (2005, S. 157ff.) fassen auf der Basis einer Befragung von 529 englischen Lehrkräften ebenfalls eine ganze Bandbreite an Nutzungsmöglichkeiten von Datenrückmeldungen auf Schul- und Schülerebene zusammen und geben auf Grundlage ihrer Forschungsergebnisse Empfehlungen dafür, wie Lehrkräfte in der Nutzung unterstützt werden können. Im Kern empfehlen die Autorinnen ein gezieltes Training von Lehrerinnen und Lehrern, um den Umgang mit Daten einzuüben. Hierzu zählen sie neben der Anwendung von Software auch den Austausch mit Kollegen über die Daten.

Die bisherige Forschung zur Datennutzung durch Lehrerinnen und Lehrer lässt sich mit Coburn und Turner (2012) als „konventionelle Forschung zur Datenrückmeldung" bezeichnen, die kaum Erkenntnisse über Prozesse der Datennutzung liefert: „Wie Lehrerinnen im Schulalltag mit Datenrückmeldungen umgehen beziehungsweise, wie die Praxis der Datennutzung auf Ebene der Lehrkräfte aussieht, warum bestimmte Interventionen in manchen Schulen Entwicklungen anstoßen, die gleichen Interventionen in anderen Schulen jedoch erfolglos bleiben, analysieren die Arbeiten allesamt nicht." (Bonsen & Frey, 2013, S. 42). Vielversprechender als die konventionell erhobenen retrospektiven Einschätzungen von Lehrkräften zur Nutzung von Leistungsdaten dürften qualitative Studien im Sinne von „micro process studies" (Little, 2012, S. 114) sein, in denen die innerschulische Nutzung von Testdaten unter „Realbedingungen" und in „Echtzeit" analysiert wird (Coburn & Turner, 2012).

Schulinspektion

Die Einführung einer Schulinspektion ist in den deutschen Ländern vergleichsweise neu (Bos, Holtappels & Rösner, 2006). Sie dient sowohl zur internen als auch zur externen Rückmeldung von relevanten schulbezogenen Qualitätsmerkmalen. Damit kann sie auf der einen Seite als Evaluations-, auf der anderen Seite als Steuerungsinstrument betrachtet werden (Kotthoff & Böttcher, 2010, S. 295).

Internationale Forschung zur Schulinspektion kommt zu dem Ergebnis, dass die Schulinspektion in der zum Zeitpunkt der Untersuchung vorliegenden Form kein effektives Mittel zur Verbesserung des Unterrichts ist. Hierfür sei insbesondere ein angespanntes und zum Teil wenig vertrauensvolles Verhältnis zwischen Inspektoren und Lehrkräften verantwortlich. Zudem sei der Besuch der Inspektoren überwiegend negativ konnotiert sowie mit Stress und hoher Arbeitsbelastung für die Lehrkräfte verbunden (Chapman, 2002). Ouston und Davies (1998) konnten in einer Studie feststellen, dass es durchaus Vorbereitungseffekte im Vorfeld eines Inspektionsbesuchs gibt. Im Anschluss fielen die untersuchten Schulen jedoch wieder in den früheren Alltagsablauf zurück – ein Effekt, wie man ihn auch bei Schülerinnen und Schülern vor und nach Klassenarbeiten finden kann.

Die Schulinspektion ist in Deutschland noch zu jung, um empirisch belastbare Aussagen über ihre Wirkung auf das professionelle Handeln von Lehrkräften und ihre Bedeutung für Prozesse der Schulentwicklung zu treffen. Erste Befunde der Schulinspektion in Deutschland zeigen, dass, wie internationale Studien bereits vermuten lassen, eher von einem geringen Effekt hinsichtlich der Verbesserung schulischer Qualitätsmerkmale auszugehen ist (Gärtner, Wurster & Pant, 2013, S. 13).

Internationale Studien deuten auf die Gefahr hin, dass die Inspektion nicht als Anlass einer grundsätzlichen Veränderung schulischer Praxis wirkt, sondern Schulen auf die Ankündigung einer Inspektion lediglich mit einer möglichst positiven Selbstdarstellung reagieren, die, wenn überhaupt, nur kurzfristige und oberflächliche Veränderungen bewirkt. Doch hier zeigen neuere Ergebnisse aus der Wirkungsforschung von Schulinspektion in Deutschland, dass mit der Ankündigung von Inspektionen im Vorfeld eher gelassen umgegangen wird (Dedering, Fritsch & Weyer, 2012, S. 220). Dies mag zum einen dadurch begründet sein, dass die Inspektionsverfahren überwiegend als positiv erlebt werden (Sommer, 2011, S. 162), und zum anderen dadurch, dass die Beurteilungen der Schulinspektion von den Schulleitungen häufig als zutreffend eingeschätzt werden (Völkmann, 2012, S. 9). Trotz allem werden seitens vieler Schulen durch die Ergebnisse der Inspektion Erwartungen bezüglich Praxisempfehlungen oder adäquater Prozessberatungen geweckt, die von den Schulinspektionen nicht geleistet werden können und dürfen. Daher wird das durch die Inspektion entstandene Schulentwicklungspotential oftmals nicht hinreichend genutzt (Völkmann, 2012, S. 9). Bezüglich der Art der Rückmeldung sollte vor allem bei negativ bewerteten Schulen darauf geachtet werden, diese zur Akzeptanz des Schulinspektionsverfahrens und der Rückmeldung zu bewegen, da andernfalls wertvolle innerschulische Veränderungsimpulse ungenutzt bleiben könnten (Sommer, 2011, S. 9). Ein besonderes Augenmerk der Schulinspektionen sollte daher weniger auf den eigentlichen Ergebnissen der Inspektion liegen, als vielmehr auf der Art der Rückmeldung derselben (Dietrich & Lambrecht, 2012).

Selbstevaluation

Schulische Selbstevaluation erfährt weltweit hohe Aufmerksamkeit und viele Schulen haben bereits praktische Erfahrungen auf diesem Gebiet gesammelt (Schildkamp, Visscher & Luyten, 2009). Selbstevaluation erfordert im Unterschied zu Vergleichsarbeiten oder Schulinspektionen von Lehrkräften nicht nur die Rezeption und Interpretation der Rückmeldungen, sondern vielmehr die selbstständige Generierung und Auswertung von Daten.

Da Lehrerinnen und Lehrer im Zuge der ersten und zweiten Ausbildungsphase – wenn überhaupt – eher zufällig mit konzeptionellen und handwerklichen Fragen der Evaluation in Berührung kommen, sind Schulen durch die quantitativ und qualitativ gestiegenen Anforderungen an innerschulische Evaluation schnell überfordert. Altrichter, Posch und Messner (2006) warnen in diesem Zusammenhang davor, von Schulen Unrealistisches zu fordern, weil dies dazu führe, dass viele Schulen ‚so tun als ob' womit sich die Schulaufsicht dann zufrieden gebe, „weil sie wissen, dass mehr nicht drin ist" (ebd., S. 33). Lander und Ekholm (2005) sehen dagegen eher die Gefahr, dass Evaluation als „Management-Routine" betrieben wird und die instrumentelle Funktion für die Schulentwicklung aus dem Fokus gerät. „However, it is clear from the research discussed here, that evaluation and its modest contribution to school improvement may well get lost in the struggle between the social technology of teaching and the running of schools. If evaluation as management becomes too dominant, it is likely that teachers will administer the kiss of the death to the whole idea of evaluation as improvement“ (Lander & Ekholm, 2005, S. 98).

Schildkamp, Visscher und Luyten (2009) haben in den Niederlanden Selbstevaluation an 79 Grundschulen erforscht. Methodisch anspruchsvoll können sie zwar keinerlei Effekte auf die Entwicklung von Schülerleistungen feststellen, finden jedoch Effekte auf schulische Prozessvariablen, die in der Schuleffektivitätsforschung mit einer hohen Schuleffektivität assoziiert sind. Über einen Zeitraum von fünf Jahren wächst das durch Schulleitungen und Lehrkräfte wahrgenommene Ausmaß an gemeinsamer Beratung, Reflexion und professionellem Dialog. Zudem wird eine Erhöhung der Leistungsorientierung, eine Intensivierung adaptiven Unterrichtens sowie eine zunehmende Professionalisierung der Schulleitungen, gepaart mit einer Zunahme von Maßnahmen der Lehrerprofessionalisierung festgestellt. Allerdings zeigen die Ergebnisse auch, dass viele Schulen Schwierigkeiten haben, Evaluationsinstrumente zu nutzen und dass die Verwertung der Ergebnisse Probleme bereitet.

Bischof, Hochweber, Hartig und Klieme (2013) können anhand von PISA Daten aus den Jahren 2000 und 2009 in einem längsschnittlichen Design für deutsche Gymnasien einen positiven Effekt interner Evaluation belegen. An den von ihnen untersuchten Gymnasien des PISA-Schulpanels wurde im Rahmen retrospektiver Interviews nach einer Veränderung der Evaluationsaktivitäten zwischen 2000 und 2009 gefragt. Interessant sind die Zusammenhänge zwischen Evaluation und der Leistungsentwicklung der Schülerinnen und Schüler: In dieser Untersuchung ist es nicht die externe Evaluation, sondern die interne Evaluation, von der ein positiver Zusammenhang zur mittleren Leseleistung im Jahr 2009 besteht. Ebenfalls positiv mit interner Evaluation assoziiert ist die von den Schülerinnen und Schülern wahrgenommene Beziehungsqualität. Auch hier zeigt sich kein Effekt der externen Evaluation. Die Autoren kommentieren ihr Ergebnis: „Eine mögliche Erklärung für diese Konstellation ist die stärkere Ausrichtung der Maßnahmen interner Evaluation auf die konkrete Situation an der Schule als bei externer Evaluation. Während Bildungsökonomen, ausgerichtet an Wettbewerbsmodellen, externe Evaluation für wirksam erachten (...), sehen wir die Auswirkungen primär bei der internen Evaluation, weil diese infolge der Durchführung durch die Schulen selbst eine Beteiligung in der Schule voraussetzt und möglicherweise Prozesse und Aktivitäten in Gang setzt, die bei externer Evaluation nicht zwingend stattfinden.“ (ebd., S. 194). Diese Interpretation deckt sich mit der für die Schulentwicklung zentralen Annahme, dass Schulen sich eher dann entwickeln, wenn die Lehrerinnen und Lehrer mit der Schulleitung gemeinsam aktiv werden. Die Ergebnisse der Studie von Bischof et al. unterstützten somit die fundamentale These zur Schulentwicklung, dass die Einzelschule als „Handlungseinheit“ (Fend, 1986) und „Motor der Entwicklung der Einzelschule“ (Dalin, Rolff & Buchen, 1990) zu betrachten sei und den Lehrkräften im Rahmen der Schulentwicklung die zentrale Bedeutung zukomme. Die Forschungslage insgesamt deutet allerdings darauf hin, dass es Lehrkräften noch schwer fällt, die eigene Arbeit angemessen zu evaluieren. Dies konnte exemplarisch für die Schulprogrammarbeit (Holtappels, 2004) oder die Erstellung von Jahresplanungen (Berkemeyer, Kummer & Müller, 2007) gezeigt werden. Van Amelsvoort et al. (2006) heben in einem international vergleichenden Bericht zum Zusammenhang von Selbstevaluation und Schulinspektion drei Befunde hervor:

- Keines der acht untersuchten Länder gibt eine klare Definition für Selbstevaluation an Schulen, obwohl alle Schulen angehalten sind, sich selbst zu evaluieren.
- Je stärker die Selbstevaluation in Schulen als Gegenstand der Schulinspektion Berücksichtigung findet, desto stärker werden Beobachtungsbereiche und Indikatoren der Schulinspektion in die Selbstevaluation der Schule aufgenommen.
- Vielen Schulen fehlen Kompetenzen zur Durchführung von Selbstevaluationsprojekten.

Devos und Verhoeven (2003) stellen fest, dass schulische Interpretationshoheit über die Daten zu kontraindizierten Handlungen in Schulen führen könne. Sie schlagen daher - ganz im Sinne der Organisationsentwicklung - die Beratung durch externe Experten vor. Diese können helfen, blinde Flecken in der Selbstevaluation zu erkennen und somit die innerschulische Entwicklung zu beeinflussen. Sie fordern aber ebenfalls die externen „critical friends" auf, ihre eigene Arbeit kritisch zu reflektieren, da sie im Gegenzug nicht über das wichtige innerschulische Wissen bezüglich alltäglicher Probleme und Aspekte der schulischen Arbeit verfügen.

4. Ausblick: Schulentwicklung durch Gesamtsystem-Entwicklung

In den letzten Jahren ist zu beobachten, dass in der Schulentwicklung das Paradigma der Einzelschulentwicklung erweitert wird. „Going to scale" und „whole system reform" sind Schlagworte dieser neueren Entwicklung, nach der Schulen sich nicht einzeln entwickeln, sondern gemeinsam als gesamtes Schulsystem bzw. in Teilen des Systems. In einer Studie der National Endowment for Science, Technology and the Arts (NESTA) zu Innovationen in „low innovation sectors" heißt es: „In education, teachers have found that collaborations between schools can be a highly productive way of developing and evaluating innovative new practices - far more effective than other forms of continuing professional development" (NESTA 2007, S. 15).

Auch im deutschsprachigen Raum ist eine Zunahme an Projekten festzustellen, die netzwerkbasiert an der Verbesserung des Unterrichts, der Abstimmung von Übergängen und der Kooperation mit außerschulischen Partnern arbeiten (vgl. zur Übersicht Berkemeyer et al., 2009). Dabei wird der Kooperation in Netzwerken ein großes Potenzial für die Schulentwicklung (Mujis, 2008; Jackson, 2006; Reid, Brain & Comerford-Boyes, 2007) zugeschrieben.

Verbundenheit und Beziehungsvielseitigkeit zwischen den einzelnen Akteuren wird im Rahmen von Forschung zur Netzwerkkoordination betont (Junker & Berkemeyer, in Vorb.). Fehlender Rückhalt und mangelnde Akzeptanz seitens des eigenen Kollegiums können auf die Einbindung in ein Netzwerk und den Grad des dortigen Engagements Einfluss nehmen (Killus, 2008; Berkemeyer et al., 2009a). Dabei wird die Problematik, die eigenen Kollegen für die innerschulische Verbreitung der im Netzwerk gewonnenen Impulse zu gewinnen, hervorgehoben. Die Arbeit in Netzwerken dürfte in der Schulentwicklung zukünftig eher zunehmen. Dies setzt auf Seiten der Lehrkräfte eine starke Offenheit für andere Schulformen, Bildungsinstitutionen und Praxisformen ganz allgemein voraus.

Das Lehrerhandeln in Schulentwicklungsprozessen stellt ohne Zweifel ein zentrales Zukunftsfeld der Schul(entwicklungs)forschung dar. Bislang eher aus der Organisationsperspektive gedachte formale Ansätze zur Schulentwicklung bilden eine gute Ausgangsbasis um erforderliche Tätigkeitsfelder zu beschreiben und auszudifferenzieren. Ein hieraus resultierendes normatives Anspruchstableau ist allerdings nur ein erster Schritt. Weil Schulentwicklung eben nicht nur aus der Organisationsperspektive betrachtet werden kann, sondern Lehrerinnen und Lehrer als Akteure Schulentwicklung durch ihr Handeln konstituieren, wäre Forschung zur Interaktion von Instrumenten und Verfahren der Schulentwicklung einerseits und innerschulischen Handlungsmustern andererseits sinnvoll. Das Ziel weiterer Forschung könnten anschließend die nachhaltigen Veränderungen solcher Handlungsmuster bei Lehrkräften sein.

Literatur

Altrichter, H., Messner, E. & Posch, P. (2004). *Schulen evaluieren sich selbst.* Seelze: Kallmeyer.

Altrichter, H. & Eder, F. (2004). Das ‚Autonomie-Paritäts-Muster' als Innovationsbarriere? Schulprogramme – Instrumente der Schulentwicklung. In H.G. Holtappels (Hrsg.), *Schulprogramme – Instrumente der Schulentwicklung: Konzeptionen, Forschungsergebnisse, Praxisempfehlungen* (S. 195-221). Weinheim: Juventa.

Altrichter, H., Posch, P. & Messner, E. (2006). *Schulen evaluieren sich selbst. Ein Leitfaden.* Seelze: Kallmeyer.

Altrichter, H., Brüsemeister, T. & Wissinger, J. (2007). *Educational Governance.* Wiesbaden: VS Verlag.

Amelsvoort van, G., Bos, K., Janssens, F., Klaver, L., Lelyveld, J. & Pol, M. (2006). *Proportional supervision and school improvement from an international perspective: A Study into the (side) effects of utilizing school self evaluations for inspection purposes in Europe.* Verfügbar unter: http://www.onderwijsinspectie.nl/binaries/content/assets/Actueel_publicaties/2006/Proportional+supervision.pdf [17.8.2009].

Ashby, J. & Sainsbury, M. (2001). *How do schools use national curriculum test results?* London: National Foundation for Educational Research (NFER).

Baumert, J. & Kunter, M. (2006). Stichwort: Professionelle Kompetenz von Lehrkräften. *Zeitschrift für Erziehungswissenschaft, 9*(4), 469-520.

Bellmann, J. & Weiß, M. (2009). Risiken und Nebenwirkungen neuer Steuerung im Schulsystem. Theoretische Konzeptualisierung und Erklärungsmodelle. *Zeitschrift für Pädagogik, 55*(2), 286-308.

Bennett, N., Wise, C., Woods, P. & Harvey, J. (2003). *Distributed leadership: Summary report.* Nottingham: National College for School Leadership.

Berkemeyer, N. & Holtappels, H.G. (2007). Arbeitsweise und Wirkungen schulischer Steuergruppen. Empirische Studie zur Steuerung der Schulentwicklungsarbeit im niedersächsischen Projekt „Qualitätsentwicklung in Netzwerken". In N. Berkemeyer & H.G. Holtappels (Hrsg.), *Schulische Steuergruppen und Change Management* (S. 99-138). Weinheim: Juventa.

Berkemeyer, N. & Holtappels, H.G. (Hrsg.) (2007). *Schulische Steuergruppen und Change Management.* Weinheim, München: Juventa.

Berkemeyer, N., Kummer, N. & Müller, S. (2007). Fremd- und Selbststeuerung von Schulen durch Jahresplanungen. *Die Deutsche Schule, 99,* 287-302.

Berkemeyer, N., Kuper, H., Manitius, V. & Müthing, K. (Hrsg.) (2009). *Schulische Vernetzung. Eine Übersicht zu aktuellen Netzwerkprojekten.* Münster: Waxmann.

Berkemeyer, N., Bos, W., Järvinen, H., Manitius, V., Müthing, K. & van Holt, N. (2009). Schulreform durch Innovationsnetzwerke – Entwicklungen und Bedingungen. In N. Berkemeyer, W. Bos & H. Kuper (Hrsg.), *Schulreform durch Vernetzung. Interdisziplinäre Betrachtungen* (S. 213-236). Münster: Waxmann.

Bischof, L. M., Hochweber, J., Hartig, J. & Klieme, E. (2013). Schulentwicklung im Verlauf eines Jahrzehnts. Erste Ergebnisse des PISA-Schulpanels. In N. Jude & E. Klieme (Hrsg.), *PISA 2009 – Impulse für die Schul- und Unterrichtsforschung* (S. 172-199). Weinheim u.a.: Beltz.

Bonsen, M., Büchter, A. & van Ophuysen, S. (2004). Im Fokus: Leistung. Zentrale Aspekte der Schulleistungsforschung und ihre Bedeutung für die Schulentwicklung. In H.G. Holtappels, K. Klemm, H. Pfeiffer, H.-G. Rolff & R. Schulz-Zander (Hrsg.), *Jahrbuch der Schulentwicklung, Band 13* (S. 187-223). Weinheim: Juventa.

Bonsen, M. & Rolff, H.-G. (2006). Professionelle Lerngemeinschaften von Lehrerinnen und Lehrern. *Zeitschrift für Pädagogik, 52*(2), 167-184.

Bonsen, M. & Frey, K. A. (2013). Schulentwicklungsforschung zur Nutzung von Leistungstests. *Journal für Schulentwicklung, 17*(2), 38-45.

Bos, W., Holtappels, H.G. & Rösner, E. (2006). Schulinspektion in den deutschen Bundesländern – eine Baustellenbeschreibung. In W. Bos, H. G. Holtappels, H. Pfeiffer, H.-G. Rolff & R. Schulz-Zander (Hrsg.), *Jahrbuch der Schulentwicklung, Band 14* (S. 81-124). Weinheim: Juventa.

Bryk, A., Camburn, E. & Louis, K. S. (1999). Professional community in Chicago elementary schools: Facilitating factors and organizational consequences. *Educational Administration Quarterly, 35*(5), 751-781.

Bryk, A. S., Sebring, P. B., Allensworth, E., Luppescu, S. & Easton, J. Q. (2010). *Organizing Schools for Improvement: Lessons from Chicago.* University of Chicago Press.

Burkard, C. & Eikenbusch, G. (2000). *Praxishandbuch Evaluation in der Schule.* Berlin: Cornelsen.

Butler, D.L., Lauscher, H.N., Jarvis-Selinger, S. & Beckingham, B. (2004). Collaboration and self-regulation in teachers' professional development. *Teaching and Teacher Education, 20*(5), 435-455.

Chapman, C. (2002). OFSTED and school improvement: Teachers' perception of the inspection process in schools facing challenging circumstances. *School Leadership and Management, 22*(3), 257-272.

Czerwanski, A., Hameyer, U. & Rolff, H.-G. (2002). Schulentwicklung im Netzwerk. Ergebnisse einer empirischen Nutzenanalyse von zwei Schulnetzwerken. In H.-G. Rolff, H.G. Holtappels, K. Klemm, H. Pfeiffer & R. Schulz-Zander (Hrsg.), *Jahrbuch der Schulentwicklung, Band 12* (S. 99-130). Weinheim: Juventa.

Dalin, P., Rolff, H.-G. & Buchen, H. (1990). *Institutioneller Schulentwicklungsprozess.* Bönen: Druck Verlag Kettler.

Darling-Hammond, L. (1997). Restructuring schools for student success. In A. H. Halsey, H. Lauder, P. Brown & A. Stuart Wells (Eds.), *Education – Culture – Economy, and Society* (pp. 332-353). Oxford: University Press.

Darling-Hammond, L. & Richardson, N. (2009). Teacher Learning: What Matters? *Educational Leadership, 66*(5), 46-53.

Daschner, P. (2004). Dritte Phase an Einrichtungen der Lehrerfortbildung. In S. Blömeke, P. Reinhold, G. Tulodziecki & J. Wildt (Hrsg.), *Handbuch Lehrerbildung* (S. 290-301). Bad Heilbrunn: Klinkhardt.

Dedering, K., Fritsch, N. & Weyer, C. (2012). Die Ankündigung von Schulinspektionen und deren innerschulischen Effekte – hektisches Treiben oder genügsame Gelassenheit? In S. Hornberg & M. Parreira do Amaral (Hrsg.), *Deregulierung im Bildungswesen* (S. 205-222). Münster: Waxmann Verlag.

DeGEval – Deutsche Gesellschaft für Evaluation (Hrsg.) (2002). *Standards für Evaluation.* Köln: Alfter.

Devos, G. & Verhoeven, J. C. (2003). School self-evaluation – conditions and caveats. *Educational Management and Administration, 31*(4), 403-420.

Diederich, J. & Tenorth, H.E. (1997). *Theorie der Schule.* Berlin: Cornelsen.

Dietrich, F. & Lambrecht, M. (2012). Menschen arbeiten mit Menschen. Schulinspektion und die Hoffnung auf den zwanglosen Zwang der „besseren Evidenz". *Die deutsche Schule, 104,* 57-70.

Ditton, H. (2002). Unterrichtsqualität – Konzeptionen, methodische Überlegungen und Perspektiven. *Unterrichtswissenschaft, 30*(1), 197-212.

Dubs, R. (2006). Führung. In H. Buchen & H.-G. Rolff (Hrsg.), *Professionswissen Schulleitung* (S. 102-176). Weinheim: Beltz.

DuFour, R. (2004). What Is a „Professional Learning Community"? *Educational Leadership, 61*(8), 6-11.

Esslinger, I. (2002). *Berufsverständnis und Schulentwicklung: ein Passungsverhältnis? Eine empirische Untersuchung zu schulentwicklungsrelevanten Berufsauffassungen von Lehrerinnen und Lehrern.* Bad Heilbrunn: Julius Klinkhardt.

Feldhoff, T. (2007). Qualifizierungsmaßnahmen der schulischen Steuergruppen im Rahmen des Modellvorhabens „Selbstständige Schule" NRW. In N. Berkemeyer & H.G. Holtappels (Hrsg.), *Schulische Steuergruppen und Change Management* (S. 139-156). Weinheim, München: Juventa.

Feldhoff, T. (2011). *Schule organisieren. Der Beitrag von Steuergruppen und Organisationalem Lernen zur Schulentwicklung.* Wiesbaden: VS Verlag für Sozialwissenschaften.

Fend, H. (1986). „Gute Schulen – Schlechte Schulen". Die einzelne Schule als pädagogische Handlungseinheit. *Die Deutsche Schule, 78,* 275-293.

Fullan, M. (2008). From school effectiveness to system improvement. *Journal für Schulentwicklung, 12*(2), 23-31.

Fussangel, K., Rürup, M. & Gräsel, C. (2010). Lehrerfortbildung als Unterstützungssystem. In H. Altrichter & K. Maag Merki (Hrsg.), *Handbuch Neue Steuerung im Schulsystem* (S. 2328-2354). Wiesbaden: VS Verlag für Sozialwissenschaften.

Gärtner, H., Wurster, S. & Pant, H. A. (2013). *The effect of school inspections on school improvement. School Effectiveness and School Improvement.* DOI: 10.1080/09243453.2013.811089.

Gronn, P. (2002). Distributed Leadership. In K. Leithwood, P. Hallinger, K. Seashore-Louis, G. Furman-Brown, P. Gronn, W. Mulford & K. Riley (Eds.), *International Handbook of Educational Leadership and Administration* (pp. 423-451). Dordrecht: Kluwer.

Groß Ophoff, J., Hosenfeld, I., Helmke, A. & Koch, U. (2006). Ergebnisrückmeldungen und ihre Rezeption im Projekt VERA. In H. Kuper & J. Schneewind (Hrsg.), *Rückmeldung und Rezeption von Forschungsergebnissen – Zur Verwendung wissenschaftlichen Wissens im Bildungssystem* (S. 19-40). Münster: Waxmann.

Harazd, B., Gieske, M. & Rolff, H.-G. (2008). Herausforderungen an Schulleitung: Verteilung von Verantwortung und Aufgaben. In W. Bos, H.G. Holtappels, H. Pfeiffer, H.-G. Rolff & R. Schulz-Zander (Hrsg.), *Jahrbuch der Schulentwicklung, Band 15* (S. 231-263). Weinheim: Juventa.

Harris, A. (2009). *Distributed leadership. Different perspectives.* Dordrecht: Springer Netherland.

Hartung-Beck, V. (2009). *Schulische Organisationsentwicklung und Professionalisierung, Folgen von Lernstandserhebungen an Gesamtschulen.* Wiesbaden: VS Verlag.

Hedberg, B. (1981). How organizations learn and unlearn. In P.C. Nystrom & W. Starbuck (Eds.), *Handbook of Organizational Design* (pp. 3-27). London: Oxford University Press.

Helmke, A. (2004). Von der Evaluation zur Innovation: Pädagogische Nutzbarmachung von Vergleichsarbeiten in der Grundschule. *Das Seminar, 2,* 90-112.

Holtappels, H.G. & Müller, S. (2002). Inhaltsanalyse der Schulprogrammtexte Hamburger Schulen. In H.-G. Rolff, H.G. Holtappels, K. Klemm, H. Pfeiffer & R. Schulz-Zander (Hrsg.), *Jahrbuch der Schulentwicklung* (S. 209-231). Weinheim, München: Juventa.

Holtappels, H.G. (Hrsg.) (2004). *Schulprogramme – Instrumente der Schulentwicklung: Konzeptionen, Forschungsergebnisse, Praxisempfehlungen.* Weinheim: Juventa.

Holtappels, H.G., Klemm, K. & Rolff, H.-G. (2008). *Schulentwicklung durch Gestaltungsautonomie. Ergebnisse der Begleitforschung zum Modellvorhaben Selbstständige Schule in Nordrhein-Westfalen.* Münster: Waxmann.

Hord, S.M. (1997). Outcomes of professional learning communities for students and staffs. In S.M. Hord (Ed.), *Professional Learning Communities: Communities of Continuous Inquiry and Improvement* (pp. 21-30). Austin: Southwest Educational Development Laboratory.

Horstkemper, M. (2004). Erziehungswissenschaftliche Ausbildung. In S. Blömeke, P. Reinhold, G. Tulodziecki & J. Wildt (Hrsg.), *Handbuch Lehrerbildung* (S. 461-476). Bad Heilbrunn: Klinkhardt.

Horstkemper, M. & Tillmann, K.-J. (2003a). Schulformvergleiche. *Erziehungswissenschaft, 14*(26), 7-34.

Horstkemper, M. & Tillmann, K.-J. (2003b). Studien zu Einzelschulen. *Erziehungswissenschaft, 14*(27), 45-78.

Jackson, D. (2006). The creation of knowledge networks: Collaborative enquiry for school and system improvement. In A. Harris & J. H. Chrispeels (Eds.), *Improving schools and educational systems* (pp. 274-291). London: Routledge.

Junker, R. & Berkemeyer, N. (in Vorb.). Netzwerkanalyse des Projektes „Netzwerk Hochbegabtenförderung NRW“ Verstehen der Entwicklung von Netzwerken durch den Vergleich der egozentrierten Netzwerke von Netzwerkkoordinatoren.

Kanders, M. (2004). Schulprogrammarbeit in NRW. In H.G. Holtappels (Hrsg.), *Schulprogramme – Instrumente der Schulentwicklung: Konzeptionen, Forschungsergebnisse, Praxisempfehlungen* (S. 117-136). Weinheim, München: Juventa.

Killus, D. (2008). Soziale Integration in Schulnetzwerken: empirische Ergebnisse und Konsequenzen für die Praxis. In N. Berkemeyer, W. Bos, V. Manitius & K. Müthing (Hrsg.), *Unterrichtsentwicklung in Netzwerken. Konzeptionen, Befunde, Perspektiven* (S. 315-328). Münster: Waxmann.

Kirkup, C., Sizmur, J., Sturman, L. & Lewis, K. (2005). *Schools' use of data in teaching and learning* (Research report No 671). London: National Foundation for Educational Research (NFER).

Kohler, B. & Schrader, F. W. (2004). Ergebnisrückmeldung und Rezeption. [Themenheft] *Empirische Pädagogik, 18.*

Köller, M. (2009). *Konstruktion und Implementierung von Schulprogrammen. Ein triangulativer Forschungsansatz.* Frankfurt, Main u.a.: Lang.

Kotthoff, H.G. & Böttcher, W. (2010). Neue Formen der „Schulinspektion“: Wirkungshoffnungen und Wirksamkeit im Spiegel empirischer Bildungsforschung. In H. Altrichter & K. Maag Merki (Hrsg.), *Handbuch neue Steuerung im Schulsystem* (S. 295-326). Wiesbaden: VS Verlag für Sozialwissenschaften.

Kuper, H. (2002). Entscheidungsstrukturen in Schulen. Eine differentielle Analyse der Schulorganisation. *Zeitschrift für Pädagogik, 48*(6), 856-878.

Kuper, H. (2008). Entscheiden und Kommunizieren. Eine Skizze zum Wandel schulischer Leistungs- und Partizipationsstrukturen und den Konsequenzen für die Lehrerprofessionalität. In W. Helsper, S. Busse, M. Hummrich & R.-T. Kramer (Hrsg.), *Pädagogische Professionalität in Organisationen. Neue Verhältnisbestimmungen am Beispiel der Schule* (S. 149-162). Wiesbaden: VS-Verlag.

Lander, R. & Ekholm, M. (2005). School evaluation and improvement: A Scandinavian view. In D. Hopkins (Ed.), *The practice and theory of school improvement. International handbook of educational change* (pp. 85-100). Berlin: Springer.

Landwehr, N. & Steiner, P. (³2008). *Q2E Qualität durch Evaluation und Entwicklung: Konzepte, Verfahren und Instrumente zum Aufbau eines Qualitätsmanagements an Schulen.* Bern: hep Verlag.

Leithwood, K. & Riehl, C. (2003). *What we know about successful leadership.* Philadelphia: Laboratory for Student Success, Temple University.

Leithwood, K., Aitken, R. & Jantzi, D. (2006). *Making schools smarter: Leading with evidence.* Thousand Oaks: Corwin Press.

Little, J. W. (2012). Understanding Data Use Practice among Teachers: The Contribution of Micro-Process Studies. *American Journal of Education, 118*(2), 143-166.

Lohre, W. (Hrsg.) (2006). *Entwicklung ist messbar. Zwischenbericht der wissenschaftlichen Begleitforschung zum Projekt ‚Selbstständige Schule'.* Troisdorf: Bildungsverlag EINS.

Lomos, C., Hofman, R. H. & Bosker, R. J. (2011). Professional communities and student achievement – a meta-analysis. *School Effectiveness and School Improvement, 22*(2), 121-148.

Lortie, D. (1972). *Schoolteacher: A sociological analysis.* Chicago: University Press.

MacBeath, J. (2000). *Schools must speak for themselves: The case for school self-evaluation.* London: Routledge.

Marks, H. M. & Louis, K. S. (1999). Teacher empowerment and the capacity for organizational learning. *Educational Administration Quarterly, 35,* 707-750.

Muijs, D. (2008). Widening opportunities? A case study of school-to-school collaboration in a rural district. *Improving Schools, 11*(1), 61-73.

NESTA (2007). *Hidden Innovation. How innovation happens in six ‚low innovation' sectors.* Verfügbar unter: http://www.nesta.org.uk/assets/pdf/hidden_innovation_report_NESTA.pdf [18.2.2008].

Ouston, J. & Davies, J. (1998). OFSTED and Afterwards? Schools' Responses to Inspection. In P. Earley (Ed.), *School Improvement After inspection? School and LEA Responses* (pp. 13-24). London: Paul Chapman Publishing Ltd.

Peek, R. (2004). Qualitätsuntersuchung an Schulen zum Unterricht in Mathematik (QuaSUM). Klassenbezogene Ergebnisrückmeldungen und ihre Rezeption in Brandenburger Schulen. In B. Kohler & F.W. Schrader (Hrsg.), *Ergebnisrückmeldung und Rezeption.* Empirische Pädagogik 18 (S. 82-114). Landau: Verlag Empirische Pädagogik.

Peek, R. (2006). Dateninduzierte Schulentwicklung. In H. Buchen & H.-G. Rolff (Hrsg.), *Professionswissen Schulleitung* (S. 1343-1366). Weinheim: Beltz.

Pedder, D. & MacBeath, J. (2008). Organisational learning approaches to school leadership and management: teachers' values and perceptions of practice. *School Effectiveness and School Improvement, 19*(2), 207-224.

Pont, B., Nusche, D. & Moorman, H. (2008). *Improving School Leadership. Volume 1: Policy and Practice.* Paris: OECD.

Rahm, S. & Schröck, N. (2004). Mitwirkung an der Schulentwicklung. In S. Blömeke, P. Reinhold, P. Tulodziecki & J. Wildt (Hrsg.), *Handbuch Lehrerbildung* (S. 531-543). Bad Heilbrunn: Klinkhardt.

Rahm, S. & Schröck, N. (2008). *Wer steuert die Schule? Zur Rekonstruktion dilemmatischer Ausgangslagen für Schulleitungshandeln in lernenden Schulen.* Bad Heilbrunn: Klinkhardt.

Reid, I., Brain, K. & Comerford-Boyes, L. (2007). Networked learning communities: Joined up working? In T. Townsend & R. Bates (Eds.), *Handbook of Teacher Education* (pp. 433-444). Dordrecht: Springer.

Reynolds, D. (2005). School effectiveness: Past, present and future directions. In H.G. Holtappels & K. Höhmann (Hrsg.), *Schulentwicklung und Schulqualität* (S. 11-25). Weinheim: Juventa.

Rolff, H.-G. (Hrsg.). (2011). *Qualität mit System. Eine Praxisanleitung zum Unterrichtsbezogenen Qualitätsmanagement (UQM).* Köln: Carl Link.

Rolff, H.-G. (2007). *Studien zu einer Theorie der Schulentwicklung.* Weinheim: Beltz.

Rosenholtz, S. J. (1991). *Teacher's workplace: The social organization of schools.* New York: Teachers College Press.

Rürup, M. (2007). *Innovationswege im deutschen Bildungssystem.* Wiesbaden: VS Verlag.

Scheerens, J., Glas, C. & Thomas, S. M. (2003). *Educational evaluation, assessment and monitoring. A systemic approach.* Lisse: Swets & Zetlinger.

Schneewind, J. & Kuper, H. (2009). Rückmeldeformate und Verwendungsmöglichkeiten der Ergebnisse aus zentralen Lernstandserhebungen. In T. Bohl & T. Kiper (Hrsg.), *Lernen aus Evaluationsergebnissen – Verbesserungen planen und implementieren* (S. 113-129). Bad Heilbrunn: Klinkhardt.

Schildkamp, K., Visscher, A. & Luyten, H. (2009). The effects of the use of a school self-evaluation instrument. *School Effectiveness and School Improvement, 20*(1), 69-88.

Schratz, M. & Steiner-Löffler, U. (1999). *Die Lernende Schule: Arbeitsbuch pädagogische Schulentwicklung.* Weinheim: Beltz.

Sergiovanni, T. (1994). Organizations or communities? Changing the metaphor changes the theory. *Educational Administration Quarterly, 30*(2), 214-226.

Sommer, N. (2011). Wie beurteilen schulische Gruppen die erlebte Schulinspektion? Ergebnisse einer Befragung. In S. Müller, M. Pietsch & W. Bos (Hrsg.), *Schulinspektion in Deutschland. Eine Zwischenbilanz aus empirischer Sicht* (S. 137-164). Münster: Waxmann Verlag.

Spillane, J. P., Halverson, R. & Diamond, J. B. (2001). Investigating school leadership practice: A distributed perspective. *Educational Researcher, 30*(3), 23-28.

Spillane, J. P., Parise, L. M. & Sherer, J. Z. (2011). Organizational Routines as Coupling Mechanisms: Policy, School Administration, and the Technical Core. *American Educational Research Journal, 48*(3), 586-619.

Steinert, B. & Klieme, E. (2008). Evaluation in der empirischen Bildungsforschung. In H. Faulstich-Wieland & P. Faulstich (Hrsg.), *Erziehungswissenschaft. Ein Grundkurs* (S. 641-654). Reinbek: Rowohlt.

Terhart, E. (Hrsg.) (2000). *Perspektiven der Lehrerbildung in Deutschland. Abschlussbericht der von der Kultusministerkonferenz eingesetzten Kommission.* Weinheim: Beltz.

Türk, K. (1989). *Neuere Entwicklungen in der Organisationsforschung. Ein Trend Report.* Stuttgart: Thieme.

Tymms, P. (1995). Influencing educational practice through performance indicators. *School Effectiveness and School Improvement, 6*(2), 123-145.

Visscher, A. & Coe, R. (2003). School performance feedback systems: Conceptualisation, analysis, and reflection. *School Effectiveness and School Improvement, 14*(3), 321-349.

Völkmann, D. (2012). Der Inspektor kommt. Zur latenten Wirksamkeit der Schulinspektion. In N. Berkemeyer, K. Dedering, M. Heinrich, W. Kretschmer, M. Schratz & B. Wischer (Hrsg.), *Schule vermessen. Friedrich Jahresheft* (S. 7-9). Seelze: Friedrich Verlag.

Watermann, R., Stanat, P., Kunter, M., Klieme, E. & Baumert, J. (2003). Schulrückmeldungen im Rahmen von Schulleistungsuntersuchungen: Das Disseminationskonzept von PISA-2000. *Zeitschrift für Pädagogik, 48*(1), 92-111.

Zech, R. (1999). Schulentwicklung zwischen pädagogischem Anspruch und organisatorischer Verhinderungspraxis. Zur Paradoxie innerer Schulreform in einer institutionalisierten Reformschule. In U. Dirks & W. Hansmann (Hrsg.), *Reflexive Lehrerbildung. Fallstudien und Konzepte im Kontext berufsspezifischer Kernprobleme* (S. 69-85). Weinheim: Beltz.

Diskussion

Ewald Kiel

Forschung zum Lehrerhandeln

Forschung, so eine gängige wissenschaftshistorische Vorstellung in der Tradition von Ludwig Fleck und Thomas S. Kuhn, reagiert auf Probleme (Fleck, 1935/1980; Kuhn, 1976). Die Forscher und Forschergruppen, die zur Lösung eines Problems oder zur Lösung von Teilproblemen beitragen, bilden häufig ein Paradigma. Ein solches Paradigma ist, grob gesprochen, gekennzeichnet durch gemeinsame Problemvorstellungen, Zielvorstellungen und Methoden. Ausgehend von dieser Überlegung werden die Beiträge des Kapitels 7 mit der Überschrift „Forschung zum Lehrerhandeln" im Folgenden diskutiert, indem das Gemeinsame, das Paradigmatische herausgearbeitet und auf eine Bewertung und Diskussion von Details verzichtet wird. Dabei stehen diese Fragen im Mittelpunkt:

1. Gibt es so etwas wie ein gemeinsames Problem, das Forschungen zum Lehrerhandeln zugrunde liegt?
2. Welche Methoden finden aus welchen Gründen bei der dargestellten Forschung zum Lehrerhandeln besondere Beachtung oder Nichtbeachtung?
3. Welches Anforderungsprofil sollten Lehrerinnen und Lehrer, ausgehend von den verschiedenen Forschungszugängen zu ihrem Handeln, idealerweise erfüllen?

Bei der Beantwortung der Fragen lege ich Wert darauf, auch auf das hinzuweisen, was die Autorinnen und Autoren nicht erwähnt haben. Dies schärft deren Profil und macht das Paradigmatische der Beiträge deutlicher, denn Paradigmen zeichnen sich auch durch das Auslassen des nicht Dazugehörenden aus. Dabei ist das von mir konstatierte „Fehlen" von Aspekten den Autorinnen und Autoren eher wenig anzulasten, weil sie ohne Ausnahme innerhalb ihres Paradigmas auf der Basis einer breiten Literaturlage kenntnisreich und konsequent argumentieren.

1. Gibt es so etwas wie ein gemeinsames Problem, das Forschungen zum Lehrerhandeln zugrunde liegt?

Alle Autorinnen und Autoren stellen das Gelingen von Unterricht unmittelbar oder mittelbar in den Fokus ihrer Überlegungen. Forschungsmethodologisches Kernproblem des Unterrichts ist dessen „multiple Determiniertheit" oder wie Helmke in seinem Beitrag konkret formuliert: „Erfolg oder Misserfolg einer Schulklasse oder einzelner Schülerinnen oder Schüler haben verschiedene Ursachen, die miteinander konfundiert sind [...]. Eine einfache Korrelation zwischen einem Unterrichtsmerkmal und dem Leistungsniveau der Klasse ist also aus verschiedenen Gründen nicht aussagekräftig (Helmke in diesem Band, S. 807).

Tina Seidel widmet sich diesem Problem ausgehend von der Prozess-Produktforschung und der Weiterentwicklung dieses Paradigmas in verschiedenen Kontexten. Sie selbst hat mit ihrer, zusammen mit Shavelson durchgeführten, Metaanalyse zur Teacher-Effectiveness-Forschung einen wichtigen Beitrag zu dieser Weiterentwicklung geleistet (Seidel & Shavelson, 2007). Andreas Helmke nimmt die Perspektive der Wirksamkeitsforschung ein und argumentiert einerseits ausgehend von seinem viel zitierten „Angebots-Nutzungs-Modell" der Unterrichtswirksamkeit. Andererseits bezieht er sich in der Neubearbeitung seines Beitrags für diese Auflage häufiger auf die populäre Metaanalyse von John Hattie. Die Beiträge von Kathrin Fußangel und Cornelia Gräsel sowie von Martin Bonsen und Nils Berkemeyer betrachten die multiple Bedingtheit von Unterrichtserträgen aus der Perspektive von Kooperation, professionellem Lernen und Schulentwicklung und erwarten, dass diese drei Aspekte guten Unterricht befördern. Im Beitrag von Fußangel und Gräsel wird zwar erwähnt, dass Kooperation auch für Lehrer selbst wichtig sei, der Fokus liegt jedoch auf der in den 1980er Jahren entwickelten Fendschen Position, die leicht variiert von Oelkers bis in die Gegenwart weiter geführt wird: Schulentwicklung und damit zusammenhängende Prozesse z.B. der Evaluation sollen die Lernergebnisse der Schülerinnen und Schüler verbessern (vgl. auch Bonsen & Berkemeyer). In der Neufassung ihres Beitrags haben Fußangel und Gräsel der Ganztagsschule einen größeren Raum gegeben. Friedrich-Wilhelm Schrader widmet seinen Beitrag den besonderen Problemen pädagogisch-psychologischer Diagnostik als Bedingungsfaktor für gelungenen Unterricht. Diagnostik wird vom Autor als empirisch notwendige Datenbasis für Unterrichtsentwicklung verstanden. Ebenso wie später bei Simone Bruder, Silke Hertel, Mara Gerich und Bernhardt Schmitz spielt der Begriff der Kompetenz für den von ihm dargestellten Bereich in der zweiten Auflage des Handbuchs eine nun wichtigere Rolle. Ewald Terhart nimmt ebenfalls die Diagnostik in den Blick, konzentriert sich dabei aber besonders auf die Beurteilung von Schülerinnen und Schülern im Kontext von Notengebung als Aufgabe des Lehrers und hat am Ende seines Beitrags auch die Ausbildungssituation vor Augen. Bruder, Hertel, Gerich und Schmitz fragen nach dem Beitrag der Beratung durch Lehrerinnen und Lehrer für gelingenden Unterricht oder für gelingendes Lernen im Kontext Schule. Manfred Lüders schließlich konzentriert sich auf Forschung zur Lehrer-Schüler-Interaktion, um deren Anteil im Kontext des eingangs genannten komplexen Bedingungsgefüges deutlich zu machen.

Mit Ausnahme des Beitrags von Manfred Lüders, dessen von ihm dargestellte Forschungsliteratur themenbedingt deutlich einen Schwerpunkt in den 1970er und 1980er Jahren hat, zeichnen sich meines Erachtens alle Beiträge direkt oder indirekt durch eine gemeinsame Denkfigur aus, die sich auch bei Berücksichtigung aller Aktualisierungen für die Neuauflage des vorliegenden Werkes nicht geändert hat: Die Ergebnisse der Forschung sollen einen Beitrag entweder zur Effektivität von Unterricht (oder Unterricht unterstützenden Handlungen), zur Kontrolle, zur Messbarkeit, oder zu allen Drei liefern. Begriffe wie „systematische Interventionsstudien", „Effektivität", „Bildungsmonitoring", „Large scale Studien", „Survey-Studien" und „Evaluation" stehen an wichtigen Gelenkstellen der meisten Beiträge. Die gerade angemerkten, neu eingefügten Bezüge zu John Hattie oder die verstärkte Anbindung von Beiträgen an Kompetenzbegriffe unterstützen diese Denkfigur ökonomischer Rationalität. Dass die Entwicklung und Fortentwicklung der Handlungskompetenz nicht durch regelhafte Anwendung wissenschaftlichen Wissens geschieht, sondern als Können aufgrund eines Selbstlernprozesses in der praktischen Auseinandersetzung mit „beruflichen Schlüsselsituationen" (Messner, 2001, S. 13) erfolgt, ist ebenso wenig im Blickfeld der Autorinnen und Autoren wie die Tatsache, dass Lehrerhandeln in engem Zusammenhang mit der Entwicklung eines beruflichen Rollenverständnisses steht, welches einerseits an schulische Sozialisationsprozesse gebunden ist und andererseits durchaus individuell geprägt sein kann.

Lüders, der zurzeit an einer sprachtheoretischen Grundlegung der Didaktik arbeitet, weicht hier von den anderen Beiträgen ab. Er konzentriert sich in seinem Beitrag auf Ansätze der Interaktionsforschung wie den symbolischen Interaktionismus oder die Ethnomethodologie. Dort wird danach gefragt, wie sozialer Sinn „konstituiert, reproduziert und modifiziert" wird. Mit anderen Worten – Lüders geht es wesentlich um rekonstruktive Sozialforschung.

Neben der ökonomisch rationalen Denkfigur findet sich auch eine systemische Denkfigur. Fast alle Beiträge betonen direkt oder indirekt, dass wir systemische Zusammenhänge und Interaktionen auf der Phänomenebene des Lehrerhandelns zu betrachten haben und/oder diese systemischen Zusammenhänge in einer zu entwickelnden Datenstruktur abgebildet werden müssen. Einige, meines Erachtens bedeutsame, Subsysteme werden dabei nicht erwähnt. So erscheinen Normen nicht als zu berücksichtigendes Subsystem, obwohl Lehrerhandeln stark normativ geprägt ist. Zu diesen nicht behandelten normativen Aspekten gehört z.B. die Frage nach den Bildungsstandards, deren Implementierung zweifellos Konsequenzen für das Lehrerhandeln hat. Ein anderer dieser nicht berücksichtigten normativen Aspekte ist die Forderung nach einem inklusiven Schulsystem, dessen Etablierung ebenfalls gewichtige Veränderungen des Lehrerhandelns zur Folge hat. Bildungsstandards und Inklusion müssten gar nicht eigene Themenbeiträge sein, eine Auseinandersetzung mit ihnen wäre im Rahmen einiger der hier dargestellten Forschungsfelder jedoch durchaus von Interesse: Die Etablierung von Bildungsstandards und einer outputorientierten Steuerung von Bildungssystemen wird Schulentwicklung und kooperatives Handeln in der Schule verändern. Formen der inklusiven Beschulung stellen besondere Anforderungen an diagnostische Fähigkeiten der Lehrkräfte, bedingen andere Formen von Kooperation und sind auf Seiten der Lehrerinnen und Lehrern durchaus mit Vorbehalten verknüpft, wie nationale als auch internationale Studien konstatieren (vgl. Amrhein, 2011; Avramides & Norwich, 2002) Diese Zusammenhänge werden in den Beiträgen allenfalls angedeutet.

2. Welche Methoden finden aus welchen Gründen bei der dargestellten Forschung zum Lehrerhandeln besondere Beachtung oder Nichtbeachtung?

Zunächst, auch beim Methodischen, ein Blick auf das, was nicht berücksichtigt wird. Dies schärft den Blick auf das Vorhandene. Ein Blick auf die vorgestellten Forschungsmethoden zeigt, dass die Ergebnisse geisteswissenschaftlicher Beiträge nicht oder nur am Rande Erwähnung finden. Dies gilt z.B. für phänomenologische Ansätze in der Tradition Bollnows oder für die Psychoanalytische Pädagogik in einer Tradition von Bernfeld über Bittner bis zu Göppel, die bis heute Nachdenkenswertes über das Lehrerhandeln bietet und sich auch mit Fragen der Beratung beschäftigt hat. Die Autorinnen und Autoren im Kapitel über Lehrerhandeln verzichten auch weitgehend darauf, Ergebnisse rekonstruktiver Sozialforschung zu verwenden, obwohl hier durchaus Bezüge zu Vertreterinnen und Vertretern der objektiven Hermeneutik wie etwa Gruschka oder Reh hergestellt werden könnten. Ebenso wenig Beachtung finden Arbeiten aus dem Kontext der Grounded Theory oder – sehr viel mehr überraschend – die Arbeiten von renommierten Didaktikern wie z.B. Klafki, Heimann, Schulz, Flechsig, Peterßen oder H. Meyer und vielen anderen, obwohl sie zweifellos Beiträge zum Handeln von Lehrerinnen und Lehrern in der Schule geleistet haben. Interessant ist, dass geisteswissenschaftliche Bezüge auch dann nicht stattfinden, wenn es direkt angebracht scheint. Wenn Tina Seidel z.B. von einem genetisch-sokratischen Unterrichtsmuster berichtet (vgl. Seidel in diesem Band, S. 799), dann wäre ein Blick auf Martin Wagenschein hilfreich und differenzierend gewesen.

Der Kontrast und die sich bisweilen ergebende Spannung aus den gerade genannten geisteswissenschaftlichen Positionen und quantitativ empirischen Positionen der Sozialwissenschaften könnten konstruktiv sein, werden aber leider nicht genutzt. Dies gilt umso mehr, als in der zweiten Ausbildungsphase in Deutschland zumindest die Beiträge von Klafki oder Schulz noch sehr lebendig, wenn nicht sogar dominierend sind. Letzteres ist wahrscheinlich sogar der Grund für ihre Nichtberücksichtigung, denn Didaktik wird häufig als Ausbildungsdisziplin für Lehrer verstanden und nicht als Forschungsdisziplin. Terhart (2002) bezeichnet Didaktik und die Lehr-Lernforschung als „Fremde Schwestern". Im amerikanischen Sprachraum scheint das Verhältnis von Didaktik zur Lehr-Lernforschung geklärter zu sein als im deutschen Sprachraum. Die Lehr-Lernforschung wird dort als Grundlagenforschung für das Instructional Design betrachtet, welches man mit Recht als Pendant zur Allgemeinen Didaktik sehen kann (Seel, 1999). Im deutschen Sprachraum scheinen die Lehr-Lernforschung und die damit zusammenhängende Forschung zum Lehrerhandeln die Allgemeine Didaktik ersetzen zu wollen.

In den USA, die häufig als Vorbild gerade in empirischer Forschung gesehen werden, gibt es durchaus einige Instruktionsdesigner wie etwa David Merrill, die keine Scheu haben auch geisteswissenschaftliche Traditionen zu bemühen. Merrill (2002) z.B. beruft sich auf den großen deutschen Philosophen und Pädagogen Johann Friedrich Herbart. Eine andere wichtige geisteswissenschaftliche Referenzgröße im amerikanischen Sprachraum ist selbstverständlich der Reformpädagoge John Dewey, der in einer umfassenden Studie von Jürgen Oelkers im deutschen Sprachraum gewürdigt wird (Oelkers, 2009). Die von Dewey angestoßene Tradition des reflective teaching hat viele interessante geisteswissenschaftliche Beiträge zum Lehrerhandeln hervorgebracht (vgl. Pollard, 2002).

Qualitative Forschung wird an einigen Stellen erwähnt, ganz besonders im Rahmen der Diskussion zur Lehrerkooperation, etwa als Mittel der Methodentriangulation, oder im Zusammenhang der Diagnostik als Methode, mit der man „unterschwelligen Prozessen" bei der Notengebung auf die Spur zu kommen versucht (Terhart in diesem Band, S. 833). Insgesamt nimmt sie keinen prominenten Raum ein. Wenn es wenig quantitative Forschung gibt, etwa beim Thema Lehrkräfte als Berater (Bruder, Hertel, Gerich & Schmitz), dann wird dies beklagt und es werden entsprechende Bemühungen eingefordert.

Aus der Perspektive der quantitativen Forschung fordert die multiple Bedingtheit der Unterrichtssituation komplexe methodisch-statistische Zugänge wie z.B. Mehrebenenanalysen, Metaanalysen oder insgesamt Mixed-Methods. Das heißt, der Komplexität auf der Phänomenebene wird mit einer Komplexität auf der Methodenebene begegnet. Hierfür plädieren ganz besonders Helmke und Seidel. Letztere macht die Entwicklung zu komplexen statistischen Methoden anhand der Entwicklung der Prozess-Produkt-Forschung besonders deutlich. Andere Zugänge zu dieser Komplexität sind Videostudien (vgl. Schrader; Seidel), wie wir sie etwa aus der TIMS-Studie kennen, oder experimentelle bzw. quasi-experimentelle Interventionsstudien. Seidel hebt in ihrem Beitrag einen wichtigen inhaltlichen Bias im forschungsmethodischen Zugang heraus: Die meisten Studien widmen sich dem Mathematikunterricht bzw. dem naturwissenschaftlichen Unterricht. Dies hat wahrscheinlich seine guten Gründe, denn Gegenstände der Mathematik oder auch der klassischen Mechanik in der Physik lassen sich unter forschungsmethodischen Gesichtspunkten sicherlich leichter operationalisieren als die Interpretation hermetischer Lyrik im Deutschunterricht oder kreatives Schreiben im Fremdsprachenunterricht. Fraglich ist meines Erachtens, ob das, was im Rahmen von Mathematik und naturwissenschaftlichem Unterricht herausgefunden wurde, auch für andere Fächer gilt. Mathematik und Physik kommen dem Ideal einer axiomatischen Wissenschaft, die subsumtionstheoretisch argumentieren kann, sicherlich näher als Fächer wie Deutsch, Englisch, Kunst oder Sport. Seidel drückt sich hier zu Recht vorsichtig aus, während in manch anderen Publikationen außerhalb des hier diskutierten Bandes der Eindruck erweckt wird, die anderen Fächer müssten funktionieren wie die ‚Referenzwissenschaften' Mathematik und Physik.

3. Welches Anforderungsprofil sollten Lehrerinnen und Lehrer, ausgehend von den verschiedenen Forschungszugängen zu ihrem Handeln, idealerweise erfüllen?

Aus den Befunden der Autorinnen und Autoren, die sich zum Lehrerhandeln geäußert haben, lässt sich ein Anforderungsprofil für Lehrer rekonstruieren. Mit anderen Worten, aus den expliziten oder impliziten Forderungen, auf bestimmte Weise und auf bestimmten Feldern zu forschen, ergeben sich normative Vorgaben dahingehend, was Lehrerinnen und Lehrer eigentlich können sollen. Der empirische Impetus wird zur normativen Anforderung, die sich wie folgt zusammenfassen lässt:

- Aus Sicht der Diagnostik (vgl. Schrader) sollen Lehrerinnen und Lehrer Instrumente zur Status- und Prozessdiagnostik sowie zur Selektions- und Modifikations- bzw. Förderdiagnostik anwenden. Im Rahmen der Statusdiagnostik sollen sie relativ stabile Personenmerkmale erfassen, aber auch Lernvoraussetzungen wie Intelligenz und Ängstlichkeit. Prozessdiagnostik beschäftigt sich mit Verläufen und Veränderungen modifizierbarer Merkmale, ganz besonders Lernergebnissen. Hierzu sind wiederholte Messungen notwendig. Diese Diagnosen dienen dann der Optimierung von Entscheidungen. Dabei wird die Güte diagnostischer Urteile anhand der bekannten Gütekriterien Objektivität, Reliabilität und Validität festgemacht (vgl. Schrader). Lehrerinnen und Lehrer wählen diagnostische Instrumente fachbezogen aus, wenden sie an, interpretieren die Ergebnisse und nutzen sie für die Weiterentwicklung ihres Unterrichts, um Fördereffekte zu erzielen (vgl. Terhart). Insgesamt geht es darum, Lehrer dazu zu bewegen, sich von einer informellen und semi-informellen Diagnostik abzuwenden und einer formellen Diagnostik zuzuwenden (vgl. Terhart). Dabei müssen sich Lehrerinnen und Lehrer der verschiedenen Einflussformen auf ihr Urteil sehr bewusst sein.
- Die Diagnostik steht in enger Beziehung zur Beratung, denn diese soll auf fundierter empirischer Grundlage stattfinden. Lehrerinnen und Lehrer können beraten in Hinblick auf Orientierungsprobleme, wie z.B. Einschulung, Versetzung, Kurswahl, in Hinblick auf psychosoziale Probleme wie z.B. Prüfungsangst, Lernstörungen oder Verhaltensauffälligkeiten, in Hinblick auf Systemprobleme wie z.B. Akzentuierung des Schulprofils, Umsetzung von nationalen Bildungsstandards oder die Entwicklung und Umsetzung von Lehrerfortbildungsplänen (vgl. Bruder, Hertel, Gerich & Schmitz). Sie müssen damit über große Inhalts- und Prozesskenntnisse verfügen.
- Diagnostik und Beratung sind eingebettet in das Ideal einer Schule als lernende Organisation, in der Lehrerinnen und Lehrer professionell arbeiten und kooperieren, um die Lernergebnisse von Schülern zu verbessern. Schule soll von den Kolleginnen und Kollegen gemeinsam verantwortet, entwickelt und verwirklicht werden (Bonsen & Berkemeyer). Inwieweit sich diese Prozesse steuern lassen, z.B. durch Steuergruppen, ist empirisch nicht gesichert. Gesichert scheint hingegen, dass Lehrerinnen und Lehrer dahin tendieren, eher keine Maßnahmen aufgrund rückgemeldeter Ergebnisse zu ergreifen. Dieses aus der MARKUS-Studie bekannte Faktum lässt sich vielleicht auf die geforderten diagnostischen Kompetenzen von Lehrerinnen und Lehrern übertragen.
- Lehrerinnen und Lehrer sollen ihr Interaktionsverhalten im Unterricht konstruktiv analysieren und reflektieren (Lüders). Dabei ist ein zentrales Anliegen sicherlich die Reduzierung der Redeanteile der Pädagoginnen und Pädagogen. Es gilt in diesem Zusammenhang ein differenziertes Bewusstsein dafür zu entwickeln, dass verschiedene Sprechstrategien ein unterschiedliches Beteiligungsverhalten zur Folge haben.
- Insgesamt, so plädiert Helmke, sollen Pädagogen die Gewohnheit aufgeben, ein Gesamtbild erfassen zu wollen. Sie sollen dieses Gesamtbild vielmehr – für sie ungewohnt – in

Variablen und Prinzipien zerlegen und analysieren, um einen empirisch gesicherten Blick über Stärken und Schwächen ihres Handelns zu erhalten. Dieser analytische Blick muss ergänzt werden durch einen zweiten, synthetischen Blick, bei dem überprüft wird, wie die einzelnen Variablen zum Gesamtbild des Unterrichts beitragen. Im Sinne von Bourdieu ließe sich dies vielleicht so formulieren: Es gilt, den Habitus des alltäglich-informellen, wenig wissenschaftlich gestützten Blicks aufzugeben für einen Habitus des analytischen und synthetischen Blicks, dessen Basis empirisch entwickelte Theorien und Instrumente sind.

Ist ein solches Profil realistisch? Für z.B. eine Gymnasiallehrkraft der Fächer Deutsch und Physik mit 150 Schülern oder mehr wird es praktisch nur schwer zu verwirklichen sein – allein wenn man sich nur die genannten diagnostischen Anforderungen anschaut oder die von Helmke gestellte Aufgabe, von Gesamtbildern Abschied zu nehmen. Der kritisierte Gesamtblick ist eine durchaus rationale Strategie, mit der durch die Vielzahl an Schülerinnen und Schülern einhergehenden Belastung umzugehen. Dies wäre für die Lehrerbelastungsforschung meines Erachtens eine interessante Ergänzung (vgl. Lehr in diesem Band).

Gelingender Unterricht und der Einfluss des Lehrerhandelns hierauf hat immer mit einer gehörigen Portion Nichtwissen zu tun. Unterrichten heißt unter Unsicherheit handeln. Man mag noch so viel forschen, diese Unsicherheit wird allen Surveys, Evaluationen und Interventionsstudien zum Trotz immer bestehen. Lehrkräfte können nicht für alle Personen in verschiedenen Lerngruppen Status- und Prozessdiagnostik betreiben, sie können die individuellen Konstruktionen ihrer Lerner in einer Klasse ebenso wenig umfassend kennen wie deren Intentionen und situativen Befindlichkeiten. Das Eingestehen des Nichtwissens über die Wirkung pädagogischen Handelns der Lehrperson in der Klasse scheint mir unhintergehbar.

Helsper fasst diese Position treffend zusammen (Helsper, 2000, S. 18-19), wenn er feststellt, dass man bei pädagogischem Handeln Intentionen nicht eindeutig in kontrollierbare Handlungen umsetzen könne, die bei einem Zögling nur eine intendierte und kontrollierbare Wirkung auslösten. Je umfassender die beabsichtigte Wirkung sei und je länger der Zeitraum sei, auf den sie sich erstrecke, desto unkontrollierbarer ist der Prozess. Das Wissen über die beabsichtigte Wirkung hat im Luhmannschen Sinne den Status einer enttäuschungsbereiten Erwartung (vgl. Kiel, 2007). Eine solche Unberechenbarkeit pädagogischen Handelns ist kein Makel, sondern man muss mit ihr umgehen. Forschung im Anwendungsfeld „Lehrerhandeln" muss sich auch damit beschäftigen, wie unter Bedingungen von Nichtwissen rational gehandelt werden kann. Dies scheint mir die zentrale Herausforderung.

Manches am empirischen Forschungsprogramm zum Lehrerhandeln erinnert mich an ein vergebliches Hoffen: Wenn man nur genug empirisch-quantitativ geforscht hat, verwandeln sich Lehrer und Schüler in die von Luhmann kritisierten Trivialmaschinen (vgl. Luhmann, 1994). Wie im System Schule gibt auch im Forschungskontext niemand zu, Menschen als Trivialmaschinen behandeln zu wollen – tatsächlich jedoch weckt empirische Forschung der beschriebenen Art die Hoffnung oder Sehnsucht danach. Wenn wir nur genug über Lehrerhandeln wüssten, wäre es rational steuerbar und kontrollierbar. So etwas wünschen sich sowohl die administrative Bürokratie als auch die Lehrerinnen und Lehrer selbst.

Hier sei die Frage erlaubt: Muss das Lehrerhandeln überhaupt steuerbar und kontrollierbar sein? Steuerung und Kontrolle sind populäre gesellschaftliche Metaphern, die einem gegenwärtigen Trend bzw. einem gegenwärtig vorherrschendem Paradigma entsprechen und deren Notwendigkeit fortwährend suggeriert wird – aber selbstverständlich ist es nicht notwendig, diesen Metaphern zu folgen. Die Postmoderne, um einen extremen Gegenpol zu setzen, bietet z.B. andere Metaphern wie „Dekonstruktion" (Derrida), „Unordnung des Diskurses" (Foucault), „epistemologisches Paradox" (Serres) oder „Sinneffekt nomadischer Begegnungen" (Deleuze) (vgl. zu dieser Zusammenstellung Zima, 2004, S. 26). Man kann statt der Postmoderne auch einer traditionellen Metapher folgen, einer Metapher der Bildungstheorie, welche Menschen als Wesen betrachtet, die sich selbst bilden – oder wie von Hentig in einem Filmbeitrag sinngemäß sagt, wer gebildet wird, wird zum Gebilde, aber nicht zum Gebildeten.

Was passiert, wenn man den Metaphern der Steuerung und Kontrolle folgt? Eine Verwirklichung des hier aus den Beiträgen kondensierten Anforderungsprofils birgt meines Erachtens die Gefahr einer Deprofessionalisierung des Lehrerberufs unter dem Deckmantel ihrer Professionalisierung: Weil Lehrerinnen und Lehrer den an sie gestellten Anforderungen nicht umfassend entsprechen können, müssen Aufgaben nach außen an andere Institutionen verlagert werden, die das dann professionell können. Dies geschieht z.B. in Form von Agenturen, die Tests konstruieren und auswerten. In Ländern wie den USA oder China gibt es eine große Anzahl solcher Institutionen, die professionell das leisten sollen, was Lehrerinnen und Lehrer – zumindest unter den Bedingungen staatlicher weiterführender Schulen in Deutschland – nicht leisten können. Forschung, ganz besonders in anwendungsorientierten Feldern, hat in diesem Sinne auch eine politische Dimension.

Literatur

Amrhein, B. (2011). *Inklusion in der Sekundarstufe. Eine empirische Analyse.* Bad Heilbrunn: Klinkhardt.

Avramidis, E. & Norwich, B. (2002). Teachers' attitudes towards integration/inclusion: A review of the literature. *European Journal of Special Needs Education, 17*(2), 129-147.

Fleck, L. (1935/1980). *Entstehung und Entwicklung einer wissenschaftlichen Tatsache. Einführung in die Lehre vom Denkstil und Denkkollektiv.* Frankfurt a.M: Suhrkamp.

Helsper, W. (2000). Pädagogisches Handeln in den Antinomien der Moderne. In H.-H. Krüger & W. Helsper (Hrsg.), *Einführung in Grundbegriffe und Grundfragen der Erziehungswissenschaft* (S. 15-34). Opladen: Leske+Budrich.

Kiel, E. (2007). Epistemologie pädagogischen Handelns. In G. Reinmann & J. Kahlert (Hrsg.), *Der Nutzen wird vertagt ... Bildungswissenschaften im Spannungsfeld zwischen wissenschaftlicher Profilbildung und praktischem Mehrwert* (S. 46-63). Lengerich u.a.: Pabst.

Kuhn, T.S. (1976). *Die Struktur wissenschaftlicher Revolutionen.* Frankfurt a.M: Suhrkamp.

Luhmann, N. (1994). *Die Wissenschaft der Gesellschaft.* Frankfurt a.M: Suhrkamp.

Merrill, D. (2002). First Principles of Instruction. *Educational Technology Research and Development, 50*(3), 43-59.

Messner, R. (2001). Szenarien zur Bearbeitung des Theorie-Praxis-Problems in der Lehrerbildung. *Journal für LehrerInnenbildung, 1*(2), 10-19.

Oelkers, J. (2009). *John Dewey und die Pädagogik.* Weinheim: Beltz.

Pollard, A. (2002). *Readings for reflective teaching.* London/New York: Continuum.

Seel, N.M. (1999). Instruktionsdesign: Modelle und Anwendungsgebiete. *Unterrichtswissenschaft, 27*(2), 2-11.

Seidel, T. & Shavelson, R.J. (2007). Teaching effectiveness research in the last decade: Role of theory and research design in disentangling meta-analysis results. *Review of Educational Research, 77*(4), 454-499.

Terhart, E. (2002). Fremde Schwestern. Zum Verhältnis von Allgemeiner Didaktik und empirischer Lehr-Lernforschung. *Zeitschrift für Pädagogische Psychologie, 16*(2), 77-86.

Zima, P.V. (2004). *Was ist Theorie?* Tübingen/Basel: A. Francke.

Forschung zur Belastung und Beanspruchung im Lehrerberuf

Dirk Lehr

Belastung und Beanspruchung im Lehrerberuf – Gesundheitliche Situation und Evidenz für Risikofaktoren

„To every complex problem, there is a simple answer. And it is wrong!“
(Norman Endler, 1997, S. 150).

1. Einleitung

Die Überschrift „Belastung und Beanspruchung“ könnte den Anschein erwecken, der Lehrerberuf sei per se ein Gesundheitsrisiko. Dieser Eindruck entsteht in der (ver)öffentlich(t)en Wahrnehmung (z.B. Höllenjob Lehrer – überfordert, verspottet, ausgebrannt; Titelseite des Focus, 2001) sowie zahlreichen wissenschaftlichen Studien. Wer möchte mit dieser Perspektive noch Lehrerin oder Lehrer werden? Dennoch, alarmiert durch die hohen Raten von krankheitsbedingten Frühpensionierungen in den 1990er Jahren, wurden für den Lehrerberuf (zurecht) die negativen, gesundheitsschädlichen Folgen der Arbeit thematisiert (z.B. Hillert & Schmitz, 2004). Zum Erhalt einer Balance sollten immer wieder die positiven, gesundheitsförderlichen Funktionen der Arbeit in den Blick gerückt werden (vgl. Semmer & Udris, 2004). Darunter können subsumiert werden:

- Soziale Kontakte zu Menschen über den Kreis der Familie hinaus
- Sinnstiftung, z.B. durch das Gefühl des Gebrauchtseins
- Materielle Existenzsicherung und Teilhabe am sozialen Leben
- Erleben von Wertschätzung und Anerkennung für erfolgreiche Arbeit
- Förderung von Selbstvertrauen, Selbstwirksamkeit und Selbstwertgefühl durch erfolgreiche Arbeit
- Strukturierung des Tages- und Wochenrhythmus

Auf diese Weise kann der Beruf zentrale Bedürfnisse befriedigen und entscheidend zum körperlichen, psychischen und sozialen Wohlbefinden beitragen.

In diesem Beitrag sollen zunächst Befunde zur gesundheitlichen Situation bzw. Beanspruchung von Lehrern zusammengetragen werden. Dabei wird die Nützlichkeit von Burnout zur Beschreibung von Gesundheit diskutiert. Im Anschluss wird die Frage nach berufsbezogenen Ursachen für gesundheitliche Beschwerden gestellt. Es wird ein Überblick zu gesundheitlichen Risikofaktoren, deren Evidenz sowie ein Ausblick auf zukünftige Forschung gegeben. Die methodischen Ausführungen verweisen auf die Qualitätskriterien, die im Rahmen der *Evidence-Based-Medicine* entwickelt wurden.

2. Was ist zur gesundheitlichen Situation von Lehrerinnen und Lehrern bekannt?

2.1 Erkrankungen und Beschwerden

Eine hohe Aussagekraft zur Beurteilung der gesundheitlichen Situation im Lehrerberuf haben Studien, die sich auf diagnostizierte Erkrankungen beziehen (z.B. Depressionen, koronare Herzerkrankungen, Schlafstörungen). Entsprechende Diagnosekriterien wurden von der Weltgesundheitsorganisation (WHO) in der *Internationalen Klassifikation der Krankheiten* (ICD) formuliert. Aktuelle Studien, die sich auf solche „harten“ Gesundheitsdaten beziehen, liegen für den deutschen Sprachraum nur für das Ende der Lehrerlaufbahn vor.

Die Hauptdiagnosegruppen im Zusammenhang mit krankheitsbedingter Dienstunfähigkeit erlauben eine Einschätzung der gesundheitlichen Situation am Ende der Berufslaufbahn. Bei Beamten des Bundes sowie verbeamteten Lehrkräften bilden Erkrankungen aus dem Bereich „psychische und psychosomatische Erkrankungen sowie Verhaltensstörungen“ und „Psychische und Verhaltensstörungen“ mit über 50 % den mit Abstand häufigsten Grund für krankheitsbedingte Dienstunfähigkeit aufgrund einer erkrankungsbedingten Dienstunfähigkeit (Bundesministerium des Inneren, 2005, 2013). Im Rahmen einer prospektiven Totalerhebung im Zeitraum 1996 bis 1999 unter bayerischen Lehrern (N = 5.548) berichtete Weber (2004) ebenfalls von einem Dominieren psychischer Störungen bei dienstunfähigen Lehrern (52 %).
Die Studie von Weber (2004) bietet die Möglichkeit, den Bereich der psychischen und Verhaltensstörungen genauer zu differenzieren. Ausgehend von den amtsärztlichen Gutachten wurden depressive Zustandsbilder als häufigste Ursache für krankheitsbedingte Frühpensionierungen identifiziert. Aufgrund regionaler Unterschiede und der fraglichen Validität der Diagnostik (vgl. Hach et al., 2003) können die Befunde nicht vorbehaltlos generalisiert werden.

Unterhalb der Ebene manifester Erkrankungen liegen Studien zum Ausmaß unterschiedlicher Beschwerden vor, die „weichere“ Gesundheitsdaten darstellen. In der repräsentativen Erwerbstätigenbefragung des Bundesinstituts für Berufsbildung (BIBB) und der Bundesanstalt für Arbeitsschutz und Arbeitsmedizin (BAuA) wurden über 20.000 Erwerbstätige zu verschiedenen Beschwerden befragt (Lohmann-Haislah, 2012). Sie zeigt, dass Lehrer im Vergleich zu anderen Erwerbstätigen stark unter (1) allgemeiner Müdigkeit, Mattigkeit oder Erschöpfung, (2) Nervosität oder Reizbarkeit, (3) emotionaler Erschöpfung und (4) Schlafstörungen leiden, allesamt Symptome, die im Rahmen depressiver Störungen auftreten (Abbildung 1).

Schmerzen im Nacken- und Schulterbereich (46 %) und Niedergeschlagenheit (21 %) treten ebenfalls häufig auf, scheinen jedoch nicht berufsspezifisch zu sein. Mit Ausnahme von Kopfschmerzen weisen Lehrer weniger schmerzbezogene Beschwerden, wie z.B. Rückenschmerzen, auf. Leicht vermehrt werden Hörprobleme (4,6 %) berichtet, was vor dem Hintergrund der Lärmbelastung im Klassenzimmer diskutiert wird (Berndt, Schönwälder, Ströver & Tiesler, 2003). Diese Befunde lassen sich dahingehend interpretieren, dass die Art der Belastung (psychisch) und Beanspruchung (psychisch) korrespondieren. Gerade die psychischen Beschwerden wie (emotionale) Erschöpfung, Nervosität / Reizbarkeit und Schlafstörungen können infolge von psychosozialen Belastungen auftreten. Umgekehrt sind die vergleichsweise geringen mechanischen Belastungen mit weniger Beschwerden im Bereich der Muskeln und des Skeletts assoziiert. Es fällt auf, dass Beschwerden, die im Rahmen depressiver Erkrankungen auftreten, häufig sind: Erschöpfung, Nervosität, Schlafstörungen und Niedergeschlagenheit.

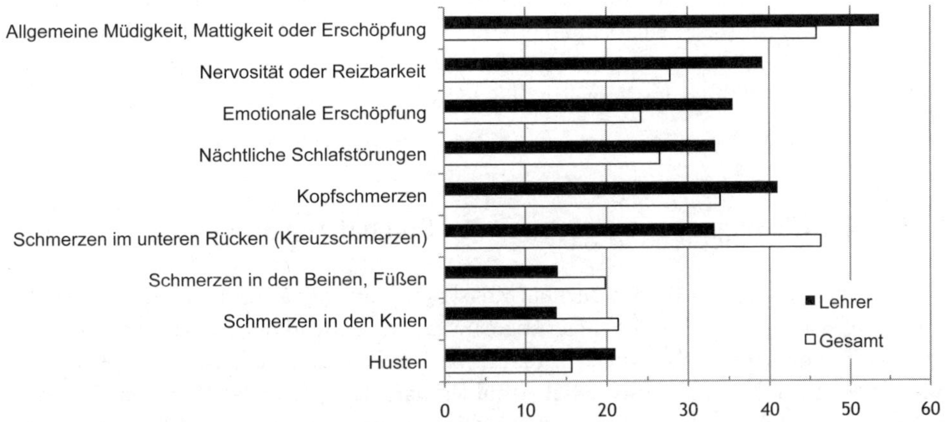

Abbildung 1: Die Abbildung zeigt Beschwerden, in denen sich Lehrer (N=692) und der Durchschnitt der Erwerbstätigen (N = 20.036) um mehr als 5 Prozentpunkte unterscheiden. Die zugrunde liegenden Daten wurden dem Autor von der BAuA zur Verfügung gestellt.

Die Mehrzahl der Studien zur Lehrergesundheit konzentriert sich auf Burnout. Die „Potsdamer Lehrerstudie" ist die bislang umfangreichste deutschsprachige Untersuchung zum Burnout im Lehrerberuf. Knapp 16.000 Lehrerinnen und Lehrer wurden in zwei Studienwellen befragt. Schaarschmidt und Kieschke (2007) berichten für ca. 29 % der Lehrer ein vorliegendes Burnout-Syndrom, wie es in dem Fragebogen „Arbeitsbezogenes Verhaltens- und Erlebensmuster" (AVEM) operationalisiert ist. Die Studie ergab ebenfalls, dass Lehrerinnen häufiger gesundheitlichen Risikomustern zugeordnet wurden als Lehrer. Gemeinsam mit Erziehern wies der Lehrerberuf die höchste Burnout-Rate auf. Nur 17 % der Lehrer konnten dem AVEM-Gesundheitstypus zugeordnet werden (Schaarschmidt, 2004). Ein großer Verdienst der „Potsdamer Lehrerstudie" ist sicherlich, dass sie die Notwendigkeit und das Anliegen der Gesundheitsförderung im Lehrerberuf gegenüber einer breiten Öffentlichkeit kommuniziert hat. Dies dürfte nicht zuletzt damit zusammenhängen, dass der AVEM eine Typologie benutzt (Gesundheitstyp, Schontyp, Risikomuster A, Risikomuster B/Burnout-Typ), die über eine hohe intuitive Plausibilität und Kommunizierbarkeit verfügt.

Gleichzeitig bleiben einige Fragen offen. Van Dick und Wagner (2001a) schätzen die gesundheitliche Situation deutlich günstiger ein. In ihrer Studie an 717 Lehrern konnten sie 34 % dem Gesundheitstyp und nur 18 % dem Burnout-Typ des AVEM zuordnen. Neben unterschiedlichen Charakteristika der untersuchten Stichproben könnten diese deutlichen Diskrepanzen ein methodisches Artefakt der jeweils verwendeten Klassifikationsalgorithmen darstellen. Schließlich stellt selbst eine sehr große Stichprobe keine Repräsentativität sicher, sodass es unklar bleibt, ob die Häufigkeit des Vorliegens eines Burnoutmusters auf die Gesamtheit der Lehrer übertragbar ist. Da die meisten Studien zur Lehrergesundheit auf unsystematisch rekrutierten Freiwilligen beruhen, wäre es denkbar, dass selektiv nur hoch belastete Lehrer an Studien zur Lehrergesundheit teilnehmen, um z.B. auf ihre ungünstige Situation aufmerksam zu machen. Eine andere Form des *Selection-Bias* könnte darin bestehen, dass hoch belastete Lehrer ohnehin schon an Zeitmangel leiden und keine zusätzliche Energie in die Teilnahme an wissenschaftlichen Studien investieren möchten. Insofern sind sowohl Überschätzungen als auch Unterschätzungen der tatsächlichen Prävalenz durch diese Studie möglich (vgl. Henderson & Page, 2007).

Fazit: „Harte" Gesundheitsdaten, im Sinne von diagnostizierten Erkrankungen, liegen für den Lehrerberuf nur für das Ende der Laufbahn vor. Diese weisen auf die zentrale Rolle depressiver Symptome und Störungen hin. Die Befunde zum Vorliegen von Burnout lassen sich aufgrund der symptomatischen Überlappung im Sinne einer depressiven Symptomatik interpretieren. In welchem Umfang im Arbeitsleben stehende Lehrkräfte von bestimmten Erkrankungen betroffen sind und wie dies im Vergleich zu anderen Berufsgruppen zu bewerten ist, bleibt jedoch offen.

2.2 Exkurs: Überlegungen zum Nutzen des Burnout-Konstruktes

Ein Grund für die Popularität des Burnout-Konstruktes dürfte darin liegen, dass dieser Begriff z.B. im Vergleich zur Depression weniger stigmatisierend oder pathologisch konnotiert ist. „Ausgebranntsein" impliziert hohe vorherige berufliche Leistungen, sodass sich der Betroffene weiterhin als Mitglied der Leistungsgesellschaft fühlen darf. Dies kann das Gespräch und das Verständnis für den Zusammenhang von Arbeit und Gesundheit erleichtern. Abgesehen von diesen kommunikativen Vorteilen erscheint die Zentrierung der Forschung zur Lehrergesundheit auf Burnout jedoch aus mehreren Gründen problematisch (vgl. Hillert & Marwitz, 2006).

- Nach Rösing (2003) wird zur Messung von Burnout in etwa 90 % der Studien das Maslach-Burnout-Inventar (MBI) eingesetzt (Maslach, Jackson & Leiter, 1996). Mit Blick auf das MBI zeigte Schonfeld schon 1992 einen kritischen Punkt auf. Bei einigen Items des MBI sind symptomatische und ätiologische Aspekte konfundiert (z.B. *„Durch meine Arbeit bin ich gefühlsmäßig am Ende"*). Damit beschreiben sie nicht nur den gesundheitlichen Zustand (*bin gefühlsmäßig am Ende*), sondern erfassen gleichzeitig die subjektive Krankheitstheorie des Probanden (*durch meine Arbeit*). Diese Konfundierung führt zu schwer interpretierbaren Ergebnissen, da unklar ist, ob sich in der Bewertung dieser Frage durch einen Studienteilnehmer der Gesundheitszustand widerspiegelt oder seine Annahme über den Grund des schlechten Gesundheitszustands. Wird nun in einer Studie die Frage untersucht, ob z.B. Konflikte auf der Arbeit zu Burnout führen und ist in der Messung von Burnout schon eben diese Annahme enthalten, resultiert die Studie letztlich in trivialen Aussagen. Stattdessen schlägt Schonfeld (1992) zur Messung der psychischen Gesundheit im Lehrerberuf die Verwendung von Instrumenten zur Depressivität vor. Insbesondere für epidemiologische Studien, bei denen keine aufwendigen diagnostischen Interviews durchgeführt werden können, sieht er die *Center for Epidemiologic Studies Depression Scale* (CES-D; Radloff, 1977) als geeignetes Instrument an. Es werden nur Symptome und keine Annahmen zu deren Verursachung erfasst. Mit der *Allgemeinen Depressionsskala* wurde eine deutschsprachige Version erstellt (Hautzinger & Bailer, 1993), die über evaluierte kritische Werte verfügt, anhand derer die gesundheitliche Relevanz der Ergebnisse eingeschätzt werden kann (Lehr, Hillert, Schmitz & Sosnowsky, 2008).
- Der Rückgriff auf ätiologische Annahmen betrifft jedoch nicht nur die Messung von Burnout, sondern auch das Burnout-Konstrukt selbst. Die verschiedenen Modelle zu Burnout teilen die Grundannahme, dass Burnout aufgrund von Faktoren am Arbeitsplatz entsteht (vgl. Burisch, 2006; Richardsen & Burke, 1995; Schaufeli, Bakker, Hoogduin, Schaap & Kladler, 2001). Demgegenüber definieren medizinische bzw. klinisch-psychologische Diagnosesysteme (Internationale Klassifikation der Krankheiten, ICD-10; Diagnostisches und Statistisches Manual Psychischer Störungen, DSM-IV-TR) eine Erkrankung über ihre Symptome und verzichten nach Möglichkeit auf ätiologische Annahmen. Der Nachweis von einzelnen Krankheitsursachen ist wegen der Multikausalität vieler Erkrankungen oft nur schwer möglich. Vor diesem Hintergrund erscheint die Definition eines ungünstigen Gesundheitszustandes über die Ursache als anachronistisch.

Schwerwiegender stellen sich zwei weitere Probleme dar. Zum einen liegt derzeit keine allgemein akzeptierte Definition von Burnout durch Leitsymptome, Ein- und Ausschlusskriterien vor. Zum anderen stellt Burnout im Gegensatz zu Depression keine Erkrankung dar.

- Verschiedentlich wurden Symptomlisten zum Burnout zusammengestellt (z.B. Burisch, 2006; Schaufeli & Enzmann, 1998). Die jeweils deutlich über 100 (!) aufgeführten Einzelsymptome sind so umfassend, dass eine Differenzialdiagnostik z.B. gegenüber Depressivität praktisch unmöglich wird. Die begriffliche Unschärfe erreicht ihren Höhepunkt, wenn Depression unter die emotionalen Folgen des Burnouts subsumiert wird (vgl. Burisch, 2006). Der Vergleich der Burnout-Symptomlisten und der etablierten Diagnosesysteme (ICD-10, DSM-IV-TR) oder der bei Hautzinger (1997) aufgeführten Symptome depressiver Störungen erbringen keine substanziellen Unterschiede, die eine Eigenständigkeit des Burnout begründen könnten (vgl. Zapf & Semmer, 2004). Vielmehr werden mit Depressivität bzw. Depression schon alle Symptome bzw. das Syndrom des Burnouts vollständig beschrieben.
- Schließlich bleibt unklar, ob durch Burnout lediglich ein lästiges, jedoch gesundheitlich unbedenkliches Missbefinden beschrieben wird oder aber ein praktisch bedeutsames Leiden mit relevanten Funktionseinbußen im Alltag. In der ICD-10 wird Burnout von der Weltgesundheitsorganisation als ein Faktor verstanden, der den Gesundheitszustand beeinflusst und zur Inanspruchnahme des Gesundheitswesens führt, jedoch nicht als klinisch bedeutsames Leiden. Der Verzicht auf ein etabliertes gesundheitliches Kriterium, das in einem klaren Zusammenhang mit einer Erkrankung steht, stellt die gesundheitsbezogene Relevanz entsprechender Forschungsarbeiten in Frage.

Gerade der ersatzweise Gebrauch des Begriffs Burnout für Depressionen von arbeitenden Menschen veranlasste die Deutsche Gesellschaft für Psychiatrie, Psychotherapie und Nervenheilkunde zu einem klärenden Positionspapier (Berger et al., 2012). In der Forschung zur (psychischen) Lehrergesundheit wäre es wünschenswert, weniger auf Burnout beschränkt zu sein. Stattdessen sollten verstärkt Symptome der Depression bzw. das Vorliegen einer depressiven Störung als gesundheitliches Kriterium berücksichtigt werden. Dieser Fokus entspricht der zentralen Bedeutung dieser Symptomatik, wie es in der *Global Burden of Disease Studie* (Lopez, Mathers, Ezzati, Jamison & Murray, 2006; Mathers & Loncar, 2006) eindrucksvoll dargestellt wurde. Zudem vermeidet es den Rückgriff auf problematische ätiologische Hypothesen, eröffnet der Lehrerforschung den interdisziplinären Austausch mit der umfangreichen klinisch-psychologischen bzw. psychiatrischen Forschung zur Depression, bezieht sich auf ein gesundheitlich relevantes Kriterium und verleiht den Ergebnissen damit gesundheitspolitischen sowie gesundheitsökonomischen Nachdruck.

3. Welche beruflichen Faktoren stehen im Zusammenhang mit gesundheitlichen Schädigungen?

3.1 Multifaktorielle Genese von Erkrankungen

Beide großen Volkskrankheiten, die koronare Herzerkrankung und die depressive Störung, gelten als multifaktoriell bedingt. Biologische (z.B. genetische Ausstattung, somatische Risikofaktoren, Gewicht, Entzündungen), psychologische (z.B. Gesundheitsverhalten, Ernährung, kompetente Stressbewältigung, Emotionsregulation, Kognitionsmuster, Selbstwert) und soziale Faktoren (z.B. soziale Unterstützung, sozioökonomischer Status, Belastungen am Arbeitsplatz) beeinflussen sich wechselseitig, können sich kompensieren oder aggravieren und bilden den Hintergrund einer Erkrankung. Diese Vielzahl der Risikofaktoren macht es äußerst schwierig, genau zu spezifizieren, unter welchen Umständen ein einzelner Faktor (z.B. berufliche Belastungen oder individuelle Stressbewältigungskompetenz) Auslöser einer Erkrankung darstellt. Nach Couser (2008) ist es wegen der Multikausalität nahezu unmöglich, einen Hauptrisikofaktor zu identifizieren. Verkomplizierend kommt hinzu, dass manche Faktoren ursächlich sind und andere für den Verlauf einer Erkrankung bedeutsam sein können (vgl. Hermann-Lingen, 2000; Kendler, Gardner & Prescott, 2002, 2006; Offord & Kraemer, 2000). Sichere Aussagen zu einzelnen Risikofaktoren (z.B. „ … es müssen die Arbeitsbedingungen sein …“; Oesterreich, 2008, S. 69f.) werden dieser Komplexität des Krankheitsgeschehens vermutlich nicht gerecht.

3.2 Studiendesigns und Evidenz

Mit welchem Grad der Evidenz etwas als gesundheitlicher Risikofaktor betrachtet werden kann, hängt ganz entscheidend vom Design der zugrunde liegenden Studien ab. Experimentelle Studien liefern zwar die höchste Evidenz bei der Untersuchung von Einflussfaktoren (Greenhalgh, 1997), sind aber bei der Untersuchung von gesundheitlichen Risikofaktoren aus ethischen Gründen auszuschließen. Daher sind Studien, in denen die Ausprägung von Risikofaktoren und die gesundheitliche Entwicklung beobachtet werden, die Methode der Wahl. Kriterien zur Beurteilung der Qualität von Beobachtungsstudien sind im STROBE-Statement zusammengefasst (Vandenbroucke et al., 2007). Eine verständliche Einführung zur Bewertung der Stärken und Schwächen verschiedener Beobachtungsstudien (Kohortenstudie, Fall-Kontroll-Studie, Querschnittsstudie) liefert Zaccai (2004).

3.2.1 Metaanalysen und prospektive Kohortenstudien

Nach Greenhalgh (1997) weist die prospektive Kohortenstudie unter den Beobachtungsstudien den höchsten Grad an Evidenz auf, den eine einzelne Studie liefern kann. Werden Ergebnisse verschiedener prospektiver Kohortenstudien metaanalytisch zusammengefasst, lassen sich Aussagen höchster Evidenz ableiten. Metaanalysen liefern hohe Evidenz für einen Zusammenhang von Stress am Arbeitsplatz mit psychischen Störungen (Stansfeld & Candy, 2006), ebenso wie mit koronaren Herzerkrankungen oder Tod durch kardiovaskuläre Faktoren (Kivimäki et al., 2006). Ferner existieren Übersichtsarbeiten zur Evidenz des Zusammenhangs zwischen beruflichem Stress und ungünstigem Gesundheitsverhalten (Siegrist & Rödel, 2006) sowie Schlafstörungen (Åkerstedt, 2006; van Laethem, Beckers, Kompier, Dijksterhuis & Geurts, 2013). Es erscheint zwar nicht unwahrscheinlich, dass diese Befunde auch für Lehrkräfte gelten, jedoch wäre es wünschenswert, sie in gesonderten Studien zu replizieren.

In einer prospektiven Kohortenstudie werden der gesundheitliche Zustand einer bezüglich der Zielerkrankung gesunden Kohorte und potenzielle gesundheitliche Risikofaktoren über eine längere Zeit beobachtet (Grimes & Schulz, 2002a). Untersucht wird, ob Personen, die einem Risikofaktor ausgesetzt sind, häufiger erkranken als nicht exponierte Personen. Zu den Stärken dieses Studientyps zählt, dass die angenommene Ursache zuerst und die vermutete Wirkung im Anschluss untersucht wird. Damit ist ein wichtiges Kriterium für die Ableitung von kausalen Schlussfolgerungen gegeben. Zu berücksichtigen sind die „Studienabbrecher“, Personen, die zu Beginn, jedoch nicht mehr am Ende der Studie untersucht wurden. Eine Verzerrung der Ergebnisse liegt dann vor, wenn das Ausscheiden eines Probanden in systematischem Zusammenhang mit den untersuchten Faktoren steht. Der „Healthy Worker Effect" besteht darin, dass Personen, die aufgrund der beruflichen Belastungen erkranken, häufig am Ende des Untersuchungszeitraums nicht mehr erreichbar sind. Gehen nur die „Überlebenden" in die Analyse ein, führt dies zu einer verzerrten Einschätzung des Risikofaktors. Prospektive Kohortenstudien, die Risikofaktoren für Erkrankungen wie koronare Herzerkrankungen und depressive Störungen bei Lehrern untersucht haben, sind dem Autor nicht bekannt.

3.2.2 Fall-Kontroll-Studien

Eine Evidenzstufe unter den prospektiven Kohortenstudien sind die retrospektiven Fall-Kontroll-Studien anzusiedeln. Ihr Ausgangspunkt sind bereits erkrankte Personen (Fälle). Im Anschluss werden gesunde Personen (Kontrollen) gesucht, die den Erkrankten in allen übrigen Merkmalen (außer den Risikofaktoren) gleichen. Untersucht wird, ob beide Gruppen in der Vergangenheit den Risikofaktoren in unterschiedlicher Intensität ausgesetzt waren.

In einer Studie mit Lehrkräften standen unrealistische Erwartungen an persönliche Einfluss- und Gestaltungsmöglichkeiten, die Anerkennung durch andere sowie überhöhte Leistungsansprüche an die eigene Person bei Berufsbeginn im Zusammenhang mit einer späteren psychischen Erkrankung (Schmitz, Hillert, Lehr, Pecho & Deibl, 2002). In einer anderen Untersuchung gaben psychisch erkrankte Lehrer an, von ihren Kollegen und Vorgesetzten weniger praktische und emotionale soziale Unterstützung erfahren zu haben als gesunde Kontrollpersonen. Zudem zeigten erkrankte Lehrkräfte eine geringere Erholungsfähigkeit und einen stärkeren resignativen Umgang mit Misserfolgen (Lehr, 2004). In einer Studie auf der Grundlage des transaktionalen Stressmodells zeigte sich, dass Lehrer mit depressiven Störungen im Vergleich zu gesunden Lehrern auf berufliche Belastungssituationen stärker mit sozialem Rückzug und Grübeln reagierten. Gesunde Lehrer neigten auch unter Belastungen dazu, aktiv nach Ablenkungs- und Erholungsmöglichkeiten zu suchen. Sie zeigten sowohl die Fähigkeit, manche belastende Situationen aushalten zu können als auch andere Belastungen aktiv zu reduzieren. Die Strategie der Veränderung überwog in moderatem Ausmaß die Strategie des Akzeptierens von Belastungen (Lehr, Schmitz & Hillert, 2008). Unter Bezug auf das Modell der beruflichen Gratifikationskrisen (*Effort-Reward Imbalance Model*; Siegrist, 2002) wiesen Lehrer, die sich stark in ihrem Beruf verausgabten, aber dafür nicht die angemessene Wertschätzung durch Kollegen und Vorgesetzte zurückbekamen, ein stark erhöhtes Risiko für affektive Störungen auf (Lehr, Keller & Hillert, 2009).

Die Stärke der Fall-Kontroll-Studien besteht darin, dass sie Zusammenhänge von beruflichen Faktoren und einer vorhandenen Erkrankung zeigen. Die gesundheitlichen Daten sind relevant. Die Evidenz ist jedoch weniger stark, da die Risikofaktoren retrospektiv erfasst werden. Ein Retrospektions-Bias besteht in der Möglichkeit, dass durch selektive Erinnerung oder den Einfluss der vorliegenden Erkrankung die Messung der Risikofaktoren verzerrt werden kann. Zudem hängt die Qualität von Fall-Kontroll-Studien entscheidend von der Vergleichbarkeit der beiden Gruppen ab (Schulz & Grimes, 2002).

3.2.3 Querschnittsstudien

Greenhalgh (1997) folgend sind die Querschnittsstudien in der Evidenzhierarchie eine Ebene darunter einzuordnen. Risikofaktor und Gesundheitszustand werden zu demselben Zeitpunkt gemessen. Bei Studien zur Gesundheit im Lehrerberuf handelt es sich ganz überwiegend um Querschnittsstudien. Cropley, Steptoe und Joekes (1999) konnten einen Zusammenhang zwischen hohem beruflichen Stress und psychischen Störungen nachweisen. Eine Stärke dieser Studie bestand in dem Bezug auf das gut untersuchte „*Job Demand-Control Model*" (Karasek & Theorell, 1990), das als theoretischer Rahmen gewählt wurde. Für verbale und insbesondere körperliche Aggressionen von Schülern gegenüber Lehrern konnte in einer nicht theoriebasierten spanischen Studie ein starker Zusammenhang mit depressiven Erkrankungen von Lehrern nachgewiesen werden (Jurado et al., 2005).

Ausgehend von einem theoretischen Rahmenkonzept zur Emotionsregulation zeigte sich in einer englischen Studie, dass Lehrkräfte mit ausgeprägteren Kompetenzen in der Emotionsregulation eine höhere Berufszufriedenheit sowie höhere Leistungsfähigkeit aufwiesen. Kein Zusammenhang bestand jedoch zu emotionaler Erschöpfung (Brackett, Palomera, Mojsa-Kaja, Reyes & Salovey, 2010). Eine Assoziation zeigte sich zwischen dem Arbeiten an Schulen in einer Umgebung mit niedrigem sozioökonomischen Status und depressiven Erkrankungen, die durch einen Arzt diagnostiziert wurden. Zudem wiesen Lehrkräfte unter diesen Bedingungen einen erhöhten Alkoholkonsum auf (Virtanen et al., 2007). Die Arbeit an einer Schule in einer benachteiligten Umgebung ging bei weiblichen, jedoch nicht bei männlichen Lehrkräften mit höheren krankheitsbedingten Fehlzeiten einher (Virtanen et al., 2010). Im Rahmen der „*EUROTEACH study*" wurden 2.796 Lehrer aus 13 europäischen Ländern untersucht (Verhoeven, Maes, Kraaij & Joekes, 2003). Diese Querschnittsstudie wurde auf der theoretischen Grundlage des „*Job Demand-Control-Social support Model*" durchgeführt (vgl. van der Doef & Maes, 1999), nutzte jedoch auf Seite der Gesundheitsmaße mit Burnout ein Kriterium mit fraglicher Bedeutsamkeit. Für den deutschen Arm der Studie berichtete Sann (2003), dass die Sinnhaftigkeit der Arbeit, im Vergleich zu den situativen Anforderungen, den stärkeren Prädiktor für Befindensmaße darstellte.

Die allgemeine psychische Gesundheit sowie verschiedene kardiovaskuläre Risikofaktoren wurden an weiblichen Lehrkräften untersucht. Dabei zeigten sich keine Unterschiede zwischen Lehrerinnen die in Teilzeit oder Vollzeit arbeiteten (Seibt, Matz, Hegewald & Spitzer, 2012).

Nochmals zurückhaltender ist die Evidenz von Querschnittsstudien zu bewerten, die weder ein theoretisches Rahmenkonzept, noch gesundheitlich relevante Kriterien nutzen. Die Forderung nach mehr theoriebasierten Studien zur Lehrergesundheit wurde vor einer Dekade von Guglielmi und Tatrow (1998) formuliert, während Schonfeld (1992) vor fast zwei Dekaden auf die fragliche gesundheitliche Relevanz von Burnout-Messungen hinwies und Alternativen aufzeigte. Dennoch können die zahlreichen querschnittlichen Studien zu Belastungsfaktoren und Burnout wertvolle Hinweise auf gesundheitlich problematische Konstellationen im Lehrerberuf liefern.

3.2.4 Querschnittsstudien und Burnout

Montgomery und Rupp (2005) führten eine Metaanalyse zu den Ursachen von Stress und Burnout im Lehrerberuf anhand von 65 Querschnittsstudien durch. Zur Beurteilung der methodischen Qualität von Metaanalysen im Bereich der Beobachtungsstudien sei auf das MOOSE-Statement (Meta-analysis of Observational Studies in Epidemiology) verwiesen (Stroup et al., 2000).

Analysiert wurden folgende Variablengruppen: *passives Coping* (z.B. Vermeidung, Resignation), *aktives Coping* (z.B. Entspannungsübungen, Suche sozialer Unterstützung), *Persönlichkeitsvariablen* (z.B. Typ-A-Verhalten), soziale *Unterstützung* (z.B. Unterstützung durch Kollegen und Vorgesetzte), *externe Stressoren* (z.B. Schülerverhalten, Schulstruktur, Kollegen) und *Hintergrundvariablen* (z.B. Alter, Geschlecht, Berufserfahrung). Die durchschnittlichen Korrelationen dieser Variablen mit Burnout sind aus Abbildung 2 ersichtlich. Die Ergebnisse zeigen, dass sowohl personale als auch umweltbezogene Variablen von gesundheitlicher Bedeutung sind.

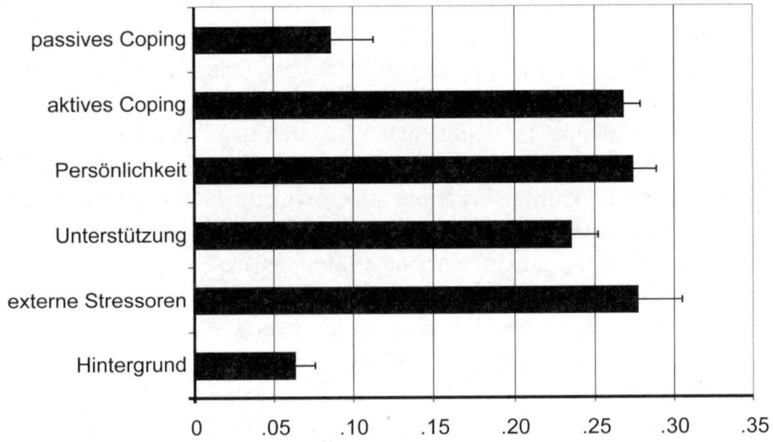

Abbildung 2: Dargestellt sind die durchschnittlichen Korrelationen von Risikofaktoren mit Burnout sowie die zugehörigen 95 % Konfidenzintervalle (Metaanalyse von Montgomery und Rupp, 2005).

Im deutschen Sprachraum wurde Burnout bei Lehrern im Zusammenhang mit folgenden Faktoren untersucht: *Geschlecht* (Barth, 1997; Schaarschmidt, 2004; Schaarschmidt & Kieschke, 2007; Schmitz, 2001; Wegner, Ladendorf, Mindt-Prüfert & Poschadel, 1998), *Lebensalter* bzw. *Dienstalter* (Bauer & Kanders, 1998; Kramis-Aebischer, 1995; Schaarschmidt, 2004), *Familienstand* (Bauer et al., 2006; Buschmann & Gamsjäger, 1999), *Ängstlichkeit* (Barth, 1997; Kramis-Aebischer, 1995), *Selbstwirksamkeitserwartung* (Schmitz, 2001; Schwarzer & Hallum, 2008), *Selbstwirksamkeitserwartung und Unterrichtsstörungen* (Dicke, Parker, Marsh, Kunter, Schmeck & Leutner (eingereicht), *Kontrollüberzeugung* (Körner, 2002; Kramis-Aebischer, 1995), *Ungewissheitstoleranz* (König & Dalbert, 2004), *aktive Stressbewältigung* (Körner, 2002; van Dick, 1999), *initiale berufliche Begeisterung* (Schmitz & Leidl 1999), *existenzielle Sinnfindung* (Nindl, Längle, Gamsjäger & Sauer, 2006), *innere Kündigung* (Schmitz, Jehle & Gayler, 2004), *Schulklima* (Körner, 2002), *soziale Unterstützung* durch Kollegen und Vorgesetzte (van Dick, 1999; van Dick, Wagner, Petzel, Lenke & Sommer, 1999), *Mobbing* (van Dick & Wagner, 2001b), *Organizational Citizenship Behavior* (van Dick & Wagner, 2001a), *Lehrer-Schüler Beziehung* (Schaarschmidt, 2004; Stöckli, 1999;), *Unterrichtsqualität* (Klusmann, Kunter, Trautwein & Baumert, 2006), *Unterschiede zwischen Schulen vs. Unterschiede zwischen Personen* (Klusmann, Kunter, Trautwein, Ludtke & Baumert,2008), *berufliche Gratifikationskrise* (Unterbrink et al., 2007), *situative Belastungsfaktoren* (Bauer et al., 2006; Körner, 2002; van Dick, 1999), *Arbeitszeit* (Bauer et al., 2006; Wegner et al., 1998), *Lebens- und Arbeitszufriedenheit* (Schaarschmidt, 2004; van Dick, 1999), *Absentismus* (van Dick & Wagner, 2001b), *Merkfähigkeit, Gedächtnis- und Konzentrationsstörung* (Feuerhahn, Stamov-Roßnagel, Wolfram, Bellingrath & Kudielka, 2013), *psychosomatische Beschwerden* (Bauer et al., 2006; Körner, 2002; van Dick, 1999) und *psychische Erkrankungen* (Lehr, 2004; Wegner, Ladendorf, Mindt-Prüfert & Poschadel, 2004).

3.2.5 Grundlagenorientierte biologische Gesundheitsforschung

Grundlagenorientierte biologische Gesundheitsforschung versucht die Zusammenhänge zwischen biologischen Prozessen und Erleben bzw. Verhalten aufzuklären sowie zu einem besseren Verständnis solcher biologischer Prozesse beizutragen, die die Entwicklung von Erkrankungen erklären. Sie beschäftigt sich dabei meist mit sog. Surrogatparametern bzw. intermediären Endpunkten. Gesundheitliche Störungen im Sinne von Depressivität, Burnout, Schlafstörungen oder Schlaganfällen werden unmittelbar vom Betroffenen erlebt. Daher ist eine geeignete Methode der Datenerhebung die Befragung der Betroffenen, z.B. durch standardisierte Fragebögen. Gesundheitliche Merkmale, die von unmittelbarer Bedeutung für das Erleben des Betroffenen sind, werden als klinisch relevante Endpunkte bezeichnet. Gesundheitliche Merkmale, die nicht von unmittelbarer Bedeutung für einen Betroffenen sind, aber mit klinisch relevanten Endpunkten zusammenhängen, werden als Surrogatparameter oder intermediäre Endpunkte bezeichnet (z.B. Senkung des Blutdrucks als Surrogatparameter für Vermeidung eines Schlaganfalls). „Surrogatendpunkte sind oft physiologische oder biochemische Messwerte, die sich relativ schnell und einfach bestimmen lassen. Surrogatparameter werden oft dann eingesetzt, wenn patientenrelevante Endpunkte relativ selten oder erst mit einer längeren zeitlichen Verzögerung auftreten. Auch wenn ein Surrogatparameter mit einem Endpunkt assoziiert ist, muss keine kausale Beziehung zwischen beiden bestehen. Solange ein kausaler Zusammenhang nicht explizit belegt ist, kann aus Veränderungen eines Surrogatparameters nicht auf Veränderungen von klinisch relevanten Endpunkten geschlossen werden" (Institut für Qualität und Wirtschaftlichkeit im Gesundheitswesen, 2008). In den letzten Jahren wurden verschiedene Studien durchgeführt, die das Erleben und Verhalten von Lehrkräften im Zusammenhang mit biologischen Prozessen und Mechanismen untersucht haben.

Bellingrath, Weigl und Kudielka (2008) fanden heraus, dass kein Zusammenhang von basaler Cortisol-Aktivität mit Burnout, vitaler Erschöpfung oder einer beruflichen Gratifikationskrise bestand. Eine stärkere Cortisol-Suppression zeigte sich jedoch nach der Gabe von Dexamethason bei gesunden Lehrkräften mit erhöhten Burnoutwerten oder geringeren beruflichen Gratifikationen. Lehrkräfte, deren Depressivität sich im Verlauf von 21 Monaten verschlechterte, zeigten gleichzeitig ein erhöhtes Fibrinogen (Blut-Gerinnungsfaktor) Niveau (von Känel, Bellingrath & Kudielka, 2009a), was vor dem Hintergrund von Depression als Risikofaktor für koronare Herzerkrankung diskutiert wird. Derartige prospektive Kohortenstudien sind besonders wichtig, um zu untersuchen, welcher Wirkzusammenhang zwischen beruflichen Belastungen und gesundheitlichen Beschwerden bestehen: Führen die beruflichen Belastungen zu veränderten biologischen Prozessen, sind biologische Prozesse für ein verändertes Erleben beruflicher Belastungen verantwortlich oder welche Wechselwirkung besteht? Overcommitment (übersteigerte berufliche Verausgabungsneigung), nicht jedoch eine berufliche Gratifikationskrise bei gesunden Lehrkräften, zeigte einen Zusammenhang zu Hyperkoagulabilität, einer gesteigerten Gerinnungsfähigkeit des Blutes, die als Risikofaktor für Verschlüsse tiefer Venen durch Blutgerinnsel und Arteriosklerose gilt (von Känel, Bellingrath & Kudielka, 2009b). Eine erhöhte berufliche Gratifikationskrise bei weiblichen Lehrkräften ging mit einer reduzierten Immunreaktion (geringere Anzahl von NK-Zellen, natürlichen Killerzellen) nach akutem Stress einher. Auf diese Weise könnte sich chronischer Stress im Beruf auf eine erhöhte Anfälligkeit für Erkrankungen auswirken, an denen das Immunsystem beteiligt ist (Bellingrath, Rohleder & Kudielka,

2010). Schließlich fanden Schwerdtfeger, Konermann und Schönhofen (2008) Hinweise darauf, dass Lehrer-Selbstwirksamkeit einen günstigen gesundheitlichen Effekt im Hinblick auf Herzrate, Herzratenvariabilität und Cortisolregulation hat. Inwieweit es sich bei den dargestellten Studien um Einzelbeobachtungen oder systematische Zusammenhänge handelt, könnte durch Replikationsstudien und entsprechende Metaanalysen nachgewiesen werden. Schließlich bedarf es ebenfalls weiterer Forschung, um zu klären, ob, unter welchen Umständen oder in welchem Ausmaß diese Surrogatparameter mit klinisch bedeutsamen Merkmalen zusammenhängen und von gesundheitlicher Relevanz für Betroffene sind.

Zusammenfassend ist festzuhalten, dass es im Bereich von psychischen Störungen und koronaren Herzerkrankungen hohe Evidenz für einen Einfluss der Arbeitsbedingungen auf die Gesundheit gibt. Auch wenn für die Berufsgruppe der Lehrer keine Studien vorliegen, die höchste Evidenz liefern können, erscheint die Übertragung der Befunde wahrscheinlich, ist aber nicht ohne Vorbehalt möglich. Für den Lehrerberuf vorliegende Befunde sprechen sowohl für den Einfluss personaler Faktoren (z.B. individuelle Stressbewältigungsstrategien) als auch situativer Faktoren (z.B. Gratifikationskrise, aggressive Schüler). Mit welcher Sicherheit die gefundenen Zusammenhänge letztlich in einem kausalen Zusammenhang mit der Gesundheit stehen, ist dennoch sehr schwierig zu beurteilen. Jeder Risikofaktor kann mit einem Beschuldigten verglichen werden, dessen Schuld vor Gericht in Für- und Widerrede zu ermitteln ist. Für einen pragmatischen Ansatz zur Beurteilung von Kausalität sei auf die Überlegungen von Sir Austin Bradford Hill (1965) in seinem grundlegenden Aufsatz *Association or Causation* verwiesen (vgl. Rothman & Greenland, 2005). Weitere Überlegungen zu Studiendesigns und Kausalität finden sich bei Grimes und Schulz (2002b).

3.3 Herausforderungen für zukünftige Forschung zu den gesundheitlichen Risikofaktoren im Lehrerberuf

Ausgehend von den vorliegenden Studien werden nachfolgend ausgewählte Herausforderungen für weitere Forschungsarbeiten skizziert. Deren Berücksichtigung kann zu einem vertiefteren Verständnis der Faktoren beitragen, welche die Gesundheit von Lehrerinnen und Lehrern beeinflussen.

- Guglielmi und Tatrow (1998, S. 97) betonen, dass die Auswahl von Risikofaktoren aufgrund eines theoretischen Rahmenmodells erfolgen sollte: „*A shared theoretical framework would guide the choice of constructs and their operationalization … It would also suggest meaningful research questions and help organize research findings. Instead of correlating dozens of teacher stressors with dozens of symptoms and illnesses in hope of detecting statistical significance somewhere, future studies should test focused predictions based on a sound theory of teacher stress.*" Eine Übersicht zu theoretischen Rahmenmodellen findet sich bei Zapf und Semmer (2004).
- Bei der Planung, Darstellung oder Bewertung sollten übergreifende methodische Leitlinien benutzt werden, wie sie z.B. für Kohortenstudien, Fall-Kontroll-Studien oder Querschnittsstudien im STROBE-Statement dargelegt sind. Dies kann die Vergleichbarkeit und methodische Qualität der Studien verbessern.
- Forschung zur Lehrergesundheit sollte gesundheitliche Kriterien und Messinstrumente berücksichtigen, deren Relevanz eindeutig belegt ist. Sofern die „psychische" Gesundheit im Fokus steht, bieten sich dazu Symptomlisten an, wie z.B. die *Center for Epidemiologic Studies Depression Scale.* Zudem ergibt sich aus den in Abbildung 1 dargestellten Ergebnissen

die Notwendigkeit, weitere gesundheitliche Beschwerden zu berücksichtigen: Schlafstörungen, Kopfschmerz, Rückenschmerz und Schädigungen des Gehörs. Ferner sollten kardiovaskuläre Erkrankungen aufgrund ihrer hohen Bedeutung einbezogen werden (vgl. Lopez, Mathers, Ezzati, Jamison & Murray, 2006; Mathers & Loncar, 2006).

- Assoziationen zwischen Risikofaktor und Gesundheit sollten in Maße übersetzt werden, welche die gesundheitliche Relevanz verdeutlichen. Beispielhaft seien die *„numbers needed to harm"* genannt (Sackett, Straus, Richardson, Rosenberg & Haynes, 2000). Sie geben die Anzahl von Personen an, die einem Risikofaktor ausgesetzt werden müssten, damit ein Fall einer Gesundheitsschädigung resultiert (z.B. eine krankheitsbedingte Frühpensionierung oder eine depressive Störung).
- Zwischen Risikofaktor und Gesundheit darf keine konzeptionelle bzw. messungsbedingte Überlappung bestehen (*Conceptual Overlap*). Die Items einer Skala zum untersuchten Risikofaktor und die Items, mit denen Gesundheit gemessen wird, sind daraufhin sehr sorgfältig zu inspizieren. Beispiel: Die Neigung, sich für die Arbeit übermäßig zu verausgaben (Overcommitment), stellt einen gesundheitlichen Risikofaktor dar (Siegrist, 2002). Erfasst wird der Risikofaktor Overcommitment u.a. durch schlafbezogene Fragen (z.B. *Wenn ich etwas verschiebe, was ich eigentlich heute tun müsste, kann ich nachts nicht schlafen.*). Würde nun das auf diese Weise gemessene Overcommitment im Hinblick auf Schlafstörungen untersucht, führt die messungsbedingte Überlappung zu trivialen Aussagen.
- Es ist darauf zu achten, dass nicht nur die „Überlebenden" von gesundheitlich dysfunktionaler Arbeitsbewältigung oder ungünstigen Arbeitsbedingungen untersucht werden, sondern auch jene Probanden berücksichtigt werden, die bereits einen Schaden erlitten haben (*Healthy Worker Effect*). Beispiel: Würde das durch Lärm im Klassenzimmer bedingte Risiko eines Hörsturzes nur bei solchen Lehrern untersucht, die im Moment der Untersuchung trotz Lärm in der Klasse arbeiten und würden dabei aber alle aufgrund eines Hörsturzes krankgeschriebenen (d.h. nicht in der Schule anzutreffenden) Lehrer nicht in die Untersuchung einbezogen werden, resultierte eine verzerrte Einschätzung der Gefährdung durch Lärm im Klassenzimmer.
- Wünschenswert sind prospektive Kohortenstudien, da sie angemessen abbilden können, dass einer Ursache ihr gesundheitlicher Effekt zeitlich nachfolgt. Dabei ist die Wahl des Zeitintervalls entscheidend. Verschiedene Erkrankungen brauchen unterschiedlich lange, bis sie vollständig entwickelt sind. So wäre es wenig sinnvoll, die Frage zu untersuchen, ob hohe Arbeitsbelastungen im Verlauf eines Monats zu Herzinfarkt im folgenden Monat führen.
- Lohnend erscheinen zudem prospektive Studien zu den Übergängen am Beginn und Ende der beruflichen Laufbahn. Von Interesse ist sowohl ein besseres Verständnis der gesundheitlichen Entwicklung beim Berufseinstieg (z.B. Klusmann, Kunter, Voss & Baumert, 2012; van den Tooren, de Jonge, Vlerick, Daniels & van de Ven, 2011) als auch die Untersuchung des Übergangs zwischen Berufsleben und Pensionierung bzw. Rente. So zeigten Dicke und Kollegen (in Vorbereitung), dass die emotionale Erschöpfung im Verlauf des Referendariats allgemein zunahm, diese ungünstige Entwicklung jedoch durch ein höheres im Studium erworbenes professionelles Wissen abgeschwächt werden konnte. Dabei hingen die Veränderungen in der emotionalen Erschöpfung eng mit den Veränderungen in der beruflichen Selbstwirksamkeit zusammen, wobei die Ergebnisse nahelegen, dass emotionale Erschöpfung eher die Entwicklung der beruflichen Selbstwirksamkeit vorhersagt als umgekehrt. Zentrale Herausforderung bei diesen Studien ist der transparente Umgang mit Studienabbrechern gemäß des STROBE-Statements sowie Maßnahmen zur Reduktion der Abbruchquoten.
- Die meisten Studien untersuchen gesundheitliche Unterschiede zwischen Personen (inter-individuelle Unterschiede). Nützlich wären Studien, die zusätzlich Unterschiede innerhalb der-

selben Person untersuchen (intra-individuelle Unterschiede). Beispielweise kann der Gesundheitszustand von Lehrern, die mehr als 50 Stunden in der Woche arbeiten, mit denjenigen Lehrern verglichen werden, die weniger arbeiten. Darüber hinaus kann der Gesundheitszustand desselben Lehrers in Wochen mit 50 Arbeitsstunden im Vergleich zu Wochen mit weniger Stunden untersucht werden.

- Wenig ist über das Zusammenwirken bzw. die Wirkungsketten verschiedener Risikofaktoren und protektiver Faktoren bekannt (vgl. Kraemer, Stice, Kazdin, Offord & Kupfer, 2001; Offord & Kraemer, 2000). Neben bekannten personen- und bedingungsbezogenen Faktoren im Lebensbereich Arbeit könnten zukünftige Studien auch den Übergang zwischen Arbeit und Privatem (z.B. Strategien zur Trennung von Arbeit und Privatleben), gesundheitsförderliche Verhaltensweisen (Vorsorgeuntersuchungen, Ernährung, körperliche Aktivität, Erholungsverhalten), außerberufliche Aktivitäten (z.B. ehrenamtliches Engagement) oder Faktoren der Gesundheitsversorgung (z.B. Berücksichtigung der beruflichen Situation seitens des Hausarztes in Anamnese und Therapie) berücksichtigen.
- Schließlich kann der Rückgriff auf verschiedene Datenquellen zu einem Wissenszuwachs und besseren Verständnis für den Zusammenhang zwischen Arbeitsstress und Gesundheit führen. Dabei können sowohl auf der Seite der Risikofaktoren als auch der Gesundheit Daten aus unterschiedlichen Quellen berücksichtigt werden.

Die Unterscheidung von „subjektiven" (z.B. Fragebögen zur Selbstbeurteilung) und „objektiven" (z.B. Expertenurteile) Erhebungsmethoden ist zwar nicht unüblich, sollte jedoch aufgrund der unvermeidlichen Fehlimplikationen, im Sinne „subjektiv" sei unzuverlässig und „objektiv" erlaube eine zuverlässige Aussage über den Sachverhalt, sehr zurückhaltend benutzt werden. Stattdessen wird vorgeschlagen, Selbst- und Fremdbeurteilung zu unterscheiden. Einige Autoren kritisieren den Einsatz von Messinstrumenten, die auf der Selbsteinschätzung der untersuchten Lehrer beruhen, und fordern diese durch Messungen zu ersetzen, die den Risikofaktor durch externe Beurteiler erfassen (vgl. Oesterreich, 2008). Dabei wird übersehen, dass jede Messmethode zu einem Teil das misst, was gemessen werden soll und zu einem (kleineren) Teil mit einem Messfehler behaftet ist. Beide Methoden basieren auf menschlichen Beurteilungen, die Resultat komplexer, kognitiver Prozesse der Informationsverarbeitung sind und damit zwangsläufig „subjektiven" Einflüssen unterliegen. Beispielsweise könnten Konzentrationsfähigkeit oder kurzfristige Stimmungen sowohl Selbst- als auch Fremdbeurteilung verzerren. Die Sympathie des Beurteilers mit dem zu Beurteilenden könnte die Einschätzung bei der Fremdbeurteilung beeinflussen. Bis zum Nachweis des Gegenteils sollte der einzelne Lehrer als Experte für seine eigene Gesundheits- und Arbeitssituation gelten, der über die Fähigkeit verfügt, grundlegende Informationen zu seiner Arbeit und Gesundheit zu verbalisieren.

Darüber hinaus können physiologische oder biochemische Maße, im Sinne der Surrogatparameter, eine wertvolle Ergänzung der überwiegend durch Selbstbeurteilung erhobenen Gesundheit sein. In einer ausführlichen Diskussion unterschiedlicher Methoden der Datenerhebung kommen Semmer, Grebner und Elfering (2004) zu dem Schluss, dass, statt die Substitution der einen Methode mit einer anderen zu fordern, die Kombination von Messmethoden zukunftsweisend sei und kein Ersatz für gut konstruierte Instrumente zur Selbstbeurteilung existiere.

4. Die positive Perspektive auf die Lehrergesundheit

Nach der Weltgesundheitsorganisation (WHO, 1948) ist Gesundheit „*ein Zustand vollständigen körperlichen, geistigen und sozialen Wohlbefindens und nicht nur die Abwesenheit von Krankheit und Gebrechen.*" In dieser Perspektive hat Wohlbefinden und Gesundheit einen eigenständigen Wert. In den vergangenen Jahren rückte diese Perspektive, z.B. mit den Schlagwörtern Salutogenese oder Resilienz, in das Interesse der Forschung zur Lehrergesundheit.

4.1 Work-Engagement

Mit Work-Engagement wurde ein Konzept entwickelt, das arbeitsbezogenes Wohlbefinden beschreibt. Schaufeli u.a. (2002, S. 74) definieren es folgendermaßen: „*engagement is defined as a positive, fulfilling, work-related state of mind that is characterized by vigor, dedication, and absorption*". Berufliche und private Ressourcen wirken sich günstig auf das Work-Engagement aus (Bakker, Albrecht & Leiter, 2011). In einer groß angelegten deutschen Studie an fast 2.000 Lehrern in nahezu 200 Schulen wurde untersucht, welche Faktoren mit Work-Engagement assoziiert sind (Klusmann et al., 2008). Zunächst wurde die Frage betrachtet, in welchem Ausmaß sich Work-Engagement zwischen Schulen unterscheidet. Im Ergebnis konnten 7 % der Unterschiedlichkeit in Work-Engagement durch Unterschiede zwischen Schulen erklärt werden. Hingegen erklärten individuelle Faktoren 93 % der Unterschiede in Work-Engagement, was als Hinweis auf die Bedeutung subjektiver Bewertungs- und Bewältigungsprozesse für das Erleben von Stress bzw. Wohlbefinden verstanden wird. Weitere Analysen belegten aus der Sicht der Autoren die zentrale Bedeutung der vom Schulleiter gezeigten pädagogischen Unterstützung im Hinblick auf das Work-Engagement des einzelnen Lehrers. Ebenso bemerkenswert ist die Tatsache, dass die Disziplin der Schüler, die Kooperation zwischen Lehrern, der sozioökonomische Status der Schüler oder die soziale Unterstützung durch die Familie keine Beziehung zum Work-Engagement aufwies. Schließlich wurde deutlich, dass Wohlbefinden mit anderen Faktoren assoziiert war als gesundheitliche Beeinträchtigungen im Sinne des Burnouts. Diesbezüglich erwies sich die Disziplin der Schüler als bedeutsam. Schließlich zeigt die Studie, dass es sinnvoll ist, sowohl Maße des Wohlbefindens als auch gesundheitliche Beschwerden zu berücksichtigen, da die jeweiligen Prädiktoren unterschiedlich sein können.

4.2 Regeneration und Erholungsverhalten

Neben Studien zum Work-Engagement finden sich vermehrt Untersuchungen, die Erholung und Regeneration nach beruflicher Beanspruchung fokussieren. Insbesondere die Vollständigkeit des Erholungsprozesses wird als entscheidender Mediator zwischen akutem und chronischem gesundheitsschädlichem Stress diskutiert (Geurts & Sonnentag, 2006).

In zeitlicher Perspektive können die Erholungsphasen Urlaub, Wochenende, Feierabend und Pausen während der Arbeitszeit unterschieden werden. Metaanalytisch zeigt sich, dass Urlaub einen kleinen positiven Effekt auf Gesundheit und Wohlbefinden hat, der jedoch rasch beim Wiedereintritt in den beruflichen Alltag verschwand (de Bloom et al., 2009).

Gesundheitlich bedeutsamer scheint die Gestaltung der Erholung am Feierabend und am Wochenende zu sein. Alltägliche Aktivitäten zur Erholung, die gedankliche Distanzierung von beruflichen Problemen und erholsamer Schlaf können als die wichtigsten Bausteine einer erfolgreichen Regeneration angesehen werden (Lehr, Heber & Thiart, 2012; Sonnentag, 2012). Dabei bilden Erholungsaktivitäten die Voraussetzung für das Erleben von Erholung, wie der gedanklichen Distanzierung von beruflichen Grübel- oder Sorgengedanken. Umgekehrt verhindert eine zu starke negative gedankliche Aktivierung erholsamen Schlaf, der die grundlegendste Erholungsfunktion darstellt. Nicht erholsamer Schlaf bildet ein Risiko für die Entwicklung von Depressionen oder koronaren Herzerkrankungen.

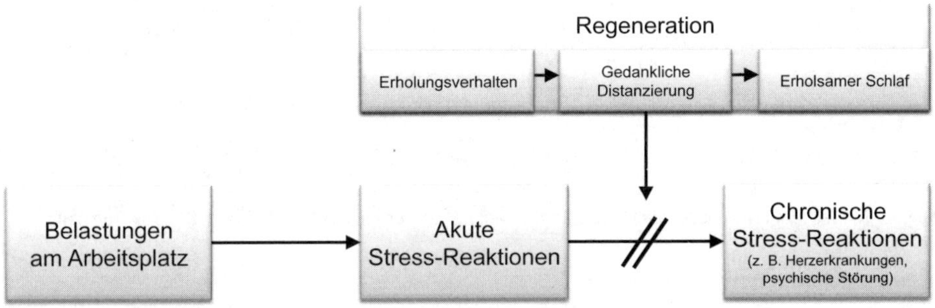

Abbildung 3: Erfolgreiche Regeneration nach Belastungen und kurzzeitigen Anspannungszuständen kann die Entwicklung von chronischem und damit gesundheitsschädlichem Stress unterbrechen (nach Geurts & Sonnentag, 2006; Lehr, Heber & Thiart, 2012).

Ausgangspunkt von Erholungsprozessen sind konkrete Verhaltensweisen, die der Erholung dienen. Erholungsverhalten kann daher als eine spezielle Form von Gesundheitsverhalten betrachtet werden. Von Interesse ist es daher zu klären, was zu Erholungsverhalten motiviert und wie entsprechende Absichten in tatsächliches Verhalten umgesetzt werden. Das sozialkognitive Prozessmodell „Health Action Process Approach" (HAPA; Schwarzer, 2008) stellt ein umfassendes Modell zu Erklärung von Gesundheitsverhalten dar, welches für Erholungsverhalten adaptiert wurde (Abbildung 4). Im Zentrum des Modells stehen Verhaltensweisen mit hohem Erholungspotenzial (z.B. Gespräch mit vertrauten Menschen führen, es sich Daheim gemütlich machen, Spazierengehen) sowie das mit diesem Verhalten assoziierte Erholungserleben. Dabei können drei Dimensionen des Erholungserlebens unterschieden werden: Distanzierung (z.B. „Ich habe die Arbeit ganz vergessen können"), erfrischte Kräfte (z.B. „Ich habe neue Kräfte getankt") sowie Anregungen und Herausforderung (z.B. „Ich bin zu neuen Ideen und Plänen angeregt worden", „Meine Fähigkeiten wurden in einer angenehmen Art herausgefordert"). Es ließ sich zeigen, dass das Erholungsverhalten von folgenden Faktoren beeinflusst wird: Erholungsplanung, Intention zu erholsamen Aktivitäten, Erwartung eines positiven Effektes (Ergebniserwartung) und Zuversicht, erholsame Verhaltensweisen trotz Barrieren zu initiieren (Erholungs-Selbstwirksamkeit). Erholungsverhalten und -erleben sind mit einer Steigerung der Schlafqualität sowie mit einer Reduktion depressiver Symptome assoziiert (z.B. Baum, 2008; Lehr, Krüger, Heinen & Rabenhorst, 2011; Schmenn, 2014). Es besteht ein sehr enger, jedoch nicht perfekter Zusammenhang zwischen Erholungsverhalten und Erholungserleben. Diese „Verhaltens-Erlebens-Lücke" wirft die Frage auf, welche Faktoren verhindern können, dass Erholungsverhalten zum intendierten Erleben führt. Beispielsweise könnten destruktive Gespräche über Probleme am Arbeitsplatz während der Ausführung von Erholungsverhalten zu einer Einschränkung des Erholungserlebens führen. Umgekehrt könnte sich eine achtsame Haltung gegenüber Erholungsaktivitäten günstig auf das Erholungserleben auswirken.

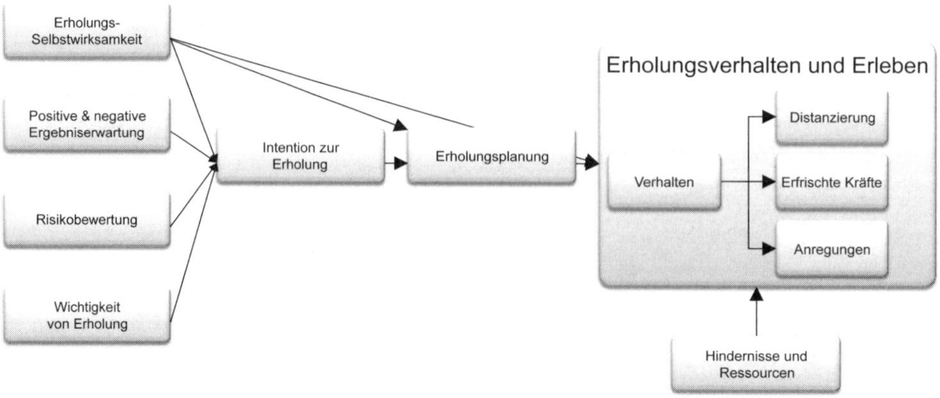

Abbildung 4: Modell zum Erholungsverhalten und Erleben auf der Grundlage des Health Action Process Approach.

Literatur

Åkerstedt, T. (2006). Psychosocial stress and impaired sleep. *Scandinavian Journal of Work, Environment & Health, 32,* 493-501.

Bakker, A. B., Albrecht, S. L. & Leiter, S. L. (2011). Key questions regarding work engagement. *European Journal of Work and Organizational Psychology, 20,* 4-28.

Barth, A. R. (1997). *Burnout bei Lehrern. Theoretische Aspekte und Ergebnisse einer Untersuchung.* Göttingen: Hogrefe.

Bauer, J., Stamm, A., Virnich, K., Wissing, K., Muller, U., Wirsching, M. & Schaarschmidt, U. (2006). Correlation between burnout syndrome and psychological and psychosomatic symptoms among teachers. *International Archives of Occupational and Environmental Health, 79,* 199-204.

Bauer, K. O. & Kanders, M. (1998). Burnout und Belastung von Lehrkräften. In H. G. Rolff, K. O. Bauer, K. Klemm & H. Pfeiffer (Hrsg.), *Jahrbuch der Schulentwicklung. Daten, Beispiele und Perspektiven* (Bd. 10) (S. 201-233). Weinheim/München: Juventa.

Baum, K. (2008). Erholungsverhalten und Erholungserleben. Überprüfung einer Adaptation des Health Action Process Model auf Erholung. Unveröffentlichte Diplomarbeit am Fachbereich Psychologie der Philipps-Universität Marburg.

Bellingrath, S., Rohleder, N. & Kudielka, B. M. (2010). Healthy working school teachers with high effort-reward-imbalance and overcommitment show increased pro-inflammatory immune activity and a dampened innate immune defence. *Brain, Behavior, and Immunity, 24,* 1332-1339.

Bellingrath, S., Weigl, T. & Kudielka, B. M. (2008). Cortisol dysregulation in school teachers in relation to burnout, vital exhaustion, and effort-reward-imbalance. *Biological Psychology, 78,* 104-113.

Berger, M., Linden, M., Schramm, E., Hillert, A., Voderholzer, U. & Maier, W. (2012). *Positionspapier der Deutschen Gesellschaft für Psychiatrie, Psychotherapie und Nervenheilkunde (DGPPN) zum Thema Burnout.*http://www.dgppn.de/fileadmin/user_upload/_medien/download/pdf/stellungnahmen/2012/stn-2012-03-07-burnout.pdf (Abruf: 17.12.2013).

Berndt, J., Schönwälder, H. G., Ströver, F. & Tiesler, G. (2003). Belastung und Beanspruchung von Lehrerinnen und Lehrern. In A. Schick, M. Meis, C. Nocke & M. Klatte (Hrsg.), *Hören in Schulen. Ergebnisse des neunten Oldenburger Symposiums zur psychologischen Akustik* (S. 289-313). Oldenburg: BIS Bibliotheks- und Informationssystem der Universität Oldenburg.

Brackett, M. A., Palomera, R., Mojsa-Kaja, J., Reyes, M. R. & Salovey, P. (2010). Emotion-regulation ability, burnout, and job satisfaction among British secondary-school teachers. *Psychology in the Schools, 47*(4), 406-417.

Bundesministerium des Inneren (2005). Dritter Versorgungsbericht. http://www.bmi.bund.de/SharedDocs/Downloads/DE/Broschueren/2005/Dritter_Versorgungsbericht_der_BReg.pdf;jsessionid=910E8DA06CB5A85B49578D66DE5E76C2.2_cid373?__blob=publicationFile (Abruf: 17.12.2013).

Bundesministerium des Inneren (2013). Fünfter Versorgungsbericht. http://www.bmi.bund.de/SharedDocs/Downloads/DE/Themen/OED_Verwaltung/Oeffentlicher_Dienst/Beamte/versorgungsbericht5.pdf?__blob=publicationFile (Abruf: 17.12.2013).

Burisch, M. (2006). *Das Burnout-Syndrom.* Berlin: Springer.

Buschmann, I. & Gamsjäger, E. (1999). Determinanten des Lehrer-Burnout. *Psychologie in Erziehung und Unterricht, 46,* 281-292.

Couser, G. P. (2008). Challenges and opportunities for preventing depression in the workplace: A review of the evidence supporting workplace factors and interventions. *Journal of Occupational and Environmental Medicine, 50,* 411-427.

Cropley, M., Steptoe, A. & Joekes, K. (1999). Job strain and psychiatric morbidity. *Psychological Medicine,* 29, 1411-1416.

de Bloom, J., Komper, M., Geurts, S., de Weerth, C., Taris, T. & Sonnentag, S. (2009). Do we recover from vacation? Meta-analysis of vacation effects on health and well-being. *Journal of Occupational Health, 13,* 13-25.

Dicke, T., Parker, P.D., Holzberger, D., Kunter, M. & Leutner, D. (in prep.). Investigating longitudinal changes in beginning teachers' efficacy and emotional exhaustion: Can they be predicted by professional knowledge?

Dicke, T., Parker, P. D., Marsh, H. W., Kunter, M., Schmeck, A. & Leutner, D. (submitted). Self-efficacy in classroom management, classroom disturbances, and emotional exhaustion: A moderated mediation analysis of teacher candidates. Journal of Educational Psychology.

Endler, N. S. (1997). Stress, anxiety and coping: The multidimensional interaction model. *Canadian Psychology, 38,* 136-153.

Feuerhahn, N., Stamov-Roßnagel, C., Wolfram, M., Bellingrath, S. & Kudielka, B. M. (2013). Emotional exhaustion and cognitive performance in apparently healthy teachers: A longitudinal multisource study. *Stress and Health, 29,* 297–306.

Geurts, S. A. E. & Sonnentag, S. (2006). Recovery as an explanatory mechanism in the relation between acute stress reactions and chronic health impairment. *Scandinavian Journal of Work, Environment & Health, 32,* 482-492.

Greenhalgh, T. (1997). Education and debate. How to read a paper. *British Medical Journal, 315,* 243-246.

Grimes, D. A. & Schulz, K. F. (2002a). Cohort studies: marching towards outcomes. *Lancet, 359,* 341-345.

Grimes, D. A. & Schulz, K. F. (2002b). Bias and causal associations in observational research. *Lancet, 359,* 248-252.

Guglielmi, R. & Tatrow. T. (1998). Occupational stress, burnout, and health in teachers: A methodological and theoretical analysis. *Review of Educational Research, 68,* 61–99.

Hach, I., Rentsch, A., Ruhl, U., Becker, E., Tuerke, V., Margraf, J., Krappweis, J. & Kirch, W. (2003). Validität von Krankenscheindiagnosen psychischer Störungen. *Das Gesundheitswesen, 65,* 359-364.

Hautzinger, M. & Bailer, M. (1993). *Allgemeine Depressions Skala – ADS.* Weinheim: Beltz.

Hautzinger, M. (1997). Affektive Störungen. In A. Ehlers & K. Hahlweg (Hrsg.), *Psychische Störungen und ihre Behandlung* (Enzyklopädie der Psychologie, Bd. 2) (S. 156-239). Göttingen: Hogrefe.

Henderson, M. & Page, L. (2007). Appraising the evidence: What is selection bias? *Evidence Based Mental Health, 10,* 67-68.

Hermann-Lingen, C. (2000). Biopsychosoziale Faktoren in Genese und Manifestation der koronaren Herzkrankheit. *Zeitschrift für psychosomatische Medizin, 46,* 315-330.

Hill, A. B. (1965). The environment and disease: Association or causation? *Proceedings of the Royal Society of Medicine, 58,* 295-300.

Hillert, A. & Marwitz, M. (2006). *Die Burnout-Epidemie oder brennt die Leistungsgesellschaft aus?* München: Beck.

Hillert, A. & Schmitz, E. (2004). *Psychosomatische Erkrankungen bei Lehrerinnen und Lehrern. Ursachen, Folgen, Lösungen.* Stuttgart: Schattauer.

Institut für Qualität und Wirtschaftlichkeit im Gesundheitswesen. (2008). Glossar zu den Allgemeinen Methoden 3.0. https://www.iqwig.de/download/Glossar_Version_1_0_zu_den_Allgemeinen_Methoden_Version_3_0.pdf (Abruf: 17.12.2013).

Jurado, D., Gurpegui, M., Moreno, O., Fernandez, M. C., Luna, J. D. & Galvez, R. (2005). Association of personality and work conditions with depressive symptoms. *European Psychiatry, 20,* 213-222.

Karasek, R. & Theorell, T. (1990). *Healthy work: Stress, productivity, and the reconstruction of working life.* New York: Basic Books.

Kendler, K. S., Gardner, C. O. & Prescott, C. A. (2002). Toward a comprehensive developmental model for major depression in women. *American Journal of Psychiatry, 159,* 1133-1145.

Kendler, K. S., Gardner, C. O. & Prescott, C. A. (2006). Toward a comprehensive developmental model for major depression in men. *American Journal of Psychiatry, 163,* 115-124.

Kivimäki, M., Virtanen, M., Elovainio, M., Kouvonen, A., Väänänen, A. & Vahtera, J. (2006). Work stress in the etiology of coronary heart disease – a meta-analysis. *Scandinavian Journal of Work, Environment & Health, 326,* 431-442.

Klusman, U., Kunter, M., Voss, T. & Baumert, J. (2012). Berufliche Beanspruchung angehender Lehrkräfte: Die Effekte von Persönlichkeit, pädagogischer Vorerfahrung und professioneller Kompetenz. *Zeitschrift für Pädagogische Psychologie, 26*(4), 275–290.

Klusmann, U., Kunter, M., Trautwein, U. & Baumert, J. (2006). Lehrerbelastung und Unterrichtsqualität aus der Perspektive von Lehrenden und Lernenden. *Zeitschrift für Pädagogische Psychologie, 20,* 161-173.

Klusmann, U., Kunter, M., Trautwein, U., Ludtke, O. & Baumert, J. (2008). Engagement and emotional exhaustion in teachers: Does the school context make a difference? *Applied Psychology: An International Review, 57,* 127-151.

König, S. & Dalbert, C. (2004). Ungewissheitstoleranz, Belastung und Befinden bei BerufsschullehrerInnen. *Zeitschrift für Entwicklungspsychologie und Pädagogische Psychologie, 36,* 190-199.

Körner, S. (2002*). Das Phänomen Burnout am Arbeitsplatz Schule. Ein empirischer Beitrag zur Beschreibung des Burnout-Syndroms und seiner Verbreitung sowie zur Analyse von Zusammenhängen und potenziellen Einflussfaktoren auf das Ausbrennen von Gymnasiallehrern.* Berlin: Logos-Verlag.

Kraemer, H. C., Stice, E., Kazdin, A., Offord, D. & Kupfer, D. (2001). How do risk factors work together? Mediators, moderators, and independent, overlapping, and proxy risk factors. *American Journal of Psychiatry, 158,* 848-856.

Kramis-Aebischer, K. (1995). *Stress, Belastung und Belastungsverarbeitung im Lehrberuf.* Bern: Haupt.

Lehr, D. (2004). Psychosomatisch erkrankte und gesunde Lehrkräfte: Auf der Suche nach den entscheidenden Unterschieden. In A. Hillert & E. Schmitz (Hrsg.), *Psychosomatische Erkrankungen bei Lehrerinnen und Lehrern. Ursachen, Folgen, Lösungen* (S. 120-140). Stuttgart: Schattauer.

Lehr, D., Heber, E. & Thiart, H. (2012). Regeneration als Ressource: Erholungsverhalten als Antwort auf berufliche Herausforderungen. *PADUA, 7,* 182-187.

Lehr, D., Hillert, A., Schmitz, E. & Sosnowsky, N. (2008). Screening depressiver Störungen mittels Allgemeiner Depressions-Skala (ADS-K) und State-Trait Depression Scales (STDS-T): eine vergleichende Evaluation von Cut-Off-Werten. *Diagnostica, 54,* 61-70.

Lehr, D., Keller, S. & Hillert, A. (2009). What can balance the effort? Associations between effort-reward imbalance, overcommitment, and affective disorders in german teachers. *International Journal of Occupational and Environmental Health, 15,* 374-384.

Lehr, D., Krüger, A.S., Heinen, R. & Rabenhorst, D. (2011). Erholung von beruflichem Stress. *Verhaltenstherapie, 21*(suppl. 1), 12.

Lehr, D., Schmitz, E. & Hillert, A. (2008). Bewältigungsmuster und ihre Bedeutung für die Gesundheit. Eine clusteranalytische Untersuchung zu Bewältigungsmustern im Belastungskontext des Lehrerberufes. *Zeitschrift für Arbeits- und Organisationspsychologie, 1,* 3-16.

Lohmann-Haislah, A. (2012). *Stressreport Deutschland 2012. Psychische Anforderungen, Ressourcen und Befinden.* http://www.baua.de/de/Publikationen/Fachbeitraege/Gd68.html;jsessionid=8CFC9CE0CC3EACAE71758793B706D193.1_cid389 (Abruf: 17.12.2013).

Lopez, A. D., Mathers, C. D., Ezzati, M., Jamison, D. T. & Murray, C. J. L. (2006*). Global Burden of Disease and Risk Factors.* New York: Oxford University Press.

Maslach, C., Jackson S. E. & Leiter, M. P. (1996). *Maslach Burnout Inventory.* Palo Alto: Consulting Psychologists Press.

Mathers, C. D. & Loncar, D. (2006). Projections of global mortality and burden of disease from 2002 to 2030. *PLoS Medicine, 3*(11), e442.

Montgomery, C. & Rupp, A. (2005). A meta-analysis for exploring the diverse causes and effects of stress in teachers. *Canadian Journal of Education, 28,* 458-486.

Nindl, A., Längle, A., Gamsjäger, E. & Sauer, J. (2006). Existentielle Sinnerfüllung und Burnout. Eine empirische Studie mit Lehrerinnen und Lehrern. *Psychotherapie Forum, 14,* 153-159.

Oesterreich, R. (2008). Konstrukte und Methoden zur Forschung in der Lehrerbelastung. In A. Krause, H. Schüpbach, E. Ulich & M. Wülser (Hrsg.), *Arbeitsort Schule: Organisations- und arbeitspsychologische Perspektiven* (S. 47-73). Wiesbaden: Gabler.

Offord, D. R. & Kraemer H. C. (2000). Risk factors and prevention. *Evidence Based Mental Health, 3,* 70-71.

Radloff, L. S. (1977). The CES-D Scale: A self-report depression scale for research in the general population. *Applied Psychological Measurement, 1,* 385-401.

Richardsen, A. M. & Burke, R. J. (1995). Models of burnout: Implications for interventions. *International Journal of Stress Management, 2,* 31-43.

Rösing, I. (2003). *Ist die Burnout-Forschung ausgebrannt?* Heidelberg: Asanger.

Rothman, K. J. & Greenland, S. (2005). Causation and causal inference in epidemiology. *American Journal of Public Health, 95,* 144-150.

Sackett, D. L., Straus, S. E., Richardson, W. S., Rosenberg, W. & Haynes, R. B. (2000). *Evidence-based medicine: How to practice and teach EBM.* Edinburgh: Churchill Livingstone.

Sann, U. (2003). Job conditions and wellness of German secondary school teachers. *Psychology and Health, 18,* 489-500.

Schaarschmidt, U. & Kieschke, U. (2007). *Gerüstet für den Schulalltag. Psychologische Unterstützungsangebote für Lehrerinnen und Lehrer.* Weinheim: Beltz.

Schaarschmidt, U. (2004). *Halbtagsjobber? Psychische Gesundheit im Lehrerberuf – Analyse eines veränderungsbedürftigen Zustandes.* Weinheim/Basel: Deutscher Studien Verlag.

Schaufeli, W. B. & Enzmann, D. (1998). *The burnout companion to study and practice: A critical analysis.* London: Taylor & Francis.

Schaufeli, W. B., Bakker, A. B., Hoogduin, K., Schaap, C. & Kladler, A. (2001). On the clinical validity of the Maslach burnout inventory and the burnout measure. *Psychology and Health, 16,* 565-582.

Schaufeli, W. B., Salanova, M., Gonzalez-Roma, V. & Bakker, A. B. (2002). The measurement of engagement and burnout: A two sample confirmatory factor analytic approach. *Journal of Happiness Studies, 3,* 71-92.

Schmenn, R. (2014). *Der Einfluss von Erholung nach beruflicher Beanspruchung auf Depressivität. Eine prospektive Untersuchung zum „Health Action Process Approach-Recreation" im Lehrerberuf.* Unveröffentlichte Dissertation am Fachbereich Medizin der Philipps-Universität Marburg.

Schmitz, E. & Leidl, J. (1999). Brennt wirklich aus, wer entflammt war? Studie 2: Eine LISREL-Analyse zum Burnout-Prozess bei Lehrpersonen. Do people really burn out who were once enflamed? Study 2: A Lisrel analysis of burnout processes in teachers. *Psychologie in Erziehung und Unterricht, 46,* 302-310.

Schmitz, E., Hillert, A., Lehr, D., Pecho, L. & Deibl, C. (2002). Risikofaktoren späterer Dienstunfähigkeit. Zur möglichen prognostischen Bedeutung unrealistischer Ansprüche an den Lehrerbruf. *Zeitschrift für Personalforschung, 16,* 415-432.

Schmitz, E., Jehle, P. & Gayler, B. (2004). Innere Kündigung im Lehrerberuf. In A. Hillert & E. Schmitz (Hrsg.), *Psychosomatische Erkrankungen bei Lehrerinnen und Lehrern* (S. 69-81). Stuttgart: Schattauer.

Schmitz, G. S. (2001). Kann Selbstwirksamkeitserwartung Lehrer vor Burnout schützen? Eine Längsschnittstudie in zehn Bundesländern. *Psychologie in Erziehung und Unterricht, 48,* 49-67.

Schonfeld, I. S. (1992). Assessing stress in teachers: Depressive symptoms scales and neutral self-reports of the work environment. In J. Quick, L. Murphy & J. Hurrell (Eds.), *Stress & wellbeing at work: Assessments and interventions for occupational mental health* (pp. 270-285). Washington, D.C.: American Psychological Association.

Schulz, K. F. & Grimes, D. A. (2002). Case-control studies: research in reverse. *Lancet, 359,* 431-434.

Schwarzer, R. (2008). Modeling health behavior change: How to predict and modify the adoption and maintenance of health behaviors. *Applied Psychology: An International Review, 57,* 1-29.

Schwarzer, R. & Hallum, S. (2008). Perceived teacher self-efficacy as a predictor of job stress and burnout. *Applied Psychology: An International Review, 57,* 152–171.

Schwerdtfeger, A., Konermann, L. & Schönhofen, K. (2008). Self-efficacy as a health-protective resource in teachers? A biopsychological approach. *Health Psychology, 27,* 358-368.

Seibt, R., Matz, A., Hegewald, J. & Spitzer, S. (2012). Working conditions of female part-time and full-time teachers in relation to health status. *International Archives of Occupational and Environmental Health, 85,* 675–687.

Semmer, N. K. & Udris, I. (2004). Bedeutung und Wirkung von Arbeit. In H. Schuler (Hrsg.), *Lehrbuch Organisationspsychologie* (S. 157-195). Bern: Huber.

Semmer, N. K., Grebner, S. & Elfering, A. (2004). Beyond self-report: Using observational, physiological, and situation-based measures in research on occupational stress. In P. Perrewé & D. Ganster (Eds.), *Emotional and physiological processes and positive intervention strategies* (pp. 205-263). Amsterdam: Elsevier Science/JAI Press.

Siegrist, J. & Rödel, A. (2006). Work stress and health risk behavior. *Scandinavian Journal of Work, Environment & Health, 32,* 473-481.

Siegrist, J. (2002). Effort-reward Imbalance at Work and Health. In P. Perrewé & D. Ganster (Eds.), *Research in Occupational Stress and Well Being, Vol. 2: Historical and Current Perspectives on Stress and Health* (pp. 261-291). New York: JAI Elsevier.

Sonnentag, S. (2012). Psychological detachment from work during leisure time: The benefits of mentally disengaging from work. *Current Directions in Psychological Science, 21,* 114-118.

Stansfeld, S. & Candy, B. (2006). Psychosocial work environment and mental health – A metaanalytic review. *Scandinavian Journal of Work, Environment & Health, 32,* 443-462.

Stöckli, G. (1999). Nicht erschöpft und dennoch ausgebrannt? Pädagogisches Ausbrennen im Lehrberuf. *Psychologie in Erziehung und Unterricht, 46,* 293-301.

Stroup, D. F., Berlin, J. A., Morton, S. C., Olkin, I., Williamson, G. D., Rennie, D., Moher, D., Becker, B. J., Sipe, T. A. & Thacker, S. B. (2000). Meta-analysis of observational studies in epidemiology: Aproposal for reporting. Meta-analysis of observational studies in epidemiology (MOOSE) group. *Journal of the American Medical Association, 283,* 2008-2012.

Unterbrink, T., Hack, A., Pfeifer, R., Buhl-Griesshaber, V., Müller, U., Wesche, H., Frommhold, M., Scheuch, K., Seibt, R., Wirsching, M. & Bauer, J. (2007). Burnout and effort-reward-imbalance in a sample of 949 German teachers. *International Archives of Occupational and Environmental Health, 80,* 433-441.

Van den Tooren, M., de Jonge, J., Vlerick, P., Daniels, K. & van de Ven, B. (2011). Job resources and matching active coping styles as moderators of the longitudinal relation between job demands and job strain. *International Journal of Behavioral Medicine, 18,* 373-383.

Van der Doef, M. & Maes, S. (1999). The job demand-control(-support) model and psychological well-being: A review of 20 years of empirical research. *Work & Stress, 13,* 87-114.

Van Dick, R. & Wagner, U. (2001a). Der AVEM im Lehrerberuf: Eine Validierungsstudie. *Zeitschrift für Differentielle und Diagnostische Psychologie, 22,* 267-278.

Van Dick, R. & Wagner, U. (2001b). Stress and strain in teaching: A structural equation approach. *British Journal of Educational Psychology, 71,* 243-259.

Van Dick, R. (1999). *Stress und Arbeitszufriedenheit im Lehrerberuf. Eine Analyse von Belastung und Beanspruchung im Kontext sozialpsychologischer, klinisch-psychologischer und organisationspsychologischer Konzepte.* Marburg: Tectum.

Van Dick, R., Wagner, U., Petzel, T., Lenke, S. & Sommer, G. (1999). Arbeitsbelastung und Soziale Unterstützung: Erste Ergebnisse einer Untersuchung von Lehrerinnen und Lehrern. *Psychologie in Erziehung und Unterricht, 46,* 55-64.

Van Laethem, M., Beckers, D. G., Kompier, M. A., Dijksterhuis, A. & Geurts, S. A. (2013). Psychosocial work characteristics and sleep quality: A systematic review of longitudinal and intervention research. *Scandinavian Journal of Work, Environment & Health, 39,* 535-549.

Vandenbroucke, J. P., von Elm, E., Altman, D. G., Gotzsche, P. C., Mulrow, C. D., Pocock, S. J., Poole, C., Schlesselman, J. J. & Egger, M. (2007). Strengthening the reporting of observational studies in epidemiology (STROBE): Explanation and elaboration. *PLoS Medicine, 4*(10), e297.

Verhoeven, C., Maes, S., Kraaij, V. & Joekes, K. (2003). The job demand-control-social support model and wellness/health outcomes: A European study. *Psychology and Health, 18,* 421-440.

Virtanen, M., Kivimäki, M., Elovainio, M., Linna, A., Pentti, J. & Vahtera, J. (2007). Neighbourhood socioeconomic status, health and working conditions of school teachers. *Journal of Epidemiology and Community Health, 61,* 326-330.

Virtanen, M., Kivimäki, M., Pentti, J., Oksanen, T., Ahola, K., Linna, A., Kouvonen, A., Salo, P. & Vahtera, J. (2010). School neighborhood disadvantage as a predictor of long-term sick leave among teachers: Prospective cohort study. *American Journal of Epidemiology, 171*(7), 785-792.

Von Känel, R., Bellingrath, S. & Kudielka, B. M. (2009a). Association between longitudinal changes in depressive symptoms and plasma fibrinogen levels in school teachers. *Psychophysiology, 46,* 473-480.

Von Känel, R., Bellingrath, S. & Kudielka, B. M. (2009b). Overcommitment but not effort–reward imbalance relates to stress-induced coagulation changes in teachers. *Annals of Behavioral Medicine, 37,* 20-28.

Weber, A. (2004). Krankheitsbedingte Frühpensionierungen von Lehrkräften. In A. Hillert & E. Schmitz (Hrsg.), *Psychosomatische Erkrankungen bei Lehrerinnen und Lehrern* (S. 23-38). Stuttgart: Schattauer.

Wegner, R., Berger, P., Krause, A. & Baur, X. (2004). Zur Belastung und Beanspruchung von Lehrerinnen und Lehrern mit stationär behandelten psychischen Erkrankungen im Vergleich mit berufstätigen Lehrkräften. *Ergo Med, 1,* 17-23.

Wegner, R., Ladendorf, B., Mindt-Prüfert, S. & Poschadel, B. (1998). Psychomentale Belastung und Beanspruchung im Lehrerberuf, Ergebnisse einer Fragebogenerhebung. *Arbeitsmedizin, Sozialmedizin, Umweltmedizin, 33,* 248-259.

WHO (Weltgesundheitsorganisation) (1948). *Präambel zur Satzung.* Genf: WHO.

Zaccai, J. H. (2004). How to assess epidemiological studies. *Postgraduate Medical Journal, 80,* 140-147.

Zapf, D. & Semmer, N. K. (2004). Stress und Gesundheit in Organisationen. In H. Schuler (Hrsg.), *Organisationspsychologie – Grundlagen und Personalpsychologie* (S. 1007-1112). Göttingen: Hogrefe.

Dirk Lehr

Belastung und Beanspruchung im Lehrerberuf – Präventions- und Interventionsansätze in der personenbezogenen Forschung

1. Theoretische Grundlagen: Prävention und beruflicher Stress

Anliegen der Prävention ist es, möglichst frühzeitig auf gesundheitliche Fehlentwicklungen zu reagieren. Gesundheitliche Schäden sollen idealerweise verhindert werden. Mindestens aber sollen sie weniger wahrscheinlich gemacht oder soll ihr Eintreten verzögert werden.

Traditionell wurden präventive Maßnahmen nach ihrer zeitlichen Lokalisation im Erkrankungsprozess in primäre, sekundäre und tertiäre Prävention unterschieden. Durch Maßnahmen der primären Prävention soll die Gesundheit erhalten und die Entstehung von Erkrankungen verhindert werden. In Deutschland zählen die betriebliche Gesundheitsförderung sowie die Prävention arbeitsbedingter Gesundheitsgefahren zur Primärprävention. Sekundäre Prävention zielt auf die frühzeitige Erkennung (Früherkennung, Vorsorge) von Erkrankungen ab, um zeitnah geeignete Behandlungsmaßnahmen zu ermöglichen. Auf diese Weise soll das Fortschreiten bzw. die Manifestation von gesundheitlichen Schädigungen vermieden oder eine vollständige Heilung erreicht werden. Bereits erkrankte Personen sind die Zielgruppe der tertiären Prävention. Ziele sind sowohl die Behandlung der Erkrankung als auch die Minimierung bereits eingetretener Beeinträchtigungen sowie die Förderung des Umgangs mit erkrankungsbedingten Problemen und die Rückfallprophylaxe. Die Folgeschäden eingetretener Erkrankungen sollen verhindert und abgemildert werden. Zu diesem Bereich kann auch die Rehabilitation gezählt werden.

Mitunter wird die Gesundheitsförderung als Teilgebiet der primären Prävention betrachtet. In beiden Fällen richten sich die Maßnahmen an gesunde Personen. Allerdings weisen die Begriffe unterschiedliche Akzentuierungen auf. Während sich der Begriff der Prävention auf die Vermeidung von gesundheitlichen Risiken und Erkrankungen bezieht, ist die Gesundheitsförderung auf die Stärkung der Gesundheit ausgerichtet, die als körperliches, seelisches und soziales Wohlbefinden verstanden wird.

In jüngerer Zeit wird zunehmend auf das Konzept der universellen, selektiven und indizierten Prävention zurückgegriffen. Diese Klassifikation orientiert sich nicht am zeitlichen Verlauf einer Erkrankung, sondern an den Zielgruppen präventiver Maßnahmen. Die universelle Prävention richtet sich an die gesamte Bevölkerung oder große Teilpopulationen. Sie ist besonders dann sinnvoll, wenn gesundheitliche Risiken in der Gesamtbevölkerung breit gestreut sind. Selektive Prävention richtet sich an spezifische, gesunde Zielgruppen, in denen jedoch ein überdurchschnittliches Erkrankungsrisiko vorliegt. Richten sich die Präventionsmaßnamen an einzelne gesunde Personen, die aber bereits Risikofaktoren (z.B. vorhandene Beschwerden, die jedoch noch so stark sind, dass sie die diagnostischen Kriterien für eine Störung bzw. Erkrankung erfüllen) für bestimmte Erkrankungen vorweisen (Hochrisikopersonen), wird dies als indizierte Prävention bezeichnet. Dies setzt voraus, dass entsprechende Risikofaktoren einen gesicherten Zusammenhang zu nachfolgenden Erkrankungen aufweisen und diese Risikofaktoren mit Hilfe von validen Screeningmaßnahmen im Einzelfall zunächst identifiziert werden können. Da sich diese Präventionsarten auf gesunde Zielgruppen beziehen, ist die Trennung zu Behandlung oder Nachsorge klarer. Letztere beziehen sich auf erkrankte Personen.

Schließlich können präventive Maßnahmen danach unterschieden werden, ob sie auf die Veränderung der äußeren (Arbeits-)Bedingungen (Verhältnisprävention) oder auf die Person

(Verhaltensprävention) abzielen. Reine Verhaltensprävention richtet sich auf die Veränderung gesundheitsschädlicher Einstellungen und Verhaltensweisen von Einzelpersonen. Reine Verhältnisprävention strebt eine Veränderung der gesundheitlichen Rahmenbedingungen an, z.B. durch Regelungen oder Gesetze. Bedingungsorientierte bzw. „verhältnisgestützte Verhaltensprävention" stellt eine Kombination dar und dürfte am ehesten den vielfältigen individuellen und äußeren Ursachen von stressbedingten gesundheitlichen Beschwerden gerecht werden.

In welcher Weise Verhaltens- und Verhältnisprävention akzentuiert werden, hängt nicht zuletzt mit den theoretischen Grundannahmen über das Wesen von Stress zusammen. Die wichtigsten Ansätze und Modelle zu beruflichem Stress werden von Zapf und Semmer (2004) sowie Sonnentag und Frese (2003) vorgestellt.

In verschiedenen Modellen zum Berufsstress wird Stress als Merkmal der Arbeitsbedingungen (Belastungsfaktoren, Stressoren) verstanden. Im deutschen Sprachraum erwiesen sich Modelle zum Arbeitsstress auf der Grundlage der Handlungstheorie als einflussreich (Hacker, 2005). International verbreitet ist das *„Job Demand-Control Model"* (Karasek & Theorell, 1990), das vor dem Hintergrund industrieller Arbeitsplätze entwickelt wurde. Die Autoren der *„EURO-TEACH study"* stellen jedoch die Nützlichkeit des Modells für den Lehrerberuf in Frage (Verhoeven, Maes, Kraaij & Joekes, 2003). Generell sind Modelle, in denen die Arbeitsbedingungen die entscheidende Größe sind, gut geeignet zur Erklärung solcher Effekte, die gleichartige Stressreaktionen in allen Personen auslösen. Sie können Grundlage von Interventionen zur Gesundheitsförderung im Sinne der Verhältnisprävention sein. Hingegen beschäftigen sich bedingungsbezogene Stressmodelle meist nur wenig mit der Beobachtung, dass Menschen unter denselben Bedingungen in unterschiedlichem Ausmaß Stressreaktionen zeigen (inter-individuelle Unterschiede). Diese Individualität von Stress bleibt weitgehend unberücksichtigt.

Das *„Modell der beruflichen Gratifikationskrisen"* (Effort-Reward Imbalance Model) versteht Stress als ein Ungleichgewicht zwischen den äußeren Anforderungen/Belastungen (Effort) und den dafür erhaltenen Gratifikationen (*Reward*). Aufgrund des Arbeitsvertrages zwischen Arbeitgeber und Arbeitnehmer darf der Arbeitgeber Verausgabung vom Arbeitnehmer verlangen. Dieser erhält für sein Engagement jedoch einen Ausgleich. Es wird angenommen, dass berufliche Gratifikationen dem Individuum auf drei Arten zukommen: (1) monetäre Anerkennung in Form des Gehaltes, (2) Arbeitsplatzsicherheit bzw. Möglichkeiten zur beruflichen Weiterentwicklung und (3) Wertschätzung. Das Modell postuliert: Je höher die persönlichen Investitionen in den Beruf ausfallen und je weniger diese mit gleichwertigen Belohnungen verbunden sind, desto ungünstiger sind die gesundheitlichen Folgen. Es wird jedoch betont, dass dieses Ungleichgewicht von der individuellen Neigung, sich für berufliche Belange zu verausgaben, abhängt (*overcommitment*). Stress wird als Merkmal der Arbeitsbedingungen und individueller Charakteristika verstanden (Siegrist, 2002). Aus dem *„Effort-Reward Imbalance Model"* können sowohl Maßnahmen zur Verhaltens- als auch Verhältnisprävention abgeleitet werden.

Die Individualität von Stress wurde im transaktionalen Stressmodell von Richard Lazarus herausgearbeitet (Lazarus, 1999). Zentral ist die individuelle Bewertung (*appraisal*) und Bewältigung (*coping*) einer konkreten Situation. In die Bewertungen geht ein, ob eine Anforderungssituation für die Verfolgung bedeutsamer persönlicher Ziele als relevant eingeschätzt wird. Situationen, denen Bedeutung zugemessen wird, können Stressreaktionen auslösen. Bewertungen beziehen sich auch auf die Einschätzung, ob die eigenen Fähigkeiten bzw. Ressourcen ausreichen, um mit den Anforderungen einer Situation umzugehen. Verhaltensweisen, die sich auf den Umgang mit den Anforderungen beziehen, werden als Bewältigungsstrategien bezeichnet. Dabei können Strategien zur Reduktion eines Problems (*problem-focused-coping*), Regulation negativer Emotionen (*emotion-focused-coping*), Einbeziehung des sozialen Umfelds (*social-coping*) oder Sinngebung (*meaning-focused-coping*) unterschieden werden (Folkman & Moskowitz, 2004). Der

Prozess von Bewertung und Bewältigung geschieht jedoch nicht in einem Vakuum. Er hängt von überdauernden Merkmalen der Person (z.B. Ziele, Wertvorstellungen) und der Umgebung ab. Die (Arbeits-)Umgebung kann explizit und implizit Druck ausüben, Verhalten sanktionieren sowie günstige oder ungünstige Gelegenheiten bieten. Insofern misst auch Lazarus den äußeren (Arbeits-)Bedingungen eine Bedeutung zu: *„The person and the environment interact, but it is the person who appraises what the situation signifies for the personal well-being."* (Lazarus, 1999, S. 12). Dennoch hängt die Intensität von Stressreaktionen im transaktionalen Stressmodell entscheidend von den individuell gewählten Bewertungen und den eingesetzten Bewältigungsstrategien ab. Die wichtige Rolle kognitiver und verhaltensbezogener Bewertungs- sowie Bewältigungsprozesse macht die konzeptionelle Nähe zur kognitiven Verhaltenstherapie deutlich, die sich im Hinblick auf eine Vielzahl von gesundheitlichen Problemen als wirksam erwiesen hat (z.B. Morin et al., 2006; Oei & Dingle 2008).

Das transaktionale Stressmodell ist zur Erklärung der inter-individuellen Unterschiede der Stressreaktionen und zur Ableitung von personenbezogenen Interventionen (Verhaltensprävention) besonders geeignet. Jedoch wird auch deutlich, dass die Unterscheidung von Verhaltens- und Verhältnisprävention rasch an ihre Grenzen stößt. Gerade Strategien im Bereich des *„problem-focused-coping"* werden zwar vom Individuum ausgeführt, können jedoch auf die Veränderung der Arbeitsbedingungen abzielen. Personenbezogene Interventionen zur Stressbewältigung bzw. Problemlösung beinhalten regelmäßig die Unterscheidung von veränderbaren und nicht beeinflussbaren Arbeitsbedingungen. Im Falle der Veränderbarkeit zielen sie auf die Befähigung des Einzelnen zur aktiven Veränderung seiner Arbeitsbedingungen ab. Verhaltensbezogene Interventionen mit verhältnisbezogenen Zielen machen deutlich, dass die Gegenüberstellung beider Ansätze zugunsten einer Integration aufgegeben werden sollte. Die Beziehung zwischen personen- und bedingungsbezogenen Interventionen, ihre Wirksamkeit und vielfältigen methodischen Herausforderungen werden ausführlicher bei Semmer (2006) diskutiert.

2. Beurteilung von Interventionsstudien

Dieses Kapitel thematisiert grundlegende methodische Anforderungen an das Design von Studien, die auf eine Überprüfung der Wirksamkeit einer Maßnahme abzielen. Die vorgestellten Kriterien von guten Wirksamkeitsstudien sind weitgehend unabhängig vom konkreten Inhalt der Intervention, d.h. sie können auch auf andere Bereiche (z.B. Überprüfung der Wirksamkeit unterschiedlicher Lehrmethoden) übertragen werden. Im vorliegenden Kontext werden sie im Hinblick auf Stressbewältigungstrainings (SBT) spezifiziert. Die methodischen Ausführungen verweisen auf die Qualitätskriterien für Interventionsstudien, die im Rahmen der *Evidence-Based-Medicine* entwickelt wurden. Im nächsten Kapitel werden verschiedene Trainings zur Prävention und Gesundheitsförderung bei Lehrerinnen und Lehrern vorgestellt. Die Originalarbeiten zu diesen Trainings können anhand der nun folgenden Beurteilungskriterien auf ihre Evidenz überprüft werden.

2.1 Kriterien für die Einschätzung von Evidenz

In diesem Abschnitt werden Kriterien skizziert, die es erlauben, die Evidenz (Beweiskraft) für die Wirksamkeit von Interventionen zur Gesundheitsförderung einzuschätzen. Sie können im Sinne einer Checkliste verwendet werden, um den Evidenzgrad vorliegender Studien zu bestimmen und umreißen zugleich wünschenswerte Anforderungen für zukünftige Forschung zur Prävention und Gesundheitsförderung im Lehrerberuf.

2.1.1 Evaluationsphasen

Es ist ein langer Weg von der Entwicklung eines Stressbewältigungstrainings bis zu seiner Implementierung in der Praxis. Bei der Bewertung von Interventionen zur Gesundheitsförderung, wie z.B. SBTs, ist daher zu berücksichtigen, in welchem Entwicklungsstadium sich ein Trainingskonzept befindet. Idealerweise durchläuft ein SBT sämtliche Entwicklungsphasen, wobei zur Überprüfung seiner Wirksamkeit in den verschiedenen Stadien jeweils unterschiedliche Methoden angewendet werden. (vgl. Buchkremer & Klingberg, 2001; Craig et al., 2008).

- **Konzeptentwicklung**. Auf der Basis des aktuellen Wissens wird in dieser Phase ein Interventionskonzept erarbeitet und ein Trainingsmanual erstellt. Darin werden die theoretischen Grundlagen des Trainings sowie seine Durchführung in allen wesentlichen Elementen festlegt.
- **Explorativer Wirksamkeitsnachweis**. In Pilot- oder Machbarkeitsstudien an Personen mit geringen gesundheitlichen Einschränkungen werden die Durchführbarkeit des Trainings, einzelne Einflussgrößen (z.B. Trainerverhalten) sowie seine Wirkung (und Nebenwirkungen) getestet. Die Erkenntnisse aus diesem Stadium münden in Veränderungen und Verbesserungen des Trainingskonzeptes. Geeignete Untersuchungsmethoden sind z.B. Einzelfallstudien oder einfache Vorher-Nachher-Vergleiche.
- **Wirksamkeitsnachweis durch experimentelle Studien unter Idealbedingungen**. Unter optimierten und kontrollierten Bedingungen sollte die Intervention ihre Wirksamkeit in randomisiert-kontrollierten Studien (randomized controlled trial, RCT) belegen. Gefordert wird der Vergleich zu mindestens einer Kontrollgruppe, die dem Therapiestandard entsprechen sollte. Efficacy-Studien schließen durch einen hohen Grad von Standardisierung möglichst viele Störeinflüsse aus, wodurch sich Unterschiede zwischen Trainings- und Kontrollgruppe mit hoher Sicherheit ursächlich auf das Training zurückführen lassen. Sie weisen eine hohe interne Validität auf.
- **Wirksamkeitsnachweis durch Anwendungsstudien unter Alltagsbedingungen**. Nachdem eine Intervention unter optimalen Bedingungen gezeigt hat, dass sie wirksam ist, erfolgt die Evaluation unter Praxisbedingungen. Die strengen Ein- und Ausschlusskriterien werden erweitert und zunehmend die naturalistischen Bedingungen des Alltags zugelassen. Effectiveness-Studien erlauben daher eine bessere Abschätzung der Übertragbarkeit von Studienergebnissen auf Alltagsbedingungen (Generalisierbarkeit). Sie weisen eine hohe externe Validität auf.

2.1.2 Studienprotokolle und ethische Prüfungen

In den letzten Jahren gehört es zunehmend zur „guten wissenschaftlichen Praxis“, vor der Durchführung einer (experimentellen) Wirksamkeitsstudie ein Studienprotokoll anzufertigen. In diesem wird genau beschrieben, wie die Studie durchgeführt werden soll. Es werden darin im Vorhinein exakte Hypothesen formuliert, in Bezug auf welchen Endpunkt sich ein Training in welchem Umfang auswirken sollte. Dies geschieht, um zu verhindern, dass nach der Durchführung einer Studie willkürlich nur die Erfolgsmaße berichtet werden, die sich im gewünschten Sinne verändert haben. Um eine größtmögliche Transparenz herzustellen, werden zunehmend

Studienprotokolle in öffentlich zugängigen Datenbanken hinterlegt, z.B. im Deutschen Register Klinischer Studien (DRKS). Studienprotokolle dienen zudem Ethikkommissionen in der Beurteilung der Angemessenheit von Forschungsprojekten. Die ethische Prüfung misst den Interessen der Studienteilnehmer eine zentrale Bedeutung bei und prüft kritisch, ob der erwartete Erkenntnisgewinn mögliche Belastungen für die Studienteilnehmer rechtfertigen kann. Ethikkommissionen haben sich zunächst in der medizinischen Forschung etabliert und werden auch in der psychologischen Gesundheitsforschung zunehmend um entsprechende Prüfungen angefragt (Raspe, Hüppe, Strech & Taupitz, 2012).

2.1.3 Randomisiert-kontrollierte Studien

Die höchste Einzelevidenz im Hinblick auf die Wirksamkeit von Interventionen (im Sinne der Efficacy) wird randomisiert-kontrollierten Studien zugeschrieben, die als „Goldstandard" in der Therapieforschung gelten. Kriterien zur Beurteilung der Güte einer randomisiert-kontrollierten Studie sind im CONSORT-Statement (Consolidated Standards of Reporting Trials) beschrieben (Boutron, Moher, Altman, Schulz & Ravaud, 2008). Ein Flussdiagramm kann helfen, das Studiendesign nachzuvollziehen und einen raschen Überblick hinsichtlich der Selektion von Personen in eine Studie, der Zuordnung zu verschiedenen Interventionsarten (Studienarme), der Beobachtung der gesundheitlichen Entwicklung und der Analyse der Daten zu bekommen (Abbildung 1). Die Evidenz von Studien ist durch systematische Fehler (Bias) gefährdet (Bertelsmann, Lerzynski & Kunz, 2007). Im Folgenden werden grundlegende Bias-Quellen skizziert und Maßnahmen zur Vermeidung von Bias vorgestellt. Je kleiner das Risiko für Bias, desto größer ist die Sicherheit, dass gesundheitliche Verbesserungen ihre Ursache in dem Training haben, desto stärker die Evidenz für die Intervention.

2.1.3.1 Selektion

Zunächst ist von Interesse, wie mögliche Teilnehmer an einer Intervention zur Gesundheitsförderung rekrutiert werden und welche Eigenschaften diese aufweisen. Wurden die Personen erreicht, für die das SBT gedacht ist? Welche Ein- und Ausschlusskriterien liegen vor? Weisen die an einer Teilnahme interessierten Personen besondere Merkmale auf, die im Zusammenhang mit der Wirksamkeit des SBTs stehen könnten? So kann es z.B. für die spätere Interpretation der Ergebnisse von Interesse sein zu wissen, ob Lehrer von der Schulleitung mit sanftem Druck zur Teilnahme aufgefordert wurden oder freiwillig erschienen. Zudem wäre es wichtig zu erfahren, ob die Teilnehmer unter hoher Belastung leiden oder ob sie im Schulalltag gut zurechtkommen und im SBT lediglich nach weiteren Optimierungsmöglichkeiten suchen. Weichen die Charakteristika der Teilnehmer eines SBTs systematisch von der Population ab, für die das Training gültig sein soll, liegt ein *Selection-Bias* vor. Das Ausmaß des Selection-Bias bestimmt darüber, in welchem Umfang die Ergebnisse einer Studie generalisiert werden können. Wurde das SBT nur an freiwilligen und wenig belasteten Lehrern untersucht, gelten die Ergebnisse nur für diese Subgruppe.

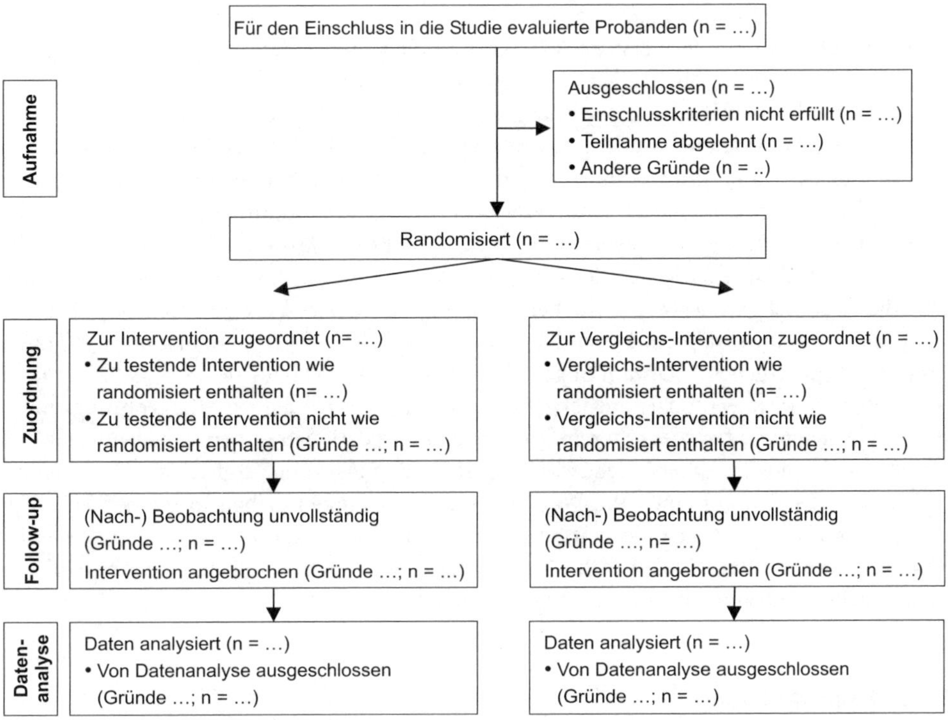

Abbildung 1: Flussdiagramm nach dem CONSORT-Statement.

2.1.3.2 Vergleichsbedingung

Die Wirksamkeit einer Intervention wird im Vergleich zu einem Referenzwert beurteilt. Entsprechend gibt es keine „absolute“ Wirksamkeit, sondern nur eine Wirksamkeit im Vergleich zu einer Referenzbedingung. Bei RCTs wird die interessierende Intervention mit einer oder mehreren anderen Interventionen verglichen. Gemäß den ethischen Leitlinien der Deklaration von Helsinki sollten neu entwickelte Interventionen nicht im Vergleich zu unbehandelten Gruppen, sondern im Vergleich zu den wirksamsten SBTs untersucht werden (World Medical Association, 2008). Dies setzt eine gründliche Recherchearbeit zu bereits evaluierten und wirksamen Trainings voraus. Für den Bereich der SBTs gibt es verschiedene Konzepte, die als Vergleichsintervention genutzt werden können (z.B. Meichenbaum, 2002). Gegenüber dem besten Training muss sich die interessierende Intervention behaupten. Für die Bewertung der Wirksamkeit eines SBTs ist es daher entscheidend, die Wirksamkeit der Vergleichsintervention zu kennen (zur Gestaltung von Vergleichsbedingungen: Mohr et al., 2009). Zudem kann aus der Größe des erwarteten Unterschieds zwischen den Gruppen die Anzahl der Probanden berechnet werden, welche für die spätere statistische Auswertung benötigt werden. Diese Berechnung wird als „Poweranalyse“ bezeichnet. Dabei gilt, je größer der erwartete Unterschied ist, desto weniger Probanden werden in jeder Gruppe benötigt.

Sofern für einen bestimmten Bereich noch keine Interventionen existieren, kann die Intervention auch mit einer unbehandelten Kontrollgruppe verglichen werden. Als unbehandelte Gruppe wird häufig eine Wartekontrollgruppe verwendet. Der gesundheitliche Zustand der Wartegruppe wird zeitgleich mit dem der Interventionsgruppe zu Beginn, am Ende und ggf.

zum Zeitpunkt der Nachuntersuchung (Katamnese) untersucht. In dieser Zeit erhält die Wartegruppe kein Training, sondern erst im Anschluss an die Untersuchung der Interventionsgruppe. Der Vergleich mit einer unbehandelten Gruppe kann die Frage beantworten, wie sich der Gesundheitszustand entwickelt hätte, wenn keine Intervention stattgefunden hätte.

Explorative Wirksamkeitsstudien basieren auf schwächeren Studiendesigns, bei denen z.B. der Gesundheitszustand einer Gruppe vor und nach der Intervention miteinander verglichen wird (Prä-Post-Design). Sollte sich eine Verbesserung einstellen, kann diese nicht mit hoher Sicherheit auf das Training zurückgeführt werden. Eine große Anzahl alternativer Erklärungen ist möglich, da unklar ist, wie sich der Gesundheitszustand ohne das Training entwickelt hätte. Startet das Training beispielsweise in einer Belastungsphase (z.B. kurz vor den Halbjahreszeugnissen) und endet innerhalb der Ferien, kann der Grund für die Verbesserung auf das Training oder auf die „natürlichen" Schwankungen der Belastung im Verlauf des Schuljahres oder auf eine Kombination beider Effekte zurückgeführt werden. Werden jedoch zwei Trainings miteinander verglichen, betreffen diese Störeinflüsse beide Interventionen in demselben Ausmaß. Ausgewertet werden nur die Unterschiede zwischen Interventions- und Vergleichsgruppe. Dennoch, auch Studien, die sich auf einen Prä-Post-Vergleich beschränken, haben in solchen Fällen ihre Berechtigung, wo es an alternativen Interventionen fehlt. Zudem kann ein neu entwickeltes Trainingskonzept seine Nützlichkeit im Prä-Post-Vergleich belegen und zeigen, dass weiterführende experimentelle Wirksamkeitsuntersuchungen lohnend sind.

2.1.3.3 Randomisierung

Bei der Randomisierung werden die Probanden nach dem Zufallsprinzip entweder der Interventionsgruppe oder einer Vergleichsbedingung zugeteilt. Dadurch ist das Design eines RCTs äquivalent zu einem Experiment. Dies ermöglicht, Gruppenunterschiede nach Abschluss einer Behandlung mit hoher Wahrscheinlichkeit als Effekt der Intervention zu interpretieren (vgl. Altman & Bland, 1999).

Die zufällige Zuordnung der Probanden kann am besten sicherstellen, dass beide Gruppen vergleichbar sind. Würde die Zuordnung den Probanden oder den Trainern überlassen, könnten z.B. „leichte" Fälle in einer Gruppe stärker vertreten sein. Würden freiwillig teilnehmende Probanden der einen Bedingung zugeteilt, während die zur Teilnahme gedrängten Personen vorwiegend in der anderen Bedingung zu finden sind, liegt ebenfalls ein Selection-Bias vor. Merkmale der Probanden wie Trainingsmotivation, Erwartungshaltungen, berufliche Belastung vor Trainingsbeginn, Partnerschaftskonflikte, Familienstatus, Geschlecht, Konflikte mit Schulleitung, Kollegen, Schülern oder Eltern stellen potenzielle Störeinflüsse (Confounder) dar und können sich erheblich auf die Wirksamkeit auswirken (Babyak, 2009). Durch die Randomisierung wird am besten erreicht, dass sich bekannte und nicht bekannte Confounder gleichmäßig auf die Interventionsgruppe und Vergleichsbedingung(en) verteilen. Analog sollten sich die Trainer in beiden Gruppen nicht im Hinblick auf ihre Motivation, Kompetenz und positive Erwartung hinsichtlich der Wirksamkeit des Trainings unterscheiden.

Neben der Randomisierung werden weitere Strategien angewendet, die der Kontrolle von Confoundern dienen. Beispiel: Es besteht die Annahme, dass Lehrer in Abhängigkeit vom Schultyp unterschiedlich von einem SBT profitieren. Bei der *Restriktion* würden nur Lehrer eines Schultyps in die Studie aufgenommen. Bei der stratifizierten Randomisierung werden die Lehrer in Abhängigkeit von ihrem Schultyp in Untergruppen aufgeteilt. Damit die Schultypen gleich verteilt sind, werden die Angehörigen jeder Untergruppe anschließend per Zufall auf die Trainings- oder Kontrollgruppe verteilt (*Stratifizierung*). Schließlich können gezielt Personen in eine

Studie aufgenommen werden, damit Trainings- oder Kontrollgruppe möglichst vergleichbar sind. Beim *individuellen Matching* geht es darum, dass zu jeder Person aus der Trainingsgruppe eine Person gesucht wird, die der ersten in möglichst vielen Kriterien entspricht. Beim *Matching nach Häufigkeiten* wird angestrebt, wichtige Merkmale auf Gruppenebene konstant und damit vergleichbar zu halten. Schließlich können *statistische Methoden* eingesetzt werden, um den Einfluss des Schultyps auf die Ergebnisse herauszurechnen.

2.1.3.4 Durchführung

Bei der Durchführung der Trainings ist darauf zu achten, dass sie auf die Art und Weise geschieht, wie sie vorab im Trainingsmanual festgelegt wurde (Treatment-Integrität). Beispielsweise könnten besonders engagierte Trainer in einer Gruppe selbstständig Trainingseinheiten verlängern, Trainingsinhalte verändern oder neue Inhalte hinzufügen. Dies wird als Co-Interventionen bezeichnet und verletzt die Treatment-Integrität. Co-Interventionen können auch von den Probanden ausgehen. Nehmen z.B. Lehrer derselben Schule an unterschiedlichen Trainings teil, könnten sie sich über die jeweiligen Inhalte austauschen und selbstständig Elemente des anderen Trainings einüben. Auf diese Weise verschwimmen die Unterschiede zwischen den Trainings. Abweichungen von der geplanten Durchführung, die im Zusammenhang mit der Gruppenzugehörigkeit steht, werden als *Performance-Bias* bezeichnet. Ein Performance-Bias liegt immer dann vor, wenn die zu vergleichenden Gruppen sich nicht nur hinsichtlich der untersuchten Intervention unterscheiden, sondern auch in anderen Bereichen nicht gleich behandelt bzw. betreut werden.

Schließlich sollte vorab in einem Studienprotokoll festgelegt sein, wie viele Einheiten des Trainings mindestens zu absolvieren sind („Mindestdosierung“), damit eine Wirksamkeit angenommen werden kann. Kann auch bei einer geringen Teilnahmefrequenz (Dosis) von einer Wirksamkeit ausgegangen werden, sollte das Training entsprechend gekürzt werden. Kaluza (1997) berichtet für SBTs mit mehr als 10 Sitzungen (i.d.R. im Umfang von 1-2 h) eine höhere Wirksamkeit im Vergleich zu kürzeren Trainings. Da viele SBTs Übungsaufgaben für die Zeit zwischen den Sitzungen beinhalten, gelten entsprechende Überlegungen auch zum Umfang der für eine planmäßige Teilnahme erforderlichen Übungen. Unterscheidet sich die Teilnahme- bzw. Übungsfrequenz in Interventions- und Vergleichsgruppe, kann diese auf ein Akzeptanzproblem des Trainingskonzeptes oder Trainers hindeuten. Möglicherweise haben die Probanden die Erwartung auf positive Veränderungen verloren oder sie schätzen die zeitlich-finanziellen Investitionen in das Training höher ein als die erreichbare Entlastung.

2.1.3.5 Nachuntersuchung

SBTs möchten mehr als nur eine kurzfristige Entlastung ermöglichen. Es ist daher zu prüfen, ob positive Effekte drei, sechs, zwölf oder 24 Monate nach Trainingsende nachweisbar sind. Ein großes Problem stellen jene Probanden dar, die nicht mehr für eine Nachuntersuchung (Follow-up) zur Verfügung stehen (Drop-outs). Dies führt zu fehlenden Werten (Missing values) bei der Analyse der Daten. Nach Rief, Exner und Martin (2006) deuten Rücklaufquoten in Nachbefragungen unter 70 % auf Akzeptanz-Probleme hin. Andere Autoren sehen die Aussagekraft einer Studie schon bei Rücklaufquoten unter 80 % oder 90 % als erheblich eingeschränkt an (Bertelsmann et al., 2007). Geringe Rücklaufquoten sind immer dann problematisch, wenn sie in einem systematischen Zusammenhang mit der Wirksamkeit stehen, z.B. unzufriedene Probanden nicht bereit sind, an einer Evaluationsbefragung teilzunehmen. Die Verzerrung der Ergebnisse durch Drop-outs wird als *Attrition-Bias* bezeichnet.

2.1.3.6 Auswahl, Bedeutsamkeit und Messung des Endpunktes

Schließlich sind Auswahl, Bedeutsamkeit, Güte der Messung und Art der Datenanalyse in Bezug auf das Erfolgskriterium (Endpunkt) zu beachten. Bei der Auswahl des Endpunktes sollte berücksichtigt werden, dass dieser gesundheitlich bedeutsam und aussagekräftig ist. Werden mehrere Endpunkte berücksichtigt, sind diese gemäß ihrer Bedeutsamkeit zu hierarchisieren. Als Faustregel gilt, dass jede Studie nur einen primären Endpunkt haben sollte. An diesem wichtigsten Kriterium entscheidet sich die Wirksamkeit. Daneben können sekundäre Endpunkte berücksichtigt werden. Wird als primärer Endpunkt z.B. eine Skala zu Stresssymptomen benutzt, ist es wichtig zu spezifizieren, wie bedeutsam eine Reduktion, um z.B. fünf Punkte, für das Leben im Alltag ist. Es reicht nicht zu wissen, ob eine Intervention zu einer systematischen bzw. statistisch signifikanten Verbesserung führt. Entscheidend ist, in welchem Umfang die Probanden erlebbar von der Intervention profitieren. Die gesundheitliche Bedeutsamkeit kann sich z.B. in der Anzahl verhinderter Fälle krankheitsbedingter Frühpensionierungen, depressiver Störungen oder koronarer Herzerkrankungen manifestieren. Ein anschauliches Maß dafür stellen die *„numbers needed to treat“* dar, die angeben, wie viele Personen an einer Intervention teilnehmen müssten, um einen Fall einer Gesundheitsschädigung zu verhindern (Bertelsmann et al., 2007; Sackett, Straus, Richardson, Rosenberg & Haynes, 2000).

Ist die Datenerhebung fehlerhaft und ungenau liegt ein *Measurement-Bias* vor (Page & Henderson, 2008). Um diesen zu vermeiden, sollten die Endpunkte durch Instrumente gemessen werden, deren Gütekriterien (Reliabilität, Validität) bekannt sind. Einen Überblick zu den Gütekriterien von Instrumenten zur Messung von Gesundheit bzw. Lebensqualität wurde z.B. vom *Scientific Advisory Committee of the Medical Outcomes Trust* (2002) zusammengestellt. Die Messung erfolgt vor und unmittelbar nach dem Training, wobei weitere Nachuntersuchungen wünschenswert sind. Ein *Detection-Bias* entsteht, wenn die Messung des Endpunktes von der Gruppenzugehörigkeit beeinflusst wird. Dies liegt u.a. dann vor, wenn die Bewertung des Interventionserfolges von der Interaktion zwischen Probanden und Trainer abhängt, z.B. in der einen Trainingsgruppe werden Evaluationsfragebögen in Anwesenheit des Trainers ausgefüllt, womit die Anonymität verloren geht. Erfolgt die Messung durch externe Beurteiler, kann deren Wissen um die Gruppenzugehörigkeit des zu Bewertenden zu Verzerrungen führen.

2.1.3.7 Datenauswertung

Fehlende Angaben sind eine bedeutsame Quelle für systematische Verzerrungen (Bias). Daher sollte angegeben werden, ob einzelne Probanden von der Datenanalyse ausgeschlossen wurden, da z.B. zu viele Angaben fehlen, unplausible Angaben gemacht wurden oder nicht in einem Mindestumfang an den Trainingseinheiten teilgenommen wurde. Fehlende Werte können in Nachuntersuchungen meist nicht vermieden werden, somit muss in Studien dargelegt werden, wie Drop-outs in der Datenanalyse berücksichtigt wurden. Das im CONSORT-Statement geforderte Auswertungsprinzip der Intention-to-Treat (ITT) Analyse besagt, dass ausnahmslos alle Probanden, die anfänglich in eine Studie eingeschlossen wurden, in die Datenanalyse eingehen und zwar in der Gruppe, zu der sie randomisiert wurden (Schumacher & Schulgen, 2007). Dieser Auswertungsansatz „simuliert“ die Praxis, in der es ganz natürlich ist, dass Personen an Trainingsmaßnahmen nicht wie geplant teilnehmen. ITT-Analysen führen daher eher zu einer Unterschätzung der „echten" Wirksamkeit. In Ergänzung zum ITT-Auswertungsprinzip kann zudem eine Per-Protocol-Analyse durchgeführt werden. Dabei werden nur diejenigen Personen in der Auswertung berücksichtigt, die an dem Training im geplanten Umfang (d.h. gemäß des Studienprotokolls) teilgenommen haben. Daher erlaubt eine Per-Protocol-Analyse die Abschätzung der „echten" Wirksamkeit eines Trainings unter idealen Bedingungen. Selten liegen für alle Probanden bei der Nachuntersuchung sämtliche Daten vor. Zur Schätzung fehlender Daten wurden daher verschiedene Verfahren entwickelt. Bei der Last-Observation-Carried-Forward (LOCF) Methode wird der fehlende Wert zur Nachuntersuchung durch den letzten Wert ersetzt, der von dieser Person vorliegt. Abwandlungen dieser Methode sind First-Observation-Carried-Forward und Worst-Observation-Carried-Forward. Zunehmend werden fehlende Werte jedoch auf der Grundlage von mathematischen Schätzmodellen ersetzt, wozu der Expectation-Maximization (EM-) Algorithmus, multiple Imputationen (MI) und Full-Information Maximum Likelihood (FIML) Methoden zählen (Graham, 2009).

Fazit: Am besten kann die Wirksamkeit von Interventionen, wie SBTs, in randomisiert-kontrollierten Studien untersucht werden. Es können Aussagen von hoher Evidenz über die Wirksamkeit abgeleitet und entsprechende Empfehlungen zur Teilnahme ausgesprochen werden. Jedoch ist ihre Durchführung mit erheblichem Aufwand verbunden, sodass der oben skizzierte „Goldstandard" selten realisiert wird. Wurde keine Randomisierung durchgeführt, eine suboptimale Vergleichsbedingung gewählt oder liegt eine hohe Wahrscheinlichkeit für einen *Selection-*, *Performance-*, *Attrition-*, *Measurement-* sowie *Detection-Bias* vor, dann muss die Evidenz für die Wirksamkeit einer Intervention zurückhaltender interpretiert werden.

2.1.4 Evidenz und Empfehlungsgrade

Der Grad der Evidenz für bestimmte präventive oder therapeutische Maßnahmen bestimmt die Stärke der Empfehlung für diese Maßnahme. Die sorgfältige Einschätzung der methodischen Qualität von Studien ist v.a. eine ethische Verpflichtung, damit Bedürftige die bestmögliche Intervention erhalten, niemand durch unwirksame Maßnahmen Schaden erleidet, unrealistische Hoffnungen geweckt oder wirksame Maßnahmen vorenthalten werden. Aktuelle Leitlinien zur Behandlung von z.B. Depression bewerten den Grad der Evidenz für eine bestimmte Maßnahme v.a. nach dem Vorliegen der Anzahl randomisiert-kontrollierten Studien. Die stärkste Empfehlung für eine bestimmte Intervention wird nur gegeben, wenn eine Metaanalyse vorliegt, in die eine Mindestzahl von RCTs eingehen, die die Wirksamkeit der Intervention nachweisen. Das Bewertungssystem GRADE (Grading of Recommendations, Assessment, Development and Evaluation) berücksichtigt noch weitere Merkmale und findet zunehmend Anwendung. Es bietet den Rahmen für einen transparenten und strukturierten Prozess, um die Evidenz für bestimmte Interventionen über alle verfügbaren Studien hinweg zu beurteilen und davon ausgehend Empfehlungen auszusprechen (vgl. Langer et al., 2012; Schünemann, 2009).

3. Wirksamkeit von Stressbewältigungstrainings

Werden die Ergebnisse mehrerer RCTs metaanalytisch zusammengefasst, liegt die höchste Evidenz zur Wirksamkeit von Interventionen vor. Eine Metaanalyse über 36 RCTs zum beruflichen Stressmanagement wurde von Richardson und Rothstein (2008) vorgelegt. Im PRISMA-Statement (Preferred Reporting Items for Systematic reviews and Meta-Analyses) wurden Kriterien für die Beurteilung der Qualität von Metaanalysen spezifiziert (Moher, Liberati, Tetzlaff & Altman, 2009). Eine Zusammenstellungen der typischen Inhalte von Stressbewältigungstrainings findet sich bei Lehr, Koch und Hillert (2013). Eine praxisorientierte Einführung zum therapeutischen Vorgehen bei chronischem beruflichen Stress geben Koch, Lehr und Hillert (im Druck).

Die Mehrzahl der Trainings zielte auf eine Reduktion der individuellen Stresssymptome ab, wobei 20 % der Trainings auch Strategien zur Veränderung der Arbeitsbedingungen beinhalteten. Die Autoren unterschieden Trainings nach ihren Schwerpunkten in kognitiv-behaviorale, multimodale, organisationale und Entspannungstrainings sowie sonstige Trainings. Unter organisationale Trainings wurden v.a. Gruppen zur Förderung der kollegialen sozialen Unterstützung zusammengefasst. Multimodale Trainings bestanden aus einer Mischform der übrigen Trainings. Die Trainings wurden überwiegend in einem Gruppensetting durchgeführt.

Insgesamt belegt diese Studie die Wirksamkeit von SBTs. Dabei wiesen die kognitiv-behavioralen Trainings mit Abstand die höchste Wirksamkeit auf. Auch Entspannungstrainings erwiesen sich als wirksam, während durch multimodale und organisationale Trainings nur schwache Effekte erreichbar waren. Es zeigte sich zudem, dass Trainings, die nur eine oder zwei Trainingskomponenten hatten, wirksamer waren. Die Vertiefung weniger Inhalte war dem Breitbandvorgehen überlegen. Die größten Verbesserungen waren in Bezug auf die Reduktion der Stressreaktionen zu beobachten. Hingegen waren Veränderungen in arbeitsplatzbezogenen Maßen (z.B. Arbeitszufriedenheit, Rollenkonflikte) kaum beobachtbar. Auf organisationaler Ebene zeigten einige Studien eine Steigerung der Produktivität, jedoch keine Effekte auf Absentismus. Positive Effekte ließen sich auch in physiologischen Erfolgsmaßen nachweisen (z.B. Blutdruck). Schließlich waren Trainings, die konzentriert innerhalb von vier Wochen durchgeführt wurden, solchen überlegen, die sich verteilt über einen längeren Zeitraum erstreckten.

Im Folgenden werden einzelne Studien skizziert, die speziell bei Lehrern durchgeführt wurden und einem randomisiert-kontrollierten Studiendesign folgten.

- Sharp und Forman (1985) verglichen die Wirksamkeit eines *classroom-management trainings* und eines mit Entspannung kombinierten Stressimpfungstrainings (Stress Inoculation Training) mit einer unbehandelten Kontrollgruppe. Das Stressimpfungstraining wurde von Meichenbaum (2002) konzipiert und stellt eines der bekanntesten SBT-Konzepte dar. Dabei wird die Bedeutung von dysfunktionalen Selbstverbalisationen oder inneren Monologen für das Auftreten von negativen Gefühlen und problematischen Verhaltensweisen herausgearbeitet. Mittels systematischer Selbstbeobachtung erlernen die Teilnehmer das Wahrnehmen von Stress fördernden Gedanken in Bezug auf typische Anforderungssituationen. Stress fördernde Gedanken und Einstellungen werden auf ihre Angemessenheit und Nützlichkeit überprüft. Es können Stress reduzierende Gedanken, Selbstverbalisationen und Verhaltensweisen entwickelt werden, die in der Vorstellung, in Rollenspielen und schließlich in Realsituationen erprobt werden. Beide Trainings umfassten acht Einheiten, die zweimal wöchentlich stattfanden. Ziel des *classroom-management trainings* war es, Lehrkräfte im Einsatz von Konsequenzen zu trainieren: Identifikation von Problemsituationen in der Klasse, Beobachtung und Aufzeichnung des problematischen Schülerverhaltens, Aufstellen von Kriterien für erwünschtes und unerwünschtes Verhalten, Einführung eines Belohnungssystems für erwünschtes und Etablierung eines Löschungssystems für unerwünschtes Verhalten. Beide Trainings führten zu vergleichbaren Reduktionen von Stressreaktionen, welche noch drei Monate nach dem Training anhielten. Da sich in der Kontrollgruppe keine Veränderungen zeigten, kann die Stressreduktion als Wirkung der Trainings interpretiert werden.

- Die Wirksamkeit eines Trainings zur Problemlösung und eines Entspannungstrainings wurde im Vergleich zu einer unbehandelten Vergleichsgruppe von Tunnecliffe, Leach und Tunnecliffe (1986) untersucht. Beide Interventionen wurden wöchentlich über einen Zeitraum von fünf Wochen durchgeführt. Dabei zeigten sich für das Problemlösetraining deutliche Verbesserungen in Bezug auf die Belastung durch Stresssymptome. Vom Ende des Trainings bis drei Monate danach verbesserten sich die Werte weiter, was darauf schließen lässt, dass die erlernten Problemlösetechniken selbstständig weitergeführt wurden. Weder in der Entspannungs- noch der Kontrollgruppe konnten positive Veränderungen beobachtet werden. Da insgesamt nur wenige Lehrkräfte in diese Studie eingeschlossen wurden, sollten die Ergebnisse zurückhaltend verallgemeinert werden.
- Cecil und Forman (1990) verglichen die Wirksamkeit eines Stressimpfungstrainings und einer „*coworker support group*" mit einer unbehandelten Kontrollgruppe. Schwerpunkt der „*coworker support group*" war es, Probleme im Kollegenkreis zu teilen, empathisch zuzuhören sowie gegenseitige emotionale und praktische Unterstützung zu geben. Beide Trainings wurden wöchentlich über einen Zeitraum von sechs Wochen durchgeführt. Ein günstiger Effekt, der auch noch vier Wochen nach dem Training anhielt, konnte nur für das Stressimpfungstraining nachgewiesen werden. Jedoch zeigten sich die Autoren mit dem Ausmaß der Verbesserungen nicht zufrieden und vermuteten, dass die „Trainingsdosis" mit sechs Einheiten zu niedrig war.
- Die Wirksamkeit eines Online-Problemlösetrainings zur Reduktion von Depressivität wurde im Setting der indizierten Prävention untersucht (Ebert, Lehr, Boss, Riper, Cuipers, Andersson et al., eingereicht). Verglichen wurden Lehrkräfte mit erhöhter Depressivität, die an einem 5-wöchigen Online-Training teilnahmen und Lehrkräfte, die erst später an dem Training teilnehmen konnten (Wartekontrollgruppe). Das Online-Problemlösetraining wurde mit wöchentlicher Unterstützung durch einen eCoach durchgeführt, der den Teilnehmern über E-Mail-Kontakt zur Verfügung stand. Nach Abschluss des Trainings wiesen die Trainingsteilnehmer eine geringere Depressivität auf. Diese blieb auch noch 6 Monate nach dem Training konstant niedrig. Der Trainingseffekt entsprach einem mittelstarken Effekt bei einer ITT-Auswertung und einem starkem Effekt bei einer Per-Protocol-Analyse. Die Numbers-Needed to Treat (NNT) geben an, wie viele Personen an einem Training teilnehmen müssen, damit 1 Person im Vergleich zu einer Kontrollgruppe zusätzlich eine bedeutsame Besserung erfährt. Diese Effektgröße betrug in der Studie NNT = 3.5. Diese Studie wirft u.a. die Frage auf, ob ein Training über das Internet nur für Personen mit bestimmten Merkmalen wirksam ist oder auch generell in der Breite eingesetzt werden kann.
- Ein Online-Regenerationstraining wurde für Lehrkräfte entwickelt, die unter nicht-erholsamem Schlaf und Problemen bei der gedanklichen Distanzierung von beruflichen Schwierigkeiten leiden (Thiart, Lehr, Ebert, Sieland, Berking & Riper, 2013). Das 6-wöchige Online-Regenerationstraining umfasst Techniken zur (1) Verbesserung des Schlafes (Schlafrestriktion, Schlafhygiene, Stimuluskontrolle), (2) Übungen zur Trennung von Arbeit und Freizeit sowie zum Umgang mit Grübel- und Sorgengedanken (z.B. Führen eines Dankbarkeitstagebuchs) und (3) Übungen zum Aufbau von Erholungsverhalten. Die Trainingsgruppe mit individueller Unterstützung durch einen eCoach wurde mit einer Wartegruppe verglichen. Im Vergleich zur Kontrollgruppe verbesserte sich die Schlafqualität der Trainingsteilnehmer sehr stark, wobei NNT = 2 betrugen. Die Effekte blieben auch 6 Monate nach Abschluss des Trai-

nings bestehen. Eingeschlossen wurden Lehrkräfte, die bereits unter substanziellen Schlafbeschwerden litten, so dass dieses Training als Maßnahme im Sinne der indizierten Prävention gelten kann.

Während die obigen randomisiert-kontrollierten Studien mehrere Trainings mit einer unbehandelten Kontrollgruppe vergleichen und Aussagen über die Stabilität (vier Wochen bis drei Monate) der Effekte beinhalten, basieren die nachfolgenden Studien entweder auf einem einfachen Vergleich von Training und unbehandelter Gruppe, machen keine Angaben zur Stabilität der Effekte oder wurden nicht ausschließlich an Lehrkräften durchgeführt.

- Ein holistisches SBT, bestehend aus 12 Einheiten, die eine Vielzahl von Themen beinhalteten (z.B. Rollenkonflikte, Selbstbehauptung, Entspannung und Atmung, Ernährung, psychotrope Substanzen, soziale Unterstützung) wurde mit einer unbehandelten Kontrollgruppe verglichen (Bertoch, Nielsen, Curley & Borg, 1989). Nur das Training führte zu einer bedeutsamen Stressreduktion.
- In einer deutschen Studie wurde die Wirksamkeit von Lehrer-Coachinggruppen im Vergleich zu einer unbehandelten Wartekontrollgruppe untersucht (Unterbrink et al., 2012). Das Konzept beinhaltete fünf thematische Module: (1) Informationen zu Auswirkungen von Beziehungserfahrungen auf die Gesundheit und progressive Muskelrelaxation, (2) persönliche Einstellungen: Identität und Identifikation mit dem Beruf, (3) Beziehungsgestaltung mit Schülern und Schülerinnen, (4) Beziehungsgestaltung mit Eltern, (5) soziale Unterstützung, Spaltungstendenzen vs. kollegialer Zusammenhalt. Das Programm war auf zehn Termine ausgerichtet, die einmal im Monat stattfanden. Von anfänglich 166 Teilnehmern der Coachinggruppen wurden für eine Per-Protocol Auswertung die 92 Personen berücksichtigt (55 %), die mindestens an 50 % der Trainingstermine teilgenommen hatten (Attrition = 45 %) und damit zumindest die halbe „Trainingsdosis" erhielten. Die Teilnehmer der Coachinggruppen wiesen im Vergleich zur unbehandelten Gruppe am Ende der Intervention weniger emotionale Erschöpfung auf, wobei sich keine Unterschiede in Bezug auf das Ausmaß an beruflichem Stress zeigten. Die insgesamt eher schwachen Trainingseffekte sind jedoch vor dem Hintergrund zu bewerten, dass viele Teilnehmer nicht die volle Trainingsdosis in Anspruch nahmen und es sich um eine Maßnahme im Sinne der universellen Prävention handelte. Da sich universelle Prävention an alle richtet, werden die Angebote typischerweise auch von Personen in Anspruch genommen, deren Gesundheitszustand als gut zu bewerten ist. Diese Personen weisen keine erhöhten Werte, z.B. in emotionaler Erschöpfung, auf. Entsprechend kann sich in der Überprüfung der Wirksamkeit im Durchschnitt keine deutliche Reduktion von emotionaler Erschöpfung zeigen.
- Chan (2010) untersuchte die Wirksamkeit eines 8-wöchigen Dankbarkeitstrainings für Lehrkräfte. Dabei wurden am Wochenende jeweils drei positive Erlebnisse der letzten Woche notiert und eine Dankbarkeitsmeditation durchgeführt. Für die Auswertung wurden die Teilnehmer in zwei Teilgruppen unterteilt: Personen mit hoher oder niedriger habitueller Dankbarkeit. Während sich nach dem Training die Lebenszufriedenheit und positive Affektivität der Teilnehmer mit geringer habitueller Dankbarkeit deutlich verbesserte, wiesen diejenigen mit hoher Dankbarkeit keine Veränderungen im Wohlbefinden auf. Emmons und McCullough (2003) konnten zeigen, dass Dankbarkeitstrainings mit täglichen Übungen am Abend zu stärkeren Effekten führen als Trainings mit Übungen, die einmal pro Woche durchgeführt werden.
- Mit dem AGIL (Arbeit und Gesundheit im Lehrerberuf) wurde ein kognitiv-verhaltenstherapeutisches SBT für Lehrer vorgelegt (Hillert, Lehr, Koch, Bracht, Ueing & Sosnowsky-Waschek, 2011; Lehr, Koch & Hillert, 2013). AGIL ist ein Gruppentraining und umfasst vier

Kernmodule: (1) psychoedukatives Basismodul, (2) Kognitions-Modul zur Identifikation und Modifikation stressfördernder Gedanken und Einstellungen sowie zur Reduktion von Grübeln, (3) Möglichkeiten-Modul zur Erweiterung von problemorientierten Stressbewältigungsstrategien, (4) Modul zur Förderung von Erholung sowie optionale Zusatzmodule (z.B. zur soziale Unterstützung, Achtsamkeit oder Wertschätzung). AGIL wurde auf der Basis zuvor durchgeführter empirischer Untersuchungen im Hinblick auf die spezifischen Anforderungen des Lehrerberufs entwickelt und folgt den bekannten Wirksamkeitsprinzipien der Psychotherapie. Lehrkräfte, die im Rahmen ihrer stationären Psychotherapie zusätzlich an AGIL teilnahmen, zeigten am Ende der Therapie eine günstigere berufliche Selbstwirksamkeit als Lehrkräfte, die nicht an AGIL teilnahmen (Lehr, Sosnowsky & Hillert, 2007). In einer Effectiveness-Studie (kontrolliert, aber nicht randomisiert) wurde die Wirksamkeit von AGIL als Maßnahme der universellen und indizierten Prävention unter Alltagsbedingungen untersucht (Hillert, Koch, Kiel, Weiß & Lehr, eingereicht). Über 70% der Teilnehmer an AGIL wiesen keine erhöhten, sondern durchschnittliche und unbedenkliche Depressionswerte auf. Diese Teilnehmer standen exemplarisch für die universelle Prävention. Durch die Teilnahme am Training ließen sich ihre Werte nicht weiter reduzieren. Bei Personen mit erhöhter anfänglicher Symptomatik zeigte sich jedoch ein mittelstarker Effekt im Hinblick auf die Depressivität. Der positive Effekt auf die Depressionswerte der AGIL-Teilnehmer blieb auch 3 Monaten nach Trainingsende unverändert bestehen.

- Im Rahmen eines universell präventiven Settings untersuchten Dicke, Schmeck, Elling und Leutner (eingereicht) die Wirksamkeit eines Klassenführungstrainings und einer auf Referendare adaptierten Version des AGIL-Trainings (s.o.) im Vergleich zu einer unbehandelten Kontrollgruppe. Das Klassenführungstraining bestand aus 7 Modulen: (1) Organisation des Klassenzimmers, (2) Regeln setzen und Verfahrensabläufe klären, (3) Bedeutung der ersten Tage im Schuljahr, (4) Aufrechterhaltung des von Vereinbarungen, (5) Umgang mit problematischen Verhalten bzw. Störungen, (6) interpersonelle Beziehungen, (7) Kommunikation. Das Training zur Steigerung der beruflichen Kernkompetenzen und das Stressbewältigungstraining zeigten bezüglich gesundheitlicher Merkmale (z.B. emotionale Erschöpfung, Schlafqualität) vergleichbare Effekte. Sowohl das Kompetenz- als auch das Stressbewältigungstraining waren wirksamer als die Kontrollgruppe. Die Effekte blieben auch 10-12 Monate nach Trainingsende stabil. Die Trainingseffekte scheinen weniger darauf zu beruhen, dass sich die gesundheitlichen Merkmale verbessern. Vielmehr blieb in den Trainingsgruppen die gesundheitliche Verschlechterung aus, die in der unbehandelten Gruppe zu beobachten war. Die Studie wirft u.a. die Frage auf, ob eine Kombination aus fachlich-beruflichem Kompetenz- und Stressbewältigungstraining einen weiteren zusätzlichem Effekt bringen könnte.
- Das Online Stressbewältigungstraining „Fit im Stress“ zielt gleichermaßen auf die Förderung von Stressbewältigungsstrategien zur Reduktion eines Problems (*problem-focused-coping*) als auch auf die Förderung eines stressreduzierenden Umgangs mit negativen Emotionen (*emotion-focused-coping*) ab (Heber, Ebert, Lehr, Nobis, Berking, Riper, 2013). Das Trainingsprogramm enthält zwei Kernmodule: (1) Systematisches Problemlösen und (2) Emotionsregulation mit Schwerpunkt auf die Akzeptanz und Toleranz schwieriger Gefühle. Kleinere Wahlmodule thematisieren: Zeitmanagement, Abschalten von der Arbeit, erholsamen Schlaf, Pausengestaltung, soziale Unterstützung sowie Ernährung und Bewegung. Das Training umfasst 8 Einheiten und wurde in einer randomisiert-kontrollierten Studie im Vergleich zu einer Wartegruppe auf seine Wirksamkeit überprüft. An der Untersuchung, die im Setting indizierter Prävention durchgeführt wurde, nahmen zwar hauptsächliche Lehrkräfte teil, aber auch Angehörige anderer Berufsgruppen. Nach Abschluss des Trainings wiesen die Teilneh-

mer ein stark reduziertes Stressniveau im Vergleich zu der Kontrollgruppe auf. Darüber hinaus zeigten sich auch Depressivität und emotionale Erschöpfung deutlich verbessert. Neben den wöchentlichen Trainingseinheiten konnten die Teilnehmer ein ergänzendes SMS-Coaching erhalten, was auf die Umsetzung des Erlernten in den Alltag abzielte.
- Zudem sei auf die Studie von Kramis-Aebischer (1995) verwiesen. Diese folgte keinem randomisiert-kontrollierten Studiendesign, verglich aber eine Interventions- und Kontrollgruppe miteinander. Das SBT von Kramis-Aebischer (1995) zeichnet sich durch seine sorgfältige theoretische Fundierung und didaktische Reflexion aus. Die Teilnehmer eines einwöchigen SBTs wiesen in einer Vielzahl von Merkmalen am Ende des Trainings günstigere Werte als die unbehandelte Kontrollgruppe auf, wobei sich die Effekte größtenteils auch noch nach einem Jahr nachweisen ließen.

Abschließend sollen weitere deutschsprachige Trainings skizziert werden. Die beiden ersten Trainings zielen auf die Förderung der allgemeinen beruflichen Stressbewältigung ab und folgen bewährten Interventionskonzepten. Die folgenden drei Trainings stellen keine SBTs im engeren Sinne dar, sondern möchten spezifische Kompetenzbereiche fördern und dadurch eine Entlastung und Reduktion von Stressreaktionen erreichen. Für keine der Interventionen liegt aktuell eine Wirksamkeitsprüfung mittels randomisiert-kontrollierter Studie an Lehrkräften vor. Dennoch finden sich in manchen Veröffentlichungen einzelne Angaben, die auf eine Wirksamkeit hinweisen.
- Im Rahmen der Potsdamer-Lehrerstudie wurden SBTs für im Beruf stehende Lehrkräfte sowie für Referendare und Studierende des Lehramts erprobt (Abujatum, Arold, Knispel, Rudolf & Schaarschmidt, 2007). Das „Potsdamer Trainingsmodell" wurde in Gruppen von acht bis 25 Personen durch ein bis zwei Trainer durchgeführt und besteht aus sieben Modulen: (1) Eingangsdiagnostik mit Zuordnung zu einem der AVEM-Typen (s.o.), (2) Ursachenanalyse, (3) systematisches Problemlösen, (4) Zeit- und Selbstmanagement, (5) Kommunikation und soziale Kompetenz, (6) Zielsetzung und Zielplanung sowie (7) Entspannung. Verschiedene Elemente, die sich in allgemeinen SBTs bewährt haben, wurden auf diese Weise in einem Trainingskonzept integriert. Die Autoren betonen die Flexibilität des modularen Aufbaus, da dieser ermögliche, einzelne Module stärker zu gewichten und somit auf die Besonderheiten der jeweiligen Teilnehmer einzugehen. Gleichzeitig erschwert dies eine systematische Untersuchung der Wirksamkeit, da manche Modul-Kombinationen wirksamer sein könnten als andere.
- Ausgehend von dem Konzept des bewährten „Gruppentrainings sozialer Kompetenzen" (Hinsch & Pfingsten, 2002) wurde von Hinsch und Ueberschär (1998) ein Training zum selbstsicheren Umgang mit störendem oder aggressivem Schülerverhalten entwickelt. Es richtet sich an Studierende des Lehramts, erscheint jedoch auch für Berufstätige sinnvoll. Im Training werden vier Verhaltensbereiche v.a. mittels Rollenspielen und Videofeedback bearbeitet: (1) Durchsetzungsverhalten, (2) Beziehungsverhalten, (3) Regeln aushandeln und (4) Einwerben von Sympathie.
- Das Training emotionaler Kompetenzen (Berking, 2010) findet häufig im Rahmen von Fortbildungen für Lehrkräfte Anwendung und wurde unter Berufstätigen positiv evaluiert (Berking, Meier & Wupperman, 2010). Es zielt auf eine Verbesserung der Stress-, Selbstwert- und Emotionsregulation ab. Kern des Trainings ist die Vermittlung von sieben emotionalen Kompetenzen, wie z.B. der Atementspannung, der bewertungsfreien Wahrnehmung, der Akzeptanz und Toleranz schwieriger Gefühle sowie der Selbstunterstützung. Das Training ist weniger auf die Beseitigung von schwierigen Gefühlen wie Ärger, Angst oder Traurigkeit

ausgerichtet, sondern vielmehr auf deren Akzeptanz, Toleranz und auf die Zuversicht, diese Gefühlszustände erfolgreich überstehen zu können.

- Zur Förderung der Klassenführungskompetenz wurde das Trainingsprogramm PAUER (Präsenz, Aktivierung, Unterrichtsfluss, Empathie, Regeln) entwickelt und erprobt (Kiel, Frey & Weiß, 2013). Ziel des Trainings ist die (Weiter-)Entwicklung des eigenen Stils des Klassenführungsverhaltens, der darin besteht, Präsenz zu zeigen, Schülerinnen und Schüler zu aktivieren, Unterrichtsfluss zu gewährleisten, empathisch zu sein, Regeln zu etablieren sowie ressourcenorientiertes Handeln zu ermöglichen.
- Das seit vielen Jahren erprobte „Konstanzer Trainingsmodell" zielt ebenfalls auf die Förderung der Kompetenzen im Umgang mit aggressivem und störendem Schülerverhalten ab. Vor dem Hintergrund der hohen gesundheitlichen Bedeutung der sozialen Unterstützung ist hervorzuheben, dass das Konstanzer Trainingsmodell auf dem Tandem-Prinzip beruht. Zwei Kollegen schließen sich für das Training zusammen und unterstützen sich bei der Erprobung neuer Verhaltensweisen im Unterricht (Dann & Humpert, 2002).

4. Zusammenfassender Ausblick

Insgesamt belegen die dargestellten Studien die gute allgemeine Wirksamkeit von SBTs, die sich auch bei Lehrkräften zeigt. Vor dem Hintergrund, dass die Trainings auf eine Veränderung etablierter Verhaltensgewohnheiten und Gedankenmuster abzielen, sind die Effekte in Anbetracht der vergleichsweise geringen zeitlichen Intensität beachtlich. Die Trainingseffekte sind besonders dann stark, wenn es sich um Maßnahmen im Sinne der indizierten Prävention handelt. Die aktuelle Studienlage zur Wirksamkeit von SBTs im Bereich der universellen oder selektiven Prävention ist sehr schwach, sodass diesbezüglich keine Aussagen möglich sind.

Trotz zunehmender Tendenz sind randomisiert-kontrollierte Studien mit einem starken Studiendesign im Bereich der Lehrergesundheit noch selten. Zwar ist eine Zunahme an Studien zu beobachten, deren Ergebnisse entsprechend den Qualitätskriterien, wie sie im CONSORT-Statement spezifiziert sind, dargestellt werden, jedoch trifft dies noch nicht für die Mehrzahl der Studien zu. Auch wird noch zu wenig diskutiert, ob die statistischen Trainingseffekte tatsächlich von gesundheitlicher Bedeutsamkeit sind. Diese methodischen Aspekte sind von entscheidender ethischer Bedeutung, denn nur Interventionen, die ihre Wirksamkeit in hochwertigen Studien bewiesen haben, können verantwortungsvoll empfohlen werden.

Obwohl verschiedene und vielversprechende Gruppentrainings im deutschen Sprachraum vorliegen, steht die Teilnahme an entsprechenden Kursen vergleichsweise wenigen Lehrkräften tatsächlich zur Verfügung. Möglicherweise können Online-Trainings dazu beitragen, dass in der Breite mehr Lehrkräften mit SBTs versorgt werden können. Generell ist wenig dazu bekannt, für wen, in welchem Umfang tatsächlich Möglichkeiten vorhanden sind, an evidenzbasierten SBTs teilzunehmen. Auch ist weitgehend ungeklärt, welche Maßnahmen die Bereitschaft von Lehrkräften fördert, SBTs in Anspruch zu nehmen.

Schließlich erscheint es lohnend, Interventionen zur Verbesserung der fachlichen Kompetenzen verstärkt im Hinblick auf ihre gesundheitlichen „Nebenwirkungen" zu untersuchen sowie Kombinationsformate zu entwickeln, in denen Elemente berufsbezogener Kompetenztrainings und SBT sinnvoll miteinander verbunden werden.

Auch wenn die Befunde für gestresste Lehrerinnen und Lehrer eine positive Perspektive aufzeigen und die Richtung für selbstverantwortliches Gesundheitsverhalten anzeigen können, sei auf zwei Fehlinterpretationen hingewiesen: (1) Die Wirksamkeit von SBTs ist kein indirekter Beweis dafür, dass die Ursache von Stress im Lehrerberuf in defizitären Stressbewältigungsstrategien des Einzelnen liegt. Diese Schlussfolgerung ist aufgrund der Multikausalität stressbezogener Erkrankungen nicht möglich. (2) Die Wirksamkeit verhaltensbezogener Interventionen entlässt den Arbeitgeber nicht aus seiner Verantwortung, gesundheitsförderliche Arbeitsbedingungen im Sinne der Verhältnisprävention herzustellen.

Literatur

Abujatum, M., Arold, H., Knispel, K., Rudolf, S. & Schaarschmidt, U. (2007). Intervention durch Training und Beratung. In U. Schaarschmidt & U. Kieschke (Hrsg.), *Gerüstet für den Schulalltag. Psychologische Unterstützungsangebote für Lehrerinnen und Lehrer* (S. 117-155). Weinheim: Beltz.

Altman, D. G. & Bland, J. M. (1999). Statistics notes. Treatment allocation in controlled trials: Why randomise? *British Medical Journal, 318*, 1209.

Babyak, M. A. (2009). Understanding confounding and mediation. *Evidence Based Mental Health, 12*, 68-71.

Berking, M. (2010). *Training emotionaler Kompetenzen* (2. Aufl). Heidelberg: Springer.

Berking, M., Meier, C. & Wupperman, P. (2010). Enhancing emotion-regulation skills in police officers: Results of a controlled study. *Behavior Therapy, 41*, 329-339.

Bertelsmann, H., Lerzynski, G. & Kunz, R. (2007). Kritische Bewertung von Studien zu therapeutischen Interventionen. In R. Kunz, G. Ollenschläger, H. Raspe, G. Jonitz & N. Donner-Banzhoff (Hrsg.), *Lehrbuch Evidenzbasierte Medizin in Klinik und Praxis* (S. 133-148). Köln: Deutscher Ärzte-Verlag.

Bertoch, M. R., Nielsen, E. C., Curley, J. R. & Borg, W. R. (1989). Reducing Teacher Stress. *Journal of Experimental Education, 57*, 117-128.

Boutron, I., Moher, D., Altman, D. G., Schulz, K. F. & Ravaud, P. (2008). Extending the CONSORT statement to randomized trials of nonpharmacologic treatment: Explanation and elaboration. *Annals of Internal Medicine, 148*, 295-309.

Buchkremer, G. & Klingberg, S. (2001). Was ist wissenschaftlich fundierte Psychotherapie? Zur Diskussion um Leitlinien für die Psychotherapieforschung. *Nervenarzt, 72*, 20-30.

Cecil, M. A. & Forman, S. G. (1990). Effects of stress inoculation training and coworker support groups on teachers' stress. *Journal of School Psychology, 28*, 105-118.

Chan, D.W. (2010). Gratitude, gratitude intervention and subjective well-being among chinese school teachers in Hong Kong. *Educational Psychology, 30*(2), 139-153.

Craig, P., Dieppe, P., Macintyre, S., Michie, S., Nazareth, I. & Petticrew, M. (2008). Developing and evaluating complex interventions: The new medical research council guidance. *British Medical Journal, 29*, 337.

Dann, H. D. & Humpert, W. (2002). Das Konstanzer Trainingsmodell (KTM) – Grundlagen und neue Entwicklungen. *Zeitschrift für Pädagogik, 48*, 215-226.

Dicke, T., Schmeck, A., Elling, J. & Leutner, D. (submitted). Preventing reality shock: Longitudinal effects of a classroom management skills training on pre-service teachers' well-being.

Ebert, D., Lehr, D., Boß, L., Riper, H., Cuijpers, P., Andersson, G., Thiart, H., Heber, E. & Berking. M. (submitted). Internet-based guided self-help to reduce strain in teachers: A randomized controlled trial testing the efficacy of an Internet-based problem solving training.

Emmons, R.A. & McCullough, M.E. (2003). Counting blessings versus burdens: an experimental investigation of gratitude and subjective well-being in daily life. *Journal of Personality and Social Psychology, 84*, 377-389.

Folkman, S. & Moskowitz, J. T. (2004). Coping: Pitfalls and promise. *Annual Review of Psychology, 55*, 745-774.

Graham, J. W. (2009). Missing data analysis: Making it work in the real world. *Annual Review of Psychology, 60*, 549-576.

Hacker, W. (2005). *Allgemeine Arbeitspsychologie: Psychische Regulation von Wissens-, Denk- und körperlicher Arbeit.* Bern: Huber.

Heber, E., Ebert, D., Lehr, D., Nobis, S., Berking, M. & Riper, H. (2013). Efficacy and cost-effectiveness of a web-based and mobile stress-management intervention for employees: design of a randomized controlled trial. BMC Public Health, 13:655.

Hillert, A., Koch, S., Kiel, E., Weiß, S & Lehr, D. (eingereicht). Psychische Erkrankungen von Lehrkräften: Berufsbezogene Therapie- und Präventionsangebote. *Empirische Pädagogik.*

Hillert, A., Lehr, D., Koch, S., Bracht, M., Ueing, S. & Sosnowsky-Waschek, N. (2011). *Lehrergesundheit. AGIL das Präventionsprogramm für Arbeit und Gesundheit im Lehrerberuf.* Stuttgart: Schattauer.

Hinsch, R. & Pfingsten, U. (2002). *Gruppentraining sozialer Kompetenzen GSK. Grundlagen, Durchführung, Anwendungsbeispiele.* Weinheim: Beltz.

Hinsch, R. & Ueberschär, B. (1998). *Gewalt in der Schule. Ein Trainingsprogramm für Lehrer und Lehramtsstudenten.* Landau: Verlag Empirische Pädagogik.

Kaluza, G. (1997). Evaluation von Stressbewältigungstrainings in der primären Prävention - eine Meta-Analyse (quasi-) experimenteller Feldstudien. *Zeitschrift für Gesundheitspsychologie, 5,* 149-169.

Karasek, R. & Theorell, T. (1990). *Healthy work: Stress, productivity, and the reconstruction of working life.* New York: Basic Books.

Kiel, E., Frey, A. & Weiß, S. (2013). *Trainingsbuch Klassenführung.* Bad Heilbrunn: Klinkhardt.

Koch, S., Lehr, D. & Hillert, A. (im Druck). *Burnout Syndrom und chronischer beruflicher Stress.* (Reihe Fortschritte der Psychotherapie). Göttingen: Hogrefe.

Kramis-Aebischer, K. (1995). *Stress, Belastung und Belastungsverarbeitung im Lehrberuf.* Bern: Haupt.

Langer, G., Meerpohl, J.J., Perleth, M., Gartlehner, G., Kaminski-Hartenthaler, A., Schünemann, H. (2012). GRADE - Leitlinien: Artikelserie. *Zeitschrift für Evidenz, Fortbildung und Qualität im Gesundheitswesen* (ab 106) 357-368, fortlaufend).

Lazarus, R. S. (1999). *Stress and Emotion: A New Synthesis.* New York: Springer.

Lehr, D., Koch, S. & Hillert, A. (2013). Stress-Bewältigungs-Trainings: Das Präventionsprogramm AGIL „Arbeit und Gesundheit im Lehrerberuf“ als Beispiel eines Stress-Bewältigungs-Trainings für Lehrerinnen und Lehrer. In M. Rothland (Hrsg.), *Belastung und Beanspruchung im Lehrerberuf: Modelle, Befunde, Interventionen.* (S. 251-271). Wiesbaden: Springer VS.

Lehr, D., Sosnowsky, N. & Hillert, A. (2007). Stressbezogene Interventionen zur Prävention von psychischen Störungen im Lehrerberuf - AGIL „Arbeit und Gesundheit im Lehrerberuf“ als Beispiel einer Intervention zur Verhaltensprävention. In M. Rothland (Hrsg.), *Belastung und Beanspruchung im Lehrerberuf* (S. 267-289). Wiesbaden: VS Verlag.

Meichenbaum, D. (2002). *Intervention bei Stress. Anwendung und Wirkung des Stressimpfungstrainings.* Bern: Huber.

Moher, D., Liberati, A., Tetzlaff, J. & Altman, D. G. (2009). Preferred reporting items for systematic reviews and meta-analyses: The PRISMA statement. *British Medical Journal, 339,* b2535.

Mohr, D. C., Spring, B., Freedland, K. E., Beckner, V., Arean, P., Hollon, S. D., Ockene, J. & Kaplan, R. (2009). The selection and design of control conditions for randomized controlled trials of psychological interventions. *Psychotherapy and Psychosomatics, 78,* 275-284.

Morin, C. M., Bootzin, R. R., Buysse, D. J., Edinger, J. D., Espie, C. A. & Lichstein, K. L. (2006). Psychological and behavioral treatment of insomnia: Update of the recent evidence (1998–2004). *Sleep, 29,* 1398-1414.

Oei, T. P. & Dingle, G. (2008). The effectiveness of group cognitive behaviour therapy for unipolar depressive disorders. *Journal of Affective Disorders, 107,* 5-21.

Page, L. A. & Henderson, M. (2008). Appraising the evidence: what is measurement bias? *Evidence Based Mental Health, 11,* 36-37.

Raspe, H., Hüppe, A., Strech D. & Taupitz, J. (2012). *Empfehlungen zur Begutachtung klinischer Studien durch Ethik-Kommissionen* (2. Aufl.). Köln: Deutscher Ärzte-Verlag.

Richardson, K. M. & Rothstein, H. R. (2008). Effects of occupational stress management intervention programs: a meta-analysis. *Journal of Occupational Health Psychology, 13,* 69-93.

Rief, W., Exner, C. & Martin, A. (2006). *Psychotherapie - Ein Lehrbuch.* Stuttgart: Kohlhammer.

Sackett, D. L., Straus, S. E., Richardson, W. S., Rosenberg, W. & Haynes, R. B. (2000). *Evidence-based medicine: How to practice and teach EBM.* Edinburgh: Churchill Livingstone.

Schumacher, M. & Schulgen, G. (2007). *Methodik klinischer Studien. Methodische Grundlagen der Planung, Durchführung und Auswertung.* Heidelberg: Springer.

Schünemann, H. (2009). Integrative Beurteilung der Evidenz im Gesundheitssystem: das GRADE System. *Zeitschrift für Evidenz, Fortbildung und Qualität im Gesundheitswesen, 103,* 261-268.

Scientific Advisory Committee of the Medical Outcomes Trust (2002). Assessing health status and quality-of-life instruments: Attributes and review criteria. *Quality of Life Research, 11*, 193-205.

Semmer, N. K. (2006). Job stress interventions and the organization of work. *Scandinavian Journal of Work, Environment & Health, 32*, 515-527.

Sharp, J. J. & Forman, S. G. (1985). A comparison of two approaches to anxiety management for teachers. *Behavior Therapy, 16*, 370-383.

Siegrist, J. (2002). Effort-reward Imbalance at Work and Health. In P. Perrewé & D. Ganster (Eds.), *Research in Occupational Stress and Well Being, Vol. 2: Historical and Current Perspectives on Stress and Health* (pp. 261-291). New York: JAI Elsevier.

Sonnentag, S. & Frese, M. (2003). Stress in organizations. In W.C. Borman, D. R. Ilgen & R. J. Klimoski (Eds.), *Comprehensive handbook of psychology: Industrial and organizational psychology* (pp. 453-491). Hoboken: Wiley.

Thiart, H., Lehr, D., Ebert, D., Sieland, B., Berking, M. & Riper, H. (2013). Log in and breathe out: Efficacy and cost-effectiveness of an online sleep training for teachers affected by work-related strain: Study protocol for a randomized controlled trial. *Trials, 14,* 169.

Tunnecliffe, M. R., Leach, D. J. & Tunnecliffe, L. P. (1986). Relative efficacy of using behavioral consultation as an approach to teacher stress management. *Journal of School Psychology, 24*, 123-131.

Verhoeven, C., Maes, S., Kraaij, V. & Joekes, K. (2003). The job demand-control-social support model and wellness/health outcomes: A european study. *Psychology and Health, 18*, 421-440.

World Medical Association (2008). *World Medical Association Declaration of Helsinki. Ethical Principles for Medical Research Involving Human Subjects.* http://www.wma.net/en/30publications/10policies/b3/index.html (Abruf: 01.07.2009).

Zapf, D. & Semmer, N. K. (2004). Stress und Gesundheit in Organisationen. In H. Schuler (Hrsg.), *Organisationspsychologie – Grundlagen und Personalpsychologie* (S. 1007-1112). Göttingen: Hogrefe.

Andreas Krause & Cosima Dorsemagen

Belastung und Beanspruchung im Lehrerberuf – Arbeitsplatz- und bedingungsbezogene Forschung

1. Einführung

Lehrerinnen und Lehrer üben einen Beruf zum Zwecke des Gelderwerbs aus. Im Rahmen ihrer Arbeitszeit unterrichten, erziehen, beurteilen und beraten sie, entwickeln eigene Kompetenzen weiter und beteiligen sich an der Organisation und Weiterentwicklung ihrer Schule. Diese nüchterne Beschreibung des Lehrberufs fällt bisweilen aus dem Blick, wenn sich Anforderungen an Lehrkräfte an der normativen Vorstellung von einer idealen Lehrerpersönlichkeit orientieren, die Begrenztheit des Arbeitsauftrags in Vergessenheit gerät und der Lehrberuf als Berufung (miss-)verstanden wird. Im Fokus einer arbeitswissenschaftlichen Betrachtung des Lehrberufs, wie wir sie im Folgenden einnehmen, stehen die Besonderheiten des Arbeitsplatzes Schule und der Arbeitstätigkeit von Lehrerinnen und Lehrern, Fragen der Arbeitsorganisation und die Rahmenbedingungen der Tätigkeit von Lehrerinnen und Lehrern (Krause, Schüpbach, Ulich & Wülser, 2008). Die Arbeitswissenschaft führt Ansätze aus Arbeitsmedizin, Arbeits- und Organisationspsychologie, Industriesoziologie, Arbeitsrecht und weiteren Teildisziplinen zusammen. Die gemeinsame Zielsetzung besteht in der Analyse und Gestaltung von Arbeitsprozessen, die sowohl produktiv und effizient als auch menschengerecht und persönlichkeitsförderlich sein sollen (Schlick, Bruder & Luczak, 2010). Dabei spielen Belastungen und Beanspruchungen und damit auch Stressfaktoren, Stresserleben, Stressfolgen und Gesundheit eine zentrale Rolle.

In den letzten 30 Jahren wurde zunehmend auch die Arbeitssituation von Lehrpersonen arbeitswissenschaftlich untersucht. Die Lehrtätigkeit gilt als Prototyp eines personbezogenen, durch viele soziale Kontakte und Interaktionen geprägten Dienstleistungsberufs. Die besonderen emotionalen Anforderungen im Arbeitsalltag werden auch als Beziehungs- oder Emotionsarbeit bezeichnet (Hacker, 2009; Krause, Philipp, Bader & Schüpbach, 2008). Der Lehrberuf ist im Vergleich zu anderen Berufsgruppen auffallend psychisch und weniger körperlich belastend. Mit dem in Forschung und Öffentlichkeit generell zunehmenden Interesse an psychischen bzw. psychosozialen Belastungen finden Erkenntnisse der arbeitswissenschaftlichen Belastungs-, Beanspruchungs- und Stressforschung auch in Untersuchungen des Lehrberufs schrittweise ihren Niederschlag. Gleichwohl ist auffällig, wie stark das Paradigma der Lehrerpersönlichkeit in vielen empirischen Untersuchungen immer noch im Vordergrund steht (Krause, Dorsemagen & Baeriswyl, 2013) und beispielsweise unter dem Blickwinkel der Resilienz betrachtet wird (Beltman, Mansfield & Price, 2011): Viele Politiker/innen, Praktiker/innen und Forschende sehen Persönlichkeitsmerkmale und individuelle Bewältigungsstile als den zentralen Ansatzpunkt zum Verständnis von Leistungs- und Befindensbeeinträchtigungen bei Lehrpersonen. Die Mehrzahl der Untersuchungen zum Lehrberuf ist theoretisch wie methodisch auf Personfaktoren ausgerichtet (Rothland, 2009), während die Gestaltung der Arbeitsbedingungen von Lehrpersonen bislang nur unzureichend berücksichtigt wird (Bascia & Rottmann, 2011).

Ziel des vorliegenden Beitrags ist es, den Stand der Forschung zu Belastungen und Beanspruchungen im Lehrberuf aus arbeitswissenschaftlicher Perspektive aufzubereiten. Im Mittelpunkt steht ein von uns entwickeltes Kriteriensystem zur Bewertung von Studien der Lehrer/innen-Belastungs-, Beanspruchungs-, Stress- und Gesundheitsforschung (im Folgenden abgekürzt als Lehrerbelastungsforschung), das auch zur Planung und Bewertung empirischer Studien herangezogen werden kann.

In Kapitel 2 skizzieren wir die Entwicklung und den aktuellen Stand der Forschung zur Lehrerbelastung und werfen dabei auch einen Blick auf die Arbeitssituation von Schulleitungen, deren Funktion mit dem Übergang zu teilautonomen Schulen immer wichtiger wird. In Kapitel 3 erläutern wir, welche systematischen Forschungs- und Erkenntnislücken bestehen und zeigen anhand von 16 Kriterien Ansatzpunkte für weiteren Erkenntnisfortschritt in der Lehrerbelastungsforschung auf. Exemplarisch stellen wir in Kapitel 4 vier innovative Studien zur Arbeitsplatz- und Belastungssituation von Lehrpersonen vor und ordnen den Stand der Forschung in Bezug auf die zuvor vorgestellten Kriterien ein. Abschließend diskutieren wir Interventionen zur Reduzierung von Stressfaktoren und Förderung von Ressourcen im Lehrberuf (Kapitel 5).

2. Lehrerbelastungsforschung: Bisherige Entwicklung und zentrale Erkenntnisse

Da in der Lehrerbelastungsforschung über unterschiedlich verwendete Definitionen und Begrifflichkeiten immer wieder Missverständnisse entstehen (Krause, 2003), stellen wir unseren weiteren Ausführungen einige Begriffsbestimmungen voran. Diese verstehen wir als Glossar zum eindeutigen Verständnis unseres Beitrags ohne Anspruch auf übergreifende Gültigkeit.

Tabelle 1: Glossar

Begriff	Erläuterung
Stressor (synonym: Stressfaktor)	„Objektive" Belastung; Stressfaktoren wirken auf eine (durch den Stressfaktor belastete bzw. als belastet angenommene) Person ein. Stressor entspricht Belastung im Belastungs-Beanspruchungskonzept (Rohmert, 1984).
Stresserleben	Kurzfristige Stressfaktorwirkungen; „subjektive" Belastung; Stresserleben ist im Inneren bzw. in der Psyche der belasteten (= als belastet angenommenen) Person zu verorten; auch Bewertungen der Stressoren gehören hierzu. Stresserleben entspricht Beanspruchung im Sinne des Belastungs-Beanspruchungskonzepts.
Copingprozesse	Bewältigungsreaktionen zum Umgang mit Stressoren.
Stressfolgen	Langfristige, d.h. nach einigen Jahren entstandene Wirkungen der Stressfaktoren und des Stresserlebens für die belastete (= als belastet angenommene) Person.
Gesundheit	Im Sinne der Ottawa-Charta der WHO körperliches, seelisches und soziales Wohlbefinden, welches nicht als Zustand, sondern als Prozess zu verstehen ist. Positives Konstrukt, mehr als die Abwesenheit von Krankheit.
Selfreport-Methoden	Direkte Befragung (z.B. in Form von Fragebogen) der Person, die durch die Befragungsergebnisse und über ihr zugeordnete Variablen-Werte beschrieben werden soll.
Beurteilungs-methoden	„Fremd"-Beurteilung des Verhaltens, des Stresserlebens, der Copingprozesse und der Stressfolgen einer Person durch professionelle Beobachter (ggf. unter Einsatz technischer Hilfsmittel), z.B. durch Beobachtungsinterviews, psychophysiologische Messungen und medizinische Untersuchungen.
Dokumenten-analyse	Entnahme von Variablen aus vorhandenen Unterlagen, z.B. von Schulen, Krankenkassen oder Rentenversicherungen.
Äußere Ressourcen	Gegebenheiten (z.B. auch Verhaltensweisen anderer Personen) außerhalb der Psyche der belasteten Person, die negative Wirkungen der Stressfaktoren und des Stresserlebens abmildern können (bzw. für die solches Abmildern angenommen wird).
Innere Ressourcen	Der Psyche der belasteten Person zuzuordnende Fähigkeiten oder Einstellungen, die negative Wirkungen der Stressfaktoren und des Stresserlebens abmildern können (bzw. für die solches Abmildern angenommen wird).

Bereits vor mehr als 100 Jahren wurde auf spezifische Stressoren und auffällige Erkrankungen im Lehrberuf hingewiesen. Phänomene, die wir heutzutage unter der Bezeichnung Burnout oder Erschöpfungsdepression kennen, traten auch damals bereits auf (vgl. z.B. den Rückblick bei Barth, 1997). Schon Ende der 1950er Jahre wurden in Deutschland umfangreiche Arbeitszeitstudien durchgeführt, die Belastungen von Lehrkräften in erster Linie an der quantitativen Arbeitszeit festmachten (Rutenfranz & Graf, 1963). Eine sprunghafte Erweiterung der wissenschaftlichen Veröffentlichungen zu Lehrerbelastungen erfolgte in den 1970er Jahren. Die inzwischen klassischen Überblicksbeiträge von Kyriacou und Sutcliffe (1977, 1978a, b) etablierten den Begriff „teacher stress".

In den letzten drei Jahrzehnten folgten weitere Publikationen, anhand derer sich die Entwicklung der Lehrerbelastungsforschung nachvollziehen lässt. Im deutschsprachigen Raum hat sich Rudow (1990, 1994) hervorgetan, auch Schönwälder (1997, 1998) und Scheuch (1991; Scheuch & Knothe, 1997) waren früh wichtige Vertreter. Lesenswerte erziehungswissenschaftlich ausgerichtete Beiträge wurden beispielsweise von Ulich (1996) und Giesecke (2001, 2007) vorgelegt. Aktuelle deutschsprachige Überblicksbeiträge stammen von van Dick und Stegmann (2013) sowie von Krause, Dorsemagen und Baeriswyl (2013). Bemerkenswert ist, dass zahlreiche Studien, die Erkenntnisse zur Arbeits- und Belastungssituation von Lehrpersonen enthalten, nicht systematisch unter dieser Perspektive interpretiert werden. Hierzu zählen etwa pädagogisch-psychologische Studien zur Klassenführung (Savage & Savage, 2009), zum Expertenwissen von Lehrpersonen (Bromme, 2008), Interventionsstudien zum Umgang mit schwierigen bzw. verhaltensauffälligen Schülerinnen und Schülern im Allgemeinen (Stage & Quiroz, 1997) und speziell mit Schülerinnen und Schülern, bei denen eine Aufmerksamkeitsstörung diagnostiziert wurde (Fabiano et al., 2009).

In den Kästen 1 bis 5 sind wichtige Ergebnisse der Lehrerbelastungsforschung überblicksartig aufgeführt.

Kasten 1: Theorien und Modelle zur Untersuchung des Zusammenhangs von Arbeit und Gesundheit bei Lehrpersonen

Zur Überprüfung des Zusammenhangs von Arbeit und Gesundheit im Lehrberuf werden berufsunspezifische Modelle herangezogen, die sich für andere Berufsgruppen bewährt haben. Van Dick und Stegmann (2013) stellen vier Modelle vor, «mit denen die Arbeit des Lehrers analysiert, verstanden und optimiert werden kann» (S. 43), nämlich

(1) das arbeitswissenschaftliche Belastungs-/Beanspruchungskonzept als Rahmenmodell (z.B. Rohmert, 1984),

(2) das kognitiv ausgerichtete transaktionale Stressmodell nach Lazarus (z.B. Lazarus & Launier, 1981),

(3) das Job Characteristics Model nach Hackman und Oldham (1975) zur Erklärung von Arbeitsmotivation sowie

(4) die allgemeinpsychologisch ausgerichtete Theorie der Handlungsregulation nach Volpert, Oesterreich, Hacker und Ulich (z.B. Oesterreich & Volpert, 1999).

Ein Blick auf die Studien der Lehrerbelastungsforschung der letzten Jahre zeigt, dass die beiden international führenden Modelle der Stressforschung auch in der Forschung zum Lehrberuf zunehmend eine dominante Rolle spielen und außerdem ressourcenorientierte und physiologische Aspekte verstärkt Beachtung finden, so dass wir ergänzen:

(5) Das Demand-Control Modell von Karasek (1978) und verschiedene Varianten bzw. Erweiterungen dieses Modells, etwa das Job Demands-Resources Modell von Bakker (Bakker, Demerouti & Verbeke, 2004),

(6) das Modell der beruflichen Gratifikationskrisen (Siegrist, 1996),

(7) die Theorie der Ressourcenerhaltung (Hobfoll, 1988) sowie

(8) verschiedene biopsychologische Modelle, wie etwa das Allostatic Load Model von McEwen (1998).

Ebenso wenig wie in der allgemeinen Stressforschung kann derzeit ein bestimmtes Modell speziell für die Lehrerbelastungsforschung als überlegen eingestuft werden. So fällt die Entscheidung für die Heranziehung eines bestimmten Modells in Abhängigkeit von der interessierenden Fragestellung. Die beiden international führenden Modelle sollen kurz skizziert werden: Kennzeichen des Demand-Control Modells sind die zwei unabhängigen Dimensionen Job Demands (Stressfaktoren) und Control (Entscheidungsmöglichkeiten bzw. Kontrolle), deren Auswirkung auf die Gesundheit über eine Interaktionshypothese vorhergesagt wird: Stark ausgeprägte Kontrolle verhindert demnach die negativen Effekte der Stressfaktoren und kann sogar besonders positive Auswirkungen auf die Gesundheit von Beschäftigten bewirken («active job»). Fehlen Entscheidungsmöglichkeiten, liegt hingegen ein gesundheitskritischer «high strain job» vor.

Im medizinsoziologischen Modell der beruflichen Gratifikationskrisen steht die optimale Balance von Anstrengung und Gratifikation im Vordergrund: Ein starkes oder lang anhaltendes Ungleichgewicht zwischen hoher Anstrengung und niedriger Belohnung, auch Gratifikationskrise oder Effort-Reward-Imbalance (ERI) genannt, bedroht die Selbstregulation, führt zu stark negativen Emotionen wie Ärger, Furcht oder Frustration und kann in der Folge das Auftreten kardiovaskulärer Krankheiten begünstigen.

Kasten 2: Äußere Ressourcen, die sich positiv auf die Gesundheit von Lehrpersonen auswirken bzw. die Wahrscheinlichkeit für Erkrankungen verringern können

Für die folgenden äusseren Ressourcen konnten Studien positive Effekte auf die Gesundheit von Lehrpersonen zeigen:

(1) Gute Zusammenarbeit im Kollegium, gute Teamarbeit, stark ausgeprägte gegenseitige soziale Unterstützung in fachlicher und emotionaler Hinsicht (van Dick, 1999)

(2) Hohe Führungsqualität der Schulleitung, soziale Unterstützung durch die Schulleitung (Blase, Dedrick & Strathe, 1986; Kunz Heim & Nido, 2008)

(3) Unterstützung durch bzw. funktionierende Zusammenarbeit mit Eltern sowie Schülerinnen und Schülern, hoher sozioökonomischer Status im Einzugsgebiet der Schule, ländliches Einzugsgebiet (Abel & Sewell, 1999)

(4) Gemeinsame pädagogische Vorstellungen, pädagogischer Konsens im Kollegium (Nübling et al., 2008)

(5) Eingehen auf individuelle Bedürfnisse und Kompetenzen der einzelnen Lehrkräfte, z.B. bei altersbezogenen Veränderungen (Krause et al., 2006)

(6) Innovationsklima an der Schule, Umsetzung neuer Ideen, Lern- und Fehlerkultur, d.h. Fehler können angesprochen werden und lösen Lernprozesse aus (Jacobsson, Pousette & Thylefors, 2001)

(7) Beteiligung an zentralen Entscheidungen an der Schule (Partizipation) bzw. zumindest Transparenz der Entscheidungen und guter Informationsfluss (Kaempf & Krause, 2004; Punch & Tuettemann, 1990)

(8) Unterstützende Konferenzen und Besprechungen (Nübling et al., 2008)

(9) Gerechte Arbeitsverteilung innerhalb der Schule (Lacroix et al., 2005)

(10) Bedürfnisgerechte Fortbildung, Lern- und Entwicklungsmöglichkeiten im Alltag, hohe Qualifikationsanforderungen, Aufgabenvielfalt (Rafferty, Friend & Landsbergis, 2001; van der Doef & Maes, 2002)

(11) Gegenseitige Anerkennung an der Schule und erlebte Wertschätzung der eigenen Person sowie des Lehrberufs (Wilson, 2002)

(12) Professionelle Rückmeldungen zur eigenen Arbeit und funktionierender Erfahrungsaustausch, positives gegenseitiges Feedback und damit einhergehende Erfolgserlebnisse (Jacobsson, Pousette & Thylefors, 2001)

(13) Erholungspausen insbesondere im schulischen Arbeitsalltag, Rückzugs- und Erholungsmöglichkeiten auch an der Schule (Kaempf & Krause, 2004)

(14) Angemessene Entscheidungs- und Handlungsspielräume, Kontrollmöglichkeiten und Autonomie (Barnabé & Burns, 1994; Bradley, 2007)

(15) Klare Trennung bzw. gute Vereinbarkeit von Arbeit und Privatleben (Wilson, 2002)

(16) Unterstützung durch Einbinden weiterer Fachpersonen z.B. im Unterricht sowie Unterstützung bei administrativen Aufgaben (Albrecht et al., 2009; Lambert et al., 2009)

Kasten 3: Stressoren, die sich negativ auf die Gesundheit der Lehrpersonen auswirken bzw. die Wahrscheinlichkeit für Erkrankungen erhöhen können

Negative Effekte auf die Gesundheit von Lehrpersonen wurden für die folgenden Stressfaktoren gefunden:

(1) Schwierige und verhaltensauffällige Schülerinnen und Schüler sowie Disziplinschwierigkeiten (Abel & Sewell, 1999; Brenner, Sörbom & Wallius, 1985; Schaarschmidt, Kieschke & Fischer, 1999), hohe Anzahl an Unterrichtsstörungen (Gerwing, 1994; Krause, 2004), verbale und körperliche Gewalt bzw. Aggressionen (Bauer et al., 2007; Philipp, Schüpbach & Krause, 2008; van der Doef & Maes, 2002)

(2) Hohe Anzahl an Schülerinnen und Schülern in der Klasse, insbesondere wenn der Anteil schwieriger Schülerinnen und Schüler hoch ist (Frenzel & Götz, 2007), hohe Anzahl an zu unterrichtenden Schulklassen (Kunter et al., 2009)

(3) Hohes Arbeitspensum, quantitative Überforderung, starker Zeitdruck, lang anhaltende Phasen mit Arbeitsspitzen, Übernahme mehrerer Zusatzämter neben der Unterrichtsverpflichtung (Abel & Sewell, 1999; Bradley, 2007)

(4) Hoher Lärmpegel und schlechte akustische Rahmenbedingungen in der Schule (Hecker, 1994; Oberdörster & Tiesler, 2006)

(5) Zwang, eigene Gefühle zu unterdrücken (z.B. Ärger) und damit einhergehende emotionale Dissonanz (Krause, Philipp, Bader & Schüpbach, 2008)

(6) Konflikte im Kollegium sowie Mobbing (Cheuk & Wong, 1996)

(7) Konflikte zwischen Schulleitung und Teilen des Kollegiums (Burke, Greenglass & Schwarzer, 1996)

(8) Unsicherheit, fehlende Klarheit bei Aufgaben, widersprüchliche Ziele und Erwartungen, Rollenkonflikte und Rollenambiguität (van der Doef & Maes, 2002)

(9) Übernahme von Aufgaben, die nicht der Qualifikation entsprechen; hohes Ausmaß administrativer Aufgaben und bürokratischer Zwänge (Burke & Greenglass, 1995)

(10) Schlechte räumliche Situation, fehlende Arbeitsplätze, fehlende Lehr- und Lernmittel, schlechte Hygiene am Arbeitsort (Kaempf & Krause, 2004; Kyriacou, 2001)

(11) Konflikte mit Eltern bzw. Ausbildern bei berufsbildenden Schulen (Nübling et al., 2008)

(12) Überforderung durch Reformtempo und Anzahl angestrebter Veränderungen, die auch im Zusammenhang mit den Instrumenten des New Public Managements stehen, z.B. externe Evaluation, Qualitätsmanagement, messbare Erfolgskennzahlen (Friedman, 1991; Lambert & McCarthy, 2006; Nido et al., 2008)

(13) Qualitative Überforderung, die beispielsweise bei Berufsbeginn stark ausgeprägt sein kann (Albrecht et al., 2009); Versetzung an eine andere Schulform (Friedel & Dalbert, 2003)

(14) Jobunsicherheit, (im Vergleich) geringe Entlohnung und niedriger Status (Wilson, 2002)

Kasten 4: Erkenntnisse zur zeitlichen Arbeitsbelastung von Lehrpersonen (vgl. ausführlicher Dorsemagen, Lacroix & Krause, 2013)

Effekte der Arbeitszeit auf die Gesundheit werden vor allem bei hoher zeitlicher Belastung vermutet. So untersuchen Erhebungen zur Arbeitszeit von Lehrkräften auch vor allem das quantitative Ausmaß, also den Umfang der Arbeitszeit, sowie ihre Verteilung auf die verschiedenen Tätigkeitsbereiche (z.B. Mummert + Partner, 1999; Schaarschmidt et al., 2007). Dabei stellt sich regelmäßig heraus, dass der Anteil der reinen Unterrichtszeit an der Gesamtarbeitszeit von Lehrerinnen und Lehrern lediglich ca. 30-40 % beträgt. Der Hauptanteil der Arbeitszeit wird folglich außerhalb des Klassenzimmers geleistet und in die Vor- und Nachbereitung des Unterrichts, in Korrekturen, Konferenzen, Aufsichten, Schüler- und Elterngespräche, Austausch mit Kollegen, administrative, organisatorische Tätigkeiten und Schulentwicklungsaufgaben investiert. Ob sich mit dem in Deutschland vorherrschenden Pflichtstundenmodell, das die Arbeitszeit von Lehrerinnen und Lehrern in erster Linie über die Festlegung von Deputatsstunden zu steuern versucht, die Gesamtarbeitszeit effektiv beeinflussen lässt, erscheint mithin fraglich.

Übereinstimmend wird berichtet, dass die zeitliche Arbeitsbelastung im Lehrberuf insgesamt hoch ist. Die im Lehrberuf zahlreich vertretenen Teilzeitkräfte leisten, relativ gesehen, besonders viele (unbezahlte) Überstunden (Nido et al., 2008). Zugleich gilt aber auch: Bei der tatsächlich geleisteten Jahresarbeitszeit bestehen erhebliche Unterschiede innerhalb der Lehrerschaft, sowohl innerhalb einzelner Schulen als auch zwischen den Schularten.

Was den Zusammenhang von quantitativer Belastung und Gesundheit betrifft, kommen verschiedene Studien zu dem Ergebnis, dass die reine zeitliche Belastung für die (psychische) Beanspruchung von Lehrerinnen und Lehrern nur von untergeordneter Bedeutung ist (z.B. Nido et al., 2008; Schönwälder, Berndt, Ströver & Tiesler, 2003). Wir vermuten, dass auch indirekte Effekte von Bedeutung sind: Die Art und Weise, wie Arbeitszeit organisiert ist, beeinflusst zahlreiche andere Aspekte der Arbeitstätigkeit, die ihrerseits gesundheitsrelevant sind. Beispielsweise beklagen viele Lehrkräfte, dass der Gesamtumfang ihrer Arbeit von der Öffentlichkeit kaum gesehen wird («Lehrer als bestbezahlter Halbtagsjob»). Dieser arbeitszeitbezogene Mangel an wahrgenommener Wertschätzung wiederum kann zum gesundheitlich relevanten Faktor werden (Dorsemagen et al., 2013).

Kasten 5: Erkenntnisse speziell aus Untersuchungen zur Arbeitssituation von Schulleitungen (vgl. ausführlicher Baeriswyl, Dorsemagen & Krause, 2013)

Stress und Burnout: Schulleitungen berichten in Befragungen über stark ausgeprägten Stress im Arbeitsalltag. So gaben 55 % der befragten Schulleitungen von Grundschulen in Großbritannien an, regelmäßig extrem oder sehr gestresst zu sein (Chaplain, 2001). Bei Philips, Sen und McNamee (2007) lag der Anteil etwas niedriger (43 %). In einer Studie von Price Waterhouse Coopers (2002) lag der Anteil hingegen höher: 58 % der Schulleitungen ohne Lehrverpflichtung und sogar 72 % der Schulleitungen mit Lehrverpflichtungen waren sehr oder extrem gestresst. Beim Einsatz des Standardinstruments Maslach Burnout Inventory (MBI) erfüllten 8.8 % (Combs, Edmonson & Jackson, 2009) bzw. 12.5 % (Whitaker, 1996) der Schulleitungen die Kriterien für Burnout. Verglichen mit einer Normgruppe und einer Vergleichsgruppe von Managern waren die physischen Gesundheitswerte sowie das psychische Wohlbefinden der Schulleitungen schlechter (Phillips, Sen & McNamee, 2008). Friedman (2002) ermittelte, dass u.a. Arbeitsüberlastungen sowie ungenügende Leistungen des administrativen und technischen Personals Prädiktoren für Burnout der Schulleitungen waren.

Arbeitszeit und Aufgabenverteilung: Krüger, van Eck und Vermeulen (2005) fanden heraus, dass von den Schulleitungen, welche den Beruf vorzeitig aufgegeben hatten, auffällig viele Unterrichtsverpflichtungen zu erfüllen hatten (vgl. auch Jones, 1999). Gemäß den Studien von Gmelch und Gates (1998) bzw. Philips, Sen und McNamee (2007) arbeiten britische Schulleitungen durchschnittlich 54 bzw. 57.3 Stunden pro Woche. In der Übersicht von Philips, Sen und McNamee (2007) werden lange Arbeitszeiten, kurzfristig wechselnde situative Anforderungen sowie aus dem Aufgabenumfang erwachsende Arbeitsüberlastung als Ursachen von Erkrankungen identifiziert. Viele Schulleitungen beklagen einen hohen Anteil administrativer Routine-Aufgaben (McEwen et al., 2002). Dies geht mit einem Mangel an Delegationsmöglichkeiten einher, welcher bei kleineren Grundschulen besonders stark ausgeprägt ist.

Interne und externe Schnittstellen: Schulleitungen bewegen sich in einem dynamischen Umfeld, in dem sie unterschiedliche Funktionen gegenüber einer Vielzahl von Anspruchsgruppen (Kollegium, Schülerschaft, Eltern, Behörden) einnehmen müssen. Entsprechend sind unklare und widersprüchliche Rollenanforderungen häufige Phänomene. Bei Gmelch und Gates (1998) erwies sich Rollenambiguität als bedeutsamster Prädiktor für Depersonalisation und eine negative Einschätzung der eigenen Leistung. Bei Friedman (2002) war der Umgang mit anspruchsvollen Eltern und schwierigen Lehrpersonen bedeutsamer Prädiktor für Burnout bei Schulleitungen. Im Zuge der Entwicklung zu mehr schulischer Autonomie hat sich die Schnittstelle zwischen der Schulleitung und den Aufsichtsbehörden als besonders wichtig erwiesen. In der Studie von Krüger, van Eck und Vermeulen (2005) gaben Schulleitungen Schwierigkeiten in der Zusammenarbeit mit der Aufsichtsbehörde als einen Hauptgrund für die vorzeitige Aufgabe ihrer Stelle an. Die Probleme wurden hauptsächlich beim fehlenden Führungs- und Fachwissen der Behörden, bei der unklaren Kompetenzverteilung zwischen den beiden Instanzen sowie bei widersprüchlichen Auffassungen über Zielvorstellungen zwischen Behörden und dem Kollegium verortet. Zudem bestehe vielfach eine Diskrepanz zwischen den Anforderungen und den Entscheidungsbefugnissen.

3. Ansatzpunkte zur Weiterentwicklung der Lehrerbelastungsforschung

Über die skizzierten Ergebnisse hinaus sind im Bereich der Lehrerbelastung noch zahlreiche Fragen offen. Die zur Überwindung der Erkenntnislücken notwendigen Ansätze ergeben sich aus dem aktuellen Forschungsstand sowie aus entsprechenden internationalen Reviews. Vor mehr als zehn Jahren hatten Guglielmi und Tatrow (1998), Kyriacou (2001) und Maslach und Leiter (1999) aus unterschiedlichen Blickwinkeln eine kritische Bestandsaufnahme der Lehrerbelastungsforschung vorgenommen. Wir stellen ein daraus entwickeltes Kriteriensystem zur Abschätzung des Erkenntnispotenzials von Studien der Lehrerbelastungsforschung vor. Dabei liegt der Fokus auf den für die Konzipierung, Durchführung und Auswertung empirischer Studien relevanten Bewertungskriterien.

Guglielmi und Tatrow (1998) befinden, dass die Lehrerbelastungsforschung mit Blick auf die methodische Qualität noch in den Kinderschuhen steckt und nicht die Qualität der Belastungsforschung wie bei anderen Berufsgruppen erreicht. Es bestehe eine Diskrepanz zwischen der Vielzahl an Studien mit Lehrpersonen und dem damit verbundenen Fortschritt und Erkenntnisgewinn. Die typische Studie in der Lehrerbelastungsforschung wird als „Fischexpedition" und „atheoretische Schrotflintenforschung" charakterisiert: Eine Vielzahl von Belastungs-, Person- und Beanspruchungsvariablen werden erhoben und die resultierenden Korrelationen dann im Nachhinein interpretiert: „What is the probative value of adding yet another significant correlation between a stressor and a symptom to an already lengthy list?" (ebd., S. 82). Zudem wird die einseitige Orientierung an Selbstauskünften kritisiert, die zur Messung sowohl der Stressfaktoren als auch der daraus resultierenden Stressfolgen herangezogen wird.

Lehrpersonen sind nach Ansicht von *Maslach und Leiter (1999)* der wertvollste und zugleich der kostenintensivste Teil des Bildungssystems. Die politisch Verantwortlichen im Bildungssystem sollten deren Wohlbefinden und Leistungsfähigkeit daher als erstrangiges Ziel verfolgen. Zentrale Besonderheit des Lehrberufs sei die Bedeutung der Beziehungen zu Schülerinnen und Schülern. Negative Beanspruchungsfolgen, insbesondere Burnout, haben laut Maslach und Leiter (1999) „vermutlich" ernsthafte Auswirkungen auf die Leistung von Lehrpersonen und auf die Lernerfolge der Schülerinnen und Schüler. Erste Priorität in der Lehrerbelastungsforschung sollte nach Ansicht von Maslach und Leiter (1999) daher die theoretische Fundierung, Operationalisierung und Entwicklung geeigneter Forschungsparadigmen zur Analyse der Lehrer-Schüler-Interaktionen haben. In der Folge könne dann die angenommene Auswirkung von Burnout auf Schülerleistungen geprüft werden. Zweite Priorität soll die Klärung des Einflusses der Kontextvariablen (z.B. Merkmale der Schule) auf Burnout haben. Dritte Priorität wird der Durchführung und Evaluation von Interventionsstudien, die beispielsweise der Burnoutprävention dienen, zugesprochen.

Kyriacou (2001) stellt fest, dass etwa 25 % aller Lehrpersonen ihren Beruf als sehr stressreich einstufen. Die bedeutsamsten Stressoren aus Sicht von Lehrpersonen seien:

- Unmotivierte Schüler unterrichten
- Disziplin aufrechterhalten
- Zeitdruck und Arbeitsmenge
- Mit Veränderungen bzw. Reformen umgehen
- Fortlaufende Bewertungen durch andere
- Beziehungen zu Kolleginnen und Kollegen
- Selbstwertgefühl und Status
- Administrativer Aufwand (Verwaltung und Management)

- Rollenkonflikte und Rollenambiguität
- Schlechte arbeitshygienische Bedingungen

Kyriacou (2001) fordert den Aufbau eines Monitoring-Systems zu Belastung, Beanspruchung und Bewältigungsstilen von Lehrpersonen unter besonderer Berücksichtigung des Einflusses von Reformen, so dass Konsequenzen für die Gestaltung der Veränderungsprozesse im Schulsystem abgeleitet werden können. Zudem mangelt es nach Ansicht von Kyriacou (2001) an einem vertieften Verständnis für die lebenslange Berufsbiographie und Karriere von Lehrpersonen. Da in vielen Ländern (anders als in Deutschland) die Quote der Berufsabbrecher nach den ersten Berufsjahren sehr hoch ist, stelle sich die Frage, wie dies verhindert und fortlaufendes, hohes Commitment erreicht werden könne.

Aus den drei hier nur sehr kurz vorgestellten Reviews lassen sich Kriterien zur Bewertung der Lehrerbelastungsforschung ableiten. Diese helfen Studien aus dem letzten Jahrzehnt und zukünftige empirische Studien einzuordnen: Erfüllen Studien die Bewertungskriterien? Bringen sie die Forschung wesentlich voran? Was fehlt, um weitere Erkenntnisfortschritte zu erreichen?

Zur Orientierung werden die Bewertungskriterien drei Typen zugeordnet.

Typ A Allgemeine methodische Qualitätskriterien: Diese Kriterien gelten für die Belastungsforschung im Allgemeinen, d.h. sie sind nicht spezifisch für die Lehrerbelastungsforschung. Sie sind dennoch für die Lehrerbelastungsforschung von besonderer Bedeutung, da diese Kriterien in der Vergangenheit (bis in die späten 90er Jahre, also zum Zeitpunkt der Veröffentlichung der Reviews) unzureichend berücksichtigt wurden. Die Kriterien können als methodische Richtlinien für geplante Studien herangezogen werden.

Typ B Bislang vernachlässigte Forschungsinhalte: Benennung von inhaltlich bedeutsamen Themen, die in der Lehrerbelastungsforschung bisher selten bzw. nicht gründlich genug erforscht wurden und zukünftig eine stärkere Rolle spielen sollten.

Typ C Übergreifende Forschungsprogramme: Größere und längerfristigere Forschungsdesiderate, die erforderlich wären, um gründlichere, verlässlichere und methodisch besser abgesicherte Erkenntnisse erzielen zu können.

Tabelle 2: Kriterien zur Überwindung der von Guglielmi und Tatrow (1998), Kyriacou (2001) und Maslach und Leiter (1999) ermittelten Erkenntnisdefizite

Nr	Kriterium (Kurzform)	Kriterium (Beschreibung)
A1	Geklärte Konstrukte und Begriffe	Expliziter Theoriebezug, klare Formulierung der Fragestellungen und Konstrukte, Begründung und Diskussion der Operationalisierungen.
A2	Stressfaktoren: multimethodale Erhebung	Stressfaktoren werden multimethodal erfasst, insb. keine Beschränkung auf Selfreport-Methoden (z.B. zusätzlich Beobachtungsanalysen).
A3	Stresserleben: multimethodale Erhebung	Die Erfassung des Stresserlebens mit Selfreport-Methoden wird ergänzt durch Beurteilungsmethoden.
A4	Stressfolgen: multimethodale Erhebung	Längerfristige Stressfolgen werden multimethodal erfasst, insb. keine Beschränkung auf Selfreport-Methoden (z.B. auch Dokumentenanalysen).
A5	Angemessene multivariate Auswertungsmethoden	Bei der Auswertung empirischer Untersuchungen mit Erhebung vieler Variablen werden angemessene multivariate Auswertungsmethoden verwendet, insb. erfolgt keine ex-post-Auswahl einzelner signifikanter Ergebnisse.
A6	Alternative Erklärungen	Ergänzend zu eigenen Annahmen bzw. Paradigmen werden alternative Erklärungen zu den Ergebnissen reflektiert und soweit möglich auch geprüft. Relevante Variablen werden bereits bei der Untersuchungsplanung mit berücksichtigt.
A7	Längsschnitt-untersuchungen	Es werden Längsschnittuntersuchungen mit mindestens zwei Erhebungszeitpunkten durchgeführt.
B1	Copingprozesse: interne und externe Ressourcen	In Untersuchungen zu Copingprozessen, mit denen Stressfaktoren und Stresserleben bewältigt werden sollen, werden neben inneren Ressourcen vermehrt auch äußere Ressourcen für den Umgang mit Stressfaktoren berücksichtigt.
B2	Unterrichtsprozesse	Prozesse des Unterrichtsgeschehens, der Lehrer-Schüler-Interaktion, des Klassenklimas im Zusammenhang mit Stressfaktoren, Stresserleben und Stressfolgen bei Lehrern werden vermehrt untersucht.
B3	Zusammenhang zu Schülerleistungen	Auswirkungen der Stressfaktoren, des Stresserlebens und der Stressfolgen auf die Unterrichtsqualität und auf Schülerleistungen (sowie auf das Verhalten von Schülern) werden untersucht.
B4	Wechselseitige Beeinflussungen	Wechselseitige Beeinflussungen von Stressfaktoren, Stresserleben und Stressfolgen, unter Berücksichtigung mediierender und moderierender Variablen, wie z.B. auch innerer und äußerer Ressourcen, werden untersucht. Neben quantitativ angelegten Studien sind qualitativ angelegte Studien zur Berufsbiographie von Lehrpersonen von besonderer Bedeutung.
B5	Chancen in der Lehrertätigkeit	Neben Stressfaktoren, negativem Stresserleben und negativen Stressfolgen werden gesundheits- und motivationsförderliche Aspekte des Lehrberufs berücksichtigt.
B6	Schulische Rahmenbedingungen	Neben auf die Lehrperson bezogenen (personbezogenen) Variablen werden schulische Rahmenbedingungen und organisatorische Aspekte (Einfluss von Schulleitung und Schulorganisation) der Arbeit von Lehrpersonen berücksichtigt.
B7	Reformbedingte Veränderungen	Die Bedeutung von durch Reformen erzeugten Veränderungen in den Schulen für das Entstehen von Stressfaktoren sowie für Stresserleben und -folgen bei Lehrern werden untersucht.
C1	Aufbau von Monitoring-Systemen	Es werden Monitoring-Systeme mit repräsentativen Stichproben von Lehrpersonen aufgebaut, die generalisierbare Aussagen über Stressoren, Stresserleben, Stressfolgen und deren Veränderungen ermöglichen.
C2	Interventionsstudien: Stressfaktoren und äußere Ressourcen	Es werden verstärkt Interventionsstudien durchgeführt, die differenzierte Aussagen zur Beeinflussbarkeit von Stressoren und Ressourcen, des Stresserlebens, der Stressfolgen und Gesundheit ermöglichen. Die Interventionen sollten sich nicht einseitig auf individuelle Copingprozesse beschränken, sondern ebenfalls den Einfluss von Stressfaktoren und äußeren Ressourcen berücksichtigen.

Es ist selbstverständlich nicht möglich, alle Kriterien im Rahmen einer einzelnen Studie zu erfüllen. Empirische Studien in der Lehrerbelastungsforschung müssen sich gleichwohl daran messen lassen, inwieweit es gelingt, die genannten Anforderungen umzusetzen. So wäre von einer Querschnittstudie, in der eine zusammengewürfelte ad-hoc-Stichprobe von Lehrpersonen sowohl zu Stressfaktoren als auch zu Stressfolgen befragt wird und anschließend statistisch signifikante bivariate Korrelationen ermittelt werden, angesichts der bereits vorhandenen Befundlage kein bedeutsamer Erkenntnisfortschritt zu erwarten.

Im Folgenden ziehen wir die aus den Reviews abgeleiteten Bewertungskriterien heran, um den aktuellen Stand der Lehrerbelastungsforschung einzuordnen.

4. Theorien und Methoden der aktuellen Lehrerbelastungsforschung

Um sich einen Überblick zum Stand der Forschung zu verschaffen, ist es nahe liegend, sich an aktuellen Metaanalysen zu orientieren. Die Metaanalyse von Montgomery und Rupp (2005) basiert auf 65 quantitativ ausgerichteten Studien, die zwischen 1998 und 2003 veröffentlicht wurden. Die Autoren der Metaanalyse haben Korrelationskoeffizienten aus den 65 Studien ausgewählt und diese insgesamt neun Variablen-Kategorien zugeordnet, die ein empirisch-theoretisches Modell beschreiben sollen: *stress, active coping, passive coping, emotional responses, burnout, personality mediators, support, environment structure, background.* Die wichtigsten Elemente des Modells von Montgomery und Rupp (2005) sind *external stressors, active coping, emotional response* und *burnout* und in Abbildung 1 enthalten, einer verkürzten Form der Abbildung 2 bei Montgomery und Rupp (2005, S. 482).

Man erkennt die Bedeutung der externen Stressoren, die nicht nur zum kurzfristigen Stresserleben (*emotional response*) – welches im Modell die Beziehung zu längerfristigen Stressfolgen (*burnout*) vermitteln soll – sondern auch direkt zu den Stressfolgen (Burnout) deutliche Bezü-

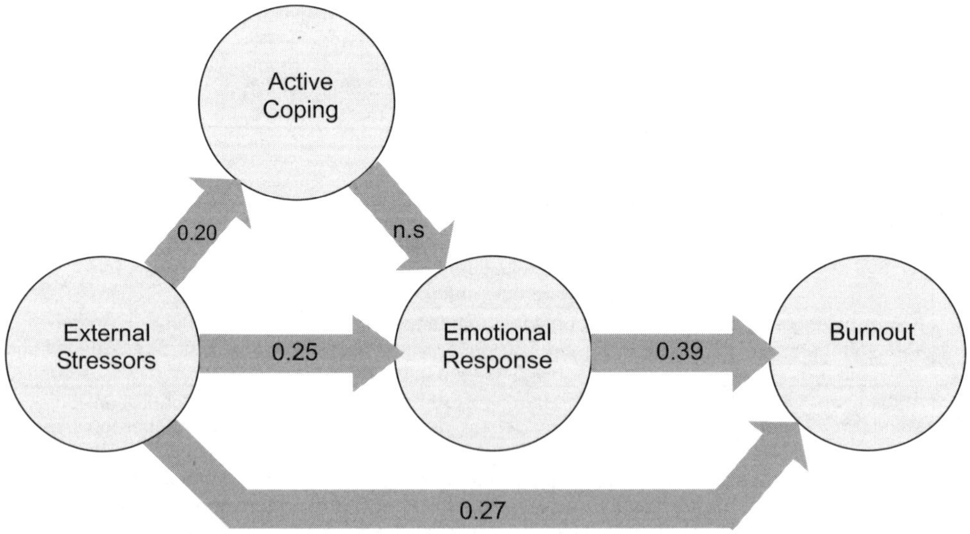

Abbildung 1: Mittlere Korrelationskoeffizienten im Modell zu Zusammenhängen zwischen Konstrukten der Lehrerbelastungsforschung nach Montgomery und Rupp (2005, S. 482)

ge aufweisen. *Coping* spielt überraschenderweise eine wenig bedeutsame Rolle. Die Aussagekraft der Metaanalyse ist beschränkt, da beispielsweise keine Informationen über Erhebungsmethoden und Forschungsdesigns der zugrunde liegenden Studien bereitgestellt werden. So wird eine ausführliche Auseinandersetzung mit den einzelnen Studien notwendig, die deutlich macht, dass zahlreiche Studien der Lehrerbelastungsforschung folgendermaßen charakterisiert werden können:

- Querschnittsstudie, d.h. nur ein Messzeitpunkt zur Erhebung aller Daten;
- keine systematische Stichprobenziehung, so dass z.B. Aussagen zur Ausprägung von Stressoren und Stressfolgen nicht generalisierbar sind (obwohl die Stichproben durchaus sehr umfangreich sind);
- Dominanz von Selfreport-Methoden: Lehrpersonen geben anhand von standardisierten Fragebögen Auskunft über Stressoren, Stresserleben, Stressfolgen, Copingprozesse und Ressourcen.

Am Beispiel der als typisch einzuordnenden Studie von Abel und Sewell (1999) zeigen wir auf, welche Art von Ergebnissen bei solchen Studien zu erwarten sind: Die Stressoren Fehlverhalten von Schülern und Zeitdruck wurden von den 98 befragten Lehrkräften höher eingeschätzt als die Stressoren schlechte Arbeitsbedingungen (Gehalt, berufliche Anerkennung, räumliche Arbeitsbedingungen, Unterrichtsbelastung) und Arbeitsbeziehungen (soziale Unterstützung, Konflikte mit Kollegen, Schulorganisation). Lehrkräfte im städtischen Raum schätzten die Arbeitsbedingungen und -beziehungen kritischer ein als Lehrkräfte im ländlichen Raum. Schlechte Arbeitsbedingungen und Zeitdruck waren Prädiktoren für Burnout bei Lehrern im ländlichen Raum. Bei Lehrpersonen im städtischen Raum wurde Burnout durch Fehlverhalten von Schülern und schlechte Arbeitsbedingungen vorhergesagt.

Erfreulicherweise nimmt die Anzahl der Studien zu, die über diese Studiendesigns und Auswertungen hinausgehen. Einige innovative Beispiele werden im Folgenden exemplarisch erläutert. Anschließend erfolgt in Tabelle 4 eine Bewertung der Lehrerbelastungsforschung auf Basis der aus den Reviews abgeleiteten Bewertungskriterien.

Beispiel 1: Klusmann et al. (2009) berichten unter dem Titel „Engagement and emotional exhaustion in teachers: «Does the school context make a difference?“ über Untersuchungen mit insgesamt 1939 Lehrerinnen und Lehrern an 198 Oberschulen. Als Variablen, die die Schulen insgesamt kennzeichnen, wurden – zum Teil mit Hilfe von Datenaggregation – Unterstützung der Lehrpersonen durch die Schulleitung, Kooperation und Arbeitsmoral im Kollegium erhoben, zudem Diszipliniertheit der Schüler, ihre kognitiven Fähigkeiten und der sozioökonomische Status der Schülerfamilien. Auf die einzelnen Lehrpersonen bezogen wurde die Anzahl der pro Woche zu leistenden Unterrichtsstunden und die Anzahl der verschiedenen zu unterrichtenden Schulklassen erfragt, weiterhin soziale Unterstützung im privaten Bereich durch Familie und Freunde, sowie – als abhängige Untersuchungsvariablen – Engagement und emotionale Erschöpfung.

Zwar wurden hier die abhängigen Variablen und die soziale Unterstützung als subjektive Wahrnehmung erhoben, jedoch eine Reihe anderer Variablen durch Befragungen der Kollegen, der Schüler und der Schulleitungen erfasst, wodurch sich eine selten anzutreffende Vielfalt potentiell erklärungsträchtiger Variablen außerhalb der subjektiven Wahrnehmung der betroffenen Lehrpersonen ergibt.

Als hauptsächliche Befunde werden berichtet, dass die emotionale Erschöpfung der Lehrpersonen zum Teil durch geringe Diszipliniertheit der Schülerinnen und Schüler, die Anzahl der zu unterrichtenden Schulstunden pro Woche, und mehr noch durch die Anzahl der verschiedenen zu unterrichtenden Schulklassen erklärt werden kann, wobei soziale Unterstützung im privaten Bereich die emotionale Erschöpfung mildern kann. Das Engagement der Lehrpersonen scheint vor allem durch das Alter und Geschlecht – Jüngere und Frauen sind engagierter – sowie durch Unterstützung seitens der Schulleitung beeinflusst zu sein.

Kritisch angemerkt werden muss eine angesichts der Ergebnisse nicht nachvollziehbare Schlussfolgerung der Autoren. Weil nur minimale Unterschiede des Engagements der Lehrpersonen und ihrer emotionalen Erschöpfung zwischen den Schulen festgestellt werden konnten, war es methodisch kaum möglich, varianzaufklärende Variablen auf Ebene der Schulen aufzufinden. Daraus dann zu folgern, Engagement und Erschöpfung der Lehrpersonen seien vor allem durch Variablen auf individueller Ebene erklärbar, ist mindestens irreführend, wenn nicht unangemessen. Denn dies wird durch die im Artikel berichteten – und dort auch angemessen diskutierten – Ergebnisse nicht belegt.

Beispiel 2: Klusmann et al. (2006) untersuchten Zusammenhänge zwischen dem Belastungserleben von Lehrkräften und der von ihren Schülern wahrgenommen Unterrichtsqualität (vgl. auch Kunter et al. 2008). Dazu befragten sie 314 Mathematiklehrkräfte mit einer Kurzversion des Instruments „Arbeits- und Verhaltensbezogene Erlebensmuster“ (AVEM) von Schaarschmidt. Ferner wurden die Schüler dieser Lehrkräfte gebeten, den Mathematikunterricht hinsichtlich der Unterrichtsqualitätsmerkmale „Störungen im Unterricht“, „Interaktionstempo“, „kognitive Selbstständigkeit“ und „Wahrnehmung der pädagogischen Verantwortung“ (Gerechtigkeit, Sozialorientierung, Kränkungen) zu beurteilen. Die Autoren konnten die von Schaarschmidt postulierte Typologie (Gesundheitstyp, Schontyp, Risikotyp A, Risikotyp B) replizieren und fanden, dass die Qualität des Unterrichts von Lehrkräften, deren Belastungsprofil dem Gesundheitstyp zuzuordnen war, von den Schülern höher eingeschätzt wurde als die Unterrichtsqualität der drei anderen Typen. Die Schülerinnen und Schüler gaben an, stärker in ihrer kognitiven Selbstständigkeit gefördert zu werden und nahmen ein angemesseneres (d.h. nicht zu hohes) Interaktionstempo wahr. Sie erlebten die Lehrkräfte als gerechter in ihrer Beurteilung der Schülerinnen und Schüler und als engagierter und interessierter an ihren Bedürfnissen. Störungen im Unterricht und Kränkungen wurden nicht signifikant unterschiedlich beurteilt. Zudem waren lediglich Unterschiede bei der Unterrichtsqualität zwischen dem Gesundheitstyp einerseits und den drei Typen andererseits festzustellen, d.h. Schonungstypen und die beiden Risikotypen unterschieden sich nicht voneinander.

Beispiel 3: Ervasti et al. (2011) untersuchten den Zusammenhang zwischen der Schulzufriedenheit bei 17033 Schülerinnen und Schülern und den Fehlzeiten ihrer Lehrpersonen an 90 finnischen Schulen. Auch hier wurden mehrere Datenquellen kombiniert: Die Qualität der sozialen Beziehungen wurde über die Urteile der Schülerinnen und Schüler erfasst und die Fehlzeiten der Lehrpersonen über die Analyse von Daten aus nationalen Gesundheitsregistern. Im Ergebnis konnte die Qualität der sozialen Beziehungen zwischen Schülerinnen und Schülern und Lehrpersonen bestimmte Langzeitabsenzen der Lehrpersonen vorhersagen, und zwar insbesondere Absenzen aufgrund von «neurotic and stress-related disorders» (S. 215). Hervorzuheben ist, dass die Befragungen der Schülerinnen und Schüler zum Teil auch einen bedingungsbezogenen Anspruch erfüllen konnten, indem Mittelwerte gebildet wurden, d.h. die subjektiven Angaben der Schülerinnen und Schüler wurden zusammengefasst, um etwas über die soziokulturellen Bedingungen des Miteinanders an der Schule aussagen zu können.

Beispiel 4: Kolbe und Strunk (2012) erstellten eine Übersicht zu möglichen, in erster Linie ökonomisch orientierten Anreizsystemen, um auf Schwierigkeiten bei der Besetzung von Lehrerstellen zu reagieren. In Fallstudien gingen sie der Frage nach, inwiefern sich verschiedene Schuldistrikte in Florida und Kalifornien systematisch voneinander unterscheiden und welche Hinweise auf positive Effekte durch den Einsatz von Anreizsystemen bereits festzustellen sind. Dabei gehen die Autoren nur kurz auf die Bedürfnisse der Lehrpersonen ein und beschäftigen sich nicht explizit mit psychischen Belastungen. Gleichwohl liegt hier ein auch für die Lehrerbelastungsforschung wertvoller Beitrag vor, da die Gestaltung der Rahmenbedingungen bei der Arbeit über die ansonsten typischen Belastungs- und Ressourcenvariablen hinaus reflektiert und somit Ansatzpunkte für die weitere Forschung und für Interventionsmöglichkeiten geliefert wurden. Beispielsweise stellt sich nach Kolbe und Strunk (2012) auch die Frage, inwieweit es gelingen kann, Lehrpersonen für die Steigerung der Leistungen von Schülerinnen und Schülern zu belohnen. Derartige Interventionen werden wiederum die psychischen Belastungen der Lehrpersonen beeinflussen, so dass die gesundheitlichen Nebenwirkungen der ökonomisch ausgerichteten Interventionen geprüft werden sollten.

Tabelle 4 gibt einen Überblick zum Stand der Belastungsforschung bei Lehrpersonen hinsichtlich der Bewertungskriterien, der aufzeigt, dass positive Entwicklungen festzustellen sind. So wird in den letzten Jahren zunehmend explizit auf Theorien und Modelle der Stressforschung Bezug genommen, es werden verstärkt multivariate Auswertungsmethoden eingesetzt und im Sinne einer bedingungs- bzw. arbeitsplatzbezogenen Forschungsperspektive schulische Rahmenbedingungen und externe Ressourcen berücksichtigt. Unbefriedigend ist jedoch, dass weiterhin Selbstauskünfte dominieren, sowohl mit Blick auf Stressfaktoren, Stresserleben als auch Stressfolgen. Zudem werden weiterhin meist Querschnittstudien durchgeführt. Die Bedeutung der Veränderung der Arbeitsbedingungen von Lehrerinnen und Lehrern durch Reformen wird noch unzureichend berücksichtigt (Bellmann & Weiss, 2009). Zudem mangelt es weiterhin an systematischen Monitoringsystemen.

Tabelle 4: Zusammenfassende Bewertung des Forschungsstands zur Belastungsforschung bei Lehrpersonen

Nr	Kriterium (Kurzform)	Bewertung des Forschungsstands	
A1	Geklärte Konstrukte und Begriffe	☺	In vielen Studien wird explizit Bezug auf ein theoretisches Modell zum Zusammenhang von Arbeit und Gesundheit genommen (z.B. Bakker et al., 2007; Hakanen, Bakker & Schaufeli, 2006; Unterbrink et al., 2007).
A2	Stressfaktoren: multimethodale Erhebung	😐	Einzelne Studien gehen über Selbstauskünfte hinaus, z.B. Beobachtungsstudien (Collmann, 2012; Krause, Meder & Dorsemagen, 2007; Meder, Dorsemagen & Krause, 2008).
A3	Stresserleben: multimethodale Erhebung	😐	In einzelnen Studien physiologische Messungen (z.B. Bellingrath, Weigl & Kudielka, 2008; Bellingrath, Rohleder & Kudielka, 2010) sowie Beurteilungsmethoden basierend auf Fremdurteilen (z.B. Klusmann et al., 2006).
A4	Stressfolgen: multimethodale Erhebung	☹	Konzentration auf Selbstauskünfte, Fragebogenerhebungen; Ausnahmen: amtsärztliche Untersuchungen (z.B. Bamberg & Ostendorf, 2008; Weber, Weltle & Lederer, 2003), Fehlzeitenanalysen (Ervasti et al., 2011) und objektivierte Erfassung der Leistung von Lehrpersonen (Ortner, 2012).
A5	Angemessene multivariate Auswertungsmethoden	☺	Multivariate Regressionsanalysen, Strukturgleichungs- und Multilevelmodelle werden zunehmend eingesetzt (z.B. Gloria, Faulk & Steinhardt, 2013; Hakanen, Bakker & Schaufeli, 2006; Bakker et al., 2007; Klusmann et al., 2008; Sonnentag, 2001).
A6	Alternative Erklärungen	☹	Teilweise werden modellimmanente Erweiterungen vorgenommen (z.B. Erweiterungen des Demand-Control-Models etwa bei Sann, 2003), es werden aber keine alternativen Erklärungsansätze überprüft.
A7	Längsschnittuntersuchungen	😐	Zunehmend Längsschnittuntersuchungen (z.B. Abele & Candova, 2007; González-Morales, Rodriguez & Peiró, 2010; Hülsheger, Lang & Maier, 2010; Philipp, Schüpbach & Krause, 2008; Wudy & Jerusalem, 2011), Querschnittsuntersuchungen dominieren aber weiterhin.
B1	Copingprozesse: interne und externe Ressourcen	☺	Einzelne externe Ressourcen wie soziale Unterstützung werden häufig berücksichtigt; auch der stresspuffernde Einfluss von Ressourcen wird verstärkt geprüft (z.B. Bakker et al., 2007; Hakanen, Bakker & Schaufeli, 2006).
B2	Unterrichtsprozesse	😐	Einzelne prozessbezogene Beobachtungsanalysen, die den Zusammenhang von eingesetzten Unterrichtsmethoden und Belastungen prüfen (Ben-Ari, Krole & Har-Even, 2003; Kruse, Krause & Uffelmann, 2006), ansonsten Konzentration auf statusbezogene Selbstauskünfte.
B3	Zusammenhang zu Schülerleistungen	😐	Erste Studien zu Zusammenhängen von Stressoren bzw. Copingprozessen mit der Unterrichtsqualität liegen vor (Klusmann et al., 2006; Lankes & Carstensen, 2010; Pas et al., 2010). Zudem wird zunehmend positives Engagement, das wiederum mit der Schülerleistung zusammenhängen soll, berücksichtigt (z.B. Nido, 2012).
B4	Wechselseitige Beeinflussungen	☺	Studien prüfen zunehmend Mediations-/ Moderationseffekte (z.B. Bakker et al., 2007; Gloria, Faulk & Steinhardt, 2013; Hakanen, Bakker & Schaufeli, 2006).
B5	Chancen in der Lehrertätigkeit	😐	Einzelne Studien beleuchten die Karriereperspektiven von Lehrpersonen (z.B. Herzog et al., 2007), das Potenzial des Sinnerlebens aufgrund einer gesellschaftlich bedeutsamen Aufgabe oder das Entstehen positiver Emotionen wie Freude in der Arbeit (Frenzel & Götz, 2007).
B6	Schulische Rahmenbedingungen	😐	Schulische Rahmenbedingungen und organisatorische Aspekte werden nicht umfassend genug berücksichtigt; so werden nur einzelne Aspekte von Rahmenbedingungen geprüft und dann auf den Einfluss von Rahmenbedingungen im Allgemeinen generalisiert (z.B. Klusmann et al., 2008). Zunehmend wird die Bedeutung von Führung etwa seitens der Schulleitungen untersucht (z.B. Eyal & Roth, 2011; Laux, 2011).
B7	Reformbedingte Veränderungen	☹	Der Einfluss von Reformen auf die Gesundheit wird noch wenig untersucht (z.B. Lambert & McCarthy, 2006).
C1	Aufbau von Monitoring-Systemen	☹	Derzeit mangelt es noch an Monitoring-Systemen, aber die angestrebte kontinuierliche Umsetzung von psychomentalen Gefährdungsbeurteilungen z.B. in Baden-Württemberg (Nübling et al., 2012; Nübling & Hasselhorn, 2010) bietet positives Potenzial.
C2	Interventionsstudien: Stressfaktoren und äußere Ressourcen	😐	Systematische bedingungsbezogene Interventionsstudien sind kaum vorhanden (z.B. Reinke, Herman & Stormont, 2013). Häufiger sind Fallstudien, denen es aber meist an systematischer Evaluation mangelt (z.B. Kunigkeit, 2004).

5. Interventionen am Arbeitsplatz: Verhältnisprävention und Gesundheitsförderung

Unter dem Stichwort ‚Gesundheitsförderung' bzw. ‚Health Promoting School' stand an Schulen bislang vor allem die Förderung der Gesundheit von Schülerinnen und Schülern im Vordergrund. Auch wenn die Verzahnung mit der Gesundheitsförderung für alle Beteiligten im Schulsystem, insbesondere auch der Lehrkräfte und Schulleitungen, stets gefordert wird, sind die meisten Schulen von einer systematischen Umsetzung noch weit entfernt. Paulus und Witterriede (2008) geben einen Überblick über Aktivitäten zur schulischen Gesundheitsförderung.

Ein Blick in die Ratgeberliteratur für Lehrpersonen (z.B. Heyse, 2011; Klippert, 2007; Kretschmann, 2008; Schaarschmidt & Kieschke, 2007) zeigt die Vielfalt an empfohlenen oder bereits praktizierten Maßnahmen. Auch werden in verschiedenen Publikationen längere Listen mit möglichen Maßnahmen sowohl zur Verhaltens- als auch der Verhältnisprävention vorgelegt (z.B. John & Stein, 2008; Rudow, 2000). In Kasten 6 stellen wir bewährte Handlungsfelder des betrieblichen Gesundheitsmanagements vor, die prinzipiell auch auf Schulen übertragbar sind. Studien aus anderen Branchen zum Nutzen eines systematischen Gesundheitsmanagements sind vielversprechend und konnten auch den ökonomischen Nutzen (Return-on-Investment) nachweisen (Chapman, 2005).

Mit Blick auf die hohen psychischen Belastungen im Lehrberuf besteht Handlungsbedarf – auch wenn über die Wirksamkeit der meisten Interventionen im Schulkontext noch zu wenig bekannt ist und somit ebenso dringend weiterer Forschungsbedarf besteht. Zahlreiche interessante Erfahrungsberichte, anregende Schulversuche und vielversprechende Erfolgsgeschichten liegen bereits vor, die jedoch den methodischen Ansprüchen der Evaluationsforschung, etwa im Sinne der evidenzbasierten Medizin, überwiegend noch nicht genügen. Während für einzelne personenbezogene Interventionen (Verhaltensprävention) insbesondere zum Stressmanagement, die Wirksamkeit zumindest über Zeiträume von zwei bis sechs Monaten nachgewiesen wurde (vgl. etwa die Metaanalysen von Bamberg & Busch, 1996 sowie van der Klink et al., 2001, die jeweils auch Stichproben von Lehrpersonen beinhalteten; aktuelles Beispiel für eine solche Intervention liefert etwa Kaspereen, 2012), mangelt es bei bedingungsorientierten Interventionen (Verhältnisprävention) an einer ausreichenden Anzahl qualitativ hochwertiger Studien. Lediglich Interventionen zur Unterstützung von Lehrpersonen in Gruppensituationen wurden bereits häufiger in angemessenen Untersuchungsdesigns evaluiert. Bei diesen Interventionen handelt es sich um verschiedene Varianten von Kollegialer Beratung, Coaching oder Supervision, die systematisch die soziale Unterstützung innerhalb von Schulkollegien oder schulübergreifend (und meist auch die Professionalität im Lehrberuf) fördern sollen und somit über Verhaltensprävention hinausgehen (z.B. Veenman et al., 2001). Ein weiterer Ansatz betrifft interdisziplinäre Teams unter Einbindung der betroffenen Eltern, um schwierige Probleme von Schülerinnen und Schülern gemeinsam zu lösen und – als Nebeneffekt – die einzelne Lehrperson zu entlasten (pre-referral intervention teams PIT; Lhospital & Gregory, 2009). Solche teambezogenen Interventionen können teilstandardisiert durchgeführt werden. Zunehmend setzen Interventionen bei der ganzen Schule an, sollen also das Verhalten ganzer Kollegien positiv beeinflussen (z.B. das Verhalten im Umgang mit Schülerinnen und Schülern) und hierüber auch das Wohlbefinden der Lehrpersonen steigern. Erste Ergebnisse zu Interventionen, die auf school-wide positive behavioral interventions and supports basieren, scheinen vielversprechend (Ross, Romer & Horner, 2011), auch wenn weitere Verbesserung möglich sind (Reinke, Herman & Stormont, 2013).

Zahlreiche bedingungs- und beteiligungsorientierte Interventionen (etwa wenn die Schulkultur, der Führungsstil und die Arbeitsorganisation gesundheitsförderlich verändert werden sollen) sind deutlich komplexer als standardisierbare Stressmanagementprogramme, weshalb in der Folge methodische Standards wie die Berücksichtigung von Kontrollgruppen schwieriger zu erfüllen sind (Bamberg & Busch, 2006; Semmer, 2006). Forschungsprojekte wie das von der Bundesanstalt für Arbeitsschutz und Arbeitsmedizin betreute „Lange Lehren" oder die umfassende Schuleffektivitätsforschung, die sich vor allem an der Frage orientiert, wie die Qualität einzelner Schulen verbessert werden kann, konnten diese Lücke noch nicht schließen (s. etwa die Modellversuche zur Arbeitsorganisation bei Blank & Schiller, 2008). Erfreulicherweise ist von verschiedenen bewährten pädagogischen Interventionen (etwa dem Konstanzer Trainingsmodell nach Humpert & Dann, 2001 oder der Trainingsraum-Methode nach Bründel & Simon, 2007) zu erwarten, dass auch positive Konsequenzen und Entlastung für die Lehrpersonen resultieren, sofern ausreichende finanzielle und personelle Ressourcen für die Umsetzung bereitgestellt werden.

Welche Interventionen im Bildungssystem und an einzelnen Schulen angestrebt werden, ist derzeit in erster Linie eine politisch-strategische und keine wissenschaftlich fundierte Entscheidung: Welche gesundheitsbezogenen Schwierigkeiten sollen angegangen werden und welche Ansatzpunkte sehen die politischen Entscheidungsträger auch unter Berücksichtigung finanzieller Möglichkeiten als zielführend an? Initiativen für ganzheitliche Konzepte, um systematisch Stressfaktoren zu reduzieren, situative Ressourcen zu fördern (Verhältnisprävention) und zeitgleich individuelle Kompetenzen zum Umgang mit psychischen Belastungen zu fördern (Verhaltensprävention), sind erfreulicherweise zunehmend festzustellen, etwa wenn in Baden-Württemberg psychosoziale Gefährdungsbeurteilungen flächendeckend umgesetzt werden und ein Unterstützungssystem schrittweise aufgebaut wird. Die gesetzlichen Vorgaben sind eindeutig: So ist beispielsweise in Deutschland in § 4 des Arbeitsschutzgesetzes festgehalten: „Die Arbeit ist so zu gestalten, dass eine Gefährdung für Leben und Gesundheit möglichst vermieden und die verbleibende Gefährdung möglichst gering gehalten wird … Gefahren sind an ihrer Quelle zu bekämpfen … Maßnahmen sind mit dem Ziel zu planen, Technik, Arbeitsorganisation, sonstige Arbeitsbedingungen, soziale Beziehungen und Einfluß der Umwelt auf den Arbeitsplatz sachgerecht zu verknüpfen … individuelle Schutzmaßnahmen sind nachrangig zu anderen Maßnahmen".

Vor dem Hintergrund dieser gesetzlichen Bestimmungen und auch der aktuellen Entwicklung im Bildungssystem, einzelnen Schulen mehr Autonomie zu ermöglichen („New Public Management"), sind Interventionen zur Gesundheitsförderung an den einzelnen Schulen von besonderer Bedeutung. Konkrete Beispiele und Anregungen sind Hacker et al. (2008), Inversini, Ulich und Wülser (2008), Nieskens et al. (2006), Paulus und Schumacher (2008) oder Sieland (2007) zu entnehmen.

Eine Intervention zur Gestaltung eintägiger Pädagogischer Tage beschreibt Kunigkeit (2004). Aufbauend auf einer Belastungsanalyse werden Schulen dabei unterstützt, mit Hilfe externer Moderation eine Entlastungsplanung vorzunehmen. Nach Vorgesprächen mit Schulleitung und Kollegiumsvertretern zur Belastungssituation an der Schule beginnt der Tag mit einem Impulsreferat zu Ursachen von Stressoren im Lehrberuf und möglichen Strategien zum Umgang damit. Es folgt eine individuelle und kollegiale Belastungsanalyse, in der beeinflussbare von nicht beeinflussbaren Stressoren unterschieden werden. In Kleingruppen werden Entlastungserfolge (Wo ist uns Entlastung bereits gelungen?) und Entlastungsideen (Was könnte uns künftig helfen?) gesammelt. Dabei wird zwischen den verschiedenen Ebenen, von denen Stressoren ausgehen können und auf denen Entlastung möglich ist, unterschieden: individuelle, kollegiale und institutionelle Ebene. Für die erfolgversprechendsten Ideen erfolgt dann eine intensive Konkretisierung und Umsetzungsplanung („Bitte beantworten Sie möglichst konkret und visualisiert die Frage: Wer müsste was mit wem bis wann tun, um in dem Themengebiet basierend auf den gesammelten Erfahrungen und Ideen konkrete Schritte in Richtung Entlastung herzustellen?").

Resch und Fenzl (2008) beschreiben eine umfassende Bestandsaufnahme über Fragebögen, Arbeitsanalysen und Gruppendiskussionen, die die Schule befähigen soll, gesundheitsförderliche Veränderungsprozesse zu initiieren. Bei diesem Vorgehen werden Schulen in die Lage versetzt, die für sie optimalen Schritte zur Schulentwicklung abzuleiten. Es geht also nicht darum, eine bestimmte Intervention vorzugeben und umzusetzen, sondern die Lehrpersonen und Schulleitungen als soziales System in die Lage zu versetzen, ihre Arbeitssituation zu verstehen, sich auf konkrete Verbesserungen zu einigen und diese umzusetzen. In unseren eigenen, ähnlich angelegten Projekten an schweizerischen und deutschen Schulen wurden u.a. folgende kleinere und größere Interventionen im Rahmen moderierter Pädagogischer Tage zur Gesundheitsförderung abgeleitet und umgesetzt (Krause & Dorsemagen, 2009):

- Feste Sitzordnung im Lehrerzimmer auflösen
- Geschlossenes Auftreten im Kollegium bei Veranstaltungen mit Eltern: gezielt zu zweit Elternsprechstunden durchführen
- Feste Sprechstunde für Eltern einrichten und Regeln festlegen (nicht nach 19 Uhr zu Hause anrufen)
- Gezielte und transparente Entlastung älterer Kolleginnen und Kollegen (z.B. Verzicht auf Teilnahme an Klassenfahrten)
- Mentoring einführen zur Begleitung der Berufsanfängerinnen und Berufsanfänger
- Systematische Personalentwicklung aufbauen und dabei Inhalte der Verhaltensprävention (Stress- und Selbstmanagement) berücksichtigen
- Erholungsraum einführen und Rückzugsmöglichkeiten an der Schule schaffen
- Organisation der Aufsicht optimieren und dabei auch Schülerinnen und Schüler einbinden, so dass alle Mitglieder des Kollegiums zumindest eine Pause am Tag machen können
- Konferenzen überprüfen: weniger Konferenzen; längere Sitzungen, bei denen weniger informiert und mehr gemeinsam erarbeitet wird
- 45-Minuten-Unterrichtstakt aufbrechen, um Unterricht mit weniger Zeitdruck und längere Pausen in der Schule zu ermöglichen
- Einführung neuer Unterrichtsmethoden zeitgleich durch mehrere Lehrpersonen
- Ausbau von Kollegialer Beratung, Teamteaching, „offenen Türen“, wohlwollenden Unterrichtsbesuchen, Supervision
- „Wissensmanagement“: Nutzen eines Intranets und schulweiter Materialaustausch (vereinfachter Austausch und Zugang unabhängig von persönlichen Sympathien)
- Frage „Zu welchem Thema benötigt ihr Material?“ wird als fester Tagesordnungspunkt von Sitzungsleitung in Agenda aufgenommen, um gegenseitige Unterstützung zu erleichtern
- Regeln zum Umgang mit Emails festlegen: in bestimmten Ferienwochen keine schulbezogenen Emails versenden; ansonsten sollen Emails innerhalb von drei Tagen gelesen und bei Bedarf beantwortet werden; in Betreffzeile deutlich machen, welche Art von Information enthalten ist
- Gegenseitige Erwartungen von Lehrpersonen mit Vollzeit- und Teilzeitpensen klären, z.B. Einbindung bei Schulveranstaltungen
- Bewegungsübungen gemeinsam mit Schülerinnen und Schülern im Unterricht durchführen
- Einmal pro Woche gemeinsames Mittagessen des Kollegiums an der Schule
- Jahresplan mit klaren Prioritäten und Terminen frühzeitig festlegen
- „Weniger ist mehr“: Neue Projekte nach hinten verschieben (auch wenn Teile des Kollegiums diese gerne durchführen möchte)
- „Gesundheitsbrille“ aufsetzen: Bei neuen Vorschlägen zur Schulentwicklung frühzeitig prüfen, wie sich Umsetzung auf Lehrpersonen und Gesundheit auswirken würde

- Ziele zur Gesundheit der Lehrpersonen im Schulentwicklungsplan integrieren
- Kolleginnen und Kollegen machen fortlaufend themenspezifische Sport- und Kulturangebote, über die am schwarzen Brett informiert wird (Botschaft: alle Mitglieder im Kollegium sind willkommen)

Solche Beispiele veranschaulichen die Vielfalt an unterschiedlichen Maßnahmen, die bei einer beteiligungsorientierten Vorgehensweise an der jeweiligen Schule entstehen – und genau diese Beteiligungsorientierung sollte Projekte zur Gesundheitsförderung auszeichnen.

6. Fazit und Perspektiven

Die vorliegenden Studien zur Belastungsforschung bei Lehrpersonen erlauben es, die mit der *Arbeitssituation* verbundenen Stressoren und äußeren bzw. *situativen Ressourcen* im Lehrberuf zu benennen und den Anteil erkrankter und gesunder Lehrpersonen zu schätzen. Zunehmend kann auch die Situation der Schulleitungen beschrieben werden. Wir haben 16 Kriterien vorgestellt, die bei der Bewertung vorliegender und vor allem geplanter Studien der Lehrerbelastungsforschung zukünftig herangezogen werden sollten, um relevante Erkenntnisfortschritte zu erreichen. Wir benötigen mehr Studien, die sich bei der Erfassung von Stressfaktoren, Stresserleben und Stressfolgen methodisch nicht auf Selbstauskünfte beschränken, die Längsschnittdesigns umsetzen, Reformen und Veränderungsprozesse an Schulen sowie konkrete Unterrichtsprozesse und den Zusammenhang zwischen Stress und Leistung berücksichtigen. Zudem sollten systematische Monitoringsysteme aufgebaut sowie Interventionsstudien durchgeführt werden, die auch Möglichkeiten zur Verbesserung der Arbeitssituation prüfen.

Unbefriedigend bleibt, dass trotz der zahlreichen Studien nur begrenzt wissenschaftlich fundierte Antworten auf drängende Fragen im Bildungssystem geliefert werden, die teilweise bereits seit Jahrzehnten diskutiert werden, etwa: Welche Klassengrößen und welches Stundendeputat sind mit Blick auf Stressfaktoren und Gesundheit der Lehrpersonen auf Dauer angemessen? Unter welchen Bedingungen sollte die Klassengröße erhöht bzw. reduziert werden? Dabei sollte die Lehrerbelastungsforschung auch einen Beitrag zur kritischen Überprüfung der dominierenden Orientierung am Paradigma der Lehrerpersönlichkeit liefern: Da Messinstrumente meist einseitig auf Selbstauskünften der Lehrpersonen basieren und insbesondere situationsbezogene Merkmale häufig nicht adäquat erfasst und berücksichtigt werden, ist es leicht möglich, Ergebnisse so zu interpretieren, dass Überforderungen und Erkrankungen von Lehrpersonen *in erster Linie* auf eine bestimmte Prädisposition bzw. ungeeignete Bewältigungsstile zurückzuführen sind und in der Folge z.B. die Selektion geeigneter Lehramtsanwärter oberste Priorität haben sollte. Wissenschaftlich fundiert sind solche Forderungen jedoch nicht, sofern sie auf einseitigen Interpretationen vorliegender Befunde basieren. Wir benötigen Studien, die sowohl *Situations- als auch Personmerkmale* angemessen in Längsschnitt- und Interventionsstudien berücksichtigen.

Literatur

Abel, M. H. & Sewell, J. (1999). Stress and burnout in rural and urban secondary school teachers. *The Journal of Educational Research, 92,* 287-293.

Abele, A. E., Candova, A. (2007). Prädiktoren des Belastungserlebens im Lehrerberuf. Befunde einer 4-jährigen Längsschnittstudie. *Zeitschrift für Pädagogische Psychologie, 21,* 107-118.

Albrecht, S. F., Johns, B. H., Mounsteven, J. & Olorunda, O. (2009). Working conditions as risk or resiliency factors for teachers of students with emotional and behavioral disabilities. *Psychology in the Schools, 46,* 1006-1022.

Baeriswyl, S., Dorsemagen, C. & Krause, A. (2013). *Schulleitung und Gesundheit – Eine kommentierte Bibliographie mit 19 Befunden und 9 Thesen. Projektbericht für die Departemente Bildung, Kultur und Sport (BKS) sowie Gesundheit und Soziales (DGS) des Kantons Aargau.* Olten: FHNW.

Bakker, A. B., Demerouti, E. & Verbeke, W. (2004). Using the Job Demands – Resources model to predict burnout and performance. *Human Resource Management, 43,* 83-104.

Bakker, A. B., Hakanen, J. J., Demerouti, E. & Xanthopoulou, D. (2007). Job resources boost work engagement, particularly when job demands are high. *Journal of Educational Psychology, 99,* 274-284.

Bamberg, E. & Busch, C. (1996). Metaanalyse zu betrieblichen Stressmanagementtrainings. *Zeitschrift für Arbeits- und Organisationspsychologie, 40,* 127-137.

Bamberg, E. & Busch, C. (2006). Stressbezogene Interventionen in der Arbeitswelt. *Zeitschrift für Arbeits- und Organisationspsychologie, 50,* 215-226.

Bamberg, E. & Ostendorf, P. (2008). Dienstunfähigkeit von Lehrerinnen und Lehrern im Spiegel personalärztlicher Gutachten. In A. Krause, H. Schüpbach, E. Ulich & M. Wülser (Hrsg.), *Arbeitsort Schule. Organisations- und arbeitspsychologische Perspektiven* (S. 335-364). Wiesbaden: Gabler.

Barnabé, C. & Burns, M. (1994). Teachers' job characteristics and motivation. *Educational Resarch, 26,* 171-185.

Barth, A.-R. (1997). *Burnout bei Lehrern. Theoretische Aspekte und Ergebnisse einer Untersuchung.* Göttingen: Hogrefe.

Bascia, N. & Rottmann, C. (2011). What's so important about teachers' working conditions? The fatal flaw in North American educational reform. *Journal of Education Policy, 26,* 787–802.

Bauer, J., Unterbrink, T., Hack, A., Pfeifer, R., Buhl-Grießhaber, V., Müller, U., Wesche, H., Frommhold, M., Seibt, R., Scheuch, K. & Wirsching, M. (2007). Working conditions, adverse events and mental health problems in a sample of 949 German teachers. *International Archives of Occupational & Environmental Health, 80,* 442-449.

Bellingrath, S., Weigl, T. & Kudielka, B. M. (2008). Cortisol dysregulation in school teachers in relation to burnout, vital exhaustion, and effort-reward-imbalance. *Biological Psychology, 78,* 104-113.

Bellingrath, S., Rohleder, N. & Kudielka, B. M. (2010). Healthy working school teachers with high effort-reward-imbalance and overcommitment show increased pro-inflammatory immune activity and a dampened innate immune defence. *Brain, Behavior, and Immunity, 24,* 1332–1339.

Bellmann, J. & Weiss, M. (2009). Risiken und Nebenwirkungen Neuer Steuerung im Schulsystem: Theoretische Konzeptualisierung und Erklärungsmodelle. *Zeitschrift für Pädagogik, 55,* 286-308.

Beltman, S., Mansfield, C. & Price, A. (2011). Thriving not just surviving: A review of research on teacher resilience. *Educational Research Review, 6,* 185–207.

Ben-Ari, R., Krole, R. & Har-Even, D. (2003). Differential effects of simple frontal versus complex teaching strategy on teachers' stress, burnout, and satisfaction. *International Journal of Stress Management, 10,* 173-195.

Blase, J., Dedrick, C. & Strathe, M. (1986). Leadership behavior of school principals in relation to teacher stress, satisfaction, and performance. *Journal of Humanistic Education and Development, 24,* 159-171.

Blank, S. & Schiller, S. (2008). *Abschlussbericht. Modellversuche zur Arbeitsorganisation und zu einer Neubewertung der Arbeit von Lehrerinnen und Lehrern.* Stuttgart: Landesinstitut für Schulentwicklung.

Bradley, G. (2007). Job tenure as a moderator of stressor strain relations: A comparison of experienced and new-start teachers. *Work & Stress, 21,* 48-64.

Brenner, S.-O., Sörbom, D. & Wallius, E. (1985). The stress chain: A longitudinal confirmatory study of teacher stress, coping and social support. *Journal of Occupational Psychology, 58,* 1-13.

Bromme, R. (2008). Lehrerexpertise. In W. Schneider & M. Hasselhorn (Hrsg.), *Handbuch der Pädagogischen Psychologie* (S. 159-167). Göttingen: Hogrefe.

Bründel, H. & Simon, E. (2007). *Die Trainingsraum-Methode. Unterrichtsstörungen – klare Regeln, klare Konsequenzen.* Weinheim: Beltz.

Burke, R. J., Greenglass, E. R. & Schwarzer, R. (1996). Predicting teacher burnout over time: Effects of work stress, social support, and self-doubts on burnout and its consequences. *Anxiety, Stress and Coping, 9,* 261-275.

Chaplain, R. P. (2001). Stress and job satisfaction among primary headteachers: A question of balance? *Educational Management & Administration, 29,* 197-215.

Chapman, L. S. (2005). Meta-evaluation of worksite health promotion economic return studies: 2005 update. *Journal of Health Promotion, 19,* 1-10.

Cheuk, W. H. & Wong, K. S. (1995). Stress, social support, and teacher burnout in Macau. *Current Psychology, 14,* 42-46.

Collmann, J. (2012). Teacher stress and teacher-child interactions: An investigation of demographic, professional, and self-efficacy characteristics on the relationship between teacher stress and teacher-child interactions. Dissertation, University of Virginia.

Combs, J., Edmonson, S. L. & Jackson, S. H. (2009). Burnout among elementary school principals. *ASSA Journal of Scholarship and Practice, 5,* 10-15.

Dorsemagen, C., Lacroix, P. & Krause, A. (2013). Arbeitszeit an Schulen: Welches Modell passt in unsere Zeit? Kriterien zur Gestaltung schulischer Arbeitsbedingungen. In M. Rothland (Hrsg.), *Belastung und Beanspruchung im Lehrerberuf* (S. 213-230). Wiesbaden: VS Verlag.

Ervasti, J., Kivimäki M., Puusniekka R., Luopa P., Pentti J., Suominen S., Ahola K., Vahtera J. & Virtanen, M. (2011). Students' school satisfaction as predictor of teachers' sickness absence: a prospective cohort study. *European Journal of Public Health, 22,* 215-219.

Eyal, O. & Roth, G. (2011). Principals' leadership and teachers' motivation: Self-determination theory analysis. *Journal of Educational Administration, 49,* 256-275.

Fabiano, G. A., Pelham, W. E., Coles, E. K., Gnagy, E. M., Chronis-Tuscano, A. & O'Connor, B. C. (2009) A meta-analysis of behavioral treatments for attention-deficit/hyperactivity disorder. *Clinical Psychology Review, 29,* 129-140.

Frenzel, A. C. & Götz, T. (2007). Emotionales Erleben von Lehrkräften beim Unterrichten. *Zeitschrift für Pädagogische Psychologie, 21,* 283-295.

Friedel, A. & Dalbert, C. (2002). Belastung und Bewältigung bei Grundschullehrerinnen. Die Auswirkungen einer Versetzung an die Förderstufe und der Einfluss der Ungewissheitstoleranz. *Zeitschrift für Pädagogische Psychologie, 17,* 55-68.

Friedman, I. A. (1991). High and low burnout schools: School culture aspects of teacher burnout. *Journal of Educational Research, 84,* 325-333.

Friedman, I. A. (2002). Burnout in school principals: Role related antecedents. *Social Psychology of Education, 5,* 229-251.

Gerwing, C. (1994). Streß in der Schule. Belastungswahrnehmung von Lehrerinnen und Lehrern. *Zeitschrift für Pädagogische Psychologie, 8,* 41-53.

Giesecke, H. (2001). *Was Lehrer leisten? Portrait eines schwierigen Berufes.* Weinheim: Juventa.

Giesecke, H. (2007). *Pädagogik als Beruf. Grundformen pädagogischen Handelns.* Weinheim: Juventa.

Gläßer, E., Dlugosch, G. E. & Haselwander, M. (2010). „Schuldienst verträgt sich nicht mit Gesundheitsförderung?" Eine empirische Untersuchung zur gesundheitlichen Situation, zur Inanspruchnahme von Lehrergesundheitstagen und zur Optimierung der Gesundheitsförderung von Lehrkräften in Rheinland-Pfalz. *Empirische Pädagogik, 24,* 245-263.

González-Morales, M. G., Rodriguez, I. & Peiró, J. M. (2010). A longitudinal study of coping and gender in a female-dominated occupation: Predicting teachers' burnout. *Journal of Occupational Health Psychology, 15,* 29-44.

Gloria, C. T., Faulk, K. E. & Steinhardt, M. A. (2013). Positive affectivity predicts successful and unsuccessful adaptation to stress. *Motivation and Emotion, 37,* 185-193.

Gmelch, W. H. & Gates, G. (1998). The impact of personal, professional and organizational characteristics on administrator burnout. *Journal of Educational Administration, 36,* 146-159.

Guglielmi, R. S. & Tatrow, K. (1998). Occupational stress, burnout, and health in teachers: A methodological and theoretical analysis. *Review of Educational Research, 68,* 61-99.

Hacker, W. (2009). *Arbeitsgegenstand Mensch: Psychologie dialogisch-interaktiver Erwerbsarbeit.* Lengerich: Pabst.

Hacker, W., Looks, P., Winkelmann, C., Krahl, G. & Krahl, C. (2008). Möglichkeiten zur gesundheits- und leistungsfördernden Gestaltung der Lehrarbeit: Primärprävention. In A. Krause, H. Schüpbach, E. Ulich & M. Wülser (Hrsg.), *Arbeitsort Schule. Organisations- und arbeitspsychologische Perspektiven* (S. 261-288). Wiesbaden: Gabler.

Hackman, J. R. & Oldham, G. R. (1975). Development of the Job Diagnostic Survey. *Journal of Applied Psychology, 60,* 159-170.

Hakanen, J. J., Bakker, A. B. & Schaufeli, W. B. (2006). Burnout and work engagement among teachers. *Journal of School Psychology, 43,* 495-513.

Hecker, R. (1994). Lärmbelastung in der Schule. *Zeitschrift für Arbeitswissenschaft, 48,* 90-98.

Herzog, W., Herzog, S., Brunner, A. & Müller, H. P. (2007). *Einmal Lehrer, immer Lehrer? Eine vergleichende Untersuchung der Berufskarrieren von (ehemaligen) Primarlehrpersonen.* Bern: Haupt.

Heyse, H. (2011). *Herausforderung Lehrergesundheit: Handreichungen zur individuellen und schulischen Gesundheitsförderung.* Seelze: Kallmeyer.

Hobfoll, S. E. (1988). *The ecology of stress.* Hemisphere: Washington.

Hülsheger, U. R., Lang, J. W. B. & Maier, G. W. (2010). Emotional labor, strain, and performance: Testing reciprocal relationships in a longitudinal panel study. *Journal of Occupational Health Psychology, 15,* 505-521.

Humpert, W. & Dann, H.-D. (2001). *KTM kompakt. Basistraining zur Störungsreduktion und Gewaltprävention für pädagogische und helfende Berufe auf der Grundlage des „Konstanzer Trainingsmodells".* Bern: Huber.

Inversini, S., Ulich, E. & Wülser, M. (2008). Analyse und Optimierung der Arbeitsbedingungen von Lehrkräften. In A. Krause, H. Schüpbach, E. Ulich & M. Wülser (Hrsg.), *Arbeitsort Schule. Organisations- und arbeitspsychologische Perspektiven* (S. 163-184). Wiesbaden: Gabler.

Jacobsson, C., Pousette, A. & Thylefors, I. (2001). Managing stress and feelings of mastery among Swedish comprehensive school teachers. *Scandinavian Journal of Educational Research, 45,* 37-53.

John, D. & Stein, R. (2008). Lehrergesundheit: Forschungsstand und Schlussfolgerungen – unter besonderer Berücksichtigung von Lehrerinnen und Lehrern in Kontexten der Erziehungshilfe. *Zeitschrift für Heilpädagogik, 11,* 402-411.

Jones, N. (1999). The real world management preoccupations of primary school heads. *School Leadership & Management, 19,* 483-495.

Kaempf, S. & Krause, A. (2004). Gefährdungsbeurteilungen zur Analyse psychischer Belastungen am Arbeitsort Schule. In W. Bungard, B. Koop & C. Liebig (Hrsg.), *Psychologie und Wirtschaft leben – Aktuelle Themen der Wirtschaftspsychologie in Forschung und Praxis* (S. 314-319). München: Rainer Hampp.

Karasek, R. A. (1978). *A stress-management model of job strain.* Stockholm: Swedish Institute for Social Research.

Kaspereen, D. (2012). Relaxation intervention for stress reduction among teachers and staff. *International Journal of Stress Management, 19,* 238-250.

Klippert, H. (2007). *Lehrerentlastung.* Weinheim: Beltz.

Klusmann, U., Kunter, M., Trautwein, U. & Baumert, J. (2006). Lehrerbelastung und Unterrichtsqualität aus der Perspektive von Lehrenden und Lernenden. *Zeitschrift für Pädagogische Psychologie, 20,* 161-173.

Klusmann, U., Kunter, M., Trautwein, U., Lüdtke, O. & Baumert, J. (2008). Engagement and emotional exhaustion in teachers: Does the school context make a difference? *Applied Psychology, 57,* 127-151.

Kolbe, T. & Strunk, K. O. (2012). Economic incentives as a strategy for responding to teacher staffing problems. A typology of policies and practices. *Educational Administration Quarterly, 48,* 779-813.

Krause, A. (2003). Lehrerbelastungsforschung – Erweiterung durch ein handlungspsychologisches Belastungskonzept. *Zeitschrift für Pädagogik, 49,* 254-273.

Krause, A. (2004). Erhebung aufgabenbezogener psychischer Belastungen im Unterricht – ein Untersuchungskonzept. *Zeitschrift für Arbeits- und Organisationspsychologie, 48,* 139-147.

Krause, A. & Dorsemagen, C. (2009). Gesundheitsförderung für das Kollegium durch Verbesserung der Arbeitsorganisation: Erfahrungen aus einem Pilotprojekt an 10 Schulen (Schweiz) im Zeitraum Oktober 2007 bis November 2008. Verfügbar unter www.fhnw.ch/miks/forschungsprojekte-miks/pdf-forschungsprojekte-miks/impulse-fuer-eine-gesundheitsfoerderliche-schulentwicklung/view [9.8.2013].

Krause, A., Dorsemagen, C. & Baeriswyl, S. (2013). Ergebnisse der Lehrerbelastungsforschung. Orientierung im Forschungsdschungel. In M. Rothland (Hrsg.), *Belastung und Beanspruchung im Lehrerberuf* (S. 61-80). Wiesbaden: VS Verlag.

Krause, A., Meder, L. & Dorsemagen, C. (2007). *RHIA-Unterricht. Grundlagen und Anwendung, Manual zur videogestützten Unterrichtsanalyse.* Aachen: Shaker.

Krause, A., Philipp, A. & Schüpbach, H. (2006). Altersdiversität in Lehrerkollegien. Zusammenarbeit und Konflikte zwischen Altersgruppen an Schulen. *Zeitschrift für Arbeitswissenschaft, 60,* 197-205.

Krause, A., Philipp, A., Bader, F. & Schüpbach, H. (2008). Emotionsregulation von Lehrkräften: Umgang mit Gefühlen als Teil der Arbeit. In A. Krause, H. Schüpbach, E. Ulich & M. Wülser (Hrsg.), *Arbeitsort Schule. Organisations- und arbeitspsychologische Perspektiven* (S. 309-334). Wiesbaden: Gabler.

Krause, A., Schüpbach, H., Ulich, E. & Wülser, M. (Hrsg.) (2008). *Arbeitsort Schule. Organisations- und arbeitspsychologische Perspektiven.* Wiesbaden: Gabler.

Kretschmann, R. (2008). *Stressmanagement für Lehrerinnen und Lehrer. Ein Trainingsbuch mit Kopiervorlagen.* Weinheim: Beltz.

Krüger, M. L., van Eck, E. & Vermeulen, A. (2005). Why principals leave: Risk factors for premature departure in the Netherlands compared for women and men. *School Leadership & Management, 25,* 241-261.

Kruse, L., Krause, A. & Uffelmann, I. (2006). Welchen Einfluss haben Unterrichtsmethoden auf die psychischen Belastungen der Lehrerinnen und Lehrer? In E. Mittag, E. Sticker & K. Kuhlmann (Hrsg.), *Leistung – Lust und Last. Impulse für eine Schule zwischen Aufbruch und Widerstand* (S. 273-277). Bonn: Deutscher Psychologen Verlag.

Kunigkeit, H. (2004). Von der Belastungsanalyse zur Entlastungsplanung. Schulpsychologische Unterstützung von Kollegien bei der Weiterentwicklung individueller, kollegialer und institutioneller Entlastungsstrategien. *SchulVerwaltung spezial, H. 1,* 37-40.

Kunter, M., Tsai, Y., Klusmann, U., Brunner, M., Krauss, S. & Baumert, J. (2008). Students' and mathematics teachers' perceptions of teacher enthusiasm and instruction. *Learning and Instruction, 18,* 468-482.

Kunz Heim, D. & Nido, M. (2008). *Burnout im Lehrberuf. Definition – Ursachen – Prävention. Ein Überblick über die aktuelle Literatur.* Aarau: Pädagogische Hochschule FHNW.

Kyriacou, C. (2001). Teacher stress: Directions for future research. *Educational Review, 53,* 27-35.

Kyriacou, C. & Sutcliffe, J. (1977). Teacher stress: A review. *Educational Review, 29,* 299-306.

Kyriacou, C. & Sutcliffe, J. (1978a). A model of teacher stress. *Educational Studies, 4,* S. 1-6.

Kyriacou, C. & Sutcliffe, J. (1978b). Teacher stress: Prevalence, sources and symptoms. *British Journal of Educational Psychology, 48,* 159-167.

Lacroix, P., Dorsemagen, C., Krause, A. & Bäuerle, F. (2005). *Arbeitszeitregelungen an Schulen aus arbeits- und organisationspsychologischer Sicht: Eine repräsentative Befragung gewerkschaftlich organisierter Lehrerinnen und Lehrer in Baden-Württemberg (Forschungsbericht Nr. 163).* Freiburg: Institut für Psychologie der Albert-Ludwigs-Universität Freiburg.

Lambert, R. G. & McCarthy, C. J. (2006). *Understanding teacher stress in an age of accountability.* Greenwich: Information Age Publishing.

Lambert, R. G., McCarthy, C. J., O'Donnell, M. & Wang, C. (2009). Measuring elementary teacher stress and coping in the classroom: Validity evidence for the Classroom Appraisal of Resources and Demands. *Psychology in the Schools, 46,* 973-988.

Lankes, E. M. & Carstensen, C. H. (2010). Kann man große Klassen erfolgreich unterrichten? In W. Bos, S. Hornberg, K. H. Arnold, G. Faust, L. Fried & E.M. Lankes (Hrsg.), *IGLU 2006 – die Grundschule auf dem Prüfstand. Vertiefende Analysen zu Rahmenbedingungen schulischen Lernens* (S. 121–142). Münster: Waxmann.

Laux, A. (2011). Schulleitung im Mittelpunkt schulischer Gesundheit. Eine Studie zu der Gesundheit schulischer Führungskräfte und ihrer Rolle für die Lehrergesundheit. Dissertation, Universität Potsdam.

Lazarus, R. S. & Launier, R. (1981). Stressbezogene Transaktionen zwischen Person und Umwelt. In J. R. Nitsch (Hrsg.), *Stress. Theorien, Untersuchungen, Maßnahmen* (S. 213-158). Bern: Huber.

Lhospital, A. S. & Gregory, A. (2009). Changes in teacher stress through participation in pre-referral intervention teams. *Psychology in the Schools, 46,* 1098-1112.

Maslach, C. & Leiter, M. P. (1999). Teacher burnout: A research agenda. In R. Vandenberghe & A. M. Huberman (Eds.), *Understanding and preventing teacher burnout. A source book of international research and practice* (pp. 295-303). Cambridge, UK: Cambridge University Press.

McEwen, B. (1998). Stress, adaptation, and disease: Allostasis and allostatic load. *Annals of the New York Academy of Sciences, 840,* 33-44.

McEwen, A., Carlisle, K., Knipe, D., Neil, P. & McClune, B. (2002). Primary school leadership: Values and actions. *Research Papers in Education, 17,* 147-163.

Meder, L., Dorsemagen, C. & Krause, A. (2008). Observational stress analysis at school: Classroom teaching as an example of interaction work. *Psychology of Everyday Activity, 1,* 23-32.

Montgomery, C. & Rupp, A. (2005). A meta-analysis for exploring the diverse causes and effects of stress in teachers. *Canadian Journal of Education, 28,* 458-486.

Mummert + Partner (1999). *Untersuchung zur Ermittlung, Bewertung und Bemessung der Arbeitszeit der Lehrerinnen und Lehrer im Land Nordrhein-Westfalen.* Hamburg: Mummert + Partner.

Nido, M. (2012). Gesundes Engagement am Beispiel der Tätigkeit von Lehrpersonen. *Psychologie des Altagshandelns, 5,* 16-26.

Nido, M., Trachsler, E., Ackermann, K., Brüggen, S. & Ulich, E. (2008). *Arbeitsbedingungen, Belastungen und Ressourcen von Lehrpersonen und Schulleitungen im Kanton Aargau 2008. Ergebnisse der Untersuchung im Auftrag des Departements Bildung, Kultur und Sport* (BKS, Kanton Aargau). Zürich: iafob.

Nieskens, B., Sieland, B., Schumacher, L. & Thomas, H. (2006). Gelingens- und Misslingensfaktoren bei Projekten zur systematischen Förderung der Lehrergesundheit. Erfahrungen aus einem Modellprojekt. *Prävention, H. 3,* 83-86.

Nübling, M. & Hasselhorn, H. M. (2010). The Copenhagen Psychosocial Questionnaire in Germany: From the validation of the instrument to the formation of a job-specific database of psychosocial factors at work. *Scandinavian Journal of Public Health, 38,* 120-124

Nübling, M., Vomstein, M., Haug, A., Nübling, T., Stößel, U., Hasselhorn, H. M., Hofmann, F., Neuner, R., Wirtz, M. & Krause A. (2012). *Personenbezogene Gefährdungsbeurteilung an öffentlichen Schulen in Baden-Württemberg – Erhebung psychosozialer Faktoren bei der Arbeit.* Freiburg: FFAS.

Nübling, M., Wirtz, M., Neuner, R. & Krause, A. (2008). Ermittlung psychischer Belastungen bei Lehrkräften – Entwicklung eines Instruments für die Vollerhebung in Baden-Württemberg. *Zentralblatt für Arbeitsmedizin, Arbeitsschutz und Ergonomie, 58,* 312-313.

Oberdörster, M. & Tiesler, G. (2006). *Akustische Ergonomie der Schule.* Bremerhaven: NW-Verlag.

Oesterreich, R. & Volpert, W. (1999). *Psychologie gesundheitsgerechter Arbeitsbedingungen. Konzepte, Ergebnisse und Werkzeuge zur Arbeitsgestaltung.* Bern: Huber.

Ortner, T. M. (2012). Teachers' burnout is related to lowered speed and lowered quality for demanding short-term tasks. *Psychological Test and Assessment Modeling, 54,* 20-35.

Pas, E. T.; Bradshaw, C. P., Hershfeldt, P. A., Leaf, P. J. (2010). A multilevel exploration of the influence of teacher efficacy and burnout on response to student problem behavior and school-based service use. *School Psychology Quarterly, 25,* 13-27.

Paulus, P. & Schumacher, L. (2008). Gute gesunde Schule – Lehrergesundheit als zentrale Ressource. In A. Krause, H. Schüpbach, E. Ulich & M. Wülser (Hrsg.), *Arbeitsort Schule. Organisations- und arbeitspsychologische Perspektiven* (S. 133-158). Wiesbaden: Gabler.

Paulus, P. & Witteriede, H. (2008). *Schule – Gesundheit – Bildung. Bilanz und Perspektiven.* Dortmund: Bundesanstalt für Arbeitsschutz und Arbeitsmedizin.

Philipp, A., Schüpbach, H. & Krause, A. (2008). Altersdifferenzen in der Arbeitsfähigkeit von Lehrkräften. *Wirtschaftspsychologie, 3,* 83-93.

Phillips, S. J., Sen, D. & McNamee, R. (2008). Risk factors for work-related stress and health in head teachers. *Occupational Medicine, 58,* 584-586.

Phillips, S. J., Sen, D. & McNamee, R. (2007). Prevalence and causes of self-reported work-related stress in head teachers. *Occupational Medicine, 57,* 367-376.

Price Waterhouse Coopers (2002). *The Northern Ireland teachers health' and wellbeing survey 2001. Final Report.* Verfügbar unter. www.deni.gov.uk/teachers_health_survey-2.pdf [22.08.2013].

Punch, K. F. & Tuettemann, E. (1990). Correlates of psychological distress among secondary school teachers. *British Educational Research Journal, 16,* 369-382.

Rafferty, Y., Friend, R. & Landsbergis, P. A. (2001). The association between job skill discretion, decision authority and burnout. *Work & Stress, 15,* 73-85.

Resch, M. & Fenzl, C. (2008). Externe Impulse für interne Veränderungsprozesse – das Schulprojekt Anabel. In A. Krause, H. Schüpbach, E. Ulich & M. Wülser (Hrsg.), *Arbeitsort Schule. Organisations- und arbeitspsychologische Perspektiven* (S. 185-210). Wiesbaden: Gabler.

Reinke, W., Herman, K. C. & Stormont, M. (2013). Classroom-level positive behavior supports in schools implementing SW-PBIS. identifying areas for enhancement. *Journal of Positive Behavior Interventions, 15,* 39-50.

Rohmert, W. (1984): Das Belastungs-Beanspruchungs-Konzept. *Zeitschrift für Arbeitswissenschaft, 38,* 193-200.

Ross, S. W., Romer, N. & Horner, R. H. (2011). Teacher Well-Being and the Implementation of School-Wide Positive Behavior Interventions and Supports. *Journal of Positive Behavior Interventions, 14,* 118-128.

Rothland, M. (2009). Das Dilemma des Lehrerberufs sind ... die Lehrer? Anmerkungen zur persönlichkeitspsychologisch dominierten Lehrerbelastungsforschung. *Zeitschrift für Erziehungswissenschaft, 12,* 111-125.

Rudow, B. (1990). Empirische Untersuchungen zur Belastung und Beanspruchung im Lehrerberuf. *Zeitschrift für Pädagogische Psychologie, 4,* 75-85.

Rudow, B. (1994). *Die Arbeit des Lehrers. Zur Psychologie der Lehrertätigkeit, Lehrerbelastung und Lehrergesundheit.* Bern: Huber.

Rudow, B. (2000). *Der Arbeits- und Gesundheitsschutz im Lehrerberuf. Gefährdungsbeurteilung der Arbeit von Lehrerinnen und Lehrern.* Heddesheim Baden: Süddeutscher Pädagogischer Verlag.

Rutenfranz, J. & Graf, O. (1963). *Zur Frage der zeitlichen Belastung von Lehrkräften.* Köln: Westdeutscher Verlag.

Sann, U. (2003). Job conditions and wellness of German secondary school teachers. *Psychology & Health, 18,* 489-500.

Savage, T. V. & Savage, M. K. (2009). *Successful classroom management and discipline.* Thousand Oaks: Sage.

Schaarschmidt, U. & Kieschke, U. (2007). *Gerüstet für den Schulalltag. Psychologische Unterstützungsangebote für Lehrerinnen und Lehrer.* Weinheim: Beltz.

Schaarschmidt, U., Kieschke, U. & Fischer, A. W. (1999). Beanspruchungsmuster im Lehrerberuf. *Psychologie in Erziehung und Unterricht, 46,* 244-268.

Schaarschmidt, U., Sieland, B., Fischer, A. W., Rahm, T. & Tarnowski, T. (2007). *Die Arbeitszeit der Lehrerinnen und Lehrer in Nordrhein-Westfalen. Ergebnisse und Vorschläge der Projektgruppe QuAGiS zur Entwicklung eines zukunftsfähigen Arbeitszeitmodells.* Verfügbar unter www.quagis.de/downloads/pdf-Dateien/BerichtLAZLangfassung.PDF [22.08.2013].

Scheuch, K. (Hrsg.) (1991). *Einflußfaktoren auf den Gesundheitszustand von Pädagogen.* Berlin: Verlag für Wissenschaft und Bildung.

Scheuch, K. & Knothe, M. (1997). Psychophysische Beanspruchung von Lehrern in der Unterrichtstätigkeit. In S. Buchen, U. Carle, P. Döbrich, H.-D. Hoyer & H.-G. Schönwälder (Hrsg.), *Jahrbuch für Lehrerforschung* (S. 285-299). Weinheim: Juventa.

Schlick, C. M., Bruder, R. & Luczak, H. (Hrsg.) (2010). *Arbeitswissenschaft.* Berlin: Springer.

Schönwälder, H.-G. (1997). Dimensionen der Belastung im Lehrerberuf. In S. Buchen, U. Carle, P. Döbrich, H.-D Hoyer & H.-G Schönwälder (Hrsg.), *Jahrbuch für Lehrerforschung* (S. 179-202). Weinheim: Juventa.

Schönwälder, H.-G. (1998). Probleme der Arbeitsbelastung im Lehrerberuf: Darstellung und Bewertung vorliegender empirischer Untersuchungen. *Journal für Schulentwicklung, 2,* 34-44.

Semmer, N. K. (2006). Job stress interventions and the organization of work. *Scandinavian Journal of Work, Environment & Health, 32,* 515-527.

Siegrist, J. (1996). Adverse health effects of high effort-low reward conditions. *Journal of Occupational Health Psychology, 1,* 27-41.

Sieland, B. (2007). Wie gehen Lehrkräfte mit Belastungen um? Belastungsregulierung zwischen Entwicklungsbedarf und Änderungsresistenz. In M. Rothland (Hrsg.), *Belastung und Beanspruchung im Lehrerberuf* (S. 206-226). Wiesbaden: VS Verlag.

Sonnentag, S. (2001). Work, recovery activities, and individual well-being: A diary study. *Journal of Occupational Health Psychology, 6,* 196-210.

Stage, S. A. & Quiroz, D. R. (1997). A meta-analysis of interventions to decrease disruptive classroom behavior in public education settings. School Psychology Review, 26, *333-368.*

Ulich, K. (1996). Beruf Lehrer/in. Arbeitsbelastungen, Beziehungskonflikte, Zufriedenheit. Weinheim: Beltz.

Unterbrink, T., Hack, A., Pfeifer, R., Buhl-Grießhaber, V., Müller, U., Wesche, H., Frommhold, M., Scheuch, K., Seibt, R., Wirsching, M. & Bauer, J. (2007). Burnout and effort-reward-imbalance in a sample of 949 German teachers. *International Archives of Occupational & Environmental Health, 80,* 433-441.

van der Doef, M. & Maes, S. (2002). Teacher-specific quality of work versus general quality of work assessment: A comparison of their validity regarding burnout, psychosomatic well-being and job satisfaction. *Anxiety, Stress and Coping, 15,* 327-344.

van der Klink, J. J., Blonk, R. W., Schene, A. H. & van Dijk, F. J. (2001). The benefits of interventions for work-related stress. *American Journal of Public Health, 91,* 270-276.

van Dick, R. (1999). *Streß und Arbeitszufriedenheit im Lehrerberuf. Eine Analyse von Belastung und Beanspruchung im Kontext sozialpsychologischer, klinisch-psychologischer und organisationspsychologischer Konzepte.* Marburg: Tectum.

van Dick, R. & Stegmann, S. (2007). Belastung, Beanspruchung und Stress im Lehrerberuf – Theorien und Modelle. In M. Rothland (Hrsg.), *Belastung und Beanspruchung im Lehrerberuf* (S. 34-51). Wiesbaden: VS Verlag.

Vandenberghe, R. & Huberman, A. M. (Hrsg.) (1999). *Understanding and preventing teacher burnout. A source book of international research and practice.* Cambridge, UK: Cambridge University Press.

Weber, A., Weltle, D. & Lederer, P. (2003). Frühpensionierung statt Prävention? – Zur Problematik der Frühinvalidität im Schuldienst. *Arbeitsmedizin Sozialmedizin Umweltmedizin, 38,* 376-384.

Whitaker, K. S. (1996). Exploring causes of principal burnout. *Journal of Educational Administration, 34,* 60-71.

Wilson, V. (2002). *Feeling the strain. An overview of the literature on teacher stress.* York: Reports Express.

Wudy, D. & Jerusalem, M. (2011). Die Entwicklung von Selbstwirksamkeit und Belastungserleben bei Lehrkräften. *Psychologie in Erziehung und Unterricht, 58,* 254-267.

Diskussion

Uta Klusmann & Anja Philipp

Belastung und Beanspruchung im Lehrerberuf: Zum Stand der empirischen Forschung

Ein Kapitel über berufliche Belastung und Beanspruchung von Lehrkräften kann man nicht nur als Wissenschaftler, sondern auch als Politiker, Schulleiter, Lehrkraft, Lehramtskandidat oder als Eltern mit Interesse lesen. Denn sie alle sind von den Konsequenzen beruflicher Beanspruchung wie beispielsweise Einbußen in der Gesundheit, schulischen Fehlzeiten oder gar Frühpensionierung betroffen. Je nach Perspektive scheinen unterschiedliche Aspekte des Themengebietes besonders relevant. Wissenschaftler interessieren sich für theoretische Weiterentwicklungen und empirische Befunde, Politiker suchen nach Ergebnissen, aus denen sich konkrete Entscheidungen für Ausbildung und Arbeitsbedingungen der Lehrkräfte ableiten lassen, und betroffene Lehrkräfte oder Schulleiter nach konkretem Rat für Prävention und Intervention. Dieses Spannungsfeld aus divergierenden Erwartungshaltungen stellt eine zentrale Herausforderung der Forschung zu Belastung und Beanspruchung im Lehrerberuf dar und macht eine hohe Qualität der Forschung und eine gelungene Kommunikation ihrer Befunde auch in Hinblick auf ihre Belastbarkeit und Grenzen unerlässlich.

Obwohl die Berufsgruppe der Lehrkräfte eine zentrale Rolle im Bildungssystem und in jeder Einzelschule einnimmt, ist die Beschäftigung mit Belastung und Beanspruchung im Lehrerberuf kein klassischer erziehungswissenschaftlicher Gegenstand. Mit den Überschneidungen zu Themen wie Stress, Stressbewältigung und Burnout befindet sich die Forschung zur Belastung und Beanspruchung im Lehrerberuf vielmehr an der Schnittstelle von Arbeits- und Organisationspsychologie (bzw. der *occupational health psychology*; Quick & Tetrick, 2003; Krause, Schüpbach, Ulich & Wülser, 2008; Semmer & Meier, 2014), der Arbeitsmedizin (Weber, Weltle & Lederer, 2004; Seibt, Thinschmidt, Lützkendorf & Hänsch, 2006), der Arbeitswissenschaft (Krause & Dorsemagen, in diesem Band), der Gesundheitspsychologie (Schwarzer, 2004) sowie der Klinischen Psychologie (Hillert & Schmitz, 2004; Lehr, in diesem Band; Wittchen & Hoyer, 2006). Die unterschiedlichen Perspektiven spiegeln sich auch in dem Beitrag von Krause und Dorsemagen (in diesem Band) und den beiden Beiträgen von Lehr (in diesem Band) wider. So vertritt Dirk Lehr schwerpunktmäßig die Perspektive der Klinischen Psychologie, in welcher der Fokus auf dem Gesundheits- bzw. Krankheitszustand des Individuums, einer präzisen (Einzelfall-)Diagnostik und der entsprechenden Intervention liegt. Der Beitrag von Andreas Krause und Cosima Dorsemagen vertritt die Perspektive der Arbeitswissenschaft, aus welcher die Bedeutung von Tätigkeits- und Arbeitsplatzmerkmalen für das Erleben beruflicher Beanspruchung im Mittelpunkt steht.

Vor dem Hintergrund dieser verschiedenen Perspektiven stellt sich die Frage, was wir eigentlich über die Belastungen des Lehrerberufs und das Beanspruchungserleben der Lehrkräfte wissen? Im Folgenden soll entlang von vier zentralen Aspekten (Bedeutung der verwendeten Konzepte, Verbreitung, Ursachen und Veränderungsmöglichkeiten von beruflicher Belastung/ Beanspruchung) der empirische Forschungsstand kritisch diskutiert werden. Im Anschluss werden Forschungsdesiderata benannt und zentrale Herausforderungen zukünftiger Forschung aufgezeigt.

1. Was wissen wir über die Belastung und Beanspruchung des Lehrerberufs?

Was versteht man unter beruflicher Belastung und Beanspruchung?
Die vorangegangenen Überblicksarbeiten machen deutlich, dass mit dem Themenkomplex Belastung und Beanspruchung eine Reihe von Begrifflichkeiten wie Stress, Burnout, Depression und Gesundheit(-sbeeinträchtigungen) assoziiert sind. Von verschiedenen Seiten wurde die Notwendigkeit einer konsistenten und trennscharfen Verwendung dieser Begriffe betont (vgl. die Kritik von Guglielmi, 2001; Kyriacou, 2001; Shirom, 2003). Als kleinster gemeinsamer Nenner kann allerdings nur festgehalten werden, dass sich die verwendeten Begriffe auf negative Erlebensqualitäten im beruflichen Kontext beziehen. Die Bezeichnungen Belastung und Beanspruchung werden hauptsächlich in der deutschsprachigen Literatur verwendet (Rohmert & Rutenfranz, 1983; Rudow, 1999) und oftmals als Oberbegriffe für verschiedene Erlebensqualitäten verstanden. Darüber hinaus unterscheiden sich die unterschiedlichen Konzepte stark in ihrer zeitlichen Ausrichtung, der Intensität der jeweiligen Erlebensqualität und den betroffenen psychischen Funktionsbereichen.

Besonders prominent ist das Konzept Burnout, welches in einer Vielzahl von Ratgebern sowie Forschungsarbeiten, insbesondere aus der Perspektive der *occupational health psychology* verwendet wird (vgl. Schaufeli & Bunk, 2003). Allerdings wird das Konzept Burnout, wie auch der Beitrag von Lehr (in diesem Band, a) zeigt, immer wieder kritisch diskutiert: Aus Perspektive der Klinischen Psychologie wird argumentiert, dass das Burnout-Konzept nicht den aktuellen Gütekriterien klinischer Diagnostik (Konfundierung von Ätiologie und Symptomen, mangelnde Differentialdiagnostik) entspreche und der Mehrwert gegenüber einer etablierten Diagnose wie der Depression angezweifelt werden könne (vgl. auch Berger et al., 2012; Hillert & Schmitz, 2004; Kristensen, Borritz, Villadsen & Christensen, 2005; Shirom, 2005). Problematisch und vermutlich auch ursächlich für die kritische Einordnung aus der klinischen Perspektive erscheint, dass der Begriff Burnout oftmals (insbesondere in praktischen Ratgebern) als klinisch relevante Individualdiagnose verstanden wird, ohne dass dies die ursprüngliche Konzeptionalisierung nahelegt. So definieren Schaufeli und Enzmann (1998, S. 36) in ihrer Überblicksarbeit Burnout als „work related state of mind in „normal" individuals [...] who do not suffer from psychopathology". Entsprechend erfasst das standardmäßig verwendete Messinstrument (MBI; Maslach, Jackson & Leiter, 1996) das Konstrukt Burnout mittels dreier Merkmalsdimensionen, ohne dabei Kriterien für eine Diagnose von Burnout zu enthalten.[1] Die Mehrheit der Forschungsarbeiten verwenden entsprechend das MBI, teilweise auch nur die Emotionale Erschöpfung als Leitsymptom, zur populationsbasierten Erfassung einer negativen berufsbezogenen (subklinischen) psychischen Erlebensqualität, die ähnlich wie Konzepte der Arbeitszufriedenheit, Motivation oder Commitment in Zusammenhang zu Merkmalen der beruflichen Umwelt oder der Person untersucht werden (Demerouti, Bakker, Nachreiner & Schaufeli, 2001; Halbesleben & Bowler, 2007; Wright & Cropanzano, 1998). Zukünftige Arbeiten sollten deutlich machen, inwieweit eine klinisch relevante Symptomatik auf Individualebene erfasst werden soll oder subklinische Erlebensqualitäten auf Populationsebene wie in der Mehrheit der Arbeiten aus der *occupational health* Forschung.

1 Schwierigkeiten beim Verständnis des Burnout-Konzepts bereitet auch, dass trotz der subklinischen Definition von Burnout von derselben Arbeitsgruppe versucht wurde, cut-off Werte für die Identifikation klinisch relevanter Burnout-Symptome zu identifizieren (Schaufeli, Bakker, Hoogduin, Schaap & Kladler, 2001).

Wie stark ist die Beanspruchung im Lehrerberuf? Obwohl in beinahe jeder Veröffentlichung zum Thema Lehrerbelastung ihre Relevanz mit der besonders hohen Beanspruchung des Lehrerberufs unterstrichen wird, ist die Frage nach dem tatsächlichen Beanspruchungsniveau bislang nicht eindeutig zu beantworten (Schaufeli & Enzmann, 1998). Zwar gibt es Befunde, die zeigen, dass Lehrkräfte eine hohe Zahl an Frühpensionierungen aufweisen, die u.a. aufgrund psychischer Beeinträchtigungen zustande kommen (Statistisches Bundesamt, 2005; OECD, 2005; Weber et al., 2004), jedoch sind diese Zahlen seit der Einführung von Versorgungsabschlägen bei frühzeitiger Pensionierung im Jahr 2001 stark zurückgegangen (Statistisches Bundesamt, 2013). Zudem gibt es kaum epidemiologische Hinweise auf ein höheres Gesundheitsrisiko für berufstätige Lehrkräfte verglichen mit anderen Berufsgruppen (vgl. auch Lehr, in diesem Band, a). Einige Studien versuchen zwar, das Beanspruchungserleben von Lehrkräften im Vergleich mit anderen Berufsgruppen zu quantifizieren, jedoch kommen sie zu uneinheitlichen Ergebnissen. Während einerseits Lehrkräfte als stärker beansprucht beschrieben werden (z.B. Smith, Brice, Collins, Matthews & McNamara, 2000), charakterisieren andere Studien Lehrkräfte als nicht höher beansprucht als andere Berufsgruppen (z.B. Grosch & Murphy, 1998; Kovess-Masféty, Rios-Seidel & Sevilla-Dedieu, 2007) oder sogar als ähnlich zufrieden mit ihrem Beruf wie Vertreter anderer Berufe auch (Schult, Münzer-Schrobildgen & Sparfeldt, 2014).

Dass die Frage nach der absoluten und relativen Beanspruchung von Lehrkräften nicht einfach zu beantworten ist, kann zum einen mit der Vielzahl von verwendeten Konzepten, die eine Vergleichbarkeit und Bündelung von Forschungsarbeiten schwierig machen, begründet werden. Zum anderen fehlt es den meisten Instrumenten an Normwerten, die eine vergleichende Einordnung von Befunden auch in Hinblick auf andere Berufsgruppen ermöglichen. Dabei scheint die absolute Beanspruchung der Lehrkräfte gar nicht das Hauptkriterium für die Relevanz von Forschungsarbeiten und die Initiierung von Präventions- und Interventionsmaßnahmen zu sein. Viel wichtiger als eine absolute Bestimmung der Beanspruchung im Lehrerberuf erscheinen die empirischen Hinweise, dass ein höheres Beanspruchungserleben mit negativen Konsequenzen für die Gesundheit der Lehrkräfte einhergeht. Es gibt bislang einige Studien, die biologische Faktoren von (angehenden) Lehrkräften im Zusammenhang mit erhöhter Beanspruchung erfassen (z.B. Bellingrath, Rohleder & Kudielka, 2010; von Känel, Bellingrath & Kudielka, 2009) und so Hinweise liefern, wie sich langfristige gesundheitliche Folgen ergeben können. Allerdings handelt es sich bislang um Studien, die noch keine kausalen Schlüsse zur Entstehung von Krankheiten zulassen (siehe Beitrag von Lehr, in diesem Band, a). Diese Forschung ist jedoch insofern relevant, da sie eine wertvolle Ergänzung zum Gros der empirischen Arbeiten, die auf Selbstberichten von Lehrkräften beruhen, darstellen.

Andererseits gilt es zu untersuchen, inwiefern ein höheres Beanspruchungserleben mit Einbußen in der Unterrichtsqualität von Lehrkräften und der Entwicklung der Schülerinnen und Schüler assoziiert ist (Klusmann, Kunter, Trautwein & Baumert, 2006; Klusmann, Kunter, Trautwein, Lüdtke & Baumert, 2008a; Klusmann & Richter, 2014; Melamed, Shirom, Toker, Berliner & Shapira, 2006; Ostroff, 1992). Diese bedeutsamen Konsequenzen sollten hinreichend sein für die Relevanz des Forschungsgebietes und von Maßnahmen zur Reduktion von Beanspruchungssymptomen.

Welches sind die Ursachen für berufliche Beanspruchung im Lehrerberuf?
Verschiedene Überblicksarbeiten haben die umweltseitigen Bedingungen und persönliche Risikofaktoren für das Erleben von Beanspruchung zusammengestellt (Byrne, 1999; Guglielmi & Tatrow, 1998; Kyriacou, 2001; Maslach, Schaufeli & Leiter, 2001; Rudow, 1999; Rothland, 2013). Auch die Arbeiten von Lehr (in diesem Band, a) sowie Krause und Dorsemagen (in diesem Band) liefern einen Überblick über den aktuellen Forschungsstand. Die Gliederung in personenbezogene und bedingungsbezoge-

ne Forschung zeigt dabei, dass die verschiedenen Forschungsperspektiven sich insbesondere hinsichtlich der Merkmalsbereiche bei der Ursachensuche unterscheiden. Auch wenn die verschiedenen Perspektiven und die damit verbundenen Kompetenzen als Gewinn für die Forschung zur „Lehrerbelastung" angesehen werden können, resultieren daraus mitunter stark vereinfachte Modelle der Ursachenzuschreibung, die zu einem „entweder-oder" im Hinblick auf Umwelt- oder Personenfaktoren führen können (vgl. Maslach et al., 2001). Problematischer als der daraus resultierende innerwissenschaftliche Diskurs erscheinen dabei die Konsequenzen einer starken Polarisierung für die Kommunikation in die berufliche und politische Praxis. So kann auch die aktuell entbrannte Debatte zur Auswahl von geeigneten Lehrkräften (vgl. Schaarschmidt & Kieschke, 2007), in welcher – ungeachtet der Qualität der Lehrerausbildung – nach stabilen persönlichen Voraussetzungen von Lehrkräften zur erfolgreichen Bewältigung der beruflichen Aufgaben gesucht werden, als Konsequenz eines einseitigen Verständnisses der personenbezogenen Forschung verstanden werden.

Was kann man gegen erhöhte Beanspruchung tun?

Die Arbeiten von Krause und Dorsemagen sowie Lehr (in diesem Band, b) demonstrieren, dass mittlerweile verschiedene verhaltens- und arbeitsbezogene Maßnahmen zur Reduktion von Stress und Beanspruchung im Lehrerberuf vorliegen. Diese reichen von allgemeinen Stressbewältigungsprogrammen über Trainings zum Umgang mit berufsspezifischen Stressoren bis hin zu pädagogischen Tagen zur Gesundheitsförderung. Auch hier unterscheiden sich die Ansätze darin, ob sie eher bei der Lehrperson selbst oder dem beruflichen Umfeld ansetzen. Darüber hinaus lassen sich lehrerspezifische und lehrerunspezifische Maßnahmen unterscheiden. Mehrheitlich scheinen bislang lehrerunspezifische Präventionsmaßnahmen erfolgreich auf die Gruppe der Lehrkräfte übertragen worden zu sein. Daneben gibt es aber auch erste Erfolge für lehrerspezifische Trainings, die auf den Umgang mit berufsspezifischen Stressoren (schwieriges Schülerverhalten), Förderung von Ressourcen (soziale Unterstützung im Kollegium, individuelle Bewältigungsstile im Umgang mit Problemen und Regulation negativer Emotionen im Unterricht) und die Entwicklung der professionellen Kompetenz (Klassenführungstraining) abzielen. Neben „klassischen" Trainings gibt es auch bereits Online-Trainings, die Lehrkräften einen leichteren Zugang zu Interventionen ermöglichen (siehe Lehr in diesem Band, b).

Die Beteiligung an der Entwicklung und Evaluation lehrerspezifischer Präventionsmaßnahmen zur Vorbeugung und Reduktion von Beanspruchung und Stress-Symptomen scheint besonders für die pädagogisch-psychologische Forschung ein relevantes und viel versprechendes Aufgabengebiet. Denn zur Entwicklung spezifischer Maßnahmen für Lehrkräfte scheint insbesondere das Wissen um Unterrichtsprozesse und eine effiziente Klassenführung, die Kompetenz von Lehrkräften und das Erleben und Verhalten der Schülerinnen und Schüler relevant. Weiterhin erscheint die Integration des Themas „Belastung und Beanspruchung im Lehrerberuf" in die professionelle Aus- und Weiterbildung der Lehrkräfte vielversprechend und entspricht den Forderungen der Standards zur Lehrerbildung, die explizit eine erfolgreiche Bewältigung beruflicher Belastung als Teil erfolgreichen professionellen Handelns verstehen (KMK, 2004). Solche auf Lehrkräfte zugeschnittenen Maßnahmen als Teil der Aus- und Weiterbildung würden zum einen die Erreichbarkeit der Lehrkräfte gewährleisten und könnten zum anderen zu einem selbstverständlicheren Umgang mit den Themen Stress und Belastung im Beruf sorgen. Gerade weil bei Präventionsmaßnahmen die Verbindung von Forschung und praktischer Umsetzung besonders eng ist, sind – so wie auch von Lehr sowie Krause und Dorsemagen erläutert – belastbare Studien gefordert, die sich die Erkenntnisse der verschiedenen beteiligten Forschungsperspektiven zu Nutzen machen.

2. Was wissen wir nicht über die Belastung und Beanspruchung im Beruf der Lehrer?

Trotz einer großen Anzahl von Forschungsarbeiten und Ratgebern zum Thema Stress, Burnout, Belastung und Beanspruchung im Lehrerberuf scheinen noch viele Fragen offen. Im Folgenden sollen vier unserer Ansicht nach zentrale Punkte skizziert werden.

Bislang ist ausgesprochen wenig über die längerfristige Entwicklungsperspektive des beruflichen Beanspruchungserlebens bekannt. Wie stabil bzw. variabel ist das Erleben der verschiedenen Beanspruchungsreaktionen? Ergebnisse verschiedener Studien weisen beispielsweise darauf hin, dass Burnout-Symptome über einen längeren Zeitraum relativ stabil bleiben (vgl. Schaufeli & Enzmann, 1998). Aber gilt diese Annahme auch für andere Stress-Symptome? Es gibt kaum Studien, die sich mit dem Verlauf verschiedener Belastungs- und Beanspruchungsreaktionen über eine längeren Zeitraum hinweg beschäftigen. Viele Studien betrachten die Veränderung von Belastung und Beanspruchung über den Zeitraum eines Jahres, was jedoch in Anbetracht der durchschnittlichen Dauer der Berufstätigkeit wenig aussagekräftig hinsichtlich einer langfristigen Entwicklungsperspektive erscheint. Spannend wäre es, hier zu untersuchen, welche Entwicklungen Personen nehmen, die schon am Anfang ihrer Karriere eine erhöhte Beanspruchung aufweisen, ob es typische Entwicklungsverläufe der Beanspruchung über die Berufstätigkeit gibt, wie stabil die Unterschiede zwischen Personen sind, welche intraindividuellen Schwankungen es gibt und welche Prädiktoren inter- und intraindividuelle Unterschiede vorhersagen. Nur wenige Studien haben sich bislang derartigen Fragen gewidmet. Hakanen, Bakker und Jokisaari (2011) konnten – allerdings nicht spezifisch für Lehrkräfte – zeigen, dass Ressourcen das Stresserleben sowie Burnout über einen Zeitraum von 35 Jahren beeinflussen. Einen anderen Ansatz verfolgen Hultell, Melin und Gustavson (2013), die die Entwicklung von Burnout-Symptomen von Lehrkräften in den ersten drei Jahren im Beruf erfasst haben und so verschiedene Burnout-Verläufe nachzeichnen. Weitere Versuche, diese Fragen zu beantworten, können als wichtiger nächster Schritt verstanden werden. Sie sind unerlässlich für Handlungsempfehlungen an betroffene Lehrkräfte sowie die Implementation von Präventionsmaßnahmen.

Ein zweiter interessanter Themenbereich im Kontext der empirischen Forschung zum Lehrerberuf ist die Frage nach dem Zusammenhang zwischen der professionellen Kompetenz der Lehrkräfte und ihrer beruflichen Beanspruchung (Baumert & Kunter, 2006). Vor dem Hintergrund ressourcenorientierter Stresstheorien (Lazarus, 1966; Hobfoll, 1989) kann das berufliche Wissen und Können einer Lehrkraft als persönliche Ressource zur erfolgreichen Bewältigung beruflicher Anforderungen verstanden werden. Entsprechend können auch die bisherigen Ansätze zur Förderung spezifischer Teilaspekte der Kompetenz wie Trainings zur Klassenführung und zur Schüler-Lehrer-Interaktion oder der Beratung von Eltern verstanden werden. Auch wenn diese Ansätze erste Hinweise auf kurzfristige Effekte solcher Maßnahmen liefern, gibt es bislang keine empirische Evidenz für den Zusammenhang zwischen Beanspruchungserleben und dem fachlichen Wissen und Können der Lehrkräfte. Das COACTIV-Modell der professionellen Kompetenz integriert den Umgang mit beruflicher Belastung. Das Modell schlägt mit der so genannten beruflichen Selbstregulation einen überfachlichen Kompetenzaspekt vor, der für die erfolgreiche Bewältigung beruflicher Belastungen verantwortlich ist (Baumert & Kunter, 2006; Klusmann et al., 2008a). Einige Studien konnten bereits zeigen, dass über allgemeine persönliche Voraussetzungen hinaus auch solche überfachlichen Kompetenzen, wie beispielsweise Selbstwirksamkeit in Bezug auf Klassenführung mit Unterrichtsvariablen sowie dem Beanspruchungserleben assoziiert sein können (Dicke et al., 2014), aber auch umgekehrte Effekte von günstigem Unterrichtshandeln von Lehrkräften auf ihr Selbstwirksamkeitserleben zu erwarten sind (Holzberger, Philipp & Kunter, 2013). Welche Rolle darüber hinaus Kompetenzaspekte wie das pädagogisch-psychologische Wissen der Lehrkraft spielt, das eine zentrale Voraussetzung für die gelungene Gestaltung des Unterrichts darstellt, ist eine wichtige Frage, die auch für die Aus- und Weiterbildung relevant ist. Erste Ergebnisse unterstreichen deren Bedeutung, indem sie zeigen, dass das Wissen über Klassenführung eine Rolle für das Beanspruchungserleben von Lehrkräften spielt (Klusmann, Kunter, Voss & Baumert, 2012).

Ein dritter bislang wenig berücksichtigter Bereich betrifft die Interaktion von Personen- und Umweltmerkmalen bei der Entstehung von beruflicher Beanspruchung im Lehrerberuf. Bislang konzentrieren sich die meisten Studien entweder auf die Untersuchung von Personenmerkmalen oder auf Merkmale der Arbeit bzw. des beruflichen Umfeldes bei der Genese von beruflicher Beanspruchung. Dies bedeutet, dass die jeweiligen belastenden oder unterstützenden Faktoren nur in ihrem direkten Effekt auf das Erleben der Personen untersucht werden. Bislang unbeantwortet ist allerdings, ob beispielsweise eine hohe quantitative Arbeitsbelastung oder Disziplinschwierigkeiten der Schüler auf alle Lehrkräfte einen ähnlichen Effekt haben oder für Lehrkräfte mit bestimmten Persönlichkeitsmerkmalen und Kompetenzprofilen stärkere oder schwächere Effekte aufweisen. Das Wissen über das Zusammenspiel von Personen und Umweltmerkmalen erscheint insbesondere auch für die Gestaltung von Interventionsmaßnahmen entscheidend.

Ein vierter bislang bei der Untersuchung von Merkmalen der schulischen Umwelt vernachlässigter Aspekt ist die Mehrebenenperspektive (vgl. Raudenbush & Bryk, 2002), die durch die Strukturbedingungen des Arbeitsplatzes „Schule" gegeben ist: In jeder Schule befindet sich ein Kollegium von Lehrkräften, die sich im selben beruflichen Kontext bewegen, das heißt, eine gemeinsame Umwelt teilen. Dies legt nahe, dass es möglich ist, die Effekte einer geteilten Schulumwelt auf ihre jeweiligen Mitglieder zu untersuchen. Der Fokus der Betrachtung kann damit von Vergleichen zwischen einzelnen Lehrkräften um den Vergleich von verschiedenen Schulumwelten erweitert werden. Somit ist es möglich, Ressourcen und Anforderungen der schulischen Umwelt, in denen sich verschiedene Schulen unterscheiden, zu identifizieren, um anschließend den Effekt differenzieller Schulumwelten auf das emotionale und motivationale Erleben der Lehrkräfte zu untersuchen. Nur wenige Arbeiten haben sich dem Lehrerverhalten auf der Ebene der schulischen Umwelt genähert (z.B. Caprara, Barbaranelli, Borgogni & Steca, 2003; Klusmann, Kunter, Trautwein, Lüdtke & Baumert, 2008b; Ostroff, 1992). Einzelne Studien gehen bislang der spannenden Frage nach, inwieweit Unterschiede zwischen Schulen beispielsweise hinsichtlich der soziodemografischen Merkmale der Schülerschaft (Virtanen et al., 2007) oder dem sozialen Klima in der Schule (Ervasti et al., 2012) mit dem Beanspruchungserleben von Lehrkräften assoziiert sind.

Insgesamt zeigt der interdisziplinäre Blick auf das Phänomen Belastung und Beanspruchung im Lehrerberuf die Reichhaltigkeit und Vielschichtigkeit des Themas. Zukünftige Arbeiten können sicherlich von einer Integration und einem Austausch der interdisziplinären Forschungsressourcen profitieren. Insbesondere die pädagogisch-psychologische Forschung kann ihre Expertise zu Themen wie Unterrichtsgestaltung, professionelle Lehrerkompetenz, Schulorganisation und Aus- und Weiterbildung von Lehrkräften in zukünftige Studien zur Belastung und Beanspruchung von Lehrkräften stärker einbringen. Die Beiträge von Krause und Dorsemagen sowie Lehr im vorliegenden Handbuch machen deutlich, dass es nach wie vor einen großen Bedarf an qualitätsvollen Forschungsarbeiten gibt und bieten dabei umfassende Kriterien und Orientierungshilfen für die Planung und Durchführung innovativer Studien. Nur diesen Kriterien entsprechende Studien scheinen geeignet, auch die Fragen aus der beruflichen Praxis und von politischen Entscheidungsträgern zu beantworten, so dass man als Politiker, Schulleiter, Lehrkraft, Lehramtskandidat und Eltern ein Kapitel zu Belastung und Beanspruchung im Lehrerberuf mit Interesse und Gewinn lesen kann.

Literatur

Baumert, J. & Kunter, M. (2006). Stichwort: Professionelle Kompetenz von Lehrkräften. *Zeitschrift für Erziehungswissenschaft, 9*, 469-520.

Bellingrath, S., Rohleder, N., & Kudielka, B.M. (2010). Healthy working school teachers with high effort–reward-imbalance and overcommitment show increased pro-inflammatory immune activity and a dampened innate immune defence. *Brain, Behavior, and Immunity, 24*, 1332-1339.

Berger, M., Linden, M., Schramm, E., Hillert, A., Voderholzer, U. & Maier, W. (2012). *Positionspapier der Deutschen Gesellschaft für Psychiatrie, Psychotherapie und Nervenheilkunde (DGPPN) zum Thema Burnout*. http://www.dgppn.de/fileadmin/user_upload/_medien/download/pdf/stellungnahmen/2012/stn-2012-03-07-burnout.pdf [13.03.2014].

Byrne, B.M. (1999). The nomological network of teacher burnout: A literature review and empirically validated model. In: R. Vandenberghe & M.A. Huberman (Eds.): *Understanding and preventing teacher burnout: A sourcebook of international research and practice* (pp. 15-37). Cambridge: Cambridge University Press.

Caprara, G.V., Barbaranelli, C., Borgogni, L. & Steca, P. (2003). Efficacy beliefs as determinants of teachers' job satisfaction. *Journal of Educational Psychology, 95*, 821-832.

Demerouti, E., Bakker, A.B., Nachreiner, F. & Schaufeli, W.B. (2001). The job demands-resources model of burnout. *Journal of Applied Psychology, 86*, 499-512.

Dicke, T., Parker, P.D., Marsh, H.W., Kunter, M., Schmeck, A. & Leutner, D. (2014). Self-efficacy in classroom management, classroom disturbances, and emotional exhaustion: A moderated mediation analysis of teacher candidates. *Journal of Educational Psychology, 106*, 569-583.

Ervasti, J., Kivimäki, M., Puusniekka, R., Luopa, P., Pentti, J., Suominen, S., et al. (2012). Students' school satisfaction as predictor of teachers' sickness absence: A prospective cohort study. *European Journal of Public Health, 22*, 215-219.

Grosch, J.W. & Murphy, L.R. (1998). Occupational differences in depression and global health: Results from a national sample of US workers. *Journal of Occupational and Environmental Medicine, 40*, 153-164.

Guglielmi, R. S. (2001). Teacher stress and burnout: Methodological perspectives. In *International Encyclopedia of the Social & Behavioral Sciences* (S. 15465-15468).

Guglielmi, R.S. & Tatrow, K. (1998). Occupational stress, burnout, and health in teachers: A methodological and theoretical analysis. *Review of Educational Research, 68*, 61-99.

Hakanen, J.J., Bakker, A.B. & Jokisaari, M. (2011). A 35-Year Follow-Up Study on Burnout Among Finnish Employees. *Journal of Occupational Health Psychology, 16*, 345-360.

Halbesleben, J.R. & Bowler, W. (2007). Emotional exhaustion and job performance: The mediating role of motivation. *Journal of Applied Psychology, 92*, 93-106.

Hillert, A. & Schmitz, E. (Hrsg.) (2004). *Psychosomatische Erkrankungen bei Lehrerinnen und Lehrern: Ursachen Folgen Lösungen*. Stuttgart: Schattauer.

Hobfoll, S.E. (1989). Conservation of resources. A new attempt at conceptualizing stress. *American Psychologist, 44*, 513-524.

Holzberger, D., Philipp, A. & Kunter, M. (2013). How teachers' self-efficacy is related to instructional quality: A longitudinal analysis. *Journal of Educational Psychology, 105*, 774-786.

Hultell, D., Melin, B. & Gustavsson, J.P. (2013). Getting personal with teacher burnout: A longitudinal study on the development of burnout using a person-based approach. *Teaching and Teacher Education, 32*, 75-86.

Klusmann, U., Kunter, M., Trautwein, U. & Baumert, J. (2006). Lehrerbelastung und Unterrichtsqualität aus der Perspektive von Lehrenden und Lernenden. *Zeitschrift für Pädagogische Psychologie, 20*, 161-173.

Klusmann, U., Kunter, M., Trautwein, U., Lüdtke, O. & Baumert, J. (2008a). Teachers' occupational well-being and the quality of instruction: The important role of self-regulatory patterns. *Journal of Educational Psychology, 100*, 702-715.

Klusmann, U., Kunter, M., Trautwein, U., Lüdtke, O. & Baumert, J. (2008b). Engagement and emotional exhaustion in teachers: Does the school context make a difference? *Applied Psychology: An International Review, 57*, 127-151.

Klusmann, U., Kunter, M., Voss, T. & Baumert, J. (2012). Berufliche Beanspruchung angehender Lehrkräfte: Die Effekte von Persönlichkeit, pädagogischer Vorerfahrung und professioneller Kompetenz. *Zeitschrift für Pädagogische Psychologie, 26*, 275-290.

Klusmann, U. & Richter, D. (2014). Beanspruchungserleben von Lehrkräften und Schülerleistung: Eine Analyse des IQB-Ländervergleichs in der Primarstufe. *Zeitschrift für Pädagogik*, 60, 202–224.

KMK – Sekretariat der Ständigen Konferenz der Kultusminister der Länder in der Bundesrepublik Deutschland (2004). *Standards für die Lehrerbildung: Bildungswissenschaften.* Bonn: KMK.

Kovess-Masféty, V., Rios-Seidel, C. & Sevilla-Dedieu, C. (2007). Teachers' mental health and teaching levels. *Teaching and Teacher Education, 23*, 1177-1192.

Krause, A. & Dorsemagen, C. (2014). Belastung und Beanspruchung im Lehrerberuf – Arbeitsplatz- und bedingungsbezogene Forschung. In E. Terhart, H. Bennewitz & M. Rothland (Hrsg.), *Handbuch der Forschung zum Lehrerberuf* (2., vollst. überarb. u. erw. Aufl.). Münster: Waxmann.

Krause, A., Schüpbach, H., Ulich, E. & Wülser, M. (Hrsg.). (2008). *Arbeitsort Schule. Organisations- und arbeitspsychologische Perspektiven*. Wiesbaden: Gabler.

Kristensen, T.S., Borritz, M., Villadsen, E. & Christensen, K.B. (2005). The Copenhagen burnout inventory: A new tool for the assessment of burnout. *Work & Stress, 19*, 192-207.

Kyriacou, C. (2001). Teacher stress: Directions for future research. *Educational Review, 53*, 27-35.

Lazarus, R.S. (1966). *Psychological stress and the coping process*. New York: McGraw-Hill.

Lehr, D. (2014a). Belastung und Beanspruchung im Lehrerberuf – Gesundheitliche Situation und Evidenz für Risikofaktoren. In E. Terhart, H. Bennewitz & M. Rothland (Hrsg.), *Handbuch der Forschung zum Lehrerberuf* (2., vollst. überarb. u. erw. Aufl.). Münster: Waxmann.

Lehr, D. (2014b). Belastung und Beanspruchung im Lehrerberuf – Präventions- und Interventionsansätze in der personenbezogenen Forschung. In E. Terhart, H. Bennewitz & M. Rothland (Hrsg.), *Handbuch der Forschung zum Lehrerberuf* (2., vollst. überarb. u. erw. Aufl.). Münster: Waxmann.

Maslach, C., Jackson, S.E. & Leiter, M.P. (1996). *Maslach Burnout Inventory Manual: Third edition*. Mountain View California: CPP.

Maslach, C., Schaufeli, W.B. & Leiter, M.P. (2001). Job burnout. *Annual Review of Psychology, 52*, 397-422.

Melamed, S., Shirom, A., Toker, S., Berliner, S. & Shapira, I. (2006). Burnout and risk of cardiovascular disease: Evidence possible causal paths and promising research directions. *Psychological Bulletin, 132*, 327-353.

OECD. (2005). *Attracting, developing, and retaining effective teachers – Final report: Teachers matter*. Paris: OECD.

Ostroff, C. (1992). The relationship between satisfaction attitudes and performance: An organizational level analysis. *Journal of Applied Psychology, 77*, 963-974.

Quick, J.C. & Tetrick, L.E. (Eds.) (2003). *Handbook of occupational health psychology*. Washington: American Psychological Association.

Raudenbush, S.W. & Bryk, A.S. (2002). *Hierarchical linear models* (2nd ed.). Thousand Oaks, CA: Sage.

Rohmert, W. & Rutenfranz, J. (1983). *Praktische Arbeitsphysiologie*. Stuttgart, New York: Thieme.

Rothland, M. (Hrsg.) (2013). *Belastung und Beanspruchung im Lehrerberuf. Modelle, Befunde, Interventionen*. Wiesbaden: Springer VS.

Rudow, B. (1999). Stress and burnout in the teaching profession: European studies, issues and research perspectives. In R. Vandenberghe & M. A. Huberman (Eds.), *Understanding and preventing teacher burnout: a sourcebook of international research and practice* (pp. 38-58). Cambridge: Cambridge University Press.

Schaarschmidt, U. & Kieschke, U. (Hrsg.). (2007). *Gerüstet für den Schulalltag. Psychologische Unterstützungsangebote für Lehrerinnen und Lehrer*. Weinheim: Beltz.

Schaufeli, W.B., Bakker, A.B., Hoogduin, K., Schaap, C. & Kladler, A. (2001). On the clinical validity of the Maslach Burnout Inventory and the Burnout Measure. *Psychology & Health, 16*, 565-582.

Schaufeli, W.B. & Buunk, B.P. (2003). Burnout: An overview of 25 years of research and theorizing. In M.J. Schabracq, J.A.M. Winnubst & C.L. Cooper (Eds.), *The Handbook of Work and Health Psychology* (pp. 383-425). Chichester: John Wiley & Sons Ltd.

Schaufeli, W.B. & Enzmann, D. (1998). *The burnout companion to study and practice: A critical analysis*. London: Taylor/Francis.

Schult, J., Münzer-Schrobildgen, M. & Sparfeldt, J.R. (2014). Belastet, aber hochzufrieden? *Zeitschrift für Gesundheitspsychologie, 22*, 61-67.

Schwarzer, R. (2004). *Psychologie des Gesundheitsverhaltens*. Göttingen: Hogrefe.

Seibt, R., Thinschmidt, M., Lützkendorf, L. & Hänsch, S. (2006). *Arbeitsfähigkeit und Vitalität von Lehrern und Bürofachkräften. Ein Vergleich*. Bremerhaven: Wirtschaftsverlag NW.

Semmer, N.K. & Meier, L.L. (2014). Bedeutung und Wirkung von Arbeit. In H. Schuler & K. Moser (Hrsg.), *Lehrbuch Organisationspsychologie* (5. vollst. überarb. Aufl., S. 559-604). Bern: Verlag Hans Huber.

Shirom, A. (2003). Job-related burnout: A review. In J.C. Quick & L.E. Tetrick (Eds.), *Handbook of occupational health psychology* (pp. 245-264). Washington: American Psychological Association.

Shirom, A. (2005). Reflections on the study of burnout. *Work & Stress, 19*, 263-270.

Smith, A., Brice, C., Collins, A., Matthews, V. & McNamara, R. (2000). *The scale of occupational stress: A further analysis of the impact of demographic factors and type of job stress (Contract Research report 311/2000)*. Cardiff: Health and Safety Executive.

Statistisches Bundesamt (2005). *Lehrer gehen mit durchschnittlich 62 Jahren in Pension*. http://www.presseportal.de/pm/32102/759961/lehrer-gehen-mit-durchschnittlich-62-jahren-in-pension [4.12.2006].

Statistisches Bundesamt (2013). *Pensionierungen wegen Dienstunfähigkeit von Lehrkräften 2011 auf Rekordtief.* https://www.destatis.de/DE/PresseService/Presse/Pressemitteilungen/2013/01/PD13_041_742.html [25.4.2014].

Virtanen, M., Kivimäki, M., Elovainio, M., Linna, A., Pentti, J. & Vahtera, J. (2007). Neighbourhood socioeconomic status, health and working conditions of school teachers. *Journal of Epidemiology and Community Health, 61*, 326-330.

von Känel, R., Bellingrath, S. & Kudielka, B.M. (2009). Overcommitment but not effort-reward imbalance relates to stress-induced coagulation changes in teachers. *Annals of Behavioral Medicine, 37*, 20-28.

Weber, A., Weltle, D. & Lederer, P. (2004). Frühinvalidität im Lehrerberuf: Sozial- und arbeitsmedizinische Aspekte. *Deutsches Ärzteblatt, 101*, 850-859.

Wittchen, H.-U. & Hoyer, J. (2006). *Klinische Psychologie und Psychotherapie*. Berlin: Springer.

Wright, T.A. & Cropanzano, R. (1998). Emotional exhaustion as a predictor of job performance and voluntary turnover. *Journal of Applied Psychology, 83*, 486-493.

Autorinnen und Autoren

Prof. Dr. Hermann Josef Abs
Universität Duisburg-Essen
Fakultät für Bildungswissenschaften
Institut für Pädagogik
Berliner Platz 6-8
D-45117 Essen
E-Mail: h.j.abs@uni-due.de

Prof. Dr. Herbert Altrichter
Johannes Kepler Universität
Institut für Pädagogik und Psychologie
Altenbergerstr. 69
A-4040 Linz
E-Mail: herbert.altrichter@jku.at

Eva Anderson-Park
Justus-Liebig-Universität Gießen
Institut für Schulpädagogik und Didaktik der Sozialwissenschaften
Karl-Glöckner-Straße 21 B
D-35394 Gießen
E-Mail: eva.anderson-park@erziehung.uni-giesssen.de

Prof. Dr. Hedda Bennewitz
TU Dresden
Fakultät für Erziehungswissenschaften
Institut für Erziehungswissenschaft
Weberplatz 5
D-01062 Dresden
E-Mail: hedda.bennewitz@tu-dresden.de

Prof. Dr. Nils Berkemeyer
Friedrich-Schiller-Universität
Institut für Erziehungswissenschaft
Am Planetarium 4
D-07743 Jena
E-Mail: Nils.Berkemeyer@uni-jena.de

Prof. Dr. Sigrid Blömeke
Director
Centre for Educational Measurement at University of Oslo (CEMO)
Postbox 1161 Blindern
NO-0318 Oslo
Norwegen
E-Mail: a.c.w.g.lehre@cemo.uio.no

Prof. Dr. Martin Bonsen
Westfälische Wilhelms-Universität Münster
Fachbereich Erziehungswissenschaft und Sozialwissenschaften
Institut für Erziehungswissenschaft
Bispinghof 5/6
D-48143 Münster
E-Mail: martin.bonsen@uni-muenster.de

Dr. Georg Bruckmaier
Universität Regensburg
Fakultät für Mathematik
Didaktik der Mathematik
Universitätsstraße 31
D-93053 Regensburg
E-Mail: Georg.Bruckmaier@mathematik.uni-regensburg.de

Dr. Simone Bruder
Darmstädter Kinderkliniken Prinzessin Margaret, Abteilung Psychosomatik
Dieburgerstr. 31
D-64287 Darmstadt
E-Mail: simone.bruder79@gmail.com

Dr. Colin Cramer
Eberhard Karls Universität Tübingen
Wirtschafts- und Sozialwissenschaftliche Fakultät
Institut für Erziehungswissenschaft · Abteilung Schulpädagogik
Münzgasse 22-30
D-72070 Tübingen
E-Mail: Colin.Cramer@uni-tuebingen.de

Prof. Dr. Kurt Czerwenka
Leuphana Universität Lüneburg
Scharnhorststr. 1
D-21332 Lüneburg
E-Mail: kurt.czerwenka@uni.leuphana.de

Cosima Dorsemagen
Fachhochschule Nordwestschweiz
Institut Mensch in komplexen Systemen
Riggenbachstrasse 16
CH-4600 Olten
E-Mail: cosima.dorsemagen@fhnw.ch

Dr. Andreas Feindt
Wartburg-Grundschule Münster
Toppheideweg 91
D-48161 Münster
E-Mail: A.Feindt@web.de

Prof. Dr. Andreas Frey
Hochschule der Bundesagentur für Arbeit
Seckenheimer Landstr. 16
D-68163 Mannheim
E-Mail: Andreas. Frey@hdba.de

Prof. Dr. Hans-Peter Füssel
Deutsches Institut für Internationale
Pädagogische Forschung – Abteilung Struktur
und Steuerung des Bildungswesens
Warschauer Str. 34-38
D-10243 Berlin
E-Mail: fuessel@dipf.de

Prof. Dr. Kathrin Fussangel
Universität Wuppertal
Institut für Bildungsforschung in der
School of Education
Gaußstr. 20
D-42119 Wuppertal
E-Mail: fussangel@uni-wuppertal.de

Dipl.-Psych. Mara Gerich
Technische Universität Darmstadt
Institut für Psychologie
Arbeitsgruppe Pädagogische Psychologie
Alexanderstr. 10
D-64283 Darmstadt
E-Mail: gerich@psychologie.tu-darmstadt.de

Prof. Dr. Cornelia Gräsel
Universität Wuppertal
Institut für Bildungsforschung in der
School of Education
Gaußstr. 20
D-42119 Wuppertal
E-Mail: graesel@uni-wuppertal.de

Prof. Dr. Tina Hascher
Universität Bern
Institut für Erziehungswissenschaft
Abteilung Schul- und Unterrichtsforschung
Fabrikstrasse 8
CH-3012 Bern
E-Mail: Tina.Hascher@edu.unibe.ch

Prof. Dr. Stephanie Hellekamps
Westfälische Wilhelms-Universität Münster
Fachbereich Erziehungswissenschaft und
Sozialwissenschaften
Institut für Erziehungswissenschaft
Bispinghof 5/6
D-48143 Münster
E-Mail: hellekam@uni-muenster.de

Prof. Dr. Andreas Helmke
Universität Konstanz
Empirische Bildungsforschung
D-78457 Konstanz
E-Mail: andreas.helmke@uni-konstanz.de

Prof. Dr. Werner Helsper
Martin-Luther-Universität Halle-Wittenberg
Philosophische Fakultät III –
Erziehungswissenschaften
Institut für Schulpädagogik und
Grundschuldidaktik
Franckeplatz 1
D-06099 Halle (Saale)
E-Mail: helsper@paedagogik.uni-halle.de

Prof. Dr. Uwe Hericks
Philipps-Universität Marburg
FB 21 – Institut für Schulpädagogik
Pilgrimstein 2
D-35032 Marburg
E-Mail: hericks@staff.uni-marburg.de

Prof. Dr. Silke Hertel
Ruprecht-Karls-Universität Heidelberg
Fakultät für Verhaltens- und Empirische Kulturwissenschaften
Institut für Bildungswissenschaft
Akademiestraße 3
D-69117 Heidelberg
E-Mail: hertel@ibw.uni-heidelberg.de

Prof. Dr. Silvio Herzog
Pädagogische Hochschule Schwyz
Zaystrasse 42
CH-6410 Goldau
E-Mail: silvio.herzog@phsz.ch

Prof. Dr. Walter Herzog
Universität Bern
Institut für Erziehungswissenschaft
Abteilung Pädagogische Psychologie
Fabrikstr. 8
CH-3012 Bern
E-Mail: walter.herzog@edu.unibe.ch

Prof. Dr. Manuela Keller-Schneider
Pädagogische Hochschule Zürich
Lagerstrasse 2
CH-8090 Zürich
E-Mail: m.keller-schneider@phzh.ch

Prof. Dr. Heidemarie Kemnitz
Technische Universität Braunschweig
Fakultät für Geistes- und Erziehungswissenschaften
Institut für Erziehungswissenschaft
Bienroder Weg 97
D-38106 Braunschweig
E-Mail: h.kemnitz@tu-braunschweig.de

Prof. Dr. Ewald Kiel
Ludwig-Maximilians-Universität München
Fakultät für Psychologie und Pädagogik
Department für Pädagogik und Rehabilitation
Lehrstuhl für Schulpädagogik
Leopoldstr.13
D-80802 München
E-Mail: kiel@lmu.de

Prof. Dr. Martin Kintzinger
Westfälische Wilhelms-Universität Münster
Domplatz 20-22
D-48143 Münster
E-Mail: m.kintzinger@uni-muenster.de

Prof. Dr. Uta Klusmann
Leibniz-Institut für die Pädagogik der Naturwissenschaften und Mathematik
Empirische Bildungsforschung
Olshausenstraße 62
D-24118 Kiel
E-Mail: klusmann@ipn.uni-kiel.de

Prof. Dr. Johannes König
Universität zu Köln
Humanwissenschaftliche Fakultät
Fachgruppe für Erziehungs- und Sozialwissenschaften
Institut für Allgemeine Didaktik und Schulforschung
Gronewaldstr. 2
D-50931 Köln
E-Mail: johannes.koenig@uni-koeln.de

Prof. Dr. Andreas Krapp
Leoprechtingstr. 54
D-81739 München
E-Mail: andreas.krapp@unibw.de

Prof. Dr. Andreas Krause
Fachhochschule Nordwestschweiz
Hochschule für Angewandte Psychologie
Institut Mensch in komplexen Systemen (MikS)
Riggenbachstr. 16
CH-4600 Olten
E-Mail: andreas.krause@fhnw.ch

Prof. Dr. Stefan Krauss
Universität Regensburg
Fakultät für Mathematik
Didaktik der Mathematik
Universitätsstraße 31
D-93053 Regensburg
E-Mail: Stefan1.Krauss@mathematik.uni-regensburg.de

Prof. Dr. Mareike Kunter
Goethe-Universität Frankfurt
Pädagogische Psychologie
Grüneburgplatz 1
D-60323 Frankfurt am Main
E-Mail: kunter@paed.psych.uni-frankfurt.de

Dr. Dipl.-Psych. Dirk Lehr
Leuphana Universität Lüneburg
Rotenbleicher Weg 67
D-21335 Lüneburg
E-Mail: dirk.lehr@inkubator.leuphana.de

Prof. Dr. Frank Lipowsky
Universität Kassel
Fachbereich 1
Nora-Platiel-Str. 1
D-34109 Kassel
E-Mail: lipowsky@uni-kassel.de

Prof. Dr. Manfred Lüders
Universität Erfurt
Schul- und Grundschulpädagogik
Nordhäuser Straße 63
D-99089 Erfurt
E-Mail: manfred.lueders@uni-erfurt.de

Prof. Dr. Katharina Maag Merki
Universität Zürich
Philosophische Fakultät
Institut für Erziehungswissenschaft
Freiestrasse 36
CH-8032 Zürich
E-Mail: kmaag@ife.uzh.ch

Dr. Elena Makarova
Universität Bern
Institut für Erziehungswissenschaft
Abteilung Pädagogische Psychologie
Fabrikstr. 8
CH-3012 Bern
E-Mail: elena.makarova@edu.unibe.ch

Prof. Dr. Johannes Mayr
Alpen-Adria-Universität Klagenfurt
School of Education
Institut für Unterrichts- und Schulentwicklung
Sterneckstraße 15
A-9010 Klagenfurt am Wörthersee
E-Mail: johannes.mayr@aau.at

Dr. Hans-Ulrich Musolff
Westfälische Wilhelms-Universität Münster
Fachbereich Erziehungswissenschaft und Sozialwissenschaften
Institut für Erziehungswissenschaft
Bispinghof 5/6
D-48143 Münster
E-Mail: musolff@uni-muenster.de

Prof. Dr. Georg Hans Neuweg
Johannes Kepler Universität Linz
Institut für Pädagogik und Psychologie
Altenberger Straße 69
A-4040 Linz
E-Mail: georg.neuweg@jku.at

Dr. Karin Nölle
Am Schützenplatz 41
D-25469 Halstenbek
E-Mail: mail@karen-noelle.de

Prof. Dr. Dr. h.c. mult. Fritz Oser
Universität Freiburg Departement Erziehungswissenschaften
Rue P.-A. de Faucigny 2
CH-1700 Freiburg
E-Mail: Fritz.Oser@unifr.ch

Prof. Dr. Jürgen Overhoff
Westfälische Wilhelms-Universität Münster
Fachbereich Erziehungswissenschaft und Sozialwissenschaften
Institut für Erziehungswissenschaft
Georgskommende 26
D-48143 Münster
E-Mail: juergen.overhoff@uni-muenster.de

Prof. Dr. Christine Pauli
Universität Fribourg/Freiburg
Departement Erziehungswissenschaften
Lehrerinnen- und Lehrerbildung für die Sekundarstufe 1
Rue Faucigny 2
CH-1700 Fribourg
E-Mail: christine.pauli@unifr.ch

Dr. Anja Philipp
Goethe-Universität Frankfurt
Pädagogische Psychologie
PEG- Gebäude
Grüneburgplatz 1
D-60323 Frankfurt am Main
E-Mail: philipp@paed.psych.uni-frankfurt.de

Prof. Dr. Udo Rauin
Goethe-Universität Frankfurt am Main
Fachbereich Erziehungswissenschaften
Institut für Pädagogik der Sekundarstufe
Grüneburgplatz 1
D-60323 Frankfurt am Main
E-Mail: rauin@em.uni-frankfurt.de

Prof. Dr. Kurt Reusser
Universität Zürich
Institut für Erziehungswissenschaft
Freiestrasse 36
CH-8032 Zürich
E-Mail: reusser@ife.uzh.ch

Prof. Dr. Martin Rothland
Universität Siegen
Fakultät II
Department
Erziehungswissenschaft · Psychologie
Adolf-Reichwein-Str. 2
D-57068 Siegen
E-Mail: Martin.Rothland@uni-siegen.de

Prof. Dr. Bernhard Schmitz
Technische Universität Darmstadt
Institut für Psychologie
Arbeitsgruppe Pädagogische Psychologie
Alexanderstr. 10
D-64283 Darmstadt
E-Mail: schmitz@psychologie.tu-darmstadt.de

Dr. Friedrich-Wilhelm Schrader
Universität Koblenz-Landau
Campus Landau
Fachbereich Psychologie
Fortstr. 7
D-76829 Landau
E-Mail: schrader@uni-landau.de

Prof. Dr. Ralf Schwarzer
Freie Universität Berlin
Fachbereich Erziehungswissenschaften und Psychologie
Gesundheitspsychologie
Habelschwerdter Allee 45
D-14195 Berlin
E-Mail: ralf.schwarzer@fu-berlin.de

Prof. Dr. Tina Seidel
Technische Universität München
TUM School of Education
Friedl Schöller-Stiftungslehrstuhl für Unterrichts- und Hochschulforschung
Arcisstr. 21
D-80333 München
E-Mail: Tina.Seidel@tum.de

Professor Dr. Ewald Terhart
Westfälische Wilhelms-Universität Münster
Fachbereich Erziehungswissenschaft und Sozialwissenschaften
Institut für Erziehungswissenschaft
Bispinghof 5/6
D-48143 Münster
E-Mail: ewald.terhart@uni-muenster.de

Prof. Dr. Klaus-Jürgen Tillmann
Universität Bielefeld
Fakultät für Erziehungswissenschaft
Universitätsstr. 25
D-33615 Bielefeld
E-Mail: klaus.tillman@uni-bielefeld.de

Dr. Lisa Marie Warner
Freie Universität Berlin
Fachbereich Erziehungswissenschaften und Psychologie
Gesundheitspsychologie
Habelschwerdter Allee 45
D-14195 Berlin
E-Mail: lisa.warner@fu-berlin.de

Prof. i. R. Dr. Horst Weishaupt
Rudolf-Carnap-Senior-Professor der Bergischen Universität Wuppertal
Ehemaliger Leiter der Arbeitseinheit „Steuerung und Finanzierung des Bildungswesens“
Deutsches Institut für Internationale Pädagogische Forschung
Schloßstr. 29
D-60486 Frankfurt am Main
E-Mail: weishaupt@dipf.de

Dipl.-Päd. Silke Werner
Universität Zürich
Philosophische Fakultät
Institut für Erziehungswissenschaft
Freiestrasse 36
CH-8032 Zürich
E-Mail: swerner@ife.uzh.ch

Prof. Dr. Jochen Wissinger
Justus-Liebig-Universität
Institut für Schulpädagogik und Didaktik der Sozialwissenschaften
Karl-Glöckner-Straße 21
D-35394 Gießen
E-Mail: Jochen.Wissinger@erziehung.uni-giessen.de

Ass.-Prof. Dr. Stefan Zehetmeier
Universität Klagenfurt
School of Education
Institut für Unterrichts und Schulentwicklung (IUS)
Sterneckstraße 15
A-9010 Klagenfurt
E-Mail: Stefan.Zehetmeier@aau.at